Systematischer Praxiskommentar

Datenschutzrecht

Systematischer Praxiskommentar Datenschutzrecht

Datenschutz aus Unternehmenssicht

herausgegeben von

Dr. Sibylle Gierschmann,
LL.M. (Duke University), Rechtsanwältin
Markus Saeugling,
Rechtsanwalt

Bundesanzeiger Verlag

Bibliografische Information der Deutschen Nationalbibliothek
Die Deutsche Nationalbibliothek verzeichnet diese Publikation in der Deutschen Nationalbibliografie; detaillierte bibliografische Daten sind im Internet über http://dnb.d-nb.de abrufbar.

Bundesanzeiger Verlag GmbH
Amsterdamer Straße 192
50735 Köln

Internet: www.bundesanzeiger-verlag.de

Weitere Informationen finden Sie auch in unserem Themenportal unter www.betrifft-unternehmen.de

Beratung und Bestellung:

Tel.: +49 221 97668-291
Fax: +49 221 97668-271
E-Mail: wirtschaft@bundesanzeiger.de

ISBN (Print): 978-3-8462-0035-3

ISBN (E-Book): 978-3-8462-0060-5

Herstellung: Andreas Gundlach

Produktmanagement: Katharina Feucht, Marieke Pritz

Satz: Cicero Computer GmbH, Bonn
Druck und buchbinderische Verarbeitung: Appel & Klinger, Schneckenlohe
Cover-Copyright: stockWERK

Printed in Germany

Vorwort

Datenschutz ist heute aus dem Unternehmensalltag nicht mehr wegzudenken. Während früher allein der Geheimnisschutz und die IT-Sicherheit im Fokus der Unternehmensführung standen, wächst mit der zunehmenden Sensibilisierung der Betroffenen, den verfügbaren Datenmengen, der zunehmenden Vernetzung und den damit einhergehenden Möglichkeiten moderner IT-Systeme der Bedarf an einem verantwortungsvollen Umgang mit personenbezogenen Daten von Mitarbeitern, Kunden, Interessenten oder sonstigen Dritten. Das Ziel der Europäischen Kommission, ein europaweit einheitliches Datenschutzrecht in Form einer direkt anwendbaren Verordnung zu schaffen, zeigt die Bedeutung der Materie als Wirtschaftsfaktor auf. Gleichzeitig sind die im Rahmen der Verordnungsgebung kontrovers geführten Debatten im Europäischen Parlament und auf Ebene des Europäischen Rates ein Indikator dafür, dass ausgeglichene Lösungen nicht einfach zu finden sind und es oftmals einer Einzelfallbetrachtung bedarf.

Der vorliegende Systematische Praxiskommentar richtet sich an alle, die für den Datenschutz im Unternehmen Verantwortung tragen und deshalb nach praxisgerechten Lösungen zu den vielfältigen Fragen des Datenschutzrechts im Sinne von „Best Practices" suchen. Die Zielgruppe des Kommentars sind Mitglieder der Geschäftsführung, Unternehmensjuristen, Rechtsanwälte, Datenschutzbeauftragte, Personalverantwortliche oder IT-Mitarbeiter, welche in der Umsetzung des Datenschutzes eine zentrale Rolle spielen.

Insgesamt ist Datenschutz eine Querschnittsmaterie, welche vom Praktiker verlangt, dass er nicht nur über datenschutzrechtliche Kenntnisse verfügt, sondern auch über ein Verständnis für unternehmerische Zusammenhänge und deren datenmäßige Erfassung sowie für die sich im permanenten Wandel befindlichen Techniken der automatisierten Datenverarbeitung. Eine Einarbeitung in die Materie wird dadurch erschwert, dass der Datenschutz in vielen unterschiedlichen Gesetzen geregelt ist. Oftmals handelt es sich dabei um Spezialregelungen, wie z.B. die Abgabenordnung, die auf den ersten Blick datenschutzrechtliche Regelungen gar nicht erwarten lassen. Im öffentlichen Bereich kommt hinzu, dass die Länder jeweils über eigene Landesdatenschutzgesetze verfügen. Außerdem wenden die für die Datenschutzaufsicht zuständigen Behörden der Länder das Datenschutzrecht nicht immer einheitlich an. Für den Praktiker sind daher Kenntnisse der für ihn lokal relevanten Verwaltungspraxis zwingend erforderlich.

Mit dem vorliegenden Werk möchten wir insbesondere denjenigen, die sich neu mit dieser komplexen Materie befassen, den Einstieg erleichtern. Aus diesem Grund legt der Kommentar Wert auf verständliche Formulierungen und klare Sprache und verfügt über viele Orientierungshilfen, Übersichten und Querverweise zu darüber hinaus einschlägigen Rechtsnormen. Gleichzeitig werden dem etablierten Praktiker vertiefende Praxistipps und Hinweise auf die bestehende Verwaltungspraxis der Aufsichtsbehörden geboten. Ein Schwerpunkt bildet die vertiefende Darstellung von im Unternehmensalltag immer wieder auftauchenden Problemen und möglichen Lösungsvorschlägen. Einschlägige Rechtsnormen, EU-Richtlinien und Kommissionsentscheidungen sind im Anhang abgedruckt.

Zum jetzigen Zeitpunkt ist noch unklar, ob und wann eine europäische Datenschutz-Grundverordnung kommt. Unser Ziel war es dennoch, auch diese Rechtsentwicklung bereits jetzt für den Praktiker abzubilden, was eine Teilnahme an der Diskussion vereinfacht und es ermöglicht, zukünftige Rechtsentwicklungen gegebenenfalls vorausschauend zu berücksichtigen. Deshalb enthält jeder Paragraf einen „Ausblick auf die Novellierung des Europäischen Datenschutzes", um die Relevanz der anstehenden Änderungen herauszuarbeiten.

Ein Praxiskommentar lebt von seiner Erfahrung. Alle Autoren sind seit vielen Jahren mit dem Datenschutz im Unternehmen befasst und geben in diesem Buch ihr Praxiswissen weiter. Wir hoffen, mit diesem Werk eine wichtige Lücke am Markt zu schließen und eine praxisorientierte Arbeitshilfe an die Hand zu geben, die zu Ihrem ständigen Begleiter bei der Handhabung individueller Fragestellungen in ihrem Alltag wird. Wir würden uns sehr über Anregungen und Hinweise im Zusammenhang mit der Handhabung des Kommentars freuen.

Juni 2014 **Die Herausgeber**

Inhaltsverzeichnis

Autorenverzeichnis

Dr. Falk Böhm, Rechtsanwalt, Konzerndatenschutzbeauftragter und Leiter Konzerndatenschutz, Kabel Deutschland Vertrieb und Service GmbH, Unterföhring

Günther Dorn, ehem. Leiter des Bayerischen Landesamts für Datenschutzaufsicht, Roth

Dr. Reinhard Gaertner, Rechtsanwalt, Taylor Wessing Partnerschaftsgesellschaft mbB, München

Dr. Sibylle Gierschmann, LL.M., Rechtsanwältin, Taylor Wessing Partnerschaftsgesellschaft mbB, München

Marc André Gimmy, Rechtsanwalt, Taylor Wessing Partnerschaftsgesellschaft mbB, Düsseldorf

Andreas Gork, Ass. iur., Fakultät für Wirtschaftswissenschaften, TU Chemnitz

Prof. Dr. Ludwig Gramlich, Fakultät für Wirtschaftswissenschaften, TU Chemnitz

Oliver Heinemann, Rechtsanwalt, Leiter Recht und Datenschutz, Bisnode Deutschland GmbH, Darmstadt

Daniel Herburger, Senior Consultant, Atos Information Technology GmbH, München

Dr. Franziska Hügel, Rechtsanwältin, Taylor Wessing Partnerschaftsgesellschaft mbB, Düsseldorf

Dr. Barbara Kirchberg-Lennartz, Leiterin Datenschutz, IKS und Risikomanagement LH-Konzern, Deutsche Lufthansa AG, Frankfurt/Main

Philipp Koehler, Rechtsanwalt, Taylor Wessing Partnerschaftsgesellschaft mbB, München

Stefan Krätschmer, Rechtsanwalt, Konzerndatenschutzbeauftragter IBM Deutschland, Ehningen

Dr. Kai Kuhlmann, Rechtsanwalt, Bereichsleitung und Recht, IVW Online-Medien, Berlin

Dr. Kerstin Orantek, Fakultät für Wirtschaftswissenschaften, TU Chemnitz

Dr. Sven Polenz, LL.M., Referatsleiter, Unabhängiges Landeszentrum für Datenschutz Schleswig-Holstein, Kiel

Thanos Rammos, LL.M. (UCL), Rechtsanwalt, Taylor Wessing Partnerschaftsgesellschaft mbB, München

Katja Ruttkowski, Rechtsanwältin, Fakultät für Wirtschaftswissenschaften, TU Chemnitz

Markus Saeugling, Rechtsanwalt, externer Datenschutzbeauftragter, ISO 27001 Lead Auditor, MAGELLAN Rechtsanwalts-/Steuerberaterkanzlei, München

Alexander Scherb, Rechtsanwalt, Recht und Compliance, Allianz Deutschland AG, München

Barbara Schmitz, Rechtsanwältin, Konzerndatenschutz, Kabel Deutschland Vertrieb und Service GmbH, München

Markus Stamm, Senior Counsel, Law Division (ZRV/N/L), Alcatel-Lucent Deutschland AG, Nürnberg

Florian Thoma, Rechtsanwalt, Neubeuern

Dr. Nicolai Wiegand, LL.M. (NYU), Rechtsanwalt, Taylor Wessing Partnerschaftsgesellschaft mbB, München

Abkürzungsverzeichnis

a.A.	anderer Ansicht
a.a.O.	am angegebenen Ort
ABl.	Amtsblatt
Abs.	Absatz
Abschn.	Abschnitt
ADV	Auftragsdatenverarbeitung
AdVermiG	Gesetz über die Vermittlung der Annahme als Kind und über das Verbot der Vermittlung von Ersatzmüttern
a.E.	am Ende
AEUV	Vertrag über die Arbeitsweise der Europäischen Union
a.F.	alte Fassung
AFG	Arbeitsförderungsgesetz
AfP	Zeitschrift für Medien- und Kommunikationsrecht
AG	Amtsgericht, Aktiengesellschaft
AGB	Allgemeine Geschäftsbedingungen
AGG	Allgemeines Gleichbehandlungsgesetz
AktG	Aktiengesetz
Alt.	Alternative
Anm.	Anmerkung
AnwBl	Anwaltsblatt
AO	Abgabenordnung
ArbGG	Arbeitsgerichtsgesetz
ArbRB	Arbeits-Rechts-Berater (Zeitschrift)
Art.	Artikel
Aufl.	Auflage
Az.	Aktenzeichen
BaFin	Bundesanstalt für Finanzdienstleistungsaufsicht
BAG	Bundesarbeitsgericht
BayDSG	Bayerisches Datenschutzgesetz
BayLDA	Bayerisches Landesamt für Datenschutzaufsicht
BayVwVfG	Bayerisches Verwaltungsverfahrensgesetz
BB	Betriebs-Berater (Zeitschrift)
BBankG	Gesetz über die Deutsche Bundesbank
BBG	Bundesbeamtengesetz
bDSB	betrieblicher Datenschutzbeauftragter
BeckOK	Beck'scher Onlinekommentar
BeckRS	Beck-Rechtsprechung
Beil.	Beilage
betr.	betrifft, betreffend
BetrVG	Betriebsverfassungsgesetz
BewachVO	Verordnung über das Bewachungsgewerbe
BfDI	Bundesbeauftragte/r für den Datenschutz und die Informationsfreiheit
BGB	Bürgerliches Gesetzbuch
BGBl.	Bundesgesetzblatt
BGH	Bundesgerichtshof
BGHZ	Entscheidungen des Bundesgerichtshofs in Zivilsachen
BKAG	Gesetz über das Bundeskriminalamt und die Zusammenarbeit des Bundes und der Länder in kriminalpolizeilichen Angelegenheiten
BlnDSG	Berliner Datenschutzgesetzt
BKR	Zeitschrift für Bank- und Kapitalmarktrecht

BNDG	Gesetz über den Bundesnachrichtendienst
BPersVG	Bundespersonalvertretungsgesetz
BPolG	Gesetz über die Bundespolizei
BR	Bundesrat
BRAO	Bundesrechtsanwaltsordnung
BR-Drs.	Bundesrat-Drucksache
BSG	Bundessozialgericht
BSI	Bundesamt für Sicherheit in der Informationstechnik
Bsp.	Beispiel
bspw.	Beispielsweise
BStatG	Bundesstatistikgesetz
BT	Bundestag
BT-Drs.	Bundestag-Drucksache
BVerfG	Bundesverfassungsgericht
BVerfGE	Entscheidungen des Bundesverfassungsgericht
BVerfSchG	Gesetz über die Zusammenarbeit des Bundes und der Länder in Angelegenheiten des Verfassungsschutzes und über das Bundesamt für Verfassungsschutz
BVerwG	Bundesverwaltungsgericht
bzgl.	bezüglich
bzw.	beziehungsweise
ca.	circa
CR	Computer und Recht (Zeitschrift)
CuA	Computer und Arbeit (Zeitschrift)
DANA	Datenschutz Nachrichten (Zeitschrift)
DAV	Deutscher Anwaltverein
DB	Der Betrieb (Zeitschrift)
ders.	derselbe
dgl.	dergleichen
d.h.	das heißt
DM	Deutsche Mark
DÖV	Die öffentliche Verwaltung (Zeitschrift)
Dr.	Doktor
DSB	Datenschutz-Berater (Zeitschrift), Datenschutzbeauftragter
DSG-EKD	Datenschutzgesetz der Evangelischen Kirche in Deutschland
DSG NRW	Datenschutzgesetz Nordrhein-Westfalen
dt.	deutsch
DuD	Datenschutz und Datensicherheit (Zeitschrift)
DVBl.	Deutsches Verwaltungsblatt (Zeitschrift)
EASA	Europäische Allianz der Werbeselbstkontrolle
EG	Europäische Gemeinschaft
Einf.	Einführung
EMRK	Europäische Konvention zum Schutz der Menschenrechte und Grundfreiheiten
endg.	endgültig
etc.	et cetera
EU	Europäische Union
EuGH	Gerichtshof der Europäischen Union
EUR	Euro
EuZW	Europäische Zeitschrift für Wirtschaftsrecht
e.V.	eingetragener Verein
evtl.	eventuell
EWG	Europäische Wirtschaftsgemeinschaft
EWR	Europäischer Wirtschaftsraum
f., ff.	folgende

Fn.	Fußnote
FS	Festschrift
GBO	Grundbuchordnung
GbR	Gesellschaft bürgerlichen Rechts
gem.	gemäß
GewO	Gewerbeordnung
GG	Grundgesetz
ggf.	gegebenenfalls
GmbH	Gesellschaft mit beschränkter Haftung
GmbHG	Gesetz betreffend die Gesellschaften mit beschränkter Haftung
grds.	grundsätzlich
GRUR	Gewerblicher Rechtsschutz und Urheberrecht (Zeitschrift)
GRUR-RR	GRUR Rechtsprechungs-Report
GVG	Gerichtsverfassungsgesetz
h.A.	herrschende Ansicht
Hess GVBl.	Gesetz- und Verordnungsblatt für das Land Hessen
HGB	Handelsgesetzbuch
h.M.	herrschende Meinung
Hrsg.	Herausgeber
Hs.	Halbsatz
IAB	Verband der Online-Werbeunternehmen
i.d.F.	in der Fassung
i.d.R.	in der Regel
i.d.S.	in diesem Sinne
i.E.	im Ergebnis
inkl.	inklusive
insb.	insbesondere
InsO	Insolvenzordnung
i.R.d.	im Rahmen der, des
i.R.e.	im Rahmen eines
i.R.v.	im Rahmen von
i.S.d.	im Sinne des/der
i.S.v.	im Sinne von
ITRB	IT-Rechts-Berater (Zeitschrift)
i.V.m.	in Verbindung mit
JA	Juristische Arbeitsblätter (Zeitschrift)
JZ	Juristenzeitung
Kap.	Kapitel
KDO	Kirchliche Datenschutzordnung
KG	Kammergericht; Kommanditgesellschaft
KOM	Kommission
KUG	Gesetz betreffend das Urheberrecht an Werken der bildenden Künste und der Photographie
KuR	Kommunikation und Recht (Zeitschrift)
KWG	Gesetz über das Kreditwesen
LAG	Landesarbeitsgericht
LDA	Landesamt für Datenschutzaufsicht
LG	Landgericht
lit.	littera (=Buchstabe)
Lkw	Lastkraftwagen
LPresseG	Landespressegesetz
LSG	Landessozialgericht
LT-Drs.	Landtag-Drucksache

MADG	Gesetz über den militärischen Abschirmdienst
MD	Magazindienst Verein sozialer Wettbewerb
MDR	Monatsschrift für Deutsches Recht (Zeitschrift)
MMR	MultiMedia und Recht (Zeitschrift)
Mrd.	Milliarde
m.w.N.	mit weiteren Nachweisen
MüKo	Münchner Kommentar zum Bürgerlichen Gesetzbuch
n.F.	neue Fassung
NJ	Neue Justiz (Zeitschrift)
NJOZ	Neue Juristische Onlinezeitschrift
NJW	Neue Juristische Wochenschrift
NJWE-WettbR	NJW-Entscheidungsdienst Wettbewerbsrecht
NJW-RR	NJW-Rechtsprechungs-Report
N.N.	nomen nescio
Nr.	Nummer
NRW	Nordrhein-Westfalen
NStZ	Neue Zeitschrift für Strafrecht
NVwZ	Neue Zeitschrift für Verwaltungsrecht
NVwZ-RR	NVwZ-Rechtsprechungs-Report
NZA	Neue Zeitschrift für Arbeitsrecht
NZA-RR	NZA-Rechtsprechungsreport
NZM	Neue Zeitschrift für Miet- und Wohnungsrecht
NZS	Neue Zeitschrift für Sozialrecht
o.ä.	oder ähnliches
o.g.	oben genannt
OHG	offene Handelsgesellschaft
OLG	Oberlandesgericht
OVG	Oberverwaltungsgericht
OWiG	Gesetz über Ordnungswidrigkeiten
PAuswG	Gesetz über Personalausweise und den elektronischen Identitätsnachweis
PersR	Der Personalrat (Zeitschrift)
PostG	Postgesetz
RdA	Recht der Arbeit (Zeitschrift)
RDV	Recht der Datenverarbeitung (Zeitschrift)
RL	Richtlinie
Rn.	Randnummer
Rs.	Rechtssache
Rspr.	Rechtsprechung
RStV	Rundfunkstaatsvertrag
S.	Satz, Seite
s.	siehe
s.a.	siehe auch
SächsGemO	Gemeindeordnung für den Freistaat Sachsen
SächsKomZG	Sächsisches Gesetz über kommunale Zusammenarbeit
SächsVBl	Sächsische Verwaltungsblätter
SGB	Sozialgesetzbuch
Slg.	Sammlung
SMG	Suchtmittelgesetz (Österreich)
s.o.	siehe oben
sog.	sogenannt
SprAuG	Gesetz über Sprecherausschüsse der leitenden Angestellten
StGB	Strafgesetzbuch
StPO	Strafprozessordnung

str.	streitig
st. Rspr.	ständige Rechtsprechung
StUG	Gesetz über die Unterlagen des Staatssicherheitsdienstes der ehemaligen Deutschen Demokratischen Republik
StV	Der Strafverteidiger (Zeitschrift)
SÜG	Gesetz über die Voraussetzungen und das Verfahren von Sicherheitsüberprüfungen des Bundes
Tel.	Telefon
TKG	Telekommunikationsgesetz
TMG	Telemediengesetz
u.	und
u.a.	und andere/unter anderem
UAbs.	Unterabsatz
u.a.m.	und anderes mehr
Überbl.	Überblick
UKlaG	Gesetz über Unterlassungsklagen bei Verbraucherrechts- und anderen Verstößen
ULD	Unabhängiges Landeszentrum für Datenschutz
usw.	und so weiter
u.U.	unter Umständen
UWG	Gesetz gegen den unlauteren Wettbewerb
v.	vom, vor
v.a.	vor allem
VersG	Versammlungsgesetz
VersR	Versicherungsrecht (Zeitschrift)
VG	Verwaltungsgericht
VGH	Verwaltungsgerichtshof
vgl.	vergleiche
VO	Verordnung
VR	Verwaltungsrundschau (Zeitschrift)
vs.	versus
VuR	Verbraucher und Recht (Zeitschrift)
VwGO	Verwaltungsgerichtsordnung
WM	Zeitschrift für Wirtschafts- und Bankrecht
WP	Wirtschaftsprüfer (Zeitschrift)
WRP	Wettbewerb in Recht und Praxis (Zeitschrift)
z.B.	zum Beispiel
ZD	Zeitschrift für Datenschutz
ZfA	Zeitschrift für Arbeitsrecht
ZfdG	Gesetz über das Zollkriminalamt und die Zollfahndungsämter
ZGR	Zeitschrift für Unternehmens- und Gesellschaftsrecht
Ziff.	Ziffer
ZMR	Zeitschrift für Miet- und Raumrecht
ZPO	Zivilprozessordnung
ZRP	Zeitschrift für Rechtspolitik
ZStW	Zeitschrift für die gesamte Strafrechtswissenschaft
z.T.	zum Teil
ZUM	Zeitschrift für Urheber- und Medienrecht
ZUM-RD	ZUM-Rechtsprechungsdienst
ZVI	Zeitschrift für Verbraucher- und Privat-Insolvenzrecht

Allgemeines Literaturverzeichnis

	Zitiert
Auernhammer, Bundesdatenschutzgesetz, 3. Auflage 1993	*Auernhammer*
Bergmann/Möhrle/Herb, Bundesdatenschutzrecht, Loseblattsammlung, Stand April 2013	*Bergmann/Möhrle/Herb*
Däubler/Klebe/Wedde/Weichert, 4. Auflage 2013	*Däubler/Klebe/Wedde/Weichert/ Bearbeiter*
Erbs/Kohlhaas, Strafrechtliche Nebengesetze, Loseblattsammlung., 197. EL 2014	*Erbs/Kohlhaas*
Geppert/Schütz, Beck'scher TKG Kommentar, 4. Auflage 2013	*Beck'scher TKG-Kommentar/Bearbeiter*
Gloy/Loschelder/Erdmann, Handbuch des Wettbewerbsrechts, 4. Auflage 2010	*Gloy/Loschelder/Erdmann*
Gola/Schomerus, Bundesdatenschutzgesetz, 11. Auflage 2012	*Gola/Schomerus*
Gola/Wronka, Handbuch zum Arbeitnehmerdatenschutz, 6. Auflage 2013	*Gola/Wronka*
Hoeren/Sieber, Multimedia-Recht, 37. EL 2014	*Hoeren/Sieber/Bearbeiter*
Köhler/Bornkamm, Gesetz gegen den unlauteren Wettbewerb, 32. Auflage 2014	*Köhler/Bornkamm/Bearbeiter*
Palandt, Bürgerliches Gesetzbuch, 73. Auflage 2014	*Palandt/Bearbeiter*
Piper/Ohly/Sosnitza, Gesetz gegen den unlauteren Wettbewerb, 6. Auflage 2014	*Piper/Ohly/Sosnitza*
Plath, Kommentar zum BDSG sowie den Datenschutzbestimmungen von TMG und TKG, 2013	*Plath/Bearbeiter*
Roßnagel, Handbuch Datenschutzrecht, 2003	*Roßnagel*
Schaffland/Wiltfang, Bundesdatenschutzgesetz, Loseblattsammlung, Stand Mai 2014	*Schaffland/Wiltfang*
Simitis, Bundesdatenschutzgesetz,7. Auflage 2011	*Simitis/Bearbeiter*
Taeger/Gabel, Bundesdatenschutzgesetz, 2. Auflage 2013	*Taeger/Gabel/Bearbeiter*
Wolff/Brink, Datenschutzrecht, Beck'scher Online-Kommentar, Stand 1.5.2013	*BeckOK/Bearbeiter*
Wolff/Brink, Datenschutzrecht in Bund und Ländern, 2013	*Wolff/Brink/Bearbeiter*

Erster Abschnitt
Allgemeine und gemeinsame Bestimmungen

§ 1 Zweck und Anwendungsbereich des Gesetzes

(1) Zweck dieses Gesetzes ist es, den Einzelnen davor zu schützen, dass er durch den Umgang mit seinen personenbezogenen Daten in seinem Persönlichkeitsrecht beeinträchtigt wird.

(2) Dieses Gesetz gilt für die Erhebung, Verarbeitung und Nutzung personenbezogener Daten durch

1. öffentliche Stellen des Bundes,

2. öffentliche Stellen der Länder, soweit der Datenschutz nicht durch Landesgesetz geregelt ist und soweit sie

a) Bundesrecht ausführen oder

b) als Organe der Rechtspflege tätig werden und es sich nicht um Verwaltungsangelegenheiten handelt,

3. nicht-öffentliche Stellen, soweit sie die Daten unter Einsatz von Datenverarbeitungsanlagen verarbeiten, nutzen oder dafür erheben oder die Daten in oder aus nicht automatisierten Dateien verarbeiten, nutzen oder dafür erheben, es sei denn, die Erhebung, Verarbeitung oder Nutzung der Daten erfolgt ausschließlich für persönliche oder familiäre Tätigkeiten.

(3) [1]Soweit andere Rechtsvorschriften des Bundes auf personenbezogene Daten einschließlich deren Veröffentlichung anzuwenden sind, gehen sie den Vorschriften dieses Gesetzes vor. [2]Die Verpflichtung zur Wahrung gesetzlicher Geheimhaltungspflichten oder von Berufs- oder besonderen Amtsgeheimnissen, die nicht auf gesetzlichen Vorschriften beruhen, bleibt unberührt.

(4) Die Vorschriften dieses Gesetzes gehen denen des Verwaltungsverfahrensgesetzes vor, soweit bei der Ermittlung des Sachverhalts personenbezogene Daten verarbeitet werden.

(5) [1]Dieses Gesetz findet keine Anwendung, sofern eine in einem anderen Mitgliedstaat der Europäischen Union oder in einem anderen Vertragsstaat des Abkommens über den Europäischen Wirtschaftsraum belegene verantwortliche Stelle personenbezogene Daten im Inland erhebt, verarbeitet oder nutzt, es sei denn, dies erfolgt durch eine Niederlassung im Inland. [2]Dieses Gesetz findet Anwendung, sofern eine verantwortliche Stelle, die nicht in einem Mitgliedstaat der Europäischen Union oder in einem anderen Vertragsstaat des Abkommens über den Europäischen Wirtschaftsraum belegen ist, personenbezogene Daten im Inland erhebt, verarbeitet oder nutzt. [3]Soweit die verantwortliche Stelle nach diesem Gesetz zu nennen ist, sind auch Angaben über im Inland ansässige Vertreter zu machen. [4]Die Sätze 2 und 3 gelten nicht, sofern Datenträger nur zum Zweck des Transits durch das Inland eingesetzt werden. [5]§ 38 Abs. 1 Satz 1 bleibt unberührt.

Literatur

Schmidt, Arbeitnehmerdatenschutz gemäß § 32 BDSG – Eine Neuregelung (fast) ohne Veränderung der Rechtslage, RDV 2009, S. 193 ff.

Darum geht es

§ 1 regelt, wann das BDSG einschlägig ist, und steht daher am Anfang jeder datenschutzrechtlichen Prüfung.

Schlagworte

Anwendungsbereich: räumlicher, sachlicher, persönlicher; Allgemeines Persönlichkeitsrecht; Recht auf informationelle Selbstbestimmung; Recht auf Integrität und Vertraulichkeit informationstechnischer Systeme; Volkszählungsurteil; Grundsatz der Direkterhebung beim Betroffenen (keine heimliche Erhebung); Verbot mit Erlaubnisvorbehalt; Grundsatz der Zweckbindung; Grundsatz der Datenvermeidung; Grundsatz der Verhältnismäßigkeit; Erforderlichkeitsprinzip; Dateibegriff; Subsidiarität des BDSG; Grenzüberschreitende Datenverarbeitung; Sitzlandprinzip; Kollisionsregelung; Niederlassung; Datentransit; Inländischer Vertreter; Datenträger; Transit

Weitere relevante Vorschriften

Landesdatenschutzgesetze; Spezialgesetzliche Bundesgesetze, z.B. TKG, TMG; Verwaltungsverfahrensgesetz

A. Allgemeines

I. Regelungszweck

1 § 1 leitet in das Gesetz ein und erläutert zunächst den Zweck und den Anwendungsbereich des Gesetzes. § 1 sollte am Anfang jeder datenschutzrechtlichen Prüfung stehen, denn er macht die Vorgaben dazu, wann überhaupt das BDSG zur Anwendung kommt. Er regelt insbesondere

- den sachlichen Anwendungsbereich des BDSG, also auf welche Sachverhalte das BDSG Anwendung findet (Abs. 2);
- den persönlichen Anwendungsbereich des BDSG, d.h., wer Adressat des Gesetzes ist (Abs. 2);
- den räumlichen Anwendungsbereich (Abs. 5) und damit die Frage, wann deutsches Datenschutzrecht bei internationalen Sachverhalten zur Anwendung kommt;
- die Subsidiarität des BDSG gegenüber spezielleren Gesetzen (Abs. 3).

2 § 1 Abs. 5 setzt Art. 4 der Richtlinie 95/46/EG um, der das anwendbare einzelstaatliche Datenschutzrecht bestimmt. Mit der doppelten Zielsetzung der Richtlinie, einen effektiven Datenschutz zu bewirken und zugleich den freien Datenverkehr zu fördern, ist es nötig, ein einheitliches Kollisionsrecht zu etablieren, damit weder Schutzlücken entstehen (weil etwa bestimmte Sachverhalte von keinem Mitgliedstaat geregelt werden) noch mehrere Mitgliedstaaten den gleichen Sachverhalt mit unterschiedlichen inhaltlichen Anforderungen regeln[1]. Zielsetzung war dabei auch, grenzüberschreitende Aktivitäten verantwortlicher Stellen im Binnenmarkt zu erleichtern, also eine Belastung von im Binnenmarkt tätigen verantwortlichen Stellen zu vermeiden – diese wäre v.a. entstanden, wenn sie sich mit allen Datenschutzbestimmungen in

1 Taeger/Gabel/*Gabel*, § 1 Rn. 49; Simitis/*Dammann*, § 1 Rn. 199.

den unterschiedlichen Mitgliedstaaten hätte auseinandersetzen müssen; aufgrund der Harmonisierungswirkung der Richtlinie erscheinen kleinere Unterschiede in der Umsetzung und Anwendung zwischen den Mitgliedstaaten vertretbar.

Die Regelung etabliert deshalb das Sitzlandprinzip,[2] d.h., es kommt darauf an, an welchem geografischen Ort die verantwortliche Stelle angesiedelt („belegen") ist. Damit erfolgte in Deutschland insoweit eine Abkehr vom Territorialitätsprinzip (nach dem der geografische Ort der Datenverarbeitung maßgeblich wäre). Für in Deutschland angesiedelte verantwortliche Stellen, die in Deutschland Datenverarbeitung betreiben, verbleibt es – ohne dass das einer ausdrücklichen Regelung bedürfte, vgl. Abs. 2 (der dies stillschweigend voraussetzt) – bei der Anwendung des BDSG.[3] 3

§ 1 Abs. 5 hat dabei die Aufgabe, bei Auslandssachverhalten grundsätzlich über die Anwendbarkeit von Vorschriften des BDSG zu entscheiden, bildet also quasi die erste Hürde: Erst wenn diese übersprungen ist, kommt es auf weitere Vorschriften an, die grenzüberschreitende Sachverhalte regeln (etwa §§ 4b, 4c BDSG).[4] 4

II. Ausblick auf die Novellierung des Europäischen Datenschutzrechts

Der Entwurf der EU-Datenschutz-Grundverordnung[5] dehnt den räumlichen Anwendungsbereich der Datenschutzvorschriften aus. Es ist das bewusste Ziel des Verordnungsentwurfs, verantwortliche Stellen aus dem Ausland stärker in die Pflicht nehmen zu können. Gemäß Art. 3.2 des Entwurfs findet die Verordnung auch dann Anwendung, wenn der für die Verarbeitung Verantwortliche zwar nicht in der Union niedergelassen ist, aber Waren oder Dienstleistungen im Inland anbietet oder Verhalten von Betroffenen im Inland beobachtet. 5

In Bezug auf den sachlichen Anwendungsbereich knüpft der Verordnungsentwurf gem. Art. 2.1 wie das BDSG an den Dateibegriff an. Dieser ist in Art. 4 (4) definiert als jede strukturierte Sammlung personenbezogener Daten, die nach bestimmten Kriterien zugänglich sind. Nach dem 13. Erwägungsgrund sind Akten oder Aktensammlungen sowie ihre Deckblätter, die nicht nach bestimmten Kriterien geordnet sind, explizit vom Anwendungsbereich ausgenommen. Allerdings soll dies dann wohl auch für Behörden relevant sein, während das BDSG diesen nur bei privatwirtschaftlichen Stellen anwendet. 6

Wie auch das BDSG soll die Verordnung nur dann Anwendung finden, wenn es um „personenbezogene Daten" geht. Der Begriff wird in Art. 4 (1) , (2) des Entwurfs definiert als Informationen, die sich auf eine bestimmte oder bestimmbare natürliche Person beziehen, *„welche direkt oder indirekt mit Mitteln bestimmt werden kann, die der für die Verarbeitung Verantwortliche oder jede sonstige natürliche oder juristische Person nach allgemeinem Ermessen aller Voraussicht nach einsetzen würde"*. Damit würde wohl bereits ein relativer Personenbezug ausreichen, um ein Datum als personenbezogenes Datum zu klassifizieren. D.h., ausreichend ist, dass ein Dritter eine Identifizierung herbeiführen kann. Nicht von der Verordnung erfasst sein sollen dagegen anonyme Daten, wie sich aus dem 23. Erwägungsgrund ergibt. Der Begriff wird nicht definiert, sodass fraglich ist, ob auch eine faktische Anonymisierung ausreichen kann, bei welcher die Re-Identifizierungsmöglichkeit nicht komplett ausgeschlossen, aber unwahrscheinlich ist, weil dies nur mit einem unverhältnismäßig großen Aufwand an Zeit, Kosten und Arbeitskraft zu bewerkstelligen wäre. Im Rahmen der Änderungsanträge im Parlament sind diverse Definitionen von „anonym" diskutiert worden, sodass abzuwarten bleibt, wie die endgültige Definition des personenbezogenen Datums ausgestaltet sein wird. Der 24. Erwägungsgrund erwähnt, dass IP-Adressen oder Cookie-Kennungen zu einer Identifizierbarkeit führen können, aber nicht müssen. 7

Stark kritisiert wurde, dass der Verordnungsentwurf in Art. 2.2 lit. b) die Organe, Einrichtungen, Ämter und Agenturen der Europäischen Union vom persönlichen Anwendungsbereich ausnimmt. Auch hier 8

---

2 *Gola/Schomerus*, § 1 Rn. 27; oft auch „abgeschwächtes" oder „modifiziertes" Sitzlandprinzip, vgl. *Schaar*, RDV 2002, 4.

3 Taeger/Gabel/*Gabel*, § 1 Rn. 48.

4 Taeger/Gabel/*Gabel*, § 1 Rn. 52.

5 Vorschlag für eine Verordnung des Europäischen Parlaments und des Rates zum Schutz natürlicher Personen bei der Verarbeitung personenbezogener Daten und zum freien Datenverkehr (Datenschutz-Grundverordnung) vom 25.01.2012, KOM(2012) 11.

bleibt abzuwarten, ob die Regelung im Rahmen des Trilogs oder des förmlichen Gesetzgebungsverfahrens zwischen Kommission, Europäischem Parlament und Europäischem Rat noch angepasst wird. Wie im BDSG sind gem. Art. 2.2 lit d) natürliche Personen dann vom Adressatenkreis der Verordnung ausgenommen, sofern die Verarbeitung zu ausschließlich persönlichen oder familiären Zwecken ohne jede Gewinnerzielungsabsicht vorgenommen wird.

B. Inhalt der Regelung

9 § 1 Abs. 1 erläutert den **Zweck des Gesetzes** und ist damit zugleich Auslegungshilfe für die Anwendung der Regelungen des BDSG, welche sich an diesem Zweck auszurichten haben. § 1 Abs. 2 bestimmt den sog. **sachlichen Anwendungsbereich**. D.h. die Frage, ob das Gesetz überhaupt auf den zu prüfenden Sachverhalt Anwendung findet. Ferner regelt Abs. 2 den **persönlichen Anwendungsbereich**, also die Frage, wer Adressat des Gesetzes ist. Im Gegensatz dazu regelt § 1 Abs. 5 den **räumlichen Anwendungsbereich**, also die Frage, ob das BDSG bei grenzüberschreitenden Sachverhalten (z.B. verantwortliche Stelle sitzt im Ausland) Anwendung findet. Schließlich regelt § 1 Abs. 3 und 4 die Frage der **Subsidiarität**, d.h. die Frage, ab wann das BDSG zurücktritt, weil ein spezielleres Gesetz gilt. Im Einzelnen:

I. Zweck des Gesetzes, § 1 Abs. 1

10 § 1 Abs. 1 beschreibt als Zweck des Gesetzes den Schutz des Einzelnen vor Beeinträchtigungen des Persönlichkeitsrechts. Der Begriff des „Persönlichkeitsrechts" wurde erstmals 1990 in das BDSG aufgenommen[6] und ist eine Reaktion auf das sog. **Volkszählungsurteil** des *Bundesverfassungsgerichts* aus dem Jahre 1983.[7] Das Urteil ist ein Meilenstein, denn mit ihm räumte das *Bundesverfassungsgericht* dem Datenschutz erstmals Verfassungsrang ein. Konkret stellte es fest, dass das durch Art. 2 Abs. 1 i.V.m. Art. 1 Abs. 1 Grundgesetz geschützte sog. **Allgemeine Persönlichkeitsrecht** auch ein **Recht auf informationelle Selbstbestimmung** umfasst. Im Mittelpunkt der grundgesetzlichen Ordnung der Bundesrepublik Deutschland stehen Wert und Würde der Person, die in freier Selbstbestimmung als Glied der Gesellschaft wirkt. Ihrem Schutz dient – neben den ebenfalls im Grundgesetz geregelten Freiheitsrechten – das sog. Allgemeine Persönlichkeitsrecht, welches die Befugnis des Einzelnen umfasst, grundsätzlich selbst zu entscheiden, wann und innerhalb welcher Grenzen persönliche Lebenssachverhalte offenbart werden.[8] Das *Bundesverfassungsgericht* stellte fest, dass die freie Entfaltung der Persönlichkeit unter den modernen Bedingungen der Datenverarbeitung den Schutz des Einzelnen gegen unbegrenzte Erhebung, Speicherung, Verwendung und Weitergabe seiner persönlichen Daten voraussetze. Ferner prägte es den Satz, dass es unter den Bedingungen der automatischen Datenverarbeitungen **„kein belangloses Datum"** mehr gebe.[9] Maßgeblich sei nicht nur, ob ein Datum sensibel sei, vielmehr seien die Nutzbarkeit und die Verwendungsmöglichkeit entscheidend. Dies hänge einerseits vom Zweck, dem die Erhebung diene, ab, andererseits von den Verarbeitungs- und Verknüpfungsmöglichkeiten. Dem entspricht das im Bundesdatenschutzgesetz fest verankerte sog. **Zweckbindungsgebot**, welches bestimmt, dass die verantwortliche Stelle bereits im Zeitpunkt der Erhebung festlegen muss, für welche Zwecke sie die Daten erhebt und vorsieht, dass spätere Zweckänderungen einer erneuten Ermächtigungsgrundlage bedürfen.

11 Das Grundrecht auf informationelle Selbstbestimmung ist nicht schrankenlos gewährleistet, sondern steht im steten Spannungsverhältnis zu anderen Grundrechten (z.B. dem Grundrecht auf Meinungs- und Informationsfreiheit anderer). Der Einzelne agiert als Teil der Gemeinschaft und muss deshalb z.B. Beschränkungen durch die Verfassung oder Grundrechte Dritter hinnehmen. Dies zeigt sich plastisch am Informationsfreiheitsgesetz, welches umgekehrt einen Informationsanspruch von Dritten begründet.[10]

---

6 Vgl. BR-Drs. 618/88.
7 BVerfG, Urteil v. 15.12.1983, Az. 1 BvR 209/83, BVerfGE 65, 1 ff., NJW 1984, 419.
8 BVerfG, Urteil v. 15.12.1983, Az. 1 BvR 209/83, NJW 1984, 419, 421.
9 BVerfG, Urteil v. 15.12.1983, Az. 1 BvR 209/83, NJW 1984, 419, 422.
10 Für Bundesbehörden gilt z.B. das Gesetz zur Regelung des Zugangs zu Informationen des Bundes (Informationsfreiheitsgesetz – IFG) vom 05.09.2005, BGBl. I, S. 2722; für Landesbehörden gibt es i.d.R. vergleichbare Regelungen.

Beschränkungen des Grundrechts auf informationelle Selbstbestimmung bedürfen einer gesetzlichen Grundlage. Dementsprechend gilt im Datenschutzrecht das **Verbot mit Erlaubnisvorbehalt**, d.h., eine Erhebung, Verarbeitung oder Nutzung personenbezogener Daten ist gem. § 4 Abs. 1 nur erlaubt, wenn ein Gesetz oder eine andere Rechtsvorschrift dies erlaubt oder der Betroffene eingewilligt hat. Dabei muss der Gesetzgeber den **Grundsatz der Verhältnismäßigkeit** beachten, d.h., der Bürger darf in seinen Freiheitsrechten nur insoweit beschränkt werden, wie es zum Schutz des öffentlichen Interesses unerlässlich ist. Hier gilt die sog. **Zweck-Mittel-Relation**, d.h., verhältnismäßig ist die Erhebung, Verarbeitung und Nutzung nur dann, wenn es ein für den Betroffenen weniger einschneidendes, „milderes" Mittel, welches ebenso zur Zweckerreichung geeignet ist, nicht gibt. 12

Grundrechte sind in erster Linie Abwehrrechte des Bürgers gegen den Staat. Allerdings hat das *Bundesverfassungsgericht* bereits 1958 im sog. Lüth-Urteil klargestellt, dass die Grundrechte eine Ausstrahlungswirkung auch auf Privatrechtsverhältnisse haben (sog. **Drittwirkung von Grundrechten**), insbesondere seien die ein Grundrecht beschränkenden Gesetze ihrerseits „im Lichte der Bedeutung" des Grundrechts zu interpretieren.[11] Vor diesem Hintergrund erklärt sich, dass auch Unternehmen des Privatrechts im Rahmen einer Abwägung nach § 28 Abs. 1 Satz 1 Nr. 2 Grundrechtspositionen in Abwägung bringen müssen. Einerseits sind die berechtigten Interessen der verantwortlichen Stelle zu berücksichtigen, andererseits ist zu prüfen, ob ein schutzwürdiges Interesse des Betroffenen überwiegt. Dabei können nur solche Datenerhebungen, -verarbeitungen und -nutzungen zulässig sein, die verhältnismäßig sind. Die bereits oben erwähnte Zweck-Mittel-Relation ist also auch insoweit zu prüfen. Sie spiegelt sich in dem immer wieder im BDSG bemühten sog. **Erforderlichkeitsprinzip** wider, wonach nur solche personenbezogene Daten erhoben, verarbeitet oder genutzt werden dürfen, welche zur Erreichung des festgelegten Zwecks „erforderlich" sind. Verarbeitungen, welche überschießende Daten verwenden, sind nicht erforderlich und dementsprechend auch nicht verhältnismäßig. Dies ergibt sich nunmehr auch ausdrücklich aus dem in das Gesetz aufgenommenen **Grundsatz der Datenvermeidung** (§ 3a), welcher bestimmt, dass so wenig personenbezogene Daten wie möglich zu erheben, zu verarbeiten oder zu nutzen sind. 13

Bei der Frage der Verhältnismäßigkeit spielt auch die Wahl der Mittel zum Schutz von personenbezogenen Daten eine Rolle. Beispielsweise muss die verantwortliche Stelle gem. § 9 diejenigen technischen und organisatorischen Maßnahmen treffen, die „erforderlich" sind, um die Einhaltung der datenschutzrechtlichen Bestimmungen zu gewährleisten, insbesondere einen unberechtigten Zugriff auf die Daten zu verhindern. Dabei erläutert § 9 Satz 2, dass Maßnahmen nur dann „erforderlich" sind, wenn ihr Aufwand in einem angemessenen Verhältnis zum angestrebten Schutzzweck steht. Insoweit muss sich die verantwortliche Stelle Gedanken darüber machen, wie sensibel die Angaben sind und welche Risiken im Falle eines Missbrauchs für den Betroffenen bestehen. Danach hat sie den Schutzbedarf festzulegen, weshalb es z.B. zulässig ist, eine kurze Information zu einer Terminabsprache per unverschlüsselter E-Mail auszutauschen, während z.B. Gehaltsdaten von Mitarbeitern nur verschlüsselt übermittelt werden können. 14

!

Die wichtigsten datenschutzrechtlichen Grundsätze leiten sich letztlich aus der Rechtsprechung des *Bundesverfassungsgerichts* zum informationellen Selbstbestimmungsrecht als Teil des sog. Allgemeinen Persönlichkeitsrechts ab. Dies sollte man sich vor Augen führen, wenn man die Vorschriften auslegt. Konkret sind die folgenden Grundsätze zentrale Säulen des Datenschutzrechts

- Grundsatz der Direkterhebung beim Betroffenen (keine heimliche Erhebung)
- Verbot mit Erlaubnisvorbehalt
- Grundsatz der Zweckbindung
- Grundsatz der Datenvermeidung
- Erforderlichkeitsprinzip, Grundsatz der Verhältnismäßigkeit

---

11 BVerfG, Urteil v. 15.01.1958, Az. 1 BvR 400/57, NJW 1958, 257, 258.

15 Insgesamt ist das Allgemeine Persönlichkeitsrecht kein statisches Gebilde, sondern dynamisch und technikneutral, es wird seit jeher durch die Rechtsprechung fortentwickelt. Beispielsweise hat das *Bundesverfassungsgericht* das Allgemeine Persönlichkeitsrecht im sog. Online-Durchsuchungsurteil um ein sog. **Recht auf Integrität und Vertraulichkeit informationstechnischer Systeme** erweitert.[12] Dieses Recht sei anzuwenden, wenn die Eingriffsermächtigung Systeme erfasse, die allein oder in ihren technischen Vernetzungen personenbezogene Daten des Betroffenen in einem Umfang und in einer Vielfalt enthalten könnten, dass es möglich ist, einen Einblick in wesentliche Teile der Lebensgestaltung des Betroffenen zu gewinnen oder ein aussagekräftiges Bild der Persönlichkeit zu erhalten.[13] Geschützt sei das Interesse des Nutzers, dass die von einem informationstechnischen System erzeugten, verarbeiteten und gespeicherten Daten vertraulich blieben, insbesondere sei ein Schutz vor heimlichen Zugriffen zu gewährleisten.

II. Sachlicher und persönlicher Anwendungsbereich des Gesetzes, § 1 Abs. 2

16 § 1 Abs. 2 bestimmt, wann die Vorschriften des BDSG sachlich Anwendung finden und wer Adressat der Norm ist. Sind die Voraussetzungen des § 1 Abs. 2 nicht erfüllt, ist das BDSG schon gar nicht einschlägig.

1. Sachlicher Anwendungsbereich, insbes. personenbezogene Daten

a) Personenbezogene Daten

17 Wichtigstes Kriterium für die Anwendbarkeit des BDSG ist zunächst, dass es um die „Erhebung, Verarbeitung und Nutzung personenbezogener Daten" geht. Diese Begriffe sind jeweils in § 3 Abs. 1 und 4 definiert (siehe § 3 Rn. 4 ff. und 50 f.).

18 Zentrale Bedeutung hat vor allem der Begriff des „personenbezogenen Datums", welchen § 3 Abs. 1 definiert als *„Einzelangaben über persönliche oder sachliche Verhältnisse einer bestimmten oder bestimmbaren natürlichen Person (Betroffener)"*. Geht es bei dem zu prüfenden Sachverhalt nämlich nicht um Daten einer natürlichen Person, sondern um bloße Firmendaten (z.B. ABC GmbH), findet das Datenschutzrecht keine Anwendung. Dabei ist allerdings bei Firmendaten ein „Durchschlagen" auf eine natürliche Person dergestalt möglich, dass bereits der Firmenname einen Rückschluss auf eine natürliche Person zulässt (z.B. bei der Ein-Mann-GmbH). Darüber hinaus können auch Daten von Firmenkunden personenbeziehbare Angaben enthalten, z.B. die Kontaktdaten der Mitarbeiter.

19 Kein „personenbezogenes Datum" liegt vor, wenn die Angaben anonym sind. In der Praxis sollte stets geprüft werden, ob für den angestrebten Zweck nicht auch anonyme Daten ausreichen, schon auch um dem in § 3a geregelten Grundsatz der Datenvermeidung Genüge zu tun. Im Übrigen kann eine Anonymisierung dazu führen, dass das BDSG keine Anwendung mehr findet.

! Auf anonyme Daten findet das BDSG grundsätzlich keine Anwendung. Die schwierige Frage in der Praxis ist, wann personenbezogene Daten als anonym gelten. § 3 Abs. 6 definiert das Anonymisieren als das *„Verändern personenbezogener Daten derart, dass die Einzelangaben nicht mehr oder nur mit einem unverhältnismäßig großen Aufwand an Zeit, Kosten und Arbeitskraft einer bestimmten oder bestimmbaren Person zugeführt werden können"*. Sofern die Daten komplett anonym sind (1. Alternative), also von niemandem mehr auf eine natürliche Person zurückgeführt werden können, ist das BDSG nicht einschlägig. Problematisch ist die „bloß" faktische Anonymität (2. Alternative), d.h., wenn nicht ausgeschlossen werden kann, dass die Daten von der verantwortlichen Stelle oder einem Dritten mit Zusatzwissen doch wieder mit einer natürlichen Person in Verbindung gebracht werden können. Hier ist zunächst umstritten, ob es nur auf das Zusatzwissen der verantwortlichen Stelle ankommt (so die bisher herrschende Meinung) oder ob auch relevant ist, ob irgendein Dritter über solches Zusatzwissen verfügen könnte (siehe § 3 Rn. 4 ff.). Die europäischen Aufsichtsbehörden wen-

12 BVerfG, Urteil v. 27.02.2008, Az. 1 BvR 370/07, 1 BvR 595/07, NJW 2008, 822 ff.
13 BVerfG, Urteil v. 27.02.2008, Az. 1 BvR 370/07, 1 BvR 595/07, NJW 2008, 822, 827.

den diesbezüglich eher einen gleitenden Maßstab an. Die sog. Artikel-29-Datenschutzgruppe[14] hat hierzu eine Stellungnahme veröffentlicht, die man im Rahmen der Auslegung des Begriffs ebenfalls konsultieren sollte, auch wenn diese unverbindlich ist.[15] Danach sollen für die Feststellung der Identifizierbarkeit alle relevanten Kontextfaktoren im Einzelfall berücksichtigt werden, wie Kosten der Identifizierung, der beabsichtigte Zweck der Verarbeitung, der erwartete Vorteil für die verantwortliche Stelle, die auf dem Spiel stehenden Interessen des Betroffenen, die Gefahr organisatorischer Dysfunktionen, technische Fehler. Nach Auffassung der Artikel-29-Datenschutzgruppe handelt es sich um eine dynamische Prüfung, d.h., es sei der Stand der Technik zum Zeitpunkt der Verarbeitung und die Entwicklungsmöglichkeiten in dem Zeitraum, in dem die Daten verarbeitet werden, berücksichtigt werden.

b) Dateibegriff

Darüber hinaus gilt das BDSG im privatwirtschaftlichen Bereich grundsätzlich nicht, bei **nicht automatisierten Verarbeitungen außerhalb von Dateien**. Nr. 3 verlangt nämlich für die Anwendbarkeit, dass die Daten *„unter Einsatz von Datenverarbeitungsanlagen"* oder *„in oder aus nicht automatisierten Dateien"* verarbeitet, genutzt oder dafür erhoben werden. Ausreichend ist, dass die Daten (sei es auch in Papierform) für eine spätere automatisierte Verarbeitung erhoben werden. Der Begriff der „nicht automatisierten Datei" ist in § 3 Abs. 2 Satz 2 definiert, wonach *„jede nicht automatisierte Sammlung personenbezogener Daten, die gleichartig aufgebaut ist und nach bestimmten Merkmalen zugänglich ist und ausgewertet werden kann"*, eine Datei darstellt. Um den Dateibegriff zu erfüllen, bedarf es also einer gleichartig aufgebauten Sammlung von Daten, welche nach bestimmten Kriterien ausgewertet werden kann. Hierunter kann aber bereits eine Gehaltsliste fallen oder nach bestimmten Kriterien sortierte Karteikarten.[16] Auf Akten und sonstige Dokumente in Papierform findet das BDSG im privatwirtschaftlichen Bereich grundsätzlich keine Anwendung. Eine Ausnahme gilt, wenn die Akte den Dateibegriff erfüllt, z.B. wenn sie nach Aktenzeichen geordnet und nach dem Namen umgeordnet werden kann.[17] Ferner gilt das BDSG, wenn die Papierunterlage offensichtlich aus einer automatisierten Verarbeitung stammt (z.B. Ausdruck einer Excel-Liste), vgl. § 27 Abs. 4 (siehe § 27 Rn. 21 ff.). Darüber hinaus bestimmt § 32 für Beschäftigtendaten eine Rückausnahme. Gem. § 32 Abs. 2 kommt es nämlich bei Beschäftigtendaten nicht auf den Dateibegriff an. 20

!

Anders als bei öffentlich-rechtlichen Stellen soll für privatrechtliche Stellen das BDSG dann nicht gelten, wenn es nicht um eine automatisierte oder dateigebundene Verarbeitung geht. Allerdings greift diese Ausnahme nur noch in seltenen Fällen, denn:

- es genügt, dass die automatisierte Verarbeitung intendiert ist, also die Daten hierfür erhoben wurden.
- auch Akten können den Dateibegriff erfüllen.
- Daten, die offensichtlich aus einer automatisierten Datenverarbeitung stammen, wie z.B. Ausdrucke, unterliegen dem BDSG, § 27 Abs. 4.
- Beschäftigtendaten unterliegen dem BDSG, unabhängig vom Vorliegen einer automatisierten Verarbeitung oder Datei.

2. Persönlicher Anwendungsbereich, Normadressaten

Adressaten der Norm sind gem. § 1 Abs. 2 Nr. 1–3 grundsätzlich öffentliche Stellen des Bundes (Nr. 1), öffentliche Stellen der Länder (Nr. 2) und sog. nicht-öffentliche Stellen (Nr. 3). Die Begriffe sind jeweils in § 2 definiert (siehe § 2 Rn. 7 ff.). Grundsätzlich meint „öffentlich-rechtlich", dass es um die Ausübung 21

---

14 Artikel-29-Datenschutzgruppe ist ein Beratungsgremium der EU in Datenschutzfragen, welches sich aus Entsendeten der Aufsichtsbehörden der Mitgliedstaaten zusammensetzt.
15 Artikel-29-Datenschutzgruppe, Stellungnahme 4/2007 zum Begriff „personenbezogene Daten" vom 20.06.2007, WP 136.
16 *Gola/Schomerus*, § 1 Rn. 18.
17 *Gola/Schomerus*, § 1 Rn. 20.

von Hoheitsgewalt geht, also Stellen, welche in der Exekutive (Verwaltung) oder Judikative (Rechtsprechung) tätig sind. Öffentlich-rechtliche Stellen des Bundes sind solche, welche diese Hoheitsaufgaben auf Bundesebene übernehmen. Dabei kommt es nicht darauf an, ob die Tätigkeit von einer Bundesbehörde selbst (z.B. Ministerium oder Bundesrechnungshof) oder von bundesunmittelbaren Körperschaften (z.B. die Agentur für Arbeit) oder Anstalten (z.B. Deutsche Welle) oder Stiftungen (z.B. Otto-von-Bismarck-Stiftung) des öffentlichen Rechts erbracht wird.

22 Theoretisch unterfallen dem BDSG auch öffentlich-rechtliche Stellen der Länder, sofern diese Bundesrecht ausführen oder als Organe der Rechtspflege tätig werden. Dies gilt allerdings nur, sofern der Datenschutz nicht durch Landesrecht geregelt ist, was aber in allen Bundesländern der Fall ist. Für Landesbehörden bleibt es deshalb bei der Anwendung des jeweils geltenden Landesdatenschutzrechts.

23 Der Begriff „nicht-öffentliche" Stellen in Nr. 3 meint Stellen, welche den Regeln des sog. Privatrechts unterliegen. Also insbesondere natürliche Personen und juristische Personen des Privatrechts (z.B. BGB-Gesellschaft, GmbH). Allerdings gelten auch hier zwei Einschränkungen:

24 Nicht-öffentliche Stellen unterliegen gem. § 1 Abs. 2 Nr. 3 nicht dem BDSG, wenn es nur um **persönliche oder familiäre Tätigkeiten** einer natürlichen Person geht. Damit ist die nicht kommerzielle Verarbeitung von Daten im privaten Bereich (Freizeit und Familie) gemeint, z.B. das private Führen eines Telefonbuchs oder einer Fotodatenbank. Unschädlich ist, wenn die Daten von mehreren genutzt werden, sofern diese Personen zum familiären oder persönlichen Umfeld gehören.[18] Der Bereich der privaten Nutzung wird allerdings verlassen, wenn es um Tätigkeiten im Rahmen von freien Berufen geht oder um Vorbereitungshandlungen für eine gewerbliche Tätigkeit (z.B. Marktforschung). An einer bloß persönlichen Tätigkeit fehlt es ferner auch dann, wenn die Informationen der Allgemeinheit zugänglich gemacht werden, z.B. über private Websites.[19] In Bezug auf **Social Media**-Angebote ist zu differenzieren: Werden die Angaben nur Freunden und Bekannten gegenüber freigeschaltet (z.B. auf Facebook), liegt eine private Nutzung vor.[20] Etwas anderes kann dann gelten, wenn der Nutzer Daten Dritter für die Allgemeinheit freigibt, um damit seine Angebote zu bewerben.

25 Nicht mehr ausschließlich dem persönlich-familiären Bereich zuzuordnen sind Tätigkeiten von Vereinen oder Kirchengemeinden, unabhängig davon, ob diese Tätigkeit kommerziellen Charakter hat.[21]

III. Subsidiarität des BDSG, § 1 Abs. 3

26 Gem. § 1 Abs. 3 Satz 1 gehen speziellere Bundesgesetze zum Datenschutz dem BDSG vor. Das BDSG ist ein **Auffanggesetz**, d.h., es lebt erst dann wieder auf, wenn das speziellere Gesetz keine Regelung enthält. Vor einer Anwendung der Vorschriften des BDSG ist daher immer zu prüfen, ob der Sachverhalt nicht bereits von einem spezielleren, bereichsspezifischen Gesetz erfasst wird.

Beispiele für speziellere datenschutzrechtliche Bestimmungen

Im Bereich der Telekommunikation gelten die datenschutzrechtlichen Bestimmungen die §§ 91 ff. TKG. Für Telemedien gelten die spezielleren §§ 12 ff. TMG.

27 Zur Anwendung der Vorschriften des BDSG kann es trotz Spezialgesetz kommen, wenn dieses einen bestimmten Sachverhalt nicht regelt. Nach allgemeiner Ansicht ist dafür maßgebend, ob zwischen der Norm des BDSG und des Spezialgesetzes „Tatbestandskongruenz" besteht, d.h., ob die Norm genau den gleichen Sachverhalt regelt.[22] Ist der Regelungsgegenstand dagegen nicht deckungsgleich, d.h. erfasst die Norm des BDSG Sachverhalte, welche die spezialgesetzliche Norm nicht regelt, bleibt das BDSG anwendbar. Nach *Simitis* bestimmt sich die Deckungsgleichheit nach dem Ziel und Inhalt der mit dem BDSG

---

18 Taeger/Gabel/*Schmidt*, § 1 Rn. 30 f.
19 Simitis/*Dammann*, § 1 Rn. 151.
20 Plath/*Plath*, § 1 Rn. 33.
21 Simitis/*Dammann*, § 1 Rn. 151; Taeger/Gabel/*Schmidt*, § 1 Rn. 28; *Schaffland/Wiltfang*, § 1 Rn. 22
22 *Gola/Schomerus*, § 1 Rn. 24; Simitis/*Dix*, § 1 Rn. 170; Taeger/Gabel/*Schmidt*, § 1 Rn. 33; Däubler/Klebe/Wedde/Weichert/*Weichert*, § 1 Rn. 13.

konkurrierenden Norm.[23] Dabei kann es sein, dass Deckungsgleichheit nur für einzelne Phasen der Datenverarbeitung besteht.[24] Oftmals ist es so, dass für grundsätzliche Bestimmungen (z.B. Anforderungen an eine Einwilligung gem. § 4a) oder Definitionen (z.B. der in § 3 Abs. 1 definierte Begriff personenbezogenes Datum) wieder auf das BDSG zurückzugreifen ist, weil das Spezialgesetz keine eigene Regelung dazu enthält.

Beispiel für ein „Wiederaufleben" des BDSG

§ 15 Abs. 3 TMG gestattet die Erstellung von Nutzerprofilen unter Verwendung von Pseudonymen. Wann ein Pseudonym vorliegt, regelt das TMG dagegen nicht. Insoweit ist § 3 Abs. 6a heranzuziehen, welcher den Begriff des Pseudonyms definiert.

Gem. § 1 Abs. 3 Satz 2 bleiben spezielle **Geheimhaltungspflichten** „unberührt". Damit wird zum Ausdruck gebracht, dass das BDSG nicht subsidiär ist, sondern daneben Geltung beansprucht, sofern nicht in die Geheimhaltungspflicht eingegriffen wird. Die Geheimhaltungspflichten gehen so lange dem BDSG vor, wie dieses keinen strengeren Schutz anordnet, d.h., das **BDSG gilt als Mindeststandard** bzw. hat Auffangfunktion.[25] 28

Die Geheimhaltungspflichten können gesetzlicher, beruflicher oder amtlicher Natur sein. Vertragliche Geheimhaltungspflichten fallen nicht darunter. 29

Beispiele für spezielle Geheimhaltungspflichten

Gesetzlich

- Steuergeheimnis, § 30 AO
- Sozialgeheimnis, § 35 Abs. 1 SGB I
- Statistikgeheimnis, § 16 Abs. 1 BStatG
- Fernmeldegeheimnis, § 88 TKG
- Anwaltsgeheimnis, § 43a BRAO
- Notargeheimnis, § 18 BNotO
- Betriebs- und Geschäftsgeheimnisse, § 17 UWG

Beruflich (Standesrecht)

- Schweigepflicht der Ärzte, Angehörigen von Heilberufen etc.
- Bankgeheimnis

Amtlich

- Personalaktengeheimnis der Angestellten und Arbeitnehmer des öffentlichen Dienstes

Die Parallelgeltung von BDSG und Geheimhaltungspflicht führt, wie gesagt, gerade nicht dazu, dass das BDSG unanwendbar ist. Vielmehr ist zu prüfen, ob eine Anwendung des BDSG in die Geheimhaltungspflicht eingreift. Beispielsweise hat das *Kammergericht Berlin* die Auffassung vertreten, dass ein Anwalt einem Auskunftsverlangen einer Aufsichtsbehörde das Mandatsgeheimnis entgegenhalten kann.[26] Auch Ansprüche von Betroffenen auf z.B. Auskunft scheiden gegenüber einem Anwalt aus. Umstritten ist, ob der Anwalt unter den Voraussetzungen des § 4f Abs. 1 Satz 2 verpflichtet ist, einen betrieblichen Datenschutzbeauftragten zu bestellen.[27] Dafür spricht, dass diese Vorgabe nicht notwendig in das Mandatsgeheimnis eingreift und der Datenschutzbeauftragte gem. § 203 Abs. 2a StGB ebenfalls zum Kreis der Geheimnisträger gehört und für einen Verstoß selbst strafrechtlich haftet. 30

23 Simitis/*Dix*, § 1 Rn. 170.
24 Simitis/*Dix*, § 1 Rn. 170; *Gola/Schomerus*, § 1 Rn. 24.
25 Simtis/*Dix*, § 1 Rn. 186; Plath/*Plath*, § 1 Rn. 39; Taeger/Gabel/*Schmidt*, § 1 Rn. 39.
26 KG, Urteil v. 20.08.2010, Az. 1 Ws (b) 51/07 – 2 Ss 23/07, NJW 2011, 324, 325.
27 Vgl. Datenschutz-Checkliste für die Anwaltskanzlei des Deutschen Anwaltsvereins; Innenministerium Baden-Württemberg, 3. Tätigkeitsbericht (2005), S. 21 ff.; Simitis/*Dix*, § 1 Rn. 186; a. A. *Rüpke* RDV 2004, 252 ff.; Roßnagel/*Abel*, Kap. 7.11 Rn. 34.

IV. Vorrang vor dem Verwaltungsverfahrensgesetz, § 1 Abs. 4

31 § 1 Abs. 4 regelt umgekehrt zu Abs. 3 einen Vorrang des BDSG vor Vorschriften des Verwaltungsverfahrensgesetzes (VwVfG), soweit bei der Ermittlung des Sachverhalts personenbezogene Daten verarbeitet werden. Konkret werden dadurch die §§ 24, 26 VwVfG eingeschränkt, welche den Behörden weitreichende Befugnisse bei der Sachverhaltsermittlung einräumen.[28] Nach § 24 VwVfG ermittelt die Behörde von Amts wegen und bestimmt Art und Umfang der Ermittlungen nach freiem Ermessen. Soweit im Rahmen der Sachverhaltsermittlung personenbezogene Daten erhoben werden, ist § 4 Abs. 2 zu beachten. D.h., es gilt der Grundsatz der Direkterhebung bei dem Betroffenen, § 4 Abs. 2 Satz 1. Abweichungen davon sind nur nach § 4 Abs. 2 Satz 2 zulässig. Ferner ist der Betroffene gem. § 4 Abs. 3 über den Erhebungszweck zu informieren. § 26 VwVfG regelt den Umgang mit Beweismitteln. Sofern die Beweismittel gespeichert werden, geht § 14 dem § 26 VwVfG vor, insbesondere ist die Zweckbindung zu beachten.

V. Räumlicher Anwendungsbereich des Gesetzes, § 1 Abs. 5

32 § 1 Abs. 5 regelt im Kern drei Sachverhalte:

- in Satz 1 die Freistellung von verantwortlichen Stellen aus anderen EU-Staaten und denen des Europäischen Wirtschaftsraumes von der Anwendung des BDSG, jedoch mit einer „Rück-Ausnahme" für inländische Niederlassungen[29],
- in Sätzen 2 bis 4 die Anwendung des BDSG auf verantwortliche Stellen von außerhalb des Europäischen Wirtschaftsraumes, mit zwei speziellen Regelungen zur Nennung von Vertretern und einer Freistellung von der Anwendung beim Transfer von Datenträgern,
- in Satz 5 die Zuständigkeit der innerstaatlichen Datenschutzaufsichtsbehörden.

33 Satz 1 der Vorschrift etabliert das Sitzlandprinzip. Sie tut dies für verantwortliche Stellen in allen anderen EU-Mitgliedstaaten sowie in den drei weiteren Staaten des Europäischen Wirtschaftsraumes (Norwegen, Island und Liechtenstein). Grundsätzlich bestimmt die Norm, dass das BDSG keinen Geltungsanspruch erhebt für Aktivitäten, die aus diesem geografischen Bereich nach Deutschland hinein gerichtet sind. Dass es dadurch nicht zu Schutzlücken kommt, liegt an der Regelung des Art. 4 Abs. 1 lit. a) der Richtlinie 95/46/EG, aufgrund derer für dieses grenzüberschreitende Hineinwirken das nationale Datenschutzrecht des EU- bzw. EWR-Staates anwendbar bleibt.

> **!** Erhebt eine deutsche verantwortliche Stelle personenbezogene Daten z.B. in Frankreich oder in Österreich, so ist darauf nach § 1 Abs. 2 das BDSG anwendbar. Erhebt eine französische oder österreichische Stelle Daten in Deutschland, so ist entsprechend französisches oder österreichisches Datenschutzrecht anwendbar. Da alle Mitgliedstaaten zur Umsetzung der Richtlinie 95/46/EG verpflichtet sind, sollte ein in etwa vergleichbares Schutzniveau bestehen.

34 Mit diesem Prinzip wird also erreicht, dass sich eine verantwortliche Stelle nur mit den in ihrem Sitzland bestehenden Datenschutzanforderungen auseinandersetzen soll.[30] Sie soll insbesondere nicht gezwungen sein, vor der Ausübung grenzüberschreitender Tätigkeiten innerhalb des Europäischen Wirtschaftsraumes mit ggf. hohem Aufwand Unterschiede in den materiellen Anforderungen der jeweiligen nationalen Datenschutzgesetze zu eruieren[31], oder deshalb gar von einer Nutzung der europäischen Grundfreiheiten absehen.

35 Eine Ausnahme macht Satz 1 allerdings selbst, unterwirft er doch Aktivitäten, die aus Niederlassungen in Deutschland heraus ausgeübt werden, dem deutschen Datenschutzrecht und schränkt das Sitzlandprinzip wieder ein. Der Gedanke dahinter ist, dass es in diesem Fall wieder zumutbar erscheint, von den in der Niederlassung Verantwortlichen die Beachtung des deutschen Datenschutzrechts zu verlangen,

---

28 *Gola/Schomerus*, § 1 Rn. 26; Plath/*Plath*, § 1 Rn. 43.
29 Taeger/Gabel/*Gabel*, § 1 Rn. 55; *Gola/Schomerus*, § 1 Rn. 28.
30 Wolff/Brink/*Gusy*, § 1 Rn. 108.
31 *Gola/Schomerus*, § 1 Rn. 27.

weil der territoriale Aspekt in den Vordergrund rückt, und weil durch die Etablierung der Niederlassung sozusagen die Bindung an Deutschland eine stärkere Wirkung entfaltet als die Herkunft aus einem anderen Staat.

„Niederlassungen" sind dabei gemäß Erwägungsgrund 19 der Richtlinie feste Einrichtungen, bei denen es ausdrücklich nicht auf die Rechtsform ankommt[32]. Es kann dabei auf die gewerberechtliche Bestimmung in § 4 GewO zurückgegriffen werden, wonach eine Niederlassung durch die tatsächliche Ausübung einer selbstständigen, auf unbestimmte Zeit ausgerichteten gewerblichen Tätigkeit begründet wird. Damit fallen etwa reine Briefkastenfirmen, Messestände oder Serverstandorte aus dem Begriff der Niederlassung heraus.[33] **36**

Satz 2 der Norm etabliert für verantwortliche Stellen, die nicht in der Europäischen Union oder den drei anderen Mitgliedstaaten des EWR (Norwegen, Island und Liechtenstein) belegen sind, das Territorialitätsprinzip. Auf ihre in Deutschland stattfindenden Aktivitäten ist das BDSG anwendbar, denn eine adäquate Anwendung der materiellen Datenschutzstandards der Europäischen Union ist in diesem Fall ja nicht sichergestellt. Es sei darauf hingewiesen, dass es auch für Staaten mit einem als angemessen anerkannten Datenschutzniveau bei dieser Regelung verbleibt. **37**

Satz 3 erfordert bei allen Angaben zu ausländischen verantwortlichen Stellen die Angabe, welche inländischen Vertreter die jeweilige verantwortliche Stelle hat. Die Vorschrift ist nicht gelungen: Ordnet sie nach ihrem Wortlaut die Benennung solcher Vertreter nicht an, so ist sie richtlinienkonform doch dahingehend auszulegen, dass die Bestellung von Vertretern zu erfolgen hat (vgl. Art. 4 Abs. 2 der Richtlinie 95/46/EG).[34] Nur aus dem Kontext der Richtlinienbestimmung wird auch deutlich, dass Satz 3 nicht auf jegliche ausländische Stelle Anwendung findet, sondern nur auf die von Satz 2 erfasste Tätigkeit von Stellen außerhalb der EU und der sonstigen EWR-Staaten. Die zur Benennung verpflichtete ausländische Stelle hat dabei großen Spielraum, wen sie auswählt; es muss sich nicht um spezifisch mit Datenschutzaufgaben betraute Vertreter handeln. Die unterbliebene Benennung kann zu Maßnahmen der Aufsichtsbehörden führen (§ 38)[35], ist aber nicht straf- oder bußgeldbewehrt.[36] **38**

Wegen der insgesamt geringen Berührung deutscher Interessen und des deutschen Territoriums wird der Transit von Daten durch das Inland von der Anwendung des Gesetzes ausgenommen, weil gemäß Satz 4 auf solche Transits die Sätze 2 und 3 nicht anwendbar sind. Damit kommt es zu einer umfassenden Freistellung, die erforderlich wäre, weil auch der Transit per Datenträger (etwa im Postversand) oder per Datenleitung ansonsten ggf. nach § 3 Abs. 2, Abs. 4 Nr. 3 als Übermittlung einzustufen sein könnte.[37] **39**

Satz 5 stellt schließlich klar, dass die Vorschriften über die Aufsicht (§ 38 Abs. 1 Satz 1) „unberührt" bleiben, also weiter Geltung beanspruchen. Auf deutschem Territorium ist deshalb die jeweils zuständige nationale Aufsichtsbehörde zur Kontrolle der Datenverarbeitung berufen, selbst wenn nach § 1 Abs. 5 das Datenschutzrecht eines anderen EWR-Staates (darin sind eingeschlossen die EU-Staaten) Anwendung finden sollte.[38] Für die Aufsichtsbehörden bedeutet dies, dass sie ggf. auch andere als deutsche Datenschutzvorschriften zu beachten und anzuwenden haben;[39] dabei wird in aller Regel eine Zusammenarbeit mit der ausländischen Aufsicht angezeigt sein. **40**

32 Wolff/Brink/*Gusy*, § 1 Rn. 102.
33 So Taeger/Gabel/*Gabel*, § 1 Rn. 55.
34 Simitis/*Dammann*, § 1 Rn. 231.
35 Simitis/*Dammann*, § 1 Rn. 235.
36 Taeger/Gabel/*Gabel*, § 1 Rn. 61.
37 Simitis/*Dammann*, § 1 Rn. 238.
38 Simitis/*Dammann*, § 1 Rn. 239.
39 Taeger/Gabel/*Gabel*, § 1 Rn. 62; *Gola/Schomerus*, § 1 Rn. 27.

§ 2 Öffentliche und nichtöffentliche Stellen

(1) [1]Öffentliche Stellen des Bundes sind die Behörden, die Organe der Rechtspflege und andere öffentlichrechtlich organisierte Einrichtungen des Bundes, der bundesunmittelbaren Körperschaften, Anstalten und Stiftungen des öffentlichen Rechts sowie deren Vereinigungen ungeachtet ihrer Rechtsform. [2]Als öffentliche Stellen gelten die aus dem Sondervermögen Deutsche Bundespost durch Gesetz hervorgegangenen Unternehmen, solange ihnen ein ausschließliches Recht nach dem Postgesetz zusteht.

(2) Öffentliche Stellen der Länder sind die Behörden, die Organe der Rechtspflege und andere öffentlich-rechtlich organisierte Einrichtungen eines Landes, einer Gemeinde, eines Gemeindeverbandes und sonstiger der Aufsicht des Landes unterstehender juristischer Personen des öffentlichen Rechts sowie deren Vereinigungen ungeachtet ihrer Rechtsform.

(3) [1]Vereinigungen des privaten Rechts von öffentlichen Stellen des Bundes und der Länder, die Aufgaben der öffentlichen Verwaltung wahrnehmen, gelten ungeachtet der Beteiligung nichtöffentlicher Stellen als öffentliche Stellen des Bundes, wenn

1. sie über den Bereich eines Landes hinaus tätig werden oder

2. dem Bund die absolute Mehrheit der Anteile gehört oder die absolute Mehrheit der Stimmen zusteht.

[2]Andernfalls gelten sie als öffentliche Stellen der Länder.

(4) [1]Nichtöffentliche Stellen sind natürliche und juristische Personen, Gesellschaften und andere Personenvereinigungen des privaten Rechts, soweit sie nicht unter die Absätze 1 bis 3 fallen. [2]Nimmt eine nichtöffentliche Stelle hoheitliche Aufgaben der öffentlichen Verwaltung wahr, ist sie insoweit öffentliche Stelle im Sinne dieses Gesetzes.

Literatur

Detterbeck, Allgemeines Verwaltungsrecht, 10. Aufl. 2012.

▶ **Darum geht es**

Was sind öffentliche Stellen? Wie erfolgt die Abgrenzung von öffentlichen Stellen zu nicht-öffentlichen Stellen?

▶ **Schlagworte**

Beleihung; nicht-öffentliche Stellen; öffentliche Stellen; öffentliche Verwaltung; öffentlich-rechtliche Wettbewerbsunternehmen

---

A. Allgemeines

I. Allgemeine Begriffsbestimmungen/Verhältnis zu § 3

§ 2 enthält wie auch § 3 („Weitere Begriffsbestimmungen") Legaldefinitionen zentraler Akteure, die von den Regelungen des BDSG entweder als „verantwortliche Stellen" i.S.v. § 3 Abs. 7 (§ 3 Rn. 126 ff.) oder als „Empfänger" (§ 3 Abs. 8 Satz 1) oder andere „Dritte" (§ 3 Abs. 8 Satz 2) oder als „Auftragnehmer" nach § 11 erfasst werden (vgl. Rn. 23 f.). Dabei werden nicht nur, wie die Überschrift besagt, „öffentliche" und „nichtöffentliche" Stellen unterschieden, sondern zudem erfolgt bei den erstgenannten eine Unterscheidung von Stellen des Bundes und der Länder. Allerdings werden diese „Stellen" lediglich durch Bezug auf andere Einrichtungen und Vereinigungen umschrieben, aber nicht wirklich definiert. 1

Maßgeblich ist die Trennung von „öffentlichen" und „nichtöffentlichen" Stellen in erster Linie für den Anwendungsbereich der Abschn. 2 und 3 des BDSG (§§ 12 ff., 27 ff.). Darüber hinaus knüpfen aber auch „allgemeine und gemeinsame Bestimmungen" des Abschn. 1 (z.B. in § 4d Abs. 1, § 4g Abs. 2a, § 8) an die jeweilige Zuordnung an. Allerdings erfasst der 3. Abschnitt außer „nichtöffentlichen Stellen" auch „öffentlich-rechtliche Wettbewerbsunternehmen" des Bundes wie der Länder, die, wie auch der Wortlaut des § 27 Abs. 1 Satz 1 Nr. 2 verdeutlicht, an sich „öffentliche Stellen" i.S.v. § 2 sind (Rn. 26). Damit wird aber nur die Folgerung aus § 2 Abs. 4 Satz 2 und auch aus § 2 Abs. 3 gezogen, dass nämlich für die Qualifizierung als „öffentliche" oder „nichtöffentliche Stelle" letztlich die Art der Aufgabe bzw. Tätigkeiten entscheidend ist, in deren Zusammenhang der Umgang mit personenbezogenen Daten erfolgt. 2

II. Zielsetzung und Bezug zum Anwendungsbereich des BDSG

Die Vorschrift zielt auf eine möglichst umfassende Einbeziehung sowohl staatlicher/kommunaler als auch privater verantwortlicher Stellen ab. Zugleich soll insbesondere durch Abs. 3 und Abs. 4 Satz 2 einem Ausweichen in weniger strikte Regelungen mittels einer „Flucht" in private Organisations-/Rechtsformen vorgebeugt werden. 3

Nur „öffentliche Stellen des Bundes" unterfallen ohne Weiteres dem in § 1 Abs. 2 abgegrenzten „Anwendungsbereich" des BDSG (Nr. 1). Für „öffentliche Stellen der Länder" gilt dies nur, wenn und soweit (1) Datenschutz nicht durch bereichsspezifisches oder allgemeines Landesrecht geregelt ist. Zudem ist (2) Voraussetzung, dass diese entweder Bundesrecht ausführen oder als Organe der Rechtspflege tätig werden und es sich dabei nicht um Verwaltungsangelegenheiten handelt (Nr. 2). Wiederholt und präzisiert wird dieser begrenzte Anwendungsbereich des BDSG durch § 12 Abs. 2 (§ 12 Rn. 9, 14). In Bezug auf „nichtöffentliche Stellen" erfasst das BDSG nach § 1 Abs. 2 Nr. 3 von vornherein nur einen Umgang mit personenbezogenen Daten, der „nicht ausschließlich für persönliche oder familiäre Zwecke" (§ 1 Rn. 23 f.) erfolgt (entsprechend Art. 3 Abs. 2 tir. 2 EG-DSRL[1]). Auch innerhalb dieser Begrenzung ist der Anwendungsbereich des BDSG nur eröffnet, wenn Datenverarbeitungsanlagen eingesetzt werden, d.h. bei „automatisierter Verarbeitung" i.S.v. § 3 Abs. 2 Satz 1, oder zumindest Daten in oder aus „nicht automatisierte(n) Dateien" (§ 3 Abs. 2 Satz 2) verwendet oder dafür erhoben werden (entsprechend Art. 3 Abs. 1 i.V.m. Art. 2[c] EG-DSRL). Das BDSG erfasst also nicht nur Speicherung auf PCs oder mobilen Endgeräten, sondern auch nicht in dieser Weise „automatisierte", aber systematisch angelegte Sammlungen von Schriftstücken oder Papierkopien in Aktenordnern (= „Dateien"). dazu näher § 3 Rn. 40 ff. 4

Ein räumlicher bzw. örtlicher Bezug zum Inland wird bei „öffentlichen Stellen" nicht schon dadurch gefordert, dass es sich hier nur um solche des Bundes oder der Länder handelt. Wenn und soweit deutsche „öffentliche Stellen" aufgrund des eigenen nationalen Rechts bei der Wahrnehmung ihrer Aufgaben auch auf ausländischem Staatsgebiet oder in staatsfreien Räumen tätig werden, 5

> **!** Das BDSG gilt etwa auch für Botschaften oder Konsulate der Bundesrepublik im Ausland, für Schiffe unter deutscher Flagge oder Flugzeuge mit deutschem Hoheitszeichen, wenn sie sich nicht im Bundesgebiet aufhalten, bzw. für deutsche Forschungsstationen in der Antarktis.

---

1 95/46/EG v. 24.10.1995, ABl. EG Nr. 281, 31.

sind bzw. bleiben sie an deutsches Recht gebunden. Bei Tätigkeiten ausländischer Stellen im Bundesgebiet gilt § 1 Abs. 5 für jegliche „verantwortliche Stelle". Im Ergebnis wird es sich bei diesen jedoch durchweg um „nichtöffentliche Stellen" oder (ausländische) „öffentlich-rechtliche Wettbewerbsunternehmen" handeln; allenfalls auf der Grundlage von § 2 Abs. 3 könnte dies anders sein. Auch dann wird es aber am Merkmal „Wahrnehmung von Aufgaben der öffentlichen Verwaltung" (Rn. 20) fehlen. Spiegelbildlich zu deutschen gilt also für ausländische „öffentliche Stellen" i.d.R. allein ihr jeweils eigenes Datenschutz-Recht; die zentrale Frage ist auch hier, ob und wieweit ihnen nach Völkerrecht überhaupt eine Datenerhebung, -verarbeitung oder -nutzung im (aus ihrer Sicht: fremden) Bundesgebiet gestattet sind.

III. EU-Einbindung

6 Die allgemeine Datenschutzrichtlinie (Rn. 4) unterscheidet nicht explizit zwischen zwei Arten von „für die Verarbeitung Verantwortlichen" (Art. 2[d]). Sie erfasst jedoch nur eine „Verarbeitung personenbezogener Daten" (Art. 2[b]) i.V.m. 2[a], die für die Ausübung von Tätigkeiten erfolgt, welche in den Anwendungsbereich des Gemeinschafts-/Unionsrechts fallen, und nennt beispielhaft die wichtigsten aus diesem Grunde nicht einbezogenen Bereiche (Art. 3 Abs. 2 tir. 1 EG-DSRL; Erwägungsgrund 13). Ähnlich wie im nationalen Recht wird aber der „für die Verarbeitung Verantwortliche" in Art. 2[d] nicht exakt bestimmt, sondern lediglich gekennzeichnet als „natürliche oder juristische Person, Behörde, Einrichtung oder jede andere Stelle, die allein oder gemeinsam mit anderen über die Zwecke und Mittel der Verarbeitung von personenbezogenen Daten entscheidet"; auch Erwägungsgrund 25 bewirkt keine Präzisierung. Die bereichsspezifische Richtlinie betr. elektronische Kommunikation[2] enthält insoweit keine Sonderregelungen, sodass auch dort die allgemeinen Definitionen gelten (Art. 1 Abs. 2 Satz 1). Auch die geplante EU-Datenschutz-Grundverordnung[3] dürfte hiervon – so jedenfalls Art. 4 Nr. 5 des Entwurfs – kaum wesentlich abweichen.

B. Inhalt der Regelung

I. „Stellen"

1. „Einrichtungen" (des öffentlichen Rechts)

7 Der im deutschen Recht eher unübliche Begriff „Stelle" wird durch die Aufzählung bestimmter Arten von „Einrichtungen" in Abs. 1 Satz 1 kaum näher erläutert; aus Abs. 4 Satz 1 folgt, dass letztlich auch jeder einzelne Mensch („natürliche Person") und jede Personenvereinigung hierunter fallen können, selbst wenn diese nicht oder nicht voll rechtsfähig sind. § 3 Abs. 7 (und Abs. 8) unterscheidet allerdings zwischen „Person" und (dann notwendig: anderer) „Stelle"; § 1 Abs. 2 Nr. 3 hingegen setzt wieder voraus, dass mit Daten, die sich auf „persönliche" oder auch „familiäre" Tätigkeiten beziehen, andere Personen (Menschen) umgehen. „Stelle" ist also jedenfalls einerseits in einem weiten Sinne zu verstehen, andererseits nicht nur auf verfestigte Organisationen bezogen. Vielmehr kann jeder andere als der Betroffene selbst verantwortliche „Stelle" sein.

8 Auch durch Abstellen auf den Träger einer „Stelle" lässt sich keine wesentliche Präzisierung herbeiführen. Nur scheinbar klargestellt wird hier – und auch nur in Abs. 1 und 2 in Bezug auf „öffentliche" Stellen –, dass die Rechtsform hierfür keine Rolle spielt. Jedoch bezieht sich diese Festlegung jeweils allein auf Vereinigungen der zuvor aufgelisteten „Einrichtungen" und gilt nur vorbehaltlich von Abs. 3 (Rn. 18 ff.). Die an diesen Beteiligten sind hingegen notwendig juristische Personen des öffentlichen Rechts (bzw. für diese handelnde „Behörden" oder „Organe"). Die für jene in § 1 Abs. 4 VwVfG enthaltene Definition – „Stelle, die Aufgaben der öffentlichen Verwaltung wahrnimmt" – kann allerdings, trotz ihrer ausdrücklich auf das VwVfG begrenzten Geltung, entsprechend herangezogen werden, zumal sich ihr funktionaler Ansatz auch in § 2 Abs. 3 und Abs. 4 Satz 2 findet. Lediglich in der unterschiedlichen

2 2002/58/EG, i.d.F. v. Art. 2 der Richtlinie 2009/136 v. 25.11.2009, ABl. EG Nr. L 337, 11.
3 V. 25.1.2012, KOM(2012)11 endg.; BR-Drs. 52/12.

fachsprachlichen Anknüpfung, jedoch nicht in Bezug auf die je prägende Tätigkeit unterscheiden sich Verwaltungs-„Behörden" und Rechtspflege-„Organe", d.h. speziell, aber nicht nur Gerichte.

> In Hochschulen sind Leitung/zentrale Verwaltung und Fakultäten verschiedene Stellen, in der letztgenannten Einrichtung sind aber auch Fakultätsleitung (Dekan) und einzelne Professur wieder getrennte Stellen. Der Inhaber der Professur und seine Mitarbeiter sind beim Umgang mit personenbezogenen Daten von Studierenden hingegen eine einzige Stelle.

2. „Vereinigungen" solcher Stellen

Nur wenn mindestens zwei juristische Personen des Bundes- und/oder des Landesrechts eine (neue) „Vereinigung" bilden, ist auch diese selbst eine i.d.R. „öffentliche" eigene „Stelle". Ob und welche Vereinigungen die Beteiligten bilden dürfen, bestimmt sich nach dem jeweils für sie maßgeblichen Recht, bei Kommunen z.B. nach den Regelungen über wirtschaftliche Unternehmen und über kommunale Zusammenarbeit[4]. Danach können nicht nur öffentlich-rechtliche, sondern auch privatrechtliche Einrichtungen errichtet bzw. kann eine Beteiligung an diesen eingegangen werden, jedenfalls soweit solche Vereinigungen der Erfüllung öffentlicher Aufgaben dienen und die Haftung der öffentlichen Hand begrenzt ist. 9

Nur für Vereinigungen des privaten Rechts gilt § 2 Abs. 3. Trotz des unklaren Wortlauts werden auch Organisationen erfasst, an denen nicht nur entweder öffentliche Stellen des Bundes oder eines oder mehrerer Bundesländer beteiligt sind, sondern auch solche von Bund und Ländern gleichermaßen. Soweit das Merkmal „Wahrnehmung öffentlicher Aufgaben" vorliegt, bleibt es bei der Einordnung als „öffentliche" Stelle selbst dann, wenn Bund und/oder Land bzw. Länder lediglich neben nichtöffentlichen Stellen eine Minderheitsbeteiligung an der Vereinigung halten. Bedeutung hat dies nur für die Zuordnung zu Bund oder Land (§ 2 Abs. 3 Satz 1 Nr. 2). 10

3. Zwei Arten von „Stellen"

§ 2 unterscheidet zwischen „öffentlichen" und „nichtöffentlichen Stellen". Die letztgenannte Gruppe wird in Abs. 4 Satz 1 als Restkategorie definiert. Genau genommen hätte dort in Hs. 2 als weiterer Fall einer „öffentlichen Stelle" auch noch Abs. 4 Satz 2 genannt werden müssen. Vom Inhalt her wäre allerdings richtig gewesen, wenn in Abs. 4 Satz 2 eine Fiktion formuliert worden wäre („gilt sie insoweit als"). 11

4. Relevanz der Rechtsform

Außer bei Vereinigungen (Rn. 9) ist die Rechtsform des jeweiligen Trägers für die Einordnung als „öffentliche" oder „nichtöffentliche Stellen" maßgeblich. Bei jenen geht es um Einheiten öffentlichen, bei diesen um solche des privaten Rechts. Durchbrochen wird die je prägende Rechtsform nur bei § 2 Abs. 4 Satz 2; hier wird eine nach Satz 1 notwendig privatrechtlich verfasste Organisation als „öffentliche Stelle" behandelt (Rn. 11). 12

II. „Öffentliche" Stellen

1. Öffentliche Stellen des Bundes

§ 2 Abs. 1 Satz 1 trennt nur bei der Exekutive zwischen unmittelbarer und mittelbarer Bundesverwaltung; zu jener zählen aber nicht nur alle „Behörden" (im funktionellen Sinne (Rn. 8)), also auch dann, wenn staatsleitende Organe (Bundespräsident, Bundesregierung etc.) verwaltend tätig werden, sondern auch „andere öffentlich-rechtlich organisierte Einrichtungen des Bundes", wenn diese nur rechtlich nicht verselbstständigt sind, wie insbes. Sondervermögen des Bundes. Von dieser Systematik geht auch Satz 2 aus (Rn. 18), wenn dort auf ein früheres Sondervermögen Bezug genommen wird. Verwaltung durch „Behörden" erfolgt ferner im organisatorischen Rahmen der Rechtsprechung (Judikative) und der Gesetzgebung (Legislative). 13

4 Vgl. z.B. §§ 95 ff. SächsGemO, §§ 1 ff. SächsKomZG.

! Bundestagsverwaltung oder Geschäftsstellen von Gerichten des Bundes (BGH, BVerwG etc.) fallen daher als „Behörden" unter § 2 Abs. 1 Satz 1.

14 Erfasst werden aber neben Stellen des Rechtsträgers Bundesrepublik Deutschland auch alle drei Typen (Körperschaften, Anstalten, Stiftungen) und alle den ein oder anderen Typus mehr oder weniger eindeutig abbildenden, rechtlich selbstständigen Personen des öffentlichen Bundesrechts. Sind diese als juristische Personen öffentlichen Rechts errichtet, bezieht sich § 2 Abs. 1 Satz 1 auf ihre Tätigkeit insgesamt, auch auf der Aufgabenerfüllung dienendes privatrechtliches Handeln.

15 Bei der rechtsprechenden Gewalt existiert eine andere Zweiteilung, nämlich zwischen (unterstützender) Gerichtsverwaltung und dem Kern der Judikative; diese Unterscheidung ist vor allem für die Kontrolle durch den BfDI wichtig (§ 24 Abs. 3). „Organe" der Rechtspflege bestehen nach Maßgabe des Gerichtsverfassungsrechts teils aus mehreren, teils aus Einzelpersonen; „Rechtspflege" erstreckt sich über staatliche Rechtsprechung als institutionalisierte hoheitliche Streitbeilegung hinaus auch auf den Bereich der Freiwilligen Gerichtsbarkeit. Einbezogen sind je nach Gerichtszweig auch weitere Amtspersonen, wie Staatsanwälte (§§ 141 ff. GVG) oder andere Vertreter des öffentlichen Interesses (§§ 35 ff. VwGO).

16 Nicht erfasst wird in § 2 Abs. 1 (bzw. in Abs. 2) die Staatsfunktion Gesetzgebung. Insoweit werden bei Bundestag wie auch Bundesrat „öffentliche Stellen" (des Bundes) nur insoweit tätig, als auch hier funktionell Verwaltungsaufgaben wahrgenommen werden

! Das BDSG gilt daher für die Verwaltung des Deutschen Bundestags und das Sekretariat des Bundesrats.

2. Öffentliche Stellen der Länder

17 Bei dieser zweiten Gruppe „öffentlicher Stellen" (§ 2 Abs. 2) sind zahlreiche Parallelen zu § 2 Abs. 1 Satz 1 gegeben. Der einzige Unterschied betrifft die mittelbare Landesverwaltung: Hier werden nicht drei Typen juristischer Personen voneinander getrennt, sondern werden – terminologisch an Art. 28 Abs. 2 GG anknüpfend – „Gemeinden" und „Gemeindeverbände" genannt (d.h. Gebiets- und andere Körperschaften) und sodann „sonstige" der Aufsicht des Landes unterstehende juristische Personen des öffentlichen Rechts angeführt. Im Ergebnis werden aber – wie bei Abs. 1 Satz 1 – ebenfalls alle öffentlich-rechtlichen Körperschaften, Anstalten und Stiftungen des Landesrechts einbezogen.

! Eine (Zweck-)Verbandssparkasse ist nicht immer ein „Gemeindeverband", da ihr auch andere kommunale Gewährträger von Sparkassen angehören können. Jedoch unterliegt diese rechtsfähige Anstalt der Rechts-Aufsicht durch das jeweilige Bundesland (z.B. nach §§ 30 f. SächsKrwG). Auch andere Zweckverbände (etwa für Abfallwirtschaft, Rettungswesen, kommunale Rechenzentren) unterliegen einer derartigen Kommunalaufsicht.

3. Sonderfälle

a) Privatrechtliche „Vereinigungen" mit Verwaltungsaufgaben

18 Nachdem § 2 Abs. 1 Satz 2 seit 01.01.2008 dadurch obsolet geworden ist, dass die gesetzliche Exklusivlizenz der Deutschen Post AG durch Aufhebung des § 51 PostG[5] entfallen ist, sind nur zwei Gestaltungen übrig geblieben, bei denen Rechtsform und Art der Aufgaben auseinanderfallen. Bei § 2 Abs. 3 geht Substanz vor Form: Die Vorschrift betrifft ausschließlich „Vereinigungen" grundsätzlich jeder Art des privaten Rechts und fordert auch keine Mehrheits- oder Kontrollbeteiligung von Trägern einer oder mehrerer öffentlicher Stellen. Maßgeblich ist allein, dass „Aufgaben der öffentlichen Verwaltung" wahrgenommen werden. Darüber hinaus befasst sich § 2 Abs. 3 lediglich mit der Zuordnung dieser (fingiert) „öffentlichen Stelle" zum Bund oder zu einem bestimmten Land. Jenes ist der Fall, wenn entweder der gesetz- oder

5 Art. 2 Nr. 1 des Dritten Gesetzes zur Änderung des Postgesetzes v. 16.08.2002, BGBl. I, 3218.

satzungsmäßige Tätigkeitsbereich über das Gebiet eines einzelnen Bundeslandes hinausreicht (Satz 1 Nr. 1) oder wenn dem Bund entweder die absolute Mehrheit, bezogen auf die Gesamtheit, der Anteile an einer Vereinigung gehören bzw. ihm die absolute Mehrheit der Stimmen (aller Anteilseigner) zusteht (Satz 1 Nr. 2). Wenn weder Nr. 1 noch Nr. 2 vorliegen, wird die „Vereinigung" als „öffentliche Stelle" des Landes behandelt, das neben dem Bund eine Beteiligung hält (Satz 2). Sind mehrere Länder beteiligt, so ist eine Zuordnung zu einem bestimmten Bundesland nicht notwendig, wenn nach § 1 Abs. 2 Nr. 3 und § 12 Abs. 2 das BDSG Anwendung findet. Gilt – wie regelmäßig – hingegen Landesdatenschutzrecht, so bestimmt dieses seinen jeweiligen persönlichen Anwendungsbereich.

Die Beteiligung „nichtöffentlicher Stellen" wirkt sich auf die Zuordnung der Vereinigung selbst nicht aus. **19** § 2 Abs. 3 ist auch dann einschlägig, wenn es nur um eine Bund-Bund- oder Bund-Länder-„Vereinigung" geht. Deren private Mitglieder hingegen fallen, wenn und soweit sie mit fremden personenbezogenen Daten umgehen, unter § 2 Abs. 4 (Satz 1).

„Aufgaben der öffentlichen Verwaltung" sind alle materiell staatlichen Verwaltungsangelegenheiten, **20** ohne Beschränkung auf die Exekutive in einem organisatorischen Sinn. Einen allgemeinen oder abschließenden Katalog dieses Teils „öffentlicher" Aufgaben gibt es nicht, das GG spricht insoweit lediglich einzelne Teilbereiche an (insbes. in Bezug auf Eisenbahnen, Art. 87e, 143a; Post, Telekommunikation, Art. 87b, 143b). Im Einzelfall werden daher Art, Modus und Ausmaß einer „Aufgabe der öffentlichen Verwaltung" vom jeweils zuständigen Gesetzgeber näher festgelegt oder auch wieder modifiziert.

b) Beleihung

Auch bei § 2 Abs. 4 Satz 2 decken sich Aufgabe und Rechtsform nicht. Anders als bei Abs. 3 wird hier **21** eine nicht nur formal, sondern materiell private Stelle, eine Einzelperson oder eine Gesellschaft, tätig. Da jedoch das GG keine Regelung enthält – auch nicht in Art. 33 Abs. 4 GG –, nach der Bund oder Länder ihre Kernaufgaben selbst (durch unmittelbare Staatsverwaltung und deren Personal) erfüllen müssen, dürfen Private dabei nicht nur als Hilfspersonen oder Anteilseigner von öffentlichen Unternehmen einbezogen werden, sondern auch eine Beleihung[6] mit „hoheitlichen Aufgaben" und Befugnissen ist grundsätzlich statthaft. Der Akt der Aufgaben- und Befugnisübertragung an eine außerhalb der Staatsorganisation stehende und verbleibende Stelle bedarf allerdings einer Grundlage in einem Parlamentsgesetz[7]. „Hoheitlich" in diesem Sinne sind vor allem Aufgaben der Gefahrenabwehr (insbes. Innere Sicherheit) und der Finanzverwaltung („Eingriffsverwaltung"), typische Handlungsinstrumente Ge- und Verbote sowie Genehmigungen in Form von Verwaltungsakten (§ 35 Satz 1 VwVfG).

> **!** Als Beliehene werden angesehen: Schornsteinfeger[8], Notare[9], Sachverständige der Technischen Überwachungsvereine (TÜV)[10]; **nicht** hierunter fällt die Prüftätigkeit einer anerkannten GS-Stelle.[11]

Nur soweit die Beleihung reicht, greift § 2 Abs. 4 Satz 2 ein; ansonsten bleibt es bei der Einordnung als **22** nichtöffentliche Stelle i.S.v. Satz 1 (Rn. 23).

> **!** Nicht zur Beleihung zählt es etwa, wenn ein Notar (auch) als Rechtsanwalt tätig wird oder der TÜV Ausbildungsleistungen, etwa zum Datenschutzbeauftragten oder Datenschutz-Auditor, anbietet bzw. erbringt. Insoweit werden keine hoheitlichen Befugnisse wahrgenommen. Maßgeblich für die Zuordnung ist also die konkrete Tätigkeit.

---

6 So explizit BR-Drs. 618/88 v. 30.12.1998, 104, zum Entwurf des BDSG 1990.
7 *Detterbeck*, Rn. 192 f.
8 Vgl. (bis Ende 2012) § 13 des Schornsteinfegergesetzes 1969; ab 01.01.2013 §§ 13 ff. des Schornsteinfeger-Handwerksgesetzes v. 26.11.2008 (BGBl. I, 2242), zuletzt geändert durch Art. 4 des Gesetzes v. 05.12.2012 (BGBl. I, 2467).
9 BGH, NJW 1991, 568.
10 BGHZ 122, 85, 87 ff.; 147, 169, 171 ff.
11 BGH, NVwZ-RR 2011, 556.

III. Nichtöffentliche Stellen

1. Merkmale

23 Für „nichtöffentliche Stellen" ist damit nach § 2 Abs. 4 Satz 1 kennzeichnend zum einen (negativ), dass sie weder von Abs. 1, 2 oder 3 erfasst werden noch ein Fall des Abs. 4 Satz 2 vorliegt. Zum andern werden „natürliche Personen" (lebende Menschen) ohne Weiteres erfasst, während neben juristischen Personen des privaten Rechts auch andere – also nicht explizit als rechtsfähig bezeichnete – Personen-„Gesellschaften" (oHG, KG, GbR) und „Personenvereinigungen" (wie nicht rechtsfähige Vereine, § 54 BGB) genannt sind. Nicht weiter unterschieden wird zwischen der Stelle selbst und ihrem Träger.

! Natürliche Personen werden in jeder wirtschaftlichen bzw. beruflichen Betätigung als nichtöffentliche Stellen erfasst, z.B. Rechtsanwalt, Steuerberater, andere Freiberufler, Einzelkaufleute, andere Gewerbetreibende, Land- und Forstwirte. Juristische Personen/Vereinigungen des Privatrechts als nichtöffentliche Stellen sind u. a. politische Parteien, Arbeitgeberverbände, Gewerkschaften, Verbraucherverbände, andere Non-Profit-Organisationen usw.

Auch und gerade hier muss aber die Zuordnung bei arbeitsteiligen Prozessen gelöst werden, sowohl bei Führungskräften als auch bei einfachen Mitarbeitern und Hilfspersonal im Verhältnis zu „ihrer" Organisation. Wenn der je handelnde Mensch in beruflich-geschäftlichem Zusammenhang – und nicht für sich selbst – agiert, ist verantwortliche Stelle das Unternehmen o.Ä., ansonsten ist dies die natürliche Person selbst.

! Arbeitnehmer (Beschäftigte i.S.v. § 3 Abs. 11) sind keine „Stelle", sondern werden insoweit dem Arbeitgeber/Unternehmen zugeordnet. Anders verhält es sich aber bei selbstständigen Handelsvertretern, Versicherungs- oder Anlagevermittlern oder Franchisenehmern.

24 Nicht unter § 3 Abs. 11 fallende, aufgrund eines Dienst- oder Werkvertrags beschäftigte „freie Mitarbeiter" sind im Zweifel eigene Stellen – und damit auch „Dritte". Die vertragliche Beziehung zum Dienstherrn oder Unternehmer als verantwortlicher Stelle allein bewirkt noch nicht, dass sie datenschutzrechtlich dieser zugerechnet werden (müssen), ebenso wenig der Umstand, dass diese Personengruppe bei § 4f Abs. 1 Satz 3 zu berücksichtigen ist. Rechtssicherheit kann hier nur eine den Anforderungen des § 11 genügende Vereinbarung (§ 11 Rn. 45 ff.) treffen, nach welcher ein solcher Mitarbeiter eine Auftragsdatenverarbeitung vornimmt.

! Den Vorgaben des § 11 muss auch die Konstellation entsprechen, dass Personal des „Auftragnehmers" während der Dauer der betr. Tätigkeit zum „Auftraggeber" entsandt bzw. an diesen „entliehen" wird. Auch wenn derartige Personen dabei nicht Beschäftigte des „Auftraggebers" werden, sondern solche des „Auftragnehmers" bleiben, sind sie dann im Hinblick auf § 3 Abs. 8 Satz 3 nicht „Dritte".

2. Besonderheiten

a) Ausnahmen vom Anwendungsbereich des BDSG

25 Nur bei „nichtöffentlichen Stellen" (Rn. 23) wird nicht jeder Umgang mit personenbezogenen Daten anderer natürlicher Personen erfasst (§ 1 Rn. 23 f.): § 1 Abs. 2 Nr. 3 Hs. 1 begrenzt den Anwendungsbereich des BDSG (so der Wortlaut zu Beginn dieses Absatzes) auf zwei Gruppen von Fällen, nämlich bei Einsatz von Datenverarbeitungsanlagen oder Verwendung oder Erhebung dafür in/aus (nicht notwendig) automatisierten Dateien (§ 3 Abs. 2); bekräftigt wird dies in § 27 Abs. 1 Satz 1 Nr. 1. Gänzlich ausgeschlossen wird (bei nichtöffentlichen Stellen, da wohl nur hier problematisch) die Geltung des BDSG für die Erhebung, Verarbeitung oder Nutzung „ausschließlich für persönliche oder familiäre Tätigkeiten" (Hs. 2; Rn. 2); auch dies wird in § 27 Abs. 1 Satz 2 noch einmal normiert.

!

Ausgenommen ist danach das Sammeln von personenbezogenen Informationen (etwa Geburts- und Todesdatum oder -ort von Vorfahren) für eine Familienchronik und deren Anfertigen (in schriftlicher, gedruckter oder elektronischer Form). Wird das fertige Werk aber öffentlich publiziert, kann also von jedermann erworben und sein Inhalt allgemein zur Kenntnis genommen werden, liegt kein „ausschließlich" privater Umgang mehr vor, und das BDSG findet Anwendung.

b) Öffentlich-rechtliche Wettbewerbsunternehmen

Auch öffentlich-rechtliche „Unternehmen" sind definitionsgemäß „öffentliche" Stellen des Bundes oder der Länder (§ 2 Abs. 1, 2). Trotzdem werden sie, wenn und soweit sie am Wettbewerb – auf dem gleichen sachlich und räumlich relevanten Markt – mit anderen Unternehmen teilnehmen, „wie" „nichtöffentliche Stellen" behandelt. Hier ist also nicht die Rechtsform und auch nicht die Funktion („öffentliche Aufgabe") maßgeblich, sondern die Gleichheit im Wettbewerb bzw. die Vermeidung von Wettbewerbsverzerrungen. Die spezifische Zuordnung erfolgt jeweils in der Einleitungsvorschrift zum zweiten (§ 12 Abs. 1 Hs. 2, Abs. 2 Nr. 1; § 12 Rn. 8) und zum dritten Abschnitt (§ 27 Abs. 1 Satz 1 Nr. 2) des BDSG. **26**

Freilich wird in § 27 Abs. 1 Satz 3 noch weiter zwischen Wettbewerbsunternehmen des Bundes und der Länder differenziert; nur für jene wird § 38 („Aufsichtsbehörde") für nicht anwendbar erklärt und gelten-statt dessen § 18 („Durchführung") sowie §§ 21, 24–26 (Anrufung und Rechte des BfDI). **27**

§ 3 Weitere Begriffsbestimmungen

(1) Personenbezogene Daten sind Einzelangaben über persönliche oder sachliche Verhältnisse einer bestimmten oder bestimmbaren natürlichen Person (Betroffener).

(2) [1]Automatisierte Verarbeitung ist die Erhebung, Verarbeitung oder Nutzung personenbezogener Daten unter Einsatz von Datenverarbeitungsanlagen. [2]Eine nicht automatisierte Datei ist jede nicht automatisierte Sammlung personenbezogener Daten, die gleichartig aufgebaut ist und nach bestimmten Merkmalen zugänglich ist und ausgewertet werden kann.

(3) Erheben ist das Beschaffen von Daten über den Betroffenen.

(4) [1]Verarbeiten ist das Speichern, Verändern, Übermitteln, Sperren und Löschen personenbezogener Daten. [2]Im Einzelnen ist, ungeachtet der dabei angewendeten Verfahren:

1. **Speichern das Erfassen, Aufnehmen oder Aufbewahren personenbezogener Daten auf einem Datenträger zum Zweck ihrer weiteren Verarbeitung oder Nutzung,**
2. **Verändern das inhaltliche Umgestalten gespeicherter personenbezogener Daten,**
3. **Übermitteln das Bekanntgeben gespeicherter oder durch Datenverarbeitung gewonnener personenbezogener Daten an einen Dritten in der Weise, dass**
   a) **die Daten an den Dritten weitergegeben werden oder**
   b) **der Dritte zur Einsicht oder zum Abruf bereitgehaltene Daten einsieht oder abruft,**
4. **Sperren das Kennzeichnen gespeicherter personenbezogener Daten, um ihre weitere Verarbeitung oder Nutzung einzuschränken,**
5. **Löschen das Unkenntlichmachen gespeicherter personenbezogener Daten.**

(5) Nutzen ist jede Verwendung personenbezogener Daten, soweit es sich nicht um Verarbeitung handelt.

(6) Anonymisieren ist das Verändern personenbezogener Daten derart, dass die Einzelangaben über persönliche oder sachliche Verhältnisse nicht mehr oder nur mit einem unverhältnismäßig großen Aufwand an Zeit, Kosten und Arbeitskraft einer bestimmten oder bestimmbaren natürlichen Person zugeordnet werden können.

(6a) Pseudonymisieren ist das Ersetzen des Namens und anderer Identifikationsmerkmale durch ein Kennzeichen zu dem Zweck, die Bestimmung des Betroffenen auszuschließen oder wesentlich zu erschweren.

(7) Verantwortliche Stelle ist jede Person oder Stelle, die personenbezogene Daten für sich selbst erhebt, verarbeitet oder nutzt oder dies durch andere im Auftrag vornehmen lässt.

(8) [1]Empfänger ist jede Person oder Stelle, die Daten erhält. [2]Dritter ist jede Person oder Stelle außerhalb der verantwortlichen Stelle. [3]Dritte sind nicht der Betroffene sowie Personen und Stellen, die im Inland, in einem anderen Mitgliedstaat der Europäischen Union oder in einem anderen Vertragsstaat des Abkommens über den Europäischen Wirtschaftsraum personenbezogene Daten im Auftrag erheben, verarbeiten oder nutzen.

(9) Besondere Arten personenbezogener Daten sind Angaben über die rassische und ethnische Herkunft, politische Meinungen, religiöse oder philosophische Überzeugungen, Gewerkschaftszugehörigkeit, Gesundheit oder Sexualleben.

(10) Mobile personenbezogene Speicher- und Verarbeitungsmedien sind Datenträger,

1. **die an den Betroffenen ausgegeben werden,**
2. **auf denen personenbezogene Daten über die Speicherung hinaus durch die ausgebende oder eine andere Stelle automatisiert verarbeitet werden können und**

3. **bei denen der Betroffene diese Verarbeitung nur durch den Gebrauch des Mediums beeinflussen kann.**

(11) Beschäftigte sind:

1. **Arbeitnehmerinnen und Arbeitnehmer,**
2. **zu ihrer Berufsbildung Beschäftigte,**
3. **Teilnehmerinnen und Teilnehmer an Leistungen zur Teilhabe am Arbeitsleben sowie an Abklärungen der beruflichen Eignung oder Arbeitserprobung (Rehabilitandinnen und Rehabilitanden),**
4. **in anerkannten Werkstätten für behinderte Menschen Beschäftigte,**
5. **nach dem Jugendfreiwilligendienstegesetz Beschäftigte,**
6. **Personen, die wegen ihrer wirtschaftlichen Unselbständigkeit als arbeitnehmerähnliche Personen anzusehen sind; zu diesen gehören auch die in Heimarbeit Beschäftigten und die ihnen Gleichgestellten,**
7. **Bewerberinnen und Bewerber für ein Beschäftigungsverhältnis sowie Personen, deren Beschäftigungsverhältnis beendet ist,**
8. **Beamtinnen, Beamte, Richterinnen und Richter des Bundes, Soldatinnen und Soldaten sowie Zivildienstleistende.**

Literatur

Artikel-29-Datenschutzgruppe, WP 136 v. 20.06.2007; Stellungnahme 4/2007 zum Begriff „personenbezogene Daten"; *Barnitzke*, Herausgabe von IP-Adressen, DuD 2010, 482; *Berliner Datenschutzbeauftragte für den Datenschutz und das Unabhängige Landeszentrum für den Datenschutz* (Hrsg.) in: Neuregelungen im BDSG, Berlin, 2001; *BfDI* (Hrsg.), 22. Tätigkeitsbericht 2007–2008; *BfDI* (Hrsg.), Faltblatt „RFID- Funkchips für jede Gelegenheit?" vom 20.04.2012; *BITKOM* (Hrsg.), Schriftenreihe „Übermittlung personenbezogener Daten" Inland, EU-Länder, Drittländer, 2008; *Bull*, Persönlichkeitsschutz im Internet, NVwZ 2011,257; *Giesen*, Datenverarbeitung im Auftrag in Drittstaaten – eine misslungene Gesetzgebung, CR 2007; *Härting*, Datenschutz im Internet – Wo bleibt der Personenbezug?, CR 2008, 743; *Härting*, IT-Sicherheit in der Anwaltskanzlei, NJW 2005, 1248–1250; *Kirchberg-Lennartz/Weber*, Ist die IP-Adresse ein personenbezogenes Datum?, DuD 2010, 479; *Koch*, Datenschutzhandbuch für die betriebliche Praxis, 2. Aufl. 1997; *Löhnert*, Examenshausarbeit „Datenschutzrechtliche Voraussetzungen für den Übergang von Kundendaten bei Betriebsübergängen", WS 2010/2011; *Pahlen-Brandt*, Datenschutz braucht scharfe Instrumente – Beitrag zur Diskussion um „personenbezogene Daten", DuD 2008, 34; *Roßnagel/Scholz*, Datenschutz durch Anonymität und Pseudonymität, MMR 2000, 721; *Roßnagel/Pfitzmann/Garstka*, Gutachten im Auftrag des Bundesministeriums des Inneren zur Modernisierung des Datenschutzrechts 2001 (abrufbar unter: http://www.lda.brandenburg.de/sixcms/media.php/2473/dsmodern.pdf); *Salvenmoser/Hauschka*, „Korruption, Datenschutz und Compliance", NJW 2010, 331; *Sponeck*, Datenschutzrechtliche Aspekte optischer Speichermedien, CR 1993, 334; *Stähler/Pöhler*, DSG NRW-Kommentar, 3. Aufl. 2003; *Teichmann/Kießling*, Datenschutz bei Umwandlungen, ZGR 2001.

▶ **Darum geht es**

Definitionen der Rechtsbegriffe.

▶ **Schlagworte**

Personenbezogenes Datum; Betroffener; Automatisierte Verarbeitung; Erheben; Verarbeiten (Speichern/Verändern/Übermitteln/Sperren/Löschen); Nutzen; Anonymisieren; Pseudonymisieren; Empfänger; Dritter; Besondere Art personenbezogener Daten; Datenträger; Beschäftigte

---

A. Allgemeines

I. Regelungszweck

1 Dieser Paragraf beinhaltet sämtliche **Legaldefinitionen**, die für den Umgang und den Gebrauch des Datenschutzrechts und der datenschutzrechtlichen Nebengesetze, wie Telekommunikationsgesetz (TKG) und Telemediengesetz (TMG) notwendig sind. Es handelt sich um Grundbegriffe des Datenschutzrechts. Auf diese Definitionen wird im Umgang und bei der Bearbeitung von datenschutzrechtlichen Fragen – auch außerhalb des BDSG – immer wieder zurückgegriffen.

II. Systematik

2 Die Begriffe des § 3 finden sich zum großen Teil in Art. 2 der EU-Datenschutzrichtlinie 95/46/EG983[1] wieder.

Darüber hinaus hatte auch das sog. „Volkszählungsurteils" des Bundesverfassungsgerichts vom 15.12.1983[2] Einfluss auf das aktuell vorliegende BDSG. Mit diesem Urteil wurde das **Grundrecht des Einzelnen auf informationelle Selbstbestimmung** geschaffen.[3] Damit hat der Datenschutz Verfassungsrang.

1 EU-Datenschutzrichtlinie (Richtlinie 95/46/EG).
2 „Volkszählungsurteil", BVerfG, Urteil v. 15.12.1983, Az. 1 BvR 209, 269, 362, 420, 440, 484/83.
3 Siehe weitere Ausführungen unter § 1 Rn. 10 ff.

III. Ausblick EU-Datenschutzverordnung

In der geplanten EU-Datenschutzgrundsatzverordnung sind die Begriffsbestimmungen in Art. 4 enthalten. Der Umfang der Definitionen wurde stark erweitert. Insgesamt **19 Begriffe** werden hier nun definiert. Das sind mehr als doppelt so viele wie in der EU-Datenschutzrichtlinie (8 Begriffe). Der Begriff „Dritter" ist in der EU-Datenschutzgrundsatzverordnung nicht mehr definiert. Neu aufgenommen und damit den neuen Technologien angepasst wurden Begriffe wie genetische und biometrische Daten, sowie Gesundheitsdaten im Allgemeinen. 3

Die nachfolgende Synopse stellt anschaulich die Begriffsbestimmungen der EU-Datenschutzrichtlinie den Begriffsbestimmungen der EU-Datenschutzgrundsatzverordnung und den Änderungsvorschlägen und zusätzlichen Begriffen des LIBE-Ausschusses[4] gegenüber:

Begriffe	EU-Datenschutzrichtlinie 95/64/EG Art. 2	EU-Datenschutzgrundsatzverordnung (Entwurf v. 25.01.2012) Art. 4	LIBE-Ausschuss Änderungsvorschläge (bestätigt am 21.10.2013) Art. 4
„personenbezogenes Datum"	alle Informationen über eine bestimmte oder bestimmbare natürliche Person („betroffene Person"); als bestimmbar wird eine Person angesehen, die direkt oder indirekt identifiziert werden kann, insbesondere durch Zuordnung zu einer Kennnummer oder zu einem oder mehreren spezifischen Elementen, die Ausdruck ihrer physischen, physiologischen, psychischen, wirtschaftlichen, kulturellen oder sozialen Identität sind;	alle Informationen, die sich auf eine betroffene Person beziehen;	

4 Entwurf eines Berichts über den Vorschlag für eine Verordnung des Europäischen Parlaments und des Rates zum Schutz natürlicher Personen bei der Verarbeitung personenbezogener Daten und zum freien Datenverkehr (Datenschutz-Grundverordnung) (COM(2012)0011 – C7-0025/2012 – 2012/0011(COD)) Ausschuss für bürgerliche Freiheiten, Justiz und Inneres (LIBE-Ausschuss).

Begriffe	EU-Datenschutzrichtlinie 95/64/EG Art. 2	EU-Datenschutzgrundsatzverordnung (Entwurf v. 25.01.2012) Art. 4	LIBE-Ausschuss Änderungsvorschläge (bestätigt am 21.10.2013) Art. 4
„betroffene Person"	siehe „personenbezogenes Datum" – keine eigene Definition;	eine bestimmte natürliche Person oder eine natürliche Person, die direkt oder indirekt mit Mitteln bestimmt werden kann, die der für die Verarbeitung Verantwortliche oder jede sonstige natürliche oder juristische Person nach allgemeinem Ermessen aller Voraussicht nach einsetzen würde, etwa mittels Zuordnung zu einer Kennnummer, zu Standortdaten, zu einer Online-Kennung oder zu einem oder mehreren besonderen Merkmalen, die Ausdruck ihrer physischen, physiologischen, genetischen, psychischen, wirtschaftlichen, kulturellen oder sozialen Identität sind;	eine bestimmte natürliche Person oder eine natürliche Person, die direkt oder indirekt mit Mitteln bestimmt oder herausgegriffen werden kann, die der für die Verarbeitung Verantwortliche oder jede sonstige natürliche oder juristische Person nach allgemeinem Ermessen aller Voraussicht nach allein oder in Kombination mit verbundenen Daten einsetzen würde, etwa mittels Zuordnung zu einer eindeutigen Kennung, zu Standortdaten, zu einer Online-Kennung oder zu einem oder mehreren besonderen Merkmalen, die Ausdruck ihrer physischen, physiologischen, genetischen, psychischen, wirtschaftlichen, kulturellen, sozialen oder geschlechtlichen Identität oder sexuellen Orientierung sind;
„Pseudonym"	./.	./.	eindeutige Kennung, die in einem gegebenen Kontext spezifisch ist und die direkte Identifizierung einer natürlichen Person verhindert, aber das Herausgreifen der betroffenen Person ermöglicht;

Begriffe	EU-Datenschutzrichtlinie 95/64/EG Art. 2	EU-Datenschutzgrundsatzverordnung (Entwurf v. 25.01.2012) Art. 4	LIBE-Ausschuss Änderungsvorschläge (bestätigt am 21.10.2013) Art. 4
„Übertragung"	./.	./.	jede Übermittlung von personenbezogenen Daten, die einer begrenzten Anzahl von identifizierten Parteien mit dem Wissen oder der Absicht des Absenders, dem Empfänger Zugang zu den personenbezogenen Daten zu verschaffen, aktiv zugänglich gemacht werden;
„Profiling"	./.	./.	jede Form automatisierter Verarbeitung personenbezogener Daten, die zu dem Zweck vorgenommen wird, bestimmte personenbezogene Aspekte, die einen Bezug zu einer natürlichen Person haben, zu bewerten, zu analysieren oder insbesondere die Leistungen der betreffenden Person bei der Arbeit, ihre wirtschaftliche Situation, ihren Aufenthaltsort, ihre Gesundheit, ihre persönlichen Vorlieben, ihre Zuverlässigkeit oder ihr Verhalten vorauszusagen;
„Verarbeitung"	jeden mit oder ohne Hilfe automatisierter Verfahren ausgeführten Vorgang oder jede Vorgangsreihe im Zusammenhang mit personenbezogenen Daten wie das Erheben, das Speichern, die Organisation, die Aufbewahrung, die Anpassung oder Verände-	jeden mit oder ohne Hilfe automatisierter Verfahren ausgeführten Vorgang oder jede Vorgangsreihe im Zusammenhang mit personenbezogenen Daten wie das Erheben, das Erfassen, die Organisation, das Ordnen, die Speicherung, die Anpassung oder Verän-	

Begriffe	EU-Datenschutzrichtlinie 95/64/EG Art. 2	EU-Datenschutzgrundsatzverordnung (Entwurf v. 25.01.2012) Art. 4	LIBE-Ausschuss Änderungsvorschläge (bestätigt am 21.10.2013) Art. 4
	rung, das Auslesen, das Abfragen, die Benutzung, die Weitergabe durch Übermittlung, Verbreitung oder jede andere Form der Bereitstellung, die Kombination oder die Verknüpfung sowie das Sperren, Löschen oder Vernichten;	derung, das Auslesen, das Abfragen, die Verwendung, die Weitergabe durch Übermittlung, Verbreitung oder jede andere Form der Bereitstellung, der Abgleich oder die Verknüpfung sowie das Löschen oder Vernichten der Daten;	
„Datei"	jede strukturierte Sammlung personenbezogener Daten, die nach bestimmten Kriterien zugänglich sind, gleichgültig ob diese Sammlung zentral, dezentralisiert oder nach funktionalen oder geografischen Gesichtspunkten aufgeteilt geführt wird;	jede strukturierte Sammlung personenbezogener Daten, die nach bestimmten Kriterien zugänglich sind, unabhängig davon, ob diese Sammlung zentral, dezentral oder nach funktionalen oder geografischen Gesichtspunkten geordnet geführt wird;	
„Verantwortlicher"	die natürliche oder juristische Person, Behörde, Einrichtung oder jede andere Stelle, die allein oder gemeinsam mit anderen über die Zwecke und Mittel der Verarbeitung von personenbezogenen Daten entscheidet. Sind die Zwecke und Mittel der Verarbeitung von personenbezogenen Daten in einzelstaatlichen oder gemeinschaftlichen Rechts- und Verwaltungsvorschriften festgelegt, so können der für die Verarbeitung Verantwortliche bzw. die spezifischen Kriterien für seine Benen-	die natürliche oder juristische Person, Behörde, Einrichtung oder jede andere Stelle, die allein oder gemeinsam mit anderen über die Zwecke, Bedingungen und Mittel der Verarbeitung von personenbezogenen Daten entscheidet; sind die Zwecke, Bedingungen und Mittel der Verarbeitung von personenbezogenen Daten durch einzelstaatliches oder Unionsrecht vorgegeben, können der für die Verarbeitung Verantwortliche beziehungsweise die Modalitäten seiner Benennung nach	

Begriffe	EU-Datenschutzrichtlinie 95/64/EG Art. 2	EU-Datenschutzgrundsatzverordnung (Entwurf v. 25.01.2012) Art. 4	LIBE-Ausschuss Änderungsvorschläge (bestätigt am 21.10.2013) Art. 4
	nung durch einzelstaatliche oder gemeinschaftliche Rechtsvorschriften bestimmt werden;	einzelstaatlichem oder Unionsrecht bestimmt werden;	
„Auftragsverarbeiter"	die natürliche oder juristische Person, Behörde, Einrichtung oder jede andere Stelle, die personenbezogene Daten im Auftrag des für die Verarbeitung Verantwortlichen verarbeitet;	eine natürliche oder juristische Person, Behörde, Einrichtung oder jede andere Stelle, die personenbezogene Daten im Auftrag des für die Verarbeitung Verantwortlichen verarbeitet;	
„Dritter"	die natürliche oder juristische Person, Behörde, Einrichtung oder jede andere Stelle, außer der betroffenen Person, dem für die Verarbeitung Verantwortlichen, dem Auftragsverarbeiter und den Personen, die unter der unmittelbaren Verantwortung des für die Verarbeitung Verantwortlichen oder des Auftragsverarbeiters befugt sind, die Daten zu verarbeiten;	./.	
„Empfänger"	die natürliche oder juristische Person, Behörde, Einrichtung oder jede andere Stelle, die Daten erhält, gleichgültig, ob es sich bei ihr um einen Dritten handelt oder nicht. Behörden, die im Rahmen eines einzelnen Untersuchungsauftrags möglicherweise Daten erhalten, gelten jedoch nicht als Empfänger;	eine natürliche oder juristische Person, Behörde, Einrichtung oder jede andere Stelle, an die personenbezogene Daten weitergegeben werden;	

Begriffe	EU-Datenschutzrichtlinie 95/64/EG Art. 2	EU-Datenschutzgrundsatzverordnung (Entwurf v. 25.01.2012) Art. 4	LIBE-Ausschuss Änderungsvorschläge (bestätigt am 21.10.2013) Art. 4
„Hersteller"	./.	./.	eine natürliche oder juristische Person, Behörde, Einrichtung oder jede andere Stelle, die Systeme für die automatische Verarbeitung von personenbezogenen Daten oder Ablagesysteme für die Verarbeitung von personenbezogenen Daten durch die für die Verarbeitung Verantwortlichen und für die Auftragsverarbeiter herstellt;
„Einwilligung der betroffenen Person"	jede Willensbekundung, die ohne Zwang, für den konkreten Fall und in Kenntnis der Sachlage erfolgt und mit der die betroffene Person akzeptiert, dass personenbezogene Daten, die sie betreffen, verarbeitet werden;	jede ohne Zwang, für den konkreten Fall und in Kenntnis der Sachlage erfolgte explizite Willensbekundung in Form einer Erklärung oder einer sonstigen eindeutigen Handlung, mit der die betroffene Person zu verstehen gibt, dass sie mit der Verarbeitung der sie betreffenden personenbezogenen Daten einverstanden ist;	jede ohne Zwang, für den konkreten Fall und in Kenntnis der Sachlage erfolgte explizite Willensbekundung in Form einer Erklärung oder einer sonstigen eindeutigen Handlung, mit der die betroffene Person zu verstehen gibt, dass sie mit der Verarbeitung der sie betreffenden personenbezogenen Daten für einen oder mehrere spezifische Zwecke einverstanden ist;
„Verletzung des Schutzes personenbezogener Daten"	./.	eine Verletzung der Sicherheit, die zur Vernichtung, zum Verlust oder zur Veränderung, ob unbeabsichtigt oder widerrechtlich, oder zur unbefugten Weitergabe von beziehungsweise zum unbefugten Zugang zu personenbezogenen Daten führt, die übermittelt, gespeichert oder auf sonstige	die Vernichtung, Verlust, Veränderung, ob unbeabsichtigt oder widerrechtlich, oder die unbefugte Weitergabe von beziehungsweise der unbefugte Zugang zu personenbezogenen Daten, die übermittelt, gespeichert oder auf sonstige Weise verarbeitet wurden;

Begriffe	EU-Datenschutzrichtlinie 95/64/EG Art. 2	EU-Datenschutzgrundsatzverordnung (Entwurf v. 25.01.2012) Art. 4	LIBE-Ausschuss Änderungsvorschläge (bestätigt am 21.10.2013) Art. 4
		Weise verarbeitet wurden;	
„genetische Daten"	./.	Daten jedweder Art zu den ererbten oder während der vorgeburtlichen Entwicklung erworbenen Merkmalen eines Menschen;	
„biometrische Daten"	./.	Daten zu den physischen, physiologischen oder verhaltenstypischen Merkmalen eines Menschen, die dessen eindeutige Identifizierung ermöglichen, wie Gesichtsbilder oder daktyloskopische Daten;	
„Gesundheitsdaten"	./.	Informationen, die sich auf den körperlichen oder geistigen Gesundheitszustand einer Person oder auf die Erbringung von Gesundheitsleistungen für die betreffende Person beziehen;	
„Hauptniederlassung"	./.	im Falle des für die Verarbeitung Verantwortlichen der Ort seiner Niederlassung in der Union, an dem die Grundsatzentscheidungen hinsichtlich der Zwecke, Bedingungen und Mittel der Verarbeitung personenbezogener Daten getroffen werden; wird über die Zwecke, Bedingungen und Mittel der Verarbeitung personenbezogener Daten nicht in der Union entschieden, ist die Hauptniederlassung der Ort, an dem	

Begriffe	EU-Datenschutzrichtlinie 95/64/EG Art. 2	EU-Datenschutzgrundsatzverordnung (Entwurf v. 25.01.2012) Art. 4	LIBE-Ausschuss Änderungsvorschläge (bestätigt am 21.10.2013) Art. 4
		die Verarbeitungstätigkeiten im Rahmen der Tätigkeiten einer Niederlassung eines für die Verarbeitung Verantwortlichen in der Union hauptsächlich stattfinden. Im Falle des Auftragsverarbeiters bezeichnet „Hauptniederlassung" den Ort, an dem der Auftragsverarbeiter seine Hauptverwaltung in der Union hat;	
„Vertreter"	./.	jede in der Union niedergelassene natürliche oder juristische Person, die von dem für die Verarbeitung Verantwortlichen ausdrücklich bestellt wurde und in Bezug auf die diesem nach dieser Verordnung obliegenden Verpflichtungen an seiner Stelle handelt und gegenüber den Aufsichtsbehörden oder sonstigen Stellen in der Union als Ansprechpartner fungiert;	
„Unternehmen"	./.	jedes Gebilde, das eine wirtschaftliche Tätigkeit ausübt, unabhängig von seiner Rechtsform, das heißt vor allem natürliche und juristische Personen sowie Personengesellschaften oder Vereinigungen, die regelmäßig einer wirtschaftlichen Tätigkeit nachgehen;	

Begriffe	EU-Datenschutzrichtlinie 95/64/EG Art. 2	EU-Datenschutzgrundsatzverordnung (Entwurf v. 25.01.2012) Art. 4	LIBE-Ausschuss Änderungsvorschläge (bestätigt am 21.10.2013) Art. 4
„Unternehmensgruppe"	./.	eine Gruppe, die aus einem herrschenden Unternehmen und den von diesem abhängigen Unternehmen besteht;	
„verbindliche unternehmensinterne Datenschutzregelungen"	./.	Maßnahmen zum Schutz personenbezogener Daten, zu deren Einhaltung sich ein im Hoheitsgebiet eines EU-Mitgliedstaats niedergelassener für die Verarbeitung Verantwortlicher oder Auftragsverarbeiter für Datenübermittlungen oder eine Kategorie von Datenübermittlungen personenbezogener Daten an einen für die Verarbeitung Verantwortlichen oder Auftragsverarbeiter derselben Unternehmensgruppe in einem oder mehreren Drittländern verpflichtet;	
„Kind"	./.	jede Person bis zur Vollendung des achtzehnten Lebensjahres;	
„Aufsichtsbehörde"	./.	eine von einem Mitgliedstaat nach Maßgabe von Artikel 46 eingerichtete staatliche Stelle.	

B. Inhalt der Regelung

I. Personenbezogene Daten und Betroffener (Abs. 1)

1. Legaldefinition

4 *Personenbezogene Daten sind Einzelangaben über persönliche oder sachliche Verhältnisse einer bestimmten oder bestimmbaren natürlichen Person (Betroffener).*

2. Inhalt der Regelung

5 § 3 Abs. 1 definiert die Begriffe „personenbezogene Daten" und „Betroffener". Beide Begriffe sind zentral für die Anwendung datenschutzrechtlicher Vorschriften, denn:

Datenschutzrechtliche Vorschriften finden nur Anwendung, wenn es um „personenbezogene Daten" geht. Dies ergibt sich für das BDSG aus § 1 Abs. 2, der vorschreibt, dass das BDSG „für die Erhebung, Verarbeitung und Nutzung **personenbezogener Daten**" gilt. Im Umkehrschluss heißt das, dass die Anwendbarkeit datenschutzrechtlicher Bestimmungen vermieden werden kann, wenn es nicht um „personenbezogene" Daten geht. Die Definition ist im Zusammenhang mit der Definition von „Anonymisieren" in § 3 Abs. 6 zu lesen (siehe Rn. 104 ff.), da auf anonyme Daten – nach allgemeiner Ansicht[5] – die datenschutzrechtlichen Vorschriften keine Anwendung finden.

6 **„Betroffener"** ist die natürliche Person, welche gem. § 6 Rechte im Sinne der §§ 19–21 (für Datenverarbeitung von öffentlich-rechtlichen Stellen) bzw. §§ 33–35 (für Datenverarbeitung privatwirtschaftlicher Unternehmen) geltend machen kann.

> Beachte: Der **gesetzliche Vertreter** ist nicht selbst Betroffener. Er macht die Datenschutzrechte des Vertretenen/Minderjährigen im Rahmen seiner Vertretungsmacht (als fremdes Recht) geltend.

7 Anders als in Datenschutzgesetzen anderer Länder (z.B. Dänemark, Österreich) gilt das BDSG nicht für Angaben über **juristische Personen**, Personenhandelsgesellschaften und -gemeinschaften. Hierzu zählen z.B. die BGB-Gesellschaft, der nicht eingetragene Verein, aber auch Personengruppen wie z.B. eine Wohngemeinschaft. „Reine" Unternehmensdaten (z.B. Bilanzkennzahlen) fallen dementsprechend nicht unter das Datenschutzrecht. Will ein Unternehmen seine Unternehmensdaten schützen, muss es z.B. im Wege von Vertraulichkeitsvereinbarungen vorgehen.

> Datenschutz ist nicht mit **Geheimnisschutz** zu verwechseln. Datenschutzrechtliche Vorschriften sollen das Recht auf informationelle Selbstbestimmung einer natürlichen Person schützen. Dazu kann gehören, dass eine verantwortliche Stelle besondere technische oder organisatorische Maßnahmen zum Schutz gegen unberechtigte Zugriffe auf personenbezogene Daten ergreifen muss. Hiervon zu unterscheiden ist das generelle Interesse eines Unternehmens, seine Unternehmensdaten (z.B. Forschungs- und Entwicklungsdaten) gegen unberechtigte Zugriffe zu schützen (Betriebs- und Geschäftsgeheimnisse).

8 Ein Unternehmensdatum kann allerdings immer auch auf eine natürliche Person „durchschlagen", also gleichzeitig eine Angabe über eine natürliche Person enthalten. In diesem Moment wird die Angabe zum „personenbezogenen Datum". Beispielsweise können Angaben einer GmbH zu deren Geschäftsführern oder Gesellschaftern Personenbezug haben. Ebenso Angaben zu einer „Ein-Mann-GmbH" oder Einzel-

5 So in Däubler/Klebe/Wedde/*Weichert*, § 3 Rn. 49 (*„Anonymisierte Daten sind keine personenbezogenen Daten. Die verantwortliche Stelle darf sie ungehindert verarbeiten."*).

firma[6]. Auch Kontaktinformationen z.B. von Einkaufsmitarbeitern eines Firmenkunden sind personenbezogene Angaben und unterfallen den datenschutzrechtlichen Vorschriften. In der Praxis ist daher immer zu prüfen, ob das zu verarbeitenden Datum einen Personenbezug hat oder sich darüber ein Personenbezug herstellen lässt.

Die **Daten Verstorbener oder Ungeborener** werden grundsätzlich nicht vom BDSG erfasst.[7] Allerdings 9
können diese Angaben insofern einen Personenbezug aufweisen, als sie sich zugleich auf lebende natürliche Personen beziehen. Angaben zur Sterbeursache (z.B. erbliche Krankheit) können sich auf Verwandte beziehen. Angaben zu Ungeborenen sind in der Regel gleichzeitig ein medizinisches Datum der Mutter.

3. „Personenbezogene Daten" im Einzelnen

Die Prüfung der Frage, ob ein Datum ein personenbezogenes Datum ist, stellt eine beständige Herausfor- 10
derung in der datenschutzrechtlichen Arbeitspraxis dar. Grundsätzlich kann alles und jedes den Personenbezug dar- oder herstellen. Das Gesetz gibt eine „Hilfestellung", wenn es in der Definition auf „Einzelangaben (1) über persönliche und sachliche Verhältnisse (2) einer bestimmten oder bestimmbaren (3) natürlichen Person (4)" abstellt.

1) **Einzelangaben** 11

Einzelangaben sind Informationen über eine bestimmte – einzelne – Person. Im Gegensatz zu zusammengefassten Angaben bzw. aggregierten Daten, statistischen Werten oder Sammelangaben über Personengruppen. Angaben oder Daten, die keiner Person zugeordnet werden können, haben keinen Personenbezug.

> **Beachte:** Angaben oder Daten sind nur dann hinreichend zusammengefasst oder aggregiert und damit nicht mehr als personenbezogen zu werten, wenn auf den Einzelnen nicht mehr zurückgeschlossen werden kann. Angaben von mindestens 3 Personen können hinreichend sein, wenn nicht die Angabe einer Person quantitativ herausragend ist.[8]

Die Zuordnung eines Kunden zu einer bestimmten Käufergruppe oder einem bestimmten Score-Wert 12
kann eine personenbezogene Einzelangabe über diesen Kunden sein, wenn sie geeignet ist, die Person zu individualisieren.

> Planungsdaten im Unternehme, wie z.B. strategische Vertriebsplanungen, Optimierung von Fläche oder Personalentwicklungsmaßnahmen haben dann den Charakter einer Einzelangabe, wenn sie einer bestimmten Person konkret zugeordnet werden können. Abstrakte Planungsdaten enthalten keine Einzelangaben. Dies ändert sich, sobald die Planungsdaten bestimmten Arbeitnehmer- oder Kundengruppen zugeordnet werden.[9]

---

6 BGH, Urteil v. 17.12.1985, NJW 1986, 2505: Nach Auffassung des Bundesgerichtshofs handelt es sich bei den gespeicherten Daten um Daten des Klägers, nicht um Daten der GmbH. Eine isolierte Betrachtung wäre verfehlt. Sie beziehen sich lediglich formal nur auf die GmbH, also auf eine vom BDSG nicht erfasste juristische Person. Aussagen über die Kreditwürdigkeit einer Einmann-GmbH sind nach Auffassung des Gerichts zugleich Aussagen über die Person des einzigen Geschäftsführers/Gesellschafters.

7 *Gola/Schomerus*, § 3 Rn 12; Simitis/*Dammann*, § 3 Rn. 17; a. A. *Bergmann/Möhrle/Herb*, § 3 Rn. 4 ff.

8 Simitis/*Dammann*, § 3 Rn. 14 mit Beispielen.

9 Vgl. auch *Baumbach/Möhrle/Herb*, § 3 Rn. 34; zu weitgehend *Gola/Schomerus*, § 3 Rn. 3, der es für die Personenbeziehbarkeit schon ausreichen lassen will, dass Unternehmensziele dergestalt verändert werden, dass ein hochqualifizierter Fachmann im Unternehmen keine Entwicklungsmöglichkeiten mehr hat.

13 2) **über persönliche oder sachliche Verhältnisse**

Angaben sind persönlich oder sachlich, wenn sie über den Betroffenen etwas aussagen.

Das können Informationen sein,

a) welche den Betroffenen unmittelbar beschreiben (körperliche Merkmale)
   - Name, Anschrift
   - Familienstand
   - Größe, Gewicht, Haarfarbe
   - Fingerabdruck
   - Gesichtsausdruck

b) welche sich auf den Betroffenen beziehen können (sachliche Merkmale)
   - Telefonnummer, E-Mail-Adresse
   - (statische) IP-Adresse
   - Cookies
   - geografische Daten
   - RFID-Tags
   - genetische Daten (in der EU-Grundsatzverordnung als personenbezogenes Datum nun explizit aufgenommen)
   - Vertragsbeziehungen
   - Gruppenzugehörigkeit
   - Wünsche, Verhaltensweisen, Äußerungen.

14 Eine genaue Abgrenzung der und eine Einordnung in die Begriffe „persönliche und sachliche Verhältnisse" erübrigen sich aber letztlich, da das Gesetz keine unterschiedlichen Rechtsfolgen daran knüpft. Einigkeit besteht darüber, dass die Aufzählung verdeutlichen soll, dass der Begriff der „personenbezogen Daten" umfassend zu verstehen ist, d.h., er erfasst alle Informationen, die über die Bezugsperson etwas aussagen, unabhängig davon, zu welchem Zweck dies geschieht oder welcher Lebensbereich des Betroffenen berührt ist.[10]

15 Insbesondere sind auch **Werturteile** wie z.B. „guter Kunde" oder „cholerisch – schwierig im Telefonat" hierunter zu fassen, denn auch diese enthalten Aussagen zu einem bestimmten Betroffenen.

> **!** Achtung also bei Werturteilen in Kundenkontakthistorien: Sind sie personenbezogen, unterfallen sie dem Auskunftsanspruch nach § 34.

16 Ferner wird nicht unterschieden, ob die Angaben aus dem privaten oder intimen Bereich des Betroffenen stammen oder aus seinem Arbeitsumfeld.

17 Das Gesetz selbst grenzt ausdrücklich nur die „**Besonderen Arten personenbezogener Daten**" in § 3 Abs. 8 ab (also z.B. Angaben zur Gesundheit oder Religion). Diese unterliegen z.B. den speziellen Anforderungen an einen Erlaubnistatbestand gem. § 28 Abs. 6–9. Die sich daraus ergebende Frage, ob eine Information aus dem privaten Umfeld des Betroffenen „höheren" Schutz genießen muss, ist hier nicht zu beantworten. Es handelt sich in beiden Fällen um „personenbezogene Daten" im Sinne des BDSG. Wie das Bundesverfassungsgericht bereits in seinem berühmten „Volkzählungsurteil" festgestellt hat, gibt es kein „belangloses" Datum.[11] Die Frage der Schutzbedürftigkeit im Einzelfall stellt sich erst, wenn

10 *Gola/Schomerus*, § 3 Rn. 5; Simitis/*Dammann*, § 3 Rn. 7.
11 BVerfGE 65, 1, 45.

es um eine Beurteilung des Risikos einer Datenverarbeitung für die Freiheiten des Betroffenen sowie zum Schutz der Daten erforderliche Maßnahmen im Sinne von § 9 geht.

3) **einer bestimmten oder bestimmbaren Person** 18

Eine natürliche Person ist „bestimmt", wenn klar ist, dass sich die Angabe auf sie und nicht auf eine andere Person bezieht. Ergänzende Informationen sind für die Bestimmung der Person nicht weiter erforderlich. Im Regelfall meint dies die namentliche Nennung des Betroffenen. Möglich ist aber auch jede andere Form der Identifikation, z.B. durch Fingerzeig oder Umschreibung („der Mann auf der anderen Straßenseite mit dem schwarzen Hut").

Unklar ist, ab wann von einer „Bestimmbarkeit" einer natürlichen Person auszugehen ist. 19

Laut BfDI[12] ist eine Person bestimmbar, wenn über **zusätzliche Angaben** ein Bezug zur Person herstellbar ist. 20

Aus Art. 2a der EU-Datenschutz-Richtlinie ergibt sich, dass auch eine indirekte Identifizierbarkeit für den Personenbezug ausreicht. Hier heißt es: „ … *insbesondere durch Zuordnung zu einer Kennnummer oder zu einem oder mehreren spezifischen Elementen, die Ausdruck ihrer physischen, physiologischen, psychischen, wirtschaftlichen, kulturellen oder sozialen Identität sind*". Dies meint z.B. eine indirekte Identifizierung durch äußere Merkmale wie Körpergröße, Haarfarbe etc., aber auch durch die Angabe von Personalausweisnummer oder eines Autokennzeichens. „Bestimmbarkeit" liegt auch vor, wenn die benannte Personengruppe derart klein ist, dass durch allgemein zugängliche Zusatzangaben eine Identifikation möglich ist, z.B. „die Assistenzen der Abteilung X erhalten keine Gehaltserhöhung". 21

! Im Unternehmen stellt sich oftmals die Frage der Zulässigkeit von Übermittlung von Mitarbeiterdaten, z.B. an eine Konzernmutter im Non-EU-Ausland[13]. Da im Arbeitgeber-Arbeitnehmer-Verhältnis eine Übermittlung auf Basis des § 32 oder des § 28 Abs. 2 Nr. 1 regelmäßig ausscheidet (siehe Ausführungen zu § 32 Rn. 128–130), bleibt oft nur die Möglichkeit, lediglich statistische Daten an die Konzernmutter zu übermitteln, um aus der Anwendbarkeit der Datenschutzvorschriften zu kommen. Erforderlich ist dann aber, dass diese Daten nicht auf einen bestimmten Mitarbeiter zurückgeführt werden können. Insbesondere bei Informationen betreffend kleinere Mitarbeitereinheiten stellt sich die Frage, ob die Daten nicht in Wirklichkeit auf einen Mitarbeiter (auf den z.B. die in den statistischen Daten genannte Rollenbeschreibung zutrifft) heruntergebrochen werden können. Es empfiehlt sich hier, die Personengruppe, auf welche sich die Angaben beziehen, möglichst groß zu halten.

Das Zusatzwissen ergibt sich in der Regel aus Verzeichnissen, die über diese zusätzlichen Angaben auf die konkrete Person schließen lassen. So z.B. Verzeichnis der Kfz-Kennzeichen in der Kfz-Zulassungsstelle. 22

Strittig ist, inwieweit man eine Bestimmbarkeit annehmen kann, wenn kein Zugang zu den Verzeichnissen besteht, welche die Bestimmbarkeit ermöglichen.

Nach dem 26. Erwägungsgrund[14] der Datenschutz-Richtlinie 95/46/EG sollen bei der Entscheidung, ob eine Person bestimmbar ist *„alle Mittel berücksichtigt werden, die vernünftigerweise entweder von dem Verantwortlichen für die Verarbeitung oder von einem Dritten eingesetzt werden können, um die betreffende Person zu bestimmen"*. Dies ist vergleichbar mit der Definition des „Anonymisierens" in § 3 Abs. 6, wonach Anonymität gegeben ist, wenn die Einzelangaben *„nicht mehr oder nur mit einem unverhältnismäßig großen Aufwand an Zeit, Kosten und Arbeitskraft einer bestimmten oder bestimmbaren natürlichen Person zugeordnet werden können"*. Das bedeutet zunächst, dass jedenfalls die rein hypothetische 23

12 Siehe: BfDI Datenschutz WIKI: http://www.bfdi.bund.de/bfdi_wiki/index.php/Personenbezogene_Daten.

13 Eine Auftragsdatenverarbeitung ist nur innerhalb der EU/des EWR möglich, siehe Ausführungen zu § 3 Abs. 8 „Dritter", Rn. 134 ff. und § 11. Außerhalb der EU/des EWR ist die Gewährleistung eines „angemessenen Datenschutzniveaus" erforderlich, siehe hierzu die Ausführungen zu § 4b Abs. 3, dort Rn. 26 ff.

14 Erwägungsgründe haben nicht den Status einer unmittelbar in nationales Recht umzusetzenden Regelung, allerdings sind sie als Auslegungshilfe zurate zu ziehen, denn sie erläutern die Beweggründe des Richtliniengebers.

Möglichkeit zur Bestimmung einer Person nicht ausreicht, um die Person als „bestimmbar" zu bezeichnen.[15]

24 Der Streit über die Auslegung der „Bestimmbarkeit" richtet sich demnach an der Frage aus: Reicht eine relative Bestimmbarkeit oder muss sie objektiv unmöglich sein?

Eine Mindermeinung fordert die Bestimmbarkeit allein „objektiv" zu beurteilen.[16] Nach dieser Ansicht soll es für die Bestimmbarkeit genügen, dass irgendjemand auf der Welt die Daten einer natürlichen Person zuordnen kann. Nur wenn die Zuordnung eines Datums auch theoretisch ausgeschlossen ist, sodass die Wahrscheinlichkeit einer Identifizierung gering ist, soll eine „Bestimmbarkeit" ausgeschlossen sein. Dass diese Auffassung nicht zutreffend sein kann, ergibt sich schon aus dem 26. Erwägungsgrund der Richtlinie 95/46/EG, der allein auf Mittel abstellt, welche „vernünftigerweise" zur Identifizierung herangezogen werden können, und daher einen pragmatischen Ansatz vorgibt.[17] Die Theorie vom „objektiven Personenbezug" widerspricht auch der Definition von „anonymen" Daten in § 3 Abs. 6, welche ebenfalls darauf abstellt, ob eine Angabe nur noch mit „unverhältnismäßigem" Aufwand einer Person zugeordnet werden kann. Nach dem Willen des Gesetzgebers sollen die datenschutzrechtlichen Vorschriften auf „anonyme" Daten keine Anwendung finden.

25 Im Ergebnis ist der Personenbezug folgerichtig mit der herrschenden Meinung „relativ" zu bestimmen, d.h., in erster Linie kommt es darauf an, ob die jeweilige verantwortliche Stelle, mit den ihr zur Verfügung stehenden Mitteln, vernünftigerweise einen Personenbezug herstellen kann.[18]

> ! Diese Ansicht wird auch von dem Bundesbeauftragten für den Datenschutz und die Informationsfreiheit geteilt. [19]

26 Ob die verantwortliche Stelle eine Identifizierung tatsächlich beabsichtigt, also einen Personenbezug zu dem Datum haben will, ist nicht entscheidend.

Maßgebliche Kriterien bei der Ermittlung der „Personenbeziehbarkeit" eines Datums sind vor allem die Faktoren „Zeit, Kosten und Arbeitskraft", welche auch § 3 Abs. 6 auflistet. Dabei ist der für die Ermittlung der Person erforderliche Aufwand ins Verhältnis zu setzen mit dem zu erlangenden Informationswert. Übertrifft der Aufwand den Informationswert bei Weitem, sodass man vernünftigerweise davon ausgehen kann, dass kein Personenbezug hergestellt wird, besteht kein Personenbezug.[20]

27 Bei der Feststellung der „relativen" Personenbeziehbarkeit ist das für die verantwortliche Stelle erhältliche Zusatzwissen Dritter grundsätzlich mit zu berücksichtigen, sofern dieses mit verhältnismäßigem Aufwand beschafft werden könnte (z.B. durch Internetrecherche) und „vernünftigerweise" eingesetzt würde.[21]

> ! Dies ist grundsätzlich nicht der Fall, wenn das Zusatzwissen nur durch Gesetzes- oder Vertragsverstoß beschafft werden könnte.

28 So sind Angaben, welche nur durch einen Verstoß gegen ein Berufs- oder Amtsgeheimnis beschafft werden können, grundsätzlich nicht als Zusatzwissen im eigentlichen Sinne anzusehen. Die Verwendung solcher Angaben ist unzulässig und mit Konsequenzen – auch strafrechtlicher Art – verbunden.

---

15 So auch Stellungnahme 4/2007 zum Begriff „personenbezogene Daten" der Artikel-29-Datenschutzgruppe vom 20. Juni 2007, WP 136, S. 17.

16 Däuble/Klebe/Wedde/Weichert/*Weichert*, § 3 Rn. 15; *Pahlen-Brandt*, DuD 2008, 34.

17 So Simitis/*Dammann*, § 3 Rn. 23.

18 *Gola/Schomerus*, § 3 Rn. 13; Simitis/*Dammann*, § 3 Rn. 32; *Bergmann/Möhrle/Herb*, § 3 Rn. 32; *Schaffland/Wiltfang*, § 3 Rn. 17.

19 Siehe hierzu: *BfDI*, Datenschutz-WIKI „personenbezogene Daten" und *BfDI*, 22. TB Punkt 13.2.4.

20 Simitis/*Dammann*, § 3 Rn 25: *Dammann* geht davon aus, dass ein Aufwand in etwa doppelter Höhe zum Informationswert noch nicht „unverhältnismäßig" sei.

21 Simitis/*Dammann*, § 3 Rn. 26 f.; Taeger/Gabel/*Buchner*, § 3 Rn. 13.

Folgerichtig geht auch die Artikel 29-Datenschutzgruppe davon aus, dass pharmazeutische Forschungsdaten von Ärzten unter Verwendung von Pseudonymen an dritte Unternehmen zu Forschungszwecken zulässig übermittelt werden können.[22] 29

Andererseits genügt nicht jede vertragliche Verpflichtung, welche z.B. auch wieder rückwirkend aufgehoben werden kann. Maßgeblich ist vielmehr, ob die vertragliche Verpflichtung – evtl. begleitet von technischen oder organisatorischen Maßnahmen – dazu führt, dass das Zusatzwissen „vernünftigerweise" nicht beschafft wird. 30

! In der Praxis kann es Fälle geben, in welchen für eine Übermittlung der Daten an einen Dritten keine Rechtsgrundlage gegeben ist und/oder ein Abstellen auf den Abwägungstatbestand des § 28 Abs. 1 S. 1 Nr. 2 zu unsicher erscheint. In diesen Fällen sollte man überlegen, ob man das Vorliegen einer Übermittlung im datenschutzrechtlichen Sinne dadurch ausschließen kann, dass man keine personenbeziehbaren Daten übermittelt. Oftmals ist eine Totalanonymisierung nicht zielführend. Denkbar ist dann, dass die Daten nur pseudonymisiert an den Dritten übermittelt werden und man durch vertragliche sowie technische und organisatorische Maßnahmen versucht, eine Personenbeziehbarkeit auszuschließen. **Pseudonyme Daten** sind für den Datenempfänger grundsätzlich anonym, wenn sichergestellt ist, dass dem Dritten eine Identifizierung nicht oder nur mit unverhältnismäßig hohem Aufwand möglich wäre. Je nach Sensitivität und „Wert" der Daten können sich hier unterschiedliche Sicherungsmaßnahmen anbieten, z.B. Vertragsstrafe, wenn der Datenempfänger die Daten nicht nur anonym verwendet, sondern sich Zusatzwissen besorgt, Speichern der Zuordnungsdaten bei der verantwortlichen Stelle an einem gesicherten Ort, wie z.B. einem sogenannten „Trusted-Partner", Begrenzung der internen Zugriffsberechtigungen etc.

Die Ausführungen zum Zusatzwissen machen ferner deutlich, dass ein personenbezogenes Datum für die verantwortliche Stelle anonym sein kann, für einen Dritten jedoch nicht. Dementsprechend ist bei der Bestimmbarkeit des Personenbezuges auch der jeweilige Verarbeitungskontext zu berücksichtigen: Geht es zunächst um die Speicherung von Daten, ist die Bestimmbarkeit des Personenbezuges allein aus Sicht dieser verantwortlichen Stelle zu beurteilen. Geht es allerdings um eine Übermittlung von Daten an Dritte, kann der Personenbezug allein deshalb zu bejahen sein, weil der Dritte mit entsprechendem Zusatzwissen eine Identifizierung vornehmen kann. Im Fall der Übermittlung ist daher auch auf die Sichtweise und Möglichkeiten des oder der Empfänger abzustellen. Das bedeutet, dass die Übermittlung eines für die verantwortliche Stelle evtl. anonymen Datums dann doch einer datenschutzrechtlichen Erlaubnis gem. § 4 bedarf, weil das Datum im Falle der Übermittlung personenbeziehbar wird. 31

! Sollen Daten an einen Dritten übermittelt werden, ist für die Frage des Personenbezugs zusätzlich zu ermitteln, ob der Dritte evtl. einen Personenbezug herstellen kann. Beispielsweise kann der Datenempfänger über Zusatzwissen verfügen, das der verantwortlichen Stelle nicht zugänglich ist und damit das „anonym" übermittelte Datum zu einem für den Datenempfänger personenbezogenen Datum macht. Die Übermittlung an diesen Dritten bedarf dann einer Ermächtigungsgrundlage gem. § 4.

Grundsätzlich sind pseudonymisierte E-Mail-Adressen oder IP-Adressen zwar für den Provider personenbeziehbar, nicht aber für Dritte.[23] Bei den IP-Adressen unterscheidet die Literatur allerdings überwiegend zwischen statischen IP-Adressen und dynamischen IP-Adressen, da statische – also fest vergebene – IP-Adressen mit Zusatzwissen aus dem Internet einem bestimmten Rechner zugeordnet werden können.[24] In jedem Fall ist es richtig, eine Ermittlung des beim Provider vorhandenen Zusatzwissens als „unverhältnismäßig" anzusehen, denn würde dieser sein Zusatzwissen weitergeben, sähe er sich strafrechtlichen Sanktionen ausgesetzt. 32

---

22 *Artikel-29-Gruppe*, Stellungnahmen 4/2007 zum Begriff „personenbezogene Daten", WP 136, 18.
23 *Gola/Schomerus*, § 3 Rn. 10a.; OLG Hamburg, RDV 2011, 34.
24 *Härting*, CR 2008, 743; *Kirchberg-Lennartz/Weber*, DuD 2010, 479; *Barnitzke*, DuD 2010, 482.

33 Dennoch gehen die europäischen und deutschen Aufsichtsbehörden davon aus, dass eine IP-Adresse ein „personenbezogenes Datum" ist. Die Artikel 29-Datenschutzgruppe begründet dies damit, dass der eigentliche „Zweck" der IP-Adresse in der Identifizierung der Computernutzer bestünde.[25] Es wäre ein Widerspruch in sich, wenn dann argumentiert werden könnte, dass das Datum nicht personenbeziehbar sei. Diese Auffassung ist rechtlich schwierig nachzuvollziehen. Sie macht aber deutlich, dass die Aufsichtsbehörden dazu tendieren, nach dem Vorsichtigkeitsprinzip „im Zweifel" von einer Personenbeziehbarkeit von Daten auszugehen. Dabei soll aus Sicht der europäischen Aufsichtsbehörden mit berücksichtigt werden, dass es aufgrund neuer technischer Entwicklungen oder bisher noch nicht bekanntem Zusatzwissen Dritter zu einer Identifizierbarkeit kommen kann. Ausgangspunkt dieser Diskussionen sind immer wieder das Internet und die Befürchtung, dass angesichts der großen, überall vorhandenen Datenmengen ursprünglich anonyme oder pseudonyme Daten letztlich doch einer natürlichen Person zugeordnet werden können. Das Problem ist, dass letztlich die verantwortliche Stelle das Interpretationsrisiko trägt. Einige Unternehmen gehen daher dazu über, ebenfalls „im Zweifel" von einer Personenbeziehbarkeit von Daten auszugehen. Dies ist aber oftmals mit zusätzlichen Kosten und rechtlichem Prüfungsaufwand verbunden und daher in der Praxis nicht immer eine gangbare Lösung. Maßgeblich sollte daher in erster Linie sein, ob die verantwortliche Stelle aufgrund ihres derzeitigen Kenntnisstandes davon ausgehen muss, dass ein Datum personenbeziehbar ist. Sofern es veröffentlichte Stellungnahmen der Aufsichtsbehörden zu bestimmten Themen, wie derzeit zu IP-Adressen, gibt, sollten diese im Interesse der Risikovermeidung für das Unternehmen mit berücksichtigt werden.

!

Will man die Anwendbarkeit datenschutzrechtlicher Vorschriften vermeiden, sollte man prüfen, ob

1. die geplante Verarbeitung oder Nutzung auch mit Daten möglich ist, die absolut (also für jedermann) anonym sind. Wenn nicht:
2. eine Identifizierbarkeit aufgrund strafrechtlicher Vorschriften ausgeschlossen ist; wenn nicht:
3. das Risiko einer Identifizierbarkeit durch technische oder organisatorische Maßnahmen sowie vertragliche Pflichten (einschließlich Vertragsstrafen) derart minimiert werden kann, dass eine Identifizierung nicht wahrscheinlich ist.

34 Das Interpretationsrisiko trägt dabei die verantwortliche Stelle, sodass „im Zweifel" von einem Personenbezug ausgegangen werden sollte. Bei der Verwendung von IP-Adressen ist zu berücksichtigen, dass die Aufsichtsbehörden derzeit einen Personenbezug ohne Ansehung des Einzelfalls zu bejahen scheinen.

35 4) **natürliche Person**

Wie zu den Ausführungen zum Begriff „Betroffener" bereits dargelegt, schützt das BDSG die natürliche Person, also den Menschen in seiner Rolle als Rechtssubjekt (§ 1 BGB). Nicht hierunter fällt die juristische Person.

4. Ausblick auf die EU-Datenschutz-Grundverordnung

36 Der Begriff des personenbezogenen Datums ist in Art. 2 der EU-Richtlinie festgehalten. Die inhaltliche Aussage deckt sich mit der in § 3 Abs. 1.

37 Anders als in der Richtlinie beschreibt die Verordnung in Art. 4 (1) zunächst den Betroffenen und nimmt dann in (2) Bezug auf die personenbezogenen Daten, die „alle Informationen umfassen, die sich auf die betroffene Person beziehen". Im Zusammenspiel dieser beiden Begriffsdefinitionen wäre zukünftig jedes, irgendwie geartete Datum personenbezogen. Dies insbesondere deshalb, weil der Verordnungsentwurf in Art. 4 (1) es ausreichen lässt, wenn nicht nur der Datenverarbeiter, sondern auch „jede sonstige natürliche oder juristische Person" die betroffene Person bestimmen kann. Wobei neben IP-Adresse oder Cookie-Kennungen auch jede andere beliebige Online-Kennung als Mittel zur Bestimmung einbezogen wird (vgl. auch Erwägungsgrund 24).

---

25 *Artikel-29-Gruppe*, Stellungnahme 4/2007 zum Begriff „personenbezogenes Datum", WP 136, 19.

Damit wäre ein Datum personenbezogen, wenn rein theoretisch die Möglichkeit der Bestimmbarkeit bestünde. 38

Diese extreme Ausweitung hätte massive Auswirkungen auf die Datenverarbeitungsmöglichkeiten und wäre in der Praxis so gut wie nicht umsetzbar. Zudem würde diese Abkehr vom relativen Begriff des Personenbezuges die Möglichkeit, Daten zu anonymisieren, gänzlich außer Acht lassen. Diese Möglichkeit wird jedoch im Verordnungsentwurf weiterhin aufrechterhalten. So heißt es im Erwägungsgrund 23 ausdrücklich, dass *„die Grundsätze des Datenschutzes nicht für Daten gelten, die in einer Weise anonymisiert worden sind, dass die betroffene Person nicht mehr identifiziert werden kann".*

Zu diesem Punkt des Verordnungsentwurfes gingen bisher zahlreiche Änderungsvorschläge ein. Es bleibt abzuwarten, ob und in welchem Umfang sie Einzug in die finale Version der EU-Datenschutz-Grundsatzverordnung nehmen werden. 39

II. Automatisierte Verarbeitung/nicht automatisierte Datei (Abs. 2)

1. Legaldefinition

Automatisierte Verarbeitung ist die Erhebung, Verarbeitung oder Nutzung personenbezogener Daten unter Einsatz von Datenverarbeitungsanlagen. Eine nicht automatisierte Datei ist jede nicht automatisierte Sammlung personenbezogener Daten, die gleichartig aufgebaut ist und nach bestimmten Merkmalen zugänglich ist und ausgewertet werden kann. 40

Eine automatisierte Verarbeitung findet dann statt, wenn personenbezogene Daten von elektronischen Datenverarbeitungsanlagen (EDV-Anlagen) erhoben, verarbeitet oder genutzt werden. 41

Die Begriffe „automatisierter Verfahren" und „Datenverarbeitungsanlagen" finden sich prominent in § 11 Abs. 5. Hier geht es um die Wartung und Prüfung derselben.

2. Inhalt der Regelung

Entscheidend für die Einordnung eines Verfahrens als automatisierte Verarbeitung im Sinne dieser Vorschrift ist der Bezug auf den Informationsgehalt der personenbezogenen Daten. Danach findet keine automatisierte Verarbeitung statt, wenn Daten nur transportiert oder kopiert werden. 42

Maßnahmen zur Überwachung automatisierter Verarbeitungen sind in den technischen und organisatorischen Maßnahmen der Anlage zu § 9 festgeschrieben. Dort heißt es: „Werden personenbezogene Daten **automatisiert verarbeitet** oder genutzt, ist die innerbehördliche oder innerbetriebliche Organisation so zu gestalten, dass sie den besonderen Anforderungen des Datenschutzes gerecht wird. Dabei sind insbesondere Maßnahmen zu treffen, die je nach der Art der zu schützenden personenbezogenen Daten oder Datenkategorien geeignet sind (...)." 43

> **!** Keine automatisierte Verarbeitung liegt grundsätzlich bei der Verarbeitung von bewegten/unbewegten Bildern – einschließlich Textbildern (z.B. TIF oder PDF-Dateien) – vor.
>
> Aber Achtung: Dies gilt nicht und es liegt eine automatisierte Verarbeitung vor, wenn Programme es ermöglichen, dass Bilder zu bestimmten Personen in Abhängigkeit gebracht werden.[26]

Der in Satz 2 legaldefinierte Begriff der **„nicht automatisierten Datei"** ist eher theoretischer Natur und findet kaum mehr Relevanz. Es ist in der Regel davon auszugehen, dass Daten automatisiert erhoben, verarbeitet und genutzt werden. 44

Bei einer nicht automatisierten Datei werden die Daten nicht automatisiert, sondern mechanisch genutzt. Ein Beispiel hierfür ist die Buchausleihe in einer Bücherei, wenn die jeweilige Karteikarte über den Anfangsbuchstaben des Nachnamens abgelegt wird. 45

26 Vgl. Simitis/*Dammann*, § 3 Rn. 79.

46 Maßgeblich bei der nichtautomatisierten Datei ist, dass die Auswertung der Dateistruktur geeignet ist, einen Personenbezug herzustellen.

Eine Dateiauswertung einer Büchereidatei nach Schülern der 7. Klasse ohne weitere Merkmale wird keinen Personenbezug haben. Eine Auswertung nach einem bestimmten Buch unter Angabe des Schülernamens jedoch schon.

47 Nicht unter diese Begriffsdefinition einer nichtautomatisierten Datei fallen Papierlisten (z.B. Teilnehmerlisten) oder Fotostapel.

3. Ausblick auf die EU-Datenschutz-Grundverordnung

48 Beide Begriffe sind in der EU-Richtlinie nicht unter den Begriffsbestimmungen aufgeführt, sondern unter Art. 3 der EU-Richtlinie im „Anwendungsbereich". In Erwägungsgrund (27) der Richtlinie wird klargestellt, dass „Datenschutz sowohl für automatisierte als auch für nicht automatisierte Verarbeitungen gelten muss" und „**der Schutz nicht von den verwendeten Techniken abhängen darf**, da andernfalls ernsthafte Risiken der Umgehung entstehen würden".

49 In der EU-Datenschutzverordnung hat sich an der Einordnung der beiden Begriffe in die Verordnungslandschaft nichts geändert. Auch hier finden sich die Begriffe unter Art. 2 „Sachlicher Anwendungsbereich".

III. Erheben (Abs. 3)

1. Legaldefinition

50 *Erheben ist das Beschaffen von Daten über den Betroffenen.*

2. Inhalt der Regelung

51 Das Erheben wird im BDSG – anders als in der EU-Datenschutzrichtlinie – **nicht** als **Teil des Verarbeitungsvorgangs** betrachtet, sondern bildet einen eigenständigen Begriff[27]. Die Folge daraus ist, dass überall dort, wo im Gesetz von Datenverarbeitung die Rede ist, das Erheben zusätzlich genannt werden muss (so z.B. in §§ 4, 5 und 9). Aufgrund der Diskussionen im Vorfeld zum Volkszählungsurteil des Bundesverfassungsgerichts vom 15.12.1983 wurde deutlich, dass die Datenerhebung im Wesentlichen den Stein des Anstoßes gab. Mit den Gesetzgebungsnovellierungen 1990 und 2001 wurde die Datenerhebung ausdrücklich unter den Schutzzweck der Norm gestellt.

52 Das Erheben wird als das **Beschaffen** von „Daten über den Betroffenen" definiert. Diese Definition stellt sachlich keinen Unterschied zu dem überwiegend verwendeten Begriff „personenbezogenen Daten" dar.

53 Nicht jedes Erhalten oder Empfangen von personenbezogenen Daten ist ein Beschaffen von Daten. Ein Beschaffen beinhaltet ein **aktives Tun**, also ein subjektives Element und ein objektives Element, der **Kenntnis** von den Daten oder die **Verfügung** über die Daten. Ein Zweck oder Anlass für die Erhebung wird nicht vorausgesetzt.

> **!** Beachte: Wenn die verantwortliche Stelle **ohne eigenes Zutun** personenbezogene Daten erhält, liegt kein Beschaffen vor, es fehlt an dem subjektiven Element[28]; das liegt vor bei unverlangter Zusendung von Daten bspw. im Rahmen von Bewerbungsunterlagen.

54 Personenbezogene Daten können auch ohne Anwesenheit des Betroffenen erhoben werden: § 4 Abs. 2 Satz 2 gibt die hierfür erforderlichen Voraussetzungen vor.

---

27 Andere Einordnung des Erhebens in den umfassenden Verarbeitungsbegriff: Däubler/Klebe/Wedde/Weichert/*Weichert*, § 3 Rn. 30.

28 H.M. u.a. *Gola/Wronka*, Arbeitnehmerdatenschutz, Rn. 340.

Beispiele für Erheben

- Inbesitznahme von Datenträgern
- Fotografieren, Filmen bestimmbarer Personen
- Kauf einer Auskunftei
- Übernahme einer Arztpraxis
- Beobachten personenbezogener Verhältnisse

Beispiele für Nicht-Erheben

- Erben von Datenträgern
- beiläufiges Wahrnehmen (z.B. im Rahmen von Bewerbungsunterlagen)
- Betrieb eines E-Mail-Accounts, eines Web-Forums oder anderen Webseiten mit Einladung zur Dateneingabe

3. Ausblick auf EU-Datenschutz-Grundverordnung

In beiden Regelungen wird das **Erheben** als eine **Verarbeitungsphase** aufgeführt. In der EU-Richtlinie in Art. 2 (b), in der EU-Verordnung in Art. 4 (3). Hier erfolgte keine Veränderung in der Verordnung gegenüber der Richtlinie. 55

IV. Verarbeiten (Abs. 4), Verarbeitungsphasen (Abs. 4 Nr. 1–5)

1. Legaldefinition

Verarbeiten ist das Speichern, Verändern, Übermitteln, Sperren und Löschen personenbezogener Daten – ungeachtet der dabei angewendeten Verfahren. 56

2. Inhalt der Regelung

In dieser Legaldefinition werden fünf Verarbeitungsphasen zusammengefasst. Maßgeblich ist, dass es bei den Verarbeitungsphasen nicht auf die Art des Verfahrens ankommt und folglich automatisierte, mechanische als auch manuelle Verfahren dem Regelungszweck unterliegen. 57

Der umfassende Oberbegriff für sämtliche Verarbeitungsphasen ist der in § 1 Abs. 1 genannte Begriff „Umgang".

a) Speichern (Abs. 4 Nr. 1)

aa) Legaldefinition

Speichern ist das Erfassen, Aufnehmen oder Aufbewahren personenbezogener Daten auf einem Datenträger zum Zweck ihrer weiteren Verarbeitung oder Nutzung. 58

Der Begriff „Speichern" ist einer der Hauptbegriffe dieses Gesetzes. Er beschreibt das **kurzzeitige** oder **dauerhafte Verkörpern oder Fixieren** von personenbezogenen Daten auf einem Datenträger zum Zwecke der weiteren Verarbeitung. 59

Datenträger sind Speichermedien. Diese können sowohl als schriftliche Unterlagen, Akten, Karteikarten oder als elektronische Datenträger, wie Diskette, USB-Stick, CD, optische Speichermedien, verfügbar sein.[29] Ebenso können menschliche Gewebeproben als Datenträger klassifiziert werden.[30] 60

! Beachte: Das **menschliche Gedächtnis** ist kein Datenträger im Sinne dieser Definition, daraus folgt, dass sinnliche Wahrnehmung und Gedanken eines Menschen unbeachtlich sind.

---

29 *von Sponeck*, CR 1993, 334.

30 *Thilo Weichert*, Leiter des ULD, Landesbeauftragter für Datenschutz Schleswig-Holstein, 4. TMF-Jahreskongress 2012, Kiel 28.03.2012.

61 Mit den Begriffen „Erfassen" und „Aufnehmen" werden Tätigkeiten einer Person beschrieben. **Erfasst** werden Daten, indem sie (auf-)geschrieben werden, mit der Hand oder mit der Schreibmaschine oder über die Bedienung eines Datenerfassungsgerätes, wie z.B. über ein Terminal. **Aufnehmen** kann man Daten visuell oder akustisch (Ton, Bild, Film etc.). **Aufbewahrt** werden bereits aufgezeichnete Daten.

> Auch eine Nichtspeicherung kann eine Datenspeicherung beinhalten, wenn dadurch eine personenbezogene Information entsteht, so z.B. wenn in der Personalakte das Datenfeld „Kinder" oder das Datenfeld „Schulabschluss" unausgefüllt bleibt. Es wird damit ein personenbezogenes Datum gespeichert: „keine Kinder" bzw. „kein Schulabschluss"[31].

62 Wichtig für das Vorliegen einer Speicherung ist, dass die Daten „zum Zwecke ihrer weiteren Verarbeitung oder Nutzung" verkörpert werden. Darin steckt, dass bereits der drohenden Verwendung der Daten entgegengewirkt werden soll. Da allerdings in der Regel dem Speichern die Verfügbarkeit anhaftet, wird sich die Frage in der Praxis nach dem weiteren Zweck der Datenerfassung nicht stellen.[32]

bb) Ausblick auf EU-Datenschutz-Grundverordnung

63 In der EU-Datenschutzrichtlinie ist der Begriff „Speichern" unter Art. 2 (b) als eine Alternative der „Verarbeitung personenbezogener Daten" festgehalten. Die Fixierungsmöglichkeit „Aufbewahren" ist in der deutschen Übersetzung der Richtlinie nicht als Unterbegriff des Speicherns, sondern als selbstständiger Begriff festgehalten. Die Fixierungsmöglichkeiten „Erfassen" und „Aufnehmen" sind in der übersetzten Fassung der Richtlinie nicht enthalten. In der englischen Fassung werden die Begriffe „recording" und „storage" benutzt und in der Reihenfolge mit „Speichern" und „Aufbewahrung" übersetzt. „Recording" kann aber auch mit „Aufnahme" übersetzt werden und „storage" kann sowohl Aufbewahrung als auch Speicherung bedeuten.

64 In der englischen Fassung der EU-Datenschutzverordnung finden sich weiterhin die Begriffe „recording" und „storage". Übersetzt wird „recording" in der deutschen Fassung der Verordnung nun mit „Erfassen".

65 An der Begriffsbestimmung der vorliegenden Definition dürfte dies wenig ändern. Es zeigt nur, dass die Aufzählung der Fixierungsmöglichkeiten des Speicherns beispielhaft ist und eher theoretischer Natur.

b) Verändern (Abs. 4 Nr. 2)

aa) Legaldefinition

66 *Verändern ist das inhaltliche Umgestalten gespeicherter personenbezogener Daten.*

67 Verändern meint die inhaltliche Umgestaltung der Daten. Maßgeblich ist, dass im Anschluss an diese Verarbeitungsphase einen andere, **neue Information** als vorher vorliegt. Diese neue Information kann durch Hinzufügen oder Verknüpfen anderer Daten erfolgen oder auch durch eine Änderung der Zweckbestimmung.

> Der Wahrheitsgehalt spielt für den Tatbestand des Veränderns keine Rolle.
> Ein „Verändern" liegt auch dann vor, wenn ein falsches Datum durch ein richtiges ersetzt wird und umgekehrt, wenn ein richtiges durch ein falsches ersetzt wird.

68 Das Löschen, Pseudonymisieren und Anonymisieren ist nach herrschender Ansicht[33] kein Verändern im Sinne dieser Regelung. Dies ergibt sich daraus, dass damit keine inhaltliche Veränderung der Information

31 So auch Simitis/*Dammann*, § 3 Rn. 119 m.w.N. in Fn. 249.
32 Keine Speicherung soll laut Simitis/*Dammann*, § 3 Rn. 121 gegeben sein, wenn eine weitere Nutzung schon bei der Erfassung ausgeschlossen ist, so z.B. eine Datenerfassung rein zu Schulungs- und Übungszwecken oder im Rahmen von Funktionsüberprüfungen von Geräten.
33 vgl. Simitis/*Dammann*, § 3 Rn. 128, *Gola/Schomerus*, § 3 Rn. 31; a. A. bzgl. Anonymisierung: Däubler/Klebe/Wedder/Weichert/*Weichert*, § 3 Rn. 35.

einhergeht. Beim Löschen entfällt die Information, beim Pseudonymisieren und Anonymisieren bleibt die Information dieselbe, sie wird nur unsichtbar bzw. unkenntlich gemacht.

Beachte: Führt die Löschung eines Datums zu einer Neuaussage, kann dies ein Verändern sein, z.B. Löschung der Angabe „verheiratet" in der Personalakte beinhaltet dann eine andere Einstufung in der Steuerklasse und ist damit eine Veränderung.[34]

Ob es sich um eine (Erst-)Speicherung oder um eine Änderung eines Datums oder eines Datenteils handelt, hängt davon ab, ob eine Information, die es vorher nicht gab, eingefügt wird oder ob ein Datum oder ein Datenteil ergänzt wird. 69

So ist das Einfügen von „Rechtsanwalt" in die bisher freigelassene Sparte „Beruf" in einem Stammdatensatz eine Speicherung des neuen Datums. Das Ergänzen eines Namens zum Doppelnamen dagegen eine Änderung[35].

Achtung: Ändert sich der Sachverhalt, z.B. Änderung des Schuldsaldos aufgrund einer Zahlung, so liegt keine Veränderung vor, denn der Informationsgehalt „Schulden" ist noch der gleiche.[36]

Praktisch spielt die Einordnung einer Maßnahme als Speichern oder Verändern mit der BDSG-Novellierung 1990 keine Rolle mehr. Mit der BDSG-Novellierung 1990 sind die Rechtsfolgen in den Erlaubnistatbeständen §§ 14, 28 und 29 für das Speichern und das Verändern dieselben. 70

bb) Ausblick auf EU-Datenschutz-Grundverordnung

In der EU-Datenschutzrichtlinie ist das Verändern eine Verarbeitungsalternative in Art. 2 (b). 71

In der EU-Datenschutznovelle ist das Verändern eine Verarbeitungsalternative in Art. 4 (3). Darüber hinaus wird dieser Begriff zusätzlich und neu in der Begriffsbestimmung Art. 4 (9) aufgeführt. Damit könnte eine Datenveränderung zu einer Datenschutzverletzung führen, mit möglichen Schadenersatzfolgen. 72

Hier bleibt die weitere Entwicklung abzuwarten.

c) Übermitteln (Abs. 4 Nr. 3)

aa) Legaldefinition

Übermitteln ist das Bekanntgeben gespeicherter oder durch Datenverarbeitung gewonnener personenbezogener Daten an einen Dritten in der Weise, dass 73

a) *die Daten an den Dritten weitergegeben werden oder*

b *der Dritte zur Einsicht oder zum Abruf bereitgehaltene Daten einsieht oder abruft.*

Neben dem Speichern ist das Übermitteln von Daten ein weiterer, häufig verwendeter Begriff im BDSG und eine wichtige Verarbeitungsphase. Die eine Übermittlung beschreibende Maßnahme ist die des **Bekanntgebens**. Das Bekanntgeben wiederum kann auf zwei Arten erfolgen: in der Form des **Weitergebens** (Nr. 3a) oder durch die **Einsichtnahme bzw. Abrufen** der Daten (Nr. 3b). 74

Die beschriebenen Formen des Bekanntgebens sind geeignet, die Dateninformationen weiteren Personen zur Kenntnis zu geben und damit zu verbreitern. Da nicht mehr der Betroffene allein die Verfügungsmacht über die Daten hat, sondern auch die verantwortliche Stelle, sollen die für die Übermittlung speziellen Zulässigkeits- und Auskunftsregeln (§§ 19 Abs. 1, 3, 34 Abs. 1,2), den Betroffenen so gut als möglich in die Lage versetzen, zu wissen, wo seine Daten sind (Inland oder Ausland) und was (eigener Zweck oder fremder Zweck) damit gemacht werden darf. 75

34 Simitis/*Dammann*, § 3 Rn. 129, *Gola/Schomerus*, § 3 Rn. 31.
35 So auch Simitis/*Dammann*, § 3 Rn. 132.
36 So auch Simitis/*Dammann*, § 3 Rn. 140.

Keine Übermittlung erfolgt im Rahmen der Gesamtrechtsnachfolge, wie z.B. bei einer Erbschaft oder einer Unternehmensverschmelzung.[37], **wohl aber** in der Vorprüfungsphase (**Due Diligence**).[38]

76 Die Datenweitergabe (Nr. 3a) umfasst jede Handlung, die geeignet ist, die Dateninformation dem Dritten bekanntzugeben. Dies kann im direkten Gespräch erfolgen, telefonisch, durch Übergabe oder Übersendung eines Datenträgers. Auch durch „Kopfnicken" oder „beredtes Schweigen" kann eine Information weitergegeben werden.[39]

Versehentliches Liegenlassen eines Datenträgers durch den Betroffenen ist keine Weitergabe.[40]

Beachte: Auch das Bereithalten der Daten durch einen **unbefugt handelnden Mitarbeiter** kann eine Datenübermittelung darstellen und damit für die verantwortliche Stelle eine Ordnungswidrigkeit nach § 43 Abs. 2 auslösen.[41]

77 Daten können neben der Weitergabe auch durch Einsehen oder Abrufen (Nr. 3b) bekanntgegeben werden. Anders als bei der Weitergabe geht hier die Aktivität vom Empfänger aus. Die verantwortliche Stelle bleibt die übermittelnde Stelle; sie hält die Daten zum Einsehen oder Abrufen bereit.

Die Übermittlung erfolgt erst, wenn der Empfänger einsieht oder abruft.[42] Zulässigkeit und Betrieb eines automatisierten Abrufs richten sich nach § 10.

78 Datenbeschaffung durch unbefugte Einsichtnahme oder unbefugtes Abrufen stellt keine Übermittlung durch Bereithalten dar[43]. Es sind jedoch geeignete Maßnahmen nach § 9 von der verantwortlichen Stelle vorzunehmen, um unbefugte Kenntnisnahme zu verhindern (§ 10 Abs. 2 Nr. 4).

Sollen personenbezogene Daten im Interesse eines Dritte genutzt werden und werden diesem aber diese personenbezogenen Daten nicht zugänglich gemacht (**sog. Lettershop-Verfahren**), findet keine Bekanntgabe und damit keine Datenübermittlung statt[44]. Dies ist z.B. der Fall, wenn die verantwortliche Stelle einem Dritten anbietet, dessen Werbematerial an den eigenen Kundenstamm zu senden. Es erfolgt keine Datenübermittlung an den Dritten. Die Kunden der verantwortlichen Stelle können nach Erhalt des Werbematerials selbst entscheiden, ob sie sich mit dem Dritten in Verbindung setzen wollen und ggf. ihre Daten diesem übergeben wollen.

79 Ein weiteres wichtiges Merkmal der Übermittlung ist die Weitergabe der Daten von der **verantwortlichen Stelle** (§ 3 Abs.7) an einen **Dritten** (§ 3 Abs. 8).

80 Empfänger der Daten muss ein Dritter sein, wobei es nicht ein bestimmter, einzelner Dritter sein muss und damit **auch eine Veröffentlichung in Printmedien oder auch im Internet** an eine Vielzahl von Adressaten eine Übermittlung darstellen kann.[45]

---

37 Differenzierend nach Umwandlungstypen und Umfang der Datenübermittlung: *Teichmann/Kießling*, ZGR 2001, 33 (Punkt V); siehe auch *Löhnert*, S. 17 ff., wonach der Erbe zwar Dritter ist, aber mangels aktiven Tuns des Erben (Empfängers) keine Übermittlung im Sinne des § 3 Abs. 4 Nr. 3 vorliegt.

38 Simitis/*Simitis*, § 28 Rn. 89: im Due-Diligence-Verfahren ist auf Strukturdaten oder anonymisierte Angaben zu beschränken.

39 Simitis/*Dammann*, § 3 Rn. 146.

40 Vgl. *Stähler*, DSG NRW, § 3 Rn. 13.

41 Vgl. Simitis/*Dammann*, § 3 Rn. 156.

42 Anders noch das BDSG 1977, hier wurde das Bereithalten von Daten bereits als Übermittlung gesehen.

43 Simitis/*Dammann*, § 3 Rn. 150 m.w.N. in Fn. 279.

44 Simitis/*Dammann*, § 3 Rn. 154; a. A. *Gola/Schomerus*, § 3 Rn. 37.

45 H.M. so auch im 29. Tätigkeitsbericht des ULD v. 15.02.2007, a. A. *Auernhammer*, § 3 Rn. 34, ebenfalls zu dem Ergebnis, dass keine Übermittlung bei einer Veröffentlichung im Internet vorliegt, kommt der EuGH, Urteil vom 06.11.2003, Rs C-101/01 – Bodil Lindqvist – Verwendung von Personendaten im Internet: http://www.eurolawyer.at/pdf/EuGH_C_101-01.pdf (siehe Diskussion zur fünften Frage Punkte 52 bis 71 mit den Darstellungen der Ansichten der Mitgliedsländer).

Dritter ist **nicht der Betroffene, nicht die verantwortliche Stelle, nicht der Auftragsdatenverarbeiter** der verantwortlichen Stelle und deren Mitarbeiter und **nicht Auftragsdatenverarbeiter innerhalb der EU**, des EWR. Diese Definition findet sich so in § 3 Abs. 8: 81

Daraus folgt, dass die **Datenweitergabe an den Betroffenen**, z.B. im Rahmen der Auskunft nach §§ 19 oder 34, keine Übermittlung darstellt.

Eine Datenweitergabe **innerhalb der verantwortlichen Stelle** ist ebenfalls keine Übermittlung. 82

Entscheidend für die Einordnung als Übermittlung auch innerhalb einer verantwortlichen Stelle ist das Vorliegen einer **datenschutzgerechten Organisationsstruktur**. Das bedeutet, die (Unternehmens-) Organisation der verantwortlichen Stelle ist so aufzustellen, dass ein Berechtigungskonzept bestimmt, wer in welchem Umfang und zu welchem Zweck Zugriff auf Daten haben darf. In einer solchen Struktur ist eine Datenweitergabe möglich, ohne dass eine Datenübermittlung vorliegt.

> ! Achtung: Wenn der **Personalrat oder der Betriebsrat** als **eigenständige Einheit** der verantwortlichen Stelle angesehen wird, ist die Frage nach einer Daten**übermittlung** innerhalb der verantwortlichen Stelle zu prüfen.[46] In der Regel ist aber die Mitarbeitervertretung als unselbstständiger Teil mit eigener Verantwortlichkeit zu betrachten.[47]

Ebenso keine Übermittlung ist die Datenweitergabe im Rahmen einer **Auftragsdatenverarbeitung** innerhalb Deutschlands und der EU und des EWR, da der Auftragnehmer in diesem Fall kein Dritter ist (siehe § 3 Abs. 8 Satz 2). 83

> ! Beachte: Bei einer sog. **„Funktionsübertragung"**[48] liegt eine Übermittlung vor. Hier ist der Auftragnehmer Dritter.

bb) Ausblick auf EU-Datenschutz-Grundverordnung

In Art. 2 (b) ist von der „Weitergabe durch Übermittlung" die Rede. Auch in der Richtlinie kennzeichnet das Übermitteln die Weitergabe in ein Drittland, d.h. in ein Nicht-Mitgliedsland, siehe Kapitel IV Übermittlung von personenbezogenen Daten in ein Drittland. 84

Die Datenschutzverordnung regelt in Ergänzung zu der Richtlinie die Übermittlung von Daten in Drittländer in Kapitel V, Art. 40–45. Die Kommission trägt dem Umstand Rechnung, dass wirtschaftlicher und technischer Fortschritt es erfordern, dass die Datenübermittlung innerhalb und auch außerhalb der EU ermöglicht wird. Datenschutzregelungen sollen dabei größtmöglichen Schutz bieten und gleichzeitig nicht wettbewerbsverhindernd sein. 85

d) Sperren (Abs. 4 Nr. 4)

aa) Legaldefinition

Sperren ist das Kennzeichnen gespeicherter personenbezogener Daten, um ihre weitere Verarbeitung oder Nutzung einzuschränken. 86

Daten sind zu sperren, wenn sie nur noch **eingeschränkt** verarbeitet oder genutzt werden dürfen und die Daten entsprechend gekennzeichnet sind. Die Art und Weise dieser Kennzeichnung wird im Gesetz nicht näher definiert. Entscheidend ist, dass eine Verarbeitungs- und Nutzungseinschränkung „erkennbar" vorliegt und bestimmte Daten nicht mehr so genutzt werden können wie vor der Kennzeichnung als gesperrt. Das Kennzeichnen als „gesperrte Daten" kann textlich oder technisch erfolgen.[49] 87

---

46 Siehe hierzu auch: LAG Köln, Beschluss v. 28.06.2011, 12 TaBV 1/11 Der Betriebsrat ist über Gleitzeitlisten und krankheitsbedingte Fehlzeiten zu informieren – Datenschutz ist kein Hindernis.
47 Ausführlich hierzu BAG, Beschluss v. 11.11.1997, Az. 1 ABR 21/97, NJW 1998, 2466.
48 Anschaulich: BITKOM-Schriftenreihe Recht & Steuer, Band 2 „Übermittlung personenbezogener Daten Inland, EU-Länder, Drittländer" (http://www.bitkom.org/files/documents/20060418_Band__2_Auslandsgeschaeft_Uebermittlung_personenbezogener_Daten.pdf.
49 Däubler/Klebe/Wedde/Weichert/*Weichert*, § 3 Rn. 42.

88 Die Auswirkungen der Sperre sind in §§ 20 Abs. 3 und 7, 35 Abs. 3, 4 und 8 geregelt.

> **!** Beachte: Die Sperrung eines Datums darf zu **keinen negativen Rückschlüssen** auf den Betroffenen führen, z.B. Kennzeichen „gesperrt" im Datenfeld für „Führungszeugnis".[50]

bb) Ausblick auf EU-Datenschutz-Grundverordnung

89 Der Begriff „Sperren" findet sich in der Richtlinie in der Allgemeindefinition der „Verarbeitung personenbezogener Daten" Art. 2 (b) am Ende der Aufzählung vor den Begriffen „Löschen oder Vernichten". Durch die alternative Aufzählungsart „Sperren, Löschen oder Vernichten" wird deutlich, dass die Verarbeitungsphasen gleichbedeutend nebeneinanderstehen.

90 In der Datenschutzverordnung wurde der Begriff „Sperren" **gestrichen**. Dies erfolgt in Zusammenhang mit der Einbringung des Rechts auf Vergessenwerden und Löschung („**Right to be forgotten**", Art. 17).

Da dieser Artikel in der aktuellen Fassung heftig umstritten ist, bleibt abzuwarten, ob und in welchem Umfang er tatsächlich umgesetzt wird.

e) Löschen (Abs. 4 Nr. 5)

aa) Legaldefinition

91 *Löschen ist das Unkenntlichmachen gespeicherter personenbezogener Daten.*

92 Die Legaldefinition beschreibt das Ergebnis der Datenlöschung, nämlich das Unkenntlichmachen.

Die Kenntnisse, die sich aus den Informationen der Daten ergeben, sind zu beseitigen. Damit soll die Gefahr einer nachteiligen Informationsnutzung der Daten durch eine Speicherung über den Anlass bzw. Zweck hinaus verhindert werden.[51]

> **!** Beachte: Anders als bei der Sperre müssen die Informationen verschwinden und nicht nur die Verwertbarkeit eingeschränkt werden.[52]

93 **Wie** die Daten gelöscht werden, ist letztlich **unerheblich**. Entscheidend ist die Tatsache, dass nach Durchführung der Maßnahme keine Dateninformationen mehr vorhanden sind.

> **!** Beachte: Daten sind dann **nicht gelöscht**, wenn die verantwortliche Stelle nur ihren Mitarbeitern den Zugriff versperrt. Maßgeblich ist, dass „der verantwortlichen Stelle als solche die Kenntnis über die Dateninformationen nicht mehr möglich ist".[53]

94 Ob und in welchem Umfang Daten zu löschen sind, wird in jüngster Zeit heftig und kontrovers in Politik und Öffentlichkeit diskutiert. Forderungen nach Verfallsdaten, wie dem *„digitalen Radiergummi"*[54], einem *„programmierten Vergessen"* [55] und dem *„Recht auf Vergessen"* (siehe bereits Rn. 90) sind hierbei die gängigsten Schlagwörter.

95 Anhaltspunkte für die **technische Datenlöschung** gibt das Bundesamt für Sicherheit in der Informationstechnik (BSI) in seinem Maßnahmenkatalog.[56]

---

50 Simitis/*Dammann*, § 3 Rn. 168.
51 Simitis/*Dammann*, § 3 Rn. 173.
52 Simitis/*Dammann*, § 3 Rn. 182.
53 Simitis/*Dammann*, § 3 Rn. 183.
54 Vgl. dazu die Rede des damaligen Bundesinnenministers *Dr. Thomas de Maizière* zu den Grundlagen für eine gemeinsame Netzpolitik der Zukunft. Berlin, 22.06.2010 – Auszüge und Hinweise in BT-Drs. 17/8999 v. 15.03.2012, 5. Zwischenbericht der Enquetekommission „Internet und digitale Gesellschaft", unter Punkt 2.3.4 Fn. 274.
55 Siehe auch *Bull*, NVwZ 2011, 257 (260).
56 Bundesamt für Sicherheit in der Informationstechnik: Maßnahmenkatalog M 2.167 Auswahl geeigneter Verfahren zur Löschung oder Vernichtung von Daten https://www.bsi.bund.de/cln_165/ContentBSI/grundschutz/kataloge/m/m02/m02167.html.

Daten können durch **Schwärzen** der Daten, **Überschreiben** der Datenträger, **Zerstören** der Datenträger gelöscht werden. Auch kann ein Löschen durch **Löschung einer Teilmenge oder einer Verknüpfung** erfolgen. Entscheiden ist bei jeder durchgeführten Maßnahme, dass am Ende kein Bezug auf eine bestimmbare Person mehr möglich ist. Sei es, es ist kein Informationsgehalt mehr vorhanden, sei es, dass die noch vorhandenen Informationen diesen Rückschluss nicht mehr zulassen.[57] 96

!

> Der Löschungsverpflichtung steht nicht selten eine **Pflicht zu Sicherung bzw. Archivierung** des Datenbestandes gegenüber, die sich z.B. aus handelsrechtlichen Archivierungsverpflichtungen oder auch aus Schutzgründen vor Datenverlust (z.B. Back-ups zum Schutz gegen manuelle oder technische Verarbeitungsfehler) ergeben kann. Lösbar ist dieser Konflikt, indem die zu löschenden, aber zu Sicherungszwecken noch aufzubewahrenden Daten – analog den Voraussetzungen der Sperre – nur im klar definierten Sicherungsfall (z.B. für Wirtschaftsprüfungszwecke) und nur von Personen mit einem entsprechenden Berechtigungskonzept genutzt werden können.[58]

bb) Ausblick auf EU-Datenschutz-Grundverordnung

Die EU-Datenschutzrichtlinie spricht in Art. 2 (b) von Löschen oder Vernichten. Durch Nennung beider Begriffe wird hier deutlich, dass eine irreversible Datenlöschung zu erfolgen hat. 97

In der EU-Datenschutzverordnung ist das Thema Löschung der Daten ein Kernthema. Art. 17 „Recht auf Vergessenwerden und auf Löschung" widmet sich in neun Artikeln der Umsetzung und Einhaltung dieses Rechts. Insbesondere die umfangreiche Verpflichtung der verantwortlichen Stelle, auch für die Daten die Löschverantwortung zu tragen, die sie an Dritte weitergegeben hat, birgt Diskussionsbedarf und wird alle Beteiligte noch länger beschäftigen.

V. Nutzen (Abs. 5)

1. Legaldefinition

Nutzen ist jede Verwendung personenbezogener Daten, soweit es sich nicht um Verarbeitung handelt. 98

Mit dieser Definition will der Gesetzgeber sicherstellen, dass eine Form der Datenverwendung, die – aus welchen Gründen auch immer – nicht unter die Verarbeitungsphasen des Abs. 4 fällt, trotzdem dem Schutzgedanken des Datenschutzrechts, nämlich dem Grundsatz der Zweckbindung, unterliegt. Die Nutzung steht damit gleichbedeutend neben der Verarbeitung. 99

In den Datenschutzgesetzen der meisten anderen EU-Mitgliedsstaaten wird die Nutzung von Daten als **Unterfall der Verarbeitung** angesehen.[59] Dies entspricht auch der Einordnung in der EU-Datenschutzrichtlinie. 100

Maßgeblich für das Vorliegen einer Datennutzung und damit der Anwendung des BDSG ist die Verwendung der Daten in **Bezug zu einer Person**.

!

> Die Verwendung von Datensätzen für **statistische Auswertungen** ist **keine Nutzung**. Die Verwendung der hierfür erforderlichen Datensätze der einzelnen Betroffenen ist als rechenin-terner Vorgang für die datenschutzrechtliche Gesamtbewertung vernachlässigbar. Entscheidend ist, dass das Ergebnis nicht personenbezogen ist.[60]

Wenn eine Datennutzung im Ergebnis eine unter § 3 Abs. 4 Nr. 1–5 fallende Verarbeitung ist, liegt keine Nutzung vor. Ein Nutzen liegt vor bei der Übergabe personenbezogener Daten an einen Auftragsdatenverarbeiter, da dieser kein Dritter ist (siehe § 3 Abs. 8) und folglich keine Übermittlung nach Abs. 4 Nr. 3 101

57 Ausführlich hierzu: Simitis/*Dammann*, § 3 Rn. 177 ff.
58 So im Ergebnis auch Simitis/*Dammann*, § 3 Rn. 184 ff.
59 Däubler/Klebe/Wedde/Weichert/*Weichert*, § 3 Rn. 45.
60 So auch Simitis/*Dammann*, § 3 Rn. 191; zustimmend auch *Gola/Schomerus*, § 3 Rn. 42a.

vorliegt. Ebenso liegt ein Nutzen von Daten beim Kopieren von Daten sowie beim Verwenden von Daten im Rahmen der Korrespondenz vor.[61]

102 Die praktische Bedeutung der Differenzierung zwischen Nutzen und Verarbeiten ist gering, da – wie dargelegt – das Nutzen lediglich ein Auffangtatbestand für jede nicht bereits eingeordnete Verarbeitung ist.

2. Ausblick auf EU-Datenschutz-Grundverordnung

103 In der EU-Datenschutzrichtlinie ist die „Benutzung" in Art. 2 (b) eine unter mehreren Verarbeitungsmöglichkeiten.

In der Datenschutzverordnung findet sich der Begriff Benutzung in Art. 4 Abs. 3 nicht mehr. Dafür wurde der allgemeine Begriff „Verwendung" neu aufgenommen.

VI. Anonymisieren (Abs. 6)

1. Legaldefinition

104 *Anonymisieren ist das Verändern personenbezogener Daten derart, dass die Einzelangaben über persönliche oder sachliche Verhältnisse nicht mehr oder nur mit einem unverhältnismäßig großen Aufwand an Zeit, Kosten und Arbeitskraft einer bestimmten oder bestimmbaren natürlichen Person zugeordnet werden können.*

105 Anonymität ist dadurch gekennzeichnet, dass für Einzelangaben zu einer Person die Wahrscheinlichkeit, dass diese der Person zugeordnet werden können, so gering ist, dass sie nach der Lebenserfahrung oder dem Stand der Wissenschaft praktisch ausscheidet.[62]

Haben die so anonymisierten Daten den Personenbezug verloren, unterliegen sie nicht mehr dem Schutz des BDSG.[63]

106 Einen großen Anwendungsbereich findet die Anonymisierung in den Bereichen der Markt- und Meinungsforschung (§§ 30, 30a) sowie der wissenschaftlichen Forschung (§ 40)[64].

Aber auch außerhalb dieser speziell reglementierten Bereiche besteht ein Bedarf an der Verwendung anonymisierter Datensätze. Zur Frage, wann ein Datum als anonymisiert angesehen werden kann, werden unterschiedliche Ansätze vertreten.

107 Das Bundesamt für Sicherheit in der Informationstechnik (BSI) hat in der Publikation „Was ist Anonymität?" anschaulich anhand grafischer Darstellungen die verschiedenen Grade der Anonymität dargestellt.[65]

108 Wie die Personenbeziehbarkeit ist auch die Anonymität relativ zu bestimmen.[66] Diese Auffassung findet Unterstützung im Gesetzestext. Der Gesetzgeber hat mit dem Zusatz *„unverhältnismäßig großer Aufwand an Zeit, Kosten und Arbeitskraft"* zu erkennen gegeben, dass ein Datum auch dann anonym sein kann, wenn trotzdem noch die Möglichkeit besteht, dass mit unverhältnismäßig großem Aufwand eine Re-Anonymisierung vorgenommen werden kann (siehe hierzu auch die Ausführungen zum Personenbezug unter Rn. 24 ff. und unter § 1 Rn. 7).

109 Auch das Bundesverfassungsgericht verweist im Volkszählungsurteil im Zusammenhang mit den notwendigen Vorkehrungen zum Schutz des informationellen Selbstbestimmungsrechts auf das Gebot einer

---

61 Siehe zu der Aufzählung: Simitis/*Dammann*, § 3 Rn. 194/195.

62 *Roßnagel/Pfitzmann/Garstka*, S. 103 m.w.N. in Fn. 483.

63 *Bergmann/Möhrle/Herb*, § 3 Rn. 130.

64 Siehe auch § 16 BStatG; lesenswerte Darstellung von absoluter, faktischer, projektbezogener Anonymität der Statistischen Ämter des Bundes und der Länder unter http://www.forschungsdatenzentrum.de/anonymisierung.asp.

65 Anschaulich, insbesondere hinsichtlich der **Grade der Anonymität**: Bundesamt für Sicherheit in der Informationstechnik: Publikation „Was ist Anonymität?" (https://www.bsi.bund.de/ContentBSI/Publikationen/Studien/anonym/wasistanonymitaet.html;jsessionid=317D857FBB6A0C4E1A59D869255156AA.2_cid294).

66 *Roßnagel/Scholz*, MMR 2000, 721 ff.

möglichst frühzeitigen (faktischen) Anonymisierung. In späteren Entscheidungen betont das BVerfG ausdrücklich, dass von „Verfassungs wegen lediglich eine faktische Anonymität" gefordert sei.

Der Maßstab für den zu betreibenden Aufwand ist jeweils im Einzelfall zu betrachten. So kann der wirtschaftliche Nutzen an einer Re-Anonymisierung die Bereitschaft der verantwortlichen Stelle, hohe Kosten aufzuwenden, überwiegen lassen. Ist diese Möglichkeit wahrscheinlich oder gibt der technische Fortschritt[67] dies zwischenzeitlich her, liegt keine wirksame Anonymisierung der Daten vor. 110

! Werden Speicherzellen gelöscht, jedoch nicht explizit mit anderen Zeichen überschrieben, so ist darauf zu achten, dass das Löschverfahren technisch nicht reversibel ist, d.h. nicht nur logisch, sondern auch physikalisch gelöscht wird.

Werden von der verantwortlichen Stelle anonymisierte Daten an einen Dritten gegeben, der den Personenbezug ohne großen Aufwand wiederherstellen kann, so sind die Daten nicht (mehr) anonym und es liegt eine Übermittlung nach § 3 Abs. 4 Nr. 3 vor.[68] 111

! Beachte: Die Beweislast für eine ausreichende Anonymisierung trägt die verantwortliche Stelle.[69]

Der, wie auch bei der Personenbeziehbarkeit, vertretene Ansatz der absoluten[70] Anonymisierung überzeugt nicht. 112

Eine absolute Anonymisierung liegt vor, wenn nichts und niemand mehr in der Lage ist, den Rückschluss auf eine Person zu ziehen. Diese Absolutheit ist insbesondere im Zeitalter von Internet und sozialen Netzwerken nicht realistisch. Die Möglichkeiten, die sich durch die Verkettungen im Internet ergeben, machen es nicht unwahrscheinlich, dass irgendjemand das notwendige Zusatzwissen zu den Einzelangaben der betroffenen Person hat. Ein Einziger reicht aber schon, um eine absolute Anonymisierung in diesem Fall auszuschließen. 113

2. Ausblick auf EU-Datenschutz-Grundverordnung

In der EU-Richtlinie wird die Anonymisierung nicht als eigener Begriff bestimmt. 114

In der EU-Verordnung wurde der Begriff Anonymisierung nicht legal definiert. Lediglich im Erwägungsgrund (23) befindet sich ein Hinweis. Dort wird festgehalten, dass „die Grundsätze des Datenschutzes nicht für Daten gelten, die in einer Weise anonymisiert worden sind, dass die betroffene Person nicht mehr identifiziert werden kann". 115

In dem Änderungsvorschlag des LIBE-Ausschusses[71] , der am 21.10.2013 von der Kommission bestätigt wurde, wird im Erwägungsgrund (23) eine Legaldefinition des Begriffs „anonym" aufgenommen. Dort heißt es dann:

„(...) Diese Verordnung sollte keine Anwendung finden auf anonyme Daten, d. h. Daten, die unmittelbar oder mittelbar, allein oder in Kombination mit zugehörigen Daten, keiner natürlichen Person zugeordnet werden können oder eine solche Zuordnung mit unverhältnismäßig viel Zeit, unverhältnismäßig hohen Kosten und unverhältnismäßig großem Aufwand verbunden wäre, wobei der aktuelle Stand der Technik zurzeit der Verarbeitung und die Möglichkeiten zur Entwicklung während des Zeitraums, in dem die Daten verarbeitet werden, berücksichtigt werden."

Diese Formulierung unterstützt den unter Rn. 108 dargelegten Ansatz der relativen Anonymisierung, denn er läßt zum einen eine Verhältnismäßigkeitsabwägung zu und berücksichtigt zum anderen den „Stand der Technik zum Zeitpunkt der Verarbeitung".

67 Däubler/Klebe/Wedde/Weichert/*Weichert*, § 3 Rn. 50.
68 *Gola/Schomerus*, § 3 Rn. 44a.
69 Däubler/Klebe/Wedde/*Weichert*, § 3 Rn. 47.
70 Däubler/Klebe/Wedde/*Weichert*, § 3 Rn. 47.
71 EU-Parlament, Ausschuss für bürgerliche Freiheiten, Justiz und Inneres, Entwurf eines Berichts v. 17.12.2012, 2012/0011(COD), Seite 15.

VII. Pseudonymisieren (Abs. 6a)

1. Legaldefinition

116 *Pseudonymisieren ist das Ersetzen des Namens und anderer Identifikationsmerkmale durch ein Kennzeichen zu dem Zweck, die Bestimmung des Betroffenen auszuschließen oder wesentlich zu erschweren.*

117 Der Begriff der „Pseudonymisierung" ist mit der BDSG-Novelle 2001 neu eingeführt worden.[72] Das Bundesdatenschutzgesetz in seiner alten Fassung kannte nur den Begriff des Anonymisierens (vgl. § 3 Abs. 7 BDSG 1990). Die neu in das Bundesdatenschutzgesetz eingeführten Grundsätze der Datenvermeidung und Datensparsamkeit verlangten, dass *„insbesondere* [...] *von den Möglichkeiten der Anonymisierung und der Pseudonymisierung Gebrauch zu machen"* sei. Dafür ist nun in § 3 Abs. 6a auch eine Legaldefinition des Pseudonymisierens geschaffen worden.

118 Daten sind dann pseudonym, wenn die tatsächliche Identität der Person dahinter nicht erkennbar ist, also praktisch **auszuschließen** ist oder die Erkennbarkeit **wesentlich erschwert** wird. Das ist möglich durch eine Zuordnung zwischen dem Kennzeichen (Pseudonym) einerseits und der Identität des Betroffenen andererseits. Die Kenntnis über die tatsächliche Identität erhält nur der, der die Zuordnungsregel kennt. Das ist der Unterschied zur Anonymisierung, bei der die Möglichkeit einer Zuordnung auszuschließen ist. Beim Anonymisieren werden Identifikationsmerkmale gelöscht, beim Pseudonymisieren nur ersetzt.[73]

> **!** Beachte: Dort, wo das Gesetz ausdrücklich eine Anonymisierung verlangt (§§ 4d Abs. 4 Nr. 2, 4f Abs. 1, Satz 5, 30, 40), genügt eine Pseudonymisierung nicht. Die Pseudonymisierung ist immer dort anzuwenden, wo – im Sinne der Datensparsamkeit nach § 3a – die Kenntnis der Identität des Betroffenen nicht notwendig ist.

119 Pseudonyme können von dem Betroffenen selbst vergeben werden, sog. **selbstgenerierte Pseudonyme**. Hier hat der Betroffene die Zuordnungsregeln selbst in der Hand. Das selbstgenerierte Pseudonym hat damit für die datenverarbeitende Stelle grundsätzlich keinen Personenbezug.[74]

120 Neben den selbstgenerierten Pseudonymen können Pseudonyme auch von Dritten und ohne Zutun der betroffenen Person vergeben werden. Dies ist möglich durch Erzeugung von Zufallswerten mit entsprechender Zuordnungsliste (**Referenzlisten**) oder über **Einwegfunktionen**, die mithilfe von mathematischen Algorithmen (**Hash-Werte**) erzeugt werden.

121 Ein entscheidendes Moment der Pseudonymisierung ist die Kenntnis von der Zuordnungsregel. Nur für den Kenner der Zuordnungsregel sind die pseudonymen Daten personenbeziehbar, für alle anderen sind sie anonym.[75] Dies lässt Spielraum für „anonyme Pseudonyme", „relativ-anonym" oder „hochgradige Pseudonyme", bei denen die Zuordnung faktisch ausgeschlossen ist. Eine rechtlich relevante Einordnung von pseudonymen Daten als personenbeziehbar oder nicht mehr personenbeziehbar hängt vom Pseudonym in seiner konkreten Verarbeitungssituation und den Identifizierungsmöglichkeiten ab.

122 Ist auch über das Pseudonym ein Rückschluss auf die Identität der dahinterstehenden Person nicht mehr möglich, ist das Pseudonym anonym.

---

72 Vgl. Gesetzesbegründung, BT-Drs. 14/4329, S. 33: „Neu aufzunehmen war eine Definition des Begriffs des Pseudonymisierens, da in § 3a Satz 2 erstmals der vorrangige Einsatz (anonymer und) pseudonymer Formen der Datenverarbeitung vorgesehen ist."

73 Simitis/*Scholz*, § 3 Rn. 215 m.w.N. in Fn. 337.

74 Dies gilt nicht, wenn technische Mittel eingesetzt werden, um das Pseudonym mit vorhandenen identifizierenden Angaben zu verknüpfen (z.B. Abgleich einer pseudonymen E-Mail-Adresse über Personensuchmaschinen), interessant zu möglichen Verknüpfungen: *Carsten Eilers* „Was weiß das Web über mich? Verkettung digitaler Identitäten", Vortrag auf der Webinale 2008.

75 *Bergmann/Möhrle/Herb*, § 3a Rn. 26, *Roßnagel*, S. 347 Rn. 60, *Roßnagel/Pfitzmann/Garstka*, S. 103, Simitis/*Scholz* § 3 Rn. 217, 217a, *Berliner Datenschutzbeauftragte für den Datenschutz und das Unabhängige Landeszentrum für den Datenschutz* (Hrsg.) in: Neuregelungen im BDSG, Berlin, 2001, S. 8; a. A. Däubler/Klebe/Wedde/Weichert/*Weichert*, § 3 Rn. 3, 13 (wobei auch eine Ausnahme möglich sein soll, wenn das Zusatzwissen auf wenige begrenzt bleibt und seine Preisgabe nicht nur rechtlich, sondern auch technisch-organisatorisch ausgeschlossen ist).

Zuordnungs- und damit Aufdeckungsrisiken können dadurch minimiert werden, dass die pseudonymisierten Daten nur von solchen Stellen verarbeitet werden, die ihrerseits keine Zugriffe auf die Zuordnungsregeln haben.[76] 123

Das ist zum Beispiel der Fall, wenn die Referenzliste von einem Treuhänder verwaltet wird oder auch wenn die Referenzliste vernichtet wird, weil der Rückschluss auf die Identitäten in keinem Fall mehr benötigt wird.

Pseudonyme Daten sind dann weiterhin personenbezogene Daten, wenn eine wirksame Pseudonymisierung nicht erfolgte. Dies ist dann der Fall, wenn die Zuordnungsliste nicht hinreichend geschützt ist und dadurch unberechtigte Zugriffe ohne großen Aufwand möglich werden. Aber auch Verknüpfungsmöglichkeiten mit identifizierenden Angaben oder Kontextwissen können eine wirksame Pseudonymisierung ausschließen. In diesen Fällen greifen die Schutzvorschriften des Datenschutzrechtes wieder ein.[77] 124

2. Ausblick auf EU-Datenschutz-Grundverordnung

In der EU-Datenschutzrichtlinie und auch in der EU-Datenschutzverordnung wird der Begriff des Pseudonymisierens **nicht verwendet**. Aber wie bei dem Begriff des Anonymisierens hat auch der Begriff des Pseudonymisierens im Rahmen des Änderungsprozesses der EU-Datenschutzverordnung seinen Platz gefunden. 125

Unter Artikel 4 Nr. 2a wurde folgende Legaldefinition[78] eingeführt:

„Pseudonym" eindeutige Kennung, die in einem gegebenen Kontext spezifisch ist und die direkte Identifizierung einer natürlichen Person verhindert, aber das Herausgreifen der betroffenen Person ermöglicht.

VIII. Verantwortliche Stelle (Abs. 7)

1. Legaldefinition

Verantwortliche Stelle ist jede Person oder Stelle, die personenbezogene Daten für sich selbst erhebt, verarbeitet oder nutzt oder dies durch andere im Auftrag vornehmen lässt. 126

In diesem Absatz werden die Normadressaten des Datenschutzrechts definiert. Diese werden in § 2 bereits allgemein mit dem Begriff „Stellen" definiert und hier nun ergänzt um die Auftragsdatenverarbeitung (siehe hierzu die Ausführungen unter § 11). Damit wird klargestellt, dass die Verantwortlichkeit für die Daten nicht davon abhängen soll, wer sie speichert oder verarbeitet. Die datenverantwortende Stelle soll damit in die Lage versetzt werden, Tätigkeiten im Zusammenhang mit der Datenverarbeitung auszulagern, wie z.B. Rechenzentrumstätigkeiten. Sie bleibt trotzdem verantwortliche Stelle. 127

Im nicht-öffentlichen Bereich ist die verantwortliche Stelle in der Regel eine vom Betroffenen andere rechtsfähige natürliche oder juristische Person[79]. Im öffentlichen Bereich ist es die juristische Person des öffentlichen Rechts[80], der die handelnde Behörde angehört. 128

Der Auftragsdatenverarbeiter verliert durch die Beauftragung nicht **seine** eigene Verantwortung. Er wird zwar für die verantwortliche Stelle tätig und diese daher nicht aus der Verantwortung entlassen. Begrifflich ist er aber auch eine „verantwortliche Stelle". Er wird nicht die verantwortliche Stelle, die ihn beauftragt hat[81], aber er wird durch die Beauftragung **auch** verantwortliche Stelle[82]. 129

76 Vorschläge zur Minimierung des Aufdeckungsrisikos bei Pseudonymen: *Roßnagel/Pfitzmann/Garstka*, S. 109 (110), abrufbar unter: http://www.lda.brandenburg.de/sixcms/media.php/2473/dsmodern.pdf.
77 Simitis/*Scholz*, § 3 Rn. 219c.
78 EU-Parlament, Ausschuss für bürgerliche Freiheiten, Justiz und Inneres, Entwurf eines Berichts v. 17.12.2012, 2012/0011(COD); Seite 70.
79 Siehe § 1 BGB für natürliche Personen, § 21 ff. BGB für juristische Personen.
80 Juristische Personen des öffentlichen Rechts sind z.B. Gebietskörperschaften (Staat, Länder, Gemeinden), Selbstverwaltungskörperschaften (Rechtsanwaltskammern, Industrie- und Handelskammern).
81 So aber *Giesen*, CR 2007, 543 f.
82 So auch Simitis/*Dammann*, § 3 Rn. 228.

> Beachte: Es gibt **kein Konzernprivileg**. Wirtschaftliche Verknüpfungen, wie Tochtergesellschaften oder 100%ige Beteiligungen, spielen für die Einordnung als verantwortliche Stelle keine Rolle. Es handelt sich um jeweils eigene verantwortliche Stellen.

130 Bei der **Mitarbeitervertretung** (Betriebsrat) eines Unternehmens ist folgende Besonderheit zu beachten: sie ist unselbstständiger Teil der verantwortlichen Stelle, allerdings mit **eigener Verantwortlichkeit**, abgeleitet aus dem Betriebsverfassungsrecht[83]. Die Eigenverantwortlichkeit führt aber **nicht** dazu, dass die Mitarbeitervertretung als **Dritter** einzuordnen ist (siehe hierzu auch die Ausführungen unter Rn. 82). Nach allgemeiner Auffassung[84] ergibt sich somit, dass der Datenfluss vom Unternehmen (Personalabteilung) zur Mitarbeitervertretung als Datenfluss von einer verantwortlichen Stelle zur anderen verantwortlichen Stelle anzusehen ist und es sich um eine Nutzung der Daten nach § 3 Abs. 5 handelt und nicht um eine Datenübermittlung an Dritte.

131 Das Gleiche gilt auch für die **Schwerbehindertenvertretung.**[85]

2. Ausblick auf EU-Datenschutz-Grundverordnung

132 In der EU-Datenschutzrichtlinie wird der Verantwortliche in Art. 2 (d) aufgeführt und in 2 (e) die Ergänzung um den Auftragsdatenverarbeiter.

133 In der EU-Datenschutzverordnung hat sich die Definition des Verantwortlichen nicht wesentlich geändert. Allerdings soll es ein Ziel der neuen Verordnung sein, den Verantwortlichen für wesentlich mehr Themen in die Verantwortung zu nehmen. So soll ein Verantwortlicher, der die Daten öffentlich gemacht hat, verpflichtet werden Dritten mitzuteilen, dass eine betroffene Person die Löschung von Links zu diesen Daten oder von Kopien oder Reproduktionen dieser Daten verlangt (siehe Erwägungsgrund 54 der Verordnung).

IX. Empfänger/Dritter (Abs. 8)

1. Legaldefinition

134 *Empfänger ist jede Person oder Stelle, die Daten erhält.*

Dritter ist jede Person oder Stelle außerhalb der verantwortlichen Stelle. Dritte sind nicht der Betroffene sowie Personen und Stellen, die im Inland, in einem anderen Mitgliedstaat der Europäischen Union oder in einem anderen Vertragsstaat des Abkommens über den Europäischen Wirtschaftsraum personenbezogene Daten im Auftrag erheben, verarbeiten oder nutzen.

135 Der Begriff **Empfänger** ist als Oberbegriff bei der Novellierung des BDSG 2001 neu aufgenommen worden. Empfänger ist grundsätzlich der Dritte, aber daneben eben auch jede weitere Person oder Stelle, die Daten erhält und nicht Dritter ist.

Der Begriff Empfänger findet sich vor allem im Rahmen von Unterrichtungs- und Auskunftspflichten und wird meist als **„Kategorien von Empfänger"** bezeichnet. So in § 4 Abs. 3 Nr. 3, § 33 Abs. 1 Satz 3 und § 34 Abs. 1 Nr. 2).

136 Dritter ist „jede Person oder Stelle **außerhalb** der verantwortlichen Stelle". Kurz gefasst ist damit **„jeder"** gemeint. Jede öffentliche oder private Stelle, unabhängig von der Rechtsform.

Nicht-Dritte sind z.B.

- die bei einer öffentlichen oder nicht-öffentliche Stelle beschäftigten Personen, wenn sie in ihrer dienstlichen Funktion Daten empfangen[86]
- Organe (Vorstand, Aufsichtsrat, Geschäftsführer) und Gesellschafter der verantwortlichen Stelle

83 BAG, Beschluss v. 11.11.1997, Az. 1 ABR 21/97, insbesondere III.2.
84 Siehe hierzu LAG Hamm, Beschluss v. 17.02.2012 (10 TaBV 63/11) m.w.N. unter IIc.
85 *Gola/Schomerus*, § 3 Rn. 49; Simitis/*Dammann*, § 3 Rn. 236.
86 Simitis/*Dammann*, § 3 Rn. 234 m.w.N. in Fn. 419.

- Unselbstständige Zweigstellen, Betriebe und Filialen eines im Inland gelegenen Unternehmens oder Teile einer Behörde – auch untereinander[87]
- Betriebsärzte, Betriebsrat, Schwerbehindertenvertretung[88]
- Interner und externer[89] Datenschutzbeauftragter
- Auftragsdatenverarbeiter im Inland, innerhalb der EU/EWR[90] (beachte: der Auftraggeber ist bei der Rückgabe der Daten auch kein Dritter).

Dritte sind z.B.

- Datenschutzaufsichtsbehörde[91]
- (Auftrags-)Datenverarbeiter außerhalb der EU/EWR, sog. Drittländer
- Unselbstständige Zweigstellen von im EU-Ausland gelegenen Unternehmen[92]
- Selbstständiger Handelsvertreter (§ 84 HGB)
- Vertragliche Beauftragungen, die keine Beauftragungen zur Datenverarbeitung sind, in dessen Rahmen aber Daten genutzt werden, z.B. Werk- oder Geschäftsbesorgungsvertrag (z.B. Lettershop[93])
- Funktionsübertragung (Übertragung einer ganzen unternehmerischen Funktion an den Auftragnehmer zur eigenverantwortlichen Wahrnehmung)[94].

! Beachte: Erfolgt die Datenübertragung an einen Dritten, so handelt es sich immer um eine Übermittlung (§ 3 Abs. 4 Nr. 3) und es sind die entsprechenden Zulässigkeitsregeln zu prüfen.

2. Ausblick auf EU-Datenschutz-Grundverordnung

In Art. 2 (f) wird der Dritte definiert. Die Definition im BDSG entspricht dieser Definition. In Art. 2 (g) der Datenschutzrichtlinie wird als Empfänger jeder definiert, der Daten erhält. Die Definition im BDSG entspricht ebenfalls der der Richtlinie. 137

Die Neuregelung der Verordnung plant die Differenzierung zwischen Drittem und Empfänger aufzuheben. In der Verordnung wird nur noch der Empfänger unter Art. 4 (7) definiert. Lediglich in Zusammenhang mit Empfängern in Drittländern (also außerhalb der EU) wird noch mal auf Dritte Bezug genommen. Dies folgt dem Transparenzprinzip, das als neuer Grundsatz aufgenommen wurde und die in Richtlinie 95/46/EG in Bezug auf die Empfänger vorgesehenen Rechte auf alle Empfänger, d.h. auch auf die gemeinsam für die Verarbeitung Verantwortlichen und die Auftragsverarbeiter ausweitet.[95] 138

X. Besondere Art personenbezogener Daten (Abs. 9)

1. Legaldefinition

Besondere Arten personenbezogener Daten sind Angaben über die rassische und ethnische Herkunft, politische Meinungen, religiöse oder philosophische Überzeugungen, Gewerkschaftszugehörigkeit, Gesundheit oder Sexualleben. 139

87 *Gola/Schomerus*, § 3 Rn. 52.
88 Simitis/*Dammann*, § 3 Rn. 235 m.w.N. in Fn. 420.
89 Simitis/*Dammann*, § 3 Rn. 239, *Härting*, NJW 2005, 1248–1250, a. A. *Gola/Schomerus*, § 3 Rn. 54 „sofern der externe DSB nicht ‚eingegliedert' ist" und ganz ablehnend: Däubler/Klebe/Wedde/Weichert/*Weichert*, § 3 Rn. 63.
90 Ausführlich hierzu Simitis/*Dammann*, § 3 Rn. 246, praxisnah: *BITKOM*, Schriftenreihe „Übermittlung personenbezogener Daten" Inland, EU-Länder, Drittländer.
91 So auch Simitis/*Dammann*, § 3 Rn. 239; a. A. *Koch*, Rn. 192.
92 Ganz h.M *Gola/Schomerus*, § 3 Rn. 53, Simitis/*Dammann*, § 3 Rn. 247 beide mit weiteren Nachweisen.
93 *Gola/Schomerus*, § 3 Rn. 55.
94 Kriterien für eine Funktionsübertragung und Abgrenzung zur ADV sehr gut dargelegt in BITKOM Schriftenreihe „Übermittlung personenbezogener Daten" Inland, EU-Länder, Drittländer.
95 Siehe 3.4.2.1 der EU-Verordnung.

140 In dieser Vorschrift werden die für den Betroffenen **sensible Daten** aufgelistet. Diese Daten unterliegen einem **besonderen Schutz**[96], der für die Verwendung der Daten im öffentlichen Bereich in **§ 13 Abs. 2** und für den nicht-öffentlichen Bereich in **§ 28 Abs. 6–9** geregelt wird.

Die Auflistung der besonderen personenbezogenen Daten ist abschließend. Dies ist insoweit problematisch, als dass damit dem Fortschritt der Technik nicht Rechnung getragen wird (wie das Beispiel genetischer Angaben zeigt)[97]. Gleichwohl bedeutet dies nicht, dass nur **konkrete Tatsachen**, wie z.B. eine Krankheit oder eine Parteizugehörigkeit dem Schutz der Regelung unterliegen. Auch **indirekte Informationen**, aus denen sich die Besonderheit ergibt, fallen unter den Schutzzweck dieser Norm.[98]

> Beachte: Nicht jede indirekte Angabe lässt jedoch auf das Vorliegen einer Besonderheit schließen. So fallen bspw. Angaben zum Alkoholkonsum in einer Umfrage noch nicht unter die Kategorie Gesundheitsdatum und sind damit (noch) keine sensitiven Daten. Auch Namenslisten und Angaben von Geburtsorten und Adressen lassen nicht ohne zusätzliche Informationen den Rückschluss auf sensitive Daten zu. Anders hingegen bei Angaben zu Medikamenten oder den Gebrauch von Drogen. Hier lässt sich dem Verwendungszusammenhang[99] ein sensitives Datum entnehmen[100].

2. Ausblick auf EU-Datenschutz-Grundverordnung

141 Die Legaldefinition des BDSG deckt sich wortgleich mit der Aufzählung der besonderen personenbezogenen Daten in der EU-Richtlinie Abschnitt III Art. 8 sowie Kapitel II Art. 9 der Verordnung.

142 Beide Vorschriften untersagen grundsätzlich den Umgang mit besonderen personenbezogenen Daten, lassen dann davon aber Ausnahmen zu, die sich im BDSG in dem oben genannten § 28 Abs. 6–9 wiederfinden.

XI. Mobile personenbezogene Speicher- und Verarbeitungsmedien (Abs. 10)

1. Legaldefinition

143 *Mobile personenbezogene Speicher- und Verarbeitungsmedien sind Datenträger,*

1. *die an den Betroffenen ausgegeben werden,*
2. *auf denen personenbezogene Daten über die Speicherung hinaus durch die ausgebende oder eine andere Stelle automatisiert verarbeitet werden können und*
3. *bei denen der Betroffene diese Verarbeitung nur durch den Gebrauch des Mediums beeinflussen kann.*

144 Die Regelung dieses Absatzes definiert den Anwendungsbereich des § 6c. Hauptanwendungsfall der Legaldefinition sind **Prozessorchipkarten**. Eine gegenständliche Beschaffenheit ist der Definition nicht zu entnehmen, sodass nicht nur mobile Datenträger in Form von Karten unter diese Begriffsbestimmung fallen, sondern auch Chips, die in Objekte integriert (z.B. Schlüssel, Armbänder oder Uhren) oder an Objekten, wie z.B. Kleidung oder Verpackung, angebracht werden können.

145 Entscheidend ist, dass der Nutzer mit dem Gebrauch des Datenträgers einen Verarbeitungsprozess startet, den Verarbeitungsprozess als solchen jedoch nicht bestimmen und beeinflussen kann.[101]

96 Zur Sinnhaftigkeit einer Aufteilung und besonderen Regelung von „trivialen" und „sensitiven Daten" Simitis/*Simitis*, § 3 Rn. 250 ff. m.w.N.
97 Simitis/*Simitis*, § 3 Rn. 259.
98 Däubler/Klebe/Wedde/Weichert/*Weichert*, § 3 Rn. 65.
99 „Volkszählungsurteil" BVerfGE 65, 1 (45): „Erst wenn Klarheit darüber besteht, zu welchem Zweck Angaben verlangt werden und **welche Verknüpfungsmöglichkeiten** und Verwendungsmöglichkeiten bestehen, läßt sich die Frage einer zulässigen Beschränkung des Rechts auf informationelle Selbstbestimmung beantworten."
100 Simitis/*Simitis*, § 3 Rn. 251.
101 *Gola/Schomerus*, § 3 Rn. 59; Däubler/Klebe/Wedde/Weichert/*Weichert*, § 3 Rn. 66.

Ein mobiler Datenträger fällt nur dann unter diese Vorschrift und damit in den Regelungsgehalt des § 6c, wenn er an eine natürliche (betroffene[102]) Person übergeben wurde (Nr. 1) **und** wenn über die Speicherung hinaus Daten automatisiert verarbeitet werden können (Nr.2) **und** eine Beeinflussung der Datenverarbeitung nur über den Gebrauch oder Nicht-Gebrauch des Datenträgers möglich ist (Nr.3). 146

Die Übergabe des Datenträgers ist unabhängig von Eigentumsverhältnissen[103] und kann auch durch Verbindung des Datenträgers mit einer Ware oder anderen Gegenständen erfolgen (z.B. Waren im Kaufhaus, die mit **RFID-Transpondern** ausgestattet sind. 147

Maßgeblich für das Vorliegen eines mobilen Datenträgers ist weiter, dass die automatisierte Verarbeitung mit einem Mikroprozessor erfolgt. 148

Mobile Datenträger im Sinne des Abs. 10

- Geldkarten, elektronische Geldbörse
- SIM-Karten in Mobiltelefonen
- Authentifizierungskarten mit Match-On-Card-Verfahren[104]
- RFID-Systeme[105].

Keine mobilen Datenträger im Sinne des Abs. 10 sind

- Reine Speichermedien (z.B. Magnetkarte, CD-ROM,DVD, USB-Stick)
- Speicherchipkarten (z.B. Krankenversicherungskarten nach § 291 SGB V, Mitarbeiterkarten mit reiner Identitätserfassung)
- Signaturkarten ohne Verarbeitungsfunktion der ausgebenden Stelle
- Kundenkarte ohne Verarbeitungsfunktion (nur Auslesen der Kundenstammdaten)[106].

2. Ausblick auf EU-Datenschutz-Grundverordnung

Weder in der EU-Richtlinie noch in der geplanten EU-Verordnung findet sich eine entsprechende Regelung zu mobilen Datenträgern. 149

Aber sowohl die Richtlinie als noch stärker die Verordnung haben die neuen Technologien im Auge und unter Beachtung derselben die Vorschriften zum Datenschutzrecht verfasst.[107]

---

102 Vom Gesetzeswortlaut her müssen sich auf dem Datenträger Daten des Betroffenen befinden. Laut Gesetzesbegründung soll die Regelung aber auch **„blanko"** ausgegebene Datenträger erfassen, auf denen noch keine personenbezogene Daten erfasst sind: Es sollen auch **zukünftig Betroffene** geschützt werden (siehe BT-Drs. 14/5793 S. 60 zu § 3 Abs. 10, abrufbar unter: http://dipbt.bundestag.de/dip21/btd/14/057/1405793.pdf).

103 Die Übergabe ist auch dann erfolgt, wenn sie aufgrund einer gesetzlichen Grundlage an die betroffenen Personen zu erfolgen hat, so z.B. bei der **Gesundheitskarte** oder dem künftigen **neuen elektronischen Personalausweis**, siehe hierzu Simitis/*Scholz*, § 3 Rn. 271 m.w.N. auf § 6c.

104 Zum Beispiel: Authentifizierung von Personen mittels **Smart-Cards, auf denen biometrische Merkmale** des Nutzers gespeichert sind. Mit dem Match-on-Verfahren findet der Vergleich der biometrischen Daten direkt auf der Karte statt (siehe hierzu: *Giesecke & Devrient*: „Match-on-Card-Technologie für Fingerabdruck und Iris", abrufbar unter: http://www.itseccity.de/?url=/content/produkte/biometrie/021113_pro_bio_giesecke.html).

105 Umfassende Darstellung von Technik und Anwendungsgebieten von RFID in einer Broschüre des *LDSB Rheinland-Pfalz* „RFID Radiofrequenz-Identifikation – Was ist das?" (Stand August 2010) abrufbar unter: http://www.datenschutz.rlp.de/downloads/oh/info_RFID.pdf. Auch sehr informativ. Broschüre des *BfDI* „RFID-Funkchips für jede Gelegenheit?" vom 20.04.2012.

106 So der *BfDI* in Datenschutz-wiki, abrufbar unter: http://www.bfdi.bund.de/bfdi_wiki/index.php/3_BDSG_Kommentar_Absatz_10.

107 Siehe Entwurf der EU-Verordnung, Erwägungsgrund 74.

XII. Beschäftigte (Abs. 11)

1. Legaldefinition

150 *Beschäftigte sind:*

1. *Arbeitnehmerinnen und Arbeitnehmer,*
2. *zu ihrer Berufsbildung Beschäftigte,*
3. *Teilnehmerinnen und Teilnehmer an Leistungen zur Teilhabe am Arbeitsleben sowie an Abklärungen der beruflichen Eignung oder Arbeitserprobung (Rehabilitandinnen und Rehabilitanden),*
4. *in anerkannten Werkstätten für behinderte Menschen Beschäftigte,*
5. *nach dem Jugendfreiwilligendienstegesetz Beschäftigte,*
6. *Personen, die wegen ihrer wirtschaftlichen Unselbstständigkeit als arbeitnehmerähnliche Personen anzusehen sind; zu diesen gehören auch die in Heimarbeit Beschäftigten und die ihnen Gleichgestellten,*
7. *Bewerberinnen und Bewerber für ein Beschäftigungsverhältnis sowie Personen, deren Beschäftigungsverhältnis beendet ist,*
8. *Beamtinnen, Beamte, Richterinnen und Richter des Bundes, Soldatinnen und Soldaten sowie Zivildienstleistende.*

151 Mit dieser Vorschrift wird der personelle Anwendungsbereich des Beschäftigtendatenschutzes in § 32 definiert. Diese Regelungen sind erstmals mit der BDSG-Novelle 2009 in das Gesetz aufgenommen worden.[108]

152 Der Beschäftigtenbegriff der Aufzählung geht deutlich über den arbeits- und sozialversicherungsrechtlichen Arbeitnehmerbegriff hinaus. Insbesondere bezieht er unter Nummer 8 sämtliche **öffentlich-rechtliche Dienstverhältnisse** mit ein (nach § 5 Abs. 2 ArbGG sind Beamte keine Arbeitnehmer)[109].

153 Neben den „privatwirtschaftlichen"[110] Arbeitnehmern werden auch die Arbeitnehmer kirchlicher Einrichtungen von § 3 Abs. 11 Nr. 1 erfasst (ausgenommen hiervon sind kirchliche Beamte und Kleriker, sie unterliegen ausschließlich dem Kirchenrecht).[111]

> **!** Organmitglieder (Geschäftsführer, Vorstandsmitglieder) sind – vor dem Hintergrund der Zielsetzung des BDSG – auch unter der Arbeitnehmerdefinition des Abs. 11 Nr. 1 zu fassen.[112]

154 Mit den Nummern 2–6 fallen Personen und Personengruppen unter den Beschäftigtenbegriff, die nicht unbedingt in einem Arbeitsverhältnis im Sinne des Arbeitsrechts stehen, wie z.B. Personen in Arbeitstherapie oder Wiedereingliederungsmaßnahmen.[113]

155 Die Auflistung der **Bewerber** und Personen bei Beendigung des Beschäftigungsverhältnisses in Nummer 7 ergänzt die Begrifflichkeiten des § 32 Abs. 1 Satz 1. Der Arbeitnehmerdatenschutz umfasst demnach nicht nur das bestehende Arbeitsverhältnis, sondern auch die Phasen der Begründung und Beendigung.

156 Nicht unter den Beschäftigtenbegriff des Abs. 11 – auch nicht unter den der Nummer 8 – fallen **Bundestagsabgeordnete und Wahlämter des Bundestages**.[114]

---

108 Vgl. BT-Drs. 16/13657, S. 4 und 17.
109 Siehe § 12 Abs. 4, hier wird im Anwendungsbereich der öffentlichen Stellen explizit auf § 32 verwiesen.
110 Arbeitnehmer ist, wer aufgrund eines privatrechtlichen Vertrages im Dienste eines anderen zur Leistung weisungsgebundener, fremdbestimmter Arbeit in persönlicher Abhängigkeit verpflichtet ist, siehe hierzu BAG, Beschluss v. 29.01.1992, Az. 7 ABR 25/91.
111 Vgl. Simitis/*Seifert*, § 3 Rn. 282 und 293.
112 So Simitis/*Seifert*, § 3 Rn. 284; a. A. *Salvenmoser/Hauschka*, NJW 2010, 331 (333).
113 *Gola/Schomerus*, § 3 Rn. 59b; Simitis/*Seifert* § 3 Rn. 286 bis 289.
114 *Gola/Schomerus*, § 12 Rn. 8; Simitis/*Seifert* § 3 Rn. 294.

2. Ausblick auf EU-Datenschutz-Grundverordnung

In der Richtlinie findet sich keine vergleichbare Definition oder eine besondere Regelung zum Umgang mit Beschäftigtendaten. **157**

In die Verordnung wurde neu in Art. 82 die „Datenverarbeitung im Beschäftigungskontext" eingearbeitet. Hierin werden die nationalen Mitgliedsstaaten aufgefordert, in den Grenzen der Verordnung innerhalb von zwei Jahren nach Inkrafttreten der Verordnung entsprechende Gesetze für die Verarbeitung personenbezogener Arbeitnehmerdaten zu erlassen. **158**

§ 3a Datenvermeidung und Datensparsamkeit

[1]Die Erhebung, Verarbeitung und Nutzung personenbezogener Daten und die Auswahl und Gestaltung von Datenverarbeitungssystemen sind an dem Ziel auszurichten, so wenig personenbezogene Daten wie möglich zu erheben, zu verarbeiten oder zu nutzen. [2]Insbesondere sind personenbezogene Daten zu anonymisieren oder zu pseudonymisieren, soweit dies nach dem Verwendungszweck möglich ist und keinen im Verhältnis zu dem angestrebten Schutzzweck unverhältnismäßigen Aufwand erfordert.

Literatur

Bizer, Datenschutz als Gestaltungsaufgabe, DuD 2007, 725–730; *Cavoukian*, Privacy by Design ...Take the Challenge, 2009; *Ehmann/Kramer*, Datenschutz Glossar, 2008; *Fox*, Betriebswirtschaftliche Bewertung von Security Investments in der Praxis; DuD 2011, 50–55; *Geschonneck/Meyer/Scheben*, Anonymisierung im Rahmen der forensischen Datenanalyse, BB 2011, 2677–2680; *Hammer/Fraenkel*, Löschklassen, DuD 2011, 890–895; *Hornung*, Eine Datenschutz–Grundverordnung für Europa?, ZD 2012, 99–106; *Karg/Thomsen*, Einsatz von Piwik bei der Reichweitenanalyse, DuD, 2011, 489–492; *Karper/Maseberg*, Zertifikat für Datenschutz–Management, DuD 2010, 704–708; *Münch*, Technisch-organisatorischer Datenschutz, 3. Aufl. 2007; *Richter*, Datenschutz durch Technik und die Grundverordnung der EU-Kommission, DuD 2012, 576–580; *Ulmer*, Das Datenschutz-Management im Unternehmen und der Wertbeitrag der Datenschutzorganisation, RDV 2008 15–20; *Wilke/Kiesche*, Datenschutz durch Datenvermeidung und -sparsamkeit, CuA 2009, 16–23.

▶ Darum geht es

Datenvermeidung und Datensparsamkeit zielen darauf ab, auf die Erhebung, Nutzung und Speicherung personenbezogener Daten von vornherein zu verzichten bzw. dies auf das absolut notwendige Maß zu reduzieren. Einmal erhobene Daten sollen so früh wie möglich von Personen entkoppelt und/oder gelöscht werden. Dies ist bereits bei der Gestaltung und Auswahl von Datenverarbeitungsverfahren zu berücksichtigen.

▶ Schlagworte

Erforderlichkeitsgebot; Grundsatz der Verhältnismäßigkeit; Anonymisierung; Pseudonymisierung; Datenlöschung; Systemdatenschutz; Selbstdatenschutz; Datenschutz durch Technik; Privacy Enhancing Technologies (PET); Privacy by Design; Privacy by Default; Organisation der Datenverarbeitung

▶ Weitere relevante Vorschriften

Inhaltsgleiche Spezialregelung des Sozialgesetzbuchs in § 78b SGB X, sektorspezifische Regelung für Telemedien in § 13 Abs. 6 TMG sowie einige Landesdatenschutzgesetze[1]

1 *Gola/Schomerus*, § 3a BDSG Rn. 12 listet die entsprechenden Vorschriften für den öffentlichen Bereich auf.

A. Allgemeines

I. Regelungszweck

Der Leitgedanke des BDSG, ein generelles Verbot mit Erlaubnisvorbehalt für den Umgang mit personenbezogenen Daten auszusprechen, wird in § 3a konsequent weiterverfolgt.[2] Denn hier geht es darum, bei der Erhebung, Verarbeitung und Nutzung personenbezogener Daten möglichst sparsam zu sein und somit auch sicherzustellen, dass nur der für den Zweck erforderliche Umfang an Datenverarbeitung betrieben wird (sog. Erforderlichkeitsgebot).[3] 1

§ 3a verpflichtet die verantwortliche Stelle in Form einer Zielvorgabe[4], die Verwendung personenbezogener Daten gänzlich zu vermeiden bzw. möglichst sparsam zu gestalten und dies bereits bei der Auswahl und Gestaltung der Datenverarbeitungssysteme sowie bei der Organisation der Datenverarbeitungsprozesse präventiv zu berücksichtigen. Weiterhin gibt die Regelung in Form der Methoden der Anonymisierung und der Pseudonymisierung zwei Regelbeispiele vor, die geeignet sind, einen vermeidenden bzw. sparsamen Umgang mit personenbezogenen Daten zu verwirklichen. Dabei wird die Verwendung anonymer bzw. pseudonymer Daten unter zwei Vorbehalte gestellt: Sie muss für den Zweck der Verarbeitung möglich sein und sie muss mit einem verhältnismäßigen Aufwand umsetzbar sein. Der verantwortlichen Stelle wird ein Ermessensspielraum eingeräumt, in welchem Umfang und mit welchen Methoden auf die Verarbeitung personenbezogener Daten verzichtet wird.[5] 2

Mit der BDSG-Novelle 2001 wurde das Prinzip der Datenvermeidung und der Datensparsamkeit erstmals in das Gesetz aufgenommen, nach dem Vorbild einer speziellen Regelung im zwischenzeitlich durch das Telemediengesetz abgelösten Teledienstedatenschutzgesetz von 1997 (§ 3 Abs. 4 TDDSG).[6] In der BDSG-Novelle 2009 erfuhr § 3a dahingehend eine Präzisierung, dass 1. die Zielvorgabe zur Anonymisierung und Pseudonymisierung hinsichtlich ihrer Möglichkeit auf den jeweiligen Verwendungszweck zu beziehen ist und 2. der erforderliche Aufwand nicht unverhältnismäßig zum angestrebten Schutzzweck ist.[7] Vor allem wurde aber der Anwendungsbereich der Regelung erweitert, in dem das Prinzip bereits bei der ersten Erhebung personenbezogener Daten und sodann bei jedem weiteren Verarbeitungsschritt zu berücksichtigen ist und nicht, so wie bisher, nur bei der Auswahl und Gestaltung der Datenverarbeitungssysteme.[8] 3

II. Ausblick auf die Novellierung des europäischen Datenschutzrechts

In Art. 23 der EU-VO[9], ergänzt durch den 61. Erwägungsgrund, wird eine Regelung für den „Datenschutz durch Technik" – auch Privacy by Design genannt – getroffen. Art. 23 Abs. 2 EU-VO beschreibt das Prinzip der Datensparsamkeit, das der für die Verarbeitung Verantwortliche durch den Einsatz geeigneter Verfahren sicherstellen soll. Auf Regelbeispiele für die Umsetzung von Datensparsamkeit, wie das BDSG sie in Gestalt der Methoden Anonymisierung und Pseudonymisierung vorgibt, verzichtet die EU-VO.[10] 4

---

2 Taeger/Gabel/*Zscherpe*, § 3a BDSG Rn. 1.
3 Taeger/Gabel/*Zscherpe*, § 3a BDSG Rn. 2.
4 *Gola/Schomerus*, § 3a BDSG Rn. 2.
5 Taeger/Gabel/*Zscherpe*, § 3a BDSG Rn. 24.
6 Simitis/*Scholz*, § 3a BDSG Rn. 2.
7 Simitis/*Scholz*, § 3a BDSG Rn. 8.
8 Taeger/Gabel/*Zscherpe*, § 3a BDSG Rn. 4.
9 Vorschlag für Verordnung des Europäischen Parlaments und des Rates zum Schutz natürlicher Personen bei der Verarbeitung personenbezogener Daten und zum freien Datenverkehr (Datenschutz-Grundverordnung), KOM (2012)11 vom 25.01.2012.
10 Zur Kritik der EU-VO hinsichtlich mangelnder Ausgestaltung des Konzepts Datenschutz durch Technik siehe *Richter*, DuD 2012, 576 ff. sowie *Hornung*, ZD 2012, 99 ff.

B. Inhalt der Regelung

I. Datenvermeidung und Datensparsamkeit

5 In § 3a S. 1 wird die verantwortliche Stelle zunächst verpflichtet, den Umgang mit personenbezogenen Daten überhaupt zu vermeiden. Dieser Zielvorgabe wäre vollends entsprochen, wenn überhaupt keine personenbezogenen Daten mehr verarbeitet werden, z.B. durch eine konsequente Anonymisierung von Informationen, die den Personenbezug vollständig aufhebt.[11]

6 Jeder Vorgang, der die Erhebung, Verarbeitung und Nutzung personenbezogener Daten zum Gegenstand haben soll, ist zunächst darauf zu überprüfen, ob diese Datenverarbeitung für den Zweck überhaupt erforderlich ist (verfassungsrechtliches Erforderlichkeitsgebot).[12] In einem zweiten Schritt ist nach § 3a zu überprüfen, ob eine als erforderlich erkannte Datenverarbeitung so ausgestaltet werden kann, dass sie mit möglichst wenigen personenbezogenen Daten auskommt.[13] Dabei steht an erster Stelle die Vermeidung des Personenbezugs an sich, an zweiter Stelle folgt die Reduzierung der Datenmenge.[14]

7 Die Vorgabe bezieht sich dem Sinn nach auf den gesamten Verarbeitungsprozess, der in jeder Phase datenvermeidend bzw. datensparsam gestaltet werden muss.[15]

! Bei einer Überprüfung der Einhaltung des Grundsatzes der Datenvermeidung/Datensparsamkeit ist gezielt zu hinterfragen:

1. Ist eine personenbezogene Datenverarbeitung für die Erreichung des vorgegebenen Zwecks überhaupt erforderlich?
2. Bejahendenfalls stellt sich die Frage, ob sich die Auswahl der benötigten Daten inhaltlich genau an dem Verarbeitungszweck ausrichtet und auf alle übrigen Daten verzichtet wird?
3. Hat der Verantwortliche ausreichende Überlegungen angestellt, wie er im weiteren Verarbeitungsprozess die Verwendung der personenbezogenen Daten frühzeitig und soweit wie möglich einschränken kann?

II. Auswahl und Gestaltung von Datenverarbeitungssystemen

8 Die Zielvorgabe des § 3a bezieht sich nicht nur auf die sparsame Verwendung personenbezogener Daten an sich, sondern ausdrücklich auf die Auswahl und Gestaltung der Datenverarbeitungssysteme, mit denen personenbezogene Daten verarbeitet werden. Die eingesetzte Hard- und Software soll also Datenvermeidung und Datensparsamkeit technisch gewährleisten. Die Grundidee, das informationelle Selbstbestimmungsrecht nicht nur durch Rechtsetzung, sondern auch durch technische Maßnahmen zu schützen, ist der Tatsache geschuldet, dass die rechtlichen Vorschriften mit der technischen Entwicklung der Informationstechnologie überhaupt nicht mehr Schritt halten können.[16] Diese *technischen Ansätze eines Systemdatenschutzes* werden auch unter dem Begriff Privacy Enhancing Technologies (PET's) zusammengefasst.[17] Zur technischen Datenvermeidung bietet sich die Anonymisierung von personenbezogenen Daten an. Datensparsamkeit kann technisch untermauert werden, wenn die Systeme Verwendungsmöglichkeiten von Daten einschränken und die Zweckbindung garantieren.[18] Dies ist sinnvollerweise zum frühestmöglichen Zeitpunkt zu berücksichtigen, weil nachträgliche Änderungen in den Systemen meist sehr schwierig und kostspielig sind.[19]

---

11 Vgl. Simitis/*Scholz*, § 3a BDSG Rn. 31 mit weiteren Nachweisen.
12 Taeger/Gabel/*Zscherpe*, § 3a BDSG Rn. 2.
13 *Gola/Schomerus*, BDSG, § 3a BDSG Rn. 5.
14 Simitis/*Scholz*, § 3a BDSG Rn. 33.
15 Simitis/*Scholz*, § 3a BDSG Rn. 43.
16 *Gola/Schomerus*, § 3a BDSG Rn. 1.
17 Zur Entwicklung von PET's siehe z.B. Cavoukian, Privacy by Design...Take the Challenge, Information and Privacy Commissioner of Ontario, über www.ipc.on.ca.
18 *Hansen* in: Roßnagel, Kap. 3.3 Privacy Enhancing Technologies, Rn. 46 f.
19 Taeger/Gabel/*Zscherpe*, § 3a BDSG Rn. 47.

> Auch technische und organisatorische Sicherheitsmaßnahmen tragen zur Datensparsamkeit bei: Konsequente Ausgestaltung von Zugriffsberechtigungen nach dem Need-to-know-Prinzip, strikte Datentrennung, die zweckfremde Verknüpfungen verhindern, das automatische Sperren und Löschen von Daten, deren Zweck entfallen ist.

III. Anonymisierung und Pseudonymisierung

Die Begriffe Anonymisierung und Pseudonymisierung sind in § 3 Abs. 6 bzw. Abs. 6a definiert. Danach sind personenbezogene Daten anonymisiert, wenn die Informationen nicht oder nur mit einem unverhältnismäßig großen Aufwand an Zeit, Kosten und Arbeitskraft einer bestimmten oder bestimmbaren Person zugeordnet werden können.[20] Anonymisierte Daten unterliegen nicht den strengen Verwendungsvoraussetzungen des BDSG.[21] Von vornherein anonymisierte Daten sind überhaupt nicht Gegenstand von Datenschutzregeln. Zunächst rechtmäßig erhobene personenbezogene Daten, die anschließend wirksam anonymisiert werden, also auch faktisch nicht mehr dem Betroffenen zugeordnet werden können, dürfen auch außerhalb ihrer ursprünglichen Zweckbindung verwendet werden. 9

Schwieriger zu beurteilen ist die Frage, ob eine Anonymisierung wirksam durchgeführt wurde, d.h. niemand mit noch verhältnismäßigem Aufwand in der Lage ist, eine Re-Identifizierung durchzuführen. Zu einer Beurteilung kommt es auf die Verhältnisse im Einzelfall an. Es bedarf einer Bewertung des Re-Identifizierungsrisikos.[22] 10

> Wenn der Aufwand der Neubeschaffung personenbezogener Daten nach den Umständen des Einzelfalls geringer ist als der Aufwand für eine Wiederherstellung des Personenbezugs der betreffenden anonymisierten Daten, ist davon auszugehen, dass keine Re-Identifizierung zu erwarten ist und damit die Anonymisierung wirkt. Bei einer solchen Bewertung sind die (wirtschaftlichen) Vorteile eines potenziellen Interessenten in Bezug auf die Daten, den Aufwand, den er zu leisten bereit ist, und die Ressourcen, die ihm in Form von Wissen und technischen Möglichkeiten zur Verfügung stehen, zu berücksichtigen.

Bei der Pseudonymisierung wird der Bezug der Informationen zu einer bestimmten Person nicht endgültig aufgehoben. Durch Kenntnis einer Zuordnungsregel ist es möglich, die Informationen wieder auf den Betroffenen zurückzuführen. Für die Stellen, die die Zuordnungsregel kennen, sind die Daten personenbeziehbar, für alle anderen nicht. Datenschutzkonflikte können hinsichtlich der Einschätzung entstehen, ob Empfänger bzw. Nutzer pseudonymer Daten sich die Zuordnungsregeln verschaffen können und sich damit doch hinsichtlich der Datenverwendung an die Verwendungsregeln des BDSG im vollen Umfang halten müssen. Streitig ist zum Beispiel, ob eine „dynamische IP-Adresse" ein Pseudonym ist, welches die Website-Betreiber für das Webtracking einsetzen könnten und so über das Verhalten der aus ihrer Sicht anonymen Nutzer Kenntnisse erlangen könnten.[23] Die Aufsichtsbehörden gehen bisher davon aus, dass auch eine dynamische IP-Adresse wie ein personenbezogenes Datum zu behandeln ist und nicht als Pseudonym angesehen werden kann[24]. Dem steht allerdings entgegen, dass eine Re-Personifizierung faktisch nur für den Internet-Provider und nicht für den normalen Betreiber einer Internet-Seite möglich ist.[25] 11

§ 3a S. 2 stellt das Erfordernis der Anonymisierung bzw. der Pseudonymisierung unter zwei Vorbehalte. Erstens muss der Personenbezug von Informationen dann nicht aufgelöst werden, wenn der Zweck der 12

20 Taeger/Gabel/*Zscherpe*, § 3a BDSG Rn. 50.
21 *Ehmann/Kramer*, Datenschutz Glossar, Anonymisierung.
22 Taeger/Gabel/*Zscherpe*, § 3a BDSG Rn. 51.
23 Simitis/*Dammann*, § 3 BDSG Rn. 63.
24 Beschluss des Düsseldorfer Kreises vom 26./27. November 2009 zu „Datenschutzkonforme Ausgestaltung von Analyseverfahren zur Reichweitenmessung bei Internet-Angeboten; Artikel-29-Datenschutzgruppe, Stellungnahme 4/2007 zum Begriff „personenbezogene Daten", WP 136, S. 19.
25 Übersicht zum Meinungsstand bei *Krüger/Maucher*, MMR 2011, 433 ff.; zuletzt EuGH, Urteil vom 24.11.2011, C-70/10.

Verarbeitung dies nicht erlaubt.[26] In allen anderen Fällen, in denen der angestrebte Verwendungszweck auch mit anonymen bzw. pseudonymen Daten erreicht werden kann, muss dies zwingend berücksichtigt werden.[27] Es sei denn, der zweite Vorbehalt, dass durch die Auflösung des Personenbezugs ein gemessen am Schutz des informationellen Selbstbestimmungsrechts unverhältnismäßig hoher Aufwand entsteht, trifft zu. Auch hier ist eine alle Umstände berücksichtigende Einzelfallbetrachtung notwendig. Hierzu gehören die Art und Sensibilität der Daten und die konkrete Verwendung in ihrem Gesamtkontext. Dies bedeutet, dass die verantwortliche Stelle nur so viel Aufwand betreiben muss, wie eine sachgerechte Lösung es erfordert. Sie ist nicht verpflichtet, die bestmöglichen Verfahren anzuwenden.[28]

13 § 30 Abs. 1 enthält eine spezielle Regelung für den Fall der geschäftsmäßigen Datenerhebung und -speicherung zum Zweck der Übermittlung personenbezogener Daten in anonymisierter Form. Sie verpflichtet die verantwortliche Stelle, die die personenbezogenen Daten ursprünglich geschäftsmäßig erhoben hat, um sie danach anonymisiert zu übermitteln, zu einer getrennten Speicherung der Daten (Einzelangaben) und der Zuordnungsmerkmale. Eine Wiederherstellung des Personenbezugs ist nur für die Erfüllung des Zwecks der Speicherung oder für wissenschaftliche Zwecke erforderlich. Eine weitere spezielle Pflicht zur Anonymisierung enthält § 40 Abs. 2 für Daten, die zu Forschungszwecken erhoben wurden. Auch hier gilt die Pflicht zur Trennung der Einzelangaben von den Zuordnungsmerkmalen.

14 Bei der Verwendung von Pseudonymisierungsverfahren ist generell das Trennungsgebot zu beachten, in dem die Daten und die Schlüsselbrücke getrennt voneinander zu speichern sind, um eine unberechtigte Re-Identifizierung zu verhindern.[29]

> **!** Die Verwendung von Einwegpseudonymen, die auf Verschlüsselungsverfahren mit geheimen Parametern und Verfahren basieren, garantiert, dass weder ein Betroffener noch eine verarbeitende Stelle ohne Kenntnis des Schlüssels den Personenbezug wiederherstellen können. Voraussetzung ist die sichere Hinterlegung des Schlüssels.

15 Nach dem Willen des Gesetzgebers gilt für die Umsetzung aller anderen möglichen Methoden der Datenvermeidung und der Datensparsamkeit der allgemeine Verhältnismäßigkeitsgrundsatz, d.h., Aufwand und Erfolg der von der verantwortlichen Stelle getroffenen Datenvermeidungsmaßnahmen müssen also in einem angemessenen Verhältnis zum Schutzzweck stehen.[30]

IV. Rechtsfolgen bei Verstoß

16 Erfüllt die verantwortliche Stelle ihre Rechtspflicht zur Datenvermeidung bzw. Datensparsamkeit nicht, führt die Nichteinhaltung dieser programmatischen Zielvorgabe des BDSG weder zur Rechtswidrigkeit der Datenverarbeitung noch zu einem Bußgeld nach § 43 oder einer Strafe nach § 44.[31]

Die verantwortliche Stelle unterliegt der Pflicht, die Verwendung personenbezogener Daten möglichst sparsam zu gestalten, und muss im Zweifel auch den Beweis antreten, dies sorgfältig untersucht zu haben.[32] Mangels Sanktionierung – die Aufsichtsbehörden haben lediglich die Möglichkeit der Einflussnahme durch Beratung[33] – ist das Datensparsamkeitsgebot nicht zwangsweise durchsetzbar, sondern liegt im Ermessen der Verantwortlichen.

---

26 Taeger/Gabel/*Zscherpe*, § 3a BDSG Rn. 57 nennt das Beispiel einer Altersverifikation, die im E-Commerce erforderlich sein kann und nur mit Personenbezug erfolgen kann.
27 Taeger/Gabel/*Zscherpe*, § 3a BDSG Rn. 56 mit dem Beispiel des Newsletterversands, der seinen Zweck auch erreicht, wenn er an eine pseudonyme Adresse gerichtet ist.
28 Gesetzesbegründung zu Artikel 1 Nummer 3 neu in BT-Drs. 16/13657 v. 01.07.2009.
29 *Münch*, Technisch-organisatorischer Datenschutz, S. 413.
30 Vgl. auch Taeger/Gabel/*Zscherpe*, § 3a BDSG Rn. 45.
31 Simitis/*Scholz*, § 3a BDSG Rn. 57.
32 *Gola/Schomerus*, § 3a BDSG Rn. 8.
33 *Gola/Schomerus*, § 3a BDSG Rn. 2.

Auch wenn ein Verstoß gegen das Gebot des § 3a nicht bußgeldbewehrt ist, empfiehlt sich eine Beachtung im Interesse der Risikominimierung für das Unternehmen (siehe auch C.II, Rn. 21). Darüber hinaus besteht die Möglichkeit, dass eine Aufsichtsbehörde die Einhaltung anordnet, was sich im Nachgang als schwierig umsetzbar gestalten kann.

C. Anwendungsempfehlung/Weitere praktische Hinweise

I. Datenschutz durch Technik

Privacy Enhancing Technologies (PET) realisieren Datenschutz durch technische Verfahren. Damit wird Datenschutz gleich in die Technik integriert oder sogar durch technische Mittel gefördert.[34] Wichtig für PET sind beispielsweise Transparenz, Datenvermeidung und Datensparsamkeit sowie Anonymitäts- und Pseudonymitätsverfahren. Technische Verfahren sollen also gewährleisten, dass der Personenbezug von Daten möglichst vermieden bzw. weitgehend eliminiert wird. Diese Möglichkeiten sollen nicht nur in den Systemen der verantwortlichen Stellen implementiert sein, sondern auch den Betroffenen als Instrumente des Selbstdatenschutzes zur Verfügung stehen. Der Betroffene soll weitgehend selbst in der Lage sein, zu entscheiden, welche seiner Daten er unter welchen Umständen preisgibt.[35] Ein Beispiel dafür wäre, dass ihm die Nutzung von Internet-Angeboten in anonymer Form ermöglicht wird. 17

Aber auch alle Funktionen, die den Betroffenen darin unterstützen, sein Recht auf informationelle Selbstbestimmung auszuüben, wie Einwilligung, Widerspruch, Auskunft, Berichtigung, Sperrung und Löschung, können technisch unterstützt werden.[36] Ein aktuelles Beispiel sind Auskunftsportale im Internet, die Betroffene dabei unterstützen, ihr Recht auf eine Datenauskunft auszuüben. 18

Ein plastisches Beispiel für Systemdatenschutz ist das Maskieren von Gesichtern bei Videoüberwachungen, die nicht den Zweck einer Identifikation haben, sondern z.B. Arbeits- bzw. Prozessabläufe steuern sollen. So lässt sich die kurzfristige Personaldisposition für Check-in-Schalter an Flughäfen durch Videokameras steuern, die die Fluggäste nur schematisch wiedergeben, aber trotzdem zuverlässig die Mengenentwicklung und die Personenstaus wiedergeben. In eine ähnliche Richtung geht die Entwicklung von Körperscannern für die Sicherheitskontrolle an Flughäfen, die weder das Gesicht noch die Körperform des Menschen darstellen, sondern die Gestalt als immer gleiche Strichzeichnung ausweisen. 19

Die EU-Kommission beabsichtigt, mit der EU-Datenschutzgrundverordnung Datenschutz durch Technik dadurch zu fördern, dass sie die verantwortliche Stelle verpflichten will, von vornherein entsprechende Techniken einzusetzen und datenschutzfreundliche Voreinstellungen vorzunehmen. Hierfür stehen die Begriffe Privacy by Design und Privacy by Default.[37] Eine weitere Ausgestaltung dieser Grundsätze sieht die EU-VO zunächst nicht vor. Dies soll der Kommission im Wege des Erlasses delegierter Rechtsakte vorbehalten bleiben.[38] 20

II. Management von Datenschutzrisiken

Das Gebot der Datenvermeidung und der Datensparsamkeit führt konsequent angewendet zur Verminderung von Datenschutzrisiken. Denn je weniger personenbezogene Daten verwendet werden, desto geringer ist die Gefahr von Datenschutzverletzungen, die neben den möglichen rechtlichen Sanktionen auch erhebliche Auswirkungen auf das Image und die Geschäftsentwicklung eines Unternehmens als verantwortlicher Stelle haben können. Durch die im Rahmen der BDSG-Novelle eingeführte Meldepflicht für bestimmte Datenschutzvorfälle nach § 42a gegenüber den Aufsichtsbehörden, den Betroffenen und 21

---

34 *Hansen* in: Roßnagel, Kap. 3.3 Privacy Enhancing Technologies, Rn. 38.
35 *Hansen* in: Roßnagel, Kap. 3.3 Privacy Enhancing Technologies, Rn. 76.
36 *Hansen* in: Roßnagel, Kap. 3.3 Privacy Enhancing Technologies, Rn. 80.
37 Siehe Erwägungsgrund 61 in: Vorschlag für Verordnung des Europäischen Parlaments und des Rates zum Schutz natürlicher Personen bei der Verarbeitung personenbezogener Daten und zum freien Datenverkehr (Datenschutz-Grundverordnung), KOM (2012)11 vom 25.01.2012.
38 Art. 23 Abs. 3 und 4 der EU-VO.

ggf. der Öffentlichkeit ist die Gefahr, durch die Verwendung personenbezogener Daten in Verbindung mit unzureichenden Sicherheitsvorkehrungen dem Unternehmen nachhaltig zu schaden, erheblich angestiegen. Es bietet sich aber auch die Chance, sich durch Datensparsamkeit und ein gutes Datenschutzmanagement von Wettbewerbern positiv abzuheben.[39] Zahlreiche Studien belegen mittlerweile, dass insbesondere bei Internet-basierten Geschäftsmodellen die Kunden im Hinblick auf den Datenschutz und die Datensicherheit vertrauenswürdige Anbieter vorziehen würden.[40]

22 Datensparsamkeit sollte daher als strategische Leitlinie oder als Grundprinzip für die Verwendung personenbezogener Daten in den Unternehmen verstanden werden. Dies erfordert eine explizite Ausformulierung in den Datenschutzgrundsätzen des Unternehmens und eine klare Kommunikation an die Verantwortlichen, die über die Verwendung von personenbezogenen Daten in den jeweiligen Geschäftsprozessen entscheiden. Die Umsetzung dieses Grundsatzes muss durch Schulung der Mitarbeiter unterstützt werden.[41] Dabei sollten konkrete unternehmensspezifische Beispiele gegeben werden, anhand derer man die Umsetzung von Datensparsamkeit üben kann.

!

Konkrete Prüffragen für den Umgang mit personenbezogenen Daten können z.B. sein:

Ist der Umfang einer geplanten Erhebung tatsächlich notwendig? Werden alle Datenelemente einer konkreten Nutzung zugeführt oder stellen sie „Vorräte" für spätere, noch nicht konkret konzipierte Verarbeitungen dar?

Sind Übermittlungen wirklich notwendig bzw. inhaltlich auf das Erforderliche beschränkt?

Sind Berechtigungen – auch zur Einsichtnahme – genügend eingeschränkt?

Kann eine Auswertung auch ohne Personenbezug erstellt werden und erfüllt trotzdem ihren Zweck?

23 Außerdem lassen sich betriebswirtschaftliche Argumente für Datensparsamkeit finden. Eine Beschränkung des Umgangs mit personenbezogenen Daten verursacht auch weniger Aufwand für IT-Sicherheit, wenn dadurch z.B. der Schutzbedarf von IT-Systemen niedriger eingestuft werden kann und weniger kostenintensive technische und organisatorische Maßnahmen für deren Absicherung ausreichen. Gleichermaßen reduziert sich der Aufwand für Kontrollen. Sollte doch einmal eine Sicherheitsverletzung auftreten, fällt die Schadensbeseitigung weniger ins Gewicht. Bei einem empirisch erhobenen Schadensbetrag von 138,– € je betroffenen Datensatz zahlt sich Datensparsamkeit schnell aus.[42]

III. Umsetzung von Datensparsamkeit

Während der Gesetzeswortlaut auf Datenvermeidung und Datensparsamkeit abstellt, wird es in den überwiegenden Fällen, mit denen betriebliche Datenschutzbeauftragte in der Praxis konfrontiert werden, darum gehen, eine für den Zweck erforderliche Datenverarbeitung möglichst sparsam im Hinblick auf den Umfang und die Intensität der Verwendung personenbezogener Daten auszugestalten. Hier soll entlang des Lebenszyklus eines Verfahrens von der Planung bis zum Routinebetrieb kurz dargestellt werden, welche Ansatzpunkte sich dafür bieten.

1. Planungs- und Entscheidungsphase

24 Datenvermeidung und Datensparsamkeit sind so grundsätzliche Gestaltungsprinzipien, dass ihre Umsetzung sich vor allem zu einem sehr frühen Zeitpunkt in der Planungsphase eines Projekts mit angemessenem Aufwand und nachhaltig sicherstellen lässt.[43] Um den Umgang mit personenbezogenen Daten gänzlich zu vermeiden, kann es u.U. notwendig sein, Geschäftsstrategien und Geschäftsmodelle anzu-

39 *Karper/Maseberg*, DuD 2010, 705.
40 http://www.compliancemagazin.de/markt/studien/bitkom0606.12.html.
41 Taeger/Gabel/*Zscherpe*, § 3a BDSG Rn. 44.
42 Studie des Ponemon-Instituts zu den Kosten von Datenpannen in Deutschland Stand 2010, abrufbar unter: http://www.symantec.com/de/de/about/news/release/article.jsp?prid=20110309_01; *Fox*, DuD 2011, 51 zur Methodik der Ermittlung von Kosten für IT-Sicherheitsvorfälle.
43 *Bizer*, DuD 2007, 10.

passen.[44] Dies ist durch die Zielvorgabe des § 3a nicht erzwingbar, kann aber unter Berücksichtigung der unternehmerischen Interessen positive Effekte auf die Gestaltung effizienter Geschäftsprozesse haben. Aber auch in den weiteren konzeptionellen Überlegungen lässt sich durch die Organisation der Datenverarbeitungsprozesse,[45] die Festlegung von Datenmodellen, die Auswahl und die Gestaltung der Datenverarbeitungssysteme ein sparsamer Umgang mit personenbezogenen Daten gewährleisten.[46]

Die Planer für die Vorhaben mit Verwendung von personenbezogenen Daten müssen ausreichend sensibilisiert sein, z.B. auch dadurch, dass sie an der Zielvorgabe eines sparsamen Umgangs mit personenbezogenen Daten gemessen werden. Die Entscheidungsträger im Unternehmen sollten Datensparsamkeit zur Entscheidungsgrundlage erheben und stichhaltige Begründungen für die Verwendung personenbezogener Daten fordern. Der betriebliche Datenschutzbeauftragte sollte die Rolle des Gutachters einnehmen und Entscheidungsvorlagen im Hinblick auf die Einhaltung der Datenschutzgrundsätze kommentieren, bevor eine Entscheidung durch die Geschäftsleitung erfolgen kann. Um die Beratung und Begutachtung von Vorhaben im Hinblick auf den Datenschutz zu gewährleisten, muss die frühzeitige Einbeziehung des betrieblichen Datenschutzbeauftragten im Planungsprozess fest verankert sein.[47] 25

2. Umsetzungsphase

Bei der konkreten Umsetzung eines geplanten Verfahrens mit personenbezogenen Daten können weitere Weichen für Datensparsamkeit gestellt werden. Es sollte betrachtet werden, ob und wenn ja, ab welchem Zeitpunkt bzw. Prozessschritt der Umfang der erhobenen Daten durch Anonymisieren oder Löschen bereits wieder reduziert werden kann, oder ob es für die weiteren Arbeitsschritte ausreichend ist, mit pseudonymen Daten zu arbeiten. Eine unmittelbare Einbeziehung des Datenschutzbeauftragten bietet sich auch in dieser Projektphase an. Er kann dabei unterstützen, Gestaltungsoptionen datenschutzrechtlich zu bewerten und Entscheidungen so zu dokumentieren, dass sie für den Fall späterer Audits nachvollzogen werden können. Er kann insbesondere auch dafür sorgen, dass organisatorische und technische Sicherheitsmaßnahmen flankierend auch für das Ziel der Datensparsamkeit eingesetzt werden. 26

Besonders geeignet, um einen sparsamen Umgang mit Daten zu forcieren, sind alle Maßnahmen, die den Zugriff der Nutzer nach dem Need-to-know-Prinzip auf ein notwendiges Maß beschränken. Das verlangt vom betrieblichen Datenschutzbeauftragten, dass er sich mit den betrieblichen Abläufen und den sich daraus ergebenden Rollen der Nutzer auseinandersetzt und die Verantwortlichen berät, die Personenkreise mit Zugriff zu personenbezogenen Informationen und deren Eindringtiefe, z.B. in Form von Lese- und Schreibzugriffen, auf das betrieblich notwendige Maß zu beschränken. 27

§ 3a konkretisiert den Grundsatz der Erforderlichkeit als eine datenvermeidende bzw. datensparsame Vorgehensweise. Um sich nicht mehr erforderlicher Daten, d.h. Daten, deren Zweck entfallen ist, pflichtgemäß zu entledigen, sind die Daten nach § 35 Abs. 2 Ziffer 3 zu löschen. An die Stelle des Löschens tritt nach § 35 Abs. 3 eine Sperrung der Daten, wenn es z.B. noch zu erfüllende gesetzliche Aufbewahrungsfristen gibt. Für die Umsetzung von Datensparsamkeit sind deshalb Konzepte für die Datensperrung und die endgültige Löschung von hoher Praxisrelevanz. Bestenfalls sollte nach jedem Verarbeitungsschritt im Rahmen einer Prozessanalyse festgelegt werden, welches Datum nicht mehr benötigt wird und deshalb mit einem Sperrkennzeichen versehen werden kann bzw. nach Ablauf welcher Frist eine Löschung zu erfolgen hat. In der Praxis wird eine so eingehende Analyse der Verarbeitungsprozesse durch den Datenschutzbeauftragten kaum möglich sein, weil die Prozessschritte zu zahlreich und in Bezug auf die Verwendung einzelner personenbezogener Daten miteinander vernetzt sind.[48] Ein Löschkonzept, das auf der Grundlage gesetzlicher Aufbewahrungsfristen für die maximale Speicherdauer und unter Berücksich- 28

44 *Gola/Schomerus*, § 3a BDSG Rn. 2.
45 Simitis/*Scholz*, § 3a BDSG Rn. 43.
46 *Gola/Schomerus*, § 3a BDSG Rn. 6.
47 *Ulmer*, RDV 2008, 18.
48 *Hammer/Fraenkel*, DuD 2011, 893.

tigung der Dauer der betrieblichen Erforderlichkeit für die Datenspeicherung alle Daten zu Löschklassen bündelt, kann hier Abhilfe schaffen.[49]

> **!** Der betriebliche Datenschutzbeauftragte sollte auch zur Verwirklichung von Datensparsamkeit darauf dringen, dass bereits bei der Planung von Verfahren die Löschmodalitäten festgelegt werden. Dies kann er durch die Festlegung von Standardfristen, deren Mindestanforderung die Nichtüberschreitung gesetzlicher Aufbewahrungsfristen für die verwendeten Datenarten ist, unterstützen.

29 Um den Datenschutzbeauftragten angesichts der Vielzahl von Projekten und deren möglicher Komplexität nicht zu überlasten, muss die Implementierung der technischen und organisatorischen Maßnahmen fester Bestandteil der Umsetzungsphase sein. Eine aussagefähige Dokumentation muss angefertigt werden. Sicherheitskonzepte müssen eindeutige Referenzen zu den nach der Anlage zu § 9 zu implementierenden Kontrollen aufweisen.[50] Dann ist die verantwortliche Stelle auch in der Lage, ihrer Nachweispflicht bezüglich eines sparsamen Umgangs mit Daten nachzukommen. Die Konzepte sollten im internen Verfahrensverzeichnis enthalten sein und somit auch dem betrieblichen Datenschutzbeauftragten zur Verfügung stehen.

> **!** Ein elektronisches internes Verfahrensverzeichnis ist für alle Unternehmen mit einer größeren Anzahl an Verfahren mit personenbezogenen Daten ein wirksames Instrument, um alle für die Datenschutz-Compliance erforderlichen Informationen für unterschiedliche Adressaten durch Ablage aller relevanten Dokumente an einer Stelle zu bündeln und aktuell zur Verfügung zu stellen. Es unterstützt nicht nur die Aufbereitung von Informationen für die Betroffenen und die Aufsichtsbehörden, sondern erleichtert auch den Nachweis eines sparsamen Umgangs mit Daten.

30 Sehr häufig werden Verfahren mit personenbezogenen Daten entweder durch externe Projektleistungen umgesetzt oder auch an externe Dienstleister vergeben. In beiden Fällen sollte der Auftraggeber bereits bei der Ausschreibung die Vorgaben bezüglich Datenvermeidung und Datensparsamkeit zum Bestandteil seines Pflichtenheftes machen. Der betriebliche Datenschutzbeauftragte kann den Einkauf entweder durch standardisierte Checklisten oder durch Einzelfallberatung hinsichtlich konkreter Anforderungen an potenzielle Lieferanten unterstützen.

31 Spätestens vor der Übergabe einer neuen Datenverarbeitung mit personenbezogenen Daten in den Routinebetrieb sollte eine abschließende Verfahrenskontrolle durch den betrieblichen Datenschutzbeauftragten zwingend vorgesehen sein. Es ist allerdings fraglich, ob zu einem so späten Zeitpunkt noch auf eine datensparsame Gestaltung wirksam Einfluss genommen werden kann. Unter der Voraussetzung, dass ein Projekt ursprünglich mit der Maßgabe konkreter Vorgaben zur Datensparsamkeit entschieden wurde, hat der betriebliche Datenschutzbeauftragte hier abschließend noch einmal die Möglichkeit, einen Soll-Ist-Abgleich durchzuführen und Abweichungen zu dokumentieren bzw. zu eskalieren.

3. Betriebsphase

32 Der betriebliche Datenschutzbeauftragte ist nicht nur bei der Schaffung von Verfahren mit personenbezogenen Daten hinzuzuziehen. Er hat auch die ordnungsgemäße Verarbeitung personenbezogener Daten durch planmäßige oder anlassbezogene. Kontrollen zu überwachen.[51] Ein Verfahren wird im Zeitablauf nicht zwangsläufig ordnungswidrig, wenn es erweitert wird und dadurch zweckbezogen erforderliche zusätzliche personenbezogene Daten zum Gegenstand hat. Aber ein Datenschutzaudit sollte sich auch noch einmal mit dem ursprünglichen Konzept befassen und dieses mit dem Ist-Zustand vergleichen. Häufig entstehen neue fachliche Anforderungen, Nachbesserungen werden ohne formalen Entschei-

---

49 *Hammer/Fraenkel*, DuD 2011, 894.

50 Bundesamt für Sicherheit in der Informationstechnologie (BSI): IT-Grundschutz-Baustein Datenschutz, https://www.bsi.bund.de/DE/Themen/ITGrundschutz/ITGrundschutzDatenschutz/itgrundschutzdatenschutz_node.html.

51 *Gola/Schomerus*, § 4g BDSG Rn. 19.

dungsprozess durchgeführt. Wenn sich das Verfahren schon erweitert hat, sind dann wenigstens auch die technischen und organisatorischen Maßnahmen, die ursprünglich eine sparsame Datenverwendung unterstützen sollten, mitgewachsen?

4. Beendigung von Verfahren

Wird ein Verfahren mit personenbezogenen Daten eingestellt, muss dies zum Zweck der Nachvollziehbarkeit im internen Verfahrensverzeichnis dokumentiert werden. Die verantwortliche Stelle muss die Löschung der Daten zum frühestmöglichen Zeitpunkt, aber spätestens nach Ende gesetzlicher Aufbewahrungsfristen sicherstellen. 33

! Anhand von Vermerken im internen Verfahrensverzeichnis, die die Einstellung von Verfahren dokumentieren, sollte der betriebliche Datenschutzbeauftragte die Durchführung der fristgerechten Datenlöschung regelmäßig zumindest stichprobenweise kontrollieren.

IV. Anwendungsbeispiele

Einige weit verbreitete Praxisfälle der Verarbeitung personenbezogener Daten stellen aufgrund der Risiken für die Betroffenen besondere Anforderungen an den Schutz des informationellen Selbstbestimmungsrechts. Diese Anforderungen können durch ein gezielt sparsames Vorgehen unter Einsatz von Pseudonymisierung und Anonymisierung erfüllt werden. 34

1. Compliance-Untersuchungen

Spätestens seit der BDSG-Novelle 2009 mit der Einführung des § 32 BDSG, der die Verwendung von Mitarbeiterdaten im Rahmen des Beschäftigungsverhältnisses gezielt einschränkt, sind Datenanalysen zur Aufdeckung von dolosen Handlungen oder von Compliance-Verstößen auf der Grundlage anonymer bzw. pseudonymer Daten durchzuführen.[52] Erst wenn sich ein ausreichend konkreter Verdacht ergeben hat, kann für den betreffenden Ausschnitt der Daten der Personenbezug wiederhergestellt werden. Vergibt die verantwortliche Stelle solche forensischen Analysen an externe Dienstleister, sollte sie sicherstellen, dass in ihren eigenen Systemen bereits eine Pseudonymisierung erfolgt. Nur dann ist eine Übermittlung der – für den Empfänger anonymen – Daten datenschutzrechtlich einwandfrei möglich.[53] Entsprechende Auswertungsergebnisse sind dann beim Auftraggeber der Analysen unter Verwendung der dort sicher hinterlegten Zuordnungsregel der zurückgelieferten aus seiner Sicht pseudonymen Daten zu personifizieren, insofern sich daraus ein konkreter Verdacht eines Regelverstoßes ergibt, dem durch weitere Untersuchungen nachgegangen werden muss. 35

! Der betriebliche Datenschutzbeauftragte sollte die mit Compliance-Untersuchungen im Unternehmen beauftragten Stellen im Hinblick auf datenschutzrechtliche Aspekte intensiv informieren und darauf hinwirken, dass Entscheidungen für bestimmte Vorgehensweisen ausreichend dokumentiert und unter Wahrung diesbezüglicher Mitbestimmungsrechte getroffen werden, um fehlerhaftes Vorgehen und dadurch entstehende Reputationsrisiken zu vermeiden.

2. Kontrollen im Rahmen des Internen Kontrollsystems

In vielen betrieblichen Abläufen sind automatisierte Kontrollen zur Prävention von Regelverstößen handelnder Personen notwendig und implementiert. Häufig dienen dazu Nutzungsprotokolle, die die Interaktionen von identifizierten Nutzern auch für den Zweck späterer Analysen aufzeichnen. Hier ist ein datensparsames Vorgehen dadurch gestaltbar, dass die Nutzeraktivitäten nicht mit unmittelbarem Personenbezug, sondern durch Einsatz eines Pseudonyms aufgezeichnet werden. Nur im konkreten Verdachtsfall, der sich aus der regelmäßigen strukturierten Analyse der pseudonymen Protokolle ergeben 36

52 *Gola/Schomerus*, § 3a BDSG Rn. 10a.
53 *Geschonneck/Meyer/Scheben*, BB 2011, 2679 f.

kann, erfolgt eine Personifizierung der Daten. Voraussetzung dafür ist, dass die Zuordnungsregel für die Verwendung der Pseudonyme sicher, z.B. treuhänderisch verwahrt und im Bedarfsfall genutzt wird. Die Entscheidung für die Personifizierung im Verdachtsfall sollte im Vieraugenprinzip, z.B. durch Hinzuziehung des Betriebsrats, getroffen und umgesetzt werden.[54]

3. Webtracking

37 Die meisten Unternehmen informieren ihre Kunden und bieten – soweit möglich – den Bezug ihrer Produkte und Dienstleistungen über eine Präsenz im Internet an. Natürlich wollen die Unternehmen auch wissen, wie wirksam ihr Marketing im Internet ist und wie sie die Absatzmöglichkeiten durch die Optimierung ihrer Webseiten verbessern können. Dazu gibt es Methoden und Instrumente zur Reichweitenmessung, auch Webtracking genannt, die alle darauf basieren, personenbeziehbare Daten der Webseiten-Besucher zu erheben und auszuwerten. Zum Teil werden die erhobenen Nutzungsdaten an den Anbieter der Analysewerkzeuge übermittelt, der nach Auswertung die Ergebnisse den Unternehmen wieder zur Verfügung stellt.

38 Der Düsseldorfer Kreis hat dazu per Beschluss vom 27.11.2009 Anforderungen für eine datenschutzkonforme Ausgestaltung von Analyseverfahren zur Reichweitenmessung gemacht.[55] Diese Anforderungen zielen, neben der Möglichkeit des Widerspruchs des Betroffenen gegen eine Erfassung seines Nutzerverhaltens, vor allem auf eine datensparsame Vorgehensweise bei der Analyse des Nutzerverhaltens. Dabei ist insbesondere auf die Verwendung ausschließlich pseudonymer Nutzungsdaten, die nicht mit dem Pseudonym des Trägers zusammengeführt werden dürfen, auf die Möglichkeit des Löschens personenbezogener Daten und einen sparsamen Umgang mit Tracking Cookies abzustellen.[56]

39 Der Einsatz eines Tools, dessen Auswertungen von einem externen Dienstleister durchgeführt werden, setzt die Verwendung pseudonymer Daten voraus, damit die erforderliche Übermittlung der Daten nicht den Einschränkungen des BDSG unterliegt.

! Für das Webtracking sollte nach Möglichkeit immer eine Verkürzung bzw. Verfremdung der erfassten IP-Adressen des Nutzers sichergestellt werden, um damit jeden Verdacht des Anstrebens einer Identifikation der pseudonymen Nutzer auszuschließen, z.B. zum Zweck der Nutzerprofilbildung, und eine datenschutzfreundliche Methode für die Reichweitenanalyse und Optimierung von Websites zu nutzen Eine jeweils aktuelle Übersicht der Datenschutzkonformität von Webtracking-Tools bietet z.B. XAMIT, abrufbar unter http://www.xamit-leistungen.de/veroeffentlichungen/studien-und-tests/index.php.

---

54 *Wilke/Kiesche*, CuA 2009, 20.

55 Siehe http://www.bfdi.bund.de/SharedDocs/Publikationen/Entschliessungssammlung/DuesseldorferKreis/Nov09 Reichweitenmessung.html?nn=409242.

56 *Karg/Thomsen*, DuD 2011, 489.

§ 4 Zulässigkeit der Datenerhebung, -verarbeitung und -nutzung

(1) Die Erhebung, Verarbeitung und Nutzung personenbezogener Daten sind nur zulässig, soweit dieses Gesetz oder eine andere Rechtsvorschrift dies erlaubt oder anordnet oder der Betroffene eingewilligt hat.

(2) [1]Personenbezogene Daten sind beim Betroffenen zu erheben. [2]Ohne seine Mitwirkung dürfen sie nur erhoben werden, wenn

1. eine Rechtsvorschrift dies vorsieht oder zwingend voraussetzt oder

2. a) die zu erfüllende Verwaltungsaufgabe ihrer Art nach oder der Geschäftszweck eine Erhebung bei anderen Personen oder Stellen erforderlich macht oder

b) die Erhebung beim Betroffenen einen unverhältnismäßigen Aufwand erfordern würde

und keine Anhaltspunkte dafür bestehen, dass überwiegende schutzwürdige Interessen des Betroffenen beeinträchtigt werden.

(3) [1]Werden personenbezogene Daten beim Betroffenen erhoben, so ist er, sofern er nicht bereits auf andere Weise Kenntnis erlangt hat, von der verantwortlichen Stelle über

3. die Identität der verantwortlichen Stelle,

4. die Zweckbestimmungen der Erhebung, Verarbeitung oder Nutzung und

5. die Kategorien von Empfängern nur, soweit der Betroffene nach den Umständen des Einzelfalles nicht mit der Übermittlung an diese rechnen muss,

zu unterrichten. [2]Werden personenbezogene Daten beim Betroffenen aufgrund einer Rechtsvorschrift erhoben, die zur Auskunft verpflichtet, oder ist die Erteilung der Auskunft Voraussetzung für die Gewährung von Rechtsvorteilen, so ist der Betroffene hierauf, sonst auf die Freiwilligkeit seiner Angaben hinzuweisen. [3]Soweit nach den Umständen des Einzelfalles erforderlich oder auf Verlangen, ist er über die Rechtsvorschrift und über die Folgen der Verweigerung von Angaben aufzuklären.

Literaturverzeichnis

Deutlmoser/Filip, Europäischer Datenschutz und US-amerikanische (e-)Discovery Pflichten, in ZD-Beil. 2012, 1, S. 11 ff.; *Hilgendorf*, Strafbarkeitsrisiken nach § 203 StGB bei Offenbarungsketten im Kontext des IT-Outsourcing, in Festschrift für Tiedemann zum 70. Geburtstag, S. 1125 ff.; Strafgesetzbuch: Leipziger Kommentar, *Schünemann* zu § 203 StGB (zitiert: LK[Schünemann]); *Schönke/Schröder*, Strafgesetzbuch, Kommentar, 28. Auflage, 2010; *Spies/Schröder*, Auswirkungen der elektronischen Beweiserhebung (eDiscovery) in den USA auf deutsche Unternehmen, in MMR 2008, 275 ff.

▶ Darum geht es

§ 4 BDSG regelt die Grundsätze, dass personenbezogene Daten nur bei entsprechender Erlaubnis verwendet werden dürfen, grundsätzlich beim Betroffenen zu erheben sind und der Betroffene bei der Erhebung über wesentliche Aspekte der Verwendung zu informieren ist.

▶ Schlagworte

Rechtsgrundlagen für die Zulässigkeit der Datenverarbeitung: Verbot mit Erlaubnisvorbehalt, Grenzen der Betriebsvereinbarungen, Grenzen der Einwilligung als Rechtsgrundlage; Gebot der Direkterhebung; Transparenz bei Datenerhebung; Informationspflichten gegenüber Betroffenen

Bereichsspezifische Normen

Zulässigkeit der Datenverarbeitung, z.B.

- § 12 Abs. 1 TMG
- Landesdatenschutzgesetze (LDSG)

Information bei Datenerhebung, z.B.

- § 13 Abs. 1 TMG
- § 93 Abs. 1 TKG

A. Allgemeines

I. Regelungszweck

1 Der § 4 BDSG enthält in seinem Abs. 1 den fundamentalen Grundsatz des deutschen und auch des europäischen[1] Datenschutzrechts. Er besagt, dass eine Verwendung personenbezogener Daten unzulässig ist, soweit nicht eine Rechtsvorschrift diese erlaubt oder der Betroffene eingewilligt hat. Ähnliche und z.T. auch inhaltsgleiche Vorschriften finden sich gelegentlich in Spezialgesetzen, die vorrangig zu § 4 Abs. 1 BDSG anzuwenden sind (siehe § 1 Abs. 3 S.1 BDSG und im Einzelnen unter Rn. 5). Die Datenschutzgesetze der Länder (zu deren Anwendungsbereich siehe § 1, Rn. 21) enthalten ebenfalls dem § 4 Abs. 1 BDSG entsprechende Regelungen (siehe unter Rn. 4). Der § 4 Abs. 1 BDSG postuliert somit eine Art Grundgesetz des Datenschutzrechts.

2 Dieser Grundsatz wird überwiegend „**Verbot mit Erlaubnisvorbehalt**" genannt und weicht damit ab von dem allgemeinen Rechtsgrundsatz, dass „alles erlaubt ist, was nicht verboten ist". Der Grund für diese Abweichung liegt darin begründet, dass das Bundesverfassungsgericht (BVerfG) in der Verwendung personenbezogener Daten einen Eingriff in das informationelle Selbstbestimmungsrecht des Menschen sieht. Dieses Recht hat das BVerfG im Jahre 1983 in seinem Volkszählungsurteil[2] als ein durch Art. 2 Abs. 1 GG geschütztes Grundrecht anerkannt und damit nicht nur das deutsche, sondern auch das europäische Datenschutzrecht entscheidend mitgeprägt. Es führt dazu, dass jede Verwendung von personenbezogenen Daten als Einschränkung dieses Grundrechts einer gesetzlichen Grundlage bedarf, die zumindest Zweck und Umfang der Datenverarbeitung konkret regeln muss (Bestimmtheit der Eingriffsermächtigung) und nur nach einer Abwägung zwischen den Interessen des Betroffenen und der Allgemeinheit zulässig ist (Verhältnismäßigkeit der Eingriffsermächtigung). Auch wenn Grundrechte grundsätzlich nur die öffentliche Hand binden, hat das BVerfG deutlich gemacht, dass das Grundrecht auf informationelle

1 Siehe Art. 7 der EU-Richtlinie 95/46/EG.
2 BVerfG, Urteil v. 15.12.1983, Az. 1 BvR 209/83, BVerfGE 65, 1 ff. Zu den Bundesländern, in deren Verfassung ausdrücklich der Datenschutz aufgenommen wurde, siehe Taeger/Gabel/*Taeger*, § 4 Rn. 8.

Selbstbestimmung auch im privaten Bereich seine Wirkung entfaltet[3], wenn auch für öffentliche Stellen z.T. strengere Vorschriften gelten. Aus diesem Grund ist die Regelung des § 4 Abs. 1 BDSG in den ersten Abschnitt des BDSG aufgenommen worden und gilt somit sowohl für den öffentlichen als auch für den nicht-öffentlichen Bereich (siehe im Folgenden unter Rn. 4 und 6).

Der Betroffene soll nicht nur durch den Abs. 1 des § 4 BDSG vor der unbeschränkten Verwendung seiner 3 personenbezogenen Daten geschützt werden, sondern soll auch selbst Kontrolle über und Kenntnis von der Verwendung seiner Daten erhalten. Aus diesem Grund legen die Abs. 2 und 3 des § 4 BDSG fest, dass die Erhebung von personenbezogenen Daten in der Regel beim Betroffenen zu erfolgen hat (Abs. 2 – sog. Direkterhebung) und er bei dieser Erhebung von der verantwortlichen Stelle über wesentliche Aspekte der Datenverarbeitung zu unterrichten ist (Abs. 3 – Informationspflichten bei Direkterhebung). Dies soll es ihm ermöglichen, bei der Erhebung zu entscheiden, welche Daten er preisgeben möchte (Kontrolle), und ihm deutlich machen, was mit seinen Daten passiert und bei wem er seine Rechte geltend machen kann (Kenntnis).

II. Anwendungsbereich

Als Vorschrift des ersten Abschnitts des BDSG gilt der § 4 BDSG sowohl für den öffentlichen Bereich 4 (siehe §§ 12 ff. BDSG) als auch für den nicht-öffentlichen Bereich (siehe §§ 27 ff. BDSG), allerdings nur, soweit das BDSG selbst Anwendung findet. Ohne grundlegende Auswirkungen ist diese Einschränkung im Zusammenhang mit § 1 Abs. 2 BDSG (Nichtanwendbarkeit des BDSG für Landesbehörden), nachdem auch die Landesdatenschutzgesetze dem § 4 BDSG entsprechende Regelungen enthalten (siehe z.B. §§ 4 Abs. 1, 13 Abs. 2 bis 4, 14 LDSG BW). Zu beachten ist jedoch, dass Landesgesetze auch für nicht-öffentliche Stellen gelten können, wie z.B. private Krankenhäuser[4].

Die vorrangige Geltung anderer Gesetze (§ 1 Abs. 3 S. 1 BDSG) ist im Hinblick auf § 4 Abs. 1 BDSG in 5 erster Linie im öffentlichen Bereich von Bedeutung, da die Einwilligung dort nur beschränkt möglich ist (siehe Rn. 11). Darüber hinaus wiederholen Spezialgesetze die Regelung des § 4 Abs. 1 BDSG i.d.R. nur deklaratorisch (z.B. § 12 Abs. 1 TMG). Im Hinblick auf § 4 Abs. 3 BDSG enthalten Spezialgesetze aber auch strengere Vorschriften, um den besonderen Umständen der Vertragsbeziehungen oder den vermeintlich besonderen Gefahren der Datenverarbeitung Rechnung zu tragen. Dies betrifft z.B. den Bereich der Telemedien (siehe § 13 Abs. 1 TMG, demzufolge ausdrücklich über die Datenverarbeitung in sog. „Drittstaaten" zu informieren ist und die Informationen jederzeit abrufbar sein müssen) und der Telekommunikationsdienste (siehe § 93 Abs. 1 TKG).

Bei der Datenverarbeitung durch nicht-öffentlichen Stellen ist besonders zu beachten, dass das BDSG 6 keine Anwendung findet, soweit die Datenverarbeitung ausschließlich für persönliche oder familiäre Tätigkeiten erfolgt (§ 1 Abs. 2 Nr. 3 BDSG, ebenso § 27 Abs. 1 S. 2 BDSG). Zudem sind im nicht-öffentlichen Bereich grundsätzlich nur personenbezogene Daten geschützt, die unter Einsatz von Datenverarbeitungsanlagen, also automatisiert oder in oder aus nicht automatisierten Dateien verwendet werden bzw. offensichtlich aus einer automatisierten Datenverarbeitung entnommen wurden (§§ 1 Abs. 2 Nr. 3 BDSG, 27 Abs. 1 und 2 BDSG, s.a. die Kommentierung zu § 27). Eine Ausnahme davon begründet § 32 Abs. 2 BDSG, der festlegt, dass für personenbezogene Daten im Beschäftigungsverhältnis der Abs. 1 dieser Vorschrift auch dann Anwendung findet, soweit diese nicht-automatisiert verwendet werden. Auch die Rechtsprechung des Bundesarbeitsgerichts (BAG)[5] zeigt, dass damit nicht nur die Datenverarbeitung in Papierform (z.B. die Personalhandakte) gemeint ist, sondern auch die „mündliche" Erhebung von Daten durch rein tatsächliche Handlungen, selbst wenn diese später nicht – in Papierform oder automatisiert – gespeichert werden.

---

3 BVerfGE 84, 192, 194 zitiert nach Simitis/*Sokol*, § 4, Fn. 47 sowie BVerfGE 113, 273 zitiert nach Taeger/Gabel/*Taeger*, § 4 Rn. 46.

4 Simitis/*Sokol*, § 4 Rn. 9, der als weitere Beispiele Privatrundfunkgesetze nennt sowie private Forschungseinrichtungen als Empfänger von personenbezogenen Daten, die ihnen von öffentlichen Stellen übermittelt werden.

5 BAG, Urteil vom 20.06.2013, Az. 2 AZR 546/12, BB 2014, 179 zur Öffnung eines Spindes eines Mitarbeiters wegen eines Diebstahlverdachts. Siehe dazu auch den Aufsatz von Wybitul/Pötters, BB 2014, 437 ff.

III. Ausblick auf EU-Datenschutz-Grundverordnung

7 Der Kommissionsentwurf der EU-Datenschutz-Grundverordnung (EU-VO) vom Januar 2012[6] legt in seinem Art. 6 ebenfalls den datenschutzrechtlichen Verbotsgrundsatz fest („ ... nur rechtmäßig, wenn ...“). Die Vorschrift listet einzelne Erlaubnistatbestände auf, was im Ergebnis wie bei dem Abs. 1 des § 4 BDSG zu einem Verbot mit Erlaubnisvorbehalt führt. Im Gegensatz zur Vorgängervorschrift des Art. 7 der EU-Datenschutzrichtlinie 95/46/EG, also der EU-Vorgabe für das BDSG, spricht Art. 6 EU-VO allerdings davon, dass die Erlaubnistatbestände Mindestbedingungen darstellen. Vermutlich soll damit aber nur Raum eröffnet werden für strengere Regelungen wie die Vorschriften betreffend Kindern (Art. 8 EU-VO) und der besonderen Kategorien von personenbezogener Daten (Art. 9 EU-VO). Es ist daher auch i.R.d. EU-VO davon auszugehen, dass die Erfüllung der im Folgenden genannten Informationspflichten keine Voraussetzung für die Zulässigkeit der Datenverarbeitung sein soll[7] (zu dieser Diskussion im Zusammenhang mit § 4 Abs. 3 BDSG siehe Rn. 43).

Die EU-VO schreibt – ebenso wie die EU-Datenschutzrichtlinie 95/46/EG – die Direkterhebung beim Betroffenen nicht als Grundsatz fest, sondern fordert nur allgemein einer Erhebung nach Treu und Glauben (Art. 5a) EU-VO). Art. 14 EU-VO regelt – wie Art. 10, 11 der EU-Datenschutzrichtlinie 95/46/EG und die §§ 4 Abs. 3, 19a und 33 BDSG – die Informationspflicht der verantwortlichen Stelle gegenüber dem Betroffenen, sowohl bei der Erhebung beim Betroffenen als auch bei Dritten. Die Informationspflichten des Art. 14 Abs. 1 EU-VO gehen jedoch deutlich weiter als die Vorgabe der Datenschutzrichtlinie und deren Umsetzung in das BDSG. Über die BDSG-Vorschriften hinaus ist nämlich insbesondere auch über die Dauer der Datenspeicherung, das Bestehen eines Auskunfts- und Beschwerderechts und – wie bereits heute bei Telemedien (siehe Rn. 5) – die beabsichtigte Übermittlung in ein Drittland zu informieren. Besonders kritisch ist, dass darüber hinaus „sonstige Informationen (mitzuteilen sind), die ... notwendig sind, um ... eine Verarbeitung nach Treu und Glauben zu gewährleisten“. Sofern diese Regelung in dieser Form geltendes Recht werden sollte, dürfte es interessant sein zu beobachten, wie verantwortliche Stellen diese Vorgabe in der Praxis umsetzen. Der Umstand, dass die Kommission berechtigt sein soll, Rechtsakte zu erlassen, die Einzelheiten dazu regeln (Art. 14 Abs. 7 EU-VO), wird es der Praxis nicht unbedingt erleichtern, diesen Anforderungen gerecht zu werden. Gemäß den Änderungsvorschlägen des Europäischen Parlaments zur EU-VO vom November 2013[8] sollen nicht nur i.R.d. Art. 14 der EU-VO die Hinweise zum Beispiel um Informationen über die Sicherheit der Daten erweitert, sondern auch durch standardisierte Vorabinformationen ergänzt werden (z.B. darüber, ob Daten verkauft werden), die tabellarische Hinweise auch mittels Piktogrammen enthalten sollen (Art. 13a EU-VO).

---

6 Vorschlag für Verordnung des Europäischen Parlaments und des Rates zum Schutz natürlicher Personen bei der Verarbeitung personenbezogener Daten und zum freien Datenverkehr (Datenschutz-Grundverordnung) vom 25.01.2012, KOM(2012)11.

7 Der Erwägungsgrund Nr. 31 der EU-VO spricht wie § 4 Abs. 1 BDSG von der Einwilligung und sonstigen Rechtsgrundlagen als Voraussetzung für die rechtmäßige Verarbeitung von Daten. Den Erwägungsgründen und dem Art. 14 EU-VO läßt sich nicht entnehmen, dass die Erfüllung der Informationspflicht Voraussetzung für die Rechtmäßigkeit der Datenverarbeitung ist.

8 Bericht des sog. LIBE-Ausschusses des Europäischen Parlaments vom 21.11.2013 zur Datenschutz-Grundverordnung.

B. Inhalt der Regelung

I. „Verbot mit Erlaubnisvorbehalt", § 4 Abs. 1 BDSG

1. Überblick

Das „Verbot mit Erlaubnisvorbehalt" des § 4 Abs. 1 BDSG besagt, dass eine Erhebung, Verarbeitung und Nutzung von personenbezogenen Daten nur zulässig ist, soweit 8

- das BDSG oder eine andere Rechtsvorschrift dies erlaubt oder anordnet

oder

- der Betroffene eingewilligt hat.

Entscheidend ist dabei das Wort „soweit". Es muss daher jeder Schritt der Verwendung[9] von personenbezogenen Daten auf seine Zulässigkeit hin überprüft werden. Dies gilt zum einen für den Umfang der Einwilligung, die gegebenenfalls auf bestimmte Verarbeitungsformen beschränkt ist, zum anderen für die Rechtsvorschriften, die z.T. nur einzelne Verwendungen von Daten erlauben. 9

> **!**
>
> Zu beachten ist, dass Rechtsvorschriften immer anhand der Definitionen in § 3 Abs. 3–5 BDSG (Erhebung, Verarbeitung und Nutzung) zu prüfen sind. Dies gilt insbesondere für die „Verarbeitung" als Oberbegriff für eine Vielzahl von Verwendungen personenbezogener Daten (z.B. Speicherung und Übermittlung). Ähnlich wie bei den Verwertungsrechten im Urheberrecht ist jeder Schritt der Verwendung einzeln zu prüfen. Dabei können die Überschriften der Vorschriften gelegentlich in die Irre führen. Wenn z.B. die Überschrift des § 28 BDSG von der Erhebung und Speicherung spricht, wird damit der Anwendungsbereich der Vorschrift verkürzt, die in ihrem Abs. 1 auch die Veränderung und Übermittlung der Daten und in ihrem Abs. 3 die Verarbeitung insgesamt regelt. Es ist insofern immer der genaue Gesetzestext zu prüfen und zu beachten, dass einzelne Vorschriften nur die Rechtsgrundlage für einzelne Verwendungsformen liefern (siehe dazu im nicht-öffentlichen Bereich die ausdifferenzierten Vorschriften der §§ 28 bis 30a BDSG).
>
> Dasselbe gilt für die Einwilligung. Bei der Formulierung einer Einwilligungserklärung ist genau darauf zu achten, dass alle notwendigen Verwendungsformen dem Betroffenen transparent gemacht wurden. Nur soweit dies der Fall ist, liegt eine „aufgeklärte" Einwilligung vor, die als Rechtsgrundlage für die entsprechende Verwendung der personenbezogenen Daten dienen kann (im Einzelnen siehe dazu die Kommentierung zu § 4a BDSG).

Was das Verhältnis zwischen Rechtsvorschriften und Einwilligung als Rechtsgrundlage für die Verwendung von personenbezogenen Daten anbelangt, geht das BDSG von dem Grundprinzip aus, dass beide Rechtsgrundlagen gleichwertig nebeneinanderstehen. Dies bedeutet, dass bei Fehlen einer Rechtsvorschrift die Verwendung von Daten grundsätzlich infolge einer Einwilligung des Betroffenen zulässig werden kann (zu den Grenzen der Einwilligung siehe im Folgenden unter 2.). Im umgekehrten Fall, also bei Bestehen einer Rechtsvorschrift, ist die Einholung einer zusätzlich Einwilligung zwar grundsätzlich denkbar, aber mit Risiken verbunden, da zum einen die Einwilligung verweigert oder widerrufen werden kann und zum anderen im Falle der Weigerung der Rückgriff auf den gesetzlichen Erlaubnistatbestand ggf. versperrt ist[10]. Den Rückgriff auf Rechtsvorschriften grundsätzlich zu verbieten, da bei dem Betroffenen 10

---

9 Als Oberbegriff für die Erhebung, Verarbeitung und Nutzung (zu den Begriffen siehe § 3 Abs. 3–5 BDSG) hat der Gesetzgeber den Begriff der „Verwendung" eingeführt (siehe z.B. § 3 Abs. 5 BDSG). Im Gegensatz dazu spricht die EU-Richtlinie 95/46/EG nur von der „Verarbeitung" und beschreibt damit auch die Erhebung und Nutzung i.S.d. BDSG (siehe Art. 2b) EU-Richtlinie 95/46/EG). Auch im allgemeinen Sprachgebrauch ist der Begriff der „Verarbeitung" als Oberbegriff weiter verbreitet als der Begriff der „Verwendung"; auch das BDSG selbst verwendet gelegentlich die „Verarbeitung" als Oberbegriff (siehe z.B. § 3 Abs. 2 BDSG: „Automatisierte Verarbeitung ist die Erhebung, Verarbeitung und Nutzung ...").

10 Einige Autoren weisen daher darauf hin, dass im Falle einer Rechtsvorschrift keine Einwilligung eingeholt werden „soll": *Gola/Schomerus*, § 4 Rn. 16 und Taeger/Gabel/*Taeger*, § 4 Rn. 50.

der Eindruck geweckt wurde, dass er der Verwendung der Daten widersprechen kann[11], dürfte allerdings zu weit gehen. Dies würde dazu führen, dass verantwortliche Stellen auch keine Daten verarbeiten dürften, wenn dies z.B. zur Durchführung eines Vertragsverhältnisses erforderlich ist, und dies nur, weil sie den Weg der Einwilligung gewählt haben (z.B. um noch über die Erforderlichkeit hinausgehende Verwendungen zu ermöglichen). Vielmehr dürfte ein Rückgriff auf Rechtsvorschriften nur dann unzulässig sein, soweit er gegen Treu und Glauben verstößt (§ 242 BGB)[12], also es unredlich wäre, nach einer Weigerung die Verarbeitung aufgrund der Rechtsvorschrift trotzdem vorzunehmen (zu einer ähnlichen Diskussion siehe Rn. 43). Dazu dürfte es jedoch nur in Ausnahmefällen kommen[13]. Wenn es bei der Zulässigkeit der Verwendung der Daten kraft Gesetzes bleibt, ist es aber (auch aufgrund des § 4 Abs. 3 BDSG) zumindest geboten, den Betroffenen über die (trotzdem) beabsichtigte Verwendung zu informieren und diese – jedenfalls durch die detaillierte Beschreibung des Verwendungszwecks – zu begründen.

! Es sollte daher immer zuerst geprüft werden, ob die Verwendung der Daten aufgrund einer Rechtsgrundlage zulässig ist. Nur soweit das nicht der Fall ist, sollte eine Einwilligung eingeholt werden. Andernfalls müsste der Betroffenen im Falle der Verweigerung der Einwilligung darüber informiert werden, dass in dem gesetzlich erlaubten Umfang die Verarbeitung der Daten trotzdem erfolgt. Da dies in vielen Fällen zu Irritationen bei dem Betroffenen führen wird und der Datenschutz nicht zuletzt auch ein Marketingargument für Unternehmen ist, kann dies durch eine eingeschränkte Verwendung der Einwilligungsoption vermieden werden. Der oftmals beschrittene Weg, „zur Sicherheit" für die geplante Datenverarbeitung vollumfänglich eine Einwilligung einzuholen, ist daher nicht zu empfehlen.

2. Einwilligung des Betroffenen, § 4a BDSG

11 Die Einwilligung des Betroffenen kann nur dann eine Grundlage für die Verwendung von personenbezogenen Daten begründen, wenn sie freiwillig und grundsätzlich schriftlich erfolgt sowie der Betroffene insbesondere über den Zweck der Verwendung seiner Daten aufgeklärt wurde. Die Möglichkeiten, über die Einwilligung des Betroffenen eine Rechtsgrundlage für die Datenverarbeitung zu schaffen, sind jedoch insbesondere im öffentlichen Bereich beschränkt. Der Hintergrund ist, dass öffentliche Stellen im Bereich der Eingriffsverwaltung nicht die Möglichkeit bekommen sollen, sich mittels der Einwilligung weitergehende Befugnisse zu verschaffen, als ihnen kraft Gesetzes zustehen[14]. Auch in Abhängigkeitsverhältnissen – wie z.B. einem Beschäftigungsverhältnis – sind der Einwilligung Grenzen gesetzt, nicht weil sie in diesen Fällen gesetzlich verboten ist, sondern weil die Freiwilligkeit der Einwilligung infrage steht. Der psychische Zwang, der durch die Aufforderung zur Einwilligung gegenüber einem Betroffenen entsteht, der in einem Abhängigkeitsverhältnis zu dem die Einwilligung Fordernden steht, führt insofern oftmals zur Unwirksamkeit der Einwilligung. Für Einzelheiten zur Einwilligung des Betroffenen wird auf die Kommentierung des § 4a BDSG verwiesen.

3. Rechtsvorschriften

12 Als weitere Rechtsgrundlagen für die Verwendung personenbezogener Daten sieht der § 4 Abs. 1 BDSG „dieses Gesetz", also Vorschriften des BDSG, oder andere Rechtsvorschriften vor, die die Verwendung der Daten **erlauben oder gar anordnen** können. Darüber hinaus bestehen auch Rechtsvorschriften, die bestimmte Arten von Datenverarbeitungen **verbieten**, zum einen um einem Vertraulichkeitsbedürfnis Rechnung zu tragen, zum anderen um Betroffenen in ihren Persönlichkeitsrechten zu schützen.

13 Aus dem Volkszählungsurteil des BVerfG ist abzuleiten (siehe Rn. 2), dass die Rechtsvorschrift die Verwendung der Daten konkret regeln und nicht nur implizit voraussetzen muss (Bestimmtheitsgrundsatz), um als Rechtsgrundlage für die Datenverarbeitung dienen zu können. Allerdings können im nicht-öffentli-

---

11 I.d.S. Simitis/*Sokol*, § 4, Fn. 6.

12 Siehe dazu *Gola/Schomerus*, § 4 Rn. 16.

13 Taeger/Gabel/*Taeger*, § 4 Rn. 50 lehnt den Rückgriff auf § 242 BGB ab, verweist aber darauf, dass der Widerruf i.R.d. Interessenabwägung zu berücksichtigen ist.

14 Simitis/*Sokol*, § 4 Fn. 7 und Taeger/Gabel/*Taeger*, § 4 Rn. 52 f. sowie zu Beispielen außerhalb des Bereichs der Eingriffsverwaltung in Rn. 54.

chen Bereich zusätzliche Vorschriften die Zweckbestimmung eines Schuldverhältnisses (siehe §§ 28 Abs. 1 Nr. 1, 32 Abs. 1 Nr. 1 BDSG) ausgestalten und damit zu einer Erforderlichkeit der Verwendung der entsprechenden Daten führen (zu einem Beispiel siehe im Folgenden unter b)[15]). Auch im öffentlichen Bereich setzt die Erforderlichkeit der Datenverarbeitung i.R.d. §§ 13 ff. BDSG voraus, dass der öffentlichen Stelle eine entsprechende Aufgabe gesetzlich zugewiesen wurde. Je intensiver der Eingriff in das Recht auf informationelle Selbstbestimmung ist, desto höher sind jedoch die Anforderungen, die an die Klarheit und Bestimmtheit der Eingriffsnorm zu stellen sind[16]. Aus diesem Grund können öffentliche Stellen einen Datenaustausch untereinander auch nicht durch die allgemeinen Vorschriften über die Amtshilfe rechtfertigen[17].

a) Erlaubnistatbestände

Das **BDSG** selbst enthält in seinen §§ 13 ff. Erlaubnistatbestände für den öffentlichen Bereich sowie in seinen §§ 28 ff. Erlaubnistatbestände für den nicht-öffentlichen Bereich. Für die Tatbestände, die eine Übermittlung von personenbezogenen Daten erlauben, legen die §§ 4b und 4c BDSG zusätzliche Anforderungen fest, soweit diese Übermittlung ins Ausland oder an über- oder zwischenstaatliche Stellen erfolgt. Der § 11 BDSG, der die Auftragsdatenverarbeitung regelt, ist selbst kein eigener Erlaubnistatbestand. Dies nicht zuletzt, weil eine physische Übermittlung von Daten vom Auftraggeber an den Auftragnehmer keine Übermittlung i.S.d. § 3 Abs. 4 Nr. 3 BDSG darstellt, soweit sich der Auftragnehmer innerhalb der EU/des EWR aufhält (siehe § 3 Abs. 8 S. 3 BDSG), und damit keiner Erlaubnis bedarf (siehe § 11 Rn. 15 sowie Rn. 16 zum umgekehrten Fall der Übermittlung in sog. „Drittländer"). 14

Ausländische Rechtsvorschriften können – mangels Geltung in Deutschland – keine Berechtigung zur Datenverarbeitung begründen. Dies kann in internationalen Konzernen zu Konflikten zwischen den Rechtsordnungen insbesondere im Geschäftsverkehr zwischen Deutschland und den USA führen. Soweit US-Vorschriften, z.B. im Bereich der sog. eDiscovery, des US Patriot Act oder des Sarbanes-Oxley Act (SOX)[18], ein US-Konzernunternehmen verpflichten, personenbezogene Daten aus Deutschland zu beschaffen, ist die Zulässigkeit der Übermittlung durch das deutsche Konzernunternehmen allein anhand des deutschen Rechts zu prüfen. Dies gilt selbstverständlich auch für Konflikte mit anderen Rechtsordnungen. Zu beachten ist aber, dass die Verpflichtungen des ausländischen Konzernunternehmens bei der Interessenabwägung des § 28 Abs. 1 Nr. 2 BDSG berücksichtigt werden können, da das deutsche Konzernunternehmen grundsätzlich ein Interesse hat, ein anderes Unternehmen seines Konzerns zu unterstützen. Die zusätzlichen Anforderungen der §§ 4b, c BDSG können durch Abschluss der sog. Standardvertragsklauseln[19] oder den Beitritt zu den sog. Safe Harbor-Grundsätzen erfüllt werden (siehe dazu die Kommentierung zu § 4c) – Standardvertragsklauseln Rn. 38 ff. – sowie § 4b), Rn. 27 ff. – Safe Harbor), sofern potentielle weitere Empfänger sich ebenfalls entsprechend verpflichten. Kann dies nicht sichergestellt werden (z.B. weil die Daten im Rahmen eines Gerichtsverfahrens oder an Ermittlungsbehörden herauszugeben sind), ist eine Argumentation über § 4c Abs. 1 Nr. 4 BDSG (Geltendmachung, Ausübung und Verteidigung von Rechtsansprüchen vor Gericht) denkbar, soweit ein Gerichtsverfahren betroffen ist. Auch wenn die Aufsichtsbehörden in diesen Fällen in der Vergangenheit wohl auf die Anwendung internationaler Rechtshilfeabkommen verwiesen haben[20], so wird auch von den Behörden der § 4c Abs. 1 Nr. 4 BDSG inzwischen als gangbarer Wege angesehen[21]. 15

---

15 Zu weiteren Beispielen siehe Taeger/Gabel/*Taeger*, § 4 Rn. 30 ff., wie z.B. die Verpflichtung eines Unternehmens aufgrund der MaRisk-Regel, ein Überwachungssystem einzurichten.

16 Siehe dazu ausführlich Taeger/Gabel/*Taeger*, § 4 Rn. 16–19, 24 ff.: Soweit im Bereich der Eingriffsverwaltung der Eingriff nicht nur von geringer Intensität ist, soll sich aus der aufgabenzuweisenden Vorschrift auch ergeben müssen, dass der Gesetzgeber eine Abwägung beim Eingriff in die informationelle Selbstbestimmung vorgenommen hat.

17 *Bergmann/Möhrle/Herb*, § 4 Rn. 18; ebenso Taeger/Gabel/*Taeger*, § 4 Rn. 24.

18 Siehe Taeger/Gabel/*Taeger*, § 4 Rn. 34 zu SOX und *Spies/Schröder*, in MMR 2008, 275 zur eDiscovery.

19 Anwendbar sind in diesen Fällen die Standardvertragsklauseln zwischen Verantwortlichen, da das ausländische Konzernunternehmen nicht als Auftragsdatenverarbeiter tätig wird. Zu den entsprechenden Klauseln siehe die Entscheidungen der Kommission 2001/497/EG und 2004/915/EG.

20 Siehe Ausführungen in der 1. Auflage des Kommentars (2010) von Taeger/Gabel/*Taeger*, § 4 Rn. 11; in der 2. Auflage (2013) fehlt ein entsprechender Hinweis bei der Kommentierung des § 4.

21 Siehe *Filip* (Bayerisches Landesamt für Datenschutzaufsicht) in Deutlmoser/Filip, in ZD-Beil. 2012, 1, S. 11.

> **!** Entscheidend ist dabei, in einem ersten Schritt die ausländische Rechtsvorschrift und die Frage, welche Datenübermittlung diese fordert, genau zu prüfen. Nur soweit eine Übermittlung von personenbezogenen Daten als Ergebnis dieser Prüfung nach ausländischem Recht erforderlich ist, kann eine Interessenabwägung zu einer Zulässigkeit der Übermittlung führen. In einem zweiten Schritt sind die entsprechenden Datensätze vor der Übermittlung zu filtern, um zu verhindern, dass Daten übermittelt werden, die nicht benötigt werden. Ggf. genügt auch eine (teilweise oder vollständige) Anonymisierung der Daten.

16 **Sonstige Rechtsvorschriften** müssen materielle Rechtsnormen mit Außenwirkung sein, die der Normgeber im Rahmen seiner Normsetzungsbefugnis erlassen hat. Bei vom Bundes- oder Landesgesetzgeber erlassenen Gesetzen ist davon unzweifelhaft auszugehen, wobei der § 1 Abs. 3 S. 1 BDSG deutlich macht, dass andere Rechtsvorschriften des Bundes vorrangig zum BDSG gelten. Beispiele dafür sind die datenschutzrechtlichen Vorschriften der §§ 91 ff. TKG (Telekommunikation), der §§ 11 ff. TMG (Telemedien) oder der §§ 67 ff. SGB X (Sozialdaten). Der Vorrang von spezialgesetzlichen Vorschriften gilt auch dann, wenn diese hinter dem Datenschutzniveau des BDSG zurückbleiben. Aufgrund des Vorrangs gelten diese Regelungen abschließend. Auf das BDSG kann nur zurückgegriffen werden, soweit die Spezialnormen einen Sachverhalt nicht regeln. Dies führt z.B. dazu, dass sich im Bereich der Telemedien die Rechtmäßigkeit der Verarbeitung von Inhaltsdaten aus dem BDSG ergeben muss, da das TMG nur Rechtsgrundlagen für Bestands- und Nutzungsdaten enthält (§§ 14, 15 TMG).

17 **Untergesetzliche Vorschriften** können nur dann eine Rechtsgrundlage für die Verwendung von personenbezogenen Daten schaffen, soweit der Normgeber dazu gesetzlich ermächtigt ist, also nur im Umfang der ihm erteilten Ermächtigung. Infrage kommen dafür Satzungen und Verordnungen von öffentlich-rechtlichen Körperschaften, Anstalten und Stiftungen, soweit für diese eine gesetzliche Ermächtigung besteht (z.B durch Gemeindeordnungen)[22]. Die Satzungen müssen sich daher i.R.d. Satzungsautonomie bewegen. Demgegenüber können sich juristische Personen des Privatrechts – mangels gesetzlicher Grundlage – nicht mittels ihrer Satzungen über die §§ 28 ff. BDSG hinausgehende weitere Befugnisse zur Verarbeitung von personenbezogenen Daten einräumen. Dasselbe gilt mangels Außenwirkung auch für interne Verwaltungsvorschriften und Erlasse von öffentlichen Stellen.

18 Anerkannt ist, dass auch **Betriebsvereinbarungen** (oder der Spruch einer Einigungsstelle) und Tarifverträge die Verarbeitung von personenbezogenen Daten in Beschäftigungsverhältnissen regeln können. Dies ergibt sich daraus, dass dem Arbeitgeber und Betriebsrat bzw. den Tarifvertragsparteien kraft Gesetzes entsprechende Normsetzungsbefugnisse eingeräumt wurden (siehe § 77 Abs. 4 S. 1 BetrVG und § 4 Abs. 1 TVG). Allerdings muss neben der Bestimmtheit auch der Verhältnismäßigkeit der Datenverarbeitung Rechnung getragen werden (siehe Rn. 2 zum Volkszählungsurteil) und müssen die Vertragspartner ihrem gesetzlichen Schutzauftrag nachkommen. Kontrovers diskutiert wird, ob und in welchem Umfang in Betriebsvereinbarungen zuungunsten von Beschäftigten vom BDSG abgewichen werden darf. Das BAG hatte dies in der Vergangenheit bejaht, allerdings dabei auch darauf hingewiesen, dass „aus grundgesetzlichen Wertungen, zwingendem Gesetzesrecht und den allgemeinen Grundsätzen des Arbeitsrechts ergebende Beschränkungen" zu beachten sind[23]. Aufgrund dieser Beschränkungen dürfte es nicht von grundlegender Bedeutung sein, dass die juristische Literatur diese Frage weitestgehend verneint[24] und darauf verweist, dass Betriebsvereinbarungen die Regelungen des BDSG und damit die §§ 28, 32 BDSG nur konkretisieren können[25]. Da sowohl i.R.d. gesetzlichen Vorschriften (zu § 32 BDSG siehe § 32 Rn. 20; dasselbe gilt für den ergänzend anwendbaren § 28 Abs. 1 Nr. 2 BDSG) als auch aufgrund des vorgenannten Beschlusses des BAG eine Verhältnismäßigkeitsprüfung und im Rahmen dieser auch eine Interessenabwägung zu erfolgen hat, dürften die beiden Sichtweisen i.d.R. zu ähnlichen Ergebnissen führen.

---

22 Simitis/*Sokol*, § 4 Fn. 10; *Bergmann/Möhrle/Herb*, § 4 Rn. 20 und Taeger/Gabel/*Taeger*, § 4 Rn. 23.

23 BAG-Beschluss vom 27.05.1986, NJW 1987, 674.

24 *Gola/Schomerus*, § 4 Rn. 10; Simitis/*Sokol*, § 4 Fn. 17 und *Bergmann/Möhrle/Herb*, § 4 Rn. 25, 26, jeweils mit weiteren Quellen.

25 Auch das BAG weist in seinem Urteil (BAG a.a.O.) darauf hin, dass die aus den genannten Beschränkungen abzuleitende Interessenabwägung weitgehend den Voraussetzungen des § 23 BDSG (= heutiger § 28 BDSG) entspricht, wenn auch nicht mit dieser Vorschrift identisch sei.

Soweit also Betriebspartner ihrem Schutzauftrag nachkommen, d.h., die Persönlichkeitsrechte der Beschäftigten angemessen schützen (§ 75 Abs. 2 S. 1 BetrVG), sollte einer wirksamen Regelung in Betriebsvereinbarungen nichts entgegenstehen, da sie sich dann im Rahmen ihrer gesetzlichen Ermächtigungsnorm bewegen (siehe dazu im Einzelnen § 32 Rn. 60 ff.)[26]. Dies entspricht auch der neuen Rechtsprechung des BAG[27], in der das Gericht deutlich macht, dass Betriebsvereinbarungen am Verhältnismäßigkeitsgrundsatz zu messen sind. Ob sich diese Rechtslage zukünftig durch ein neues Beschäftigungsdatenschutzgesetz ändert, wird sich gegebenenfalls erst durch spätere Urteile des BAG zu diesem Gesetz zeigen. Selbst wenn allerdings das Gesetz vorsehen sollte, dass Abweichungen in Betriebsvereinbarungen zuungunsten von Mitarbeitern unzulässig sind[28], dürfte dies an der Verhältnismäßigkeitsprüfung als Maßstab für die Wirksamkeit von Betriebsvereinbarungen nichts ändern, da sich dieser Maßstab bereits aus den Vorgaben des BVerfG ergibt und damit auch der Maßstab des neuen Beschäftigtendatenschutzgesetzes sein dürfte.

! In der Praxis sind Betriebsvereinbarungen insbesondere bei der einheitlichen Regelung von Datenverarbeitungen in Konzernen von Bedeutung. Auch aus datenschutzrechtlicher Sicht ist es daher zu empfehlen, insbesondere Themen wie Bring-your-own-device (BYOD) und die Frage der privaten Nutzung von Internet und E-Mail-Systemen in Betriebsvereinbarungen zu regeln. Da die Erlaubnis der privaten Nutzung von Internet und E-Mail nach überwiegender Auffassung den Arbeitgeber zum Telekommunikationsdiensteanbieter gegenüber seinen Mitarbeitern macht (siehe § 32 Rn. 77, 81), ist zu beachten, dass § 88 Abs. 3 S. 3 TKG Eingriffe in das Fernmeldegeheimnis ausdrücklich unter einen Gesetzesvorbehalt stellt. Dies bedeutet, dass Betriebsvereinbarungen den Arbeitgeber nicht ermächtigen können, die private Kommunikation seiner Mitarbeiter über das im TKG vorgesehene Maß hinaus zu überprüfen (zum Umfang der zulässigen Datenverarbeitung siehe § 32 Rn. 78 ff.)[29]. Insbesondere wenn eine Trennung der dienstlichen und privaten Kommunikation nicht möglich ist, führt dies zu erheblichen Hindernissen für Arbeitgeber bei der Nutzung und Kontrolle ihrer IT-Systeme[30]. Die Erlaubnis einer privaten Nutzung sollte daher gut überdacht werden (siehe dazu auch § 32 Rn. 83).

b) Anordnung einer Datenverarbeitung

Wenig praktische Bedeutung hat die Klarstellung in § 4 Abs. 1 BDSG, dass auch Verarbeitungsgebote 19
eine Rechtsgrundlage für die Verwendung von personenbezogenen Daten begründen („ … oder anordnet … "). Im Datenschutzrecht steht aufgrund des Verbotsgrundsatzes die Frage im Vordergrund, ob eine Verwendung von Daten zulässig ist. Sofern eine Vorschrift darüber hinaus eine Verwendung sogar anordnet, beinhaltet dies selbstverständlich auch die Erlaubnis, diese Verwendung vorzunehmen. Eine eigen-

26 Taeger/Gabel/*Taeger*, § 4 Rn. 35 bis 45; ebenso *Schaffland/Wiltfang*, § 4 Rn. 3, die auf der einen Seite davon sprechen, dass eine Abweichung zuungunsten des Mitarbeiters i.R.d. BetrVG möglich ist, auf der anderen Seite inzwischen die Möglichkeit, das BDSG-Niveau abzusenken, verneinen.

27 BAG, Urteil vom 09.07.2013, Az. 1 ABR 2/13, NZA 2013, 1433 zu Kontrollen der Mitarbeiter wegen möglichen Diebstählen an der Pforte des Firmengeländes. Siehe dazu auch den Aufsatz von *Wybitul*, NZA 2014, 225 ff.

28 So der Regierungsentwurf aus dem Jahre 2010 zu einem Beschäftigtendatenschutzgesetz (siehe § 32 Rn. 3), der in seinem § 32l Abs. 5 BDSG vorsah, dass (auch in Betriebsvereinbarungen und Tarifverträgen) nicht zuungunsten von Beschäftigten von den Regelungen der §§ 32 ff. BDSG abgewichen werden darf. In den Änderungsvorschlägen des Jahres 2012 zu diesem Gesetz wurde dieser Grundsatz zuerst aufgeweicht (Stand 16.05.2012), zuletzt aber wiederum bestätigt.

29 A. A. Taeger/Gabel/*Taeger*, § 4 Rn. 23, der verkennt, dass die Vorschrift des TKG als vorrangige Vorschrift den § 4 Abs. 1 BDSG modifiziert, aber über die beschränkte Normsetzungsbefugnis der Betriebsparteien (siehe § 77 Abs. 4 S. 1 BetrVG) ebenfalls zu dem Ergebnis kommt, dass Betriebsvereinbarungen den Arbeitgeber nicht ermächtigen können, die private Telekommunikation von Mitarbeitern „abzuhören" (siehe *Taeger*, a.a.O., Rn. 38).

30 Auch dem vielzitierten Urteil des LAG Berlin-Brandenburg vom 16.02.2011, DB 2011, 1281 liegt der Sachverhalt zugrunde, dass der Arbeitgeber bei Zugriff auf den E-Mail-Account seines Mitarbeiters Maßnahmen getroffen hat, um den Einblick in private E-Mails zu verhindern, also bei der Überprüfung eine Differenzierung zwischen dienstlichen und privaten E-Mails vornimmt. Allerdings geht das Gericht entgegen der h.M. (siehe dazu § 32 Rn. 81) davon aus, dass der Arbeitgeber bei Erlaubnis der privaten Nutzung nicht zum Diensteanbieter i.S.d. TKG wird.

ständige Rechtsgrundlage setzt auch bei Geboten voraus, dass die Datenverarbeitung konkret angeordnet wird (Bestimmtheitsgebot). Dies führt dazu, dass z.B. Mitteilungspflichten i.R.d. Sozialversicherungsrechts (z.B. §§ 198 ff. SGB V) eine eigenständige Rechtsgrundlage für die Übermittlung der Daten begründen, während die Regelungen des Kündigungsschutzgesetzes (KSchG) zwar die Verwendung von personenbezogenen Daten i.R.d. Sozialauswahl voraussetzen, aber nicht konkret regeln. Die Regelungen des KSchG führen jedoch dazu, dass die zur Sozialauswahl notwendige Datenverarbeitung über § 32 Abs. 1 S. 1 BDSG gerechtfertigt ist („ ... für ... Durchführung oder Beendigung (des Beschäftigungsverhältnisses) erforderlich ... ").

c) Verbot der Datenverarbeitung

20 Spezialgesetzliche Vorschriften können die Verwendung von personenbezogenen Daten nicht nur erlauben, sondern auch ausdrücklich verbieten. Dies erfolgt zumeist, um Eingriffe in besonders sensible Bereiche zu unterbinden bzw. um besonders vertrauliche Daten zu schützen. Für Geheimhaltungspflichten stellt § 1 Abs. 3 S. 2 BDSG ausdrücklich klar, dass diese durch das BDSG unberührt bleiben. Der Wortlaut der Vorschrift macht klar, dass dies nicht nur für gesetzliche, sondern auch für standesrechtliche Verpflichtungen gilt[31].

21 Bei den Verboten stehen die strafrechtlichen Vorschriften der §§ 201 ff. StGB im Vordergrund, wobei den §§ 203, 206 StGB besondere praktische Bedeutung zukommt. Weitere Geheimhaltungspflichten bestehen vor allem bei Betriebs- un Geschäftsgeheimnissen (siehe § 17 UWG für Beschäftigte im Allgemeinen und § 79 BetrVG für Betriebsräte im Speziellen).

Insbesondere beim Outsourcing und der Wartung im IT-Bereich ist der § 203 StGB von erheblicher praktischer Bedeutung. Dies nicht zuletzt, weil die Vorschrift nicht nur das Offenbaren von personenbezogenen Daten, sondern auch von Betriebs- und Geschäftsgeheimnissen untersagt. Für die im Abs. 1 der Vorschrift genannten Berufsgruppen und Unternehmen (z.B. Rechtsanwälte und private Versicherungen) werden dadurch im nicht-öffentlichen Bereich weitreichende und unangemessene Hindernisse geschaffen, da IT-Dienstleister nicht als „berufsmäßig tätige Gehilfen" i.S.d. § 203 Abs. 3 S. 2 BDSG angesehen werden[32] Auch die Vereinbarung einer Auftragsdatenverarbeitung gemäß § 11 BDSG kann nicht zu einem befugten Offenbaren von Daten im strafrechtlichen Sinne führen, auch weil die Vorschrift nicht einmal datenschutzrechtlich eine Rechtsgrundlage für die Datenverarbeitung darstellt (siehe Rn. 14), aber vor allem weil das Verbot nicht durch eine Vereinbarung mit einem beliebigen Dritten als Auftragnehmer umgangen werden kann. Auch wenn dies aufseiten des Gesetzgebers bekannt ist, ist dieses Hindernis leider nach wie vor nicht behoben worden. In der Praxis bisher wenig bekannt ist die Tatsache, dass der Abs. 2 des § 203 StGB eine entsprechende Regelung für den öffentlichen Bereich enthält. In diesem Bereich bietet sich jedoch ein Ausweg in der Form, dass die öffentliche Stelle die Mitarbeiter des IT-Dienstleisters nach dem Verpflichtungsgesetz verpflichten kann, diese damit in den Kreis der Wissensträger aufnimmt und damit die vertraulichen Informationen an diese Personen weitergeben darf[33]. Selbst wenn man dieser Lösung kritisch gegenüberstehen mag, z.B. weil dieser Weg im nicht-öffentlichen Bereich über eine § 11-BDSG-Beauftragung nicht eröffnet wird, so hat offensichtlich der Gesetzgeber bei der Verabschiedung der Vorschrift genau diesen Lösungsweg für den öffentlichen Bereich vorgesehen[34].

II. Direkterhebung mit Ausnahmen, § 4 Abs. 2 BDSG

22 Damit der Betroffene die Kontrolle darüber behält, welche Daten über ihn gegenüber wem offengelegt werden, soll die Erhebung von personenbezogenen Daten grundsätzlich bei ihm erfolgen (§ 4 Abs. 2 S. 1 BDSG). Auch damit wird einer Anforderung des Volkszählungsurteils (siehe Rn. 2) in das BDSG umgesetzt[35]. Ausnahmen von diesem Grundsatz lässt die Vorschrift nur in den im Satz 2 der Vorschrift genann-

---

31 Zu Beispielen siehe *Gola/Schomerus*, § 4 Rn. 12.
32 Schönke/Schröder/*Lenckner/Eisele*, § 203 Rn. 64a mit weiteren Nachweisen auch zur anderen Ansicht.
33 *Hilgendorf*, in FS Tiedemann, 1125 (1135 ff.) und auf diesen verweisend ebenso LK (*Schünemann*), § 203 Rn. 52.
34 BT-Drs. 7/550, 243.
35 Der 1. Leitsatz des Urteils legt fest, dass der Einzelne befugt ist, grundsätzlich selbst über die Preisgabe und Verwendung seiner Daten zu bestimmen (siehe BVerfGE, 65, 1 ff.).

ten Fällen zu. Soweit eine Erhebung beim Betroffenen erfolgt, ist er gemäß § 4 Abs. 3 BDSG über die Einzelheiten der Datenverarbeitung zu informieren.

1. Direkterhebung, § 4 Abs. 2 S. 1 BDSG

23 Mit dem Erheben ist gemäß § 3 Abs. 3 BDSG das **aktive „Beschaffen" von Daten** gemeint und nicht die zufällige oder unverlangte Kenntnisnahme (z.B. durch die Anzeige eines Dritten)[36]. Der Wortlaut der Vorschrift spricht zwar nur von der „Erhebung beim Betroffenen", ohne dass es ausdrücklich auf dessen Kenntnisnahme ankommt, aus dem Satz 2 („ohne seine Mitwirkung"), dem Abs. 3 des § 4 BDSG („auf andere Weise Kenntnis erlangt hat") und dem Umkehrschluss aus den §§ 19a, 33 BDSG („ohne Kenntnis des Betroffenen") wird aber deutlich, dass hiermit eine Erhebung mit Kenntnis des Betroffenen gemeint ist[37]. Dies bedeutet, dass eine heimliche Erhebung (auch beim Betroffenen) nur unter den Voraussetzungen des Satzes 2 erlaubt ist. Ansonsten könnte der Betroffene auch gar keinen Einfluss auf den Umfang der Datenerhebung nehmen, was ein wesentlicher Aspekt der Direkterhebung sein soll. Für die Erhebung per Videoüberwachung wird auf die Kommentierung des § 6b BDSG verwiesen.

24 Soweit der Betroffene bei der Erhebung auch **Daten Dritter** weitergibt (z.B. beim Ausfüllen eines Fragebogens), wird die Auffassung vertreten, dass damit (auch bzgl. der Daten der Dritten) eine Direkterhebung vorliegt[38]. Dies würde allerdings dazu führen, dass die Dritten eben nicht die Weitergabe ihrer Daten beeinflussen können. Daher sollte in diesen Fällen die Erhebung der Drittdaten über den Satz 2 des § 4 Abs. 2 BDSG oder – soweit aufgrund des Einzelfalles möglich – über eine (zu vermutende) Bevollmächtigung durch den Betroffenen gelöst werden[39]. Soweit das nicht möglich ist, müssten die Daten direkt bei dem Dritten erhoben werden. In den für die Praxis relevanten Fällen dürfte dies jedoch in der Regel nicht erforderlich sein und sofern die Interessenabwägung des Satzes 2 Nr. 2 doch zu einem anderen Ergebnis kommt, dann ist es auch angemessen, dass die Erhebung bei dem Dritten erfolgt[40]. Bei nicht voll Geschäftsfähigen sind die Daten über den (i.d.R. gesetzlichen) Vertreter einzuholen, sofern nicht von einer ausreichenden Einsichtsfähigkeit ausgegangen werden kann[41].

25 Die **Art der Erhebung** liegt grundsätzlich im Ermessen der verantwortlichen Stelle. Zulässig ist daher auch eine mündliche Erhebung, auch wenn diese zu Beweisproblemen führen kann, da die Beweislast für die Einhaltung der Anforderungen der Abs. 2 und 3 des § 4 BDSG bei der verantwortlichen Stelle liegt. Eine mündliche Erhebung führt auch grundsätzlich nur dann zur Anwendung des BDSG, wenn die erhobenen Daten später automatisiert verarbeitet werden (siehe Rn. 6, auch zur Ausnahme des § 32 Abs. 2 BDSG). Lediglich in Einzelfällen können bestimmte Formen der Erhebung unverhältnismäßig sein, wie z.B. körperliche Eingriffe.

2. Erhebung ohne Mitwirkung, § 4 Abs. 2 S. 2 BDSG

26 Eine Erhebung ohne Mitwirkung (genauer gesagt „ohne Kenntnis") des Betroffenen ist gemäß § 4 Abs. 2 S. 2 BDSG zulässig, soweit

- Rechtsvorschriften dies vorsehen oder zwingend voraussetzen (Nr. 1)

oder

- dies für die Erfüllung einer Verwaltungsaufgabe (öffentlicher Bereich) oder eines Geschäftszwecks (nicht-öffentlicher Bereich) erforderlich ist (Nr. 2a))

---

36 *Gola/Schomerus*, § 4 Rn. 18 und *Schaffland/Wiltfang*, § 4 Rn. 6.

37 *Gola/Schomerus*, § 4 Rn. 21, und Simitis/*Sokol*, § 4 Fn. 23; ebenso *Bergmann/Möhrle/Herb*, § 4 Rn. 28; *Schaffland/Wiltfang*, § 4 Rn. 6 und Taeger/Gabel/*Taeger*, § 4 Rn. 62.

38 So *Gola/Schomerus*, § 4 Rn. 20.

39 Zur Bevollmächtigung siehe *Gola/Schomerus*, § 4 Rn. 21 (wobei bei einem Famlienangehörigen nicht immer von einer Bevollmächtigung ausgegangen werden kann – s.a. nächste Fußnote) und Taeger/Gabel/*Taeger*, § 4 Rn. 60.

40 Beispiele bei *Gola/Schomerus*, § 4 Rn. 20: (1) Fragen nach dem Ehepartner in Personalfragebögen dürften über § 4 Abs. 2 S. 2 Nr. 2a) (Geschäftszweck) oder Nr. 2b) (unverhältnismäßiger Aufwand) abgedeckt sein. Soweit Interessen des Ehepartners dem entgegenstehen, sollte auch die Erhebung bei ihm erfolgen; ansonsten könnten Betroffene ohne Berücksichtigung von Drittinteressen die Daten von Dritten weitergeben. (2) Vorlage einer Heiratsurkunde zwecks Gewährung von Leistungen an den Betroffenen dürfte zumindest durch § 4 Abs. 2 S. 2 Nr. 2b) abgedeckt sein.

41 *Bergmann/Möhrle/Herb*, § 4 Rn. 30, ebenso Taeger/Gabel/*Taeger*, § 4 Rn. 61.

oder

- die Erhebung beim Betroffenen einen unverhältnismäßigen Aufwand erfordert (Nr. 2 b))

und (in den Fällen der Nr. 2)

- keine Anhaltspunkte für eine Beeinträchtigung überwiegender schutzwürdiger Interessen des Betroffenen bestehen.

27 Als **Rechtsvorschriften i.S.d. Nr. 1** kommen überwiegend Regelungen im Bereich der Strafverfolgung (z.B. Rasterfahndung – § 98a StPO, Überwachung des Fernmeldeverkehrs – § 100a StPO und Abhörmaßnahmen – §§ 100c, f StPO), aber auch des Steuerrechts (Auskunftsersuchen durch Finanzbehörden bei Dritten – § 93 Abs. 1 AO) und des Telekommunikationsrechts (Auskunftsverpflichtung von Telekommunikationsdienstleistern – §§ 111 bis 113 TKG) in Betracht. Auch eine IHK darf gemäß §§ 915e, f ZPO ihren Mitgliedern Auskünfte über Schuldner erteilen.

28 Der Ausnahmetatbestand der **Erforderlichkeit** für die Erfüllung einer Verwaltungsaufgabe (**Nr. 2a)**) kommt insbesondere in Betracht, soweit eine Behörde im Rahmen ihrer Amtsermittlungspflicht Angaben des Betroffenen zu überprüfen hat, ohne dass die Erhebung ohne Mitwirkung des Betroffenen ausdrücklich geregelt ist (dann greift Nr. 1 der Vorschrift). Mangels gesetzlicher Vorschriften i.S.d. Nr. 1 hat die Regelung der Nr. 2a) erhebliche Relevanz für den nicht-öffentlichen Bereich (für Geschäftszweck erforderlich). Beispiele dafür sind die Erhebung von Daten im Falle von Bonitätsauskünften bei Kreditauskunfteien, beim Ankauf von Adressdaten bei Adresshändlern (Umkehrschluss aus § 28 Abs. 3 und 4 BDSG), durch Detektive und durch Unternehmen i.R.e. Whistleblowing-Verfahrens. Wie die vorgenannten Beispiele zeigen, können – ähnlich dem § 33 Abs. 2 Nr. 3 BDSG – insbesondere Geheimhaltungsinteressen der verantwortlichen Stelle eine Erhebung ohne Mitwirkung des Betroffenen rechtfertigen.

29 Der Tatbestand des **„unverhältnismäßiger Aufwandes" (Nr. 2b))** ist im Interesse des allgemeinen Persönlichkeitsschutzes eng auszulegen. Die Unverhältnismäßigkeit kann sich aus Kosten-, Zeit- oder Arbeitsersparnissen ergeben und kann nicht ohne Berücksichtigung der Interessen des Betroffenen (siehe im Folgenden zur Interessenabwägung) und der betroffenen Daten bewertet werden. Bei der Abwägung ist auch zu berücksichtigen, dass Betroffene gemäß §§ 19a, 33 BDSG nachträglich über eine Speicherung der Daten zu informieren sind, sodass ein Kontakt zu dem Betroffenen in vielen Fällen ohnehin herzustellen ist. Es geht im Ergebnis um eine Abwägung zwischen dem Aufwand – und der damit verbundenen zeitlichen Verzögerung – einer Direkterhebung im Verhältnis zum Interesse des Betroffenen, an der Erhebung mitzuwirken und diese damit beeinflussen zu können. Insbesondere bei sensiblen Daten kann dies zu einem überwiegenden Interesse des Betroffenen führen. Ein wesentlicher Anwendungsfall dieser Regelung stellt die Erhebung von Daten aus allgemein zugänglichen Quellen dar (siehe Rn. 33).

30 Bei der **Interessenabwägung i.R.d. Nr. 2** können vielfältige Aspeke eine Rolle spielen. Zu denken ist dabei an berufliche Nachteile, wenn Daten beim aktuellen Arbeitgeber des Betroffenen erhoben werden und dieser dadurch z.B. von einer Bewerbung seines Beschäftigten bei einem anderen Arbeitgeber erfährt, oder Rufschädigungen, wenn eine Erhebung durch Detektive beim Nachbarn des Betroffenen erfolgt. Demgegenüber soll es zulässig sein, dass potenzielle neue Arbeitgeber zu Bewerbern Auskünfte bei früheren Arbeitgebern einholen, da dies keine Nachteile für ein bestehendes Arbeitsverhältnis haben könne und deshalb kein sonstiges überwiegendes Interesse des Betroffenen dem entgegenstehe[42]. Selbst wenn man dieser Ansicht im Rahmen der Interessenabwägung des § 4 Abs. 2 S. 2 BDSG folgen mag und auch bei aktuellen Arbeitgebern anwendet, sofern das Arbeitsverhältnis bereits gekündigt ist, scheint die viel grundlegendere Frage darin zu bestehen, ob eine solche Auskunft zulässig ist (siehe im Folgenden unter Rn. 31). Zu beachten ist allerdings, dass im Falle einer späteren Speicherung dieser Daten (z.B. in den Bewerbungsunterlagen) ohnehin eine Informationspflicht gegenüber dem Betroffenen gemäß §§ 19a, 33 BDSG besteht. Zudem muss die Erhebung auch erforderlich sein (Nr. 2a)), also weder das Zeugnis noch der Bewerber ausreichende Informationen liefern.

31 Davon zu trennen ist die Frage, ob die Erhebung der Daten durch den neuen Arbeitgeber dem Grunde nach erlaubt ist bzw. es dem bisherigen Arbeitgeber seinerseits erlaubt ist, Daten an den neuen Arbeitge-

42 *Schaffland/Wiltfang*, § 4 Rn. 9.

ber weiterzugeben. Dies ist eine Frage des § 32 BDSG, also der Erlaubnisnorm (und gegebenenfalls des § 28 Abs. 1 Nr. 2 BDSG) und nicht des § 4 Abs. 2 BDSG, der nur regelt, ob die Erhebung ausnahmsweise bei Dritten erfolgen darf. Aus diesem Grund soll an dieser Stelle nicht detailliert auf die Frage der Zulässigkeit der Datenerhebung eingegangen werden (siehe dazu § 32, Rn. 43), es darf aber ernsthaft bezweifelt werden, ob der bisherige Arbeitgeber berechtigt ist, über seine Zeugnispflicht hinaus weitere Informationen nach außen zu geben. Es wird ihm zumindest untersagt sein, Informationen weiterzugeben, die der Geheimhaltung unterliegen (z.B. Inhalte des Arbeitsvertrages) oder die er nicht in ein Zeugnis aufnehmen darf (z.B. Fehlzeiten oder Informationen, die nicht wohlwollend sind). Zu beachten ist auch, dass der Entwurf eines Beschäftigtendatenschutzgesetzes (siehe § 32 Rn. 3) in diesen Fällen – also für die Datenerhebungen bei Dritten – eine Einwilligung des Bewerbers gefordert hat (siehe § 32 Abs. 6 BDSG des Entwurfes), sodass zu erwarten ist, dass auch eine zukünftige ausdrückliche gesetzliche Regelung eine Einwilligung des Bewerbers voraussetzen wird.

! Arbeitgeber sollten bei Bewerbern auch berücksichtigen, dass nicht ausgeschlossen werden kann, dass der ehemalige Arbeitgeber den Bewerber über den Anruf informiert. Auch vor diesem Hintergrund sollten Arbeitgeber sorgfältig abwägen, ob sie ohne Einwilligung des Bewerbers mit dem ehemaligen Arbeitgeber Kontakt aufnehmen. Die Risiken (Schadensersatzpflicht gegenüber und Verärgerung des Bewerbers) dürften den Nutzen deutlich übersteigen, nicht zuletzt weil Bewerber die Einwilligung zumeist nicht verweigern werden.

In den Fällen, in denen eine Erhebung ohne Mitwirkung des Betroffenen erfolgt, ist der Betroffene im Falle der Speicherung der Daten nachträglich gemäß §§ 19a, 33 BDSG zu informieren. Die in diesen Vorschriften genannten Ausnahmetatbestände haben eine ähnliche Zielrichtung wie der § 4 Abs. 2 BDSG – nämlich die Transparenz der Erhebung und Verarbeitung gegenüber dem Betroffenen – und können daher auch zur Auslegung der Vorschrift herangezogen werden. 32

Ein Beispiel dafür liefert der § 33 Abs. 2 Nr. 7a BDSG, der die verantwortliche Stelle von der Informationspflicht entbindet, soweit die Daten aus einer allgemein zugänglichen Quelle entnommen wurden. Allerdings fordert die Vorschrift keine Interessenabwägung wie § 4 Abs. 2 S. 2 Nr. 2 BDSG, stellt aber ähnlich wie § 4 Abs. 2 S. 2 Nr. 2b) BDSG auf den Aufwand der verantwortlichen Stelle ab („wegen Vielzahl der betroffenen Fälle unverhältnismäßig"). Die Datenerhebung über allgemein zugängliche Quellen ist insbesondere durch das Internet bedeutsam geworden und erfolgt dort zwangsläufig ohne Mitwirkung des Betroffenen. Während Landesdatenschutzgesetze beim Grundsatz der Erhebung beim Betroffenen den Fall der Erhebung aus allgemein zugänglichen Quellen ausdrücklich ausnehmen (z.B. § 13 Abs. 2 LDSG BW, § 16 Abs. 2 S. 1 BayLDSG), fehlt eine entsprechende Regelung im Satz 2 des § 4 Abs. 2 BDSG. Bei der Lösung der Frage, wie eine solche Erhebung ohne Mitwirkung des Betroffenen i.R.d. § 4 Abs. 2 S. 2 Nr. 2 BDSG gerechtfertigt werden kann, sind zwei Lösungsansätze denkbar[43], die allerdings zum selben Ergebnis führen. Zum einen könnte man in den Erlaubnisnormen, die eine Datenerhebung aus allgemein zugänglichen Quellen erlauben (§§ 28 Abs. 1 S. 1 Nr. 3 BDSG, 29 Abs. 1 S. 1 Nr. 2 BDSG), Rechtsvorschriften im Sinne des § 4 Abs. 2 S. 2 Nr. 1 BDSG sehen[44]. In der Tat hätten die Vorschriften keinen Anwendungsbereich, wenn eine solche Datenerhebung ohne Mitwirkung des Betroffenen nicht möglich wäre. Damit können jedoch Datenerhebungen im öffentlichen Bereich nicht gelöst werden, da § 13 BDSG ausdrücklich keine Erhebung aus allgemein zugänglichen Quellen vorsieht, was jedoch nicht bedeutet, dass i.R.d. Amtsermittlung öffentlich zugängliche Quellen grundsätzlich ausscheiden. Vor diesem Hintergrund sollten entsprechende Sachverhalte eher über § 4 Abs. 2 S. 2 Nr. 2b) BDSG (unverhältnismäßiger Aufwand) gelöst werden. Bei beiden Lösungsansätzen kann das überwiegende schutzwürdige Interesse des Betroffenen die Erhebung ohne seine Mitwirkung untersagen. Ein solches Interesse dürfte bei Daten, die vom Betroffenen selbst ins Internet gestellt werden, in der Regel nicht gegeben sein. Bei Daten, die gegen den Willen des Betroffenen veröffentlicht wurden, führt diese Abwägung jedoch zu angemessenen Ergebnissen. Im Falle der späteren Speicherung der Daten ist auch in diesen Fällen der Betroffen gemäß 33

43 Simitis/*Sokol*, § 4, Fn. 23 sieht darin noch ein ungelöstes Problem.
44 *Gola/Schomerus*, § 4 Rn. 24.

§§ 19a, 33 BDSG zu informieren, sofern das nicht mit unverhältnismäßigem Aufwand verbunden ist. Dies nicht zuletzt, um ihm die Möglichkeit zu geben, unrichtige Angaben zu korrigieren.

III. Informationspflichten bei Direkterhebung, § 4 Abs. 3 BDSG

1. Unterrichtungspflicht, § 4 Abs. 3 S. 1 BDSG

34 Während gemäß §§ 19a, 33 BDSG der Betroffene zu informieren ist, wenn die Datenerhebung ohne seine Kenntnis erfolgt, regelt der § 4 Abs. 3 BDSG die Informationspflicht der verantwortlichen Stelle im Falle der Erhebung beim Betroffenen gemäß § 4 Abs. 2 S. 1 BDSG. Hintergrund dieser Vorschrift sind ebenfalls die Vorgaben des Volkszählungsurteils zur Transparenz der Datenverarbeitung gegenüber dem Betroffenen, die es dem Betroffenen ermöglichen soll, seine Rechte geltend zu machen. Ähnliche Informationspflichten finden sich in Spezialgesetzen wie z.B. dem § 93 Abs. 1 TKG oder dem § 13 Abs. 1 TMG.

Zu informieren ist gemäß § 4 Abs. 3 S. 1 BDSG der Betroffene über

- die Identität der verantwortlichen Stelle,
- die Zweckbestimmung der Datenverarbeitung und
- die Kategorien von Empfängern, soweit der Betroffene nicht aufgrund der Umstände des Einzelfalls mit der Übermittlung an diese rechnen muss.

35 Die Informationspflicht entfällt, sofern der Betroffene auf andere Weise Kenntnis von diesen Umständen erlangt hat. Die Ausnahme greift allerdings nur, sofern diese Kenntnis tatsächlich besteht, was von der verantwortlichen Stelle zu beweisen ist. Anders als bei den Kategorien von Empfängern genügt also kein „Rechnenmüssen" des Betroffenen oder eine vermutete Kenntnis, von der die verantwortliche Stelle ausgehen kann. Bei einer informierten Einwilligung i.S.d. § 4a BDSG dürfte die Kenntnis in der Regel vorliegen (zur informierten Einwilligung siehe § 4a Rn. 42 ff.). Ein Muster für eine solche Unterrichtung finden Sie am Ende der Kommentierung des § 4 BDSG unter D.

36 Ähnlich wie bei der Art der Erhebung (siehe Rn. 25) können mangels eines Formerfordernisses die Informationen auch mündlich übermittelt werden. Auch hierbei ergeben sich jedoch Beweisrisiken für die verantwortliche Stelle, da sie die Erfüllung der Informationspflichten zu beweisen hat. Alleine aus diesem Grund sollte die Zurverfügungstellung der Informationen dokumentiert werden. Da die Informationen so rechtzeitig und transparent zu liefern sind, dass der Betroffene – soweit er dies verhindern kann – über die Offenlegung von Daten entscheiden kann, bietet es sich an, die Informationen im Zusammenhang und vor der Erhebung bereitzustellen (z.B. in einem Formular, mit dem die Daten erhoben werden). Auch insofern ergeben sich Parallelen zur informierten Einwilligung gemäß § 4a Abs. 1 BDSG (siehe § 4a Rn. 84).

! Informationen gemäß Abs. 3 können z.B. in Bestellscheine aufgenommen werden. Sofern die Informationen in umfangreicheren Dokumenten (z.B. in Allgemeinen Geschäftsbedingungen) „versteckt" werden, sind sie optisch so hervorzuheben, dass dem Benachrichtigungscharakter Rechnung getragen wird (ähnlich § 4a Abs. 1 S. 4 BDSG bei Einwilligungen). Bei Dauerbeziehungen mit regelmäßig gleichartigen Datenerhebungen genügt es, wenn die Information vor der Ersterhebung erfolgt, da damit bei späteren Erhebungen eine entsprechende Kenntnis besteht.

Insbesondere im Verbraucherbereich gehen Unternehmen vermehrt dazu über, die datenschutzrechtlichen Informationen in ein separates Dokument aufzunehmen und vom Betroffenen unterzeichnen zu lassen. Durch die Unterschrift kann eindeutig belegt werden, dass die Informationspflicht erfüllt wurde. Zudem können auf diesem Wege auch über die Informationspflicht hinaus Einwilligungen zur Datenverarbeitung eingeholt werden. Den Betroffenen ist dabei jedoch die Möglichkeit einzuräumen, die Einwilligung (z.B. durch Streichung der entsprechenden Passagen) zu verweigern (siehe auch Rn. 10 zum Verhältnis der Einwilligung zu gesetzlichen Rechtsgrundlagen).

Neben der **Identität der verantwortlichen Stelle** muss der Betroffene auch die Informationen erhalten, die es ihm ermöglichen, auf angemessene Weise seine Rechte auszuüben. Neben dem Namen und der Adresse der verantwortlichen Stelle dürfte es daher auch notwendig sein, zumindest eine Telefonnummer oder eine E-Mail-Adresse zur Verfügung zu stellen. 37

Die Information über den **Zweck der Datenverarbeitung** soll es dem Betroffenen ermöglichen, die Rechtmäßigkeit der Datenverarbeitung überprüfen zu können. Insofern ist der Zweck ausdrücklich zu benennen und nicht nur die relevante Vorschrift zu zitieren. Zu informieren ist über alle Zwecke, die bei der Erhebung der Daten bekannt sind, sowie über spätere Zweckänderungen (§§ 14 Abs. 2, 28 Abs. 2 BDSG). Sofern die Datenverarbeitung nur für den Zweck erfolgt, zu dem die verantwortliche Stelle und der Betroffenen in Kontakt getreten sind (z.B. den Abschluss eines Vertrages), ist die Information über den Zweck wegen entsprechender Kenntnis des Betroffenen entbehrlich. Die Praxis zeigt jedoch, dass Unternehmen in Formularen oft trotzdem auch über diesen Zweck informieren, um zum einem dem Einwand der mangelnden Kenntnis vorzubeugen und zum anderen beim Betroffenen ein Vertrauen auf den sorgfältigen und zweckgebundenen Umgang mit seinen Daten zu schaffen. 38

Zu praktischen Problemen führt das Erfordernis, den Betroffenen über die **Kategorien von Empfängern** zu informieren, da als Empfänger auch die Auftragnehmer i.R.e. Auftragsdatenverarbeitung gemäß § 11 BDSG anzusehen sind[45]. Es ist zwar zu begrüßen, dass der Gesetzgeber sich bei den Alternativen, die die EU-Datenschutzrichtlinie angeboten hat („Empfänger" oder „Kategorien der Empfänger")[46], dagegen entschieden hat, dass jeder einzelne Empfänger namentlich zu nennen ist, die Verwendung des Begriffes „Empfänger" im Gegensatz zum Begriff des „Dritten" macht jedoch deutlich, dass auch Angaben über Auftragnehmer zu erfolgen haben[47]. Der Versuch, über die Verwendung des Begriffs „übermitteln" zu einer anderen Auslegung der Vorschrift zu gelangen[48], führt zwar zu einem wünschenswerten Ergebnis, hält aber der richtlinienkonformen Auslegung der Vorschrift nicht stand. Dies führt leider dazu, dass verantwortliche Stellen den Betroffenen auch darüber zu informieren haben, dass sie z.B. die Verarbeitung von Kundendaten an eine andere Gesellschaft ausgelagert haben (selbst wenn es sich nur um eine Konzerngesellschaft in Deutschland handelt). Hier muss die Frage gestellt werden, welchen Mehrwert eine solche Information für den Betroffenen hat und ob diese Regelung vor dem Hintergrund der üblichen konzerninternen Konsolidierung und des marktüblichen Outsourcings der Datenverarbeitung noch zeitgemäß ist. Zu argumentieren, dass aus einer Marktüblichkeit geschlossen werden kann, dass der Betroffene mit der Übermittlung rechnen muss, dürfte zumindest im Verbraucherumfeld mit Risiken verbunden sein, da es bei dem „Rechnenmüssen" auf die Erfahrungen des Betroffenen ankommt[49]. Vor diesem Hintergrund ist es zu empfehlen, Betroffene über eine solche Konsolidierung bzw. ein externes Outsourcing in dokumentierbarer Form zu informieren. Da die Information sich auf „Kategorien von Empfängern" beschränken kann, sollte es genügen, die Beschreibung der Empfängerkategorien allgemein zu halten, also z.B. auf die Verarbeitung durch andere Konzernunternehmen und externe IT-Dienstleister hinzuweisen. 39

2. Hinweis- und Aufklärungspflichten, § 4 Abs. 3 S. 2 und 3 BDSG

Der Satz 2 des § 4 Abs. 3 BDSG legt fest, dass die verantwortliche Stelle – über die Informationen des Satzes 1 hinaus – den Betroffenen darauf hinzuweisen hat, 40

- sofern er i.R.d. Erhebung zur Auskunft verpflichtet ist,
- sofern diese Auskunft Voraussetzung für die Gewährung von Rechtsvorteilen ist und
- ansonsten über die Freiwilligkeit seiner Auskunft.

Auf Verlangen oder soweit dies im Einzelfall erforderlich erscheint, ist auch über die Rechtsvorschrift und die Folgen einer Auskunftsverweigerung aufzuklären (Satz 3).

45 *Gola/Schomerus*, § 4 Rn. 33, ebenso Simitis/*Sokol*, § 4 Fn. 43.
46 Siehe Art. 10 c) EU-Richtlinie 95/46/EG.
47 Siehe Art. 2 f), g) EU-Richtlinie 95/46/EG.
48 I.d.S. *Schaffland/Wiltfang*, § 4 Rn. 14 und Taeger/Gabel/*Taeger*, § 4 Rn. 76 vor dem Hintergrund, dass § 3 Abs. 4 Nr. 3, Abs. 8 S. 3 BDSG dazu führen, dass eine (physische) Übermittlung von Daten an einen Auftragnehmer innerhalb der EU/des EWR keine „Übermittlung" i.S.d. BDSG darstellt.
49 Siehe auch *Gola/Schomerus*, § 4 Rn. 33 und Simitis/*Sokol*, § 4, Fn. 44.

41 Dadurch soll verhindert werden, dass Betroffene Daten übermitteln, obwohl sie dazu nicht verpflichtet sind bzw. ohne dass ihnen die negativen Auswirkungen bewusst sind. In der Praxis ist diese Regelung überwiegend im öffentlichen Bereich relevant, nämlich in Fällen, in denen eine gesetzliche Auskunftspflicht besteht (z.B. § 149 Abs. 1 AO: Pflicht zur Abgabe einer Steuererklärung) bzw. öffentliche Leistungen beantragt werden. Im nicht-öffentlichen Bereich dürfte eine Auskunftspflicht nur in Einzelfällen bestehen (z.B. § 5 EFZG: Anzeigepflicht des Arbeitnehmers bei Arbeitsunfähigkeit). Relevanter ist im nicht-öffentlichen Bereich, ob der Abschluss eines Vertrages von der Übermittlung von Daten abhängig gemacht werden kann. Diese Frage ist allerdings nicht über § 4 Abs. 3 BDSG, sondern vielmehr über § 242 BGB (Treu und Glauben) oder gesetzliche Koppelungsverbote (siehe z.B. § 28 Abs. 3b BDSG, § 4 Nr. 6 UWG) zu lösen, da keine Auskunftspflicht, sondern eine Zwangssituation besteht.

IV. Rechtsfolgen von Verstößen

42 Unstrittig ist, dass ein Verstoß gegen den **Abs. 1** des § 4 BDSG zu einer Unzulässigkeit der Datenverarbeitung führt und gemäß § 43 Abs. 2 Nr. 1, Abs. 3 BDSG mit einem Bußgeld oder unter den Voraussetzungen des § 44 BDSG sogar mit Freiheits- oder Geldstrafe geahndet werden kann. Entsprechend gespeicherte Daten sind zu löschen (§§ 20 Abs. 2 Nr. 1, 30 Abs. 3, 35 Abs. 2 Nr. 1 BDSG). Neben denkbaren vertraglichen Ansprüchen können sich gesetzliche Schadensersatzansprüche aus den §§ 7, 8 BDSG sowie aus dem allgemeinen Zivilrecht ergeben, da das allgemeine Persönlichkeitsrecht – und damit auch der Datenschutz – als absolutes Recht i.S.d. § 823 BGB geschützt ist, sodass Ansprüche sowohl auf § 823 Abs. 1 als auch Abs. 2 (i.V.m. § 4 Abs. 1 BDSG) begründet werden können. Darüber hinaus können aus dem Zivilrecht auch Schmerzensgeldansprüche (§§ 823, 253 BGB) und – über die datenschutzrechtliche Löschungspflicht hinaus – auch Unterlassungs- und Beseitigungsansprüche (§§ 1004, 823 BGB) abgeleitet werden.

§ 4 Abs. 1 BDSG wird nicht als Verbraucherschutznorm i.S.d. § 2 UKlaG angesehen, da die Vorschrift alle Personen schützt und nicht speziell Verbraucher[50]. Strittig ist hingegen, ob ein Verstoß gegen datenschutzrechtliche Normen – und damit auch gegen § 4 Abs. 1 BDSG – einen Verstoß gegen wettbewerbsrechtliche Normen des UWG begründen kann[51]. Es dreht sich dabei um die Frage, ob datenschutzrechtliche Vorschriften Marktverhaltensregeln i.S.d. § 4 Nr. 11 UWG darstellen. Zumindest für den § 4 Abs. 1 BDSG kann diese Frage nicht allgemein beantwortet werden, da im Einzelfall auf die konkrete Datenverarbeitung abzustellen ist. Leider führt die Strittigkeit der Frage dazu, dass Gerichte bei vergleichbaren Sachverhalten zu unterschiedlichen Ergebnissen kommen[52]. Das Ergebnis dieser Bewertung ist vor allem deshalb relevant, weil den betroffenen Unternehmen im Falle eines Verstoßes gegen Marktverhaltensregeln Abmahnungen vonseiten ihrer Wettbewerber oder auch durch Wettbewerbs- oder Verbraucherzentralen drohen.

43 Kontrovers wird auch die Frage diskutiert, ob ein Verstoß gegen die **Abs. 2 und 3** des § 4 BDSG zu einer Unzulässigkeit der Datenverarbeitung führt[53]. Dagegen spricht in erster Linie der Wortlaut der Vorschrift, der nur im Abs. 1 von Zulässigkeitsanforderungen spricht („ … nur zulässig, soweit … ")[54]. Zudem würde ansonsten z.B. eine Verarbeitung von Daten i.R.v. Vertragsverhältnissen unzulässig sein, selbst wenn diese erforderlich ist, nur weil die verantwortliche Stelle z.B. nicht über die von ihr beauftragten Auftragnehmer („Empfänger") informiert hat. Zu einer Unzulässigkeit der Datenverarbeitung kann jedoch auch in diesen Fällen eine Abwägung nach Treu und Glauben (§ 242 BGB) führen, nämlich dann, wenn der Betroffene bei einer Erhebung bei ihm selbst (Abs. 2) und/oder einer ausreichenden Information (Abs. 3)

50 Taeger/Gabel/*Taeger*, § 4 Rn. 84 mit Verweisen auf die entsprechenden Gerichtsurteile. Verbraucherschützend sind hingegen die Vorschriften des AGB-Rechts (siehe § 1 UKlaG), was z.B. bei Einwilligungen zum Tragen kommt (siehe § 4a Rn. 94 f.).

51 Zum Streitstand siehe *Bergmann/Möhrle/Herb*, § 4 Rn. 53.

52 Siehe zu Kundenrückgewinnungsschreiben (= Verwendung von Daten ehemaliger Kunden, um diese mittels Werbeschreiben wieder als Kunden zu gewinnen) die Urteile des OLG Köln vom 19.11.2010, Az. 6 U 73/10 (§ 4 Abs. 1 BDSG und BDSG-Erlaubnisnormen als Marktverhaltensregeln) und des OLG München vom 12.01.2012, Az. 29 U 3926/11 (BDSG-Erlaubnisnormen sind grds. keine Marktverhaltensregeln).

53 I.d.S. Simitis/*Sokol*, § 4 Fn. 57 und in der 1. Auflage (2010) Taeger/Gabel/*Taeger*, § 4 Rn. 80; Letzterer spricht in der 2. Auflage (2013) jedoch nur noch von der Möglichkeit („kann") der Unzulässigkeit im nicht-öffentlichen Bereich; siehe Rn. 85, allerdings mit Verweis auf Sokol.

54 Insofern gegen eine Zulässigkeitsvoraussetzung *Schaffland/Wiltfang*, § 4 Rn. 17.

die Daten nicht offengelegt hätte und somit die Datenverarbeitung durch den Verstoß erst möglich wurde[55]. Insofern kann auch der fehlender Hinweis der öffentlichen Stelle auf die Freiwilligkeit der Auskunft (Abs. 3 S. 2) durchaus zu einer Unzulässigkeit der Datenverarbeitung und damit zu einer Löschungspflicht führen. Im Rahmen der Abwägung des § 242 BGB ist jedoch zu berücksichtigen, dass bei einer Erforderlichkeit der Datenverarbeitung (z.B. im Falle des § 28 Abs. 1 S. 1 Nr. 1 BDSG) ein Verstoß gegen die Pflichten der Abs. 2 und 3 nicht zu einer Unzulässigkeit der Verwendung führen kann. Ansonsten würde dies die Durchführung des Rechtsgeschäftes (im nicht-öffentlichen Bereich) bzw. die Erfüllung der Aufgabe (im öffentlichen Bereich) unmöglich machen, obwohl z.B. ein nach einer arglistigen Täuschung abgeschlossener Vertrag noch nicht angefochten wurde. Erst nach einer entsprechenden Anfechtung des Vertrages – oder im öffentlichen Bereich des Verwaltungsaktes – wäre eine Unzulässigkeit der Datenverarbeitung denkbar, dann aber aus dem Grund, dass keine Erforderlichkeit der Datenverarbeitung mehr besteht.

Grundsätzlich ist also davon auszugehen, dass die Abs. 2 und 3 des § 4 BDSG keine Zulässigkeitsvoraussetzungen für die Datenverarbeitung begründen, sondern nur gesetzliche Pflichten, die unter Umständen zu den vorgenannten weiteren Ansprüche führen können (z.B. Schadensersatzansprüche, sofern dem Betroffenen mangels Information ein Schaden entstanden sein sollte). Ein Verstoß gegen diese Pflichten kann zudem – im Gegensatz zu § 33 BDSG – nicht gemäß § 43 BDSG mit Bußgeld geahndet werden. 44

C. Anwendungsempfehlungen/praktische Hinweise

Ein Blick in § 4 BDSG lohnt dann, wenn: 45

- überprüft werden soll, ob z.B. nicht-gesetzliche Rechtsnormen wie Betriebsvereinbarungen die Verarbeitung von Daten erlauben können.
- entschieden werden soll, ob trotz Bestehen einer Rechtsvorschrift eine Einwilligung des Betroffenen zur Datenverarbeitung eingeholt werden soll.
- entschieden werden soll, ob eine Erhebung von Daten beim Betroffenen erfolgen soll oder Daten auch auf anderem Wege erhoben werden dürfen.
- überprüft werden soll, ob und welche Informationen ein Betroffener erhalten muss, wenn Daten bei ihm erhoben werden.

D. Muster

Muster einer Unterrichtung gemäß § 4 Abs. 3 S. 1 BDSG in einem vom Betroffenen auszufüllenden Formular 46

„Verarbeitung Ihrer Daten

Gerne möchten wir Sie darüber informieren, wie wir mit den personenbezogenen Daten umgehen, die Sie uns mittels dieses Formulars zur Verfügung stellen. Verantwortlich für die rechtmäßige Verwendung dieser Daten ist die … *(Name der verantwortlichen Stelle eintragen)*. Die Adresse und Kontaktdaten dieser verantwortlichen Stelle entnehmen Sie bitte … *(‚der Fußzeile' oder ‚dem Briefkopf')* dieses Formulars. Die personenbezogenen Daten, die Sie uns mitteilen, werden allein zur …. *(‚Bearbeitung Ihres Antrages' oder anderer Zwecke)* verwendet und in diesem Zusammenhang … *(Kategorien von Empfängern angeben, z.B. Konzernunternehmen, Kategorien von Geschäftspartnern und/oder IT-/TK-Dienstleistern)* zur Verfügung gestellt bzw. können von diesen gegebenenfalls zur Kenntnis genommen werden. Weitere Informationen darüber, wie wir Ihre personenbezogenen Daten schützen, finden Sie im Internet unter … *(Website-Link eintragen)*."

55 *Gola/Schomerus*, § 4 Rn. 47 f., ebenso Taeger/Gabel/*Taeger*, § 4 Rn. 83, allerdings beschränkt auf die Fälle der freiwilligen Mitwirkung des Betroffenen.

§ 4a Einwilligung

(1) [1]Die Einwilligung ist nur wirksam, wenn sie auf der freien Entscheidung des Betroffenen beruht. [2]Er ist auf den vorgesehenen Zweck der Erhebung, Verarbeitung oder Nutzung sowie, soweit nach den Umständen des Einzelfalles erforderlich oder auf Verlangen, auf die Folgen der Verweigerung der Einwilligung hinzuweisen. [3]Die Einwilligung bedarf der Schriftform, soweit nicht wegen besonderer Umstände eine andere Form angemessen ist. [4]Soll die Einwilligung zusammen mit anderen Erklärungen schriftlich erteilt werden, ist sie besonders hervorzuheben.

(2) [1]Im Bereich der wissenschaftlichen Forschung liegt ein besonderer Umstand im Sinne von Absatz 1 Satz 3 auch dann vor, wenn durch die Schriftform der bestimmte Forschungszweck erheblich beeinträchtigt würde. [2]In diesem Fall sind der Hinweis nach Absatz 1 Satz 2 und die Gründe, aus denen sich die erhebliche Beeinträchtigung des bestimmten Forschungszwecks ergibt, schriftlich festzuhalten.

(3) Soweit besondere Arten personenbezogener Daten (§ 3 Abs. 9) erhoben, verarbeitet oder genutzt werden, muss sich die Einwilligung darüber hinaus ausdrücklich auf diese Daten beziehen.

Literatur

Gola, Die Erhebung und Verarbeitung „besonderer Arten personenbezogener Daten" im Arbeitsverhältnis, RDV 2001, 125 ff.; *Gola*, Die Einwilligung als Legitimation für die Verarbeitung in Arbeitsverhältnissen, RDV 2002, 109 ff.; *Gundermann*, K&R 2000, 225 ff.; *Harte-Bavendamm/Henning-Bodewig*, Gesetz gegen den unlauteren Wettbewerb, 2. Aufl. 2009; *Jandt/Laue*, K&R 2006, 317; *Klug*, Beispiele richtlinienkonformer Auslegung des BDSG, RDV 2001, 266 ff.; *Königshofen/Ulmer*, Datenschutz-Handbuch Telekommunikation (2006); *Latendorfer/Rademacher*, Betriebsvereinbarungen als andere Rechtsvorschriften, CR 1989, 1105 ff.; *Löffler/Ricker* (Hrsg.), Handbuch des Presserechts, 5. Aufl. 2005; *Menzel*, Datenschutzrechtliche Einwilligung, DuD 2008, 400 ff.; *Petri*, Datenschutzrechtliche Einwilligung im Massengeschäftsverkehr, RDV 2007, 153 ff.; *Rasmussen*, DuD 2002, 406 ff.; *Rogosch*, Die Einwilligung im Datenschutzrecht, 2012; *Roßnagel*, Die Novellen zum Datenschutzrecht – Scoring und Adresshandel, NJW 2009, 2716 ff.; *Schaar*, Datenschutzrechtliche Einwilligung im Internet, MMR. 2001, 644 ff.; *Scheuerle/Mayen*, Telekommunikationsgesetz, 2. Aufl. 2008; *Schleipfer*, DuD 2004, 727 ff.; *Schleipfer*, Das Mithören und Aufzeichnen von Call-Center-Telefonaten, RDV 2005, 56 ff.; *Schmidl*, E-Mail-Filterung am Arbeitsplatz, MMR 2005, 343 ff.; *Schmitz/Eckhard*, Werbeeinwilligung in AGB im Spiegel des Datenschutz- und Wettbewerbsrechts, CR 2006, 533 ff.; *Schneider/Härting*, Warum wir ein neues BDSG brauchen, Kritischer Beitrag zum BDSG und dessen Defiziten, ZD 2011, 63 ff.; *Spindler/Schuster* (Hrsg.), Recht der elektronischen Medien, 2. Aufl. 2011; *Thüsing*, Arbeitnehmerdatenschutz und Compliance, 2010; *Wybitul*, Neue Spielregeln bei E-Mail-Kontrollen durch den Arbeitgeber, ZD 2011, 69 ff.; *Zscherpe*, Anforderungen an die datenschutzrechtliche Einwilligung im Internet, MMR 2004, 723 ff.

▶ Darum geht es

§ 4a regelt die Anforderungen an eine wirksame Einwilligung des Betroffenen. Da im Datenschutzrecht jede Erhebung, Verarbeitung oder Nutzung einer gesetzlichen Ermächtigung oder einer Einwilligung bedarf (Verbot mit Erlaubnisvorbehalt), hat die Norm eine hohe Praxisrelevanz. § 4a schreibt den Mindestgehalt einer jeden Einwilligung fest: Diese muss (a) freiwillig, (b) informiert, und (c) grundsätzlich schriftlich abgegeben werden, d.h., es ist eine Unterschrift erforderlich.

▶ Schlagworte

Anforderungen an die Einwilligung: Freiwilligkeit, Informationserfordernis, Schriftlichkeitsgebot; Einwilligung als höchstpersönliche Erklärung: Einsichtsfähigkeit, Möglichkeit der Stellvertretung, kein Ersatz zur Betriebsvereinbarung, Bestimmtheitsgebot, keine Blanko-Einwilligung; Elektronische Einwilligung: Opt-in- vs. Opt-out-Erklärung, Double-Opt-in bei E-Mail-Werbung; mündliche Einwilligung, Konkludente Einwilligung, Einwilligung in AGB, Einwilligung im Bereich der wissenschaftlichen Forschung, Einwilligung in Übermittlung außerhalb der EU/des EWR, Einwilligung bei besonderen Arten von personenbezogenen Daten, Darlegungs- und Beweislast bei Einwilligung in Direktmarketing, Erfordernis einer „spezifischen" Einwilligung bei Direktmarketing, Kopplungsverbot; Speziell: Einwilligung im Arbeitsverhältnis, Betriebsvereinbarung; Speziell: Einwilligung bei Kindern und Minderjährigen; Speziell: AGB-Kontrolle: Wirksame Einbeziehung, Transparenz, Überraschende Klausel, Inhaltskontrolle; Speziell: Cookies

Weitere relevante Vorschriften

§ 7 UWG, § 28 Abs. 3a und 3b – Einwilligung in die Werbung; § 28 Abs. 4 – Widerspruchsrecht bei Werbung, Markt- oder Meinungsforschung; §§ 305 ff. BGB – AGB-Kontrolle; §§ 104 ff. BGB – Einwilligung Minderjähriger, Geschäftsfähigkeit; §§ 22, 23 Kunsturhebergesetz (KUG) – Recht am eigenen Bild; § 13 Abs. 2, 3 TMG – Elektronische Einwilligung bei Telemedien; § 94 TKG – Elektronische Einwilligung bei Telekommunikationsdiensten; §§ 201–203 StGB – Verletzung des persönlichen Lebens- und Geheimbereichs; § 206 StGB – Verletzung des Post- und Fernmeldegeheimnisses; § 88 TKG – Fernmeldegeheimnis; §§ 36 SGB I; §§ 67a, 67b SGB X – Sozialdaten; §§ 87, 94 BetrVG – Mitbestimmungsrechte des Betriebsrats.

A. Allgemeines

1 ! Eine zusammenfassende Checkliste für das Erstellen eines Einwilligungstextes befindet sich unter D. Muster (siehe Rn. 128 ff.). Nachfolgend werden die rechtlichen Grundlagen hierfür erläutert.

I. Regelungszweck

1. Sinn und Zweck der Norm

2 Wie sich aus § 4 Abs. 1 ergibt, muss jede Datenerhebung, -verarbeitung oder -nutzung entweder durch eine Rechtsvorschrift legitimiert sein, andernfalls bedarf es einer **Einwilligung**. § 4a ist die zentrale Norm, wenn es darum geht, eine Einwilligung des Betroffenen als Legitimation einer Datenerhebung, -verarbeitung oder -nutzung zu erhalten. Sie legt das „Wie" der Einholung einer Einwilligung fest. Dabei sollte eine Einwilligung nur eingeholt werden, wenn ansonsten kein Erlaubnistatbestand besteht.[1] Andernfalls besteht das Risiko des stets möglichen Widerrufs einer solchen Einwilligung. Dies ist insbesondere bei Verarbeitungen zur Durchführung eines Vertragsverhältnisses problematisch, da teilweise angenommen wird, dass bei Fortfall einer Einwilligung nicht mehr auf die gesetzlichen Erlaubnistatbestände zurückgegriffen werden kann.[2] *Simitis* begründet dies damit, dass mit der Entscheidung, den Betroffenen zu einer Einwilligung aufzufordern, der Eindruck vermittelt werde, dass es ausschließlich seine Entscheidung sei, über den Zugriff auf die Daten zu befinden.

! Eine Einwilligung sollte nur dann eingeholt werden, wenn andernfalls keine gesetzliche Erlaubnis besteht. Insbesondere bei bestehenden Vertragsverhältnissen ist daher immer zuerst zu prüfen, ob nicht bereits eine gesetzliche Erlaubnis für die geplante Erhebung, Verarbeitung oder Nutzung vorliegt, z.B. § 28 Abs. 1 Satz 1 Nr. 1.

3 Vor einer Anwendung von § 4a ist stets zu prüfen, ob nicht spezialgesetzliche Vorschriften vorrangige Anforderungen an die Einwilligung stellen. Gem. § 1 Abs. 3 Satz 1 sind die Vorschriften der Regelungen des BDSG zu spezialgesetzlichen Vorschriften subsidiär. Soweit die spezialgesetzliche Regelung jedoch keine genauen Vorgaben zum „Wie" der Einwilligung macht oder lückenhaft ist, ist zusätzlich auf die Vorgaben von § 4a zurückzugreifen, der im Regelfall einen **Mindeststandard** festlegt.

4 Beispiele für spezialgesetzliche Regelungen sind die Regelungen in § 28 Abs. 3a und Abs. 3b für die werbliche Verwendung von personenbezogenen Daten (siehe § 28 Rn. 84 ff.). Für den Bereich der Sozialdaten machen die §§ 67a, 67b SGB X verbindliche Vorgaben, welche ebenfalls § 4a vorgehen. Im Bereich der Telekommunikation und bei Telemedien regeln § 94 TKG bzw. § 13 Abs. 2 TMG die elektronische Einwilligung spezialgesetzlich. Soweit dort das Erfordernis der Freiwilligkeit nicht gesondert erwähnt wird, ergibt sich diese Vorgabe aus § 4a BDSG, der insoweit wieder auflebt.[3]

! Es ist immer erst zu prüfen, ob spezialgesetzliche Regelungen zur Einwilligung dem § 4a vorgehen. Allerdings bleibt § 4a als „Mindeststandard" in der Regel anwendbar.

1 So auch die Empfehlung von *Gola/Schomerus*, § 4 Rn. 16, § 4a Rn. 40, der die Einwilligung als „Ultima Ratio" gegenüber den Erlaubnistatbeständen bezeichnet und die Stellungnahme 8/2001 der *Artikel-29-Datenschutzgruppe* zur Verarbeitung personenbezogener Daten von Beschäftigten (WP 48).
2 Simitis/*Simitis*, § 4a Rn. 93.
3 Taeger/Gabel/*Munz*, § 94 TKG Rn. 3.

2. Anwendungsbereich

§ 4a ist Teil der „Allgemeinen und gemeinsamen Bestimmungen" des ersten Abschnitts des BDSG und gilt damit für alle verantwortliche Stellen, unabhängig davon, ob diese dem öffentlich-rechtlichen oder dem privatrechtlichen Bereich zuzuordnen sind. In erster Linie ist die Vorschrift allerdings für den privatrechtlichen Bereich relevant. Öffentliche Stellen haben den Grundsatz der Gesetzmäßigkeit der Verwaltung zu beachten. D.h., sie benötigen in der Regel eine Rechtsgrundlage für einen Eingriff in das Recht auf informationelle Selbstbestimmung. Dabei dürfen sie im Grundsatz nur personenbezogene Daten verwenden, die sie zur Erfüllung ihrer Aufgaben benötigen. Für diese benötigen sie keine Einwilligung. Vielmehr werden diese Aufgaben vom Gesetzgeber festgelegt und können von der Verwaltung nicht beliebig geändert werden. Auch wäre bei öffentlich-rechtlichen Stellen regelmäßig zu fragen, ob die Einwilligung vom Betroffenen freiwillig abgegeben wurde oder unter dem Eindruck der Autorität der staatlichen Stelle.[4] Dementsprechend kann hier das Einverständnis des Betroffenen nur in Ausnahmefällen eine Legitimationsgrundlage darstellen.[5] Beispielsweise ist eine Einwilligung denkbar, wenn es darum geht, Entscheidungsprozesse im Interesse des Betroffenen zu beschleunigen[6] oder der Betroffene an einem bestimmten Informationsangebot (z.B. Newsletter über touristische Angebote) teilnehmen möchte. 5

II. Ausblick auf die Novellierung des Europäischen Datenschutzrechts

Der Begriff der Einwilligung und seine Auslegung sind höchst umstritten und daher in der praktischen Handhabung von Unsicherheiten geprägt. Zur Auslegung empfiehlt es sich, immer auch die europäischen Datenschutz-Richtlinien zurate zu ziehen, welche die für Europa allgemeingültige Definition enthalten (die dann allerdings in den einzelnen Mitgliedstaaten teilweise unterschiedlich ausgelegt wird). Nachfolgend wird deshalb im Überblick erläutert, welche Regelungen aus den Richtlinien zur Auslegung relevant sind. Ferner wird auf mögliche Änderungen der Anforderungen an die Einwilligung im Rahmen des derzeit diskutierten Entwurfs einer EU-Datenschutz-Grundverordnung eingegangen. 6

1. Begriff der Einwilligung in den relevanten EU-Richtlinien

Die EU-Datenschutzrichtlinie 1995/46/EG[7] definiert die Einwilligung in Art. 2 h) als *„jede Willensbekundung, die ohne Zwang, für den konkreten Fall und in Kenntnis der Sachlage erfolgt"*. Diese Vorgaben hat der deutsche Gesetzgeber in § 4a BDSG umgesetzt. 7

Die Einwilligung in die **direkte werbliche Ansprache** per automatischen Anrufmaschinen, Faxgeräten oder elektronischer Post ist dagegen in der Datenschutzrichtlinie für elektronische Kommunikation 2002/58/EG[8] gesondert geregelt. Sie erfordert gem. Art. 13 Abs. 1 eine *„vorherige Einwilligung"*. Der deutsche Gesetzgeber hat diese Vorgabe in § 7 Abs. 2 Nr. 3 UWG umgesetzt. Im Rahmen der UWG-Novellierung in 2008[9] und 2009[10] wurde der Begriff „Einwilligung" in § 7 Abs. 2 Nr. 2 und 3 UWG ergänzt durch den Zusatz *„vorherige ausdrückliche"*. Damit soll nach dem Willen des Gesetzgebers klargestellt werden, dass eine **konkludente Einwilligung** in Direktmarketingmaßnahmen per Telefon, Telefax oder E-Mail nicht ausreicht.[11] Da die Richtlinie selbst diese Klarstellung im Wortlaut nicht enthält, gleichzeitig aber Vollharmonisierung angestrebt ist, kann durchaus infrage gestellt werden, ob das zusätzliche Merkmal der Ausdrücklichkeit richtlinienkonform ist. Allerdings entnimmt der *Bundesgerichtshof*[12] dem 17. Erwägungsgrund der Richtlinie 2002/58/EG das Erfordernis einer „spezifischen Angabe", was nach Ansicht des *Bundesgerichtshofs* ein Ausdrücklichkeitserfordernis meint. Es heißt im 17. Erwägungsgrund der Richtlinie 8

4 Dazu ausführlich *Menzel,* DuD 2008, 400 ff.
5 Vgl. Simitis/*Simitis*, § 4a Rn. 14 ff.
6 So z.B. Simitis/*Simitis*, § 4a Rn. 17.
7 ABl. EG 1995 L 281/31.
8 Abl. EG 2002 L 201/37.
9 BGBl. I 2008, 2949 (Umsetzung der UPG-Richtlinie, vgl. Gesetzesentwurf und Begründung vgl. BR-Drs. 345/08, S. 57).
10 BGBl. 2009, 2413 (Gesetz zur Bekämpfung unlauterer Telefonwerbung; Gesetzesentwurf und Begründung vgl. BT-Drs. 16/10734, S. 12 f.).
11 BT-Drs. 16/10734, S. 13.
12 So auch Köhler/Bornkamm/*Köhler*, UWG, § 7 Rn. 145a.

2002/58/EG, dass die Einwilligung in jeder geeigneten Weise gegeben werden kann, *„wodurch der Wunsch des Nutzers in einer spezifischen Angabe zum Ausdruck kommt, die sachkundig und in freier Entscheidung erfolgt; hierzu zählt auch das Markieren eines Feldes auf einer Internet-Website"*. Der *Bundesgerichtshof* entnimmt dieser Erläuterung, dass für eine Einwilligung im Sinne von § 7 Abs. 2 Nr. 2 und 3 UWG eine **gesonderte Erklärung** erforderlich ist, durch zusätzliche Unterschrift oder individuelles Markieren eines entsprechenden Feldes („Opt-in"-Erklärung)[13] (weitere Ausführungen dazu siehe Abschnitt C Rn. 104 ff.). Demgegenüber hält er für eine Einwilligung gem. § 4a die Widerspruchsmöglichkeit, also eine Opt-out-Erklärung, für ausreichend.[14]

9 Problematisch ist diese Lesart des Bundesgerichtshofs insoweit, als die ePrivacy-Richtlinie 2009/136/EG[15], welche Art. 5 Abs. 3 der Richtlinie 2002/58/EG abändert, das Erfordernis einer Einwilligung nunmehr auch für das Setzen von Cookies vorsieht. Hier gestaltet sich das Einholen einer gesonderten Einwilligung in der Praxis als schwierig. Dies wird weiter unten unter C. näher erläutert (siehe Rn. 116 ff.).

2. Begriff der Einwilligung in der EU-Datenschutz-Grundverordnung

10 Im Rahmen der Novellierung des Europäischen Datenschutzrechts durch eine Europäische Datenschutz-Grundverordnung[16] wird es wahrscheinlich insgesamt zu strengeren Anforderungen an die datenschutzrechtliche Einwilligung kommen. Die Einwilligung ist in den Art. 7–10 des Entwurfs geregelt und in Art. 4 Abs. 8 des Entwurfs definiert. Nach dem Kommissionsentwurf vom 25.01.2012 soll eine Einwilligung keine zulässige Rechtsgrundlage sein, wenn zwischen der Position der betroffenen Person und des für die Verarbeitung Verantwortlichen *„ein erhebliches Ungleichgewicht"* besteht (Art. 7.4). Der 34. Erwägungsgrund erläutert hierzu, dass ein klares Ungleichgewicht besteht, wenn die Person in einem Abhängigkeitsverhältnis steht, wie beispielsweise ein **Arbeitnehmer**. Damit würde im Arbeitsverhältnis die Einwilligung als mögliche Rechtsgrundlage einer Verarbeitung zukünftig gänzlich wegfallen.

11 Ferner sieht der Entwurf in Art. 8.1 vor, dass bei für **Kinder** direkt angebotenen Diensten bis zum 13. Lebensjahr immer eine Einwilligung der Eltern oder des Vormundes erforderlich ist. Der für die Verarbeitung Verantwortliche muss hierbei „angemessene Anstrengungen" unternehmen, um eine nachprüfbare Einwilligung zu erhalten. Es ist offen, was dies für die Praxis bedeutet. Wahrscheinlich wird der Diensteanbieter zukünftig eine Altersverifikation durchführen müssen. Fraglich ist, ob es dabei ausreicht, nur die Angabe des Geburtsdatums bei Anmeldung zu verlangen oder ob ein Beleg (z.B. Kopie Ausweis, Kreditkartennummer) verlangt werden muss. Ferner bedarf es dann bei Minderjährigen einer Feststellung der Identität der Eltern. Auch hier ist fraglich, welcher Grad an Identifikation erreicht sein muss. Eine bloße E-Mail wird wahrscheinlich nicht genügen, denkbar wäre die Übermittlung einer eingescannten Zustimmungserklärung mit Unterschrift, eventuell mit Ausweiskopie. Die Beweislast für eine Einwilligung liegt gem. Art. 7.1 des Entwurfs jedenfalls ausdrücklich bei der verantwortlichen Stelle.

12 Was die Voraussetzungen einer Einwilligung betrifft, sieht der Verordnungsentwurf – anders als das BDSG – kein grundsätzliches Schriftformerfordernis vor. Nach der Definition in Art. 4 Abs. 8 des Entwurfs ist eine *„explizite Willensbekundung in Form einer Erklärung oder einer sonstigen eindeutigen Handlung, mit der die betroffene Person zu verstehen gibt, dass sie mit der Verarbeitung der sie betreffenden personenbezogenen Daten einverstanden ist"*, erforderlich. Was „explizit" meint, erläutert dann der 25. Erwägungsgrund, wonach erforderlich ist, dass die Einwilligung *„explizit mittels geeigneter Methoden"* erfolgt, welche sicherstellen, *„dass der betreffenden Person bewusst ist, dass sie ihre Einwilligung … gibt, etwa durch Anklicken eines Kästchens beim Besuch einer Internetseite und durch jede sonstige Erklärung oder Verhaltensweise, mit der die betroffene Person in dem jeweiligen Kontext klar und deutlich ihr Einverständnis mit der beabsichtigten Verarbeitung ihrer personenbezogenen Daten signalisiert. Eine stillschweigende Einwilligung ohne Zutun der betroffenen Person stellt daher keine Einwilligung dar."* Der

13 BGH v. 16.07.2008, Az. VIII ZR 348/06, GRUR 2008, 1010, 1012 („Payback").
14 BGH v. 16.07.2008, Az. VIII ZR 348/06, GRUR 2008, 1010, 1012 („Payback").
15 ABl. EG 2009 L 337/11.
16 Vorschlag für eine Verordnung des Europäischen Parlaments und des Rates zum Schutz natürlicher Personen bei der Verarbeitung personenbezogener Daten und zum freien Datenverkehr (Datenschutz-Grundverordnung) vom 25.01.2012, KOM (2012) 11.

Zusatz „oder Verhaltensweise" macht deutlich, dass nach wie vor eine konkludente Einwilligung durch schlüssiges Verhalten ausreichend sein kann. Allerdings ist fraglich, ob dieses Verhalten auch in einem Nichtstun bestehen kann, wenn Stillschweigen nicht ausreichen soll. Relevant wird dies z.B. beim Setzen von Cookies. Nach Meinung der Aufsichtsbehörden können Browser-Einstellungen, welche standardmäßig Cookies akzeptieren, keine konkludente Einwilligung darstellen.[17]

In Bezug auf eine Verarbeitung von personenbezogenen Daten für Zwecke des **Direktmarketings** sah der ursprüngliche nicht-offizielle Entwurf der Verordnung in Art. 6.2 noch eine Einwilligungspflicht vor. Dieser Absatz wurde jedoch gestrichen, stattdessen enthält Art. 19.2 des Kommissionsentwurfs lediglich ein Widerspruchsrecht gegen eine solche Verarbeitung, verbunden mit der Pflicht, den Betroffenen auf dieses Recht klar hinzuweisen. 13

Derzeit noch ungeklärt ist das Verhältnis zwischen der EU-Datenschutz-Grundverordnung und der Richtlinie 2002/58/EG für elektronische Kommunikation. Der Kommissionsentwurf vom 25.01.2012 sieht zumindest in Art. 89 vor, dass die Datenschutz-Grundverordnung *„keine zusätzlichen Pflichten"* auferlegen soll. 14

B. Inhalt der Regelung

Nach § 4a Abs. 1 ist eine Einwilligung nur wirksam, wenn sie 15

a) freiwillig,

b) informiert und

c) im Grundsatz schriftlich

abgegeben wird. An diesen Grundpfeilern sollte sich der Entwurf eines jeden Einwilligungstextes ausrichten. Dabei ist zu beachten, dass vorformulierte Einwilligungserklärungen der AGB-Kontrolle unterliegen können (siehe § 4a Rn. 95 ff.), auch insoweit ist jeder Einwilligungstext sorgsam zu prüfen. Die Rechtsfolge einer nicht dem § 4a entsprechenden Einwilligung ist die Unwirksamkeit, d.h., bereits erfolgte Datenverarbeitungen sind ohne Rechtsgrundlage erfolgt und damit im Regelfall zu löschen. Schließlich ist jede Einwilligung widerruflich, der Widerruf wirkt sich aber nur auf zukünftige Datenverarbeitungen aus (siehe § 4a Rn. 93 f.).

Für den Bereich der **wissenschaftlichen Forschung** macht § 4a Abs. 2 eine Ausnahme vom Schriftformerfordernis, sofern dadurch der bestimmte Forschungszweck erheblich beeinträchtigt wird (siehe § 4a Rn. 88 ff.). 16

§ 4a Abs. 3 verlangt ferner, dass sich bei der Einwilligung in die Verarbeitung von **besonderen Arten personenbezogener Daten** im Sinne von § 3 Abs. 9 BDSG, also z.B. Gesundheitsdaten, die Einwilligung in jedem Fall (also auch bei der wissenschaftlichen Forschung) ausdrücklich auf diese Daten bezieht (siehe § 4a Rn. 91). 17

I. Rechtsdogmatische Einordnung der Einwilligungserklärung

Um das Einwilligungserfordernis und seine Auslegung durch die Rechtsprechung zu verstehen, muss man sich vergegenwärtigen, dass die Einwilligung Ausprägung des im Grundgesetz (GG) in Art. 2 Abs. 1 verankerten Rechts auf freie Entfaltung der Persönlichkeit ist. Konkret hat das *Bundesverfassungsgericht* im „Volkszählungsurteil" erstmals festgestellt, dass aus dem in Art. 2 Abs. 1 GG i.V.m. Art. 1 Abs. 1 GG verfassungsrechtlich gewährleisteten „allgemeinen Persönlichkeitsrecht" die Befugnis des Einzelnen folgt, selbst zu entscheiden, wann und innerhalb welcher Grenzen persönliche Lebenssachverhalte offenbart werden.[18] Dementsprechend ist die datenschutzrechtliche Einwilligung grundsätzlich eine 18

17 Stellungnahme der Artikel-29-Datenschutzgruppe zur Ausnahme von Cookies von der Einwilligungspflicht vom 07.06.2012 (WP 194).

18 BVerfG v. 15.12.1983, Az. 1 BvR 209/83, NJW 1984, 419, 421 („Volkszählungsurteil").

höchstpersönliche Erklärung, die nicht einfach durch Erklärungen Dritter (z.B. der Eltern oder des Betriebsrats) ersetzt werden kann.

19 Trotzdem soll nach Ansicht einiger Autoren eine **Stellvertretung** teilweise möglich sein.[19] Ausgangspunkt in diesem Streit in der Literatur ist die Frage, wie die Einwilligung rechtsdogmatisch einzuordnen ist. Einige sehen die Einwilligung als „rechtsgeschäftliche Erklärung"[20] an, andere als bloßen sog. „Realakt"[21] des Betroffenen. Relevant ist diese rechtliche Einordnung nicht nur bei der Frage einer möglichen Stellvertretung, sondern auch dann, wenn es darum geht, ob die Einwilligung z.B. Geschäftsfähigkeit erfordert, wegen Irrtums angefochten werden kann oder der AGB-Kontrolle unterliegt.

1. Rechtsgeschäft oder Realakt?

20 „Rechtsgeschäftliche Erklärungen" sind Willenserklärungen, welche auf die Begründung, inhaltliche Änderung oder Beendigung eines Rechtsgeschäfts abzielen. Die Einwilligung ist insoweit in § 183 BGB definiert als vorher erteilte Zustimmung. Rechtsgeschäftliche Erklärungen können dabei nach den §§ 119 ff. BGB angefochten werden und sie erfordern Geschäftsfähigkeit im Sinne der §§ 104 ff. BGB. Eine Stellvertretung ist gem. §§ 164 ff. BGB möglich. Demgegenüber sind „Realakte" bloße Willensbetätigungen, die kraft Gesetzes eine Rechtsfolge herbeiführen. Sie unterscheiden sich von den geschäftlichen Handlungen dadurch, dass sie keine Erklärungen darstellen und dementsprechend die für Rechtsgeschäfte geltenden Vorschriften nicht anwendbar sind.[22]

21 Nach Ansicht der Vertreter einer Einordnung der Einwilligung als „Realakt" ist z.B. die Geschäftsfähigkeit für eine Einwilligung nicht erforderlich. Dagegen ist eine Stellvertretung nicht möglich.[23] Nach vermittelnder Auffassung ist die Einwilligung in Eingriffe in das allgemeine Persönlichkeitsrecht eine „geschäftsähnliche Handlung", auf welche die Vorschriften über rechtsgeschäftliche Erklärungen in der Mehrzahl, z.B. bei der Anfechtung, entsprechend anwendbar sind.[24] Da es aber bei der Einwilligung um einen Eingriff in das allgemeine Persönlichkeitsrecht geht, muss nach dieser Ansicht die Einwilligung höchstpersönlich abgegeben werden und es soll bei der Einwilligungsfähigkeit nicht schematisch auf die Geschäftsfähigkeit ankommen.[25]

22 Für die Praxis hilft dieser dogmatische Streit nicht weiter, zumal die rechtlichen Folgen einer solchen Einordnung weder von der Literatur noch von der Rechtsprechung konsequent durchgehalten werden. Auch wenn die Einwilligung inzwischen wohl überwiegend als rechtsgeschäftliche Erklärung angesehen wird, ist beispielsweise trotzdem anerkannt, dass sich die Beurteilung der Einsichtsfähigkeit nicht abstrakt nach den Vorschriften zur Geschäftsfähigkeit richten kann, sondern ein individueller Maßstab erforderlich ist.[26] Der *Bundesgerichtshof* geht bei der Einwilligung eines Minderjährigen in die Veröffentlichung von Nacktaufnahmen von einem Realakt aus, der neben der Zustimmung des gesetzlichen Vertreters auch der Einwilligung des Minderjährigen bedarf.[27] Bei einer Einwilligung in die werbliche Ansprache wendet er dagegen in ständiger Rechtsprechung die AGB-Vorschriften an,[28] d.h., er ordnet die Erklärung in diesem Fall als rechtsgeschäftliche Erklärung ein. Letztlich sind die Übergänge fließend, zumal die Einwilligung im Datenschutzrecht mehr und mehr auch zum Gegenstand von kommerziellen Verträgen wird (z.B. Nutzung von sozialen Netzwerken kostenlos, im Gegenzug Verwendung personenbezogener Daten für Marketingzwecke) und schon deshalb einer rechtsgeschäftlichen Erklärung näher kommt. Im Ergebnis erscheint daher die vermittelnde Ansicht, welche die Einwilligung als „geschäftsähnliche Handlung" qualifiziert, am sachgerechtesten. Für die Praxis sollte man von Folgendem ausgehen:

---

19 Bejahend *Gola/Schomerus*, § 4a Rn. 25 BDSG; a. A. Simitis/*Simitis*, § 4a Rn. 30 ff., der nur Übermittlung durch Boten für möglich hält.
20 So Simitis/*Simitis*, § 4a Rn. 20 m.w.N.; inzwischen auch *Gola/Schomerus*, § 4a Rn. 2.
21 *Schaffland/Wiltfang*, § 4a Rn. 21 m.w.N.; Spindler/Schuster/*Spindler/Nink*, § 4a Rn. 2.
22 Palandt/*Ellenberger*, Überbl. v. § 104 Rn. 9 f.
23 So z.B. *Schaffland/Wiltfang*, § 4a Rn. 21; *Uckermann*, DuD 1979, 163 f.
24 Palandt/*Ellenberger*, Überbl v § 104 Rn. 6 f.
25 Palandt/*Ellenberger*, Überbl v § 104 Rn. 8; Däubler/Klebe/Wedde/Weichert/*Däubler*, § 4a Rn. 5.
26 Simitis/*Simitis*, § 4a Rn. 21; *Gola/Schomerus*, § 4a Rn. 25.
27 BGH v. 02.07.1974, Az. VI ZR 121/73, NJW 1974, 1947, 1950.
28 Statt vieler: BGH v. 16.07.2008, Az. VIII ZR 348/06, GRUR 2008, 1010, 1012 („Payback").

1. Die Einwilligung kann grundsätzlich nur höchstpersönlich erklärt werden. Eine Vertretung ist denkbar, wenn sich die Vollmacht auf die Abgabe einer konkreten Einwilligung bezieht (d.h., der Betroffene weiß, was mit seinen personenbezogenen Daten geschieht).[29]
2. Die Einwilligung wird im Regelfall eine rechtsgeschäftliche Willenserklärung sein, zumal wenn sie im Zusammenhang mit einem Rechtsgeschäft abgegeben wird. D.h., die Erklärung ist gem. § 133 BGB auszulegen, sie kann vom Betroffenen gem. den §§ 119 ff. BGB (z.B. bei Irrtum) angefochten werden und ein standardisiert vorgegebener Einwilligungstext unterliegt der AGB-Kontrolle.
3. In Bezug auf die Einwilligung von Minderjährigen in die Verwendung von personenbezogenen Daten (einschließlich Fotos) kommt es maßgeblich auf deren Einsichtsfähigkeit an (siehe § 4a Rn. 23 ff.). Es empfiehlt sich, zumindest bei unter 16jährigen zusätzlich die Einwilligung der Erziehungsberechtigten einzuholen.

! Die Einwilligung ist eine höchstpersönliche Erklärung des Betroffenen. Es genügt daher nicht, wenn z.B. nur der Haushaltsvorstand oder Hauptmieter seine Einwilligung in eine Datenverwendung der anderen Haushaltsmitglieder gibt. Ebenso wenig kann der Betriebsrat für einen Arbeitnehmer einwilligen. Allerdings kann eine Betriebsvereinbarung eine „andere Rechtsvorschrift" im Sinne von § 4 Abs. 1 sein (siehe § 4 Rn. 18) und insoweit als Legitimationsgrundlage für eine Datenverarbeitung dienen.

2. Sonderfall: Einwilligung von Minderjährigen und beschränkt Geschäftsfähigen

Bei Minderjährigen, d.h. Personen, welche noch nicht das 18. Lebensjahr vollendet haben sowie sonst beschränkt Geschäftsfähigen, kommt es für die Wirksamkeit ihrer Einwilligung maßgeblich darauf an, ob diese in der Lage sind, die Konsequenzen der Verwendung ihrer Daten zu übersehen. Fehlt es an der notwendigen Einsichtsfähigkeit, ist in jedem Fall die Einwilligung des gesetzlichen Vertreters (Eltern, Vormund, Betreuer) erforderlich (z.B. Übermittlung von Daten des Kindes vom Kindergarten an die Schule). Abstrakte Aussagen dazu, ab welchem Alter ein Minderjähriger selbst einwilligungsfähig ist, verbieten sich. Maßgeblich ist der Verwendungszusammenhang (Intensität des Eingriffs, mögliche Konsequenzen) ebenso wie der Reifegrad des Minderjährigen. Als Daumenregel kann gelten, dass ein Minderjähriger erst ab dem 14. Lebensjahr einsichtsfähig genug ist, um etwaige Konsequenzen einer Datenweitergabe und -nutzung durch Dritte zu überblicken.[30] **23**

Auch wenn es für die datenschutzrechtliche **Einsichtsfähigkeit des Minderjährigen** nicht auf die Geschäftsfähigkeit im Sinne des Zivilrechts ankommt, sind dennoch die zivilrechtlichen Regeln auch hier ein wichtiger Gradmesser, da sie indizieren, ab wann die Rechtsordnung von einer gewissen Einsichtsfähigkeit ausgeht. Im Übrigen sind datenschutzrechtliche Einwilligungserklärungen oftmals mit einem Rechtsgeschäft verbunden und die Unwirksamkeit eines Rechtsgeschäfts wird in der Regel auf die Wirksamkeit einer Einwilligungserklärung durchschlagen, auch deshalb gebietet sich also eine Berücksichtigung der zivilrechtlichen Regeln zur Geschäftsfähigkeit. Im Einzelnen: **24**

Nach den Vorschriften der §§ 104 ff. BGB ist ein Minderjähriger, der noch nicht das 7. Lebensjahr vollendet hat, geschäftsunfähig. Ab Vollendung des 7. Lebensjahres besteht die sog. **„beschränkte Geschäftsfähigkeit"**, d.h., der Minderjährige kann ohne Einwilligung des gesetzlichen Vertreters Rechtsgeschäfte abschließen, die a) lediglich rechtlich vorteilhaft sind oder b) von ihm mit Mitteln bezahlt werden, welche ihm hierfür zur Verfügung gestellt wurden (vgl. § 110 BGB, sog. Taschengeldparagraf). Im Übrigen ist ein mit einem Minderjährigen abgeschlossener Vertrag schwebend unwirksam und bedarf gem. § 107 BGB der Genehmigung des gesetzlichen Vertreters, um wirksam zu werden. **25**

Keine Einwilligung des gesetzlichen Vertreters ist z.B. erforderlich, wenn der Minderjährige an einem **Gewinnspiel** teilnimmt und die Daten allein zur Auslieferung des Gewinns verwendet werden oder er sonst **26**

29 So auch *Gola/Schomerus*, § 4a Rn. 25; a. A. Simitis/*Simitis*, § 4a Rn. 31, der nur Übermittlung durch Boten zulassen will.

30 Vgl. *Aufsichtsbehörde Baden-Württemberg*, Hinweis zum BDSG Nr. 36, Ziffer 1.2 für den Fall der Bildung von Persönlichkeitsprofilen.

etwas geschenkt bekommen soll, da ein solches Geschäft als lediglich rechtlich vorteilhaft angesehen werden kann. Es spricht viel dafür, dass dann auch für eine Datenverarbeitung zu diesem Zweck die Einwilligung eines Minderjährigen, der über 7 Jahre alt ist, ausreicht. Nicht davon erfasst ist allerdings eine Einwilligung in die Veröffentlichung personenbezogener Daten des Minderjährigen z.B. im Rahmen einer öffentlichen Mitteilung der Gewinner, insbesondere wenn dies noch mit Abbildung eines Fotos geschehen soll. Denkbar wäre hier allenfalls eine Mitteilung, die keine Identifizierung ermöglicht, z.B. „Laura, 8 Jahre alt". Problematisch ist eine Einwilligung von Minderjährigen, wenn die Teilnahme an einem Gewinnspiel von einer Einwilligung in hierfür nicht erforderliche Verarbeitungen abhängig gemacht wird (z.B. für werbliche Zwecke), da dann der rechtsgeschäftliche Charakter überwiegt und nicht mehr von einem lediglich rechtlichen Vorteil für den Minderjährigen ausgegangen werden kann. Bei über 14-jährigen wird es auf die Einsichtsfähigkeit ankommen und inwieweit der Jugendliche die Konsequenzen einer solchen Einwilligung übersehen kann. Bei Einwilligung in werbliche Verwendung gegen „Entgelt" (d.h. Teilnahme am Gewinnspiel) wird in der Regel davon ausgegangen, dass unter 18-jährigen die erforderliche Einsichtsfähigkeit fehlt.[31]

> **!** In der Praxis werden Gewinnspiele häufig dazu genutzt, um ein Opt-in für die werbliche Verwendung der personenbezogenen Daten zu erhalten. Dies ist gegenüber Minderjährigen unzulässig. Die Einwilligung ist nicht nur unwirksam, sondern die Praxis kann auch Anlass für eine Abmahnung sein.

27 Im **Ausbildungs- bzw. Arbeitsbereich** ist der Minderjährige gem. § 113 Abs. 1 BGB für solche Rechtsgeschäfte unbeschränkt geschäftsfähig, welche das Ausbildungs- bzw. Arbeitsverhältnis betreffen. Deshalb kann man grundsätzlich davon ausgehen, dass der Minderjährige in eine mit dem Ausbildungs- bzw. Arbeitsvertrag im Zusammenhang stehende Datenverarbeitung alleine einwilligen kann.[32] Ein weiterer Indikator für die Einsichtsfähigkeit ist § 19 StGB, wonach Kinder unter 14 Jahren strafunmündig sind.

28 Im Bereich der **Sozialdaten** geht § 36 SGB I davon aus, dass Minderjährige ab dem 15. Lebensjahr berechtigt sind, Anträge zu stellen. Insoweit muss es auch für eine dafür erforderliche Datenverarbeitung allein auf die Einwilligung des Minderjährigen ankommen.

29 Bei einer Einwilligung in die Verarbeitung von **Patientendaten** im Rahmen einer medizinischen Behandlung ist eine Einwilligung des Minderjährigen oder sonst beschränkt Geschäftsfähigen für diesen Zweck dann möglich, wenn dieser in der Lage ist, die Notwendigkeit und Tragweite der ärztlichen Behandlung zu beurteilen, weshalb der Eingriff nicht ohne sein Einverständnis vorgenommen werden darf.[33]

30 Dabei gilt, dass bei besonders sensitiven Verarbeitungen (gerade auch im Gesundheitsbereich), welche stark in das Persönlichkeitsrecht des Minderjährigen oder des sonst beschränkt Geschäftsfähigen eingreifen, vorsorglich sowohl die Einwilligung des Minderjährigen bzw. beschränkt Geschäftsfähigen (die sich auch in dem Ausfüllen eines Formulars ausdrücken kann) als auch die des gesetzlichen Vertreters vorliegen sollte. Zum einen wird der Minderjährige oder beschränkt Geschäftsfähige in solchen Fällen oftmals nicht in der Lage sein, die Tragweite einer Einwilligung zu erkennen. Bei Minderjährigen würde ferner stark in das Erziehungsrecht der Eltern eingegriffen, wenn Minderjährige alleine für das Persönlichkeitsrecht weitreichende Entscheidungen treffen könnten. Andererseits muss respektiert werden, dass es um das Persönlichkeitsrecht des Minderjährigen bzw. sonst beschränkt Geschäftsfähigen als höchstpersönliches Recht geht, weshalb der Bundesgerichtshof z.B. bei Nacktaufnahmen zu Recht davon ausgeht, dass der Minderjährige jedenfalls **auch** zustimmen muss.[34]

> **!** Bei Minderjährigen sollte: (a) sorgfältig geprüft werden, ob eine geplante Datenverarbeitung nicht bereits auf eine gesetzliche Erlaubnis gestützt werden kann; (b) der Grundsatz der Datenvermeidung eingehalten wird; (c) eine strenge Zweckbindung beachtet wird.

---

31 OLG Hamm, Urteil v. 20.09.2012, Az. I-4 U 85/12, DuD 2013, 106, 107.
32 Simitis/*Simitis*, § 4a Rn. 21 ff.
33 Simitis/*Simitis*, § 4a Rn. 23.
34 BGH v. 02.07.1974, Az. VI ZR 121/73, NJW 1974, 1947, 1949 f.

> **!** Bei unter 14-jährigen ist stets die Einwilligung des Erziehungsberechtigten erforderlich, es sei denn, es geht allein um einen rechtlichen Vorteil für den Minderjährigen (Gewinn bei Malwettbewerb) und die Daten werden nur für diesen Zweck verwendet. Ab 14 Jahren kommt es darauf an, wie einsichtsfähig der Jugendliche ist und um welche Art von Daten und Zwecke der Verarbeitung es geht. Problematisch sind immer eine Erhebung, Verarbeitung und Nutzung, welche über das hinausgehen, was für das konkrete Rechtsverhältnis erforderlich ist. In Bezug auf die werbliche Verwendung von personenbezogenen Daten wird diese in der Regel erst ab 18 Jahren vermutet. Bei einer Veröffentlichung von Fotos oder Filmaufnahmen sollte bei unter 18-jährigen stets sowohl die Einwilligung der Eltern als auch die des Minderjährigen (sofern einsichtsfähig) vorliegen.

> **!** Da regelmäßig ein gemeinsames Sorgerecht besteht, empfiehlt es sich, die Einwilligung beider Erziehungsberechtigten einzuholen.

II. Freiwilligkeit, § 4a Abs. 1 Satz 1

Die Einwilligung muss auf der „freien Entscheidung" des Betroffenen beruhen, insbesondere soll sie 31
„ohne Zwang"[35] abgegeben werden. Die Einwilligung wird dann als Rechtsgrundlage fragwürdig, wenn dem Betroffenen gar keine andere Wahl bleibt, als einzuwilligen, etwa weil er auf die Gegenleistung der verantwortlichen Stelle angewiesen ist.

1. Freiwilligkeit der Einwilligung im Arbeitgeber-/Arbeitnehmerverhältnis

Die Freiwilligkeit der Einwilligung wird vor allem in **Arbeitsverhältnissen** problematisiert, da der Arbeit- 32
nehmer in einem Abhängigkeitsverhältnis steht. Die Aufsichtsbehörden gehen davon aus, dass in diesem Fall eine Vermutung dafür spricht, dass die gegenüber einem Arbeitgeber abgegebene Einwilligung unfreiwillig ist und der Arbeitgeber die Freiwilligkeit im Streitfall beweisen muss.[36] Trotzdem ist die Einwilligung des Arbeitnehmers nicht grundsätzlich ausgeschlossen. Maßgeblich ist vor allem, ob

a) der Arbeitgeber den Sachverhalt schon gleich hätte im Vertrag regeln können (Umgehungsverbot) und

b) ob der Arbeitnehmer wirklich eine Wahl hat einzuwilligen oder nicht und

c) ob der Arbeitnehmer seine Zustimmung auch wieder zurücknehmen kann, ohne Sanktionen oder ungerechtfertigte Nachteile zu erlangen.[37]

Unzulässig ist es insbesondere, wenn der Arbeitgeber Informationen auf Basis einer Einwilligung verar- 33
beiten möchte, die ihm nach den für das Arbeitsrecht geltenden Grundsätzen unzugänglich sind. Beispiele hierfür sind die Einholung einer Einwilligung zur Einholung von Angaben über Arbeitsunfähigkeit und Krankheitsdiagnosen bei der Krankenkasse[38] oder die Aufforderung an den Arbeitnehmer, eine SCHUFA-Selbstauskunft[39] einzuholen und vorzulegen. Zulässig ist es dagegen, **freiwillige Leistungen** auf eine Einwilligungserklärung des Arbeitnehmers zu stützen, z.B. Datenverarbeitungen im Zusammenhang mit Aktien-Options-Programmen[40] oder die Einwilligung in die Einsichtnahme des E-Mail-Accounts zu bestimmten Zwecken bei zugelassener privater Nutzung des dienstlichen Accounts (siehe § 32 Rn. 75 ff.).

---

35 Vgl. Definition in Art. 2 h) der EU-Datenschutzrichtlinie 1995/46/EG, ABl. EG 1995 L 281/31, welche § 4a umsetzt.
36 Vgl. z.B. *Hamburgischer Datenschutzbeauftragter*, 18. Tätigkeitsbericht, S. 197; Däubler/Klebe/Wedde/Weichert/*Däubler*, § 4a Rn. 23.
37 Dazu ausführlich *Gola*, RDV 2002, 109, 110 f.; *ders.*, Datenschutz am Arbeitsplatz, Rn. 408.
38 *Aufsichtsbehörde Baden-Württemberg*, Hinweis zum BDSG Nr. 34, Ziffer 2.
39 *Gola/Schomerus*, § 4a Rn. 22.
40 Vgl. 14. Bericht der Hessischen Landesregierung über die Tätigkeit der für den Datenschutz im nicht-öffentlichen Bereich zuständigen Aufsichtsbehörden, LT-Drs. 15/2950 v. 18.09.2001, S. 23; abgedruckt in: RDV 2002, S. 38.

> **!** Im Arbeitgeber-/Arbeitnehmer-Verhältnis sollte sparsam mit Einwilligungen umgegangen werden. Eine Aufsichtsbehörde oder ein Gericht wird hier regelmäßig infrage stellen, ob diese freiwillig abgegeben wurden, es besteht das Risiko der Unwirksamkeit. In der Regel kommt deshalb eine Einwilligung nur bei freiwilligen Leistungen des Arbeitgebers in Betracht. Meist sind Arbeitnehmer-Einwilligungen in der Unternehmenspraxis auch gar nicht praktikabel, weil diese jederzeit widerruflich sind.

a) Exkurs: Betriebsvereinbarung vs. Einwilligung

34 Eine **Betriebsvereinbarung** kann grundsätzlich nicht die Einwilligung des Arbeitnehmers – als höchstpersönliche Erklärung – ersetzen. Allerdings ist zunächst zu ermitteln, ob es zwingend einer solchen Einwilligung bedarf. Im Einzelnen:

Das *Bundesarbeitsgericht* geht davon aus, dass Tarifverträge und Betriebsvereinbarungen „andere Rechtsvorschriften" im Sinne des § 4 Abs. 1 BDSG sind (siehe § 4 Rn. 18).[41] Dabei kann die Betriebsvereinbarung nach Auffassung des *Bundesarbeitsgerichts* den Datenschutz abweichend vom BDSG – auch zum Nachteil des Arbeitnehmers – regeln.[42] Die datenschutzrechtlichen Regelungen müssen sich aber im Rahmen der Regelungsautonomie der Tarifparteien bzw. Betriebspartner halten und die für diese Autonomie geltenden, sich aus grundgesetzlichen Wertungen, zwingendem Gesetzesrecht und den allgemeinen Grundsätzen des Arbeitsrechts ergebenden Beschränkungen beachten.[43] Nach § 75 Abs. 2 BetrVG haben die Betriebspartner die freie Entfaltung der Persönlichkeit der im Betrieb beschäftigten Arbeitnehmer zu schützen und zu fördern. Im Ergebnis geht es dabei um eine Interessenabwägung, wie sie auch sonst im BDSG erforderlich ist. Aufgabe der Betriebsvereinbarung ist es, insoweit etwaige berechtigte Interessen des Arbeitgebers mit den schutzwürdigen Belangen der Arbeitnehmer in angemessenen Ausgleich zu bringen. Aus diesem Grund wird es kaum Fälle geben, in denen eine Betriebsvereinbarung wirksam eine Regelung trifft, die sonst datenschutzrechtlich nicht zulässig wäre.[44] Die Betriebsvereinbarung spielt im Wesentlichen nur bei der Frage der verhältnismäßigen Ausgestaltung einer an sich schon datenschutzrechtlich zulässigen Verarbeitung eine Rolle. Soweit es dagegen um echte Verfügungen über das allgemeine Persönlichkeitsrecht des Arbeitnehmers geht, kann diese nicht durch eine Betriebsvereinbarung ersetzt werden.

35 Beispielsweise ist die Regelung der Überwachung der betriebsinternen IT bereits gem. § 87 Abs. 1 Nr. 6 BetrVG mitbestimmungspflichtig. In diesem Fall sind in der Betriebsvereinbarung verhältnismäßige Regelungen für eine Überwachung und Kontrolle zu regeln. Sofern aber die private Nutzung von z.B. E-Mail gestattet ist, bedarf es zudem nach herrschender Meinung einer Einwilligung des Arbeitnehmers in etwaige Verarbeitungen (siehe § 32 Rn. 75 ff.).[45] Dies ergibt sich daraus, dass bei zugelassener Privatnutzung der Arbeitgeber nach zumindest derzeit noch herrschender Meinung als Telekommunikationsdienstleister angesehen wird[46] und dieser damit an das Fernmeldegeheimnis gebunden ist.[47] Ein Verzicht auf das Fernmeldegeheimnis ist aber eine höchstpersönliche Erklärung, die nicht durch eine Betriebsvereinbarung ersetzt werden kann.

---

41 BAG, Beschluss v. 27.05.1986, Az. 1 ABR 48/84, NJW 1987, 674, 677.
42 BAG, Beschluss v. 27.05.1986, Az. 1 ABR 48/84, NJW 1987, 674, 677.
43 BAG, Beschluss v. 27.05.1986, Az. 1 ABR 48/84, NJW 1987, 674, 677.
44 Dazu auch *Latendorfer/Rademacher*, CR 1998, 1105 ff.; *Gola/Wronka*, Arbeitnehmerdatenschutz, Rn. 1884 ff.
45 Dazu z.B. 29. Tätigkeitsbericht des Hessischen Datenschutzbeauftragten (2000), S. 164; abgedruckt in: RDV 2001, 207, 208.
46 Simitis/*Seifert*, § 32 Rn. 92; *Gola/Wronka*, Arbeitnehmerdatenschutz, Rn. 1133 ff.; Däubler/Klebe/Wedde/Weichert/*Wedde* § 32 Rn. 115; a. A. *Thüsing*, Arbeitnehmerdatenschutz und Compliance, Rn. 220 ff.; *Barton* CR 2004, 305, 310; *Wybitul* ZD 2011, 69, 73.
47 Sehr instruktiv dazu der *BITKOM*-Leitfaden zur privaten Nutzung von E-Mail und Internet (V. 1.5); erhältlich im Web unter: http://www.bitkom.org/de/publikationen/38336_50372.aspx.

b) Exkurs: Fernmeldegeheimnis

36 Der Verstoß gegen das **Fernmeldegeheimnis** ist gem. § 206 StGB strafbewehrt, sodass das Unternehmen schon deshalb das Interesse haben muss, bei zugelassener Privatnutzung zumindest die Einwilligung eines der Telekommunikationsteilnehmer, nämlich des Arbeitnehmers, zu haben.[48] Zwar gibt es inzwischen landesarbeitsgerichtliche Urteile, welche das Fernmeldegeheimnis jedenfalls dann nicht mehr für einschlägig erachten, wenn der Arbeitnehmer Gelegenheit hatte, eingehende E-Mails zu löschen.[49] Es ist jedoch sehr fraglich, ob diese Urteile einer höchstrichterlichen Überprüfung standhalten, da das *Bundesverfassungsgericht* in Bezug auf die Beschlagnahme von E-Mails auf dem Server eines Mailproviders ausdrücklich festgestellt hat, dass der technisch bedingte Mangel der Beherrschbarkeit der beim Provider gespeicherten Inhalte dazu führt, dass sich das Fernmeldegeheimnis auch auf Inhalte erstreckt, die für den Nutzer bereits abrufbar waren.[50]

> **!** Wenn die private Nutzung von E-Mail- und Internetzugang im Betrieb nicht verboten werden soll, ist das Unternehmen gut beraten, die Privatnutzung klar – z.B. im Rahmen einer Betriebsvereinbarung – zu regeln und insbesondere folgende Bedingungen festzuschreiben:
>
> Widerruflichkeit der Erlaubnis, Nutzungsregeln (z.B. Urlaubsvertretung, Kennzeichnung privater E-Mails), Untersagung strafbarer/ordnungswidriger Kommunikation, zulässige (verhältnismäßige) Kontrollen.
>
> Darüber hinaus sollte die Einwilligung des Mitarbeiters in die Verarbeitung zur Bedingung der Teilnahme an der privaten Nutzung gemacht werden.

2. Freiwilligkeit bei wirtschaftlicher und sozialer Schwäche oder „übermäßigen Anreizen"; Kopplungsverbot

37 An der Möglichkeit zur freien Entscheidung kann es ferner fehlen, wenn die Einwilligung in einer Situation wirtschaftlicher oder sozialer Schwäche oder Unterordnung erteilt wird oder wenn der Betroffene durch übermäßige Anreize finanzieller oder sonstiger Natur zur Preisgabe seiner Daten verleitet wird.[51] Fraglich ist dabei, ob die Freiwilligkeit schon dann infrage steht, wenn die Gewährung von Leistungen von der Einwilligung in Datenverarbeitungen abhängig gemacht wird, die nicht dem eigentlichen Vertragsgegenstand dienen.[52] Hier ist zu unterscheiden:

38 Der Gesetzgeber hat in § 28 Abs. 3a ein ausdrückliches **Kopplungsverbot** insoweit vorgesehen, als die verantwortliche Stelle den Abschluss eines Vertrages dann nicht von einer Einwilligung in die werbliche Verwendung (einschließlich Adressenhandel) der personenbezogenen Daten machen darf, wenn dem Betroffenen *„ein anderer Zugang zu gleichwertigen vertraglichen Leistungen ohne die Einwilligung nicht oder nicht in zumutbarer Weise möglich ist"*. In erster Linie geht es dabei um Sachverhalte, bei denen die verantwortliche Stelle eine **marktbeherrschende Stellung** hat. Der Betroffene kann einwenden, dass ihm ein anderweitiger Zugang zu einer gleichwertigen vertraglichen Leistung nicht in zumutbarer Weise möglich ist, wofür er darlegungs- und beweispflichtig ist.[53] Nicht entscheidend ist, ob die verantwortliche Stelle selbst eine alternative Zugangsmöglichkeit ohne Einwilligungserfordernis bereitstellt.[54] Ferner sind Alternativen auch „zumutbar", die nur zu einem höheren Preis oder zu schlechteren Gesamtkonditionen

---

48 Es bleibt das in der Literatur diskutierte Problem, ob eine Strafbarkeit trotzdem deswegen besteht, weil der zweite Telekommunikationsteilnehmer, welcher z.B. eine private E-Mail an den Arbeitnehmer geschickt hat, nicht eingewilligt hat. Vgl. z.B. *Schmidl*, MMR 2005, 343, 346.

49 LAG Berlin-Brandenburg, Urteil v. 16.02.2011, Az. 4 Sa 2132/10, ZD 2011, 43; LAG Niedersachsen, Urteil v. 31.05.2010, Az. 12 Sa 875/09, MMR 2010, 639 ff.

50 BVerfG, Beschluss v. 16.06.2009, Az. 2 BvR 902/06, MMR 2009, 673 ff.

51 BGH v. 16.07.2008, Az. VIII ZR 348/06, MMR 2008, 731, 733 (*obiter dictum*); *Bergmann/Möhrle/Herb*, § 4a Rn. 2.

52 So Simitis/*Simitis*, § 4a Rn. 63; Däubler/Klebe/Wedde/Weichert/*Däubler*, § 4a Rn. 24; Taeger/Gabel/*Taeger*, § 4a Rn. 59; *Zscherpe* MMR 2004,723, 727; *Bizer*, DuD 2007, 350, 351.

53 OLG Brandenburg v. 11.01.2006, Az. 7 U 52/05, MMR 2006, 405, 407.

54 Hoeren/Sieber/*Schmitz*, Kap. 16.2 Rn. 135; so aber z.B. der Vorschlag von *Schafft/Ruoff* CR 2006, 499, 504, um der Auslegungsunsicherheit zu begegnen.

zu erhalten sind, denn das Kopplungsverbot soll die Entscheidungsfreiheit des Betroffenen schützen, nicht aber die unentgeltliche Inanspruchnahme geldwerter Dienste.[55]

39 Gleichzeitig zeigt die gesonderte Regelung eines Kopplungsverbots in § 28 Abs. 3b für Einwilligungen in werbliche Zwecke, dass der Gesetzgeber im Übrigen davon ausgeht, dass die Gewährung einer Leistung auch von der Einwilligung in die Verarbeitung von für die Gewährung der Leistung nicht erforderlichen Daten abhängig gemacht werden kann.[56] Im Grundsatz ist es daher zulässig, die Teilnahme an einem Gewinnspiel von einer Einwilligung in die werbliche Verwendung der Daten abhängig zu machen.[57] Darüber sollte bereits zu Beginn der Teilnahme am Gewinnspiel transparent aufgeklärt werden, da es nach der Rechtsprechung zu einer „psychischen Zwangslage" kommen kann, wenn der Teilnehmer des Gewinnspiels über die Kopplung erst aufgeklärt wird, wenn er bereits seine „Leistung" für das Gewinnspiel erbracht hat (Beantworten der Gewinnfragen und Ausfüllen der Kontaktdaten).[58] Ferner kann die Wirksamkeit der Einwilligung an der sog. AGB-Kontrolle scheitern (siehe § 4a Rn. 95 ff.). Keine solche AGB-Kontrolle ist nach Ansicht des *Kammergerichts Berlin* durchzuführen, wenn die Teilnahme an einem Gewinnspiel nicht von der Abgabe der Einwilligung abhängt.[59]

!

Sofern die angebotene Leistung für den Betroffenen nicht alternativlos ist, ist es grundsätzlich zulässig, die Gewährung der Leistung von einer Einwilligung in die Verarbeitung von für die Leistung nicht erforderlichen Daten abhängig zu machen. Dies gilt auch für Gewinnspiele, sofern bereits zu Beginn der Teilnahme über diese Bedingung aufgeklärt wird.

Zu beachten ist, dass der Text der Einwilligungserklärung einer AGB-rechtlichen Prüfung unterliegen kann. Es sollte deshalb darauf geachtet werden, dass die zusätzlichen Verarbeitungen für den Betroffenen nicht überraschend sind (deutliche Gestaltung im Text) oder diesen in Abweichung von einem gesetzlichen Leitbild unangemessen benachteiligen.

40 Darüber hinaus kann es Situationen geben, in denen ein starkes Verhandlungsungleichgewicht besteht, weshalb ebenfalls die Freiwilligkeit der Einwilligung infrage stehen kann. Dies ist insbesondere bei Leistungen der Fall, auf welche der Betroffene angewiesen ist und die er nicht so einfach austauschen kann. Industrien, auf welche dies zutreffen kann, sind Versicherungen und Banken, Leistungen eines Arztes oder Krankenhauses.[60]

41 Teilweise wird die Freiwilligkeit auch infrage gestellt, wenn der Betroffene durch „übermäßige Anreize" finanzieller oder sonstiger Natur zur Preisgabe seiner Daten verleitet wird.[61] Der *Bundesgerichtshof* erwähnt diese Möglichkeit nebenbei in einem sog. *obiter dictum*[62] seiner „Payback"-Entscheidung.[63] In der Praxis dürften derartige Anreize aber nur im Ausnahmefall gegeben sein, da hier – ähnlich wie im

---

55 So auch *Gola/Schomerus*, § 28 Rn. 46; *Schafft/Ruoff* CR 2006, 499, 504; a. A. Däubler/Klebe/Wedde/Weichert/*Wedde*, § 28 Rn. 135.

56 So auch *Gola/Schomerus*, § 4a Rn. 21; a. A. Simitis/*Simitis*, § 4a Rn. 63, der auch dort, wo es an einer dem § 28 Abs. 3b vergleichbaren Bestimmung fehlt, von einem Kopplungsverbot ausgeht.

57 A.A. *Bergmann/Möhrle/Herb*, § 4a Rn. 7. Vgl. aber OLG Köln, Urteil v. 12.09.2007, Az. 6 U 63/07; BeckRS 2007, 19479, welches eine Kopplung nur deshalb für unwirksam erachtete, weil aufgrund der konkreten Gestaltung der Kopplung eine „psychische Zwangslage" entstanden war (Aufklärung über Kopplung erst nach Beantworten der Gewinnfragen und Angabe seiner Daten).

58 OLG Köln, Urteil v. 12.09.2007, Az. 6 U 63/07; BeckRS 2007, 19479.

59 KG Berlin v. 26.08.2010, Az. 23 U 34/10, NJW 2011, 466.

60 Zur Unwirksamkeit von Schweigepflichtentbindungsklauseln bei Abschluss eines Versicherungsvertrags vgl. BVerfG v. 23.10.2006, Az. I BvR 2027/02, MMR 2007, 93, 94; zur Einwilligung in die Übermittlung von Patientendaten durch Krankenhäuser an private Abrechnungsstellen vgl. BSG v. 10.12.2008, Az. B 6 KA 37/03 R, NJOZ 2009, 2959.

61 *Bergmann/Möhrle/Herb*, § 4a Rn. 7.

62 *„Obiter dictum"* meint eine nebenbei geäußerte Rechtsansicht des Gerichts, welche die Entscheidung nicht trägt, sondern nur geäußert wird, weil sich (thematisch) die Gelegenheit bietet.

63 BGH v. 16.07.2008, Az. VIII ZR 348/06, MMR 2008, 731, 733.

Wettbewerbsrecht – maßgeblich ist, ob durch den Anreiz die Rationalität der Entscheidung des Betroffenen geradezu ausgeschaltet wird.[64]

Schließlich hängt die Freiwilligkeit auch von der jeweiligen Situation ab, in welcher sich der Betroffene im Zeitpunkt der Abgabe befindet. So kann die Freiwilligkeit infrage stehen, wenn der Betroffene psychisch unter Druck gesetzt wird oder sich in einer Notsituation befindet. *Däubler* will bereits einseitig strukturierte Verhandlungssituationen ausreichen lassen, um von einer mangelnden Freiwilligkeit auszugehen (z.B. Forderung der Einwilligung unter dem Zeitdruck von Vertragsverhandlungen).[65] Letztlich muss es auf die Einzelsituation ankommen und ob aus dieser auf das Bestehen einer psychischen Zwangslage geschlossen werden kann. Dabei wird auch zu berücksichtigen sein, welche Nachteile mit der Einwilligung für den Betroffenen verbunden sind und ob er in der konkreten Situation die Konsequenzen der Einwilligung überschauen kann.

III. Informierte Einwilligung, § 4a Abs. 1 Satz 2

Gem. § 4a Abs. 1 Satz 1 ist der Betroffene auf den *„vorgesehenen Zweck der Erhebung, Verarbeitung oder Nutzung sowie, soweit nach den Umständen des Einzelfalls erforderlich oder auf Verlangen, auf die Folgen der Verweigerung der Einwilligung hinzuweisen"*. Die durch diese Hinweispflicht umgesetzte EU-Datenschutzrichtlinie 95/46//EG formuliert etwas abweichend in Art. 2h, dass die Einwilligung *„für den konkreten Fall und in Kenntnis der Sachlage"* abgegeben werden muss. Beiden Formulierungen ist der Gedanke gemeinsam, dass der Betroffene nur dann über sein informationelles Selbstbestimmungsrecht entscheiden kann, wenn er die Hintergründe und Konsequenzen der Preisgabe seiner Daten kennt. Letztlich geht es darum, dass der Betroffene auch nur dann eine hinreichend bestimmte Erklärung abgeben kann.[66] 42

Der Angabe der Zweckbestimmung kommt eine zentrale Bedeutung für die Einwilligung zu, weil sie den Umfang der Einwilligung bestimmt. Dies entspricht dem sog. Zweckbindungsgebot gem. § 28 Abs. 1 Satz 2, wonach bereits bei Erhebung von personenbezogenen Daten die Zwecke, für die sie verarbeitet oder genutzt werden sollen, von der verantwortlichen Stelle *„konkret festzulegen"* sind. Jede Verarbeitung oder Nutzung für nicht festgelegte Zwecke ist grundsätzlich eine Zweckänderung, welche erneut einer Rechtsgrundlage durch Gesetz oder Einwilligung bedarf. Dies ergibt sich auch aus Art. 6 Abs. 1 lit. a der EU-Datenschutzrichtlinie, wonach personenbezogene Daten nur *„für festgelegte, eindeutige und rechtmäßige Zwecke erhoben und nicht in einer mit diesen Zweckbestimmungen zu vereinbarenden Weise weiterverarbeitet werden dürfen"*. 43

1. Bestimmtheitsgebot

Pauschale Einwilligungen oder Blanko-Einwilligungen, z.B. in eine Datenverarbeitung für jedwede Zwecke, sind unwirksam.[67] Ferner ist die bloße Information des Zwecks der Erhebung, Verarbeitung oder Nutzung nicht ausreichend. Vielmehr setzt die Aufklärung über den Zweck voraus, dass auch die personenbezogenen Daten, um die es geht, dargelegt werden.[68] Der Betroffene muss übersehen können, auf welche Art von Daten sich seine Einwilligung erstreckt, welche Daten gespeichert und an welche Stellen sie übermittelt werden dürfen.[69] Als Maßstab der erforderlichen Bestimmtheit einer Einwilligung empfiehlt es sich, zunächst auf die sonst geltenden Informationspflichten der verantwortlichen Stelle z.B. gem. §§ 4 Abs. 3, 33 Abs. 1 zurückzugreifen. Daran gemessen, sollte der Betroffene grundsätzlich die folgenden Informationen vor Abgabe einer Einwilligung erhalten: 44

64 Vgl. die Rechtsprechung zu § 4 Nr. 1 UWG, welcher geschäftliche Handlungen verbietet, die geeignet sind, die Entscheidungsfreiheit des Marktteilnehmers unangemessen unsachlich zu beeinflussen, Köhler/Bornkamm/*Köhler*, UWG, § 4 Rn. 1.45 ff.

65 Däubler/Klebe/Wedde/Weichert/*Däubler*, § 4a Rn. 25.

66 *Gola/Schomerus*, § 4a Rn. 26.

67 Simitis/*Simitis*, § 4a Rn. 77; Taeger/Gabel/*Taeger;* § 4a Rn. 30; *Schaffland/Wiltfang*, § 4a Rn. 11; *Gola/Schomerus*, § 4a Rn. 26; *Petri*, RDV 2007, 153, 157.

68 *Bergmann/Möhrle/Herb*, § 4a Rn 76.

69 BGH v. 23.01.2003, Az. III ZR 54/02, NJW 2003, 1237, 1241 unter Bezugnahme auf *Schaffland/Wiltfang*, § 4a Rn. 12.

- Art der personenbezogenen Daten;
- Identität der verantwortlichen Stelle;
- Zweckbestimmung der Erhebung, Verarbeitung und Nutzung;
- Kategorien von Empfängern, soweit der Betroffene nach den Umständen nicht mit einer Übermittlung an diese rechnen muss.

a) Art der personenbezogenen Daten

45 Der Hinweis auf die **Art der personenbezogenen Daten** kann auf zweierlei Weise geschehen: entweder durch Nennung der betreffenden Daten (z.B. Name, Anschrift, Geburtsdatum) oder Datenkategorien (z.B. Adressdaten, Kontodaten) oder durch Bezugnahme auf einen Datensatz (z.B. „die auf der Vorderseite angegebenen Daten" oder „die im Antrag vom ... angeführten Daten").[70] Hinsichtlich der Beschreibung der Art der personenbezogenen Daten muss es zulässig sein, dass diese derart abstrakt gehalten ist, dass bei einem größeren Personenkreis die formularmäßige Abwicklung noch möglich bleibt[71] und der Einwilligungstext nicht über Gebühr lang wird. Der Grad der Konkretisierung hängt vom Einzelfall ab.[72] Als Gradmesser kann gelten, dass die Umschreibung nicht so detailliert sein muss, dass sie letztlich eine Auskunft gem. § 34 Abs. 1 BDSG ersetzt. Gleichzeitig muss sie so konkret sein, dass der Betroffene in die Lage versetzt wird, sich ein Bild von den verwendeten Daten zu machen. Unklarheiten gehen hier zulasten der verantwortlichen Stelle. Zulässig sind grundsätzlich zusammenfassende Begriffe, wie „Adressdaten, Kontodaten". Möglich ist auch eine Erläuterung anhand von Regelbeispielen[73] (z.B. „Personaldaten für die Gehaltsabrechnung, wie Name, Anschrift, Kontonummer..."). Nicht ausreichend ist dagegen eine Angabe wie „Daten über die Abwicklung des Kredits"[74] oder „Daten, die zur Beurteilung der Bonität erforderlich sind"[75], da sich dem Betroffenen nicht erschließt, welche Angaben für diese Zwecke verwendet werden. Problematisch sind ferner offene Formulierungen wie „Wir verwenden unter anderem die folgenden Daten". Trotzdem besteht zwischen der Angabe des Zwecks und der Angabe der Arten der hierfür verwendeten Daten eine Wechselwirkung dergestalt, dass bei konkreter Angabe des Zwecks ein Rückschluss auf die hierfür benötigten Daten möglich ist und dann evtl. abstraktere Angaben zulässig sind.

! Folgende Oberbegriffe können ein erster Leitfaden für die Angabe der Datenarten sein, die dann ggf. noch durch Beispiele oder konkrete Bezugnahme zu spezifizieren sind:

- Adressdaten
- Zahlungsdaten
- Bonitätsdaten
- Verhaltensdaten
- Leistungsdaten
- Vertragsdaten
- Personaldaten
- Sozialdaten
- Telekommunikationsdaten
- Gesundheitsdaten

46 Bei einer Einwilligung in die Erhebung, Verarbeitung und Nutzung **besonderer Arten personenbezogener Daten** im Sinne von § 3 Abs. 9 (z.B. Gesundheitsdaten) muss sich gem. § 4a Abs. 3 die Einwilli-

70 Vgl. *Aufsichtsbehörde Baden-Württemberg*, Hinweis zum BDSG Nr. 3, Ziffer 3.
71 *Gola/Schomerus*, § 33 Rn. 21.
72 *Schaffland/Wiltfang*, § 4a Rn. 19.
73 Vgl. *Aufsichtsbehörde Baden-Württemberg*, Hinweis zum BDSG Nr. 30, Ziffer 2.
74 Vgl. BGH v. 19.09.1985, Az. III ZR 213/83, NJW 1986, 46, 47 zur SCHUFA-Einwilligungsklausel.
75 Vgl. *Aufsichtsbehörde Baden-Württemberg*, Hinweis zum BDSG Nr. 30, Ziffer 2.

gung ausdrücklich auf diese beziehen (siehe § 4a Rn. 91). Das Gesetz trägt damit der von der EU-Datenschutzrichtlinie 1995/46/EG geforderten besonderen Behandlung von sensitiven Daten Rechnung. Gem. Art. 8 Abs. 2 lit. a der Richtlinie ist erforderlich, dass der Betroffene *„ausdrücklich in die Verarbeitung der genannten Daten einwilligt"*. Die Angaben müssen dabei im Zweifelsfall konkreter als bei sonstigen Angaben sein, schon um sicherzugehen, dass der Betroffenen etwaig damit verbundene Risiken bewusst eingeht.[76] Die bloße Angabe „Gesundheitsdaten" wird dabei im Regelfall nicht genügen, es sei denn, aus dem Verwendungszusammenhang (z.B. Bezugnahme auf die in einem Formular angegebenen Daten) ergibt sich die Detailtiefe und der Umfang der Daten.

b) Identität der verantwortlichen Stelle

47 Dem Betroffenen muss im Rahmen der Einwilligung mitgeteilt werden, wer die verantwortliche Stelle im Sinne von § 3 Abs. 7 ist, d.h., wer die Erhebung, Verarbeitung und Nutzung für seine Geschäftszwecke durchführt. Er soll so in die Lage versetzt werden, seine Ansprüche auf z.B. Auskunft, Berichtigung, Löschung geltend zu machen. Die Angabe muss daher so präzise sein, dass er diese im Zweifelsfall auch gerichtlich durchsetzen kann, weshalb die Angabe einer sog. „ladungsfähigen Anschrift" erforderlich ist. Nach deutschem Zivilprozessrecht meint dies bei natürlichen Personen die Angabe von Vor- und Nachnamen sowie Adresse des Wohnsitzes, bei juristischen Personen die Angabe des kompletten Firmennamens einschließlich der Angabe der Rechtsform (z.B. GmbH), der Name des gesetzlichen Vertreters sowie Adresse des Firmensitzes.[77] Beispiel: „ABC GmbH, vertr. d. d. Geschäftsführer Hans Maier, Taunusstr. 3, D-60325 Frankfurt". Die Angabe eines Postfachs oder einer E-Mail-Adresse genügt nicht. Das Erfordernis der Angabe des gesetzlichen Vertreters benennt § 4 Abs. 1 Nr. 1 zwar nicht explizit, dieses Erfordernis ergibt sich aber aus Art. 10 lit a der EU-Datenschutzrichtlinie 1995/46/EG (*„gegebenenfalls die Angabe seines Vertreters"*) sowie dem Sinn und Zweck, dass der Betroffene eine ladungsfähige Anschrift erhält. Zu weit geht es dagegen, zusätzlich die Angabe der Registernummer, z.B. des Handelsregisters, zu fordern.[78] Dieses Erfordernis findet keine Stütze im Gesetz.

!

Es gibt Fallkonstellationen, in welchen **mehrere verantwortliche Stellen** in die Erhebung, Verarbeitung oder Nutzung eingebunden sind. Hier ist zu unterscheiden:

Art. 4 Abs. 3 stellt in Bezug auf die Informationspflicht nur auf die Stelle ab, welche die Daten für sich erhebt, während im Übrigen bei Weitergabe der Daten über die „Kategorien von Empfängern" zu unterrichten ist. Dementsprechend wird der Regelfall auch bei der Einwilligung sein, dass dort nur eine verantwortliche Stelle angegeben ist.

Es sind aber auch Fallkonstellationen denkbar, in welchen mehrere Stellen sich bereits im Zeitpunkt der Erhebung verantwortlich zeichnen (wollen). Beispielsweise, wenn zwei Unternehmen ein Gewinnspiel durchführen und beide gleichberechtigt die Daten im Sinne der Einwilligung verwenden wollen. Es ist dann auch möglich, zwei verantwortliche Stellen zu benennen, davon geht § 6 Abs. 2 ausdrücklich aus.

c) Angabe des Zwecks der Erhebung, Verarbeitung oder Nutzung

48 Bei der **Zweckbestimmung** muss der Zweck der Erhebung, Verarbeitung oder Nutzung so hinreichend konkret bestimmt sein, dass der Betroffene versteht, wofür seine Daten verwendet werden. Er muss „die Sachlage" erkennen. Die teilweise geforderte Angabe der konkreten Verarbeitungsphasen[79] geht dabei jedoch im Regelfall zu weit. Insoweit wird es meist genügen, wenn die Erklärung umfassend von „Erheben, Verarbeiten und Nutzen" der Daten im Sinne von § 3 Abs. 3–5 spricht, ohne dass auf konkrete Verarbeitungsschritte Bezug genommen wird.[80] Der Angabe der Zweckbestimmung kommt eine zentrale

76 A.A. wohl Simitis/*Simitis*, § 4a Rn 87, der jedenfalls keinen Umkehrschluss zulassen will, wonach sonstige Daten nicht ähnlich genauer Aussagen bedürften.
77 So auch Simitis/*Sokol*, § 4 Rn. 41, Taeger/Gabel/*Taeger*, § 4 Rn. 74; *Gola/Schomerus*, § 4 Rn. 30 (benennt den gesetzlichen Vertreter nicht explizit).
78 So aber Taeger/Gabel/*Taeger*, § 4 Rn. 74; *Bergmann/Möhrle/Herb*, § 4 Rn. 42.
79 Simitis/*Simitis*, § 4a Rn. 80.
80 So wohl auch *Schaffland/Wiltfang*, § 4a Rn. 19.

Bedeutung für die Einwilligung zu, weil sie den Umfang der Einwilligung bestimmt. Dies entspricht dem sog. Zweckbindungsgebot, welches sich z.B. auch aus § 28 Abs. 1 Satz 2 ergibt. Für Zwecke, die nicht in der Erklärung angegeben sind, liegt keine Erlaubnis aufgrund einer Einwilligung vor. Auch können ungenaue oder widersprüchliche Aussagen zur Unwirksamkeit der Einwilligung führen.[81] Um also zu vermeiden, dass nachträglich erneut eine Einwilligung eingeholt werden muss oder bereits erhobene Daten zu löschen sind, sollte auf die Definition der Zwecke besondere Sorgfalt gelegt werden. Dabei verbieten sich allgemein gehaltene Aussagen, welche selbst erklärungsbedürftig sind, z.B. Verarbeitung für „Kreditsicherungszwecke" oder zur „ordnungsgemäßen Geschäftsführung".[82]

! Bei der Ausgestaltung von Einwilligungserklärungen und Datenschutzerklärungen (z.B. auf dem Formular, mit welchem personenbezogene Daten erhoben werden) sollte der genauen Zweckbestimmung besondere Aufmerksamkeit geschenkt werden. Was dort nicht erwähnt ist, kann später nur über eine sonstige Rechtsgrundlage oder eine erneute Einwilligung legitimiert werden. Auch für das interne Verfahrensverzeichnis ist die Angabe des Zwecks wichtig, da dieser gem. § 4e Nr. 4 in das Verzeichnis aufzunehmen ist (siehe § 4e Rn. 11 f.).

49 In Bezug auf die Einwilligung in die werbliche Verwendung von Daten genügt grundsätzlich der Hinweis auf die Verwendung für „Zwecke der Werbung", zumal auch das BDSG diesen Zweck z.B. in § 28 Abs. 3 und 4 so benennt. Das Gleiche gilt für „Markt- und Meinungsforschung" oder den „Adresshandel". Beispielsweise hat der *Bundesgerichtshof* die Formulierung *„für an mich gerichtete Werbung (z.B. Informationen über Sonderangebote, Rabattaktionen) per Post ... sowie zu Zwecken der Marktforschung"* ausreichend für eine Einwilligung nach § 4a erachtet.[83] Allerdings setzt die Rechtsprechung bei Einwilligungen in die direkte werbliche Ansprache per Telefon, Telefax oder E-Mail aufgrund von § 7 UWG einen strengeren Maßstab an.[84] Die Einwilligung in die Werbung über diese Kommunikationskanäle wird deshalb weiter unten ausführlich behandelt (siehe § 4a Rn. 99 ff.). Für Werbung per Post verbleibt es im Wesentlichen bei den Anforderungen des § 28 Abs. 3 und 4.

d) Angabe der Kategorien von Empfängern

50 Die Einwilligungserklärung muss auch darüber aufklären, wer Empfänger der Daten ist. Der Gesetzeswortlaut des § 4 Abs. 3 begnügt sich dabei mit der Angabe der „**Kategorien von Empfängern**". Eine Angabe der Kategorien von Empfängern ist entbehrlich, soweit der Betroffene *„nach den Umständen des Einzelfalls"* mit der Übermittlung an diese rechnen muss, etwa weil sich dies bereits aus dem Zweck der Verwendung der Daten ergibt und er mit diesem Datenfluss rechnet. Da aber die Fälle einer Einwilligung oftmals Konstellationen betreffen, welche von dem allgemein zu Erwartenden abweichen, ist der Hinweis der Regelfall.

51 Beispiele, bei denen eine Information über die Datenempfänger entbehrlich ist, sind die Übergabe der Kundendaten an die Post zwecks Versands des bestellten Produkts oder die Weitergabe der Kreditkartendaten an das Kreditkarten ausgebende Unternehmen im Rahmen einer Zahlungsabwicklung per Kreditkarte. Maßgeblich ist hier das Verständnis des Betroffenen, es reicht nicht aus, dass die Datenweitergabe branchenüblich ist. Ein Beispiel für Fälle, in denen eine Information über die Datenempfänger für erforderlich angesehen wurde, ist die Bonitätsabfrage bei einer Auskunftei, da der Betroffene damit nicht rechnen müsse.[85] Im Zweifelsfall sollten die Kategorien der Empfänger ausdrücklich benannt werden.

---

81 So z.B. BGH v. 23.01.2003 – III ZR 54/02, NJW 2003, 1237, 1241 zur Unwirksamkeit der Abfrage einer EC-Kartennummer unter der Überschrift „Legitimation", unter der auch Angaben über den Reisepass anzugeben waren, weil die Abfrage der EC-Karte allein der Bonitätsprüfung diente.

82 Beispiele bei Simitis/*Simitis* § 4a Rn. 81.

83 BGH v. 16.07.2008, Az. VIII ZR 348/06, MMR 2008, 731 ff.

84 Dazu ebenfalls BGH v. 16.07.2008, Az. VIII ZR 348/06, MMR 2008, 731 ff.

85 *Aufsichtsbehörde Baden-Württemberg*, Hinweis zum BDSG Nr. 41, Ziffer I.1. Die Erläuterungen beziehen sich auf die allgemeine Informationspflicht gem. § 4 Abs. 3, da hier im Regelfall keine Einwilligung erforderlich ist.

52 Zu den Empfängern gehören nach wohl überwiegender Ansicht auch bloße Auftragsdatenverarbeiter,[86] obwohl diese in der Regel keine „Dritte" im Sinne von § 3 Abs. 8 Satz 2 sind, sondern bloß der verlängerte Arm der verantwortlichen Stelle. Für diese Auslegung spricht allerdings die Definition des Begriffs „Empfänger" in Art. 2g) der Richtlinie 1995/46/EG. Danach ist „Empfänger" (...) *„jede andere Stelle, die Daten erhält, gleichgültig, ob es sich bei ihr um einen Dritten handelt oder nicht"*. Dementsprechend heißt es auch in § 3 Abs. 8 BDSG: *„Empfänger ist jede Person oder Stelle, die Daten erhält. Dritter ist jede Person oder Stelle außerhalb der verantwortlichen Stelle. Dritte sind nicht..."*. Aus der Definition des Empfängers wird von *Gola/Schomerus* ferner geschlossen, dass auch die Offenlegung unternehmensinterner Datenflüsse erforderlich sei, es sei denn, der Betroffene kenne den Datenfluss oder müsse mit ihm rechnen.[87] Im Regelfall wird es aber keiner solchen Information bedürfen, da eine arbeitsteilige Verwendung von z.B. Kundendaten im Unternehmen üblich ist und vom Betroffenen auch erwartet wird, ebenso wie der Einsatz bestimmter Auftragsdatenverarbeiter (z.B. Wartungsdienste).

! In der Datenschutzerklärung sollte auch über die Kategorien von Empfängern der Daten des Betroffenen aufgeklärt werden. Dazu zählen auch Auftragsdatenverarbeiter, sofern der Betroffene nicht mit diesen rechnet.

53 Soll die Einwilligung darüber hinaus als Rechtsgrundlage für die **Übermittlung der Daten** in ein Land **außerhalb der EU bzw. des EWR** gem. § 4c Abs. 1 Nr. 1 BDSG dienen, muss darüber informiert werden, wer der Empfänger der Daten ist und was der Zielort der Übermittlung ist.[88] Dabei verlangen die Aufsichtsbehörden regelmäßig, dass über die damit möglicherweise verbundenen Risiken aufgeklärt wird, konkret durch die Angabe, dass in dem Empfängerland kein der EU vergleichbares Datenschutzniveau gewährleistet ist, eventuell relativiert durch die konkrete Verarbeitungssituation beim Empfänger.[89] Die Einwilligung muss dabei für einen konkreten Fall gegeben sein, d.h., Pauschaleinwilligungen in jede Art von Drittlandübermittlung verbieten sich.[90] Ein Muster für einen solchen Einwilligungstext findet sich unter D. (siehe § 4a Rn. 133).

! Bei einer Übermittlung personenbezogener Daten an Stellen mit Sitz außerhalb der EU bzw. des EWR gilt Folgendes: Sofern das Empfängerland oder die empfangende Stelle kein „angemessenes Datenschutzniveau" gem. § 4b Abs. 2 sicherstellt (z.B. durch Safe Harbor oder die sog. Standardvertragsklauseln) und deshalb eine Übermittlung ins Ausland auf die Einwilligung gestützt werden soll, ist der Betroffene über den Empfänger und das Zielland ausdrücklich vor Abgabe der Einwilligung zu informieren. Ferner sollte er darauf hingewiesen werden, dass im Empfängerland kein mit der EU vergleichbares Datenschutzniveau besteht.

Beachte: Hiervon zu unterscheiden ist der Fall, dass die Auslandsübermittlung durch z.B. Verwendung der Standardvertragsklauseln abgesichert ist, also nicht auf die Einwilligung gestützt wird. In diesem Fall genügt eine Information gem. § 4 Abs. 3 darüber, dass eine Übermittlung an bestimmte Kategorien von Empfängern in Ländern außerhalb des EWR möglich ist und die Angemessenheit des Schutzniveaus in Übereinstimmung mit den geltenden datenschutzrechtlichen Vorschriften gewährleistet wird.

---

86 *Gola/Schomerus*, § 4 Rn 33; Däubler/Klebe/Wedde/Weichert/*Weichert*, § 4 Rn 13; *Klug* RDV 2001, 266, 268; a. A. *Schaffland/Wiltfang*, § 4 Rn. 14.

87 So *Gola/Schomerus*, § 4 Rn. 32 f.

88 *Bergmann/Möhrle/Herb*, § 4a Rn. 82a; 14. Bericht der Hessischen Landesregierung über die Tätigkeit der für den Datenschutz im nicht-öffentlichen Bereich zuständigen Aufsichtsbehörden, LT-Drs. 15/2950, S. 23; abgedruckt in: RDV 2002, 38.

89 14. Bericht der Hessischen Landesregierung über die Tätigkeit der für den Datenschutz im nicht-öffentlichen Bereich zuständigen Aufsichtsbehörden, LT-Drs. 15/2950, S. 23; abgedruckt in: RDV 2002, 38; so auch Simitis/*Simitis*, § 4c Rn. 9; *Gola/Schomerus*, § 4c Rn. 5.

90 *Hamburger Datenschutzbeauftragter*, Tätigkeitsbericht 2000/2001, Ziff. 28.2, RDV 2002, 212); *Gola/Schomerus*, § 4c Rn. 5.

2. Hinweis auf die Folgen der Verweigerung, § 4 Abs. 1 Satz 2

54 Ein Hinweis auf die Folgen der Verweigerung ist nur zu geben, wenn es *„nach den Umständen des Einzelfalls erforderlich"* ist **oder** *„auf Verlangen des Betroffenen"*. Maßgeblich für die Erforderlichkeit der Angabe ist, ob der Betroffene diese benötigt, um die Einwilligung gem. Art. 2 lit. h der EU-Datenschutzrichtlinie 1995/46/EG *„in Kenntnis der Sachlage"* abzugeben. Dies ist dann der Fall, wenn die Verweigerung negative Konsequenzen für ihn hat (z.B. Ablehnung des Vertragsabschlusses) und dies für den Betroffenen nicht ersichtlich ist bzw. er hierüber im Zweifel sein kann. Nach überwiegender Ansicht soll es dann – trotz der alternativen Aufzählung – nicht die Aufgabe des Betroffenen sein, sich über etwaige Konsequenzen erkundigen zu müssen.[91] Nach *Gola* besteht diese Pflicht allerdings dann nicht, wenn der Betroffene seine Daten von sich aus zur Verfügung stellt, z.B. auf einem Antragsformular, und dabei ausdrücklich oder konkludent für bestimmte Zwecke seine Einwilligung erteilt.[92] Die Angabe ist auch entbehrlich, wenn die Abgabe der Einwilligung erkennbar von der vertraglichen Leistung entkoppelt ist, z.B. weil diese erst im Nachgang zum Vertragsschluss eingeholt wird.[93]

IV. Form, § 4a Abs. 1 Satz 3

1. Grundsatz der Schriftform

55 Gem. § 4a Abs. 1 Satz 3 bedarf die Einwilligung der Schriftform, *„soweit nicht wegen besonderer Umstände eine andere Form angemessen ist"*. Damit geht das Gesetz vom Grundsatz der Schriftform aus. „Schriftform" ist dabei im Sinne des § 126 Abs. 1 BGB als eigenhändige Unterzeichnung („Tinte auf Papier") zu verstehen, d.h., Fax[94] oder E-Mail[95] genügen nicht, wenngleich ein Fax zumindest den Beweis des ersten Anscheins liefert, dass eine Einwilligung auch schriftlich abgegeben wurde. Hintergrund für das strenge Formerfordernis ist die Warnfunktion.

56 Ist die Einwilligung Teil eines Vertragstextes und in diesem gem. § 4a Abs. 1 Satz 4 hervorgehoben, dann kann die einmalige Unterschrift ausreichen, wenn die Gestaltung ergibt, dass sich der Unterzeichnende des Bezugsgegenstandes bewusst ist.[96] Der Gesetzgeber der BDSG-Novelle 2009 hat einem ursprünglich im Gesetzesentwurf von § 28 Abs. 3a Satz 2 vorgesehenen Erfordernis einer gesonderten Unterschrift bei Einwilligung in Werbezwecke ausdrücklich eine Absage erteilt.[97] Soweit es allerdings um die Einwilligung in die direkte werbliche Ansprache per Telefon, Telefax oder E-Mail geht, ist zusätzlich § 7 UWG zu beachten der eine gesonderte Erklärung erforderlich macht (siehe § 4a Rn. 104).

57 Die Bezugnahme auf eine an anderer Stelle abgedruckte Einwilligungserklärung kann nur ausreichen, wenn dem Betroffenen ein Abdruck der Einwilligung vorliegt und der Hinweis so konkret ist, dass der Betroffene die Erklärung ohne Weiteres auffinden kann.[98]

58 Nach § 126 Abs. 3 BGB kann die Schriftform durch die elektronische Form ersetzt werden. Allerdings ist damit nur die elektronische Form im Sinne von § 126a BGB gemeint, welche eine digitale Signatur nach dem Signaturgesetz erfordert. Da sich die digitale Signatur im Alltag nicht durchgesetzt hat, ist dieser Fall regelmäßig nicht praxisrelevant. Ob eine vereinfachte elektronische Einwilligung im Sinne von § 13 Abs. 2 TMG oder § 94 TKG ausreichend ist, hängt daher davon ab, dass (a) entweder diese Spezialvorschriften Anwendung finden oder (b) wegen besonderer Umstände des Einzelfalls die vereinfachte elektronische Form angemessen ist (dazu sogleich).

---

91 Simitis/*Simitis*, § 4a Rn. 74; Däubler/Klebe/Wedde/Weichert/*Däubler*, § 4a Rn. 9; wohl auch *Gola/Schomerus*, § 4a Rn. 28, alle auch unter Verweis auf AG Elmshorn, Urteil v. 25.04.2005, Az. 49 C 54/05, RDV 2005, 174, ebenso *Bergmann/Möhrle/Herb*, § 4a Rn. 81.

92 *Gola/Schomerus*, § 4a Rn. 28.

93 OLG Köln, Urteil v. 16.06.2011, Az. 6 U 8/11, ZD 2001, 34.

94 BGH, Urteil v. 30.07.1997, Az. VIII ZR 244/96, NJW 1997, 3169, 3170.

95 *Bergmann/Möhrle/Herb*, § 4a Rn. 84; Simtis/*Simitis*, § 4a Rn. 38.

96 BGH, Urteil v. 16.07.2008, Az. VIII ZR 348/06, NJW 2008, 3055, 3056 („Payback"); Taeger/Gabel/*Taeger*, § 4a Rn. 24 f.

97 Vgl. BR-Drs. 4/09, S. 49 f. (ursprünglicher Entwurf von § 28 Abs. 3a S. 2 BDSG: „Durch Ankreuzen, durch eine gesonderte Unterschrift oder ein anderes, ausschließlich auf die Einwilligung in die Weitergabe seiner Daten für Werbezwecke bezogenes Tun…"). Dann abgeändert vgl. BT-Drs. 16/13657, S. 32.

98 *Baumbach/Möhrle/Herb*, § 4a Rn. 84a; AG Elmshorn, CR 2005, 641.

„Elektronische Einwilligung" im Sinne des BGB meint eine digitale Signatur. Die uns geläufige elektronische Einwilligung im Internet, z.B. durch Anklicken eines Kästchens genügt diesen Formerfordernissen nicht. Eine solche „einfache" elektronische Einwilligung ist also nur denkbar, wenn eine spezialgesetzliche Norm diese Form der Einwilligung gestattet oder die besonderen Umstände des Einzelfalls diese Form angemessen machen.

2. Spezialgesetzliche Formvorschriften

a) „Einfache" elektronische Einwilligung gem. §§ 13 TMG, 94 TKG

Neben der qualifizierten elektronischen Signatur im Sinne von § 126a sehen spezialgesetzliche Regelungen teilweise die Möglichkeit einer „vereinfachten" elektronischen Einwilligung vor. Ausdrücklich geregelt ist diese z.B. für Anbieter von Telekommunikationsdiensten in § 94 TKG und für Anbieter von Telemediendiensten in § 13 Abs. 2 TMG. Es handelt sich um Parallelnormen, die grundsätzlich den gleichen Anforderungen unterliegen[99] und dementsprechend nachfolgend gemeinsam behandelt werden. Beide Regelungen gehen in ihrem Anwendungsbereich dem § 4a Abs. 1 Satz 3 vor. Sie haben beide dieselben Voraussetzungen, nämlich dass: 59

1. der Teilnehmer oder Nutzer die Einwilligung bewusst und eindeutig erteilt;
2. die Einwilligung protokolliert wird;
3. der Teilnehmer oder Nutzer den Inhalt der Einwilligung jederzeit abrufen kann;
4. der Teilnehmer oder Nutzer die Einwilligung jederzeit mit Wirkung für die Zukunft widerrufen kann.

Bevor auf die spezialgesetzlichen Regelungen zurückgegriffen wird, ist kritisch zu hinterfragen, ob sie auf den konkreten Fall Anwendung finden. In der Praxis ist dabei häufig die Einordnung von Daten unter das TMG schwierig, da dieses nur die Verwendung von Nutzungs- und Bestandsdaten regelt (vgl. §§ 14, 15 TMG). „Bestandsdaten" sind dabei nur solche Daten des Nutzers, welche ein Vertragsverhältnis über die **Nutzung von Telemedien** betreffen, maßgeblich ist dabei, dass der Dienst elektronisch erbracht wird. Oftmals werden aber im Internet Daten erhoben, welche nicht die Erbringung eines Telemediendienstes betreffen, sondern eine Leistung, die „offline" erbracht wird. Beispiele dafür sind die Ausführung von Reiseleistungen oder die Auslieferung von Büchern. In diesem Fall gilt einerseits das TMG für den Webauftritt, andererseits das BDSG für Vertragsdaten der Offline-Leistung.[100] *Simitis* ist deshalb der Auffassung, dass die bloße Tatsache, dass ein Versicherungsvertrag über Internet geschlossen wird, nicht ausreicht, um die Einwilligung der Betroffenen in die Verwendung ihrer Daten elektronisch einzuholen, da die tatsächliche Dienstleistung offline erbracht werde.[101] Regelmäßig wird aber auch dann, wenn das Vertragsverhältnis und die damit zusammenhängende Datenverarbeitung dem BDSG unterfallen, die Einholung einer einfachen elektronischen Einwilligung zulässig sein.[102] Es kommt dann darauf an, ob ausnahmsweise die vereinfachte elektronische Form wegen „besonderer Umstände" „angemessen" ist, zumal wenn der Betroffene diesen Kommunikationskanal wählt. Maßgeblich ist, um welche Art von Daten es geht und für welche Zwecke diese verarbeitet werden sollen, insbesondere ob deshalb die Warnfunktion der Schriftform erforderlich ist. 60

Abgrenzung BDSG – TMG – TKG

§ 13 Abs. 2 TMG findet nur Anwendung bei „elektronischen Informations- und Kommunikationsdiensten" (vgl. § 1 Abs. 1 TMG, sog. Telemediendienste). Dies meint vereinfacht gesprochen Dienstleistungen bzw. Inhalte, die **mittels** Telekommunikation übermittelt werden.[103] Typische Beispiele sind Websites und die im Internet direkt abrufbaren Angebote.

---

99 BT-Drs. 16/3078, S. 16 zu § 13 Abs. 2 TMG.
100 Vgl. dazu auch Taeger/Gabel/*Taeger*, § 4a Rn. 37 f.; *Schleipfer*, DuD 2004, 727; *ders.* RDV 2005, 56, 57.
101 Simitis/*Simitis*, § 4a Rn. 38, so auch der *Hamburger Datenschutzbeauftragte* im 18. Tätigkeitsbericht, S. 169 f.
102 So auch Taeger/Gabel/*Taeger*, § 4a Rn. 39.
103 Ausführlich Spindler/Schuster/*Schmitz*, § 1 TMG Rn. 4 ff.; so auch *Hoeren/Sieber*, Multimedia-Recht, Teil 5 Rn. 83, jeweils unter Hinweis auf die E-Commerce-Richtlinie 2000/31/EG.

Auf § 94 TKG kommt es dagegen an, wenn die Dienstleistung eine Telekommunikationsdienstleistung ist, vereinfacht gesprochen, wenn nicht der Inhalt, sondern die **technische Übermittlung** als Dienst im Vordergrund steht.

In Abgrenzung dazu findet auf „offline" erbrachte Dienstleistungen das BDSG Anwendung. Diese sind z.B. gedruckte Medien oder unmittelbar durch menschliche Handlung erbrachte Dienstleistungen.[104] Beispielsweise ist die Bestellung von Büchern online zwar zum einen die Nutzung eines Telemediendienstes (die Website), zum anderen aber ist der Versand des Buches eine offline erbrachte Leistung, auf welche dann das BDSG Anwendung findet.

aa) „Bewusst und eindeutig erteilt", Nr. 1

61 Eine „bewusste und eindeutige" Abgabe der Einwilligung erfordert, dass sichergestellt ist, dass der Nutzer die Erklärung nicht zufällig oder unbeabsichtigt erklärt. Es müssen ein entsprechender **Handlungswille** und **Erklärungsbewusstsein** vorliegen. Der Betroffene muss erkennen, das er rechtsverbindlich einer Verarbeitung seiner Daten zustimmt.[105] Nach dem Willen des Gesetzgebers soll die Vorschrift vor einer „übereilten" Einwilligung schützen; dieser Schutz sei *„in Anbetracht der technikspezifischen Gefahren, nämlich der Anwendung eines flüchtigen Mediums (Bildschirm) und des Handelns durch einfachen Mausklick, das nicht zwischen wichtigen und unwichtigen Handlungen unterscheidet, von Bedeutung"*.[106] Damit ist allerdings die Einwilligung per einfachen Mausklick oder durch Berühren eines Touchscreens nicht grundsätzlich ausgeschlossen.[107] Beispielsweise sind beim Touchscreen bereits Verfahren im Einsatz, die eine aktive und bewusste Handlung erfordern, z.B. das On-/Off-Einstellen eines virtuellen Schalters. Maßgeblich ist, ob die Handlung bewusst erfolgt und dem Betroffenen der Erklärungsgehalt der Handlung klar ist, was letztlich von der Darstellung und der Einbindung in einen bestimmten Ablauf (z.B. einer Bestellung) abhängt.

62 Möglich ist die Abgabe einer elektronischen Einwilligung auch durch Absenden einer E-Mail oder eines Telefax.[108] Der Gesetzgeber hat bei der elektronischen Einwilligung bewusst auf das Erfordernis der Integrität (d.h. Unveränderbarkeit der Erklärung) und Authentizität (d.h. der Urheber kann eindeutig identifiziert werden) verzichtet, um diese Form der Einwilligung für den Massenverkehr attraktiv zu machen.[109] Ausreichend ist dementsprechend, dass der Urheber der Einwilligung erkennbar ist.[110] Grundsätzlich wäre damit ein **Double-Opt-in Verfahren** bei E-Mail nicht erforderlich. Allerdings geht die Rechtsprechung im Zusammenhang mit der werblichen Verwendung der E-Mail-Adresse für Direktwerbung davon aus, dass der Werbetreibende die Darlegungs- und Beweislast trägt, d.h. nachweisen muss, dass der Empfänger der Werbemail eingewilligt hat.[111] Eine im Wege des Double-Opt-in generierte Einwilligung in E-Mail-Werbung sorgt nach der Rechtsprechung des *Bundesgerichtshofs* dabei für eine Umkehr der Darlegungslast dergestalt, dass nunmehr der Betroffene darlegen muss, warum es sich nicht um eine Bestätigung von seiner E-Mail-Adresse handelt.[112] Allerdings ist bei medienübergreifenden Einwilligungen zu beachten, dass die E-Mail-Bestätigung nur die E-Mail-Adresse verifizieren kann, nicht aber z.B. eine Telefonnummer.[113]

! Bei einer elektronischen Einwilligung in Maßnahmen der **Direktwerbung (einschließlich Newsletter) per E-Mail** empfiehlt sich ein Vorgehen im Wege des **Double-Opt-in-Verfahrens**, d.h., der die Einwilligung Erklärende erhält zunächst eine Bestätigungs-E-Mail mit der

104 Spindler/Schuster/*Schmitz*, § 1 TMG Rn. 11.
105 OLG Brandenburg, Urteil v. 11.01.2006, Az. 7 U 52/05, MMR 2006, 405, 406; Roßnagel/*Jandt/Schaar/Schulz*, § 13 TMG Rn. 72; Spindler/*Spindler/Nink*, § 13 TMG Rn. 6; Beck'scher TKG-Kommentar/*Büttgen*, § 94 TKG Rn. 6; Scheuerle/Mayen/*Albers* § 94 TKG Rn. 6.
106 BT-Drs. 13/7385, S. 23.
107 So aber Roßnagel/*Jandt/Schaar/Schulz*, § 13 TMG Rn. 73.
108 Spindler/*Spindler/Nink*, § 13 TMG Rn. 6, Scheuerle/Mayen/*Albers* § 94 TKG Rn. 7.
109 BT-Drs. 14/6098, S. 28.
110 Roßnagel/*Jandt/Schaar/Schulz*, § 13 TMG Rn. 75.
111 Z.B. BGH, Urteil v. 10.02.2011, Az. I ZR 164/09, MMR 2011, 662, 663 („Double-Opt-in-Verfahren").
112 BGH, Urteil v. 10.02.2011, Az. I ZR 164/09, MMR 2011, 662, 664 („Double-Opt-in-Verfahren").
113 BGH, Urteil v. 10.02.2011, Az. I ZR 164/09, MMR 2011, 662, 664 („Double-Opt-in-Verfahren").

Bitte, den Inhalt der Einwilligung nochmals zu Verifizierungszwecken zu bestätigen. Eine solche Einwilligung sollte bezogen auf die konkrete E-Mail-Adresse vollständig dokumentiert werden.

Achtung: Bei Einwilligung in Direktmarketing per **Telefon** führt das Double-Opt-in-Verfahren nicht zu einer Umkehr der Darlegungslast. Hintergrund ist, dass die Bestätigungs-E-Mail naturgemäß nur den E-Mail-Empfänger verifizieren kann, nicht aber den Inhaber eines Telefonanschlusses.

Das zulässige Double-Opt-in-Verfahren für E-Mail-Einwilligung wird allerdings durch ein aktuelles Urteil des *OLG München*[114] wieder ad absurdum geführt. Das *OLG München* geht – entgegen dem BGH und ohne auf dessen Urteil einzugehen – davon aus, dass bereits die E-Mail mit der Bitte um Bestätigung eine unzulässige Werbemaßnahme darstellt. Andere Gerichte sehen dies – zu Recht – anders[115], es bleibt abzuwarten, ob sich der *Bundesgerichtshof* hierzu noch einmal explizit äußert. Für die Praxis bleibt es dabei, dass das Double-Opt-In-Verfahren Risiken vermeidet. 63

Im Online-Bereich genügt als Einwilligung grundsätzlich das aktive Setzen eines Häkchens neben dem Einwilligungstext, zumal bereits die EU-Datenschutzrichtlinie für elektronische Kommunikation 2002/58/EG[116] im 17. Erwägungsgrund *„das Markieren eines Feldes auf der Internet-Website"* als Beispiel einer geeigneten Einwilligungserklärung erwähnt. Das *Oberlandesgericht Brandenburg* hat es in einem oft zitierten Fall für ausreichend erachtet, dass die Einwilligungserklärung online durch Aktivieren eines Kontrollkästchens mit dem Text „Ich willige in die Verarbeitung und Nutzung meiner personenbezogenen Daten gemäß der vorstehenden Datenschutzerklärung ein", bei gleichzeitiger zumindest auszugsweiser Darstellung der Einwilligungserklärung auf dem Bildschirm sowie Klicken eines Sendefeldes „Ich akzeptiere und willige ein" abgegeben wurde.[117] Daraus wird in der Literatur teilweise das Erfordernis abgeleitet, dass ein einmaliges Häkchensetzen nicht ausreicht, sondern es einer bestätigenden Wiederholung durch Aktivieren einer weiteren Schaltfläche bedarf.[118] Dem ist entgegenzuhalten, dass die EU-Datenschutzrichtlinie für elektronische Kommunikation 2002/58/EG ausdrücklich das Markieren eines Feldes als adäquates Mittel zur Einholung einer Einwilligung erwähnt. Gerade durch das Markieren eines Feldes als aktive Handlung kommt es nicht zu einer übereilten Handlung des Nutzers.[119] Der Nutzer wird das Aktivieren des Feldes auch nicht als „unwichtige Handlung" ansehen, denn es ist inzwischen üblich, dass rechtsgeschäftliche Erklärungen, z.B. das Akzeptieren von AGB, durch das Markieren eines Feldes abgegeben werden. Allerdings muss dabei sichergestellt sein, dass der Nutzer versteht, dass das gesetzte Häkchen nunmehr final ist, von ihm also nicht mehr abgeändert werden kann. Schon deshalb wird sich in der Regel ein zusätzlicher Sende-Button empfehlen. Eine andere Alternative ist, wenn statt des Markierens eines Feldes ein eindeutig beschrifteter Button (z.B. „Ich willige ein") geklickt wird, sofern sichergestellt ist, dass für den Nutzer eindeutig ist, auf welchen Einwilligungstext sich der Button bezieht. Nicht ausreichend ist dagegen das Akzeptieren einer vorgecheckten Box auch bei zusätzlicher Betätigung eines Sende-Buttons, da dies vom Nutzer leicht übersehen werden kann und dann keine „bewusste" Handlung darstellt. 64

Das Erfordernis der Eindeutigkeit der Erklärung bezieht sich vor allem auf den Erklärungsinhalt. Der Betroffene muss wissen, in welche Verwendung seiner personenbezogenen Daten nach Art, Umfang und Zweck er einwilligt. Teilweise wird hier gefordert, dass der Nutzer den Text der Einwilligung vor der Erklärungshandlung zumindest auszugsweise (z.B. in einem Scrollbereich) angezeigt erhält.[120] Ein solches Erfordernis ist allerdings nicht zwingend. Auch hier ist es der Nutzer im Rahmen der Einbeziehung von AGB gewohnt, dass neben dem zu markierenden Feld ein Link bereitgehalten wird, den er anklicken muss, 65

114 OLG München, Urteil v. 27.09.2012, Az. 29 U 1682/12, MMR 2013, 38, 39; zu Recht kritisch daher die Urteilsanmerkung von *Heidrich*, MMR 2013, 39 f.
115 LG Berlin, Urteil v. 23.01.2007, Az. 15 O 346/06, NJOZ 2006, 405, 406; LG Essen, Urteil v. 20.04.2009, Az. 4 O 368/08, NJW-RR 2009, 1556, 1557.
116 ABl. EG 2002 L 201/37, S. 38.
117 OLG Brandenburg, Urteil v. 11.01.2006, Az. 7 U 52/05, MMR 2006, 405, 406.
118 *Rasmussen,* DuD 2002, 406, 408; *Gundermann,* K&R 2000, 225, 231.
119 So auch *Schmitz/Eckhard*, CR 2006, 533, 534; Spindler/Schuster/*Spindler/Nink*, § 13 TMG Rn. 6.
120 Roßnagel/*Jandt/Schaar/Schulz*, Beck'scher TMG-Kommentar, § 13 Rn. 74.

wenn er den Text lesen will. Wie sich aus § 4a Abs. 1 Satz 4 ergibt, ist dabei auch möglich, dass eine datenschutzrechtliche Einwilligung in AGB integriert ist, sofern die Einwilligung deutlich hervorgehoben ist. Um den Erklärungswillen sicherzustellen, sollte der Nutzer allerdings deutlich darauf hingewiesen werden, dass er mit dem Akzeptieren von AGB auch eine datenschutzrechtliche Einwilligung abgibt.[121] Ferner sollte bei der Verlinkung die Hervorhebung sichergestellt werden, z.B. indem der Link sofort auf die Einwilligungserklärung in den AGB führt oder die Einwilligungserklärung sonst deutlich hervorgehoben in den nach Klick des Links angezeigten AGB erscheint (z.B. durch Fettdruck).

66 Besondere Vorschriften gelten allerdings in Bezug auf eine Einwilligung in die **direkte werbliche Ansprache per Telefon, Telefax oder E-Mail**, da hier **§ 7 UWG** (siehe § 4a Rn. 99 ff.) gilt, bei dem die Rechtsprechung eine gesonderte *„spezifische"* Einwilligungserklärung verlangt.[122] Hintergrund ist, dass § 7 UWG den Art. 13 Abs. 1 der Richtlinie 2002/58/EG für elektronische Kommunikation umsetzt, welcher für die Kontaktaufnahme für Zwecke der Direktwerbung per automatischer Anrufmaschine, E-Mail oder Fax eine Einwilligung verlangt. In Deutschland wurde dieses Einwilligungserfordernis richtlinienkonform auch auf die Kontaktaufnahme per Telefon ausgedehnt. Nach dem 17. Erwägungsgrund der Richtlinie 2002/58/EG kann diese *„Einwilligung … in jeder geeigneten Weise gegeben werden, wodurch der Wunsch des Nutzers in einer spezifischen Angabe zum Ausdruck kommt, die sachkundig und in freier Entscheidung erfolgt; hierzu zählt auch das Markieren eines Feldes auf einer Internet-Website"*. Dem Erfordernis einer *„spezifischen Angabe"* entnimmt der *Bundesgerichtshof*, dass für eine Einwilligung in Werbemaßnahmen per Telefon, Telefax oder E-Mail eine *„gesonderte, nur auf die Einwilligung in die Zusendung von Werbung mittels elektronischer Post bezogene Zustimmungserklärung des Betroffenen erforderlich ist"*[123] (sog. **Opt-in**). Demgegenüber hat der *Bundesgerichtshof* in den gleichen Urteilen für eine Einwilligung nach § 4a für grundsätzlich ausreichend erachtet, dass der Betroffene lediglich die Möglichkeit erhält, einer in einem zu unterschreibenden Formular hervorgehobenen Einwilligungserklärung durch Ankreuzen eines Kästchens[124] oder Streichen des Textes[125] zu widersprechen (sog. **Opt-out**).

67 Dabei kommt es für das Erfordernis einer gesonderten Einwilligung in Direktmarketingmaßnahmen nicht darauf an, ob die Einwilligung schriftlich oder elektronisch[126] eingeholt wird. Die Unwirksamkeit einer in AGB eingeholten Einwilligung in das Direktmarketing ergibt sich vielmehr daraus, dass bei einer Einbettung der Einwilligungserklärung in AGB bzw. bei der Gestaltung als Opt-out in unangemessener Weise gem. § 307 Abs. 1 Satz 1 und 2 BGB vom gesetzlichen Leitbild des § 7 UWG abgewichen wird.[127]

> **Achtung:** Soll eine Einwilligung (elektronisch oder nicht elektronisch) in **Direktwerbung per Telefon, Telefax, E-Mail oder SMS** eingeholt werden, muss die Erklärung gesondert erteilt werden. Die Einholung der Einwilligung in AGB oder sonst im Rahmen der Abgaben anderer Erklärungen (z.B. in einer umfassenden Datenschutzerklärung) sowie Gestaltung als Opt-out verbietet sich hier. Lediglich für Werbemaßnahmen per Post ist eine Einwilligung per Opt-out denkbar (siehe § 4a Rn. 99 ff.).

68 Der *Bundesgerichtshof* hat die Frage der Auslegung des Einwilligungserfordernisses nach Art. 13 der Richtlinie 2002/58/EG nicht dem Europäischen Gerichtshof vorgelegt. Dies wäre im Interesse einer europaweit einheitlichen Anwendung der durch Art. 13 größtenteils vollharmonisierten Vorschriften zur Einwilligung in Direktwerbung sinnvoll gewesen. Problematisch ist nämlich, dass die Rechtsprechung des Bundesgerichtshofs nicht nur Auswirkung auf Einwilligungen im Bereich des Direktmarketings hat. Der Anwendungsbereich der Richtlinie 2002/58/EG erfasst generell den Bereich der elektronischen Kommunikation und elektronischen Kommunikationsdienste. Insbesondere regelt die Richtlinie 2002/58/EG

121 Ebenso Taeger/Gabel/*Moos*, § 13 TMG Rn 23.
122 BGH, Urteil v. 16.07.2008, Az. VIII ZR 348/06, NJW 2008, 3055 ff. („Payback"); Urteil v. 11.11.2009, Az. VIII ZR 12/08, NJW 2010, 864 ff. („Happy Digits").
123 BGH („Payback"), Urteil v. 16.07.2008, Az. VIII ZR 348/06, NJW 2008, 3055, 3057.
124 So der Sachverhalt bei „Payback", BGH, Urteil v. 16.07.2008, Az. VIII ZR 348/06, NJW 2008, 3055, 3057.
125 So der Sachverhalt bei „Happy Digits", BGH, Urteil v. 11.11.2009, Az. VIII ZR 12/08, NJW 2010, 864 ff.
126 Vgl. z.B. OLG Jena, Urteil v. 21.04.2010, Az. 2 U 88/10, RDV 2011, 96 (voreingestellte Einwilligungserklärung online benachteiligt unangemessen).
127 Vgl. BGH („Payback"), Urteil v. 16.07.2008, Az. VIII ZR 348/06, NJW 2008, 3055, 3057.

auch die Verwendung von Technologien wie **Cookies**, welche Informationen im Endgerät des Nutzers speichern oder auf diese zugreifen. Die ePrivacy-Richtlinie 2009/136/EG[128], welche bis zum 25.05.2011 in nationales Recht umzusetzen war, hat Art. 5 Abs. 3 der Richtlinie 2002/58/EG derart abgeändert, dass der Einsatz solcher Technologien einer *„Einwilligung"* des Nutzers bedarf. Zwar gilt in Deutschland derzeit für den Einsatz von Cookies im Regelfall die Ausnahme von der Einwilligung gem. Art. 15 Abs. 3 TMG (siehe § 4a Rn. 110 ff.), dennoch zeigt ein Blick auf die Umsetzung der Vorschrift in anderen Mitgliedstaaten sowie Äußerungen der jeweils zuständigen Aufsichtsbehörden, dass gerade der Begriff der Einwilligung in den Mitgliedstaaten sehr unterschiedlich ausgelegt wird. Während z.B. die britische Aufsichtsbehörde teilweise eine Einwilligung in AGB oder durch bloßes Weiterbenutzen der Website nach Information über Cookies für ausreichend erachtet[129], würde in Deutschland angesichts der Rechtsprechung des Bundesgerichtshofs ein ausdrückliches Opt-in erforderlich sein. Hier wäre eine Harmonisierung wünschenswert.

bb) Protokollierung der Einwilligung, Nr. 2

Die Art und Weise der Protokollierung ist im Gesetz nicht vorgeschrieben. Sie ergibt sich aber aus dem **69** Informations- und Beweiszweck der jeweiligen Vorschrift: Die Protokollierung ermöglicht es dem Betroffenen, sich jederzeit über Abgabe und Inhalt seiner Einwilligung im Sinne der Nr. 3 zu informieren. Ferner stellt die Protokollierung sicher, dass der Diensteanbieter die Rechtmäßigkeit seiner Datenverarbeitung nachweisen kann.[130] Dementsprechend sollte der Diensteanbieter den Inhalt, den Zeitpunkt und die Verfahrensbedingungen der eingeholten Einwilligung dokumentieren.[131]

Unter dem Gesichtspunkt der Beweislast für die erteilte Einwilligung ist regelmäßig erforderlich, dass das **70** Unternehmen die konkrete Einverständniserklärung vollständig dokumentiert. Problematisch ist, wenn zur Identifizierung des Absenders der Erklärung auf eine IP-Adresse Bezug genommen wird, da der Inhaber der IP-Adresse in der Regel nach sechs Monaten nicht mehr ermittelt werden kann.[132] Mit der vermehrten Vergabe statischer IP-Adressen im Rahmen der Einführung des neuen Standards für Internetadressen (IPv6) dürfte sich dieses Problem erledigen, da dann die IP-Adresse – ähnlich wie eine Telefonnummer – permanent zugeordnet werden kann.

Bei einer Einwilligung in Werbemaßnahmen per E-Mail ist der *Bundesgerichtshof* der Auffassung, dass **71** der Werbende die konkrete Einverständniserklärung des Betroffenen vollständig dokumentiert haben muss.[133] Die pauschale Glaubhaftmachung, dass z.B. ein Double-Opt-in-Verfahren eingesetzt wird, genügt nicht. Das Gleiche dürfte für eine Einwilligung in Werbemaßnahmen per Telefon oder Telefax gelten, wobei hier die Erschwernis besteht, dass der *Bundesgerichtshof* bei einer Einwilligung per E-Mail eine Umkehr der Darlegungslast (d.h., der Betroffene muss darlegen, dass die Einwilligungserklärung nicht von ihm stammt) nur in Bezug auf die E-Mail-Adresse, nicht aber z.B. in Bezug auf die Telefonnummer annimmt.[134]

! Bei einer Einwilligung in Direktwerbung besteht eine erhöhte Dokumentationspflicht in Bezug auf die konkrete Erklärung des konkret Betroffenen. Die Beweislast, dass eine wirksame Einwilligung des Betroffenen vorliegt, trägt immer der Werbende.

---

128 ABl. EG 2009 L 337/11.
129 Guidance on the rules on use of cookies and similar techniques (May 2012); abrufbar unter: http://www.ico.gov.uk/for_organisations/privacy_and_electronic_communications/the_guide/cookies.aspx.
130 Scheuerle/Mayen/*Albers* § 94 TKG Rn. 9.
131 Scheuerle/Mayen/*Albers* § 94 TKG Rn. 9.
132 Bloßer Hinweis auf IP-Adresse ist nicht ausreichend, vgl. BGH, Urteil v. 10.02.2011, Az. I ZR 164/09, MMR 2011, 662, 663 („Double-Opt-in-Verfahren").
133 BGH, Urteil v. 10.02.2011, Az. I ZR 164/09, MMR 2011, 662, 663 („Double-Opt-in-Verfahren").
134 BGH, Urteil v. 10.02.2011, Az. I ZR 164/09, MMR 2011, 662, 664 („Double-Opt-in-Verfahren").

cc) „Jederzeit abrufbar", Nr. 3

72 Die elektronische Einwilligungserklärung muss darüber hinaus für den Nutzer *„jederzeit abrufbar sein"*. Damit soll sichergestellt werden, dass der Betroffene die Rechtmäßigkeit der Datenverarbeitung überprüfen kann. Umstritten ist, ob dies zwangsläufig eine direkte Abrufbarkeit durch den Betroffenen selbst, z.B. in Form einer Online-Abfrage voraussetzt[135] oder eine unverzügliche Mitteilung auf Anfrage ausreicht.[136] Da das Gesetz keine genauen Vorgaben macht, liegt die konkrete Gestaltung grundsätzlich im Ermessen der verantwortlichen Stelle. Diese wird allerdings zu berücksichtigen haben, dass dem Betroffenen die Abfrage nicht unnötig erschwert werden darf und er daher regelmäßig einen Abruf über dasselbe Medium erwarten kann, mit welchem er die Einwilligung erteilt hat. Das Erfordernis einer schriftlichen Anfrage vor Mitteilung würde deshalb zu weit gehen. Sofern es um eine online erteilte Einwilligung geht und der Betroffene ein Nutzerkonto unterhält, ist sicherlich die sinnvollste Lösung die Bereithaltung des Einwilligungstextes im Log-in-Bereich. Eine andere Möglichkeit ist, dass die historisch verwendeten Einwilligungstexte online bereitgehalten werden.[137] Die Gesetzesbegründung zur Vorgängerregelung des § 4 TDDSG ging ausdrücklich davon aus, dass eine Abrufbarkeit auch durch E-Mail-Verfahren sichergestellt werden kann[138], weshalb die Online-Bereitstellung kein zwingendes Erfordernis ist.

> **!** Die jederzeitige Abrufbarkeit der Einwilligung wird in der Praxis sehr unterschiedlich umgesetzt. Viele Unternehmen stellen den Inhalt des Einwilligungstextes erst auf Anfrage zur Verfügung. Da von Teilen der Literatur im Online-Bereich die direkte Abrufbarkeit des Textes durch den Kunden verlangt wird, gibt es ferner die Varianten, wonach der Text für den Kunden individuell in seinem Kundenkonto abrufbar ist (beste Lösung) oder die jeweils im Laufe der Zeit verwendeten Einwilligungstexte, z.B. bei den Datenschutzhinweisen, online gestellt werden.

dd) Jederzeitiger Widerruf, Nr. 4; Hinweispflicht

73 Der Nutzer hat das Recht, jederzeit die Einwilligung mit Wirkung für die Zukunft zu widerrufen. Einer Begründung bedarf der Widerruf nicht. Der **Widerruf** ist an keine bestimmte Form gebunden. Er kann unabhängig davon, wie die Einwilligung erteilt wurde, auch elektronisch erklärt werden.[139] Der Widerruf betrifft allerdings nicht die Verwendung von personenbezogenen Daten, welche für die Vertragsdurchführung erforderlich sind.[140]

74 Gem. § 13 Abs. 3 TMG ist der Diensteanbieter verpflichtet, den Betroffenen auf sein Recht zum Widerruf der Einwilligung vor Erklärung der Einwilligung hinzuweisen. Die Vorschrift geht damit über die Anforderungen von § 4a hinaus. § 94 TKG enthält dagegen keine ausdrückliche Pflicht zum Hinweis auf die Widerrufsmöglichkeit. Es besteht auch kein Anlass, eine solche Pflicht in § 94 TKG „hineinzulesen".[141]

75 Sofern die Einwilligung eine Verarbeitung oder Nutzung der personenbezogenen Daten für Zwecke der Werbung oder Markt- oder Meinungsforschung betrifft, ist allerdings eine etwaige Hinweispflicht gem. § 28 Abs. 4 Satz 2 bis 4 zu beachten. Seit der BDSG-Novellierung in 2009 ist der Betroffene nicht nur bei jeder werblichen Ansprache, sondern bereits bei Vertragsbegründung (also auch bei einer Erhebung im Rahmen einer Einwilligung) auf sein Recht zum **Widerspruch** hinzuweisen.[142]

---

135 So wohl Beck'scher TKG-Kommentar, § 94 TKG Rn. 10.

136 So Spindler/Schuster/*Eckhardt*, § 94 TKG Rn. 9; *Königshofen/Ulmer*, § 94 TKG Rn. 7.

137 *Schaar*, MMR 2001, 644, 646; *Rasmussen*, DuD 2002, 406, 409.

138 BT-Drs. 14/6098, S. 28 zu § 4 TDDSG: „Dabei geht es darum, Diensteanbieter nicht zu überfordern und die elektronische Einwilligung für eine breite Anwendung attraktiver zu machen. Dazu gehört auch ein praxisnahes Verständnis der Vorschrift, insbesondere dahingehend, dass der Inhalt der Einwilligung auch durch ein E-Mail-Verfahren jederzeit abgerufen werden kann."

139 Taeger/Gabel/*Moos*, § 13 TMG Rn. 27; Spindler/Schuster/*Spindler/Nink*, § 13 TMG Rn. 7; *Schaar*, MMR 2001, 644, 647.

140 Scheurle/Mayen/*Albers*, § 94 TKG Rn. 11.

141 So zu Recht Spindler/Schuster/*Eckhardt*, § 94 TKG Rn. 11 unter Verweis darauf, dass der Gesetzgeber eine solche Pflicht ansonsten ausdrücklich – wie im TMG – geregelt hätte. Jetzt auch Taeger/Gabel/*Munz*, § 94 TKG Rn. 8.

142 *Gola/Schomerus*, § 28 Rn. 61.

> **!** Eine generelle Pflicht zum Hinweis auf das Recht zum Widerruf besteht nur bei von Telemediendienstleistern gestellten Einwilligungstexten. Hiervon unberührt ist eine etwaige Pflicht zum Hinweis auf das Recht zum Widerspruch bei einer Einwilligung in eine Verwendung von personenbezogenen Daten für **Werbezwecke oder für Zwecke der Markt- oder Meinungsforschung** gem. § 28 Abs. 4 Satz 2 BDSG. Ein Verstoß gegen § 28 Abs. 4 Satz 2 ist gem. § 43 Abs. 1 Nr. 3 bußgeldbewehrt.

Bezüglich der Rechtsfolgen eines Widerrufs oder Widerspruchs siehe § 4a Rn. 93 ff.

b) Einwilligung für Zwecke der Werbung oder des Adresshandels, § 28 Abs. 3a

§ 28 Abs. 3a regelt das Formerfordernis bei Einwilligungen in die Verarbeitung und Nutzung personenbezogener Daten für Zwecke des **Adresshandels** oder der **Werbung**. Danach muss im Falle einer elektronischen Einwilligung die verantwortliche Stelle – wie in § 13 TMG bzw. § 94 TKG – die Einwilligung protokollieren und für jederzeitige Abrufbarkeit durch den Betroffenen sorgen. Eine mündlich erteilte Einwilligung ist schriftlich zu bestätigen. 76

Umstritten ist, ob § 28 Abs. 3a eine echte Sondernorm mit der Folge ist, dass die verantwortliche Stelle die freie Wahl hat, ob eine Einwilligung mündlich, elektronisch oder schriftlich eingeholt wird.[143] Dagegen spricht allerdings der Wortlaut des Gesetzes und die Gesetzgebungshistorie (siehe § 28 Rn. 92). Insoweit wird es auch hier darauf ankommen, ob „besondere Umstände" ein Abweichen von der Schriftform zulassen. 77

c) Mündliche Einwilligung mit schriftlicher Bestätigung, § 28 Abs. 3a

Wird die Einwilligung in anderer Form als in Schriftform erteilt, verlangt § 28 Abs. 3a entweder eine elektronische Einwilligung, sonst eine schriftliche Bestätigung. Der letztere Fall betrifft die mündliche Einwilligung. Problematisch ist dabei, dass „schriftlich" grundsätzlich Schriftform im Sinne von § 126 BGB meint, also eine Unterschrift erfordert („Tinte auf Papier"). *Taeger* weist zu Recht darauf hin, dass ein solches Ergebnis nicht praktikabel ist und deshalb vielmehr auch die elektronische Bestätigung des Einwilligungstextes ausreichen muss.[144] Dafür spricht auch der Zweck der Bestimmung, denn bei der Bestätigung geht es allein darum, dass dem Betroffenen die von ihm erklärte Einwilligung nochmals vor Augen geführt wird. Die damit verfolgte Warnfunktion wird bereits durch die Textform erreicht, das Erfordernis einer echten Schriftlichkeit würde dem nichts Sinnvolles hinzufügen, sondern lediglich die Geschäftsabwicklung der verantwortlichen Stelle über Gebühr erschweren. Dies zeigt auch ein Vergleich mit der elektronischen Einwilligung, bei der ein Abruf in elektronischer Form ausreicht. Dem gleichgestellt ist die Überlassung des Textes der mündlichen Erklärung an den Betroffenen in Textform. Inzwischen wird diese Auffassung von den Aufsichtsbehörden geteilt. Schließlich schafft die Unterschrift auf einer nachträglichen Bestätigung des Einwilligungstextes keinen Mehrwert an Information für den Betroffenen.[145] 78

> **!** Entgegen dem Wortlaut des Gesetzestextes in § 28 Abs. 3a BDSG genügt für die Bestätigung einer mündlich erteilten Einwilligung nach Auffassung der Aufsichtsbehörden die Textform.

3. Ausnahme vom Schriftformerfordernis wegen Vorliegen „besonderer Umstände"

Gem. § 4a Abs. 1 Satz 3 kann im Übrigen von der Schriftform abgewichen werden, wenn „wegen besonderer Umstände" eine andere Form „angemessen" ist. Was „besondere Umstände" sind, legt das Gesetz – mit Ausnahme des § 4a Abs. 2 für Forschungszwecke – nicht fest. Wie der Begriff „angemessen" nahelegt, geht es deshalb um eine Beurteilung des Einzelfalls unter 79

---

143 So Taeger/Gabel/*Taeger*, § 28 Rn. 167; Simitis/*Simitis*, § 28 Rn. 219; Däubler/Klebe/Wedde/Weichert/*Wedde*, § 28 Rn. 119; a.A. *Bergmann/Möhrle/Herb*, § 28 Rn. 415, Plath/*Plath*, § 28 Rn. 157; *Roßnagel*, NJW 2009, 2716.

144 Taeger/Gabel/*Taeger*, § 28 Rn. 168 ff.

145 Vgl. Düsseldorfer Kreis, „Anwendungshinweise der Datenschutzaufsichtsbehörden zur Erhebung, Verarbeitung und Nutzung von personenbezogenen Daten für werbliche Zwecke", Stand: Dezember 2013, S. 6; A.A. Däubler/Klebe/Wedde/Weichert/*Wedde*, § 28 Rn. 121.

a) Berücksichtigung des Ausnahmecharakters der Vorschrift, d.h., die Norm ist eher restriktiv auszulegen[146], und

b) Abwägung der Interessen der verantwortlichen Stelle mit denen des Betroffen vor dem Hintergrund der konkreten Verarbeitungsumstände.[147] Bloße höhere Kosten der verantwortlichen Stelle für die Einholung der Einwilligung in Schriftform reichen nicht aus.[148]

80 In der Literatur sind bestimmte Fallgruppen entwickelt worden, bei denen eine Befreiung vom Schriftformerfordernis angemessen sein kann. Diese können als Richtschnur für die Anwendung der Norm in der Praxis dienen:

- Langjährige Geschäftsbeziehung und die neu erhobenen Daten werden für den gleichen Zweck und Empfängerkreis verwendet.[149]
- Eilbedürftigkeit, jedenfalls sofern dies im Interesse des Betroffenen ist, z.B. im medizinischen Notfall.[150]
- Bei ausschließlich telefonischer Kontaktaufnahme (z.B. Meinungsumfragen)[151], die aber auch im Übrigen zulässig sein muss, z.B. ist § 7 UWG zu beachten.
- Eigeninteresse des Betroffenen, d.h., wenn er auf eigene Initiative eine Datenverarbeitung wünscht. Regelmäßig wird dann eine Verarbeitung aber auch bereits nach § 28 Abs. 1 Satz 1 Nr. 1 zulässig sein.
- Vom Betroffenen gewählter Kommunikationskanal, der Abgabe einer schriftlichen Einwilligung nicht sinnvoll macht (z.B. Bestellung per Telefon, Internet, E-Mail).[152] Bei Telemedien- und Telekommunikationsdiensten ist ohnehin die einfache elektronische Einwilligung als Regelfall im Gesetz vorgesehen.

81 Die „andere Form" kann eine mündliche oder (einfache) elektronische Einwilligung sein. Nach überwiegender Ansicht kommt auch eine **„konkludente" Einwilligung** in Betracht[153], d.h. eine Erklärung, bei der das Gewollte nicht ausdrücklich erklärt wird, sich aber aus Handlungen des Betroffenen ergibt, welche mittelbar einen Schluss auf einen Rechtsfolgewillen zulassen.[154] Ein solches schlüssiges Verhalten kann z.B. die Angabe von personenbezogene Daten für bestimmte Zwecke sein oder Gesten wie Nicken, Handzeichen. Die Gegenansicht[155], welche vor allem unter Hinweis auf das Erfordernis einer restriktiven Auslegung von § 4a die Möglichkeit einer konkludenten Einwilligung verneint, verkennt, dass auch die EU-Datenschutzrichtlinie 1995/46/EG gem. Art. 7 lit. a lediglich voraussetzt, dass die Einwilligung *„ohne Zweifel"* abgegeben sein muss. Das von der Kommission ursprünglich verlangte Erfordernis einer „ausdrücklichen" Einwilligung wurde dagegen nicht in den Richtlinientext übernommen.[156] Auch § 4a Abs. 3 spricht für eine solche Auslegung, da dieser das Erfordernis einer ausdrücklichen Einwilligung nur für den Fall der besonders sensitiven Daten festschreibt.[157]

---

146 Roßnagel/*Holznagel/Sonntag*, Handbuch, Kap. 4.8 Rn. 29, Simitis/*Simitis*, § 4a Rn. 44.
147 Roßnagel/*Holznagel/Sonntag*, Handbuch, Kap. 4.8 Rn. 29.
148 *Bergmann/Möhrle/Herb*, § 4a Rn. 88.
149 Simitis/*Simitis*, § 4a Rn. 46; Roßnagel/*Holznagel/Sonntag*, Handbuch, Kap. 4.8 Rn. 29; Däubler/Klebe/Wedde/Weichert/*Däubler*, § 4a Rn. 15; *Gola/Schomerus*, § 4a Rn. 29; *Schaffland/Wiltfang*, § 4a Rn. 5; *Bergmann/Möhrle/Herb*, § 4a Rn. 87.
150 Simitis/*Simitis*, § 4a Rn. 45; Roßnagel/*Holznagel/Sonntag*, Handbuch, Kap. 4.8 Rn. 29; Däubler/Klebe/Wedde/Weichert/*Däubler*, § 4a Rn. 15; *Gola/Schomerus*, § 4a Rn. 29; *Bergmann/Möhrle/Herb*, § 4a Rn. 87.
151 *Gola/Schomerus*, § 4a Rn. 29; *Schaffland/Wiltfang*, § 4a Rn. 5; *Bergmann/Möhrle/Herb*, § 4a Rn. 85; a.A. Simitis/*Simitis*, § 4a Rn. 61.
152 Taeger/Gabel/*Taeger*, § 4a Rn. 37.
153 Schaffland/Wiltfang, § 4a Rn. 4; *Bergmann/Möhrle/Herb*, § 4a Rn. 85; Roßnagel/*Holznagel/Sonntag*, Handbuch, Kap. 4.8 Rn. 37; Taeger/Gabel/*Taeger*, § 4a Rn. 41.
154 Vgl. Palandt/*Ellenberger*, Einf. v. § 116 Rn. 6.
155 Simitis/*Simitis*, § 4a Rn. 44; Hoeren/Sieber/*Helfrich*, Handbuch Multimedia-Recht, Kap. 16.1 Rn. 59; *Schneider/Härting* ZD 2011, 63, 65.
156 Vgl. geänderter Vorschlag der Kommission (EG-ABl. C 311 vom 27.11.1992, 39, 42) zu Art. 2 lit. g, der dann nicht übernommen wurde.
157 So auch Roßnagel/*Holznagel/Sonntag*, Handbuch, Kap. 4.8 Rn. 38.

Problematisch ist allerdings eine konkludente Erklärung durch Stillschweigen, da einem Schweigen in der Regel jeder Erklärungsgehalt fehlt.[158] Beispielsweise kann die im Internet häufig verwendete Formulierung „wenn Sie unsere Website benutzen, erklären Sie sich einverstanden…" keine Einwilligung generieren, da überhaupt nicht sichergestellt ist, dass der Betroffene diesen Erklärungsgehalt zur Kenntnis nimmt und sich durch „Weiterbenutzen" zu eigen macht (zumal wenn die Datenerhebung, -verarbeitung oder -nutzung bereits vor Erhalt der Aufklärung begonnen hat). Anders kann der Fall liegen, wenn der Nutzer explizit auf die Folgen seines Schweigens aufmerksam gemacht wird. Es liegt dann aber im Grunde ein Fall des konkludenten Handelns vor. Beispielsweise hat es der *Bundesgerichtshof* für grundsätzlich ausreichend erachtet, wenn der Betroffene ein Vertragsformular nach Information über den Einwilligungstext und die Möglichkeit, die Einwilligung abzuwählen (z.B. durch Ankreuzen oder Streichen des Textes), den Vertrag unterzeichnet.[159] 82

Keinesfalls ausreichend ist nach allgemeiner Ansicht eine bloß „mutmaßliche" Einwilligung, da es dann gerade an einem tatsächlichen Einverständnis fehlt.[160] 83

!

Wann „besondere Umstände" vorliegen, die ein Abweichen von der Schriftform gestatten, ist eine Frage der Verhältnismäßigkeit im Einzelfall. Je sensitiver die Verarbeitung und Nutzung für den Betroffenen ist, umso mehr Gewicht kommt der Warnfunktion der Schriftform zu. Maßgeblich ist ferner die Situation, in welcher die Einwilligung eingeholt wird. Hier kommt es darauf an, welche Form vom Betroffenen üblicherweise erwartet werden kann (Vermeidung eines Überrumpelungseffekts) und ob ein Eilbedürfnis besteht. Beispielsweise verbietet es sich, bei Abschluss eines schriftlichen Vertrags grundsätzlich eine Einwilligung lediglich mündlich einzuholen.

Eine konkludente Einwilligung ist grundsätzlich möglich, in der Praxis aber nur im Ausnahmefall „angemessen". Mindestens erforderlich ist eine ausreichende Vorabinformation des Betroffenen, aus welcher sich der Erklärungsgehalt eines (späteren) bestimmten Verhaltens ergibt.

V. Zeitpunkt, § 4a Abs. 1 Satz 3

Eine Einwilligung meint eine **vorherige** Einverständniserklärung des Betroffenen. Ein nachträgliches Einverständnis genügt nicht. Es kann die in der Vergangenheit liegenden Verarbeitungen und Nutzungen nicht rückwirkend rechtmäßig machen, steht dann aber zumindest einem Schadensersatzanspruch des Betroffenen entgegen.[161] 84

VI. Dauer der Einwilligung

Einwilligungen sind grundsätzlich unbefristet, es sei denn, aus der Einwilligungserklärung ergibt sich etwas anderes. Allerdings wird bei Einwilligungen in die werbliche Direktansprache per Telefon, Telefax oder E-Mail gem. § 7 Abs. 2 UWG teilweise angenommen, dass diese Einwilligungen keine unbegrenzte Gültigkeit hätten.[162] Das *Landgericht München I* hat dies beispielsweise in einem Fall angenommen, bei welchem die Einwilligung in E-Mail-Werbung 17 Monate lang nicht genutzt worden war.[163] Dagegen ist 85

158 Grundsätzlich ablehnend Simitis/*Simitis*, § 4a Rn. 44; Roßnagel/*Holznagel/Sonntag*, Handbuch, Kap. 4.8 Rn. 39; Däubler/Klebe/Wedde/Weichert/*Däubler*, § 4a Rn 16.

159 BGH, Urteil vom 16.07.2008, Az. VIII ZR 348/06, NJW 2008, 3055 ff. („Payback"); BGH, Urteil v. 11.11.2009, Az. VIII ZR 12/08, NJW 2010, 864 ff. („Happy Digits").

160 Simitis/*Simitis*, § 4a Rn. 44; Taeger/Gabel/*Taeger*, § 4a Rn. 46; Roßnagel/*Holznagel/Sonntag*, Handbuch, Kap. 4.8 Rn. 36; Däubler/Klebe/Wedde/Weichert/*Däubler*, § 4a Rn. 16; *Schaffland/Wiltfang*, § 4a Rn. 23.

161 *Gola/Schomerus*, § 4a Rn. 2; Simitis/*Simitis*, § 4a Rn. 20; Däubler/Klebe/Wedde/Weichert/*Däubler*, § 4a Rn. 4.

162 *Köhler/Bornkamm*, § 7 Rn. 148; Piper/Ohly/*Sosnitza*, § 7 Rn. 51. Aber auch „Anwendungshinweise der Datenschutzaufsichtsbehörden zur Erhebung, Verarbeitung und Nutzung von personenbezogenen Daten für werbliche Zwecke" vom Dezember 2013 (Düsseldorfer Kreis), Seite 4; abrufbar unter www.lda.bayern.de.

163 LG München I v. 08.04.2010, Az. 17 HKO 138/10, MD 2011, 562ff.; ähnlich LG Berlin v. 09.12.2011, Az. 15 O 343/11, WRP 2012, 610, 611 (1,5 Jahre).

einzuwenden, dass eine „Verfristung" durch Zeitablauf vom Gesetz nicht vorgesehen ist.[164] Anders ist dies z.B. bei einer unter Abwesenden abgegebenen Willenserklärung, für welche § 147 Abs. 2 BGB anordnet, dass diese nur bis zu dem Zeitpunkt angenommen werden kann, in welchem der Eingang der Antwort unter regelmäßigen Umständen zu erwarten ist. Es bleibt dem Betroffenen unbenommen, seine Einwilligung zu widerrufen. Im Interesse der Rechtssicherheit ist deshalb daran festzuhalten, dass eine Einwilligung bis zur ihrem Widerruf gültig ist.

VII. Hervorhebungsgebot bei AGB, § 4a Abs. 1 Satz 4

86 Wird die Einwilligung zusammen mit anderen Erklärungen abgegeben, so ist diese gem. § 4a Abs. 1 Satz 4 *„besonders hervorzuheben"*. Mit diesem Erfordernis soll ein Verstecken im „Kleingedruckten" verhindert werden.[165] Die Hervorhebung wird vor allem durch grafische Gestaltung erreicht, z.B. durch Fettdruck oder Umrahmung. Eine gesonderte Unterschrift ist nicht erforderlich, sofern dem Betroffenen klar ist, dass sich seine Unterschrift auch auf die Einwilligungserklärung bezieht.[166] Allerdings genügt die drucktechnische Hervorhebung dann nicht, wenn lediglich auf die AGB hingewiesen wird, in denen sich der hervorgehobene Text befindet.[167] Es empfiehlt sich daher sicherzustellen, dass dem Betroffenen der AGB-Text vorliegt bzw. online dieser nicht nur verlinkt, sondern direkt angezeigt bzw. direkt auf die Einwilligungserklärung verwiesen wird.

87 Hiervon unberührt ist die Frage, ob die Einwilligungserklärung im Übrigen den AGB-rechtlichen Vorschriften entspricht. Beispielsweise können überraschende oder den Betroffenen stark benachteiligende Einwilligungserklärungen bereits unter AGB-rechtlichen Gesichtspunkten unwirksam sein (siehe § 4a Rn. 95 ff.).

VIII. Privilegierung der Forschung, § 4a Abs. 2

88 § 4a Abs. 2 definiert den Begriff „besonderer Umstand" für den Bereich der wissenschaftlichen Forschung. Danach genügt es für eine Abweichung vom Schriftformerfordernis, wenn durch die Schriftform der Forschungszweck „erheblich beeinträchtigt" würde. „Wissenschaftliche Forschung" meint dabei die unabhängige Forschung und nicht Forschung mit kommerziellem Hintergrund (siehe § 28 Rn. 168 ff.).[168] Hintergrund der Ausnahme ist nämlich der gebotene Interessenausgleich im Konflikt zwischen dem Grundrecht auf informationelle Selbstbestimmung einerseits und Freiheit von Wissenschaft und Forschung andererseits.[169]

89 Für eine „erhebliche" Beeinträchtigung genügt es nicht, dass das Einholen einer schriftlichen Einwilligung lästig ist oder das Projekt verzögert.[170] Erforderlich ist vielmehr, dass andernfalls der Forschungszweck gefährdet wäre, z.B. wenn mit Interviewpartnern für eine empirische Studie nur zu rechnen ist, wenn den Befragten Anonymität zugesichert wird.[171] Dabei kann es auch Fälle geben, in denen gänzlich auf eine Einwilligung verzichtet werden kann, weil es objektiv unmöglich ist, die Einwilligung einzuholen, z.B. weil die Betroffenen einer Studie über Gastarbeiter unbekannt ins Ausland verzogen sind.[172]

90 Die Gründe, warum auf eine Einwilligung verzichtet wurde, sind gem. § 4a Abs. 2 Satz 2 von der verantwortlichen Stelle zu dokumentieren.

---

164 So auch OLG Stuttgart v. 22.03.2007, Az. 2 U 159/06; von der grundsätzlichen Unbefristetheit einer Einwilligung gehen auch aus: OLG Köln v. 07.12.2012, Az. 6 U 69/12, GRUR-RR 2013, 219, 221; OLG Hamburg v. 04.03.2009, Az. 5 U 260/08, WRP 2009, 1282, 1283.

165 BGH, Urteil v. 16.07.2008, Az. VIII ZR 348/06, NJW 2008, 3055, 3056 („Payback").

166 BGH, Urteil v. 16.07.2008, Az. VIII ZR 348/06, NJW 2008, 3055, 3056 („Payback"). Hier war der Einwilligungstext oberhalb der Unterschriftenzeile eingefügt.

167 Aufsichtsbehörde Baden-Württemberg, Hinweis zum BDSG Nr. 3, Staatsanz. 1978, Nr. 52, S. 5.

168 Simitis/*Simitis*, § 4a Rn. 49; Roßnagel/*Holznagel/Sonntag*, Handbuch, Kap. 4.8 Rn. 30; Däubler/Klebe/Wedde/Weichert/*Däubler*, § 4a Rn. 39.

169 Roßnagel/*Holznagel/Sonntag*, Handbuch, Kap. 4.8 Rn. 30.

170 Simitis/*Simitis*, § 4a Rn. 50.

171 Vgl. Däubler/Klebe/Wedde/Weichert/*Däubler*, § 4a Rn. 39 mit dem Beispiel einer empirischen Untersuchung zu Kriminalität.

172 Beispiel bei Simitis/*Simitis*, § 4a Rn. 52 f.

IX. Einwilligung bei sensitiven Daten, § 4a Abs. 3

§ 4a Abs. 3 schreibt vor, dass bei der Einwilligung in die Erhebung, Verarbeitung und Nutzung von **„besonderen Arten personenbezogener Daten"** (§ 3 Abs. 9) sich die Einwilligung *„ausdrücklich"* auf *„diese Daten"* beziehen muss. Der Wortlaut lässt offen, wie detailreich die betroffenen Daten zu beschreiben sind. Nach dem Schutzgedanken der Norm müssen die Angaben es dem Betroffenen ermöglichen, die Risiken der Einwilligung abzuschätzen.[173] Erforderlich ist daher zumindest, dass angegeben wird, welche der in § 3 Abs. 9 aufgezählten Angaben (rassische und ethnische Herkunft, politische Meinungen, religiöse oder philosophische Überzeugungen, Gewerkschaftszugehörigkeit, Gesundheit oder Sexualleben) verarbeitet und genutzt werden soll. Je nach Sensitivität der betroffenen Datenart und Komplexität der Verarbeitung kann es dabei angezeigt sein, die Datenart näher zu spezifizieren.[174] Beispielsweise ist die Angabe „Gesundheitsdaten" zu abstrakt, wenn sich für den Betroffenen nicht aus dem Gesamtzusammenhang ergibt, um welche Art von Gesundheitsdaten es geht (z.B. Datum eines Krankenhausbesuchs oder genaue Angaben zur Diagnose). Ausreichen kann aber die Bezugnahme auf z.B. „die in diesem Formular angegebenen Gesundheitsdaten". Ferner wird gefordert, dass sich aus der Information ergibt, in welchem Kontext und unter welchen Bedingungen für welche Zwecke die Daten verarbeitet werden.[175] Dies steht im Zusammenhang mit dem allgemeinen Bestimmtheitsgebot. Der Betroffene kann nur dann die Risiken der Verarbeitung und Nutzung im Sinne einer „informierten Einwilligung" genau abschätzen, wenn er die Zwecke und Bedingungen der Verarbeitung und Nutzung kennt, insbesondere auch sonstige Datenempfänger. **91**

Eine konkludente oder stillschweigende Einwilligung schließt der Begriff „ausdrücklich" aus.[176] Dagegen ist eine mündliche Einwilligung denkbar, soweit wegen der besonderen Umstände eine andere Form als die Schriftform angemessen ist (§ 4a Abs. 1. Satz 3), z.B. bei telefonischen Meinungsbefragungen zu politischen Themen.[177] Bei Angaben zur Gesundheit dürften allerdings im Regelfall besondere Umstände nur vorliegen, wenn die Forschungsausnahme des § 4a Abs. 2 greift. **92**

X. Widerruf der Einwilligung

Es ist grundsätzlich dem Betroffenen überlassen, ob und in welchem Umfang er einer Datennutzung widerspricht bzw. seine Einwilligung widerruft.[178] Dabei hat der Widerruf nur Wirkung für die Zukunft, d.h., bereits erfolgte Verarbeitungen bleiben rechtmäßig.[179] Der Widerruf führt grundsätzlich zu einer Löschpflicht in Bezug auf die auf Basis der Einwilligung verarbeiteten und genutzten Daten. An die Stelle der Löschung tritt in der Praxis allerdings häufig eine Sperrung gem. § 35 Abs. 3 (siehe § 35 Rn. 71 ff.), z.B. wenn die Daten im Übrigen zur Vertragserfüllung benötigt werden. § 28 Abs. 4 Satz 3 sieht ausdrücklich eine Sperrung vor, wenn gegen die Nutzung für Zwecke der Werbung oder der Markt- oder Meinungsforschung widersprochen wird. In diesen Fällen wird die verantwortliche Stelle auch nur durch eine Sperre sicherstellen können, dass der Widerruf respektiert wird, denn nur wenn die Daten als gesperrt gekennzeichnet sind, ist ersichtlich, dass der Betroffene in der Vergangenheit bereits widersprochen hat. **93**

Sofern die personenbezogenen Daten auf Basis der Einwilligung an Dritte übermittelt wurden, sind diese über den Widerruf oder Widerspruch zu unterrichten.[180] **94**

173 So auch Taeger/Gabel/*Taeger*, § 4a Rn. 31.
174 So auch Roßnagel/*Holznagel/Sonntag*, Handbuch, Kap. 4.8 Rn. 52.
175 Simitis/*Simitis*, § 4a Rn. 88; Däubler/Klebe/Wedde/Weichert/*Däubler*, § 4a Rn. 42.
176 Simitis/*Simitis*, § 4a Rn. 88; Jahresbericht des Berliner Beauftragten für Datenschutz und Informationsfreiheit 2002; abgedruckt in: RDV 2003, 308, 309.
177 Jahresbericht des Berliner Beauftragten für Datenschutz und Informationsfreiheit 2002; abgedruckt in: RDV 2003, 308, S. 309; a. A. Simitis/*Simitis*, § 4a Rn. 88 in Bezug auf mündliche Einwilligungen.
178 Simitis/*Simitis* § 4a Rn. 97.
179 Simitis/*Simitis* § 4a Rn. 101; *Gola/Schomerus*, § 4a Rn. 18.
180 Simitis/*Simitis*, § 4a Rn. 103; Scheurle/Mayen/*Albers*, § 94 TKG Rn. 12.

XI. AGB-rechtliche Inhaltskontrolle der Einwilligung

95 Die Rechtsprechung unterwirft Einwilligungserklärungen regelmäßig der sog. AGB-Kontrolle, auch wenn die Regelung letztlich eine einseitige rechtsgeschäftliche Erklärung des Kunden ist.[181] Konkret bestimmen die §§ 305–307 BGB, wann „Allgemeine Geschäftsbedingungen" (kurz: AGB) unwirksam sind. AGB sind gem. § 305 Abs. 1 Satz 1 BGB *„für eine Vielzahl von Verträgen vorformulierte Vertragsbedingungen, die eine Vertragspartei (Verwender) der anderen Vertragspartei bei Abschluss eines Vertrages stellt"*. Die Vorschriften finden also keine Anwendung auf individuell verhandelte Einwilligungstexte. Dies dürfte aber in der Praxis der Ausnahmefall sein, da ein Unternehmen im Rahmen von Massengeschäften naturgemäß die Einwilligungserklärung für eine Vielzahl von Verträgen vorgibt und diese regelmäßig nicht verhandelt. Dabei ist nicht maßgeblich, ob der Einwilligungstext in weitere AGB-Klauseln eingebunden ist oder nicht, es genügt bereits, dass eine Klausel vorgegeben ist. Auch ist es ohne Belang, ob der Betroffene die Wahl zwischen mehreren vom Verwender vorgegebenen Alternativen hat.[182] Ferner genügt bereits die erstmalige Verwendung einer Klausel, sofern sich aus der Natur der Sache ergibt, dass diese auch für weitere Verträge verwendet werden soll.

96 Soweit die §§ 305–307 ff. BGB anwendbar sind, ergeben sich folgende zusätzliche Anforderungen an die Einwilligung:

- **Wirksame Einbeziehung:** Gem. § 305 Abs. 2 BGB werden AGB nur dann wirksam Vertragsbestandteil, wenn 1) auf diese ausdrücklich hingewiesen wird, 2) die andere Vertragspartei in zumutbarer Weise die Möglichkeit der Kenntnisnahme hatte und 3) diese mit der Geltung einverstanden ist. Das bloße Bereithalten der Datenschutzerklärung auf der Website kann daher keine Einwilligung generieren, da es an einer Einverständniserklärung des Betroffenen fehlt.
- **Transparenz:** Gem. § 305c Abs. 2 BGB gehen Unklarheiten in AGB immer zulasten des Verwenders. Auch bestimmt § 307 Abs. 2 Satz 2 BGB, dass Bestimmungen unwirksam sind, die nicht klar und verständlich sind. Daher sollte der Einwilligungstext verständlich und eindeutig gestaltet sein. Sofern die Einwilligung zusammen mit anderen vertraglichen Erklärungen abgegeben wird, verlangt § 4a Abs. 1 Satz 4 ohnehin schon, dass die Einwilligung besonders hervorzuheben ist.
- Keine **überraschenden Klauseln:** Gem. § 305c Abs. 1 BGB sind Klauseln unwirksam, welche nach den Umständen so ungewöhnlich sind, dass der Vertragspartner nicht mit ihnen zu rechnen braucht.
- **Inhaltskontrolle:** Gem. § 307 BGB dürfen AGB den Vertragspartner nicht „unangemessen benachteiligen". Im Zweifel ist dabei gem. § 307 Abs. 2 BGB eine unangemessene Benachteiligung anzunehmen, wenn 1) von einem wesentlichen Grundgedanken einer gesetzlichen Regelung abgewichen wird oder 2) die Erreichung des Vertragszwecks gefährdet wird, weil wesentliche Rechte oder Pflichten eingeschränkt werden. Beispielsweise stützt die Rechtsprechung die Unwirksamkeit von per AGB eingeholten Einwilligungen für Zwecke des Direktmarketings auf § 307 Abs. 2 Nr. 1 BGB mit der Begründung, dass § 7 Abs. 2 Nr. 3 UWG als gesetzliches Leitbild die explizite Einwilligung in die werbliche Direktansprache im Sinne einer „spezifischen Angabe" (z.B. bewusstes Häkchen-Setzen oder gesonderte Unterschrift) verlange, weshalb diese nicht im Rahmen der Vereinbarung mit sonstigen AGB eingeholt werden könne.[183] Ferner listen die §§ 308–309 BGB Klauseln auf, welche per se bzw. im Regelfall verboten sind. Relevant kann hier z.B. § 308 Nr. 5 BGB sein, der Bestimmungen verbietet, welche eine Erklärung fingieren. Formulierungen wie „Du bist sicher damit einverstanden und bestätigst uns dies mit Deiner Teilnahme…" sind daher rechtlich bedeutungslos.[184]

---

181 BGH v. 27.01.2000, Az. I ZR 241/97, GRUR 2000, 818, 819 (Telefonwerbung VI).
182 BGH v. 27.01.2000, Az. I ZR 241/97, GRUR 2000, 818, 819 (Telefonwerbung VI).
183 St. Rspr. z.B. BGH v. 16.07.2008, Az. VIII ZR 348/06, MMR 2008, 731, 734 („Payback"); aber auch schon: BGH v. 16.03.1999, Az. XI ZR 76/98, MMR 1999, 477, 478.
184 OLG Bremen v. 16.08.2001, Az. 5 U 23/2001, DuD 2002, 433, Vorinstanz LG Bremen v. 23.02.2001, Az. 1 2275/00, DuD 2001, 61.

> Sofern der Einwilligungstext einseitig standardisiert vorgegeben wird, muss aus AGB-rechtlicher Sicht sichergestellt sein, dass die Einwilligung keine für den Betroffenen überraschende Erklärungen enthält. Dem kann z.B. dadurch entgegengewirkt werden, dass von der Norm abweichende Regelungen noch einmal besonders hervorgehoben werden. Ferner sollte bei jeder Abweichung von den gesetzlichen Vorgaben geprüft werden, ob der Betroffene dadurch „unangemessen benachteiligt" wird. In AGB eingebundene Einwilligungserklärungen sind gem § 4a Abs. 1 S. 4 besonders hervorzuheben (z.B. Fettdruck).

XII. Rechtsfolgen bei unwirksamer Einwilligung

Liegt keine oder eine unwirksame Einwilligung vor, sind die darauf gestützte Erhebung, Verarbeitung oder Nutzung rechtswidrig. Die Daten sind zu löschen, es sei denn, der Betroffene genehmigt im Nachgang die Erhebung, Verarbeitung oder Nutzung. Dies schließt aufsichtsbehördliche Maßnahmen wegen der ursprünglich unzulässigen Erhebung, Verarbeitung oder Nutzung nicht aus.[185] Der Verstoß ist gem. § 43 Abs. 2 Nr. 1 mit einem Bußgeld von bis zu € 300.000 bewehrt und es besteht gem. § 43 Abs. 3 Satz 3 die Möglichkeit der Gewinnabschöpfung (in der Praxis ist die Gewinnabschöpfung bisher noch nicht relevant). 97

Der Betroffene kann die verantwortliche Stelle auf Unterlassung in Anspruch nehmen und gem. § 7 einen Anspruch auf Schadensersatz geltend machen. Allerdings wird ein Schadensersatzanspruch regelmäßig am fehlenden Schaden scheitern (siehe § 7 Rn. 15 ff.), für diesen ist der Betroffene beweispflichtig. Er besteht nicht, wenn der Betroffene nachträglich die Genehmigung erteilt.[186] Ein daneben möglicher Schmerzensgeldanspruch gem. §§ 823, 1004 BGB scheitert meist daran, dass es an einer wesentlichen Beeinträchtigung des allgemeinen Persönlichkeitsrechts des Betroffenen fehlt (siehe § 7 Rn. 41 ff.). 98

C. Anwendungsempfehlungen/Weitere praktische Hinweise

I. Einwilligung in Direktmarketing, § 7 UWG

Nach § 7 Abs. 1 UWG sind geschäftliche Handlungen unzulässig, *„durch die ein Marktteilnehmer in unzumutbarer Weise belästigt wird"*. Gem. § 7 Abs. 2 UWG ist eine unzumutbare Belästigung *„stets"* anzunehmen, wenn eine Werbung per 99

- **Telefonanruf** gegenüber einem **Verbraucher** ohne dessen *„vorherige ausdrückliche Einwilligung"* oder gegenüber einem **Gewerbetreibenden** ohne dessen *„zumindest mutmaßliche Einwilligung"* (Nr. 2) erfolgt oder per
- **automatischer Anrufmaschine, Faxgerät oder elektronischer Post**, ohne dass eine *„vorherige ausdrückliche Einwilligung"* des Adressaten (Nr. 3) vorliegt.

1. Werbliche Direktansprache per Telefon; „Mutmaßliche Einwilligung" bei Gewerbetreibenden

Lediglich bei Telefonanrufen wird zwischen Verbrauchern und Gewerbetreibenden unterschieden. Dies ist dadurch bedingt, dass Art. 13 der Datenschutzrichtlinie für elektronische Kommunikation 2002/58/EG, welchen § 7 UWG in deutsches Recht umsetzt, in Bezug auf Telefonanrufe den Mitgliedstaaten die Wahl gelassen hat, wie dies geregelt wird. Deutschland hat sich dafür entschieden es insoweit bei der bisherigen Rechtslage zu belassen, wonach bei Verbrauchern eine Einwilligung erforderlich ist, bei Gewerbetreibenden dagegen eine **„mutmaßliche Einwilligung"** ausreichend sein kann. Allerdings ist der Mehrwert der „mutmaßlichen Einwilligung" für die Praxis gering. Die Rechtsprechung[187] nimmt eine sol- 100

185 Taeger/Gabel/*Taeger*, § 4a Rn. 84.
186 Taeger/Gabel/*Taeger*, § 4a Rn. 85.
187 BGH v. 17.07.2008, Az. I ZR 75/06, MMR 2008, 661 ff. ("Fax-Anfrage im Autohandel") in Bezug auf die nach früherem Recht zulässige Fax-Versendung bei einer mutmaßlich vorliegenden Einwilligung; OLG München v. 19.05.2011, Az. 6 U 458/11, BeckRS 2011, 21257.

che nämlich nur dann an, wenn *„aufgrund konkreter Umstände ein sachliches Interesse des Anzurufenden"* am Anruf durch den Anrufer vermutet werden kann.[188] Eine bloß „allgemeine Sachbezogenheit" zur Tätigkeit des Gewerbetreibenden genügt dagegen nicht, da sie nahezu immer gegeben sein dürfte und damit die Telefonwerbung fast unbegrenzt möglich wäre.[189] Beispiel: Nur weil ein grundsätzliches Interesse des Gewerbetreibenden an z.B. IT-Ausstattung, Fotokopierern oder Fahrzeugen bestehen könnte, besteht noch kein mutmaßliches Interesse für einen Werbeanruf in Bezug auf diese Produkte. Auch die Tatsache, dass ein Gewerbetreibender seine Kontaktdaten im Internet oder im Branchenverzeichnis angibt, begründet kein mutmaßliches Interesse an Werbeanrufen. Erforderlich ist vielmehr, dass ein konkretes Interesse vermutet werden kann, z.B. aufgrund einer laufenden Geschäftsbeziehung (z.B. Erneuerung eines Branchenbucheintrags) oder weil der Gewerbetreibende ein entsprechendes Interesse geäußert hat.

Auch bei Gewerbetreibenden ist im Grundsatz davon auszugehen, dass ein telefonischer Werbeanruf einer Einwilligung bedarf. Etwas anderes kann nur gelten, wenn es sich um einen bereits bestehenden Kunden handelt oder der Gewerbetreibende ein grundsätzliches Interesse an dem zu bewerbenden Produkt oder der zu bewerbenden Dienstleistung geäußert hat.

Achtung: Der Anrufende ist darlegungs- und beweispflichtig für ein vermutetes Interesse, das gelingt fast nie. Erforderlich wäre, dass ein wirklich vom Angerufenen geäußertes oder **konkret im Einzelfall** aufgrund der laufenden Geschäftsbeziehung naheliegendes Interesse belegt werden kann. Beispielsweise wurde vom OLG Köln der Anruf zur Abfrage der Kundenzufriedenheit bei einem Gewerbetreibenden als unzulässig bewertet.[190]

2. Werbliche Direktansprache per automatischer Anrufmaschine, Fax, E-Mail; Ausnahme bei E-Mail-Werbung, § 7 Abs. 3 UWG

101 Bei der Werbung unter Verwendung einer automatischen Anrufmaschine, eines Faxgerätes oder per E-Mail bedarf es bei jedem Adressaten, also auch bei Gewerbetreibenden, gemäß § 7 Abs. 2 Nr. 3 UWG der *„vorherigen ausdrücklichen Einwilligung"*. Die einzige **Ausnahme** sieht § 7 Abs. 3 UWG für **E-Mail-Werbung** vor, wonach es keiner Einwilligung bedarf, wenn die folgenden Voraussetzungen kumulativ vorliegen:

a) Der Unternehmer hat die E-Mail-Adresse im Zusammenhang mit dem Verkauf einer Ware oder Dienstleistung vom Kunden erhalten und

b) verwendet diese zur Direktwerbung für *„eigene ähnliche Waren oder Dienstleistungen"* und

c) er hat den Kunden bei der Erhebung der Adresse und bei jeder Verwendung deutlich auf seine Widerspruchsmöglichkeit hingewiesen, ohne dass hierfür andere als die Übermittlungskosten nach den Basistarifen anfallen und

d) der Kunde hat nicht widersprochen.

102 In der Praxis hat diese E-Mail-Ausnahme allerdings zwei Tücken. In der Regel wird versäumt, den Betroffenen bereits bei der Erhebung der E-Mail-Adresse auf die Widerspruchsmöglichkeit hinzuweisen, sodass § 7 Abs. 3 UWG schon deshalb nicht greift. Davon abgesehen gilt die Ausnahme nur für die Bewerbung „eigener ähnlicher" Waren oder Dienstleistungen, d.h., eine (zusätzliche) Verwendung für Fremdwerbung scheidet aus. „Ähnliche" Waren oder Dienstleistungen liegen zudem nur vor, wenn diese dem glei-

188 BGH, Urteil v. 25.01.2001, Az. I ZR 53/99, GRUR 2001, 1181, 1183 („Telefonwerbung für Blindenwaren"); BGH, Urteil v. 05.02.2004, Az. I ZR 87/02, GRUR 2004, 520, 521 („Telefonwerbung für Zusatzeintrag"); BGH, Urteil v. 20.09.2007, Az. I ZR 88/05, GRUR 2008, 189, 190 („Suchmaschineneintrag"); BGH, Urteil v. 11.03.2010, Az. I ZR 27/08, GRUR 2010, 939, 940 („Telefonwerbung nach Unternehmenswechsel").

189 BGH, Urteil v. 25.01.2001, Az. I ZR 53/99, GRUR 2001, 1181, 1183 („Telefonwerbung für Blindenwaren"); BGH, Urteil v. 16.11.2006, Az. I ZR 191/03, GRUR 2007, 607, 609 („Telefonwerbung für ‚Individualverträge'"); BGH, Urteil v. 11.03.2010, Az. I ZR 27/08, GRUR 2010, 939, 940 („Telefonwerbung nach Unternehmenswechsel").

190 Vgl. z.B. OLG Köln, Urteil v. 09.03.2012, Az. 6 U 191/11 – Anruf bei Gewerbetreibenden zwecks Kundenzufriedenheitsbefragung kein mutmaßliches Interesse.

chen erkennbaren oder doch typischen Verwendungszweck oder Bedarf des Kunden in Bezug auf das in der Vergangenheit bestellte Produkt oder die in Anspruch genommenen Dienstleistungen entsprechen.[191] Maßgeblich ist dabei die objektive Austauschbarkeit der Waren oder Dienstleistungen.[192] In der Literatur genannte Beispiele sind die Bewerbung von anderen Reisezielen nach Buchung einer Reise, das Angebot von anderen Weinsorten nach Weinbestellung, aber auch die Bewerbung von Zubehörteilen für ein erworbenes Produkt.[193]

! Um sich die E-Mail-Ausnahme zu Nutze machen zu können, sollte man in den gängigen Datenschutzhinweisen einen Hinweis auf das Recht zum Widerspruch einbauen. Das wird oft vergessen.

3. Werbung per Post

103 Die **postalische Werbung** erfordert keine Einwilligung gemäß § 7 UWG und verstößt allenfalls gegen § 7 Abs. 2 Ziff. 1 UWG, sofern der Verbraucher hartnäckig angesprochen wird, obwohl er dies erkennbar nicht wünscht. Ansonsten ist die Briefwerbung ohne vorheriges Einverständnis des Empfängers zulässig[194], zumal die Verwendung der Adressdaten in der Regel von dem Listenprivileg des § 28 Abs. 3 gedeckt ist. Erkennbar nicht gewünscht ist die postalische Werbung bei einem entsprechenden Sperrvermerk am Briefkasten oder bei einem Eintrag in die Robinson-Liste[195], deren Beachtung nach umstrittener, aber wohl derzeit herrschender Auffassung[196] auch von Nichtmitgliedern des Deutschen Direktmarketing-Verbandes möglich und zumutbar ist. Gegen letztere Auffassung lässt sich einwenden, dass die Verwendung der Robinson-Liste nur für Mitglieder des Direktmarketing-Verbandes verbindlich ist. In der Praxis empfiehlt sich dennoch ein Abgleich für Zwecke des Risikominimierens.

! Bei postalischer Werbung sollte der Adressbestand vorsorglich mit der Robinson-Liste abgeglichen werden.

4. Im Übrigen: vorherige, ausdrückliche Einwilligung

104 § 7 UWG ist bei jeder geschäftlichen Handlung zu beachten, also einem Verhalten einer Person zugunsten des eigenen oder eines fremden Unternehmens vor, während oder nach einem Geschäftsabschluss, das mit der Förderung des Absatzes objektiv zusammenhängt (vgl. § 2 Abs. 1 Ziff. 1 UWG). Eine ausdrückliche Einwilligung ist deshalb z.B. bereits erforderlich, sofern die Kontaktaufnahme per Telefon oder E-Mail dazu dient, eine Einwilligung zur zukünftigen Kontaktaufnahme zu Werbezwecken einzuholen (Lead-Generierung)[197], eine bestehende Geschäftsverbindung ausgeweitet oder verlängert werden soll[198] oder wenn nach Ausführung einer Dienstleistung die Kundenzufriedenheit im Rahmen eines Telefongesprächs durch ein Meinungsforschungsinstitut abgefragt wird.[199] Zulässig und ohne Einwilligung möglich sind dagegen Anrufe oder E-Mails zur Abwicklung von Serviceaufträgen des Kunden ohne zusätzliche Werbeinhalte.[200]

105 Die **vorherige, ausdrückliche Einwilligung** gemäß § 7 Abs. 2 Nr. 2 und Nr. 3 UWG erfordert eine gesonderte, nur auf die Einwilligung zu Werbemaßnahmen bezogene Zustimmungserklärung. Der *Bundes-*

191 Köhler/Bornkamm/*Köhler*, § 7 UWG Rn. 205.
192 Vgl. Landgericht Berlin, MD 2011, 428.
193 Vgl. Köhler/Bornkamm/*Köhler*, § 7 UWG Rn. 205 m.w.N.
194 Vgl. BGH, Urteil v. 03.03.2011, Az. I ZR 167/09, MMR 2011, 660 für den Fall der unaufgeforderten Übersendung einer bereits auf den Namen des Empfängers ausgestellten Kreditkarte.
195 Geführt für den Bereich der Briefwerbung durch den Deutschen Direktmarketing-Verband e. V. (DDV).
196 Harte-Bavendamm/Henning-Bodewig/*Ubber* § 7 UWG Rn. 86; Köhler/Bornkamm/*Köhler*, § 7 UWG Rn. 115; *Gloy/Loschelder/Erdmann*, § 7 UWG Rn. 80; *Piper/Ohly/Sosnitza*, § 7 UWG Rn. 33.
197 OLG München, NJWE-WettbR 1996, 12 ff. unzulässige Ausnutzung des ersten Gesprächs ohne Einwilligung zu Werbezwecken für Folgegespräche.
198 OLG Hamm, BeckRS 2009, 09226.
199 OLG Köln, BeckRS 2012, 09543; a. A.: Feedback-Anfrage nach Kündigung eines Newsletters zulässig, LG Coburg, BeckRS 2012, 05556.
200 OLG Frankfurt, GRUR 2005, 964, OLG Köln, NJW 2005, 2786.

gerichtshof entnimmt dieses Erfordernis dem 17. Erwägungsgrund der Richtlinie 2002/58/EG, welcher von einer „spezifischen Angabe" spricht.[201] Daraus folgt, dass eine „Opt-out"-Erklärung nicht ausreicht. Gleiches gilt für Opt-in-Erklärungen, mit denen z.B. ein Bestellvorgang, das Akzeptieren Allgemeiner Geschäftsbedingungen oder eine Gewinnspielteilnahme mit der Einwilligung zu Werbemaßnahmen zusammengefasst werden[202], da dann die Einwilligungserklärung nicht gesondert erfolgt.

106 In Bezug auf die **inhaltliche Ausgestaltung** vorformulierter Einwilligungserklärungen gemäß § 7 UWG hat die Rechtsprechung sehr strenge Maßstäbe entwickelt, sodass Einwilligungserklärungen, die den Voraussetzungen des § 4a entsprechen, nicht übernommen werden können. Gefordert wird, dass sich für den Angesprochenen ohne Schwierigkeiten klar und eindeutig ergibt, wer ihn zu welchen Zwecken kontaktieren darf[203]. Einer Formulierung wie „Firma X und deren Geschäftspartner" fehlt nach der Rechtsprechung jeder sachliche Gehalt, da für den Betroffenen unklar bleibe, wer ihn anrufen wird[204]. Ferner bedarf es einer transparenten Gestaltung des Einwilligungstextes, die nicht gegeben ist, sofern Begriffe mit mehrdeutigem Inhalt verwendet werden[205]. Beispielsweise sind Formulierungen wie „interessante Angebote"[206] oder „Angebote aus dem Abonnementbereich"[207] nach der Rechtsprechung nicht ausreichend, da diese Begriffe nach Auffassung der Rechtsprechung so offen gestaltet sind, dass sie die Bewerbung aller möglichen Waren und Dienstleistungen ermöglichen, weshalb unbestimmt und unklar bleibe, für welche Angebote der Angesprochene letztendlich seine Einwilligung erteilt habe. Aus diesem Grund sind vor allem die im Adresshandel häufig angebotenen, pauschal gehaltenen Einwilligungserklärungen in Bezug auf eine Vielzahl von Produkten und Dienstleistungen für Unternehmen aus unterschiedlichen Branchen, die meist im Rahmen von Gewinnspielen eingeholt werden, in der Regel ein Verstoß gegen § 7 UWG.[208]

Die Aufsichtsbehörden gehen aufgrund dieser Rechtsprechung davon aus, dass eine Einwilligung in das Direktmarketing sowohl die Art der beabsichtigten Werbung (Brief, E-Mail/SMS, Telefon, Fax) umfassen muss, wie auch die Produkte, für die geworben werden soll, und die Bezeichnung der werbenden Unternehmen.[209]

> Der Kauf von Adressdaten für Zwecke des Direktmarketings birgt ein hohes Abmahnrisiko, da davon auszugehen ist, dass keine wirksame Einwilligungserklärung vorliegt. Insbesondere wird es dem Adresshändler in der Regel nicht möglich sein, bereits bei Einholung der Einwilligung konkret anzugeben, welches Unternehmen den Betroffenen im Zusammenhang mit welchen Waren oder Dienstleistungen anruft. Denkbar wäre aber, dass Einwilligungen wirksam sind, die sich zwar nicht auf konkrete Unternehmen beziehen, aber diese so konkret beschreiben, dass der Verbraucher mit einer entsprechenden Kontaktaufnahme rechnet, z.B.: „Telefonanrufe von Handelsvertretern, welche Zeitschriftenabonnements verkaufen" oder „Telefonanrufe von Anbietern von Reiserücktrittsversicherungen".

107 Die Darlegungs- und Beweislast für eine erteilte Werbe-Einwilligung liegt bei dem Werbenden. Aus diesem Grund empfiehlt es sich, im E-Mail-Bereich das **Double-Opt-in-Verfahren** einzusetzen. Die Bestäti-

---

201 BGH, Urteil v. 16.07.2008, Az. VIII ZR 348/06, NJW 2008, 3055, 3057 („Payback").

202 BGH, Beschluss v. 14.04.2011, Az. I ZR 38/10, MMR 2011, 458 („Tel. … zur Gewinnbenachrichtigung und für weitere interessante telefonische Angebote …").

203 BGH, Urteil v. 14.04.2011, Az. I ZR 50/09, MMR 2011, 531, 532 („weitere interessante Angebote … aus dem Abonnementbereich); OLG Hamburg, Urteil v. 04.03.2009, Az. 5 U 260/08, MMR 2009, 557 f. (Vorinstanz).

204 OLG Hamburg, Urteil v. 04.03.2009, Az. 5 U 260/08, BeckRS 2010, 08444.

205 BGH, Urteil v. 14.04.2011, Az. I ZR 50/09, MMR 2011, 531, 532.

206 OLG Hamburg, Urteil v. 04.03.2009, Az. 5 U 260/08, BeckRS 2010, 08444.

207 BGH, Urteil v. 14.04.2011, Az. I ZR 50/09, MMR 2011, 531, 532; OLG Hamburg, Urteil v. 04.03.2009, Az. 5 U 260/08, MMR 2009, 557 f.

208 So auch die Auffassung der Bundesnetzagentur Jahresbericht 2011, S. 34; abrufbar unter: http://www.bundesnetzagentur.de/SharedDocs/Downloads/DE/BNetzA/Presse/Berichte/2012/Jahresbericht2011pdf.pdf?__blob=publicationFile.

209 „Anwendungshinweise der Datenschutzaufsichtsbehörden zur Erhebung, Verarbeitung und Nutzung von personenbezogenen Daten für werbliche Zwecke" vom Dezember 2013 (Düsseldorfer Kreis), Seite 4, Ziffer 2.1; abrufbar unter www.lda.bayern.de.

gungsanfrage darf selbst keine Werbung enthalten. Nach Eingang dieser Bestätigung kann angenommen werden, dass der Teilnahmeantrag tatsächlich von der angegebenen E-Mail-Adresse stammt und somit kein Missbrauch vorliegt.[210] In diesem Fall trägt der Betroffene die Darlegungslast dafür, dass die Bestellung bzw. die bestätigende E-Mail nicht von ihm stammt. Mit dem elektronischen Double-Opt-in-Verfahren kann jedoch nicht zusätzlich medienübergreifend eine Telefonnummer verifiziert werden, da es zahlreiche Gründe gibt, bei einem Online-Formular eine falsche Telefonnummer anzugeben.[211] Allerdings wird in diesem Fall zum Teil die Auffassung vertreten, dass es dem Werbenden grundsätzlich gestattet ist, zum Zwecke der Verifizierung beim Anschlussinhaber anzurufen um abzuklären, ob der Angerufene tatsächlich eingewilligt hat.[212]

Der Nachweis einer telefonisch erteilten Einwilligung ist in der Praxis nur durch die Aufzeichnung des Gesprächs (Voice Files) möglich, die Vorlage von Gesprächsprotokollen oder das Angebot des Anrufers als Zeuge[213] reicht regelmäßig nicht aus. Eine mündlich erteilte Einwilligung ist gemäß § 28 Abs. 3a schriftlich zu bestätigen, wobei nach Ansicht der Datenschutzaufsichtsbehörden eine Bestätigung in Textform (z.B. E-Mail) ausreichend sein kann.[214] **108**

5. Rechtsfolgen

Die Verwendung einer Einwilligungserklärung, die den dargestellten Anforderungen nicht genügt, sowie ein Telefonanruf bzw. eine E-Mail-Zusendung auf Basis ungenügender Einwilligungserklärungen lösen Ansprüche auf Beseitigung und Unterlassung (§ 8 UWG), auf Schadensersatz (§ 9 UWG) sowie im Falle einer vorsätzlichen Handlung auf Gewinnabschöpfung (§ 10 UWG) aus. In der überwiegenden Mehrzahl der Fälle beschränken sich die Rechtsfolgen in der Praxis auf die Geltendmachung von Unterlassungsansprüchen, und zwar durch die Betroffenen oder durch anspruchsberechtigte Verbraucherverbände (§ 8 Abs. 3 Ziff. 3 UWG). Der ohne Einwilligung erfolgte Telefonanruf gegenüber Verbrauchern stellt zusätzlich gemäß § 20 UWG eine Ordnungswidrigkeit dar, die von der Bundesnetzagentur für Elektrizität, Gas, Telekommunikation, Post und Eisenbahn verfolgt wird (§ 20 Abs. 3 UWG). Dem Jahresbericht der Bundesnetzagentur für das Jahr 2011 ist zu entnehmen, dass es in diesem Berichtsjahr 30.231 Verbraucherbeschwerden gegeben hat. Die Bundesnetzagentur hat 64 Verfahren eingeleitet und Bußgelder in Höhe von 8,4 Millionen € verhängt.[215] **109**

!

Bei Direktmarketingmaßnahmen ohne Einwilligung besteht ein hohes Abmahnrisiko. Problematisch ist vor allem, dass Verbraucherschutzverbände die Unterlassung generell fordern können, d.h., es wird dem Unternehmen verboten, zukünftig Verbraucher ohne ausreichende Einwilligung anzurufen. Bei Verstoß droht eine Vertragsstrafe bzw. im Falle eines Urteils ein Ordnungsgeld. Ferner können Bußgelder der Bundesnetzagentur empfindliche Höhen erreichen (bis zu € 300.000, vgl. § 20 Abs. 2 KWG)

II. Entbehrlichkeit der Einwilligung bei pseudonymisierten Nutzerprofilen, § 15 Abs. 3 TMG; Cookies; Cookie Policy

1. Ausnahme vom Einwilligungserfordernis, § 15 Abs. 3 TMG

Grundsätzlich verbietet § 15 Abs. 1 TMG die Verwendung von bei der Inanspruchnahme von Telemedien anfallenden sog. Nutzungsdaten, es sei denn, diese sind erforderlich, um die Inanspruchnahme von Tele- **110**

210 BGH, Urteil v. 10.02.2011, Az. I ZR 164/09, MMR 2011, 662, 664 („Double-Opt-in-Verfahren").
211 BGH, Urteil v. 10.02.2011, Az. I ZR 164/09, MMR 2011, 662, 664 („Double-Opt-in-Verfahren").
212 *Köhler* in: Köhler/Bornkamm, § 7 UWG Rn. 154a und b.
213 Der in einem gerichtlichen Verfahren regelmäßig nicht glaubhaft das Führen genau des streitigen Telefongesprächs bestätigen kann.
214 Düsseldorfer Kreis, Anwendungshinweise der Datenschutzaufsichtsbehörden zur Erhebung, Verarbeitung und Nutzung von personenbezogenen Daten für werbliche Zwecke.
215 Jahresbericht 2011 der Bundesnetzagentur, S. 33; abrufbar unter: http://www.bundesnetzagentur.de/SharedDocs/Downloads/DE/BNetzA/Presse/Berichte/2012/Jahresbericht2011pdf.pdf?__blob=publicationFile.

medien zu ermöglichen oder um abzurechnen. „Nutzungsdaten" sind gem. § 15 Abs. 1 Satz 2 TMG insbesondere

- Merkmale zur Identifikation des Nutzers,
- Angaben über Beginn und Ende sowie des Umfangs der jeweiligen Nutzung und
- Angaben über die vom Nutzer in Anspruch genommenen Telemedien.

111 Lediglich § 15 Abs. 3 TMG gestattet darüber hinaus ohne Einwilligung eine Verwendung der Daten zur Erstellung von pseudonymisierten Nutzungsprofilen *„für Zwecke der Werbung, der Marktforschung oder zur bedarfsgerechten Gestaltung der Telemedien"*. Nur für diese Zwecke greift § 15 Abs. 3 TMG, darüber hinaus bedarf es einer Einwilligung (strenge Zweckbindung). Voraussetzung für das Eingreifen der gesetzlichen Erlaubnis ist gem. § 15 Abs. 3 Satz 1 und 2 TMG, dass der Nutzer über diese Art der Nutzung sowie sein Recht, dieser Nutzung zu widersprechen, im Rahmen der Unterrichtungspflicht gem. § 13 Abs. 1 TMG *„zu Beginn des Nutzungsvorgangs"* informiert wird, sog. Opt-out-Lösung. In der Regel geschieht dies durch Bereithalten eines Links auf jeder Website auf die Datenschutzerklärung, welche das Erheben, Verarbeiten und Nutzen der Daten erläutert. Ferner muss der Diensteanbieter gem. §§ 13 Abs. 4 Nr. 6, 15 Abs. 3 Satz 3 durch technische und organisatorische Vorkehrungen sicherstellen, dass die einmal erstellten Nutzungsprofile nicht später mit dem Träger des Pseudonyms zusammengeführt werden.

! Wer sich die Ausnahme des § 15 Abs. 3 TMG für Zwecke der Werbung, der Marktforschung oder zur bedarfsgerechten Gestaltung der Telemedien nutzbar machen möchte, muss den Nutzer in seiner Datenschutzerklärung auf sein Recht zum Widerspruch hinweisen und sicherstellen, dass Nutzungsprofile nicht mit dem Träger des Pseudonyms zusammengeführt werden können.

112 „Nutzungsprofil" meint einen Datensatz, welcher ein Teilabbild der Persönlichkeit des Nutzers gibt.[216] Dabei kann es sich entweder um ein Momentprofil[217], d.h. Analyse einzelner Nutzungen (z.B. wie lange wurde ein Artikel „gelesen"?) oder um ein Langzeitprofil handeln, bei welchem über einen längeren Zeitraum hinweg die Nutzungen erfasst und ausgewertet werden (z.B. auf welchen Websites war der Nutzer zuvor, wofür hat er sich interessiert?). Relevant wird diese Ausnahme vor allem, wenn es um Website-Analysen geht, z.B. mit dem Produkt Google Analytics, oder um die Auslieferung zielgruppenspezifischer Werbung, auch „Online Behavioural Advertising" genannt. Eine weitere Form ist das „Online Behavioural Targeting", bei welchem einem Nutzer zu zuvor von ihm gesuchten Produkten gezielt Werbung auf danach besuchten Seiten angezeigt wird.

113 In Bezug auf **Website-Analysen** ist der Beschluss der deutschen Aufsichtsbehörden für den nicht-öffentlichen Bereich (Düsseldorfer Kreis) in Sachen *„Datenschutzkonforme Ausgestaltung von Analyseverfahren zur Reichweitenmessung bei Internet-Angeboten"* zu beachten.[218] Danach gehen die Aufsichtsbehörden davon aus, dass IP-Adressen kein „Pseudonym" im Sinne des § 15 Abs. 3 TMG sind. Sofern diese im Rahmen der Kommunikation zwischen Website und Browser des Nutzers automatisiert mit übermittelt werden, muss der Diensteanbieter vor jeglicher Auswertung dafür sorgen, dass die IP-Adresse zumindest um das letzte Oktett gekürzt wird. Werden für die Analyse Cookies eingesetzt und ausgelesen, so kann der Unique Identifier nach Auffassung der Aufsichtsbehörden als Pseudonym dienen. Allerdings muss entsprechend den Anforderungen des § 15 Abs. 3 Satz 3 TMG sichergestellt sein, dass diese Angabe nicht mit Daten zusammengeführt werden, die eine Identifizierung ermöglichen (z.B. Log-in Daten oder E-Mail-Adresse des Nutzers). Wird die Analyse durch einen Dritten im Auftrag des Website-Betreibers durchgeführt, wird es sich regelmäßig um eine Auftragsdatenverarbeitung gem. § 11 handeln,

---

216 *Jandt/Laue*, K&R 2006, 317; Spindler/*Spindler/Nink*, Recht der elektronischen Medien, § 15 Rn. 8.
217 Begrifflichkeit wie bei Hoeren/Sieber/*Schmitz*, Multimedia-Recht, Kap. 16.4, Rn. 166.
218 Beschluss der obersten Aufsichtsbehörden für den Datenschutz im nicht-öffentlichen Bereich am 26./27. November 2009 in Stralsund zu „Datenschutzkonforme Ausgestaltung von Analyseverfahren zur Reichweitenmessung bei Internet-Angeboten".

d.h., es ist ein schriftlicher Vertrag abzuschließen.[219] Ferner verlangen die Aufsichtsbehörden, dass den Nutzern ein echter Opt-out angeboten wird, z.B. durch die Möglichkeit, einen Opt-out-Cookie herunterzuladen.

! In Bezug auf die Verwendung von „Google Analytics" hat der Hamburgische Datenschutzbeauftragte Hinweise veröffentlicht, die auf vergleichbare Website-Analyse-Dienste und deren Einsatz übertragen werden können.[220] Danach ist:

- ein schriftlicher Vertrag mit dem Analysedienst zu schließen,
- in der Datenschutzerklärung über den Analysedienst und die Verarbeitung im Rahmen dieser Analyse aufzuklären sowie auf das Widerspruchsrecht hinzuweisen,
- eine Opt-out-Möglichkeit anzubieten (z.B. Verlinkung auf Website des Analysedienstes, welche Opt-out ermöglicht),
- sicherzustellen, dass die IP-Adresse vor jeder Auswertung gekürzt wird.

Geht es um die Verwendung von Cookies zur Auslieferung von **zielgerichteter Werbung**, ist zunächst 114 festzustellen, wer verantwortliche Stelle für die jeweiligen Verarbeitungen ist.[221] Am häufigsten ist die Konstellation, dass der Website-Betreiber sich einem Werbenetzwerk anschließt, welches dann auch die Auslieferung der zielgruppenspezifischen Werbung auf seiner Website übernimmt. Er „vermietet" im Grunde den Werbeplatz seiner Website an das Werbenetzwerk. Besucht der Nutzer die dem Werbenetzwerk angeschlossene Website, platziert das Werbenetzwerk einen Cookie auf dem Endgerät des Nutzers (sog. Third Party Cookie) und/oder ruft die Informationen ab, welche bereits im Endgerät gespeichert sind. Im Regelfall dienen die so erhobenen Informationen über das Nutzerverhalten dazu, den Nutzer einem bestimmten Segment zuzuordnen (z.B. „interessiert sich für Autos"), um gruppenspezifische Werbung auszuliefern. Denkbar ist aber auch, dass der Nutzer zielgerichtet ein Produkt angezeigt erhält, für welches er sich zuvor interessiert hat. Die europäischen Aufsichtsbehörden gehen bei dieser Konstellation davon aus, dass sowohl der Werbenetzbetreiber als auch der Website-Anbieter verantwortliche Stelle sind, da der Website-Anbieter das Platzieren des Cookies erst ermöglicht.[222] Sie empfehlen deshalb, dass die genaue Rollenfestlegung, wer für welche Verarbeitung und für welche Informationspflichten verantwortlich ist, in einem Vertrag zwischen dem Website-Anbieter und dem Werbenetzbetreiber festgelegt wird.

! In der Praxis wird es meist so sein, dass der Website-Anbieter die Informationspflicht gem. § 13 Abs. 1 TMG auf der Website übernimmt, schon weil anders nicht sichergestellt werden kann, dass die Informationspflicht „zu Beginn des Nutzungsvorgangs" erfüllt wird. Das Werbenetzwerk sollte dagegen verpflichtet werden, die IP-Adresse zu kürzen und einen Opt-out-Mechanismus bereitzustellen. Ferner muss es gewährleisten, dass es keine Zusammenführung der Angaben mit dem Träger des Pseudonyms gibt, z.B. darf das Profil nicht so granular sein, als dass es Rückschlüsse auf eine individuelle Person zulassen würde.

---

219 Vgl. die „Hinweise für Webseitenbetreiber mit Sitz in Hamburg, die Google Analytics einsetzen" des hamburgischen Datenschutzbeauftragten; abrufbar unter: http://www.datenschutz-hamburg.de/uploads/media/GoogleAnalytics_Hinweise_Webseitenbetreiber_in_Hamburg.pdf.

220 Vgl. die „Hinweise für Webseitenbetreiber mit Sitz in Hamburg, die Google Analytics einsetzen" des hamburgischen Datenschutzbeauftragten; abrufbar unter: http://www.datenschutz-hamburg.de/uploads/media/GoogleAnalytics_Hinweise_Webseitenbetreiber_in_Hamburg.pdf.

221 Dazu ausführlich die Stellungnahme 2/2010 zur Werbung auf Basis von Behavioural Targeting der Artikel-29-Datenschutzgruppe (WP 171), S. 12 ff.

222 Stellungnahme 2/2010 zur Werbung auf Basis von Behavioural Targeting der Artikel-29-Datenschutzgruppe (WP 171), S. 12 ff.

115 Nach Ansicht der Aufsichtsbehörden müssen in Bezug auf eine Cookie-Verwendung mindestens die folgenden Informationen auf der Website bereitgehalten werden:

- Identität des Betreibers des Werbenetzwerks,
- Zweckbestimmung der Verarbeitung (z.B. Erstellung von pseudonymisierten Nutzerprofilen zur zielgruppenspezifischen Auslieferung von Werbebannern),
- Informationen darüber, welche Angaben der Cookie sammelt (z.B. Informationen über die Besuche auf anderen Websites, über die ihnen gezeigte Werbung, Zeitpunkt des Besuchs).

116 Dabei vertritt die Artikel-29-Datenschutzgruppe den Standpunkt, dass diese Informationen nicht in den AGB oder in der Datenschutzerklärung „versteckt" werden dürfen.[223] Es empfiehlt sich evtl. ein gesonderter Link mit der Bezeichnung „Cookies".

! Viele der derzeit noch im Internet verwendeten **Informationen über Cookies** sind unzureichend. Insbesondere ist ein Wortlaut, welcher lediglich darauf verweist, dass „Cookies kleine Textdateien" sind und man diese über seine Browsereinstellung ablehnen kann, veraltet. Vielmehr sollte man darüber aufklären, wer auf der Website welche Cookies setzt, welche Daten diese erheben und wofür diese Angaben verwendet werden. Zudem sollte über die Verwendung von pseudonymisierten Nutzerprofilen aufgeklärt und eine echte Opt-out-Möglichkeit angeboten werden (z.B. im Log-in-Bereich oder als Opt-out-Cookie). Ferner ist zu prüfen, ob die jeweils eingesetzten Cookies tatsächlich der Ausnahme des § 15 Abs. 3 TMG unterfallen, also nur zur Erstellung pseudonymisierter Nutzerprofile für Zwecke der Werbung, Marktforschung oder der bedarfsgerechten Gestaltung des Telemediums verwendet werden.

117 Eine andere Frage ist, ob das Setzen des Cookies eine **Einwilligung** erfordert. Hintergrund ist die Wortlautänderung von Art. 5 Abs. 3 der Datenschutzrichtlinie für elektronische Kommunikation 2002/58/EG durch die Richtlinie 2009/136/EG. Nach Art. 5 Abs. 3 n.F. der Datenschutzrichtlinie für elektronische Kommunikation 2002/58/EG[224] ist *„die Speicherung von Informationen oder der Zugriff auf Informationen, die bereits im Endgerät eines Teilnehmers oder Nutzers gespeichert sind, nur gestattet (...), wenn der betreffende Teilnehmer oder Nutzer auf der Grundlage von klaren und umfassenden Informationen, die er gemäß der Richtlinie 95/46/EG u.a. über die Zwecke der Verarbeitung erhält, seine Einwilligung*[225] *gegeben hat. Dies steht einer technischen Speicherung oder dem Zugang nicht entgegen, wenn der alleinige Zweck die Durchführung der Übertragung einer Nachricht über ein elektronisches Kommunikationsnetz ist oder wenn dies unbedingt erforderlich ist, damit der Anbieter eines Dienstes der Informationsgesellschaft, der vom Teilnehmer oder Nutzer ausdrücklich gewünscht wurde, diesen Dienst zur Verfügung stellen kann."*

118 Diese Vorschrift war bis zum 24.05.2011 in nationales Recht umzusetzen. Die deutschen Aufsichtsbehörden stehen dabei auf dem Standpunkt, dass es insoweit einer Abänderung des Telemediengesetzes bedarf.[226] Die Bundesregierung ist dagegen der Auffassung, dass eine Gesetzesänderung nicht erforderlich ist, ein Gesetzgebungsvorschlag der Opposition wurde Anfang 2012 abgelehnt.[227] In Bezug auf Deutschland bedeutet dies, dass Anbieter, welche ausschließlich in Deutschland niedergelassen sind[228], auf eine

---

223 Stellungnahme 2/2010 zur Werbung auf Basis von Behavioural Targeting der Artikel-29-Datenschutzgruppe (WP 171), S. 22.

224 Abgeändert durch die Richtlinie 2009/136/EG des Europäischen Parlaments und des Rates vom 25. November 2009 zur Änderung der Richtlinie 2002/22/EG über den Universaldienst und Nutzerrechte bei elektronischen Kommunikationsnetzen und -diensten, der Richtlinie 2002/58/EG über die Verarbeitung personenbezogener Daten und den Schutz der Privatsphäre in der elektronischen Kommunikation und der Verordnung (EG) Nr. 2006/2004 über die Zusammenarbeit im Verbraucherschutz; ABl. EG 2009 L 337/11.

225 Fettdruck hinzugefügt.

226 Beschluss der obersten Aufsichtsbehörden für den Datenschutz im nicht-öffentlichen Bereich (Düsseldorfer Kreis) vom 24./25. November 2010 „Umsetzung der Datenschutzrichtlinie für elektronische Kommunikationsdienste".

227 Gesetzesvorschlag der SPD, abgedruckt in: BT-Drs. 17/07521, S. 119 ff., der dann aber am 29.02.2012 von den zuständigen Ausschüssen abgelehnt wurde.

228 Vgl. Art. 4 Abs. 1 Datenschutzrichtlinie 1995/46/EG bzw. § 1 Abs. 5 BDSG zur Anwendbarkeit des nationalen Rechts.

Einwilligung verzichten können, sofern § 15 Abs. 3 TMG greift. Erforderlich ist dafür, dass sich die Profilerstellung im Rahmen des § 15 Abs. 3 TMG hält, d.h. insbesondere pseudonym ist und nur für die verantwortliche Stelle erstellt und verwendet wird (keine Übermittlung an Dritte[229]).

!

Achtung: Bei Unternehmen mit Sitz in einem anderen EU-Mitgliedstaat die jeweils lokalen Vorschriften des EU-Mitgliedstaates einschlägig sind. Insbesondere ist in vielen EU-Mitgliedstaaten der neue Art. 5 Abs. 3 der Datenschutzrichtlinie elektronische Kommunikation dergestalt umgesetzt, dass es einer vorherigen (teilweise expliziten) **Einwilligung** bedarf. Darüber hinaus ist wahrscheinlich, dass auch die Website eines deutschen Unternehmens Cookies nicht nur für pseudonymisierte Nutzungsprofile einsetzt oder z.B. nicht das von den Aufsichtsbehörden geforderte Anonymisierungsverfahren (Löschen des letzten Oktetts der IP-Adresse) einhält. Auch in diesem Fall bedarf es nach derzeitiger Ansicht der deutschen Aufsichtsbehörden einer Einwilligung.

2. Erfordernis der Einwilligung beim Setzen von Cookies im Übrigen

Sofern die Ausnahme des § 15 Abs. 3 TMG nicht greift, bedarf es grundsätzlich einer Einwilligung für das Setzen von Cookies. Eine Ausnahme vom Einwilligungserfordernis besteht nur insoweit, als bereits die EU-Richtlinie 2002/58/EG bestimmte Cookies vom Einwilligungserfordernis freistellt. Es handelt sich um Cookies, bei welchen (a) der *„alleinige Zweck die Durchführung der Übertragung einer Nachricht über ein elektronisches Kommunikationsnetz ist"* oder (b) der Cookie *„unbedingt erforderlich ist, damit der Anbieter eines Dienstes der Informationsgesellschaft, der vom Teilnehmer oder Nutzer ausdrücklich gewünscht wurde, diesen Dienst zur Verfügung stellen kann"*. 119

Nach einer Stellungnahme der Artikel-29-Datenschutzgruppe bedürfen daher zumindest die folgenden Cookies **keiner Einwilligung**[230]: 120

- User-Input-Cookies (Session ID) für die Dauer einer Sitzung oder in bestimmten Fällen bei persistenten Cookies, deren Gültigkeitsdauer auf wenige Stunden beschränkt ist;
- Authentifizierungscookies für Dienste, bei denen eine Authentifizierung erforderlich ist, für die Dauer der Sitzung;
- Nutzerorientierte Sicherheitscookies zur Erkennung von Authentifizierungsmissbrauch für eine begrenzt lange Dauer;
- Multimedia-Player-Sitzungscookies wie Flash-Player-Cookies für die Dauer einer Sitzung;
- Lastverteilungs-Sitzungscookies für die Dauer der Sitzung;
- Persistente Cookies zur Anpassung der Benutzeroberfläche für die Dauer einer Sitzung (oder etwas länger);
- Third-Party-Content-Sharing-Cookies sozialer Plug-ins für angemeldete Mitglieder eines sozialen Netzwerks (also nicht für Dritte oder Mitglieder, die abgemeldet sind).

Von der Einwilligungspflicht dagegen nicht ausgenommen sind nach Ansicht der Artikel-29-Datenschutzgruppe die folgenden Cookies: 121

- **Tracking-Cookies** sozialer Plug-ins, sofern diese nicht „ausdrücklich gewünscht" sind vom Nutzer (also insbesondere Dritte oder nicht angemeldete Mitglieder des sozialen Netzwerks betreffen);
- **Third-Party-Cookies**[231] zu Werbezwecken, da es sich insoweit nicht um einen „ausdrücklich gewünschten" Dienst handelt. Dazu sollen auch Cookies zählen, deren Zwecke mit der Werbung zu-

---

229 Roßnagel/*Dix/Schaar*, § 15 TMG Rn. 66.
230 Stellungnahme 04/2012 zu Ausnahme von Cookies von der Einwilligungspflicht vom 07.06.2012 (WP 194), S. 7 ff.
231 Gemeint sind Cookies, welche nicht vom Website-Betreiber, sondern von einem Dritten gesetzt werden, z.B. dem Werbenetzwerk.

sammenhängen, wie z.B. Frequency Capping, Protokollierung von Finanzdaten, Affiliate-Marketing, Erkennung von Klickbetrug, Marktforschung und Marktanalyse, Produktverbesserung und Fehlerbehebung.

- **First-Party-Analyse-Cookies**[232], mit welchen der Website-Betreiber die Nutzung seiner Website analysiert, um z.B. die Zahl der Besucher zu ermitteln oder wichtige Suchbegriffe, die über Suchmaschinen zu seiner Website führen, aufzuspüren oder Navigationsprobleme auf der Website festzustellen. Dabei weist die Artikel-29-Datenschutzgruppe darauf hin, dass derartige Cookies nur ein geringes Datenschutzrisiko darstellen, wenn sie ausschließlich für aggregierte Statistiken des Website-Betreibers verwendet werden. In diesem Fall kann es ausreichen, dass (i) die Datenschutzrichtlinie der Website unmissverständlich über Cookies informiert, (ii) Anonymisierungsmechanismen insbesondere für die IP-Adresse eingesetzt werden und (iii) eine benutzerfreundliche Möglichkeit zur Abwahl jedweder Datenerfassung besteht.[233]

122 Soweit eine Einwilligung erforderlich bleibt, ist problematisch, dass der Richtlinientext die Voraussetzungen für eine solche Einwilligungserklärung nicht vorgibt. In der Praxis steht man vor dem Problem, dass der Wortlaut von Art. 5 Abs. 3 EU-Richtlinie 2002/58/EG nicht in allen EU-Mitgliedstaaten wortgleich umgesetzt ist und zudem der Begriff der „Einwilligung" in den einzelnen Mitgliedstaaten höchst unterschiedlich ausgelegt wird. Während z.B. die für die Datenschutzaufsicht zuständige Behörde in Großbritannien[234] die Einholung einer Einwilligung in AGB für zulässig hält, wird dies von der französischen Aufsichtsbehörde[235] als Möglichkeit abgelehnt. Dementsprechend unterschiedlich wird das Einwilligungserfordernis auf multinationalen Seiten umgesetzt. Im Überblick finden sich derzeit vor allem folgende Praktiken:

a) Link auf Datenschutzerklärung bzw. Cookie Policy zumindest auf der Eingangsseite bzw. auf jeder Seite, welche dann die Cookies und ihren Einsatz erläutert sowie die Möglichkeiten, Präferenzen zum Setzen von Cookies einzustellen;

b) deutlich sichtbarer Hinweis auf Cookies der Startseite (z.B. als Pop-up, banner oben auf der Website oder Overlay-Seite) mit dem Hinweis, dass der Nutzer mit der Nutzung der Website dem Setzen von Cookies zustimmt;

c) deutlich sichtbarer Hinweis auf Cookies auf der Startseite (z.B. als Pop-up, banner oben auf der Website oder Overlay-Seite) mit der Aufforderung, den Einsatz von Cookies zu akzeptieren. Teilweise kann die Website auch bei Ablehnung weiter genutzt werden, teilweise ist die weitere Nutzung der Website nur möglich, wenn der Nutzer den „Ich akzeptiere"-Klick setzt;

d) deutlich sichtbarer Hinweis mit der Möglichkeit für den Nutzer, sämtliche oder bestimmte Cookies zu akzeptieren oder die Speicherung von Cookies abzulehnen;

e) Verwendung eines „i"-Icons in den Werbebannern, welches auf www.youronlinechoices.com verlinkt, wo über das Setzen von Cookies und Möglichkeiten, diese abzulehnen, aufgeklärt wird. Es handelt sich insoweit um eine Selbstregulierungsinitiative der europäischen Werbewirtschaft über die European Interactive Digital Advertising Alliance (EDAA).[236]

123 Zur Auslegung des Begriffs der Einwilligung ist in jedem Fall zunächst der 66. Erwägungsgrund der Richtlinie 2009/136/EG, welche die Änderung des Art. 5 Abs. 3 EU-Richtlinie 2002/58/EG einführte, heranzuziehen. Konkret heißt es dort: *„Wenn es technisch durchführbar und wirksam ist, kann die Einwilligung des Nutzers zur Verarbeitung im Einklang mit den entsprechenden Bestimmungen der Richtlinie 95/46/EG über die Handhabung der entsprechenden Einstellungen eines Browsers oder einer anderen Anwen-*

---

232 Damit sind Cookies gemeint, die der Website-Betreiber selbst setzt, wenn ein Nutzer seine Website besucht.
233 Stellungnahme 04/2012 zu Ausnahme von Cookies von der Einwilligungspflicht vom 07.06.2012 (WP 194), S. 12.
234 UK Information Commissioner (ICO), „Guidance on the rules on use of cookies and similar technologies", in der Fassung vom Mai 2012, abrufbar unter: http://www.ico.gov.uk, S. 6 f.
235 Stellungnahme der CNIL vom 26.10.2011 „What the Telecoms Package changes for cookies", abrufbar unter: www.cnil.fr.
236 Mehr Informationen unter www.iabeurope.eu.

dung ausgedrückt werden." Zwar erwähnt der Erwägungsgrund damit die Handhabung von Browser-Einstellungen ausdrücklich als Möglichkeit der Einwilligung. Dennoch gehen die Aufsichtsbehörden derzeit davon aus, dass nach dem heutigen Stand der Technik und Aufgeklärtheit der Nutzer eine Einwilligung nicht dadurch generiert wird, dass der Nutzer lediglich auf die Möglichkeit des Opt-outs durch Änderung der Browser-Einstellung hingewiesen wird.[237] Dies könne nur dann der Fall sein, wenn dem Nutzer bekannt sei, dass er eine Opt-out-Möglichkeit habe und sich dennoch willentlich dagegen entscheide. Derzeit fehle aber den Nutzern im Allgemeinen das grundlegende Verständnis für die entsprechenden Technologien. Letztlich arbeitet die europäische Werbewirtschaft mit www.youronlinechoice.com daran, den Nutzer aufzuklären, um so zukünftig von einer Einwilligung auszugehen, wenn der Nutzer nicht aktiv das Cookie-Setzen abschaltet. Dennoch wird dieser Ansatz bisher von der Artikel-29-Datenschutzgruppe kritisch gesehen, es fehle insoweit an einer bejahenden Handlung des Nutzers.[238]

Nach Ansicht der britischen Aufsichtsbehörde kann aber eine bejahende Handlung des Nutzers darin bestehen, dass die Website trotz Kenntnis von den Cookies weiterhin besucht wird.[239] Dafür sei erforderlich, dass der Nutzer versteht, dass er durch diese Handlung eine Einwilligung erteilt. Folgt man dieser Auffassung, können zumindest die Varianten b), c) und d) wirksam eine Einwilligung generieren. Die Artikel-29-Datenschutzgruppe sieht dies etwas kritischer, insbesondere betont sie, dass die Einwilligung freiwillig abgegeben werden müsse, was infrage stehen könne, wenn der Nutzer gar nicht die echte Möglichkeit erhalte, sich für oder gegen Cookies zu entscheiden.[240] Insbesondere bei Tracking-Cookies müsse eine Wahlmöglichkeit gegeben sein, da diese lediglich einen zusätzlichen Nutzen für den Website-Betreiber darstellen würden. Nach dieser Ansicht wäre die Fallvariante c) zulässig, wenn die Website auch bei Ablehnung genutzt werden kann, bzw. die Variante d), bei welcher dem Nutzer eine wirkliche Wahlmöglichkeit gegeben wird. **124**

Die deutschen Aufsichtsbehörden haben sich bisher noch nicht auf Handlungsanweisungen oder Leitlinien für Cookie-Policies verständigt, sodass hier eine Verwaltungspraxis noch nicht absehbar ist. Problematisch ist dabei, dass umstritten ist, wie mit § 15 Abs. 3 TMG umzugehen ist. Der damalige Bundesbeauftragte für den Datenschutz, Peter Schaar, vertrat die Auffassung, dass die Bundesrepublik Deutschland mit der Umsetzung der Richtlinie in Verzug sei und deshalb die Aufsichtsbehörden Art. 5 Abs. 3 der EU-Richtlinie 2002/58/EG direkt anwenden müssten, die Regelung des Art. 5 Abs. 3 sei dafür „hinreichend bestimmt".[241] Dagegen sprechen allerdings die Auslegungsunsicherheiten, die sich bereits bei der Umsetzung und Anwendung der Regelung in den anderen Mitgliedstaaten zeigen. Im Ergebnis ist davon auszugehen, dass § 15 Abs. 3 TMG anwendbar bleibt. **125**

Auch für Unternehmen mit Sitz in Deutschland empfiehlt es sich dennoch, die eigene Cookie-Nutzung und die Aufklärung darüber in der Datenschutzerklärung auf den Prüfstand zu stellen. In der Praxis zeigt sich, dass Unternehmen oftmals gar keinen Überblick darüber haben, welche Cookies auf der Website im Einsatz sind. Dies gilt es in einem ersten Schritt zu ermitteln. Sodann sollte genau geprüft werden, ob die Zwecke der Cookies unter die Ausnahmen der Richtlinie 2002/58/EG fallen, also insbesondere erforderlich sind, um eine vom Nutzer gewünschte Funktionalität durchzuführen oder sonst vom Einwilligungserfordernis gem. § 15 Abs. 3 TMG befreit zu sein. Für sonstige Cookies sollte geprüft werden, ob einer der oben erwähnten Einwilligungsmechanismen zum Einsatz kommen kann, wobei die Varianten c) und d) die größte Rechtssicherheit versprechen, da z.B. bei Fallvariante a) und b) (bloßes Weiternutzen der Website) infrage stehen kann, ob tatsächlich eingewilligt wurde. Zu prüfen ist auch, ob ggf. eine Einwilligung über AGB in Betracht kommt (bedarf allerdings der Hervorhebung der Einwilligungserklärung **126**

---

237 Artikel-29-Datenschutzgruppe, Stellungnahme 2/2010 zur Werbung auf Basis von Behavioural Targeting vom 22.06.2010 (WP 171), S. 19 f.

238 Stellungnahme 16/2011 zur Best-Practice Empfehlung von EASA und IAB zu verhaltensorientieren Online-Werbung vom 08.12.2011 (WP 188), S. 11.

239 UK Information Commissioner (ICO), „Guidance on the rules on use of cookies and similar technologies", in der Fassung vom Mai 2012, abrufbar unter: http://www.ico.gov.uk, S. 7.

240 Artikel-29-Datenschutzgruppe, Arbeitsunterlage 02/2013 mit Leitlinien für die Einholung der Einwilligung zur Verwendung von Cookies vom 02.10.2013 (WP 208), S. 5 f.

241 Pressemeldung auf www.heise.de vom 08.05.2012: „Schaar: Cookie-Regeln der EU gelten unmittelbar."

gem. § 4a Abs. 1 S. 4 BDSG). Im Übrigen bleibt abzuwarten, ob sich im Rahmen neuer EU-Gesetzgebung klarere und einheitlichere Anforderungen an Cookie-Policies entwickeln.

> Unabhängig davon, für welche Umsetzungsvariante man sich entscheidet, ist zwingend erforderlich, dass die Nutzer über den Einsatz von Cookies hinreichend aufgeklärt werden. In jedem Fall sollte daher ein Unternehmen seine Erläuterungen zu Cookies auf Aktualität und Transparenz hin überprüfen.

3. Cookie Policy

127 Hilfestellung für das Entwerfen einer Cookie Policy, also den Erläuterungen zum Einsatz von Cookies, liefert die „Arbeitsunterlage 02/2013 mit Leitlinien für die Einholung von Einwilligungen zur Verwendung von Cookies" vom 02.10.2013 der Artikel-29-Datenschutzgruppe (WP 208) sowie das Papier „Guidance on the rules on use of cookies and similar technologies" des britischen Information Commissioners.[242] Vergleichbar den Anforderungen gem. § 13 Abs. 1 TMG, wonach zu Beginn des Nutzungsvorgangs über Art, Umfang und Zwecke der Erhebung und Verwendung personenbezogener Daten aufzuklären ist, fordert die Arbeitsunterlage eine „spezifische Information" auf der Website, auf welcher der Nutzer seine Browser-Sitzung beginnt. Diese kann über das Bereithalten eines Links zur Verfügung gestellt werden, welcher zweckmäßigerweise mit „Cookies" oder „Cookie Policy" zu bezeichnen wäre. Es ist dann zumindest aufzuklären über:

- Zweckbestimmung(en) der Cookies;
- Hinweise auf mögliche Cookies von Dritten oder den Zugang von Dritten auf die mithilfe von Cookies erhobenen Daten;
- Angaben über typische Werte, die der Cookie erhebt;
- Angaben über die Speicherfrist;
- Angaben dazu, wie der Nutzer bestimmte oder keine Cookies akzeptieren oder diese Einstellung wieder ändern kann.

D. Muster

I. Checkliste Einwilligungserklärung

128 ☐ **Höchstpersönlich** ≠ Betriebsvereinbarung

Achtung bei Minderjährigen: In der Regel Einwilligung des Erziehungsberechtigten erforderlich. Besser: Auf gesetzliche Erlaubnis (§§ 28 ff. BDSG) stützen.

☐ **Freiwillig**

Achtung bei Arbeitnehmern: Hier wird regelmäßig die Freiwilligkeit infrage gestellt. Daher prüfen:

- Bereits gesetzlich erlaubt? Dann ist Einwilligung entbehrlich.
- Kontrollfrage: Hätte dies schon im Arbeitsvertrag geregelt werden können (keine Umgehung)
- Hat der Arbeitnehmer die Wahl, die Einwilligung nicht abzugeben bzw. später zu widerrufen, ohne Sanktionen/Nachteile befürchten zu müssen?

Achtung bei AGB: Teilweise wird die Freiwilligkeit infrage gestellt, wenn der Betroffene die Leistung nur bei gleichzeitigem Akzeptieren der Einwilligung erhält. Daher prüfen, ob Entkopplung möglich ist, z.B. gesondertes Akzeptieren der Einwilligungserklärung.

242 Abrufbar unter: www.ico.gov.uk.

☐ **Informiert**

- Art der personenbezogenen Daten (bei besonderen Arten gem. § 3 Abs. 9 detailliert aufzählen)
- Identität der verantwortlichen Stelle (voller Firmenname, mit Sitzanschrift – kein Postfach – und Vertretungsberechtigten)
- Zweckbestimmung der Erhebung, Verarbeitung und Nutzung (Kontrollfrage: Kann der Betroffene die Sachlage erkennen und den Umfang der Einwilligung abschätzen? Allgemein gehaltene Aussagen vermeiden)
  - **Achtung bei Einwilligung in Direktmarketing:** Die Einwilligungserklärung muss Angaben dazu enthalten, **wer** Kontakt aufnimmt (≠ „Partnerunternehmen" oder „Konzernangehörige Unternehmen") und **welche** Produkte und Dienstleistungen angeboten werden (≠ „aus dem Abonnementbereich", „weitere interessante Angebote", o.k. wäre z.B. „Zeitschriften", „Reiseangebote")
  - **Achtung bei Einwilligung in die Verwendung für werbliche Zwecke oder Markt-/Meinungsforschung:** Hinweis auf Widerspruchsrecht bei der Erhebung und bei jeder Verwendung, gem. § 28 Abs. 4 Satz 2 (siehe § 28 Rn. 127 ff.)
- Kategorien von Empfängern, es sei denn, der Betroffene rechnet mit einer solchen Übermittlung (z.B. SCHUFA, evtl. Auftragsdatenverarbeiter)
- Bei Übermittlung in Länder außerhalb der EU/des EWR, welche kein „angemessenes Datenschutzniveau" im Sinne von § 4b Abs. 2 Satz 2 bieten (siehe § 4b Rn. 13 ff.), bedarf es eines Hinweises darauf, dass kein mit der EU vergleichbares Datenschutzniveau gewährleistet ist.
- Hinweis auf Folgen der Verweigerung der Einwilligung, sofern sich dies für den Betroffenen nicht ohnehin erschließt und es um negative Konsequenzen für ihn geht.
- Transparenz: Die Einwilligungserklärung sollte nicht versteckt werden, sondern durch Platzierung, grafische Gestaltung und Wahl der Überschrift (nicht „Datenschutzerklärung", sondern „Einwilligung") sollte dem Betroffenen deutlich werden, dass er eine Einwilligung abgibt.[243] Ohnehin gilt das Hervorhebungsgebot gem. § 4a Abs. 1 S. 4 (z.B. Fettdruck, Schriftgröße, Rahmen, farbliche Gestaltung), wenn die Erklärung zusammen mit anderen Erklärungen abgegeben wird.

☐ **Schriftlich**

- Elektronische oder mündliche Einwilligung (mit schriftlicher Bestätigung) spezialgesetzlich geregelt: § 13 Abs. 2 TMG, § 94 TKG, § 28 Abs. 3a? Sonst:
- Liegen „besondere Umstände" vor, die eine andere Form „angemessen" machen? Abwägung im Einzelfall, mögliche Fallgruppen (siehe Rn. 80).
- Konkludente Einwilligung nur ausnahmsweise
- Bei elektronischer Einwilligung an Protokollierungspflichten und Abrufbarkeit denken (siehe Rn. 69)

☐ **Besondere Arten von personenbezogenen Daten betroffen?**

Falls ja, sicherstellen, dass sich Erklärung ausdrücklich auf diese bezieht und die Daten nicht zu abstrakt beschrieben sind (der Betroffene soll „in Kenntnis der Sachlage" entscheiden)

☐ **Achtung AGB:**

- Einwilligungserklärung in AGB ist deutlich hervorzuheben
- Inhaltskontrolle durchführen (überraschend? Abweichung vom wesentlichen Grundgedanken einer gesetzlichen Regelung? Sonst unangemessene Benachteiligung des Betroffenen) (siehe Rn. 86)
- **Achtung bei Einwilligung in Direktmarketing:** Gesonderte Einwilligung erforderlich!

---

243 Hilfreich dazu die Hinweise der Bayerischen Datenschutzaufsichtsbehörde für den nicht-öffentlichen Bereich im zweiten Tätigkeitsbericht (2006), abgedruckt in: RDV 2007, 84.

II. Muster Einwilligungserklärungen

1. Einwilligung in Werbung per Telefon, Telefax, E-Mail

129 Checkliste:

- ☐ Welches Unternehmen wird sich melden?
- ☐ Über welchen Kommunikationskanal?
- ☐ Für welche Produkte/Dienstleistungen?
- ☐ Hinweis auf das Widerspruchsrecht gem. § 28 Abs. 4

Beispiel

Ich willige ein, dass die XY GmbH* die von mir o.g. Daten verarbeitet und nutzt, um mich per Telefon, Telefax, E-Mail oder Brief (Nichtzutreffendes bitte streichen) zu den o.g. Themen zu informieren.

Ich kann meine Einwilligung ohne Angabe von Gründen jederzeit mit Wirkung für die Zukunft per E-Mail an (…)@xy.com oder per Post an (Adresse) widerrufen, ohne dass dafür weitere Übermittlungskosten als diejenigen nach Basistarif entstehen.

*XY GmbH, vertr. d. d. GF, Poststraße 3, 80331 München

2. Text für E-Mail-Ausnahme gem. § 7 Abs. 3 UWG

130 Es ist möglich, die E-Mail-Adresse von Kunden zur Bewerbung eigener, ähnlicher Produkte zu verwenden, wenn diese bei Erhebung der E-Mail-Adresse auf ihr Widerspruchsrecht hingewiesen wurden, z.B. wie folgt:

Wir verwenden Ihre E-Mail-Adresse, um Sie zukünftig über Waren oder Dienstleistungen von uns zu informieren, die denen von Ihnen bestellten ähnlich sind. Sie können dieser Verwendung jederzeit widersprechen, ohne dass hierfür andere als die Übermittlungskosten nach Basistarifen entstehen, z.B. per E-Mail an folgende Adresse: (…)

3. Einwilligung in Werbung per Briefpost

131 Der *Bundesgerichtshof* hat in Sachen „Payback"[244] die nachfolgende Einwilligungsklausel in Bezug auf postalische Werbung als formal und inhaltlich im Einklang mit § 4a gesehen:

Mit meiner Unterschrift erkläre ich mich einverstanden, dass die von mir oben angegebenen Daten sowie die Rabattdaten (Waren/Dienstleistungen, Preis, Rabattbetrag, Ort und Datum des Vorgangs) für an mich gerichtete Werbung (z.B. Informationen über Sonderangebote, Rabattaktionen) per Post … sowie zu Zwecken der Marktforschung ausschließlich von der L-GmbH und den Partnerunternehmen gemäß Nr. 2 der beiliegenden Hinweise zum Datenschutzrecht gespeichert und genutzt werden.

(…)

☐ Hier ankreuzen, falls die Einwilligung nicht erteilt wird.

Bitte beachten: Inzwischen müsste hier zusätzlich über das Recht zum Widerspruch gem. § 28 Abs. 4 Satz 2 aufgeklärt werden, z.B. wie folgt:

Ich kann einer werblichen Verwendung meiner Postanschrift jederzeit widersprechen und/oder meine Einwilligung jederzeit widerrufen.

---

244 BGH, Urteil v. 16.07.2008, Az. VIII ZR 348/06, NJW 2008, 3055.

In Sachen „HappyDigits"[245] hat der *Bundesgerichtshof* folgende Einwilligungserklärung in Bezug auf postalische Werbung unbeanstandet gelassen:

Einwilligung in Beratung, Information (Werbung) und Marketing

Ich bin damit einverstanden, dass meine bei HappyDigits erhobenen persönlichen Daten (Name, Anschrift, Geburtsdatum) und meine Programmdaten (Anzahl gesammelte Digits und deren Verwendung; Art der gekauften Waren und Dienstleistungen; freiwillige Angaben) von der C. GmbH als Betreiberin des HappyDigits-Programms und ihren Partnerunternehmen zu Marktforschungs- und schriftlichen Beratungs- und Informationszwecken (Werbung) über Produkte und Dienstleistungen der jeweiligen Partnerunternehmen gespeichert, verarbeitet und genutzt werden. ... Sind Sie nicht einverstanden, streichen Sie die Klausel. Eine Streichung hat keinen Einfluss auf Ihre Teilnahme am Programm ....

4. Einwilligung Allfinanzklausel/Konzernklausel

Die nachfolgende Klausel wurde vom OLG Köln[246] als ausreichend erachtet: 132

„Die Q-Gruppe bietet ihren Kunden eine umfassende Beratung und Betreuung rund um die Themen Geld, Haus, Vorsorge. Um diese Beratung – auch über den Zweck des jeweils abgeschlossenen Vertrages hinaus – in allen Fragen zu Finanzdienstleistungen der Q-Gruppe zu ermöglichen, bin ich damit einverstanden, dass die Q den unten aufgeführten Gesellschaften der Q-Gruppe die dafür erforderlichen Angaben zur dortigen Datenverarbeitung und Nutzung übermittelt. Soweit die genannten Gesellschaften für diese Zwecke Berater einsetzen, die ausschließlich für die Q-Gruppe tätig sind, können diese Angaben zum gleichen Zweck auch an diese zuständigen Berater zur dortigen Datenverarbeitung und Nutzung übermittelt werden. Übermittelt werden dürfen:

Personalien (Name, Anschrift, Geburtsdatum, Familienstand, Beruf oder vergleichbare Daten)

Kontokorrent (Saldo/Limit oder vergleichbare Daten)

Karten (Produkt/Anzahl oder vergleichbare Daten)

Einlagen (Produktart, Guthaben, Verzinsung, Laufzeit oder vergleichbare Daten)

Kredite (Produktart, Verzinsung, Laufzeit oder vergleichbare Daten)

Verwahrungsgeschäfte (Kurswert oder vergleichbare Daten).

Beschränkt auf diesen Zweck, entbinde ich die Deutsche Q AG zugleich vom Bankgeheimnis. Hiermit verbunden ist jedoch keine generelle Befreiung vom Bankgeheimnis. Gesellschaften im Sinne dieser Einwilligungserklärung: Deutsche Q AG, Q Finanzberatung AG, C Bausparkasse AG, C Immobilien GmbH, C Direktservice GmbH. Die vorstehende Einwilligungserklärung ist freiwillig und kann – ohne Einfluss auf die Geschäftsbeziehung – jederzeit für die Zukunft widerrufen werden ..."

5. Einwilligung Übermittlung in Länder außerhalb der EU/des EWR

„Einwilligungserklärung: 133

Die ABC, Inc., 356 Fowlerville Road, San Francisco, CA 94105, USA, wird als Auftragsdatenverarbeiter der XY GmbH die technische Verarbeitung der im Rahmen des Vertragsverhältnisses anfallenden personenbezogenen Daten übernehmen. Für diese Zwecke willige ich in eine Übermittlung meiner auf diesem Formular angegebenen personenbezogenen Daten an die ABC, Inc., 356 Fowlerville Road, San Francisco, CA 94105, USA, ein. Die USA verfügen über kein der EU vergleichbares Datenschutzniveau. Wir werden aber angemessene technische und organisatorische Maßnahmen zum Schutz der Daten ergreifen. Verantwortliche Stelle für die datenschutzkonforme Datenverarbeitung, insbesondere die Einhaltung der technischen und organisatorischen Maßnahmen zum Schutz der Daten, bleibt die XY GmbH."

245 BGH, Urteil v. 11.11.2009, Az. VIII ZR 12/08, MMR 2010, 138.
246 BGH, Urteil v. 16.07.2008, Az. VIII ZR 348/06, NJW 2008, 3055.

Bitte beachten:

In der Regel sollten Daten-Übermittlungen in Empfängerländer, welche über kein angemessenes Datenschutzniveau verfügen, durch Abschluss von sog. Standardvertragsklauseln (siehe § 4c, Rn. 38 ff.) mit dem Datenempfänger abgesichert werden. In diesem Fall genügt in der Regel eine Information über die Auslandsübermittlung gem. § 4 Abs. 3 wie folgt:

„Soweit personenbezogene Daten in Länder außerhalb des Europäischen Wirtschaftsraumes (EWR) für Zwecke der Verarbeitung in unserem Auftrag transferiert und verarbeitet werden (beispielsweise zum Zwecke der technischen Speicherung und Verarbeitung durch einen Dienstleister in den USA), erfolgt dies in Übereinstimmung mit den geltenden datenschutzrechtlichen Bestimmungen."

! Achtung: Einige Aufsichtsbehörden verlangen auch hier eine genaue Angabe der Auftragsdatenverarbeitung. Dies sollte deshalb im Zweifelsfall mit der zuständigen Aufsichtsbehörde abgeklärt werden.

6. Muster-Text für Double-Opt-in-Verfahren

134 Bei der Einholung der Einwilligung in werbliche Maßnahmen per E-Mail sollte bei der Erhebung der E-Mail-Adresse erläutert werden, dass die E-Mail-Adresse im Wege des Double-Opt-in-Verfahrens authentifiziert wird. Die dann folgende Bestätigungs-E-Mail könnte z.B. lauten wie folgt:

„Sie erhalten diese E-Mail, weil Sie sich für den Newsletter (...) von XY GmbH, vertr. d. d. GF, Poststraße 3, 80331 München, angemeldet haben. Wir möchten Sie vor einer Anmeldung durch Dritte schützen. Bitte klicken Sie deshalb auf den nachfolgenden Link, um Ihre Anmeldung zu verifizieren: (Link)

Sollte die Anmeldung nicht von Ihnen veranlasst sein, müssen Sie nichts weiter tun. Wir löschen nicht bestätigte Anmeldungen automatisch. Selbstverständlich können Sie sich auch jederzeit wieder vom Newsletter abmelden. Hierfür benutzen Sie am besten den folgenden Abmeldelink, der sich auch am Ende eines jeden Newsletters befindet: (Link)"

§ 4b Übermittlung personenbezogener Daten ins Ausland sowie an über- oder zwischenstaatliche Stellen

(1) Für die Übermittlung personenbezogener Daten an Stellen

1. in anderen Mitgliedstaaten der Europäischen Union,

2. in anderen Vertragsstaaten des Abkommens über den Europäischen Wirtschaftsraum oder

3. der Organe und Einrichtungen der Europäischen Gemeinschaften

gelten § 15 Abs. 1, § 16 Abs. 1 und §§ 28 bis 30a nach Maßgabe der für diese Übermittlung geltenden Gesetze und Vereinbarungen, soweit die Übermittlung im Rahmen von Tätigkeiten erfolgt, die ganz oder teilweise in den Anwendungsbereich des Rechts der Europäischen Gemeinschaften fallen.

(2) [1]Für die Übermittlung personenbezogener Daten an Stellen nach Absatz 1, die nicht im Rahmen von Tätigkeiten erfolgt, die ganz oder teilweise in den Anwendungsbereich des Rechts der Europäischen Gemeinschaften fallen, sowie an sonstige ausländische oder über- oder zwischenstaatliche Stellen gilt Absatz 1 entsprechend. [2]Die Übermittlung unterbleibt, soweit der Betroffene ein schutzwürdiges Interesse an dem Ausschluss der Übermittlung hat, insbesondere wenn bei den in Satz 1 genannten Stellen ein angemessenes Datenschutzniveau nicht gewährleistet ist. [3]Satz 2 gilt nicht, wenn die Übermittlung zur Erfüllung eigener Aufgaben einer öffentlichen Stelle des Bundes aus zwingenden Gründen der Verteidigung oder der Erfüllung über- oder zwischenstaatlicher Verpflichtungen auf dem Gebiet der Krisenbewältigung oder Konfliktverhinderung oder für humanitäre Maßnahmen erforderlich ist.

(3) Die Angemessenheit des Schutzniveaus wird unter Berücksichtigung aller Umstände beurteilt, die bei einer Datenübermittlung oder einer Kategorie von Datenübermittlungen von Bedeutung sind; insbesondere können die Art der Daten, die Zweckbestimmung, die Dauer der geplanten Verarbeitung, das Herkunfts- und das Endbestimmungsland, die für den betreffenden Empfänger geltenden Rechtsnormen sowie die für ihn geltenden Standesregeln und Sicherheitsmaßnahmen herangezogen werden.

(4) [1]In den Fällen des § 16 Abs. 1 Nr. 2 unterrichtet die übermittelnde Stelle den Betroffenen von der Übermittlung seiner Daten. [2]Dies gilt nicht, wenn damit zu rechnen ist, dass er davon auf andere Weise Kenntnis erlangt, oder wenn die Unterrichtung die öffentliche Sicherheit gefährden oder sonst dem Wohl des Bundes oder eines Landes Nachteile bereiten würde.

(5) Die Verantwortung für die Zulässigkeit der Übermittlung trägt die übermittelnde Stelle.

(6) Die Stelle, an die die Daten übermittelt werden, ist auf den Zweck hinzuweisen, zu dessen Erfüllung die Daten übermittelt werden.

Literatur

Hillenbrand-Beck, Aktuelle Fragestellungen des internationalen Datenverkehrs, RDV 2007, 231 ff.

Darum geht es

§ 4b stellt zusätzliche Anforderungen für die Datenübermittlung ins Ausland auf. Übermittlungen innerhalb des EWR werden dabei weitgehend privilegiert; für andere Übermittlungen gilt u.a. das Erfordernis eines angemessenen Schutzniveaus (bea. aber auch § 4c).

Schlagworte

EU; Mitgliedstaaten; EWR; Drittland/-länder; angemessenes Schutzniveau; Passenger Name Records; Safe Harbour; Standardvertragsklauseln; Musterklauseln/-verträge; überstaatliche Stellen; zwischenstaatliche Stellen

A. Allgemeines

1 §§ 4b, 4c stellen den Kern der BDSG-Vorschriften zum internationalen Datenschutz dar. Sie sind also stets dann von Bedeutung, wenn eine Datenverarbeitung Auslandsberührung hat – jedoch nur, soweit das BDSG selbst anwendbar ist (vgl. § 1 Abs. 2 Nr. 3, Abs. 5). „Ausland" in diesem Sinn umfasst auch die anderen Mitgliedstaaten der Europäischen Union und des EWR; darüber hinaus werden internationale und zwischenstaatliche Stellen erfasst. Anwendbar sind sie sowohl für öffentliche wie nichtöffentliche Stellen, die Daten übermitteln.

2 Mit §§ 4b, 4c werden vor allem die Vorgaben der Art. 25, 26 der EU-Datenschutzrichtlinie 95/46/EG umgesetzt. Kennzeichnend für die Richtlinie ist eine Privilegierung der Datenverarbeitung, die in ihrem Geltungsbereich erfolgt, weil durch ihre Umsetzung eine weitgehende Harmonisierung des materiellen Datenschutzrechts und damit ein grundsätzlich gleichartiger Schutz erreicht werden. Dieser Umstand und der Gedanke des Abbaus von Hemmnissen innerhalb der Gemeinschaft rechtfertigen es, in der Union einen weitgehend „freien Datenverkehr" – diese Begriffe trägt die Richtlinie ja bereits in ihrem Titel – zuzulassen.

3 Demgegenüber werden Datenübermittlungen, die außerhalb dieses privilegierten Anwendungsbereiches liegen, von der Voraussetzung abhängig gemacht, dass entweder eine Ausnahme des § 4c vorliegt oder im Zielland ein „angemessenes Datenschutzniveau" gewährleistet ist.

4 Werden personenbezogene Daten, die dem Anwendungsbereich des BDSG unterliegen, in das Ausland übermittelt, so hat sich in Deutschland hierfür die sog. „2-Stufen-Theorie" etabliert: auf der ersten Stufe ist gedanklich zu prüfen, ob die Übermittlung an einen Dritten in Deutschland zulässig wäre (etwa nach §§ 4, 28 BDSG), auf der zweiten Stufe sind dann die weiteren Anforderungen zu prüfen, die sich speziell aus der Auslandsberührung ergeben. Gleiches gilt, wenn die Daten nicht aktiv übermittelt, sondern zum Abruf aus dem Ausland bereitgehalten werden (vgl. § 3 Abs. 4 Nr. 3 lit. b).

5 **Ausblick auf die Novellierung des europäischen Datenschutzrechts**

Der Kommissionsvorschlag im Januar 2012 sieht neben der Datenschutzgrundverordnung auch den Erlass einer Richtlinie für die Zusammenarbeit im Bereich von Polizei und Justiz vor, sodass nach deren Umsetzung auch der bislang nicht der Richtlinie 95/46/EG unterfallende Bereich erfasst wäre und ein der Grundrechtecharta (vgl. deren Art. 8) genügendes Datenschutzniveau aufweisen dürfte. Damit könnte die Notwendigkeit zur Differenzierung nach Rechtsgrundlagen bei innergemeinschaftlichen Übermittlungen entfallen.

Der Entwurf der EU-Datenschutzverordnung hält in Grundzügen am Konzept des angemessenen Schutzniveaus fest, führt darüber hinaus aber auch wesentliche Neuerungen ein. Die Regelungen finden sich in Art. 40 ff. des Entwurfs; das Europäische Parlament hat bei der Festlegung seiner Position dabei den Kommissionsvorschlag umfassend überarbeitet (es ist zu erwarten, dass auch der Rat umfangreiche Änderungen vorschlagen wird). Die Überarbeitungen sind teils aufgrund der Diskussion um umfassende geheimdienstliche Überwachungen (insbesondere das PRISM-Programm der USA) erfolgt. Art. 40 macht die Übermittlung von Daten in Drittländer und internationale Organisationen vom Grundsatz der Beachtung der Anforderungen der Verordnung zum internationalen Datenverkehr abhängig; diese Anforderungen werden in den nachfolgenden Artikeln festgelegt:

- Art. 41 sieht Angemessenheitsentscheidungen der Kommission vor, die sich nicht mehr nur auf bestimmte Staaten erstrecken müssen, sondern ausdrücklich auch auf bestimmte Gebiete, Branchen oder internationale Organisationen gerichtet sein können. Betont wird auch die Möglichkeit negativer Angemessenheitsentscheidungen.
- Liegt keine Angemessenheitsentscheidung nach Art. 41 vor, so müssen nach Art. 42 grundsätzlich angemessene Schutzmaßnahmen rechtswirksam getroffen werden. Diese können insbesondere sein: Binding Corporate Rules (Art. 43), ein Europäisches Datenschutzsigel (Art. 39) für übermittelnde und empfangende Stelle, genehmigte Vertragsklauseln.
- Umstritten ist insbesondere auch die vom Parlament aufgenommene neue Regelung in Art. 43a, die die Übermittlung personenbezogener Daten an Gerichte und Behörden in Drittländern von einer Genehmigung der Aufsichtsbehörde abhängig macht.
- Art. 44 sieht schließlich einen Katalog von Ausnahmen vor, unter denen Daten auch ohne einen angemessenen Schutz übermittelt werden dürfen.

B. Inhalt der Regelung

§ 4b stellt zunächst in Abs. 1 den Grundsatz des freien Datenverkehrs auf, der innerhalb der EU und des EWR sowie mit Institutionen der EU gilt, soweit eine Regelung durch das Gemeinschaftsrecht erfolgt ist. Er erklärt die Vorschriften der sog. „1. Stufe" (§§ 15 Abs. 1, 16 Abs. 1, 28 bis 30a) für anwendbar. Die Regelung wird in Abs. 2 Satz 1 auf sonstige Fallgestaltungen erstreckt, sodass auch für diese die Vorschriften der 1. Stufe für anwendbar erklärt werden. Abs. 2 Satz 2 fügt die praktisch wichtige Vorgabe hinzu, dass die Übermittlung unterbleibt, soweit Betroffene schutzwürdige Interessen an dem Ausschluss der Übermittlung haben. Dafür stellt Satz 2 zugleich beispielhaft fest, dass das bei Fehlen eines angemessenen Datenschutzniveaus der Fall sei. Satz 3 stellt einige Ausnahmen zu Satz 2 auf. **6**

Absatz 3 regelt im Einzelnen das Vorgehen zur Feststellung des angemessenen Schutzniveaus. Absatz 4 statuiert ein Benachrichtigungserfordernis in den Fällen des § 16 Abs. 1 Nr. 2. Abs. 5 weist die Verantwortung für die Zulässigkeit der Übermittlung der übermittelnden Stelle zu und verpflichtet diese in Abs. 6, die empfangende Stelle auf den Zweck der Datenübermittlung hinzuweisen. **7**

Die Vorschrift setzt Art. 25 der Datenschutzrichtlinie in wesentlichen Teilen um, weicht aber von der Konzeption der Richtlinie ab, insbesondere weil Art. 25 auf das im Drittland insgesamt bestehende Schutzniveau abstellt, während § 4b auf das Schutzniveau Bezug nimmt, das konkret bei der Stelle besteht, an die Daten übermittelt werden (§ 4b Abs. 2 Satz 2). Darüber hinaus gibt Art. 25 der Richtlinie vor, dass eine Übermittlung zulässig ist, wenn das Drittland ein angemessenes Schutzniveau gewährleistet, während § 4b in Abs. 2 Satz 2 auch Raum für die Berücksichtigung anderer schutzwürdiger Interessen des Betroffenen eröffnet. **8**

I. Freier Datenverkehr innerhalb von EU und EWR (Abs. 1)

9 Abs. 1 erklärt für Übermittlungen personenbezogener Daten

- an Stellen in anderen Mitgliedstaaten der Europäischen Union (Nr. 1),
- an Stellen in den anderen EWR-Staaten (Nr. 2),
- an Organe und Institutionen der Europäischen Gemeinschaften (Nr. 3)

die §§ 15 Abs. 1, 16. Abs. 1 (Datenübermittlung öffentlicher Stellen an andere öffentliche bzw. nichtöffentliche Stellen) und §§ 28 bis 30a (Erhebung, Speicherung und Übermittlung durch nichtöffentliche Stellen) für anwendbar. Damit erfolgt faktisch eine Gleichstellung dieser Übermittlungen mit rein innerstaatlichen Sachverhalten. Voraussetzung ist, dass die Tätigkeiten, wegen derer die Daten übermittelt werden, in den Anwendungsbereich des Gemeinschaftsrechts fallen.

1. Geografischer Geltungsbereich

10 Basis hierfür ist die weitgehende Angleichung des Datenschutzrechts in den genannten Staaten, das aus der Umsetzung der Datenschutzrichtlinie folgt. Die Richtlinie ist in allen Mitgliedstaaten der EU[1] verpflichtend umzusetzen; sie wurde mit Wirkung ab 01.01.2000 auch von den drei Mitgliedern[2] des EWR, die nicht Mitglieder der Europäischen Union sind, übernommen.

> In der Praxis wird leicht vergessen, dass insb. die Schweiz kein EWR-Mitglied ist; für Datenübermittlungen in die Schweiz gelten deshalb die Anforderungen wie für jeden anderen Staat mit angemessenem Datenschutzniveau. Auch Kleinstaaten, die den Euro als Zahlungsmittel nutzen, gehören nicht schon deshalb zur EU (Andorra, Vatikan, San Marino). Die Zugehörigkeit ist deshalb sorgsam zu prüfen.

Für die Organe und sonstigen Einrichtungen der EU gilt die Richtlinie zwar nicht, allerdings stellt insoweit die Verordnung Nr. 45/2011 vergleichbare Anforderungen auf, sodass auch insoweit eine Harmonisierung erreicht wurde.

2. Sachlicher Geltungsbereich

11 Das nach der Grundkonzeption vorausgesetzte harmonisierte Schutzniveau besteht allerdings nur insoweit, als die Regelungskompetenz des Gemeinschaftsrechts und damit der Anwendungsbereich der Richtlinie reichen. Nachdem die frühere Darstellung der Tätigkeitsgebiete der Gemeinschaft in sog. „Säulen" durch den Vertrag von Lissabon überholt ist, stellt Art. 3 Abs. 2 der Datenschutzrichtlinie klar, dass sie auf Tätigkeiten nicht anwendbar ist, die Titel V und VI des EU-Vertrages unterfallen oder zur öffentlichen Sicherheit, Landesverteidigung, zur Sicherheit des Staates oder zum Strafrecht zählen. Weil also insoweit keine Privilegierung besteht, sind Aktivitäten, die diesen ausgenommenen Bereich betreffen, wie Übermittlungen in Drittstaaten zu behandeln.

Die aufgeführten Bestimmungen sind nicht abschließend. So ist es wohl mit einem Versehen zu erklären, dass nicht auch auf den neu gefassten § 32 verwiesen wurde,[3] und auch §§ 4, 4a finden Anwendung.

3. Auftragsdatenverarbeitung innerhalb EU und EWR

12 Beauftragt eine deutsche verantwortliche Stelle eine andere Stelle in der EU bzw. dem EWR mit der Datenverarbeitung in ihrem Auftrag, so sind die Anforderungen aus §§ 4b, 4c nicht anzuwenden. Das folgt bereits daraus, dass diese Vorschriften eine Übermittlung voraussetzen, bei der Auftragsdatenverarbeitung, aber keine Übermittlung erfolgt, wenn der Auftragsdatenverarbeiter in der EU oder den sonstigen

1 Belgien, Bulgarien, Dänemark, Deutschland, Estland, Finnland, Frankreich, Griechenland, Großbritannien, Irland, Italien, Kroatien, Lettland, Litauen, Luxemburg, Malta, Niederlande, Österreich, Polen, Portugal, Rumänien, Schweden, Slowakei, Slowenien, Spanien, Tschechische Republik, Ungarn, Zypern.
2 Island, Liechtenstein, Norwegen.
3 Vgl. *Gola/Schomerus*, § 4b Rn. 3.

EWR-Staaten angesiedelt ist: Eine Übermittlung setzt nach § 3 Abs. 4 Nr. 3 das Bekanntgeben personenbezogener Daten an einen Dritten voraus. Auftragsdatenverarbeiter sind aber aufgrund § 3 Abs. 8 Satz 3 keine Dritten, wenn sie im Inland, in einem anderen EU-Mitgliedstaat oder in einem anderen EWR-Staat personenbezogene Daten erheben, verarbeiten oder nutzen.

! Die Privilegierung gilt nicht für Auftragsdatenverarbeiter in Drittstaaten mit angemessenem Datenschutzniveau, etwa in der Schweiz oder Andorra. Wird eine solche Auftragsdatenverarbeitung begründet, so sind u.a. auch §§ 4b, 4c zu beachten.

Im umgekehrten Fall – der Rückgabe personenbezogener Daten von einem deutschen Auftragsdatenverarbeiter an einen ausländischen Kunden, auch im Drittland – sind §§ 4b, 4c in keinem Fall anwendbar,[4] weil der Dienstleister im Verhältnis zum Auftraggeber nicht als verselbstständigte Stelle angesehen wird, und der Auftraggeber mithin nicht Dritter ist.

II. Absatz 2: Übermittlung in Drittländer

1. Allgemeines

Für die nicht § 4b Abs. 1 unterfallenden Sachverhalte hat sich – etwas unscharf – der Begriff der Drittlandübermittlung eingebürgert. Abs. 2 bringt in Satz 1 zutreffend zum Ausdruck, dass er mehrere Fallgruppen umfasst: 13

- die Übermittlung innerhalb von EU und EWR, jedoch im Zusammenhang mit nicht gemeinschaftsrechtlich geregelten Sachverhalten;
- die Übermittlung an über- und zwischenstaatliche Stellen mit Ausnahme der Organe und Institutionen der Europäischen Gemeinschaften (da diese in aller Regel unter Abs. 1 Nr. 3 fallen werden, in Einzelfällen unter Satz 1 Alternative 1) sowie
- die Übermittlung in Drittstaaten, d.h. Staaten außerhalb der Europäischen Union und des Europäischen Wirtschaftsraumes.

! Dabei kommt es nicht auf die Frage an, ob der jeweilige Drittstaat als Staat mit angemessenem Datenschutzniveau anerkannt worden ist. Diese Frage ist erst als ein Element im Rahmen der Prüfung von Abs. 2 Satz 2 und Abs. 3 bedeutsam.

Satz 1 erklärt zunächst Abs. 1 für entsprechend anwendbar, stellt also sicher, dass auch im Rahmen von Abs. 2 die materiellen Anforderungen der „Stufe 1" zu wahren sind. Die wesentliche Anforderung an derartige Übermittlungen ergibt sich aber aus Satz 2: Danach unterbleiben Übermittlungen, soweit der Betroffene ein schutzwürdiges Interesse an dem Ausschluss der Übermittlung hat. Satz 2 stellt zudem die unwiderlegliche Vermutung auf, dass ein solches schutzwürdiges Interesse stets dann besteht, wenn bei der empfangenden Stelle kein angemessenes Datenschutzniveau gewährleistet ist. 14

Festzuhalten ist zunächst, dass nach der Konzeption des BDSG also auch andere Gründe als das Fehlen eines angemessenen Schutzniveaus der Drittlandsübermittlung entgegenstehen können. Als Beispiele werden sensible Daten nach § 3 Abs. 9, Arbeitnehmerdaten oder auch „besonders gefahrträchtige Übermittlungen" genannt. Diese Konzeption begegnet jedoch Bedenken:[5] Art. 25 Abs. 1 der Richtlinie 95/46/EG stellt klar nur darauf ab, ob ein angemessenes Schutzniveau im jeweils relevanten Drittland gegeben ist oder nicht; das stützt auch Erwägungsgrund 56 der Richtlinie. Damit bleibt europarechtlich kein Spielraum für den nationalen Gesetzgeber, weitere Gründe zu bestimmen, aus denen eine Übermittlung unzulässig sein soll. Er konnte darüber hinaus auch nicht – in weiterer Abweichung von der Richtlinie – die Frage eines angemessenen Datenschutzniveaus an der verantwortlichen Stelle festmachen anstatt an dem Drittland, in dem die Stelle angesiedelt ist. 15

---

4 So auch Däubler/Klebe/Wedde/Weichert/*Däubler*, § 4b Rn. 9.
5 Ausführlich dazu Wolff/Brink/*Schantz*, § 4b Rn. 21.

16 Im Ergebnis könnte sich eine verantwortliche Stelle also stets dann auf die Zulässigkeit einer Übermittlung berufen, wenn das Drittland ein angemessenes Schutzniveau aufweist – selbst wenn etwa andere schutzwürdige Interessen des Betroffenen bestehen sollten, denn für deren Berücksichtigung im Rahmen von § 4b bleibt europarechtlich kein Spielraum. Dafür besteht auch keine Notwendigkeit, denn sonstige schutzwürdige Interessen lassen sich etwa auch schon (auf der „Stufe 1") im Rahmen der Abwägung nach § 28 Abs. 1 Satz 1 Nr. 2 berücksichtigen oder im Rahmen eines Genehmigungsverfahrens nach § 4c Abs. 2.

2. Ausnahme für besondere Bundesaufgaben

17 Satz 3 bringt zum Ausdruck, dass unter bestimmten engen Voraussetzungen das Fehlen eines angemessenen Schutzniveaus unbeachtlich ist, eine Übermittlung also gleichwohl zulässig ist: Es geht um Übermittlungen, die zur Erfüllung eigener Aufgaben einer öffentlichen Stelle des Bundes erforderlich sind, wobei nur bestimmte Fallgruppen – zwingende Gründe der Verteidigung, die Erfüllung über- oder zwischenstaatlicher Verpflichtungen auf dem Gebiet der Krisenbewältigung oder Konfliktverhinderung, humanitäre Maßnahmen – in Betracht kommen. Empfänger solcher Datenübermittlungen behandelt die Ausnahmeregelung nicht, sie ergeben sich daraus, welche Aufgaben jeweils verfolgt werden.

3. Angemessenes Datenschutzniveau (Abs. 3)

18 Im Kern geht es bei den unter Absatz 2 fallenden Sachverhalten also um die Frage, ob ein angemessenes Datenschutzniveau gewährleistet ist oder nicht. Die dafür relevanten Kriterien führt Absatz 3 auf. Es geht damit im Ergebnis um eine (ggf. im Einzelfall) zu treffende Bewertung des tatsächlich zu erwartenden Schutzes der personenbezogenen Daten. Diese Bewertung erfolgt „unter Berücksichtigung aller Umstände (...), die bei einer Datenübermittlung oder einer Kategorie von Datenübermittlungen von Bedeutung sind".

a) Angemessenheit

19 Zu beurteilen ist die Angemessenheit des Schutzniveaus im Empfängerstaat (Art. 25 der Richtlinie) bzw. bei der empfangenden Stelle (§ 4b). Ausgangspunkt ist die von §§ 4b, 4c verfolgte Zielrichtung, personenbezogene Daten auch bei der Weitergabe in das Ausland (und damit letztlich den Einzelnen im Sinn von § 1 Abs. 1 vor der Beeinträchtigung seines Persönlichkeitsrechts) zu schützen. Ziel der Beurteilung ist also festzustellen, ob die Daten nach der Übermittlung weiterhin ausreichend geschützt sein werden oder nicht, um Verletzungen des Persönlichkeitsrechts zu verhindern. Mit dem Begriff der Angemessenheit wird deutlich, dass es dabei nicht um eine (nur theoretisch denkbare) vollständige Übereinstimmung zwischen dem Schutz im Inland und dem Empfängerstaat geht und dass das deutsche Schutzniveau auch nicht einen Mindeststandard vorgibt, der im Ausland zu übertreffen wäre. Es geht vielmehr um die Klärung, ob gerade aufgrund der Datenübermittlung das Risiko von Beeinträchtigungen des Persönlichkeitsrechts zunimmt oder in etwa gleich bleibt oder gar abnimmt; das zu treffende Gesamturteil kann damit selbst dann positiv ausfallen, wenn – gemessen am inländischen Schutz – Defizite festgestellt werden sollten, etwa weil diese Defizite durch andere stärker ausgeprägte Gewährleistungen ausgeglichen werden oder im Einzelfall nicht relevant sind.

b) Kriterien

20 Abs. 3 führt beispielhaft („insbesondere") die wesentlichen Kriterien auf, die bei der Beurteilung der Angemessenheit zu berücksichtigen sind. Dabei lehnt sich die Regelung eng an Art. 25 Abs. 2 der Datenschutzrichtlinie an. Maßgeblich sind demnach

- die Art der Daten,
- die Zweckbestimmung,
- die Dauer der geplanten Verarbeitung,
- das Herkunfts- und das Endbestimmungsland,
- die für den Empfänger geltenden Rechtsnormen, Standesregeln und
- Sicherheitsmaßnahmen.

Die Formulierung lässt erkennen, dass keines dieser Elemente zwingend zu berücksichtigen ist („können (...) herangezogen werden"); das ist aber im Kontext des einleitenden Satzteils zu verstehen, nach dem die Beurteilung „unter Berücksichtigung aller Umstände" erfolgt. Es liegt auf der Hand, dass die aufgeführten Kriterien im Zusammenhang mit der Übermittlung in das Ausland in aller Regel von Bedeutung und deshalb zu berücksichtigen sein werden. Auf der anderen Seite ist nicht zu verkennen, dass sie in ihrer Abstraktheit eher als Checkliste oder „Merkposten" für den Praktiker, der vor der Beurteilungsaufgabe steht, wirken. **21**

Die Artikel-29-Gruppe hat deshalb im Working Paper 12 (GD XV D/5025/98 vom 24.07.1998) Kriterien herausgearbeitet, die bei der Beurteilung der Angemessenheit relevant sein können, und dabei besonderen Wert auch darauf gelegt, dass die Regeln nicht bloß „auf dem Papier" existieren dürfen, sondern auch effektiv umgesetzt werden müssen. Das gewinnt besondere Bedeutung bei der umstrittenen Frage, welche Rolle Datenschutzbestimmungen in Standesregeln (bestimmter Berufsgruppen und Branchen) haben: Mit der Nennung von „geltenden Standesregeln" in Absatz 3 und in Art. 25 Abs. 2 der Datenschutz-Richtlinie werden diese als ein taugliches Element anerkannt, mit dem die Angemessenheit des Schutzes erreicht werden kann[6]. In aller Regel werden solche Standesregeln nicht die einzige Grundlage für einen effektiven Schutz sein, sondern sich in ein System von gesetzlichen und anderen Vorschriften einbetten. Wesentlich ist in diesem Zusammenhang, dass das tatsächliche Schutzniveau das Angemessenheitsprädikat verdient – mit anderen Worten dienen tatsächlich befolgte Standesregeln dem Schutz mehr als solche, die „auf dem Papier" bestehen, aber in der Praxis wenig Beachtung erfahren. Es ist deshalb nicht erforderlich, dass die Standesregeln stets ausdrücklich gesetzlich vorgegeben oder anerkannt sind oder gar an ihre Nichteinhaltung Sanktionen geknüpft werden: Kann vorausgesetzt werden, dass von Berufsgruppen definierte Verhaltensrichtlinien und Kodizes von den Angehörigen dieser Gruppen in der täglichen Praxis umfassend berücksichtigt werden und damit den tatsächlichen Schutz positiv beeinflussen? **22**

aa) EU/EWR: Umsetzung der Datenschutzrichtlinie

In den Mitgliedstaaten der Europäischen Union und in den weiteren EWR-Staaten – Island, Liechtenstein und Norwegen – liegt ein angemessenes Datenschutzniveau vor, weil diese Staaten die EU-Richtlinie 95/46/EG umgesetzt haben. Entsprechendes gilt für die Tätigkeit der Organe und sonstigen Einrichtungen der EU im Anwendungsbereich der Verordnung 45/2011. Das bedarf zwar keiner Prüfung, wenn es um Tätigkeiten geht, die ganz oder teilweise in den Anwendungsbereich des Rechts der Europäischen Gemeinschaften fallen, denn diese unterliegen schon nach Abs. 1 keinen besonderen Anforderungen wegen der Auslandsberührung. Greift aber Abs. 1 nicht ein, weil es sich um nicht europarechtlich geregelte Tätigkeiten handelt, so ist zwar nach Abs. 2 Satz 2 eine Prüfung erforderlich, ob ein angemessenes Schutzniveau gewährleistet ist. Dieses kann aber in allen EU- und EWR-Staaten auch für diese außergemeinschaftsrechtlichen Tätigkeiten unterstellt werden, zumal die nationalen Gesetze in aller Regel keine solche Differenzierung vornehmen, sondern einheitliche Vorgaben für beide Teilbereiche aufstellen. **23**

bb) Feststellung durch die EU-Kommission

Art. 25 Abs. 4 und 6 der Richtlinie 94/46/EG räumen der EU-Kommission die Möglichkeit ein, ausdrücklich festzustellen, dass ein Drittland ein angemessenes Datenschutzniveau aufweist (Abs. 6) oder ein solches gerade nicht gewährleistet ist (Abs. 4). Während es bislang zu keiner negativen Feststellung nach Art. 25 Abs. 4 der Richtlinie kam, hat die EU-Kommission wiederholt nach Abs. 6 ein angemessenes Datenschutzniveau bescheinigt. Diese Entscheidung ist für die Mitgliedstaaten bindend. Es ist möglich, die Entscheidung auf bestimmte Bereiche zu beschränken; davon hat die Kommission bislang wiederholt Gebrauch gemacht (etwa im Fall von Kanada sowie bei den nachfolgend dargestellten Sonderfällen). **24**

Stand Ende 2013 waren Angemessenheitsentscheidungen bzgl. der folgenden Staaten getroffen worden (mit Angabe des Jahres der Veröffentlichung): Andorra (2010), Argentinien (2003), Guernsey (2003), Färöer-Inseln (2010), Isle of Man (2004), Israel (2011), Jersey (2008), Kanada (2002), Neuseeland (2013), Schweiz (2000), Uruguay (2012). **25**

---

6 Vgl. *Gola/Schomerus*, § 4b Rn. 12, enger Wolff/Brink/*Schantz*, § 4b Rn. 24 m.w.N.

cc) Sonderfälle, insb. Safe Harbour

26 Neben den „Regelfällen" der Feststellung, die sich auf das jeweilige Drittland insgesamt beziehen, sind einige Sonderfälle zu nennen. So ist die Entscheidung bzgl. des angemessenen Datenschutzniveaus in Kanada auf den Anwendungsbereich des kanadischen Personal Information Protection and Electronic Documents Act („PIPEDA") beschränkt und trat in Stufen in Kraft, weil auch PIPEDA in Stufen in Kraft gesetzt wurde.

Daneben gibt es spezielle Abkommen mit Australien[7] und Kanada[8] sowie den USA[9] zur Übermittlung von Flugpassagierdaten. Sie regeln die Übermittlung und Speicherung der sog. „Passenger Name Records" (PNR), in denen Informationen zu den Passagieren und ihren Buchungen (z.B. Reisewege, Kontaktdaten, Zahlungsdaten und besondere Anforderungen zur Verpflegung und aufgrund von Mobilitätseinschränkungen) enthalten sind.

27 Der praktisch wichtigste, jedoch auch besonders kontrovers diskutierte Einzelfall ist das Safe-Harbour-Abkommen mit den USA. Der Umstand, dass die USA aus europäischer Sicht als Staat ohne angemessenes Datenschutzniveau eingestuft sind (woran sich in absehbarer Zeit auch nichts ändern dürfte), hat aufgrund der engen Verflechtungen zwischen den USA und europäischen Staaten besonders intensive Auswirkungen, sodass sich schon frühzeitig ein Sonderweg ergab in Form des sog. Safe Harbor („sicherer Hafen"), der auf eine Vereinbarung zwischen dem Department of Commerce der USA und der EU-Kommission zurückgeht. Die Kommission hat durch Entscheidung[10] festgestellt, dass durch die Umsetzung der „Grundsätze des sicheren Hafens" in Übereinstimmung mit „Häufig gestellten Fragen" (Frequently Asked Questions – FAQ) ein angemessenes Datenschutzniveau im Sinn von Art. 25 Abs. 2 der Datenschutzrichtlinie 95/46/EG erreicht wird. Stand Ende 2013[11] hatten sich 4.341 Unternehmen registriert, davon hatten 3.351 aktuelle Einträge (Status „current"). Ein gleichartiges Verfahren wurde später im Verhältnis USA – Schweiz etabliert[12]; Stand Ende 2013 waren ca. 2.300 Unternehmen mit gültigen Selbstverpflichtungen gelistet[13].

28 Das Safe Harbor Framework besteht neben einigen Schreiben beider Seiten im Kern aus den sieben Prinzipien und 15 Frequently Asked Questions, die Leitlinien für die Art und Weise der Umsetzung der Prinzipien darstellen. Die Implementierung im Unternehmen und die Zertifizierung erfolgen durch das Unternehmen selbst, es handelt sich also um ein Modell der Selbstregulierung, Selbstverpflichtung und Selbstzertifizierung. Zur Umsetzung können die Unternehmen wählen zwischen dem Beitritt zu einem übergreifenden Datenschutzprogramm oder der Implementierung in Form eigener Datenschutzbestimmungen in Form einer „privacy policy".

29 Der Beitritt ist gegenüber dem Department of Commerce zu erklären, das hierüber eine im Internet abrufbare Liste unterhält, und ist jährlich zu bestätigen. Er kann geografisch (v.a. auf Daten aus bestimmten Mitgliedstaaten) und/oder auf bestimmte Datenkategorien (z.B. Kundendaten, Personaldaten) eingeschränkt werden.

30 Erforderlich ist darüber hinaus der Beitritt zu einem Streitbeilegungsprogramm, das individuelle Beschwerden entgegennimmt und prüft und die Einhaltung der Safe-Harbor-Anforderungen überwacht sowie für Abhilfe sorgt. Hier kommt prinzipiell neben privatrechtlich organisierten Programmen (insb. sog. „privacy seals") auch die Unterwerfung unter eine behördliche Aufsicht in den USA oder die Übernahme der Verpflichtung, mit EU-Datenschutzaufsichtsbehörden zu kooperieren, in Betracht.

---

7 Ratsentscheidung vom 30.06.2008, ABl. L 213/47 ff. vom 08.08.2008.
8 Entscheidung 2006/253/EG vom 06.09.2006, ABl. L91, 49.
9 Abkommen vom 14.12.2011, ABl. L 215/5 ff., und Ratsbeschluss, ABl. L 215/4.
10 Entscheidung 2000/520/EG vom 26.07.2000, ABl. L215/7.
11 Webseite des Department of Commerce: https://safeharbor.export.gov/list.aspx, abgerufen am 16.12.2013.
12 Briefwechsel zwischen dem Department of Commerce und dem Eidgenössischen Datenschutzbeauftragten vom 01.12./09.12.2008.
13 Webseite des Department of Commerce: https://safeharbor.export.gov/swisslist.aspx, abgerufen am 16.12.2013.

Die sieben zentralen Safe-Harbor-Prinzipien entsprechen wesentlichen Kernprinzipien der Datenschutzrichtlinie; es sind

- Informationspflicht („notice“)
- Wahlmöglichkeit („choice“)
- Weitergabe („onward transfer“)
- Sicherheit („security“)
- Datenintegrität („data integrity“)
- Auskunftsrecht („access“) und
- Durchsetzung („enforcement“).

Das Safe-Harbor-Programm hat allerdings zunehmend Kritik von der europäischen Seite – zunächst v.a. der deutschen Aufsichtsbehörden, dann der Artikel 29-Gruppe, der Kommission und des EU-Parlamentes – auf sich gezogen. Insbesondere wird angezweifelt, ob Safe Harbor tatsächlich ein angemessenes Datenschutzniveau gewährleisten könne; das wird mit durchgeführten Studien belegt und in jüngerer Zeit auch auf die im Zuge der sog. „NSA-Affäre“ rund um geheimdienstliche Aktivitäten bekannt gewordenen Zugriffsmöglichkeiten von Geheimdiensten auf in der Privatwirtschaft erhobene und verarbeitete Daten gestützt. Kritisiert werden insbesondere Defizite innerhalb der Unternehmen bei der Umsetzung der Safe-Harbor-Prinzipien, Schwächen der Kontrolle bei der Weitergabe an Dritte und eine nicht ausreichend ausgeprägte Kontrolle durch die Federal Trade Commission und das Department of Commerce. Nach der NSA-Affäre haben auch die EU-Kommission und das EU-Parlament Überlegungen angestellt, ob das Safe-Harbor-Übereinkommen gekündigt oder zumindest umfassend überarbeitet werden solle. **31**

dd) Standardvertragsklauseln; Bindende Unternehmensregelungen

Zu den Möglichkeiten, durch Bindende Unternehmensregelungen („Binding Corporate Rules“ oder „BCR“) bzw. durch von der EU-Kommission genehmigte und veröffentlichte Standardvertragsklauseln einen angemessenen Schutz zu gewährleisten, siehe die Kommentierung zu § 4c. **32**

4. Unterrichtung (Abs. 4)

Abs. 4 verpflichtet öffentliche Stellen, Betroffene von der Übermittlung ihrer Daten zu unterrichten, wenn ein Fall des § 16 Abs. 1 Nr. 2 vorliegt, wenn also eine Übermittlung an eine nicht-öffentliche Stelle (die im Rahmen von § 4b eine ausländische Stelle ist) für deren Interessen erfolgt und der Betroffene kein schutzwürdiges Interesse am Ausschluss der Übermittlung hat. Sind besondere Arten personenbezogener Daten (§ 3 Abs. 9) betroffen, so sind nach § 16 Abs. 1 Nr. 2 engere Voraussetzungen einzuhalten. **33**

§ 16 Abs. 3 legt die Unterrichtungspflicht nahezu wortgleich mit § 4b Abs. 4 fest, sodass sich der eigenständige Regelungsinhalt von Abs. 4 darin erschöpft, dass auch und gerade wegen der Auslandsberührung zu unterrichten ist. Durch die Unterrichtung soll zum einen Transparenz geschaffen werden für den Betroffenen, der das „Schicksal“ der ihn betreffenden Daten erkennen können soll, zum anderen soll durch das Verfahren die übermittelnde öffentliche Stelle zusätzlich dazu angehalten werden, sich mit den Interessen des Betroffenen und seiner möglichen Reaktion auseinanderzusetzen. **34**

In zeitlicher Hinsicht gibt es keine besonderen Anforderungen, insbesondere ist keine Benachrichtigung bereits im Vorfeld oder im Planungsstadium vorgeschrieben (sie wäre aber ohne Weiteres zulässig). Es reicht also eine Benachrichtigung im üblichen Geschäftsgang ohne sachfremde Verzögerungen, die praktisch meist schriftlich erfolgen wird, aber auch z.B. mündlich zulässig ist; wesentlich ist, dass das verfolgte Ziel der Transparenz erreicht wird. Ist diese Transparenz anderweitig erreicht, d.h., hat der Betroffene auf irgendeine andere Weise die notwendige Kenntnis erhalten, so entfällt nach Satz 2 die Benachrichtigungspflicht ebenso wie wenn die Unterrichtung dem Wohl des Bundes oder eines Landes Nachteile bereiten würde, etwa wegen einer Gefährdung der öffentlichen Sicherheit. **35**

5. Verantwortung für Zulässigkeit (Abs. 5)

36 Abs. 5 stellt knapp fest, dass die Verantwortung für die Zulässigkeit der Übermittlung bei der übermittelnden Stelle liegt. In aller Regel wird das die verantwortliche Stelle (§ 3 Abs. 7) sein, denn wesentliches Kennzeichen hierfür ist die Entscheidungsbefugnis über Zweck und Mittel der Verarbeitung[14]. Ihr obliegt daher neben der Feststellung der „allgemeinen Voraussetzungen" (etwa nach § 38) auch die Beurteilung, ob ein angemessenes Datenschutzniveau im Sinn von §§ 4b, 4c unterstellt werden kann oder eine Ausnahme von diesem Erfordernis vorliegt. Auch bei „tatsächlicher Entscheidungsbefugnis" über Datenexporte[15] ist die die Übermittlung auslösende Stelle meist gleichzusetzen mit der verantwortlichen Stelle, weil sie gerade die Befugnisse für sich in Anspruch nimmt, die der verantwortlichen Stelle zukommt; es besteht daher keine Notwendigkeit, v.a. für den Fall von Datenexporten in internationalen Konzernen eine Sonderrolle zu schaffen, um die Weitergabe von der Konzernmutter an ausländische Konzerntöchter einzuordnen, wie das die Aufsichtsbehörden stellenweise vertreten haben[16]. Gibt etwa die Konzernmutter oder eine Konzerngesellschaft, bei der die Datenverarbeitung konzentriert ist („Shared Service"), Daten innerhalb des Konzerns oder an Dritte weiter, so geschieht dies entweder in der Rolle eines Auftragsdatenverarbeiters auf Basis einer Weisung der anderen Konzerngesellschaften oder aber „aus eigenem Recht" – mithin als verantwortliche Stelle.

6. Hinweispflicht (Abs. 6)

37 Abs. 6 verpflichtet die übermittelnde Stelle, den Empfänger der Daten auf den oder die mit der Übermittlung verfolgten Zweck(e) hinzuweisen. Die Hinweispflicht besteht in allen von § 4b erfassten Fällen, nicht allein bei der Weitergabe in Staaten ohne angemessenes Datenschutzniveau. Sie tritt neben andere Hinweispflichten, v.a. nach § 28 Abs. 5 Satz 3 (und kraft Verweises aus § 29 Abs. 4)[17], wobei sich die Pflichten weitgehend decken.

38 Zielsetzung ist die Gewährleistung der Einhaltung der Zweckbindung: Der bei der Erhebung bestimmte oder später legitimerweise geänderte Zweck bestimmt den Rahmen, in dem überhaupt eine Weitergabe erfolgen kann, und die empfangende Stelle ist hierüber zu unterrichten, weil sie sich ebenso in diesem Rahmen halten muss (denn der Grundsatz der Zweckbindung ist ein wesentlicher Kern nicht nur des EU-Datenschutzrechts, sondern auch Bestandteil ausländischer Datenschutzgesetzgebungen, die das Prädikat der Angemessenheit besitzen[18]). Eine Verpflichtung, die Einhaltung des Zwecks der Übermittlung nachträglich zu prüfen, lässt sich aus Abs. 6 nicht herleiten; nach der Übermittlung richten sich die weitere Verarbeitung und Nutzung nach dem für die empfangende Stelle maßgeblichen Rechtsrahmen.

14 Art. 2 lit. d) der Datenschutzrichtlinie 95/46/EG.
15 Vgl. *Hillenbrand-Beck*, RDV 2007, 231, 232; Wolff/Brink/*Schantz*, § 4b Rn. 35.
16 Düsseldorfer Kreis, Positionspapier zum internationalen Datenverkehr vom 12./13.02.2007.
17 *Gola/Schomerus*, § 4b Rn. 19, Wolff/Brink/*Schantz*, § 4b Rn. 36.
18 Wolff/Brink/*Schantz*, § 4b Rn. 36.

§ 4c Ausnahmen

(1) [1]Im Rahmen von Tätigkeiten, die ganz oder teilweise in den Anwendungsbereich des Rechts der Europäischen Gemeinschaften fallen, ist eine Übermittlung personenbezogener Daten an andere als die in § 4b Abs. 1 genannten Stellen, auch wenn bei ihnen ein angemessenes Datenschutzniveau nicht gewährleistet ist, zulässig, sofern

1. **der Betroffene seine Einwilligung gegeben hat,**
2. **die Übermittlung für die Erfüllung eines Vertrags zwischen dem Betroffenen und der verantwortlichen Stelle oder zur Durchführung von vorvertraglichen Maßnahmen, die auf Veranlassung des Betroffenen getroffen worden sind, erforderlich ist,**
3. **die Übermittlung zum Abschluss oder zur Erfüllung eines Vertrags erforderlich ist, der im Interesse des Betroffenen von der verantwortlichen Stelle mit einem Dritten geschlossen wurde oder geschlossen werden soll,**
4. **die Übermittlung für die Wahrung eines wichtigen öffentlichen Interesses oder zur Geltendmachung, Ausübung oder Verteidigung von Rechtsansprüchen vor Gericht erforderlich ist,**
5. **die Übermittlung für die Wahrung lebenswichtiger Interessen des Betroffenen erforderlich ist oder**
6. **die Übermittlung aus einem Register erfolgt, das zur Information der Öffentlichkeit bestimmt ist und entweder der gesamten Öffentlichkeit oder allen Personen, die ein berechtigtes Interesse nachweisen können, zur Einsichtnahme offen steht, soweit die gesetzlichen Voraussetzungen im Einzelfall gegeben sind.**

[2]Die Stelle, an die die Daten übermittelt werden, ist darauf hinzuweisen, dass die übermittelten Daten nur zu dem Zweck verarbeitet oder genutzt werden dürfen, zu dessen Erfüllung sie übermittelt werden.

(2) [1]Unbeschadet des Absatzes 1 Satz 1 kann die zuständige Aufsichtsbehörde einzelne Übermittlungen oder bestimmte Arten von Übermittlungen personenbezogener Daten an andere als die in § 4b Abs. 1 genannten Stellen genehmigen, wenn die verantwortliche Stelle ausreichende Garantien hinsichtlich des Schutzes des Persönlichkeitsrechts und der Ausübung der damit verbundenen Rechte vorweist; die Garantien können sich insbesondere aus Vertragsklauseln oder verbindlichen Unternehmensregelungen ergeben. [2]Bei den Post- und Telekommunikationsunternehmen ist der Bundesbeauftragte für den Datenschutz und die Informationsfreiheit zuständig. [3]Sofern die Übermittlung durch öffentliche Stellen erfolgen soll, nehmen diese die Prüfung nach Satz 1 vor.

(3) Die Länder teilen dem Bund die nach Absatz 2 Satz 1 ergangenen Entscheidungen mit.

▶ **Darum geht es**

§ 4c regelt die wesentlichen Ausnahmen vom Erfordernis eines angemessenen Datenschutzniveaus, wenn personenbezogene Daten in Drittstaaten übermittelt werden sollen.

▶ **Schlagworte**

Übermittlung in das Ausland; Ausnahmen; Einwilligung; Vertrag; Öffentliches Interesse; Rechtsansprüche; Pre trial discovery; e-discovery; Lebenswichtige Interessen; Register; Binding Corporate Rules; BCR; verbindliche/bindende Unternehmensregelungen; Genehmigung; Haftungsklausel

---

A. Allgemeines

I. Regelungszweck

1 § 4c stellt mit seinem Katalog von Ausnahmen eine wesentliche Ergänzung von § 4b dar; beide Bestimmungen stellen den Kern der Regelungen des BDSG mit internationalem Bezug dar (vgl. § 4b Rn. 1 ff.). Das Konzept, Datenübermittlungen in das Ausland nur bei Vorliegen eines angemessenen Schutzes zuzulassen, kann nur theoretisch vollständig umgesetzt werden, denn angesichts der vielfältigen Verflechtungen Deutschlands mit anderen Staaten – und darunter sind naturgemäß viele ohne ein formell als angemessen anerkanntes Datenschutzniveau – bedarf es stets auch Übermittlungen in Fällen, in denen dieses angemessene Schutzniveau bislang fehlt.

2 § 4c beschreibt daher in Abs. 1 Satz 1 die Ausnahmen, in denen Übermittlungen trotz des Fehlens eines angemessenen Schutzniveaus zulässig sind; Satz 2 gibt eine Hinweispflicht zur Wahrung der Zweckbindung vor. Absatz 2 ermöglicht Übermittlungen in Fällen, in denen weder ein angemessenes Schutzniveau vorliegt noch eine Ausnahme nach Abs. 1 gegeben ist, wenn die Aufsichtsbehörde dies unter weiteren Voraussetzungen genehmigt. Von besonderer Bedeutung sind hier Vertragsklauseln (insbesondere die Standardvertragsklauseln der EU-Kommission) und verbindliche Unternehmensregelungen („Binding Corporate Rules“).

3 Die Vorschrift gilt gleichermaßen für Datenübermittlungen durch öffentliche und nichtöffentliche Stellen; öffentliche Stellen sind dabei nicht auf eine Genehmigung (nach Abs. 2 Satz 1) durch die Aufsichtsbehörde angewiesen, sondern nehmen die Prüfung selbst vor (Abs. 2 Satz 3).

4 § 4c findet seine europarechtliche Grundlage in Art. 26 der Datenschutzrichtlinie 95/46/EG und lehnt sich dabei in den Formulierungen eng an die Richtlinie an. Zur Frage, ob es auf die Situation im Drittstaat oder bei der empfangenden Stelle ankommt, vgl. die Kommentierung des § 4b.[1]

II. Ausblick auf die Novellierung des Europäischen Datenschutzrechts

5 Der Kommissionsentwurf einer Datenschutz-Grundverordnung hält an der Konzeption des § 4c weitgehend fest; künftig sollen danach Ausnahmen in Art. 44 Nr. 1 der Grundverordnung geregelt werden. Die vorgeschlagenen Ausnahmen sind dabei inhaltlich ähnlich zu denen in Art. 26 der Richtlinie 95/46/EG bzw. zu § 4c Abs. 1. Ergänzt werden soll der bisherige Ausnahmekatalog um die Möglichkeit der „Übermittlung zur Verwirklichung des berechtigten Interesses“, wenn diese Übermittlung nicht häufig oder massiv ist, eine Folgenabschätzung durchgeführt wurde und ggf. Garantien zum Schutz der Daten vorgesehen werden (Art. 44 Nr. 1 lit. h); hiervon ist die Aufsicht zu unterrichten (Art. 44 Abs. 6) und ggf. erfolgen Präzisierungen durch delegierte Rechtsakte (Art. 44 Abs. 7).

6 Die in § 4c Abs. 2 vorgesehene Genehmigungsmöglichkeit soll sich künftig insbesondere in Art. 42 Abs. 2 lit. d), Abs. 4 (auf Basis individueller Vertragsklauseln) und Abs. 5 (für den Fall des Fehlens angemessener Garantien) wiederfinden.

1 § 4b Rn. 13 ff.

Die Möglichkeit der Übermittlung auf Basis verbindlicher Unternehmensregelungen soll im Vergleich zur Richtlinie 95/46/EG deutlich detaillierter in Art. 42 Abs. 2 lit. a) und Art. 43 der Grundverordnung geregelt werden. 7

Nach den Vorstellungen des federführenden LIBE-Ausschusses des Europäischen Parlaments soll eine Übermittlung auch zulässig sein, wenn diese auf einem neu einzuführenden Europäischen Datenschutz-Gütesiegel beruht (Art. 39 Abs. 1e, Art. 42 Abs. 2 lit. aa) in der Fassung der Beschlussfassung vom 21.10.2013). 8

B. Inhalt der Regelung

I. Voraussetzungen

Der Anwendungsbereich von § 4c ist gegenüber § 4b eingeschränkt; er erfasst nur Übermittlungen in Drittstaaten, die auch dem Gemeinschaftsrecht unterfallen[2]. Für Übermittlungen innerhalb der EU und in die weiteren EWR-Staaten kommt es auf die Ausnahmen und Genehmigungen nicht an, weil ein angemessener Schutz in diesen Fällen ohnehin vorausgesetzt werden darf. 9

„Übermittlung" ist dabei wie in § 3 Abs. 4 Nr. 3 definiert zu verstehen. Weil es im Rahmen von § 4c stets um „Drittlandsfälle" geht, werden auch Auftragsdatenverarbeitungsverhältnisse erfasst, denn der im Drittland angesiedelte Auftragsdatenverarbeiter ist stets Dritter (für die Privilegierung durch § 3 Abs. 8 Satz 3 ist kein Raum; sie ist geografisch auf die EU und die weiteren EWR-Staaten begrenzt). 10

Bei der Anwendung des § 4c ist stets der Zusammenhang mit § 4b zu beachten, denn die Ausnahmen beziehen sich auf die in § 4b getroffene Grundregel, dass Übermittlungen nur bei einem angemessenen Schutzniveau erfolgen dürfen. Auch im Rahmen von § 4c ist deshalb der Verweis auf §§ 15, 16, 28 ff.[3] zu beachten (sog. „Zweistufentheorie"). 11

> ! § 4c ermöglicht selbst keine Übermittlungen, sondern eröffnet nur die Möglichkeit, das Fehlen eines angemessenen Schutzniveaus im Drittland unter bestimmten Voraussetzungen zu überwinden. Bei der Anwendung des Gesetzes kommt man also nur zu § 4c, wenn eine Übermittlung (z.B. nach § 28, § 32) grundsätzlich zulässig ist und nicht bereits § 4b die Übermittlung in das Ausland zulässt.

II. Gesetzlich bestimmte Ausnahmen

Die Ausnahmebestimmungen des § 4c Abs. 1 gehen davon aus, dass in bestimmten Situationen das Fehlen eines angemessenen Schutzniveaus geringer wiegt als das Interesse an der Übermittlung personenbezogener Daten, obwohl es stets um Fälle geht, in denen weder das Drittland selbst noch die dort angesiedelte empfangende Stelle einen angemessenen Schutz gewährleisten kann. Der Gesetzgeber regelt die wesentlichsten dieser Fallgruppen selbst; als Ausnahmeregelungen sind sie eng auszulegen. 12

Den Nummern 1 bis 3 und 5 ist gemeinsam, dass der Betroffene selbst den Anstoß für die Übermittlung gegeben hat oder sie zumindest in seinem Interesse ist; Nummer 4 gewichtet öffentliche Interessen und solche Dritter im Ergebnis höher als die Belange des Betroffenen, und Nummer 6 ermöglicht die Übermittlung von ohnehin potenziell der Allgemeinheit bekannten Daten. 13

1. Nr. 1: Einwilligung

Nr. 1 trifft eine Ausnahme vom Verbot der Übermittlung personenbezogener Daten in ein Drittland, wenn der Betroffene seine Einwilligung gegeben hat. Damit wird der informationellen Selbstbestimmung des Betroffenen Rechnung getragen, der in Kenntnis der Umstände sich auch frei für eine Übermittlung seiner Daten entscheiden kann. 14

---

2 Wolff/Brink/*Schantz*, § 4c Rn. 2.
3 § 4b Abs. 1, Abs. 2 Satz 1; Kommentierung zu § 4b Rn. 9 ff.

15 Die Einwilligung ist im Sinn von § 4a eine informierte und freiwillige Einwilligung. Art. 26 Abs. 1 lit. a) der Richtlinie 95/46/EG stellt als weitere Anforderung auf, dass die Einwilligung „ohne jeden Zweifel" gegeben sein muss; sie muss also nachweisbar sein, sodass Schweigen ebenso wenig ausreicht wie ein Unterstellen oder Mutmaßen der Abgabe. Streitig ist, ob eine „Opt-out"-Klausel, bei der eine vorformulierte Einwilligungserklärung gestrichen werden muss (oder bei der die Ablehnung durch ein Ankreuzen deutlich gemacht werden muss), ausreichend ist. Zwar hält der BGH das bei inländischen Sachverhalten für zulässig[4], bei diesen greift aber nicht das Erfordernis einer Erklärung „ohne jeden Zweifel" ein. Nachzuweisen ist dabei, dass eine Entscheidung tatsächlich getroffen und dokumentiert worden ist, nicht nur, dass ein durchschnittlich aufgeklärter und verständiger Betroffener sie hätte treffen können, wenn er den vorformulierten Text zur Kenntnis genommen hätte. Nur in besonders gelagerten Ausnahmefällen wird aus der Untätigkeit des Betroffenen zweifelsfrei auf seine Einwilligung geschlossen werden können.[5]

16 Die Richtlinie stellt selbst keine weiteren spezifischen Anforderungen an Form und Inhalt der Einwilligung, sodass auf § 4a zurückzugreifen ist.[6]

17 Die Informiertheit setzt dabei voraus, dass der Betroffene die wesentlichen Konsequenzen seiner Entscheidung zu überblicken vermag. Er muss deshalb in der Lage sein, die wesentlichen Umstände zu verstehen, die den Umgang mit seinen Daten betreffen und ggf. Risiken hervorrufen oder erhöhen. Dazu gehören zunächst die Informationen, die auch bei reinen Inlandsfällen erforderlich sind[7]. Im Kontext einer Übermittlung in Drittländer treten weitere für die Einwilligungsentscheidung bedeutsame Umstände hinzu, über die aufzuklären ist. So ist es kennzeichnend, dass die Daten nach der Übermittlung meist keinem ausgefeilten gesetzlichen Schutz mehr unterliegen und beispielsweise Zweckänderungen, Ausweitungen der Speicherfristen und Zugriffe öffentlicher und nichtöffentlicher Dritter leichter als im Inland erfolgen können. Die tatsächlichen Risiken hängen dabei v.a. von der Sensibilität der Daten selbst, dem Zweck der Übermittlung und den konkret betroffenen Drittländern sowie der Art und Weise der dortigen Verarbeitung und Nutzung ab. Zu informieren ist deshalb über die wesentlichen Risiken, die im konkreten Fall nicht nur fernliegen, wobei keine ins Einzelne gehende rechtliche Darstellung geboten ist, sondern eine verständliche Darstellung der wesentlichen Rahmenbedingungen, die ein Betroffener sodann zum Anlass nehmen kann, sich selbst weiter zu unterrichten.

18 Hinzuweisen ist auch auf den Umstand, dass Daten in Staaten ohne angemessenes Datenschutzniveau gelangen (können) und deshalb der Betroffene mit einem geringeren oder fehlenden Schutz rechnen muss. Dabei sind die Staaten oder Gruppen von Staaten möglichst so zu bezeichnen, dass der Betroffene eine eigene Einschätzung vornehmen kann. In der Regel empfiehlt sich deshalb die Nennung des Staates; wären hiernach aber viele einzelne Staaten aufzuführen (z.B. wegen der Beteiligung eines Dienstleisters mit einer verteilten Infrastruktur oder einer Vielzahl beteiligter Standorte), so können sie auch umschrieben werden.

2. Nr. 2: Vertrag und vorvertragliche Maßnahmen

19 Nr. 2 erfasst die Fälle, in denen der Betroffene als Vertragspartei (oder im Vorfeld vertraglicher Beziehungen) die Übermittlung von personenbezogenen Daten faktisch selbst mit veranlasst hat. In diesen Situationen konnte der Betroffene nämlich selbst Einfluss darauf nehmen, ob und in welchem Umfang es zu Übermittlungen kommt. Wenn die Übermittlung im vorvertraglichen Stadium stattfindet, ist Nr. 2 nur anwendbar, wenn die relevanten Maßnahmen gerade auf Veranlassung des Betroffenen erfolgen; damit soll sichergestellt werden, dass gerade in dem noch wenig strukturierten Vorvertragsbereich der Betroffene ausreichende Kontrolle über seine Daten behält. Demgegenüber greift die Ausnahme in Nr. 2 nicht, wenn der Betroffene im Inland einen Vertrag mit einer inländischen Stelle abgeschlossen hat und ihm nicht erkennbar war, dass Dienstleister im Ausland eingebunden werden sollen.[8]

4 BGHZ 177, 253 = NJW 2008, 3055.
5 Vgl. auch Art.-29-Gruppe, WP 114 vom 25.11.2005, S. 12.
6 Däubler/Klebe/Wedde/Weichert/*Däubler*, § 4c Rn. 5.
7 Vgl. dazu die Kommentierung zu § 4a, Rn. 42 ff.
8 Ähnlich Däubler/Klebe/Wedde/Weichert/*Däubler*, § 4c Rn. 6.

Beispiele, in denen Nr. 2 anwendbar ist, sind die Planung und Buchung von im Ausland zu erbringenden Reiseleistungen (Flüge, Unterkunft, Mietwagen, Ausflüge), wenn der Betroffene selbst Vertragspartner des ausländischen Leistungserbringers wird (sonst kommt Nr. 3 in Betracht), die Bestellung von Waren im Ausland, die dann an den Betroffenen versandt werden, oder auch die Ausführung internationaler Zahlungsverkehrsleistungen (Banküberweisungen, Kreditkartentransaktionen). 20

Die Übermittlung von Mitarbeiterdaten in internationalen Unternehmensgruppen kann nicht ohne Weiteres umfassend auf Nr. 2 gestützt werden, denn das Arbeitsverhältnis besteht in aller Regel mit einer einzelnen – meist inländischen – Gesellschaft und erfordert nicht die Übermittlung aller Mitarbeiterdaten an andere Konzerngesellschaften. In diesen Fällen sind zumindest solche Übermittlungen gerechtfertigt, die für das reibungslose Zusammenarbeiten in der Unternehmensgruppe erforderlich sind, etwa die Aufnahme von Kontaktdaten in Kommunikationsverzeichnisse oder der Eintrag in IT-Systemen zur netzwerkweiten Berechtigungsverwaltung. Ist nach dem Inhalt des Arbeitsvertrages oder aufgrund des Direktionsrechts des Arbeitgebers ein Einsatz auch bei anderen Gesellschaften oder Kunden im Ausland zulässig, so legitimiert dies die dafür erforderlichen Übermittlungen, etwa auch die Aufnahme in sog. „Skill-Datenbanken", die der konzernweit optimierten Besetzung von gemeinsamen Arbeitsgruppen oder Projekten dienen. Weist das Arbeitsverhältnis einen sog. Konzernbezug auf, ist also bereits arbeitsvertraglich angelegt, dass der Arbeitnehmer auf Wunsch des Arbeitgebers auch im Ausland tätig wird, so sind auch die damit im Zusammenhang stehenden Übermittlungen gerechtfertigt. 21

3. Nr. 3: Vertrag im Interesse des Betroffenen

Die Ausnahme der Nr. 3 ergänzt Nr. 2 in Situationen, in denen der Vertrag ohne den Betroffenen geschlossen wurde oder werden soll, dieser aber vertraglich begünstigt wird oder sonst mittelbar an ihm beteiligt ist[9], insbesondere wo er Anlass für den Vertragsabschluss gegeben hat. Oft wird es sich um einen „klassischen" Vertrag zugunsten Dritter (§ 328 BGB) handeln[10]. Häufig werden auch die oben unter Nr. 2 angesprochenen Fälle der Buchung von Reiseleistungen durch Veranstalter und Reisebüros für den Betroffenen und die Einbeziehung von Mitreisenden in eine Buchung sein. In Betracht kommt auch die Beteiligung Dritter bei internationalen Warenlieferungen (z.B. die Weitergabe von Adressdaten an den Spediteur) und die Beteiligung einer Korrespondenzbank im Zahlungsverkehr. Kennzeichnend ist stets, dass der Vertrag im Interesse des Betroffenen ist und die Übermittlung für die Erreichung dieses Vertragszwecks erforderlich ist; fehlt dieser Zusammenhang, so legitimiert Nr. 3 die Übermittlung nicht. Das soll z.B. bei der Einschaltung von Dienstleistern im Rahmen von Mitarbeiter-Aktienprogrammen der Fall sein, weil die Einbindung des Dienstleisters im Drittland nicht in diesem Sinn erforderlich sein soll[11]. Zulässig wäre aber etwa die Übermittlung von Mitarbeiterdaten durch ein Konzernunternehmen an die im Drittland angesiedelte Konzernmutter, wenn nur diese konzernweit ein solches Programm anbietet. 22

4. Nr. 4: Wahrung wichtiger öffentlicher Interessen; Rechtsansprüche

Nr. 4 räumt wichtigen öffentlichen Interessen und der Möglichkeit effektiven Rechtsschutzes typisierend Vorrang vor den Interessen des Betroffenen ein. 23

Übermittlungen, die im Sinn der 1. Alternative einem wichtigen öffentlichen Interesse dienen, werden in der Regel auch durch öffentliche Stellen erfolgen, in deren Aufgabenbereich solche Interessen fallen. Beispiele sind der Datenaustausch zwischen Sozialversicherungsträgern, Zoll- und Finanzbehörden oder der Bankenaufsicht[12], aber auch die Zusammenarbeit bei der Beaufsichtigung von Finanzinstituten und der Bekämpfung von Geldwäsche[13]. Dennoch sind Übermittlungen durch nichtöffentliche Stellen nicht ausgeschlossen, wenn diese letztlich öffentlichen Interessen dienen, wie etwa bei der Mitwirkung an der Aufklärung von Fällen des Missbrauchs öffentlicher Fördermittel (etwa im Bereich der Entwicklungshilfe, 24

9 Taeger/Gabel/*Gabel*, § 4c Rn. 8.
10 Däubler/Klebe/Wedde/Weichert/*Däubler*, § 4c Rn. 7; Taeger/Gabel/*Gabel*, § 4c Rn. 8.
11 Artikel-29-Gruppe, WP 114 vom 25.11.2005, S. 16 f.
12 Däubler/Klebe/Wedde/Weichert/*Däubler*, § 4c Rn. 8; Taeger/Gabel/*Gabel*, § 4c Rn. 10.
13 Taeger/Gabel/*Gabel*, § 4c Rn. 10 mit Hinweis auf die Begründung zu Art. 26 des geänderten Vorschlages der Richtlinie 95/46/EG.

der Exportförderung, von Weltbank-Projekten)[14]. Die Relevanz und Bedeutung öffentlicher Interessen sind dabei stets aus der Perspektive der übermittelnden Stelle zu beurteilen, denn sonst bestünde die Gefahr der Aushöhlung europäischer Datenschutzstandards, etwa durch die einseitige Behauptung von öffentlichen Interessen durch ausländische Stellen, ohne dass diese Interessen in Deckung mit der europäischen Werteordnung stehen.[15]

25 Die Zulassung von Datenübermittlungen zur Geltendmachung, Ausübung oder Verteidigung von Rechtsansprüchen vor Gericht (vgl. auch die ähnliche Formulierung in § 28 Abs. 6 zur Zulässigkeit der Verarbeitung besonderer Arten personenbezogener Daten) geht von einem Überwiegen des Interesses an effektivem Rechtsschutz gegenüber den Belangen der Betroffenen aus. Das ist letztlich Ergebnis einer Abwägung zwischen dem grundrechtlich geschützten Anspruch auf effektiven Rechtsschutz einerseits, dem informationellen Selbstbestimmungsrecht andererseits. **Gericht** in diesem Sinn ist nicht nur das staatliche Gericht, sondern es umfasst auch andere Fälle rechtsförmig geordneter Verfahren zur unabhängigen Entscheidung, insbesondere auch Schiedsgerichte[16]. Denn die Entscheidung für die Schiedsgerichtsbarkeit ändert nichts an dieser grundrechtlichen Verbürgung effektiven Rechtsschutzes und vermag eine Einschränkung von datenschutzrechtlichen Übermittlungsbefugnissen nicht zu tragen; i.Ü. sind personenbezogene Daten in den typischerweise die Vertraulichkeit stärker betonenden Schiedsverfahren deutlich weniger durch eine Offenlegung gefährdet.[17]

26 Die Übermittlung muss erforderlich sein, sodass die Ausnahmebestimmung weder eine Datenerhebung und -verarbeitung für den Fall künftig drohender Rechtsstreitigkeiten zu legitimieren vermag (etwa in Form der Speicherung der gesamten E-Mail-Kommunikation des Unternehmens im Drittland, damit diese bei Rechtsstreitigkeiten zügig ausgewertet werden kann), noch rechtfertigt sie es, große gleichsam ungefilterte Datenbestände in das Drittland zu übermitteln, damit diese dort auf für den Rechtsstreit relevante Teile ausgewertet werden können. Das sind jedoch in der Praxis anzutreffende Verhaltensweisen insbesondere bei der sog. „pre trial discovery". Hierbei handelt es sich um ein v.a. im angloamerikanischen Rechtsraum häufiges Verfahren zur Sachverhaltsermittlung, das die Parteien verpflichtet, in ihrer Verfügungsgewalt befindliche Informationen (verkörperter und unverkörperter Art) der anderen Partei und dem Gericht zur Verfügung zu stellen, wenn sie für das Verfahren von Bedeutung sein können. Dahinter steht der Gedanke, dass das Gericht sich auf die Klärung rechtlicher Fragen beschränken und damit das Verfahren zügig durchführen kann, wenn es gelingt, den Sachverhalt möglichst aufzuklären und weitgehend unstreitig zu stellen. Die Aufsichtsbehörden sehen Pre trial discovery-Verfahren nicht als gerichtliche Verfahren; das vermag nicht zu überzeugen, denn ein Gerichtsstreit beginnt nicht erst mit der Klageeinreichung, sondern umfasst in aller Regel vorgeschaltete Schritte und notwendigerweise vorgeschaltete Verfahren (neben der pre trial discovery etwa auch die Einschaltung ausländischer Anwaltskanzleien zur Prüfung von Erfolgsaussichten, zur Vorbereitung und Einreichung einer Antragsschrift), die auszunehmen den Rechtshilfeanspruch der Parteien unsachgemäß beschneiden würde.

27 In der Praxis sind dabei die Parteien bei einer pre trial discovery verpflichtet, ihnen vorliegende Dokumente und elektronische Daten umfassend auszuwerten, was v.a. bei umfangreicher Speicherung von Daten für längere Zeiträume und bei vielen Beteiligten schnell zu erheblichen Datenmengen führt. Tun sie dies nicht, so drohen ihnen Nachteile bis hin zum Verlust des Rechtsstreits. Diese „e-discovery" wird häufig unter Einsatz spezieller Software durch darauf spezialisierte Kanzleien oder ihre Dienstleister ausgeführt. Auch die Bereitstellung der Datenbestände an sie stellt eine Übermittlung dar, wenn Kanzlei oder Dienstleister außerhalb des EWR angesiedelt sind.

28 Seitens der Aufsichtsbehörden wird dabei in der Regel verlangt, dass bilateral oder multilateral vereinbarte Rechtshilfewege eingehalten werden, insbesondere das Haager Übereinkommen über die Beweisaufnahme im Ausland in Zivil- und Handelssachen vom 18.03.1970.[18] Problematisch hierbei ist, dass Deutschland eine Erklärung zu Art. 23 abgegeben hat, Pre trial discovery-Ersuchen nicht erledigen zu

---

14 Ähnlich Taeger/Gabel/*Gabel*, § 4c Rn. 10; i.E. ablehnend Däubler/Klebe/Wedde/Weichert/*Däubler*, § 4c Rn. 8.
15 Ähnlich wohl Wolff/Brink/*Schantz*, § 4c Rn. 20; Taeger/Gabel/*Gabel*, § 4c Rn. 10.
16 A.A. Taeger/Gabel/*Gabel*, § 4c Rn. 11.
17 Wolff/Brink/*Schantz*, § 4c Rn. 22.
18 BGBl. 1977 II 54, 1472 ff.

wollen. Ein prinzipieller Vorrang der Beschreitung des Rechtshilfeweges dürfte sich allerdings nur schwer begründen lassen, denn die Umsetzung völkerrechtlicher Vereinbarungen erfolgt durch Bundesgesetze, sodass die Rechtshilfevereinbarungen nicht per se einen Anwendungsvorrang gegenüber – v.a. zeitlich nachrangigen – nationalen Normen beanspruchen. Einzelne Erfahrungen zeigen auch, dass bei der Beschreitung des Rechtshilfeweges tendenziell relativ weit gefasste Ersuchen gestellt werden, um ein erneutes Ersuchen zu vermeiden, sodass es auch bei der Rechtshilfe zur Übermittlung vergleichsweise große Datenmengen kommen kann; der Schutz personenbezogener Daten wird dabei oft nicht im Vordergrund stehen.

! In der Praxis haben die Aufsichtsbehörden das Problem erkannt und versuchen auf unterschiedlichem Wege – oftmals durch prozessuale Gestaltungen wie z.B. zunächst pseudonymer Übermittlungen[19] –, den verantwortlichen Stellen, die sich zwei konträren rechtlichen Verpflichtungen ausgesetzt sehen, Hilfestellung zu bieten. Eine frühzeitige Einbindung der Aufsicht ist deshalb zu empfehlen, ggf. auch unter Zwischenschaltung einer Kanzlei.

5. Nr. 5: Lebenswichtige Interessen

Nr. 5 ermöglicht die Übermittlung personenbezogener Daten in Verfolgung „lebenswichtiger Interessen" des Betroffenen (vgl. hierzu auch § 28 Abs. 6). Hierbei wird es sich in der Regel um medizinische Informationen in Fällen handeln, in denen der Betroffene selbst außerstande ist, in die Übermittlung einzuwilligen. Die Wahrung der Privatautonomie gebietet die Einholung der Einwilligung, wenn der Betroffene erreichbar ist, sodass dann ein Rückgriff auf Nr. 5 ausgeschlossen ist.[20] Der Rückgriff auf die Ausnahmebestimmung scheidet deshalb auch aus in Fällen der Weitergabe von personenbezogenen Daten für Forschungszwecke, selbst wenn die Forschungsergebnisse dem Betroffenen nützlich sein mögen.[21] 29

6. Nr. 6: Registerinformationen

Nach Nr. 6 dürfen personenbezogene Daten aus öffentlich zugänglichen Registern übermittelt werden; dem liegt die Überlegung zugrunde, dass eine solche Übermittlung von ohnehin im Inland öffentlich zugänglichen Informationen kaum zu einer erheblichen Gefährdung von Interessen des Betroffenen führen dürfte. Erfasst werden die ohne Weiteres zugänglichen Register wie etwa das Handelsregister, das Vereinsregister und das Genossenschaftsregister, aber auch Register, für deren Einsicht ein Interesse nachgewiesen werden muss, insbesondere das Grundbuch. In diesem Fall überwindet die Ausnahmebestimmung nicht die allgemeinen Einsichtsvoraussetzungen, aber ermöglicht die Erteilung von Auskünften aus dem Register auch in das Drittland (etwa bei der Übersendung von Grundbuchauszügen an Miteigentümer, Erben oder auch an Inhaber einer titulierten Forderung gegen den eingetragenen Eigentümer). Es kommt also darauf an, ob der Empfänger auch im Inland zum Kreis der Einsichtsberechtigten gehören würde.[22] 30

Nr. 6 setzt nicht voraus, dass es sich um öffentlich geführte Register handelt, sodass auch bei privatwirtschaftlich organisierten Registern (v.a. von Auskunfteien) die Ausnahme zur Anwendung kommen kann.[23] Eine vollständige Registerübermittlung in Drittländer ist jedoch nicht zulässig, weil diese in aller Regel mit der Zweckbindung der Registerdaten nicht vereinbar sein wird und sich daher Gefahren aufgrund von unzulässigen Zweckänderungen ergeben dürften.[24] 31

---

19 Berliner Datenschutzbeauftragter, Tätigkeitsbericht 2007, Zf. 103; *Hanloser*, DuD 2008, 785.
20 Däubler/Klebe/Wedde/Weichert/*Däubler*, § 4c Rn. 9; Wolff/Brink/*Schantz*, § 4c Rn. 26; Taeger/Gabel/*Gabel*, § 4c Rn. 12.
21 Art.-29-Gruppe, WP 114 vom 25.11.2005, S. 18.
22 Däubler/Klebe/Wedde/Weichert/*Däubler*, § 4c Rn. 10.
23 Taeger/Gabel/*Gabel*, § 4c Rn. 13; *Gola/Schomerus*, § 4c Rn. 8; Wolff/Brink/*Schantz*, § 4c Rn. 28.
24 Wolff/Brink/*Schantz*, § 4c Rn. 28; Taeger/Gabel/*Gabel*, § 4c Rn. 13.

III. Hinweis des Empfängers auf Zweckbindung

32 Durch § 4c Abs. 1 Satz 2 wird der verantwortlichen Stelle vorgegeben, durch einen Hinweis gegenüber dem Empfänger darauf, dass die Daten nur für den mit der Übermittlung verfolgten Zweck verarbeitet oder genutzt werden dürfen, die Wahrung der Zweckbindung sicherzustellen. Der Hinweis ist damit etwas zielgerichteter als der nach § 4b Abs. 6, bei dem nur allgemein auf den Zweck hinzuweisen ist. Das soll sich daraus erklären, dass hier gerade kein angemessenes Datenschutzniveau vorliegt,[25] sodass noch deutlicher auf die Wahrung des Zwecks zu drängen ist. Die Durchsetzung der Zweckbindung im Drittland ist allerdings zweifelhaft, wird doch mit der Übermittlung der Empfänger im Drittland für die Daten verantwortlich. Die übermittelnde Stelle ist aber nicht verpflichtet, über den Hinweis hinaus – z.B. durch vertragliche Vereinbarungen – für die Einhaltung der Zweckbindung zu sorgen.[26]

IV. Genehmigung durch die Aufsichtsbehörde

1. Allgemeines

33 Ist eine Übermittlung personenbezogener Daten nicht nach § 4b zulässig und greift auch keine der Ausnahmen des § 4c Abs. 1 ein, so bleibt noch die Möglichkeit der Genehmigung durch die zuständige Aufsichtsbehörde. Damit kann dem Umstand Rechnung getragen werden, dass in der Praxis sehr unterschiedliche Sachverhalte auftreten werden, die vom Gesetzgeber nicht vorausgesehen und abstrakt geregelt werden konnten. Es wird im Ergebnis ein Mangel des gesetzlich gewährleisteten Schutzniveaus im Zielland durch vertragliche Vereinbarungen zwischen den beteiligten Stellen bzw. Garantieerklärungen kompensiert.[27]

34 Voraussetzung ist, dass die verantwortliche Stelle „ausreichende Garantien hinsichtlich des Schutzes des Persönlichkeitsrechts und der Ausübung der damit verbundenen Rechte vorweist". Die Norm nennt Vertragsklauseln und verbindliche Unternehmensregelungen als Möglichkeiten (Abs. 2 Satz 1 Hs. 2), diese Aufzählung ist aber nicht abschließend („insbesondere"). Sie setzt Art. 26 Abs. 2 der Datenschutzrichtlinie 95/46/EG um.

35 Die Genehmigung setzt bei Übermittlungen durch nichtöffentliche Stellen einen Antrag der verantwortlichen Stelle voraus, über den die nach § 38 zuständige Aufsichtsbehörde entscheidet, bei Post- und Telekommunikationsunternehmen der Bundesbeauftragte für den Datenschutz und die Informationsfreiheit (Abs. 2 Satz 2). Demgegenüber prüfen öffentliche Stellen selbst das Vorliegen der Voraussetzungen, insb. also die Existenz ausreichender Garantien (Abs.2 Satz 3); sie unterliegen also den gleichen materiellen Anforderungen wie nichtöffentliche Stellen, sind aber von einer im Vorfeld der Übermittlung erfolgenden Kontrolle durch den Datenschutzbeauftragten freigestellt. Das überzeugt angesichts der Komplexität der zu beurteilenden Fragen[28] nicht.

36 Gegenstand der Entscheidung sind einzelne Übermittlungen oder bestimmte Arten von Übermittlungen. Die Art der Übermittlung kann dabei z.B. nach Datenkategorien bestimmt werden (Kundendaten, Mitarbeiterdaten usw.), es kommt aber auch eine Zusammenfassung nach verfolgten Zwecken, nach Empfängern oder sonstigen Kriterien in Betracht. Die Zusammenfassung einer Mehrzahl einzelner Übermittlungen in solchen „bestimmten Arten" soll es ermöglichen, vorab gleichartige und sich ggf. wiederholende Übermittlungen zusammenzufassen und so überflüssigen Verwaltungsaufwand zu vermeiden. Das setzt voraus, dass die Zusammenfassung zu einer Art noch ausreichend differenziert und so das konkrete Risikoprofil erkennbar bleibt. Die Genehmigungsbehörde muss nämlich im Verfahren die den Betroffenen durch die Datenübermittlung potenziell drohenden Risiken erkennen und bewerten können, weil sie zu beurteilen hat, ob die für die Übermittlung bestehenden Garantien ausreichend sind, um den Risiken wirksam zu begegnen.

---

25 Taeger/Gabel/*Gabel*, § 4c Rn. 14; Wolff/Brink/*Schantz*, § 4c Rn. 30.
26 Wolff/Brink/*Schantz*, § 4c Rn. 30.
27 Däubler/Klebe/Wedde/Weichert/*Däubler*, § 4c Rn. 12.
28 Wolff/Brink/*Schantz*, § 4c Rn. 39 f.

Bei der Entscheidung steht der Aufsichtsbehörde ein Ermessensspielraum zu („kann"), der bei Vorliegen ausreichender Garantien in der Regel aber auf null reduziert werden wird und dann in einen Genehmigungsanspruch umschlägt. Das gilt freilich nur, wenn die Übermittlung als solche rechtmäßig ist (also die Anforderungen der „Stufe 1", die auch bei rein inländischen Sachverhalten zu prüfen sind, wie z.B. die §§ 28 ff., erfüllt sind). 37

a) Standardvertragsklauseln

Ausreichende Garantien können sich zum einen aus Vertragsklauseln ergeben, wie § 4c zum Ausdruck bringt. In diesem Zusammenhang kommen vor allem die von der EU-Kommission erarbeiteten oder zumindest genehmigten Klauselwerke in Betracht, die auch als „Standardverträge", „Standardvertragswerke" oder „EU Model Clauses" bezeichnet werden. Mit ihrer Veröffentlichung und Genehmigung wollte die EU-Kommission auf Bedürfnisse nach einheitlichen, einfach verwendbaren und rechtssicheren Vertragsmustern reagieren. 38

Im Laufe der Zeit wurden drei Klauselwerke auf Basis von Art. 26 Abs. 4 der Datenschutzrichtlinie 95/46/ EG genehmigt, eines davon später neu gefasst: 39

- die Controller-Processor-Klauseln zur Vereinbarung zwischen verantwortlichen Stellen und Auftragsdatenverarbeitern vom 27.12.2001[29], neue Fassung vom 05.02.2010[30];
- die Controller-Controller-Klauseln zur Übermittlung personenbezogener Daten zwischen verantwortlichen Stellen vom 15.06.2001 (sog. „Set 1")[31] sowie
- ein weiteres Muster zur Verwendung zwischen verantwortlichen Stellen (Controller-Controller-„Set 2") vom 17.12.2004[32]; dieses Muster wurde maßgeblich unter Beteiligung verschiedener Praktiker erarbeitet.

Die genannten Rechtsakte stellen fest, dass im Fall der unveränderten Übernahme der veröffentlichten Klauselwerke ein angemessenes Datenschutzniveau erreicht wird. Bereits aufgrund dieser europarechtlichen Vorgaben wird damit eine die sonstigen Voraussetzungen erfüllende Datenübermittlung zulässig; einer Einzelfallgenehmigung durch die nationale Aufsichtsbehörde bedarf es damit entgegen dem Wortlaut von § 4c nicht mehr (Art. 26 Abs. 4, Art. 31 Abs. 2 der Datenschutzrichtlinie)[33]. Damit diese von den Verwendern erwünschte Wirkung eintritt, müssen aber einige Voraussetzungen erfüllt sein: 40

Festzuhalten bleibt zunächst, dass nach den Vorgaben der Rechtsakte keine materiellen Änderungen an den Standardverträgen erfolgen dürfen. Die im Text vorhandenen ausfüllungsbedürftigen Abschnitte, die den einzelnen Transfer individualisieren und den konkreten Datentransfer beschreiben, müssen natürlich angepasst werden; werden von den Parteien aber Klauseln abgeändert, weil die in ihnen abgebildeten Regeln als unerwünscht oder unpassend angesehen werden, liegt eine Abänderung vor, die zum Wiederaufleben der Genehmigungspflicht führt. 41

> **!** Damit gilt bei Verwendung der Standardverträge: Sind sie unverändert nicht akzeptabel, so sollte eine Alternative verwendet werden (Safe Harbor, bindende Unternehmensrichtlinien) oder es muss eine Einzelfall-Genehmigung erfolgen.

Keine relevante Umgestaltung liegt vor, wenn die Standardverträge etwa ein anderes Layout erhalten oder in umfassendere Vertragswerke inhaltlich unverändert übernommen werden. Auch eine Ergänzung durch weitere Regelungen ist zulässig, wenn dadurch nicht der grds. zwingende Inhalt der Standardverträge unterlaufen wird. Während die Standardverträge i.Ü. auf die Vereinbarung zwischen zwei Parteien ausgerichtet sind, bestehen keine Bedenken dagegen, sie auch zwischen einer größeren Zahl beteiligter 42

29 ABl. vom 10.01.2002 Nr. L6/52.
30 ABl. vom 12.02.2010 Nr. L39/5.
31 ABl. vom 04.07.2001 Nr. L181/19.
32 ABl. vom 29.12.2004 Nr. L385.
33 Vgl. *Gola/Schomerus*, § 4c Rn. 12, Däubler/Klebe/Wedde/Weichert/*Däubler*, § 4c Rn. 18c.

Stellen abzuschließen.[34] Werden die Klauseln ergänzt, fallen diese Anpassungen aber eindeutig zugunsten der Betroffenen aus, so ist umstritten, ob eine Genehmigungspflicht ausgelöst wird. In der Praxis ist eine kurze Rückfrage bei der Aufsichtsbehörde anzuraten[35].

43 Nach Auffassung der deutschen Aufsichtsbehörden sind die Standardverträge unter Verwendung des „Set 2" nicht geeignet, wenn Arbeitnehmerdaten betroffen sind, vor allem weil er nicht vorsehe, dass Betroffene ihre Rechte auch weiterhin gegenüber der exportierenden Stelle (ihrem Arbeitgeber) geltend machen könnten und sich die empfangende Stelle zur Mitwirkung verpflichte[36]. Diese Auffassung begegnet angesichts der Kommissionsentscheidung, die den Verwendungszweck dieser Klauseln nicht einschränkt, europarechtlichen Bedenken.

44 Zu beachten ist daneben, dass es bislang keine Processor-Processor-Klauseln gibt. Die deutschen Aufsichtsbehörden haben sich deshalb auf den Standpunkt gestellt, dass die Standardverträge in diesem Fall nicht vereinbart werden können, weil für die Anpassung von Verträgen an eine Processor-Processor-Beziehung eine textliche Änderung erfolgen müsste, die zu einem Genehmigungserfordernis führen würde. Im Ergebnis ist deshalb die verantwortliche Stelle gehalten, mit allen beteiligten Dritten – unter Einschluss der Auftragnehmer – Standardverträge zu vereinbaren und deren Einhaltung zu kontrollieren. Die Aufsichtsbehörden versuchen dieser unbefriedigenden Situation durch die Darlegung verschiedener Handlungsalternativen zu begegnen.[37] So könnte etwa ein Abschluss von Standardverträgen durch einen Bevollmächtigten – i.d.R. den Hauptauftragnehmer – erfolgen.

45 Schließlich wurde mit dem „neuen" Standardvertragsmuster auch eine praktisch weitgehend unbeachtete Anforderung eingeführt, den Abschluss von Standardverträgen im Einzelfall zu dokumentieren.

> **!** Eine solche Dokumentation mag praktisch schwierig sein, v.a. wenn in größeren arbeitsteiligen Organisationen nicht jeder Vertrag mit Datenschutzbezug über den Tisch des DSB läuft; sie ist aber zwingend vorgegeben. Ggf. kann sie im Wege einer intranetgestützten Applikation betrieben werden.

b) Individuelle Vertragsklauseln

46 Auch durch individuell vereinbarte Vertragsklauseln kann ein angemessenes Datenschutzniveau erreicht werden, denn § 4c sagt nichts darüber aus, auf welchem Wege angemessene Garantien erreicht werden müssen – die „Insbesondere"-Regelung bringt eben nur Regelbeispiele zum Ausdruck. Derartige individuelle Klauseln müssen für sich genommen angemessene Garantien abgeben, d.h. in der Regel die auch in den Standardvertragsklauseln oder in Binding Corporate Rules festzulegende Inhalte ausreichend abdecken. Praktisch haben derartige individuelle Klauselwerke aber keine erhebliche Bedeutung erlangt, ist doch der Aufwand der Erstellung und Verhandlung aufseiten der Vertragsschließenden nicht gering – und ebenso wird der Prüfungsaufwand aufseiten der zuständigen Aufsichtsbehörde eher hoch ausfallen; in aller Regel dürften Beteiligte deshalb auf den Abschluss von Standardvertragsklauseln verwiesen werden.

c) Verbindliche Unternehmensregelungen

47 Ausreichende Garantien können sich schließlich auch aus verbindlichen Unternehmensregelungen, den sog. „Binding Corporate Rules" oder „BCR", ergeben. Diese Regelwerke haben in den vergangenen Jahren hohe Aufmerksamkeit aufseiten der Aufsichtsbehörden und der Praktiker erfahren, es bleibt aber festzuhalten, dass vorwiegend einige große multinationale Unternehmensverbünde von ihnen Gebrauch gemacht haben. Maßgebliche Ausformung erfahren BCR durch die Arbeiten der Artikel-29-Gruppe, die ihren Niederschlag v.a. in den folgenden „Working Papers" gefunden haben[38]:

---

34 So auch Däubler/Klebe/Wedde/Weichert/*Däubler* § 4c Rn. 18 unter Hinweis auf praktische Schwierigkeiten.
35 So *Gola/Schomerus*, § 4c Rn. 14 m.w.N.
36 Däubler/Klebe/Wedde/Weichert/*Däubler* § 4c Rn. 18a, der eine Ergänzung von Set 2 vorschlägt.
37 Handreichung des Düsseldorfer Kreises.
38 Abrufbar unter http://ec.europa.eu/justice/policies/privacy/workinggroup/wpdocs/index_en.htm.

- WP 74 vom 03.06.2003, Nr. 11639/02/DE: Übermittlung personenbezogener Daten in Drittländer: Anwendung von Artikel 26 Absatz 2 der EU-Datenschutzrichtlinie auf verbindliche unternehmensinterne Vorschriften für den internationalen Datentransfer
- WP 102 vom 25.11.2004, Nr. 12110/04/DE: Muster-Checkliste Antrag auf Genehmigung verbindlicher Unternehmensregelungen
- WP 107 vom 14.04.2005, Nr. 05/DE: Arbeitsdokument „Festlegung eines Kooperationsverfahrens zwecks Abgabe gemeinsamer Stellungnahmen zur Angemessenheit der verbindlich festgelegten unternehmensinternen Datenschutzgarantien"
- WP 108 vom 14.04.2005, Nr. 05/DE: Arbeitsdokument „Muster-Checkliste für Anträge auf Genehmigungen verbindlicher unternehmensinterner Datenschutzregelungen"
- WP 133 vom 10.01.2007, Empfehlung Nr. 1/2007 über das Antragsformular für Genehmigungen von verbindlichen unternehmensinternen Datenschutzregelungen zur Übermittlung personenbezogener Daten
- WP 153 vom 24.06.2008, Nr. 1271-00/08/DE: Arbeitsdokument mit einer Übersicht über die Bestandteile und Grundsätze verbindlicher unternehmensinterner Datenschutzregelungen (BCR)
- WP 154 vom 24.06.2008, Nr. 1271-00-01/08/DE: Arbeitsdokument „Rahmen für verbindliche unternehmensinterne Datenschutzregelungen (BCR)"
- WP 155 Rev. 4 vom 24.06.2008, zuletzt überarbeitet und angenommen am 08.04.2009, Nr. 1271-04-02/08/DE: Arbeitsdokument zu „Häufig gestellten Fragen" über verbindliche unternehmensinterne Datenschutzregelungen (BCR).

Danach kann durch die unternehmensweite verbindliche Einführung von Standardvertragsklauseln ein 48
angemessenes Datenschutzniveau geschaffen werden, wobei besonderer Wert auf die Verbindlichkeit und Durchsetzbarkeit nach innen und nach außen gelegt wird.[39] Durch die Arbeitspapiere der Artikel-29-Gruppe ist der Mindestinhalt von BCR mittlerweile recht konkret umschrieben. Dazu gehören auch Aussagen zur Haftung und zur Drittbegünstigung von Betroffenen, damit diese unmittelbar Rechte aus der Unternehmensrichtlinie gegenüber den beteiligten Stellen geltend machen können.

Maßgeblich ist im Ergebnis, ob durch die Unternehmensrichtlinie bei den einbezogenen Unternehmen 49
ein angemessenes Datenschutzniveau geschaffen wird (vgl. dazu § 4b); hier bieten die Standardverträge eine Orientierungshilfe.

! Bei der Erarbeitung sollten auch genehmigte BCR anderer Unternehmen herangezogen werden, da sich die Aufsichtsbehörden in der Praxis an diesen als „Präzedenzfällen" orientieren dürften. Insoweit kommt es langsam zur Herausbildung einiger Standards, eine Art „BCR-Mustertext" existiert bislang jedoch nicht, auch weil Besonderheiten der einzelnen Unternehmensgruppen Rechnung getragen werden soll.

Die BCR werden von der zuständigen Aufsichtsbehörde – i.d.R. der für den Sitz der Hauptverwaltung 50
zuständigen Aufsichtsbehörde; ist die Hauptverwaltung außerhalb der EU (etwa in den USA), so wird nach diversen Kriterien ein Schwerpunkt der Geschäftstätigkeit in der EU ermittelt – in der Praxis vorab mit dem antragstellenden Unternehmen erörtert und dann soweit erforderlich vom Unternehmen überarbeitet. Kommt in der Folge die nationale Aufsicht zu einer positiven Beurteilung, so werden im Verfahren der gegenseitigen Anerkennung („mutual recognition") i.d.R. zwei weitere Aufsichtsbehörden beteiligt, um auch aus ihrer Sicht die BCR zu überprüfen; hieraus können sich weitere Änderungen ergeben. Ein zunehmender Kreis europäischer Aufsichtsbehörden hat erklärt, eine nach der Abstimmung mit diesen drei Aufsichtsbehörden erteilte Genehmigung ohne eigene materielle Prüfung zu akzeptieren und damit eine Genehmigung zu erteilen, wodurch das frühere zeitraubende Verfahren der Genehmigung durch alle Mitgliedstaaten erheblich beschleunigt werden soll.

39 Vgl. Däubler/Klebe/Wedde/Weichert/*Däubler*, § 4c Rn. 22.

51 Umstritten ist, ob eine auf Basis der genehmigten BCR erfolgende Übermittlung selbst noch genehmigungspflichtig ist. Dagegen spricht, dass durch die BCR ein angemessenes Datenschutzniveau bei den einbezogenen Stellen geschaffen wird und eine Übermittlung damit auf Basis von § 4b Abs. 2, Abs. 3 zulässig ist, ohne dass es noch eines Rückgriffes auf § 4c Abs. 2 bedarf[40]. Legt man hingegen den Schwerpunkt auf § 4c und unterstellt, dass trotz der Umsetzung der BCR bei den „sonstigen ausländischen Stellen" kein generell angemessenes Datenschutzniveau erreicht wird, so gelangt man zur Genehmigungspflicht nach § 4c[41].

d) Mitteilung von Genehmigungsentscheidungen

52 Genehmigt eine Aufsichtsbehörde die Übermittlung auf Basis ausreichender Garantien, so ist der Bund davon zu unterrichten (Abs. 3); er wird so in die Lage versetzt, wiederum die Mitteilungspflichten zu erfüllen, die nach der EU-Datenschutzrichtlinie jedem Mitgliedstaat gegenüber der Kommission obliegen (Art. 26 Abs. 3 der Datenschutzrichtlinie 95/46/EG). Damit werden die Kommission und andere Mitgliedstaaten in die Lage versetzt, gegen aus ihrer Sicht europarechtswidrige Genehmigungsentscheidungen vorzugehen. Ein solches Vorgehen berührt den Bestand der Genehmigung nicht unmittelbar, sodass die Genehmigung i.d.R. nur unter Widerrufsvorbehalt erteilt wird, um eine ggf. erforderlich werdende Abänderung zu ermöglichen.

40 *Gola/Schomerus*, § 4c Rn. 16, wohl auch Däubler/Klebe/Wedde/Weichert/*Däubler*, § 4c Rn. 23.
41 Vgl. etwa *Simitis*, § 4c Rn. 66.

§ 4d Meldepflicht

(1) Verfahren automatisierter Verarbeitungen sind vor ihrer Inbetriebnahme von nicht-öffentlichen verantwortlichen Stellen der zuständigen Aufsichtsbehörde und von öffentlichen verantwortlichen Stellen des Bundes sowie von den Post- und Telekommunikationsunternehmen dem Bundesbeauftragten für den Datenschutz und die Informationsfreiheit nach Maßgabe von § 4e zu melden.

(2) Die Meldepflicht entfällt, wenn die verantwortliche Stelle einen Beauftragten für den Datenschutz bestellt hat.

(3) Die Meldepflicht entfällt ferner, wenn die verantwortliche Stelle personenbezogene Daten für eigene Zwecke erhebt, verarbeitet oder nutzt, hierbei in der Regel höchstens neun Personen ständig mit der Erhebung, Verarbeitung oder Nutzung personenbezogener Daten beschäftigt und entweder eine Einwilligung des Betroffenen vorliegt oder die Erhebung, Verarbeitung oder Nutzung für die Begründung, Durchführung oder Beendigung eines rechtsgeschäftlichen oder rechtsgeschäftsähnlichen Schuldverhältnisses mit dem Betroffenen erforderlich ist.

(4) Die Absätze 2 und 3 gelten nicht, wenn es sich um automatisierte Verarbeitungen handelt, in denen geschäftsmäßig personenbezogene Daten von der jeweiligen Stelle

1. zum Zweck der Übermittlung,

2. zum Zweck der anonymisierten Übermittlung oder

3. für Zwecke der Markt- oder Meinungsforschung

gespeichert werden.

(5) [1]Soweit automatisierte Verarbeitungen besondere Risiken für die Rechte und Freiheiten der Betroffenen aufweisen, unterliegen sie der Prüfung vor Beginn der Verarbeitung (Vorabkontrolle). [2]Eine Vorabkontrolle ist insbesondere durchzuführen, wenn

1. besondere Arten personenbezogener Daten (§ 3 Abs. 9) verarbeitet werden oder

2. die Verarbeitung personenbezogener Daten dazu bestimmt ist, die Persönlichkeit des Betroffenen zu bewerten einschließlich seiner Fähigkeiten, seiner Leistung oder seines Verhaltens,

es sei denn, dass eine gesetzliche Verpflichtung oder eine Einwilligung des Betroffenen vorliegt oder die Erhebung, Verarbeitung oder Nutzung für die Begründung, Durchführung oder Beendigung eines rechtsgeschäftlichen oder rechtsgeschäftsähnlichen Schuldverhältnisses mit dem Betroffenen erforderlich ist.

(6) [1]Zuständig für die Vorabkontrolle ist der Beauftragte für den Datenschutz. [2]Dieser nimmt die Vorabkontrolle nach Empfang der Übersicht nach § 4g Abs. 2 Satz 1 vor. [3]Er hat sich in Zweifelsfällen an die Aufsichtsbehörde oder bei den Post- und Telekommunikationsunternehmen an den Bundesbeauftragten für den Datenschutz und die Informationsfreiheit zu wenden.

Darum geht es

Verfahren sind grds. der Aufsichtsbehörde zu melden; aufgrund vieler Ausnahmen ist in der Regel stattdessen eine Meldung beim behördlichen/betrieblichen Datenschutzbeauftragten erforderlich und ausreichend (Abs. 1-4). Bestimmte risikobehaftete Verfahren unterliegen darüber hinaus einer zwingenden Vorabkontrolle (Abs. 5, 6).

Schlagworte

Verfahren; Meldung; Meldepflicht; Verfahrensmeldung; Anzeige; automatisierte Verarbeitung; Vorabkontrolle; Risiken; Privacy Impact Assessments; Markt- und Meinungsforschung; Persönlichkeitsbewertung

Weitere relevante Vorschriften

§ 4e

A. Allgemeines

1 § 4d regelt zwei unterschiedliche Themen: in den Absätzen 1–4 geht es um die Pflicht zur Meldung von Verfahren gegenüber der zuständigen Aufsichtsbehörde, in den Absätzen 5 und 6 um die Durchführung von Vorabkontrollen. Der nur lose Zusammenhang zwischen diesen beiden Komplexen[1] besteht darin, dass der Datenschutzbeauftragte durch die Meldung des Verfahrens in die Lage versetzt wird, die Notwendigkeit einer Vorabkontrolle zu prüfen und diese ggf. durchzuführen. Die Datenschutzrichtlinie 95/46/EG regelt diese beiden Bereiche in zwei Vorschriften: Art. 18 – der die „Pflicht zur Meldung bei der Kontrollstelle" festlegt – ist die Grundlage für die Absätze 1 bis 4, Art. 20 – „Vorabkontrolle" – die Grundlage für die Absätze 5 und 6.

2 Die Meldepflicht gilt für öffentliche Stellen des Bundes und für nichtöffentliche Stellen; durch sie soll sichergestellt werden, dass die notwendige Übersicht über Art und Umfang der Datenverarbeitung in der verantwortlichen Stelle erreicht wird.

3 § 4d wird ergänzt durch § 4e, der im Detail den Inhalt der Meldepflicht festschreibt. In Bezug genommen wird § 4d auch in § 38, der in Abs. 2 bestimmt, dass die Aufsichtsbehörde ein Register der ihr gemeldeten Verfahren führt.

4 Die Vorabkontrolle durch den Datenschutzbeauftragten soll sicherstellen, dass besonders risikobehaftete Verfahren nicht vor einer qualifizierten Datenschutzüberprüfung eingeführt werden; es geht also um eine rechtzeitige Überprüfung des Verfahrens, damit sich die spezifischen Risiken gar nicht erst verwirklichen.

1 Taeger/Gabel/*Scheja*, § 4d Rn. 8.

B. Inhalt der Regelung

I. Meldepflicht, Abs. 1–4

1. Grundsätze

Zu verstehen ist die Regelung der Meldepflicht am besten in ihrem Zusammenhang mit §§ 4e–4g und § 38: die staatliche Aufsicht soll durch die Meldung automatisierter Verarbeitungen in die Lage versetzt werden, ihrer Kontrolltätigkeit nachzugehen und eine ausreichende Übersicht zu gewinnen über Art und Umfang der Datenverarbeitung. Dazu bestimmt § 4e im Detail die bei der Meldung erforderlichen Angaben. Auch den Betroffenen soll erkennbar werden, ob und ggf. in welchem Maße sie von Datenverarbeitung einer verantwortlichen Stelle betroffen sind; zu diesem Zweck führt die Aufsicht ein öffentliches Register, in das sie wesentliche Teile der Meldungen übernimmt. 5

Durch die Bestellung eines Datenschutzbeauftragten wird die Aufsicht über die Datenverarbeitung aber weitgehend in den innerbetrieblichen bzw. innerbehördlichen Bereich verlagert und zu einer partiellen Selbstkontrolle der verantwortlichen Stelle[2]. Entsprechend wird die Meldepflicht gegenüber der Aufsicht durch die Mitteilung an den Datenschutzbeauftragten (§ 4g Abs. 2 Satz 1) und das Register durch das sog. „öffentliche Verfahrensverzeichnis" (§ 4g Abs. 2 Satz 2) ersetzt. Der in Abs. 1 zum Ausdruck kommende Grundsatz, dass Verfahren automatisierter Verarbeitungen der Aufsichtsbehörde (§ 38) zu melden sind, ist in der Praxis die Ausnahme[3]. Das folgt vor allem aus den weitreichenden Ausnahmen der Absätze 2 und 3. Nur wo diese nicht greifen, verbleibt es bei der Meldung. 6

a) Ausnahme von der Meldepflicht

Eine wesentliche Ausnahme von der Meldepflicht legt Abs. 2 fest. Ist ein Datenschutzbeauftragter bestellt, so entfällt die Meldepflicht. Das gilt nicht nur in den Fällen, in denen ein DSB zwingend zu bestellen ist, sondern auch, wenn eine verantwortliche Stelle, die nach § 4f Abs. 1 Satz 4 von dieser Verpflichtung ausgenommen ist, einen DSB freiwillig bestellt. Da öffentliche Stellen grundsätzlich einen Datenschutzbeauftragten zu bestellen haben (§ 4f Abs. 1 Satz 1), sind sie umfassend von Meldepflichten befreit. 7

b) Freistellung von der Meldepflicht

Darüber hinaus stellt Abs. 3 bestimmte verantwortliche Stellen von der Meldepflicht frei[4]. Dafür müssen drei Voraussetzungen gleichzeitig vorliegen: 8

- die verantwortliche Stelle erhebt, verarbeitet und nutzt personenbezogene Daten nur für eigene Zwecke;
- sie beschäftigt damit in der Regel höchstens neun Personen ständig (insoweit parallel zur Ausnahme von der Bestellpflicht nach § 4f Abs. 1 Satz 4);
- diese Erhebung, Verarbeitung und/oder Nutzung beruhen entweder auf der Einwilligung der Betroffenen oder sind im Zusammenhang mit rechtsgeschäftlichen oder rechtsgeschäftsähnlichen Schuldverhältnissen (vgl. dazu § 28) mit dem Betroffenen erforderlich.

c) Keine Ausnahme, § 4d Abs. 4

Von den beiden Ausnahmebestimmungen in Abs. 2 und Abs. 3 macht § 4d in Abs. 4 jedoch selbst wieder eine Ausnahme, um bestimmte (typischerweise sehr umfangreiche und/oder risikobehaftete Verfahren) in jedem Fall der Meldepflicht zu unterwerfen. Faktisch besteht damit in den folgenden Konstellationen eine Meldepflicht: 9

a) die verantwortliche Stelle speichert geschäftsmäßig personenbezogene Daten zum Zweck der Übermittlung (auch der anonymisierten Übermittlung);

---

2 *Gola/Schomerus*, § 4d Rn. 3.
3 *Gola/Schomerus*, § 4d Rn. 6.
4 Das gilt faktisch nur für nichtöffentliche Stellen, da öffentliche Stellen bereits wegen der verpflichtenden Bestellung eines DSB nicht auf diese Ausnahmen zurückgreifen müssen.

b) die verantwortliche Stelle speichert geschäftsmäßig personenbezogene Daten für Zwecke der Markt- und Meinungsforschung;

c) die verantwortliche Stelle beschäftigt in der Regel höchstens neun Personen ständig bei der Datenverarbeitung und die Datenverarbeitung ist weder durch eine Einwilligung legitimiert noch im Zusammenhang mit einem Schuldverhältnis erforderlich.

10 In den Fällen a) und b) kommt es nicht darauf an, ob eine verantwortliche Stelle einen Datenschutzbeauftragten bestellt hat, weil nach Abs. 4 die Absätze 2 und 3 gerade nicht anwendbar sind. Im Fall c) könnte eine solche kleine verantwortliche Stelle allerdings durch die Bestellung eines DSB die Meldepflicht beseitigen.

! Es könnte daneben eine Meldepflicht auch bestehen, weil ein Datenschutzbeauftragter zwar nach § 4f zu bestellen wäre, diese Bestellung aber tatsächlich unterblieben ist. In diesem Fall sollte noch vor der Inbetriebnahme des Verfahrens ein DSB bestellt werden.

2. Gegenstand und Form

11 Zu melden sind „Verfahren automatisierter Verarbeitungen". Während § 3 Abs. 2 Satz 1 die automatisierte Verarbeitung als „die Erhebung, Verarbeitung oder Nutzung personenbezogener Daten unter Einsatz von Datenverarbeitungsanlagen" definiert, lässt das Gesetz offen, was unter einem „Verfahren" zu verstehen ist. Aus Art. 18 der Datenschutzrichtlinie lässt sich entnehmen, dass es um die Meldung einer vollständig oder teilweise automatisierten Verarbeitung oder einer Mehrzahl von Verarbeitungen zur Realisierung einer oder mehrerer verbundener Zweckbestimmungen geht. Damit zeichnet Art. 18 der Richtlinie zumindest grob vor, dass es nicht etwa um einzelne Elemente, z.B. konkrete Softwareprodukte, geht, sondern um ein Bündel von Hard- und Software, die für einen oder mehrere verbundene Zwecke eingesetzt werden und in aller Regel eine gewisse Zahl von Datenfeldern und/oder Verarbeitungsschritten zusammenfassen[5]. Zu undifferenziert werden damit – jedenfalls bei entsprechend großen Unternehmen – etwa Verfahrensbezeichnungen wie „Kundendatenverarbeitung" oder „Mitarbeiterdatenverarbeitung" sein. Vergleichbares gilt für die Angabe „Bankgeschäfte/Versicherungsgeschäfte".

12 Die Meldung muss vor der Inbetriebnahme des Verfahrens erfolgen, d.h. vor der tatsächlichen Aufnahme von Verarbeitungsvorgängen (etwa dem Speichern von personenbezogenen Daten im System). Das kann bereits der Fall sein, wenn erstmals „Echtdaten" zu Testzwecken im System verarbeitet werden sollten, denn die Inbetriebnahme setzt das Erreichen des „Regelbetriebs", der „Produktivsetzung" oder des „Wirkbetriebs" nicht voraus. Zugleich liegt der Zeitpunkt einer Meldung in aller Regel später als der der Unterrichtung des Datenschutzbeauftragten nach § 4g Abs. 1 Satz 4 Nr. 1, denn jene erfasst bereits „Vorhaben".

13 Die Meldepflicht trifft die Leitung der verantwortlichen Stelle[6], wobei sie außer bei meldepflichtigen Kleinunternehmen in der Regel delegiert werden wird. Den Umfang der erforderlichen Angaben bestimmt § 4e (siehe dort). Gesetzliche Anforderungen an die Form der Meldung bestehen nicht, sodass Meldungen in Schriftform oder per E-Mail ebenso denkbar sind wie das Ausfüllen eines Webformulars. Wesentlich ist zum einen, dass die Authentizität des Meldenden gewährleistet ist, zum anderen sollte wegen der teils sensiblen Angaben nach § 4e auf eine sichere Übermittlung Wert gelegt werden (Verschlüsselung der E-Mail bzw. des Webformulars).

14 Die Meldung ist an die nach den allgemeinen Grundsätzen zuständige Aufsichtsbehörde zu richten, bei nichtöffentlichen Stellen also an die Landesdatenschutzaufsicht, bei öffentlichen Stellen des Bundes und den Post- und Telekommunikationsunternehmen dem BfDI. Die Aufsichtsbehörden können die Meldung allenfalls auf formale Vollständigkeit und ggf. ins Auge fallende Widersprüche überprüfen, sind aber nicht zu einer ins Einzelne gehenden Prüfung verpflichtet (und könnten eine solche in diesem Rahmen

5 Däubler/Klebe/Wedde/Weichert/*Klebe* sprechen in § 4d Rn. 2 von den unter einem bestimmten Zweck zusammengefassten DV-Arbeitsabläufen.

6 Däubler/Klebe/Wedde/Weichert/*Klebe*, § 4d Rn. 4.

auch nicht sinnvoll durchführen). Deshalb kann aus der Tatsache der Meldung bzw. aus dem Unterbleiben einer Reaktion der Aufsichtsbehörde auch nicht gefolgert werden, dass damit die Verarbeitung notwendigerweise rechtmäßig sein müsse.[7]

> **!** Die Aufsichtsbehörden halten auf ihren Webseiten in der Regel Formulare für die Abgabe der Meldung bereit.

II. Vorabkontrolle, Abs. 5–6

1. Anwendungsbereich, Sinn und Zweck

Nach der Konzeption der Richtlinie 95/46/EG ist der als ausreichend angesehene Regelfall die nachgelagerte Kontrolle[8], den Mitgliedstaaten wird allerdings die Möglichkeit eröffnet, bestimmte Verarbeitungen, die „besondere Risiken im Hinblick auf die Rechte und Freiheiten der betroffenen Personen aufweisen"[9], auf Wunsch im nationalen Recht aufzuführen und sie einer Vorabkontrolle zu unterwerfen. Bei der Vorabkontrolle geht es also um eine frühzeitige Befassung des Datenschutzbeauftragten mit Vorhaben, die besondere Risiken für die Betroffenen hervorrufen können – es soll also nicht bis zu einer späteren Überprüfung abgewartet werden, weil sich bis dahin diese Risiken möglicherweise schon realisiert haben und Betroffene in ihren Rechten verletzt haben könnten. 15

Den Ausnahmecharakter betont die Richtlinie selbst, wenn sie davon ausgeht, dass „die Zahl der Verarbeitungen mit solchen besonderen Risiken sehr beschränkt sein sollte"[10]. 16

Deutschland hat durch § 4d Absätze 5 und 6 hiervon Gebrauch gemacht, indem in Abs. 5 Satz 1 zunächst für alle automatisierten Verarbeitungen eine Vorabkontrolle vorgegeben wird, soweit diese Verarbeitungen derartige besondere Risiken aufweisen. 17

> **!** Während Abs. 1 der Norm von „Verfahren automatisierter Verarbeitungen" spricht, findet sich in Abs. 5 die Einschränkung auf Verfahren nicht. Es kann also auch eine einzelne automatisierte Verarbeitung der Vorabkontrolle unterliegen.

Satz 2 konkretisiert Satz 1 durch zwei Regelbeispiele; aufgrund des Wortes „insbesondere" handelt es sich nicht um eine abschließende Aufzählung. Es kommt im deutschen Recht also nicht zu der in Art. 20 Abs. 1 der Richtlinie 95/46/EG angelegten konkretisierenden Festlegung, die etwa in Form einer umfangreicheren Liste von Fallgruppen hätte erfolgen können. Stattdessen ist bei jeder automatisierten Verarbeitung zu prüfen, ob sie geeignet ist, solche besonderen Risiken hervorzurufen. 18

> **!** Faktisch muss der Datenschutzbeauftragte deshalb alle ihm gemeldeten Verfahren umgehend darauf überprüfen, ob es Anhaltspunkte für besondere Risiken gibt, wegen derer eine Vorabkontrolle prinzipiell erforderlich ist, und ob sie wegen der Ausnahmen in Abs. 5 Satz 2 doch unterbleiben kann.

Diese Umsetzung ist nicht vollständig gelungen, denn sie kann dazu führen, dass schon zur Feststellung oder Verneinung einer Vorabkontrollpflicht eine in eine gewisse Tiefe gehende Prüfung des Vorhabens durchgeführt werden muss. Damit wird die Vorabkontrolle in einer rudimentären Form zum Regelfall – allerdings wird der DSB sinnvollerweise alle eingehenden Meldungen von Verfahren kurz auf offensichtliche Lücken oder Widersprüche überprüfen müssen und sie nicht „unbesehen" in das Verfahrensverzeichnis übernehmen, sodass der Mehraufwand in der Praxis nicht erheblich sein dürfte. 19

Von den beiden Regelbeispielen des Abs. 5 Satz 2 macht das Gesetz wiederum eine Ausnahme (mit dem Ergebnis, dass die Vorabkontrollpflicht entfällt), wenn die Erhebung, Verarbeitung oder Nutzung im Zu- 20

7 Däubler/Klebe/Wedde/Weichert/*Klebe*, § 4d Rn. 4.
8 Erwägungsgrund 52 der Richtlinie 95/46/EG.
9 Erwägungsgrund 53 der Richtlinie 95/46/EG.
10 Erwägungsgrund 54 der Richtlinie 95/46/EG.

sammenhang mit einem Schuldverhältnis mit dem Betroffenen stehen, gesetzlich angeordnet oder durch eine Einwilligung legitimiert sind.

2. Durchführung: Zeitpunkt, Zuständigkeit

21 Die Vorabkontrolle ist durch den Datenschutzbeauftragten durchzuführen (Abs. 6 Satz 1). Die vordergründige Frage, wer eine Vorabkontrolle durchführen soll, wenn eine verantwortliche Stelle keinen Datenschutzbeauftragten bestellt hat, kann sich wegen § 4f Abs. 1 Satz 6 nicht stellen, weil danach stets (etwa auch von Kleinstunternehmen) ein Datenschutzbeauftragter zu bestellen ist, wenn Verfahren der Vorabkontrolle unterliegen.

3. Inhalt und Form

22 Die Vorschrift enthält keine konkreten Vorgaben zu Form und Inhalt der Vorabkontrolle. Die in Abs. 5 Satz 1 angesprochene „Prüfung" bedingt zunächst eine vollständige Prüfung des Verfahrens auf Vereinbarkeit mit Datenschutzanforderungen. Die ggf. nur kursorische Prüfung zur Feststellung, ob überhaupt eine Vorabkontrolle erforderlich ist, ist also zu vertiefen und darauf zu erstrecken, ob die verfolgten Zwecke, Art und Umfang der Datenverarbeitung zulässig sind, die angemessenen technischen und organisatorischen Maßnahmen getroffen werden und formale Anforderungen erfüllt sind. Insofern unterscheidet sich die Vorabkontrolle nicht von einer „normalen" nachgelagerten Kontrolle durch den Datenschutzbeauftragten. Aufgrund der allgemeinen Zielsetzung der Vorabkontrolle, die besonderen Risiken für die Betroffenen zu reduzieren oder vollständig auszuschließen, wird ein Schwerpunkt der Prüfung darauf zu legen sein, ob und wie diesen Risiken wirksam begegnet werden kann (etwa durch besondere technische und organisatorische Maßnahmen oder durch eine mögliche Reduzierung des Umfangs der Daten).

23 Wenn auch zur Dokumentation des Ergebnisses keine konkreten Vorgaben gemacht werden, ist eine schriftliche oder geordnete elektronische Dokumentation notwendig, schon um (gegenüber Betroffenen und der Aufsicht) die tatsächliche Durchführung nachweisen zu können. Die Dokumentation muss nicht den Gang der Kontrolle in jeder Einzelheit nachzeichnen, sollte aber erkennen lassen,

- aus welchen Gründen eine Vorabkontrolle erforderlich war und welche wesentlichen Risiken für die Rechte und Freiheiten der Betroffenen gesehen wurden,
- in welchem Zeitraum sie von wem durchgeführt wurde,
- aus welchen tragenden Gründen die Rechtmäßigkeit des Verfahrens angenommen werden konnte oder welche Änderungen zur Erreichung eines Rechtmäßigkeitszustandes erforderlich sind,
- welche Zweifelsfälle ggf. bestanden und mit welchem Ergebnis diese mit der Aufsichtsbehörde geklärt wurden,
- mit welchem Gesamtergebnis die Vorabkontrolle abgeschlossen wurde.

4. Zweifelsfälle

24 Ist im Allgemeinen der Datenschutzbeauftragte nicht verpflichtet, sich an die Aufsichtsbehörde zu wenden (§ 4g Abs. 1 Satz 2 gestaltet das als Kann-Bestimmung aus), so ist die Einbindung der Aufsicht bei Zweifelsfällen im Rahmen einer Vorabkontrolle verpflichtend. Das ergibt sich bereits aus dem zugrunde liegenden Art. 20 Abs. 2 der Datenschutzrichtlinie 95/46/EG, der die Einbindung der Kontrollstelle als zwingend vorgibt.[11]

5. Privacy Impact Assessments und ihr Verhältnis zur Vorabkontrolle

25 Unter dem Begriff „Privacy Impact Assessment" bzw. „Data Protection Impact Assessment" werden bereits seit etwa 1995, verstärkt seit etwa 2005, methodische Ansätze der Datenschutz-Folgenabschätzung zusammengefasst. Gemeinsam ist ihnen, dass sie das Ziel haben, durch einen strukturierten Prozess zu ermitteln, welche Auswirkungen bestimmte Vorgänge auf den Schutz von Daten Betroffener haben; im

11 Erwägungsgrund 54 sieht eine Zusammenarbeit zwischen Kontrollstelle und Datenschutzbeauftragtem bei der Vorabkontrolle vor.

Einzelnen bestehen aber Unterschiede. So gibt es Privacy Impact Assessments, die sich auf konkrete Vorhaben (wie etwa die Einführung neuer Verfahren im Unternehmen) beziehen, andere betreffen neue Technologien und prüfen die Auswirkungen anhand typisierter Anwendungsgebiete (mithilfe sog. „use cases") und wieder andere beziehen sich auf Auswirkungen gesetzgeberischer Maßnahmen. In diesem Sinn stellt die Vorabkontrolle einen Fall des Privacy Impact Assessments dar, jedenfalls dann, wenn der Datenschutzbeauftragte bei der Durchführung einem hinreichend strukturierten Prozess folgt. Vor dem Hintergrund, dass der Vorschlag für eine EU-Datenschutzgrundverordnung die Einführung von „Data Protection Impact Assessments" vorsieht[12], steht zu erwarten, dass dem Instrument der Vorabkontrolle künftig verstärkt Aufmerksamkeit gewidmet werden wird.

6. Rechtsfolgen durchgeführter und unterlassener Vorabkontrollen

Die Durchführung einer Vorabkontrolle ist keine Rechtmäßigkeitsvoraussetzung für den Einsatz des Verfahrens[13] und auch nicht als Ordnungswidrigkeit oder Straftat in §§ 43, 44 erfasst. Die Nichtvornahme kann aber von der Aufsichtsbehörde beanstandet werden und etwa im Fall der pflichtwidrigen Nichtdurchführung Zweifel an der Fachkunde und Zuverlässigkeit des Datenschutzbeauftragten begründen. 26

12 Art. 33 des Entwurfes der Kommission.
13 So auch Däubler/Klebe/Wedde/Weichert/*Klebe*, § 4d Rn. 11; *Gola/Schomerus*, § 4d Rn. 15; a. A: Simitis/*Petri*, § 4d Rn. 40.

§ 4e Inhalt der Meldepflicht

Sofern Verfahren automatisierter Verarbeitungen meldepflichtig sind, sind folgende Angaben zu machen:

1. **Name oder Firma der verantwortlichen Stelle,**
2. **Inhaber, Vorstände, Geschäftsführer oder sonstige gesetzliche oder nach der Verfassung des Unternehmens berufene Leiter und die mit der Leitung der Datenverarbeitung beauftragten Personen,**
3. **Anschrift der verantwortlichen Stelle,**
4. **Zweckbestimmungen der Datenerhebung, -verarbeitung oder -nutzung,**
5. **eine Beschreibung der betroffenen Personengruppen und der diesbezüglichen Daten oder Datenkategorien,**
6. **Empfänger oder Kategorien von Empfängern, denen die Daten mitgeteilt werden können,**
7. **Regelfristen für die Löschung der Daten,**
8. **eine geplante Datenübermittlung in Drittstaaten,**
9. **eine allgemeine Beschreibung, die es ermöglicht, vorläufig zu beurteilen, ob die Maßnahmen nach § 9 zur Gewährleistung der Sicherheit der Verarbeitung angemessen sind.**

§ 4d Abs. 1 und 4 gilt für die Änderung der nach Satz 1 mitgeteilten Angaben sowie für den Zeitpunkt der Aufnahme und der Beendigung der meldepflichtigen Tätigkeit entsprechend.

▶ **Darum geht es**

§ 4e listet im Detail auf, welche Angaben erforderlich sind, wenn Verfahren (insb. nach § 4d) zu melden sind.

▶ **Schlagworte**

Meldepflicht; verantwortliche Stelle; Verfahrensverzeichnis; Mindestangaben; Zweck der Verarbeitung; Datenarten; Datenkategorien; Drittländer; Drittstaaten; Empfänger; Gruppen von Empfängern; technische und organisatorische Maßnahmen; Anzeigepflicht; Verfahrensmeldung; meldepflichtige Angaben; öffentliches Verfahrensverzeichnis

▶ **Weitere relevante Vorschriften**

§§ 4d, 4g Abs. 2 (Bezüge zum internen wie zum öffentlichen Verfahrensverzeichnis); § 38 Abs. 2 (Veröffentlichung von Angaben durch die Datenschutzaufsicht)

A. Allgemeines

§ 4e ergänzt § 4d, indem im Einzelnen (Satz 1 Nr. 1–9) festgelegt wird, welche Mindestangaben zur Erfüllung der Meldepflichten erforderlich sind, und dass (Satz 2) auch bei Änderungen eine Aktualisierung der Meldung zu erfolgen hat. Zugleich verweist § 4g Abs. 2 auf § 4e und bestimmt so auch den Mindestumfang der Informationen, die dem betrieblichen Datenschutzbeauftragten zugänglich zu machen sind. Damit bestimmt § 4e den Mindestgehalt an Informationen weitgehend gleichlaufend für 1

- Meldungen gegenüber der Aufsichtsbehörde,
- das interne Verfahrensverzeichnis und
- das öffentliche Verfahrensverzeichnis („Jedermannverzeichnis").

Die Vorschrift differenziert dabei nicht nach verantwortlichen Stellen; da auch § 4d Abs. 1 gleichermaßen für nicht-öffentliche Stellen unter Einschluss von Post- und Telekommunikationsunternehmen sowie für öffentliche Stellen des Bundes gilt, ist der Umfang der Angaben der Gleiche. Differenziert wird jedoch (der Erfassung nachgelagert) bei der Bereitstellung von Angaben gegenüber Dritten (vgl. dazu §§ 4g Abs. 2, 38 Abs. 2). 2

§ 4e setzt Art. 19 der Richtlinie 95/46/EG um. Die Auflistung in Satz 1 geht dabei in Teilen über die Vorgaben des Art. 19 hinaus. So nennt Nr. 2 ausdrücklich „die mit der Leitung der Datenverarbeitung beauftragten Personen", Nr. 4 geht mit der Nennung der Datenerhebung und -nutzung über die Verarbeitung im engeren Sinn hinaus. Die Angabe von Regelfristen (Nr. 7) ist durch Art. 19 der Richtlinie nicht vorgegeben.[1] 3

Ausblick auf die Novellierung des Europäischen Datenschutzrechts

Durch die EU-Grundverordnung zum Datenschutz wird die generelle Meldepflicht von Verfahren gegenüber der Aufsichtsbehörde voraussichtlich entfallen, weil sie als überflüssig und bürokratisch angesehen wird.[2] Für die verantwortlichen Stellen – jedenfalls sofern sie nicht unter Ausnahmen für kleine und mittlere Unternehmen fallen – dürfte es jedoch, was den Umfang zu dokumentierender Angaben angeht, zu keinen Erleichterungen kommen, insbesondere weil Art. 14 und Art. 28 des Entwurfes den Katalog von vorzuhaltenden Informationen künftig weiter fassen sollen. 4

B. Inhalt der Regelung

I. Allgemeines

Satz 1 der Vorschrift listet in Nr. 1–9 die erforderlichen Angaben auf. Mit dem einleitenden Halbsatz „Sofern Verfahren automatisierter Verarbeitungen meldepflichtig sind" wird Bezug auf § 4d Abs. 1–4 genommen, der diese (der Datenschutzaufsicht gegenüber bestehende) Meldepflicht bestimmt. Nur theoretisch käme es wegen der weitreichenden Ausnahmen hiervon (v.a. bei Bestellung eines betrieblichen/behördlichen Datenschutzbeauftragten, § 4d Abs. 2) zu größeren Lücken; faktisch müssen aber wegen § 4g Abs. 2 auch in diesem Fall die Informationen erhoben und dokumentiert werden. 5

Satz 2 bestimmt – in Umsetzung der Vorgabe aus Art. 19 Abs. 2 der Richtlinie 95/46/EG – mit seinem Verweis auf § 4d Abs. 1 und 4, dass auch Änderungen von Angaben in gleicher Weise wie das zugrunde liegende Verfahren selbst zu melden sind, und erstreckt die Meldepflicht auf die Aufnahme und Beendigung der meldepflichtigen Tätigkeit selbst.

1 So auch Taeger/Gabel/*Scheja*, § 4e Rn. 1.
2 Pressemitteilung der Europäischen Kommission zu ihrem Vorschlag einer umfassenden Datenschutzreform vom 25.01.2012 (IP/11/1581).

II. Nr. 1 bis 3: verantwortliche Stelle, Vertreter und Anschrift

6 Durch die Angaben nach Nr. 1–3 ist die verantwortliche Stelle eindeutig zu identifizieren, zugleich werden die zu einer Kontaktaufnahme nötigen Daten bereitgestellt. Damit wird den Betroffenen und der Aufsichtsbehörde ermöglicht festzustellen, an wen sie sich wenden können – um weitere Informationen und Auskünfte zu erhalten, aber auch zur Geltendmachung etwa von Auskunftsansprüchen, im Rahmen eines Verwaltungsverfahrens oder auch zur gerichtlichen Geltendmachung von Rechten.

7 Name bzw. Firma sind deshalb entsprechend allgemeinen handelsrechtlichen, ggf. verwaltungsrechtlichen Vorschriften entsprechend anzugeben, insbesondere auch mit korrektem Rechtsformzusatz. Nicht gesetzlich gefordert ist allerdings die Angabe von Registergericht und Registernummer.[3] Sofern es sich bei der verantwortlichen Stelle um eine natürliche Person handelt, dürfte die Angabe des üblicherweise geführten ausgeschriebenen Vornamens und Nachnamens erforderlich und ausreichend sein, wenn damit eine eindeutige Identifizierung unter der angegebenen Anschrift möglich ist.

8 Vom Begriff des Vertreters umfasst sind auch etwaige nach § 1 Abs. 5 zu bestellende inländische Vertreter von verantwortlichen Stellen mit Sitz außerhalb der EU und der anderen EWR-Staaten, wie dort in Satz 3 ausdrücklich klargestellt.

9 Anschrift kann grundsätzlich auch eine Postfachanschrift sein, denn eine grundsätzliche Verpflichtung zur Ermöglichung einer persönlichen Vorsprache ist nicht ersichtlich.[4]

10 Nicht vorgeschrieben ist die Angabe weiterer Daten wie etwa von Registernummern des Handels- oder Vereinsregisters, des Registergerichtes, von Steuernummern oder bei Aktiengesellschaften des Vorsitzenden des Aufsichtsrates. Auch nicht vorgeschrieben ist die Benennung des Datenschutzbeauftragten und seiner Kontaktdaten, weil er typischerweise nicht zu den Personengruppen nach Nr. 2 gehört.

> ! Die Benennung des betrieblichen oder behördlichen Datenschutzbeauftragten ist dennoch empfehlenswert, jedenfalls gegenüber der Aufsichtsbehörde. Denn so wird eine unmittelbare Kontaktaufnahme gefördert und es steht ein qualifizierter Ansprechpartner bereit. Ob Kontaktdaten des Datenschutzbeauftragten auch in der Öffentlichkeit bekannt gegeben werden sollten, ist eine Einzelfallentscheidung; vereinzelt wird berichtet, dass dieser Kommunikationskanal auch in Fragen ohne Datenschutzbezug benutzt wird.

III. Nr. 4: Zweckbestimmungen

11 Mit der schriftlichen Festlegung von Zweckbestimmungen soll zuvörderst eine Überprüfung der Vereinbarkeit der Verarbeitung mit dem Datenschutzrecht ermöglicht werden.[5] Ohne Kenntnis des Zwecks einer Verarbeitung kann die Zulässigkeit (§ 4) nicht effektiv bestimmt werden, können die Grundsätze der Datenvermeidung und Datensparsamkeit (§ 3a BDSG) nicht ausreichend beachtet werden und können Abwägungsentscheidungen (vgl. etwa § 28 Abs. 1 Satz 1 Nr. 2) nicht ausreichend fundiert werden. Auch Betroffene sind über die Zweckbestimmung zu unterrichten (§ 4 Abs. 3).

12 Maßgeblich sind dabei die Ziele, die mit der Erhebung, Verarbeitung und Nutzung verfolgt werden, und die spezifisch durch das jeweilige Verfahren unterstützt werden. In diesem Zusammenhang lässt die Norm offen, wie konkret die Angabe des Zwecks erfolgen muss. Jedenfalls aus einer Gesamtschau aller Angaben muss sich eine ausreichend belastbare Einschätzung der Zulässigkeit ergeben, nicht aber eine letztgültige Sicherheit – allen Beteiligten kann zugemutet werden, im Einzelfall konkreter nachzufragen und Zweifelsfragen zu klären. Denn die Angaben sollen eine genauere Überprüfung nur ermöglichen, nicht aber ersetzen. Nicht ausreichen werden demnach meist Begriffe wie „Personalverwaltung" oder „Kundenverwaltung", weil sie nur grob ein Bündel denkbarer Zwecke umschreiben. Ausreichend Transparenz bieten dagegen „Personalstammdatenverwaltung", „Mitarbeiterverzeichnis"/„Directory", „Per-

---

3 Taeger/Gabel/*Scheja*, § 4e Rn. 2.
4 So auch Taeger/Gabel/*Scheja*, § 4e Rn. 6; a. A. Däubler/Klebe/Wedde/Weichert/*Klebe*, § 4e Rn. 2.
5 Vgl. Richtlinie 95/46/EG, Erwägungsgrund 48.

sonalbeurteilung", „Mitarbeiterbeteiligungsprogramm", „Zutrittskontrolle", „Zeiterfassung", „Reisekostenabrechnung".

IV. Nr. 5: Personengruppen, Daten(-kategorien)

13 Nr. 5 soll den Empfängern der Meldung ermöglichen, in Zusammenhang mit den Zweckbestimmungen nach Nr. 4 Art und Umfang der Verarbeitungsvorgänge einschätzen zu können. Durch die Festlegung von Personengruppen soll der Einzelne in die Lage versetzt werden, schnell festzustellen, ob seine Daten ggf. erfasst sind und die Geltendmachung von Auskunftsansprüchen sinnvoll ist. Hierbei sind keine allzu strengen Anforderungen zu stellen. Typische Personengruppen sind etwa „Mitarbeiter", „Kunden", „Aktionäre", empfehlenswert ggf. auch eine weitere Unterscheidung (z.B. bei Kunden nach einzelnen Geschäftsbereichen). Dem Datenschutzbeauftragten und der Datenschutzaufsicht wird ermöglicht festzustellen, ob Personengruppen, Zwecke der Verarbeitung, Löschfristen und andere Angaben in einem widerspruchsfreien und nachvollziehbaren System stehen. Zu nennen sind nicht alle theoretisch denkbaren Gruppen, aber doch – über den Kreis der „Kernnutzer" hinaus – diejenigen, die mit einer gewissen Wahrscheinlichkeit auf Datenbestände zugreifen werden.

14 Die Angabe von Daten und Datenkategorien verfolgt in gleicher Weise das Ziel, Transparenz zu schaffen und dem Einzelnen die Feststellung seiner potenziellen Betroffenheit zu ermöglichen. Sinnvoll ist daher die Beschreibung, ob es sich etwa um Grunddaten (Name, Anschrift, Kommunikationsmittel) und/oder um Transaktionsdaten (z.B. abgeschlossene und laufende Bestellungen) handelt. Anzugeben sind in der Regel (mit Blick auf die nach § 3 Abs. 9, § 42a herausgehobene Stellung) auch Gruppen besonderer Arten personenbezogener Daten und diejenigen Kategorien, deren Verlust nach § 42a eventuelle Benachrichtigungspflichten auslösen kann.

V. Nr. 6: Empfänger(-kategorien)

15 Nr. 6 ergänzt die Zielsetzung, Transparenz zu schaffen, durch die Angabe von Empfängern und Empfängerkategorien. Werden dabei Daten in der Regel an einen engen und wenigen Änderungen unterworfenen Empfängerkreis weitergegeben, ist es der verantwortlichen Stelle zumutbar, diese Empfänger konkret zu bezeichnen (etwa müsste ein Konzernunternehmen angeben, dass Daten an die Konzernmutter weitergegeben werden, oder ein Kreditinstitut die Stelle konkret angeben, derer es sich zur Einholung von Bonitätsauskünften bedient). Empfänger können auch Stellen innerhalb der verantwortlichen Stelle sein (§ 3 Abs. 8). Ist der Kreis aber größer und vor allem nach abstrakten Kriterien bestimmt, reicht eine entsprechende Darstellung aus, zumal dann ggf. detailliertere Angaben auf ein Auskunftsersuchen hin gemacht werden sollten und dabei das Eingehen auf den Einzelfall ermöglichen.

VI. Nr. 7: Regelfristen für die Löschung

16 Die Angabe von Regelfristen für die Löschung soll den Betroffenen und der Datenschutzaufsicht ermöglichen, einerseits abstrakt (vor/bei der Erhebung und während laufender Fristen) das Gefährdungspotenzial der Verarbeitung einschätzen zu können; zum anderen unterstützen auch diese Angaben den Betroffenen bei der Entscheidung, ob sich ggf. ein Auskunftsersuchen empfiehlt, weil noch Daten vorhanden sein könnten – oder um die nach Fristablauf gebotene Löschung bestätigt zu bekommen. Ebenso soll der Datenschutzbeauftragte zu einer ersten Einschätzung gelangen können, ob eine ggf. langfristige Datenspeicherung geboten ist. Daher ist die Frist mit einer knappen Begründung anzugeben.

> **!** Die Frist ist nicht notwendigerweise kalendermäßig festzulegen, es reicht die Möglichkeit der Berechnung aus. Nicht notwendig daher „bis 31.12.2017"; das Ziel der Vorschrift wird auch mit einer Angabe wie „bis zum Ende des dritten Kalenderjahres nach der Belieferung" erreicht.

17 Gelten für abgrenzbare Teile des Datenbestandes unterschiedlich lange Fristen (weil etwa Grunddaten eines Dauerschuldverhältnisses während der Vertragslaufzeit benötigt werden, einzelne Transaktionsdaten aber nur für kürzere Zeit), so werden die Fristen entsprechend aufgegliedert werden müssen.

VII. Nr. 8: Drittstaatenübermittlung

18 Eine Übermittlung in Drittstaaten ist vor allem wegen der potenziell intensiveren Beeinträchtigung der informationellen Selbstbestimmung (infolge eines ggf. weniger ausgebildeten und durchgesetzten Datenschutzniveaus) für die Betroffenen relevant; darüber hinaus werden Betroffene, Datenschutzbeauftragter und Aufsicht durch diesen Hinweis in die Lage versetzt, zumindest ansatzweise zu kontrollieren, ob die engeren Voraussetzungen für solche Drittstaatentransfers gegeben sind. Damit kann etwa der Datenschutzbeauftragte prüfen, ob eine Übermittlung in Drittstaaten ausnahmsweise gesetzlich zulässig ist oder insb. ein angemessenes Datenschutzniveau gewährleistet ist (z.B. weil Standardverträge abgeschlossen worden sind).

19 Ähnlich wie bei der Angabe der Personengruppen sollte nach Möglichkeit zwar eine konkrete Angabe des oder der Länder erfolgen, wenn dies aber aufgrund der Vielzahl betroffener Länder oder wegen sonst häufig notwendiger Aktualisierungen der Länderliste übermäßig aufwendig ist, werden auch Kategorien oder Regionen von Ländern genügen.[6] Konkrete Angaben sind auch dort entbehrlich, wo mit einer abstrakten Umschreibung dem Betroffenen die Feststellung ermöglicht wird (etwa bei Reisen „in das Zielland und alle unterwegs besuchten Transitländer").

VIII. Nr. 9: technische und organisatorische Maßnahmen

20 Nr. 9 erfordert eine knappe Beschreibung, die die Feststellung ermöglichen soll, ob angemessene Maßnahmen getroffen worden sind. Dazu müssen einerseits die technischen und organisatorischen Maßnahmen zum Datenschutz knapp beschrieben werden, andererseits muss auch knapp dargestellt werden, in welcher Weise diese den denkbaren Gefährdungen begegnen. Es reicht allerdings eine „allgemeine" Beschreibung, sodass eine ins Einzelne gehende Darstellung der konkret veranlassten Maßnahmen nicht erforderlich ist.[7]

! Es reicht also nicht aus, festzuhalten, dass irgendwelche Maßnahmen getroffen sind, weil sich daraus – ähnlich wie aus abstrakten Verweisen auf die „nach der Anlage zum BDSG erforderlichen Maßnahmen" – kein konkretes Schutzniveau ergibt und ein Nachvollziehen der nötigen Abwägung nicht ermöglicht wird. Andererseits brauchen die Maßnahmen nicht im kleinsten Detail beschrieben zu werden und sollten das auch nicht, denn weder soll der Datenschutzbeauftragte schon jetzt inzident eine Vollprüfung des Verfahrens vornehmen müssen noch dürfen durch genaue Angaben potenziellen Angreifern die nötigen Hinweise geliefert werden, welche Art des Angriffs auf die Systeme und Verfahren erfolgversprechend sein könnten.

IX. Rechtsfolgen

21 Nach § 43 Abs. 1 Satz 1 Nr. 1 sind das Unterlassen einer Meldung, die unvollständige, unrichtige oder nicht rechtzeitige Meldung Ordnungswidrigkeiten. Gleiches gilt aufgrund eines ausdrücklichen Verweises in § 43 BDSG auf § 4e Satz 2 für die Meldung von Änderungen sowie der Aufnahme und Beendigung einer meldepflichtigen Tätigkeit.

Nicht als Ordnungswidrigkeit eingestuft ist demgegenüber das Unterlassen des Führens eines internen oder öffentlichen Verfahrensverzeichnisses.

C. Das Verfahrensverzeichnis als Planungs- und Dokumentationstool

22 § 4e legt, wie ausgeführt, einen Mindestinhalt fest, damit die Meldungen an die Aufsichtsbehörde, das interne und das öffentliche Verfahrensverzeichnis ihre grundlegenden Funktionen erfüllen können,

6 Für eine konkrete Angabe aller Länder jedoch Taeger/Gabel/*Scheja*, § 4e Rn. 11.
7 Vgl. *Gola/Schomerus*, § 4e Rn. 10.

Transparenz und Überblick zu schaffen. Der betriebliche oder behördliche Datenschutzbeauftragte könnte dementsprechend das Verfahrensverzeichnis als „notwendiges Übel" ansehen, das für den (ggf. eher unwahrscheinlichen) Fall eines Besuches der Aufsicht vorzuhalten ist, und die Abgabe von Meldungen nach § 4d als überflüssige Bürokratie, wenn nicht erkennbar wird, ob mit den Meldungen mehr geschieht als die geordnete Ablage. Die Einstufung als verzichtbar liegt dann nahe – der Gedanke, noch weitere Informationen zu sammeln, umso ferner.

Demgegenüber sollte sich vor allem der betriebliche oder behördliche Datenschutzbeauftragte überlegen, ob die ohnehin zu erhebenden Angaben nicht ohne viel Aufwand mit anderen sinnvollen Informationen verbunden werden könnten, etwa **23**

- wie viele Personen sind von der Verarbeitung betroffen; wie viele Personen haben Zugriffsmöglichkeiten?
- wie sensibel sind die Daten; wie sensibel die verfolgten Zwecke?
- aus welchen Verfahren werden Daten bereitgestellt, welche anderen Verfahren nutzen Daten dieses Verfahrens?
- sind andere Stellen als Auftragsdatenverarbeiter eingebunden; welche Verträge gibt es hierzu, wann und mit welchem Ergebnis wurden diese Auftragsdatenverarbeiter im Sinn von § 11 überprüft?
- welche Drittstaaten sind betroffen (vgl. Nr. 8) und wie wird ggf. für ein angemessenes Datenschutzniveau gesorgt?

Aus diesen weiteren Informationen lässt sich noch genauer abschätzen, wie das individuelle Risikoprofil eines Verfahrens aussieht, und damit bietet das Verfahrensverzeichnis eine sehr gute Grundlage für die Arbeitsplanung des Datenschutzbeauftragten und kann auch für das unternehmensinterne Risikomanagement auf dem Gebiet des Datenschutzes fruchtbar gemacht werden. **24**

- Wer ist intern verantwortlich, wer hat die Meldung abgegeben?
- Gibt es Betriebsvereinbarungen, die dieses Verfahren betreffen; wenn ja, welche?
- Wann wurde das Verfahren letztmalig überprüft, mit welchen wesentlichen Ergebnissen; wann ist die nächste Überprüfung geplant?

In der Konsequenz wird das Verfahrensverzeichnis so erweitert zu einer umfangreichen Verfahrensdokumentation, die es ermöglicht, risikobasiert und gezielt die stets beschränkten Ressourcen einzusetzen. **25**

§ 4f Beauftragter für den Datenschutz

(1) [1]Öffentliche und nicht-öffentliche Stellen, die personenbezogene Daten automatisiert verarbeiten, haben einen Beauftragten für den Datenschutz schriftlich zu bestellen. [2]Nicht-öffentliche Stellen sind hierzu spätestens innerhalb eines Monats nach Aufnahme ihrer Tätigkeit verpflichtet. [3]Das Gleiche gilt, wenn personenbezogene Daten auf andere Weise erhoben, verarbeitet oder genutzt werden und damit in der Regel mindestens 20 Personen beschäftigt sind. [4]Die Sätze 1 und 2 gelten nicht für die nicht-öffentlichen Stellen, die in der Regel höchstens neun Personen ständig mit der automatisierten Verarbeitung personenbezogener Daten beschäftigen. [5]Soweit aufgrund der Struktur einer öffentlichen Stelle erforderlich, genügt die Bestellung eines Beauftragten für den Datenschutz für mehrere Bereiche. [6]Soweit nicht-öffentliche Stellen automatisierte Verarbeitungen vornehmen, die einer Vorabkontrolle unterliegen, oder personenbezogene Daten geschäftsmäßig zum Zweck der Übermittlung, der anonymisierten Übermittlung oder für Zwecke der Markt- oder Meinungsforschung automatisiert verarbeiten, haben sie unabhängig von der Anzahl der mit der automatisierten Verarbeitung beschäftigten Personen einen Beauftragten für den Datenschutz zu bestellen.

(2) [1]Zum Beauftragten für den Datenschutz darf nur bestellt werden, wer die zur Erfüllung seiner Aufgaben erforderliche Fachkunde und Zuverlässigkeit besitzt. [2]Das Maß der erforderlichen Fachkunde bestimmt sich insbesondere nach dem Umfang der Datenverarbeitung der verantwortlichen Stelle und dem Schutzbedarf der personenbezogenen Daten, die die verantwortliche Stelle erhebt oder verwendet. [3]Zum Beauftragten für den Datenschutz kann auch eine Person außerhalb der verantwortlichen Stelle bestellt werden; die Kontrolle erstreckt sich auch auf personenbezogene Daten, die einem Berufs- oder besonderen Amtsgeheimnis, insbesondere dem Steuergeheimnis nach § 30 der Abgabenordnung, unterliegen. [4]Öffentliche Stellen können mit Zustimmung ihrer Aufsichtsbehörde einen Bediensteten aus einer anderen öffentlichen Stelle zum Beauftragten für den Datenschutz bestellen.

(3) [1]Der Beauftragte für den Datenschutz ist dem Leiter der öffentlichen oder nicht-öffentlichen Stelle unmittelbar zu unterstellen. [2]Er ist in Ausübung seiner Fachkunde auf dem Gebiet des Datenschutzes weisungsfrei. [3]Er darf wegen der Erfüllung seiner Aufgaben nicht benachteiligt werden. [4]Die Bestellung zum Beauftragten für den Datenschutz kann in entsprechender Anwendung von § 626 des Bürgerlichen Gesetzbuchs, bei nicht-öffentlichen Stellen auch auf Verlangen der Aufsichtsbehörde, widerrufen werden. [5]Ist nach Absatz 1 ein Beauftragter für den Datenschutz zu bestellen, so ist die Kündigung des Arbeitsverhältnisses unzulässig, es sei denn, dass Tatsachen vorliegen, welche die verantwortliche Stelle zur Kündigung aus wichtigem Grund ohne Einhaltung einer Kündigungsfrist berechtigen. [6]Nach der Abberufung als Beauftragter für den Datenschutz ist die Kündigung innerhalb eines Jahres nach der Beendigung der Bestellung unzulässig, es sei denn, dass die verantwortliche Stelle zur Kündigung aus wichtigem Grund ohne Einhaltung einer Kündigungsfrist berechtigt ist. [7]Zur Erhaltung der zur Erfüllung seiner Aufgaben erforderlichen Fachkunde hat die verantwortliche Stelle dem Beauftragten für den Datenschutz die Teilnahme an Fort- und Weiterbildungsveranstaltungen zu ermöglichen und deren Kosten zu übernehmen.

(4) Der Beauftragte für den Datenschutz ist zur Verschwiegenheit über die Identität des Betroffenen sowie über Umstände, die Rückschlüsse auf den Betroffenen zulassen, verpflichtet, soweit er nicht davon durch den Betroffenen befreit wird.

(4a) [1]Soweit der Beauftragte für den Datenschutz bei seiner Tätigkeit Kenntnis von Daten erhält, für die dem Leiter oder einer bei der öffentlichen oder nichtöffentlichen Stelle beschäftigten Person aus beruflichen Gründen ein Zeugnisverweigerungsrecht zusteht, steht dieses Recht auch dem Beauftragten für den Datenschutz und dessen Hilfspersonal

zu. [2]Über die Ausübung dieses Rechts entscheidet die Person, der das Zeugnisverweigerungsrecht aus beruflichen Gründen zusteht, es sei denn, dass diese Entscheidung in absehbarer Zeit nicht herbeigeführt werden kann. [3]Soweit das Zeugnisverweigerungsrecht des Beauftragten für den Datenschutz reicht, unterliegen seine Akten und andere Schriftstücke einem Beschlagnahmeverbot.

(5) [1]Die öffentlichen und nicht-öffentlichen Stellen haben den Beauftragten für den Datenschutz bei der Erfüllung seiner Aufgaben zu unterstützen und ihm insbesondere, soweit dies zur Erfüllung seiner Aufgaben erforderlich ist, Hilfspersonal sowie Räume, Einrichtungen, Geräte und Mittel zur Verfügung zu stellen. [2]Betroffene können sich jederzeit an den Beauftragten für den Datenschutz wenden.

Literaturverzeichnis

BfDI – Info4, 9. Aufl. 2011; *Däubler*, Gläserne Belegschaften?, 5. Aufl.2010; Karlsruher Kommentar zum OWiG, 3. Aufl. 2006; *Tschöpe*, Die Bestimmung der – in der Regel – beschäftigten Arbeitnehmer, BB 1983, 1416-1418.

▶ Darum geht es

§ 4f legt fest, in welchen Fällen ein (behördlicher oder betrieblicher) Datenschutzbeauftragter zu bestellen ist, und bestimmt grundsätzliche Rahmenbedingungen für die Funktion (Anforderungen, Bestellung und Abberufung, Stellung, Verschwiegenheitspflicht, Ausstattung).

▶ Schlagworte

Datenschutzbeauftragter; betrieblicher DSB; Konzern-DSB; interner DSB; externer DSB; Bestellungspflicht, -frist; Fachkunde; Zuverlässigkeit; Aufgaben des DSB; Maß der Verarbeitung; Schutzbedarf; Kontrollrechte; Umfang der Kontrollen; Unterstellung des DSB; Weisungsfreiheit; Benachteiligungsverbot; Widerruf der Bestellung; Kündigung; Kündigungsschutz; Fortbildung; Weiterbildung; Aufwand und Kosten des DSB; Hilfspersonal; Verschwiegenheitspflicht/Geheimhaltungspflicht; Zeugnisverweigerungsrecht; Beschlagnahmeverbot; Mittel des DSB; Anrufung durch Betroffene; Stellung des bDSB im Unternehmen/Behörde; Geheimhaltungs- und Zeugnisverweigerungsrechte des bDSB; Unterstützung des bDSB durch die verantwortliche Stelle

▶ Bereichsspezifische Normen

Allgemein:

- § 675 BGB entgeltliche Geschäftsbesorgung (externer bDSB)
- § 203 Abs. 2a StGB (Berufsgeheimnis)
- §§ 87, 99 BetrVG (Mitbestimmung Personalvertretung)
- Art. 12 Abs. 1 GG (bDSB = Beruf)

Speziell:

- § 81 Abs. 4 SGB X Pflicht zur Bestellung für Sozialleistungsträger
- Kirchliche Einrichtungen: § 22 DSG-EKD/§ 16 KDO

A. Allgemeines

I. Regelungszweck

1 Das Bundesdatenschutzgesetz enthält in den §§ 4f und 4g Regelungen zu Bestellung und Aufgaben von betrieblichen bzw. behördlichen Datenschutzbeauftragten. Es verankert damit ein Element der Selbstregulierung, das es im deutschen Recht schon seit 1977 (für nichtöffentliche Stellen) bzw. 2001 (für öffentliche Stellen des Bundes) gibt. Dem liegt das Konzept zugrunde, durch die „Rücknahme" einer unmittelbaren staatlichen Aufsicht eine effektivere Selbstkontrolle der verantwortlichen Stelle zu ermöglichen. Durch die Ansiedlung von Aufgaben (insbesondere des Hinwirkens auf die Einhaltung des BDSG und anderer Datenschutzvorschriften – § 4g –, der Schulungs- und Kontrollaufgaben, der Führung des Verfahrensverzeichnisses, der Durchführung von Vorabkontrollen und der Ansprechpartnerrolle für Betroffene) im behördlichen beziehungsweise betrieblichen Bereich werden die Kontrollrechte der staatlichen Datenschutzaufsicht (§ 38) zwar nicht eingeschränkt, aber doch in der Praxis weitgehend auf die verantwortliche Stelle selbst übertragen.

2 Diese Vorschriften gelten sowohl für den öffentlichen Bereich des Bundes wie für nicht-öffentliche Stellen und wurden im BDSG durch die Änderung mit Gesetz vom 18. Mai 2001[1], in Kraft getreten am 23. Mai 2001, neu geschaffen. Nicht-öffentliche Stellen sind Unternehmen (z.B. Aktiengesellschaften, GmbHs, GbRs, OHGs, KGs), Vereine, Verbände oder nicht gewerblich tätige **natürliche oder juristische Personen**. Folglich können auch **Gewerkschaften, politische Parteien, Ärzte und Rechtsanwälte** grundsätzlich verpflichtet sein, Datenschutzbeauftragte zu bestellen.[2]

3 Mit der Beschreibung des betrieblichen Datenschutzbeauftragten als Unterpunkt zur Regelung über die Zulässigkeit der Datenerhebung, -verarbeitung und -nutzung (§ 4 BDSG), wird klar, dass es bei der Institution des bDSB um ein organisatorisches Instrument zur Einhaltung und Kontrolle notwendiger Datenschutzmaßnahmen geht (Organ der datenschutzrechtlichen Selbstkontrolle[3]).

4 Die betrieblichen und behördlichen Beauftragten für den Datenschutz sind wichtige Ansprechpartner und Berater in Fragen des Datenschutzes für die Leitung bzw. Geschäftsführung und die Beschäftigten in Behörden und Unternehmen. Die behördlichen Datenschutzbeauftragten sind zudem auch Ansprechpartner für die Bürgerinnen und Bürger. Mit der Verpflichtung zur Bestellung eines Datenschutzbeauftragten greift der Gesetzgeber in die Organisationsfreiheit der Unternehmens- bzw. Behördenleitung ein, entlastet die Unternehmen aber zugleich von „bürokratischer Förmelei"[4] und vom Zwang zur Vorhaltung kostenträchtiger Verwaltungsinstanzen[5]. Freilich hängt das Funktionieren dieses Modells von vielen Umständen ab; §§ 4f, 4g haben deshalb die Aufgabe, die notwendigen Rahmenbedingungen für ein Funktionieren der Selbstkontrolle zu schaffen und den Datenschutzbeauftragten ausreichend zu stärken. Zu-

1 BGBl. I S. 904.
2 *Däubler*, Rn. 584; BfDI – INFO4, Seite 9.
3 BfDI – INFO4, Seite 9.
4 *Gola/Schomerus* § 4f Rn. 1.
5 *Gola/Schomerus* § 4f Rn. 1.

gleich setzt die Vorschrift die Regelungen aus Art. 18 Abs. 2 und Art. 20 der EU-Datenschutzrichtlinie 1995/46/EG in das nationale Recht um.

II. Ausblick auf EU-Datenschutz-Grundverordnung

Die Regelung über die Bestellung eines bDSB ist in der EU-Datenschutz-Grundverordnung ein heiß disku- 5
tiertes Thema. In der EU-Datenschutzrichtlinie 1995/46/EG ist die Bestellung eines betrieblichen Beauftragten für den Datenschutz nicht zwingend vorgeschrieben. In Art. 18 Abs. 2, zweiter Spiegelstrich wird jedoch ein Anreiz für die Einsetzung eines Datenschutzbeauftragten geschaffen. Es ist aber nicht zu verkennen, dass die deutsche Regelung deutlich detaillierter ist und dem Institut des Datenschutzbeauftragten positiver gegenübersteht. Die europarechtliche Konzeption des Datenschutzbeauftragten weicht nämlich signifikant von der deutschen Konzeption ab: wird ein Datenschutzbeauftragter bestellt, bedarf es keiner Meldung gegenüber staatlichen Kontrollstellen; Art. 20 Abs. 2 überträgt dem Datenschutzbeauftragten die Durchführung von Vorabprüfungen (und verpflichtet ihn dabei, sich in Zweifelsfällen mit der Aufsichtsbehörde abzustimmen). Die Bestellung wird in der EU-Datenschutzrichtlinie 1995/46/EG weder an die Zahl der zu verarbeitenden Daten noch an die Zahl der mit der Verarbeitung beschäftigten Personen geknüpft. Für das europäische Recht ist damit kennzeichnend, dass es weitgehend an der staatlichen Kontrolle festhält.

Dies soll mit der EU-Datenschutz-Grundverordnung anders werden, denn in den letzten Jahren hat sich auf europäischer Ebene ein deutlicher Sinneswandel ergeben: so haben einige Mitgliedstaaten die Möglichkeit der Bestellung von Datenschutzbeauftragten im nationalen Recht verankert und dies in unterschiedlicher Intensität mit der Freistellung von Anzeigepflichten verknüpft. Wie in Deutschland hat aber kein anderer Mitgliedstaat bisher eine Pflicht zur Bestellung von Datenschutzbeauftragten vorgesehen. Die EU-Kommission hat den Mitgliedstaaten allerdings die Einführung dieser Funktion empfohlen, und die Art.-29-Gruppe hat ebenfalls eine Stärkung der Selbstkontrolle der verantwortlichen Stellen befürwortet. Dem soll künftig auch in der Datenschutz-Grundverordnung Rechnung getragen werden: In Abschnitt 4 wird mit den Artikeln 35–37 eine eigenständige Regelung über den betrieblichen und behördlichen Datenschutzbeauftragten eingefügt.

Neben dem für die Verarbeitung Verantwortlichen sollen auch Auftragsdatenverarbeiter explizit zur Be- 6
stellung eines Datenschutzbeauftragten verpflichtet werden. Nach Art. 35 des Kommissions-Entwurfes soll das für Unternehmen ab einer Mitarbeiterzahl von 250 der Fall sein, wobei es in Abweichung von der derzeitigen deutschen Rechtslage nicht mehr darauf ankäme, ob diese Mitarbeiter mit Datenverarbeitungsaufgaben befasst sind. In Deutschland käme es in diesem Fall zu einer Freistellung vieler kleiner und mittlerer Unternehmen von der nach nationalem Recht heute gegebenen Notwendigkeit zur Bestellung. Allerdings sieht der Kommissionsentwurf für Unternehmen, deren Kerntätigkeit eine regelmäßige und systematische Beobachtung von Betroffenen erforderlich macht, eine Pflicht zur Bestellung eines Datenschutzbeauftragten unabhängig von der Zahl der Mitarbeiter vor. Sowohl die Mitarbeiteranzahl als auch die Abhängigkeit von der Unternehmensgröße sind auf starke Kritik gestoßen. In der am 12.03.2014 vom EU-Parlament verabschiedeten Version der EU-Datenschutz-Grundverordnung ist ein bDSB vorgesehen, wenn „Daten verarbeitet werden, die sensibel sind oder sich auf 500 Betroffene pro Jahr beziehen"[6]. In der Diskussion zwischen Parlament und Rat ist zudem weiter umstritten, ob es zu einer verpflichtenden Bestellung kommen soll oder die Entscheidung darüber den Mitgliedstaaten oder den verantwortlichen Stellen selbst überlassen werden soll.

Die weiteren Bestimmungen in Art. 35–37 des Kommissionsentwurfs sind dem bestehenden deutschen Modell angenähert. Sie legen vergleichbare Anforderungen an die Kenntnis und Erfahrung des Datenschutzbeauftragten, an seine Stellung und Aufgaben fest. Anders als das deutsche Recht würde Art. 35 Abs. 7 der Datenschutz-Grundverordnung eine zeitliche Befristung der Bestellung des Datenschutzbeauftragten vorsehen.

---

6 Entwurf eines Berichts über den Vorschlag für eine Verordnung des Europäischen Parlaments und des Rates zum Schutz natürlicher Personen bei der Verarbeitung personenbezogener Daten und zum freien Datenverkehr (Datenschutz-Grundverordnung) (COM(2012)0011 – C7-0025/2012 – 2012/0011(COD)) abrufbar über: http://www.europarl.europa.eu/meetdocs/2009_2014/documents/libe/pr/922/922387/922387de.pdf.

B. Inhalt der Regelung

I. Pflicht zur Bestellung

7 Die komplizierte Systematik der Bestellungsvoraussetzungen in Absatz 1 soll nachstehend durch ein Schaubild vereinfacht dargestellt werden:

Wann ist ein Beauftragter für den Datenschutz zu bestellen?

	Öffentliche Stelle	Nicht-öffentliche Stelle
Automatisierte Datenverarbeitung	Bestellung eines bDSB	Bestellung wenn: • > 9 Personen **ständig** mit der Datenverarbeitung befasst sind oder • Datenverarbeitung eine Vorabkontrolle[7] (§ 4d Abs. 5 BDSG) erfordert oder • Zweck der Datenverarbeitung die Übermittlung der Daten ist (z.B. Auskunfteien, Adressverlage) oder • Zweck der Datenverarbeitung die Markt- und Meinungsforschung ist (z.B. Markt- und Meinungsforschungsinstitute)
Sonstige Datenverarbeitung (= manuelle Verarbeitung)	Bestellung, wenn: • > 20 Personen **in der Regel** mit der Datenverarbeitung befasst sind	Bestellung, wenn: • > 20 Personen **in der Regel** mit der Datenverarbeitung befasst sind
Frist	Unverzüglich nach Aufnahme der datenverarbeitenden Tätigkeit[8]	Spätestens 1 Monat nach Aufnahme der datenverarbeitenden Tätigkeit

8 Es kommt nach Satz 1 darauf an, ob die Verarbeitung in automatisierter oder nicht automatisierter Weise erfolgt. Hierzu ist § 3 Abs. 2 Satz 1 heranzuziehen, der automatisierte Verarbeitung als „die Erhebung, Verarbeitung oder Nutzung personenbezogener Daten unter Einsatz von Datenverarbeitungsanlagen" definiert. Angesichts der Durchdringung der Arbeitswelt mit Arbeitsplatz-Systemen, Smartphones, Tablets u.a.m. ist die ausschließlich papierbasierte, nicht automatisierte Verarbeitung ein nur mehr seltener Ausnahmefall.

9 **Personen** können neben den Arbeitnehmern auch Auszubildende, Praktikanten und freie Mitarbeiter sein.[9] Es kommt nicht darauf an, dass sie räumlich im Betrieb beschäftigt sind, sodass auch Telearbeitnehmer erfasst sind.[10] Nicht erfasst sind der Arbeitgeber selbst sowie die Mitglieder der Vertretungsorgane, wie Vorstand und Geschäftsführung. Das vermag nicht vollends zu überzeugen, denn auch Leitungspersonal, das personenbezogene Daten regelmäßig verarbeitet, trägt zum datenschutzrechtlich relevanten Risiko der verantwortlichen Stelle bei und bedarf in gleicher Weise der Anleitung, Schulung und Überwa-

7 Checkliste Vorabkontrolle BfDI-Wiki: http://www.bfdi.bund.de/bfdi_wiki/index.php/Checkliste_Vorabkontrolle.
8 U.a. *Gola/Schomerus*, § 4f Rn. 15 m.w.N.
9 BT-Drs. 16/1853, Seite 12 – Entwurf eines Ersten Gesetzes zum Abbau bürokratischer Hemmnisse insbesondere in der mittelständischen Wirtschaft.
10 Däubler/Klebe/Wedde/Weichert/*Däubler* § 4f Rn. 16.

chung wie andere Beschäftigte. Ebenfalls nicht unter die Zählung fallen die Mitarbeiter von Auftragsdatenverarbeitern i.S.v. § 11 BDSG.[11]

Ständig beschäftig ist ein Arbeitnehmer dann, wenn er nicht nur vorübergehend mit der Datenverarbeitung betraut ist. Keine Rolle spielt dabei, ob der Arbeitnehmer gerade erst mit der Beschäftigung begonnen hat oder ob er nur in Teilzeit mit der Datenverarbeitung beschäftigt ist. Entscheidend ist, dass die Datenverarbeitung auf eine längere Zeit vorgesehen ist.[12] Es können also diejenigen unberücksichtigt bleiben, die nur ganz ausnahmsweise in dieser Art tätig werden, etwa weil sie nur kurzfristig im Krankheitsfall einspringen oder nur ganz ausnahmsweise Daten erheben. 10

„**In der Regel** mit der Verarbeitung personenbezogener Daten beschäftigt" bedeutet, dass eine entsprechende Anzahl im Unternehmen (z.B. im Organisationsplan) für diese Aufgabe vorgesehen ist, etwa für die Datenverarbeitung im IT-Bereich. Sinkt die Anzahl vorübergehend, bleibt aber der Bedarf bestehen, ändert sich die Bestellpflicht nicht.[13] Ebenso sind kurzfristige Überschreitungen unschädlich (zum Beispiel zur Abdeckung von Saisonspitzen oder aufgrund der Einarbeitung einzelner neuer Mitarbeiter). Maßgeblich ist insoweit nicht der Bestand des Arbeitsverhältnisses oder die Beschäftigungsdauer der einzelnen Person, es geht vielmehr um eine abstraktere Betrachtung: Werden etwa bestimmte Aufgaben durch häufig wechselnde Leiharbeitnehmer oder Praktikanten ausgeübt, die die gleiche Stelle nacheinander besetzen, so ist diese eine Stelle mit zu berücksichtigen, auch wenn sie kurzzeitig nicht oder doppelt besetzt sein sollte. 11

Sind die Aufgabenbereiche der beschäftigten Personen strikt getrennt, nehmen sie also dauerhaft entweder Aufgaben der automatisierten oder Aufgaben der nicht automatisierten Verarbeitung wahr, so sind beide Gruppen gesondert zu beurteilen.[14] Nehmen also etwa acht Personen Aufgaben der automatisierten Datenverarbeitung wahr, und ist eine andere Gruppe von zehn Personen mit der nicht automatisierten Erhebung, Verarbeitung oder Nutzung beschäftigt, so liegt noch keine Bestellpflicht vor. Die gesetzgeberische Wertung, die die automatisierte Verarbeitung als deutlich risikobehafteter ansieht als die nicht automatisierte Variante, spricht allerdings dafür, ab dem Erreichen der 20- Personen-Schwelle des Satzes 3 in jedem Fall eine Bestellpflicht anzunehmen.[15] 12

!

Kein Konzernprivileg

Jedes (Konzern-)Unternehmen muss einen eigenen bDSB bestellen. Es ist jedoch möglich, dass mehrere (Konzern-)Unternehmen sich auf eine Person einigen.

Aber Achtung: In diesem Fall ist der „Konzerndatenschutzbeauftragte" –insbesondere personell – so auszustatten, dass er für jedes Unternehmen Ansprechpartner zur Verfügung stellen kann, die sowohl nach innen als auch nach außen mit den entsprechenden Informationen versorgt sind und auftreten können.

II. Form der Bestellung

Nach § 4f Abs. 1 Satz 1 hat die Bestellung des Datenschutzbeauftragten schriftlich zu erfolgen, andernfalls ist sie nichtig.[16] Es handelt sich um ein gesetzliches Schriftformerfordernis, das eine handschriftliche Unterzeichnung oder eine qualifizierte elektronische Signatur nach dem Signaturgesetz erfordert. Die Bestellung ist von der öffentlichen oder nicht-öffentlichen Stelle vorzunehmen, also durch die Leitung der Behörde, der Organisation oder des Unternehmens. 13

Für den datenschutzrechtlich erforderlichen Bestellungsvorgang empfiehlt sich dabei ein gesondertes Schreiben, dessen Mindestinhalt erkennen lassen muss, wer ab welchem Zeitpunkt für welche verant- 14

11 Plath/*v.d. Busche* § 4 f Rn. 6.
12 *Gola/Schomerus*, 4f Rn. 12, *Schaffland/Wiltfang*, § 4f Rn. 11 mit weiteren praktischen Hinweisen.
13 *Schaffland/Wiltfang*, § 4f Rn. 14, *Tschöpe*, BB 1983, 1416.
14 So auch *Gola/Schomerus*, § 4f Rn. 9.
15 Däubler/Klebe/Wedde/Weichert/*Däubler*, § 4f Rn. 19, schlägt hingegen eine Umrechnung im Verhältnis 2:1 vor, wofür § 4f keinen Anhalt bietet. A.A. auch *Gola/Schomerus*, § 4f Rn. 9, wonach auch in diesem Fall keine Addition erfolgen soll und keine Bestellpflicht ausgelöst wird.
16 *Gola/Schomerus*, 4f, Rn. 30; Plath/*v.d. Busche* § 4f Rn. 17.

wortliche Stelle zum Datenschutzbeauftragten berufen werden soll. Nicht erforderlich ist es, bestimmte Aufgabenbereiche des Datenschutzbeauftragten festzulegen, weil sich diese ohnehin aus §§ 4f, 4g ergeben.

> **!** Es ist allerdings empfehlenswert, im Berufungsschreiben Aufgabenbereiche, den Berichtsweg sowie Rechte und Pflichten des Datenschutzbeauftragten näher zu umschreiben, weil das Benennungsschreiben dann vom DSB auch gegenüber Mitarbeitern der verantwortlichen Stelle im Sinne eines „Ausweises" über die Aufgaben und Befugnisse verwendet werden kann.

15 Die Schriftform ist deshalb erforderlich, weil sie zunächst die Bedeutung des Benennungsvorganges in das Bewusstsein der Beteiligten rufen soll. Aufgrund des gesetzlichen Schutzes des Datenschutzbeauftragten und der Anforderungen an Fachkunde und Zuverlässigkeit sollte der Bestellungsvorgang gut überlegt sein. Die Urkunde hat darüber hinaus Nachweisfunktion etwa gegenüber der Aufsichtsbehörde, denn sie dient zum Nachweis der ordnungsgemäßen Bestellung (und ihre Vorlage kann von der Aufsichtsbehörde verlangt werden). Nicht zuletzt hat auch der Datenschutzbeauftragte selbst das Interesse an einer ordnungsgemäßen Dokumentation, insbesondere in Fällen, in denen er sich auf seine Rechte und die zu seinem Schutz bestehenden Vorschriften berufen muss (sei dies gegenüber der Leitung der verantwortlichen Stelle im Konfliktfall oder etwa bei der Geltendmachung seines Verschwiegenheitsrechts).

16 Die Bestellung ist von dem Beauftragten nach allgemeiner Auffassung mit zu unterschreiben.[17] Dies ist insoweit von Bedeutung, als dass ein potenzieller Beauftragter, der die Bestellung nicht gegenzeichnen möchte und damit seine Zustimmung zur Übernahme der Tätigkeit „verweigert", nicht das erforderliche Merkmal der Zuverlässigkeit erfüllt und damit nicht als Beauftragter bestellt werden sollte.

17 Ein Muster für die Bestellung eines Datenschutzbeauftragten ist als Anhang 1 beigefügt.

> **!** **Ordnungswidrigkeit bei nicht, nicht formgerechter oder nicht rechtzeitiger Bestellung**
>
> Wenn ein betrieblicher Datenschutzbeauftragter nicht, nicht schriftlich oder nicht rechtzeitig bestellt wird, kann eine Geldbuße von bis zu 50.000 € verhängt werden, § 43 Abs. 1 Nr. 2. Auch eine persönliche Haftung des Geschäftsführers durch eine Aufsichtspflichtverletzung kann über §§ 130 i.V.m. 9 OWiG in Betracht kommen.[18]

18 Auch wenn keine Verpflichtung dazu besteht, ist Folgendes im Zusammenhang mit der Bestellung des bDSB ratsam:

- Die Bestellung des Datenschutzbeauftragten sollte allen Mitarbeiterinnen und Mitarbeitern bekannt gemacht werden.
- Im öffentlichen Bereich, in dem die Datenschutzbeauftragten auch Ansprechpartner für die Bürgerinnen und Bürger sind, sollten auch diese hierüber in geeigneter Form unterrichtet werden.
- Darüber hinaus sollte die zuständige Aufsichtsbehörde über die Bestellung informiert werden. Zum einen hat die Aufsichtsbehörde nach § 38 Abs. 3 einen Auskunftsanspruch gegen das Unternehmen, zum anderen kann so eine effiziente Zusammenarbeit gewährleistet werden.

III. Arbeitsrechtliche Aspekte

19 Von der datenschutzrechtlich erforderlichen Bestellung zu trennen ist die arbeitsrechtliche Seite des Vorgangs. Aufgrund der besonderen Aufgaben und Pflichten, die mit der Übernahme der Funktion des betrieblichen oder behördlichen Datenschutzbeauftragten verbunden sind, kann die Bestellung grundsätz-

---

17 Simitis/*Simitis*, § 4f Rn. 61; *Bergmann/Möhrle/Herb*, § 4f Rn. 54, Däubler/Klebe/Wedde/Weichert/*Däubler*, § 4f Rn. 25.

18 Der Aufsichtspflichtige muss seine Aufsichtspflicht vorsätzlich oder fahrlässig verletzt haben, siehe *Rogall* in Karlsruher Kommentar zum OWiG.

lich nicht ohne Mitwirkung des künftigen Datenschutzbeauftragten erfolgen, insbesondere kann sie nicht ausschließlich auf das Direktionsrecht des Arbeitgebers gestützt werden. Vielmehr bedingt sie eine Ergänzung oder Änderung des Arbeitsvertrages, weil die Aufgaben des Datenschutzbeauftragten zu den bisher vereinbarten Arbeitsaufgaben hinzutreten oder diese (jedenfalls bei entsprechender Größe der verantwortlichen Stelle) sogar für die Dauer der Funktion ersetzen.

> Am einfachsten wird es in der Praxis sein, mit dem künftigen Datenschutzbeauftragten eine schriftliche Ergänzung oder Änderung des Arbeitsvertrages vorzunehmen, die damit zugleich die datenschutzrechtlichen Anforderungen erfüllt; die Bekanntgabe kann dann nach der in der verantwortlichen Stelle allgemein üblichen Verfahrensweise (durch Aushang, Rundschreiben, E-Mail oder ähnliche Mittel) geschehen.

Im Hinblick auf die Funktion des bDSB besteht keine spezielle **Mitwirkungs- bzw. Mitbestimmungspflicht des Personalrates oder Betriebsrates** bei der Bestellung des Datenschutzbeauftragten. Ist die geplante Bestellung verknüpft mit einer (Neu-) Einstellung oder einer Versetzung, greift diesbezüglich ein Mitbestimmungsrecht der Personalvertretung.[19] Dem Betriebsrat bzw. Personalrat soll es in diesem Zusammenhang auch möglich sein, die Zuverlässigkeit und Fachkunde des vorgesehenen Datenschutzbeauftragten zu beurteilen (vgl. § 80 Abs. 1 BetrVG), sodass dem Betriebs- bzw. Personalrat für den Fall einer ohnehin bestehenden Mitbestimmung auch Informationen über die fachliche und persönliche Qualifikation des DSB zugänglich zu machen sind. 20

> **Beteiligung der Personalvertretung**
>
> Da der bDSB und die Personalvertretung eng zusammenarbeiten sollen, sollte bei der Bestellung die Personalvertretung eingebunden werden. Die Personalvertretung kann nach § 99 Abs. 2 Nr. 1 BetrVG einen Gesetzesverstoß rügen, wenn sie der Ansicht ist, dass die zur Beauftragung vorgesehene Person nicht den Anforderungen an Fachkunde und Zuverlässigkeit genügt.
>
> Achtung: Etwaige Meinungsverschiedenheiten zwischen Unternehmen und Personalvertretung sind innerhalb der Bestellungsfrist von einem Monat zu lösen. Daher bietet sich im Rahmen einer vertrauensvollen Zusammenarbeit eine frühzeitige Planung und Einbeziehung der Personalvertretung bei der Bestellung an. Möglich ist dies auch durch eine freiwillige Betriebsvereinbarung, die die dargestellten Punkte berücksichtigt.

IV. Dauer der Bestellung

Eine **Befristung der Bestellung** wird im BDSG nicht geregelt. Insbesondere die Einführung des besonderen Kündigungsschutzrechts zeigt, dass der bDSB in die Lage versetzt werden soll, seine Entscheidungen frei von jeglichen arbeitsrechtlichen Konsequenzen treffen zu können. Dies könnte durch eine Befristung unterlaufen werden. Der Regelfall ist daher die unbefristete Bestellung. 21

Ob die Bestellung ausnahmsweise befristet werden kann, ist an den Anforderungen für das Vorliegen eines wichtigen Grundes nach § 626 BGB zu messen. Vergleichbares ist für den Widerruf der Bestellung in § 4f Abs. 3 Sätze 4–6 ausdrücklich geregelt.[20] Eine Befristung ist daher nicht grundsätzlich unzulässig: Sie muss sich in den oben genannten Grenzen bewegen und darf nicht zu kurz gesteckt sein, um die erforderliche Tätigkeitsausübung gewährleisten zu können. Eine Frist von 5 Jahren wird als akzeptabel angesehen.[21] 22

Auch eine Befristung zum Zwecke der Erprobung erscheint fraglich, da die Voraussetzungen der fachlichen Eignung und der Zuverlässigkeit bei der Bestellung bereits vorliegen müssen und es folglich keinen wichtigen Grund für eine Probezeit geben kann. 23

19 Plath/*v.d. Busche*, § 4f Rn. 17, siehe auch: BfDI – INFO4, 9. Auflage, Seite 14.
20 *Gola/Schomerus*, § 4 Rn. 32 m.w.N., *Herb*, DuD 1998, 95, 103.
21 so *Däubler*, Gläserne Belegschaften?, Rn. 615.

V. Person des Datenschutzbeauftragten

24 Absatz 2 beschreibt die Anforderungen, die an die Person des zu bestellenden Datenschutzbeauftragten zu stellen sind. Satz 3 stellt klar, dass sowohl **interne** als **auch externe** Personen bestellt werden können. Satz 4 schränkt für öffentliche Stellen den Auswahlbereich für externe Datenschutzbeauftragte auf „andere öffentliche Stellen" ein und macht dies von einer Zustimmung der Aufsichtsbehörde abhängig.

25 Als Datenschutzbeauftragte kommen nur **natürliche Personen** in Betracht, denn Fachkunde und Zuverlässigkeit sind nur von einer natürlichen Person erfüllbar, und die nach Absatz 3 Satz 1 vorgesehene unmittelbare Unterstellung unter die Leitung der verantwortlichen Stelle kann nur von einer natürlichen Person verwirklicht werden.[22] Die andere, u.a. von Simitis und dem ULD vertretene Ansicht[23], dass auch juristische Personen grundsätzlich in Betracht kommen können, kann nur dahingehend verstanden werden, dass die beauftragte juristische Person wiederum eine natürliche Person als Datenschutzbeauftragten für das Unternehmen bereitstellt und diese auch benannt wird. Der Verweis auf die Analogie zu Wirtschaftsprüfungsgesellschaften greift nicht, da in § 319 Abs. 1 HGB diese anders als in § 4f Abs. 2 ausdrücklich aufgeführt sind. Zudem ist die Funktion und Tätigkeit des Wirtschaftsprüfers nicht mit der eines externen Datenschutzbeauftragten im Unternehmen vergleichbar.

26 Angesichts der Komplexität der Tätigkeit des Datenschutzbeauftragten handelt es sich bei dem Berufsbild des bDSB um einen Beruf mit entsprechendem Schutz nach Art. 12 GG.[24]

27 Folgende Kriterien hat ein interner oder externer Datenschutzbeauftragter zu erfüllen:

1. Erforderliche Fachkunde auf dem Gebiet des Datenschutzes

Das Maß der erforderlichen Fachkunde bestimmt sich „an dem Umfang der Datenverarbeitung sowie dem Schutzbedarf der personenbezogenen Daten".

Mangels vorgegebener Zertifizierungsverfahren unterliegt diese Anforderung der (Selbst-) Kontrolle der jeweiligen Stelle.

Mindestanforderungen laut Düsseldorfer Kreis[25]

Der Düsseldorfer Kreis hat in seinem Beschluss vom 24./25. November 2010 „Mindestanforderungen an Fachkunde und Unabhängigkeit des Beauftragten für den Datenschutz nach § 4f Abs. 2 und 3 Bundesdatenschutzgesetz" für die betrieblichen Datenschutzbeauftragten in der Privatwirtschaft eine Art **Leitbild** erstellt, die als Checkliste für die Auswahl des bDSB dienen kann (siehe Anhang 2).

---

22 ebenso *Schaffland/Wiltfang*, § 4f Rn. 45.
23 Simitis/*Simitis*, § 4f Rn. 48 ff.; ebenso ULD Schleswig Holstein, GDD-Mitteilung 3–4/2006, Seite 6.
24 LG Ulm, Beschluss v. 31.10.1990, Az. 1 S 188/90-01, CR 1991, 103; *Schaffland/Wiltfang*, § 4f Rn. 22.
25 Beschluss des Düsseldorfer Kreises vom 24./25. November 2010 „Mindestanforderungen an Fachkunde und Unabhängigkeit des Beauftragten für den Datenschutz nach § 4f Abs. 2 und 3 Bundesdatenschutzgesetz (BDSG)", abrufbar unter: BfDI – Entschließungen – Düsseldorfer Kreis.

Danach sind sowohl allgemeine als auch unternehmensspezifische Kenntnisse von dem Bewerber zu fordern. 28

Im **allgemeinen** Bereich handelt es sich dabei um folgende Kenntnisse, unabhängig von Größe und Umfang der Datenverarbeitung:

- Grundkenntnisse zu verfassungsrechtlich garantierten Persönlichkeitsrechten der Betroffenen und Mitarbeiter der verantwortlichen Stelle und
- umfassende Kenntnisse zum Inhalt und zur rechtlichen Anwendung der für die verantwortlichen Stellen einschlägigen Regelungen des BDSG, auch technischer und organisatorischer Art,
- Kenntnisse des Anwendungsbereiches datenschutzrechtlicher und einschlägiger technischer Vorschriften, der Datenschutzprinzipien und der Datensicherheitsanforderungen insbesondere nach § 9 BDSG.

Im **spezifischen** Wissensbereich wird die Branche, Größe oder IT-Infrastruktur der verantwortlichen 29
Stelle und die Sensibilität der zu verarbeitenden Daten berücksichtigt und Folgendes gefordert:

- Umfassende Kenntnisse der spezialgesetzlichen datenschutzrelevanten Vorschriften, die für das eigene Unternehmen relevant sind,
- Kenntnisse der Informations- und Telekommunikationstechnologie und der Datensicherheit (physische Sicherheit, Kryptographie, Netzwerksicherheit, Schadsoftware und Schutzmaßnahmen etc.),
- betriebswirtschaftliche Grundkompetenz (Personalwirtschaft, Controlling, Finanzwesen, Vertrieb, Management, Marketing etc.),
- Kenntnisse der technischen und organisatorischen Struktur sowie deren Wechselwirkung in der zu betreuenden verantwortlichen Stelle (Aufbau- und Ablaufstruktur bzw. Organisation der verantwortlichen Stelle) und
- Kenntnisse im praktischen Datenschutzmanagement einer verantwortlichen Stelle (z. B. Durchführung von Kontrollen, Beratung, Strategieentwicklung, Dokumentation, Verzeichnisse, Logfile-Auswertung, Risikomanagement, Analyse von Sicherheitskonzepten, Betriebsvereinbarungen, Videoüberwachungen, Zusammenarbeit mit dem Betriebsrat etc.).

Zeitpunkt des Vorliegens der Bestellungs-Voraussetzungen

Grundsätzlich müssen die erforderlichen rechtlichen, technischen sowie organisatorischen Mindestkenntnisse bereits **zum Zeitpunkt der Bestellung** zum bDSB im ausreichenden Maße vorliegen.

2. Zuverlässigkeit

Das Zuverlässigkeitsmerkmal liegt in der Person des Kandidaten und kann subjektiv und objektiv ausge- 30
staltet sein. Ein Bewerber ist dann als subjektiv unzuverlässig einzustufen, wenn er in der Vergangenheit z.B. gegen Verschwiegenheitspflichten verstoßen hat.

Entscheidender ist in der Praxis die objektive Zuverlässigkeit, die sich durch Interessenskollisionen im Tä- 31
tigkeitsbereich und -umfeld des Kandidaten ergeben. Das Bundesarbeitsgericht[26] hat wegen einer Interessenkollision in der Person des Kandidaten dann Bedenken gegen die Zuverlässigkeit erhoben, wenn „der Arbeitnehmer neben seiner Aufgabe als Datenschutzbeauftragter Tätigkeiten ausübt, die mit seiner Kontrollfunktion unvereinbar sind".

---

26 BAG Entscheidung vom 22.4.1994, Az. 1 ABR 51/93.

32 Eine solche Interessenskollision wird i.d.R. interne Bewerber betreffen, dies vor allem dann, wenn sie in der Funktion des BDSB ihre andere, bisherige Tätigkeit kontrollieren müssten. Vor diesem Hintergrund sind folgende Personen im Unternehmen zur Bestellung als bDSB **nicht geeignet**:

- Geschäftsführer/Mitglieder der Geschäftsführung,
- Leiter der EDV-Abteilung,
- Leiter der Personalabteilung,
- Leiter der Complianceabteilung,
- Leiter der Marketingabteilung.

33 All diesen Personen ist gemeinsam, dass ihren Tätigkeitsbereichen ein Interesse an Datenmengen und Datennutzung immanent und auch in den Zielvereinbarungen verankert ist. In der Rolle des bDSB müssten sie Einwände gegen die Art und den Umfang von Projekten erheben, die sie z.B. als Leiter der Personal- oder Marketingabteilung unternehmerisch zu verantworten haben.

34 Strittig ist, ob die Leiter der Rechtsabteilung und der Internen Revision als bDSB in Betracht kommen. Das wird letztlich vom genauen Zuschnitt der Aufgabenbereiche abhängen. So wird es in der Regel Aufgabe des Leiters der Rechtsabteilung sein, allgemein auf die Einhaltung aller Rechtsvorschriften durch das Unternehmen und seine Mitarbeiter hinzuwirken und Verstöße abzustellen, wodurch sich auch positive Aspekte für die Durchsetzung des Datenschutzes ergeben können; ist das Unternehmen aber etwa häufig von Gerichtsverfahren betroffen, für die große Datenmengen bereitgestellt und ausgewertet werden müssen (v.a. in Form der sog. „e-discovery"), so drängen sich Interessenkonflikte zwischen der effektiven Führung des Rechtsstreits einerseits und der Wahrung der Rechte Betroffener andererseits auf. Ähnliche Konflikte ergeben sich u.U. bei Mitarbeitern der Internen Revision, gerade wenn diese in nennenswertem Umfang auch sog. „forensische" Auswertungen selbst durchführen oder verantworten, also etwa zur Sachverhaltsermittlung umfangreich Datenträger, PCs und dgl. auswerten.

3. Verschwiegenheitspflicht und Zeugnisverweigerungsrecht

35 In Absatz 4 wird nochmal ein Grundsatz des Datenschutzes, die **Verschwiegenheitspflicht**, ausdrücklich für den bDSB normiert. Hintergrund ist sicher das bereits erwähnte Spannungsverhältnis, in dem sich der Datenschutzbeauftragte im Unternehmen gegenüber seinem Arbeitgeber und gegenüber den Mitarbeitern und Kollegen befindet. Die Verschwiegenheitspflicht ist folglich auch als eine Art Ausprägung der Unabhängigkeit des Datenschutzbeauftragten zu sehen und gilt gegenüber der verantwortlichen Stelle, einschließlich ihrer Organe und Teile, wie Betriebsrat, Betriebsarzt etc. und gegenüber der Aufsichtsbehörde.[27]

36 Die Verschwiegenheitspflicht umfasst neben der Identität des Betroffenen auch Umstände, die Rückschlüsse auf den Betroffenen zulassen könnten, wie z.B. die Mitarbeiter eines Projektes. Der Betroffene kann den bDSB von der Schweigepflicht entbinden. Der Datenschutzbeauftragte sollte im Vorfeld den Betroffenen über die möglichen Folgen der Entbindung von der Schweigepflicht aufklären und beides, Zustimmung und Aufklärung, dokumentieren.

37 Verstößt ein bDSB gegen die ihm obliegende Verschwiegenheitspflicht, können sich folgende rechtliche Konsequenzen ergeben:

- nach § 203 Abs. 2a StGB Freiheitsstrafe bis zu einem Jahr oder Geldstrafe,
- Schadenersatzansprüche unmittelbar gegenüber dem Datenschutzbeauftragten nach § 823 Abs. 2 BGB iVm § 4f Abs. 4[28],

27 *Bergmann/Möhrle/Herb*, § 4f Rn. 154, *Schaffland/Wiltfang*, § 4 f Rn. 67.

28 Umstritten: Schutzgesetz iSd § 823 Abs. 2 BGB: *Bergmann/Möhrle/Herb*, § 4f Rn. 15 und auch § 4g Rn. 65 allerdings mit dem Hinweis, dass dem bDSB ein **Freistellungsanspruch** aufgrund gefahrgeneigter Arbeit gegen den Arbeitgeber zusteht, auch für das Vorliegen eines Schutzgesetzes Simitis/*Simitis*, § 4g Rn. 106; a.A. *Schaffland/Wiltfang*, § 4g Rn. 28 und *Gola/Schomerus*, § 4g Rn. 32.

- Schadenersatzansprüche gegenüber der verantwortlichen Stelle nach § 7, weil sie einen unzuverlässigen Datenschutzbeauftragten bestellt hat,
- Meldung an die Aufsichtsbehörde mit der Möglichkeit des Widerrufs der Bestellung durch die Aufsichtsbehörde.

Diese rechtlichen Konsequenzen gegen die verantwortliche Stelle oder gegen den bDSB (ausgenommen § 203 StGB) unmittelbar können sich auch aus anderen Pflichtverletzungen im Zusammenhang mit der Ausübung der Tätigkeit des Datenschutzbeauftragten ergeben; vgl. dazu unten 4. **38**

Neben der Verschwiegenheitspflicht hat der bDSB ein **Zeugnisverweigerungsrecht**. Allerdings handelt es sich hierbei um ein sogenanntes abgeleitetes Zeugnisverweigerungsrecht. Das bedeutet, dass das eigentliche Zeugnisverweigerungsrecht einer anderen Person, nämlich der Unternehmensleitung oder einer anderen bei der verantwortlichen Stelle beschäftigten Person, zusteht. Als Beispiel käme der Geschäftsführer oder ein Mitarbeiter einer Kranken-, Unfall- oder Lebensversicherung in Betracht, siehe § 203 Abs. 1 Nr. 6 StGB. **39**

Solange diese Person von ihrem Zeugnisverweigerungsrecht Gebrauch macht, hat der bDSB dieses Recht ebenfalls. Eine Ausnahme und damit eine eigene Entscheidungsbefugnis über die Ausübung des Zeugnisverweigerungsrechts hat der bDSB dann, wenn der Geheimnisträger nicht erreichbar ist.[29] **40**

Um das Zeugnisverweigerungsrecht nicht durch eine Beschlagnahme von Akten und Schriftstücken zu umgehen, besteht ein Beschlagnahmeverbot im Umfang des Zeugnisverweigerungsrechts. **41**

4. Haftung des bDSB

Die Haftung des bDSB richtet sich nach den allgemeinen Grundsätzen, weil das BDSG die Frage nicht regelt. Die Haftungsregelung in §§ 7, 8 trifft nur die verantwortliche Stelle (die bei § 8 eine öffentliche sein muss), die von einem Betroffenen in Anspruch genommen werden kann; einen direkten Anspruch gegen den bDSB begründet sie hingegen nicht. Zu unterscheiden ist zunächst zwischen der strafrechtlichen und ordnungswidrigkeitenrechtlichen Verantwortlichkeit des bDSB einerseits und seiner zivilrechtlichen Haftung andererseits. Bei der zivilrechtlichen Haftung kommen Ansprüche aus Delikt und vertragliche Ansprüche in Frage. **42**

Die Haftung des bDSB gegenüber Betroffenen ist bislang, soweit ersichtlich, theoretisch geblieben. Sie kann regelmäßig nur auf deliktsrechtliche Grundlagen gestützt werden, weil der bDSB keine vertraglichen Beziehungen zu Dritten unterhält (und seine Bestellung und sein Arbeitsvertrag keine Schutzwirkung zugunsten Dritter aufweisen). Der bDSB besitzt aber in seinem gesetzlich geprägten Aufgabenbereich keine eigene Entscheidungskompetenz, sondern wird v.a. beratend, schulend und kontrollierend tätig. Deshalb wird sein Handeln oder Unterlassen nur selten kausal für eintretende Schäden sein, die zudem i.d.R. auch materieller Art sein müssen. Denkbar wäre das v.a. bei der Verletzung von Verschwiegenheitspflichten (oben 3.) oder im Fall einer Untätigkeit des bDSB trotz Kenntnis von Datenschutzverletzungen, die von der verantwortlichen Stelle begangen werden (etwa das Unterlassen erforderlicher Kontrollen und Hinweise), wenn diese Kontrollen und Hinweise zu einem Abstellen des Verstoßes geführt hätten. **43**

Der verantwortlichen Stelle haftet der bDSB deliktisch, wobei hierfür Analoges zur Haftung gegenüber Betroffenen gilt, und auch aufgrund Vertrages, und zwar bei einem internen bDSB des Arbeitsvertrages, bei einem externen DSB des Geschäftsbesorgungsvertrages. Hier kommen v.a. Fälle der Schlechtleistung in Betracht, etwa die Nichtdurchführung erforderlicher Schulungen oder das Unterlassen gebotener Kontrollen. Allerdings kommt dem bDSB hierbei zugute, dass er grundsätzlich einen erheblichen Ermessensspielraum hat, der seine unabhängige Aufgabenwahrnehmung schützt, sodass an einen Kausalitätsnachweis hohe Anforderungen zu stellen sind. Darüber hinaus werden bei einem internen bDSB die Grundsätze über den Schadensausgleich im Arbeitsverhältnis Anwendung finden und oftmals zu einer Haftungsfreistellung des bDSB führen, für den externen DSB gilt dies jedoch nicht.[30] **44**

---

29 *Bergmann/Möhrle/Herb*, § 4f Rn. 160e.
30 vgl. Wolff/Brink/*Moos*, § 4g Rn. 41.

45 Die strafrechtliche Haftung bemisst sich ebenfalls am Pflichtenkreis des bDSB. Denkbar sind dabei v.a. Beihilfehandlungen zu Verstößen Dritter, wobei diese nur selten ein aktives Tun darstellen dürften. Näherliegend wäre eine Haftung wegen Unterlassens gebotener Handlungen. Ob der bDSB – ähnlich wie Compliance-Beauftragte – im Falle des Unterlassens strafrechtlich zur Verantwortung gezogen werden kann, ist fraglich. Nach einer Entscheidung des BGH vom 17.07.2009, die einen Compliance-Beauftragten betraf, kommt für diesen auch eine strafrechtliche Haftung wegen Unterlassens in Betracht.[31] Hier scheint jedoch eine Vergleichbarkeit der beiden Funktionen Compliance-Officer und Datenschutzbeauftragter nicht angebracht. Der Compliance-Officer hat Straftaten und Rechtsverstöße zu verhindern und insoweit eine Garantenstellung. Ob eine solche Garantenstellung auch aus den Aufgaben und Verpflichtungen der §§ 4f und 4g ableitbar ist, ist bisher nicht geklärt. Da die Schwerpunktaufgabe des bDSB in der Beratung und nicht im aktiven Verhindern liegt, dürfte eine Übertragbarkeit der Grundsätze des Urteils auf bDSB eher ausscheiden.

VI. Externer Datenschutzbeauftragter

1. Allgemeines

46 Wie oben schon erwähnt, ist die Bestellung eines externen Datenschutzbeauftragten mit Abs. 2 Satz 3 ausdrücklich zugelassen. Die Rechtsbeziehung zwischen verantwortlicher Stelle und externem Datenschutzbeauftragten kann als **Geschäftsbesorgungsvertrag**, der die Besorgung der Pflichten und Aufgaben aus den §§ 4f und 4g zum Inhalt hat, ausgestaltet werden.

47 Mit der Erweiterung des eher unverständlichen letzten Halbsatzes in Satz 3 ist geregelt worden, dass externe Datenschutzbeauftragte von Berufsgeheimnisträgern bestellt werden können, ohne dass diese sich nach § 203 StGB strafbar machen. Dies ist möglich durch die Leitplanken des Zeugnisverweigerungsrechts des Abs. 4a und der strafrechtlichen Konsequenz des § 203 Abs. 2a StGB, die beide auch für den externen bDSB gelten.[32] Der Hinweis auf § 30 AO scheint – mangels Aufgreifens in Literatur und Rechtsprechung – keinerlei praktische Bedeutung zu haben.

48 Aufgrund der Einbeziehung auch des externen bDSB in die Organisation der verantwortlichen Stelle sowie der auch für diesen geltenden Pflichten ist er **nicht Dritter** i.S.d. § 3 Abs. 8.

2. Konzern-Datenschutzbeauftragter

49 In diesem Zusammenhang zu nennen ist auch die Funktion des sog. Konzerndatenschutzbeauftragten. „Betrachtungsebene" des BDSG ist nicht der Konzern als wirtschaftliche Einheit, sondern vielmehr die einzelne Gesellschaft (vgl. § 2 Abs. 4). Damit hat auch jede verantwortliche Stelle selbst einen Datenschutzbeauftragten zu bestellen. Die Bestellung eines einzelnen Datenschutzbeauftragten für einen gesamten Konzern (bzw. zumindest für dessen dem BDSG unterliegenden deutschen Gesellschaften) sieht § 4f nicht vor, wiewohl es aus praktischen Erwägungen häufig sinnvoll sein wird, innerhalb von Unternehmensgruppen eine starke Koordination und einheitliche Organisation der Datenschutzfunktion zu erzielen.

50 Wenn es also im rechtlichen Sinn keinen Konzern-Datenschutzbeauftragten gibt, so können Unternehmensgruppen doch durch eine Mehrzahl von einzelnen Bestellungsakten dafür sorgen, dass die Aufgaben des Datenschutzbeauftragten für jede einzelne Gesellschaft einheitlich wahrgenommen werden, indem die Leitung einer jeden Gesellschaft konzernweit die gleiche Person zum betrieblichen Datenschutzbeauftragten bestellt. Formal handelt es sich in der Regel um die Bestellung eines internen Datenschutzbeauftragten durch die Konzernmutter, während die anderen Unternehmen des Konzerns diesen DSB der Konzernmutter jeweils zu ihrem (externen) Datenschutzbeauftragten bestellen. Ein solches Vorgehen erscheint unproblematisch, soweit Funktionen im Konzern ohnehin einheitlich (etwa als sog.

31 Mit Urteil vom 17.07.2009, Az. 5 StR 394/08, NJW 2009, 3173, hat der BGH entschieden: Compliance Officer trifft regelmäßig strafrechtlich eine Garantenpflicht im Sinne des § 13 Abs. 1 StGB, im Zusammenhang mit der Tätigkeit des Unternehmens stehende Straftaten von Mitarbeitern zu verhindern. Diese Pflicht ergibt sich aus der Funktion des Compliance Officer, Rechtsverstöße und insbesondere Straftaten zu unterbinden.

32 *Bergmann/Möhrle/Herb*, § 4f Rn. 68b.

„Shared Services") organisiert sind oder etwa bestimmte Produktspektren betreffen. In bestimmten Konstellationen sind aber auch Interessenkonflikte denkbar, etwa wenn eine rechtlich selbstständige Tochtergesellschaft des Konzerns als konzerninterner IT-Dienstleister für die anderen Konzerngesellschaften Datenverarbeitung im Auftrag erbringt. In diesem Fall sollte überlegt werden, für die IT-Dienstleistungsgesellschaft einen eigenen betrieblichen Datenschutzbeauftragten zu bestellen und diese Funktion nicht dem Datenschutzbeauftragten der Muttergesellschaft zu übertragen.

VII. Organisatorische Stellung

Wie die Anforderungen an die Person des Datenschutzbeauftragten zeigen, ist dieser ein „Wanderer zwi- 51 schen den Welten". Er muss die Tätigkeiten des Unternehmens im Umgang mit personenbezogenen Daten kritisch hinterfragen, für unterschiedliche Interessen offen sein, kompetent beraten und angemessene Lösungen finden. Um diesen Spagat bewerkstelligen zu können, bedarf es einer herausragenden Stellung im Unternehmen, die in den nachfolgend dargestellten Vorschriften vom Gesetzgeber vorgegeben wird.

1. Unmittelbare Unterstellung unter die Leitung der Organisation

Gem. § 4 Abs. 3 Satz 1 ist der bDSB direkt der Leitung des Unternehmens zu unterstellen. Damit erhält 52 der Datenschutz in der Unternehmenshierarchie eine herausragende Position.

Dies beinhaltet:

- unmittelbarer Berichtsweg an die Geschäftsleitung,
- Beteiligung an Besprechungen und Projektplanungen, die personenbezogene Daten betreffen.

2. Unterstützung durch die verantwortliche Stelle

Nach § 4f Abs. 5 Satz 1 haben die öffentlichen und nicht-öffentlichen Stellen den Datenschutzbeauftrag- 53 ten bei der Erfüllung seiner Aufgaben zu unterstützen und insbesondere – soweit erforderlich – Hilfspersonal sowie Räume, Einrichtungen, Geräte und Mittel zur Verfügung zu stellen.

Eine eigene Kostenstelle für den bDSB ist nicht erforderlich, wichtig ist, dass die notwendigen Mittel zur 54 Wahrnehmung der Aufgaben bereitgestellt werden.

Notwendige Mittel können zum Beispiel sein: 55

- Angemessenes Zeit-Budget,
- Ansprechpartner in den Fachbereichen,
- Zugriff auf Büro- und Schreibkräfte,
- Räume, Zugriff auf Telefon, Internet, Fax,
- Grundausstattung an fachbezogener Literatur,
- Weiterbildungsmöglichkeiten [**Achtung:** Der externe bDSB hat selbst für seine Weiterbildung zu sorgen.[33]].

3. Unabhängigkeit

Um einen wirkungsvollen Datenschutz im Unternehmen zu gewährleisten, ist von herausragender Be- 56 deutung und Kernstück der Unabhängigkeit des bDSB, dass er weisungsfrei handeln kann (§ 4f Abs. 3 Satz 2). Mitarbeitern, die dem bDSB in dieser Funktion zugeordnet sind, sind in ihrer Tätigkeit für den bDSB ebenfalls der Weisung des Unternehmens entzogen.[34]

---

33 *Bergmann/Möhrle/Herb*, § 4f Rn. 166, Däubler/Klebe/Wedde/Weichert/*Däubler*, § 4f Rn. 61h.
34 Simitis/*Simitis*, § 4f Rn. 122, *Schaffland/Wiltfang*, § 4f Rn. 27.

Weisungsfrei – nicht entscheidungsbefugt

Achtung: Der bDSB ist weisungsfrei, **nicht** jedoch **entscheidungsbefugt**. Die Entscheidungskompetenz über Verarbeitungsmaßnahmen im Einzelnen obliegt der verantwortlichen Stelle. Ihr wird mit dem bDSB eine unabhängige, beratende Funktion zur Seite gestellt.[35]

57 Die Unabhängigkeit des Datenschutzbeauftragten wird ferner durch folgende gesetzliche Maßnahmen abgesichert:

- Abberufungsschutz gem. § 4f Abs. 3 Satz 4 – danach kann die Bestellung zum Beauftragten für den Datenschutz nur in entsprechender Anwendung von § 626 des Bürgerlichen Gesetzbuches (BGB), bei nicht-öffentlichen Stellen auch auf Verlangen der Aufsichtsbehörde, widerrufen werden.
- Kündigungsschutz gem. § 4f Abs. 3 Satz 5 und 6 – danach ist eine Kündigung nur zulässig, wenn Tatsachen vorliegen, die zur Kündigung aus wichtigem Grund ohne Einhaltung einer Kündigungsfrist berechtigen (z.B. Einstellungsbetrug, beharrliche Arbeitsverweigerung). Das Gleiche gilt für den Zeitraum eines Jahres nach Beendigung der Bestellung zum Beauftragten für den Datenschutz.
- Benachteiligungsverbot gem. § 4f Abs. 3 Satz 3 – danach darf der bDSB nicht ungleich behandelt und nicht schlechter gestellt werden. Darunter fällt z.B. Vorenthaltung von (Sozial-) Leistungen, Isolierung von der betrieblichen Kommunikation oder räumliche Auslagerung.[36]

IX. Anrufungsrecht

58 Gemäß § 4f Abs. 5 Satz 2 steht den Betroffenen ein Anrufungsrecht gegenüber dem Beauftragten für den Datenschutz zu.

Die Anrufung ist weder form- noch fristgebunden.

Betroffene können sowohl die Mitarbeiterinnen und Mitarbeiter der Behörde oder des Unternehmens als auch z.B. Bürgerinnen und Bürger, bei nicht-öffentlichen Stellen auch Lieferanten und Kunden sein. Minderjährige (z.B. Auszubildende oder Schüler) können ebenfalls anspruchsberechtigt sein.[37]

Anrufungsrecht vs. Auskunftsrecht

Ein Anrufungsrecht für den Betroffenen besteht nur, wenn eine Datenschutzverletzung stattgefunden hat. Will der Betroffene hingegen wissen, ob und wie seine Daten von der verantwortlichen Stelle verarbeitet werden, steht ihm das Auskunftsrecht nach §§ 19, 34 zu.[38]

Unterlässt oder verweigert die verantwortliche Stelle die Auskunftserteilung, kann der Betroffene wegen einer Verletzung seiner Datenschutzrechte den bDSB anrufen.

X. Beendigung der Tätigkeit

59 Die Tätigkeit des betrieblichen internen und externen Datenschutzbeauftragten kann aus folgenden Gründen enden:

1. Niederlegung des Amtes

Der bestellte Datenschutzbeauftragte kann jederzeit sein Amt niederlegen.[39] Hat er sich für eine bestimmte Zeit arbeitsvertraglich verpflichtet, macht er sich dadurch möglicherweise schadenersatzpflichtig wegen Vertragsbruch. Die Bestellung kann auch einvernehmlich zwischen den Beteiligten durch einen Aufhebungsvertrag beendet werden.[40]

---

35 *Gola/Schomerus*, § 4f Rn. 48.
36 *Bergmann/Möhrle/Herb*, 4f Rn. 129 ff.
37 Simitis/*Simitis*, § 4f Rn. 158 setzt hierfür das Vorliegen einer Einsichtsfähigkeit voraus, für *Bergmann/Möhrle/Herb*, 4f Rn. 181 ff. ist für die reine Anrufung die Einsichtsfähigkeit ohne Bedeutung.
38 Plath/*v.d. Busche* § 4f Rn. 49.
39 Simitis/*Simitis*, § 4f Rn. 179.
40 Plath/*v.d. Busche* § 4f Rn. 66.

2. Wegfall der gesetzlichen Voraussetzungen

Für den Fall, dass die Voraussetzungen des § 4f Abs. 1 wegfallen, entfällt die Grundlage für das Amt des bDSB.[41] Dies kann dann in Betracht kommen, wenn die Zahl der Beschäftigten unter die in Abs. 1 genannte Anzahl sinkt. Wie oben bereits erwähnt (Rn. 9 ff.) ist das jedoch nicht bereits dann der Fall, wenn vorübergehend Mitarbeiterstellen nicht besetzt werden. Es muss sich um eine dauerhafte Reduzierung unter diese Anzahl handeln.

3. Abberufungsverlangen

a. der Aufsichtsbehörde

gem. § 38 Abs. 5 Satz 3 kann die Aufsichtsbehörde die Abberufung des Datenschutzbeauftragten verlangen (siehe § 38 Rn. 67)

b. der verantwortlichen Stelle

Liegen Gründe für eine fristlose Kündigung nach § 626 BGB vor, kann die verantwortliche Stelle den bDSB abberufen. Wichtige Gründe können hierbei sein:

- Verletzung von Geheimhaltungs- und Verschwiegenheitspflichten
- Computerkriminalität

Nach h.A. kann sich ein wichtiger Grund auch aus Umständen ergeben, die nicht das Amtsverhältnis als Datenschutzbeauftragten, sondern das zugrundeliegende Arbeitsverhältnis betreffen. So beispielsweise bei der Unterschlagung größerer Geldbeträge.[42]

! **Zwei-Wochen-Frist**

Da Abs. 3 Satz 4 ohne Einschränkung auf § 626 BG verweist, ist der Widerruf gem. § 626 Abs. 2 BGB innerhalb von zwei Wochen nach Kenntniserlangung der maßgebenden Tatsachen schriftlich zu erklären.[43]

4. Eintritt einer (zulässigen) Befristung (siehe hierzu Anmerkungen Rn. 21 ff.)

5. Betriebliche Änderungen (Fusion, Betriebsveräußerung)

a) Betriebsübergang § 613a BGB

An der Zuständigkeit des Datenschutzbeauftragten ändert sich nichts.

b) Betriebsveräußerung

Der bDSB des „Empfängerunternehmens" wird vom Zeitpunkt des Übergangs an zuständig.

Ist im Empfängerunternehmen kein bDSB bestellt und liegen (nun) die Voraussetzungen des § 4f Abs. 1 vor, übernimmt der bisherige Funktionsträger in Analogie zu § 21a BetrVG (Betriebsrat) das Mandat. Für die Klärung, wie im Weiteren verfahren werden soll, ob ein neuer Funktionsträger bestellt wird oder der bisherige übernimmt, kann die Aufsichtsbehörde zu Rate gezogen werden.[44]

c) Unternehmensveräußerung (Fusion)

Problematisch ist in diesem Fall, wenn beide Unternehmen einen bDSB bestellt haben. Im Fall einer Fusion zweier gesetzlicher Krankenkassen hat das BAG mit Urteil vom 29.09.2010[45] entschieden, dass mit dem Erlöschen der Rechtsfähigkeit der Unternehmen bzw. des übernommenen Unternehmens das Amt des jeweiligen bDSB endet. Findet eine Neugründung im Rahmen

41 Däubler/Klebe/Wedde/Weichert/*Däubler*, § 4f Rn. 64.
42 Plath/*v.d. Busche* § 4f Rn. 53.
43 Simitis/*Simitis*, § 4f Rn. 197.
44 Däubler/Klebe/Wedde/Weichert/*Däubler*, § 4f Rn. 78.
45 BAG 29.09.2010 – 10 AZR 588/08, NZA 2011, 151.

der Verschmelzung statt, erlöschen die Mandate beider bDSB und es ist eine neue Bestellung für das neugegründete Unternehmen vorzunehmen.

Anwendungsempfehlungen/praktische Hinweise

60 **Anhang 1:**

Muster 1: Bestellung Datenschutzbeauftragter[46]

Die Firma

....

....

bestellt hiermit

Herrn / Frau

gemäß § 4f Absatz 1 Bundesdatenschutzgesetz zum betrieblichen Datenschutzbeauftragten. Der Beauftragte für den Datenschutz hat auf die Einhaltung des Bundesdatenschutzgesetzes und anderer Datenschutzvorschriften hinzuwirken. Weitere Rechte und Pflichten ergeben sich aus § 4f, § 4g Bundesdatenschutzgesetz. In Zweifelsfällen kann sich der/die Beauftragte an die örtlich zuständige Aufsichtsbehörde für den Datenschutz oder den Bundesbeauftragten für den Datenschutz und die Informationsfreiheit wenden.

Herr / Frau

....

wird in seiner/ihrer Funktion als Datenschutzbeauftragte(r) der Geschäftsleitung unmittelbar unterstellt.

Für die Geschäftsleitung:

(Ort, Datum, Unterschrift)

Ich bin mit der Bestellung zum/zur Beauftragten für den Datenschutz einverstanden.

(Ort, Datum, Unterschrift)

61 **Muster 2: Bestellung zum betrieblichen Datenschutzbeauftragten mit Tätigkeitsbeschreibung**

Herrn/Frau

....

Betr.: Beauftragter für den Datenschutz gem. §§ 4f und 4g BDSG

Unter Bezugnahme auf die mit Ihnen geführten Vorgespräche bestelle ich Sie hiermit zum Beauftragten für den Datenschutz in unserem Unternehmen.

In Erfüllung Ihrer Aufgaben als Datenschutzbeauftragter sind Sie der Geschäftsleitung unmittelbar unterstellt. Im Rahmen der Geschäftsleitung ist für den Bereich Datenschutz in erster Linie Herr/Frau .... zuständig.

Sie sind bei der Anwendung Ihrer Fachkunde auf dem Gebiet des Datenschutzes weisungsfrei und werden bei der Erfüllung Ihrer Aufgaben von der Geschäftsleitung unterstützt.

46 Entsprechende Muster unter: https://www.datenschutzzentrum.de/wirtschaft/mustbdsb.htm sowie Broschüre BfDI-INFO4, Seite 41.

Ihre Aufgabe ist es, auf die Einhaltung des Bundesdatenschutzgesetzes sowie anderer Vorschriften über den Datenschutz in unserem Unternehmen hinzuwirken. Zu diesem Zweck können Sie sich in Zweifelsfällen an die für unser Unternehmen zuständige Datenschutzaufsichtsbehörde wenden. Ihre gesetzlichen Pflichten sind insbesondere:

- die ordnungsgemäße Anwendung der Datenverarbeitungsprogramme, mit deren Hilfe personenbezogene Daten verarbeitet werden sollen, zu überwachen; zu diesem Zweck werden Sie über Vorhaben der automatisierten Verarbeitung personenbezogener Daten rechtzeitig unterrichtet,

sowie

- die bei der Verarbeitung personenbezogener Daten tätigen Personen durch geeignete Maßnahmen mit den Vorschriften des Bundesdatenschutzgesetzes sowie anderer Vorschriften über den Datenschutz, bezogen auf die besonderen Verhältnisse in diesem Geschäftsbereich und die sich daraus ergebenden Erfordernisse für den Datenschutz, vertraut zu machen.

Auf Ihre Verschwiegenheitspflicht hinsichtlich der Identität von Betroffenen sowie der Umstände, die Rückschlüsse auf die Betroffenen zulassen – soweit Sie nicht davon durch die Betroffenen ausdrücklich befreit sind –, weise ich Sie besonders hin.

Die Übersicht nach § 4g Abs. 2 BDSG wird durch Sie (alternativ durch Herrn/Frau ....) geführt.

Ich wünsche Ihnen für Ihre Tätigkeit viel Erfolg.

....

(Ort und Datum)

....

(Für die Geschäftsleitung)

Ich bin mit der Bestellung zum/zur Beauftragten für den Datenschutz

einverstanden.

....

(Ort, Datum, Unterschrift)

Anhang 2

Beschluss der obersten Aufsichtsbehörden für den Datenschutz im nicht-öffentlichen Bereich (Düsseldorfer Kreis) vom 24./25. November 2010

Mindestanforderungen an Fachkunde und Unabhängigkeit des Beauftragten für den Datenschutz nach § 4f Abs. 2 und 3 Bundesdatenschutzgesetz (BDSG)

Die obersten Aufsichtsbehörden für den Datenschutz im nicht-öffentlichen Bereich haben bei der Kontrolle verantwortlicher Stellen festgestellt, dass Fachkunde und Rahmenbedingungen für die Arbeit der Beauftragten für den Datenschutz (DSB) in den verantwortlichen Stellen angesichts zunehmender Komplexität automatisierter Verfahren zum Umgang mit personenbezogenen Daten nicht durchgängig den Anforderungen des BDSG genügen. Die obersten Aufsichtsbehörden für den Datenschutz im nicht-öffentlichen Bereich weisen darauf hin, dass die Aus- und Belastung der DSB maßgeblich beeinflusst wird durch die Größe der verantwortlichen Stelle, die Anzahl der zu betreuenden verantwortlichen Stellen, Besonderheiten branchenspezifischer Datenverarbeitung und den Grad der Schutzbedürftigkeit der zu verarbeitenden personenbezogenen Daten. Veränderungen bei den vorgenannten Faktoren führen regelmäßig zu einer proportionalen Mehrbelastung der DSB. Nachfolgende Mindestanforderungen sind zu gewährleisten: 62

I. Erforderliche Fachkunde gemäß § 4f Abs. 2 Satz 1 BDSG

63 § 4f Abs. 2 Satz 1 BDSG legt fest, dass zum Beauftragten für den Datenschutz (DSB) nur bestellt werden darf, wer die erforderliche Fachkunde und Zuverlässigkeit besitzt. Weitere Ausführungen dazu enthält das Gesetz nicht. Vor dem Hintergrund der gestiegenen Anforderungen an die Funktion des DSB müssen diese mindestens über folgende datenschutzrechtliche und technisch-organisatorische Kenntnisse verfügen:

64 1. Datenschutzrecht allgemein – unabhängig von der Branche und der Größe der verantwortlichen Stelle

- Grundkenntnisse zu verfassungsrechtlich garantierten Persönlichkeitsrechten der Betroffenen und Mitarbeiter der verantwortlichen Stelle und
- umfassende Kenntnisse zum Inhalt und zur rechtlichen Anwendung der für die verantwortlichen Stellen einschlägigen Regelungen des BDSG, auch technischer und organisatorischer Art,
- Kenntnisse des Anwendungsbereiches datenschutzrechtlicher und einschlägiger technischer Vorschriften, der Datenschutzprinzipien und der Datensicherheitsanforderungen insbesondere nach § 9 BDSG.

2. Branchenspezifisch – abhängig von der Branche, Größe oder IT-Infrastruktur der verantwortlichen Stelle und der Sensibilität der zu verarbeitenden Daten

- Umfassende Kenntnisse der spezialgesetzlichen datenschutzrelevanten Vorschriften, die für das eigene Unternehmen relevant sind,
- Kenntnisse der Informations- und Telekommunikationstechnologie und der Datensicherheit (physische Sicherheit, Kryptographie, Netzwerksicherheit, Schadsoftware und Schutzmaßnahmen etc.),
- betriebswirtschaftliche Grundkompetenz (Personalwirtschaft, Controlling, Finanzwesen, Vertrieb, Management, Marketing etc.),
- Kenntnisse der technischen und organisatorischen Struktur sowie deren Wechselwirkung in der zu betreuenden verantwortlichen Stelle (Aufbau- und Ablaufstruktur bzw. Organisation der verantwortlichen Stelle) und
- Kenntnisse im praktischen Datenschutzmanagement einer verantwortlichen Stelle (z.B. Durchführung von Kontrollen, Beratung, Strategieentwicklung, Dokumentation, Verzeichnisse, Logfile-Auswertung, Risikomanagement, Analyse von Sicherheitskonzepten, Betriebsvereinbarungen, Videoüberwachungen, Zusammenarbeit mit dem Betriebsrat etc.).

65 Grundsätzlich müssen die erforderlichen rechtlichen, technischen sowie organisatorischen Mindestkenntnisse **bereits zum Zeitpunkt der Bestellung** zum DSB im ausreichenden Maße vorliegen. Sie können insbesondere auch durch den Besuch geeigneter Aus- und Fortbildungsveranstaltungen und das Ablegen einer Prüfung erlangt sein.

Um eventuell zu Beginn der Bestellung noch bestehende Informationsdefizite auszugleichen, empfiehlt sich der Besuch von geeigneten Fortbildungsveranstaltungen. Der Besuch solcher Veranstaltungen ist auch nach der Bestellung angezeigt, um auf dem aktuellen, erforderlichen Informationsstand zu bleiben und um sich Kenntnisse über die sich ändernden rechtlichen und technischen Entwicklungen anzueignen.

II. Anforderungen an die Unabhängigkeit der/des Beauftragten gem. § 4f Abs. 3 BDSG

66 Gemäß § 4f Abs. 3 Satz 2 BDSG sind DSB in Ausübung ihrer Fachkunde auf dem Gebiet des Datenschutzes weisungsfrei. Um die Unabhängigkeit der DSB zu gewährleisten, sind eine Reihe betriebsinterner organisatorischer Maßnahmen erforderlich:

1. DSB sind dem Leiter/der Leiterin der verantwortlichen Stelle organisatorisch unmittelbar zu unterstellen (§ 4f Abs. 3 Satz 1 BDSG). Sie müssen in der Lage sein, ihre Verpflichtungen ohne Interessenkonflikte erfüllen zu können. Dieses ist durch entsprechende Regelungen innerhalb der verantwortlichen Stelle bzw. vertragliche Regelungen sicherzustellen und sowohl innerhalb der verantwortlichen Stelle als auch nach außen hin publik zu machen. Den DSB ist ein unmittelbares Vortragsrecht beim Leiter der Stelle einzuräumen.
2. DSB dürfen wegen der Erfüllung ihrer Aufgaben in Hinblick auf ihr sonstiges Beschäftigungsverhältnis, auch für den Fall, dass die Bestellung zum DSB widerrufen wird, nicht benachteiligt werden (vgl. § 4f Abs. 3 Satz 3 ff. BDSG). Analog muss bei der Bestellung von externen DSB der Dienstvertrag so ausgestaltet sein, dass eine unabhängige Erfüllung der gesetzlichen Aufgaben durch entsprechende Kündigungsfristen, Zahlungsmodalitäten, Haftungsfreistellungen und Dokumentationspflichten gewährleistet wird. § 4f Abs. 3 BDSG schränkt insoweit die grundsätzliche Vertragsfreiheit ein. Empfohlen wird grundsätzlich eine Mindestvertragslaufzeit von 4 Jahren, bei Erstverträgen wird wegen der Notwendigkeit der Überprüfung der Eignung grundsätzlich eine Vertragslaufzeit von 1–2 Jahren empfohlen.
3. Datenschutzbeauftragte sind zur Verschwiegenheit über die Identität des Betroffenen sowie über Umstände, die Rückschlüsse auf den Betroffenen zulassen, verpflichtet, soweit sie nicht davon durch die Betroffenen befreit wurden. Dies gilt auch gegenüber der verantwortlichen Stelle und deren Leiter (§ 4f Abs. 4 BDSG).

III. Erforderliche Rahmenbedingungen innerhalb der verantwortlichen Stelle zur Fachkunde und Unabhängigkeit des DSB

1. Die Prüfpflichten der DSB (vgl. § 4g BDSG) setzen voraus, dass ihnen die zur Aufgabenerfüllung erforderlichen Zutritts- und Einsichtsrechte in alle betrieblichen Bereiche eingeräumt werden. **67**
2. DSB müssen in alle relevanten betrieblichen Planungs- und Entscheidungsabläufe eingebunden werden. Sie führen das Verfahrensverzeichnis (§ 4g Abs. 2 BSDG) und haben hierfür die erforderlichen Unterlagen zu erhalten.
3. Zur Erhaltung der zur Erfüllung seiner Aufgaben erforderlichen Fachkunde haben die verantwortlichen Stellen den DSB die Teilnahme an Fort- und Weiterbildungsveranstaltungen zu ermöglichen und deren Kosten zu übernehmen. Bei der Bestellung von externen DSB kann die Fortbildung Bestandteil der vereinbarten Vergütung sein und muss nicht zusätzlich erbracht werden.
4. Internen DSB muss die erforderliche Arbeitszeit zur Erfüllung ihrer Aufgaben und zur Erhaltung ihrer Fachkunde zur Verfügung stehen. Bei Bestellung eines externen DSB muss eine bedarfsgerechte Leistungserbringung gewährleistet sein. Sie muss in angemessenem Umfang auch in der beauftragenden verantwortlichen Stelle selbst erbracht werden. Ein angemessenes Zeitbudget sollte konkret vereinbart und vertraglich festgelegt sein.
5. Die verantwortlichen Stellen haben DSB bei der Erfüllung ihrer Aufgaben insbesondere durch die Zurverfügungstellung von Personal, Räumen, Einrichtung, Geräten und Mitteln zu unterstützen (§ 4f Abs. 5 BDSG).

§ 4g Aufgaben des Beauftragten für den Datenschutz

(1) [1]Der Beauftragte für den Datenschutz wirkt auf die Einhaltung dieses Gesetzes und anderer Vorschriften über den Datenschutz hin. [2]Zu diesem Zweck kann sich der Beauftragte für den Datenschutz in Zweifelsfällen an die für die Datenschutzkontrolle bei der verantwortlichen Stelle zuständige Behörde wenden. [3]Er kann die Beratung nach § 38 Abs. 1 Satz 2 in Anspruch nehmen. [4]Er hat insbesondere

1. die ordnungsgemäße Anwendung der Datenverarbeitungsprogramme, mit deren Hilfe personenbezogene Daten verarbeitet werden sollen, zu überwachen; zu diesem Zweck ist er über Vorhaben der automatisierten Verarbeitung personenbezogener Daten rechtzeitig zu unterrichten,

2. die bei der Verarbeitung personenbezogener Daten tätigen Personen durch geeignete Maßnahmen mit den Vorschriften dieses Gesetzes sowie anderen Vorschriften über den Datenschutz und mit den jeweiligen besonderen Erfordernissen des Datenschutzes vertraut zu machen.

(2) [1]Dem Beauftragten für den Datenschutz ist von der verantwortlichen Stelle eine Übersicht über die in § 4e Satz 1 genannten Angaben sowie über zugriffsberechtigte Personen zur Verfügung zu stellen. [2]Der Beauftragte für den Datenschutz macht die Angaben nach § 4e Satz 1 Nr. 1 bis 8 auf Antrag jedermann in geeigneter Weise verfügbar.

(2a) Soweit bei einer nichtöffentlichen Stelle keine Verpflichtung zur Bestellung eines Beauftragten für den Datenschutz besteht, hat der Leiter der nichtöffentlichen Stelle die Erfüllung der Aufgaben nach den Absätzen 1 und 2 in anderer Weise sicherzustellen.

(3) [1]Auf die in § 6 Abs. 2 Satz 4 genannten Behörden findet Absatz 2 Satz 2 keine Anwendung. [2]Absatz 1 Satz 2 findet mit der Maßgabe Anwendung, dass der behördliche Beauftragte für den Datenschutz das Benehmen mit dem Behördenleiter herstellt; bei Unstimmigkeiten zwischen dem behördlichen Beauftragten für den Datenschutz und dem Behördenleiter entscheidet die oberste Bundesbehörde.

Literaturverzeichnis

BfDI – Info4, Die Datenschutzbeauftragten in Behörden und Betrieben, 9. Aufl. 2011; *Gola/Klug*, Grundzüge des Datenschutzrechts, 1. Aufl. 2003; *Schaub/Schrader/Straube/Vogelsang*, Arbeitsrechtliches Formular- und Verfahrenshandbuch, 10. Aufl. 2013.

▶ **Darum geht es**

§ 4g beschreibt die wesentlichen Aufgaben (v.a. der Überwachung und Schulung) des betrieblichen oder behördlichen Datenschutzbeauftragten, regelt Elemente des Verfahrensverzeichnisses und verpflichtet die Leitung nicht-öffentlicher Stellen, wenn kein bDSB bestellt ist, anderweitig für die Wahrnehmung der Aufgaben zu sorgen.

▶ **Schlagworte**

Beratung; datenschutzrechtliche Schulung des Personals; Kontrolle der Einhaltung der datenschutzrechtlichen Vorschriften; Privacy Impact Assessment; Unterstützung von Betroffenen bei der Wahrnehmung ihrer Datenschutzrechte; Interne Verarbeitungsübersicht und öffentliches Verfahrensverzeichnis; Einschaltung der Aufsichtsbehörde

Bereichsspezifische Normen

- § 4d BDSG (Vorabkontrolle)
- § 42a BDSG (Information an Aufsichtsbehörde)
- § 9a (Datenschutzaudit)
- § 80 Abs. 1 Nr. 1 BetrVG und § 68 Abs. 1 Nr. 2 BPersVG

A. Allgemeines

I. Regelungszweck

Diese Vorschrift ergänzt § 4f. Die Systematik der beiden Paragraphen ist unglücklich und für den Praktiker schwer lesbar. Nachstehend der Versuch einer Systematik der beiden Vorschriften zu Person und Aufgaben des bDSB: **1**

2

bDSB	§ 4f	§ 4g
Person/ Stellung	**Absatz 1:** • interner und externer bSDB möglich • direkt der Geschäftsführung/ Behördenleitung unterstellt **Absatz 2**: • Zuverlässigkeit • Fachkunde **Absatz 3**: • Satz 2: weisungsfrei • Satz 3: Benachteiligungsverbot • Satz 5: Kündigungsschutz **Absatz 4a:** Zeugnisverweigerungsrecht	**Absatz 1 Satz 2 und 3**: • Kooperation mit Aufsichtsbehörde **Absatz 2 a**: • wenn kein bDSB bestellt ist oder werden muss => Funktion hat Geschäftsführung/ Behördenleitung inne

bDSB	§ 4f	§ 4g
Aufgaben	**Absatz 4**: • Verschwiegenheitspflicht	**Absatz 1 Satz 1:** • Hinwirken auf die Einhaltung datenschutzrechtlicher Vorschriften **Absatz 1** Satz 4 Nr. 1: • Überwachung der Datenverarbeitungsprogramme Satz 4 Nr. 2: • Schulung und Fortbildung des Personals **Absatz 2:** • Überwachung des internen und Erstellung des öffentlichen Verfahrensverzeichnis
Vorabkontrolle:	**§ 4f Absatz 1 Satz 5**: Vorabkontrolle (indirekt) **§ 4g Absatz 2**: im Rahmen der Überwachung und Erstellung des Verfahrensverzeichnisses besteht die Pflicht des bDSB zur Vorabkontrolle	
Tätigkeitsbericht:	Nicht verpflichtend, aber sinnvoll als Dokumentation gegenüber Aufsichtsbehörde und Geschäfts-/Behördenleitung (ergibt sich aus Widerrufsverlangen nach § 4f Abs. 3)	

II. Ausblick auf EU-Datenschutz-Grundverordnung

3 In der **EU-Datenschutzrichtlinie 1995/46/EG** wird in Erwägungsgrund 49 festgehalten, dass „ein solcher Beauftragter, ob Angestellter des für die Verarbeitung Verantwortlichen oder externer Beauftragter, seine **Aufgaben** in **vollständiger Unabhängigkeit** ausüben können muss".

4 Eine Umschreibung der Aufgaben erfolgt in Artikel 18 Abs. 2 dritter und vierter Spiegelstrich:

Danach obliegt dem bestellten Datenschutzbeauftragten insbesondere Folgendes:

- die unabhängige Überwachung der Anwendung der zur Umsetzung dieser Richtlinie erlassenen einzelstaatlichen Bestimmungen,
- die Führung eines Verzeichnisses mit den in Artikel 21 Abs. 2 vorgesehenen Informationen über die durch den für die Verarbeitung Verantwortlichen vorgenommene Verarbeitung.

5 In der **EU-Datenschutz-Grundverordnung** wurde mit Artikel 37 eine **eigene Vorschrift** über die Kernaufgaben des bDSB geschaffen. Diese Aufgabenbeschreibung deckt sich im Wesentlichen mit den Aufgaben, die das BDSG in §§ 4f und 4g bereits aufgenommen hat. Vermehrt ist die Pflicht zur Dokumentation in den Aufgabenbereich aufgenommen, sodass davon auszugehen ist, dass auch die Pflicht zur Erstellung eines Tätigkeitsberichts besteht.

Geplant ist, dass die konkrete Ausgestaltung der Kriterien und Anforderungen im Rahmen von sogenannten delegierten Rechtsakten[1] von der Kommission erarbeitet und vorgegeben werden wird. 6

B. Inhalt der Regelung

In der Vorschrift werden die vorrangigen Aufgaben des betrieblichen und behördlichen Datenschutzbeauftragten geregelt. Obwohl nicht explizit in der Vorschrift genannt, ist die übergeordnete Kernaufgabe die Beratung des gesamten Unternehmens bzw. der gesamten Behörde. 7

> **Nicht entscheidungsbefugt!**
> Achtung: Der bDSB ist weisungsfrei, **nicht** jedoch **entscheidungsbefugt**. Die Entscheidungskompetenz über Verarbeitungsmaßnahmen im Einzelnen obliegt der verantwortlichen Stelle. Ihr wird mit dem bDSB eine unabhängige, beratende Funktion zur Seite gestellt.[2]

Im Einzelnen:

I. Allgemeines Hinwirken auf die Einhaltung datenschutzrechtlicher Vorschriften (Absatz 1 Satz 1)

Diese Aufgabe umfasst nicht nur die datenschutzrechtlichen Vorschriften des BDSG, sondern auch bereichsspezifische Datenschutzvorschriften zum Datenschutz. Zu nennen wären hier z.B. §§ 88 ff. TKG (Fernmeldegeheimnis), § 213 VVG (Erhebung personenbezogener Daten für die Versicherung bei Ärzten, Krankenhäusern etc.) und § 35 SGB I (Übermitteln von Sozialdaten) oder § 83 SGB X (Auskunft über Sozialdaten), aber auch Datenschutzregelungen in Betriebsvereinbarungen. 8

Darüber hinaus hat der bDSB auch darüber zu wachen, dass 9

- bei der Personalaktenführung (manuell oder automatisiert) die datenschutzrechtlichen und allgemeinen Rechtsgrundsätze eingehalten werden (Stichworte: Transparenz, Richtigkeit, Zulässigkeit, Vertraulichkeit),[3]
- Beteiligungsrechte der betrieblichen Interessenvertretung eingehalten werden.

> Achtung: wird bei der Datenverarbeitung gegen datenschutzrechtliche Regelungen in **Betriebsvereinbarungen** verstoßen, war die Datenverarbeitung unzulässig mit der Konsequenz, dass eine Datenschutzverletzung vorliegt.[4]

- im Marketingbereich Kundendaten nur im datenschutzrechtlichen Rahmen genutzt werden[5] (Stichworte: Einwilligung, Zweckbestimmung, Datensparsamkeit, Anonymisierung, Pseudonymisierung).

Um die Einhaltung des Datenschutzes im Unternehmen oder in der Behörde kontrollieren zu können, kann der bDSB Einsicht in sämtliche hierfür erforderlichen Dokumente nehmen. Das BDSG sieht keine Kontrollschranken vor. Der bDSB kann demnach **Einsicht in Personalakten, in Kundendaten, ebenso in medizinische Akten der Betriebsärzte** und alle anderen Angaben nehmen, die einer Geheimhaltungspflicht unterliegen. Es kann den bDSBen die Einsicht nicht mit dem Hinweis auf das Arztgeheimnis 10

---

1 Durch diese wird der EU-Kommission die Befugnis zum Erlass von Rechtsakten erteilt, welche bestimmte, allerdings nicht wesentliche Punkte eines Gesetzgebungsaktes betreffen. Doch auch bei delegierten Rechtsakten behalten die eigentlichen Gesetzgebungsorgane das Recht bei, der Kommission die Befugnis zu entziehen bzw. gegen eine Entscheidung der Kommission Einwände zu erheben. Hierbei ist allerdings eine bestimmte Frist zu beachten. Sind diese Einwände erhoben worden, so tritt der Beschluss der Kommission nicht in Kraft (Quelle: http://www.juraforum.de/lexikon/rechtsakte-der-eu).

2 *Gola/Schomerus*, § 4f Rn. 48.

3 Checkliste beim BfDI unter http://www.bfdi.bund.de/DE/Themen/Arbeit/Personaldatenschutz/Artikel/Personalakten.html abrufbar.

4 Däubler/Klebe/Wedde/Weichert/*Däubler*, § 4g Rn. 7.

5 Gola/*Klug*, "Grundzüge des Datenschutzrechts", S. 130 ff.

verwehrt werden.[6] Dem wird durch die eigene Verschwiegenheitspflicht des Datenschutzbeauftragten aus § 4f Abs. 4 Rechnung getragen (siehe dort).

11 Das Zugangs- und Einsichtsrecht des betrieblichen Datenschutzbeauftragten beinhaltet auch den Zugang zum Rechenzentrum sowie zu den Dienst- und Geschäftsräumen des Unternehmens.[7]

Keine Kontrolle bei Betriebsrat, Personalrat oder Teilen der Arbeitnehmervertretung

Nach der Rechtsprechung des BAG[8] besteht keine Kontrollbefugnis des bDSB gegenüber dem Betriebs- bzw. Personalrat.

Als Grund hierfür wird die Bestellung des Datenschutzbeauftragten durch den Arbeitgeber („verlängerter Arm des Arbeitgebers") angeführt. Dem ist die, durch den Kündigungsschutz verstärkte, Unabhängigkeit des bDSB entgegenzuhalten.[9]

II. Konkrete Hinwirkungs- und Kontrollpflicht (Absatz 1 Satz 4 Nr. 1 und 2)

12 Während Absatz 1 Satz 1 die Hinwirkungspflicht des bDSB sehr allgemein fasst, wird nun in den beiden Nummern des Satzes 4 diese Hinwirkungspflicht konkretisiert. Diese Aufzählung wird mit „insbesondere" eingeleitet und ist daher bewusst nicht abschließend.

1. Kontrolle der Datenverarbeitungsprogramme (Absatz 1 Satz 4 Nr. 1)

13 Der betriebliche Datenschutzbeauftragte ist nicht nur über die bereits bestehenden Datenverarbeitungsprogramme zu informieren, sondern auch an geplanten Einführungen von neuen Datenverarbeitungsprogrammen rechtzeitig zu beteiligen, schon um ggf. eine Vorabkontrolle (vgl. § 4d) durchführen zu können. Die Programme (Software) und der Umgang mit denselben müssen eine datenschutzrechtlich konforme Datenverarbeitung ermöglichen. Hierbei sind neben den Grundsätzen der Datenvermeidung und -sparsamkeit sowie den Möglichkeiten der Anonymisierung und Pseudonymisierung auch besondere Datenverarbeitungsverfahren, wie Videoüberwachung (§ 6b) und mobile Verarbeitungsmedien (§ 6c), bei der Kontrolle vom bDSB zu beachten.

Privacy Impact Assessment

Hilfreich bei der Einführung neuer Programme und Produkte sind die Leitgedanken und Checklisten für ein Privacy Impact Assessment.[10]

14 Ebenso bieten die IT-Grundschutzkataloge des BSI eine wertvolle Arbeitshilfe für die Durchführung der technischen Kontrolle neuer Datenverarbeitungsprogramme, abrufbar unter: https://www.bsi.bund.de/DE/Themen/ITGrundschutz/ITGrundschutzKataloge/Inhalt/_content/hilfmi/checklisten/checklisten.html.

2. Schulung und Fortbildung (Absatz 1 Satz 4 Nr. 2)

15 Eine weitere wichtige Aufgabe ist die Schulung der Mitarbeiter. Das Ziel dieser Schulungen ist, insbesondere auch für neue Mitarbeiter, eine grundsätzliche Wissensvermittlung datenschutzrechtlichen Basiswissens („Awareness") im Umgang mit personenbezogenen Daten.

---

6 Simitis/*Simitis*, § 4g Rn. 35 m.w.N.
7 BfDI – INFO4, S. 29.
8 BAG, Beschluss vom 11.11.1997, Az. 1 ABR 21/97, BB 1998, 648 und 897; NJW 1998, 2466.
9 Zu den verschiedenen Meinungen siehe: Schaffland/*Wiltfang*, § 4f Rn. 65 ff. Zu der Frage, ob die Bestellung eines betriebsratseigenen Datenschutzbeauftragten zulässig oder gar sinnvoll ist: Däubler/Klebe/Wedde/Weichert/*Däubler*, § 4g Rn. 11.
10 Hierfür gibt es praktische Hinweise und Checklisten beim Bundesamt für Sicherheit in der Informationstechnik (BSI), Unabhängiges Landeszentrum für Datenschutz Schleswig-Holstein (ULD) oder auch im Leitfaden „Big Data" der Bitkom, 2. Auflage.

Welcome-Day/Web-Based Training/Einzelschulung

Für neue Mitarbeiter bietet sich eine erste **grundlegende Wissensvermittlung** der datenschutzrechtlich unternehmensrelevanten Themen in einem Themenblock in einem sog. Welcome-Day oder Startertag an, der in den meisten Unternehmen für neue Mitarbeiter zur Einführung gegeben wird.

Eine regelmäßige Datenschutzschulung aller Mitarbeiter ist über ein **E-Learning oder Web Based Training**[11] gut umsetzbar. Mit diesem Instrument bekommen die Mitarbeiter ein Zeitfenster für die Erledigung des Trainings. Es ist daher ein personell und zeitlich effizientes Verfahren für alle Beteiligten. [**Achtung**: Bei der Einführung eines solchen Tools ist die Arbeitnehmervertretung einzubeziehen.[12]]

Für spezifische Verarbeitungsvorgänge, beispielsweise in der IT oder im Personalbereich, können datenschutzrechtliche **Einzel- oder Teamschulungen** nach Bedarf ein sinnvolles Mittel für die Beratung und Schulung sein.

Für die allgemeine und regelmäßige Schulung und Fortbildung der Mitarbeiter bieten sich folgende Maß- 16
nahmen an:

- Verpflichtung der Mitarbeiter bei der Aufnahme datenschutzrelevanter Tätigkeiten auf das **Datengeheimnis nach § 5 BDSG** und – soweit es sich bei der Tätigkeit um eine in der Telekommunikationsdienstleistung handelt – auch auf das **Fernmeldegeheimnis nach § 88 TKG**[13],
- Aufarbeitung aktueller datenschutzrelevanter Gesetze,
- Information über aktuelle Urteile und Beschlüsse von Gerichten und Aufsichtsbehörden zu datenschutzrelevanten Themen (z.B. Bußgeldentscheidung der Bayrischen Landesdatenschutzaufsichtsbehörde wegen offener E-Mail-Verteiler),
- Informationsveranstaltungen für einzelne Abteilungen oder Mitarbeitergruppen,
- Berichte bei Mitarbeiterversammlungen,
- Erstellung und Ausgabe von Merkblättern, Mitteilungen am „Schwarzen Brett", Beiträge in Hauszeitschriften und sonstigen internen Mitteilungsblättern sowie die Nutzung des behörden- oder unternehmenseigenen Intranets.

Freistellung der teilnehmenden Mitarbeiter

Da es sich bei den Datenschutzveranstaltungen um betriebliche Schulungs- und Fortbildungsmaßnahmen handelt und sie demnach während der Arbeitszeit erfolgen, sind die Beschäftigten insoweit von der Arbeit für diesen Zeitraum freizustellen.[14]

3. Interne Verarbeitungsübersicht und öffentliches Verfahrensverzeichnis (Absatz 2 Satz 1)

Absatz 2 bestimmt (obwohl es in § 4g um die Aufgaben des bDSB geht) in Satz 1 eine Verpflichtung der 17
verantwortlichen Stelle gegenüber dem bDSB, in Satz 2 eine Aufgabe des bDSB.

In Satz 1 wird die **interne Verarbeitungsübersicht** beschrieben, die dem bDSB als Grundlage für seine 18
Prüf- und Kontrolltätigkeiten hinsichtlich der im Unternehmen vorhandenen Datenverarbeitungsprogramme dienen soll. Diese Verarbeitungsübersicht hat die verantwortliche Stelle, also die Unternehmens-

11 Es gibt eine Vielzahl von Angeboten für Datenschutzschulungen im WBT-Format oder als E-Learning. Als Beispiel sei hier auf das Angebot des Bitkom-Verbandes verwiesen, abrufbar unter: http://www.bitkom-datenschutz.de/.

12 Muster einer Betriebsvereinbarung über E-Learning in *Schaub/Schrader/Straube/Vogelsang*, Arbeitsrechtliches Formular- und Verfahrenshandbuch (8. Muster).

13 Erläuterungen und Muster zu Verpflichtungserklärungen auf das Datengeheimnis und auf das Fernmeldegeheimnis finden sich auf der Website des BfDI: http://www.bfdi.bund.de unter Startseite Datenschutz > Themen > BDSG Datenschutz allgemein > Einzelfragen > Datengeheimnis.

14 Simitis/*Simitis*, § 4g Rn. 58; Taeger/Gabel/*Scheja*, § 4g Rn. 23.

leitung, zu erstellen bzw. erstellen zu lassen und dem bDSB zur Verfügung zu stellen. In der Praxis ist es – entgegen dieser Systematik – jedoch häufig so, dass der bDSB zumindest an der Erstellung der Verarbeitungsübersicht mitwirkt oder – mit der entsprechenden Unterstützung aus den Fachbereichen – diese erstellt.

19 An der Übernahme dieser Aufgabe bzw. der Übertragung der Aufgabe an den bDSB bestehen rechtlich keine Bedenken.[15] Der Datenschutzbeauftragte verfügt i.d.R. über die fachliche Kompetenz und hat zudem aus der internen Verarbeitungsübersicht das öffentliche Verfahrensverzeichnis zu erstellen.

20 Der Inhalt der internen Verarbeitungsübersicht ergibt sich aus § 4e Nr. 1 bis 9. Die Angaben der Nr. 1 bis 9 sind obligatorisch, d.h. es dürfen keine Angaben aus dem Katalog weggelassen werden. Erweiterungen hinsichtlich Transparenz und Darstellungstiefe sind hingegen zulässig[16] und in der Praxis sinnvoll.

21 Neben den Katalogangaben sind auch Angaben über die zugriffsberechtigten Personen, ein sogenanntes **Rollen- und Berechtigungskonzept,** zur Verfügung zu stellen. Dieses Erfordernis ist Teil der technischen und organisatorischen Maßnahmen nach § 9 BDSG (siehe Anhang zu § 9 „Zugriffskontrolle"). Mit einem entsprechenden Konzept bzw. einer entsprechenden Übersicht kann der bDSB den rechtskonformen Zugriff auf personenbezogene Daten effizient überwachen.

!

Implementieren einer Verarbeitungsübersicht

Die größte Herausforderung wird es sein, eine effektive Be- und Verarbeitung einer solchen Übersicht im Unternehmen zu implementieren. Zwar gibt es auf dem Markt fertige Programme und technische Unterstützungen, doch sind diese nicht immer uneingeschränkt kompatibel mit den hausinternen Systemen oder Anforderungen der IT-Abteilung. Hier empfiehlt sich ein Erfahrungsaustausch mit anderen Unternehmen, den Aufsichtsbehörden oder Branchenverbänden.

Je nach Größe des Unternehmens bietet sich ein Musterdokument an, das von den Fachabteilungen ausgefüllt an den bDSB zu senden ist und von diesem in einer Liste geführt wird. Entsprechende Musterdokumente werden auch von den Aufsichtsbehörden zur Verfügung gestellt.

22 Ein „Extrakt" der internen Verarbeitungsübersicht ist das **sogenannte „öffentliche Verfahrensverzeichnis" oder „Jedermann-Verzeichnis"**. Dieses enthält „nur" die Angaben zu § 4e Nr. 1 bis 8 und klammert auch das Rollen- und Berechtigungskonzept aus.

23 Das öffentliche Verfahrensverzeichnis ist vom Datenschutzbeauftragten „auf Antrag jedermann" zur Verfügung zu stellen. Aus Praktikabilitätsgründen kann es sich anbieten, das öffentliche Verfahrensverzeichnis auf die Website des Unternehmens unter der Rubrik „Datenschutzthemen" mit aufzunehmen.

24 Hilfreiche Erläuterungen und Mustervorlagen bietet der Praxisleitfaden des Bitkom „Verfahrensverzeichnis und Verarbeitungsübersicht nach BDSG", Version 2.0.

25 Gemäß Absatz 3 sind Verfassungsschutzbehörden, der Bundesnachrichtendienst, der Militärische Abschirmdienst und, soweit die Sicherheit des Bundes berührt wird, andere Behörden des Bundesministeriums der Verteidigung sowie die Behörden der Staatsanwaltschaft und der Polizei und öffentliche Stellen der Finanzverwaltung **von der Erstellung eines öffentlichen Verfahrensverzeichnisses befreit**. Dem liegt der Gedanke zugrunde, dass das Geheimhaltungsinteresse dieser Behörden höher wiegt als das Informationsinteresse der Öffentlichkeit.[17]

---

15 Taeger/Gabel/*Scheja*, § 4g Rn. 25.
16 Taeger/Gabel/*Scheja*, § 4g Rn. 28.
17 Plath/*v. d. Busche*, § 4g Rn. 24.

4. Durchführung von Vorabkontrollen

Die Durchführung der Vorabkontrolle ist in § 4g nicht explizit genannt. Diese Aufgabe ergibt sich aus § 4f und im Zusammenhang mit der Erstellung des internen und öffentlichen Verfahrensverzeichnisses. **26**

Umfang und Durchführung der Vorabkontrolle ist in § 4d Abs. 5 beschrieben (siehe dortige Kommentierung).

5. Einschaltung der Aufsichtsbehörde (Absatz 1 Satz 2 für betriebliche, Absatz 3 Satz 2 für behördliche DSB) und Beratung durch die Aufsichtsbehörde (Absatz 1 Satz 3)

Der betriebliche DSB ist berechtigt, sich an die für ihn zuständige Aufsichtsbehörde zu wenden. Der behördliche DSB hat sich an seinen Behördenleiter zu wenden. **27**

Diese Berechtigung ist zunächst neutral als Unterstützungsmöglichkeit durch die zuständige externe Kontrollinstanz zu sehen und ist eine Ausgestaltung der Unabhängigkeit des Datenschutzbeauftragten.

Als Sanktionsinstrument wird der Datenschutzbeauftragte die Einschaltung nur in Ausnahmefällen einsetzen. Bei innerbetrieblichen Meinungsverschiedenheiten und Zweifeln über die Anwendung und Einhaltung datenschutzkonformen Verhaltens bietet sich das Anrufen der Aufsichtsbehörde im Rahmen ihrer beratenden Funktion an. Diese Möglichkeit steht mit Absatz 1 Satz 3 dem betrieblichen Datenschutzbeauftragten ebenfalls zur Verfügung. Die Erfahrungen der Aufsichtsbehörden zeigen, dass Beratungssituationen für beide Seiten vorteilhaft sind. Der betriebliche Datenschutzbeauftragte erfährt fachliche Unterstützung und eine Tendenz, an der er seine Beratung des Unternehmens ausrichten kann, die Aufsichtsbehörde erfährt von praktischen Problemen und Fragestellungen in den Unternehmen. So profitieren beide Seiten für ihre Tätigkeit.[18] **28**

6. Verantwortlichkeit der Geschäftsführung (Absatz 2a)

Systematisch wäre diese Regelung in § 4f besser aufgehoben, denn es geht hier um die anderweitige Wahrnehmung der Aufgaben des Datenschutzbeauftragten, wenn kein bDSB im Unternehmen vorhanden ist. Öffentliche Stellen sind nicht erfasst, denn diese haben immer einen behördlichen Datenschutzbeauftragten zu bestellen (vgl. dazu § 4f). **29**

Die Regelung verpflichtet die Leitung des Unternehmens, anderweitig für die Erfüllung des gesamten Aufgabenbereichs des Datenschutzbeauftragten zu sorgen; das umfasst den umfassenden Auftrag des Hinwirkens ebenso wie die konkreten Aufgaben der Schulung und Information, Überwachung sowie das Verfahrensverzeichnis. Deshalb ist diese Regelung auch inhaltlich zu beanstanden, weil nicht ersichtlich ist, warum in dieser Situation nicht ein DSB bestellt werden sollte. Würde zudem der Unternehmensleiter selbst die Funktion des bDSB einnehmen, so würde er sich in einem Interessenskonflikt befinden. **30**

In der Gesetzesbegründung wird lediglich auf den Abbau bürokratischer Hemmnisse verwiesen. Eine inhaltliche Erläuterung fehlt jedoch. Anzunehmen ist, dass mit der Einführung dieses Absatzes die Unternehmen zur Bestellung eines bDSB bewogen werden sollten, auch wenn die rechtlichen Voraussetzungen für eine Bestellung nicht vorliegen. Denn nur so kann die Geschäftsleitung sich der Verantwortung des Absatz 2a „entziehen".[19] **31**

---

18 Eine Übersicht über die Datenschutzaufsichtsbehörden findet sich in der Infobroschüre des BfDI: BfDI-INFO4 Anhang 7.

19 So auch Taeger/Gabel/*Scheja*, § 4g Rn. 28.

Anwendungsempfehlungen/praktische Hinweise

32 Um den Datenschutz in den Unternehmen und Behörden erfolgreich und effizient auszuüben und umzusetzen, haben sich folgende Hinweise als praktisch erwiesen:[20]

- Enge Zusammenarbeit mit der IT-Sicherheitsabteilung, dem IT-Sicherheitsbeauftragten,
- gute und vertrauensvolle Zusammenarbeit durch regelmäßige Besprechungen mit dem Betriebsrat und Einbeziehung des Betriebsrates,
- Erfahrungsaustausch mit anderen betrieblichen und behördlichen Datenschutzbeauftragten, hier bieten sich Arbeitskreise in Verbänden oder Industrie- und Handelskammern an.

20 Hilfreich auch: „Das berufliche Leitbild des Datenschutzbeauftragten" Publikation des Berufsverbandes der Datenschutzbeauftragten Deutschlands (BvD) e.V., Stand 2010, abrufbar unter: https://www.bvdnet.de/fileadmin/BvD_eV/pdf_und_bilder/leitbild/bvd_leitbild.pdf.

§ 5 Datengeheimnis

[1]Den bei der Datenverarbeitung beschäftigten Personen ist untersagt, personenbezogene Daten unbefugt zu erheben, zu verarbeiten oder zu nutzen (Datengeheimnis). [2]Diese Personen sind, soweit sie bei nicht-öffentlichen Stellen beschäftigt werden, bei der Aufnahme ihrer Tätigkeit auf das Datengeheimnis zu verpflichten. [3]Das Datengeheimnis besteht auch nach Beendigung ihrer Tätigkeit fort.

Literatur

Ehmann, Wie geht man mit „Verweigerern" um? Die Verpflichtung auf das Datengeheimnis, DatenschutzPraxis 3/2011, 4/5; *Gliss*, Verpflichtung von Mitarbeitern auf das Datengeheimnis, DSB 2001, 9, 11 ff.; *v. Reumont*, Dichthalten! Die optimale Verpflichtung auf das Datengeheimnis, DatenschutzPraxis 6/2009, 1, 4/5.

▶ Darum geht es

Weit über die irreführende Überschrift „Datengeheimnis" hinausgehend verbietet die Vorschrift eine unbefugte Erhebung, Verarbeitung oder Nutzung personenbezogener Daten. Im nicht-öffentlichen Bereich ist eine förmliche Verpflichtung auf die Beachtung dieses Verbotes vorgesehen.

▶ Schlagworte

Der Begriff „Datengeheimnis"; Die Adressaten der Norm; Das Wesen der förmlichen Verpflichtung; Zu verpflichtende Personen; Form und Inhalt der Verpflichtung

▶ Weitere relevante Vorschriften

§ 5 MRRG (Meldegeheimnis) geht als Spezialregelung vor.

§ 35 SGB I (Sozialgeheimnis) wendet sich an die Leistungsträger.

Die meisten Datenschutzgesetze der Länder sehen eine entsprechende Vorschrift für ihren Anwendungsbereich vor, zum Teil mit[1] und zum Teil ohne[2] förmliche Verpflichtung der Beschäftigten.

Die Amtsgeheimnisse und beruflichen Verschwiegenheitspflichten, z.B. das Arztgeheimnis, unterscheiden sich ihrem Inhalt nach erheblich vom Datengeheimnis gemäß § 5. Die Regelungen gelten nebeneinander[3].

1 Z.B. § 8 BlnDSG.
2 Z.B. Art. 5 BayDSG.
3 Vgl. Simitis/*Ehmann*, § 5 Rn. 7; *Bergmann/Möhrle/Herb*, § 5 Rn. 48.

A. Allgemeines

I. Regelungszweck und Einordnung der Norm

1 Die Überschrift „Datengeheimnis" ist missverständlich. Sie bildet die in der Vorschrift enthaltenen Regelungen nur zu einem Teil ab. Dort geht es nämlich nicht allein um die Wahrung eines Geheimnisses, sondern vollumfänglich um die drei klassischen Phasen des Umgangs mit personenbezogenen Daten, also auch um das Erheben, Verarbeiten und Nutzen im Sinne des § 3 Abs. 3–5.

2 Man sollte sich deshalb nicht mit dem nur noch historisch erklärbaren Begriff des „Datengeheimnisses" aufhalten, sondern allein die beiden eigentlichen Inhalte der Vorschrift mit jeweils verschiedenen Normadressaten betrachten:

a) Der Satz 1 enthält eine **materielle Verbotsnorm** für den Umgang mit personenbezogenen Daten in öffentlichen und nicht-öffentlichen Stellen. Das Besondere an ihr ist, dass **Normadressaten** nicht die verantwortlichen Stellen, sondern **die bei der Datenverarbeitung beschäftigten Personen** sind[4]. Sie werden einzeln in die Pflicht genommen, indem ihnen untersagt wird, personenbezogene Daten unbefugt zu erheben, zu verarbeiten oder zu nutzen.

   An Satz 1 schließt sich inhaltlich Satz 3 an, der das Verbot auf die Zeit nach der Beendigung der Tätigkeit der genannten Personen erstreckt.

b) Bei Satz 2 handelt es sich um eine **Verfahrensvorschrift für die nicht-öffentlichen Stellen**. Es geht um die förmliche Verpflichtung der bei der Datenverarbeitung beschäftigten Personen auf die materiellen Vorschriften des Datenschutzrechts.

   Dieser förmliche Akt ist einer von zahlreichen organisatorischen und formalen Bausteinen, die das BDSG in sein Systemgebäude zur Verwirklichung des Datenschutzes über die materiellen Zulässigkeitsvorschriften hinaus eingebaut hat. Dazu gehören unter anderem auch die Bestellung eines Datenschutzbeauftragten, die Erstellung einer Verarbeitungsübersicht und eines Verfahrensverzeichnisses, die Erfüllung der Meldepflicht und die Einrichtung einer staatlichen Datenschutzaufsicht.[5]

II. Ausblick auf die Novellierung des Europäischen Datenschutzrechts

3 Der vorliegende Entwurf[6] enthält für die Beschäftigten folgende Regelungen:

Nach **Art. 26 Abs. 2b** muss in einem Vertrag über die Auftragsverarbeitung eine Regelung dahin gehend enthalten sein, dass der Auftragsverarbeiter ausschließlich Mitarbeiter beschäftigt, die sich zur Vertraulichkeit verpflichtet haben oder der gesetzlichen Schweigepflicht unterliegen.

Art. 27 sieht vor, dass Personen, die dem für die Verarbeitung Verantwortlichen oder dem Auftragsverarbeiter unterstellt sind und Zugang zu personenbezogenen Daten haben, sowie der Auftragsverarbeiter selbst personenbezogene Daten nur auf Anweisung des für die Verarbeitung Verantwortlichen verarbeiten dürfen, sofern sie keinen anderslautenden, aus dem Unionsrecht oder dem mitgliedstaatlichen Recht erwachsenden Pflichten unterliegen.

4 Diese Vorschriften bleiben zum einen in materieller Hinsicht hinter den Regelungen des § 5 zurück. Eine dem § 5 Satz 1 entsprechende persönliche Verantwortung der einzelnen Personen könnte jedoch im Unionsrecht oder im Recht eines Mitgliedsstaates verankert werden.

5 Zum anderen sieht der VO-Entwurf eine dem § 5 Satz 2 entsprechende förmliche Verpflichtung der Beschäftigten und sonstiger Personen nicht vor. Es bleibt abzuwarten, ob die Mitgliedsstaaten eine derartige Regelung treffen können.

---

4 Vgl. Taeger/Gabel/*Kinast*, § 5 Rn. 1.
5 Vgl. BayLDA, 3. Tätigkeitsbericht 2008, S. 7.
6 Vorschlag der Europäischen Kommission für eine Datenschutz-Grundverordnung vom 25.01.2012.

B. Inhalt der Regelung

I. Das Verbot gegenüber den Personen in den öffentlichen und nicht-öffentlichen Stellen (Sätze 1 und 3)

1. Verbot des unbefugten Umgangs mit personenbezogenen Daten (Datengeheimnis)

Satz 1 enthält das Verbot gegenüber den bei der Datenverarbeitung beschäftigten Personen, personenbezogene Daten unbefugt zu erheben, zu verarbeiten (= speichern, übermitteln, verändern, sperren oder löschen) und zu nutzen. Dieses Verbot stellt den Inhalt des Begriffs „Datengeheimnis" im Sinne des § 5 dar. 6

Das Datengeheimnis ist im Einzelfall dann gewahrt, wenn für eine Erhebung, Verarbeitung oder Nutzung jeweils eine Befugnis vorliegt. Der Gesetzeswortlaut stellt hier wie auch in den materiellen Bußgeldvorschriften des § 43 Abs. 2 Nr. 1–3 nicht auf die Zulässigkeit eines Umgangs mit personenbezogenen Daten im Sinne des § 4 Abs. 1, sondern auf die Befugnis ab. 7

Im Hinblick auf die beabsichtigte Schutzwirkung der Vorschrift muss der Begriff „Befugnis" weit ausgelegt werden. Es geht hier nicht nur um eine Erlaubnis des Arbeitgebers. Dafür hätte es keiner gesetzlichen Regelung bedurft. Mit Befugnis handelt eine Person vielmehr dann, wenn der Umgang mit den personenbezogenen Daten in jeder Hinsicht rechtmäßig ist, d. h., er muss unter Beachtung der Rechtsordnung, insbesondere des Datenschutzrechts, und der Vorgaben des Arbeitgebers im Rahmen der zugewiesenen geschäftlichen Zwecke erfolgen[7]. 8

Als Beispiele für einen unbefugten Umgang mit personenbezogenen Daten und damit für Verstöße gegen das Datengeheimnis können genannt werden: 9

- Die Erhebung, Verarbeitung oder Nutzung personenbezogener Daten kann weder auf eine datenschutzrechtliche Zulässigkeitsnorm noch auf eine Einwilligung des Betroffenen gestützt werden und ist deshalb unzulässig (§ 4 Abs. 1).
- Es liegt ein Verstoß gegen andere Gesetze oder Verordnungen außerhalb des Datenschutzrechts vor, z. B. gegen die Mitbestimmungsrechte nach dem Betriebsverfassungsgesetz[8].
- Ein Mitarbeiter überschreitet die ihm vom Arbeitgeber zugewiesenen Aufgaben und Befugnisse oder verstößt gegen Weisungen.

2. Der angesprochene Personenkreis

§ 5 Satz 1 spricht von „den bei der Datenverarbeitung beschäftigten Personen". Diese Zielgruppe ist weit zu fassen[9]. Es gehören alle Personen dazu, die personenbezogene Daten erheben, verarbeiten oder nutzen oder Zugang zu ihnen haben. 10

Über den Begriff „Datenverarbeitung" im Satz 1 hinaus muss man, wie sich aus dem weiteren Wortlaut dieses Satzes ergibt, auch das Erheben und Nutzen der Daten mit einbeziehen. 11

Eine Erweiterung des Wortlauts des Satzes 1 ist im Hinblick auf den Schutzzweck der Vorschrift auch dahin gehend geboten, dass die Personen dazuzählen, die im Rahmen des Dienstbetriebes faktisch einen Zugang zu personenbezogenen Daten haben und damit in der Lage sind, sie unbefugt zu erheben, zu verarbeiten und zu nutzen[10]. Dazu gehören u. a. Schreibkräfte, Registratoren, das Wartungspersonal, Bedienstete in der Poststelle und im Botendienst und das Reinigungspersonal. 12

Der angesprochene Personenkreis beschränkt sich nicht auf die Beschäftigten im Sinne des § 3 Abs. 11, sondern darüber hinaus auf alle Personen, die die genannten Kriterien erfüllen, z. B. auf freie Mitarbeiter oder Personen, die gefälligkeitshalber bei der verantwortlichen Stelle tätig sind. Auch die Mitglieder des 13

---

7 Ausführlich *Gola/Schomerus*, § 5 Rn. 4 ff.; Simitis/*Ehmann*, § 5 Rn. 19 ff. und Taeger/Gabel/*Kinast*, § 5 Rn. 17 ff.
8 Vgl. *Gola/Schomerus*, § 5 Rn. 4 ff.
9 Vgl. Simitis/*Ehmann*, § 5 Rn. 12 ff.; Taeger/Gabel/*Kinast*, § 5 Rn. 9; *Bergmann/Möhrle/Herb*, § 5 Rn. 10 ff.
10 Vgl. Simitis/*Ehmann*, § 5 Rn. 13.

Betriebsrats, die Bediensteten der Revision und der Datenschutzbeauftragte[11] müssen das Datengeheimnis beachten. Nach hiesiger Auffassung gilt dies im Gegensatz zur herrschenden Meinung auch für die Leitungspersonen jedweder Art, z. B. die Leiter einer verantwortlichen Stelle und die Leitungsorgane juristischer Personen[12].

> **!** Beachte:
> Zur Wahrung des Datengeheimnisses sind alle Personen verpflichtet, die personenbezogene Daten erheben, verarbeiten oder nutzen oder Zugang zu ihnen haben.

3. Die persönliche Verantwortung der Personen, die personenbezogene Daten erheben, verarbeiten oder nutzen

14 Satz 1 begründet eine **unmittelbare persönliche Verantwortung** der Personen, die in einer verantwortlichen Stelle tätig sind.[13] Sie besteht neben der Verantwortung des Inhabers bzw. der Leitungsorgane und anderer Personen, die in der verantwortlichen Stelle Verantwortung für den Umgang mit personenbezogenen Daten tragen.

Es handelt sich hier um eine besondere gesetzliche Verpflichtung dieser Personen, die zu ihren anderen, insbesondere arbeitsrechtlichen Verpflichtungen noch hinzukommt.

Soweit beim unbefugten Umgang mit personenbezogenen Daten ein Bußgeld- oder Straftatbestand der §§ 43 und 44 verwirklicht wird, kann gegen die betreffende Person ein Bußgeld bzw. eine Strafe verhängt werden.

4. Fortbestand der Verpflichtung zur Wahrung des Datengeheimnisses (Satz 3)

15 Satz 3 stellt vor allem klar, dass die unbefugte Datenweitergabe auch nach der Beendigung der Tätigkeit verboten bleibt.

II. Die förmliche Verpflichtung auf das Datengeheimnis durch die nicht-öffentlichen Stellen (Satz 2)

1. Ein „Muss" für die nicht-öffentlichen Stellen

16 Die nicht-öffentlichen Stellen müssen nach Satz 2 die zu verpflichtenden Personen (siehe 5.) bei der Aufnahme ihrer Tätigkeit förmlich auf das Datengeheimnis verpflichten.

2. Wesen und Rechtsnatur

17 Bei der Verpflichtung handelt es sich um eine **einseitige Erklärung** vonseiten der verantwortlichen Stelle gegenüber der zu verpflichtenden Person. Mit ihr wird der Person das sich für sie aus den Sätzen 1 und 3 ergebende Verbot und die sich möglicherweise ergebenden Konsequenzen im Falle einer Zuwiderhandlung mit Nachdruck zur Kenntnis gebracht.

Die Verpflichtung ist nicht Gegenstand des Arbeitsvertrages, sondern eine gesonderte einseitige Handlung des Arbeitgebers auf der gesetzlichen Grundlage des Satzes 2.

Der verpflichteten Person kommt dabei eine passive Rolle zu. Sie muss die Verpflichtungserklärung nur über sich ergehen lassen und zur Kenntnis nehmen. Sie kann die Verpflichtung nicht ablehnen. Mit ihrer Unterschrift bestätigt sie lediglich von ihrer Seite aus, dass die Verpflichtung erfolgt ist (zur Verweigerung der Unterschrift siehe unter C III 3. d), Rn. 30).

---

11 *Bergmann/Möhrle/Herb*, § 5 Rn. 15 ff.
12 So auch Taeger/Gabel/*Kinast*, § 5 Rn. 13; a. A. Simitis/*Ehmann*, § 5 Rn. 16; *Bergmann/Möhrle/Herb*, § 5 Rn. 16 ff.
13 Vgl. Taeger/Gabel/*Kinast*, § 5 Rn. 9; Simitis/*Ehmann*, § 5 Rn. 5.

3. Rechtswirkungen

Die Verpflichtung hat **keine** rechtsbegründende Funktion. Die Sätze 1 und 3 müssen als geltendes Recht auch von den Personen beachtet werden, die – noch – nicht verpflichtet worden sind. 18

Mit der Verpflichtung soll dem entgegengewirkt werden, dass sich Personen bei datenschutzrechtlichen Verstößen darauf berufen können, sie wären sich über die Rechtslage nicht im Klaren gewesen. Sie hätten sich deshalb in einem unvermeidbaren Verbotsirrtum befunden und könnten deshalb weder mit einem Bußgeld belegt noch bestraft werden (vgl. Erl. B III 2 zu § 43, siehe dort Rn. 23).

4. Sinn und Zweck

Mit der förmlichen Verpflichtung des Personals auf das Datengeheimnis (vgl. oben Rn. 6–9) soll „flächendeckend" auf die Beachtung des Datenschutzrechts und damit auf den Schutz des Persönlichkeitsrechts hingewirkt werden. 19

Zur Verwirklichung dieses Zieles soll den Beschäftigten von Anfang an bewusst werden, dass

- ihnen beim Umgang mit personenbezogenen Daten besondere Sorgfaltspflichten obliegen,
- die Beachtung des Datenschutzes nicht etwas sein darf, das man „nur so nebenbei" erledigt,
- der unbefugte Umgang mit personenbezogenen Daten ggf. mit einer Geldbuße oder Strafe geahndet werden kann und sich daraus auch Schadensersatzpflichten und arbeitsrechtliche Konsequenzen bis hin zur Kündigung ergeben können.

5. Die zu verpflichtenden Personen

Es handelt sich im Grundsatz um denselben Personenkreis, der nach Satz 1 zur Wahrung des Datengeheimnisses verpflichtet ist (vgl. oben I. 2, Rn. 10 ff.). Die Personen müssen bei der verantwortlichen Stelle beschäftigt oder in sie unmittelbar organisatorisch eingebunden sein. Bei den Personen, die sich selbst verpflichten müssten, z. B. bei den Inhabern oder den Leitungsorganen einer juristischen Person, ist eine förmliche „Selbstverpflichtung" entbehrlich. 20

Förmlich zu verpflichten sind auch die Mitglieder des Betriebsrats und der Datenschutzbeauftragte. Die Verpflichtung auf ihre sich aus den Sätzen 1 und 3 ergebenden gesetzlichen Verpflichtungen beeinträchtigt ihre Unabhängigkeit nicht. Auch dieser Personenkreis muss auf das Risiko von Bußgeld- und Strafverfahren sowie Schadensersatzansprüchen hingewiesen werden. 21

Minderjährige sind ebenfalls förmlich zu verpflichten. Ihre Unterschrift, mit der sie die Durchführung der Verpflichtung bestätigen, bezieht sich nicht auf eine Willenserklärung, sondern auf einen Realakt[14]. 22

Keine förmliche Verpflichtung ist von einer verantwortlichen Stelle in folgenden Fällen durchzuführen: 23

a) Bei einer **Auftragsdatenverarbeitung** obliegt dem Auftragnehmer die Verpflichtung seines Personals (§ 11 Abs. 4). Der Auftraggeber hat sich gemäß § 11 Abs. 2 Satz 4 davon zu überzeugen, ob die Verpflichtung ordnungsgemäß erfolgt ist. Er kann in seinem schriftlichen Auftrag gemäß § 11 Abs. 2 Satz 2 Nr. 5 u. a. Festlegungen für die Verpflichtung der Beschäftigten des Auftragnehmers treffen.

b) Die unter a) genannten Regelungen gelten gemäß § 11 Abs. 5 auch für die Unternehmen, die bei der verantwortlichen Stelle im Auftrag die **Prüfung oder die Wartung von DV-Anlagen** vornehmen.

c) Die **Beschäftigten eines anderen Unternehmens**, die im Bereich der verantwortlichen Stelle tätig sind, z.B. Leiharbeitnehmer, Mitarbeiter von Reinigungsunternehmen, sind von ihren Arbeitgebern zu verpflichten[15]. Die verantwortliche Stelle ist gut beraten, wenn sie auch in diesen Fällen so verfährt, wie dies bei der Auftragsdatenverarbeitung geregelt ist (siehe a)).

---

14 Vgl. Simitis/*Ehmann*, § 5 Rn. 26; *Bergmann/Möhrle/Herb*, § 5 Rn. 43; LDA Bayern 4. TB (2009/2010) S. 43.
15 Vgl. *Bergmann/Möhrle/Herb*, § 5 Rn. 22; Taeger/Gabel/*Kinast*, § 5 Rn. 16.

6. Rechtsfolgen der Unterlassung der Verpflichtung

24 Eine unterlassene oder nicht ordnungsgemäß vorgenommene Verpflichtung stellt einen Verstoß gegen die ordnungsgemäße Organisation i.S.d. Satzes 1 der Anlage zu § 9 dar. Die Aufsichtsbehörde kann dagegen mit einer Anordnung gemäß § 38 Abs. 5 Satz 1 einschreiten[16].

Verstößt eine Person aufgrund dieser Pflichtverletzung der verantwortlichen Stelle gegen das Datengeheimnis, können dem Betroffenen ggf. Haftungsansprüche gegen die verantwortliche Stelle und deren Verantwortliche zustehen[17].

C. Anwendungsempfehlungen/Weitere praktische Hinweise

I. Wer führt die Verpflichtung durch?

25 Das BDSG sagt darüber nichts aus und überlässt diese Frage somit dem Ermessen der Leitung der verantwortlichen Stelle. Entscheidend ist, dass die Person in der Lage ist, die Verpflichtung zweckentsprechend (siehe unten II. Nr. 3, Rn. 30 ff.) durchzuführen.

Infrage kommen z. B. der Inhaber, der Geschäftsführer, der Datenschutzbeauftragte, ein Datenschutzkoordinator, der Personalchef oder einer seiner Mitarbeiter, der Leiter eines Zweigbetriebes, ein Bereichsleiter und der unmittelbare Vorgesetzte[18].

II. Form und Inhalt der Verpflichtung

26 In § 5 wird weder eine Form noch ein bestimmter Inhalt für die Durchführung der Verpflichtung angesprochen. Gleichwohl kann man nur mit einer gewissen Förmlichkeit und einer ausdrücklichen persönlichen Ansprache dem Zweck und der Bedeutung der Verpflichtung gerecht werden (vgl. Rn. 30 ff.).

1. Das „Einschwören“ auf den Datenschutz

27 Die gegenüber dem Mitarbeiter auszusprechende Verpflichtung muss mehr als nur eine unter vielen Formalien sein, die bei der Aufnahme einer Tätigkeit zu erledigen sind. Sie muss ihn regelrecht auf seine sich aus § 5 Satz 1 ergebende gesetzliche Verpflichtung einschwören, um auf diese Weise seine Aufmerksamkeit von Anfang an auf den Datenschutz zu lenken. Der Datenschutz soll bei ihm einen hohen Stellenwert bekommen. Er soll sich von Anfang an seiner Verantwortung für den Datenschutz bewusst sein (vgl. oben Rn. 14 und 19). Um diese Ziele zu erreichen, empfiehlt sich ein gewisses Ritual, wie es unter 3. beschrieben ist.

2. Negativbeispiele

28 Es genügt somit nicht, wenn dem Anfänger am ersten Arbeitstag im Zusammenhang mit der Erledigung zahlreicher Formalitäten neben vielen anderen Papieren das Verpflichtungsformular mit der Bitte um Bestätigung „über den Tisch gereicht wird“. Damit würde die Verpflichtung auf das Datengeheimnis zu einer Formalie verkommen und so die mit ihr beabsichtigte Wirkung verfehlen.

Nicht ausreichend ist auch die bloße Aufnahme einer entsprechenden Bestimmung in den Arbeitsvertrag oder ein Hinweis am schwarzen Brett, im Intranet oder in der Betriebszeitung. Damit kann eine dem Anspruch des § 5 gerecht werdende, in persönlicher Form vorzunehmende Verpflichtung nicht ersetzt werden.

29 Es steht allerdings **nichts** entgegen, wenn die genannten Hinweise zur Beachtung des Datenschutzes **zusätzlich** gegeben werden. Sie dienen der Untermauerung und ständigen Auffrischung.

---

16 Vgl. Simitis/*Ehmann*, § 5 Rn. 36.
17 Vgl. Taeger/Gabel/*Kinast*, § 5 Rn. 33.
18 Vgl. *Bergmann/Möhrle/Herb*, § 5 Rn. 41a.

3. Muster für die Durchführung einer Verpflichtung

30 Die Verpflichtung sollte einzeln oder gruppenweise in persönlicher Weise in etwa nach folgendem Muster vorgenommen werden[19]:

a) Am Beginn steht eine kurze überschlägige Belehrung anhand eines gut verständlichen Merkblattes[20] über das gemäß Satz 1 einzuhaltende Verbot des unbefugten Umgangs mit personenbezogenen Daten und die wichtigsten Vorschriften des BDSG einschließlich der Bußgeld-, Straf- und Schadensersatzbestimmungen.

Es empfiehlt sich, den Inhalt der Belehrung arbeitsplatzbezogen zu gestalten, je nachdem ob die Person im Personalwesen, in der Werbeabteilung oder im Reinigungsdienst beschäftigt wird.

Das Merkblatt wird der verpflichteten Person ausgehändigt.

b) Daran schließt sich die förmliche Verpflichtung mit den Worten an:

„Ich verpflichte Sie hiermit auf das Datengeheimnis, das heißt: Es ist Ihnen gemäß § 5 Satz 1 Bundesdatenschutzgesetz untersagt, personenbezogene Daten unbefugt zu erheben, zu verarbeiten oder zu nutzen. Ihre Verpflichtung zur Wahrung des Datengeheimnisses besteht auch nach Beendigung Ihrer Tätigkeit fort."[21]

Die Wirkung dieses Vorganges kann unterstrichen werden, indem die Verpflichtung mit einem Händedruck besiegelt wird.

c) Die schriftliche Ausfertigung der Verpflichtung wird von der verpflichtenden und der verpflichteten Person unterschrieben.

Die beiden Unterschriften beziehen sich auf die Bestätigung der Durchführung der Verpflichtung und der Aushändigung einer Ausfertigung und des Merkblattes.

d) Verweigert der Verpflichtete seine Unterschrift, berührt das weder die Wirksamkeit der Verpflichtung noch das von ihm zu beachtende Verbot des unbefugten Umgangs mit personenbezogenen Daten gemäß Satz 1. In diesem Fall empfiehlt sich ein entsprechender Vermerk desjenigen, der die Verpflichtung durchgeführt hat.

e) Eine Ausfertigung der unterschriebenen Verpflichtung bzw. des Vermerks über die Verweigerung der Unterschrift wird zum Personalakt genommen. Die jeweilige Zweitausfertigung bekommt die verpflichtete Person.

III. Zeitpunkt der Verpflichtung und weitere Unterweisungen

31 Nach Satz 2 muss eine Person bei der Aufnahme ihrer Tätigkeit bei der verantwortlichen Stelle verpflichtet werden. Die damit verbundene Belehrung über die wichtigsten Vorschriften des BDSG (vgl. oben II. 3. a), Rn. 30) kann dabei nur überschlägig sein.

In der Folgezeit müssen deshalb je nach der Art der Tätigkeit weitere Datenschutz-Schulungen folgen[22]. Nur so ist gewährleistet, dass die Personen mit dem Datenschutzrecht in dem erforderlichen Umfang vertraut gemacht werden und es danach auch bleiben. Rechtliche Grundlagen hierfür sind die sich aus ihrer Führungsverantwortung ergebende Schulungsverpflichtung der Leitung der verantwortlichen Stelle und § 4g Abs. 1 Satz 4 Nr. 2 für den Datenschutzbeauftragten.

---

19 Vgl. LDA Bayern 3. TB (2008), S. 10/11 und *Ehmann*, DatenschutzPraxis 3/2011.
20 Ein Muster ist auf der Homepage des Bayerischen Landesamtes für Datenschutzaufsicht (BayLDA) veröffentlicht.
21 Weitere Muster auf den Homepages des LDI NRW und des BayLDA sowie bei *Bergmann/Möhrle/Herb*, § 5 Rn. 51.
22 Vgl. Simitis/*Ehmann*, § 5 Rn. 26; LDA Bayern 4. TB (2009/2010) S. 21.

§ 6 Rechte des Betroffenen

(1) Die Rechte des Betroffenen auf Auskunft (§§ 19, 34) und auf Berichtigung, Löschung oder Sperrung (§§ 20, 35) können nicht durch Rechtsgeschäft ausgeschlossen oder beschränkt werden.

(2) [1]Sind die Daten des Betroffenen automatisiert in der Weise gespeichert, dass mehrere Stellen speicherungsberechtigt sind, und ist der Betroffene nicht in der Lage festzustellen, welche Stelle die Daten gespeichert hat, so kann er sich an jede dieser Stellen wenden. [2]Diese ist verpflichtet, das Vorbringen des Betroffenen an die Stelle, die die Daten gespeichert hat, weiterzuleiten. [3]Der Betroffene ist über die Weiterleitung und jene Stelle zu unterrichten. [4]Die in § 19 Abs. 3 genannten Stellen, die Behörden der Staatsanwaltschaft und der Polizei sowie öffentliche Stellen der Finanzverwaltung, soweit sie personenbezogene Daten in Erfüllung ihrer gesetzlichen Aufgaben im Anwendungsbereich der Abgabenordnung zur Überwachung und Prüfung speichern, können statt des Betroffenen den Bundesbeauftragten für den Datenschutz und die Informationsfreiheit unterrichten. [5]In diesem Fall richtet sich das weitere Verfahren nach § 19 Abs. 6.

(3) Personenbezogene Daten über die Ausübung eines Rechts des Betroffenen, das sich aus diesem Gesetz oder aus einer anderen Vorschrift über den Datenschutz ergibt, dürfen nur zur Erfüllung der sich aus der Ausübung des Rechts ergebenden Pflichten der verantwortlichen Stelle verwendet werden.

Literatur

Dehmel/Hullen, Auf dem Weg zu einem zukunftsfähigen Datenschutz in Europa?, ZD 2013, 147; *Lang*, Reform des EU-Datenschutzrechts, KuR 2012, 145; *Spies*, Neue Europäische Datenschutzverordnung: Kommissionsentwurf gibt tiefen Einblick in EU-Reformpläne, ZD 2011, 121.

▶ **Darum geht es**

§ 6 stellt sicher, dass jedem, der von einer Verarbeitung seiner persönlichen Daten betroffen ist, ein unverzichtbares Mindestmaß an Rechten zusteht, mit denen er die Rechtmäßigkeit der Datenverarbeitung überprüfen und beeinflussen kann.

▶ **Schlagworte**

Unabdingbarkeit von Betroffenenrechten; Verschlechterungsverbot; Auskunftspflicht bei Unklarheit über verantwortliche Stelle; Weiterleitungsgebot bei Unzuständigkeit; Verfahren bei Verbunddateien und vernetzten Systemen; Beschränkter Auskunftsanspruch gegenüber Sicherheitsbehörden; Umgang mit bei Rechtsausübung anfallenden Daten; Zweckbindung der Daten aus der Bearbeitung

---

A. Allgemeines

I. Regelungszweck

1. Sinn und Zweck der Norm

Bestimmte Ansprüche des Betroffenen in Bezug auf die Verarbeitung seiner persönlichen Daten sieht das Gesetz als unabdingbar an. Sein **Recht auf informationelle Selbstbestimmung** kann nur ausüben, wer die ihn betreffenden Datenverarbeitungsvorgänge kennt.[1] Dies sicherzustellen, ist Aufgabe von § 6, der damit angesichts allgegenwärtiger Datennetze und Kommerzialisierung persönlicher Daten eine **Grundschutznorm** für den Betroffenen darstellt.[2] 1

Umgesetzt wird dieser Schutz durch das Verbot in § 6 Abs. 1, gesetzliche Rechte auf Auskunft, Berichtigung, Löschung oder Sperrung durch vertragliche Vereinbarungen auszuschließen. 2

§ 6 Abs. 2 leistet Hilfestellung bei der organisatorischen Abwicklung der Rechtsausübung. Bei Datenverarbeitungen durch mehrere Stellen nimmt das Gesetz die mit den Daten hantierenden Stellen in die Pflicht, dem Betroffenen zu seinem Recht zu verhelfen. Mit bloßen Verweisen auf die eigene Unzuständigkeit darf der Betroffene nicht abgespeist werden. 3

§ 6 Abs. 3 enthält schließlich das Verbot, die sich bei der Erfüllung des jeweiligen Anspruchs ergebenden Daten für andere Zwecke zu verarbeiten (sog. Zweckbindungsgebot). Es ist demnach unzulässig, ein „Beschwerde"-Register aufzubauen. Dieser zum 01.04.2010 in Kraft getretene Absatz[3] ist eine begleitende Regelung zu den mit der BDSG-Novelle neu gefassten Bestimmungen über die Tätigkeit von Auskunfteien, deren Datenverarbeitungen für den Betroffenen transparenter und deren Scoringverfahren nachvollziehbarer werden sollten.[4] 4

2. Anwendungsbereich

Bei den in § 6 Abs. 1 genannten Ansprüchen handelt es sich um **höchstpersönliche Rechte** des Betroffenen. Diese Rechte stehen nur ihm selbst zu. Sie können von ihm weder auf Dritte übertragen werden, noch sind sie vererblich.[5] 5

> **!** Möglich bleibt die Beauftragung eines Bevollmächtigten oder die Geltendmachung von Ansprüchen durch einen gesetzlichen Vertreter,[6] beispielsweise durch einen Rechtsanwalt, die Erziehungsberechtigten oder den Ehepartner.

Verpflichtet wird durch § 6 die „verantwortliche Stelle" im Sinne von § 3 Abs. 7. Das können ebenso öffentliche wie nicht-öffentliche Stellen sein. 6

Bezüglich des sachlichen Anwendungsbereichs enthält § 6 Abs. 2 eine Sonderregelung für Verbunddateien und vernetzte Systeme. Damit sind Dateien mit personenbezogenen Daten gemeint, die durch Speicherungen von mehreren Zugriffsberechtigten entstehen und bei denen nach außen nicht ohne Weiteres erkennbar ist, wer aus dem Kreis der Zugriffsberechtigten für welche Daten aus dieser Sammlung die verantwortliche Stelle ist.[7] Die beteiligten Zugriffsberechtigten bezeichnet das Gesetz als „speicherungsberechtigte Stellen". Diese werden durch § 6 Abs. 2 verpflichtet, bei ihnen eingehende Auskunftsersuchen des Betroffenen an die für die Speicherung der Betroffenendaten verantwortliche Stelle weiterzuleiten. Bei Datenverarbeitungen durch mehrere Beteiligte ändert § 6 Abs. 2 bezogen auf die in § 6 Abs. 1 genannten Rechte für den Betroffenen somit weder den Anspruchsgegner noch fügt die Vorschrift weitere hinzu. Derjenige, der die Daten des Betroffenen als verantwortliche Stelle verarbeitet, 7

---

1 Vgl. BVerfG v. 15.12.1983, Az. 1 BvR 209/83, BVerfGE 65, 43; Taeger/Gabel/*Meents*, § 6 Rn. 1.
2 Vgl. Däubler/Klebe/Wedde/Weichert/*Däubler*, § 6 Rn. 1; Simitis/*Dix*, § 6 Rn. 1.
3 Gesetz zur Änderung des Bundesdatenschutzgesetzes vom 29.07.2009 (BGBl. I, 2254).
4 Gesetzesbegründung, BT-Drs. 16/10529, S. 9.
5 Vgl. *Bergmann/Möhrle/Herb*, § 6 Rn. 12; *Gola/Schomerus*, § 6 Rn. 3.
6 Vgl. *Bergmann/Möhrle/Herb*, § 6 Rn. 11 ff.; *Gola/Schomerus*, § 6 Rn. 3; *Schaffland/Wiltfang*, § 6 Rn. 2.
7 Gesetzesbegründung, BT-Drs. 11/4306, S. 41; Taeger/Gabel/*Meents*, § 6 Rn. 4.

bleibt vielmehr weiterhin der zur Erfüllung der Betroffenenrechte Verpflichtete.[8] Sind bei einer im Verbund betriebenen Datenverarbeitung außer der verantwortlichen Stelle noch weitere Stellen beteiligt, schafft § 6 Abs. 2 lediglich zusätzliche Pflichten für diese übrigen Beteiligten.[9] Eine „Gesamtschuld" der speicherungsberechtigten Stellen wird durch § 6 nicht begründet.[10] Es bleibt bei der grundsätzlichen Vorstellung des Gesetzes, dass es für jede Datei nur eine verantwortliche Stelle gibt.[11]

! Gibt es ausnahmsweise mehrere verantwortliche Stellen (zum Beispiel bei einem Gewinnspiel, das gemeinschaftlich von zwei Unternehmen durchgeführt wird), sollten die beteiligten Stellen vereinbaren, sich Betroffenenbeschwerden im Innenverhältnis gegenseitig unverzüglich weiterzuleiten.

8 Keine selbstständigen verantwortlichen Stellen sind diejenigen, die mit personenbezogenen Daten lediglich im Rahmen eines Vertragsverhältnisses über **Auftragsdatenverarbeitung** gemäß § 11 für andere umgehen, wie es beispielsweise Rechenzentren und ähnliche Dienstleistungsunternehmen häufig tun. Da diesen Auftragnehmern aufgrund der besonderen gesetzlichen Privilegierung der Auftragsdatenverarbeitung gemäß § 11 Abs. 1 Satz 2 die Eigenschaft als verantwortliche Stelle fehlt mit der Folge, dass allein der Auftraggeber der Dienstleistung als verantwortliche Stelle gilt, fallen die Auftragnehmer nicht unmittelbar unter den Anwendungsbereich des § 6 Abs. 2.

9 Weil der Betroffene die vertraglichen Hintergründe und Auftragsverhältnisse der einzelnen Datenverarbeitungsvorgänge in der Regel nicht kennt, wird teilweise zumindest eine mittelbare Verantwortlichkeit von auftragsdatenverarbeitenden Stellen angenommen.[12] Begründet wird diese Ansicht damit, dass derjenige, der lediglich Auftragnehmer im Sinn von § 11 ist, aus Gründen von Treu und Glauben zur Weiterleitung und Unterrichtung des Betroffenen verpflichtet sei. Aus dem Wortlaut des Gesetzes lässt sich diese Pflicht nicht entnehmen, auch wenn sie dem Schutzzweck der Norm, dem Betroffenen schnell und unkompliziert zu seinem Recht zu verhelfen, gerecht werden mag. Eine solche Pflicht widerspricht aber dem Grundprinzip der Auftragsdatenverarbeitung, nach dem allein die verantwortliche Stelle „Herrin der Daten" sein soll und der Auftragnehmer nur strikt weisungsgemäß handeln darf. Dementsprechend zählt § 11 Abs. 4 auch nur sehr begrenzte Pflichten des Auftragnehmers auf. Die Bearbeitung von Betroffenenanfragen ist die originäre Pflicht der verantwortlichen Stelle. Sie kann ihrer Verantwortung für die Datenverarbeitung nur gerecht werden, wenn sie über die Bearbeitung von Betroffenenanfragen selbst entscheidet. Ein Treueverhältnis besteht allein zwischen verantwortlicher Stelle und dem Auftragsdatenverarbeiter.

! In Verträgen über Auftragsdatenverarbeitung sollte vorgesehen werden, dass der beauftragte Dienstleister Anfragen von Betroffenen unverzüglich an die verantwortliche Stelle weiterzuleiten hat und nicht etwa eigenständig beantworten darf.

II. Ausblick auf die Novellierung des Europäischen Datenschutzrechts

10 Im Entwurfsvorschlag der Europäischen Kommission für eine EU-Datenschutz-Grundverordnung (DS-GVO-E) vom 25.01.2012[13] werden in Kapitel III (Art. 11 DS-GVO-E ff.) die Rechte des Betroffenen geregelt. Dort findet sich unter anderem

- **Informationsrechte**, nach denen der Betroffene bei der Verarbeitung personenbezogener Daten nicht nur über die verantwortliche Stelle, sondern auch über die Person des Datenschutzbeauftragten explizit aufzuklären ist (Art. 14 Abs. 1a DS-GVO-E), ferner über die Speicherfrist (Art. 14 Abs. 1c

8 Vgl. Gesetzesbegründung, BT-Drs. 11/4306, S. 41.
9 Vgl. *Gola/Schomerus*, § 6 Rn. 7; Taeger/Gabel/*Meents*, § 6 Rn. 15.
10 Vgl. *Bergmann/Möhrle/Herb*, § 6 Rn. 56; Plath/*Schreiber*, § 6 Rn. 16.
11 Vgl. Simitis/*Mallmann*, § 6 Rn. 28.
12 Vgl. *Schaffland/Wiltfang*, § 6 Rn. 25; *Gola/Schomerus*, § 6 Rn. 6.
13 Amtsblatt Nr. L 281 vom 23.11.1995, S. 31, siehe: http://ec.europa.eu/justice/data-protection/document/review2012/com_2012_11_de.pdf.

DS-GVO-E), sein Beschwerderecht bei der Aufsichtsbehörde (Art. 14 Abs. 1e DS-GVO-E) und über alle sonstigen Umstände, die unter Berücksichtigung der Grundsätze von Treu und Glauben im Einzelfall für den Betroffenen von Belang sind (Art. 14 Abs. 1h DS-GVO-E);

- **Auskunftsrechte**, die neben dem Zweck, der Art der Daten, der Empfänger und der Speicherdauer auch die Information des Betroffenen über Beschwerdestellen einschließlich der Bekanntgabe derer Kontaktdaten umfassen (Art. 15 Abs. 1 DS-GVO-E);
- **Berichtigungs- und Löschungsrechte** (Art. 16 ff. DS-GVO-E) einschließlich des „Rechts auf Vergessenwerden" (Art. 17 DS-GVO-E) und das Recht auf Übertragung der Daten (Art. 18 DS-GVO-E);
- **Widerspruchsrechte** sowohl gegen die Datenverarbeitung im Allgemeinen (Art. 19 Abs. 1 DS-GVO-E) als auch speziell gegen die Verwendung von Daten zu Direktwerbezwecken (Art. 19 Abs. 2 DS-GVO-E) und Profilingmaßnahmen (Art. 20 DS-GVO-E);
- **Benachrichtigungspflichten**, beispielsweise für den Fall, dass die Wahrscheinlichkeit einer Verletzung der Privatsphäre besteht (Art. 32 Abs. 1 DS-GVO-E).

Die verantwortliche Stelle wird durch den Verordnungsvorschlag in allgemeiner Sicht stärker in die Pflicht genommen, als dass sie binnen eines Monats verlangte Auskünfte erteilen oder über durchgeführte Maßnahmen schriftlich berichten muss (Art. 12 Abs. 2 DS-GVO-E) beziehungsweise im Fall der Weigerung dies dem Betroffenen gegenüber unter Darlegung einschließlich eines Hinweises auf die Beschwerdemöglichkeit zur Aufsichtsbehörde mitzuteilen hat (Art. 12 Abs. 3 DS-GVO-E).[14] 11

Die in Art. 14 Abs. 1 DS-GVO-E vorgesehenen Informationsrechte gehen über die nach dem BDSG bestehenden Rechte hinaus.[15] Über die Person des Datenschutzbeauftragten, das Beschwerderecht bei der Aufsichtsbehörde oder die Speicherdauer muss nach gegenwärtiger Rechtslage nicht informiert werden. 12

Das Recht auf Vergessenwerden des Art. 17 DS-GVO-E ist vom Grunde her auch im BDSG angelegt, indem § 3a das Gebot der Datensparsamkeit aufstellt. Es geht aber insoweit darüber hinaus, als dass die Verarbeitung nicht mehr erforderlicher Daten nicht nur bloß zu unterbleiben hat, sondern die auf Unterlassung bzw. Löschung in Anspruch genommene Stelle zusätzlich dafür sorgen muss, dass die Daten auch über Links oder sonstige Kopien nicht mehr verfügbar sind.[16] Schärfere Konturierungen, wie dies geschehen soll, bleibt der Gesetzestext schuldig.[17] 13

Gibt es mehrere verantwortliche Stellen, haben diese gemäß Art. 24 DS-GVO-E untereinander zu vereinbaren, wer von ihnen welche der gesetzlichen Datenschutzaufgaben erfüllt. Den Gedanken mehrerer Beteiligter kennt auch das nationalen Recht, wie sich beispielsweise aus den Regelungen zur Auftragsdatenverarbeitung (§ 11) oder den Bestimmungen zu Vorgängen mit mehreren speicherungsberechtigten Stellen (§ 6 Abs. 2) ergibt. In diesen Fällen bleibt den Beteiligten zwar nachgelassen, sich intern über organisatorische Fragen abzustimmen (siehe das Beispiel zum gemeinsamen Gewinnspiel, Rn. 7). Im Außenverhältnis zum Betroffenen sind die Zuständigkeitszuweisungen dagegen stets eindeutig. In diesem Sinn wird auch die neue europäische Bestimmung zu verstehen sein. Art. 24 DS-GVO-E bietet somit keine Rechtsgrundlage für eine willkürliche Verantwortungsverlagerung, indem mehrere Beteiligte ihre datenschutzrechtlichen Rollen durch einfache Parteivereinbarung beliebig hin und her verteilen. Ein gegenteiliges Verständnis des Verordnungsentwurfs ginge nicht nur mit einem Transparenzverlust für den Betroffenen bei der Ausübung seiner Rechte einher. Bei einer freien Möglichkeit zur individuellen Verantwortungsverteilung könnten sonst künftig außerdem allein die Machtverhältnisse zwischen zwei datenverarbeitenden Stellen darüber entscheiden, wer welche Datenschutzpflichten zu übernehmen hat, statt dies objektiv daran auszurichten, bei welchem Beteiligten die tatsächliche Kontrolle über die Daten liegt und wo sich welches konkrete Risiko verwirklichen kann. 14

Strenger gefasst ist schließlich die Benachrichtigungspflicht bei einem bekannt gewordenen Bruch der Datensicherheit. Während nach § 42a eine gewisse Intensität des Eingriffs erforderlich ist, fordert Art. 31 15

14 Vgl. *Lang*, KuR 2012, 148.
15 Vgl. *Dehmel/Hullen*, ZD 2013, 152.
16 Vgl. *Spies*, ZD 2011, 121.
17 Vgl. *Dehmel/Hullen*, ZD 2013, 151.

DS-GVO-E die Benachrichtigung grundsätzlich bei jeder Verletzung des Schutzes personenbezogener Daten innerhalb von 24 Stunden.[18]

B. Inhalt der Regelung

I. Verschlechterungsverbot, § 6 Abs. 1

1. Daten des Betroffenen

16 § 6 findet nur Anwendung, wenn der Betroffene Rechte im Zusammenhang mit Daten zu **seiner Person** hat.[19] Das ergibt sich sowohl aus dem Wortlaut – Abs. 2 spricht von „Daten des Betroffenen", Abs. 3 von „personenbezogenen Daten über die Ausübung eines Rechts des Betroffenen" – als auch aus dem Verweis auf die Rechte der §§ 19, 34, 20 und 35 in Abs. 1, deren Schutzbereich ebenfalls nur eigene Rechtspositionen des Betroffenen umfasst.

17 Keine eigenen Daten des Betroffenen sind dagegen berührt, wenn jemand Auskunfts-, Löschungs- oder sonstige Ansprüche im Zusammenhang mit den Daten einer anderen Person erhebt.[20] Darunter fällt beispielsweise die Einholung einer Bonitätsauskunft über einen Dritten. Diese Fälle schützt § 6 nicht.

2. Unabdingbarkeit

18 § 6 Abs. 1 verbietet nicht jede Änderung von Betroffenenrechten. Die Norm steht nur der rechtsgeschäftlichen Abänderung der gesetzlichen Betroffenenrechte entgegen, und das auch nur soweit, wie diese Rechte eingeschränkt werden sollen (**Verschlechterungsverbot**). Nicht vom Grundsatz der Unabdingbarkeit umfasst sind Vereinbarungen, durch die Rechtspositionen des Betroffenen verstärkt oder erweitert werden.[21] Unzulässig ist hingegen jede vom Gesetz abweichende Regelung, die die genannten Rechte beschränkt oder ausschließt.[22] Die ansonsten grundsätzlich bestehende Freiheit der Beteiligten, über ihre Rechte und Pflichten autonom entscheiden und verfügen zu können, wird durch § 6 Abs. 1 mithin ausnahmsweise begrenzt.[23]

19 Die konkrete Form des Rechtsgeschäfts ist unerheblich.[24] Entscheidend ist nur, dass eine Willenserklärung vorliegt, die auf die Herbeiführung einer bestimmten Rechtsfolge gerichtet ist.[25] Das Verschlechterungsverbot bezieht sich somit auf alle in Betracht kommenden rechtsgeschäftlichen Grundlagen und gilt damit unter anderem für

- Vereinbarungen in individuell ausgehandelten privatrechtlichen Verträgen,
- standardisierte Regelungen in Allgemeinen Geschäftsbedingungen im Sinn von § 305 Abs. 1 BGB,
- Betriebsvereinbarungen,
- öffentlich-rechtliche Verträge,
- sonstiges hoheitliches oder fiskalisches Handeln (beispielsweise Auflagen oder Bedingungen als Nebenbestimmungen zu einem Verwaltungsakt),
- einseitige Erklärungen (beispielsweise eine Verzichtserklärung des Betroffenen).[26]

20 Ausgeschlossen im Sinn von § 6 Abs. 1 ist ein Recht dann, wenn die Vereinbarung zu einem Rechtsverzicht führt, der Betroffene das Recht also nicht mehr geltend machen kann.[27]

---

18 Vgl. *Spies*, ZD 2011, 122.
19 Vgl. *Bergmann/Möhrle/Herb*, § 6 Rn. 10; *Schaffland/Wiltfang*, § 6 Rn. 6.
20 Vgl. *Bergmann/Möhrle/Herb*, § 6 Rn. 10; *Schaffland/Wiltfang*, § 6 Rn. 6.
21 Vgl. *Bergmann/Möhrle/Herb*, § 6 Rn. 3; *Gola/Schomerus*, § 6 Rn. 4; Taeger/Gabel/*Meents*, § 6 Rn. 7.
22 Vgl. *Gola/Schomerus*, § 6 Rn. 4.
23 Vgl. Simitis/*Dix*, § 6 Rn. 7 f.
24 Vgl. *Bergmann/Möhrle/Herb*, § 6 Rn. 26; Simitis/*Dix*, § 6 Rn. 15.
25 Vgl. Simitis/*Dix*, § 6 Rn. 11.
26 Vgl. *Bergmann/Möhrle/Herb*, § 6 Rn. 30, 33; Däubler/Klebe/Wedde/Weichert/*Däubler*, § 6 Rn. 5; Simitis/*Dix*, § 6 Rn. 11, 17; *Gola/Schomerus*, § 6 Rn. 4.
27 Vgl. *Bergmann/Möhrle/Herb*, § 6 Rn. 27; Taeger/Gabel/*Meents*, § 6 Rn. 9.

Beschränkt ist ein Recht, wenn dem Betroffenen bei Erfüllung des Anspruchs entweder inhaltlich weniger zugestanden wird, als vom Gesetz vorgesehen, oder er zur Erreichung des Anspruchsziels höhere Voraussetzungen erfüllen muss als diejenigen, die nach dem Gesetz bereits ausreichend wären.[28] Das können sowohl unmittelbar wirkende Beschränkungen als auch indirekt wirkende Maßnahmen sein, die die Rechtsausübung erschweren (Koppelungsverbot)[29]. 21

!

Unzulässig ist es, für die Erfüllung des Betroffenenverlangens zusätzliche, im Gesetz nicht vorgesehene Bedingungen zu stellen. Beispiele dafür sind Auskunftserteilungen nur bei persönlicher Vorsprache, an bestimmten Stichtagen[30] oder nur gegen Gebühr[31]. Ebenso unzulässig ist die Verweigerung einer Auskunft unter Berufung auf ein Zurückbehaltungsrecht wegen angeblich noch offener Rechnungen des Betroffenen.[32] Statthaft sind dagegen alle Maßnahmen, die eine sorgfältige Beantwortung der Anfrage erst möglich machen, beispielsweise die Anforderung einer Ausweiskopie zu Identifikationszwecken.

Auch wenn die Überschrift es nahelegen könnte, so handelt es sich bei den in § 6 aufgeführten Rechten nicht um eine abschließende Aufzählung der Betroffenenrechte.[33] Aus Abs. 1 kann folglich nicht geschlossen werden, was dort nicht erwähnt ist, sei zur beliebigen Disposition gestellt.[34] Die dort genannten Rechte sind allerdings schon kraft der ausdrücklichen Bestimmung im Wortlaut von Abs. 1 unabdingbar. Bei anderen Betroffenenrechten ergibt sich dies mitunter erst aus dem Sinn und Zweck der Rechtsposition[35] oder aus landesrechtlichen Spezialvorschriften.[36] Beispiele für weitere, ebenfalls nicht per Rechtsgeschäft einschränkbare Betroffenenrechte sind:[37] 22

- **Widerspruchs- und Gegendarstellungsrechte** wie das allgemeine Widerspruchsrecht (§§ 20 Abs. 5, 35 Abs. 5), das Recht zum Werbewiderspruch (§ 28 Abs. 4) oder das Recht auf Speicherung einer Gegendarstellung gegenüber einer Rundfunkanstalt (§ 41 Abs. 2),
- **Informationsrechte** wie das Recht auf Benachrichtigung vor einer Datenspeicherung oder Datenübermittlung (§§ 19a, 33) oder das Einsichtsrecht in die bei den Aufsichtsbehörden geführten Register (§§ 21, 26 Abs. 5, 38 Abs. 1 und Abs. 2),
- **Beteiligungsrechte** wie das Recht auf Anrufung der Aufsichtsbehörden (§ 38 Abs. 1 Satz 8), des Bundesbeauftragten für den Datenschutz und die Informationsfreiheit (§ 21), der Landesdatenschutzbeauftragten, den betrieblichen Datenschutzbeauftragten (§ 4f Abs. 5 Satz 2) oder den Datenschutzbeauftragten der Deutschen Welle (§ 42 Abs. 3),
- die Möglichkeit zur Geltendmachung von **Schadensersatz- und Unterlassungsansprüchen** nach den besonderen datenschutzspezifischen Rechtsvorschriften (§§ 7, 8) ebenso wie nach den allgemeinen Tatbeständen für unerlaubten Handlungen (beispielsweise §§ 823, 1004 BGB).

All diese Rechte werden durch § 6 Abs. 1 nicht gewährt, sondern als bestehend vorausgesetzt.[38] 23

---

28 Vgl. *Gola/Schomerus*, § 6 Rn. 5; Taeger/Gabel/*Meents*, § 6 Rn. 10.
29 Vgl. *Bergmann/Möhrle/Herb*, § 6 Rn. 6 und 28.
30 Vgl. *Bergmann/Möhrle/Herb*, § 6 Rn. 26.
31 Vgl. Däubler/Klebe/Wedde/Weichert/*Däubler*, § 6 Rn. 5; Simitis/*Dix*, § 6 Rn. 18.
32 Vgl. *Bergmann/Möhrle/Herb*, § 6 Rn. 28; *Gola/Schomerus*, § 6 Rn. 5; siehe auch § 34 Abs. 8 als Beispiel für eine gesetzliche Regelung zur Entgeltlichkeit von Auskunftsansprüchen.
33 Vgl. *Gola/Schomerus*, § 6 Rn. 2.
34 Däubler/Klebe/Wedde/Weichert/*Däubler*, § 6 Rn. 9; Simitis/*Dix*, § 6 Rn. 19.
35 Vgl. *Bergmann/Möhrle/Herb*, § 6 Rn. 6; Simitis/*Dix*, § 6 Rn. 19.
36 Vgl. *Gola/Schomerus*, § 6 Rn. 9.
37 Siehe auch *Bergmann/Möhrle/Herb*, § 6 Rn. 6; Däubler/Klebe/Wedde/Weichert/*Däubler*, § 6 Rn. 9; *Gola/Schomerus*, § 6 Rn. 2.
38 Vgl. *Bergmann/Möhrle/Herb*, § 6 Rn. 4; Däubler/Klebe/Wedde/Weichert/*Däubler*, § 6 Rn. 4.

3. Verhältnis von § 6 zur Einwilligung gemäß §§ 4, 4a

24 Die Unabdingbarkeit bestimmter Rechte bedeutet nicht, dass damit zugleich die Einwilligung des Betroffenen in bestimmte Arten der Datenverarbeitung ausgeschlossen wäre. Dieses Recht bleibt ihm erhalten.[39]

II. Verbunddateien und vernetzte Systeme, § 6 Abs. 2

1. Automatisierte Speicherung im Verbund, § 6 Abs. 2 Satz 1 1. Hs.

25 Mitunter sind Datenverarbeitungsvorgänge so gestaltet, dass mehrere Stellen auf eine Datei mit personenbezogenen Daten Zugriff haben. § 6 Abs. 2 Satz 1–3 soll verhindern, dass dem Betroffenen die Geltendmachung seiner Rechte durch Zuständigkeitsverweise der speichernden Stellen erschwert wird, wenn seine Daten in miteinander vernetzten Systemen verarbeitet werden und er nicht ohne Weiteres erkennen kann, welche der beteiligten Stellen nun gerade für seine Daten zuständig ist. Ein Verbundsystem im Sinn von § 6 Abs. 2 setzt demnach eine Beteiligung von **mindestens zwei Stellen** voraus.[40] Ein Beispiel dafür ist die Datenverarbeitung in Konzernen.[41]

26 In einem solchen Verbundsystem kann sich der Betroffene zur Geltendmachung seiner Rechte an jeden Beteiligten wenden. Trifft er auf den „richtigen", erfüllt dieser den Anspruch.[42] Trifft er auf den „falschen", hat dieser das Anliegen an die zuständige Stelle weiterzuleiten und den Betroffenen über die Weiterleitung und die verantwortlichen Stelle zu informieren.

27 Richtet der Betroffene seine Ansprüche an eine Stelle, die überhaupt nicht an dem konkreten Verbundsystem beteiligt ist, gibt es für diese Stelle weder eine Verpflichtung, den richtigen Ansprechpartner ausfindig zu machen noch in sonstiger Weise auf das Anliegen des Betroffenen zu reagieren.[43]

28 In welcher Form der Betroffene sein Anliegen vorträgt – schriftlich, mündlich, durch persönliche Vorsprache –, bleibt ihm überlassen. Das Gesetz macht dazu keine Vorgaben.[44]

> **!** Selbst wenn im konkreten Fall keine Verpflichtung besteht, auf eine Anfrage des Betroffenen zu antworten, weil die in Anspruch genommene Stelle beispielsweise überhaupt nicht an dem Verbundsystem beteiligt ist, sollten Anfragen dennoch nicht kommentarlos abgelegt werden. Eine kurze Mitteilung an den Betroffenen mit einer Erklärung über die fehlende Datenverarbeitung vermeidet, dass dieser sich wegen vermuteter Untätigkeit verärgert an die Aufsichtsbehörde wendet, welche dann eventuell zur Stellungnahme auffordert.

2. Fehlende Erkennbarkeit des Speicherorts, § 6 Abs. 2 Satz 1 2. Hs.

29 Die Erleichterungsregel, sich bei mehreren Beteiligten an einen beliebigen wenden zu dürfen, kann nur in Anspruch genommen werden, wenn der Betroffene nicht weiß, bei wem seine Daten gespeichert sind. Diese Voraussetzung ist nicht erfüllt, wenn der Betroffene von einer Stelle gemäß § 33 informiert wurde.[45] Dann hat er sein Ersuchen auch direkt dorthin zu richten. Hat ihn dagegen kein Beteiligter informiert oder sind dem Betroffenen Unterrichtungsmitteilungen von mehreren Stellen in der Weise zugegangen, dass die wahre Verarbeitungslage für ihn unklar bleibt, erlässt § 6 Abs. 1 dem Betroffenen die Zumutungen weiterer Nachforschungen. In diesen Fällen ist die fehlende Erkennbarkeit des Speicherorts gegeben.[46]

---

39 Vgl. *Gola/Schomerus*, § 6 Rn. 2.
40 Vgl. Däubler/Klebe/Wedde/Weichert/*Däubler*, § 6 Rn. 11; Simitis/*Mallmann*, § 6 Rn. 27; *Schaffland/Wiltfang*, § 6 Rn. 25.
41 Vgl. Taeger/Gabel/*Meents*, § 6 Rn. 12.
42 Vgl. *Bergmann/Möhrle/Herb*, § 6 Rn. 54.
43 Vgl. *Gola/Schomerus*, § 6 Rn. 6; Taeger/Gabel/*Meents*, § 6 Rn. 13.
44 Vgl. *Bergmann/Möhrle/Herb*, § 6 Rn. 54; Simitis/*Mallmann*, § 6 Rn. 36.
45 Vgl. Däubler/Klebe/Wedde/Weichert/*Däubler*, § 6 Rn. 11.
46 Vgl. Däubler/Klebe/Wedde/Weichert/*Däubler*, § 6 Rn. 11; Simitis/*Dix*, § 6 Rn. 34.

Die Anforderungen an die fehlende Erkennbarkeit des Speicherorts sind nicht besonders streng. Insbesondere stellt § 6 Abs. 1 nicht auf die individuelle Kenntnis des Betroffenen ab, sondern lässt nicht vorhandenes Wissen um die Speichervorgänge bereits auf abstrakter Ebene ausreichen.[47] Zur Tatbestandserfüllung genügt es daher, dass es sich um solche Verbunddateien oder vernetzte Systeme handelt, für die es aufgrund ihrer **Komplexität** geradezu typisch ist, dass nach außen „nicht ohne Weiteres erkennbar ist", wo genau die Zuständigkeit für einzelne Daten liegt.[48] 30

Im Fall von Konzernen und großen Unternehmensverbünden, die zwar aus einer Vielzahl eigenständiger Organisationseinheiten bestehen, von Außenstehenden jedoch als einheitliche „Marke" wahrgenommen werden (sollen), wird deshalb teilweise angenommen, dass der Betroffene sein Anliegen an eine beliebige Konzerngesellschaft adressieren kann, die dann das Weitere zu veranlassen habe.[49]

! Größere Unternehmensverbünde sollten dafür Sorge tragen, dass Anfragen von Betroffenen unverzüglich an eine zentrale Stelle weitergeleitet werden (z.B. den Konzerndatenschutzbeauftragten oder die Rechtsabteilung) und dann von der zuständigen Stelle beantwortet werden. Der Einwand, der Betroffene habe seine Anfrage nicht richtig adressiert, mag zwar im Einzelfall berechtigt sein, führt aber in der Praxis meist nur zu Diskussionen mit dem Betroffenen und eventuell der Aufsichtsbehörde.

3. Weiterleitungspflicht, § 6 Abs. 2 Satz 2

Die angesprochene an dem Verbundsystem beteiligte, für die Verarbeitung der Betroffenendaten aber unzuständige Stelle ist zur Weiterleitung des Anliegens an die zuständige Stelle verpflichtet. Vorgaben für eine bestimmte Form dieser Mitteilung an die verantwortliche Stelle enthält das Gesetz nicht. Auch konkrete Fristen zur Erfüllung der Weiterleitungspflicht fehlen. Das Verfahren kann demnach prinzipiell frei gestaltet werden. 31

! In der Praxis empfiehlt es sich, die Weiterleitung des Anliegens des Betroffenen an die verantwortliche Stelle nicht auf die lange Bank zu schieben und sie im Übrigen so vorzunehmen, dass sie für Nachweiszwecke dokumentiert ist.[50] So lässt sich das Beschwerdepotenzial des Betroffenen verringern. Auch kann eine fahrlässige Verzögerung zu Schadensersatzansprüchen der verantwortlichen Stelle führen.

Bringt der Betroffene sein Anliegen schriftlich vor, genügt es für die Erfüllung der Weiterleitungspflicht, wenn die verantwortliche Stelle darüber durch Zusendung einer Kopie, eines Telefaxes, eines Anrufs oder in sonstiger Weise informiert wird. Teilweise wird vertreten, der verantwortlichen Stelle sei (zusätzlich) das Originalschriftstück des Betroffenen zu übermitteln.[51] Für eine Rechtsverpflichtung zur (zusätzlichen) Weiterleitung des Originalschriftstücks des Betroffenen gibt der Gesetzeswortlaut indes nichts her. Die von der Norm bezweckte verlässliche Beantwortung der Anfrage des Betroffenen wird der verantwortlichen Stelle durch den Besitz der Originalurkunde weder erleichtert noch durch eine Abschrift erschwert. Auch sonstige Vorteile, etwa ein zusätzlicher Gewinn an Rechtssicherheit, sind nicht erkennbar, sodass die Weitergabe des Originalschreibens entbehrlich ist. 32

4. Unterrichtungspflicht, § 6 Abs. 2 Satz 3

Der Betroffene ist sowohl über die Tatsache der Weiterleitung seines Anliegens als solche als auch über die Stelle, an die weitergeleitet wurde, zu informieren. Zwar enthält das Gesetz keine ausdrückliche Verpflichtung, dem Betroffenen neben einer Bezeichnung der verantwortlichen Stelle auch deren Anschrift oder sonstige Kontaktdaten mitzuteilen. Angesichts der Zielrichtung der Norm, dem Betroffenen Klarheit 33

---

47 Vgl. Simitis/*Mallmann*, § 6 Rn. 32.
48 Vgl. Gesetzesbegründung, BT-Drs. 11/4306, S. 41.
49 Vgl. *Bergmann/Möhrle/Herb*, § 6 Rn. 55.
50 So auch Simitis/*Mallmann*, § 6 Rn. 39.
51 Simitis/*Mallmann*, § 6 Rn. 39.

über die tatsächlichen Verhältnisse der ihn betreffenden Datenverarbeitungsvorgänge zu verschaffen, sind genauere Angaben zur verantwortlichen Stelle gleichwohl zweckdienlich. Diese ist daher zumindest mit ihrem vollständigem Namen und dem Ort ihres Geschäftssitzes zu bezeichnen.[52] Weitere Details zu verantwortlichen Stelle können mitgeteilt werden, müssen es in der Weiterleitungsnachricht aber nicht. Der Betroffene erfährt diese Informationen spätestens, wenn sich die zuständige Stelle in Erfüllung des ihr weitergebenen Anliegens in der Folge bei dem Betroffenen meldet.

! Aus denselben Erwägungen, die für die Ordnungsgemäßheit der Weiterleitung angestellt wurden, ist auch hier dazu zu raten, die fehlenden gesetzlichen Bedingungen zu Form und Frist der Unterrichtung nicht überzustrapazieren und die Unterrichtung im eigenen Interesse alsbald und in einer belegbaren Form vorzunehmen.

34 Die Unterrichtungspflicht besteht dem Wortlaut nach zulasten der Stelle, an die sich der Betroffene zuerst gewandt hat. Das Gesetzt verbietet es indes nicht, diese Aufgabe, beispielsweise aus Gründen der Organisationsvereinfachung, an einen Dritten zu übertragen. Als solcher kommt insbesondere die zuständige verantwortliche Stelle in Betracht,[53] da diese sich ohnehin mit dem Betroffenen ins Benehmen zu setzen hat.

! Der Verzicht auf eine separate Weitergabenachricht an den Betroffenen ist möglich, wenn verlässlich sichergestellt ist, dass die verantwortliche Stelle ohne Verzug die Benachrichtigung übernimmt. Die Verpflichtung zur unverzüglichen Bearbeitung sollte am besten ausdrücklich – eventuell sogar vertragsstrafenbewehrt – schriftlich vereinbart werden.

5. Verfahren bei Beteiligung von Sicherheitsbehörden, § 6 Abs. 2 Satz 4 und Satz 5

35 Für bestimmte Beteiligte an der Verbunddatenverarbeitung modifiziert das Gesetz die Unterrichtungspflicht. Ist eine der datenverarbeitenden Stellen eine Verfassungsschutzbehörde, der Bundesnachrichtendienst, der Militärische Abschirmdienst, eine Behörde des Bundesverteidigungsministeriums, der Staatsanwaltschaft, der Polizei oder der Finanzverwaltung, können diese gemäß § 6 Abs. 2 Satz 4 und Satz 5 statt des Betroffenen auch den Bundesbeauftragten für den Datenschutz und die Informationsfreiheit (BfDI) unterrichten. Die Formulierung „kann" legt nahe, dass es sich dabei um eine Ermessensentscheidung der Behörde handelt.[54]

36 Macht die verantwortliche Stelle von dieser Regelung Gebrauch, verweist § 6 Abs. 2 Satz 5 für das weitere Verfahren auf § 19 Abs. 6. Der Betroffene hat die Geltendmachung seiner Informationsrechte dann über den BfDI abzuwickeln, der bei der Weiterleitung der Auskunft die Sicherheitsbelange der Behörden berücksichtigen und gegebenenfalls auch der Geheimhaltung derer Ermittlungserkenntnisse Rechnung tragen wird.[55] Die Ausnahme von der allgemeinen Unterrichtungspflicht in Abs. 2 Satz 3 gilt ausschließlich für die in Satz 4 genannten Sicherheitsbehörden, deren Aufzählung insoweit abschließend ist.[56] Hintergrund ist, dass diese Stellen dem Betroffenen die Direkterteilung von Auskünften aus Gründen überwiegender Interessen der öffentlichen Sicherheit und Ordnung gemäß § 19 Abs. 3 beziehungsweise § 19 Abs. 4 verweigern können.[57]

37 Denkbar ist, dass die ersuchte Behörde jede Art von Information zurückhält, weil in ihren Augen schon die Weiterleitung an den Bundesbeauftragten ein Sicherheitsrisiko darstellt (§ 19 Abs. 6 Satz 1). Dem

52 Noch etwas weitergehend Simitis/*Mallmann*, § 6 Rn. 41, die auch die Mitteilung der Anschrift der verantwortlichen Stelle für erforderlich halten.
53 So auch Simitis/*Mallmann*, § 6 Rn. 42.
54 So auch *Bergmann/Möhrle/Herb*, § 6 Rn. 61; a. A. Simitis/*Mallmann*, § 6 Rn. 48, der aufgrund des Zusammenhangs mit § 19 und des allumfassenden Auskunftsanspruchs des Betroffenen keinen Raum für eine Ermessensausübung, sondern eine Pflicht der Behörde zur Einschaltung des BfDI sieht, wenn die Voraussetzungen des § 19 Abs. 4 erfüllt sind.
55 Vgl. *Bergmann/Möhrle/Herb*, § 6 Rn. 64; Däubler/Klebe/Wedde/Weichert/*Däubler*, § 6 Rn. 13.
56 Vgl. Taeger/Gabel/*Meents*, § 6 Rn. 19.
57 Vgl. *Bergmann/Möhrle/Herb*, § 6 Rn. 60.

ließe sich entgegenhalten, dass eine Totalverweigerung jeglicher Auskunftserteilung zum einen mit dem allgemeinen Gedanken der Informationsfreiheit nicht in Übereinstimmung zu bringen ist und zum anderen durch die vorgesehene Zwischenschaltung des Bundesbeauftragten ohnehin eine Filterung der den Betroffenen erreichenden Daten stattfindet.[58]

III. Nutzungsverbot, § 6 Abs. 3

Eine Ausübung von Rechten ist nicht möglich, ohne dass auch dabei selbst wieder Daten anfallen. § 6 Abs. 3 enthält für die verantwortliche Stelle – gleichgültig, ob es sich um eine öffentliche oder nicht-öffentliche Datenverarbeitung handelt[59] – eine **Zweckbindung** für diese Daten dahingehend, dass sie ausschließlich zur Erfüllung des Anliegens des Betroffenen verwendet werden dürfen. Sie gilt auch für die Bearbeitung von Vorgängen durch den Datenschutzbeauftragten.[60] Darüber hinaus dürfen Daten, die aus der Geltendmachung von Betroffenenrechten erst entstehen, weder weiterverarbeitet noch in sonstiger Weise genutzt werden.[61] 38

Das Nutzungsverbot sollte erreichen, die Verfahren bei Auskunfteien für den Betroffenen transparenter zu machen.[62] Eine entsprechende Einschränkung hat in den Text der Norm jedoch keinen Einfluss gefunden. Bei wortgetreuer Auslegung ergibt sich somit ein weiter Anwendungsbereich. § 6 Abs. 3 ist dann nicht nur auskunfteispezifisch, sondern allgemeingültig – unabhängig vom Zweck, den die verantwortliche Stelle mit der Datenverarbeitung verfolgt – zu verstehen. Der Schutzbereich umfasst damit sowohl die Daten, die bei der Bearbeitung von Ansprüchen des Betroffenen nach dem BDSG anfallen, als auch Daten aus dem Umgang mit Betroffenenrechten aus weiteren Vorschriften außerhalb des BDSG.[63] Letztere sind allerdings nur betroffen, wenn es sich um eine Vorschrift „über den Datenschutz" handelt (§ 6 Abs. 3 1. Hs.), das heißt der Zweck der betreffenden Vorschrift explizit im Schutz personenbezogener Daten besteht. Regelt die betreffende Rechtsnorm zwar Ansprüche des Betroffenen, hat sie dabei aber eine erkennbar andere Zielrichtung als den Datenschutz, unterfallen die Informationen aus der Bearbeitung solcher Ansprüche nicht dem Nutzungsverbot des § 6 Abs. 3. 39

Dadurch, dass er von seinen Datenschutzrechten Gebrauch macht, darf dem Betroffenen kein wie auch immer gearteter rechtlicher, wirtschaftlicher oder ideeller Nachteil entstehen.[64] So darf etwa 40

- ein Werbewiderspruch beziehungsweise die Datensammlung einer sogenannten „Robinson-Liste" ausschließlich für die Entscheidung über die Durchführung oder den Ausschluss von der Werbemaßnahme genutzt werden,[65]
- die bloße Tatsache einer Auskunftsanfrage an eine Auskunftei nicht in die Bewertung der Bonität des Anfragenden einfließen,[66]
- ein Arbeitnehmer, der Einsicht in seine Personalakte verlangt, nicht beförderungsschädlich als Querulant oder Rechthaber etikettiert werden.[67]

Das Zweckbindungsgebot hat in Verbindung mit dem Grundsatz der Datensparsamkeit aus § 3a zur Folge, dass die sich aus der Rechtsausübung ergebenden Daten zu löschen oder zumindest zu anonymisieren sind, wenn der vom Betroffenen erhobene Anspruch erfüllt ist und die Daten für die weitere Abwicklung nicht mehr benötigt werden.[68] Rechtfertigungsgründe für eine weitere Aufbewahrung können **Dokumentations- und Beweissicherungsinteressen** sein. 41

---

58 Vgl. Däubler/Klebe/Wedde/Weichert/*Däubler*, § 6 Rn. 14, der das völlige Vorenthalten jeglicher Information für nicht hinnehmbar erachtet, da es jegliche Transparenz beseitige.
59 Vgl. *Bergmann/Möhrle/Herb*, § 6 Rn. 67b.
60 Vgl. Simitis/*Mallmann*, § 6 Rn. 65.
61 Vgl. *Gola/Schomerus*, § 6 Rn. 8a; Taeger/Gabel/*Meents*, § 6 Rn. 22.
62 Vgl. Gesetzesbegründung, BT-Drs. 16/10529, S. 13; Däubler/Klebe/Wedde/Weichert/*Däubler*, § 6 Rn. 3a.
63 Vgl. *Bergmann/Möhrle/Herb*, § 6 Rn. 67a; Simitis/*Mallmann*, § 6 Rn. 63.
64 Vgl. *Bergmann/Möhrle/Herb*, § 6 Rn. 67c.
65 Vgl. *Gola/Schomerus*, § 6 Rn. 8a.
66 Vgl. Gesetzesbegründung, BT-Drs. 16/10529, S. 13; siehe auch die Spezialvorschrift für die Datenübermittlung an Auskunfteien zum Verbot der Berücksichtigung von Konditionenanfragen in § 28a Abs. 2 S. 4.
67 Vgl. Däubler/Klebe/Wedde/Weichert/*Däubler*, § 6 Rn. 15.
68 Vgl. Däubler/Klebe/Wedde/Weichert/*Däubler*, § 6 Rn. 15; Simitis/*Dix*, § 6 Rn. 65; *Gola/Schomerus*, § 6 Rn. 8c.

> Vergessen Sie nicht, dass die Zweckbindung auch Daten betrifft, die aus der Bearbeitung sonstiger datenschutzrechtlicher Ansprüche entstanden sind. Andere Vorschriften über den Datenschutz im Sinn von § 6 Abs. 3 müssen nicht unbedingt gesetzliche Bestimmungen sein. Darunter fallen beispielsweise auch Datenschutzklauseln in Betriebsvereinbarungen.[69]

IV. Rechtsfolgen bei Verstoß

1. Verletzungen von § 6 Abs. 1

42 Bei einer Rechtsverletzung im privatrechtlichen Bereich ist je nach Verständnis von § 6 Abs. 1 das betreffende Rechtsgeschäft entweder bereits als von Anfang an unwirksam anzusehen[70], weil eine Einschränkung von Betroffenenrechten schon kein tauglicher Gegenstand eines Rechtsgeschäfts sein kann. Oder man fasst § 6 Abs. 1 als Verbotsgesetz auf, sodass das zugrunde liegende Rechtsgeschäft gemäß § 134 BGB als nichtig anzusehen ist.[71] Woraus die Unwirksamkeit letztlich abgeleitet wird, kann dahinstehen.[72] Entscheidend ist, dass die beschränkende Regelung **keinerlei Rechtswirkungen** zulasten des Betroffenen entfaltet. Ist die Regelung Bestandteil weiterer Vertragsklauseln, richtet sich das Schicksal der übrigen vertraglichen Bestimmungen nach § 139 BGB[73]; sofern die unzulässige Beschränkung Bestandteil Allgemeiner Geschäftsbedingungen ist, sind zusätzlich die Wertungsverbote der §§ 307 ff. BGB einschlägig.[74] Eine unzulässig die Betroffenenrechte beschränkende Vertragsklausel kann demnach grundsätzlich alle übrigen Vertragsbedingungen „infizieren", sodass der gesamte Vertrag nichtig ist. Das setzt gemäß § 139 BGB aber voraus, dass der Vertrag ohne die diskriminierende Klausel nicht abgeschlossen worden wäre. Da die von § 6 geschützten Betroffenenrechte aber zugunsten des Betroffenen wirken, der Betroffene also durch die Unwirksamkeit einer einschränkenden Vertragsklausel keine Rechtsposition verliert, sondern Ansprüche hinzugewinnt, wird im Regelfall davon auszugehen sein, dass er den Vertrag ohne die benachteiligende Klausel ebenfalls – mitunter sogar erst recht – gewollt hätte. In diesem Fall ist die Folge nur eine Teilnichtigkeit des Vertrags bezogen auf die unzulässigen Rechtsbeschränkungen. Die Regelungen im Übrigen bleiben wirksam.[75]

43 Ist die diskriminierende Klausel als Allgemeine Geschäftsbedingung gestaltet, ergibt sich ihre Unwirksamkeit aus § 307 BGB. Begründet werden kann dies bereits mit einer Verletzung der Generalklausel in § 307 Abs. 1 Satz 1 BGB, weil ein Verstoß gegen das Unabdingbarkeitsgebot des § 6 als unangemessene, treuwidrige Benachteiligung zu verstehen ist. Spätestens aber die Auffangklausel des § 307 Abs. 2 Nr. 1 BGB lässt eine die Betroffenenrechte einschränkende Klausel wirkungslos werden, da die Beschränkung mit den wesentlichen Grundsätzen der gesetzlichen Regelung des § 6 nicht vereinbar ist.

44 Verletzt ein Unternehmen durch unwirksame rechtsgeschäftliche Beschränkungen der Betroffenenrechte datenschutzrechtliche Bestimmungen und verschafft sich dadurch gegenüber seinen rechtstreuen Mitbewerbern einen Vorteil, kann dies ein unlauteres geschäftliches Verhalten gemäß §§ 1, 3 UWG darstellen. Ein solches **wettbewerbswidriges Verhalten** kann gemäß § 8 UWG Ansprüche auf Beseitigung und Unterlassung und gemäß § 9 UWG auf Schadensersatz auslösen.[76]

45 Bei Datenverarbeitungen im öffentlichen Bereich stellt ein Verstoß gegen das Unabdingbarkeitsgebot des § 6 Abs. 1 einen schwerwiegenden Fehler dar, der zur **Nichtigkeit des Verwaltungshandelns**, sei es ein Verwaltungsakt (siehe § 44 VwVfG), die Nebenbestimmung zu einem Verwaltungsakt (siehe § 36 VwVfG) oder ein öffentlich-rechtlicher Vertrag (§§ 59 Abs. 1 VwVfG i.V.m. 134 BGB beziehungsweise §§ 59 Abs. 2, 44 VwVfG).[77] Eine nur teilweise Nichtigkeit ist grundsätzlich denkbar. Dies ist im Einzelfall

---

69 Vgl. Erbs/Kohlhaas/*Ambs*, § 6 BDSG Rn. 10.
70 So Simitis/*Dix*, § 6 Rn. 23.
71 So *Bergmann/Möhrle/Herb*, § 6 Rn. 38; Taeger/Gabel/*Meents*, § 6 Rn. 11.
72 Vgl. Däubler/Klebe/Wedde/Weichert/*Däubler*, § 6 Rn. 6.
73 Vgl. Däubler/Klebe/Wedde/Weichert/*Däubler*, § 6 Rn. 6.
74 Vgl. *Bergmann/Möhrle/Herb*, § 6 Rn. 7.
75 Vgl. *Bergmann/Möhrle/Herb*, § 6 Rn. 38.
76 Vgl. OLG Köln v. 10.11.2000, Az. 6 U 105/00, MMR 2001, 385; *Bergmann/Möhrle/Herb*, § 6 Rn. 7 und 38.
77 Vgl. *Bergmann/Möhrle/Herb*, § 6 Rn. 34; Taeger/Gabel/*Meents*, § 6 Rn. 11.

nach §§ 59 Abs. 3 VwVfG, 139 BGB zu beurteilen.[78] Danach setzt Teilnichtigkeit die Annahme voraus, dass das Verwaltungshandeln auch ohne den nichtigen Teil zustande gekommen wäre. Kann dies nicht unterstellt werden, bleibt es bei der Nichtigkeit im Ganzen.

Sowohl im privatrechtlichen als auch im öffentlich-rechtlichen Bereich sind unter den weiteren Voraussetzungen der §§ 7, 8 Schadensersatzansprüche des Betroffenen gegen die verantwortliche Stelle möglich.[79] Eine Schadensersatzforderung muss dabei nicht zwingend auf eine Entschädigung in Geld gerichtet sein. Auch Beseitigungsansprüche können im Rahmen von Schadensersatzforderungen gemäß §§ 823, 1004 BGB i.V.m. § 6 gestellt werden.[80] 46

Eine Verletzung von § 6 Abs. 1 als Ordnungswidrigkeit oder Straftat zu verfolgen, scheidet aus, da das Gesetz § 6 im Katalog der §§ 43, 44 unerwähnt lässt. Verstöße gegen die Verpflichtungen aus § 6 Abs. 1 können somit auch nicht mit einem Bußgeld belegt werden. 47

2. Verletzungen von § 6 Abs. 2

Die Verletzung der Weiterleitungs- und Unterrichtungspflicht nach § 6 Abs. 2 Satz 2 und Satz 2 durch öffentliche Stellen ist eine Amtspflichtverletzung.[81] Im privaten Bereich kann sie Schadensersatzforderungen nach § 823 Abs. 2 BGB begründen.[82] Eine strafrechtliche Verfolgung von Verstößen gegen § 6 Abs. 2 ist in §§ 43, 44 nicht vorgesehen. 48

C. Muster

Muster für eine Unterrichtung des Betroffenen durch die unzuständige Stelle über die Weiterleitung an die zuständige Stelle gemäß § 6 Abs. 2 Satz 3 49

Personenbezogene Daten unserer Kunden/Lieferanten/Geschäftspartner/... werden in einem Netzwerk verarbeitet, an das auch wir angeschlossen sind. Zuständige Stelle für die Speicherung Ihrer Daten sind jedoch nicht wir, sondern ... (Name, Sitz und Kontaktdaten der verantwortlichen Stelle). Wir haben Ihr Anliegen bereits dahin weitergeleitet. Von dort erhalten Sie weitere Nachricht.

Eher abzuraten ist von ganz einfachen Erklärungen wie: „Wir haben Ihr Anliegen an XY in Z als die zuständige Stelle weitergeleitet. Von dort erhalten Sie weitere Nachricht." Zwar wäre den gesetzlichen Anforderungen mit einer solchen nüchternen Mitteilung durchaus Genüge getan. Weitergehende Erklärungen, insbesondere Kontaktdaten der verantwortlichen Stelle, sind aber dennoch empfehlenswert, weil sie Nachfragen zu vermeiden helfen. Allzu schlichte Mitteilungen könnten beim Anspruchsteller zudem den Eindruck erwecken, die angesprochene Stelle empfinde den Datenschutz nur als lästiges Übel. Derartigen „Klimavergiftungen" lässt sich durch Mitteilung hilfreicher zusätzlicher Informationen leicht entgegenwirken.

Zulässig und aus Gründen der Verfahrensvereinfachung durchaus zweckmäßig ist es, die Unterrichtung über die Unzuständigkeit der zunächst in Anspruch genommenen Stelle mit der inhaltlichen Bearbeitung des Begehrens durch die verantwortliche Stelle zu verbinden. Der Betroffene wird dadurch in seinem Informationsbedarf nicht schlechter gestellt. Im Idealfall lässt sich sein Anliegen so mit einer einzigen Kontaktaufnahme erledigen: 50

---

78 Vgl. Simitis/*Dix*, § 6 Rn. 24.
79 Vgl. Taeger/Gabel/*Meents*, § 6 Rn. 11.
80 Vgl. AG Saarbrücken v. 21.04.2011, Az. 36 C 155/10, openJur 2011, 91789 zum abgelehnten Anspruch auf Beseitigung in öffentlich zugänglichen Bereichen einer Wohnungseigentumsanlage; OLG Köln v. 30.10.2008, Az. 21 U 22/08, NJW 2009, 1827, zum vorbeugenden Unterlassungsanspruch aus §§ 823 Abs. 1, 1004 Abs. 1 BGB i.V.m. § 6 BDSG gegen eine Videokamera auf dem Nachbargrundstück.
81 Vgl. *Gola/Schomerus*, § 6 Rn. 7.
82 Vgl. *Gola/Schomerus*, § 6 Rn. 7; Simitis/*Dix*, § 6 Rn. 25.

Muster für eine Unterrichtung des Betroffenen über die Weiterleitung durch die zuständige Stelle in Kombination mit der Bearbeitung des Anliegens gemäß § 6 Abs. 2 Satz 3

Personenbezogene Daten unserer Kunden/Lieferanten/Geschäftspartner/... werden in einem Netzwerk verarbeitet. Verantwortliche Stelle im Sinn des Datenschutzrechts für die Speicherung Ihrer Daten sind wir/ist unsere Gesellschaft/ist unser Unternehmen. Ihre Anfrage vom ... hat die ... (Name, Sitz und Kontaktdaten der vom Betroffenen zuerst angesprochenen unzuständigen Stelle) daher zuständigkeitshalber an uns weitergeleitet. Dazu können wir Ihnen Folgendes mitteilen: ...

§ 6a Automatisierte Einzelfallentscheidung

(1) [1]Entscheidungen, die für den Betroffenen eine rechtliche Folge nach sich ziehen oder ihn erheblich beeinträchtigen, dürfen nicht ausschließlich auf eine automatisierte Verarbeitung personenbezogener Daten gestützt werden, die der Bewertung einzelner Persönlichkeitsmerkmale dienen. [2]Eine ausschließlich auf eine automatisierte Verarbeitung gestützte Entscheidung liegt insbesondere dann vor, wenn keine inhaltliche Bewertung und darauf gestützte Entscheidung durch eine natürliche Person stattgefunden hat.

(2) Dies gilt nicht, wenn

1. die Entscheidung im Rahmen des Abschlusses oder der Erfüllung eines Vertragsverhältnisses oder eines sonstigen Rechtsverhältnisses ergeht und dem Begehren des Betroffenen stattgegeben wurde oder

2. die Wahrung der berechtigten Interessen des Betroffenen durch geeignete Maßnahmen gewährleistet ist und die verantwortliche Stelle dem Betroffenen die Tatsache des Vorliegens einer Entscheidung im Sinne des Absatzes 1 mitteilt sowie auf Verlangen die wesentlichen Gründe dieser Entscheidung mitteilt und erläutert.

(3) Das Recht des Betroffenen auf Auskunft nach den §§ 19 und 34 erstreckt sich auch auf den logischen Aufbau der automatisierten Verarbeitung der ihn betreffenden Daten.

▶ Darum geht es

§ 6a will den Betroffenen davor schützen, zum bloßen Objekt automatisierter, meist rechnergestützter, Entscheidungsabläufe gemacht zu werden, an denen keine natürliche Person als Entscheider mehr mitwirkt, und in denen der Betroffene sich mit seinem Anliegen nach einer ablehnenden Entscheidung gegenüber keiner natürlichen Person mehr Gehör verschaffen kann. Der Betroffene soll die näheren Umstände der Entscheidung erfahren und gegen die Entscheidung Stellung beziehen können. Eine bestimmte Art der Entscheidung oder eine Beeinflussung des Entscheiders zugunsten der Interessen des Betroffenen will § 6a jedoch nicht.

▶ Schlagworte

Algorithmen; Scoring; Einzelfallentscheidung; Automatische Entscheidung; Entscheidung durch IT-Systeme und Verfahren aufgrund von Persönlichkeitsmerkmalen; Abhilfe bei Einzelfallentscheidung; Entscheidungsabläufe; Eingriff in Entscheidungsabläufe; Persönlichkeitsmerkmale; Bewertung der Persönlichkeitsmerkmale; Schutz der Persönlichkeitsrechte; Begründung von Rechtsverhältnissen; Auskunft über Entscheidungsabläufe; Wahrung von Betriebs- und Geschäftsgeheimnissen bei Auskünften; Entscheidung über Vertragsschlüsse; Entscheidung über Modalitäten des Vertrags; Inhaltliche Bewertung von Einzelfallentscheidungen; Online-Shops; Webgestützte Dienste; Beurteilung des Verhaltens und der Eigenschaften von Betroffenen; Schnittstellen zu Auskunfteien; Schnittstellen zu Warndiensten; EDV-Anlagen; Automatisierte Verarbeitung personenbezogener Daten

▶ Weitere relevante Vorschriften

§ 15 TMG; §§ 88, 95 TKG; §§ 134, 139 BGB; § 114 BBG; § 67b SGB X

A. Allgemeines

I. Regelungszweck

1 § 6a schafft einen **Ausgleich** zwischen den **Interessen** Betroffener und verantwortlicher Stellen in der Bewertung Betroffener im **Rechtsverkehr**. **Verantwortliche Stellen** wollen insbesondere bei **Massenrechtsgeschäften** durch schnelle, objektive und sichere **Entscheidungsfindung** Geschäftsprozesse zuverlässig und kostengünstig gestalten, ihr Vermögen schützen und Risiken minimieren. Wegen der **Vielzahl vergleichbarer Entscheidungen** wollen sie diese **automatisiert** treffen, ohne dass Entscheider in die Abläufe **eingreifen** müssten. Sie wollen hierbei personenbezogene Daten nutzen, die sie entweder **selbst gespeichert** haben oder die ihnen durch andere verantwortliche Stellen **übermittelt** werden. **Betroffene** wollen nicht zum bloßen **Objekt** einer nur noch durch elektronische Datenverarbeitung anhand solcher Daten getroffenen Entscheidungen gemacht werden, die sie teils **eingeschränkt**, teils **gar nicht beeinflussen** können. § 6a soll belastende Entscheidungen aufgrund von Persönlichkeitsprofilen ohne zusätzliche Überprüfung durch einen Menschen verhindern.[1] Die Regelung gilt für öffentliche und nicht-öffentliche Stellen.[2]

II. Umsetzung der Richtlinie 95/46/EG

2 § 6a **setzt** die Anforderungen aus **Art. 15 der Richtlinie 95/46/EG** um und entfernt sich hierbei vom Wortlaut der Richtlinie teils deutlich. Die wesentlichen Unterschiede zwischen der Richtlinie und § 6a sowie Hinweise für eine **richtlinienkonforme Auslegung** des § 6a sind nachfolgend genannt.

1. Merkmale des Betroffenen

3 Art. 15 nennt, nicht abschließend, die **Beispiele** berufliche Leistungsfähigkeit, Kreditwürdigkeit, Zuverlässigkeit und Verhalten, und stellt so auf Merkmale ab, die der Betroffene selbst **beeinflussen** kann, und aufgrund derer die verantwortliche Stelle als Vertragspartner **beurteilen** kann, wie wahrscheinlich **vertragstreues Verhalten** des Betroffenen ist. Bei richtlinienkonformer Auslegung des Begriffs Persönlichkeitsmerkmale sind deshalb grds. nur solche beeinflussbaren Merkmale zu berücksichtigen, um eine **übermäßig weite** Anwendung zu verhindern.

2. Wahrung berechtigter Interessen des Betroffenen

4 Art. 15 Abs. 2 lit. a lässt das **Verbot automatisierter Einzelentscheidung** bei der **Begründung** oder **Erfüllung** von **Vertragsverhältnissen entfallen**, wenn entweder dem **Ersuchen** des Betroffenen **stattgegeben** wird oder die **Wahrung** von Interessen des Betroffenen **garantiert** wird; hierbei ist die Möglichkeit, den eigenen **Standpunkt** geltend zu machen, nur ein Beispiel. **§ 6a folgt** dem weitgehend (in Abs. 2 Nr. 1 für den Fall stattgebender Entscheidungen, in Abs. 2 Nr. 2 für die Wahrung berechtigter Interessen), stellt aber anders als bis 2010 **nicht mehr** auf die Möglichkeit ab, einen **Standpunkt** gel-

1 BT-Drs. 14/4329, S. 29, 30.
2 Vergleichbare Regelungen finden sich in dem Verbot, beamtenrechtliche Entscheidungen ausschließlich auf Informationen und Erkenntnisse zu stützen, die unmittelbar durch automatisierte Verarbeitung personenbezogener Daten gewonnen werden (§ 114 Abs. 4 BBG), sowie in dem Verbot, Entscheidungen, die für den Betroffenen eine rechtliche Folge nach sich ziehen oder ihn erheblich beeinträchtigen, ausschließlich auf eine automatisierte Verarbeitung von Sozialdaten zu stützen, die der Bewertung einzelner Persönlichkeitsmerkmale dient (§ 67b SGB X).

tend zu machen, **sondern** fordert die Schaffung von **Transparenz** durch Mitteilung, dass eine automatisierte Entscheidung vorliegt, **und** sodann – nur auf Verlangen – die **Mitteilung** und Erläuterung der **maßgeblichen Gründe** der Entscheidung. Darüber hinaus nennt § 6a die von Art. 15 Abs. 2 lit. b eröffnete Möglichkeit, automatisierte Einzelfallentscheidungen durch Gesetz zuzulassen, nicht ausdrücklich; im Geltungsbereich des **BDSG** folgt diese Möglichkeit bereits aus **§ 4 Abs. 1** (Zulassung durch andere Rechtsvorschrift).[3]

3. Gegenvorstellung durch den Betroffenen

§ 6a nennt, anders als Art. 15 Abs. 2 lit. a, die **Gegenvorstellung** durch den Betroffenen nicht mehr **ausdrücklich**. Bei richtlinienkonformer Auslegung des § 6a ist die Gegenvorstellung geeignete **Maßnahme** zur Wahrung der berechtigten Interessen des Betroffenen nach § 6a Abs. 2 Nr. 2. Die verantwortliche Stelle muss die Gegenvorstellung nicht unbedingt **berücksichtigen**. 5

4. Auskunftsrecht des Betroffenen

Art. 15 normiert **kein eigenes Auskunftsrecht**; Abs. 2 bestimmt jedoch, dass seine Regelung unbeschadet der sonstigen Bestimmungen der Richtlinie anwendbar sei, womit die allgemeinen Vorschriften über die Auskunftsrechte gelten. § 6a Abs. 3 geht über die Anforderungen der Richtlinie hinaus; auch der logische Aufbau der automatisierten Verarbeitung der den Betroffenen betreffenden Daten ist erfasst. Zur richtlinienkonformen Auslegung dient wiederum der Maßstab der Wahrung berechtigter Interessen des Betroffenen. Der Gesetzgeber geht bei Neufassung des § 6a Abs. 3 davon aus, dass der Anwendungsbereich und das Auskunftsrecht selbst von eher geringer Bedeutung sein werden;[4] dies hat sich aufgrund der tatsächlichen Bedeutung der automatisierten Einzelfallentscheidung als unzutreffend herausgestellt. 6

III. Ausblick auf die EU-Datenschutz-Grundverordnung

Die geplante **EU-Datenschutz-Grundverordnung** (EU-GrundVO)[5] enthält in der Fassung des Kommissionsvorschlages einen Abschnitt 4, „Widerspruchsrecht und **Profiling**", in dessen Art. 20 der automatisierten Einzelfallentscheidung breiterer Raum eingeräumt wird. **Art. 20 EU-GrundVO** wurde aus Art. 15 der Richtlinie entwickelt; die Einzelfallentscheidung unterfällt jetzt dem Begriff des Profilings[6]. Die Kommission geht davon aus, dass eine natürliche Person sich **keiner Maßnahme unterwerfen** zu lassen braucht, die auf Profiling im Wege der automatischen Datenverarbeitung basiert, dass solche Entscheidungen aber **erlaubt sein können**.[7] 7

Art. 20 EU-GrundVO behält in Abs. 1 und 2 die wesentlichen Merkmale des Art. 15 bei, doch wird die Einwilligung des Betroffenen jetzt in Abs. 2 lit. c als eigene Alternative genannt, und Abs. 2 lit. a nennt als Maßnahme zur Wahrung berechtigter Interessen den **direkten persönlichen Kontakt**. Vorschriften über die Ausgestaltung des Kontakts sind nicht enthalten; doch muss der Kontakt, etwa durch **Telefongespräch** oder **Chat**, **interaktiv ausgestaltet** sein und den Zugang zu einem Entscheider oder einer Person vermitteln, die eine Entscheidung herbeiführen kann, da sonst die Merkmale **direkt** und **persönlich** nicht erfüllt wären. 8

Die automatisierte Verarbeitung darf sich nach Abs. 3 nicht ausschließlich auf die in **Art. 9 EU-GrundVO** genannten besonderen Kategorien personenbezogener Daten stützen; diese Beschränkung ist in Art. 15 und § 6a nicht enthalten, vielmehr gelten die allgemeinen Vorschriften über die Nutzung personenbezogener Daten. 9

---

3 BT-Drs. 14/4329, S. 37, lässt erkennen, dass der Gesetzgeber § 6a selbst als ein „Gesetz" im Sinne des Art. 15 angesehen hat; jedenfalls hat der Gesetzgeber aus Art. 15 die Berechtigung zum Erlass des § 6a abgeleitet.

4 BT-Drs. 14/4329, S. 28, dort im Rahmen der Betrachtung zu erwartender Kosten.

5 Verordnung des Europäischen Parlaments und des Rates zum Schutz natürlicher Personen bei der Verarbeitung personenbezogener Daten und zum freien Datenverkehr, veröffentlicht durch die EU-Kommission am 25.01.2012, KOM(2012) 11.

6 Begründung zur EU-GrundVO, Abschnitt 3.4.3.4.

7 EU-GrundVO, Erwägungsgrund 58.

10 Abs. 5 ermächtigt die Kommission zum Erlass **delegierter Rechtsakte** nach Art. 86 EU-GrundVO i.V.m. Art. 290 AEUV. Diese Ermächtigung ist in **zahlreichen** Vorschriften der EU-GrundVO enthalten und führt zu erheblicher **Rechtsunsicherheit,** da die Anforderungen an die delegierten Rechtsakte und ihr möglicher Gehalt nur vage umrissen sind. **Erwägungsgrund 129** der EU-GrundVO nennt auch den Schutz der Grundrechte und Grundfreiheiten und enthält eine sehr breite, nicht abschließende Aufzählung der Bereiche, in denen delegierte Rechtsakte erlassen werden sollen; eine weitere Verschärfung der Anforderungen erscheint daher nicht fernliegend.

IV. Praktische Bedeutung der Regelung

11 Die Regelung betrifft automatisierte Einzelfallentscheidungen in Bezug auf Betroffene, also **natürliche Personen** (§ 3 Abs. 1 BDSG a.E.). Die Regelung ist praktisch bedeutsam im Verhältnis zwischen verantwortlichen Stellen, die **Unternehmer** sind, und **Betroffenen**. Im **Arbeitsverhältnis** ist sie bedeutsam zwischen verantwortlichen Stellen, die **Arbeitgeber** sind, und Betroffenen, die **Arbeitnehmer** sind. Insbesondere in der Kreditwirtschaft ist die Regelung bedeutsam, tritt jedoch in der Wahrnehmung gegenüber dem später eingefügten § 28b zurück.

12 Die Regelung ist **nicht einschlägig**, falls eine Erhebung, Verarbeitung oder Nutzung von Daten, die Gegenstand einer automatisierten Einzelfallentscheidung sein können, und damit die Einzelfallentscheidung selbst, **ausschließlich für persönliche oder familiäre Tätigkeiten** erfolgt, da dann der Anwendungsbereich des BDSG **nicht eröffnet** ist (§ 1 Abs. 2 Nr. 3 Hs. 2). Insbesondere rein **privat** betriebene Telemediendienste wie **Websites**, **Blogs** und **Foren** sind nicht betroffen, obwohl auch bei ihnen automatisierte Einzelfallentscheidungen getroffen werden können; zu denken ist insbesondere an Entscheidungen über die **Freischaltung** von Zugängen zu abgeriegelten Bereichen, die aufgrund erhobener personenbezogener Daten durch den Telemediendienst automatisch zugelassen oder abgelehnt wird.[8]

13 Die Auskunftsrechte in Abs. 3 der Regelung haben erhebliche Auswirkungen auf **Betriebs- und Geschäftsgeheimnisse** solcher Unternehmen, die automatisierte Einzelfallentscheidungen vorbereiten oder auf deren Daten als Grundlage sie ergehen.[9]

Auskunftsverlangen, das Betriebs- und Geschäftsgeheimnisse berührt

Ein Betroffener hat den Verdacht, der Anbieter eines Onlineshops biete ihm aufgrund nachteiliger Kreditwürdigkeitsbeurteilung nur Lieferung auf Vorkasse an. Er verlangt Auskunft nicht nur über die Entscheidung selbst, sondern auch darüber, wie genau der Anbieter seine Kreditwürdigkeit errechnet oder sonst beurteilt hat. Legt der Anbieter seinen vollständigen Berechnungsprozess offen, würde dies seine Betriebs- und Geschäftsgeheimnisse berühren, da Berechnungsmodelle für die Kreditwürdigkeit als solche schützenswert sind. Sie sind Ergebnis oft langwieriger wissenschaftlicher Untersuchungen über die Vorhersage von Verhalten, nicht nur Auswertungen zahlreicher Vergleichsfälle, und stellen darum eine eigene geistige Leistung dar. Darüber hinaus eröffnet die Kenntnis der Berechnungsmodelle die Möglichkeit, sie durch gezielte Eingaben zu umgehen oder so zu beeinflussen, dass sie bestimmte Ergebnisse erwarten lassen.

8 Praktisch relevant ist die Zugangskontrolle etwa bei Foren, in denen sich gezielt bestimmte Personengruppen austauschen sollen, etwa Betroffene bestimmter Krankheiten und Angehörige von Strafgefangenen. Die eingesetzten Systeme versuchen oftmals aufgrund der Antworten auf bestimmte Fragen während der Registrierung, festzustellen, ob der sich anmeldende Nutzer dem zuzulassenden Nutzerkreis angehört. Lehnt das System den Zugang ab, so kann sich der Betroffene nur noch bei dem Betreiber selbst beschweren und um Zugang nachsuchen.

9 Die Begründung in BT-Drs. 14/4329, S. 28, konnte zwar die Einführung des § 28b noch nicht voraussehen, hat dennoch die Gefahr des Auskunftsrechts für die Betriebs- und Geschäftsgeheimnisse der verantwortlichen Stellen verkannt, indem der Regelung geringe praktische Bedeutung beigemessen wurde. Der Bundesrat widersprach dieser Auffassung, vgl. BT-Drs. 14/4329, S. 55.

B. Inhalt der Regelung

I. Struktur und Aufbau der Regelung

Die **Regelung** ist in Struktur, Aufbau und Wortlaut **misslungen**. Der Formulierung „Dies gilt nicht (...)" ab Beginn des Abs. 2 fehlt ein **klarer Bezug** auf eine Regelung. Es wird nicht klar, ob die Einschlägigkeit einer Alternative des Abs. 2 das Verbot des Abs. 1 Satz 1 oder das Vorliegen der Merkmale des Abs. 1 Satz 2 oder die Anwendbarkeit des gesamten Abs. 1 entfallen lässt. Dies ist für die Beurteilung der Frage wichtig, ob bei Einschlägigkeit einer Alternative des Abs. 2 gar keine oder nur eine erlaubte ausschließlich auf eine automatisierte Verarbeitung gestützte Entscheidung vorliegt. Es sind daher die Elemente der Regelung zu betrachten und anschließend in Zusammenhang zu setzen. 14

II. Das Merkmal „Entscheidungen", § 6a Abs. 1

Das Merkmal **Entscheidungen** umfasst grundsätzlich alle Entscheidungen einer verantwortlichen Stelle **gegenüber** dem **Betroffenen**, falls diese für den Betroffenen eine **rechtliche Folge** nach sich ziehen oder ihn **erheblich beeinträchtigen**. Im Rahmen des Abs. 1 kommt es noch nicht auf die **konkrete** rechtliche Folge für den Betroffenen an, da Abs. 1 Satz 1 Hs. 1 insoweit **neutral** formuliert ist. 15

Anders, als die Überschrift der Regelung zu zeigen scheint, sieht die Regelung in Abs. 1 Satz 1 Entscheidung und zugrunde liegende automatisierte Verarbeitung personenbezogener Daten als **getrennte** Vorgänge an („auf ... gestützt werden"). Satz 1 geht also **auch** dann von einer automatisierten Einzelfallentscheidung aus, wenn zwar die **Entscheidung** durch eine **natürliche Person** getroffen wurde, diese aber lediglich automatisiert verarbeitete personenbezogene Daten zur **Grundlage** ihrer Entscheidung gemacht hat. Ob der Entscheider **Ermessensspielraum** hat oder ob der Entscheider überhaupt eine natürliche Person ist, ergibt sich aus Abs. 1 Satz 1 nicht; klarer ist insoweit Art. 15 der Richtlinie, der in Abs. 1 statt vom „Gestütztwerden auf" vom „Ergehen" der Entscheidung spricht und damit die Möglichkeit einer auch durch automatische Datenverarbeitung selbst getroffenen Entscheidung klarer ausdrückt. 16

!

Zur Prüfung auf Zulässigkeit muss zunächst festgestellt werden, auf welche Grundlage die Entscheidung gestützt wird, und dann, ob die datenschutzrechtlichen Belange des Betroffenen gewahrt sind. Ist beides zu bejahen, dann ist der Inhalt der Entscheidung nur noch daraufhin zu prüfen, ob und welche rechtliche Folge und welche erhebliche Beeinträchtigung für den Betroffenen mit ihr verbunden ist. Dagegen braucht die verantwortliche Stelle nicht zu prüfen, ob die rechtliche Folge und die Beeinträchtigung an sich zulässig sind.

Der später angefügte Abs. 1 Satz 2 der Regelung will die sich aus Abs. 1 ergebende **Unklarheit** beseitigen, wann eine Entscheidung **ausschließlich** auf eine automatisierte Verarbeitung **gestützt** ist.[10] Er will auch verhindern, dass zur Umgehung des § 6a Abs. 1 ein Schein-Entscheider ohne inhaltliche Entscheidungsgewalt und ohne nötige Datengrundlage zwischengeschaltet wird.[11] Er nennt daher als Regelbeispiel den wichtigsten Fall, dass eine natürliche Person **nicht oder jedenfalls ohne inhaltliche Bewertung** entschieden hat. Eine natürliche Person als Entscheider muss die zur Verfügung stehenden Daten **inhaltlich bewerten** und eine eigene Entscheidung darauf stützen. Die Entscheidung muss **nicht im Sinne** des Betroffenen ausfallen oder seinem mutmaßlichen oder geäußerten Willen entsprechen.[12] Sie kann darin bestehen, dass ein IT-System **mögliche Entscheidungsalternativen** abschließend vorgibt, die zugrunde liegenden Daten vorstellt und dem Entscheider die **Auswahl** aus der Liste möglicher Entscheidungen überlässt. Die Auswahl muss mit echter inhaltlicher Prüfung verbunden sein.[13] Sie darf sich **nicht** darin erschöpfen, durch IT-Systeme vorgegebene Entscheidungen lediglich zur Kenntnis zu neh- 17

---

10 Zur Übersicht über das Gesetzgebungsverfahren insoweit Taeger/Gabel/*Mackenthun*, § 6a Rn. 2–6 m.w.N.
11 BT-Drs. 16/10529, S. 13.
12 BT-Drs. 16/10529, S. 13.
13 BT-Drs. 16/10529, S. 13, *Gola/Schomerus*, § 6a Rn. 6.

men,[14] da dies allenfalls eine Überwachung oder Stichprobenkontrolle, nicht aber eine Entscheidung wäre.

! Wird eine natürliche Person als Entscheider in den Entscheidungsprozess eingebunden, so beseitigt dies nur dann die automatisierte Einzelfallentscheidung, wenn der Entscheider die verarbeiteten Daten inhaltlich bewertet und echten Entscheidungsspielraum hat. Der Entscheidungsspielraum kann dadurch begrenzt sein, dass ein IT-System dem Entscheider die möglichen Entscheidungen aufzählt und die zugrunde liegenden Daten vorstellt. Der Entscheider muss nicht in der Lage sein, Entscheidungen zu treffen, die etwa nicht durch bestehende Geschäftsprozesse abgedeckt sind; er kann durch Auswahl aus automatisch erstellten Entscheidungsvorschlägen entscheiden. Der Entscheider kann auch eine bereits automatisiert getroffene Einzelfallentscheidung nachträglich ändern, da der Regelung nicht zu entnehmen ist, zu welchem Zeitpunkt er spätestens in die Entscheidung eingreifen muss.

Beispiel Onlineshop I: Offene Entscheidung über Zahlungsarten

Der Betreiber eines Onlineshops für den Verkauf von Waren an Verbraucher erfasst die Zahlungszielüberschreitungen seiner Kunden. Während eines Online-Bestellvorgangs errechnet das Shopsystem den Durchschnitt der Zahlungszielüberschreitungen der letzten 12 Monate und bietet dem Kunden, falls der Durchschnitt 10 Tage überschreitet, als Zahlungsarten Vorkasse und Nachnahme an. Eine Lieferung auf Rechnung wird als nicht möglich bezeichnet.

Wird in diesem Beispiel ein Entscheider in den Entscheidungsprozess einbezogen, so beseitigt seine Entscheidung die automatisierte Einzelfallentscheidung nur, falls er die Zahlungszielüberschreitungen des Kunden einsehen kann, ihm zusätzliche Informationen zur Bewertung der Zahlungszielüberschreitung zur Verfügung stehen (etwa Gründe für die Überschreitung wie Rechnungsklärung, Schlechterfüllung), und er dann die Lieferung auf Rechnung dennoch freigeben kann, bevor oder nachdem sie gegenüber dem Kunden abgelehnt wurde.

Kann der Entscheider lediglich die vorbereitete Entscheidung bestätigen, so beseitigt seine Einbeziehung nicht die automatisierte Einzelfallentscheidung. Unschädlich ist es, wenn sich der Entscheider an nicht automatisiert getroffene Einzelfallvorgaben halten muss, wie etwa das grundsätzliche Verbot, einen bestimmten Kunden auf Rechnung zu beliefern.

Beispiel Onlineshop II: Entscheidungskatalog für Versandarten

Der Betreiber eines Onlineshops für den Verkauf von Waren an Verbraucher ermöglicht die Belieferung in den Zielländern Österreich, Griechenland und Portugal ab einem Gesamtwert der Sendung von 250 € grundsätzlich nur nach Vorkasse und mit einer Versandart, die lückenlos nachverfolgbar ist.

Der Betreiber hat seine Entscheider, die die Bestellungen überwachen, mit Richtlinien versehen, die es ihnen gestatten, die Versandart Nachnahme zu wählen, falls ein Kunde durch manuelle Kreditwürdigkeitsprüfung als kreditwürdig eingestuft wurde, oder bei geringfügigen Überschreitungen des Gesamtwerts auf Rechnung zu liefern. Das System bietet dem Entscheider nur die Versandunternehmen an, die die gewählte Versandart und das gewählte Zielland bedienen.

Diese Form der Entscheidung beseitigt die automatisierte Einzelfallentscheidung ebenfalls; die Tatsache, dass das System keine völlig freie Wahl des Versandunternehmens bietet, schadet nicht, da die Frage, welches Versandunternehmen einen Versand tatsächlich zu den festgelegten Bedingungen durchführen kann, nicht auf der Bewertung eines Persönlichkeitsmerkmals des Bestellers beruht.

14 BT-Drs. 16/10529, S. 13.

> Bei Einbindung der automatisierten Einzelfallentscheidung in einen webgestützten Prozess, etwa bei einem Onlineshop, kann dem Betroffenen durch einfache Mittel (Schaltfläche „Ich möchte auf Rechnung bezahlen" und Vergleichbares) die Möglichkeit gegeben werden, seine Interessen darzulegen und abweichende Behandlung zu verlangen. Machen Betroffene hiervon Gebrauch, können die betreffenden Vorgänge durch eine natürliche Person als Entscheider weiterbehandelt werden.

III. Das Merkmal „rechtliche Folge", § 6a Abs. 1 Satz 1

Eine **rechtliche Folge** kann grundsätzlich **jede** Folge für den Betroffenen sein, die **rechtserheblich** ist. 18
Rechtserheblich sind solche Folgen, die für den Betroffenen **rechtliche Bindungswirkung** entfalten. Rechtserheblich ist insbesondere die Entscheidung, **ob und unter welchen Bedingungen** ein Vertrag oder ein sonstiges Rechtsverhältnis mit dem Betroffenen zustande kommen kann und kommt, und ob und unter welchen Bedingungen ein mit dem Betroffenen bestehender Vertrag oder ein sonstiges Rechtsverhältnis **geändert** werden kann, und überhaupt, welchen Inhalt ein solches Rechtsverhältnis haben kann. Eine rechtliche Folge ist es auch, wenn ein bestehendes Rechtsverhältnis entgegen dem Wunsch des Betroffenen **nicht geändert** werden kann, da er an einem Vertrag, den er zu ändern wünscht, weiterhin **festgehalten** wird. Mit dem Begriff des sonstigen Rechtsverhältnisses sind auch Rechtsverhältnisse im öffentlichen Bereich erfasst,[15] etwa der Erlass eines Verwaltungsakts.[16]

IV. Das Merkmal der „Bewertung einzelner Persönlichkeitsmerkmale", § 6a Abs. 1 Satz 1

Eine automatisierte Einzelfallentscheidung im Sinne der Regelung liegt nur vor, wenn sich die Verarbei- 19
tung personenbezogener Daten auf solche Daten bezieht, die der **Bewertung** einzelner **Persönlichkeitsmerkmale** des Betroffenen dienen. Die Regelung nennt hierfür keine Beispiele; Art. 15 der Richtlinie nennt nicht abschließend die **berufliche Leistungsfähigkeit, die Kreditwürdigkeit, die Zuverlässigkeit und das Verhalten**.

Aus dem Vergleich mit Art. 15 der Richtlinie und aus dem Zweck der Regelung ergibt sich, dass **nicht** 20
jedes personenbezogene Datum **auch** ein **Persönlichkeitsmerkmal** im Sinne der Regelung ist; auf die Frage, ob der Betroffene das Persönlichkeitsmerkmal **beeinflussen** kann, kommt es jedoch nicht an. So kann seine berufliche Leistungsfähigkeit beispielsweise durch ein Unfallgeschehen negativ beeinflusst sein, das der Betroffene weder verschuldet noch zu vertreten hat. Mangelnde berufliche Leistungsfähigkeit kann zu mangelnder Kreditwürdigkeit führen, die der Betroffene nur eingeschränkt beeinflussen kann. Die Persönlichkeitsmerkmale müssen **Eigenschaften** des Betroffenen und seiner Persönlichkeit selbst sein.[17]

> **Beispiel Zulassung zu einer betrieblichen Weiterbildung**
>
> Ein Arbeitnehmer bewirbt sich bei seinem Arbeitgeber um die Zulassung zu einer betrieblichen Weiterbildung, die fortgeschrittene Kenntnisse für ein bestimmtes Produkt vermitteln soll. Die Weiterbildung setzt bestimmte Grundkenntnisse voraus, da sie sonst nicht sinnvoll durchgeführt werden kann.
>
> Der Arbeitgeber macht zur Voraussetzung, dass der Arbeitnehmer eine Online-Prüfung besteht und so nachweist, dass er über die erforderlichen Vorkenntnisse verfügt. Am Ende der Online-Prüfung teilt das System dem Arbeitnehmer mit, ob er die Prüfung bestanden hat und zur Weiterbildung zugelassen ist.
>
> Zumindest das Merkmal der beruflichen Leistungsfähigkeit ist hier einschlägig. Um das Beispiel des Abs. 1 Satz 2 nicht zu verwirklichen, muss der Arbeitgeber daher die Möglichkeit vorsehen, dass eine

15 BT-Drs. 14/4329, S. 37.
16 BT-Drs. 14/4329, S. 37.
17 BT-Drs. 14/4329, S. 37, nennt noch ausdrücklich das als Scoring bekannte „Punktwertverfahren", da zum Zeitpunkt des ersten Inkrafttretens des § 6a der § 28b noch nicht in Kraft war.

ablehnende Entscheidung erst ergeht, wenn sie inhaltlich durch eine natürliche Person bewertet wurde oder wenn der Benutzer sogleich die Möglichkeit erhält, die ablehnende Entscheidung durch eine entscheidungsbefugte Person überprüfen zu lassen.

Beispiel elektronisches Recruiting-Portal[18]

Ein Arbeitgeber nimmt Bewerbungen ausschließlich über ein webgestütztes Portal entgegen; die Datenfelder, die der Bewerber auszufüllen hat, sind vorgegeben. Sobald der Bewerber die Bewerbung abschickt, erhält er von dem Portal automatisch und ohne weiteren Eingriff eines Entscheiders eine ablehnende Entscheidung, falls die Auswertung seiner sich aus den erhobenen Daten ergebenden Persönlichkeitsmerkmale ergibt, dass sie den Anforderungen der Stelle nicht entsprechen. Die Ablehnung ist endgültig.

In diesem Falle handelt es sich um eine unzulässige automatisierte Einzelfallentscheidung.

Beispiel Onlineshop III: Versand von Spirituosen

Ein Onlineshop bietet den Verkauf von Spirituosen an, wenn sich der Besteller mithilfe der Online-Ausweisfunktion des Personalausweises ausweist und die Altersprüfung ergibt, dass er volljährig ist. Ergibt die Merkmalsprüfung, dass der Besteller nicht volljährig ist, lehnt der Onlineshop ohne Weiteres den Verkauf der Spirituosen ab, die nur an Volljährige abgegeben werden dürfen. Diese automatisierte Einzelfallentscheidung ist zulässig, und eine Gegenvorstellung braucht nicht ermöglicht zu werden, denn keine denkbare Gegenvorstellung kann das Verbot des Verkaufs an eine nicht volljährige Person überwinden; die Entscheidung ist zulässigerweise endgültig.

!

Unbeschadet sonstiger Rechtsprobleme, insbesondere im Bereich der Mitbestimmung, ist bei Auswahl von Bewerbern über Recruiting-Portale zu empfehlen, keine endgültig ablehnende Entscheidung durch das Portal treffen zu lassen, sondern eine solche immer durch einen qualifizierten Entscheider auf Grundlage der übermittelten Daten vornehmen zu lassen, der auch mit dem Bewerber Kontakt aufnehmen kann. Das Portal kann allerdings automatisiert darauf hinweisen, dass etwa nötige Daten fehlen oder offensichtliche Unrichtigkeiten vorliegen oder Daten nicht plausibel sind. Ohne Eingreifen des Entscheiders darf dies aber nicht zur endgültigen Ablehnung der Bewerbung führen.

21 Keine Persönlichkeitsmerkmale sind **bloße** personenbezogene Daten des Betroffenen, die **nicht** der Kennzeichnung seiner Persönlichkeit dienen.

Beispiel Bereitstellung eines ADSL-Internetanschlusses

Ein Kunde will bei einem Telekommunikations-Dienstanbieter einen Internet-Anschluss in ADSL-Technik bestellen. Er fragt auf der Website des Anbieters in einem automatischen Abfragesystem ab, ob und welche Leistungen der Anbieter für ihn erbringen kann.

Das System prüft zunächst, ob die Leistungen an der Anschrift des Kunden grundsätzlich erbracht werden können. Hierzu ergeht eine Entscheidung auf Grundlage des Abgleichs zwischen den Daten über das Leitungsnetz des Anbieters und dem personenbezogenen Datum der Anschrift des Kunden. Dieser Abgleich berührt nicht die Persönlichkeitsmerkmale des Kunden, sondern ausschließlich die Frage, ob der Anbieter grundsätzlich leistungsfähig ist.

Anschließend erfolgt die Prüfung, welche Leistungen konkret erbracht werden können (insbesondere welche Übertragungsgeschwindigkeit möglich ist). Das Ergebnis der Prüfung stützt sich auf Daten, die personenbezogen sein können, etwa auf die Länge der Teilnehmeranschlussleitung des Kunden,

18 *Gola/Schomerus*, § 6a Rn. 5 und 6 m.w.N., grundsätzlich auch *Gola/Wonka*, Rn. 198, 1722.

die der Anbieter erhoben hat. Diese Daten sind jedenfalls keine Persönlichkeitsmerkmale, sodass bei deren Nutzung insoweit keine automatisierte Einzelfallentscheidung im Sinne der Regelung erfolgt.

Anders verhält es sich mit der Frage, ob der Kunde auf Grundlage seiner Bonität eine Gebührenbegrenzung hinnehmen muss, oder ob er einen bestimmten Betrag vorauszuzahlen hat; hierbei können dann Persönlichkeitsmerkmale wie die Kreditwürdigkeit herangezogen werden, und dies kann zu einer automatisierten Einzelfallentscheidung führen.

Führt die Einzelfallentscheidung nur aus, was Betroffener und verantwortliche Stelle zuvor vertraglich vereinbart haben, so findet ebenfalls keine durch Abs. 1 erfasste Entscheidung statt.[19]

! Solche Ausführungen vorher getroffener Vereinbarungen finden beispielsweise bei Verfügungen eines Kunden am Geldautomaten statt, wenn vor Auszahlung geprüft wird, ob der Verfügungsrahmen des Kunden ausgeschöpft ist und welcher Betrag dem Kunden ausgezahlt werden kann.

V. Das Merkmal des „Stattgebens" auf ein „Begehren", § 6a Abs. 2 Nr. 1

Die automatisierte Einzelfallentscheidung ist nach Abs. 2 Nr. 1 in den Fällen **zulässig**, in denen die Entscheidung bei **Abschluss** oder **Erfüllung** eines **Vertragsverhältnisses** oder sonstigen **Rechtsverhältnisses** ergeht und dem **Begehren** des Betroffenen **stattgegeben** wurde, da dann der Betroffene durch die automatisierte Einzelfallentscheidung keinen **Nachteil** erleidet. 22

Wird Abs. 2 Nr. 1 der Regelung erfüllt, so führt dies **nicht** dazu, dass **keine** automatisierte Einzelfallentscheidung vorliegt, sondern dass die automatisierte Einzelfallentscheidung **zulässig** wird. Bei reiner Wortlautbetrachtung kann die **unglücklich gewählte**, weil nicht eindeutig auf eine Bestimmung verweisende Formulierung „Dies gilt nicht…" in Abs. 2 am Beginn zwar so verstanden werden, als schlösse sie die Anwendbarkeit des gesamten Abs. 1 **aus**, jedoch ist zu beachten, dass die Formulierung bereits bestand, **bevor** Abs. 1 Satz 2 hinzugefügt wurde.[20] 23

Problematisch ist die Anwendung dieser Ausnahme in Fällen, in denen dem Begehren des Betroffenen lediglich **dem Grunde nach** stattgegeben wird, die Ausgestaltung des Rechtsverhältnisses[21] jedoch aufgrund der automatisierten Einzelfallentscheidung zuungunsten des Betroffenen **geändert** wird. 24

Beispiel Onlineshop IV: Verdeckte Entscheidung über Zahlungsarten

Im Beispiel Onlineshop I erfährt der Kunde, dass ihm eine bestimmte Zahlungsart nicht zur Verfügung steht.

Ist das Shopsystem aber so gestaltet, dass nur die aufgrund der Entscheidung zugelassenen Zahlungsarten angeboten werden, und erfährt der Kunde nicht, dass es noch weitere Zahlungsarten gibt, die ihm nur nicht mitgeteilt werden, so liegt ein Fall vor, in dem das Begehren lediglich dem Grunde nach erfüllt wird, denn der Kunde kann die Ware kaufen, jedoch nicht zu den Bedingungen, die er vielleicht wünscht.

In diesem Falle liegt ein unter Abs. 2 Nr. 1 zu fassender Fall vor. Nach den allgemeinen Vorschriften ist der Betreiber nicht verpflichtet, seine Kunden in einer bestimmten Weise zu beliefern, und diese Ausprägung der Vertragsfreiheit kann nicht durch § 6a ins Gegenteil verkehrt werden. Der Schutz des Betroffenen ist ausreichend sichergestellt, wenn eine Belieferung grundsätzlich stattfindet; der Betreiber kann darüber hinaus dem Betroffenen die Möglichkeit eröffnen, andere Lieferbedingungen anzufragen.

---

19 BT-Drs. 14/4329, S. 37, zustimmend Taeger/Gabel/*Mackenthun*, § 6a Rn. 8, auch *Gola/Schomerus*, § 6a Rn. 4.

20 In der alten Fassung des Abs. 1 erfasste sie den jetzt in Abs. 1 S. 1 enthaltenen Bestandteil. Die Alternativen in Abs. 2 lassen erkennen, dass der Gesetzgeber die automatisierten Einzelfallentscheidungen dann zulassen wollte, da die Rechte des Betroffenen durch die in Abs. 2 genannten Maßnahmen gewahrt sind.

21 Der Bundesrat hat im Gesetzgebungsverfahren, wie aus BT-Drs. 16/10529, S. 22, erkennbar, diese Frage zum Gegenstand der Beratung gemacht; eine Änderung des Entwurfs erfolgte hierauf indessen nicht.

Entscheidend für die Beurteilung der Frage, ob ein Begehren des Betroffenen **erfüllt** wird, ist die Frage, worauf sich das Begehren **richtet**. Richtet es sich **allgemein** auf einen **Vertragsschluss**, so ist das Begehren auch dann erfüllt, wenn der Vertrag zustande kommt, aber einzelne Regelungen im Vertrag, die in der Vorstellung des Betroffenen für das Zustandekommen an sich nicht entscheidend sind, erst noch – und auch abhängig von der Einzelfallentscheidung – ausgestaltet werden. Um einer **übermäßigen** Ausdehnung des § 6a entgegenzuwirken und um eine Einschränkung der allgemeinen Vertragsfreiheit zu verhindern, die § 6a nicht beabsichtigt, muss daher im Einzelfall geprüft werden, ob der Betroffene tatsächlich einen Nachteil erleidet, wie etwa die Ablehnung eines Vertragsschlusses.

25 VI. Das Merkmal „Wahrung berechtigter Interessen des Betroffenen", § 6a Abs. 2 Nr. 2

Das Verbot der automatisierten Einzelfallentscheidung erstreckt sich nach Abs. 2 Nr. 2 nicht auf die Fälle, in denen die **Wahrung** der **berechtigten Interessen** des Betroffenen durch geeignete Maßnahmen gewährleistet ist und die verantwortliche Stelle dem Betroffenen unaufgefordert mitteilt, dass eine Entscheidung nach Abs. 1 der Regelung vorliegt, und auf Verlangen die wesentlichen Gründe der Entscheidung **mitteilt** und **erläutert**. Abs. 2 Nr. 1 und 2 sind alternativ. Das Verbot ist nach Abs. 2 Nr. 2 auch dann nicht einschlägig, wenn dem Begehren des Betroffenen nicht stattgegeben wurde, und wenn es sich nicht um eine Entscheidung im Rahmen des Abschlusses oder der Erfüllung eines Vertragsverhältnisses oder sonstigen Rechtsverhältnisses handelt.

26 Wird Abs. 2 Nr. 1 der Regelung erfüllt, so liegt eine automatisierte Einzelfallentscheidung vor,[22] die automatisierte Einzelfallentscheidung **zulässig** ist. Das Verweisziel in der Formulierung „Dies gilt nicht…" in Abs. 2 am Beginn ist zwar aus dem Wortlaut allein nicht eindeutig; dennoch wird nicht die Anwendbarkeit des gesamten Abs. 1 **ausgeschlossen**, denn die Formulierung bestand, bevor Abs. 1 Satz 2 hinzugefügt wurde.[23]

27 Abs. 2 Nr. 2 nimmt nicht ausdrücklich **Bezug** auf das in Art. 15 Abs. 2 lit. b genannte **Gesetz**. Der Gesetzgeber hat jedoch etwa in § 28b für das Scoring eine Vorschrift erlassen, die als „Gesetz" im Sinne von Art. 15 Abs. 2 lit. b anzusehen ist. Auch jedes andere dem § 4 Abs. 1 unterfallende Gesetz kann diese Voraussetzung erfüllen.

28 Die in Art. 15 Abs. 2 lit. a genannte Möglichkeit für den Betroffenen, seinen Standpunkt geltend zu machen, ist in Abs. 2 Nr. 2 der Regelung nicht genannt. Dass eine verantwortliche Stelle dem Betroffenen das Recht zur **Gegenvorstellung** einräumt, erscheint dennoch als geeignete Maßnahme zur Wahrung der Interessen des Betroffenen, sofern der Betroffene über die Entscheidung und ihre wesentlichen Grundlagen informiert wird. Für die Frage, ob eine bestimmte Maßnahme die Anforderungen des Abs. 2 Nr. 2 erfüllt, ist entscheidend, ob die durch die verantwortliche Stelle angebotene Maßnahme effizient ist.[24] Führt die Gegenvorstellung zu einer erneuten Entscheidung, so darf diese nicht ausschließlich automatisiert getroffen werden.[25]

> **!** Im Rahmen des Abs. 2 Nr. 2 der Regelung ist es ausreichend, wenn eine bereits getroffene automatisierte Einzelfallentscheidung durch einen Entscheider nachträglich und auf Verlangen des Betroffenen geändert werden kann. Ob der Entscheider die Entscheidung im Einzelfall wirklich ändert, ist nicht von Belang. Abs. 2 Nr. 2 bindet den Entscheider nicht an eine für den Betroffenen vermeintlich günstigere Entscheidung, sondern erfordert lediglich, dass der Entscheider das Vorbringen des Betroffenen inhaltlich prüft und ihm sodann eine für ihn verständliche Entscheidung mitteilt.

22 BT-Drs. 16/10529, S. 13, enthält hierzu klarere Ausführungen.
23 Siehe hierzu auch Rn. 23.
24 BT-Drs. 14/4329, S. 37.
25 BT-Drs. 14/4329, S. 37.

VII. Das Verhältnis zu den allgemeinen Betroffenenrechten, § 6a Abs. 2 Nr. 2, Abs. 3

Allgemeine Vorschriften über die Rechte des Betroffenen, insbesondere die Rechte auf **Auskunft** (§ 34) und **Berichtigung, Löschung und Sperrung** von Daten (§ 35) werden durch die Regelung nicht berührt. Die bloße **Gewährung** dieser Rechte stellt noch nicht sicher, dass die berechtigten Interessen des Betroffenen im Sinne des Abs. 2 Nr. 2 der Regelung gewahrt sind, da sie in Bezug auf die Regelung sicherstellen, dass die automatisierte Einzelfallentscheidung nicht auf unzutreffende oder unzulässig gespeicherte personenbezogene Daten gestützt wird, Abs. 2 Nr. 2 der Regelung aber weitergehend sicherstellen will, dass auch eine auf objektiv zutreffender Datenbasis getroffene automatisierte Einzelfallentscheidung die berechtigten Interessen des Betroffenen wahrt. 29

Beispiel Onlineshop V: Widerspruch gegen die Entscheidung über Zahlungsarten

Im Beispiel Onlineshop I erfährt der Kunde, dass ihm eine bestimmte Zahlungsart nicht zur Verfügung steht.

Ist in diese Entscheidung noch keine natürliche Person als Entscheider einbezogen, so kann im Beispiel Abs. 2 Nr. 2 der Regelung dennoch erfüllt werden, indem der Kunde über die Einzelfallentscheidung und ihre Gründe informiert wird und sich an die verantwortliche Stelle wenden kann und die Gründe für die Zahlungszielüberschreitung darlegen kann. Ein Entscheider kann sodann diese Begründung inhaltlich prüfen und erneut selbst entscheiden, dem Kunden unter Abänderung der automatisierten Einzelfallentscheidung die Zahlungsart Rechnung zu gewähren.

Der Entscheider muss seine Entscheidung nicht zwingend zugunsten des Kunden treffen, sie muss aber die inhaltliche Auseinandersetzung mit dem Vorbringen des Kunden erkennen lassen.

VIII. Wahrung berechtigter Interessen durch andere Gesetze, § 6a Abs. 2 Nr. 2, Art. 15

Die Wahrung berechtigter Interessen des Betroffenen kann nach Art. 15 Nr. 2 lit. b auch durch ein Gesetz gesichert werden; ob § 6a selbst ein solches Gesetz ist oder ob der Gesetzgeber sich aufgrund der genannten Regelung zum Erlass des § 6a berechtigt sah[26], kann dahinstehen. Jedenfalls ist der Gesetzeber nicht an dem Erlass weiterer, auch sektorspezifischer Gesetze gehindert. 30

IX. Umfang und Inhalt des Rechts des Betroffenen auf Auskunft, § 6a Abs. 3

Das in Abs. 3 der Regelung ausgeformte Recht des Betroffenen auf **Auskunft** kann die **Interessen** der verantwortlichen Stelle erheblich **berühren**,[27] da sie ein starkes Interesse daran haben kann, den **logischen Aufbau** der Entscheidungsabläufe, die Grundlage der automatisierten Einzelfallentscheidung sind, dem Betroffenen **nicht zugänglich** zu machen; dies einerseits, damit der Betroffene sein Verhalten nicht an die Kriterien anpassen kann, andererseits aber auch, weil insbesondere komplexe Algorithmen, wie sie in Verfahren nach § 28b Anwendung finden, für die verantwortliche Stelle eigenen **wirtschaftlichen Wert** darstellen und sie schädigen würden, falls Wettbewerber hiervon Kenntnis erlangen. Es ist daher bei der Frage, worin der logische Aufbau der automatisierten Verarbeitung besteht, erforderlich, das **Interesse** des Betroffenen, den Entscheidungsablauf zu verstehen, mit dem Interesse der verantwortlichen Stelle an der Geheimhaltung ihrer Betriebs- und Geschäftsgeheimnisse zu vereinbaren. 31

Sinn des Auskunftsrechts ist es, dem Betroffenen die Prüfung zu ermöglichen, auf welcher **Grundlage** die Entscheidung ergeht.[28] Der Entscheidungsvorgang soll ihm veranschaulicht werden.[29] Die eigentli- 32

26 BT-Drs. 14/4329, S. 37.
27 Im Hinblick hierauf hat der Bundesrat, wie aus BT-Drs. 14/4329, S. 55, ersichtlich, gebeten, zu prüfen, ob und in welcher Form in der Regelung des § 6a der angemessene Schutz der Betriebs- und Geschäftsgeheimnisse der verantwortlichen Stellen sichergestellt werden kann. Eine Änderung an § 6a Abs. 3 gegenüber dem Gesetzentwurf ist hierauf jedoch nicht erfolgt.
28 BT-Drs. 16/10529, S. 13.
29 BT-Drs. 14/4329, S. 38.

chen Daten, die die verantwortliche Stelle hierzu verarbeitet, sind bereits nach § 34 BDSG und im Falle des § 28b BDSG unter besonderer Berücksichtigung des § 34 Abs. 2 BDSG dem Betroffenen mitzuteilen.

33 Die Auskunft über den logischen Aufbau muss so vollständig sein, dass der Betroffene **erkennt**, an welcher Stelle und mit welcher Wirkung sich seine Persönlichkeitsmerkmale in den Entscheidungsvorgang **einfügen**.[30]

Beispiel Onlineshop VI: Auskunft an den Betroffenen

Im Beispiel Onlineshop I muss sich die Auskunft an den Betroffenen darauf beziehen, dass die Entscheidung unter Berücksichtigung von Anzahl und Länge von Zahlungszielüberschreitungen getroffen wurde und dann ggf. eine Zahlung auf Rechnung nicht angeboten wird. Er muss jedoch nicht konkret unterrichtet werden, welche Anzahl, welcher Zeitraum oder welche durchschnittliche Dauer der Überschreitung zum Entfall der Möglichkeit „Rechnung" führen, da dies anderenfalls dem Betroffenen ermöglichen würde, sein vertragswidriges Verhalten so anzupassen, dass es immer noch fortbesteht, aber für ihn gerade keine negativen Folgen mehr zeitigt.

34 Entscheidungsalgorithmen müssen **nicht vollständig** offengelegt werden; vielmehr genügt eine Umschreibung ihrer Wirkungsweise, sofern sie noch ausreichend detailliert ist, um dem Betroffenen zu vermitteln, wie sie sich, gemessen an den für ihn verarbeiteten Daten, auf ihn auswirken. Auch die eingesetzte Software muss nicht genannt werden.[31]

! Bei webgestützten Vorgängen lassen sich viele Betroffenenanfragen dadurch vermeiden, dass dem Betroffenen schon etwa während der Vorbereitung eines Vertragsschlusses, eines Bestellvorgangs und vergleichbarer Vorgänge kurz mitgeteilt wird, warum eine bestimmte von ihm gewünschte Ausführung nicht möglich ist. So zeigen etwa große Online-Versandhändler Hinweise wie „In diesem Fall ist Zahlung auf Rechnung nicht möglich" und bieten Links zu weiterführenden Informationen und Begründungen sowie Kontaktlinks, unter denen der Betroffene eine abweichende Sachbehandlung verlangen kann.

X. Rechtsfolgen unzulässiger automatisierter Einzelfallentscheidungen

1. Keine Anordnung von Rechtsfolgen in der Richtlinie

35 Die Regelung, wie auch Art. 15 der Richtlinie, **verzichtet** darauf, eine **ausdrückliche Rechtsfolge** für den Fall anzuordnen, dass eine automatisierte Einzelfallentscheidung in **unzulässiger** Weise getroffen wird. Sie unterscheidet sich damit von anderen Vorschriften, die natürliche Personen vor einer unzulässigen Benachteiligung schützen und deren Rechte im Falle solcher Benachteiligung bestimmen, wie etwa § 15 AGG. Die **Behandlung** unzulässiger Entscheidungen richtet sich daher nach den **allgemeinen Bestimmungen**.

2. Allgemeine zivilrechtliche Rechtsfolgen

36 Die Einzelfallentscheidung ist **nicht** das **Rechtsgeschäft selbst**; sie bereitet es nur vor oder verhindert es, und sie kann die Willenserklärungen inhaltlich **beeinflussen**, die auf sein Zustandekommen gerichtet sind. Das Rechtsgeschäft selbst, im Verlauf dessen Zustandekommens eine unzulässige automatisierte

30 Das LG Wiesbaden führt hierzu im Urteil v. 01.12.2011, Az. 8 O 100/11 (openJur 2012, 69363, Rn. 24–31), jedoch zur Zusammensetzung eines Scoring-Wertes, dennoch als Maßstab für § 6a Abs. 3 tauglich, aus, dass Mitteilung eines einzelnen Datenfeldes nicht verlangt werden kann. So kann auch im Rahmen des § 6a Abs. 3 Mitteilung einzelner Werte aus der Einzelfallentscheidung nicht verlangt werden, soweit die Methodik für den Betroffenen verständlich bleibt.

31 BT-Drs. 14/4329, S. 38; BGH, Urteil vom 28.01.2014, VI ZR 156/13, verneint die Pflicht zur Auskunft über den genauen Algorithmus zur Berechnung eines Scoring-Werts; diese Entscheidung scheint teilweise auf die Offenlegung der für automatisierte Einzelfallentscheidungen wesentlichen Grundlagen übertragbar, wobei der Maßstab auch im Rahmendes § 6a die Frage der Schutzwürdigkeit eines Geschäftsgeheimnisses sein dürfte.

Einzelfallentscheidung getroffen wurde, ist daher **nicht** ohne Weiteres nach § 134 BGB **nichtig** oder nach § 139 BGB **teilnichtig**.

§ 6a und andere Vorschriften des BDSG bestimmen die Nichtigkeit nicht ausdrücklich. Es ist durch **Auslegung**[32] zu ermitteln, ob Nichtigkeit aus einem Verstoß gegen § 6a folgen soll. Nach Vorstellung des Gesetzgebers kann aus dem Verstoß nicht zwingend die Nichtigkeit folgen, denn er **trennt** sogar noch die **Entscheidung** von der **Rechtsfolge**, die diese „nach sich zieht", und geht dabei offenbar davon aus, dass die Rechtsfolge unabhängig von der Entscheidung Bestand haben kann. 37

Eine **Anfechtung** der auf einen Vertragsschluss gerichteten **Willenserklärung**, die durch die Einzelfallentscheidung beeinflusst wurde, nach § 119 BGB, ist regelmäßig nicht möglich. Die Einzelfallentscheidung bereitet die Willenserklärung des Betroffenen allenfalls **vor**, sie kann aber weder einen Irrtum über den **Inhalt** der Erklärung beim Betroffenen hervorrufen, noch bewirken, dass der Betroffene eine solche Erklärung **überhaupt nicht** abgeben wollte. Die Anfechtung nach § 119 BGB aus anderen Gründen bleibt unberührt. 38

Hingegen kann der Betroffene die verantwortliche Stelle nach § 7 auf **Schadensersatz** in Anspruch nehmen, falls die verantwortliche Stelle dem Betroffenen sorgfaltswidrig durch eine unzulässige oder unrichtige Erhebung, Verarbeitung oder Nutzung personenbezogener Daten einen Schaden zugefügt hat. Wurden ihm aufgrund der unzulässigen Einzelfallentscheidung **schlechtere** Vertragsbedingungen angeboten, als er sie bei zulässiger Einzelfallentscheidung erhalten hätte, so kann er den sich hieraus ergebenden Schaden nach den allgemeinen gesetzlichen Bestimmungen geltend machen. 39

Ein Betroffener, der aufgrund unzulässiger automatisierter Einzelfallentscheidung einen Artikel zur Lieferung per Nachnahme erworben hat, weil die Lieferung auf Rechnung endgültig abgelehnt wurde, kann die Erstattung des Nachnahmebetrags verlangen.

3. Wettbewerbsrechtliche Rechtsfolgen

Die verantwortliche Stelle kann wegen **Verstoßes** gegen § 6a durch **Mitbewerber nicht** nach §§ 3 Abs. 1, 4 Nr. 11, 8 Abs. 1, Abs. 3 **UWG** auf Unterlassung und nach § 9 UWG auf Schadensersatz **in Anspruch genommen** werden. § 6a ist eine Regelung, die zwar Interessen eines Marktteilnehmers, nämlich des Betroffenen als **Verbraucher** (§ 2 Abs. 1 Nr. 2 UWG), schützt, doch ist sie nicht dazu bestimmt, das **Marktverhalten** (§ 4 Nr. 11 UWG a.E.) zu regeln, sondern sie schützt das **Persönlichkeitsrecht** des Betroffenen, und sie ist daher nicht allein wegen des Schutzes der Interessen Betroffener Marktverhaltensregelung.[33] Auch in **tatsächlicher** Hinsicht erscheint es schwer nachvollziehbar, wie sich ein **Mitbewerber**, der verantwortliche Stelle ist, durch unzulässige Einzelfallentscheidungen einen **Wettbewerbsvorteil** verschaffen wollte. Lehnt er Vertragsschlüsse ab, so entgeht ihm Umsatz; lässt er sie zu, so kann schon eine der Alternativen des Abs. 2 die Entscheidung zulässig machen, wonach sie nicht mehr wettbewerbswidrig sein könnte. 40

4. Einschreiten der Aufsichtsbehörden

Die **Aufsichtsbehörden** können nach §§ 38 Abs. 1, 4 und 5 die Einhaltung auch des § 6a kontrollieren und Verstöße hiergegen **sanktionieren**. Sie können bei Verstößen nach § 38 Abs. 5 Maßnahmen zur **Beseitigung** der Verstöße anordnen, **Zwangsgelder** verhängen und **Datenverarbeitungsverfahren untersagen**. Sie können nicht nur aufgrund der Beschwerde von Betroffenen, sondern auch von Mitbewerbern in Tätigkeit treten, da ihre Tätigkeit **nicht** von der Frage abhängt, auf **welchem Wege** ihnen ein vermuteter oder tatsächlicher Verstoß zur Kenntnis gelangt ist. 41

---

32 Palandt/*Heinrichs*, § 134 Rn. 6.

33 Köhler/Bornkamm/*Köhler*, § 4 Rn. 11.42 m.w.N.; die Fälle, in denen Unlauterkeit für möglich gehalten wird (Erhebung von Daten der Betroffenen ohne Einwilligung) sind im Rahmen des § 6a nicht einschlägig.

> ! Wird ein Verstoß gegen § 6a festgestellt, so darf keinesfalls auf die fehlende Sanktion nach dem UWG allein abgestellt werden. Sowohl Betroffene als auch Mitbewerber sind nicht gehindert, den Sachverhalt der zuständigen Aufsichtsbehörde anzuzeigen, und die Untersagung der weiteren Durchführung der unzulässigen automatisierten Einzelfallentscheidung ist eine wirksame Sanktion, die den Verstoß unterbinden kann. Auch eine Veröffentlichung nach § 42a wirkt aufgrund des Ansehensverlusts im Ergebnis wie eine Sanktion.

5. Straftatbestände und Ordnungswidrigkeitentatbestände

42 Verstöße gegen § 6a Abs. 1 und 2 allein können **nicht** als **Ordnungswidrigkeiten** oder **Straftaten** sanktioniert werden, da § 6a nicht in § 43 Abs. 1 und 2 sowie § 44 aufgenommen ist. Sanktionen wegen **anderer** in §§ 43 und 44 genannten **Verstöße**, insbesondere wegen unrichtiger oder unterbliebener Auskunft an den Betroffenen, wobei auch § 6a Abs. 3 beachtlich ist, sowie bei Verletzung der Pflichten nach § 42a, sind jedoch möglich.

C. Anwendungsempfehlung und weitere praktische Hinweise

43 Bei Gestaltung der **Geschäftsprozesse**, die automatisierte Einzelfallentscheidungen beinhalten, sollte die verantwortliche Stelle den Entscheidungsprozess unaufgefordert **transparent** machen; dies vermeidet auch unnötige **Betroffenenanfragen**. Insbesondere bei Telemediendiensten wie Websites kann durch **interaktive Gestaltung**, etwa von Bestellprozessen, dem Betroffenen erläutert werden, welche Möglichkeiten bestehen, welche **Entscheidungen** schon getroffen wurden und wie er eine abweichende Beurteilung seines **persönlichen Begehrens** erreichen kann. Bei Erteilung von Auskünften an den Betroffenen ist eine übermäßig ausführliche **Beauskunftung** zu erteilen, da diese **Betriebs- und Geschäftsgeheimnisse** der verantwortlichen Stelle gefährden kann.

D. Prüfabläufe für § 6a Abs. 1 und Abs. 2

1. Prüfschritt: Liegt eine automatisierte Einzelfallentscheidung (§ 6a BDSG) vor? **44**

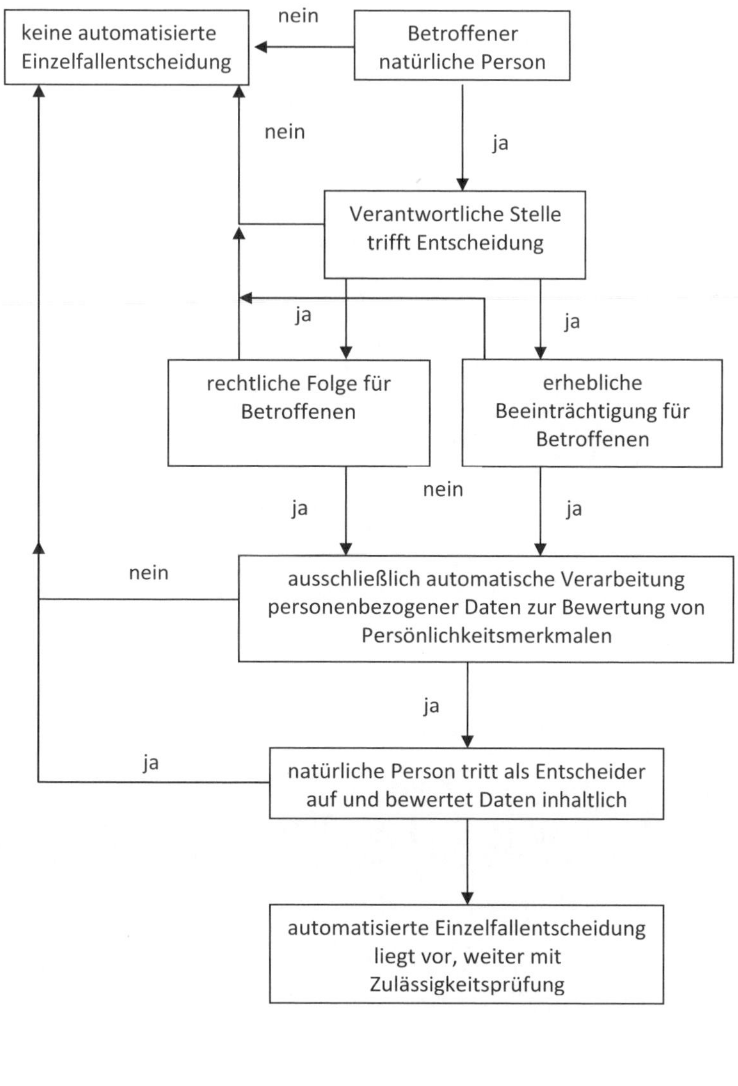

2. Prüfschritt: Ist die automatisierte Einzelfallentscheidung (i.S.v. § 6a BDSG) zulässig?

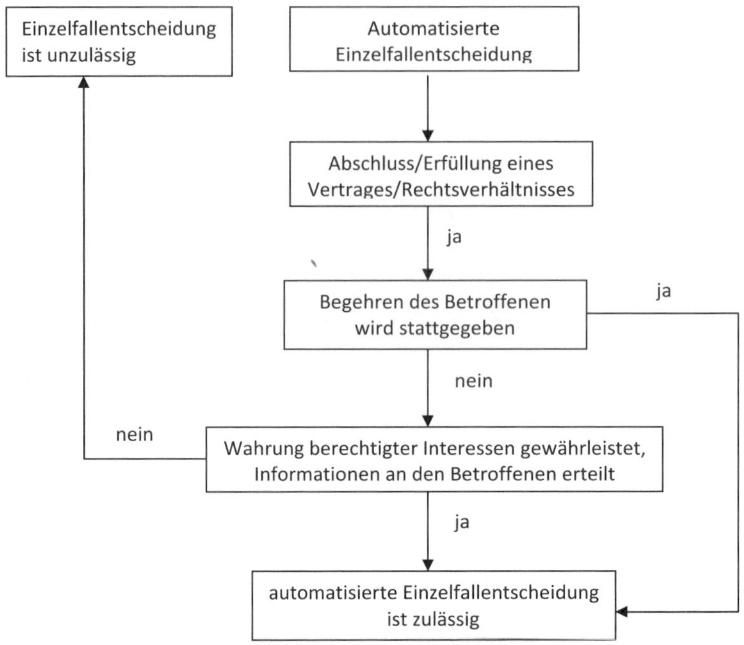

§ 6b Beobachtung öffentlich zugänglicher Räume mit optisch-elektronischen Einrichtungen

(1) Die Beobachtung öffentlich zugänglicher Räume mit optisch-elektronischen Einrichtungen (Videoüberwachung) ist nur zulässig, soweit sie

1. zur Aufgabenerfüllung öffentlicher Stellen,

2. zur Wahrnehmung des Hausrechts oder

3. zur Wahrnehmung berechtigter Interessen für konkret festgelegte Zwecke

erforderlich ist und keine Anhaltspunkte bestehen, dass schutzwürdige Interessen der Betroffenen überwiegen.

(2) Der Umstand der Beobachtung und die verantwortliche Stelle sind durch geeignete Maßnahmen erkennbar zu machen.

(3) [1]Die Verarbeitung oder Nutzung von nach Absatz 1 erhobenen Daten ist zulässig, wenn sie zum Erreichen des verfolgten Zwecks erforderlich ist und keine Anhaltspunkte bestehen, dass schutzwürdige Interessen der Betroffenen überwiegen. [2]Für einen anderen Zweck dürfen sie nur verarbeitet oder genutzt werden, soweit dies zur Abwehr von Gefahren für die staatliche und öffentliche Sicherheit sowie zur Verfolgung von Straftaten erforderlich ist.

(4) Werden durch Videoüberwachung erhobene Daten einer bestimmten Person zugeordnet, ist diese über eine Verarbeitung oder Nutzung entsprechend den §§ 19a und 33 zu benachrichtigen.

(5) Die Daten sind unverzüglich zu löschen, wenn sie zur Erreichung des Zwecks nicht mehr erforderlich sind oder schutzwürdige Interessen der Betroffenen einer weiteren Speicherung entgegenstehen.

Literatur

Bayreuther, Videoüberwachung am Arbeitsplatz, NZA 2005, 1038; *Bergwitz*, Verdeckte Videoüberwachung weiterhin zulässig; NZA 2012, 1205; *Duhr/Naujok/Peter/Seiffert*, Neues Datenschutzrecht für die Wirtschaft, DuD 2002, 5; *Gola*, Datenschutz und Multimedia am Arbeitsplatz, 3. Aufl.; *Gola/Klug*, Videoüberwachung gemäß § 6b BDSG – Anmerkungen zu einer verunglückten Gesetzeslage, RDV 2004, 65; *Hilpert*, Zulässigkeit der Videoüberwachung nach § 6b BDSG am Beispiel des ÖPNV, RDV 2009, 160; *Königshofen*, Neue datenschutzrechtliche Regelungen zur Videoüberwachung, RDV 2001, 220; *Zilkens*, Videoüberwachung, DuD 2007, 279.

▶ Darum geht es

§ 6b regelt, wann eine Beobachtung und Aufzeichnung mittels Videokamera von öffentlich zugänglichen Räumen zulässig sind.

▶ Schlagworte

Videoüberwachung; Optisch-elektronische Einrichtung; Infrarotkameras; Intelligente Kamerasysteme; Türkamera; Zweckänderung; Meldepflicht; Vorabkontrolle

▶ Weitere relevante Vorschriften

Sicherheitsbehörden:

§§ 100c Abs. 1 Nr. 1a, 100c Abs. 2 und Abs. 3 StPO für die Strafverfolgungsbehörden; §§ 12a, 19a VersG für die Gefahrenabwehr während öffentlicher Versammlungen; §§ 16, 23 Abs. 2, 26 BKAG für das Bundeskriminalamt; § 26 BPolG für die Bundespolizei; §§ 19, 29 ZFdG für das Zollkriminalamt; §§ 8 Abs. 2 Satz 1, 9 BVerfSchG für den Bundesverfassungsschutz; § 5 MADG für den Militärischen Abschirmdienst; § 3 BNDG für den Bundesnachrichtendienst

Presseberichterstattung:

§ 41 BDSG regelt die Videoaufnahme durch Presseorgane, wenn diese mit dem Ziel der Presseberichterstattung tätig werden

Allgemeines Persönlichkeitsrecht und Recht am eigenen Bild:

§§ 22 ff. KUG regeln das Recht am eigenen Bild, greifen zeitlich nach der Erhebung ein und regeln das Verbreiten und Zurschaustellen der Abbildung; § 201a StGB schützt die Intimsphäre; §§ 823 Abs. 1, 1004 BGB schützen das allgemeine Persönlichkeitsrecht

Bewachungsgewerbe:

§ 8 BewachVO ordnet die Anwendbarkeit des BDSG auf jegliche Datenverarbeitung an

Landesdatenschutzgesetze:

Die Landesdatenschutzgesetze enthalten mit § 6b vergleichbare Regelung. Unterschiede gibt es im Wesentlichen hinsichtlich Umfang und Ausgestaltung der Benachrichtigungspflicht

Landespolizeigesetze:

vgl. §§ 15 ff. PolGNRW, Art. 33 ff. BayPAG, §§ 38 ff. SächsPolG, §§ 21 ff. BWPolG

A. Allgemeines

I. Regelungszweck

1. Sinn und Zweck der Norm

1 Mit § 6b hat der Gesetzgeber erstmals im Jahr 2001 einen eigenständigen gesetzlichen Erlaubnistatbestand für die Videoüberwachung von öffentlich zugänglichen Räumen geschaffen, um so den Einzelnen vor Beeinträchtigungen des Persönlichkeitsrechts zu schützen. Die Regelung gilt sowohl für private als auch öffentliche Stellen. Für Landeseinrichtungen greifen jedoch vorrangig die teilweise identisch formulierten Landesdatenschutzgesetze. Im privatrechtlichen Bereich ergänzt die Regelung den bis zu ihrer Einführung bestehenden Schutz am eigenen Bild nach §§ 22, 23 KUG, die aber nicht bereits die vorgelagerte Erhebung, sondern erst die Verwertung schützen. Mit der immer stärker zunehmenden Überwachungspraxis und zugleich fortschreitender technischer Entwicklung von einfachen Monitorkameras hin zu intelligenten Kamerasystemen, die eine automatisierte Analyse der Überwachung erlauben, wächst die Bedeutung der Regelung.

2. Anwendungsbereich

2 Vor allem für Sicherheitsbehörden gibt es zahlreiche Vorschriften, die im Falle ihrer Anwendbarkeit den § 6b gem. § 1 Abs. 3 Satz 1 verdrängen. Es ist für diese vorab zu prüfen, ob spezialgesetzliche Vorschrif-

ten vorrangig Anwendung finden, was im Einzelfall schwierig zu beurteilen sein kann. Eine sichere Abgrenzung muss unter Heranziehung des jeweiligen Zwecks der Videoüberwachung erfolgen.

Wird das subsidiäre Bundesdatenschutzgesetz nicht ohnehin durch sektorspezifische Datenschutzvorschriften verdrängt, ist weiter erforderlich, dass das Bundesdatenschutzgesetz anwendbar ist. So fällt eine Überwachung zu ausschließlich persönlichen oder familiären Zwecken gem. § 1 Abs. 2 Nr. 3 nicht unter § 6b. Nicht ausgeschlossen ist dadurch jedoch, dass der Eingriff in das Persönlichkeitsrecht durch andere Vorschriften erfasst wird. 3

Wird die Videoüberwachung auf einen Sicherheitsdienst übertragen und hat dieser eigenen Ermessensspielraum, sodass eine Auftragsdatenverarbeitung (siehe § 11 Rn. 23) ausscheidet, stellt sich die Überwachung aus Sicht des Sicherheitsdienstes nicht mehr als private Angelegenheit dar. In diesem Fall ist § 6b vom Sicherheitsdienst vollumfänglich zu beachten. 4

Umstritten ist, ob die Anwendung von § 6b auch ausgeschlossen ist, wenn eine zu privaten Zwecken durchgeführte Videoüberwachung teilweise auch den öffentlichen Raum erfasst (z.B. Klingelkamera, die den Eingangsbereich eines Privathauses überwachen soll, aber auch Teile der öffentlichen Straße erfasst). Teilweise wird streng auf den Zweck der Überwachung abgestellt. Verfolgt diese private Zwecke, soll eine Anwendbarkeit von § 6b ausscheiden, auch wenn die private Tätigkeit Bereiche des öffentlichen Raums erfasst. Private Zwecke können auch außerhalb des privaten Bereiches im öffentlichen Raum verfolgt werden, ohne dass sich der Charakter ändert.[1] Nach anderer Auffassung soll der Anwendungsbereich hingegen eröffnet sein, sobald die Videoüberwachung den rein privaten Bereich verlässt, da § 1 Abs. 2 Nr. 3 von „ausschließlich" spricht. Würde die Überwachung auch des öffentlichen Raums als rein private Tätigkeit gewertet, könnten die gesetzlichen Vorgaben des BDSG problemlos durch entsprechende Zweckfestlegungen umgangen werden.[2] Richtigerweise wird man bei sog. Klingelkameras den Anwendungsbereich des § 6b zumindest dann nicht als eröffnet ansehen, wenn der Kamerablickwinkel auf den Eingangsbereich beschränkt ist und sich die Kamerafunktion nur bei einem Klingeln aktivieren lässt. In diesem Fall ist die Tätigkeit streng auf private Zwecke ausgerichtet. 5

Findet hingegen eine gewerbliche Nutzung des überwachten Objekts statt, so liegt keine private oder familiäre Tätigkeit mehr vor. In diesem Fall müssen die Voraussetzungen des § 6b unstrittig beachtet werden. 6

Nach einer Ansicht wird der private Bereich auch verlassen, wenn die bei der Überwachung eines privaten Bereichs angefertigten Aufnahmen zu Beweiszwecken im Rahmen einer gerichtlichen Verfolgung verwendet werden sollen.[3] Die Auffassung ist kritisch zu sehen.[4] Schließlich wird aus der Überwachung zu privaten Zwecken durch die Anrufung von Zivilgerichten oder einer Strafanzeige keine berufliche im Gegensatz zur privaten Tätigkeit. Vielmehr würde eine solche Auslegung zu dem merkwürdig anmutenden Ergebnis führen, dass auf eine in der Privatwohnung installierte Videokamera mit entsprechenden Hinweisschildern i.S.v. Abs. 2 (im Hausflur?) hingewiesen werden müsste. 7

Dient die Beobachtung nur der Kontrolle eines technischen Ablaufs, können aber gleichwohl Personen in das Blickfeld der Kamera – wenn auch ungewollt und zufällig – gelangen, soll nach Auffassung des Innenministeriums Baden-Württemberg ebenfalls kein datenschutzrechtlich relevanter Vorgang vorliegen.[5] Es sollen gerade keinen personenbezogenen Daten beschafft werden. Beispielhaft nennt das Innenministerium die Überwachung eines Bahnsteigs durch den Zugführer, ob alle Türen geschlossen sind. Ein- und aussteigende Personen werden hierbei gerade nicht beobachtet. 8

Da nur die Überwachung öffentlich zugänglicher Räume erfasst wird, ist die Vorschrift auch nicht auf Arbeitsplätze anwendbar, die keinen Publikumsverkehr haben.[6] Die Rechtmäßigkeit einer solchen Maß- 9

1 *Bergmann/Möhrle/Herb*, § 6b Rn. 13, Innenministerium Baden-Württemberg, Hinweis zum BDSG, Nr. 40 vom 18.02.2002, RDV 2002, 148, 149.
2 AG Berlin-Mitte v. 18.12.2003, Az. 16 C 427/02, NZM 2004, 318; Simitis/*Scholz*, § 6b Rn. 60.
3 Simitis/*Scholz*, § 6b Rn. 58.
4 So auch *Bergmann/Möhrle/Herb*, § 6b Rn. 13.
5 Innenministerium Baden-Württemberg, Hinweis zum BDSG, Nr. 40 vom 18.02.2002, RDV 2002, 148, 148.
6 BAG v. 29.06 2004, Az. 1 ABR 21/03, Juris.

nahmen ist an § 32 (siehe § 32 Rn. 86 ff.) zu messen. Soweit sich der Arbeitsplatz ausnahmsweise in einem öffentlich zugänglichen Raum (z.B. Ladenlokal) befindet, sind die Vorgaben des § 6b hingegen auch im Hinblick auf den Mitarbeit zu beachten.

10 Soweit Videosysteme für journalistisch-redaktionelle Zwecke von Presseunternehmen oder deren Hilfsunternehmen eingesetzt werden, geht die Sonderregelung des § 41 (siehe § 41 Rn. 1 ff.) vor.

11 Im Verhältnis zum Erlaubnistatbestand nach § 28 ist § 6b in seinem Anwendungsbereich lex specialis und verdrängt diese Regelung.

Im Übrigen gelten neben § 6b die sonstigen Vorschriften des BDSG, wie etwa das Gebot der Datensparsamkeit und Datenvermeidung gemäß § 3a.[7]

II. Ausblick auf EU-Datenschutz-Grundverordnung

12 In Bezug auf Videoüberwachung enthält die EU-Datenschutz-Grundverordnung in ihrem aktuellen Stand keinen spezifischen Erlaubnistatbestand, sodass auf Art. 6 Abs. 1 lit. f („Wahrung der berechtigten Interessen") zurückgegriffen werden muss. Lediglich für den Fall einer weiträumigen Videoüberwachung öffentlich zugänglicher Bereiche verpflichtet Art. 33 Abs. 2 lit. c die verantwortliche Stelle oder den Auftragsdatenverarbeiter, eine datenschutzspezifische Folgenabschätzung vorzunehmen. Auch die EG-Datenschutzrichtlinie enthält keine vergleichbare Regelung, sodass es auf europäischer Ebene kein Pendant gibt.

B. Inhalt der Regelung

13 Nach § 6b Abs. 1 ist die Beobachtung von öffentlich zugänglichen Räumen mittels optisch-elektronischer Einrichtungen zulässig, wenn sie

- zur Aufgabenerfüllung öffentlicher Stellen,
- zur Wahrnehmung des Hausrechts öffentlicher oder nicht-öffentlicher Stellen, oder
- zur Wahrnehmung berechtigter Interessen für konkret festgelegte Zwecke öffentlicher oder nicht-öffentlicher Stellen

erforderlich ist und keine schutzwürdigen Interessen der Betroffenen überwiegen. Inhaltlich unterscheidet die Regelung zwischen dem erstmaligen Erheben (Abs. 1) und der nachfolgenden Verarbeitung und Nutzung (Abs. 3). Aus der Zulässigkeit der Erhebung kann nicht auf die Zulässigkeit der Verarbeitung und Nutzung geschlossen werden. Vielmehr ist jede dieser Maßnahmen gesondert auf ihre Rechtmäßigkeit zu prüfen.[8]

14 Die Regelung ist teilweise ein Fremdkörper im BDSG, da Begriffe nicht einheitlich verwendet werden. Nach überwiegender Ansicht findet die Erhebung von Daten in Form des Beobachtens statt, ohne dass die Daten auch tatsächlich gespeichert werden müssen.[9] Typischerweise findet die Erhebung i.S.v. § 3 Abs. 3 aber zum Zwecke der Speicherung statt. Weiter werden die beobachteten Personen auch dann als Betroffene bezeichnet, wenn sie nicht identifizierbar sind. Schließlich reguliert § 6b die Videoüberwachung auch dann, wenn sie entgegen § 1 Abs. 2 Nr. 3 ohne den Einsatz von Datenverarbeitungsanlagen auskommt und keine Daten aus nicht automatisierten Dateien nutzt.[10]

I. Regelungsadressaten

15 Die Vorschrift wendet sich an öffentliche und nicht-öffentliche Stellen gleichermaßen. Bei öffentlichen Landeseinrichtungen sind jedoch vorrangig die in den Landesdatenschutzgesetzen enthaltenen gleichartigen Vorschriften zu beachten.

7 BT-Drs. 14/5793, S. 61.
8 BT-Drs. 14/5793, S. 62.
9 Str. BT-Drs, 14/4329, S. 38; Simitis/*Scholz*, § 6b Rn. 65; a. A. *Gola/Schomerus*, § 6b Rn. 10.
10 BT-Drs. 14/5793, S. 62.

Möchte die verantwortliche Stelle einen Dritten mit der Videoüberwachung beauftragen, muss genau geprüft werden, ob ein Fall einer grundsätzlich zulässigen Auftragsdatenverarbeitung vorliegt. Ist dies zu verneinen, weil ein Fall einer Funktionsübertragung vorliegt, muss der beauftragte Dritte die Tatbestandsvoraussetzungen des § 6b erfüllen. Das bedeutet insbesondere, dass er ein eigenes berechtigtes Interesse vorweisen muss. Dient die Videoüberwachung aus Sicht des Eigentümers z.B. der Diebstahlsicherung, so ist sie aus Sicht des Überwachungsunternehmens Teil der zu erbringenden Dienstleistung. Dies ist bei der Prüfung zu beachten. **16**

Keine Auftragsdatenverarbeitung, sondern eine Funktionsübertragung liegt dann vor, wenn der Dritte die Videoaufzeichnung überwacht und ggf. auf bestimmte Ereignisse reagiert, so z.B. bei einem externen Wachdienst. **17**

II. Zulässigkeit der Videoüberwachung

1. Beobachten

Mit dem Begriff Beobachten wird ein neuer Terminus vom Gesetzgeber verwendet, der nicht in § 3 definiert ist. Unter **Beobachten** versteht man eine visuelle Überwachung. Die rein akustische Beobachtung ist daher nicht erfasst. Werden visuelle und akustische Beobachtungen kombiniert, so ist § 6b aufgrund des enthaltenen visuellen Elements einschlägig. Findet zugleich eine akustische Überwachung statt, ist hierfür ein zusätzlicher Erlaubnistatbestand erforderlich, da § 6b nur die visuelle Beobachtung erfasst. **18**

Beobachten ist ein besonderer Fall des Erhebens, wie sich aus Abs. 3 ergibt, der die Beobachtung nach Abs. 1 als Datenerhebung bezeichnet. Teile der Literatur folgern hieraus, dass eine Aufzeichnung, Übermittlung oder Auswertung begrifflich notwendiger Bestandteil einer Beobachtung sind.[11] Sog. Kamera-Monitor-Systeme, mit denen ein bestimmter Bereich mittels eines „verlängerten Auges" überwacht wird, würden nach dieser Auffassung nicht in den Anwendungsbereich der Vorschrift fallen. Nach h.M. fällt auch das reine Beobachten unter den Tatbestand.[12] Hierfür spricht auch, dass das Gesetz explizit von Beobachten und eben nicht von Erheben spricht. **19**

Beobachtung ist die Aufnahme von öffentlich zugänglichen Räumen und Übertragung dieser Bilder auf einen Bildschirm. Ob dies zeitversetzt oder gleichzeitig („live") erfolgt, ist unbeachtlich. Die reine Darstellung wird ergänzt durch die Möglichkeit der Aufzeichnung und Auswertung des gewonnenen Bildmaterials. Die Zulässigkeit dieser Maßnahmen richtet sich dann nach Abs. 3. **20**

Nach h.M. erfordert die Beobachtung eine gewisse zeitliche Dauer, was sie damit von der kurzen Momentaufnahme, insbesondere dem Foto abgrenzt.[13] Werden allerdings Einzelbilder in enger zeitlicher Abfolge aneinandergereiht, sodass der Betroffene auf mehreren dieser Bilder erscheint, liegt ein Beobachten vor. Luftaufnahmen zu Kartografiezwecken oder die Aufnahme von Straßenzügen aus einem fahrenden Auto fallen dagegen nicht in den Tatbestand des § 6b, können aber ggf. einen Eingriff in das Persönlichkeitsrecht darstellen.[14] **21**

Eine zeitlich beschränkte Videoüberwachung (z.B. Türüberwachung von Fahrzeugen des ÖPNV nur während des Ein- und Aussteigevorgangs[15]) oder die durch ein bestimmtes Ereignis ausgelöste Videoüberwachung (z.B. Lichtschranke) stehen der Anwendbarkeit des § 6b nicht entgegen. **22**

Der Tatbestand setzt die Erhebung von personenbezogenen Daten voraus. Ausreichend ist hierfür aber, wenn dem Grundsatz nach identifizierbare Personen beobachtet werden, unabhängig davon, ob diese Personen seitens der verantwortlichen Stelle tatsächlich identifiziert werden können oder eine Identifizierbarkeit dieser Personen überhaupt angestrebt ist. Eine Identifizierbarkeit liegt üblicherweise dann vor, wenn die Gesichtszüge erkennbar sind. Erst in dem Moment, in dem ein konkreter Personenbezug hergestellt wird, ordnet Abs. 4 eine gesonderte Benachrichtigung an. Das Gesetz spricht somit abweichend **23**

---

11 *Gola/Schomerus*, § 6b Rn. 10.
12 BT-Drs. 14/4329, S. 38; Simitis/*Scholz*, § 6b Rn. 65; Däubler/Klebe/Wedde/Weichert/*Wedde*, § 6b Rn. 13.
13 Simitis/*Scholz*, § 6b Rn. 64; a. A. Taeger/Gabel/*Zscherpe*, § 6b Rn.24.
14 *Gola/Schomerus*, § 6b Rn. 12; a. A. Däubler/Klebe/Wedde/Weichert/*Wedde*, § 6b Rn. 15.
15 *Hilpert*, RDV 2009, 160, 161.

von der Definition in § 3 Abs. 1 auch dann von einem Betroffenen, wenn dieser für die verantwortliche Stelle nicht bestimmt oder bestimmbar ist, und geht insoweit von einem objektiven Personenbegriff aus.

24 Führt die eingesetzte Technik jedoch dazu, dass eine Identifizierung unmöglich ist, etwa aufgrund einer zu geringen Auflösung, findet § 6b keine Anwendung (z.B. Beobachtung von Verkehrsknotenpunkten, um den Verkehrsfluss steuern zu können, ohne dass aufgrund der Entfernung eine Identifizierung möglich ist, oftmals bei Webcams). Im Rahmen der Prüfung wird man die Grundsätze der Anonymisierung nach § 3a anwenden. Besteht beispielsweise die Möglichkeit, einzelne Personen durch eine Nachbearbeitung oder ein Heranzoomen kenntlich zu machen, liegt keine der Anonymisierung vergleichbare Nicht-Identifikationsmöglichkeit vor.

2. Optisch-elektronische Einrichtung

25 Die Beobachtung muss mithilfe einer optisch-elektronischen Einrichtung erfolgen. Unter einer optisch-elektronischen Einrichtung versteht man jedes Beobachtungsgerät, das eine optische Aufnahme ermöglicht, wobei mindestens eine Gerätekomponente durch elektrische Impulse gesteuert werden muss. Darüber hinaus findet keine Festlegung auf bestimmte Gerätearten oder Techniken statt, sodass auch technische Neuerungen erfasst werden.

26 Mit optisch-elektronischen Einrichtungen sind sowohl analoge wie auch digitale Kameras gemeint, die ein Bildsignal wiedergeben, aufzeichnen oder ein Bildsignal zur Wiedergabe und/oder Aufzeichnung an andere Stelle weiterleiten, was z.B. bei Webcams stattfindet. Nach anderer Ansicht soll die Beobachtung mit analoger Technik zumindest im nichtöffentlichen Bereich nicht erfasst sein. Normadressat könne gem. § 3 Abs. 7 i.V.m. § 1 Abs. 2 Nr. 2 nur derjenige sein, der Daten für eine automatisierte oder dateimäßige Verarbeitung erhebt. Das sei bei einer analogen Erhebung nicht der Fall.[16] Ausweislich des Wortlauts ist entscheidend, dass die Bilderfassung „optisch-elektronisch" erfolgt. Dies ist auch bei einer analogen Technik der Fall, sodass sie ebenfalls dem § 6b unterfällt.[17] Damit fällt nach Auffassung der Aufsichtsbehörden und h.L. auch die Beobachtung mittels eines „verlängerten elektronischen Auges" unter § 6b.[18]

27 Unbeachtlich ist u.a., ob das Gerät fest installiert oder schwenkbar ist und ob die Auslösung automatisch oder manuell erfolgt. Das Gesetz verlangt auch keine Ortsgebundenheit, sodass auch mobile Beobachtungsgeräte, wie tragbare Kameras, aber auch Fotoapparate und Mobiltelefone/Smartphones, die über eine Kamerafunktion verfügen, erfasst werden.[19] Auch sog. „Unfallkameras", die in Fahrzeugen installiert werden, um im Falle eines Schadensereignisses vorsorglich Beweise zu sichern, werden von § 6b erfasst. Bei mobilen Beobachtungsgeräten ist in der Praxis besonderes Augenmerk auf die Erfüllung der Hinweispflicht nach Abs. 2 zu legen, die nicht immer ohne Weiteres umgesetzt werden kann.

28 Keine Videoüberwachung i.S.v. § 6b soll bei einer mobilen Videoüberwachung von sog. Zielpersonen mittels Videotechnik vorliegen, wie sie von Detekteien betrieben wird. Hier fehlt es an der Raumbeobachtung. In diesem Fall ist die Beobachtung an den allgemeinen Datenschutzgrundsätzen zu messen.[20]

29 Auch wenn der Gesetzgeber im Jahr 2001 die Entwicklung intelligenter Videoüberwachungssysteme noch nicht vorhergesehen haben sollte, können diese aufgrund des bewusst offen und technikneutral formulierten Tatbestandes ebenfalls unter § 6b subsumiert werden. Intelligente Videoüberwachungssysteme gibt es in unterschiedlichen Ausprägungen. So erlauben derartige Systeme beispielsweise die überwachten Personen automatisiert wiederzuerkennen, sollten sie erneut in das Blickfeld der Kamera gelangen. Denkbar ist auch, Bewegungspfade zu erstellen, die den von den überwachten Personen zurückge-

---

16 *Gola/Schomerus*, § 6b Rn. 10; *Bergmann/Möhrle/Herb*, § 6b Rn. 16; Däubler/Klebe/Wedde/Weichert/*Wedde*, § 6b Rn. 7.

17 BT-Drs. 14/5793, S. 62; Simitis/*Scholz*, § 6b BDSG, Rn. 40; Wolff/*Brink*, § 6b Rn. 23; Innenministerium Baden-Württemberg, Hinweis zum BDSG, Nr. 40 vom 18.02.2002, RDV 2002, 148, 148.

18 Gesetzbegründung, BT-Drucks. 14/4329, S.38; Simitis/*Scholz*, § 6b Rn. 65; a. A. *Gola/Schomerus*, § 6b Rn. 10.

19 Wolff/*Brink*, § 6b Rn. 25, Simitis/*Scholz*, § 6b Rn. 37; Däubler/Klebe/Wedde/Weichert/*Wedde*, § 6b Rn. 17; a. A. *Duhr/Naujok/Peter/Seiffert*, DuD 2002, 5, 27; *Zilkens*, DuD 2007, 279; *Gola/Klug*, RDV 2004, 65, 66.

20 Orientierungshilfe, Achtung Kamera!, Videoüberwachung durch private Stellen, Hrsg. Berliner Beauftragter für Datenschutz und Informationsfreiheit, Der Landesbeauftragte für den Datenschutz Niedersachsen und Landesbeauftragte für Datenschutz und Informationsfreiheit Nordrhein-Westfalen, S. 2.

legten Weg nachzeichnen. Das erfasste Verhalten kann daraufhin analysiert werden, ob es vom definierten „Normalverhalten" abweicht.

> Je nach Umfang der technischen und softwaremäßigen Ausstattung kann die Videoüberwachung ein automatisiertes Verfahren im Sinne von § 3 Abs. 2 darstellen. Insbesondere Analyseprogramme intelligenter Kamerasysteme stellen regelmäßig automatisierte Verfahren dar. Bitte beachten Sie, dass automatisierte Verfahren regelmäßig eine Meldepflicht nach §§ 4d Abs. 1, 4e auslösen, die bei Bestellung eines Datenschutzbeauftragten jedoch entfällt, § 4d Abs. 2. In jedem Fall müssen die Angaben im Rahmen des Jedermann-Verzeichnisses zur Verfügung gestellt werden.

Mangels Steuerung durch elektrische Impulse stellt ein Fernglas keine optisch-elektronische Einrichtung dar. Entsprechendes gilt für optische Restlichtverstärker. Elektronische Restlichtverstärker und Nachtsichtgeräte unterfallen hingegen wieder § 6b. 30

Eine bloße Attrappe, selbst wenn diese täuschend echt aussieht, erfüllt das Tatbestandsmerkmal hingegen nicht.[21] Von dieser kann keine Beeinträchtigung des Persönlichkeitsrechts ausgehen. Nach anderer Auffassung erzeuge eine echt aussehende Attrappe einen vergleichbaren Überwachungsdruck, der eine Gleichbehandlung rechtfertige.[22] Die Auffassung übersieht, dass es für die Frage, ob das Persönlichkeitsrecht verletzt wird, nicht auf das bloße subjektive Gefühl des Betroffenen ankommt, sondern dass es tatsächlich zu einer Videoüberwachung gekommen sein muss. Entsprechendes gilt für Hinweisschilder, die eine Videoüberwachung lediglich vortäuschen sollen. Ist die Kamera lediglich nicht eingeschaltet oder defekt, greift § 6b ebenfalls nicht ein.[23] 31

Keine Anwendung findet § 6b auf Kameras, wenn diese aufgrund ihrer Auflösung und Bildschärfe eine Identifizierung der Betroffenen nicht ermöglich (z.B. Webcams, Verkehrsüberwachungskameras). Erlauben die Kameras jedoch ein Heranzoomen, sodass die Betroffenen identifizierbar werden, ist § 6b einschlägig. 32

3. Öffentlich zugänglicher Raum

Unter einem öffentlich zugänglichen Raum versteht man einen für jedermann zugänglichen Bereich, gleich ob dieser umschlossen, überdacht oder sonst wie baulich abgegrenzt ist. Entscheidend ist, dass der Raum entweder von der öffentlichen Hand dem öffentlichen Verkehr gewidmet ist oder nach dem erkennbaren Willen des Berechtigen von jedermann genutzt oder betreten werden kann.[24] Unerheblich ist hingegen, ob der Zugang z.B. durch Öffnungszeiten, Anmeldung, Altersbeschränkungen, Zahlung eines Eintrittspreises, Verwendung einer EC-Karte, um in den EC-Automatenraum zu gelangen, beschränkt ist. Entscheidend ist, dass der Zugang grundsätzlich jedem offensteht. Beispiele sind Parks, Straßen, Verkaufsräume eines Geschäfts, Kinos, Ausstellungsräume eines Museums, jedem Besucher zugängliche Treppenaufgänge zu Arztpraxen, Bahnsteige, Schalterhallen am Bahnhof, öffentlich zugängliche Bereiche im Flughafen einschließlich Bereichen, die ein gültiges Flugticket verlangen, öffentliche Parkplätze und Parkhäuser, Tankstellen, öffentliche Busse und Bahnen, Taxis, Sportstadien, Geldautomaten sowohl im Vorraum einer Bank als auch zur Straße hin. 33

Demgegenüber sind Räume, die nicht von jedem genutzt werden können oder dürfen, z.B. die Wohnung, das abgegrenzte Grundstück, der Vorgarten, der Parkplatz nur für Mitarbeiter, der private Bereich eines Restaurants, Büros außerhalb des Publikumsverkehrs, Baustellen, keine öffentlich zugänglichen Räume. Das Treppenhaus, der Aufzug oder die Tiefgarage in Mehrfamilienhäusern sind ebenfalls nicht öffentliche Räume, insbesondere kann das Hausrecht von mehreren Personen gemeinschaftlich ausgeübt 34

21 LG München v. 21.10.2011, Az. 20 O 19879/10, ZD 2012, 76, 78; Wolff/*Brink*, § 6b Rn. 26.

22 Bayerische Landesbeauftragte für den Datenschutz, 24. Tätigkeitsbericht 2009/2010, S. 123; LG Bonn v. 16.11.2004, Az. 8 S 139/04, NJW-RR 2005, 1067 m.w.N.

23 Wolff/*Brink*, § 6b Rn. 26; LG Itzehoe v. 11.09.1997, Az. 7 (9) 0 51-96, NJW-RR 1999, 1394, 1395; a. A. LG Braunschweig v. 18.03.1998, Az. 12 S 23-97, NJW 1998, 2457, 2458.

24 Innenministerium Baden-Württemberg, Hinweis zum BDSG, Nr. 40 vom 18.02.2002, RDV 2002, 148, 148; *Königshofen*, RDV 2001, 220; *Gola/Schomerus*, § 6b Rn. 8.

werden. Entscheidend ist der Wille des Berechtigten, der neben Türsicherungen oder Zugangskontrollen auch durch Schilder („privat") oder die Gesamtumstände zum Ausdruck kommen kann. Allein die faktische Begehungsmöglichkeit lässt den privaten Charakter nicht entfallen. Umgekehrt können private Räume auch der Öffentlichkeit gegenüber geöffnet werden, z.B. die teilweise gewerbliche Nutzung einer Wohnung als Ladenlokal. Befinden sich in einem Gebäude auch Räume mit Publikumsverkehr (z.B. Arztpraxis), so ist während des gemischten Nutzungszeitraums (Sprech- oder Öffnungszeiten) von öffentlich zugänglichen Räumen auszugehen. Große Wohnanlagen ohne Zugangsbeschränkung können im Einzelfall ebenfalls den Charakter eines öffentlichen Raums erhalten, wenn sie erkennbar der Allgemeinheit zugänglich gemacht worden sind.

35 Eine Kamera, die nicht nur den privaten Bereich, sondern auch den öffentlichen Bürgersteig oder Straße erfasst, ist an § 6b zu messen.[25] Das ist zumindest dann der Fall, wenn sie nicht nur auf den unmittelbaren Eingangsbereich fokussiert ist, sondern auch größere Teile des öffentlichen Raums erfasst.

36 Der Arbeitsplatz stellt im Regelfall auch keinen öffentlich zugänglichen Raum dar. Dies führt jedoch zu der unbefriedigenden Situation, dass es derzeit keine spezialgesetzliche Regelung gibt, die die Videoüberwachung von Mitarbeitern in nicht-öffentlichen Betriebsräumen regelt. Diese ist vielmehr am strengen Maßstab des § 32 (siehe § 32 Rn. 86 ff.) zu messen. Befindet sich der Arbeitsplatz hingegen im öffentlichen Raum (z.B. Verkaufsräume eines Kaufhauses, Tankstelle), richtet sich die Zulässigkeit der Videoüberwachung nach § 6b. Findet die Überwachung auch außerhalb der Öffnungszeiten statt, wird man die Überwachung insoweit wieder an § 32 messen müssen, da es sich dann mangels Publikumsverkehr um keinen öffentlichen Raum mehr handelt. Im Rahmen der Prüfung ist zu berücksichtigen, dass nach Auffassung der Rechtsprechung die Eingriffsintensität bei Videoüberwachung öffentlich zugänglicher Räume sehr viel geringer ist als bei der Überwachung nicht-öffentlicher Räume.[26]

4. Zulässigkeit der Beobachtung

37 Damit die Beobachtung zulässig ist, muss eine der drei vom Gesetz abschließend genannten Zweckbestimmungen erfüllt sein:

- Aufgabenerfüllung durch eine öffentlicher Stelle,
- Wahrnehmung des Hausrechts durch eine öffentliche oder nicht-öffentliche Stelle oder
- Erfüllung berechtigter Interessen für konkret festgelegte Zwecke.

Darüber hinaus muss die Beobachtung erforderlich und verhältnismäßig sein.

38 Nach Abs. 1 Nr. 1 ist die Videoüberwachung zur Aufgabenerfüllung öffentlicher Stellen zulässig. Nicht-öffentliche Stellen können sich auf diesen Erlaubnistatbestand nicht berufen. Welche Aufgabe eine öffentliche Stelle zu erfüllen hat, ergibt sich aus der Verfassung, aus Gesetzen, Verordnungen und anderen Rechtsvorschriften. Die Zulässigkeit wird daher durch eine gesetzlich normierte Aufgabenerfüllung sowohl definiert als auch begrenzt. Typische Fälle sind Eigensicherungsmaßnahmen von Bundesbehörden durch Zugangskontrollen oder Objektsicherungsmaßnahmen.

39 Abs. 1 Nr. 2 erlaubt die Videoüberwachung zum Zwecke der Wahrnehmung des Hausrechts. Das Hausrecht gibt dem Inhaber das Recht, darüber zu bestimmen, wer das befriedete Besitztum oder Gebäude betreten und dort verweilen darf. Inhaber des Hausrechts ist der unmittelbare Besitzer. Dieser muss nicht mit dem Eigentümer identisch sein, sodass beispielsweise der Mieter (auch gegenüber dem Eigentümer und Vermieter) das Hausrecht ausüben darf. Denkbar ist auch, dass das Hausrecht mehreren Personen zusteht, etwa bei gemeinschaftlich genutzten Räumen wie einem Treppenhaus.

40 Bei öffentlichen Zwecken dienenden Räumen ist Inhaber des Hausrechts die jeweilige Körperschaft. Ausgeübt wird das Hausrecht vom zuständigen Vertretungsorgan, z.B. dem Bürgermeister beim Rathaus einer Gemeinde, wobei das Hausrecht oftmals durch Verwaltungsvorschriften näher geregelt ist.

---

25 Wolff/*Brink*, § 6b Rn. 31; a. A. *Gola/Schomerus*, § 6b Rn. 7a, 9.
26 BAG v. 14.12.2004, Az. 1 ABR 34/03, Rn. 28, Juris.

41 Beobachtungen zur Wahrnehmung des Hausrechts dienen in der Regel zur Abschreckung und Vermeidung von Sachbeschädigungen, des Zutritts Unbefugter, Diebstählen, Einbrüchen, Überfällen oder sonstigen Störungen und verfolgt insofern ein präventives Ziel. Repressive Zwecke, etwa die (Straf-)Verfolgung von Tätern oder die Durchsetzung zivilrechtlicher Ansprüche, sind gleichsam umfasst. Typische Beispiele sind die Kameras in Kaufhäusern zur Abschreckung, aber auch zur Aufdeckung und Verfolgung von Diebstählen, Kameras in einer Bibliothek, um zu verhindern, dass Besucher Bücher entwenden oder beschädigen.

42 Schließlich erlaubt Abs. 1 Nr. 3 die Videoüberwachung zur Erfüllung berechtigter Interessen für einen konkret festgelegten Zweck. Auf diesen Erlaubnistatbestand ist dann zurückzugreifen, wenn sich die Videoüberwachung nicht durch das Hausrecht im engeren Sinne rechtfertigen lässt. Berechtigte Interessen können, wie auch im Rahmen der gleichlautenden Vorschrift in § 28 Abs. 1 Nr. 2, sowohl rechtliche als auch wirtschaftliche sowie ideelle Interessen sein. Das Interesse muss objektiv begründbar sein. Kein hinreichendes Interesse liegt vor, wenn die Beobachtung der Hauptzweck oder ein wesentlicher Nebenzweck der Geschäftstätigkeit ist. Eine Videoüberwachung mit dem Ziel, die gewonnenen Aufnahmen zu vermarkten, wäre nicht mehr von Abs. 1 Nr. 3 gedeckt.[27] Denkbare berechtigte Interessen sind z.B. Forschungszwecke, das Ziel bestimmter Abläufe zu optimieren, die Gefahrenabwehr oder effektive Wahrnehmung eigener Verkehrssicherungspflichten.

43 Die Zweckbestimmung muss **im Rahmen der Vorabkontrolle vor Beginn** der Überwachung **konkret festgelegt** werden, wobei eine Dokumentation den Nachweis erleichtert. Fehlt es an einer konkreten Festlegung oder kann eine solche von der beweispflichtigen verantwortlichen Stelle nicht nachgewiesen werden, so muss die Videoüberwachung unterbleiben und etwaige bereits gemachte Aufzeichnungen sind zu vernichten.

44 Soweit die Videoüberwachung der Abwehr drohender Gefahren oder der Dokumentation einer Beeinträchtigung für ein Gerichtsverfahren dient, wird oftmals eine Überschneidung mit der Wahrnehmung des Hausrechts vorliegen, was unschädlich ist. Die Zwecke können auch kumulativ einschlägig sein.

> ! Eine Videoüberwachung kann auch mit unterschiedlichen Zweckbestimmungen durchgeführt werden. In diesem Fall sollten jedoch sämtliche Zwecke vor Beginn der Videoüberwachung konkret festgelegt werden, da eine nachträgliche Festlegung eines Zwecks als eine Zweckänderung anzusehen ist, die nur in sehr engen Grenzen zulässig ist.

5. Erforderlichkeit

45 Die Videoüberwachung muss für die Aufgabenerfüllung öffentlicher Stellen, der Umsetzung des Hausrechts oder der Erfüllung berechtigter Interessen erforderlich sein. Das setzt voraus, dass die Videoüberwachung geeignet ist, den verfolgten Zweck zu erreichen, und dass es kein gleich wirksames Mittel gibt, das wenig stark in das Recht auf informationelle Selbstbestimmung eingreift. Entscheidend ist eine objektive Betrachtungsweise.

46 Ist die Videoüberwachung für die Erreichung des angestrebten Zwecks völlig ungeeignet, ist sie unzulässig. So ist eine Videoüberwachung, mit der Störer abgeschreckt werden sollen, bei der die Kameras aber nur sehr schlecht oder gar nicht erkennbar sind, nicht geeignet, den beabsichtigten Zweck zu erreichen und daher mangels Erforderlichkeit unzulässig. Soll mithilfe der Videoüberwachung ein Täter überführt werden und Beweise für ein Gerichtsverfahren gesammelt werden, ist es erforderlich, dass die Kamera über einen Aufzeichnungsmechanismus verfügt. Fehlt dieser, ist die Überwachung ebenfalls nicht geeignet, den Zweck zu erreichen.

47 Gewährleistet eine Videoüberwachung hingegen keine lückenlose Überwachung, etwa wegen toter Winkel, und damit auch keinen vollständigen Schutz, lässt dieser Umstand das Erforderlichkeitskriterium nicht entfallen. Ausreichend ist, wenn die Videoüberwachung geeignet ist, den verfolgten Zweck zu för-

27 BT-Drs. 14/5793, S. 61.

dern.[28] Je weniger eine Videoüberwachung geeignet ist, den Zweck zu fördern, desto eher gibt es gleich geeignete, aber weniger eingriffsintensive Mittel. Im Rahmen der Erforderlichkeitsprüfung sind auch die Grundsätze der Datensparsamkeit und Datenvermeidung zu berücksichtigten.

48 Wirtschaftliche Aspekte dürfen im Rahmen der Abwägung Berücksichtigung finden. Können durch den Einsatz einer Videoüberwachung Kosten für den Sicherheitsdienst gespart werden, kann einer solchen Entscheidung das Datenschutzrecht nicht ohne Weiteres entgegengehalten werden.[29]

49 Eine Videoüberwachung, die erst durch z.B. eine Lichtschranke aktiviert wird, kann ebenfalls die mildere Maßnahme sein als eine dauerhafte Überwachung. Denkbar ist auch, eine Zoomfunktion, die ein gestochen scharfes Bild übermittelt, nur anlassbezogen zu aktivieren.

50 Geht man entgegen der hier vertretenen Auffassung davon aus, dass Klingelkameras von § 6b erfasst werden, so muss eine Klingelkamera eines Mehrfamilienhauses so eingestellt sein, dass sie eine Beobachtung des Eingangsbereichs nur dann ermöglicht, wenn bei dem Bewohner auch tatsächlich geklingelt worden ist. Eine permanente Beobachtung ist nicht erforderlich und mit den Grundsätzen der Datensparsamkeit und Datenvermeidung nicht vereinbar.

51 Webcams, deren Bilder weltweit über das Internet abrufbar sind, sind wohl nur in seltenen Fällen erforderlich. Es ist daher sicherzustellen, dass die Auflösung der Bilder eine Identifizierung von Personen unmöglich macht.[30]

52 Ein besonderes Augenmerk auf die Erforderlichkeitsprüfung ist bei einer Videoüberwachung von öffentlichen Bereichen, die zugleich Arbeitsplätze sind, zu werfen. Um den Mitarbeiter keinem fortwährenden Überwachungsdruck auszusetzen, sollten kontrollfreie Bereich verbleiben. Dies kann durch die Ausrichtung und Anzahl der Kameras erfolgen. Die Erforderlichkeitsprüfung kann auch dazu führen, dass alternative Überwachungs- und Kontrollmaßnahmen, die einen geringeren Eingriff darstellen, aber einen höheren Personalaufwand bedeuten, eingesetzt werden müssen. Umgekehrt kann ein besonders gefährdetes Rechtsgut auch einen intensiveren Eingriff erforderlich machen (z.B. Überwachung des Schalter- und Tresorbereichs einer Bank).[31]

53 Der Einsatz von Videokameras in Taxis zum Schutz der Taxifahrer ist nach Auffassung des Düsseldorfer Kreises trotz der hohen Rechtsgüter wie Leben, Gesundheit und Freiheit der Taxifahrer nicht erforderlich, wenn es sich um eine anlasslose, automatische und permanente Videoüberwachung handelt. Es sind weniger einschneidende Schutzmaßnahmen wie die Möglichkeit der anlassbezogenen Auslösung eines stillen Alarms, eines GPS-gestützten Notrufsignals oder das Anfertigen von einzelnen Standbildern der Fahrgäste beim Einsteigen in Betracht zu ziehen.[32]

6. Interessenabwägung

54 Schließlich ist das Interesse an der Videoüberwachung mit entgegenstehenden schutzwürdigen Interessen des Betroffenen abzuwägen. Je intensiver die Überwachung ist, je sensibler die erhobenen Daten sind, je weniger Ausweichmöglichkeiten es gibt, desto eher können die Interessen der Betroffenen überwiegen. In die Abwägung ist auch die zeitliche und räumliche Komponente der Videoüberwachung einzustellen: Findet eine 24-stündige Überwachung statt oder ist sie zeitlich begrenzt? Wird das Geschäftslokal umfassend überwacht oder können Mitarbeiter in nicht überwachte Bereiche ausweichen? Umgekehrt ist auch der Überwachungszweck in die Abwägung mit einzustellen. Dient die Videoüberwachung der Sicherheit besonders schutzwürdiger Rechtsgüter, ist ein intensiverer Eingriff zulässig. Entsprechendes gilt, wenn es bereits zu einer Verletzung eines Rechtsguts gekommen ist und die Überwachung nicht bloß eine verdachtsunabhängige, rein präventive Maßnahme ist.

---

28 OVG Münster v. 08.05.2009, Az. 16 A 3375/07, RDV 2009, 232, 235.

29 AG Berlin-Mitte v. 18.12.2003, Az. 16 C 427/02, NZM 2004, 318; *Gola/Schomerus*, § 6b Rn. 18b.

30 Orientierungshilfe Überwachung mit Videokameras und zum Einsatz von Webcams durch nicht-öffentliche Stellen, Hrsg. die Landesbeauftragte für Datenschutz und Informationsfreiheit der Freien Hansestadt Bremen, 15. März 2011, S. 6.

31 Däubler/Klebe/Wedde/Weichert/*Wedde*, § 6b Rn. 43.

32 Beschluss des Düsseldorfer Kreis vom 26./27.02.2013, www.bfdi.bund.de.

Nach Auffassung des Innenministeriums Baden-Württemberg liegt regelmäßig keine Verletzung von schutzwürdigen Interessen vor, wenn die Betroffenen so videoüberwacht werden, wie es eine anwesende Person mit bloßem Auge auch hätte machen können.[33] **55**

Überwiegen die schutzwürdigen Interessen des Betroffenen, ist die Videoüberwachung zu unterlassen. **56** Nach Auffassung des OVG Münster muss die Überwachung nicht erst dann unterbleiben, wenn die schutzwürdigen Interessen des Betroffenen überwiegen, sondern bereits, wenn Anhaltspunkte für ein Überwiegen der schutzwürdigen Interessen nicht ausgeräumt werden können.[34]

So kann beispielsweise eine Hauskamera, mit der der Besitzer sein Grundstück vor Beeinträchtigungen **57** schützen möchte, die aber auch den öffentlichen Weg und Passanten erfasst, in Ausnahmefällen gerechtfertigt sein. Hierfür spricht u.a., wenn Passanten der Überwachung ohne Weiteres ausweichen können. Wird umgekehrt der öffentliche Zugangsweg zum Nachbargrundstück überwacht, den der Nachbar zwingend benutzen muss, möchte er zu seinem Haus gelangen, so stellt dies eine schwerwiegende Beeinträchtigung dar, die in der Regel unzulässig ist.[35] In die Abwägung ist stets einzustellen, ob die Betroffenen nur kurzzeitig in ihrer Individualsphäre oder aber in ihrer Privat- oder gar Intimsphäre betroffen sind. Werden der Weg oder die Durchgangspassage nur kurzfristig durchschritten, so ist das Schutzbedürfnis der Betroffenen geringer, als wenn sich die Betroffenen in den Räumen länger aufhalten und/oder miteinander kommunizieren.[36] Bei öffentlichen Gehwegen und Straßen handelt es sich in der Regel nicht um besonders sensible, schutzwürdige öffentliche Räume. Erfasst die Kamera hingegen das private Nachbargrundstück, so ist dieser Bereich der Privat- und Intimsphäre zuzurechnen.[37] Nicht mehr zulässig ist die Videoüberwachung eines Kinderspielplatzes einer Wohnsiedlung und Einspeisung der Bilder in das lokale TV-Kabelnetz, sodass jeder angeschlossene Haushalt die Bilder abrufen kann.[38] Ebenfalls unzulässig ist die Videoüberwachung des Kundenbereichs eines Gastronomiebetriebs, da hier die Entfaltung der Persönlichkeit besonderen Schutz genießt.[39]

> **!** Eine Videoüberwachung in Geschäftslokalen und Gastronomiebetrieben zur Verhinderung und Verfolgung von Ladendiebstählen sollte auf den Kassen- und Warenbereich beschränkt werden. Tisch- und Sitzbereiche sollte von der Videoüberwachung ausgespart werden.

Die Videoüberwachung von Mitarbeitern in öffentlichen Räumen, insbesondere wenn diese der Überwa- **58** chung nicht ausweichen können, wird aufgrund des damit einhergehenden ständigen Überwachungs- und Anpassungsdrucks von der h.M. kritisch gesehen.[40] Im Rahmen der Abwägung ist daher zu berücksichtigen, ob sich der Mitarbeiter einer Totalüberwachung nur schwer entziehen kann und welchen zeitlichen Umfang im Verhältnis zur Gesamtarbeitszeit die Überwachung einnimmt. Findet eine Überwachung nur kurzzeitig statt (z.B. Überwachung der Be- und Entladerampe eines Logistikzentrums, der die Kraftfahrer maximal für eine Viertelstunde arbeitstäglich ausgesetzt sind), so beschränkt sich der Überwachungs- und Anpassungsdruck auf nur einen geringen Teil der tagtäglichen Arbeitszeit und ist schneller hinzunehmen.[41]

> **!** Da die Überwachung von Mitarbeitern und Speicherung der Aufnahmen eine der Mitbestimmung unterliegende technische Überwachungsmaßnahme nach § 87 Abs. 1 Nr. 6 BetrVG, § 75 Abs. 3 Nr. 17 BPersVG darstellt, ist der Betriebsrat regelmäßig einzubinden.

---

33 Innenministerium Baden-Württemberg, Hinweis zum BDSG, Nr. 40 vom 18.02.2002, RDV 2002, 148, 150.
34 OVG Münster v. 08.05.2009, Az. 16 A 3375/07, RDV 2009, 232, 234.
35 BGH v. 25.04.1995, Az. VI ZR 272/94, NJW 1995, 1955, 1957; AG Berlin-Mitte v. 18.12.2003, Az. 16 C 427/02, NZM 2004, 318, 320; Landesverwaltungsamt Sachsen-Anhalt, Merkblatt für die Videoüberwachung, Stand 12/2003, S. 3.
36 AG Berlin-Mitte v. 18.12.2003, Az. 16 C 427/02, NZM 2004, 318, 319.
37 LG München I v.21.10.2011, Az. 20 O 19879/10, ZD 2012, 76, 78; AG Meldorf, ZD 2012, 79, 80.
38 HmbDSB, 17. Tb, 1998/99, Ziff. 1.2.1 und 23.2, *Gola/Schomerus*, § 6b Rn. 19.
39 AG Hamburg v. 22.04.2008, Az. 4 C 134/08, CR 2009, 129, 129.
40 Wolff/*Brink*, § 6b Rn. 70; *Gola*, Rn. 66 f.; *Gola/Wronka*, Rn. 822 f.
41 BAG v. 26.08.2008, Az. 1 ABR 16/07, RDV 2008, 238, 244.

59 Zulässig ist die Videoüberwachung des Anlieferungsbereichs eines Briefverteilungszentrums, die sowohl Kunden als auch Mitarbeiter erfasst.[42] Die offene Überwachung eines Ladengeschäfts zur Verhinderung von Diebstählen durch Kunden und Mitarbeiter ist ebenfalls erlaubt.[43] Zur Aufdeckung einer Straftat gestattet das BAG als Ultima Ratio auch die heimliche Videoüberwachung.[44] Die offene Videoüberwachung ist dagegen regelmäßig zulässig, wenn überwiegende Sicherheitsinteressen dies erforderlich machen.[45] Im Falle einer unzulässigen Videoüberwachung steht dem Mitarbeiter ein Leistungsverweigerungsrecht zu, solange die Beeinträchtigung andauert.[46]

60 Soweit die Videoüberwachung in die Privat- und Intimsphäre eingreift, werden die schutzwürdigen Interessen der Betroffenen regelmäßig überwiegen. Eine Videoüberwachung in Umkleidekabinen (etwa zur Verhinderung von Diebstählen), Toiletten, Saunas, Sonnenstudios, Duschräumen oder ärztlichen Behandlungszimmern ist daher grundsätzlich unzulässig. Ebenfalls unzulässig soll die dauerhafte Videoüberwachung eines Aufzugs eines Krankenhauses sein, der sowohl von Mitarbeitern, Besuchern als auch Patienten benutzt wird. Gegenüber Patienten liegt ein Eingriff in die Intimsphäre vor, wenn diese liegend, nicht vollständig bekleidet, krank, hilflos und/oder an Apparate angeschlossen beobachtet werden. Findet die Videoüberwachung hingegen nur anlassbezogen im Notfall (z.B. Alarmknopf ausgelöst, Ausbruch eines Brands) statt, soll diese zulässig sein. Allerdings sind die Betroffenen darauf hinzuweisen, dass die Aktivierung nur im Notfall erfolgt.[47]

61 Sog. „Unfallkameras", die in Fahrzeugen installiert werden, um im Falle eines Schadensereignisses vorsorglich Beweise zu sichern, sind nach Auffassung des Düsseldorfer Kreises unzulässig. Die Installation einer solchen Kamera greift unverhältnismäßig in das Recht der Betroffenen ein, sich frei und ungezwungen in der Öffentlichkeit bewegen zu können, ohne befürchten zu müssen, ungewollt und anlasslos zum Objekt einer Videoüberwachung gemacht zu werden.[48]

7. Einwilligung

62 Grundsätzlich kann neben dem gesetzlichen Erlaubnistatbestand auch eine Einwilligung die Videoüberwachung rechtfertigen. Eine stillschweigende, konkludente Einwilligung, etwa durch den bloßen Hinweis auf eine Videoüberwachung, ggf. noch verbunden mit dem Hinweis, man möge den Raum andernfalls nicht betreten, kann nur sehr zurückhaltend angenommen werden. Zum einen verlangt § 4a, soweit nicht aufgrund der besonderen Umstände im Einzelfall eine andere Form angemessen ist, eine schriftliche Einwilligung (siehe § 4a Rn. 79). Zum anderen setzt die Freiwilligkeit eine umfassende Aufklärung über Art, Zweck und Umfang der Datenerhebung voraus, was in der Regel nicht praktikabel ist.

III. Hinweispflicht

63 Nach Abs. 2 sind sowohl die Beobachtung als auch die verantwortliche Stelle den Betroffenen durch geeignete Maßnahmen kenntlich zu machen. Die Regelung ist damit auch Ausdruck des im Datenschutzrecht geltenden Transparenzgrundsatzes.

64 Ist die Videokamera für jedermann deutlich sichtbar installiert, ist ein gesonderter Hinweis auf die Beobachtung nicht erforderlich, da in diesem Fall dem Transparenzgedanken Genüge getan wird.[49] Bei Zweifeln sollte aber vorsorglich ein gesonderter Hinweis erfolgen. In der Praxis durchgesetzt hat sich ein sichtbarer Aufkleber oder Schild mit einer abgebildeten Kamera. Bewährt hat sich insbesondere das Piktogramm nach DIN 33450.

---

42 BAG v. 26.08.2008, Az. 1 ABR 16/07, RDV 2008, 238, 244.
43 Innenministerium Baden-Württemberg, Hinweis zum BDSG, Nr. 40 vom 18.02.2002, RDV 2002, 148, 150; vgl. auch Bericht der Aufsichtsbehörden für den Datenschutz, RDV 2008, 216, 217.
44 BAG v. 26.08.2008, Az. 1 ABR 16/07, RDV 2008, 238.
45 LAG Köln, v. 30.08.1996, Az. 12 Sa 639, 96, BB 1997, 476; LAG Mannheim, v. 06.05.1998, Az. 12 Sa 115/97, RDV 2000, 27, 29.
46 ArbG Dortmund, v. 25.07.1988, Az. 6 Ca 1026/88, CR 1989, 715, 716.
47 Bayerische Landesbeauftragte für den Datenschutz, 24. Tätigkeitsbericht 2009/2010, S. 123.
48 Beschluss des Düsseldorfer Kreises vom 26./27.02.2013, www.bfdi.bund.de.
49 *Gola/Schomerus*, § 6b Rn. 25; a. A. Wolff/*Brink*, § 6b Rn. 84.

Der Hinweis muss gut erkennbar sein, d.h. ohne Weiteres ins Auge fallen. Es ist daher nicht nur auf die Platzierung zu achten, sondern auch auf die Größe des Hinweises. Zudem sollte er bereits vor dem Betreten des überwachten Bereichs ohne Weiteres wahrnehmbar sein und nicht erst, nachdem man diesen betreten oder gar durchschritten hat. 65

Der Aufkleber sollte nicht an Wänden oder Türen angebracht werden, die nicht fest installiert sind, z.B. flexible Trennwände, die zusammengeschoben werden, oder Drehtüren, die im Sommer ausgehängt werden.

Denkbar ist aber auch, durch das sichtbare Aufstellen von Monitoren am Eingangsbereich, die die Überwachungsbilder zeigen, auf die Überwachung hinzuweisen. 66

Ausweislich des Wortlautes muss lediglich auf die Beobachtung hingewiesen werden, nicht aber ob zusätzlich eine Aufzeichnung oder automatisierte Analyse durch ein intelligentes Kamerasystem stattfindet. Mehrsprachige Texthinweise müssen ebenfalls nicht gemacht werden, bieten vor allem, wenn man nur auf die Videoüberwachung als solches hinweist, über die bildliche Darstellung einer Kamera hinaus keinen Informationsmehrwert. 67

Neben der Tatsache der Beobachtung muss auch die verantwortliche Stelle erkennbar gemacht werden, sodass der Betroffene seine Rechte wahrnehmen kann.[50] Typischerweise umfasst dies den Namen und die Anschrift der verantwortlichen Stelle. Ist die Überwachung im Rahmen einer Auftragsdatenverarbeitung einem Überwachungsunternehmen übertragen, bleibt der Auftraggeber verantwortliche Stelle und dieser ist kenntlich zu machen. 68

In einer Einkaufspassage könnte der Hinweis beispielsweise lauten:

„Die Passage wird von (uns/der Firma…) videoüberwacht. Bei Fragen wenden Sie sich bitte an unseren Kundenservice im 2. Stock."

Die Anforderungen an die Transparenz der verantwortlichen Stelle dürfen jedoch nicht überstrapaziert werden. So wird für den Betroffenen oftmals bereits aufgrund des Standorts der Kamera klar sein, wer verantwortliche Stelle ist. Wird beispielsweise in einem Ladenlokal eine Kamera angebracht, so ist die verantwortliche Stelle in der Regel der Ladeninhaber. Kann der Kunde in einem solchen Fall seine Rechte jedoch nicht in der Filiale, sondern nur in der Konzernzentrale geltend machen, so ist hierauf hinzuweisen. 69

Auf den Zweck der Überwachung muss an dieser Stelle nicht hingewiesen werden. Teilweise wird der Hinweis mit der Aussage verbunden, die Videoüberwachung erfolge zur Sicherheit der Kunden. Das Innenministerium Baden-Württemberg rät hiervon explizit ab, da eine solche Aussage als Zweckfestlegung interpretiert werden kann. Sollte es einen anderen oder weiteren Zweck geben (Schutz vor Diebstahl), so wäre die Überwachung unter Umständen unwirksam.[51]

Teilweise wird ein Hinweis auch bei Attrappen gefordert.[52] Da § 6b auf diese Fälle jedoch nicht anwendbar ist, muss auch kein Hinweis erfolgen. 70

Umstritten ist, ob die Hinweispflicht Voraussetzung für die Rechtmäßigkeit ist. In diesem Fall wäre eine heimliche Videoüberwachung stets unzulässig. Dafür spricht, dass § 6b Abs. 2 (im Unterschied zu z.B. § 33) keine Ausnahme von der Hinweispflicht macht. Andererseits würde dies zu dem unbefriedigenden Ergebnis führen, dass eine heimliche Beobachtung, um einen Dieb zu überführen, nicht verwertet werden dürfte.[53] Entsprechendes gilt für verdächtige Mitarbeiter, die zwar in nicht-öffentlichen Räumen (z.B. 71

50 BT-Drucks. 14/4329, S. 38.
51 Innenministerium Baden-Württemberg, Hinweis zum BDSG, Nr. 40 vom 18.02.2002, RDV 2002, 148, 150.
52 Däubler/Klebe/Wedde/Weichert/*Wedde*, § 6b Rn. 48.
53 So ArbG Frankfurt a. M. v. 25.01.2006, Az. 7 Ca 3342/05, RDV 2006, 214 215; *Bayreuther*, NZA 2005, 1038, 1040 f.

Warenlager), nicht aber in öffentlichen Räumen (z.B. Verkaufsräumen) heimlich beobachtet werden dürften. Schließlich spricht auch der Wortlaut für diese Auffassung, der im Gegensatz zu Abs. 1 und 3 keine Formulierung wie „ist zulässig, wenn" enthält. Richtigerweise wird man die Hinweispflicht daher nicht als Rechtmäßigkeitsvoraussetzung ansehen.[54]

72 Wird lediglich die verantwortliche Stelle nicht (richtig) benannt, führt dies zu keiner unzulässigen Videoüberwachung bzw. einem Beweisverwertungsverbot.

IV. Weitere Verarbeitung oder Nutzung der Daten

73 Nach Abs. 3 Satz 1 ist eine über die Beobachtung hinausgehende Verarbeitung oder Nutzung der durch die Beobachtung gewonnenen Aufzeichnung, insbesondere das Speichern der Überwachungsbilder, dann zulässig, wenn (1) dies zu Erreichung des verfolgten Zwecks erforderlich ist und (2) keine Anhaltspunkte bestehen, dass schutzwürdige Interessen des Betroffenen überwiegen. Die weitere Verarbeitung oder Nutzung der im Wege der Videoüberwachung gewonnenen Daten darf nur zu dem bei der erstmaligen Beobachtung nach Abs. 1 festgelegten legitimen Zweck erfolgen. Eine Verwendung für andere Zwecke ist nur ausnahmsweise im Rahmen von Abs. 3 Satz 2 zulässig. Die Regelung ist daher auch Ausdruck des im Bundesdatenschutzgesetz geltenden Grundsatzes der Zweckbindung.

74 Jeder Datenverarbeitungsvorgang ist gesondert zu prüfen. Aus einer rechtmäßigen Überwachung kann nicht automatisch auf eine rechtmäßige Speicherung geschlossen werden. So ist in jedem Einzelfall zu prüfen, ob es beispielsweise ausreichend ist, die Bilder mittels einer Monitorkamera lediglich auf den Monitoren des Wachschutzes einzublenden und erst im Alarmfall eine Aufzeichnung vorzunehmen. Werden im Alarmfall auch unbeteiligte Personen zufällig miterfasst, weil die öffentliche Straße aufgrund des Monitorwinkels teilweise miterfasst wird, so tritt das allgemeine Persönlichkeitsrecht des Betroffenen hinter das überwiegende Interesse der verantwortlichen Stelle, ihr Eigentum zu schützen, zurück. Zu berücksichtigen ist auch, dass Passanten regelmäßig nur für kurze Zeit von den Kameras erfasst werden und die öffentliche Straße nicht den besonders schutzwürdigen öffentlichen Räumen zuzurechnen ist.[55]

75 Dieser Prüfung kommt vor dem Hintergrund zunehmend intelligenter Kamerasysteme eine besondere Bedeutung zu. Werden Passanten an einem Bahnsteig nicht mehr nur auf den Monitor des Bahnsteigwärters übermittelt, sondern gleichzeitig das Verhalten automatisiert mit dem „Normalverhalten" abgeglichen, um bestimmte Gefährdungsmuster (Selbstgefährdung doch Alkohol- oder Drogeneinfluss, Suizidgefährdung, Schlägerei etc.) zu erkennen, so findet ein intensiverer Eingriff statt. Entsprechendes gilt für den Abgleich mit Hausverbots- oder Fahndungsdateien.

> **!** Beim Einsatz intelligenter Kamerasysteme findet in der Regel eine automatisierte Datenverarbeitung statt, die sich auf ein Verhalten einer Person stützt. Da Entscheidungen, die rechtliche Folgen nach sich ziehen oder Betroffene erheblich beeinträchtigen, nicht ausschließlich auf eine automatisierte Verarbeitung gestützt werden dürfen, ist sicherzustellen, dass eine inhaltliche Bewertung und Entscheidung durch eine natürliche Person erfolgen (siehe § 6a Rn. 17). Diese muss über einen echten Ermessensspielraum verfügen.

76 Gesondert zu berücksichtigen ist auch die Dauer der Speicherung, welche Löschroutinen es gibt und wer Zugriff auf die Daten hat.

77 Grundsätzlich dürfen die im Rahmen der Videoüberwachung gewonnenen Daten nur für den originären Zweck verwendet werden. Abs. 3 Satz 2 erlaubt in engen Grenzen eine **Zweckänderung**. Danach dürfen die erhobenen Daten auch zur Abwehr von Gefahren für die staatliche und öffentliche Sicherheit oder zur Verfolgung von Straftaten verwendet werden, soweit dies erforderlich ist. Die Aufzählung ist abschließend.

---

54 BT-Drs. 14/5793, S. 61 f.; BAG v. 21.06.2012, Az. 2 AZR 153/11, Rn. 30, 39 f. m.w.N., Juris; vgl. auch Bericht der Aufsichtsbehörden für den Datenschutz, RDV 2008, 216, 217; *Gola/Schomerus*, § 6b Rn. 26; a. A. Landesverwaltungsamt Sachsen-Anhalt, Merkblatt für die Videoüberwachung, Stand 12/2003, S. 3; Wolff/*Brink*, § 6b, Rn. 91 m.w.N.; *Bergwitz*, NZA 2012, 1205, 1206 f.

55 LG München I v. 21.10.2011, Az. 20 O 19879/10, ZD 2012, 76, 78.

Vor dem Hintergrund, dass die staatliche und öffentliche Sicherheit, aber auch die Verfolgung von Straftaten der öffentlichen Hand obliegt, besitzt die Vorschrift für nicht-öffentliche Stellen wenig praktische Relevanz. Denkbar ist die Übermittlung von Informationen zur Abwehr von Gefahren oder Verfolgung einer konkreten Straftat, z.B. eines Überfalls oder Ladendiebstahls. Keine Anwendung findet die Regelung hingegen auf die Verfolgung von Ordnungswidrigkeiten. Nach Teilen der Literatur richtet sich die Vorschrift ausschließlich an öffentliche Stellen.[56] **78**

V. Benachrichtigung

Die Benachrichtigungspflicht des Abs. 4 dient ebenfalls der Transparenz und verlangt, dass die verantwortliche Stelle den Betroffenen darüber informieren muss, sobald mittels Videoüberwachung gewonnene Daten ihm zugeordnet werden. Die Benachrichtigungspflicht besteht erst bei tatsächlicher Zuordnung, nicht bereits bei der bloßen Möglichkeit. Sobald die Zuordnung erstmalig erfolgt, ist der Betroffene über die Verarbeitung und Nutzung zu informieren, insbesondere darüber, **79**

- welche Bilder über ihn vorhanden sind,
- zu welchem Zweck sie gespeichert sind,
- wie sie genutzt werden und
- wer für die Videoüberwachung verantwortlich ist.[57]

Voraussetzung ist selbstverständlich, dass der Betroffene der verantwortlichen Stelle so bekannt ist, dass sie ihn informieren kann. **80**

Dabei sind die §§ 19a und 33 entsprechend anzuwenden. Sowohl der § 19a, insbesondere aber § 33 enthalten zahlreiche Ausnahmetatbestände, die die Informationspflicht entfallen lassen können. Diese gelten im Rahmen von § 6b ebenfalls. Um die Benachrichtigungspflicht jedoch nicht leerlaufen zu lassen, stellt die Hinweispflicht nach Abs. 2 keine Form der Kenntniserlangung im Sinne von §§ 19a Abs. 2 Nr. 1, 33 Abs. 2 Nr. 1 dar. **81**

VI. Löschung

Wurden Daten aus einer Videoüberwachung gespeichert, so sind die erhobenen Daten zu löschen, sobald der die Speicherung rechtfertigende Zweck weggefallen ist oder schutzwürdige Interessen des Betroffenen einer weiteren Speicherung entgegenstehen. **82**

Danach sind Überwachungsaufzeichnungen, die vor Beschädigungen schützen sollen, zu löschen, sobald feststeht, dass keine Beschädigung vorliegt. In diesem Moment ist der Zweck weggefallen. Umgekehrt kann eine längere Speicherung zulässig sein, wenn eine Person durch mehrmaliges Betreten von Bank- oder Juwelierräumen sich verdächtig gemacht hat. Um die Löschung der Daten jedoch nicht unangemessenen zu verzögern, ist die Verfolgung von Vorkommnissen[58] oder die Aufklärung von verdächtigen Sachverhalten zügig zu betreiben. **83**

Die zweite Variante („*oder schutzwürdige Interessen … einer Speicherung entgegenstehen*") steht als gleichwertige Alternative neben dem Wegfall der Erforderlichkeit. Dies kann dazu führen, dass die Speicherung für die Erreichung des Zwecks zwar noch erforderlich ist, die Daten aber gleichwohl aufgrund der überwiegenden Interessen des Betroffenen gelöscht werden müssen. **84**

Die Vorschrift enthält keine Löschfrist, sodass die Daten unter Heranziehung allgemeiner Grundsätze unverzüglich zu löschen sind, sobald die Erforderlichkeit weggefallen ist bzw. schutzwürdige Interessen überwiegen. In diesem Fall hat die Löschung in der Regel innerhalb von ein bis zwei Tagen zu erfolgen. **85**

---

56 Wolff/*Brink*, § 6b Rn. 104.
57 Orientierungshilfe, Achtung Kamera!, Videoüberwachung durch private Stellen, Hrsg. Berliner Beauftragter für Datenschutz und Informationsfreiheit, Der Landesbeauftragte für den Datenschutz Niedersachsen und Landesbeauftragte für Datenschutz und Informationsfreiheit Nordrhein-Westfalen, S. 6.
58 BT-Drs. 14/5793, S. 63.

86 Die Löschung sollte im Wege eines automatisierten Verfahrens erfolgen und verlangt, dass die Daten unkenntlich gemacht werden (vgl. § 3 Abs. 4 Nr. 5). Soll im Einzelfall eine Löschung unterbleiben, muss die verantwortliche Stelle hierüber im Rahmen von Abs. 3 entscheiden.

VII. Rechtsfolgen bei Verstoß

87 Sowohl eine unbefugte Erhebung nach Abs. 1 als auch eine unbefugte Verarbeitung oder Nutzung nach Abs. 3 können eine Ordnungswidrigkeit gem. § 43 Abs. 2 Nr. 1 darstellen. Die Daten werden zwar im öffentlich zugänglichen Raum erhoben. Daraus folgt aber noch nicht, dass die Daten allgemein zugänglich sind (str.). Das würde voraussetzen, dass die Daten jedermann ohne Weiteres bekannt oder für diese erlangbar wären.[59]

88 Eine nicht erfolgte oder unrichtige Benachrichtigung nach Abs. 4 i.V.m. § 33 kann eine Ordnungswidrigkeit nach § 43 Abs. 1 Nr. 8 darstellen.

89 § 6b stellt ein Schutzgesetz i.S.v. § 823 Abs. 2 BGB dar, sodass der Betroffene auf zivilrechtlichem Weg von der verantwortlichen Stelle Unterlassung und Schadensersatz verlangen kann, sollte die Videoüberwachung nicht zulässig sein.[60]

90 Eine unbefugte Erhebung verpflichtet die verantwortliche Stelle zudem zum Schadensersatz gem. § 7 i.V.m. § 823 BGB sowie bei einem schweren Eingriff in das Persönlichkeitsrecht zur Zahlung einer angemessenen Geldentschädigung.[61]

91 Strafrechtlich kann die unbefugte Bildaufnahme des höchstpersönlichen Lebensbereiches durch § 201a StGB sanktioniert werden.

92 Schließlich können die Aufsichtsbehörden Maßnahmen nach § 38 anordnen.

93 Die Verwertung von unberechtigten Videoaufnahmen ist ebenfalls stark eingeschränkt. So unterliegen sie in einem gerichtlichen Verfahren einem Beweisverwertungsverbot.[62]

C. Anwendungsempfehlungen/Weitere praktische Hinweise

I. Unbefugte Verbreitung von Bildnissen nach §§ 22 ff. KUG

94 Das Recht am eigenen Bild wird durch § 22 KUG geschützt, der das Verbreiten und Zurschaustellen der Abbildung unter den Vorbehalt einer vorherigen Einwilligung der Abgebildeten stellt. Ein Verstoß gegen § 22 KUG kann gemäß § 33 KUG strafrechtlich geahndet werden.

95 Entscheidend für die Anwendbarkeit von § 22 KUG ist, dass der Abgebildete erkennbar ist. Dabei genügt die Erkennbarkeit innerhalb eines mehr oder minder großen Bekanntenkreises, nicht hingegen Familien- oder Freundeskreises.[63] Ausnahmen enthält § 23 KUG u.a. für Personen der Zeitgeschichte oder für Personen, die nur ein Beiwerk zur eigentlichen Aufnahme bilden.

96 Im Unterschied zu § 6b greift § 22 KUG zeitlich erst nach der Erhebung ein und regelt nur die Verbreitung und öffentliche Zurschaustellung von Bildnissen, nicht jedoch die Herstellung und Vervielfältigung. Umfasst wird jede Form der Verbreitung, sei es in Zeitungen, Zeitschriften, Büchern, Werbeträgern etc. Die öffentliche Zurschaustellung ist die nicht körperliche Wiedergabe des Bildnisses beispielsweise über das Internet oder Fernsehen.

---

59 Wolff/*Brink*, § 6b Rn. 58; Däubler/Klebe/Wedde/Weichert/*Wedde*, § 6b Rn. 65; *Bergmann/Möhrle/Herb*, § 6b Rn. 58; a. A. Taeger/Gabel/*Zscherpe*, § 6b Rn. 106.
60 AG Berlin-Mitte v. 18.12.2003, Az. 16 C 427/02, NZM 2004, 318; AG Hamburg v. 22.04.2008, Az. 4 C 134/08, CR 2009, 129, 129.
61 LAG Hessen, MMR 2011, 346, 347 f.; OLG Köln, NJW 1989, 720, 721.
62 Vgl. AG München v. 06.06.2013, Az. 343 C 4445, 13, ZD 2013, XIV.
63 BGH v. 26.06.1979, Az. VI ZR 108/78 – Fußballtor, Juris.

Im Verhältnis zu § 6b kann es daher vorkommen, dass die Videoüberwachung zulässig ist, eine nachfolgende Verbreitung der gemachten Aufnahmen aber gegen § 22 KUG verstößt und nach § 33 KUG auch strafrechtlich geahndet werden kann. **97**

II. Bilder aus dem höchstpersönlichen Lebensbereich, § 201a StGB

§ 201a StGB sanktioniert die unbefugte Herstellung, Verbreitung oder Verwendung von Bildaufnahmen höchstpersönlicher Lebensbereiche. Es muss sich um Bilder von einer sich in einem Wohnraum oder einem gegen Einblicke besonders geschützten Raum aufhaltenden Person handeln. Der Begriff Wohnraum umfasst nicht bloß die eigene Wohnung, sondern auch Hotelzimmer. Geschützt sind auch Gäste, die sich zu Besuch in einer Wohnung befinden. Gegen Einblicke besonders geschützte Räume sind u.a. Toiletten, Saunas, Duschräume, Umkleidekabinen.[64] **98**

Tatbestandsvoraussetzung ist zudem, dass durch die Bildaufnahme der höchstpersönliche Lebensbereich verletzt worden ist. Eine solche Verletzung liegt dann vor, wenn der Täter in die Intimsphäre eines anderen eindringt. Die Verletzung der Privatsphäre und des einfachen persönlichen Lebensbereichs ist nicht ausreichend.[65] **99**

D. Muster

Soweit digitale Videotechnik eingesetzt wird, handelt es sich um ein automatisiertes Verfahren, das der **Meldepflicht** gemäß § 4d Abs. 1 unterliegt. Besteht keine Meldepflicht, weil ein Datenschutzbeauftragter bestellt ist, so müssen zumindest die Angaben nach § 4e Satz 1 Nr. 1–8 jedermann auf Verlangen in geeigneter Weise zugänglich gemacht werden. Ein Muster zur Erfüllung der Meldepflicht nach § 4e Satz 1 Nr. 1–8 findet sich in den Hinweisen des Innenministeriums Baden-Württemberg zum BDSG, Nr. 40 vom 18.02.2002.[66] **100**

Wenn automatisierte Verfahren besondere Risiken für die Rechte und Freiheiten der Betroffenen aufweisen, unterliegen sie gemäß § 4d Abs. 5 zudem einer **Vorabkontrolle**. **101**

> **!** Nach Auffassung der Aufsichtsbehörden ist dies bei Videoüberwachung regelmäßig der Fall, da eine Videoüberwachung in der Regel Personen erfasst, von denen keine Gefahr ausgeht, gleichzeitig aber mit besonderen Gefahren für das Persönlichkeitsrecht der Betroffenen verbunden ist.

Aber auch nach anderer Auffassung ist das zumindest dann der Fall, wenn die Betroffenen aufgrund intelligenter Kamerasysteme analysiert werden oder Überwachungskameras nicht punktuell, sondern in großer Anzahl und zentral kontrolliert oder schwenkbar mit hoher Auflösung eingesetzt werden. Entsprechendes soll auch für Webcams mit hochauflösenden Bildern gelten.[67] Folge ist auch, dass die verantwortliche Stelle zwingend einen Datenschutzbeauftragten bestellen muss, der die Vorabkontrolle durchzuführen und zu dokumentieren hat.

Im Rahmen der Vorabkontrolle ist besonderes Augenmerk auf die Art der erfassten Daten zu legen. Sobald sensible Daten anfallen können, beispielsweise bei einer Videoüberwachung im Warteraum einer AIDS-Beratungsstelle, so muss dies in die Vorabkontrolle einfließen. Ebenfalls zu berücksichtigen ist, ob und in welchem Umfang die Bilder übermittelt oder Dritten zugänglich gemacht werden. Gerade bei Webcams, deren Bilder live ins Internet gestellt werden, kann im Einzelfall eine restriktivere Bewertung erforderlich sein. Die Positionierung der Kameras ist ebenfalls zu dokumentieren. Der technisch mögliche Sichtbereich ist ebenfalls zu fixieren und zu dokumentieren. Die verantwortliche Stelle muss sich auch **102**

64 BeckOK StGB/*Heuchemer*, § 201a Rn. 10 ff.
65 BeckOK StGB/*Heuchemer*, § 201a Rn. 13.
66 Innenministerium Baden-Württemberg, Hinweis zum BDSG, Nr. 40 vom 18.02.2002, RDV 2002, 148, 151.
67 BT-Drs. 14/5793, S. 62; *Gola/Schomerus*, § 6b Rn. 32.

Gedanken machen, welche technischen und organisatorischen Maßnahmen erforderlich sind, damit Dritte keinen Zugriff auf die Daten erhalten, diese nachträglich nicht manipuliert werden können etc.

Muster für eine Vorabkontrolle

1. Ist Anwendungsbereich des § 6b eröffnet?
   a) Überwachung geplant mit optisch-elektronischer Einrichtung?
      Beschreibung der optisch-elektronischen Einrichtung: z.B. Kameratyp, technische Leistungsfähigkeit, soll ein intelligentes Kamerasystem eingesetzt werden, wie viele Kameras.
   b) Werden personenbezogene Daten erhoben?
      Können die abgebildeten Personen oder Fahrzeuge identifiziert werden, d.h. diese aufgrund ihrer Gesichter, anhand der Körperhaltung, Kleidung, mitgeführter Gegenstände etc. bestimmbar, keine Erkennbarkeit von Kfz-Kennzeichen.
   c) Wird ein öffentlich zugänglicher Raum überwacht?
   d) Erfolgt die Überwachung ausschließlich für private oder familiäre Zwecke?
   e) Sind spezialgesetzliche Vorschriften einschlägig?
2. Zulässigkeit der Videoüberwachung
   a) Welcher Zweck soll erreicht werden?
      Aufgabenerfüllung öffentlicher Stellen,
      Wahrnehmung des Hausrechts oder
      Wahrnehmung berechtigter Interessen für konkret festgelegte Zwecke
   b) Welche Rechtsgüter sollen geschützt werden?
   c) Wie wahrscheinlich ist eine Gefahr für diese Rechtsgüter?
      Sind die Rechtsgüter in der Vergangenheit beispielsweise schon einmal beeinträchtigt worden. Wenn ja, wann, wie oft, in welchem Umfang?
   d) Welche Maßnahmen sollen konkret ergriffen werden?
      Wo soll die Überwachung stattfinden und wo sollen die Kameras installiert werden (ggf. Lageplan anhängen)?
      Wird nur beobachten oder auch gespeichert?
      Erfolgt eine permanente Überwachung oder nur zeitliche beschränkt? In letzterem Fall, in welchen Zeiträumen?
   e) Wer hat Zugriff auf die Daten?
      Darstellung des Zugriffsberechtigungskonzepts
   f) Sind die Maßnahmen zum Schutz der Rechtsgüter geeignet?
   g) Gibt es mildere Maßnahmen, die gleich geeignet sind, aber weniger stark in die schutzwürdigen Interessen der Betroffenen eingreifen?
      z.B. Beobachtung ohne Speicherung, zeitlich beschränkte Überwachung, räumliche Beschränkung.
   h) Wie stark wird in die schutzwürdigen Interessen der Betroffenen eingegriffen?
      Wird die Persönlichkeitssphäre, Bewegungsfreiheit, Privatsphäre, Intimsphäre betroffen?
   i) Welche Rechtsgüter überwiegen?
3. Ergebnis der Prüfung
4. Vorgaben für rechtmäßige Videoüberwachung
   a) Hinweisschilder einschließlich Angaben über verantwortliche Stellen anbringen
   b) Kamerawinkel einstellen
   c) Berechtigungskonzept implementieren (Wer hat unter welchen Voraussetzungen Zugriff auf die Daten?)

d) Benachrichtigung der Betroffenen bei Individualisierung sicherstellen
e) Löschpflicht durch geeignete Routine umsetzen
f) Bei Mitarbeiterkontrolle Betriebsrat einschalten

§ 6c Mobile personenbezogene Speicher- und Verarbeitungsmedien

(1) Die Stelle, die ein mobiles personenbezogenes Speicher- und Verarbeitungsmedium ausgibt oder ein Verfahren zur automatisierten Verarbeitung personenbezogener Daten, das ganz oder teilweise auf einem solchen Medium abläuft, auf das Medium aufbringt, ändert oder hierzu bereithält, muss den Betroffenen

1. über ihre Identität und Anschrift,

2. in allgemein verständlicher Form über die Funktionsweise des Mediums einschließlich der Art der zu verarbeitenden personenbezogenen Daten,

3. darüber, wie er seine Rechte nach den §§ 19, 20, 34 und 35 ausüben kann, und

4. über die bei Verlust oder Zerstörung des Mediums zu treffenden Maßnahmen

unterrichten, soweit der Betroffene nicht bereits Kenntnis erlangt hat.

(2) Die nach Absatz 1 verpflichtete Stelle hat dafür Sorge zu tragen, dass die zur Wahrnehmung des Auskunftsrechts erforderlichen Geräte oder Einrichtungen in angemessenem Umfang zum unentgeltlichen Gebrauch zur Verfügung stehen.

(3) Kommunikationsvorgänge, die auf dem Medium eine Datenverarbeitung auslösen, müssen für den Betroffenen eindeutig erkennbar sein.

Literatur

Hornung, Datenschutz für Chipkarten, DuD, 2004, 15; *Kramer*, Adressenklau und die Folgen, Datenschutz-Berater 2002, 8; *Schmitz/Eckardt*, CR 1007, 171.

Darum geht es

§ 6c legt demjenigen, der eine Chipkarte ausgibt oder ein automatisiertes personenbezogenes Verfahren aufbringt oder ändert, Unterrichtungspflichten auf.

Schlagworte

Mobile Datenträger; Prozessorchipkarten; (intelligente) Chipkarten; RFID-Systeme; SIM-Karten; Unterrichtungspflicht

Weitere relevante Vorschriften

Landesdatenschutzgesetze (außer Bayern, wo keine derartige Regelung besteht); § 291a SGB V für die Gesundheitskarte; § 11 PAuswG für elektronische Personalausweise

A. Allgemeines

I. Regelungszweck

1. Sinn und Zweck der Norm

§ 6c soll im Hinblick auf das Recht des Einzelnen, selbst über seine personenbezogenen Daten zu bestimmen (sog. „informationelles Selbstbestimmungsrecht"), Transparenz bei der Verwendung von mobilen personenbezogenen Speicher- und Verarbeitungsmedien schaffen.[1] 1

Die Besonderheit bei der Verwendung von mobilen personenbezogenen Speicher- und Verarbeitungsmedien besteht darin, dass diese Daten nicht nur gespeichert, sondern auch verarbeitet werden können. Über eine Verbindung (auch drahtlos z.B. beim Einsatz von RFID) zu einem externen Gerät können personenbezogene Daten, die in dem Medium gespeichert sind, auf das externe Gerät weitergegeben werden oder umgekehrt.[2] Diese Verarbeitungsvorgänge sind für den Betroffenen jedoch oftmals nicht nachvollziehbar.[3] Es besteht daher das Risiko, dass der Benutzer solcher Medien eine elektronische Spur hinterlässt, ohne dass ihm dies bewusst ist. Es besteht damit z.B. die Gefahr, dass aus den Alltagsaktivitäten des betroffenen Nutzers ohne seine Kenntnis ein Profil gebildet wird. 2

Der fehlenden Transparenz der Verarbeitungsvorgänge in mobilen personenbezogenen Speicher- und Verarbeitungsmedien soll § 6c mit seinen Informationspflichten Abhilfe schaffen. Der Betroffene soll frühzeitig über die Funktionalität und das Datenverarbeitungsverfahren des betreffenden Mediums informiert werden, damit er bereits vor etwaiger Speicherung von personenbezogenen Daten die Bedeutung und Tragweite des Vorgangs erkennen und überblicken kann. So soll er selbst in voller Kenntnis über die Sachlage entscheiden, ob er dieses konkrete Medium auch tatsächlich nutzen und diesem seine personenbezogenen Daten anvertrauen will.[4] So hat beispielsweise ein Kreditinstitut bei der Ausgabe von Geldkarten den Kunden die nach § 6c erforderlichen Informationen zu erteilen. 3

Ob und unter welchen Voraussetzungen die mit dem Verfahren verbundene Verarbeitung personenbezogener Daten rechtmäßig ist, regelt § 6c hingegen nicht.[5] Hierfür sind die §§ 4, 13 ff. und 28 ff. heranzuziehen. 4

> **!** Datenträger, die nicht von den Informationspflichten des § 6c erfasst sind, unterliegen ggf. dennoch den weiteren Regelungen des BDSG, nämlich wenn es um die Verarbeitung dort gespeicherter Daten geht. Beispielsweise können anhand der auf schlichten Speicherchips oder Magnetkarten gespeicherten personenbezogenen Daten Profile des Karteninhabers erstellt werden. Die Zulässigkeit richtet sich dann nach den §§ 4, 13 ff. und 28 ff.

2. Anwendungsbereich

Die Transparenzpflichten gelten nur für „mobile personenbezogene Speicher- und Verarbeitungsmedien". Der Begriff ist in § 3 Abs. 10 legal definiert.[6] Dies umfasst Datenträger, 5

1. die an den Betroffenen ausgegeben werden,
2. auf denen personenbezogene Daten über die Speicherung hinaus durch die ausgebende oder eine andere Stelle automatisiert verarbeitet werden können und
3. bei denen der Betroffene diese Verarbeitung nur durch den Gebrauch des Mediums beeinflussen kann.

---

1 BT-Drs. 14/5793, S. 63.
2 Roßnagel/*Weichert*, Kap. 9.5 Rn. 7.
3 BT-Drs. 14/5793, S. 63.
4 *Gola/Schomerus*, § 6c Rn. 2b.
5 Simitis/*Scholz*, § 6c, Rn. 20.
6 Siehe § 3 Rn. 143.

6 Eine tatsächlich erfolgte Verarbeitung auf dem Datenträger ist für die Anwendbarkeit des § 6c nicht erforderlich. Es genügt die bloße Möglichkeit, dass dort personenbezogene Daten verarbeitet werden können.[7] Nicht erfasst sind anonyme (z.B. bereits bezahlte) Medien, wie die Telefonkarte, da auf diesen zwar Daten verarbeitet werden, die jedoch nicht personenbezogen sind.

7 Betroffen sind daher nur Medien, die mit einem Prozessorchip ausgestattet sind, auf denen neben der bloßen Speicherung Daten auch automatisiert verarbeitet werden können.[8] Dementsprechend fallen auch nicht alle Chipkarten per se unter § 6c. Es genügt nämlich nicht, dass es im Zusammenhang mit einer Chipkarte zu irgendeiner automatisierten Verarbeitung personenbezogener Daten kommt. Eine Verarbeitung muss gerade auf dem Medium selbst erfolgen. Die bloße Möglichkeit, Daten aus der betreffenden Chipkarte auslesen zu können, reicht hingegen noch nicht aus.[9] Unter § 6c fallen z.B. EC- und Kreditkarten mit Geldkartenfunktion. Auf einem solchen Chip mit Geldkartenfunktion werden z.B. Aufladevorgänge und die erfolgten Umsätze gespeichert, sodass dort eine Datenverarbeitung stattfindet.[10]

8 Weiter ist erforderlich, dass die Datenverarbeitung durch die ausgebende oder eine andere Stelle erfolgt. Signaturkarten fallen daher nicht unter den Anwendungsbereich des § 6c.[11] Der gesamte Datenverarbeitungsvorgang des Signierens, Authentisierens und Verschlüsselns erfolgt nämlich unter der ausschließlichen Kontrolle des Signaturkarteninhabers. Die Daten werden daher nicht wie vom Gesetz gefordert „durch die ausgebende Stelle oder eine andere Stelle" automatisiert verarbeitet, sondern durch den Nutzer selbst.

9 Reine Speichermedien sind von § 6c ebenfalls nicht erfasst. Dies gilt z.B. für:

- Magnetkarten, DVDs, USB-Sticks
- Krankenversicherungskarte nach § 291 SGB V (Achtung: Auf die neue Gesundheitskarte findet § 6c aufgrund der expliziten Verweisung in § 291a SGB V ausdrücklich Anwendung)
- Chipkarten mit Auslese-, aber ohne Verarbeitungsfunktion.

10 § 6c ist außerdem nur auf solche Datenträger anwendbar, bei denen der Nutzer mit dem Gebrauch einen Verarbeitungsprozess startet, er diesen Verarbeitungsprozess als solchen aber nicht bestimmen und beeinflussen kann.[12] Dies schließt folgende Geräte aus:

- Mobiltelefone
- Smartphones
- Notebooks.

11 Grund dafür ist, dass der Nutzer bei diesen Geräten die Verarbeitungsvorgänge selbst auf vielfältige Weise steuern kann und aufgrund seiner aktiven Rolle und Kontrolle über die Verarbeitungsvorgänge kein Bedürfnis nach zusätzlicher Transparenz besteht. Sofern ein solches Gerät jedoch über Soft- oder Hardwarebereiche verfügt, die der Kontrolle des Geräteinhabers entzogen sind und diese wie eine Prozessorchipkarte Daten verarbeiten, greift § 6c wieder ein.[13] So sollen z.B. SIM-Karten für Mobiltelefone unter § 6c fallen, da auch diese mit einem Prozessorchip ausgestattet sind.[14]

12 Auf die Gestaltung des Datenträgers kommt es nicht an. Insbesondere muss es sich nicht um eine Karte, sondern kann sich um jeden beliebigen Gegenstand handeln, z.B. um Halsketten, Armbänder etc.[15]

13 Sogenannte RFID-Tags ermöglichen zwar eine kabellose Übertragung von Daten per Funk. Bei RFID-Systemen handelt es sich aber gleichfalls nicht per se um mobile Speicher- und Verarbeitungsmedien. Hier

7 Gola/Schomerus, § 6b, Rn. 26.
8 BT-Drs. 14/5793, S. 60.
9 *Hornung*, DuD 2004, 15, 16.
10 *Kramer*, Datenschutz-Berater 2002, 8.
11 Simitis/*Scholz*, § 3 Rn. 273.
12 *Gola/Schomerus*, § 3 Rn. 59.
13 Simitis/*Scholz*, § 3 Rn. 277.
14 Simitis/*Scholz*, § 3 Rn. 272.
15 BT-Drs. 14/5793, S. 60.

kommt es ebenfalls darauf an, ob auf dem RFID-Datenträger selbst eine automatisierte Datenverarbeitung stattfindet.[16] Von § 6c werden daher nur RFID-Systeme mit einem Prozessorchip erfasst.[17] RFID-Systeme, auf denen lediglich Daten gespeichert und/oder ausgelesen werden (z.B. Kundenkarten ohne Prozessorchip), treffen keine Informationspflichten.[18]

Chipkarten in Systemen mit biometrischer Identifikation fallen nur dann unter § 6c, wenn ein Verändern der biometrischen Daten auf der Karte selbst möglich ist oder biometrische Sensoren auf den Karten angebracht sind. Erforderlich ist, dass Daten unmittelbar auf den Chipkarten erhoben werden oder zumindest der Abgleich mit den Referenzdaten unmittelbar auf dem Chip stattfindet (sogenanntes Matching-On-Card-Verfahren).[19] 14

Für weitere Einzelheiten zur Definition von „mobilen personenbezogenen Speicher- und Verarbeitungsmedien" siehe § 3 Rn. 143 ff. 15

II. Systematik

§ 6c befindet sich im Abschnitt „Allgemeine und gemeinsame Bestimmungen", sodass die Regelung für sämtliche Daten verarbeitenden Stellen (öffentliche wie nichtöffentliche) anwendbar ist. Abs. 1 und Abs. 2 behandeln die einmalige Informationspflicht – vor allem über die Funktionsweise der Datenträger – bei Ausgabe des Datenträgers bzw. bei Aufbringen, Ändern oder Bereithalten eines Verfahrens zur automatisierten Verarbeitung personenbezogener Daten. Abs. 3 soll hingegen die Transparenz der einzelnen Kommunikationsvorgänge sicherstellen, die auf dem entsprechenden Datenträger stattfinden. 16

III. Ausblick auf die Novellierung des Europäischen Datenschutzrechts

Der Entwurf der EU-Kommission für eine Datenschutz-Grundverordnung enthält keine dem § 6c vergleichbare Regelung. Die Vorschrift beruht nicht auf europarechtlichen Vorgaben, denn auch die europäische Datenschutzrichtlinie stellt keine derartigen Anforderungen auf. Am 12.05.2009 (2009/387/EG) hat die EU-Kommission zur Wahrung der Privatsphäre und des Datenschutzes in RFID-Anwendungen eine Empfehlung erlassen. Dort sind – vergleichbar mit § 6c – diverse Informationspflichten vorgesehen. Bloße Empfehlungen der Kommission sind jedoch gem. Art. 288 Abs. 3 AEUV weder für die Mitgliedstaaten noch für Privatpersonen rechtsverbindlich und müssen daher nicht beachtet werden. 17

B. Inhalt der Regelung

I. Regelungsadressaten

§ 6c richtet sich an jede Stelle, die 18

1. ein mobiles personenbezogenes Speicher- und Verarbeitungsmedium ausgibt („ausgebende Stelle") oder
2. ein Verfahren zur automatisierten Verarbeitung personenbezogener Daten, das ganz oder teilweise auf einem solchen Medium abläuft, auf das Medium aufbringt, („Verfahren aufbringende Stelle")
3. ein solches Verfahren ändert („Verfahren ändernde Stelle") oder
4. ein solches Verfahren hierzu bereithält („Verfahren bereithaltende Stelle").

Für ein und dasselbe Medium kann es daher mehrere Verantwortliche mit jeweils eigenen Informationspflichten geben.[20] 19

Der Begriff „*Stelle*" umfasst jede öffentliche und nicht-öffentliche Stelle gem. § 1 Abs. 2 i.V.m. § 2. Die verpflichtete Stelle nach § 6c ist jedoch nicht deckungsgleich mit der verantwortlichen Stelle gem. § 3 20

16 *Schmitz/Eckardt*, CR 2007, 171, 173.
17 Simitis/*Scholz*, § 3 Rn. 277; Wolff/Brink/*Hornung*, Beck'scher Online-Kommentar BDSG, § 6c Rn. 15.
18 *Bergmann/Möhrle/Herb*, § 3 Rn. 188.
19 Simitis/*Scholz*, § 3 Rn. 273.
20 Simitis/*Scholz*, § 6c Rn. 23.

Abs. 7. Für § 6c ist es, anders als in § 3 Abs. 7, unbeachtlich, ob die Stelle personenbezogene Daten erhebt, verarbeitet oder nutzt bzw. dies im Auftrag durch Dritte für sich vornehmen lässt. Vielmehr kommt es für die Anwendbarkeit des § 6c alleine darauf an, ob die Stelle das betreffende Medium ausgibt oder ein dafür vorgesehenes automatisiertes Verfahren auf dem Medium aufbringt, ändert oder bereithält.

21 „*Ausgebende Stelle*" ist jede Stelle, die ein mobiles personenbezogenes Speicher- und Verarbeitungsmedium ausgibt. Erfasst wird damit jede Stelle, die ein solches Medium an den Betroffenen übergibt. Unbeachtlich ist, auch wenn das Medium letztlich faktisch durch einen Transporteur (Post- und Paketdienste, Boten etc.) ausgehändigt wird.[21] Ausgebende Stelle ist z.B. bei der Geldkarte das kartenausgebende Kreditinstitut.

22 „*Verfahren aufbringende Stelle*" ist jede Stelle, die ein Programm zur automatisierten Verarbeitung personenbezogener Daten auf das Medium aufspielt. Dieses Verhalten spielt dann eine Rolle, wenn ein solches Programm nach Ausgabe des Datenträgers aufgespielt wird. Die Unterrichtungspflicht besteht in diesem Fall unabhängig und neben derjenigen der ausgebenden Stelle.[22]

23 „*Verfahren ändernde Stelle*" ist jede Stelle, die ein Verfahren ändert, das sich bereits auf dem Medium befindet. Dies wird in der Regel, muss aber nicht die Stelle sein, die bereits das ursprüngliche Verfahren auf das Medium aufgebracht hat. Eine Änderung liegt immer dann vor, wenn Funktionsteile eines bereits auf dem Medium aufgespielten Programms erweitert, gelöscht oder abgeändert werden.[23] Unbeachtlich ist hingegen, ob personenbezogene Daten geändert werden, es kommt alleine auf das Verfahren an.[24]

24 „*Bereithaltende Stelle*" ist diejenige Stelle, welche die Möglichkeit hat oder es anderen (auch dem Betroffenen) ermöglicht, Verfahren auf das Medium aufzubringen oder zu ändern. Das kann z.B. dadurch erfolgen, dass entsprechende Programme zum Download im Internet oder auf einem physischen Datenträger bereitgehalten werden.[25]

25 Der Hersteller eines mobilen personenbezogenen Speicher- und Verarbeitungsmediums ist, sofern er das Medium nicht selbst in eigener Verantwortung ausgibt, nicht zur Unterrichtung verpflichtet.[26] Er muss jedoch der ausgebenden Stelle zumindest diejenigen Informationen zukommen lassen, die sie in die Lage versetzt, eine hinreichende Unterrichtung gem. § 6c vorzunehmen. Dies ergibt sich zwar nicht ausdrücklich aus § 6c, aber nur so kann die verpflichtete Stelle die ihr auferlegten Informationspflichten erfüllen.

II. Unterrichtungspflicht der verpflichteten Stelle

1. Inhalt der Unterrichtung

a) Identität und Anschrift der verpflichteten Stelle

26 Die jeweils verpflichtete Stelle muss den Betroffenen zunächst über ihre Identität und Anschrift informieren, sodass der Betroffene seine Rechte gegenüber der Stelle geltend machen kann.[27] Erforderlich sind der Name, ggf. die Rechtsform sowie die postalische Anschrift der Stelle. So hat z.B. die Bank, die eine Geldkarte ausgibt, ihren Namen und ihre Adresse anzugeben. Die Angabe eines Postfachs genügt nicht.[28]

27 Zu beachten ist, dass die ausgebende Stelle nicht unbedingt auch die Stelle ist, welche die personenbezogenen Daten verarbeitet. Die Ausgabe der elektronischen Gesundheitskarte etwa erfolgt durch die Krankenkasse, während die Datenverarbeitungsprozesse in der Regel durch den jeweiligen medizinischen Leistungserbringer (z.B. Arzt, Krankenhaus) erfolgen.[29]

---

21 Taeger/Gabel/*Zscherpe*, § 6c Rn. 13.
22 Simitis/*Scholz*, § 6c Rn. 25.
23 Simitis/*Scholz*, § 6c Rn. 26.
24 Taeger/Gabel/*Zscherpe*, § 6c Rn. 15.
25 *Bergmann/Möhrle/Herb*, § 6c Rn. 9.
26 Wolff/Brink/*Hornung*, § 6c Rn. 20.
27 BT-Drs. 14/5793, S. 63.
28 Simitis/*Scholz*, § 6c Rn. 32.
29 Däubler/Klebbe/Wedde/Weichert/*Weichert*, § 6c Rn. 4.

!

Mit verpflichteter Stelle ist nicht die „verantwortliche Stelle" gemeint. Eine gleichzeitige Benennung der verantwortlichen Stellen(n) ist aber sinnvoll, da der Betroffene diesen gegenüber die in § 6c Abs. 1 Nr. 3 benannten Rechte geltend machen können muss. Spätestens dann ist im Rahmen der Unterrichtung über die verantwortliche(n) Stelle(n) zu informieren. Benennt man die verantwortliche(n) Stelle(n) bereits im Kontext mit den verpflichteten Stellen, wird die Aufgabenaufteilung der verantwortlichen und verpflichteten Stellen transparent und verständlich für den Betroffenen.

b) Funktionsweise des Mediums

Weiter ist gem. Abs. 1 Nr. 2 in allgemein verständlicher Form über die Funktionsweise des Mediums einschließlich der Art der zu verarbeitenden personenbezogenen Daten zu unterrichten. Geboten ist daher gerade keine detaillierte technische Beschreibung, sondern vielmehr eine für einen technischen Laien verständliche Angabe, 28

- unter welchen Voraussetzungen
- welche Arten von Daten
- für welche Zwecke
- von welcher Stelle

verarbeitet werden können.[30] Es ist also auf den Verständnishorizont des typischerweise von dem Medium betroffenen Laien abzustellen.[31] Bei Zeiterfassungschips in einem Unternehmen ist daher auf die Mitarbeiter abzustellen, bei Geldkarten auf die Bankkunden.

Erforderlich ist ein kurzer erläuternder Text, der zum besseren Verständnis auch mit Bildern und/oder Grafiken versehen werden kann.[32]

„Art der Daten" bedeutet, dass die Kategorien der zu verarbeiteten Daten zu benennen sind: z.B. Namen, Adressdaten, Telefonnummern, Gesundheitsdaten, Versicherungsdaten. 29

Bei einer Geldkarte hat das ausgebende Kreditinstitut beispielsweise darüber zu informieren, welche Daten in den Chip geladen werden und wie diese verarbeitet werden. Es ist darüber aufzuklären, welchen Weg die Daten aus den jeweiligen Transaktionen nehmen, bei welchen Stellen sie gespeichert werden und wie lange sie dort aufbewahrt werden.[33] 30

c) Wahrnehmung der Betroffenenrechte

§ 6c Abs. 1 Nr. 3 erfordert eine Unterrichtung darüber, wie der Betroffene seine Rechte auf Auskunft, Berichtigung, Löschung und Sperrung von Daten gem. §§ 19, 20, 34 und 35 ausüben kann. Es sind sämtliche Stellen zu benennen, denen gegenüber diese Rechte aufgrund der Funktionsweise des Mediums und der möglicherweise verschiedenen Konstellationen der Zusammenarbeit der Stellen bestehen. Da darüber zu informieren ist, wie der Betroffene seine Rechte ausüben kann, muss die Unterrichtung auch eine Anleitung beinhalten.[34] Sie muss insbesondere die Standorte und Funktion der zur Wahrnehmung des Auskunftsrechts erforderlichen Geräte und Einrichtungen nach Abs. 2 umfassen.[35] So muss z.B. bei Ausgabe einer Geldkarte über die Standorte von Lesegeräten informiert werden. 31

30 Däubler/Klebbe/Wedde/Weichert/*Weichert*, § 6c Rn. 5.
31 Simitis/*Scholz*, § 6c Rn. 38.
32 Simitis/*Scholz*, § 6c Rn. 38.
33 *Kramer*, Datenschutz-Berater 2002, 8.
34 Taeger/Gabel/*Zscherpe*, § 6c Rn. 36.
35 BT-Drs. 14/5793, S. 64.

d) Zu treffende Maßnahmen bei Verlust oder Zerstörung des Mediums

32 Schließlich ist der Betroffen gem. Abs. 1 Nr. 4 darüber zu unterrichten, welche Maßnahme im Falle des Verlustes oder der Zerstörung des Mediums zu treffen sind. Dem Betroffenen müssen konkrete und praktikable Handlungsweisen zur Verfügung gestellt werden. Diese können z.B. darin bestehen, den Verlust oder die Zerstörung zu melden bzw. in diesem Fall ein neues Medium zu beantragen. Die Stelle muss hierfür die betreffenden Kontaktstellen benennen.[36]

! Zwar spricht die Vorschrift nur von Verlust und Zerstörung des Mediums. Zur Sicherheit und Integrität des Gesamtsystems ist es aber ratsam, auch Informationen hinsichtlich der Beschädigung des Mediums mit aufzunehmen. Auch falls dem Betroffenen irgendwelche Kosten durch die zu treffenden Maßnahmen entstehen, sollte ihm dies mitgeteilt werden.

2. Art, Form der Unterrichtung

33 Weder in § 6c noch in sonstigen Vorschriften des BDSG ist festgelegt, in welcher Form die Unterrichtung zu erfolgen hat. Bei der Ausgabe einer Geldkarte kann die Unterrichtung zwar auf der Karte selbst erfolgen, aus Platzgründen wird hier aber in der Regel nur Name und Adresse angegeben, nicht jedoch über die Funktionsweise unterrichtet werden können.

34 Denkbar ist daher neben einer schriftlichen auch eine mündliche Unterrichtung. Dass dies zulässig ist, ergibt sich auch mittelbar aus der Gesetzesbegründung, die davon spricht, dass sich der Betroffene *„Notizen über erfolgte Unterrichtungen"* machen soll.[37]

3. Zeitpunkt der Unterrichtung

35 Regelungszweck des § 6c ist, dass der Betroffene frühzeitig über die Funktionalität und das Datenverarbeitungsverfahren des betreffenden Mediums informiert wird, damit dieser bereits vor der ersten Speicherung von personenbezogenen Daten die Bedeutung und Tragweite des Vorgangs erkennen kann.[38] Die Unterrichtung hat daher zum Zeitpunkt der Übergabe des Mediums bzw. der Aufbringung, Änderung oder Bereithaltung zu erfolgen.[39] Dies ergibt sich auch mittelbar aus der Gesetzesbegründung zu Abs. 2, die eine Unterrichtungspflicht entfallen lässt, soweit gem. Abs. 1 *„eine Unterrichtung bei der Ausgabe eines Mediums und bei der erstmaligen Aufbringung oder späteren Änderung eines Verfahrens"* bereits erfolgte.

4. Adressat der Unterrichtung

36 Die Unterrichtung hat gem. § 6c gegenüber dem Betroffenen zu erfolgen. Darunter fällt jede natürliche Person, deren personenbezogene Daten auf oder mit dem mobilen personenbezogenen Speicher- und Verarbeitungsmedium verarbeitet werden. Dies wird zunächst der Inhaber des betreffenden Mediums sein. Werden neben den Daten des Inhabers des Mediums jedoch auch Daten eines Dritten verarbeitet, so sind die Unterrichtungspflichten auch diesem Dritten gegenüber zu erfüllen.[40] Diese erfasst jedoch nicht die Unterrichtung über die bei Verlust oder Zerstörung zu treffenden Maßnahmen gem. Abs. 1 Nr. 4, da insoweit nur der Inhaber von dem Verlust oder der Zerstörung tatsächlich Kenntnis nimmt.[41]

5. Wegfall der Unterrichtungspflicht

37 Die Unterrichtungspflicht entfällt, soweit der Betroffene bereits anderweitig Kenntnis erlangt hat. Über Änderungen von bereits aufgespielten Verfahren zur Datenverarbeitung ist nur in dem Umfang zu infor-

---

36 Simitis/*Scholz*, § 6c, Rn. 41.
37 BT-Drs. 14/5793, S. 64.
38 BT-Drs. 14/5793, S. 63.
39 *Hornung*, DuD 2004, 15, 19 f.
40 Wolff/Brink/*Hornung*, § 6c Rn. 22.
41 Wolff/Brink/*Hornung*, § 6c Rn. 22.

mieren, in dem der Betroffene nicht bereits bei der Erstinformation unterrichtet wurde.[42] Insoweit kann eine nochmalige Unterrichtung unterbleiben.

III. Geräte oder Einrichtungen zur Wahrung des Auskunftsrechts

1. Wahrung des Auskunftsrechts

Nach Abs. 2 müssen die verpflichteten Stellen dafür sorgen, dass die zur Wahrnehmung des Auskunftsrechts erforderlichen Geräte oder Einrichtungen in angemessenem Umfang zum unentgeltlichen Gebrauch zur Verfügung stehen. In aller Regel ist der Betroffene nicht in der Lage, den Inhalt der auf dem Medium gespeicherten Daten ohne weitere technische Hilfsmittel zu überblicken.[43] 38

2. Verfügbarkeit von erforderlichen Geräten und Einrichtungen

Die Vorschrift zielt auf die Bereitstellung solcher Geräte und Einrichtungen ab, die zum Auslesen des Mediums erforderlich sind. Dem Betroffenen muss es möglich sein, die Geräte oder Einrichtungen mit vertretbarem Aufwand aufzusuchen und nutzen zu können.[44] Dies kann etwa durch das Aufstellen von Terminals bzw. Lesegeräten an zentralen Orten erfolgen.[45] 39

So ist es z.B. für Geldkarten ausreichend, wenn die sie herausgebenden Banken in ihren Filialen entsprechende Terminals zum Auslesen bereitstellen.[46] 40

Benötigt der Betroffene zur Wahrnehmung seiner Rechte keine solchen Geräte oder Einrichtungen, muss die Stelle diese konsequenterweise selbstverständlich auch nicht zur Verfügung stellen. Die Vorschrift regelt nicht, dass solche Geräte und Einrichtungen generell vorgehalten werden müssen, sondern nur für den Fall, dass dies zur Wahrung des Auskunftsrechts des Betroffenen erforderlich ist. 41

IV. Erkennbarkeit von Kommunikationsvorgängen

1. Unterrichtung im Einzelfall

Während Abs. 1 zur einmaligen Information bei der Ausgabe des Mediums bzw. bei der erstmaligen Aufbringung oder späteren Änderung eines Verfahrens auf das Medium verpflichtet, regelt Abs. 3, dass die verpflichteten Stellen dafür sorgen müssen, dass jeder Kommunikationsvorgang auf dem Medium, der eine Datenverarbeitung auslöst, für den Betroffenen erkennbar ist. Dadurch soll sichergestellt werden, dass Datenverarbeitungen nicht unbemerkt ausgelöst werden, z.B. beim Vorbeigehen an einem Terminal.[47] Das zielt insbesondere auf kontaktlose Schnittstellen (z.B. RFID-Systeme). Die Formulierung ist bewusst technikneutral gehalten, um jede Art des Informationsaustauschs zu erfassen. 42

2. Art und Form der Unterrichtung

Die Art und Weise, wie der Kommunikationsvorgang erkennbar gemacht wird, ist nicht geregelt. Erkennbarkeit setzt voraus, dass der Betroffene im Rahmen seiner Wahrnehmung Kenntnis erlangt, dass eine Datenverarbeitung beginnt.[48] Dies kann durch optische oder akustische Signale erfolgen, z.B. indem das Auslösen des Vorgangs in einem Display angezeigt oder durch ein Licht- oder Tonsignal erkennbar gemacht wird. Erläuterungen in Textform können jedenfalls nicht verlangt werden.[49] 43

Die Unterrichtungspflicht bezieht sich auch nur auf den Kommunikationsvorgang als solchen und nicht etwa auf den Inhalt des Kommunikationsvorgangs.[50] Es muss daher nur signalisiert werden, **dass** eine 44

---

42 BT-Drs. 14/5793, S. 64.
43 Simitis/*Scholz*, § 6c Rn. 49.
44 Taeger/Gabel/*Zscherpe*, § 6c Rn. 42.
45 Däubler/Klebbe/Wedde/*Weichert*, § 6c Rn. 7.
46 Taeger/Gabel/*Zscherpe*, § 6c Rn. 43.
47 BT-Drs. 14/5793, S. 64.
48 Taeger/Gabel/*Zscherpe*, § 6c Rn. 48.
49 Simitis/*Scholz*, § 6c Rn. 64.
50 Simitis/*Scholz*, § 6c Rn. 64.

Datenverarbeitung erfolgt, nicht jedoch, welche Daten verarbeitet werden. Über den Inhalt der Datenverarbeitung kann sich der Betroffene durch Geltendmachung seines Auskunftsanspruchs Kenntnis verschaffen.

3. Zeitpunkt der Unterrichtung

45 Nach einer Ansicht muss die Signalisierung zu einem Zeitpunkt erfolgen, in dem der Betroffene die mit dem Kommunikationsvorgang verbundene Datenverarbeitung noch abbrechen kann.[51] Dies widerspricht sowohl dem Wortlaut als auch dem Zweck der Vorschrift. Abs. 3 spricht eindeutig nur von *„erkennbar machen"*, nicht etwa von *„vorher ankündigen"*. Dem Betroffenen muss also lediglich bewusst gemacht werden, dass es zu einer Datenverarbeitung kommt. Es handelt sich um eine reine Transparenzvorschrift, die ausschließlich sicherstellen soll, dass die Datenverarbeitung nicht unbemerkt erfolgt.[52] Alles andere liefe auf eine *vorherige* Ankündigung hinaus, was weder vom Wortlaut noch vom Sinn und Zweck des Abs. 3 gedeckt ist.

V. Rechtsfolgen bei Verstoß

46 Da § 6c in § 43 nicht erwähnt ist, liegt in einem Verstoß gegen die Vorschrift weder eine Ordnungswidrigkeit noch eine Straftat.

47 § 6c stellt keine Rechtmäßigkeitsanforderung für die Datenverarbeitung mittels des Mediums auf.[53] In der Vorschrift ist nur die Rede davon, dass die verpflichtete Stelle *„unterrichten muss"*. Eine Formulierung, die auf eine Rechtmäßigkeitsanforderung hindeutet, wie beispielsweise, eine Datenerhebung sei *„nur zulässig, wenn"*, fehlt hingegen.[54]

48 Ebenso wenig enthält die Vorschrift eine Ermächtigung für das Auslesen von Daten aus dem mobilen Medium bzw. zur Vornahme von Datenverarbeitungen auf dem Medium.[55]

49 § 7, der dem Betroffenen einen Schadenersatzanspruch einräumt, greift erst bei unrechtmäßiger Datenerhebung, -verarbeitung oder -nutzung. Er ist damit nicht auf die Verletzung der Unterrichtungspflicht des § 6c anwendbar.

50 Auch Maßnahmen der Aufsichtsbehörde wegen etwaiger Verstöße gegen § 6c BDSG sind nicht möglich. Die Aufsichtsbehörden können solche Maßnahmen nur wegen Verstößen bei der Erhebung, Verarbeitung oder Nutzung personenbezogener Daten oder technischer oder organisatorischer Mängel anordnen, § 38 Abs. 5. Die Informationspflichten des § 6c stellen jedoch keine Zulässigkeitsvoraussetzung für die Erhebung, Verarbeitung oder Nutzung von Daten auf, sondern betreffen lediglich das Vorfeld der Verarbeitung durch die Begründung von Informationspflichten. Auch handelt es sich bei § 6c nicht um technische oder organisatorische Maßnahmen. Gemeint sind damit Maßnahmen, die im Umfeld der Erhebung, Verarbeitung und Nutzung personenbezogener Daten erforderlich sind, um die datenschutzgerechte und sichere Erhebung, Verarbeitung und Nutzung zu erreichen, also sämtliche Datensicherheitsmaßnahmen.[56] § 6c betrifft jedoch nicht die Sicherheit der zu verarbeitenden Daten bei der verantwortlichen Stelle, sondern will dem Betroffenen die Datenverarbeitung transparent machen.

51 Dennoch wird diskutiert, ob § 6c dem Einzelnen einen einklagbaren subjektiven Anspruch gegenüber der verpflichteten Stelle gibt.[57] Allein dass ein solcher Anspruch wünschenswert und notwendig wäre, kann jedoch nicht genügen.[58] § 6c ist weder in den Abschnitten über die Rechte des Betroffenen (§§ 19–21 und §§ 33–35) erwähnt, noch ist in den Gesetzesmaterialien die Rede von derartigen Rechten des Betroffenen. Der Rückgriff auf die öffentlich-rechtliche Schutznormtheorie und – privatrechtlich – auf die Quali-

51 Simitis/*Scholz*, § 6c Rn. 65.
52 BT-Drs. 14/5793, S. 64.
53 Simitis/*Scholz*, § 6c Rn. 21.
54 *Hornung*, DuD 2004, 15, 18.
55 Simitis/*Scholz*, § 6c Rn. 20.
56 Simitis/*Ernestus*, § 9 Rn. 20.
57 Simitis/*Scholz*, § 6c Rn. 22; Wolff/Brink/*Hornung*, § 6c Rn. 9; *Hornung*, DuD 2004, 15, 18 f.
58 So aber *Hornung*, DuD 2004, 15, 19.

fizierung als Schutzgesetz im Sinne von § 823 Abs. 2 BGB verfängt nicht.[59] Zwar dient die Norm dem Schutz des Grundrechts der informationellen Selbstbestimmung.[60] Von einem Grundrechtseingriff und damit einem Eingriff in ein subjektives Recht kann aber erst dann gesprochen werden, wenn final und unmittelbar die Substanz des jeweiligen Grundrechts beeinträchtigt wird.[61] Ein Eingriff in das Grundrecht der informationellen Selbstbestimmung findet damit erst mit der tatsächlichen Datenerhebung oder -verarbeitung statt.[62] Transparenzpflichten im Vorfeld einer bestimmten Datenverarbeitung können daher mangels konkreten Eingriffs in das subjektive Recht der informationellen Selbstbestimmung noch keine subjektive Rechtsverletzung darstellen. Dies würde einen Grundrechtseingriff deutlich zu weit vorverlagern. Gleiches muss für die Frage der Verletzung eines Schutzgesetzes gelten.

C. Anwendungsempfehlungen/praktische Hinweise

Ein Blick in § 6c lohnt dann, wenn: **52**

- Datenträger mit eingebauten Prozessorchips ausgeben werden
- Programme zur Verarbeitung personenbezogener Daten für solche Medien bereitgehalten, geändert oder dort aufgespielt werden.

59 So aber *Hornung*, DuD 2004, 15, 18 f.
60 BT-Drs. 14/5793, S. 63.
61 BVerfG v. 26.06.2002, Az. 1 BvR 670/91, NJW 2002, 2626, 2628.
62 So auch Wolff/Brink/*Ronellenfitsch*, Einleitung zum BDSG, Rn. 22.

§ 7 Schadensersatz

[1]Fügt eine verantwortliche Stelle dem Betroffenen durch eine nach diesem Gesetz oder nach anderen Vorschriften über den Datenschutz unzulässige oder unrichtige Erhebung, Verarbeitung oder Nutzung seiner personenbezogenen Daten einen Schaden zu, ist sie oder ihr Träger dem Betroffenen zum Schadensersatz verpflichtet. [2]Die Ersatzpflicht entfällt, soweit die verantwortliche Stelle die nach den Umständen des Falles gebotene Sorgfalt beachtet hat.

Literatur

Heymann/Lensdorf, „Konzernprivileg im Datenschutz – de lege lata und de lege ferenda", Kölner Tage zum IT-Recht 2012 (abrufbar unter: http://www.heylaw.de/downloads/Konzernprivileg-im-Datenschutz_Klner-Tage-zum-IT-Recht-2012.pdf); *Kahl*, Das Konzernprivileg im Datenschutzrecht, Lösungsansätze für einen interessengerechten Datentransfer im Konzern (abrufbar unter: http://www.taylorwessing.com/uploads/tx_siruplawyermanagement/Kahl_DeutscherAnwaltSpiegel-Innenteil-S_61-64__2__01.pdf); *Wächter*, Datenschutz im Unternehmen, 3. Aufl. 2003; *Wandtke* (Hrsg.), Medienrecht-Praxishandbuch, 2. Aufl. 2011.

Darum geht es

§ 7 BDSG begründet einen datenschutzrechtlichen Schadensersatzanspruch für den Betroffenen. In der Praxis ist die Norm bisher nicht relevant.

Schlagworte

Haftung der verantwortlichen Stelle; Schadensersatz für Vermögensschäden; Kein Ersatz immaterieller Schäden; Beweislast; Exkulpation; Sonstige Haftungsgrundlagen

Weitere relevante Vorschriften

Haftungsnormen des BGB §§ 280, 823 ff., 1004; datenschützende Normen des TKG und TMG; Verweise von anderen Normen auf § 7: § 41 Abs. 1 (Datenverarbeitung durch die Medien), § 12 LPresseG, § 82 SGB X, § 9d Abs. 5 AdVermiG, § 57 Abs. 1 Satz 1 RStV

A. Allgemeines

I. Regelungszweck

1. Sinn und Zweck der Norm

1 § 7 regelt die Haftung der verantwortlichen Stelle für Schäden des Betroffenen als **eigene datenschutzrechtliche Schadensersatznorm**. Sie steht neben sonstigen Ansprüchen des Betroffenen, z.B. aus §§ 280, 823 BGB. Der Betroffene kann etwaige Ansprüche also zusätzlich auf diese sonstigen Haftungsnormen stützen. Diese eigene datenschutzrechtliche Schadenersatzregelung erfolgte im Rahmen der An-

passung der EU-Datenschutzrichtlinie 95/46/EG (Art. 23).[1] In der Gesetzesbegründung zur Änderung des BDSG aufgrund der Anpassung der EU-Datenschutzrichtlinie wird klargestellt, dass es sich um einen deliktischen Anspruch handelt und damit die allgemeinen deliktischen Normen im BGB für die Prüfung von Haftung, Kausalität und Verschulden heranzuziehen sind.[2]

Das Besondere an § 7 im Vergleich zu den anderen Haftungsnormen ist, dass ein Verschulden der verant- 2
wortlichen Stelle vermutet wird, d.h., die verantwortliche Stelle muss beweisen, dass sie die nach den Umständen des Falles gebotene Sorgfalt beachtet hat. Dabei umfasst § 7 nur materielle Schäden, d.h., der Betroffene muss einen echten Vermögensschaden erlitten haben. Das Vorliegen bzw. Eintreten dieses Vermögensschaden muss der Betroffene zudem beweisen. Da ein solcher Beweis in der Regel schwer zu führen ist, z.B. weil ein geeigneter Nachweis für den Ursachenzusammenhang fehlt (siehe auch unter B II 3., Rn. 18), ist die Praxisrelevanz von § 7 bisher gering. In entsprechenden Fällen wird meist auf die Grundlagen des allgemeinen Vertrags- und Deliktrechts (§§ 280, 832 BGB) zurückgegriffen.[3]

Die Vorschrift findet ihre maßgebliche Beachtung in ihrer Warnfunktion. Sie mahnt die Einhaltung daten- 3
schutzkonformen Verhaltens an und verweist auf die Konsequenzen bei gesetzeswidrigem Verhalten.

Vor diesem Hintergrund kann der Betroffene auch nicht auf seinen Ersatzanspruch **verzichten**; er kann aber davon absehen, den Schadenersatzanspruch geltend zu machen.[4]

Der datenschutzrechtliche Schadenersatzanspruch verjährt, wie die allgemeinen zivilrechtlichen Ansprü- 4
che, nach den Voraussetzungen der §§ 195, 199 BGB grundsätzlich in drei Jahren.

2. Anwendungsbereich

Anspruchsberechtigter ist der Betroffene und damit immer nur eine natürliche Person (§ 3 Abs. 1).[5] Der 5
Anspruch kann übertragen oder vererbt werden.[6]

Ein Unternehmen, also eine juristische Person, kann folglich einen Schadensersatzanspruch wegen eines Datenschutzverstoßes nicht auf § 7 stützen, da sich dieser nur an die Betroffenen richtet.

Anspruchsgegner ist die verantwortliche Stelle nach § 3 Abs. 7. Diese kann aus dem öffentlichen oder 6
nicht-öffentlichen Bereich stammen.[7] Im Fall eines Datenverstoßes bei der Auftragsdatenverarbeitung haftet grundsätzlich der Auftraggeber als verantwortliche Stelle, vgl. § 11 Abs. 1 Satz 2. Ansprüche sind allein ihm gegenüber geltend zu machen. Etwas anderes kann allenfalls dann gelten, wenn der Verstoß darauf beruht, dass sich der Auftragsdatenverarbeiter nicht weisungsgemäß verhalten hat. In diesem Fall wird der Auftragsdatenverarbeiter selbst (ebenfalls) zur verantwortlichen Stelle.

! Aber auch in diesem Fall sollte der seinen Anspruch in erster Linie gegen die verantwortliche Stelle richten, da sie für den Auftragnehmer haftet. Aus Sicht der verantwortlichen Stelle empfiehlt sich dem Auftragnehmer im Prozess den Streit zu verkünden, damit ein etwaiges Urteil für einen späteren Schadensersatzprozess der verantwortlichen Stelle auch direkte Wirkung gegen ihn entfaltet.

---

1 Zur Historie der Haftungsregelung im BDSG '70 und '90 siehe Simitis/*Simitis*, § 7 Rn. 2 und 3.

2 Begründung zum Entwurf eines Gesetzes zur Änderung des Bundesdatenschutzgesetzes und anderer Gesetze vom 13.10.2000, BT-Drs. 14/4329, S. 37 u. 56.

3 BGH v. 09.02.2010, Az. VI ZR 243/08 (Sedlmayr-Mord – Namensnennung in Pressearchiven); BGH v. 20.04.2010, Az. VI ZR 245/08 (Unterlassung der individualisierten Berichterstattung über Straftat); BAG v. 20.01.2009, Az. 1 AZR 515/08 (Gewerkschaftswerbung per E-Mail); LAG Köln v. 29.08.2002, Az. 6 (3) Sa 1126/01 (Arbeitnehmerdatenschutz; Auskunftsanspruch; Medienprivileg); OLG Düsseldorf v. 22.12.2011, Az. 16 U 133/10 (Wie unterscheidet man den Handelsvertreter vom Handelsmakler?); BGH v. 22.02.2011, Az. VI ZR 115/09 (Grundrechtsverletzung durch Berichterstattung, Unterlassung).

4 Simitis/*Simitis*, § 7 Rn. 46.

5 Siehe auch BAG, Urt. v. 20.01.2009, Az. 1 AZR 515/08, hier wurde der Anspruch nach § 7 **mangels Aktivlegitimation** verneint, da Kläger keine natürliche Person war.

6 Vgl. MüKo/*Leipold*, § 1922 Rn. 36: „Schadensersatzansprüche sind vererblich, gleich aus welchem Rechtsgrund sie herrühren"; *Gola/Schomerus*, § 7 Rn. 23; a. A. Simitis/*Simitis*, § 7 Rn. 44, der in dem datenschutzrechtlichen Verstoß einen Verstoß gegen ein höchstpersönliches Recht sieht, sodass der Anspruch nur dem Betroffenen vorbehalten ist.

7 Däubler/Klebe/Wedde/Weichert/*Däubler*, § 7 Rn. 7.

7 Ein Anspruch gegen einzelne Beschäftigte oder den betrieblichen Datenschutzbeauftragten begründet die Norm dagegen nicht.[8]

> **!** Ein Anspruch gegen den betrieblichen Datenschutzbeauftragten oder einzelne Beschäftigte ist nur im Ausnahmefall denkbar und kann jedenfalls nicht auf § 7 gestützt werden (mehr dazu siehe B V.).

8 Schadenersatzansprüche nach § 7 sind vor den Zivilgerichten (§§ 23, 71 Abs. 1 ZPO) geltend zu machen. Dies gilt auch für Ansprüche gegen die öffentlichen Stellen.[9]

Bezieht sich der Schadenersatzanspruch auf die unzulässige Verwendung von Arbeitnehmerdaten und richtet sich gegen den Arbeitgeber, ist das Arbeitsgericht zuständig (§ 2 Abs. 1 Nr. 3 a) oder d) ArbGG).

II. Ausblick auf die Novellierung des Europäischen Datenschutzrechts

9 Der Entwurf der EU-Datenschutz-Grundverordnung sieht in Artikel 77 eine dem § 7 vergleichbare Regelung vor.[10] Das Recht auf Schadenersatz, das auf Artikel 23 der Richtlinie 95/46/EG gestützt ist, wird auf Schäden erweitert, die der „Auftragsverarbeiter" verursacht hat. Zudem ist in Art. 77.2 die Rede von einer „gesamtschuldnerischen" Haftung. Damit könnte die bisherige Privilegierung des Auftragsdatenverarbeiters gem. § 11 Abs. 1 Satz 2 entfallen. Ähnlich wie § 7 sieht Art. 77.3 des Entwurfs eine Beweislastumkehr vor, d.h., die verantwortliche Stelle und der Auftragsdatenverarbeiter sind nur von der Haftung befreit, wenn sie nachweisen können, dass ihnen der Umstand, durch den der Schaden eingetreten ist, nicht zur Last gelegt werden kann.

B. Inhalt der Regelung

10 Wie jeder Schadensersatzanspruch setzt § 7 voraus, dass es (I) eine Verletzungshandlung gibt; (II) diese kausal war für einen Schaden; und (III) der Verletzter schuldhaft gehandelt hat. Im Einzelnen:

I. Verletzungshandlung

11 **Jeder** Datenschutzverstoß kann eine Haftung nach § 7 auslösen. Ein Datenschutzverstoß liegt regelmäßig dann vor, wenn Daten ohne Rechtsgrundlage oder Einwilligung des Betroffenen verarbeitet werden, wenn unrichtige Angaben nicht berichtigt werden oder Informationspflichten nicht nachgekommen wird (§§ 4, 28, 35).

> **!** Beachte: **Mangels Konzernprivilegs**[11] liegt auch dann ein Datenschutzverstoß vor, wenn innerhalb eines Konzern ohne Einwilligung oder ohne Rechtsgrundlage Daten übermittelt werden.

12 Die verletzte Norm muss nicht aus dem BDSG stammen. Es können auch datenschutzschützende Normen und Vereinbarungen außerhalb des BDSG betroffen sein, wie beispielsweise aus dem TKG (z.B. § 95 Abs. 1 und 2 TKG: Datenverarbeitung nur für den Vertragsabschluss und für Werbezwecke nur mit Einwilligung), dem TMG (z.B. § 13 TMG: Pflichten des Diensteanbieters) oder aus abgeschlossenen Betriebsvereinbarungen (z.B. BV Umgang mit Mitarbeiterdaten).

---

8 Simitis/*Simitis*, § 7 Rn. 12.

9 Simitis/*Simitis*, § 7 Rn. 77.

10 Siehe EU-Datenschutzverordnung vom 25.01.2012, abrufbar unter http://ec.europa.eu/justice/data-protection/document/review2012/com_2012_11_de.pdf.

11 Ein Konzernprivileg bedeutet die Privilegierung der Tätigkeit von Konzernunternehmen im Verhältnis zu Unternehmen ohne einheitliche Leitung (§ 18 Abs. 2 AktG). Das Bundesdatenschutzgesetz kennt eine solche Privilegierung nicht. Es betrachtet verbundene Unternehmen im Verhältnis zueinander nicht als Einheit, sondern als jeweils selbstständige „verantwortliche Stellen" und „Dritte". Siehe hierzu *Heymann/Dr. Lensdorf*, Konzernprivileg im Datenschutz – de lege lata und de lege ferenda; *Kahl*, Das Konzernprivileg im Datenschutzrecht, Lösungsansätze für einen interessengerechten Datentransfer im Konzern.

13 Nicht entscheidend ist, wie ein Verstoß in den jeweiligen Gesetzes- oder Vereinbarungsbereichen bereits geahndet wird. Auch wenn dort nur eine Ordnungswidrigkeit in Betracht kommt, bleibt der Weg über § 7 offen.[12]

14 Die verantwortliche Stelle kann die Ersatzpflicht aus § 7 vertraglich nicht ganz oder teilweise ausschließen (**haftungsfreizeichnen**), beispielweise im Rahmen ihrer Allgemeinen Geschäftsbedingungen. Eine solche Haftungsfreizeichnung in den AGB stellt eine „unangemessene Benachteiligung" im Sinne der Inhaltskontrolle des § 307 Abs. 2 Nr. 1 BGB dar.

II. Schaden und Kausalität

1. Schaden

15 § 7 greift nur, wenn bei dem Betroffenen ein Schaden entstanden ist. Umfasst sind dabei nach h.M.[13] nur materielle Schäden, d.h., der Betroffene muss einen Vermögensnachteil erlitten haben. So sind beispielsweise die Kosten für die Einschaltung eines Rechtsanwaltes zur Geltendmachung seiner Rechte der typische Fall eines Vermögensnachteils. Denkbar sind aber auch Vermögensschäden, die unmittelbar durch die Datenschutzverletzung eintreten, z.B. der Widerruf eines zinsgünstigen Kredits aufgrund falscher Datenübermittlung, den der Betroffene dann bei einer anderen Bank zu höheren Zinsen aufnehmen muss.[14] Nicht erfasst werden immaterielle Schäden[15], also Schäden, die nicht einen geldwerten Nachteil darstellen, aber dennoch den Betroffen beeinträchtigen, wie z.B. Verlust von Ansehen (vgl. Definition in § 253 BGB). Hätte der Gesetzgeber gewollt, dass § 7 auch solche immateriellen Schäden erfasst, hätte er dies ausdrücklich regeln müssen. Dies ergibt sich im Umkehrschluss aus § 8 Abs. 2, der in Bezug auf öffentliche Stellen ausdrücklich die Haftung auch für immaterielle Schäden vorsieht.

2. Beweislast/Nachweis

16 Im deutschen (Zivil-)Recht gilt der Grundsatz, dass der Anspruchsteller die Anspruchsvoraussetzungen beweisen muss. Demzufolge hat der Betroffene den Nachweis über die Verletzungshandlung, die Kausalität und den Schadenseintritt zu führen. Ein solcher Nachweis wird in vielen Fällen für den Betroffenen nur schwer zu erbringen sein. Teilweise wird daher vertreten, dass bei unrichtiger oder unzulässiger Verwendung von Daten bereits ein Datenschutzverstoß vermutet wird.[16] Eine solche Abweichung vom Grundsatz der Beweislast hätte der Gesetzgeber ausdrücklich normiert,[17] wie z.B. in § 7 Satz 2, der in Abweichung von den allgemeinen Regeln die Beweislast umkehrt (siehe dazu auch unten unter B III.).

17 Es wird ferner die Ansicht vertreten, der Betroffene könne über sein Auskunftsrecht nach § 34 die erforderlichen Informationen von der verantwortlichen Stelle verlangen, um so den Nachweis einer unzulässigen Verwendung seiner Daten zu führen[18]. Hier ist jedoch zu beachten, dass das Auskunftsrecht nicht uneingeschränkt besteht und keinen „Ausforschungsanspruch" begründet. Vielmehr muss die verantwortliche Stelle bei Anfragen nach § 34 Abs. 1 nur die in Abs. 1 Nr. 1–3 genannten Angaben machen (siehe zum Umfang des Auskunftsanspruchs auch die Ausführungen unter § 34 Rn. 48–65) und der Betroffene muss die Art der personenbezogenen Daten, über die Auskunft erteilt werden soll, näher bezeichnen. Es ist daher fraglich, ob die erteilte Auskunft dem Betroffenen überhaupt die gewünschten Angaben erbringt.

---

12 H.M.: Taeger/Gabel/*Gabel*, § 7 Rn. 7, *Bergmann/Möhrle/Herb*, § 7 Rn 9; a. A. *Niedermeier/Schröecker*, RDV 2002, 218.

13 Däubler/Klebe/Wedde/Weichert/*Däubler*, § 7 Rn. 19; *Gola/Schomerus*, § 7 Rn.12; a. A. wohl Simitis/*Simitis*, § 7 Rn. 32.

14 Taeger/Gabel/*Gabel*, § 7 Rn. 10.

15 Zu der Frage, ob der Gesetzgeber damit die EU-Richtlinie richtig umgesetzt hat: nein: *Dammann/Simitis*, Art. 23 EU-DatSchRL Rn. 5; *Koop*, RDV 1993, 1 (8); *Wuermeling*, DB 1996, 663 (670); ja: *Ehmann/Helfrich*, Art. 23 Rn. 20 ff; *Brühann/Zerdick*, CR 1996, 429 (434 f.); *Schneider*, CR 1993, 35 (39).

16 Simitis/*Simitis*, § 7 Rn. 21, 23.

17 Däubler/Klebe/Wedde/Weichert/*Däubler*, § 7 Rn. 18.

18 Simitis/*Simitis*, § 7 Rn. 23.

3. Kausalität

18 Die rechtswidrige Datenverarbeitung muss ferner ursächlich für den entstandenen Schaden sein, es muss ein sog. Ursachenzusammenhang bestehen. Für die Beurteilung des Ursachenzusammenhangs sind die zivilrechtlichen Maßstäbe des § 249 BGB anzulegen.

19 So besteht beispielsweise ein Ursachenzusammenhang zwischen Datenschutzverstoß und Schaden, wenn einem potentiellen Stellenanwärter die Einstellung und damit verbunden ein höheres Gehalt verwehrt wird, weil dem neuen Arbeitgeber unzulässigerweise Informationen aus der Personalakte des alten Arbeitgebers zur Kenntnis gelangt sind, die den neuen Arbeitgeber veranlassen, dem Anwärter die Stelle nicht zu geben. Auch wenn ein unrichtiger Eintrag bei der SCHUFA die kreditgebende Bank veranlasst, den Kredit zu verweigern oder nur mit einem höheren Zinssatz zu vergeben, liegt ein Ursachenzusammenhang zwischen Datenschutzverstoß und Schaden (Kreditverweigerung/höherer Zinssatz) vor.[19]

20 Dies ist dann nicht der Fall und es liegt kein Ursachenzusammenhang vor, wenn der Bankkunde die übermittelten Daten gegenüber dem anderen Kreditinstitut im Rahmen einer Selbstauskunft ohnehin hätte offenbaren müssen.[20]

> Bitte beachten: Die Kausalität beruht nicht auf der Tatsache des Falscheintrags bei der SCHUFA, sondern auf der unrichtigen Meldung, also der unrichtigen Datenerklärung. Das bedeutet, es haftet in diesen Fällen nicht die SCHUFA, sondern das meldende Unternehmen/Kreditinstitut.[21]

21 Ein Kausalzusammenhang ist auch dann nicht gegeben, wenn trotz entsprechender Sicherheitsmaßnahmen – insbesondere nach § 9 – unberechtigterweise von außen in den Datenverarbeitungsvorgang eingegriffen wird (z.B. Hacker- oder Phishing-Angriffe).

III. Verschulden und Exkulpation

22 Dagegen heißt es in § 7 Satz 2 „nach dem Umständen des Falles gebotene Sorgfalt".

Ein Schadensersatzanspruch besteht nur, wenn die verantwortliche Stelle schuldhaft gehandelt hat, d.h., wenn sie die Pflichtverletzung zu vertreten hat. Als Maßstab wird hierbei auf die „nach den Umständen des Falles gebotene Sorgfalt" abgestellt. Liegt eine solche nicht vor, entfällt die Ersatzpflicht der verantwortlichen Stelle. Die Begrifflichkeit „nach den Umständen des Einzelfalles" findet sich auch in § 4a. In der Gesetzesbegründung zu § 4a wird erläutert, dass dieser Begriff die Definition „Kenntnis der Sachlage" in Art. 2 h der EU-Richtlinie umsetzt.[22] Kenntnis bedeutet das Wissen über einen bestimmten Sachverhalt. Anders als der in § 276 Abs. 1 BGB aufgeführte Verschuldensmaßstab der Fahrlässigkeit, der „die im Verkehr erforderliche Sorgfalt" verlangt und damit objektive Kriterien ansetzt, sind bei der „Kenntnis der Sachlage" subjektive Kriterien maßgeblich.

23 Ein solches subjektives Kriterium verlangt eine höhere Sorgfaltsanforderung als ein objektives.[23] Der Verantwortliche muss seinen Wissensbereich erklären. Er muss darlegen, dass er im konkreten Fall, mit dem ihm zur Verfügung stehenden Wissen, den Datenschutzverstoß nicht hätte verhindern können. Ein solcher „Sorgfaltsnachweis" kann erbracht werden durch anerkannte Zertifizierungen (z.B. durch das Bundesamt für Sicherheit in der Informationstechnik oder den TÜV) und/oder interne oder externe Auditierungen beispielsweise der technischen und organisatorischen Maßnahmen nach § 9 und der Anlage zu § 9 BDGS, welche erforderlich sind, um eine ordnungsgemäße Ausführung des BDSG zu gewährleisten.

19 LG Bonn, Urt. v. 30.12.2009, Az. 18 O 310/09.

20 OLG Saarbrücken, Urt. v. 06.10.2005, Az. 8 UH 323/05-99.

21 BGH, Urt. v. 20.06.1978, Az. VI ZR: keine Haftung der Schutzgemeinschaft bei fehlerhaften Meldungen der der Schutzgemeinschaft angeschlossenen Unternehmen; ausführlich zur Nichthaftung der SCHUFA bei Falscheinträgen: *Kamlah/Hoke*, RDV 2007, 242; siehe hierzu auch: http://www.schufa-selbstauskunft-online.de/falscheintrag-bei-schufa.html.

22 Gesetzesbegründung zum Entwurf der Bundesregierung für ein Gesetz zur Änderung des BDSG, BT-Drs. 14/4329, S. 34.

23 So wohl auch Taeger/Gabel/*Gabel*, § 7 Rn.12.

Bei der gebotenen Einzelfallbetrachtung wird es zum einen auf die Sensitivität der Daten ankommen. Medizinische Daten oder Mitarbeiterdaten sind sorgsamer zu behandeln als allgemein zugängliche Daten, wie z.B. Angaben aus einem Telefonbuchverzeichnis. Zum anderen ist die Art der Verarbeitung relevant, die bestehenden Risiken für den Betroffenen bei Nichteinhaltung erforderlicher Sicherheitsmaßnahmen und was der Stand der Technik ist. 24

Kann die verantwortliche Stelle darlegen, dass sie sowohl in technischer Hinsicht (z.B. Funktionsfähigkeit der Datensicherungssysteme) als auch in organisatorischer Hinsicht (z.B. wirksame Zutritts-/Zugangs- und Zugriffskontrollen) alle erforderlichen Maßnahmen getroffenen hat, so wird in der Regel eine Exkulpation möglich sein und die Ersatzpflicht scheidet aus. 25

> **!** Ein Unternehmen sollte im Interesse einer Exkulpation für ausreichende Dokumentation der technischen und organisatorischen Maßnahmen zum Schutz vor Datenschutzverstößen sorgen. Hierzu gehören insbesondere die schriftliche Bestellung des Datenschutzbeauftragten, die Verpflichtung aller Mitarbeiter auf § 5 sowie die Dokumentation der Maßnahmen gem. § 9 und Anlage zu § 9, z.B. in den Verträgen mit den Auftragsdatenverarbeitern und der Verarbeitungsübersicht gem. § 4g Abs. 2 i.V.m. § 4e Satz 1.

Keine Exkulpation von der Ersatzpflicht nach § 7 soll nach h.M.[24] auf der Grundlage des § 831 Abs. 1 Satz 2 BGB möglich sein. Nach § 831 Abs. 1 Satz 2 BGB kann sich die verantwortliche Stelle bereits unter Hinweis auf eine zuverlässig geführte innerbetriebliche Organisation von dem Fehlverhalten ihrer Beschäftigten entlasten. Das gilt auch für das Handeln des internen oder externen betrieblichen Datenschutzbeauftragten, wenn dieser fehlerhaft oder mangelhaft seine Aufgaben nach § 4g erfüllt. So z.B. wenn er es versäumt, die Mitarbeiter mit den Vorschriften des Datenschutzes in geeigneter Weise vertraut zu machen und dadurch Daten unzulässig oder unrichtig verwendet wurden. 26

§ 7 lässt jedoch keinen Raum für eine derart weite Auslegung. Die Formulierung stellt einheitlich auf die verantwortliche Stelle ab. § 831 BGB stellt nur auf das Verhalten der ausführenden Personen ab. Eine analoge Anwendung der Regeln des § 831 BGB würde bedeuten, dass die verantwortliche Stelle sich bei einem Fehler, der auf ein Versagen der Beschäftigten zurückzuführen ist, exkulpieren könnte, bei einem Schaden, der auf einem Versagen technischer Einrichtungen beruht, hingegen nicht. Wäre das so gewollt, hätte der Gesetzgeber das entsprechend formulieren müssen. 27

Zu beachten ist, dass dieser Ausschluss nur im Rahmen der Schadenersatzprüfung nach § 7 gilt. Wird ein Schadenersatz aufgrund eines Datenschutzverstoßes auf der Grundlage des § 823 BGB (deliktische Ansprüche; siehe unten B V 2) geltend gemacht, kann die verantwortliche Stelle die Entlastung nach § 831 BGB führen. 28

> **!** Es besteht für die verantwortliche Stelle die Möglichkeit, sich gegen Schadenersatzansprüche zu versichern. Ein entsprechendes Risiko kann über eine (Betriebs-)Haftpflichtversicherung abgedeckt werden, Kosten für gerichtliche Auseinandersetzungen über eine entsprechende Rechtsschutzversicherung.

Der Abschluss einer solchen Versicherung dürfte in Zukunft angesichts der deutlich zunehmenden Sensibilisierung für die Einhaltung datenschutzkonformen Verhaltens an Bedeutung gewinnen. 29

IV. Mitverschulden des Betroffenen und höhere Gewalt

Eine Schadenersatzpflicht der verantwortlichen Stelle entfällt nach dem Erwägungsgrund 55 der EU-Richtlinie ebenfalls, wenn „ein Fehlverhalten der betroffenen Person oder ein Fall höherer Gewalt vorliegt". 30

24 Däubler/Klebe/Wedde/Weichert/*Däubler*, § 7 Rn. 16; Taeger/Gabel/*Gabel*, § 7 Rn. 13; Simitis/*Simitis*, § 7 Rn. 25.

Folglich hat ein Mitverschulden des Betroffenen auf die Geltendmachung der Schadenersatzpflicht Auswirkungen. Je nach Intensität des mitwirkenden Verschuldens kann die Ersatzpflicht sich mindern oder ganz entfallen.

31 Bei der Beurteilung finden die Maßstäbe des § 254 BGB (Mitverschulden) Anwendung.[25] So hat der Betroffene auch eine Sorgfaltspflicht[26] beispielsweise bei der Angabe seiner Daten. Gibt er sie absichtlich falsch oder unleserlich an und erhält er dadurch Informationen nicht oder nicht vollständig, muss er sich dies bei der Geltendmachung eines dadurch entstandenen Schadens anrechnen lassen.

32 Eine Einwilligung des Betroffenen in die Datenverarbeitung z.B. im Rahmen einer Zustimmung zu Werbemaßnahmen führt nicht automatisch zu einem Mitverschulden des Betroffenen. Dies ist insbesondere dann nicht der Fall, wenn eine entsprechend vorformulierte Einwilligungserklärung nicht den rechtlichen (siehe Payback-Urteil des BGH) und gesetzlichen Anforderungen der §§ 4, 4a entspricht. Dabei ist entscheidend, dass der Verarbeitungszweck und der Umfang der Verarbeitungsprozesse transparent dargestellt werden.[27]

Den Nachweis für ein Mitverschulden des Betroffenen hat nach allgemeinen Beweislastregeln die verantwortliche Stelle zu führen.

33 Datenschutzverstöße, die ihre Ursache in Fällen höherer Gewalt haben, befreien die verantwortliche Stelle ebenfalls von ihrer Schadenersatzpflicht.

Ein Fall von höherer Gewalt liegt vor bei unabwendbaren und unerwarteten Ereignissen wie z.B. Naturkatastrophen jeder Art, insbesondere Unwetter, Erdbeben, Überschwemmungen, Terrorismus, Sabotage, Streiks, sofern diese bei einem Dritten stattfinden, Atom-/Reaktorunfälle oder im industriellen Sinne Maschinenschäden/Produktionsstörungen.

34 Wenn jedoch mit dem Eintritt eines Ereignisses durchaus gerechnet werden kann wie etwa bei Überschwemmungen, die immer wieder in denselben Uferregionen auftreten, liegt keine höhere Gewalt vor. Nach der Rechtsprechung des BGH zu anderen Anwendungsfällen des Haftungsmaßstabes der höheren Gewalt muss dieses schädigende Ereignis durch elementare Naturkräfte oder durch Handlungen dritter Personen herbeigeführt worden sein, nach menschlicher Einsicht und Erfahrung unvorhersehbar sein, mit wirtschaftlich erträglichen Mitteln und auch durch äußerste und nach Sachlage mit vernünftigerweise zu erwartender Sorgfalt nicht verhütet oder unschädlich gemacht werden können und auch nicht wegen seiner Häufigkeit in Kauf zu nehmen sei.[28]

35 Die verantwortliche Stelle hat ihre technischen und organisatorischen Maßnahmen danach auszurichten, um ihre technischen Einrichtungen entsprechend zu schützen und zu sichern. Entsprechende technische Maßnahmen hierfür sind in der sog. Verfügbarkeitskontrolle in Nr. 7 im Anhang zu § 9 festgehalten, wie z.B. Brandschutz, Temperatur und Belüftung sowie Stromversorgung für Rechenzentren.

V. Weitere schadenersatzrechtliche Anspruchsgrundlagen

36 Auch wenn § 7 einen eigenen selbstständigen Schadenersatzanspruch begründet, besteht keine Exklusivität und ein Rückgriff auf andere haftungsrechtliche Ansprüche ist möglich. Also solche kommen in Betracht:

- Vertragliche Schadensersatzansprüche, § 280 Abs. 1 BGB
- Deliktische Schadensersatzansprüche, §§ 823 Abs. 1 und 2, 824, 826, 831 BGB
- Ansprüche gegen die Beschäftigten der verantwortlichen Stelle und Amtshaftung
- Ansprüche wegen Verstoßes gegen das Wettbewerbsrecht, § 9 UWG.

---

25 *Gola/Schomerus*, § 7 Rn. 20.
26 MüKo/*Oetker*, § 254 Rn. 29 ff.
27 Zur AGB-rechtlichen Beurteilung von Einwilligungen: BGH, Urt. v. 18.07.2012, Az. VIII ZR 337/11.
28 BGHZ 62, 351, 354.

Im Einzelnen:

1. Vertragliche Ansprüche des Betroffenen wegen Pflichtverletzungen

Besteht eine **vertragliche Beziehung** zwischen der verantwortlichen Stelle und dem Betroffenen, so kommt die Geltendmachung eines Schadenersatzanspruchs auch nach **§§ 280 Abs. 1, 241 Abs. 2 BGB** in Betracht. Häufig wird die verantwortliche Stelle die betreffenden personenbezogenen Daten im Rahmen der Durchführung eines Vertrags erhalten haben. Der sorgsame Umgang mit diesen Daten ist zumindest eine Nebenpflicht aus dem Vertrag. Im Unterschied zu § 7 kann hier ein Schadensersatzanspruch auch zugunsten einer juristische Person bestehen, sofern diese Vertragspartner aus der vertraglichen Verpflichtung ist. Ebenso wie bei § 7 wird aber auch hier nur der Vermögensschaden, kein immaterieller Schaden, ersetzt. 37

Die vertragliche Beziehung muss nicht stets einen Leistungsaustausch beinhalten. Denkbar ist auch der Verstoß gegen eine vertragliche oder gesetzliche Geheimhaltungspflicht. 38

Ein Schadensersatzanspruch besteht auch, wenn es zwar noch nicht zu einem Vertragsabschluss gekommen ist, die verantwortliche Stelle die personenbezogenen Daten aber bereits im Rahmen der Aufnahme von Vertragsverhandlungen oder bei Anbahnung eines Vertrags erhalten hat. Dies ergibt sich aus § 311 Abs. 2 BGB. Der Anspruch ist dann auch auf §§ 280 Abs. 1, 241 Abs. 2, 311 Abs. 2 BGB zu stützen. Werden beispielsweise Bewerberdaten an einen Dritten weitergegeben, ohne dass dies mit dem Bewerber abgesprochen wurde, und entsteht dadurch ein Schaden (z.B. weil durch die Weitergabe der aktuelle Arbeitgeber auf das Wechselinteresse aufmerksam wurde und dem Bewerber kündigt), kann der Bewerber einen (vor-)vertraglichen Schadensersatzanspruch geltend machen. Ähnliche Fallkonstellationen können sich bei der Weitergabe von Daten von Kredit- oder Mietinteressenten sowie bei Unternehmensverkäufen ergeben.[29] 39

! Beachte: Da ein Schadenersatzanspruch auch aufgrund von bloßen vertraglichen Vorverhandlungen bestehen kann, ist auch hier ein sorgsamer Umgang mit den personenbezogenen Daten des Betroffenen sicherzustellen. Das Gleiche gilt bei der Preisgabe von Daten im Rahmen von Unternehmensverkäufen (Due Diligence).

2. Deliktische Ansprüche

Außerhalb von vertraglichen Beziehungen, im deliktischen Bereich, kann sich ein Anspruch auf Ersatz materieller oder immaterieller Schäden (Geldentschädigung) bei einem rechtswidrigen oder schuldhaften **Eingriff in das allgemeine Persönlichkeitsrecht gem. § 823 Abs. 1 BGB** i.V.m. Art. 1 Abs. 1, Art. 2 Abs. 1 GG ergeben. Der Anspruch auf Geldentschädigung setzt voraus, dass aufgrund eines verschuldeten Verhaltens eine besonders schwerwiegende Persönlichkeitsrechtsverletzung eingetreten ist, die im Falle einer Veröffentlichung von personenbezogenen Daten nicht durch eine Berichtigung insbesondere in Form eines Widerrufs oder einer Richtigstellung bzw. Gegendarstellung kompensiert werden kann, weshalb ein unabwendbares Bedürfnis für die Gewährung einer Geldentschädigung besteht.[30] § 823 Abs. 1 BGB tritt als Auffangtatbestand hinter der Spezialregelung des § 7 zurück. Soweit das BDSG die Rechte des Betroffenen aus unzulässiger Datenverarbeitung abschließend regelt, scheidet § 823 Abs. 1 BGB als weitere Anspruchsgrundlage somit aus.[31] 40

! Die Haftung nach § 7 beschränkt sich auf materielle Schäden, die sich bei der Verwendung personenbezogener Daten ergeben. Über den Auffangtatbestand des § 823 Abs. 1 BGB lassen sich darüber hinaus vor allem immaterielle Schäden geltend machen, die von § 7 nicht umfasst sind.

---

29 Vgl. Däubler/Klebe/Wedde/Weichert/*Däubler*, § 7 Rn. 28.
30 Vgl. Wandtke/*Renner*, Band 4, Rn. 3.223 ff.
31 Vgl. BGH v. 19.05.1981, Az. VI ZR 273/79, NJW 1981, 1738; BGH v. 22.05.1984, Az. VI ZR 105/82, NJW 1984, 1886.

41 Der Verstoß gegen datenschutzrechtliche Bestimmungen führt für sich allein regelmäßig zwar zu Unterlassungsansprüchen, nicht aber zu einem immateriellen Geldentschädigungsanspruch. Die Preisgabe von Telefondaten entgegen dem Wunsch des Anschlussinhabers[32] auch im Falle eines hartnäckigen Verstoßes[33] löst keine Geldentschädigungsansprüche aus, weil nur ein fahrlässiges Verhalten der Telefongesellschaft vorliegt oder im Falle der Hartnäckigkeit keine schwere Persönlichkeitsrechtsverletzung angenommen wurde. Gleiches gilt für die Weitergabe unrichtiger Daten durch die SCHUFA,[34] da zwar die Kreditwürdigkeit des Betroffenen beeinträchtigt wurde, nicht aber seine Ehre, seine persönliche Wertschätzung durch Dritte oder sein gesellschaftliches Ansehen. Auch die ungenehmigte Weitergabe personenbezogener Daten durch einen Kfz-Betrieb an ein Meinungsforschungsunternehmen zur Feststellung der Kundenzufriedenheit begründet wegen der Geringfügigkeit der Persönlichkeitsrechtsverletzung keinen Geldentschädigungsanspruch.[35] Gleiches gilt für die Weitergabe von Personalakten an Dritte ohne Wissen des Betroffenen.[36] Einen breiten Raum nimmt demgegenüber die Rechtsprechung zur identifizierenden Wort- und Bildberichterstattung in den Medien ein. Nach der gefestigten Rechtsprechung des Bundesverfassungsgerichts sowie des Bundesgerichtshofs ist in diesen Fällen die Intensität des Eingriffs in den Persönlichkeitsbereich gegen das Informationsinteresse der Öffentlichkeit abzuwägen.[37] Zur Privatsphäre gehört auch das Recht, für sich zu sein, sich selber zu gehören und den Einblick durch andere auszuschließen.[38] Der Eingriff in das Persönlichkeitsrecht ist jedoch nur dann rechtswidrig, wenn das Schutzinteresse des Betroffenen die schutzwürdigen Belange vor allem der Medien unter Beachtung der ihr zustehenden Pressefreiheit aus Art. 5 Abs. 1 GG, Art. 10 EMRK überwiegt. Hierzu überprüft die Rechtsprechung, ob im konkreten Fall eine Angelegenheit von öffentlichem Interesse ernsthaft und sachbezogen erörtert und damit der Informationsanspruch des Publikums erfüllt wird oder lediglich eine Befriedigung der Neugier der Leser erfolgt.[39]

42 Ein Anspruch auf Geldentschädigung wurde **verneint**: Versehentliche Veröffentlichung von vollständigen Bewerbungsunterlagen auf einer Internetplattform mangels schwerwiegender Persönlichkeitsrechtsverletzung,[40] im Fall der Veröffentlichung unwahrer Tatsachenbehauptungen, sofern der Betroffene mangels Namensnennung und Verpixelung nur für wenige Personen erkennbar ist,[41] die Veröffentlichung von Personalausweisdaten einer Prominenten mangels schwerwiegender Beeinträchtigung der Persönlichkeitsrechte.[42]

43 Ein Anspruch auf Geldentschädigung wurde **bejaht**: Fernsehbericht über eine polizeiliche Fahrzeug- und Personenkontrolle mit Identifizierbarkeit des Betroffenen als vermeintlicher Täter,[43] Bericht über Einzelheiten aus dem Intimleben ohne genügende Anonymisierung,[44] ungenehmigte Veröffentlichungen von Informationen aufgrund intensiver, vertraulich geführter Gespräche,[45] identifizierende Berichterstattung über eine Festnahmeaktion im Rahmen eines strafrechtlichen Ermittlungsverfahrens durch Angabe der genauen Anschrift mangels Informations- und Aufklärungsinteresses gerade an der Identität des Betroffenen.[46]

---

32 Vgl. Thüringer Oberlandesgericht v. 18.08.2004, Az. 2 U 1038/03, OLG-NL 2004, 193.

33 Vgl. LG Hanau v. 04.04.2003, Az. 2 S 395/02, NJW-RR 2003, 1410.

34 Vgl. OLG Frankfurt v. 06.01.1988, Az. 17 U 35/87 u. 203/87, NJW-RR 1988, 562.

35 Vgl. OLG Düsseldorf v. 19.05.2010, Az. I 15 U 11/09, BeckRS 2011, 03132.

36 Vgl. BAG v. 18.12.1984, Az. 3 AZR 389/83, NZA 1985, 811, Unterlassungsansprüche aufgrund der dauerhaften Aufbewahrung eines Personalfragebogens wegen Verletzung der Persönlichkeitsrechte werden vom BAG jedoch bejaht, Urt. v. 06.06.1984, Az. 5 AZR 286/81, AP BGB § 611 Persönlichkeitsrecht Nr. 7.

37 Vgl. BVerfG v. 05.06.1973, Az. 1 BvR 536/72, LSK 1973, 856289, Lebach.

38 Vgl. BGH v. 19.12.1995, Az. VI ZR 15/95, LSK 1996, 170039.

39 Vgl. ausführlich BGH v. 22.11.2011, Az. VI ZR 26/11, ZUM-RD 2012, 130.

40 Vgl. LG Köln v. 15.12.2009, Az. 15 U 90/09, BeckRS 2010, 27559.

41 Vgl. OLG Saarbrücken v. 29.04.2009, Az. 5 U 465/08.

42 Vgl. LG Berlin v. 26.07.2005, Az. 27 O 301/05, NJW-RR 2006, 1440.

43 Vgl. LG Kleve v. 21.01.2009, Az. 2 O 229/07, ZUM-RD 2009, 555.

44 Vgl. OLG München v. 01.12.2000, Az. 21 U 3740/00, ZUM 2001, 252, korrekter Vorname, Alter, Geburts- und Wohnort sowie Arbeitgeber führen zu einer Identifizierung des Betroffenen.

45 Vgl. BGH v. 10.03.1987, Az. VI ZR 244/85, NJW 1987, 2667.

46 Vgl. OLG Hamburg v. 28.03.1991, Az. 3 U 262/90, NJW-RR 1992, 536, ausreichend ist für das OLG Hamburg eine Identifizierbarkeit bei Bekannten und Verwandten; weitere Fälle zum Vorliegen oder Nichtvorliegen der Verletzung von Persönlichkeitsrechten vgl. Taeger/Gabel/*Gabel*, § 7 Nr. 26 f.

> Im Falle eines Datenverlustes oder einer unberechtigten Datenweitergabe wird es meist nicht zu einer Geldentschädigung für einen immateriellen Schaden kommen, da es an einer schwerwiegenden Persönlichkeitsrechtsverletzung fehlt.

Neben Geldentschädigungs- und Schadenersatzansprüchen steht dem Betroffenen auch ein **Unterlassungsanspruch** gemäß §§ 823 Abs. 1, 1004 Abs. 1 Satz 2 BGB anlog i.V.m. Art. 1 Abs. 1, Art. 2 Abs. 1 GG zu. Dieser praktisch bedeutsamste Anspruch im Rahmen der Presseberichterstattung dient der Abwehr einer weiteren oder zukünftigen Berichterstattung und setzt eine rechtswidrige Persönlichkeitsrechtsverletzung sowie eine Erstbegehungs- und Wiederholungsgefahr voraus, auf ein Verschulden kommt es demgegenüber nicht an.[47] Des Weiteren steht dem Betroffenen ein **Berichtigungsanspruch** in Form des Widerrufs, der Richtigstellung oder des Abrückens zu, sofern aufgrund der unwahren oder ehrverletzenden Berichterstattung eine fortwährende Beeinträchtigung des Betroffenen vorliegt, die eine Berichtigung erforderlich macht.[48] 44

Da es sich bei datenschutzrechtlichen Vorschriften um **Schutzgesetze** handelt, können Verstöße dagegen auch die Haftung nach **§ 823 Abs. 2 BGB** (unerlaubte Handlung), **§ 824 BGB** (Kreditgefährdung) oder **§ 826 BGB** (sittenwidrige Schädigung) auslösen.[49] 45

3. Ansprüche gegen die Beschäftigten der verantwortlichen Stelle und Amtshaftung

Gegen die Beschäftigten der verantwortlichen Stelle im **nicht-öffentlichen Bereich** unmittelbar ergeben sich deliktische Schadenersatzansprüche aus §§ 823 Abs. 1 und 2, 824 und 826 BGB. Die Beweislast für den Datenschutzverstoß und die Kausalität zum eingetretenen Schaden liegt hier – anders als bei § 7 – bei dem Betroffenen. 46

Die Beschäftigten können sich auf eine **Haftungseinschränkung** berufen. Das bedeutet, sie können nur dann zum Ausgleich herangezogen werden, wenn sie sich grob fahrlässig oder vorsätzlich verhalten haben.[50] 47

Handelt es sich um betriebstypische Risiken, aus denen der geltend gemachte Schaden entstanden ist, und hat der Beschäftigte nicht vorsätzlich oder grob fahrlässig gehandelt, so hat er einen internen Freistellungsanspruch gegen seinen Arbeitgeber. Diesen Anspruch hat er nicht erst, wenn er den Schaden gegenüber dem Betroffenen bereits erfüllt hat. Er kann von seinem Arbeitgeber verlangen, dass dieser die Forderung gegenüber dem Betroffenen unmittelbar an diesen ausgleicht. 48

Bei Ansprüchen gegen **Beschäftigte im öffentlichen Dienst sowie Beamte** greift die Amtshaftung nach Art. 34 GG in Verbindung mit § 839 BGB. 49

4. Ansprüche aus § 9 UWG wegen Verstoßes gegen das Wettbewerbsrecht

Ein Datenschutzverstoß kann auch wettbewerbsrechtliche Auswirkungen haben und in diesem Kontext einen Schadenersatz nach § 9 UWG begründen. So die Datenerhebung zu Werbezwecken bei Kindern und in Geschäftsdingen Unerfahrenen, § 4 Nr. 2 UWG oder die unzumutbare Belästigung der Telefonwerbung nach § 7 Abs. 2 Nr. 2 UWG. 50

VI. Rechtsdurchsetzung im Streitfall

Schadenersatzansprüche nach § 7 sind vor den Zivilgerichten (§§ 23, 71 Abs. 1 ZPO) geltend zu machen. Dies gilt auch für Ansprüche gegen die öffentlichen Stellen.[51] 51

Bezieht sich der Schadenersatzanspruch auf die unzulässige Verwendung von Arbeitnehmerdaten und richtet sich gegen den Arbeitgeber, ist das Arbeitsgericht zuständig (§ 2 Abs. 1 Nr. 3 a) oder d) ArbGG).

---

47 Vgl. Wandtke/*Renner*, Band 4, Rn. 3.3 ff.
48 Zu den weiteren Einzelheiten siehe Wandtke/*Renner*, Band 4, 3.136 ff.
49 Däubler/Klebe/Wedde/Weichert/*Däubler*, § 7 Rn. 33.
50 BAG AP Nr. 82 zu § 611 BGB, Haftung des Arbeitnehmers.
51 Simitis/*Simitis*, § 7 Rn. 77.

§ 8 Schadensersatz bei automatisierter Datenverarbeitung durch öffentliche Stellen

(1) Fügt eine verantwortliche öffentliche Stelle dem Betroffenen durch eine nach diesem Gesetz oder nach anderen Vorschriften über den Datenschutz unzulässige oder unrichtige automatisierte Erhebung, Verarbeitung oder Nutzung seiner personenbezogenen Daten einen Schaden zu, ist ihr Träger dem Betroffenen unabhängig von einem Verschulden zum Schadensersatz verpflichtet.

(2) Bei einer schweren Verletzung des Persönlichkeitsrechts ist dem Betroffenen der Schaden, der nicht Vermögensschaden ist, angemessen in Geld zu ersetzen.

(3) [1]Die Ansprüche nach den Absätzen 1 und 2 sind insgesamt auf einen Betrag von 130.000 Euro begrenzt. [2]Ist auf Grund desselben Ereignisses an mehrere Personen Schadensersatz zu leisten, der insgesamt den Höchstbetrag von 130.000 Euro übersteigt, so verringern sich die einzelnen Schadensersatzleistungen in dem Verhältnis, in dem ihr Gesamtbetrag zu dem Höchstbetrag steht.

(4) Sind bei einer automatisierten Verarbeitung mehrere Stellen speicherungsberechtigt und ist der Geschädigte nicht in der Lage, die speichernde Stelle festzustellen, so haftet jede dieser Stellen.

(5) Hat bei der Entstehung des Schadens ein Verschulden des Betroffenen mitgewirkt, gilt § 254 des Bürgerlichen Gesetzbuchs.

(6) Auf die Verjährung finden die für unerlaubte Handlungen geltenden Verjährungsvorschriften des Bürgerlichen Gesetzbuchs entsprechende Anwendung.

Literatur

Abel, Mehr Datenschutz durch Zivielrecht?, RDV 2009, 51; *Altintas*, Ansprüche bei Verletzung des Persönlichkeitsrechts durch die Presse nach deutschem und schweizerischem Recht, 2010; *Giesen*, Das Grundrecht auf Datenverarbeitung, JZ 2007, 918; *Gurlit*, Verfassungsrechtliche Rahmenbedingungen des Datenschutzes, NJW 2010, 1035; *Hoffmann-Riem*, Der grundrechtliche Schutz der Vertraulichkeit und Integrität eigengenutzer informationstechnischer Systeme, JZ 2008, 1009; *Kühling/Bohnen*, Zur Reform des Datenschutzrechts – Nach der Reform ist vor der Reform, JZ 2010, 600.

▶ **Darum geht es**

Besonderheiten in Sachen Schadensersatz bei automatisierter Datenverarbeitung.

▶ **Schlagworte**

Haftung; Haftungshöchstgrenzen; Mitverschulden; Öffentliche Stelle; Schadensersatz; Schmerzensgeld

---

A. Allgemeines

I. Arten der Haftung „verantwortlicher Stellen" gegenüber „Betroffenen"

Das BDSG kennt für den rechtswidrigen Umgang mit fremden „personenbezogenen Daten" (§ 3 Rn. 4 ff.) sowohl zivil- als auch (in §§ 43, 44) straf- und bußgeldrechtliche Sanktionen. In den „allgemeinen Vorschriften" des BDSG wird ausdrücklich nur eine Verpflichtung von „verantwortlichen Stellen" (§ 3 Rn. 126 ff.) zum Schadensersatz gegenüber Betroffenen geregelt, teils für alle (§ 7), teils nur für „öffentliche Stellen" (§ 2 Rn. 13 ff.). Hingegen finden sich keine ausdrücklichen bzw. speziellen Vorschriften in Bezug auf eine Unterlassung störenden Verhaltens oder die Beseitigung der Folgen rechtswidriger Datenverarbeitung (i.w.S.). Insoweit greifen ergänzend die relevanten allgemeinen Bestimmungen (wie § 1004 BGB) ein.[1] Dabei kommt es für den Rechtsschutz darauf an, ob bei der (öffentlichen) Stelle ein Zusammenhang mit hoheitlichem oder mit privatrechtlichem Handeln vorliegt; je nachdem ergeben sich nicht nur die Abwehransprüche aus dem einen oder anderen Rechtsgebiet, sondern sind auch unterschiedliche Gerichte zuständig (§ 40 VwGO, § 13 GVG). 1

> **!** Wenn (anscheinend) ein Fehlverhalten staatlicher Stellen vorliegt, ist für Überprüfung und Abhilfe nicht zwingend ein Verwaltungsgericht zuständig, sondern es kommt auf die Rechtsgrundlage der Haftung an und dafür wiederum darauf, ob eine öffentliche Stelle auf dem Gebiet des öffentlichen oder des privaten Rechts gehandelt hat. Häufig wird daher der Rechtsweg zu „ordentlichen", nämlich Zivilgerichten eröffnet sein (§ 40 Abs. 2 VwGO, § 13 i.V.m. § 71 Abs. 2 GVG).

II. Inhalt und Umfang der Haftung

Ebenso wie § 7 sieht § 8 als Rechtsfolge allein Schadensersatz (Abs. 1) – aber daneben auch ausdrücklich Schmerzensgeld (Abs. 2) – vor. Gemeinsame Tatbestandsmerkmale beider Haftungsvorschriften sind: verantwortliche Stellen als Schuldner, „Betroffene" (§ 3 Rn. 6) als Gläubiger des Ersatzanspruchs; Verstoß gegen Datenschutz-Vorschriften (auch, aber nicht nur des BDSG) durch unzulässige (rechtswidrige) oder unrichtige (fehlerhafte) Erhebung, Verarbeitung oder Nutzung von „personenbezogenen" Daten aller Art eines Betroffenen, die automatisiert erfolgt sein muss (Rn. 3, 6); schließlich einen Ursachenzusammenhang zwischen Fehlverhalten und Schadensentstehung wie Schadensumfang. 2

---

1 *Abel,* RDV 2009, 51, 53.

III. Verhältnis von § 8 zu § 7

3 § 8 erfasst anders als § 7 nur „öffentliche" verantwortliche Stellen (Rn. 1) und zudem nur „automatisierte Datenverarbeitung" i.S.v. § 3 Abs. 2 Satz 1 (§ 3 Rn. 40 ff.). Das für das Vorliegen eines Ersatzanspruchs ebenfalls nötige Verschulden (zumindest in Form von Fahrlässigkeit als dem Außerachtlassen der im Verkehr erforderlichen Sorgfalt, § 276 Abs. 2 BGB) wird in § 7 lediglich widerleglich vermutet. § 7 Satz 2 gibt der verantwortlichen Stelle aber die Möglichkeit, sich vom Vorwurf des schuldhaften Verhaltens zu entlasten (§ 7 Rn. 2, 26 ff.). § 8 normiert hingegen einen Fall der verschuldensunabhängigen Gefährdungshaftung;[2] der Umfang der Ersatzpflicht ist daher wie bei vergleichbaren Gestaltungen (etwa bei der Haftung des Kfz-Halters im Straßenverkehr nach § 7 i.V.m. § 12 StVG) auf einen Höchstbetrag begrenzt. Schließlich wird nur in § 8 mehrfach direkt oder mittelbar auf Regelungen des BGB-Schuldrechts zu Delikten (§§ 823 ff. BGB) bzw. allgemein zum Schadensersatz (§§ 249 ff. BGB) verwiesen. Einen den Höchstbetrag nach § 8 Abs. 3 übersteigenden Schaden (Rn. 25 ff.) kann der Geschädigte nach § 7 bzw. nach allgemeinen vertraglichen oder deliktischen[3] Vorschriften geltend machen.

B. Inhalt der Regelung

I. Grundsatz verschuldensunabhängiger Haftung

1. Haftungsvoraussetzungen

a) Allgemein

4 Die Voraussetzungen für das Entstehen einer Schadensersatzpflicht dem Grunde nach ergeben sich aus § 8 Abs. 1; bei einer Mehrzahl beteiligter verantwortlicher Stellen gilt ergänzend Abs. 4. Dort werden wiederum implizit die allgemeinen Regeln des BGB (§ 840 Abs. 1 BGB und §§ 421 ff. BGB) in Bezug genommen (Rn. 32). Im Außenverhältnis dem Geschädigten – dem „Betroffenen" – gegenüber haftet jeder Schädiger in vollem, wenn auch hinsichtlich der Höchstsumme gemäß Abs. 3 beschränktem Umfang.

b) Schädigendes Verhalten

aa) Erhebung, Verarbeitung, Nutzung personenbezogener Daten

5 Als schadensursächliches Verhalten kommt jede der drei in § 3 Abs. 3, 4 und 5 bezeichneten und legal definierten Formen der „Datenverarbeitung" (i.w.S.) in Betracht (§ 3 Rn. 40, 57). Das Fehlverhalten einer „verantwortlichen Stelle" kann sich auf alle personenbezogenen Daten eines Betroffenen beziehen, ist also nicht auf „besondere Arten" solcher Daten (§ 3 Abs. 9; § 3 Rn. 139 ff.) beschränkt.

bb) Automatisierter Umgang mit personenbezogenen Daten

6 Jedoch muss stets eine „automatisierte" Erhebung, Verarbeitung oder Nutzung vorliegen, d.h., der Umgang mit Daten des Betroffenen muss „unter Einsatz von Datenverarbeitungsanlagen" erfolgen (§ 3 Abs. 2 Satz 1; § 3 Rn. 42 ff.). Nicht erfasst wird also, anders als in § 7, eine rein manuelle Datenverarbeitung (i.w.S.).

cc) Nach Datenschutzrecht rechtswidriger Umgang mit personenbezogenen Daten

7 Ein zur Haftung nach § 8 führender rechtswidriger Umgang mit personenbezogenen Daten ist dann gegeben, wenn das Verhalten entweder mit anderen Vorschriften des Gesetzes oder sonstigen datenschutzrechtlichen Bestimmungen nicht vereinbar ist. Im Hinblick darauf, dass nach § 1 Abs. 3 Satz 1 andere, bereichsspezifische Rechtsvorschriften des Bundes dem BDSG gegenüber vorrangig sind (§ 1 Rn. 26 ff.), ist das jeweilige Verhalten der verantwortlichen öffentlichen Stelle zunächst an etwaigen Sondervorschriften zu messen. Wenn und soweit sich daraus nicht eine abschließende Verpflichtung oder

---

2 So BT-Drs. 11/4306, 41, zum BDSG 1990, Bezug nehmend auf BVerfGE 65, 1, 42.
3 BT-Drs. 14/4458, 1 f.

doch Befugnis zur Erhebung, Verarbeitung oder Nutzung bestimmter personenbezogener Daten ergibt, kann eine Rechtfertigung für die konkrete Handlung ergänzend aus §§ 13 ff. (und aus §§ 40, 41) folgen. Ansonsten muss, um ein Haftungsrisiko zu vermeiden, eine wirksame Einwilligung des Betroffenen eingeholt werden (§ 4 Abs. 1 und § 4a).

„Unzulässig" ist jeder Verstoß gegen datenschutzrechtliche Vorschriften, sowohl die Nichteinhaltung der 8
jeweils einschlägigen gesetzlichen Voraussetzungen für das konkrete Verhalten als auch das Fehlen einer wirksamen Einwilligung hierfür. Ein „unrichtiger" Umgang mit personenbezogenen Daten kann zwar auch über Berichtigungspflichten (bzw. -ansprüche des Betroffenen) korrigiert werden, z.B. nach § 20 Abs. 1 Satz 1; jedoch betrifft diese Regelung nur eine feststehende, unstreitige Eigenschaft der Daten selbst (§ 20 Rn. 4). Wenn bereits die Erhebung, Verarbeitung oder Nutzung personenbezogener Daten fehlerhaft, also falsch oder unvollständig erfolgt, reicht eine bloße Berichtigung nicht aus, um schon zuvor eingetretene oder ausgelöste Beeinträchtigungen des Betroffenen auszugleichen oder gar zu verhindern. Vielmehr entspricht es der allgemeinen Systematik des Deliktsrechts, dass auch hierdurch verursachte Schäden (aus der Verletzung von Neben-/Sorgfaltspflichten) zu ersetzen sind.

Auf ein Verschulden, d.h. Vorsatz oder Fahrlässigkeit, kommt es bei § 8 nicht an. Von der Möglichkeit 9
des Art. 23 Abs. 2 der Richtlinie 95/46/EG[4], beim Nachweis fehlender Verantwortlichkeit eine gänzliche oder teilweise Haftungsbefreiung des Schädigers vorzusehen, hat nur § 7 (Satz 2), nicht auch § 8 Gebrauch gemacht.

c) Schaden des Betroffenen

Schaden umfasst auch bei § 8 jede adäquat-kausal auf das Verhalten des Schädigers zurückzuführende, 10
unfreiwillige Vermögenseinbuße beim Betroffenen als Geschädigtem. Soweit es um die Ermittlung eines „materiellen" bzw. Vermögensschadens (§ 8 Abs. 1) geht, ist dazu ein Vergleich zwischen dem Vermögensbestand des Betroffenen vor Eintritt des schadensursächlichen Ereignisses (durch das unzulässige oder unrichtige Verhalten) und dem Stand danach anzustellen. Die Differenz bildet den (im Rahmen des § 8 Abs. 3) zu ersetzenden Vermögensschaden.

Ein adäquat-kausaler Ursachenzusammenhang muss zum einen zwischen dem unzulässigen oder unrich- 11
tigen Verhalten der verantwortlichen Stelle und dem Schadenseintritt (Haftungsbegründung), zum anderen zwischen Schadenseintritt und Umfang des entstandenen Schadens gegeben sein (Haftungsausfüllung). Nur bei völlig unwahrscheinlichem Kausalverlauf sowie bei fehlendem inhaltlichen Zusammenhang von Fehlverhalten und Schaden greift keine Haftung nach § 8 (Abs. 1) ein.

! Die Annahme von Adäquanz scheidet nicht schon deshalb aus, weil etwa bei einer Übermittlung nach § 16 der Empfänger objektiv unrichtige Angaben über sein berechtigtes Interesse macht, die übermittelnde Stelle aber auf die Richtigkeit vertraut, weil der Empfänger als vertrauenswürdig angesehen wird bzw. weil sie dessen Angaben nicht näher überprüft hat.

d) Beweislast

Für die zuvor (Rn. 7 f., 9 f.) genannten Voraussetzungen – unzulässiger oder unrichtiger Umgang mit per- 12
sonenbezogenen Daten bei automatisierter Datenverarbeitung, hierdurch dem Grunde wie der Höhe nach verursachter Vermögensschaden beim Betroffenen – muss im Streitfall der Betroffene als Geschädigter Beweis antreten. Hingegen müsste die verantwortliche Stelle darlegen und nachweisen, dass sie ausnahmsweise wegen fehlender adäquater Kausalität oder mangels eines Rechtswidrigkeitszusammenhangs keine Haftung trifft.

4 Vom 24.10.1995, ABl. EG Nr. L 281, 31.

2. Haftungsschuldner: verantwortliche Stelle

a) Träger der schädigenden Stelle

13 § 8 (Abs. 1) nennt sowohl den Gläubiger als auch den Schuldner des Schadensersatzanspruchs ausdrücklich. Dem Betroffenen zum Ersatz verpflichtet ist die in § 3 Abs. 7 legal definierte, für die schadensverursachende „automatisierte" Datenverarbeitung „verantwortliche" Stelle. Dabei können, wie § 8 Abs. 4 klarstellt, auch mehrere solcher Stellen nebeneinander haften.

14 Da das BDSG den Begriff „Stelle" eng fasst und damit gerade nicht an bestimmte rechtlich selbstständige Organisationseinheiten (wie Körperschaft des öffentlichen Rechts oder auch Aktiengesellschaft) anknüpft (§ 1 Rn. 20 ff.), kann genau genommen immer nur der hinter einer Behörde, einer Abteilung oder einzelnen Mitarbeitern stehende „Träger" der jeweiligen Einheit tauglicher Haftungsschuldner sein, also der Bund bzw. die Bundesrepublik Deutschland (bei unmittelbarer Bundesverwaltung) oder andere juristische Personen des öffentlichen (Bundes-)Rechts.

!

Rechtlich selbstständig und damit selbst für das Verhalten ihrer Stellen haftbar sind etwa die Deutsche Bundesbank (§ 2 BBankG), die Bundesagentur für Arbeit (§ 367 SGB III), die Deutsche Rentenversicherung Bund und die Deutsche Rentenversicherung Knappschaft-Bahn-See (§ 125 Abs. 2 SGB VI), die verschiedenen Krankenkassen, etwa AOK (§ 4 SGB V).

Rechtlich „nur" Teil der Bundesverwaltung sind hingegen Bundesoberbehörden wie die Bundesnetzagentur (§ 1 BEGTPG), das Umweltbundesamt (§ 1 UBAG), das Kraftfahrt-Bundesamt (§ 1 KBAG), aber auch der Bundesrechnungshof (Art. 114 Abs. 2 GG, § 1 BRHG) oder das Bundespräsidialamt. Hier ist nicht die Behörde, sondern die Bundesrepublik Deutschland Schuldnerin von Haftungsansprüchen.

b) Beschränkung auf öffentliche Stellen (des Bundes)

15 Ersatzpflichtig nach § 8 (Abs. 1) ist nicht jede Stelle, die personenbezogene Daten eines Betroffenen für sich selbst automatisiert erhebt, verarbeitet oder nutzt (oder dies durch andere im „Auftrag" vornehmen lässt, § 11). Vielmehr werden nur „öffentliche Stellen" von dieser speziellen Haftungsregelung erfasst; darunter fallen zunächst alle in § 2 Abs. 1, 2 und 3 sowie Abs. 4 Satz 2 genannten. Da aber Datenverarbeitung durch öffentliche Stellen der Bundesländer in der Regel primär dem jeweiligen Landesdatenschutzgesetz unterliegt und daher nach § 1 Abs. 2 Nr. 2 nicht unter dessen Regelungen fällt (§ 1 Rn. 21), beschränkt sich der Anwendungsbereich des § 8 auf öffentliche Stellen des Bundes. Darüber hinaus erfolgt keine weitere Eingrenzung: Solange und soweit „Aufgaben der öffentlichen Verwaltung" (§ 2 Rn. 20) erfüllt werden, gilt § 8 auch für Organisationen in Privatrechtsform (nach § 2 Abs. 3) und „nichtöffentliche Stellen" (nach § 2 Abs. 4 Satz 2 i.V.m. Satz 1). Andererseits ist dieses besondere Merkmal aber bei ausländischen Stellen nach § 1 Abs. 5 nicht gegeben, sodass für sie auch dann, wenn sie dem Anwendungsbereich des BDSG unterfallen (§ 1 Rn. 32 ff.), eine Haftung allein aus § 7 folgen kann.

3. Haftungsgläubiger: Betroffene Person

16 Gläubiger des Schadensersatzanspruchs ist stets der „Betroffene". Nur wenn ausnahmsweise, wie nach § 91 TKG, auch Daten juristischer Personen einbezogen werden, kann nicht nur ein Mensch (natürliche Person) Gläubiger sein. Werden mehrere Betroffene durch ein einziges Schadensereignis in ihren Vermögensrechten verletzt, bestehen die einzelnen Ansprüche zwar unabhängig voneinander, jedoch wird der Umfang des Ersatzes insgesamt (durch § 8 Abs. 3 Satz 2) begrenzt. Damit verringert sich, wenn der Höchstbetrag überschritten wird, zugleich auch die Höhe jedes individuellen Anspruchs.

4. Art und Umfang des Schadensersatzes

17 Nach § 8 Abs. 1 muss die verantwortliche Stelle jeden, aber nur den von ihr beim Betroffenen verursachten Vermögens- bzw. materiellen Schaden ersetzen. Diese Begrenzung ergibt sich nicht nur wieder aus den allgemeinen Regelungen zum Schadensersatz, sondern im Umkehrschluss zur Vorschrift über den Ersatz „immaterieller" Schäden in § 8 Abs. 2. Unerheblich ist dabei, ob es sich konkret um einen hier eher

selten auftretenden Personen-, d.h. Körper- oder Gesundheitsschaden, einen Sachschaden (in Form von Zerstörung oder Beschädigung dem Betroffenen gehörender körperlicher Gegenstände) oder um einen „reinen" Vermögensschaden handelt. Die nach § 249 BGB primär geschuldete Wiederherstellung des vor Schadenseintritt bestehenden oder eines gleichwertigen Zustandes wird regelmäßig in Form der Zahlung eines Geldausgleichs für die hierfür entstandenen Kosten erfolgen.

II. Ersatz von Nichtvermögensschäden

1. Haftungsvoraussetzungen

a) Parallelen zu § 8 Abs. 1

§ 8 Abs. 2 knüpft zwar nicht dem Wortlaut, wohl aber dem Gesetzesaufbau nach unmittelbar an alle 18
Voraussetzungen des § 8 Abs. 1 an (Rn. 4 ff.). Insofern bestehen nur zwei Besonderheiten, die eine im Tatbestand, die andere in der Rechtsfolge: Die unzulässige oder unrichtige automatisierte Datenverarbeitung muss auch zu einer schweren Verletzung des Persönlichkeitsrechts des Betroffenen führen bzw. geführt haben, und ersetzt wird dann nicht nur ein Vermögens-, sondern auch und zudem[5] ein „Nichtvermögensschaden". Bei § 7 kann sich ein solcher Anspruch allenfalls im Wege richtlinien- oder verfassungskonformer extensiver Auslegung ergeben.[6] Ansonsten müssen für einen Anspruch nach § 8 Abs. 2 wieder alle Tatbestandsmerkmale des Abs. 1 vorliegen. Auch für die Beweislast (Rn. 12) gilt, dass sie regelmäßig beim Betroffenen liegt.

> **!** Dass durch einen fehlerhaften Umgang mit Daten überhaupt ein Schaden entstanden ist, wird die verantwortliche Stelle in der Regel vom „Betroffenen" selbst erfahren. Dieser wird dabei auch ggf. geltend machen, dass, inwieweit und in welchem Umfang auch ein immaterieller Schaden eingetreten sei. Eine öffentliche Stelle sollte in diesem Fall den Betroffenen darauf hinweisen, dass er Nachweise dafür erbringen muss, warum es sich um eine „schwere" Beeinträchtigung handelt, weil ihm nur dann überhaupt Schmerzensgeld zustehen kann. Ferner sollte dem Betroffenen erläutert werden, dass er Angaben machen muss, die es ermöglichen, die Höhe des Ersatzes genauer zu bestimmen bzw. zumindest zu schätzen (§ 287 ZPO).

b) Schwere Verletzung des Persönlichkeitsrechts des Betroffenen als Grundlage des Anspruchs auf Ersatz auch des Nichtvermögensschadens

aa) Inhalt des Persönlichkeitsrechts

Der generelle Zweck des BDSG wie des Datenschutzrechts insgesamt besteht darin, den einzelnen Men- 19
schen davor zu schützen, dass dieser durch einen rechtswidrigen Umgang mit seinen personenbezogenen Daten in seinem durch Art. 2 Abs. 1 GG (i.V.m. Art. 1 Abs. 1 GG) geschützten Persönlichkeitsrecht verletzt wird. Dabei geht es nicht allein um die Gewährleistung des primär zur Abwehr staatlicher Eingriffe dienenden allgemeinen Grundrechts auf freie Entfaltung der Persönlichkeit („allgemeine Handlungsfreiheit"), sondern um ein spezielles, richterrechtlich entwickeltes besonderes Freiheitsrecht, das auf den Schutz der Identität im Sinne der Unverwechselbarkeit jedes Menschen zielt[7]. Ausprägungen dieses Rechts in der Informationsgesellschaft sind vor allem die Grundrechte auf informationelle Selbstbestimmung[8] sowie – neuerdings und dieses ergänzend – auf Gewährleistung der Vertraulichkeit und Integrität informationstechnischer Systeme[9].

---

5 So bereits BT-Drs. 11/4306, 42, zum BDSG 1990.
6 *Kühling/Bohnen*, JZ 2010, 600, 609; anders *Giesen*, JZ 2007, 918, 924.
7 Zu diesem Ansatz BVerfGE 101, 361, 380; 106, 28, 39; 114, 339, 346.
8 BVerfGE 65, 1, 41 ff.; *Gurlit*, NJW 2010, 1035, 1036.
9 BVerfGE 120, 274, 302 ff.; *Gurlit*, NJW 2010, 1035, 1037; *Hoffmann-Riem*, JZ 2008, 1009 ff.

bb) Art und Schwere der Verletzung

20 Wie jedes Grundrecht ist auch das Persönlichkeitsrecht nicht schrankenlos: Wenn und soweit jede, nicht nur eine „automatisierte" Datenverarbeitung (Rn. 3, 6) aufgrund einer hinreichenden gesetzlichen Ermächtigungsgrundlage oder einer wirksamen Einwilligung vor sich geht, ist auch eine hiermit einhergehende Auswirkung auf das Persönlichkeitsrecht des Betroffenen regelmäßig verfassungsrechtlich unbedenklich.

21 Bei einer Verletzung als rechtswidrigem Eingriff in den Schutzbereich greift des Weiteren zunächst einmal die Haftung nach § 8 Abs. 1. Jedoch wird hier kaum jemals ein Personen- und auch nicht immer ein Vermögensschaden gegeben sein (Rn. 17). Wenn jedoch alle erlittenen Beeinträchtigungen ausgeglichen werden sollen, was im Hinblick auf die verfassungsrechtliche Verankerung des Persönlichkeitsrechts und die Gleichbehandlung gleichartiger Rechtsverletzungen (Art. 3 Abs. 1 GG) geboten ist, ist hier eine Ausnahme vom grundsätzlichen Ausschluss des Ersatzes immaterieller Schäden (§ 253 Abs. 1 BGB) angezeigt.

22 Das in § 8 Abs. 2 vorgesehene Schmerzensgeld kommt nur bei „schweren" Beeinträchtigungen zur Anwendung. Damit wird ebenfalls an die Rechtsprechung angeknüpft, die bereits vor der gesetzlichen Normierung der Haftung vor allem im Hinblick auf die Genugtuungsfunktion von Schadensersatzpflichten auf gravierende Verletzungen abstellte.[10] Das Merkmal bezieht sich dabei nicht auf den Schaden oder dessen Höhe, sondern auf Art oder Ausmaß der Beeinträchtigung des Persönlichkeitsrechts.

> **!** Stets kommt es auf die Umstände des Einzelfalls an. Kriterien für eine „schwere" Beeinträchtigung sind: deren Art und Gewicht, Anlass und Motiv für das Verhalten des Schädigers, Grad des Verschuldens. Beispiele sind grobe Ehrverletzungen und Eingriffe in Intim- oder Geheimsphäre. Insoweit spielt es eine Rolle, ob es sich um berühmte Persönlichkeiten („Personen der Zeitgeschichte") handelt; diese können einen geringeren Schutz genießen, die Messlatte für „schwer" liegt hier höher, wenn und soweit sich Menschen der Öffentlichkeit präsentieren.

c) Kausalität zwischen rechtswidrigem Verhalten und Schadenseintritt und -umfang

23 Für haftungsbegründende und -ausfüllende Kausalität gilt bei § 8 Abs. 2 nichts anderes als bei Abs. 1 (Rn. 11), insbesondere hinsichtlich der Adäquanz. Rein tatsächlich wird hier allerdings der Nachweis eines konkreten Ursachenzusammenhangs und des auf das Fehlverhalten zurückzuführenden Schadensausmaßes oft schwierig sein.

2. Art und Umfang des Anspruchs auf „angemessenen" (Geld-)Ersatz

24 Bei nur leichten – also (noch) nicht „schweren" – Persönlichkeitsrechtsverletzungen scheidet Schmerzensgeld aus. Aber auch bei hinreichend gravierendem Fehlverhalten wird nicht maximaler, sondern nur „angemessener" Ersatz geschuldet. Dies beruht zum einen darauf, dass „immaterielle" Schäden naturgemäß nicht exakt beziffert werden können, zum anderen soll durch diesen „unbestimmten" Rechtsbegriff der Richter in die Lage versetzt werden, dem konkreten Einzelfall so gut wie möglich Rechnung zu tragen.

> **!** Zielsetzung ist Genugtuung für den Geschädigten; ob darüber hinaus als weitere Funktion eine Prävention gegenüber „rücksichtsloser Zwangskommerzialisierung" einzubeziehen ist, also auch ein Strafcharakter die Höhe des Ersatzes bestimmt, wird unterschiedlich beurteilt[11]. Die 5- oder teils sogar 6-stelligen Beträge bei Persönlichkeitsverletzungen durch Medien[12] beziehen sich überwiegend auf Rufschädigungen in der Öffentlichkeit. Generell werden bisher in Deutschland (im Vergleich etwa zu den USA) eher geringe Beträge als Schmerzensgeld zuerkannt.

---

10 BGHZ 26, 349 ff.; BVerfGE 34, 269, 285 ff.; *Altintas*, S. 58 f.
11 Vgl. *Altintas*, S. 82 ff.
12 Vgl. *Altintas*, S. 128 ff.; BGH, NJW 2005, 215, 218.

III. Obergrenzen des Umfangs der Haftung nach § 8

1. Generelle Deckelung

25 Grund des absoluten Höchstbetrags für Ersatzansprüche nach § 8 Abs. 1 oder Abs. 2 ist nicht der spezielle Status des Schuldners, also nicht eine Haftungsbeschränkung gerade für staatliches Fehlverhalten, sondern eine allgemeine, auch im Privatrecht häufig anzutreffende Konzeption: Eine an sich generell erlaubte, meist sogar erwünschte Tätigkeit birgt ein kaum völlig vermeidbares Risiko, dass unabhängig von der Frage eines Verschuldens bei ihrer Durchführung auch Fehler bzw. Schäden auftreten. Die Haftung hierfür soll dann denjenigen treffen, der auch den Nutzen von dieser Tätigkeit hat. In Bezug auf typische Risiken kann meist eine Haftpflicht-Versicherung abgeschlossen werden; in manchen Fällen sieht der Gesetzgeber sogar eine Versicherungspflicht vor[13]. Gerade dann ist es möglich, Haftungshöchst- und Versicherungsmindestdeckungsbetrag aneinander zu koppeln. Dass „öffentliche Stellen" in der Regel keine solche Versicherung abschließen müssen, führt nicht zu einer Besserstellung, denn auch für sie bleibt § 7 anwendbar (§ 7 Rn. 6).

2. Höchstbetrag bei einzelnen Geschädigten

a) Für Ansprüche des Betroffenen nach Abs. 1 und nach Abs. 2

26 § 8 Abs. 3 (Satz 1) legt eine einheitliche Obergrenze für Ersatzansprüche eines Betroffenen gegenüber einer verantwortlichen Stelle nach § 8 Abs. 1 und Abs. 2 fest, also nicht etwa jeweils getrennt für Verpflichtungen nach Abs. 1 bzw. nach Abs. 2. Der bezifferte Höchstbetrag ist auch dann maßgeblich, wenn nach § 8 Abs. 4 mehrere Stellen haften.

b) Beziffeter Höchstbetrag je schadensauslösendes Ereignis

27 Die absolute Obergrenze eines Schadensersatzes nach § 8 Abs. 1 oder Abs. 2 beträgt 130.000 €; mit Einführung des € erfolgte dabei im Verhältnis zum bis dahin geltenden Betrag von 250.000 DM eine kleine Veränderung[14]: 130.000 € entsprechen 254.257,90 DM, die Grenze wurde damit also angehoben, nicht verringert. Auch wenn dies ausdrücklich nur in § 8 Abs. 3 Satz 2 gesagt wird, bezieht sich die summenmäßige Begrenzung auf den konkreten Einzelfall eines zur Haftung führenden Fehlverhaltens. Das Problem besteht also gerade bei „automatisierter Datenverarbeitung" (i.w.S.) darin, zu entscheiden, was ein einzelner Fall der Erhebung, Verarbeitung oder Nutzung ist – der je erlittene Schaden, nicht der einzelne „Verarbeitungsvorgang?"[15] – und welche Kriterien hierfür maßgeblich sein sollen.

3. Bei mehreren geschädigten Betroffenen

28 Hat durch ein einzelnes Fehlverhalten („dasselbe Ereignis") einer verantwortlichen Stelle mehr als nur ein Betroffener einen materiellen oder immateriellen Schaden erlitten, so ändert sich der Höchstbetrag des zu leistenden Ersatzes nicht. § 8 Abs. 3 Satz 2 sieht lediglich vor, dass dann, wenn der zu ersetzende Schaden insgesamt 130.000 € übersteigt, alle Gläubiger im Verhältnis untereinander gleich (schlecht) behandelt werden, indem sie nur noch einen Teil ihres Anspruches einfordern können[16]. Wie hoch die ihnen zustehende Ersatzleistung ist, ergibt sich quotal aus dem Verhältnis des Gesamtbetrages des insgesamt entstandenen Schadens zu dem Höchstbetrag von 130.000 €. Freilich ist stets vorher zu klären, wie hoch der Schaden für jeden Einzelnen ausgefallen ist und ob und wie weit sich die jeweiligen Schadensbeträge voneinander unterscheiden.

---

13 Vgl. nur § 1 des Gesetzes über die Pflichtversicherung für Kraftfahrzeughalter vom 05.04.1965 (BGBl. I, 231), zuletzt geändert durch Art. 3 des Gesetzes vom 24.04.2013 (BGBl. I, 932).

14 Auf € umgestellt erst durch Art. 9 Abs. 1 des Zweiten Gesetzes zur Änderung schadensersatzrechtlicher Vorschriften vom 19.07.2002 (BGBl. I, 2674).

15 So BT-Drs. 11/4308, 42, zum BDSG 1990.

16 Zu dieser nachträglich eingefügten Begrenzung „je schadenstiftendes Ereignis" auch bei mehreren Geschädigten BT-Drs. 11/7235, 102.

IV. Haftung mehrerer (öffentlicher) Stellen

1. Haftungsvoraussetzungen

a) Für Ansprüche nach § 8 Abs. 1 bzw. Abs. 2

29 § 8 Abs. 4 ist insofern eindeutig, als sich die Vorschrift auf alle vorhergehenden Absätze und damit auf Ansprüche sowohl aus § 8 Abs. 1 (materieller Schaden) als auch aus Abs. 2 (immaterieller Schaden) bezieht. „Geschädigter" ist also auch hier der Betroffene, und ersatzpflichtig sind verantwortliche öffentliche Stellen, wobei im Rahmen von Abs. 4 notwendigerweise mehr als eine beteiligt ist. Zudem ist auch „automatisierte Verarbeitung" im weiten Sinne des § 3 Abs. 2 Satz 1 zu verstehen (Rn. 6), also nicht nur auf „Verarbeitung" gem. § 3 Abs. 4 beschränkt.

b) Mehrere speicherungsberechtigte Stellen bei automatisierter Verarbeitung

30 Nach Wortlaut und Systematik des § 8 (einschließlich der amtlichen Überschrift) meint Abs. 4 mit „speicherungsberechtigten" Stellen nur solche Personen oder Einheiten, deren Umgang mit personenbezogenen Daten sich auf ein „Speichern" (§ 3 Abs. 4 Satz 2 Nr. 1) bezieht und die zudem hierzu auch entweder kraft Gesetzes, etwa nach § 14, oder aufgrund wirksamer Einwilligung des Betroffenen befugt sind. Personenbezogene Daten auf einem Datenträger „erfassen", „aufnehmen" oder „aufbewahren" können und dürfen freilich nicht nur diejenigen Stellen, die diese Daten zuvor erhoben haben. Trotz seiner Auskunftsansprüche auch gegen öffentliche Stellen des Bundes nach § 19 wird einem Betroffenen daher oft nicht klar sein, welche von mehreren „speicherungsberechtigten" Stellen hier konkret als speichernde in Betracht kommt. Damit erwachsen der Geltendmachung von Ersatzansprüchen erhebliche praktische Schwierigkeiten.

c) Unmöglichkeit der Feststellung speichernder Stelle durch Betroffenen

31 Ist daher ein Betroffener trotz Auskunftsverlangen und/oder anderer Bemühungen nicht in der Lage, die richtige „speichernde" Stelle zu finden, so erweitert § 8 Abs. 4 Satz 2 den Kreis der Haftungsschuldner auf alle bei der jeweiligen „automatisierten Datenverarbeitung" beteiligten „speicherungsberechtigten" Stellen. Denn die fehlende Klarheit hat ihren Ursprung in der Sphäre der verantwortlichen öffentlichen Stelle(n).

2. Haftung aller speicherungsberechtigten Stellen als Gesamtschuldner

32 Die Mehrzahl der ersatzpflichtigen Personen steht zueinander im Verhältnis einer Gesamtschuld (§§ 421 ff. BGB). Der Betroffene kann also jede speicherungsberechtigte Stelle allein (bis zum Höchstbetrag nach § 8 Abs. 3; Rn. 26 f.) in Anspruch nehmen. Jedoch kommt es im Innenverhältnis mehrerer beteiligter Stellen nach § 426 BGB wieder zu einem Ausgleich.

V. Mitverschulden des Betroffenen

1. Verschulden „gegen sich selbst"

33 § 8 Abs. 5 ist sprachlich und systematisch fragwürdig: Da die Ersatzpflicht nach § 8 Abs. 1 oder Abs. 2 unabhängig von einem Verschulden der verantwortlichen Stelle eintritt (Rn. 9), ist es wenig konsequent, trotzdem auf ein Mit-Verschulden auf Gläubigerseite abzustellen. Allerdings geht es hierbei nicht um ein pflichtwidriges, vorsätzliches oder fahrlässiges Verhalten dem Ersatzschuldner oder anderen Personen gegenüber, sondern um eine Verletzung einer Obliegenheit „gegen sich selbst". Schließlich wird hier anders als früher nicht eine entsprechende, sondern eine direkte Anwendung des § 254 BGB normiert. Diese bezieht sich jedoch ausdrücklich nur auf die Schadensentstehung, nicht auch auf den Schadensumfang (Rn. 34).

2. Mitverschulden bei Schadensentstehung und bei Schadensumfang?

Die Anwendung der allgemeinen Regelung des § 254 BGB vorzuschreiben ist nur notwendig, wenn diese nicht schon ohnehin eingreift – dann wäre lediglich ein deklaratorischer Hinweis gegeben – bzw. wenn die in Bezug genommene Vorschrift modifiziert werden soll. Andererseits gibt es gute Gründe dafür, auch § 254 Abs. 2 Satz 1 BGB in Form der Schadensminderungspflicht im Rahmen des § 8 heranzuziehen und überdies auch Obliegenheitsverletzungen von Hilfspersonen aufseiten des Geschädigten (§ 254 Abs. 2 Satz 2 BGB) nicht generell unbeachtet zu lassen. Die Verweisung allein auf die „Entstehung" darf daher nicht im Sinne einer Anwendung nur von § 254 Abs. 1 BGB ausgelegt werden – zumal eine bewusste Änderung gegenüber der früheren Rechtslage[17] nicht ersichtlich ist. 34

! Schadensersatz wird nicht oder nur zum Teil geschuldet, wenn die unrichtigen Daten auf falschen Angaben des Betroffenen selbst beruhen, etwa im Rahmen von Anträgen, Anzeigen oder Meldungen. Mitverschulden kann auch gegeben sein, wenn behördliche Anfragen nicht oder nur verzögert beantwortet werden und dadurch eine Unrichtigkeit von bei der öffentlichen Stelle gespeicherten Daten eintritt oder nicht sofort behoben wird. Eine generelle Pflicht, von öffentlichen Stellen erhaltene Mitteilungen auf Richtigkeit zu überprüfen, besteht aber nicht. Daher liegt nicht schon dann ein Mitverschulden vor, wenn der Mitteilungsempfänger es versäumt, auf eine Korrektur unrichtiger oder unvollständiger Daten zu dringen. Eine Obliegenheit zur Überprüfung kann jedoch aus einem privat- oder verwaltungsrechtlichen Schuldverhältnis folgen, also auch im Hinblick auf den Inhalt eines auf Antrag erlassenen Bescheids („Verwaltungsakt", § 35 i.V.m. §§ 9 ff. VwVfG).

VI. Verjährung

1. Entsprechende Anwendung des BGB

Das durch unzulässige oder unrichtige automatisierte Datenverarbeitung begründete gesetzliche Schuldverhältnis zwischen verantwortlicher Stelle und Betroffenem überschneidet sich – jedenfalls, soweit die öffentliche Stelle dabei zugleich schuldhaft gegen § 823 Abs. 2 BGB i.V.m. datenschutzrechtlichen Vorschriften als Schutzgesetzen oder gegen § 826 BGB verstößt – mit dem Deliktsrecht des BGB (§ 7 Rn. 40 ff.). Jedoch ist der in § 8 Abs. 1 bzw. Abs. 2 normierte Ersatzanspruch verschuldensunabhängig. Daher können die Verjährungsregeln zu unerlaubten Handlungen nicht direkt herangezogen werden. 35

2. Einzelne in Bezug genommene Vorschriften

Die Anordnung in § 8 Abs. 6, dass die für unerlaubte Handlungen geltenden Regelungen des BGB auf Ansprüche aus § 8 Abs. 1 oder Abs. 2 „entsprechend" anzuwenden sind, bezieht sich anders als früher nicht mehr nur oder primär auf § 852 (n.F.) BGB. Vielmehr wird hier vor allem auf § 199 Abs. 3 BGB abgestellt, da eine Verletzung der in § 199 Abs. 2 BGB abschließend genannten Rechtsgüter ausscheidet. In der Regel läuft also eine 10-Jahres-Frist, die mit der Entstehung des Anspruchs beginnt; sie endet anders als die regelmäßige Verjährungsfrist gem. §§ 195, 199 Abs. 1 BGB nach der allgemeinen Regel des §§ 187 Abs. 1, 188 Abs. 2 BGB mit dem Ablauf des Tages, an dem das schadensauslösende Ereignis stattgefunden hat. Generell sind aber alle allgemein geltenden Verjährungsvorschriften (§§ 194 ff. BGB) auch hier entsprechend anwendbar. 36

17 § 7 Abs. 6 BDSG 1990; vgl. BT-Drs. 14/4329, 38.

§ 9 Technische und organisatorische Maßnahmen

[1]Öffentliche und nicht-öffentliche Stellen, die selbst oder im Auftrag personenbezogene Daten erheben, verarbeiten oder nutzen, haben die technischen und organisatorischen Maßnahmen zu treffen, die erforderlich sind, um die Ausführung der Vorschriften dieses Gesetzes, insbesondere die in der Anlage zu diesem Gesetz genannten Anforderungen, zu gewährleisten. [2]Erforderlich sind Maßnahmen nur, wenn ihr Aufwand in einem angemessenen Verhältnis zu dem angestrebten Schutzzweck steht.

Literatur

Heckmann, Rechtspflichten zur Gewährleistung von IT-Sicherheit im Unternehmen, MMR 2006, 280; *Hoeren/Spittka*, Aktuelle Entwicklungen des IT-Vertragsrechts – ITIL, Third Party Maintainance, Cloud Computing and Open Source Hybrids, MMR 2009, 583; *Klett/Lee*, Vertraulichkeit des E-Mail-Verkehrs, CR 2008, 644; *Lensdorf/Mayer-Wegelin*, Die Bedeutung von Standards und Best Practices beim Schutz personenbezogener Daten – Eine Anlayse der IT-Grundschutzkataloge des BSI-Standards, CR 2009, 545; *Schultze-Melling*, Effizientes Information Security Management im Rahmen von IT-Outsourcing-Verträgen, ITRB 2005, 42; *Ulmer*, Das Datenschutz-Management im Unternehmen und der Wertbeitrag der Datenschutzorganisation, RDV 2008, 15.

Darum geht es

Die zentrale Norm des BDSG hinsichtlich der von jeder verantwortlichen Stelle und deren Auftragsdatenverarbeitern zu treffenden erforderlichen technischen und organisatorischen Maßnahmen. Sie ist die Norm im BDSG, die den Aufwand einer Maßnahme in das angemessene Verhältnis zum angestrebten Schutzzweck setzt und die gesetzlich in den Regelungsinhalt der Anlage zu § 9 verweist.

Schlagworte

Technisch und organisatorische Maßnahmen; TOM; Verhältnismäßigkeit; Schutzzweck; Schutzbedarf; Schutzbedürftigkeit; Angemessenheit; Aufwand; Anerkannte Standards; BSI-Grundschutzkatalog; ISO-Richtlinien

A. Allgemeines

I. Regelungszweck

1 § 9 verpflichtet verantwortliche Stellen, soweit deren Erhebung, Verarbeitung oder Nutzung personenbezogener Daten in den Anwendungsbereich des § 1 Abs. 2 fällt, Datenschutz und Datensicherheit in einem ausreichenden Maße sicherzustellen. Diese Stellen sind verpflichtet, all die erforderlichen technischen und organisatorischen Maßnahmen zu treffen, die diese Datensicherheit gewährleisten, solange der damit verbundenen Aufwand in einem angemessenen Verhältnis zum angestrebten Schutzzweck steht. § 9 statuiert daher die Verpflichtung, bestehenden und geplanten Abläufen sowie bereits existierenden und neu anzuschaffenden IT-Systemen nicht ungeprüft zu vertrauen, sondern diese im Sinne des Datenschutzes und der Datensicherheit sachgerecht auszugestalten.[1]

1 Simitis/*Ernestus*, § 9 Rn. 1, *Bergmann/Möhrle/Herb*, § 9a Rn. 12.

II. Persönlicher Anwendungsbereich

Der Regelungsgehalt des § 9 BDSG erfasst sowohl öffentliche Stellen wie auch nicht-öffentliche Stellen. Neben der verantwortlichen Stelle selbst unterfallen aber auch – bereits ausweislich des Gesetzeswortlautes – die Stellen dem Regelungsinhalt, die personenbezogene Daten nur im Auftrag erheben, verarbeiten oder nutzen. 2

Neben diese eigene Pflicht tritt ergänzend, dass die verantwortliche Stelle gemäß § 11 Abs. 2 Nr. 3 heute im Rahmen des abzuschließenden schriftlichen Auftrages die nach § 9 zu treffenden technischen und organisatorischen Maßnahmen selbst festlegen muss. Sie bleibt daher auch im Falle der Auftragsdatenverarbeitung durch einen Auftragnehmer für die Umsetzung der erforderlichen Maßnahmen originär verantwortlich.[2]

Auf verantwortliche Stellen und Auftragsdatenverarbeiter außerhalb des Geltungsbereiches des BDSG findet § 9 grundsätzlich keine Anwendung. Für einen im Ausland ansässigen Auftragsdatenverarbeiter ergibt sich jedoch die Auferlegung entsprechender Pflichten gegebenenfalls aus dem Regelungsinhalt der nach § 11 schriftlich abzuschließenden Auftragsdatenvereinbarung. 3

III. Sachlicher Anwendungsbereich

Der Anwendungsbereich dieser Gesetzesnorm ist wesentlich weiter, als es auf den ersten Blick scheint. Nun sind selbstverständlich zunächst die in § 9 in Verbindung mit der Anlage zu § 9 explizit genannten Maßnahmen zum Datenschutz und zur Datensicherheit umzusetzen. Daneben sind aber ergänzend auch all diejenigen Maßnahmen zu treffen, die erforderlich sind, um auch die anderweitigen gesetzlichen Regelungen des BDSG zu gewährleisten.[3] So gilt § 9 Satz 1 für alle anderweitigen Vorschriften des BDSG, insbesondere auch für die Umsetzung der Betroffenenrechte wie beispielsweise Auskunft, Benachrichtigung, Berichtigung, Löschung und Sperrung.[4] 4

§ 9 gilt ferner unabhängig davon, ob personenbezogene Daten automatisiert oder nicht automatisiert verarbeitet oder genutzt werden.[5] Nur die in der Anlage zu § 9 explizit genannten acht Maßnahmen gelten ausdrücklich für automatisierte Verarbeitungsverfahren. Für nicht automatisierte Verarbeitungsverfahren gelten die acht Maßnahmen nur, wenn die Daten für das nicht automatisierte Verarbeitungsverfahren aus einem automatisierten Verarbeitungsverfahren stammen.[6] 5

IV. Ausblick auf die Novellierung des Europäischen Datenschutzrechts

In Erwägungsgrund 77 der EU-VO fordert der europäische Gesetzgeber, dass zum Schutz der in Bezug auf die Verarbeitung personenbezogener Daten bestehenden Rechte und Freiheiten der betroffenen Personen geeignete technische und organisatorische Maßnahmen bereits bei der Konzipierung der Verarbeitungsvorgänge als auch für den Zeitpunkt der Verarbeitung selbst getroffen werden. Zur Sicherstellung sollte der für die Verarbeitung Verantwortliche interne Strategien festlegen und geeignete Maßnahmen ergreifen, die insbesondere dem Grundsatz des Datenschutzes durch Technik (data protection by design) und durch datenschutzfreundliche Voreinstellungen (data protection by default) Genüge tun. 6

Nach Art. 23 der EU-VO ist die Entscheidung hinsichtlich der Geeignetheit einer Maßnahmen immer unter Berücksichtigung des jeweiligen Standes der Technik und der Implementierungskosten zu treffen 7

Des Weiteren gelten Maßnahmen nach Art. 30 der EU-VO immer dann als geeignet, wenn hierdurch ein Schutzniveau gewährleistet wird, das im Kontext der von der Verarbeitung ausgehenden Risiken und der Art der zu schützenden personenbezogenen Daten angemessen erscheint. Die Kommission soll gemäß 8

---

2 Taeger/Gabel/*Schultze-Melling*, § 9 Rn. 13 f., *Gola/Schomerus*, § 9 Rn. 3, Däubler/Klebe/Wedde/Weichert/*Wedde*, § 9 Rn. 10, Simitis/*Ernestus*, § 9 Rn. 4 f.
3 Taeger/Gabel/*Schultze-Melling*, § 9 Rn. 16, Däubler/Klebe/Wedde/Weichert/*Wedde*, § 9 Rn. 3, Simitis/*Ernestus*, § 9 Rn. 13.
4 So auch Taeger/Gabel/*Schultze-Melling*, § 9 Rn. 16, *Gola/Schomerus*, § 9 Rn. 5.
5 Däubler/Klebe/Wedde/Weichert/*Wedde*, § 9 Rn. 3.
6 Taeger/Gabel/*Schultze-Melling*, § 9 Rn. 17 f., Däubler/Klebe/Wedde/Weichert/*Wedde*, § 9 Rn. 3, *Gola/Schomerus*, § 9 Rn. 6.

Art. 30 Nr. 3 EU-VO mittels delegierten Rechtsakten die Kriterien und Bedingungen für die genannten technischen und organisatorischen Maßnahmen festlegen und ferner den aktuellen Stand der Technik für bestimmte Sektoren und Datenverarbeitungssituationen bestimmen.

9 Damit sind in diesem Kontext durch die EU-VO keine wesentlichen Änderungen hinsichtlich der bereits in der Bundesrepublik Deutschland heute existierenden Gesetzeslage zu erwarten. Insbesondere wird es sicherlich zu keinen systematischen und inhaltlichen Änderungen bei der Bestimmung der Angemessenheit einer Maßnahme kommen, nur weil der europäische Gesetzgeber von „geeigneten" – und nicht wie der deutsche Gesetzgeber – von „erforderlichen" Maßnahmen spricht. Die Verwendung des Wortes „geeignet" findet sich bereits im deutschen Gesetzestext der Anlage zu § 9 Satz 2.[7]

10 Änderungen können sich allenfalls dadurch ergeben, weil beispielsweise eine geforderte Datenportabilität oder datenschutzrechtliche Voreinstellungen neue, ergänzende Anforderungen an die jeweilige Umsetzung von technischen und auch organisatorischen Maßnahmen stellen könnten.

B. Inhalt der Regelung

I. Gewährleistung technischer und organisatorischer Maßnahmen, Satz 1

11 Die Bezeichnung der „technischen und organisatorischen Maßnahmen" ist als Oberbegriff für eine Vielzahl von Maßnahmenforderungen zu verstehen und daher inhaltlich weit auszulegen.[8]

Der Wortlaut der Norm verlangt zunächst einmal die Gewährleistung von sämtlichen erforderlichen technischen und organisatorischen Maßnahmen, um allen Anforderungen des BDSG und insbesondere den in der Anlage zu § 9 genannten Maßnahmen zu entsprechen und damit das größtmögliche Maß an Datenschutz und Datensicherheit zu verwirklichen.[9]

Erfasst werden gemäß § 9 Satz 1 alle Maßnahmen, die aus Gesichtspunkten des Datenschutzes und der Datensicherheit erforderlich sind. Daher werden die organisatorischen und technischen Maßnahmen gerne auch um personelle, infrastrukturelle (insbesondere bauliche) oder vertragsrechtliche Maßnahmen ergänzt.[10]

12 Eine Zuordnung, ob eine Maßnahme als organisatorisch oder technisch einzustufen ist, ist nicht zu treffen, da das Gesetz keine unterschiedlichen Anforderungen oder Rechtsfolgen hieran knüpft. Dies erscheint nicht zuletzt deshalb konsequent, da zahlreiche Maßnahmen sowohl organisatorische wie auch technische Komponenten aufweisen und nur in der Kombination das Maßnahmenziel angemessen umsetzen.

! Um die Gebote der Anlage zu § 9 mit Leben zu füllen, eignen sich die heute bestehenden, anerkannten Standards besonders gut. Zu denken ist hierbei vor allem an das Grundschutzhandbuch des Bundesamtes für die Sicherheit in der Informationstechnik (BSI), insbesondere an den Grundschutz-Baustein „Datenschutz" sowie die benannten Empfehlungen der ISO-Norm 27002 für unterschiedlichste Kontrollmechanismen für die Informationssicherheit.[11]

II. Verhältnismäßigkeitsgrundsatz, Satz 2

1. Erforderlichkeit

13 § 9 Satz 2 relativiert die allumfassende Gewährleistungspflicht des § 9 Satz 1, der keine verantwortliche Stelle in solch einem Umfang jemals hätte nachkommen können.

7 Siehe Kommentierung zu § 9a, insbesondere § 9a Rn. 2.
8 Däubler/Klebe/Wedde/Weichert/*Wedde*, § 9 Rn. 17, Taeger/Gabel/*Schultze-Melling*, § 9 Rn. 17 f., Simitis/*Ernestus*, § 9 Rn. 20.
9 Simitis/*Ernestus*, § 9 Rn. 23.
10 Däubler/Klebe/Wedde/Weichert/*Wedde*, § 9 Rn. 17, Taeger/Gabel/*Schultze-Melling*, § 9 Rn. 21.
11 Siehe insbesondere die Kommentierung zu § 9a.

Daher hat der Gesetzgeber diese zentrale Forderung gemäß Satz 2 dem Grundsatz der Verhältnismäßigkeit unterworfen, was zu einer mitunter ganz erheblichen Reduzierung des grundsätzlich möglichen Maßnahmenkataloges führt.[12]

Das Weniger dieses allumfassenden Ansatzes ergibt sich aus der vonseiten der verantwortlichen Stelle zu beantwortenden Frage, welcher Aufwand (noch) in einem angemessenen Verhältnis zu dem je nach Einzelfall angestrebten Schutzzweck steht. Der Grundsatz der Verhältnismäßigkeit führt somit im Ergebnis dazu, dass sich die Erforderlichkeit einer Maßnahmen je Einzelfall und je verantwortlicher Stelle stets vornehmlich am individuellen und nachfolgend ergänzend am allgemeingültigen Schutzzweck ausrichtet.

Lässt sich ein für erforderlich erachtetes Schutzniveau auf verschiedenste Weise umsetzen, hat die verantwortliche Stelle bei deren Umsetzung einen nicht zu unterschätzenden Entscheidungsspielraum innerhalb der in Gesamtheit existierenden Optionen.

Zeitgleich bedeutet dies aber auch, dass es immer nur um das „Wie" einer Maßnahmenumsetzung und 14
niemals um das „Ob" einer Maßnahme geht, sofern die verantwortliche Stelle eine für sich bestehende Gefährdung als zutreffend erkannt hat.[13]

Eine für die verantwortliche Stelle nicht bestehende Gefährdung bedarf von Haus aus keiner Risikoein- 15
schätzung und folgerichtig auch keiner Maßnahmenumsetzung.

Nach der Auffassung des Bundesverfassungsgerichtes führt der Grundsatz der Verhältnismäßigkeit dazu, 16
dass eine Maßnahme zur Erreichung des angestrebten Zweckes geeignet und erforderlich sein muss und dass der mit ihr verbundene Eingriff seiner Intensität nach nicht außer Verhältnis zur Bedeutung der Sache steht.[14]

Dieser auf den ersten Blick nachvollziehbare Beurteilungsmaßstab stellt die verantwortlichen Stellen in der täglichen Praxis jedoch vor ganz erhebliche Probleme. Dies gilt in gleicher Weise für den bestellten Datenschutzbeauftragten, der auf konkrete Projektanfragen nicht selten den Erforderlichkeitsmaßstab exakt benennen soll, den sich Fachabteilungen für deren konkrete Projekt- und Budgetplanungen wünschen.[15]

Wer einmal in dieser schwierigen Situation war, weiß, dass es auf die Fragen nach dem jeweiligen Erfor- 17
derlichkeitsgrad keine eineindeutigen Antworten gibt. Durch die bis heute fehlenden, eindeutigen Vorgaben des Gesetzgebers, welches Szenario welches Schutzbedürfnis mit sich bringt, ist eine möglichst große Berufserfahrung, die Kenntnis der anerkannten Standards und dem Stand der Technik sowie die Haltung der jeweils zuständigen (eigenen) Aufsichtsbehörde die wohl beste Grundlage für Entscheidungen dieser Art.

> **!** Es ist empfehlenswert, sich vor allem am jeweiligen Stand der Technik zu orientieren und den Ausgangspunkt jeder Überlegung an anerkannten Standardwerken auszurichten. Man sollte nicht jedem Erfahrungswert vertrauen, sondern das argumentative Gerüst einer Einschätzung hinterfragen, dass zu einer Maßnahmenempfehlung geführt hat.
>
> Selbst die ggf. belegbare Unangemessenheit beim eigenen Konkurrenten hilft im Rahmen der argumentativen Auseinandersetzung mit den zuständigen Aufsichtsbehörden nicht.

2. Schutzzweck

Der Begriff des Schutzzwecks ist für sich alleine nicht besonders hilfreich bei der konkreten Maßnahmen- 18
bestimmung und -umsetzung.

Dies kommt zum einen daher, dass die wenigen zentralen, allen bekannten Schutzzwecke durch eine beinahe unüberschaubare Anzahl weiterer, aus einer Vielzahl von Gesetzesnormen, Richtlinien und Emp-

12 Simitis/*Ernestus*, § 9 Rn. 23.
13 Simitis/*Ernestus*, § 9 Rn. 24.
14 BVerfGE 27, 352, siehe auch Däubler/Klebe/Wedde/Weichert/*Wedde*, § 9 Rn. 21.
15 Simitis/*Ernestus*, § 9 Rn. 24.

fehlungen ableitenden Schutzzwecke ergänzt werden. Und selbstverständlich kann sich jede Organisation, neben den gesetzlichen Schutzzwecken, weitere, individuelle Schutzzwecke auferlegen.[16]

19 Die zweifelsfrei bedeutendsten (gesetzlichen) Schutzzwecke sind zum einen der Schutz des Persönlichkeitsrechtes und das informationelle Selbstbestimmungsrecht eines jeden Betroffenen. Beide zu berücksichtigenden Schutzzwecke leiten sich aus der Verfassung der Bundesrepublik Deutschland ab. Von dieser leitet sich auch das BDSG als einfaches deutsches Gesetz ab, was dazu führt, dass jede Vorschrift des BDSG im Lichte dieser genannten Schutzzwecke anzuwenden ist.[17] Bei jeder Umsetzung von Schutzmaßnahmen zur Verwirklichung datenschutzrechtlicher Vorschriften des BDSG setzt man zeitgleich das Persönlichkeitsrecht eines jeden Betroffenen um. Auch eine gesetzeskonforme Erhebung oder Löschung von personenbezogenen Daten gewährleistet zum einen den übergeordneten Schutz des Persönlichkeitsrechtes und sichert zeitgleich das Recht des Betroffenen auf informationelle Selbstbestimmung.

20 Auf den konkreten Einzelfall angewendet, ist aber selbst die Kenntnis dieser beiden zentralen Schutzzwecke mitunter wenig hilfreich.

Daher empfiehlt es sich, in der täglichen Arbeit und in Gesprächen mit den für die Umsetzung des Datenschutzes und der Datensicherheit Verantwortlichen immer anstelle des „Schutzzweckes" vom „Schutzbedarf" zu sprechen. Entscheidungsträger assoziieren bei dem Begriff „Bedarf" sehr viel leichter die Frage nach der inhaltlichen „Notwendigkeit" und „Angemessenheit" einer Maßnahmenausgestaltung.

21 Der Versuch, den Schutzbedarf zu bestimmen, beginnt mit der Bestimmung der von der Erhebung, Verarbeitung und Nutzung betroffenen personenbezogenen Daten. In allen Fällen und losgelöst von individuellen Besonderheiten der jeweiligen verantwortlichen Stelle gilt hierbei der Grundsatz: Je sensibler die Daten, desto höher ist der Schutzzweck, desto höher ist der Schutzbedarf.[18]

> Als Orientierungshilfe kann das Schutzstufenmodell der Koordinierungs- und Planungsstelle der Bundesregierung für Informationstechnik in der Bundesverwaltung (KBSt) genutzt werden. Die darin benannten drei Schutzstufen-Kategorien können je nach existierenden Datenarten der verantwortlichen Stelle reduziert oder um weitere Kategorien ergänzt werden.[19]

3. Aufwand

22 Es sind nur wenige Maßnahmen denkbar, die sich bei einer verantwortlichen Stelle aufwandsneutral realisieren lassen. Hierunter fallen lediglich kleinere, organisatorische und prozessuale Adaptionen bestehender Strukturen und Prozesse.

23 In der Regel bedeutet jede Maßnahme einen mit ihr einhergehenden Aufwand. Dieser Aufwand beinhaltet alle Kosten, beginnend von der Planungsphase über die Machbarkeitsanalyse bis hin zur eigentlichen Umsetzung, der nachträglichen Betreuung und dem nachträglichen Betrieb.[20] Auch die kontinuierliche Weiterentwicklung und die nachfolgende Anpassung an veränderte Rahmenbedingungen sind zu berücksichtigen.

Zu betrachten sind hierbei sämtliche Kosten sowohl für erforderliches Personal als auch für notwendige Hard- und Software. Als Personalkosten sind wiederum sowohl die einmaligen Beratungskosten bei der sachgerechten Umsetzung der Maßnahme wie auch die regelmäßigen Kosten für zusätzlich erforderliche Mitarbeiter zu betrachten.

Erfordert eine Maßnahme neue Geschäftsprozesse oder die Anpassungen bestehender Prozesse, sind auch diese Kosten abteilungsübergreifend in einer Gesamtschau zu berücksichtigen, die diese Etablierung oder Modulation innerhalb der verantwortlichen Stelle verursacht.

---

16 Simitis/*Ernestus*, § 9 Rn. 25.
17 Simitis/*Ernestus*, § 9 Rn. 26 f.
18 So auch Simitis/*Ernestus*, § 9 Rn. 27 f., Taeger/Gabel/*Schultze-Melling*, § 9 Rn. 24 f.
19 Vertiefende Informationen vgl. Simitis/*Ernestus*, § 9 Rn. 29, Website der Koordinierungs- und Planungsstelle: www.kbst.bund.de.
20 So auch Simitis/*Ernestus*, § 9 Rn. 34, *Gola/Schomerus*, § 9 Rn. 7 f.

Und schließlich sind auch die ergänzend anfallenden Gesamtkosten für den Betrieb und die Wartung der durch die Maßnahme geschaffenen Systeminfrastruktur zu berücksichtigen.

Nicht zu berücksichtigenden Aufwand stellen die Kosten dar, die unabhängig von der datenschutz- und informationssicherheitskonformen Verarbeitung (bereits bzw. ohnehin) anfallen, wie beispielsweise Aufwände für eine üblicherweise bereits vorhandene Datensicherung, Firewall-Administration und Netzwerksegmentierung, die auch bei der Verarbeitung von nicht personenbezogenen Daten anfallen.[21]

Und schließlich sind Einsparungen im Rahmen der Aufwandsbestimmung zu berücksichtigen, sofern die 24
verantwortliche Stelle diese unmittelbar oder auch nur mittelbar durch die Einführung einer Maßnahme erzielt (zum Beispiel durch die Einführung einer neueren Softwarelösung, die weniger Administration benötigt oder ein schnelleres und effizienteres Arbeiten ermöglicht).[22]

4. Abwägung Schutzzweck vs. Aufwand

Die sich an die Erkennung einer Gefährdung und die Bestimmung potenzieller Maßnahmen zur Errei- 25
chung des Schutzzweckes nun anschließende Abwägung ist der ohne Zweifel anspruchsvollste Teil im Rahmen der Gesamtbewertung.

Im Ergebnis ist vonseiten der verantwortlichen Stelle im Rahmen einer Einzelfallabwägung samt maßnahmenspezifischer Risikoanalyse nun festzustellen,

a) ob die angedachte Maßnahme zur Erreichung des Schutzzweckes dem Grunde nach geeignet ist,

b) ob der mit dieser Maßnahme verbundene Aufwand im angemessenen Verhältnis zu der mit der Umsetzung dieser Maßnahme einhergehenden Erreichung des Schutzzwecks steht.[23]

Dieses Vorgehen entspricht im Ergebnis dem Vorgehen bei der Etablierung eines Informations-Sicher- 26
heits-Management-Systems (ISMS) gemäß der ISO-Norm 27001.

Hierbei sind isolierte Maßnahmen für sich selbst zu beurteilen. Haben hingegen mehrere Maßnahmen die Erreichung eines gemeinsamen Schutzzwecks als Ziel, so sind diese Maßnahmen in eine Gesamtbewertung einzubeziehen.

Das Grundprinzip lässt sich wie folgt formulieren: Je größer sich der Schutzbedarf erweist, desto höher ist der Aufwand, der vom Gesetzgeber als noch zumutbar gesehen wird. Einflussfaktoren sind demnach in erster Linie die Art der Daten, der mit der Datenverarbeitung verfolgte Zweck sowie der weitere Kontext, wo, wie und durch wen die Datenverarbeitung erfolgt.[24]

Leider lassen sich aufgrund der Vielzahl an Einflussfaktoren kein allgemeingültiges Vorgehen und keine 27
allgemeingültigen Entscheidungshilfen formulieren.

Hält man eine Maßnahme – zur Erreichung eines Schutzzweckes – dem Grunde nach für geeignet, sind für die dann zu treffende Verhältnismäßigkeitsentscheidung Antworten auf die nachfolgend benannten Fragen erforderlich:

a) Wie sensibel (insbesondere in Fällen des § 3 Absatz 9) sind diese personenbezogenen Daten?

b) Welche Nachteile können einem Betroffenen entstehen?

c) Welche Anzahl an personenbezogenen Daten werden erhoben, verarbeitet oder genutzt?

d) Durch wen werden diese personenbezogenen Daten erhoben, verarbeitet oder genutzt? Wie professionell und damit vertrauenswürdig ist diese Stelle?

e) An welchem Ort werden diese personenbezogenen Daten erhoben, verarbeitet oder genutzt?

f) In welcher Form sind die Übertragungswege und der zu übertragende Datensatz selbst gesichert?

---

21 Simitis/*Ernestus*, § 9 Rn. 36, Taeger/Gabel/*Schultze-Melling*, § 9 Rn. 31.
22 Simitis/*Ernestus*, § 9 Rn. 37.
23 Simitis/*Ernestus*, § 9 Rn. 38 f., *Gola/Schomerus*, § 9 Rn. 9
24 Simitis/*Ernestus*, § 9 Rn. 38, *Bergmann/Möhrle/Herb*, § 9 Rn. 28.

28 Im Rahmen einer derartigen Entscheidungsfindung ist es immer hilfreich, wenn die verantwortliche Stelle bereits intern für sich unterschiedliche Schutzklassen für die Verarbeitung und Nutzung von personenbezogener Daten und anderweitiger Informationen definiert hat. Sicherheitsanforderungen (und damit die erforderlichen Maßnahmen) lassen sich so in aller Regel bereits aus der unternehmenseigenen Richtlinie ableiten.

Eine Abwägung in der zuvor beschriebenen Art ist hinsichtlich der unabdingbaren Rechte eines Betroffenen (wie Auskunft, Berichtigung, Löschung, Sperrung und Benachrichtigungspflichten) nicht zulässig. Diese Rechte müssen durch eine jede verantwortliche Stelle erfüllt werden, auch wenn die Umsetzung mit einem erheblichen Aufwand verbunden ist.

Der bezüglich dieser Rechte bestehende Entscheidungsspielraum reduziert sich ausnahmslos auf die Art der Umsetzung (Beauskunftung durch Brief oder E-Mail etc.).[25]

III. Rechtsfolgen bei Verstoß

29 Eine unzureichende Umsetzung erforderlicher technischer und organisatorischer Maßnahmen führt nicht zu einer Verwirklichung der Bußgeld- und Straftatbestände des BDSG.

30 Die jeweils zuständige Aufsichtsbehörde hat jedoch gemäß § 38 Absatz 5 Satz 1 das Recht, Maßnahmen zur Beseitigung festgestellter Verstöße bei bestehenden technischen oder organisatorischen Mängeln anzuordnen.

Die Aufsichtsbehörde kann sogar im Fall schwerwiegender Mängel gemäß § 38 Absatz 5 Satz 2 den Einsatz einzelner Verfahren untersagen, wenn diese Mängel entgegen einer vorgelagerten Anordnung und trotz der Verhängung eines Zwangsgeldes nicht in einer angemessenen Zeit beseitigt wurden.[26]

31 Je nach Einzelfall und den ergänzend hinzutretenden Umständen sind anderweitige Rechtsfolgen, insbesondere hierdurch entstehende Haftungsansprüche, denkbar.

---

25 Simitis/*Ernestus*, § 9 Rn. 46, *Gola/Schomerus*, § 9 Rn. 8.
26 Siehe auch Taeger/Gabel/*Schultze-Melling*, § 9 Rn. 36 ff.

Anlage zu § 9 Satz 1

[1]Werden personenbezogene Daten automatisiert verarbeitet oder genutzt, ist die innerbehördliche oder innerbetriebliche Organisation so zu gestalten, dass sie den besonderen Anforderungen des Datenschutzes gerecht wird. [2]Dabei sind insbesondere Maßnahmen zu treffen, die je nach der Art der zu schützenden personenbezogenen Daten oder Datenkategorien geeignet sind,

1. **Unbefugten den Zutritt zu Datenverarbeitungsanlagen, mit denen personenbezogene Daten verarbeitet oder genutzt werden, zu verwehren (Zutrittskontrolle),**
2. **zu verhindern, dass Datenverarbeitungssysteme von Unbefugten genutzt werden können (Zugangskontrolle),**
3. **zu gewährleisten, dass die zur Benutzung eines Datenverarbeitungssystems Berechtigten ausschließlich auf die ihrer Zugriffsberechtigung unterliegenden Daten zugreifen können, und dass personenbezogene Daten bei der Verarbeitung, Nutzung und nach der Speicherung nicht unbefugt gelesen, kopiert, verändert oder entfernt werden können (Zugriffskontrolle),**
4. **zu gewährleisten, dass personenbezogene Daten bei der elektronischen Übertragung oder während ihres Transports oder ihrer Speicherung auf Datenträger nicht unbefugt gelesen, kopiert, verändert oder entfernt werden können, und dass überprüft und festgestellt werden kann, an welche Stellen eine Übermittlung personenbezogener Daten durch Einrichtungen zur Datenübertragung vorgesehen ist (Weitergabekontrolle),**
5. **zu gewährleisten, dass nachträglich überprüft und festgestellt werden kann, ob und von wem personenbezogene Daten in Datenverarbeitungssysteme eingegeben, verändert oder entfernt worden sind (Eingabekontrolle),**
6. **zu gewährleisten, dass personenbezogene Daten, die im Auftrag verarbeitet werden, nur entsprechend den Weisungen des Auftraggebers verarbeitet werden können (Auftragskontrolle),**
7. **zu gewährleisten, dass personenbezogene Daten gegen zufällige Zerstörung oder Verlust geschützt sind (Verfügbarkeitskontrolle),**
8. **zu gewährleisten, dass zu unterschiedlichen Zwecken erhobene Daten getrennt verarbeitet werden können.**

[3]Eine Maßnahme nach Satz 2 Nummer 2 bis 4 ist insbesondere die Verwendung von dem Stand der Technik entsprechenden Verschlüsselungsverfahren.

A. Organisatorische Umsetzung der Regelungsinhalte der Anlage zu § 9 Satz 1

I. Allgemeines

1 In der Anlage zu § 9 sind Maßnahmen benannt, die von Seiten der verantwortlichen Stelle umzusetzen sind, um die Einhaltung der Vorschriften dieses Gesetzes zu gewährleisten.

Der Wortlaut des Einleitungssatzes beschränkt die Anwendbarkeit hierbei auf Daten, die automatisiert verarbeitet oder genutzt werden. Liest man diesen Einleitungssatz jedoch im Kontext des heute gültigen § 9, so wird deutlich, dass selbstverständlich auch die Erhebung von personenbezogenen Daten vom Regelungsgehalt dieser Gesetzesnorm erfasst wird.[1]

Von einer automatisierten (Erhebung,) Verarbeitung und Nutzung ist hierbei immer dann auszugehen, wenn die wesentlichen Schritte der (Erhebung), Verarbeitung und Nutzung durch ein IT-System erfolgen.[2]

2 Die Kataloganforderungen selbst haben sich seit ihrem erstmaligen Bestehen nur geringfügig verändert und stellen das Mindestmaß an Anforderungen dar, hinsichtlich derer eine verantwortliche Stelle erforderliche Maßnahmen zu treffen hat. Diese Kataloganforderungen sind nicht abschließend konzipiert, was durch die Verwendung des Wortes „insbesondere" zum Ausdruck gebracht wird.[3]

Welche Maßnahmen aus Sicht der verantwortlichen Stelle erforderlich sind, liegt – wie gezeigt – nach einer eigenständig zu treffenden Risikoanalyse und Verhältnismäßigkeitsprüfung dem Grunde nach im (nicht ganz) eigenen Ermessen der Organisation.

Sie hat sich an den gesetzlichen Katalogforderungen zu orientieren, auch wenn diese aus heutiger Sicht nicht mehr zeitgemäß erscheinen. Alle Bestimmungsversuche aller angemessenen organisatorischen und technischen Maßnahmen (nachfolgend „TOM" genannt) sollten dennoch hierin ihren Anfang finden.

> **!** Aus dem Umstand, dass Satz 2 nun mehr von „geeigneten Maßnahmen" und nicht mehr von „erforderlichen Maßnahmen" spricht, ergeben sich für die Risikoanalyse und die Verhältnismäßigkeitsprüfung keine abweichenden Vorgaben. Gemeint sind letztlich auch an dieser Stelle des Gesetzestextes die erforderlichen Maßnahmen.[4]

II. Organisationskontrolle

3 Verantwortliche Stellen und deren Datenschützern ist die Anlage zu § 9 oftmals nur als das Regelwerk der acht Gebote bekannt. Dass die Anlage ein vorgelagertes weiteres Gebot enthält, überrascht die handelnden Personen auch heute noch viel zu oft.

Die alte Fassung des BDSG sah die Organisationskontrolle noch als eigenständigen Kontrollpunkt vor. Diese als Kernbereich aller Bemühungen verstandene Anforderung wurde im Laufe der Jahre dem Katalog der acht Gebote vorangestellt und strahlt heute zumindest mittelbar auf alle anderweitigen Gebote aus.[5]

4 Damit wollte der Gesetzgeber deutlich machen, dass die Etablierung einer sachgerechten Organisation samt deren Strukturen und Prozesse die eigentliche Grundvoraussetzung ist, um jeder der anderweitig genannten Kataloganforderungen überhaupt entsprechen zu können. Nicht zuletzt aus

1 Däubler/Klebe/Wedde/Weichert/*Wedde*, § 9 Rn. 35, Simitis/*Ernestus*, § 9 Rn. 17, 59.
2 So auch Simitis/*Ernestus*, § 9 Rn. 59.
3 Simitis/*Ernestus*, § 9 Rn. 17, Däubler/Klebe/Wedde/Weichert/*Wedde*, § 9 Rn. 29.
4 So auch Simitis/*Ernestus*, § 9 Rn. 54.
5 Taeger/Gabel/*Schultze-Melling*, § 9 Rn 39 f.

diesem Grund muss dieser zentrale Stellenwert zurück in die Wahrnehmung einer jeden verantwortlichen Stelle, um in jeder Organisation strukturell und prozessual Anwendung zu finden.

Die geforderten Maßnahmen sind sowohl inhaltlich wie auch bereichsspezifisch überaus weitgehend und verlangen eine Organisationsausgestaltung, die den besonderen Anforderungen des Datenschutzes und der Datensicherheit gerecht wird.[6]

1. Unter derart organisatorischen Maßnahmen[7] sind im Bereich der allgemeinen Prozesssteuerung insbesondere zu nennen: 5
   a) die Etablierung eines PDCA-Prozesses (Plan, Do, Check, Act), um auf Veränderungen, Entwicklungen und Schwachstellen routinemäßig reagieren zu können;
   b) die Einführung eines Kontinuierlichen Verbesserungsprozesses (KVP).

Ein Datenschutzbeauftragter sollte unbefristet bestellt sein und über eigene Budgetmittel verfügen können. Weitere gängige organisatorische Maßnahmen sind die Ausbildung von Datenschutzkoordinatoren, die neben dem Datenschutzbeauftragten die Einhaltung des Datenschutzes innerhalb einer verantwortlichen Stelle sicherstellen. Auch regelmäßige Schulungen der Mitarbeiter und die immer wiederkehrende Verpflichtung auf das Datengeheimnis fallen hierunter, um die Sensibilität für dieses Thema wach zu halten. 6

2. Als übliche organisatorische Maßnahmen im Bereich der IT haben sich heute durch alle Branchen etabliert: 7
   a) die Planung, Durchführung und Überprüfung von standardisierten Sicherheitsprozeduren;
   b) die Etablierung von Best Practice-Ansätzen und die Einführung von ITIL-Prozessen;
   c) die Durchführung regelmäßiger Penetrations-Tests der Datenverarbeitungsanlagen;
   d) die Entwicklung und Überprüfung von Business Continuity und Disaster Recovery-Maßnahmen;
   e) die Umsetzung einer Segregation of Duties (SoD);
   f) die Trennung von Entwicklungsnetzen von den Produktivnetzen.
3. Auch in den Rechtsabteilungen einer Organisation können organisatorische Maßnahmen umgesetzt werden, die auf die Einhaltung des Datenschutzes hinwirken. Hierzu zählt nicht nur die sachgerechte vertragliche Ausgestaltung von Übermittlungs- und Auftragsdatenverarbeitungsvereinbarungen, sondern vor allem die fortlaufende rechtliche Projektbetreuung einer strukturierten Projekt-/Systemeinführung und die dazugehörende datenschutzrechtliche Abnahme vor den jeweiligen Go-live-Terminen. Auch die Erstellung von allgemeinen Richtlinien und Handlungsanweisungen sowie die Etablierung unternehmensweiter Vorgaben für Lösch- und Sperrfristen, die bereits beim Ausschreibungsprozess Beachtung finden müssen, sind zu nennen. 8
4. In gleicher Weise sind zentrale Bausteine einer sachgerechten Organisation die Pflege der Internen Verarbeitungsübersicht, die Etablierung eines Meldeprozesses und Ausgestaltung von Verhaltensrichtlinien für erkannte/drohende Datenverluste gemäß § 42a sowie regelmäßig angesetzte Selbstauditierungen einer Organisation. 9
5. Für viele ist jedoch der wichtigste organisatorische Grundsatz die strikte Funktionstrennung, die sich unter anderem dadurch auszeichnet, dass durch die Aufteilung eines Arbeitsprozesses in Einzelabschnitte verschiedener Organisationsbereiche sich die Möglichkeit eines Einzelnen reduziert, die Datenverarbeitung in ihrer Gesamtheit gesetzeswidrig zu beeinflussen.[8] 10

---

6 Simitis/*Ernestus*, § 9 Rn. 57.
7 Mit vielen ähnlichen und weiteren Beispielen Taeger/Gabel/*Schultze-Melling*, § 9 Rn. 45 f., *Bergmann/Möhrle/Herb*, Anlage zu § 9 Satz 1, S. 13 ff., 0. Organisationskontrolle.
8 Simitis/*Ernestus*, § 9 Rn. 57.

> **!** Diese Funktionstrennung wird in der Praxis auch gerne Vier (und Mehr-)augenprinzip genannt. Ähnliche Ansätze verfolgen auch die hinter dem Schlagwort Segregation of Duties (SoD) liegenden Prinzipien.

B. Technische Umsetzung der Regelungsinhalte der Anlage zu § 9 Satz 1

11 Die Umsetzung der in der Anlage benannten technisch-organisatorischen Maßnahmen hat sich in jeder Organisation am Stand der Technik (Best Practices) und dem individuellen Schutzbedürfnis des Einzelfalles zu orientieren.

Sofern die Umsetzung von Maßnahmen nachfolgend als ein „Muss" bezeichnet wird, ergibt sich solch eine Anforderung nicht unmittelbar aus einer Gesetzesnorm, sondern aus dem Zusammenspiel der zugrunde liegenden Gesetzesnorm und dem sich aus dem aktuellen Stand der Technik ableitenden Erfordernis.

Für die Umsetzung sind dabei anerkannte Standards von hohem Nutzen. Hierbei ist insbesondere zu denken an den frei zugänglichen **BSI Grundschutz-Katalog** des *Bundesamtes für Sicherheit in der Informationstechnik* (www.bsi.bund.de), die **ISO/IEC 27001**, die Anforderungen an ein Informationssicherheits-Managementsystem (ISMS) mit den in Anhang A beschriebenen Maßnahmenzielen und Maßnahmen sowie die ISO/IEC 27002 als ein vorschlagender Leitfaden für ein Informationssicherheits-Management (*www.iso.org*). Ferner kommt der Security Management-Prozess im Quasi-Standard ITIL (IT Infrastructure Library, *www.itil.org*) für das IT-Service-Management (ITSM) in Betracht, der auf der ISO/IEC 27001 aufbaut.[9]

Sofern Organisationen den Umfang des BSI Grundschutzkataloges scheuen, empfehlen sich die Inhalte des speziellen Bausteines (B 1.5) Datenschutz des BSI Grundschutzkataloges (https://www.bsi.bund.de/DE/Themen/ITGrundschutz/ITGrundschutzKataloge/Inhalt/_content/baust/b01/b01005.html).

12 Die Einführung eines ISMS in einer Organisation und die durch eine ggf. anschließende Zertifizierung nach ISO/IEC 27001 bestätigte Umsetzung des ISMS erhöht deutlich den Grad der Informationssicherheit sowie auch den richtigen Umgang mit Informationssicherheitsvorfällen in einer Organisation und kann damit einen Wettbewerbsvorteil darstellen. In allen Fällen aber bringt er eine Organisation in ihrer Gesamtheit sehr viel näher an eine angemessene Umsetzung des Datenschutzes und der Datensicherheit.

> **!** Die frei verfügbare Software *verinice* (*www.verinice.org/download/*) unterstützt das Management einer Organisation, den Umsetzungsgrad der eigenen Informationssicherheit zuverlässig und übersichtlich nachzuhalten.
> Es unterstützt eine Organisation ferner bei der gesamtheitlichen Herangehensweise, die für eine interne, flächendeckende Informationssicherheitspolitik unerlässlich ist.

13 **TOM** einer Organisation sind bestenfalls aufeinander abgestimmt und tief miteinander verzahnt. Eine isolierte Betrachtung einzelner Maßnahmen wird in der Regel zu keinem angemessenen Schutzniveau führen.

Beispielsweise ist die berechtigte **Weitergabe** von personenbezogenen Daten, im Rahmen eines weisungsgebundenen **Auftrags** bei der Auftragsdatenverarbeitung nur möglich, wenn die Daten überhaupt **verfügbar** sind, ein **Zugriff** auf die Daten besteht, der **Zugang** zum verarbeitenden IT-System erfolgt ist, mit dem vorausgehendem **Zutritt** zu dem Raum, in dem sich das IT-System befin-

9 Verwendete Version des BSI Grundschutz-Katalogs: 13. Ergänzungslieferung, Stand 2013.

det. Die Daten müssen nach dem Zweck ihrer Verarbeitung **getrennt** von anderen Daten verarbeitet werden können, und es muss deren (auch ggf. falsche) **Eingabe** nachvollziehbar sein.

I. Zutrittskontrolle

Die Zutrittskontrolle regelt die Annäherung und den physischen Zutritt zu Bereichen, an denen sich IT-Systeme (Datenverarbeitungsanlagen, Hardware) befinden, mit deren Hilfe personenbezogene Daten erhoben, verarbeitet und genutzt werden. Zutritt haben oftmals nicht nur die mit der Verarbeitung der Daten regulär beauftragten Personen (Befugte), sondern gegebenenfalls auch Hilfskräfte, Besucher und Dienstleister. Diese können dauerhaft oder auch nur temporär zum Kreis der Befugten gehören, sofern sich die Erfüllung ihrer Aufgabe mit dem Datenverarbeitungszweck in Einklang bringen lässt; anderenfalls gelten sie als unbefugt. 14

Unbefugten Personen und Dienstleistern ist der Zutritt zu verwehren.

Mit dem Zutritt ist in der Regel nicht automatisch der Zugang zu personenbezogene Daten direkt möglich. Dennoch sind vorherrschende Konstellationen hierauf zu untersuchen. Denkbar wäre es beispielsweise, dass aufgrund der Existenz von Druckern oder Anzeigegeräten ein ungehinderter Zugang bereits möglich ist. Insbesondere muss untersucht werden, ob eine Manipulation des IT-Systems bereits beim Überwinden dieser ersten Sicherheitsebene (Zutrittskontrolle) ermöglicht ist.[10]

Ein besonderes Augenmerk verlangt das Thema Zutrittskontrolle im Fall von Heimarbeitsplätzen (Home Office). Familienangehörige, Mitbewohner, Freunde und Bekannte könnten Unbefugte sein, die keinen Zutritt zu derart genutzten Räumlichkeiten haben dürfen. 15

Noch schwieriger wird es (wenn nicht sogar unmöglich), wenn mobile Geräte, wie Notebooks oder Smartphones, sowohl privat wie auch dienstlich genutzt werden. Eine handhabbare, praktische Umsetzung, die zeitgleich ein angemessenes Schutzniveau sicherstellt, hat sich bis heute am Markt nicht etabliert.

Gerade deshalb sind in solchen Fällen detaillierte Datensicherheitskonzepte und klare arbeitsvertragliche Vereinbarungen unerlässlich. Ferner kommt in diesen Fällen der Zugangs- und Zugriffskontrolle eine noch stärkere Bedeutung zu, da die erste Sicherheitsebene praktisch und auch tatsächlich entfällt. Eine Absicherung muss grundsätzlich durch geeignete Sicherheitssoftware zur Verschlüsselung der Geräte und auch jeglicher Datenübertragung erfolgen.

Diese Absicherung gilt in besonderem Maße für Organisationen, die die Verwendung von privaten mobilen Geräten im IT-Netzwerk der Organisation erlauben (BYOD – Bring your own device). In diesem Fall muss sichergestellt sein, dass die personenbezogenen Daten der Organisation abgekapselt von den privaten Daten auf dem Gerät und nur verschlüsselt verarbeitet werden, ohne dass Manipulationsmöglichkeiten durch den Benutzer bestehen. 16

Begriffe

Besucherbuch, Zutrittskontrollanlage, Perimeterschutz, Datensicherungsschrank, VdS 2333, VdS 2358, VdS 2367, VdS 2450, Einbruchmeldeanlage, Serverraum, Vieraugenprinzip, Mitarbeiterausweis, BOYD, Home-Office

1. Vergabe und Nutzung von Zutrittsberechtigungen

Die persönliche Vergabe und der Entzug von Zutrittsberechtigungen und dafür eingesetzten Kennzeichen (z.B. Mitarbeiterausweise, Magnetkarten, Schlüssel, Registrierung biometrischer Merkmale) muss zentral nach dem Vieraugenprinzip (genehmigende Fachabteilung in der Organisation und ausgebendes Sicherheitspersonal) erfolgen. Eine jede Vergabe von Zutrittsberechtigungen ist zu dokumentieren und die Dokumentation hierüber sicher zu verwahren.[11] Besucher und in der Organisa- 17

10 ISO/IEC 27001: A. 9 Physische und umgebungsbezogene Sicherheit.
11 BSI Grundschutz-Katalog: M 2.6 Vergabe von Zutrittsberechtigungen.

tion tätige Dienstleister sind darüber hinaus in einem Besucherbuch (in Papierform oder mittels IT-System) zu erfassen und die Vergabe an diese Personengruppen zu dokumentieren.

> **!** Durch regelmäßige Schulungen und Sensibilisierungen der Mitarbeiter wird erreicht, dass sich Mitarbeiter richtig im Umgang mit vermeintlichen oder wirklichen Betriebsfremden (gegebenenfalls Unbefugten) verhalten, d.h. z.B., Fremde aktiv anzusprechen, die keinen sichtbaren Mitarbeiterausweis tragen oder keinem dem Mitarbeiter Fremden den Zugang zur Organisation ermöglichen (durch das Aufhalten der Tür und der Schaffung von Zutrittsgelegenheiten durch das eigene Öffnen einer Organisationstür).

18 Das Betreten von schutzwürdigen Bereichen, wie beispielsweise einem Rechenzentrum oder einen Call-Center, in denen personenbezogene Daten erhoben, verarbeitet oder genutzt werden, ist in geeigneter Weise zu protokollieren. Bei einem Sicherheitsvorfall muss jederzeit nachvollziehbar sein, wer zum Zeitpunkt des Vorfalls Zutritt hatte.

> **!** Die Aufbewahrung von Zutrittsprotokollen sollte sich an dem Zeitraum orientieren, in dem eine Organisation für gewöhnlich und im Falle der ungünstigsten Lage von Wochenend- und Feiertagen Kenntnis von einem Sicherheitsvorfall erlangt. In vielen Organisationen haben sich mit Toleranz der jeweils zuständigen Aufsichtsbehörden entsprechende Monatszyklen etabliert.

19 Der Zutritt zu den jeweiligen Bereichen ist je nach Schutzbedarf auf die zur Erfüllung der Aufgaben notwendigen Personen zu beschränken. Besucher und auch Dienstleister sollten sich zu keinem Zeitpunkt unbegleitet in der Organisation bewegen können, sofern sich diese Personengruppen nicht in eindeutig abgegrenzten öffentlichen Bereichen der Organisation aufhalten. Ferner sollten sie über die geltenden (datenschutzrechtlichen) Sicherheitsvorschriften informiert werden und auf deren Einhaltung verpflichtet werden.

20 Werden Räumlichkeiten für verschiedene Zwecke genutzt, so müssen für die Bereiche in den Räumlichkeiten, in denen personenbezogene Daten verarbeitet, genutzt oder erhoben werden, eigene Zutrittskontrollen eingerichtet werden.

2. Perimeterschutz[12]

21 Räumlichkeiten, in denen personenbezogene Daten mit normalem Schutzbedarf erhoben, verarbeitet oder genutzt werden, sind mit Sicherheits- oder Magnetkartenschlössern verschlossen zu halten.[13] Türen und Fenster sind außerhalb der Betriebszeiten fest zu verschließen. Türen, Tore und Fenster in Kellern und Erdgeschossen und alle leicht erreichbaren Zugänge zu den Räumen sind einbruchhemmend gemäß den Vorgaben der VdS Norm 2333 zu sichern.

Diese „Sicherungsrichtlinien für Geschäfte und Betriebe" definieren aus Sicht der Sachversicherer geeignete Sicherungsmaßnahmen. Die Räumlichkeiten müssen ebenfalls durch eine Einbruchmeldeanlage nach VdS 2333 gesichert werden, um einen angemessenen Einbruchschutz zu gewährleisten.[14]

> **!** Die VdS 2333 enthält unterschiedliche Sicherungsklassen. Sicherungsklasse SG1 ist für Daten mit normalem Schutzbedarf anzuwenden.
>
> Die Sicherungsklasse SG1 entspricht den niedrigsten Anforderungen und sollte normalerweise ohne bauliche Änderungen durch die übliche Bauweise erfüllt werden können.

12 BSI Grundschutz-Katalog: M 1.55 Perimeterschutz.
13 BSI Grundschutz-Katalog: M 1.15 Geschlossene Fenster und Türen.
14 BSI Grundschutz-Katalog: M 1.19 Einbruchschutz.

IT-Server und Speichereinheiten, auf denen personenbezogene Daten erhoben, verarbeitet und genutzt werden, müssen in einem separat abgesicherten Serverraum oder Rechenzentrum mit erhöhtem Schutzniveau betrieben werden. Neben der Einbruchshemmung nach VdS 2333 müssen diese Räume über eine zusätzliche Zutrittskontrollanlage (ZKA) nach der VdS 2358 (Anforderungen) und der VdS 2367 (Planung, Einbau und Betrieb) verfügen, um gegen den Zutritt Unbefugter ausreichend gesichert zu sein.[15] Die Zutritte sind auch in diesem Fall zu protokollieren. 22

> **!** Diese Zutrittsprotokolle sollten regelmäßig stichprobenartig kontrolliert werden, damit man nicht erst im Falle eines Sicherheitsvorfalles feststellt, dass Protokollierungen seit Wochen nicht erfolgt sind.

In den räumlichen Schutzbereich der IT-Server müssen auch die genutzten Netzkomponenten (Router, Switches, Verkabelung etc.) einbezogen werden.

> **!** Eine Zutrittskontrollanlage ab der Klasse B nach VdS 2358 verfügt über eine Zuordnung des Benutzers zu Identifikationsmerkmalen. Hierdurch erfolgt eine automatische Protokollierung der Zutritte.

Eine regelmäßige Patrouille durch einen Wachdienst außerhalb der Geschäftszeiten ist empfehlenswert, da diese in Kombination mit der Einbruchmeldeanlage dazu dient, Einbruchsversuche frühzeitig zu erkennen oder – aufgrund der abschreckenden Weise – gänzlich zu verhindern. 23

3. Datenaufbewahrung

Datenträger, Back-up-Medien und Dokumente, die personenbezogene Daten enthalten, sind verschlossen aufzubewahren. Im Falle der Archivierung mit gesonderter Zutrittsberechtigung in einem stets verschlossenen Datensicherungsschrank (z.B. mit einer Schutzklasse nach VdS 2450) zu lagern.[16] 24

II. Zugangskontrolle

Die Zugangskontrolle verfolgt das Ziel, Unbefugten den Zugang zu IT-Systemen zu verwehren.[17] Als zweite Sicherheitsebene nach der Zutrittskontrolle regelt die Zugangskontrolle damit die Möglichkeit der Einwirkung auf die Datenverarbeitung des IT-Systems selbst. 25

> **Begriffe**
>
> Benutzername, Passwort, Passwortrichtlinie, Token, Fernzugriff, VPN, IPSec, Besitz und Wissen, Firewall, Login, IDS, IPS, Härtung, Patch

1. Login mit Benutzername und Passwort

Üblicherweise erfolgt der Zugriff auf IT-Systeme (Computer, Netzwerke) mittels Login, bestehend aus einem Benutzernamen und einem dazugehörenden Passwort.[18] 26

Bei der Wahl der Benutzernamen sind synthetische Benutzernamen (z.B. CRM0123) den natürlichen Benutzernamen (z.B. max.muster) vorzuziehen, da natürliche Benutzernamen leichter zu erraten sind und in der Regel selbst als schützenwertes personenbezogenes Datum einzustufen sind.

Die Verbindung zwischen synthetischem Benutzernamen und natürlicher Person muss an zentraler und geschützter Stelle vorgehalten werden.

---

15 BSI Grundschutz-Katalog: M 1.58 Technische und organisatorische Vorgaben für Serverräume.

16 BSI Grundschutz-Katalog: M 2.95 Beschaffung geeigneter Schutzschränke, M 2.96 Verschluss von Schutzschränken.

17 ISO/IEC 27001: A. 11 Zugangskontrolle.

18 BSI Grundschutz-Katalog: M 2.7 Vergabe von Zugangsberechtigungen, M 4.1 Passwortschutz für IT-Systeme, M 4.15 Gesichertes Login.

Bei der Vergabe von Passwörtern muss eine Organisation die Entscheidung treffen, welche Komplexität (zum Erhalt eines Mehr an Sicherheit) sie im alltäglichen Umgang mit IT-Systemen (zum Erhalt eines Weniger an Usability) für angemessen hält.

Passwörter sollten regelmäßig (z.B. alle drei Monate) zwingend gewechselt werden, ohne dass die letzten z.B. zehn zuvor genutzten Passwörter wieder verwendet werden können.[19] Der Wechsel des Passwortes sollte hierbei nicht im freien Belieben des Mitarbeiters liegen, sondern systemseitig erzwungen werden.

27 Passwörter sollten ferner komplex sein. Ein komplexes alphanumerisches Passwort beginnt bei mindestens acht Zeichen, mit mindestens einer Ziffer, einem Großbuchstaben und einem Sonderzeichen (z.B. tuTn1x%s).

Um diese Passwortregel zu ergänzen, sollten IT-Systeme fehlgeschlagene Zugangsversuche protokollieren und den Zugang automatisch nach mehrfach (z.B. drei) falsch eingegebenen Passwörtern sperren. Eine entsprechende Benachrichtigung an den System-Administratoren ist zwingend erforderlich und es muss sichergestellt sein, dass diese Benachrichtigungen auch zeitnah bearbeitet werden.

! Funktionen in IT-Systemen, die Passwörter benutzerfreundlich für den Anwender speichern, müssen systemseitig deaktiviert sein. Weiterhin muss eine Auto-Log-in-Funktion (automatisches Anmelden ohne Eingabe eines Passwortes) ebenfalls deaktiviert sein.

Ferner sollte die zeitabhängige (z.B. 10 Minuten) Bildschirmschonerfunktion mit Passwortschutz aktiviert sein.[20]

28 Jegliche Passwörter dürfen zu keinem Zeitpunkt unverschlüsselt vorgehalten werden, weder in Datenbanken noch in Konfigurationsdateien oder gar direkt im Applikations-Quellcode. Die Speicherung von Passwörtern sollte nur als Hash-Wert (Hash-Funktion mindestens SHA-256 ggf. unter Verwendung einer zusätzlichen, zufälligen Zeichenfolge, einem „Salt") erfolgen. Alle voreingestellten Initial-Passwörter müssen zwingend sofort bzw. bei dem ersten Login geändert werden.[21]

Zahlreiche weitere sich selbst auferlegende Regelungen rund um das Thema Passwort sind denkbar. Diese sollten sich in einer Passwortrichtlinie wiederfinden, die Anforderungen, ggf. die Vergabe und den Umgang mit Passwörtern für alle Mitarbeiter (intern und extern) bindend festlegt.

Damit diese Richtlinie allen Mitarbeitern bekannt ist und nicht in den Tiefen des organisationseigenen Intranets verschwindet, muss der Inhalt regelmäßig geschult und hinsichtlich des sachgerechten Umgangs für bestehenden Problemkreise sensibilisiert werden.

Die fachliche Richtigkeit und Wirksamkeit der Passwortrichtlinie muss regelmäßig in der Organisation überprüft werden, sowohl technisch als auch organisatorisch.

! Ein höheres Schutzniveau wird erreicht, wenn neben der Kombination von Benutzername und Passwort („Wissen") eine weitere Sicherheitskomponente (z.B. ein SecurID Token – „Besitz") eingesetzt wird.

2. Fernzugriff

29 Erfolgt ein Fernzugriff (Remote Access) auf IT-Systeme oder Organisationsnetzwerke, muss dieser ausreichend geschützt erfolgen. Dies gilt im Besonderen bei der Verwendung von mobilen Endgeräten wie z.B. Smartphones. Die Verwendung eines VPN (Virtual Private Network), eines gesicherten

19 BSI Grundschutz-Katalog: M 2.11 Regelungen des Passwortgebrauchs.
20 BSI Grundschutz-Katalog: M 4.2 Bildschirmsperre.
21 BSI Grundschutz-Katalog: M 4.7 Änderung voreingestellter Passwörter.

Übertragungsprotokolls (IPSec) und die Verwendung einer eindeutigen Authentifizierung müssen zu den gewöhnlichen Übungen der Organisation gehören.[22]

Fernzugriffe durch berechtigte Dritte (z.B. Wartungsdienstleister) dürfen nur in dem erteilten Umfang und zu dem datenschutzrechtlichen Zweck genutzt werden, zu denen diese eingeräumt wurden. 30

Die Vergabepraxis und die bestehenden Fernzugriffe sollten in einer mindestens halbjährlichen Routine auf deren Aktualität überprüft werden, um zu vermeiden, dass auch im Fall einer sachgerechten Vergabe die Anzahl der Fernzugriffe kontinuierlich anwächst, weil ein korrespondierender Entzugsprozess schlichtweg vergessen worden ist. Jeder Fernzugriff ist zu protokollieren.

! Beim Thema Fernzugriff ist immer an § 11 Absatz 5 zu denken. Überprüfen Sie in diesen Fällen immer die Notwendigkeit einer Vereinbarung zur Auftragsdatenverarbeitung.

3. Netzsicherheit

Die IT-Netze, die Zugang zu personenbezogenen Daten ermöglichen, müssen durch Firewalls mit angemessen restriktiven Regeln gesichert sein, sodass ein unberechtigtes Eindringen von außen, aber auch innerhalb des Netzes, erheblich erschwert wird. 31

Eine Segmentierung der Netze ist je nach ihrem Schutzbedarf und Verwendungszweck ratsam und anzustreben, auch um Netzkomponenten abzutrennen, die nicht für die Verarbeitung der personenbezogenen Daten erforderlich sind.[23]

Im Fall eines Angriffes auf die Netzwerksicherheit ist es entscheidend, nicht nur überhaupt, sondern so schnell wie möglich Kenntnis hiervon zu erlangen. Daher sollten Überwachungssysteme zur Identifizierung (IDS, Intrusion Detection System) in Anwendung sein. Diese müssen auch mit möglichst automatischen Gegenmaßnahmen auf solch einen Angriffe reagieren (IPS, Intrusion Prevention System). 32

Die Verwendung von Malware-Scannern gegen Viren, Spyware, Trojaner etc. auf den eingesetzten PC und/oder Servern ist unabdingbare Voraussetzung für einen sicheren Betrieb der IT-Systeme.[24]

! Die Netzwerksicherheit sollte regelmäßig von Dritten durch Penetrationstests geprüft und dokumentiert werden.[25] Dabei sollte auf externe Dienstleister zugegriffen werden, um einen betriebsfremden Blick auf die eigene Netzwerksicherheit zu erhalten.

4. Aktualität der IT-Systeme

Aufgrund der rasanten technischen Entwicklung müssen alle IT-Systeme ständig aktuell gehalten werden, insbesondere Sicherheits-Updates für Betriebssysteme müssen zeitnah über einen kontrollierten Prozess (Patch- und Change-Management) installiert werden ohne Zutun oder auch Verhinderungsmöglichkeit des Anwenders. 33

! Grundsätzlich sollten auf den IT-Systemen nur die Komponenten und Dienste standardgemäß in Betrieb sein, die zur Erfüllung der konkreten Aufgaben benötigt werden[26], da nicht benötigte Komponenten ein zusätzliches Einfalltor für mögliche Sicherheitsangriffe darstellen können (z.B. Flash).

---

22 BSI Grundschutz-Katalog: M 2.415 Durchführung einer VPN-Anforderungsanalyse, M 4.113 Nutzung eines Authentisierungsservers bei Remote-Access-VPN.
23 BSI Grundschutz-Katalog: M 2.141 Entwicklung eines Netzkonzeptes.
24 BSI Grundschutz-Katalog: M 4.3 Einsatz von Virenschutzprogrammen.
25 BSI Grundschutz-Katalog: M 5.150 Durchführung von Penetrationstests.
26 BSI Grundschutz-Katalog: M 4.95 Minimales Betriebssystem.

Weiterführende Begriffe

2-Wege Authentifizierung, Hash, Salt, SHA-2, SHA-512, SFTP (SSH), LDAP, Active Directory (AD), Single-Sign-On (SSO), Identity Management (IdM), Software as a Service

III. Zugriffskontrolle

34 Die Zugriffskontrolle umfasst alle dem Schutzbedarf angemessenen Maßnahmen, damit nur Befugte personenbezogene Daten in IT-Systemen erheben, verarbeiten oder nutzen können und der Zugriff durch Unbefugte wirkungsvoll unterbunden wird. Im Wortlaut der Anlage zu § 9 Satz 1 wird ein Daten-Zustand „nach der Speicherung" genannt, der nicht nur technisch irrelevant ist, sondern den es tatsächlich auch nicht geben kann.[27]

Als dritte Sicherheitsebene regelt die Zugriffskontrolle die Art der Verwendung und die von der Verwendung betroffene im Zugriff stehende Datenmenge. Grundsätzlich müssen dazu alle relevanten Fragestellungen zur Etablierung einer wirksamen und vornehmlich aufgabenbezogenen Zugriffskontrolle in Zusammenarbeit mit den Fach- und IT-Abteilungen erarbeitet und durch ein Rechte- und Rollenkonzept (Berechtigungskonzept) beantwortet werden.

Begriffe

Rechte- und Rollenkonzept, Datenverantwortlicher, Applikationsverantwortlicher, Standardsoftware, Individualsoftware, Dateisystem, Datenbank, Datenexport, Nutzer, Administrator, Verschlüsselung, Need-to-know-Prinzip, Vieraugenprinzip, Back-up, Logs, Closed Shop, TrueCrypt, Clean Desk Policy, AES, RSA

1. Rechte- und Rollenkonzept

35 Das zu entwerfende Rechte- und Rollenkonzept beschreibt das Zugriffsniveau auf die personenbezogenen Daten für jeden darin benannten Nutzer (nach Name oder Funktion).[28] Hierfür ist es vor allem erforderlich, dass Applikationsverantwortliche (z.B. für ein Kundenbetreuungs-System) definiert sind.

Da Daten in komplexen Systemlandschaften üblicherweise von vielen Applikationen verarbeitet werden, sind neben den Applikationsverantwortlichen auch Datenverantwortliche (z.B. für alle Kundenstammdaten) zu bestimmen. Weiterhin muss eine nachvollziehbare Vertretungsregelung Bestandteil des Rechte- und Rollenkonzeptes sein.[29]

! Es muss sichergestellt sein, dass Rollen als Applikations- bzw. Datenverantwortliche nicht nur reine Benennungen sind, sondern von den Verantwortlichen wirklich ausgefüllt werden können. Die operative Umsetzung des Rechte- und Rollenkonzepts muss immer nachvollziehbar sein und nach dem Vieraugenprinzip erfolgen.

36 Standardsoftware (z.B. *SAP*) verfügt üblicherweise über Funktionen, die Rechte- und Rollenkonzepte direkt unterstützen.

Bei der Nutzung von (älterer) Individualsoftware können die Anforderungen an Rechte- und Rollenfunktionalitäten, sowie der Einsatz von komplexen Passwörtern, möglicherweise nicht oder nur teilweise umgesetzt werden. Diese ursprünglich softwareseitig nicht vorgesehenen Funktionalitäten müssen dann nachträglich eingebaut werden. Ob dies von einer verantwortlichen Stelle verlangt werden kann, ist im Einzelfall abzuwägen.

---

27 So auch Simitis/*Ernestus*, § 9 Rn. 106.
28 BSI Grundschutz-Katalog: M 2.8 Vergabe von Zugriffrechten, M 2.63 Einrichten von Zugriffsrechten.
29 BSI Grundschutz-Katalog: M 3.3 Vertretungsregelungen.

> ! Bei alten Applikationen kann der notwendige Aufwand zur Implementierung von Rechte- und Rollenfunktionalitäten oder komplexen Passwörtern sehr hoch sein. In diesem Fall ist eine Abwägung der Verhältnismäßigkeit vorzunehmen, bei der der Aufwand in Bezug zum Schutzweck in Relation zu bringen ist.

2. Applikations-Login

Die im vorherigen Absatz (Zugangskontrolle) beschriebenen Maßnahmen für den Zugang zu IT-Systemen, insbesondere die Verwendung von Passwörtern, beziehen sich auch auf den Zugriff von personenbezogenen Daten, die durch IT-Applikationen (Software) verarbeitet werden. Zugang zu einer Applikation umfasst dabei nicht automatisch Zugriff auf alle darin verarbeiteten Daten. Ein z.B. mandantenfähiges Buchhaltungssystem gewährt in Abhängigkeit des Rechte- und Rollenkonzepts nur Zugriff auf die Daten des Mandanten, die der dafür zuständige Bearbeiter verarbeiten muss. Daten von anderen Mandanten sind für den nicht zuständigen Bearbeiter nicht im Zugriff (Need-to-know-Prinzip). **37**

Die operative Umsetzung der Passwortrichtlinie und der Rechte- und Rollenkonzepte erfolgen in den Systemen, die die personenbezogenen Daten erheben, verarbeiten und nutzen. Hierbei ist zwar zwischen Applikation mit zugrunde liegender Datenbank und der Speicherung von Daten (z.B. als *Excel*-Datei) auf Dateisystemen im Netzwerk (Verzeichnisbaum) zu unterscheiden. Die Anforderungen bezüglich Passwortrichtlinie sowie Rechte- und Rollenkonzept müssen aber in beiden Fällen in identischer Weise erfüllt werden. **38**

Nutzen mehrere Personen aufgrund technischer oder organisatorischer Einschränkungen einen gemeinsamen Login-Account, ist sicherzustellen, dass zu jeder Zeit nachvollziehbar bleibt, wer zu welchem Zeitpunkt im Besitz von Benutzername und Passwort war.[30] **39**

> ! Auch Ausdrucke (personenbezogene Daten in Papierform) sind in das Rechte- und Rollenkonzept durch organisatorische Maßnahmen (z.B. Arbeitsanweisung, Clean Desk Policy) mit einzubeziehen.

3. Protokollierung

Das Login von Nutzern in das Firmennetzwerk und in Applikationen, die personenbezogene Daten erheben, verarbeiten oder nutzen, muss angemessen protokolliert (in Log-Dateien, sog. Logs) und regelmäßig überprüft werden (z.B. im Rahmen eines Audits).[31] **40**

Ebenfalls müssen Veränderungen, Neuanmeldungen oder Löschungen von Benutzerrechten in eine Protokollierung einbezogen werden. Diese Log-Dateien müssen vor dem Zugriff der Nutzer selbst geschützt und an anderer Stelle (als die personenbezogenen Daten selbst, z.B. in getrennten Datenbanken) gespeichert werden und dürfen nur durch Administratoren verwaltet werden. Administratoren haben aufgrund ihrer Aufgabenstellung üblicherweise Zugriff auf alle Daten, die in den von ihnen administrierten Datenbanken gespeichert werden.

Nicht vergessen werden dürfen die Transaktions-Logs. Datenbanken protokollieren normalerweise in solchen Transaktions-Logs jede Verarbeitung von Daten, sodass in diesen Logs ebenfalls personenbezogene Daten verarbeitet werden und sie damit ebenfalls in das Rechte- und Rollenkonzept einzubeziehen sind.

---

30 BSI Grundschutz-Katalog: M 2.65 Kontrolle der Wirksamkeit der Benutzer-Trennung am IT-System.

31 BSI Grundschutz-Katalog: M 2.64 Kontrolle der Protokolldateien, M 4.81 Audit und Protokollierung der Aktivitäten im Netz.

> Eine Trennung der Zuständigkeiten und damit auch der Zugriffsmöglichkeiten zwischen Applikations- bzw. Datenbank-Administratoren auf der einen Seite und den für bestimmte Log-Dateien zuständigen Administratoren auf der anderen Seite führt zu einer Steigerung des Schutzniveaus bei der Protokollierung. Der dafür notwendige zusätzliche Aufwand ist auf Angemessenheit und damit auf den letztendlich angestrebten Schutzbedarf zu überprüfen.

4. Datenexport als Verarbeitung oder Nutzung

41 Applikationen müssen Funktionalitäten zum Massen-Datenexport von personenbezogenen Daten nur eingeschränkt und ausschließlich zur Erfüllung der Applikationsaufgaben zur Verfügung stellen. Hierdurch wird das unkontrollierte Speichern der personenbezogenen Daten auf dem PC (lokal) oder auf mobilen Speichermedien (z.B. über den USB-Anschluss) eingeschränkt.[32] Jede lokale Speicherung (auch nur temporäre) von personenbezogenen Daten ist entweder technisch zu verhindern oder hilfsweise organisatorisch zu unterbinden.

5. Back-up

42 Datenbanken werden in Rahmen der IT-Betriebsprozesse durch Back-ups gesichert. Back-ups enthalten somit ebenfalls personenbezogene Daten. Rechte und Rollenkonzepte müssen deshalb auch die für Back-ups zuständigen Administratoren mit einbeziehen.

> Personenbezogene Daten, die zusammen mit nicht personenbezogenen Daten innerhalb von Back-ups gespeichert werden, erfordern, dass die Back-up-Medien ebenfalls einer Zutritts- und Zugriffskontrolle (z.B. Verschluss der Medien in einem Datensicherungsschrank oder Verschlüsselung durch die Back-up-Applikation) mit Rechte- und Rollenkonzept unterliegen.

6. Verschlüsselung

43 Es kann notwendig und angemessen sein, dass (besondere) personenbezogene Daten nur verschlüsselt in Datenbanken oder Dateien gespeichert werden. Dadurch wird auch sichergestellt, dass System-Administratoren diese Daten nicht nutzen können, sondern nur die berechtigten Anwender der verarbeitenden Fachabteilung(en).[33]

Zur Verschlüsselung ist gerade in Zeiten der „NSA-Überwachungsaffäre" ein als „sicher" geltender Algorithmus wie die symmetrische Blockchiffre AES mit mindestens 192 Bit Schlüssellänge zu verwenden. Dabei ist aber auch unbedingt auf ein geeignetes und geschütztes (technisch und organisatorisch) Key- bzw. Passwort-Management zu achten, damit die sichere Verschlüsselung nicht durch kompromittierte Passwörter ausgehebelt werden kann.

> Die OpenSource Software *TrueCrypt* (*www.truecrypt.org*) kann auch in kommerziellen Umgebungen frei genutzt werden und ermöglicht die einfache und sichere Verschlüsselung von z.B. Verzeichnissen und Dateien auf beliebigen Medien in verschlüsselten TrueCrypt-Containern. Diese Container können zur verschlüsselten Speicherung, wie auch zur verschlüsselten Übertragung bzw. zum Transport von Daten verwendet werden.

7. Maßnahmen in sensiblen Bereichen (Closed Shop)

44 Personenbezogene Daten, die in sensiblen Bereichen wie z.B. innerhalb von Call Center gerade im Rahmen von Auftragsdatenverarbeitung verarbeitet werden, machen es erforderlich, die technische

32 BSI Grundschutz-Katalog: M 4.73 Festlegung von Obergrenzen für selektierbare Datensätze.
33 BSI Grundschutz-Katalog: M 4.72 Datenbank-Verschlüsselung.

und organisatorische Zugriffskontrolle und auch Weitergabekontrolle durch weitere Maßnahmen auf ein erhöhtes Schutzniveau zu bringen. Dieser Bereich wird dann als Closed Shop verstanden.

Zur Erreichung eines sogenannten Closed Shops sind folgende Vorgaben angemessen, notwendig und daher empfehlenswert: 45

- Verwendung ausschließlich von PC ohne Schnittstellen zur Datenübertragung;
- Arbeitsplätze ohne Internet- und/oder E-Mail-Anschluss oder mit Anschlüssen, die nur Kommunikation im Internet oder per E-Mail zur Erfüllung der Aufgaben zulassen (Adressfilterung mittels Whitelist);
- Zeitliche Zugangsbeschränkungen (Bürozeiten) zu den IT-Systemen;
- Eingeschränkter Funktionsumfang der Applikationen;
- Keine Verwendung von Druckern oder Kopierern;
- Ausgabe und Nutzung nur von speziell gekennzeichnetem Papier und nur innerhalb des Closed Shops;
- Verbot der Verwendung von privaten Taschen und Handys (Schließfächer am Eingang);
- Taschenkontrolle beim Verlassen des Bereichs durch einen Sicherheitsdienst;
- Trennwände zum Blickschutz zwischen den Arbeitsplätzen;
- Sichtschutzfolien als Blickschutz an den Monitoren;
- Grundsätzlich verschlüsselte Übertragung und Verarbeitung von Daten[34];
- Sicheres Löschen von Daten und Vernichten von Papier oder Datenträger.[35]

IV. Weitergabekontrolle

Durch die Weitergabekontrolle soll sichergestellt werden, dass personenbezogene Daten während einer elektronischen Übertragung, einem Transport oder der Speicherung auf mobilen Datenträgern nicht unberechtigt eingesehen, kopiert, verändert oder gelöscht werden können. Daneben sollen alle Einrichtungen zur Datenübertragung identifiziert werden, die zur Übermittlung der personenbezogenen Daten genutzt werden. 46

Die Weitergabekontrolle bezieht sich daher sowohl auf die geplante und gewollte, als auch – entsprechend dem Zweck der Maßnahmen gemäß § 9 – auf die ungeplante bzw. ungewollte Übermittlung.[36] Übermittlung ist hierbei jede Weitergabe von personenbezogenen Daten an einen Empfänger, also Stelle oder Person innerhalb der Organisation, innerhalb eines Konzerns, an den Betroffenen selbst oder an Dritte, z.B. im Rahmen einer Auftragsdatenverarbeitung nach § 11. 47

Die Regelung selbst sieht nicht vor, dass jeder Weitergabevorgang protokolliert werden muss, auch wenn dies ratsam wäre. Jedoch muss bei jeder Datenübertragung sichergestellt sein, dass nur der berechtigte Empfänger Zugriff auf die personenbezogenen Daten erlangt und diese nach Erhalt erheben, verarbeiten und nutzen kann. Dieser Schutz wird ja bereits durch die Umsetzung einer wirksamen Zugriffskontrolle gefordert.

Begriffe

Netzwerke, Datenträger, Device Control, Schnittstelle, Transportbehälter, DLP, Datenübermittlung, Terminalserver, Thin-Client

34 BSI Grundschutz-Katalog: M 4.34 Einsatz von Verschlüsselung, Checksummen oder Digitalen Signaturen.
35 BSI Grundschutz-Katalog: M 2.433 Überblick über Methoden zur Löschung und Vernichtung von Daten.
36 So auch Taeger/Gabel/*Schultze-Melling*, § 9 Rn. 65.

1. Arten der Übermittlungsmedien

48 Die Übermittelung kann in jeglicher Form und in jeglichem Datenformat erfolgen, z.B.:

- in kabelgebundenen Netzwerken (Modem, LAN, WAN)
- in drahtlosen Netzwerken (WLAN, LTE, UMTS, GSM, NFC, WiMAX, Bluetooth)
- per Datenträger (Disketten, Magnetbänder, WORM, CD, DVD, BlueRay, USB-Stick, SD-Card, externe Festplatten, Handy/Smartphone/Pad etc.)

2. Technische Ausgestaltung

49 Um geplante, aber auch ungeplante Übermittelungen erkennen zu können, müssen alle möglichen Übermittlungsmedien (Weitergabepunkte), die in der Organisation existieren, identifiziert und protokolliert werden. Diese Protokollierung ist so anzufertigen, dass sie auch für Dritte, z.B. im Rahmen eines Audits, verständlich und nachvollziehbar ist. Es empfiehlt sich, die Protokollierung sicher für den gleichen Zeitraum aufzubewahren, der auch für die jeweils einschlägige Aufbewahrungsfrist der übermittelten Daten selbst gilt.

50 Insbesondere die Netzwerkzugänge inkl. der Fernwartungszugänge müssen ausreichend gesichert sein, um unberechtigte Nutzungen sofort zu erkennen (siehe auch Zugangskontrolle). Dabei müssen auch oftmals allgemein zugängliche Netzzugänge in der Organisation, z.B. in Kopierer- und Druckerräumen, einbezogen werden.

Offene Netzzugänge in einer Organisation sind technisch zu verhindern. Ein Gast-WLAN muss ebenfalls mit einer autarken Zugangskontrolle versehen sein und netztechnisch vom Organisationsnetzwerk getrennt operieren.[37]

51 Ist die zweckgebundene Übermittlung von personenbezogenen Daten innerhalb des gesicherten Netzwerks in einer Organisation per E-Mail, Intranet oder Dateiaustausch über Netzwerklaufwerke notwendige Praxis, so darf eine Übermittlung außerhalb des gesicherten Netzwerks (externe E-Mail, Internet, externe FTP) nur in verschlüsselter Form erfolgen (siehe Zugriffskontrolle).[38]

52 Bei der geplanten Übermittelung von personenbezogenen Daten, insbesondere außerhalb der Organisation, ist immer zu prüfen, ob die Daten nicht in anonymisierter oder zumindest pseudonymisierter Form übertragen werden können, ohne den Zweck der Datenweitergabe oder Arbeitsabläufe auszuschließen oder erheblich einzuschränken.

53 Zur Erreichung eines angemessenen Schutzniveaus an PC-Arbeitsplätzen, an denen personenbezogene Daten erhoben, verarbeitet oder genutzt werden, muss geprüft werden, inwieweit Schnittstellen (z.B. USB-Anschluss) oder Kommunikationswege für eine Datenübermittlung extern (z.B. externe E-Mail oder Internet) eingeschränkt werden können, ohne die Arbeitsabläufe der Organisation oder die Rechte der Mitarbeiter unverhältnismäßig zu beeinträchtigen.

> Die Verwendung von USB-Anschlüssen lässt sich auf verschiedenste Weise verhindern. Beispielsweise durch den Einsatz von entsprechender Sicherheits-Software (Device Control), durch die Deaktivierung im dann jedoch passwortgeschützten PC BIOS oder sogar auf unumkehrbare Weise durch mechanische Zerstörung oder Verkleben mittels Heißklebepistole der Schnittstellen.

54 Die Installation von Applikationen an den Arbeitsplatz-PCs, die eine Datenübermittlung außerhalb der Organisation ermöglichen, wie z.B. *Skype* oder Chat-Applikationen, muss verhindert werden. Auch die Installation von Services und Applikationen, die regelmäßig Daten sammeln und an ihren Hersteller schicken, z.B. *Google*-Dienste, sind wirksam zu unterbinden. Weiterhin dürfen Anwender

---

37 BSI Grundschutz-Katalog: M 4.297 Sicherer Betrieb der WLAN-Komponenten, M 4.298 Regelmäßige Audits der WLAN-Komponenten.

38 BSI TR-02102: Kryptographische Verfahren: Empfehlungen und Schlüssellängen.

nicht mit administrativen Rechten an ihrem Arbeitsplatz-PC ausgestattet sein. Und schließlich sollte das temporäre Zwischenspeichern in Standard-Applikationen (Auto-Wiederherstellen-Funktion) deaktiviert sein.

Insbesondere durch die Verwendungen von visualisierten bzw. Thin-Client-Lösungen können die nutzbaren Applikationen, Schnittstellen, Zwischenablagen und lokale Speichermöglichkeiten wirksam eingeschränkt und dadurch das Schutzniveau erheblich gesteigert werden. Dies gilt ganz besonders auch bei der Verwendung von organisationsinternen Ressourcen durch Externe.[39] 55

Bei der Verwendung von modernen Druckern, Kopierern, Scannern oder Multifunktionsgeräten, die nicht-flüchtige Speichermedien (z.B. im Gerät eingebaute Festplatte) enthalten, muss sichergestellt werden, dass keine personenbezogenen Daten über den Zweck der Verarbeitung hinaus gespeichert bleiben und dadurch möglicherweise unbeabsichtigt an Dritte, z.B. externe Wartungstechniker, weitergegeben werden.[40] 56

3. Transport von Datenträgern

Der physische Transport von Datenträgern (auch bei deren Entsorgung), insbesondere wenn personenbezogene Daten dort unverschlüsselt gespeichert sind, muss in einem sicheren und verschließbaren Transportbehälter erfolgen. Der Transportprozess (und insbesondere das unversehrte Erreichen des Zielortes) muss lückenlos dokumentiert werden und die Identität des Transportpersonals und des Empfängers nachgewiesen werden.[41] 57

V. Eingabekontrolle

Die Eingabekontrolle gewährleistet, dass protokolliert und damit erkennbar ist, welcher Nutzer einer Applikation die personenbezogene Daten erhoben, verarbeitet oder genutzt hat. Davon erfasst ist neben der Eingabe auch die nachträgliche Veränderung oder Entfernung der personenbezogenen Daten. Weiteres Ziel ist die Nachvollziehbarkeit von Fehleingaben. 58

Begriffe

Protokolldateien, Fehlererkennung, Zeitstempel

Eine ausschließliche Protokollierung der Ersterhebung würde für eine nachvollziehbare gesamtheitliche Kontrolle nicht ausreichen. Die Protokollierung des Zeitpunktes der Datenerhebung oder der Datenverarbeitung und -nutzung ist zur Erreichung des Kontrollziels durchaus sinnvoll, wenn auch dies durch den Wortlaut der Anlage zu § 9 Satz 1 nicht gefordert wird, zumal es technisch ohne erheblichen Aufwand umsetzbar ist. Die Rechtsinteressen der Anwender müssen jedoch bei der Ausgestaltung der Protokollierung immer gewahrt bleiben.[42] Hier sind entsprechende Vorkehrungen unerlässlich. 59

Bei der Ausgestaltung des Protokollmechanismus ist darauf zu achten, dass neben Nutzeridentifikationsmerkmal (Login-ID) und ggf. Datums- und Zeitstempel nur die aktuell eingegebenen oder verarbeiteten personenbezogenen Daten eines Datensatzes dokumentiert werden und nicht der Einfachheit halber ein kompletter Datensatz mit allen enthaltenen (damit auch anderen unveränderten personenbezogenen) Daten oder nur ein logischer Verweis (Index) auf den betreffenden Datensatz in der Datenbank.[43] In der praktischen Umsetzung wird eine ausschließliche Protokollierung der personenbezogenen Daten, ohne die nicht-personenbezogenen Daten einzubeziehen, jedoch schwierig umzusetzen sein, denn das setzt voraus, dass der Protokollmechanismus eine Entscheidung über 60

39 BSI Grundschutz-Katalog: M 2.466 Migration auf eine Terminalserver-Architektur.
40 BSI Grundschutz-Katalog: M 4.300 Informationsschutz bei Druckern, Kopierern und Multifunktionsgeräten.
41 BSI Grundschutz-Katalog: M 1.36 Sichere Aufbewahrung der Datenträger vor und nach Versand, M 2.45 Regelung des Datenträgeraustausches.
42 BSI Grundschutz-Katalog: M 2.110 Datenschutzaspekte bei der Protokollierung.
43 BSI Grundschutz-Katalog: M 2.133 Kontrolle der Protokolldateien eines Datenbanksystems.

den Personenbezug treffen kann anhand von verlässlichen Merkmalen (Flag) zu jedem Datenfeld mit personenbezogenen Daten in der Datenbank, was in der Praxis nicht oft gegeben ist.

61 Werden jedoch personenbezogene Daten entfernt, d.h. dem Sinn nach technisch aus der Datenbank gelöscht, so wirkt eine Speicherung der gelöschten personenbezogenen Daten in der Eingabe-Protokollierung dem Zweck der Löschung entgegen und muss verhindert werden. Es scheint daher angemessen zu sein, in diesem Fall nur noch den logischen Verweis (Index) oder ein anderes eindeutiges Ordnungskriterium zu protokollieren.

! Die Protokolldateien müssen so erzeugt und gespeichert werden, dass sie (durch gesonderte Zugriffsrechte) nicht von den Nutzern der Applikation selbst unberechtigt manipuliert werden können.

VI. Auftragskontrolle

62 Um der Auftragskontrolle zu entsprechen, bedarf es Vorkehrungen, die sicherstellen, dass personenbezogene Daten im Rahmen einer Auftragsdatenverarbeitung gemäß § 11 nur nach den Weisungen des Auftraggebers durch den Auftragnehmer verarbeitet werden.[44] Das schließt ein, dass jegliche Erhebung, Verarbeitung und Nutzung (insbesondere eine Duplizierung, Manipulation oder Übermittelung von personenbezogenen Daten) durch den Auftragnehmer für auftragsfremde Zwecke und damit insbesondere für seine eigenen Zwecke strikt untersagt sind.

Die Verarbeitung beim Auftragnehmer muss immer getrennt von anderen Aufträgen erfolgen, insbesondere wenn es sich dabei um Aufträge andere Auftraggeber handelt. Die Vereinbarung zur Auftragsdatenverarbeitung sollte vorsehen, dass Unterauftragnehmer des Auftragnehmers nur nach schriftlicher Genehmigung des Auftraggebers bei der Verarbeitung und Nutzung von personenbezogenen Daten im Auftrag hinzugezogen werden dürfen.

Begriffe

Weisung, Auftragsdatenverarbeitung, Auftraggeber, Auftragnehmer, Audit, Daten-Vernichtung, Datenträger, Dokumentenvernichter, DIN 32757-1, DIN 33858, Aufbewahrungspflicht, Outsourcing, Löschen, Sperren

1. Weisungen

63 Eine Datenverarbeitung beim Auftragnehmer, die ausschließlich im Rahmen von Weisungen seitens des Auftraggebers erfolgt, setzt voraus, dass die Verantwortlichkeiten und unterstützenden Prozesse bei beiden Vertragspartnern klar geregelt und auch allen Projektbeteiligten bekannt sind.[45] Es ist daher angeraten, den Weisungsprozess zu formalisieren, die Weisungen nachprüfbar zu dokumentieren und auch nach Beendigung des Auftrages zu archivieren, z.B. für drei Kalenderjahre. Das Erstellen, Kommunizieren, Entgegennehmen, Bestätigen und die Rückmeldung über die erfolgreiche oder nicht erfolgreiche Durchführung einer Datenverarbeitungsanweisung müssen standardisiert realisiert sein.

Verantwortliche (berechtigte Ansprechpartner mit dem Nachweis ihrer Identität) und gesicherte Kommunikationswege (z.B. E-Mail oder ein Ticketsystem) müssen einheitlich vereinbart sein. Eil-Aufträge müssen ebenfalls, ggf. auch nur nachträglich, über den standardisierten Weisungsprozess erfasst und dokumentiert werden. Auch ein Eskalationsprozess muss unbedingt definiert und auch „gelebt" werden.

---

44 ISO/IEC 27001: A 6.2 Externe Beziehungen, A 10.2 Management der Dienstleistungs-Erbringung von Dritten, BSI Grundschutz-Katalog: M 2.252 Wahl eines geeigneten Outsourcing-Dienstleisters.

45 BSI Grundschutz-Katalog: M 2.225: Zuweisung der Verantwortung für Informationen, Anwendungen und IT-Komponenten.

Die eingesetzten Mitarbeiter (beim Auftragnehmer) müssen über die Weisungen und datenschutzrechtlichen Richtlinien informiert und regelmäßig geschult werden. Der Nachweis der Schulungen ist regelmäßig während der Laufzeit der Vereinbarung zur Auftragsdatenverarbeitung zu erbringen. Es ist empfehlenswert, den Nachweis auch nach Vereinbarungsende zu archivieren. 64

2. Kontrolle der Weisungen

Die Umsetzung der Weisungen und Einhaltung der TOM ist nach § 11 Abs. 2 durch den Auftraggeber zu kontrollieren (Audit). Die angemessene Frequenz und Detailtiefe der Audits richten sich hierbei nach dem erforderlichen Schutzbedarf, d.h. Ausgestaltung der Auftragsdatenverarbeitung (z.B. IT-Helpdesk oder Gehaltsabrechnung), Art (z.B. Adressdaten oder besondere personenbezogene Daten nach § 3 Abs. 9) und Umfang (z.B. fallweise Verarbeitung einzelner oder regelmäßige Verarbeitung einer großen Anzahl von Datensätzen), der beim Auftragnehmer verarbeiteten personenbezogenen Daten. 65

! Die konkreten Rahmenbedingungen zur Durchführung von Audits, insbesondere erforderliche Duldungs- und Mitwirkungspflichten, müssen mit dem Auftragnehmer verpflichtend vorab geregelt sein. Aus diesem Grund ist es ratsam, unternehmenstypische Auditsituationen vorab durchzuspielen, um die essenziellen Mitwirkungspflichten vertraglich regeln zu können.

Die im Rahmen der Auftragsdatenverarbeitung notwendigen Protokollierungen, Log-Dateien und Dokumentationen müssen manipulationssicher (z.B. durch Speicherung in Dateiverzeichnissen mit gesonderten Zugriffsrechten) ausgestaltet und sicher archiviert werden. Dies gilt insbesondere dann, wenn auf keinem anderen Weg (beim Auftraggeber selbst) ein Nachweis über eine ggf. unbefugte Datenverarbeitung erbracht werden kann. 66

3. Datenvernichtung

Auf Weisung (z.B. nach Beendigung des Auftrags) des Auftraggebers sind personenbezogene Daten beim Auftragnehmer sicher zu vernichten.[46] Die Datenvernichtung umfasst dabei auch alle während der Auftragsdatenverarbeitung zusätzlich angefallenen Daten, wie Aufzeichnungen, Protokolle, Log-Dateien, Datensicherungen (Back-up). 67

Es ist bei der Erteilung der Weisung vorab zu prüfen, inwieweit gesetzliche Aufbewahrungspflichten aufgrund von z.B.: AO und HGB sowie Auskunftsrechte Betroffener dem direkten Vernichten der Daten entgegenstehen und eine gesperrte Aufbewahrung gemäß § 35 Abs. 3 an die Stelle der Vernichtung tritt. 68

! Hat der Auftragnehmer die Daten des Auftraggebers aufgrund gesetzlicher Aufbewahrungspflichten für diesen gesperrt vorzuhalten, so sollten die dadurch über einen längeren Zeitraum anfallenden Kosten bereits im Rahmen der Auftragsübernahme einkalkuliert sein.

Die Vernichtung der Daten umfasst: 69

- Löschbare Datenträger (z.B. USB-Stick, externe Festplatte, Magnetband, Diskette) sind mit Lösch-Tools (z.B. *eraser.heidi.ie*) unwiederbringlich durch Überschreiben zu löschen. Bei erhöhtem Schutzbedarf ist es angeraten, die Daten dabei nicht nur einmal zu überschreiben;
- Defekte löschbare Datenträger sind nachweislich sicher mechanisch zu vernichten (Dienstleisternachweis der technischen Vernichtung);
- Defekte magnetische Datenträger, die nicht einfach mechanisch vernichtet werden können (Festplatte), sind mit einem Löschgerät nach DIN 33858 zu löschen;

46 BSI Grundschutz-Katalog: M 2.167 Auswahl geeigneter Verfahren zur Löschung oder Vernichtung von Daten, M 2.433 Überblick über Methoden zur Löschung und Vernichtung von Daten.

- Dokumente inkl. aller Fehldrucke sind mit einem Dokumentenvernichter nach DIN 32757-1 der Sicherheitsstufe 3 oder höher, je nach Schutzbedarf, zu vernichten;
- Daten in Datenbanken inkl. der Log-Dateien sind aus der logischen Struktur zu löschen, sodass die Löschung nicht einfach rückgängig gemacht werden kann. Eine reine Lösch-Markierung der Daten in der Datenbank oder durch die verwendete Applikation ist nicht ausreichend.

  Bei erhöhtem Schutzbedarf müssen die Daten zusätzlich auch physikalisch gelöscht werden: durch Überschreiben mit Lösch-Tools oder durch z.B. regelmäßige (mindestens quartalsweise z.B. im Rahmen der Datenbankwartung) Reorganisation der Datenbank.[47]

VII. Verfügbarkeitskontrolle

70 Die Verfügbarkeitskontrolle beinhaltet alle Maßnahmen, um personenbezogene Daten vor einem zufälligen (durch Schäden an den IT-Systemen) Verlust oder einer Zerstörung zu schützen.

Die angestrebte Verfügbarkeit von IT-Systemen ist immer im Kontext von erforderlichem Schutzbedarf und hieraus resultierendem Aufwand zu bestimmen.

Begriffe

Betriebsunterbrechung, BCM, SCM, Serverraum, Rechenzentrum, Back-up, Restore, Patch, Change-Management, USV, RAID, Spiegelung

71 Eine zentrale Aufgabe hat in diesem Umfeld das sogenannte Business Continuity Management. Hierbei geht es um die Sicherstellung der Arbeitsfähigkeit von IT-Systemen, die unabdingbar für die Datenverarbeitung sind (SCM, IT Service Continuity Management), sowie die Wiederherstellung der IT-Infrastruktur und der gesicherten Datenbestände nach einem Unglücksfall (Disaster-Recovery).[48] Dazu gehören auch die Planung, Erprobung und Schulung der Mitarbeiter von Maßnahmen im Krisenfall, die in einem Notfallkonzept dokumentiert sind, um die Arbeitsfähigkeit der Organisation je nach Kritikalität der Betriebsprozesse wiederherzustellen oder ggf. die Geschäftstätigkeit auch temporär zu verlagern.[49]

1. Serverraum/Rechenzentrum

72 Das angemessene Schutzniveau zur Verhinderung von Datenzerstörungen oder Betriebsunterbrechungen für die Ausgestaltung der Räumlichkeiten für Server, Speicherausstattung (Storage), Verkabelung und Netzwerkkomponenten beinhaltet neben der Zutrittskontrolle und der baulichen Ausprägung im Wesentlichen:

- Sicherstellung der unterbrechungsfreien Stromversorgung (USV)[50];
- Schutz vor Überspannungen[51];
- Ausreichende Klimatisierung[52];
- Vorsorgliche Vermeidung von möglichen Wasserschäden[53];

47 BSI TR-03420: Richtlinien für das Löschen und Vernichten von schutzbedürftigen Informationen auf analogen und digitalen Datenträgern, BSI Grundschutz-Katalog: M 2.436 Vernichtung von Datenträgern durch externe Dienstleister.
48 ISO/IEC 27001: A.14 Sicherstellung des Geschäftsbetriebs (Business Continuity Management).
49 BSI Grundschutz-Katalog: M 6.1 Erstellung einer Übersicht über Verfügbarkeitsanforderungen, M 6114 Erstellung eines Notfallkonzepts.
50 BSI Grundschutz-Katalog: M 1.28 Lokale unterbrechungsfreie Stromversorgung, M 1.70 Zentrale unterbrechungsfreie Stromversorgung.
51 BSI Grundschutz-Katalog: M 1.25 Überspannungsschutz.
52 BSI Grundschutz-Katalog: M 1.27 Klimatisierung der Technik/in Technikräumen.
53 BSI Grundschutz-Katalog: M 1.24 Vermeidung von wasserführenden Leitungen.

- Umsetzung der Brandschutzbestimmungen, präventive Brandlastreduzierung, Rauchschutz, Brandmeldung und Löschtechnik[54];
- Redundante Rechenzentren zur weiteren Steigerung des Schutzniveaus[55].

Die in einem Serverraum bzw. Rechenzentrum anzuwendenden TOMs erfordern immer die Erreichung eines höheren Schutzbedarfs im Vergleich zu normalen Büroräumlichkeiten.[56]

2. Patch-Management

Zur Sicherstellung der Verfügbarkeit von IT-Systemen gehört auch die laufende Aktualisierung der 73 in Anwendung befindlichen Software mit Updates oder Patches, insbesondere sog. Critical Patches (z.B. Schließen von bereits ausgenutzten Sicherheitslücken mit massiven Auswirkungen auf die Systeme) innerhalb weniger Arbeitstage in einem kontrollierten Change-Management-Prozess.

3. Datensicherung (Back-up)

Die verarbeiteten personenbezogenen Daten sind laufend, je nach angemessenem Schutzniveau, 74 aber z.B. mindestens einmal arbeitstäglich, mit geeigneten Back-up-Systemen zu sichern, um sie vor Verlust zu schützen. Dies kann durch Vollsicherungen, differenzielle (sichert nur neue oder geänderte Daten seit der letzten Vollsicherung) oder inkrementelle (sichert nur neue oder geänderte Daten seit der letzten inkrementellen oder vollen Sicherung) Sicherungsverfahren geschehen.[57]

Die Back-up-Medien sind außerhalb der Räumlichkeiten der ursprünglichen Verarbeitung zu lagern.[58] Für Daten mit einem hohen Schutzniveau ist neben der Datensicherung auch eine kontinuierliche, redundante („gespiegelte", RAID-Systeme) Speicherung zu empfehlen, um das Risiko zu reduzieren und um im Fehlerfall eine schnelle Datenwiederherstellung im laufenden Betrieb zu ermöglichen. Für IT-Systeme mit organisationskritischen Anwendungen ist eine (auch mehrfach) gespiegelte und dabei auch noch örtlich voneinander getrennte Datenspeicherung durchzuführen.

Eine gespiegelte Datenspeicherung ersetzt aber nie die Notwendigkeit von regelmäßigen Back-ups der Daten.[59]

Für die gesicherten Daten gelten die gleichen Anforderungen bzgl. der TOM wie für die Originalda- 75 ten. Die Datensicherung muss sich auch auf verschlüsselte Daten unten Beachtung der dadurch ggf. besonderen technischen Anforderungen beziehen.[60] Hierbei ist unbedingt die Lebensdauer der eingesetzten Speichermedien zu beachten. Die Durchführung der Datensicherung ist zu dokumentieren.[61]

> ! Die Wirksamkeit der Datensicherung ist auch durch Tests, bei denen Teilmengen der Datensicherung zurückgeschrieben werden (Restore), in regelmäßigen Abständen zu überprüfen.[62]

VIII. Trennungsgebot

Das Trennungsgebot regelt die jeweils getrennte Verarbeitung von personenbezogenen Daten je 76 nach dem Zweck ihrer Erhebung. Somit müssen personenbezogene Daten, die aufgrund unter-

54 BSI Grundschutz-Katalog: M 1.6 Einhaltung von Brandschutzvorschriften, M 1.51 Brandlastreduzierung, M 1.48 Brandmeldeanlage im Rechenzentrum, M 1.50 Rauchschutz, M 1.54 Brandfrühesterkennung/Löschtechnik.
55 BSI Grundschutz-Katalog: M 1.52 Redundanz, Modularität und Skalierbarkeit in der technischen Infrastruktur.
56 BSI Grundschutz-Katalog: M 1.49 Technische und organisatorische Vorgaben für das Rechenzentrum.
57 BSI Grundschutz-Katalog: M 6.32 Regelmäßige Datensicherung, M 6.35 Festlegung der Verfahrensweise für die Datensicherung.
58 BSI Grundschutz-Katalog: M 6.20 Geeignete Aufbewahrung der Back-up-Datenträger.
59 BSI Grundschutz-Katalog: M 6.33 Entwicklung eines Datensicherungskonzepts.
60 BSI Grundschutz-Katalog: M 6.56 Datensicherung bei Einsatz kryptografischer Verfahren.
61 BSI Grundschutz-Katalog: M 6.37 Dokumentation der Datensicherung.
62 BSI Grundschutz-Katalog: M 6.22 Sporadische Überprüfung auf Wiederherstellbarkeit von Datensicherungen.

schiedlicher Zwecke erhoben wurden, auch innerhalb der IT-Systeme getrennt voneinander verarbeitet werden. Dies ist schon bei der Planung der später zur Datenverarbeitung eingesetzten IT-Systeme zu berücksichtigen.

Begriffe

Datenbank-Normalformen, Mandantenfähigkeit, Partition, SAN, Cloud

77 Es muss technisch sichergestellt sein, dass die Daten vollständig getrennt von anderen Daten im IT-System gespeichert werden. Damit ist gewährleistet, dass die betroffenen personenbezogenen Daten jederzeit eindeutig identifiziert und damit auch zu einem späteren Zeitpunkt gesperrt und gelöscht werden können, ohne dass technische Einschränkungen innerhalb des IT-Systems dies verhindern. Gemeinsame Daten-Pools sind daher zu vermeiden.

Bei der Verwendung von mandantenfähigen Applikationen muss unbedingt darauf geachtet werden, dass die zugrunde liegende Datenbank die verschiedenen Mandanten auch getrennt voneinander organisiert.

! Die Speicherung von personenbezogenen Daten sollte je nach Zweck der Verarbeitung zumindest logisch getrennt in eigenständigen Datenbank-Partitionen erfolgen.

78 Personenbezogene Daten dürfen nur zweckgebunden erhoben, verarbeitet oder genutzt werden. Daher muss ihre Verarbeitung getrennt von Test-Systemen oder auch nur zu internen Berichtszwecken betriebenen DWH-Systemen (Data-Warehouse) erfolgen, die nicht dem eigentlichen Verarbeitungszweck unterliegen. Nicht zuletzt deshalb ist an sich nur eine Verarbeitung und Nutzung von synthetischen oder anonymisierten Daten in diesen Systemen zulässig.

79 Die Realisierungsmöglichkeit des Trennungsgebots stößt jedoch an seine Grenzen, wenn eine Verarbeitung und Nutzung von personenbezogenen Daten in IT-Systemen erfolgen, die einer fortwährenden und erlaubten Zweckänderung unterliegen.[63]

In der Praxis wird sich die datenschutzrechtliche Forderung nach einer durchgängigen und strikten Datentrennung als schwierig umsetzbar erweisen. Der Grund liegt darin, dass im modernen IT-Betrieb eine effiziente und kostengünstige Datenbankorganisation diesem Kontrollziel entgegensteht. Globalisierte Storage Area Networks (SAN), systemübergreifende Datensicherungs-Konzepte und auch Cloud-Computing lassen das Trennungsgebot als nicht mehr zeitgemäß erscheinen.[64]

63 So auch: Simitis/*Ernestus*, § 9 Rn. 162.
64 So auch Taeger/Gabel/*Schultze-Melling*, § 9 Rn. 86.

§ 9a Datenschutzaudit

[1]Zur Verbesserung des Datenschutzes und der Datensicherheit können Anbieter von Datenverarbeitungssystemen und -programmen und datenverarbeitende Stellen ihr Datenschutzkonzept sowie ihre technischen Einrichtungen durch unabhängige und zugelassene Gutachter prüfen und bewerten lassen sowie das Ergebnis der Prüfung veröffentlichen. [2]Die näheren Anforderungen an die Prüfung und Bewertung, das Verfahren sowie die Auswahl und Zulassung der Gutachter werden durch besonderes Gesetz geregelt.

Darum geht es

Es handelt sich um die gesetzliche Möglichkeit zum Erlass eines gesonderten Ausführungsgesetzes, das die Prüfungsanforderungen und Verfahrensregelungen eines bundesweit einheitlichen Datenschutzauditverfahrens regelt.

Schlagworte

Audit; Produktaudit; Verfahrens- und Systemaudit; Auditverfahren; Audit-Prüfkatalog; Gutachter; Datenschutzkonzept; Technische Einrichtung; Datenschutzrechtliche Überprüfung eigener Datenschutzkonzepte; Datenschutzrechtliche Überprüfung eigener technischer Einrichtungen; Veröffentlichung von Prüfungsergebnissen; Gütesiegel; ISO-Norm 27001; BSI-Grundschutzkatalog; Baustein Datenschutz; Düsseldorfer Kreis; Stiftung Datenschutz

Weitere relevante Vorschriften

Landesdatenschutzgesetze; Spezialgesetzliche Bundesgesetze, z.B. TKG, TMG; Verwaltungsverfahrensgesetz

A. Allgemeines

I. Regelungszweck

Der Regelungszweck des § 9a besteht darin, sowohl den Anbietern von Datenverarbeitungssystemen und -programmen als auch den datenverarbeitenden Stellen selbst die Möglichkeit eines freiwilligen Datenschutzaudits einzuräumen. Zur Verbesserung des Datenschutzes und der Datensicherheit sollen die eigenen Datenschutzkonzepte sowie die eigenen technischen Einrichtungen durch unabhängige und zugelassene Prüfer überprüft und bewertet werden können. Anbieter von Datenverarbeitungssystemen und -programmen sowie datenverarbeitende Stellen sollen schließlich die Möglichkeit erhalten, die Ergebnisse dieser Überprüfung zu veröffentlichen. **1**

2 Gerade die Möglichkeit, eine erteilte Zertifizierung gezielt zu Werbezwecken einsetzen zu können, sollte nicht nur die freiwillige Durchführung fördern, sondern dem Anbieter einen Wettbewerbsvorteil verschaffen, der in einer gewöhnlichen Konkurrenzsituation am Markt immer auch zu einer allgemeinen Verbesserung des Datenschutzes und der Datensicherheit und – damit einhergehend – zu datenschutzfreundlicheren Produkten führt.[1]

3 Diese in § 9a Satz 1 zum Ausdruck kommende Intention des Gesetzgebers steht jedoch gemäß § 9a Satz 2 unter dem Vorbehalt des Erlasses eines Ausführungsgesetzes, das die näheren Anforderungen an die Prüfung und Bewertung, das zugrunde liegende Verfahren sowie die sachgerechte Auswahl und Zulassung der Gutachter beinhaltet. Da bis heute kein solches Ausführungsgesetz existiert, gibt es in der Bundesrepublik Deutschland bis heute kein bundesweit gültiges, einheitliches und freiwilliges Datenschutzauditverfahren.[2]

II. Ausblick auf die Novellierung des Europäischen Datenschutzrechts

4 In Erwägungsgrund 77 der EU-VO fordert der europäische Gesetzgeber, dass zur Erhöhung der Transparenz und zur Verbesserung der Einhaltung dieser Verordnung angeregt werden soll, dass Zertifizierungsmechanismen sowie Datenschutzsiegel und -prüfzeichen eingeführt werden, die den betroffenen Personen einen raschen Überblick über das Datenschutzniveau einschlägiger Erzeugnisse und Dienstleistungen ermöglichen.[3]

Neben den in Art. 38 der EU-VO geforderten Verhaltensregeln legt insofern Art. 39 der EU-VO den Mitgliedstaaten und der Kommission die Pflicht zur Förderung von Zertifizierungsverfahren sowie von Datenschutzsiegeln und -prüfzeichen auf europäischer Ebene auf.

5 Die Kommission soll gemäß Art. 39 EU-VO ermächtigt werden, die Kriterien und Anforderungen der Zertifizierungsverfahren einschließlich der Bedingungen für die Erteilung und den Entzug der Zertifizierung sowie der Anforderungen für die Anerkennung der Zertifizierung in der Union und in Drittländern durch sogenannte delegierte Rechtsakte festzulegen. Ferner soll es zur Aufgabenkompetenz der Kommission gehören, technische Standards für die Zertifizierungsverfahren sowie Datenschutzsiegel und -zeichen und die Verfahren zur Förderung und Anerkennung von Zertifizierungsverfahren und Datenschutzsiegeln und -zeichen festzulegen.

6 Kritisiert werden diese Regelungen dahingehend, dass sich nur eine Förderungsabsicht findet und nicht bereits eindeutige Regelungen aufgenommen wurden.

Da die datenschutzspezifischen Zertifizierungsverfahren „nur" der ordnungsgemäßen Anwendung der EU-VO dienen sollen, vermisst man gegenwärtig die einem Verfahrens- bzw. Systemaudit typischen Vorgaben zur kontinuierlichen Verbesserung von Datenschutz und Datensicherheit. Dies erscheint jedoch zumindest derzeit als konsequent, als dass die EU-VO nicht zwischen einem Produkt- und einem Verfahrens- bzw. Systemaudit unterscheidet.

B. Inhalt der Regelung

I. Adressaten

7 § 9a gilt für alle öffentlichen Stellen des Bundes wie auch für alle nicht-öffentlichen Stellen. Der Regelungsinhalt richtet sich an Anbieter von Datenverarbeitungssystemen und -programmen und an alle „Daten verarbeitenden Stellen", womit die „verantwortliche Stelle" gemäß § 3 Abs. 7 gemeint ist.[4]

---

1 So auch Simitis/*Scholz*, § 9a Rn. 3 f.; *Bergmann/Möhrle/Herb*, § 9a Rn. 4, vgl. auch die Begründung des Gesetzentwurfs BT-Drs. 16/12011.
2 Siehe auch Simitis/*Scholz*, § 9a Rn. 1; *Bergmann/Möhrle/Herb*, § 9a Rn. 20.
3 EU-VO, KOM(2012) 11 endgültig, S. 34.
4 So auch *Bergmann/Möhrle/Herb*, § 9a Rn. 14.

II. Regelungsgehalt, Satz 1

8 Nach Satz 1 können sowohl technische Einrichtungen wie auch Datenschutzkonzepte Gegenstand einer Auditierung sein, was an sich zwei voneinander zu trennende Auditierungskonzepte erfordert. Die Auditierung einer technischen Einrichtung erfolgt durch ein sogenanntes Produktaudit. Datenschutzkonzepte werden bislang im Rahmen von Verfahrens- bzw. Systemaudits überprüft.[5]

1. Produktaudit

9 Im Rahmen eines **Produktaudits** können Anbieter von Datenverarbeitungssystemen oder -programmen eine einmalige Bewertung von Datenschutz- und Datensicherheitseigenschaften eines Produktes vornehmen lassen. Eine solche Prüfung ist immer objektorientiert und statisch[6] und bestätigt die Konformität eines Produktes zu einem bestimmten Zeitpunkt.

Dieser Zeitpunkt liegt in jedem Fall vor dem initialen „Go live" eines Produktes beim Käufer und beurteilt das Produkt losgelöst von seiner konkreten Anwendungsform und dem Systemumfeld beim Käufer.

10 Produktaudits sind in erster Linie für Hersteller von Datenverarbeitungssystemen oder -programmen von Interesse. Aber auch die nachgelagerten Vertriebsorganisationen solch einer Soft- und Hardware sind Adressaten von derart konzipierten Produktaudits.[7]

2. Verfahrens- bzw. Systemaudit

11 Im Rahmen eines **Verfahrens- bzw. Systemaudits** können datenverarbeitende (verantwortliche) Stellen eine Bewertung ihrer Datenschutzkonzepte vornehmen lassen. Im Unterschied zu einem Produktaudit ist solch eine Prüfung heute immer prozessorientiert und dynamisch.[8]

Das Verfahrens- bzw. Systemaudit beinhaltet zunächst einmal die reine Bestätigung der Gesetzeskonformität (objektiver Maßstab) sowie in jedem Fall ergänzend freiwillige, individuell festgelegte Anstrengungen zur Verbesserung des Datenschutzes und der Datensicherheit (subjektiver Maßstab).[9]

12 In Anlehnung an das Informationssicherheits-Managementsystem (ISMS) der ISO-Norm 27001 spricht man hinsichtlich der Festlegung von umzusetzenden Zielen, Prozessen und Strategien gerne auch von einem Datenschutzmanagementsystem, bei dem – wie im Fall des klassischen ISMS – die Wechselwirkung und Transparenz von Aktivitäten im Vordergrund stehen. Auch diese Prüfung ist Gegenstand eines Verfahrens- bzw. Systemaudits, auch wenn hinsichtlich des sogenannten Datenschutzmanagementsystems bis heute keine anerkannte, allgemeingültige Normierung existiert (subjektiver Maßstab).

13 Datenverarbeitende Stellen im Sinne der Vorschrift sind alle verantwortlichen Stellen gemäß § 3 Absatz 7.

III. Regelungsgehalt, Satz 2

14 Gemäß § 9a Satz 2 ist jedoch noch die Verabschiedung eines gesonderten Ausführungsgesetzes erforderlich, dass die näheren Anforderungen an die Prüfung und Bewertung, das Verfahren sowie die Auswahl und Zulassung der Gutachter regelt. Die Einführung eines bundesweit einheitlichen Datenschutzauditverfahrens unterliegt damit dem verfassungsrechtlichen Vorbehalt eines solchen Ausführungsgesetzes. Ein solches Gesetz existiert bis heute nicht.

15 Sollte es ein solches Gesetz tatsächlich – entgegen allen Erwartungen – in Zukunft geben, so wäre dieses Gesetz ohnehin als Spezialgesetz gemäß § 1 Abs. 3 dem BDSG vorrangig. § 9a ist damit nicht sehr viel mehr als eine (politische) Willensbekundung.[10]

---

5 Simitis/*Scholz*, § 9a Rn. 23, vgl. auch *Roßnagel*, Datenschutzaudit, 2000, S. 56 ff. und S. 138 ff., der das Verfahrensaudit ohne große inhaltliche Abweichung Systemaudit nennt.
6 Simitis/*Scholz*, § 9a Rn. 24, vgl. insbesondere *Roßnagel*, in: FS Büllesbach 2002, S. 140 f.
7 Simitis/*Scholz*, § 9a Rn. 25.
8 Simitis/*Scholz*, § 9a Rn. 28.
9 Simitis/*Scholz*, § 9a Rn. 29 f., vgl. auch *Hammer/Schuler*, DuD 2007, 81.
10 vgl. *Roßnagel*, Datenschutzaudit, 2000, S. 140; *Bergmann/Möhrle/Herb*, § 9a Rn. 20; Simitis/*Scholz*, § 9a Rn. 40.

IV. Bisherige Entwicklung

1. Stand der Bundesgesetze

16 In über 16 Jahren hat es nicht an Bemühungen gefehlt, eine bundesweit einheitliche Regelung für Datenschutzaudits einzuführen.

So fand sich bereits 1997 eine Regelung in § 17 Mediendienste-Staatsvertrag, die sich beinahe inhaltsgleich heute in § 9a wiederfindet, den es selbst immerhin bereits seit dem Jahr 2001 gibt. Von 1997 bis 2007 war auch eine Regelung zum Datenschutzaudit in § 47e Rundfunkstaatsvertrag enthalten. Diese mit dem 3. Rundfunkänderungsstaatsvertrag geschaffene Gesetzesnorm wurde durch den 9. Rundfunkänderungsstaatsvertrag wieder entnommen. Und schließlich befand sich im Jahr 1997 mit § 9 eine Regelung zum Datenschutzaudit in der Entwurfsfassung des damaligen Teledienstedatenschutzgesetzes, die es aber nicht in die endgültige Fassung des Gesetzes geschafft hat.[11]

17 Allen bislang benannten Gesetzesnormen fehlte das für eine Umsetzung erforderliche Ausführungsgesetz. Nachdem auch die letzte Gesetzesinitiative zur Einführung eines Datenschutzauditgesetzes im Jahres 2009 fehlschlug, fehlt dieses Ausführungsgesetz bis heute.[12] Damit gibt es aktuell keine verbindliche Regelung zu den Inhalten und Verfahren eines Datenschutzaudits auf Bundesebene.

2. Stand der Landesgesetze

18 Anders stellt sich die Situation im Bereich der Landesdatenschutzgesetze dar, die zumindest in fünf Bundesländern (Brandenburg, Bremen, Nordrhein-Westfalen, Mecklenburg-Vorpommern und Schleswig-Holstein) Regelungen zum Datenschutzaudit enthalten.[13]

Die auch hier erforderlichen Ausführungsbestimmungen zu den gesetzlich angelegten Datenschutzaudits haben die Bundesländer Bremen und Schleswig-Holstein erlassen. In den anderen drei Bundesländern fehlt bislang – wie auch auf Bundesebene – das entsprechende Ausführungsgesetz.

19 Die Bremische Datenschutzauditverordnung[14] richtet sich an öffentliche Stellen, die gemäß § 1 BremDSAuditV Verfahren einschließlich der dazugehörigen technischen Einrichtungen zum Zwecke der Verbesserung des Datenschutzes und der Datensicherheit prüfen und bewerten lassen können. Im Falle der erfolgreichen Auditierung kann die öffentliche Stelle für einen Zeitraum von zwei Jahren das Bremische Datenschutzaudit-Gütesiegel verwenden. Für die Privatwirtschaft ist in Bremen hingegen keine Auditierungsmöglichkeit vorgesehen.

20 In Schleswig-Holstein können öffentliche Stellen gemäß § 43 Abs. 2 LDSG SH ihre Datenschutzkonzepte durch das Unabhängige Landeszentrum für Datenschutz prüfen und beurteilen lassen[15], das hierfür Ausführungsbestimmungen in Form von Verwaltungsrichtlinien erlassen hat.[16] Im Falle der erfolgreichen Auditierung kann die öffentliche Stelle das Auditzeichen für einen Zeitraum von maximal drei Jahren verwenden.

21 Ferner bietet Schleswig-Holstein gemäß § 4 Abs. 2 LDSG SH in Verbindung mit der DSAVO SH[17] der Privatwirtschaft ein Produktaudit an, bei dem die Vereinbarkeit von IT-Produkten mit den Vorschriften über den Datenschutz und die Datensicherheit in einem förmlichen Verfahren festgestellt wird. IT-Produkte im Sinne dieser Verordnung sind gemäß § 1 Abs. 2 DSAVO SH Hardware, Software, automatisierte Verfahren und Dienstleistungen, die zur Nutzung durch öffentliche Stellen geeignet sind. Im Falle der erfolgrei-

11 BT-Drs. 13/7385, Gesetzentwurf Bundesregierung vom 09.04.1997, S. 57.

12 BT-Drs. 16/12011, Gesetzesentwurf der Bundesregierung vom 18.02.2009.

13 Simitis/*Scholz*, § 9a Rn. 19 f., *Bergmann/Möhrle/Herb*, § 9a Rn. 10 ff.

14 Bremische Datenschutzauditverordnung, zu finden auf der Internetseite des Landesbeauftragten für Datenschutz und Informationsfreiheit der Freien Hansestadt Bremen unter www.datenschutz-bremen.de.

15 Landesdatenschutzgesetz, zu finden auf der Internetseite des Unabhängigen Landeszentrums für Datenschutz Schleswig-Holstein unter www.datenschutzzentrum.de.

16 Simitis/*Scholz*, § 9a Rn. 22.

17 Datenschutzauditverordnung, zu finden auf der Internetseite des Unabhängigen Landeszentrums für Datenschutz Schleswig-Holstein unter www.datenschutzzentrum.de.

chen Zertifizierung können diese IT-Produkte durch ein Gütesiegel des Unabhängigen Landeszentrums für Datenschutz gekennzeichnet werden.

3. Exemplarisch der Stand in der Schweiz

Schwierigkeiten der Etablierung und Ausgestaltung von Datenschutzaudits sind letztlich kein rein deut- 22
sches Problem. Der Schweizerische Bundesrat hat bereits im Jahr 2007 die Verordnung über die Datenschutzzertifizierungen (VDSZ) erlassen, die neben einer Zertifizierung von Organisationen und Verfahren des Datenschutzes auch eine Zertifizierung von Produkten (Hardware, Software und Systemen für automatisierte Datenverarbeitungsverfahren) als Gegenstand hat.[18]

Im Rahmen der Zertifizierung von Organisationen und Verfahren gilt dabei das besondere Augenmerk 23
dem zugrunde liegenden Datenschutzmanagementsystem. Die gesetzlichen Anforderungen an solch ein System sind entsprechend Art. 4 Abs. 3 VDSZ durch die nachgelagerte Richtlinie über die Mindestanforderungen an ein Datenschutzmanagementsystem vom 16.07.2008 samt deren Anhang detailliert beschrieben und bestehen unter anderem aus den neun Grundprinzipien des Schweizer Bundesgesetzes über den Datenschutz.[19]

Im Bereich der Zertifizierung von Organisationen und Verfahren geht die Schweiz den wenig überra- 24
schenden Weg über die bekannten internationalen Standards der ISO-Norm 9001, ISO-Norm 27001 und ISO-Norm 27002. Das Schweizer Regelwerk stellt nach eigenen Aussagen eine Art spezifischer Ausweitung der Standards auf den Datenschutz dar. Hinsichtlich der nach ISO-Norm 27002 vorgeschlagenen 133 Sicherheitsmaßnahmen wurde eine Vorauswahl der datenschutzrelevantesten Maßnahmen getroffen, die sich gegenwärtig in 20 konkreten Datenschutzmaßnahmen wiederfinden.

Im Ergebnis handelt es sich demnach im Bereich der Zertifizierung von Organisationen und Verfahren um eine datenschutzrechtliche Adaption des Prüfungsumfanges des internationalen Standards ISO 27001.[20]

Im Bereich der Produktzertifizierung, in der man auf vergleichbare internationale Standards nicht derart 25
leicht zurückgreifen konnte, steht auch die Schweiz vor vergleichbaren Etablierungs- und Durchführungsproblemen. Die kontrovers aufeinandertreffenden Haltungen haben letztlich auch in der Schweiz dazu geführt, dass man sämtliche diesbezüglichen Aktivitäten – auch in Kenntnis der Probleme in Deutschland und Frankreich – bereits Ende 2010 eingefroren hat.[21]

4. Heute bestehende Gütesiegel

Seit Jahren fehlende Ausführungsgesetzte und die mitunter leidenschaftlich vorgebrachten Forderungen 26
der Wirtschaft nach geeigneten Zertifizierungsverfahren und Gütesiegeln haben zahlreiche Bereiche motiviert, auf dieses Verlangen des Marktes mit entsprechenden Angeboten zu reagieren.

Als Vorbilder dienten hierbei nicht zuletzt die bereits etablierten Gütesiegel, die allesamt ihren Ursprung 27
im Bereich des E-Commerce haben. Dort wurde mit Gütesiegeln um das Vertrauen der Kunden beim Einkauf auf Internet-Einkaufsportalen geworben. Diese Gütesiegel stehen demnach auch vornehmlich für die Einhaltung von Verbraucherschutzrechten, zu denen selbstverständlich auch Datenschutzaspekte zählen. Bis heute geht es jedoch bei diesen Gütesiegeln eher um datenschutzrechtliche Mindeststandards.[22]

Zu den sicherlich bekanntesten Gütesiegeln im Bereich des E-Commerce zählen beispielsweise das **Siegel** 28
Trusted Shop Guarantee der Trusted Shops GmbH (www.trustedshops.de) sowie das **Siegel Geprüfter Online-Shop des EHI Retail Institute GmbH** (www.trustedshops.de).

---

18 Verordnung über die Datenschutzzertifizierungen, zu finden auf der Internetseite des Eidgenössischen Datenschutz- und Öffentlichkeitsbeauftragten unter www.edoeb.admin.ch.
19 Richtlinie über die Mindestanforderungen an ein Datenschutzmanagementsystem, zu finden auf der Internetseite des Eidgenössischen Datenschutz- und Öffentlichkeitsbeauftragten unter www.edoeb.admin.ch.
20 Vgl. http://www.edoeb.admin.ch/dokumentation/00445/00509/01255/01259/index.html?lang=de.
21 Vgl. http://www.edoeb.admin.ch/themen/00794/00819/01086/01230/01712/index.html?lang=de.
22 So auch *Bergmann/Möhrle/Herb*, § 9a Rn. 9.

29 Einige dieser bereits etablierten Gütesiegel wurden nach dem Scheitern des Datenschutzauditgesetzes im Jahr 2009 unter rein datenschutzrechtlichen Aspekten weiterentwickelt. So wurde beispielsweise aus dem bisherigen **Siegel Trusted Site der TÜV Informationstechnik GmbH** (www.trusted-site.de) das neue (reine) **Datenschutz-Gütesiegel Trusted Site Privacy** (www.tuvit.de/de/datenschutz/trusted-site-privacy-1083.htm), mit dem diesem Gütesiegel zugrunde liegenden Zertifizierungsverfahren nun IT-Verfahren, Organisationen und deren Datenschutzmanagementsystem auditiert und zertifiziert werden können.

30 Weitere (reine) Datenschutz-Gütesiegel werden derzeit von zahlreichen Anbietern aus der Privatwirtschaft beworben, die allesamt aufgrund unterschiedlicher Prüfungskriterien vergeben werden.

> **!** Solange es kein einheitliches Ausführungsgesetz für ein bundesweit einheitliches Datenschutzauditverfahren gibt, gibt es auch keine die Aufsichtsbehörden in ihrer Beurteilung der Einhaltung des Datenschutzrechtes „bindenden" Gütesiegel.
>
> Sofern man sich von einem Gütesiegel einen werblichen Vorteil verspricht, ist eine solche Zertifizierung immer zu überdenken.
>
> Solange man sich damit eine zertifizierte Handlungssicherheit hinsichtlich der jeweils zuständigen Aufsichtsbehörde verspricht, ist jedoch Vorsicht geboten. Die Werthaltigkeit eines Gütesiegels liegt schwerpunktmäßig im zugrunde liegenden Prüfungskatalog, den vom Anbieter sich selbst gesetzten Gütesiegelanforderungen und der die Zertifizierung durchführenden Organisation. Die für jede verantwortliche Stelle erforderliche Überprüfung des zugrunde liegenden Prüfungskatalogs ist damit eine Pflicht. Empfehlenswert ist hierbei vor allem der detaillierte Abgleich mit den bekannten, nachfolgend noch benannten Standards. Eine Aufsichtsbehörde orientiert sich ebenfalls an diesen Standards!
>
> Vor der Beauftragung einer Zertifizierung ist empfehlenswert, sich die Gesetzeskonformität nach BDSG und allen anderweitigen im Einzelfall einschlägigen Datenschutzgesetzen für den Fall der Gütesiegel-Erteilung vertraglich zusichern zu lassen. Hierdurch erhält man einen guten Eindruck darüber, wie sehr der Gütesiegel-Anbieter seinem eigenen Zertifizierungsverfahren vertraut.

31 Aufseiten der deutschen Aufsichtsbehörden kommt seit vielen Jahren dem **Unabhängigen Landeszentrum für Datenschutz (ULD)** eine Vorreiterrolle zu, das der Privatwirtschaft auch außerhalb von Schleswig-Holstein die Möglichkeit von Produktaudits (**Hardware, Software oder automatisierte Verfahren**) durch das **ULD-Gütesiegel** offeriert. Eine Auditierung von Organisationen und Datenschutzmanagementsystemen ist jedoch auch in Schleswig-Holstein den öffentlichen Stellen vorbehalten.

> **!** Die für Sie zuständige Aufsichtsbehörde eines anderen Bundeslandes ist gesetzlich nicht an die Ergebnisse des Unabhängigen Landeszentrums für Datenschutz Schleswig Holstein gebunden.

32 Weiterhin findet sich mit dem **Zeichen EuroPrise – European Privacy Seal** (www.european-privacy-seal.eu) ein Gütesiegel auf europäischer Ebene, das im Falle der Erteilung IT-Produkten und IT-Dienstleistungen die Konformität mit den Vorschriften des Europäischen Datenschutzrechts bescheinigt.

Dieses Gütesiegel ist aus einer Initiative der Europäischen Union hervorgegangen, die 2007 unter Leitung des Unabhängigen Landeszentrums für Datenschutz ins Leben gerufen wurde, um ein europaweites, einheitliches Zertifizierungsverfahren zu etablieren.[23]

---

23 Simitis/*Scholz*, § 9a Rn. 9.

5. Dach-Zertifizierung der Stiftung Datenschutz

Überaus vielversprechende Neuigkeiten gibt es von der Stiftung Datenschutz, die auf dem besten Wege ist, alle Kritiker der Vergangenheit eines Besseren zu belehren. Nach dem Ende März 2014 verabschiedeten Konzeptentwurf[24] strebt die Stiftung Datenschutz nun unter anderem die Etablierung eines **übergreifenden Zertifizierungsstandards** an, um eine systematische und inhaltliche Vergleichbarkeit der heute am Markt bereits bestehenden Zertifizierungsangebote zu erreichen. Die angestrebte „**Dach-Zertifizierung**" der Stiftung Datenschutz soll Mindestanforderungen an Datenschutzzertifikate und Datenschutzgütesiegel formulieren und dadurch eine Orientierungshilfe in Sachen Qualität und Verlässlichkeit darstellen. 33

Dabei hilft der Stiftung Datenschutz sicherlich, dass sie kein Marktteilnehmer ist und auch nicht beabsichtigt eigene Auditierungen/Zertifizierungen in der Zukunft selbst durchzuführen. So besteht zumindest die berechtigte Hoffnung, dass die heute bereits etablierten Anbieter vorhandener Zertifizierungsstandards konstruktiv mitarbeiten und diesen Vorstoß nicht boykottieren werden.

Die vonseiten der Stiftung Datenschutz immer wieder geäußerte Bestrebung einer Einbeziehung der vonseiten der Datenschutzaufsichtsbehörden postulierten Erwartungen findet zwischenzeitlich eine breite Unterstützung im Behördenkreis. So hat der **Düsseldorfer Kreis** in seinem Beschluss vom 25./26.02.2014 seine aktive Beteiligung an einer ergebnisoffenen Diskussion öffentlich kundgetan.[25]

Die im Düsseldorfer Kreis zusammenwirkenden Aufsichtsbehörden sehen es demnach als gemeinsame Aufgabe, sich auf inhaltliche und verfahrensmäßige Anforderungen für Zertifizierungsverfahren zu verständigen und die auch auf Bundesebene begonnenen Initiativen aktiv zu begleiten. Zu diesen Initiativen zählen neben der Dach-Zertifizierung der Stiftung Datenschutz vor allem auch das vom Bundeswirtschaftsministerium geförderte Zertifizierungsmodell im Rahmen des Projektes „Trusted Cloud", bei dem speziell erlangte Zertifizierungen anderweitig gesetzlich geforderte Überzeugungshandlungen einer verantwortlichen Stelle gemäß § 11 BDSG entfallen lassen können[26].

Es bleibt abzuwarten, ob das Dach-Zertifikat der Stiftung Datenschutz in Form einer reinen **Anerkennungsstelle** oder gegebenenfalls in Form einer **Akkreditierungsstelle** (vergleichbar dem System der DAkks) umgesetzt wird.

Die Stiftung selbst will mittelfristig eine Angleichung der teilweise recht heterogenen, derzeit bestehenden, nationalen Zertifizierungssysteme erreichen. Der Anreiz, von der gemeinnützigen und in Abstimmung mit den Datenschutzaufsichtsbehörden handelnden Stiftung Datenschutz anerkannt zu werden, soll möglichst viele Zertifikatsanbieter zur Erfüllung des aufgestellten **Dach-Zertifizierungsstandards** bewegen.

Eine Übersicht der heute am Markt existierenden Zertifizierungssysteme und Gütesiegel findet sich ab Mai 2014 auf der Website der Stiftung Datenschutz.[27]

Die Stiftung Datenschutz erwägt langfristig die Entwicklung eines **eigenen Datenschutzgütesiegels**. Dieses soll nach derzeitiger Planung jedoch kein reines Datenschutz-Compliance-Zertifikat darstellen, sondern vielmehr eine Prämierung besonderer Anstrengungen und damit einem „Mehr" als den gesetzlichen Anforderungen. Berücksichtigung könnten hierbei vor allem Aspekte der Transparenz des Datenumgangs beim ausgezeichneten Unternehmen sowie die konkrete Umsetzung der Gebote von Datenvermeidung und Datensparsamkeit finden. Bei der Aufstellung solcher Kriterien für eine „BDSG+"-Auszeichnung wird es sicherlich darauf ankommen, die zugrunde liegenden Kriterien von Anfang an klar zu formulieren und zu kommunizieren, will man die Fehler der Vergangenheit nicht wiederholen. Die Kritik,

24 Vgl. Stiftung Datenschutz / Teilarbeitsgruppe Bestandsaufnahme zur Arbeitsgruppe Zertifizierungsfragen, Konzeptentwurf: Standard für datenschutzbezogene Zertifizierungssysteme (31. März 2014).

25 Düsseldorfer Kreis / Beschluss der Aufsichtsbehörden für den Datenschutz im nicht-öffentlichen Bereich (Düsseldorfer Kreis am 25./26. Februar 2014) unter: http://www.bfdi.bund.de/DE/Entschliessungen/DuesseldorferKreis/DKreis_node.html.

26 Vgl. Thesenpapier – Datenschutzrechtliche Lösungen für Cloud Computing unter: www.trusted-cloud.de/documents/Thesenpapier_Datenschutz_RZ_gesamt.pdf.

27 Vgl. http://www.stiftungdatenschutz.org.

die sich 2009 am § 11 des Entwurfs eines Gesetzes zur Regelung des Datenschutzaudits und zur Änderung datenschutzrechtlicher Vorschriften[28] entzündet hatte und zusammen mit anderen Punkten zum Scheitern des Entwurfs führte, sollte auch Jahre nach dieser inhaltlichen Auseinandersetzung überaus ernst genommen werden.

V. Das eigene Audit-System und der eigene Audit-Prüfkatalog

34 Fehlende gesetzliche Vorgaben eines verbindlichen Auditgesetzes haben Auswirkungen auf die Überlegungen einer jeden verantwortlichen Stelle im Rahmen der Auditierung der eigenen und externen Organisationsstruktur(en).

35 Nach § 9 hat die verantwortliche Stelle und deren Auftragsdatenverarbeiter die technischen und organisatorischen Maßnahmen zu treffen, die erforderlich sind, um die Ausführung des BDSG zu gewährleisten. Erforderlich sind hierbei (nur) die Maßnahmen, bei denen ihr Aufwand in einem angemessenen Verhältnis zum angestrebten Schutzzweck steht. Zwei wesentliche Fragen bleiben demnach weiterhin unbeantwortet:

1. Welche technischen und organisatorischen Maßnahmen müssen getroffen und im Rahmen der einer verantwortlichen Stelle obliegenden Überzeugungspflicht nach § 11 überprüft werden?
2. Was kann und muss gemäß § 9 an technischen und organisatorischen Maßnahmen als noch in einem angemessenen Verhältnis zum angestrebten Schutzzweck stehend verlangt werden?

36 Zahlreiche verantwortliche Stellen wären dem Gesetzgeber sicherlich dankbar, würde dieser endlich eindeutige und für jedermann verbindliche Anforderungen dieser Art aufstellen.

! Das Weniger an Sicherheit hinsichtlich der erforderlichen Anforderungen wird oftmals kompensiert durch die Eröffnung eines Argumentationsspielraumes.

Wer sich heute an den bekannten, nachfolgend dargestellten Standards orientiert, dem wird man in den seltensten Fällen ein Fehlverhalten bei der eigenen Auswahl und Entscheidungsfindung vorwerfen können.

37 Aufgrund der fehlenden, bundesweit einheitlich geltenden gesetzlichen Vorgaben können sich für viele verantwortliche Stellen echte Wettbewerbsnachteile ergeben. Aufsichtsbehörden haben aufgrund der Vielzahl der an sich zu kontrollierenden verantwortlichen Stellen letztlich nur die Möglichkeit, das Augenmerk auf wenige Einzelne zu fokussieren. Diese im Fokus der Aufsichtsbehörden stehenden verantwortlichen Stellen werden dadurch bei der Beurteilung der „Erforderlichkeit und Angemessenheit einer Maßnahme" immer eher konservativer entscheiden müssen, als dies gegebenenfalls der (kleinere) Wettbewerber machen muss. Auch diesbezüglich wären klare und für alle in identischer Weise geltende Spielregeln überaus wünschenswert.

! Eine verantwortliche Stelle muss bis zur Existenz eines bundesweit gültigen Ausführungsgesetzes auf die heute bereits existierenden, anerkannten Standards zurückzugreifen.

Im Ergebnis antizipiert die verantwortliche Stelle damit das Vorgehen einer Aufsichtsbehörde, die sich bei der Beurteilung der Angemessenheit einer technischen Maßnahme selbstverständlich ebenfalls genau dieser existierenden, anerkannten Standards bedient.

1. Standard-Dokumente für den Aufbau eines eigenen Audit-Systems

38 a) Als das in diesem Kontext sicherlich vornehmliche Regelwerk für den Aufbau eines eigenen Audit-Systems eignet sich der **Leitfaden für Audits von Qualitätsmanagement- und/oder Umweltmanagementsystemen** (19011)[29]. Diese Norm stellt nicht nur eine ideale Anleitung für das eigent-

28 Vgl. Deutscher Bundestag, Drucksache 16/ 12011, 18.02.2009, S. 10.
29 Vgl. ISO-Norm 19011; die europäische Norm hat den Status einer Deutschen Norm (DIN EN ISO 19011).

liche Management von Auditprogrammen und die Durchführung interner oder externer Audits dar, sondern benennt zeitgleich auch die wichtigsten Auditprinzipien.

b) Ein weiteres, sehr zu empfehlendes Regelwerk stammt aus dem Hause des Bundesamtes für Sicherheit in der Informationstechnik. Das Dokument **„Zertifizierungsschema nach ISO 27001 auf der Basis von IT-Grundschutz (Prüfschema für ISO-27001-Audits)**". Dieses Dokument beschreibt die verbindliche Vorgehensweise, anhand derer Auditoren für die Erlangung eines ISO-Norm-27001-Zertifikats auf der Grundlage des IT-Grundschutzes vorgehen. Das enthaltene Prüfschema kann dabei gleichzeitig als Checkliste dienen.[30] 39

2. Standard-Dokumente für den Aufbau eines eigenen Audit-Prüfkatalogs

a) Der eigene Audit-Prüfkatalog leitet sich in erster Linie von den für die jeweilige verantwortliche Stelle geltenden Gesetzesnormen ab, da die angestrebte Konformität in allen Fällen eine Konformität mit den für die eigenen Geschäftshandlungen existierenden gesetzlichen Rahmenbedingungen beinhalten soll. 40

Damit ist das BDSG – und je nach Unternehmensbranche der verantwortlichen Stelle –, das Telekommunikationsgesetz, das Telemediengesetz, die Sozialgesetzbücher, das Krebsregistergesetz und viele andere Gesetze und Richtlinien die vornehmlichste Quelle anzusetzender Prüfkriterien.

b) Hinsichtlich der Erstellung eines eigenen Audit-Prüfkatalogs eignen sich zum einen die unter Anhang A genannten Maßnahmenziele und Maßnahmen der internationalen **ISO-Norm 27001:2013**. Diese Kontrollpunkte werden durch die Maßnahmenziele und Maßnahmen der internationalen **ISO-Norm 27002:2013** ergänzt.[31]

c) Selbstverständlich ist auch ein Rückgriff auf die **BSI-Grundschutzkataloge** zu nennen, aus denen sich in Abhängigkeit zu den Gefährdungskatalogen die geeigneten Maßnahmen aus den Maßnahmenkatalogen entnehmen lassen.[32] Diese Kataloge enthalten nach herrschender Meinung Standard-Sicherheitsmaßnahmen aus den Bereichen Organisation, Personal, Infrastruktur und Technik, die bei normalen Sicherheitsanforderungen angemessen und ausreichend sind. 41

d) Ganz besonders erwähnenswert und noch immer in weiten Kreisen der Datenschutzbeauftragten überraschend unbekannt ist der **„Baustein Datenschutz" des IT-Grundschutzes**, der vom Bundesbeauftragten für den Datenschutz und Informationsfreiheit gemeinsam mit dem Arbeitskreis Technik der Datenschutzbeauftragten des Bundes und der Länder sowie den Datenschutzaufsichtsbehörden der Länder erstellt wurde. Er richtet sich an die privaten und öffentlichen Anwender für den IT-Grundschutz in Deutschland.[33] 42

Der Baustein enthält die im Umfeld des Datenschutzes typischerweise bestehenden Gefährdungslagen und benennt die hierfür empfohlenen Maßnahmen. Eine auf der entsprechenden Internetseite abrufbare Kreuzreferenz-Tabelle erläutert sehr übersichtlich die Zusammenhänge der jeweiligen zu beachtenden Gefährdungen und den diesbezüglich empfohlenen Maßnahmen.

Außerdem hat dieser Arbeitskreis eine weitere grafische Übersicht erarbeitet, in der die empfohlenen Maßnahmen der IT-Grundschutz-Kataloge unter Berücksichtigung der Zielsetzungen des Datenschutzes auf ihre Relevanz hin bewertet worden sind. So finden sich zu allen Geboten der Anlage zu § 9 die vonseiten des IT-Grundschutzkataloges empfohlenen Maßnahmen, aus denen sich sehr leicht die für die jeweilige verantwortliche Stelle erforderlichen Prüfkataloge ableiten und erstellen lassen.

---

30 Vgl. ISO 27001; die europäische Norm hat den Status einer Deutschen Norm (DIN ISO/IEC 27001).

31 Vgl. ISO 27002; die europäische Norm hat den Status einer Deutschen Norm (DIN ISO/IEC 27002).

32 Vgl. https://www.bsi.bund.de/DE/Themen/ITGrundschutz/ITGrundschutzStandards/ITGrundschutzStandards_node.html, insbesondere https://www.bsi.bund.de/DE/Themen/ITGrundschutz/ITGrundschutzKataloge/Inhalt/_content/allgemein/neues/Neues.html.

33 Vgl. https://www.bsi.bund.de/DE/Themen/weitereThemen/ITGrundschutzKataloge/ITGrundschutzDatenschutz/itgrundschutzdatenschutz_node.html.

43 e) Und schließlich kann auch der **„Anhang zu den Richtlinien über die Mindestanforderungen an das DSMS (Version vom 10.03.2010)"** der Schweizerischen Eidgenossenschaft ergänzend herangezogen werden. Auch hierin finden sich umfangeiche Maßnahmenempfehlungen für jede verantwortliche Stelle.

3. Weitere relevante (anerkannte) Standards und deren Fundstellen

44 Der Vollständigkeit halber sei zum Abschluss noch auf weitere relevante (anerkannte) Standards hingewiesen.

1. ISO/IEC 27002 (vorher ISO 17999): Leitfaden für das Informationssicherheits-Management
   iso.org
2. SAS70 Typ II: Statement on Auditing Standards No. 70: Service Organizations
   sas70.com
   bzw. nachfolgend ISAE 3402: International Standards for Assurance Engagement
   isae3402.com
3. PCI DSS: Payment Card Industry Data Security Standard
   pcisecuritystandards.org
4. SOX: Sarbanes-Oxley Act of 2002
5. US-GAPP: United States Generally Accepted Accounting Principles

C. Muster

I. Zutrittskontrolle: Auszug Audit-Fragen

45

Frage	Antwort	Risiko
1. Räumlichkeiten, in denen personenbezogene Daten erhoben, verarbeitet und/oder genutzt werden, dürfen ausschließlich von Berechtigten betreten werden – wie ist das sichergestellt?		
1a. Ist das Zutrittsberechtigungskonzept dokumentiert und einsehbar?		
1b. Existiert eine Liste aller zutrittsberechtigten Personen und ist diese Liste einsehbar?		
1c. Wer und wie oft aktualisiert die Liste der Zutrittsberechtigten aus 1b.?		
1d. Gibt es Mitarbeiterausweise mit Personenidentifikationsmerkmal (z.B. Bild) und spezieller Berechtigung für die betroffenen Räumlichkeiten?		
1c. Wie ist die Vergabe der Mitarbeiterausweise aus 1d. geregelt? Existiert dazu eine einsehbare Dokumentation?		
2. Welche technischen Mittel stellen den Zutritt nur für Berechtigte in die betroffenen Räumlichkeiten aus 1. sicher?		
2a. Ist eine Dokumentation zu 2. einsehbar?		
2b. Wie viele Zutrittsmittel (z.B. Schlüssel/Magnetkarten) existieren zu 2.?		
2c. Wie ist die Vergabe der Zutrittsmittel aus 2b. geregelt? Existiert dazu eine einsehbare Dokumentation?		

Frage	Antwort	Risiko
2d. Sind Zutrittsmittel bereits abhanden gekommen (wenn ja, wie viele und wie oft)?		
2e. Gibt es einen Meldeprozess im Falle von abhanden gekommenen Zutrittsmitteln aus 2d.? Ist der Prozess dokumentiert und einsehbar?		
2f. Wie erfolgt die Unterweisung der Mitarbeiter über den Meldeprozess aus 2e.? Existiert dazu eine einsehbare Dokumentation?		

II. Zugangskontrolle: Auszug Audit-Fragen

46

Frage	Antwort	Risiko
1. Wie erfolgt die Anmeldung der Nutzer am IT-System?		
1a. Welche Dokumentation ist zu 1. einsehbar?		
1b. Wie sind die zur Anmeldung genutzten Systemdateien verschlüsselt?		
2. Welche Passwort-Richtlinie existiert und ist sie einsehbar?		
2a. Wie werden die Nutzer über die Passwort-Richtlinie geschult? Ist eine Dokumentation dazu einsehbar?		
2b. Wie wird die Einhaltung der Passwort-Richtlinie kontrolliert?		
3. Wie erfolgt die Vergabe der Zugangsberechtigungen? Welche Dokumentation ist dazu einsehbar?		
3a. Wie erfolgt die Rücknahme von Zugangsberechtigungen?		
3b. Wie erfolgt die Vergabe von administrativen Zugangsberechtigungen?		
3c. Wie viele administrative Berechtigungen sind zurzeit vergeben?		
4. Existieren Gruppen-Zugangsberechtigungen? Wenn ja, welche Dokumentation für das unabdingbare Erfordernis dieser Gruppenberechtigungen ist einsehbar?		
4a. Wenn ja, wie ist sichergestellt, dass eine Gruppenberechtigung einer einzelnen Person zuzuordnen ist? Ist dazu eine Dokumentation einsehbar?		
4b. Wenn ja, wie wird sichergestellt, dass bei Gruppenberechtigungen nicht mehrere Personen gleichzeitig Zugang haben?		
5. Wie erfolgt der Wartungszugang zum System? Ist dazu eine Dokumentation einsehbar?		

47
III. Zugriffskontrolle: Auszug Audit-Fragen

Frage	Antwort	Risiko
1. Welche Anweisungen an Mitarbeiter gibt es, um Originaldokumente, Datenträger und Daten in Papierform während der Arbeit auch bei kurzzeitigem Verlassen des Arbeitsplatzes vor unbefugten Zugriffen zu schützen?		
1a. Gibt es eine „Clean Desk Policy"? Wenn ja, wie wird sie kontrolliert?		
2. Welche Vorgänge werden bei der Datenverarbeitung protokolliert?		
2a. Wie lange werden diese Protokolle/Logs aufbewahrt?		
2b. Wie sind diese Protokolle/Logs vorm Zugriff der System-Nutzer geschützt?		
2c. Wer und wie viele Personen haben Zugriff zu den Protokollen/ Logs?		
3. Werden Verschlüsselungsmethoden in Datenbanken und/oder Dateien eingesetzt?		
3a. Wenn ja, welche Daten werden in welchen Systemen verschlüsselt?		
3b. Wenn ja, welche Verschlüsselungsverfahren und welche Schlüssellängen werden bei 3a. eingesetzt?		
3c. Wenn ja, wie erfolgt die Vergabe der Verschlüsselungs-Passwörter? Welche Dokumentation ist dazu einsehbar?		
3d. Wenn ja, welche Passwort-Richtlinie wird bei 3c. verwendet. Welche Dokumentation ist dazu einsehbar?		
3e. Wenn ja, wie werden die Nutzer über die Verwendung der Verschlüsselung und der Passwort-Richtlinie geschult? Welche Dokumentation ist dazu einsehbar?		
4. Verfügen die zur Datenverarbeitung eingesetzten Applikationen über Möglichkeiten zum Daten-Export?		

48
IV. Weitergabekontrolle: Auszug Audit-Fragen

Frage	Antwort	Risiko
1. Über welche Kommunikationsmöglichkeiten (z.B. E-Mail, Internet, Intranet, Bluetooth, WLAN, LAN) verfügen die zur Datenverarbeitung genutzten PCs?		
1a. Über welche nutzbaren Schnittstellen (z.B. USB, Card-Reader, CD/DVD Laufwerk, RS232) verfügen die zur Datenverarbeitung genutzten PCs?		
1b. Über welche wirksame technische Schnittstellen-Kontrolle verfügen die zur Datenverarbeitung genutzten PCs? Ist dazu eine Dokumentation einsehbar?		

Frage	**Antwort**	**Risiko**
1c. Über welche nutzbaren Applikationen zur Kommunikation (z.B. FTP, *Lotus Notes, Outlook, Skype, ICQ, Office Communicator, Google-Dienste*) verfügen die zur Datenverarbeitung genutzten PCs?		
1d. Verfügen die Nutzer über administrative Rechte auf ihren PCs? Wenn ja, warum besteht dazu eine Notwendigkeit?		
1e. Wie wird sichergestellt, dass personenbezogene Daten nicht unbefugt kopiert, weitergegeben und/oder gelöscht werden? Ist dazu eine Dokumentation einsehbar?		
2. Verfügen die zur Datenverarbeitung eingesetzten Räumlichkeiten über ein WLAN?		
2a. Wenn ja, welches Login-Verfahren wird für das WLAN eingesetzt? Ist dazu eine Dokumentation einsehbar?		
2b. Wenn ja, welche Protokollierung erfolgt über die WLAN-Nutzung? Ist die Protokollierung einsehbar?		
3. Wie erfolgt der (externe) Transport von Datenträgern? Ist dazu eine Richtline oder Dokumentation einsehbar?		
3a. Welche Transportbehälter werden zu 3. eingesetzt?		
3b. Wie ist sichergestellt, dass nur Berechtigte transportierte Datenträger erhalten?		

V. Eingabekontrolle: Auszug Audit-Fragen

49

Frage	**Antwort**	**Risiko**
1. Erfolgt eine Protokollierung der Aktivitäten auf den Datei-Servern, Datenbank-Servern bzw. direkt durch die zur Datenverarbeitung eingesetzten Applikationen?		
1a. Welche Aktivitäten mit welchen Daten werden in welchen Systemen protokolliert?		
1b. Werden die Aktivitäten aller Nutzer protokolliert?		
1c. Welche Maßnahmen sind ergriffen, um die Protokolle vor Manipulation zu schützen?		
1d. Wer und wie viele Personen haben Zugriff auf die Protokolle?		
1e. Werden die Protokolle nach dem Vieraugenprinzip ausgewertet?		
1f. Wie oft und in welchem Umfang erfolgt die Auswertung nach 1e.?		
1g. Wann war die letzte routinemäßige Auswertung der Protokolle?		
1h. Welche Maßnahmen werden ergriffen, wenn Unregelmäßigkeiten in der Protokollierung erkannt werden? Sind Unregelmäßigkeiten definiert? Ist dazu eine Dokumentation einsehbar?		
1i. Wie lange werden die Protokolle archiviert?		

Frage	Antwort	Risiko
1j. Wie werden die Protokolle nach Ablauf der Archivierungsfrist gelöscht?		
2. Wo können die vorhandenen Protokolle eingesehen werden?		
3. Gibt es eine Betriebsvereinbarung zur Erhebung und Auswertung dieser Protokolle?		

50

VI. Auftragskontrolle: Auszug Audit-Fragen

Frage	Antwort	Risiko
1. Wer ist verantwortlich für die Auftragskontrolle?		
2. Welche vertraglichen Regelungen im Rahmen der Auftragsdatenverarbeitung sind zur Auftragskontrolle getroffen worden? Sind die Regelungen einsehbar?		
3. Wie und durch wen werden Weisungen zur Datenverarbeitung erteilt? Ist der Weisungsprozess dokumentiert und einsehbar?		
3a. Welche Kommunikationsmittel werden zur Erteilung von Weisungen nach 3. eingesetzt?		
3b. Werden Weisungen auch außerhalb des üblichen Verfahrens (z.B. Eilauftrag) erteilt?		
3c. Wie werden Weisungen zur Datenverarbeitung dokumentiert? Wie lange werden sie archiviert?		
3d. Wie erfolgt die Rückmeldung über den Status einer erteilten Weisung?		
3e. Wie wurden die Beteiligten über die Auftragskontrolle und den Weisungsprozess geschult? Ist dazu eine Dokumentation einsehbar?		
3f. Wie und wie oft wird die Einhaltung des Weisungsprozesses kontrolliert?		
3g. Wann und durch wen war das letzte Audit zu 3f.? Ist dazu eine Dokumentation einsehbar?		
4. Wie werden nach entsprechender Weisung Daten gelöscht? Wann war die letzte Datenlöschung?		
4a. Wie werden nach 4. Daten in Datenbanken gelöscht?		
4b. Wie werden nach 4. Daten auf löschbaren Datenträgern gelöscht?		
4c. Wie werden nach 4. Daten auf defekten, dann nicht mehr löschbaren Datenträgern gelöscht?		

VII. Verfügbarkeitskontrolle: Auszug Audit-Fragen

51

Frage	Antwort	Risiko
1. Welche grundsätzlichen Maßnahmen sind ergriffen worden, um personenbezogene Daten vor zufälliger oder vorsätzlicher Veränderung oder Vernichtung zu schützen? Ist dazu eine Dokumentation einsehbar?		
1a. Wer ist verantwortlich für die Verfügbarkeit der Daten?		
1b. Ist in der Organisation ein BCM (Business Continuity Management) geplant oder bereits etabliert? Ist dazu eine Dokumentation einsehbar?		
1c. Sind in der Organisation die IT-Service-Management-Prozesse (IT-Betrieb) an *ITIL* orientiert? Ist dazu eine Dokumentation oder Zertifizierung einsehbar?		
2. Existiert ein dokumentiertes Notfall-Management?		
2a. Wenn ja, wo ist das Notfall-Handbuch einsehbar?		
2b. Wenn ja, wie werden die Mitarbeiter über Maßnahmen aus dem Notfall-Handbuch geschult? Ist dazu eine Dokumentation einsehbar?		
2c. Wenn ja, wann war die letzte Notfall-Übung? Welche Art von Übung mit welchem Ergebnis wurde durchgeführt?		
3. Welche Betriebssysteme (Produkte, Versionen) werden auf PCs und Servern in der Datenverarbeitung eingesetzt?		
3a. Wie ist sichergestellt, dass Updates und Patches der Hersteller eingespielt werden? Gibt es hierfür einen dokumentierten und einsehbaren Prozess?		
3b. Wie lange dauert es normalerweise, bis ein veröffentlichter „kritischer Sicherheits-Patch" auf allen relevanten Systemen eingespielt wurde?		
3c. Wann wurden das letzte Mal die Server-Betriebssysteme gepatcht? Wie war das Ergebnis?		

VIII. Trennungskontrolle: Auszug Audit-Fragen

52

Frage	Antwort	Risiko
1. Wie ist sichergestellt, dass personenbezogene Daten je nach dem Zweck ihrer Erhebung oder Verarbeitung getrennt von den anderen Daten verarbeitet/gespeichert werden? Gibt es hierzu relevante Dokumentationen?		
1a. Erfolgt nach 1. eine physikalische Trennung (z.B. Festplatten) – wie ist diese technisch umgesetzt?		
1b. Erfolgt nach 1. eine logische Trennung (z.B. Partitionen) – wie ist diese technisch umgesetzt?		
1c. Wie und durch wen wird die Trennung der personenbezogenen Daten nach 1. kontrolliert? Wann war die letzte Kontrolle mit welchem dokumentierten Ergebnis?		

Frage	Antwort	Risiko
1d. Wird eine Trennung nach 1. auch innerhalb der regulären Datensicherung umgesetzt? Wenn ja, wie wird dies technisch ermöglicht? Wenn nein, aus welchem Grund ist eine Trennung nicht umsetzbar?		

§ 10 Einrichtung automatisierter Abrufverfahren

(1) [1]Die Einrichtung eines automatisierten Verfahrens, das die Übermittlung personenbezogener Daten durch Abruf ermöglicht, ist zulässig, soweit dieses Verfahren unter Berücksichtigung der schutzwürdigen Interessen der Betroffenen und der Aufgaben oder Geschäftszwecke der beteiligten Stellen angemessen ist. [2]Die Vorschriften über die Zulässigkeit des einzelnen Abrufs bleiben unberührt.

(2) [1]Die beteiligten Stellen haben zu gewährleisten, dass die Zulässigkeit des Abrufverfahrens kontrolliert werden kann. [2]Hierzu haben sie schriftlich festzulegen:

1. Anlass und Zweck des Abrufverfahrens,

2. Dritte, an die übermittelt wird,

3. Art der zu übermittelnden Daten,

4. nach § 9 erforderliche technische und organisatorische Maßnahmen.

[3]Im öffentlichen Bereich können die erforderlichen Festlegungen auch durch die Fachaufsichtsbehörden getroffen werden.

(3) [1]Über die Einrichtung von Abrufverfahren ist in Fällen, in denen die in § 12 Abs. 1 genannten Stellen beteiligt sind, der Bundesbeauftragte für den Datenschutz und die Informationsfreiheit unter Mitteilung der Festlegungen nach Absatz 2 zu unterrichten. [2]Die Einrichtung von Abrufverfahren, bei denen die in § 6 Abs. 2 und in § 19 Abs. 3 genannten Stellen beteiligt sind, ist nur zulässig, wenn das für die speichernde und die abrufende Stelle jeweils zuständige Bundes- oder Landesministerium zugestimmt hat.

(4) [1]Die Verantwortung für die Zulässigkeit des einzelnen Abrufs trägt der Dritte, an den übermittelt wird. [2]Die speichernde Stelle prüft die Zulässigkeit der Abrufe nur, wenn dazu Anlass besteht. [3]Die speichernde Stelle hat zu gewährleisten, dass die Übermittlung personenbezogener Daten zumindest durch geeignete Stichprobenverfahren festgestellt und überprüft werden kann. [4]Wird ein Gesamtbestand personenbezogener Daten abgerufen oder übermittelt (Stapelverarbeitung), so bezieht sich die Gewährleistung der Feststellung und Überprüfung nur auf die Zulässigkeit des Abrufes oder der Übermittlung des Gesamtbestandes.

(5) [1]Die Absätze 1 bis 4 gelten nicht für den Abruf allgemein zugänglicher Daten. [2]Allgemein zugänglich sind Daten, die jedermann, sei es ohne oder nach vorheriger Anmeldung, Zulassung oder Entrichtung eines Entgelts, nutzen kann.

Literatur

Bizer, Das Recht der Protokollierung, Datenschutz und Datensicherheit 2006, 270; *Engelien-Schulz*, Einrichtung automatisierter Abrufverfahren – Zu den allgemeinen datenschutzrechtlichen Anforderungen für öffentliche Stellen des Bundes, Verwaltungsrundschau 2011, 1; *Geis*, Der Betroffene als Zahl – Wirtschaftsinteresse contra Betroffenenrechte?, Recht der Datenverarbeitung 2007, 1, 2; *Hilber*, Die datenschutzrechtliche Zulässigkeit Intranet-basierter Datenbanken internationaler Konzerne, Recht der Datenverarbeitung 2005, 143, 152; *Müthlein/Heck*, Outsourcing und Datenschutz: Vertragsgestaltungen aus datenschutzrechtlicher Sicht, 3. Aufl. 2006.

▶ Darum geht es

Onlineabruf; Abrufverfahren im Konzern; Allgemein zugängliche Daten; Geschlossene Benutzergruppe; Verhältnis zum TMG; Zulässigkeit der Einrichtung; Angemessenheit; Gewährleistung der Kontrolle; Dokumentationspflicht; Verantwortung für einzelne Abrufe; Anlassbezogene Prüfung; Stichprobenkontrollen; Protokollierung; Datensicherungsmaßnahmen; Stapelverarbeitung

Schlagworte

Abrufverfahren; Abteilung; allgemein zugängliche Daten; Angemessenheit; Automatisiertes Abrufverfahren; Auftragsdatenverarbeitung; Benutzerkreis; Beschwerde; Bundesnachrichtendienst; Bundesverteidigungsministerium; Cloud Computing; Dringlichkeit; Datenart; Datenempfänger; Datensicherungsmaßnahmen; Datenübermittlung; Dokumentation; Dokumentationspflicht; Eingabekontrolle; einzelner Abruf; Erforderlichkeit; Finanzbehörden; Geschlossene Benutzergruppe; Identität; Kontrolle; Kontrollierbarkeit der Zulässigkeit; Konzern; Militärischer Abschirmdienst; Ministerium; Persönlichkeitsrecht; Polizeibehörden; Protokollierung; Staatsanwaltschaft; Stapelverarbeitung; Schriftliche Festlegung; Schutzwürdige Interessen; Stichprobenkontrollen; Stapelverarbeitung; Technische und organisatorische Maßnahmen; Telemediengesetz; Vertraulichkeit; Verfassungsschutzbehörden; Weitergabekontrolle; Zugangskontrolle; Zweck

Weitere relevante Vorschriften

§§ 9, 29 Abs. 2 Satz 4, 31; §§ 11–15a TMG

A. Allgemeines

I. Regelungsgegenstand

1. Sinn und Zweck der Norm

1 Im automatisierten Abrufverfahren stellt die verantwortliche Stelle (speichernde Stelle) bestimmte bei ihr gespeicherte Daten für Dritte zum Abruf bereit. Die abrufende Stelle kann selbst entscheiden, ob und wann sie bestimmte Daten aus diesem Bestand abruft. Die speichernde Stelle prüft die Zulässigkeit der Datenabrufe im Einzelfall nicht. Dadurch erhält die abrufende Stelle „Verfügungsgewalt" über bestimmte Daten des Betroffenen.

2 Für den Betroffenen bietet dieses Verfahren zunächst weniger Schutz als eine von der speichernden Stelle gesteuerte Übermittlung, bei der diese für die Rechtmäßigkeit der Datenübermittlung im Einzelfall verantwortlich ist. Darum sieht der Gesetzgeber für die Einrichtung automatisierter Abrufverfahren besondere formelle und materielle Zulässigkeitsvoraussetzungen vor und verpflichtet die speichernde Stelle, Stichprobenkontrollen der Einzelabrufe zu ermöglichen.

2. Anwendungsbereich

§ 10 ist Bestandteil der „gemeinsamen Bestimmungen" im ersten Abschnitt des BDSG. Er ist sowohl von 3
öffentlichen als auch von nicht-öffentlichen Stellen zu beachten.

a) Automatisierter Abruf

Automatisierte Abrufverfahren sind Verfahren, die den Abruf von Informationen aus einem Datenbe- 4
stand mithilfe eines internen oder externen Netzes ermöglichen.[1] Die Daten werden dabei in der Regel online auf einem Server zur Verfügung gestellt. Der Abruf kann sowohl als Einzelabruf als auch im Wege der Stapelverarbeitung (Abruf von Datensätzen) erfolgen.[2] Der einzelne Datenabruf ist eine **Datenübermittlung** in der Variante des § 3 Abs. 4 Nr. 3b.

Ein **Abruf** setzt voraus, dass der Empfänger den Übermittlungsvorgang selbst auslöst und Art und Um- 5
fang der zu übermittelnden Daten einseitig bestimmen kann (Verfügungsgewalt). Unverlangt zugesandte Informationen oder regelmäßige Datenübermittlungen durch die speichernde Stelle sind keine Abrufe.[3]

b) Abruf personenbezogener Daten durch Dritte

Der Anwendungsbereich umfasst nur Abrufe **personenbezogener Daten** (§ 3 Abs. 1) durch **Dritte**. Da- 6
tenflüsse innerhalb der verantwortlichen Stelle werden nicht erfasst. Abrufverfahren, die nur von Mitarbeitern einer verantwortlichen Stelle genutzt werden können, unterliegen darum nicht den besonderen Anforderungen von § 10. Dies gilt beispielsweise für Abrufverfahren innerhalb einer Behörde oder eines Unternehmens, die mehreren Abteilungen zur Verfügung stehen.[4]

Abrufverfahren innerhalb eines Konzerns, an denen verschiedene konzernangehörige **Gesellschaften** 7
teilnehmen, werden hingegen vom Anwendungsbereich erfasst.[5] Datenschutzrechtlich gilt jede eigenständige juristische Person innerhalb eines Konzerns als verantwortliche Stelle im Sinne von § 3 Abs. 7.

Nicht von der Regelung erfasst sind Fälle der **Auftragsdatenverarbeitung** gemäß § 11,[6] denn gemäß 8
§ 3 Abs. 8 Satz 3 gilt der Auftragnehmer im Rahmen einer Datenverarbeitung im Auftrag nicht als Dritter. Eine Auftragsdatenverarbeitung kann z.B. bei der Auslagerung von IT-Dienstleistungen an andere Behörden oder private Dienstleister vereinbart werden.[7] Werden dagegen weitergehende Aufgaben in Form einer Funktionsübertragung ausgelagert, ist § 10 im Rahmen von Abrufverfahren zu beachten, z.B. wenn der „Outsourcinggeber" Daten beim „Outsourcingnehmer" im Rahmen eines Onlinezugriffs abrufen will.[8]

> Beim Cloud Computing liegt in der Regel kein Verfahren gemäß § 10 vor, denn hier steuert die abrufende Stelle zugleich den gesamten Verarbeitungsvorgang selbst.[9]

c) Abruf allgemein zugänglicher Daten nicht erfasst

§ 10 Abs. 5 regelt eine wichtige Beschränkung des Anwendungsbereichs. Danach sind die Anforderun- 9
gen von § 10 nicht auf den Abruf **allgemein zugänglicher Daten** anzuwenden. Allgemein zugängliche Daten werden in Abs. 5 Satz 2 als Daten, die **jedermann nutzen** kann, definiert. § 10 ist demnach nur dann anwendbar, wenn die zum Abruf bereitgehaltenen Datenbestände ausschließlich von Angehörigen einer **geschlossenen Benutzergruppe** abgerufen werden können.[10]

---

1 *Bergmann/Möhrle/Herb*, § 10 Rn. 3; Taeger/Gabel/*Schultze-Melling*, § 10 Rn. 1.
2 *Bergmann/Möhrle/Herb*, § 10 Rn. 3; Taeger/Gabel/*Schultze-Melling*, § 10 Rn. 1.
3 *Bergmann/Möhrle/Herb*, § 10 Rn. 3.
4 *Gola/Schomerus*, § 10 Rn. 5; Taeger/Gabel/*Schultze-Melling*, § 10 Rn. 5.
5 *Gola/Schomerus*, § 10 Rn. 5; Taeger/Gabel/*Schultze-Melling*, § 10 Rn. 5.
6 *Simitis/Ehmann*, § 10 Rn. 20; Taeger/Gabel/*Schultze-Melling*, § 10 Rn. 5.
7 Zu den Voraussetzungen einer Auftragsdatenverarbeitung siehe § 11 Rn. 23 ff.
8 *Mühlein/Heck*, Outsourcing und Datenschutz S. 37.
9 Simitis/*Ehmann*, § 10 Rn. 22.
10 Taeger/Gabel/*Schultze-Melling*, § 10 Rn. 6; *Gola/Schomerus*, § 10 Rn. 8a.

10 Eine derartige **Beschränkung der Benutzergruppe** ergibt sich jedoch nicht bereits aus dem Erfordernis einer vorherigen Anmeldung, Zulassung oder der Zahlung eines Entgelts. In diesen Fällen ist der Zugang zwar durch **technische oder organisatorische Vorkehrungen** beschränkt, diese können aber **grundsätzlich von jedermann** erfüllt werden. Beispiele hierfür sind etwa über das Internet zugängliche Literaturdatenbanken mit Angaben zu den Autoren, offene Fachdatenbanken, Branchenverzeichnisse oder Telefonverzeichnisse.

11 **Nicht allgemein zugänglich** sind hingegen Datensammlungen, die nur für **bestimmte Benutzerkreise** eingerichtet werden und deren Zugang auf Stellen beschränkt ist, die zu diesem Benutzerkreis gehören.[11] Beispiele für von § 10 erfasste Abrufverfahren sind etwa Wirtschaftsauskunfteien mit einem beschränkten Kreis von abrufenden Stellen, das Hinweis- und Informationssystem der Versicherungswirtschaft (HIS), elektronische Gerichtsakten, Konzerndatenbanken sowie Datenbanken, zu denen nur bestimmte Berufsgruppen Zugang haben.

> **!** Soweit lediglich allgemein zugängliche Daten zur Verfügung gestellt werden, darf ein automatisiertes Abrufverfahren eingerichtet werden, ohne die Voraussetzungen von § 10 Abs. 1–4 zu erfüllen.

d) Bereichsspezifische Vorschriften im öffentlichen Bereich

12 Im öffentlichen Bereich bestehende Abrufverfahren unterliegen, unabhängig davon, ob die Informationen Bürgern zur Verfügung stehen (wie z.B. das elektronische Grundbuch, das Handelsregister, das Schuldnerverzeichnis etc.), oder anderen Verwaltungsstellen (wie z.B. das Ausländerzentralregister, die Datei für elektronische Lohnsteuerabzugsmerkmale beim Bundeszentralamt für Steuern oder das zentrale Verkehrsinformationssystem ZEVIS) häufig weitergehenden bereichsspezifischen Vorschriften.[12]

II. Systematik

1. Aufbau der Regelung

13 § 10 regelt die Zulässigkeit der **Einrichtung und Durchführung des Abrufverfahrens** als solches. Die Zulässigkeit der **einzelnen Abrufe** beurteilt sich gem. Abs. 1 Satz 2 nach den jeweils für die **Übermittlung einschlägigen Vorschriften**.

- **Abs. 1 Satz 1** regelt die Anforderungen an die **Einrichtung** automatisierter Abrufverfahren.
- **Abs. 2** verpflichtet die beteiligten Stellen, die **Anforderungen** an das Abrufverfahren **schriftlich festzulegen**, um eine **Kontrolle der Zulässigkeit** des Abrufverfahrens zu gewährleisten.
- **Abs. 3** enthält zusätzliche **Informations- und Genehmigungspflichten** für bestimmte Stellen des **öffentlichen Bereichs**.
- **Abs. 4** stellt die **Verantwortlichkeit** der abrufenden Stelle für die **einzelnen Abrufe** klar und begründet eine Verpflichtung der **speichernden Stelle** zu **anlassbezogenen Kontrollen** und zur Ermöglichung von **Stichprobenkontrollen**.

2. Verhältnis zum Telemediengesetz

14 Automatisierte Abrufverfahren basieren häufig auf Telemedien und unterliegen ggf. als **Telemediendienste** (§ 1 Abs. 1 TMG) dem TMG. Insoweit sind neben dem BDSG auch die bereichsspezifischen Datenschutzvorschriften der §§ 11–15a TMG zu beachten.

15 Die **§§ 11–15a TMG** regeln den Schutz personenbezogener **Daten des Nutzers** von Telemediendiensten. **§ 10** hingegen hat eine andere Zielrichtung. Er schützt die **Daten der Betroffenen**, die von Nutzern

---

11 *Bergmann/Möhrle/Herb*, § 10 Rn. 45; Simitis/*Ehmann*, § 10 Rn. 123.
12 Eine umfangreiche Zusammenstellung findet sich bei Simitis/*Ehmann*, § 10 Rn. 126 ff.

des Abrufverfahrens abgerufen werden können, und bietet somit **Schutz vor dem Nutzer** des Abrufverfahrens. Darum geht § 10 im Zweifel als speziellere Vorschrift für das Abrufverfahren vor.[13]

16 Die Verpflichtung der speichernden Stelle gem. § 10 Abs. 4, Daten im Rahmen von Stichproben zu speichern, wird darum nicht durch die Begrenzung der Verwendung von Nutzerdaten auf Zwecke der Inanspruchnahme der Telemedien und der Abrechnung gem. § 15 Abs. 1 TMG aufgehoben.[14]

III. Ausblick auf die Novellierung des Europäischen Datenschutzrechts

17 Das automatisierte Abrufverfahren ist im Entwurf der EU-Datenschutz-Grundverordnung vom 25.01.2012 bislang nicht näher geregelt. Gem. Artikel 4 Abs. 3 des Entwurfs ist allerdings neben der Übermittlung auch „jede andere Form der Bereitstellung" von Daten eine „Verarbeitung". Wenn aber bereits die Bereitstellung zum Abruf als Verarbeitung gilt, müssen die Voraussetzungen einer rechtmäßigen Verarbeitung bereits in dem Zeitpunkt vorliegen, in dem die Daten zum Abruf bereitgestellt werden. Eine Verarbeitung im Sinne von Artikel 4 ist gem. Artikel 6 des Entwurfs dann rechtmäßig, wenn mindestens einer der dort geregelten Erlaubnistatbestände erfüllt ist. Für den Großteil der Abrufverfahren dürfte Artikel 6 Ziffer 1f) einschlägig sein. Danach ist eine Verarbeitung rechtmäßig, wenn sie zur Wahrung der berechtigten Interessen des für die Verarbeitung Verantwortlichen erforderlich ist, sofern nicht die Interessen der betroffenen Person überwiegen. Im Abrufverfahren dürften sowohl die speichernde Stelle als auch die abrufende Stelle im Sinne von Artikel 4 Abs. 5 für die Verarbeitung verantwortlich sein. Denn im Abrufverfahren entscheiden diese beiden Stellen gemeinsam über die Zwecke und Bedingungen der Verarbeitung.

18 Es kommt danach also nicht darauf an, dass die Einrichtung eines Abrufverfahrens an sich angemessen ist. Artikel 6 Nr. 1f) stellt vielmehr darauf ab, ob die Bereitstellung des Gesamtbestandes der abrufbaren Daten für die speichernde Stelle und die abrufenden Stellen bereits im Zeitpunkt der erstmaligen Bereitstellung erforderlich ist. Dies dürfte in der Regel zu verneinen sein, weil sich ein berechtigtes Interesse der abrufenden Stelle an der Kenntnis des Gesamtbestandes der Daten häufig nicht begründen lassen dürfte.

19 Diese Regelung entspricht dem Stand des BDSG 1977, das automatisierte Abrufverfahren nicht generell verbot, ihre Einrichtung im konkreten Fall in der Regel allerdings nicht zuließ.[15] Im BDSG wurde diese Regelung im Rahmen der Novellierung 1990 durch die aktuelle Regelung ersetzt.

B. Inhalt der Regelung

I. Zulässigkeit der Einrichtung automatisierter Abrufverfahren

20 Vor der Einrichtung eines Abrufverfahrens ist die Zulässigkeit des Verfahrens durch die beteiligten Stellen zu prüfen.[16] Nach dem Gesetz ist für die Einrichtung grundsätzlich keine behördliche Erlaubnis erforderlich. Eine Ausnahme hiervon bilden gem. Abs. 3 Satz 2 Abrufverfahren, an denen Strafverfolgungs- und bestimmte Sicherheitsbehörden beteiligt sind (siehe unten, Rn. 31). Ferner ist zu prüfen, ob eine Vorabkontrolle gem. § 4d Abs. 5 durch den betrieblichen bzw. behördlichen Datenschutzbeauftragten erforderlich ist.

21 Materielle Voraussetzung für die Zulässigkeit eines automatisierten Abrufverfahrens ist dessen **Angemessenheit**.[17] Die Angemessenheit ist in der Regel gegeben, wenn ein automatisierter Abruf aus besonderen Gründen anstelle anderer Formen der Übermittlung geboten ist. Zur Prüfung der Angemessenheit haben die beteiligten Stellen eine **umfassende Interessenabwägung** durchzuführen. Dabei ist zunächst zu prüfen, ob ein automatisiertes Abrufverfahren für die Aufgabe (bei öffentlichen Stellen) oder

13 Taeger/Gabel/*Schultze-Melling*, § 10 Rn. 8; *Gola/Schomerus,*, § 10 Rn. 7.
14 *Gola/Schomerus*, § 10 Rn. 8.
15 Simitis/*Ehmann*, § 10 Rn. 3.
16 Simitis/*Ehmann*, § 10 Rn. 47; Plath/*Plath*, § 10 Rn. 10.
17 Simitis/*Ehmann*, § 10 Rn. 49; *Engelien-Schulz*, VR 2011, 1, 3.

den Geschäftszweck (bei nicht-öffentlichen Stellen) der beteiligten Stellen **erforderlich** ist.[18] Die Erforderlichkeit ist dann zu bejahen, wenn **kein** anderes **gleich geeignetes** Übermittlungsverfahren zur Verfügung steht. Ferner sind die durch das Abrufverfahren betroffenen **schutzwürdigen Interessen des Betroffenen** zu ermitteln. Es ist zu prüfen, welche Gefahren für das **Persönlichkeitsrecht** das Abrufverfahren mit sich bringt und ob diesen durch geeignete Maßnahmen effektiv begegnet werden kann. Auf dieser Basis ist zu beurteilen, ob das Interesse der beteiligten Stellen an der Einrichtung des Abrufverfahrens überwiegt. Bei öffentlichen Stellen hat die Abwägung nach pflichtgemäßem Ermessen zu erfolgen.[19]

22 Welche Elemente im Einzelnen in den Abwägungsprozess einzustellen sind, hängt von der konkreten Konstellation ab, für die das Verfahren eingerichtet werden soll und kann nicht allgemeingültig beantwortet werden. In den meisten Fällen werden insbesondere folgende Gesichtspunkte eine Rolle spielen:

- Aufseiten **des Betroffenen**:
  - Die **Art der** zu übermittelnden **Daten**, insbesondere, ob **besondere personenbezogene Daten** im Sinne von § 3 Abs. 9 oder sonstige sensible Daten des Betroffenen abgerufen werden können[20]
  - Der Grad der **Gefährdung des Persönlichkeitsrechts** durch die Abrufbarkeit personenbezogener Daten[21]
  - Der Grad der **Vertraulichkeit der Daten** (z.B. aufgrund einer gesetzlichen Schweigepflicht oder einer Vertraulichkeitsvereinbarung mit dem Betroffenen)
- Aufseiten der beteiligten Stellen:
  - Die **Dringlichkeit** und **Häufigkeit** der Übermittlungen[22]
  - Die **Anzahl und Art der beteiligten Stellen** (öffentliche oder nicht-öffentliche)
  - **Anlass und Zweck des Abrufverfahrens**[23]
  - Möglichkeit und Aufwand bzw. Kosten **alternativer Übermittlungsmethoden**[24]
  - Erleichterung und Zeiteinsparung durch den **Abruf großer Datenbestände** oder einer **großen Anzahl von einzelnen Daten** (Massenverfahren)[25]
  - Ob und inwieweit Gefahren für den Betroffene durch **technische und organisatorische Maßnahmen** gem. § 9 begegnet werden kann[26]
  - Die Beteiligung von abrufenden Stellen mit Sitz in einem **Drittland** und das Schutzniveau dieses Drittlandes.

23 An der Angemessenheit fehlt es etwa, wenn pro Jahr nur 10 Abrufe anfallen würden[27] oder wenn die abrufende Stelle unkontrolliert auf eine Vielzahl besonders sensibler Daten der Betroffenen zugreifen kann. Dagegen spricht beispielsweise für die Angemessenheit, wenn durch den automatisierten Abruf die Aktualität von Daten garantiert wird, die schnell veralten, oder wenn das Abrufverfahren eine für das Persönlichkeitsrecht schonende Alternative zu anderen Methoden der Datenerhebung ist.[28]

---

18 *Bergmann/Möhrle/Herb,* § 10 Rn. 15.
19 *Bergmann/Möhrle/Herb,* § 10 Rn. 14.
20 Plath/*Plath*, § 10 Rn. 14; Taeger/Gabel/*Schultze-Melling*, § 10 Rn. 9; Simitis/*Ehmann*, § 10 Rn. 65.
21 Taeger/Gabel/*Schultze-Melling*, § 10 Rn. 9; Plath/*Plath*, § 10 Rn. 15; *Bergmann/Möhrle/Herb,* § 10 Rn. 15.
22 Plath/*Plath*, § 10 Rn. 14; *Bergmann/Möhrle/Herb,* § 10 Rn. 15.
23 Simitis/*Ehmann*, § 10 Rn. 60.
24 Plath/*Plath*, § 10 Rn. 14.
25 *Bergmann/Möhrle/Herb,* § 10 Rn. 15; Plath/*Plath*, § 10 Rn. 15.
26 Simitis/*Ehmann*, § 10 Rn. 68.
27 *Bergmann/Möhrle/Herb,* § 10 Rn. 15.
28 *Bergmann/Möhrle/Herb,* § 10 Rn. 16; OLG Stuttgart, Beschluss v. 26.08.2002, Az. 1 Ss 230/02 zu §§ 22 Abs. 3 PaßG, 8 Abs. 2 Datenschutzgesetz Baden-Württemberg.

An der Angemessenheit fehlt es im Übrigen von vornherein, wenn der Datenabruf gegen den **Grundsatz der Zweckbindung** oder gegen andere **gesetzliche Vorschriften** verstößt.[29] 24

II. Gewährleistung der Kontrolle (Abs. 2)

Nach Satz 1 sind die beteiligten Stellen gemeinsam dafür verantwortlich, dass die Zulässigkeit des Abrufverfahrens **jederzeit kontrolliert** werden kann. Diese Verpflichtung soll insbesondere eine effektive Kontrolle durch die zuständige Aufsichtsbehörde (§ 38) im nicht-öffentlichen Bereich bzw. durch den Bundesbeauftragten für den Datenschutz (§ 24) im öffentlichen Bereich sowie ggf. durch den internen Datenschutzbeauftragten (§ 4g) ermöglichen. 25

Dazu müssen bereits vor Inbetriebnahme des Abrufverfahrens die in Abs. 2 Satz 2 aufgeführten Punkte **schriftlich festgelegt** werden.[30] Die Erfüllung dieser **Dokumentationspflicht** ist keine bloße Ordnungsvorschrift, sondern eine echte **Zulässigkeitsvoraussetzung** des Abrufverfahrens.[31] Sie ist so detailliert zu erfüllen, dass auf ihrer Grundlage sowohl die Einrichtung des Abrufverfahrens gem. Abs. 1 als auch die der Zulässigkeit des Abrufs im Einzelfall überprüft werden kann. 26

Die Festlegungen sind von den beteiligten Stellen selbst zu treffen. Sie sind nur dann geeignet, die Kontrollierbarkeit des Verfahrens zu gewährleisten, wenn sie für die beteiligten Stellen **verbindlich** sind[32], z.B. in Form einer vertraglichen Vereinbarung über das Abrufverfahren, zu deren Bestandteil die Festlegungen gemacht werden. Die Dokumentationspflicht obliegt allen beteiligten Stellen.[33] Im öffentlichen Bereich können diese Festlegungen gem. Abs. 2 Satz 3 auch durch die Fachaufsichtsbehörde getroffen werden.[34] 27

- Gem. **Nr. 1** sind zunächst **Anlass und Zweck** des Abrufverfahrens festzulegen. Darüber hinaus sind auch die gem. Abs. 1 durchzuführende **Interessenabwägung** und deren Ergebnis in geeigneter Weise zu dokumentieren.[35] Andernfalls kann die Angemessenheit des Abrufverfahrens nicht überprüft werden. Dabei sind auch Angaben über die Rechtsgrundlage der Zulässigkeit einzelner Abrufe und die konkrete Aufgabe, für welche die Daten benötigt werden, festzuhalten.[36] 28
- Nach **Nr. 2** sind die **Datenempfänger** so konkret wie möglich zu benennen. Allgemeine Angaben wie z.B. „Versicherungsunternehmen" oder „Staatsanwaltschaften" genügen der Dokumentationspflicht nicht.[37]
- **Nr. 3** verpflichtet zur Angabe der einzelnen zu übermittelnden **Datenarten**, z.B. Name, Geburtsdatum, Beruf etc. Die Festlegung des betroffenen Personenkreises bzw. Datenbestandes (z.B. „Kundendaten") ist insoweit nicht ausreichend.[38]
- Schließlich sind nach **Nr. 4** noch die einzelnen gem. § 9 getroffenen **Datensicherungsmaßnahmen** kurz zu beschreiben. Ein pauschaler Verweis auf die Anlage zu § 9 Satz 1 genügt hierfür nicht. Die Maßnahmen müssen konkret beschrieben werden.[39]

Darüber hinaus sind in der Dokumentation auch ggf. gem. Abs. 3 erforderliche **Zustimmungen von Landes- oder Bundesbehörden** zu erwähnen.[40] Im Übrigen ist die Aufzählung in Abs. 2 abschließend.[41] Weitere Angaben können aber zur Ergänzung der Festlegungen sinnvoll sein, z.B. wenn Daten im Rahmen einer Auftragsdatenverarbeitung zum Abruf bereitgestellt werden.[42] 29

---

29 Taeger/Gabel/*Schultze-Melling*, § 10 Rn. 10; *Bergmann/Möhrle/Herb*, § 10 Rn. 17.
30 *Gola/Schomerus*, § 10 Rn. 14; Plath/*Plath*, § 10 Rn. 24.
31 *Bergmann/Möhrle/Herb*, § 10 Rn. 22.
32 *Müthlein/Heck*, S. 39.
33 *Gola/Schomerus*, § 10 Rn. 14.
34 *Bergmann/Möhrle/Herb*, § 10 Rn. 21.
35 *Gola/Schomerus*, § 10 Rn. 14; *Bergmann/Möhrle/Herb*, § 10 Rn. 22.
36 *Bergmann/Möhrle/Herb*, § 10 Rn. 22.
37 *Gola/Schomerus*, § 10 Rn. 14; *Bergmann/Möhrle/Herb*, § 10 Rn. 22.
38 *Bergmann/Möhrle/Herb*, § 10 Rn. 22; *Gola/Schomerus*, § 10 Rn. 14.
39 *Bergmann/Möhrle/Herb*, § 10 Rn. 22.
40 Taeger/Gabel/*Schultze-Melling*, § 10 Rn. 15.
41 Taeger/Gabel/*Schultze-Melling*, § 10 Rn. 17; *Gola/Schomerus*, § 10 Rn. 14.
42 *Gola/Schomerus*, § 10 Rn. 14; Taeger/Gabel/*Schultze-Melling*, § 10 Rn. 17.

III. Unterrichtung des Bundesbeauftragten für den Datenschutz bei Beteiligung öffentlicher Stellen des Bundes (Abs. 3 Satz 1)

30 Sind öffentliche Stellen des Bundes (§ 12 Abs. 1) am Abrufverfahren beteiligt, ist der Bundesbeauftragte für den Datenschutz (§ 23) unter Mitteilung der Festlegungen nach Abs. 2 über die Einführung des Abrufverfahrens zu unterrichten. Die Unterrichtung des Bundesbeauftragten für den Datenschutz hat spätestens mit Abschluss der gem. § 4 d Abs. 5 erforderlichen Vorabkontrolle des Abrufverfahrens durch den behördlichen Datenschutzbeauftragten zu erfolgen.[43]

IV. Abrufverfahren mit Beteiligung von Sicherheits- und Strafverfolgungsbehörden (Abs. 3 Satz 2)

31 Die **Zustimmung** des jeweils **zuständigen Ministeriums** wird erforderlich, wenn an einem Abrufverfahren eine der folgenden in § 6 Abs. 2 oder § 19 Abs. 3 genannten Behörden beteiligt ist:

- Behörden der **Staatsanwaltschaft** (siehe § 6 Abs. 2),
- **Polizeibehörden** (siehe § 6 Abs. 2),
- oder **Finanzbehörden**, soweit sie personenbezogene Daten zur Überwachung und Prüfung speichern (siehe § 6 Abs. 2),
- **Verfassungsschutzbehörden** (siehe § 19 Abs. 3),
- der **Bundesnachrichtendienst** (siehe § 19 Abs. 3),
- der **Militärische Abschirmdienst** (siehe § 19 Abs. 3) oder
- andere **Behörden des Bundesverteidigungsministeriums**, soweit die Sicherheit des Bundes berührt wird (siehe § 19 Abs. 3).

32 Dadurch wird gewährleistet, dass in diesem sensiblen Bereich auch Geschichtspunkte berücksichtigt werden können, die nicht Gegenstand der Angemessenheitsprüfung sind, wie z.B. politische Interessen. Ohne die Zustimmung des Ministeriums ist die Einrichtung des Abrufverfahrens unzulässig.[44]

V. Verantwortung für die Rechtmäßigkeit der einzelnen Abrufe

1. Verantwortung für die Zulässigkeit einzelner Abrufe (Abs. 4 Satz 1)

33 Die **Verantwortung** für die Zulässigkeit **einzelner Abruf**e trägt gem. Abs. 4 Satz 1 die abrufende Stelle. Dies ist folgerichtig, da die einzelnen Abrufe ohne Mitwirkung der speichernden Stelle erfolgen. Deren Zulässigkeit richtet sich nach den allgemeinen Vorschriften über die Datenerhebung und -übermittlung. Im BDSG sind dafür insbesondere die §§ 4, 13 bis 16 und 28 bis 30 einschlägig. Damit obliegt der abrufenden Stelle die Einhaltung sämtlicher Zulässigkeitsvoraussetzungen der Datenübermittlung und sie haftet für unzulässige Datenabrufe.[45] Bei besonders schutzwürdigen Daten empfiehlt es sich, dass die abrufende Stelle die Zulässigkeit der Einzelabrufe protokolliert.[46]

2. Anlassbezogene Prüfung durch die speichernde Stelle (Abs. 4 Satz 2)

34 Der übermittelnden Stelle verbleibt jedoch gem. Abs. 4 Satz 2 eine Restverantwortung. Sie hat die Zulässigkeit der Abrufe zu überprüfen, wenn dazu Anlass besteht, d.h. wenn **Indizien** vorliegen, die in einem **konkreten Fall** einen **unzulässigen Abruf** vermuten lassen.[47] Solche Indizien können z.B. Beschwerden Betroffener sein, die nicht offensichtlich unbegründet oder querulatorischer Natur sind.[48] Ein Anlass kann sich aber auch aus internen Stichprobenkontrollen oder Hinweisen von Mitarbeitern ergeben. Der

43 Ausführlich dazu: *Bergmann/Möhrle/Herb,* § 10 Rn. 27.
44 *Bergmann/Möhrle/Herb,* § 10 Rn. 28; Simitis/*Ehmann*, § 10 Rn. 80.
45 *Geis*, RDV 2007, 1, 2.
46 *Müthlein/Heck*, S. 40.
47 Simitis/*Ehmann*, § 10 Rn. 101; *Hilber*, RDV 2005, 143, 152.
48 *Bergmann/Möhrle/Herb,* § 10 Rn. 35; Simitis/*Ehmann*, § 10 Rn. 102.

Umfang der Prüfung hängt von dem jeweiligen Anlass ab und kann sowohl einzelne Abrufe als auch das gesamte Abrufsystem betreffen.[49]

3. Gewährleistung von Stichprobenkontrollen durch die speichernde Stelle (Abs. 4 Satz 3)

Die speichernde Stelle ist verpflichtet, ein **Verfahren** einzurichten, durch das stichprobenhaft überprüft werden kann, ob ein Abruf erfolgt ist und ob dieser zulässig war. Dazu ist es erforderlich, einzelne Abrufe zu protokollieren.[50] Eine **vollständige Protokollierung** aller Abrufe verlangt das Gesetz allerdings **nicht**, denn dies würde über eine Gewährleistung von Stichprobenkontrollen hinausgehen.[51] Dieses Verständnis entspricht der begrenzten Verantwortung der speichernden Stelle für die einzelnen Abrufe. 35

> **!** Beschwert sich ein Betroffener bei der speichernden Stelle über einen Datenabruf, den diese nicht protokolliert hat, kann sie ihn darauf hinweisen, dass nach dem Gesetz die abrufende Stelle die Verantwortung für die Rechtmäßigkeit des Datenabrufs trägt.

Sinn und Zweck der Regelung ist es, Rückschlüsse auf die Gesamtheit der automatisierten Abrufe zu ermöglichen.[52] Die Protokollierung ist so auszugestalten, dass damit eine für das Datenabrufverfahren als Ganzes aussagefähige und risikoadäquate Kontrolle stattfinden kann.[53] Der **Umfang der zu protokollierenden Datenabrufe** wird im Gesetz nicht näher konkretisiert. In der Literatur werden Mindestquoten von 2 % – 10 % diskutiert.[54] Eine allgemeingültige Mindestquote lässt sich jedoch kaum festlegen, da in der Praxis immer die Besonderheiten des Einzelfalls zu berücksichtigen sind. Ein Stichprobenverfahren wird im Allgemeinen dann zu repräsentativen Ergebnissen führen, wenn die einzelnen Stichproben rein **zufällig** und für die abrufende Stelle **nicht vorhersehbar** durchgeführt werden und eine gewisse Kontrolldichte sichergestellt ist.[55] Bei einem Bestand besonders sensibler Daten oder einer erhöhten Gefahr unzulässiger Abrufe ist vorsichtshalber eine erhöhte Kontrolldichte vorzusehen. 36

Das Gesetz regelt nicht, **welche Informationen** zu **protokollieren** sind. Um die Rechtmäßigkeit eines Abrufs überprüfen zu können, ist insbesondere festzustellen, ob eine unbefugte Stelle einen Abruf ausgelöst hat oder sich der Abruf einer ansonsten hierzu berechtigten Stelle auf personenbezogene Daten erstreckt hat, die hierfür nicht vorgesehen waren. Dazu sind im Rahmen der Stichproben mindestens folgende Angaben zu protokollieren: 37

- die **Identität** der abrufenden Stelle (z.B. Benutzername oder IP-Adresse),
- **Datum und Uhrzeit** des jeweiligen Abrufs sowie
- **alle Daten**, die aufgrund des zu protokollierenden Abrufs übermittelt werden.[56]

> **!** Der Umfang der Protokollierung sollte vorsichtshalber mit der zuständigen Aufsichtsbehörde abgestimmt werden.

Die protokollierten Daten müssen veränderungs- und manipulationssicher gespeichert werden.[57] Sie unterliegen gem. § 31 einer strengen Zweckbindung und dürfen nur für die Feststellung und Überprüfung der Abrufe genutzt werden.[58] 38

---

49 *Mühlein/Heck*, S. 40.
50 Taeger/Gabel/*Schultze-Melling*, § 10 Rn. 19; *Bizer*, DuD 2006, 270, 271.
51 Simitis/*Ehmann*, § 10 Rn. 104.
52 *Engelien-Schulz*, VR 2011, 1, 5.
53 *Bizer*, DuD 2006, 270, 271.
54 Simitis/*Ehmann*, § 10 Rn. 106, *Bergmann/Möhrle/Herb*, § 10 Rn. 38.
55 Simitis/*Ehmann*, § 10 Rn. 106.
56 Simitis/*Ehmann*, § 10 Rn. 112; *Bizer*, DuD 2006, 270, 271.
57 *Engelien-Schulz*, VR 2011, 1, 5.
58 *Bergmann/Möhrle/Herb*, § 10 Rn. 39.

4. Prüfungsmaßstab bei der Stapelverarbeitung (Abs. 4 Satz 4)

39 Für die sogenannte **Stapelverarbeitung**, bei der nicht einzelne Daten, sondern ganze Datenbestände abgerufen werden, sieht Abs. 4 eine Erleichterung hinsichtlich der Überprüfbarkeit der Abrufe vor. Danach muss die speichernde Stelle nur die Feststellbarkeit und Überprüfbarkeit des Abrufs eines Gesamtbestandes gewährleisten.

C. Anwendungsempfehlung/weitere praktische Hinweise

I. Hinweise zu den gem. § 9 Satz 1 erforderlichen Datensicherungsmaßnahmen

40 Oft sind die erforderlichen Datensicherungsmaßnahmen nicht durch einseitige Maßnahmen zu erfüllen. In diesem Fall ist zwischen den Beteiligten für das Abrufverfahren ein Datensicherungskonzept zu vereinbaren.[59] In der abrufenden Stelle müssen Arbeitsanweisungen oder Prozessvorgaben bestehen, die den Vereinbarungen mit der speichernden Stelle entsprechen.[60]

41 Mangels Kontrollierbarkeit der Datenabrufe durch die speichernde Stelle ist besondere Aufmerksamkeit darauf zu verwenden, dass Unbefugte keinen Zugang zum Datenabruf haben (**Zugangs- und Zugriffskontrolle** gemäß Nr. 2 und 3 der Anlage zu § 9 Satz 1). Abrufe dürfen nur bei einer entsprechenden Legitimation der abrufenden Stelle, z.B. durch einen persönlichen Benutzernamen und ein individuelles Passwort, zugelassen werden.

42 Die **Weitergabekontrolle** gem. Nr. 4 der Anlage zu § 9 Satz 1 soll gewährleisten, dass überprüft und festgestellt werden kann, an welche Stellen Daten übermittelt werden können.[61] Diese Anforderung wird bereits durch die schriftliche Festlegung der abrufenden Stellen gem. Abs. 2 Nr. 2 erfüllt. Eine Protokollierung der einzelnen Abrufe ist auch insoweit nicht erforderlich.[62]

43 Sofern von der abrufenden Stelle über den Abruf hinaus auch personenbezogene Daten eingegeben werden können, ist durch die **Eingabekontrolle** (Nr. 5 der Anlage zu § 9 Satz 1) sicherzustellen, dass nachträglich überprüft und festgestellt werde kann, welche personenbezogenen Daten zu welcher Zeit von wem in das Abrufsystem eingegeben worden sind.[63]

II. Zusammenspiel mit § 29 bei der Regelung von Abrufverfahren von Auskunfteien

44 § 29 Abs. 2 regelt die Zulässigkeitsvoraussetzungen einzelner Datenübermittlungen durch Auskunfteien. Das gilt auch, wenn diese im Rahmen eines Abrufverfahrens erfolgen. § 10 regelt den Rahmen des Abrufverfahrens, also dessen Einrichtung, die Dokumentationspflichten sowie die Verantwortung für die Zulässigkeit einzelner Abrufe, auch für Auskunfteien. § 29 Abs. 2 Satz 5 ergänzt wiederum die Verpflichtung der speichernden Stelle aus Abs. 4 Satz 2. Diese hat im Rahmen von Stichproben auch die Prüfung eines berechtigten Interesses des Empfängers an der Übermittlung zu ermöglichen (siehe § 29 Rn. 42 ff.).

---

59 Simitis/*Ehmann*, § 10 Rn. 90.
60 *Müthlein/Heck*, S. 40.
61 *Bergmann/Möhrle/Herb*, § 10 Rn. 24.
62 *Bergmann/Möhrle/Herb*, § 10 Rn. 24.
63 *Müthlein/Heck*, S. 39.

§ 11 Erhebung, Verarbeitung oder Nutzung personenbezogener Daten im Auftrag

(1) [1]Werden personenbezogene Daten im Auftrag durch andere Stellen erhoben, verarbeitet oder genutzt, ist der Auftraggeber für die Einhaltung der Vorschriften dieses Gesetzes und anderer Vorschriften über den Datenschutz verantwortlich. [2]Die in den §§ 6, 7 und 8 genannten Rechte sind ihm gegenüber geltend zu machen.

(2) [1]Der Auftragnehmer ist unter besonderer Berücksichtigung der Eignung der von ihm getroffenen technischen und organisatorischen Maßnahmen sorgfältig auszuwählen. [2]Der Auftrag ist schriftlich zu erteilen, wobei insbesondere im Einzelnen festzulegen sind:

1. **der Gegenstand und die Dauer des Auftrags,**
2. **der Umfang, die Art und der Zweck der vorgesehenen Erhebung, Verarbeitung oder Nutzung von Daten, die Art der Daten und der Kreis der Betroffenen,**
3. **die nach § 9 zu treffenden technischen und organisatorischen Maßnahmen,**
4. **die Berichtigung, Löschung und Sperrung von Daten,**
5. **die nach Absatz 4 bestehenden Pflichten des Auftragnehmers, insbesondere die von ihm vorzunehmenden Kontrollen,**
6. **die etwaige Berechtigung zur Begründung von Unterauftragsverhältnissen,**
7. **die Kontrollrechte des Auftraggebers und die entsprechenden Duldungs- und Mitwirkungspflichten des Auftragnehmers,**
8. **mitzuteilende Verstöße des Auftragnehmers oder der bei ihm beschäftigten Personen gegen Vorschriften zum Schutz personenbezogener Daten oder gegen die im Auftrag getroffenen Festlegungen,**
9. **der Umfang der Weisungsbefugnisse, die sich der Auftraggeber gegenüber dem Auftragnehmer vorbehält,**
10. **die Rückgabe überlassener Datenträger und die Löschung beim Auftragnehmer gespeicherter Daten nach Beendigung des Auftrags.**

[3]Er kann bei öffentlichen Stellen auch durch die Fachaufsichtsbehörde erteilt werden. [4]Der Auftraggeber hat sich vor Beginn der Datenverarbeitung und sodann regelmäßig von der Einhaltung der beim Auftragnehmer getroffenen technischen und organisatorischen Maßnahmen zu überzeugen. [5]Das Ergebnis ist zu dokumentieren.

(3) [1]Der Auftragnehmer darf die Daten nur im Rahmen der Weisungen des Auftraggebers erheben, verarbeiten oder nutzen. [2]Ist er der Ansicht, dass eine Weisung des Auftraggebers gegen dieses Gesetz oder andere Vorschriften über den Datenschutz verstößt, hat er den Auftraggeber unverzüglich darauf hinzuweisen.

(4) Für den Auftragnehmer gelten neben den §§ 5, 9, 43 Abs. 1 Nr. 2, 10 und 11, Abs. 2 Nr. 1 bis 3 und Abs. 3 sowie § 44 nur die Vorschriften über die Datenschutzkontrolle oder die Aufsicht, und zwar für

1. **a) öffentliche Stellen,**

   b) nicht-öffentliche Stellen, bei denen der öffentlichen Hand die Mehrheit der Anteile gehört oder die Mehrheit der Stimmen zusteht und der Auftraggeber eine öffentliche Stelle ist,

   die §§ 18, 24 bis 26 oder die entsprechenden Vorschriften der Datenschutzgesetze der Länder,

2. die übrigen nicht-öffentlichen Stellen, soweit sie personenbezogene Daten im Auftrag als Dienstleistungsunternehmen geschäftsmäßig erheben, verarbeiten oder nutzen, die §§ 4f, 4g und 38.

(5) Die Absätze 1 bis 4 gelten entsprechend, wenn die Prüfung oder Wartung automatisierter Verfahren oder von Datenverarbeitungsanlagen durch andere Stellen im Auftrag vorgenommen wird und dabei ein Zugriff auf personenbezogene Daten nicht ausgeschlossen werden kann.

Literaturverzeichnis

Paul/Gendelev: Outsourcing von Krankenhausinformationssystemen – Praxishinweise zur rechtskonformen Umsetzung, ZD 2012, 315 ff.; *Rammos/Vonhoff*, Cloud Computing und Sozialdatenschutz, CR 2013, 265 ff; *Menzel*, Auftragsdatenverarbeitung im Sozial- und Gesundheitswesen, RDV 2013, 59 ff.; *Voigt*, Auftragsdatenverarbeitung mit ausländischen Auftragnehmern, ZD 2012, 546; *Weber/Voigt*, Internationale Auftragsdatenverarbeitung, ZD 2011, 74 ff.

▶ Darum geht es

§ 11 ist die zentrale Norm für die vertragliche Anbindung von Dritten, insbesondere im Rahmen des Outsourcings bzw. Outtaskings. Sie bildet eine wichtige datenschutzrechtliche Erleichterung zur Weitergabe personenbezogener Daten bei der Ausgliederung von (Teil-)Geschäftsprozessen an spezialisierte Dienstleister und hat damit sowohl für Auftraggeber als auch für Auftragnehmer unter wirtschaftlichen Gesichtspunkten eine Schlüsselfunktion.

▶ Schlagworte

Erfüllung von Aufgaben durch externe Dienstleister; Hosting, IT-Outsourcing und Cloud Computing; Abgrenzung Auftragsdatenverarbeitung – Funktionsübertragung; Fehlendes Konzernprivileg und Shared Service Center; Safe Harbor-Abkommen und Standardvertragsklauseln

▶ Weitere relevante Vorschriften

- § 80 SGB X – Auftragsdatenverarbeitung von Sozialdaten
- § 97 Abs. 1 TKG – Entgeltabrechnung von TK-Forderungen
- § 25a Abs. 2 KWG – Auslagerungen im Bankensektor
- § 203 Abs. 1 StGB – Verletzung von Berufsgeheimnissen
- § 30 Abs. 1 AO – Steuergeheimnis
- Landesrecht, z.B. in Bayern Art. 6 BayDSG, Art. 27 Abs. 4–6 Bayerisches Krankenhausgesetz oder in NRW § 7 Gesundheitsdatenschutzgesetz
- § 8 der Anordnung über den kirchlichen Datenschutz

A. Allgemeines

I. Regelungszweck

1 § 11 BDSG gibt vor, wie die verantwortliche Stelle bei der Erfüllung übertragener Aufgaben durch externe Dienstleister vorzugehen hat und welche Pflichten und Verantwortlichkeiten zwischen den beiden Parteien bestehen. Die Norm stellt die rechtlichen Rahmen für eine Einschaltung von anderen, auch konzernangehörigen[1] Unternehmen („Auftragnehmer") zur Ausführung bestimmter unterstützender Aufgaben „im Auftrag" der verantwortlichen Stelle („Auftraggeber") auf.

1. Sinn und Zweck der Norm

2 Bei Vorliegen der Voraussetzungen von § 11 BDSG kommt es zu der von § 3 Abs. 8 Satz 2 BDSG vorgesehenen **Privilegierung**: Die Weitergabe personenbezogener Daten vom Auftraggeber an den – innerhalb der EU oder des EWR ansässigen – Auftragnehmer stellt **keine Weitergabe an einen „Dritten"** und damit **keine Übermittlung** i.S.d. BDSG dar, welche der ansonsten gem. § 4 Abs. 1 BDSG erforderlichen gesetzlichen Rechtfertigung oder Einwilligung bedarf. Vielmehr werden Auftraggeber und Auftragnehmer im Fall der Auftragsdatenverarbeitung rechtlich als Einheit angesehen.[2] Insofern bedarf aber die nachfolgende Nutzung der personenbezogenen Daten durch den Auftragnehmer der gesetzlichen

---

1 Zum Thema Datenfluss im Konzern vgl. auch Rn. 21.
2 *Gola/Schomerus*, BDSG, § 11 Rn. 4.

Rechtfertigung wie jede Art der Datennutzung im Unternehmen. Es handelt es dabei also nicht um einen Erlaubnistatbestand, sondern um eine **gesetzliche Fiktion**.[3] Die Norm trägt dem Gedanken einer arbeitsteilig handelnden Wirtschaft, in der die Expertise spezialisierter Dienstleister genutzt wird, Rechnung. Die Erfüllung der Anforderungen von § 11 Abs. 2 bis 5 BDSG ist nicht nur zwingend, der Gesetzgeber hat bei Verstößen auch **Bußgelder** von bis zu € 50.000 pro Verstoß vorgesehen.[4]

3 In § 11 Abs. 1 BDSG wird klargestellt, dass sich ein Auftraggeber, der personenbezogene Daten durch ein anderes Unternehmen erheben, verarbeiten oder nutzen lässt, nicht seiner datenschutzrechtlichen Verantwortlichkeit entziehen darf. In § 11 Abs. 2 Satz 1 und Satz 4 BDSG werden zudem besondere Pflichten des Auftraggebers bzgl. Auswahl und Überwachung des Auftragnehmers festgelegt. Den Auftragnehmer treffen nach § 11 Abs. 3 und Abs. 4 BDSG zwar nur eingeschränkte Pflichten. Er muss jedoch bestimmte, in einer schriftlichen Vereinbarung zur Auftragsdatenverarbeitung festzulegenden, Vorgaben nach dem Katalog des § 11 Abs. 2 Satz 2 BDSG befolgen.[5] Dadurch soll erreicht werden, dass der Auftraggeber eine größtmögliche Kontrolle über die ausgelagerten Datenverarbeitungsvorgänge hat. Deswegen wird der **Auftragnehmer** oft auch als **„verlängerter Arm" des Auftraggebers**, der seinerseits aufgrund voller Verfügungsgewalt „Herr der Daten" bleibt, bezeichnet.[6] Nach § 11 Abs. 5 BDSG wird diese Konstellation auch auf bestimmte Fälle der (Fern-)Wartung erweitert.[7]

4 Die Vorschrift geht auf **Art. 2 d), e)** sowie **Art. 17 Abs. 2 und 3** der EU-Datenschutzrichtlinie (**95/46/EG**) zurück. Diese EU-Vorgaben sind jedoch weitaus weniger streng als § 11 BDSG. Nach der EU-Datenschutzrichtlinie wird bzgl. „Auftragsverarbeiter", wie der Auftragnehmer im Rahmen der EU-Datenschutzrichtlinie genannt wird, lediglich eine Bindung an den Auftraggeber mittels Vertrags oder Rechtsakts, die ausreichende Gewähr der zu treffenden technischen Sicherheitsmaßnahmen und organisatorischen Vorkehrungen und die Überwachung bzgl. deren Einhaltung sowie die Befolgung von Weisungen vorgesehen. Die umfangreicheren deutschen Vorgaben, welche sich aus der aktuellen Fassung von § 11 ergeben, sind Ergebnis einer Verschärfung durch den Gesetzgeber aus dem Jahr 2009 (BDSG-Novelle II) als Reaktion auf Missbrauchsfälle insbesondere in Call-Centern.[8] Diese höheren Anforderungen nach deutschem Recht erschweren in der Praxis manchmal den Umgang mit Dienstleistern aus der EU/dem EWR. Dabei zeigen sich nämlich häufig die teilweise enormen Unterschiede zu den nationalen Vorgaben, welche andere Mitgliedsstaaten an eine Datenverarbeitung „im Auftrag" stellen. Besonders deutlich wird dies in der Regel, wenn ein ausländischer Auftragnehmer mit der Unterzeichnung der Vereinbarung zur Auftragsdatenverarbeitung konfrontiert wird.

2. Anwendungsbereich

5 § 11 BDSG findet sowohl auf öffentliche als auch nicht-öffentliche verantwortliche Stellen Anwendung.[9] Zudem gilt die Vorschrift auch bei der Erfüllung von Aufgaben durch konzernangehörige Unternehmen, da das deutsche Datenschutzrecht im Gegensatz zum Gesellschafts- oder Steuerrecht **kein Konzernprivileg** kennt.[10]

6 Voraussetzung für die Anwendbarkeit von § 11 BDSG ist zunächst, dass ein „Auftrag" vorliegt. Die Rechtsnatur und Form des Auftrags sind unerheblich.[11] Es kann sich also um jede zivilrechtliche Beziehung, etwa Geschäftsbesorgungs-, Werk-, Dienst- oder Mietvertrag bzw. öffentlich-rechtliches Verhältnis, wie z.B. öffentlich-rechtlicher Vertrag oder Verwaltungsvereinbarung, handeln.[12] An diesen Auftrag, dessen Erfüllung eine Erhebung, Verarbeitung und Nutzung von personenbezogenen Daten mit sich

---

3 Taeger/Gabel/*Gabel*, BDSG, § 11 Rn. 2.
4 Vgl. insoweit die einschlägigen spezialgesetzlichen Tatbestände wie etwa § 149 TKG.
5 Vgl. auch unter Rn. 39 ff.
6 *Gola/Schomerus*, BDSG, § 11 Rn. 3; Simitis/*Petri*, BDSG, § 11 Rn. 20; *Bergmann/Möhrle/Herb*, BDSG, § 11 Rn. 11 und 16; Taeger/Gabel/*Gabel*, BDSG, § 11 Rn. 3.
7 Vgl. unten Rn. 33 ff.
8 Vgl. *Spoerr* in: Beck OK, § 11 Rn. 3.
9 Vgl. zur Besonderheit bei der Auftragserteilung unten Rn. 63.
10 Vgl. auch Rn. 21; zur Schaffung eines Konzernprivilegs vgl. unten Rn.71.
11 Taeger/Gabel/*Gabel*, BDSG, § 11 Rn. 11.
12 *Schaffland/Wiltfang*, BDSG, § 11 Rn. 9a.

bringt, knüpft datenschutzrechtlich die Pflicht zum Abschluss einer schriftlichen Vereinbarung nach § 11 Abs. 2 BDSG an.

> Es kann vorkommen, dass der – eine Auftragsdatenverarbeitung voraussetzende – Auftrag nur mündlich zwischen den Parteien geschlossen wurde. Für eine Vielzahl von Verträgen besteht nämlich kein Schriftformerfordernis. In solchen Fällen kann sich unter Umständen eine Bezugnahme auf dieses Vertragsverhältnis im Rahmen der schriftlichen Vereinbarung nach § 11 Abs. 2 BDSG zu Dokumentationszwecken empfehlen. Dabei sollte eine entsprechende Beschreibung der vertraglichen Pflichten dieses Auftrags z.B. im Rahmen einer Präambel erfolgen.

a) Bereichsspezifische Normen

Nach § 1 Abs. 3 Satz 1 tritt das BDSG gegenüber spezialgesetzlichen Normen zurück. Daher sind vor der Frage neben der Anwendbarkeit von § 11 BDSG die Regelungen bereichsspezifischer Vorschriften auf deren Vorrang oder Ergänzung zu § 11 BDSG zu prüfen. 7

Eine solche Vorschrift ist z.B. **§ 80 SGB X**, der die Auftragsdatenverarbeitung für **Sozialleistungsträger** besonders regelt.[13] Für öffentlich-rechtliche Krankenhäuser gibt es zudem besondere Vorgaben mit teilweise divergierenden **Regelungen in den Landeskrankenhausgesetzen** (§ 48 LKHG Baden-Württemberg, Art. 27 Abs. 4 BayKrG, § 24 Abs. 7 LKG Berlin, § 6 Abs. 1 KHDsV Brandenburg, § 10 Abs. 1 BremKHDSG, § 9 Abs. 1 HmbKHG, § 7 Abs. 2 bis 4 GDSG NRW, § 36 Abs. 9 LKG Rheinland-Pfalz, § 33 Abs. 10 SächsKHG und § 27b Abs. 1 ThürKHG; dagegen besteht keine Regelung für Hessen in § 12 HKHG, Niedersachsen, Saarland in § 12 SKHG, Sachsen-Anhalt und Schleswig-Holstein).[14] Ob diese Normen auch auf privatrechtlich organisierte Krankenhäuser anwendbar sind, ist umstritten, wird aber im Schrifttum bejaht.[15] 8

Im Bereich der **Telekommunikation** sind Besonderheiten bei der **Beauftragung von Inkasso-Dienstleistern** vor dem Hintergrund des § 97 Abs. 1 S. 3, S. 4 und Abs. 4 TKG zu beachten. Wenn Verkehrs- bzw. Bestandsdaten zum Zweck einer fiduziarischen (treuhänderischen) Abtretung von TK-Forderungen an einen Inkasso-Dienstleister weitergegeben werden, ist eine Auftragsdatenverarbeitung zulässig, sofern der Inkasso-Dienstleister in Bezug auf das Verarbeiten von Verkehrs- und Bestandsdaten ausschließlich im Interesse und auf Anweisung dieses TK-Unternehmens und unter dessen Kontrolle handelt.[16] Der zwischen Inkasso-Dienstleister als Zessionar und dem TK-Unternehmen geschlossene Vertrag muss insbesondere Bestimmungen enthalten, welche die rechtmäßige Verarbeitung der Verkehrsdaten durch den Zessionar gewährleisten und es dem TK-Unternehmen ermöglichen, sich jederzeit von der Einhaltung dieser Bestimmungen durch den Zessionar zu überzeugen.[17] Im Falle einer „echten" Abtretung ist eine „echte" Datenübermittlung gegeben, die keinen Raum für Auftragsdatenverarbeitung lässt. Denn in diesem Fall agiert der Inkasso-Dienstleister als originärer Inhaber der Forderung. 9

Im **Finanzdienstleistungssektor** bestehen besondere Anforderungen an Auslagerungsvorhaben von Banken gem. § 25a Abs. 2 KWG, welche über § 33 Abs. 2 WpHG auch für Wertpapierdienstleister gelten. Insoweit sind die von der zuständigen Aufsichtsbehörde (BaFin) mit Rundschreiben 10/2012 erlassenen „Mindestanforderungen an das Risikomanagement" (**MaRisk**) zu beachten. **AT 7.2** MaRisk regelt die generellen Voraussetzungen für EDV-Systeme bzw. -Prozesse, **AT 9** MaRisk präzisiert die Anforderungen bei der **Auslagerung „wesentlicher" Aktivitäten** und Prozesse vor. 10

Ferner bestehen für den **kirchlichen Bereich** Sondervorschriften. Die Kirchen haben aufgrund des Selbstbestimmungsrechts in Art. 137 Abs. 3 der Weimarer Reichsverfassung i.V.m. Art 140 GG das Recht, eigene Rechtsverordnungen zu erlassen. Ein Beispiel hierfür ist die Anordnung über den kirchlichen Da- 11

---

13 Siehe zur Auftragsdatenverarbeitung bzw. Cloud Computing im Sozialwesen *Menzel*, RDV 2013, 59 ff. bzw. *Rammos/Vonhoff*, CR 2013, 265 ff.
14 Detaillierte Übersicht bei *Spoerr* in: Beck OK, § 11 Rn. 24.1.
15 A. A. aber mit Hinweis zum Meinungsstand *Paul/Gendelev*, ZD 2012, 315, 316.
16 Vgl. EuGH, Beschluss vom 22.11.2012, Rs. C-119/12, ZD 2013, 77 ff.
17 *Braun* in: Beck'scher TKG-Kommentar, 4. Auflage 2013, § 97 Rn. 11.

tenschutz (KDO). In § **8 KDO** findet sich eine Sondervorschrift zur Auftragsdatenverarbeitung. Allerdings gehen nach § 1 Abs. 3 KDO besondere kirchliche oder staatliche Regelungen zum Schutz personenbezogener Daten der KDO vor, sodass es im Einzelfall einer Prüfung eines Vorrangverhältnisses bedarf.

b) Geheimhaltungspflichten

12 Daneben kann es aufgrund von § 1 Abs. 3 Satz 2 BDSG, der die Anwendung von **Geheimhaltungsvorschriften** außerhalb des BDSG für anwendbar erklärt, besondere Regelungen geben, die eine Auftragsdatenverarbeitung erschweren oder unmöglich machen.

Problematisch kann eine **Auftragsdatenverarbeitung bei sog. Berufsgeheimnisträgern** gem. § 203 Abs. 1 StGB, also z.B. Ärzten, Psychologen, Rechtsanwälten, Steuerberatern, Wirtschaftsprüfern, Jugend- und Sozialberatern sowie bei Angehörigen privater Kranken-, Unfall- oder Lebensversicherungsunternehmen sein. Ihnen ist es untersagt, bestimmte Berufsgeheimnisse an andere Personen als deren „Gehilfen" i.S.d. § 203 Abs. 3 Satz 2 StGB zu „offenbaren". Da für ein solches Offenbaren bereits die Möglichkeit der bloßen Zugangsverschaffung ausreichen soll,[18] könnte ein Zugriff auf Berufsgeheimnisse durch den Auftragnehmer im Rahmen der Auftragsdatenverarbeitung strafrechtliche Konsequenzen für den Auftraggeber haben. Damit wird ganzen Wirtschaftsteilen die Nutzung externer Dienstleister verschlossen. Teilweise wird daher versucht, eine Auftragsdatenverarbeitung entweder über die Auslegung des Merkmals des „Offenbarens" oder über die Einordnung des Auftragnehmers als „Gehilfen" zu ermöglichen.[19] Am besten lässt sich das strafrechtliche Risiko bei einer **Verschlüsselung** der Daten, welche den Berufsgeheimnissen unterliegen, nach dem Stand der Technik vor Zugriff durch den Auftragnehmer ausschließen, sofern dem Auftragnehmer eine Entschlüsselung tatsächlich technisch unmöglich ist.[20] Dies würde nämlich die Möglichkeit der Zugangsverschaffung und damit die Anwendbarkeit von § 203 StGB ausschließen.

13 Das **Steuergeheimnis** gem. § 30 AO lässt nach h.M. eine Auftragsdatenverarbeitung der Finanzverwaltung nur bei Beauftragung innerhalb anderer Bereiche der öffentlichen Verwaltung zu.[21]

c) Beauftragung ausländischer Dienstleister

14 § 11 BDSG ist auch für die Beauftragung ausländischer Dienstleister relevant. Maßgeblich ist nämlich das auf die verantwortliche Stelle anwendbare Recht.

15 Ausweislich des Wortlauts von § 3 Abs. 8 Satz 3 BDSG findet die Privilegierung des **§ 11 BDSG** nicht nur auf inländische Dienstleister, sondern **auch bei Auslagerung von Aufgaben an Auftragnehmer innerhalb der EU oder des EWR** Anwendung. Damit besteht für die verantwortliche Stelle auch die Pflicht zum Abschluss einer Vereinbarung zur Auftragsdatenverarbeitung nach § 11 Abs. 2 Satz 2 BDSG mit entsprechenden Rechten und Pflichten. Ausweislich des Wortlauts von § 11 Abs. 4 BDSG gibt es bestimmte Pflichten für Auftragnehmer. Diese finden jedoch auf die im EU-Ausland ansässigen Dienstleister keine Anwendung, da das BDSG auf sie nicht anwendbar ist. Vor diesem Hintergrund gilt, dass sie die besonderen Vorgaben wie z.B. die Pflicht zur Bestellung eines Datenschutzbeauftragten oder die Verpflichtung der Mitarbeiter auf das Datengeheimnis nach § 5 BDSG nicht befolgen müssen.[22] Hier reicht es nach Ansicht der Aufsichtsbehörden, dass die maßgeblichen Regelungen des Rechts des jeweiligen EU-Staates vom Auftragnehmer eingehalten werden.[23]

! Um eine Überwachung der Pflichten zu erleichtern, kann es für den Auftraggeber dennoch hilfreich sein – als Parallele zu den deutschen Regelungen –, entsprechende Vorgaben im Rahmen der schriftlichen Vereinbarung zur Auftragsdatenverarbeitung zu machen, z.B. die Nennung eines Ansprechpartners in Datenschutzfragen.

---

18 *Ciernak* in: MüKo, § 203 StGB Rn. 44.
19 Zum Meinungsstand *Rammos/Vonhoff*, CR 2013, 265, 269.
20 Vgl. insoweit auch unten Rn. 83.
21 Simitis/*Petri*, BDSG, § 11 Rn. 11; *Gola/Schomerus*, BDSG, § 11 Rn. 2; *Bergmann/Möhrle/Herb*, BDSG, § 11 Rn. 24.
22 Taeger/Gabel/*Gabel*, BDSG, § 11 Rn. 25; eingehend *Voigt*, ZD 2012, 546, 547.
23 Vgl. 23. Tätigkeitsbericht der hessischen Aufsichtsbehörde, LT-Drs. 18/2942, S. 18, Ziff. 11.1.

Bei Auftragnehmern, die ihren Sitz in einem „Drittland" haben, sind zudem weitere Besonderheiten zu beachten. „Drittländer" sind Staaten außerhalb des Geltungsbereichs der EU-Datenschutzrichtlinie (95/46/EG), die kein der EU entsprechendes und damit angemessenes Schutzniveau haben. Hier greift nach **Ansicht der Aufsichtsbehörden** aufgrund der Begriffsbestimmung in § 3 Abs. 4 Nr. 3 i.V.m. § 3 Abs. 8 BDSG die privilegierende Wirkung der Auftragsdatenverarbeitung nicht, sodass die Datenweitergabe eine Übermittlung darstellt und deshalb eine **gesonderte Rechtsgrundlage erforderlich** ist.[24] Hiervon unberührt ist die Pflicht, den Auslandstransfer rechtlich abzusichern. 16

Insofern ist eine **zweistufige Prüfung** erforderlich.[25] Auf der **1. Stufe** stellt sich die Frage nach der Zulässigkeit der Datenübermittlung, also einer **Rechtfertigung gem. § 4 Abs. 1 BDSG**. Bei Auftragsdatenverarbeitungen ist mangels vorliegender Einwilligungen, die eine Übermittlung in das Drittland erfassen, **Prüfungsmaßstab in der Regel § 28 Abs. 1 Satz 1 Nr. 2 BDSG**, wonach es auf eine Interessenabwägung ankommt. In diesem Kontext spielt § 11 BDSG nach Ansicht der Aufsichtsbehörden eine maßgebliche Rolle: Im Rahmen der Interessenabwägung kann bei Abschluss eines Vertrags mit Regelungen nach § 11 Abs. 2 BDSG die Datenübermittlung zugunsten einer Zulässigkeit überwiegen. Auf der **2. Stufe** ist zu prüfen, ob im Ausland ein **angemessenes Datenschutzniveau** besteht. Eine solche Angemessenheit ist regelmäßig anzunehmen, wenn durch eine sog. **Angemessenheitsentscheidung** der EU-Kommission ein Drittland als sicher eingestuft worden ist. Dies sind zurzeit Andorra (2010/625/EU), Argentinien (C(2003) 1731), Australien (2008/651/CFSP/JHA), Kanada (2002/2/EC), die Schweiz (2000/518/EG), die Faröer-Inseln (C(2010) 1130), die Vogtei Guernsey (2003/821/EG), die Insel Man (2004/411/EG), Israel (C(2011) 332), Jersey (C(2008) 1746), Neuseeland (2013/65/EU) und die Republik Östlich des Uruguay (2012/484/EU). Dabei sind teilweise in Bezug auf Fluggastdaten (sog. PNR-Records) die auf von der EU-Kommission angegebenen Besonderheiten zu beachten.[26] Andernfalls kann eine Angemessenheit angenommen werden, wenn ein in den USA ansässiges Unternehmen auf Grundlage der sog. **Safe Harbor**-Regeln **zertifiziert** ist oder falls sog. **Standardvertragsklauseln** zwischen Auftraggeber und Auftragnehmer **abgeschlossen** werden. 17

i) Vorliegen einer Safe Harbor-Zertifizierung

Um Übermittlungen von Daten in die USA zu erleichtern, wurde seitens der Europäischen Kommission das sog. **Safe Harbor-Abkommen** unterzeichnet (2000/520/EG), welches eine **Selbstzertifizierung von US-Unternehmen** durch Unterwerfung unter bestimmte Datenschutzprinzipien vorsieht. Damit wird das in § 4 c Abs. 2 BDSG verlangte angemessene Datenschutzniveau erreicht. Die Handelskammer beim US Department of Commerce (Federal Trade Commission, „FTC") führt eine öffentlich abrufbare Liste, in der zertifizierte Unternehmen nach der jeweils einschlägigen Kategorie geführt werden. Die Zertifizierung ist jährlich zu aktualisieren. Die **Aufsichtsbehörden** haben die Kontrolle der Einhaltung der Prinzipien durch die FTC kritisch gesehen und daher **erhöhte Prüfungspflichten** seitens des Auftraggebers **gefordert**.[27] Der Auftraggeber soll zumindest die Gültigkeit der Zertifizierung prüfen, sich zudem erkundigen, wie der Auftragnehmer seinen Auskunftspflichten gegenüber Betroffenen nachkommt; der Auftraggeber soll diese Prüfung dokumentieren. Bei Zweifeln an der Gültigkeit der Zertifizierung soll generell dem Abschluss der sog. Standardvertragsklauseln der Vorzug gegeben werden. 18

> **!** Bei der Weitergabe personenbezogener Daten, die dem Regime des TKG unterliegen (also z.B. Bestands- und Verkehrsdaten), kann eine Anwendung des Safe Harbor-Abkommens problematisch sein. Hintergrund ist, dass nach amerikanischem „Verwaltungsrecht" nicht die FTC für TK-Unternehmen zuständig ist, sondern die Federal Communications Commission. Hier empfiehlt sich die Rücksprache mit der für den Auftraggeber zuständigen Aufsichtsbehörde, da es derzeit keine einheitliche Auffassung zum Einsatz von Safe Harbor gibt.

---

24 Orientierungshilfe „Cloud Computing", S. 11; dies wird kritisiert, vgl. *Weber/Voigt*, ZD 2011, 74, 77; Plath/*Plath*, BDSG, § 11 Rn. 14.
25 Düsseldorfer Kreis, Beschluss vom 11./12.09.2013.
26 Abrufbar unter: http://ec.europa.eu/justice/data-protection/document/international-transfers/adequacy/.
27 Düsseldorfer Kreis, Beschluss vom 28./29.04.2010.

ii) Nutzung von Standardvertragsklauseln

19 Für die Konstellationen der Auftragsdatenverarbeitung wurden durch die Europäische Kommission zunächst die „Standardvertragsklauseln für die Übermittlung personenbezogener Daten an Auftragsverarbeiter in Drittländern nach der Richtlinie 95/46/EG"[28] erstellt und später weiterentwickelt.[29]

20 Diese Standardvertragsklauseln bilden jedoch nur die Erfordernisse nach der EU-Datenschutzrichtlinie und den damit zusammenhängenden Stellungnahmen der Artikel-29-Datenschutzgruppe ab.[30] Der deutsche Gesetzgeber ist mit **§ 11 BDSG** jedoch über diese Anforderungen hinausgegangen. Deshalb sind zusätzlich zum Abschluss von Standardvertragsklauseln **zusätzliche Regelungen erforderlich**.

> ! Die Standardvertragsklauseln dürfen nach deren Klausel 10 nicht verändert werden. Die Aufnahme ergänzender, insbesondere geschäftsbezogener Regelungen ist jedoch zulässig. Es empfiehlt sich daher, die weiteren Voraussetzungen von § 11 BDSG daher in einem weiteren Annex zu den Standardvertragsklauseln oder durch separate vertragliche Regelungen zu regeln, wobei eine Vorrangregelung zugunsten der Standardvertragsklauseln enthalten sein sollte.

d) Beauftragung anderer Konzernunternehmen

21 In der Praxis wird zwischen nach §§ 15 ff. AktG verbundenen Unternehmen der Zugriff auf personenbezogene Daten von Mitarbeitern, Kunden oder Lieferanten von selbstständigen konzernangehörigen Gesellschaften oft als Auftragsdatenverarbeitung ausgestaltet.[31] § 11 BDSG kann also z.B. für eine **zentralisierte Datenverwaltung** wie etwa Skill-Datenbanken, Nutzung von Speicherplatz, Durchführung von Prüfungen der IT-Infrastruktur usw. **durch eine andere Konzerngesellschaft**, die als Servicegesellschaft fungiert, herangezogen werden.[32] Dies setzt jedoch voraus, dass eine Dienstleistung definiert werden kann, in deren Rahmen eine Auftragsdatenverarbeitung nach § 11 BDSG erfolgt und diese Ausgestaltung nicht die Grenze zur sog. Funktionsübertragung überschreitet.[33]

> ! Die Ausgestaltung einer Übermittlung von personenbezogenen Daten an eine Konzerngesellschaft als Auftragsdatenverarbeitung führt noch nicht zu deren zulässiger Verarbeitung im Wege des Zugriffs durch andere Konzerngesellschaften. Es ist also gesondert zu prüfen, ob und in welchem Umfang auf die übermittelten Daten zugegriffen werden darf.

22 Sofern Verarbeitungsprozesse zwischen juristisch unselbstständigen Unternehmensteilen wie Niederlassungen oder Zweigstellen stattfinden, bedarf es einer solchen Ausgestaltung ebenso wenig wie einer anderen gesetzlichen Rechtfertigung.[34]

II. Ausblick auf die Novellierung des Europäischen Datenschutzrechts

23 Die geplante Reformierung des EU-Datenschutzrechts soll die Unterschiede zwischen § 11 BDSG und den übrigen, teilweise erheblich weniger strengen nationalen Vorgaben anderer Mitgliedsstaaten beseitigen, Sie wird voraussichtlich Vorgaben an die Auftragsdatenverarbeitung einführen, die dem deutschen Modell sehr ähnlich sind.

Der Entwurf der EU-Datenschutz-Grundverordnung sieht insbesondere in den **Art. 26 bis 29** nach dem **EU-Kommissions-Vorschlag vom 25.01.2012** Vorgaben für die Auftragsdatenverarbeitung vor. Art. 26 Abs. 1 enthält **Pflichten des Auftraggebers zur sorgfältigen Auswahl und zur regelmäßi-**

28 2002/16/EG: Entscheidung der Kommission vom 27.12.2001.
29 2010/87/EU: Beschluss der Kommission vom 05.02.2010.
30 Siehe Art.-29-Gruppe, WP 169 vom 16.02.2010.
31 Vgl. Arbeitsbericht der Ad-hoc-Arbeitsgruppe „Konzerninterner Datentransfer", S. 13.
32 Wenn darüber hinaus die jeweilige Gesellschaft ihren Sitz im Ausland hat, gelten zusätzlich die zuvor dargelegten Erfordernisse des internationalen Datentransfers.
33 Zur Abgrenzung zwischen Auftragsdatenverarbeitung und Funktionsübertragung unter dem Gesichtspunkt der kompletten Auslagerung einer (Dienst-)Leistung an einen Dritten vgl. Rn. 23.
34 Taeger/Gabel/*Gabel*, BDSG, § 11 Rn. 24.

gen Kontrolle des Aufragnehmers sowie zur **Sicherstellung der Betroffenenrechte**. Nach Art. 26 Abs. 2 muss – ähnlich wie in § 11 Abs. 2 BDSG – ein **Auftrag schriftlich** erteilt werden und ein **Katalog bestimmter Regelungspunkte** erfüllt werden. Dazu zählen z.B. die **Befolgung von Weisungen** des Auftraggebers, die **Verpflichtung** der beim Auftragnehmer tätigen Personen **auf das Datengeheimnis**, die **Einhaltung technischer und organisatorischer Maßnahmen** nach Art. 30, die **Berechtigung** zur Einschaltung von **Unterauftragnehmern** und die Ermöglichung von **Vor-Ort-Kontrollen**. Für deutsche Unternehmen kommen daher grundsätzlich keine neuartigen, überraschenden Änderungen im Hinblick mit dem Umgang bisher angebundenen Dienstleistern. Vielmehr dürften nach derzeitigem Stand die Vorgaben der EU-Datenschutz-Grundverordnung hinter den Erfordernissen des § 11 BDSG in manchen Details zurückbleiben, wie z.B. die bisherigen Vorgaben nach § 11 Abs. 2 Satz 2 Nr. 1, 2 und 4 BDSG.

Die durch Art. 26 Abs. 3 a) erfolgende Klarstellung, dass ein Auftragnehmer durch entsprechende Verhaltensregeln i.S.v. Art. 38 oder Zertifizierungen gem. Art. 39 nachweisen kann, dürfte zudem in der Praxis die Einschaltung von Dienstleistern weiter erleichtern. 24

Für Auftragsdatenverarbeitungen außerhalb der EU fordert Erwägungsgrund 13 deklaratorisch das gleiche Schutzniveau, unabhängig davon, ob die Verarbeitung innerhalb der EU stattfindet oder nicht. Nach **Art. 40 bis 45** werden **Möglichkeiten** vorgesehen, um ein **angemessenes Schutzniveau herzustellen**. Aus deutscher Sicht dürften sich daher grundsätzlich keine gravierenden Änderungen zur bisherigen Vorgehensweise ergeben. Das neu zu schaffende Instrument des **Angemessenheitsbeschlusses nach Art. 41** könnte in der Praxis die Beauftragung von Dienstleistern außerhalb der EU erleichtern. Danach kann die Europäische Kommission nicht nur ein Drittland, sondern auch nur einen „Verarbeitungssektor" innerhalb eines Drittlandes für datenschutzrechtlich angemessen anerkennen. Auch in einem solchen Fall wird jedoch für den Auftraggeber weiterhin die Pflicht zum Abschluss einer schriftlichen Vereinbarung zur Auftragsdatenverarbeitung bestehen. Wie nach der bisher von den Aufsichtsbehörden verlangten zweistufigen Prüfung würde das durch den Angemessenheitsbeschluss herbeigeführte Datenschutzniveau, also die Frage nach der Zulässigkeit einer Auslandsübermittlung auf der 2. Stufe, nicht die Zulässigkeitsfrage auf der 1. Stufe tangieren.[35] 25

Auf Grundlage des letzten Diskussionsstands im Europäischen Parlament könnte es schließlich zu einem Novum in Form der **Schaffung eines Konzernprivilegs** bei Übermittlungen innerhalb der EU unter gewissen Bedingungen kommen. Dies würde sich auf die bisherigen Vorgaben zur Auftragsdatenverarbeitung nach deutschem Recht auswirken, da damit ein wesentlicher Anwendungsfall von § 11 BDSG zukünftig wegfallen dürfte. 26

B. Inhalt der Regelung

I. § 11 Abs. 1, Abs. 3 und Abs. 4 BDSG

1. Erhebung, Verarbeitung und Nutzung „im Auftrag durch andere Stellen" nach § 11 Abs. 1 Satz 1 BDSG

a) „Im Auftrag": Abgrenzung Funktionsübertragung

In der Praxis kommt es häufig zur Frage, ob die Einschaltung eines Dienstleisters tatsächlich als Auftragsdatenverarbeitung eingestuft werden kann oder etwa die durch den Dienstleister vorgenommene Erhebung, Verarbeitung und Nutzung von personenbezogenen Daten unter Umständen mangels Privilegierung einer gesetzlichen Rechtfertigung bedarf. Eine Auftragsdatenverarbeitung erfordert, dass eine bestimmte Aufgabe, welche eine Befassung mit personenbezogenen Daten zu Zwecken des Auftraggebers involviert und **grundsätzlich keinen eigenen Entscheidungsspielraum** erfordert, auf den Auftragnehmer übertragen wird. Dies soll dagegen ausscheiden, wenn eine gesamte Funktion zur eigenverantwortlichen Erledigung auf eine andere verantwortliche Stelle übertragen wird und eine Datenverarbei- 27

35 Vgl. oben Rn. 17.

tung für dessen **eigene Zwecke** erfolgt.[36] Diese häufig (und missverständlich, da kein dem BDSG entlehnter Begriff) als „Funktionsübertragung" bezeichnete Konstellation bedarf der gesetzlichen Rechtfertigung. Die Abgrenzung zur Auftragsdatenverarbeitung bedarf einer **Einzelfallabwägung**. Die Aufsichtsbehörden halten es grundsätzlich für unschädlich, wenn dem Auftragnehmer gewisse Ermessensspielräume bei der Datenverarbeitung verbleiben, sofern der Auftraggeber darauf Einfluss hat, z.B. durch einen vorgegebenen Entscheidungsbaum.[37] Weitere Ausführungen zur Abgrenzung inkl. einer Checkliste finden sich unter § 28 Rn. 25 und Rn. 199.

! Grundsätzlich wird die Frage, ob die Voraussetzungen einer Auftragsdatenverarbeitung vorliegen, objektiv beurteilt, d.h., der Auftraggeber kann nicht durch „Umwidmung" eine Funktionsübertragung in eine Auftragsdatenverarbeitung umwandeln. Es können jedoch Grenzfälle gegeben sein, die eine Abgrenzung schwierig machen. Hier sollte der Auftraggeber vor allem in Betracht ziehen, dass eine Auftragsdatenverarbeitung die datenschutzrechtliche Verantwortung sowie die besonderen Überwachungspflichten auslöst.

b) „Erhebung, Verarbeitung und Nutzung": Beispiele und Einzelfälle

28 In der Praxis ist bei folgenden Konstellationen eine Auftragsdatenverarbeitung angenommen oder abgelehnt bzw. uneinheitlich beurteilt worden.

! **§ 11 BDSG (+)**

Listbroking- oder Lettershop-Verfahren, sofern der Auftraggeber alle Arbeitsschritte bestimmt; Callcenter, sofern sie nur vordefinierte Dienste erbringen; ebenso Markt- und Meinungsforschung, sofern die Durchführung der Befragung genau vorgegeben ist; Autorisierungs- oder Sperrzentralen für Kreditkarten; Web-Hosting, Application Service Providing, Cloud Computing,[38] IT-Outsourcing, sofern nicht ganze Geschäftsprozesse inkl. weitreichender Entscheidungsbefugnisse ausgelagert werden; Einsatz von Webanalyse-Tools;[39] Archivierung und Löschung von Daten bzw. Datenträgern;[40] Lohn- und Gehaltsbuchrechnung sowie weitere Personaldatenverwaltung im Konzern durch Shared Service Center, sofern die Letztentscheidungsbefugnis für Personalentscheidungen beim Auftraggeber verbleibt.[41]

29 ! **§ 11 BDSG (-)**

Teleheimarbeit, wenn der Arbeitnehmer am häuslichen PC ohne Verfügungsbefugnis über Daten tätig ist; Tätigkeiten von Rechtsanwälten, Steuerberatern und Bilanzbuchhaltern; Beauftragung von Detektiven, Unternehmensberatern oder Gutachtern, sofern sie eine intellektuelle Leistung erbringen; Tätigkeiten von Inkassobüros, sofern alle Forderungen zu einem Preis gekauft werden und das Ausfallrisiko beim Dienstleister liegt; Durchführung von Meinungsbefragungen durch Meinungsforschungsinstitute, bei denen die Gestaltung von Fragebögen und der Ablauf der Untersuchung als auch die Auswertung der Ergebnisse aufgrund besonderer Expertise dem Dienstleister obliegen; Serverhousing bzw. Miete fremder Rechnerkapazitäten auf externen Servern, sofern die Funktionsherrschaft über die Nutzung bei der verantwortlichen Stelle verbleibt.

---

36 Vgl. zum Begriff Simitis/*Petri*, BDSG, § 11 Rn. 23-24; *Gola/Schomerus*, BDSG, § 11 Rn. 9.
37 Arbeitsbericht der ad-hoc-Arbeitsgruppe „Konzerninterner Datentransfer", S. 3.
38 Vgl. Orientierungshilfe „Cloud Computing"; *Artikel-29-Datenschutzgruppe*, Stellungnahme 05/2012 zum Cloud Computing, WP 196.
39 Vgl. Düsseldorfer Kreis, Beschluss vom 26./27.11.2009.
40 Vgl. unten Rn. 61 ff.
41 Vgl. *Regierungspräsidium Darmstadt*, Arbeitsbericht der Ad-hoc-Arbeitsgruppe „Konzerninterner Datentransfer", S. 3.

Umstritten 30

Ausgliederung des Wertpapiergeschäfts nebst Kundenberatung durch eine Bank,[42] Auslagerung der Abrechnungsprüfung durch die Kassenärztliche Vereinigung,[43] Vornahme von Bonitätsbewertungen mithilfe von Scoring-Verfahren,[44] Erbringung von Versicherungs- und Bankdienstleistungen wie z.B. Entscheidung über die Kreditvergabe aufgrund feststehender Kriterien.[45]

2. Pflichten des Auftraggebers nach § 11 Abs. 1 Satz 1 und 2 BDSG

§ 11 Abs. 1 Satz 1 BDSG regelt die **allgemeine Verantwortlichkeit des Auftraggebers**, also die Einhaltung datenschutzrechtlicher Zulässigkeitsvoraussetzungen für die ihm zuzuordnende Erhebung, Verarbeitung oder Nutzung personenbezogener Daten durch einen Auftragnehmer. § 11 Abs. 1 Satz 2 BDSG stellt ausdrücklich klar, dass der Auftraggeber seinen **Pflichten gegenüber Betroffenen** nach § 6 BDSG auf Auskunft (§§ 19, 34) und auf Berichtigung, Löschung oder Sperrung (§§ 20, 35) sowie seinen Schadensersatzpflichten nach §§ 7 und 8 BDSG nachkommen muss. Im Verhältnis gegenüber dem Betroffenen kann sich der Auftraggeber also nicht darauf berufen, dass nicht er, sondern ein Dritter für ihn tätig geworden ist. 31

Weitere Pflichten, wie z.B. die **sorgfältige Auswahl und Überwachung des Auftragnehmers**,[46] ergeben sich aus § 11 Abs. 2 BDSG oder eventuell aus Sondervorschriften. Die allgemeine Regelung der Verantwortlichkeit gilt indes nur im Außenverhältnis, d.h., **im Innenverhältnis** zwischen Auftraggeber und Auftragnehmer ist es unabhängig von der Regelung des § 11 Abs. 1 BDSG möglich, die **Risikoverteilung anders** zu **regeln**.[47] 32

Für den Auftraggeber ist etwa eine Haftungs- bzw. Freistellungsregelung für Fälle sinnvoll, in denen ein Betroffener den Auftraggeber wegen Verstößen des Auftragnehmers in Anspruch nehmen könnte.

3. Pflichten des Auftragnehmers nach § 11 Abs. 3 BDSG

a) „…im Rahmen der Weisungen des Auftraggebers erheben…"

In § 11 Abs. 3 Satz 1 BDSG wird klargestellt, dass der Auftragnehmer nur weisungsgebunden tätig sein darf. Als **Weisungen** sind **alle Pflichten** zu verstehen, die der Auftragnehmer vertraglich hinsichtlich Art und Gegenstand des Datenumgangs und technischer und organisatorischer Maßnahmen übernimmt, also nicht nur die im Einzelfall erteilten Weisungen.[48] Sofern der **Auftragnehmer** also Daten **außerhalb des** – nach der schriftlichen Vereinbarung zur Auftragsdatenverarbeitung – **festgelegten Zwecks** verwendet, wird er selbst zur verantwortlichen Stelle und haftet eigenverantwortlich.[49] Er begeht damit grundsätzlich eine **Ordnungswidrigkeit** gem. § 43 Abs. 2 Nr. 1 BDSG, weil er die Daten mangels Rechtfertigung in der Regel **„unbefugt"** verwendet. 33

---

42 Für § 11: Plath/*Plath*, BDSG § 11 Rn. 38; a. A. *Schaffland/Wiltfang*, BDSG, § 11 Rn. 8; *Spindler/Schuster*, Recht der elektronischen Medien, § 11 Rn. 10.
43 Vgl. zum Meinungsstand Simitis/*Petri*, BDSG, § 11 Rn. 25.
44 Für § 11 BDSG: *Schaffland/Wiltfang*, BDSG, § 11 Rn. 8a; a. A. Simitis/*Petri*, BDSG, § 11 Rn. 27 mit der Einschränkung, dass die verantwortliche Stelle keinerlei inhaltliche Kenntnisse der Bewertungskriterien hat.
45 Für § 11 BDSG Plath/*Plath*, § 11 Rn. 38; Taeger/Gabel/*Gabel*, BDSG, § 11 Rn. 19; a. A. *Wedde* in: DKWW, BDSG, § 11 Rn. 15.
46 Vgl. unten Rn. 55 ff.
47 Simitis/*Petri*, BDSG, § 11 Rn. 51; Plath/*Plath*, BDSG, § 11 Rn. 41.
48 Simitis/*Petri*, BDSG, § 11 Rn. 86.
49 Vgl. unten Rn. 48.

b) „...hat er den Auftraggeber ... hinzuweisen"

34 Nach der Norm muss der Auftragnehmer zudem **nur** dann **Hinweise** erteilen, **wenn Datenschutzverstöße offenkundig** sind;[50] er hat **keine Prüfungspflicht** und **kein Kontrollrecht** hinsichtlich der Rechtmäßigkeit der ihm übertragenen Aufgaben bzw. Weisungen.[51] Bei Meinungsverschiedenheiten über die Rechtmäßigkeit wird uneinheitlich beurteilt, ob der Auftragnehmer den Weisungen des Auftraggebers folgen oder die weitere Ausführung einer Aufgabe ablehnen soll.[52] Es wird vertreten, dass der Auftragnehmer den Weisungen des Auftraggebers folgen soll, weil dieser datenschutzrechtlich verantwortlich ist.[53] Etwas anderes sollte nur bei schwerwiegenden Persönlichkeitsverletzungen gelten bzw. sofern sich der Auftragnehmer einem strafrechtlichen Risiko ausgesetzt sieht.[54]

! Auftraggeber sollten Weisungen im Einzelfall grundsätzlich nur schriftlich erteilen bzw. mündlich erteilte Weisungen schriftlich umgehend bestätigen, damit eine entsprechende Dokumentierung möglich ist. Für Auftragnehmer empfiehlt sich, bei Zweifeln Kontakt mit der zuständigen Aufsichtsbehörde aufzunehmen und auf anonymer Basis die Rechtmäßigkeit einer Weisung zu besprechen.

4. Pflichten des Auftragnehmers nach § 11 Abs. 4 BDSG

35 § 11 Abs. 4 BDSG schränkt die **Verantwortlichkeit des Auftragnehmers** ein. Die Vorschrift nennt datenschutzrechtliche Regelungen, die dieser ungeachtet der Weisungen des Auftraggebers beachten muss. Er hat danach von sich aus seine Mitarbeiter auf das Datengeheimnis nach **§ 5 BDSG** zu verpflichten und unabhängig von den u.U. unzureichenden Vorgaben des Auftraggebers die **aus seiner Sicht „erforderlichen" technischen und organisatorischen Maßnahmen** nach § 9 BDSG umsetzen.[55] Letzteres eröffnet also einen Ermessensspielraum für den Auftragnehmer. Darüber hinaus sind neben den Strafvorschriften des § 44 BDSG die Bußgeldvorschriften nur beschränkt anwendbar, nämlich bzgl. der Bestellung eines Datenschutzbeauftragten (§ 43 Abs. 1 Nr. 1), der Auskunftserteilung sowie der Zuwiderhandlung gegen eine Anordnung der Aufsichtsbehörde (§ 43 Abs. 1 Nr. 10 und 11) und der unbefugten Verwendung nach § 43 Abs. 2 Nr. 1 bis Nr. 3 BDSG.

36 Privatunternehmen, die geschäftsmäßig als Auftragsdatenverarbeiter tätig sind, müssen zudem einen Datenschutzbeauftragten nach §§ 4f, 4g BDSG bestellen und unterliegen der Kontrolle der Aufsichtsbehörde gem. § 38 BDSG. Für öffentliche Stellen oder von der öffentlichen Hand beherrschte Privatunternehmen, z.B. privatwirtschaftliche organisierte Rechenzentren von Bund und Ländern, gilt dagegen die Pflicht, nach § 18 BDSG durch geeignete Maßnahmen wie z.B. Erlasse und Durchführungsverordnungen die Ausführung des BDSG und anderer Datenschutzvorschriften zu gewährleisten und ein Verzeichnis eingesetzter DV-Anlagen zu führen.[56] Schließlich wird durch die Vorschrift klargestellt, dass Bundesbehörden der Kontrolle durch den BfDI gem. §§ 24 bis 26 BDSG[57] unterliegen und Landesbehörden den nach dem jeweils geltenden Landesrecht zuständigen Landesbehörden.

II. § 11 Abs. 5 BDSG

1. Abgrenzung zur Auftragsdatenverarbeitung

37 Ausweislich des Wortlauts des Abs. 5 werden die Regelungen der Absätze 1 bis 4 des § 11 auf Fälle der „*Prüfung* oder *Wartung* automatisierter Verfahren" oder von Datenverarbeitungsanlagen durch eine

---

50 *Bergmann/Möhrle/Herb*, BDSG, § 11 Rn. 51.
51 Taeger/Gabel/*Gabel*, BDSG, § 11 Rn. 57; *Wedde* in: DKWW, BDSG, § 11 Rn. 65; Simitis/*Petri*, BDSG, § 11 Rn. 91; Plath/*Plath* , BDSG, § 11 Rn. 116; vgl. unten Rn. 59 ff.
52 Meinungsstand bei Simitis/*Petri*, BDSG, § 11 Rn. 95.
53 *Wedde* in: DKWW, BDSG, § 11 Rn. 66.
54 Simitis/*Petri*, BDSG, § 11 Rn. 95.
55 Vgl. auch Taeger/Gabel/*Gabel*, BDSG, § 11 Rn. 61.
56 Taeger/Gabel/*Gabel*, BDSG, § 11 Rn. 62.
57 Vgl. insoweit die Kommentierung zu §§ 22 ff. BDSG; insbesondere zur Zuständigkeit des BfDI für nicht-öffentliche Stellen § 24 Rn. 9.

Stelle außerhalb der verantwortlichen Stelle für entsprechend anwendbar erklärt. Damit hat der Gesetzgeber klar zum Ausdruck gebracht, dass es sich in diesen Fällen gerade **nicht** um einen Fall der **Auftragsdatenverarbeitung**, **sondern** nur um eine dem Grunde nach **vergleichbare Gefährdungslage** für die Rechte der Betroffenen handelt.[58] Allein diese Gefährdungslage rechtfertigt die entsprechende Anwendbarkeit der Abs. 2 bis 4. Die im Rahmen von Abs. 2 definierten Anforderungen an die **Auftragserteilung** sowie die Überprüfung des Auftragnehmers gelten für diese Art der Aufträge insoweit, als diese Anforderungen auf die Wartungs- oder Prüfungsaufträge anwendbar sind.

Mit der Formulierung in § 3 Abs. 8 Satz 2 BDSG, nach welcher eine Stelle, welche innerhalb der EU/des EWR im Sinne von Abs. 1 personenbezogene Daten für einen anderen erhebt, verarbeitet oder nutzt, nicht als Dritter und damit eine Weitergabe personenbezogener Daten an diesen nicht als Übermittlung anzusehen ist, hat der Gesetzgeber die Frage aufgeworfen, ob dieses Privileg auch für Fälle des Abs. 5 gilt. Abgesehen von dem insoweit unklaren Wortlaut in § 3 Abs. 8 Satz 2 BDSG sprechen jedoch sowohl der im Zweifel ebenso aufwändige Vertrag als auch die grundsätzlich ebenso erforderlichen Kontrollen nach § 11 Abs. 2 BDSG für eine rechtliche Gleichstellung beider Konstellationen, sodass auch ein Auftragnehmer in den Fällen des Abs. 5 gemäß § 3 Abs. 8 Satz 2 BDSG als Teil der verantwortlichen Stelle und damit nicht als **Dritter** anzusehen ist. **38**

2. Wartung und Prüfung

Für die Frage, was unter Wartungs- und Prüfungsaufträgen zu verstehen ist, ist auf eine funktionale Betrachtung abzustellen: Unter **Wartung** zu verstehen sind damit diejenigen Aktivitäten, welche auf die Wiederherstellung der Verfügbarkeit und Integrität der jeweiligen Hard- oder Softwarekomponenten gerichtet sind, vgl. z.B. § 3a Abs. 4 Nr. 1 BlnDSG. Die **Wartung** von außerhalb der verantwortlichen Stelle im Wege des **Fernzugriffs** ist dabei wesentlicher Bestandteil des Abs. 5. Auch Fälle der **Wartung** von Datenverarbeitungsanlagen durch Dritte innerhalb der Räumlichkeiten und unter ausschließlicher Nutzung der Infrastruktur des Auftraggebers werden nach herrschender Meinung als Fall von § 11 Abs. 5 BDSG angesehen.[59] Demgegenüber wäre jedoch eine differenzierte Betrachtung angezeigt, weil in der Möglichkeit der Kenntnisnahme anlässlich dieser Tätigkeit – insoweit unstrittig – gerade keine Erhebung, Verarbeitung oder Nutzung personenbezogener Daten vorliegt.[60] Und die dem § 11 Abs. 1 BDSG vergleichbare Gefährdungslage für den Betroffenen, welche von § 11 Abs. 5 BDSG adressiert wird, ist in Fällen, in welchen der Auftraggeber durch die Exportmöglichkeiten an seinen eigenen Systemen gut kontrollieren und ggf. einschränken kann, gerade nicht gegeben.[61] Gerade, weil in diesen Fällen der Auftraggeber auch faktisch die Kontrolle über die Daten hat, hat die schriftliche Vereinbarung **technischer und organisatorischer Maßnahmen** zur Sicherung personenbezogener Daten gegenüber dem Auftragnehmer (vgl. Rn. 53) in diesen Fällen wenig Mehrwert. Allerdings ist aufgrund der insoweit verfestigten h.M. zu empfehlen, einen Vertrag nach § 11 Abs. 2 BDSG zu schließen. **39**

Der Begriff der *Prüfung* kann sich nur auf die Ermittlung eines Status der **Verfügbarkeit** oder **Integrität** beschränken. Während dies als notwendiger Bestandteil einer **Wartung** angesehen werden muss, kann der Fall der **Prüfung** bei bloßen Analyseaufträgen durchaus eine eigenständige Bedeutung haben. **40**

> **!** Unabhängig von der Möglichkeit der Übermittlung an ein Hard- oder Softwareunternehmen im Kontext des § 100 Abs. 1 TKG sollte der Auftraggeber dennoch eine datenschutzrechtliche Vereinbarung mit dem Empfänger schließen. Denn im Zweifel ist er gemäß § 6 Abs. 2 Satz 1 f. BDSG zumindest verpflichtet, den Rechten der Betroffenen durch prozessuale Maßnahmen zur Durchsetzung zu verhelfen.

---

58 Vgl. Taeger/Gabel/*Taeger*, § 11 Rn. 65.

59 *Gola/Schomerus*, BDSG, § 11 Rn. 15; in: Däubler/Klebe/Wedde/Weichert/*Wedde*, § 11 Rn. 73, insoweit unklar Plath/*Plath*, BDSG, § 11 Rn. 122, Taeger/Gabel/*Gabel*, BDSG, § 11 Rn. 66, die vor allem auf die – insoweit unbestritten erfasste – Fernwartung abstellt; BITKOM, Mustervertragsanlage zur Auftragsdatenverarbeitung – Version 3.0, S. 13.

60 Vgl. Plath/*Plath*, BDSG, § 11 Rn. 121.

61 Vgl. zur Konstellation externer Berater: *Schaffland/Wildfang*, BDSG, § 11 Rn. 13.

3. Möglichkeit des Zugriffs auf personenbezogene Daten

41 Abs. 5 begründet seinem Wortlaut nach in vorbenannten Fällen einen weiten Anwendungsbereich, da jeder theoretisch denkbare Zugriff auf personenbezogene Daten erfasst wird.

42 Der Anwendungsbereich des Abs. 5 ist jedenfalls dann nicht eröffnet, wenn es aufgrund **technischer und organisatorischer Maßnahmen** bei der Gestaltung des vertragsgemäßen Zugangs zu den betroffenen Systemen oder der Konfiguration der betroffenen **Hard- oder Softwarekomponenten** selbst an der einer Auftragsdatenverarbeitung dem Abs. 1 vergleichbaren Gefährdungslage für die **Rechte der Betroffenen** fehlt.[62] Das ist etwa dann der Fall, wenn personenbezogene Daten nur verschlüsselt gespeichert sind und der Auftragnehmer die Daten nicht entschlüsseln kann.

III. § 11 Abs. 2 BDSG

1. Kontrolle des Auftragnehmers (Abs. 2 Sätze 1, 4 und 5)

43 Die Auswahl von Auftragnehmern, welche mit der Erhebung, Verarbeitung oder Nutzung personenbezogener Daten beauftragt werden sollen, darf nicht allein von organisatorischen oder finanziellen Gesichtspunkten abhängen. Vielmehr muss ein besonderer Fokus auf die Frage gelegt werden, ob der Auftragnehmer nach der Annahme des Auftraggebers in der Lage sein wird, diejenigen **technischen und organisatorischen Maßnahmen** umzusetzen, die der Auftraggeber für erforderlich hält bzw. halten muss. Der Auftraggeber muss also bereits zum Zeitpunkt der **Auswahlentscheidung** wissen, welche **technischen und organisatorischen Maßnahmen** im Rahmen der Durchführung des Auftrags umgesetzt werden sollen. Vom Auftraggeber wird damit bereits zu diesem Zeitpunkt eine intensive Auseinandersetzung mit dem Auftrag gefordert, insbesondere den im Auftrag zu verarbeitenden personenbezogenen Daten, den Anforderungen an *Vertraulichkeit*, *Verfügbarkeit* und *Integrität* des ausgelagerten (Teil-)Geschäftsprozesses sowie der Dauer des Auftrags.

> **!** Der Auftraggeber darf sich nicht damit zufriedengeben, dass der Auftragnehmer selbst bereits von Gesetzes wegen dazu verpflichtet ist, technische und organisatorische Maßnahmen gem. § 9 BDSG umzusetzen, vgl. § 11 Abs. 4 Satz 1 BDSG. Denn der Auftraggeber ist selbst „(...) für die Einhaltung der Vorschriften dieses Gesetzes und anderer Vorschriften über den Datenschutz verantwortlich (...)". Damit wird ein individueller Maßstab vorausgesetzt, den der Auftraggeber zu definieren hat und der gegebenenfalls auch spezifischeren Anforderungen als denen des § 9 BDSG gerecht werden muss, vgl. etwa § 109 TKG. Natürlich spricht nichts dagegen, dass ein professioneller IT-Dienstleister ein etabliertes Sicherheitskonzept vorschlägt und sich die Parteien auch vertraglich hierauf verständigen, wenn es den Anforderungen des Auftraggebers genügt.

44 Die **initiale Überprüfung** des Auftragnehmers muss nicht zwangsläufig vor der Beauftragung, also nicht vor dem Vertragsschluss erfolgen.[63] Entscheidend ist, dass diese **Überprüfung vor dem Beginn der Datenverarbeitung** erfolgt, also bevor der Auftrag operationalisiert wird. Der **Zeitpunkt der Kontrolle** kann damit auch zwischen Vertragsschluss und Aufnahme der Tätigkeit des Auftragnehmers liegen.

> **!** Der Hinweis auf die „beim Auftragnehmer getroffenen (...) Maßnahmen" bedeutet nicht, dass eine entsprechende Kontrolle zwangsläufig „vor Ort", d.h. am Geschäftssitz des Auftragnehmers erfolgen muss. Denn es gibt auch andere Möglichkeiten, mit denen sich der Auftraggeber von den technischen und organisatorischen Maßnahmen des Auftragnehmers überzeugen kann, etwa das Ausfüllen von Fragebögen und die Übersendung entsprechender Dokumente („Dokumenten-Audit"), Zertifizierungen durch sachverständige Dritte im Anwendungsbereich des Auftrags sowie die Dokumentation der vertraglichen Verhandlung über

62 Vgl. oben Rn. 33.
63 Vgl. auch Plath/*Plath*, BDSG, § 11 Rn. 112.

technische und organisatorische Maßnahmen. Gelangt der Auftraggeber aber zu dem Ergebnis, dass eine Kontrolle vor Ort „beim Auftragnehmer" erfolgen muss, dann betrifft das diejenigen Orte, an welchen die personenbezogenen Daten tatsächlich im Auftrag erhoben, verarbeitet und genutzt werden. Aber auch in diesen Fällen muss die Überprüfung nicht durch den Auftraggeber selbst erfolgen; diese Aufgabe kann auch von einem beauftragten Dritten übernommen werden.

! Die Frage, wie und in welchem Umfang die Erhebung, Verarbeitung und Nutzung personenbezogener Daten kontrolliert wird, sollte generell das Ergebnis einer bewussten/standardisierten Entscheidung der verantwortlichen Stelle sein. Das gilt insbesondere, wenn diese Erhebung, Verarbeitung und Nutzung durch einen Dritten im Rahmen der Auftragsdatenverarbeitung erfolgt. Diese Entscheidung sollte Ergebnis eines (generischen) Audit-Prozesses sein. Dieser muss sicherstellen, dass die Verarbeitung sämtlicher personenbezogenen Daten/Informationswerte eines Unternehmens im angemessenen Umfang erfolgt, insbesondere unter Berücksichtigung (i) einer Informationswerteklassifizierung im Hinblick auf Anforderungen an deren Vertraulichkeit, Integrität und Verfügbarkeit,[64] (ii) der konkreten Umstände der Informationsverarbeitung, einschließlich der Frage der Auftragsdatenverarbeitung durch Dritte, ggf. im Ausland und (iii) der sich insoweit ergebenden Risiken.

Neben der **initialen Kontrolle des Auftragnehmers** muss der Auftraggeber sich während der Dauer der Auftragsdatenverarbeitung *regelmäßig* davon überzeugen, dass der Auftragnehmer die vereinbarten technischen und organisatorischen Maßnahmen umsetzt („Regel-Audit"). Dies trägt der fortdauernden Verantwortung des Auftraggebers für die Rechtmäßigkeit der Erhebung, Verarbeitung und Nutzung personenbezogener Daten im Rahmen der Auftragsdatenverarbeitung Rechnung. 45

Im Hinblick auf die Tiefe und die Methode der Regel-Audits lässt sich keine pauschale Aussage treffen, da sich insoweit geltende Anforderungen nach den Einzelheiten des Auftrags richten.[65] Je höher jedoch die Anforderungen der von der Auftragsdatenverarbeitung betroffenen personenbezogenen Daten im Hinblick auf *Vertraulichkeit*, *Integrität* und *Verfügbarkeit* sind, desto höhere Anforderungen sind an die Frequenz der Regel-Audits als auch an deren nähere Ausgestaltung zu stellen. 46

! Die Tatsache, dass das in § 9a BDSG in Bezug genommene Audit-Gesetz bislang nicht in Kraft getreten ist, sollte nicht dazu führen, dass die verantwortliche Stelle zu geringe intrinsische Anforderungen an den eigenen Audit-Prozess stellt, insbesondere soweit es die Kontrolle externer Auftragnehmer betrifft. Diverse datenschutzrelevante Vorfälle auch und gerade bei Auftragnehmern machen deutlich, dass verantwortliche Stellen die im Rahmen des § 11 Abs. 2 BDSG bestehende rechtliche Flexibilität nicht überstrapazieren sollten.

In jedem Falle sind die Ergebnisse der vom Auftraggeber durchgeführten Kontrollen zu **dokumentieren**.[66] Daraus ergibt sich das Erfordernis, die Kontrollen im Hinblick auf Inhalt, Methode und Ergebnis in Textform festzuhalten. Aus der Verantwortlichkeit der verantwortlichen Stelle gemäß § 11 Abs. 1 BDSG ergibt sich zudem die Notwendigkeit, festgestellte Mängel beim Auftragnehmer zu adressieren, für **Mängelabstellung** zu sorgen und die insoweit erforderlichen Maßnahmen nachzuhalten. Auch diese Aktivitäten sollten dokumentiert werden, da die verantwortliche Stelle in der Lage sein sollte, die Behebung von Mängeln auch und gerade dann nachzuweisen, wenn der Auftrag auch angesichts bestehender Mängel vergeben/operationalisiert/aufrechterhalten werden soll. 47

! Es empfiehlt sich, im Audit-Prozess je nach Kategorisierung modular vorzugehen, d.h., je nach Kategorisierung ein bestimmtes Standard-Vorgehen, einschließlich eines Sets an standardi-

64 Siehe auch Plath/*Plath*, BDSG, § 11 Rn. 94, der im Hinblick auf die anzuwendenden technischen und organisatorischen Maßnahmen ebenfalls auf das Schutzniveau der verarbeiteten personenbezogenen Daten abstellt.
65 Vgl. Plath/*Plath*, BDSG, § 11 Rn. 113.
66 Vgl. *Gola/Schomerus*, BDSG, § 11 Rn. 21a, Plath/*Plath*, BDSG, § 11 Rn. 92, 113.

sierten Dokumenten, bereitzuhalten. Dies ermöglicht die Vergleichbarkeit verschiedener Kontrollen sowie das Treffen genauerer Aussagen im Rahmen der Berichtspflicht des Datenschutzbeauftragten gegenüber der Leitung der verantwortlichen Stelle (Geschäftsführung) über den Erfüllungsgrad von Datenschutzanforderungen in einzelnen Geschäftsbereichen und Geschäftsprozessen; dies gilt insbesondere dort, wo die Outsourcing-Quote besonders hoch ist.

Unter Umständen kann sich insbesondere bei Unternehmen mit vielen aktiven Auftragsdatenverarbeitungen die Beschäftigung eines dedizierten Datenschutzauditors bereits kurzfristig auszahlen. Denn das Risiko „unkontrollierter" Auftragnehmer lässt sich auf diese Weise sehr effizient reduzieren.

2. Form und Inhalt der Auftragsdatenverarbeitung (Abs. 2 Sätze 2 und 3)

a) Schriftform (Abs. 2 Satz 2)

48 Ein Auftrag ist **schriftlich** zu erteilen. Damit ist Schriftform im Sinne des § 125 BGB gemeint. Eine entsprechende Vereinbarung muss also nicht nur nach Maßgabe des § 11 Abs. 2 Satz 2 BDSG vollständig sein, sondern muss zu ihrer Gültigkeit von den vertretungsberechtigten Personen des Auftraggebers und des Auftragnehmers **eigenhändig unterzeichnet** sein. Ein Auftrag, der insoweit nicht den Anforderungen an die Schriftform genügt, gilt als rechtlich nicht geschlossen.

b) Festlegungen im Auftrag (Abs. 2 Satz 2)

49 Das Gesetz benennt eine Anzahl von Festlegungen, welche im Auftrag mindestens zu treffen sind. Dabei lässt das Gesetz ausreichend Flexibilität für die verschiedenen Erscheinungsformen der Auftragsdatenverarbeitung und die diesbezüglich zu treffenden näheren Festlegungen.

(aa) Nr. 1 – der Gegenstand und die Dauer des Auftrags

50 Diese Festlegung beschreibt die inhaltliche und zeitliche **Abhängigkeit der Auftragsdatenverarbeitung zu einer (z.B. Werk- oder Dienst-)Leistung**, in deren Zusammenhang bzw. zu deren Erbringung personenbezogene Daten im Auftrag erhoben, verarbeitet oder genutzt werden.[67]

51 Zudem wird sich die Dauer der Auftragsdatenverarbeitung nach der Dauer der **Leistungsbeziehung** richten müssen; denn unter dem Gesichtspunkt der **Zweckbindung** wäre es unzulässig, die Auftragsdatenverarbeitung über den zur Leistungserbringung notwendigen Zeitraum hinaus aufrechtzuerhalten.

Es kann sinnvoll sein, sich für den Fall bestimmter Verstöße durch den Auftragnehmer gegen die vertraglich festgelegten Regelungen zur Auftragsdatenverarbeitung ein Sonderkündigungsrecht für die gesamte Leistungsbeziehung auszubedingen. Auch wenn es auch insofern bei der Kontinuität zwischen Auftragsdatenverarbeitung und Leistungsbeziehung bleibt, kann und sollte die Auftragsdatenverarbeitung zu einem wesentlichen Aspekt der Leistungsbeziehung gemacht werden. Dies kann allerdings ein stumpfes Schwert sein, wenn Fachabteilungen und Datenschützer nicht gemeinsam agieren und die Fachabteilung sich trotz Vorliegen der Voraussetzungen nicht zur Kündigung der Leistungsbeziehung entscheidet. Ein einheitliches Auftreten ist daher unbedingt zu empfehlen.

(bb) Nr. 2 – der Umfang, die Art und der Zweck der vorgesehenen Erhebung, Verarbeitung oder Nutzung von Daten, die Art der Daten und der Kreis der Betroffenen

52 Nach Maßgabe dieser Vorschrift muss die Auftragsdatenverarbeitung nach Umfang und Zweck **hinreichend bestimmt** sein. Innerhalb der Auftragsdatenverarbeitung ist deshalb der (Teil-)Geschäftsprozess, auf welchen sie sich bezieht, einschließlich der grundlegenden Erhebungs- und Verwendungsvorgänge zu beschreiben.

---

67 Zur Abhängigkeit der Auftragsdatenverarbeitung von einem zugrunde liegenden Vertrag oben Rn. 6.

Da auch die *Weitergabe* personenbezogener Daten gem. § 3 Abs. 5 i.V.m. § 3 Abs. 4 Satz 2 Nr. 3, 3 Abs. 8 Satz 3 BDSG eine **rechtfertigungspflichtige Datennutzung** bleibt, dient dies zugleich der Selbstkontrolle der verantwortlichen Stelle im Hinblick auf das Prinzip der **Zweckbindung**. Denn eine an sich rechtswidrige Nutzung personenbezogener Daten wird nicht dadurch rechtmäßig, dass sie im Rahmen der Auftragsdatenverarbeitung durch einen Auftragnehmer vorgenommen wird. An die Dokumentation von Inhalt, Art und Zweck der Auftragsdatenverarbeitung sollte die verantwortliche Stelle nicht zu geringe Anforderungen stellen. Denn sie beschreibt die Grenze der rechtlichen Verantwortlichkeit des Auftraggebers für die Datenverarbeitung durch den Auftragnehmer.[68] Je exakter die Grenze des Auftrags konturiert ist, desto klarer ist im Nachhinein die Frage nach der Übereinstimmung des Handelns des Auftragnehmers mit dem erteilten Auftrag zu beantworten.

! Existiert innerhalb der verantwortlichen Stelle ein geordneter Outsourcing-Prozess, dürfte es leicht(er) fallen, generische Vorlagen zu erstellen und zu nutzen, in welchen (i) Datenkategorien, (ii) Kategorien von Betroffenen (iii) sowie die Schnittstellen zwischen Auftraggeber und Auftragnehmer ausreichend spezifisch beschrieben werden können.

! Die Datenverarbeitung im Auftrag ist jedenfalls dann ausreichend beschrieben, wenn auf dieser Grundlage der Eintrag in das von der verantwortlichen Stelle gemäß § 4e BDSG zu führende Verfahrensverzeichnis erfolgen könnte. Im Zweifel kann die Dokumentation der Auftragsdatenverarbeitung also ausreichend im Sinne des § 4e BDSG sein.

! Ein hoher Reifegrad der Prozessdokumentation im Unternehmen zahlt unmittelbar auf die Fähigkeit der verantwortlichen Stelle ein, Einzelangaben über die im Prozess verarbeiteten Informationen einschließlich der personenbezogenen Daten zu machen und damit automatisch über die von der Auftragsdatenverarbeitung betroffenen Personenkreise. Ein gutes Prozessmanagement ist also auch aus diesen Gründen ein wichtiger „Partner" für den Datenschutz.

(cc) Nr. 3 – die nach § 9 zu treffenden technischen und organisatorischen Maßnahmen

Nach Maßgabe dieser Nr. 3 sind diejenigen **technischen und organisatorischen Maßnahmen** festzulegen, welche der Auftragnehmer bei der Durchführung der Auftragsdatenverarbeitung treffen muss. 53

Grundlage sind die Erwägungen und Maßstäbe der verantwortlichen Stelle. Da der Auftragnehmer im Rahmen der Auftragsdatenverarbeitung als Bestandteil der verantwortlichen Stelle anzusehen ist, muss das **Datensicherheitskonzept** des Auftraggebers auch für den Auftragnehmer gelten und insoweit bei diesem operationalisiert werden.[69] Dabei sollte der Sicherheitsstandard im Zweifel höher sein, da die personenbezogenen Daten bereits durch die Auftragsdatenverarbeitung unter Sicherheitsgesichtspunkten exponiert sind.

Inhaltlich ist es dabei nicht ausreichend, lediglich die in der Anlage zu § 9 BDSG festgelegten **Schutzziele** wiederzugeben. Denn zum einen fordert das Gesetz, die konkret „zu treffenden (...) Maßnahmen" zu definieren. Zudem ist der Auftragnehmer gemäß Abs. 4 ohnehin zur Beachtung des § 9 BDSG (und damit dessen Anlage) verpflichtet, sodass die in dieser Ziffer 3 definierten Anforderungen keinen eigenen Regelungsgehalt hätten.

! Orientierung für ein ausreichendes Maß an Dokumentationstiefe können die Kreuzreferenztabelle des Bausteins Datenschutz des IT-Grundschutzes des Bundesamtes für Sicherheit in der Informationstechnik,[70] aber auch internationale Best-Practice-Standards, wie etwa die ISO

---

68 Vgl. zu den Fällen der Überschreitung des Umfangs der Auftragsdatenverarbeitung durch den Auftragnehmer Taeger/Gabel/*Gabel*, BDSG, § 11 Rn. 28.

69 Vgl. *Gola/Schomerus*, BDSG, § 11 Rn. 20 a.E.

70 Siehe unter https://www.bsi.bund.de/SharedDocs/Downloads/DE/BSI/Grundschutz/BaustDatenschutz/b01005_hilfsmittel_tabelle_pdf.pdf?__blob=publicationFile, (Stand 2013).

27002 sein. Entscheidend ist, dass die Maßnahmen ausreichend und umsetzbar sind und dass diese Umsetzung im Rahmen der Kontrollpflichten auditierbar ist.

(dd) Nr. 4 – die Berichtigung, Löschung und Sperrung von Daten

54 Der Auftraggeber muss durch die nach Nr. 4 zu treffenden Festlegungen dokumentieren, dass und wie er auch in der Konstellation einer Auftragsdatenverarbeitung die **Rechte der Betroffenen** wahrt. Die Betroffenen müssen ihre Rechte auch in der Konstellation der Auftragsdatenverarbeitung gegenüber der verantwortlichen Stelle geltend machen können, vgl. Abs. 1 Satz 2, § 6 Abs. 1 i.V.m. §§ 19, 35 BDSG. Daher muss im Auftrag klar definiert sein, wie die Parteien von der Geltendmachung solcher Rechte erfahren und wie diese durch die verantwortliche Stelle umgesetzt werden.

! Gerade im Rahmen komplexer Outsourcing-Projekte ist es wichtig und üblich, Prozessschnittstellen zu definieren. Insoweit ist es in solchen Vertragskonstruktionen keine Ausnahme, wenn Ansprechpartner, Informationspflichten und -fristen sowie Umsetzungsfristen auch unter Datenschutzgesichtspunkten definiert werden.

(ee) Nr. 5 – die nach Absatz 4 bestehenden Pflichten des Auftragnehmers, insbesondere die von ihm vorzunehmenden Kontrollen

55 In Ergänzung zu der gemäß Abs. 4 definierten allgemeinen Pflichten des Auftragnehmers zur Einhaltung der gesetzlichen Bestimmungen muss die „Datenschutz-Compliance" gem. Nr. 5 nach dem Willen des Gesetzgebers auch Gegenstand des Auftrags werden.

56 Gerade weil der Gesetzgeber gem. Abs. 4 an den Auftragnehmer unabhängig von konkreten Aufträgen datenschutzrechtliche Anforderungen stellt (Datenschutzorganisation, technische und organisatorische Maßnahmen, Datenschutzaufsicht etc.), ist unklar, weshalb gerade diese Verpflichtungen nochmals Eingang in den Vertrag finden sollen.[71] Dies gilt umso mehr, als in Bezug auf die technischen und organisatorischen Maßnahmen bereits mit Ziffer 3 konkrete Festlegungserfordernisse adressiert werden. Insofern kommt es für dieses Thema zu einer dreifachen Regelung. Daher ist diese Festlegung in erster Linie vor dem Hintergrund der umfassenden Verantwortlichkeit des Auftraggebers zum rechtmäßigen Handeln bei der Datenverarbeitung unter Einsatz eines Auftragnehmers verständlich. Und so muss empfohlen werden, die sich aus Abs. 4 ergebenden Verpflichtungen im Auftrag konkret zu benennen und ihrerseits zum Vertragsgegenstand zu machen. Allerdings wird man nicht verlangen können, dass der Vertrag hierzu präzisiere Vorgaben macht, als es der Gesetzgeber tut.[72]

! In Fällen, in denen ein Auftragnehmer innerhalb der Europäischen Union ansässig ist, kann Nr. 5 tatsächlich relevant werden (vgl. oben Rn. 15): Ist z.B. der Auftragnehmer nach dem für ihn geltenden nationalen Recht – anders als in § 11 Abs. 4 BDSG – nicht verpflichtet, einen Datenschutzbeauftragten zu bestellen, müssen die Parteien eine solche Pflicht auch nicht in den Vertrag nach § 11 Abs. 2 BDSG aufnehmen. In diesen Fällen gilt nämlich für den Auftragnehmer das „Sitzlandprinzip".[73]

(ff) Nr. 6 – die etwaige Berechtigung zur Begründung von Unterauftragsverhältnissen

57 Aus der Formulierung der Nr. 6 ergibt sich grundsätzlich, dass die Begründung von **Unterauftragsverhältnissen** im Grundsatz keinen datenschutzrechtlichen Bedenken begegnet. Die zivilrechtliche Gestaltungsfreiheit ergibt sich aus dem Grundsatz der Privatautonomie und unterliegt daher insoweit der Haftungsverteilung nach der Regelung des § 278 BGB.

58 Allerdings folgen aus der **Verantwortung des Auftraggebers** für die Rechtmäßigkeit der Auftragsdatenverarbeitung und damit auch für den **Unterauftrag** Grenzen. Denn die Umsetzung der mit der Auf-

71 So Taeger/*Gabel*, BDSG, § 11 Rn. 46.
72 So auch Plath/*Plath*, BDSG, § 11 Rn. 104.
73 Vgl. oben § 1 Rn. 33.

tragsdatenverarbeitung verbundenen **Kontrollpflichten des Auftraggebers** für die gesamte Auftragsdatenverarbeitungskette wird bei vielschichtigen Auftragsverhältnissen an ihre Grenzen gelangen. Ist eine entsprechende Kontrolle aus faktischen Gründen nicht möglich (z.B. wegen der großen Entfernung zwischen verantwortlicher Stelle und Unterauftragnehmer, geringen Ressourcen zur Durchführung von Kontrollen etc.), kann dies zur Unzulässigkeit der entsprechenden Unterbeauftragung führen. Zur Handhabung von **Unterauftragsverhältnissen**, in denen der Unterauftragnehmer außerhalb der Europäischen Union bzw. des Europäischen Wirtschaftsraums (**Drittland**) ansässig ist (vgl. oben Rn. 14)

(gg) Nr. 7 – die Kontrollrechte des Auftraggebers und die entsprechenden Duldungs- und Mitwirkungspflichten des Auftragnehmers

Durch die Nr. 7 wird die an sich selbstverständliche Pflicht des Auftraggebers zur Kontrolle der Datenver- 59
arbeitung durch den Auftragnehmer und deren vertragliche Verankerung formuliert. Zum Zwecke der effizienten Kontrolle der **Rechtmäßigkeit der Datenverarbeitung** durch den Auftraggeber muss der Auftraggeber vertraglich in die Lage versetzt werden, dies beim Auftragnehmer im Rahmen der **Kontrollpflichten** auch entsprechend effektiv kontrollieren zu können.[74] Allerdings bildet der Umfang der Auftragsdatenverarbeitung auch die Grenze der vertraglich festzulegenden **Kontrollrechte** und **Duldungspflichten**. Als Maßstab der Zutritts- und **Kontrollrechte** des Auftraggebers, der korrespondierenden **Duldungspflichten** des Auftragnehmers sowie dessen **Dokumentationspflichten** können die Regelungen der §§ 24 Abs. 4, 38 Abs. 4 BDSG als Orientierung herangezogen werden.

> **!** In der Praxis ist eine Tendenz erkennbar, viele Vertragsbeziehungen, die mit der Weitergabe personenbezogener Daten zwischen verschiedenen verantwortlichen Stellen einhergehen, als Auftragsdatenverarbeitungsverhältnisse auszugestalten. Insbesondere die hier geschilderten Kontrollpflichten der verantwortlichen Stelle sollten Anlass zu der Frage sein, ob diese Tendenz ökonomisch sinnvoll ist. Oft kann die Weitergabe an eine andere verantwortliche Stelle für das übermittelnde Unternehmen vorteilhaft sein. Das BDSG spricht keineswegs gegen solche Konstellationen. Die gleichzeitige Verarbeitungen personenbezogener Daten eines Betroffenen durch zwei verantwortliche Stellen ist in § 6 Abs. 2 Satz 1 BDSG vorgesehen; zudem entspricht die kooperative vertragliche Gestaltung solcher Konstellation im Rahmen von (zulässigen) Datenübermittlungsverträgen häufig auch wesentlich eher den tatsächlichen Gegebenheiten.

> **!** Auftraggeber müssen sich bewusst sein, dass Kontrollen der eigenen Datenverarbeitung durch die zuständige Aufsichtsbehörde sich auch auf die Datenverarbeitung bei Dritten in ihrem Auftrag erstrecken können. Insofern sollte sich jeder Auftraggeber vertraglich die Kooperation seiner Auftragnehmer auch für diejenigen Fälle sichern, in denen nicht er die Kontrolle durchführt, sondern die für ihn zuständige Aufsichtsbehörde. Denn diese hat gem. § 11 Abs. 4 BDSG nur dann ein originäres Zutritts- und Kontrollrecht, wenn die für den Auftraggeber zuständige Aufsichtsbehörde zugleich auch für den Auftragnehmer zuständig ist. Und dies ist, gerade im Lichte einer internationalen Arbeitsteilung, nicht zwangsläufig der Fall.

> **!** Auftraggeber und Auftragnehmer müssen sich bewusst sein, dass die Durchführung von Kontrollen und der in diesem Zusammenhang erfolgende Zugang zu Systemen, in welchen Beschäftigtendaten verarbeitet werden, in den Fällen mitbestimmungsrelevant nach § 87 BetrVG sein kann, in denen das Unternehmen einen Betriebsrat hat. Dies betrifft zunächst Systeme, welche Geschäftsprozesse der Personaladministration unterstützen. Denn der Zugang zu diesen Systemen lässt unter Umständen Rückschlüsse auf das Verhalten oder die Leistung von Beschäftigten zu. Nicht vergessen sollten die Parteien aber, dass über den Zugang zu Informationen zur Benutzerverwaltung sonstiger Systeme Rückschlüsse auf Verhaltens- oder

74 Vgl. oben Rn. 39 ff.

Leistungsinformationen möglich sind. Insofern ist in mitbestimmten Unternehmen die Beschäftigtenvertretung und in Behörden die Personalvertretung einzubeziehen, wenn es um die Gewährung von Zugängen im Rahmen von Kontrollen geht. Scheitert es im Einzelfall an der Zustimmung und ist in der Folge eine entsprechende Kontrolle nicht möglich, geht dies zulasten derjenigen Stelle, in deren Pflichtenkreis die Duldung der Kontrolle und damit die Zugangsgewährung gelegen hätte.

! Auftragnehmer sollten es vermeiden, ihren Beschäftigten bei auftragsspezifischen Tätigkeiten Fernarbeit aus dem Home Office heraus zu gestatten („Tele- oder Heimarbeit").[75] Denn sowohl der Auftragnehmer als Arbeitgeber als auch der Auftraggeber haben aus Gründen des grundrechtlichen Schutzes der Unverletzlichkeit der Wohnung (Art. 13 Abs. 1 GG) eines in Fernarbeit tätigen Dienstleisters nicht ohne Weiteres die Möglichkeit zum Zutritt zu privaten Räumlichkeiten. Darüber dürften Auftragnehmer grundsätzlich auch nicht zulasten eines Dritten vertraglich disponieren. Vor dem Hintergrund der erforderlichen Kontrollen nach § 11 BDSG dürfte ein Auftraggeber einen entsprechenden Auftrag unter diesen Umständen nicht vergeben.

(hh) Nr. 8 – mitzuteilende Verstöße des Auftragnehmers oder der bei ihm beschäftigten Personen gegen Vorschriften zum Schutz personenbezogener Daten oder gegen die im Auftrag getroffenen Festlegungen

60 Das wesentliche Verdienst des Gesetzgebers im Hinblick auf die nach Nr. 8 zu berücksichtigenden Festlegungen besteht in der Sensibilisierung für die notwendigen prozessualen Schnittstellen zwischen Auftragnehmer und Auftraggeber zur Wahrung der **Rechte der Betroffenen**.[76]

61 Da die interne Datenverarbeitung sowie die Auftragsdatenverarbeitung durch einen Dritten aus der Perspektive der verantwortlichen Stelle rechtlich gleich zu behandeln sind, muss der Auftraggeber dafür Sorge tragen, dass er seinen Pflichten zur **Meldung von datenschutzrechtlichen Vorfällen** (z.B. gemäß §§ 42a BDSG, 109a Abs. 1 TKG, 15a TMG) an die Aufsichtsbehörden sowie zur Information der Betroffenen auch dann nachkommen kann, wenn die Datenverarbeitung nicht bei ihm selbst erfolgt. Daher muss der entsprechend beim Auftraggeber zu etablierende Prozess (Datenschutz-Meldeprozess, Security Incident Process etc.) auch durch den Auftragnehmer bzw. Unterauftragnehmer oder dessen Mitarbeiter angesteuert werden können. Dies erfordert es, meldepflichtige Vorfälle ebenso vertraglich zu definieren wie die Schnittstellen zu beschreiben, über welche sie dem Auftraggeber zu melden sind, sowie diejenigen Sofortmaßnahmen festzulegen, die der Auftragnehmer in diesen Fällen zu ergreifen hat.

62 Nicht erforderlich und auch nicht realistisch wäre demgegenüber eine Pflicht des Auftragnehmers, jegliche Abweichung von vertraglichen Verpflichtungen dem Auftraggeber mitzuteilen. Insoweit sollten die für den Auftraggeber relevanten Meldepflichten den äußeren Rahmen bilden für die **Mitteilungspflichten des Auftragnehmers**. Dass ein Verstoß gegen die vertraglichen Pflichten im Übrigen Gegenstand pauschalierter Ansprüche auf **Schadensersatz** oder **Vertragsstrafen** sein kann, bleibt hiervon unberührt.

(ii) Nr. 9 – der Umfang der Weisungsbefugnisse, die sich der Auftraggeber gegenüber dem Auftragnehmer vorbehält

63 Die in Nr. 9 thematisierten **Weisungsrechte** des Auftraggebers bilden eine der zentralen Kennzeichen der Auftragsdatenverarbeitung. Der Auftrag hat Festlegungen darüber zu enthalten, unter welchen Umständen und durch wen der Auftraggeber **individuelle Weisungen** zur Erhebung, Verarbeitung und Nutzung personenbezogener Daten durch den Auftragnehmer diesem gegenüber erteilen darf. Da der Auftraggeber vollumfänglich für die Rechtmäßigkeit der Datenverarbeitung verantwortlich ist, wird die-

---

75 Im Informationsblatt „Telearbeit – Ein Datenschutz-Wegweiser" des BfDI finden sich Hinweise zur Risikoabschätzung für Arbeitgeber.

76 Vgl. oben Rn. 50.

ses **Weisungsrecht** dem Grunde nach kaum beschränkbar sein können. Dementsprechend muss der Auftragnehmer entsprechende Weisungen auch unverzüglich umsetzen.[77]

Ein **Recht zur inhaltlichen Prüfung** einer solchen Weisung wird man dem Auftragnehmer kaum zugestehen können. Erst recht kann man dem Auftragnehmer **keine Pflicht zur inhaltlichen Prüfung** einer Weisung auferlegen, weil dies die **Verantwortungsverteilung** zwischen Auftraggeber und Auftragnehmer ins Gegenteil verkehren würde. Das gilt umso mehr, wenn der rechtliche Maßstab für die Datenverarbeitung nicht nur im allgemeinen Datenschutzrecht zu finden ist, sondern in spezifischen Vorschriften, etwa des TKG, des TMG, des PostG oder des SGB X. Sinnvoll erscheint es allenfalls, dass der Auftragnehmer ein Recht erhält, eine von ihm für rechtswidrig gehaltene Weisung zunächst nicht und sodann nur auf nochmalige Bestätigung des Auftraggebers hin umzusetzen.[78] 64

(jj) Nr. 10 – die Rückgabe überlassener Datenträger und die Löschung beim Auftragnehmer gespeicherter Daten nach Beendigung des Auftrags

Die nach Nr. 10 zu treffenden Festlegungen knüpfen an die Selbstverständlichkeit an, dass nach dem **Ende des Auftrags** im Allgemeinen sämtliche vertraulichen Unterlagen an den Auftraggeber zurückzugeben sind. Im Falle der Auftragsdatenverarbeitung erstreckt sich dieser Rückgabeanspruch aber grundsätzlich auch auf personenbezogene Daten, die der Auftragnehmer zum Zwecke der Auftragserfüllung auf eigenen Systemen einschließlich seiner Back-up- und Archivmedien verarbeitet, insbesondere gespeichert hat. 65

Wenn und soweit das Eigentum an den vorbenannten Speichermedien beim Auftragnehmer verbleibt, muss der Auftraggeber gemäß § 35 Abs. 2 Satz 2 Nr. 3 BDSG sicherstellen, dass diese Daten bzw. die sie enthaltenen **Datenträger datenschutzkonform gelöscht oder vernichtet**[79] werden. Bereits im Vertrag sollte die Pflicht festgelegt werden, nach dem Ende des Vertrags eben diese Löschung und Vernichtung personenbezogener Daten, einschließlich der erstellten Back-ups und Archivmedien, auf Anweisung des Auftraggebers unverzüglich durchzuführen und gegenüber dem Auftraggeber schriftlich zu bestätigen. 66

! Das Thema Löschung aus Back-ups und Archivmedien ist oft innerhalb verantwortlicher Stellen ein technisch in der Breite nicht optimal geregeltes Thema. Der Auftragnehmer sollte daher eine befriedigende Lösung für personenbezogene Daten des Auftraggebers anbieten. Der Auftraggeber sollte dabei auf einer Mandanten-bezogenen Speicherung, Sicherung und Archivierung bestehen; wenn und sofern die Daten schon keinen besonderen Verfügbarkeitsanforderungen oder Aufbewahrungsfristen unterliegen, sollte der Auftraggeber darauf bestehen, dass diese Daten von Back-ups und Archivierungsprozessen ausgenommen werden.

! Das zuvor genannte Beispiel zeigt außerdem, dass die Kontrolle eines Auftragnehmers auch anlässlich des Endes des Auftrags geboten sein kann. Denn wirkliche Sicherheit über die Löschung und Vernichtung personenbezogener Daten des Auftraggebers, gerade nach langfristiger Zusammenarbeit und Datenverarbeitung in Systemen des Auftragnehmers, ist die Überzeugung[80] des Auftraggebers sicherlich zuverlässiger als allein die Bestätigung durch den Auftragnehmer. Die Verantwortung für das „Schicksal" dieser Daten liegt beim Auftraggeber.

! Sofern der Auftragnehmer im Rahmen der Auftragsdatenverarbeitung operative Systeme des Auftraggebers betreibt, kann es zu kurz greifen, insbesondere Löschverpflichtungen nur für den Fall der Auftragsbeendigung zu definieren. Denn in CRM-Systemen, Telemedien oder Ti-

77 Vgl. zur Prüfungspflicht bei datenschutzrechtlichen Weisungen des Auftraggebers oben Rn. 30.
78 So auch Taeger/*Gabel*, BDSG, § 11 Rn. 57.
79 Vgl. hierzu die Norm DIN 66399 bzw. oben § 3 Rn. 95.
80 Insoweit kann jedoch die in den Praxishinweisen zu Rn.40 beschriebene Matrix Grundlage für die Entscheidung sein, wie sich der Auftraggeber überzeugen sollte.

cket-Systemen sind auch regelmäßige Lösch- bzw. Sperrverpflichtungen zu beachten. Gerade bei längerfristigen Auftragsverhältnissen sollten diese ebenfalls dokumentiert werden.

! Es kann Fälle geben, in denen die Löschung und Vernichtung personenbezogener Daten der einzige Leistungsgegenstand eines Auftrags sind. Auch diese Fälle der Entsorgung bzw. Vernichtung von Daten(-trägern) sind als Auftragsdatenverarbeitung auszugestalten. Denn dies ist gemäß § 3 Abs. 4 Satz 1 i.V.m. Abs. 5 BDSG als (finale) Nutzung Bestandteil des Lebenszyklus personenbezogener Daten und gehört gemäß § 35 Abs. 2 Satz 2 BDSG zum Pflichtenkatalog der verantwortlichen Stelle. Sämtliche Dokumentationsanforderungen gelten daher auch für einen diesbezüglichen Auftrag.

(kk) Sonstige auftragsspezifische Festlegungen

67 Die Tatsache, dass im Rahmen der Vereinbarung zur Auftragsdatenverarbeitung „insbesondere" die vorbezeichneten Festlegungen zu treffen sind, macht deutlich, dass darüber hinaus auch weitere Festlegungen getroffenen werden dürfen. Insbesondere bieten sich Regelungen zum Schadensersatz und zu sonstigen **Rechten der verantwortlichen Stelle** im Falle von **Verstößen des Auftragnehmers** gegen die Regelungen der Vereinbarung Auftragsdatenverarbeitung an. Zudem ist es somit nicht ausgeschlossen, den Auftrag innerhalb eines Werk- oder Dienstleistungsvertrags zu schließen, innerhalb dessen es zur Auftragsdatenverarbeitung kommen soll.

! Neben den in § 11 Abs. 2 Satz 2 BDSG festgelegten gesetzlichen Anforderungen an die Inhalte einer Vereinbarung zur Auftragsdatenverarbeitung spielen spezifische Anforderungen der datenschutzrechtlichen Aufsichtsbehörden an die Gestaltung solcher Verträge in der Praxis eine nicht unerhebliche Rolle. Während nicht-öffentliche Stellen gem. § 38 BDSG (vgl. § 38 Rn. 11 ff.) grundsätzlich der Datenschutz-Aufsicht der nach Landesrecht jeweils zuständigen Behörden unterliegen (z.B. das Bayerische Landesamt für Datenschutzaufsicht in Ansbach für die in Bayern ansässigen Unternehmen), unterliegen Unternehmen der Telekommunikations- und Postbranche im Hinblick auf die Verarbeitung der dem Fernmelde- und Postgeheimnis unterliegenden Informationen zusätzlich der Datenschutzaufsicht durch die Bundesnetzagentur (BNetzA) bzw. durch den Bundesbeauftragten für den Datenschutz und die Informationsfreiheit (BfDI) (vgl. § 24 Rn. 9, § 26 Rn. 3). So hat etwa der BfDI inhaltliche Vorgaben für Auftragsdatenverarbeitungsverträge mit Call-Centern gemacht.[81] Derartige Vorgaben wird man jedoch eher als Empfehlung und weniger als harte rechtliche Anforderungen verstehen müssen (und können), da sich derartige Beschränkungen und Vorgaben aus den Gesetzen nicht ergeben.

! Neben den Möglichkeiten weiterer Festlegungen innerhalb der Vereinbarung zur Auftragsdatenverarbeitung können die nach Satz 2 erforderlichen Festlegungen auch zum Bestandteil der Standardvertragsklauseln gemacht werden. Auf diese Art und Weise kann man sicherstellen, dass zwischen zwei Parteien nicht allein deshalb mehrere datenschutzrechtliche Vereinbarungen geschlossenen werden müssen, weil der Auftragnehmer in einem Land außerhalb der Europäischen Union/außerhalb des Europäischen Wirtschaftsraums tätig ist. Eine solche Integrierung ist notwendig, weil die Standardvertragsklauseln nicht den Minimalanforderungen des § 11 Abs. 2 Satz 2 BDSG genügen.

! Festlegungen nach § 11 Abs. 2 Satz 2 BDSG sollten im Rahmen der kaufmännischen Klauseln bzw. im Rahmen der Anhänge zu den Standardvertragsklauseln integriert werden. Dieses Vorgehen ist nach Ansicht der datenschutzrechtlichen Aufsichtsbehörden nicht zu beanstanden, weil es insbesondere keine unzulässige Änderung der Standardvertragsklauseln begründet.

81 BfDI, Tätigkeitsbericht 2007/2008, BT-Drucks. 16/12600, 1, S. 35.

3. Auftragserteilung (Abs. 2 Satz 3)

Grundsätzlich wird der Auftrag von der verantwortlichen Stelle erteilt. Im öffentlichen Bereich ist dies diejenige Behörde, welche im Rahmen ihrer Befugnisse die Datenverarbeitung auslagert. Neben dieser kann auch die zuständige Fachaufsichtsbehörde den Auftrag erteilen. Dies kann etwa dann sinnvoll sein, wenn diese beim **Outsourcing** eine homogene IT-Infrastruktur sicherstellen und einer Zersplitterung vorbeugen will. Das ändert aber nichts an der Identität der verantwortlichen Stelle und den von ihr wahrzunehmenden Rechten und Pflichten. 68

4. Rechtsfolgen eines Verstoßes gegen § 11 BDSG

Verstößt die verantwortliche Stelle gegen Regelungen des § 11 BDSG, kann die zuständige Aufsichtsbehörde grundsätzlich mit **aufsichtsrechtlichen Maßnahmen** agieren; diese reichen von der förmlichen Beanstandung[82] bis hin zur **Untersagung** der Datenweitergabe gem. § 38 Abs. 5 S. 2 BDSG.[83] 69

Verstößt die verantwortliche Stelle gegen die Vorschriften zur Auftragserteilung nach Abs. 2 Satz 2 oder zur Kontrolle des Auftragnehmers nach Abs. 2 Satz 4, kann dies gemäß § 43 Abs. 1 Nr. 2 b) BDSG eine **Ordnungswidrigkeit** darstellen, auf deren Grundlage die Aufsichtsbehörde gem. § 43 Abs. 3 BDSG ein **Bußgeld** von bis zu 50.000 € verhängen kann. 70

In den Fällen des Abs. 5 ist allerdings die Geltung der **Sanktionsmöglichkeiten**, die an einen Verstoß gegen Abs. 1 bis Abs. 4 anknüpfen, fraglich. Insbesondere erhebt sich die Frage, ob das nach § 43 Abs. 1 Nr. 2b), Abs. 3 BDSG mögliche Bußgeld auch dann verhängt werden kann, wenn sich ein Verstoß nicht originär aus Abs. 2, sondern erst aufgrund des Verweises in Abs. 5 ergibt. Für eine Anwendbarkeit der behördlichen Befugnisse spricht die Tatsache, dass und wenn man die Privilegien des § 11 auch für die Fälle des Abs. 5 für anwendbar hält.[84] Zudem unterscheidet insbesondere § 43 Abs. 1 Nr. 2b) BDSG nicht danach, aus welcher Norm sich die Pflicht zur Beachtung des § 11 Abs. 2 Sätze 2 und 4 ergibt. Andererseits kann es im Anwendungsbereich des Abs. 5 auftragsspezifisch zur eingeschränkten Anwendbarkeit der in Abs. 2 festgelegten Regelungen kommen;[85] sonach kommt es im Kontext des Abs. 5 unter Umständen in doppelter Hinsicht zu Unklarheiten bei der Anwendung der Sanktionsnormen, welche auf einem Verstoß gegen Abs. 1 bis 4 beruhen. Unter rechtsstaatlichen Gesichtspunkten bleiben daher Zweifel, da sich die Anwendbarkeit einer Sanktionsnorm zweifelsfrei ergeben muss, sodass sich die Normadressaten unzweifelhaft auf die Rechtslage einstellen können.[86] 71

C. Anwendungsempfehlung/weitere praktische Hinweise

I. Allgemeine Hinweise

1. Outsourcing-Strategie

Die Frage, in welchem Umfang und im Rahmen welcher Geschäftsprozesse die Beauftragung eines Dritten mit der Durchführung von (Teil-)Geschäftsprozessen überhaupt in Betracht kommt, sollte das Ergebnis einer bewussten/standardisierten Entscheidung des Unternehmens sein. Das gilt insbesondere, wenn diese Beauftragung mit der Erhebung, Verarbeitung oder Nutzung personenbezogener Daten durch einen Dritten verbunden ist, während der Auftraggeber verantwortliche Stelle im Sinne des § 3 Abs. 7 BDSG bleibt. Diese Entscheidung sollte Ergebnis eines (generischen) Outsourcing-Prozesses sein. Dieser 72

82 Dieses Mittel steht zumindest dem BfDI zu, wenn er zuständige Aufsichtsbehörde ist (vgl. § 25 Rn. 3 ff.), nicht jedoch den nach Landesrecht für den nicht-öffentlichen Bereich zuständigen Aufsichtsbehörden (§ 38 Rn. 57 ff.), denn die Beanstandung ist in § 38 BDSG nicht explizit erwähnt. Aus rechtsstaatlichen Gesichtspunkten kann es daher auch keine Befugnis zur Beanstandung geben. Die „Feststellung" der datenschutzrechtlichen Rechtswidrigkeit als notwendige Vorstufe einer aufsichtsrechtlichen Maßnahme nach § 38 BDSG gegenüber verantwortlichen Stellen durch die nach Landesrecht zuständige Behörde kann daher auch nicht durch (feststellenden) Verwaltungsakt im Sinne des § 35 VwVfG erfolgen und ist nicht isoliert im Wege der Anfechtungsklage anfechtbar.

83 Vgl. § 38 Rn. 66.

84 Vgl. oben Rn. 34.

85 Vgl. oben Rn. 33.

86 Vgl. BVerfGE 110, 33 (52 ff.); 113, 348 (375 ff.); 120, 274 (316).

Prozess muss sicherstellen, dass vom Outsourcing nur Prozesse betroffen sein können, bei denen Klarheit herrscht über (i) die hiervon betroffenen Informationswerte, (ii) die mit dem Outsourcing verbundenen Risiken für diese Informationswerte und (iii) die zur Verringerung des Risikos auf ein akzeptables Maß anzuwendenden technischen und organisatorischen (Schutz-)Maßnahmen. Ein Outsourcing-Projekt, welches diese Fragen nicht beantworten kann, kann nicht als Ergebnis einer bewussten Entscheidung der verantwortlichen Stelle angesehen werden.

2. Vertragsgestaltung

73 Ist der der Auftragsdatenverarbeitung zugrunde liegende Vertrag erst einmal geschlossen, kann es dazu kommen, dass derjenige, welcher die Umsetzung der technischen und organisatorischen Maßnahmen für den Auftraggeber beim Auftragnehmer sicherstellen, kontrollieren bzw. nachhalten soll (Datenschutzbeauftragter, Informationssicherheitsbeauftragter, Auditor etc.), unter Umständen das Nachsehen hat. Denn dann kann man gegenüber dem Auftragnehmer oft nicht mehr für die notwendige Motivation sorgen. Deshalb ist eine enge Zusammenarbeit mit den Fachabteilungen und dem Beschaffungswesen erforderlich, die man am ehesten durch entsprechende Prozessdefinitionen und deren konsequente Umsetzung erreichen kann.

74 Neben dem Inhalt und der Umsetzung des Auftrags muss sich der Auftraggeber ebenfalls mit der Frage befassen, wie er die Umsetzbarkeit seiner Anforderungen an die technischen und organisatorischen Fragen beim potenziellen Auftragnehmer prüfen möchte. Er muss also ein methodisches Vorgehen etablieren, nach welchem er unter Berücksichtigung der Einzelheiten des Auftrags entscheiden kann, ob der Auftragnehmer unter diesen Gesichtspunkten der geeignete Kandidat für die Beauftragung ist. Das Gesetz schreibt insbesondere nicht vor, dass sich der Auftraggeber in jedem Falle durch eine persönliche Inaugenscheinnahme vor Ort beim Auftragnehmer von dessen Eignung überzeugen muss. Eine derart pauschale Aussage wäre auch unter Berücksichtigung der vielfältig vorstellbaren Konstellationen der Auftragsdatenverarbeitung (siehe oben Rn. 24 ff.) nicht vertretbar. Insbesondere die Anwendbarkeit des § 11 Abs. 2 BDSG auch auf Fälle des § 11 Abs. 5 BDSG, bei denen es oft nur um gelegentliche und eingeschränkte (Fern-)Zugriffe auf personenbezogene Daten geht, macht dies deutlich.

3. Kontrollen des Auftragnehmers

75 Inhaltlich, vor allem aber methodisch gibt es verschiedene Möglichkeiten, sich als Auftraggeber vor Erteilung des Auftrags von der Eignung des Auftragnehmers zu überzeugen:

- Überprüfung vor Ort durch vom Auftraggeber beauftragte Dritte;
- Beibringung einschlägiger und durch neutrale und zuverlässige Zertifizierer ausgestellter Zertifikate bzw. Gutachten;
- Austausch von Fragebögen („Checklisten") über den Stand der beim Auftragnehmer etablierten technischen und organisatorischen Maßnahmen;
- Verhandlung technischer und organisatorischer Maßnahmen im Rahmen der Auftragserteilung;
- Kombinationen der vorbezeichneten Möglichkeiten.

4. Risikominimierung

76 Gemäß § 43 Abs. 1 Nr. 2b BDSG ist der Beginn der Datenverarbeitung im Auftrag, ohne dass sich der Auftraggeber zuvor gemäß § 11 Abs. 2 Satz 4 BDSG von den getroffenen technischen und organisatorischen Maßnahmen überzeugt hat, mit einem Bußgeld von bis zu 50.000 € bewehrt. Bei Unternehmen mit einer hohen Outsourcing-Quote können sich daher ein mangelhafter Outsourcing-Prozess sowie ein mangelhafter Audit-Prozess durchaus auch finanziell signifikant auswirken.

77 Wenn der Auftragnehmer über einen etablierten Datenschutzprozess, insbesondere ein internes Datenschutz-Kontrollsystem verfügt, ist er gut auf Verhandlungen über Auftragsdatenverarbeitungsverträge vorbereitet. Denn er muss sich diesbezüglich vom Auftraggeber ebenso wenig weitergehende Vorschriften machen lassen wie für die Art der Verpflichtung auf das Datengeheimnis nach § 5 BDSG. Sofern sich aus dem Auftrag jedoch spezifischere datenschutzrechtliche Verpflichtungen, etwa im Hinblick auf das

Fernmeldegeheimnis nach § 88 TKG, das Postgeheimnis nach § 39 PostG oder aber Bestimmungen des Sozialdatenschutzes ergeben, sind spezifischere Vorgaben hingegen gerechtfertigt.

II. Anwendung von Standardvertragsklauseln

Gerade wenn Unterauftragsverhältnisse begründet werden sollen und die entsprechenden Subunternehmer im Drittland ansässig und von dort aus tätig sind, kann es zu einer Vielzahl relevanter Rechtsverhältnisse kommen: **78**

1. Verhältnis zwischen Auftraggeber und Auftragnehmer („Auftragsdatenverarbeitung");
2. Auftragnehmer und Unterauftragnehmer im Inland oder innerhalb EU/EWR („Unterauftragsdatenverarbeitung");
3. Auftraggeber und Unterauftragnehmer außerhalb EU/EWR („Faktisches Datenübermittlungsverhältnis", zwischen der verantwortlichen Stelle und dem Empfänger).

In diesen Fällen kann es aus datenschutzrechtlichen Gründen notwendig sein, dass die verantwortliche Stelle in ein direktes datenschutzrechtliches Rechtsverhältnis mit dem Empfänger eintritt und mit diesem Europäische Standardvertragsklauseln[87] vereinbart. Dies ist lediglich dann entbehrlich, wenn der Empfänger in einem sogenannten „sicheren Drittland"[88] ansässig ist oder – falls der Empfänger in den USA ansässig ist und die Daten dorthin weitergegeben werden – wenn das Unternehmen nach dem Safe Harbor-Abkommen[89] zertifiziert ist. **79**

Um nun zu verhindern, dass es zu einer Vielzahl von Vertragsdokumenten kommt, können sämtliche Verhältnisse (s.o.) in einer Urkunde abgebildet werden, indem (i) die Standardvertragsklauseln um die (Pflicht-)Inhalte des § 11 Abs. 2 BDSG ergänzt werden und (ii) die Unterbeauftragung des Unterauftragnehmers integriert wird. Dies geschieht formal, indem (i) der Unterauftragnehmer („Datenimporteur") der Auftragsdatenverarbeitung mit dem Auftraggeber („Datenexporteur") und der Auftragnehmer den Europäischen Standardvertragsklauseln beitritt. **80**

IV. Besondere Konstellationen

1. Konzerndatenfluss

Problematisch sind Fälle, in denen personenbezogene Daten im Konzern zu eigenen Zwecken der anderen Konzerngesellschaft weitergegeben werden (z.B. Mitarbeiterdaten im Rahmen der Übertragung wichtiger Personalentscheidungen oder Lieferantendaten zum Zwecke eines zentralen Lieferantenmanagements über alle Konzernunternehmen hinweg). In diesen Fällen müssten die Kontroll- und Entscheidungsbefugnisse letztinstanzlich bei der verantwortlichen Stelle, also dem Auftraggeber, verbleiben.[90] Denn nur in diesen Fällen lässt sich argumentieren, dass die gesamte Funktion gerade nicht „übertragen" worden ist und damit die Konstellation einer Auftragsdatenverarbeitung gegeben ist. **81**

Nach Ansicht der Aufsichtsbehörden bedarf es im Falle der Weitergabe von Beschäftigtendaten keiner Regelung, sofern eine sog. **Matrix-Struktur** bei Eingehung des Arbeitsverhältnisses vorhanden und erkennbar war, also wenn die Fach- oder Personalvorgesetztenfunktion auf eine oder mehrere Personen in anderen Konzerngesellschaften übertragen worden ist.[91] **82**

In allen anderen Fällen kommen nur die allgemeinen Erlaubnis-, insbesondere Übermittlungsgrundlagen (z.B. §§ 95, 96, 97, 100 TKG, §§ 32, 28 Abs. 1 Nr. 2 BDSG etc.) als Rechtsgrundlagen in Betracht. Die insoweit erforderliche strenge Zweckbindung führt in vielen Fällen zur Notwendigkeit besonderer Maßnahmen, z.B. der Einführung von Pseudonymisierungsmechanismen; bei Skill-Datenbanken soll etwa der Zugriff zunächst auf pseudonymisierte Mitarbeiterdaten beschränkt sein und eine Offenlegung erst auf **83**

87 Vgl. oben § 4c Rn. 38 ff.
88 Vgl. oben § 4b Rn. 24 ff.
89 Vgl. oben § 4b Rn. 27 ff.
90 Vgl. Ad-hoc-Bericht „Konzerninterner Datentransfer", S. 15.
91 Arbeitsbericht der Ad-hoc-Arbeitsgruppe „Konzerninterner Datentransfer", S. 13.

Nachfrage erfolgen.[92] In besonders naheliegenden und im Hinblick auf den Schutzbedarf des Persönlichkeitsrechts wenig eingriffsintensiven Konstellationen sollten die Anforderungen an die Zulässigkeit einer Übermittlung jedoch nicht überstrapaziert werden. In der Unternehmenspraxis dürften daher z.B. konzernweite Telefon- und E-Mail-Verzeichnisse keiner besonderen Rechtfertigung oder Schutzmaßnahme bedürfen, sofern darin „nur" berufliche Kontaktdaten eines Mitarbeiters enthalten sind. Dennoch empfiehlt sich insofern eine Rücksprache mit der für den Auftraggeber zuständigen Aufsichtsbehörde.

2. Home Office („Tele- oder Heimarbeit")

84 Die Erbringung von Tätigkeiten, welche Gegenstand einer Auftragsdatenverarbeitung darstellen, unter Einsatz von Mitarbeitern des Auftragnehmers, die einen Teil ihrer Aufgaben aus der eigenen Wohnung (Home Office oder „Tele- bzw. Heimarbeit" genannt) heraus erbringen, kann problematisch sein.[93] Der Auftraggeber ist zu den Maßnahmen nach § 11 BDSG verpflichtet. Er muss also auch in solchen Fällen sicherstellen, dass personenbezogene Daten im Einklang mit den erforderlichen technischen und organisatorischen Maßnahmen erhoben, verarbeitet und genutzt werden. Die Notwendigkeit von Kontrollen durch den Auftraggeber kann mit dem Grundrechtsschutz bzgl. der Unverletzlichkeit der Wohnung eines Mitarbeiters des Auftragnehmers aus Art. 13 Abs. 1 GG kollidieren.

85 Daher sollten zum Schutze des Auftraggebers und Auftragnehmers entsprechende Vorgaben gemacht werden, um entsprechende Kontrollmöglichkeiten sicherzustellen und das Sicherheitsrisiko für personenbezogene Daten des Auftraggebers auch in diesem Kontext zu minimieren. Es sollte z.B. ausschließlich ein abgrenzbarer Raum innerhalb des geschützten Wohnraums genutzt werden; für diesen Raum sollten Zutrittsregelungen vorgegeben werden; es sollten konkrete Vorgaben zum Umgang mit Dateien, insbesondere ausgedruckten Dokumenten, getroffen werden. Weitere Hinweise sind in der Checkliste im Anhang enthalten.

3. Cloud Computing als Auftragsdatenverarbeitung

86 Cloud Computing-Dienste, obschon hinsichtlich des Leistungsspektrums nicht einheitlich definiert,[94] werden von der h.M. und den Aufsichtsbehörden grundsätzlich als Unterfall der Auftragsdatenverarbeitung eingestuft.[95] Sowohl auf nationaler Ebene[96] als auch auf europäischer Ebene[97] sind von aufsichtsbehördlicher Seite Vorgaben für den Einsatz von Cloud Computing-Diensten gemacht worden, deren Lektüre insbesondere dem Auftraggeber vor Beauftragung zu empfehlen ist. Als besondere Herausforderungen werden dabei der – durch die zur Erbringung von Cloud Computing-Diensten variierenden Server-Standorte – Auslandsbezug und die Verfügbarkeit der im Rahmen eines Cloud Computing-Dienstes gespeicherten Daten angesehen. Insofern wird insbesondere eine Datenübermittlung in sog. Drittländer als regelungsbedürftig angesehen,[98] die jedoch mit entsprechenden Regelungen wie z.B. Safe Harbor-Zertifizierungen oder Standardvertragsklauseln entsprechend abgesichert werden kann.[99] Zudem haben viele Cloud Computing-Dienstleister inzwischen Server innerhalb der EU, sodass zumindest bei Nutzung solcher Infrastrukturen der Anwendungsbereich von § 11 BDSG eröffnet und eine Datenschutzkonformität bei Erfüllung entsprechender Vorgaben gewährleistet ist.[100] Ferner wird thematisiert, wie der Auftraggeber seine Kontroll- und Weisungspflichten auszuüben hat, wobei jedoch z.B. Datenschutz-Zertifizierungen durch Dritte als Mittel anerkannt werden.[101]

---

92 Vgl. Simitis/*Seifert*, BDSG, § 32 Rn. 118.
93 Im Informationsblatt „Telearbeit – Ein Datenschutz-Wegweiser" des BfDi finden sich Hinweise zur Risikoabschätzung für Arbeitgeber. Der BfDi rät von Telearbeit beim Auftragnehmer grundsätzlich ab.
94 Vgl. Plath/*Plath*, BDSG, § 11 Rn. 46.
95 Taeger/*Gabel*, BDSG, § 11 Rn. 18; Plath/*Plath*, BDSG, § 11 Rn. 44.
96 Orientierungshilfe „Cloud Computing".
97 *Artikel-29-Datenschutzgruppe*, Stellungnahme 05/2012 zum Cloud Computing, WP 196.
98 Vgl. Orientierungshilfe „Cloud Computing", S. 10 ff.
99 Vgl. dazu oben Rn. 19 ff.
100 Vgl. auch Plath/*Plath*, BDSG, § 11 Rn. 52 mit weiteren Nachweisen.
101 *Artikel-29-Datenschutzgruppe*, Stellungnahme 05/2012 zum Cloud Computing, WP 196, S. 27.

4. Outsourcing und Cloud Computing bei Berufsgeheimnisträgern

87 Der Einsatz von Cloud Computing-Diensten kann bei bestimmten Berufsgruppen ein strafrechtliches Risiko wegen des „Offenbarens" eines Berufsgeheimnisses nach sich ziehen.[102] Es wird daher versucht, über die Auslegung bzw. Eingrenzung des § 203 StGB zur Vermeidung des Risikos einer eventuellen Strafbarkeit bei der Offenbarung von Berufsgeheimnissen zu gelangen. Um ein strafrechtliches Risiko zu minimieren, besteht die Möglichkeit, die Daten, welche Berufsgeheimnisse enthalten, derart zu verschlüsseln, dass dem Outsourcing- oder Cloud Computing-Dienstleister keine Entschlüsselung möglich ist. Damit besteht nämlich auch keine Möglichkeit der Zugangsverschaffung zu den Berufsgeheimnissen, sodass ein Offenbaren und demzufolge eine Strafbarkeit nach § 203 StGB ausscheidet. Diese Lösung ist in der Vergangenheit auch von den Aufsichtsbehörden anerkannt worden: Bei Verschlüsselung können z.B. Gesundheitsdaten übermittelt werden, sofern zusätzlich zu einer „hochwertigen" Verschlüsselung ein Sicherheitskonzept besteht, dass dem Cloud Computing-Dienstleister eine Entschlüsselung der Daten nicht ermöglicht.[103]

5. Verträge gem. § 11 Abs. 5 BDSG

88 Wartungs- und Prüfungsverträge für informationsverarbeitende Systeme sind sehr häufig mit der Anforderung verbunden, gem. § 11 Abs. 5 BDSG eine Vereinbarung nach § 11 Abs. 2 BDSG abzuschließen. Das gilt sogar dann, wenn ausschließlich personenbezogene **Benutzerinformationen** verarbeitet werden und das datenverarbeitende System selbst gar keine personenbezogenen Daten verarbeitet, sondern lediglich nicht-personenbezogene Informationen wie Patente, die Steuerung von Maschinen oder den Warenbestand. Um diesem Erfordernis auszuweichen, können mehrere Strategien verfolgt werden:

- Zunächst ist denkbar, für Wartungszugänge den Zugriff auf personenbezogene Objekte generell auszuschließen; dies ließe sich gegebenenfalls zumindest für personenbezogene Informationen der Benutzerverwaltung umsetzen.
- Weiterhin kommt eine lediglich anonymisierte Darstellung sämtlicher personenbezogener Objekte in Betracht.
- Sofern personenbezogene Daten lediglich im Rahmen der Benutzerverwaltung verarbeitet werden, könnte die Benutzerverwaltung auf der Grundlage der Verwendung von pseudonymen Schlüsseln, insbesondere von Zahlencodes zur Unanwendbarkeit von § 11 Abs. 5 BDSG führen. Wird gegenüber dem Auftragnehmer jeweils die Vertraulichkeit der Schlüsselverwaltung gewährleistet, liegt mit der den „relativen Personenbezug" vertretenen Auffassung kein personenbezogenes Datum vor; jedenfalls aber besteht in diesen Fällen keine Gefährdung für die Rechte der Betroffenen.
- Schließlich könnte die Benutzerverwaltung generell von den Datenverarbeitungsanlagen und -verfahren entkoppelt und in zentralen Systemen konzentriert werden. In diesen Fällen authentisiert sich der Nutzer nicht gegenüber dem lokalen System, sondern gegenüber einer zentralen Authentisierungs-Instanz. Diese würde auf der Grundlage des (nur) dort für den Benutzer hinterlegten Rechteprofils die Informationen über die Zugriffsrechte für die Dauer einer Zugriffs-Session sowie eine Session-ID an das lokale System übergeben. Die Protokollierung der Aktivitäten des Nutzers im Rahmen der Zugriffs- bzw. Eingabekontrolle erfolgt allein auf der Grundlage der Session-ID. Über diese Session-ID bleibt die Zusammenführung der Informationen über die jeweiligen Aktivitäten und des jeweiligen Nutzers möglich.

89 Sofern die verantwortliche Stelle externe Sicherheitstests auf ihre Systeme beauftragt, kann dies je nach der Intensität und Verlauf des Tests zu Zugriffen auf personenbezogene Daten führen. Daher kann auch in diesen Fällen eine Vereinbarung nach § 11 Abs. 5 BDSG zu treffen sein.

---

102 Vgl. oben Rn. 12.
103 Vgl. Konferenz der Beauftragten für den Datenschutz in Bund und Ländern, Datenschutz und Telemedizin – Anforderungen an Medizinnetze, Abschnitt V. Spezielle Datensicherungsmaßnahmen, 19 ff.

90 In Fällen, in welchen aufgrund spezifischer datenschutzrechtlicher Vorschriften die Übermittlung personenbezogener Daten zu den in § 11 Abs. 5 BDSG genannten Zwecken ausdrücklich gestattet ist, ist diese Gestattung und damit auch die damit verbundene Weitergabe personenbezogener Daten an einen Dritten gegenüber § 11 Abs. 5 BDSG jedenfalls dann vorrangig, wenn sich diese Erlaubnis aus einer gem. § 1 Abs. 3 Satz 1 BDSG anderen und damit vorrangigen Rechtsnorm ergibt: Die Erlaubnisvorschrift zur Erkennung, Eingrenzung und Beseitigung von Störungen von Telekommunikationsanlagen des § 100 Abs. 1 TKG etwa, nach welcher personenbezogene Daten (Bestands- und Verkehrsdaten) im erforderlichen Umfang erhoben und verwendet werden dürfen, erlaubt in eben diesem Umfang die Weitergabe der Daten an Dritte. Denn als Teil der Verarbeitung (vgl. § 3 Abs. 4 Satz 2 Nr. 3a) BDSG) ist die Übermittlung ein Element der nach § 100 Abs. 1 TKG zulässigen Verwendung (vgl. § 3 Abs. 5 BDSG).

D. Muster

91 Muster einschließlich Erläuterungen und Formulierungshilfen sind auf den Websites einiger Aufsichtsbehörden und Verbände abrufbar. Unabhängig von der Qualität einzelner Muster sollten sich Auftraggeber und Auftragnehmer darüber im Klaren sein, dass jedes Muster lediglich einen Anhaltspunkt dafür bieten kann, wie sich Auftragsverhältnisse im Sinne des § 11 BDSG **rechtskonform** ausgestalten lassen. Dabei ist zumeist nicht berücksichtigt, ob das jeweilige Muster auch **unternehmenskonform** ist. Hinzu treten nämlich in allen Fällen auch kommerzielle Gegebenheiten, die jeweilige Interessenlage sowie die jeweilige Markt- und Verhandlungsposition. Insofern ist es nicht nur möglich, sondern auch sinnvoll, die jeweiligen Muster nach diesen Parametern zu gestalten.

92 Die nachfolgenden Links zu Websites mit Mustern haben den Stand Dezember 2013:

- Bayerisches Landesamt für Datenaufsicht: http://www.lda.bayern.de/lda/datenschutzaufsicht/lda_daten/auftragsdatenverarbeitung.pdf
- Der Bayerische Landesbeauftragte für den Datenschutz:

  http://www.datenschutz-bayern.de/technik/orient/m-vertr.htm
- Der Landesbeauftragte für den Datenschutz Niedersachsen: http://www.lfd.niedersachsen.de/download/32351/Mustervereinbarung_fuer_Auftragsdatenverhaeltnisse_nach_11_BDSG.pdf
- Landesbeauftragter für den Datenschutz und Informationssicherheit Nordrhein-Westfalen:

  https://www.ldi.nrw.de/mainmenu_Datenschutz/submenu_Datenschutzrecht/Inhalt/Auftragsdatenverarbeitung/Inhalt/Mustervereinbarung_zur_Auftragsdatenverarbeitung_nach____11_BDSG/Mustervereinbarung.doc
- Der Hessische Datenschutzbeauftragte: http://www.datenschutz.hessen.de/download.php?download_ID=239&download_now=1
- Der Diözesandatenschutzbeauftragte der Erzbistümer Berlin und Hamburg, u.a.:

  http://www.datenschutz-kirche.de/sites/default/files/MV_Auftragsdatenverarbeitung.pdf
- BITKOM e.V.: http://www.bitkom.org/files/documents/Mustervertragsanlage_zur_Auftragsdatenverarbeitung_v_3_0.pdf

Kriterien für das Vorliegen einer Auftragsdatenverarbeitung gem. § 11 Abs. 1 BDSG	
☐	Der Auftragnehmer ist nicht aus rechtlich zwingenden Gründen weisungsfrei, etwa im Rahmen einer Tätigkeit als Rechtsanwalt, Steuerberater, Wirtschaftsprüfer, Arzt o.Ä. Hintergrund: Im Rahmen freier Berufe ist die mit der Auftragsdatenverarbeitung einhergehende Weisungsgebundenheit des Auftragnehmers äußerst selten anzutreffen. Denn bei diesen Berufen ist, wenn der Auftrag in diesem Umfeld erbracht wird, gerade die Kompetenz des entsprechenden Auftragnehmers und entsprechend selbstständiges Agieren gefragt. Hinzu tritt, dass freie Berufe häufig ohnehin eigenen Datenschutz- und Vertraulichkeitsvorschriften unterliegen.
☐	Der Auftraggeber kann tatsächlich sicherstellen, dass er gegenüber dem Auftragnehmer aufgrund seiner eigenen fachlichen Kompetenzen und Ressourcen zumindest in Bezug auf die grundlegenden fachlichen Prozesse Weisungen erteilen kann. Hintergrund: Eine Auftragsdatenverarbeitung scheidet aus, wenn der Auftragnehmer über exklusives Herrschaftswissen verfügt, welches zur Aufgabenerfüllung zwingend erforderlich ist.
☐	Der Auftragnehmer ist sowohl fachlich als auch im Hinblick auf den Ablauf der Verfahren der Datenverarbeitung und -nutzung gegenüber dem Auftragnehmer vollumfänglich weisungsgebunden. Hintergrund: Datenschutzrechtliche Aufsichtsbehörden sind der Auffassung, dass den Auftragnehmer im Hinblick auf fachliche Entscheidungen kein eigener Entscheidungsspielraum verbleiben darf. Gibt es also detaillierte SLAs, Gesprächsleitfäden, konkrete Handlungsanweisungen, Designvorschriften usw., an welche sich der Auftragnehmer zwingend halten muss, spricht unter dem Gesichtspunkt der Weisungsgebundenheit viel für Auftragsdatenverarbeitung.
☐	Der Auftragnehmer hat über die Erfüllung des Auftrags hinaus kein eigenes Interesse an der Datenverarbeitung, insbesondere an den verarbeiteten Daten. Hintergrund: Erhebt, verarbeitet oder nutzt der Auftragnehmer personenbezogene Daten des Auftragnehmers im eigenen Interesse, d.h. zu eigenen Zwecken, dann mag dies datenschutzrechtlich zulässig sein und ist gesondert zu prüfen; der Auftragnehmer wäre dann aber selbst verantwortliche Stelle und datenschutzrechtlich selbst verantwortlich. Hier muss von Beginn an Klarheit zwischen den Parteien herrschen.
☐	Die Gesamtschau führt dazu, dass der Auftragnehmer lediglich als „verlängerte Werkbank" oder „verlängerter Arm" des Auftraggebers agiert. Hintergrund: Der Auftragsdatenverarbeitung liegt eine bestimmte Konstellation zugrunde. Es ist selbstverständlich möglich, dass die Datenverarbeitungsvorgänge äußerst komplex und anspruchsvoll sind. Entscheidend ist, dass der Auftragnehmer die volle Kontrolle über fachliche Entscheidungen hat und diese Kontrolle auch ausübt. Gerade in Fällen von Kooperationen ergibt die Gesamtschau, dass das typische Über-/Unterordnungsverhältnis zwischen Auftraggeber und Auftragnehmer nicht vorliegt. Daher sind diese Fälle auch nicht als Auftragsdatenverarbeitung auszugestalten. Die Möglichkeit, dass auch zwei Stellen verantwortlich sein können, ergibt sich aus § 6 Abs. 2 BDSG. In diesen Fällen sind jedoch dennoch Vereinbarungen zu treffen, z.B. zur Verteilung der Verantwortung für einzelne Prozesse und Verarbeitungen sowie zu Prozessen der Sicherung von Betroffenenrechten, da sich die Kooperation nicht zulasten der Betroffenen auswirken darf.

Kriterien für das Vorliegen eines Falls von § 11 Abs. 5 BDSG	
☐	Es ist nicht schon bereits wegen der auf den Auftragnehmer übertragenen Tätigkeit die Konstellation einer Auftragsdatenverarbeitung gegeben. Hintergrund: Betreibt der Auftragnehmer für den Auftraggeber Soft- oder Hardwarekomponenten, sei es i.R.d. Hostings, des Cloud-Computings oder im Netzwerk des Auftraggebers und hat er dabei Zugriff auf personenbezogene Daten des Auftraggebers, handelt es sich bereits deshalb um einen Fall der Auftragsdatenverarbeitung. Erbringt der Auftragnehmer dabei auch Leistungen der Wartung und Pflege, ist dies nicht zusätzlich ein Fall von § 11 Abs. 5 BDSG.
☐	Der Auftrag bezieht sich auf Maßnahmen, die dazu dienen, die Funktionsfähigkeit von Soft- oder Hardware oder einzelner Komponenten der Soft- oder Hardware (i) zu prüfen, (ii) zu überwachen oder (iii) wiederherzustellen. Hintergrund: Die Implementierung einer neuen Software ist demgegenüber kein Fall des § 11 Abs. 5 BDSG. Ist der Auftraggeber aufgrund anderer Vorschriften berechtigt, zum Zwecke der Prüfung, Wartung und Fehlerbehebung personenbezogene Daten an Dritte zu übermitteln, etwa im Falle des § 100 Abs. 1 TKG, ist jene Vorschrift vorrangig und insoweit wäre keine Vereinbarung nach § 11 Abs. 2 BDSG zu schließen. Allerdings sollten auch in diesen Fällen grundlegende datenschutzrechtliche Vereinbarungen getroffen werden, um die Rechte der Betroffenen auch in solchen Fällen zu schützen.
☐	Bei der Durchführung des Auftrags ist es technisch nicht auszuschließen, dass der Auftragnehmer die Möglichkeit hat, personenbezogene Daten des Auftraggebers zur Kenntnis zu nehmen. Hintergrund: Dieses Kriterium darf nicht zu eng ausgelegt werden. Jeder auch nur potenzielle Zugriff auf personenbezogene Daten, und sind es auch nur personenbezogene Daten der Benutzerverwaltung, verpflichten zu einem Vertrag entsprechend § 11 Abs. 2 BDSG.
Kriterien für die Zulässigkeit des Beginns der Datenverarbeitung im Auftrag	
☐	Der Auftraggeber ist zu dem Ergebnis gekommen, dass die auszulagernde Datenerhebung, -verarbeitung oder -nutzung für sich genommen datenschutzrechtlich zulässig ist. Hintergrund: Die Durchführung von Maßnahmen, die an sich datenschutzrechtlich unzulässig sind, wird grundsätzlich nicht dadurch zulässig, dass der Auftraggeber diese im Rahmen einer Auftragsdatenverarbeitung durch einen Dritten durchführen lässt. Denkbar sind hier Ausnahmen, in denen das Outsourcing zum Datenschutzkonzept gehört, weil (nur) so bestimmte Vertraulichkeitsanforderungen gewahrt werden können; dieses Beispiel ist aber eher die Ausnahme.
☐	Der Auftraggeber ist zu dem Ergebnis gekommen, dass die Einbindung eines externen Dienstleisters im Outsourcing oder Outtasking rechtlich zulässig und unternehmenskonform möglich ist. Hintergrund: Es kann Fälle geben, in welchen besondere Vorschriften einen Auftraggeber daran hindern, Daten ohne Weiteres bei einem Auftragnehmer verarbeiten zu lassen (z.B. die strafrechtliche Vorschrift des § 203 StGB zur Geheimhaltung von Berufsgeheimnissen). In diesen Fällen kann die Verschlüsselung der Daten und damit die Wahrung der Vertraulichkeit gegenüber dem Auftragnehmer eine mögliche Antwort auf diese Herausforderung sein.

☐	Der jeweilige Geschäftsbereich des Auftraggebers ist sich darüber im Klaren und hat – idealerweise im Rahmen eines schriftlichen Vertrags – festgelegt, welche Leistungen der Auftragnehmer genau erbringen soll. Hintergrund: Die Vereinbarung zur Auftragsdatenverarbeitung bezieht sich häufig auf einen Dienst- oder Werkvertrag. Eine entsprechende „Leistungsbeschreibung" ist wichtig, weil sie für die Dokumentation des Auftragsgegenstandes und der sich daraus ergebenden Verarbeitungstatbestände und damit Grundlage für die Trennung der Verantwortlichkeiten zwischen Auftraggeber und Auftragnehmer ist.
☐	Der Auftraggeber hat sich davon überzeugt, dass der Auftragnehmer in der Lage sein wird, die vom Auftraggeber für angemessen gehaltenen technischen und organisatorischen Maßnahmen zur Datensicherheit umzusetzen. Hintergrund: Das Gesetz verlangt nicht, dass sich der Auftraggeber unbedingt vor Ort beim Auftragnehmer von dessen Datensicherheitskonzept überzeugt. Es gibt zahlreiche andere und gegebenenfalls ebenso effiziente Möglichkeiten, die genutzt werden können, um diese Anforderung sicherzustellen. Allerdings sind sowohl die rechtlichen Anforderungen als auch die unternehmenseigenen Interessen im Hinblick auf das „Wie?" und das „Wie detailliert?" der Kontrolle desto größer, je höher die Anforderungen an den Schutz der verarbeiteten Daten, insbesondere an deren Vertraulichkeit sind.
☐	Etwaige Mängel sind abgestellt und identifizierte Risiken mit entsprechenden (Ersatz-)Maßnahmen minimiert. Hintergrund: Die beste Vorabüberprüfung ist nicht nachhaltig, wenn die Ergebnisse nicht dokumentiert werden. Eine Auftragsdatenverarbeitung scheidet daher aus, wenn der Auftragnehmer über exklusives Herrschaftswissen verfügt, welches zur Aufgabenerfüllung zwingend erforderlich ist.
☐	Auftraggeber und Auftragnehmer haben eine schriftliche Vereinbarung geschlossen, welche die Mindestvoraussetzungen des § 11 Abs. 2 BDSG erfüllt. Hintergrund: Ein den Voraussetzungen von § 11 Abs. 2 BDSG nicht entsprechender, d.h. z.B. nicht schriftlicher oder nicht vollständiger Vertrag kann im Zweifel als nicht geschlossen angesehen werden. Damit geht der Auftraggeber ein Bußgeld-Risiko gem. § 43 Abs. 1 Nr. 2b BDSG ein.

Muster für Vereinbarung nach § 11 BDSG

Regelungsgegenstand	Formulierungsvorschläge	Hintergrund und Hinweise
Präambel	*„Die Parteien haben mit Datum vom (…) einen Vertrag über (…) (nachfolgend einheitlich ‚Vertrag' genannt) geschlossen."*	Einleitende Formulierung
	„Nach diesem Vertrag verpflichtet sich der Auftragnehmer, Leistungen im Bereich (…) für den Auftraggeber zu erbringen."	Formulierung für den Fall, dass Vertrag z.B. nur mündlich geschlossen wurde
	„Aufgrund dessen wird der Auftragnehmer für den Auftraggeber personenbezogene Daten des Auftraggebers ‚im Auftrag' gem. § 11 BDSG erheben, verarbeiten und/	Formulierung bzgl. Verpflichtung zum Abschluss einer

Regelungsgegenstand	Formulierungsvorschläge	Hintergrund und Hinweise
	oder nutzen. Deshalb schließen die Parteien eine Vereinbarung zur Auftragsdatenverarbeitung gem. § 11 Abs. 2 BDSG (nachfolgend ‚Vereinbarung' genannt), welche die datenschutzrechtlichen Pflichten wie folgt konkretisiert."	Vereinbarung nach § 11 BDSG
Anwendungsbereich und Verantwortlichkeit	*„Der Auftragnehmer erhebt, verarbeitet, nutzt personenbezogene Daten ausschließlich im Auftrag des Auftraggebers nach § 11 BDSG nach dem in Ziff. (…) genannten Umfang und Zweck. Der Auftraggeber ist als verantwortliche Stelle nach § 3 Abs. 7 BDSG insofern ‚Herr der Daten' und somit für die Einhaltung der einschlägigen Datenschutzgesetze verantwortlich. Sofern der Auftragnehmer personenbezogene Daten zu anderen Zwecken erhebt, verarbeitet und/oder nutzt, ist er selbst datenschutzrechtlich verantwortlich."*	
Pflichten des Auftragnehmers	*Formulierung bzgl. allgemeiner Pflichten:*	
	„Der Auftragnehmer darf Daten nur im Rahmen des in Ziff. (…) genannten Umfangs und Zwecks sowie gemäß den sonstigen Weisungen des Auftraggebers erheben, verarbeiten und/oder nutzen.	
	„Weisungen bedürfen der Textform. Mündlich erteilte Weisungen sind unverzüglich in Textform zu bestätigen."	Optionale Regelung
	„Ist der Auftragnehmer der Ansicht, dass eine Weisung gegen gesetzliche Vorschriften und/oder den Vertrag verstößt, so ist er verpflichtet, den Auftraggeber darauf unverzüglich hinzuweisen, sowie berechtigt, die Ausführung der Weisung bis zu einer Bestätigung der Weisung durch den Auftraggeber auszusetzen."	Optionale Regelung
Ort der Datenverarbeitung	*„Der Auftragnehmer wird personenbezogene Daten des Auftraggebers ausschließlich innerhalb der (BRD/EU bzw. des EWR) erheben, verarbeiten und/oder nutzen."*	Optionale Regelung
Gegenstand und Dauer gem. § 11 Abs. 2 Satz 2 Nr. 2 BDSG	*„Der Gegenstand der Auftragsdatenverarbeitung ist (…) wie in (Ziff. 1 des Vertrags/in der Leistungsbeschreibung des Vertrags) näher bezeichnet."*	Formulierung zum Gegenstand
	(Formulierung, sofern Details zum Gegenstand in einer Anlage zur Vereinbarung geregelt werden:	
	„Das Nähere regelt die Anlage 1 zu dieser Vereinbarung.")	
	„Die Laufzeit dieser Vereinbarung richtet sich nach der Laufzeit des Vertrags. Die Kündigung des Vertrags führt zur Kündigung dieser Vereinbarung."	Formulierung zur Dauer

Regelungsgegenstand	Formulierungsvorschläge	Hintergrund und Hinweise
Umfang, Art und Zweck gem. § 11 Abs. 2 Satz 2 Nr. 2 BDSG	*„Die Art der von der Erhebung, Verarbeitung und/oder Nutzung der betroffenen personenbezogenen Daten sind: (…).“*	Datenkategorien und Betroffene
	„Der Auftragnehmer wird für den Auftraggeber personenbezogene Daten nach Maßgabe der nachfolgend beschriebenen Prozesse erheben, verarbeiten und nutzen (…)“	Wesentliche Datenverarbeitungsschritte
	„Die vorbezeichnete Erhebung, Verarbeitung und Nutzung personenbezogener Daten hat ausschließlich im Rahmen und zum Zwecke der Leistungserbringung nach dem Vertrag zu erfolgen.“	Zweckbindung
Art der Daten und Kreis der Betroffenen gem. § 11 Abs. 2 Satz 2 Nr. 2 BDSG	*„Die Art der von der Erhebung, Verarbeitung und/oder Nutzung der betroffenen personenbezogenen Daten sind: (…).“*	Formulierung zu „Art der Daten“
	„Der Kreis der von der Erhebung, Verarbeitung und/oder Nutzung der personenbezogenen Daten Betroffenen sind: (…).“	Formulierung zu „Kreis der Betroffenen“
Nach § 9 BDSG zu treffende technische und organisatorische Maßnahmen gem. § 11 Abs. 2 Satz 2 Nr. 3 BDSG	*„Der Auftragnehmer wird in seinem Verantwortungsbereich die in Ziff. (…) genannten technischen und organisatorischen Maßnahmen gemäß § 9 BDSG derart umsetzen, dass diese den besonderen Anforderungen an die Datenverarbeitung gerecht werden und dem Einzelfall entsprechen.“*	
	„Der Austausch personenbezogener Daten zwischen den Parteien erfolgt ausschließlich über nachfolgende Schnittstellen: …“	Optional, aber sinnvoll
	„Der Auftragnehmer wird zur Absicherung der in Ziff. … festgelegten Schnittstellen die nachfolgenden Sicherungsmaßnahmen treffen: …“	Optional, aber sinnvoll
Datensicherheits-/ Datenschutz-/Sicherheitskonzept	*„Der Auftragnehmer stellt dem Auftraggeber auf dessen Verlangen ein umfassendes und stets aktuell zu haltendes Datenschutz- und Sicherheitskonzept zur Verfügung. Darin hat der Auftragnehmer zu dokumentieren, wie er die in Ziff. (…) festgelegten technischen und organisatorischen Maßnahmen umsetzt…“*	Optionale Regelung

Regelungsgegenstand	Formulierungsvorschläge	Hintergrund und Hinweise
Berichtigung, Sperrung und Löschung gem. § 11 Abs. 2 Satz 2 Nr. 4 BDSG	*„Der Auftragnehmer ist verpflichtet, auf Weisung des Auftraggebers personenbezogene Daten unverzüglich zu berichtigen, zu löschen oder zu sperren."*	
	„Der Auftragnehmer hat an den personenbezogenen Daten keine Rechte und ist auf Verlangen des Auftraggebers jederzeit zur Herausgabe verpflichtet."	Optionale Regelung
	„Der Auftragnehmer wird keine Zurückbehaltungsrechte in Bezug auf die personenbezogenen Daten geltend machen."	Optionale Regelung
Die nach Abs. 4 bestehenden Pflichten des Auftragnehmers, insbesondere von ihm vorzunehmende Kontrollen gem. § 11 Abs. 2 Satz 2 Nr. 4 BDSG	*„Der Auftragnehmer hat seinen Betrieb, die interne Organisation samt aller Arbeitsabläufe und sonstiger von ihm zu verantwortenden Prozesse und/oder Vorgänge oder Maßnahmen datenschutzgerecht zu gestalten. Insofern hat der Auftragnehmer personenbezogene Daten nur entsprechend der durch den Auftraggeber erteilten Weisungen zu erheben, zu verarbeiten und/oder zu nutzten und nicht unbefugt Dritten zur Kenntnis zu geben. Der Auftragnehmer ist ferner verpflichtet, dass er unter den gesetzlichen Voraussetzungen einen Datenschutzbeauftragten bestellt sowie regelmäßige Kontrollen durchführt und diese Durchführung sowie deren Ergebnisse dokumentieren wird."*	
Etwaige Berechtigung zur Begründung von Unterauftragsverhältnissen gem. § 11 Abs. 2 Satz 2 Nr. 6 BDSG	*„Der Auftragnehmer ist ohne schriftliche Genehmigung des Auftraggebers nicht berechtigt, Unterauftragsverhältnisse einzugehen. In Bezug auf zulässigerweise beauftragte Subunternehmer garantiert der Auftraggeber, dass der jeweilige Subunternehmer entsprechend den Regelungen dieser Vereinbarung schriftlich derart verpflichtet worden ist, dass der Auftraggeber über direkte Kontroll- und Auskunftsrechte gegenüber dem jeweiligen Subunternehmer verfügt.* *Auf Verlangen des Auftraggebers hat der Auftragnehmer eine Kopie der Vereinbarung mit dem jeweiligen Subunternehmer vorzulegen.* *Als genehmigt gelten mit Abschluss dieser Vereinbarung die folgend genannten Subunternehmer:* • *(Name und Sitz einfügen)"*	
Kontrollrechte des Auftraggebers gem. § 11 Abs. 2 Satz 2 Nr. 7 BDSG	*„Der Datenschutzbeauftragte des Auftraggebers und/ oder von ihm beauftragter Dritte, welcher einer Verschwiegenheitspflicht unterliegt, haben jederzeit das Recht, nach Zugang einer schriftlichen Benachrichtigung von (...) Werktagen (mit sachlichem Grund auch ohne solche Benachrichtigung) die Geschäftsräume des Auftragnehmers zu betreten, um sich zeitlich und räumlich uneingeschränkt von der Einhaltung der einschlägigen gesetzli-*	

Regelungsgegenstand	Formulierungsvorschläge	Hintergrund und Hinweise
	chen Datenschutzbestimmungen und Pflichten nach dieser Vereinbarung zu überzeugen. *Der Auftragnehmer gewährt dem Datenschutzbeauftragten des Auftraggebers und/oder von diesem beauftragten Dritten in diesem Rahmen die erforderlichen Zugangs-, Auskunfts- und Einsichtsrechte."*	
	„Die vorbenannten Rechte gewährt der Auftragnehmer unter den vorbenannten Bedingungen auch den für den Auftraggeber zuständigen Aufsichtsbehörden, namentlich … ."	Optional, aber wichtig, um ggf. Pflichten des Auftraggebers gegenüber der Aufsichtsbehörde wahren zu können
Mitzuteilende Verstöße gem. § 11 Abs. 2 Satz 2 Nr. 8 BDSG	*„Der Auftragnehmer wird den Auftraggeber unverzüglich bei Verstößen seiner Mitarbeiter oder zulässigerweise beauftragte Subunternehmer gegen Datenschutzvorschriften oder Pflichten aus dieser Vereinbarung benachrichtigen."*	
Besondere Informations- und Benachrichtigungspflichten	*„Der Auftragnehmer wird den Auftraggeber über folgende Ereignisse oder Vorfälle unverzüglich benachrichtigen:* • *Jegliche Veränderung des Ortes der Datenverarbeitung oder der zur Datenverarbeitung genutzten Infrastruktur (insbesondere zur Portabilität und Interoperabilität);* • *Verlust (mobiler) Medien- und/oder Datenträger, die personenbezogene Daten enthalten (insbesondere Papier, USB-Speicher, CD-ROMs, Festplatten oder Laptops);* • *öffentliche Zugänglichkeit von personenbezogenen Daten zum Abruf für Dritte (insbesondere über das Internet);* • *sicherheitsrelevante Ereignisse auf Systemen, mittels derer personenbezogene Daten erhoben, verarbeitet und/oder genutzt werden (insbesondere Viren, Trojaner, Würmer oder Hacking); oder* • *unbefugte Übermittlung an Dritte oder die unbefugte Kenntniserlangung von Dritten über personenbezogene Daten, welche eine Auskunftspflicht gem. § 42a BDSG oder anderer, insbesondere datenschutzrechtlicher Vorschriften begründen, also insbesondere* *(i) von besonderen Arten personenbezogener Daten gem. § 3 Abs. 9 BDSG,* *(ii) von personenbezogenen Daten, die einem Berufsgeheimnis unterliegen,*	Optionale Regelung

Regelungsgegenstand	Formulierungsvorschläge	Hintergrund und Hinweise
	(iii) von personenbezogenen Daten, die sich auf strafbare Handlungen, Ordnungswidrigkeiten oder den Verdacht von strafbaren Handlungen oder von Ordnungswidrigkeiten beziehen, oder *(iv) von personenbezogenen Daten zu Bank- und Kreditkartenkonten."*	
Rückgabe überlassener Datenträger und Löschung der beim Auftragnehmer gespeicherten Daten gem. § 11 Abs. 2 Satz 2 Nr. 10 BDSG	*„Der Auftragnehmer hat die personenbezogenen Daten einschließlich sämtlicher Vervielfältigungen (insbesondere in Form von Archivierungs- und Sicherungsdateien auf Datenträgern) nach Erbringung der aus dem Vertrag geschuldeten Leistung vollständig datenschutzgerecht, d.h. unwiderruflich und soweit keine Aufbewahrungspflichten entgegenstehen, zu löschen oder zu vernichten."* *„Diese Löschung oder Vernichtung ist durch den Auftragnehmer zu dokumentieren und dem Auftraggeber gegenüber auf Verlangen schriftlich zu bestätigen."*	
Außerordentliche Kündigung	*„Der Auftraggeber hat ein Recht zur außerordentlichen jederzeitigen Kündigung dieser Vereinbarung ohne Einhaltung einer Frist, wenn der Auftragnehmer gegen eine datenschutzrechtliche Weisung des Auftraggebers trotz Mahnung mit Fristsetzung nach Fristablauf nicht ausführen kann oder will, dem Auftraggeber den Zutritt zu den Geschäftsräumen des Auftragnehmers vertragswidrig verweigert wird oder gegen die Informationspflichten nach dieser Vereinbarung verstößt."*	Optionale Regelung
Vertragsstrafe	*„Für jeden Fall der Zuwiderhandlung gegen die Pflichten nach Ziff. (…) dieser Vereinbarung wird der Auftragnehmer an den Auftraggeber eine Vertragsstrafe in Höhe von € (…) zahlen. Die Berufung auf einen Fortsetzungszusammenhang ist ausgeschlossen. Sofern ein Dauerverstoß gegeben ist, zahlt der Auftragnehmer die Vertragsstrafe nach Satz 1 dieser Ziff. für jeden angefangenen Monat der Zuwiderhandlung. Die Geltendmachung weiterer Schadenersatzansprüche bleibt durch die Zahlung der Vertragsstrafe unberührt."*	Optionale Regelung
Freistellung	*„Sofern Dritte wegen der Verletzung einer Verpflichtung nach dieser Vereinbarung durch den Auftragnehmer Ansprüche gegen den Auftraggeber geltend machen, stellt der Auftragnehmer den Auftraggeber von diesen Ansprüchen sowie den hiermit verbundenen angemessenen Kosten der Rechtsverteidigung auf erstes Anfordern frei."*	Optionale Regelung

Regelungsgegenstand	Formulierungsvorschläge	Hintergrund und Hinweise
Schlussbestimmungen	*„Im Falle eines Widerspruchs zwischen den Bestimmungen dieser Vereinbarung und denjenigen des Vertrags gehen die Bestimmungen dieser Vereinbarung denjenigen des Vertrages vor."*	Vorrangregelung
	„Sämtliche Änderungen dieser Vereinbarung unterliegen dem Erfordernis der Schriftform. Das Gleiche gilt für Änderungen am Schriftformerfordernis."	Schriftformerfordernis

Zweiter Abschnitt
Datenverarbeitung der öffentlichen Stellen

Erster Unterabschnitt
Rechtsgrundlagen der Datenverarbeitung

§ 12 Anwendungsbereich

(1) Die Vorschriften dieses Abschnittes gelten für öffentliche Stellen des Bundes, soweit sie nicht als öffentlich-rechtliche Unternehmen am Wettbewerb teilnehmen.

(2) Soweit der Datenschutz nicht durch Landesgesetz geregelt ist, gelten die §§ 12 bis 16, 19 bis 20 auch für die öffentlichen Stellen der Länder, soweit sie

1. Bundesrecht ausführen und nicht als öffentlich-rechtliche Unternehmen am Wettbewerb teilnehmen oder

2. als Organe der Rechtspflege tätig werden und es sich nicht um Verwaltungsangelegenheiten handelt.

(3) Für Landesbeauftragte für den Datenschutz gilt § 23 Abs. 4 entsprechend.

(4) Werden personenbezogene Daten für frühere, bestehende oder zukünftige Beschäftigungsverhältnisse erhoben, verarbeitet oder genutzt, gelten § 28 Absatz 2 Nummer 2 und die §§ 32 bis 35 anstelle der §§ 13 bis 16 und 19 bis 20.

Literatur

Bannasch, Privatrechtliches Handeln des Staates und Datenschutz, SächsVBl. 2007, 6; *Knemeyer*. Auskunftsanspruch und behördliche Auskunftsverweigerung, JZ 1992, 348; *Petri/Tinnefeld*, Kontrollkompetenz in den Bereichen des Verkehrswesens und der Verkehrsinfrastruktur – eine heikle Frage des Datenschutz-Regimes, RDV 2008, 59.

▶ **Darum geht es**

Abgrenzung zwischen verschiedenen verantwortlichen Stellen bzw. Aufsichtsbehörden.

▶ **Schlagworte**

Beschäftigungsverhältnisse; Landesdatenschutzbeauftragte; Öffentlich-rechtliche Wettbewerbsunternehmen; Öffentliche Stellen; Rechtspflege

A. Allgemeines

I. Persönlich und sachlich beschränkter Anwendungsbereich der Vorschriften des 2. Abschnitts

1 § 12 stellt klar, dass die Vorschriften dieses zweiten Abschnitts des Gesetzes trotz missverständlicher Überschrift („Datenverarbeitung der öffentlichen Stellen") nicht für alle „öffentlichen" Stellen des Bundes (Abs. 1) oder auch der Länder (Abs. 2; § 2 Rn. 17) gelten. Andererseits erstreckt sich der Anwendungsbereich im Einzelfall auf Landesbeauftragte für den Datenschutz (Abs. 3).

Da das GG bisher keine ausdrückliche (ausschließliche oder konkurrierende) Gesetzgebungskompetenz des Bundes für das „Recht des Datenschutzes" enthält, muss sich der Anwendungsbereich des BDSG an allgemeinen Zuständigkeitsregeln ausrichten: Für nichtöffentliche Stellen ergibt er sich aus dem „Recht der Wirtschaft" (Art. 74 Abs. 1 Nr. 11 GG), für öffentliche Stellen des Bundes aus diversen Regelungen, vor allem die Beschäftigten des öffentlichen Dienstes des Bundes betreffend (Art. 73 Abs. 1 Nr. 8) oder bereichsspezifisch für das Postwesen oder die Telekommunikation (Art. 73 Abs. 1 Nr. 7). Darüber hinaus ist ein „ungeschriebenes" Recht zur Selbstorganisation anerkannt, die sowohl Beziehungen innerhalb einer Einrichtung als auch die zu anderen umfasst. Insoweit kompetenzgemäß erlassene Vorschriften müssen inhaltlich verfassungsrechtlichen Anforderungen an den Schutz personenbezogener Daten genügen, und die von ihnen adressierten öffentlichen Stellen müssen auf die Einhaltung datenschutzrechtlicher Vorgaben verpflichtet werden.

2 Auch Abs. 4 bezieht sich systematisch nur auf die Erhebung, Verarbeitung oder Nutzung personenbezogener Daten nach Abs. 1 oder Abs. 2. Da bei für Beschäftigungsverhältnisse relevanten Daten keine wesentlichen sachlichen Unterschiede zwischen öffentlichen und nicht-öffentlichen verantwortlichen Stellen (bzw. zwischen öffentlichen oder privaten Arbeitgebern) bestehen, ist es folgerichtig, insoweit durch Verweisung auf Vorschriften des Dritten Abschnitts für beide fast durchweg gleiche Voraussetzungen vorzusehen (Rn. 17 ff.).

II. Verhältnis des 2. Abschnitts zu den „allgemeinen" Vorschriften des BDSG

3 Der Erste Abschnitt des BDSG enthält bloß in § 8 eine ausschließlich für öffentliche Stellen geltende Vorschrift und unterscheidet ansonsten nur ausnahmsweise (in § 4d Abs. 1 und § 4f Abs. 1) zwischen öffentlichen und „nicht-öffentlichen Stellen" (§ 2 Rn. 22). In ihrem Inhalt werden also die für nur je eine Gruppe geltenden Regelungen des Zweiten und Dritten Abschnitts durch die am Anfang des BDSG stehenden „allgemeinen und gemeinsamen Bestimmungen" ergänzt und abgerundet. Das Gleiche gilt für die generellen „Sondervorschriften" bezüglich einer „Zweckbindung bei personenbezogenen Daten, die einem Berufs- oder besonderen Amtsgeheimnis unterliegen" (§ 39) bzw. im Hinblick auf die „Verarbeitung und Nutzung personenbezogener Daten durch Forschungseinrichtungen" (§ 40) und für die „Übergangsvorschriften"; insbesondere § 46 betrifft eine „Weitergeltung von Begriffsbestimmungen". Schließlich sanktionieren Bußgeld- und (daran anknüpfende) Strafvorschriften (§ 44 Abs. 1) auch das Fehlverhalten öffentlicher Stellen, insbesondere in den Fällen des § 43 Abs. 1 Nr. 1, 2 und Abs. 2 Nr. 1–4 (i.V.m. § 14 Abs. 2 Nr. 5, § 15 Abs. 1 Nr. 2 und Abs. 2).

III. Bedeutung des 2. Abschnitts des BDSG und speziell des § 12 für nicht-öffentliche Stellen

4 Der Zweite und Dritte Abschnitt des BDSG sind parallel in je drei Unterabschnitte gegliedert: Den „Rechtsgrundlagen der Datenverarbeitung" (i.w.S.) folgen „Rechte des Betroffenen" und endlich Vorschriften zur Beaufsichtigung. Nicht-öffentliche Stellen werden durch den Zweiten Abschnitt entweder direkt als „Betroffene" tangiert oder als „Dritte", so bei Datenübermittlung nach § 16, ferner bei Datenerhebung im Fall des § 13 Abs. 1a, auch als (früherer) Arbeitgeber bei § 12 Abs. 4 i.V.m. § 32. Wenn allerdings öffentlich-rechtliche Unternehmen des Bundes oder der Länder am Wettbewerb teilnehmen (Rn. 8), können sich diese bei Datenerhebung, -verarbeitung oder -nutzung bei Fehlen einer wirksamen

Einwilligung des Betroffenen (§ 4a) nur auf Rechtsgrundlagen des Dritten Abschnitts berufen (§ 12 Abs. 1 Hs. 2, Abs. 2 Nr. 1 und § 27 Abs. 1 Satz 1 Nr. 2).

B. Inhalt der Regelung

I. Geltung des BDSG für alle öffentlichen Stellen (nur) des Bundes als Regel

1. Öffentliche Stellen des Bundes

5 Verpflichtungen aus Abschnitt 2 des BDSG treffen in erster Linie nach § 12 Abs. 1 öffentliche Stellen des Bundes. Damit richtet sich der persönliche Anwendungsbereich zunächst an § 2 Abs. 1 Satz 1 aus. Dort wird zum einen zwischen Behörden, Organen der Rechtspflege (Rn. 12 f.) und anderen Einrichtungen des Bundes unterschieden und nur bei den zuletzt genannten auch eine öffentlich-rechtliche Organisationsform vorausgesetzt. Hierdurch wird die Geltung auf alle drei Staatsgewalten erstreckt (Exekutive, Judikative, Legislative), andererseits jedoch auf unmittelbar zum Bund gehörende (und damit zugleich auch wie diese Gebietskörperschaft „öffentlich-rechtlich organisierte") Einrichtungen begrenzt. Sodann werden aber auch Einrichtungen der „mittelbaren Staatsverwaltung" auf Bundesebene einbezogen: Neben öffentlich-rechtlich organisierten, wenn auch nicht stets als juristische Person verselbstständigten Einheiten in Form von Körperschaften, Anstalten oder Stiftungen treten hier als zweite Gruppe deren „Vereinigungen". Nur bei diesen ist die Rechtsform unerheblich, werden vielmehr, wie § 2 Abs. 3 klarstellt (Rn. 10, 18 f.), auch „Vereinigungen des privaten Rechts" erfasst. Eine Einschränkung ergibt sich dabei aus staatlichem oder kommunalem Haushaltsrecht, das eine Beteiligung von Bund, Ländern oder Kommunen in der Regel nur an Kapitalgesellschaften erlaubt (§ 65 BHO; § 95 SächsGemO).

6 Vom Normalfall, dass öffentlich-rechtlich organisierte Einrichtungen des Bundes auch dessen öffentliche Stellen sind, gibt es mehrere Ausnahmen, die alle auf die Natur bzw. Art der Tätigkeiten abstellen: So führt schon der Umstand, dass „hoheitliche" Aufgaben der „öffentlichen Verwaltung" (i.S.v. Art. 33 Abs. 4 GG) wahrgenommen werden, dazu, dass eine Einrichtung insoweit „öffentliche Stelle" ist (§ 2 Abs. 4 Satz 2) – des Bundes oder eines Landes, je nachdem, aus welchem Bereich die Aufgaben stammen. Genau entgegengesetzt zu dieser Konstellation einer „Beleihung" Privater (§ 2 Rn. 21 f.) ist die Ausnahme für „Wettbewerbsunternehmen" (Rn. 8) konzipiert; diese werden trotz ihrer öffentlich-rechtlichen Rechtsform aus dem Anwendungsbereich des 2. BDSG-Abschnitts herausgenommen, wenn und soweit sie wie ein Unternehmen im Wettbewerb mit anderen (meist privaten) Marktteilnehmern stehen (§ 12 Abs. 1 Hs. 2). In einem dritten Fall ist zwar die Rechtsform (und ggf. auch zumindest partiell die Rechtsträgerschaft) privatisiert, jedoch wird weiterhin eine öffentliche Aufgabe wahrgenommen.[1] § 2 Abs. 3 bezieht sich aber nur auf solche Organisationen in Privatrechtsform, an denen sowohl Bund als auch Länder (zur notwendigen Mindestzahl der Gesellschafter § 2 Rn. 18) Anteile halten. Nur wenn zudem eine der beiden Voraussetzungen von § 2 Abs. 3 Satz 1 vorliegt, „gelten" derartige Vereinigungen als öffentliche Stellen des Bundes auch i.S.v. § 12 Abs. 1 Hs. 1.

7 Öffentliche Stellen des Bundes unterliegen auch dann den Vorschriften des 2. BDSG-Abschnitts, wenn sie außerhalb des Bundesgebiets (im Ausland oder in staatsfreien Räumen) mit personenbezogenen Daten umgehen. Im Anwendungsbereich des EU-Rechts und des EWR-Abkommens ergibt sich das Herkunftslandsprinzip aus der (Umsetzung der) Richtlinie 95/46/EG[2] (Art. 4 Abs. 1). Soweit hier ausländische „Niederlassungen" bestehen, dürften deren Betätigungen (wie etwa bei Botschaften) bereits sachlich nicht vom EU-Sekundärrecht erfasst werden und zudem einem speziellen völkerrechtlichen Regime unterliegen. Der Entwurf einer EU-Datenschutzverordnung[3] steckt den räumlichen Anwendungsbereich ebenso ab (Art. 3 Abs. 1), der nach seinem Art. 1 Abs. 1 die Tätigkeit von Strafverfolgungs- und -vollzugsbehörden betreffende Vorschlag einer Richtlinie[4] enthält insoweit keine explizite Einschränkung (Art. 2 Abs. 1 i.V.m. Art. 3 Nr. 14).

---

1 Zu Flughafenbetreibern *Petri/Tinnefeld*, RDV 2008, 59, 62.
2 Vom 24.10.1995, ABl. EG L Nr. L 281, 31.
3 KOM(2012) 11 endg. vom 25.01.2012.
4 KOM(2012) 10 endg. vom 25.01.2012.

2. Ausnahme für öffentlich-rechtliche Wettbewerbsunternehmen des Bundes

Anders als bei § 2 Abs. 1 Satz 1 und Abs. 3 (Rn. 6) ist insoweit zunächst die Rechtsform des öffentlichen Rechts für die Abgrenzung gegenüber anderen Normadressaten maßgeblich. Auch eine Körperschaft, Anstalt oder Stiftung des öffentlichen Rechts des Bundes unterliegt aber (mit Ausnahme der §§ 18, 21 und 24–26; § 27 Abs. 1 Satz 3) nur den Regelungen über die Datenverarbeitung (i.w.S.) nicht-öffentlicher Stellen, wenn und soweit sie wie ein Unternehmen am Wettbewerb teilnimmt, also auf der Ebene des Privatrechts und ohne Einsatz spezifisch staatlicher Allein- oder Vorrechte handelt. Durch das Umgehungsverbot des § 27 Abs. 2 (§ 27 Rn. 29 ff.) abgesichert, beschränken sich die Vorgaben aus dem BDSG hier auf zwei Konstellationen: Verwendung von personenbezogenen Daten unter Einsatz von Datenverarbeitungsanlagen (also „automatisierte Verarbeitung", § 3 Abs. 2 Satz 1) oder Verarbeitung oder Nutzung solcher Daten in oder aus „nicht automatisierten Dateien" (§ 3 Abs. 2 Satz 2) oder Erhebung dafür (§ 27 Abs. 1 Satz 1 Nr. 2a). Wie bei echten nichtöffentlichen Stellen (§ 1 Abs. 2 Nr. 3) wird dann auch hier die Erhebung oder Verwendung von Daten „ausschließlich für persönliche oder familiäre Tätigkeiten" (§ 1 Rn. 23 f.) nicht erfasst (§ 27 Abs. 1 Satz 2). 8

II. Teilweise subsidiäre Geltung des BDSG auch für öffentliche Stellen der Länder

1. Verhältnis von § 12 Abs. 2 zu § 1 Abs. 2 Nr. 2

Abs. 2 soll eine mögliche Schutzlücke füllen: Die bereits in § 1 Abs. 2 Nr. 2 normierten Voraussetzungen, unter denen das BDSG generell auch auf „öffentliche Stellen der Länder" (§ 2 Abs. 2 und Abs. 3 Satz 2) Anwendung findet, werden insofern weiter präzisiert, als die meisten, wenngleich nicht alle Vorschriften des 2. Abschnitts auch unmittelbar für diese Gruppe öffentlicher Stellen gelten. Ausgenommen sind lediglich Regelungen, die speziell nur die „Bundesverwaltung" (§ 18) bzw. den BfDI (§ 21) adressieren. 9

2. Voraussetzung für Anwendbarkeit von BDSG-Vorschriften

Alle landesrechtlichen, also nicht nur formell-gesetzliche Bestimmungen zum Datenschutz bleiben unberührt, wenn und soweit deren Erlass nach Art. 30, 70 GG in die Kompetenz des jeweiligen Landes(-Gesetzgebers) fällt. Ohne Bedeutung ist dabei, ob es sich um bereichsspezifische Regelungen oder das allgemeine Landesdatenschutzgesetz handelt. Schließlich kommt auch ein Nebeneinander von Landesdatenschutzrecht und BDSG in Betracht, wenn bzw. „soweit" jenes ein konkretes Problem nicht umfassend und abschließend regelt. 10

3. Weitere Voraussetzungen für Geltung von BDSG-Vorschriften für öffentliche Stellen der Länder

Bundesländern bzw. von diesen errichteten (Verwaltungs-)Behörden obliegt nach Art. 83, 84 GG regelmäßig auch die Ausführung von Bundesgesetzen und anderen bundesrechtlichen Vorschriften. Das in § 12 Abs. 2 Nr. 1 genannte „Bundesrecht" meint dabei gerade nicht das BDSG selbst. Liegt diese (erste) Voraussetzung vor, scheidet gleichwohl auch die subsidiäre Anwendung von Vorschriften des 2. Abschnitts aus, wenn und soweit es sich um die Einrichtung als öffentlich-rechtliches Wettbewerbsunternehmen (Rn. 8) – eines Landes – handelt. Stattdessen gelten dann die Vorschriften des 3. Abschnitts (§ 27 Abs. 1 Satz 1 Nr. 2b), wenn hierfür keine landesrechtlichen Bestimmungen gelten, die freilich ihrerseits wieder auf §§ 27 ff. verweisen können (wie z.B. § 2 Abs. 2 SächsDSG). 11

Gerichte als wichtigste „Organe der Rechtspflege" sind weit überwiegend Einrichtungen der Länder (Art. 92 GG), auch wenn die Regelungen von „gerichtlichem Verfahren" und „Gerichtsverfassung" zur konkurrierenden Gesetzgebungszuständigkeit gehören (Art. 74 Abs. 1 Nr. 1) und damit im Rahmen von Art. 72 Abs. 2 vom Bund geregelt werden (können). Für ihre Kerntätigkeiten (Rechtsprechung, aber auch Freiwillige Gerichtsbarkeit) gelten insoweit nach § 1 Abs. 3 Satz 1 vielfach vorrangige bundesrechtliche Bestimmungen zum Datenschutz, wie §§ 12 ff. EGGVG, §§ 474 ff. StPO oder §§ 20 ff., 30 ff. BZRG. Ansonsten werden Ländergerichte, Staatsanwaltschaften und Justizpersonal durchweg als öffentliche Stellen in den Anwendungsbereich der Landesdatenschutzgesetze einbezogen – und sind dann die dort nor- 12 mierten Rechtsgrundlagen der Datenverarbeitung bzw. Rechte des Betroffenen für die Ausgabenerledigung insgesamt einschlägig. Zur Gewährleistung der richterlichen Unabhängigkeit (Art. 97 Abs. 1 GG) wird jedoch – und nur – eine Fremd-Kontrolle durch (externe) Datenschutzbeauftragte weithin ausgeschlossen. Soweit sich diese Aufsicht auf (Justiz-)„Verwaltungsangelegenheiten" beschränkt (etwa nach § 27 Abs. 4 SächsDSG[5]), stellt dies eine Parallele zu der Vorschrift des § 24 Abs. 3 BDSG über Bundesgerichte dar (§ 24 Rn. 14).

13 Auch Rechtsanwälte (§ 1 BRAO) und Notare (§ 1 BNotO) sind Organe der Rechtspflege; jedoch sind sie (abgesehen von überkommenen Ausnahmen wie den Amtsnotaren in Baden-Württemberg, Art. 138 GG) weder öffentliche Stellen des Bundes noch solche eines Landes, sodass für diese Berufsträger bei Fehlen von Sonderregeln §§ 27 ff. gelten.

4. Geltung nur bestimmter Vorschriften des 2. Abschnitts

14 Soweit über § 12 Abs. 2 der Zweite Abschnitt des BDSG auch für öffentliche Stellen der Länder gilt, wird dies freilich noch weiter eingeschränkt. Gänzlich ausgespart bleibt der 3. Unterabschnitt; Aufgaben und Befugnisse des BfDI nach §§ 22 ff. beziehen sich allein auf öffentliche Stellen des Bundes; von daher erklärt sich auch die Nichteinbeziehung des § 21. Nur scheinbar inkonsequent ist es, bei den – ansonsten ausnahmslos geltenden – „Rechten des Betroffenen" (Auskunft, § 19; Benachrichtigung, § 19a; Berichtigung, Löschung und Sperrung sowie Widerspruchsrecht, § 20) keine Modifikation vorzusehen, denn der BfDI wird nach § 19 Abs. 6 Satz 1 nur dann informiert, wenn Bundesbehörden einem Betroffenen die begehrte Auskunft nicht erteilen.[6] Ähnlich muss auch bei der umfassenden Einbeziehung des 1. Unterabschnitts im Einzelfall bedacht werden, dass spezifische Regelungen (wie bei der Datenerhebung § 13 Abs. 2 Nr. 9) allein auf öffentliche Stellen des Bundes Bezug nehmen. Wenn allerdings schließlich auch von einer Geltung des § 12 selbst – und insgesamt – die Rede ist, so läuft dies letztlich leer: Abs. 1 passt thematisch nicht, ein Bezug auf Abs. 2 wäre ein Zirkelschluss, Abs. 4 ordnet die Geltung gerade anderer, nichtöffentliche Stellen adressierender Vorschriften an (Rn. 19). Lediglich Abs. 3 bewirkt eine – da auf den BfDI bezogen, zu Recht – „entsprechende" Geltung einer (zuvor, in Abs. 2, ausgenommenen) Einzelregelung (Zeugnisverweigerungsrecht) für externe Landesbeauftragte für den Datenschutz (Rn. 15 f.).

III. Prozessuale Sonderregelung für Landesbeauftragte für den Datenschutz

15 Zeugnisverweigerungsrechte gegenüber Gerichten stehen in einem grundsätzlichen Konflikt mit der Aufgabe einer umfassenden und vollständigen Ermittlung des Sachverhalts als Basis einer unparteiischen und richtigen richterlichen Entscheidung. Derartige Rechte können – wie vor allem in der ZPO (§§ 383 Abs. 1 Nr. 6, 385 Abs. 2) und in der StPO (§§ 53–55) – aus verschiedenen „persönlichen Gründen" eingeräumt werden. Externe Datenschutzbeauftragte werden davon aber auch wegen ihres Sonderstatus (§§ 22, 23 Rn. 14, 24 f.) nur dann erfasst, wenn für sie eine die (Bundes-)Prozessgesetze ausfüllende oder ergänzende Vorschrift getroffen ist. Aus systematischen Gründen muss also auch ein diesbezügliches Recht von Landesdatenschutzbeauftragten in einem Bundesgesetz getroffen werden – und ist umgekehrt nicht im Landesdatenschutzrecht geregelt. Dem trägt § 12 Abs. 3 i. V. m. § 23 Abs. 4 (Satz 1) Rechnung.

16 Ähnlich wie in § 53a StPO werden auch Mitarbeiter (dort „Berufshelfer") einbezogen (§ 23 Abs. 4 Satz 2). Eine Parallele findet sich für die gleichermaßen eingeschränkten Pflichten zur Vorlegung oder gar Übergabe von Schriftstücken (vgl. § 99 Abs. 1 Satz 2 VwGO bzw. § 97 StPO zu Beschlagnahmeverboten).

IV. Regelungen zum Beschäftigtendatenschutz bei öffentlichen Stellen

17 Abs. 4 sieht auch bei „Erhebung", „Verarbeitung" oder „Nutzung" durch („verantwortliche") öffentliche Stellen des Bundes (und ggf. der Länder) vor, dass statt der hierfür – und der weiteren, die „Rechte der Betroffenen" regelnden Vorschriften – an sich (nach Abs. 1 oder 2) geltenden Bestimmungen des

---

5 *Bannasch*, SächsVBl. 2007, 6, 8.

6 Vgl. BVerwG, JZ 1992, 360 ff.; dazu *Knemeyer*, JZ 1992, 348 ff.; *Roewer*, DVBl. 1992, 633; BVerfG, NJW 2008, 2099, 2101.

2. Abschnitts einzelne Regelungen des 3. Abschnitts anzuwenden sind. Andererseits bleiben §§ 18, 21 und 22–26 auch hier (im Rahmen des § 12 Abs. 1, Rn. 2, 4) maßgeblich. Soweit für nichtöffentliche Stellen geltende Vorschriften unmittelbar anwendbar sind, gilt die früher in § 27 Abs. 2 normierte Einschränkung auf „automatisierte Verarbeitung" (§ 3 Abs. 2 Satz 1) bzw. auf „Dateien" unabhängig davon, ob diese „automatisiert" sind (§ 3 Abs. 2 Satz 2), nicht.[7] Für Beschäftigungsverhältnisse normiert dies seit 2009 § 32 Abs. 2.[8]

Die Bereichsausnahme des Abs. 4 bezieht sich auf alle – nicht nur auf „besondere Arten" (§ 3 Abs. 9) 18
von – „personenbezogenen Daten" und auf drei Arten des Umgangs mit diesen. Dieser muss „für" dienst- oder arbeitsrechtliche Rechtsverhältnisse (so die Formulierung bis 2009) erfolgen sollen; ohne Bedeutung sind privat- oder öffentlich-rechtliche Rechtsnatur oder Dauer. Auch werden nicht allein aktuell (wirksam) bestehende, sondern auch bereits zurückliegende bzw. abgeschlossene „frühere" und zudem erst noch abzuschließende „zukünftige" Rechtsbeziehungen erfasst. Ebenso umfassend wie die zeitliche Dimension ist die sachliche; soweit keine bereichsspezifischen Regeln gelten, erfasst Abs. 4 das jeweilige Beschäftigungsverhältnis in seiner Gesamtheit. „Für" dieses bestimmt sind Daten über die gesamte Dauer der Beschäftigung, von der Begründung über die laufende ordnungsgemäße Erfüllung (seitens des Arbeitgebers) bis zur Umgestaltung, Beendigung und Abwicklung; dies steht im Einklang mit den allgemeinen datenschutzrechtlichen Grundsätzen der Zweckbindung und der Erforderlichkeit (§ 1 Abs. 1) und verstärkt diese. „Betroffen" ist der Arbeitnehmer bzw. Beschäftigte.

§ 34 (Auskunft an den Betroffenen) gilt anstelle des § 19. § 33 (Benachrichtigung des Betroffenen) ver- 19
drängt § 19a. § 35 (Berichtigung, Sperrung und Löschung) ist statt § 20 anwendbar. Seit 2009 wird auf die in den 3. Abschnitt eingefügte Vorschrift über Beschäftigungsverhältnisse (§ 32) verwiesen, nicht mehr auf die allgemeine Regelung in § 28 Abs. 1.[9] Auch hier gehen spezifische Bestimmungen vor (§§ 106 ff. BBG, § 29 Soldatengesetz; Landesbeamtengesetze). Eine „Übermittlung" oder „Nutzung" für einen anderen Zweck als für Beschäftigungsverhältnisse ist nach § 28 Abs. 2 Nr. 2 nicht mehr nur (wie nach § 28 Abs. 3 Nr. 1 a. F.) zur „Wahrung berechtigter Interessen eines Dritten", sondern auch „zur Abwehr von Gefahren für die staatliche oder öffentliche Sicherheit oder zur Verfolgung von Straftaten" zulässig, wenn sie hierfür erforderlich ist und „kein Grund zu der Annahme besteht, dass der Betroffene ein schutzwürdiges Interesse an dem Ausschluss der Übermittlung oder Nutzung hat" (§ 28 Rn. 72 ff.).

7 „Unabhängig von dem verwendeten Speichermedium"; BT-Drs. 14/4329, 39.
8 BT-Drs. 16/13657, 21.
9 BT-Drs. 16/13657, 18.

§ 13 Datenerhebung

(1) Das Erheben personenbezogener Daten ist zulässig, wenn ihre Kenntnis zur Erfüllung der Aufgaben der verantwortlichen Stelle erforderlich ist.

(1a) Werden personenbezogene Daten statt beim Betroffenen bei einer nicht-öffentlichen Stelle erhoben, so ist die Stelle auf die Rechtsvorschrift, die zur Auskunft verpflichtet, sonst auf die Freiwilligkeit ihrer Angaben hinzuweisen.

(2) Das Erheben besonderer Arten personenbezogener Daten (§ 3 Abs. 9) ist nur zulässig, soweit

1. **eine Rechtsvorschrift dies vorsieht oder aus Gründen eines wichtigen öffentlichen Interesses zwingend erfordert,**
2. **der Betroffene nach Maßgabe des § 4a Abs. 3 eingewilligt hat,**
3. **dies zum Schutz lebenswichtiger Interessen des Betroffenen oder eines Dritten erforderlich ist, sofern der Betroffene aus physischen oder rechtlichen Gründen außerstande ist, seine Einwilligung zu geben,**
4. **es sich um Daten handelt, die der Betroffene offenkundig öffentlich gemacht hat,**
5. **dies zur Abwehr einer erheblichen Gefahr für die öffentliche Sicherheit erforderlich ist,**
6. **dies zur Abwehr erheblicher Nachteile für das Gemeinwohl oder zur Wahrung erheblicher Belange des Gemeinwohls zwingend erforderlich ist,**
7. **dies zum Zweck der Gesundheitsvorsorge, der medizinischen Diagnostik, der Gesundheitsversorgung oder Behandlung oder für die Verwaltung von Gesundheitsdiensten erforderlich ist und die Verarbeitung dieser Daten durch ärztliches Personal oder durch sonstige Personen erfolgt, die einer entsprechenden Geheimhaltungspflicht unterliegen,**
8. **dies zur Durchführung wissenschaftlicher Forschung erforderlich ist, das wissenschaftliche Interesse an der Durchführung des Forschungsvorhabens das Interesse des Betroffenen an dem Ausschluss der Erhebung erheblich überwiegt und der Zweck der Forschung auf andere Weise nicht oder nur mit unverhältnismäßigem Aufwand erreicht werden kann oder**
9. **dies aus zwingenden Gründen der Verteidigung oder der Erfüllung über- oder zwischenstaatlicher Verpflichtungen einer öffentlichen Stelle des Bundes auf dem Gebiet der Krisenbewältigung oder Konfliktverhinderung oder für humanitäre Maßnahmen erforderlich ist.**

Literatur

Dammann/Simitis, EG-Datenschutzrichtlinie, Kommentar, 1997; *Ehmann/Helfrich*, EG-Datenschutzrichtlinie Kurzkommentar, 1999; *Engelien-Schulz,* VR 2009, S. 73; *Kilian/Heussen*, Computerrechtshandbuch, 2013; *Kühling/Seidel/Sivridis,* Datenschutzrecht, 2. Aufl. 2011; *Leupold/Glossner*, Münchener Anwaltshandbuch IT-Recht, 3. Aufl. 2013; *Tinnefeld,* Persönlichkeitsrecht und Modalitäten der Datenerhebung im Bundesdatenschutzgesetz, NJW 1993, 1117; *Tinnefeld/Ehmann/Gerling,* Einführung in das Datenschutzrecht, 4. Aufl., 2005; *Wybitul,* Handbuch Datenschutzrecht im Unternehmen, 2011.

▶ **Schlagworte**

Erhebung; Personenbezogene Daten; Öffentliche Stelle; Rechtmäßigkeit der Aufgabenerfüllung; Zweckbindungsgrundsatz; Erforderlichkeit; Hinweispflicht bei Erhebung durch nicht-öffentliche Stelle; Besondere Arten personenbezogener Daten (sensitive Daten)

A. Allgemeines

I. Struktur des § 13 und Verhältnis zu § 4 (Einwilligung) und § 28 Abs. 1, 6, 7, 9

1. Überblick

§ 13 regelt die Zulässigkeit der Erhebung personenbezogener Daten. Die Norm legt in Abs. 1a unter bestimmten Voraussetzungen eine Hinweispflicht fest. Bzgl. besonderer Arten personenbezogener Daten stellt sie in Abs. 2 neben der Erforderlichkeit noch weitere Kriterien der Zulässigkeit auf. 1

2. Anwendungsbereich

§ 13 gilt für die Datenerhebung durch eine öffentliche Stelle. Zwar findet sich in Abs. 1 nur der Begriff der „verantwortlichen Stelle", doch gibt der systematische Bezug zu § 12 den Hinweis auf diesen konkreten Anwendungsbereich. Dementsprechend bezieht sich § 13 auf öffentliche Stellen des Bundes (§ 2 Abs. 1, 3 und Abs. 4 Satz 2), soweit sie nicht als öffentlich-rechtliche Unternehmen am Wettbewerb teilnehmen sowie – unter der einschränkenden Voraussetzung des § 12 Abs. 2 – auf öffentliche Stellen der Länder (§ 2 Abs. 2). 2

Wegen der nicht immer ganz einfachen Bestimmung der Reichweite des Begriffs der öffentlichen Stelle (so können zum Beispiel unter bestimmten Voraussetzungen auch Privatvereinigungen hierunter fallen, § 2 Abs. 3) sollte der Blick des Anwenders zunächst auf § 2 fallen (siehe § 2 Rn. 13 ff.).

II. Systematik

Die Norm begründet inhaltlich weder eine eigenständige Verpflichtung des Betroffenen zur Preisgabe von Daten noch einen Anspruch öffentlicher Stellen auf die zu erhebenden Daten.[1] Vielmehr steht § 13 im Kontext zu § 4, der in Abs. 1 die Erhebung von Daten unter ein grundsätzliches Verbot („mit Erlaubnisvorbehalt") stellt (§ 4 Rn. 1 f.). § 13 enthält als Ausnahme hierzu die für eine Datenerhebung durch öffentliche Stellen notwendige Rechtsgrundlage. 3

§ 13 ergänzt § 4 Abs. 2 und 3 hinsichtlich der Zulässigkeitsvoraussetzungen für die Datenerhebung durch öffentliche Stellen. Im Rangverhältnis der Zulässigkeitstatbestände stehen nach § 4 Abs. 1 die Normen des BDSG, eine „andere Rechtsvorschrift" und die Einwilligung (§ 4a) zwar formal auf einer Stufe, doch dem Charakter des BDSG als Auffanggesetz entsprechend wird bei der Anwendung zunächst die „andere Rechtsvorschrift", also die vorrangige bereichsspezifische Norm relevant (so schon § 1 Abs. 3).[2] Die Einwilligung spielt, trotz ihres Stellenwerts für die vom BDSG zu schützende informationelle Selbstbestimmung, in der Praxis nur eine untergeordnete Rolle; sie ist insoweit nur selten von Bedeutung, als sie nur relevant wird, wenn und soweit sonst kein Rechtfertigungsgrund zu finden ist (mit Blick auf die geplante EU-Datenschutz-Grundverordnung wird sich der Stellenwert nicht nennenswert ändern, siehe

---

1 Simitis/*Sokol*, § 13 Rn. 7.
2 *Gola/Schomerus*, § 4 Rn. 5.

hierzu die Einschätzung, § 4a Rn. 10).[3] Die eigentlichen inhaltlichen Anforderungen an eine wirksame Einwilligung sind abschließend im § 4a enthalten (siehe hierzu die Checkliste zur Einwilligungserklärung, § 4a Rn. 128), sodass § 13 hier keine eigenständige Rolle zukommt und der Anwender sich direkt mit § 4a auseinandersetzen muss.

Klar abgegrenzt ist § 13 von § 28, der die Datenerhebung und -verarbeitung im nicht-öffentlichen Bereich erfasst (siehe § 28 Rn. 5).

§ 13 enthält in Abs. 1 und 2 die Zulässigkeitsvoraussetzungen von Datenerhebungen. Dabei nennt Abs. 1 die (allgemeinen) Voraussetzungen, unter denen eine Erhebung zulässig ist, während Abs. 2 eine Sonderregelung für die Erhebung sensitiver Daten trifft.[4] § 13 Abs. 1a ergänzt § 4 um eine spezielle Hinweispflicht für öffentliche Stellen.[5]

B. Inhalt der Regelung

I. Begriff: Erhebung

4 Die Legaldefinition des Begriffs des Erhebens enthält § 3 Abs. 3, insoweit kann im Wesentlichen auf die dortige Kommentierung verwiesen werden (siehe § 3 Rn. 50 ff.). Hervorzuheben ist an dieser Stelle aber das für das Erheben erforderliche zielgerichtete Handeln der öffentlichen Stelle, durch das sie willentlich entweder Kenntnis von den Daten erhält oder eine eigene Verfügungsmöglichkeit über diese begründet.[6] Es kommt eben gerade nicht notwendig darauf an, dass die öffentliche Stelle die personenbezogenen Daten tatsächlich zur Kenntnis nimmt.[7] Auch ist nicht entscheidend, ob die Stelle die Daten selbst besorgt (durch eigene Ermittlungen) oder ob sie hierfür eine andere Stelle oder Person beauftragt und sich die Daten von dieser übermitteln lässt.[8] Die Möglichkeiten und Modalitäten der Erhebung von Daten durch öffentliche Stellen sind insgesamt vielfältig. Dies zeigt die nachfolgende Übersicht von Gegensatzpaaren, die untereinander kombinierbar sind:[9]

Erhebung beim Betroffenen	Erhebung bei einem Dritten
Offene Erhebung	Verdeckte Erhebung
Zwangsweise Erhebung	Freiwillige Erhebung

Beispiele

- Ausfüllen von Formularen
- Vernehmungen und Befragungen im Rahmen von polizeilichen Ermittlungen sowie gerichtlich oder behördlich angeordnete medizinische Untersuchungen[10]
- Verpflichtung zur Abgabe von Steuererklärungen; Verpflichtung, sich beim Einwohnermeldeamt anzumelden[11]

II. Rechtliche Einordnung der „aufgedrängten Information"

5 Ein Erheben von Daten ist nicht gegeben, wenn die Daten der öffentlichen Stelle ohne jedes eigene Zutun zufallen, denn bei einer solchen „aufgedrängten Information" fehlt es gerade an dem zielgerichteten Handeln der erhebenden Stelle.[12]

3 *Gola/Schomerus*, § 4 Rn. 5.
4 *Tinnefeld/Ehmann/Gerling*, Einführung in das Datenschutzrecht, S. 503.
5 Simitis/*Sokol*, § 13 Rn. 6.
6 Simitis/Sokol, § 13, Rn. 11; Vgl. Taeger/Gabel/*Heckmann*, § 13 Rn. 5.
7 Simitis/*Sokol*, § 13 Rn. 11.
8 Simitis/*Sokol*, § 13 Rn. 11.
9 Gegenüberstellung nach *Tinnefeld/Ehmann/Gerling*, Einführung in das Datenschutzrecht, S. 501.
10 Däubler/Klebe/Wedde/Weichert/*Wedde*, § 13 Rn. 4.
11 Ausführlich hierzu *Tinnefeld/Ehmann/Gerling*, Einführung in das Datenschutzrecht, S. 501, 502.
12 Vgl. Simitis/*Sokol*, § 13 Rn. 11; so auch *Tinnefeld*, NJW 1993, 1117.

Beispiele

Aufgedrängte Informationen:

- Eingaben, Berichte und Anträge von Privaten (z.B. Bürger teilt dem Landratsamt mit, dass der Nachbar einen Schwarzbau errichtet)[13]
- Zusendung von E-Mails, auf Anrufbeantworter hinterlassene Nachricht[14]

Auch die sich zufällig oder in Verbindung mit einer anderen Handlung durch Mitarbeiter einer öffentlichen Stelle ergebende Wahrnehmung kommt mangels zielgerichteten Beschaffens nicht als „Erheben" in Betracht.[15] Letztlich scheidet auch das Zusammenstellen von Daten aus schon vorliegenden Unterlagen als „Erheben" aus, denn hier handelt es sich um einen Zugriff auf Informationen, die bereits von Dritten erhoben worden sind (siehe § 14 Rn. 18).[16]

Negativ-Beispiele 6

Zufallswahrnehmungen:

- Außerdienstliche Kenntnisnahmen durch Mitarbeiter öffentlicher Stellen[17]
- Zufälliges Mithören eines Gesprächs bei anderweitiger Dienstausübung[18]

Nutzung schon erhobener Daten:

- Auswertung allgemein zugänglicher Quellen (z. B. Telefonbücher, Medienberichte, öffentliche Register, etwa das Schuldnerverzeichnis)[19]

Dennoch dürfen solche Daten von der betreffenden Stelle nicht gespeichert werden, wenn und soweit sie keinem (rechtmäßigen) Erhebungszweck dienen und auch nicht für die Aufgabenerfüllung notwendig sind.[20] Folglich wird die aufgedrängte Information datenschutzrechtlich erst dann von Bedeutung, wenn der Empfänger (§ 3 Abs. 8) sie verarbeiten oder nutzen will.[21]

!

Umgang mit aufgedrängten Informationen:

I. Zeitraum bis zur Nutzungsabsicht

- bloßes Erhalten der Daten = datenschutzrechtlich noch nicht relevant [§ 13 (-)]
- die für die Erhebung von Daten relevante Norm wird in dieser Konstellation übersprungen (arg. § 14 Abs. 1 Satz 2)

→ **Problem: Aufbewahrung der Daten?**

- Will die verantwortliche Stelle eine nicht gezielt beschaffte und daher nicht erhobene Information nicht weiter verwenden, so muss sie diese löschen.[22]
- Aufbewahrung für den Fall der späteren Nutzungsabsicht?
- Speichern ist schon Vorgang der Verarbeitung nach § 14
- Vorsicht: Auch das Nichtlöschen kann zur Speicherung i.d.S. führen: Spätestens im Zeitpunkt der Kenntnisnahme einer „aufgedrängten Speicherung", wenn diese nicht unverzüglich wieder zur Löschung gebracht wird, ist der Tatbestand des Speicherns erfüllt.[23]

---

13 *Tinnefeld*, NJW 1993, 1117.
14 Kilian/Heussen/*Polenz*, CHB, Materielles allgemeines Datenschutzrecht, Rn. 30.
15 Simitis/*Sokol*, § 13 Rn. 11; *Tinnefeld*, NJW 1993, 1117.
16 *Tinnefeld*, NJW 1993, 1117.
17 Däubler/*Wedde*, § 13 Rn. 5.
18 *Wybitul*, Handbuch Datenschutzrecht im Unternehmen, Rn. 72.
19 *Tinnefeld*, NJW 1993, 1117.
20 Simitis/*Sokol*, § 13 Rn. 11.
21 *Tinnefeld/Ehmann/Gerling*, Einführung in das Datenschutzrecht, S. 297.
22 Kilian/Heussen/*Polenz*, CHB, Materielles allgemeines Datenschutzrecht, Rn. 38.
23 Kilian/Heussen/*Polenz*, CHB, Materielles allgemeines Datenschutzrecht, Rn. 38.

- daher: für öffentliche Stelle ergibt sich aus dieser Situation eine Löschungspflicht

z.B. Beseitigung von Notizen, Löschen von erhaltenen E-Mails

II. Zeitraum ab Nutzungsabsicht

- Vorgehen nach den Voraussetzungen des § 14 (siehe § 14 Rn. 4 ff.)

III. Erlaubnistatbestand des § 13 Abs. 1

1. Zuständigkeit und Rechtmäßigkeit

7 Eine Datenerhebung nach Abs. 1 setzt voraus, dass die Daten zur Erfüllung der Aufgaben der verantwortlichen Stelle erforderlich sind. Verantwortliche Stelle (siehe § 3 Rn. 126 ff.) meint hier die zuständige Stelle, auch wenn der Gesetzgeber in § 13 Abs. 1 – anders als bei den systematisch eng verwandten §§ 14 bis 16 – den Zusatz „in der Zuständigkeit liegende" Aufgabe nicht ausdrücklich erwähnt hat. Die verantwortliche Stelle muss für die jeweiligen Aufgaben

a) örtlich,

b) sachlich und

c) verbandsmäßig

zuständig sein – anderenfalls wären es gerade nicht ihre Aufgaben.[24] Schon das Fehlen einer dieser Arten von Zuständigkeit führt zur Unzulässigkeit der Datenerhebung gem. § 13 Abs. 1.[25] Folglich sollte hier sowohl aus Sicht der handelnden Behörde als auch aus Sicht des Adressaten der Erhebung ganz genau hingesehen werden.

a) Im Hinblick auf die örtliche Zuständigkeit der verantwortlichen Stelle gibt § 3 Abs. 1 VwVfG (bzw. die parallelen Vorschriften des Landes-VwVfG) konkrete Anhaltspunkte. Entscheidend ist hiernach bei ortsgebundenen Sachen und Rechten der betreffende Ort, bei Unternehmen, bei Berufsausübung oder anderen Tätigkeiten der letzte Betriebs- oder Ausübungsort und bei natürlichen Personen der Ort ihres letzten gewöhnlichen Aufenthalts.[26]

b) Für die sachliche Zuständigkeit ist entscheidend, dass diese Aufgabe der verantwortlichen Stelle dem Sachthema nach zuzurechnen ist. Dies bestimmt sich überwiegend durch Rechtsvorschriften. Dabei kommt es sowohl auf die Einordnung in die Verwaltungsorganisation als auch auf die jeweilige Ressortzuständigkeit an.[27]

c) Schließlich grenzt die verbandsmäßige Zuständigkeit die Verwaltungshoheit selbstständiger Träger öffentlicher Verwaltung (Bund, Länder) und der mit Rechtsfähigkeit und Selbstverwaltungsrechten ausgestatteten juristischen Personen des öffentlichen Rechts untereinander ab.[28]

8 Ein weiteres ungeschriebenes Tatbestandsmerkmal ist neben der Zuständigkeit die Rechtmäßigkeit (Gesetzmäßigkeit der Verwaltung, Art. 20 Abs. 3 GG).[29] Dementsprechend ist das Erheben personenbezogener Daten nur zulässig, wenn die damit zusammenhängende Aufgabenerfüllung ihrerseits rechtmäßig ist.[30]

24 Wolf/Brink/*Stender-Vorwachs*, § 13 Rn. 12; Simitis/*Sokol*, § 13 Rn. 15.
25 Taeger/Gabel/*Heckmann*, § 13 Rn. 8.
26 Simitis/*Sokol*, § 13 Rn. 16.
27 Taeger/Gabel/*Heckmann*, § 13 Rn. 9.
28 Simitis/*Sokol*, § 13 Rn. 18.
29 *Kühling/Seidel/Sivridis*, Datenschutzrecht, S. 171.
30 Simitis/Sokol, § 13 Rn. 9.

Für den Anwender gilt es zweierlei zu beachten:

1. Zunächst ist der Rahmen rechtmäßiger Aufgabenerfüllung zu bestimmen.
2. Diesen gesetzmäßigen Rahmen muss die datenerhebende Stelle bei der Art und Weise der Erhebung halten.

Zu 1.

- Der Rahmen der Aufgabenerfüllung ist in den meisten Fällen der Aufgaben übertragenden Rechtsvorschrift zu entnehmen (hier ist die jeweilige fachspezifische Vorschrift, auf die sich die öffentliche Stelle stützt, näher zu prüfen).[31]

Beispiel: Generalklauseln bei strafrechtlichen Ermittlungen, §§ 161, 163 StPO.[32]

- In bestimmten Fällen kann dieser Rahmen auch durch ein privatrechtliches Rechtsverhältnis vorgegeben werden.[33]

Beispiel: Behandlungsvertrag zwischen Patient und Bundeswehrkrankenhaus (mit dessen allgemeinen Vertragsbestimmungen)[34]

Beachte: Nicht immer können alle Einzelheiten der Aufgaben vorab völlig eindeutig festgelegt und definiert werden[35], dies sollte bei der praxisgerechten Festlegung des Rahmens der Aufgabenerfüllung berücksichtigt werden.

Zu 2.

- In einem zweiten Schritt ist das „Wie" der Aufgabenerfüllung zu prüfen, welches sich aus den spezifischen und allgemeinen Gesetzen ergibt.
- Verstößt die verantwortliche Stelle hier gegen eine Rechtsvorschrift oder gegen ungeschriebenes Recht, so ist die Erhebung – unabhängig von der Art des Rechtsverstoßes – insgesamt rechtswidrig.[36]
- Beispiel: Beachtung des allgemeinen Persönlichkeitsrechts, des informationellen Selbstbestimmungsrechts, der beamtenrechtlichen Fürsorgepflicht oder einzelner Rechtsvorschriften.[37]

Beispiele für unrechtmäßige Aufgabenerfüllung

Rahmen der Aufgabenerfüllung (Praxishinweis zu 1.):

- Mitgliederwerbung ist keine Aufgabe, für die die Krankenkassen Sozialdaten erheben dürfen.[38]

Art und Weise der Aufgabenerfüllung (Praxishinweis zu 2.):

- Erhebung unter Androhung von unzulässigem Zwang oder unter die betroffene Person entwürdigenden Umständen[39]
- Datenerhebung unter Vorspiegelung einer gesetzlichen oder vertraglichen Verpflichtung des Betroffenen zur Preisgabe/Mitwirkung – So sind Beschäftigte des öffentlichen Dienstes nicht verpflichtet, der Arbeitgeberseite die Gründe mitzuteilen, die der Übernahme eines Wahlehrenamtes entgegenstehen.[40]
- Datenerhebung öffentlicher Stelle über ihre Beschäftigten mittels technischer Einrichtungen (verdeckte Kameras) oder von Informationen, die bei Nutzung ihres Dienstrechners anfallen[41]

31 *Vgl. Gola/Schomerus*, § 13 Rn. 2.
32 *Gola/Schomerus*, § 13 Rn. 2.
33 Simitis/*Sokol*, § 13 Rn. 21.
34 Simitis/*Sokol*, § 13 Rn. 21.
35 *Gola/Schomerus*, § 13 Rn. 2.
36 Simitis/*Sokol*, § 13 Rn. 20.
37 Simitis/*Sokol*, § 13 Rn. 23, 24.
38 BSG, Urteil v. 28.11.2002, Az. B7 – 1 A 2/00R, NJW 2003, 2932.
39 Vgl. Simitis/*Sokol*, § 13 Rn. 20 (in der Fußnote).
40 BAG, Urteil v. 23.01.1992, Az. 6 AZR 87/90, NZA 1992, 795, 797.
41 Simitis/*Sokol*, § 13 Rn. 24.

2. Erforderlichkeitsgrundsatz

9 Neben der Zuständigkeit und der Rechtmäßigkeit ist auch die Erforderlichkeit der Datenerhebung zu prüfen. Der Erforderlichkeitsgrundsatz ist zentrales Element der Datenerhebung nach § 13 Abs. 1 und damit immer relevant. Das gilt auch für aus Sicht des Anwenders vermeintlich unbedeutende Daten – dem Anwender muss klar sein, dass es in der heutigen Zeit keine belanglosen Daten gibt, deren Erhebung rechtlich ohne Bedeutung ist.[42]

Vor diesem Hintergrund ist die „Erforderlichkeit" für jeden Einzelfall gesondert zu prüfen. Dies lässt eine zentrale einheitliche Aussage zu diesem Merkmal nicht zu. Bei der Beurteilung der jeweiligen Situation ist vielmehr von der Grundentscheidung des Gesetzgebers auszugehen, die Erhebung und sonstige Verarbeitung von personenbezogenen Daten zu verbieten (§ 4) und sie nur in den vorgegebenen Grenzen zuzulassen. Demensprechend ist diese Ausnahmeregelung eng auszulegen, um das Regel-Ausnahme-Prinzip nicht auf den Kopf zu stellen.[43] Für einen zusammenfassenden Kurzüberblick zum Prüfungsmaßstab/-ablauf sei auf die sich anschließende Checkliste (Rn. 13) verwiesen.

10 Die Erforderlichkeit nach § 13 Abs. 1 ist zu beurteilen im Zeitpunkt der Erhebung. Unbestimmte oder erst künftige Zwecke spielen keine Rolle (Zweckbindungsgrundsatz).[44] Dementsprechend scheidet eine Datenerhebung auf Vorrat – also die vorsorgliche Erhebung von Daten für den Fall, dass man diese später einmal braucht – von vornherein aus.

Beispiel

Pkw-Anmeldung bei Kfz-Zulassungsstelle

Erforderlich bei der Anmeldung eines Pkw ist

- die Adresse (über Personalausweis)
- Bankverbindung (über die Einzugsermächtigung für die Kfz-Steuer)
- ...

→ Auch wenn Sie planen, mit den Bürgern zukünftig nur per E-Mail zu kommunizieren, dürfen Sie die E-Mail-Adresse heute nicht erheben!

11 Um die Erforderlichkeit sicherzustellen, dürfen Daten nur dem Zweck entsprechend erhoben werden. Das setzt voraus, dass der Gesetzgeber in der jeweiligen gesetzlichen Regelung sowohl den Anlass als auch den Verwendungszweck möglichst genau und für den Betroffenen erkennbar bestimmt.[45] Die verfassungsrechtlichen Anforderungen an die jeweilige Ermächtigungsgrundlage richten sich nach dem Gewicht der Beeinträchtigung.[46]

Dafür maßgebliche Faktoren sind[47]

- die Art der erfassten Informationen,
- der Anlass ihrer Erhebung,
- die Umstände ihrer Erhebung,
- der betroffene Personenkreis und
- die Art der Verwertung der Daten.

---

42 Taeger/Gabel/*Heckmann*, § 13 Rn. 18, BVerfG, Urteil v. 15.12.1983, Az. 1 BvR 209, 269, 362, 420, 440, 484/83, BVerfGE 65, 1, 45.

43 *Gola/Schomerus*, § 13 Rn. 3.

44 BVerfG, Urteil v. 15.12.1983, Az. 1 BvR 209, 269, 362, 420, 440, 484/83, BVerfGE 65, 1, 46; BVerfG, Beschluss v. 04.04.2006, Az. 1 BvR 518/02, BVerfGE 115, 320, 350.

45 BVerfG, Urteil v. 11.03.2008, Az. 1 BvR 2074/05, 1 BvR 1254/07, NJW 2008, 1505.

46 BVerfG, Urteil v. 11.03.2008, Az. 1 BvR 2074/05, 1 BvR 1254/07, NJW 2008, 1507.

47 BVerfG, Urteil v. 11.03.2008, Az. 1 BvR 2074/05, 1 BvR 1254/07, NJW 2008, 1507.

Ist der Verwendungszweck nicht festgelegt, erwächst das Risiko einer Nutzung der Daten für Zwecke, für die sie nicht erhoben wurden. Dies kann also keine geeignete Ermächtigungsgrundlage für eine Datenerhebung sein.

Beispiel: Automatische Kennzeichenerfassung[48]

Hessen und Schleswig-Holstein ermöglichten ihren Polizeibehörden die automatische Erfassung von Autokennzeichen, gestützt auf die Vorschriften des Hessischen Gesetzes über Sicherheit und Ordnung (HSOG) bzw. des Landesverwaltungsgesetzes (LVwG) des Landes Schleswig-Holstein.

In diesen Vorschriften wurde aber nur das Mittel zur Durchführung von Ermittlungen genannt (Kennzeichenerfassung „zum Zwecke" des Abgleichs mit dem Fahndungsbestand), indes nicht auch der Anlass und der eigentliche Ermittlungszweck, dem sowohl die Erhebung als auch der Abgleich letztlich dienen sollen.

Hier fehlt es an der Bestimmtheit des Verwendungszwecks! Im Ergebnis beurteilte das Bundesverfassungsgericht diese Vorschriften als nicht mit dem Grundgesetz vereinbar und daher nichtig.

Merke: Eine Datenerhebung zu unbestimmten oder noch nicht hinreichend bestimmbaren Zwecken ist unzulässig![49]

! Wirft die gesetzliche Regelung in dieser Hinsicht Probleme auf oder besteht Unsicherheit, ob sich die betreffende Datenerhebung hierauf stützen lässt, ist hier zunächst eine Klärung herbeizuführen.

Wenn die eigene Sachkenntnis des (behördlichen) Datenschutzbeauftragten dazu nicht ausreicht, bestehen

→ die Möglichkeit der Einholung externen Sachverstandes

→ in Zweifelsfällen die Möglichkeit, sich an den Bundes- bzw. Landesbeauftragten für Datenschutz zu wenden.

Dieser Weg sollte erst dann beschritten werden, wenn eine eigene Prüfung zu keinem klaren Ergebnis geführt hat, und die jeweiligen Zweifel sollten substantiiert dargelegt und soweit möglich auch rechtlich begründet werden.

Weitergehend spielen **Auswahl und Umfang** der Datenerhebung für die Erforderlichkeit eine entscheidende Rolle. Bei der Bestimmung, welche Daten in welchem Umfang erhoben werden dürfen, ist wiederum das bereits oben (Rn. 8) dargestellte Regel-Ausnahme-Prinzip zu berücksichtigen, nach dem die Erhebung und sonstige Verwendung von personenbezogenen Daten grundsätzlich verboten und nur in den vorgegebenen Grenzen zugelassen ist (§ 4 Rn. 1 f.). 12

Diesem Regel-Ausnahme-Prinzip wird Rechnung getragen, wenn man den öffentlichen Stellen nur genau die Daten zubilligt, die sie zur „schlanken", effizienten Aufgabenerfüllung benötigen.[50] Dies sind die Daten, ohne deren Kenntnis die öffentliche Stelle die gestellte Aufgabe nicht, nicht vollständig, nicht rechtmäßig oder nicht in angemessener Zeit erfüllen könnte.[51]

Beispiel: Sozialdatenerhebung durch Krankenkassen zwecks Mitgliederwerbung

Krankenkasse hatte sich aktiv Sozialdaten zwecks Mitgliederwerbung beschafft, indem sie diese von Arbeitgebern angefordert hat.

Das Bundessozialgericht hatte in diesem Fall bereits das Vorliegen der „Aufgabenerfüllung" in Bezug auf die Mitgliederwerbung verneint (→ insoweit oben, Rn. 7)!

---

48 BVerfG, Urteil v. 11.03.2008, Az. 1 BvR 2074/05, 1 BvR 1254/07, NJW 2008, 1505 ff.
49 Simitis/*Sokol*, § 13 Rn. 26.
50 Vgl. *Engelien-Schulz*, VR 2009, S. 73, 75.
51 Simitis/*Sokol*, § 13 Rn. 26.

Darüber hinaus prüfte das Bundessozialgericht aber weitergehend die Erforderlichkeit: „Nähme man an, dass zu den Zwecken bzw. den Aufgaben (...) auch die Datenerhebung zwecks Mitgliederwerbung zählte, so würde die Aufgabenerfüllung insoweit keinesfalls (...) ohne das aktive Zugehen (...) auf die Arbeitgeber der potenziellen Mitglieder mit der Bitte um Übermittlung der personenbezogenen Daten unerfüllbar bzw. unzumutbar. Die allgemeine Aufklärung der Bevölkerung bzw. die besondere Aufklärung potenzieller Mitglieder mittels Broschüren oder sonstiger Werbematerialien, die den Arbeitgebern zur Verteilung übersandt werden können, würde genügen, um diesen potenziellen Mitgliedern ein eigenes Herantreten an sie (die Kl.) zu ermöglichen (...)"[52]

13 Ein – aufgrund der heutigen technischen Möglichkeiten – immer stärker in den Vordergrund rückender Prüfungspunkt der Erforderlichkeit ist die Option des Anonymisierens und/oder Pseudonymisierens (§ 3 Abs. 6, 6a) von Daten nach § 3a Satz 2 (zu den Folgen siehe § 3a Rn. 17 ff.). In der Praxis ist zu fragen, ob die Aufgabenerfüllung nicht auch mit pseudonymisierten oder gar anonymisierten Daten erfolgen kann.[53] Um hier eine praxisgerechte Antwort zu finden, darf man nicht allein auf die generellen technischen Möglichkeiten abstellen. Vielmehr müssen der mit der Anonymisierung und Pseudonymisierung gegebene Aufwand und sein (Datenschutz-)Erfolg in einem angemessenen Verhältnis stehen.[54] Auch sind die jeweiligen Folgen zu bedenken: Die Anonymisierung lässt den Personenbezug der Daten und damit die Anwendung des BDSG entfallen.[55] Anonymisierte Daten (§ 3 Abs. 6) sind deshalb uneingeschränkt verwendbar.[56]

Bei der Pseudonymisierung (§ 3 Abs. 6a) ist das BDSG weiter anzuwenden. Dennoch kann auch das Pseudonymisieren von Vorteil sein: Die Zulässigkeit der Verwendung pseudonymisierter Daten im Rahmen einer Interessenabwägung (z. B. nach § 28 Abs. 1 Satz 1 Nr. 2) ist im Zweifel eher zu bejahen als bei einfachen personenbezogenen Daten.[57]

14 Zuletzt sollte der Anwender seine Entscheidung über die Erforderlichkeit nochmals am Grundsatz der **Verhältnismäßigkeit** (hier speziell in seiner Ausprägung als verfassungsrechtliches Übermaßverbot) messen. Dabei darf nicht ohne Weiteres von Erforderlichkeit einer Erhebung von Daten automatisch auf deren Rechtmäßigkeit geschlossen werden.[58] Für den Anwender heißt das, dass eine bis hierhin als erforderlich eingestufte Maßnahme gleichwohl unverhältnismäßig (nicht „angemessen") sein kann. In die Prüfung der Verhältnismäßigkeit sind dabei vor allem die schutzwürdigen Interessen der betroffenen Person einzubeziehen.[59] Zu den Beispielen vgl. Rn. 7. Dieser Prüfungspunkt wird zwar regelmäßig keine wesentlichen Abweichungen zur Beurteilung der Rechtmäßigkeit (Rn. 7) bringen. Er dient aber dennoch der abschließenden Gesamtbeurteilung gegebenenfalls als Korrektiv.

!

Zusammenfassende Checkliste zur Erforderlichkeit i.S.d. § 13

1. Werden bestimmte Daten zum Zeitpunkt (aktuell) der Erhebung benötigt?
2. Sind Anlass und Zweck der Datenerhebung hinreichend konkretisiert?
3. Sind diese Daten zu diesem Zweck im konkreten Fall unverzichtbar?
4. Kann die Aufgabe nicht auch mit anonymisierten oder zumindest pseudonymisierten Daten erledigt werden?
5. Sind schutzwürdige Interessen des Betroffenen hinreichend berücksichtigt worden?

52 BSG, Urteil v. 28.11.2002, Az. B 71 A 2/00 R, NJW 2003, 2932.
53 Simitis/*Sokol*, § 13, Rn. 27.
54 *Gola/Schomerus*, § 3a Rn. 7.
55 *Gola/Schomerus*, § 3a Rn. 9.
56 Leupold/Glossner-*Scheja/Haag*, MünchenerAnwaltshandbuch IT-Recht, Teil 5 Rn. 50.
57 Leupold/Glossner-*Scheja/Haag*, MünchenerAnwaltshandbuch IT-Recht, Teil 5 Rn. 51.
58 Simitis/*Sokol*, § 13 Rn. 24.
59 Simitis/*Sokol*, § 13 Rn. 26.

3. Rechtsfolgen rechtswidriger Erhebung

Erhebt eine öffentliche Stelle nicht erforderliche personenbezogene Daten, so ist die Erhebung insoweit unzulässig. Das BVerfG sieht hierin in ständiger Rechtsprechung einen grundsätzlich nicht gerechtfertigten und damit rechtswidrigen Eingriff in das Persönlichkeitsrecht des Betroffenen, insbesondere in dessen Recht auf informationelle Selbstbestimmung.[60] Daraus ergeben sich umfassende Folgen, die im anschließenden Praxishinweis zusammengefasst dargestellt sind. 15

Für die datenerhebende Stelle:

Verwenden Sie unter keinen Umständen personenbezogene Daten, die aus einer unbefugten Erhebung herrühren!

Machen Sie sich hier noch einmal bewusst, dass es insofern keine belanglosen Daten gibt (siehe Rn. 8)

Ansonsten

→ begehen Sie eine Ordnungswidrigkeit, die nach § 43 Abs. 2 Nr. 1 bußgeldbewehrt ist (siehe § 43 Rn. 25 ff.);

→ können auf Sie bzw. die verantwortliche Stelle, zu der Sie gehören, Schadensersatzansprüche seitens des Betroffenen zukommen (dazu sogleich);

→ kann die Außendarstellung der verantwortlichen Stelle massiv beschädigt werden und das Vertrauen in deren Integrität verloren gehen!

Für den Betroffenen:

Im Übertretungsfall gibt Ihnen das BDSG verschiedene Mittel an die Hand:

→ Haben Sie die personenbezogenen Daten noch nicht preisgegeben, so können Sie dies ablehnen.

→ Haben Sie dies bereits getan, so haben Sie gegebenenfalls einen Anspruch auf Löschung nach § 20 Abs. 2 Nr. 2 (siehe § 20 Rn. 6 ff.).

→ Ist Ihnen ein Schaden entstanden, können Ihnen gegenüber der verantwortlichen Stelle nach Maßgabe der §§ 7 und 8 Schadensersatzansprüche zustehen (siehe § 7 Rn. 10 ff.; § 8 Rn. 4 ff.).

IV. Erhebung von nicht-öffentlichen Stellen, § 13 Abs. 1a – Hinweispflicht

Aus § 13 Abs. 1a erwachsen Hinweispflichten für die verantwortliche Stelle, wenn die Datenerhebung nicht beim Betroffenen selbst, sondern bei einer nicht-öffentlichen Stelle erfolgt. Letztere kann nach der Legaldefinition des § 2 Abs. 4 eine natürliche oder eine juristische Person, eine Gesellschaft oder andere Personenvereinigung des privaten Rechts sein (siehe § 2 Rn. 23 ff.). 16

Beispiel

Arbeitgeber, Versicherungsunternehmen, Banken

Dabei sind zwei Fälle voneinander zu unterscheiden: Besteht eine gesetzliche Grundlage für eine Auskunftsverpflichtung, so hat die erhebende öffentliche Stelle die angewiesene nicht-öffentliche Stelle auf eben diese Rechtsvorschrift klar und unmissverständlich hinzuweisen. Dies erfordert bei nicht allgemein gebräuchlichen Gesetzen die Verwendung einer umgangssprachlichen Bezeichnung und die Angabe der Fundstelle.[61]

Fehlt es an einer gesetzlichen Grundlage für die Auskunftsverpflichtung gegenüber der öffentlichen Stelle, so hat diese auf die Freiwilligkeit der Auskunftserteilung ausdrücklich hinzuweisen. Grund dieser 17

60 BVerfG, Urteil v. 15.12.1983, Az. 1 BvR 209, 269, 362, 420, 440, 484/83, BVerfGE 65, 1 44 f.; BVerfG, Urteil v. 14.06.1999, Az. 1 BvR 2226/94, 2420, 2437/95, BVerfGE 100, 313, 359; 115, 320; BVerfG, Urteil v. 11.03.2008, Az. 1 BvR 2074/05, 1254/07, NJW 2008, 1505 ff.

61 Taeger/Gabel/*Heckmann*, § 13 Rn. 34.

Regelungen ist, dass nicht-öffentliche Stellen in der Praxis oft nicht die nötige Sachkenntnis haben, um ein Auskunftsersuchen rechtlich einordnen zu können. Dementsprechend orientiert sich der Umfang bzw. Bedarf der Hinweispflicht auch am jeweiligen Adressaten.[62] Gerade im Fall des Fehlens einer zur Auskunft verpflichtenden Vorschrift weiß die nicht-öffentliche Stelle (ohne Hinweis) mitunter gar nichts von der ihr zustehenden Entscheidungsfreiheit und würde ggf. Daten in dieser irrigen Annahme ohne Not preisgeben. Vor dem Hintergrund, dass die nicht-öffentliche Stelle ihrerseits zu prüfen hat, ob sie nach § 28 die Daten übermitteln darf, kommt der Hinweispflicht aus § 13 Abs. 1a besondere Bedeutung zu.

18 Die Hinweispflicht umfasst grundsätzlich nicht die Angabe des Erhebungszwecks. Hiergegen sprechen sowohl Wortlaut des § 13 Abs. 1a als auch der Umstand, dass diese Angabe ein ganz anderes Rechtsverhältnis betrifft (Öffentliche Stelle – Betroffener).[63] Ausnahmsweise dürfen unter zwei Voraussetzungen aber Hinweise zum Erhebungszweck an die nicht-öffentliche Stelle erfolgen: (1.) Wenn die nicht-öffentliche Stelle diese für die Entscheidungsfindung benötigt, ob sie die Daten nach § 28 übermitteln darf **und** (2.) im Einzelfall eine Verletzung schutzwürdiger Belange des Betroffenen nicht zu befürchten ist.[64]

Checkliste

1. **Für die nicht-öffentliche Stelle:**

Prüfen Sie das Auskunftsersuchen darauf,

- ob eine Rechtsgrundlage für die Erhebung der Daten enthalten ist oder
- ob ein Freiwilligkeitsvermerk enthalten ist.

Bei Mängeln oder Unsicherheit in Bezug auf die Rechtsgrundlage

- Fragen Sie direkt bei der erhebenden Stelle nach und verlangen Sie Klarstellung.
- Geben Sie im Anschluss die Auskunft, wenn keine Zweifel über die Rechtmäßigkeit mehr bestehen!

Bei Mängeln bzw. Unsicherheit in Bezug auf den Freiwilligkeitsvermerk

- fragen Sie ebenfalls direkt bei der erhebenden Selle nach und verlangen Sie Klarstellung.
- Sie haben bei dieser Variante eine eigene Entscheidung zu treffen, ob Sie die Daten preisgeben oder nicht. Haben Sie nach Ihrer eigenen Prüfung des Sachverhalts Zweifel, sollten Sie die Übermittlung der Daten unterlassen!

2. **Für die (erhebende) öffentliche Stelle:**

Achten Sie darauf,

- dass Sie in Ihre Anfrage an die nicht-öffentliche Stelle die Rechtsgrundlage für die Erhebung der Daten mit aufnehmen,
- dass der Hinweis auf die Rechtsgrundlage nicht nur genau sein, sondern vor allem verständlich erfolgen muss. Es muss auch einem juristischen Laien möglich sein, mit Ihrem Hinweis umzugehen!
- dass – für den Fall des Fehlens einer gesetzlichen Auskunftspflicht – der Freiwilligkeitsvermerk in Ihrer Anfrage enthalten ist. Formulieren Sie den Hinweis auf die Freiwilligkeit der Beantwortung eindeutig und machen Sie verständlich, welche Fragen nicht beantwortet werden müssen, falls Ihr Auskunftsersuchen mehrere Fragen enthalten sollte[65],
- dass Sie Hinweise zum Erhebungszweck nur ausnahmsweise unter den in Rn. 18 aufgeführten Voraussetzungen in Ihrem Auskunftsersuchen mitteilen.

62 Simitis/*Sokol*, § 13 Rn. 30.
63 Taeger/Gabel/*Heckmann*, § 13 Rn. 35.
64 Simitis/*Sokol*, § 13 Rn. 32.
65 *Gola/Schomerus*, § 13 Rn. 12.

V. Erhebung „sensitiver Daten", § 13 Abs. 2

1. Ausgangspunkt und Auslegungshilfe

§ 13 Abs. 2 regelt ein grundsätzliches Verbot der Erhebung von besonders sensiblen Daten, den sog. „sensitive Daten" gemäß § 3 Abs. 9 (§ 3 Rn. 139 ff.). 19

Mit § 13 Abs. 2 trug der deutsche Gesetzgeber den Vorgaben des Art. 8 EU-Datenschutz-RL (Verarbeitung „besonderer Kategorien personenbezogener Daten") Rechnung – dementsprechend enthält auch § 13 Abs. 2 viele Ausnahmemöglichkeiten.[66]

!

Auslegungshilfe

Um ein Gefühl für diese besonderen Daten und Ausnahmetabestände zu entwickeln, lohnt der Blick in die Datenschutzrichtlinie. Insbesondere als Auslegungshilfe der Vorschriften können auch die dazugehörigen Erwägungsgründe dienlich sein!

Machen Sie sich klar:

Ein grundsätzliches Datenerhebungsverbot besteht bereits mit § 4, sodass der Sinn von § 13 Abs. 2 nur in einer weiteren Beschränkung und Konkretisierung der Ausnahmetatbestände vom genannten Erhebungsverbot liegen kann.[67]

Für Sie heißt das:

- Die Ausnahmetatbestände sind eng auszulegen.[68]
- Die Ausnahmetatbestände sind richtlinienkonform auszulegen.[69]
- Die neun gesetzlichen Ausnahmetatbestände sind abschließend,[70] einer Erweiterung steht schon der Wortlaut entgegen.

Was tun im Zweifelsfall?

Soweit der jeweilige Tatbestand des § 13 Abs. 2 nicht uneingeschränkt erfüllt wird, ist die Erhebung untersagt und muss daher unterbleiben.[71]

2. Erhebungstatbestände im Einzelnen

a) Rechtsvorschrift, Abs. 2 Nr. 1

Der Ausnahmetatbestand des § 13 Abs. 2 Nr. 1 enthält eine „Generalvollmacht".[72] Liegt eine Rechtsvorschrift vor, die den Richtlinienanforderungen entspricht, so kann die Erhebung sensitiver Daten hierauf gestützt werden. 20

In § 13 Abs. 2 Nr. 1 sind zwei Varianten zu unterscheiden:

Keine Probleme bei der Anwendung ergeben sich, wenn eine konkrete Rechtsvorschrift vorliegt, die die Erhebung sensitiver Daten unmittelbar **vorsieht** (Var. 1), denn dies indiziert, dass bereits der Gesetzgeber das besondere öffentliche Interesse an der Erhebung geprüft und bejaht hat.[73] Ein weiterer Auslegungsbedarf besteht dementsprechend nicht.

Anders ist dies, wenn die Rechtsvorschrift allgemein die Erhebung besonders sensibler Daten **aus zwingenden Gründen des öffentlichen Interesses erfordert** (Var. 2). Der Begriff „öffentliches Interesse" ist hier eng zu fassen und meint ein qualifiziertes öffentliches Interesse, dessen Bedeutung und Wichtig-

---

66 *Gola/Schomerus*, § 13 Rn. 13.
67 Vgl. Taeger/Gabel/*Heckmann*, § 13 Rn. 37.
68 Simitis/*Sokol*, § 13 Rn. 34.
69 *Tinnefeld*, NJW 2001, 3078, 3080.
70 Simitis/*Sokol*, § 13 Rn. 33.
71 Taeger/Gabel/*Heckmann*, § 13 Rn. 37.
72 *Gola/Schomerus*, § 13 Rn. 14.
73 *Gola/Schomerus*, § 13 Rn. 14.

keit ein zwingendes Erfordernis der Datenerhebung begründet.[74] Probleme bereitet aber die Auslegung des „zwingenden" Erfordernisses: Vor dem Hintergrund, dass schon der Erforderlichkeitsgrundsatz nicht nur für sensitive Daten, sondern generell höchste Anforderungen stellt (Unverzichtbarkeit, siehe Rn. 14, Checkliste) und sich damit im Superlativ bewegt, bleibt eigentlich kein Raum für noch weiter gesteigerte Anforderungen.[75] Um der Ausnahmeregelung dennoch Rechnung zu tragen, empfiehlt sich für die Praxis gleichwohl die folgende besonders strenge Prüfung der Erforderlichkeit.

!

Drei Prüfungsfragen zur strengen Erforderlichkeitsprüfung:[76]

1. Steht kein gleich geeignetes, milderes Mittel zur Verfügung?
2. Rechtfertigt die Wichtigkeit des Interesses die Erhebung?
3. Spricht ein zwingendes Erfordernis für die Erhebung, das keine anderen Alternativen zulässt?

Sofern auch nur eine der Fragen zu verneinen ist, muss eine Datenerhebung nach § 13 Abs. 2 unterbleiben!

b) Einwilligung, Abs. 2 Nr. 2

21 § 13 Abs. 2 Nr. 2 lässt das Erheben besonderer Arten von personenbezogenen Daten mit Einwilligung der betroffenen Person nach Maßgabe des § 4a Abs. 3 zu. Neben den allgemeinen Voraussetzungen einer wirksamen Erteilung der Einwilligung nach § 4a (§ 4a Rn. 15 ff.) muss sich die Einwilligung nach § 4a Abs. 3 ausdrücklich auf die besonderen Arten personenbezogener Daten beziehen – eine konkludente oder stillschweigende Erklärung scheidet demnach aus.[77] Auch sollte die Einwilligung nach 4a Abs. 3 grundsätzlich der Schriftform genügen. Dies ergibt sich zwar nicht unmittelbar aus § 4a Abs. 3, doch wenn § 4a Abs. 1 Satz 3 dies schon als allgemeine Anforderung nennt, muss dieses Kriterium für die besonderen Arten von personenbezogenen Daten nach § 3 Abs. 9 erst recht gelten.

c) Lebenswichtige Interessen, Abs. 2 Nr. 3

Diese Ausnahmevorschrift knüpft die Zulässigkeit der Datenerhebung vereinfacht an zwei Voraussetzungen: Zum einen an die Interessenlage des Betroffenen oder eines Dritten und zum anderen an dessen Außerstandesein, in der konkreten Situation einzuwilligen. Hinsichtlich der Interessenlage ist der Schutz lebenswichtiger Interessen entscheidend.

Beispiel

Ein lebenswichtiges Interesse ist zum Beispiel der Schutz vor Ansteckung mit gefährlichen Krankheiten[78]

Hinsichtlich der fehlenden Einwilligung kommt es darauf an, dass der Betroffene aus physischen oder rechtlichen Gründen nicht in der Lage ist, in die Datenerhebung einzuwilligen. Umstritten ist, inwieweit Abs. 2 Nr. 3 noch Raum für eine mutmaßliche Einwilligung lässt. Der Wortlaut stellt nur darauf ab, dass der Betroffene lediglich aufgrund der Hinderungsgründe nicht eingewilligt hat. Es wird gerade nicht auf die Umstände des Einzelfalls Bezug genommen, die gegebenenfalls auf einen anderen mutmaßlichen Willen schließen lassen könnten. Auch kennt das Bundesdatenschutzgesetz eine mutmaßliche Einwilligung nicht.[79] Dennoch gebietet gerade die gebotene restriktive Auslegung des § 13 Abs. 2, sich nicht über einen im Einzelfall entgegenstehenden (ersichtlichen) Willen hinwegzusetzen.[80] Für die Praxis empfiehlt sich folgendes Vorgehen, um bei dieser Frage ein sachgerechtes Ergebnis zu erzielen:

---

74 Simitis/*Sokol,* § 13 Rn. 35.
75 Simitis/*Sokol,* § 13 Rn. 35.
76 Vgl. Prüfungsschritte nach Taeger/Gabel/*Heckmann,* § 13 Rn. 42, 43, 44.
77 Simitis/*Sokol,* § 13 Rn. 36; Taeger/Gabel/*Heckmann,* § 13 Rn. 46.
78 Simitis/*Sokol,* § 13 Rn. 37.
79 In diese Richtung argumentierend *Gola/Schomerus,* § 13 Rn. 17.
80 Taeger/Gabel/*Heckmann,* § 13 Rn. 55.

!

Handlungsplan:

1. Grundsatz:

Orientieren Sie sich bei Ihrer Entscheidung primär an der Schwere des Eingriffs für den Betroffenen und dem **objektiven** Interesse des Betroffenen oder des Dritten an der Erhebung der Daten.[81]

Hilfsfrage: Wie würde ein verständiger Dritter entscheiden?[82]

2. Ausnahme:

Sollten im Einzelfall konkrete Anhaltspunkte für einen entgegenstehenden Willen des Betroffenen bestehen, so sind diese nicht zu ignorieren.

Nehmen Sie diese vielmehr ebenso wie das Votum eines vorhandenen Vertreters als Aspekte Ihrer Entscheidungsfindung mit auf![83]

3. Prognoseentscheidung:

Nur wenn Sie mit hinreichender Sicherheit von einem entgegenstehenden Willen ausgehen müssen, sollte die Erhebung unterbleiben![84] Bestehen Zweifel, bleibt es beim obigen **Grundsatz** (nämlich Daten erheben)!

d) Selbstveröffentlichte Daten, Abs. 2 Nr. 4

Der Ausnahmetatbestand des § 13 Abs. 2 Nr. 4 bezieht sich auf Daten, die der Betroffene selbst offen- 22
kundig öffentlich gemacht hat. Diese Ausnahmeregelung wird viel seltener zum Zuge kommen, als der recht klar formulierte Wortlaut zunächst vermuten lässt. Dies ergibt die systematische Auslegung – konkret der Vergleich mit Nr. 2 und dessen hohen Anforderungen an die Einwilligung (siehe oben, Rn. 21): Bei beiden Ausnahmetatbeständen beruht die Datenfreigabe auf einem eigenen Entschluss. Allerdings weiß der Betroffene bei Nr. 4 zum Zeitpunkt dieses Entschlusses nur von der Möglichkeit der Kenntnisnahme der Daten durch öffentliche Stellen – das **Ob, Wann und in welchem Umfang** ist ihm nicht klar.[85] Dieses oft mangelnde Bewusstsein bei der eigenen Veröffentlichung von sensitiven Daten muss bei der Anwendung des Ausnahmetabestands der Nr. 4 berücksichtigt werden.

So kann man nur dann von einer „Offenkundigkeit" i.S.v. Nr. 4 ausgehen, wenn die Veröffentlichung der Daten auf einem eindeutigen Willen des Betroffenen beruht.[86] Die Daten müssen also bewusst und freiwillig zur Verwendung durch öffentliche Stellen freigegeben worden sein.[87]

Beispiel[88]

Selbst offenkundig öffentlich gemacht (+)

- bei freiwilliger Aufnahme in öffentliche Register
- bei Angaben in Teilnehmerverzeichnissen

Selbst offenkundig öffentlich gemacht (–)

- Internet-Chats
- soziale Netzwerke wie Facebook, MeinVz usw.
- andere geschlossene Nutzergruppen, corporate networks usw.

---

81 *Gola/Schomerus*, § 13 Rn. 17.
82 Däubler/Klebe/Wedde/Weichert/*Wedde*, § 13 Rn. 30.
83 *Gola/Schomerus*, § 13 Rn. 17.
84 *Dammann/Simitis*, EG-Datenschutzrichtlinie, Art. 8 Erl. 11.
85 Simitis/*Sokol*, § 13 Rn. 38.
86 *Gola/Schomerus*, § 13 Rn. 18.
87 Däubler/Klebe/Wedde/Weichert/*Wedde*, § 13 Rn. 31.
88 Taeger/Gabel/*Heckmann*, § 13 Rn. 58.

23 Einschränkungen ergeben sich für das Erheben von aus verfassungsrechtlicher Sicht besonders sensiblen Daten.

Beispiele:[89]

- Teilnahme an Demonstration (im Hinblick auf Art. 8 GG)
- Ausübung religiöser Praktiken im öffentlichen Raum (wegen Art. 4 GG)

Da hier die Privatsphäre bzw. andere Grundrechte des Betroffenen gefährdet sind, gilt ein äußerst strenger Maßstab mit der Folge, dass Nr. 4 nur Anwendung finden soll, wenn keine Zweifel bestehen, dass der Betroffene mit der Weitergabe der Daten einverstanden wäre.[90]

Checkliste für die öffentliche Stelle zur Bestimmung „selbst offenkundig öffentlich" gemachter Daten i.S.v. Nr. 4:

1. Hat der Betroffene die Daten bewusst zur Verwendung durch öffentliche Stellen preisgegeben?

→ Indiz: Wo hat er die Daten eingestellt?

→ bei verfassungsrechtlich besonders sensiblen Daten – im Zweifel: **Nein!**

2. Hat er die Daten freiwillig preisgegeben?
3. **Korrektiv:** Droht erst durch (bereits absehbare) spätere Verarbeitung der Daten eine Gefährdung der Privatsphäre bzw. der Grundreche des Betroffenen, dann hat schon die Erhebung zu unterbleiben![91]

e) Gefahrenabwehr, Abs. 2 Nr. 5

24 § 13 Abs. 2 Nr. 5 gestattet die Erhebung personenbezogener Daten zur Abwehr erheblicher Gefahren für die öffentliche Sicherheit.

Der Begriff „Gefahr" meint eine Sachlage, die bei ungehinderter Fortentwicklung mit hinreichender Wahrscheinlichkeit in absehbarer Zeit zu einer Beeinträchtigung der polizeilichen Schutzgüter führt.[92]

Beispiele

Das Wort „erheblich" weist darauf hin, von welcher Qualität das Schutzgut in Nr. 5 mindestens sein muss.
Schutzgüter können privater Art sein – Leben, Gesundheit, Freiheit – oder das Funktionieren der Staats- und Rechtsordnung sichern.[93]

Die Gefahr für ein solches Schutzgut muss die Datenerhebung „erforderlich" machen. Diese muss also nicht nur ein geeignetes Mittel sein, sondern es darf auch kein milderes, gleich wirksames Mittel zur Gefahrenabwendung zur Verfügung stehen. Abgesehen von der Frage, ob eine Datenerhebung als solche überhaupt geeignet ist, eine konkrete erhebliche Gefahr zu beseitigen, wird sie jedenfalls selten alternativlos sein.[94] Deshalb spielt Nr. 5 in der Praxis nahezu keine Rolle.

89 Simitis/*Sokol*, § 13 Rn. 38.
90 Däubler/Klebe/*Wedde*/Weichert, § 13 Rn. 32.
91 Für diese richtlinienkonforme Auslegung *Ehmann/Helfrich*, EG-Datenschutzrichtlinie, Art. 8 Rn. 38; so auch Simitis/*Sokol*, § 13 Rn. 39.
92 Begriff der konkreten Gefahr i.S.d. Polizeirechts.
93 Simitis/*Sokol*, § 13 Rn. 39.
94 Taeger/Gabel/*Heckmann*, § 13 Rn. 65; Simitis/*Sokol*, § 13 Rn. 39.

f) Gemeinwohl, Abs. 2 Nr. 6

Die Ausnahmeregelung des § 13 Abs. 2 Nr. 6 erlaubt eine Datenerhebung, wenn dies zur Abwehr erheblicher Nachteile für das Gemeinwohl oder zur Wahrung erheblicher Belange des Gemeinwohls zwingend erforderlich ist. 25

Der für beide Tatbestandsalternativen vorausgesetzte Begriff des „Gemeinwohls" meint in diesem Zusammenhang das Wohlergehen einer Gemeinschaft, d. h. einer Gruppe von Menschen mit gemeinsamen Lebensumständen und Interessen.[95] Um dem Ausnahmecharakter der Norm und dem Wortlaut („erhebliche Nachteile") gerecht zu werden, ist auch im Blick auf die generell restriktive Auslegung des § 13 Abs. 2 die Erheblichkeitsschwelle daher entsprechend hoch anzusetzen.[96]

Beispiele[97]

Einige vom Bundesverfassungsgericht anerkannte Gemeinwohlinteressen sind:

- Funktionsfähigkeit des öffentlichen Fernrufnetzes
- ordnungsgemäße Arzneimittelversorgung
- Sicherung eines geordneten Arbeitsmarktes
- Verhütung einer Störung der auswärtigen Beziehungen
- Bekämpfung der Suchtgefahren bei Sportwetten[98]

Beim Begriff „Abwehr" die 1. Tatbestandsalternative betreffend, muss der Schaden noch nicht eingetreten sein, es muss aber nach der Lebenserfahrung damit gerechnet werden können, dass das Gemeinwohl erhebliche Nachteile erfährt, wenn eine Datenerhebung unterbleibt.[99] Für die 2. Tatbestandsalternative („Wahrung erheblicher Belange") bleibt daneben praktisch kein eigener Anwendungsbereich.[100]

Schließlich verengt sich der Anwendungsbereich des § 13 Abs. 2 Nr. 6 noch weiter, indem der Wortlaut die Datenerhebung als zwingend erforderlich voraussetzt.[101] Zu der sich damit verbindenden besonders strengen Verhältnismäßigkeitskontrolle sei auf die Ausführungen zu Abs. 2 Nr. 1 – insbesondere den Praxishinweis – verwiesen (Rn. 19). Aus alledem wird deutlich, dass der Nr. 6 in der Praxis kaum Bedeutung zukommen kann.[102]

g) Gesundheitsbereich, Abs. 2 Nr. 7

Die Ausnahmeregelung des § 13 Abs. 2 Nr. 7 erlaubt die Erhebung sensitiver Daten im Bereich des Gesundheitswesens. Die Regelung privilegiert ärztliches Personal und sonstige Personen, die einer entsprechenden Geheimhaltungspflicht unterliegen.[103] Diese Personen werden davon befreit, beim Umgang mit Daten die ausdrückliche Einwilligung des Betroffenen nach § 4a Abs. 3 einholen zu müssen.[104] 26

Beispiele zu privilegierten Stellen[105]

Erfasst:

- Verwaltung durch ärztliches Personal
- Krankenhausverwaltung

---

95 *Gola/Schomerus*, § 13 Rn. 20.
96 Simitis/*Sokol*, § 13 Rn. 40.
97 *Gola/Schomerus*, § 13 Rn. 20.
98 BVerfG, Urteil v. 28.03.2006, Az. 1 BvR 1054/01, NJW 2006, 1261, 1263.
99 *Gola/Schomerus*, § 13 Rn. 20.
100 Taeger/Gabel/*Heckmann*, § 13 Rn. 69.
101 *Gola/Schomerus*, § 13 Rn. 21.
102 Simitis/*Sokol*, § 13 Rn. 40.
103 Simitis/*Sokol*, § 13 Rn. 41.
104 *Gola/Schomerus*, § 13 Rn. 22.
105 Zu den Beispielen vgl. Taeger/Gabel/*Heckmann*, § 13 Rn. 72; *Gola/Schomerus*, § 13 Rn. 22.

- ärztliche Abrechnungsstellen
- Apotheken

Nicht erfasst:

- Krankenkassen
- Finanzdienstleister

h) Forschungsbereich, Abs. 2 Nr. 8

27 Im Bereich der wissenschaftlichen Forschung ermöglicht § 13 Abs. 2 Nr. 8 unter bestimmten Voraussetzungen die Erhebung sensitiver Daten. Mit dieser Regelung trägt der Gesetzgeber dem besonderen Stellenwert der in Art. 5 Abs. 3 GG grundrechtlich geschützten wissenschaftlichen Forschung Rechnung. Die Voraussetzungen der Nr. 8 entsprechen der Parallelnorm in § 14 Abs. 2 Nr. 9; diese hat allerdings die zweckändernde Verarbeitung (allgemein) personenbezogener Daten für Forschungsvorhaben zum Gegenstand.[106] Nr. 8 bezieht sich sowohl auf Forschungsvorhaben, die von öffentlichen Stellen initiiert und durchgeführt werden, als auch auf solche, für deren Durchführung es eines Zugangs zu sensitiven Daten bei öffentlichen Stellen des Bundes bedarf.[107] Das Forschungsvorhaben muss im Zeitpunkt der Datenerhebung auch bereits hinreichend bestimmt sein.[108] Notwendig ist weiter die Durchführung einer Interessenabwägung zwischen dem Interesse des Betroffenen am Unterbleiben der Datenerhebung auf der einen und dem wissenschaftlichen Interesse an der Durchführung auf der anderen Seite.[109] Der Wortlaut „erheblich überwiegt" zeigt, dass in einer Pattsituation das Interesse des Betroffenen schwerer wiegt. Umgekehrt indiziert der Umstand, dass das Forschungsvorhaben erhebliche Auswirkungen etwa für die Gesundheit oder die soziale Sicherheit der Bevölkerung haben könnte, das Überwiegen des wissenschaftlichen Interesses.[110] Gerade bei dieser Ausnahme gilt es zu hinterfragen, ob nicht vorrangig eine anonymisierte oder pseudonomisierte Datenerhebung als milderes Mittel denkbar ist.[111]

i) Verteidigung, Abs. 2 Nr. 9

28 § 13 Abs. 2 Nr. 9 gestattet die Erhebung personenbezogener Daten, wenn dies aus zwingenden Gründen der Verteidigung, der Krisenbewältigung, der Konfliktverhinderung oder für humanitäre Maßnahmen erforderlich ist. Wie die vorangehenden Ausnahmevorschriften ist auch diese Vorschrift restriktiv zu handhaben.[112] Aus dem Wortlaut „zwingende Gründe" ergibt sich zudem ein verschärfter Maßstab in Bezug auf den Begründungsaufwand, dem die öffentliche Stelle zu genügen hat, wenn sie ihr Vorgehen auf diese Vorschrift stützen will.[113]

!

Checkliste:

1. Sind Sie als öffentliche Stelle des Bundes zuständig?
2. Geht es um Verteidigung oder hat die Verpflichtung eine Krisenbewältigung, Konfliktverhinderung oder humanitäre Maßnahme zu ihrem Gegenstand?
3. Kann die Erhebung **umfassend** begründet werden?

Im Hinblick auf → die zugrunde liegenden Umstände des Verteidigungsfalls bzw. der Verpflichtung!

→ die Datenerhebung als alternativlose Maßnahme, dieser zwingenden Gefahr zu begegnen!

---

106 *Gola/Schomerus*, § 13 Rn. 23.
107 Wolff/Brink-*Stender-Vorwachs*, § 13 Rn. 43; *Gola/Schomerus*, § 13 Rn. 23.
108 Hierzu bereits Rn. 9.
109 Vgl. Taeger/Gabel/*Heckmann*, § 13 Rn. 75.
110 Vgl. *Gola/Schomerus*, § 13 Rn. 23.
111 Wolff/Brink-*Stender-Vorwachs*, § 13 Rn. 44.
112 Vgl. Simitis/*Sokol*, § 13 Rn. 43.
113 Taeger/Gabel/*Heckmann*, § 13 Rn. 78.

§ 14 Datenspeicherung, -veränderung und -nutzung

(1) [1]Das Speichern, Verändern oder Nutzen personenbezogener Daten ist zulässig, wenn es zur Erfüllung der in der Zuständigkeit der verantwortlichen Stelle liegenden Aufgaben erforderlich ist und es für die Zwecke erfolgt, für die die Daten erhoben worden sind. [2]Ist keine Erhebung vorausgegangen, dürfen die Daten nur für die Zwecke geändert oder genutzt werden, für die sie gespeichert worden sind.

(2) Das Speichern, Verändern oder Nutzen für andere Zwecke ist nur zulässig, wenn

1. eine Rechtsvorschrift dies vorsieht oder zwingend voraussetzt,
2. der Betroffene eingewilligt hat,
3. offensichtlich ist, dass es im Interesse des Betroffenen liegt, und kein Grund zu der Annahme besteht, dass er in Kenntnis des anderen Zwecks seine Einwilligung verweigern würde,
4. Angaben des Betroffenen überprüft werden müssen, weil tatsächliche Anhaltspunkte für deren Unrichtigkeit bestehen,
5. die Daten allgemein zugänglich sind oder die verantwortliche Stelle sie veröffentlichen dürfte, es sei denn, dass das schutzwürdige Interesse des Betroffenen an dem Ausschluss der Zweckänderung offensichtlich überwiegt,
6. es zur Abwehr erheblicher Nachteile für das Gemeinwohl oder einer Gefahr für die öffentliche Sicherheit oder zur Wahrung erheblicher Belange des Gemeinwohls erforderlich ist,
7. es zur Verfolgung von Straftaten oder Ordnungswidrigkeiten, zur Vollstreckung oder zum Vollzug von Strafen oder Maßnahmen im Sinne des § 11 Abs. 1 Nr. 8 des Strafgesetzbuchs oder von Erziehungsmaßregeln oder Zuchtmitteln im Sinne des Jugendgerichtsgesetzes oder zur Vollstreckung von Bußgeldentscheidungen erforderlich ist,
8. es zur Abwehr einer schwerwiegenden Beeinträchtigung der Rechte einer anderen Person erforderlich ist oder
9. es zur Durchführung wissenschaftlicher Forschung erforderlich ist, das wissenschaftliche Interesse an der Durchführung des Forschungsvorhabens das Interesse des Betroffenen an dem Ausschluss der Zweckänderung erheblich überwiegt und der Zweck der Forschung auf andere Weise nicht oder nur mit unverhältnismäßigem Aufwand erreicht werden kann.

(3) [1]Eine Verarbeitung oder Nutzung für andere Zwecke liegt nicht vor, wenn sie der Wahrnehmung von Aufsichts- und Kontrollbefugnissen, der Rechnungsprüfung oder der Durchführung von Organisationsuntersuchungen für die verantwortliche Stelle dient. [2]Das gilt auch für die Verarbeitung oder Nutzung zu Ausbildungs- und Prüfungszwecken durch die verantwortliche Stelle, soweit nicht überwiegende schutzwürdige Interessen des Betroffenen entgegenstehen.

(4) Personenbezogene Daten, die ausschließlich zu Zwecken der Datenschutzkontrolle, der Datensicherung oder zur Sicherstellung eines ordnungsgemäßen Betriebes einer Datenverarbeitungsanlage gespeichert werden, dürfen nur für diese Zwecke verwendet werden.

(5) [1]Das Speichern, Verändern oder Nutzen von besonderen Arten personenbezogener Daten (§ 3 Abs. 9) für andere Zwecke ist nur zulässig, wenn

1. die Voraussetzungen vorliegen, die eine Erhebung nach § 13 Abs. 2 Nr. 1 bis 6 oder 9 zulassen würden oder

2. dies zur Durchführung wissenschaftlicher Forschung erforderlich ist, das öffentliche Interesse an der Durchführung des Forschungsvorhabens das Interesse des Betroffenen an dem Ausschluss der Zweckänderung erheblich überwiegt und der Zweck der Forschung auf andere Weise nicht oder nur mit unverhältnismäßigem Aufwand erreicht werden kann.

[2]Bei der Abwägung nach Satz 1 Nr. 2 ist im Rahmen des öffentlichen Interesses das wissenschaftliche Interesse an dem Forschungsvorhaben besonders zu berücksichtigen.

(6) Die Speicherung, Veränderung oder Nutzung von besonderen Arten personenbezogener Daten (§ 3 Abs. 9) zu den in § 13 Abs. 2 Nr. 7 genannten Zwecken richtet sich nach den für die in § 13 Abs. 2 Nr. 7 genannten Personen geltenden Geheimhaltungspflichten.

Literatur

Brisch/Müller-ter Jung, Digitaler Nachlass – Das Schicksal von E-Mail und De-Mail-Accounts sowie Medieninhalten, CR 2013, 446 ff.; *Busch*, Zur Zulässigkeit molekulargenetischer Reihenuntersuchungen, NJW 2001, 1335–1337; *Härting*, Starke Behörden, schwaches Recht – der neue EU-Datenschutzentwurf, BB 2012, 459–466; *Härting*, Datenschutzreform in Europa: Einigung im EU-Parlament. Kritische Anmerkungen, CR 2013, 715–721;*Heckmann*, Persönlichkeitsschutz im Internet – Anonymisierung der IT-Nutzung und permanente Datenverknüpfung als Herausforderung für Ehrschutz und Profilschutz, NJW 2013, 2631–2635; *Hensel*, Datensicherheit in der Praxis, IT-Wissen für den Datenschutzbeauftragten, 2013, DAV, Stellungnahme Nr. 34/2013 zum Digitalen Nachlass, 2013 abrufbar unter: http://anwaltverein.de/downloads/stellungnahmen/SN-DAV34-13.pdf; *Hoeren*, Der Tod und das Internet – Rechtliche Fragen zur Verwendung von E-Mail und WWW-Acconts nach dem Tode des Inhabers, NJW 2005, 2113–2117; *Kern*, GesundheitsRecht 2014, 63; *Kremer*, Datenschutz bei der Entwicklung und Nutzung von Apps für Smart Devices, CR 2012, 438–446; *Lengauer*, Stellenwert der Bioinformatik für die personalisierte Medizin, Bundesgesundheitsblatt 2013, 1489–1494; *Martini*, Der digitale Nachlass und die Herausforderungen des postmortalen Persönlichkeitsrecht im Internet, JZ 2012, 1145 ff.; *Maunz/Düring*, GG, 64. Aufl. 2012; *von Münch/Kunig*, Grundgesetz-Kommentar: GG, 6. Aufl. 2012; *Stock/Sydow*, Personalisierte Medizin – Paradigmenwechsel in der Arzneimittelforschung und -therapie, Bundesgesundheitsblatt 2013, 1495–1501; *Tinnefeld/Ehrmann/Gerling*, Einführung in das Datenschutzrecht, 4. Aufl. 2005; *Vossenkuhl*, Der Schutz genetischer Daten. Unter besonderer Berücksichtigung des Gendiagnostikgesetzes, 2013.

▶ Darum geht es

§ 14 regelt das Speichern, Verändern und Nutzen personenbezogener Daten.

▶ Schlagworte

Zulässigkeit der Datenspeicherung; Datenveränderung und Datennutzung; Zulässigkeit zweckverändernder Speicherung; Veränderung oder Nutzung; Zulässigerweise verfolgte Nebenzwecke; Ausschluss der Zweckbindung; Zweckändernde Datenspeicherung; Datenveränderung und Datennutzung von sensiblen Daten; Zweckändernde Datenspeicherung; Datenveränderung und Datennutzung von Gesundheitsdaten

A. Allgemeines

I. Regelungszweck

1. Sinn und Zweck der Norm

Die Regelungen im § 14 sind zentrale Vorschriften des Bundesdatenschutzgesetzes. Diese Vorschrift gibt für den öffentlichen Bereich den Rahmen vor, in dem die Datenspeicherung, -verarbeitung und -nutzung für personenbezogene Daten zulässig ist. Um das Recht auf informationelle Selbstbestimmung (Art. 2 Abs. 1 i. V. m. Art. 1 Abs. 1 GG) sicherzustellen, sind in § 14 Abs. 1 verbindliche Vorgaben zur Zweckbindung festgelegt, die in den folgenden Absätzen verschiedene, spezifische Modifizierungen erfahren.[1] 1

Wie bereits im Volkszählungsurteil betont wurde, gebe es keine belanglosen Daten, wobei durch die Datenflut durch das Internet infrage gestellt ist, wann die Profilbildung und Mustererkennung abgestellt werden.[2] Dies zwingt zum Handeln, aber nicht durch einfache Verbotsgesetze, weil Gebrauch und Missbrauch nicht eindeutig getrennt werden können.[3] Meist werden erhebliche, permanente und oft auch unmerkliche (Erhebungen) Verarbeitungen und Übermittlungen personenbezogener Daten durchgeführt, weil so auch der günstige Preis („Daten als Währung"= der hohe Nutzen; „Mehrwert durch Datenverknüpfung") und damit auch eine starke Verbreitung durch Netzwerkbildung („kritische Masse"!) gewährleistet werden.[4]

Hinzuweisen ist auch auf eine möglich Änderung durch Art. 3 Abs. 1 Art. 4 Abs. 3, 4 DS-GrundVOV 2012. Während §§ 1 Abs. 2, 3 Abs. 3 bis 5 BDSG die Erhebung, Verarbeitung und Nutzung von Daten als getrennte Begriffe definieren, sieht die Richtlinie den Begriff der Datenverarbeitung als umfassenden Oberbegriff, der Erhebung und Nutzen einschließt.[5] Außerdem wird die ganz oder teilweise automati-

---

1 Siehe Däubler/Klebe/Wedde/Weichert/*Wedde*, § 14 Rn. 1.
2 *Heckmann*, NJW 2013, 2631 (2633).
3 *Heckmann*, NJW 2013, 2631 (2633).
4 *Heckmann*, NJW 2013, 2631 (2633 f.).
5 Wolff/Brink/*Schneider*, Syst. B Rn. 47.

sierte Datenverarbeitung – allerdings wird die Form der Automatisierung nicht näher umschrieben – technikneutral und damit zukunftsoffen zu verstehen sein.[6]

2. Anwendungsbereich

2 Adressat der Norm sind öffentliche Stellen des Bundes (§ 12, Rn. 5–7). Sie enthält insoweit Regelungen für bestimmte Formen der Verwendung von personenbezogenen Daten, d.h. das Speichern, Verändern oder Nutzen.

Zuweilen wird dieser Schutz als nicht ausreichend erachtet, sondern zeitgemäßen Profilschutz – hier hinsichtlich der Speicherung, Verarbeitung oder Nutzung – muss auch ein technischer Datenschutz liefern, d. h. durch technische Vorkehrungen wird der Schutz bei der Programmierung und Gestaltung der IT-Systeme gleichsam mit „eingebaut".[7] Dies sieht auch der Entwurf der EU-Datenschutzverordnung vor, gem. Art. 23 soll auch „Datenschutz durch Technik und datenschutzfreundliche Voreinstellungen" erreicht werden. Erste Ansätze von US-amerikanischen IT-Konzernen finden sich bereits, bspw. wird durch eine Do not track-Voreinstellungen im Browser verhindert, dass das Surf-Verhalten der User aufgezeichnet wird oder die Verbesserung des Privatsphärenschutzes bei Apps oder mobilem Internet.[8] Allerdings muss dies noch ausgebaut werden und der technische Prozess ist transparenter zu gestalten, d. h. mit einer Modellierung der Software, die bei der Menüführung gleichsam assistiert und es dem User ermöglicht, mehr als nur grobe Einstellungen vorzunehmen, sondern interessengerecht und situationsabhängig Feinjustierungen vorzunehmen (Privacy by Adjustment).[9]
Neben diesen Lösungsansätzen im technischen Bereich wird auch gefordert, die Internetkommunikation stärker zu regulieren, z. B. durch Rückverfolgung elektronischer Prozesse i. R. d. als Kompensation bzw. Mittel zur Aufhebung der anonymen Internetnutzung oder eine Reglementierung der Geschäftsmodelle und Wirkungsmechanismen sozialer Netzwerke und anderer Internetdienste, allerdings ist dies unpopulär und nach der Rechtsprechung des BVerfG rechtswidrig.[10] Ein möglicher Weg wäre eine Internetkommunikation, die interessenausgewogen gekoppelt mit technischem Datenschutz und Selbstregulierungen von Internetanbietern ist.[11] Modernisierung des BDSG fordert weiterhin auch Kremer, CR 2012, 438 (446), der darauf hinweist, dass mit dem bisherigen Verbotsprinzip und dem „Alles oder Nichts"-Prinzip bei der Frage nach Personenbezug gebrochen werden muss, andernfalls bei einem formell starken Datenschutzrecht bei der (Erhebung) und Verwendung personenbezogener Daten wenig bis nichts ankommt.[12]

Daten, die nach § 3 Abs. 6 anonymisiert gespeichert werden, unterliegen nicht dem BDSG, da diese bei der Erhebung oder auch vor dessen Verwendung so geändert werden, dass sie keinen Personenbezug enthalten, dies könnte bspw. dadurch erfolgen, dass die letzten drei Stellen einer IP-Adresse bei einem Web-Analyse-Tool gestrichen werden.[13]

II. Systematik der Norm

3 Das Prinzip der Zweckbindung ist in Abs. 1 geregelt. Es erfährt Ergänzungen in den Abs. 2 bis 4 hinsichtlich der Vorgaben zur Zweckänderung bzw. zur spezifischen Zweckbindung; die Absätze 5, 6 sind Regelungen zur Zweckbindung besonderer Arten personenbezogener Daten i.S.v. § 3 Abs. 9.[14] Der Zweckbindungsgrundsatz besagt, dass ein Speichern, Verändern oder Nutzen personenbezogener Daten nur zulässig ist, wenn es für die in der Zuständigkeit der verantwortlichen Stelle liegenden Aufgaben erforderlich ist und für die Zwecke erfolgt, für die die Daten erhoben worden sind. § 14 findet dann An-

6 Wolff/Brink/*Schneider*, Syst. B Rn. 48.
7 *Heckmann*, NJW 2013, 2631 (2634).
8 *Heckmann*, NJW 2013, 2631 (2634).
9 *Heckmann*, NJW 2013, 2631 (2634).
10 *Heckmann*, NJW 2013, 2631 (2635).
11 *Heckmann*, NJW 2013, 2631 (2635).
12 *Kremer*, CR 2012, 438 (446).
13 *Hessel*, S. 12.
14 Däubler/Klebe/Wedde/Weichert/*Wedde*, § 14. Rn. 1.

wendung, wenn speziellere Datenschutzregelungen existieren. Im dienst- und arbeitsrechtlichen Bereich sind gem. § 12 Abs. 4 die Regelungen der §§ 32–35 vorrangig anzuwenden (§ 12 Rn. 17 f.).[15]

B. Inhalt der Regelung

I. Verwendung für Zwecke der Erhebung oder Speicherung (ursprüngliche Zwecke), § 14 Abs. 1

1. Zweckbindungsgrundsatz und Definitionen

Das zentrale Prinzip des § 14, der Zweckbindungsgrundsatz, wird auch durch die EU-DatSchRL, vorgegeben.[16] Ausgehend von Art. 6 Abs. 1 Buchstabe b EU-DatSchRL werden durch diesen Grundsatz alle Mitgliedsstaaten verpflichtet, personenbezogene Daten „für festgelegte, eindeutige und rechtmäßige Zwecke" zu erheben und sie nur für diese Zwecke weiterzuverarbeiten. § 14 Abs. 1 beinhaltet die allgemeinen Zulässigkeitsvoraussetzungen für die Speicherung, Veränderung und Nutzung von personenbezogenen Daten durch öffentliche Stellen. Der Zweckbindungsgrundsatz soll sicherstellen, dass der betroffene Bürger abschätzen kann, wer wann welche Information bei welcher Gelegenheit über ihn erhält.[17] Der Grundsatz ist zugleich eine verfassungsrechtliche Vorgabe seitens des Bundesverfassungsgerichts, die auf einer Entscheidung zum Volkszählungsurteil 1983 gründet.[18] 4

Der Begriff der Speicherung ist in § 3 Abs. 4 Satz 2 Nr. 1 legal definiert (§ 3 Rn. 58 ff.). Danach ist Speichern das Erfassen, Aufnehmen oder Aufbewahren personenbezogener Daten auf einem Datenträger zum Zwecke ihrer weiteren Verwendung oder Nutzung, wobei die Form der Speicherung unerheblich ist.[19] 5

Die Veränderung der Daten ist in § 3 Abs. 4 Satz 2 Nr. 2 näher umschrieben als die inhaltliche Umgestaltung gespeicherter personenbezogener Daten (§ 3 Rn. 66 ff.). Ziel und Zweck der Veränderung der Daten ist allein die Aufgabenerfüllung.[20] Zwar kann auch die Berichtigung eine Veränderung sein, jedoch ist jene für öffentliche Stellen in § 20 Abs. 1 abschließend gesondert und damit gegenüber § 14 vorrangig geregelt.[21] 6

! Merke: Prüfen Sie zunächst § 20 und erst im Anschluss § 14.

Das Nutzen der Daten ist die Verwendung personenbezogener Daten, soweit es sich nicht um Verarbeitung (i.S.v. § 3 Abs. 4 Satz 1) handelt (§ 3 Abs. 5). Verwendung ist demnach der Oberbegriff von Verarbeitung und Nutzung. 7

2. Zulässigkeit, § 14 Abs. 1

a) Zuständigkeit der verantwortlichen Stelle

Die Zulässigkeit der Datenspeicherung, -veränderung und -nutzung setzt voraus, dass sie durch die zuständige Stelle erfolgt und zur Erfüllung ihrer Aufgabe erforderlich ist. Die öffentliche Stelle muss also zunächst im Rahmen ihrer Aufgabenzuweisung für die Datenverwendung rechtlich zuständig sein. 8

---

15 Däubler/Klebe/Wedde/Weichert/*Wedde*, § 14. Rn. 2.
16 *Gola/Schomerus*, § 14 Rn. 9.
17 Simitis/*Dammann*, § 14 Rn. 37.
18 BVerfG, Urt. v. 15.12.1983, Az. 1 BvR 209/83, BVerfGE 65, 1 (65).
19 *Gola/Schomerus*, § 14 Rn. 2.
20 *Gola/Schomerus*, § 14 Rn. 3.
21 *Gola/Schomerus*, § 14 Rn. 3.

> Zur Speicherung in Registern ermächtigen verschiedene Gesetze
> - § 2 MRRG für das Melderegister
> - §§ 3 ff. BZRG für das Zentralregister
> - §§ 28 f. StVG für das Verkehrszentralregister
> - § 33 StVG für das Fahrzeugregister
> - § 50 StVG für das Fahrerlaubnisregister
> - § 915 ZPO für das Schuldnerverzeichnis
> - §§ 2 f. AZRG für das Ausländerzentralregister
> - §§ 2 ff. AtDG für die Antiterrordatei

Ist die handelnde Behörde nicht zuständig, ist die Datenverarbeitung nach § 14 Abs. 1 unzulässig.

b) Erforderlichkeit

9 Ist die Zuständigkeit der öffentlichen Stelle gegeben, muss die Speicherung, Veränderung bzw. Nutzung der Daten ferner zur Aufgabenerfüllung erforderlich sein.

Bei der Auslegung des Tatbestandsmerkmales „Erforderlichkeit" ist ein zurückhaltender Maßstab anzuwenden.[22] Dieser wird dann eingehalten, wenn der öffentlichen Stelle die Aufgabenerfüllung aus objektiver Sicht ohne Datenspeicherung, -veränderung oder -nutzung nicht, nicht vollständig oder nicht in rechtmäßiger Weise möglich ist.[23] Zusätzlich sind im Rahmen der Erforderlichkeitsprüfung der Umfang der Datenerhebung und die Dauer der Speicherung zu berücksichtigen.[24]

aa) Umfang der Datenerhebung

10 Zu berücksichtigen sind das haushaltsrechtliche Gebot zur wirtschaftlichen und sparsamen Aufgabenerledigung sowie die Umstände des Einzelfalls.[25] Entsprechend muss das Speichern, Verändern und Nutzen der Daten im konkreten Fall erforderlich sein. Hierbei sind die jeweilige materielle Aufgabe sowie das für die Aufgabenerfüllung vorgegebene Verfahren entscheidend.[26]

11 Darüber hinaus müssen bei dem Verfahren technische Anforderungen erfüllt werden, d. h., beispielsweise müssen Bildschirmmasken so ausgerichtet werden, dass die personenbezogenen Daten nur in dem erforderlichen Umfang (von Dritten) zur Kenntnis genommen werden können.[27] Bei aktenmäßigen Datenverarbeitungen sind bestimmte Besonderheiten bei der Prüfung der Erforderlichkeit zu berücksichtigen, denn diese unterscheiden sich von der elektronischen Datenverarbeitung dadurch, dass Speicherung und Nutzung meist nur im Hinblick auf das gesamte Dokument und nicht bezüglich bestimmter Daten erfolgen können.[28] Beim Abrufen von Informationen können deshalb auch Daten zur Kenntnis gelangen, die für die eigentliche Aufgabenerfüllung gerade nicht erforderlich sind (beim „Blättern im Ordner").[29] Allerdings kann eine gesonderte Behandlung einzelner Daten eines Gesamtdokuments bei einer aktenmäßigen Datenverarbeitung aus Praktikabilitätsgründen nicht verlangt werden,[30] sodass solche Maßnahmen sich im Rahmen des Erforderlichen halten.

---

22 Däubler/Klebe/Wedde/Weichert/*Wedde*, § 14 Rn. 7.
23 Däubler/Klebe/Wedde/Weichert/*Wedde*, § 14 Rn. 7; Simitis/*Dammann*, § 14 Rn. 5.
24 *Gola/Schomerus*, § 14 Rn. 7, Wolff/Brink/*Albers*, § 14 Rn. 16, der darüber hinaus auch auf den teilweise unzulänglich abgestimmten Erforderlichkeitsgrundsatz und Dokumentationspflichten abstellt.
25 Taeger/Gabel/*Heckmann*, § 14 Rn. 11.
26 Simitis/*Dammann*, § 14 Rn. 15.
27 Simitis/*Dammann*, § 14 Rn. 18.
28 Taeger/Gabel/*Heckmann*, § 14 Rn. 13.
29 Simitis/*Dammann*, § 14 Rn. 26.
30 Taeger/Gabel/*Heckmann*, § 14 Rn. 13.

Merke:
1. Datenerlangung
2. Weitere Daten, die zwangsläufig mit erfahren werden.
   a) schriftliche Daten durch Akten
   b) elektronische Daten

bb) Dauer der Speicherung

Die Datenspeicherung, -veränderung und -nutzung ist nur solange zulässig, wie die Daten zur Aufgabenerfüllung der öffentlichen Stelle tatsächlich benötigt werden.[31] Benötigt werden die Daten auf jeden Fall vom Beginn bis zum Ende der Aufgabenerfüllung. Werden die Daten nach Ende der Aufgabenerfüllung nicht benötigt, sind sie gem. § 20 Abs. 2 Nr. 2 zu löschen (§ 20 Rn. 6 ff.). Die Daten dürfen grundsätzlich nach der Aufgabenerfüllung nicht mehr vorgehalten werden wegen des Verbots der „Datensammlung auf Vorrat".[32] Etwas anderes gilt nur dann, wenn Art und Umfang der Vorratsdatenspeicherung durch eine spezialgesetzliche Norm festgelegt sind.[33] Erfolgt die Speicherung für bestimmte, auch zukünftige Zwecke, kann sie bzw. die ihr zugrunde liegende Rechtsvorschrift zulässig sein, wenn für die Speicherung die gesetzlichen Voraussetzungen vorliegen bzw. die Rechtsvorschrift dem Verhältnismäßigkeitsgrundsatz entspricht.[34] Die oben (Rn. 8) genannten Ermächtigungsgrundlagen sind für die Speicherung von personenbezogenen Daten in Registern verfassungsrechtlich nicht zu beanstanden. 12

cc) Weitere Prüfungspunkte im Rahmen der Erforderlichkeit

Wie bei jeder rechtsstaatlichen Maßnahme ist stets der Verhältnismäßigkeitsgrundsatz zu wahren, ein „guter Zweck" heiligt nicht jedes Mittel. Die Möglichkeit, dass gegen ihn verstoßen werden könnte, kommt umso eher in Betracht, je stärker Sachverhalte der persönlichen Lebensführung betroffen sind.[35] Aber auch bei der Datenspeicherung, -veränderung und -nutzung gelten die allgemeinen Grundsätze des Datenschutzrechts, insbesondere Datenvermeidung und Datensparsamkeit (§ 3a Rn. 5 ff.). Diese Rechtspflicht zum zurückhaltenden Umgang mit personenbezogenen Daten gilt vollumfänglich für alle verantwortlichen Stellen, d. h. unabhängig davon, ob eine öffentliche Stelle oder eine nicht-öffentliche Stelle die Daten speichert, verändert oder nutzt.[36] 13

dd) Aufgaben statistischer, wissenschaftlicher und planerischer Art

Nach § 14 Abs. 1 ist die Datenverwendung für statistische, wissenschaftliche oder planerische Zwecke zu beurteilen.[37] Denn für statistische, wissenschaftliche oder planerische Zwecke werden in der Regel keine oder keine vollständigen Identifizierungsdaten der einzelnen Betroffenen benötigt.[38] 14

Werden Datenbestände aus dem Verwaltungsvollzug für statistische, wissenschaftliche oder planerische Zwecke übernommen, sollte vorab eine Beseitigung jeglichen Personenbezuges i.S.d. § 2 Abs. 1 stattfinden, denn dann ist ein Rückgriff auf § 14 Abs. 1 entbehrlich.[39]

31 Däubler/Klebe/Wedde/Weichert/*Wedde*, § 14 Rn. 8.
32 Taeger/Gabel/*Heckmann*, § 14 Rn. 14.
33 Däubler/Klebe/Wedde/Weichert/*Wedde*, § 14 Rn. 9.
34 *Gola/Schomerus*, § 14 Rn. 8.
35 Taeger/Gabel/*Heckmann*, § 14 Rn. 17.
36 Ähnlich Däubler/Klebe/Wedde/Weichert/*Wedde*, § 14 Rn. 8, aber ohne direkte Bezugnahme auf nichtöffentliche Stellen.
37 Taeger/Gabel/*Heckmann*, § 14 Rn. 20.
38 Simitis/*Dammann*, § 14 Rn. 24.
39 Simitis/*Dammann*, § 14 Rn. 24.

Beispiele zur Erforderlichkeit:[40]

Nicht erforderlich ist z.B. die Speicherung folgender Daten und Unterlagen:

- Hintergrundinformationen über wirtschaftliche oder persönliche Verhältnisse eines Betroffenen; Ausnahme: Das Gesetz verlangt die Feststellung geordneter wirtschaftlicher Verhältnisse (z. B. bei der Bankenaufsicht) oder der persönlichen Zuverlässigkeit (z. B. bei gewerberechtlichen Erlaubnissen)
- Unterlagen, die zwar zu prüfen sind, danach aber nicht bei der Behörde, sondern beim Betroffenen aufzubewahren sind (Belege aus der Einkommenssteuerveranlagung)
- Namen und Anschrift des Arbeitgebers zum Zwecke der Gehaltspfändung, wenn keine Anhaltspunkte für eine Zwangsvollstreckung vorliegen.

c) Zweckbindung im Besonderen

aa) Zweckfestlegung

15 Im Rahmen des Zweckbindungsgrundsatzes in § 14 Abs. 1 sind die Speicherung, Veränderung oder Nutzung zu dem Zweck zulässig, zu dem diese Daten erhoben worden sind. Wie der Zweckbindungsgrundsatz wirkt, hängt entscheidend davon ab, wie der Erhebungs- bzw. Speicherungszweck festgelegt wird.[41] Dieser leitet sich primär von der Ermächtigungsnorm ab, die der öffentlichen Stelle das Erheben und Speichern personenbezogener Daten gestattet.[42] Neben dieser Möglichkeit kommt auch eine Verfügung des Betroffenen, hier die Einwilligung, auch für die Zweckbindung in Betracht.[43] Zu beachten ist auch, dass der verfolgte Zweck rechtmäßig sein muss, da sonst keine zulässige Zweckbindung erfolgen kann.

bb) Zweckgleichheit, Mehrheit von Zwecken

16 Sind bei der Erhebung der Daten mehrere Zwecke verfolgt worden, können diese auch später weiterverfolgt werden,[44] dies ergibt sich bereits aus dem Wortlaut („die Zwecke"). Allerdings ist auch hier der Wortlaut sehr einschränkend auszulegen, denn eine rein vorsorgliche Erstreckung auf weitere (künftige) Zwecke ist wegen des Verbots von Datensammlungen auf Vorrat unzulässig.[45]

Da bei vorangegangener Datenerhebung Erhebungs- und Verwendungszweck übereinstimmen müssen, ist die Abgrenzung, wann zwei Datenverarbeitungen noch denselben Zweck verfolgen bzw. wann unterschiedliche Zwecke verfolgt werden, nicht unproblematisch.[46]

Keinen eigenständigen Zweck stellen dar:[47]

- die Wahrnehmung von Aufsichts- und Kontrollbefugnissen
- die Rechnungsprüfung
- die Durchführung von Organisationsuntersuchungen
- die Ausbildungs- und Prüfungsangelegenheiten

Als zweckgleich sind auch die vom Hauptzweck abhängigen Begleiterscheinungen und Hilfsfunktionen zu qualifizieren; dies gilt dann, wenn im Hauptzweck notwendige Nebenzwecke bereits angelegt sind (z. B. Herstellung von Schriftstücken/elektronischen Dokumenten und deren Verwaltung).[48]

---

40 In Gänze angelehnt an Simitis/*Dammann*, § 14 Rn. 35.
41 Taeger/Gabel/*Heckmann*, § 14 Rn. 24.
42 Taeger/Gabel/*Heckmann*, § 14 Rn. 25.
43 Simitis/*Dammann,* § 14 Rn. § 14 Rn. 39.
44 BVerwG, Urt. v. 20.02.1990, Az. 1 C 30/86, NJW 1990, 2768 f.
45 Taeger/Gabel/*Heckmann*, § 14 Rn. 27.
46 Taeger/Gabel/*Heckmann*, § 14 Rn. 28.
47 S. die Unterpunkte bei Simitis/*Dammann,* § 14 Rn. 47.
48 Simitis/*Dammann,* § 14 Rn. 47.

d) Ohne vorherige Datenerhebung, § 14 Abs. 1 Satz 2

Werden Daten von öffentlichen oder privaten Stellen oder sonstigen Dritten an die speichernde Stelle übermittelt oder werden diese auf andere Weise erlangt, ohne dass die Daten jemals i.S.v. § 3 Abs. 3 „erhoben" worden waren, und werden sie nach § 14 Abs. 1 Satz 2 gespeichert, setzt mit diesem Zeitpunkt die Zweckbindung ein.[49] **17**

II. Ausnahmen von der Zweckbindung, § 14 Abs. 2

§ 14 Abs. 2 enthält neun abschließende Ausnahmetatbestände zu dem Zweckbindungsgrundsatz des § 14 Abs. 1. Diese Ausnahmeregelungen haben sich in Zweifelsfällen stets am Grundsatz der Zweckbindung zu orientieren.[50] Damit sind diese gesetzlichen Ermächtigungen Einschränkungen des Rechts auf informationelle Selbstbestimmung, die unter Berücksichtigung der Bedeutung des Grundrechts eng auszulegen sind.[51] Zu den Begriffen des Speicherns, Verwendens und Nutzen personenbezogener Daten wird auf die Kommentierung in § 3 BDSG verwiesen. Bezüglich der Abgrenzung von Erben von Daten und Nutzen dieser ist darauf hinzuweisen, dass bei der Auswertung bereits erhobener Daten eine Nutzung vorliegt, wie dies z. B. bei Telefonbüchern, Medienberichten etc. der Fall ist (§ 13, Rn. 6). **18**

1. Für personenbezogene Daten im Allgemeinen, § 14 Abs. 2

a) § 14 Abs. 2 Nr. 1, wenn eine Rechtsvorschrift dies vorsieht oder zwingend voraussetzt

§ 14 Abs. 2 Nr. 1 basiert zwar auf § 4 Abs. 1, der die Erhebung, Verarbeitung und Nutzung von personenbezogenen Daten nur dann als zulässig erachtet, wenn dieses Gesetz oder eine andere Rechtsvorschrift dies erlaubt oder anordnet oder der Betroffene eingewilligt hat. Allerdings soll die Verwendung zudem nur dann zulässig sein, wenn die Rechtsvorschrift die Verwendung vorsieht oder zwingend voraussetzt.[52] **19**

„Vorgesehen" ist eine Zweckänderung dann, wenn sie ausdrücklich angeordnet oder zugelassen ist.[53] Hinsichtlich des Tatbestandsmerkmales „oder zwingend voraussetzt" sind auch gesetzliche Regelungen ausreichend, die zum Datenumgang keine konkreten Aussagen treffen.[54] Grund dafür ist, dass wohl nie für alle Konstellationen ausdrückliche und „normenklare" Rechtsvorschriften vorhanden sind.[55]

Das zweckfremde Speichern, Verändern oder Nutzen muss von der Rechtsvorschrift zwingend vorausgesetzt werden, wobei hier durch die Formulierung „zwingend" das Gesetz unmissverständlich über die Eignung und Erforderlichkeit für die beabsichtigte Verwendung hinausgeht.[56]

b) § 14 Abs. 2 Nr. 2, Einwilligung des Betroffenen

Die zweckändernde Verwendung personenbezogener Daten ist nach § 14 Abs. 2 Nr. 2 auch dann zulässig, wenn der Betroffene darin eingewilligt hat. Die Einwilligung ist entsprechend der in § 4a enthaltenen Grundsätze einzuholen bzw. zu erteilen und muss sich ausdrücklich auf die Zweckänderung beziehen.[57] **20**

> ! Besteht die Möglichkeit, dass Daten im Zeitpunkt der Erhebung auch zu einem späteren Zeitpunkt für andere Zwecke benötigt werden, sollte die Einwilligung des Betroffenen hierfür bereits bei der Erhebung der Daten erfolgen.[58] Zum einen wird auf diese Weise das Transparenzgebot der Datenverarbeitung beachtet und zudem wird das gesetzgeberische Ziel, das informationelle Selbstbestimmungsrecht des Betroffenen zu gewährleisten, realisiert.[59] **21**

---

49 *Gola/Schomerus*, § 14 Rn. 10.
50 *Gola/Schomerus*, § 14 Rn. 12.
51 Simitis/*Dammann*, § 14 Rn. 54.
52 *Gola/Schomerus*, § 14 Rn. 13 bis 15; Wolff/Brink/*Albers*, § 14 Rn. 28 f.
53 Simitis/*Dammann*, § 14 Rn. 56, der insoweit auf die Formulierung der Bundesregierung Bezug nimmt.
54 Simitis/*Dammann*, § 14 Rn. 56.
55 Simitis/*Dammann*, § 14 Rn. 56.
56 Simitis/*Dammann*, § 14 Rn. 56.
57 Taeger/Gabel/*Heckmann*, § 14 Rn. 41; siehe auch § 4a, Rn. 48 f.
58 *Gola/Schomerus*, § 14 Rn. 16.
59 *Gola/Schomerus*, § 14 Rn. 16.

22 Auch hinsichtlich der in Nummern 3 bis 9 adressierten Sachverhalte des § 14 Abs. 2 ist alternativ jeweils eine Einwilligung gem. § 14 Abs. 2 Nr. 2 denkbar.[60]

c) § 14 Abs. 2 Nr. 3, offensichtlich im Interesse des Betroffenen

23 Nach § 14 Abs. 2 Nr. 3 ist eine Zweckänderung der Daten dann erlaubt, wenn dies im Interesse des Betroffenen ist. Dieser Fall liegt dann vor, wenn die Änderung positiv in dessen Interesse liegt, d. h. wenn sie für ihn objektiv von Vorteil ist oder sie seinen bereits artikulierten Wünschen entspricht.[61] Dieser für den Betroffenen günstige Charakter muss „offensichtlich" sein, d. h., die Vorteile müssen den Nachteilen gegenüber klar und eindeutig überwiegen oder, wenn die positive Wirkung nur mit einer gewissen Wahrscheinlichkeit gegenüber den möglichen Nachteilen zu erwarten ist, muss eine klar überwiegende Wahrscheinlichkeit günstiger Folgen bestehen.[62]

Außerdem darf kein Grund zur Annahme bestehen, dass der Betroffene bei Kenntnis des anderen Zwecks die Einwilligung verweigern würde, als Ausdruck des Selbstbestimmungsprinzips.[63]

24 ! § 14 Abs. 2 Nr. 3 ist regelmäßig dann anwendbar, wenn der Betroffene nicht oder nur unter sehr erschwerten Bedingungen um seine persönliche Entscheidung gebeten werden kann, bspw. bei Unerreichbarkeit des Betroffenen bzw. der Unmöglichkeit einer eigenen Entscheidung bei Bewusstlosigkeit wegen eines Unfalls.[64] Außerdem werden die Fallkonstellationen erfasst, in denen die verantwortliche Stelle etwas für den Betroffenen Günstiges tun möchte und die vorherige Einholung der Bewilligung wegen der Offensichtlichkeit der Interessenlage überflüssig oder inadäquat erscheint.[65]

d) § 14 Abs. 2 Nr. 4, Überprüfung von Angaben des Betroffenen

25 Gemäß § 14 Abs. 2 Nr. 4 ist das Speichern, Verändern oder Nutzen für andere Zwecke dann zulässig, wenn Angaben des Betroffenen überprüft werden müssen, weil tatsächliche Anhaltspunkte für deren Unrichtigkeit bestehen. Die Norm zielt auf eine zweckändernde Verwendung der Daten, die entweder von der überprüfenden Stelle selbst oder von dritter Seite herangezogen werden sollen, um die Richtigkeit der Angaben des Betroffenen zu überprüfen. Handelt es sich um einen Dritten, der die Daten übermittelt, sind die Zweckbindungsregelungen kraft der Verweisung des § 15 Abs. 1 Nr. 2 anzuwenden, die ebenfalls auf die Kriterien des § 14 Abs. 2 Nr. 4 abstellt.[66]

26 Wird eine öffentliche Stelle des Bundes von einer öffentlichen Stelle des Landes oder einer nichtöffentlichen Stelle um Bereitstellung der Daten zwecks Überprüfung der Richtigkeit der Angaben des Betroffenen gebeten, ist die Regelung des § 14 Abs. 2 Nr. 4 anzuwenden.[67]

27 Auch die Regelung des § 14 Abs. 2 Nr. 4 ist sehr eng auszulegen. Es müssen „tatsächliche Anhaltspunkte" für die Unrichtigkeit der Daten bestehen. Der aus dem Strafprozessrecht übernommene Begriff soll ausschließen, dass öffentliche Stellen allein aufgrund subjektiver Annahmen oder bloßer Vermutungen tätig werden, ohne sich auf konkrete Tatsachen zu beziehen.[68] Tatsächliche Anhaltspunkte für die Unrichtigkeit der Daten liegen vor allem dann vor, wenn die Angaben des Betroffenen widersprüchlich sind oder objektiv nicht zutreffen können, wobei sich dies auch aus anderen Erkenntnisquellen, bspw. aus Medien oder Mitteilungen Dritter ergeben kann.[69]

---

60 Taeger/Gabel/*Heckmann*, § 14 Rn. 42.
61 Simitis/*Dammann*, § 14 Rn. 58.
62 Simitis/*Dammann*, § 14 Rn. 59; Woff/Brink/*Albers*, § 14 Rn. 32.
63 Simitis/*Dammann*, § 14 Rn. 60.
64 Simitis/*Dammann*, § 14 Rn. 61.
65 Simitis/*Dammann*, § 14 Rn. 61.
66 Simitis/*Dammann*, § 14 Rn. 63.
67 Simitis/*Dammann*, § 14 Rn. 63.
68 Woff/Brink/*Albers*, § 14 Rn. 35.
69 Simitis/*Dammann*, § 14 Rn. 64.

> Durch diese Regelung wird ein präventiver Datenabgleich, d. h. ein Vergleich von Angaben eines oder mehreren Betroffenen zu dem Zweck, unrichtige Angaben zu erkennen oder Hinweise auf diese zu gewinnen (Verdachtsschöpfung), ausgeschlossen.[70]

Falls präventive Datenabgleiche im vorrangigen öffentlichen Interesse notwendig sind, bedarf es zwangsläufig einer gesetzlichen Grundlage, wobei diese auch Verfahrensregelungen enthalten muss.[71]

> Kein Anlass für die Überprüfung besteht, wenn dem Betroffenen Schreibfehler oder durch Nachlässigkeit oder Missverständnisse Fehler beim Ausfüllen von Antragsformularen usw. unterlaufen sind oder ihm aufgegeben werden kann, ergänzende Ausführungen zu machen oder er Unterlagen oder Bescheinigungen vorzulegen hat, anhand derer sich der Sachverhalt richtig feststellen lässt – in diesem Fall ist lediglich eine Rückfrage beim Betroffenen veranlasst.[72]

e) § 14 Abs. 2 Nr. 5, allgemein zugängliche und veröffentlichungsfähige Daten

Die Zweckänderung ist gem. § 14 Abs. 2 Nr. 5 dann zulässig, wenn die Daten bereits allgemein zugänglich oder zumindest veröffentlichungsfähige Daten sind, allerdings unter dem Vorbehalt, dass die schutzwürdigen Interessen des Betroffenen beachtet werden. 28

Unter dem Begriff der allgemein zugänglichen Quellen, der sehr weitreichend ist, sind alle Medien zu verstehen, die technisch geeignet und bestimmt sind, der Allgemeinheit, d. h. einem individuell nicht bestimmbaren Personenkreis Informationen zu verschaffen.[73] Beispiele hierfür sind: Massenmedien, wie Presse, Rundfunk und Fernsehen, Internet, wohl auch Facebook im Besonderen, auch andere Informationsquellen, wie Ausstellungen, Museen, Dokumentationen, Flugblätter, Anschläge an Litfaßsäulen etc.[74] 29

Daten, die die öffentliche Stelle selbst veröffentlichen darf, sind die in öffentliche Register eingestellte oder die aus bestimmten Anlässen (z.B. Strafverfolgung) veröffentlichte Daten; hierfür ist der Zweckbindungsgrundsatz gelockert, weil diese Daten schon zum Allgemeinwissen gehören.[75] 30

§ 14 Abs. 2 Nr. 5 als Gestattungstatbestand wird dann eingeschränkt, wenn der Zweckänderung schutzwürdige Belange des Betroffenen entgegenstehen.[76] Maßgeblich ist hierbei der Primärzweck, d. h. der Zweck, zu dem die Daten erhoben bzw. gespeichert wurden.[77] Aber in die Abwägung ist der Umstand, dass diese Daten bereits veröffentlicht sind, mit einzubeziehen[78]; darüber hinaus muss der Betroffene ein schutzwürdiges Interesse substantiiert darlegen. Die Abwägung ist dann Angelegenheit der verantwortlichen Stelle, die diese unter Beachtung des Verhältnismäßigkeitsgrundsatzes durchführt.[79] 31

> Merke: Die Prüfung der Verhältnismäßigkeit erfolgt regelmäßig mit folgender Untergliederung:
> 1. Zweck der Maßnahme
> 2. Geeignetheit
> 3. Erforderlichkeit
> 4. Angemessenheit (Verhältnismäßigkeit im engeren Sinne)

70 Simitis/*Dammann*, § 14 Rn. 66.
71 Simitis/*Dammann*, § 14 Rn. 66, und unter der Voraussetzung zutr. *Gola/Schomerus*, § 14 Rn. 18.
72 Simitis/*Dammann*, § 14 Rn. 67 f.
73 BVerfG, Urt. v. 03.10.1969, Az. 1 BvR 46/65, BVerfGE 27, 71 ff.
74 Maunz/Dürig/*Herzog*, GG, Art. 5 Rn. 89 f., wobei das Beispiel des Internets und Facebook im Besonderen von der Bearbeiterin ergänzt wurde.
75 *Gola/Schomerus*, § 14 Rn. 19.
76 *Gola/Schomerus*, § 14 Rn. 19.
77 Simitis/*Dammann*, § 14 Rn. 71.
78 Simitis/*Dammann*, § 14 Rn. 71.
79 Siehe *Gola/Schomerus*, § 14 Rn. 19.

32 Mit in die Abwägung ist einzubeziehen, wie weit die Information bereits verbreitet war und ob sie dem Empfängerkreis noch präsent ist, ebenso der Zweck und der Anlass der Veröffentlichung.[80]

f) § 14 Abs. 2 Nr. 6, Gefahrenabwehr

33 § 14 Abs. 2 Nr. 6 ist nicht anzuwenden, soweit Spezialvorschriften eingreifen, hierzu zählen etwa § 18 Abs. 1 bis 3 BVerfSchG, die Befugnisse und Verpflichtungen zur Information der Verfassungsschutzbehörden begründen, und § 30 Abs. 4 Nr. 5 AO, der eine Mitteilung nur bei zwingendem öffentlichen Interesse erlaubt.[81]

34 Die Vorschrift des § 14 Abs. 2 Nr. 6 umfasst drei alternative Tatbestände – die Abwehr erheblicher Nachteile für das Gemeinwohl, die Abwehr drohender Gefahren für die öffentliche Sicherheit sowie die Wahrung erheblicher Belange des Allgemeinwohls. Die Hauptanwendungsfälle dieser Vorschrift liegen auf dem Gebiet der öffentlichen Sicherheit und akuter Notfälle.[82] In diesen Konstellationen muss das Recht des Einzelnen auf informationelle Selbstbestimmung bei besonders dringlichen Einzelfällen gegenüber dem Schutz von Rechtsgütern der Allgemeinheit zurücktreten.[83]

aa) Abwehr erheblicher Nachteile für das Gemeinwohl

35 Das Tatbestandsmerkmal „Nachteil für das Gemeinwohl" hat die Grundlage in Art. 8 Abs. 4 EU-DatSchRL. Gemeinwohl wird als das Wohlergehen einer Gemeinschaft, also einer Gruppe von Menschen mit gemeinsamen Lebensumständen und Interessen definiert. [84] Als Gemeinwohlinteressen hat das BVerfG z.B. anerkannt: die Funktionsfähigkeit des öffentlichen Fernrufnetzes, ordnungsgemäße Arzneimittelversorgung, Sicherung eines geordneten Arbeitsmarktes, Verhütung der Störung der auswärtigen Beziehungen.[85]

36 Darüber hinaus kann die Zweckänderung nur dann erfolgen, wenn der Nachteil erheblich ist. Dies ist dann der Fall, wenn ein Nachteil oder Belang bei wertender Betrachtung so schwer wiegt, dass das sich in der Zweckbindung konkretisierende Recht auf informationelle Selbstbestimmung gegenüber dem konkret betroffenen Gemeinwohlaspekt zurücktreten muss, wobei es nicht auf den Vorrang des abstrakten Rechtsgutes, sondern auf die konkret tangierten Interessen ankommt.[86]

37 Die Nachteile bzw. Beeinträchtigungen müssen drohen oder, soweit ihr Eintritt bereits begonnen hat, zumindest teilweise noch abwendbar sein, da anderenfalls die Abwehr oder Wahrung nicht (mehr) „erforderlich" wäre. [87] Der Erforderlichkeitsgrundsatz ist auch hier zu beachten, d. h. die Abwehr der Gefährdung darf nicht durch alternative Maßnahmen ohne zweckfremde Nutzung personenbezogener Daten möglich sein.[88]

bb) Abwehr von Gefahren für die öffentliche Sicherheit

38 Die weitere Tatbestandsvariante in § 14 Abs. 2 Nr. 6 fordert eine Gefahr für die öffentliche Sicherheit. „Gefahr für die öffentliche Sicherheit" ist auch aufgrund der Weite des Begriffs verfassungskonform im Sinne der Schwellentheorie des BVerfG auszulegen,[89] da hierunter die verfassungsmäßige Ordnung, wesentliche Schutzgüter der Bürger und die Rechtsordnung generell einzuordnen sind.

Im Unterschied zur ersten Tatbestandsvariante steht hier das Individuum – der „Bürger" – im Vordergrund. Die ersuchende Polizeibehörde, die nach § 15 Abs. 2 Satz 3 oder einer entsprechenden landesrechtlichen Regelung für die Zulässigkeit der Übermittlung verantwortlich ist, hat im Rahmen der Erfor-

---

80 Taeger/Gabel/*Heckmann*, § 14 Rn. 65.
81 Simitis/*Dammann*, § 14 Rn. 76.
82 Siehe Däubler/Klebe/Wedde/Weichert/*Wedde*, § 14 Rn. 18.
83 Däubler/Klebe/Wedde/Weichert/*Wedde*, § 14 Rn. 18.
84 *Gola/Schomerus*, § 13 Rn. 20.
85 Von Münch/Kunig/*Gubelt*, GG, Art. 12 Rn. 49.
86 Simitis/*Dammann*, § 14 Rn. 73.
87 Simitis/*Dammann*, § 14 Rn. 73.
88 *Gola/Schomerus*, § 14 Rn. 20.
89 Simitis/*Dammann*, § 14 Rn. 75.

derlichkeit auch den Grundsatz zu beachten, dass nicht polizeipflichtige Personen nur subsidiär (nachrangig) in Anspruch genommen werden können. [90]

> **!** Im Rahmen der Erforderlichkeitsprüfung sind zunächst die Störer in Anspruch zu nehmen, von deren Verhalten oder deren Sachen eine Gefahr ausgeht, dann nachrangig nichtpolizeipflichtige Personen.

cc) Wahrung erheblicher Belange des Gemeinwohls

Auch dieses Tatbestandsmerkmal ist sehr weit und bedarf einer verfassungskonformen Auslegung.[91] Für die Erheblichkeit gelten die Ausführungen unter Rn. 36. **39**

> **!** Zweckentfremdung kann nach § 14 Abs. 2 Nr. 6 gerechtfertigt sein[92] **40**
> – wenn personenbezogene Hinweise auf den gefährlichen Zustand einer Anlage oder eines Betriebes gegeben werden, damit die zuständige Stelle Schäden für die Allgemeinheit (beispielsweise Umweltschädigung) oder unmittelbar drohende Gefahren für das Publikum (Vergiftungsgefahr bei Lebensmittelbetrieb) abwehren kann.

g) § 14 Abs. 2 Nr. 7, Strafrechtspflege

Eine Zweckänderung ist nach § 14 Abs. 2 Nr. 7 dann möglich, wenn es sich um die Verfolgung von Straftaten und Ordnungswidrigkeiten, um die Vollstreckung und den Vollzug von Strafen und vergleichbaren Maßnahmen nach dem JGG wie auch die Vollstreckung von Bußgeldentscheidungen handelt. Diese Regelung erlaubt öffentlichen Stellen, personenbezogene Daten für diese Zwecke zu nutzen, ohne durch den Zweckbindungsgrundsatz gehindert zu sein.[93] **41**

Bei der Anwendung von § 14 Abs. 2 Nr. 7 ist zu berücksichtigen, dass für Polizeibehörden und Staatsanwaltschaft vorrangig die fachspezifischen Regelungen, z. B. die der StPO gelten.[94] Mittels dieser Vorschrift soll primär anderen öffentlichen Stellen eine Befugnis zur Unterrichtung der Strafverfolgungs- und Ordnungsbehörden verschafft werden, denn die Regelung soll gleichzeitig auch die Aufrechterhaltung des staatlichen Strafverfolgungs- und Vollstreckungsmonopols gewährleisten.[95] **42**

Der Tatbestand „zur Verfolgung von Straftaten oder Ordnungswidrigkeiten" umfasst nicht nur verdachtsbegründende Informationen, sondern jegliche Angaben, die für die Verfolgung erforderlich sind.[96] Auch Hinweise auf Beweismittel oder Ermittlungsansätze werden also von der Regelung umfasst.[97] Aus Sicht der verantwortlichen Stelle muss die Nutzung oder Verarbeitung erforderlich sein, wobei nach den maßgeblichen strafprozessualen Regelungen hierfür ein Verdacht aufgrund tatsächlicher Umstände ausreicht.[98] **43**

aa) Verfolgung von Straftaten oder Ordnungswidrigkeiten

Aus dem auch hier anzuwendenden Verhältnismäßigkeitsgrundsatz (Rn. 31) folgt, dass in Einzelfällen wegen der Disproportionalität zwischen verfolgtem öffentlichen Interesse und der Schwere des Eingriffs in das Recht auf informationelle Selbstbestimmung von der Übermittlung oder Nutzung abzusehen ist.[99] **44**

---

90 Simitis/*Dammann*, § 14 Rn. 75.
91 Taeger/Gabel/*Heckmann*, § 14 Rn. 74.
92 Beispiel siehe Simitis/*Dammann*, § 14 Rn. 77.
93 *Gola/Schomerus*, § 14 Rn. 21.
94 *Gola/Schomerus*, § 14 Rn. 21.
95 *Gola/Schomerus*, § 14 Rn. 21.
96 Simitis/*Dammann*, § 14 Rn. 79.
97 Taeger/Gabel/*Heckmann*, § 14 Rn. 77, der auf Simitis/*Dammann*, § 14 Rn. 15 verweist.
98 Simitis/*Dammann*, § 14 Rn. 79.
99 Simitis/*Dammann*, § 14 Rn. 80.

Ergebnis einer Abwägung kann hier unter Umständen sein, dass Verfolgungsinteressen vor dem Hintergrund des Rechts auf informationelle Selbstbestimmung zurücktreten.[100]

bb) Vollstreckung oder Vollzug

45 Neben Strafverfolgung können personenbezogene Daten auch zur Vollstreckung oder zum Vollzug von Strafen oder Maßnahmen im Sinne des § 11 Abs. 1 Nr. 8 StGB oder von Erziehungsmaßregeln oder Zuchtmitteln nach dem JGG oder zur Vollstreckung von Bußgeldbescheiden herangezogen werden.

Über diese Tatbestandsvariante werden die aktuellen Aufenthalte von Personen zu Zustellungs- oder Festnahmezwecken ermöglicht.[101]

! Befugnisse zur Feststellung des aktuellen Aufenthalts von Personen zu Zustellungs- und Festnahmezwecken ermöglichen die bereichsspezifischen Normen des Straf- und Ordnungswidrigkeitenrechts, die § 14 Abs. 2 Nr. 7 vorgehen.[102]

h) § 14 Abs. 2 Nr. 8, Schutz privater Rechte

46 Diese Regelung hat wohl eher theoretische Bedeutung, weil die Speicherung, Veränderung und Nutzung von Daten durch eine öffentliche Stelle grundsätzlich nur für öffentliche Zwecke erfolgt, sodass Daten deshalb nur mit größter Vorsicht zur Wahrung privater Rechte herangezogen werden dürfen.[103]

aa) Private Rechte

47 Nach § 14 Abs. 2 Nr. 8 ist das Speichern, Verändern oder Nutzen für andere Zwecke dann zulässig, wenn es zur Abwehr einer schwerwiegenden Beeinträchtigung der Rechte einer anderen Person erforderlich ist. Die Regelung trägt den privaten Interessen Rechnung.[104] Bei der Auslegung ist deshalb zu berücksichtigen, dass bei der Datenverwendung zugunsten privater Interessen diese stärker zweckentfremdet werden als bei der Verwendung im öffentlichen Interesse.

„Andere" Person ist im Rahmen dieser Regelung jeder Rechtsträger, unabhängig von Nationalität, Herkunft und Sitz usw., auch juristische Personen des privaten und des öffentlichen Rechts (mit ihren privatrechtlichen Rechtspositionen) sind hierbei einbezogen.[105] Bei der Bestimmung des „Rechts" einer anderen Person ist ein restriktiver (einschränkender) Auslegungsmaßstab anzulegen: Zwar werden das Recht auf Leben, körperliche Unversehrtheit, Freiheit und das Recht auf Eigentum sowie andere absolute Rechte geschützt, eine Berücksichtigung reiner Vermögensinteressen ist jedoch unzulässig[106]. So soll eine Zweckentfremdung nicht zugelassen werden zur Ermittlung von Schuldnern bzw. deren Anschriften, zur Erlangung von Beweismitteln für die gerichtliche Geltendmachung oder zur Offenlegung von Vermögenswerten, in die wegen privater Ansprüche vollstreckt werden soll.[107]

bb) Abwehr einer schwerwiegenden Gefahr

48 § 14 Abs. 2 Nr. 8 setzt voraus, dass die privaten Rechte einer schwerwiegenden Beeinträchtigung ausgesetzt sind. Dabei ist es unerheblich, woher die Gefahr der Beeinträchtigung droht.[108] Eine zulässige Zweckänderung setzt voraus, dass konkrete Anhaltspunkte von einigem Gewicht vorliegen, die für das Drohen einer Gefahr sprechen.[109] Im Übrigen wird es stets eine Frage des Einzelfalls sein, ob eine schwerwiegende Gefahr droht.

---

100 Taeger/Gabel/*Heckmann,* § 14 Rn. 78; BVerfG, Urt. v. 02.03.2010, Az. 1 BvR 256/08, besprochen in *Durner,* JA 2010, 391 ff.
101 Taeger/Gabel/*Heckmann,* § 14 Rn. 79.
102 Taeger/Gabel/*Heckmann,* § 14 Rn. 79.
103 *Tinnefeld/Ehrmann/Gerling,* Einführung in das Datenschutzrecht, S. 519.
104 Simitis/*Dammann,* § 14 Rn. 83.
105 *Gola/Schomerus,* § 13 Rn. 22.
106 Taeger/Gabel/*Heckmann,* § 14 Rn. 82; Simitis/*Dammann,* § 14 Rn. 84.
107 Simitis/*Dammann,* § 14 Rn. 84.
108 Taeger/Gabel/*Heckmann,* § 14 Rn. 84.
109 Däubler/Klebe/Wedde/Weichert/*Wedde,* § 14 Rn. 20.

cc) Erforderlichkeit

Erforderlichkeit liegt dann vor, wenn mittels der Zweckänderung ein wesentlicher Beitrag zur Abwehr der schweren Beeinträchtigung geleistet werden kann.[110] Hierbei genügt es, dass die Gefahr zunächst nur eingedämmt und erst zu einem späteren Zeitpunkt völlig beseitigt werden kann.[111] Nicht erforderlich ist es, dass die Beeinträchtigung in vollem Umfang und endgültig abwendbar ist.[112] Abschließend festzuhalten ist, dass auch hier im Rahmen der Erforderlichkeitsprüfung die Anwendung des Verhältnismäßigkeitsgrundsatzes und deshalb eine Güter- und Interessenabwägung durchzuführen ist. 49

i) § 14 Abs. 2 Nr. 9, wissenschaftliche Forschung

Schließlich wird in § 14 Abs. 2 Nr. 9 eine Zweckänderung zur Durchführung wissenschaftlicher Forschung ermöglicht. Diese Regelung ist im Wesentlichen mit § 13 Abs. 2 Nr. 8 wortgleich. Auf die entsprechende Kommentierung (§ 13 Rn. 27) wird daher verwiesen. 50

aa) Durchführung wissenschaftlicher Forschung 51

Die Vorschrift bezieht eigene Forschungsvorhaben öffentlicher Stellen des Bundes ein, ermöglicht aber auch externen Forschungseinrichtungen den Zugang zu personenbezogenen Daten, die von öffentlichen Stellen des Bundes verarbeitet werden.[113] Unerheblich sind hierbei das Thema der Forschung, das Ziel und die angewendeten wissenschaftlichen Methoden.[114] Zu fordern ist allerdings, dass die erlangten Unterlagen ausschließlich für einen konkreten Forschungszweck verwendet, nicht an Dritte weitergeben werden und auch unveröffentlicht bleiben.[115] Anzumerken ist auch, dass häufig Daten an unterschiedlichen Orten (Forschungsinstituten, Kliniken, Speziallaboren etc.) erhoben werden und es nicht möglich oder impraktikabel ist, sie an einem Ort zusammenzuführen, und deshalb eine Zusammenführung im Internet erfolgen muss und dies damit eine erhebliche Software-technische Herausforderung darstellt, neben dem Datenschutz.[116] Auch bei der Datenanalyse werden bspw. Daten verarbeitet mit den Sequenzierungsverfahren, hierbei handelt es sich im ersten Schritt um Intensitäten beim Auslesen einzelner Basenpaare und nach deren geeigneter computerbasierter Interpretation um Fragmente von Genomsequenzen, wobei es zu mehreren Terabytes bzw. Gigabytes (extrahierten DNA-Sequenzen) pro Messlauf mit einer Dauer von einer Woche geht.[117] Die Entwicklung hin zu einer personalisierten Medizin wird immer größere Informationen von den Patienten einfordern, der verantwortungsbewusste Umgang mit solchen Daten – der einer Balance zwischen Schutz der Privatsphäre des Individuums und der Möglichkeit der Datennutzung für die Forschung – wird ein Grundpfeiler des Konsenses sein, der wohl durch ethische Richtlinien und technische Lösungen geschaffen werden muss.[118] Allerdings ist auch stets zu betonen, dass Körpersubstanzen nicht unter die Anwendung des BDSG fallen, sondern im GenDG geregelt wurden, wobei anzumerken ist, dass es wohl keine sichere Anonymisierung genetischer Daten gibt. Ebenso wird darauf hingewiesen, dass eine Infrastruktur für genetische Daten geschaffen werden sollte, die eine mögliche Mehrfachtestung ausschließt und damit kosteneffizienter ist, ebenso muss es dem Arzt ermöglicht werden, ausreichend Zeit und Mittel zur Durchführung von komplexen Aufgaben, ihre Interpretation und Bewertung zu haben.[119]

---

110 Taeger/Gabel/*Heckmann*, § 14 Rn. 85.
111 *Gola/Schomerus*, § 14 Rn. 22.
112 Simitis/*Dammann*, §14 Rn. 86.
113 *Gola/Schomerus*, § 14 Rn. 23.
114 Taeger/Gabel/*Heckmann*, § 14 Rn. 89.
115 BVerwGE 121, 115.
116 *Lengauer*, Bundesgesundheitsblatt 2013, 1489 ,1490.
117 *Lengauer*, Bundesgesundheitsblatt 2012, 1489, 1491.
118 *Lengauer*, Bundesgesundheitsblatt 2012, 1489, 1493.
119 *Kern*, GesR 2014, 63 in der Besprechung zu Vossenkuhl, Der Schutz der genetischen Daten. Unter besonderer Berücksichtigung des Gendiagnostikgesetzes; *Stock/Sydow*, Bundesgesundheitsblatt 2013, 1495, 1501.

bb) Erforderlichkeit

52 Die Zweckänderung ist nur dann erlaubt, wenn diese für die Durchführung der wissenschaftlichen Forschung erforderlich ist und außerdem der Zweck der Forschung auf andere Weise nicht oder nur mit unverhältnismäßigem Aufwand erreicht werden kann. Damit will der Gesetzgeber die verantwortlichen Stellen daran erinnern, dass die Forschung nur ausnahmsweise auf Daten angewiesen ist, die die vollen Identifikationsmerkmale des Betroffenen enthalten.[120] Eine hundertprozentige Genauigkeit bei der Zusammenführung von derartigen Daten ist bei der wissenschaftlichen Nutzung meist nicht erfolgsentscheidend.[121]

! Wenn Daten lediglich zur Auswertung und Verknüpfung mit anderen Daten gebraucht werden, bietet es sich an, die Identifikationsmerkmale vor der Übermittlung, wenn dies ohne Gefährdung des Forschungsvorhabens möglich ist, aus dem Datenbestand zu entfernen und für eine Anonymisierung zu sorgen.[122]

cc) Erhebliches Überwiegen des Forschungs- bzw. wissenschaftlichen Interesses

53 Außerdem muss bei der Abwägung das wissenschaftliche Interesse an der Durchführung der Forschungsvorhaben das Interesse des Betroffenen an dem Ausschluss der Zweckänderung erheblich überwiegen. Auch hier wird eine einzelfallbezogene Betrachtung erfolgen müssen, die Ziel, Aufbau, Methode und Verlauf des Vorhabens klar definiert und in die Abwägung einbezieht, ebenso wie die Zahl der Personen, die davon Kenntnis nehmen können, die Dauer des Vorhabens und nicht auszuschließende Eventualitäten, wie technische Fehler durch Personen, seien es solche der Forschungseinrichtung oder Dritter.[123] Zugunsten der wissenschaftlichen Forschung wirken sich auch die strikte Zweckbindung bei der wissenschaftlichen Datenverarbeitung nach § 40 (§ 40 Rn. 15, 21) und die Verpflichtung zu deren technisch-organisatorischer Absicherung nach § 9 aus.[124]

III. Zulässigerweise verfolgte Nebenzwecke, § 14 Abs. 3

54 In § 14 Abs. 3 ist festgelegt, dass die dort niedergelegten Zwecke vom Primärzweck der Erhebung mitumfasst sind. Eine Verarbeitung oder Nutzung für andere Zwecke liegt nicht vor, wenn diese Arten der Verwendung der Wahrnehmung von Aufsichts- und Kontrollbefugnissen, der Rechnungsprüfung oder der Durchführung von Organisationsuntersuchungen für die verantwortliche Stelle dienen. Die Begründung zum Regierungsentwurf nennt als Zielsetzung der Regelung die gebotene Sicherstellung, dass die „für die öffentliche Verwaltung unentbehrlichen Aufsichts-, Weisungs- und Kontrollrechte auch in Zukunft uneingeschränkt wahrgenommen werden können".[125]

§ 14 Abs. 3 beinhaltet keine eigenständige Ermächtigungsgrundlage für die Verarbeitung oder Nutzung von personenbezogenen Daten, der Regelungsgehalt dieser Norm beschränkt sich nur darauf festzulegen, wann bei der Anwendung vom § 14 Abs. 1 Zweckgleichheit besteht.[126]

1. Wahrnehmung von Aufsichts- und Kontrollbefugnissen, § 14 Abs. 3 Satz 1

55 „Aufsicht" ist umfassend zu verstehen und umschließt die Fachaufsicht und die allgemeine Behördenaufsicht (Dienstaufsicht) über die nachgeordneten Behörden sowie die Rechts- und Fachaufsicht gegenüber juristischen Personen des öffentlichen Rechts und erweiternd auch gegenüber Privaten, die in Erfüllung staatlicher Aufgaben handeln (z. B. Beliehene).[127] Auch spezialisierte Formen der Kontrolle und Aufsicht (interne und externe Datenschutzkontrolle) wie die Aufsicht durch Kammern über die Berufsausübung

120 Simitis/*Dammann*, § 14 Rn. 90.
121 Simitis/*Dammann*, § 14 Rn. 90.
122 Taeger/Gabel/*Heckmann*, § 14 Rn. 90; ebenso Simitis/*Dammann*, § 14 Rn. 90.
123 Simitis/*Dammann*, § 14 Rn. 92.
124 Simitis/*Dammann*, § 14 Rn. 92.
125 Simitis/*Dammann*, § 14 Rn. 96.
126 Taeger/Gabel/*Heckmann*, § 14 Rn. 95.
127 Simitis/*Dammann*, § 14 Rn. 97.

ihrer Mitglieder werden von dieser Norm umfasst.[128] Wenn allerdings diesen Stellen Informationszugangs- und -verwertungsrechte ohne datenschutzrechtlichen Vorbehalt spezialgesetzlich eingeräumt sind, ist § 14 infolge des Vorranges nach § 1 Abs. 3 und entsprechend § 4 Abs. 1 nicht mehr einschlägig.

Die Rechnungsprüfung wird als Sonderfall der spezialisierten Kontrolle angeführt, wenngleich diese Befugnis für den Bundesrechnungshof bereits in den §§ 88 ff. BHO gesetzlich näher bestimmt ist.[129] 56

2. Organisationsuntersuchungen, § 14 Abs. 3 Satz 1

Organisationsuntersuchungen nach § 14 Abs. 3 Satz 1 sind nur zulässig, wenn sie Kontroll- oder Aufsichtszwecken dienen; haben sie hingegen nur die Steigerung der Effizienz zum Ziel, handelt es sich um eine unzulässige Zweckänderung, die eine diesbezügliche Verarbeitung untersagt.[130] Nach einer anderen Auffassung sind Organisationsuntersuchungen ausschließlich auf die Steigerung der Wirtschaftlichkeit ausgerichtet.[131] Gegenstand der Untersuchung ist demnach die Art und Weise des Verwaltungsvollzugs, des Verwaltungsaufbaus und Fragen der Arbeitsorganisation.[132] Aus dem Wortlaut der Vorschrift ergibt sich, dass derartige Handlungsweisen gerade privilegiert sein sollen.[133] 57

> **!** Falls der Anonymisierungsaufwand nicht unverhältnismäßig groß ist, sind Organisationsuntersuchungen bevorzugt mit anonymisierten Daten durchzuführen.[134]

Die Regelung umfasst nur die Organisationsuntersuchung „für die verantwortliche Stelle"; dies kann zwar mehrere Organisationseinheiten (bspw. Abteilungen und Dezernate) einer Behörde umfassen, nicht jedoch die Einbeziehung von Organisationsuntersuchungen anderer Behörden und Stellen oder für übergeordnete Zwecke.[135] Allerdings kann die „verantwortliche Stelle" die Vergabe an entsprechende Fachinstitutionen nach den Grundsätzen der Auftragsverarbeitung und -nutzung (§ 11) durchführen.[136] 58

3. Ausbildungs- und Prüfungszwecke, § 14 Abs. 3 Satz 2

Durch die Regelung wird bei der praktischen Ausbildung eine möglichst lebensnahe Sicht auf die Alltagspraxis der betreffenden Stelle ermöglicht, denn aufwendige Bemühungen, Akten zu anonymisieren, entfallen.[137] 59

Um jedoch den Zielen des Datenschutzrechts gerecht zu werden, enthält diese Norm eine doppelte Einschränkung. 60

Einerseits beschränkt sich die (nicht anonymisierte) Verarbeitung und Nutzung zu Ausbildungs- und Prüfungszwecken ausdrücklich nur auf eine Verwendung durch die verantwortliche Stelle, womit die Abgabe von Originalakten und -daten an andere Behörden, insbesondere Ausbildungsträger und Prüfungsämter ausgeschlossen ist.[138] Darüber hinaus darf eine Verwendung der Daten zu Ausbildungs- und Prüfungszwecken nur erfolgen, soweit dies erforderlich ist und keine überwiegenden Interessen des Betroffenen entgegenstehen.[139] Das schutzwürdige Interesse des Betroffenen wird dann überwiegen, wenn im Einzelfall besonders tiefgehende Einblicke in die persönlichen Verhältnisse eröffnet werden, wenn die Auswahl des konkreten Falls lediglich der Bloßstellung Beteiligter dient oder die Auswahl sich an einem ausbildungsfremden Unterhaltungswert orientiert.[140]

---

128 Simitis/*Dammann*, § 14 Rn. 97.
129 Simitis/*Dammann*, § 14 Rn. 98.
130 Däubler/Klebe/Wedde/Weichert/*Wedde*, § 14 Rn. 26.
131 *Gola/Schomerus*, § 14 Rn. 25.
132 *Gola/Schomerus*, § 14 Rn. 25.
133 Taeger/Gabel/*Heckmann*, § 14 Rn. 102.
134 Simitis/*Dammann*, § 14 Rn. 100.
135 Simitis/*Dammann*, § 14 Rn. 101.
136 Simitis/*Dammann*, § 14 Rn. 101.
137 *Gola/Schomerus*, § 14 Rn. 26.
138 Simitis/*Dammann*, § 14 Rn. 102.
139 Däubler/Klebe/Wedde/Weichert/*Wedde*, § 14 Rn. 27.
140 Simitis/*Dammann*, § 14 Rn. 102.

Beachten Sie, dass die Auszubildenden der Dienstverschwiegenheit unterliegen müssen und deshalb vorab mit den Erfordernissen des Datenschutzes vertraut zu machen sind.[141]

Berufsgeheimnisse und besondere Amtsgeheimnisse sind vorrangig und werden durch die gesetzlichen Regelungen nur eingeschränkt oder modifiziert, wenn sie unter einem entsprechenden Vorbehalt stehen.[142]

IV. Zweckbindung, § 14 Abs. 4

61 In § 14 Abs. 4 und dem wortgleichen § 31 für den nicht-öffentlichen Bereich wird eine strikte Zweckbindung statuiert. Hinzuweisen ist auch hier auf § 1 Abs. 3, der die Anwendung dieser Norm dann ausschließt, wenn spezielle Rechtsvorschriften des Bundes einschlägig sind.[143] Durchbrochen wird die Zweckbindung durch die Befugnisse der externen Datenschutzkontrolle nach § 24 Abs. 4 (im nicht-öffentlichen Sektor: § 38 Abs. 3 und 4), denn die Datenschutzkontrolle vermittelt Zugang auch zu personenbezogenen Daten, die ausdrücklich nicht zu Zwecken der Datenschutzkontrolle, sondern nur zu einem der anderen in Abs. 4 genannten Zwecke gespeichert werden.[144] Werden die für Datenschutz, Datensicherheit und Betriebssicherheit verantwortlichen (Stabs-)Stellen tätig, spricht dies prima facie für das Vorliegen der Fallgestaltung des § 14 Abs. 4; handelt eine Fachabteilung, so deutet dies hingegen auf eine fachlich-operative, nicht unter § 14 Abs. 1 fallende Zwecksetzung hin.[145]

1. Datenschutzkontrolle

62 Von einer „Datenschutzkontrolle" werden sowohl die externe Kontrolle, die beim BfDI bzw. im nicht-öffentlichen Sektor bei der Aufsichtsbehörde liegt (§§ 24, 38), die interne Datenschutzkontrolle durch den behördlich beauftragten Datenschutzbeauftragten oder eine andere mit der Überwachung des Datenschutzes betraute Stelle wie auch die im Rahmen der Dienstaufsicht über nachgeordnete Behörden wahrgenommene Datenschutzkontrolle, jedoch nicht die allgemein behördliche Aufsicht über Private (bspw. Gewerbeaufsicht, Atomaufsicht) umfasst.[146]

Die Daten dürfen ausschließlich nur für die Zwecke der Datenschutzkontrolle gespeichert werden, wobei es sich typischerweise um die Protokollierung von datenschutzrelevanten Vorgängen handelt, wie bspw. Datenabrufe und -übermittlungen.[147]

2. Datensicherung

63 Datensicherung umfasst alle nach § 9 gebotenen technischen und organisatorischen Maßnahmen zur Gewährleistung der (korrekten) Ausführung des BDSG (siehe auch § 9 Rn. 11 f.).[148] Dabei handelt es sich um Protokolldaten, Sicherungskopien und andere personenbezogene Daten, deren Sicherung datenschutzrechtliche Ziele verfolgt.[149]

3. Sicherung des ordnungsgemäßen Betriebs von Datenverarbeitungsanlagen

64 Bei der dritten Fallgruppe der personenbezogenen Daten, die ausschließlich zur Sicherstellung eines ordnungsgemäßen Betriebs einer Datenverarbeitungsanlage gespeichert werden, geht es in Abgrenzung zu der ersten Fallkonstellation (Kontrolle und Sicherheit) lediglich um die Gewährleistung des Betriebs als solchem.[150] Das Tatbestandsmerkmal „Betrieb der Datenverarbeitungsanlage" ist hier weit auszulegen, es umfasst neben den allgemeinen Systemfunktionen auch die organisatorischen und technischen Vo-

141 Simitis/*Dammann*, § 14 Rn. 103.
142 Simitis/*Dammann*, § 14 Rn. 104.
143 *Gola/Schomerus*, § 14 Rn. 27.
144 Simitis/*Dammann*, § 14 Rn. 115.
145 Simitis/*Dammann*, § 14 Rn. 111.
146 Simitis/*Dammann*, § 14 Rn. 108.
147 Simitis/*Dammann*, § 14 Rn. 108.
148 Taeger/Gabel/*Heckmann*, § 14 Rn. 113.
149 Taeger/Gabel/*Heckmann*, § 14 Rn. 113.
150 Simitis/*Dammann*, § 14 Rn. 110.

raussetzungen – beispielsweise in Form einer Rechenzentrumsorganisation einschließlich der Not- und Ausfallpläne, das einwandfreie Funktionieren der Anwendungsprogramme und der Kommunikations- und Netzsoftware.[151] Die Zweckbindung bezieht sich nur auf die durch die Datenverarbeitung technisch bedingt gespeicherten Daten, wie die personenbezogenen Daten der Mitarbeiter im Bereich der Datenverarbeitungstechnik, so etwa die Angaben der – oft durch Namenskürzel oder Terminalnummer identifizierten – Bedienungskräfte bei der Erfassung der Daten, der Systemverwaltung und der Wartung. Auch die Dateien, in denen die Zugangs- und Verarbeitungsberechtigung von Mitarbeitern oder externen Nutzern geführt werden und das systeminterne Handling der Nutzerdaten während der Bearbeitungsdauer sind von der Zweckbindung umfasst.[152]

Entscheidend ist der von der verantwortlichen Stelle festgelegte Zweck, der die Grundlage der Verarbeitung bildet. Diese Zweckfestlegung kann nicht rückwirkend (für die bereits gespeicherten Daten) geändert, wohl aber für die zukünftige Speicherung neu festgelegt werden.[153] Die Daten dürfen gem. § 14 Abs. 4 „nur für diese Zwecke verwendet werden". Zweck der Datensicherung sind neben der Vermeidung von Datenverlust und -verfälschung sowie vom unbefugten Datenzugang auch die Korrektur von Fehlern und die Wiederherstellung von betroffenen Datenbeständen, die Analyse von Abläufen zur Erkennung von Angriffen, Fehlern und Schwachstellen.[154] Bei der Datenschutzkontrolle sind dies alle Aktivitäten, die darauf gerichtet sind, Fehler und Verstöße gegen den Datenschutz zu erkennen, Ursachen und Verantwortliche festzustellen und Korrekturen vorzunehmen.[155] Auch die damit einhergehenden Aktivitäten, um dies zu kontrollieren, sind von der Zweckbindung umfasst – dazu gehören die Realisierung von zivil- und strafrechtlicher Verantwortung für festgestellte Fehler und Verstöße, die Geltendmachung von Schadensersatz-, Ausgleichs- und Versicherungsansprüchen sowie Maßnahmen, um Verantwortliche disziplinarisch und strafrechtlich belangen zu können.[156] 65

§ 14 Abs. 4 ist ein Schutzgesetz im Sinne des § 823 Abs. 2 BGB. Wenn dagegen verstoßen wird, löst dies also eine Schadensersatzpflicht aus. Eine zweckfremde Verwendung unter Verstoß gegen § 14 Abs. 4 begründet aber nicht notwendigerweise eine Straftat oder Ordnungswidrigkeit gem. §§ 43, 44, da der Gesetzgeber es wohl versäumt hat, auch die rechtswidrige Nutzung den gleichen Sanktionen zu unterwerfen wie die rechtswidrige Verarbeitung.[157] 66

V. Zweckändernde Datenspeicherung, -verarbeitung und -nutzung sensibler Daten, § 14 Abs. 5

Nach § 14 Abs. 5 wird den verantwortlichen Stellen bezüglich besonderer Arten von personenbezogenen Daten (§ 3 Abs. 9) ein Recht zur Zweckänderung eingeräumt.[158] Die Regelung betrifft das Speichern, das Verändern und das Nutzen. 67

Nach seinem Wortlaut erfasst § 14 Abs. 5 nur die Fälle, in denen eine Zweckänderung nach Erhebung der Daten stattgefunden hat.[159] Nicht erfasst wären dann die Fälle, in denen eine Erhebung nicht stattfand, weil die Daten unaufgefordert übermittelt wurden.[160] Dort werde der Schutz des § 14 Abs. 1, 2 nicht eingreifen.[161] Um jedoch eine der EG-Datenschutzrichtlinie widersprechende Regelungslücke zu vermeiden, muss § 14 Abs. 5 so ausgelegt werden, dass seine Voraussetzungen auch dann vorliegen müssen, wenn eine Zweckänderung mangels vorausgegangener Erhebung nicht vorliegt.[162]

151 Simitis/*Dammann*, § 14 Rn. 110.
152 Simitis/*Dammann*, § 14 Rn. 110.
153 Simitis/*Dammann*, § 14 Rn. 113.
154 Simitis/*Dammann*, § 14 Rn. 114.
155 Simitis/*Dammann*, § 14 Rn. 114.
156 Simitis/*Dammann*, § 14 Rn. 114.
157 Simitis/*Dammann*, § 14 Rn. 116.
158 Däubler/Klebe/Wedde/Weichert/*Wedde*, § 14 Rn. 29.
159 Taeger/Gabel/*Heckmann*, § 14 Rn. 116.
160 Taeger/Gabel/*Heckmann*, § 14 Rn. 116.
161 Taeger/Gabel/*Heckmann*, § 14 Rn. 116.
162 Taeger/Gabel/*Heckmann*, § 14 Rn. 116.

1. Zulässigkeit der Datenerhebung nach § 13 Abs. 2 Nr. 1 bis 6, 9 (§ 14 Abs. 5 Nr. 1)

68 Nach § 14 Abs. 5 Nr. 1 ist eine Zweckänderung stets dann zulässig, wenn die Erhebung aufgrund der in § 13 Abs. 2 Nr. 1 bis 6 oder 9 aufgeführten Tatbestände zulässig wäre. Insofern wird auf die entsprechende Kommentierung des § 13 verwiesen (§ 13 Rn. 27).

2. Wissenschaftliche Forschung (§ 14 Abs. 5 Nr. 2 und Satz 2)

69 Die Formulierung in § 14 Abs. 5 Nr. 2 entspricht weitgehend der des § 14 Abs. 2 Nr. 9, auf deren Kommentierung deshalb verwiesen wird (Rn. 50 ff.). Die Vorschrift betrifft zumeist Fälle, bei denen sich eine zweckändernde Speicherung, Veränderung oder Nutzung im Verlauf eines wissenschaftlichen Forschungsvorhabens unvorhergesehen als erforderlich erweist.[163]

70 Allerdings verlangt das BDSG ein öffentliches Interesse, das den Eingriff in das Grundrecht auf Datenschutz rechtfertigt und zusätzlich nach Satz 2, dass „im Rahmen des öffentlichen Interesses das wissenschaftlich Interesse an dem Forschungsvorhaben besonders zu berücksichtigen" ist. Das Merkmal „besonders zu berücksichtigen" verlangt nicht nur ein rein wissenschaftliches Potenzial des Vorhabens, sondern dieses muss auch für eine praktische Nutzanwendung bedeutsam sein – z.B. für Studien zur Entwicklung von neuen Medikamenten oder umweltfreundlichen Produkten in Betracht kommen können.[164]

VI. Zweckändernde Datenspeicherung, -veränderung und -nutzung von Gesundheitsdaten, § 14 Abs. 6 i.V.m. § 13 Abs. 2 Nr. 7

71 § 14 Abs. 6 ist eine datenschutzrechtliche Erlaubnisnorm.[165] Durch sie soll bereichsspezifischen Regelungen im Bereich des Gesundheitswesens vorrangig Geltung vor dem BDSG verschafft werden.[166] Hinzuweisen ist nur auf die besondere Problematik der DNA-Analysen, deren Aussagekraft heute noch nicht abzuschätzen ist, zu rechtfertigen ist hier regelmäßig nur der Zugriff auf nicht-codierte DNA-Sequenzen, der weitere Informationen über Gesundheit und persönliche Merkmale des Betroffenen kaum zulässt, weswegen auch „Rückschlüsse auf persönlichkeitsrelevante Merkmale wie Erbanlagen, Charaktereigenschaften oder Krankheiten des Betroffenen, also ein Persönlichkeitsprofil, nicht ermöglicht werden.[167] Diese sensiblen Daten werden auch in Art. 9 DS-GVO geregelt, da die genetischen Daten in den Katalog der Daten mit besonderem Schutzbedarf aufgenommen werden.[168]

Allerdings weist § 14 Abs. 6 nur einen eingeschränkten eigenständigen Regelungsgehalt auf und beschränkt sich darauf, auf die für die betroffenen Personengruppen geltenden Geheimhaltungspflichten zu verweisen.[169] Da es allerdings unmöglich ist, Geheimhaltungspflichten auf Vorgänge der Speicherung, Veränderung und Nutzung zu übertragen, weil diese Vorgänge als solche die Geheimhaltung nicht tangieren, muss diese Vorschrift entsprechend ausgelegt werden.[170] Nach vorherrschender Auffassung wird der Begriff der „Geheimhaltungspflicht" als Teil der gesamten spezifischen Berufspflichten aufgefasst, die den Umfang mit vertraulichen Daten der Empfänger von Gesundheitsdienstleistungen regeln.[171]

72 Folglich muss im Einzelfall auf die Krankenhausgesetze der Länder zurückgegriffen werden, die datenschutzrechtliche Nutzungs-, Änderungs- und Verwertungsverbote aussprechen.[172] Darüber hinaus wird auch der Umfang der Datenspeicherung im Berufsrecht (ärztliche Berufsordnungen) festgelegt.[173] Im

163 *Gola/Schomerus*, § 14 R. 32.
164 Simitis/*Dammann*, § 14 Rn. 120.
165 Däubler/Klebe/Wedde/Weichert/*Wedde*, § 14 Rn. 33.
166 Gola/*Schomerus*, § 14 Rn. 23.
167 Wolff/*Brink*, Syst. C, Rn. 115; BVerfG, Beschluss v. 14.12.2000, Az. 2 BvR 1741/99 u.a. NJW 2001, 879, 880; *Busch*, NJW 2001, 1335 ff.
168 *Härting*, BB 2012, 459, 463.
169 Taeger/Gabel/*Heckmann*, § 14 Rn. 123.
170 Taeger/Gabe/*Heckmann*, § 14 Rn. 123.
171 Taeger/Gabel/*Heckmann*, § 14 Rn. 123, der ausdrücklich auf folgende Quelle verweist; Simitis/*Dammann*, § 14 Rn. 123.
172 Simitis/*Dammann*, § 14 Rn. 123.
173 Simitis/*Dammann*, § 14 Rn. 123.

Strafrecht wird die Verletzung des Arztgeheimnisses und anderer Privatgeheimnisse in § 203 Abs. 1 StGB und die Verwertung fremder Geheimnisse in § 204 StGB sanktioniert.

Durch den Vorschlag zur DS-GVO ist in Art. 82a eine Regelung zum Sozialdatenschutz geschaffen worden. „Die Mitgliedsstaaten können, in Übereinstimmung mit der Bestimmung dieser Verordnung, Spezialregelungen erlassen zur Bestimmung der Voraussetzungen für die Datenverarbeitung personenbezogener Daten durch öffentliche oder private Einrichtungen und Abteilungen im Zusammenhang mit sozialer Sicherheit, wenn es im öffentlichen Interesse erfolgt."[174]

Anmerkungen zur Regelung des Entwurfs zum DS-GVO:

Im privatwirtschaftlichen Bereich würden die Bestimmungen der DS-GVO nicht nur „Internetgiganten" treffen, sondern auch den Kleinunternehmer, der eine Kundendatenbank führt oder mit seinen Kunden per E-Mail kommuniziert.[175] So soll jeder Unternehmer verpflichtet werden, standardisierte Datenschutzerklärungen zu fertigen, wie aus dem Art. 13 a der LIBE-Vorschläge ersichtlich, und nur für kleine Unternehmen und „Mikrounternehmen" soll es erlaubt sein, weitergehende Informationen nur dann zu erteilen, wenn der Betroffene dies verlangt.[176]

Außerdem soll gem. Art. 13a DS-GVO nach dem „Ampelprinzip" Verbrauchern erklärt werden, in welcher Intensität eine Informationsverarbeitung erfolgt, wobei 6 Kategorien unterschieden werden:

„a) ob personenbezogene Daten gesammelt werden über das Minimum hinaus, ist für jeden einzelnen Zweck der Verarbeitung notwendig;

b) ob personenbezogene Daten vorgehalten (retainted) werden über das Minimum hinaus, das für jeden einzelnen Zweck der Verarbeitung notwendig ist;

c) ob personenbezogene Daten verarbeitet werden für andere Zwecke, für den sie gesammelt wurden;

d) ob personenbezogene Daten verbreitet (disseminated) werden an kommerzielle Dritte;

e) ober personenbezogene Daten verkauft oder vermietet werden;

f) ob personenbezogene Daten vorgehalten (retained) werden in verschlüsselter Form."[177]

Und auch hier ist es wiederrum nicht nachvollziehbar, weshalb es keine Ausnahmen für Kleinunternehmer geben soll, z. B. ihre Kunden nicht nur auf Anfrage hin zu informieren, sondern über alle gespeicherten Daten gem. Art. 14 DS-GVO zu unterrichten.[178]

Wird gegen Art. 14 BDSG verstoßen, ist die Verarbeitung rechtswidrig. **73**

Der Betroffene hat einen Unterlassungsanspruch, dass rechtswidrige Verarbeitungsvorgänge unterbleiben, außerdem einen Folgenbeseitigungsanspruch, den § 20 Abs. 2 BDSG i. S. eines Löschungsanspruches spezifiziert, u.U. ist auch Schadensersatz gem. § 839 BGB i. V. m. Art. 34 GG, darüber hinaus eine Ordnungswidrigkeit gem. § 43 BDSG gegeben, wobei auch auf den Straftatbestand des § 44 BDSG hinzuweisen ist.[179]

Exkurs: Bisher werden durch das Gesetz die Fragen der Datenspeicherung, -veränderung und -nutzung gesehen. Wenig behandelt wurde bisher die Frage, wie lange Daten vorgehalten werden dürfen, auch unter der Maßgabe, dass derjenige, dessen Daten erhoben worden sind, verstirbt. Wie ist mit dessen digitalem Nachlass zu verfahren?

1. Vererbliche Rechtspositionen sind zunächst die lokal gespeicherten Daten, die mit dem Eigentum am Speichermedium auf den Erben gem. § 1922 BGB übergehen.[180]

174 *Härting*, CR 2013, 715, 716.
175 *Härting*, CR 2013, 715, 716.
176 *Härting*, CR 2013, 715, 716.
177 *Härting*, CR 2013, 715, 717.
178 *Härting*, CR 2013, 715, 717.
179 Wolff/Brink/*Albers* § 14 Rn. 72.
180 *Herzog*, NJW 2013, 3745, 3749; *Herzog*, In: DAV: Stellungnahme Nr. 34/2013, 48 f.; a. A. *Hoeren*, NJW 2005, 2113, 2114; *Martini*, JZ 2012, 1145, 1152.

2. Provider-Verträge und Cloud-Inhalte:

Sowohl die Providerverträge als auch ähnliche schuldrechtliche Beziehungen in Onlinebeziehungen gehen nach § 1922 BGB auf den Erben über, d. h., ihm stehen dieselben Rechte wie die des Erblassers zu.[181]

Kündigt der Erbe den Vertrag, müssen die Daten herausgeben werden und dürfen nicht beim Provider verbleiben oder von diesem eigenmächtig vernichtet werden.[182]

3. Konclusion:

Damit hat der Erbe ein Recht auf lokal wie im WWW abgespeicherte Inhalte, vorhandene Zugangsdaten dürfen die Erben als „digitalen Schlüssel" wie einen Haustürschlüssel zu einer realen Immobilie nutzen. Die Diensteanbieter dürfen auch hier keine eigenmächtige Löschung vornehmen, da diese dem Erben zusteht.[183]

Checkliste:[184]

Hat der Erblasser zu Lebzeiten verfügt, dass seine Daten nach seinem Tod vom Provider gelöscht werden sollen?

Hat er dies nicht veranlasst?

Oder hat er nur bestimmten Erben oder Angehörigen dies eingeräumt?

Formerfordernis:

Die Mitteilung an den Provider sollte aus Beweissicherungsgründen schriftlich erfolgen![185]

Soll eine testamentarische Regelung getroffen werden, so ist diese zu beachten.[186]

Was ist zu tun, wenn keine Regelung erfolgte?

Die bisherige Meinung geht davon aus, dass die Daten von den Diensteanbietern nicht (weder an den Erben noch an Angehörige) herausgegeben werden dürfen, es sei denn, der Erblasser hat deren Freigabe verfügt.[187]

Merke! In der Praxis verhält es sich gerade umgekehrt – Diensteanbieter sind zur Herausgabe an die Erben verpflichtet, solange der Erblasser nicht die Geheimhaltung oder Löschung verfügt hat.[188]

Praxistipp: Wollen Sie nach Ihrem Tod sichergehen, dass keine Daten von Ihnen von Ihrem Diensteanbieter an Ihre Erben herausgegeben werden, dann verfügen Sie dies mit in Ihrem Testament.

Im Rahmen des Vorschlags für eine Grundverordnung zum Datenschutz (DS-GVO) wurde das neue „Recht auf Vergessenwerden" mit aufgenommen.

Mit in diesem Zusammenhang ist auf das Löschungsrecht des Betroffenen bei unvollständigen oder unrichtigen Daten und bei Daten, deren Verarbeitung aus anderen Gründen rechtswidrig ist, nach Art. 12 lit. b DSRL und Art. 17 DS-GVO hinzuweisen.[189] Art. 17 Abs. 1 lit a knüpft die Löschungspflicht an den Zweckbindungsgrundsatz, lit. b führt eine Löschungspflicht ein, wenn die „Speicherfrist" abgelaufen ist oder der Betroffene die Einwilligung widerruft.[190]

Nach Art. 17 Abs. 2 DS-GVO soll eine Veröffentlichung gelöscht werden, der Internetanbieter soll „alle vertretbaren Schritte, auch technischer Art" ergreifen, um Dritte von der Löschung zu informieren, insbesondere durch „Löschung aller Querverweise" und die Löschung von „Kopien oder Replikationen" hinwirken.[191]

---

181 *Herzog*, NJW 2013, 3745, 3749.
182 *Herzog*, NJW 2013, 3745, 3749; *Redeker*, In: DAV, Stellungnahme 34/2013, S. 64.
183 *Herzog*, NJW 2013, 3745, 3750.
184 nach *Brisch/Müller-ter Jung*, CR, 2013, 446, 447.
185 *Herzog*, NJW 2013, 3745, 3750.
186 *Herzog*, NJW 2013, 3745, 3750.
187 *Herzog*, NJW 2013, 3745, 3750; *Martini*, JZ 2012, 1145, 1152.
188 *Herzog*, NJW 2013, 3745, 3750; *Herzog*, In: DAV, Stellungnahme Nr. 34/2013, S. 57.
189 *Härting*, BB 2012, 459, 463.
190 *Härting*, BB 2012, 459, 463.
191 *Härting*, BB 2012, 459, 463.

§ 15 Datenübermittlung an öffentliche Stellen

(1) Die Übermittlung personenbezogener Daten an öffentliche Stellen ist zulässig, wenn:

1. sie zur Erfüllung der in der Zuständigkeit der übermittelnden Stelle oder des Dritten, an den die Daten übermittelt werden, liegenden Aufgaben erforderlich ist und

2. die Voraussetzungen vorliegen, die eine Nutzung nach § 14 zulassen würden.

(2) [1]Die Verantwortung für die Zulässigkeit der Übermittlung trägt die übermittelnde Stelle. [2]Erfolgt die Übermittlung auf Ersuchen des Dritten, an den die Daten übermittelt werden, trägt dieser die Verantwortung. [3]In diesem Fall prüft die übermittelnde Stelle nur, ob das Übermittlungsersuchen im Rahmen der Aufgaben des Dritten, an den die Daten übermittelt werden, liegt, es sei denn, dass besonderer Anlass zur Prüfung der Zulässigkeit der Übermittlung besteht. [4]§ 10 Abs. 4 bleibt unberührt.

(3) [1]Der Dritte, an den die Daten übermittelt werden, darf diese für den Zweck verarbeiten oder nutzen, zu dessen Erfüllung sie ihm übermittelt werden. [2]Eine Verarbeitung oder Nutzung für andere Zwecke ist nur unter den Voraussetzungen des § 14 Abs. 2 zulässig.

(4) Für die Übermittlung personenbezogener Daten an Stellen der öffentlich-rechtlichen Religionsgesellschaften gelten die Absätze 1 bis 3 entsprechend, sofern sichergestellt ist, dass bei diesen ausreichende Datenschutzmaßnahmen getroffen werden.

(5) Sind mit personenbezogenen Daten, die nach Absatz 1 übermittelt werden dürfen, weitere personenbezogene Daten des Betroffenen oder eines Dritten so verbunden, dass eine Trennung nicht oder nur mit unvertretbarem Aufwand möglich ist, so ist die Übermittlung auch dieser Daten zulässig, soweit nicht berechtigte Interessen des Betroffenen oder eines Dritten an deren Geheimhaltung offensichtlich überwiegen; eine Nutzung dieser Daten ist unzulässig.

(6) Absatz 5 gilt entsprechend, wenn personenbezogene Daten innerhalb einer öffentlichen Stelle weitergegeben werden.

Literatur

Däubler, Gläserne Belegschaften, 5. Aufl. 2009; *Gola/Wronka*, Arbeitnehmerdatenverarbeitung beim Betriebs-/Personalrat und der Datenschutz, NZA 1991, 790; *Maunz/Düring*, GG, 64. Auflage 2012; *Roßnagel*, Auf dem Weg zur elektronischen Verwaltung – Das E-Government-Gesetz, NJW 2013, 2710–2716.

▶ **Darum geht es**

§ 15 regelt die Voraussetzungen für Datenübermittlungen an öffentliche Stellen.

▶ **Schlagworte**

Erforderlichkeit der Datenübermittlung zur Aufgabenerfüllung; Wechselnde Verantwortlichkeit bei unterschiedlichen Konstellationen der Datenübermittlung; Zweckbindungsgrundsatz beim Dritten für übermittelte Daten; Besonderheiten bei Datenübermittlung an Religionsgemeinschaften; Weitere Interessensabwägung erforderlich bei Übermittlung verbundener Daten

---

A. Allgemeines

I. Regelungszweck

1. Sinn und Zweck der Vorschrift

1 § 15 regelt die Datenübermittlung an öffentliche Stellen (zum Begriff der öffentlichen Stellen siehe § 2 Rn. 13 ff.). Werden personenbezogene Daten übermittelt, werden sie generell durch diese Übermittlung an andere einer potenziell stärkeren Gefährdung ausgesetzt.[1] Die Daten verlassen den Kontext, in dem sie erhoben und gespeichert worden sind, und gelangen an eine andere Stelle, die die Daten möglicherweise zu anderen Zwecken nutzen will oder nutzt.[2] In einem anderen Sachzusammenhang können die übermittelten Angaben eine andersartige Gewichtung oder sogar einen neuen Informationsgehalt erhalten.[3] Durch § 15 werden die Rahmenbedingungen geschaffen, die trotzdem die Übermittlung erlauben.

2 § 15 regelt die Übermittlung von personenbezogenen Daten innerhalb des öffentlichen Bereichs. Abs. 1 regelt die Zulässigkeitsvoraussetzungen für die Übermittlung personenbezogener Daten. In Abs. 2 ist die Verantwortung für die Übermittlung gesetzlich geregelt. Abs. 3 schreibt die Zweckbindung der Daten beim Empfänger vor. In Abs. 4 ist die Übermittlung von personenbezogenen Daten an öffentlich-rechtliche Religionsgemeinschaften ausgestaltet. Abs. 5 regelt die Übermittlung von Daten aus „untrennbaren" Dateien. Abschließend befasst sich Abs. 6 mit der internen Weitergabe von Daten.

2. Anwendungsbereich

3 Voraussetzung dafür, dass § 15 anwendbar ist, dass keine besonderen Rechtsvorschriften des Bundes existieren. Dies ergibt sich aus § 1 Abs. 3 (siehe weiterführende Hinweise in § 1 Rn. 26 ff., wobei insbesondere auf die Rn. 29 mit den jeweiligen besonderen Rechtsvorschriften hinzuweisen ist).

4 § 15 bezieht sich ausschließlich auf öffentliche Stellen des Bundes, die in § 2 Abs. 1, 3 und 4 näher definiert sind. Allerdings dürfen diese Stellen des Bundes nicht als Unternehmen am Wettbewerb teilnehmen, da dann § 15 nicht anwendbar ist. Dies ergibt sich aus § 12.

Behörden des Bundes sollen nach § 6 EGovG bis 01.01.2020 elektronische Akten eingeführt haben. Ob das bisherige Schutzniveau für die teilweise sehr sensitiven personenbezogenen Daten in elektronischen Akten bestimmt genug gefasst ist, erscheint zweifelhaft.[4]

1 *Gola/Schomerus*, § 15 Rn. 2.
2 *Gola/Schomerus*, § 15 Rn. 2.
3 *Gola/Schomerus*, § 15 Rn. 2.
4 *Roßnagel*, NJW 2013, 2710 (2713) mit weiteren Ausführungen.

II. Systematik

Neben der Datenübermittlung an öffentliche Stellen nach § 15 kann eine Datenübermittlung auch nach § 16 zulässig sein. In § 16 ist die Datenübermittlung an nicht-öffentliche Stellen geregelt. Die Datenübermittlung nach § 16 ist komplementär zu § 15[5], d.h., § 16 ist immer nur dann anwendbar, wenn der Adressat der Übermittlung nicht zu dem in § 15 bezeichneten Personenkreis gehört.[6] 5

Wohnt oder sitzt der Empfänger der Übermittlung allerdings außerhalb des Geltungsbereichs dieses Gesetzes, ist § 4b anzuwenden, der gegenüber den Übermittlungsvorschriften §§ 15, 16 spezieller und damit vorrangig ist.

Prüfungsschema für die Tatbestände der Datenübermittlung

1. Anwendbarkeit von § 4b?
2. Anwendbarkeit von § 15?
3. Anwendbarkeit von § 16?

B. Inhalt der Regelung

I. Zulässigkeitsvoraussetzungen für die Übermittlung an öffentliche Stellen (§ 15 Abs. 1)

1. Erforderlichkeit zur Aufgabenerfüllung, Nr. 1

Der praktisch wichtigste Anwendungsfall dieser Vorschrift ist die Übermittlung von Daten aus Registern (z.B. Melderegister, Verkehrszentralregister), die oft im Wege des automatisierten Abrufs (als Unterfall der Übermittlung nach § 3 Abs. 4 Satz 2 Nr. 3b) erfolgt.[7] 6

2. Übermittelnde Stelle/Übermittlungsempfänger

Regelungsadressaten sind die öffentlichen Stellen des Bundes und der Länder. Die Übermittlung an ausländische öffentliche Stellen, die im Bundesgebiet ihren Sitz haben, erfolgt nicht nach § 15, sondern nach § 4b.[8] 7

Wenn öffentliche Stellen des Bundes und der Länder als öffentlich-rechtliche Unternehmen am Wettbewerb teilnehmen, sind ihre Datenübermittlungen nach § 16 zu bewerten.[9]

Vereinigungen von Körperschaften, Anstalten und Stiftungen des öffentlichen Rechts sind zwar keine öffentlichen Stellen, sie gelten allerdings dann als solche Stellen, wenn sie die Voraussetzungen des § 2 Abs. 3 Nr. 1 und 2 erfüllen; in diesem Falle bestimmt sich die Übermittlung an sie nach § 15.[10]

3. Übermittlung

Datenübermittlung ist das Bekanntgeben gespeicherter oder durch Datenverarbeitung gewonnener personenbezogener Daten an einen Dritten in der Weise, dass entweder Daten an den Dritten weitergegeben werden oder der Dritte zur Einsicht oder zum Abruf bereitgehaltene Daten einsieht oder abruft, so die Definition des § 3 Abs. 4 Nr. 3. Dritter ist nach der Legaldefinition in § 3 Abs. 2 S. 2 jede Person oder Stelle außerhalb der verantwortlichen Stelle. Damit ist außerdem klargestellt, dass eine Weitergabe der Daten innerhalb der verantwortlichen Stelle kein Übermitteln i. S. des BDSG ist, sondern regelmäßig ein 8

5 Simitis/*Dammann*, § 15 Rn. 1.
6 Simitis/*Dammann*, § 15 Rn. 1.
7 *Gola/Schomerus*, § 15 Rn. 7a.
8 *Gola/Schomerus*, § 15 Rn. 4.
9 *Gola/Schomerus*, § 15 Rn. 4, weiterführend § 16 Rn. 1.
10 *Gola/Schomerus*, § 15 Rn. 4.

Nutzen der Daten darstellt.[11] Der eigentliche Vorgang der Datenübermittlung ist als tatsächliches Verwaltungshandeln zu qualifizieren.[12]

4. Datenübermittlung zur eigenen Aufgabenerfüllung, (§ 15 Abs. 1 Nr. 1, 1. Variante)

9 Nach § 15 Abs. 1 Nr. 1, 1. Variante ist die Datenübermittlung zulässig, wenn sie zur eigenen Aufgabenerfüllung der übermittelnden Stelle erforderlich ist. Hierfür ist zunächst Voraussetzung, dass die übermittelnde Stelle zuständig ist. Die Zuständigkeit der übermittelnden Stelle für bestimmte Aufgaben ergibt sich jeweils aus den fachspezifischen Normen. Liegt die (örtliche oder) sachliche Zuständigkeit der übermittelnden Stelle nicht vor, ist die Übermittlung rechtswidrig. Dann liegt ein Eingriff in das informationelle Selbstbestimmungsrecht des Betroffenen vor.[13]

10 Außerdem muss die Datenübermittlung zur Aufgabenerfüllung „erforderlich" sein. Erforderlichkeit der Übermittlung liegt dann vor, wenn es der Behörde oder anderen Stelle unmöglich ist, ihre Aufgabe ohne die Kenntnis der zu übermittelnden personenbezogenen Daten ordnungsgemäß zu erfüllen.[14]

Fallbeispiele für die Erforderlichkeit der Übermittlung[15]

- Zwingende Beteiligung einer anderen Behörde an einem Verwaltungsverfahren
- Informierung von Aufsichts- oder Kontrollbehörden auf deren Anfrage hin
- Übersendung von Informationen zu einem Gerichtsverfahren

Die Prüfung der Erforderlichkeit setzt eine genaue Bestimmung der im jeweiligen Einzelfall maßgeblichen materiellen Aufgabe und der einschlägigen Verfahrensvorschriften voraus.[16] Als Beurteilungsmaßstab ist dabei auf eine auf Wirtschaftlichkeit, Effizienz und Bürgerfreundlichkeit ausgerichtete Verfahrensweise abzustellen.[17]

11 Abschließend ist vor jeder Datenübermittlung zu prüfen, ob der Verhältnismäßigkeitsgrundsatz gewahrt ist. Danach ist immer zu prüfen, ob es ausreicht, die Daten in vollständig oder zumindest teilweise in anonymisierter Form (z.B. ohne Namen und Anschriften) zu übermitteln.[18]

5. Datenübermittlung zur Erfüllung der Aufgaben des Übermittlungsempfängers, (§ 15 Abs. 1 Nr. 1 2.Variante)

12 Die zweite Tatbestandsvariante ermächtigt zur Übermittlung personenbezogener Daten, deren Kenntnis für die Erfüllung der Aufgaben des Empfängers erforderlich ist – damit wird überwiegend die Übermittlung im Wege der Amtshilfe (§§ 4 ff. VwVfG) erfasst.[19]

13 Erforderlichkeit der Übermittlung setzt voraus, dass die Empfängerbehörde oder -stelle ihre Aufgaben ansonsten nicht ordnungsgemäß erfüllen könnte.[20] Nach Sinn und Zweck der Regelung kommt es bei dieser Tatbestandsvariante – entgegen dem Wortlaut – nicht darauf an, dass die Übermittlung selbst erforderlich ist, sondern dass die Kenntnis der Daten zur Aufgabenerfüllung erforderlich ist.[21]

Im Rahmen der Prüfung der Erforderlichkeit ist es unerheblich, dass die benötigten Daten auch von dem Betroffenen bzw. von dritter Seite erlangt werden können. Allerdings ist der Vorrang der Erhebung beim Betroffenen nach § 4 Abs. 2 zu beachten.[22] Sinn und Zweck der Übermittlungsregelung ist es eben, auch

11 *Gola/Schomerus*, § 15 Rn.4.
12 *Gola/Schomerus*, § 15 Rn. 3, Taeger/Gabel/*Heckmann*, § 15 Rn. 8.
13 BVerwG, Urt. v. 09.03.2005, Az. 6 C 3/04, NJW 2005, 2330 ff.; *Gola/Schomerus*, § 15 Rn. 5.
14 Simitis/*Dammann*, §15 Rn. 11.
15 Simitis/*Dammann*, § 15 Rn. 11.
16 Taeger/Gabel/*Heckmann*, § 15 Rn. 16; Simitis/*Dammann*, § 15 Rn. 11.
17 Taeger/Gabel/*Heckmann*, § 15 Rn. 16; Simitis/*Dammann*, § 15 Rn. 11.
18 Simitis/*Dammann*, § 15 Rn. 12.
19 *Gola/Schomerus*, § 15 Rn. 7.
20 Simitis/*Dammann*, § 15 Rn. 15.
21 Simitis/*Dammann*, § 15 Rn. 15; *Auernhammer*, § 15 Rn. 10.
22 *Gola/Schomerus*, § 15 Rn. 7.

keine Mehrfacherhebung durchführen zu müssen, soweit die gesetzlichen Regelungen erfüllt sind, da bei anderer Auslegung diese Regelung praktisch leerlaufen würde.[23]

6. Voraussetzung einer zulässigen Nutzung, § 15 Abs. 1 Nr. 2

Abschließend ist bei beiden Varianten – zur Erfüllung eigener Aufgaben des Übermittelnden wie zur Er- 14
füllung der Aufgaben des Empfängers – tatbestandlich gefordert, dass zusätzlich die Vorgaben von § 15 Abs. 1 Nr. 2 erfüllt sein müssen. Es müssen namentlich die Voraussetzungen vorliegen, die eine Nutzung nach § 14 zulassen. Besonders hinzuweisen ist in diesem Zusammenhang, dass sich der Verweis auf den gesamten § 14 bezieht.

Folglich ist eine Zweckänderung auch bei § 15 nur unter den Voraussetzungen des § 14 Abs. 2 zulässig, und im Rahmen des § 14 Abs. 4 ist die besonders strenge Zweckbindung zu beachten.[24]

Zu Einzelheiten wird auf die Ausführungen zu § 14 verwiesen.

II. Verantwortung für die Zulässigkeit der Übermittlung, § 15 Abs. 2

1. Regelfall: Verantwortlichkeit der übermittelnden Stelle, Satz 1

Nach Sinn und Zweck des Gesetzes soll grundsätzlich diejenige öffentliche Stelle für die Übermittlung der 15
Daten verantwortlich sein, die der Aufgabe, zu deren Erfüllung Daten persönlich übermittelt werden, am nächsten steht.[25] Dadurch soll sichergestellt werden, dass der Betroffene die Information erhält, wer ihm gegenüber verantwortlich ist, und er dadurch in Haftungsfällen den richtigen Ansprechpartner orten kann.[26]

Gem. § 15 Abs. 2 Satz 1 liegt die Verantwortlichkeit der Datenübermittlung bei der übermittelnden 16
Stelle. Diese Stelle muss im Rahmen ihrer Aufgaben und Befugnisse prüfen und eigenständig bewerten, ob sie Daten übermitteln darf und in welchem Umfang dies möglich ist.

> Zu prüfen ist daher zunächst, ob alle jeweils relevanten Voraussetzungen des § 15 Abs. 1 vorliegen oder ob ggf. statt dieser Vorschrift noch andere oder vorrangige in Betracht kommen. Teil der Verantwortung ist es auch zu prüfen, inwieweit und in welcher Form eine Übermittlung zulässig ist, und dabei zunächst zu klären, welche Daten von wem für welche Aufgabe benötigt werden. Vom Empfänger sind ggf. Nachweise für die konkrete Aufgabe und eine Darstellung der Erforderlichkeit einer Datenübermittlung gerade hierfür einzuholen, bevor der Vorgang erfolgen darf, um die eigene Haftung dem Betroffenen gegenüber möglichst auszuschließen.

2. Verantwortungsteilung zwischen übermittelnder Stelle und Dritten, § 15 Abs. 2 Sätze 2 und 3

Ausgehend vom Grundsatz des § 15 Abs. 2 Satz 1, sind die Sätze 2 bis 4 Ausnahmen hiervon. Wenn die 17
Übermittlung auf Ersuchen eines Dritten erfolgt, dann sind die Verantwortlichkeiten und Prüfpflichten zwischen dem Empfänger und Übermittler aufgeteilt.[27]

a) Ersuchen des Dritten, § 15 Abs. 2 Satz 2

Nach dieser Vorschrift wird die Verantwortung für die Zulässigkeit der Übermittlung ausnahmsweise auf 18
den Dritten, an den die personenbezogenen Daten übermittelt werden, verlagert. Die übermittelnde Stelle trägt diese Verantwortung dann nicht mehr, auch nicht teilweise.

---

23 Simitis/*Dammann*, § 15 Rn. 16.
24 Taeger/Gabel/*Heckmann*, § 15 Rn. 20.
25 Taeger/Gabel/*Heckmann*, § 15 Rn. 21; *Gola/Schomerus*, § 15 Rn. 13.
26 Taeger/Gabel/*Heckmann*, § 15 Rn. 21, Simitis/*Dammann*, § 15 Rn. 20.
27 Däubler/Klebe/Wedde/Weichert/*Wedde*, § 15 Rn. 11.

19 Voraussetzung hierfür ist aber, dass der Übermittlungsvorgang auf dem Ersuchen des Dritten beruht. Für das Ersuchen reicht jede ausdrückliche oder konkludente Bekundung des Interesses an der Übermittlung aus[28], es muss nicht notwendig eine rechtliche Pflicht zur Befolgung des Ersuchens bestehen. Als inhaltliche Anforderungen für das Übermittlungsersuchen sind zu fordern, dass die ersuchende Stelle ihr Begehren substantiiert darlegen und dies ggf. mit Tatsachen untermauern muss.[29]

> Aus dem Ersuchen des Dritten müssen sich ergeben:
> - präzise Angaben zur Identifizierung des Betroffenen (ausreichend ist wohl der Name des Betroffenen in Verbindung mit einem der ersuchten Behörde bekannten Aktenzeichen)
> - Angaben zur Aufgabe, wofür die Daten benötigt werden
> - u.U. Angaben zur Rolle des Betroffenen im Rahmen der Verwaltungsaufgabe (besonders dann, wenn der Betroffene nur mittelbar im Verhältnis zur Verwaltungsaufgabe steht – z.B. Unterhaltspflichtiger, Arbeitgeber.[30]

Wenn die Daten der ersuchten Stelle für die gleichen Zwecke gespeichert werden, zu der die ersuchende Stelle sie benötigt, ergeben sich keine weiteren Probleme.[31] Werden die Daten zu einem anderen Zweck gespeichert, muss die ersuchte Stelle zusätzlich gem. § 15 Abs. 1 prüfen, ob die Übermittlung zulässig ist.[32] Die Angaben zur Aufgabe sind mitzuteilen, um der ersuchten Stelle Prüfungsmöglichkeit einzuräumen.

Da die Prüfverantwortlichkeit in dieser Konstellation bei der ersuchenden Stelle liegt, hat sie in ihrem eigenen Interesse Sorge dafür zu tragen, dass nachvollziehbar ist, wie sie ihre Prüfungsverantwortung erfüllt hat.

> Die Prüfungsverantwortung lässt sich nachweisen, indem die ersuchte Behörde ein Protokoll erstellt. In dem Protokoll sollte mindestens enthalten sein, welche Daten von welcher Behörde angefordert wurden und welche Daten tatsächlich an wen übermittelt wurden.[33]

Die Richtigkeit der im Übermittlungsersuchen gemachten Angaben wird mittels §§ 43 Abs. 2 Nr. 4, 44 straf- bzw. ordnungswidrigkeitenrechtlich abgesichert.

b) Eingeschränkte Prüfpflicht der übermittelnden Stelle, § 15 Abs. 2 Satz 3

20 Nach § 15 Abs. 2 Nr. 3 prüft die übermittelnde Stelle, ob das Übermittlungsersuchen im Rahmen der Aufgaben des Empfängers liegt, wobei es sich lediglich um eine abstrakte Zuständigkeitsprüfung handelt.[34] Die ersuchte Stelle muss prüfen, ob die ersuchende Stelle generell, also unabhängig von einer konkreten Fallgestaltung, für die betreffende Aufgabe überhaupt zuständig ist und ob ein solches Ersuchen im Rahmen einer Aufgabenstellung vorkommen kann.[35] Die ersuchte Stelle muss danach überzeugt sein, dass die Zuständigkeit der ersuchenden Stelle deren Ersuchen (abstrakt) abdeckt.[36]

> Die ersuchende Stelle sollte möglichst bei der Datenanforderung ihre abstrakte Zuständigkeit begründen, vor allem wenn es um Aufgaben geht, die nicht allgemein bekannt und damit auch der ersuchten Stelle nicht ohne Weiteres geläufig sind.[37]

28 Taeger/Gabel/*Heckmann*, § 15 Rn. 27.
29 Taeger/Gabel/*Heckmann*, § 15 Rn. 28; BVerfGE 27, 344, NJW 1970, 555; *Gola/Schomerus*, § 15 Rn. 16.
30 Simitis/*Dammann*, § 15 Rn. 29.
31 *Gola/Schomerus*, § 15 Rn. 15.
32 *Gola/Schomerus*, § 15 Rn. 15.
33 Simitis/*Dammann*, § 15 Rn. 30.
34 Simitis/*Dammann*, § 15 Rn. 26.
35 Simitis/*Dammann*, § 15 Rn. 26.
36 Simitis/*Dammann*, § 15 Rn. 26.
37 Simitis/*Dammann*, § 15 Rn. 26.

In § 15 Abs. 2 Satz 3 2. Hs. sieht das Gesetz eine weitergehende Prüfung vor, wenn ein besonderer Anlass dafür besteht. Diese Regelung wurde mit aufgenommen, weil es in der Praxis des Öfteren zu schwer nachvollziehbaren Übermittlungsersuchen kommen kann, die nach einer Rückfrage vonseiten der ersuchten Behörde zurückgezogen werden (sollten).[38] Ein besonderer Anlass liegt vor, wenn zwischen der angegebenen Verwaltungsaufgabe und den angegebenen Daten kein Sachzusammenhang erkennbar ist.[39] 21

c) Sonderfall bei automatisiertem (Einzel-)Abruf, Satz 4 i.V.m. § 10 Abs. 4

§ 15 Abs. 2 Satz 4 regelt den Sonderfall des automatisierten Abrufverfahrens gem. § 10 Abs. 4. Die Verantwortungsbereiche werden nach § 10 Abs. 4 abgegrenzt, der § 15 Abs. 2 unberührt lässt.[40] Primär verantwortlich bleibt in den Fällen des automatisierten Abrufverfahrens der Datenempfänger.[41] 22

III. Nutzungsmöglichkeit der übermittelnden Daten durch „dritten" Empfänger, Abs. 3

1. Zweckbindung beim Empfänger

Sind Daten von einer öffentlichen Stelle an einen Dritten übermittelt worden, besteht die gesetzliche Zweckbindung beim Dritten fort. Die gesetzliche Regelung schreibt damit auch für diesen Empfänger den Grundsatz der Zweckbindung fest, den das BVerfG als herausragende Sicherung des Rechts auf informationelle Selbstbestimmung beschrieben hat.[42] 23

Gem. § 15 Abs. 3 Satz 1 darf der Dritte, an den die Daten übermittelt werden, diese nur für den Zweck verarbeiten oder nutzen, zu dessen Erfüllung sie ihm übermittelt wurden. Bei der Anwendung von § 15 Abs. 3 ist zwischen der übermittelnden Stelle und dem Empfänger zu differenzieren. § 15 Abs. 3 ist nur dann anwendbar, wenn die übermittelnde Stelle in den Anwendungsbereich des BDSG fällt. Für den Empfänger der Daten braucht das BDSG nicht anwendbar zu sein.[43] 24

Im Einzelnen fordert § 15 Abs. 3 Satz 1 zunächst, dass die Verarbeitung und Nutzung der übermittelten Daten von dem Dritten nur zweckgebunden erfolgen dürfen. Dabei ist der Übermittlungszweck anhand von objektiven Gesichtspunkten zu bestimmen.[44] Maßgeblich ist hierbei der abstrakte Normzweck der Rechtsgrundlage für die Übermittlung, aber auch die Zielsetzung im konkreten Fall.[45] 25

> ! Bei generalklauselartig formulierten oder mehrere Tatbestände umfassenden Übermittlungsvorschriften sollte eine möglichst genaue Konkretisierung des Übermittlungszwecks erfolgen (abstrakter Normzweck).[46]

Bei der Zielsetzung im konkreten Fall bezieht sich diese auf einen bestimmten Zeitpunkt, auf bestimmte äußere Umstände, auf einen bestimmten Empfänger und eine bestimmten Betroffenen sowie einen situationsbedingten Anlass.[47]

Werden die Daten an einen Zweitempfänger weitergeleitet, findet § 15 Abs. 3 auf diesen Zweitempfänger nur Anwendung, wenn der Erstempfänger bereits unter den Anwendungsbereich des BDSG fiel.[48] Wenn der Erstempfänger eine öffentliche Stelle des Landes ist, kann sich die Zweckbindung nicht aus 26

38 Taeger/Gabel/*Heckmann*, § 15 Rn. 35, der auf Simitis/*Dammann*, § 15 Rn. 27, verweist.
39 Simitis/*Dammann*, § 15 Rn. 27.
40 Taeger/Gabel/*Heckmann*, § 15 Rn. 38.
41 Däubler/Klebe/Wedde/Weichert/*Wedde*, § 15 Rn. 15; Simitis/*Dammann*, § 15 Rn. 33; *Gola/Schomerus*, § 15 Rn. 16.
42 BVerfG, Urt. v. 15.12.1983, Az. 1 BvR 209/83, NJW 1984, 419 ff.; Däubler/Klebe/Wedde/Weichert/*Wedde*, § 15 Rn. 17; *Gola/Schomerus*, § 15 Rn. 18.
43 Taeger/Gabel/*Heckmann*, § 15 Rn. 41.
44 Taeger/Gabel/*Heckmann*, § 15 Rn. 42.
45 Taeger/Gabel/*Heckmann*, § 15 Rn. 42.
46 Simitis/*Dammann*, § 15 Rn. 40.
47 Simitis/*Dammann*, § 15 Rn.40.
48 Simitis/*Dammann*, § 15 Rn. 37.

§ 15 Abs. 3 ergeben, sondern nur aus einer parallelen Vorschrift des entsprechenden Landesdatenschutzes.[49]

2. Für die Übermittlung von anderen Zwecken, Satz 2

27 Eine Änderung des Zwecks ist nur zulässig unter den Voraussetzungen des § 14 Abs. 2. Die in § 14 Abs. 2 abschließend genannten Tatbestände (näher dazu § 14 Rn. 18 ff.) sind im Rahmen des § 15 eng auszulegen.[50]

28 § 15 Abs. 3 gehen speziellere Rechtsvorschriften hinsichtlich der Zweckbindung beim Empfänger für die Übermittlung vor. Zu diesen vorrangigen Vorschriften gehört auch § 15 Abs. 5 letzter Halbsatz, wonach aus praktischen Gründen in Akten oder anderen Unterlagen „weitere" Daten, die zwangsläufig mitübermittelt werden, einem umfassenden Nutzungsverbot unterliegen.[51] Darüber hinaus ist § 39 die speziellere Vorschrift, da für Daten, die einem Berufs- oder besonderen Amtsgeheimnis unterliegen, eine strenge Zweckbindung besteht.[52] Weitere vorrangige Regelungen außerhalb des BDSG sind beispielsweise: § 68 Abs. 4 SGB VIII, § 78 SGB X und § 16 Abs. 8 BStatG.[53]

IV. Übermittlung personenbezogener Daten an bestimmte Religionsgemeinschaften, Abs. 4 i.V.m. Abs. 1 bis 3

29 § 15 Abs. 4 regelt primär, dass die Übermittlung an öffentlich-rechtliche Religionsgemeinschaften nach den gleichen Maßstäben für die Übermittlung von öffentlichen Stellen zu beurteilen ist, aber überdies werden als zusätzliche Voraussetzung ausreichende Datenschutzmaßnahmen beim Empfänger gefordert.

Nach § 15 Abs. 4 ist die Übermittlung von personenbezogenen Daten von öffentlichen Stellen an Religionsgemeinschaften dann zulässig, wenn diese den Status einer Körperschaft des öffentlichen Rechts i.S.d. Art. 140 GG i.V.m. Art. 137 Abs. 2 WRV haben. Körperschaften des öffentlichen Rechts sind durch staatliche Hoheitsakte geschaffene, rechtsfähige, mitgliedschaftlich verfasste (aber unabhängig vom Wechsel der Mitglieder bestehende) Organisationen des öffentlichen Rechts, die unter staatlicher Aufsicht öffentliche Aufgaben wahrnehmen. [54]

Diesen Status haben:

- die evangelischen Landeskirchen
- die Evangelische Kirche Deutschlands (EKD)
- die Vereinte Lutherische Kirche (VELKD)
- die Evangelische Kirche der Union (EKU)
- die katholischen Bistümer
- das Bistum der Altkatholiken.[55]

Entsprechend gilt dieser Status auch für die griechisch-orthodoxe und die russisch-orthodoxe Kirche.[56]

49 Simitis/*Dammann*, § 15 Rn. 37.
50 Däubler/Klebe/Wedde/Weichert/*Wedde*, § 15 Rn. 18.
51 Simitis/*Dammann*, § 15 Rn. 43.
52 Simitis/*Dammann*, § 15 Rn. 43.
53 *Gola/Schomerus*, § 15 Rn. 18.
54 *Maunz*/Düring, Art. 86 GG Rn. 71.
55 Däubler/Klebe/Wedde/Weichert/*Wedde*, § 15 Rn. 20.
56 Däubler/Klebe/Wedde/Weichert/*Wedde*, § 15 Rn. 20.

> Diesen Status haben hingegen nicht:
> - griechisch-katholische Kirche
> - Zeugen Jehovas
> - Buddhisten-Gemeinden[57]
>
> Die gesetzliche Grundlage für die Übermittlung an diese zuvor genannten, privatrechtlich organisierten Religionsgemeinschaften und Kirchen ist ausschließlich § 16.

Nach dem Wortlaut der Vorschrift erfolgt die Übermittlung personenbezogener Daten an Stellen öffentlich-rechtlicher Religionsgemeinschaften. Hierbei legt der Gesetzgeber eine Parallele zum staatlichen Bereich fest; grundsätzlich werden hier Daten nicht der juristischen Person des öffentlichen Rechts als Ganzes zur Verfügung gestellt, sondern nur der jeweiligen Behörde oder Stelle. Dies gilt auch bei Religionsgesellschaften (z.B. Kreiskirchenamt, Landeskirchenamt).[58] **30**

§ 15 Abs. 4 ist jedoch nur auf den Fall anwendbar, dass die Daten an organisationsrechtlich unselbstständige Stellen der Religionsgemeinschaft übermittelt werden.[59] **31**

Werden hingegen Daten an selbstständige Einrichtungen übermittelt, deren Träger Religionsgemeinschaften sind (z.B. Kirchliches Krankenhaus in der Rechtsform eines eingetragenen Vereins), bestimmt sich die Übermittlung ausschließlich nach den Regelungen des § 16.[60]

Die Datenübermittlung ist nach dem ausdrücklichen Verweis gem. § 15 Abs. 4 nur unter den allgemeinen Voraussetzungen zulässig, die in den Absätzen 1–3 genannt werden. Zudem sind die Beschränkungen der Nutzung nach § 14 zu beachten, die auch hier wegen des Verweises in § 15 Abs. 3 Satz 2 bedeutsam sind.[61] **32**

Die Zulässigkeit der Datenübermittlung an die Religionsgemeinschaft muss für die Erfüllung von ihren Aufgaben erforderlich sein und zudem dem Zweckbindungsgrundsatz entsprechen. **33**

Der Aufgabenbegriff ist bezüglich der Religionsgemeinschaften sehr umfassend. Aufgrund der dieser verfassungsrechtlich garantierten Autonomie ist es ausreichend, wenn sich die Religionsgemeinschaft selbst eine bestimmte Betätigung oder die Verfolgung eines Ziels zur Aufgabe macht und die Ausführung tatsächlich betreibt.[62] Einschränkend wirkt hierbei nur das weitere Tatbestandsmerkmal der „Erforderlichkeit" für die Aufgabenwahrnehmung. Erforderlich sind die Daten dann, wenn sie zur Erfüllung der Aufgaben notwendig sind.[63]

Bei der Prüfung der Erforderlichkeit ist aber stets zu berücksichtigen, dass Religionsgemeinschaften sich wegen aller benötigten Daten unmittelbar auch an ihre Mitglieder wenden können, entweder in der Form, dass die Religionsgemeinschaft die Daten selbst erhebt oder aber sie um die Einwilligung der Mitglieder dazu bittet, dass ihr die Daten von staatlichen Stellen übermittelt werden.[64] Nur wenn diese Möglichkeiten nicht vorhanden sind, kann die Übermittlung nach § 15 Abs. 4 erforderlich sein.

Darüber hinaus erschwert der Zweckbindungsgrundsatz die Datenübermittlung, diese wird sich in der Regel als die Übermittlung „zu anderen Zwecken" darstellen und ist demnach nur gem. § 14 Abs. 2 zulässig.[65]

Nach § 15 Abs. 4 ist die Übermittlung nur dann zulässig, wenn sichergestellt ist, dass der Empfänger der Daten ausreichende Datenschutzmaßnahmen getroffen hat. Der Gesetzgeber hat diese zusätzliche Bedingung mit in das Gesetz aufgenommen, weil die öffentlich-rechtlichen Religionsgemeinschaften nicht **34**

---

57 Däubler/Klebe/Wedde/Weichert/*Wedde*, § 15 Rn. 20.
58 Simitis/*Dammann*, § 15 Rn. 48; *Gola/Schomerus*, § 15 Rn. 21.
59 *Gola/Schomerus*, § 15 Rn. 21.
60 *Gola/Schomerus*, § 15 Rn. 21.
61 Däubler/Kleber/Wedde/Weichert/*Wedde*, § 15 Rn. 22.
62 Simitis/*Dammann*, § 15 Rn. 51.
63 *Gola/Schomerus*, § 15 Rn. 23.
64 Simitis/*Dammann*, § 15 Rn. 54.
65 *Gola/Schomerus*, § 15 Rn. 24.

in vollem Umfang dem BDSG unterliegen.[66] Datenschutzmaßnahmen sind hierbei nicht nur Maßnahmen technischer und organisatorischer Art i.S.v. § 9, sondern alles, was zum Schutz der Betroffenen in ihrem Persönlichkeitsrecht beim Umgang mit ihren personenbezogenen Daten im Sinne der Zielformel des § 1 Abs. 1 notwendig ist; dazu gehören vor allem auch Regelungen allgemeiner Art.[67]

V. Besonderheiten bei der Übermittlung verbundener, weiterer personenbezogener Daten, § 15 Abs. 5

35 Die Übermittlungsregelung in § 15 Abs. 5 gilt vor allem für den Fall der Übermittlung der in Akten gespeicherten Daten.[68] Bei der Aktenübermittlung ist es zwangsläufig so, dass sich unter den zu übermittelnden Daten auch solche befinden, die der Dritte, an den die Daten übermittelt werden, zur Erfüllung seiner Aufgaben nicht benötigt.[69] Die Übermittlung dieser verbundenen Daten ist nur unter engen Voraussetzungen möglich.

36 Zunächst müssen weitere, mit den zu übermittelnden Daten verbundene Daten vorliegen. Verbundene überschießende Daten sind sowohl personenbezogene Daten des Betroffenen oder solche eines Dritten.

Diese müssen mit den übermittlungsfähigen Daten verbunden sein. Das ist dann der Fall, wenn neben den übermittlungsfähigen Daten nach § 15 Abs. 1 weitere übermittlungsfähige Daten vorliegen, die physisch derart in einer Verbindung stehen, dass die Trennung einen nicht unerheblichen Aufwand erfordert.[70] Dieser Aufwand kann in einer manuell-mechanischen Art bestehen oder auch nur geistiger Natur sein, etwa wenn ein komplexer Sachverhalt nach Abs. 1 mitzuteilen ist, der mit einer umfassenden Darstellung verwoben ist.[71]

> **!**
>
> Datenverbindung besteht dann,
>
> wenn die Daten physisch auf einem Blatt Papier, in einem Schriftstück oder in einer Akte verbunden sind.
>
> Keine Datenverbindung i.S. § 15 Abs. 5 liegt hingegen vor bei
>
> Unterlagen, die sich auf verschiedenen, physisch noch nicht in Akten eingefügten Schriftstücken (z.B. verschiedene Briefe) befinden; bei Angaben, die sich in verschiedenen Aktenordnern befinden, dann, wenn diese fachlich-systematisch (etwa nach Zeiträumen oder regional) gegliedert sind.[72]

37 Voraussetzung für die Datenübermittlung nach § 15 Abs. 5 ist weiterhin, dass die Trennung der Daten nicht oder nur mit einem unvertretbaren Aufwand möglich ist. Das Tatbestandsmerkmal, dass die Datentrennung überhaupt nicht möglich ist, wird praktisch nicht vorkommen.[73]

Die Zumutbarkeit des Aufwandes bestimmt sich nicht aus Sicht der öffentlichen Stelle, sondern aus einer objektiven Sicht.[74]

> **!**
>
> Der Aufwand für die Trennung beinhaltet:
>
> - Durchsicht der mit den zu übermittelnden Daten verbundenen Informationsträger, um die „weiteren" personenbezogenen Daten festzustellen
> - Trennung in Form der Fertigung eines Ausschnitts, einer Teil-Kopie oder einer Teilabschrift, die keine „weiteren" Daten enthalten

---

66 Simitis/*Dammann*, § 15 Rn. 60.
67 Simitis/*Dammann*, § 15 Rn. 62.
68 *Gola/Schomerus*, § 15 Rn. 27.
69 *Gola/Schomerus*, § 15 Rn. 27.
70 Taeger/Gabel/*Heckmann*, § 15 Rn. 64.
71 Simitis/*Dammann*, § 15 Rn. 73.
72 Vgl. Beispiele: Simitis/*Dammann*, § 15 Rn. 73.
73 Simitis/*Dammann*, § 15 Rn. 75.
74 Däubler/Klebe/Wedde/Weichert/*Wedde*, § 15 Rn. 25.

- wenn Teile des Originals zur Übermittlung gegen Rückgabe ausgehändigt wurden, ist das Wiedereinordnen Aufwand [75]

Ob die Datentrennung einen unverhältnismäßig großen Aufwand an Zeit, Kosten oder Arbeitskraft erfordert, ist für den jeweiligen Einzelfall zu bestimmen.[76] Dass es einen unverhältnismäßig großen Aufwand darstellen würde, wird nur in wenigen Fällen vorkommen, denn bei der Übermittlung von Kopien ist das vorrangige Mittel der Wahl das Schwärzen der entscheidenden Stellen.[77] Unverhältnismäßig ist der Aufwand wohl erst dann, wenn eine handschriftliche Schwärzung eines mehrere hundert Seiten umfassenden Dokuments mit besonders komplexer und verwobener Struktur in Betracht käme.[78]

Steht die Unzumutbarkeit der Trennung fest, darf die Übermittlung miteinander verbundener Daten **38** gleichwohl nicht durchgeführt werden, wenn berechtigte Geheimhaltungsinteressen des Betroffenen oder eines Dritten gem. § 15 Abs. 5 letzter Halbsatz entgegenstehen.[79]

Das Geheimhaltungsinteresse als solches muss kein spezifisch datenschutzrechtliches Geheimhaltungsin- **39** teresse sein, auch sonstige Interessen zählen hierzu.[80] Beispielhaft können hier wirtschaftliche Interessen genannt werden, wie dies bei der Wahrung von Geschäftsgeheimnissen der Fall ist.[81]

Abschließend ist eine Abwägung der Interessen vorzunehmen. Die Datenübermittlung ist zulässig, wenn **40** die Geheimhaltungsinteressen nicht offensichtlich überwiegen. Daraus folgt, dass bei gleichgewichtigen Interessen die Übermittlung zulässig ist. Ein offensichtliches Überwiegen der Geheimhaltungsinteressen liegt dann vor, wenn bei vernünftiger Würdigung kein Zweifel daran besteht, dass diese schwerer als die Interessen der Behörde wiegen.[82]

!

Ob die Geheimhaltungsinteressen offensichtlich überwiegen, ist im jeweiligen Einzelfall zu prüfen.

In einem ersten Schritt müsste die Behörde bei einer kursorischen Aktendurchsicht feststellen, ob es sich um einen Durchschnittsfall handelt oder ob Anhaltspunkte vorliegen, die auf erhöhten Geheimhaltungsbedarf hindeuten.[83] Soweit es dabei um die Interessen des Betroffenen geht, ist es praktisch stets notwendig, ihm Gelegenheit zur Stellungnahme hinsichtlich der Übermittlung zu geben.[84] Allerdings sind daneben auch stets die Geheimhaltungsinteressen Dritter zu prüfen, wenn sie in der Akte erwähnt werden.[85]

In Zweifelsfällen bzgl. der Abwägung der Interessen ist jedoch von einer Übermittlung so lange abzusehen, bis eine Klärung der Frage des offensichtlichen Überwiegens getroffen ist.[86]

Nach § 15 Abs. 5 letzter Halbsatz ist die Nutzung der „weiteren" Daten unzulässig. Diese Vorschrift be- **41** gründet damit ein vorbehaltloses Nutzungsverbot.[87] Bei der Datenübermittlung an den Empfänger ist lediglich erlaubt, was zwangsläufig damit verbunden ist, d.h. die Entgegennahme und Aufbewahrung auch der überschießenden personenbezogenen Daten.[88] Jede Datenauswertung, jeder Datenabgleich, jede Veröffentlichung als auch die Weitergabe an andere öffentliche Stellen ist damit unzulässig.[89]

---

75 Bzgl. aller Unterpunkte Simitis/*Dammann*, § 15 Rn. 76.
76 Taeger/Gabel/*Heckmann*, § 15 Rn. 66.
77 Taeger/Gabel/*Heckmann*, § 15 Rn. 66.
78 Taeger/Gabel/*Heckmann*, § 15 Rn. 66.
79 Däubler/Klebe/Wedde/Weichert/*Wedde*, § 15 Rn. 26.
80 *Gola/Schomerus*, § 15 Rn. 28.
81 Taeger/Gabel/*Heckmann*, § 15 Rn. 69.
82 Simitis/*Dammann*, § 15 Rn. 78.
83 Simitis/*Dammann*, § 15 Rn. 79.
84 Vgl. Simitis/*Dammann*, § 15 Rn. 79.
85 Simitis/*Dammann*, § 15 Rn. 79.
86 Taeger/Gabel/*Heckmann*, § 15 Rn. 70.
87 Taeger/Gabel/*Heckmann*, § 15 Rn. 73.
88 Simitis/*Dammann*, § 15 Rn. 81.
89 Däubler/Klebe/Wedde/Weichert/*Wedde*, § 15 Rn. 27.

VI. Datenübermittlung innerhalb einer öffentlichen Stelle, § 15 Abs. 6

42 Die Regelung des § 15 Abs. 6 stellt sicher, dass die durch § 15 Abs. 5 begründete Erleichterung im Sinne einer Verwaltungsvereinfachung bei Datenweitergaben innerhalb einer öffentlichen Stelle auch dann eingreift, wenn es sich begrifflich nicht um eine Übermittlung an Dritte handelt.[90] Werden also personengebundene Daten oder Datenträger innerhalb der öffentlichen Stelle weitergegeben, sind die Regelungen des Abs. 5 nach Abs. 6 entsprechend anzuwenden.

43 Eine interne Weitergabe der Daten liegt dann vor, wenn die Daten den normalen Bearbeitungsweg verlassen und einer anderen Organisationseinheit dieser Stelle zugänglich gemacht werden.[91] Neben der Weitergabe ist diese Norm auch auf die innerbehördliche Einsichtnahme nach § 3 Abs. 4 Nr. 3b anzuwenden, da es sich auch hierbei um einen internen Datenfluss bzw. gegenüber Dritten um einen Fall der Übermittlung handelt.[92]

! § 15 Abs. 6 kommt stets zur Anwendung, wenn dem Personalrat in Erfüllung seiner Aufgaben nach § 68 BPersVG vom Arbeitgeber/Dienstherrn Informationen zugänglich gemacht werden.[93] Der Personalrat ist als Teil der öffentlichen Stelle zu qualifizieren, bei der er eingerichtet ist.[94] Wenn darüber hinaus die zu übermittelnden Informationen in untrennbarem Zusammenhang zu den Aufgaben des Personalrats stehen, ist § 15 Abs. 6 anzuwenden.

VII. Ordnungswidrigkeitsrechtliche und strafrechtliche Absicherung der Datenübermittlung

44 Um die Richtigkeit von Auskünften des Dritten bei der Datenübermittlung zu gewährleisten, werden Falschangaben des Dritten strafrechtlich bzw. als Ordnungswidrigkeit verfolgt (§ 44 Abs. 1 i.V.m. § 43 Abs. 2 Nr. 4 oder § 43 Abs. 2). Darüber hinaus können auch Straftatbestände des StGB verletzt werden; in Betracht kommen hierbei das Ausspähen von Daten gem. § 202a StGB oder die Verletzung von Privatgeheimnissen gem. § 203 StGB.

VIII. Zivilrechtliche Absicherung der Datenübermittlung

45 Wenn die Datenübermittlung rechtswidrig erfolgt, besteht ein Folgenbeseitigungsanspruch, den § 20 Abs. 2 BDSG im Sinne eines Löschungsanspruches ausgestaltet, der aber eine noch bestehend rechtswidrige Lage voraussetzt; u. U. sind auch Schadensersatzansprüche nach § 839 BGB i. V. m. Art. 34 GG denkbar.[95]

---

90 Vgl. Simitis/*Dammann*, § 15 Rn. 85.
91 Simitis/*Dammann*, § 15 Rn. 85.
92 Taeger/Gabel/*Heckmann*, § 15 Rn. 76.
93 Ausführlich *Däubler*, Gläserne Belegschaften, Rn. 842 ff.; *Gola/Wronka*, NZA 1991, 793; Däubler/Klebe/Wedde/Weichert/*Wedde*, § 15 Rn. 29.
94 *Gola/Schomerus*, § 15 Rn. 31.
95 Wolff/Brink/*Albers*, § 15 Rn. 53.

§ 16 Datenübermittlung an nicht-öffentliche Stellen

(1) Die Übermittlung personenbezogener Daten an nicht-öffentliche Stellen ist zulässig, wenn

1. sie zur Erfüllung der in der Zuständigkeit der übermittelnden Stelle liegenden Aufgaben erforderlich ist und die Voraussetzungen vorliegen, die eine Nutzung nach § 14 zulassen würden, oder

2. der Dritte, an den die Daten übermittelt werden, ein berechtigtes Interesse an der Kenntnis der zu übermittelnden Daten glaubhaft darlegt und der Betroffene kein schutzwürdiges Interesse an dem Ausschluss der Übermittlung hat. Das Übermitteln von besonderen Arten personenbezogener Daten (§ 3 Abs. 9) ist abweichend von Satz 1 Nr. 2 nur zulässig, wenn die Voraussetzungen vorliegen, die eine Nutzung nach § 14 Abs. 5 und 6 zulassen würden oder soweit dies zur Geltendmachung, Ausübung oder Verteidigung rechtlicher Ansprüche erforderlich ist.

(2) Die Verantwortung für die Zulässigkeit der Übermittlung trägt die übermittelnde Stelle.

(3) [1]In den Fällen der Übermittlung nach Absatz 1 Nr. 2 unterrichtet die übermittelnde Stelle den Betroffenen von der Übermittlung seiner Daten. [2]Dies gilt nicht, wenn damit zu rechnen ist, dass er davon auf andere Weise Kenntnis erlangt, oder wenn die Unterrichtung die öffentliche Sicherheit gefährden oder sonst dem Wohle des Bundes oder eines Landes Nachteile bereiten würde.

(4) [1]Der Dritte, an den die Daten übermittelt werden, darf diese nur für den Zweck verarbeiten oder nutzen, zu dessen Erfüllung sie ihm übermittelt werden. [2]Die übermittelnde Stelle hat ihn darauf hinzuweisen. [3]Eine Verarbeitung oder Nutzung für andere Zwecke ist zulässig, wenn eine Übermittlung nach Absatz 1 zulässig wäre und die übermittelnde Stelle zugestimmt hat.

Literatur

Detterbeck, Allgemeines Verwaltungsrecht, 10. Aufl. 2012.

▶ **Darum geht es**

Welche Voraussetzungen und Bindungen gelten bei der Übermittlung von (besonders schützenswerten) Daten an nicht-öffentliche Stellen?

▶ **Schlagworte**

Berechtigtes Interesse; Besondere Arten personenbezogener Daten Dritter; Nicht-öffentliche Stelle; Nutzung; Rechtliche Ansprüche; Übermittlung; Verarbeitung; Verantwortlichkeit; Zweckbindung

---

A. Allgemeines

I. Verhältnis von § 16 zu §§ 13, 14 und 15

1 Systematisch bezieht sich § 16 – wie die vorhergehenden §§ 13–15 – in erster Linie auf „öffentliche Stellen" des Bundes (§ 2 Abs. 1, 3 und Abs. 4 Satz 2; § 2 Rn. 13 ff., 21), soweit diese nicht als öffentlich-rechtliche Unternehmen am Wettbewerb teilnehmen (§ 12 Abs. 1; § 12 Rn. 8), zudem – wenn und soweit dafür keine landesgesetzlichen Regelungen bestehen – auf „öffentliche" Stellen der Bundesländer (§ 2 Abs. 2; § 2 Rn. 17). Wie § 15 behandelt § 16 nur einen speziellen Fall von „Verarbeitungen", nämlich die „Übermittlungen" (i.S.v. § 3 Abs. 4 Satz 2 Nr. 3; § 3 Rn. 73 ff.); anders als dort ist aber bei § 16 der Dritte (§ 3 Abs. 8 Sätze 2, 3; § 3 Rn. 136) eine „nicht-öffentliche Stelle" (§ 2 Abs. 4 Satz 1; § 2 Rn. 22).

II. Betroffener, übermittelnde verantwortliche (öffentliche) Stelle und dritter Datenempfänger

2 § 16 betrifft grundsätzlich alle „personenbezogenen Daten" eines „Betroffenen" (§ 3 Abs. 1; § 3 Rn. 6); die „verantwortliche Stelle" i.S.v. § 3 Abs. 7 (§ 3 Rn. 126 ff.) ist stets eine öffentliche Stelle (Rn. 1).

Die von dieser „übermittelnden" Stelle adressierten, passiv oder aktiv (durch Abruf oder Einsichtnahme) beteiligten „dritten" Personen dürfen nicht ebenfalls öffentliche Stellen sein (in diesem Fall gilt § 15), sie werden jedoch ansonsten nicht durch weitere Merkmale ein- und abgegrenzt.

Bei der Auftragsdatenverarbeitung nach § 11 (§ 11 Rn. 23 ff.) erfolgt im Verhältnis zwischen dem Auftraggeber und -nehmer keine „Übermittlung"; Letzterer ist, wenn seine Tätigkeit im Inland oder in einem anderen EU- oder EWR-Staat erfolgt, gerade kein „Dritter" (§ 3 Abs. 8 Satz 3), sodass § 16 auf diese Form der „Verarbeitung" (Rn. 1) keine Anwendung findet.

! Bei der vertraglichen Ausgestaltung der Auftragsdatenverarbeitung muss besonders beachtet werden, wo der Auftragnehmer sitzt bzw. tätig wird. Außerhalb des EU- und EWR-Raums gelten andere rechtliche Vorgaben als innerhalb desselben.

B. Inhalt der Regelung

I. Zulässigkeitsvoraussetzungen für die Übermittlung

1. Allgemein

3 Bei Fehlen einer wirksamen Einwilligung gestattet § 16 Abs. 1 Satz 1 eine Übermittlung an Dritte nur, wenn eine von zwei alternativen Voraussetzungen vorliegt; Nr. 1 hebt auf Belange der übermittelnden öffentlichen Stelle ab (Sender), Nr. 2 auf überwiegende Interessen des nicht-öffentlichen „Dritten" (Emp-

fänger, freilich nicht im formalen Sinne des § 3 Abs. 8 Satz 1[1]). In diesem Fall stellt § 16 Abs. 1 Satz 2 ausdrücklich verschärfte Voraussetzungen für die Übermittlung von „besonderen Arten personenbezogener Daten" (§ 3 Abs. 9; § 3 Rn. 139 ff.) auf.

2. Einzelheiten

a) Übermittlung bei personenbezogenen Daten im Allgemeinen

aa) Belange der übermittelnden (öffentlichen) Stelle

4 Gerade eine Übermittlung (und keine andere „Verwendung") von Daten muss – und zwar zur Erfüllung von Aufgaben der übermittelnden Stelle – erforderlich sein; anders als bei § 15 Abs. 1 Nr. 1 genügt es für § 16 Abs. 1 Satz 1 Nr. 1 nicht, dass die Erfüllung von Aufgaben des Dritten sie erfordert, da dieser gerade keine öffentliche Stelle ist. Die verantwortliche übermittelnde öffentliche Stelle muss also tatsächlich oder rechtlich nicht in der Lage sein, selbst tätig zu werden.

Beispiel

Bei einem Störungs- oder Notfall fehlt ausreichendes Personal oder sind relevante Geräte nicht hinreichend funktionsfähig.

5 Als zweite Voraussetzung müsste (ohne die bzw. statt der Übermittlung) eine „Nutzung" (§ 3 Rn. 98 ff.) nach § 14 zulässig sein. Insoweit kommt jeder Absatz dieser Vorschrift als Kriterium in Betracht, da auch im „Verwenden" (§ 14 Abs. 4) das „Nutzen" enthalten ist. Über die Verknüpfung mit § 14 wird auch im Rahmen von § 16 Abs. 1 Satz 1 Nr. 1 die Abgrenzung von „besonderen Arten personenbezogener Daten" maßgeblich (§ 14 Abs. 5, 6).

bb) Überwiegende (berechtigte) Interessen der dritten nicht-öffentlichen Stelle an der Übermittlung

6 § 16 Abs. 1 Satz 1 Nr. 2 hat keine Parallele in § 15, weil der Dritte, an den die Daten übermittelt werden (dürfen), keine öffentliche Stelle ist. Damit beurteilt sich die Zulässigkeit der Übermittlung hier anhand einer Abwägung zwischen widerstreitenden privaten Interessen, ähnlich wie im Fall des § 28 Abs. 1 Satz 1 Nr. 2 und Abs. 2 Nr. 2 a). Das Interesse des Dritten an der Kenntniserlangung muss dabei das Interesse des Betroffenen an Wahrung von Vertraulichkeit überwiegen, wenn auch (anders als bei § 28 Abs. 1 Satz 1 Nr. 3 oder § 14 Abs. 2 Nr. 5) nicht notwendig wesentlich oder sogar offensichtlich.

7 Nicht oder nur wenig schutzwürdig ist das Interesse des Betroffenen an einem Ausschluss der Übermittlung (an eine oder einige konkrete Personen) regelmäßig dann, wenn die betreffenden personenbezogenen Daten entweder bereits allgemein – für einen nicht näher bestimmten Personenkreis – zugänglich sind oder die verantwortliche übermittelnde Stelle sie veröffentlichen und damit dem Publikum verfügbar machen dürfte. Hierher gehören auch die Fälle, dass der Betroffene selbst bestimmte eigene Daten öffentlich gemacht (siehe § 28 Abs. 6 Nr. 2) oder in eine Übermittlung zunächst wirksam eingewilligt hat (§§ 13 Abs. 2 Nr. 2, 14 Abs. 2 Nr. 2) oder diese offensichtlich objektiv in seinem Interesse liegt (§ 14 Abs. 2 Nr. 3). Schutzwürdig kann auch ein Interesse an der Übermittlung nur eines Teils personenbezogener Daten (und damit zugleich des Ausschlusses anderer) oder an einer Weitergabe nur an einen oder bestimmte einzelne Personen, aber nicht an alle an den Daten interessierte Dritte sein.

8 Das Informationsinteresse des Dritten muss bezüglich der konkret zu übermittelnden Daten „berechtigt" sein. Selbst bei „sensiblen" Daten reicht es dafür nach § 16 Abs. 1 Satz 2 aus, dass deren Kenntnis (durch den Dritten) zur Geltendmachung, Ausübung oder Verteidigung rechtlicher „Ansprüche" erforderlich ist, also des Rechts, von einer anderen Person ein Tun oder Unterlassen zu verlangen (siehe § 194 Abs. 1 BGB).

Die Übermittlung ist jedenfalls auch dann generell „berechtigt", wenn sie sogar bei „besonderen Arten personenbezogener Daten" zulässig wäre, d.h. bei gewichtigen Forschungsinteressen (§ 14 Abs. 5 Satz 1

1 BT-Drs. 14/4329, 40.

Nr. 2 und Satz 2) und aufgrund der spezifischen Datenerhebungsvorschriften des (§ 14 Abs. 5 Satz 1 Nr. 1 i.V.m.) § 13 Abs. 2 Nr. 1–6 und 9. Dabei werden die privaten Interessen des Dritten teils durch gleichlaufende öffentliche Interessen in ihrer Bedeutung verstärkt. Andererseits werden rein kommerzielle (Eigen-)Interessen des Dritten in der Regel hinter dem prinzipiell immer schutzwürdigen Persönlichkeitsrecht des Betroffenen zurückstehen müssen.

Beispiel

I.d.R. besteht kein Selbsthilferecht (im Sinne des § 229 BGB).

Werden Ansprüche nicht freiwillig erfüllt, können sie nur mittels Einschaltung staatlicher Gerichte durchgesetzt werden. Für die Erhebung und den Erfolg einer Klage sind bestimmte Angaben zum Beklagten (und später im Verhältnis zu Zeugen) unerlässlich.

b) Übermittlung bei besonderen Arten von personenbezogenen Daten

9 § 16 Abs. 1 Satz 2 legt auch im Rahmen der Übermittlung an nicht-öffentliche Stellen (ähnlich wie § 15 Abs. 1 Nr. 2) einen strengeren Maßstab an, wenn es sich um „sensible" Daten (Rn. 3) handelt. Auch hier zeigt sich dies schon im Wortlaut („nur" zulässig, wenn) jener Vorschrift. Da der Dritte, an den Daten übermittelt werden, stets andere (nämlich private) Zwecke als die übermittelnde öffentliche Stelle verfolgen wird, ist die enge Verzahnung mit den parallelen Bestimmungen bezüglich der Speicherung, Veränderung oder Nutzung und – über diese – auch mit der Daten-Erhebung nur konsequent. Nur auf diese Weise kann die für die Zulässigkeit der Übermittlung nach § 16 Abs. 2 verantwortliche Stelle rechtzeitig eingreifen, um Gefahren für den Betroffenen vorzubeugen bzw. diese so gering wie möglich zu halten. Sie darf eine Übermittlung daher nur vornehmen oder zulassen (entsprechend § 14 Abs. 5 Satz 1 und § 13 Abs. 2 Nr. 1–6 und 9; siehe § 13 Rn. 20 ff.; § 14 Rn. 68), wenn und soweit

a) eine Rechtsvorschrift dies vorsieht oder aus Gründen eines „wichtigen" öffentlichen Interesses „zwingend" erfordert,

b) der Betroffene in diese Art der Verarbeitung seiner „sensiblen" Daten ausdrücklich (§ 4a Abs. 3) und auch sonst im Einklang mit § 4a (Abs. 1, 2) eingewilligt hat,

c) diese zum Schutz „lebenswichtiger" Interessen entweder des Betroffenen selbst oder des Dritten erforderlich ist – aber nur, sofern der Betroffene aus „physischen" oder rechtlichen Gründen außerstande ist, seine Einwilligung zu geben,

d) es sich um Daten handelt, die der Betroffene selbst „offenkundig", d. h. für andere eindeutig ersichtlich, öffentlich gemacht hat,

e) dies zur Abwehr einer „erheblichen" Gefahr für die „öffentliche Sicherheit" erforderlich ist,

f) dies zur Abwehr „erheblicher" Nachteile für das Gemeinwohl oder zur Wahrung „erheblicher" Belange des Gemeinwohls „zwingend" erforderlich ist,

g) dies aus „zwingenden" Gründen der Verteidigung oder der Erfüllung über- oder zwischenstaatlicher Verpflichtungen einer öffentlichen Stelle des Bundes auf dem Gebiet der Krisenbewältigung oder Konfliktverhinderung oder für humanitäre Maßnahmen erforderlich ist.

10 Entsprechend § 14 Abs. 6 und § 13 Abs. 2 Nr. 7 gelten auch dann, wenn und soweit eine Übermittlung „zum Zweck der Gesundheitsvorsorge, der medizinischen Diagnostik, der Gesundheitsversorgung oder Behandlung oder für die Verwaltung von Gesundheitsdiensten erforderlich" ist, primär die spezifischen Geheimhaltungsvorschriften für das mit dieser Verarbeitung befasste „ärztliche Personal" oder sonstige Personen, die einschlägigen Pflichten unterliegen.

Das Arztgeheimnis ist vorrangig vor Übermittlungsregelungen des BDSG; dies ergibt sich allgemein aus § 1 Abs. 3 Satz 2.

11 Bei allen, auch bei „sensiblen" Daten ist allerdings eine Interessenabwägung *vor* der Übermittlung (oder deren Unterbleiben) unverzichtbar. Wenn jedoch ein ausdrücklich normierter Fall der Zulässigkeit

(Rn. 9 f.) gegeben ist, wird in der Regel kein der Übermittlung entgegenstehendes schutzwürdiges Interesse mehr gegeben sein.

§ 16 Abs. 1 Satz 2 besagt nicht explizit, wessen rechtliche Ansprüche (jeglicher Art, d.h. sowohl im Bereich des Zivil- oder Strafrechts als auch dem des öffentlichen Rechts) hier berührt sein müssen, um die Zulässigkeit der Daten-Übermittlung zu rechtfertigen. Erfasst wird aber sowohl aktives Handeln („Geltendmachen", „Ausüben") als auch die Reaktion auf Maßnahmen anderer („Verteidigung"). Da auch bei „sensiblen" Daten die Übermittlung nur zulässig ist, „soweit" sie für Zwecke des jeweiligen Anspruchs (sei dies dessen Durchsetzung oder dessen Abwehr) „erforderlich" ist, kann es je nach Fallkonstellation um Ansprüche (Rn. 8) jedes der Beteiligten – des Betroffenen, der übermittelnden Stelle oder des Dritten – gehen und können diese sowohl Anspruchsinhaber als auch -gegner sein. 12

II. Verantwortung für die Zulässigkeit der Übermittlung

Eine Übermittlung kann ohne maßgebliche, bewusste Mitwirkung der übermittelnden Stelle nicht erfolgen. Da mit der Weitergabe, dem Abruf oder der Einsichtnahme auch Dritte Kenntnis von an sie übermittelten Daten erlangen, gehen von diesem Zeitpunkt aus auch von diesen weiteren Personen Gefahren für das Persönlichkeitsrecht des Betroffenen aus. Selbst wenn diese jedoch nicht nur bloße passive Empfänger sind, sondern aktiv agieren müssen, um die betreffenden Daten zu erlangen, werden sie allein wegen der notwendigen Beteiligung am Übermittlungsvorgang noch nicht zur verantwortlichen Stelle oder zu deren Gehilfen. Daher weist § 16 Abs. 2 – anders als § 15 Abs. 2 (§ 15 Rn. 15 ff.) – die „Verantwortlichkeit" für die Zulässigkeit der Übermittlung allein der übermittelnden (als „verantwortlicher") Stelle zu. 13

Um eine Haftung nach § 7 und/oder § 8 zu vermeiden, muss die übermittelnde öffentliche Stelle mit der konkret gebotenen Sorgfalt prüfen, ob eine Übermittlung entweder nach § 16 Abs. 1 Satz 1 Nr. 1 oder nach § 16 Abs. 1 Satz 1 Nr. 2 zulässig ist. Im letztgenannten Fall muss sie zudem immer, im ersten teilweise (entsprechend § 14 Abs. 2 Nr. 3, 5, 9) eine Abwägung zwischen den Interessen des Dritten und des Betroffenen vornehmen und darf nur dann die Übermittlung vornehmen oder gestatten, wenn Belange des Erstgenannten überwiegen. 14

III. Information des Betroffenen über eine Datenübermittlung

1. Regelfall

Der Betroffene muss nach § 16 Abs. 3 Satz 1 nur dann – und selbst in diesem Fall nicht ausnahmslos (Satz 2) – seitens der übermittelnden Stelle von der Übermittlung „seiner" Daten unterrichtet werden, wenn diese aufgrund von § 16 Abs. 1 Satz 1 Nr. 2 erfolgt (Rn. 9 ff.). Ergibt sich hingegen die Zulässigkeit der Daten-Übermittlung aus § 16 Abs. 1 Satz 1 Nr. 1 (Rn. 4 ff.), so ist eine Information nicht geboten. Hier wird aber, wenn der Betroffene nicht bereits die Datenerhebung und deren Zweck kennt, eine Benachrichtigung nach § 19a Abs. 1 Sätze 2, 3 erfolgen müssen. 15

Dem Betroffenen steht aber unabhängig von der Unterrichtungspflicht nach § 19 Abs. 1 Satz 1 Nr. 2 ein unabdingbares Recht auf Auskunft auch im Hinblick auf „Empfänger" (§ 3 Abs. 8 Satz 1) oder Kategorien von Empfängern zu, an die „seine" Daten „weitergegeben" werden (§ 19 Rn. 10). Das BDSG bleibt hier unklar, soweit es sich um das bloße Bereithalten zum Abruf oder zur Einsicht handelt, weil diese Art der Übermittlung in der Legaldefinition des § 3 Abs. 4 Satz 2 Nr. 3 von der aktiven Weitergabe getrennt wird. Sinn und Zweck des Auskunftsrechts rechtfertigen keine generelle Begrenzung, zumal der durch eine Auskunftserteilung erforderliche Aufwand durchaus berücksichtigt werden darf (§ 19 Abs. 1 Satz 3 und Abs. 2). 16

Zur Unterrichtung verpflichtet ist nur die übermittelnde Stelle, nicht auch der Dritte. Durch die Information muss deutlich werden, welche Daten des Betroffenen an wen übermittelt worden sind; sie muss ferner, ohne dass eine Frist ausdrücklich vorgesehen ist, in unmittelbarer zeitlicher Nähe zur Übermittlung, aber nicht zwingend schon gleichzeitig mit dieser erfolgen. Eine bestimmte Form normiert § 16 Abs. 3 Satz 1 nicht. 17

2. Ausnahmen von der Informationspflicht

18 § 16 Abs. 3 Satz 2 schränkt die Unterrichtungspflicht der übermittelnden Stelle in mehrfacher Hinsicht ein. Dabei entspricht die Begrenzung durch wichtige öffentliche Interessen – eine drohende Gefährdung der „öffentlichen Sicherheit" oder sonstige Nachteile für das Wohl des Bundes oder eines (Bundes-)Landes – derjenigen gegenüber Auskunftsansprüchen des Betroffenen (gem. § 19 Abs. 4 Nr. 2). Die Pflicht zur Information entfällt insoweit auch nicht nur dann (wie bei § 19 Abs. 4), wenn „deswegen" das Interesse des Betroffenen zurücktreten muss. Umgekehrt rechtfertigen die in § 19 Abs. 1 Nr. 1 bzw. Nr. 3 genannten Gründe es nicht, von der Unterrichtung abzusehen; in beiden Fällen wird jedoch schon die Übermittlung regelmäßig nicht zulässig sein und daher auch nicht erfolgen.

19 Die andere Einschränkung – die Information des Betroffenen ist unnötig, wenn und weil „damit zu rechnen" ist, dass er von der Übermittlung „auf andere Weise Kenntnis erlangt" – modifiziert weder die Pflicht zur Benachrichtigung nach § 19a noch ist sie dahin zu verstehen, der Betroffene werde auf sein Auskunftsrecht verwiesen. Wenn aber eine Benachrichtigung des Betroffenen nach § 19a Abs. 1 Sätze 2 oder 3 stattgefunden hat oder ihm bereits eine Auskunft zur Daten-Weitergabe an bestimmte Empfänger erteilt ist, ist eine zusätzliche Unterrichtung mangels Informationsbedarfs überflüssig.

IV. Anforderungen an den dritten Datenempfänger

1. Bindung an den der Übermittlung zugrunde liegenden Zweck

20 § 16 Abs. 4 Satz 1 gleicht § 15 Abs. 3 Satz 1; im Unterschied zu dieser Vorschrift wird hier die strikte Bindung an den Zweck der Übermittlung für jede Verarbeitung oder Nutzung seitens des Dritten noch besonders betont (durch die Formulierung „nur" zulässig). Da der Dritte hier immer eine nicht-öffentliche Stelle ist, wird seine Kenntnis der einschlägigen datenschutzrechtlichen Vorgaben nicht unterstellt, sondern die übermittelnde öffentliche Stelle muss – wieder zur Verringerung des Risikos für das Persönlichkeitsrecht des Betroffenen – den Dritten auf die Zweckbindung hinweisen. Dies muss möglichst schon bei der Übermittlung erfolgen; in Bezug auf Form und Inhalt der Hinweise muss sich die übermittelnde Stelle am mutmaßlichen Kenntnisstand des Dritten ausrichten.

> **!** Wenn die Behörde nicht sicher weiß, ob der Datenempfänger hinreichend informiert ist, sollte sie im Zweifel möglichst umfassende – und auf jeden Fall klare und eindeutige Hinweise geben, die nicht (nur) einzelne oder sogar Ketten von Paragrafen enthalten, sondern die für den Empfänger wichtigen Vorgaben erläutern.

2. Zulässigkeit einer Verarbeitung oder Nutzung für andere Zwecke

21 Eine einseitige Zweckänderung seitens des Dritten wird durch § 16 Abs. 4 Satz 3 ausgeschlossen. Werden einem Dritten übermittelte Daten von diesem dadurch für andere Zwecke als die der Übermittlung zugrunde liegenden genutzt, dass er sie seinerseits an weitere Personen (also nicht „Dritte", sondern „Vierte" etc.) weitergibt, kann eine schuldhafte Zuwiderhandlung als Ordnungswidrigkeit mit einem Bußgeld geahndet (§ 43 Abs. 2 Nr. 5 und Abs. 3) und auf Antrag hin ggf. sogar bestraft werden (§ 44).

22 § 16 Abs. 4 Satz 3 erfasst jedoch nicht nur diese, sondern auch jede andere „zweckwidrige" Verwendung übermittelter Daten, indem dort nur ein bestimmter Fall einer Verarbeitung oder Nutzung für andere Zwecke für zulässig erachtet wird: Zum einen müsste die Übermittlung an den jeweiligen Dritten gerade für den je „anderen" Zweck nach § 16 Abs. 1 Satz 1 Nr. 1 oder Nr. 2 zulässig sein, und zum anderen muss die übermittelnde Stelle, da sie für die Zulässigkeit der Übermittlung (allein) verantwortlich ist, auch dem konkreten neuen Zweck der Verarbeitung oder Nutzung zustimmen.

> **!** Eine vorherige Einwilligung der übermittelnden Stelle wird nicht zwingend gefordert; der Dritte sollte sie gleichwohl schon zur Vermeidung von Haftungsrisiken aus ansonsten „unbefugter" Datenverarbeitung oder -nutzung einholen

3. Anspruch des Dritten auf Daten-Übermittlung?

Auch wenn und soweit nicht-öffentliche Stellen als Dritte bei öffentlichen Stellen vorhandene personenbezogene Daten für ihre eigene wirtschaftliche Betätigung benötigen, folgt hieraus kein Anspruch auf Übermittlung gegen die verantwortliche Stelle. Ein Recht auf Informationszugang ergibt sich vielmehr nur aus allgemeinen Verfahrensvorschriften (etwa § 29 VwVfG) oder (abgesehen von Sonderregeln für Journalisten, z.B. gem. § 4 SächsPresseG[2]) aus spezifischen Informationsfreiheitsgesetzen wie UIG[3], VIG[4] oder den IFGen (des Bundes und (vieler) Bundesländer). Datenschutzvorschriften wirken insoweit sowohl als Ermächtigung der informationspflichtigen Stellen als auch als Grenze umfassender Informationszugangsansprüche (z.B. § 5 IFG-Bund[5]). **23**

V. Rechtsschutz

Eine Übermittlung stellt tatsächliches („schlichtes") Verwaltungshandeln dar.[6] Ob sich die übermittelnde Stelle dabei im Rahmen des BDSG gehalten hat, kann von Betroffenen verwaltungsgerichtlich im Wege einer Unterlassungs-, Feststellungs- oder auch Fortsetzungsfeststellungsklage überprüft werden.[7] **24**

---

2 Sächsisches Gesetz über die Presse vom 03.04.1992 (SächsGVBl. 125), zuletzt geändert durch Art. 1 des Gesetzes vom 13.08.2009 (SächsGVBl. 438).

3 Umweltinformationsgesetz vom 22.12.2004 (BGBl. I, S. 3704), geändert durch Art. 2 des Gesetzes vom 07.08.2013 (BGBl. I, 3154).

4 Gesetz zur Verbesserung der gesundheitsbezogenen Verbraucherinformation i.d.F. der Bek. v. 17.10.2012 (BGBl. I, 2166), zuletzt geändert durch Art. 2 des Gesetzes vom 07.08.2013 (BGBl. I, 3154).

5 Gesetz zur Regelung des Zugangs zu Informationen des Bundes (Informationsfreiheitsgesetz) vom 05.09.2005 (BGBl. I, S. 2722), geändert durch Art. 2 des Gesetzes vom 07.08.2013 (BGBl. I, 3154).

6 *Detterbeck*, Rn. 885.

7 BVerfG, LKV 1993, 383; *Detterbeck*, Rn. 890.

§ 17 (weggefallen)

§ 18 Durchführung des Datenschutzes in der Bundesverwaltung

(1) [1]Die obersten Bundesbehörden, der Präsident des Bundeseisenbahnvermögens sowie die bundesunmittelbaren Körperschaften, Anstalten und Stiftungen des öffentlichen Rechts, über die von der Bundesregierung oder einer obersten Bundesbehörde lediglich die Rechtsaufsicht ausgeübt wird, haben für ihren Geschäftsbereich die Ausführung dieses Gesetzes sowie anderer Rechtsvorschriften über den Datenschutz sicherzustellen. [2]Das Gleiche gilt für die Vorstände der aus dem Sondervermögen Deutsche Bundespost durch Gesetz hervorgegangenen Unternehmen, solange diesen ein ausschließliches Recht nach dem Postgesetz zusteht.

(2) [1]Die öffentlichen Stellen führen ein Verzeichnis der eingesetzten Datenverarbeitungsanlagen. [2]Für ihre automatisierten Verarbeitungen haben sie die Angaben nach § 4e sowie die Rechtsgrundlage der Verarbeitung schriftlich festzulegen. [3]Bei allgemeinen Verwaltungszwecken dienenden automatisierten Verarbeitungen, bei welchen das Auskunftsrecht des Betroffenen nicht nach § 19 Abs. 3 oder 4 eingeschränkt wird, kann hiervon abgesehen werden. [4]Für automatisierte Verarbeitungen, die in gleicher oder ähnlicher Weise mehrfach geführt werden, können die Festlegungen zusammengefasst werden.

Literatur

Detterbeck, Allgemeines Verwaltungsrecht, 10. Aufl. 2012.

▶ **Darum geht es**

Was heißt Sicherstellung der Ausführung des Datenschutzrechts? Welchen Inhalt muss das eigenständig zu führende Verzeichnis für Datenverarbeitungsanlagen mindestens haben? Welche Ausnahmen von der Pflicht zur eigenständigen Verzeichnisführung bestehen? Wann und wieweit sind Verzeichnisse auch außerhalb automatisierter Datenverarbeitung erforderlich?

A. Allgemeines

I. Bedeutung und Reichweite der Sicherstellungspflichten in Abs. 1

1 § 18 ergänzt die jeder einzelnen „öffentlichen Stelle" des Bundes (i.S.v. § 2 Abs. 1, 3; § 2 Rn. 13 ff.) – hier nach § 27 Abs. 1 Satz 3 einschließlich öffentlich-rechtlicher Wettbewerbsunternehmen – obliegende Gesetzesbindung (Art. 20 Abs. 3 GG) durch eine an den Aufbau der Bundesverwaltung (in vertikaler und horizontaler Hinsicht) anknüpfende Kontrolle darüber, ob das geltende je einschlägige Datenschutzrecht auch eingehalten wird. Die Pflicht zur Sicherstellung datenschutzrechtskonformen Handelns unterscheidet sich von der Kontrolle durch in- oder externe Datenschutzbeauftragte (§§ 4f, 4g; §§ 22 ff.) oder an-

dere (Aufsichts-)Behörden (§ 38) dadurch, dass sie innerhalb der jeweiligen Verwaltungseinheit erfolgt und dafür keine besonderen Instrumente vorgesehen sind. Vielmehr ergeben sich Möglichkeiten und Grenzen des aufsichtlichen Vorgehens allein aus der jeweiligen organisatorischen und personellen Hierarchie.

Abs. 1 unterscheidet dabei zwischen „unmittelbarer Bundesverwaltung" (rechtlich Teil der Bundesrepublik Deutschland) und den drei typischen Erscheinungsformen „mittelbarer", d.h. rechtlich verselbstständigter Staatsverwaltung im Bereich des Bundes. 2

Die Aufzählung von Körperschaften, (rechtsfähigen) Anstalten und Stiftungen des öffentlichen (Bundes-)Rechts steht einer Einbeziehung von Mischformen oder von solchen juristischen Personen, die nicht ausdrücklich als Körperschaft etc. bezeichnet sind, nicht entgegen, soweit sie zur „bundesunmittelbaren" Verwaltung i.S.v. Art. 86, 87 Abs. 2, 3 GG gehören.

Einen Sonderfall bildet das zwar formal unselbstständige, aber wirtschaftlich-organisatorisch von der übrigen Bundesverwaltung getrennte Eisenbahnvermögen (Art. 87e, 143a GG; Rn. 7).

II. Verfahrensregelungen nach Abs. 2

Aus der Überschrift, der Gesetzessystematik und aufgrund der Regelung des § 12 Abs. 1 ergibt sich, dass das Führen von Anlagenverzeichnissen grundsätzlich jeder einzelnen öffentlichen Stelle obliegt (Rn. 1, 13). Dabei ist nicht nur die Erfassung von Datenverarbeitungsanlagen als solche geboten, sondern müssen im Regelfall noch weitere Festlegungen betr. „automatisierte Verarbeitungen" (§ 3 Abs. 2 Satz 1) erfolgen. 3

III. Bedeutung der Vorschrift für nicht-öffentliche Stellen

Die Sicherstellung ordnungsgemäßer „Durchführung" bleibt ein internes Gebot; Betroffenen oder sonst außerhalb des öffentlichen Sektors des Bundes stehenden Personen steht weder ein Anspruch auf Einschreiten der je übergeordneten Behörde zu noch haftet ihnen diese bei Fehlverhalten nach § 7 oder § 8. Unbenommen bleibt ihnen jedoch die Information solcher Stellen, um zu veranlassen, dass diese ihrer objektiv-rechtlichen Verpflichtung, für die Einhaltung des Datenschutzrechts auch in dem ihnen nachgeordneten Bereich zu sorgen, nachkommen. Die zu führenden Verzeichnisse sind nicht öffentlich, jedoch bezieht sich das Auskunftsrecht eines Betroffenen auch hierauf (Rn. 12). 4

B. Inhalt der Regelung

I. Adressaten der Sicherstellungspflichten

1. Stellen der unmittelbaren und mittelbaren Bundesverwaltung

Die Verpflichtung, eine ordnungsgemäße Ausführung (Rn. 10) aller relevanten Rechtsvorschriften über den Datenschutz in der „Bundesverwaltung", also grundsätzlich der gesamten vollziehenden Gewalt i.S.v. Art. 20 Abs. 3 GG[1] sicherzustellen, knüpft zum einen an der Verteilung der Ressorts („Geschäftsbereiche") zwischen den Bundesministerien an, die durch Organisationserlass des Bundeskanzlers nach Art. 65 Sätze 1, 2 GG erfolgt. Jedes Ministerium bzw. ihr Leiter ist nicht nur Teil der Bundesregierung, sondern auch „oberste Bundesbehörde". Diesen Behörden ausdrücklich gleichgestellt sind der Vorstand der Deutschen Bundesbank (§ 29 Abs. 1 Satz 1 i.V.m. § 7 BBankG[2]) – wobei diese atypische Anstalt (§ 2 BBankG) freilich zur „mittelbaren Bundesverwaltung" (Rn. 6) zählt – und der Bundesrechnungshof (§ 1 Satz 1 BRHG[3], Art. 114 Abs. 2 GG). Zu unterscheiden sind davon dem Geschäftsbereich eines Minis- 5

1 *Detterbeck*, Rn. 213 ff.
2 Gesetz über die Deutsche Bundesbank i.d.F. der Bek. vom 22.10.1992 (BGBl. I 1992, 1782), zuletzt geändert durch Art. 23 des Gesetzes vom 04.07.2013 (BGBl. I, 1981).
3 Gesetz über den Bundesrechnungshof vom 11.07.1985 (BGBl. I, 1445), zuletzt geändert durch Art. 15 Abs. 82 des Gesetzes vom 05.02.2009 (BGBl. I, 160).

teriums zu- und diesem nachgeordnete „Bundesoberbehörden" wie etwa die Bundesnetzagentur (§ 1 Satz 2 BEGTPG[4]) oder das Bundeskartellamt (§ 51 GWB).

6 Die Verpflichtung aus § 18 Abs. 1 richtet sich in gleicher Weise an alle juristischen Personen des öffentlichen Rechts, die nur der Rechts-, nicht auch, wie im Bereich der unmittelbaren Bundesverwaltung, einer Fachaufsicht der Bundesregierung als Ganzer (Art. 62 GG) – wie die nach Bundesrecht errichteten Rundfunkanstalten[5] (insb. Deutsche Welle[6]) – oder seitens einer „obersten Bundesbehörde" unterliegen. Im Hinblick auf den Grundsatz der Gesetzmäßigkeit der Verwaltung (Art. 20 Abs. 3 GG) wird jede rechtlich selbstständige Einrichtung des öffentlichen Rechts des Bundes einbezogen; die Nennung von „Körperschaften", „Anstalten" und „Stiftungen" orientiert sich an Typen, schließt aber Kombinationen bzw. Mischungen zwischen diesen nicht aus. Auch die gesetzlich eingeräumte „Unabhängigkeit" einer Einrichtung führt nicht den Wegfall der Sicherstellungspflicht herbei. So ist auch der BfDI explizit der Rechtsaufsicht der Bundesregierung unterworfen (§ 22 Abs. 4 Satz 3 BDSG). Der Vorstand der Deutschen Bundesbank hat zwar die Stellung einer obersten Bundesbehörde (Rn. 5); die verfassungs- (Art. 88 Satz 2 GG) und auch EU-rechtlich (Art. 130 AEUV) vorgegebene Unabhängigkeit von konkreten Vorgaben der Bundesregierung (§ 12 Satz 1 BBankG) gilt aber nur für den Kernbereich der Währungspolitik. Insofern gilt für sie wie für alle anderen Stellen der mittelbaren Bundesverwaltung, dass der jeweiligen Leitung – bei der Bundesbank also dem Vorstand – die Sicherstellungspflicht in Bezug auf ihre gesamte Organisation bzw. Personal obliegt.

2. Sonderfälle

7 Das Bundeseisenbahnvermögen entstand im Zuge der Bahnreform 1993 durch Zusammenführung von Deutscher Bundesbahn und Deutscher Reichsbahn zu einem neuen, nicht rechtsfähigen Sondervermögen des Bundes (Art. 110 Abs. 1 Satz 1 GG; § 1 des Eisenbahnneugliederungsgesetzes, BEZNG[7]) unter der Leitung eines Präsidenten (§ 6 BEZNG); die Rechts- und Fachaufsicht liegt beim Bundesministerium für Verkehr, Bau- und Wohnungswesen. Damit liegt hier zwar ebenfalls unmittelbare Bundes- bzw. „bundeseigene" Verwaltung (i.S.v. Art. 86 GG) vor, aber mit wesentlichen Besonderheiten, nämlich dem Auftreten im Rechtsverkehr unter eigenem Namen (§ 4) und nur eingeschränkter Haftung des Bundes (§ 5 BEZNG).

8 Nicht mehr nach § 18 Abs. 1 Satz 2 verpflichtet wird der Vorstand des aus dem Sondervermögen Deutsche Bundespost durch (auf Art. 87f, 143c GG gestütztes) Gesetz (PTNeuOG[8]) hervorgegangenen Unternehmens Deutsche Post AG, seitdem das diesem ab 01.01.1998 nach § 51 PostG zustehende „ausschließliche Recht" zur Beförderung von Standardbriefen Ende 2007 ersatzlos weggefallen ist.[9] Für jedes „geschäftsmäßige" Erbringen von „Postdiensten" (§ 4 Nr. 4, 5 und 1 PostG) durch Unternehmen erfolgt aber eine Kontrolle sowohl seitens der Bundesnetzagentur als auch des BfDI, ob die zum Schutz der am Postverkehr Beteiligten geltenden spezifischen Datenschutzvorschriften (§ 41 PostG; PDSV[10]) eingehalten werden (§ 42 PostG).

4 Gesetz über die Bundesnetzagentur für Elektrizität, Gas, Telekommunikation, Post und Eisenbahnen vom 07.07.2005 (BGBl. I, 1970, 2009), zuletzt geändert durch Art. 2 des Gesetzes vom 26.07.2011 (BGBl. I, 1554).

5 Klarstellend zum BDSG 1990 BT-Drs. 11/4306, 45.

6 Gesetz über die Rundfunkanstalt des Bundesrechts „Deutsche Welle" i.d.F. der Bek. vom 11.01.2005 (BGBl. I, 90).

7 Gesetz zur Zusammenführung und Neugliederung von Bundeseisenbahnen vom 27.12.1993 (BGBl. I, 2378), zuletzt geändert durch Art. 16 des Gesetzes vom 19.10.2013 (BGBl. I, 3836).

8 Gesetz zur Neuordnung des Postwesens und der Telekommunikation vom 14.09.1994 (BGBl. I, 2325), speziell Art. 3 (Postumwandlungsgesetz).

9 § 51 i.d.F. durch Erstes Gesetz zur Änderung des Postgesetzes vom 02.09.2001 (BGBl. I , 2271).

10 Verordnung über den Datenschutz bei der geschäftsmäßigen Erbringung von Postdiensten (Postdienste-Datenschutzverordnung) vom 02.07.2002 (BGBl. I, 2494).

II. Inhalt der Sicherstellungspflichten

1. Bezug auf alle relevanten Rechtsvorschriften über den Datenschutz

Wie bei den Haftungsvorschriften (§ 7 Satz 1 bzw. § 8 Abs. 1) und der „Kontroll"-Regelung (§ 24 Abs. 1) bezieht sich die Sicherstellungsverantwortung der jeweiligen Behördenleitung nicht allein auf das BDSG, sondern auch auf „andere Rechtsvorschriften über den Datenschutz". Bei diesen kann es sich jedoch immer nur um bereichsspezifische und damit dem BDSG gegenüber vorrangige bundesrechtliche Regelungen handeln (wie das TMG[11], das nicht nur für private „Diensteanbieter", § 2 Nr. 1, gilt), denn die je i.S.v. § 3 Abs. 7 „verantwortliche" öffentliche Stelle des Bundes ist bei der Erfüllung ihrer Aufgaben lediglich zu deren Beachtung verpflichtet. Hingegen unterliegen öffentliche Stellen (auch im Hinblick auf Art. 87b Abs. 2 Satz 1 GG) nicht datenschutzrechtlichen Bindungen nach TKG oder PostG/PDSV, da diese nur für Anbieter bzw. Erbringer von Telekommunikations- oder Postdiensten gelten (§ 91 Abs. 1 i.V.m. § 3 Nr. 6 TKG, § 41 PostG)[12]. Unabhängig von ihrem Sitz in einem bestimmten Bundesland sind Stellen der Bundesverwaltung hingegen insoweit nicht an das lokale Landesdatenschutzrecht gebunden. 9

2. Art und Ausmaß der Sicherstellung der Gesetzesausführung

Sicherzustellen ist sowohl, dass die einschlägigen Rechtsvorschriften überhaupt, als auch, dass sie korrekt „ausgeführt" werden. Dies setzt hinreichende Kenntnisse des mit datenschutzrelevanten Tätigkeiten befassten Personals voraus. Die nötigen Informationen und Fertigkeiten können und müssen durch Maßnahmen und Verfahren der Fort- und Weiterbildung vermittelt werden. Nachdem die unter § 18 Abs. 1 fallenden öffentliche Stellen regelmäßig einen internen Datenschutzbeauftragten zu bestellen haben (§ 4f Abs. 1), ist vornehmlich diese Person nicht nur befugt, sondern sogar nach § 4g Abs. 1 Satz 3 Nr. 2 verpflichtet, einschlägige Mitarbeiter in geeigneter Weise – d. h. auch auf die konkrete Situation bezogen und so aktuell wie möglich – mit den Erfordernissen des Datenschutzes „vertraut zu machen", nicht allein mit den rechtlichen Vorgaben, sondern auch solchen der Datensicherung und -sicherheit. 10

Für den BfDI und dessen Mitarbeiter ist zwar formal zunächst der Bundesminister des Innern verantwortlich; im Hinblick auf die seine Unabhängigkeit sichernde bloße Rechtsaufsicht (§ 22 Abs. 4) kann aber allenfalls die Bundesregierung selbst nötige Sicherstellungsmaßnahmen treffen. 11

III. Adressaten der Dokumentationspflichten

Nicht nur die in § 18 Abs. 1 genannten, sondern alle „öffentlichen Stellen" (des Bundes; § 12 Abs. 2) sind verpflichtet, Verzeichnisse der von (und bei) ihnen eingesetzten, d. h. vorhandenen, genutzten oder jedenfalls nutzbaren „Datenverarbeitungsanlagen" (siehe § 3 Rn. 41) zu erstellen und bei Bedarf zu aktualisieren, Abs. 2 Satz 1. Die Anlagen müssen nicht im Eigentum der „verantwortlichen Stelle" stehen, wohl aber in deren rechtmäßigem unmittelbaren Besitz. Erfasst werden sollten speziell auch „Arbeitsplatzrechner"[13]. 12

IV. Inhalt der Dokumentationspflichten

1. Verzeichnis der DV-Anlagen

Wer in welcher Form ein umfassendes und systematisches „Verzeichnis" aufstellt und pflegt, legt die Leitung der jeweiligen Stelle fest. Da jedoch regelmäßig „automatisierte Datenverarbeitung" (i.S.v. § 3 Abs. 2 Satz 1; siehe § 3 Rn. 40 f.) vorliegen wird, schreibt § 18 Abs. 2 Satz 2 dann „Schriftlichkeit" vor, was allerdings nicht mit „Schriftform" nach § 126 BGB gleichzusetzen ist. Notwendig ist aber mindestens eine Dokumentation in einer zur dauerhaften Wiedergabe geeigneten Weise auf einem Datenträger, d. h. eine Beachtung der „Textform" (§ 126b BGB). Inhaltlich muss die Festlegung alle neun in § 4e (Satz 1) genannten Angaben umfassen, von Namen oder Firma (§ 17 HGB) der „verantwortlichen Stelle" 13

---

11 Telemediengesetz vom 26.02.2007 (BGBl. I, 179), zuletzt geändert durch Art. 1 des Gesetzes vom 31.05.2010 (BGBl. I, 692).
12 Missverständlich daher Taeger/Gabel/*Heckmann*, § 18 Rn. 9.
13 BT-Drs. 11/4306, 45, zum BDSG 1990.

(§ 3 Abs. 7) bis zu einer allgemeinen Beschreibung im Hinblick auf die zu gewährleistende Sicherheit der Verarbeitung (i.w.S.; siehe § 4e Rn. 7). Zudem ist die Rechtsgrundlage der jeweiligen automatisierten Verarbeitung so genau wie möglich festzulegen.

! Die Bundesfinanzverwaltung hat zur Unterstützung der Melde- und Auskunftsverfahren gegenüber in- und externen Datenschutzbeauftragten auf Linux-Basis als Web-Applikation ein elektronisches Verfahrensverzeichnis (Datenschutzanwendung – Datscha) entwickelt, das anderen Behörden kostenfrei zur Verfügung gestellt wird. Ansprechpartner ist die Geschäftsstelle Datenschutz im Bundesministerium der Finanzen.[14]

2. Modifikationen

14 Festlegungen im Hinblick auf das Anlagenverzeichnis sind grundsätzlich für jede einzelne automatisierte Verarbeitung (Rn. 13) zu treffen.

Beispiel

Die Leitlinie zum Datenschutz für den elektronischen Dienstausweis des Bundesministeriums des Innern v. Juli 2008 sieht – ergänzend zu einem zentralen Hauptblatt – eine separate Anlage zu jedem Verfahren automatisierter Verarbeitung vor, das im behördeninternen Teil (des Formulars, Anlage 2 zur Leitlinie) auch Art der eingesetzten DV-Anlagen und Software verzeichnet und als Beispiele Konfigurationsübersicht und Netzwerkstruktur nennt.

Zur Vermeidung von überflüssiger Bürokratie gestattet jedoch § 18 Abs. 2 Satz 4 eine Zusammenfassung dann, wenn mehrfach der gleiche oder doch ähnliche Verarbeitungsprozess erfolgt. Noch weitergehend ermöglicht Satz 3 sogar einen gänzlichen Verzicht auf Festlegungen nach Satz 2 – aber nicht auch auf das Führen eines Verzeichnisses überhaupt. Voraussetzung dafür ist zum einen, dass die betriebliche Verarbeitung „allgemeinen Verwaltungszwecken" dient, also nicht (ausschließlich) fachspezifisch eingesetzt wird, sondern für generelle, nicht inhaltlich begrenzte Aufgabenstellungen organisatorischer oder prozeduraler Natur. Zudem darf bei ihr das Recht des Betroffenen auf Auskunft nach § 19 Abs. 1 weder nach § 19 Abs. 3 im Hinblick auf bestimmte Empfänger der Daten-Übermittlung beschränkt noch gar nach § 19 Abs. 4 wegen überwiegenden öffentlichen Interesses ausgeschlossen sein (siehe § 19 Rn. 33 f., 35 ff.).

Beispiel

Die Gesetzesbegründung nennt (2000) exemplarisch für „triviale" automatisierte Verarbeitungen „Geburtstagslisten".

3. Einbeziehung von personenbezogenen Daten zu Beschäftigungsverhältnissen

15 § 4e Satz 1 bezieht sich auch auf Angaben zu „Zweckbestimmungen der Datenerhebung, -verarbeitung oder -nutzung" (Nr. 4) sowie zu den „betroffenen Personengruppen" und der „diesbezüglichen" Daten(-Kategorien), Nr. 5. Im Hinblick auf den Umgang mit personenbezogenen Daten für frühere, bestehende oder künftige dienst- oder arbeitsrechtliche Rechtsverhältnisse folgt aus § 12 Abs. 4 (siehe § 12 Rn. 17 ff.), dass für solche Daten(-Kategorien) § 18 Abs. 2 (über Satz 2) hinaus auch dann gilt, wenn und soweit diese weder automatisiert verarbeitet noch in „nicht automatisierten Dateien" (§ 3 Abs. 2 Satz 2) verwendet (§ 3 Abs. 4, 5) oder dafür „erhoben" (§ 3 Abs. 3) werden.

---

14 http://www.bundesfinanzministerium.de/Content/DE/Standardartikel/Ministerium/Geschaeftsbereich/Dienstleistungen_fuer_die_Verwaltung/Datenschutzanwendung_Verfahrensverzeichnis.pdf?__blob=publicationFile&v=3.

Zweiter Unterabschnitt
Rechte des Betroffenen

§ 19 Auskunft an den Betroffenen

(1) [1]Dem Betroffenen ist auf Antrag Auskunft zu erteilen über

1. **die zu seiner Person gespeicherten Daten, auch soweit sie sich auf die Herkunft dieser Daten beziehen,**
2. **die Empfänger oder Kategorien von Empfängern, an die die Daten weitergegeben werden, und**
3. **den Zweck der Speicherung.**

[2]In dem Antrag soll die Art der personenbezogenen Daten, über die Auskunft erteilt werden soll, näher bezeichnet werden. [3]Sind die personenbezogenen Daten weder automatisiert noch in nicht automatisierten Dateien gespeichert, wird die Auskunft nur erteilt, soweit der Betroffene Angaben macht, die das Auffinden der Daten ermöglichen, und der für die Erteilung der Auskunft erforderliche Aufwand nicht außer Verhältnis zu dem vom Betroffenen geltend gemachten Informationsinteresse steht. [4]Die verantwortliche Stelle bestimmt das Verfahren, insbesondere die Form der Auskunftserteilung, nach pflichtgemäßem Ermessen.

(2) Absatz 1 gilt nicht für personenbezogene Daten, die nur deshalb gespeichert sind, weil sie aufgrund gesetzlicher, satzungsmäßiger oder vertraglicher Aufbewahrungsvorschriften nicht gelöscht werden dürfen, oder ausschließlich Zwecken der Datensicherung oder der Datenschutzkontrolle dienen und eine Auskunftserteilung einen unverhältnismäßigen Aufwand erfordern würde.

(3) Bezieht sich die Auskunftserteilung auf die Übermittlung personenbezogener Daten an Verfassungsschutzbehörden, den Bundesnachrichtendienst, den Militärischen Abschirmdienst und, soweit die Sicherheit des Bundes berührt wird, andere Behörden des Bundesministeriums der Verteidigung, ist sie nur mit Zustimmung dieser Stellen zulässig.

(4) Die Auskunftserteilung unterbleibt, soweit

1. **die Auskunft die ordnungsgemäße Erfüllung der in der Zuständigkeit der verantwortlichen Stelle liegenden Aufgaben gefährden würde,**
2. **die Auskunft die öffentliche Sicherheit oder Ordnung gefährden oder sonst dem Wohle des Bundes oder eines Landes Nachteile bereiten würde oder**
3. **die Daten oder die Tatsache ihrer Speicherung nach einer Rechtsvorschrift oder ihrem Wesen nach, insbesondere wegen der überwiegenden berechtigten Interessen eines Dritten, geheim gehalten werden müssen**

und deswegen das Interesse des Betroffenen an der Auskunftserteilung zurücktreten muss.

(5) [1]Die Ablehnung der Auskunftserteilung bedarf einer Begründung nicht, soweit durch die Mitteilung der tatsächlichen und rechtlichen Gründe, auf die die Entscheidung gestützt wird, der mit der Auskunftsverweigerung verfolgte Zweck gefährdet würde. [2]In diesem Fall ist der Betroffene darauf hinzuweisen, dass er sich an den Bundesbeauftragten für den Datenschutz und die Informationsfreiheit wenden kann.

(6) [1]Wird dem Betroffenen keine Auskunft erteilt, so ist sie auf sein Verlangen dem Bundesbeauftragten für den Datenschutz und die Informationsfreiheit zu erteilen, soweit nicht die jeweils zuständige oberste Bundesbehörde im Einzelfall feststellt, dass dadurch

die Sicherheit des Bundes oder eines Landes gefährdet würde. [2]Die Mitteilung des Bundesbeauftragten an den Betroffenen darf keine Rückschlüsse auf den Erkenntnisstand der verantwortlichen Stelle zulassen, sofern diese nicht einer weitergehenden Auskunft zustimmt.

(7) Die Auskunft ist unentgeltlich.

Literatur

Böhm/Lingenfelder/Voit, Verbraucherinformation auf dem Prüfstand, NVwZ 2011, 198 ff.; *Orantek*, Informationsfreiheit in kleinen Schritten, NJ 2008, 442 ff.; *Schoch*, IFG-Kommentar, München 2009; *Schoch*, Neuere Entwicklungen im Verbraucherinformationsrecht, NJW 2010, 2241 ff.

▶ **Darum geht es:**

Betroffenenrechte; Volkszählungsurteil; IFG u.a.

A. Allgemeines

I. Entstehungsgeschichte

1 Bereits das BDSG 1977[1] enthielt in § 13 ein Auskunftsrecht des Betroffenen. Die damals deutlich schlankere Vorschrift erweiterte der Gesetzgeber im BDSG 1990[2], um die Betroffenenrechte zu stärken.[3] Dazu wurden etwa das Recht auf Auskunft über den Zweck der Speicherung in Absatz 1 ergänzt und Nachrichtendienste und Polizeibehörden in den Kreis der zur Auskunftserteilung verpflichteten Personen aufgenommen. Die gewachsene Bedeutung der „Rechte des Betroffenen" wurde durch deren Fassung in einem eigenen Unterabschnitt unterstrichen.

2 Mit dem auf der EG-Datenschutz-RL[4] (zu Betroffenenrechten vgl. Art. 10, 11 und 12) beruhenden BDSG 2001[5] wurden im Wesentlichen redaktionelle Änderungen vorgenommen (etwa „verantwortliche" statt „speichernde" Stelle). Der Ausschluss von Auskunftsrechten in Absatz 2 wurde unter den Vorbehalt der Unverhältnismäßigkeit des Aufwands der Auskunftserteilung gestellt.

II. Bedeutung

3 Insgesamt kann man im Laufe der Jahre einen deutlichen Ausbau von Betroffenenrechten (im BDSG und außerhalb) feststellen, die Ausdruck einer allgemeinen Tendenz zu mehr Öffentlichkeitsarbeit und größerer Transparenz der Behörden ist, seit die für 1984 geplante Volkszählung[6] sich zum Kristallisationspunkt

1 BGBl. I 1977, 201.
2 BGBl. I 1990, 2954.
3 Vgl. BT-Drs. 11/4306, S. 41.
4 RL 95/46/EG des Europäischen Parlaments und des Rates v. 24.10.1995 zum Schutz natürlicher Personen bei der Verarbeitung personenbezogener Daten und zum freien Datenverkehr; ABl. EG Nr. L 281 v. 23.11.1995, S. 31.
5 BGBl. I 2001, 904; 2002, 2252; 2003, 66.
6 BVerfGE 65, 1.

all jener Befürchtungen entwickelt hatte, die eine bei jedem Behördengang, am Arbeitsplatz und in der eigenen Wohnung täglich erfahrbare, durch eine sich schnell fortentwickelnde Informationstechnologie geprägte Datenerhebung weckte. Die kollektive Wahrnehmung, dass jedermann davon betroffen ist, führte im gesellschaftlichen Diskurs auch zu Forderungen nach stärkeren individuellen Rechten, die angesichts zahlreicher Ermächtigungsnormen für Grundrechtseingriffe ein notwendiges Korrektiv staatlicher Befugnisse darstellen.

Mit dem Recht auf informationelle Selbstbestimmung wären eine Gesellschaftsordnung und eine diese ermöglichende Rechtsordnung nicht vereinbar, in der Bürger nicht mehr wissen können, wer was wann und bei welcher Gelegenheit über sie weiß.[7] Erst mit Kenntnis von Datenverarbeitungen ist es Betroffenen (§ 3 Abs. 1) aber möglich, von ihren sonstigen Rechten (§ 20) Gebrauch zu machen und sachgerecht Rechtsschutzmöglichkeiten wahrzunehmen. Daher kommt dem Auskunftsrecht eine herausragende Bedeutung für eine effektive Grundrechtsverwirklichung zu.

Der Auskunftsanspruch ist aus diesem Grunde nicht abdingbar (vgl. § 6 Abs. 1), kann aber durch Rechtsgeschäft (oder Nebenbestimmungen zu einem Verwaltungsakt) erweitert werden.[8] 4

III. Systematik (IFG, UIG, VIG; Landesrecht)

Das Auskunftsrecht des § 19 hat eine weitere Stärkung durch Erlass des Informationsfreiheitsgesetzes[9] erfahren. Nach § 1 IFG hat grundsätzlich jeder gegenüber den Behörden des Bundes einen Anspruch auf Zugang zu amtlichen Informationen – über den Schutzbereich des Grundrechts aus Art. 5 Abs. 1 2. Hs. GG hinaus, das nur die Kenntnisnahme von Informationen aus „allgemein zugänglichen Quellen" ermöglicht.[10] 5

> ! Der BfDI stellt auf seiner Homepage Anwendungshinweise bereit, an denen sich Behörden bei der Durchführung des Informationsfreiheitsgesetzes orientieren können.

Für die Länderebene regeln Landesinformationsfreiheitsgesetze[11] einen entsprechenden Zugang, allerdings divergieren die Regelungen stark und bestehen nicht überall.[12] Die Gesetzgebung der Länder hatte zum Teil schon vor Erlass des Bundes-IFG eingesetzt.[13] 6

Begonnen hatte die Normierung des freien Zugangs zu Informationen im Bereich der Umweltinformationen, als Deutschland die Vorgaben der EG-Umweltinformations-RL[14] mit dem Umweltinformationsgesetz[15] umsetzte. 7

> ! Unter die Regelungen des UIG fallen auch viele allgemeine Verwaltungsinformationen, etwa im Bereich der Bauplanung.

Anders als beim UIG 1994 hat der Gesetzgeber in der Neufassung[16] den Anwendungsbereich auf den Zugang zu amtlichen Informationen gegenüber Behörden des Bundes begrenzt.[17] 8

---

7 BVerfGE 65, 1 (43).
8 Vgl. *Gola/Schomerus*, § 6 Rn. 4.
9 BGBl. I 2005, 2722.
10 Etwa BVerfGE 103, 44 (60).
11 Liste unter http://www.bfdi.bund.de/IFG/Gesetze/Landesgesetze/Landesgesetze_node.html.
12 Vgl. *Schoch*, IFG, Einl. Rn. 103 ff.
13 Dazu *Orantek*, NJ 2008, 442 (444).
14 RL 90/313/EWG des Rates v. 07.06.1990 über den freien Zugang zu Informationen über die Umwelt; ABl. EG Nr. L 158 v. 23.06.1990, S. 56.
15 BGBl. I 1994, 1490.
16 BGBl. I 2004, 3704.
17 Ausdrücklich BT-Drs. 15/3406, S. 12.

9 Schließlich wurde noch ein Verbraucherinformationsgesetz[18] erlassen, das jedoch von verschiedenen Seiten stark kritisiert wurde. Insbesondere wird seine Eingliederung in ein einheitliches Informationsgesetz gefordert.[19]

> Das VIG erstreckt sich – nachdem der Bundespräsident wegen der Kompetenzfrage zunächst die Ausfertigung verweigert hatte – auch auf Landesbehörden, nicht aber auf Kommunen.

Weitere relevante Auskunfts-Regelungen

- Gesetz über die Unterlagen des Staatssicherheitsdienstes der ehemaligen Deutschen Demokratischen Republik (StUG)
- Gesetz über die Weiterverwendung von Informationen öffentlicher Stellen (IWG)

B. Inhalt der Regelung

I. Auskunftsrecht, Abs. 1

1. Gegenstand, Abs. 1 Satz 1

10 Das Recht auf Auskunft erstreckt sich auf jegliche bei verantwortlichen Stellen gespeicherte personenbezogene Daten (vorbehaltlich der Ausnahmen nach Abs. 2 bis 4; dazu unten Rn. 29 ff.) und umfasst neben deren Inhalt auch Angaben zu ihrer Herkunft (Nr. 1), zu eventuellen Empfängern (Nr. 2) und zum Zweck der Speicherung (Nr. 3).

Auch gesperrte und (mutmaßlich) unwesentliche sowie unzulässig (noch) gespeicherte und (eventuell) überholte Daten fallen damit unter dieses Auskunftsrecht. Sind keine Daten des Betroffenen gespeichert, hat er einen Anspruch auf „Negativauskunft". Betreffen die zu einem Betroffenen gespeicherten Daten zugleich Dritte, entfällt das Auskunftsrecht nur, wenn überwiegende berechtigte Interessen dieser Personen der Auskunft entgegenstehen. Nur nicht gespeicherte und bereits gelöschte Informationen sind dem Zugang über § 19 entzogen.[20]

Die Angaben zu Herkunft der Information sollen dem Betroffenen weitere Nachforschungen ermöglichen, daher sind auch natürliche Personen als Quellen (Informanten) zu benennen.[21] Empfänger können nicht nur Dritte, sondern auch Personen innerhalb der verantwortlichen Stelle und andere Stellen, die mit der Datenverarbeitung beauftragt werden, sein (vgl. § 3 Abs. 8). Auch hiermit soll die Transparenz von Datenverarbeitungsvorgängen sichergestellt werden. Die anzugebende Zweckbestimmung muss sich auf den konkreten Auskunftssuchenden beziehen, die Angabe eines allgemeinen Zwecks der gesamten Datenspeicherung ist nicht ausreichend.

> Art. 15 des Entwurfes der EU-VO erweitert den Gegenstand des Auskunftsrechts. Danach sind auch die Dauer, für die die personenbezogenen Daten gespeichert werden, das Bestehen von Berichtigungs-, Löschungs-, Widerspruchs- oder Beschwerderechten und die „Tragweite" der Verarbeitung mitzuteilen.

2. Auskunftsberechtigte und Auskunftspflichtige

11 Auskunftsberechtigt ist jedermann unabhängig von Nationalität und Wohnsitz. Bei beschränkter Geschäftsfähigkeit sind die Vorschriften des bürgerlichen Rechts (§§ 106 ff. BGB) oder des allgemeinen Ver-

18 BGBl. I 2007, 2558; dazu *Schoch*, NJW 2010, 2241 ff.
19 *Böhm/Lingenfelder/Voit*, NVwZ 2011, 198 (202).
20 Möglicherweise besteht ein Anspruch auf Mitteilung, dass Daten gelöscht wurden; dazu BVerwG DVBl. 1999, 332 (333).
21 Vgl. BVerwG NJW 1992, 451 (452).

waltungsrechts (§ 12 Abs. 1 Nr. 2 VwVfG) heranzuziehen.[22] Auch eine (schriftliche) Bevollmächtigung ist möglich.

Die Adressaten der Auskunftspflicht nach § 19 (öffentliche Stellen) ergeben sich aus § 12. 12

3. Verfahren und Form der Auskunftserteilung, Abs. 1 Satz 1, 2 und 4

Erforderlich ist ein Antrag des Betroffenen (Abs. 1 Satz 1). Für diesen ist zwar keine besondere Form vorgeschrieben, die verantwortliche Stelle muss aber aus ihm die Identität des Betroffenen erkennen können, weil sie Informationen nicht an Unbefugte übermitteln darf (vgl. § 4 Abs. 1). Insbesondere bei sensiblen Daten im Sinne von § 3 Abs. 9 muss sichergestellt werden, dass kein Unbefugter Kenntnis von ihnen erhält, so vor allem bei Versendung von Informationen[23], sonst drohen Sanktionen nach § 43 Abs. 2. 13

In dem Antrag „soll" die Art der personenbezogenen Daten, über die Auskunft erteilt werden soll, näher bezeichnet werden (Abs. 1 Satz 2). Da dies nur der Vereinfachung und Beschleunigung dient, sind keine zu hohen Anforderungen zu stellen; eine Umschreibung des Begehrens wird in den meisten Fällen genügen.[24] 14

Im Übrigen bestimmt die verantwortliche Stelle das Verfahren, insbesondere die Form der Auskunftserteilung (mündlich, schriftlich, elektronisch), nach pflichtgemäßem Ermessen (Abs. 1 Satz 4). Dabei sind die Form des Antrags und die Art der mitzuteilenden Daten zu berücksichtigen. In aller Regel kann der Betroffene eine schriftliche Auskunft verlangen, da dies für die öffentliche Stelle keinen Mehraufwand bedeutet. Die Daten sind für den Betroffenen lesbar und nachvollziehbar aufzubereiten. 15

> **!** Spezialgesetzliche Regelungen enthalten zuweilen Einschränkungen für Verfahren und Form, etwa § 42 BZRG.
>
> Auch Art. 12 und 15 des Entwurfes der EU-VO enthalten Vorgaben für die Art und Weise der Auskunftserteilung.

Auch zur Frist der Auskunftserteilung macht § 19 keine Vorgaben. Angesichts der Verschiedenheit der möglichen Auskunftsbegehren ist eine differenzierte Betrachtungsweise für jeden Einzelfall geboten. Nach § 7 Abs. 5 IFG ist die Information dem Antragsteller „unverzüglich" zugänglich zu machen und der Informationszugang „soll" innerhalb eines Monats erfolgen. 16

> **!** Art. 12 des Entwurfes der EU-VO sieht eine Frist von einem Monat für die Auskunftserteilung vor.

4. Auskunft aus Akten, Abs. 1 Satz 3

Sind jedoch die personenbezogenen Daten weder automatisiert noch in nicht automatisierten Dateien (vgl. § 3 Abs. 2) gespeichert, wird die Auskunft nur erteilt, soweit der Betroffene Angaben macht, die das Auffinden der Daten ermöglichen. Sofern also Informationen sich in Akten befinden, ist eine Mitwirkung des Betroffenen zur Auffindung der jeweiligen Daten erforderlich, allerdings auch hier die verantwortliche Stelle nicht vollständig von eigenem Bemühen entbunden. Der Betroffene wird im Regelfall etwa Aktenzeichen, Bearbeiter, Zeitraum oder Verbindungen zu anderen Vorgaben nennen können, aus denen die verantwortliche Stelle Fortgang und Stand des Verfahrens ermitteln können sollte. 17

Außerdem darf hier der für die Erteilung der Auskunft erforderliche Aufwand nicht außer Verhältnis zu dem vom Betroffenen geltend gemachten Informationsinteresse stehen, das der Betroffene somit darlegen oder die Auskunft erteilende Stelle nachfragen muss. Zu beachten ist, dass auch bei sehr hohem Aufwand ein entsprechendes Informationsinteresse gegeben sein kann. 18

22 Taeger/Gabel/*Mester*, § 19 Rn. 11.
23 Dazu Taeger/Gabel/*Mester*, § 19 Rn. 8.
24 Beispiele und Hintergründe bei Simitis/*Mallmann*, § 19 Rn. 37.

5. Voraussetzungen und Rechtsfolge

Speziellere Vorschriften gehen vor (§ 1 Abs. 4), beispielsweise

- §§ 25 SGB X, 120 SGG, 100 VwGO, § 41 PostG
- §§ 147 StPO, 49 OWiG, 185 StVollzG
- § 299 ZPO, § 93 AO

19 Der Anspruch ist an keine inhaltlichen Voraussetzungen gebunden, insbesondere muss der Betroffene im Unterschied zu § 29 Abs. 1 VwVfG kein berechtigtes Interesse an der beantragten Auskunftserteilung darlegen,[25] er kann also unabhängig von einem konkreten laufenden Verfahren seine Informationsrechte gelten machen. Grundsätzlich sind auch wiederholte Antragstellungen zulässig, sofern sie nicht offenkundig eine Beeinträchtigung der ordnungsgemäßen Aufgabenerfüllung des Auskunftsverpflichteten bezwecken.[26]

20 Grundsätzlich hat die verantwortliche Stelle auch organisatorisch dafür zu sorgen, dass sie Auskunftsbegehren schnell und sachgemäß beantworten kann, vgl. auch § 9 Satz 1. Nach § 11 IFG „sollen" die Behörden Verzeichnisse führen, aus denen sich die vorhandenen Informationssammlungen und -zwecke erkennen lassen; Organisations- und Aktenpläne ohne Angabe personenbezogener Daten sowie gegebenenfalls weitere geeignete Informationen sind allgemein zugänglich zu machen. Zwar fordert § 19 nur im Fall von Abs. 1 Satz 3 ausdrücklich ein angemessenes Verhältnis des Aufwands der Auskunftserteilung zum Informationsinteresse des Betroffenen, doch wird man eine technische Zumutbarkeit auch darüber hinaus als äußerste Grenze des Informationsverlangens ansehen können.

! Art. 12 des Entwurfes der EU-VO lässt bei offenkundig unverhältnismäßigen Anträgen das Unterlassen der Auskunft zu.

21 Im Übrigen hat die verantwortliche Stelle kein Ermessen, sie muss bei Nichtvorliegen eines Ausnahmegrundes (Rn. 29 ff.) die begehrte Auskunft erteilen.[27]

6. Begründung und Rechtsschutz

22 Wird die Auskunftserteilung ganz oder teilweise abgelehnt, ist dies grundsätzlich zu begründen.[28] Dies ergibt sich bereits aus § 39 VwVfG.

23 Nach Abs. 5 ist eine Begründung nicht erforderlich, soweit durch die Mitteilung der tatsächlichen und rechtlichen Gründe, auf die die Entscheidung gestützt wird, der mit der Auskunftsverweigerung verfolgte Zweck gefährdet würde (Satz 1), also der Betroffene durch die Begründung Hinweise auf die zurückgehaltenen Daten erhalten würde. Der Betroffene ist darauf hinzuweisen, dass er sich an den BfDI wenden kann (Satz 2).

24 Auskunftserteilung wie -verweigerung sind Verwaltungsakte im Sinne von § 35 Satz 1 VwVfG.[29] Gegen die Nichterteilung der Auskunft ist somit die Verpflichtungsklage nach § 42 Abs. 1 2. Fall VwGO (wenn der Antrag abgelehnt wird) oder die Untätigkeitsklage nach § 75 VwGO (wenn der Antrag mehr als drei Monate nicht bearbeitet wird) statthaft.

25 Gegebenenfalls kommt auch ein Schadensersatzanspruch nach §§ 7, 8 oder Amtshaftung (Art. 34 GG i.V.m. § 839 BGB) in Betracht, wenn durch die Verweigerung der Auskunft dem Betroffenen ein Schaden entstanden ist.[30]

---

25 Vgl. BVerwG NJW 1992, 451 (452).
26 Taeger/Gabel/*Mester*, § 19 Rn. 9.
27 Vgl. BVerwG NJW 1992, 451 (452).
28 Ebenso *Gola/Schomerus*, § 19 Rn. 31 f.
29 Ebenso BVerwG, NVwZ 2008, 580; *Gola/Schomerus*, § 19 Rn. 31, 35; Taeger/Gabel/*Mester*, § 19 Rn. 40; a. A. für die Auskunftserteilung (schlicht hoheitliches Handeln, daher Leistungsklage statthaft) Erbs/Kohlhaas/*Ambs*, § 19 Rn. 1.
30 Taeger/Gabel/*Mester*, § 19 Rn. 40.

7. Auskunft an den BfDI, Abs. 6

Wird dem Betroffenen die Auskunft verweigert, so ist sie auf sein Verlangen dem BfDI zu erteilen, soweit nicht die jeweils zuständige oberste Bundesbehörde im Einzelfall feststellt, dass dadurch die Sicherheit des Bundes oder eines Landes gefährdet würde (Satz 1). Vor der Übermittlung an den BfDI muss daher die Zustimmung der jeweils zuständigen obersten Bundesbehörde eingeholt werden, deren Versagung aber nur außerordentlich selten infrage kommt. 26

Die Mitteilung des Bundesbeauftragten an den Betroffenen darf keine Rückschlüsse auf den Erkenntnisstand der verantwortlichen Stelle zulassen, sofern diese nicht einer weitergehenden Auskunft zustimmt (Satz 2). Daraus ergibt sich, dass der BfDI die verantwortliche Stelle darauf hinweisen und auf Abhilfe hinwirken kann, wenn er die Voraussetzungen für eine Auskunftserteilung für gegeben hält; entscheiden über eine Auskunftserteilung darf er aber nicht, ebenso wenig wie mehrdeutige Formulierungen gegenüber dem Betroffenen verwenden. 27

8. Kosten, Abs. 7

In § 13 Abs. 4 BDSG 1977 bestand noch eine Gebührenpflicht, seit dem BDSG 1990 ist die Auskunft ausdrücklich unentgeltlich. Dies umfasst auch Porto und Auslagen. 28

> ! Art. 12 des Entwurfes der EU-VO lässt bei offenkundig unverhältnismäßigen Anträgen die Erhebung eines Entgelts zu.

II. Ausnahmen, Abs. 2 bis 4

In den Fällen der Abs. 2 bis 4 besteht das Auskunftsrecht nicht. Die Ausnahmen sind abschließend und als Einschränkungen des Rechts auf informationelle Selbstbestimmung eng auszulegen. 29

1. Aufzubewahrende Unterlagen, Abs. 2

Hier handelt es sich zunächst um Daten, die nach § 20 gelöscht werden könnten, für die aber aufgrund gesetzlicher, satzungsmäßiger oder vertraglicher Vorschriften Aufbewahrungspflichten bestehen. Der Abschluss eines Vorgangs reicht dabei nicht aus, weil die Daten noch für weitere Entscheidungen verwendet werden können. Erst wenn sie nicht mehr für Verwaltungsvorgänge zur Verfügung stehen, ist eine Auskunft nach Abs. 2 ausgeschlossen. 30

Wenn Daten an ein Archiv weitergegeben werden, ist dieses die verantwortliche Stelle, die die Daten mit neuer Zweckbestimmung und aufgrund eigener Ermächtigungsgrundlagen speichert und verarbeitet. Die Archivgesetze enthalten dafür eigene Einsichts- und Auskunftsregelungen (siehe § 40, Rn. 12). 31

Das Auskunftsrecht entfällt außerdem, wenn Daten ausschließlich Zwecken der Datensicherung oder der Datenschutzkontrolle dienen *und* eine Auskunftserteilung einen unverhältnismäßigen Aufwand erfordern würde. Für Sicherungskopien gibt es kein schutzwürdiges Interesse des Betroffenen; sie sind nur aus technischen Gründen zur Absicherung gegen Datenverlust erstellt und stimmen weithin mit dem aktuellen Bestand überein. Ähnlich ist es bei Daten zu Kontrollzwecken, etwa Prüfprotokollen oder Logbüchern. In beiden Fällen gilt ohnehin § 14 Abs. 4, wonach diese Daten nur für diese spezifischen Zwecke verwendet werden dürfen. Die Unverhältnismäßigkeit der Auskunftserteilung muss positiv dargelegt werden; ist die Auskunft ohne nennenswerten Aufwand möglich, ist sie zu erteilen.[31] 32

2. Übermittlung an Sicherheitsbehörden, Abs. 3

Bezieht sich die Auskunftserteilung auf die Übermittlung personenbezogener Daten an Verfassungsschutzbehörden, den Bundesnachrichtendienst, den Militärischen Abschirmdienst und, soweit die Sicherheit des Bundes berührt wird, andere Behörden im Bereich des Bundesministeriums der Verteidigung, ist sie nur mit Zustimmung dieser Stellen zulässig. Der Zustimmungsvorbehalt bezieht sich nur auf 33

31 Vgl. *Gola/Schomerus*, § 19 Rn. 21.

die Übermittlung an die genannten Stellen, nicht auf die Daten selbst, und soll damit die Tätigkeit dieser Behörden schützen. Nach § 184 Abs. 1 BGB kann eine Zustimmung auch nachträglich erfolgen.

34 Die betreffende Stelle muss nach pflichtgemäßem Ermessen prüfen, ob sie die Zustimmung verweigert,[32] insbesondere da in diesem Fall der Betroffene keinerlei Hinweis auf die Übermittlung von Daten erhält. Vorrangige bereichsspezifische Regelungen kommen auch hier infrage.

3. Unterbleiben der Auskunft, Abs. 4

35 Die Auskunftserteilung unterbleibt, soweit die Voraussetzungen einer der Nummern 1 bis 3 vorliegen *und* deswegen das Interesse des Betroffenen an der Auskunftserteilung zurücktreten muss.

36 Nach Nr. 1 unterbleibt die Auskunft, wenn sie die ordnungsgemäße Erfüllung der in der Zuständigkeit der verantwortlichen Stelle liegenden Aufgaben gefährden würde. Dies ist wiederum bei Sicherheitsbehörden anzunehmen, für die aber auch wieder bereichsspezifische Regelungen gelten. Auch hier ist der Ausnahmecharakter der Vorschrift zu bedenken, sodass eine bloße Kapazitätsüberlastung nicht ausreicht, wohl aber die Beeinflussung laufender Ermittlungsverfahren.

37 Nach Nr. 2 ist die Auskunft zu verweigern, wenn sie die öffentliche Sicherheit oder Ordnung gefährden oder sonst dem Wohle des Bundes oder eines Landes Nachteile bereiten würde. Diese unbestimmten Rechtsbegriffe sind aus anderen Rechtsbereichen (etwa Polizei- und Ordnungsrecht) bekannt und müssen hier besonders restriktiv ausgelegt werden. Eine ausnahmsweise Nichterteilung der Auskunft kommt daher (nur) in Betracht, wenn Verfassungsgüter oder wesentliche (insbesondere grundrechtlich geschützte) Rechtsgüter Einzelner bedroht sind, zumal durch die Auskunft dem Wohle des Bundes oder eines Landes Nachteile entstehen müssten, d.h. nicht nur einzelnen Stellen dieser Körperschaften.

38 Nr. 3 schließlich verbietet die Auskunftserteilung, wenn die Daten oder die Tatsache ihrer Speicherung nach einer Rechtsvorschrift oder ihrem Wesen nach, insbesondere wegen der überwiegenden berechtigten Interessen eines Dritten, geheim gehalten werden müssen. Formal betrachtet kann dies jegliche Rechtsvorschrift sein, auch materielle Gesetze oder Landesrecht, ihrem Inhalt nach schützen die meisten Geheimhaltungsvorschriften aber Betroffene, nicht die Daten selbst.[33] Insbesondere im Hinblick auf berechtigte Interessen eines Dritten ist eine Abwägung aller betroffenen Belange geboten.

39 Dem Betroffenen ist in jedem der drei Fälle mitzuteilen, dass die Auskunft nicht erteilt werden darf, im Zweifel schriftlich und mit Begründung.

C. Anwendungsempfehlung/Weitere praktische Hinweise

! Für den nicht-öffentlichen Bereich siehe weithin parallel § 34.

40 Der Auskunftsanspruch gegenüber öffentlichen Stellen sieht für den Betroffenen teils mehr Mitwirkungspflichten (§ 19 Abs. 3 Satz 1), für die öffentliche Stelle mehr Gestaltungsspielraum (Art und Weise der Auskunft) vor. Dafür findet im privaten Bereich bei der Auskunft über Herkunft und Empfänger der personenbezogenen Daten des Betroffenen eine Abwägung zwischen den Interessen des Betroffenen und dem Interesse an der Wahrung des Geschäftsgeheimnisses statt (§ 34 Abs. 1 Satz 4, Abs. 3 Satz 3). Die Ausnahmegründe unterscheiden sich ebenfalls (vgl. § 34 Abs. 7). Zudem können im privaten Bereich Entgelte anfallen (vgl. § 34 Abs. 8).

---

32 BVerwGE 84, 375 = NJW 1990, 2761 (2764).
33 Siehe z.B. BVerfG, NJW 2006, 1116 zum Recht auf Einsicht in Krankenunterlagen.

D. Muster

! Nach Art. 15 des Entwurfes der EU-VO kann die Kommission Standardvorlagen und -verfahren für Auskunftsgesuche und die Erteilung der Auskünfte festlegen, darunter auch für die Überprüfung der Identität der betroffenen Person und die Mitteilung der personenbezogenen Daten an die betroffene Person. 41

§ 19a Benachrichtigung

(1) [1]Werden Daten ohne Kenntnis des Betroffenen erhoben, so ist er von der Speicherung, der Identität der verantwortlichen Stelle sowie über die Zweckbestimmungen der Erhebung, Verarbeitung oder Nutzung zu unterrichten. [2]Der Betroffene ist auch über die Empfänger oder Kategorien von Empfängern von Daten zu unterrichten, soweit er nicht mit der Übermittlung an diese rechnen muss. [3]Sofern eine Übermittlung vorgesehen ist, hat die Unterrichtung spätestens bei der ersten Übermittlung zu erfolgen.

(2) [1]Eine Pflicht zur Benachrichtigung besteht nicht, wenn

1. **der Betroffene auf andere Weise Kenntnis von der Speicherung oder der Übermittlung erlangt hat,**
2. **die Unterrichtung des Betroffenen einen unverhältnismäßigen Aufwand erfordert oder**
3. **die Speicherung oder Übermittlung der personenbezogenen Daten durch Gesetz ausdrücklich vorgesehen ist.**

[2]Die verantwortliche Stelle legt schriftlich fest, unter welchen Voraussetzungen von einer Benachrichtigung nach Nummer 2 oder 3 abgesehen wird.

(3) § 19 Abs. 2 bis 4 gilt entsprechend.

▶ **Darum geht es**

Unterrichtung; Informationspflichten; Zeitpunkt; Ausnahmen

▶ **Weitere relevante Vorschriften**

§ 4 Abs. 3

A. Allgemeines

I. Entstehungsgeschichte

1 Die Vorschrift wurde mit dem BDSG 2001[1] und damit als Reaktion auf die EG-Datenschutz-RL[2] in das Gesetz eingefügt, deren Art. 10 und 11 Vorgaben für Informationen an betroffene Personen enthielten. Zuvor bestand eine Benachrichtigungspflicht nur für den nicht-öffentlichen Bereich (§ 33, eingefügt mit dem BDSG 1990[3]).

---

1 BGBl. I 2001, 904; 2002, 2252; 2003, 66.

2 RL 95/46/EG des Europäischen Parlaments und des Rates v. 24.10.1995 zum Schutz natürlicher Personen bei der Verarbeitung personenbezogener Daten und zum freien Datenverkehr; ABl. EG Nr. L 281 v. 23.11.1995, S. 31.

3 BGBl. I 1990, 2954.

II. Bedeutung

Die Benachrichtigungspflicht der öffentlichen Stellen ist wichtige Voraussetzung für die Wahrnehmung des Auskunftsrechts nach § 19 und der Rechte nach § 20 durch den Betroffenen, da diese ohne Kenntnis der Datenverarbeitung leerlaufen würden. Durch diese Kontrollmöglichkeit des Betroffenen entsteht zudem eine höhere Gewähr für die Richtigkeit der – im Fall der Benachrichtigung regelmäßig bei Dritten erhobenen – Daten.[4] Zum Hintergrund der Vorschriften über die Betroffenenrechte (Volkszählungsurteil des BVerfG) siehe § 19 Rn. 3. 2

Das Recht auf Benachrichtigung ist aus diesem Grunde nicht abdingbar, obwohl es in § 6 Abs. 1 nicht ausdrücklich erwähnt ist.[5] Es kann aber durch Rechtsgeschäft (oder Nebenbestimmungen zu einem Verwaltungsakt) erweitert werden.[6] 3

III. Systematik

Nach § 4 Abs. 3 ist der Betroffene, wenn personenbezogene Daten bei ihm erhoben werden, sofern er nicht bereits auf andere Weise Kenntnis erlangt hat, von der verantwortlichen Stelle zu unterrichten über 1. die Identität der verantwortlichen Stelle, 2. die Zweckbestimmungen der Erhebung, Verarbeitung oder Nutzung und 3. die Kategorien von Empfängern (§ 3 Abs. 8) nur, soweit der Betroffene nach den Umständen des Einzelfalles nicht mit der Übermittlung an diese rechnen muss. Beide Vorschriften setzen Art. 11 der EG-Datenschutz-RL um. § 19a regelt die Fälle, in denen Daten „ohne Kenntnis des Betroffenen" (also heimlich oder bei Dritten) erhoben werden. 4

Im BDSG befinden sich weitere spezielle Informationspflichten (z.B. in §§ 6, 6c oder 28, 28a). Teils wird die Formulierung „ist zu unterrichten" verwendet, teils das Wort „benachrichtigen"; ein inhaltlicher Unterschied besteht jedoch nicht.[7] 5

Die Vorgaben von Art. 11 EG-Datenschutz-RL wurden auch in die diversen Landesdatenschutzgesetze (z.B. § 12 Abs. 6 SächsDSG, § 19 Abs. 3 Satz 4 ThürDSG) übernommen, zum Teil mit kleinen Abweichungen (z.B. § 23 DSG M-V).[8] 6

B. Inhalt der Regelung

I. Benachrichtigungspflicht, Abs. 1

1. Gegenstand, Abs. 1 Satz 1 und 2

Gegenstand der Benachrichtigungspflicht ist zunächst die Tatsache der Datenspeicherung (Abs. 1 Satz 1). Die Benachrichtigung muss vom Umfang her nicht die Auskunft nach § 19 (siehe dort, Rn. 10) ersetzen, sondern kann allgemeiner sein. Zudem ist die Identität der verantwortlichen Stelle so mitzuteilen, dass der Betroffene ohne weitere Nachfrage von seinem Auskunftsrecht Gebrauch machen kann; erforderlich sind somit Name und Anschrift, gegebenenfalls auch Telefonnummer und Mail-Adresse. Schließlich muss der Betroffene über die mit der Erhebung, Verarbeitung oder Nutzung verfolgten Zwecke unterrichtet werden, um Erfolgsaussichten von möglichen Rechtsbehelfen einschätzen zu können. 7

Der Betroffene ist auch über die Empfänger oder Kategorien von Empfängern von Daten zu unterrichten, soweit er nicht mit der Übermittlung an diese rechnen muss (Abs. 1 Satz 2). Grundsätzlich ist von einem Betroffenen mit durchschnittlichen Kenntnissen über Verwaltungsabläufe auszugehen; allerdings ist zu beachten, dass diese Abläufe zumindest in manchen Rechtsgebieten immer komplizierter werden. 8

---

4 *Gola/Schomerus*, § 6 Rn. 1.
5 Taeger/Gabel/*Mester*, § 19a Rn. 5 m.w.N.
6 Vgl. *Gola/Schomerus*, § 6 Rn. 4.
7 Taeger/Gabel/*Mester*, § 19a Rn. 7.
8 Vgl. *Gola/Schomerus*, § 19a Rn. 12.

> Art. 14 des Entwurfes der EU-VO erweitert die Informationspflichten. Danach sind etwa auch Name und Kontaktdaten eines Vertreters des für die Verarbeitung Verantwortlichen und des Datenschutzbeauftragten, die Dauer, für die die personenbezogenen Daten gespeichert werden, das Bestehen von Auskunfts-, Berichtigungs-, Löschungs-, Widerspruchs- oder Beschwerderechten und Übermittlungsabsichten an Drittländer mitzuteilen.

2. Verpflichtete

9 Die Adressaten der Benachrichtigungspflicht nach § 19a (öffentliche Stellen) ergeben sich aus § 12.

3. Zeitpunkt, Abs. 1 Satz 1 und 3

10 Der Betroffene ist über die Speicherung zu informieren, wenn Daten ohne seine Kenntnis erhoben werden (Abs. 1 Satz 1). Erst eine Speicherung löst also die Benachrichtigungspflicht aus, im Umkehrschluss ist ohne Speicherung keine Benachrichtigung erforderlich. Eine konkrete Aussage zum Zeitpunkt der Benachrichtigung macht das Gesetz allerdings nur bedingt; sie hat „spätestens bei der ersten Übermittlung" zu erfolgen, „sofern" eine Übermittlung vorgesehen ist (Abs. 1 Satz 3). Aus Sinn und Zweck der Vorschrift sollte folgen, dass der Betroffene in jedem Fall – Übermittlung oder nicht – unverzüglich (im Sinne von § 121 BGB) zu informieren ist.[9]

> Art. 14 des Entwurfes der EU-VO sieht eine Erteilung der Informationen, falls die personenbezogenen Daten nicht beim Betroffenen erhoben werden, zum Zeitpunkt ihrer Erfassung oder innerhalb einer angemessenen Frist nach ihrer Erhebung, oder, falls die Weitergabe an einen Empfänger beabsichtigt ist, spätestens zum Zeitpunkt der ersten Weitergabe vor.

4. Form der Benachrichtigung

11 Zur Art und Weise der Benachrichtigung trifft das BDSG keine Aussagen; sie kann daher auch mündlich geschehen, wenn auch eine schriftliche Mitteilung für beide Seiten sinnvoller ist. Sie kann auch gemeinsam mit anderen behördlichen Mitteilungen erfolgen, wenn sie noch deutlich erkennbar bleibt.[10]

12 Zudem muss die verantwortliche Stelle sicherstellen, dass kein Dritter Kenntnis erlangt, sodass einige Mitteilungsformen (z.B. Postkarte) per se ausscheiden.[11] Auch § 9 verlangt das Treffen der technischen und organisatorischen Maßnahmen, die erforderlich sind, um die Ausführung der Vorschriften dieses Gesetzes, insbesondere die in der Anlage zu diesem Gesetz genannten Anforderungen, zu gewährleisten.

5. Rechtsschutz

13 Verstöße gegen die Benachrichtigungspflichten nach §§ 19a und 4 Abs. 3 sind nicht mit Sanktionen bedroht, da beide (anders als § 33) nicht in § 43 (Ordnungswidrigkeiten) erwähnt sind.

14 Der Betroffene kann auch nicht gegen die Speicherung selbst vorgehen; zu einer Berichtigung, Löschung oder Sperrung der Daten gibt es keinen Anlass.[12]

II. Ausnahmen, Abs. 2 und 3

15 In den Fällen der Abs. 2 und 3 besteht die Benachrichtigungspflicht nicht. Die Ausnahmen sind abschließend und sowohl hinsichtlich des Vorliegens eines Ausnahmetatbestandes als auch in Bezug auf den Umfang des Wegfalls von Pflichten eng auszulegen.

---

9 Taeger/Gabel/*Mester*, § 19a Rn. 15; im Ergebnis wohl auch *Gola/Schomerus*, § 19a Rn. 4.
10 Taeger/Gabel/*Mester*, § 19a Rn. 16.
11 Vgl. Simitis/*Mallmann*, § 19a Rn. 21.
12 BVerwGE 83, 323 = NVwZ 1988, 156. Zu den Folgen zu Unrecht unterbliebener Unterrichtung siehe auch *Gola/Schomerus*, § 4 Rn. 46 ff.

Nach Abs. 2 Satz 2 muss die verantwortliche Stelle daher schriftlich festlegen, unter welchen Voraussetzungen von einer Benachrichtigung nach Nr. 2 oder 3 abgesehen wird. Diese Dokumentationspflicht setzt die Forderung nach „geeigneten Garantien" aus Art. 11 Abs. 2 Satz 2 EG-Datenschutz-RL um. 16

1. Kenntnis auf andere Weise, Abs. 2 Satz 1 Nr. 1

Eine Pflicht zur Benachrichtigung besteht nicht, wenn der Betroffene auf andere Weise Kenntnis von der Speicherung oder der Übermittlung erlangt hat. Dieser Tatbestand ist nur erfüllt, wenn der Betroffene Kenntnis von den wesentlichen der nach Abs. 1 zu übermittelnden Informationen hat; neben der Tatsache der Speicherung oder Übermittlung und der Art der Daten sind das insbesondere Name und Anschrift der verantwortlichen Stelle. „Kenntnis" bedeutet positives, zweifelsfreies Wissen. 17

2. Unverhältnismäßiger Aufwand, Abs. 2 Satz 1 Nr. 2

Die Pflicht zur Benachrichtigung entfällt weiterhin, wenn die Unterrichtung des Betroffenen einen unverhältnismäßigen Aufwand erfordert. Entscheidend ist nicht die tatsächliche Höhe des Aufwands, sondern dessen Verhältnis zu dem Informationsinteresse des Betroffenen.[13] 18

Ist der verantwortlichen Stelle die Anschrift des Betroffenen nicht bekannt, ist zu unterscheiden: Wenn die Anschrift leicht zu ermitteln ist, muss die Stelle den notwendigen Aufwand betreiben. Sie ist aber nicht verpflichtet, die Anschrift nur zum Zweck der Benachrichtigung zu speichern, denn dies würde dem Zweck der Vorschrift zuwiderlaufen.[14] 19

3. Ausdrückliche gesetzliche Regelung, Abs. 2 Satz 1 Nr. 3

Schließlich besteht keine Benachrichtigungspflicht, wenn die Speicherung oder Übermittlung der personenbezogenen Daten durch Gesetz ausdrücklich vorgesehen ist. Begründet wird diese Ausnahme damit, dass die gesetzlichen Vorschriften dem Betroffenen ohnehin bekannt sind oder ihm eine Prüfung möglich ist. Zudem wird eine Gefährdung von Rechten des Betroffenen verneint. 20

> ! Art. 14 des Entwurfes der EU-VO nimmt außerdem die Fälle von der Benachrichtigungspflicht aus, in denen die Daten nicht beim Betroffenen erhoben werden und die Bereitstellung der Informationen nach Maßgabe des Unionsrechts oder des Rechts der Mitgliedstaaten gemäß Art. 21 in die Rechte und Freiheiten anderer Personen eingreift.

4. Entsprechende Anwendung von § 19 Abs. 2 bis 4

In den Fällen, in denen eine Auskunft nicht erteilt werden muss, besteht im Gegenzug auch keine Benachrichtigungspflicht (Abs. 3). Zu den Voraussetzungen siehe dort (§ 19, Rn. 29 ff.). 21

C. Anwendungsempfehlung/Weitere praktische Hinweise

> ! Für den nicht-öffentlichen Bereich siehe § 33. 22

Nach § 33 Abs. 1 Satz 1 ist im nicht-öffentlichen Bereich eine Benachrichtigung nur erforderlich, wenn *erstmals* personenbezogene Daten für eigene Zwecke ohne Kenntnis des Betroffenen gespeichert werden.

13 *Gola/Schomerus*, § 19a Rn. 8.
14 Taeger/Gabel/*Mester*, § 19a Rn. 10.

D. Muster

23 Nach Art. 14 des Entwurfes der EU-VO kann die Kommission Standardvorlagen für die Bereitstellung der Informationen festlegen, wobei sie gegebenenfalls die Besonderheiten und Bedürfnisse der verschiedenen Sektoren und Verarbeitungssituationen berücksichtigt.

§ 20 Berichtigung, Löschung und Sperrung von Daten; Widerspruchsrecht

(1) [1]Personenbezogene Daten sind zu berichtigen, wenn sie unrichtig sind. [2]Wird festgestellt, dass personenbezogene Daten, die weder automatisiert verarbeitet noch in nicht automatisierten Dateien gespeichert sind, unrichtig sind, oder wird ihre Richtigkeit von dem Betroffenen bestritten, so ist dies in geeigneter Weise festzuhalten.

(2) Personenbezogene Daten, die automatisiert verarbeitet oder in nicht automatisierten Dateien gespeichert sind, sind zu löschen, wenn

1. ihre Speicherung unzulässig ist oder

2. ihre Kenntnis für die verantwortliche Stelle zur Erfüllung der in ihrer Zuständigkeit liegenden Aufgaben nicht mehr erforderlich ist.

(3) An die Stelle einer Löschung tritt eine Sperrung, soweit

1. einer Löschung gesetzliche, satzungsmäßige oder vertragliche Aufbewahrungsfristen entgegenstehen,

2. Grund zu der Annahme besteht, dass durch eine Löschung schutzwürdige Interessen des Betroffenen beeinträchtigt würden, oder

3. eine Löschung wegen der besonderen Art der Speicherung nicht oder nur mit unverhältnismäßig hohem Aufwand möglich ist.

(4) Personenbezogene Daten, die automatisiert verarbeitet oder in nicht automatisierten Dateien gespeichert sind, sind ferner zu sperren, soweit ihre Richtigkeit vom Betroffenen bestritten wird und sich weder die Richtigkeit noch die Unrichtigkeit feststellen lässt.

(5) [1]Personenbezogene Daten dürfen nicht für eine automatisierte Verarbeitung oder Verarbeitung in nicht automatisierten Dateien erhoben, verarbeitet oder genutzt werden, soweit der Betroffene dieser bei der verantwortlichen Stelle widerspricht und eine Prüfung ergibt, dass das schutzwürdige Interesse des Betroffenen wegen seiner besonderen persönlichen Situation das Interesse der verantwortlichen Stelle an dieser Erhebung, Verarbeitung oder Nutzung überwiegt. [2]Satz 1 gilt nicht, wenn eine Rechtsvorschrift zur Erhebung, Verarbeitung oder Nutzung verpflichtet.

(6) Personenbezogene Daten, die weder automatisiert verarbeitet noch in einer nicht automatisierten Datei gespeichert sind, sind zu sperren, wenn die Behörde im Einzelfall feststellt, dass ohne die Sperrung schutzwürdige Interessen des Betroffenen beeinträchtigt würden und die Daten für die Aufgabenerfüllung der Behörde nicht mehr erforderlich sind.

(7) Gesperrte Daten dürfen ohne Einwilligung des Betroffenen nur übermittelt oder genutzt werden, wenn

1. es zu wissenschaftlichen Zwecken, zur Behebung einer bestehenden Beweisnot oder aus sonstigen im überwiegenden Interesse der verantwortlichen Stelle oder eines Dritten liegenden Gründen unerlässlich ist und

2. die Daten hierfür übermittelt oder genutzt werden dürften, wenn sie nicht gesperrt wären.

(8) Von der Berichtigung unrichtiger Daten, der Sperrung bestrittener Daten sowie der Löschung oder Sperrung wegen Unzulässigkeit der Speicherung sind die Stellen zu verständigen, denen im Rahmen einer Datenübermittlung diese Daten zur Speicherung weitergegeben wurden, wenn dies keinen unverhältnismäßigen Aufwand erfordert und schutzwürdige Interessen des Betroffenen nicht entgegenstehen.

(9) § 2 Abs. 1 bis 6, 8 und 9 des Bundesarchivgesetzes ist anzuwenden.

Literatur

Kindhäuser/Neumann/Paeffgen (Hrsg.), StGB, 3. Aufl. 2010; Münchener Kommentar zum StGB, 1. Aufl. 2003; *Nolte*, Zum Recht auf Vergessen im Internet, ZRP 2011, 236 ff.

A. Allgemeines

I. Adressaten der Regelung

1 § 20 richtet sich gemäß § 12 Abs. 1 an öffentliche Stellen des Bundes, soweit sie nicht als öffentlich-rechtliche Unternehmen am Wettbewerb teilnehmen. Der Anwendungsbereich der Vorschrift erstreckt sich kaum auf öffentliche Stellen der Länder, da der Datenschutz nach Maßgabe von § 12 Abs. 2 durch entsprechende Landesgesetze geregelt wurde. Die verantwortlichen Stellen können nach § 6 Abs. 1 die Rechte des Betroffenen auf Berichtigung, Löschung oder Sperrung nicht durch Rechtsgeschäft ausschließen oder beschränken. Die Berichtigung, Löschung und Sperrung personenbezogener Daten wird in mehreren Spezialgesetzen geregelt, sodass in deren Geltungsbereich § 20 nicht zur Anwendung kommt.[1]

! Vorrangig anzuwenden sind z.B. § 84 SGB X, §§ 12, 13 BVerfSchG, §§ 32, 33 BKAG, § 35 BPolG, § 489 StPO, § 184 StVollzG, § 11 ATDG (Antiterrordateigesetz), § 3 AFIVO (Agrar- und Fischereifonds-Informationen-Verordnung) und § 39 ZFdG (Zollfahndungsdienstgesetz).

II. Kosten

2 Die verantwortlichen Stellen können für die Erfüllung der Ansprüche auf Berichtigung, Löschung und Sperrung sowie für das Tätigwerden aufgrund eines Widerspruchs des Betroffenen keine Kostenerstattung verlangen. § 20 ist gegenüber den Bestimmungen des Verwaltungskostengesetzes des Bundes als Spezialvorschrift anzusehen.[2]

B. Inhalt der Regelung

I. Berichtigung

3 Aus dem Recht auf informationelle Selbstbestimmung kann der Betroffene das Recht herleiten, dass die über ihn gespeicherten Daten richtig und vollständig sind. Folglich hat der Betroffene auf verfassungsrechtlicher Grundlage einen Anspruch auf Berichtigung unrichtiger bzw. unrichtig gewordener Daten.[3]

---

1 Vgl. etwa BSG, Urteil v. 20.07.2010, Az. B 2 U 17/09 R, NZS 2011, 473.
2 Taeger/Gabel/*Mester*, § 20 Rn. 4; Simitis/*Mallmann*, § 20 Rn. 7.
3 BVerwG, Beschluss v. 04.03.2004, Az. 1 WB 32/03, NVwZ 2004, 626, 627.

Berichtigung von Personenstandsangaben

Bezüglich eingetragener Personenstands- bzw. Familienstandsangaben (geschieden, verwitwet, eingetragene Lebenspartnerschaft etc.) wird anstelle der Eintragung „ledig" die Eintragung „verheiratet" begehrt.

1. Tatsachenbehauptungen

Nach § 20 Abs. 1 Satz 1 besteht die Berichtigungspflicht für unrichtige personenbezogene Daten. 4
Berichtigungsfähig sind in diesem Zusammenhang nur Tatsachen. Tatsachen sind konkrete Geschehnisse oder Zustände, die sinnlich wahrnehmbar in die Wirklichkeit getreten und daher dem Beweis zugänglich sind.[4] Hiervon ausgehend sind Daten unrichtig, wenn die Information, welche die einzelnen Angaben über die persönlichen oder sachlichen Verhältnisse des Betroffenen vermitteln, nicht mit der Realität übereinstimmt. Die Unrichtigkeit von Daten besteht auch dann, wenn die durch sie vermittelte Information unvollständig, lückenhaft und dadurch missverständlich ist.[5] Nicht erfasst werden Werturteile, welche durch Elemente subjektiver Einschätzungen oder Meinungen geprägt und daher nicht dem Wahrheitsbeweis zugänglich sind.[6]

Bonitätsindex als Werturteil

Prognostiziert die verantwortliche Stelle anhand verschiedener Bonitätsinformationen (z.B. Kapitalausstattung, Zahlungsfähigkeit, Umsatz) eine „langsame und schleppende" Zahlungsweise eines Unternehmens und vergibt sie in diesem Zusammenhang einen Bonitätsindex nach einem Schulnotensystem, so handelt es sich bei dieser Einschätzung insgesamt um ein Werturteil und nicht um eine Tatsachenäußerung (vgl. BGH, Urteil v. 22.02.2011, Az. VI ZR 120/10).

2. Dokumentationspflicht

§ 20 Abs. 1 Satz 2 sieht vor, dass die festgestellte Unrichtigkeit von personenbezogenen Daten oder 5
ein Bestreiten der Richtigkeit durch den Betroffenen in geeigneter Weise zu dokumentieren ist, wenn die personenbezogenen Daten weder automatisiert verarbeitet noch in nicht automatisierten Dateien gespeichert sind. Die Datenverarbeitung erfolgt dann ohne Einsatz einer Datenverarbeitungsanlage; ferner sind die Anforderungen an eine nicht automatisierte Sammlung personenbezogener Daten, die gleichartig aufgebaut ist und nach bestimmten Merkmalen zugänglich ist und ausgewertet werden kann, nicht erfüllt, vgl. § 3 Abs. 2. Eine Dokumentationspflicht besteht dann etwa bei bestimmten Datensammlungen in Aktenform, indem z.B. Berichtigungsvermerke anzufertigen sind. Einer Löschung des unrichtigen Datums bzw. eine Sperrung bei zwar bestrittener, aber nicht bewiesener Unrichtigkeit (§ 20 Abs. 4) steht in diesem Fall der Grundsatz der Aktenvollständigkeit entgegen. Demnach sind öffentliche Stellen verpflichtet, die ermittelten Informationen und Wertungen historisch zu ordnen und vor allem Akteninhalte nicht zu entfernen, wenn sie einmal rechtmäßig in die Akte gelangt sind. Sollte ein Ermittlungsergebnis widerlegt werden, so würde dessen Entfernung aus der Akte die wahrheitsgetreue Dokumentation des historischen Geschehensablaufs verfälschen.[7]

! Anstelle eines Unrichtigkeitsvermerks kann der Betroffene (nur) die Aufnahme eines Bestreitensvermerks verlangen, wenn eine oberste Aufsichtsbehörde im Zwischenverfahren nach § 99 Abs. 2 VwGO berechtigterweise die Vorlage, Übermittlung oder Auskunft bezüglich des Inhalts von Urkunden, Akten oder elektronischen Dokumenten verweigert, und aufgrund dessen im Hauptverfahren die Unrichtigkeit der personenbezogenen Daten nicht feststellbar ist (BVerwG, Urteil v. 27.09.2006, Az. 3 C 34/05).

---

4 Kindhäuser/Neumann/Paeffgen/*Zaczyk*, § 186 Rn. 2.
5 BVerwG, Beschluss v. 04.03.2004, Az. 1 WB 32/03, NVwZ 2004, 626, 627; Simitis/*Mallmann*, § 20 Rn. 20.
6 MüKo-StGB/*Regge*, 1. Aufl. 2003, § 186 Rn. 5.
7 So BVerfG, Beschluss v. 06.06.1983, Az. 2 BvR 244, 310/83, NJW 1983, 2135.

II. Löschung

6 Eine Löschpflicht nach § 20 Abs. 2 besteht nur im Zusammenhang mit solchen personenbezogenen Daten, die automatisiert verarbeitet oder in nicht automatisierten Dateien gespeichert sind. Datensammlungen in Aktenform, die nicht die Anforderungen an eine nicht automatisierte Datei erfüllen, unterfallen gegebenenfalls einer Verpflichtung zur Sperrung, vgl. § 20 Abs. 6. Aus speziellen Löschungsvorschriften, welche gegenüber § 20 Abs. 2 eine Ausschlusswirkung entfalten, kann für entsprechende Datensammlungen in Aktenform gleichwohl eine Löschverpflichtung bestehen, wenn für diesen Fall keine Sperrung der Daten vorgesehen ist und der Grundsatz der Aktenvollständigkeit nicht entgegensteht.

Löschung von Sozialdaten

Sozialdaten sind zu löschen, wenn ihre Speicherung unzulässig ist. Sie sind auch zu löschen, wenn ihre Kenntnis für die verantwortliche Stelle zur rechtmäßigen Erfüllung der in ihrer Zuständigkeit liegenden Aufgaben nicht mehr erforderlich ist und kein Grund zu der Annahme besteht, dass durch die Löschung schutzwürdige Interessen des Betroffenen beeinträchtigt werden, vgl. § 84 Abs. 2 SGB X. Bei Datensammlungen in Aktenform kann dabei eine Löschung durch Entfernung von Schriftstücken aus der Akte oder durch Rücksendung der Unterlagen an den Betroffenen in Betracht kommen (Bayerisches LSG, Urteil v. 31.03.2011, Az. L 15 SB 80/06).

7 Eine Löschung im Sinne von § 20 Abs. 2 erfordert nach Maßgabe von § 3 Abs. 4 Nr. 5 ein Unkenntlichmachen der gespeicherten personenbezogenen Daten, wofür verschiedene Verfahren (z.B. Überschreiben, Schwärzen, Zerstörung des Datenträgers) in Betracht kommen.[8] Teilweise wird vorgeschlagen, personenbezogene Daten mit einem „Verfallsdatum" zu versehen.[9]

! Steht dem Betroffenen ein Löschungsanspruch nach § 20 Abs. 2 zu, so kann er von der öffentlichen Stelle verlangen, dass die Löschung seiner personenbezogenen Daten bestätigt wird. Die Verpflichtung zur Bestätigung der Löschung ergibt sich aus § 19 Abs. 1 Satz 1, indem ein Betroffener, der Auskunft zu den zu seiner Person gespeicherten Daten verlangen kann, spiegelbildlich auch Anspruch auf die Mitteilung der erfolgten Löschung hat (BVerwG, Urteil v. 09.09.1998, 1 C 14/95).

1. Unzulässige Speicherung

8 Ein Anspruch auf Löschung steht dem Betroffenen im Falle der unzulässigen Speicherung seiner personenbezogenen Daten zu. Die Unzulässigkeit der Speicherung ist dann gegeben, wenn sich diese Verarbeitungsform weder auf § 14 noch auf eine andere Rechtsvorschrift oder auf eine Einwilligung des Betroffenen stützen lässt. Mit § 20 Abs. 2 Nr. 1 erfasst der Gesetzgeber zum einen die Fälle einer anfänglich unzulässigen Speicherung, zum anderen kommt die Vorschrift auch beim nachträglichen Eintritt der Unzulässigkeit zur Anwendung.[10] Wird eine anfänglich unzulässige Speicherung nachträglich zulässig, so scheidet ein Löschungsanspruch aus.

2. Zur Aufgabenerfüllung nicht erforderlich

9 Ein Löschungsanspruch kann dem Betroffenen auch dann zustehen, wenn eine Kenntnis der Daten für die verantwortliche Stelle zur Erfüllung der in ihrer Zuständigkeit liegenden Aufgaben nicht mehr erforderlich ist. Eine Datenspeicherung war in diesem Fall ursprünglich zulässig. Zur Beantwortung der Frage nach der Erforderlichkeit einer weiteren Speicherung ist das Recht des Betroffenen auf

---

8 Simitis/*Dammann*, § 3 Rn. 177 f.
9 *Nolte*, ZRP 2011, 236, 237.
10 Vgl. Bayerisches LSG, Urteil v. 31.03.2011, Az. L 15 SB 80/06 zu § 84 Abs. 2 SGB X.

informationelle Selbstbestimmung zu beachten.[11] Führt eine Polizeibehörde eine Kriminalakte zu einer bestimmten Person mit Angaben zu Verstößen, die über 15 Jahre zurückliegen, und bestehen keine konkreten Anhaltspunkte dafür, dass die Person erneut straffällig wird, so besteht für eine weitere Datenspeicherung keine rechtsstaatliche Rechtfertigung.[12] Eine weitere Speicherung ist zur Aufgabenerfüllung nicht mehr erforderlich, wenn die personenbezogenen Daten für die Zukunft keine praktische Bedeutung mehr haben, und folglich ausgeschlossen ist, dass die Arbeit der Behörde noch gefördert werden kann.[13]

Vermerk über eine Fahrerlaubnisentziehung

Die Speicherdauer eines Vermerks zur Fahrerlaubnisentziehung richtet sich nicht nach starren Fristen, sondern muss auf Basis des Verhältnismäßigkeitsprinzips ermittelt werden. Liegt der Verstoß 29 Jahre zurück und gab das Verhalten des Fahrers seitdem keinen Anlass zur Beanstandung, so ist eine weitere Speicherung für die Aufgabenerfüllung der Straßenverkehrsbehörde nicht mehr erforderlich (BVerwG, Beschluss v. 18.03.1994, Az. 11 B 76/93).

Zur Selbstkontrolle sind die verantwortlichen Stellen gemäß §§ 18 Abs. 2 Satz 2, 4e Satz 1 Nr. 7 verpflichtet, Regelfristen für die Löschung schriftlich festzulegen, was die Entscheidungsfindung über die weitere Speicherung oder Löschung personenbezogener Daten beschleunigen kann. 10

III. Sperrung

1. Sperrung statt Löschung

In drei Fällen tritt an die Stelle einer Löschung eine Sperrung der personenbezogenen Daten: Gemäß § 20 Abs. 3 Nr. 1 gilt eine Sperrpflicht, wenn der Löschung gesetzliche, satzungsmäßige oder vertragliche Aufbewahrungspflichten entgegenstehen. Damit traf der Gesetzgeber spiegelbildliche Regelungen zu den Anforderungen zur Beschränkung des Auskunftsanspruchs nach § 19 Abs. 2. Ferner besteht eine Verpflichtung zur Sperrung, wenn Grund zu der Annahme besteht, dass durch eine Löschung schutzwürdige Interessen des Betroffenen beeinträchtigt würden, § 20 Abs. 3 Nr. 2. Die Frage, wann eine Sperrung nach § 20 Abs. 3 Nr. 2 vorzunehmen ist, muss daher im konkreten Einzelfall entschieden werden. Eine Beeinträchtigung schutzwürdiger Belange soll etwa dann vorliegen, wenn dem Betroffenen mit der Löschung Beweismittel verloren gehen würden.[14] Schließlich ist, korrespondierend mit der Beschränkung des Auskunftsanspruchs nach § 19 Abs. 2, eine Datensperrung vorzunehmen, soweit eine Löschung wegen der besonderen Art der Speicherung nicht oder nur mit unverhältnismäßigem Aufwand möglich ist, § 20 Abs. 3 Nr. 3. Mit zunehmender Digitalisierung verliert § 20 Abs. 3 Nr. 3 an praktischer Bedeutung. Die Annahme eines unverhältnismäßigen Aufwands erscheint im Einzelfall allenfalls bei nichtautomatisierten Dateien oder nur einmalig beschreibbaren Datenträgern möglich. 11

2. Nichtbeweisbarkeit der Unrichtigkeit

Gemäß § 20 Abs. 4 sind personenbezogene Daten, die automatisiert verarbeitet oder in nicht automatisierten Dateien gespeichert sind, zu sperren, soweit ihre Richtigkeit vom Betroffenen bestritten wird und sich weder die Richtigkeit noch die Unrichtigkeit feststellen lässt. Dabei ist es unerheblich, ob die Daten von dem Betroffenen selbst stammen.[15] Bezüglich einer Verpflichtung zur Sperrung sind spezielle Vorschriften zu beachten, die § 20 Abs. 4 vorgehen, vgl. etwa § 37 Abs. 1 Satz 2 AZRG. 12

---

11 Thüringer OLG, Beschluss v. 19.05.2003, Az. 2 VAs 4/02 zur Löschung von Verfahrensdaten aus dem staatsanwaltlichen Verfahrensregister sowie OLG Dresden, Beschluss v. 19.05.2003, Az. 2 VAs 4/02 2 VAs 0004/02, StV 2004, 68.

12 VG Darmstadt, Urteil v. 17.11.1978, Az. III E 8/78. DVBl. 1979, 743, 744; vgl. auch BVerwG, Beschluss v. 12.11.1992, Az. 1 B 164/92.

13 BVerwG, Beschluss v. 18.03.1994, Az. 11 B 76/93, NVZ 1994, 412.

14 Simitis/*Mallmann*, § 20 Rn. 51.

15 *Gola/Schomerus*, § 20 Rn. 20.

Sperrung von Daten im Ausländerzentralregister

Die zuständige Registerbehörde hat personenbezogene Daten zu sperren, soweit deren Richtigkeit vom Betroffenen bestritten wird und weder die Richtigkeit noch die Unrichtigkeit von der Registerbehörde, der aktenführenden Ausländerbehörde oder der Stelle, die die Daten an die Registerbehörde übermittelt hat, festgestellt werden kann, § 37 Abs. 1 Satz 1 Nr. 1 AZRG. Nach § 17 Abs. 2 AZRG-DV wird der Datensatz des Betroffenen dann mit Ausnahme der Grundpersonalien (Familienname, Geburtsname, Vornamen, Schreibweise der Namen nach deutschem Recht, Geburtsdatum, Geburtsort und -bezirk, Geschlecht, Staatsangehörigkeiten, vgl. § 3 Nr. 4 AZRG) und der weiteren Personalien (vgl. § 3 Nr. 5 AZRG) gesperrt. Die Angaben des Betroffenen gelten als richtig, soweit sich nicht nachweisen lässt, dass die davon abweichenden gespeicherten Daten richtig sind (vgl. dazu OVG Lüneburg, Beschluss v. 04.01.2012, Az. 11 ME 386/11).

3. Sperren von „Akten"

13 Personenbezogene Daten, die weder automatisiert verarbeitet noch in einer nicht automatisierten Datei gespeichert sind, sind nach § 20 Abs. 6 zu sperren, wenn die verantwortliche Stelle im Einzelfall feststellt, dass ohne die Sperrung schutzwürdige Interessen des Betroffenen beeinträchtigt würden und die Daten für ihre Aufgabenerfüllung nicht mehr erforderlich sind. Da Papierakten, die nicht die Anforderungen an eine nichtautomatisierte Datei erfüllen, nicht den Löschpflichten nach § 20 Abs. 2 unterfallen, hat der Gesetzgeber mit § 20 Abs. 6 eine Lücke gefüllt, indem für diese Datensammlungen unter den genannten Voraussetzungen eine Verpflichtung zur Sperrung besteht.

4. Nutzung und Übermittlung gesperrter Daten

a) Nutzung und Übermittlung für wissenschaftliche Zwecke

14 Eine Nutzung und Übermittlung gesperrter Daten ohne Einwilligung des Betroffenen darf erfolgen, wenn es zu wissenschaftlichen Zwecken unerlässlich ist und die Daten hierfür übermittelt oder genutzt werden dürften, wenn sie nicht gesperrt wären, § 20 Abs. 7, 1. Fall. Die „wissenschaftlichen Zwecke" sind im Zusammenhang mit den Zwecken der „wissenschaftlichen Forschung" zu sehen, vgl. §§ 14 Abs. 2 Nr. 9, 40. Eine eigenständige Bedeutung kommt den „wissenschaftlichen Zwecken" nicht zu. Wissenschaftliche Forschung umfasst einen „Freiraum, der vor allem die auf wissenschaftlicher Eigengesetzlichkeit beruhenden Prozesse, Verhaltensweisen und Entscheidungen bei dem Auffinden von Erkenntnissen, ihrer Deutung und Weitergabe umfasst."[16] Eine „Nutzung" (§ 3 Abs. 5) im Sinne von § 20 Abs. 7 setzt begrifflich die Verwendung der Daten zu wissenschaftlichen Zwecken durch die verantwortliche Stelle selbst voraus. Geregelt wird zudem eine „Übermittlung" zu wissenschaftlichen Zwecken. Dem Wortlaut nach wäre dabei auf eine Zwecksetzung der verantwortlichen Stelle abzustellen, wodurch der Anwendungsbereich der Vorschrift stark eingeengt würde. Stellt man hingegen (zusätzlich) auf den Erhebungszweck von privaten und öffentlichen Forschungseinrichtungen ab, die von der verantwortlichen Stelle den Zugang zu personenbezogenen Daten zu Forschungszwecken begehren,[17] so würde der Anwendungsbereich erweitert. Die Erfassung des wissenschaftlichen Zwecks als Erhebungszweck eines Dritten kann auch nur schwerlich mit § 20 Abs. 7, 1. Fall in Einklang gebracht werden, da nur die „sonstigen im überwiegenden Interesse der verantwortlichen Stelle oder eines Dritten liegenden Gründe" auch den Erhebungszweck eines Dritten umschreiben. Im Übrigen wäre vor jeder Übermittlung zu prüfen, ob diese „unerlässlich" ist, d.h. zwingend erforderlich.

! Vor einer Übermittlung zu wissenschaftlichen Zwecken ist zu untersuchen, ob die Daten anonymisiert werden können, indem die personenbezogenen Daten derart verändert werden, dass diese nicht mehr oder nur mit einem unverhältnismäßigen Aufwand an Zeit,

16 BVerfG, Urteil v. 29.05.1973, Az. 1 BvR 424/71, 1 BvR 325/72 zu Art. 5 Abs. 3 Satz 1 GG, NJW 1973, 1176, 1177.
17 So Simitis/*Mallmann*, § 20 Rn. 67 i.V.m. Simitis/*Dammann*, § 14 Rn. 88.

Kosten und Arbeitskraft einer bestimmten oder bestimmbaren natürlichen Person zugeordnet werden können (§ 3 Abs. 6). Ist eine Anonymisierung nicht zielführend, so müssen die Möglichkeiten einer Pseudonymisierung (§ 3 Abs. 6a) ausgeschöpft werden.

Die Verfolgung wissenschaftlicher Zwecke kann schließlich nur im Rahmen einer unabhängigen Forschung erfolgen, d.h., jede externe Beeinflussung des wissenschaftlichen Erkenntnisprozesses oder eine Unterordnung unter wirtschaftliche Interessen muss ausgeschlossen sein.[18] 15

b) Bestehende Beweisnot

Eine Übermittlung oder Nutzung gesperrter personenbezogener Daten kann ohne Einwilligung des Betroffenen erfolgen, wenn dies zur Behebung einer bestehenden Beweisnot unerlässlich ist und die Daten hierfür übermittelt oder genutzt werden dürften, wenn sie nicht gesperrt wären, § 20 Abs. 7, 2. Fall. Dem Wortlaut nach muss die Beweisnotlage bei der verantwortlichen Stelle eingetreten sein, da diese die Daten „nutzt" oder mit dieser Zwecksetzung „übermittelt". Es müssen in einem förmlichen Verfahren entscheidungserhebliche Tatsachen nur durch die gesperrten Daten bewiesen werden können. 16

c) Sonstige Gründe

Eine Nutzung oder Übermittlung gesperrter personenbezogener Daten ohne Einwilligung des Betroffenen ist dann erlaubt, wenn dies aus sonstigen im überwiegenden Interesse der verantwortlichen Stelle oder eines Dritten liegenden Gründen unerlässlich ist und die Daten hierfür übermittelt oder genutzt werden dürften, wenn sie nicht gesperrt wären, § 20 Abs. 7, 3. Fall. Über die Verfolgung wissenschaftlicher Zwecke oder einer bestehenden Beweisnot hinaus sollen auch andere Gründe erfasst werden, die eine Nutzung oder Übermittlung legitimieren können. Als Praxisfall wird die Wiederherstellung einer durch einen Bedien- oder Systemfehler verloren gegangenen Datei genannt.[19] 17

IV. Widerspruchsrecht

Personenbezogene Daten dürfen nach § 20 Abs. 5 Satz 1 nicht für eine automatisierte Verarbeitung oder Verarbeitung in nicht automatisierten Dateien erhoben, verarbeitet oder genutzt werden, soweit der Betroffene dieser bei der verantwortlichen Stelle widerspricht und eine Prüfung ergibt, dass das schutzwürdige Interesse des Betroffenen wegen seiner besonderen persönlichen Situation das Interesse der verantwortlichen Stelle an dieser Erhebung, Verarbeitung oder Nutzung überwiegt. Der Widerspruch ist dabei an keine bestimmte Form gebunden. Möglich ist der Widerspruch gegen die Verarbeitung insgesamt oder gegen einzelne Erhebungen, Verarbeitungen oder Nutzungen.[20] Der Gesetzgeber verlangt eine Interessenabwägung und dabei vor allem eine „besondere persönliche Situation" des Betroffenen, die ein Widerspruchsrecht vermittelt. Nähere Anforderungen an diese „Situation" sind nicht vorhanden. Eine „unbillige Härte" wird jedenfalls nicht verlangt. Nach § 6 ist eine Abbedingung oder Beschränkung des Widerspruchsrechts unzulässig. Ein Widerspruchsrecht scheidet von vornherein nur dann aus, wenn eine Rechtsvorschrift zur Erhebung, Verarbeitung oder Nutzung verpflichtet, § 20 Abs. 5 Satz 2. 18

! Das Widerspruchsrecht wird auch in anderen spezielleren Rechtsvorschriften geregelt, wodurch § 20 Abs. 5 insoweit nicht anwendbar ist (z.B. § 6 Abs. 2 Satz 4 HWO oder § 41 Abs. 1 Satz 5, Abs. 3 Satz 2 PostG). Teilweise wird § 20 Abs. 5 für anwendbar erklärt (z.B. § 84 Abs. 1a SGB X).

---

18 So Däubler/Klebe/Wedde/Weichert/*Weichert*, § 40 Rn. 5.
19 Simitis/*Mallmann*, § 20 Rn. 77.
20 Däubler/Klebe/Wedde/Weichert/*Wedde*, § 20 Rn. 21.

V. Nachberichtspflicht

19 Gemäß § 20 Abs. 8 ist die verantwortliche Stelle in bestimmten Fällen gegenüber einer anderen Stelle, an die personenbezogene Daten weitergegeben wurden, zur Unterrichtung über erfolgte Berichtigungen, Sperrungen und Löschungen verpflichtet, wenn dies keinen unverhältnismäßigen Aufwand erfordert und schutzwürdige Interessen des Betroffenen nicht entgegenstehen. Hierdurch erhält der Empfänger der Daten die Möglichkeit, seinerseits die aus § 20 erwachsenden Verpflichtungen zu erfüllen. Ausweislich des Wortlauts von § 20 Abs. 8 besteht die Nachberichtigungspflicht zum einen in den Fällen von § 20 Abs. 1, in welchen unrichtige Daten zu berichtigen (§ 20 Abs. 1 Satz 1) sind oder die Unrichtigkeit der Daten in geeigneter Weise festgehalten wird (§ 20 Abs. 1 Satz 2, 1. Fall). Nicht erfasst wird der Fall, in dem die Richtigkeit der Daten von dem Betroffenen bestritten wurde (§ 20 Abs. 1 Satz 2, 2. Fall). Weiterhin lösen die in § 20 Abs. 4 normierten Fälle bei Weiterleitung der Daten an eine andere Stelle eine Nachberichtigungspflicht aus. Schließlich muss die verantwortliche Stelle bei Datenweitergaben eine Mitteilung an die andere Stelle übersenden, wenn die Speicherung unzulässig ist und daher eine Löschpflicht besteht (§ 20 Abs. 2 Nr. 1) oder im Falle der unzulässigen Speicherung an die Stelle einer Löschung eine Sperrung tritt (§ 20 Abs. 2 Nr. 1 i.V.m. § 20 Abs. 3 Nr. 1–3). Die Nachberichtigungspflicht besteht jedoch nicht bei Datenlöschungen nach § 20 Abs. 2 Nr. 2 oder Sperrungen nach § 20 Abs. 2 Nr. 2 i.V.m. § 20 Abs. 3 Nr. 1–3.

VI. Verhältnis zum Bundesarchivgesetz

20 Mit § 20 Abs. 9 wird ein Anwendungsvorrang von § 2 Abs. 1–6, 8 und 9 BArchG normiert. Unterlagen, die von der verantwortlichen Stelle zur Erfüllung ihrer öffentlichen Aufgaben nicht mehr benötigt werden, sind dem Bundesarchiv zur Übernahme anzubieten und, wenn den Unterlagen ein bleibender Wert für die Erforschung oder das Verständnis der deutschen Geschichte, die Sicherung berechtigter Belange der Bürger oder die Bereitstellung von Informationen für Gesetzgebung, Verwaltung oder Rechtsprechung zukommt, als Archivgut des Bundes zu übergeben, vgl. §§ 2 Abs. 1, 3 BArchG. § 20 Abs. 9 dient der Klarstellung, dass personenbezogene Daten, die nach § 20 Abs. 2 zu löschen wären, zunächst dem Bundesarchiv oder in bestimmten Fällen dem Landesarchiv (§ 2 Abs. 1, Abs. 3 BArchG) anzubieten sind.

§ 21 Anrufung des Bundesbeauftragten für den Datenschutz und die Informationsfreiheit

[1]Jedermann kann sich an den Bundesbeauftragten für den Datenschutz und die Informationsfreiheit wenden, wenn er der Ansicht ist, bei der Erhebung, Verarbeitung oder Nutzung seiner personenbezogenen Daten durch öffentliche Stellen des Bundes in seinen Rechten verletzt worden zu sein. [2]Für die Erhebung, Verarbeitung oder Nutzung von personenbezogenen Daten durch Gerichte des Bundes gilt dies nur, soweit diese in Verwaltungsangelegenheiten tätig werden.

Literatur

BfDI, Tätigkeitsbericht zum Datenschutz für die Jahre 2007 und 2008; *Cebulla*, Datenschutz und Postgeheimnis beim Einsatz von Unterauftragnehmern im Postsektor, RDV 2009, 6 ff.; *Engelien-Schulz*, Rechte des Betroffenen nach dem Bundesdatenschutzgesetz, BWV 2002, 25 ff.; *Engelien-Schulz*, Zum Sicherheitsüberprüfungsgesetz – Entwicklungen im Zusammenhang mit dem „Gesetz über die Voraussetzungen und das Verfahren von Sicherheitsüberprüfungen des Bundes"; *Ronellenfitsch*, Moderne Justiz, Datenschutz und richterliche Unabhängigkeit, DuD 2005, 354 ff.

A. Allgemeines

I. Außergerichtliche Beschwerdeinstanz

Dem Betroffenen steht in Konfliktfällen beim Umgang mit seinen personenbezogenen Daten durch öffentliche Stellen des Bundes gegenüber dem Bundesbeauftragten für den Datenschutz und die Informationsfreiheit ein Anrufungsrecht zu. Diese Beschwerdemöglichkeit besteht neben dem in Art. 17 GG geregelten Petitionsrecht und dem Recht, gerichtliche Hilfe in Anspruch zu nehmen. Mit der Wahrnehmung des Anrufungsrechts kann der Betroffene im Wege eines Verwaltungsverfahrens (§ 9 VwVfG)[1] eine außergerichtliche Streitbeilegung erreichen, in dessen Folge der Bundesbeauftragte für den Datenschutz und die Informationsfreiheit die verantwortliche Stelle bei festgestellten Verstößen zur Mängelbeseitigung auffordert oder eine Beanstandung nach § 25 Abs. 1 ausspricht. 1

II. Anrufung durch jedermann

Das Anrufungsrecht steht „jedermann" zu, wobei unter Anwendung von § 3 Abs. 1 nur natürliche Personen gemeint sein können. Wohnsitz und Staatsangehörigkeit sind nicht von Bedeutung.[2] Im Jahre 2008 gingen beim Bundesbeauftragten für den Datenschutz und die Informationsfreiheit ca. 4.500 Eingaben mit Datenschutzbezug (Vergleich zum Jahr 2000: ca. 1.500 Eingaben) ein; ferner wurden in 2008 ca. 6.800 telefonische Beratungen durchgeführt.[3] 2

1 Däubler/Klebe/Wedde/Weichert/*Weichert*, § 21 Rn. 1.
2 Simitis/*Dammann*, § 21 Rn. 3.
3 *BfDI*, Tätigkeitsbericht zum Datenschutz für die Jahre 2007 und 2008, S. 150.

B. Inhalt der Regelung

I. Zuständigkeiten

3 Das Anrufungsrecht bezieht sich auf öffentliche Stellen des Bundes im Sinne von § 2 Abs. 1, d.h. oberste Bundesbehörden, Bundesoberbehörden und Bundeszentralstellen, die jeweils einer obersten Bundesbehörde unmittelbar zugeordnet sind, sowie bundeseigene Mittel- und Unterbehörden.[4] Der Gesetzgeber hat den Bereich der Kontrollaufgaben für den Bundesbeauftragten für den Datenschutz und die Informationsfreiheit zudem erweitert und § 21 für entsprechend anwendbar erklärt.

1. Erbringung von Telekommunikationsdiensten

4 Eine Zuständigkeit besteht nach § 115 Abs. 4 TKG, soweit für die geschäftsmäßige Erbringung von Telekommunikationsdiensten Daten von natürlichen oder juristischen Personen erhoben, verarbeitet oder genutzt werden. An die Stelle einer Kontrolle nach § 38 durch die Aufsichtsbehörden der Länder tritt dann eine Kontrolle durch den Bundesbeauftragten für den Datenschutz und die Informationsfreiheit nach den §§ 21 und 24–26 Abs. 1–4. Bei den Telekommunikationsdiensten handelt es sich um in der Regel gegen Entgelt erbrachte Dienste, die ganz oder überwiegend in der Übertragung von Signalen über Telekommunikationsnetze bestehen, einschließlich Übertragungsdiensten in Rundfunknetzen, § 3 Nr. 24 TKG. Die geschäftsmäßige Erbringung setzt ein nachhaltiges Angebot von Telekommunikation für Dritte mit oder ohne Gewinnerzielungsabsicht voraus, § 3 Nr. 10 TKG. Teilnehmer im Sinne von § 3 Nr. 20 TKG, d.h. jede natürliche oder juristische Person, die mit einem Anbieter von Telekommunikationsdiensten einen Vertrag über die Erbringung derartiger Dienste geschlossen haben, können sich etwa im Hinblick auf die Erfüllung der Informationspflichten nach § 93 Abs. 1 TKG, der Einhaltung von Anforderungen an eine elektronische Einwilligung nach § 94 TKG und der Erhebung, Verarbeitung und Nutzung von Bestandsdaten (§ 95 TKG) sowie Verkehrsdaten (§ 96 TKG) an den Bundesbeauftragten für den Datenschutz und die Informationsfreiheit wenden.

Geschäftsmäßige Erbringung von Telekommunikationsdiensten

Diensteanbieter haben ihre Teilnehmer bei Vertragsabschluss über Art, Umfang, Ort und Zweck der Erhebung und Verwendung personenbezogener Daten so zu unterrichten, dass die Teilnehmer in allgemein verständlicher Form Kenntnis von den grundlegenden Verarbeitungstatbeständen der Daten erhalten. Ferner darf der Diensteanbieter Bestandsdaten (Daten, die mit der Leistungserbringung, Abrechnung und Qualitätsmanagement zusammenhängen, wie z.B. Name, Anschrift, Kontoverbindung, Vertragsinhalte) seiner Teilnehmer nur dann zur Werbung für eigene Angebote oder zur Marktforschung verwenden, wenn dies zur Erreichung dieser Zwecke erforderlich ist und die Teilnehmer eingewilligt haben. Über die Einhaltung dieser Anforderungen wacht der Bundesbeauftragte für den Datenschutz und die Informationsfreiheit.

5 Soweit die Bestimmungen des TKG auf personenbezogene Daten einschließlich deren Veröffentlichung anzuwenden sind, gehen sie den Vorschriften des BDSG nach Maßgabe von § 1 Abs. 3 Satz 1 vor. Für die Anwendung des BDSG bleibt nur wenig Raum. Ein Beispiel betrifft den Verweis in § 95 Abs. 3 Satz 2 TKG, wonach für die Sperrung von Bestandsdaten § 35 Abs. 3 maßgebend ist.

! Diensteanbieter haben ihre Teilnehmer bei Vertragsabschluss über Art, Umfang, Ort und Zweck der Erhebung und Verwendung personenbezogener Daten so zu unterrichten, dass die Teilnehmer in allgemein verständlicher Form Kenntnis von den grundlegenden Verarbeitungstatbeständen der Daten erhalten. Unberührt davon bleibt das Auskunftsrecht des Teilnehmers nach § 93 Abs. 1 Satz 4 TKG, § 34 Abs. 1, mit welchem gegenüber dem Diensteanbieter unentgeltlich Auskunft zu den zur Person gespeicherten Daten, de-

4 Vgl. Simitis/*Dammann*, § 2 Rn. 27.

ren Herkunft, zu den Empfängern von Daten und zum Speicherzweck begehrt werden kann. Die Geltendmachung des Auskunftsanspruchs kann vor Anrufung des Bundesbeauftragten für den Datenschutz und die Informationsfreiheit erfolgen und bereits zur Klärung des Sachverhalts beitragen.

2. Geschäftsmäßige Erbringung von Postdiensten

Eine weitere Zuständigkeit besteht, soweit für das geschäftsmäßige Erbringen von Postdiensten Daten von natürlichen oder juristischen Personen erhoben, verarbeitet oder genutzt werden, wodurch sich die aufsichtsbehördliche Kontrolle nicht nach § 38, sondern nach den §§ 21 und 24 bis 26 Abs. 1 bis 4 richtet, § 42 Abs. 3 Satz 1 PostG.[5] Gemäß § 4 Nr. 4 PostG ist geschäftsmäßiges Erbringen von Postdiensten das nachhaltige Betreiben der Beförderung von Postsendungen für andere mit oder ohne Gewinnerzielungsabsicht. Postsendungen betreffen gewerbsmäßig angebotene Dienstleistungen im Zusammenhang mit der Beförderung von Briefsendungen, der Beförderung von adressierten Paketen, deren Einzelgewicht 20 Kilogramm nicht übersteigt, oder die Beförderung von Büchern, Katalogen, Zeitungen oder Zeitschriften, soweit sie durch Unternehmen erfolgt, welche Briefsendungen oder adressierte Pakete mit Gewichtsbeschränkung auf 20 Kilogramm befördern, vgl. § 4 Nrn. 1 und 5 PostG. 6

Datentransfer in Drittländer

Beabsichtigt der Anbieter eines Express- und Paketzustelldienstes eine nach § 4c Abs. 2 zu beurteilende Datenübermittlung in ein Drittland, so besteht die Kontrollzuständigkeit des Bundesbeauftragten für den Datenschutz und die Informationsfreiheit.

3. Umgang mit Sozialdaten durch Jobcenter

Eine Anrufung des Bundesbeauftragten für den Datenschutz und die Informationsfreiheit kommt auch im Rahmen der Erhebung, Verarbeitung und Nutzung personenbezogener Sozialdaten durch gemeinsame Einrichtungen (Jobcenter, § 6d SGB II) in Betracht. Diesem obliegen nach § 50 Abs. 4 Satz 3 SGB II vor allem die Datenschutzkontrolle und die Kontrolle der zentralen Verfahren der Informationstechnik. 7

Grundsicherung für Arbeitssuchende

Für den Umgang mit personenbezogenen Sozialdaten durch die gemeinsamen Einrichtungen (vgl. § 44b SGB II) im Rahmen einer Durchführung der Grundsicherung zur Entscheidung über die Zahlung von Arbeitslosengeld II oder Sozialgeld ist die Kontrollkompetenz dem Bundesdatenbeauftragten für den Datenschutz und die Informationsfreiheit zugewiesen. Arbeitssuchende können sich an diesen wenden, wenn sie der Ansicht sind, bei der Erhebung, Verarbeitung oder Nutzung ihrer personenbezogenen Daten durch die gemeinsamen Einrichtungen in ihren Rechten verletzt worden zu sein.

4. Überprüfung nach dem Sicherheitsüberprüfungsgesetz (SÜG)

Weiterhin gelten die §§ 21 und 24 bis 26 für die Datenschutzkontrolle der von öffentlichen und nicht-öffentlichen Stellen nach dem SÜG gespeicherten personenbezogenen Daten, § 36 Abs. 2 SÜG. Vor der Betrauung einer Person mit einer sicherheitsempfindlichen Tätigkeit (z.B. Zugang zu Verschlusssachen) erfolgt eine Sicherheitsüberprüfung (§ 7 SÜG), in welcher vor allem eine Sicherheitserklärung des Betroffenen (§ 13 SÜG) abzugeben ist und die Prüfstelle Auskünfte bei verschiedenen öffentlichen Stellen (z.B. Landesämter für Verfassungsschutz, Polizeidienststellen, Bundespolizei, Bundeskriminalamt, Bundesnachrichtendienst) einholt.[6] Sicherheitsempfindliche Tätigkeiten können in bestimmten Fällen (§ 24 SÜG) auch bei nichtöffentlichen Stellen ausgeübt werden. 8

5 Vgl. *Cebulla*, RDV 2009, 6 ff. zur Einbindung von Unterauftragnehmern.
6 *Engelien-Schulz*, RDV 2006, 199, 201.

5. Informationszugang nach dem Informationsfreiheitsgesetz

9 Neben das Anrufungsrecht nach § 21 tritt ein Anrufungsrecht nach § 12 Abs. 1 des Informationsfreiheitsgesetzes (IFG). Gemäß § 1 Abs. 1 Satz 1 IFG hat jeder nach Maßgabe des IFG gegenüber den Behörden des Bundes einen Anspruch auf Zugang zu amtlichen Informationen. Jeder kann den Bundesbeauftragten für die Informationsfreiheit anrufen, wenn er sein Recht auf Informationszugang nach diesem Gesetz als verletzt ansieht.

! Der Bundesbeauftragte für den Datenschutz und die Informationsfreiheit veröffentlicht nach § 12 Abs. 3 IFG, § 26 Abs. 1 alle zwei Jahre einen Tätigkeitsbericht zur Informationsfreiheit, der weiterführende Hinweise zu Einzelfällen enthält.

II. Rüge der Verletzung von Betroffenenrechten

10 Das geltend gemachte Recht muss dem Betroffenen selbst zustehen. Die Eingabe kann sich dabei z.B. auf die Behauptung einer unzulässigen Erhebung, Verarbeitung oder Nutzung der eigenen personenbezogenen Daten beziehen. Weiterhin zählen Sachvorträge zur Verletzung des Auskunftsrechts (§ 19), zu unterlassenen Benachrichtigungen (§ 19a) oder zur Nichtbeachtung von Verpflichtungen zur Berichtigung, Löschung oder Sperrung von personenbezogenen Daten und zum Widerspruchsrecht (§ 20) hinzu.[7] Schließlich kann das Persönlichkeitsrecht des Betroffenen (§ 1 Abs. 1) auch durch die Nichteinhaltung von technischen und organisatorischen Anforderungen beeinträchtigt sein. Bei unbestimmtem Vorbringen, insbesondere unvollständigen Sachvorträgen wirkt der Bundesbeauftragte für den Datenschutz und die Informationsfreiheit auf die Präzisierung der jeweiligen Eingabe hin. Scheitert die Bearbeitung der Eingabe in diesem Zusammenhang an der fehlenden Mitwirkung des möglicherweise Betroffenen, so kann die Sachverhaltsaufklärung auch von Amts wegen erfolgen.[8]

III. Entgegennahme, Prüfung und Benachrichtigung

11 Der Betroffene hat bezüglich seiner Eingabe ein Recht auf Entgegennahme, Prüfung, Bescheidung und Benachrichtigung über das Bearbeitungsergebnis.[9] Es besteht jedoch kein Recht, dass die Kontrollbehörde bestimmte Feststellungen oder Beanstandungen trifft.[10] Ferner besteht kein Anspruch auf ein bestimmtes aufsichtsbehördliches Einschreiten.[11] Nach den entsprechend anwendbaren Regeln des Petitionsrechts stellt die Benachrichtigung des Betroffenen über das Bearbeitungsergebnis keinen Verwaltungsakt dar.[12] Es fehlt der Regelungscharakter mit Rechtswirkung nach außen (§ 35 Satz 1 VwVfG). Auch Art. 19 Abs. 4 Satz 1 GG gebietet nicht die Ermöglichung einer Anfechtungsklage gegen einen Prüfbescheid der Kontrollbehörde.

! Nach den Voraussetzungen des § 29 VwVfG gewährt der Bundesbeauftragte für den Datenschutz und die Informationsfreiheit dem Betroffenen als Verfahrensbeteiligten Akteneinsicht.

---

7 *Engelien-Schulz*, BWV 2002, 25, 26.
8 Simitis/*Dammann*, § 21 Rn. 12.
9 BayVGH, Beschluss v. 11.02.2008, Az. 5 C 08.277.
10 BayVGH, Beschluss v. 10.03.1988, Az. 5 C 86.03492, CR 1989, 317, 318.
11 OVG NRW, Urteil v. 02.06.1993, Az. 25 A 2307/91, NVwZ-RR 1994, 25, 26.
12 BVerwG, Beschluss v. 01.09.1976, Az. VII B 101.75, NJW 1977, 118, 119.

IV. Datenverarbeitung durch Gerichte

Das Anrufungsrecht gilt nach § 21 Satz 2 für die Erhebung, Verarbeitung oder Nutzung von personenbezogenen Daten durch Gerichte des Bundes nur, soweit diese in Verwaltungsangelegenheiten tätig werden. Die Bestimmung korrespondiert mit der Einschränkung der Kontrollkompetenz nach § 24 Abs. 3 und soll Unabhängigkeit der rechtsprechenden Gewalt wahren.[13] Verwaltungsangelegenheiten betreffen etwa die Tätigkeit der Geschäftsstellen der Gerichte und der Rechtspfleger. 12

13 *Ronellenfitsch*, DuD 2005, 354, 355.

Dritter Unterabschnitt
Bundesbeauftragter für den Datenschutz und die Informationsfreiheit

§ 22 Wahl des Bundesbeauftragten für den Datenschutz und die Informationsfreiheit

(1) [1]Der Deutsche Bundestag wählt auf Vorschlag der Bundesregierung den Bundesbeauftragten für den Datenschutz und die Informationsfreiheit mit mehr als der Hälfte der gesetzlichen Zahl seiner Mitglieder. [2]Der Bundesbeauftragte muss bei seiner Wahl das 35. Lebensjahr vollendet haben. [3]Der Gewählte ist vom Bundespräsidenten zu ernennen.

(2) Der Bundesbeauftragte leistet vor dem Bundesminister des Innern folgenden Eid:

> **„Ich schwöre, dass ich meine Kraft dem Wohle des deutschen Volkes widmen, seinen Nutzen mehren, Schaden von ihm wenden, das Grundgesetz und die Gesetze des Bundes wahren und verteidigen, meine Pflichten gewissenhaft erfüllen und Gerechtigkeit gegen jedermann üben werde. So wahr mir Gott helfe."**

Der Eid kann auch ohne religiöse Beteuerung geleistet werden.

(3) [1]Die Amtszeit des Bundesbeauftragten beträgt fünf Jahre. [2]Einmalige Wiederwahl ist zulässig.

(4) [1]Der Bundesbeauftragte steht nach Maßgabe dieses Gesetzes zum Bund in einem öffentlich-rechtlichen Amtsverhältnis. [2]Er ist in Ausübung seines Amtes unabhängig und nur dem Gesetz unterworfen. [3]Er untersteht der Rechtsaufsicht der Bundesregierung.

(5) [1]Der Bundesbeauftragte wird beim Bundesministerium des Innern eingerichtet. [2]Er untersteht der Dienstaufsicht des Bundesministeriums des Innern. [3]Dem Bundesbeauftragten ist die für die Erfüllung seiner Aufgaben notwendige Personal- und Sachausstattung zur Verfügung zu stellen; sie ist im Einzelplan des Bundesministers des Innern in einem eigenen Kapitel auszuweisen. [4]Die Stellen sind im Einvernehmen mit dem Bundesbeauftragten zu besetzen. [5]Die Mitarbeiter können, falls sie mit der beabsichtigten Maßnahme nicht einverstanden sind, nur im Einvernehmen mit ihm versetzt, abgeordnet oder umgesetzt werden.

(6) [1]Ist der Bundesbeauftragte vorübergehend an der Ausübung seines Amtes verhindert, kann der Bundesminister des Innern einen Vertreter mit der Wahrnehmung der Geschäfte beauftragen. [2]Der Bundesbeauftragte soll dazu gehört werden.

§ 23 Rechtsstellung des Bundesbeauftragten für den Datenschutz und die Informationsfreiheit

(1) [1]Das Amtsverhältnis des Bundesbeauftragten für den Datenschutz und die Informationsfreiheit beginnt mit der Aushändigung der Ernennungsurkunde. [2]Es endet

1. mit Ablauf der Amtszeit,

2. mit der Entlassung.

[3]Der Bundespräsident entlässt den Bundesbeauftragten, wenn dieser es verlangt oder auf Vorschlag der Bundesregierung, wenn Gründe vorliegen, die bei einem Richter auf Lebenszeit die Entlassung aus dem Dienst rechtfertigen. [4]Im Falle der Beendigung des Amtsverhältnisses erhält der Bundesbeauftragte eine vom Bundespräsidenten vollzogene Ur-

kunde. [5]Eine Entlassung wird mit der Aushändigung der Urkunde wirksam. [6]Auf Ersuchen des Bundesministers des Innern ist der Bundesbeauftragte verpflichtet, die Geschäfte bis zur Ernennung seines Nachfolgers weiterzuführen.

(2) [1]Der Bundesbeauftragte darf neben seinem Amt kein anderes besoldetes Amt, kein Gewerbe und keinen Beruf ausüben und weder der Leitung oder dem Aufsichtsrat oder Verwaltungsrat eines auf Erwerb gerichteten Unternehmens noch einer Regierung oder einer gesetzgebenden Körperschaft des Bundes oder eines Landes angehören. [2]Er darf nicht gegen Entgelt außergerichtliche Gutachten abgeben.

(3) [1]Der Bundesbeauftragte hat dem Bundesministerium des Innern Mitteilung über Geschenke zu machen, die er in Bezug auf sein Amt erhält. [2]Das Bundesministerium des Innern entscheidet über die Verwendung der Geschenke.

(4) [1]Der Bundesbeauftragte ist berechtigt, über Personen, die ihm in seiner Eigenschaft als Bundesbeauftragter Tatsachen anvertraut haben, sowie über diese Tatsachen selbst das Zeugnis zu verweigern. [2]Dies gilt auch für die Mitarbeiter des Bundesbeauftragten mit der Maßgabe, dass über die Ausübung dieses Rechts der Bundesbeauftragte entscheidet. [3]Soweit das Zeugnisverweigerungsrecht des Bundesbeauftragten reicht, darf die Vorlegung oder Auslieferung von Akten oder anderen Schriftstücken von ihm nicht gefordert werden.

(5) [1]Der Bundesbeauftragte ist, auch nach Beendigung seines Amtsverhältnisses, verpflichtet, über die ihm amtlich bekanntgewordenen Angelegenheiten Verschwiegenheit zu bewahren. [2]Dies gilt nicht für Mitteilungen im dienstlichen Verkehr oder über Tatsachen, die offenkundig sind oder ihrer Bedeutung nach keiner Geheimhaltung bedürfen. [3]Der Bundesbeauftragte darf, auch wenn er nicht mehr im Amt ist, über solche Angelegenheiten ohne Genehmigung des Bundesministeriums des Innern weder vor Gericht noch außergerichtlich aussagen oder Erklärungen abgeben. [4]Unberührt bleibt die gesetzlich begründete Pflicht, Straftaten anzuzeigen und bei Gefährdung der freiheitlichen demokratischen Grundordnung für deren Erhaltung einzutreten. [5]Für den Bundesbeauftragten und seine Mitarbeiter gelten die §§ 93, 97, 105 Abs. 1, § 111 Abs. 5 in Verbindung mit § 105 Abs. 1 sowie § 116 Abs. 1 der Abgabenordnung nicht. [6]Satz 5 findet keine Anwendung, soweit die Finanzbehörden die Kenntnis für die Durchführung eines Verfahrens wegen einer Steuerstraftat sowie eines damit zusammenhängenden Steuerverfahrens benötigen, an deren Verfolgung ein zwingendes öffentliches Interesse besteht, oder soweit es sich um vorsätzlich falsche Angaben des Auskunftspflichtigen oder der für ihn tätigen Personen handelt. [7]Stellt der Bundesbeauftragte einen Datenschutzverstoß fest, ist er befugt, diesen anzuzeigen und den Betroffenen hierüber zu informieren.

(6) [1]Die Genehmigung, als Zeuge auszusagen, soll nur versagt werden, wenn die Aussage dem Wohle des Bundes oder eines deutschen Landes Nachteile bereiten oder die Erfüllung öffentlicher Aufgaben ernstlich gefährden oder erheblich erschweren würde. [2]Die Genehmigung, ein Gutachten zu erstatten, kann versagt werden, wenn die Erstattung den dienstlichen Interessen Nachteile bereiten würde. [3]§ 28 des Bundesverfassungsgerichtsgesetzes bleibt unberührt.

(7) [1]Der Bundesbeauftragte erhält vom Beginn des Kalendermonats an, in dem das Amtsverhältnis beginnt, bis zum Schluss des Kalendermonats, in dem das Amtsverhältnis endet, im Falle des Absatzes 1 Satz 6 bis zum Ende des Monats, in dem die Geschäftsführung endet, Amtsbezüge in Höhe der einem Bundesbeamten der Besoldungsgruppe B 9 zustehenden Besoldung. [2]Das Bundesreisekostengesetz und das Bundesumzugskostengesetz sind entsprechend anzuwenden. [3]Im Übrigen sind § 12 Abs. 6 sowie die §§ 13 bis 20 und 21a Abs. 5 des Bundesministergesetzes mit den Maßgaben anzuwenden, dass an die Stelle der vierjährigen Amtszeit in § 15 Abs. 1 des Bundesministergesetzes eine Amtszeit von fünf Jahren und an die Stelle der Besoldungsgruppe B 11 in § 21a Abs. 5 des Bundesminis-

tergesetzes die Besoldungsgruppe B 9 tritt. [4]Abweichend von Satz 3 in Verbindung mit den §§ 15 bis 17 und 21a Abs. 5 des Bundesministergesetzes berechnet sich das Ruhegehalt des Bundesbeauftragten unter Hinzurechnung der Amtszeit als ruhegehaltsfähige Dienstzeit in entsprechender Anwendung des Beamtenversorgungsgesetzes, wenn dies günstiger ist und der Bundesbeauftragte sich unmittelbar vor seiner Wahl zum Bundesbeauftragten als Beamter oder Richter mindestens in dem letzten gewöhnlich vor Erreichen der Besoldungsgruppe B 9 zu durchlaufenden Amt befunden hat.

(8) Absatz 5 Satz 5 bis 7 gilt entsprechend für die öffentlichen Stellen, die für die Kontrolle der Einhaltung der Vorschriften über den Datenschutz in den Ländern zuständig sind.

Literatur

Battis, Bundesbeamtengesetz, Kommentar, 4. Aufl. 2009; *Bull*, Die „völlig unabhängige" Aufsichtsbehörde, EuZW 2010, 488; *Dix*, Datenschutzaufsicht im Bundesstaat – ein Vorbild für Europa, DuD 2012, 318; *Frenzel*, „Völlige Unabhängigkeit" im demokratischen Rechtsstaat – Der EuGH und die mitgliedstaatliche Verwaltungsorganisation, DÖV 2010. 924; *Gurlit*, Verfassungsrechtliche Rahmenbedingungen des Datenschutzes, NJW 2010, 1035; *Hoeren*, Prüfungsbescheide der Datenschutzaufsicht und ihre verwaltungsrechtliche Bindungswirkung, RDV 2011, 1; *Lewinski/Köppen*, Tätigkeitsberichte der Datenschutzbehörden – Neuer Zugang zu sprudelnden Quellen; *Schaar*, Ein Datenschutzrecht für das 21. Jahrhundert, DuD 2010, 518; *Schild*, Die völlige Unabhängigkeit der Aufsichtsbehörden aus europarechtlicher Sicht, DuD 2010, 549.

▶ Darum geht es

Die Regelungen der §§ 22, 23 BDSG betreffen die institutionelle Funktion des Bundesbeauftragten für den Datenschutz und die Informationsfreiheit, dessen Eingliederung in das Verwaltungssystem des Bundes als Behörde sowie die persönliche Rechtsstellung des Amtsträgers.

▶ Schlagworte

Absolute Unabhängigkeit des BfDI; Datenschutzaufsicht und Datenschutzkontrolle; Demokratische Legitimation des BfDI; Dienstaufsicht durch den Bundesminister des Inneren; (keine) Fachaufsicht; Öffentlich-rechtliche Amtsstellung des BfDI; Personalausstattung des BfDI; Rechtsaufsicht durch die Bundesregierung; Verschwiegenheitspflicht des BfDI; Zeugnisverweigerungsrecht des BfDI

A. Allgemeines

I. Interne und externe Datenschutzbeauftragte

Nicht-öffentliche wie öffentliche Stellen müssen unter den in § 4f genannten Voraussetzungen einen Beauftragten für den Datenschutz (DSB) bestellen. Dies kann ein Angehöriger der jeweiligen verantwortlichen Stelle, aber auch eine „außenstehende" Person sein. Es ist die Aufgabe dieser „internen" Datenschutzbeauftragten der „verantwortlichen Stellen" (§ 3 Rn. 126 ff.), auf die Einhaltung des Datenschutzes in „ihrer" Stelle hinzuwirken (§ 4g Abs. 1 Satz 1). Über dieses auf Selbstregulierung setzende Element hinaus unterliegen verantwortliche Stellen einer Beaufsichtigung durch staatliche Einrichtungen. Für nicht-öffentliche Stellen erfolgt dies durch die jeweils nach Landesrecht festzulegenden Aufsichtsbehörden (§ 38), für die öffentlichen Stellen der Länder durch die Landesbeauftragten für den Datenschutz (vgl. § 12 Abs. 3). Für öffentliche Stellen des Bundes (zu weiteren Zuständigkeiten Rn. 28; § 24 Rn. 9) ist der Bundesbeauftragte für den Datenschutz und die Informationsfreiheit (BfDI) zuständige „externe" Aufsichtsbehörde. 1

Die Bezeichnung „Beauftragter" impliziert eine besondere Funktion im Hinblick auf *„den Schutz der Rechte der von einer staatlichen Informationsverarbeitung Betroffenen"*[1] und geht über eine rein passive Funktion hinaus. Über die Rolle eines „bloßen" „Treuhänders"[2] der Rechte der Betroffenen (§ 3 Rn. 6) hinaus erfordert dieser „Auftrag" vor allem proaktives und unabhängiges Handeln auch und gerade gegenüber den zu kontrollierenden (Bundes-)Behörden. Wird nun dieser „Beauftragte" in die Struktur der öffentlichen Verwaltung integriert, muss der besonderen Aufgabe sowohl organisationsrechtlich als auch inhaltlich durch konkrete rechtliche Ausgestaltung Rechnung getragen werden. So gilt für Beamte, dem Gehorsamkeitsgrundsatz folgend, dass diese in ihrem Handeln grundsätzlich weisungsgebunden sind (vgl. § 62 Abs. 1 Satz 1 BBG). Ein (fachliches) Weisungsrecht derjenigen Bundesbehörden, welche der BfDI auf die Einhaltung der datenschutzrechtlichen Bestimmungen kontrollieren soll, ist mit der gebotenen Unabhängigkeit gegenüber eben jenen Bundesbehörden nicht vereinbar. Hierauf muss der Gesetzgeber bei der Definition des Rechtsverhältnisses Rücksicht nehmen (vgl. Rn. 14). Neben dem vorbenannten organisationsrechtlichen Aspekt ist zu beachten, dass Behörden prinzipiell dem Grundsatz der Gesetzmäßigkeit der Verwaltung unterliegen, d.h. nur aufgrund und im Rahmen der Gesetze tätig werden dürfen, Art. 20 Abs. 3 GG. Eine an den Rechten und Interessen der Betroffenen ausgerichtete Tätigkeit des BfDI muss demgegenüber ausreichend flexibel sein, um etwa technologischen Entwicklungen ausreichend Rechnung zu tragen und so auf sich ändernde Formen der Bedrohung für Rechte und Interessen der Betroffenen reagieren zu können. Das schließt insbesondere die proaktive Kontrolle der Behörden beim Einsatz von solchen Technologien ein, die in besonderer Weise geeignet sind, die Rechte und Interessen der Betroffenen zu beeinträchtigen. Daher bedarf es der Definition eines Handlungsrahmens, der die Aufgaben des BfDI zwar so genau wie nötig beschreibt, ihm bei der Wahl der Mittel zur Erfüllung seiner Aufgaben aber ausreichend Flexibilität bietet. Unabhängigkeit hat nicht zuletzt auch eine finanzielle Dimension: Sämtliche Regelungen über Status, Aufgaben und Befugnisse des BfDI gelangen nur dann zur Geltung, wenn der BfDI finanziell in die Lage versetzt wird, in dem so definierten Umfeld die Rechte und Interessen der Betroffenen wahrzunehmen (Rn. 26 ff.). 2

II. Datenschutzbeauftragte des Bundes und der Länder

Der BfDI übt primär als Teil der Exekutive des Bundes eine Kontrollfunktion für den Umgang mit „personenbezogenen Daten" (§ 3 Rn. 4 ff.) innerhalb der Bundesverwaltung aus. Seine Zuständigkeit beschränkt sich grundsätzlich auf den öffentlichen Sektor. Dies gilt auch, soweit nach §§ 23 Abs. 8, 24 Abs. 6 einzelne Vorschriften des Unterabschnitts für die in den Ländern mit der Datenschutzkontrolle der jeweiligen Landesverwaltungen befassten „Stellen" „entsprechend" gelten (§ 23 Rn. 19; § 24 Rn. 11). Dabei sind die Landesbeauftragten für den Datenschutz von den nach Landesrecht (§ 38 Abs. 6) errichte- 3

1 Simitis/*Dammann*, § 22 Rn. 1.
2 *Roßnagel*, Anm. zu EuGH, Urt. v. 09.03.2010, Az. C-518/07, EuZW 2010, 299 (300), weist auf die Formulierung des EuGH hin, die Kontrollstellen seien die „Hüter der Grundrechte und Grundfreiheiten".

ten Aufsichtsbehörden zu unterscheiden.[3] Es ist jedoch zulässig, die Aufgaben der Aufsichtsbehörden (Aufsicht über die Einhaltung der materiellen Regelungen zum Datenschutz des BDSG innerhalb der „nicht-öffentlichen Stellen" (§ 38 Rn. 11) und der Landesbeauftragten für den Datenschutz (Kontrolle der Einhaltung der materiellen Regelungen der Landesdatenschutzgesetze innerhalb der „öffentlichen Stellen der Länder", § 2 Abs. 2) in einer einzigen Institution zu vereinigen.[4]

B. Inhalt der Regelung

I. Voraussetzungen und Verfahren der Bestellung des BfDI

1. Zusammenwirken von Bundesregierung, Bundestag und Bundespräsident (§ 22 Abs. 1 Sätze 1 und 3)

4 Die Bundesregierung (und nicht etwa ein einzelner Bundesminister, insbesondere nicht der sachlich verantwortliche Innenminister, Rn. 23) schlägt den BfDI vor, § 22 Abs. 1 Satz 1. Damit ist ein Vorschlag aus der Mitte des Bundestags (BT) ausgeschlossen.[5] Da die Erhebung in ein Amtsverhältnis ein mitwirkungsbedürftiger Verwaltungsakt ist, muss ein vom BT gewählter Kandidat die Wahl später noch förmlich annehmen. Da seine Mitwirkung am Wahlakt insofern zwingend erforderlich ist, liegt das Einholen seiner Einwilligung bereits beim Treffen der entsprechenden Personalentscheidung nahe, auch wenn dies formell keine Voraussetzung für die Rechtmäßigkeit des Vorschlags ist.

5 Die Bestellung des BfDI ist Ergebnis einer Wahl durch den Bundestag (BT); sie erhält dadurch ein ausreichendes Maß demokratischer Legitimation[6]. Für eine Wahl ist die absolute (qualifizierte) Mehrheit der Mitglieder des BT erforderlich. Wenn dieses Verfassungsorgan regelmäßig nach Art. 42 Abs. 2 Satz 1 GG mit der einfachen Mehrheit der abgegebenen Stimmen entscheidet, an die Wahl des BfDI aber in § 22 Abs. 1 Satz 1 strengere Maßstäbe angelegt werden (Art. 121 GG, § 1 BWahlG), kommt auch darin die starke Position des BfDI zum Ausdruck.[7] Der Gewählte muss vom Bundespräsidenten ernannt werden, § 22 Abs. 1 Satz 3; Art. 60 Abs. 1 GG eröffnet die Möglichkeit, Ernennungen durch das Staatsoberhaupt auch in anderen als den dort genannten Fällen vorzusehen. Die Ernennung ist allein dadurch bedingt, dass der Kandidat gewählt worden ist. Dem Bundespräsidenten steht kein (materielles) Prüfungsrecht bezüglich Wahlverfahren und -entscheidung zu.[8]

6 Spiegelbildlich zum Vorschlagsmonopol der Bundesregierung übt auch das Kabinett als Ganzes (und nicht der nur für die Dienstaufsicht zuständige Bundesminister des Inneren, BMI) die Rechtsaufsicht über den BfDI aus, § 22 Abs. 4 Satz 3 (Rn. 22).

2. Mindestalter (§ 22 Abs. 1 Satz 2)

7 Als einzige (ausdrückliche) Voraussetzung an die Person des Kandidaten stellt der Gesetzgeber in § 22 Abs. 1 Satz 2 ein Mindestalter – vollendetes 35. Lebensjahr – auf. Die Einordnung zwischen den Altersschwellen für den Bundespräsidenten (40) bzw. „normale" (Bundes-)Beamte (27) verdeutlicht, dass nicht die Seniorität maßgeblich ist, sondern ein Mindestmaß an Reife und damit auch (fachlich-beruflicher) Erfahrung gefordert wird[9]. Aus § 22 Abs. 4 ergibt sich überdies, dass der Kandidat die Fähigkeit haben muss, überhaupt in ein öffentlich-rechtliches Dienstverhältnis berufen zu werden bzw. öffentliche Ämter

---

3 Pointierte Darstellung zur Komplexität der Struktur der datenschutzrechtlichen Kontrollstellen in Deutschland bei *Schild*, DuD 2010, 549 (550).

4 Zur Komplexität der Zuständigkeitsvorschriften im Rahmen der Datenschutzaufsicht bzw. -kontrolle im öffentlichen und nicht-öffentlichen Bereich und die damit verbundenen Rechtsfolgen vgl. *Frenzel*, DÖV 2010, 925 (926 ff.); für Zusammenlegung der Kontrollstellen für den öffentlichen und nicht-öffentlichen Bereich daher *Schild*, DuD 2010, 549 (551).

5 Simitis/*Dammann*, § 22 Rn. 4, *Gola/Schomerus*, § 22 Rn. 2.

6 *Gurlit*, NJW 2010, 1035 (1040).

7 *Gola/Schomerus*, § 22 Rn. 3. Däubler/Klebe/Wedde/Weichert/*Weichert*, § 22 Rn. 2.

8 *Gola/Schomerus*, § 22 Rn. 5 (Ernennung durch Bundespräsidenten als „formeller Akt"); ebenso Däubler/Klebe/Wedde/Weichert/*Weichert*, § 22 Rn. 2 a.E.

9 Den Schwerpunkt auf persönliche Eigenschaften legend auch *Gola/Schomerus*, § 22 Rn. 4; Simitis/*Dammann*, § 22 Rn. 9.

zu bekleiden. Auch wenn sich die ausdrückliche Definition fachlicher Anforderungen an den BfDI – wie gezeigt – in Grenzen hält, sollten für den BfDI, insbesondere betreffend die technischen, juristischen und didaktischen Fähigkeiten des Kandidaten, dieselben Maßstäbe gelten, welche die Rechtsprechung[10] an den Betrieblichen Datenschutzbeauftragten anlegt.

3. Amtseid (§ 22 Abs. 2)

Der nach § 22 Abs. 2 vor dem Ressortminister (Rn. 23) zu leistende Amtseid entspricht im Wortlaut dem in Art. 56 (und Art. 64 Abs. 2) GG enthaltenen für Mitglieder der Staatsleitung und ist (außer seiner generellen Bedeutung für Beschäftigte des öffentlichen Dienstes) wieder Ausdruck der besonderen Stellung des BfDI angesichts der verfassungsrechtlichen Verankerung des „Grundrechts auf Datenschutz" in Art. 2 Abs. 1 i.V.m. Art. 1 Abs. 1 GG (§ 1 Rn. 10 f.). In Landesverfassungen wie z. B. § 11 der Verfassung von Brandenburg wird Datenschutz ausdrücklich als Grundrecht bezeichnet. 8

II. Regelungen zur Amtszeit

1. Dauer, Wiederwahl, Ernennungsurkunde (§ 22 Abs. 3 Sätze 1 und 2, § 23 Abs. 1 Satz 1)

Ebenso wie die Amtszeit des Bundespräsidenten beträgt die des BfDI 5 Jahre, § 22 Abs. 3 Satz 1. Da sie damit länger dauert als eine Wahlperiode des BT (4 Jahre, Art. 39 Abs. 1 GG) und zudem in § 22 Abs. 3 Satz 1 einmalige Wiederwahl vorgesehen ist, wird ein hohes Maß an Kontinuität ermöglicht, auch wenn sich eine Wiederwahl nicht zwingend an die erste Amtszeit anschließen muss. Angesichts des Wortlauts der Norm sind weitere Wiederwahlen ausgeschlossen.[11] 9

Ist die Ernennung des BfDI durch den Bundespräsidenten auch reine Formsache (Rn. 5), so kann die Amtszeit doch nicht vor Aushändigung der Ernennungsurkunde an die bestellte Person beginnen, § 23 Abs. 1 Satz 1. Dementsprechend endet sie auch erst mit Erhalt der Entlassungsurkunde, § 23 Abs. 1 Satz 4. Für die jeweils „termingenaue" Übergabe sind über §§ 1 Abs. 1 Nr. 1, 31 Abs. 1 VwVfG die Normen des BGB (§§ 187 ff.) maßgeblich. 10

2. Reguläre und vorzeitige „Entlassung" (§ 23 Abs. 1 Satz 2)

In der Regel endet das Amtsverhältnis durch Ablauf der Amtszeit (§ 23 Abs. 1 Satz 2 Nr. 1; Rn. 9 f.). Die (vorzeitige) Entlassung als weiterer Beendigungsgrund ist entweder Folge eines entsprechenden Verlangens des BfDI selbst oder setzt einen Vorschlag der Bundesregierung voraus; hierfür müssen jedoch Umstände vorliegen, die auch die Entlassung eines Richters auf Lebenszeit rechtfertigen würden (Art. 98 Abs. 2 Satz 2 GG). Anders als bei der Bestellung sieht § 23 Abs. 1 Satz 3 dabei eine Beteiligung des BT nicht vor. In beiden Fällen erfolgt die Beendigung formell durch Übergabe der Entlassungsurkunde durch den Bundespräsidenten, § 23 Abs. 1 Sätze 2, 4. 11

3. Sonderfragen

a) Vertretung (§ 22 Abs. 6)

In Fällen der Verhinderung des BfDI kann der Bundesminister des Innern eine andere Person (einen „Vertreter") mit der Wahrnehmung der Geschäfte des BfDI beauftragen, § 22 Abs. 6 Satz 1. Diese Regelung im Interesse kontinuierlicher Aufgabenerfüllung steht im Konflikt zu Erfordernissen der demokratischen Legitimation (§ 22 Abs. 1 Satz 1) und der fachlichen Unabhängigkeit (§ 22 Abs. 4).[12] Im Hinblick darauf kann auf die Beteiligung des BfDI vor der Entscheidung über den Vertreter nur ausnahmsweise verzichtet und muss seine Stellungnahme so weit wie möglich berücksichtigt werden. 12

10 Vgl. LG Ulm, Urt. v. 31.10.1990, Az. 5T 153/90-01 („Ulmer Urteil").
11 *Gola/Schomerus*, § 22 Rn. 7; a.A. Simitis/*Dammann*, § 22 Rn. 13, der nach Ablauf einer Wahlperiode, in welcher eine andere Persönlichkeit die Aufgabe des BfDI wahrnimmt, eine Wiederwahl als zulässig ansieht.
12 Im Hinblick auf die Unabhängigkeit des BfDI für schlechthin unzulässig hält dies Däubler/Klebe/Wedde/Weichert/*Weichert*, § 22 Rn. 5; zweifelnd auch *Gola/Schomerus*, § 22 Rn. 13.

! Um Bedenken bezüglich der Unabhängigkeit des Vertreters Rechnung zu tragen, sollte dieser aus dem Kreis der Mitarbeiter des BfDI stammen.

b) Kommissarische Amtsführung (§ 23 Abs. 1 Satz 6)

13 Der BfDI hat im Fall der Entlassung auf Verlangen („Ersuchen") des BMI (Rn. 4, 23) die (aus seinem öffentlich-rechtlichen Status folgende) Verpflichtung, die Amtsgeschäfte so lange weiterzuführen, bis ein Nachfolger bestellt ist. § 23 Abs. 1 Satz 6 erfasst nicht die „normale" Beendigung des Amtsverhältnisses, weil die Pflicht nach der Gesetzessystematik auf das „Entlassungs"-Verfahren begrenzt ist. Im Normalfall der Beendigung ist nämlich ausreichend Zeit, für einen Nachfolger zu sorgen. Der Gefahr der Diskontinuität im Amt des BfDI für einen gewissen Zeitraum stehen deshalb berechtigte Interessen der an sich bereits entpflichteten Person gegenüber. Eine freiwillige kommissarische Weiterführung der Amtsgeschäfte nach „normaler" Beendigung bis zur Ernennung des Nachfolgers ist daher zulässig. Da insoweit keine neue Bestellung i.S.v. § 22 Abs. 1 Satz 1 erfolgt, bedarf es in diesem Fall auch keiner Beteiligung des BT.

III. Rechtsstellung des BfDI

1. Öffentlich-rechtliches Amtsverhältnis (§ 22 Abs. 4)

a) Allgemeiner Status

14 Der BfDI ist kein „normaler" Beschäftigter im öffentlichen Dienst, sondern steht gemäß § 22 Abs. 4 Satz 1 zum Bund in einem öffentlich-rechtlichen Amtsverhältnis. Beamter im statusrechtlichen Sinne kann er nicht sein, weil er in der Ausführung seines Amtes unabhängig und (ähnlich einem Richter, Art. 97 Abs. 1 GG)[13] ausschließlich dem Gesetz unterworfen ist, § 22 Abs. 4 Satz 2. Weisungsgebundenheit ist jedoch *konstitutives*[14] Merkmal jedes Beamtenverhältnisses. Wegen seiner Unabhängigkeit unterliegt der BfDI auch ausschließlich der Dienstaufsicht des Bundesministeriums des Innern und der Rechtsaufsicht der Bundesregierung (Rn. 22 f.), aber gerade keiner Fachaufsicht (ähnlich dem Vorstand der Deutschen Bundesbank; §§ 7 Abs. 4 und 12 BBankG).

b) Besoldung

15 Die Besoldung des BfDI erfolgt nach § 23 Abs. 7 nicht gemäß, sondern lediglich „entsprechend" den für Bundesbeamte geltenden Vorschriften. Das maßgebliche BBesG gilt nach § 1 unmittelbar nur für Beamte, Richter und Soldaten.

c) Spezielle Verbote und Pflichten

aa) Unvereinbarkeit mit anderen Tätigkeiten

16 Die Inkompatibilität der Tätigkeit des BfDI mit anderen bezahlten Tätigkeiten sowohl im öffentlichen als auch im nicht-öffentlichen Bereich (§ 23 Abs. 2) liegt auf der Hand. Die dem Verbot anderweitiger Beschäftigungen für den Bundespräsidenten in Art. 55 GG nachgebildete Norm soll Interessenkonflikte verhindern, sie sichert die volle zeitliche Einsatzbereitschaft für das Amt und ist zugleich Ausdruck der in jeder Hinsicht gewährleisteten Unabhängigkeit des BfDI.

bb) Vorgaben bei Annahme von Geschenken

17 Ebenfalls Ausdruck der für das Amt erforderlichen besonderen Unabhängigkeit, Objektivität und Neutralität ist die Pflicht des BfDI (§ 23 Abs. 3), den Erhalt von Geschenken unabhängig von Höhe oder Wert einerseits und möglicher Absicht des Schenkers andererseits dem Bundesministerium des Innern anzuzeigen, der dann über deren weitere Verwendung entscheidet. Ein generelles Annahmeverbot ist anders als bei Beamten nicht normiert.

---

13 Vgl. *Schild*, DuD 2010, 549 (551).
14 Vgl. etwa *Battis*, BBG, § 62 Rn. 3.

Als Beamter im Sinne des Strafrechts kann eine Übergabe von Geschenken an den BfDI zur Strafbarkeit nach §§ 333, 334 StGB wegen Vorteilsgewährung bzw. Bestechung führen! Im Zusammenhang mit Kontrollen durch den BfDI ist – bereits bei Bewirtungsangeboten – Zurückhaltung geboten.

cc) Verschwiegenheit

Der BfDI muss über Informationen, die ihm speziell in Bezug auf die Ausübung seines Amtes „anvertraut" werden, Stillschweigen bewahren, § 23 Abs. 5 Sätze 1, 2. Diese Pflicht steht einerseits im Kontext der Einsichts- und Betretungsrechte gem. § 24 Abs. 4, bei deren Wahrnehmung er umfangreiche Kenntnisse über Vorgänge bei Beaufsichtigten oder bei Dritten erhält (§ 24 Rn. 15), und anderseits mit konkreten Betroffenenanfragen nach § 21, in deren Rahmen dem BfDI Einzelheiten über persönliche Verhältnisse konkreter Personen offenbart werden. Das Erfordernis einer Amts-Verschwiegenheit liegt deshalb ebenso auf der Hand wie der Umstand, dass diese Verpflichtung über das Ende des Amtsverhältnisses hinaus reichen muss; auch nach Ende seiner Amtszeit benötigt der BfDI daher einer Genehmigung des BMI, wenn er sich über ihm im Amt bekannt gewordene, vertrauliche Tatsachen äußern möchte oder soll, sei es gerichtlich oder außergerichtlich, § 23 Abs. 5 Satz 3, Abs. 6. Dass hiervon insoweit eine Ausnahme gilt, als der BfDI von ihm festgestellte Datenschutzverstöße anzeigen und die „Betroffenen" hierüber informieren darf (§ 23 Abs. 5 Satz 7), zeigt, dass die Verschwiegenheitspflicht vor allem den Schutz dieser Personen bezweckt[15]. 18

Die Ausführungen zur Verschwiegenheitspflicht gelten (teilweise, im Hinblick auf Finanzbehörden und auf Datenschutzverstöße) entsprechend für die Beauftragten für den Datenschutz der Bundesländer. Die Regelung in § 23 Abs. 8 i. V. m. § 12 Abs. 3 ist auch insofern bemerkenswert, als sie die Existenz von Landesdatenschutzbeauftragten erwähnt und damit festschreibt. 19

2. Unabhängigkeit des BfDI

a) Mindestanforderungen des EU-Rechts (RL 95/46/EG)

Der BfDI muss als öffentliche Kontrollstelle, welche die Einhaltung datenschutzrechtlicher Vorschriften überwacht, *völlig* unabhängig[16] sein, Art. 28 Abs. 1 Satz 2 RL 95/46/EG[17]. Weil solche Stellen als wesentliches Element eines wirkungsvollen Datenschutzes angesehen werden[18], erachtet der Europäische Gerichtshof (EuGH) das erforderliche Maß an Unabhängigkeit dann nicht als gegeben, wenn die Kontrolle durch Behörden erfolgt, die ihrerseits der Aufsicht, insbesondere einer Fachaufsicht, durch andere staatliche Einrichtungen unterliegen und daher nicht (rechtlich) weisungsfrei gestellt sind.[19] Die Sorge vor (unzulässiger) staatlicher Einflussnahme sei schon dann begründet, wenn die rechtliche Ausgestaltung der Datenschutzaufsicht (im nicht-öffentlichen Bereich) politisches Einwirken des Staates auf das Handeln der Kontrollstelle nicht ausschließen kann.[20] Damit stellt der EuGH klar, dass in Art. 28 die Unabhängigkeit von (sonstiger) staatlicher Einflussnahme auf die Kontrollstelle gemeint ist und nicht allein, wie dies bis dahin angenommen worden war, die Unabhängigkeit von den zu Kontrollierenden.[21] Aus Art. 28 Abs. 1 der RL 95/46/EG selbst geht jedenfalls nicht hervor, von welchen Institutionen die Aufsichtsbehörde unabhängig agieren soll.[22] Für den BfDI wirkt sich die Klarstellung des EuGH allerdings nur insoweit aus, als er auch Aufgaben der Datenschutzkontrolle im nicht-öffentlichen Bereich übernimmt. Denn staatliche und zu kontrollierende Stellen werden im Rahmen dieser (primären) Zuständigkeit regelmäßig identisch sein. Im Übrigen bleibt abzuwarten, wie der EuGH eine „völlige Unabhängigkeit" mit dem Um- 20

15 OVG Münster, NVwZ-RR 2009, 635 (636).
16 Die Unabhängigkeit der Datenschutzaufsicht betonend *Schaar*, DuD 2010, 518.
17 Noch weitaus differenzierter Art. 47 des VO-Entwurfs vom 25.01.2012.
18 Vgl. Erwägungsgrund 62 der Richtlinie 95/46/EG bzw. 92 des VO-Entwurfs.
19 EuGH, Urt. v. 09.03.2010, Az. C-518/07, Slg. 2010 I-01885, Rn. 30.
20 EuGH, Urt. v. 09.03.2010, Az. C-518/07, Slg. 2010 I-01885, Rn. 36.
21 Nachweise auch zu dem Meinungsstreit bei *Bull*, EuZW 2010, 488 Fn. 8.
22 Insofern kommen theoretisch andere staatliche Institutionen, Unternehmen, Kirchen, Verbände oder gar die Betroffenen selbst in Betracht; vgl. hierzu *Frenzel*, DÖV 2010, 925 (927).

stand in Einklang zu bringen vermag, dass die Kommission ausweislich der Art. 59, 60 des VO-Entwurfs das Recht haben soll, Entscheidungen der Kontrollbehörden der Mitgliedstaaten aufheben zu dürfen.[23]

b) Inhalt

21 Die in § 22 Abs. 4 Satz 4 statuierte Unabhängigkeit bei der Wahrnehmung seiner gesamten (fachlichen) Aufgaben ist – insbesondere im Lichte der Anforderungen des EU-Rechts (Art. 16 Abs. 1 UAbs. 1 Satz 3 AEUV) – der Kern des besonderen Status des BfDI. Dieser ist (lediglich) dem Gesetz unterworfen. Diese Bindung (als Teil der Exekutive an Recht und Gesetz gem. Art. 20 Abs. 3 GG) bezieht sich auch auf Rechtsverordnungen, die auf der Grundlage eines formellen Gesetzes erlassen worden sind (Art. 80 Abs. 1 GG). Damit entspricht die Stellung des BfDI im Hinblick auf seine Unabhängigkeit im Wesentlichen der (sachlichen) Unabhängigkeit von Richtern gem. Art. 97 Abs.1 GG.

c) Grenzen

aa) Rechtsaufsicht (§ 22 Abs. 4 Satz 3)

22 Zwar agiert der BfDI im Rahmen der Gesetze (Rn. 21) unabhängig und damit fachlich weisungsfrei. Jedoch steht die in § 22 Abs. 4 Satz 3 geregelte Rechtsaufsicht der Weisungsfreiheit nicht entgegen, sondern gewährleistet und begrenzt zugleich den Maßstab einer bloßen Rechtmäßigkeitskontrolle. Zur Ausübung der Rechtsaufsicht ist die Bundesregierung als Ganzes (Art. 62 GG) berufen. Dem entspricht, dass der BfDI auch auf Vorschlag des Kabinetts insgesamt gewählt wird und entlassen werden kann (Rn. 2, 9). Die Rolle des BMI nach § 22 Abs. 5 (Rn. 23) ist dagegen lediglich der organisatorischen Herausforderung geschuldet, den BfDI an passender Stelle in die Bundesverwaltung einzugliedern. Die Unabhängigkeit gegenüber staatlicher Einflussnahme verbietet nicht jegliche staatliche (Rechtmäßigkeits-)Kontrolle.[24] Die Einbindung des BfDI in die verwaltungsbehördliche (Aufsichts-)Struktur kann vielmehr sogar vor dem Hintergrund des Erfordernisses demokratischer Legitimation behördlichen Handelns[25] sowie der Regierungsverantwortung schlechthin geboten[26] sein – umso mehr, wenn Äußerungen datenschutzrechtlicher Aufsichts- bzw. Kontrollbehörden die Qualität eines (feststellenden) Verwaltungsakts haben.[27]

! Eine Maßnahme der Rechtsaufsicht gegenüber dem BfDI kann nicht mit dem Argument angegriffen werden, schon die Rechtsaufsicht als solche stehe mit dem Prinzip der (völligen) Unabhängigkeit des BfDI nicht im Einklang.

bb) Dienstaufsicht (§ 22 Abs. 5 Satz 2)

23 Als Behörde ist der BfDI dem Geschäftsbereich des BMI zugeordnet und bei diesem eingerichtet (§ 22 Abs. 5 Satz 1), sodass die Ausübung der Dienstaufsicht durch diesen Ressortminister (Satz 2) jedenfalls so lange konsequent ist[28], wie datenschutzrechtliche Kontrollstellen nicht als eigene oberste Bundes- bzw. Landesbehörden etabliert werden.[29] Die Dienstaufsicht betrifft allein dienstrechtliche Fragen[30] und damit vor allem die Aufsicht über den organisatorischen Ablauf der Tätigkeiten des BfDI, insbesondere die Einhaltung dienstrechtlicher Vorschriften (s. aber Rn. 30).

---

23 Krit. insoweit *Dix*, DuD 2012, 318 (321).
24 Die mit der Unabhängigeit vor sonstiger staatlicher Einflussnahme beabsichtigte Staatsferne verbietet nicht die staatliche Kontrolle, vgl. BVerfGE 111, 333 (363).
25 Vgl. *Frenzel*, DÖV 2010, 925 (930); *Bull*, EuZW 2010, 488 (489 f.).
26 Vgl. *Bull*, EuZW 2010, 488 (492); *Schild*, DuD 2010, 549 (551).
27 Vgl. *Hoeren,* RDV 2011, 1 (5); a. A. *Konferenz der Datenschutzbeauftragten des Bundes und der Länder,* Entschließungen der 79. Konferenz, 17./18.03.2010 in Stuttgart, DuD 2010, 329, welche neben der Fach- auch die Rechtsaufsicht über die Datenschutzkontrollinstanzen ablehnen.
28 Vgl. *Bull*, EuzW 2010, 488 (493).
29 Hierfür S*child*, DuD 2010, 549 (551 ff.).
30 *Gola/Schomerus*, § 22 Rn. 12.

3. Zeugnisverweigerungsrecht (§ 23 Abs. 4 Satz 1)

a) Umfang

Das Zeugnisverweigerungsrecht (§ 23 Abs. 4 Satz 1) steht in engem Zusammenhang mit der Amtsver- 24
schwiegenheit (Rn. 18 f.). Es enthebt den BfDI während seiner Amtszeit und auch danach sowohl von der Pflicht, Quellen (vor allem Namen von Personen) preiszugeben, von denen er im Zusammenhang mit seiner Aufgabenerfüllung relevante Informationen erhalten hat, als auch davon, ihm anvertraute Fakten offenzulegen. Beides gleichermaßen zu schützen ist konsequent, weil aus der Kenntnis bestimmter Umstände gegebenenfalls auf deren Herkunft geschlossen werden kann. Das Zeugnisverweigerungsrecht betrifft z. B. den Ursprung und den Inhalt einer Betroffeneneingabe im Rahmen des § 21 oder von § 115 Abs. 4 TKG i.V.m. § 38 Abs. 1 Satz 8, § 21 Satz 1; es ist sowohl im Straf- als auch im Zivil- oder einem anderen Gerichtsprozess relevant. Soweit das Zeugnisverweigerungsrecht reicht, darf es nicht dadurch ausgehebelt werden, dass vom BfDI entsprechende Unterlagen verlangt werden, sodass sich das Zeugnisverweigerungsrecht in einem Beschlagnahmeverbot nach § 96 StPO fortsetzt[31], § 23 Abs. 4 Satz 3.

> ! Das Zeugnisverweigerungsrecht schließt – über den Wortlaut des § 23 Abs. 4 Satz 3 hinaus und im Hinblick auf den großen Anteil des elektronischen Kommunikationsverkehrs zwischen Betroffenen und dem BfDI[32] konsequent – auch das Herausverlangen anderer (etwa elektronischer) Dokumente als (Papier-)Akten oder sonstige „Schrift"stücke" aus.

b) Geltung für den BfDI und dessen Mitarbeiter (§ 23 Abs. 4 Satz 2)

Das Zeugnisverweigerungsrecht haben auch Mitarbeiter des BfDI in Anspruch zu nehmen, sofern der 25
BfDI dies im Einzelfall für angemessen hält, § 23 Abs. 4 Satz 2. Die Entscheidung hierüber ergeht als dienstliche Weisung gegenüber dem jeweiligen Mitarbeiter und muss auch dem Gericht gegenüber nicht besonders begründet werden. Die Entscheidungsbefugnis soll nicht in erster Linie den Mitarbeiter stärken,[33] sondern den BfDI in die Lage versetzen, Aufgaben zu delegieren, ohne dass hierdurch die Gefahr erhöht wird, dass Persönlichkeitsrechte von Informanten oder anderen Betroffenen im gerichtlichen Verfahren beeinträchtigt werden.[34] Da es sich hierbei um eine durch die Sicherung der (fachlichen) Unabhängigkeit des BfDI motivierte Überlagerung der Dienstaufsicht des Bundesministeriums des Innern handelt, ist auch vor jeder Zeugenaussage eines Mitarbeiters im Anwendungsbereich des § 23 Abs. 6 die Genehmigung des BfDI einzuholen.

IV. Anspruch auf notwendige Personal- und Sachausstattung

Grundsätzlich stehen dienstrechtliche Aufsicht einerseits (Rn. 23) und fachliche Unabhängigkeit des BfDI 26
(insbesondere auch im Verhältnis zum Bundesministerium des Innern) in einem gewissen Widerspruch. Denn über personalrechtliche Einflussnahme des Dienstherrn/Ressortministers sowie durch Maßnahmen betr. Art und Umfang der Ausstattung mit personellen und finanziellen Mitteln kann zumindest mittelbar auf Leistungsfähigkeit und damit auch auf die inhaltliche Arbeit des BfDI Einfluss genommen werden.[35]

1. Materiell-rechtliche Vorgaben zur Personal- und Sachausstattung (§ 22 Abs. 5 Satz 3 1. Hs.)

Materiell-rechtlich ist dem BfDI die zur Erfüllung seiner Aufgaben notwendige Personal- und Sachausstat- 27
tung zur Verfügung zu stellen, § 22 Abs. 5 Satz 3. Der Begriff „notwendig" ist nicht definiert, bezieht sich jedoch sowohl auf die Personalkapazität und -qualität als auch auf die Sachausstattung. Darüber

---

31 Simitis/*Dammann*, § 23 Rn. 21; *Gola/Schomerus*, § 23 Rn. 8.
32 Der BfDI hält auf seiner Internetseite mit dem Postfach „poststelle@bfdi.bund.de" eine Möglichkeit zur elektronischen Kontaktaufnahme bereit, dessen Nutzung durch Betroffene naheliegt.
33 Simitis/*Dammann*, § 23 Rn. 20.
34 Vgl. *Gola/Schomerus*, § 23 Rn. 7.
35 Insoweit (insbesondere im Hinblick auf den Koordinationsaufwand bei Personalangelegenheiten) kritisch *Gola/Schomerus*, § 22 Rn. 12 a.E., Simitis/*Dammann*, § 33 Rn. 28.

hinaus muss der Umfang im angemessenen Verhältnis zur Erfüllung der Aufgaben des BfDI stehen[36] und ist daher nicht ein für alle Mal festgelegt.

28 Der Maßstab des „Notwendigen" ergibt sich zunächst aus der Kompetenz zur umfassenden und permanenten Kontrolle der öffentlichen Stellen des Bundes im Hinblick auf die Einhaltung der einschlägigen datenschutzrechtlichen Vorschriften gem. § 24 Abs. 1 und die damit in Zusammenhang stehenden Maßnahmen, insbesondere die nach § 24 Abs. 4 vorgesehenen Kontrollen – „Audits" (§ 24 Rn. 15 ff.), ferner im Hinblick auf die Erfüllung der Berichts- und weiteren Pflichten nach § 26 (§ 26 Rn. 8 ff.) einschließlich des hiermit in Zusammenhang stehenden Monitoring der (allgemeinen) Entwicklungen. Hinzu treten Aufgaben, die sich aus sonstigen (fachrechtlichen) Datenschutzvorschriften auch im Hinblick auf nichtöffentliche Stellen ergeben[37]. Darüber hinaus sind Aufgaben zu berücksichtigen, die der BfDI in seiner Funktion als Beauftragter für die Informationsfreiheit gem. § 12 IFG zu erledigen hat. Insoweit agiert der BfDI gegenüber dem BMI eigenständig; seine Bewertung unterliegt ausschließlich der parlamentarischen Kontrolle durch den BT.

2. Institutionelle und prozedurale Absicherung notwendiger Personal- und Sachausstattung (§ 22 Abs. 5 Satz 3 2. Hs.)

29 Die Bestimmung des Notwendigen ist im Einzelplan des BMI in einem eigenen Kapitel vorzunehmen (§ 22 Abs. 5 Satz 3, Hs. 2), sie wird mithin im jeweiligen Bundeshaushalt(sgesetz) festgelegt. Indem der Haushalt des BfDI explizit Gegenstand eines (nur) formellen Gesetzes ist, unterliegt auch dieses Detail zumindest theoretisch der Überprüfung durch das Bundesverfassungsgericht am Maßstab des GG.

3. Beschränkte Disposition des Dienstherrn über das Personal des BfDI (§ 22 Abs. 5 Sätze 4 und 5)

30 In der Regel hat jeder Dienstherr vor dem Hintergrund der besonderen Konstellation im öffentlichen Dienst bei Personalentscheidungen (auf der Basis von Art. 33 Abs. 2, 3 GG) weitreichende Freiheiten im Rahmen der Personalhoheit bzw. Personalgewalt.[38] Insofern ist es grundsätzlich bemerkenswert, wenn die Entscheidung über Personal nicht allein in der Hand des BMI als dem zuständigen Dienstherrn liegt, sondern Stellenbesetzungen mit dem BfDI abzustimmen sind. Dabei ist nicht nur eine formale Beteiligungspflicht normiert, sondern Einvernehmen herzustellen, § 22 Abs. 5 Satz 4. Auch bei Versetzung, Abordnung oder Umsetzung von Mitarbeitern wird der BfDI einbezogen. Für diese, seine (unabhängige) Aufgabenerfüllung wesentlich berührenden Maßnahmen ist ebenfalls Einvernehmen mit dem BfDI erforderlich, wenn die bei ihm beschäftigten Mitarbeiter mit der beabsichtigten Maßnahme nicht einverstanden sind. Die Beschränkung des Dispositionsrechts gilt unabhängig davon, ob der jeweils tangierte Bedienstete Beamter ist oder nicht.[39] Überdies schützt § 22 Abs. 5 Satz 5 primär die Kontinuität der notwendigen Personalausstattung des BfDI vor einer Aushöhlung, ohne wechselbereite Mitarbeiter zu einem Verbleib zu zwingen. Sämtliche Beteiligungsrechte des BfDI in personellen Fragen können auch – und müssen gegebenenfalls – durch dessen Vertreter nach § 22 Abs. 6 (Rn. 12) wahrgenommen werden.

---

36 Vgl. Simitis/*Dammann*, § 22 Rn. 25.
37 Vgl. §§ 4c Abs. 2 Satz 2, 4d Abs. 1 und Abs. 6 Satz 3 BDSG; ferner § 115 Abs. 4 TKG, § 42 Abs. 3 PostG.
38 Vgl. *Battis*, BBG, § 2 Rn. 2.
39 Schon nach Art. 33 Abs. 4 GG muss selbst eine Person, die hoheitliche Aufgaben wahrnimmt, nicht zwingend Beamtenstatus haben.

31 Sämtliche geschilderten Beteiligungsrechte sind allerdings nicht etwa Merkmale einer Autonomie des BfDI in personalrechtlichen Fragen, vielmehr handelt es sich aus der Perspektive der (völligen) Unabhängigkeit des BfDI (Rn. 20 ff.) eher um gesetzgeberische Zugeständnisse[40], wenn und weil es in Personalthemen für den BfDI stets der Koordinierung mit dem BMI bedarf.[41] Dies ist jedoch hinzunehmen, weil die Einbindung in dienstaufsichtsrechtliche Strukturen Folge der Verleihung eines staatlichen Amtes ist[42] (wie spezifisch ausgeprägt auch immer dieses Amt sei).

---

40 Aus diesem Grunde gegenüber der Dienstaufsicht zumindest kritisch *Konferenz der Datenschutzbeauftragten des Bundes und der Länder*, Entschließungen der 79. Konferenz, 17./18.03.2011 in Stuttgart, DuD 2010, 329.
41 Kritisch hierzu Däubler/Klebe/Wedde/Weichert/*Weichert*, § 22 Rn. 5.
42 Vgl. *Bull*, EuZW 2010, 488 (493).

§ 24 Kontrolle durch den Bundesbeauftragten für den Datenschutz und die Informationsfreiheit

(1) Der Bundesbeauftragte für den Datenschutz und die Informationsfreiheit kontrolliert bei den öffentlichen Stellen des Bundes die Einhaltung der Vorschriften dieses Gesetzes und anderer Vorschriften über den Datenschutz.

(2) [1]Die Kontrolle des Bundesbeauftragten erstreckt sich auch auf

1. von öffentlichen Stellen des Bundes erlangte personenbezogene Daten über den Inhalt und die näheren Umstände des Brief-, Post- und Fernmeldeverkehrs, und

2. personenbezogene Daten, die einem Berufs- oder besonderen Amtsgeheimnis, insbesondere dem Steuergeheimnis nach § 30 der Abgabenordnung, unterliegen.

[2]Das Grundrecht des Brief-, Post- und Fernmeldegeheimnisses des Artikels 10 des Grundgesetzes wird insoweit eingeschränkt. [3]Personenbezogene Daten, die der Kontrolle durch die Kommission nach § 15 des Artikel 10-Gesetzes unterliegen, unterliegen nicht der Kontrolle durch den Bundesbeauftragten, es sei denn, die Kommission ersucht den Bundesbeauftragten, die Einhaltung der Vorschriften über den Datenschutz bei bestimmten Vorgängen oder in bestimmten Bereichen zu kontrollieren und ausschließlich ihr darüber zu berichten. [4]Der Kontrolle durch den Bundesbeauftragten unterliegen auch nicht personenbezogene Daten in Akten über die Sicherheitsüberprüfung, wenn der Betroffene der Kontrolle der auf ihn bezogenen Daten im Einzelfall gegenüber dem Bundesbeauftragten widerspricht.

(3) Die Bundesgerichte unterliegen der Kontrolle des Bundesbeauftragten nur, soweit sie in Verwaltungsangelegenheiten tätig werden.

(4) [1]Die öffentlichen Stellen des Bundes sind verpflichtet, den Bundesbeauftragten und seine Beauftragten bei der Erfüllung ihrer Aufgaben zu unterstützen. [2]Ihnen ist dabei insbesondere

1. Auskunft zu ihren Fragen sowie Einsicht in alle Unterlagen, insbesondere in die gespeicherten Daten und in die Datenverarbeitungsprogramme, zu gewähren, die im Zusammenhang mit der Kontrolle nach Absatz 1 stehen,

2. jederzeit Zutritt in alle Diensträume zu gewähren.

[3]Die in § 6 Abs. 2 und § 19 Abs. 3 genannten Behörden gewähren die Unterstützung nur dem Bundesbeauftragten selbst und den von ihm schriftlich besonders Beauftragten. [4]Satz 2 gilt für diese Behörden nicht, soweit die oberste Bundesbehörde im Einzelfall feststellt, dass die Auskunft oder Einsicht die Sicherheit des Bundes oder eines Landes gefährden würde.

(5) [1]Der Bundesbeauftragte teilt das Ergebnis seiner Kontrolle der öffentlichen Stelle mit. [2]Damit kann er Vorschläge zur Verbesserung des Datenschutzes, insbesondere zur Beseitigung von festgestellten Mängeln bei der Verarbeitung oder Nutzung personenbezogener Daten, verbinden. [3]§ 25 bleibt unberührt.

(6) Absatz 2 gilt entsprechend für die öffentlichen Stellen, die für die Kontrolle der Einhaltung der Vorschriften über den Datenschutz in den Ländern zuständig sind.

Literatur

Siehe Hinweise zu §§ 22, 23.

Darum geht es:

§ 24 BDSG regelt das Verfahren der Kontrolle verantwortlicher Stellen durch den BfDi einschließlich der sachlichen Zuständigkeit der Behörde. Die Vorschrift ist daher wichtig für Kontrollbesuche des BfDI vor Ort.

Schlagworte

Auskunfts-, Einsichts- und Betretungsrechte des BfDI; Datenschutzrechtliche Kontrollbehörde; Duldungspflichten (kontrollierte Stellen); Duldungspflichten (Auftragnehmer kontrollierter Stellen); Kontrollergebnisse des BfDI (proaktiver Umgang)

Weitere relevante Vorschriften

§ 115 Abs. 4 TKG; § 42 Abs. 3 PostG

A. Allgemeines

I. Kontrolle und Beanstandung

„Kontrolle" im Sinne der Norm beschreibt die zentrale Aufgabe des BfDI, die Einhaltung datenschutzrechtlicher Vorschriften bei den öffentlichen Stellen des Bundes (§ 2 Abs. 1) laufend und umfassend zu überwachen („kontrollieren").[1] Im Einzelnen bedeutet das zunächst die anlassbezogene Prüfung auf konkrete Rechtsverstöße hin.[2] Aus der Befugnis nach Abs. 5 Satz 2, Verbesserungsvorschläge zu machen, ergibt sich die weitere Kompetenz, für eine stetige Verbesserung und Fortentwicklung des Datenschutzes bei öffentlichen Stellen zu sorgen.[3] Um diese (Kontroll-)Aufgabe effektiv ausüben zu können, enthält § 24 spezifische (Kontroll-)Befugnisse. 1

Demgegenüber ist die „Beanstandung" (§ 25) ein Instrument, durch welches die beaufsichtigte Stelle veranlasst werden soll, auf (kritische) Ergebnisse einer Kontrolle zu reagieren. Die formale Beanstandung erfolgt grundsätzlich gegenüber den Leitern bzw. vertretungsberechtigten Organen der verantwortlichen Stelle (§ 25 Abs. 1 Satz 1 Nr. 1–4) sowie darüber hinaus gemäß § 25 Abs. 1 Satz 2 im Falle des § 25 Abs. 1 Satz 1 Nr. 4 gegebenenfalls gegenüber der für die verantwortliche Stelle zuständigen Aufsichtsbe- 2

1 Vgl. Simitis/*Dammann*, § 24 Rn. 2.
2 Vgl. die Voraussetzungen für eine Anrufung des BfDI gemäß § 21.
3 Simitis/*Dammann*, § 24 Rn. 2.

hörde (vgl. § 25 Rn. 7–10). Die Kontrolle im Sinne des § 24 ist demgegenüber vor allem (ein) Mittel der Informationsgewinnung und damit sowohl zeitlich als auch logisch der Ausübung weiterer Befugnisse (z.B. der Beanstandung) vorgelagert.

II. Mindestanforderungen des EU-Rechts an die Befugnisse datenschutzrechtlicher Kontrollbehörden

3 Das Verständnis von Kontrolle im Sinne einer Überwachung liegt auch der europarechtlichen Regelung für Aufsichtsbehörden zugrunde.[4] Als Basis für eine effektive Kontrolle der Einhaltung datenschutzrechtlicher Vorschriften fordert die EU-Datenschutzrichtlinie ein Minimum an Untersuchungsbefugnissen. Hierzu zählen das Recht auf Zugang zu denjenigen personenbezogenen Daten, welche Gegenstand der Datenverarbeitung sind, sowie das (generelle) Recht auf Einholung aller für die Erfüllung des Kontrollauftrags der jeweiligen Aufsichtsbehörde (hier: des BfDI) erforderlichen Informationen.[5]

4 Auch nach dem Entwurf der EU-Datenschutz-Grundverordnung gehören die Kontrolle der Datenverarbeitung im Hinblick auf Übereinstimmung mit den Bestimmungen der Verordnung (Kontrolle im weiteren Sinne) sowie die konkrete Untersuchung vor Ort (Kontrolle im engeren Sinne) zu den Aufgaben der Kontrollbehörde (und damit in seinem Zuständigkeitsbereich auch des BfDI).[6] Zur Erfüllung dieser Aufgabe(n) sieht der Entwurf dementsprechend effektive Kontrollbefugnisse vor.[7]

B. Inhalt der Regelung

I. „Kontrolle" – Verhältnis zu „Aufsicht" und „Überwachung" (Abs. 1)

5 Die Kontroll-Aufgabe nach § 24 darf (grundsätzlich) nicht mit (Rechts-)Aufsicht innerhalb der öffentlichen Verwaltung oder Wirtschaftsaufsicht/-überwachung gegenüber privaten Unternehmen verwechselt werden: Denn dem BfDI stehen gegenüber den kontrollierten öffentlichen Stellen keine Befugnisse zu, um die Einhaltung (datenschutz)rechtlicher Vorschriften zu erzwingen, wie dies bei „echten" Aufsichtsbehörden i.d.R. der Fall ist (etwa bei Anordnungs- und Untersagungsbefugnissen der nach Landesrecht zuständigen Datenschutzaufsichtsbehörden gem. § 38 Abs. 5 oder der Bundesnetzagentur nach § 115 Abs. 2 Satz 2 und Abs. 3 TKG). Kontrolle bedeutet auch nicht „Überwachung" im Sinne des Schutzes der öffentlichen Sicherheit und Ordnung im Sinne des (allgemeinen oder speziellen) Gefahrenabwehrrechts. Denn auch insoweit fehlt es dem BfDI gegenüber den öffentlichen Stellen (als potenziellen Störern) an (Eingriffs-)Befugnissen. Im Hinblick auf das Abstellen festgestellter Verstöße beschränkt sich die Kontrollfunktion des BfDI darauf, den jeweils zuständigen Behördenleitungen (vgl. § 25 Abs. 1) Mitteilungen zu machen, um diese in die Lage zu versetzen, bei der jeweiligen öffentlichen Stelle eine Änderung des (anscheinend) datenschutzrechtswidrigen Zustandes herbeizuführen.

! Es ist nicht Aufgabe des BfDI, gegenüber öffentlichen Stellen (verbindliche) datenschutzrechtlichen (An-)Weisungen zu erteilen. Deshalb hat er auch keine entsprechenden Befugnisse!

II. Inhalt und Reichweite der „Kontrolle" (Abs. 1 bis Abs. 4)

1. Gegenstand des Kontrollrechts – Einhaltung des BDSG und anderer datenschutzrechtlicher Vorschriften (Abs. 1)

6 Gem. Abs. 1 kontrolliert der BfDI (im Rahmen seiner Zuständigkeit) die Einhaltung der materiell-rechtlichen Vorschriften des BDSG. Soweit der BfDI auf der Grundlage bereichsspezifischer Regelungen für die Kontrolle datenschutzrechtlicher Bestimmungen zuständig ist, gilt das Gleiche (vgl. Rn. 9). Der BfDI ist

4 Vgl. Art. 28 Abs. 1 der Richtlinie 95/46/EG.
5 Vgl. Art. 28 Abs. 3 der Richtlinie 95/46/EG.
6 Art. 52 Abs. 1 lits. a) und d) des Entwurfs einer Datenschutz-GrundVO i.d.F. vom 25.01.2012, KOM (2012) 11.
7 Art. 53 Abs. 2 des Entwurfs einer Datenschutz-GrundVO.

aber nicht nur für die Kontrolle der Einhaltung der allgemeinen Vorschriften (des BDSG) und der fachrechtlichen Regelungen zum Datenschutz (TKG, PostG) zuständig, sondern seine Aufgabe erstreckt sich auf Vorschriften des materiellen Strafrechts, die das Recht auf Informationelle Selbstbestimmung schützen. Sein Kontrolle umfasst daher auch die Einhaltung der (Verbots-)Vorschriften der §§ 201, 201a, 202, 202a, 203, 204, 206 StGB.[8]

Weil innerhalb von öffentlichen Stellen auch (interne) Verwaltungsvorschriften (z.B. zum Ablauf der Abarbeitung von und zum Zugriff auf Akten) Auswirkungen auf das informationelle Selbstbestimmungsrecht eines Betroffenen haben (können), ist der BfDI nicht auf die Prüfung der Einhaltung von Rechtsvorschriften im materiellen Sinn beschränkt. Er darf (und muss) auch die Datenschutzrechtskonformität von organisations- oder verfahrenslenkenden oder normkonkretisierenden Verwaltungsvorschriften sowie ggf. deren Beachtung prüfen.[9] 7

2. Adressaten des Kontrollrechts – persönlicher Anwendungsbereich (Abs. 1)

a) Alle öffentliche Stellen des Bundes

Der datenschutzrechtlichen Kontrolle durch den BfDI unterliegen grundsätzlich alle öffentlichen Stellen des Bundes (§ 2 Abs. 1). Das schließt nach § 2 Abs. 3 auch diejenigen juristischen Personen des Privatrechts ein, an denen Bund und Länder beteiligt sind und die entweder über mehrere Bundesländer hinweg tätig sind oder an denen der Bund mit absoluter Mehrheit beteiligt ist und die Aufgaben der öffentlichen Verwaltung wahrnehmen (§ 2 Rn. 18 ff.). 8

b) Erweiterung auch auf nicht-öffentliche Stellen nach telekommunikations- und postrechtlichen Vorschriften

Soweit Spezialgesetze den BfDI (auch) insoweit mit der Kontrolle der Einhaltung datenschutzrechtlicher Vorschriften betrauen, gelten dafür die Vorschriften der §§ 21 sowie 24–26 Abs. 1–4 „entsprechend". So ist der BfDI sowohl gemäß § 115 Abs. 4 TKG als auch gem. § 42 Abs. 3 PostG anstelle der nach § 38 zuständigen Aufsichtsbehörde zur Kontrolle über die Einhaltung der (bereichsspezifischen) Datenschutzvorschriften berufen. Damit übt der BfDI insoweit die Datenschutzaufsicht sowohl über Unternehmen aus, die zum Zwecke der „geschäftsmäßigen" Erbringung von „Telekommunikationsdiensten" (§ 3 Nr. 10, 24 TKG) Daten von natürlichen oder juristischen Personen erheben, verarbeiten und nutzen, welche entweder „personenbezogen" sind oder dem Fernmeldegeheimnis (§ 88 TKG) unterliegen,[10], als auch über Unternehmen, die für das geschäftsmäßige Erbringen von Postdiensten (personenbezogene oder dem Postgeheimnis nach § 39 PostG unterliegende) Daten von natürlichen oder juristischen Personen erheben, verarbeiten oder nutzen (§ 41 PostG, PDSV[11]). 9

! Telekommunikations- und Postunternehmen unterliegen im Hinblick auf ihre Mitarbeiter und Geschäftspartner der Aufsicht der nach Landesrecht zuständigen Behörde (§ 38), in Bezug auf ihre (End-)Kunden hingegen der Aufsicht des BfDI und der BNetzA; sie müssen daher die Kommunikation mit drei Aufsichts- bzw. Kontrollbehörden pflegen!

d) Keine Weiterung der Kontrollzuständigkeit auf Auftragnehmer im Sinne des § 11

Für Auftragnehmer im Sinne des § 11 ergibt sich die Zuständigkeit für die datenschutzrechtliche Kontrolle aus § 11 Abs. 4. Demnach unterliegen Auftragnehmer nicht ohne Weiteres der gleichen Aufsicht (durch den BfDI) wie ggf. der jeweilige Auftraggeber. Da die „verantwortliche Stelle" dem BfDI jedoch nach § 24 Abs. 4 Satz 2 in weitreichendem Maße Zutritt zu den relevanten Räumlichkeiten gewähren 10

8 Vgl. Däubler/Klebe/Wedde/Weichert/*Weichert*, § 24 Rn. 3.
9 Vgl. *Gola/Schomerus*, § 24 Rn. 4; Simitis/*Dammann*, § 24 Rn. 9; Däubler/Klebe/Wedde/Weichert/*Weichert*, § 24 Rn. 3.
10 Insoweit ungenau Simitis/*Dammann*, § 24 Rn. 5, der pauschal auf die Anwendbarkeit für „Daten" juristischer Personen verweist.
11 Verordnung über den Datenschutz bei der geschäftsmäßigen Erbringung von Postdiensten (Postdienste-Datenschutzverordnung – PDSV) vom 02.07.2002 (BGBl. I S. 2494).

muss (Rn. 15 ff.), hat sie auch sicherzustellen, dass der BfDI Zutritt zu den Räumlichkeiten ihrer Auftragnehmer erhält. Unabhängig davon kann der BfDI nach Maßgabe der (allgemeinen) Vorschriften eine nach § 11 Abs. 4 für den Auftragnehmer zuständige (andere) Aufsichtsbehörde im Wege der Amtshilfe (§§ 4 ff. VwVfG) um Unterstützung ersuchen.

! Soweit eine verantwortliche Stelle der Kontrolle durch den BfDI unterworfen ist und Tätigkeiten nach Maßgabe des § 11 auslagert, muss sie in der Vereinbarung zur Auftragsdatenverarbeitung nach § 11 Abs. 2 Satz 2 sicherstellen, dass Kontrollrechte und Duldungspflichten nicht nur im Hinblick auf den Auftraggeber (§ 11 Abs. 2 Satz 2 Nr. 7), sondern auch für den BfDI (sowie ggf. die BNetzA) festgelegt werden.

3. Zugriff auf besonders vertrauliche oder grundrechtlich geschützte Informationen zum Zwecke der Kontrolle (Abs. 2)

a) Grundsätzliche Einbeziehung in die Kontrolle, Satz 1

11 Wenn und weil zum Zwecke der Kontrolle (Rn. 5 ff.) der Zugriff auf Daten erforderlich ist, die dem Brief-, Post- oder Fernmeldegeheimnis (Abs. 2 Satz 1 Nr. 1 – Art. 10 GG) oder einem Berufs- oder Amts-, insbesondere dem Steuergeheimnis (§ 24 Abs. 2 Satz 1 Nr. 2 – § 30 AO) unterliegen, wird der damit verbundene (Grundrechts-)Eingriff auf § 24 Abs. 2 Satz 1 gestützt. Insoweit wird mit der Nennung des Brief-, Post- und Fernmeldegeheimnisses in Abs. 2 Satz 2 dem Zitiergebot aus Art. 19 Abs. 1 Satz 2 GG Rechnung getragen.[12]

b) Ausnahmen

12 Soweit die Erhebung, Verarbeitung und Nutzung personenbezogener Daten auf der Grundlage des Artikel-10-Gesetzes[13] erfolgt und insoweit die Aufsicht (und damit auch die Datenschutzkontrolle) nach § 15 dieses Gesetzes durch die G10-Kommission erfolgt, ist die Datenschutzkontrolle dem BfDI entzogen, wenn die G10-Kommission den BfDI nicht im Einzelfall hierum ersucht.

13 Eine sachlich ähnliche Ausnahme von der Kontrolle durch den BfDI gilt für die Erhebung, Verarbeitung und Nutzung personenbezogener Daten in Akten des Verfahrens der Sicherheitsüberprüfung (nach dem SÜG[14]). Der Ausschluss steht unter dem Vorbehalt, dass der hiervon Betroffene der Datenschutzkontrolle durch den BfDI diesem gegenüber widerspricht. Demnach muss der Betroffene in jedem Fall informiert werden, bevor der BfDI auf eigene Initiative oder Ansinnen eines Dritten eine derartige Kontrolle durchführen will.

4. Einschränkung bei Bundesgerichten (Abs. 3)

14 Weil auch Bundesgerichte grundsätzlich öffentliche Stellen des Bundes (Rn. 8) sind, bedarf es im Hinblick auf die richterliche Unabhängigkeit gemäß Art. 97 GG der Einschränkung in § 24 Abs. 3.[15] Hiernach unterliegen Erhebung, Verarbeitung und Nutzung personenbezogener Daten durch Bundesgerichte (d. h. Bundesverfassungs-, Bundesverwaltungs-, Bundesarbeits-, Bundessozialgericht, Bundesgerichts-, Bundesfinanzhof, ferner Bundespatentgericht, Truppendienstgerichte) nur bezüglich der Verwaltungsangelegenheiten dieser Gerichte der Kontrolle des BfDI. Aufgrund des klaren Wortlauts ist die Tätigkeit anderer (Bundes-)Behörden auch dann nicht vom Ausnahmetatbestand des Abs. 3 erfasst, wenn Amtsträger in richterlicher Unabhängigkeit tätig werden (vgl. etwa § 3 Abs. 4 Satz 1 BRHG[16]). Der Begriff der „Ver-

12 Vgl. Däubler/Klebe/Wedde/Weichert/*Weichert,* § 24 Rn. 5.

13 Gesetz zur Beschränkung des Brief-, Post- und Fernmeldegeheimnisses (Artikel-10-Gesetz – G 10) vom 26.06.2011 (BGBl. I S. 1254, 2298), zuletzt geändert durch Art. 2 Abs. 4 des Gesetzes vom 06.06.2013 (BGBl. I S. 1482).

14 Gesetz über die Voraussetzungen und das Verfahren von Sicherheitsüberprüfungen des Bundes (Sicherheitsüberprüfungsgesetz – SÜG) 20.04. 1994 (BGBl. I S. 867), zuletzt geändert durch Artikel 4 des Gesetzes vom 07.12.2011 (BGBl. I S. 2576).

15 Vgl. *Gola/Schomerus*, § 24 Rn. 11; Simitis/*Dammann*, § 24 Rn. 29.

16 Gesetz über den Bundesrechnungshof (Bundesrechnungshofgesetz – BRHG) vom 11.07.1985 (BGBl. I S. 1445), zuletzt geändert durch Artikel 15 Absatz 82 des Gesetzes vom 05.02.2009 (BGBl. I S. 160).

waltungsangelegenheiten" dient der Abgrenzung zu der rechtsprechenden Tätigkeit der Gerichte – genauer: der Richter (Art. 97 GG), also nicht der „Organe der Rechtspflege" (§ 2 Rn. 15) in ihrer Gesamtheit.[17] „Rechtsprechung" umfasst neben der materiellen Entscheidungsfindung auch sämtliche prozessualen Handlungen eines Richters im Rahmen der Vorbereitung, der Durchführung und des Abschlusses eines gerichtlichen Verfahrens.[18] Tätigkeiten eines Richters sind daher (nur) insoweit nach § 24 Abs. 3 ausgenommen, als sie in Wahrnehmung seiner richterlichen Unabhängigkeit ausgeführt werden.[19] Hingegen werden von der Kontrolle des BfDI umfasst die Erhebung, Verarbeitung und Nutzung personenbezogener Daten bei verwaltungsrechtlichen, personalrechtlichen und fiskalischen Tätigkeiten der Bundesgerichte.

5. Unterstützungs- und Duldungspflichten der kontrollierten Stelle (Abs. 4)

a) Allgemeine Unterstützungs- und spezielle Duldungspflichten (Sätze 1 und 2)

Die der Kontrolle durch den BfDI unterliegenden verantwortlichen (öffentlichen und nicht-öffentlichen) Stellen sind im Rahmen der Erfüllung der Aufgaben des BfDI ganz allgemein zu dessen Unterstützung verpflichtet, § 24 Abs. 4 Satz 1. Der Umfang der Kontrollaufgaben (Rn. 6 ff.) gibt damit den Rahmen der Unterstützungspflicht vor. Ihr entsprechen insbesondere die in § 24 Abs. 4 Satz 2 genannten Auskunfts-, Einsichts- und Zutrittsbefugnisse des BfDI. Diese Pflicht zur Unterstützung erstreckt sich auch auf die Mitarbeiter des BfDI sowie auf Sachverständige, wenn und soweit sie vom BfDI zur Beurteilung datenschutzrelevanter Sachverhalte (z.B. der Anwendung angemessener technischer und organisatorischer Maßnahmen im Sinne des § 9 i.V.m. der Anlage hierzu bzw. Schutzmaßnahmen im Sinne des § 109 TKG) herangezogen werden, § 24 Abs. 4 Satz 1 2. Hs. Inhaltlich endet das Kontrollrecht des BfDI (erst) dann, wenn evident ist, dass die Ausübung von Auskunfts-, Einsichts- und Zutrittsrechten keinen Bezug zur Beurteilung datenschutzrelevanter Sachverhalte (mehr) haben kann. Da die Kontrolle der Einhaltung i.d.R. als (notwendige) Vorfrage beinhaltet zu prüfen, ob und inwieweit überhaupt datenschutzrechtliche Vorschriften relevant und zu beachten sind[20], führt dies dazu, die Reichweite des Kontrollrechts im Zweifel weit auszulegen.[21] Soweit die Befugnisse des BfDI reichen, korrespondiert damit eine (gesetzliche) Duldungspflicht der verantwortlichen Stelle. 15

> Das Kontrollrecht kann etwa die Einsicht in das verwendete Dokumentenmanagement-System (DMS) umfassen, einschließlich der Erläuterung des Zugriffsberechtigungskonzeptes und des entsprechenden Prozesses zur Vergabe von Zugriffsrechten. Hier sollte zudem nachgewiesen werden können, wie und ggf. über welchen Zeitraum überprüft werden kann, wer zu welchem Zeitpunkt mit welchen Rechten Zugriff auf das DMS-System hatte.

b) Grenzen der Unterstützungs- und Duldungspflichten (Satz 3)

Prozedurale Einschränkungen erfährt das Kontrollrecht des BfDI in Fällen, in denen die verantwortliche (öffentliche) Stelle eine Behörde oder Organisation mit Sicherheitsaufgaben (BOS) ist: Handelt es sich bei den zu kontrollierenden Stellen um (Bundes-)Verfassungsschutzbehörden, den Bundesnachrichtendienst, den Militärischen Abschirmdienst oder andere Behörden des Bundesministeriums der Verteidigung (§ 19 Abs. 3) oder um Behörden der Bundesanwaltschaft, der Bundespolizei oder der Bundesfinanzverwaltung (§ 6 Abs. 2 Satz 4), gilt die Unterstützungspflicht lediglich gegenüber dem BfDI selbst oder den von ihm besonders Beauftragten. Zudem kann die zuständige oberste Bundesbehörde im Einzelfall und unter besonderen Voraussetzungen feststellen, dass eine Duldungspflicht der verantwortlichen Stelle (Rn. 15) nicht besteht. 16

Diese Einschränkungen gelten nicht für nicht-öffentliche Stellen. Denn die explizite Bezugnahme auf §§ 6 Abs. 2 und 19 Abs. 3 stellt klar, dass der Rechtsgrund dieser Ausnahme nur bei (speziellen) Behörden vor- 17

17 Simitis/*Dammann*, § 24 Rn. 30.
18 Vgl. *Gola/Schomerus*, § 24 Rn. 11.
19 Simitis/*Dammann*, § 24 Rn. 31.
20 Simitis/*Dammann*, § 24 Rn. 14.
21 Vgl. Taeger/Gabel/*Grittmann*, § 24 Rn. 21.

liegen kann. §§ 115 Abs. 4 TKG und 42 Abs. 3 PostG verweisen dagegen insoweit nur auf § 24 Abs. 4 Sätze 1 und 2.

c) Verfassungsrechtliche Grenzen der Betretungsrechte

18 Soweit der BfDI auf der Grundlage telekommunikations- oder postrechtlicher Normen auch für die Kontrolle privatrechtsförmig strukturierter Unternehmen zuständig ist, muss er § 24 Abs. 4 verfassungskonform anwenden. Denn diese Unternehmen sind – im Gegensatz zu den in § 24 Abs. 1 adressierten staatlichen Stellen – Grundrechtsträger und können sich gegenüber dem BfDI als staatliche Stelle auf ihr Grundrecht aus Art. 13 Abs. 1 GG berufen.[22] Da in § 115 Abs. 5 TKG (auch in seiner Neufassung[23]) ebenso wie in § 42 Abs. 4 PostG ein expliziter Hinweis auf eine Einschränkung des Art. 13 Abs. 1 GG fehlt, ist das Zitiergebot des Art. 19 Abs. 1 Satz 2 GG nur dann nicht verletzt und damit die Norm nur insoweit anwendbar, als die Betriebs- und Geschäftsräume lediglich während der üblichen Arbeits- bzw. Geschäftszeiten betreten werden.[24] Denn dann handelt es sich lediglich um eine Beschränkung des Grundrechts auf allgemeine Handlungsfreiheit aus Art. 2 Abs. 1 GG, für die das Zitiergebot nicht gilt. An dieser Vorgabe hat der BfDI sein Ermessen auszurichten.

> **!** Eine Diskussion mit dem BfDI darüber, ob wann welche Räumlichkeiten betreten werden, sollte sich die verantwortliche Stelle ersparen. Es ist unstreitig, dass Kontrollbehörden zumindest zu den üblichen Öffnungszeiten Geschäftsräume betreten dürfen. Für beide Seiten vorteilhaft ist daher eine proaktive und partnerschaftliche Terminkoordination.

III. Abschluss der Kontrolle (Abs. 5)

1. Information der kontrollierten Stelle über das Ergebnis (Satz 1)

19 Die Aufgabenerfüllung des BfDI zielt darauf ab, die Einhaltung des Datenschutzes bei den verantwortlichen Stellen zu kontrollieren und zu verbessern (Rn. 1). Deshalb ist es konsequent, dass er das Ergebnis der Kontrolle der kontrollierten verantwortlichen Stelle im Rahmen eines Prüfberichts mitzuteilen hat, ohne dass es darauf ankommt, ob ein Mangel aufgedeckt wird. Ein „Mangel" liegt – angesichts der Aufgabe des BfDI, neben der („reaktiven") Kontrolle der Einhaltung der Vorschriften zum Datenschutz (Rn. 6, 7) auch im Allgemeinen „proaktiv" auf eine Verbesserung des Datenschutzes hinzuwirken (Rn. 20) – nicht erst dann vor, wenn die kontrollierte Stelle gegen einschlägige datenschutzrechtliche Bestimmungen verstößt oder verstoßen hat. Zustände, die zwar keine datenschutzrechtlichen Vorschriften verletzen, aber dennoch mit Zielen des Datenschutzes kollidieren, kann der BfDI deshalb als Mangel erachten.[25] Für einen insoweit bestehenden Einschätzungsspielraum des BfDI spricht auch § 25 Abs. 1 Satz 1, der von Gesetzesverstößen und „sonstigen Mängeln bei der Verarbeitung oder Nutzung personenbezogener Daten" spricht und für Mängel – und erst recht Verstöße – eine Beanstandung durch den BfDI vorsieht (Rn. 21). Die bloße Mitteilung über einen Mangel (bzw. einen Verstoß) ist nicht zu verwechseln mit der Beanstandung im (formalen) Sinne des § 25.

2. Befugnis des BfDI zu Verbesserungsvorschlägen (Satz 2)

20 Eine Verbindung der Mitteilung von Kontrollergebnissen (§ 24 Abs. 5 Satz 1) mit Vorschlägen zur Verbesserung des Datenschutzes (§ 24 Abs. 5 Satz 2) durch den BfDI liegt auf der Hand: Hierdurch (erst) wird ein Prüfbericht den Anforderungen und Ansprüchen vollauf gerecht, die der Gesetzgeber an eine wirksame Datenschutzkontrolle durch den BfDI stellt, und wird dazu beigetragen, dass im Rahmen der Reichweite der Kontrollzuständigkeit des BfDI einheitliche Datenschutzstandards gewährleistet werden können.

---

22 Vgl. Berliner TKG-Komm/*Klesczewski*, § 115 Rn. 24; Manssen/*Gramlich*, TKM-Kommentar, § 115 TKG Rn. 28, 41.
23 Vom 02.03.2012 (BGBl. I S. 958).
24 Vgl. BVerfGE 32, 54 (69 ff.).
25 Vgl. Simitis/*Dammann*, § 24 Rn. 4.

Verbesserungsvorschläge des BfDI sind nicht nur deshalb bedenkenswert, weil dieser einschließlich seiner technischen Mitarbeiter über umfangreiches Know-how zur datenschutzkonformen Gestaltung von Datenverarbeitungsverfahren verfügt. Auch bei der Entscheidung über das Maß dessen, was gem. § 9 BDSG an technischen und organisatorischen Maßnahmen[26] bzw. gem. § 109 Abs. 1 und 2 TKG als Sicherheitsmaßnahmen als angemessen angesehen werden kann, ist der Rat des BfDI bedeutsam – vor allem dann, wenn es im Nachgang zur Kontrolle trotz Umsetzung dieser Vorschläge zur Verletzung des Schutzes personenbezogener Daten kommt und sich im Rahmen von Bußgeldverfahren oder Schadensersatzprozessen die Frage nach dem Fahrlässigkeitsmaßstab stellt. In diesen Fällen ist die verantwortliche Stelle in einer guten Position, wenn und soweit Vorschläge des BfDI zeitnah und ordnungsgemäß umgesetzt sind.

3. Vorgehen des BfDI nach § 25 (Beanstandung)

Während das Verfahren der Beanstandung nach § 25 in den Fällen, in denen die Kontrolle des BfDI ohne negative Feststellungen verläuft, nicht relevant wird, hat der BfDI in allen Fällen, in denen er Verstöße gegen datenschutzrechtliche Vorschriften durch die kontrollierte Stelle oder Mängel bei der Verarbeitung oder Nutzung personenbezogener Daten feststellt, Ermessen, ein Beanstandungsverfahren einzuleiten oder auch nicht (§ 25 Rn. 11). Soweit der BfDI auf der Grundlage der §§ 115 Abs. 4 TKG, 42 Abs. 3 PostG für die Datenschutzkontrolle zuständig ist, richtet er die Beanstandung gem. § 115 Abs. 4 Satz 2 TKG an die BNetzA bzw. nach § 42 Abs. 3 Satz 3 PostG an das Bundesministerium für Wirtschaft und Technologie (BMWi). Das Recht des BfDI, Verbesserungsvorschläge zu machen, besteht unabhängig von der Beanstandung. § 24 Abs. 5 Satz 3 stellt dies klar. 21

Wenn die BNetzA, das BMWi oder die nach § 25 Abs. 1 zu adressierende Stelle von einem Datenschutzverstoß erfahren, ist die jeweilige (Aufsichts-)Behörde unter Umständen zum Einschreiten gegen die verantwortliche Stelle verpflichtet. Deshalb ist es dringend zu empfehlen, mit negativen Prüfergebnissen und erst recht mit einem negativen Prüfbericht des BfDI proaktiv umzugehen. Dabei sollten eigene Verbesserungsvorschläge einschließlich eines entsprechenden Zeitplans dem BfDI kommuniziert werden, damit dieser von seinem Ermessen dahin gehend Gebrauch machen kann, von einer Mitteilung der Beanstandung abzusehen.[27]

---

26 Vgl. als Beispiel allgemeiner Stellungnahmen zum notwendigen (Mindest-)Umfang technischer und organisatorischer Maßnahmen (hier im Bereich des Patientendatenschutzes) *Konferenz der Datenschutzbeauftragten des Bundes und der Länder*, Entschließungen der 81. Konferenz, 16./17.03.2011, DuD 2011, 355 (357).

27 Vgl. Taeger/Gabel/*Grittmann*, § 25 Rn. 1, m.w.N., dass die Beanstandung *Ultima Ratio* sei und damit zunächst alle anderen (kooperativen und beratenden) Maßnahmen ergebnislos ausgeschöpft sein müssen.

§ 25 Beanstandungen durch den Bundesbeauftragten für den Datenschutz und die Informationsfreiheit

(1) [1]Stellt der Bundesbeauftragte für den Datenschutz und die Informationsfreiheit Verstöße gegen die Vorschriften dieses Gesetzes oder gegen andere Vorschriften über den Datenschutz oder sonstige Mängel bei der Verarbeitung oder Nutzung personenbezogener Daten fest, so beanstandet er dies

1. bei der Bundesverwaltung gegenüber der zuständigen obersten Bundesbehörde,

2. beim Bundeseisenbahnvermögen gegenüber dem Präsidenten,

3. bei den aus dem Sondervermögen Deutsche Bundespost durch Gesetz hervorgegangenen Unternehmen, solange ihnen ein ausschließliches Recht nach dem Postgesetz zusteht, gegenüber deren Vorständen,

4. bei den bundesunmittelbaren Körperschaften, Anstalten und Stiftungen des öffentlichen Rechts sowie bei Vereinigungen solcher Körperschaften, Anstalten und Stiftungen gegenüber dem Vorstand oder dem sonst vertretungsberechtigten Organ

und fordert zur Stellungnahme innerhalb einer von ihm zu bestimmenden Frist auf. [2]In den Fällen von Satz 1 Nr. 4 unterrichtet der Bundesbeauftragte gleichzeitig die zuständige Aufsichtsbehörde.

(2) Der Bundesbeauftragte kann von einer Beanstandung absehen oder auf eine Stellungnahme der betroffenen Stelle verzichten, insbesondere wenn es sich um unerhebliche oder inzwischen beseitigte Mängel handelt.

(3) [1]Die Stellungnahme soll auch eine Darstellung der Maßnahmen enthalten, die aufgrund der Beanstandung des Bundesbeauftragten getroffen worden sind. [2]Die in Absatz 1 Satz 1 Nr. 4 genannten Stellen leiten der zuständigen Aufsichtsbehörde gleichzeitig eine Abschrift ihrer Stellungnahme an den Bundesbeauftragten zu.

Literatur

Siehe Hinweise zu §§ 22, 23.

Darum geht es

§ 25 BDSG betrifft die Beanstandung als eine der wichtigsten Befugnisse des BfDI zur Durchsetzung datenschutzrechtlicher Anforderungen. Erläutert werden zudem Rechtsschutzaspekte.

Schlagworte

BfDI als Kontrollbehörde; Kontrollbefugnisse des BfDI; Kooperationspflichten der verantwortlichen Stelle

Weitere relevante Vorschriften

§ 115 Abs.1, Abs. 4 TKG; § 42 Abs. 3 PostG; §§ 42, 43 VwGO

A. Allgemeines

I. Beanstandung als Ergebnis und Folge von „Kontrollen"

§ 25 schließt nicht nur systematisch unmittelbar an die Vorschrift über „Kontrollen" des BfDI (§ 24) an, sondern § 24 Abs. 5 Satz 3 hält sogar ausdrücklich fest, § 25 bleibt „unberührt". Die Vorschrift stellt sich daher – neben und zusätzlich zu den Befugnissen des BfDI nach § 24 Abs. 5 Satz 2 (§ 24 Rn. 19) – als eine Reaktion auf das „Ergebnis" der Kontrolle (§ 24 Rn. 2, 20) dar. Anders als bei der bloßen Ermächtigung zu Verbesserungsvorschlägen gem. § 24 Abs. 5 Satz 2 bzw. zu Beratung oder Empfehlung gem. § 26 Abs. 3 Satz 1 (§ 26 Rn. 7, 21) ist die Beanstandung (von den Fällen des § 25 Abs. 2 abgesehen, Rn. 11) zwingende Folge, wenn der BfDI im Rahmen seiner Kontrollen einen „Mangel" (Rn. 4) beim Umgang mit personenbezogenen Daten festgestellt hat. Der BfDI darf sich in diesen Fällen grundsätzlich nicht darauf beschränken, zunächst nur die betreffende verantwortliche (öffentliche) Stelle (§ 12 Rn. 5 ff.) über das bei einer Kontrolle festgestellte Defizit zu informieren (Rn. 5) oder unverbindliche Ratschläge oder Hinweise zur Beseitigung eines Mangels zu geben. Ermessen besteht hingegen im Hinblick auf den Inhalt der Beanstandung sowie die Frist zur Stellungnahme, die dem jeweiligen Adressaten einzuräumen ist (Rn. 6, 10). 1

II. Andere Befugnisse des BfDI bei Feststellung von „Mängeln"

Das Instrumentarium des BfDI zur Reaktion auf Mängel ist begrenzt. Soweit ihm keine besonderen, weiter gehenden Befugnisse in bereichsspezifischen Vorschriften übertragen sind (nicht durch § 115 Abs. 4 TKG, wo lediglich ein spezieller Adressat von Beanstandungen vorgesehen ist, Rn. 10), bleibt es bei rechtlich zwar nicht unerheblichem, aber unverbindlichem („informellem") Handeln (Rn. 1). Auch Beanstandungen sind als solche keine förmliche Regelungen eines Einzelfalls (Rn. 13). Wegen der fehlenden Verwaltungsakts-Qualität können sie nicht im Wege der Verwaltungsvollstreckung (nach §§ 6 ff. VwVG) zwangsweise durchgesetzt werden, selbst soweit sie (notwendig) eine (Handlungs-)Pflicht zur Stellungnahme beinhalten. Kommt die verantwortliche Stelle einer mit einer Beanstandung verbundenen Aufforderung zur Stellungnahme nicht, nicht rechtzeitig oder nicht vollständig nach, ist dafür auch keine Sanktion in Form eines Bußgeldes oder gar einer Strafe vorgesehen. Andererseits sind verantwortliche Stellen – jedenfalls sofern es sich um „öffentliche" Stellen handelt – im Hinblick auf die Gesetzesbindung nach Art. 20 Abs. 3 GG auch ohne Drohung von Zwang oder Sanktionierung gehalten, auf Beanstandungen nicht nur zu antworten, sondern erkannte „Mängel" von sich aus abzustellen. 2

> **!** Auch wenn die Beanstandung an sich keine rechtsverbindliche Maßnahme ist und als solche nicht mit dem Widerspruch oder einer verwaltungsgerichtlichen Klage anfechtbar ist, sollte sich die verantwortliche Stelle bewusst sein, dass Beanstandungen im Tätigkeitsbericht des BfDI, der gegenüber dem Deutschen Bundestag abgegeben wird (vgl. § 26), Erwähnung finden (können). Insofern erfährt die verantwortliche Stelle allein dadurch zumindest auf politischer Ebene u.U. eine unerwünschte Publizität.

B. Inhalt der Regelung

I. Voraussetzungen einer Beanstandung

1. „Verstoß" gegen BDSG und anderes Datenschutzrecht

3 Eine Beanstandung seitens des BfDI darf nur dann, muss aber im Grundsatz auch dann erfolgen, wenn er im Rahmen der Ausübung seiner Befugnisse nach § 24 oder nach bereichsspezifischen Vorschriften (§ 24 Rn. 9) gegenüber einer (öffentlichen) verantwortlichen Stelle (des Bundes) Verstöße gegen (Rechts-) „Vorschriften über den Datenschutz" festgestellt hat. Der Wortlaut des § 25 Abs. 1 Satz 1 macht klar, dass hierzu sowohl die relevanten Bestimmungen des BDSG selbst als auch andere, bereichsspezifische Regelungen (§ 24 Rn. 7) zählen. Reichweite von Kontrolle und Beanstandung stimmen also überein. Der Verstoß kann sowohl in einem aktiven Tun (d. h. einer mit Rechtsvorschriften einschließlich der Regelung zur Einwilligung Betroffener nicht vereinbaren Erhebung, Verarbeitung oder Nutzung personenbezogener Daten) als auch in einem (pflichtwidrigen) Unterlassen bestehen, etwa von Festlegungen nach § 10 Abs. 2 oder § 18 Abs. 2. Es genügt bereits ein objektiv rechtswidriges Verhalten; ein Verschulden (in Form von Vorsatz oder Fahrlässigkeit) der im Rahmen der jeweiligen Stelle handelnden natürlichen Person ist irrelevant.

2. Andere Mängel bei Verarbeitung oder Nutzung von personenbezogenen Daten

4 Rechtsverstöße sind nur ein spezieller, wenn auch zentraler Fall von „Mängeln" (§ 24 Rn. 19). Insoweit gestattet § 24 Abs. 5 Satz 2 dem BfDI Verbesserungsvorschläge (im Sinne einer „Beseitigung"); mit der (nach § 25 Abs. 1 Satz 1 auch hier gebotenen) Beanstandung werden dagegen die Art und Weise (und auch der Zeitpunkt), wie einem Mangel abgeholfen wird, der Stelle überlassen, bei der dieser festgestellt worden ist. Beide Vorschriften erfassen solche Mängel nur im Hinblick auf „Verarbeitung" (§ 3 Abs. 4) oder „Nutzung" (§ 3 Abs. 5) „personenbezogener Daten" (§ 3 Abs. 1), nicht auch (schon) in Bezug auf deren „Erhebung" (§ 3 Abs. 3).[1] § 24 Abs. 5 Satz 2 nennt diese Art von Verbesserungsbedarf allerdings nur beispielhaft; eine Beratung oder auch Empfehlung im Hinblick auf Mängel bei der Datenerhebung ist dem BfDI jedenfalls nach § 26 Abs. 3 gestattet. Welche Ursache derartige Mängel haben und wer hierfür in der verantwortlichen Stelle verantwortlich ist (oder ob gar ein schuldhaftes Tun oder Unterlassen vorliegt), ist auch hier ohne Bedeutung. „Sonstige" Mängel liegen nur vor, wenn es gerade nicht um Rechtsverletzungen, d.h. um Verstöße gegen konkrete Rechtsnormen, geht, sondern „nur" um eine fehlende Konformität des Handelns der verantwortlichen Stelle mit den (allgemeinen) Zielen des Datenschutzes.[2]

II. Beanstandung und Aufforderung zur Stellungnahme

1. Inhalt, Form und Frist der Beanstandung

5 Die Beanstandung muss der BfDI nicht höchstpersönlich vornehmen (§§ 22, 23 Rn. 14, 27). Gegenstand der Beanstandung ist ein konkreter Rechtsverstoß (Rn. 4). Ziel, freilich nicht auch Adressatin der Beanstandung (Rn. 7 ff.), ist diejenige öffentliche Stelle, bei der das Defizit festgestellt worden ist. Die Kennzeichnung des Mangels muss präzise genug sein, um der hiervon in der Sache betroffenen Einrichtung eine Stellungnahme sowohl zur Sach- und ggf. auch zur Rechtslage[3] (aus ihrer Sicht) als auch zu (nach Abs. 3 Satz 1 dort ebenfalls anzusprechenden) Folge- bzw. Korrektur-Maßnahmen (Rn. 12) zu ermöglichen. Die (in der Regel gebotene, Rn. 11) Stellungnahme hat teils die Funktion einer (nachträglichen) Anhörung des Beaufsichtigten, geht jedoch darüber hinaus, wenn und soweit hierzu eine Verpflichtung besteht.

---

1 A. A. Taeger/Gabel/*Grittmann*, § 25 Rn. 3, der auch den Fall der Erhebung in den Anwendungsbereich der Beanstandung einbezieht.
2 Taeger/Gabel/*Grittmann*, § 25 Rn. 3.
3 Vgl. Taeger/Gabel/*Grittmann*, § 25 Rn. 7; *Bergmann/Möhrle/Herb*, § 25 Rn. 25.

> **!** Auch wenn die Beanstandung die „schärfste Waffe" des BfDI ist,[4] ist sie doch kein Selbstzweck, sondern darauf angelegt, die datenschutzrechtliche Situation bei der verantwortlichen Stelle zu verbessern. Eine Beanstandung, die ergeht, ohne dass die hierfür notwendigen Informationen eingeholt worden sind, kann daher nicht rechtmäßig sein.

Da kein Verwaltungsverfahren i.S.v. §§ 1, 9 ff. VwVfG vorliegt, ist für die Form der Beanstandung auch nicht § 37 VwVfG maßgeblich; die Maßnahme muss allerdings den BfDI als Absender/Aussteller erkennen lassen. Schon aus Gründen der Rechtssicherheit und Rechtsklarheit ist aber Schriftform angezeigt.[5] Dies betrifft nicht zuletzt das Setzen einer „bestimmten" Frist zur Stellungnahme, die sich wiederum auf einen eindeutig nachweisbaren Zugangszeitpunkt beziehen muss. „Bestimmt" werden muss neben dem Ende der Frist auch die angemessene Dauer für die Abgabe einer Stellungnahme. Hierfür sind Zeiten für Prüfung der Angelegenheit, Entscheidung über etwaige (Abhilfe-)Maßnahmen und Fertigung der (nicht aus rechtlichen, aber aus Gründen der Klarheit ebenfalls schriftlich erfolgenden) Stellungnahme zu berücksichtigen. Eine zu kurz bemessene Frist macht jedoch die Beanstandung nicht insgesamt rechtswidrig und kann durch eine entsprechende Verlängerung (auch ohne Antrag) korrigiert werden. 6

2. Adressaten der Beanstandung und Einbeziehung der Aufsichtsbehörde in bestimmten Fällen

§ 25 Abs. 1 Satz 1 nennt vier Gruppen als mögliche Adressaten von Beanstandungen des BfDI (und unterscheidet dabei weiter zwischen diesen auch in § 18 Abs. 1 genannten Einrichtungen); Adressaten sind dabei nicht direkt diejenigen Stellen, bei denen Mängel festgestellt werden, sondern die an der Spitze der jeweiligen Einrichtung stehenden Personen oder Gremien. Bei unmittelbarer Bundesverwaltung („bundeseigener Verwaltung", Art. 86 GG) sind Beanstandungen zu richten an die jeweils oberste (Behörden-)Leitung, i.d.R. an den Ressortminister (Nr. 1), bei dem organisatorisch verselbstständigten Bundeseisenbahnvermögen (§ 18 Rn. 7) an dessen Präsidenten (Nr. 2). Die weitere Sonderregelung betreffend die Deutsche Post AG als DBP-Nachfolgeunternehmen (Nr. 3) ist mit Wegfall des § 51 PostG Ende 2007 obsolet geworden (§ 18 Rn. 8). 7

Sind hingegen Mängel bei Stellen der mittelbaren Bundesverwaltung (Körperschaften, Anstalten und Stiftungen des öffentlichen [Bundes-]Rechts, Art. 87 Abs. 3 GG) aufgetreten, ist der richtige Adressat die Leitung (Vorstand oder andere vertretungsberechtigte Organe) dieser rechtsfähigen Einrichtungen (Nr. 4). Bei dieser Gruppe muss der BfDI aber nach § 25 Abs. 1 Satz 2 „gleichzeitig" die je zuständige (Rechts-)Aufsichtsbehörde von seinem Handeln informieren (etwa durch eine Kopie des Schriftstücks). Auf diese Weise – und nur über diesen Weg – kann rechtsaufsichtlich eingeschritten werden, wenn der Adressat nicht oder nicht rechtzeitig reagiert (§ 24 Rn. 5). Abgesichert wird diese Rechtmäßigkeitskontrolle zudem durch § 25 Abs. 3 Satz 2, indem die Aufsichtsbehörde auch über Abgabe und Inhalt einer Stellungnahme (zu übermitteln ist eine „Abschrift") zu unterrichten ist. 8

Stellen der mittelbaren Bundesverwaltung gleichgestellt werden deren „Vereinigungen"; haben sich die Beteiligten einer privatrechtlichen Organisationsform bedient, so ergibt sich die Einordnung als „öffentliche Stelle des Bundes" aus § 2 Abs. 3 Satz 1. 9

Im Rahmen des TKG sind Beanstandungen nicht an die Telekommunikationsunternehmen, bei deren Umgang mit personenbezogenen Daten (i.S.v. § 91 Abs. 1 TKG) Mängel festgestellt wurden, zu richten, sondern an die Bundesnetzagentur (§ 115 Abs. 4 Satz 2 TKG); der BfDI kann dieser Bundesoberbehörde auch „weitere Ergebnisse seiner Kontrolle" übermitteln. Damit wird die BNetzA in die Lage versetzt, nach § 115 Abs. 1 TKG Anordnungen und andere (rechtsverbindliche) Maßnahmen zu treffen, um die Einhaltung der bereichsspezifischen Datenschutzvorschriften (und auch relevanter Technischer Richtlinien) sicher- bzw. wiederherzustellen.[6] Entsprechendes gilt für Unternehmen, die Postdienste erbringen, gem. 10

---

4 Vgl. Taeger/Gabel/*Grittmann*, § 25 Rn. 1.
5 Vgl. Taeger/Gabel/*Grittmann*, § 25 Rn. 7.
6 Die BNetzA kann auch unabhängig vom BfDI von ihren Befugnissen Gebrauch machen, vgl. Beck'scher TKG-Komm./*Bock*, § 115 Rn. 29.

§ 42 Abs. 3 Satz 3 PostG mit der Maßgabe, dass die jeweilige Beanstandung bisher noch an das Bundeswirtschaftsministerium (BMWi) zu richten ist (§ 24 Rn. 21). Unabhängig von der Frage, ob die Beanstandung in den Fällen dieser Rn. 10 – vergleichbar den Fällen des § 25 Abs. 1 Satz 2 – zumindest auch gegenüber der verantwortlichen Stelle selbst ergeht, wird der BfDI die verantwortliche Stelle stets über eine gegenüber der BNetzA erfolgte Beanstandung informieren.

! Die verantwortliche Stelle kann und sollte nicht darauf vertrauen, dass die BNetzA erst einmal Mitteilungen durch den BfDI abwartet. Sie darf und wird auch unabhängig davon von ihren Kontrollbefugnissen Gebrauch machen.

3. Verzicht auf Beanstandung und/oder Stellungnahme

11 Dem Verhältnismäßigkeitsprinzip Rechnung trägt § 25 Abs. 2 Hs. 2 Alt. 1, wonach der BfDI von Maßnahmen absehen kann, wenn (objektiv) nur „unerhebliche" Mängel vorliegen. In der Sache ist ein Vorgehen hier nicht erforderlich bzw. lohnt sich der Aufwand nicht. Das gilt umso mehr, als zumindest öffentliche Stellen bereits generell und unabhängig von Beanstandungen zur Beseitigung erkannter (rechtlicher) Mängel verpflichtet sind (Rn. 2). Wenn Mängel zwar festgestellt wurden und vorhanden waren, aber bereits beseitigt sind und dies dem BfDI auch bekannt ist, wäre je nach Zeitpunkt der Korrektur bereits eine Beanstandung eine bloße Förmelei. Weiterhin ist eine Stellungnahme nicht mehr nötig, wenn die Abhilfemaßnahme umgehend vorgenommen wurde und das Defizit dadurch offensichtlich behoben ist, § 25 Abs. 2 Hs. 2 Alt. 2. Die Pflicht des BfDI zum Einschreiten bei festgestellten „Mängeln" und/oder zur Aufforderung, eine Stellungnahme der betreffenden (nicht: „betroffenen") Stelle zu verlangen, ist nämlich Mittel zum Zweck. Dass dem BfDI hier (Entschließungs- und Auswahl-)Ermessen eingeräumt wird[7], bezweckt insofern – anders als bei der Kommunalaufsicht – nicht die Stärkung der Selbstverwaltung der Maßnahmeadressaten, sondern den sinnvollen Umgang mit Ressourcen des Staates (und ggf. der kontrollierten Unternehmen).

! Bereits bei Durchführung einer Kontrolle vor Ort kann durch Kooperation mit den Mitarbeitern des BfDI und In-Aussicht-Stellen geeigneter Maßnahmen zur Mängelbeseitigung ein Verzicht auf Beanstandung gefördert werden und kann sich auch eine weitere, spätere Stellungnahme als nicht mehr notwendig erweisen.

4. Inhalt der Stellungnahme

12 Nach § 25 Abs. 3 Satz 1 „soll" die Stellungnahme des Adressaten zu einer Beanstandung „auch" eine Darstellung der dadurch veranlassten Änderungs- oder Abhilfemaßnahmen enthalten. Dies kann aber nur erfolgen, wenn zuvor geprüft worden ist, ob und wieweit die Feststellungen des BfDI sachlich richtig sind und/oder dessen (rechtliche) Wertung geteilt wird. Über Inhalt, Umfang und Zeitpunkt der Korrekturen muss nur dann berichtet werden, wenn diese bereits stattgefunden haben oder doch konkret vorgesehen sind. Andererseits ist in der Regel auch eine Stellungnahme dazu nötig, warum (jetzt) kein Änderungsbedarf besteht.

! Die Stellungnahme sollte den BfDI in die Lage versetzen, die Reaktion der verantwortlichen Stelle auf die Beanstandung umfassend zu würdigen. Sie sollte daher dreistufig aufgebaut sein: Zunächst ist die zugrunde gelegte Tatsachenbasis zu bewerten und ggf. zu korrigieren. Es folgt eine Würdigung der rechtlichen Ausführungen des BfDI auf der Grundlage des (unstreitigen oder bereinigten) Sachverhalts. Schließlich werden die aus der rechtlichen Bewertung abgeleiteten bzw. abzuleitenden konkreten (personellen, technischen und organisatorischen) Maßnahmen zur Beseitigung des Mangels aufgezeigt und wird ihre rechtliche Bedeutung im Hinblick auf die Beseitigung der Rechtsverletzung oder des sonstigen Mangels dargestellt.

7 Vgl. Taeger/Gabel/*Grittmann*, § 25 Rn. 12; *Bergmann/Möhrle/Herb*, § 25 Rn. 24; wohl auch Däubler/Klebe/Wedde/Weichert/*Weichert*, § 25 Rn. 5.

III. Rechtsnatur und Verfahren einer Beanstandung

1. Fehlender Regelungscharakter

13 Beanstandungen generell wie auch die mit ihnen verbundene Aufforderung zu einer Stellungnahme sind zwar Maßnahmen einer „Behörde" (i.S.v. § 1 Abs. 4 VwVfG) auf dem Gebiet des – jedenfalls im Hinblick auf die Vorgaben für öffentliche Stellen – öffentlichen (Datenschutz-)Rechts in Bezug auf Einzelfälle festgestellter „Mängel". Ihnen ist auch Außenwirkung beigelegt, indem sie sich an rechtlich oder zumindest organisatorische vom BfDI getrennte Einrichtungen richten. Gleichwohl fehlt ihnen auch dann, wenn Rechtsverletzungen gerügt werden, die für einen Verwaltungsakt (§ 35 VwVfG) erforderliche Eigenschaft einer rechtsverbindlichen (gestaltenden oder feststellenden[8]) Regelung.[9] Weder aus nationalem Recht noch aus den aktuell gültigen Vorgaben des Art. 28 Richtlinie 95/46/EG, dass Datenschutzbeauftragten „wirksame Einwirkungsbefugnisse" einzuräumen seien, ergibt sich eine Kompetenz gerade auch zum Einsatz dieser spezifischen Handlungsform. Gegenüber der Missachtung seiner Maßnahmen stehen dem BfDI nur (durchaus effektive) informelle bzw. politische Mittel zur Verfügung, die zudem seiner Unabhängigkeit besser Rechnung tragen mögen.[10]

2. Anwendung der Vorschriften über das Verwaltungsverfahren?

14 Grundsätzlich gilt das (Bundes-)Verwaltungsverfahrensgesetz nur für Bundesbehörden, wenn diese Aufgaben der öffentlichen Verwaltung wahrnehmen (§ 1 Abs. 1 und 4 VwVfG) und das behördliche Handeln auf den Erlass eines Verwaltungsaktes oder den Abschluss eines öffentlich-rechtlichen Vertrags gerichtet ist (§ 9 VwVfG). Jedoch werden auf der Grundlage des Rechtsstaatsprinzips sowohl für nicht-förmliches öffentlich-rechtliches als auch für privatrechtliches Handeln staatlicher Verwaltung zumindest grundlegende Bestimmungen des VwVfG zur Füllung von Regelungslücken auch dann analog herangezogen, wenn Verwaltungstätigkeiten nicht strikt auf den Erlass von Verwaltungsakten oder den Abschluss verwaltungsrechtlicher Verträge (§§ 54 ff. VwVfG) bezogen sind. Zudem erklärt § 1 Abs. 4 BDSG das VwVfG (teilweise) für anwendbar. Damit wollte der Gesetzgeber offenbar klarstellen, dass auch das Handeln des BfDI grundsätzlich am VwVfG zu messen ist. So können etwa §§ 20 f., § 24 f. VwVfG entsprechend herangezogen werden und ergänzen sich § 24 Abs. 4 BDSG und § 26 Abs. 2 VwVfG. Jedoch ergibt sich aus § 1 Abs. 4 BDSG und § 1 Abs. 1 VwVfG ein Vorrang des BDSG, wenn und soweit dieses Gesetz speziellere (verfahrensrechtliche) Vorschriften enthält.

IV. Rechtsschutz im Hinblick auf Beanstandungen

1. Abwehr durch öffentliche Stellen als Adressaten von Beanstandungen

15 Verwaltungsgerichtlicher Rechtsschutz gegen Beanstandungen bzw. Aufforderungen zur Stellungnahme des BfDI ist nicht schon deshalb ausgeschlossen, weil es nicht um die Aufhebung rechtswidriger Verwaltungsakte geht; denn gegenüber Rechtsverstößen muss im Rahmen des Art. 19 Abs. 4 GG effektiver Rechtsschutz gewährt werden. Mangels auf- oder abdrängender Sonderzuweisung ergibt sich die Eröffnung des allgemeinen Verwaltungsrechtswegs aus § 40 Abs. 1 Satz 1 VwGO. Als Klageart kommt in erster Linie die allgemeine Leistungsklage in Betracht, eine (allgemeine) Feststellungsklage (nach § 43 Abs. 1 VwGO) ist demgegenüber subsidiär (§ 43 Abs. 2 VwGO). Notwendige Sachentscheidungsvoraussetzung ist aber zudem eine Klagebefugnis analog § 42 Abs. 2 VwGO. Da öffentliche Stellen als Adressaten einer Maßnahme regelmäßig nicht Grundrechtsträger, sondern selbst Grundrechtsverpflichtete sind und die denkbare und mögliche Verletzung in eigenen subjektiven Rechten daher nicht auf Art. 2 Abs. 1 GG, sondern allenfalls ausnahmsweise auf spezielle, auch für öffentliche Stellen relevante Grundrechte wie insbesondere Art. 5 Abs. 1 Satz 2 GG (Rundfunkfreiheit) oder Art. 5 Abs. 3 GG (Wissenschaftsfreiheit) gestützt werden kann, wird sich eine öffentliche Stelle i.d.R. nicht gerichtlich (und auch nicht über den [Um-]Weg der Rechtsaufsicht) gegen eine Beanstandung wehren können.[11] Hingegen ergibt sich die Klagebefugnis

8 Letzteres für Prüfbescheide im Rahmen von § 38 bejahend *Hoeren*, RDV 2010, 1 (2 f.).
9 Vgl. Taeger/Gabel/*Grittmann*, § 25 Rn. 17; *Bergmann/Möhrle/Herb*, § 25 Rn. 26.
10 SächsOVG, NwZ-RR 2011, 980 ff.
11 Vgl. Taeger/Gabel/*Grittmann*, § 25 Rn. 17; *Bergmann/Möhrle/Herb*, § 25 Rn. 26.

für nicht-öffentliche Stellen (Rn. 10) regelmäßig aus einer behaupteten Verletzung in ihrer Berufs- bzw. Gewerbefreiheit aus Art. 12 Abs. 1 GG.

2. Ansprüche auf Einschreiten des BfDI bei Datenschutz„mängeln"?

16 „Betroffene" (i.S.v. § 3 Abs. 1), in Bezug auf deren personenbezogene Daten der BfDI ein mängelbehaftetes Verhalten öffentlicher Stellen des Bundes festgestellt hat, können sich direkt gegenüber der betroffenen verantwortlichen Stelle zur Wehr setzen bzw. diese nach §§ 7, 8 haftbar machen. Der BfDI als „externer" Beauftragter nimmt zwar allgemein Aufgaben des Schutzes von Persönlichkeitsrechten wahr (vgl. §§ 22, 23 Rn. 2), aber gerade nicht im Verhältnis zu einzelnen konkreten „betroffenen" Individuen, sondern im Sinne einer Ergänzung und Schließung von Schutzlücken im öffentlichen Interesse. Die (regelmäßige) Pflicht zur Beanstandung dient damit nicht zumindest auch dem Schutz eines/jedes einzelnen Betroffenen; auch ein objektiv rechtswidriges Unterbleiben von Maßnahmen öffentlichen Stellen gegenüber beeinträchtigt daher kein subjektives Recht „betroffener" Nichtadressaten oder verletzt es gar.

17 Wird der BfDI jedoch aufgrund von §§ 115 Abs. 4 TKG, 42 Abs. 3 PostG tätig, sind die datenschutzrechtlichen Pflichten der verantwortlichen Stelle zumindest durch die BNetzA gegenüber und im Interesse der potenziell Betroffenen durchzusetzen.[12] In Bezug auf den BfDI gilt hier nichts anderes, denn die potenziell Betroffenen sind in § 115 Abs. 4 Satz 1 TKG ausdrücklich benannt („Daten von natürlichen [...] Personen"). Dies macht diese Vorschriften zu – zumindest auch – den Betroffenen (dritt-)schützenden Normen, deren Einhaltung der Betroffene vom BfDI deshalb auch verlangen kann.

! Sofern die verantwortliche Stelle über den BfDI eine Eingabe eines Betroffenen erreicht, sollte sie sich bewusst sein, dass der BfDI in diesem Falle einerseits deshalb tätig wird, um bei ihr die Einhaltung objektiver Datenschutznormen sicherzustellen; anderseits aber auch deshalb, weil der Betroffene einen Anspruch gegen den BfDI haben kann, von seinen Befugnissen gegenüber der verantwortlichen Stelle Gebrauch zu machen.

3. Ansprüche auf Einschreiten gegenüber der BNetzA bei Datenschutzmängeln

18 Anders als (im Allgemeinen, Rn. 17) der BfDI als Kontrollbehörde nimmt die BNetzA als Aufsichtsbehörde grundsätzlich auch die Rechte der Teilnehmer und Nutzer von Telekommunikations- und Postdienstleistungen wahr.[13] Sofern die BNetzA daher anders als durch Mitteilung durch den BfDI, etwa durch Informationen von Wettbewerbern oder betroffenen Kunden von Datenschutzverstößen Kenntnis erlangt, ist sie im Rahmen des ihr eröffneten Ermessens[14] jedenfalls bei einer Ermessensreduzierung auf „null" verpflichtet, nach § 115 Abs. 1 TKG gegen den Verpflichteten vorzugehen. Gleiches gilt gem. § 42 Abs. 1 PostG im Bereich des Postwesens. Insoweit besteht ein subjektiv-rechtlicher Anspruch des Betroffenen gegen die BNetzA auf behördliches Einschreiten. Da die Regelungen der §§ 39, 41 PostG, 88, 91 TKG ausschließlich die Betroffenen in ihren Persönlichkeitsrechten schützen, besteht ein solcher Anspruch nicht für (insoweit gerade nicht tangierte) konkurrierende Unternehmen.

---

12 Vgl. Berliner TKG-Komm./*Klesczewski*, § 115 Rn. 5.
13 Vgl. Beck'scher TKG-Komm./*Bock*, § 115 Rn. 8; Berliner TKG-Komm./*Klesczewski*, § 115 Rn. 7.
14 Vgl. Beck'scher TKG-Komm./*Bock*, § 115 Rn. 5; Berliner TKG-Komm./*Klesczewski*, § 115 Rn. 7.

§ 26 Weitere Aufgaben des Bundesbeauftragten für den Datenschutz und die Informationsfreiheit

(1) [1]Der Bundesbeauftragte für den Datenschutz und die Informationsfreiheit erstattet dem Deutschen Bundestag alle zwei Jahre einen Tätigkeitsbericht. [2]Er unterrichtet den Deutschen Bundestag und die Öffentlichkeit über wesentliche Entwicklungen des Datenschutzes.

(2) [1]Auf Anforderung des Deutschen Bundestages oder der Bundesregierung hat der Bundesbeauftragte Gutachten zu erstellen und Berichte zu erstatten. [2]Auf Ersuchen des Deutschen Bundestages, des Petitionsausschusses, des Innenausschusses oder der Bundesregierung geht der Bundesbeauftragte ferner Hinweisen auf Angelegenheiten und Vorgänge des Datenschutzes bei den öffentlichen Stellen des Bundes nach. [3]Der Bundesbeauftragte kann sich jederzeit an den Deutschen Bundestag wenden.

(3) [1]Der Bundesbeauftragte kann der Bundesregierung und den in § 12 Abs. 1 genannten Stellen des Bundes Empfehlungen zur Verbesserung des Datenschutzes geben und sie in Fragen des Datenschutzes beraten. [2]Die in § 25 Abs. 1 Nr. 1 bis 4 genannten Stellen sind durch den Bundesbeauftragten zu unterrichten, wenn die Empfehlung oder Beratung sie nicht unmittelbar betrifft.

(4) [1]Der Bundesbeauftragte wirkt auf die Zusammenarbeit mit den öffentlichen Stellen, die für die Kontrolle der Einhaltung der Vorschriften über den Datenschutz in den Ländern zuständig sind, sowie mit den Aufsichtsbehörden nach § 38 hin. [2]§ 38 Abs. 1 Satz 4 und 5 gilt entsprechend.

Literatur

Siehe Hinweise zu §§ 22, 23.

Darum geht es

§ 26 BDSG betrifft die gesellschaftlich-politische Funktion des BfDI durch Beratung und Aufklärung der Öffentlichkeit sowie der Organe des Bundes. Sie ist besonderer Ausdruck der Unabhängigkeit des BfDI und seiner Integrationsaufgabe.

Schlagworte

Tätigkeitsbericht des BfDI; Information des BfDI gegenüber der Öffentlichkeit; Beratungsmandat des BfDI

Weitere relevante Vorschriften

Informationsfreiheitsgesetz (IFG), Verbraucherinformationsgesetz (VIG), Umweltinformationsgesetz (UIG), Telekommunikationsgesetz 2012 (TKG), Postgesetz (PostG)

A. Allgemeines

I. Aufgaben des BfDI nach BDSG und anderen Gesetzen

1 Weder das BDSG noch andere (Bundes-)Gesetze enthalten eine umfassende Auflistung der Aufgaben des BfDI. Die Überschrift zu § 26 ist auch deshalb wenig präzise, weil diese Vorschrift selbst nicht einzelne Sachaufgaben näher bezeichnet, sondern nur einige Kompetenzen (Befugnisse bzw. Verpflichtungen) „vorbeugender" Art[1] normiert. Immerhin lassen diese Befugnisse Rückschlüsse auf die jeweils zugrunde liegende Aufgabe zu, sodass § 26 insoweit den Katalog der §§ 24 Abs. 1 und 5 Satz 2 BDSG, 115 Abs. 4 TKG, 42 Abs. 3 PostG sowie 12 Abs. 2 IFG[2] ergänzt.

1. Bereichsspezifischer und allgemeiner Datenschutz

2 Aus den vorhergehenden Bestimmungen zu Kontrolle (§ 24) und Beanstandungen (§ 25) folgt, dass sich der Aufgabenbereich des BfDI der Sache nach auf die, d.h. grundsätzlich alle Vorschriften des BDSG „und anderer Vorschriften über den Datenschutz" erstreckt. Eingeschränkt wird dies, soweit das BDSG überhaupt anwendbar ist, aber durch den Bezug der hieraus folgenden BfDI-Kompetenzen ausschließlich auf „öffentliche Stellen" des Bundes (§ 2 Rn. 13 ff.).

3 Gegenüber dem BDSG nach dessen § 1 Abs. 3 Satz 1 vorrangige, bereichsspezifische Bestimmungen erweitern die Aufgaben und Befugnisse des BfDI auch auf bestimmte „nicht-öffentliche Stellen" (§ 2 Abs. 4 Satz 1; § 2 Rn. 23, § 24 Rn. 9): Diese erstrecken sich vor allem nach § 115 Abs. 4 TKG auf alle Unternehmen, die für die „geschäftsmäßige Erbringung" von „Telekommunikationsdiensten" (§ 3 Nr. 10, 24 TKG) personenbezogene Daten von natürlichen (oder auch juristischen, siehe § 91 Abs. 1 TKG) Personen erheben, verarbeiten oder nutzen (§ 3 Abs. 3–5). Gleiches gilt nach § 42 Abs. 3 PostG im Hinblick auf Unternehmen, die geschäftsmäßig Postdienste erbringen (§ 4 Nr. 1, 4, 5 PostG).

2. Zuständigkeiten des BfDI aufgrund von Vorschriften zum freien Informationszugang

a) Spezielle Vorschriften

4 Weder das Umweltinformationsgesetz (des Bundes) – UIG[3] – noch das Verbraucherinformationsgesetz (VIG)[4] beziehen den BfDI direkt in die Durchführung oder Überwachung dieser spezifischen Informationszugangsgesetze ein. Bei der Durchführung von UIG wie von VIG werden die Zugangsansprüche (nach § 1 des jeweiligen Gesetzes) zwar durch den Schutz personenbezogener Daten als privater, einem Auskunftsbegehren entgegenstehender Belange ausgeschlossen oder zumindest beschränkt (§ 9 Abs. 1 Satz 1 Nr. 1 UIG, § 2 Satz 1 Nr. 2a VIG). Die Aufsicht durch den BfDI setzt insoweit bei den „informationspflichtigen Stellen" (§§ 1 Abs. 2, 2 Abs. 1 Nr. 1 UIG, § 1 Abs. 2, 3 VIG) an, wenn diese auch öffentliche Stellen des Bundes sind.

5 Die Einbindung des BfDI in die unmittelbare Bundesverwaltung (§ 22 Abs. 4, 5 BDSG; § 22 Rn. 22, 23) führt dazu, dass auch diese Stelle selbst – ungeachtet ihrer Unabhängigkeit (§ 22 Rn. 20 ff.) – im Verhält-

---

1 Vgl. Taeger/Gabel/*Grittmann*, § 26 Rn. 1.
2 Gesetz zur Regelung des Zugangs zu Informationen des Bundes (Informationsfreiheitsgesetz – IFG) vom 05.09.2005 (BGBl. I S. 2722).
3 Umweltinformationsgesetz (UIG) vom 22.12.2004 (BGBl. I S. 3704).
4 Gesetz zur Verbesserung der gesundheitsbezogenen Verbraucherinformation (Verbraucherinformationsgesetz – VIG) vom 05.11.2007 (BGBl. I S. 2558), zuletzt geändert durch Art. 1 des Gesetzes vom 15.03.2012 (BGBl. I S. 476).

nis zu informationssuchenden Personen „informationspflichtige Stelle" i.S.v. UIG und VIG (und auch nach § 1 Abs. 1 IFG) ist.

b) IFG

6 § 13 IFG änderte die bis dahin geltende Bezeichnung des „Bundesbeauftragten für den Datenschutz" (BfD) in die neue, seither gültige, nämlich „Bundesbeauftragter für den Datenschutz und die Informationsfreiheit" (BfDI). § 12 Abs. 2 IFG übertrug diesem auch Aufgaben in Bezug auf Informationsfreiheit, d.h. nach § 12 Abs. 1 IFG die Kompetenz, die Einhaltung des Jedermann-Rechts auf Informationszugang nach dem IFG zu gewährleisten. Diese Zuständigkeit ist nicht darauf beschränkt, nur die angemessene Beachtung des Schutzes personenbezogener Daten i.S.v. § 3 Abs. 1 (§ 5 IFG) sicherzustellen. Nach § 12 Abs. 3 IFG gelten im Rahmen des Anwendungsbereichs des IFG (d.h. bezogen und beschränkt auf Behörden des Bundes und amtliche Informationen, § 1 Abs. 1, 2 i.V.m. § 2 Nr. 1 IFG) daher auch – neben Vorschriften über Kontrollaufgaben (§ 24) und Beanstandungen (§ 25) – die Regelungen des § 26 Abs. 1–3 entsprechend.

II. Verhältnis der weiteren Aufgaben nach § 26 zu Kontrollen und Beanstandungen gemäß §§ 24, 25

7 § 26 Abs. 1–3 rundet die Kompetenzen des BfDI in vielfältiger Weise ab, teils im Verhältnis zu auch seiner Kontrolle unterworfenen Stellen, teils im Hinblick auf das Parlament (und die Bundesregierung als Spitze der Bundesverwaltung) sowie schließlich und nicht zuletzt durch ein Transparenzgebot, das der Öffentlichkeit gegenüber gilt. Der Rahmen für eine Kooperation mit den für die Datenschutzaufsicht in den Ländern zuständigen Stellen und Behörden wird durch § 26 Abs. 4 abgesteckt. Auf § 26 insgesamt verweisen auch § 115 Abs. 4 Satz 1 TKG und § 42 Abs. 3 Satz 1 PostG (Rn. 3).

B. Inhalt der Regelung

I. Pflichten des BfDI

1. Berichtspflichten (Abs. 1)

a) Allgemein

8 Das BDSG enthält keine näheren Vorgaben zu Form und Inhalt der dem BfDI obliegenden Berichtspflichten. Ihr Thema können daher alle, aber auch nur die dem BfDI obliegenden Aufgaben (aufgrund von Datenschutz-, aber auch von Informationszugangsvorschriften) sein. Berichte beziehen sich in der Regel auf zurückliegende Ereignisse und Entwicklungen, sie sind aber nicht auf die Feststellung von Tatsachen beschränkt, sondern dürfen – und müssen ggf. auch, je nach Anlass der Berichterstattung – (rechtliche) Bewertungen enthalten und/oder Änderungen vorschlagen.

b) Tätigkeitsbericht gegenüber dem Bundestag

9 In Abständen von zwei Jahren muss der BfDI dem Parlament einen „Tätigkeitsbericht"[5] erstatten, § 26 Abs. 1 Satz 1. Dieser Verpflichtung kommt der BfDI bereits seit 1978 (damals auf der Grundlage von § 19 BDSG 1977) nach. Der Bericht wird regelmäßig als Bundestags-Drucksache und auch im Internet (auf der Website des BfDI; www.bfdi.bund.de) veröffentlicht; damit wird zugleich der Anforderung aus Art. 28 Abs. 5 der Richtlinie 95/46/EG[6] Rechnung getragen[7].

---

5 Eine Archivierung der Tätigkeitsberichte findet sich unter http://www.thm.de/zaftda/.
6 Siehe auch Art. 54 VO-Entwurf vom Januar 2012.
7 Zur praktischen Bedeutung der Tätigkeitsberichte (nicht nur des BfDI) als Rechts(-Erkenntnis)quelle für verantwortliche Stellen *Lewinski/Köppen*, RDV 2009, 267 (268).

Beispiel:

Informiert wird im Bericht für 2009/2010 in 15 Kapiteln etwa über „Modernisierung des Datenschutzrechts", „elektronische Identität", „technologischer Datenschutz", „Wirtschaft und Verkehr" und „Mitarbeiterdatenschutz". An Wichtiges aus zurückliegenden Berichten wird erinnert, und am Anfang findet sich eine Zusammenstellung der „Empfehlungen".

c) Gegenüber Bundestag und Öffentlichkeit in Bezug auf „wesentliche Entwicklungen"

10 § 26 Abs. 1 Satz 2 gibt zum einen Anhaltspunkte für den Inhalt der Tätigkeitsberichte des BfDI nach Abs. 1 Satz 1. Darüber hinaus wird eine ständige Verpflichtung des BfDI normiert, sowohl das Parlament als auch die „Öffentlichkeit" – in hierfür geeigneter Weise, also vor allem durch Pressemitteilungen, aktuelle Internetpräsentation oder im Rahmen von Auftritten bei Fachtagungen oder in Medien – über „wesentliche Entwicklungen des Datenschutzes" zu informieren.

Beispiel:

Der BfDI stellt zum Download auf seiner Homepage, teils auch als Druckwerk allgemein verständliches „Informationsmaterial" zur Verfügung, wie Informationsbroschüren, Faltblätter, Arbeits- und technische Orientierungshilfen.

Diese Pflicht ist weder auf Bundesrecht beschränkt – sie schließt vielmehr auch Entwicklungen auf internationaler und europäischer Ebene ein, vor allem wenn der BfDI dort aktiv einbezogen ist, wie in der Artikel-29-Gruppe[8] –, noch umfasst sie bloß rechtliche Aspekte. Andererseits besteht die Unterrichtungspflicht schon aus Kapazitätsgründen, aber auch im Hinblick auf die Amtsverschwiegenheit (§§ 22, 23 Rn. 18) nur für „wesentliche" Umstände[9]; die Entscheidung bei der Auswahl für hinreichend wichtig erachtete Entwicklungen trifft dabei der BfDI selbst kraft besonderer Sachkompetenz.

! Da der BfDI aufgrund seiner Verschwiegenheitsverpflichtungen daran gehindert ist, über konkrete, ihm bekannt gewordene Einzelheiten Auskunft zu geben, muss eine verantwortliche Stelle nicht befürchten, dass in Bezug auf sie selbst im Rahmen der Unterrichtungspflicht Details an die Öffentlichkeit gelangen[10].

11 Innerhalb des dem BfDI eröffneten (Beurteilungs-)Spielraums darf er bei Vornahme oder Unterlassen von Informationen dennoch nicht willkürlich verfahren.

12 Im Rahmen des § 26 Abs. 1 Satz 2 muss der BfDI in besonderem Maße auf die Wahrung der Objektivität bedacht sein. Insbesondere im Zusammenhang mit Äußerungen über konkrete Unternehmen und deren Produkte, seien sie auch prominent und datenschutzrechtlich relevant, ist für den BfDI Zurückhaltung geboten, um den Anforderungen an die Rechtmäßigkeit behördlicher Warnungen (unter prozeduralen und materiell-rechtlichen Aspekten) zu genügen.

d) Pflichten im Einzelfall auch gegenüber der Regierung (Abs. 2 Satz 1)

13 Sowohl gegenüber dem BT als auch gegenüber der Bundesregierung ergeben sich weitergehende Pflichten aus § 26 Abs. 2 Satz 1. Diese fallen nicht periodisch an (wie die nach Abs. 1 Satz 1), sondern setzen eine konkrete „Anforderung" (aufgrund mehrheitlich gefassten Beschlusses) des jeweiligen obersten Bundesorgans voraus. Ein besonderer Grund für ein solches Verlangen ist nicht erforderlich.

14 Gegenstand einer „Anforderung" des Kabinetts (als einer dem BfDI gegenüber verbindlichen Einzelfallregelung, Rn. 15) können sowohl Berichte als auch Gutachten sein, die einzelne Fragen im Zuständigkeitsbereich des BfDI betreffen. Berichte haben ihren Schwerpunkt in der Darstellung und Bewertung von Fakten, Gutachten betreffen primär Fragen des geltenden Rechts oder beabsichtigte Gesetzesänderungen,

8 http://www.edps.europa.eu/EDPSWEB/edps/lang/de/Cooperation/Art29.
9 OVG Münster, NVwZ-RR 2009, 635, 636.
10 Vgl. BVerfGE 105, 252, 268 ff.

können aber auch zu technischen Problemen (der Datensicherheit oder -sicherung) eingeholt werden. Entsprechende Anforderungen müssen jedoch einen spezifischen Bezug zum Datenschutz aufweisen[11] und dürfen überdies nicht dazu führen, dass der BfDI wegen solcher Verlangen seiner Kontrollfunktion im Übrigen nicht mehr angemessen nachkommen kann.[12]

2. Ermittlungspflichten (Abs. 2 Satz 2)

Auch bei einem Vorgehen nach § 26 Abs. 2 Satz 2 wird der BfDI in der Regel über die Ergebnisse seiner Ermittlungen Bericht erstatten. Von Abs. 2 Satz 1 unterscheidet sich diese Verpflichtung zum einen darin, dass außer Bundestag und Bundesregierung zwei kleinere parlamentarische Gremien, nämlich Petitionsausschuss (Art. 45c GG) und Innenausschuss (im Hinblick auf die aus § 22 Abs. 5 folgende Sachnähe; vgl. § 22 Rn. 22, 23) ein Tätigwerden des BfDI verlangen können. Materiell-rechtlich decken sich „Anforderung" und „Ersuchen"; beide sind für den BfDI als Adressaten verbindlich. § 26 Abs. 2 Satz 2 schreibt – insoweit wieder über Abs. 2 Satz 1 hinausgehend – zudem („ferner") vor, dass „Hinweisen" „nachzugehen" ist, die sich auf (aktuelle oder zurückliegende, aber kaum auch künftige) „Angelegenheiten" oder „Vorgänge" des „Datenschutzes" bei allen öffentlichen Stellen des Bundes beziehen. Damit werden hier ebenfalls nicht nur rechtliche Aspekte erfasst. 15

Bei der gebotenen näheren Überprüfung von „Hinweisen" – unabhängig von Form, Art oder Quelle – muss zunächst geklärt werden, ob dadurch ein Anfangsverdacht hervorgerufen wird, dass sich Rechtsverletzungen ereignet haben oder andere Missstände vorliegen. In einem weiteren Schritt muss dann die Sach(- und Rechts)lage so weit wie möglich geklärt werden. 16

Spezielle Ermittlungsbefugnisse werden dem BfDI insoweit im BDSG nicht eingeräumt, wohl aber der BNetzA nach § 115 Abs. 1 Sätze 2, 3 TKG und § 42 Abs. 3 Satz 2 i.V.m. Abs. 1 Satz 3 PostG. Da im Hinblick auf die Rechtsnatur der Kontroll- oder Beanstandungsmaßnahmen (§ 24 Rn. 15; § 25 Rn. 13, 15) kein Verwaltungsverfahren i.S.v. § 1 VwVfG durchgeführt wird, sind auch §§ 24 ff. VwVfG nicht (unmittelbar) anwendbar (§ 25 Rn. 14). Vielmehr können Untersuchungen nach dem BDSG lediglich informell erfolgen; möglich und üblich sind dabei „Informationsbesuche" bei verantwortlichen Stellen. Auch und gerade hierbei gilt die Kooperationsverpflichtung öffentlicher Stellen nach § 24 Abs. 4 (§ 24 Rn. 15). 17

3. Pflichten nach IFG

Die Pflichten sowohl aus § 26 Abs. 1 Satz 1 und 2 als auch aus § 26 Abs. 2 Satz 1 und 2 gelten nach § 12 Abs. 3 IFG „entsprechend", soweit der BfDI Aufgaben im Rahmen des IFG erfüllt. Seit der Kompetenzausdehnung wird daher z. B. auch ein Tätigkeitsbericht über die Aktivitäten des BfDI auf dem Gebiet des IFG veröffentlicht. Dabei werden auch die Verbindungen zum BDSG behandelt. 18

Beispiel:

Im 2. Bericht (2008/09) wird auch die Beteiligung von Dritten im Rahmen der Behandlung von IFG-Anträgen Betroffener erörtert (im Hinblick auf deren schutzwürdige Interessen), z. B. bei Begehren nach Einsicht in die Personalakte eines Konkurrenten oder in Fahrtenbuch, Dienst- und Einsatzpläne der Fahrer eines Bundesministers.

4. Koordinations- und Kooperationspflichten (Abs. 4)

a) Im Verhältnis zu Landesdatenschutzbeauftragten und Aufsichtsbehörden

§ 26 Abs. 4 Satz 1 weist dem BfDI die Aufgabe zu, auf die Zusammenarbeit mit Stellen der Bundesländer hinzuwirken. Die sprachlich etwas holprige Formulierung trägt dem Umstand Rechnung, dass eine Kooperation im Bund-Länder-Verhältnis – soweit sie nicht staatsvertraglich näher geregelt ist – zunächst auf der Regierungsebene stattfindet und eine direkte Zusammenarbeit etwa zwischen dem BfDI und den Landesdatenschutzbeauftragten als dessen Pendants zudem eine korrespondierende landesgesetzliche 19

11 Vgl. Taeger/Gabel/*Grittmann*, § 26 Rn. 5.
12 Vgl. Taeger/Gabel/*Grittmann*, § 26 Rn. 5.

Regelung voraussetzt (z.B. § 31 Abs. 1, 5 LDSG BW; § 24 Abs. 3 HessDSG). Auf Länderseite sind dabei an der Zusammenarbeit nicht nur die jeweiligen Landesbeauftragten für den Datenschutz beteiligt, sondern auch die – mit jenen nicht zwingend organisatorisch-rechtlich identischen – Aufsichtsbehörden für den nicht-öffentlichen Bereich nach § 38. In den Ländern sind allerdings heute regelmäßig die Landesdatenschutzbeauftragten zugleich auch Aufsichtsbehörde nach § 38 (z.B. nach § 31 Abs. 1 LDSG BW; § 30a SächsDSG; anders in Bayern, wo nach Art. 34 BayDSG das Landesamt für Datenschutzaufsicht mit Sitz in Ansbach die Datenschutzaufsicht über den nicht-öffentlichen Bereich führt).

20 § 26 Abs. 4 Satz 2 sieht eine entsprechende Anwendung des § 38 Abs. 1 Satz 4 auf den BfDI vor, d. h., dieser darf zum Zweck der Aufsicht im Wege der Amtshilfe Daten an andere Landesdatenschutzbeauftragte und/oder (inländische) Aufsichtsbehörden übermitteln.

Praxishinweis

Die Koordination zwischen BfDI und anderen (Landes-)Datenschutzbehörden führt dazu, dass bundesweit ein vergleichbar hohes Datenschutzniveau erreicht wird[13]. Beispielhaft hierfür ist die Beteiligung des BfDI am Düsseldorfer Kreis[14] sowie an der Konferenz der Datenschutzbeauftragten des Bundes und der Länder[15].

b) Amtshilfe im Verhältnis zum EU-Ausland

21 Eine (gegenüber den allgemeinen Vorschriften nach §§ 4 ff. VwVfG vorrangige) Bestimmung zur Amtshilfe enthält § 38 Abs. 1 Satz 5, der nach § 26 Abs. 4 Satz 2 ebenfalls im Rahmen des § 26 Abs. 4 (Satz 1) „entsprechend“ anzuwenden ist.[16] Der BfDI ist danach verpflichtet, den Aufsichtsbehörden anderer EU- (und EWR-)Mitgliedstaaten auf deren Ersuchen ergänzende Hilfe (Amtshilfe) zu leisten. Diese (auch im umgekehrten Verhältnis geltende) Verpflichtung resultiert aus Art. 28 Abs. 6 der Richtlinie 95/46/EG[17].

Die Koordination auf europäischer Ebene erfolgt über die sog. „Artikel-29-Gruppe“[18], in welcher Deutschland vom BfDI vertreten wird.[19] Die Bezeichnung rührt von der einschlägigen Norm (Art. 29 der RL 95/46/EG) her.

II. Befugnisse des BfDI

1. Einschaltung des Bundestags (Abs. 2 Satz 3)

22 Im Unterschied – und ergänzend – zu Berichts*pflichten* kraft Gesetzes oder einer konkreten Anforderung (Rn. 14) überträgt § 26 Abs. 2 Satz 3 dem BfDI eine (Initiativ-)Befugnis, also das *Recht*, sich (im Rahmen seines Zuständigkeitsbereichs) „jederzeit“ (d.h. ohne Einhaltung von Fristen) an den Bundestag zu wenden. In der Regel wird dies in Schriftform erfolgen. Auch aus dem systematischen Zusammenhang zu den Sätzen 1 und 2 folgt, dass Anlass und Gegenstand der Befassung des Parlaments durch den BfDI Missstände beim Datenschutz (bei öffentlichen Stellen des Bundes) sind, deren Beseitigung angeregt werden soll. Der Bundestag ist angehalten, solche Eingaben des BfDI so bald wie möglich zu behandeln und entweder eine erforderliche Gesetzesänderung in die Wege zu leiten oder aber die Bundesregierung über den Sachverhalt zu informieren, soweit etwaige Abhilfemaßnahmen in deren Kompetenz fallen. Eine Unterrichtung des BfDI, wie mit seiner Eingabe zu verfahren ist und ob und wie ihr Rechnung getragen worden ist, schreibt das BDSG nicht vor, anders als bei Beanstandungen nach § 25.

---

13 Vgl. im Einzelnen Taeger/Gabel/*Grittmann*, § 26 Rn. 9.
14 Entschließungen auf der Internet-Seite des BfDI, http://www.bfdi.bund.de/DE/Entschliessungen/Duesseldorfer-Kreis/DKreis_node.html.
15 Entschließungen auf der Internet-Seite des BfDI, http://www.bfdi.bund.de/DE/Entschliessungen/DSBundLaender/DSBundLaender_node.html.
16 Vgl. Taeger/Gabel/*Grittmann*, § 26 Rn. 10, 11.
17 Vertieft in Art. 55 VO-Entwurf vom Jan. 2012.
18 http://ec.europa.eu/justice/data-protection/article-29/index_de.htm; zu den Perspektiven der Artikel-29-Gruppe im Lichte des VO-Entwurfs vgl. *Dix*, DuD 2012, 318 (320 ff.).
19 Vgl. im Einzelnen Taeger/Gabel/*Grittmann*, § 26 Rn. 11.

2. Beratungen und Empfehlungen zum Datenschutz (Abs. 3 Satz 1)

a) Beratung öffentlicher Stellen

Sowohl beratend (in sachlichen, technischen oder rechtlichen Fragen) als auch empfehlend (mit regelmäßig näher begründeten Vorschlägen zu bestimmtem – anderem – Verhalten des Adressaten) darf der BfDI nicht nur dann tätig werden, wenn er angefragt wird, sondern auch aus eigener Initiative. Während sich jene Befugnis nach § 26 Abs. 3 Satz 1 allgemein auf „Datenschutz" bezieht, sollen (rechtserhebliche, aber nicht rechtsverbindliche) Empfehlungen explizit der „Verbesserung" des Datenschutzes bei dem jeweiligen Empfänger dienen. Dabei wird lediglich ein Recht des BfDI zur Beratung statuiert („kann [...] Empfehlungen [...] geben und [...] beraten"). Eine Pflicht besteht insoweit regelmäßig nicht. 23

Die Kompetenzen des BfDI nach § 26 Abs. 3 Satz 1 bestehen zum einen gegenüber der Bundesregierung (und ergänzen insoweit § 26 Abs. 2 Sätze 1 und 2). Taugliche Adressaten sind darüber hinaus aber auch alle in § 12 Abs. 1 BDSG genannten Stellen des Bundes, d. h. alle öffentlichen Stellen nach § 2 Abs. 1, 3 und 4 Abs. 2, soweit sie nicht als öffentlich-rechtliche Unternehmen am Wettbewerb teilnehmen (§ 27 Rn. 14 ff.). Für die zuletzt genannte Gruppe ordnet jedoch § 27 Abs. 1 Satz 3 (i.V.m. Satz 1 Nr. 2 a) an, dass, obwohl hierfür im Allgemeinen die Vorschriften des 3. BDSG-Abschnitts gelten, statt § 38 die §§ 18, 21 und 24–26 anzuwenden sind. Im Ergebnis wird damit die Einschränkung wieder rückgängig gemacht, d. h. auch diese „Wettbewerbsunternehmen" werden vom BfDI beaufsichtigt. 24

b) Beratung auch gegenüber nicht-öffentlichen Stellen?

Der BfDI hat wohl auch gegenüber nicht-öffentlichen Stellen, also Unternehmen der Privatwirtschaft, über die er nach § 115 Abs. 4 TKG bzw. § 42 Abs. 3 PostG die datenschutzrechtliche Aufsicht führt, einen Auftrag zur Beratung. Dafür spricht zunächst, dass beide Bestimmungen unterschiedslos auf § 26 und damit auch auf dessen Absatz 3 und gerade nicht auf § 38 verweisen. Dem Wortlaut nach ist eine entsprechende Anwendung also denkbar. Dass nicht-öffentliche Stellen gemäß und unter den Voraussetzungen des § 4f grundsätzlich einen eigenen Datenschutzbeauftragten zu bestellen haben, welcher diese Aufgabe wahrzunehmen hat, steht einer solchen Annahme jedenfalls nicht entgegen, da diese Verpflichtung auch für die öffentlichen Stellen (des Bundes) gilt. Ebenso wenig ist schließlich der Wortlaut des § 26 Abs. 3 ein Gegenargument, welcher ausdrücklich auf die *Regierung* sowie eine ganz bestimmte Kategorie der öffentlichen Stellen des Bundes i.S.d. § 12 Abs. 1, also öffentlich-rechtliche Unternehmen, die am Wettbewerb teilnehmen (vgl. § 12 Rn. 8), abstellt.[20] Denn es ist nicht nachvollziehbar, weshalb Unternehmen der Telekommunikations- und Postbranche im Gegensatz zu anderen Unternehmen, welche „lediglich" der Kontrolle nach § 38 unterliegen, damit aber gem. § 38 Abs. 1 Satz 2 insoweit auch von einem Beratungsmandat profitieren, nicht ebenfalls Beratungsleistungen der für sie zuständigen speziellen Datenschutzaufsicht in Anspruch nehmen dürfen. Die etwas missglückte Formulierung in §§ 115 Abs. 4 Satz 1 TKG, 42 Abs. 3 PostG, nach welcher an die Stelle der *Kontrolle* durch die nach § 38 BDSG zuständige Behörde die *Kontrolle* durch den BfDI tritt, sollten weder den betriebliche Datenschutzbeauftragten noch die verantwortliche Stelle davon abhalten können, den BfDI in die Planung und Beurteilung datenschutzrelevanter Verfahren und Projekte im Anwendungsbereich des Telekommunikations- oder Postrechts einzubeziehen. Endlich muss die Beratung durch den BfDI stets diskriminierungsfrei und ohne Gefahr der Übervorteilung anderer, insbesondere kleinerer Unternehmen erfolgen. 25

!

Der betriebliche Datenschutzbeauftragte, aber auch die verantwortliche Stelle selbst sollten unbedingt sich bietende Möglichkeiten zum Austausch mit dem BfDI nutzen: Sowohl persönliche Termine beim BfDI als auch die Teilnahme am Jour Fixe des BfDI sind sinnvolle und strategisch wichtige Möglichkeiten, dessen Beratungsangebote in Anspruch zu nehmen.

Sinnvoll erscheint es auch, den BfDI „proaktiv" bei festgestellten Mängeln im eigenen Unternehmen einzubinden bzw. ihn darüber frühzeitig zu informieren. Dies kann dazu führen, dass

20 So ausdrücklich auch *Gola/Schomerus*, § 26 Rn. 8.

der BfDI von einer Mitteilung des Mangels gegenüber der Bundesnetzagentur absieht[21], und hierdurch sollte das Risiko weiterer aufsichtsrechtlicher Maßnahmen nach § 115 Abs. 1–3 TKG erheblich reduziert werden.[22]

c) Gegenüber sonstigen verantwortlichen Stellen

26 Die Zuständigkeit des BfDI erstreckt sich dagegen nicht auf andere verantwortliche Stellen, weder auf öffentliche Stellen der Länder noch auf nicht-öffentliche Stellen i.S.v. § 2 Abs. 4 Satz 1 (§ 2 Rn. 23). Daher sind Beratungen oder Empfehlungen diesen gegenüber Sache der jeweiligen Landesdatenschutzbeauftragten (z.B. § 31 Abs. 4 Satz 1 LDSG BW; § 30 Abs. 4 SächsDSG) bzw. Aufsichtsbehörden nach § 38.

3. Unterrichtung sonstiger Stellen des Bundes (Abs. 3 Satz 2)

27 Der Inhalt einer Beratung oder von Empfehlungen gegenüber konkreten Adressaten zu Fragen des Datenschutzes kann auch für weitere verantwortliche Stellen wichtig sein. Daher schreibt § 26 Abs. 3 Satz 2 dem BfDI vor, auch bestimmte andere Einrichtungen davon zu informieren, obwohl sie nicht unmittelbar (als Adressaten) betroffen sind. In welcher Form und in welchem Ausmaß die gebotene Unterrichtung zu erfolgen hat, liegt im pflichtgemäßen Ermessen des BfDI.[23]

28 Die Informationspflicht nach § 26 Abs. 3 Satz 2 gilt allein den § 25 Abs. 1 genannten (öffentlichen) Stellen (des Bundes) gegenüber, d.h. im Verhältnis zur je zuständigen obersten Bundesbehörde (Nr. 1), zum Präsidenten des Bundeseisenbahnsondervermögens (Nr. 2) sowie zum Vorstand oder sonst vertretungsberechtigten Organ von bundesunmittelbaren juristischen Personen des öffentlichen Rechts und von Vereinigungen solcher Körperschaften, Anstalten oder Stiftungen der mittelbaren Bundesverwaltung (Nr. 4). Die Verpflichtung nach § 26 Abs. 3 Satz 2 i.V.m. § 25 Abs. 1 Nr. 3 BDSG (gegenüber dem Vorstand der Deutschen Post AG) ist hingegen mit Aufhebung des § 51 PostG zum 31.12.2007 weggefallen.

4. Befugnisse nach IFG

29 Nach § 12 Abs. 3 IFG gilt auch § 26 Abs. 3 „entsprechend" im Anwendungsbereich des Informationsfreiheitsgesetzes des Bundes. Die Beratungs- und Empfehlungsbefugnisse sowie die diesbezüglichen Unterrichtungspflichten erstrecken sich daher auch auf Fragen des „Zugangs zu amtlichen Informationen" i.S.v. § 1 Abs. 1 IFG.

III. Rechtsschutzfragen

30 Maßnahmen des BfDI nach § 26 erfolgen auf dem Gebiet des öffentlichen Rechts, ihnen fehlt freilich wie auch sonst (bei §§ 24 oder 25) die strikte Rechtsverbindlichkeit, sie sind grundsätzlich nur „schlichtes" Verwaltungshandeln. Bei Ermittlungen (nach § 26 Abs. 2 Satz 2), aber auch bei Veröffentlichungen (vor allem nach § 26 Abs. 1, Rn. 9) ist gleichwohl eine verwaltungsgerichtliche Klärung der Rechtmäßigkeit nicht ausgeschlossen. In Betracht kommen allerdings nur Leistungs-/Unterlassungs- (§ 43 Abs. 2 VwGO) oder Feststellungsbegehren (§ 43 Abs. 1 VwGO) von Personen, die geltend machen, eine Maßnahme habe sie in eigenen (Persönlichkeits- oder wirtschaftlichen Grund-)Rechten verletzt (§ 42 Abs. 2 VwGO analog), etwa durch verfälschende oder sonst unrichtige Veröffentlichung von Fakten § 25 Rn. 15).

31 Gegen „Anforderungen" oder „Ersuchen" nach § 26 Abs. 2 Satz 1 oder Satz 2 (Rn. 13, 15) steht dem BfDI seinerseits verwaltungsgerichtlicher Rechtsschutz zu. Dabei bedarf es im Hinblick auf § 68 Abs. 1 Satz 2 Nr. 1 (ggf. i.V.m. Abs. 2) VwGO keines Widerspruchsverfahrens, sondern kann sofort – in der Regel – eine Anfechtungsklage (§ 42 Abs. 1 VwGO) erhoben werden. Weil er Adressat des jeweiligen Gebots ist, resultiert die Klagebefugnis (§ 42 Abs. 2 VwGO) aus der spezifischen „unabhängigen" Rechtsstellung des BfDI (§ 22 Abs. 4 Satz 2).

---

21 Vgl. 23. Tätigkeitsbericht des BfDI, S. 74, wo dargestellt wird, wie der BfDI im Falle von Missständen bei den Löschpflichten für Verkehrsdaten vorging, die der Provider selbst dem BfDI gemeldet hatte.

22 Vgl. dazu auch § 25 Rn. 11.

23 Vgl. *Gola/Schomerus*, § 26 Rn. 7; Taeger/Gabel/*Grittmann*, § 26 Rn. 6; *Bergmann/Möhrle/Herb*, § 26 Rn. 13.

Dritter Abschnitt
Datenverarbeitung nicht-öffentlicher Stellen und öffentlich-rechtlicher Wettbewerbsunternehmen

Erster Unterabschnitt
Rechtsgrundlagen der Datenverarbeitung

§ 27 Anwendungsbereich

(1) Die Vorschriften dieses Abschnittes finden Anwendung, soweit personenbezogene Daten unter Einsatz von Datenverarbeitungsanlagen verarbeitet, genutzt oder dafür erhoben werden oder die Daten in oder aus nicht automatisierten Dateien verarbeitet, genutzt oder dafür erhoben werden durch

1. nicht-öffentliche Stellen,

2. a) öffentliche Stellen des Bundes, soweit sie als öffentlich-rechtliche Unternehmen am Wettbewerb teilnehmen,

b) öffentliche Stellen der Länder, soweit sie als öffentlich-rechtliche Unternehmen am Wettbewerb teilnehmen, Bundesrecht ausführen und der Datenschutz nicht durch Landesgesetz geregelt ist.

Dies gilt nicht, wenn die Erhebung, Verarbeitung oder Nutzung der Daten ausschließlich für persönliche oder familiäre Tätigkeiten erfolgt. In den Fällen der Nummer 2 Buchstabe a gelten anstelle des § 38 die §§ 18, 21 und 24 bis 26.

(2) Die Vorschriften dieses Abschnittes gelten nicht für die Verarbeitung und Nutzung personenbezogener Daten außerhalb von nicht automatisierten Dateien, soweit es sich nicht um personenbezogene Daten handelt, die offensichtlich aus einer automatisierten Verarbeitung entnommen worden sind.

Literatur

Battis/Bleckmann, Datenverarbeitung durch den Personalrat, CR 1989, 532; Erfurter Kommentar zum Arbeitsrecht, Bundesdatenschutzgesetz, 12. Aufl. 2012.

▶ **Darum geht es**

§ 27 legt den Anwendungsbereich der §§ 28–38a BDSG fest, welche vor allem für Unternehmen der Privatwirtschaft gelten. Im Gegensatz dazu ist der Datenschutz in öffentlich-rechtlichen Unternehmen in den §§ 12–26 geregelt.

▶ **Schlagworte**

Regelungsadressat der §§ 28–38a sind private Stellen (nicht-öffentliche Stellen); Begriff der nicht-öffentlichen „Stelle": Nicht: Abteilung, Betriebsrat, unselbstständige Zweigstelle, Aber: Kein „Konzernprivileg"; Auch: Am Wettbewerb teilnehmende öffentliche Stellen; Nicht: Beliehene, d.h. private Stellen, die hoheitliche Aufgaben erfüllen; Anwendbarkeit der §§ 28 ff. auf rein private Tätigkeiten, karitative Tätigkeiten, manuelle Erhebung, Verarbeitung und Nutzung; Dateibegriff; Sammlung personenbezogener Daten; Personalakte

▶ **Weitere relevante Vorschriften**

§ 12 Abs. 4 (Anwendbarkeit der §§ 28 ff. für Beschäftigungsverhältnisse bei öffentlich-rechtlichen Stellen); §§ 91 ff. TKG (Ausnahme vom Dateibegriff), § 32 Abs. 2 (Ausnahme vom Dateibegriff)

A. Allgemeines

I. Regelungszweck

1 § 27 legt den Anwendungsbereich der speziell für privatwirtschaftlich organisierte Stellen (z.B. Unternehmen, Kaufleute, sog. „nicht-öffentliche" Stellen, im Gegensatz zu „öffentlichen" Stellen, wie z.B. Behörden) geltenden Vorschriften der §§ 28–38a fest. Die Vorschriften der §§ 28–38a haben ihr Pendant für öffentliche Stellen in den §§ 12–26. Der Allgemeine Teil des BDSG (§§ 1–11) ist dagegen sowohl für öffentliche als auch für nicht-öffentliche Stellen anwendbar.

2 Grundsätzlich unterliegen öffentliche Stellen, also solche, die dem Staat gehören, strengeren Vorgaben als privatwirtschaftlich betriebene Stellen. Der Grund hierfür ist die durch die Verfassung gebotene enge Bindung der staatlichen Stellen an Recht und Gesetz sowie das Gebot der Verhältnismäßigkeit bei der Anwendung von Rechtsnormen in Bezug auf den Betroffenen.

3 Die Trennung zwischen der Datenverarbeitung staatlicher Einrichtungen und der Privatwirtschaft wird im BDSG diverse Male durchbrochen. So auch in § 27, der auch staatliche Einrichtungen in den Regelungsbereich der §§ 28 ff. einbezieht, wenn diese am „Wettbewerb teilnehmen". Das ist der Fall, wenn sie mit privaten Anbietern konkurrieren, indem sie Leistungen erbringen, die auch von Privaten erbracht werden können (siehe Rn. 14 ff.).

4 § 27 beschränkt für nicht-öffentliche Unternehmen und am Wettbewerb teilnehmende öffentlich-rechtliche Unternehmen den Anwendungsbereich des BDSG auf die automatisierte oder dateigebundene Datenverarbeitung. Die manuelle Verarbeitung oder Nutzung von personenbezogenen Daten soll dagegen nur unter die Vorschriften fallen, wenn diese Daten „offensichtlich" aus einer Datei oder automatisierten Verarbeitung stammen. Bei nicht am Wettbewerb teilnehmenden öffentlich-rechtlichen Stellen gibt es eine solche Beschränkung auf den Dateibegriff nicht, d.h., die manuelle Verarbeitung und Nutzung sind stets vom Anwendungsbereich erfasst.

II. Ausblick auf EU-Datenschutz-Grundverordnung

5 Der Kommissionsentwurf der EU-Datenschutz-Grundverordnung unterscheidet – genauso wie auch schon die EU-Datenschutzrichtlinie 1995/46/EG – grundsätzlich nicht zwischen öffentlichen und nicht-öffentlichen Stellen. Die Begriffsdefinition des „für die Verarbeitung Verantwortlichen" oder des „Auftragsverarbeiters" in Art. 4 Abs. 5 und 6 schließt die Behörden vielmehr mit ein. Allerdings findet die EU-Datenschutz-Grundverordnung keine Anwendung auf Tätigkeiten im Rahmen der nationalen Sicherheit und Strafverfolgung (Art. 2 Abs. 2). Ferner gestattet Art. 21 Abs. 1 den Erlass nationaler Regelungen in Bezug auf die Grundsätze der Verarbeitung, die Betroffenenrechte und die Benachrichtigung von Betroffenen, sofern dies zum Schutze öffentlicher Interessen erforderlich ist. Zudem können die Mitgliedstaa-

ten gem. Art. 84 Abs. 1 des Entwurfs der EU-Datenschutz-Grundverordnung nationale Regelungen erlassen, welche bestimmte Geheimhaltungspflichten betreffen.

6 In Bezug auf öffentlich-rechtliche Stellen (also z.B. Behörden) könnte die EU-Datenschutz-Grundverordnung insoweit eine Absenkung des Datenschutzniveaus bewirken, als Art. 2 den Anwendungsbereich der Normen im Bereich der manuellen (nicht-automatisierten) Verarbeitung von Daten auf Daten begrenzt, die in einer Datei gespeichert sind oder gespeichert werden sollen. Derzeit gilt ein solches „Datei"-Erfordernis nur für die privaten Stellen.

B. Inhalt der Regelung

7 Gem. § 27 Abs. 1 sind die §§ 28 ff. anzuwenden, wenn folgende Voraussetzungen vorliegen:

- Die Daten verarbeitende Stelle ist entweder eine private Stelle oder ein öffentliches Wettbewerbsunternehmen; sog. Regelungsadressat (siehe Rn. 8 ff.);
- die Verarbeitung oder Nutzung (**nicht:** die Erhebung) der Daten muss unter Einsatz einer Datenverarbeitungsanlage oder in oder aus einer nicht automatisierten Datei erfolgen (siehe Rn. 21 ff.). Dabei genügt es, wenn die Informationen „offensichtlich" aus einer automatisierten Verarbeitung entnommen wurden (siehe Rn. 29 ff.); und
- die Verarbeitung oder Nutzung der Daten dient nicht ausschließlich persönlichen oder familiären Zwecken (siehe Rn. 35 ff.).

Im Einzelnen:

I. Regelungsadressaten

1. Private Stelle als Normadressat, § 27 Abs. 1 Satz 1 Nr. 1

8 In erster Linie betreffen die Regelungen der §§ 28 ff. nicht-öffentliche Stellen, d.h. die Privatwirtschaft. Die nicht-öffentliche Stelle ist in § 2 Abs. 4 gesetzlich definiert. Danach sind nicht-öffentliche Stellen

- alle „natürlichen Personen" (u.a. Kaufleute, Handelsvertreter, Handwerker sowie die in freien Berufen tätigen Personen, z.B. Ärzte, Rechtsanwälte und Steuerberater),
- „juristische Personen" (z.B. die Gesellschaft mit beschränkter Haftung – GmbH, die Aktiengesellschaft – AG, der eingetragene Verein – e.V., die Kommanditgesellschaft auf Aktien – KGaA, die Stiftung und der Versicherungsverein auf Gegenseitigkeit – VVaG) und
- andere „Personenvereinigungen", soweit sie nicht Teil einer juristischen Person sind (z.B. die offene Handelsgesellschaft – oHG, die Kommanditgesellschaft – KG, die BGB-Gesellschaft – GbR, die Partnerschaftsgesellschaft und der nichtrechtsfähige Verein).

9 Die Einordnung eines Unternehmens oder einer Person als nicht-öffentliche Stelle beruht ausschließlich auf einer rechtlichen Betrachtungsweise, d.h. der Regelungsadressat muss eine **eigenständige juristische Einheit** sein.[1] Aus diesem Grund sind rechtlich unselbstständige **Zweigstellen** oder Abteilungen eines Unternehmens keine nicht-öffentliche Stelle.[2] Dies entspricht insoweit der Definition des „Dritten" in § 3 Abs. 8, wonach „Dritter" „jede Person oder Stelle *außerhalb* der verantwortlichen Stelle" ist. Datenübermittlungen an eine unselbstständige Zweigstelle unterliegen somit grundsätzlich nicht den Zulässigkeitsvoraussetzungen des BDSG, da die Zweigstelle nicht „Dritter", sondern Bestandteil der nicht-öffentlichen Stelle ist.

10 Eine andere Betrachtungsweise kann allenfalls dann geboten sein, wenn sich die Zweigstelle in einem Land außerhalb der Europäischen Union bzw. des Europäischen Wirtschaftsraums befindet und dieses Land bzw. die Niederlassung kein „angemessenes Datenschutzniveau" im Sinne von § 4b Abs. 2 Satz 2

1 *Gola/Schomerus*, § 27 Rn. 4; Taeger/Gabel/*Buchner*, § 27 Rn. 5.
2 *Gola/Schomerus*, § 27 Rn. 3; *Schaffland/Wiltfang*, § 27 Rn. 23; Däubler/Klebe/Wedde/Weichert/*Wedde*, § 27 Rn. 8.

und Abs. 3 gewährleisten kann.[3] In diesem Fall kann es vorkommen, dass eine Aufsichtsbehörde verlangt, dass die verantwortliche Stelle für ein angemessenes Datenschutzniveau im nicht sicheren Drittland sorgt. Wie dies zu bewerkstelligen ist, sollte im Einzelfall mit der Aufsichtsbehörde besprochen werden. Die Schwierigkeit ist, dass eine unselbstständige Zweigstelle nicht rechtsfähig im Sinne des Zivilrechts[4] ist, deshalb also der vertragliche Abschluss von z.B. Standardvertragsklauseln rechtstechnisch nicht möglich ist. Dennoch ist denkbar, dass das Unternehmen diese Regelungen intern „vereinbart", d.h. für eine Verbindlichkeit im Unternehmen sorgt.

> Bei unselbstständigen Zweigstellen in Ländern außerhalb der EU/des EWR ist zu überprüfen, ob etwaige Datenübermittlungen an diese datenschutzrechtlich abzusichern sind. Dies kann dann der Fall sein, wenn das Land, in dem die Zweigstelle sitzt, über kein „angemessenes Datenschutzniveau" im Sinne von § 4b Abs. 2, 3 verfügt (siehe § 4b, Rn. 18 ff.). Im Zweifelsfall sollte die Vorgehensweise mit der zuständigen Aufsichtsbehörde abgesprochen werden.

11 Arbeitnehmervertretungen (z.B. der Betriebsrat) sind keine eigenständige juristische Einheit. Sie besitzen zwar eine gewisse Selbstständigkeit und Unabhängigkeit im Unternehmen, dennoch sind sie weder eine rechtlich selbstständige Personenvereinigung noch eine juristische Person.[5]

12 Eine wirtschaftliche Betrachtungsweise hat bei der Einordnung als „Stelle" keine Bedeutung. So existiert im Gegensatz zu diversen anderen Gesetzen (z.B. §§ 15 ff. AktG; § 7a KStG; § 2 Abs. 2 Nr. 2 UStG; § 54 BetrVG) kein sog. „Konzernprivileg". Wirtschaftlich noch so verflochtene, aber dennoch rechtlich eigenständige Konzerngesellschaften sind datenschutzrechtlich grundsätzlich als eigenständige nicht-öffentliche „Stelle" anzusehen. Das hat zur Folge, dass auch innerhalb eines Konzerns personenbezogene Daten nur nach Maßgabe der datenschutzrechtlichen Zulässigkeitsvoraussetzungen übermittelt werden können. Eine solche Übermittlung lässt sich nur durch Einwilligung des Betroffenen, spezialgesetzliche Erlaubnistatbestände, die §§ 28 ff. oder ggf. eine Auftragsdatenverarbeitung (§ 11) rechtfertigen. Bei Auslandsübermittlung in Länder außerhalb der EU/des EWR ist zusätzlich zu prüfen, ob keine schutzwürdigen Interessen des Betroffenen entgegenstehen, faktisch also vor allem, ob die Konzerngesellschaft in einem Land sitzt, welches über ein „angemessenes Datenschutzniveau" verfügt (siehe § 4b, Rn. 18 ff.).

> **Shared Services im Konzern**
>
> Oftmals werden im Konzern gewisse Service-Bereiche (z.B. IT, HR) zentral geführt. Um zu vermeiden, dass in diesem Fall eine Übermittlung vorliegt, welche dann einer Rechtfertigung nach §§ 28, 32 bedarf, bietet es sich an, die konzerninternen Vereinbarungen als Auftragsdatenverarbeitung auszugestalten. Allerdings muss dieses Vertragsverhältnis dann auch wirklich als Auftragsdatenverarbeitung gelebt werden, insbesondere gehören die Daten ausschließlich der verantwortlichen Stelle, welche gegenüber der Servicegesellschaft weisungsbefugt ist und diese kontrollieren muss.
>
> **Achtung:** Bei Konzerngesellschaften in Ländern außerhalb der EU/des EWR liegt selbst bei bloßer Auftragsdatenverarbeitung eine „Übermittlung" vor, da § 3 Abs. 8 vom Begriff des „Dritten" nur diejenigen Auftragsdatenverarbeiter ausnimmt, die innerhalb der EU/des EWR sitzen. In diesen Fällen ist zusätzlich zum schriftlichen Vertrag gem. § 11 die Gewährleistung eines „angemessenen Datenschutzniveaus", z.B. durch Abschluss von Standardvertragsklauseln, erforderlich.

---

3 Dazu *Schaffland/Wiltfang*, § 27 Rn. 19; *Gola/Schomerus*, § 27 Rn. 3.

4 Zu diesen Begrifflichkeiten vgl. Palandt/*Ellenberger*, BGB, vor 1 Übbl. 1.

5 BAG, NJW 1998, 2466; *Gola/Schomerus*, § 27 Rn. 3; *Schaffland/Wiltfang*, § 27 Rn. 45; für den Personalrat *Battis/Bleckmann*, CR 1989, 532.

2. Hoheitlich tätige private Stellen – sog. „Beliehene"

13 Die §§ 28 ff. finden auf privatwirtschaftliche Unternehmen allerdings dann keine Anwendung, wenn es sich um sog. „Beliehene" handelt. Darunter versteht man private Stellen, die in bestimmten Bereichen selbstständig Aufgaben der öffentlichen Verwaltung wahrnehmen, die ihnen der Staat durch Hoheitsakt übertragen hat (§ 2 Abs. 4 Satz 2). Eine solche Übertragung von Hoheitsgewalt ist nur möglich, wenn sie ausdrücklich gesetzlich geregelt ist. Klassische Beliehene sind z.B. der TÜV bei der Bescheinigung der Kraftfahrzeughauptuntersuchung[6], der nicht beamtete Notar[7], Schornsteinfeger[8] oder die Firma Toll Collect GmbH bei der Erhebung und Überwachung der Lkw-Maut. Die fehlende Anwendbarkeit der §§ 28 ff. ist darauf zurückzuführen, dass beliehene nicht-öffentliche Stellen aufgrund ihrer staatlichen Ermächtigung bei dieser Aufgabenwahrnehmung als Verwaltungsbehörden (§ 1 Abs. 4 VwVfG) tätig sind und damit den strengeren Datenschutzregelungen der öffentlichen Stellen (§§ 12 ff.) unterfallen.[9] Außerhalb der übertragenen staatlichen Aufgabe bleiben sie dagegen nicht-öffentliche Stelle und unterliegen weiterhin den §§ 28 ff.[10]

3. Am Wettbewerb teilnehmende öffentliche Stellen des Bundes, § 27 Abs. 1 Satz 1 Nr. 2 lit. a und b

14 Öffentliche Stellen des Bundes (Definition in § 2 Abs. 1 und 2) unterfallen nur dann dem Dritten Abschnitt des BDSG, wenn sie am „Wettbewerb teilnehmen". Die Einbeziehung „öffentlicher Wettbewerbsunternehmen" in den (privatrechtlichen) Regelungsbereich der §§ 28 ff. gewährleistet die Wettbewerbsgleichheit zwischen öffentlichen und privaten Anbietern und hat den Zweck, Wettbewerbsverzerrungen zu vermeiden.[11] Allein aus der Zugehörigkeit der datenverarbeitenden Stelle zum öffentlichen oder privaten Bereich soll nach Absicht des Gesetzgebers kein Vor- oder Nachteil im Wettbewerb für konkurrierende Unternehmen entstehen.[12]

15 Eine öffentliche Stelle nimmt am Wettbewerb teil, wenn sie Leistungen erbringt, die auch von Privaten erbracht werden können, und kein gesetzliches Monopol besitzt.[13] So sind z.B. von der öffentlichen Hand betriebene Krankenhäuser, Verkehrs- und Versorgungsunternehmen, Bausparkassen und Unternehmen der Kredit- und Versicherungswirtschaft als Wettbewerbsteilnehmer anzusehen, da sie Leistungen erbringen, die ebenfalls von Unternehmen der Privatwirtschaft erbracht werden und bei denen kein gesetzliches Monopol im entsprechenden Bereich existiert.[14] Konkrete Bespiele sind auch die Kreditanstalt für den Wiederaufbau (KfW), die Deutsche Genossenschaftsbank und das Beamtenheimstättenwerk.[15] Die Anwendbarkeit der §§ 28 ff. beschränkt sich dabei ausschließlich auf die Bereiche, in denen die Wettbewerbsteilnahme erfolgt, für die übrigen Aufgabenbereiche gilt weiterhin der im Verhältnis strengere zweite Abschnitt des BDSG.[16]

16 Besteht dagegen ein gesetzliches Monopol, gelten die §§ 13 ff., da hier kraft Gesetzes bereits kein Wettbewerb bestehen kann. In diesem Fall ist es aufgrund des gesetzlichen Monopols niemandem außer dem Inhaber des Monopols erlaubt, die konkrete Leistung zu erbringen. Ein derartiges Monopol besitzt z.B. die Bundesdruckerei für den Druck von Banknoten und Passdokumenten. Heutzutage hat die Ausnahme des gesetzlichen Monopols kaum noch praktische Bedeutung, da insbesondere aufgrund europarechtli-

---

6 BGH, NJW 1978, 2548, 2549; *Schaffland/Wiltfang*, § 27 Rn. 16.
7 *Schaffland/Wiltfang*, § 27 Rn. 16.
8 BGH, NJW 1974, 1507.
9 *Schaffland/Wiltfang*, § 27 Rn. 10, 15.
10 *Gola/Schomerus*, § 27 Rn. 6; *Schaffland/Wiltfang*, § 27 Rn. 16, 29a; BeckOK/*Stender-Vorwachs*, § 27 Rn. 5.
11 Taeger/Gabel/*Buchner*, § 27 Rn. 8; *Bergmann/Möhrle/Herb*, § 27 Rn. 9; Simitis/*Simitis*, § 27 Rn. 7; *Hoeren* in: Roßnagel, Kap. 4.6 Rn. 8; Däubler/Klebe/Wedde/Weichert/*Wedde*, § 27 Rn. 10; BeckOK/*Stender-Vorwachs*, § 27 Rn. 9.
12 Taeger/Gabel/*Buchner*, § 27 Rn. 8; Simitis/*Simitis*, § 27 Rn. 7.
13 *Gola/Schomerus*, § 27 Rn. 7; Taeger/Gabel/*Buchner*, § 27 Rn. 9; *Bergmann/Möhrle/Herb*, § 27 Rn. 10; *Schaffland/Wiltfang*, § 27 Rn. 12 f.; *Hoeren* in: Roßnagel, Kap. 4.6 Rn. 10.
14 Vgl. *Gola/Schomerus*, § 27 Rn. 7; Taeger/Gabel/*Buchner*, § 27 Rn. 9; Simitis/*Simitis*, § 27 Rn. 39; *Bergmann/Möhrle/Herb*, § 27 Rn. 9; Däubler/Klebe/Wedde/Weichert/*Wedde*, § 27 Rn. 11; *Schaffland/Wiltfang*, § 27 Rn. 14.
15 *Bergmann/Möhrle/Herb*, § 27 Rn. 11.
16 *Gola/Schomerus*, § 27 Rn. 7; *Bergmann/Möhrle/Herb*, § 27 Rn. 12; *Hoeren* in: Roßnagel, Kap. 4.6 Rn. 9; Simitis/*Simitis*, § 27 Rn. 12.

cher Regelungen (z.B. die Dienstleistungsfreiheit, Art. 56 AEUV) nur noch in wenigen Bereichen gesetzliche Monopole existieren. Eine wirtschaftliche Monopolstellung, d.h. eine rein marktbeherrschende Stellung, reicht dagegen nicht aus. Der Grund hierfür ist, dass im Gegensatz zum gesetzlichen Monopol zumindest die Möglichkeit einer Konkurrenzsituation und damit eines Wettbewerbsverhältnisses besteht. In diesem Fall ist es nicht sachgerecht, das anwendbare Recht vom beliebigen Hinzukommen oder Wegfall eines Konkurrenten abhängig zu machen.[17]

17 Der Umfang der Teilnahme am Wettbewerb der öffentlichen Stelle ist für die Einordnung als öffentliches Wettbewerbsunternehmen unerheblich und auch eine Gewinnerzielung ist nicht erforderlich.[18] Ob eine Wettbewerbsteilnahme vorliegt, muss anhand der konkreten Aufgabenerfüllung der öffentlichen Stelle ermittelt werden. Eine gelegentliche Teilnahme am Wettbewerb von untergeordneter Bedeutung, wie z.B. die jährliche Versteigerung von Büroinventar oder das Einstellen von Personal, ist keine Teilnahme am Wettbewerb.[19] Regelmäßig stattfindende Versteigerungen oder Verkäufe, wie z.B. der Verkauf von Rad- und Wanderkarten durch staatliche Vermessungsämter, sind dagegen als Teilnahme am Wettbewerb einzuordnen.[20]

4. Am Wettbewerb teilnehmende öffentliche Stellen der Länder, § 27 Abs. 1 Satz 1 Nr. 2 lit. b

18 Diese Regelung ist in der Praxis nicht wirklich relevant. Kumulative Voraussetzung für eine Anwendbarkeit der Vorschriften auf öffentliche Stellen der Länder ist nach § 27 Abs. 1 Satz 1 Nr. 2. lit. b nämlich, dass diese Stellen Bundesrecht ausführen **und** kein Landesdatenschutzrecht existiert. Es haben aber alle 16 Bundesländer eigene Datenschutzgesetze erlassen, die sich ebenfalls mit am Wettbewerb teilnehmenden öffentlich-rechtlichen Unternehmen befassen.[21]

5. Ausnahme: Daten aus Beschäftigungsverhältnissen der öffentlich-rechtlichen Stelle unterfallen immer den §§ 28 ff.

19 § 12 Abs. 4 stellt klar, dass bei der Verarbeitung von Daten aus dienst- oder arbeitsrechtlichen Beschäftigungsverhältnissen eine Teilnahme am Wettbewerb grundsätzlich nicht erforderlich ist (z.B. bei der Verarbeitung von Personaldateien[22]). Dieser Ausnahmeregelung liegt die Absicht des Gesetzgebers zugrunde, eine einheitliche Behandlung und Regelung der Personaldatenverarbeitung zu gewährleisten.[23]

> ! Für die Erhebung, Verarbeitung oder Nutzung von Personaldaten von im öffentlichen Dienst Tätigen gelten aufgrund der Querverweisung in § 12 Abs. 4 ausnahmsweise immer die Vorschriften der §§ 28 Abs. 2 Nr. 2, 32–35.

6. Aufsicht bei öffentlichen Wettbewerbsunternehmen, § 27 Abs. 1 Satz 3

20 § 27 Abs. 1 Satz 3 stellt klar, dass öffentliche Wettbewerbsunternehmen nicht der Datenschutzkontrolle der Aufsichtsbehörde (§ 38) unterliegen. Es bleibt bei der Zuständigkeit des Bundesbeauftragten für den Datenschutz.

II. Automatisierte oder dateigebundene Verarbeitung oder Nutzung von Daten, § 27 Abs. 1 Satz 1 und Abs. 2

21 Bei einer Verarbeitung und Nutzung personenbezogener Daten mit Mitteln der EDV ist grundsätzlich von einer Anwendbarkeit der Vorschriften des BDSG auszugehen. Darauf, dass die personenbezogenen Da-

---

17 Taeger/Gabel/*Buchner*, § 27 Rn. 9; *Hoeren* in: Roßnagel, Kap. 4.6 Rn. 11; BeckOK/*Stender-Vorwachs*, § 27 Rn. 12.
18 *Gola/Schomerus*, § 27 Rn. 7; Taeger/Gabel/*Buchner*, § 27 Rn. 10; *Schaffland/Wiltfang*, § 27 Rn. 12; Däubler/Klebe/Wedde/Weichert/*Wedde*, § 27 Rn. 12.
19 *Bergmann/Möhrle/Herb*, § 27 Rn. 12; *Hoeren* in: Roßnagel, Kap. 4.6 Rn. 13; Däubler/Klebe/Wedde/Weichert/*Wedde*, § 27 Rn. 12; a. A. Simitis/*Simitis*, § 27 Rn. 40.
20 *Bergmann/Möhrle/Herb*, § 27 Rn. 12.
21 Dazu Simitis/*Dammann*, § 27 Rn. 20.
22 *Gola/Schomerus*, § 12 Rn. 8; Däubler/Klebe/Wedde/Weichert/*Wedde*, § 12 Rn. 20.
23 Däubler/Klebe/Wedde/Weichert/*Wedde*, § 12 Rn. 15; *Bergmann/Möhrle/Herb*, § 12 Rn. 19; Simitis/*Dammann*, § 12 Rn. 22; *Schaffland/Wiltfang*, § 12 Rn. 16; wohl auch *Gola/Schomerus*, § 12 Rn. 5.

ten eventuell manuell erhoben wurden, kommt es nicht an. Es genügt, dass diese später durch EDV verarbeitet oder genutzt werden (sollen). Lediglich bei bloß manueller Verarbeitung und Nutzung stellt sich die Frage, ob ausnahmsweise das BDSG keine Anwendung findet (insbesondere bei Papierakten). Anders als im öffentlich-rechtlichen Bereich soll hier noch eine Ausnahme für die Privatwirtschaft greifen, welche § 27 Abs. 1 festlegt. Allerdings sind selbst in diesem Bereich die datenschutzrechtlichen Vorschriften dann wieder zu beachten, wenn die Daten gem. § 27 Abs. 2 „offensichtlich" aus einer automatisierten Verarbeitung stammen (z.B. der Ausdruck einer Datei). Im Einzelnen:

1. „Unter Einsatz von Datenverarbeitungsanlagen", § 27 Abs. 1 Satz 1, 1. Alt.

Die Verarbeitung oder Nutzung unter dem „Einsatz von Datenverarbeitungsanlagen" meint die automatisierte bzw. elektronische Datenverarbeitung (gesetzlich in § 3 Abs. 2 Satz 1 definiert). Der Begriff ist weit auszulegen, entscheidend sind die erleichterte Zugänglichkeit und Auswertbarkeit der Daten.[24] Er umfasst insbesondere die computerbasierte Verarbeitung von Daten, unabhängig davon, ob autonom oder als Bestandteil eines Netzwerks (z.B. in Form einer Großanlage, eines Client-Server-Systems, eines PC-Netzwerks oder eines einzelnen PCs[25]). Auch auf die Größe oder die Leistungsfähigkeit der Datenverarbeitungsanlage kommt es nicht an.[26] Maßgebend ist, dass mithilfe der Anlage ein Programm abläuft, welches die personenbezogenen Daten nach ihrem Informationsgehalt unterscheidet und dementsprechend unterschiedlich handhaben kann.[27] Beispiele sind die Textverarbeitung oder die Kontaktdaten in z.B. Microsoft Outlook, da hier eine Auswertung der Kontaktdaten anhand unterschiedlicher Merkmale problemlos möglich ist (z.B. nach Name oder Stadt). Nicht erfasst sind dagegen Anlagen, welche alle personenbezogenen Daten gleich behandeln.[28] Beispielsweise sind Kopier- und Faxgeräte keine Anlagen zur automatisierten Verarbeitung der kopierten oder gefaxten personenbezogenen Daten.[29] Sie können aber insoweit als Datenverarbeitungsanlage angesehen werden, als diese Daten von Benutzern der Geräte erfassen (z.B. wer wann wie viele Seiten kopiert hat). Ferner ist zu beachten, dass digitale Fotokopierer auf ihrer Festplatte evtl. Dokumente speichern, welche unmittelbar aus einer automatisierten Verarbeitung stammen. Insoweit gelten dann die datenschutzrechtlichen Vorschriften über § 27 Abs. 2.[30] 22

! Die §§ 28 ff. erfassen typischerweise alle EDV-gestützten Vorgänge der Verarbeitung und Nutzung personenbezogener Daten. Auf den Dateibegriff („in oder aus nicht automatisierten Dateien") kommt es dann gar nicht mehr an.

2. „In oder aus nicht automatisierten Dateien", § 27 Abs. 1 Satz 1, 2. Alt.

Der Datenschutz soll sowohl für automatisierte wie auch für nicht automatisierte Verarbeitungen gelten. 23
Der 27. Erwägungsgrund der EU-Datenschutzrichtlinie 1995/46/EG betont, dass der Schutz personenbezogener Daten nicht von den verwendeten Techniken abhängen darf, da andernfalls ernsthafte Risiken der Umgehung entstehen würden. Daher sollen bei manuellen Verarbeitungen Dateien erfasst sein, nicht jedoch unstrukturierte Akten. Es kommt darauf an, dass der Inhalt einer Datei nach bestimmten personenbezogenen Kriterien strukturiert ist, die einen leichten Zugriff auf die Daten ermöglichen.

Im BDSG ist der sog. Dateibegriff in § 3 Abs. 2 Satz 2 definiert, der Art. 2 lit. c. der EG-Datenschutzrichtlinie 1995/46/EG umsetzt. „Datei" ist danach „jede nicht automatisierte Sammlung personenbezogener Daten, die gleichartig aufgebaut ist und nach bestimmten Merkmalen zugänglich ist und ausgewertet werden kann". 24

! Achtung: Bei Personalakten gilt der § 32 Abs. 1 unabhängig vom Dateibegriff.

---

24 Simitis/*Dammann*, § 3 Rn. 79.
25 *Bergmann/Möhrle/Herb*, § 3 Rn. 45.
26 Taeger/Gabel/*Buchner*, § 3 Rn. 22; *Bergmann/Möhrle/Herb*, § 27 Rn. 14.
27 Simitis/*Dammann*, § 3 Rn. 79.
28 Simitis/*Dammann*, § 3 Rn. 79.
29 So auch Simitis/*Dammann*, § 3 Rn. 79.
30 Hinweis Nr. 41 der Aufsichtsbehörden Baden-Württemberg zum Bundesdatenschutzgesetz für die private Wirtschaft, Ziffer IV (abgedruckt z.B. bei *Schaffland/Wiltfang*, Kennzahl 7010, S. 186).

25 Für lediglich manuell verarbeitete oder genutzte personenbezogene Daten ist daher zu prüfen, ob der Dateibegriff erfüllt ist. Erforderlich ist nach der Definition, dass es sich um eine (i) Sammlung personenbezogener Daten handelt; (ii) die gleichartig aufgebaut; (iii) nach Merkmalen zugänglich; und (iv) nach Merkmalen auswertbar ist. Die Voraussetzungen (i) und (ii) sind eher formaler Natur. Eine „Sammlung" meint eine Mehrheit von Elementen, die in einem gewissen Zusammenhang stehen, z.B. sich auf den gleichen Bereich oder Zweck beziehen.[31] Sowohl der Begriff der „Sammlung" als auch die Voraussetzung des „gleichartigen Aufbaus" sind im Zusammenhang mit der Auswertbarkeit zu sehen. Die Auswertung von Daten ist gerade das, was einer automatisierten Verarbeitung und den damit einhergehenden Gefahren für den Betroffenen gleich kommt, weshalb der Begriff der Auswertbarkeit eine zentrale Rolle spielt. Beim „gleichartigen Aufbau" geht es deshalb darum, ob der informatorische Gehalt der Datensammlung aufgrund einer gleichartigen Struktur leicht erschlossen werden kann[32], die Daten also nicht nur zufällig zusammengestellt sind (z.B. durch bloßes unsystematisches Abheften in einer Akte).

26 Das Kriterium der „Zugänglichkeit" ist dem Kriterium der „Auswertbarkeit" vorgeschaltet. Beide Begriffe setzen voraus, dass selektionsfähige Merkmale in der Datensammlung enthalten sind. Der Begriff „Merkmal" ist dabei ein Oberbegriff für Angaben einer bestimmten Kategorie, vergleichbar der in § 28 Abs. 2 aufgezählten Datenkategorien oder den besonderen Datenarten gem. § 3 Abs. 9.[33] Beispielsweise ist das Merkmal „Beruf" die Kategorie, der dann die z.B. die Angabe „Rechtsanwalt" zugeordnet sein kann. Maßgeblich für ein Auswerten ist, dass Betroffene mit einem bestimmten Merkmal von denjenigen mit einem anderen Merkmal unterschieden werden und so selektiert werden können, weshalb überwiegend davon ausgegangen wird, dass der Datensammlung mindestens zwei Merkmale anhaften müssen.[34]

27 Klassisches Beispiel für eine „nicht automatisierte Datei" ist die Karteikartensammlung (z.B. Personalkartei, Krankheitsdatei).[35] Anders als noch in der alten Fassung des § 27 Abs. 2 BDSG von 1990 sind Akten nicht mehr ausdrücklich vom Dateibegriff ausgenommen, sodass auch **Akten** und Aktensammlungen eine Datei sein können. Erforderlich ist aber, dass der Datenträger (die Akte) gleichartig strukturiert ist, sodass diese nach bestimmten Merkmalen ausgewertet werden kann, wobei manuelle Auswertbarkeit genügt.[36] Listen, Fragebögen, Registern und Büchern fehlt diese Eigenschaft dagegen grundsätzlich, sodass sie nicht vom Dateibegriff umfasst werden.[37]

! Die Anwendbarkeit der §§ 28 ff. auf die manuelle Verarbeitung und Nutzung von personenbezogenen Daten ist vom Einzelfall abhängig. Geht es um eine strukturierte Sammlung von Daten, d.h. solche, die nach unterschiedlichen Kriterien (z.B. Name oder Alter) ausgewertet werden können, handelt es sich um eine „Datei", auf welche die §§ 28 ff. Anwendung finden. Handelt es sich hingegen um eine einzelne Unterlage oder eine unstrukturierte Datensammlung (z.B. ein Buch), so ist der dritte Abschnitt grundsätzlich nicht anwendbar.

3. Manuelle Erhebung der Daten nicht ausschlaggebend („dafür erhoben")

28 Die Differenzierung zwischen automatisierter, dateigebundener Verfahren einerseits und nicht dateigebundener Verfahren andererseits spielt für die Anwendbarkeit der §§ 28 ff. nur im Rahmen der Datenverarbeitung und -nutzung eine Rolle. Unerheblich ist dagegen, ob die Erhebung der Daten manuell vonstattengeht, soweit dies zum Zwecke einer späteren automatisierten oder dateigebundenen Verarbeitung erfolgt.[38] Dieses Verständnis macht bereits der Wortlaut des § 27 deutlich („dafür erhoben"). Dabei

---

31 Simitis/*Dammann*, § 3 Rn. 86 ff.
32 Simitis/*Dammann*, § 3 Rn. 89.
33 Vgl. auch Simitis/*Dammann*, § 3 Rn. 91.
34 Simitis/*Dammann*, § 3 Rn. 94; *Bergmann/Möhrle/Herb*, § 3 Rn. 57 und § 27 Rn. 15; a. A. Däubler/Klebe/Wedde/Weichert/*Wedde*, § 3 Rn. 24 (der ein Merkmal für ausreichend erachtet).
35 *Bergmann/Möhrle/Herb*, § 3 Rn. 52; Simitis/*Simitis*, § 3 Rn. 99.
36 *Gola/Schomerus*, § 3 Rn. 20; *Schaffland/Wiltfang*, § 3 Rn. 101.
37 VG München, NJW 1981, 475; *Bergmann/Möhrle/Herb*, § 3 Rn. 53; *Schaffland/Wiltfang*, § 3 Rn. 104; Simitis/*Simitis*, § 3 Rn. 99.
38 VG Osnabrück, DuD 2007, 541; *Schaffland/Wiltfang*, § 27 Rn. 6; Taeger/Gabel/*Buchner*, § 27 Rn. 14; Simitis/*Dammann*, § 1 Rn. 141; BeckOK/*Stender-Vorwachs*, § 27 Rn. 18.

kommt es auf die objektive Zwecksetzung an, es genügt, wenn bei normalem Lauf der Dinge eine spätere Speicherung der Daten nicht ausgeschlossen werden kann.[39]

! Für die Anwendbarkeit der §§ 28 ff. ist dagegen nicht maßgeblich, dass bereits die **Erhebung** der personenbezogenen Daten automatisiert oder dateigebunden geschieht. Ausreichend ist, dass eine spätere Speicherung bei normalem Lauf der Dinge nicht ausgeschlossen werden kann.

4. „Offensichtlich aus einer automatisierten Verarbeitung entnommen", § 27 Abs. 2

Für eine Anwendbarkeit der §§ 28 ff. genügt es gem. § 27 Abs. 2 ferner, wenn personenbezogene Daten **29** verarbeitet oder genutzt werden, die **„offensichtlich"** aus einer automatisierten Verarbeitung entnommen sind. Damit soll eine Umgehung des Anwendungsbereichs verhindert werden, etwa indem nur ein Ausdruck zu den Akten genommen und die eigentliche Datei gelöscht wird. Maßgeblich ist allein das für die Herkunft der Daten maßgebliche Verarbeitungsverfahren, der die Daten enthaltene Datenträger selbst spielt in diesem Zusammenhang dagegen keine Rolle.[40]

Umstritten ist, ob die Verwendung des Begriffs „entnommen" bedeutet, dass die Daten zusätzlich „un- **30** mittelbar" aus einer automatisierten Verarbeitung entnommen sind oder ob die Entnahme irgendwann einmal ausreicht. Teilweise wird vertreten, dass eine restriktive Auslegung des § 27 Abs. 2 geboten sei, weil dieser nur die (bewusste) Umgehung verhindern solle.[41] Dagegen wird eingewendet, dass eine am Schutz der informationellen Selbstbestimmung ausgerichtete Auslegung erfordere, dass sowohl die direkte wie auch die indirekte Weitergabe solcher Daten vom Schutz des BDSG erfasst wird.[42] Nach dieser Ansicht soll daher ausreichen, dass die Daten irgendwann einmal aus einer automatisierten bzw. dateigebundenen Datenverarbeitung entnommen worden sind.[43]

Letztlich wird es darauf ankommen, ob die verantwortliche Stelle die Herkunft der Daten kennt und des- **31** halb für die Beachtung der datenschutzrechtlichen Vorschriften Sorge tragen kann.[44] Von einer solchen Kenntnis kann in der Regel ausgegangen werden, wenn die verantwortliche Stelle das Datum selbst aus dem eigenen automatisierten Datenbestand entnommen hat.[45] Dasselbe gilt bei Datenbeständen Dritter, soweit die übermittelnde Stelle ihrer gesetzlichen Hinweispflicht auf die Zweckbindung (vgl. § 28 Abs. 5 und § 29 Abs. 4) nachgekommen ist, denn aus dieser ergibt sich zumindest mittelbar die Herkunft des Datums.[46] Ferner wird man „Offensichtlichkeit" annehmen können, wenn die Entnahme aus einer automatisierten Datenverarbeitung ohne Weiteres erkennbar ist.[47] Eine solche Erkennbarkeit kann sich aus unterschiedlichen Gesichtspunkten ergeben, so z.B. aus der Art der Datenaufbereitung und dem äußeren Erscheinungsbild (z.B. Computerausdruck).[48] Zu weit geht es dagegen, wenn von der verantwortlichen Stelle verlangt wird, dass sie sich jeweils Kenntnis über die Herkunft der Daten verschaffen muss.[49]

! Beim Einsatz eines digitalen Fotokopierers mit eigenem Speichermedium wird es oftmals zur Speicherung von Dokumenten kommen, die „offensichtlich" aus einer automatisierten Verar-

---

39 Simitis/*Simitis*, § 1 Rn. 146.
40 Taeger/Gabel/*Buchner*, § 27 Rn. 15; *Bergmann/Möhrle/Herb*, § 27 Rn. 16; Simitis/*Simitis*, § 27 Rn. 28.
41 *Bergmann/Möhrle/Herb*, § 27 Rn. 20; Erbs/Kohlhaas/*Ambs*, § 27 Rn. 8; wohl auch *Gola/Schomerus*, § 27 Rn. 16.
42 So insbesondere Taeger/Gabel/*Buchner*, § 27 Rn. 17.
43 Simitis/*Simitis*, § 27 Rn. 31; Taeger/Gabel/*Buchner*, § 27 Rn. 17; Däubler/Klebe/Wedde/Weichert/*Wedde*, § 27 Rn. 22.
44 So auch *Gola/Schomerus*, § 27 Rn. 16.
45 *Gola/Schomerus*, § 27 Rn. 16; Simitis/*Simitis*, § 27 Rn. 34.
46 Vgl. *Gola/Schomerus*, § 27 Rn. 16; Simitis/*Simitis*, § 27 Rn. 34 und § 28 Rn. 292.
47 Taeger/Gabel/*Buchner*, § 27 Rn. 16; *Bergmann/Möhrle/Herb*, § 27 Rn. 18; dabei auf den durchschnittlich aufmerksamen Betrachter abstellend *Schaffland/Wiltfang*, § 27 Rn. 51; Erbs/Kohlhaas/*Ambs*, § 27 Rn. 8.
48 Taeger/Gabel/*Buchner*, § 27 Rn. 16; Däubler/Klebe/Wedde/Weichert/*Wedde*, § 27 Rn. 21.
49 So wohl Simitis/*Simitis*, § 27 Rn. 35; vgl. Däubler/Klebe/Wedde/Weichert/*Wedde*, § 27 Rn. 22, wonach bei Unklarheiten eine Interpretation zugunsten des Betroffenen erfolgen müsse.

beitung stammen. Es sollte daher sichergestellt werden, dass das Speichermedium regelmäßig gelöscht wird.[50]

Bestehen Zweifel, ob die Daten unmittelbar aus einem dateigebundenen Verfahren entnommen worden sind, empfiehlt es sich, vorsorglich auch solche Daten nach den Vorgaben der §§ 28 ff. zu behandeln.

32 Auf Daten, die überhaupt nicht auf einem Datenträger gespeichert werden, sondern z.B. aus der Erinnerung eines Mitarbeiters heraus einer privaten Stelle übermittelt werden, findet das BDSG grundsätzlich keine Anwendung.[51]

Bevor auf eine Nichtanwendbarkeit des BDSG geschlossen wird, sollte geprüft werden, ob eventuell Spezialvorschriften etwas anderes regeln. Beispielsweise beziehen die telekommunikationsrechtlichen Vorschriften der §§ 91 ff. TKG die nicht dateigebundenen Daten in den Schutzbereich mit ein.

5. Ausnahme: Beschäftigtendaten, Auskunfteien/Adresshändler

33 Bei Beschäftigtendaten findet § 32 Abs. 1 unabhängig vom Dateibegriff Anwendung, dies bestimmt § 32 Abs. 2 explizit. Allerdings kann dem Dateibegriff insoweit Bedeutung zukommen, als sonstige Vorschriften des Dritten Abschnitts des BDSG relevant werden, z.B. die §§ 33–35. Beispielsweise hat das Bundesarbeitsgericht den auf § 35 gestützten Auskunftsanspruch eines Arbeitnehmers in Bezug auf die Personalakte abgelehnt, mit der Begründung, dass sich die Ausnahme des § 32 Abs. 2 nicht auf sonstige Vorschriften außerhalb des § 32 Abs. 1 beziehe und die Personalakte keine Datei sei.[52] Hiervon unabhängig kann es dann allerdings ein aus dem allgemeinen Persönlichkeitsrecht fließendes Personalakteneinsichtsrecht geben.[53]

Beschäftigtendaten unterliegen auch bei bloß manueller Verarbeitung und Nutzung den Vorschriften des § 32 Abs. 1. Insoweit kommt es gem. § 32 Abs. 2 auf den Dateibegriff gar nicht an. Der Datenschutzbeauftragte sollte dies berücksichtigen, wenn er Mitarbeiter der Personalabteilung schult oder Merkblätter für diese erstellt.

34 In Bezug auf Auskunfteien und Adresshändler gewährt § 34 Abs. 3 Satz 1 einen Auskunftsanspruch auch dann, wenn die Angaben nicht automatisiert verarbeitet oder nicht in einer nicht automatisierten Datei gespeichert sind. Ferner ist für den Auskunftsanspruch bezüglich Angaben über die Herkunft und die Empfänger von Daten gem. § 34 Abs. 1 Satz 3 nicht erforderlich, dass diese gespeichert sind.

III. Ausnahme: Persönliche oder familiäre Tätigkeiten, § 27 Abs. 1 Satz 2

35 Das BDSG soll im Bereich der privaten Datenverarbeitung keine Anwendung finden. Dies bestimmt bereits § 1 Abs. 2 Nr. 3 und wird hier in § 27 Abs. 1 Satz 2 nochmals wiederholt. Entscheidend ist, dass die Erhebung, Verarbeitung und Nutzung der personenbezogenen Daten für „ausschließlich persönliche oder familiäre Tätigkeiten" erfolgt. Die Ausnahmeregelung dient dem Schutz der Privatsphäre vor staatlicher Kontrolle und beruht auf der Vorgabe des Art. 3 Abs. 2 Spiegelstrich 2 EG-Datenschutzrichtlinie (RL 95/46/EG) und ist durch die BDSG-Novelle 2001 in das BDSG aufgenommen worden.

36 Der Begriff „Tätigkeiten" ist wortgleich aus der EG-Datenschutzrichtlinie übernommen worden und leider etwas missverständlich. Gemeint ist der „Zweck" der Datenverarbeitung.[54] Die Ausnahmeregelung

50 Vgl. auch Hinweis Nr. 41 der Aufsichtsbehörden Baden-Württemberg zum Bundesdatenschutzgesetz für die private Wirtschaft, Ziffer IV (abgedruckt z.B. bei *Schaffland/Wiltfang*, Kennzahl 7010, S. 186).
51 BeckOK/*Stender-Vorwachs*, § 27 Rn. 19.
52 BAG, Urteil v. 16.11.2010, Az. 9 AZR 573/09, NJW 2011, 1306, 1309.
53 Dazu auch BAG, Urteil v. 16.11.2010, Az. 9 AZR 573/09, NJW 2011, 1306, 1309.
54 *Bergmann/Möhrle/Herb*, § 27 Rn. 7.

findet nur auf natürliche Personen Anwendung.[55] Dies geht zwar nicht ausdrücklich aus dem Wortlaut der Vorschrift selbst hervor, ergibt sich aber aus dem 12. Erwägungsgrund[56] der EG-Datenschutzrichtlinie und dem Wortlaut des Art. 3 Abs. 2 Spiegelstrich 2[57], auf welchem § 27 Abs. 1 Satz 2 fußt. Dementsprechend sind karitative Einrichtungen und Vereine (als juristische Personen) im Rahmen ihrer internen Datenverarbeitung nicht von der Beachtung der §§ 28 ff. befreit.[58] Das war vor der BDSG-Novelle 2001 noch anders, da die Anwendung des BDSG eine „geschäftsmäßige" bzw. eine zu „beruflichen oder gewerblichen Zwecken" erfolgende Datenverarbeitung verlangte.[59]

> **!** Auch gemeinnützige Vereine müssen die §§ 28 ff. beachten. Es kann allenfalls insoweit eine formale Erleichterung bestehen, als gem. § 4d bei kleineren Unternehmen eine Meldepflicht und damit die Pflicht zur Bestellung eines Datenschutzbeauftragten entfallen kann.

Nach überwiegender Meinung sind natürliche Personen nur dann von den §§ 28 ff. befreit, wenn es um die rein private Datenverarbeitung geht.[60] Darunter fällt z.B. die Verwaltung von Urlaubsfotos oder das Führen eines privaten Adressverzeichnisses. Für die Beschränkung auf die rein private Datenverarbeitung spricht der Wortlaut der Vorschrift, der „ausschließlich" private oder familiäre Tätigkeiten aufführt. Mischnutzungen, also die Datenverarbeitung, die sowohl privaten als auch geschäftlichen Zwecken dient, unterfallen nach dieser Ansicht den Regelungen der §§ 28 ff. Eine trennscharfe Abgrenzung ist allerdings im heutigen Zeitalter der elektronischen Medien (Smartphones, Notebooks, Tablets) im Einzelfall schwierig, man denke nur an das gelegentliche Abspeichern von Telefonnummern von Geschäftspartnern auf dem privaten Telefon. Letztlich ist der Einzelfall maßgeblich, also in welchem Umfang und welcher Intensität sonst privat genutzte Speichermedien oder Daten einer beruflichen oder geschäftlichen Nutzung zugeführt werden.[61] Die vereinzelte Nutzung für berufliche oder gewerbliche Zwecke sollte unschädlich sein.[62] 37

> **!** Bei Zweifeln, ob die Datennutzung noch im rein privaten Bereich liegt oder bereits als gemischte Nutzung anzusehen ist, sollten sicherheitshalber die §§ 28 ff. beachtet werden.
>
> Bei der Zuordnung kommt es maßgeblich auf den Einzelfall und die Intensität und den Umfang der Datenverarbeitung an. Je bedeutender sich Intensität und Umfang darstellen, desto eher muss davon ausgegangen werden, dass eine Aufsichtsbehörde die §§ 28 ff. für anwendbar hält.

C. Anwendungsempfehlungen/praktische Hinweise

Ein Blick in § 27 lohnt dann, wenn: 38

- es um Grenzfälle geht, in denen staatliche Stellen des Bundes privatwirtschaftlich tätig werden, denn dann finden insoweit die etwas liberaleren Vorschriften der §§ 28 ff. Anwendung.
- Private Stelle ausnahmsweise hoheitliche Tätigkeiten ausführen (sog. Beliehene), denn dann sind auf diese ausnahmsweise die Vorschriften für nicht-öffentliche Stellen, also die §§ 12 ff. anwendbar.

---

55 *Gola/Schomerus*, § 27 Rn. 12; Simitis/*Simitis*, § 27 Rn. 51; Däubler/Klebe/Wedde/Weichert/*Wedde*, § 27 Rn. 16; Taeger/Gabel/*Schmidt*, § 1 Rn. 28; *Bergmann/Möhrle/Herb*, § 1 Rn. 17.

56 „(12) Auszunehmen ist die Datenverarbeitung, die von einer natürlichen Person in Ausübung ausschließlich persönlicher oder familiärer Tätigkeiten – wie zum Beispiel Schriftverkehr oder Führung von Anschriftenverzeichnissen – vorgenommen wird".

57 „Diese Richtlinie findet keine Anwendung auf die Verarbeitung personenbezogener Daten, ...die von einer natürlichen Person zur Ausübung ausschließlich persönlicher oder familiärer Tätigkeiten vorgenommen wird."

58 *Gola/Schomerus*, § 27 Rn. 12; Däubler/Klebe/Wedde/Weichert/*Wedde*, § 27 Rn. 16; *Schaffland/Wiltfang*, § 27 Rn. 9a.

59 *Bergmann/Möhrle/Herb*, § 27 Rn. 1.

60 Taeger/Gabel/*Buchner*, § 27 Rn. 19; *Bergmann/Möhrle/Herb*, § 27 Rn. 7; Däubler/Klebe/Wedde/Weichert/*Wedde*, § 27 Rn. 17; BeckOK/*Stender-Vorwachs*, § 27 Rn. 21.

61 *Gola/Schomerus*, § 27 Rn. 11.

62 *Gola/Schomerus*, § 27 Rn. 11; *Bergmann/Möhrle/Herb*, § 1 Rn. 22.

- personenbezogene Daten nur manuell verarbeitet oder genutzt werden, da dann nämlich zu prüfen ist, ob das BDSG überhaupt Anwendung findet.
- die Erhebung, Verarbeitung oder Nutzung rein privaten Zwecken dient, da dann datenschutzrechtliche Vorschriften gar keine Anwendung finden.

§ 28 Datenerhebung und -speicherung für eigene Geschäftszwecke

(1) [1]Das Erheben, Speichern, Verändern oder Übermitteln personenbezogener Daten oder ihre Nutzung als Mittel für die Erfüllung eigener Geschäftszwecke ist zulässig

1. **wenn es für die Begründung, Durchführung oder Beendigung eines rechtsgeschäftlichen oder rechtsgeschäftsähnlichen Schuldverhältnisses mit dem Betroffenen erforderlich ist,**
2. **soweit es zur Wahrung berechtigter Interessen der verantwortlichen Stelle erforderlich ist und kein Grund zu der Annahme besteht, dass das schutzwürdige Interesse des Betroffenen an dem Ausschluss der Verarbeitung oder Nutzung überwiegt, oder**
3. **wenn die Daten allgemein zugänglich sind oder die verantwortliche Stelle sie veröffentlichen dürfte, es sei denn, dass das schutzwürdige Interesse des Betroffenen an dem Ausschluss der Verarbeitung oder Nutzung gegenüber dem berechtigten Interesse der verantwortlichen Stelle offensichtlich überwiegt.**

[2]Bei der Erhebung personenbezogener Daten sind die Zwecke, für die die Daten verarbeitet oder genutzt werden sollen, konkret festzulegen.

(2) Die Übermittlung oder Nutzung für einen anderen Zweck ist zulässig

1. **unter den Voraussetzungen des Absatzes 1 Satz 1 Nummer 2 oder Nummer 3,**
2. **soweit es erforderlich ist,**
   a) **zur Wahrung berechtigter Interessen eines Dritten oder**
   b) **zur Abwehr von Gefahren für die staatliche oder öffentliche Sicherheit oder zur Verfolgung von Straftaten**

   und kein Grund zu der Annahme besteht, dass der Betroffene ein schutzwürdiges Interesse an dem Ausschluss der Übermittlung oder Nutzung hat, oder
3. **wenn es im Interesse einer Forschungseinrichtung zur Durchführung wissenschaftlicher Forschung erforderlich ist, das wissenschaftliche Interesse an der Durchführung des Forschungsvorhabens das Interesse des Betroffenen an dem Ausschluss der Zweckänderung erheblich überwiegt und der Zweck der Forschung auf andere Weise nicht oder nur mit unverhältnismäßigem Aufwand erreicht werden kann.**

(3) [1]Die Verarbeitung oder Nutzung personenbezogener Daten für Zwecke des Adresshandels oder der Werbung ist zulässig, soweit der Betroffene eingewilligt hat und im Falle einer nicht schriftlich erteilten Einwilligung die verantwortliche Stelle nach Absatz 3a verfährt. [2]Darüber hinaus ist die Verarbeitung oder Nutzung personenbezogener Daten zulässig, soweit es sich um listenmäßig oder sonst zusammengefasste Daten über Angehörige einer Personengruppe handelt, die sich auf die Zugehörigkeit des Betroffenen zu dieser Personengruppe, seine Berufs-, Branchen- oder Geschäftsbezeichnung, seinen Namen, Titel, akademischen Grad, seine Anschrift und sein Geburtsjahr beschränken, und die Verarbeitung oder Nutzung erforderlich ist

1. **für Zwecke der Werbung für eigene Angebote der verantwortlichen Stelle, die diese Daten mit Ausnahme der Angaben zur Gruppenzugehörigkeit beim Betroffenen nach Absatz 1 Satz 1 Nummer 1 oder aus allgemein zugänglichen Adress-, Rufnummern-, Branchen- oder vergleichbaren Verzeichnissen erhoben hat,**
2. **für Zwecke der Werbung im Hinblick auf die berufliche Tätigkeit des Betroffenen und unter seiner beruflichen Anschrift oder**
3. **für Zwecke der Werbung für Spenden, die nach § 10b Absatz 1 und § 34g des Einkommensteuergesetzes steuerbegünstigt sind.**

[3]Für Zwecke nach Satz 2 Nummer 1 darf die verantwortliche Stelle zu den dort genannten Daten weitere Daten hinzuspeichern. [4]Zusammengefasste personenbezogene Daten nach Satz 2 dürfen auch dann für Zwecke der Werbung übermittelt werden, wenn die Übermittlung nach Maßgabe des § 34 Absatz 1a Satz 1 gespeichert wird; in diesem Fall muss die Stelle, die die Daten erstmalig erhoben hat, aus der Werbung eindeutig hervorgehen. [5]Unabhängig vom Vorliegen der Voraussetzungen des Satzes 2 dürfen personenbezogene Daten für Zwecke der Werbung für fremde Angebote genutzt werden, wenn für den Betroffenen bei der Ansprache zum Zwecke der Werbung die für die Nutzung der Daten verantwortliche Stelle eindeutig erkennbar ist. [6]Eine Verarbeitung oder Nutzung nach den Sätzen 2–4 ist nur zulässig, soweit schutzwürdige Interessen des Betroffenen nicht entgegenstehen. [7]Nach den Sätzen 1, 2 und 4 übermittelte Daten dürfen nur für den Zweck verarbeitet oder genutzt werden, für den sie übermittelt worden sind.

(3a) [1]Wird die Einwilligung nach § 4a Absatz 1 Satz 3 in anderer Form als der Schriftform erteilt, hat die verantwortliche Stelle dem Betroffenen den Inhalt der Einwilligung schriftlich zu bestätigen, es sei denn, dass die Einwilligung elektronisch erklärt wird und die verantwortliche Stelle sicherstellt, dass die Einwilligung protokolliert wird und der Betroffene deren Inhalt jederzeit abrufen und die Einwilligung jederzeit mit Wirkung für die Zukunft widerrufen kann. [2]Soll die Einwilligung zusammen mit anderen Erklärungen schriftlich erteilt werden, ist sie in drucktechnisch deutlicher Gestaltung besonders hervorzuheben.

(3b) [1]Die verantwortliche Stelle darf den Abschluss eines Vertrags nicht von einer Einwilligung des Betroffenen nach Absatz 3 Satz 1 abhängig machen, wenn dem Betroffenen ein anderer Zugang zu gleichwertigen vertraglichen Leistungen ohne die Einwilligung nicht oder nicht in zumutbarer Weise möglich ist. [2]Eine unter solchen Umständen erteilte Einwilligung ist unwirksam.

(4) [1]Widerspricht der Betroffene bei der verantwortlichen Stelle der Verarbeitung oder Nutzung seiner Daten für Zwecke der Werbung oder der Markt- oder Meinungsforschung, ist eine Verarbeitung oder Nutzung für diese Zwecke unzulässig. [2]Der Betroffene ist bei der Ansprache zum Zweck der Werbung oder der Markt- oder Meinungsforschung und in den Fällen des Absatzes 1 Satz 1 Nummer 1 auch bei Begründung des rechtsgeschäftlichen oder rechtsgeschäftsähnlichen Schuldverhältnisses über die verantwortliche Stelle sowie über das Widerspruchsrecht nach Satz 1 zu unterrichten; soweit der Ansprechende personenbezogene Daten des Betroffenen nutzt, die bei einer ihm nicht bekannten Stelle gespeichert sind, hat er auch sicherzustellen, dass der Betroffene Kenntnis über die Herkunft der Daten erhalten kann. [3]Widerspricht der Betroffene bei dem Dritten, dem die Daten im Rahmen der Zwecke nach Absatz 3 übermittelt worden sind, der Verarbeitung oder Nutzung für Zwecke der Werbung oder der Markt- oder Meinungsforschung, hat dieser die Daten für diese Zwecke zu sperren. [4]In den Fällen des Absatzes 1 Satz 1 Nummer 1 darf für den Widerspruch keine strengere Form verlangt werden als für die Begründung des rechtsgeschäftlichen oder rechtsgeschäftsähnlichen Schuldverhältnisses.

(5) [1]Der Dritte, dem die Daten übermittelt worden sind, darf diese nur für den Zweck verarbeiten oder nutzen, zu dessen Erfüllung sie ihm übermittelt werden. [2]Eine Verarbeitung oder Nutzung für andere Zwecke ist nicht-öffentlichen Stellen nur unter den Voraussetzungen der Abs. 2 und 3 und öffentlichen Stellen nur unter den Voraussetzungen des § 14 Abs. 2 erlaubt. [3]Die übermittelnde Stelle hat ihn darauf hinzuweisen.

(6) Das Erheben, Verarbeiten und Nutzen von besonderen Arten personenbezogener Daten (§ 3 Abs. 9) für eigene Geschäftszwecke ist zulässig, soweit nicht der Betroffene nach Maßgabe des § 4a Abs. 3 eingewilligt hat, wenn

1. **dies zum Schutz lebenswichtiger Interessen des Betroffenen oder eines Dritten erforderlich ist, sofern der Betroffene aus physischen oder rechtlichen Gründen außerstande ist, seine Einwilligung zu geben,**

2. es sich um Daten handelt, die der Betroffene offenkundig öffentlich gemacht hat,

3. dies zur Geltendmachung, Ausübung oder Verteidigung rechtlicher Ansprüche erforderlich ist und kein Grund zu der Annahme besteht, dass das schutzwürdige Interesse des Betroffenen an dem Ausschluss der Erhebung, Verarbeitung oder Nutzung überwiegt, oder

4. dies zur Durchführung wissenschaftlicher Forschung erforderlich ist, das wissenschaftliche Interesse an der Durchführung des Forschungsvorhabens das Interesse des Betroffenen an dem Ausschluss der Erhebung, Verarbeitung und Nutzung erheblich überwiegt und der Zweck der Forschung auf andere Weise nicht oder nur mit unverhältnismäßigem Aufwand erreicht werden kann.

(7) [1]Das Erheben von besonderen Arten personenbezogener Daten (§ 3 Abs. 9) ist ferner zulässig, wenn dies zum Zweck der Gesundheitsvorsorge, der medizinischen Diagnostik, der Gesundheitsversorgung oder Behandlung oder für die Verwaltung von Gesundheitsdiensten erforderlich ist und die Verarbeitung dieser Daten durch ärztliches Personal oder durch sonstige Personen erfolgt, die einer entsprechenden Geheimhaltungspflicht unterliegen. [2]Die Verarbeitung und Nutzung von Daten zu den in Satz 1 genannten Zwecken richtet sich nach den für die in Satz 1 genannten Personen geltenden Geheimhaltungspflichten. [3]Werden zu einem in Satz 1 genannten Zweck Daten über die Gesundheit von Personen durch Angehörige eines anderen als in § 203 Abs. 1 und 3 des Strafgesetzbuchs genannten Berufes, dessen Ausübung die Feststellung, Heilung oder Linderung von Krankheiten oder die Herstellung oder den Vertrieb von Hilfsmitteln mit sich bringt, erhoben, verarbeitet oder genutzt, ist dies nur unter den Voraussetzungen zulässig, unter denen ein Arzt selbst hierzu befugt wäre.

(8) [1]Für einen anderen Zweck dürfen die besonderen Arten personenbezogener Daten (§ 3 Abs. 9) nur unter den Voraussetzungen des Absatzes 6 Nr. 1–4 oder des Absatzes 7 Satz 1 übermittelt oder genutzt werden. [2]Eine Übermittlung oder Nutzung ist auch zulässig, wenn dies zur Abwehr von erheblichen Gefahren für die staatliche und öffentliche Sicherheit sowie zur Verfolgung von Straftaten von erheblicher Bedeutung erforderlich ist.

(9) [1]Organisationen, die politisch, philosophisch, religiös oder gewerkschaftlich ausgerichtet sind und keinen Erwerbszweck verfolgen, dürfen besondere Arten personenbezogener Daten (§ 3 Abs. 9) erheben, verarbeiten oder nutzen, soweit dies für die Tätigkeit der Organisation erforderlich ist. [2]Dies gilt nur für personenbezogene Daten ihrer Mitglieder oder von Personen, die im Zusammenhang mit deren Tätigkeitszweck regelmäßig Kontakte mit ihr unterhalten. [3]Die Übermittlung dieser personenbezogenen Daten an Personen oder Stellen außerhalb der Organisation ist nur unter den Voraussetzungen des § 4a Abs. 3 zulässig. [4]Absatz 2 Nummer 2 Buchstabe b gilt entsprechend.

Literatur

Abel, Die Nutzung von Meldedaten in der Wirtschaft – Möglichkeiten und Grenzen, RDV 2008, 195 ff.; *Abel*, Chance oder verpasste Chance? Zur Novellierung des Melderechts, RDV 2011, 283 ff.; *Brink/Schmidt*, Die rechtliche (Un-)Zulässigkeit von Mitarbeiterscreenings – Vom schmalen Pfad der Legalität, MMR 2010, 592 ff.; *Däubler*, Betriebsübergang, Personaldaten und Mandat des betrieblichen Datenschutzbeauftragten, RDV 2004, 55 ff.; *Duhr/Naujok/Danker/Seiffert*, Neues Datenschutzrecht für die Wirtschaft, DuD 2003, 5; *Franzen*, Die Zulässigkeit der Erhebung und Speicherung von Gesundheitsdaten der Arbeitnehmer nach dem novellierten BDSG, RDV 2003, 1; *Gola*, Die Erhebung und Verarbeitung „besonderer Arten personenbezogener Daten" im Arbeitsverhältnis, RDV 2001, 125; *Gola/Reif*, Kundendatenschutz, 3. Aufl. 2011; *Grentzenberg/Schreibauer/Schuppert*, Die Datenschutznovelle (Teil II), S. 635 ff.; *Hanloser*, Die BDSG-Novelle II: Neuregelungen zum Kunden- und Arbeitnehmerdatenschutz, MMR 2009, 594 ff.; *Hoeren*, Risikoprüfung in der Versicherungswirtschaft – Datenschutz und wettbewerbsrechtliche Fragen beim Aufbau zentraler Hinweissystems, VersR 2005, 1014; *Imhof*, One-to-One-Marketing im Internet – Das TDDSG als Marketinghindernis, CR 2000, 110 ff.; *Meltzian*, Neugestaltung des Listenprivilegs, DB 2009, 2643 ff.; *Otto/Rüdlin/Koch*, Weitergabe von Explorationsdaten aus der Drogenberatung an Leistungsträger, DuD 2002, 484; *Petri*, Fortentwicklung des Melderechts oder

Datenschutzskandal? Zur Neuregelung der einfachen Melderegisterauskünfte, ZD 2012, 403 ff.; *Pfeifer*, Neue Regeln für die Datennutzung zu Werbezwecken, MMR 2010, 524 ff.; *Schmidt*, Arbeitnehmerdatenschutz gemäß § 32 BDSG – Eine Neuregelung (fast) ohne Veränderung der Rechtslage, RDV 2009, 193 ff.; *Weichert*, Datenschutzrechtliche Probleme beim Adresshandel, WRP 1996, 522 ff.

Darum geht es

§ 28 ist Dreh- und Angelpunkt im BDSG, da es sich um die zentrale Erlaubnisnorm für die verantwortliche Stelle im nicht-öffentlichen Bereich handelt. Bevor auf sie zurückgegriffen werden kann, ist allerdings stets zu prüfen, ob ein spezielleres Gesetz (z.B. das Telemediengesetz) oder eine speziellere Norm im BDSG (z.B. § 32) den § 28 verdrängt. Dabei muss § 28, der eine Verarbeitung für „eigene Geschäftszwecke" der verantwortlichen Stelle betrifft, abgegrenzt werden gegen die §§ 29, 30 und 30a, bei welchen die Datenverarbeitung für Zwecke der Erbringung einer Dienstleistung der eigentliche Geschäftsgegenstand ist (z.B. Auskunfteien, Adresshandel, Markt- und Meinungsforschung). Eine Hilfe zur Abgrenzung des § 28 zu den §§ 29 ff. findet sich unter C. (siehe § 28, Rn. 199).

Schlagworte

Verbot mit Erlaubnisvorbehalt; Gesetzliche Erlaubnis; Gebot der Zweckbindung; Eigener Geschäftszweck; Werbliche Verwendung von Daten; Einwilligung in die werbliche Verwendung; Widerspruch gegen werbliche Verwendung; Werbung; Listenprivileg; Listendaten; B2B-Werbung; Spendenwerbung; Eigenwerbung; Fremdwerbung; Beipackwerbung; Empfehlungswerbung; Werbesperrdatei; Tendenzbetriebe

Weitere relevante Vorschriften

§ 4 „Verbot mit Erlaubnisvorbehalt"; § 7 UWG bei Werbung; §§ 13–15 TMG bei Telemedien; § 95 TKG bei Telekommunikationsdiensten; §§ 284 ff. SGB V für Krankenkassen; § 203 Abs. 1 StGB (Pflichten der Berufsverschwiegenheit)

Bei Beschäftigtendaten: § 32, § 75 Abs. 1 BetrVG, § 67 Abs. 1 BPersVG, §§ 6 ff. AGG, §§ 18, 19 ArbSchG, § 84 Abs. 2 SGB IX bzgl. Betrieblichem Eingliederungsmanagement (BEM)

A. Allgemeines

I. Regelungszweck

1. Sinn und Zweck der Norm

§ 28 ist innerhalb des BDSG die zentrale Erlaubnisnorm für die Erhebung, Verarbeitung und Nutzung personenbezogener Daten durch **privatwirtschaftliche Unternehmen** (siehe § 27, Rn. 8 ff.). Für öffentlich-rechtliche Unternehmen finden sich die entsprechenden Normen in den §§ 13 ff. Einer Erlaubnisnorm für die Erhebung, Verarbeitung und Nutzung personenbezogener Daten bedarf es, weil nach § 4 im Datenschutzrecht der sog. Grundsatz des **„Verbots mit Erlaubnisvorbehalt"** gilt. „Verbot mit Erlaubnisvorbehalt" bedeutet, dass jede Datenerhebung, -verarbeitung oder -nutzung verboten ist, es sei denn, eine Rechtsvorschrift gestattet dies oder der Betroffene hat eingewilligt. 1

2 § 28 ist nicht einfach in der praktischen Anwendung. Zum einen ist die Norm recht unübersichtlich gestaltet, wozu die BDSG-Novelle in 2009 viel beigetragen hat. Zum anderen gibt es diverse Abgrenzungsprobleme zu anderen Rechtsnormen. Darauf soll weiter unten unter „Systematik" eingegangen werden (siehe Rn. 6 ff.). Grundsätzlich gehen spezialgesetzliche Regelungen dem § 28 vor, sodass sich oftmals die Frage eines darüber hinaus zulässigen Rückgriffs auf § 28 stellt. Auch gelten die Abs. 1–3 grundsätzlich nur bei Erhebungen, Verarbeitungen und Nutzungen für **eigene Geschäftszwecke**, sodass eine Nutzung für fremde Geschäftszwecke dagegen abzugrenzen ist. Hier sind regelmäßig die §§ 11, 29 einschlägig. § 28 enthält ferner in den Absätzen 3, 3a, 3b und 4 spezielle Vorschriften für die werbliche Verwendung personenbezogener Daten, welche im Zusammenspiel mit anderen Normen, z.B. § 7 UWG, zu beachten sind. Darüber hinaus regeln die Abs. 6–9 den Umgang mit besonderen Arten personenbezogener Daten im Sinne von § 3 Abs. 9.

3 Schließlich schreibt § 28 Abs. 1 Satz 2 und Abs. 5 eines der wichtigsten datenschutzrechtlichen Grundprinzipien fest, nämlich das sog. **„Gebot der Zweckbindung"**. Danach ist bereits bei der Erhebung von personenbezogenen Daten der Zweck der Erhebung, Verarbeitung und Nutzung festzulegen. Ein späteres Verwenden der Daten für andere Zwecke bedarf erneut einer Rechtfertigung durch Gesetz, eine andere Rechtsvorschrift oder eine Einwilligung.

4 Die mit der Novelle 2009 geänderte Überschrift des § 28 leitet etwas in die Irre. Sie nimmt nur Bezug auf die „Datenerhebung und -speicherung" statt wie ursprünglich auf „Datenerhebung, -verarbeitung und -nutzung". Tatsächlich bleibt es aber dabei, dass § 28 sämtliche Verarbeitungsschritte bis auf das Löschen und Sperren von personenbezogenen Daten ebenso regelt wie die Nutzung. Vorgaben zum Löschen und Sperren sind in § 35 geregelt. Die Begründung des Gesetzgebers, dass man mit dieser sprachlichen Änderung eine Angleichung an die Überschrift des § 29 erreichen wollte,[1] ist nicht nachvollziehbar.

2. Anwendungsbereich

5 Wie sich aus § 27 ergibt, richtet sich der Dritte Abschnitt des BDSG und damit § 28 an **nicht-öffentliche Stellen**. Für öffentliche Stellen des Bundes findet § 28 nur Anwendung, wenn diese am Wettbewerb teilnehmen (siehe § 27, Rn. 14 ff.). Im Übrigen gelten für diese die strengeren Vorgaben der §§ 13 ff. Für öffentliche Stellen der Länder gilt § 28 nicht, da hier das Landesdatenschutzgesetz maßgeblich ist (siehe § 27, Rn. 18).

II. Systematik

6 § 28 ist bereits angesichts seiner Länge unübersichtlich. Gerade § 28 Abs. 3 erschließt sich erst, wenn man sorgfältig jeden einzelnen Satz liest. Zusammengefasst regeln die einzelnen Absätze des § 28 Folgendes:

- Abs. 1 regelt die Verwendung personenbezogener Daten für **eigene Geschäftszwecke** der verantwortlichen Stelle und hat neben Abs. 3 die größte Praxisrelevanz.
- Abs. 2 regelt die Verwendung personenbezogener Daten für **einen anderen Zweck** durch die verantwortliche Stelle. Dabei kann es zu einer Übermittlung an einen Dritten für dessen Geschäftszwecke kommen, allerdings legitimiert Abs. 2 nur die Datenübermittlung für die verantwortliche Stelle. D.h. der Datenempfänger muss daneben prüfen, ob er selbst eine Erlaubnis zur Speicherung und Nutzung der personenbezogenen Daten hat.
- Abs. 3, 3a und 4 betreffen die Verarbeitung oder Nutzung für **werbliche Zwecke oder Zwecke des Adresshandels**, wobei ein „geschäftsmäßiger" Adresshandel wiederum dem § 29 unterfällt (d.h., wenn der Adresshandel der eigentliche Geschäftszweck der Datenerhebung, -verarbeitung und -nutzung [siehe § 29 Rn. 16] ist). Abs. 3b betrifft den Verarbeitungsschritt der Erhebung für Werbezwecke, wonach der Vertragsschluss nicht von der Einwilligung in die werbliche Verwendung abhängig gemacht werden darf, wenn andernfalls dem Betroffenen ein Zugang zu gleichwertigen Leistungen nicht in zumutbarer Weise möglich ist.

---

1 BR-Drs. 4/09, S. 46.

- Das Erheben, Verarbeiten und Nutzen **besonderer Arten personenbezogener Daten** gem. § 3 Abs. 9 (also z.B. Angaben zur Gesundheit, Religion oder Gewerkschaftszugehörigkeit) ist in § 28 Abs. 6–9 geregelt. Sie setzen die möglichen Ausnahmen einer Verarbeitung sensitiver Daten nach Art. 8 Abs. 2–4 der EU-Datenschutzrichtlinie[2] um.
- Abs. 1 Satz 2 und Abs. 5 schreiben den sog. **Zweckbindungsgrundsatz** fest, d.h., bereits bei der Erhebung sind konkrete Zwecke, für die die Daten verarbeitet oder genutzt werden sollen, festzulegen. Ein Dritter, dem die Daten übermittelt werden, ist darauf hinzuweisen, für welche Zwecke er die Daten verarbeiten und nutzen darf.

1. Bereichsspezifische Vorschriften gehen dem § 28 vor

§ 28 ist eine sog. Auffangnorm, d.h., er ist nur anwendbar, wenn nicht andere, speziellere Vorschriften greifen. Dies ergibt sich auch aus § 1 Abs. 3 Satz 1, wonach das BDSG nur anwendbar ist, wenn nicht schon andere Rechtsvorschriften des Bundes hierzu etwas anderes regeln. Gemeint sind Regelungen, deren Ziel es ist, die Erhebung, Verarbeitung und Nutzung von personenbezogenen Daten für einen bestimmten Bereich festzulegen. 7

Beispiele für bereichsspezifische Vorschriften:

§§ 91 ff. Telekommunikationsgesetz (TKG) für Telekommunikationsanbieter

§§ 11 ff. Telemediengesetz (TMG) für Telemedienanbieter

§§ 284 ff. Sozialgesetzbuch V (SGB V) für Krankenkassen

! Zur Anwendung des § 28 kommt es nur, wenn nicht ein spezielleres Gesetz eingreift. Insofern ist immer vorher zu prüfen, ob die Datenerhebung, -verarbeitung und -nutzung bereits in einem anderen Gesetz geregelt ist!

Besonders relevant für (fast) jedes Unternehmen sind die Vorschriften des TKG und des TMG. Zwar gilt das TKG vom Grundsatz her nur für Telekommunikationsdiensteanbieter, als solcher wird aber nach bisher h.M. auch der Arbeitgeber angesehen, wenn er die private Nutzung von Internet und E-Mail im Unternehmen zulässt (Duldung genügt!) (siehe § 32 Rn. 75 ff.). Das Telemediengesetz gilt für personenbezogene Daten, welche im Zusammenhang mit der Zurverfügungstellung eines Telemediendienstes erhoben, verarbeitet und genutzt werden. Typische Beispiele sind Websites und im Internet direkt abrufbare Dienste. 8

Voraussetzung für das Zurücktreten des § 28 ist, dass die spezialgesetzliche Vorschrift eine deckungsgleiche Regelung enthält.[3] Ein Rückgriff auf weitergehende Erlaubnistatbestände des § 28 kommt dann nicht in Betracht. Dabei kommt es nicht darauf an, ob die Spezialvorschrift einen strengeren oder einen schwächeren Schutz des Betroffenen vorsieht.[4] 9

Beispielsweise ist die Verwendung von im Rahmen der Erbringung von Telemedien erhobenen Bestands- und Nutzungsdaten abschließend in §§ 14, 15 TMG geregelt. § 15 Abs. 3 TMG gestattet dabei die Verwendung von Nutzungsdaten für die Erstellung von pseudonymisierten Nutzungsprofilen. Da das TMG aber selbst keine Definition von „Pseudonym" enthält, kann insoweit auf § 3 Abs. 6a zurückgegriffen werden.

---

2 Richtlinie 1995/46/EG des Europäischen Parlaments und des Rates vom 24.10.1995 zum Schutz natürlicher Personen bei der Verarbeitung personenbezogener Daten und zum freien Datenverkehr, ABl. EG 1995 L 281/31.

3 Simitis/*Dix*, § 1 Rn. 170.

4 *Gola/Schomerus*, § 1 Rn. 24; a.A. Simitis/*Dix*, § 1 Rn. 172, aber nur in Bezug auf verfassungswidrige Gesetze. Im Übrigen geht auch er davon aus, dass das BDSG keinen Mindestschutz enthält.

2. Speziellere Vorschriften des BDSG gehen dem § 28 vor

10 Seit der Novellierung des BDSG in 2009 sind einige bisher nach § 28 zu beurteilende Zulässigkeitsvorgaben in speziellere eigenständige Normen übernommen worden. Einen Überblick über die abzugrenzenden Normen und dafür maßgebliche Kriterien findet sich unter C. (siehe Rn. 199).

11 **§ 28a** regelt abschließend die Datenübermittlung an Auskunfteien, sodass für sonstige Verarbeitungsschritte oder Übermittlungen an andere Empfänger der § 28 wieder einschlägig sein kann (siehe § 28a Rn. 8). **§ 28b** ist dagegen kein eigenständiger Erlaubnistatbestand, er ergänzt lediglich die §§ 28, 29, indem er den Abwägungsrahmen für Scoringverfahren festschreibt (siehe § 28b Rn. 19 f.). **§ 30a** regelt nunmehr speziell die Erhebung, Verarbeitung und Nutzung personenbezogener Daten für Zwecke der Markt- und Meinungsforschung. Bei der Erhebung, Verarbeitung und Nutzung besonderer Arten personenbezogener Daten (§ 3 Abs. 9) im Arbeitsverhältnis, also z.B. Gesundheitsdaten, sind die **§ 28 Abs. 6–8** ebenso zu beachten wie bereichsspezifische Regelungen sowie gesetzliche Benachteiligungsverbote, insbesondere § 75 Abs. 1 Betriebsverfassungsgesetz, § 67 Abs. 1 Bundespersonalvertretungsgesetz und die §§ 6 ff. des Allgemeinen Gleichbehandlungsgesetzes.

12 **§ 32** verdrängt den § 28 Abs. 1 Satz 1 Nr. 1 und Satz 2 im Hinblick auf Beschäftigungsverhältnisse.[5] Umstritten ist, ob damit ein Rückgriff auf § 28 insgesamt ausscheidet.[6] Relevant ist dies beispielsweise für die Datenverwendung im Rahmen von präventiven Maßnahmen oder zur Ermittlung von arbeitsvertraglichen Verstößen oder Ordnungswidrigkeiten, welche § 32 – im Gegensatz zur Strafverfolgung – nicht ausdrücklich erwähnt. Ferner geht es um Fälle, in denen Daten im Interesse des Arbeitgebers verarbeitet oder genutzt werden, ohne dass dies zur Durchführung des individuellen Beschäftigungsverhältnisses erforderlich wäre. Ein Beispiel ist die Verwendung von Mitarbeiterdaten im Rahmen einer Due-Diligence- oder einer Compliance-Untersuchung. Ebenso stellt sich die Frage nach der Möglichkeit eines Rückgriffs auf § 28, wenn Daten einem Dritten für dessen berechtigte Interessen zur Verfügung gestellt werden, z.B. um eine Konzernmutter im Rahmen eines Rechtsstreits zu unterstützen oder um dieser zu ermöglichen, ihren lokalen Anforderungen an Compliance-Vorgaben in Bezug auf Tochtergesellschaften zu genügen (z.B. nach dem amerikanischen Foreign Corrupt Practices Act). Bisher waren diese Fälle nach § 28 Abs. 1 Satz 1 Nr. 2 bzw. Abs. 2 Nr. 2a) zu beurteilen.

13 Hier gilt zunächst: Nach der Gesetzesbegründung zum § 32 ist ein Rückgriff auf § 28 nur insoweit verwehrt, als es um § 28 Abs. 1 Satz 1 Nr. 1 geht, denn allein diesen soll § 32 ersetzen.[7]

Ohnehin soll § 32 nicht die von der Rechtsprechung bisher erarbeiteten Grundsätze zum Beschäftigtendatenschutz ändern, sondern lediglich zusammenfassen. Sonstige allgemeine oder bereichsspezifische Datenschutzvorschriften werden nicht verdrängt. Der Gesetzgeber erwähnt sogar ausdrücklich die weitere Anwendbarkeit des § 28 für Fälle einer zweckändernden Verwendung, welche dem berechtigten Interesse der verantwortlichen Stelle oder eines Dritten dienen.[8]

Die herrschende Meinung hält deshalb einen Rückgriff auf § 28 Abs. 1 Satz 1 Nr. 2 im Arbeitnehmer-Arbeitgeber-Verhältnis für zulässig, sofern es sich um Datenverarbeitungen handelt, die keinem beschäftigungsrelevanten Zweck dienen.[9] Zwar wird das Merkmal *„für Zwecke des Beschäftigungsverhältnisses"* unterschiedlich interpretiert. Nach einer Meinung sollen darunter nur solche Datenerhebungen, -verarbeitungen und -nutzungen zu verstehen sein, welche für die Erfüllung der beiderseitigen Hauptleistungspflichten erforderlich sind.[10] Die meisten Autoren verstehen aber das Merkmal so, dass es sämtliche Datenerhebungen, -verarbeitungen und -nutzungen erfasst, die mit dem Beschäftigungsverhältnis in Zusammenhang stehen. Die Beschäftigungszwecke können sich dabei aus den Vorgaben des Arbeitsver-

5 BT-Drs. 16/13657, S. 20.
6 So Simitis/*Simitis*, § 28 Rn. 12.
7 BT-Drs. 16/13657, S. 20.
8 BT-Drs. 16/13657, S. 21.
9 *Gola/Schomerus*, § 32 Rn. 25; *Schaffland/Wiltfang*, § 32 Rn. 1a; *Bergmann/Möhrle/Herb*, § 32 Rn. 166; Taeger/Gabel/*Zöll*, BDSG, § 32 Rn. 6; *Gola/Jaspers*, RDV 2009, 212, 214; *Schmidt*, RDV 2009, 193, 196; *Vogel/Glas*, DB 2009, 1747, 1754; *Moll*, § 35 Compliance, Rn. 244.
10 *Joussen*, NZA-Beil. 2011, 35, 40.

trags, der Kollektivvereinbarungen oder den gesetzlichen Vorschriften ergeben.[11] Mit umfasst ist auch die vertragliche Nebenpflicht, dem Arbeitgeber keinen Schaden zuzufügen, sodass grundsätzlich präventive Maßnahmen oder Compliance-Untersuchungen am Maßstab des § 32 Satz 1 zu messen sind. Für diese Ansicht spricht auch die Gesetzesbegründung zu § 32 Satz 1, wonach nach Satz 1 *„z.B. auch die Zulässigkeit solcher Maßnahmen zu beurteilen (ist), die zur Verhinderung von Straftaten oder sonstigen Rechtsverstößen, die im Zusammenhang mit dem Beschäftigungsverhältnis stehen, erforderlich sind"*.[12] Dagegen dürften die Verarbeitung von Beschäftigtendaten im Rahmen einer Due Diligence[13] oder bei Kartellrechtsuntersuchungen[14] unter § 28 Abs. 1 Satz 1 Nr. 2 fallen. Im Ergebnis wird sich die Differenzierung, ob nur Hauptleistungs- oder auch Nebenpflichten nach § 32 Satz 1 zu beurteilen sind, nicht auswirken. Sofern ausnahmsweise § 28 Abs. 1 Satz 1 Nr. 2 auf Beschäftigtendaten Anwendung findet, ist dieser im Lichte des Beschäftigungsverhältnisses restriktiv auszulegen. Insbesondere können über § 28 Abs. 1 Satz 1 Nr. 2 nicht Verarbeitungen legitimiert werden, die arbeitsrechtlich unzulässig wären (z.B. Abfrage nach Schwangerschaft). Ferner muss die Verarbeitung selbst verhältnismäßig sein, deshalb ist z.B. im Rahmen einer Due Diligence in erster Linie mit anonymisierten bzw. aggregierten Daten zu arbeiten.

Das Gleiche gilt grundsätzlich für eine etwaig erforderliche Datenübermittlung an Dritte in deren berechtigten Interessen. Allerdings wird hier angesichts der engen Auslegung im Arbeitgeber-Arbeitnehmer-Verhältnis eine Übermittlung oftmals aufgrund überwiegender schutzwürdiger Interessen der Arbeitnehmer ausscheiden, da die Arbeitnehmerdaten in erster Linie beim Arbeitgeber zu verbleiben haben.

Beispiele:

Problematisch sind z.B. die teilweise aus amerikanischer Sicht aufgrund des Foreign Corrupt Practices Act für erforderlich gehaltenen Background-Screenings von Mitarbeitern einer deutschen Tochterfirma. Da die hierfür verwendeten ausländischen Datenbanken für den deutschen Arbeitnehmer nicht justitiabel sind, gehen die Aufsichtsbehörden davon aus, dass ein solches Screening im Interesse der Konzernmutter mangels Rechtsgrundlage unzulässig ist.[15]

! Bevor auf § 28 als Ermächtigungsnorm zurückgegriffen werden kann, ist zu prüfen, ob speziellere Regelungen des BDSG greifen. Dies sind insbesondere die §§ 28a, 28b, 29, 30a, 32. Eine Checkliste zur Abgrenzung findet sich im Anhang.

3. Weitere Normen können neben § 28 Anwendung finden

Es gibt Normen, welche den § 28 nicht verdrängen, aber zusätzlich zu diesem zu beachten sind. Das of- 14
fensichtlichste Beispiel hier ist § 7 UWG, der für eine werbliche Ansprache per Telefon, E-Mail oder Telefax in der Regel eine Einwilligung erfordert, selbst wenn die Nutzung der personenbezogenen Daten datenschutzrechtlich zulässig wäre (siehe § 4a, Rn. 99 ff.). Der *Bundesgerichtshof* prüft jedenfalls im Zusammenhang mit der Zulässigkeit der Verwendung personenbezogener Daten für die werbliche Ansprache sowohl Vorschriften des BDSG als auch den § 7 UWG.[16]

Darüber hinaus gibt es spezialgesetzliche Verschwiegenheitspflichten, z.B. für Ärzte, Anwälte oder Ban- 15
ken, welche bei einer Übermittlung von personenbezogenen Daten an Dritte bei einer Anwendung von § 28 stets mit zu berücksichtigen sind. So müssen Banken die Voraussetzungen und Grenzen einer Übermittlung der Daten ihrer Kunden am sog. Bankgeheimnis messen.[17] Der Verkauf einer Anwalts- oder Steuerberaterkanzlei und die damit verbundene Übergabe von Mandantenunterlagen muss das Man-

11 Taeger/Gabel/*Zöll*, § 32 Rn. 16.
12 BT-Drs. 16/13657, S. 36.
13 So auch *Gola/Schomerus*, § 32 Rn. 33; Taeger/Gabel/*Taeger*, § 28 Rn. 69.
14 Taeger/Gabel/*Taeger*, § 28 Rn. 68.
15 Beschluss der obersten Aufsichtsbehörden für den Datenschutz im nicht-öffentlichen Bereich (Düsseldorfer Kreis) vom 23./24. April 2009, „Datenschutzrechtliche Aspekte des Mitarbeiter-Screenings in international tätigen Unternehmen"; *Brink/Schmidt*, MMR 2010, 592, 595.
16 BGH v. 11.11.2009, Az. VIII ZR 12/08, MMR 2010, 138; BGH v. 16.07.2008, Az. VIII ZR 348/01, BGHZ 177, 253 (= MMR 2008, 731).
17 BGH BB v. 27.11.1990, 1991, 155; Simitis/*Simitis*, § 28 Rn. 99.

datsgeheimnis berücksichtigen.[18] Und dem Inkasso von Arztrechnungen sind durch die ärztliche Schweigepflicht Grenzen gesetzt.[19]

4. Verhältnis zu § 4a (Einwilligung)

16 § 28 Abs. 3a enthält über die Regelung des § 4a hinausgehende Anforderungen für eine Einwilligung in die werbliche Verwendung von personenbezogenen Daten.

5. Übergangsregelung

17 Nach § 47 war für vor dem 01.09.2009 zum Zwecke der Werbung erhobene oder gespeicherte Daten bis zum 31.08.2012 noch die alte Vorschrift des § 28 maßgeblich. Diese Übergangsfrist ist inzwischen abgelaufen, sodass die Neuregelung auf den gesamten Datenbestand Anwendung findet.

III. Ausblick auf die Novellierung des Europäischen Datenschutzrechts

18 Der Kommissionsentwurf der EU-Datenschutz-Grundverordnung enthält in Art. 6 grundsätzlich dem § 28 Abs. 1 und 2 vergleichbare Erlaubnistatbestände. Insbesondere gestattet Art. 6b des Entwurfs Datenverarbeitungen für die Erfüllung von Verträgen oder Durchführung vorvertraglicher Maßnahmen. Gem. Art. 6f des Entwurfs ist die Verarbeitung ferner zulässig, wenn es zur Wahrung berechtigter Interessen des für die Verarbeitung Verantwortlichen erforderlich ist, sofern nicht Grundrechte und Grundfreiheiten der betroffenen Person überwiegen. Dies entspricht in etwa der Regelung in § 28 Abs. 1 Satz 1 Nr. 2. Die in § 28 Abs. 6–9 geregelte Verarbeitung besonderer Kategorien von personenbezogenen Daten ist in Art. 9 des Entwurfs geregelt. Eine Sonderregelung enthält der Entwurf für die Verarbeitung von personenbezogenen Daten von Kindern bis zum vollendeten dreizehnten Lebensjahr, welche gem. Art. 8 des Entwurfs regelmäßig der Einwilligung der Erziehungsberechtigten bedarf. Was fehlt, ist eine Ermächtigungsgrundlage für eine Übermittlung an einen Dritten zur Wahrung von dessen berechtigten Interessen, wie es § 28 Abs. 2 Nr. 2a vorsieht. Der Entwurf berücksichtigt in Art. 6 nur Interessen der Verantwortlichen Stelle oder des Betroffenen bzw. ein öffentliches Interesse. Der Kompromissvorschlag des Parlaments greift dies aber auf und ergänzt Art. 6.1 (f) entsprechend.

In Bezug auf den Beschäftigtendatenschutz soll es gem. Art. 82 des Verordnungsentwurfs im Wesentlichen bei den nationalen Bestimmungen bleiben. Der bisher noch inoffizielle Vorschlag des Parlaments nach Abstimmung im LIBE-Ausschuss vom 25.10.2013 sieht dagegen in Art. 82.1c. bestimmte Mindestregelungen z.B. für Videoüberwachung und Verarbeitung von Daten bei zugelassener privater Nutzung von E-Mail und Internet vor.

B. Inhalt der Regelung

19 !

Bevor § 28 zur Anwendung kommt, sind folgende Prüfschritte zu durchlaufen:

1. Greift ein spezielleres Gesetz? Z.B. das TMG bei Datenverarbeitungen im Zusammenhang mit Telemediendiensten.
2. Greift eine speziellere Norm des BDSG? Z.B. § 32 bei Beschäftigtendaten.
3. Finden weitere Normen daneben Anwendung? Z.B. § 7 UWG bei werblicher Direktansprache.
4. Geht es um eine Datenverarbeitung für „eigene Geschäftszwecke"? Oder um die geschäftsmäßige Datenerhebung und -speicherung (§§ 29, 30), Markt- oder Meinungsforschung (§ 30) oder Auftragsdatenverarbeitung (§ 11)?

---

18 BGH v. 22.05.1996, Az. VIII 194/95, BGH NJW 1996, 2087.

19 BGH v. 10.07.1991, Az. VIII ZR 296/90 NJW 1991, 2955; 1992, 2348; BGH v. 17.05.1995, Az. VIII ZR 94/94, BGH NJW 1995, 2026; BGH v. 11.10.1995, Az. VIII ZR 25/94, BGH NJW 1996, 773 (Verkauf einer ärztlichen oder Heilpraktikerpraxis).

5. Welcher Absatz in § 28 ist relevant? Bei besonderen Arten personenbezogener Daten sind vor allem die Abs. 6–9 maßgeblich. Die werbliche Verwendung personenbezogener Daten ist in den Abs. 3–4 speziell geregelt. Im Übrigen gilt Abs. 1 für die Verwendung personenbezogener Daten als Mittel zur Erfüllung eigener Geschäftszwecke. Die Übermittlung oder Nutzung für einen anderen Zweck richtet sich nach Abs. 2.

Die Punkte 1. bis 3. wurden bereits weiter oben unter „Systematik" behandelt. Nachfolgend wird deshalb nur noch erläutert, wann eine Datenverarbeitung für „eigene Geschäftszwecke" vorliegt (Punkt 4.), bevor dann auf die Voraussetzungen des § 28 Abs. 1–9 im Einzelnen eingegangen wird (Punkt 5.).

I. Vorab: Zweckbindungsgebot, § 28 Abs. 1 Satz 2, Abs. 3 Satz 7, Abs. 5

20 Für sämtliche Datenverwendungen nach § 28 ist das sog. Zweckbindungsgebot maßgeblich, weshalb dieses Merkmal der Tatbestandserläuterung vorangestellt werden soll.

21 Nach Art. 6 Abs. 1b der EU-Datenschutzrichtlinie 1995/46/EG haben die Mitgliedstaaten dafür Sorge zu tragen, dass personenbezogene Daten nur für *„festgelegte eindeutige und rechtmäßige Zwecke erhoben und nicht in einer mit diesen Zweckbestimmungen nicht zu vereinbarenden Weise weiterverarbeitet werden"*. Deshalb sieht § 28 Abs. 1 Satz 2 vor, dass bereits bei der Erhebung personenbezogener Daten die Zwecke, für die die Daten erhoben, verarbeitet oder genutzt werden sollen, konkret festzulegen sind. Eine spätere Verwendung der personenbezogenen Daten für andere Zwecke ist nur zulässig, wenn dies wiederum ein Gesetz (z.B. § 28) erlaubt oder eine Einwilligung vorliegt.

22 Das sog. **Zweckbindungsgebot** dient der Transparenz der Datenverarbeitung, aber auch der Rechtssicherheit des Betroffenen. Dementsprechend gibt auch § 4 Abs. 3 vor, dass dem Betroffenen bereits bei der Datenerhebung die Zweckbestimmung der Erhebung, Verarbeitung oder Nutzung mitzuteilen ist. Für den Fall, dass eine Erhebung nicht direkt beim Betroffenen stattfindet, regelt § 33 Abs. 1 eine Pflicht zur Benachrichtigung des Betroffenen, wenn personenbezogene Daten erstmals ohne Kenntnis des Betroffenen gespeichert werden. Ist die Kenntnis des Datums nicht mehr für die Erfüllung des Zwecks erforderlich, für den das Datum ursprünglich gespeichert wurde, ist es gem. § 35 Abs. 2 Nr. 3 grundsätzlich erforderlich, diese zu löschen.

! Bei der Ausarbeitung von Formularen zur Datenerhebung sollte darauf geachtet werden, dass mögliche Verwendungszwecke in einer Datenschutzerklärung vollständig aufgeführt werden, um nicht später in ein Löschungs- bzw. Einwilligungserfordernis zu laufen. Aber Achtung! Die Zwecke müssen erkennbar mit der Datenerhebung in Zusammenhang stehen, sie dürfen für den Betroffenen nicht überraschend sein. Insbesondere kann ein bestehendes Einwilligungserfordernis, z.B. für eine werbliche Verwendung der Daten, nicht durch eine ausgedehnte Datenschutzerklärung umgangen werden. Dies verhindert § 28 Abs. 3 ebenso wie § 7 UWG, der für die werbliche Direktansprache per Telefon, Telefax oder E-Mail in der Regel eine „vorherige, ausdrückliche" Einwilligung erfordert.

23 Die Einhaltung des Gebots der Zweckbindung wird ferner dadurch abgesichert, dass die verantwortliche Stelle bei einer Übermittlung der Daten an einen Dritten einer **Hinweispflicht** unterliegt. Gem. § 28 Abs. 5 Satz 3 ist sie verpflichtet, den Dritten auf den Zweck, zu dessen Erfüllung diesem die Daten mitgeteilt werden, hinzuweisen. Auch der Dritte unterliegt dann gem. § 28 Abs. 5 Satz 1 und 2 der Zweckbindung und kann die Daten für andere Zwecke nur nutzen, wenn das Gesetz dies erlaubt oder der Betroffene eingewilligt hat. § 28 Abs. 3 Satz 7 wiederholt das Zweckbindungsgebot für den Fall der Übermittlung von sog. Listendaten zu Werbezwecken, ohne dass dadurch etwas Abweichendes zu § 28 Abs. 5 geregelt wäre.[20] Im Grunde ist diese Wiederholung überflüssig.

20 So auch schon die Gesetzesbegründung zu § 28 Abs. 3 Satz 7, BT-Drs. 4/09, S. 49: „enthält die im Bundesdatenschutzgesetz übliche Zweckbindung, wie sie sich unter anderem in Absatz 5 Satz 1 für Dritte befindet".

Vor einer Übermittlung von personenbezogenen Daten an Dritte hat die verantwortliche Stelle stets zu prüfen, ob sie für die Übermittlung eine Rechtsgrundlage hat (gesetzliche Erlaubnis oder Einwilligung). Nur so weit wie die Erlaubnis reicht, ist auch eine Übermittlung zulässig. Dazu gehört in der Regel, dass die Datenübermittlung „erforderlich" sein muss bzw. von der Einwilligung abgedeckt ist. Die Hinweispflicht gegenüber den Dritten ist eine Folge dieser Prüfung und sichert letztlich auch die verantwortliche Stelle ab.

Beispiele einer Überprüfung der Ermächtigungsgrundlage für die Übermittlung

Bei einer Übermittlung von personenbezogenen Daten an Strafermittlungsbehörden gem. § 28 Abs. 2 Nr. 2b) muss die verantwortliche Stelle prüfen, ob die übermittelten Daten „erforderlich" sind. Hierzu gehört die Prüfung, ob (a) die anfragende Behörde zuständig ist, (b) über eine einschlägige Rechtsgrundlage verfügt und (c) die abgefragten Daten für die Ermittlungen erforderlich sind.

Bei einer Übermittlung von Adressdaten an Dritte für Werbezwecke ist zu prüfen, ob die Einwilligung des Betroffenen die Übermittlung an Dritte gestattet und auf welche Werbezwecke diese evtl. begrenzt ist.

24 Umgekehrt ist der Hinweis auf die Zweckbestimmung gegenüber dem Dritten für den Dritten keine Rechtsgrundlage für die Datenverarbeitung, sondern auch er ist für die Rechtmäßigkeit verantwortlich. Beispielsweise wird eine unzulässige Übermittlung von Daten für Werbezwecke nicht dadurch zulässig, dass die übermittelnde Stelle – unzutreffend – auf die mögliche Verwendung für Werbezwecke hinweist.

Die Festlegung der Zwecke bei erstmaliger Erhebung sowie die Mitteilung der Zweckbindung an Dritte sollten von der verantwortlichen Stelle zu Beweiszwecken dokumentiert werden. Ohnehin ist es gem. § 4e Satz 1 Nr. 4 erforderlich, dass die Zweckbestimmung in der Verarbeitungsübersicht hinterlegt wird (siehe § 4e, Rn. 11). Hinweise an Dritte sollten nach Möglichkeit mit dem übermittelten Datenbestand verknüpft werden. Dabei sollte die verantwortliche Stelle die Zwecke auch gegenüber dem Dritten stets konkret benennen, eine pauschale Wiederholung von § 28 Abs. 5 ist nicht ausreichend. Bei einer Übermittlung gem. § 28 (2) Nr. 1 bis 3 sollte ferner das konkrete Interesse des Dritten bzw. das Sicherungsinteresse für eine später ggf. erforderliche Rechtfertigung von der verantwortlichen Stelle festgehalten werden.

Eine Übermittlung oder Nutzung personenbezogener Daten unter Verstoß gegen das Zweckbindungsgebot ist eine Ordnungswidrigkeit gem. § 43 Abs. 1 Nr. 4.

II. Vorab: „Eigene Geschäftszwecke" der verantwortlichen Stelle

25 § 28 gilt insgesamt nur bei Erhebungen, Verarbeitungen und Nutzungen für **„eigene Geschäftszwecke"** der verantwortlichen Stelle. Maßgeblich ist, ob der hinter der Erhebung, Verarbeitung und Nutzung stehende Geschäftszweck ein Zweck im Eigeninteresse der verarbeitenden Stelle ist. Zwar regelt § 28 dann auch die Nutzung für „andere Zwecke" (z.B. werbliche Zwecke), damit sind aber wiederum eigene Zwecke der verantwortlichen Stelle gemeint, auch wenn es dabei zu einer Übermittlung an einen Dritten für dessen Zwecke kommen kann. Maßgeblich ist ferner, dass die Erhebung, Verarbeitung und Nutzung bloß ein Hilfsmittel zur Erfüllung eines außerhalb der Datenverarbeitung liegenden Zwecks ist (z.B. die Vertragserfüllung oder die Kontaktaufnahme mit einem Interessenten). Ferner ist § 28 gegen die bloße Datenverarbeitung im Auftrag (§ 11) abzugrenzen, bei welcher die Daten allein für vom Auftraggeber vorgegebene (und damit seine) Geschäftszwecke verarbeitet werden. Ein Überblick über die Abgrenzungskriterien dieser Normen zu § 28 findet sich hinten unter C. (siehe Rn. 199).

26 Andererseits gibt es auch Fälle, in denen eine verantwortliche Stelle sowohl eigene als auch fremde Zwecke verfolgt. Dies kann z.B. vorliegen, wenn ein Konzernunternehmen innerhalb des Konzerns bestimmte Serviceleistungen (z.B. IT-Wartung) nicht nur für sich selbst, sondern auch für andere konzernangehörige Unternehmen durchführt. Hier kann dem Unternehmen eine Doppelrolle zukommen: Einerseits

ist es verantwortliche Stelle für die eigene Datenverarbeitung, während es eventuell die Datenverarbeitung für die konzernangehörigen Unternehmen lediglich in deren Auftrag durchführt. In diesem Fall sind sowohl § 28 als auch § 11 zu beachten. Ebenso ist denkbar, dass ein Unternehmen Markt- und Meinungsforschung nicht nur für sich, sondern geschäftsmäßig auch für Dritte anbietet. Auch hier kann es beispielsweise zu einer parallelen Anwendung von § 28 und § 30a kommen.

> Soweit eine Datenverarbeitung sowohl eigenen als auch fremden Geschäftszwecken dient, ist das Trennungsgebot gem. Nr. 8 Anlage zu § 9 Satz 1 zu beachten.

1. Abgrenzung zur „geschäftsmäßigen" Datenerhebung und -speicherung für Zwecke der Übermittlung gem. §§ 29, 30 (Adresshandel, Auskunfteien)

„Geschäftsmäßig" ist jede auf eine gewisse Dauer angelegte Tätigkeit (Wiederholungsabsicht genügt), **27**
wobei unerheblich ist, ob diese entgeltlich oder unentgeltlich ausgeübt wird.[21] Auch eine erstmalige Tätigkeit kann geschäftsmäßig sein, wenn aus den Umständen eine Wiederholungsabsicht erkennbar ist.[22] Das Eigeninteresse im Sinne von § 28 wird nicht schon dann aufgegeben, wenn die Daten gelegentlich auch an Dritte weitergegeben werden. Im Gegenteil, § 28 Abs. 2 gestattet beispielsweise ausdrücklich eine Übermittlung von Daten an einen Dritten zur Wahrung seiner berechtigten Interessen oder für Zwecke der Strafverfolgung. Ebenso erlaubt § 28 Abs. 3 Satz 4 die Übermittlung bestimmter zusammengefasster Daten an einen Dritten für dessen Werbezwecke. Maßgeblich ist hier der Einzelfallcharakter einer gelegentlichen Ausnahme, welcher nicht bewirkt, dass eine solche Übermittlung „geschäftsmäßig" erfolgt.

> **Beispiele einer geschäftsmäßigen Datenerhebung und -speicherung zum Zweck der Übermittlung gem. § 29**
>
> Adresshandel, Warn- und Informationsdienste (z.B. SCHUFA, aber auch branchenspezifische Warndienste, wie z.B. das Zentrale Hinweis- und Informationssystem zur Bekämpfung von Versicherungsbetrug und -missbrauch – HIS), Detektei

Werden dagegen die personenbezogenen Daten in erster Linie für eigene Zwecke verarbeitet und ge- **28**
nutzt und nur gelegentlich an einen Dritten übermittelt, z.B. im Falle einer Bankauskunft, bleibt § 28 anwendbar.[23] Die Übergänge können allerdings fließend sein, insbesondere wenn aus dem „gelegentlich" eine routinemäßige Übermittlung an Dritte wird. Verkauft oder vermietet beispielsweise ein Unternehmen seine Kundendaten regelmäßig an Dritte im Interesse einer „Zweitverwertung", wird es zum Adresshändler im Sinne von **§ 29**.[24] In einem solchen Fall können § 28 und § 29 parallel auf den gleichen Datenbestand Anwendung finden, je nachdem, um welche Zweckrichtung es geht.

> Sofern im Konzern routinemäßig Kundendaten für gemeinsame Werbemaßnahmen ausgetauscht werden, besteht die Gefahr, dass die beteiligten Unternehmen als Adresshändler qualifiziert werden (mit dem Problem der Meldepflicht gem. § 4d Abs. 4). Besser ist daher, wenn bereits im Zeitpunkt der Erhebung im Rahmen der Werbeeinwilligung weitere Konzerngesellschaften angegeben werden (die dann ebenfalls verantwortliche Stelle sind).

§ 30 regelt den Sonderfall einer Übermittlung von aggregierten (anonymen) Daten, sofern dies ge- **29**
schäftsmäßig erfolgt. Die Norm hat ebenfalls Vorrang vor § 28.

---

21 Simitis/*Ehmann*, § 29 Rn. 49.
22 *Gola/Schomerus*, § 28 Rn. 6.
23 *Gola/Schomerus*, § 28 Rn. 2; *Schaffland/Wiltfang*, § 28 Rn. 9.
24 Simitis/*Simitis* § 28 Rn. 29; Simitis/*Ehmann*, § 29 Rn. 21; *Gola/Schomerus*, § 28 Rn. 4.

2. Abgrenzung zur „geschäftsmäßigen" Markt- und Meinungsforschung gem. § 30a

30 Die Abgrenzung zur geschäftsmäßigen Markt- und Meinungsforschung gem. **§ 30a** fällt regelmäßig leichter. Die unternehmenseigene „Markt- und Meinungsforschung" hat nämlich meist die Förderung bestimmter Kundenbeziehungen zum Ziel und fällt deshalb schon nicht unter den Begriff der Markt- und Meinungsforschung, sondern unter den Begriff der Werbung und damit unter § 28. Beispielsweise hat das *Oberlandesgericht Köln* Maßnahmen zur Kundenzufriedenheitsbefragung als „Werbung" angesehen, sie fallen daher unter § 28 und für die Direktansprache sind die Vorgaben des § 7 UWG zu beachten.[25] Dagegen ist die „Markt- und Meinungsforschung" betroffen, wenn es um die Bereitstellung von mittels wissenschaftlicher Methoden und Techniken ermittelten Informationen als empirische Grundlage und zur Unterstützung wirtschaftlicher, gesellschaftlicher oder politischer Entscheidungen geht.[26] „Geschäftsmäßig" ist diese Tätigkeit – wie bei § 29 –, wenn sie auf gewisse Dauer angelegt ist.

> **!** Eine unternehmenseigene Marktforschung, z.B. eine Produktbefragung oder Leserbefragung ohne Werbecharakter, unterliegt dem § 28. **Achtung!** Derartige Befragungen unterliegen seit dem Urteil des OLG Köln zur Kundenzufriedenheitsbefragung dem Damoklesschwert, evtl. als „Werbung" im Sinne von § 7 UWG angesehen zu werden. Eine Ansprache in der Fußgängerzone oder per Brief ist aber unproblematisch.

3. Abgrenzung zur Auftragsdatenverarbeitung gem. § 11

31 Da § 28 nur die Erhebung, Verarbeitung und Nutzung durch die „verantwortliche Stelle" betrifft, ist die Norm ferner gegen **§ 11** abzugrenzen. Gem. § 11 Abs. 1 ist nämlich bei der „bloßen" **Auftragsdatenverarbeitung** in erster Linie der Auftraggeber als verantwortliche Stelle für die Einhaltung der datenschutzrechtlichen Vorschriften verantwortlich. Für den Auftragnehmer gelten lediglich die in § 11 Abs. 4 aufgezählten Pflichten, allerdings nur, sofern es sich um eine „echte" Auftragsdatenverarbeitung handelt. Es ist daher stets zu prüfen, ob ein schriftlicher Vertrag zur Auftragsdatenverarbeitung vorliegt und ob dieser tatsächlich eine bloß weisungsgemäße Tätigkeit des Auftragnehmers ohne eigenen Entscheidungsspielraum vorsieht. Wie die Parteien den Vertrag bezeichnet haben, ist dabei nicht maßgeblich. Das Gegenstück zur Auftragsdatenverarbeitung ist die sog. „Funktionsübertragung", d.h., eine komplette Funktion wird vom Auftragnehmer übernommen und dieser trifft eigene Entscheidungen darüber, wie er die Daten für diese Zwecke verwendet. Eine Checkliste zur Klärung der Frage, ob eine Auftragsdatenverarbeitung vorliegt, findet sich unter C. (siehe Rn. 200).

> **!** Die Qualifizierung eines Dienstleisters als Auftragsdatenverarbeiter hat im Regelfall den Vorteil, dass es für die Datenübermittlung keiner gesonderten Rechtsgrundlage oder Einwilligung bedarf. Hintergrund ist die Definition von „Übermitteln" im § 3 Abs. 4 Nr. 3 als das „Bekanntgeben … an einen Dritten", während § 3 Abs. 8 Satz 3 von der Definition des „Dritten" solche Stellen ausnimmt, die innerhalb der EU/des EWR personenbezogene Daten im Auftrag erheben, verarbeiten und nutzen. Leider greift dieses „Privileg" für die Auftragsdatenverarbeitung nicht bei Auftragnehmern mit Sitz außerhalb der EU/des EWR.

III. Erheben, Speichern, Verändern, Übermitteln oder die Nutzung als Mittel für die Erfüllung eigener Geschäftszwecke, § 28 Abs. 1

32 § 28 Abs. 1 enthält drei Zulässigkeitsalternativen, die grundsätzlich unabhängig voneinander die Zulässigkeit einer Datenerhebung, -verarbeitung oder -nutzung als Mittel für die Erfüllung eigener Geschäftszwecke begründen können:

1. sofern dies erforderlich ist für die Begründung, Durchführung oder Beendigung eines rechtsgeschäftlichen oder rechtsgeschäftsähnlichen Schuldverhältnisses;

---

25 OLG Köln, Urteil v. 30.03.2012, Az. 6 U 191/11, MMR 2012, 535.
26 BT-Drs. 16/13657, S. 33.

2. berechtigte Interessen der verantwortlichen Stelle hieran bestehen und schutzwürdige Interessen des Betroffenen nicht überwiegen;
3. wenn die Daten allgemein zugänglich sind oder die verantwortliche Stelle sie veröffentlichen dürfte, es sei denn, dass das schutzwürdige Interesse des Betroffenen an dem Ausschluss der Verarbeitung oder Nutzung überwiegt.

Die herrschende Meinung geht davon aus, dass in den Fällen, in denen ein Vertragsverhältnis besteht, 33 die Alternativen 2 und 3 regelmäßig zurückstehen, denn in diesem Fall soll in erster Linie das Vertragsverhältnis die Zulässigkeit der Datenverarbeitung bestimmen.[27] Der Vertragspartner soll sich darauf verlassen können, dass seine Daten nur für den Zweck verwendet werden, zu dem er sie angegeben hat.[28] Gerade in besonderen Rechtsverhältnissen, wie bei Verträgen mit Banken, Ärzten, Rechtsanwälten, können die Zulässigkeitsalternativen der Nr. 2 und 3 nicht etwas gestatten, was die vertragliche Beziehung nicht zulässt. Das Gleiche gilt für eine Datenverarbeitung im Arbeitgeber-Arbeitnehmer-Verhältnis, welches nun in erster Linie in § 32 geregelt ist. So hat das *Bundesarbeitsgericht* mehrfach entschieden, dass in die Privatsphäre des Arbeitnehmers nicht tiefer eingedrungen werden darf, als es der Zweck des Arbeitsverhältnisses erfordert.[29]

Beispiel für einen Rückgriff auf § 28 Abs. 1 Satz 1 Nr. 2 trotz Arbeitsvertrag

Im Arbeitgeber-Arbeitnehmer-Verhältnis kommt ein Rückgriff auf § 28 Abs. 1 Satz 1 Nr. 2 bei Datenverarbeitungen im Rahmen von Compliance-Untersuchungen oder für Zwecke einer Due Diligence bei Unternehmenskäufen in Betracht. Es handelt sich nicht um Verarbeitungen, welche für „Zwecke des Beschäftigungsverhältnisses" erforderlich sind, sodass § 32 Abs. 1 Satz 2 nicht greift. Allerdings ist stets zu prüfen, ob und inwieweit (zunächst) mit anonymen oder pseudonymen Angaben gearbeitet werden kann (Stichwort: restriktive Auslegung!). Personenbeziehbare Daten werden im Rahmen der Due Diligence nur für leitendes Personal erforderlich sein, evtl. genügt auch die Durchsicht durch einen Treuhänder (z.B. Notar, Rechtsanwalt, Wirtschaftsprüfer).

Problematisch wäre dagegen in jedem Fall eine Verarbeitung von über Facebook erhobenen Daten zu Angaben, welche nicht vom Fragerecht des Arbeitgebers erfasst sind (z.B. Angaben zu einer Schwangerschaft). Ohnehin wird ein Zugriff des Arbeitgebers auf Facebook als kritisch angesehen, da es sich erkennbar um ein an das private Umfeld gerichtetes Netzwerk handelt (anders z.B. bei Xing oder LinkedIn).

1. Erheben, Verarbeiten oder Nutzen im Rahmen eines rechtsgeschäftlichen oder rechtsgeschäftsähnlichen Schuldverhältnises, § 28 Abs. 1 Satz 1 Nr. 1

§ 28 Abs. 1 Satz 1 Nr. 1 betrifft den in der Praxis häufigen Fall einer Erhebung, Verarbeitung und Nutzung 34 für Zwecke eines Vertragsverhältnisses oder vertragsähnlichen Vertrauensverhältnisses. So z.B. die Erhebung, Verarbeitung und Nutzung von Kontaktdaten des Kunden für Zwecke der Vertragsabwicklung oder von Kontodaten für Zwecke der Abrechnung. Zu den Tatbestandsvoraussetzungen im Einzelnen:

---

27 *Gola/Schomerus*, § 28 Rn. 9.
28 Aufsichtsbehörde Baden-Württemberg, Hinweis zum BDSG Nr. 3, Staatsanzeiger Baden-Württemberg, 1978 Nr. 53, S. 3.
29 BAG DB 1987, 1048.

a) „Rechtsgeschäftliches oder rechtsgeschäftsähnliches" Schuldverhältnis

35 Der Wortlaut „rechtsgeschäftliche oder rechtsgeschäftsähnliche" Schuldverhältnisse ist § 311 BGB[30] entnommen und umfasst:

- Verträge, z.B. Kauf-, Tausch-, Dienst-, Schenkungs-, Miet- oder Pachtverträge, welche durch Angebot und Annahme entstehen;
- einseitige Rechtsgeschäfte, d.h. Schuldverhältnisse, die ausnahmsweise durch einseitige Erklärungen entstehen können, z.B. die Auslobung gem. § 657 BGB (z.B. ein Gewinnspiel);
- „rechtsgeschäftsähnliche Schuldverhältnisse", d.h. solche, bei denen (noch) keine Leistungspflichten entstanden sind, bei denen aber vertragsähnliche Rücksichtnahme- oder Informations- oder Aufklärungspflichten bestehen, z.B. mit Eintritt in Vertragsverhandlungen oder bei Gefälligkeitsverhältnissen.

b) Grundsatz der Erforderlichkeit

36 Besteht ein rechtsgeschäftliches oder rechtsgeschäftsähnliches Schuldverhältnis, legitimiert § 28 Abs. 1 Satz 1 Nr. 1 dennoch nur solche Datenverwendungen, die *„für die Begründung, Durchführung oder Beendigung ... erforderlich"* sind. Maßgeblich ist also zunächst, dass die betreffenden Angaben zur Erfüllung der Pflichten oder zur Wahrnehmung von Rechten aus dem Vertrag oder vertragsähnlichen Schuldverhältnis benötigt werden (Zweckbindung). Dabei ist die Erforderlichkeit grundsätzlich nach objektiven Maßstäben zu bestimmen, denn nur dann ist es gerechtfertigt, dass eine Erhebung, Verarbeitung oder Nutzung ohne weitere Interessenabwägung zulässig ist.[31] Insoweit fließt bei der Anwendung von § 28 Abs. 1 Satz 1 Nr. 1 auch der Grundsatz der Datenvermeidung und Datensparsamkeit mit ein, die Abfrage von „überschießenden" Daten lässt sich im Regelfall nicht durch § 28 Abs. 1 Satz 1 Nr. 1 rechtfertigen.[32] „Erforderlich" meint aber nicht eine zwingende Notwendigkeit, ausreichend ist vielmehr, dass die verantwortliche Stelle bei vernünftiger Betrachtung auf das fragliche Mittel angewiesen ist und keine weniger belastende, gleich geeignete Alternative besteht.[33] Zu weit geht es dagegen, wenn teilweise gefordert wird, dass nur solche Erhebungen, Verarbeitungen oder Nutzungen gerechtfertigt sein können, ohne die eine Durchführung des rechtsgeschäftlichen oder rechtsgeschäftsähnlichen Schuldverhältnisses nicht möglich ist.[34]

37 Welche Daten und Verarbeitungen dabei vom Begriff der Erforderlichkeit umfasst sind, richtet sich in erster Linie nach einer etwaigen ausdrücklichen Regelung im Vertrag.

> **!** Die vertragliche Regelung ist Ausgangspunkt der Festlegung, welche Daten wie verarbeitet werden dürfen. Sinnvollerweise sollten daher bereits bei Vertragsabschluss erkennbare Datenverarbeitungen im Vertrag erwähnt sein. Dabei kann der Vertrag den Verarbeitungsspielraum

---

30 § 311 BGB („Rechtsgeschäftliche und rechtsgeschäftsähnliche Schuldverhältnisse") lautet:
(1) Zur Begründung eines Schuldverhältnisses durch Rechtsgeschäft sowie zur Änderung des Inhalts eines Schuldverhältnisses ist ein Vertrag zwischen den Beteiligten erforderlich, soweit nicht das Gesetz ein anderes vorschreibt.
(2) Ein Schuldverhältnis mit Pflichten nach § 241 Abs. 2 entsteht auch durch
1. die Aufnahme von Vertragsverhandlungen,
2. die Anbahnung eines Vertrags, bei welcher der eine Teil im Hinblick auf eine etwaige rechtsgeschäftliche Beziehung dem anderen Teil die Möglichkeit zur Einwirkung auf seine Rechte, Rechtsgüter und Interessen gewährt oder ihm diese anvertraut, oder
3. ähnliche geschäftliche Kontakte.
(3) [1]Ein Schuldverhältnis mit Pflichten nach § 241 Abs. 2 kann auch zu Personen entstehen, die nicht selbst Vertragspartei werden sollen. [2]Ein solches Schuldverhältnis entsteht insbesondere, wenn der Dritte in besonderem Maße Vertrauen für sich in Anspruch nimmt und dadurch die Vertragsverhandlungen oder den Vertragsschluss erheblich beeinflusst.

31 Taeger/Gabel/*Taeger*, § 28 Rn. 47; Simitis/*Simitis*, § 28 Rn. 58 und 69; Däubler/Klebe/Wedde/Weichert/*Wedde*, § 28 Rn. 17.

32 Taeger/Gabel/*Taeger*, § 28 Rn. 49, Däubler/Klebe/Wedde/Weichert/*Wedde*, § 28 Rn. 17.

33 *Gola/Schomerus*, § 28 Rn. 15; *Schaffland/Wiltfang*, § 28 Rn. 110; *Bergmann/Möhrle/Herb*, § 28 Rn. 235; *Wolff/Brink*, § 28 Rn. 33; OLG Köln, Urteil v. 14.08.2009, Az. 6 U 70/09, NJW 2010, 90, 91.

34 So aber: Däubler/Klebe/Wedde/Weichert/*Wedde*, § 28 Rn. 15.

nicht beliebig ausdehnen, vielmehr muss ein Zusammenhang zum Vertragszweck bestehen, andernfalls ist ggf. eine Einwilligung erforderlich. Insbesondere können nicht erforderliche Datenverarbeitungen (z.B. Bonitätsabfrage, obwohl für den Vertrag nicht relevant) eine unter AGB-mäßigen Gesichtspunkten unwirksame Regelung darstellen. Soweit mehr Angaben gefordert werden, als zur Vertragserfüllung erforderlich, können diese grundsätzlich dennoch erhoben werden, wenn sie deutlich als freiwillige Angaben gekennzeichnet werden. Es kann dann von einer konkludenten Einwilligung in die Verarbeitung der überschießenden Daten für die angegebenen Zwecke ausgegangen werden.

Enthält der Vertrag selbst keine ausdrücklichen Regelungen zu den erforderlichen Daten oder Datenverarbeitungen, kann sich die Erforderlichkeit mittelbar oder unmittelbar aus dem Vertragszweck ergeben. Der Vertrag ist dabei nach dem objektiven Empfängerhorizont auszulegen, d.h., es sind solche Verarbeitungen erfasst, mit denen der durchschnittlich aufgeklärte und aufmerksame Betroffene rechnen muss. Beispielsweise ist dem Betroffenen bei Buchung einer Reise im Reisebüro gegenwärtig, dass das Reisebüro seine Buchungsdaten z.B. an das gebuchte Hotel übermitteln muss. 38

! Wie stets im Datenschutzrecht ist eine transparente Gestaltung von Vertragsformularen oder Erhebungsbögen hilfreich, um spätere Auslegungsschwierigkeiten zu vermeiden. So sollte der Betroffene bereits bei Angabe seiner Daten erkennen können, für welche Zwecke diese Daten verwendet werden. Widersprüchlichkeiten werden im Zweifel zulasten der verantwortlichen Stelle ausgelegt.

Beispiele für eine „erforderliche" Datenverarbeitung

- Grunddaten des Rechtsverhältnisses (z.B. Name, Adresse)
- Vorlage des amtlichen Ausweises zur Feststellung der Identität (Anfertigung einer Kopie dagegen regelmäßig nicht erforderlich)
- Geburtsdatum nur, wenn Mindestalter festgestellt werden muss (ggf. genügt aber Jahrgang)
- Bankdaten nur, sofern zur Zahlungsabwicklung benötigt (also nicht bei Barzahlung)
- Erhebung kreditrelevanter Daten, sofern der konkrete Vertrag Kreditelemente enthält
- Speicherung der Unterschrift falls erforderlich für Unterschriftenkontrolle durch die Bank

c) Exkurs: Daten Dritter

Fraglich ist, ob auch die Verarbeitung von Daten Dritter durch § 28 Abs. 1 Satz 1 Nr. 1 legitimiert sein kann. So kann es für einen Versicherungsvertrag erforderlich sein, dass Angaben zu Familienmitgliedern gemacht werden, auch eine Unfallmeldung oder eine Banküberweisung kommt ohne Daten Dritter nicht aus. Nach einer Ansicht ist für die zulässige Datenverarbeitung Dritter erforderlich, dass diese in die Datenverarbeitung eingewilligt haben oder sich die Zulässigkeit aus § 28 Abs. 1 Satz 1 Nr. 2 oder 3 ergibt.[35] *Simitis* ist dagegen der Ansicht, dass die Verarbeitung von Daten Dritter dann bereits gem. § 28 Abs. 1 Satz 1 Nr. 1 zulässig ist, wenn dies für das konkret vereinbarte Vertragsziel erforderlich ist.[36] Das BDSG stelle den Zweck des Schuldverhältnisses in den Vordergrund und deshalb sei jede Verarbeitung zulässig, die für das konkret vereinbarte Ziel erforderlich sei. Für die Auffassung von *Simitis* spricht, dass andernfalls die verantwortliche Stelle bei Verträgen zugunsten Dritter mit dem Risiko einer datenschutzwidrigen Verarbeitung belastet wäre, obwohl sie ohne die Daten den Vertrag nicht erfüllen kann. Anknüpfungspunkt für die Erforderlichkeit nach § 28 Abs. 1 Satz 1 Nr. 1 ist deshalb zutreffend alleine das Schuldverhältnis und nicht der Betroffene, sodass Datenerhebungen über Dritte mit erfasst sein können. Dabei ist im Falle der Angabe von Daten Dritter allerdings besonders kritisch zu hinterfragen, ob diese für den Vertragszweck „erforderlich" sind. In der Praxis wird sich dieser Streit nicht unbedingt auswirken, da bei den 39

35 Däubler/Klebe/Wedde/Weichert/*Wedde*, § 28 Rn. 20; *Wolff/Brink*, § 28 Rn. 32.
36 Simitis/*Simitis*, § 28 Rn. 63.

oben genannten Fällen eine Ermächtigungsgrundlage im Regelfall auch nach § 28 Abs. 1 S.1 Nr. 2 bestünde.

> **!** Grundsätzlich kann die Verarbeitung von Daten Dritter dann von § 28 Abs. 1 Satz 1 Nr. 1 legitimiert sein, wenn der Vertrag auch den Dritten zum Gegenstand hat, insbesondere zu seinen Gunsten ist. Z.B. dem Dritten sollen Blumen angeliefert werden und deshalb werden seine Adressdaten angegeben. Vorsicht ist allerdings bei Werbenachrichten geboten. So mag die Angabe der E-Mail-Adresse eines Dritten, welchem ein elektronischer Gruß übersendet werden soll, noch von § 28 Abs. 1 Satz 1 Nr. 1 erfasst sein, da andernfalls der Service nicht durchgeführt werden kann. Sofern der elektronische Gruß allerdings Werbecharakter hat, ist für die Zusendung einer solchen E-Mail gem. § 7 UWG die vorherige, ausdrückliche Einwilligung des Dritten erforderlich.

d) Exkurs: Änderung der Vertragspartner

40 Teilweise wird in der Literatur im Zusammenhang mit Bankenfusionen thematisiert, ob § 28 Abs. 1 Satz 1 Nr. 1 auf Fusionen nach dem Umwandlungsgesetz Anwendung finden kann. Nach *Wengert/Widmann/Wengert* soll in diesen Fällen eine Einwilligung der Kunden erforderlich sein, da weder § 20 UmwG noch § 28 Abs. 1 Satz 1 Nr. 1 oder 2 eine Rechtsgrundlage für die Übermittlung der Kundendaten liefern könnte.[37] Im Ergebnis geht diese Diskussion fehl, da im Falle der Gesamtrechtsnachfolge schon gar keine Übermittlung im Sinne von § 3 Abs. 3 Nr. 3 vorliegt, welcher einer Rechtsgrundlage bedürfte, denn der Rechtsnachfolger ist kein „Dritter".[38] Etwas anderes gilt **vor** der Fusion, bei welcher eine Übermittlung von Kundendaten allenfalls durch § 28 Abs. 1 Satz 1 Nr. 2 gerechtfertigt sein kann und stets zu prüfen ist, ob nicht anonyme Daten ausreichen.[39] *Simitis* will allerdings bei einem Identitätswechsel ein Einwilligungserfordernis annehmen, es könne dem Kunden nicht egal sein, wer sein Vertragspartner sei.[40] Richtigerweise ist diese Frage allerdings zivilrechtlich zu lösen, eventuell hat der Kunde dann ein außerordentliches Kündigungsrecht.[41] Datenschutzrechtlich kommt es allein darauf an, dass die Daten sachenrechtlich auf den Rechtsnachfolger übergehen, ohne dass eine Übermittlung vorliegt. Das ist z.B. nicht der Fall, wenn es sich um einen bloßen Asset Deal handelt, der sich dadurch auszeichnet, dass z.B. nur Vertragsbeziehungen übergehen (Verkauf des Kundenstamms).

2. Erhebungen, Verarbeiten oder Nutzen auf Grundlage einer Interessenabwägung, § 28 Abs. 1 Satz 1 Nr. 2

41 Gem. § 28 Abs. 1 Satz 1 Nr. 2 ist eine Verarbeitung oder Nutzung personenbezogener Daten zulässig, *„soweit es zur Wahrung berechtigter Interessen der verantwortlichen Stelle erforderlich ist und kein Grund zu der Annahme besteht, dass das schutzwürdige Interesse des Betroffenen an dem Ausschluss der Verarbeitung oder Nutzung überwiegt"*. Nach dieser Alternative kann eine Datenverarbeitung aufgrund einer Interessenabwägung zulässig sein. Dieser Anwendungsfall ist sehr praxisrelevant und betrifft Fälle, in denen kein Vertrags- oder vertragsähnliches Verhältnis besteht. Soweit die Daten zunächst für einen Vertrag erhoben wurden und dann einem anderen Zweck zugeführt werden sollen (z.B. für Zwecke der Marktanalyse), kommt die 2. Alternative über § 28 Abs. 2 Nr. 1 zur Anwendung, was im Ergebnis aber dasselbe ist. Allerdings ist die Nr. 2 bei einem bestehenden Vertragsverhältnis eng auszulegen, da Verarbeitungszwecke in erster Linie im Vertrag zu regeln sind und die 2. Alternative nicht „durch die Hintertür" Verarbeitungen gestatten soll, welche im Vertrag nicht wirksam hätten geregelt werden können.

---

37 *Wengert/Widmann/Wengert*, NJW 2000, 1289, 1292 f.

38 So zutreffend *Schaffland*, NJW 2002, 1539, 1542 f.; vgl. auch Hinweis des Innenministeriums Baden-Württemberg, abgedruckt in: *Schaffland/Wiltfang*, Ordnungsnummer 7010.

39 *Schaffland*, NJW 2002, 1539, 1541 hält eine Offenlegung des Aktivgeschäfts im Bankenbereich für erforderlich und deshalb gerechtfertigt; a.A. Hinweis des Innenministeriums Baden-Württemberg, abgedruckt in: *Schaffland/Wiltfang*, Ordnungsnummer 7010.

40 Simitis/*Simitis*, § 28 Rn. 68; kritisch auch Taeger/Gabel/*Taeger*, § 28 Rn. 70 ff., der eine Klarstellung durch den Gesetzgeber fordert.

41 Vgl. OLG Köln Urteil vom 25.06.2001, Az. 9 U 143/00, NJW-RR, 1492 zur Kündigung eines langfristigen Kreditvertrags nach Bankenverschmelzung.

Beispiele im Anwendungsbereich des § 28 Abs. 1 Satz 1 Nr. 2

Die nachfolgenden Beispiele beziehen sich auf Maßnahmen, welche grundsätzlich zulässig sein können, wobei stets im Einzelfall abzuwägen ist, ob schutzwürdige Interessen des Betroffenen überwiegen:

- unternehmensinterne Datenanalyse (Data Warehouse, Date Mining), zumindest sofern es um statistische oder pseudonyme Angaben geht;
- Erstellung von Kundenprofilen zwecks Überprüfung der Bonität und Zahlungsverhalten;
- Outsourcing von bestimmten Funktionalitäten (ggf. als Auftragsdatenverarbeitung auszugestalten);
- Due Diligence, wobei Arbeitnehmerdaten zu anonymisieren oder pseudonymisieren sind, es sei denn, dies ist entscheidungsrelevant oder mit einem unverhältnismäßig großen Aufwand verbunden;
- Rückrufaktionen;
- Rechtsstreitigkeiten;
- unternehmensinterne Warndateien zur Vorbeugung von Geldwäsche und Betrug.

Im Mittelpunkt der Norm steht die **Interessenabwägung**. Sie ist Ausfluss des verfassungsrechtlich in Art. 2 Abs. 1 i.V.m. Art. 1 Abs. 1 GG verankerten allgemeinen Persönlichkeitsrechts, zu welchem auch das Recht auf informationelle Selbstbestimmung gehört. Die freie Entfaltung der Persönlichkeit setzt voraus, dass es grundsätzlich dem Einzelnen überlassen ist, selbst über die Preisgabe und Verwendung seiner persönlichen Daten zu bestimmen.[42] Hier verdeutlicht sich einmal mehr, dass Grundrechte zwar in erster Linie Abwehrrechte des Bürgers gegen den Staat sind, sie aber insoweit auch in das Privatrecht ausstrahlen (sog. **Drittwirkung**), als die zwischen Privaten geltenden Normen „im Lichte der Grundrechte" auszulegen sind.[43] Dementsprechend sind für die Interessenabwägung einerseits die „berechtigten Interessen" der verantwortlichen Stellen zu ermitteln, andererseits die „schutzwürdigen Interessen" des Betroffenen gegenüberzustellen und in Ausgleich zu bringen. Dabei muss sich die Abwägung am sog. **Verhältnismäßigkeitsgrundsatz** ausrichten. Dies entspricht der Vorgabe der „Erforderlichkeit" der Verarbeitung oder Nutzung, insbesondere darf kein gleich geeignetes, weniger einschneidendes Mittel zur Erreichung des Zwecks verfügbar sein. 42

!

Die Prüfung des § 28 Abs. 1 Satz 1 Nr. 2 setzt drei Schritte voraus:

1. Feststellung eines „berechtigten" Interesses der verantwortlichen Stelle an der geplanten Verarbeitung oder Nutzung;
2. Ermittlung der „schutzwürdigen Interessen" des Betroffenen, welche durch die Verarbeitung oder Nutzung betroffen sind;
3. Interessenabwägung, d.h.
   a. Prüfung der Erforderlichkeit der Verarbeitung oder Nutzung für den festgestellten Zweck (insbesondere, ob ein milderes, gleich geeignetes Mittel zur Verfügung steht).
   b. Prüfung, ob dennoch das Interesse des Betroffenen am Ausschluss der Verarbeitung oder Nutzung überwiegt, insbesondere, weil Risiken für den Betroffenen bestehen.

a) Wahrung berechtigter Interessen der verantwortlichen Stelle

Ein „berechtigtes Interesse" der verantwortlichen Stelle ist jedes rechtliche, wirtschaftliche oder ideelle Interesse, welches von der Rechtsordnung nicht missbilligt wird.[44] In der Praxis sind es im Regelfall wirt- 43

---

42 BVerfG, Urteil v. 15.12.1983, Az. 1 BvR 209/83 u.a., NJW 1984, 419, 422 – „Volkzählungsurteil".

43 BVerfG, Urteil v. 15.01.1958, Az. 1 BvR 400/51, GRUR 1958, 254, 257 – Lüth.

44 *Gola/Schomerus*, § 28 Rn. 24; Simitis/*Simitis*, § 28 Rn. 104; Taeger/Gabel/*Taeger*, § 28 Rn. 55; *Baumbach/Möhrle/Herb*, § 28 Rn. 230; Däubler/Klebe/Wedde/Weichert/*Wedde*, § 28 Rn. 48; vgl. auch BGH, Urteil v. 22.05.1984, Az. VI ZR 105/82, NJW 1984, 1886, 1887.

schaftliche Interessen, z.B. die Kundengewinnung oder die Vermeidung eines Ausfallrisikos. Dabei muss das Interesse gerade im Hinblick auf die geplante Verarbeitung oder Nutzung bestehen, d.h., der Zweck der Verarbeitung oder Nutzung ist auf dieses Interesse gerichtet.

b) Entgegenstehende schutzwürdige Interessen des Betroffenen

44 Die „schutzwürdigen Interessen" des Betroffenen sind jeweils anhand von Art, Inhalt und Aussagekraft der relevanten Daten sowie der spezifischen Verarbeitungssituation zu ermitteln. Es geht um eine objektive, summarische Prüfung der Verarbeitungsfolgen im Einzelfall, die verantwortliche Stelle ist grundsätzlich nicht verpflichtet, Nachforschungen anzustellen, es sei denn, es gibt im Einzelfall Anlass dazu (z.B. der Betroffene hat einer Verarbeitung ausdrücklich widersprochen).[45] Die Formulierung, wonach „kein Grund" zur Annahme überwiegender Interessen am Ausschluss der Verarbeitung oder Nutzung bestehen soll, ist dahingehend zu verstehen, dass sich die verantwortliche Stelle nicht im Zweifel befinden soll. In Bezug auf die Datenart und Aussagekraft der Daten ist insbesondere relevant, ob es sich um besonders schutzbedürftige Angaben handelt.

Beispiele für besonders schutzbedürftige Daten

- besondere Arten personenbezogener Daten gem. § 3 Abs. 9
- personenbezogene Daten, die einem Berufsgeheimnis unterliegen (vgl. auch § 203 Abs. 1 StGB)
- personenbezogene Daten, die sich auf strafbare Handlungen oder Ordnungswidrigkeiten beziehen
- Bank- oder Kreditkartendaten
- Daten von Minderjährigen
- Biometrische Daten

45 Ferner ist zu prüfen, welche Risiken die Datenverarbeitung oder -nutzung für den Betroffenen beinhaltet. Dabei kann es um die Wahrung des Persönlichkeitsrechts des Betroffenen gehen, aber auch um die Abwehr von wirtschaftlichen oder beruflichen Nachteilen.[46]

Beispiele für mögliche Risiken für den Betroffenen

- wirtschaftliche Nachteile
- berufliche Nachteile
- Rufbeeinträchtigung, Prangerwirkung, Stigmatisierung
- Beeinträchtigung der freien Lebensgestaltung; Gefahr des „gläsernen" Betroffenen
- Gefahr der Bekanntgabe an Nichtberechtigte Dritte (z.B. Identitätsdiebstahl)

46 Insgesamt ist das Persönlichkeitsrecht ein „Rahmenrecht", dessen Reichweite nicht absolut feststeht.[47] Die Rechtsprechung hat Abwägungskriterien entwickelt, welche vor allem nach Maßgabe einer abgestuften Schutzwürdigkeit die folgenden Sphären der Persönlichkeit unterscheiden:

- **Intim- und Geheimsphäre**: Dazu gehören beispielsweise Angaben zu Gesundheit und Sexualleben, aber auch Angaben, bei welchen der Betroffene erkennbar ein Geheimhaltungsinteresse hat (z.B. Tagebuchaufzeichnungen). Diese Angaben sind besonders schutzbedürftig.
- **Privatsphäre**: Dazu gehören Angaben über das private Leben des Betroffenen, welche dieser allenfalls seinem privaten Umfeld zur Kenntnis bringt und welche erkennbar nicht für eine größere Öffentlichkeit bestimmt sind. Beispiele sind Angaben zu Urlaubsreisen, Einkaufsverhalten etc.

---

45 Simitis/*Simitis*, § 28 Rn. 129 f.
46 BGH, Urteil v. 23.06.2009, Az. VI ZR 196/08, NJW 2009, 2888, 2891.
47 BGH, Urteil v. 23.06.2009, Az. VI ZR 196/08, NJW 2009, 2888, 2891.

- **Sozialsphäre**: Hier geht es um Angaben, welche die Tätigkeit des Betroffenen im Kontakt mit der Öffentlichkeit betreffen, also insbesondere in Bezug auf seine berufliche Tätigkeit oder Amtsausübung.

Der Betroffene muss im Bereich der Sozialsphäre eher einen Eingriff hinnehmen als im Bereich der Privat- oder Intimsphäre, was sich letztlich bei der Interessenabwägung auswirkt. Beispielsweise ist der *Bundesgerichtshof* im Urteil „spickmich.de" davon ausgegangen, dass eine Lehrerin eine Schülerbewertung im Internet grundsätzlich hinnehmen müsse, da es um Angaben aus ihrer Sozialsphäre gehe und im Fall von Meinungsäußerungen von Schülern, welche keine Schmähkritik darstellten, die Schutzwürdigkeit das verfassungsrechtlich gewährleistete Recht auf Kommunikationsfreiheit des Plattformbetreibers und der Nutzer überwiege.[48] **47**

c) Interessenabwägung, insbes. Erforderlichkeit

Der Begriff der „Erforderlichkeit" wurde bereits weiter oben zu § 28 Abs. 1 Satz 1 Nr. 1 erläutert. Einigkeit besteht in der Literatur weitestgehend darin, dass „erforderlich" nicht mit „zwingend notwendig" gleichzusetzen ist.[49] Lediglich *Wedde* meint, dass Erforderlichkeit nur gegeben sei, wenn die verantwortliche Stelle ohne die Verarbeitung einen nicht zumutbaren Nachteil erleide.[50] Das ist zu weitgehend und verkennt, dass grundsätzlich jedes legitime Interesse der verantwortlichen Stelle zu berücksichtigen ist und erst bei der Interessenabwägung eine Bewertung stattfindet. Der Begriff der Erforderlichkeit meint zunächst nur, dass die verantwortliche Stelle die Angaben für einen legitimen Zweck benötigt und kein gleich geeignetes, milderes Mittel zur Zweckerreichung zur Verfügung steht. Selbst wenn das der Fall ist, kann es dennoch sein, dass schutzwürdige Belange des Betroffenen überwiegen (z.B. weil der Eingriff in die Intimsphäre besonders schwer wiegt). **48**

Nicht „erforderlich" sind Informationen, welche die verantwortliche Stelle zur Zweckerreichung nicht benötigt.[51] Beispielsweise haben das *Oberlandesgericht Köln*[52] und das *Oberlandesgericht Karlsruhe*[53] in Bezug auf ein Kundenrückgewinnungsschreiben an Stromkunden festgestellt, dass hierfür zwar Name, Adresse und der Umstand, dass der Kunde gekündigt hatte, genutzt werden dürften, nicht aber die Angabe, zu welchem Stromanbieter der Kunde gewechselt habe. Allerdings ist gerade bei Interessentendaten und CRM-Maßnahmen sehr umstritten, welche Angaben „erforderlich" sind, zumal die verantwortliche Stelle ein berechtigtes Interesse daran hat, zur besseren Einschätzung des Akquisepotenzials bestimmte Daten „auf Vorrat" zu speichern. In der Literatur wird vielfach eine Verarbeitung von Kunden- und Interessentendaten auf Vorrat über ein **Data Warehouse** und/oder mithilfe von systematisch betriebenen **Data Mining** sowie die Erstellung von Kundenprofilen für unzulässig erachtet.[54] Dies ist aber in dieser Verallgemeinerung nicht zutreffend. Bereits § 28 Abs. 3 Satz 3 gestattet in Bezug auf Kunden ein Hinzuspeichern von Daten. Zumindest CRM-Systeme sind damit grundsätzlich zulässig.[55] Problematisch wird es dann, wenn über den Kunden oder Interessenten derart granulare oder sensitive Informationen zusammengestellt oder durch Data Mining herausgefiltert werden, dass Rückschlüsse auf dessen konkrete Lebenssituation möglich sind. Beispielsweise ist es zwar zulässig, dass sich ein Vertriebsmitarbeiter den Geburtstag des Kunden notiert, um diesem ggf. Glückwünsche zukommen zu lassen. Der Bereich der zulässigen Datenspeicherung wird aber verlassen, wenn Ess- oder Trinkgewohnheiten des einzelnen Kunden festgehalten werden.[56] Auch ist es im berechtigten Interesse der verantwortlichen Stelle, dass Kunden bestimmten Segmenten zugeordnet werden, um ihnen gezielt für sie relevante Produkte anzubieten (z.B. Kunden, die für mehr als X € eingekauft haben, erhalten ein spezielles Sonderangebot). So- **49**

48 BGH, Urteil v. 23.06.2009, Az. VI ZR 196/09, NJW 2009, 2888. 2892.
49 Vgl. z.B. Simitis/*Simitis*, § 28 Rn. 108.
50 Däubler/Klebe/Wedde/Weichert/*Wedde*, § 28 Rn. 48.
51 BGH, Urteil v. 22.05.1984, Az. VI ZR 105/82, NJW 1984, 1886, 1887.
52 OLG Köln, Urteil v. 14.08.2009, Az. 6 U 70/09, NJW 2010, 90, 91.
53 OLG Karlsruhe, Urteil v. 09.05.2012, Az. 6 U 38/11, NJW 2012, 3312, 3313.
54 Simitis/*Simitis*, § 28 Rn. 112 ; Taeger/Gabel/*Taeger*, § 28 Rn. 57; *Wolff/Brink*, § 28 Rn. 75; Däubler/Klebe/Wedde/Weichert/*Wedde*, § 28 Rn. 50; *Gola/Schomerus*, § 28 Rn. 11.
55 So auch *Gola/Schomerus*, § 28 Rn. 54.
56 Vgl. *Gola/Schomerus*, § 28 Rn. 11.

weit dadurch nicht Rückschlüsse auf individuelle, sensitive Lebensgewohnheiten möglich sind, dürften schutzwürdige Belange der Betroffenen im Regelfall nicht überwiegen.

50 Zudem ist stets zu prüfen, ob zur Zweckerreichung auch die Verwendung von anonymen oder pseudonymen Daten ausreichen kann. Beispielsweise wird es bei einer **Due Diligence** bei Unternehmenskauf regelmäßig ausreichen, wenn Daten der Beschäftigten in lediglich aggregierter Form zur Verfügung gestellt werden. Etwas anderes kann für Personal in Schlüsselpositionen gelten, deren Tätigkeit für die augenblickliche Lage des Unternehmens und dessen weitere Entwicklung von entscheidender Bedeutung sind.[57]

51 Ebenso wenig sind Verarbeitungsarten erforderlich, die ein Risiko für den Betroffenen bedeuten, welches die verantwortliche Stelle minimieren kann. Dies betrifft vor allem angemessene technische und organisatorische Maßnahmen im Sinne von § 9 zum Schutz der personenbezogenen Daten vor unbefugten Zugriffen. Beispielsweise sind sensitive Informationen stets verschlüsselt zu übermitteln. In Bezug auf Übermittlungen in Länder außerhalb der EU bzw. des EWR sind stets die §§ 4b, 4c zu beachten. Sofern im Empfängerland kein angemessenes Datenschutzniveau herrscht, muss die verantwortliche Stelle dieses Risiko absichern, z.B. durch die Vereinbarung der von der Kommission vorgegebenen Standardvertragsklauseln (siehe § 4b Rn. 32). Die Übermittlung ohne eine solche Absicherung kann nicht durch § 28 Abs. 1 Satz 1 Nr. 2 legitimiert werden.[58] Das Gleiche gilt im Fall der Auftragsdatenverarbeitung. Oftmals wird bei Unternehmen mit Sitz außerhalb der EU/des EWR auf den Abschluss eines schriftlichen Vertrags zur Auftragsdatenverarbeitung im Sinne von § 11 mit der Begründung verzichtet, es würde ja ohnehin gem. § 3 Abs. 8 das Privileg der Auftragsdatenverarbeitung nicht greifen, da der Ausländer „Dritter" sei und deshalb eine Übermittlung vorläge (siehe § 3 Rn. 136). Genau in diesen Fällen ist aber trotzdem der Abschluss eines schriftlichen Vertrags zur Auftragsdatenverarbeitung erforderlich, um die Übermittlung über § 28 Abs. 1 Satz 1 Nr. 2 rechtfertigen zu können. Besteht kein solcher Vertrag, ist davon auszugehen, dass berechtigte Interessen des Betroffenen am Ausschluss der Übermittlung überwiegen.

! Der Fall einer Auslandsübermittlung ist nicht unkomplex. Insbesondere stößt es außerhalb Deutschlands immer wieder auf Erstaunen, dass es nicht ausreichend ist, die Auslandsübermittlung z.B. über Standardvertragsklauseln abzusichern. Nach deutschem Datenschutzrecht ist vielmehr darüber hinaus erforderlich, dass für die Datenübermittlung – wie bei jedem sonstigen Dritten auch – eine Rechtsgrundlage besteht. Dies kann z.B. § 28 Abs. 1 Satz 1 Nr. 2 sein. Insoweit ist also eine 2-stufige Prüfung bei Auslandssachverhalten erforderlich.[59]

3. Erheben, Verarbeiten oder Nutzen von allgemein zugänglichen Daten, § 28 Abs. 1 Satz 1 Nr. 3

52 § 28 Abs. 1 Satz 1 Nr. 3 enthält erleichterte Zulässigkeitsbedingungen für die Verarbeitung und Nutzung von personenbezogenen Daten, welche entweder allgemein zugänglich sind (1. Alt.) oder veröffentlicht werden dürfen (2. Alt.). Die größere Praxisrelevanz hat die erste Alternative. In beiden Fällen ist eine Verarbeitung und Nutzung nur ausgeschlossen, wenn schutzwürdige Interessen des Betroffenen am Ausschluss der Verarbeitung und Nutzung „offensichtlich" überwiegen. Hintergrund ist in erster Linie das Grundrecht auf Informationsfreiheit (Art. 5 Abs. 1 Satz 1 GG), wonach jeder das Recht hat, sich aus „allgemein zugänglichen" Quellen zu unterrichten. Er muss dann auch grundsätzlich berechtigt sein, diese Angaben zu verarbeiten.

53 Dabei kommt es nicht darauf an, ob die verantwortliche Stelle die Daten tatsächlich aus einer öffentlichen Quelle entnommen hat; es genügt die Möglichkeit.[60] Allerdings gilt die Privilegierung nur für die Primärdaten, d.h., die Verarbeitung von aufgrund dieser Daten ermittelten weiteren Angaben oder sonst mit

57 Simitis/*Simitis*, § 28 Rn. 111.
58 Simitis/*Simitis*, § 28 Rn. 144; *Baumbach/Möhrle/Herb*, § 28 Rn. 245.
59 So jetzt auch ausdrücklich: Beschluss der Aufsichtsbehörden für den Datenschutz im nicht-öffentlichen Bereich (Düsseldorfer Kreis am 11./12.09.2013).
60 Simitis/*Simitis*, § 28 Rn. 159; *Wolff/Brink*, § 28 Rn. 84; Däubler/Klebe/Wedde/Weichert/*Wedde*, § 28 Rn. 59.

den Primärdaten später verknüpften zusätzlichen Angaben ist nicht durch Nr. 3 gerechtfertigt, sondern bedarf einer eigenen Rechtsgrundlage.[61]

Teilweise wird angenommen, dass eine Verarbeitung nur so lange zulässig ist, wie die Daten allgemein zugänglich sind.[62] Dies betrifft beispielsweise den Fall, dass eine Internetseite aus dem Netz genommen wird, aber eventuell noch im Cache einer Suchmaschine vorhanden ist oder über eine Archivseite (z.B. www.archive.org). Letztlich ist diese Frage aber im Rahmen der (verkürzten) Interessenabwägung zu berücksichtigen, Nr. 3 bleibt grundsätzlich zunächst anwendbar. In diesem Zusammenhang hat das *Kammergericht* eine Pflicht der verantwortlichen Stelle zur Prüfung, ob sich die Angaben noch in einer öffentlich zugänglichen Quelle befinden, abgelehnt.[63] **54**

a) Allgemein zugängliche Daten (1. Alt.)

„Allgemein zugänglich" sind Daten, wenn sie aus einer „allgemein zugänglichen" Quelle stammen. Das *Bundesverfassungsgericht* definiert „allgemein zugängliche" Quelle im Zusammenhang mit Art. 5 Abs. 1 Satz 1 GG als eine solche, die „technisch geeignet und bestimmt ist, der Allgemeinheit, d.h. einem individuell nicht bestimmbaren Personenkreis, Informationen zu verschaffen".[64] Der *Bundesgerichtshof* hat festgestellt, dass rechtliche Schranken des Zugangs zu Daten, auch wenn diese mittels Falschangaben einfach umgangen werden können, die allgemeine Zugänglichkeit ausschließen.[65] **55**

Allgemein zugängliche Quellen sind zunächst sämtliche Publikationen, wie z.B. Zeitungen, Zeitschriften, Bücher oder Rundfunk- oder Fernsehsendungen. Mit erfasst sind aber auch öffentlich zugängliche Datenbanken und Register, über die sich die Allgemeinheit frei informieren kann. Darunter fallen nicht solche Register, bei denen der Zugang der Allgemeinheit grundsätzlich verschlossen ist (z.B. Bundes-, Verkehrs- oder Gewerbezentralregister[66]) oder von einem besonderen berechtigten Interesse abhängt. Dementsprechend ist z.B. das Handelsregister und Unternehmensregister eine „allgemein zugängliche" Quelle, da § 9 Abs. 1 HGB ausdrücklich den Zugang für jedermann festlegt. Dagegen ist das **Grundbuch** keine „allgemein zugängliche" Quelle, da gem. § 12 Abs. 1 GBO die Einsichtnahme nur demjenigen gestattet ist, der ein „berechtigtes Interesse" darlegt. **56**

(Weitere) Beispiele für „allgemein zugängliche Daten"

Angaben aus Zeitungen, Zeitschriften, Büchern (z.B. Lexika), Telefonbüchern, Rundfunk- und Fernsehsendungen, Anschlägen, Flugblättern, öffentlich zugänglichen Veranstaltungen, Messen, Katalogen, öffentlich zugänglichen Datenbanken, öffentlichen Registern (Handelsregister, Genossenschaftsregister, Geschmacksmusterregister, Markenregister, Vereinsregister, Partnerschaftsregister), Insolvenzbekanntmachungen (www.insolvenzbekanntmachungen.de).

Folgende Fälle sind derzeit umstritten: **57**

Die **einfache Melderegisterauskunft**, d.h. die Abfrage von Name, Doktorgrad und Adresse bei den zuständigen Meldebehörden, ist gem. § 21 Abs. 1 MRRG jedermann möglich, auch eine Vielzahl von namentlich bezeichneten Einwohnern kann abgefragt werden. Dagegen ist für die erweiterte Melderegisterauskunft ein „berechtigtes Interesse" erforderlich. Dementsprechend gehen Teile der Literatur davon aus, dass es sich bei der einfachen Melderegisterauskunft um „allgemein zugängliche" Daten handelt.[67] Andere Autoren lehnen diese Einordnung mit der Begründung ab, dass das Melderegister nicht dazu bestimmt sei, der Allgemeinheit Informationen zu beschaffen.[68] Überzeugen kann letztere Auffassung

61 *Gola/Schomerus*, § 28 Rn. 31 Simitis/*Simitis*, § 28 Rn. 164; *Wolff/Brink*, § 28 Rn. 84.
62 *Bergmann/Möhrle/Herb*, § 28 Rn. 266 und 270; *Wolff/Brink*, § 28 Rn. 85.
63 KG, Urteil v. 07.02.2013, Az. 10 U 118/12, ZD 2013, 189, 190 bzgl. öffentlich bekannt zu machenden Angaben zur Rechtsschuldbefreiung gem. § 300 Abs. 3 InsO.
64 BVerfG, Beschluss vom 03.10.1969, Az. 1 BvR 46/65, NJW 1970, 235, 237.
65 BGH, Urteil v. 04.06.2013, Az. 1 StR 32/13, Rn. 55.
66 Vgl. §§ 30, 41 ff. BZRG; § 30 StVG; §§ 149 ff. GewO.
67 *Bergmann/Möhrle/Herb*, § 28 Rn. 262; Simitis/*Simitis*, § 28 Rn. 156 und 164; *Abel*, RDV 2011, 184; *Abel*, RDV 2008, 195.
68 Taeger/Gabel/*Taeger*, § 28 Rn. 94; *Erbs/Kohlhaas*, § 28 BDSG Rn. 10; *Petri*, ZD 2012, 403.

nicht, denn die Gesetzesbegründung bezeichnet die einfachen Melderegisterauskünfte als „offenkundige" Daten, die „jedermann zugänglich gemacht werden können".[69] Auch das *Bundesverwaltungsgericht* geht vom Grundsatz her davon aus, dass ein allgemeines Informationsbedürfnis im Hinblick auf die Basisdaten besteht.[70] Fraglich ist, ob sich diese Einschätzung ändern muss, wenn am 01.05.2015 das neue Bundesmeldegesetz in Kraft tritt. Die Regelung des neuen § 44 Abs. 1 BMG entspricht im Wesentlichen dem § 21 Abs. 1 MRRG. Allerdings ist dann gem. § 44 Abs. 1 Satz 2 BMG anzugeben, ob und wenn ja für welche gewerblichen Zwecke die Daten verwendet werden sollen, insoweit besteht gem. § 47 BMG eine Zweckbindung in Bezug auf die weitere Verwendung der Daten. Ferner ist die Erteilung der Auskunft nur zulässig, wenn der Anfragende bestätigt, dass er die Daten nicht für Zwecke der Werbung oder des Adresshandels verwendet. Im Ergebnis ändern aber diese Regelungen nichts an der allgemeinen Zugänglichkeit der Daten, die Neuregelungen betreffen lediglich die Beschränkung einer weiteren Verwendung, welche erst auf zweiter Stufe zu prüfen ist, wenn es darum geht, ob „offenkundig" schutzwürdige Interessen des Betroffenen am Ausschluss der Verwendung bestehen.

58 In Bezug auf das **Schuldnerregister** geht die überwiegende Meinung davon aus, dass es sich nicht um „allgemein zugängliche" Angaben handelt.[71] Hintergrund ist, dass eine Einsichtnahme gem. § 882f ZPO nur für die dort abschließend aufgezählten Zwecke zulässig ist.

59 Das **Internet** ist nach allgemeiner Ansicht insoweit eine öffentlich zugängliche Quelle, als der Zugriff für jedermann, z.B. auch durch gängige Suchmaschinen, eröffnet ist.[72] Umstritten ist allerdings, wo der öffentliche Bereich des Internets endet. Nach einer Ansicht soll dies bereits der Fall sein, wenn auf der Website darauf hingewiesen wird, dass die Inhalte nicht für die weitere Veröffentlichung bestimmt sind[73] bzw. sobald es sich um anmeldepflichtige Kommunikationsplattformen (z.B. **Soziale Netzwerke** wie Facebook) handelt.[74] Nach anderer Ansicht sind auch solche Bereiche öffentlich zugänglich, zu denen man sich faktisch Zugriff verschaffen kann, z.B. durch anonyme Anmeldung[75] bzw. sofern der Nutzer die Daten der Kommunikationsplattform nicht nur einem eingeschränkten Nutzerkreis zur Verfügung stellt.[76] Vor dem Hintergrund eines aktuellen Urteils des *Bundesgerichtshofs*[77] wird maßgeblich sein, ob der Zugriff in rechtlich zulässiger Art und Weise erfolgt ist. Hier können beispielsweise auch die Nutzungsbedingungen des Netzwerkbetreibers maßgeblich sein, wenn die verantwortliche Stelle diese im Rahmen einer Anmeldung akzeptiert. Vom Grundsatz her muss aber gelten, dass, wer Informationen ins Netz oder auf öffentlich zugängliche Kommunikationsplattformen stellt, auch damit rechnen muss, dass diese von Dritten verwendet werden können. Erst bei der Prüfung, ob „offensichtlich" ein entgegenstehendes berechtigtes Interesse des Betroffenen überwiegt, kann es darauf ankommen, ob ein entgegenstehendes Interesse des Betroffenen für einen unvoreingenommenen, verständigen Beobachter ohne Weiteres ersichtlich ist.

b) Daten, die veröffentlicht werden dürften (2. Alt.)

60 Daten, welche die verantwortliche Stelle veröffentlichen dürfte, sind ebenfalls gem. § 28 Abs. 1 Satz 1 Nr. 3 privilegiert. Dabei muss sich die Publikationsberechtigung aus Vorschriften außerhalb des BDSG ergeben. Die Praxisrelevanz dieser Alternative ist allerdings begrenzt. Beispiele sind bibliografische Angaben des Verlags, die Veröffentlichung einer Liste glykolhaltiger Weine unter Angabe der Abfüller, um Gesundheitsrisiken der Bevölkerung abzuwehren, oder die Angabe des Empfängers von Agrarsubventio-

---

69 BT-Drs. 8/3825, S. 24.
70 BVerwG, Urteil v. 21.06.2006, Az. 6 C 05/05, NJW 2006, 3367, 3369.
71 Simitis/*Simitis*, § 28 Rn. 155; *Bergmann/Möhrle/Herb*, § 28 Rn. 265; Taeger/Gabel/*Taeger*, § 28 Rn. 92; Däubler/Klebe/Wedde/Weichert/*Wedde*, § 28 Rn. 58; a.A. *Wolff/Brink*, § 28 Rn. 82.1.
72 *Bergmann/Möhrle/Herb*, § 28 Rn. 262; *Gola/Schomerus*, § 28 Rn. 33a; vgl. BGH, Urteil vom 23.06.2009, Az. VI ZR 196/08 (spickmich.de), NJW 2009, 2888, 2891.
73 Taeger/Gabel/*Taeger*, § 28 Rn. 95; Däubler/Klebe/Wedde/Weicher/*Wedde*, § 28 Rn. 58.
74 Däubler/Klebe/Wedde/Weicher/*Wedde*, § 28 Rn. 58; *Wolff/Brink*, § 28 Rn. 83.
75 *Bergmann/Möhrle/Herb*, § 28 Rn. 263.
76 Taeger/Gabel/*Taeger*, § 28 Rn. 83.
77 BGH, Urteil v. 04.06.2013, Az. 1 StR 32/13, Rn. 55, NJW 2013, 2530, 2532.

nen.[78] Für Veröffentlichungen von Presseunternehmen gilt dagegen gem. § 41 das BDSG ohnehin nur beschränkt.

c) Offenkundiges Überwiegen schutzwürdiger Interessen des Betroffenen

Die Verwendung der aus einer öffentlich zugänglichen Quelle entnommenen Daten steht unter dem Vorbehalt, dass schutzwürdige Interessen des Betroffenen an dem Ausschluss der Verarbeitung oder Nutzung nicht „offensichtlich" überwiegen. Der Gesetzgeber geht von der Vermutung aus, dass die Verwendung von öffentlich zugänglichen Daten grundsätzlich nicht den Interessen des Betroffenen widerspricht. „Offensichtlich" bedeutet, dass für einen unvoreingenommen, verständigen Beobachter ohne Weiteres ersichtlich ist, dass schutzwürdige Interessen des Betroffenen am Ausschluss der Verarbeitung oder Nutzung bestehen. Insoweit genügt eine summarische Prüfung. Eine intensive Einzelfallprüfung ist gerade nicht erforderlich, es sei denn, widerstreitende Interessen des Betroffenen drängen sich der verantwortlichen Stelle geradezu auf (z.B. weil der Betroffene widersprochen hat). 61

Insoweit ist fraglich, ob allgemeine Hinweise im Internet, wonach eine (Weiter-)Veröffentlichung der Angaben nicht gewünscht ist, relevant sein können.[79] Hier wird es wohl darauf ankommen, inwieweit bei Erhebung der Daten ein solcher „Sperrvermerk" für die verantwortliche Stelle erkennbar ist. Beispielsweise wird dies bei (Personen-)Suchmaschinen (für die allerdings § 29 Abs. 1 Satz 1 Nr. 2 relevant ist), welche automatisiert das Netz nach Informationen crawlen, nicht der Fall sein (z.B. Yasni). In diesem Fall muss die verantwortliche Stelle darauf vertrauen dürfen, dass mit Suchmaschinen auffindbare Daten, welche keine technischen Zugangsbeschränkungen umgehen, öffentlich zugänglich sind und damit grundsätzlich auch entsprechend Nr. 3 verwendet werden können.[80] Etwas anderes kann erst dann gelten, wenn der verantwortlichen Stelle bekannt wird, dass im Einzelfall oder in Bezug auf bestimmte Quellen schutzwürdige Belange der Betroffenen überwiegen. 62

In der Literatur wird ferner problematisiert, dass sich die Beurteilung durch Zeitablauf ändern kann. Es soll eine **„Gnade des Vergessens"** geben, weshalb historische Daten aus dem Internet, also z.B. entfernte Websites, auch als solche gekennzeichnet werden müssten.[81] *Taeger* kritisiert vor diesem Hintergrund die Praxis von Kreditinstituten und Wirtschaftsauskunfteien, Angaben aus den Insolvenzbekanntmachungen erst nach drei Jahren zu löschen, er hält dies bereits nach sechs Monaten für angezeigt, da gem. § 3 InsoBekV eine solche Frist für die Gerichte besteht.[82] Ferner wird in diesem Zusammenhang die Problematik von Pressearchiven diskutiert, welche Artikel über eine Straftat enthalten können, die längst verbüßt wurde, oder Artikel, für welche eine Gegendarstellung abgedruckt wurde.[83] 63

Es ist zu differenzieren: Maßgeblich ist, ob die verantwortliche Stelle nach summarischer Prüfung unter Einbeziehung evtl. vorhandenen Spezialwissens (z.B. Kenntnis der Unrichtigkeit aufgrund nachträglicher Richtigstellung des Verlags) davon ausgehen muss, dass schutzwürdige Interessen des Betroffenen am Ausschluss der Verarbeitung und Nutzung überwiegen. In Bezug auf historische Angaben aus dem Internet wird es z.B. darauf ankommen, ob der Betroffene erkennbar und berechtigterweise nicht mehr mit den Inhalten konfrontiert werden möchte oder ob ein gesteigertes Informationsbedürfnis an diesen Angaben besteht. Sicherlich ist es dabei sinnvoll, anzugeben, dass es sich insoweit um historische Angaben handelt. Ebenso wird die verantwortliche Stelle generell Löschfristen gem. § 35 zu beachten haben. In Bezug auf Insolvenzbekanntmachungen hat das *Kammergericht* festgestellt, dass eine Auskunftei diese für drei Jahre speichern dürfe, da insoweit das Interesse der kreditgebenden Wirtschaft an Informationen zur Zahlungsfähigkeit des Schuldners überwiegen.[84] Für den Fall der im Internet für die Allgemeinheit bereitgehaltenen Information über eine Privatinsolvenz geht das *Bayerische Landesamt für Datenschutzaufsicht* dagegen davon aus, dass diese allenfalls für zwei Wochen bereitgehalten werden dürfen, da in 64

78 Vgl. auch *Bergmann/Möhrle/Herb*, § 28 Rn. 275 f.
79 So z.B. Däubler/Klebe/Wedde/Weicher/*Wedde*, § 28 Rn. 58; a.A. *Wolff/Brink*, § 28 Rn. 83.
80 Kritisch Taeger/Gabel/*Taeger*, § 28 Rn. 107: „Eine datenschutzrechtlich angemessene Regelung der Bewertungsportale und Personensuchmaschinen steht noch aus."
81 *Bergmann/Möhrle/Herb*, § 28 Rn. 267; Taeger/Gabel/*Taeger*, § 28 Rn. 104.
82 Taeger/Gabel/*Taeger*, § 28 Rn. 87 ff.
83 Taeger/Gabel/*Taeger*, § 28 Rn. 105; *Bergmann/Möhrle/Herb*, § 28 Rn. 281.
84 KG, Urteil v. 07.02.2013, Az. 10 U 118/12, ZD 2013, 189, 190.

diesem Zeitraum die Angaben ohnehin über www.insolvenzbekanntmachung.de abrufbar seien.[85] Diese unterschiedliche Gewichtung rechtfertigt sich durch den unterschiedlichen Adressatenkreis, denn Auskunfteien übermitteln die Angaben nur an solche Dritte, die ein berechtigtes Interesse darlegen können.

65 Bei **Presse-Online-Archiven** ist schon fraglich, ob datenschutzrechtliche Vorschriften aufgrund des Presseprivilegs in § 41 überhaupt relevant sind.[86] Der *Bundesgerichtshof* wägt stets in einer Einzelfallbetrachtung das Informationsinteresse der Allgemeinheit gegen das Bedürfnis des Täters, nicht mehr mit seiner Tat konfrontiert zu werden, ab (Stichwort: Resozialisierung, Stigmatisierung, Prangerwirkung). Grundsätzlich bestehe ein anerkennenswertes Interesse der Öffentlichkeit, nicht nur über das aktuelle Zeitgeschehen informiert zu werden, sondern auch an der Möglichkeit, vergangene zeitgeschichtliche Ereignisse aktiv anhand unveränderter Originalberichte der Medien zu recherchieren.[87] Die technischen Möglichkeiten des Internets würden es dabei nicht rechtfertigen, die Zugriffsmöglichkeit über besondere zeitgeschichtliche Ereignisse, z.B. Kapitalverbrechen, nur auf solche Personen zu beschränken, die Zugang zu Printarchiven hätten. Insoweit müsse das Interesse des Straftäters am Ausschluss der Recherchierbarkeit von identifizierender Berichterstattung regelmäßig zurückstehen. Auch die Auffindbarkeit solcher Artikel durch Suchmaschinen wie Google ändert grundsätzlich nichts an der Zulässigkeit von Onlinearchiven.[88]

IV. Übermittlung und Nutzung für andere Zwecke, § 28 Abs. 2

1. Funktionsweise des § 28 Abs. 2

66 Abs. 2 regelt die Verwendung von personenbezogenen Daten für „andere Zwecke". Damit sind Zwecke gemeint, welche von denen abweichen, die bei der Erhebung gem. § 28 Abs. 1 Satz 2 konkret festgelegt wurden. Es geht insoweit also um eine ausnahmsweise zulässige **Durchbrechung der Zweckbindung**. Vor diesem Hintergrund sind die Ausnahmeregelungen in Abs. 2 nach herrschender Ansicht restriktiv zu interpretieren.[89] Dabei legitimiert Abs. 2 schon aufgrund seines Wortlauts nur die Übermittlung und Nutzung.[90]

Beispiele für eine „Zweckdurchbrechung":

- Übermittlung der Kundendaten bei Forderungsverkauf;
- Übermittlung von Lieferantendaten im Konzern, um Einkaufskapazitäten zu bündeln;
- Übermittlung von Abrechnungsdaten anderer Hausbewohner an Mieter, um Nebenkosten überprüfen zu können.

67 Grundsätzlich geht es auch bei Abs. 2 um eine Übermittlung und Nutzung der Daten für Geschäftszwecke der verantwortlichen Stelle (vgl. die Überschrift von § 28: „eigene Geschäftszwecke"). Soweit Abs. 2 als Legitimation für die Zweckentfremdung auch z.B. Interessen Dritter oder der Allgemeinheit anführt, bleibt es dabei, dass es zunächst um eine Rechtfertigung der Datenübermittlung und -nutzung durch die verantwortliche Stelle geht. Der Datenempfänger selbst benötigt dementsprechend eine eigenständige Rechtsgrundlage.[91] Dabei ist er gem. Abs. 5 Satz 1 in der Datenverwendung insoweit beschränkt, als er die Daten nur für die Zwecke verarbeiten oder nutzen darf, zu dessen Erfüllung sie ihm übermittelt wurden. Die verantwortliche Stelle hat insoweit gem. § 28 Abs. 5 Satz 3 eine Hinweispflicht, welche zu Beweiszwecken von der verantwortlichen Stelle dokumentiert werden sollte.

---

85 4. Tätigkeitsbericht 2009/2010, S. 29.
86 Verneinend BGH, Urteil v. 15.12.2009, Az. VI ZR 227/08, NJW 2010, 757, 759.
87 BGH, Urteil v. 13.11.2012, Az. VI ZR 330/11, MMR 2013, 194, 195.
88 BGH, Urteil v. 13.11.2012, Az. VI ZR 330/11, MMR 2013, 194, 195.
89 Simitis/*Simitis*, § 28 Rn. 169; Taeger/Gabel/*Taeger*, § 28 Rn. 119; Däubler/Klebe/Wedde/Weichert/*Wedde*, § 28 Rn. 69; *Bergmann/Möhrle/Herb*, § 28 Rn. 284; a.A. *Wolff/Brink*, § 28 Rn. 95, zumindest in Bezug auf Nr. 1.
90 Simitis/*Simitis*, § 28 Rn. 168; Taeger/Gabel/*Taeger*, § 28 Rn. 120; Däubler/Klebe/Wedde/Weichert/*Wedde*, § 28 Rn. 73; a.A. *Wolff/Brink*, § 28 Rn. 95, zumindest in Bezug auf Nr. 1.
91 So auch *Wolff/Brink*, § 28 Rn. 91; Taeger/Gabel/*Taeger*, § 28 Rn. 142.

> Werden gem. § 28 Abs. 2 Daten an einen Dritten übermittelt, muss die verantwortliche Stelle dem Dritten gem. Abs. 5 Satz 3 mitteilen, für welche Zwecke die Daten verwendet werden dürfen. Das Gesetz legt nicht fest, wie diese Mitteilung vorzunehmen ist (mündlich/schriftlich), es empfiehlt sich aber, diese in einer Form vorzunehmen, dass die verantwortliche Stelle die Einhaltung der Hinweispflicht nachweisen kann. Denkbar ist grundsätzlich eine Information in einem Begleitschreiben oder auch in Textform (z.B. E-Mail), besser ist es, wenn der Hinweis mit dem Datensatz verbunden wird, da nur so sichergestellt ist, dass ihn jeder Dritte zur Kenntnis nehmen muss.[92] Der Hinweis sollte dabei die verantwortliche Stelle, die Datenarten und die konkrete Zweckfestlegung, an die der Dritte gem. § 28 Abs. 5 Satz 1 gebunden sein soll, benennen. Ein abstraktes Wiederholen des Gesetzestextes genügt nicht.

In Bezug auf den Dritten als Datenempfänger wird teilweise davon ausgegangen, dass eine Ermächtigung für dessen Verarbeitung der Daten bereits aufgrund von § 28 Abs. 2 bzw. Abs. 5 S. 1 besteht.[93] Richtigerweise müsste sich aber dessen Verarbeitung für seine Geschäftszwecke zunächst nach § 28 Abs. 1 Satz 1 Nr. 2 richten, wobei der Dritte im Rahmen der Interessenabwägung die Zweckbindung gem. § 28 Abs. 5 Satz 1 zu beachten hat. Da § 28 Abs. 5 Satz 1 insgesamt die „Verarbeitung oder Nutzung" für zulässig erachtet, ist deutlich, dass der Datenempfänger die Daten auch speichern kann und insoweit nicht auf die „Übermittlung oder Nutzung", wie in § 28 Abs. 2 aufgeführt, begrenzt ist. 68

Will der Dritte die Daten für andere Zwecke verarbeiten oder nutzen als für die Zwecke, für welche sie ihm übermittelt wurden, gestattet § 28 Abs. 5 Satz 2 eine erneute Zweckdurchbrechung. Danach ist eine Verarbeitung oder Nutzung für andere Zwecke unter den Voraussetzungen der Abs. 2 und 3 erlaubt. Der Verweis auf § 28 Abs. 2 ist dabei etwas missverständlich, da er auch so interpretiert werden könnte, dass es wieder auf die Interessen bzw. Sichtweise der ursprünglich verantwortlichen Stelle ankäme. Tatsächlich aber ist über den Verweis eine Abwägung aufgrund von Interessen des Dritten als neue verantwortliche Stelle zu verstehen. D.h., über § 28 Abs. 2 Nr. 1 ist ein Rückgriff auf § 28 Abs. 1 Satz 1 Nr. 2 und 3 möglich. Dementsprechend hatte die ursprüngliche Regelung in § 26 Abs. 4 BDSG 1990 noch auf Abs. 1 und 2 (jetzt: § 28 Abs. 1 und 3) verwiesen.[94] Der Verweis wurde dann im Rahmen der Novellierung in 2001 abgeändert in einen Verweis auf § 28 Abs. 2 und 3, um die redaktionelle Unschärfe zu beseitigen, dass der Dritte über keine Legitimation im Sinne von § 28 Abs. 1 Satz 1 Nr. 1 verfügen kann, da die Daten gerade nicht aus einem Vertragsverhältnis zwischen ihm und dem Betroffenen stammen, sondern ihm von einer anderen verantwortlichen Stelle übermittelt wurden.[95] 69

§ 28 Abs. 2 wird nicht durch § 32 verdrängt.[96] Soweit es allerdings um besondere Arten personenbezogener Daten geht, greifen die Sondervorschriften der § 28 Abs. 6–9, zumal § 28 Abs. 8 Satz 1 ausdrücklich die Übermittlung und Nutzung besonderer Arten personenbezogener Daten für „andere Zwecke" regelt.[97] 70

2. Wahrung berechtigter Interessen der verantwortlichen Stelle und allgemein zugängliche Daten, § 28 Abs. 2 Nr. 1 i.V.m. § 28 Abs. 1 Satz 1 Nr. 2 und 3

Gem. § 28 Abs. 2 Nr. 1 ist eine Übermittlung und Nutzung für andere Zwecke dann zulässig, wenn die Voraussetzungen des § 28 Abs. 1 Satz 1 Nr. 2 und 3 vorliegen. Die Existenzberechtigung dieser Alternative des § 28 Abs. 2 wird zu Recht infrage gestellt, da die verantwortliche Stelle im Grunde direkt auf § 28 Abs. 1 Satz 1 Nr. 2 oder 3 zurückgreifen könnte.[98] Der Gesetzgeber betont hier in erster Linie den Zweckbindungsgrundsatz, indem er zwischen erstmaliger Erhebung und Weiterverwendung unterschei- 71

92 S.a. *Gola/Schomerus*, § 28 Rn. 40.
93 So wohl *Gola/Schomerus*, § 28 Rn. 39; Däubler/Klebe/Wedde/Weichert/*Wedde*, § 28 Rn. 73.
94 BR-Drs. 618/88, S. 32 und S. 132.
95 Vgl. dazu BT-Drs. 14/4329, S. 43.
96 So ausdrücklich die Gesetzesbegründung, BT-Drs. 16/13657, S. 35.
97 Smitis/*Simitis*, § 28 Rn. 188; Taeger/Gabel/*Taeger*, § 28 Rn. 148; Däubler/Klebe/Wedde/Weichert/*Wedde*, § 28 Rn. 82.
98 Simitis/*Simitis*, § 28 Rn. 170: „...eine ebenso überflüssige wie verwirrende Regelung".

det.[99] § 28 Abs. 2 könnte insoweit als zeitlich zu § 28 Abs. 1 nachgeschaltet angesehen werden. § 28 Abs. 1 regelt die erstmalige Erhebung der personenbezogenen Daten. In diesem Zeitpunkt muss die verantwortliche Stelle die Zwecke, für die die Daten verarbeitet oder genutzt werden sollen, gem. § 28 Abs. 1 Satz 2 konkret festlegen. § 28 Abs. 2 regelt dann die „Weiterverarbeitung" für einen anderen Zweck. Das bedeutet, dass Daten, welche die verantwortliche Stelle z.B. für einen Vertrag erstmalig erhoben hat, nicht direkt über § 28 Abs. 1 Satz 1 Nr. 2 einem anderen Zweck zugeführt werden können. Vielmehr käme § 28 Abs. 1 Satz 1 Nr. 2 dann erst über den Verweis des § 28 Abs. 2 Nr. 1 zur Anwendung. Im Ergebnis macht es meist keinen Unterschied, ob § 28 Abs. 1 Satz 1 Nr. 2 direkt zur Anwendung kommt oder über den Verweis in Abs. 2. Problematisch ist dies allenfalls beim Verarbeitungsschritt des Veränderns im Sinne von § 3 Abs. 4 Nr. 2 (z.B. beim Anonymisieren), da Abs. 2 nur auf die Verarbeitungsschritte der Übermittlung und der Nutzung eingeht. Es ist davon auszugehen, dass es sich insoweit um ein Redaktionsversehen des Gesetzgebers handelt, zumal das Verändern ein viel weniger kritischer Verarbeitungsschritt ist als das Übermitteln. In Bezug auf die Interessenabwägung nach § 28 Abs. 1 Satz 1 Nr. 2 und 3 kann auf die Ausführungen oben verwiesen werden.

3. Wahrung berechtigter Interessen Dritter, § 28 Abs. 2 Nr. 2a

72 § 28 Abs. 2 Nr. 2a gestattet eine Übermittlung oder Nutzung „zur Wahrung berechtigter Interessen eines Dritten". Obwohl also § 28 in erster Linie „eigene Geschäftszwecke" der verantwortlichen Stelle betrifft, soll diese auch berechtigt sein, einem Dritten Daten zur Verfügung zu stellen, wenn dies in dessen „berechtigten Interesse" ist. Damit wird allerdings kein Auskunftsanspruch des Dritten manifestiert.[100] Vielmehr geht es allein um eine Legitimation der Datenübermittlung, sollte sich die verantwortliche Stelle entscheiden, dem Dritten die Daten zur Verfügung zu stellen. Es obliegt dabei ihrer Verantwortung, sicherzustellen, dass die Voraussetzungen des § 28 Abs. 2 Nr. 2a auch tatsächlich vorliegen. Dabei mag es sein, dass sie hierzu rechtlich verpflichtet ist, z.B. im Rahmen einer amerikanischen Pre-Trial Discovery, dies entbindet sie aber nicht von einer eigenständigen Bewertung der datenschutzrechtlichen Zulässigkeit. Besteht die Berechtigung, kann sich der Betroffene einer Übermittlung und Nutzung für diese Zwecke grundsätzlich nicht widersetzen.

73 Obwohl der Wortlaut dies nicht genau widerspiegelt, setzt § 28 Abs. 2 Nr. 2a nach herrschender Ansicht eine Interessenabwägung voraus.[101] Lediglich *Simitis* will die Norm restriktiver dahingehend interpretieren, dass die Übermittlung oder Nutzung zu unterbleiben hat, sobald diese mit schutzwürdigen Interessen des Betroffenen kollidiert.[102] Gegen eine solche Auslegung spricht aber, dass es im Rahmen des Rechts auf informationelle Selbstbestimmung immer um eine Abwägung widerstreitender Grundrechtspositionen geht. Der *Bundesgerichtshof* hat beispielsweise in seiner Entscheidung *spickmich.de* – bezogen auf eine Interessenabwägung nach § 29 – ausgeführt, dass es Ausfluss des allgemeinen Persönlichkeitsrechts sei, dass dieses im Spannungsverhältnis zwischen Individuum und Gemeinschaft stehe und der Betroffene deshalb Beschränkungen des Rechts auf informationelle Selbstbestimmung auch dann hinnehmen müsse, wenn dies von hinreichenden Gründen des Gemeinwohls oder überwiegenden Rechtsinteressen Dritter getragen werde und die Gesamtabwägung zwischen der Schwere des Eingriffs und der ihn rechtfertigenden Grenze des Zumutbaren noch gewahrt sei.[103]

74 Im Rahmen der Interessenabwägung muss die verantwortliche Stelle – wie sonst auch – eine summarische Einzelfallprüfung vornehmen. Genügen beispielsweise für die berechtigten Interessen des Dritten anonyme oder aggregierte Informationen, so muss eine Übermittlung personenbeziehbarer Daten unterbleiben.

---

99 So auch Taeger/Gabel/*Taeger*, § 28 Rn. 124.
100 Taeger/Gabel/*Taeger*, § 28 Rn. 134.
101 *Gola/Schomerus*, § 28 Rn. 34; *Wolff/Brink*, § 28 Rn. 100; Däubler/Klebe/Wedde/Weichert/*Wedde*, § 28 Rn. 75; *Bergmann/Möhrle/Herb*, § 28 Rn. 288.
102 Simitis/*Simitis*, § 28 Rn. 182.
103 BGH, Urteil v. 23.06.2009, Az. VI ZR 196/08 (spickmich.de), NJW 2009, 2888, 2890.

!

Datenübermittlung im Konzern: In der Praxis stellt sich immer wieder die Frage, ob § 28 Abs. 2 Nr. 2a eine Übermittlung von für z.B. das konzernweite Controlling oder die HR-Entwicklung erforderlichen Daten an die Konzernmutter rechtfertigen kann. Im Regelfall wird es aber so sein, dass für diese (Steuerungs-)Zwecke aggregierte Daten ausreichend sind. Insbesondere bei HR-Daten ist die Auffassung der Aufsichtsbehörden regelmäßig, dass diese beim Arbeitgeber zu verbleiben haben, denn allein dieser ist aufgrund des Vertragsverhältnisses mit dem Arbeitnehmer berechtigt und verpflichtet, Personalentscheidungen zu treffen. Etwas anderes kann für leitende Mitarbeiter gelten, wenn diese z.B. im Rahmen einer Matrixstruktur einen Vorgesetzten bei der Konzernmutter haben. Unproblematisch ist dagegen z.B. der Austausch von Lieferantendaten zum Zwecke der besseren Koordination von Bestellungen oder die Weitergabe firmeninterner Telefonbücher, um die konzernweite Kommunikation zu verbessern.[104]

Die verantwortliche Stelle sollte dabei auch überlegen, ob schutzwürdigen Interessen des Betroffenen am Ausschluss der Übermittlung oder Nutzung durch eine mögliche Beteiligung des Betroffenen am Prozess Rechnung getragen werden kann, z.B. durch Einräumung eines Widerspruchsrechts. **75**

!

Betriebsübergabe/Unternehmensverkauf: Im Rahmen von Betriebsübergängen und Unternehmensverkäufen stellt sich immer wieder die Frage, ab wann dem Käufer personenbezogene Daten der Kunden und Mitarbeiter zur Verfügung gestellt werden können. Wird der Käufer Rechtsnachfolger des verkaufenden Unternehmens, wie z.B. im Rahmen eines Share Deal, ist die Übermittlung nach Eintritt der Rechtsnachfolge unproblematisch, da dann schon keine Übermittlung vorliegt.[105] Soweit es um vor Rechtsübergang stattfindende Übermittlungen, z.B. im Rahmen einer **Due Diligence** geht, ist nach allgemeiner Ansicht eine Übermittlung personenbezogener Daten nur im Ausnahmefall zulässig, wenn der Interessent ohne die angeforderten Daten keine abgewogene Entscheidung über den Kauf treffen könnte.[106] Fraglich ist, was im Falle eines sog. Asset Deals oder z.B. bei Übergabe eines Handwerksbetriebs (ohne Rechtsnachfolge) zu gelten hat. Beispielsweise vertritt *Däubler* die Auffassung, dass bei einem Betriebsübergang gem. § 613a BGB vor Ablauf der einmonatigen Widerspruchsfrist keine Arbeitnehmerdaten übermittelt werden dürften.[107] Eine derart enge Lesart kann allerdings zur Folge haben, dass kein geordneter Betriebsübergang möglich ist. Es muss daher auch grundsätzlich möglich sein, dass eine Übergabe der Daten nach Wirksamwerden des Kaufes unter Einräumung eines Widerspruchsrechts des Betroffenen erfolgt. Im Falle des Widerspruchs ist die verantwortliche Stelle zur Löschung verpflichtet, was den Interessen der Betroffenen grundsätzlich ausreichend Rechnung trägt. Dies gilt auch für § 613a BGB, denn auch hier sind die personenbezogenen Daten unverzüglich zu löschen, wenn der Arbeitnehmer dem Übergang widerspricht und die Daten für die weitere Abwicklung nicht mehr benötigt werden.

In Bezug auf **Praxisverkäufe** von Ärzten oder Kanzleiverkäufen von Anwälten sind zusätzlich die berufsrechtlichen Schweigepflichten und § 203 StGB zu beachten. Die Übergabe von Patienten- oder Mandantenakten bedarf daher der Einwilligung der Betroffenen.[108]

---

104 Vgl. Arbeitsbericht der Ad-hoc-Arbeitsgruppe „Konzerninterner Datentransfer" vom 11.01.2005; erhältlich unter https://www.ldi.nrw.de/mainmenu_Datenschutz/submenu_Datenschutzrecht/Inhalt/Personalwesen/Inhalt/5_Beschaeftigtendatenschutz_Konzern/arbeitspapier_ad_hoc_idv.pdf.

105 Vgl. z.B. Hinweis Nr. 38 des Innenministeriums Baden-Württemberg vom 18.01.2000; veröffentlicht: Staatsanzeiger für Baden-Württemberg Nr. 1 vom 24.01.2000.

106 Vgl. z.B. Tätigkeitsbericht des Berliner Beauftragten für Datenschutz und Informationsfreiheit 2003, S. 104.

107 *Däubler*, RDV 2004, 55, 56.

108 Vgl. BGH Urteil v. 11.10.1995, Az. VIII ZR 25/94 (zu Patientenkartei), NJW 1996, 773, 774.

Beispiele berechtigter Interessen Dritter:

Nahe Angehörige wollen geänderte Reisedaten erfahren, um Kenntnis zu erlangen, ob sich ein Angehöriger in einem bestimmten Flugzeug befindet[109], ein Arzt will die Adressdaten naher Angehöriger eines Toten, um eine Einwilligung in die Gewebeentnahme zu erhalten[110], Übermittlung von Schuldnerdaten im Rahmen der Forderungsabtretung[111], Mieter erhalten vom Vermieter Abrechnungsdaten der übrigen Mieter, um die Nebenkosten zu überprüfen[112], der Eigentümer erhält Daten der Mieter seiner Ferienwohnung vom vermietenden Makler[113], Übergabe von Mitgliederdaten an Mitglieder, um satzungsgemäße Mitgliederrechte auszuüben (z.B. Unterschriftensammlung zur Wahrnehmung von Minderheitenrechten)[114], Auskunft über Namen und Anschrift der Mitgesellschafter im Rahmen einer Fondsbeteiligung[115]

4. Abwehr von Gefahren und Strafverfolgung, § 28 Abs. 2 Nr. 2b

76 Gem. § 28 Abs. 2 Nr. 2b darf die verantwortliche Stelle personenbezogene Daten „zur Abwehr von Gefahren für die staatliche oder öffentliche Sicherheit" oder „zur Verfolgung von Straftaten" nutzen oder übermitteln, es sei denn, der Betroffene hat ein schutzwürdiges Interesse am Ausschluss der Übermittlung. Dabei stellt die Norm keine Ermächtigungsgrundlage für Polizei oder Staatsanwaltschaft dar, erneut geht es allein um die Frage, ob die verantwortliche Stelle übermitteln darf.[116] Sofern es also um Auskunftsverlangen der Polizei oder Staatsanwaltschaft geht, ist zunächst zu prüfen, ob die Auskunft begehrende Stelle selbst eine Ermächtigungsgrundlage für die Erhebung der Daten hat und die angeforderten Daten für den beschriebenen Zweck erforderlich sind.

!

Sofern sich ein Unternehmen mehrfach Auskunftsbegehren der Polizei oder Staatsanwaltschaft ausgesetzt sieht, empfiehlt es sich, eine Checkliste für die Beantwortung solcher Anfragen zu erstellen. Dabei sollte unterschieden werden zwischen einer „Muss"-Auskunft, bei welcher das Unternehmen gesetzlich verpflichtet ist, Auskunft zu erteilen, und einer „Kann"-Auskunft, bei welcher das Unternehmen um Mithilfe gebeten wird, aber kein Auskunftsanspruch der Polizei oder Staatsanwaltschaft besteht. In der Praxis zeigt sich häufig, dass derartige Auskunftsanfragen ohne nähere Konkretisierung der Ermächtigungsgrundlage und des Zwecks, für den die Daten benötigt werden, erfolgen. Teilweise erfolgen die Anfragen formlos, z.B. am Telefon. Dabei kann es sein, dass die Art der Gefahr (z.B. Terrorismusverdacht) ein schnelles Handeln erfordert. Dennoch sollte die verantwortliche Stelle in jedem Fall die anfragende Stelle identifizieren (z.B. durch Rückruf bei der Staatsanwaltschaft oder besser, wenn es die Zeit erlaubt: Bitte um Übersendung einer schriftlichen Anfrage). Ferner sollte nach der Ermächtigungsgrundlage und dem konkreten Zweck gefragt werden. Nur so kann die verantwortliche Stelle ermitteln, ob eine Pflicht zur Übermittlung besteht und welchen Umfang der Datensatz haben sollte.

77 § 28 Abs. 2 Nr. 2b, 1. Alt. erfordert das Vorliegen einer konkreten Gefahr für die staatliche oder öffentliche Sicherheit.[117] Erforderlich ist, dass konkrete Anhaltspunkte bestehen. Die Erheblichkeit der Gefahr ist dagegen nicht maßgeblich, wie sich aus einem Umkehrschluss mit § 28 Abs. 8 Satz 2 ergibt, der bei besonderen Arten personenbezogener Daten ausdrücklich das Vorliegen „erheblicher" Gefahren erfordert.

---

109 *Bergmann/Möhrle/Herb*, § 28 Rn. 287.
110 Simitis/*Simitis*, § 28 Rn. 189.
111 BGH, Urteil v. 27.02.2007, Az. XI ZR 195/05, NJW 2007, 2106, 2107 f.
112 Simitis/*Simitis*, § 28 Rn. 176.
113 BGH, Urteil v. 08.02.2007, Az. III ZR 148/06, NJW 2007, 1528, 1529.
114 BGH, Urteil v. 25.10.2010, Az. II ZR 219/09, MMR 2011, 206.
115 BGH, Urteil v. 11.01.2011, Az. II ZR 187/09, NJW 2011, 921, 923 f.
116 Taeger/Gabel/*Taeger*, § 28 Rn. 146; *Bergmann/Möhrle/Herb*, § 28 Rn. 296; *Wolff/Brink*, § 28 Rn. 107.
117 Taeger/Gabel/*Taeger*, § 28 Rn. 144; *Bergmann/Möhrle/Herb*, § 28 Rn. 296; *Wolff/Brink*, § 28 Rn. 106; Däubler/Klebe/Wedde/Weichert/*Wedde*, § 28 Rn. 82.

Beispiel für konkrete Gefahren für die staatliche oder öffentliche Sicherheit:

Abgleich mit Namen von Bediensteten im sicherheitsrelevanten Bereich mit den Terrorismuslisten der EU-Verordnungen Nr. 2580/2001 und Nr. 881/2002.[118]

§ 28 Abs. 2 Nr. 2b, 2. Alt. gestattet nur die Übermittlung oder Nutzung im Fall von Straftaten, d.h., Ordnungswidrigkeiten werden hiervon nicht umfasst.[119] Etwas anderes kann dann gelten, wenn die Auskunft im berechtigten Interesse der verantwortlichen Stelle ist, z.B. um der Anordnung zum Führen eines Fahrtenbuchs zu entgehen. Für diesen Fall ist dann aber § 28 Abs. 2 Nr. 1 i.V.m. § 28 Abs. 1 Satz 1 Nr. 2 einschlägig. **78**

Beispiel für Übermittlung zur Verfolgung von Straftaten:

Kreditkartenorganisationen sind berechtigt, der Staatsanwaltschaft auf Grundlage einer Anfrage gem. § 161 StPO („Kann"-Vorschrift) Zahlungsdaten zu übermitteln, welche auf einen Bezug zu Kinderpornografie schließen lassen.[120]

Für Telemediendienste (insbesondere Hostprovidern) ergibt sich die Berechtigung zur Auskunftserteilung über Bestandsdaten auf entsprechende Anordnung der Strafverfolgungs- oder Gefahrenabwehrbehörden bzw. zur Durchsetzung der Rechte von Privaten am geistigen Eigentum aus § 14 Abs. 2 TMG.

Bei Telekommunikationsanbietern (auch Access- und E-Mail-Providern) sind dagegen die Vorgaben des § 113 TKG zu beachten. Insbesondere ist danach eine Auskunftserteilung an Privatpersonen nicht möglich.

5. Übermittlung und Nutzung für Forschungszwecke, § 28 Abs. 2 Nr. 3

Gem. § 28 Abs. 2 Nr. 3 darf die verantwortliche Stelle personenbezogene Daten dann für andere Zwecke übermitteln oder nutzen, wenn kumulativ die folgenden Voraussetzungen gegeben sind: **79**

1. Es geht um die Durchführung wissenschaftlicher Forschung.
2. Das wissenschaftliche Interesse überwiegt erheblich.
3. Der Forschungszweck lässt sich anders nicht oder nur mit unverhältnismäßigem Aufwand erreichen.

Vorab ist allerdings zu prüfen, ob es um besondere Arten personenbezogener Daten im Sinne von § 3 Abs. 9 geht (z.B. Gesundheitsdaten). Für diese ist allein § 28 Abs. 6 Nr. 4 einschlägig.[121]

Wie der Begriff der **„wissenschaftlichen Forschung"** konkret auszulegen ist, ist umstritten, da das BDSG selbst den Begriff nicht definiert. Ausgangspunkt der Auslegung ist zunächst die Rechtsprechung des *Bundesverfassungsgerichts* zu Art. 5 Abs. 3 GG, wonach unter wissenschaftlicher Forschung *„alles, was nach Inhalt und Form als ernsthafter planmäßiger Versuch zur Ermittlung der Wahrheit anzusehen ist" bzw. „jede geistige Tätigkeit mit dem Ziel, in methodischer, systematischer und nachprüfbarer Weise neue Erkenntnisse zu gewinnen".*[122] Allerdings geht die Literatur überwiegend davon aus, dass diese Begriffsdefinition zu weit ist und das Forschungsprivileg als Ausnahmebestimmung restriktiv auszulegen ist.[123] Übereinstimmung scheint darüber zu bestehen, dass die wissenschaftliche Forschung ein Mindestmaß an „Unabhängigkeit" voraussetzt.[124] Was dies allerdings bedeutet, wird unterschiedlich betrachtet. Nach einer Ansicht ist die unabhängige Forschung nur gewährleistet, wenn eine rechtliche und organisatorische Selbstständigkeit der Forschungseinrichtung gegeben ist und die Forschungseinrichtung bei der **80**

118 BFH v. 19.06.2012, Az. VII R 43/11.
119 Simitis/*Simitis*, § 28 Rn. 190; Taeger/Gabel/*Taeger*, § 28 Rn. 145; *Bergmann/Möhrle/Herb*, § 28 Rn. 296; Däubler/Klebe/Wedde/Weichert/*Wedde*, § 28 Rn. 79; *Wolff/Brink*, § 28 Rn. 107.
120 BVerfG, Beschluss v. 17.02.2009, Az. 2 BvR 1372/07/2 BvR 1745/07, RDV 2009, 113.
121 Vgl. auch Taeger/Gabel/*Taeger*, § 28 Rn. 148.
122 BVerfG, Urteil v. 29.05.1974, Az. 1 BvR 424/71 u. 325/72, NJW 1973, 1176 f.
123 Simitis/*Simitis*, § 40 Rn. 35; *Gola/Schomerus*, § 40 Rn. 7a; Taeger/Gabel/*Mester*, § 40 Rn. 5.
124 Simitis/*Simitis*, § 40 Rn. 36; *Gola/Schomerus*, § 40 Rn. 7a; Taeger/Gabel/*Mester*, § 40 Rn. 6; *Bergmann/Möhrle/Herb*, § 40 Rn. 17; *Wolff/Brink/Lindner*, § 40 Rn. 13.

Auswahl der Forschungsgegenstände und dem Umgang mit den Forschungsergebnissen frei ist.[125] Danach unterfallen Forschungseinrichtungen von kommerziell ausgerichteten Unternehmen grundsätzlich nicht dem Forschungsprivileg.[126] Nach anderer Ansicht kommt es auf die juristische Selbstständigkeit der Forschungseinrichtung nicht an. Ausreichend ist vielmehr, dass die Forschungsabteilung „abgeschottet" im Unternehmen ist und als „Unternehmen im Unternehmen" ausschließlich wissenschaftlich tätig wird.[127] Nach dieser Ansicht kann auch aus wirtschaftlichen Überlegungen heraus motivierte Forschung unter das Privileg fallen, z.B. die Auswertung von Probandendaten durch die Forschungsabteilung von Unternehmen der Pharmaindustrie vor Freigabe neuer Medikamente.[128] Auch nach dieser Ansicht ist allerdings die Unabhängigkeit dann nicht mehr gegeben, wenn die wissenschaftliche Tätigkeit den wirtschaftlichen Interessen „eindeutig untergeordnet" ist.[129]

81 Vom Forschungsprivileg ist sowohl die Eigen- als auch die Drittforschung erfasst.[130] Nach einer Auffassung sollen unter die Norm auch nur Übermittlungen für bestimmte, d.h. konkret festgelegte, Forschungsprojekte fallen. [131] Begründet wird dies damit, dass die verantwortliche Stelle die Erforderlichkeit und damit die Zulässigkeit der Datenübermittlung erst überprüfen könne, wenn Kenntnis vom konkreten Forschungsvorhaben gegeben sei. Eine Datenspeicherung auf Vorrat scheide daher aus. Hier ist aber zu berücksichtigen, dass es grundsätzlich möglich sein muss, dass eine ergebnisoffene Forschung durchgeführt wird. Oftmals ergibt sich erst im Laufe des Forschungsvorhabens, in welchem Zusammenhang die Datenverwendung die größtmögliche Erkenntnis für die Wissenschaft bringt. Würde hier der Zweck der Datenverwendung zu eng begrenzt, wäre dies für die Forschung hinderlich. Die möglicherweise abstraktere Fassung des Zwecks (z.B. für wissenschaftliche Forschungszwecke einer bestimmten Forschungseinrichtung) ist dann im Rahmen der Interessenabwägung zu berücksichtigen. Hier ist das Interesse an freier Forschung in Ausgleich mit den schutzwürdigen Belangen des Betroffenen zu bringen. Es ist festzustellen, ob durch die abstraktere Fassung eventuell größere Gefährdungen für den Betroffenen bestehen. Sofern, wie im Regelfall, nur pseudonymisierte Daten übermittelt werden und eine Identifizierung des Betroffenen nur durch die übermittelnde Stelle möglich bleibt, spricht grundsätzlich nichts gegen eine weitere Fassung des Zwecks.

82 Zum Merkmal des „erheblichen" Überwiegens des wissenschaftlichen Interesses hat das *Oberlandesgericht Hamm* einmal festgestellt, das Forschungsvorhaben müsse einen engen Bezug zu einem konkreten und bedeutenden Allgemeininteresse haben. Nicht jeder mit wissenschaftlicher Forschung verbundene Zuwachs an Wissen allein könne die Durchbrechung des Einwilligungsgrundsatzes rechtfertigen.[132] *Wedde* fordert dementsprechend für eine zulässige Übermittlung und Nutzung, dass es um Forschungszwecke von „überragender Bedeutung" geht.[133] Letztlich verbieten sich insoweit aber allgemeine Aussagen, da der Datenschutz nicht zu einem verfassungswidrigen Eingriff in die Wissenschaftsfreiheit führen darf. Es wird daher stets im Einzelfall zu beurteilen sein, welche Wertigkeit der angestrebte Forschungszweck angesichts des erforderlichen Eingriffs in das Recht auf informationelle Selbstbestimmung des Betroffenen hat.

83 Es ist dann immer noch zu prüfen, ob der Zweck der Forschung nicht auch auf andere Weise erreicht werden könnte oder ob dies nur mit unverhältnismäßigem Aufwand möglich wäre. In diesem Zusammenhang ist immer zu prüfen, ob die Verwendung von anonymen oder pseudonymen Daten ausreicht oder sonst eine Verarbeitung auf Basis der Einwilligung der Betroffenen möglich wäre. Ein unverhältnismäßig hoher Aufwand wird in der Literatur teilweise angenommen, wenn für die Ausgestaltung größerer Vorhaben mehr als 10 % der Gesamtforschungskosten aufgewendet werden müssten.[134] Im Ergebnis ist

125 Simitis/*Simitis*, § 40 Rn. 36, 39, 41; Taeger/Gabel/*Mester*, § 40 Rn. 6.
126 So ausdrücklich Taeger/Gabel/*Mester*, § 40 Rn. 6.
127 *Gola/Schomerus*, § 40 Rn. 7; Beck'scher Online-Kommentar/*Lindner*, § 40 Rn. 13.
128 *Gola/Schomerus*, § 40 Rn. 8; *Bergmann/Möhrle/Herb*, § 28 Rn. 18.
129 *Gola/Schomerus*, § 40 Rn. 8.
130 *Bergmann/Möhrle/Herb*, § 28 Rn. 298.
131 Simitis/*Simitis*, § 28 Rn. 202 ff.
132 OLG Hamm, Beschluss v. 28.11.1995, Az. 1 VAs 38/94, NJW 1996, 940, 941.
133 Däubler/Klebe/Wedde/Weichert/*Wedde*, § 28 Rn. 85.
134 *Bergmann/Möhrle/Herb*, § 28 Rn. 308.

eine solche prozentuale Betrachtungsweise schwierig, denn maßgeblich wird immer die Einzelfallbetrachtung sein (insbesondere Risiken für den Betroffenen im Vergleich zu Zeitaufwand und Kosten).[135] Die 10 % können daher allenfalls als Daumenregel Anwendung finden. Im Zweifelsfall empfiehlt sich eine Rücksprache mit der zuständigen Aufsichtsbehörde.

V. Verarbeitung oder Nutzung für Zwecke des Adresshandels oder der Werbung, § 28 Abs. 3, Abs. 3a, 3b und 4

84 **Praxisrelevanz der Norm:** Die in Abs. 3 geregelten Ausnahmen vom Einwilligungserfordernis für eine werbliche Verwendung von personenbezogenen Daten spielen in der Praxis für die traditionelle Briefwerbung eine große Rolle. Für eine Werbung per Telefon, Telefax oder E-Mail greift dagegen stets der strengere § 7 UWG, welcher eine „vorherige, ausdrückliche" Einwilligung erfordert. Ferner gilt für die Angaben der Telefon- oder Telefaxnummer sowie der E-Mail-Adresse das sog. Listenprivileg nicht, sodass nach § 28 Abs. 3 der Verkauf solcher Daten der Einwilligung bedarf.

Insgesamt sieht die Norm Verschärfungen für die werbliche Verwendung vor. So z.B. die schriftliche Bestätigung einer mündlichen Einwilligung (Abs. 3a) und die Kenntlichmachung der erstmalig erhebenden Stelle in der Werbung des Dritten im Falle eines Adressverkaufs.

Wirkliche Erleichterungen finden sich dagegen lediglich in § 28 Abs. 3 Satz 3, welcher ein „Hinzuspeichern" von weiteren Daten zu den sog. Listendaten gestattet. Ferner erlaubt § 28 Abs. 3 Satz 5 die sog. Beipack- oder Empfehlungswerbung, ohne hier die Datennutzung auf die sog. Listendaten zu begrenzen.

Inzwischen haben die Aufsichtsbehörden sehr instruktive „Anwendungshinweise zur Erhebung, Verarbeitung und Nutzung personenbezogener Daten für werbliche Zwecke" veröffentlicht. Die Lektüre lohnt sich! [136]

1. Allgemeine Einführung

85 § 28 Abs. 3 wurde im Zuge der BDSG-Novellierung in 2009 komplett überarbeitet. Die verschachtelte Vorschrift spiegelt das Hin und Her der Verhandlungen im Rahmen des Gesetzgebungsprozesses wider, die Norm ist kaum noch lesbar. Es empfiehlt sich daher, sich den Gesetzestext Satz für Satz zu erschließen. Hilfreich für die Auslegung ist es ferner, dass man sich den historischen Hintergrund der Grundprinzipien und Ausnahmen der neuen Formulierung vor Augen führt:

86 Ausgangspunkt des Gesetzgebungsprozesses war zunächst, dass eigentlich das sog. Listenprivileg abgeschafft werden sollte. Mit **Listenprivileg** ist gemeint, dass die Verwendung bestimmter abschließend aufgezählter Daten (sog. Listendaten), welche in zusammengefasster, d.h. listenmäßiger Form, für bestimmte Zwecke (insbesondere Werbezwecke) verwendet werden, keiner Einwilligung bedürfen. Die Vorgängerregelung des § 28 Abs. 3 Nr. 3 BDSG 1990 gestattete die Übermittlung oder Nutzung solcher Listendaten für Zwecke der Werbung und der Markt- oder Meinungsforschung. Nach Auffassung des Gesetzgebers hatte die praktische Anwendung der Vorschrift dazu geführt, dass personenbezogene Daten weitläufig zum Erwerb oder zur Nutzung angeboten wurden, ohne in jedem Fall die Anforderungen der Vorschrift zu beachten.[137] Aus diesem Grund wurde das alte Listenprivileg gestrichen und Satz 1 des Absatzes 3 hält im Grundsatz fest, dass jede Verwendung personenbezogener Daten für Zwecke der Werbung oder des Adresshandels der Einwilligung bedarf. Dennoch hat der Gesetzgeber das Listenprivileg nicht gänzlich abgeschafft, sondern vielmehr in Satz 2 modifiziert wieder aufgenommen. Ferner wurden in Satz 4 und 5 Regelungen aufgenommen, welche im Fall einer Nutzung personenbezogener Daten für Werbezwecke Dritter sicherstellen sollen, dass der Betroffene die Herkunft der Daten im Falle der

---

135 Dazu auch Simitis/*Simitis*, § 28 Rn. 210.

136 „Anwendungshinweise der Datenschutzaufsichtsbehörden zur Erhebung, Verarbeitung und Nutzung von personenbezogenen Daten für werbliche Zwecke" vom Dezember 2013 (Düsseldorfer Kreis); abrufbar unter www.lda.bayern.de.

137 BR-Drs. 4/09, S. 1.

werblichen Ansprache erkennen kann. Zudem wurde das Widerspruchsrecht der Betroffenen insoweit gestärkt, als nunmehr bei Kunden bereits bei der Erhebung und nicht erst bei der werblichen Ansprache über das Widerspruchsrecht zu unterrichten ist (Abs. 4). Gegen Ende des Gesetzgebungsverfahrens wurde in Abs. 3 der ursprünglich noch wie im alten Gesetzestext enthaltene Verweis auf die gewerbsmäßige Markt- oder Meinungsforschung entfernt, da diese nunmehr in § 30a eine für diese günstigere Sonderregelung erfahren hat. § 30a gestattet nämlich die Erhebung und Verarbeitung, solange der Betroffene nicht widersprochen hat bzw. sonst kein schutzwürdiges Interesse am Ausschluss der Verarbeitung oder Nutzung erkennbar ist. § 28 Abs. 3 bezieht sich daher nur noch auf die Zwecke des Adresshandels und der Werbung.

87 § 28 Abs. 3 geht also in **Satz 1** zunächst von dem Grundsatz aus, dass eine Verarbeitung oder Nutzung personenbezogener Daten für Zwecke des Adresshandels oder der Werbung grundsätzlich der Einwilligung des Betroffenen bedarf. Dabei muss die Einwilligung den Formerfordernissen des Abs. 3a genügen und es gilt das in Abs. 3b geregelte Kopplungsverbot. Insgesamt ist § 28 Abs. 3 **Spezialnorm** (lex specialis) für die Verarbeitung oder Nutzung personenbezogener Daten für den Adresshandel und die Werbung, d.h., ein Rückgriff auf allgemeinere Erlaubnistatbestände des § 28 Abs. 1 und 2 für diese Zwecke ist grundsätzlich ausgeschlossen. Die Erhebung ist dagegen nicht in § 28 Abs. 3 geregelt, deren Zulässigkeit richtet sich nach den allgemeinen Vorschriften, also insbesondere § 28 Abs. 1.

88 **Ausnahmen vom Einwilligungserfordernis** sind abschließend in § 28 Abs. 3 Satz 2–5 geregelt. Nach **Satz 2** können listenmäßig oder sonst zusammengefasste Listendaten für folgende Zwecke verwendet werden:

- Eigenwerbung, d.h. Bewerbung eigener Waren oder Dienstleistungen;
- Geschäftswerbung, d.h. Werbung an gewerblich Tätige an deren berufliche Anschrift (sog. B2B-Werbung);
- Spendenwerbung, d.h. Werbung für Spenden an steuerbegünstigte Einrichtungen.

89 **Satz 3** gestattet, dass die verantwortliche Stelle zu ihren Kundendaten weitere Daten hinzuspeichern darf, was vor allem für Zwecke des Customer Relationship Managements von Bedeutung ist. Ferner gestattet **Satz 4** eine Übermittlung von Listendaten auch an Dritte für deren Werbezwecke, sofern aus der dann durchgeführten Fremdwerbung eindeutig hervorgeht, von wem die Daten stammen. Schließlich ist nach **Satz 5** eine Beipack- oder Empfehlungswerbung gestattet, d.h., die verantwortliche Stelle kann ihren Adressbestand für eine Fremdwerbung nutzen, sofern diese Werbung in ihrem Namen versendet wird, also die Adressdaten bei ihr verbleiben.

90 Bei der Anwendung dieser Ausnahmen ist allerdings zu bedenken, dass die werbliche Direktansprache per Telefon, Telefax oder E-Mail gem. § 7 UWG in der Regel eine vorherige Einwilligung des Betroffenen erfordert. Im Ergebnis sind die Ausnahmen daher nur hilfreich, wenn es um die postalische Ansprache geht. Hier sowie für den Adresshandel bleiben die Ausnahmen relevant.

> **!** Die praktische Relevanz der in § 28 Abs. 3 Satz 2–5 geregelten Ausnahmen beschränkt sich meist auf die Briefwerbung. § 7 UWG verlangt für eine werbliche Ansprache per Telefon, Telefax oder E-Mail im Regelfall eine Einwilligung. Soweit von der Einwilligungserklärung auch eine Empfehlungswerbung umfasst ist, kann diese zulässig sein. In jedem Fall ist § 28 Abs. 3–4 zusätzlich zu beachten. Dies gilt z.B. für die Ausgestaltung von Einwilligungserklärungen (Abs. 3a und 3b) sowie für die Aufklärung über das Widerrufsrecht gem. § 28 Abs. 4, welche § 7 UWG nicht obsolet macht.

2. Grundsatz der Einwilligung, § 28 Abs. 3 Satz 1, Abs. 3a, Abs. 3b

91 Gem. § 28 Abs. 3 Satz 1 ist die Verarbeitung oder Nutzung personenbezogener Daten für Zwecke des Adresshandels oder der Werbung zulässig, *„soweit der Betroffene eingewilligt hat und im Falle einer nicht schriftlich erteilten Einwilligung die verantwortliche Stelle nach Absatz 3a verfährt"*. Wurde die Einwilligung nicht schriftlich erteilt, bestimmt Abs. 3a, dass der Inhalt der Einwilligung dem Betroffenen „schriftlich" zu bestätigen ist. Dabei meint „schriftlich" grundsätzlich eine Unterschrift des Betroffenen

(„Tinte auf Papier"). Bei der elektronisch erteilten Einwilligung (also z.B. durch Klicken eines Kästchens im Internet) bleibt es bei dem schon in § 13 Abs. 2 TMG bzw. § 94 TKG geregelten Erfordernis, dass (i) die Einwilligung protokolliert wird; und (ii) der Nutzer den Inhalt der Einwilligung jederzeit abrufen kann.

a) Formerfordernisse gem. § 28 Abs. 3a

92 ! Die Formerfordernisse des § 28 Abs. 3a beziehen sich nur auf Einwilligungen für den werblichen Umgang mit personenbezogenen Daten! Dies ergibt sich aus dem systematischen Zusammenhang zu § 28 Abs. 3 und der Gesetzgebungshistorie.

Umstritten ist, ob auf die Einwilligung in die Werbung und den Adresshandel zunächst § 4a anzuwenden ist mit der Folge, dass gem. § 4a Abs. 1 Satz 3 ein Abweichen von der Schriftform nur zulässig ist, wenn dies *„wegen besonderer Umstände"* angemessen ist.[138] Nach teilweise vertretener Ansicht ist Abs. 3a eine abschließende Spezialregelung für die werbliche Einwilligung, d.h., die verantwortliche Stelle soll die freie Wahl haben, ob eine Einwilligung mündlich, elektronisch oder schriftlich eingeholt wird.[139] Allerdings heißt es dazu in der Gesetzesbegründung zu Abs. 3a: *„Nach Absatz 3a Satz 1 unterliegt die Einwilligung der allgemeinen Form des § 4a Absatz 1 Satz 3 des Bundesdatenschutzgesetzes, d.h., die Einwilligung bedarf der Schriftform, soweit nicht wegen besonderer Umstände eine andere Form angemessen ist."* [140] Davon ist der Gesetzgeber im Laufe des Gesetzgebungsverfahrens auch nicht abgewichen. Er hat zwar das vom Bundesrat geforderte zwingende Schriftformerfordernis ausdrücklich abgelehnt, dabei aber nur ausgeführt, dass Unternehmen in verschiedenen Konstellationen darauf angewiesen seien, von der Schriftform abzuweichen, z.B. bei einem vom Kunden ausgehenden telefonischen Kontakt.[141] Dem kann man nicht entnehmen, dass er die werbliche Einwilligung erleichterten Formerfordernissen unterstellen wollte. Dagegen spricht auch, dass Abs. 3a für die mündliche Einwilligung sogar eine Verschärfung zu § 4a dergestalt vorsieht, dass die Einwilligungserklärung von der verantwortlichen Stelle schriftlich zu bestätigen ist.

! In der Praxis wird vielfach ein Abweichen vom Schriftformerfordernis von Einwilligungen möglich sein. Dies betrifft insbesondere online eingeholte Einwilligungen, aber auch Fälle, bei denen der Kunde selbst den telefonischen Kontakt sucht und im Rahmen des Telefonats um eine Einwilligung gebeten wird (sog. Inbound Call). Im Gegensatz dazu bedarf der sog. Outbound Call, also der Anruf auf Veranlassung des werbenden Unternehmens, immer der Einwilligung.

aa) Mündlich oder konkludent erteilte Einwilligung, § 28 Abs. 3a Satz 1

93 Grundsätzlich kann eine Einwilligung auch konkludent erklärt werden, z.B. durch Übergabe einer Visitenkarte.[142] Der Gesetzgeber hat das ursprünglich vorgesehene Erfordernis einer „ausdrücklichen" Einwilligungserklärung wieder aus dem Gesetzestext gestrichen.[143] Dies entspricht auch der Rechtsprechung des *Bundesgerichtshofs* in Sachen „Payback", wonach das fehlende Ankreuzen eines Kästchens („opt-out") auf einem Formular als Einwilligung in die werbliche Verwendung von Daten ausreichen kann.[144] Allerdings ist spätestens für die werbliche Direktansprache per Telefon, Telefax oder E-Mail gem. § 7 UWG wieder die „ausdrückliche" Einwilligung erforderlich (siehe § 4a Rn. 99 ff.).

94 Gem. § 28 Abs. 3a Satz 1 sind Einwilligungen, die in anderer Form als in Schriftform oder elektronischer Form erklärt werden, „schriftlich zu bestätigen". Dies betrifft in erster Linie mündlich erteilte Einwilligun-

---

138 So z.B. *Bergmann/Möhrle/Herb*, § 28 Rn. 415, Plath/*Plath*, § 28 Rn. 157; *Roßnagel*, NJW 2009, 2716.
139 So Däubler/Klebe/Wedde/Weichert/*Wedde*, § 28 Rn. 119; Simitis/*Simitis*, § 28 Rn. 219.
140 BT-Drs. 4/09, S. 49.
141 BT-Drs. 16/12011, S. 52.
142 So auch die Auffassung der Aufsichtsbehörden, vgl. „Anwendungshinweise zur Erhebung, Verarbeitung und Nutzung von personenbezogenen Daten für werbliche Zwecke" vom Dezember 2013, S. 9; a.A. Däubler/Klebe/Wedde/Weichert/*Wedde*, § 28 Rn. 121.
143 Der ursprüngliche Textentwurf von § 28 Abs. 3a S. 2 BDSG sah vor, dass eine Einwilligung durch Ankreuzen oder gesonderte Unterschrift erklärt werden muss; vgl. BR-Drs. 4/09, S. 15.
144 BGH, Urteil v. 16.07.2008, Az. VIII ZR 348/06, MMR 2008, 731, 733.

gen. Nach dem Wortlaut und der Gesetzesbegründung meint „schriftlich" eine eigenhändige Unterschrift, was bedeuten würde, dass z.B. eine am Telefon erteilte Einwilligung mittels unterschriebenen Briefes bestätigt werden müsste. Eine solche Vorgabe ist allerdings weder praktikabel, noch wird sie dem Schutzzweck der Norm gerecht. Ziel der schriftlichen Bestätigung ist, dass dem Betroffenen zu Kontrollzwecken der Inhalt der Einwilligung vor Augen geführt wird.[145] Dafür genügt es aber, wenn der Betroffene den Inhalt der Erklärung in Textform erhält. Es ist deshalb zu begrüßen, dass die Aufsichtsbehörden in ihren „Anwendungshinweisen zur Erhebung, Verarbeitung und Nutzung von personenbezogenen Daten für werbliche Zwecke" inzwischen mitgeteilt haben, dass Textform ausreicht und Schriftform nach dem Bestätigungs- und Informationszweck der Norm nicht geboten ist.[146] Ein Muster für einen Bestätigungstext befindet sich im Anhang (siehe Rn. 204 f.).

> **!** **Beachte:** Entgegen dem Wortlaut des Gesetzestextes in § 28 Abs. 3a genügt für die Bestätigung einer mündlich erteilten Einwilligung nach Auffassung der Aufsichtsbehörden die Textform.

95 § 28 Abs. 3a enthält keine Vorgabe dazu, bis wann die Bestätigung vorzunehmen ist. Die Aufsichtsbehörden halten es für ausreichend, wenn die Bestätigung der Einwilligung in Verbindung mit der ersten Werbezusendung erfolgt, sofern beide Bestandteile (Bestätigung und Werbetext) eindeutig getrennt sind.[147] Dabei sollte ein zeitlicher Zusammenhang mit der Abgabe der Einwilligung bestehen, hier halten die Aufsichtsbehörden einen Zeitraum von drei Monaten für ausreichend.

96 Umstritten ist, ob die Einwilligung solange (schwebend) unwirksam ist, wie es an einer Bestätigung fehlt.[148] Dagegen spricht, dass nach der Gesetzesbegründung lediglich Satz 2 – der die drucktechnische Hervorhebung in AGB betrifft – als Wirksamkeitserfordernis ausgestaltet wurde, während die Einführung der Bestätigungspflicht in erster Linie dazu dienen sollte, dass der Betroffene kontrollieren kann, ob die verantwortliche Stelle die Einwilligung korrekt dokumentiert hat.[149] Ohnehin hat die verantwortliche Stelle selbst das größte Interesse an einer solchen Dokumentation, da sie für das Vorliegen der Einwilligung beweispflichtig ist. Schon diese Beweislast schützt den Betroffenen ausreichend vor einer „untergeschobenen" Einwilligung, weshalb die Unwirksamkeit der Einwilligung mangels Bestätigung nicht in Betracht kommt.[150]

bb) Elektronisch erteilte Einwilligung, Abs. 3a Satz 1

97 Die elektronisch erteilte Einwilligung bedarf keiner Bestätigung. Vielmehr ist es ausreichend, dass die verantwortliche Stelle die Einwilligung „protokolliert" und der Betroffene deren Inhalt „jederzeit abrufen" kann. Das Gesetz macht keine Vorgaben dazu, was „protokolliert" werden soll. Nach dem Sinn und Zweck der Vorschrift sollte dies zumindest den Zeitpunkt der Abgabe und den Inhalt der Einwilligungserklärung umfassen. Da das Unternehmen dafür beweispflichtig ist, dass es auch tatsächlich der Betroffene war, der eingewilligt hat, sollten ferner Identifikatoren mit gespeichert werden. Dies kann sein, z.B. die IP-Adresse, eine Gerätekennung oder ggf. die E-Mail-Adresse. Die Aufsichtsbehörden sind unter Hinweis auf das BGH-Urteil zu „Double-Opt-in"[151] der Auffassung, dass die Protokollierung der IP-Adresse nicht ausreicht, um den Nachweis einer Einwilligung zu erbringen.[152] Erforderlich sei vielmehr eine Rückbestä-

---

145 BR-Drs. 4/09, S. 50.

146 „Anwendungshinweise der Datenschutzaufsichtsbehörden zur Erhebung, Verarbeitung und Nutzung von personenbezogenen Daten für werbliche Zwecke" vom Dezember 2013 (Düsseldorfer Kreis), Seite 9; abrufbar unter www.lda.bayern.de; so auch Plath/Plath, § 28 Rn. 161.

147 „Anwendungshinweise der Datenschutzaufsichtsbehörden zur Erhebung, Verarbeitung und Nutzung von personenbezogenen Daten für werbliche Zwecke" vom Dezember 2013, S. 10; a.A. Plath/*Plath*, § 28 Rn. 160, der ohne nähere Begründung von einer Bestätigung binnen zwei Wochen ausgeht.

148 So z.B. Taeger/Gabel/*Taeger*, § 28 Rn. 166; *Hanloser*, MMR 2009, 594, 595; *Meltzian*, DB 2009, 2645.

149 BR-Drs. 4/09, S. 50.

150 So auch *Eckardt*, CR 2009, 337, 340; *Gola/Schomerus*, § 28 Rn. 44.

151 BGH, Urteil v. 10.02.2011, Az. I ZR 164/09, NJW 2011, 2657.

152 „Anwendungshinweise der Datenschutzaufsichtsbehörden zur Erhebung, Verarbeitung und Nutzung von personenbezogenen Daten für werbliche Zwecke" vom Dezember 2013 (Düsseldorfer Kreis), S. 10; abrufbar unter www.lda.bayern.de.

tigung des Betroffenen per E-Mail, um dessen E-Mail-Adresse zu verifizieren, während bei Telefon selbst über dieses Double-Opt-in kein Nachweis erbracht sei, da der Bundesgerichtshof davon ausgehe, dass eine Telefonnummer nicht über eine E-Mail verifiziert werden könne. Dieser Rückschluss verkennt allerdings, dass das BGH-Urteil sich nicht mit den Anforderungen an eine elektronische Einwilligung befasst, sondern eine Einwilligung nach § 7 UWG betraf, der eine „ausdrückliche" Einwilligung in Bezug auf eine bestimmte E-Mail-Adresse erfordert. Dies ist nicht der von § 28 Abs. 3a geregelte Fall einer allgemeinen Einwilligung in die Verarbeitung und Nutzung personenbezogener Daten für Werbezwecke. Grundsätzlich genügt daher die Protokollierung einer IP-Adresse, sofern darüber noch der Betroffene ermittelt werden kann. Ferner muss selbstverständlich der Inhalt der Erklärung ebenfalls dokumentiert sein. Es ist dann an dem Betroffenen zu widerlegen, dass er dennoch eine Erklärung diesen Inhalts nicht abgegeben hat. In der Praxis besteht allerdings das Problem, dass nach längerem Zeitablauf die IP-Adresse dem Betroffenen evtl. nicht mehr zugeordnet werden kann. Insoweit ist über andere Möglichkeiten einer Zuordnung der Einwilligung zu einem bestimmten Individuum nachzudenken. Dies könnte eine E-Mail-Bestätigung sein, denkbar ist aber auch z.B. die Protokollierung der Gerätekennung.

! Spätestens, wenn der Betroffene direkt per Telefon, E-Mail oder Telefax werblich angesprochen werden soll, greifen die strengeren Vorschriften des § 7 UWG. Für den Nachweis einer Einwilligung in die Ansprache per E-Mail ist spätestens dann das sog. Double-Opt-in-Verfahren empfehlenswert (d.h., der Betroffene bestätigt sein Einverständnis z.B. durch Klicken eines Links in einer Bestätigungs-E-Mail der verantwortlichen Stelle). Für die medienübergreifende Einwilligung in die Ansprache per Telefon reicht dieses Verfahren dagegen nicht. Hier empfiehlt sich die Einholung einer schriftlichen Einwilligung.

Fraglich ist, wann die Einwilligung „jederzeit abrufbar" ist. Nach einer Ansicht ist dies erst dann der Fall, wenn der Betroffene den Einwilligungstext jederzeit selbst abrufen kann.[153] Vorgeschlagen wird die Bereithaltung des Textes in einem Kundenkonto, zu welchem sich der Betroffene mithilfe eines Logins jederzeit selbst Zugang verschaffen kann. Richtigerweise bedarf es aber einer Einzelfallbetrachtung: Geht es um einen Kunden und hat dieser ein Kundenkonto, ist es sinnvoll, darüber den Abruf zu ermöglichen. Es muss aber auch zulässig sein, dass in Fällen, in denen kein Kundenkonto verfügbar ist (sei es, weil der Anbieter über keine Kundenkonten verfügt oder Betroffene noch kein Kunde ist), der Text der Einwilligung auf Anfrage unverzüglich an eine verifizierte E-Mail-Adresse übermittelt wird.[154] Denkbar wäre auch, dass die standardmäßig verwendeten Einwilligungstexte mit Datumsangabe im Internet bereitgehalten werden (z.B. im Datenschutzhinweis) oder dass dem Betroffenen z.B. der Einwilligungstext einmalig mit einer Bestätigungs-E-Mail übersendet wird. Auch dann können die Betroffenen den Text jederzeit abrufen. 98

cc) In AGB erklärte Einwilligung, § 28 Abs. 3a Satz 2

Gem. § 28 Abs. 3a Satz 2 ist die Einwilligung, wenn sie zusammen mit anderen Erklärungen schriftlich abgegeben werden soll, *„in drucktechnisch deutlicher Gestaltung besonders hervorzuheben"*. Nach dem Willen des Gesetzgebers soll durch diese Formulierung die Vorgabe des § 4a Abs. 1 Satz 4 *„konkretisiert"* werden, der allgemein von „besonders hervorheben" spricht.[155] Insgesamt soll die Hervorhebung im äußeren Erscheinungsbild der Erklärungen drucktechnisch umgesetzt werden, z.B. durch die Schriftgröße, den Schrifttypus, eine Formatierung oder einen Rahmen. Letztlich geht dieses Erfordernis nicht über das hinaus, was ohnehin nach § 4a erforderlich wäre.[156] Gemeint ist der Fall einer im Rahmen eines sonstigen Vertragswerks eingebauten Einwilligungsklausel, wobei der Betroffene durch Unterschrift („schriftlich") die Vertragsbedingungen akzeptiert. Er gilt in gleicher Weise für den Fall, dass Allgemeine Geschäftsbedingungen (AGB) elektronisch akzeptiert werden. Der Gesetzgeber hat das im ursprünglichen Regie- 99

153 *Bergmann/Möhrle/Herb*, § 28 Rn. 422; Simitis/*Simitis*, § 28 Rn. 222; Däubler/Klebe/Wedde/Weichert/*Wedde*, § 28 Rn. 129.
154 So auch Taeger/Gabel/*Taeger*, § 28 Rn. 172; Plath/*Plath*, § 28 Rn. 164.
155 BT-Drs. 16/13657, S. 19.
156 Taeger/Gabel/*Taeger*, § 28 Rn. 175.

rungsentwurf vorgesehene Erfordernis einer gesonderten Unterschrift oder des gesonderten Ankreuzens bezogen auf eine Einwilligung in die werbliche Verwendung wieder verworfen.[157]

> ! Eine Einbindung der Einwilligung in AGB ist grundsätzlich nur im Hinblick auf die Werbung per Post möglich. Das liegt daran, dass § 7 Abs. 2 UWG eine „ausdrückliche" Einwilligung erfordert und damit eine gesonderte Unterschrift oder ein gesondertes Häkchensetzen. Ein Prüfschema für das Erstellen einer Einwilligung findet sich bei der Kommentierung zu § 4a (siehe § 4a Rn. 128 ff.).

b) Kopplungsverbot gem. § 28 Abs. 3b

100 § 28b Abs. 3a enthält ein **Kopplungsverbot**, wonach die verantwortliche Stelle den Abschluss eines Vertrages dann nicht von einer Einwilligung in die werbliche Verwendung (einschließlich Adressenhandel) der personenbezogenen Daten abhängig machen darf, wenn dem Betroffenen *„ein anderer Zugang zu gleichwertigen vertraglichen Leistungen ohne die Einwilligung nicht oder nicht in zumutbarer Weise möglich ist"*. Dieses 2009 in das BDSG eingeführte Verbot lehnt sich an die bereits seit Längerem bestehenden bereichsspezifischen Kopplungsverbote in § 95 Abs. 5 TKG und § 12 Abs. 3 a.F. TMG an.[158] § 12 Abs. 3 TMG wurde im Zuge der BDSG-Novellierung aufgehoben, sodass für Telemedienanbieter nunmehr ebenfalls § 28 Abs. 3b gilt.[159]

101 Umstritten ist, ob § 28 Abs. 3b nur für Monopolunternehmen gilt oder ob nunmehr jeder Marktteilnehmer prüfen muss, ob für den Betroffenen ein alternativer Zugang zur Leistung besteht. Nach der Gesetzesbegründung soll § 28 Abs. 3b Sachverhalte erfassen, bei denen die verantwortliche Stelle entweder eine **marktbeherrschende Stellung** hat oder bei denen die marktbeteiligten Unternehmen für sich genommen zwar jeweils keine marktbeherrschende Stellung haben, dem Betroffenen aber, z.B. aufgrund von Absprachen unter den marktbeteiligten Unternehmen, ein Zugang zu gleichwertigen Leistungen marktweit nur zur Verfügung steht, wenn er eine Einwilligung erteilt.[160] Die Gesetzesbegründung wird in der Literatur teilweise so interpretiert, dass die verantwortliche Stelle nunmehr die Angebote von Mitbewerbern überprüfen müsse, um zu beweisen, dass auch ein anderweitiger Zugang möglich ist.[161] Das kann nicht zutreffend sein, maßgeblich ist vielmehr der kartellrechtliche Hintergrund der Norm, wonach es darauf ankommt, dass es zu einer tatsächlichen Absprache unter den Marktbeteiligten gekommen ist. Eine aktive Prüfpflicht hätte der Gesetzgeber ausdrücklich verankern müssen, was nicht geschehen ist.

102 Umstritten ist ferner, wann ein anderweitiger Zugang „in zumutbarer Weise" möglich ist. Nicht erforderlich ist jedenfalls, dass der jeweilige Anbieter einen Zugang mit und ohne Einwilligungsmöglichkeit vorsieht, entscheidend ist der Gesamtmarkt.[162] Nach einer Ansicht soll Unzumutbarkeit bereits vorliegen, wenn das Angebot von anderen Anbietern nur zu einem höheren Preis oder zu schlechteren Gesamtkonditionen erhältlich ist.[163] Dagegen spricht der Normzweck, denn das Kopplungsverbot soll allein die Entscheidungsfreiheit des Betroffenen schützen, nicht aber die Inanspruchnahme von Diensten zu bestimmten Konditionen festschreiben.[164] So muss es zulässig bleiben, dass ein Unternehmen eine bestimmte Leistung nur gegen Einwilligung anbietet, während andere diese Leistung gegen Entgelt erbringen. Auch der Gesetzgeber geht davon aus, dass gerade durch die Gewährung von Vorteilen, z.B. im Rahmen von Kundenbindungsprogrammen, eine Einwilligung generiert werden kann.[165] Maßgeblich für die Beurteilung, ob eine zumutbare Alternative gegeben ist, wird auch sein, wie angewiesen der Betroffene auf die

---

157 BT-Drs. 16/12011, 13, 33.
158 BR-Drs. 4/09, S. 50.
159 § 12 Abs. 3 TMG wurde im Rahmen der Gesetzesnovellierung vom 14.08.2009 gestrichen, da nunmehr das allgemeine Kopplungsverbot des § 28 Abs. 3b BDSG greift; vgl. BR-Drs. 4/09, S. 55.
160 BT-Drs. 16/12011, S. 33.
161 *Bergmann/Möhrle/Herb*, § 28 Rn. 432; Däubler/Klebe/Wedde/Weichert/*Wedde*, § 28 Rn. 135.
162 OLG Brandenburg v. 11.01.2006, Az. 7 U 52/05, MMR 2006, 405, 407 (zu § 12 Abs. 3 a.F, welcher Abs. 3a entspricht).
163 Däubler/Klebe/Wedde/Weichert/*Wedde*, § 28 Rn. 135; *Bergmann/Möhrle/Herb*, § 28 Rn. 431.
164 So auch *Gola/Schomerus*, § 28 Rn. 46; Plath/*Plath*, § 28 Rn. 173; *Schafft/Ruoff*, CR 2006, 499, 504.
165 BT-Drs. 4/09, S. 46.

Leistung ist. Beispielsweise ist die Kopplung einer Gewinnspielteilnahme an eine werbliche Einwilligung unkritisch, insbesondere kann der Betroffene nicht einwenden, dass er anderweitig nicht an einem vergleichbaren Gewinnspiel teilnehmen kann. Er kann sich schließlich den ausgelobten Gewinn auch anderweitig besorgen. Etwas anderes kann bei Leistungen gelten, auf die der Betroffene angewiesen ist (z.B. eine Krankenversicherung) und sich nicht anderweitig beschaffen kann.

Für das Vorliegen eines Verstoßes gegen das Kopplungsverbot ist die Aufsichtsbehörde bzw. der Betroffene, welcher sich ggf. auf die Unwirksamkeit der Einwilligungserklärung beruft, darlegungs- und beweispflichtig.[166] 103

3. Ausnahmen vom Einwilligungsgebot, § 28 Abs. 3 Satz 2–6

§ 28 Abs. 3 Satz 2–6 regeln Ausnahmen vom Einwilligungsgebot, die sich im Überblick wie folgt darstellen: 104

Datenart	**Zweck: Eigene Werbung**	**Zweck: Fremde Werbung**
Listendaten, Abs. 3 Satz 2	• Bewerbung eigener Angebote (B2C) • B2B-Werbung • Spendenwerbung	• B2B-Werbung • Spendenwerbung • Adressverkauf, **Satz 4** (aus der Werbung muss die verantwortliche Stelle hervorgehen)
+ Hinzugespeicherte Daten, Abs. 3 Satz 3	Wie oben, auch für Selektion etc.	Beipack- und Empfehlungswerbung, **Satz 5** (aus der Werbung muss die verantwortliche Stelle hervorgehen)[167]

In erster Linie regelt § 28 Abs. 3 in Satz 2 das sog. **Listenprivileg**, d.h. die Verwendung der in Satz 2 aufgezählten Daten in Listenform für Zwecke der Werbung und des Adresshandels. Konkret geht es um folgende Angaben: 105

- Name
- Titel (z.B. Doktortitel)
- Akademischer Grad (z.B. Magister, Bachelor, Master)
- Berufs-, Branchen- oder Geschäftsbezeichnung (z.B. Schlosser, Arzt)
- Anschrift
- Geburtsjahr (nicht das Geburtsdatum).

Die Aufzählung ist abschließend, insbesondere fällt eine Telefonnummer oder E-Mail-Adresse nicht unter das Listenprivileg, weshalb der Erwerb eines Adressstamms mit Telefonnummer und/oder E-Mail-Adresse nicht von dieser Ausnahme erfasst wird. Als weiteres Datum kann nur noch die Angabe der Zugehörigkeit zu einer bestimmten Personengruppe hinzukommen (z.B. Abonnenten der Fachzeitschrift X). Dabei darf die Angabe nicht so granular sein, dass sie im Grunde eine Vielzahl von Angaben enthält (z.B. Kunden der Firma X, welche über ein Einkommen von über Y € verfügen und sich für Autos interessieren). 106

---

166 So auch OLG Brandenburg, Urteil v. 11.01.2006, Az. 7 U 52/05, MMR 2006, 405, 407; a.A. Taeger/Gabel/*Taeger*, § 28 Rn. 187.

167 A.A. die deutschen Aufsichtsbehörden, welche offenbar der Ansicht sind, dass sich die Zulässigkeit der Fremdwerbung auf Listendaten begrenzt, d.h., die Bewerbung eines Dritten per Brief wäre zulässig, aber nicht per Telefon, vgl. Anwendungshinweise der Datenschutzaufsichtsbehörden zur Erhebung, Verarbeitung und Nutzung von personenbezogenen Daten für werbliche Zwecke" vom Dezember 2013 (Düsseldorfer Kreis); abrufbar unter www.lda.bayern.de. S. 8 unter Verweis auf die Gesetzesbegründung. Ein solcher Rückschluss ist allerdings nicht zwingend.

107 Allerdings ist es hinnehmbar, dass die Quelle der Daten nicht schon als Gruppenmerkmal angesehen wird (Firma X), zumal die Herkunft der Daten von der verantwortlichen Stelle dokumentiert werden muss.[168] Es ist darauf zu achten, dass durch die Gruppenfestlegung nicht schutzwürdige Belange des Betroffenen berührt werden, was sich letztlich auch aus Satz 6 ergibt. Beispielsweise würden der Gruppenbezeichnung „Alkoholkranke" schutzwürdige Interessen des Betroffenen entgegenstehen. Das Gleiche gilt, wenn die Adresse bzw. Herkunft der Daten einen Aufschluss über sensible Angaben des Betroffenen gibt, z.B., weil die Angaben von einer Suchtklinik stammen.

108 Der Gesetzeswortlaut fordert, dass die Daten „listenmäßig oder sonst zusammengefasst" sind. Gemeint ist, dass die Daten fortlaufend nach bestimmten Merkmalen zusammengestellt sind.[169] In welcher Form dies geschieht (z.B. Excel-Tabelle, Sammlung von Einzelkarteikarten oder -blättern) und auf welchem Medium (Papier, CD, Speicherkarte etc.) ist unerheblich. Nach überwiegender Auffassung ist erforderlich, dass sich die Angaben auf mehr als eine Person beziehen.[170]

109 Diese Listendaten dürfen unter bestimmten Umständen für Zwecke der Werbung ohne Einwilligung genutzt werden. Konkret geht es um folgende Fälle:

- Bewerbung eigener Angebote der verantwortlichen Stelle, Abs. 3 Satz 2 Nr. 1
- Werbung an Gewerbetreibende oder Freiberufler, Abs. 3 Satz 2 Nr. 2
- Werbung für Spenden, Abs. 3 Satz 2 Nr. 3.

Ferner dürfen Listendaten ausnahmsweise an Dritte für deren Werbezwecke übermittelt werden (Adressverkauf), und zwar dann, wenn aus der Werbung hervorgeht, von wem die Daten stammen (Abs. 3 Satz 4). Schließlich darf die verantwortliche Stelle rechtmäßig erhobene Daten für bloße Empfehlungs- oder Beipackwerbung verwenden, ohne dass es darauf ankommt, ob es sich um Listendaten handelt, sofern die verantwortliche Stelle bei der Werbung kenntlich gemacht ist (Abs. 3 Satz 5). Im Einzelnen:

a) Werbung für eigene Angebote, § 28 Abs. 3 Satz 2 Nr. 1; Hinzuspeichern von Daten § 28 Abs. 3 Satz 3

110 § 28 Abs. 3 Satz 2 Nr. 1 betrifft personenbezogene Daten, welche für die Begründung, Durchführung oder Beendigung eines Schuldverhältnisses oder eines rechtsgeschäftsähnlichen Schuldverhältnisses (§ 28 Abs. 1 Satz 1 Nr. 1) oder aus allgemein zugänglichen Adress-, Rufnummern-, Branchen- oder vergleichbaren Verzeichnissen erhoben worden sind. In diesem Fall kann ein Unternehmen die listenmäßig zusammengefassten Daten zur Bewerbung der eigenen Leistung verwenden.

111 **Interessentendaten** können ebenfalls unter die Ausnahme fallen, sofern diese aus allgemeinen Verzeichnissen stammen oder im Rahmen (vorvertraglicher) Schuldverhältnisse erhoben wurden oder eventuell aus einer vergangenen Kundenbeziehung stammen. Beispiele sind Adressdaten aus einem Gewinnspiel, von Probeabonnenten oder aus einem Schenkungsvertrag. Allerdings sind allgemeine Löschpflichten gem. § 35 zu beachten. Es ist es zulässig, dass Daten beider Erhebungsmöglichkeiten kombiniert werden, also z.B. die Vertragsdaten um Kontaktdaten aus einem allgemein zugänglichen Verzeichnis angereichert werden.[171]

---

168 Simitis/*Simitis*, § 28 Rn. 238 sieht insoweit die Listendaten um ein achtes Merkmal ergänzt; Beschluss des Düsseldorfer Kreises vom 26./27.11.2009 zu „Gesetzesänderung bei der Datenverwendung für Werbezwecke", welcher ebenfalls davon ausgeht, dass die Herkunft der Daten *und* die Gruppenauswahl gespeichert werden; a.A. *Gola/Schomerus*, § 28 Rn. 51, wonach es darauf ankommen soll, ob die Firmenangabe einen Informationswert hat.

169 *Wolff/Brink*, § 28 Rn. 120; Däubler/Klebe/Wedde/Weichert/*Weichert*, § 28 Rn. 97.

170 Simitis/*Simitis*, § 28 Rn. 242; Däubler/Klebe/Wedde/Weichert/*Weichert*, § 28 Rn. 97; BeckOK/*Wolff*, § 28 Rn. 122; a.A. *Gola/Schomerus*, § 28 Rn. 51: Eine Person genügt.

171 BT-Drs. 16/13657, S. 19; während der ursprüngliche Entwurf das noch ausgeschlossen hatte, vgl. BT-Drs. 4/09, S. 47; siehe auch *Wolff/Brink*, § 28 Rn. 125; Däubler/Klebe/Wedde/Weichert/*Wedde*, § 28 Rn. 100.

!

Eine konkrete **Löschfrist** für werblich verwendete Daten hat der Gesetzgeber nicht vorgegeben, sodass sich die Frage stellt, wie lange personenbezogene Daten für Werbezwecke aufbewahrt werden können. Nach § 35 Abs. 2 Nr. 3 besteht eine Pflicht zur Löschung, wenn die Kenntnis der Daten für die Erfüllung des Speicherungszwecks nicht mehr „erforderlich" ist. Nach Auffassung der Aufsichtsbehörden kann für den Begriff der „Erforderlichkeit" der § 34 Abs. 1a Indizcharakter haben, wonach bei einem Adressverkauf die übermittelnde Stelle die Angaben über den Empfänger der Daten für zwei Jahre speichern muss.[172] Naheliegender ist aber die Heranziehung des Gedankens des § 35 Abs. 2 Nr. 4, welcher bei Adresshändlern davon ausgeht, dass diese bei erledigten Sachverhalten am Ende des dritten Kalenderjahres, welches auf die erstmalige Speicherung folgt, überprüfen müssen, ob eine längerwährende Speicherung erforderlich ist. Hintergrund des § 35 Abs. 2 Nr. 4 ist der auch sonst auf werblich verwendete Daten übertragbare Grundgedanke, dass diese nicht auf ewig gespeichert bleiben sollen, also ein gewisser Aktualitätsbezug bestehen muss. Die Frist in § 34 Abs. 1a begründet sich dagegen damit, dass die verantwortliche Stelle nicht übermäßig lange mit einer Speicherpflicht belastet sein soll.[173] Die Stoßrichtung ist somit eine andere. Dementsprechend sollte es ausreichen, wenn eine Überprüfung der werblich verwendeten Daten nach einer Regelfrist von drei Jahren erfolgt. Etwas anderes kann gelten, wenn es sich um Kontaktdaten aus sensiblen Bereichen handelt, bei welchen ausnahmsweise schutzwürdige Interessen des Betroffenen gegen eine länger währende Speicherung sprechen können (z.B. Speicherung nach Konditionenanfrage bei einem Bestattungsinstitut[174]).

Hiervon unberührt ist die Frage der **Laufzeit einer Einwilligungserklärung**. Nach Auffassung der Aufsichtsbehörden[175], Teilen der Literatur[176] und einiger Gerichte können diese „ihre Aktualität" verlieren. Das Landgericht München I hat dies beispielsweise in einem Fall angenommen, bei welchem die Einwilligung in Werbung 17 Monate lang nicht genutzt worden war.[177] Dagegen ist einzuwenden, dass Einwilligungen grundsätzlich unbefristet sind, es sei denn, der Einwilligungserklärende hat etwas anderes angegeben. Eine „Verfristung" durch Zeitablauf ist weder vom Gesetz vorgesehen (anders z.B. bei einer unter Abwesenden abgegebenen Willenserklärung gem. § 147 Abs. 2 BGB), noch bedarf es einer solchen Verfristung, denn der Betroffene kann seine Einwilligung jederzeit widerrufen.[178]

Der Begriff des allgemein zugänglichen „Verzeichnisses" ist enger als § 28 Abs. 1 Nr. 3 auszulegen, welcher nur darauf abstellt, dass die Daten „allgemein zugänglich" sind, aber nicht ein „Verzeichnis" voraussetzt. „Verzeichnis" meint ein Verzeichnis im Sinne von § 29 Abs. 3 Satz 1 (siehe § 29 Rn. 46).[179] Die Daten müssen dementsprechend einer systematischen Sammlung entnommen sein, z.B. einem Branchenverzeichnis oder einem Mitgliederverzeichnis.[180] Nicht darunter fallen z.B. allgemein im Internet be- **112**

---

172 „Anwendungshinweise der Datenschutzaufsichtsbehörden zur Erhebung, Verarbeitung und Nutzung von personenbezogenen Daten für werbliche Zwecke" vom Dezember 2013 (Düsseldorfer Kreis), Seite 6; abrufbar unter www.lda.bayern.de.

173 BT-Drs. 16/13657, S. 22.

174 Beispiel bei „Anwendungshinweise der Datenschutzaufsichtsbehörden zur Erhebung, Verarbeitung und Nutzung von personenbezogenen Daten für werbliche Zwecke" vom Dezember 2013 (Düsseldorfer Kreis), Seite 6; abrufbar unter www.lda.bayern.de.

175 „Anwendungshinweise der Datenschutzaufsichtsbehörden zur Erhebung, Verarbeitung und Nutzung von personenbezogenen Daten für werbliche Zwecke" vom Dezember 2013 (Düsseldorfer Kreis), Seite 4; abrufbar unter www.lda.bayern.de.

176 Köhler/*Bornkamm*, § 7 Rn. 148; Piper/Ohly/*Sosnitza*, § 7 Rn. 51.

177 LG München I v. 08.04.2010, Az. 17 HKO 138/10, MD 2011, 562ff.; ähnlich LG Berlin v. 09.12.2011, Az. 15 O 343/11, WRP 2012, 610, 611 (1,5 Jahre).

178 So auch OLG Stuttgart v. 22.03.2007, Az. 2 U 159/06; von der grundsätzlichen Unbefristetheit einer Einwilligung gehen auch aus: OLG Köln v. 07.12.2012, Az. 6 U 69/12, GRUR-RR 2013, 219, 221; OLG Hamburg v. 04.03.2009, Az. 5 U 260/08, WRP 2009, 1282, 1283.

179 Der Gesetzgeber weist ausdrücklich darauf hin, dass der Begriff bereits in § 29 Abs. 3 Satz 1 BDSG enthalten ist, BT-Drs. 16/13657, S. 19.

180 *Wolff/Brink*, § 28 Rn. 126; *Baumbach/Möhrle/Herb*, § 28 Rn. 360.

reitgehaltene Angaben, die nicht in ein Verzeichnis eingestellt sind, z.B. die bloße Kontaktinformation.[181] Allgemein zugänglich sind diese Angaben, wenn sie für jedermann ohne besondere Voraussetzungen zugänglich sind. Unerheblich ist, ob es sich um ein freiwilliges Verzeichnis (z.B. Telefonbuch) oder Zwangsverzeichnis (z.B. der Handwerkskammer) handelt.[182]

113 Die Ausnahme beschränkt sich auf eine „Werbung für eigene Angebote" und ist deshalb für den Adressverkauf sowie die Bewerbung fremder Produkte und Leistungen nicht einschlägig. Fremde Produkte oder Dienstleistungen können aber in Form der Beipack- oder Empfehlungswerbung gem. § 28 Abs. 3 Satz 5 beworben werden.

114 Die verantwortliche Stelle darf gem. § 28 Abs. 3 Satz 3 zu den genannten Daten weitere Daten „hinzuspeichern". Der Begriff ist nicht gesetzlich definiert, sondern soll nach dem Willen des Gesetzgebers lediglich klarstellen, dass die hinzuzuspeichernden Daten selbst rechtmäßig erhoben sein müssen.[183] Das bedeutet, dass § 28 Abs. 3 Satz 3 keine eigenständige Erhebungs- oder Übermittlungsbefugnis darstellt. Vielmehr muss die verantwortliche Stelle die hinzuzuspeichernden Daten legal, z.B. auf Basis von § 28 Abs. 1 Satz 1 Nr. 2 oder 3, erhalten haben. Sie können grundsätzlich auch von Adresshändlern stammen.[184] Die Norm soll es der verantwortlichen Stelle ermöglichen, dass diese ihren Datenbestand für Zwecke der Eigenwerbung selektiert, um Kunden gezielter ansprechen zu können.[185] Eine Begrenzung auf bestimmte Angaben ist damit nicht verbunden[186], wobei die schutzwürdigen Belange des Betroffenen gem. Abs. 3 Satz 6 zu berücksichtigen sind. Zu weit geht es, wenn die Aufsichtsbehörden teilweise die Ansicht vertreten, dass ein Hinzuspeichern der Telefonnummer oder E-Mail-Adresse wegen der gesetzlichen Wertung des § 7 Abs. 2 und 3 UWG unzulässig ist.[187] § 7 UWG ist erst auf der Stufe der Verwendung der Telefonnummer oder E-Mail-Adresse für eine direkte werbliche Ansprache relevant, aber nicht auf der Vorstufe der Selektion. Grundsätzlich muss es der verantwortlichen Stelle möglich sein, dass sie die bei ihr vorhandenen Daten über einen Kunden zusammenführt, um darüber zusätzliche Erkenntnisse für eine werbliche Ansprache zu gewinnen.

115 Ohnehin kann man infrage stellen, ob bereits die bloße unternehmensinterne Kundenselektion unter den Begriff der Werbung zu fassen ist oder ob hier nicht vielmehr eine Verarbeitung vorliegt, welche auf § 28 Abs. 1 Satz 1 Nr. 2 zu stützen ist. Im Ergebnis jedenfalls bleibt ein sog. **Customer Relationship Management** (CRM) möglich und findet seine Grenzen dort, wo der Betroffene ein schutzwürdiges Interesse am Ausschluss einer solchen Verarbeitung hat, z.B., weil besonders sensitive Angaben verwendet werden oder das Ergebnis der Selektion sind (z.B. die Ermittlung der Wahrscheinlichkeit einer Schwangerschaft, um entsprechende Produkte zu platzieren) oder besonders tiefe Einblicke in das Privatleben ermöglicht werden, welche der Betroffene so sonst nicht preisgeben würde, weil sie negative Konsequenzen haben könnten (z.B. Trinkgewohnheiten).

! Abs. 3 Satz 3 hat eine **hohe Praxisrelevanz** für sämtliche Marketingaktivitäten des Unternehmens. Die verantwortliche Stelle kann die Kundenselektion und Bewerbung auch durch einen innerhalb der EU/des EWR belegenen Auftragsdatenverarbeiter gem. § 11 durchführen lassen.

---

181 „Anwendungshinweise der Datenschutzaufsichtsbehörden zur Erhebung, Verarbeitung und Nutzung von personenbezogenen Daten für werbliche Zwecke" vom Dezember 2013, abrufbar unter www.lda.bayern.de.
182 *Bergmann/Möhrle/Herb*, § 28 Rn. 361.
183 BT-Drs. 16/12011, S. 32.
184 *Gola/Schomerus*, § 28 Rn. 65.
185 So ausdrücklich die Gesetzesbegründung, BT-Drs. 16/12011, S. 32.
186 So auch, wenn auch kritisch, Simitis/*Simitis*, § 28 Rn. 240.
187 „Anwendungshinweise der Datenschutzaufsichtsbehörden zur Erhebung, Verarbeitung und Nutzung von personenbezogenen Daten für werbliche Zwecke" vom Dezember 2013 (Düsseldorfer Kreis), Seite 7; abrufbar unter www.lda.bayern.de.

b) Werbung an gewerblich oder freiberuflich Tätige, § 28 Abs. 3 Satz 2 Nr. 2

Eine weitere Ausnahme vom Einwilligungserfordernis besteht für Werbung an gewerblich oder freiberuflich tätige Personen (B2B-Werbung). Der Gesetzgeber geht davon aus, dass Gewerbetreibende oder Freiberufler ein potenziell höheres Interesse an Werbung haben als Verbraucher, da dies die Marktorientierung erleichtern kann.[188] Ferner soll mit der Regelung eine Gleichbehandlung mit Unternehmen im Übrigen erreicht werden, denn bei diesen findet das BDSG mangels Personenbezugs keine Anwendung.[189] Die Adressdaten müssen dabei nicht wie bei § 28 Abs. 3 Nr. 1 aus einer Vertragsbeziehung stammen, sondern können z.B. auch über einen Adresshändler generiert worden sein.[190] Ferner ist die Werbung nicht auf Eigenwerbung beschränkt, sondern kann auch Fremdwerbung umfassen. 116

Privilegiert ist nur eine Werbung an die berufliche Anschrift. Sofern diese mit der Privatanschrift zusammenfällt, ist durch eindeutige Berufsbezeichnung im Anschreiben sicherzustellen, dass die Werbung nicht als Werbung an Private angesehen werden kann.[191] Nach der Gesetzesbegründung kann die Werbung auch an Beschäftigte eines Unternehmens gerichtet sein (z.B. den Leiter der Entwicklungsabteilung oder die Sekretärin der Geschäftsführung).[192] In diesem Fall ist eine Versendung nur an die geschäftliche Anschrift möglich (die Privatadresse kann hier nicht die Geschäftsadresse sein). Ferner ist zu beachten, dass Nr. 2 nur eine Werbung „im Hinblick auf die berufliche Tätigkeit" des Betroffenen erfasst. Gerade bei Beschäftigten ist daher beachtlich, dass der Arbeitnehmer grundsätzlich Verbraucher im Sinne des § 13 BGB bleibt, wenn er Waren oder Dienstleistungen für sich selbst und nicht für das Unternehmen in Anspruch nimmt (z.B. PKW oder Dienstkleidung). Fraglich ist, was im Hinblick auf den Gewerbetreibenden oder Freiberufler selbst zu gelten hat. *Gola/Schomerus* wollen hier ähnliche Kriterien wie bei § 7 Abs. 2 Nr. 2 UWG („mutmaßliche Einwilligung") anwenden.[193] Das würde bedeuten, dass ein bloß allgemeiner Sachbezug zum Unternehmen (z.B. Fotokopierer) nicht ausreicht, sondern aufgrund konkreter Umstände ein sachliches Interesse im Einzelfall (z.B. Gewerbetreibender hat auf Messe Interesse bekundet) erforderlich wäre (siehe § 4a Rn. 100). Das ist jedoch zu weitgehend, die Vorgaben des § 7 UWG sollten insoweit nicht mit § 28 Abs. 3 Satz 2 Nr. 2 vermengt werden. § 28 Abs. 3 Satz 2 Nr. 2 hat einen anderen Regelungsbereich als § 7 UWG. Er betrifft sämtliche Verarbeitungsphasen und auch die postalische Werbung. Hierfür sollte ausreichend sein, dass die Ware oder Dienstleistung für die berufliche Tätigkeit des Gewerbetreibenden genutzt werden kann.[194] Eine direkte werbliche Ansprache per Telefon, Telefax oder E-Mail muss dann allerdings zusätzlich die Vorgaben von § 7 Abs. 2 und 3 UWG beachten. 117

!

Die Verarbeitung oder Nutzung von personenbezogenen Daten von Gewerbetreibenden für Werbezwecke ist grundsätzlich im weiteren Umfang zulässig als bei Verbrauchern. Hintergrund ist, dass es sich um Angaben aus ihrer sog. Sozialsphäre handelt. Ferner geht der Gesetzgeber davon aus, dass der Gewerbetreibende der Werbung aufgeschlossener gegenübersteht als ein Verbraucher. Es sollte daher zulässig sein, dass Waren oder Dienstleistungen beworben werden, welche aus Sicht eines objektiven Dritten für den Gewerbetreibenden von allgemeinem Interesse sein könnten. Ein konkretes Interesse verlangt das Gesetz grundsätzlich nicht.

Achtung! Dies gilt nur für Werbung per Post. Eine Werbung per Telefon bedarf gem. § 7 Abs. 2 UWG ein aufgrund konkreter Umstände bestehendes Interesse im Einzelfall, damit eine Einwilligung vermutet werden kann. Eine Werbung per Telefax oder E-Mail unterliegt dem Erfordernis der „vorherigen, ausdrücklichen" Einwilligung, d.h., es wird nicht zwischen Verbrauchern und Gewerbetreibenden unterschieden.

---

188 BT-Drs. 16/12011, S. 32.
189 BT-Drs. 16/12011, S. 32.
190 So auch *Gola/Schomerus*, § 28 Rn. 56.
191 *Gola/Schomerus*, § 28 Rn. 57; *Wolff/Brink*, § 28 Rn. 128.
192 BT-Drs. 16/13657, S. 19.
193 *Gola/Schomerus*, § 28 Rn. 57.
194 So wohl auch *Wolff/Brink*, § 28 Rn. 127.

c) Spendenwerbung, § 28 Abs. 3 Satz 2 Nr. 3

118 Listendaten können ferner für Werbung für Spenden verwendet werden. Gemeint sind Spenden, die gemäß § 10b Abs. 1 und § 34g Einkommensteuergesetz steuerbegünstigt sind. Zu den steuerbegünstigten Zwecken gehören u.a. gemeinnützige, mildtätige oder kirchliche Zwecke nach den §§ 52–54 Abgabenordnung.[195] Allerdings sind die Spendenunternehmen nach Auffassung einiger Autoren nicht auf Listendaten begrenzt. Begründet wird dies damit, dass auch mit der Neuregelung zur Spendenwerbung nach der Gesetzesbegründung der „bestehende Zustand" beibehalten werden sollte[196] und vor der Gesetzesnovellierung keine Beschränkung auf die Verwendung von Listendaten bestand.[197] Vom Wortlaut wohl nicht erfasst ist die Werbung für Mitglieder.[198]

d) Listenübermittlung zu Werbezwecken, § 28 Abs. 3 Satz 4

119 Satz 4 gestattet den nicht geschäftsmäßigen, d.h. gelegentlich erfolgenden, Adressverkauf an Dritte für deren Werbezwecke. Sobald der Adressverkauf den eigentlichen Geschäftsgegenstand der verantwortlichen Stelle bildet oder regelmäßig und nicht nur gelegentlich Listendaten an Dritte übermittelt werden, greift stattdessen die Sondernorm des § 29.

120 Die Übermittlung von personenbezogenen Daten an einen Dritten für dessen Werbezwecke ist zulässig wenn:

a) es sich ausschließlich um „Listendaten" gem. Satz 2 handelt (also z.B. nicht die Telefonnummer);

b) der Übermittlungszweck die Werbung für den Dritten ist (also z.B. nicht Adresshandel);

c) der Listeninhaber die (i) Herkunft der Daten; und (ii) den Datenempfänger für zwei Jahre nach Übermittlung speichert (§ 34 Abs. 1a Satz 1);

d) im Falle der Werbung die Stelle, welche die Daten erstmalig erhoben hat, aus der Werbung „eindeutig hervorgeht".

> **!** Die Berechtigung zur Übermittlung ist begrenzt auf Listendaten gem. Satz 2. Die Ausnahme greift nur bei eigenen Kunden der übermittelnden Stelle. Abs. 2 Satz 2 Nr. 1 betrifft nämlich nur Angaben, welche aus einem Schuldverhältnis stammen oder aus einem allgemein zugänglichen Verzeichnis. Dementsprechend ist die Weitergabe einer eingekauften Adressliste nicht möglich, es sei denn, es handelt sich um gewerblich Tätige (Nr. 2).

121 Mit der Speicherpflicht nach § 34 Abs. 1a einher geht die Pflicht des Listeninhabers, dem Betroffenen auf Verlangen Auskunft über diese Angaben zu erteilen. Gem. § 34 Abs. 1a Satz 2 gilt die Speicher- und Auskunftspflicht auch für den Empfänger von Listendaten.

122 Die Stelle, welche die Daten erstmalig erhoben hat, muss aus der Werbung „eindeutig hervorgehen". Ähnlich wie bei Satz 5 ist der Begriff „eindeutig hervorgehen" so zu verstehen, dass der Betroffene die verantwortliche Stelle ohne Zweifel und mit seinen Kenntnissen und Möglichkeiten identifizieren kann. Bloße Kürzel oder der Hinweis auf weiterführende Informationen dürften insoweit nicht ausreichen. Die Aufsichtsbehörden verlangen die Angabe einer ladungsfähigen Anschrift. Postfachanschriften genügen nicht. Die Gesetzesbegründung verlangt – jedenfalls im Zusammenhang mit Satz 5 – eine Kennzeichnung bei der werblichen Ansprache „im Klartext".[199]

> **!** Um der Hinweispflicht gem. Abs. 3 Satz 4 zu genügen, sollte auf dem Werbemittel an erkennbarer Stelle der Hinweis auf den vollständigen Namen und die Adresse des Listeninhabers verwiesen werden (z.B. im Impressum des Prospekts). Es empfiehlt sich, daran anschließend über

195 BT-Drs. 16/12011, S. 32.
196 BT-Drs. 16/12011, S. 32.
197 *Pfeiffer* MMR 2010, 524, 526; *Grentzenberger/Schreibauer/Schuppert* K & R 2009, 536; Simitis/*Simitis*, § 28 Rn. 242.
198 *Bergmann/Möhrle/Herb*, § 28 Rn. 372.
199 BT-Drs. 16/13657, S. 19.

das Widerspruchsrecht gem. Abs. 4 Satz 2 aufzuklären. Beim Widerspruchsrecht ist zudem der Werbetreibende als verantwortliche Stelle zu benennen. Eine Musterformulierung findet sich weiter unten unter D. (siehe Rn. 206).

Der Gesetzgeber erhoffte sich von der Pflicht zur Auskunft und zur Kennzeichnung der verantwortlichen Stelle bei jeder werblichen Ansprache einen „dämpfenden Effekt" im Hinblick auf Adressverkäufe.[200] In der Praxis fehlt allerdings oftmals der Hinweis auf die Herkunft der Daten ebenso wie der Hinweis auf das Widerspruchsrecht gem. § 28 Abs. 4 Satz 2. 123

!

Im Falle des Adressverkaufs sollte festgelegt werden, welcher Text im Werbemittel erscheint. Insbesondere sollte der Eindruck vermieden werden, dass es sich um eine Werbung des Listeninhabers handelt. Auch der Werberahmen sollte fixiert werden (z.B. keine Werbung für unsittliche Angebote, um ein „Verderben" der Adressen zu verhindern bzw. Werbung allein zu den in der Einwilligung festgelegten Zwecken). Sinnvoll ist auch eine Freistellungserklärung des Adresskäufers gegenüber dem Listeninhaber für Ansprüche Dritter, welche auf seinem Werbemittel beruhen.

e) Empfehlungs- oder Beipackwerbung, § 28 Abs. 3 Satz 5

Eine besonders praxisrelevante Ausnahme vom Einwilligungsgebot für Werbezwecke findet sich in Abs. 3 Satz 5. Nach Abs. 3 Satz 5 kann die verantwortliche Stelle ihren Datenbestand dazu nutzen, um für Dritte Werbung zu machen, sog. Beipack- oder Empfehlungswerbung. Die Aufsichtsbehörden gehen davon aus, dass die verantwortliche Stelle auf eine Verwendung der Listendaten begrenzt ist, was z.B. eine Werbung per Telefon oder E-Mail ausschließen würde. Dagegen spricht der Wortlaut von Satz 5, wonach die Beipack- und Empfehlungswerbung „unabhängig vom Vorliegen der Voraussetzungen des Satzes 2" zulässig ist, es also auf ein Vorliegen von Listendaten gerade nicht ankommen soll. Die schutzwürdigen Interessen der Betroffenen sind ausreichend berücksichtigt, denn im Falle der Beipack- und Empfehlungswerbung ist Ansprechpartner dieselbe Stelle wie bei der Eigenwerbung (in der Regel also der Vertragspartner). Eine andere Frage ist, ob die verantwortliche Stelle durch § 7 UWG an einer werblichen Direktansprache für Produkte oder Dienstleistungen Dritter gehindert ist. Dies hängt davon ab, ob die Einwilligungserklärung des Betroffenen auch das Drittunternehmen erfasst, was in der Praxis oftmals problematisch ist (siehe § 4a Rn. 106). Die verantwortliche Stelle kann, muss aber nicht, die Fremdwerbung mit eigener Werbung verbinden. Einzige Voraussetzung ist, dass die verantwortliche Stelle für den Betroffenen „eindeutig erkennbar" ist. *„Eindeutig erkennbar"* meint, dass *„der Betroffene die verantwortliche Stelle ohne Zweifel und mit seinen Kenntnissen und Möglichkeiten identifizieren kann"*.[201] Beispielsweise kann sich die verantwortliche Stelle aus dem Briefkopf des werblichen Anschreibens ergeben. Auch hier muss klargestellt werden, dass es sich um Fremdwerbung handelt und wer der Werbetreibende ist (Name, Adresse). 124

Grundsätzlich muss die verantwortliche Stelle die Schreiben selbst versenden. Eine Übermittlung an den Werbetreibenden ist nicht von Satz 5 legitimiert. Es ist jedoch möglich und durchaus üblich, dass die verantwortliche Stelle einen sog. Lettershop für die Versendung einschaltet, welcher im Wege der Auftragsdatenverarbeitung gem. § 11 den Versand im Auftrag übernimmt. 125

!

Es ist zulässig, dass die verantwortliche Stelle im Interesse der **Neukundengewinnung** für einen Dritten systematisch über einen Lettershop Empfehlungswerbung in ihrem Namen versendet. Ein Adressverkauf ist damit nicht verbunden. Sofern sich die Angeschriebenen direkt beim Dritten melden, z.B., weil sie an einem in der Werbung angebotenen Gewinnspiel teilnehmen, hat der Dritte die Angaben nunmehr eigenständig erhoben und kann sie selbst für seine Werbezwecke verwenden.

200 BT-Drs. 16/13657, S. 19.
201 BT-Drs. 16/13657, S. 19.

f) Entgegenstehende Interessen des Betroffenen, § 28 Abs. 3 Satz 6

126 Nach Satz 6 hat eine Verarbeitung oder Nutzung personenbezogener Daten für Zwecke der Werbung und des Adresshandels zu unterbleiben, wenn schutzwürdige Interessen des Betroffenen entgegenstehen. Soweit sich der Wortlaut nur auf die Sätze 2 bis 4 bezieht, handelt es sich um ein Redaktionsversehen, welches darauf beruht, dass kurz vor Abschluss des Gesetzgebungsverfahrens in Absatz 3 ein weiterer Satz eingeschoben wurde. Insoweit ist von der verantwortlichen Stelle stets zu prüfen, ob schutzwürdige Interessen des Betroffenen ausnahmsweise gegen die Verwendung seiner Daten im gesetzlich erlaubten Rahmen sprechen. Beispielsweise wäre es unzulässig, Listendaten zu verwenden, welche Rückschlüsse auf sensible Angaben des Betroffenen erlauben, wie z.B. der Aufenthalt in einem Krankenhaus. Aus der Pflicht zur Beachtung schutzwürdiger Interessen des Betroffenen wird teilweise geschlossen, dass (a) eine Verwendung von zu Listendaten hinzugespeicherten Daten für Zwecke der Beipack- und Empfehlungswerbung nicht zulässig ist oder (b) Bestandskundendaten nur für einen bestimmten Zeitraum für Werbezwecke verwendet werden dürften. Beides lässt sich so dem Gesetz nicht entnehmen. Wie bereits oben ausgeführt (siehe Rn. 124), ist der Betroffene nicht schlechter gestellt, wenn die verantwortliche Stelle Beipack- und Empfehlungswerbung vornimmt, er kann sich jederzeit an die verantwortliche Stelle wenden. Die Frage, ob ein Datensatz nur für einen bestimmten Zeitraum für Werbezwecke zur Verfügung steht, ist eine Frage der Löschpflicht gem. § 35. Maßgeblich ist, ob die regelmäßige Überprüfung ergibt, dass eine längerwährende Speicherung nicht mehr erforderlich ist (siehe oben § 28 Rn 112).

4. Werbewiderspruch und Unterrichtungspflicht, § 28 Abs. 4

127 Gem. § 28 Abs. 4 Satz 1 hat der Betroffene das Recht, bei der verantwortlichen Stelle der Verarbeitung oder Nutzung seiner Daten für Zwecke der Werbung oder der Markt- oder Meinungsforschung zu widersprechen. Zusätzlich zum Widerspruchsrecht gegenüber der verantwortlichen Stelle räumt Abs. 4 Satz 3 das Widerspruchsrecht gegenüber dem „Dritten" ein, damit ist der Empfänger von Listendaten im Sinne von § 28 Abs. 3 gemeint. Die Vorschrift soll insbesondere einen Ausgleich dafür erzielen, dass § 28 Abs. 3 in bestimmten Fällen eine werbliche Nutzung ohne Einwilligung und Kenntnis des Betroffenen gestattet. Als weitere Absicherung für den Betroffenen verpflichtet § 28 Abs. 4 Satz 2 die verantwortliche Stelle, den Betroffenen über das Widerspruchsrecht gem. Satz 1 zu unterrichten. In der Praxis wird diese Unterrichtungspflicht oft übersehen und nicht umgesetzt, obwohl es sich um einen Bußgeldtatbestand gem. § 43 Abs. 1 Nr. 3 handelt. Die Unterrichtungspflicht gilt über den Verweis in § 29 Abs. 4 auch für Adresshändler und über § 30a Abs. 5 auch für gewerbsmäßige Markt- oder Meinungsforschung.

a) Unterrichtungspflicht gem. § 28 Abs. 4 Satz 2

128 Die Unterrichtungspflicht trifft die verantwortliche Stelle, also die natürliche oder juristische Person, welche die personenbezogenen Daten für ihre Werbe- oder Markt- und Meinungsforschungszwecke verwendet. Die Aufsichtsbehörden sprechen insoweit von der „für die Verwendung der Werbedaten verantwortliche Stelle (Dateneigner)".[202] Nicht maßgeblich ist, ob sie hierfür die Daten bei sich gespeichert hat oder die Maßnahme von einem Auftragnehmer abgewickelt wird.[203]

129 Die Unterrichtung ist bei Daten, welche aus einem rechtsgeschäftlichen oder rechtsgeschäftsähnlichen Schuldverhältnis stammen (Abs. 1 Satz 1 Nr. 1), bereits **im Zeitpunkt der Begründung des Schuldverhältnisses** vorzunehmen. In diesem Fall soll der Betroffene nach dem Willen des Gesetzgebers schon vor einer Verarbeitung oder Nutzung für Zwecke der Werbung oder der Markt- oder Meinungsforschung von seinem Widerspruchsrecht erfahren.[204] Zusätzlich ist die Unterrichtung *„bei der Ansprache zum Zweck der Werbung oder der Markt- oder Meinungsforschung"* zu wiederholen, wie sich aus der Verwendung des Wortes *„auch"* in Satz 1 ergibt. Umstritten war in der Vergangenheit, ob damit bei jeder werblichen Ansprache erneut zu informieren ist. Das *OLG Köln* hat jedenfalls eine lange zurückliegende

---

202 „Anwendungshinweise der Datenschutzaufsichtsbehörden zur Erhebung, Verarbeitung und Nutzung von personenbezogenen Daten für werbliche Zwecke" vom Dezember 2013 (Düsseldorfer Kreis), Seite 12, Ziffer 5.3; abrufbar unter www.lda.bayern.de.

203 Vgl. Hinweis Nr. 34, Ziffer 4 des Innenministeriums Baden-Württemberg, Staatsanzeiger Nr. 1 vom 02.01.1996, S. 10.

204 BT-Drs. 4/09, S. 50.

Information für nicht ausreichend erachtet, da der Betroffene diese vielleicht gar nicht zur Kenntnis genommen habe oder sich nicht mehr erinnere.[205] Die überwiegende Ansicht geht inzwischen davon aus, dass die Unterrichtung mit jeder Ansprache zu Zwecken der Werbung oder Markt- oder Meinungsforschung vorzunehmen ist.[206] In der Praxis dürfte es sich schon aus Gründen der Beweissicherung empfehlen, die Unterrichtung bei jeder werblichen Maßnahme vorzunehmen. *„Bei der Ansprache"* meint dabei in unmittelbarem Zusammenhang mit dem Werbemittel (z.B. im Anschreiben, im Impressum des Prospekts).

Eine bestimmte **Form der Unterrichtung** gibt das Gesetz nicht vor, sodass (z.B. bei Interviews) auch eine mündliche Unterrichtung ausreichen kann.[207] Aus Gründen der Beweissicherung empfiehlt es sich aber zumindest, die Textform zu wählen.[208] Zu weit geht es, wenn *Simitis* eine besondere Hervorhebung des Hinweises und Trennung von anderen Mitteilungen fordert.[209] Wäre dies erforderlich, hätte der Gesetzgeber eine entsprechende Regelung, wie z.B. § 4a Abs. 1 Satz 4, in den Gesetzestext aufgenommen. Es genügt daher, wenn die Information für den Betroffenen gut auffindbar ist, z.B. im Impressum des Prospekts, in der Fußzeile des Werbeanschreibens, auf der Antworthülle eines Rücksendekuverts oder auf der Innenseite des Kuverts, die bei der Herausnahme des Mailings sichtbar wird.[210] 130

Der **Inhalt der Unterrichtung** muss nicht den Gesetzeswortlaut wiederholen.[211] Fraglich ist daher, ob es ausreicht, dass eine verantwortliche Stelle darauf hinweist, dass der Betroffene einer „werblichen Verwendung seiner Daten" widersprechen kann, wie vielfach vorgeschlagen[212], oder ob auch auf das Widerspruchsrecht im Hinblick auf die Markt- oder Meinungsforschung hinzuweisen ist. In erster Linie meint „Markt- oder Meinungsforschung" die gewerbsmäßige Markt- und Meinungsforschung im Sinne von § 30a, d.h. Untersuchungen bei einem repräsentativen Querschnitt der Bevölkerung, um dieses Ergebnisse dann weiter zu vermarkten. Es ist aber auch denkbar, dass die verantwortliche Stelle selbst die Markt- oder Meinungsforschung, z.B. bezogen auf ihre Produkte, durchführt. Ist eine solche Nutzung bei der verantwortlichen Stelle absehbar, sollte in jedem Fall auch auf das Recht zum Widerspruch für diese Zwecke hingewiesen werden. Ohnehin müsste ein Widerspruch gegen die werbliche Verwendung im Zweifelsfall, d.h., wenn der Betroffene keine Klarstellung vorgenommen hat, auch als Widerspruch gegen eine Verwendung für die Markt- oder Meinungsforschung, ausgelegt werden. In Bezug auf ein bloßes Markt- oder Meinungsforschungsinstitut muss es dagegen ausreichen, wenn sich der Hinweis auf das Widerspruchsrecht auf die Zwecke der Markt- oder Meinungsforschung begrenzt, sofern schon vom Geschäftsgegenstand des Unternehmens eine werbliche Verwendung der Daten fernliegend ist. 131

> ! Um spätere Diskussionen zu vermeiden, ist es empfehlenswert, die Unterrichtung über das Widerspruchsrecht nicht nur auf die „werbliche Verwendung" zu begrenzen, sondern auch die Zwecke der Markt- oder Meinungsforschung zu erwähnen. Ein Muster für eine solche Unterrichtung findet sich unter D. (siehe Rn. 206).

Die Unterrichtung muss die verantwortliche Stelle benennen. Angegeben werden sollten der vollständige Name, also insbesondere die exakte Bezeichnung der juristischen Person („ABC GmbH", nicht nur: „ABC") und die Adresse (Postfach reicht nicht, sog. „ladungsfähige Anschrift"). Sofern die Werbung durch einen Auftragsdatenverarbeiter, z.B. einen Lettershop, versendet wird, ändert dies nichts daran, dass die verantwortliche Stelle – also der Auftraggeber – zu bezeichnen ist. Bei mehreren verantwortli- 132

205 OLG Köln, Urteil v. 14.08.2009, Az. 6 U 70/09, NJW 2010, 90, 91.
206 Bejahend *Gola/Schomerus*, § 28 Rn. 66; Simitis/*Simitis*, § 28 Rn. 283; *Bergmann/Möhrle/Herb*, § 28 Rn. 481; Plath/*Plath*, § 28 Rn. 187; „Anwendungshinweise der Datenschutzaufsichtsbehörden zur Erhebung, Verarbeitung und Nutzung von personenbezogenen Daten für werbliche Zwecke" vom Dezember 2013 (Düsseldorfer Kreis), Seite 12, Ziffer 5.3; abrufbar unter www.lda.bayern.de.
207 A.A. Simtis/*Simitis*, § 28 Rn. 256.
208 So auch Plath/*Plath*, § 28 Rn. 188.
209 Simitis/*Simitis*, § 28 Rn. 256.
210 So auch *Gola/Schomerus*, § 28 Rn. 65.
211 *Gola/Schomerus*, § 28 Rn. 64; Plath/*Plath*, § 38 Rn. 189.
212 So. z.B. *Bergmann/Möhrle/Herb*, § 28 Rn. 476: „Sollten Sie zukünftig keine weiteren Schreiben mit Werbung wünschen, teilen Sie uns dies bitte mit."

chen Stellen ist es zulässig, dass nur eine benannt wird, sofern intern sichergestellt ist, dass diese die andere(n) verantwortliche(n) Stelle(n) entsprechend über einen Widerspruch informiert.[213]

133 Setzt die verantwortliche Stelle fremde Datenbestände ein, ist sie ferner gem. Satz 2, letzter Halbsatz verpflichtet, sicherzustellen, dass der Betroffene Kenntnis über die **Herkunft der Daten** erhalten kann. Diese Verpflichtung wurde bereits in 2001 in das BDSG aufgenommen. Damit soll sichergestellt werden, dass der Betroffene die Möglichkeit hat, sich Kenntnis über die Quelle der Daten zu verschaffen.[214] Ausreichend ist nach der Gesetzesbegründung, dass eine Nachfragemöglichkeit besteht. Der *Bundesrat* hatte vorgeschlagen, dass z.B. eine Telefonnummer angegeben wird, die zu einer Stelle geschaltet wird, welche über die Zuordnung zum Adresseigner informieren und ggf. Widersprüche des Betroffenen entgegennehmen kann. Der Gesetzgeber hielt es aber für ausreichend, dass die verantwortliche Stelle für Rückfragen zur Verfügung steht und vertraglich sicherstellt, dass ihr der Adressmakler im Einzelfall die Herkunft der Daten offenlegen muss.[215] Dementsprechend besteht keine Pflicht der verantwortlichen Stelle, bereits im Rahmen der Unterrichtung über das Widerspruchsrecht mitzuteilen, aus welcher Quelle die Daten stammen, bzw. einen Kommunikationskanal für derartige Nachfragen anzugeben.[216] Ohnehin hat der Betroffene gem. § 34 Abs. 1 Nr. 1 das Recht, Auskunft zur Herkunft seiner Daten zu verlangen. Die Regelung in Satz 2, letzter Halbsatz soll dagegen nur sicherstellen, dass die verantwortliche Stelle dann auch Auskunft erteilen kann. Sie ist im Grunde ein Vorläufer zur nunmehr bestehenden Dokumentationspflicht gem. § 28 Abs. 3 Satz 4 für Fälle des Verkaufs von Listendaten.

> **!** Sofern die verantwortliche Stelle fremde Datenbestände nutzt, sollte sie sicherstellen, dass sie dem Betroffenen auf Nachfrage mitteilen kann, aus welcher Quelle die Daten stammen. Es empfiehlt sich eine entsprechende Kennzeichnung der Herkunft der Daten in der Datenbank. Dies gilt unabhängig davon, ob die Daten von einem Dritten über § 28 Abs. 3 Satz 4 erworben wurden oder von einem Adresshändler. Die Verträge mit den Datenlieferanten sollten sicherstellen, dass auf Nachfrage Auskunft über die Quelle der Daten geben werden kann.

134 Sofern die Daten aus einem Schuldverhältnis stammen, darf gem. Abs. 4 Satz 4 **für die Ausübung des Widerspruchs keine strengere Form** verlangt werden als für die Begründung des Schuldverhältnisses. Dementsprechend darf ein schriftlicher Widerspruch per Brief nur gefordert werden, wenn auch der Vertrag schriftlich abgeschlossen wurde. Wurde der Vertrag elektronisch geschlossen, muss auch die Ausübung des Widerspruchs elektronisch möglich sein. Letztlich geht es hier um „Waffengleichheit". Aus der neu in 2009 eingeführten Formulierung wird teilweise umgekehrt geschlossen, dass außerhalb von Schuldverhältnissen eine bestimmte Form des Widerspruchs vertraglich vereinbart werden kann.[217]

b) Ausübung des Widerspruchs, § 28 Abs. 4 Satz 3 und 4

135 Der Betroffene muss den Widerspruch grundsätzlich gegenüber der verantwortlichen Stelle ausüben. Umstritten ist, ob auch ein Widerspruch gegenüber dem Auftragsdatenverarbeiter ausreicht.[218] In der Praxis dürfte sich dieser Streit nicht sonderlich auswirken. Versäumt es die verantwortliche Stelle, sich selbst entsprechend im Werbemittel zu benennen, wird sie sich im Falle eines Widerspruchs gegenüber dem aus dem Werbemittel evtl. erkennbaren Auftragsdatenverarbeiter kaum damit verteidigen können, dass der Betroffene den falschen Ansprechpartner ausgewählt hat. Ohnehin sollte der Vertrag mit dem Auftragsdatenverarbeiter Vorgaben dazu enthalten, wie der Außenauftritt der Werbemaßnahme gestaltet ist und dass Beschwerden Betroffener unverzüglich an die verantwortliche Stelle weiterzureichen sind. Auch kann es sich anbieten, den Auftragsdatenverarbeiter bereits zu verpflichten, etwaige Werbewidersprüche im Auftrag der verantwortlichen Stelle umzusetzen.

---

213 Vgl. *Bergmann/Möhrle/Herb*, § 28 Rn. 472.
214 BT-Drs. 14/4329, S. 57.
215 BT-Drs. 14/5793, S. 65.
216 So aber wohl *Bergmann/Möhrle/Herb*, § 28 Rn. 476 und Plath/*Plath*, § 28 Rn. 190, der E-Mail-Service vorschlägt.
217 Plath/*Plath*, § 28 Rn. 193.
218 So z.B. Simitis/*Simitis*, § 28 Rn. 268; *Gola/Schomerus*, § 28 Rn. 61, a.A. Plath/*Plath*, § 28 Rn. 181.

> Sofern ein Auftragsdatenverarbeiter für die Werbemaßnahmen eingesetzt wird (z.B. Lettershop), sollte vertraglich sichergestellt sein, dass dieser etwaige Beschwerden Betroffener, insbesondere Werbewidersprüche, unverzüglich an die verantwortliche Stelle weiterleitet. Sofern er darüber hinaus die Adressdatenbank pflegt, muss ihm ferner auferlegt werden, die Werbewidersprüche sofort umzusetzen, z. B. durch Aufnahme in eine Werbesperrdatei.

Umstritten ist, ob die verantwortliche Stelle verpflichtet ist, im Falle von **Übermittlungsketten** auch Kettenmitglieder entsprechend zu informieren.[219] Bisher sieht das Gesetz eine Information Dritter lediglich bei Verbunddateien vor (siehe § 6 Rn. 31). Konkret geht es um den Fall, dass mehrere verantwortliche Stellen auf denselben Datenbestand zugreifen und der Betroffene nicht ermitteln kann, wer genau den Datenbestand gespeichert hat. § 6 Abs. 2 Satz 1 regelt, dass für den Fall, dass mehrere Stellen speicherungsberechtigt sind und der Betroffene nicht in der Lage ist festzustellen, welche Stelle die Daten gespeichert hat, er sich an jede dieser Stellen wenden kann. Diese ist dann gem. § 6 Abs. 2 Satz 2 verpflichtet, das Vorbringen des Betroffenen an die speichernde Stelle weiterzuleiten. Teilweise wird eine analoge Anwendung von § 6 Abs. 2 auch bei einer Kettenübermittlung für Werbezwecke gefordert.[220] Allerdings ist fraglich, ob die für eine analoge Anwendung erforderliche Regelungslücke besteht. Der Betroffene spricht den Werbewiderspruch nur in Bezug auf die verantwortliche Stelle aus, ggf. stört er sich nicht an den Werbemaßnahmen anderer Unternehmen. Ferner kann er jederzeit Auskunft von der verantwortlichen Stelle über die Herkunft der Daten und Empfänger der Daten verlangen und insoweit etwaige Unklarheiten beseitigen. Eine Weitergabe seines Widerspruchs würde die verantwortliche Stelle ferner vor die Unsicherheit stellen, wo die Informationspflicht beginnt (nur bei den Empfängern?) und wo sie endet (sind Rückfragen beim Betroffenen erforderlich, gegen wen er Widerspruch einlegen möchte?). Eine analoge Anwendung von § 6 Abs. 2 ist daher abzulehnen. Eine andere Frage ist, ob die verantwortliche Stelle eventuell vertraglich gegenüber den Adressempfängern verpflichtet ist, diesen Werbewidersprüche mitzuteilen, um Schaden vom Vertragspartner (Abmahnung des Betroffenen) abzuwenden. **136**

Der Widerspruch des Betroffenen ist an keine **Form** gebunden, auch ein mündlich erklärter Widerspruch ist von der verantwortlichen Stelle aufzunehmen und umzusetzen. Der bloße Eintrag in eine sog. **Robinson-Liste**, d.h. eine vom Deutschen Direktmarketing-Verband e.V. (DDV) geführte Liste von Personen, welche der Briefwerbung widersprochen haben, ist kein Widerspruch im Sinne von § 28 Abs. 4.[221] Dies schon deshalb nicht, weil § 28 Abs. 4 eine individuelle Erklärung gegenüber der verantwortlichen Stelle verlangt. Allerdings wird in der Literatur teilweise, insbesondere im Zusammenhang mit § 7 UWG, gefordert, dass die Werbewirtschaft einen Abgleich mit derartigen Listen vornimmt.[222] Auch Unternehmen, die nicht Mitglied des DDV sind, hätten die Möglichkeit, die Liste zum Abgleich zu verwenden. Dem ist entgegenzuhalten, dass die Listen nur für die dem DDV angeschlossenen Mitglieder verbindlich sind.[223] Eine rechtliche Verpflichtung zum Abgleich für Nichtmitglieder kann daher nicht hergeleitet werden. **137**

> Grundsätzlich ist ein Abgleich mit der Robinson-Liste nicht verpflichtend für Unternehmen, die nicht dem DDV angeschlossen sind. Dennoch empfiehlt sich ein solcher Abgleich in der Praxis regelmäßig, schon weil sich dadurch Beschwerdepotenzial vermeiden lässt. Darüber hinaus ist nicht ausgeschlossen, dass sich ein Gericht der Meinung einiger Autoren anschließt, welche einen solchen Abgleich für stets erforderlich halten.

---

219 Ablehnend Plath/*Plath*, § 28 Rn. 183.
220 *Bergmann/Möhrle/Herb*, § 28 Rn. 451.
221 Simitis/*Simitis*, § 28 Rn. 259; *Bergmann/Möhrle/Herb*, § 28 Rn. 454; Plath/*Plath*, § 28 Rn. 195; Taeger/Gabel/*Taeger*, § 28 Rn. 213.
222 So z.B. *Weichert*, WRP 1996, 522, 531 f.; Köhler/Bornkamm/*Köhler*, § 7 UWG Rn. 115; Simitis/*Simitis*, § 28 Rn. 260; *Gola/Schomerus*, § 28 Rn. 62, der dies allerdings auf Fälle des Adressverkaufs begrenzt.
223 So auch Plath/*Plath*, § 29 Rn. 195.

c) Folgen des Widerspruchs

138 Der Gesetzeswortlaut selbst spricht nur davon, dass im Falle des Widerspruchs des Betroffenen die weitere Verarbeitung oder Nutzung seiner personenbezogenen Daten für Zwecke der Werbung oder der Markt- oder Meinungsforschung „unzulässig" ist. Vom Grundsatz her besteht bei unzulässig gespeicherten Daten gem. § 35 Abs. 2 Nr. 1 eine Löschpflicht. Allerdings tritt an die Stelle der Löschung gem. § 35 Abs. 3 Nr. 2 die Sperrung, wenn Grund zur Annahme besteht, dass durch eine Löschung schutzwürdige Belange des Betroffenen beeinträchtigt würden. Würde die verantwortliche Stelle die Daten insgesamt löschen, könnte sie allerdings nicht sicherstellen, dass der Werbewiderspruch auch zukünftig umgesetzt werden kann, was nicht im Interesse des Betroffenen sein kann. Lediglich in Bezug auf den Empfänger von Listendaten („Dritter") ordnet das Gesetz in Abs. 4 Satz 3 ausdrücklich die Sperrung der Daten an. Dies muss aber auch für die ursprünglich verantwortliche Stelle gelten. Wie die Sperrung umgesetzt wird und auf welche Daten sie sich bezieht, hängt vom Einzelfall ab. Insoweit ist denkbar, dass die verantwortliche Stelle (oder der Dritte) eine sonstige Rechtsgrundlage für die Aufbewahrung der Daten haben (z.B. Vertragsdurchführung) und deshalb lediglich ein **Sperrvermerk** angebracht wird. Sofern allerdings die Daten allein für Werbezwecke erhoben wurden, müssen die Daten auf das reduziert werden, was erforderlich ist, um zukünftige Werbesendungen auszuschließen.[224] Hierfür dürfte im Regelfall die Aufnahme der Adressdaten in eine **Werbesperrdatei** ausreichen, mit der dann zukünftige Werbesendungen abgeglichen werden. Dabei sollten die verantwortliche Stelle bzw. der Dritte sicherstellen, dass ein Adressabgleichsprogramm im Einsatz ist, welches Dubletten auch bei leicht abweichender Schreibweise erkennt.[225] Das *OLG München* hat jedenfalls in einem Fall einen Organisationsmangel darin gesehen, dass die falsche Schreibweise des Namens bei der Umsetzung des Werbewiderspruchs nicht berücksichtigt wurde.[226] Der Betroffene sollte darüber informiert werden, dass er nunmehr in eine Sperrliste aufgenommen wurde.

139 Lehnt der Betroffene die Aufnahme in eine Sperrdatei ab und verlangt die **Löschung der Daten**, geht die überwiegende Ansicht in der Literatur davon aus, dass die Daten zu löschen sind.[227] Auch die Aufsichtsbehörden vertreten diese Auffassung und empfehlen eine transparente Erläuterung gegenüber dem Betroffenen darüber, wozu die Aufnahme in die Werbesperrdatei dient.[228] Zum Beispiel durch Erläuterung, dass andernfalls nicht ausgeschlossen werden kann, dass bei Nutzung eines Fremddatenbestandes wieder eine (rechtlich zulässige) Werbung an ihn gesendet wird. Es bleibt aber dabei, dass die verantwortliche Stelle im Fall der endgültigen Löschung der Daten dem Risiko ausgesetzt ist, dass der Betroffene erneut eine (von ihm nicht gewünschte) Werbesendung erhält. Zwar wird in der Literatur vertreten, dass bei einer erneuten Werbung der verantwortlichen Stelle „kein Vorwurf" gemacht werden könne.[229] Ob ein Gericht dem folgt, ist allerdings fraglich. Es empfiehlt sich daher eher zu überlegen, ob eine weitere Aufbewahrung in Form einer Sperrdatei entgegen dem Wunsch des Betroffenen möglich ist. Als Argument könnte man hier den Wortlaut von Abs. 4 Satz 3 anführen, der bei „Dritten" ausdrücklich von einer bloßen Sperrung ausgeht.

140 Umstritten ist, innerhalb welchen Zeitrahmens der Werbewiderspruch umzusetzen ist. Nach *Gola/Schomerus* soll es möglich sein, dass der Adressverkäufer zunächst die Werbewidersprüche sammelt, um sie dann bei der nächsten turnusmäßigen Kundenstammbehandlung *„ca. alle drei bis sechs Monate"* abzugleichen und dort einen Sperrvermerk anzubringen.[230] Die meisten Autoren widersprechen dieser Ansicht[231], wobei teilweise eine Frist von einem Monat für noch ausreichend erachtet wird[232], teilweise eine

224 So auch *Bergmann/Möhrle/Herb*, § 28 Rn. 467.
225 So die Empfehlung in Hinweis Nr. 34, Ziffer 4 des Innenministeriums Baden-Württemberg, Staatsanzeiger Nr. 1 vom 02.01.1996, S. 10.
226 OLG München, Urteil v. 29.05.1984, Az. 13 U 5383/83, NJW 1984, 2422, 2423.
227 *Gola/Schomerus*, § 28 Rn. 67; Simitis/*Simitis*, § 28 Rn. 282; *Bergmann/Möhrle/Herb*, § 28 Rn. 460.
228 „Anwendungshinweise der Datenschutzaufsichtsbehörden zur Erhebung, Verarbeitung und Nutzung von personenbezogenen Daten für werbliche Zwecke" vom Dezember 2013 (Düsseldorfer Kreis), Seite 10 f., Ziffer 5.1; abrufbar unter www.lda.bayern.de.
229 *Gola/Schomerus*, § 28 Rn. 68.
230 *Gola/Schomerus*, § 28 Rn. 68.
231 Insbesondere Simitis/*Simitis*, § 28 Rn. 275.
232 *Bergmann/Möhrle/Herb*, § 28 Rn. 470 („längstens eine Frist von einem Monat").

Einzelfallbetrachtung danach vorgenommen werden soll, welche zeitliche und wirtschaftliche Belastung die Umsetzung für die verantwortliche Stelle bedeute. [233] In der Praxis ist davon auszugehen, dass die Umsetzung ohne schuldhaftes Zögern erfolgen sollte. Angesichts der strengen Rechtsprechung zum Verbot von Direktwerbung ist kaum zu erwarten, dass die verantwortliche Stelle mit dem Einwand gehört wird, sie hätte einen Werbewiderspruch noch nicht umgesetzt, weil sie diese aus Kostengründen zunächst einmal sammle.

! Es sollte unternehmensintern sichergestellt werden, dass Werbewidersprüche unverzüglich umgesetzt werden. Nach Möglichkeit sollte eine Werbesperrdatei geführt werden, welche im Rahmen von zukünftigen Werbemaßnahmen stets abgeglichen wird. Dabei sollte Software im Einsatz sein, welche auch leichte Abweichungen in der Schreibweise erfasst. Der Betroffene ist über seine Aufnahme in die Sperrdatei zu informieren. Da die Werbezusendung trotz Werbewiderspruchs eine Ordnungswidrigkeit gem. § 43 Abs. 2 darstellt, sollte die Löschung vermieden werden.

d) Sanktionen bei nicht erfolgter Widerspruchsbelehrung

Ein Verstoß gegen Abs. 4 kann sowohl zivilrechtliche Folgen haben, als auch zu einem Bußgeld- oder Strafverfahren führen. **141**

Der Betroffene kann die verantwortliche Stelle auf Unterlassung gem. §§ 823, 1004 BGB in Anspruch nehmen. Denkbar ist auch eine Schadensersatzforderung z.B. gem. § 7, allerdings dürfte es für den Betroffenen schwierig sein, einen Schaden nachzuweisen.

Umstritten ist, ob Abs. 4 eine verbraucherschützende Norm ist, sodass auch Verbraucherschutzverbände nach dem Unterlassungsklagegesetz (UKlaG) gegen die verantwortliche Stelle vorgehen können.[234] Hier bleibt die Entwicklung der Rechtsprechung abzuwarten. **142**

Ein Bußgeld ist unter mehreren Gesichtspunkten möglich, der Bußgeldkatalog in § 43 Abs. 1 wurde erweitert. Nicht nur die fehlende, unrichtige oder nicht rechtzeitige Unterrichtung ist mit einem Bußgeld bewehrt (Nr. 3), sondern auch das Fordern einer strengeren Form entgegen Abs. 4 Satz 4 (Nr. 3a). Ferner wird in § 43 Abs. 2 Nr. 5b die zweckwidrige Verarbeitung oder Nutzung, obwohl ein Widerspruch vorliegt, als Ordnungswidrigkeit eingestuft. **143**

Zudem kann die Übermittlung von Adressdaten trotz Widerspruchs eine unbefugte Übermittlung gem. § 43 Abs. 2 Nr. 1 bedeuten. In seltenen Fällen kommt eine Strafbarkeit nach § 44 Abs. 1 in Betracht, wenn der Täter gegen Entgelt oder in Bereicherungs- oder Schädigungsabsicht gehandelt hat. **144**

VI. Erheben, Verarbeiten und Nutzen von besonderen Arten personenbezogener Daten, § 28 Abs. 6–9

1. § 28 Abs. 6–9 – Allgemeine Einführung

§ 28 Abs. 6–9 regeln die möglichen Ausnahmen einer Erhebung, Verarbeitung und Nutzung von „besonderen Arten personenbezogener Daten", die auch als sensible bzw. sensitive Daten bezeichnet werden. Im Wesentlichen werden die Vorgaben von Art. 8 Abs. 2–4 der EU-Datenschutzrichtlinie wortgleich übernommen. Betroffen sind ausschließlich die folgenden in § 3 Abs. 9 aufgezählten Angaben: **145**

- Rassische und ethnische Herkunft,
- politische Meinungen,
- religiöse oder philosophische Überzeugungen,

233 Plath/*Plath*, § 28 Rn. 198.
234 Verneinend OLG Düsseldorf, Urteil v. 20.02.2004, Az. I-7 U 149/03, ZUM-RD 2004, 236; bejahend: OLG Karlsruhe, Urteil v. 09.05.2012, Az. 6 U 38/11, GRUR-RR 2012, 396; OLG München, Urteil v. 12.01.2012, Az. 29 U 3926/11, ZD 2012, 330.

- Gewerkschaftszugehörigkeit,
- Gesundheit und
- Sexualleben.

146 Der Richtliniengeber hält diese Daten für besonders schutzbedürftig, denn sie erlauben im Regelfall tiefgreifende Rückschlüsse auf die Privat- oder sogar die Intimsphäre des Betroffenen, was wiederum Diskriminierungspotenzial in sich birgt.[235] Die Vorschriften gehen den Regelungen in § 28 Abs. 1–3 vor, ein Rückgriff ist nicht möglich. Sie gelten über den Verweis in § 29 Abs. 5 und § 30a auch für die geschäftsmäßige Datenerhebung und -speicherung zum Zwecke der Übermittlung bzw. für die Markt- oder Meinungsforschung. Der wichtigste Absatz ist Abs. 6, welcher allgemein die Erhebung, Verarbeitung oder Nutzung sensibler Daten für eigene Geschäftszwecke regelt. Abs. 7 betrifft nur den Bereich der medizinischen Versorgung. Abs. 8 gestattet vordergründig die Verwendung sensibler Daten für „andere Zwecke", verweist aber wiederum im Wesentlichen auf Abs. 6. Er erweitert die Erlaubnisnormen aber um den Fall einer Übermittlung und Nutzung zur Gefahrenabwehr und für Zwecke der Strafverfolgung. Abs. 9 betrifft ausschließlich sog. **Tendenzbetriebe**, d.h. Betriebe, welche eine politische, philosophische, religiöse oder gewerkschaftliche Ausrichtung haben und keinen Erwerbszweck verfolgen.

147 Die Ausnahmen im Überblick:

Datenverarbeitung sensibler Daten	
Abs. 6: Für „eigene Geschäftszwecke"	**Nr. 1**: lebenswichtige Interessen des Betroffenen
	Nr. 2: offenkundig gemachte Angaben
	Nr. 3: Geltendmachung, Ausübung, Verteidigung rechtlicher Ansprüche
	Nr. 4: wissenschaftliche Forschung
Abs. 7: Im Gesundheitsbereich	**Satz 1:** Erheben nur durch ärztliches Personal bzw. geheimhaltungspflichtige Personen
	Satz 2: Reichweite der Verarbeitung und Nutzung gem. Geheimhaltungspflicht der o.g. Personen
	Satz 3: Ärztliche „Hilfsunternehmen"
Abs. 8: Für „andere Zwecke"	**Satz 1:** Übermittlung und Nutzung gem. Abs. 6 Nr. 1–4 oder Abs. 7 Satz 1
	Satz 2: Übermittlung oder Nutzung zur Abwehr von „erheblichen" Gefahren oder zur Verfolgung von Straftaten von „erheblicher Bedeutung"
Abs. 9 Tendenzbetriebe	**Satz 1:** politische, philosophische, religiöse oder gewerkschaftliche Ausrichtung ohne Erwerbszweck
	Satz 2: Daten von Mitgliedern oder dem Betrieb nahestehenden Personen
	Satz 3: Übermittlung an Dritte nur mit Einwilligung
	Satz 4: Gefahrenabwehr und Strafverfolgung

235 *Berliner Datenschutzbeauftragter*, RDV 2003, 308.

2. § 28 Abs. 6 – Verwendung sensibler Angaben für „eigene Geschäftszwecke"

§ 28 Abs. 6 regelt die allgemeinen Verwendungsvoraussetzungen für den Umgang mit sensiblen Daten für „eigene Geschäftszwecke" durch den nicht-öffentlichen Bereich (d.h. die Privatwirtschaft) sowie für öffentlich-rechtliche Wettbewerbsunternehmen (siehe § 27 Rn. 14 ff.). Für den öffentlichen Bereich ist die Erhebung und Verwendung sensibler Daten in den §§ 13 Abs. 2, 14 Abs. 5 geregelt. 148

Sensible Daten dürfen in erster Linie nur mit **Einwilligung** der betroffenen Person verwendet werden, was der Wortlaut von Abs. 6 nochmals klarstellt. Dabei sind die höheren Anforderungen an die Einwilligung gem. § 4a Abs. 3 zu beachten, d.h., die Einwilligung muss sich ausdrücklich auf die sensiblen Daten beziehen. Problematisch kann in diesem Zusammenhang vor allem das Erfordernis der Freiwilligkeit sein. Insbesondere im **Arbeitsverhältnis** ist eine Einwilligung in die Verwendung der meisten Formen sensibler Daten in der Regel nicht möglich. Auch für das **Bewerbungsverfahren** gilt, dass durch die Rechtsprechung der Arbeitsgerichte entwickelte Beschränkungen des Fragerechts des Arbeitgebers grundsätzlich nicht durch Einholung einer Einwilligung erweitert werden können.[236] Anders ist dies mit Daten, welche der Arbeitgeber zur Ausübung seiner Arbeitgeberfunktion benötigt oder welche zur Vornahme sachgerechter Personalentscheidungen in den Grenzen des Persönlichkeitsschutzes des Betroffenen und § 8 Abs. 1 AGG erforderlich sind (z.B. Sehkraft des Piloten).[237] 149

Beim Verkauf von Praxen im Gesundheitsbereich (z.B. eine Arztpraxis) ist eine Einwilligung der Patienten in die Übergabe der Patientendaten an den Käufer in jedem Fall notwendig, § 28 Abs. 6 kann die Weitergabe nicht legitimieren.[238] 150

§ 28 Abs. 6 Nr. 1–4 zählen abschließend die Fälle auf, bei denen sensible Daten **ohne Einwilligung** des Betroffenen erhoben, verarbeitet und genutzt werden dürfen. Aufgrund der hohen Schutzbedürftigkeit sensibler Daten sind die Voraussetzungen eng auszulegen.[239] 151

a) Schutz lebenswichtiger Interessen (Nr. 1)

Nach § 28 Abs. 6 Nr. 1 ist die Erhebung, Verarbeitung oder Nutzung sensibler Daten ohne Einwilligung des Betroffenen zulässig, wenn dies zum Schutz lebenswichtiger Interessen des Betroffenen oder eines Dritten erforderlich ist und sofern der Betroffene aus physischen oder rechtlichen Gründen außerstande ist, seine Einwilligung zu erteilen. Die Vorschrift entspricht Art. 8 Abs. 2c EU-Datenschutzrichtlinie. 152

Es müssen demnach zwei Voraussetzungen erfüllt sein. Zunächst muss es um „lebenswichtige Interessen" des Betroffenen oder eines Dritten gehen. Ferner ist erforderlich, dass der Betroffene „außerstande ist", seine Einwilligung zu erteilen. Unter „lebenswichtigen Interessen" ist eine Gefahr für Leib oder Leben zu verstehen, zu deren Abwehr die Datenverwendung erforderlich ist.[240] Es kann sich dabei sowohl um das Interesse des Betroffenen als auch um das eines Dritten handeln, z.B., wenn es um hochinfektiöse Krankheiten geht. 153

Der Betroffene kann aus physischen oder rechtlichen Gründen „außerstande" sein, seine Einwilligung persönlich zu erteilen. Physische Gründe liegen z.B. vor, wenn er bewusstlos ist oder erheblicher Alkohol- bzw. Drogeneinfluss vorliegt.[241] Auch die tatsächliche Nichterreichbarkeit des Betroffenen fällt darunter, so z.B. wenn sich der Betroffene längere Zeit im Urlaub befindet oder unbekannt verzogen ist.[242] Rechtliche Gründe sind z.B. die Geschäftsunfähigkeit oder die fehlende Einsichtsfähigkeit eines Jugendlichen.[243] 154

---

236 *Aufsichtsbehörde Baden-Württemberg*, Hinweise zum BDSG Nr. 34, Staatsanzeiger vom 02.01.1996, Nr. 1, S. 10.
237 *Gola/Schomerus*, § 28 Rn. 76; *Gola*, RDV 2001, 125.
238 *Bergmann/Möhrle/Herb*, § 28 Rn. 509; Simitis/*Simitis*, § 28 Rn. 296; Däubler/Klebe/Wedde/Weichert/*Wedde*, § 28 Rn. 167.
239 BeckOK/*Wolff*, § 28 Rn. 247; Däubler/Klebe/Wedde/Weichert/*Wedde*, § 28 Rn. 168.
240 Taeger/Gabel/*Taeger*, § 28 Rn. 228; *Bergmann/Möhrle/Herb*, § 28 Rn. 513; Däubler/Klebe/Wedde/Weichert/*Wedde*, § 28 Rn. 170; *Duhr/Naujok/Danker/Seiffert*, DuD 2003, 5, 10.
241 Vgl. *Gola/Schomerus*, § 28 Rn. 77; *Berliner Datenschutzbeauftragter*, RDV 2003, 308, 310; *Bergmann/Möhrle/Herb*, § 28 Rn. 511; *Duhr/Naujok/Danker/Seiffert*, DuD 2003, 5, 10; BeckOK/*Wolff*, § 28 Rn. 250.
242 *Berliner Datenschutzbeauftragter*, RDV 2003, 308, 310; *Bergmann/Möhrle/Herb*, § 28 Rn. 511; *Duhr/Naujok/Danker/Seiffert*, DuD 2003, 5, 10; so wohl auch BeckOK/*Wolff*, § 28 Rn. 250.
243 *Bergmann/Möhrle/Herb*, § 28 Rn. 511.

Sie bilden eher die Ausnahme, da es in diesen Fällen regelmäßig die Aufgabe der gesetzlichen Vertreter (z.B. Eltern oder der Betreuer) ist, eine Einwilligung für die betroffene Person zu erteilen.[244]

155 Eine Datenverwendung nach § 28 Abs. 6 Nr. 1 hat ferner zu unterbleiben, wenn hinreichend wahrscheinlich ist, dass der Betroffene nicht eingewilligt hätte, wenn er zu einer Entscheidung in der Lage gewesen wäre.[245] Gerade in Situationen, in welchen der Betroffene seine Einwilligung in eine bestimmte Datenverwendung zuvor mehrfach abgelehnt hat, darf diese nicht später erfolgen, nur weil der Betroffene in diesem Zeitpunkt außerstande ist, eine Einwilligung abzugeben bzw. diese zu verweigern.[246] In Zweifelsfällen ist diese Frage unter Berücksichtigung des konkreten Einzelfalls und aus der Sicht eines objektiven Dritten zu klären.[247] Für den Fall, dass der Betroffene einen Vertreter hat, ist dessen Einwilligung einzuholen.[248] Sofern der Vertreter die Einwilligung aber verweigert und damit offensichtlich gegen lebenswichtige Interessen des Betroffenen verstoßen wird, ist die verweigerte Einwilligung des gesetzlichen Vertreters unbeachtlich und die Regelung des § 28 Abs. 6 Nr. 1 anwendbar.[249] Das ist z.B. bei einer lebensnotwendigen Bluttransfusion im Rahmen einer Notfalloperation der Fall, die der gesetzliche Vertreter aus religiösen Gründen ablehnt.[250]

b) Öffentlich gemachte Daten (Nr. 2)

156 Eine Verwendung sensibler Daten ist gem. § 28 Abs. 6 Nr. 2 ohne Einwilligung zulässig, wenn der Betroffene diese „offenkundig öffentlich gemacht" hat. In diesen Fällen fehlt es an einer Schutzbedürftigkeit des Betroffenen.[251]

Beispiele für offenkundig öffentlich gemachte Angaben:

Die klassischen Konstellationen einer offenkundigen Veröffentlichung sind z.B. die Aufnahme in ein öffentlich zugängliches Mitglieder- oder Teilnehmerverzeichnis einer Religionsgemeinschaft, einer ethnischen Minderheit oder einer Selbsthilfegruppe.[252]

157 Der Begriff der „offenkundigen" Veröffentlichung macht deutlich, dass nicht jede Form der Veröffentlichung den Anforderungen der Regelung genügt.[253] Vielmehr darf kein Zweifel daran bestehen, dass die Veröffentlichung auf einem bewussten Verhalten des Betroffenen beruht. Das ist der Fall, wenn er die Angaben selbst veröffentlicht, dies zumindest veranlasst oder bewusst akzeptiert hat.[254] D.h., der Betroffene muss sich über den Umstand klar sein, dass die Angaben in die Öffentlichkeit getragen und dort theoretisch zur Kenntnis genommen werden können. Ein solches Bewusstsein kann sich auch aus dem individuellen Verhalten des Betroffenen ableiten, so z.B., wenn dieser für eine politische Partei, ein öffentliches Amt (z.B. Bürgermeister) oder ein Amt in der kirchlichen Verwaltung kandidiert.[255]

---

244 Simitis/*Simitis*, § 28 Rn. 301.
245 *Berliner Datenschutzbeauftragter*, RDV 2003, 308, 310; Taeger/Gabel/*Taeger*, § 28 Rn. 227; Däubler/Klebe/Wedde/Weichert/*Wedde*, § 28 Rn. 170; *Duhr/Naujok/Danker/Seiffert*, DuD 2003, 5, 10.
246 Simitis/*Simitis*, § 28 Rn. 302; Däubler/Klebe/Wedde/Weichert/*Wedde*, § 28 Rn. 170; BeckOK/*Wolff*, § 28 Rn. 248.
247 Däubler/Klebe/Wedde/Weichert/*Wedde*, § 28 Rn. 170.
248 *Bergmann/Möhrle/Herb*, § 28 Rn. 512; *Duhr/Naujok/Danker/Seiffert*, RDV 2003, 5; Simitis/*Simitis*, § 28 Rn. 301.
249 *Bergmann/Möhrle/Herb*, § 28 Rn. 512; Däubler/Klebe/Wedde/Weichert/*Wedde*, § 28 Rn. 170; a.A. BeckOK/*Wolff*, § 28 Rn. 251.
250 *Bergmann/Möhrle/Herb*, § 28 Rn. 512.
251 Taeger/Gabel/*Taeger*, § 28 Rn. 229; *Bergmann/Möhrle/Herb*, § 28 Rn. 361; BeckOK/*Wolff*, § 28 Rn. 252.
252 Taeger/Gabel/*Taeger*, § 28 Rn. 229; Simitis/*Simitis*, § 28 Rn. 303; a.A. wohl *Bergmann/Möhrle/Herb*, § 28 Rn. 514.
253 So auch Simitis/*Simitis*, § 28 Rn. 303.
254 Taeger/Gabel/*Taeger*, § 28 Rn. 229; Däubler/Klebe/Wedde/Weichert/*Wedde*, § 28 Rn. 171; Simitis/*Simitis*, § 28 Rn. 303; wohl auch *Gola/Schomerus*, § 28 Rn. 77; *Berliner Datenschutzbeauftragter*, RDV 2003, 308, 311; *Bergmann/Möhrle/Herb*, § 28 Rn. 514; so wohl auch BeckOK/*Wolff*, § 28 Rn. 254.
255 Vgl. Däubler/Klebe/Wedde/Weichert/*Wedde*, § 28 Rn. 171; a.A. *Bergmann/Möhrle/Herb*, § 28 Rn. 515, soweit die Information nur einer beschränkten Öffentlichkeit zugänglich ist; so auch BeckOK/*Wolff*, § 28 Rn. 254.

Zusätzlich müssen die Daten **freiwillig** veröffentlicht worden sein.[256] Sobald ein direkter oder indirekter Zwang besteht (so z.B. bei der Eintragung in ein öffentliches Verzeichnis), kann die Verwendung der Angaben nicht auf § 28 Abs. 6 Nr. 2 gestützt werden.[257] **158**

Die bloße Veröffentlichung in der Presse reicht dagegen im Zweifel nicht aus. Hier müssen weitere Umstände hinzutreten, die unmissverständlich zum Ausdruck bringen, dass die veröffentlichte Information auf dem bewussten und freiwilligen Verhalten des Betroffenen beruht.[258] Ob derartige Umstände vorliegen, ist eine Frage des Einzelfalls. Zulässig ist jedenfalls die Verwendung autorisierter Zitate des Betroffenen, die sensible Informationen enthalten oder zumindest erkennbar machen.[259] Ebenfalls zulässig ist die Verwendung von Informationen, die sich aus einem veröffentlichten Interview mit dem Betroffenen ergeben, sofern das Interview wortwörtlich wiedergegeben wird.[260] **159**

Die Zulässigkeit der Veröffentlichung sensibler Daten kann sich darüber hinaus aber auch aus Regelungen ergeben, die dem BDSG vorgehen. So ist z.B. die Berichterstattung über eine politische Demonstration oder ein gewerkschaftliches Ereignis bereits aufgrund der Meinungs- und Pressefreiheit (Art. 5 Abs. 1 GG) zulässig.[261] **160**

Bei der eigenen privaten Website des Betroffenen, die sensible Informationen enthält, ist ebenfalls von einer offenkundigen Veröffentlichung auszugehen. Der Betroffene ist sich bei einer Veröffentlichung im Internet grundsätzlich im Klaren darüber, dass die publizierten Informationen von der Öffentlichkeit wahrgenommen werden können.[262] Sofern es sich jedoch nicht um die Website des Betroffenen handelt, müssen weitere Umstände hinzutreten, die zweifellos den Eindruck vermitteln, dass der Betroffene die Veröffentlichung der Informationen veranlasst hat oder zumindest damit einverstanden gewesen ist. Eine Veröffentlichung im Internet im Rahmen einer beschränkten Nutzergruppe (Zugang nur durch Benutzernamen und Passwort) genügt den Anforderungen an eine offenkundige Veröffentlichung dagegen nicht. In diesem Fall ist eindeutig klar, dass die veröffentlichten Informationen nicht der breiten Öffentlichkeit, sondern nur einem bestimmten Personenkreis zugänglich gemacht werden sollten.[263] **161**

c) Geltendmachung, Ausübung und Verteidigung rechtlicher Ansprüche (Nr. 3)

Die Erhebung, Verarbeitung und Nutzung sensibler Daten ist ferner gem. § 28 Abs. 6 Nr. 3 zulässig, wenn dies zur Geltendmachung, Ausübung oder Verteidigung rechtlicher Ansprüche erforderlich ist und kein Grund zur Annahme besteht, dass das schutzwürdige Interesse des Betroffenen überwiegt. **162**

Voraussetzung ist zunächst das Vorliegen eines „rechtlichen Anspruchs". Gemeint ist das Recht einer Person, von einer anderen Person ein Tun oder Unterlassen zu verlangen (§ 194 Abs. 1 BGB). Dieses Recht kann öffentlich-rechtlicher oder privatrechtlicher Natur sein[264] und sowohl auf Vertrag als auch auf Gesetz beruhen.[265] Umfasst sind nicht nur absolute Rechte (z.B. Ansprüche aus einer Marken- oder Patentverletzung) und vertragliche Primärpflichten (Hauptpflichten, so z.B. Vergütung einer Dienstleistung), sondern auch Sekundärpflichten (z.B. Ansprüche auf Schadensersatz) und Nebenpflichten.[266] **163**

Umstritten ist dagegen, ob auch vorvertragliche Schuldverhältnisse (§ 311 Abs. 2 und 3 BGB) von § 28 Abs. 6 Nr. 3 erfasst werden. Damit ist gemeint, dass es noch nicht zu einem Vertragsabschluss (z.B. Behandlungsvertrag) gekommen ist, aber bereits, z.B. aufgrund von Anbahnungsgesprächen, ein vertrags- **164**

---

256 Taeger/Gabel/*Taeger*, § 28 Rn. 229; *Gola/Schomerus*, § 28 Rn. 77; Däubler/Klebe/Wedde/Weichert/*Wedde*, § 28 Rn. 172; *Bergmann/Möhrle/Herb*, § 28 Rn. 514.
257 *Bergmann/Möhrle/Herb*, § 28 Rn. 514; Däubler/Klebe/Wedde/Weichert/*Wedde*, § 28 Rn. 172; BeckOK/*Wolff*, § 28 Rn. 254.
258 Simitis/*Simitis*, § 28 Rn. 303.
259 Däubler/Klebe/Wedde/Weichert/*Wedde*, § 28 Rn. 173.
260 Däubler/Klebe/Wedde/Weichert/*Wedde*, § 28 Rn. 173, *Berliner Datenschutzbeauftragter*, RDV 2003, 308, 311; *Duhr/Naujok/Danker/Seiffert*, DuD 2003, 5, 10.
261 Simitis/*Simitis*, § 28 Rn. 304.
262 *Bergmann/Möhrle/Herb*, § 28 Rn. 516; *Duhr/Naujok/Danker/Seiffert*, DuD 2003, 5, 10; BeckOK/*Wolff*, § 28 Rn. 254; a.A. Däubler/Klebe/Wedde/Weichert/*Wedde*, § 28 Rn. 173.
263 So auch Taeger/Gabel/*Taeger*, § 28 Rn. 230; wohl auch *Bergmann/Möhrle/Herb*, § 28 Rn. 514.
264 *Bergmann/Möhrle/Herb*, § 28 Rn. 517; BeckOK/*Wolff*, § 28 Rn. 257.
265 So wohl *Gola/Schomerus*, § 28 Rn. 78; *Gola*, RDV 2001, 125, 127; BeckOK/*Wolff*, § 28 Rn. 257.
266 *Bergmann/Möhrle/Herb*, § 28 Rn. 518.

ähnliches Vertrauensverhältnis besteht, welches gewisse Sorgfaltspflichten begründet. Aus dem Wortlaut der Regelung ist das nicht eindeutig erkennbar.[267] Die überwiegende Mehrheit in der Literatur vertritt jedoch zu Recht die Ansicht, dass auch vorvertragliche Schuldverhältnisse von der Regelung erfasst werden.[268] Auch aus diesen können sich rechtliche Ansprüche ergeben.

165 Die Vorschrift ist nicht auf die gerichtliche Geltendmachung von Ansprüchen beschränkt, sondern erfasst auch vorprozessuale Situationen, z.B. das Anwaltsgespräch, Vergleichsverhandlungen, Mediations- oder Schiedsverfahren.[269] Damit weicht die Norm von den europarechtlichen Vorgaben (Art. 8 Abs. 2e der EU-Datenschutzrichtlinie) ab, welche sich nur auf gerichtlich geltend gemachte Ansprüche bezieht.

166 Wie der Wortlaut bereits verdeutlicht, umfasst die Vorschrift sowohl die Aktiv- als auch die Passivsituationen der verantwortlichen Stelle. D.h., die verantwortliche Stelle kann sowohl Schuldner als auch Gläubiger des Anspruchs sein. Dementsprechend ist die Datenverwendung erlaubt, wenn diese entweder zur Geltendmachung von Ansprüchen gegenüber Dritten oder zur Klärung von Ansprüchen Dritter gegenüber der verantwortlichen Stelle erforderlich ist.[270]

167 § 28 Abs. 6 Nr. 3 steht unter dem Vorbehalt einer Interessenabwägung. Eine Datenverwendung ist danach nicht erlaubt, wenn schutzwürdige Belange des Betroffenen der Verwendung der sensiblen Daten entgegenstehen. Im Rahmen dieser Abwägung ist aufgrund der hohen Schutzwürdigkeit sensibler Daten eine besonders sorgfältige Prüfung geboten, die zudem höheren Anforderungen als der Interessenabwägung des § 28 Abs. 1 Satz 1 Nr. 2 genügen muss.[271] So ist es z.B. nicht von § 28 Abs. 6 Nr. 3 gedeckt, dass ein Krankenhaus einem Patienten die Daten seiner Mitpatienten aushändigt, nur weil der Patient diese im Rahmen eines Rechtsstreits als Zeugen benennen möchte. In diesem Fall ist vielmehr erforderlich, zunächst mit den betroffenen Patienten Rücksprache zu halten, um in Erfahrung zu bringen, ob diese mit der Weitergabe ihrer Daten einverstanden sind.[272]

d) Durchführung wissenschaftlicher Forschung (Nr. 4)

168 Nach § 28 Abs. 6 Nr. 4 dürfen sensible Daten verwendet werden, soweit (i) dies für die „wissenschaftliche Forschung" erforderlich ist, (ii) das wissenschaftliche Interesse an der Durchführung des Forschungsvorhabens das Interesse des Betroffenen an dem Ausschluss der Verwendung der Daten erheblich überwiegt und (iii) der Zweck der Forschung auf andere Weise nicht oder nur mit unverhältnismäßigem Aufwand erreicht werden kann.

169 Die Vorschrift erfasst nur die unabhängige Forschungstätigkeit (siehe Rn. 79 ff.). Abweichend vom allgemeinen Forschungsprivileg, welches für private Stellen in § 28 Abs. 2 Nr. 3 und für öffentliche Stellen in § 14 Abs. 2 Nr. 9 geregelt ist, beschränkt § 28 Abs. 6 Nr. 4 die Verwendung von sensitiven Daten auf **eigene Forschungsvorhaben** der verantwortlichen Stelle. Sensible Daten sind daher im Regelfall einer Drittforschung nicht zugänglich.[273] Ferner muss die Verwendung der Daten für den Forschungszweck „erforderlich" sein. D.h., es darf kein gleich geeignetes, weniger einschneidendes Mittel zur Erreichung des Zwecks zur Verfügung stehen (Mittel-Zweck-Relation). Insoweit ist immer zu prüfen, ob die Verwendung von anonymen oder pseudonymen Daten ausreicht.

170 Das Forschungsprivileg steht unter dem Vorbehalt einer Interessenabwägung. Die wissenschaftlichen Interessen, die dem konkreten Forschungsprojekt zugrunde liegen, müssen das Interesse des Betroffenen

---

267 So Däubler/Klebe/Wedde/Weichert/*Wedde*, § 28 Rn. 174.

268 Simitis/*Simitis*, § 28 Rn. 306; *Gola*, RDV 2001, 125, 127; *Hoeren*, VersR 2005, 1014, 1017; a.A. *Franzen*, RDV 2003, 1, 3.

269 *Berliner Datenschutzbeauftragter*, RDV 2003, 308, 309; Taeger/Gabel/*Taeger*, § 28 Rn. 230; Simitis/*Simitis*, § 28 Rn. 305; *Bergmann/Möhrle/Herb*, § 28 Rn. 519; BeckOK/*Wolff*, § 28 Rn. 257.

270 *Gola/Schomerus*, § 28 Rn. 78; Taeger/Gabel/*Taeger*, § 28 Rn. 232; BeckOK/*Wolff*, § 28 Rn. 257.

271 Taeger/Gabel/*Taeger*, § 28 Rn. 232; Däubler/Klebe/Wedde/Weichert/*Wedde*, § 28 Rn. 175; Simitis/*Simitis*, § 28 Rn. 307.

272 LG Frankfurt, NJW 1985, 2767, 2768; *Bergmann/Möhrle/Herb*, § 28 Rn. 521; Simitis/*Simitis*, § 28 Rn. 308; BeckOK/*Wolff*, § 28 Rn. 259.

273 Taeger/Gabel/*Taeger*, § 28 Rn. 233; *Bergmann/Möhrle/Herb*, § 28 Rn. 522; Simitis/*Simitis*, § 28 Rn. 309.

am Ausschluss der Verwendung erheblich überwiegen.[274] Um die Interessen der Betroffenen zu wahren, kann unter Umständen eine eingeschränkte wissenschaftliche Verwertung genügen. Derartige Einschränkungen sind z.B. die Nutzung ausschließlich für bestimmte Zwecke, keine Weitergabe und keine Publikation der verwendeten sensitiven Daten.[275] Auch eine Pseudonymisierung oder Anonymisierung kann dabei in Betracht gezogen werden, um den Grad des entgegenstehenden Interesses des Betroffenen zu minimieren.[276]

! Die sensiblen Daten sind strikt von anderen Daten zu trennen und gegen Zugriff für wissenschaftsfremde Verarbeitung besonders zu sichern. In Unternehmen hat die Sicherung der Daten durch technisch-organisatorische Maßnahmen zu erfolgen. Andere, nicht am Forschungsprojekt beteiligte Abteilungen der verantwortlichen Stelle dürfen genau wie Dritte keinen Zugriff auf die sensiblen Daten haben.

3. § 28 Abs. 7 – Verwendung sensibler Daten im Gesundheitsbereich

§ 28 Abs. 7 regelt die Verwendung von sensiblen Daten im Gesundheitsbereich. Satz 1 übernimmt den Wortlaut von Art. 8 Abs. 3 der EU-Datenschutzrichtlinie, wonach eine Erhebung, Verarbeitung und Nutzung sensibler Angaben zulässig ist, wenn dies zum Zweck „der Gesundheitsvorsorge, der medizinischen Diagnostik, der Gesundheitsversorgung oder Behandlung oder für die Verwaltung von Gesundheitsdiensten" erforderlich ist. Diese Aufzählung umfasst den kompletten Bereich der medizinischen Versorgung, also sowohl präventive Untersuchungen, diagnostische Maßnahmen, therapeutische bzw. kurative Behandlungen als auch Nachsorgeuntersuchungen.[277] Neben diesen medizinischen Maßnahmen erstreckt sich die Erlaubnis auch auf die mit der medizinischen Behandlung zusammenhängenden administrativen Bereiche („Verwaltung von Gesundheitsdiensten").[278] Das dient insbesondere dazu, die Daten auch für Abrechnungs-, Buchhaltungs- und Archivzwecke nutzbar zu machen.[279] Die Aufzählung der in § 28 Abs. 7 Satz 1 Hs. 1 benannten Bereiche ist abschließend.[280] Auf andere Bereiche findet die Vorschrift keine Anwendung. So sind sozialtherapeutische Dienste (z.B. Ehe-, Familien-, Erziehungs-, Jugend- und Drogenberatung) sowie die Schwangerschaftskonfliktberatung und die Sozialarbeit nicht erfasst, obwohl auch diese einer besonderen Geheimhaltungspflicht (§ 203 StGB) unterliegen, die ebenfalls von der Regelung vorausgesetzt wird.[281] 171

! Im Rahmen der medizinischen Versorgung sind bereichsspezifische Vorschriften zu beachten, die der Regelung des § 28 Abs. 7 vorgehen (so z.B. die Regelungen des SGB bei der Sozialversicherung, die Verordnung zur arbeitsmedizinischen Vorsorge – ArbMedVV – oder das betriebliche Eingliederungsmanagement – BEM – in § 84 Abs. 2 SGB IX), sodass zunächst grundsätzlich zu prüfen ist, ob gegebenenfalls spezielle Regelungen existieren, die § 28 Abs. 7 unanwendbar machen (vgl. § 1 Abs. 3).

Weitere Voraussetzung für die erlaubte Verwendung von Gesundheitsdaten ist, dass die Verwendung der sensiblen Angaben nur durch Personen erfolgt, die einer Geheimhaltungspflicht unterliegen. Diese Geheimhaltungspflicht ergibt sich in erster Linie aus § 203 Abs. 1 und 3 StGB, es sind aber auch andere gesetzliche oder vertragliche Rechtsgrundlagen denkbar.[282] Ausdrücklich in § 28 Abs. 7 aufgeführt sind 172

---

274 Taeger/Gabel/*Taeger*, § 28 Rn. 233; Simitis/*Simitis*, § 28 Rn. 310; Däubler/Klebe/Wedde/Weichert/*Wedde*, § 28 Rn. 177.
275 BVerwG, NJW 2004, 2462, 2467; Däubler/Klebe/Wedde/Weichert/*Wedde*, § 28 Rn. 177.
276 Däubler/Klebe/Wedde/Weichert/*Wedde*, § 28 Rn. 177.
277 Simitis/*Simitis*, § 28 Rn. 315; *Bergmann/Möhrle/Herb*, § 28 Rn. 524; BeckOK/*Wolff*, § 28 Rn. 265.
278 Taeger/Gabel/*Taeger*, § 28 Rn. 234; Däubler/Klebe/Wedde/Weichert/*Wedde*, § 28 Rn. 179; Simitis/*Simitis*, § 28 Rn. 315; BeckOK/*Wolff*, § 28 Rn. 266.
279 *Gola/Schomerus*, § 28 Rn. 80; Simitis/*Simitis*, § 28 Rn. 315; *Bergmann/Möhrle/Herb*, § 28 Rn. 527; BeckOK/*Wolff*, § 28 Rn. 266.
280 Taeger/Gabel/*Taeger*, § 28 Rn. 234; Däubler/Klebe/Wedde/Weichert/*Wedde*, § 28 Rn. 179.
281 Taeger/Gabel/*Taeger*, § 28 Rn. 234; *Otto/Rüdlin/Koch*, DuD 2002, 484, 488.
282 *Bergmann/Möhrle/Herb*, § 28 Rn. 530; BeckOK/*Wolff*, § 28 Rn. 264; Däubler/Klebe/Wedde/Weichert/*Wedde*, § 28 Rn. 180.

Ärzte. Diese unterliegen der ärztlichen Schweigepflicht, die eine Geheimhaltungspflicht gemäß § 203 Abs. 1 Nr. 1 StGB darstellt. Unter „sonstigen Personen" ist das ärztliche Hilfspersonal sowie das Personal zu verstehen, welches die Daten im Bereich der Verwaltung (z.B. für Abrechnungszwecke) verwendet.[283] Während das ärztliche Hilfspersonal bereits nach § 203 Abs. 1 in Verbindung mit Abs. 3 Satz 2 StGB einer gesetzlichen Geheimhaltungspflicht unterliegt, muss das Verwaltungspersonal zur Geheimhaltung vertraglich besonders verpflichtet werden.[284] Die Anknüpfung an eine bestehende Geheimhaltungspflicht des Daten verwendenden Personals dient dazu, einer Zweckentfremdung vorzubeugen und die Risiken der Betroffenen beim Umgang mit deren sensitiven Daten einzuschränken.[285] Weiterhin stellt § 28 Abs. 7 Satz 2 in diesem Zusammenhang klar, dass die Verwendung der Daten nur zu solchen Zwecken erfolgen darf, die innerhalb des Bereichs liegen, die von der Geheimhaltungspflicht erfasst sind.[286]

173 Beim Erlaubnistatbestand des § 28 Abs. 7 geht es in erster Linie um die Verwendung von Gesundheitsdaten. Die Vorschrift erfasst aber auch die anderen Kategorien sensitiver Daten, sofern deren Verwendung im Einzelfall von Bedeutung ist, so z.B. im Fall eines Patienten, der an einer genetisch bedingten Krankheit leidet, für welche auch die Information der ethnischen Herkunft relevant ist.[287] In solchen Ausnahmefällen bedarf es einer besonderen Begründung, aus der hervorgeht, warum diese Daten für die spezifische Behandlung erforderlich sind.[288]

174 § 28 Abs. 7 Satz 3 erweitert den Anwendungsbereich auf Berufsgruppen im Umfeld ärztlicher Tätigkeit und auf Hilfsunternehmen, die im Gesundheitsbereich mitwirken und ähnliche Verhaltenspflichten wie Ärzte haben.[289] Das sind z.B. Apotheker, Mitarbeiter in orthopädischen und zahntechnischen Werkstätten, Dialysezentren, radiologischen Instituten, Krankengymnasten, Heilpraktiker, Logopäden, Masseure und Optiker.[290]

175 Nicht von dieser Erweiterung erfasst sind dagegen Unfall-, Krankenversicherungen und Beihilfestellen, da es sich bei diesen nicht um die Verwaltung von Gesundheitsdiensten handelt, sondern lediglich um die Absicherung allgemeiner Lebensrisiken.[291] Auch die Übermittlung der Daten an gewerbliche Verrechnungsstellen, Inkassobüros und Anbieter von Dokumentationsdienstleistungen (z.B. Abspeicherung von Daten auf Microfilm[292]) ist nach überwiegender Auffassung von § 28 Abs. 7 Satz 3 nicht gedeckt. In diesen Fällen bedarf es grundsätzlich einer Einwilligung durch den Betroffenen, da es hier nicht um Dienstleistungen geht, die erforderlich sind, um medizinische Leistungen zu erbringen.[293]

! **EDV in der medizinischen Praxis:** In Bezug auf die Ausgestaltung von Krankenhausinformationssystemen sollte die von der Konferenz der Datenschutzbeauftragten des Bundes und der Länder verabschiedete **„Orientierungshilfe Krankenhausinformationssysteme"** beachtet werden.[294] Für niedergelassene Ärzte sowie Angehörige von Heilberufen ist der Düsseldorfer Kreis-Beschluss vom 04./05.05.2011 zu **„Mindestanforderungen an den technischen Datenschutz bei der Anbindung von EDV-Systemen an medizinische Netze"** zu

---

283 Taeger/Gabel/*Taeger*, § 28 Rn. 235; Däubler/Klebe/Wedde/Weichert/*Wedde*, § 28 Rn. 180; Simitis/*Simitis*, § 28 Rn. 316.
284 Taeger/Gabel/*Taeger*, § 28 Rn. 235; Simitis/*Simitis*, § 28 Rn. 316; *Bergmann/Möhrle/Herb*, § 28 Rn. 528.
285 Simitis/*Simitis*, § 28 Rn. 316; *Gola/Schomerus*, § 28 Rn. 80.
286 Taeger/Gabel/*Taeger*, § 28 Rn. 230; Simitis/*Simitis*, § 28 Rn. 316; *Bergmann/Möhrle/Herb*, § 28 Rn. 529.
287 Beispiel der Thalassämie bei Simitis/*Simitis*, § 28 Rn. 314; so wohl auch *Duhr/Naujok/Danker/Seiffert*, DuD 2003, 5, 11.
288 Simitis/*Simitis*, § 28 Rn. 314.
289 Taeger/Gabel/*Taeger*, § 28 Rn. 235; *Bergmann/Möhrle/Herb*, § 28 Rn. 371.
290 Däubler/Klebe/Wedde/Weichert/*Wedde*, § 28 Rn. 179; Simitis/*Simitis*, § 28 Rn. 315; Bergmann/Möhrle/Herb, § 28 Rn. 530; BeckOK/*Wolff*, § 28 Rn. 264.
291 *Duhr/Naujok/Danker/Seiffert*, DuD 2003, 5, 11.
292 BayVerfGH, NJW 1989, 2939.
293 Taeger/Gabel/*Taeger*, § 28 Rn. 237; Simitis/*Simitis*, § 28 Rn. 317; *Duhr/Naujok/Danker/Seiffert*, DuD 2003, 5, 11; *Bergmann/Möhrle/Herb*, § 28 Rn. 527; vgl. zur Weitergabe an Verrechnungsstellen auch BGH, NJW 1991, 2955.
294 http://www.datenschutz-bayern.de/technik/orient/oh-kis.pdf.

beachten.[295] Ferner die Empfehlungen der Bundesärztekammer zur ärztlichen Schweigepflicht, Datenschutz und Datenverarbeitung in der Arztpraxis.[296]

Immer wieder problematisch ist die (Fern-)Wartung von EDV-Systemen, da diese grundsätzlich den Tatbestand einer Übermittlung erfüllen könnte, welche einer Einwilligung bedürfte. Die *Bundesärztekammer* rät deshalb dazu, diese als Auftragsdatenverarbeitung im Sinne von § 11 auszugestalten und sicherzustellen, dass Zugriffe des Dienstleisters nur autorisiert vorgenommen werden können. **Achtung!** Das „Privileg" von § 11, wonach im Falle der Auftragsdatenverarbeitung keine „Übermittlung" vorliegt, greift gem. der Definition in § 3 Abs. 4 Nr. 3 i.V.m. § 3 Abs. 8 nur, wenn der Dienstleister innerhalb der EU/des EWR sitzt.

Die Nutzung von **Cloud-Anbietern** ist vor diesem Hintergrund problematisch, da diese die Daten regelmäßig in Rechenzentren weltweit speichern. Denkbar wäre dann eine Verschlüsselung der Daten, bevor diese in die Cloud geladen werden, zumindest wenn es um reine Speicherdienste geht.[297]

4. § 28 Abs. 8 – Verwendung für andere Zwecke

§ 28 Abs. 8 regelt, unter welchen Voraussetzungen sensible Daten für „andere Zwecke" als dem Zweck **176**
ihrer Erhebung verwendet werden dürfen. § 28 Abs. 8 entspricht dem § 28 Abs. 2 und soll auch hier den Grundsatz der Zweckbindung gem. Art. 6 Abs. 1b der EU-Datenschutzrichtlinie verankern.[298]

§ 28 Abs. 8 lässt eine Zweckänderung unter zwei alternativen Voraussetzungen zu. So ist eine Zweckän- **177**
derung zulässig, wenn

- die Voraussetzungen des § 28 Abs. 6 Nr. 1–4, Abs. 7 Satz 1 gegeben sind (Satz 1) oder
- die Verwendung wegen erheblicher Gefahren oder Straftaten von erheblicher Bedeutung erforderlich ist (Satz 2).

In Bezug auf die Voraussetzungen gem. Satz 1 kann grundsätzlich auf die Ausführungen zu Abs. 6 und **178**
7 oben verwiesen werden. Ein „anderer Zweck" liegt vor, wenn die Daten für andere Zwecke verarbeitet werden sollen, als für die sie ursprünglich erhoben wurden. Die verantwortliche Stelle legt diese gem. § 28 Abs. 1 Satz 2 bereits im Zeitpunkt der Datenerhebung fest. Da aber Abs. 6 Nr. 1–4 und Abs. 7 meist selbst die Zwecke vorgeben (z.B. Schutz lebenswichtiger Interessen) und somit „andere Zwecke" nicht unter die Erlaubnisnorm fallen, wird dem Abs. 8 Satz 1 in der Literatur ein eigenständiger Sinngehalt abgesprochen.[299] Dies ist nicht ganz zutreffend. § 28 Abs. 8 gestattet die „Übermittlung und Nutzung", während Abs. 7 Satz 1 nur das Erheben regelt.

Kommerzielle wissenschaftliche Forschung: Bei kommerzieller wissenschaftlicher Forschung stellt sich stets die Frage, ob überhaupt eine „unabhängige" wissenschaftliche Forschung vorliegt (z.B. durch Abschottung im Unternehmen, zum Meinungsstreit [siehe Rn. 79 ff.]). Geht es darüber hinaus um die Verarbeitung von personenbezogenen Daten, welche die Forschungseinrichtung nicht selbst erhoben hat, besteht das Problem, dass nach überwiegender Ansicht auch der Rückverweis in § 28 Abs. 8 auf § 28 Abs. 6 nur die Eigenforschung der verantwortlichen Stelle erfasst. Darüber hinaus ist § 40 zu beachten, der Forschungsdaten einer strengen Zweckbindung unterwirft. In der Praxis werden daher kommerzielle Forschungsvorhaben im Regelfall auf eine Einwilligung der Betroffenen gestützt.

Beispiele unzulässiger Zweckänderungen sind in jedem Fall die Verwendung sensibler Daten zu Werbe- **179**
zwecken (z.B. die Weitergabe von Kontaktinformationen von neuen Müttern in Krankenhäusern an Her-

---

295 Beschluss der obersten Aufsichtsbehörden für den Datenschutz im nicht-öffentlichen Bereich, Düsseldorfer Kreis vom 04./05.05.2011.
296 Deutsches Ärzteblatt 2008, S. 1026 ff.
297 Stellungnahme 05/2012 der Artikel-29-Datenschutzgruppe zum Cloud Computing vom 01.07.2012, WP 196, S. 19.
298 BT-Drs. 14/4329, S. 43.
299 Z.B. Taeger/Gabel/*Taeger*, § 28 Rn. 238.

steller von Babynahrung[300]) oder zu Zwecken der Leistungs- oder Verhaltenskontrolle von Arbeitnehmern.

180 Der eigentliche Bedeutungsgehalt von § 28 Abs. 8 liegt in Satz 2, welcher die Verwendung sensibler Angaben für Zwecke der Gefahrenabwehr und Strafverfolgung gestattet. Erforderlich ist jeweils eine „erhebliche" Gefahr bzw. eine Straftat von „erheblicher" Bedeutung. Die **erhebliche Gefahr** kann sich entweder aus dem Ausmaß des drohenden Schadens oder aus der Wahrscheinlichkeit seines Eintritts ergeben.[301] Es bedarf konkreter Anhaltspunkte, die auf den Eintritt der Gefahr hindeuten. Eine abstrakte Gefahr reicht nicht aus.[302]

181 Der Begriff der **Straftat von erheblicher Bedeutung** lehnt sich an die Polizeigesetze der Länder sowie an die StPO an. Unstreitig nicht erfasst sind Ordnungswidrigkeiten und Kleinkriminalität (z.B. Ladendiebstahl geringfügiger Sachen, Familiendiebstahl).[303] Maßgeblich für die Beurteilung bleibt der Einzelfall.

182 Eine zulässige Zweckänderung nach § 28 Abs. 8 ist auf die erforderlichen sensiblen Daten beschränkt. D.h., es hat eine Auswahl durch die verantwortliche Stelle zu erfolgen, welche Daten tatsächlich benötigt werden.[304]

5. § 28 Abs. 9 – Tendenzbetriebe

183 § 28 Abs. 9 privilegiert bestimmte Organisationen in der Verwendung sensibler Daten. Die Norm setzt Art. 8 Abs. 2d der EU-Datenschutzrichtlinie um.

a) Privilegierte Organisationen

184 § 28 Abs. 9 Satz 1 setzt zunächst voraus, dass es sich um eine Organisation handelt, die eine der dort aufgezählten Ausrichtungen bzw. Tendenzen aufweist. Aus diesem Grund werden die privilegierten Organisationen auch als **„Tendenzbetriebe"** bezeichnet. Dabei erfasst die Vorschrift Einrichtungen mit folgender Ausrichtung:

- politisch,
- philosophisch,
- religiös und/oder
- gewerkschaftlich.

Diese Aufzählung ist abschließend.[305] Eine entsprechende Anwendung auf Organisationen mit anderer Ausrichtung, die ebenfalls sensitive Daten verwenden, ist nicht möglich. Aus diesem Grund kann sich z.B. eine Selbsthilfegruppe für anonyme Alkoholiker nicht auf § 28 Abs. 9 berufen.[306]

185 Zu den Tendenzbetrieben im Einzelnen:

Politische Organisationen sind insbesondere die politischen Parteien, deren Jugend- und Unterorganisationen sowie politische Stiftungen.[307]

Bei **philosophischen Organisationen** ist die Einordnung etwas schwieriger. Darunter sind weltanschauliche Organisationen oder Vereinigungen zu verstehen, deren Ziel das Streben nach Weisheit oder

---

300 *Bergmann/Möhrle/Herb*, § 28 Rn. 533; Däubler/Klebe/Wedde/Weichert/*Wedde*, § 28 Rn. 183; Simitis/*Simitis*, § 28 Rn. 321; BeckOK/*Wolff*, § 28 Rn. 269.

301 *Duhr/Naujok/Danker/Seiffert*, DuD 2003, 5, 12; so wohl auch BeckOK/*Wolff*, § 28 Rn. 271.

302 *Bergmann/Möhrle/Herb*, § 28 Rn. 534; Däubler/Klebe/Wedde/Weichert/*Wedde*, § 28 Rn. 183; so wohl auch *Duhr/Naujok/Danker/Seiffert*, DuD 2003, 5, 12; BeckOK/*Wolff*, § 28 Rn. 271.

303 *Bergmann/Möhrle/Herb*, § 28 Rn. 534; Däubler/Klebe/Wedde/Weichert/*Wedde*, § 28 Rn. 184; BeckOK/*Wolff*, § 28 Rn. 272.

304 Simitis/*Simitis*, § 28 Rn. 325.

305 Däubler/Klebe/Wedde/Weichert/*Wedde*, § 28 Rn. 186; Taeger/Gabel/*Taeger*, § 28 Rn. 241; Simitis/*Simitis*, § 28 Rn. 328; BeckOK/*Wolff*, § 28 Rn. 274.

306 *Bergmann/Möhrle/Herb*, § 28 Rn. 539.

307 *Bergmann/Möhrle/Herb*, § 28 Rn. 541; so auch Simitis/*Simitis*, § 28 Rn. 328; BeckOK/*Wolff*, § 28 Rn. 274.

Wahrheit ist und die eine bestimmte Leitauffassung vom Leben und der Welt als einem Sinnganzen haben (vgl. Art. 4 GG).[308] Beispiele sind Freidenker oder Anthroposophen.[309]

Religiöse Organisationen meint in erster Linie die Kirchen, wobei der Begriff nicht auf die großen Kirchen (katholisch, evangelisch) beschränkt ist. Darüber hinaus fallen deren Stiftungen[310] sowie Vereinigungen wie das Diakonische Werk oder der Caritasverband darunter. Ferner Stiftungen wie pro donate und freireligiöse Gemeinschaften. Sogar Sekten sind erfasst, zumindest sofern nicht der Erwerbszweck im Vordergrund steht. Aus diesem Grund ist z.B. Scientology keine religiöse Organisation.[311]

Gewerkschaftliche Organisationen (Art. 9 Abs. 3 GG) sind die Gewerkschaften und deren Unternehmen (z.B. Wohnungsvermietungsgesellschaften), sofern auch hier kein Erwerbszweck besteht.[312] Der Begriff erfasst auch Standesorganisationen und Berufsverbände ohne Erwerbszweck. So z.B. den Deutschen Beamtenbund, den Anwaltsverein und den BvD-Berufsverband der Datenschutzbeauftragten. Nicht erfasst sind dagegen z.B. Betriebs- und Personalräte, auch wenn sich deren Mitglieder ausschließlich aus einer Gewerkschaft zusammensetzen.[313]

Die Einordnung bzw. Beurteilung, ob eine Organisation der Norm unterfällt, ist unabhängig von der **186**
Rechtsform bzw. dem Aufbau der jeweiligen Organisation. Es hat für § 28 Abs. 9 keine Bedeutung, ob die Organisation in mehrere rechtlich selbstständige Stellen unter einheitlicher Leitung oder in unselbstständige Untereinheiten gegliedert ist.[314] Insoweit kann es mehrere verantwortliche Stellen geben.

Die Ziele und der Zweck ergeben sich regelmäßig aus den Statuten sowie aus der Satzung der jeweiligen **187**
Organisation.[315] Von maßgeblicher Bedeutung ist dabei, dass das Ziel nicht nur ein primäres Merkmal der Organisation ist, sondern den Hauptzweck der Organisation darstellt.[316] Eine Abgrenzung der einzelnen unterschiedlichen Zielrichtungen bzw. Zwecke kann sich mitunter schwierig gestalten, in der Praxis erübrigt sich dieses Problem aber häufig, da viele Organisationen unabhängig von ihrer konkreten Einordnung zumindest insgesamt von der Regelung erfasst werden. So kann z.B. bei den Freimaurern dahinstehen, ob es sich um eine religiöse oder um eine philosophische Organisation handelt, denn beide Zielrichtungen unterfallen der Vorschrift.

b) Kein Erwerbszweck

Hinzu kommt, dass die Verwendung der sensitiven Daten keinen Erwerbszwecken dienen darf, d.h., so- **188**
bald die Organisation mit der Datenverwendung eine Gewinnerzielungsabsicht im steuerrechtlichen Sinn verfolgt, ist die Regelung des § 28 Abs. 9 unanwendbar.[317] Aus diesem Grund sind öffentlich-rechtliche Wettbewerbsunternehmen grundsätzlich keine Organisation im Sinne von § 28 Abs. 9, da diese immer einen Erwerbszweck verfolgen.[318] Klassische Beispiele für Organisationen, die keinen Erwerbszwecken nachgehen, sind Idealvereine sowie gemeinnützige und mildtätige Organisationen, wie z.B. die SOS-Kinderdorf-Stiftung.[319] Nicht von § 28 Abs. 9 erfasst sind kommerzielle Unternehmen, auch wenn diese von einem Tendenzbetrieb betrieben werden. Das sind z.B. Buchverlage (u.a. Bundesverlag der Gewerkschaft), Buchhandlungen, Zeitungsunternehmen oder auch ein parteinahes Touristikunternehmen.[320] Sofern bei den vorgenannten Zeitungsunternehmen einer Organisation jedoch der Informations- oder

308 *Bergmann/Möhrle/Herb*, § 28 Rn. 542; BeckOK/*Wolff*, § 28 Rn. 274.
309 Simitis/*Simitis*, § 28 Rn. 329.
310 Simitis/*Simitis*, § 28 Rn. 329.
311 *Bergmann/Möhrle/Herb*, § 28 Rn. 543.
312 *Bergmann/Möhrle/Herb*, § 28 Rn. 544; BeckOK/*Wolff*, § 28 Rn. 274.
313 *Bergmann/Möhrle/Herb*, § 28 Rn. 544; BeckOK/*Wolff*, § 28 Rn. 274.
314 *Bergmann/Möhrle/Herb*, § 28 Rn. 538; Simitis/*Simitis*, § 28 Rn. 332; BeckOK/*Wolff*, § 28 Rn. 274.
315 *Bergmann/Möhrle/Herb*, § 28 Rn. 538; Taeger/Gabel/*Taeger*, § 28 Rn. 241; BeckOK/*Wolff*, § 28 Rn. 274.
316 *Bergmann/Möhrle/Herb*, § 28 Rn. 538; Taeger/Gabel/*Taeger*, § 28 Rn. 241; Simitis/*Simitis*, § 28 Rn. 331; *Duhr/Naujok/Danker/Seiffert*, DuD 2003, 5, 12.
317 *Bergmann/Möhrle/Herb*, § 28 Rn. 545; vgl. auch *Gola/Schomerus*, § 28 Rn. 82; BeckOK/*Wolff*, § 28 Rn. 275.
318 *Bergmann/Möhrle/Herb*, § 28 Rn. 536.
319 *Bergmann/Möhrle/Herb*, § 28 Rn. 545.
320 *Gola/Schomerus*, § 28 Rn. 82; wohl auch Taeger/Gabel/*Taeger*, § 28 Rn. 240; Däubler/Klebe/Wedde/Weichert/*Wedde*, § 28 Rn. 187; Simitis/*Simitis*, § 28 Rn. 331; BeckOK/*Wolff*, § 28 Rn. 275.

Verkündungszweck im Vordergrund steht (z.B. wie beim evangelischen Gemeindeblatt), ist ein Erwerbszweck zu verneinen, sodass § 28 Abs. 9 wieder greift.[321]

189 Auch Seminarveranstaltungen und Akademien der Organisationen dienen keinem Erwerbszweck, sofern die Teilnahmegebühren nur die Kosten der Veranstaltung decken sollen. Dies ist auch der Fall, wenn es dem Unternehmen auf dauerhafter Basis lediglich darum geht, weder ein Plus noch ein Minus einzufahren.[322] Ebenfalls keinen Erwerbszwecken dienen Organisationen, die bestimmte Problemgruppen (so z.B. behinderte Menschen) beschäftigen, indem diese Produkte herstellen und anschließend vertreiben.[323]

190 Bei der Beurteilung, ob eine Organisation Erwerbszwecke verfolgt oder nicht, ist es grundsätzlich ohne Bedeutung, inwieweit die Mitarbeiter der Organisation für ihre Arbeit eine Vergütung erhalten oder ehrenamtlich tätig sind.[324]

c) Umfang der Datenverwendung/Erforderlichkeit

191 Vom Umfang her ist die Verwendung sensibler Daten durch den Tendenzbetrieb auf dessen Ausrichtung beschränkt.[325] So darf eine politische Partei z.B. nicht die gewerkschaftliche Ausrichtung ihrer Mitglieder erfassen oder eine Kirche nicht die politische Meinung. Eine Ausnahme dieses Grundsatzes besteht, wenn eine Organisation eine doppelte Ausrichtung aufweist, welche die unterschiedlichen Kategorien sensitiver Daten erfasst. So kann z.B. die kirchliche Gewerkschaft sowohl religiöse als auch gewerkschaftliche Informationen ihrer Mitglieder verwenden.[326]

d) Mitglieder und vergleichbare Personen, § 28 Abs. 9 Satz 2

192 Nach § 28 Abs. 9 Satz 2 bezieht sich die Privilegierung der Vorschrift ausschließlich auf sensible Daten der Mitglieder der Organisation oder von Personen, die tätigkeitsbezogen mit der Organisation regelmäßig in Kontakt stehen. Unter Letzteren sind solche Personen zu verstehen, die z.B. ein ernsthaftes Interesse an einer Mitgliedschaft in der Organisation haben (nicht bloß potenzielle Interessenten) oder regelmäßig bzw. wiederkehrend an Veranstaltungen der Organisation teilnehmen.[327] Auch Förderer, Beiräte und Schirmherren fallen darunter, ebenso wie sonstige eng verbundene Personen, wie z.B. Kinder, der Ehepartner oder Lebensgefährte und Familienangehörige (Abholberechtigte beim kirchlichen Kindergarten).[328]

e) Datenübermittlung, § 28 Abs. 9 Satz 3

193 Eine Übermittlung der sensiblen Daten durch die Organisation bedarf grundsätzlich der Einwilligung der betroffenen Person.[329] Das gilt insbesondere für die Übermittlung zu Werbezwecken oder zur Akquisition von Spenden.[330]

194 Bei einer Weitergabe ohne Einwilligung des Betroffenen innerhalb der Organisationsstrukturen der verantwortlichen Stelle ist deshalb von maßgeblicher Bedeutung, ob es sich bereits um eine Übermittlung im datenschutzrechtlichen Sinn handelt (vgl. § 3 Abs. 4 Nr. 3). Beispielsweise ist die Übermittlung einer Partei an eine parteizugehörige Stiftung als Übermittlung anzusehen, die einer Einwilligung bedarf.[331]

---

321 *Bergmann/Möhrle/Herb*, § 28 Rn. 545; a.A. *Gola/Schomerus*, § 28 Rn. 82; wohl auch Däubler/Klebe/Wedde/Weichert/*Wedde*, § 28 Rn. 187.
322 *Bergmann/Möhrle/Herb*, § 28 Rn. 545; BeckOK/*Wolff*, § 28 Rn. 275.
323 *Bergmann/Möhrle/Herb*, § 28 Rn. 545.
324 *Bergmann/Möhrle/Herb*, § 28 Rn. 545; so wohl auch BeckOK/*Wolff*, § 28 Rn. 275.
325 *Bergmann/Möhrle/Herb*, § 28 Rn. 540; Däubler/Klebe/Wedde/Weichert/*Wedde*, § 28 Rn. 188; Taeger/Gabel/*Taeger*, § 28 Rn. 241; Simitis/*Simitis*, § 28 Rn. 333; BeckOK/*Wolff*, § 28 Rn. 275.
326 *Bergmann/Möhrle/Herb*, § 28 Rn. 540; Däubler/Klebe/Wedde/Weichert/*Wedde*, § 28 Rn. 188.
327 *Bergmann/Möhrle/Herb*, § 28 Rn. 548; Däubler/Klebe/Wedde/Weichert/*Wedde*, § 28 Rn. 189; BeckOK/*Wolff*, § 28 Rn. 276.
328 *Bergmann/Möhrle/Herb*, § 28 Rn. 548; Däubler/Klebe/Wedde/Weichert/*Wedde*, § 28 Rn. 189; enger Simitis/*Simitis*, § 28 Rn. 334.
329 *Gola/Schomerus*, § 28 Rn. 82; *Bergmann/Möhrle/Herb*, § 28 Rn. 550; Däubler/Klebe/Wedde/Weichert/*Wedde*, § 28 Rn. 190; Taeger/Gabel/*Taeger*, § 28 Rn. 242; Simitis/*Simitis*, § 28 Rn. 335; BeckOK/*Wolff*, § 28 Rn. 277.
330 *Bergmann/Möhrle/Herb*, § 28 Rn. 550; Däubler/Klebe/Wedde/Weichert/*Wedde*, § 28 Rn. 190; noch weiter Simitis/*Simitis*, § 28 Rn. 335.
331 *Bergmann/Möhrle/Herb*, § 28 Rn. 546; *Gola/Schomerus*, § 28 Rn. 82; BeckOK/*Wolff*, § 28 Rn. 277.

Die Weitergabe von sensiblen Daten durch die Partei an die entsprechende Parteifraktion in einem Wahlgremium ist dagegen von § 28 Abs. 9 noch gedeckt.[332] Ebenfalls keiner Einwilligung bedarf die Datenübermittlung eines Tendenzbetriebs an einen anderen, sofern beide Einrichtungen dieselbe Tendenz aufweisen.[333]

Inwieweit der Kirchenaustritt eines Mitglieds in einem Gemeindeblatt veröffentlicht werden darf, ist umstritten. Dabei handelt es sich um sensible Informationen, da aus diesem die religiöse Einstellung der betroffenen Person abgeleitet werden kann. Eine Meinung hält die Veröffentlichung für grundsätzlich zulässig.[334] Die abweichende Meinung differenziert zu Recht und stellt auf die Bandbreite der Veröffentlichung ab. So ist nur eine beschränkte Veröffentlichung in internen Mitteilungsblättern, internen Foren zulässig, nicht hingegen durch öffentliche Aushänge auf öffentlichen Plätzen, im Internet oder in der Tagespresse.[335] 195

Ist die Übermittlung nicht von § 28 Abs. 9 gedeckt, kann sich die Zulässigkeit trotzdem aufgrund einer Einwilligung (§ 4a Abs. 3) oder auch aufgrund von § 28 Abs. 6 ergeben. Beispielsweise kann die gerichtliche Beitreibung rückständiger Mitgliedsbeiträge auf § 28 Abs. 6 Nr. 3 gestützt werden.[336] 196

f) Auftragsdatenverarbeitung

Im Übrigen kann die „Übermittlung" sensibler Daten zulässig sein, wenn es sich um eine bloße Auftragsdatenverarbeitung innerhalb der EU/des EWR handelt.[337] Beispielsweise kann der Versand einer Parteizeitschrift „outgesourct" werden.[338] Eine Auftragsdatenvereinbarung kommt jedoch regelmäßig nicht in Betracht, wenn die Angaben einer Geheimhaltungspflicht gem. § 203 Abs. 1 StGB unterliegen (z.B. Patientengeheimnis, Mandatsgeheimnis), da dann eventuell bereits das Tatbestandsmerkmal des „Offenbarens" erfüllt ist und eine Strafbarkeit droht. 197

g) Datenübermittlung gemäß § 28 Abs. 9 Satz 4

Abgesehen davon ist die Datenübermittlung auch zulässig, wenn die Verwendung der Daten für die Abwehr von Gefahren für die staatliche oder öffentliche Sicherheit sowie zur Verfolgung von Straftaten erforderlich ist. Anders als in § 28 Abs. 8 Satz 2 wird hier nicht das Merkmal der „erheblichen" Gefahr bzw. der Straftat von „erheblicher Bedeutung" gefordert. Ein Großteil der Literatur will dennoch die Begriffe restriktiv interpretieren, da nicht einzusehen sei, warum im Fall der Tendenzbetriebe die Angaben zu politischen Meinungen, religiösen Überzeugungen oder weltanschaulichen Ansichten weniger schutzbedürftig seien.[339] 198

C. Anwendungsempfehlung/weitere praktische Hinweise

I. Abgrenzungshilfe speziellere Normen des BDSG/§ 28

199

Speziellere Norm im BDSG	§ 28
§ 11 – Auftragsdatenverarbeitung	§ 28 findet statt dessen Anwendung, wenn in Wirklichkeit eine eigenständige Funktion auf den Auftragnehmer ausgelagert wird, sog. Funktionsübertragung (siehe Rn. 31).

332 *Bergmann/Möhrle/Herb*, § 28 Rn. 546; a.A. wohl *Gola/Schomerus*, § 28 Rn. 82.
333 *Bergmann/Möhrle/Herb*, § 28 Rn. 546; BeckOK/*Wolff*, § 28 Rn. 277.
334 LG Zweibrücken, RDV 1998, 177.
335 *Bergmann/Möhrle/Herb*, § 28 Rn. 547; BeckOK/*Wolff*, § 28 Rn. 277.
336 *Gola/Schomerus*, § 28 Rn. 82; *Bergmann/Möhrle/Herb*, § 28 Rn. 537; BeckOK/*Wolff*, § 28 Rn. 273.
337 *Gola/Schomerus*, § 28 Rn. 82; Däubler/Klebe/Wedde/Weichert/*Wedde*, § 28 Rn. 190.
338 *Gola/Schomerus*, § 28 Rn. 82.
339 Bergmann/Möhrle/Herb, § 28 Rn. 551; Däubler/Klebe/Wedde/Weichert/*Wedde*, § 28 Rn. 191; so auch Taeger/Gabel/*Taeger*, § 28 Rn. 242; Simitis/*Simitis*, § 28 Rn. 337.

Speziellere Norm im BDSG	**§ 28**
§ 28a – Übermittlung an Auskunfteien	§ 28 tritt zurück, wenn der Empfänger der Daten eine Auskunftei ist.
§ 28b – Scoring	§ 28 bleibt anwendbar, § 28b ist aber verbindlich, was die Durchführung des Scoring-Verfahrens betrifft. D.h., die Frage der Verarbeitung und Nutzung der Daten richtet sich nach wie vor nach §§ 28, 29. § 28b ist keine Erlaubnisnorm.
§ 32 – Beschäftigtendaten „für Zwecke des Beschäftigungsverhältnisses" vs. beschäftigungsfremde Zwecke	§ 28 Abs. 1 Satz 1 Nr. 2 und Abs. 2 Nr. 1 und 2 bleiben grundsätzlich daneben anwendbar, sofern es um „beschäftigungsfremde Zwecke" geht. Allerdings sind diese Vorschriften im Arbeitsverhältnis restriktiv zu interpretieren. Es können nicht Verarbeitungen legitimiert werden, die ansonsten unzulässig wären.
§ 29 – Geschäftsmäßige Datenerhebung und -speicherung zum Zweck der Übermittlung § 29 ist einschlägig, wenn: • die Daten der eigentliche Geschäftsgegenstand sind, um diese • an Dritte zu übermitteln (z.B. Adressverkauf oder -miete, Warndienste, Kreditinformationssysteme); • Wiederholungsabsicht besteht, d.h., die Tätigkeit auf eine gewisse Dauer angelegt ist. Achtung! Greift § 29, besteht eine Meldepflicht gem. § 4d.	§ 28 tritt grundsätzlich zurück, wenn § 29 einschlägig ist. Denkbar ist aber auch, dass der gleiche Datenbestand parallel für Zwecke nach § 28 und nach § 29 verwendet wird. § 28 ist einschlägig, wenn: • die Datenerhebung, -verarbeitung und -nutzung Hilfsmittel zur Erfüllung eines außerhalb der Datenverarbeitung liegenden Zweckes ist (z.B. Vertragserfüllung mit dem Kunden) bzw. • die Daten nur gelegentlich an Dritte weitergegeben werden.
§ 30 – Geschäftsmäßige Datenerhebung und -speicherung zum Zweck der Übermittlung in anonymisierter Form § 30 ist einschlägig, wenn: • die Daten der eigentliche Geschäftsgegenstand sind, um diese • in aggregierter (anonymisierter) Form an Dritte zu übermitteln (z.B. Erstellung einer Trendanalyse); für die verarbeitende Stelle sind die Daten bloß „pseudonym"; • Wiederholungsabsicht besteht, d.h. die Tätigkeit auf eine gewisse Dauer angelegt ist. Achtung! Bei nicht kommerzieller Forschung greift § 40.	§ 28 bleibt insoweit einschlägig, als bei besonderen Arten personenbezogener Daten (z.B. Gesundheitsdaten) der § 28 Abs. 6–9 entsprechend gilt.

Speziellere Norm im BDSG	§ 28
§ 30a – Geschäftsmäßige Datenerhebung und -speicherung für Zwecke der Markt- oder Meinungsforschung § 30a ist einschlägig, wenn: • die Daten der eigentliche Geschäftsgegenstand sind, um diese • für Zwecke der Markt- oder Meinungsforschung zu erheben, verarbeiten oder zu nutzen (gemeint sind Unternehmen, die mittels wissenschaftlicher Methoden und Techniken Informationen als empirische Grundlage und zur Unterstützung wirtschaftlicher, gesellschaftlicher oder politischer Entscheidungen bereitstellen); • Wiederholungsabsicht besteht, d.h., die Tätigkeit auf eine gewisse Dauer angelegt ist.	§ 28 Abs. 3 ist einschlägig, wenn es nicht um Markt- oder Meinungsforschung, sondern in Wirklichkeit um „Werbung" geht. Maßgeblich ist, ob die „ Forschung" in Wirklichkeit bestimmte Kundenbeziehungen fördern will. Beispielsweise ist eine Kundenzufriedenheitsbefragung „Werbung". Soweit die verantwortliche Stelle im Übrigen für sich selbst Markt- und Meinungsforschung betreibt (also nicht geschäftsmäßig für Dritte), richtet sich die Zulässigkeit der Datenverarbeitung nach § 28 Abs. 1 Satz 1 Nr. 2. Bei besonderen Arten personenbezogener Daten bleibt der § 28 Abs. 6–9 entsprechend anwendbar.

II. Checkliste zur Abgrenzung Auftragsdatenverarbeitung/ Funktionsübertragung

200

Indizien für ADV	Indizien für Funktionsübertragung
• Nicht die Aufgabe selbst, zu deren Zweck die Erhebung, Verarbeitung oder Nutzung von personenbezogenen Daten erfolgt, wird ausgelagert, lediglich der zur Aufgabenerledigung erforderliche Umgang mit den Daten. • Der Serviceeinrichtung wird der Umgang mit den Daten nach Weisung und unter materieller Verantwortung des Auftraggebers übertragen. • Datenschutzrechtliche Verantwortung verbleibt beim Auftraggeber. • Auftraggeber schreibt die technischen und organisatorischen Maßnahmen zur Datensicherheit beim Auftragnehmer vor. • Z.B. Call-Center	• Bei der Funktionsübertragung wird auch die der Erhebung, Verarbeitung oder Nutzung personenbezogener Daten zugrunde liegende Aufgabe ganz oder teilweise übertragen. • Die Serviceeinrichtung erbringt über die technische Durchführung des Umgangs mit personenbezogenen Daten hinaus materielle Leistungen mitilfe der überlassenen Daten. • Die Serviceeinrichtung handelt hierbei eigenverantwortlich im datenschutzrechtlichen Sinne. • Z.B. Rechtsanwalt
✓ Fehlende Entscheidungsbefugnis des Auftragnehmers ✓ Weisungsgebundenheit des Auftragnehmers bezüglich dessen, was mit Daten geschieht	✓ Weisungsfreiheit des Dienstleisters bezüglich dessen, was mit den Daten geschieht ✓ Überlassung von Nutzungsrechten an den Daten

Indizien für ADV	Indizien für Funktionsübertragung
✓ Umgang nur mit Daten, die der Auftraggeber zur Verfügung stellt; außer der Auftrag ist auch auf die Erhebung personenbezogener Daten gerichtet ✓ Ausschluss der Verarbeitung oder Nutzung der Daten zu eigenen Zwecken des Auftragnehmers ✓ Keine (vertragliche) Beziehung des Auftragnehmers zum Betroffenen ✓ Auftragnehmer tritt gegenüber Betroffenem nicht in eigenem Namen auf	✓ Eigenverantwortliche Sicherstellung von Zulässigkeit und Richtigkeit der Daten durch den Dienstleister ✓ Sicherstellung der Rechte von Betroffenen, z.B. Benachrichtigungspflicht/Auskunftsanspruch ✓ Handeln des Dienstleisters gegenüber dem Betroffenen im eigenen Namen

III. Anforderungen an eine Opt-in-Datenbank

201 Es empfiehlt sich, über eine sog. Opt-in-Datenbank sicherzustellen, dass Einwilligungen von Betroffenen dokumentiert werden und ein Opt-out schnell umgesetzt werden kann. Die Datenbank sollte möglichst folgende Informationen enthalten:

- Herkunft der Daten,
- Adressaten einer etwaigen Übermittlung (z.B. bei Adressverkauf),
- Zeitpunkt der Einwilligung,
- Einwilligungstext,
- Form der Einwilligung (schriftlich, elektronisch, mündlich mit Bestätigung in Textform),
- bei elektronisch erteilter Einwilligung: Protokoll der Einwilligung, d.h (i) Tag und Uhrzeit; (ii) IP-Adresse/Gerätekennung/Identität des Nutzers (wenn möglich double-opt-on per E-Mail), (iii) Inhalt der Einwilligungserklärung,
- bei mündlich erteilter Einwilligung: Text der Bestätigungserklärung mit Absendedatum,
- bei schriftlich erteilter Einwilligung: möglichst Aufbewahrung der Erklärung mit Unterschrift.

202 Eine Aufbewahrung der schriftlichen Erklärungen stellt oftmals ein logistisches Problem dar. Denkbare Alternativen sind die Aufbewahrung einer elektronischen Kopie oder das bloße Ankreuzen eines Felds „schriftliche Einwilligung liegt vor" in der Datenbank. **Aber Achtung!** Bestreitet der Betroffene das Vorliegen der Einwilligung, besteht in beiden Fällen ein Beweisproblem, da vor Gericht nur Urkunden (d.h. Originalunterschrift) als Beweismittel zugelassen sind. Die elektronische Kopie hat immerhin den Vorteil, dass der Betroffene qualifiziert bestreiten muss, dass die Kopie eine Fälschung ist, weshalb diese Variante, sollte eine Aufbewahrung des Originals nicht möglich sein, gegenüber der bloßen „Ankreuzvariante" vorzugswürdig ist.

203 Es ist ferner sicherzustellen, dass ein Widerruf der Einwilligung sofort umgesetzt werden kann. Im Regelfall sind dabei die Kundendaten auf solche Stammdaten zu reduzieren, die erforderlich sind, um den Opt-out umsetzen zu können (also insbesondere z.B. Name, Adresse). Etwas anderes gilt nur, wenn für die „überschießenden" Daten eine sonstige Rechtfertigung besteht, z.B. weil noch eine Vertragsbeziehung besteht oder steuerrechtliche Aufbewahrungspflichten gegen eine Löschung stehen. Die Daten sind in diesem Fall für andere Zwecke zu sperren (vgl. § 35 Abs. 3). Es sollte ferner sichergestellt werden, dass bei zukünftigen Werbemaßnahmen ein Abgleich mit einer Werbesperrdatei erfolgt. Dabei sollte ein Adressabgleichsprogramm zum Einsatz kommen, welches Dubletten auch bei leicht abweichender Schreibweise erkennt.

D. Muster

I. Bestätigung einer mündlich erteilten Einwilligung

Beispiel 1 204

Sehr geehrte(r) Herr/Frau ...,

es hat mich sehr gefreut, Sie anlässlich der CeBIT persönlich kennenzulernen. Wie besprochen, senden wir Ihnen gerne weiteres Informationsmaterial zu unseren Produkten A, B, C zu und nehmen Sie in unseren Verteiler unseres Newsletters „Update zu A, B, C" auf. Gerne wird Sie auch einer unserer Servicemitarbeiter telefonisch kontaktieren, um einen Termin zur Produktvorstellung vor Ort mit Ihnen zu vereinbaren. Für diese Zwecke und die Zwecke einer zukünftigen werblichen Ansprache in Bezug auf die genannten Produkte haben wir Ihre Adressdaten gespeichert. Sie können Ihre Einwilligung in die werbliche Verwendung Ihrer Daten durch uns jederzeit per Brief, Telefax oder E-Mail unter den im Briefkopf aufgeführten Kontaktdaten widerrufen.

Mit freundlichen Grüßen

Beispiel 2 205

Sehr geehrte(r) Herr/Frau ...,

wir freuen uns, wenn Ihnen unsere Vortragsveranstaltung zu XY gefallen hat. Wie von Ihnen gewünscht, haben wir Sie nunmehr für die nachfolgenden Newsletter bei uns eingetragen:

- ....
- ....

Für diese Zwecke haben wir Ihre E-Mail-Adresse und Ihre Newsletter-Präferenzen gespeichert. Gerne laden wir Sie zukünftig zu von uns durchgeführten Veranstaltungen zu den o.g. Themen ein. Sie können sich aber auch jederzeit von den oben genannten Newslettern wieder austragen, am besten durch Klicken auf den Opt-out-Link am Ende eines jeden Newsletters oder auf unserer Website unter www.xyz.de. Sollten Sie auch keine Einladungen zu Veranstaltungen erhalten wollen, teilen Sie uns dies bitte per E-Mail an [E-Mail-Adresse] mit oder nutzen Sie ebenfalls den einer Einladung beigefügten Opt-out-Link.

Mit freundlichen Grüßen

II. Hinweis auf das Widerspruchsrecht; Information über die Herkunft der Daten bei Adresskauf

Gem. § 28 Abs. 4 Satz 2 ist der Betroffene bei der Ansprache zum Zweck der Werbung bzw. bei im Rahmen von Schuldverhältnissen erhobenen Daten bereits im Zeitpunkt der Erhebung über sein Widerspruchsrecht zu unterrichten. Dabei darf die Ausübung des Widerrufs nicht über Gebühr erschwert werden. Unzulässig wäre z.B. die Information, dass der Widerspruch nur per Brief ausgeübt werden kann, wenn die Daten ursprünglich formlos erhoben wurden. Ein solcher Hinweis könnte aussehen wie folgt: 206

Hinweis auf das Widerspruchsrecht gem. § 28 Abs. 4 Satz 2

Sie können der Verwendung Ihrer personenbezogenen Daten für Zwecke der Werbung oder Markt- oder Meinungsforschung jederzeit ohne Angabe von Gründen widersprechen, z.B. durch Brief/E-Mail an ....

Gem. § 28 Abs. 3 Satz 4 ist der Betroffene im Falle der Übermittlung seiner Adressdaten an einen Dritten für dessen Werbezwecke bei der werblichen Ansprache durch den Dritten an erkennbarer Stelle im Werbemittel über die Herkunft der Daten zu informieren. Dabei bietet es sich an, dies mit dem Hinweis auf das Widerspruchsrecht gem. Abs. 4 Satz 2 zu kombinieren. Dies könnte z.B. geschehen wie folgt: 207

Beispiel für Information über die Herkunft der Daten

Dies ist eine Werbung der ABC GmbH, [Adresse]. Ihre Adressdaten haben wir ausschließlich für unsere werblichen Zwecke von xy GmbH, [Adresse] erhalten. Sie können einer werblichen Verwendung Ihrer personenbezogenen Daten durch uns jederzeit widersprechen, z.B. durch Brief/E-Mail an: ABC GmbH, [Adresse].

Beispiel für den Fall, dass der Werbende bereits aus der Werbung erkennbar ist

Verantwortliche Stelle: ABC GmbH, Poststraße 4, 80559 München

§ 28a Datenübermittlung an Auskunfteien

(1) [1]Die Übermittlung personenbezogener Daten über eine Forderung an Auskunfteien ist nur zulässig, soweit die geschuldete Leistung trotz Fälligkeit nicht erbracht worden ist, die Übermittlung zur Wahrung berechtigter Interessen der verantwortlichen Stelle oder eines Dritten erforderlich ist und

1. die Forderung durch ein rechtskräftiges oder für vorläufig vollstreckbar erklärtes Urteil festgestellt worden ist oder ein Schuldtitel nach § 794 der Zivilprozessordnung vorliegt,

2. die Forderung nach § 178 der Insolvenzordnung festgestellt und nicht vom Schuldner im Prüfungstermin bestritten worden ist,

3. der Betroffene die Forderung ausdrücklich anerkannt hat,

4.

a) der Betroffene nach Eintritt der Fälligkeit der Forderung mindestens zweimal schriftlich gemahnt worden ist,

b) zwischen der ersten Mahnung und der Übermittlung mindestens vier Wochen liegen,

c) die verantwortliche Stelle den Betroffenen rechtzeitig vor der Übermittlung der Angaben, jedoch frühestens bei der ersten Mahnung über die bevorstehende Übermittlung unterrichtet hat und

d) der Betroffene die Forderung nicht bestritten hat oder

5. das der Forderung zugrunde liegende Vertragsverhältnis aufgrund von Zahlungsrückständen fristlos gekündigt werden kann und die verantwortliche Stelle den Betroffenen über die bevorstehende Übermittlung unterrichtet hat.

[2]Satz 1 gilt entsprechend, wenn die verantwortliche Stelle selbst die Daten nach § 29 verwendet.

(2) [1]Zur zukünftigen Übermittlung nach § 29 Abs. 2 dürfen Kreditinstitute personenbezogene Daten über die Begründung, ordnungsgemäße Durchführung und Beendigung eines Vertragsverhältnisses betreffend ein Bankgeschäft nach § 1 Abs. 1 Satz 2 Nr. 2, 8 oder Nr. 9 des Kreditwesengesetzes an Auskunfteien übermitteln, es sei denn, dass das schutzwürdige Interesse des Betroffenen an dem Ausschluss der Übermittlung gegenüber dem Interesse der Auskunftei an der Kenntnis der Daten offensichtlich überwiegt. [2]Der Betroffene ist vor Abschluss des Vertrages hierüber zu unterrichten. [3]Satz 1 gilt nicht für Giroverträge, die die Einrichtung eines Kontos ohne Überziehungsmöglichkeit zum Gegenstand haben. [4]Zur zukünftigen Übermittlung nach § 29 Abs. 2 ist die Übermittlung von Daten über Verhaltensweisen des Betroffenen, die im Rahmen eines vorvertraglichen Vertrauensverhältnisses der Herstellung von Markttransparenz dienen, an Auskunfteien auch mit Einwilligung des Betroffenen unzulässig.

(3) [1]Nachträgliche Änderungen der einer Übermittlung nach Absatz 1 oder Absatz 2 zugrunde liegenden Tatsachen hat die verantwortliche Stelle der Auskunftei innerhalb von einem Monat nach Kenntniserlangung mitzuteilen, solange die ursprünglich übermittelten Daten bei der Auskunftei gespeichert sind. [2]Die Auskunftei hat die übermittelnde Stelle über die Löschung der ursprünglich übermittelten Daten zu unterrichten.

Literatur

Abel, Die neuen BDSG-Regelungen, RDV 2009, 147; *Beckhusen*, Das Scoring-Verfahren der SCHUFA im Wirkungsbereich des Datenschutzes, BKR 2005, 335; *Bohnen*, Die BDSG-Novellen 2009/2011, 2011; *Bull*, Neue Bewegung im Datenschutz, ZRP 2008, 233; *Bundesministerium des Innern*, Formulierungsvorschläge für den Entwurf eines Gesetzes zur Regelung des Beschäftigtendatenschutzes vom 07.09.2011 (abrufbar u.a. unter http://www.aus-portal.de/media/BeschDS_FV.pdf); *Dehmel/Hullen*, Auf dem Weg zu einem zukunftsfähigen Datenschutz in Europa?, ZD 2013, 147; *Helfrich*, Kreditscoring und Scorewertbildung der SCHUFA, 2010; *Hoeren*, Datenschutz und Scoring: Grundelemente der BDSG-Novelle I, VuR 2010, 363; *Kühnling/Bohnen*, Zur Zukunft des Datenschutzrechts – Nach der Reform ist vor der Reform, JZ 2010, 600; *Moos*, Die Entwicklung des Datenschutzrechts im Jahr 2009, KuR 2010, 166; *Schneider*, Hemmnis für einen modernen Datenschutz: Das Verbotsprinzip, AnwBl. 2011, 233; *Schneider/Härting*, Warum wir ein neues BDSG brauchen – Kritischer Beitrag zum BDSG und dessen Defiziten, ZD 2011, 63; *Selk*, Datenschutz in der EU: Die Wirklichkeit in den Blick nehmen, AnwBl. 2011, 244.

▶ Darum geht es

§ 28a setzt den rechtlichen Rahmen für die Übermittlung von Informationen über das Zahlungsverhalten einer Person an Auskunftsdienste und wieweit dies zulässig ist, wenn keine gesonderte Einwilligung des Betroffenen vorliegt.

▶ Schlagworte

„Einmeldung" bonitätsrelevanter Daten an Auskunfteien; Übermittlung von Zahlungserfahrungen, Offener-Posten-Listen und Informationen über Bankgeschäfte; personenbezogene Daten über das Zahlungsverhalten; Negativdaten, Positivdaten; Konditionenanfragen; Schutz vor Forderungsausfällen, Bonitätsinformationen über Geschäftspartner; Warndateien und Debitoren-Zahlungsdatenpools; Korrekturmeldungen, Reichweite und Inhalt von Nachmeldepflichten; Unterrichtungspflichten gegenüber Schuldnern

▶ Weitere relevante Vorschriften

§§ 4, 4a bei Einwilligungen; § 27 für die Ermittlung des Normadressaten; §§ 187, 188 BGB bei Fristberechnungen; § 241 BGB für die Definition des Begriffs „Schuldverhältnis"; § 1 KWG für die Definition der Begriffe „Kreditinstitut", „Kreditgeschäfte", „Garantiegeschäfte", „Girogeschäfte"

A. Allgemeines

I. Regelungszweck

1. Sinn und Zweck der Norm

1 § 28a ist im Zuge der Novellierung des Bundesdatenschutzgesetzes durch die „Datenschutznovelle I" neu in das Gesetz aufgenommen worden und zum 01.04.2010 in Kraft getreten.[1] Zuvor musste die Zulässigkeit der Datenübermittlung an Auskunfteien durch nicht-öffentliche Stellen an den Voraussetzungen des § 28[2] gemessen werden, einschließlich der dort geforderten Abwägung zwischen den Interessen der Wirtschaft an Bonitätsinformationen über Geschäftspartner und den schutzwürdigen Belangen der Betroffenen. Bei der Datenübermittlung durch Kreditinstitute war zudem das Bankgeheimnis zu berücksichtigen. Den solchen Abwägungsprozessen immanenten Wertungsunsicherheiten wollte der Gesetzgeber mit dem Ziel erhöhter Verfahrenstransparenz und Rechtssicherheit abhelfen.[3] Mit § 28a gibt es nunmehr für zwei Sachverhalte aus dem Bereich der Zusammenarbeit mit Auskunfteien eine besondere Rechtsgrundlage: für die allgemeine Übermittlung von Forderungsinformationen durch nicht-öffentliche Stellen an Auskunfteien (Abs. 1) und für die Übermittlung von Informationen über Bankgeschäfte durch Kreditinstitute an Auskunfteien (Abs. 2).

2. Anwendungsbereich

a) Anwendungsbereich des § 28a Abs. 1

2 Normadressat des § 28a Abs. 1 sind gemäß § 27 zunächst alle verantwortlichen Stellen aus dem nicht-öffentlichen Bereich, ferner die am Wettbewerb teilnehmenden öffentlichen Stellen des Bundes und schließlich die am Wettbewerb teilnehmenden öffentlichen Stellen der Länder, soweit diese Stellen Bundesrecht ausführen und ihre Tätigkeit nicht durch die Landesdatenschutzgesetze geregelt wird.

b) Anwendungsbereich des § 28a Abs. 2

3 § 28a Abs. 2 ist ein Sondertatbestand für die Übermittlung von Informationen über Bankgeschäfte. Er richtet sich ausschließlich an Kreditinstitute. Dies sind gemäß der Legaldefinition in § 1 Abs. 1 Satz 1 KWG Unternehmen, die Bankgeschäfte gewerbsmäßig oder in einem Umfang betreiben, der einen in

---

1 Gesetz zur Änderung des Bundesdatenschutzgesetzes vom 29.07.2009 (BGBl. I, S. 2254).

2 In Betracht kamen insbesondere § 28 Abs. 1 Nr. 2 bei einer Datenverarbeitung für eigene Geschäftszwecke im berechtigten Interesse der verantwortlichen Stelle und – abseits eigener Geschäftszwecke – § 28 Abs. 2 a.F. in Verbindung mit § 28 Abs. 1 Nr. 2.

3 Vgl. Begründung zur Beschlussempfehlung zum Gesetz zur Änderung des Bundesdatenschutzgesetzes, BT-Drs. 16/10529 vom 10.10.2008.

kaufmännischer Weise eingerichteten Geschäftsbetrieb erfordert. Alle anderen Stellen sind bezüglich der in § 28a Abs. 2 genannten Daten nicht übermittlungsberechtigt.[4] Empfangsberechtigt sind wie in § 28a Abs. 1 ausschließlich Auskunfteien.[5]

II. Systematik

1. Verhältnis von § 28a Abs. 1 und Abs. 2 zur Einwilligung gemäß §§ 4, 4a

a) § 28a Abs. 1 versus Einwilligung

4 Aus den Worten „ist nur zulässig" in § 28a Abs. 1 Satz 1 ergibt sich die Funktion der Norm als Spezialtatbestand, der für die Übermittlung personenbezogener Daten an Auskunfteien die übrigen Erlaubnistatbestände verdrängt. Unberührt davon bleibt die Einwilligung als individuelles Gestaltungsinstrument des informationellen Selbstbestimmungsrechts, sodass neben oder anstelle einer Datenübermittlung auf Basis des § 28a Abs. 1 alternativ eine erlaubte Übermittlung von Zahlungsdaten durch die Einwilligung des Betroffenen gemäß §§ 4, 4a hergestellt werden kann.[6]

b) § 28a Abs. 2 versus Einwilligung

5 In § 28a Abs. 2 ist zu unterscheiden: Satz 1 und Satz 3 regeln nur die Übermittlung der dort genannten Datenarten, und dies auch nur, soweit dies durch Kreditinstitute geschieht. Will das Kreditinstitut darüber hinausgehende Daten übermitteln, ist dies aufgrund einer Einwilligung des Betroffenen gemäß §§ 4 Abs. 1, 4a möglich. Das Gleiche gilt, wenn andere verantwortliche Stellen als Kreditinstitute (beispielsweise Leasinggesellschaften oder Kreditkartenunternehmen) Informationen über das Vertragsverhältnis weitergeben möchten.[7]

6 Anders ist es beim Sonderfall der Datenübermittlung über **Konditionenanfragen** gemäß § 28a Abs. 2 Satz 4. Deren Verbot kann – verfassungsrechtlich nicht unbedenklich[8] – trotz Einwilligung nicht umgangen werden.

7 Unberührt von den Einwilligungshindernissen des § 28a Abs. 2 bleiben diejenigen Sachverhalte, für die auch nach der Datenschutznovelle separate Einwilligungserklärungen erforderlich sind, beispielsweise für die Befreiung vom Bankgeheimnis.[9]

2. Verhältnis von § 28a Abs. 1 und 2 zur Zulässigkeit der Datenübermittlung für eigene Geschäftszwecke gemäß § 28

a) Datenübermittlung an andere Empfänger als Auskunfteien und andere Datenverarbeitungsformen außer der Übermittlung in Bezug auf Auskunfteien

8 § 28a Abs. 1 und Abs. 2 sind in doppelter Hinsicht Spezialnormen. Beide Absätze betreffen ausschließlich die Verarbeitungsform des Übermittelns im Sinn von § 3 Abs. 4 Nr. 3, und dies auch nur, soweit Empfänger der Datenübermittlung eine Auskunftei im Sinn von § 29 Abs. 1 Nr. 1 ist. Für alle anderen Arten der Datenverarbeitung in Bezug auf Auskunfteien bleibt § 28a als Rechtsgrundlage ebenso ausgeschlossen wie für die Übermittlung personenbezogener Daten an andere Empfänger als Auskunfteien. Für diese Anwendungsfälle kann auf die sonstigen Erlaubnistatbestände des BDSG zurückgegriffen werden.[10] In Betracht kommt insbesondere eine Datenübermittlung zu eigenen Geschäftszwecken nach § 28 Abs. 1 Satz 1 im Rahmen der Erforderlichkeit eines Schuldverhältnisses mit dem Betroffenen (Nr. 1) oder – ab-

4 Vgl. Simitis/*Ehmann*, § 28a Rn. 78 f.
5 Vgl. Simitis/*Ehmann*, § 28a Rn. 82; *Gola/Schomerus*, § 28a Rn. 2.
6 So auch *Bergmann/Möhrle/Herb*, § 28a Rn. 42; *Kühnling/Bohnen*, JZ 2010, 600; *Schneider/Härting*, ZD 2011, 63, 65.
7 Vgl. Gesetzesbegründung, BT-Drs. 16/10529, S. 15.
8 So auch *Hoeren*, VuR 2010, 366; Simitis/*Ehmann*, § 28a, Rn. 97; Taeger/Gabel/*Mackenthun*, § 28a Rn. 38.
9 Vgl. *Bergmann/Möhrle/Herb*, § 28a Rn. 50; *Gola/Schomerus*, § 28a Rn. 13; Taeger/Gabel/*Mackenthun*, § 28a Rn. 35.
10 Vgl. Simitis/*Ehmann*, § 28a Rn. 3; *Bergmann/Möhrle/Herb*, § 28a Rn. 2; Taeger/Gabel/*Mackenthun*, § 28a Rn. 9.

seits konkreter Schuldverhältnisse – nach einer Interessenabwägung bei untergeordneten Schutzinteressen des Betroffenen (Nr. 2).

b) Übermittlung nicht personenbezogener Daten

§ 28a Abs. 1 und Abs. 2 sind Sondertatbestände nur soweit, wie personenbezogene Daten übermittelt 9
werden sollen. Informationen über das **Zahlungsverhalten von juristischen Personen**, bei denen ein bestimmter Personenbezug von vornherein ausgeschlossen werden kann, fallen nicht unter den Anwendungsbereich des § 28a und können Auskunfteien ohne besondere datenschutzrechtliche Beschränkungen gemeldet werden.

c) Übermittlung von „Positivdaten" ohne Einwilligung

Im Zusammenhang mit dem Zahlungsverhalten einer Person sind für Auskunfteien und deren Prognosen 10
über das künftige Verhalten eines Schuldners nicht nur Informationen im Zusammenhang mit überfälligen Leistungen („Negativdaten") von Bedeutung. Auch Angaben über ein **vereinbarungsgemäßes Verhalten** des Schuldners („Positivdaten"), beispielsweise der termingerechte Ausgleich von Rechnungen innerhalb der gesetzten Zahlungsziele, kann bei einer Bonitätsbewertung ein erhebliches Gewicht zukommen.

Während die Übermittlungsbefugnis für Kreditinstitute in § 28a Abs. 2 grundsätzlich jegliche Information 11
über das Bankvertragsverhältnis mit dem Betroffenen zulässt, reklamiert § 28a Abs. 1 durch die Formulierung „ist nur zulässig" für seinen Anwendungsbereich Exklusivität. Soweit der Übermittler der Daten kein Kreditinstitut ist, sind die zur Übermittlung an Auskunfteien zugelassenen Angaben über ein negatives Zahlungsverhalten einer Person folglich auf diejenigen Sachverhalte beschränkt, die sich unter eine der Voraussetzungen des § 28a Abs. 1 Satz 1 Nr. 1 bis 5 subsumieren lassen. Nur Leistungen, die in einer der dort genannten Weise überfällig, anerkannt oder tituliert sind („harte Negativdaten"), sind ohne Einwilligung des Betroffenen meldefähig. Ein Ausweichen auf andere Erlaubnistatbestände bei fehlender Einwilligung ist wegen der Spezialität des § 28a Abs. 1 grundsätzlich nicht möglich.[11]

3. Die Datenübermittlung gemäß § 28a und die der Speicherung der Daten gemäß § 29

Für die Auskunfteien stellt sich die Datenübermittlung gemäß § 28a als geschäftsmäßige Datenerhebung 12
im Sinn von § 29 dar.[12] Ergänzt wird § 28a deshalb durch § 29 Abs. 1 Satz 1 Nr. 3, der die Rechtsgrundlage für Auskunfteien zur Speicherung der ihnen übermittelten Daten enthält. Die Anwendungsbereiche beider Tatbestände, die Datenlieferung an Auskunfteien auf der einen und die Datenlieferung von Auskunfteien auf der anderen Seite, stehen alternativ nebeneinander.[13]

4. Die Datenübermittlung gemäß § 28a und die Vertragsbeziehung mit der Auskunftei

§ 28a steckt nur die datenschutzrechtlichen Grenzen für eine Datenübermittlung an Auskunfteien ab. 13
Ob eine Datenübermittlung als solche überhaupt gewollt ist, zu welchen technischen Regeln sie stattfindet und welche Kosten, Gegenleistungen oder sonstigen kaufmännischen Bedingungen für sie gelten, ist zuvor im Wege eines zivilrechtlichen Vertrags zwischen der übermittelnden Stelle und der Auskunftei festzulegen.[14] Eine Verpflichtung zum Abschluss einer solchen Vereinbarung (Kontrahierungszwang) besteht für die Auskunftei nicht.

Kommt mit der Auskunftei kein Vertrag zustande, fehlt es an einem rechtlichen Interesse für die Daten- 14
übermittlung. Sie wäre dann unzulässig.

---

11 Vgl. *Bergmann/Möhrle/Herb*, § 28a Rn. 18; Taeger/Gabel/*Mackenthun*, § 28a Rn. 6 und 9.
12 Vgl. Simitis/*Ehmann*, § 28a Rn. 2.
13 Vgl. *Bohnen*, S. 81.
14 Vgl. Simitis/*Ehmann*, § 28a Rn. 17.

III. Ausblick auf Änderungen des § 28a

1. Ausblick auf die Novellierung des europäischen Datenschutzrechts

15 Der Vorschlag der Europäischen Kommission für eine EU-Datenschutz-Grundverordnung vom 25.01.2012[15] enthält keine ausdrücklichen Regelungen für die Übermittlung von Forderungsinformationen an Auskunfteien. Nach der allgemeinen Bestimmung in Art. 6 Abs. 1f des Verordnungsvorschlags wäre eine Datenverarbeitung zulässig, wenn sie zur Wahrung der berechtigten Interessen der für die Verarbeitung verantwortlichen Stelle erforderlich ist und nicht die Interessen oder Grundrechte und Grundfreiheiten der betroffenen Person überwiegen. Diese Abwägung lässt die Interessen Dritter – anders als die vorausgegangene Datenschutzrichtlinie von 1995[16] – unerwähnt. Für die Tätigkeit von Auskunfteien und damit auch für die Übermittlung von Forderungsdaten an sie würde das eine erhebliche Einschränkung bedeuten, da Auskunfteien typischerweise im **Drittinteresse** (der Auskunfteikunden) tätig werden.[17] Den Motiven des Verordnungsvorschlags ist indes die Absicht einer besonderen Beschränkung des Auskunfteigeschäfts nicht zu entnehmen.[18] Es steht daher zu vermuten, dass die fehlende Berücksichtigung der Drittinteressen auf einem schlichten Versehen beruht. Insoweit bleibt die endgültige Fassung der Datenschutzverordnung abzuwarten. Der zwischenzeitlich vorgelegte Kompromissvorschlag des Ausschusses für Bürgerliche Freiheiten, Justiz und Inneres des Europäischen Parlaments („LIBE Committee") vom 21.10.2013 schießt dagegen über das Ziel hinaus. Er enthält die wenig hilfreiche Formulierung, wonach Drittinteressen nur dann berücksichtigt werden dürfen, wenn dies vernünftigerweise den Erwartungen des Betroffenen („reasonable expectations") an den Datenverarbeiter entspricht.[19] Damit sind zwar die Drittinteressen berücksichtigt. Mit der Interessenabwägung wird aber zugleich eine zusätzliche Bedingung eingeführt, bei der jedoch unklar bleibt, was geschehen muss, um die zitierten Erwartungen zu erfüllen

2. Anpassungen im BDSG

a) Problemaufriss: Personenbezug bei Daten aus dem kaufmännischen Verkehr

16 Als Norm des Bundesdatenschutzgesetzes regelt § 28a gemäß § 1 Abs. 2 Nr. 3 i.V.m. § 3 Abs. 1 nur die Zulässigkeitsvoraussetzungen, soweit **personenbezogene** Daten weitergegeben werden sollen, es also um Informationen geht, die einem Menschen zugeordnet werden können. Für die Übermittlung von Daten über Unternehmen und andere juristische Personen spielt die Vorschrift grundsätzlich keine Rolle. Eine Unterscheidung zwischen dem privaten und dem nicht privaten Bereich, wie sie beispielsweise das Bürgerliche Gesetzbuch für Verbraucher und Unternehmer trifft (§§ 13, 14 BGB), ist im Bundesdatenschutzgesetz – jedenfalls ausdrücklich – nicht angelegt.[20]

17 Das „Schwarz-Weiß-Prinzip" der Personenbezogenheit[21] hat zur Konsequenz, dass diejenigen Wirtschaftsteilnehmer, bei denen kraft ihrer Organisation oder Rechtsform die über sie bekannten Informationen auf einen bestimmten Menschen „durchschlagen", ebenfalls wie natürliche Personen zu behandeln sind, selbst wenn die Daten unstreitig eine unternehmerische Tätigkeit betreffen (siehe dazu auch die Kommentierung zu § 3 Rn. 7 f.). Diese Situation tritt in erster Linie bei den inhabergeführten Betrieben

15 Amtsblatt Nr. L 281 vom 23.11.1995 S. 31, siehe: http://ec.europa.eu/justice/data-protection/document/review 2012/com_2012_11_de.pdf.

16 Richtlinie 95/46/EG, siehe: http://eur-lex.europa.eu/LexUriServ/LexUriServ.do?uri=CELEX:31995L0046:de:html.

17 Vgl. *Dehmel/Hullen*, ZD 2013, 149.

18 Mitteilung der Europäischen Kommission vom 25.01.2012: „Der Schutz der Privatsphäre in einer vernetzten Welt – Ein europäischer Datenschutzrahmen für das 21. Jahrhundert", siehe: http://eur-lex.europa.eu/LexUriServ/LexUriServ.do?uri=COM.2012:0009.FIN.DE.PDF.

19 Vgl. Committee on Civil Liberties, Justice and Home Affairs, Report on the proposal for a regulation of the European Parliament and of the Council on the protection of individuals with regard to the processing of personal data and on the free movement of such data (General Data Protection Regulation) (COM(2012)0011 – C7 0025/2012 – 2012/0011(COD)) vom 21.11.2013, Az. A7-0402/2013, Amendment 100.

20 Vgl. *Rogall-Grothe*, ZRP 2012, 194, zur Kritik an der bisherigen Konzeption des Datenschutzrechts, das ohne Ansehen des Gefährdungsgrads der jeweiligen Datenverarbeitung alle Daten grundsätzlich in gleicher Weise schützt.

21 *Schneider/Härting*, ZD 2011, 63.

von Selbstständigen, freiberuflich Tätigen oder in der Form des eingetragenen Kaufmanns geführten Unternehmungen auf. Sie kann darüber hinaus juristische Personen betreffen, wenn diese nur einen Eigentümer (Alleingesellschafter, Einzelaktionär) haben, der zugleich allein die Geschäftsführung beziehungsweise den Vorstand stellt.[22] In allen genannten Fällen lassen sich die Daten über das Unternehmen nicht hinreichend eindeutig von der dahinterstehenden natürlichen Person trennen. Bezogen auf § 28a bedeutet eine Information über das Zahlungsverhalten dieser Wirtschaftssubjekte immer auch eine Information über das Zahlungsverhalten der sie führenden Person. Die Übermittlungen von Informationen über solche „singularpersonalen" Wirtschaftssubjekte wären daher ebenfalls an den Vorgaben des § 28a Abs. 1 auszurichten.

Bewertet am Sinn und Zweck des § 28a Abs. 1, kann dieses Ergebnis nicht überzeugen. So hatte die Datenschutznovelle, im Zuge derer § 28a Eingang in das Gesetz gefunden hat, in erster Linie den Schutz der Verbraucher zum Ziel. Leitbild der Reformüberlegungen waren folglich Datenübermittlungen über einzelne Geschäftsvorfälle im privaten Bereich[23], nicht jedoch die regelmäßige zusammenfassende Übermittlung vollständiger Offener-Posten-Listen in Warndateien und Debitoren-Zahlungsdatenpools von Auskunfteien. Durch die fehlende Differenzierung im Gesetzestext zwischen Forderungsdaten, die dem Privatbereich zugehören, und solchen, die einer unternehmerischen Tätigkeit zuzuordnen sind, werden bei wortgetreuer Anwendung der Norm wegen des durchschlagenden Personenbezugs „über Umwege"[24] auch solche Rechtssubjekte durch eine Beschränkung der Informationsübermittlung bevorzugt, für die dies weder gewollt war noch sachgerecht erscheint.[25] Denn das Interesse der kreditgebenden Wirtschaft, zum Schutz vor Forderungsausfällen auf bonitätsrelevante Daten über andere Marktteilnehmer zugreifen zu können, besteht unabhängig von der Rechtsform des Teilnehmers. Es wäre im Vergleich zu allen anderen gewerblich Tätigen eine ungerechtfertigte Privilegierung, wenn Ein-Mann-Gesellschaften und personal geführte Betriebe bezüglich der Behandlung von Informationen über ihr geschäftliches Zahlungsverhalten denselben weitreichenden Schutz beanspruchen könnten wie ein Verbraucher für seine privaten Angelegenheiten. Wer unternehmerisch am Rechtsverkehr teilnimmt, hat vielmehr dessen Usancen entsprechend die Erhebung, Übermittlung und Beauskunftung von Informationen über sein Zahlungsverhalten grundsätzlich hinzunehmen. 18

Die praktischen Schwierigkeiten erwachsen bei der wortgetreuen Anwendung des § 28a Abs. 1 daraus, dass es einem Wirtschaftsteilnehmer nicht auf den ersten Blick anzusehen ist, ob es sich um eine Ein-Mann-Konstruktion handelt oder nicht. Der verantwortlichen Stelle bleibt damit entweder die Möglichkeit, die Übermittlung sämtlicher Forderungsdaten an den strengen Voraussetzungen des § 28a Abs. 1 auszurichten; dann wären zwar etwaige personal geführte Betriebe rechtssicher behandelt, allerdings um den Preis, dass für alle übrigen Schuldner, die als juristische Personen ohne konkreten Personenbezug organisiert sind, die Restriktionen des § 28a Abs. 1 überflüssigerweise eingehalten werden. Oder die ver- 19

22 BGH NJW 1986, 2505 (für die Ein-Mann-GmbH); *Bergmann/Möhrle/Herb*, § 28a Rn. 7 m.w.N.; *Gola/Schomerus*, § 3 Rn. 11a; a.A. Simitis/*Simitis*, § 3 Rn. 44, der auch bei einem einzigen Gesellschafter einer Kapitalgesellschaft nur von einer Zuordnung der Daten zur Gesellschaft und nicht zum Gesellschafter ausgeht.

23 Die Gesetzesbegründung nimmt ausdrücklich auf die durch die neuen Medien für Verbraucher bestehenden zahlreichen Möglichkeiten zum einfachen Eingehen von Geschäftsbeziehungen Bezug sowie auf Kreditinstitute, denen wegen dieser Vielfalt der Überblick über die finanziellen Verhältnisse der Verbraucher fehle; beispielhaft werden die verbrauchertypischen Branchen der Telekommunikation und des Versandhandels genannt (BT-Drs. 16/10529, S. 9). Ebenso verbrauchertypisch fällt die Begründung der neu eingeführten Mahnerfordernisse in § 28a Abs. 1 Nr. 4 BDSG aus, für die gerade nicht die bloße Zahlungsunwilligkeit oder -unfähigkeit das Motiv war, sondern ein etwaiges Übersehen einer Rechnung wegen Urlaubszeiten oder sonstiger mehrwöchiger Abwesenheit (BT-Drs. 16/10529, S. 14). Schließlich kommt der Verbraucherbezug auch im Gesetz selbst zum Ausdruck, wenn § 28a Abs. 2 Nr. 3 BDSG von Konten ohne Überziehungsmöglichkeiten spricht oder § 28b Nr. 3 BDSG das Verbot der Nutzung von Anschriftendaten statuiert, denn diese Sachverhalte sind für den unternehmerischen Verkehr untypisch.

24 *Selk*, AnwBl. 2011, 244.

25 So ist *Selk*, AnwBl. 2011, 244, der Auffassung, das Merkmal der Personenbezogenheit gehöre auf den Prüfstand und schlägt mit Blick auf die Regelungen im angloamerikanischen Bereich vor, stattdessen an die „Privatheit" anzuknüpfen. Nach Auffassung von *Schneider*, AnwBl. 2011, 233, wäre das BDSG sogar in Teilen verfassungswidrig, wenn der sich aus den gesetzlichen Verbotstatbeständen ergebenden starken Einschränkung der Rechte von Unternehmen nicht in der Praxis mit zahlreichen und weit gefassten Ausnahmetatbeständen begegnet werden könnte.

antwortliche Stelle filtert vor jeder Übermittlung ihre Offene-Posten-Listen nach Schuldnern mit und ohne Personenbezug, um die Forderungsdaten zu trennen in diejenigen, die nur nach § 28a Abs. 1 übermittelt werden dürfen, und die, für deren Weitergabe das Datenschutzrecht mangels Personenbezugs nicht relevant ist. Eine solche Filterung setzt jedoch mindestens aktuelle und richtige Kenntnisse über die jeweiligen Inhaberverhältnisse der Schuldner voraus. Sie dürfte daher, besonders wenn im Rahmen einer fortlaufenden Zusammenarbeit zwischen übermittelnder Stelle und Auskunftei regelmäßig eine Vielzahl von Forderungen weitergeben werden soll, nur mit großem Aufwand durchzuführen sein.

b) Reformvorschlag des Gesetzgebers

20 Der Gesetzgeber hat die unbefriedigende Situation erkannt. Vorgeschlagen wird, die Forderungen in § 28a Abs. 1 auf solche zu beschränken, **„denen kein Handelsgeschäft zugrunde liegt"**.[26] Zwar wären Informationen zum Zahlungsverhalten von Ein-Mann-Gesellschaften und personal geführten Unternehmungen auch nach Einführung dieses Tatbestandsmerkmals immer noch personenbezogene Daten im Sinn des Datenschutzrechts. Für Zahlungserfahrungen aus und im Zusammenhang mit der unternehmerischen Tätigkeit dieser Betroffenen wäre aber zumindest die Datenübermittlung an Auskunfteien erleichtert, da diese Daten aus dem Anwendungsbereich des § 28a ausgeschlossen wären. Für private Forderungen der Betroffenen abseits ihrer Geschäftstätigkeit bliebe der Schutz des § 28a dagegen in vollem Umfang erhalten.

Ob und wann mit einer Umsetzung der vorgeschlagenen Gesetzesänderung zu rechnen ist, war bei Redaktionsschluss noch nicht absehbar.

21 Folgt man der Interpretation, § 28a Abs. 1 sei als abschließende Regelung für die Übermittlung von Forderungsinformationen zu verstehen und versperre als Spezialtatbestand somit den Rückgriff auf § 28,[27] besteht kein Raum für eine Entlastung im Umgang mit Forderungsinformationen mit eindeutig kaufmännischem Hintergrund. Vielmehr wäre jede Übermittlung von personenbeziehbaren Forderungsdaten nur zulässig, wenn die Erfüllung der strengen Voraussetzungen des § 28a Abs. 1 sichergestellt ist.

22 Gegen dieses Verständnis spricht, dass die Interpretationen von § 28a Abs. 1 als abschließende Spezialnorm aus der Zeit vor Bekanntwerden der Änderungsinitiative stammen. Die ausdrückliche Einsicht des Gesetzgebers, dass § 28a Abs. 1 in seiner bisherigen Fassung zu einer ungerechtfertigten Ungleichbehandlung von juristischen Personen und eingetragen Kaufleuten führt, ist erst mit der Begründung zum Änderungsvorschlag deutlich zutage getreten.[28] Die zuvor veröffentlichten Auslegungshinweise konnten dies noch nicht berücksichtigen.

> **!** Hier wird deshalb vorgeschlagen, bis zu einer möglichen Änderung des § 28a Abs. 1 die Norm im Licht der geplanten Reform auszulegen und sie in der praktischen Anwendung auf ihren eigentlichen Zweck zu reduzieren. Dieser besteht darin, eine uferlose Übermittlung von Informationen zu privatem Zahlungsverhalten zu unterbinden. Die Ausnahme für Forderungen, denen kein Handelsgeschäft zugrunde liegt, kann daher als zusätzliches **ungeschriebenes Tatbestandsmerkmal** in den Wortlaut des § 28a Abs. 1 hineingelesen werden. Als Folge davon ist die Übermittlung zu Forderungsdaten über Ein-Mann-Gesellschaften und Inhaberbetriebe statt an § 28a an den allgemeinen Vorschriften auszurichten. Liegt keine Einwilligung gemäß § 4 Abs. 1 vor, kommt insbesondere ein Rückgriff auf § 28 in Betracht.
>
> Für die im Rahmen des § 28 anzustellende Interessenabwägung genügt jedes vernünftige, durch die Sachlage gerechtfertigte tatsächliche Interesse, das sowohl wirtschaftlicher als auch ideeller Art sein kann (siehe unten Rn. 34 und § 28 Rn. 43). Eine Beschränkung auf konkrete finanzielle Ausfallrisiken fordert das Gesetz nicht. Bezieht derjenige, der Informationen über

---

26 Vgl. die Formulierungsvorschläge des Bundesministeriums des Innern für den Entwurf eines Gesetzes zur Regelung des Beschäftigtendatenschutzes vom 07.09.2011.

27 Vgl. *Bergmann/Möhrle/Herb*, § 28a Rn. 18; *Helfrich*, Seite 140; *Hoeren*, VuR 2009, 364; Taeger/Gabel/*Mackenthun*, § 28a Rn. 9.

28 Vgl. die Formulierungsvorschläge des Bundesministeriums des Innern für den Entwurf eines Gesetzes zur Regelung des Beschäftigtendatenschutzes vom 07.09.2011, S. 25.

das Zahlungsverhalten seiner Kunden und Lieferanten an eine Auskunftei meldet, von dieser im Gegenzug ebenfalls Informationen über (potenzielle) Geschäftspartner, ist die Einmeldung der Daten zur Wahrung eigener Interessen des Übermittlers gemäß § 28 Abs. 1 Satz 1 Nr. 2 zulässig.[29] Da die Tätigkeit von Auskunfteien überdies den anerkannten Belangen der übrigen Wirtschaftsteilnehmer und der Allgemeinheit dient[30], handelt es sich zugleich um eine Datenübermittlung im Fremdinteresse im Sinn der Zulässigkeitsalternative des § 28 Abs. 2 Nr. 2a.

B. Inhalt der Regelung

I. Übermittlung allgemeiner Forderungsdaten, § 28a Abs. 1

1. Zulässigkeitsvoraussetzungen, § 28a Abs. 1 Satz 1

a) Personenbezogene Daten über eine Forderung

Die beabsichtigte Übermittlung muss sich auf personenbezogene Daten über eine Forderung beziehen. 23

Der Begriff der Forderung ist in § 28a Abs. 1 nicht gesetzlich festgelegt. Ausgehend von der allgemeinen Definition des Schuldverhältnisses in § 241 Abs. 1 BGB, umfasst der Begriff jede Art der schuldrechtlichen Leistungsverpflichtung, sei sie auf ein Tun oder Unterlassen gerichtet.[31] Mit Ausnahme von § 28a Abs. 1 Nr. 5, der ausdrücklich von Zahlungsrückständen spricht, können sich die übrigen Anwendungsfälle der Vorschrift somit sowohl auf Geld- als auch auf Sachschulden beziehen. Die rechtlichen und tatsächlichen Hintergründe für das Zustandekommen der Forderung sind unerheblich.[32]

Der Personenbezug ist grundsätzlich nach den Kriterien des § 3 Abs. 1 zu bestimmen und entfällt regelmäßig bei Daten über juristische Personen.[33] Bei wortgetreuer Anwendung des Merkmals Personenbezogenheit müsste auch die Übermittlung von Forderungsinformationen zu Ein-Mann-Gesellschaften, Einzelkaufleuten und sonstigen inhabergeführte Unternehmungen über § 28a Abs. 1 abgewickelt werden, was unbillig erscheint. Mit Blick auf den von § 28a Abs. 1 bezweckten Schutz der Verbraucher und des Privatbereichs kann bei Forderungen, denen ein Handelsgeschäft zugrunde liegt, der Personenbezug zurücktreten und die Übermittlung statt nach § 28a Abs. 1 an den erleichterten Voraussetzungen des § 28 ausgerichtet werden (siehe dazu oben ausführlich unter Rn. 20 f.). 24

Der Wortlaut des § 28a Abs. 1 begrenzt die zur Übermittlung erlaubten Informationen nicht auf den reinen Forderungsbetrag. Ausdrücklich erlaubt ist die Weitergabe auch solcher Informationen, die mit der Forderung in einem Zusammenhang stehen („Daten über eine Forderung"). Deshalb dürfen neben der Höhe der Forderung Informationen zum Grund der Forderung oder zum Zahlungsverhalten des Schuldners mitgeteilt werden.[34] 25

An die Höhe des Forderungsbetrags stellt das Gesetz keine Anforderungen.[35] 26

Die übermittelnde Stelle muss nicht selbst Inhaber der Forderung sein. Es genügt, wenn sie über die Forderungsdaten verfügen darf.[36] Dies ergibt sich – mittelbar – aus dem Gesetzestext, der über den allgemeinen Anwendungsbereich hinaus (siehe oben Rn. 2 f.) von der verantwortlichen Stelle keine besonderen Eigenschaften verlangt. 27

---

29 Ein berechtigtes Interesse ergibt sich für den Übermittler der Daten bereits aus der Beteiligung an einem Schuldnerwarnsystem und für die empfangenden Auskunfteien aus der ihren Geschäftsbetrieb prägenden Möglichkeit zur Auskunftserteilung, vgl. OLG Frankfurt/Main v. 16.03.2011, Az. 19 U 291/10, ZD 2011, 35; *Beckhusen*, BKR 2005, 339; *Gola/Schomerus*, § 28a Rn. 7.

30 Vgl. VG Darmstadt v. 18.11.2010, Az. 5 K 994/10.DA, MMR 2011, 416.

31 Vgl. *Bergmann/Möhrle/Herb*, § 28a Rn. 13 ff.; Simitis/*Ehmann*, § 28a Rn. 14.

32 Anders als § 28a Abs. 2, der nur für Daten aus Bankgeschäften gilt.

33 Vgl. Simitis/*Ehmann*, § 28a Rn. 13.

34 So auch *Bergman/Möhrle/Herb*, § 28a Rn. 14 f.

35 Ebenso Plath/*Kamlah*, § 28a Rn. 17; vgl. aber *Bull*, ZRP 2008, 235, der für die Übermittlung von Bagatellforderungen grundsätzlich kein berechtigtes Interesse sieht.

36 So auch Simitis/*Ehmann*, § 28a Rn. 7.

28 Der Sitz des Schuldners, auf den sich die Forderungsdaten beziehen, spielt für die Anwendbarkeit der Vorschrift keine Rolle. Wenn die Daten in der Bundesrepublik Deutschland verarbeitet werden, gilt für ausländische wie für inländische Schuldnerinformationen das BDSG (siehe § 1 Rn. 33).

b) Nichtleistung trotz Fälligkeit

29 Die geschuldete Leistung darf trotz Fälligkeit noch nicht erbracht worden sein. Die Beurteilung, ob der Gläubiger die Leistung schon verlangen kann oder nicht, richtet sich nach den allgemeinen zivilrechtlichen Vorschriften, insbesondere nach §§ 271, 362, 387 BGB.[37]

30 Im Fall von Teilleistungen ist die zulässige Datenübermittlung auf diejenigen Leistungsteile beschränkt, die noch nicht erfüllt sind. Dies ergibt sich aus der Einschränkung durch das Wort „soweit" in § 28a Abs. 1 Satz 1.[38]

31 Nachträgliche Vereinbarungen können eine ursprünglich zur Übermittlung zulässig gewesene Forderungsinformation wieder unzulässig machen. Einigen sich Schuldner und Gläubiger beispielsweise auf einen Teilzahlungsvergleich mit einer bestimmten Zahlungsfrist, darf der noch ausstehende Vergleichsbetrag vor Erreichen des neu vereinbarten Zahlungstermins nicht als Negativmerkmal an eine Auskunftei gemeldet werden.[39]

c) Auskunftei

32 Zulässiger Empfänger der für die Übermittlung vorgesehenen Daten dürfen nur Auskunfteien sein. Zur Erfüllung des Schutzzwecks des § 28a genügt es nicht, wenn die empfangende Stelle lediglich formal als Auskunftei oder Warndienst auftritt. Sie muss tatsächlich das Geschäft einer Auskunftei betreiben, also geschäftsmäßig Daten sammeln, um sie bei Bedarf ihren Geschäftspartnern zugänglich zu machen (zum Begriff der Auskunftei im Übrigen siehe § 29 Rn. 4).[40]

d) Berechtigtes Interesse

33 § 28a fordert für jede zulässige Datenübermittlung eine Interessenabwägung. Dabei kommt es nicht auf die Belange des betroffenen Schuldners an; diese sind in der Ausgestaltung der fünf Zulässigkeitsalternativen des § 28a Abs. 1 bereits abschließend berücksichtigt.[41] Maßgeblich sind allein die berechtigten Belange der übermittlungsberechtigten verantwortlichen Stelle oder eines Dritten.

34 Das Gesetz macht für die Qualität des Interesses keine besonderen Vorgaben. Auf ein berechtigtes Interesse kann sich folglich jeder berufen, der über Forderungsinformationen verfügt, egal aus welchem Rechtsgrund der Anspruch entstanden ist, welchem Kreis von Gläubigern der Forderungsberechtigte zuzuordnen ist oder ob das Interesse ein rechtliches, wirtschaftliches, finanzielles oder ideelles ist.[42]

e) Zulässigkeitsalternativen der Nr. 1 bis 5

35 Zusätzlich zu den oben unter a) bis d) genannten Voraussetzungen muss für eine zulässige Datenübermittlung mindestens ein Tatbestand aus dem Katalog des § 28a Abs. 1 Satz 1 Nr. 1 bis 5 erfüllt sein.

---

37 Vgl. *Bergmann/Möhrle/Herb*, § 28a Rn. 16; Simitis/*Ehmann*, § 28a Rn. 19 f.

38 Vgl. Simitis/*Ehmann*, § 28a Rn. 22.

39 LG Berlin v. 27.04.2011, Az. 4 O 97/11, ZD 2012, 41: Das bloße Bestehen eines noch nicht erfüllten Vergleichsvertrags genügt für die Annahme eines berechtigten Interesses an der Datenübermittlung gemäß §§ 4 Abs. 1, 28a Abs. 1 nicht.

40 Vgl. Simitis/*Ehmann*, § 28a Rn. 11; *Gola/Schomerus*, § 28a Rn. 2; Däubler/Klebe/Wedde/Weichert/*Däubler*, § 28a Rn. 1.

41 Gesetzesbegründung, BT-Drs. 15/10529, S. 14; ebenso OLG Frankfurt/Main v. 16.03.2011, Az. 19 U 291/10, ZD 2011, 35; Simitis/*Ehmann*, § 28a Rn. 28; Plath/*Kamlah*, § 28a Rn. 20.

42 Vgl. Simitis/*Ehmann*, § 28a Rn. 27. Zum Begriff des berechtigten Interesses siehe auch *Beckhusen*, BKR 2005, 339; *Bergmann/Möhrle/Herb*, § 28 Rn. 230 ff.; *Gola/Schomerus*, § 28 Rn. 24 sowie außerdem BGH v. 22.05.1984, Az. VI ZR 105/82, NJW 1984, 1886, wonach ein „berechtigtes Interesse" weniger ist als ein „rechtliches Interesse", es nicht ausdrücklich von der Rechtsordnung anerkannt sein muss und auch rein wirtschaftliche Interessen genügen können. *Bull*, ZRP 2008, 235, sieht für die Übermittlung von Bagatellforderungen ein berechtigtes Interesse als regelmäßig nicht gegeben an.

aa) Titulierte Forderung, § 28a Abs. 1 Satz 1 Nr. 1

§ 28a Abs. 1 Satz 1 Nr. 1 erlaubt die Übermittlung von Forderungsdaten, wenn die Forderung durch ein Urteil festgestellt worden ist oder ein Schuldtitel nach § 794 ZPO vorliegt. **36**

Das Urteil muss entweder rechtskräftig oder für vorläufig vollstreckbar erklärt worden sein.

Als rechtskräftiges Urteil reicht jedes Urteil aus, in dem über die Forderung eine inhaltliche Entscheidung getroffen wurde und das formell und materiell rechtskräftig und damit unanfechtbar geworden ist. Es muss sich nicht unbedingt – was der Wortlaut vermuten lassen könnte – um ein Feststellungsurteil im Sinn von § 256 Abs. 1 ZPO handeln.[43] **37**

Für ein vorläufig vollstreckbares Urteil genügt jedes, das diese Eigenschaft aufweist. Eine Einschränkung auf lediglich solche Urteile, die nur gegen Sicherheitsleistung vorläufig vollstreckbar sind, macht das Gesetz nicht.[44] **38**

bb) Nach der Insolvenzordnung festgestellte Forderung, § 28a Abs. 1 Satz 1 Nr. 2

Die Datenübermittlung ist gemäß § 28a Abs. 1 Satz 1 Nr. 2 zulässig, wenn die Forderung nach § 178 InsO festgestellt und vom Schuldner nicht bestritten wurde. Das Bestreiten wirkt nur dann schädlich, wenn es im Prüfungstermin geschehen ist. Einwendungen davor oder danach schließen die Zulässigkeit der Datenübermittlung nach Nr. 2 nicht aus.[45] **39**

cc) Anerkannte Forderung, § 28a Abs. 1 Satz 1 Nr. 3

§ 28a Abs. 1 Satz 1 Nr. 3 erlaubt die Übermittlung von Daten über durch den Betroffenen anerkannte Forderungen. Schriftform oder andere Bedingungen an die äußere Gestaltung der Anerkennung schreibt das Gesetz nicht vor, wohl aber, dass sie „ausdrücklich" geschehen muss. Mündliche Erklärungen sind somit nicht ausgeschlossen, soweit sie eindeutig als Anerkenntnis gewertet werden können. Alle Handlungen, die diese Eindeutigkeit vermissen lassen, reichen dagegen nicht aus. Kein ausdrückliches Anerkenntnis liegt in schlüssigem Verhalten oder konkludenten Erklärungen, da dort die Ausdrücklichkeit typischerweise gerade fehlt. Entsprechendes gilt für reine Erfüllungshandlungen wie Abschlagszahlungen oder Sicherheitsleistungen, weil diese nicht zwingend von einem Anerkennungswillen getragen sein müssen.[46] **40**

Die Zulässigkeitsalternative in Nr. 3 betrifft nur rechtsgrundlos zurückgehaltene Zahlungen anerkannter Forderungen. Kann sich der Schuldner für den unterlassenen Forderungsausgleich auf eine Einrede oder Einwendung berufen (beispielsweise das Recht zur Aufrechnung), ist eine Übermittlung der Forderungsinformation an eine Auskunftei trotz vorherigen Anerkenntnisses nicht zulässig. Der berechtigte Einwand des Schuldners lässt dann das nach § 28a Abs. 1 2. Hs. erforderliche berechtigte Interesse des Gläubigers entfallen.[47] **41**

---

43 Vgl. Simitis/*Ehmann*, § 28a Rn. 33.

44 *Helfrich*, S. 144 ff., weist darauf hin, dass rechtskräftige und für vorläufig vollstreckbar erklärte Urteile zivilprozessual unterschiedlich behandelt werden, und schlägt dementsprechend vor, die in Abs. 1 S. 1 Nr. 2 angelegte „datenschutzrechtliche Gleichstellung" durch eine teleologische Reduktion des Wortlauts auf diejenigen vorläufig vollstreckbaren Urteile zu beschränken, deren Vollstreckbarkeit nicht gemäß §§ 708 ff. ZPO durch Sicherheitsleistung abgewandt werden kann.

45 Vgl. Simitis/*Ehmann*, § 28a Rn. 33.

46 Ebenso *Bergmann/Möhrle/Herb*, § 28a Rn. 20; Simitis/*Ehmann*, § 28a Rn. 40; weitergehend und das Merkmal der Ausdrücklichkeit vernachlässigend: Taeger/Gabel/*Mackenthun*, § 28a Rn. 15, wonach jede Art der Forderungsbestätigung durch den Schuldner – und damit wohl auch konkludente Handlungen – zur Erfüllung des Tatbestands genügen soll.

47 Gesetzesbegründung, BT-Drs. 16/10529, Seite 14; *Hoeren*, VuR 2010, 364; Däubler/Klebe/Wedde/Weichert/*Däubler*, § 28a Rn. 6.

dd) Unbestrittene Forderung nach qualifiziertem Mahnverfahren, § 28a Abs. 1 Satz 1 Nr. 4a) bis d)

42 Die Datenübermittlung ist gemäß § 28a Abs. 1 Satz 1 Nr. 4a) bis d) zulässig, wenn die Forderung unbestritten ist, der Betroffene in besonderer Weise gemahnt wurde und über die beabsichtigte Weitergabe seiner Forderungsdaten an eine Auskunftei unterrichtet worden ist.

43 Für das Bestreiten ist zwar nach dem Wortlaut keine besondere Begründung erforderlich. Ein einfaches Bestreiten „ins Blaue hinein" kann die Datenübermittlung indes nicht verhindern. Will er den Vorwurf des Rechtsmissbrauchs vermeiden, hat der Betroffene vielmehr hinreichend substantiiert vorzutragen, warum er den Anspruch für unbegründet hält.[48]

44 Der Betroffene muss mindestens zweimal schriftlich gemahnt worden sein. Die erste Mahnung darf erst zugehen, nachdem die Forderung fällig geworden ist.

! Die in § 28a Abs. 1 Satz 1 Nr. 4a erwähnten Mahnungen sind nicht identisch mit den Voraussetzungen für den Schuldnerverzug der §§ 286 ff. BGB. Während nach den allgemeinen zivilrechtlichen Vorschriften beispielsweise das schlichte Verstreichenlassen eines Zahlungsziels einer Mahnung gleichsteht (§ 286 Abs. 2 Nr. 1 BGB), reicht das für den „datenschutzrechtlichen Verzug" nicht. Um den Anforderungen des § 28a Abs. 1 Satz 1 Nr. 4a zu genügen, führt kein Weg daran vorbei, den Schuldner in **zwei schriftlichen** und **separaten Erklärungen** auf die fällige Forderung hinzuweisen.

45 Zeitliche Vorgaben macht das Gesetz nur für den Abstand zwischen dem Zugang der ersten Mahnung beim Betroffenen und der Datenübermittlung an die Auskunftei. Dieser Zeitraum muss mindestens vier Wochen betragen und ist nach §§ 187 Abs. 1, 188 Abs. 2 BGB zu berechnen. Die beiden notwendigen Mahnungen als solche können dagegen zeitlich beliebig zueinander platziert werden, solange sie nur als eigenständige Aufforderungen erkennbar bleiben.[49] Eine Zusammenfassung in einem einzigen Schreiben („erste und zweite Mahnung") erfüllt die notwendige Bedingung von zwei Erklärungen nicht.

46 § 28a Abs. 1 Satz 1 Nr. 4c verpflichtet die verantwortliche Stelle, den Betroffenen über die in Aussicht genommene Datenweitergabe zu informieren. Zum genauen Inhalt schweigt das Gesetz. Gleichwohl ist jeder bedrohende oder nötigende Charakter zu vermeiden und eine möglichst neutrale Formulierung zu wählen.[50] Im Zweifel sollte die gesetzliche übernommen werden.[51] Eine besondere Form ist für die Unterrichtung nicht vorgesehen.

---

48 So auch *Bergmann/Möhrle/Herb*, § 28a Rn. 30; Taeger/Gabel/*Mackenthun*, § 28a Rn. 21; Däubler/Klebe/Wedde/Weichert/*Däubler*, § 28a Rn. 9 und die Gesetzesbegründung, BT-Drs. 16/10529, S. 14, die ausdrücklich die schon vor Inkrafttreten des § 28a gängige Rechtspraxis zitiert, wonach ein treuwidriges Bestreiten einer Forderung durch den Betroffenen der Datenübermittlung an eine Auskunftei nicht entgegensteht; a.A. wohl *Moos*, KuR 2010, 166, der wegen der fehlenden Klarstellung im Gesetzestext auch in offensichtlich rechtswidrigem Bestreiten einen Hinderungsgrund für die Datenübermittlung sehen will; ebenso wohl *Hoeren*, VuR 2010, 365, der die Regelung geradezu als Aufforderung an die Betroffenen zum pauschalen Bestreiten kritisiert, die rechtliche Klärung über die Zulässigkeit des Bestreitens oder das Vorliegen einer Treuwidrigkeit aber als Gegenstand einer nachgelagerten Auseinandersetzung sieht.

49 Die Mahnungen in physisch getrennten Erklärungen auszusprechen, erfüllt auch den Willen des Gesetzgebers, dem lediglich aufgrund Unachtsamkeit säumig gebliebenen Schuldner noch eine Reaktionschance zu geben, bevor der Gläubiger die Forderung einer Auskunftei meldet, vgl. Gesetzesbegründung, BT-Drs. 16/10529, S. 14. Auch Simitis/*Ehmann*, § 28a Rn. 55, weist darauf hin, dass § 28a Abs. 1 S. 1 Nr. 4a nicht zur Aufgabe hat, den zivilrechtlichen Verzug zu begründen, sondern allein entscheidend ist, dass der Betroffene zweimal klar auf seine Außenstände hingewiesen wird.

50 Damit die Warnung nicht zur Drohung wird, vgl. *Bull*, ZRP 2008, 236; siehe auch AG Plön v. 18.12.2007, Az. 2 C 650/07, RDV 2008, 31, wonach es unzulässig ist, den Betroffenen durch Androhung einer Datenübermittlung an die SCHUFA zur Zahlung einer bestrittenen Forderung zu bewegen.

51 Vgl. OLG Düsseldorf, Urteil v. 09.07.2013, Az. I-20 U 102/12, MMR 2013, 648, zum Verständnis des Begriffs „bestrittene Forderung" und wettbewerbswidriger Drohung mit einem SCHUFA-Eintrag.

> **!** Mündliche Unterrichtungen sind rechtswirksam, aus Nachweisgründen aber nicht ratsam. Es empfiehlt sich außerdem, dem Betroffenen nicht nur den Umstand der Datenübermittlung als solchen, sondern auch die Auskunfteien, mit denen die übermittelnde Stelle zusammenarbeitet, mit Name und Geschäftssitz ausdrücklich zu benennen. Andernfalls muss jede Auskunftei den Betroffenen im Nachhinein noch einmal separat über seine Aufnahme in ihren jeweiligen Datenbestand informieren. Die Namensnennung schon in der Unterrichtung macht diese erneute Ansprache des Betroffenen dagegen überflüssig (siehe § 33 Abs. 1 und Abs. 2 Nr. 1).

Zeitlich darf die Unterrichtung frühestens zusammen mit der ersten Mahnung erfolgen. Eine vorherige Unterrichtung, etwa als vorsorglicher Hinweis in Allgemeinen Geschäftsbedingungen, scheidet aus. Eine Unterrichtung zu einem späteren Zeitpunkt, etwa in Verbindung mit der zweiten Mahnung oder als separates Schreiben, ist jedoch möglich. Allerdings ist zu beachten, dass die Unterrichtung „rechtzeitig" vor der Datenübermittlung geschehen muss. Diese Einschränkung soll dem Betroffenen ermöglichen, die Datenübermittlung durch alsbaldigen Forderungsausgleich noch abzuwenden.[52] Ein konkreter Zeitpunkt, zu dem die in Aussicht genommene Übermittlung stattfinden soll, muss dem Betroffenen nicht mitgeteilt werden.[53] **47**

Ist der Zugang beider Mahnungen sichergestellt und sind seit der ersten Mahnung mindestens vier Wochen vergangen, darf die Auskunftei über den Zahlungsrückstand informiert werden. Eine zusätzliche Karenzzeit, die nach der zweiten Mahnung stets abzuwarten wäre, sieht das Gesetz nicht vor. Sie ist als generelle Voraussetzung auch nicht notwendig.[54] Nur dann, wenn die Unterrichtung erst mit der zweiten Mahnung verbunden oder noch später vorgenommen wird, ist das Abwarten einer angemessen Frist vor der Weiterleitung der Daten angezeigt, weil in diesem Fall noch das Merkmal „rechtzeitig" zu erfüllen ist (siehe oben). In allen anderen Fällen verbieten sich weitere Verzögerungen zulasten des Forderungsinhabers. Denn § 28a Abs. 1 bezweckt allein den Schutz des Unbedarften, der zwar zahlungsfähig und -willig ist, eine Forderung jedoch aus bloßer Unachtsamkeit übersehen hat und sich dadurch nicht vorschnell im Datenbestand einer Auskunftei wiederfinden soll.[55] Dass ein Zahlungsanspruch zur Erfüllung ansteht, ist dem Betroffenen bereits bei Begründung des Vertragsverhältnisses klar. Er wird darauf mit Zugang der Rechnung ein weiteres Mal aufmerksam gemacht und abermals – schriftlich – mit der ersten Mahnung. Seine Unbedarftheit verblasst mit jeder dieser Stufen. Bleibt er nach alledem auch für weitere vier Wochen jede Reaktion schuldig, lässt sich unter Berücksichtigung der Interessen des (die ganze Zeit über ungefragt kreditgebenden) Gläubigers die Aufrechterhaltung eines besonders hohen Schutzniveaus zugunsten des vertragsbrüchigen Schuldners und ein weiteres Abwarten nicht mehr begründen.[56] **48**

> **!** Nicht nur zur Förderung der Zahlungsbereitschaft, sondern insbesondere um Auseinandersetzungen um die Angemessenheit von Reaktionsfristen zu vermeiden, sollte für die Unterrichtung des Betroffenen der **frühestmögliche Zeitpunkt** gewählt und sie bereits mit der ersten Mahnung verbunden werden. Als Bestandteil der Mahnung ist die Unterrichtung damit zugleich schriftlich dokumentiert, was im Streitfall den **Beweis** erleichtert.

---

52 Gesetzesbegründung, BT-Drs. 16/10529, S. 14: „Rechtzeitig ist die Unterrichtung nur, wenn dem Betroffenen noch die Möglichkeit verbleibt, in zumutbarer Weise die Forderung zu begleichen oder ihr Bestehen zu bestreiten."

53 Anders wohl *Helfrich*, S. 151.

54 A.A. *Bergmann/Möhrle/Herb*, § 28a Rn. 28, die vorschlagen, es sollte eine Frist von zehn bis 14 Tagen abgewartet werden, damit die zweite Mahnung nicht nur eine bloße Formsache sei und der Schuldner Gelegenheit habe, die Datenübermittlung zu verhindern.

55 Gesetzesbegründung, BT-Drs. 16/10529, S. 14.

56 Siehe auch die Stellungnahme der Bundesregierung, BT-Drs. 16/10581, S. 2, die der Forderung nach längeren Wartefristen bei § 28a Abs. 1 S. 1 Nr. 4 (hier: acht Wochen) eine Absage erteilte mit der Begründung, zu lange Übermittlungssperren ermöglichten dem Betroffenen, sich während dieser Zeit missbräuchlich als wirtschaftlich „unbelastet" darzustellen, was mit der volkswirtschaftlich wichtigen Funktion eines funktionierenden Auskunfteiwesens nicht vereinbar sei.

ee) Recht zur fristlosen Kündigung, § 28a Abs. 1 Satz 1 Nr. 5

49 Wenn das der Forderung zugrundeliegende Vertragsverhältnis wegen der Zahlungsrückstände fristlos gekündigt werden könnte und dem Betroffenen die Einschaltung einer Auskunftei angekündigt worden ist, legitimiert dies gemäß § 28a Abs. 1 Satz 1 Nr. 5 ebenfalls die Datenübermittlung.

50 Das Kündigungsrecht kann sich sowohl aus einer vertraglichen Vereinbarung ergeben als auch aus dem Gesetz, das derartige Regelungen beispielsweise für Dauerschuldverhältnisse wie Verbraucherdarlehen (§ 498 Abs. 1 BGB) oder Miet- und Pachtverträge (§ 543 Abs. 1 BGB) vorsieht. Auf Arbeitsverhältnisse kann die Übermittlungserlaubnis aus § 28a Abs. 1 Satz 1 Nr. 5 dagegen wegen der für den Umgang mit Arbeitnehmerdaten vorgesehenen engen Zweckbindung nicht angewendet werden, da die Datenübermittlung an Auskunfteien nicht im Sinn von § 32 Abs. 1 Satz 1 erforderlich für die Anbahnung, Durchführung oder Beendigung eines Arbeitsverhältnisses ist.[57]

51 Aus dem Begriff „fristlos" lässt sich ableiten, dass das Kündigungsrecht zugunsten einer außerordentlichen Kündigung aus wichtigem Grund im Sinn von § 314 BGB bestehen muss. Datenübermittlungen als Folge ordentlicher, unter Beachtung einer vertraglich oder gesetzlich vereinbarten Frist erklärten Kündigungen sind nur unter den Voraussetzungen von § 28a Abs. 1 Satz 1 Nr. 1 bis 4 möglich.[58] Unschädlich für die Anwendung der Nr. 5 ist dagegen, wenn der Kündigungsberechtigte die fristlose Kündigung mit einer Auslauffrist verbindet, da das Gesetz nur auf das abstrakte Bestehen des fristlosen Kündigungsrechts abstellt, nicht aber fordert, dass dieses Recht auch mit sofortiger Wirkung ausgeübt wird.[59]

52 Auf den Übermittlungstatbestand kann nur zurückgegriffen werden, wenn die Rechtsbeziehung, auf die sich die Kündigungsvoraussetzungen beziehen, tatsächlich ein Vertrag ist. Vorvertragliche Schuldverhältnisse oder sonstige rechtsgeschäftsähnliche Beziehungen sind kein Vertragsverhältnis im Sinn von § 28a Abs. 1 Satz 1 Nr. 5 und reichen nicht aus.[60]

53 Eine Datenübermittlung auf Grundlage von Nr. 5 setzt nicht voraus, dass die Kündigung tatsächlich erklärt worden ist. Es genügt, wenn das Kündigungsrecht dem Grunde nach besteht.[61] Auch ein Bestreiten der Forderung durch den Betroffenen ist – im Gegensatz zu Nr. 4 – unerheblich.[62]

54 Der Unterrichtung des Betroffenen ist in Nr. 5, anders als bei Nr. 3c („rechtzeitig"), kein zeitliches Attribut beigeordnet. Es ist demnach gesetzeskonform, die Datenübermittlung unmittelbar nach der Unterrichtung zu veranlassen.[63]

> **!** Der Übermittler der Daten trägt das Risiko einer Rechtsverletzung, wenn er zu Unrecht ein Kündigungsrecht angenommen hat. Das Abwarten einer angemessenen Frist zwischen Unterrichtung und Übermittlung kann daher durchaus sinnvoll sein, weil der Betroffene die Unterrichtung möglicherweise zum Anlass nimmt, über den Grund seiner Nichtzahlung aufzuklären und dadurch die Beurteilung über das Bestehen eines Kündigungsrechts erleichtert.

55 Die Befugnis zur Datenübermittlung besteht nicht nur bei abstraktem Vorliegen der Kündigungsvoraussetzungen, sondern erst recht, wenn die Kündigung konkret erklärt worden ist. Die Unterrichtungspflicht lässt das aber nicht entfallen.

2. Klarstellung für die Eigenverwendung, § 28a Abs. 1 Satz 2

56 Erteilt die verantwortliche Stelle selbst geschäftsmäßig Auskünfte über Geschäftspartner, muss sie sich dabei ebenfalls an die Voraussetzungen des § 28a Abs. 1 Satz 1 halten. Dies sieht bereits der Verweis in § 29 Abs. 1 Nr. 3 vor und wird durch § 28a Abs. 2 Satz 2 nochmals klargestellt.

---

57 Vgl. Simitis/*Ehmann*, § 28a Rn. 73.
58 Vgl. *Bergmann/Möhrle/Herb*, § 28a Rn. 35.
59 So auch *Helfrich*, S. 159.
60 Vgl. *Bergmann/Möhrle/Herb*, § 28a Rn. 33.
61 Vgl. *Bergmann/Möhrle/Herb*, § 28a Rn. 34.
62 Vgl. Simitis/*Ehmann*, § 28a Rn. 71.
63 So wohl auch Simitis/*Ehmann*, § 28a Rn. 70 und 75; a.A. *Helfrich*, S. 161.

II. Übermittlung von Informationen über Bankgeschäfte durch Kreditinstitute, § 28a Abs. 2

1. Zweck

Einziger zugelassener Zweck der Datenübermittlung nach § 28a Abs. 2 Satz 1 ist, dass die Auskunftei im Rahmen ihrer geschäftlichen Tätigkeit die von dem Kreditinstitut erhaltenen Daten den Auskunfteikunden zur Verfügung stellen kann.[64] 57

2. Zur Übermittlung zugelassene Daten

Von der Übermittlungsbefugnis des § 28a Abs. 2 umfasst sind nur solche personenbezogenen Daten, die ein Bankgeschäft betreffen. Der Kreis der in Betracht kommenden Bankgeschäfte ist dabei beschränkt auf 58

- **Kreditgeschäfte** (Gewährung von Gelddarlehen und Akzeptkrediten) im Sinn von § 1 Abs. 1 Satz 2 Nr. 2 KWG,
- **Garantiegeschäfte** (Übernahme von Bürgschaften, Garantien und sonstigen Gewährleistungen durch das Kreditinstitut für andere) im Sinn von § 1 Abs. 1 Satz 2 Nr. 8 KWG und
- **Girogeschäfte** (bargeldloser Zahlungsverkehr und Abrechnungsverkehr der Banken untereinander) im Sinn von § 1 Abs. 1 Satz 2 Nr. 9 KWG in seiner bis zum 04.08.2009 geltenden Fassung.[65]

Die Daten müssen die Durchführung eines solchen Vertragsverhältnisses betreffen, wobei der Begriff „Durchführung" den gesamten Zeitraum von der Anbahnung (Antragstellung etc.) über die eigentliche Erfüllungsphase bis zur Beendigung des Geschäfts umspannt. Übermittlungsgegenstand können damit, anders als in § 28a Abs. 1, auch Informationen über ein vereinbarungsgemäßes Zahlungsverhalten („Positivdaten") sein.[66]

3. Von der Übermittlung ausgeschlossene Daten

a) Inhaltliche Informationen über das Bankgeschäft

Die Grenze der zulässigen Datenübermittlung ist bei Abs. 2 erreicht, wenn es nicht mehr um das Bankgeschäft beschreibende Informationen, sondern um inhaltliche Daten aus dem Vertrag geht. Beschreibend ist alles, was eine Einordnung der wirtschaftlichen Bedeutung des Geschäfts ermöglicht, wie Angaben zu den beteiligten Personen, zu Laufzeiten, Fälligkeitsterminen, zur Höhe der eingegangenen Verbindlichkeiten oder zur Einhaltung der vereinbarten Bedingungen.[67] Nicht mehr beschreibend, sondern inhaltlich und für die Einordnung des Geschäfts ohne Belang sind beispielsweise Angaben zu den Einkommensverhältnissen des Betroffenen.[68] 59

Ebenso greift die Norm nicht bei Forderungsausfällen und ähnlichen Leistungsstörungen. In diesen Fällen können die entsprechenden Informationen aber unter den Voraussetzungen des § 28a Abs. 1 übermittelt werden.[69] 60

---

64 Dieser Zweck beschreibt nur den Erlaubnisgrund für die Datenübermittlung durch das Kreditinstitut an die Auskunftei. Er ersetzt nicht die Zulässigkeitsprüfung, die die empfangende Auskunftei gemäß § 29 Abs. 2 in ihrem Geschäftsbereich für die dortige weitere Verarbeitung der Daten durchzuführen hat.

65 § 28a Abs. 2 Satz 1 verweist auf eine frühere Gesetzesfassung. § 28a ist am 29.07.2009 (BGBl. I, 2254) veröffentlicht worden. Kurz zuvor war durch das am 29.06.2009 veröffentlichte Zahlungsdiensteumsetzungsgesetz (BGBl. I, 1522) § 1 Abs. 1 Satz 2 KWG geändert worden, indem die Girogeschäfte in Nr. 9 gestrichen und stattdessen Regelungen über das Scheck- und Wechselgeschäft aufgenommen wurden. Mit § 28a Abs. 2 sollte jedoch die Übermittlung von Daten aus Girogeschäften erfasst werden (vgl. Gesetzesbegründung, BT-Drs. 16/10529, S. 15). Dem Willen des Gesetzgebers entsprechend ist folglich für die Bestimmung des Bankgeschäfts im Sinn des Verweises in § 28a Abs. 2 Satz 2 auf das KWG die bis zum 04.08.2009 geltende Fassung des KWG heranzuziehen.

66 Vgl. *Hoeren*, VuR 2010, 366.

67 Simitis/*Ehmann*, § 28a Rn. 87 f.; Taeger/Gabel/*Mackenthun*, § 28a Rn. 32.

68 Siehe Gesetzesbegründung, BT-Drs. 16/10529, S. 15.

69 Simitis/*Ehmann*, § 28a Rn. 90; Taeger/Gabel/*Mackenthun*, § 28a Rn 31.

b) Daten über Konten ohne Überziehungsmöglichkeit, § 28a Abs. 2 Satz 3

61 § 28a Abs. 2 bietet keine Rechtsgrundlage für eine Übermittlung von Daten über solche Konten, die nur auf Guthabenbasis geführt werden können, da § 28a Abs. 2 Satz 3 die Weitergabe von Daten über Giroverträge ohne Überziehungsmöglichkeit ausdrücklich ausschließt. Dahinter steht die Vorstellung, dass für diese Fälle kein berechtigtes Interesse Dritter an der Kenntnis dieser Daten anerkannt werden kann.[70] Die Norm verhindert damit auch, allein die Tatsache des Bestehens eines Girokontos zu übermitteln, sofern für dieses Konto keine Überziehungsmöglichkeit besteht.[71]

c) Informationen über Konditionenanfragen, § 28a Abs. 2 Satz 4

62 Nicht auf § 28a Abs. 2 gestützt werden kann außerdem die Übermittlung von Informationen über die Tatsache einer bloßen Anfrage des Betroffenen zu den Bedingungen eines Bankgeschäfts, ohne dass es dabei zu einem tatsächlichen Vertragsabschluss kommt. Die Regelung soll vermeiden, dass nicht schon dann, wenn sich ein potenzieller Kreditnehmer erst im Wege eines Anbietervergleichs einen Überblick über die am Markt gängigen Konditionen verschaffen will, dies bereits mit einem konkreten Kreditantrag gleichgesetzt wird und als Negativdatum in künftige Auskunfteibewertungen einfließt.[72] Für gegenwärtige Einschätzungen ist die Übermittlung dagegen zulässig. Es spricht daher nichts dagegen, wenn das Kreditinstitut die Daten der aktuellen Konditionenanfrage an eine Auskunftei weiterleitet, um aufgrund der von dieser zurückgelieferten Bonitätseinschätzung die Anfrage des Betroffenen mit individuell auf dessen Ausfallrisiko abgestimmten Bedingungen beantworten zu können.[73]

> ! Eine Umgehung des im Gesetz angelegten Verbots der Übermittlung von Konditionenanfragen durch eine Verfahrensgestaltung in der Art, dass das Kreditinstitut seine Vertragsbedingungen nur mitteilt, wenn der Betroffene einen vollständigen Kreditantrag stellt, ist nicht möglich. Die Berechtigung zur Datenübermittlung nach § 28a Abs. 2 Satz 1 setzt in diesen Fällen erst dann ein, wenn der Betroffene sein Einverständnis mit den Konditionen durch Abschluss des Kreditvertrags deutlich gemacht hat.[74]

63 § 28a Abs. 2 Satz 4 führt dazu, dass das um Bekanntgabe seiner Konditionen gebetene Kreditinstitut seine Entscheidung, auf die Anfrage zu antworten, nicht von der vorherigen Einholung einer Information darüber abhängig machen kann, ob der Interessent auskunfteibekannt dazu neigt, häufig Anfragen zu stellen, ohne tatsächliche Geschäftsabschlüsse folgen zu lassen. Das Risiko, für solche Angebote vergeblich Zeit und Kosten aufzuwenden, trägt das Kreditinstitut.[75]

4. Unterrichtung

64 Die Datenübermittlung ist nur zulässig, wenn der Betroffene darüber unterrichtet worden ist. Die Unterrichtung hat gemäß § 28a Abs. 2 Satz 2 vor Abschluss des Vertrags über das betreffende Bankgeschäft zu geschehen. Sie ist an keine besondere Form gebunden und daher auch in Allgemeinen Geschäftsbedingungen oder mündlich möglich. Die Unterrichtungserklärung darf auch mit einer Einwilligungsklausel verbunden werden.[76]

---

70 Gesetzesbegründung, BT-Drs. 16/10529, S. 15.

71 Simitis/*Ehmann*, § 28a Rn. 93 und Taeger/Gabel/*Mackenthun*, § 28a Rn. 36 kritisieren zu Recht, dass die Verhinderung der Information über das Bestehen eines Girokontos dem von § 28a Abs. 2 Satz 1 BDSG beabsichtigten Zweck, eine Einschätzung der wirtschaftlichen Verhältnisse des Betroffenen zu ermöglichen, zuwiderläuft und sich eine fehlende Girokontoverbindung zudem bei der Risikobewertung auch nachteilig für den Betroffenen auswirken kann.

72 Gesetzesbegründung, BT-Drs. 16/10529, S. 15.

73 Umkehrschluss aus § 28a Abs. 2 Satz 1, der als Zweck der Datenübermittlung ausdrücklich auf die zukünftige Übermittlung durch Auskunfteien gemäß § 29 Abs. 2 verweist; ebenso die Gesetzesbegründung, BT-Drs. 16/10529, S. 15.

74 Gesetzesbegründung, BT-Drs. 16/10529, S. 15; *Bohnen*, S. 79.

75 Die Regelung allein deswegen als „verfehlt" anzusehen (so: Simitis/*Ehmann*, § 28a Rn. 97), erscheint angesichts des auch außerhalb der Kreditbranche bestehenden allgemeinen Unternehmerrisikos, dass nicht jedes Angebot einen Auftrag nach sich zieht, zu streng beurteilt.

76 Taeger/Gabel/*Mackenthun*, § 28a Rn. 34.

Die Pflicht zur Unterrichtung ersetzt die Einwilligung des Betroffenen, die nach der früheren Rechtslage 65
vor Inkrafttreten des § 28a erforderlich war. Anlass für diese Änderung waren Zweifel des Gesetzgebers an der Freiwilligkeit der Einwilligungserklärungen, weil eine tatsächliche Handlungsalternative für die Betroffenen nicht bestanden habe.[77] Sich nicht auf die Einwilligung einzulassen, führte zum Scheitern des beabsichtigten Geschäfts.

Fraglich ist, ob nach Einführung des § 28a Abs. 2 Satz 2 trotz einer an sich ausreichenden Unterrichtung 66
gleichwohl eine Einwilligung zur Datenübermittlung eingeholt werden kann. Der Wortlaut des § 28a Abs. 2 steht dem nicht entgegen. Ein ausdrückliches Einwilligungsverbot enthält die Vorschrift nicht. Die Voraussetzungen für eine wirksame Einwilligung, deren wesentliches Merkmal gemäß § 4a Abs. 1 Satz 1 die Freiwilligkeit der Erklärung ist, verlieren dadurch aber nichts von ihrer Bedeutung.[78] Stattdessen obliegt es gerade dann, wenn vom Gesetzeswortlaut überobligatorisch abgewichen werden soll, der gesteigerten Verantwortung des Kreditinstituts, die Wirksamkeitsvoraussetzungen einer Einwilligung besonders sorgfältig sicherzustellen und etwaige Zweifel an der Entscheidungsfreiheit des Betroffenen auszuräumen.

Bittet ein Kreditinstitut, obwohl eine Unterrichtung bereits ausreichend wäre, den Betroffenen dennoch um eine Einwilligung, kann dies nur dann unbedenklich sein, wenn das angestrebte Vertragsverhältnis nicht von der Datenübermittlung an eine Auskunftei abhängig ist und der Betroffene dies auch klar erkennen kann. Der Vertrag muss also auch bei verweigerter Einwilligung zustande kommen können und die Datenübermittlung darf in diesen Fällen wegen des offensichtlich entgegenstehenden Willens des Betroffenen auch nicht hilfsweise auf einen gesetzlichen Erlaubnistatbestand gestützt werden.[79]

Die allgemeinen Unterrichtungspflichten der verantwortlichen Stelle gemäß § 4 Abs. 3 bestehen unbe- 67
schadet von der Unterrichtungspflicht nach § 28a Abs. 2 Satz 2.[80]

5. Interessenabwägung

Die Datenübermittlung nach § 28a Abs. 2 Satz 1 muss unterbleiben, wenn die Interessen des Betroffenen 68
an einer Unterlassung der Datenweitergabe schutzwürdiger sind als diejenigen der Auskunftei am Erhalt der Daten.

Sind allerdings die sonstigen Zulässigkeitsvoraussetzungen von § 28a Abs. 2 Satz 1 erfüllt, darf das Inte- 69
resse der Auskunftei regelmäßig als vorrangig betrachtet werden. Dies ergibt sich zum einen daraus, dass der Fall der vorzugswürdigen Betroffeneninteressen nur als Ausnahme formuliert ist („es sei denn"). Zum anderen sollen die Betroffeneninteressen nur dann den Ausschlag geben, wenn sie „offensichtlich" überwiegen. Das Merkmal der Offensichtlichkeit macht eine Untersuchung der gegenseitigen Belange im Sinn einer umfassenden Abwägung in jedem Einzelfall entbehrlich.[81] Für eine interessengerechte und der Abwicklung von Einmeldungen im Massenverfahren Rechnung tragenden Datenübermittlung genügt es folglich, auszuschließen, dass sich eine verstärkte Schutzbedürftigkeit nicht geradezu aufdrängt beziehungsweise erkennbar auf der Hand liegt.[82]

---

77 Gesetzesbegründung, BT-Drs. 16/10529, S. 15.

78 Simitis/*Ehmann*, § 28a Rn. 94, weist insbesondere auf die typische Drucksituation der Betroffenen im Zusammenhang mit Informationen über Guthabenkonnten hin und rät wegen der hohen Wirksamkeitshürden von der Umgehung der Unterrichtungspflicht durch eine Einwilligung ab.

79 Letzteres könnte sonst als ein Verstoß gegen das Gebot von Treu und Glauben (§ 242 BGB) zu werten sein, vgl. *Gola/Schomerus*, § 4 Rn. 16.

80 Gesetzesbegründung, BT-Drs. 16/10529, S. 15.

81 So auch Simitis/*Ehmann*, § 28a Rn. 98 ff; *Helfrich*, S. 169, fordert dagegen eine konkrete Interessenabwägung im Einzelfall.

82 Als Beispiel für überwiegende Betroffeneninteressen beschreibt die Gesetzesbegründung, BT-Drs. 16/10529, S. 15, den Fall einer offensichtlich bedrohten Person, die vermeiden möchte, dass ihre aktuellen Adressdaten über den Umweg einer Auskunfteiabfrage den Weg zu der ihr drohenden Person finden.

III. Nebenpflichten im Anschluss an die Datenübermittlung, § 28a Abs. 3

1. Korrekturmeldungen durch die verantwortliche Stelle, § 28a Abs. 3 Satz 1

a) Umfang der Nachmeldepflicht

70 Es obliegt der verantwortlichen Stelle, dafür zu sorgen, dass die ihr von Dritten zur weiteren Verarbeitung überlassenen Daten richtig sind. Gemäß § 28a Abs. 3 Satz 1 müssen Tatsachen, die einer Auskunftei gemäß Abs. 1 oder Abs. 2 gemeldet wurden und die sich rückblickend als falsch erwiesen haben, gegenüber der Auskunftei berichtigt werden. Hintergrund der Mitteilungspflicht ist die Absicht, den Datenbestand der Auskunfteien aktuell und fehlerfrei zu halten.[83] Deshalb betrifft die Pflicht zur Korrekturmeldung nicht nur diejenigen Umstände, die sich nach der Übermittlung geändert haben, sondern auch solche, die schon bei der Übermittlung unrichtig waren. Irrelevant ist, ob sich die Abweichung zugunsten oder zulasten des Betroffenen auswirkt.[84]

71 Unrichtig ist grundsätzlich alles, was von den tatsächlichen Umständen abweicht. Theoretisch entstehen somit schon bei kleinsten Abweichungen, beispielsweise aufgrund tagesaktueller Zinsberechnungen, Nachmeldepflichten oder schlicht Schreibfehler. Ob dem Streben nach Fehlerfreiheit der Auskunfteidatenbestände damit gedient und dem Betroffenen geholfen ist, wenn jede kleine Veränderung übermittelt wird, darf bezweifelt werden. Der Wortlaut enthält zwar keine Bagatellklausel.[85] Gleichwohl erscheint es sachgerecht, Veränderungen, die objektiv betrachtet unwesentlich erscheinen, aus der Nachmeldepflicht herauszunehmen.[86] Weil Auskunfteien aber falsche Daten nicht berichten dürfen und der Gesetzgeber auch hier im Gesetzestext keine Bagatellgrenzen vorgesehen hat, ist den Auskunfteien zuzugestehen, dass sie etwaigen Berichtigungsansprüchen des Betroffenen dieselben Wesentlichkeitsanforderungen entgegenhalten dürfen, wie sie zuvor der verantwortlichen Stelle als Erleichterung bezüglich der Nachmeldepflichten eingeräumt wurden.

b) Nachmeldepflichtige Stelle

72 Mitteilungspflichtig ist die verantwortliche Stelle. Das wird in der Regel derjenige sein, der die Daten gemäß § 28a Abs. 1 oder Abs. 2 an die Auskunftei zuvor übermittelt hat.[87] Geht die Forderung auf einen anderen über, beispielsweise im Fall eines Forderungsverkaufs an ein Inkassobüro oder im Wege der Abtretung, hat der frühere Inhaber sicherzustellen, dass der neue Inhaber von den laufenden Datenübermittlungen an die Auskunftei informiert wird und nunmehr anstelle des bisherigen Einmelders den Nachmeldepflichten nachkommt.

c) Frist für die Nachmeldung

73 Die Mitteilung muss die verantwortliche Stelle innerhalb eines Monats nach Kenntniserlangung durchführen. Der Zeitpunkt der Kenntniserlangung ist derjenige, zu dem die Unkorrektheit entweder positiv bekannt war oder ohne grobe Fahrlässigkeit hätte erkannt werden können. Insoweit gelten die allgemeinen Verschuldensmaßstäbe mit den entsprechenden Konsequenzen für eine sorgfältige Organisation und Überwachung des Datentransfers zu Auskunfteien.

> **!** Zur Vermeidung von Haftungsrisiken und im Interesse korrekter Auskunfteidatenbestände sollte die Korrekturmeldung stets **unverzüglich** veranlasst werden.

74 Die Pflicht zur Mitteilung nachträglicher Änderungen besteht nur solange, wie die ursprünglich übermittelten Daten bei der Auskunftei gespeichert sind (§ 28a Abs. 3 Satz 1 letzter Hs.).

---

83 Vgl. Gesetzesbegründung, BT-Drs. 16/13219, S. 9.
84 Die Gesetzesbegründung, BT-Drs. 16/13219, S. 9, nennt ausdrücklich Positiv- und Negativdaten.
85 Vgl. *Hoeren*, VuR 2010, 366.
86 So auch *Bergmann/Möhrle/Herb*, § 28a Rn. 66; Plath/*Kamlah*, § 28a Rn. 73.
87 Vgl. Simitis/*Ehmann*, § 28a Rn. 102: „jede[r] Stelle, die eine Übermittlung auf der Rechtsgrundlage von Abs. 1 oder Abs. 2 an eine Auskunftei vorgenommen hat".

d) Daten Verstorbener

Die Nachmeldepflicht des § 28a Abs. 3 bezieht sich wegen des ausdrücklichen Verweises auf die Tatbestände der Abs. 1 und 2 nur auf personenbezogene Daten, weil ausschließlich solche Gegenstand der vorausgegangenen Übermittlung sein können. Soweit im Rahmen der Nachmeldepflicht die Höhe einer Forderung korrigiert wird oder ein Forderungsverkauf angezeigt wird, wirft der erforderliche Personenbezug keine besonderen Probleme auf. Fraglich ist jedoch, wie mit einer Forderung umzugehen ist, an deren Zuordnung sich nach ihrer Einmeldung an eine Auskunftei wegen des Todes des Schuldners oder des Gläubigers eine Änderung ergeben hat. 75

Tritt durch den Tod ein Wechsel in der Person des Schuldners oder Gläubigers ein, enthält dies zunächst eine Information über die Person des neuen Schuldners beziehungsweise Gläubigers. Gegen die Benachrichtigung der Auskunftei über den Forderungsübergang samt namentlicher Bezeichnung des Rechtsnachfolgers bestehen insoweit keine Bedenken. Die Situation ist nicht anders als bei einem Anspruchsübergang aus abgetretenem Recht oder Verkauf der Forderung. 76

Darüber hinaus enthält der Sachverhalt auch Daten über den Verstorbenen, zum Beispiel die Information über den genauen Todestag. Eine ausdrückliche Regelung dafür, wie mit Daten Verstorbener umzugehen ist, fehlt im Gesetz.[88] Dass der Schutz des BDSG noch für eine gewisse Übergangszeit nach dem Tod andauert, wird nur vereinzelt vertreten.[89] Schließt man sich dem an, wäre auch die Übermittlung des Sterbedatums im Rahmen des § 28a Abs. 3 möglich. Nach herrschender Meinung regelt das BDSG allerdings nur den Umgang mit Daten lebender Personen, sodass Daten Verstorbener wegen des mit Tod erlöschenden Persönlichkeitsrechts vom Schutzbereich des Gesetzes nicht mehr erfasst sind.[90] Demnach wäre eine Übermittlung des Todestages eines früheren Forderungsinhabers weder im Rahmen der Nachberichtspflicht des § 28a Abs. 3 noch anhand der anderen gesetzlichen Erlaubnistatbestände (die ebenfalls einen Personenbezug voraussetzen) zulässig. 77

! Die rechtssichere Übermittlung von Daten über Verstorbene ist nur aufgrund einer vertraglichen Vereinbarung zwischen einmeldender Stelle und Auskunftei möglich.

2. Löschungsmitteilung durch die Auskunftei, § 28a Abs. 3 Satz 2

Weil die übermittelnde Stelle nicht wissen kann, wie die Auskunftei ihre Datensätze im Einzelnen behandelt und gespeichert hält, muss diese gemäß § 28a Abs. 3 Satz 2 die verantwortliche Stelle über die Löschung des ursprünglichen Datensatzes unterrichten. 78

Zweck der Vorschrift ist, dem Übermittler der Daten Klarheit darüber zu verschaffen, wann seine Nachberichtspflicht endet.[91] Hat die Auskunftei den Datensatz des Betroffenen aus ihrem Bestand entfernt, fehlt es zum einen an einer Grundlage für weitere Korrekturen. Zum anderen sind Nachmeldungen in diesem Fall zu unterbinden, damit sie nicht ungewollt bei der Auskunftei zu einer Neuanlage eines längst als löschungswürdig befundenen Datensatzes führen. 79

Der Wortlaut lässt dagegen nicht erkennen, dass die Auskunftei der verantwortlichen Stelle im Sinn einer „Vollzugsmeldung" auch auf jede einzelne Korrekturmeldung hin eine Rückmeldung zu geben hat.[92] Das Gesetz beschränkt die Mitteilungspflicht ausdrücklich auf den Fall der Löschung und erwähnt die Berichtigung gerade nicht.[93] Angesichts des Zwecks der Vorschrift ist das konsequent. Für die verantwortliche Stelle genügt es, zu erfahren, dass der Datensatz des Betroffenen aus dem Bestand der Auskunftei endgültig herausgenommen worden ist, um unnötige und unerwünschte weitere Datenüber- 80

---

88 Simitis/*Dammann*, § 3 Rn. 17.
89 Vgl. *Bergmann/Möhrle/Herb*, § 3 Rn. 7,
90 Vgl. BVerfGE 30, 173, 194; *Gola/Schomerus*, § 3 Rn. 12; Simitis/*Dammann*, § 3 Rn. 17; Taeger/Gabel/*Buchner*, § 3 Rn. 9; a.A.: der noch für eine gewisse Übergangszeit nach dem Tod einen Schutz personenbezogener Daten durch das BDSG annimmt.
91 Gesetzesbegründung, BT-Drs. 16/13219, S. 9.
92 Anders wohl: Simitis/*Ehmann*, § 28a Rn. 107.
93 Obwohl eine Berichtigung denknotwendig immer mit einer Löschung – nämlich der unrichtigen Information – verbunden ist, differenziert der Gesetzgeber zwischen beiden Verarbeitungsformen, siehe beispielsweise § 35.

mittlungen einstellen zu können. Fortlaufende Gegenbestätigungen würden den Datentransfer über das erforderliche Maß hinaus aufblähen. Daran besteht weder ein rechtliches Bedürfnis noch ein tatsächliches Interesse der Beteiligten. Mit den „ursprünglichen" Daten ist also nicht isoliert der jeweils letzte Versionsstand vor einer Änderungsmeldung gemeint. Die Ursprünglichkeit bezieht sich vielmehr auf das Vorhandensein des Datensatzes insgesamt, das heißt, wie er seit der erstmaligen Anlage und gegebenenfalls nachfolgenden Veränderungen bei der Auskunftei vorhanden ist.[94]

81 Eine Verpflichtung der verantwortlichen Stelle, sich über die ordnungsgemäße Behandlung ihrer Korrekturmeldungen zu vergewissern und im Fall einer ausbleibenden Löschungsmitteilung bei der Auskunftei aktiv Nachforschungen darüber anzustellen, sieht das Gesetz nicht vor.[95]

IV. Folgen einer Rechtsverletzung

82 Verletzungen der Verpflichtungen aus § 28a können strafrechtliche, verwaltungsrechtliche und zivilrechtliche Folgen haben.

1. Strafrechtliche Folgen

83 Die strafrechtlichen Sanktionsmöglichkeiten ergeben sich aus §§ 43, 44.

Die unterlassene ebenso wie die nicht richtige, nicht vollständige oder nicht rechtzeitige Erfüllung der Nachmeldepflicht durch die verantwortliche Stelle gemäß § 28a Abs. 3 Satz 1 ist nach § 43 Abs. 1 Nr. 4a, Abs. 3 eine Ordnungswidrigkeit, die mit einer Geldbuße von regulär bis zu 50.000,– € geahndet werden kann, bei durch die Ordnungswidrigkeit erlangten höheren wirtschaftlichen Vorteilen auch mit einem darüber hinausgehenden Betrag. Die Unterrichtungspflicht der Auskunftei gemäß § 28a Abs. 3 Satz 2 ist im Katalog des § 43 dagegen nicht genannt und daher keine Ordnungswidrigkeit.

84 Eine Datenübermittlung unter schuldhafter Verletzung der Voraussetzungen des § 28a kann ferner gemäß § 43 Abs. 2 Nr. 1 (unbefugte Erhebung oder Verarbeitung nicht allgemein zugänglicher personenbezogener Daten) oder § 43 Abs. 2 Nr. 4 (Übermittlung von nicht allgemein zugänglichen personenbezogenen Daten, deren Erhalt durch unrichtige Angaben erschlichen wurde) als Ordnungswidrigkeit verfolgt und gemäß § 43 Abs. 3 mit einer Geldbuße von regulär bis zu 300.000,– € belegt werden.

85 Wurde die Handlung vorsätzlich und gegen Entgelt oder in Bereicherungs- oder Schädigungsabsicht begangenen, ist sie gemäß § 44 Abs. 1 eine mit Freiheitsstrafe bis zu zwei Jahren oder mit Geldstrafe bedrohte Straftat.

2. Verwaltungsrechtliche Folgen

86 Die Ausführung des BDSG wird durch die Datenschutzaufsichtsbehörden kontrolliert. Bei Verstößen gegen das Gesetz ist die Behörde gemäß § 38 Abs. 5 berechtigt, Maßnahmen zur Beseitigung anzuordnen, Zwangsgelder zu verhängen und Datenverarbeitungsverfahren zu untersagen.

87 Die verantwortliche Stelle kann gemäß § 42a Abs. 1 Nr. 4 außerdem zur Information der Aufsichtsbehörden, der Betroffenen oder sogar der Öffentlichkeit verpflichtet sein, wenn sie feststellt, dass personenbezogene Daten zu Bank- oder Kreditkartenkonten unrechtmäßig übermittelt oder auf sonstige Weise Dritten unrechtmäßig bekannt geworden sind und dem Betroffenen dadurch schwere Nachteile drohen.

3. Zivilrechtliche Folgen

88 Zivilrechtlich haftet die verantwortliche Stelle dem Betroffenen gegenüber gemäß § 7 auf Schadensersatz, wenn sie sorgfaltswidrig durch eine unzulässige oder unrichtige Erhebung, Verarbeitung oder Nutzung personenbezogener Daten dem Betroffenen einen Schaden zugefügt hat.

---

94 Angesichts der Unklarheiten im Wortlaut bezeichnet *Abel*, RDV 2009, 147, die Regelung des § 28a Abs. 3 zu Recht als missglückt.

95 A.A. Simitis/*Ehmann*, § 28a Rn. 108, der eine solche Nachfragepflicht der verantwortlichen Stelle gegenüber der Auskunftei aus dem Charakter der Löschungsmitteilung als „Vollzugsmeldung" ableitet.

Auch derjenige, der durch die unzulässige Übermittlung von Informationen über das Zahlungsverhalten eines Betroffenen eine unberechtigte Eintragung bei einer Auskunftei veranlasst hat, kann vom Betroffenen auf Schadensersatz in Anspruch genommen werden.[96] 89

C. Anwendungsempfehlung/weitere praktische Hinweise

I. Checkliste zur grundsätzlichen Anwendbarkeit des § 28a

Kontrollfragen und Vorüberlegungen zur Ermittlung der passenden Rechtsgrundlage: 90

- Geht es um die **Übermittlung** von Daten?
- Ist Empfänger der Daten eine **Auskunftei**?
- Handelt es sich um **personenbezogene** Daten?
- Sollen **Positivdaten**[97] übermittelt werden, die nicht im Zusammenhang mit einem **Bankgeschäft** stehen?
- Sollen Positivdaten durch eine Stelle übermittelt werden, die **kein Kreditinstitut** ist?

Wenn nur eine dieser Fragen mit „nein" beantwortet wird, ist der sachliche Anwendungsbereich des § 28a nicht betroffen. Als Rechtsgrundlage kommt dann einer der anderen gesetzlichen Erlaubnistatbestände (§ 28 Abs. 1 und Abs. 2) oder eine Einwilligung in Betracht.

II. Praxisempfehlung: „Keine Angst vor Einwilligungen!"

Die gesetzlichen Voraussetzungen für eine zulässige Datenübermittlung von Informationen über das Zahlungsverhalten sind vielfach nicht eindeutig. Einwilligungen schaffen Rechtssicherheit. Wo immer es möglich erscheint, empfiehlt es sich deshalb, die Datenübermittlung auf die ausdrückliche Zustimmung des Betroffenen gemäß §§ 4, 4a zu stützen. Die verantwortliche Stelle 91

- entgeht dadurch der starken Reglementierung der gesetzlichen Erlaubnistatbestände,
- kann den Kreis der zur Übermittlung vorgesehenen Daten frei festlegen (wichtig für die Übermittlung von Positivdaten durch Nicht-Kreditinstitute) und
- vermeidet Wertungsunsicherheiten bei den Interessenabwägungen, wie sie insbesondere im Rahmen des § 28 vorzunehmen sind.

Bedenken über ablehnende Reaktionen der Betroffenen sind nicht begründet: Zum einen ist die Bitte nach Unterzeichnung einer Datenschutzerklärung nichts Ungewöhnliches. Gerade Verbrauchern dürfte sie aus vielen alltäglichen Geschäften und der fortschreitenden Kommerzialisierung persönlicher Daten hinlänglich bekannt sein.[98] Zum anderen bietet ein offensiver Umgang mit Einwilligungserklärungen für die verantwortliche Stelle die Chance, das Thema „Datenschutz" positiv für sich zu besetzen. Wer Transparenz bei seinen Datenverarbeitungsvorgängen zulässt, vermeidet Unsicherheiten und schafft Vertrauen beim Betroffenen. Datenschutz kann so zum Imagefaktor werden. 92

Freilich darf dabei nicht aus den Augen verloren werden, dass die Einwilligung der individuellen Ausübung des Rechts auf informationelle Selbstbestimmung dient.[99] Ihre Grenze finden Einwilligungsverlangen deshalb dort, wo sie irreführend wirken. Gibt es beispielsweise einen eindeutigen gesetzlichen Er- 93

96 Vgl. AG Halle (Saale), Urteil v. 28.02.2013, Az. 93 C 3289/12, ZD 2013, 456.
97 „Positivdaten" meint „nicht negative Daten" und damit solche Informationen, die Aufschluss über die Zahlungsfähigkeit und -willigkeit eines Betroffenen geben können und sich auf ein vertragsgemäßes Verhalten beziehungsweise die ordnungsgemäße Abwicklung der Geschäftsverbindung beziehen (in Abgrenzung zu „Negativdaten", die Vertragsverletzungen und gegen den Betroffenen ergangene gerichtliche Verfahren beschreiben), vgl. Simitis/*Ehmann*, § 29 Rn. 175 ff.
98 Vgl. auch Simitis/*Simitis*, § 4a Rn. 5, der in der Bereitschaft der Betroffenen, schon für kleinste Vorteile wie Preisausschreiben, Kundenkarten etc. Datenschutzerklärungen abzugeben und auf eine inhaltliche Auseinandersetzung mit der Informationsverarbeitung zu verzichten, bereits eine Entwertung der Einwilligung sieht.
99 Simitis/*Simitis*, § 4a Rn. 2; Taeger/Gabel/*Taeger*, § 4 Rn. 46.

laubnistatbestand oder besteht sogar eine Verpflichtung der verantwortlichen Stelle zu der beabsichtigten Datenverarbeitung, ist die Bitte um eine vorherige Einverständniserklärung an den Betroffenen regelmäßig fehl am Platz. Er könnte sonst zu Recht die Vorspiegelung einer in Wahrheit nicht bestehenden Entscheidungshoheit einwenden.[100] Ebenso ist Zurückhaltung mit Einwilligungsverlangen geboten, wenn aufgrund eines erheblichen Verhandlungsungleichgewichts der Vertragspartner nicht mehr von einer selbstbestimmten freien Entscheidung des Betroffenen über die Preisgabe seiner Daten ausgegangen werden kann.[101] Und schließlich darf eine Einwilligung nicht zur Umgehung eines zwingenden gesetzlichen Datenverarbeitungsverbots (zum Beispiel zu einer Aufhebung der Beschränkungen der Fragerechte von Arbeitgebern) eingesetzt werden.[102]

D. Muster

I. Musterformulierungen für eine Einwilligung gemäß §§ 4, 4a zur Übermittlung von Informationen über das Zahlungsverhalten

94 **Einwilligung in die umfassende Übermittlung von Informationen über das Zahlungsverhalten (Positiv- und Negativdaten)**

Ich willige ein, dass N.N. Daten über die Begründung, Durchführung und Beendigung meiner Geschäftsbeziehung einschließlich Angaben zum Zahlungsverhalten und Informationen zu nichtvertragsgemäßem Verhalten[103] zum Zweck der Bonitätsprüfung an Wirtschaftsauskunfteien übermittelt und Auskünfte über mich von Auskunfteien erhält.

Die Auskunfteien speichern diese Daten und übermitteln sie an ihre Vertragspartner, um diesen bei Vorliegen eines berechtigten Interesses Informationen zur Beurteilung der Kreditwürdigkeit über die angefragte Person zu geben. Die übermittelten Daten können ergänzend auch aus dem Datenbestand der Auskunftei errechnete Wahrscheinlichkeitswerte zur Einschätzung des Kreditrisikos enthalten (Scoring).

N.N. arbeitet mit folgenden Auskunfteien zusammen: ... [Firma und Geschäftssitz der beteiligten Auskunftsunternehmen].

Ich kann bei den Auskunfteien über meine dort gespeicherten Daten Auskunft einholen.

N.N.: Bezeichnung der verantwortlichen Stelle

95 **Einwilligung in die Übermittlung von Positivdaten über das Zahlungsverhalten**

Ich willige ein, dass N.N. Daten über die Begründung, Durchführung und Beendigung meiner Geschäftsbeziehung einschließlich Angaben zur vereinbarungsgemäßen Abwicklung zum Zweck der Bonitätsprüfung an Wirtschaftsauskunfteien übermittelt und Auskünfte über mich von Auskunfteien erhält. Daten über nicht vereinbarungsgemäßes Verhalten wird N.N. nur übermitteln, soweit dies gemäß §§ 28, 28a Bundesdatenschutzgesetz gesetzlich erlaubt ist.

Die Auskunfteien speichern diese Daten ... [weiter wie oben].

Bei dieser Klausel wird nur für die Übermittlung von vertragsgemäßem Verhalten („Positivdaten") eine Einwilligung eingeholt. Die Übermittlung von nicht vertragsgemäßem Verhalten wird nicht ausgeschlossen, aber auf die gemäß § 28a Abs. 1 gesetzlich auch ohne Einwilligung zulässigen Fälle beschränkt.

---

100 Vgl. *Gola/Schomerus*, § 4 Rn. 16; Taeger/Gabel/*Taeger*, § 4a Rn. 21 f.

101 Vgl. BVerfG v. 23.10.2006, Az. 1 BvR 2027/02, http://www.bverfg.de/entscheidungen/rk20061023_1bvr202702.html, für die Schweigepflichtentbindungserklärung im Rahmen eines Versicherungsvertrags.

102 Vgl. Simitis/*Simitis*, § 4a Rn. 19, mit weiteren Beispielen.

103 Eine konkrete Bezeichnung der Daten ist nur bei einer Einwilligung in die Übermittlung der besonders sensiblen personenbezogenen Daten gemäß §§ 4a Abs. 3, 3 Abs. 9 erforderlich, vgl. Köln v. 17.06.2011, Az. 6 U 8/11, ZD 2011, 34.

II. Musterformulierungen für eine Unterrichtung zur Datenweitergabe an Auskunfteien im Mahnverfahren gemäß § 28a Abs. 1 Satz 4 Nr. 4c

Einfache Hinweisklausel 96

Bei erfolglosem Verstreichen der Zahlungsfrist werden wir die Informationen über die offene Forderung an eine Auskunftei übermitteln.

Der Inhalt der einfachen Hinweisklausel ist mindestens erforderlich, um die Anforderungen an eine Unterrichtung gemäß § 28a Abs. 1 Satz 4 Nr. 4c zu erfüllen.

Qualifizierte Hinweisklausel 97

Bei erfolglosem Verstreichen der Zahlungsfrist werden wir die Informationen über die offene Forderung an eine Auskunftei übermitteln. Wir arbeiten mit folgenden Auskunfteien zusammen ... [Name/Firmierung, Angabe des Geschäftssitzes]. Auf der Basis der bei ihnen gespeicherten Daten erteilen die Auskunfteien ihren Vertragspartnern Bonitätsbewertungen.

Die vorgeschlagene qualifizierte Klausel geht über die Mindestanforderungen hinaus, in dem sie zusätzlich die Benachrichtigungsfunktion des § 33 erfüllt. Sie trägt damit nicht nur dem Informationsinteresse des Betroffenen Rechnung, sondern vermeidet überdies eine zusätzliche Unterrichtung der Auskunftei bei Erstaufnahme in deren Datenbestand.

III. Musterformulierung für eine Unterrichtung zur Datenweitergabe an Auskunfteien wegen fristloser Kündigungsmöglichkeit gemäß § 28a Abs. 1 Satz 4 Nr. 5

Hinweis zur Datenübermittlung 98

Aufgrund Ihres Verhaltens müssen Sie mit der fristlosen Kündigung des Vertragsverhältnisses rechnen. Unabhängig davon werden wir die Informationen über die offene Forderung in den nächsten Tagen an eine Auskunftei übermitteln. Wir arbeiten mit folgenden Auskunfteien zusammen ... [Name/Firmierung, Angabe des Geschäftssitzes]. Auf der Basis der bei ihnen gespeicherten Daten erteilen die Auskunfteien ihren Vertragspartnern Bonitätsbewertungen.

Die vorgeschlagene Klausel erfüllt zugleich die Benachrichtigungsfunktion gemäß § 33.

§ 28b Scoring

Zum Zweck der Entscheidung über die Begründung, Durchführung oder Beendigung eines Vertragsverhältnisses mit dem Betroffenen darf ein Wahrscheinlichkeitswert für ein bestimmtes zukünftiges Verhalten des Betroffenen erhoben oder verwendet werden, wenn

1. **die zur Berechnung des Wahrscheinlichkeitswerts genutzten Daten unter Zugrundelegung eines wissenschaftlich anerkannten mathematisch-statistischen Verfahrens nachweisbar für die Berechnung der Wahrscheinlichkeit des bestimmten Verhaltens erheblich sind,**
2. **im Fall der Berechnung des Wahrscheinlichkeitswerts durch eine Auskunftei die Voraussetzungen für eine Übermittlung der genutzten Daten nach § 29 und in allen anderen Fällen die Voraussetzungen einer zulässigen Nutzung der Daten nach § 28 vorliegen,**
3. **für die Berechnung des Wahrscheinlichkeitswerts nicht ausschließlich Anschriftendaten genutzt werden,**
4. **im Fall der Nutzung von Anschriftendaten der Betroffene vor Berechnung des Wahrscheinlichkeitswerts über die vorgesehene Nutzung dieser Daten unterrichtet worden ist; die Unterrichtung ist zu dokumentieren.**

Literatur

Abel, Rechtsfragen von Scoring und Rating, RDV 2006, 108; *Albrecht/Karahan/Lenenbach* (Hrsg.), Fachanwaltshandbuch Bank- und Kapitalmarktrecht, 2010; *Beckhusen*, Das Scoring-Verfahren der SCHUFA im Wirkungsbereich des Datenschutzrechts, BKR 2005, 335; *Bundesbeauftragter für den Datenschutz*, 16. Tätigkeitsbericht, S. 409; *Gürtler/Kriese*, Die Umsetzung der Scoringtransparenz bei Banken, RDV 2010, 47; *Härting*, Internetrecht, 5. Auflage, Köln 2014; *Heinemann/Wäßle*, Datenschutzrechtlicher Auskunftsanspruch bei Kreditscoring, MMR 2010, 600; *Helfrich*, Kreditscoring und Scorewertbildung der SCHUFA, 2010; *Hessische Landesregierung*, 16. Tätigkeitsbericht über die Tätigkeit der für den Datenschutz im nicht öffentlichen Bereich zuständigen Aufsichtsbehörden vom 11.2.2003, Dr. 16/1680; *Hessische Landesregierung*, 17. Tätigkeitsbericht über die Tätigkeit der für den Datenschutz im nicht öffentlichen Bereich zuständigen Aufsichtsbehörden vom 15.2.2005, Dr. 16/3650; *Hoeren*, Rechtliche Grundlagen des SCHUFA-Scoring-Verfahrens, RDV 2007, 93; *Horst*, Standpunkt: Mietnomaden – Gesellschaftsphänomen oder Randerscheinung?, NJW 2010, NJW-aktuell Nr. 6, 12; *Kamlah*, Das SCHUFA-Verfahren und seine datenschutzrechtliche Zulässigkeit, MMR 1999, 395; *Kamlah*, Scoring-Verfahren – Statistik und Datenschutzrecht, ZVI 2004, 9; *Klein*, Zur datenschutzrechtlichen Relevanz des Scorings von Kreditrisiken, BKR 2003, 488; *Koch*, Scoring-Systeme in der Kreditwirtschaft, MMR 1998, 458; *Kretzer*, „Mietnomaden", „Wohnungs-Hopping", „Miettourismus", „Wohnzappen" – Reaktionsmöglichkeiten des Vermieters auf ein neues Phänomen, ZMR 2005, 89; *Mackenthun*, Datenschutzrechtliche Voraussetzungen der Verarbeitung von Kundendaten beim zentralen Rating und Scoring im Bank-Konzern , WM 2004, 1713; *Metz*, Scoring – Licht im Tunnel, VuR 2009, 403; *Möller/Florax*, Kreditwirtschaftliche Scoring-Verfahren, MMR 2002, 806; *Petri*, Das Scoringverfahren der SCHUFA, DuD 2001, 290; *Petri*, Sind Scorewerte rechtswidrig?, DuD 2003, 631; *Rogall-Grothe*: Ein neues Datenschutzrecht für Europa, ZRP 2012, 193; *Schneider/Härting*, Warum wir ein neues BDSG brauchen – Kritischer Beitrag zum BDSG und dessen Defiziten, ZD 2011, 63; *Wäßle/Heinemann*, Scoring im Spannungsfeld zwischen Datenschutz und Informationsfreiheit, CR 2010, 410; *Wuermeling*, Scoring von Kreditrisiken, NJW 2002, 3508.

Darum geht es

§ 28b legt die Voraussetzungen fest, unter denen Wahrscheinlichkeitsaussagen über ein mögliches Verhalten einer Person berechnet und verwendet werden dürfen. Solche Prognosen sind unter anderem für die vorausschauende Bewertung der Zahlungsfähigkeit von Bedeutung.

Schlagworte

Wahrscheinlichkeitswerte für künftiges Verhalten; Scoringverfahren für kreditorische und andere Zwecke; internes und externes Scoring; Unterschied zwischen Scoring und Rating; für Scoringverfahren zugelassene Daten; Schätzdaten, Anschriftendaten („Geoscoring"), diskriminierende Daten; mathematisch-statistische Methodenneutralität; „falsche Scores", Meinungsäußerungen, Tatsachenbehauptungen

Weitere relevante Vorschriften

§ 6a bei automatisierten Entscheidungsverfahren; § 11 bei Beauftragung externer Stellen mit Scoring; § 28 bei hausinterner Scoreberechnung und -verwendung; § 29 für Auskunfteien, die Scoring für Dritte durchführen; § 34 für Auskunftsansprüche; § 10 KWG für internes Scoring durch Kreditinstitute

A. Allgemeines

I. Regelungszweck

1. Sinn und Zweck der Norm

1 § 28b ist mit der „Datenschutznovelle I" eingeführt worden und zum 01.04.2010 in Kraft getreten.[1] Der Begriff des Scoring taucht damit erstmals im Gesetz auf. Vorher waren Scoringverfahren auf die allgemeinen Erlaubnistatbestände der §§ 28, 29 zu stützen. Die dabei vorzunehmende Interessenabwägung und die das Scoringergebnis beeinflussenden Faktoren blieben für den Betroffenen mitunter schwer nachvollziehbar. Mehr Rechtssicherheit und Transparenz zu schaffen, waren daher die ausschlaggebenden Motive für die Schaffung ausdrücklicher gesetzlicher Regelungen zum Scoring.[2] Zugleich wurde diese Art der Datenverarbeitung dadurch von dem Verdacht befreit, sich im Bereich rechtlicher Grauzonen zu bewegen.[3]

2 Darüber hinaus stellt die Aufnahme in das Bundesdatenschutzgesetz unstreitig, dass Scores als personenbezogenes Datum gemäß § 3 Abs. 1 zu qualifizieren sind und sich die Bewertung der Zulässigkeit scoreverarbeitender Verfahren nach diesem Gesetz zu richten hat.[4]

2. Begriffsbestimmung

3 Was der Gesetzgeber unter „Scoring" im Sinn des § 28b versteht, ist in der Vorschrift zwar nicht ausdrücklich definiert. Es lässt sich aber zumindest mittelbar aus dem ersten Halbsatz ableiten und im Übrigen aus der Gesetzesbegründung.[5] Danach ist Scoring das Verfahren zur Ermittlung eines Wahrscheinlichkeitswerts („Score") für ein bestimmtes zukünftiges Verhalten des Betroffenen.

4 Im allgemeinen Sprachgebrauch ist die Verwendung des Scoringbegriffs nicht einheitlich. „**Ranking**" oder „**Rating**" beispielsweise sind zur Kennzeichnung von Bewertungsverfahren ebenfalls gängig.[6] Für die Anwendung des § 28b ist der im Einzelfall gewählte Name jedoch ohne Belang. Scoringverfahren im Sinn von § 28b sind vielmehr alle Verfahren unabhängig von ihrer konkreten Bezeichnung, die die in der Norm genannten Voraussetzungen (mathematisch-statistische Berechnung eines verhaltenserheblichen Wahrscheinlichkeitswerts) erfüllen.[7]

5 Scoringverfahren nutzen aus der Vergangenheit gewonnene Erfahrungen und historische Daten für die Einschätzung einer zukünftigen Entwicklung. Dahinter steht der Gedanke, dass Sachverhalte mit identischen Merkmalen statistisch gesehen mit gewisser Wahrscheinlichkeit zu gleichen Ergebnissen führen.[8] Die Berechnungsmethode, die einfließenden Faktoren und ihre Gewichtung werden dabei in der soge-

---

1 Gesetz zur Änderung des Bundesdatenschutzgesetzes vom 29.07.2009 (BGBl. I, S. 2254).

2 Vgl. Gesetzesbegründung, BT-Drs. 16/10529, S. 15.

3 Die von *Petri*, DuD 2003, 633 ff. vertretene Auffassung, aufgrund einer Gesamtabwägung seien Scoringverfahren ohne Einwilligung des Betroffenen als rechtswidrig zu beurteilen, lässt sich angesichts der nunmehr eindeutigen Rechtsgrundlage in § 28b nicht mehr halten. Einen Überblick über die im Einzelnen vertretenen Meinungen gibt *Abel*, RDV 2006, 110.

4 Für Scores als personenbezogenes Datum schon früher generell zustimmend: *Abel*, RDV 2006, 110; *Petri*, DuD 2003, 633; für die von Banken über ihre Kunden gebildeten Scores zustimmend: *Mackenthun*, WM 2004, 1716; für den SCHUFA-Auskunftsservice zustimmend: *Beckhusen*, BKR 2005, 335; *Bundesbeauftragter für den Datenschutz*, 16. Tätigkeitsbericht, Ziffer 31.2.3, S. 409; *Gola/Schomerus*, § 6a Rn. 15 und § 3 Rn. 3; *Klein*, BKR 2003, 489; *Petri*, DuD 2001, 291; *Hessische Landesregierung*, 16. Tätigkeitsbericht über die Tätigkeit der für den Datenschutz im nicht öffentlichen Bereich zuständigen Aufsichtsbehörden vom 11.2.2003, Dr. 16/1680, Ziff. 10.2 (S. 22); ablehnend: *Kamlah*, ZVI 2004, 10 ff.; *Wuermeling*, NJW 2002, 3508; zum Stand der Diskussion auch *Hoeren*, RDV 2007, 95.

5 Vgl. Gesetzesbegründung, BT-Drs. 16/10529, S. 1 f.

6 Der Begriff „Scoring" soll in erster Linie für die Bewertung natürlicher Personen gelten (vgl. *Bergmann/Möhrle/Herb*, § 28b Rn. 5; *Gola/Schomerus*, § 6a Rn. 15–17, „Rating" dagegen wirtschaftliche Einheiten und „Ranking" nichtwirtschaftliche Organisationen (vgl. *Abel*, RDV 2006, 109). Im allgemeinen Sprachgebrauch lässt sich eine klare Linie bisher nicht ausmachen, vgl. auch BGH v. 09.02.2006, I ZR 124/03, NJW 2006, 2764, zum „Kanzleiranking" bei Rechtsanwaltsranglisten.

7 So auch Simitis/*Ehmann*, § 28b Rn. 24.

8 Vgl. *Hoeren*, RDV 2007, 94.

nannten „**Scorekarte**" (Wertungsliste[9]) beschrieben. Als Datenbasis für das Scoring von Unternehmen kommen insbesondere

- demografische Kriterien (Rechtsform, Gründungsjahr, Region des Geschäftssitzes, Branche),
- Finanzkennzahlen (Grundkapital, Betriebs- und Geschäftsausstattung, Umsatz, Gewinn) sowie
- Informationen über die Führungs- und Inhaberverhältnisse (Bestehen von Mutter- und Tochtergesellschaften, Beherrschungsverträgen, persönliche Verhältnisse von Funktionsträgern)

in Betracht. Für das Scoring von Verbrauchern sind dagegen Merkmale wie Alter, Geschlecht, Anschrift, familiäre Verhältnisse (Familienstand, Unterhaltsverpflichtungen) und wirtschaftliche Verhältnisse (Einkommen, Verbindlichkeiten, bisheriges Zahlungsverhalten) bedeutsam.[10]

3. Anwendungsbereich

a) Persönlicher Anwendungsbereich

§ 28b gilt für alle verantwortlichen Stellen im Sinn von § 27, die Scoringverfahren anwenden, sei es durch eigene Berechnung oder durch Auslagerung der Berechnung an einen gemäß § 11 beauftragten Dritten. 6

b) Sachlicher Anwendungsbereich

aa) Berechnungsverfahren

In Abgrenzung zu Entscheidungen aufgrund reiner Erfahrungssätze werden von § 28b nur solche Verfahren erfasst, bei denen tatsächlich ein Wahrscheinlichkeitswert berechnet wird. Die Berechnungen müssen auf automatisierten oder dateigebundenen Prozessen im Sinn von § 27 beruhen. Für manuelle Verfahren gilt § 28b nicht.[11] 7

bb) Vertragsverhältnis

Die Berechnung des Scores ist zweckgebunden an den Zusammenhang mit der Entscheidung über ein Vertragsverhältnis. Dass hier nicht – wie etwa in § 28 Abs. 1 Satz 1 Nr. 1 – die allgemeinere Formulierung der „rechtsgeschäftlichen oder rechtsgeschäftsähnlichen Schuldverhältnisse" gewählt wurde, dürfte für die praktische Anwendung kein nennenswertes Hindernis darstellen, da § 28b neben der Durchführung ausdrücklich die Begründung und Beendigung des Vertragsverhältnisses einschließt. Auch zur Entscheidungsfindung im Vorfeld vertraglicher Schuldverhältnisse, das heißt in der **Anbahnungs- und Verhandlungsphase**, dürfen folglich Scores gebildet und genutzt werden.[12] 8

Die Beschränkung auf Vertragsverhältnisse schließt gesetzliche Schuldverhältnisse, etwa aus unerlaubter Handlung, aus.[13] 9

Für die Anwendbarkeit des § 28b unerheblich ist, ob die Entscheidung über das Vertragsverhältnis mit einer für den Betroffenen vorteilhaften (Gewährung besserer Konditionen etc.) oder nachteiligen Folge (Verweigerung des Vertragsschlusses, Ausübung eines Kündigungsrechts etc.) verbunden ist.[14] 10

Im Vordergrund der Neuregelung standen Scoringverfahren im Zusammenhang mit dem Abschluss von Kreditverträgen.[15] In den Wortlaut haben solche Eingrenzungen letztlich keinen Eingang gefunden. Scoringverfahren sind demnach grundsätzlich für alle Vertragsverhältnisse zulässig. Auch wenn finanzi- 11

---

9 *Gola/Schomerus*, § 28b Rn. 1.
10 Vgl. auch *Helfrich*, S. 112.
11 Vgl. *Gola/Schomerus*, § 28b Rn. 5; *Gürtler/Kriese*, RDV 2010, 49.
12 Die Gesetzesbegründung, BT-Drs. 16/10529, S. 16, bezieht ausdrücklich Entscheidungen „im Zusammenhang mit einem (potenziellen) Vertragsverhältnis" ein; vgl. auch *Bergmann/Möhrle/Herb*, § 28b Rn. 19; *Heinemann/Wäßle*, MMR 2010, 600.
13 Vgl. Simitis/*Ehmann*, § 28b Rn. 43.
14 Scoringverfahren arbeiten naturgemäß hypothesenfrei und somit stets ohne eine vorherige Festlegung auf eine „gute" oder „schlechte" Auswirkung der Analyse, vgl. *Hoeren*, RDV 2007, 94.
15 Siehe auch der – von der Bundesregierung nicht übernommene – Vorschlag des Bundesrats, die Zulässigkeit der Scoringverfahren auf Verträge mit „kreditorischem Ausfallrisiko" zu beschränken (BR-Drs., 584/1/08, S. 11 f.).

elle Ausfallrisiken das praktisch bedeutendste Motiv für Scoring sein dürften – eine Beschränkung allein auf Verträge mit Kreditrisiken besteht nicht.[16]

cc) Personenbezug

12 Vertragspartei muss der Betroffene sein, auf den sich der Score bezieht. Betroffene sind gemäß § 3 Abs. 1 vordergründig natürliche Personen. Wegen der „durchschlagenden" Wirkung von Angaben über singularpersonal geführte Unternehmen („Ein-Mann-GmbH" etc.) können aber auch juristische Personen Betroffene im Sinn von § 28b sein (siehe § 3 Rn. 7 f.). Zwischen Verbraucherscoring und Scoring juristischer Personen trifft das Gesetz insoweit keine Unterscheidung.[17]

dd) Abgrenzung zu anderen Scoringverfahren

13 Aufgrund der den sachlichen Anwendungsbereich bestimmenden Merkmale ergibt sich, dass die Zulässigkeit folgender Verfahren nicht durch § 28b geregelt wird:

- **Einstufung in Versicherungstarife/Versicherungsscoring:** Die Wahrscheinlichkeit eines künftigen Schadensereignisses beruht nicht auf einem vom Betroffenen selbstbestimmten Verhalten, sondern in erster Linie auf fremdbestimmten Umständen oder höherer Gewalt;[18]
- **Werbescoring** in Form der automatisierten Ermittlung von Adressdaten für Marketingzwecke: Es fehlt ein konkretes oder angebahntes Vertragsverhältnis und damit eine rechtliche Folge für den Betroffenen; der Werbeempfänger soll durch die Werbung vielmehr erst zu einer Angebotsanfrage veranlasst werden;[19]
- **Nutzungsprognosen und Potenzialanalysen** in Form der Selektion von Personen aus dem Bestand einer Datenbank, bei denen aufgrund von Umständen aus der Vergangenheit ein bestimmtes geschäftliches Interesse vermutet wird: Es handelt sich schon nicht um die Berechnung eines künftigen Verhaltens, sondern um die Anwendung eines Erfahrungssatzes. Selbst wenn Wahrscheinlichkeitswerte zum künftigen Geschäftsverhalten gebildet würden, wäre der Anwendungsbereich des § 28b nicht eröffnet, weil das Merkmal „Vertragsverhältnis" nicht erfüllt ist (siehe oben „Werbescoring");[20]
- **rückblickende Leistungs- und Verhaltensanalysen:** Es fehlt an der Zukunftsbezogenheit des Verhaltens;[21]
- **„Bewerberscoring"** in Form durch Abgleich und Filterung von Bewerbern anhand festgelegter Einstellungsvoraussetzungen: Es fehlt an der Berechnung eines Wahrscheinlichkeitswerts, bei der manuellen Erstellung persönlicher Qualifikationsprofile von Arbeitnehmern außerdem an der für § 28b notwendigen Automatisierung des Verfahrens;[22]
- **„Inkassoscoring"** zur Bewertung der Erfolgsaussichten und Festlegung der weiteren Beitreibungsmaßnahmen gegen den Schuldner: Es fehlt bereits an der Berechnung eines Wahrscheinlichkeitswerts.[23] Außerdem geht es um nachträgliche Maßnahmen aufgrund eines längst beendeten Schuld-

---

16 Vgl. auch *Helfrich*, S. 182 f.
17 Vgl. Simitis/*Ehmann*, § 28b Rn. 51.
18 Gesetzesbegründung, BT-Drs. 16/10529, S. 16; einschränkend dazu *Bergmann/Möhrle/Herb*, § 28b Rn. 26, die nur die Fälle höherer Gewalt außen vor lassen wollen und darauf hinweisen, dass Schadenswahrscheinlichkeiten durchaus beeinflusst werden können. Beispielhaft – allerdings ohne einen konkreten Abgrenzungsvorschlag bei der Rechtsanwendung – erwähnt wird das Betreiben von „Risikosportarten" oder das unverschlossene Abstellen von Fahrzeugen als Ursache eines Diebstahls.
19 *Gola/Schomerus*, § 28b Rn. 8; *Helfrich*, S. 179; Simitis/*Ehmann*, § 28b Rn. 45 u. 76, ergänzt zutreffend, dass andernfalls auch nicht klar sei, wie solche Konstellationen mit der Unterrichtungspflicht nach § 28b Nr. 4 BDSG in Einklang zu bringen seien. A.A. wohl Däubler/Klebe/Wedde/Weichert/*Weichert*, § 28b Rn. 2; *Bergmann/Möhrle/Herb*, § 28b Rn. 20, die Scoringauswertungen zur zielgerichteten Kanalisierung von Werbematerial als von § 28b umfasst sehen, weil der Gesetzgeber sowohl generell Scoringverfahren habe regulieren als auch potenzielle Vertragsverhältnisse bereits mit erfassen wolle.
20 Vgl. *Abel*, RDV 2009, 149; Simitis/*Ehmann*, § 28b Rn. 41.
21 *Gola/Schomerus*, § 28b Rn. 6.
22 *Gola/Schomerus*, § 28b Rn. 7.
23 *Gola/Schomerus*, § 28b Rn. 10.

verhältnisses, sodass auch die Voraussetzung eines bestehenden Vertragsverhältnisses nicht erfüllt ist;[24]

- **„Servicescoring"** in der Form, dass festgelegt wird, mit welchem Servicelevel – beispielsweise einer besonders schnellen Reaktionszeit oder sonstigen Bevorzugung – ein Kunde bedient wird: Es wird weder ein zukünftiges Verhalten beurteilt noch ein Wahrscheinlichkeitswert berechnet, sondern schlicht der aktuelle Status des Kunden zur Entscheidungsgrundlage gemacht.[25]

II. Systematik

§ 28b ist kein abschließender Tatbestand für die Regelung von Scoring. Die von der Norm nicht erfassten Verfahren sind somit nicht per se unzulässig. Ihre Rechtmäßigkeit richtet sich vielmehr nach den sonstigen Vorschriften – sofern man die betreffenden Verfahren nicht aus anderen Gründen für ausgeschlossen hält.[26] Als sonstige Vorschriften kommen sowohl die Einwilligung und die allgemeinen Erlaubnistatbestände des BDSG in Betracht[27] als auch Spezialvorschriften wie zum Beispiel § 10 Abs. 1 KWG.[28] **14**

1. Verhältnis von § 28b zur Einwilligung gemäß §§ 4, 4a

§ 28b regelt die Voraussetzungen für die Durchführung von Scoringverfahren, wie sie ohne Einwilligung des Betroffenen zulässig sind. Es bleibt der Vertragsfreiheit der Beteiligten überlassen, das Verfahren nach ihren Vorstellungen zu gestalten und sich dazu von den Tatbestandsbeschränkungen der Norm durch entsprechende zustimmende Erklärungen des Betroffenen zu lösen. **15**

2. Verhältnis zu § 6a

Gleichzeitig mit der Einführung des § 28b ist § 6a angepasst worden, der Entscheidungen, die ausschließlich auf einer automatisierten Verarbeitung personenbezogener Daten beruhen, dann untersagt, wenn die Entscheidungen für den Betroffenen eine rechtliche Folge nach sich ziehen oder ihn erheblich beeinträchtigen. **16**

Ausgenommen von diesem Verbot der automatisierten Einzelfallentscheidung sind zum einen Entscheidungen im Rahmen des Abschlusses oder der Erfüllung eines Vertragsverhältnisses oder eines sonstigen Rechtsverhältnisses, mit denen dem Begehren des Betroffenen stattgegeben wird (§ 6a Abs. 2 Nr. 1). Zum anderen steht der Automatisierung des Verfahrens dann nichts im Weg, wenn die Wahrung der berechtigten Interessen des Betroffenen durch geeignete Maßnahmen gewährleistet ist und dem Betroffenen von der verantwortlichen Stelle die Tatsache des Vorliegens einer Entscheidung mitgeteilt wird (§ 6a Abs. 2 Nr. 2). **17**

Zwar befassen sich sowohl § 6a als auch § 28b mit Verfahren zur Bewertung persönlicher Umstände.[29] Besonders aufeinander abgestimmt hat der Gesetzgeber beide Rechtschriften aber nicht[30]; sie sind daher selbstständig nebeneinander anwendbar. Soweit bei Scoringverfahren die Möglichkeit einer individuellen Plausibilitätsprüfung vorgesehen ist und der Betroffene die Möglichkeit hat, zu der Bewertung Stellung zu nehmen, steht § 6a dem Scoring im Rahmen von Wirtschaftsauskünften nicht entgegen. **18**

---

24 *Heinemann/Wäßle*, MMR 2010, 411.
25 A.A.: *Bergmann/Möhrle/Herb*, § 28b Rn. 21, die Scoring durch § 28b BDSG umfassend geregelt sehen.
26 Dies wäre für das Bewerberscoring der Fall, wenn man der Auffassung von Simitis/*Ehmann*, § 28b Rn. 2 ff., folgt, der in § 32 eine Sperrwirkung für Datenverarbeitungsverfahren in Beschäftigungsverhältnissen sieht und aus dem Umstand, dass § 28b Nr. 2 zwar auf §§ 28, 29, nicht aber auf § 32 Bezug nimmt, auf ein generelles Verbot von Bewerberscoringverfahren schließt. Ein Rückgriff auf andere Erlaubnistatbestände wäre für das Bewerberscoring dann nicht möglich; diese blieben generell unzulässig.
27 *Abel*, RDV 2009, 149.
28 Taeger/Gabel/*Mackenthun*, § 28b Rn. 40 ff.
29 *Gola/Schomerus*, § 6a Rn. 15-17.
30 *Schneider/Härting*, ZD 2011, 67.

> Sowohl um Kollisionen mit dem Verbot der automatisierten Einzelfallentscheidung in § 6a zu vermeiden als auch um dem Tatbestandsmerkmal „Entscheidung" in § 28b gerecht zu werden, sind die Geschäftsabläufe so zu organisieren, dass letztlich immer ein **menschlicher Entschluss** für die Bestimmung der Vertragskonditionen den Ausschlag gibt. Dafür reicht es bereits aus, wenn sich beispielsweise der zuständige Kreditsachbearbeiter entscheidet, einer automatisiert berechneten Systemempfehlung für eine Kreditvergabe zu folgen. Wichtig ist nur, dass er die tatsächliche Möglichkeit hat, Systemvorschläge zu hinterfragen.[31]

3. Verhältnis zu §§ 28, 29

19 § 28b legt Rahmenbedingungen für die Anwendung von Scoringverfahren fest, speziell für Art und Umfang der dafür zugelassenen Datengrundlage. Die Norm ergänzt damit §§ 28, 29 in Bezug auf die Verwendung und Übermittlung von Scorewerten; ein eigenständiger Erlaubnistatbestand für die Datenverarbeitung im Sinn von § 4 Abs. 1 ist § 28b nicht.[32]

20 § 28 ist somit von der verantwortlichen Stelle, die für ihre eigenen Zwecke Scores berechnet oder von gemäß § 11 beauftragten Dienstleistern berechnen lässt („**internes Scoring**"), zusätzlich zu beachten, während Auskunfteien, die geschäftsmäßig Scoring betreiben („**externes Scoring**"), dies nur unter den weiteren Voraussetzungen des § 29 dürfen.[33]

4. Verhältnis zu § 34

21 Mit der Einführung des § 28b wurde § 34 um korrespondierende Auskunftsansprüche ergänzt. Diese betreffen die **Nutzer** von Scoringverfahren (§ 34 Abs. 2) ebenso wie **Auskunfteien**, die Scorewerte an Nutzer übermitteln (§ 34 Abs. 4).

5. Verhältnis zu § 35

22 Seit dem 01.04.2010 schreibt das Gesetz in § 35 Abs. 1 Satz 2 vor, dass Schätzdaten (beispielsweise branchenübliche Durchschnittswerte) als solche kenntlich zu machen sind. Der Betroffene soll davor geschützt werden, dass geschätzte Daten über seine Person als Fakten verbreitet werden, und der Empfänger davor, lediglich geschätzte Daten als Fakten missverstehen.[34] Weitere Beschränkungen ergeben sich aus der Pflicht zur Kenntlichmachung nicht. Insbesondere dürfen Schätzdaten auch für Scoringverfahren verwendet werden (siehe unten Rn. 32).

Daraus ergibt sich im Umkehrschluss, dass durch Scoringverfahren gewonnene Erkenntnisse keine Schätzdaten im Sinn des Gesetzes sind. Score darf sich nur nennen, was die Tatbestandsvoraussetzungen des § 28b erfüllt. Für die Ermittlung von Schätzdaten gibt es hingegen keine besonderen Anforderungen.[35] Folgerichtig erstreckt sich die Pflicht zur Kenntlichmachung in § 35 nur auf geschätzte Daten, nicht jedoch auf Scores.

6. Verhältnis zu § 10 KWG

23 Vorgaben für die automatisierte Ermittlung von Ausfallrisiken anhand der Verarbeitung personenbezogener Daten enthält auch § 10 Abs. 1 Satz 2 KWG. Als Spezialvorschrift aus dem Bankenaufsichtsrecht und eigenständige Ermächtigungsgrundlage für das interne Scoring durch Kreditinstitute[36] ist die Norm jedoch in ihrem persönlichen Anwendungsbereich auf die Adressaten des KWG und sachlich auf den

---

31 Vgl. Albrecht/Karahan/Lenenbach/*Gürtler*, Rn. 328. Die Auffassung von *Möller/Florax*, MMR 2002, 810, dass Vorgaben an den Kreditsachbearbeiter für den Score keine freie Entscheidung ermöglichen und faktisch einer automatischen Ablehnung gleichkommen, ist zu eng. Sie verkennt, dass ein Sachbearbeiter auch ohne den Einsatz von Scoringverfahren über eine Kreditvergabe nie völlig frei entscheiden kann, sondern stets sowohl an fachliche als auch betriebliche Vergaberichtlinien gebunden sein wird.

32 Simitis/*Ehmann*, § 28b Rn. 1; *Gola/Schomerus*, § 28b Rn. 2.

33 *Gola/Schomerus*, § 28b Rn. 2; Taeger/Gabel/*Mackenthun*, § 28b Rn. 1.

34 Vgl. Gesetzesbegründung, BT-Drs. 16/10529, S. 18.

35 Ebenso Kamlah/*Plath*, § 35 Rn. 12; a.A. *Schaffland/Wiltfang*, § 35 Rn. 4a; *Gola/Schomerus*, § 35 Rn. 6a.

36 Vgl. *Helfrich*, S. 191; *Hoeren*, RDV 2007, 95.

Zweck der Beurteilung einer angemessenen Eigenmittelausstattung beschränkt. § 28b sollte daran nichts ändern;[37] weitere Abstimmungen der Tatbestände zueinander ist der Gesetzgeber indes bisher schuldig geblieben.[38] Somit schließen die allgemeinen Regelungen zum Scoring in § 28b und die bankspezifischen in § 10 KWG einander nicht aus, sondern sind unabhängig voneinander zu beachten, je nach dem, welchen Zweck die scoreermittelnde Stelle mir ihrer jeweiligen Berechnung im Einzelfall verfolgt.[39] Sind die Sachverhalte identisch, geht § 10 KWG als die fachlich speziellere Norm wegen des gemäß § 1 Abs. 3 Satz 1 für die Anwendung des Datenschutzrechts geltenden Subsidiaritätsprinzips den Vorschriften des BDSG vor.[40]

Dissonanzen aus dem Verhältnis der beiden Scoringtatbestände in der praktischen Anwendung – beispielsweise eine aufwendige und im Licht des Datensparsamkeitsgrundsatzes (§ 3a) rechtlich bedenkliche Doppel-Datenverarbeitung[41] oder unterschiedliche Verfahrensbewertungen durch die für das Datenschutzrecht auf der einen und das Bankaufsichtsrecht auf der anderen Seite zuständigen Aufsichtsbehörden[42] – sind als Folge der fehlenden gesetzlichen Abgrenzung zwischen § 28b und § 10 KWG gleichwohl nicht auszuschließen. 24

III. Ausblick auf künftige Entwicklungen in Bezug auf § 28b

1. Ausblick auf die Novellierung des europäischen Datenschutzrechts

Im Vorschlag der Europäischen Kommission für eine EU-Datenschutz-Grundverordnung vom 25.01.2012[43] erscheint der Begriff des Scorings nicht. Stattdessen wird in Art. 20 mit „**Profiling**" eine neue Bezeichnung eingeführt. Art. 20 Abs. 1 untersagt – vergleichbar mit § 6a Abs. 1 – automatisierte Einzelfallentscheidungen zulasten natürlicher Personen. Grundlegende Zulässigkeitsvoraussetzungen für Profiling formuliert Art. 20 Abs. 2. Profilbildungen sollen demnach nur aufgrund einer Einwilligung, eines gesetzlichen Erlaubnistatbestands oder im Rahmen des Abschlusses oder der Erfüllung eines Vertrags mit dem Betroffenen gestattet sein. Nicht erkennen lässt der Verordnungsvorschlag die Reichweite des Profilingbegriffs.[44] Offen bleibt insbesondere, ob unter Profiling auch Scoringverfahren im Sinn von § 28b zu verstehen sind.[45] Profiling war bisher eher ein Synonym für die systematische Auswertung des Verhaltens der Nutzer von Onlineshops und sozialen Netzwerken.[46] Diese Begriffsbestimmung käme der Zielrichtung der Datenschutz-Grundverordnung auch eher entgegen als die pauschale und umfassende Einbeziehung jedes Prognoseverhaltens in die Profiling-Voraussetzungen. Sollten Scoringverfahren nicht als Profiling gelten, stellt sich allerdings die Frage, auf welcher Rechtsgrundlage Scoring stattdessen künftig stattfinden kann. Denkbar ist entweder eine Anwendung der allgemeinen Vorschriften der Verordnung oder ein Rückgriff auf § 28b BDSG, wenn dafür eine entsprechende nationale Öffnungsklausel vorgesehen wird. 25

Ebenso unklar sind bislang die Auswirkungen der geplanten EU-Datenschutzregelungen auf das gewerbliche Auskunfteigeschäft und wieweit dieses, wenn es im Drittinteresse ausgeübt wird, reglementiert und beispielsweise generell nur noch gegen Einwilligung zulässig sein soll (siehe auch § 28a Rn. 15). 26

37 Vgl. Gesetzesbegründung, BT-Drs. 16/10529, S. 16.
38 Simitis/*Ehmann*, § 28b Rn. 19; Albrecht/Karahan/Lenenbach/*Gürtler*, Rn. 324.
39 Vgl. *Bergmann/Möhrle/Herb*, § 28b Rn. 54 f.; Simitis/*Ehmann*, § 28b Rn. 18.
40 Albrecht/Karahan/Lenenbach/*Gürtler*, Rn. 325.
41 Vgl. Simitis/*Ehmann*, § 28b Rn. 19.
42 Vgl. Albrecht/Karahan/Lenenbach/*Gürtler*, Rn. 325.
43 Amtsblatt Nr. L 281 vom 23.11.1995 S. 31, siehe: http://ec.europa.eu/justice/data-protection/document/review2012/com_2012_11_de.pdf.
44 Vgl. *Rogall-Grothe*, ZRP 2012, 194.
45 Der Kompromissvorschlag des Ausschusses für Bürgerliche Freiheiten, Justiz und Inneres des Europäischen Parlaments („LIBE Committee") vom 21.10.2013 wird deutlicher. Dort ist ausdrücklich von „profiling for the purposes of credit scoring" die Rede, vgl. Committee on Civil Liberties, Justice and Home Affairs, Report on the proposal for a regulation of the European Parliament and of the Council on the protection of individuals with regard to the processing of personal data and on the free movement of such data (General Data Protection Regulation) (COM(2012)0011 – C7 0025/2012 – 2012/0011(COD)) vom 21.11.2013, Az. A7-0402/2013, Amendment 183.
46 Vgl. *Härting*, Internetrecht, S. 627.

2. Auswirkungen durch Regulierungsvorschriften zu Ratingagenturen

27 Mit dem Ziel einer stärkeren Regulierung des Finanzmarkts hatte die Europäische Kommission am 15.11.2011 Vorschläge für eine Änderung der Regelungen für Ratingagenturen vorgelegt, unter anderem mit dem Ziel, diese für von ihnen erstellte Bewertungen stärker haften zu lassen.[47] Daraufhin ist am 20.06.2013 die Verordnung (EU) Nr. 462/2013 zur Änderung der Verordnung (EG) Nr. 1060/2009 über Ratingagenturen in Kraft getreten.[48] Ratingagenturen sind gemäß Art. 3 Abs. 1b der Verordnung (EG) Nr. 1060/2009 vom 16.09.2009.[49] Stellen, die gewerbsmäßig Ratings im Sinn der Verordnung abgeben. Ratings wiederum sind gemäß Art. 3 Abs. 1a bezeichnet als Bonitätsurteile in Bezug auf ein Unternehmen, einen Schuldtitel oder eine finanzielle Verbindlichkeit, eine Schuldverschreibung, eine Vorzugsaktie oder ein anderes Finanzinstrument oder den Emittenten derartiger Schuldtitel. Verbraucher- und unternehmensbezogene Kreditpunkte- und vergleichbare Scorebewertungen werden gemäß Art. 2 Abs. 2b der Verordnung von ihrem Regelungsbereich nicht erfasst. Schon der **inhaltliche Bezugspunkt** eines Ratings ist damit ein völlig anderer als bei Scoring im Sinn von §§ 28b i.V.m. § 3 Abs. 1, dessen Gegenstand sich auf die statistisch-mathematische Berechnung einer Wahrscheinlichkeitsprognose zum Verhalten einer Person beschränkt.

28 Weitere Unterschiede zwischen Rating und Scoring betreffen

- die **Erstellung**: Die Berechnung von Scorewerten im Sinn des § 28b geschieht typischerweise fortlaufend, automatisiert und ist auf Abrufe im Massenverfahren ausgelegt. Ratings dagegen sind zeitlich punktuelle Darstellungen aufgrund einer individuellen Betrachtung des zu bewertenden Instruments beziehungsweise Subjekts;
- die **Vertragsbeziehungen**: Die scorebildende Stelle hat keine abhängige Vertragsbeziehung zur gescorten Person, sondern wird im Rahmen eines entgeltlichen Auskunftsvertrags mit dem Bezieher des Scores tätig; Ratingagenturen werden typischerweise von den Emittenten eines Finanzprodukts beauftragt, die die ihr Produkt bewertende Agentur selbst auswählen und vergüten. Ratings kommen damit einem bezahlten Gutachten gleich;
- die **Verbreitung**: Während Scores als personenbezogenes Datum nur für denjenigen zugänglich sind, der für jeden Einzelfall ein berechtigtes Interesse glaubhaft darlegt, gibt es eine solche Berechtigungsschranke für Ratings, die in der Regel veröffentlicht werden, nicht;
- die **behördliche Kontrolle**: Die scorebildenden Stellen unterliegen gemäß § 38 der Kontrolle durch die Datenschutzaufsichtsbehörden; für Ratingagenturen sind dagegen die European Securities and Markets Authority (ESMA) beziehungsweise die Bundesanstalt für Finanzdienstleistungsaufsicht (BaFin) zuständig.

29 Ratings und Ratingagenturen im Sinn der EU-Vorschriften sind folglich nicht identisch mit Scoringverfahren und den verantwortlichen Stellen gemäß § 28b. Etwaige europarechtliche Haftungsverschärfungen für Ratingagenturen betreffen Scoringverfahren nach § 28b nicht.[50]

---

47 Vorschlag für eine Verordnung des Europäischen Parlaments und des Rates zur Änderung der Verordnung (EG) Nr. 1060/2009 über Ratingagenturen v. 15.11.2011, KOM (2011) 747; vgl. insbesondere Art. 35a des Verordnungsvorschlags, der vorsieht, dass Ratingagenturen für Schäden aus vorsätzlichen oder grob fahrlässigen Pflichtverstößen bei der Ratingerstellung haften, die Anleger im Vertrauen auf ein solches Rating beim Erwerb des bewerteten Instruments erleiden.

48 Verordnung (EU) Nr. 462/2013 des Europäischen Parlaments und des Rates vom 21.05.2013 zur Änderung der Verordnung (EG) Nr. 1060/2009 über Ratingagenturen, Amtsblatt der Europäischen Union Nr. L 146 vom 31.05.2013.

49 Verordnung (EG) Nr. 1060/2009 des Europäischen Parlaments und des Rates vom 16.09.2009 über Ratingagenturen, Amtsblatt der Europäischen Union Nr. L 302/1 vom 17.11.2009.

50 Zur Abgrenzung der Begriffe Rating und Scoring, siehe auch *Gürtler/Kriese*, RDV 2010, 47-60; zur Aussagekraft von Scorings auch *Metz*, VuR 2009, 403-408.

Im praktischen Alltag ist der Gebrauch und die Bedeutung der Begriffe „Scoring" und „Rating" bisweilen unscharf. Um Fehlvorstellungen der Verwender – besonders über die Aufsichts- und Haftungsmaßstäbe – vorzubeugen, sollte Scoring auch als solches bezeichnet und auf den Begriff Rating im Zusammenhang mit Verfahren nach § 28b möglichst verzichtet werden. Ein klarstellender Hinweis auf die Rechtsnatur des Verfahrens, beispielsweise im Rahmen von AGB, ist sinnvoll (siehe Formulierungsvorschlag Rn. 81).

B. Inhalt der Regelung

I. Allgemeine Anforderungen an die Datenbasis, § 28b Nr. 1

1. Erheblichkeit der Daten

Ein Score darf nur mit solchen Daten berechnet werden, die für die Aussage über die Wahrscheinlichkeit des mit dem Score beurteilten Verhaltens erheblich sind. Die Erheblichkeit muss durch mathematisch-statistische Verfahren belegbar sein, die ihrerseits wissenschaftlich anerkannt sein müssen. Darüber hinaus schließt § 28b keine bestimmte Art von Datenkategorien aus.[51] Auch ein Personenbezug der zur Berechnung herangezogenen Daten ist nicht erforderlich.[52] Die Norm erfasst damit grundsätzlich alle bei der Durchführung des Scoringverfahrens verwendeten Daten, deren Relevanz die verantwortliche Stelle nachweisen kann.[53] **30**

a) Richtigkeit der Daten

Der Wortlaut lässt offen, was erhebliche oder unerhebliche Daten sind. Dem systematischen Zusammenhang des § 28b mit § 35 Abs. 1 Satz 1 ist zu entnehmen, dass erkennbar unrichtige Daten in jedem Fall als unerheblich im Sinn von § 28b Nr. 1 zu gelten haben, da unrichtige Daten generell nicht verarbeitet werden dürfen.[54] **31**

b) Schätzdaten

Die Voraussetzung der Richtigkeit der Daten ist nicht gleichbedeutend mit absoluter Wahrheit. Auch **mathematisch „unwahre" Werte**, insbesondere auf Personen- oder Branchengruppen beruhende Erfahrungen, Näherungswerte und vergleichbare geschätzte Daten, dürfen grundsätzlich verarbeitet werden, wie sich aus § 35 Abs. 1 Satz 2 ableiten lässt. **32**

Beispiele für solche Schätzdaten sind:

- vermutete Umsatzzahlen aufgrund von Branchenvergleichen,
- Rückschlüsse vom Vornamen einer Person auf ihr Alter, Schlussfolgerungen von der Tatsache des Bestehens eines Festnetztelefonanschlusses auf den Familienstand.

Nicht verarbeitet werden dürfen Schätzdaten, bei denen der angenommene Sachverhalt widerlegt ist, weil sie dann unrichtig im Sinn von § 35 Abs. 1 Satz 1 sind (siehe oben Rn. 31). Unbeschadet davon reicht die Verarbeitungsbefugnis unverifizierter Daten freilich nur so weit, wie nicht die Grenze zu reiner **Spekulation** überschritten ist. Voraussetzung für die Verwendung von geschätzten Daten ist somit stets, dass sich ein statistischer Zusammenhang zwischen dem betreffenden Merkmal und der aus ihm gezogenen (unterstellten) Schlussfolgerung schlüssig darlegen lässt. **33**

Kein Hinderungsgrund für die Verwendung von Schätzdaten ist dagegen, dass die Verarbeitung von Näherungswerten die Aussagekraft beziehungsweise Genauigkeit des Scores möglicherweise aufweicht. Es **34**

51 Vgl. Simitis/*Ehmann*, § 28b Rn. 61.
52 Vgl. Simitis/*Ehmann*, § 28b Rn. 48.
53 Vgl. Simitis/*Ehmann*, § 28b Rn. 37; Taeger/Gabel/*Mackenthun*, § 28b Rn. 18 und 20.
54 Ein berechtigtes Interesse kann nur an der Übermittlung richtiger Daten bestehen, vgl. *Beckhusen*, BKR 2005, 339.

ist nicht Aufgabe der scoreermittelnden Stelle, nur solche Scores anzubieten, die einen bestimmten Grad an **Prognosegenauigkeit** erfüllen.[55] Auch das Gesetz stellt in dieser Hinsicht keine besonderen Forderungen auf. Die Entscheidung, ob ihm ein Verfahren für seine Zwecke hinreichend genau erscheint und ein Score für die Bewertung seiner konkreten Geschäftsabsichten hilfreich ist, trifft vielmehr autark der Verwender des Scores. Welche Aussagekraft der Verwender einem Score zumisst, bleibt seiner freien Würdigung überlassen. Das Gesetz erleichtert seine Bewertung der Scoregenauigkeit in hinreichender Weise durch das Gebot der Kennzeichnung verwendeter Schätzdaten (siehe § 35 Abs. 1 Satz 2).

c) Konditionen- und sonstige Anfragen

35 Nicht in die Scoreberechnung einfließen dürfen Konditionenanfragen, weil diese gemäß §§ 28a Abs. 2 Satz 4, 29 Abs. 2 Auskunfteien nicht zur Übermittlung an Dritte gemeldet werden dürfen. Im Umkehrschluss ergibt sich daraus, dass Informationen über sonstige (verbindliche) Anfragen des Betroffenen, die nicht reine Konditionenanfragen sind, als Datenbasis für die Scorebildung zugelassen sind.

d) Diskriminierende Merkmale

36 Fraglich ist, ob sich unter Berufung auf den angeblich diskriminierenden Charakter einer Information die Berücksichtigung bestimmter Daten bei der Scoreberechnung untersagen lässt. Als diskriminierende Merkmale kommen in erster Linie die besonders sensiblen personenbezogenen Daten gemäß § 3 Abs. 9 und die Benachteiligungsgründe aus § 1 AGG in Betracht.

aa) Besondere personenbezogene Daten gemäß § 3 Abs. 9

37 Die Verarbeitung der in § 3 Abs. 9 genannten besonderen Arten personenbezogener Daten ist gemäß § 28 Abs. 6 bis 8 nur für eigene Zwecke der verantwortlichen Stelle und nur unter den dort genannten weiteren engen Voraussetzungen erlaubt. Da die scoreberechnende Stelle häufig eine Auskunftei sein dürfte, die als solche typischerweise im Drittinteresse tätig wird, fehlt es regelmäßig schon an der Voraussetzung der Verwendung für eigene Geschäftszwecke. Insofern wäre für eine Verwendung der Daten nach § 3 Abs. 9 in jedem Fall eine Einwilligung nötig, deren Freiwilligkeit jedoch oftmals infrage stehen dürfte.[56]

38 Unabhängig davon ist die Aussagekraft der von § 3 Abs. 9 besonders geschützten Daten – rassische und ethnische Herkunft, politische Meinungen, religiöse oder philosophische Überzeugungen, Gewerkschaftszugehörigkeit, Gesundheit und Sexualleben – für die Berechnung von Kreditscores ohnehin zweifelhaft. Diese Merkmale spielen demgemäß bei der Scorebildung praktisch keine Rolle[57].

bb) Benachteiligungsgründe gemäß § 1 AGG

39 Weitgehend deckungsgleich mit den in § 3 Abs. 9 genannten Daten sind die Benachteiligungsgründe in § 1 AGG. Hinzu kommen hier noch die Merkmale Geschlecht, Alter und Behinderung. Während Letzterem ebenfalls die grundsätzliche Relevanz für Scoreberechnungen fehlen dürfte, sieht dies bei der Information zum Lebensalter einer Person anders aus.

40 Schutzzweck des AGG ist jedoch die Verhinderung von Benachteiligungen bei selbstständiger Erwerbstätigkeit und dem beruflichen Aufstieg (§ 2 Abs. 1 Nr. 1 AGG). Schon deshalb passt es auf datenschutzrechtliche Scoringverfahren nicht.

---

55 Siehe auch Simitis/*Ehmann*, § 28b Rn. 29 ff., der die Forderung nach einer ausschließlichen Berücksichtigung solcher Daten, bei denen eine bestimmte Treffsicherheit für die Verhaltensprognose empirisch nachgewiesen ist, zu Recht als irreführenden Ansatz bewertet. Diese Auffassung verkenne, dass Scoringverfahren nicht den Anspruch haben (können), fehlerfrei jeden Einzelfall richtig vorherzusagen, und dass eine statistisch ermittelte Wahrscheinlichkeitsaussage nicht dadurch falsch wird, dass sich der Betroffene später tatsächlich anders verhält.

56 Vgl. Däubler/Klebe/Wedde/Weichert/*Weichert*, § 28b Rn. 10.

57 *Abel*, RDV 2006, 113; *Hoeren*, RDV 2007, 97; siehe auch *Hessische Landesregierung*, 17. Tätigkeitsbericht über die Tätigkeit der für den Datenschutz im nicht öffentlichen Bereich zuständigen Aufsichtsbehörden vom 15.2.2005, Dr. 16/3650, Ziff. 6.1 (S. 11), wonach bei der SCHUFA beispielsweise die Nationalität nicht gespeichert wird.

Darüber hinaus wird Scoring durch Erfahrung gelehrt. Haben beispielsweise frühere Beobachtungen ergeben, dass eine über 30-jährige mit größerer Wahrscheinlichkeit einen Kredit zurückzahlen wird als ein unter 20-jähriger, ist das keine nachteilige Behinderung im Sinn einer willentlichen Schlechterstellung bestimmter Eigenschaften (Alter, Geschlecht), sondern eine rein statistische Tatsache als Ergebnis eines mathematischen Verteilungsverfahrens. Werden bei Ratenzahlungsverkäufen an unverheiratete Paare häufiger Zahlungsausfälle als bei Verheirateten festgestellt, ist die Angabe zum Familienstand statistisch erheblich.[58] Durch eine Zuordnung in auf Basis solcher und anderer Erfahrungsgrößen ermittelte Vergleichsgruppen wird niemand benachteiligt. Denn mathematisch-statistische Anwendungen arbeiten vom ihrem Wesen her stets vorurteilsfrei.[59] 41

Das Diskriminierungsmoment ist dem Scoring auch deshalb fremd, weil der Score als solcher – ohne Ansehen der Person – nur eine Einstufung auf einer Punkteskala ist, der eine Beziehung des gescorten Verhaltens im Verhältnis zu dessen Umfeld ausdrückt. Die eigentliche Entscheidung erfolgt erst nachgelagert durch den Anwender. Allenfalls an diesen können sich Antidiskriminierungsvorschriften richten, nicht an den Berechner des Scores. 42

Der Gesetzgeber hat für die zulässige Datenverwendung notwendige Voraussetzungen in § 28b abschließend festgelegt, zu denen unter anderem die Erheblichkeit der Daten gehört. Es gibt weder einen sachlichen Anlass, noch findet es eine Stütze im Gesetz, wenn für Merkmale, die diese Bedingungen erfüllen, über das Vehikel einer Diskriminierungsbehauptung weitere Zulässigkeitshürden errichtet werden. Ausschlaggebend für die Zulässigkeit der Datenverwendung kann nur die mathematisch-statistische Aussagekraft sein, nicht subjektive Empfindungen über ihre Angemessenheit.[60] Wenn sich eine statistische Schlüssigkeit gemäß § 28b Nr. 1 darlegen lässt, kann die Verarbeitung des betroffenen Datenfeldes deshalb nicht unter Verweis auf einen diskriminierenden Charakter der Information beschränkt werden.[61] 43

Die Gegenansicht verkennt, dass andernfalls der Diskriminierung sogar Vorschub geleistet würde. Denn Scoringergebnisse würden sehendes Auges verfälscht, wenn die verantwortlichen Stellen gezwungen wären, ihre Scores bewusst auf unvollständiger Datenbasis zu berechnen, obwohl die statistische Relevanz einzelner Merkmale für die Wahrscheinlichkeit eines bestimmten Verhaltens nachgewiesen ist.[62] 44

II. Beachtung der sonstigen Zulässigkeitsvoraussetzungen für internes und externes Scoring, § 28b Nr. 2

§ 28b Nr. 2 bestimmt, dass bei Scorewertberechnungen durch Auskunfteien die Voraussetzungen der zulässigen Datenübermittlung zu geschäftsmäßigen Zwecken gemäß § 29 vorliegen müssen, bei Berechnungen durch andere Stellen als Auskunfteien die Voraussetzungen der zulässigen Eigennutzung der Daten nach § 28. Damit ist klargestellt, dass sowohl die Berechnung von Scorewerten durch die verantwortliche Stelle selbst (internes Scoring) als auch die Verwendung von Scorewerten, die von dritter Stelle – beispielsweise einer Auskunftei – bezogen werden (externes Scoring), rechtmäßig ist. Besondere Zulässigkeitsvoraussetzungen für das interne oder externe Scoring stellt § 28b Nr. 2 darüber hinaus nicht auf. Durch den Verweis gelten die üblichen Bedingungen von § 28 für das interne und § 29 für das externe Scoring.[63] 45

1. Internes Scoring

Hauseigene Scoringverfahren sind Datenverarbeitungen zur Erfüllung eigener Geschäftszwecke. Die Zulässigkeit der dabei anfallenden Verarbeitungsschritte, namentlich die Erhebung der Datenbasis, die Berechnung des Scorewerts und die Verwendung des Scores, richtet sich nach § 28. 46

58 Taeger/Gabel/*Mackenthun*, § 28b Rn. 18.
59 *Abel*, RDV 2006, 108, 113.
60 Siehe auch Simitis/*Ehmann*, § 28b Rn. 37.
61 Ebenso Plath/*Kamlah*, § 28b Rn. 27; a.A.: *Bergmann/Möhrle/Herb*, § 28b Rn. 29; Däubler/Klebe/Wedde/Weichert/*Weichert*, § 28b Rn. 6.
62 Vgl. Simitis/*Ehmann*, § 28b Rn. 14; *Helfrich*, S. 135.
63 § 28b Nr. 2 BDSG ist lediglich eine Rechtsgrundverweisung, vgl. Simitis/*Ehmann*, § 28b Rn. 60.

a) Internes Scoring im Interesse der ordnungsgemäßen Abwicklung eines Schuldverhältnisses, § 28 Abs. 1 Satz 1 Nr. 1

47 Die Vorschrift gestattet in Abs. 1 Satz 1 Nr. 1 die Erhebung von Daten und ihre Eigennutzung zunächst allgemein soweit, wie es für die Begründung, Durchführung oder Beendigung eines Schuldverhältnisses erforderlich ist. Erforderlich in diesem Sinn ist alles, ohne das sich die Geschäftsbeziehung nicht sinnvoll abwickeln lässt.[64] Schon der Umfang und die Notwendigkeit von Bonitätsprüfungen im täglichen Massengeschäftsverkehr (man denke nur an die vielen Geschäftsabschlüsse im Internet, die ohne Bonitätsbewertungen aufgrund ihrer weitgehenden Anonymität kaum denkbar wären) spricht dafür, Einschätzungen über das Zahlungsverhalten als genauso essenziell anzusehen wie beispielsweise die Identitäts- und Kontaktdaten des Vertragspartners. Ebenso wie der Umgang mit diesen Stammdaten ist die Verarbeitung von Bonitätsdaten daher als Fall der erforderlichen Datenverarbeitung im Sinn von § 28 Abs. 1 Satz 1 Nr. 1 anzusehen.[65]

b) Internes Scoring im Interesse der verantwortlichen Stelle, § 28 Abs. 1 Satz 1 Nr. 2

48 Darüber hinaus gestattet § 28 Abs. 1 Satz 1 Nr. 2 die eigene Datenverarbeitung auch abseits der Abwicklung von Schuldverhältnissen, wenn sie im erforderlichen Interesse der verantwortlichen Stelle liegt und entgegenstehende überwiegende schutzwürdige Belange des Betroffenen nicht ersichtlich sind. Das Informationsinteresse eines jeden Wirtschaftsteilnehmers, Erfolg, Misserfolg und Ausfallrisiken von Geschäftspartnern durch deren Bewertung kalkulieren zu dürfen, ist als berechtigtes Interesse anerkannt.[66] Will der Betroffene dies ausschließen, muss er mehr einwenden können als den bloßen Wunsch, nicht gescort zu werden. Bei Beachtung aller übrigen Zulässigkeitsvoraussetzungen für ein ordnungsgemäßes Scoringverfahren durch die verantwortliche Stelle sind entgegenstehende Betroffeneninteressen ansonsten nicht ersichtlich und die Datenerhebung, Scoreberechnung und Scoreverwendung (auch) gemäß Nr. 2 zulässig.[67]

2. Externes Scoring

49 Bei geschäftsmäßig betriebenen Scoringverfahren durch eine externe Stelle gibt es Verarbeitungsstufen auf zwei Seiten. Auf der einen steht der Scoreverwender, der eine Bewertung über eine bestimmte Person anfragt und dazu Daten an einen Dritten (Auskunftei) übermittelt. Auf der anderen Seite steht die Auskunftei, die Daten des Anfragenden erhebt, speichert, im Zuge einer Scoreberechnung verarbeitet und schließlich den Score als Ergebnis des Ganzen an den anfragenden Verwender übermittelt.

a) „Echtes" externes Scoring

50 Externes Scoring im engeren Sinn („echtes" externes Scoring) zeichnet sich dadurch aus, dass der Auskunftei von der anfragenden Stelle zahlungsverhaltensrelevante Informationen über den Betroffenen übermittelt werden, die die Auskunftei in den eigenen Datenbestand übernehmen kann. Die Auskunftei erhält also ein eigenes Verwendungsrecht an den Daten. Die aus der Datenverarbeitung gewonnenen Erkenntnisse und Scores werden nicht nur demjenigen zur Verfügung gestellt, der die Datenbasis im konkreten Einzelfall bereitgestellt hat. Sie können darüber hinaus auch von jedem anderen Kunden der Auskunftei im Rahmen seines jeweiligen Auskunftsvertrags abgerufen werden, auch ohne dass dieser Kunde zuvor selbst Daten zu der angefragten Person eingemeldet hat.

51 Die Rechtsgrundlagen für die Verfahrensschritte bei diesem externen Scoring sind:

- § 28 Abs. 1 Nr. 2 beziehungsweise – soweit personenbezogene Daten über eine Forderung betroffen sind – § 28a Abs. 1 und 2 für den **Transfer des Datenmaterials** an die Auskunftei durch die anfragende Stelle;

---

64 *Wäßle/Heinemann*, CR 2010, 414.
65 Vgl. *Koch*, MMR 1998, 458 f.
66 Vgl. *Abel*, RDV 2006, 111; *Hoeren*, RDV 2007, 95; *Koch*, MMR 1998, 458.
67 Vgl. *Hoeren*, RDV 2007, 95; *Koch*, MMR 1998, 459.

- § 29 Abs. 1 Nr. 1 oder Nr. 3 für die **Speicherung und Scoreberechnung** durch die Auskunftei. Die Zulässigkeitsalternative in Nr. 1 scheidet nur aus, wenn Grund zu der Annahme schutzwürdigerer Gegeninteressen des Betroffenen besteht. Ist die vorgeschaltete Datenübermittlung an die externe Stelle mangels solcher Gegeninteressen gemäß § 28 Abs. 1 Nr. 2 zulässig gewesen, muss dies naturgemäß auch auf die weitere Verarbeitung durch die externe Stelle zutreffen, da sich die Bewertung der Interessenlage von der einen zur anderen Verarbeitungsstufe in der Zwischenzeit nicht ändert.[68] Entsprechendes gilt für die Zulässigkeitsalternative in § 29 Abs. 1 Nr. 3, die nur die Kehrseite der Medaille des § 28a und somit bereits dann erfüllt ist, wenn der Einmelder personenbezogene Forderungsdaten übermittelt und dafür die Voraussetzungen des § 28a eingehalten hat;[69]
- § 29 Abs. 2 für die **Übermittlung des Scores** an den Anwender, wofür zwei Aspekte zu beachten sind. So darf die externe Stelle den erbetenen Score mitteilen, wenn zum einen der Anfragende ein berechtigtes Interesse am Erhalt der Daten glaubhaft dargelegt hat (§ 29 Abs. 2 Nr. 1) und zum anderen kein Grund zu der Annahme eines entgegenstehenden schutzwürdigen Interesses des von der Scoreberechnung Betroffenen besteht (§ 29 Abs. 2 Nr. 2). Für diese letzte Verarbeitungsstufe gelten dieselben Maßstäbe wie für die vorangegangenen: Seitens des Scoreanwenders genügt die Absicht, die erhaltenen Daten zu Risikobewertungszwecken einsetzen zu wollen.[70] Im Übrigen ist die Interessenlage unverändert, das heißt bei einer zulässigen Datenübermittlung an die externe Stelle und einer zulässigen Speicherung und Verarbeitung dort kann die Übermittlung des Verarbeitungsergebnisses an den Anfragenden mangels neu hinzugetretener Interessen nicht plötzlich unzulässig sein (Erst-Recht-Schluss).[71]

b) „Unechtes" externes Scoring

Liefert der Scoreanwender einer externen Stelle personenbezogene Daten mit der Weisung, daraus für ihn einen Score zu berechnen, ohne dass die externe Stelle berechtigt wird, die Daten in den eigenen Bestand zu übernehmen und weiteren Dritten daraus ebenfalls Auskünfte zu erteilen, ist die Rechtsbeziehung zwischen Anwender und externer Stelle lediglich eine **Auftragsdatenverarbeitung** im Sinn von § 11. Wegen der Rechtsnatur der Auftragsdatenverarbeitung gibt es in diesem Fall – zumindest datenschutzrechtlich – keine eigenständige externe Stelle und damit auch kein „externes Scoring". Was nach außen wie ein Verfahren mit Drittbeteiligung aussieht, ist wegen der „Rechtlosigkeit" des weisungsgebundenen Dritten aus Datenschutzsicht ein rein internes Verfahren des Scoreanwenders mit einer lediglich ausgelagerten Berechnungsstelle als „verlängerte Werkbank". Der Verantwortliche für das gesamte Verarbeitungsverfahren bleibt demzufolge der Scoreanwender. Damit existiert auch keine geschäftsmäßige Datenverarbeitung im Drittinteresse, sodass § 29 in solchen Konstellationen keine Rolle spielt.[72] **52**

3. Erheblichkeitsnachweis durch wissenschaftliche Anerkennung des Verfahrens

Die Erheblichkeit der Daten für die Scoreberechnung muss sich durch ein wissenschaftlich anerkanntes Verfahren belegen lassen. **53**

Gründe, die diese Anerkennung ausschließen, nennt das Gesetz nicht. Auch bestimmte Verfahrensarten werden nicht vorgeschrieben. Wer einen Score berechnet, ist folglich grundsätzlich frei in der Entwicklung seiner Scorekarte, der Wahl seiner Methoden, der verwendeten Daten und ihrer Gewichtung. Auf der Hand liegt, dass zum Schutz vor Willkür solche Methoden nicht anzuerkennen sind, deren Plausibilität und statistische Relevanz beim besten Willen nicht erkennbar sind. Die in den Score einfließenden Faktoren müssen vielmehr geeignet sein, aufgrund einer Analyse von Werten aus der Vergangenheit eine **54**

---

68 Vgl. *Kamlah*, MMR 1999, 399.
69 *Wäßle/Heinemann*, CR 2010, 415.
70 Vgl. *Abel*, RDV 2006, 111.
71 Vgl. *Wäßle/Heinemann*, CR 2010, 415; *Kamlah*, MMR 1999, 395.
72 Vgl. *Bergmann/Möhrle/Herb*, § 28b Rn. 15; Simitis/*Ehmann*, § 28b Rn. 58; *Hoeren*, RDV 2007, 96.

Verhaltensprojektion für die Zukunft zu erlauben und die Errechnung eines trennscharfen Scores zu ermöglichen.[73]

55 Mit der Forderung nach wissenschaftlicher Anerkennung stellt der Gesetzgeber geringere Anforderungen, als er dies beispielsweise an anderer Stelle tut, wenn er Bedingungen wie „wissenschaftlich abgesichert"[74] oder „allgemein wissenschaftlich anerkannt"[75] vorgibt. Für die Anerkennung des Verfahrens ist es ausreichend, wenn ein Dritter die Berechnungsmethode nachvollziehen kann und sie aus seiner Sicht zur Problemlösung geeignet ist. Der Wissenschaftlichkeit ist Genüge getan, wenn die zustimmende Beurteilung fachkundiger Mitarbeiter einer Hochschule oder sonstigen Forschungseinrichtung vorliegt. Eine Mehrheitsmeinung in der Wissenschaft ist zur Legitimierung des angewandten Scoringverfahrens nicht erforderlich;[76] veraltet und nicht mehr dem Stand der Technik entsprechend sollte das Verfahren gleichwohl nicht sein.[77]

56 Erfüllen **mehrere Verfahren** die Anforderungen an wissenschaftliche Anerkennung, lässt die im Gesetz angelegte Methodenneutralität der verantwortlichen Stelle die volle Wahlfreiheit, zu entscheiden, welches sie als das für ihre Zwecke am besten geeignete Verfahren erachtet.

57 Zu berücksichtigen ist ferner, dass der Score als Werturteil der Meinungsfreiheit des Art. 5 GG, die externe professionelle Scoreberechnung zusätzlich dem Schutz der Berufsfreiheit am eingerichteten und ausgeübten Gewerbebetrieb gemäß Art. 12 GG unterliegt. Demnach ist es dem Scoreermittler und dessen freier unternehmerischen Entscheidung zuzugestehen, in eigener Verantwortung darüber zu befinden, welche Daten er für die Scoreermittlung heranziehen möchte. Entsprechendes muss für seinen Einschätzungsspielraum bei der Gewichtung der Daten gelten. Auch hier sind an die Methode keine übersteigerten Anforderungen zu stellen. Wie die einfließenden Faktoren gewichtet werden, unterliegt grundsätzlich der freien Interpretation. Unterschiedliche Scoreergebnisse verschiedener scorebildender Stellen sind somit kein Zeichen von Fehlerhaftigkeit, sondern ein Zeichen unterschiedlicher Schwerpunktsetzung bei der Einschätzung der Bedeutung bestimmter Informationen und ob die scorebildende Stelle einen eher konservativen oder eher progressiven Bewertungsansatz verfolgt.

58 „Erheblichkeit" im Sinn eines präzisen Nachweises im Sinne eines unumstößlichen Beleges zwischen dem Vorliegen eines Merkmals und eines daraus abgeleiteten vermuteten zukünftigen Verhaltens zu fordern, wäre zudem genau wider die Natur des Scorings. Denn einer Wahrscheinlichkeitsberechnung ist es immanent, dass das tatsächliche Ergebnis gerade auch anders lauten kann als vorhergesagt. Nichts anderes gilt für die Wissenschaftlichkeit, die ebenfalls kein Dogma ist, sondern als fortwährendes Bemühen um die Ermittlung der Wahrheit das Prinzip der Unabgeschlossenheit in sich trägt.[78]

59 Darlegungspflichtig dafür, dass ihre Methoden diesen Anforderungen genügen, ist die scorebildende Stelle. Die Aufsichtsbehörden können das im Rahmen ihrer Befugnisse gemäß § 38 prüfen. Der Nachweis kann durch sachverständige Stellungnahme erbracht werden, die durch einen externen Gutachter, aber auch von eigenen Fachleuten des Scoreberechners stammen kann.[79] Letzteres erlangt vor allem deshalb Bedeutung, weil die von Auskunfteien verwendeten Berechnungsregeln in der Regel **Unternehmensgeheimnisse** darstellen, die der Öffentlichkeit – auch einer wissenschaftlichen Öffentlichkeit – nicht zugänglich sind.

---

73 *Abel*, RDV 2006, 113; Dass maßgebliches Kriterium für die Erheblichkeit eines Merkmals allein dessen statistisch-fachliche Interpretation sein kann, nicht jedoch ein bestimmter qualitativer oder quantitativer Einfluss des Merkmals auf das Berechnungsergebnis, arbeitet auch Simitis/*Ehmann*, § 28b Rn. 34 ff., zu Recht heraus.

74 Vgl. § 11 Abs. 1 Nr. 2 LFGB (Lebensmittel-, Bedarfsgegenstände- und Futtermittelgesetzbuch).

75 Vgl. § 6 Abs. 2 Nr. 1 BVO (Beihilfeverordnung).

76 Vgl. auch *Wäßle/Heinemann*, CR 2010, 413.

77 Vgl. Gegenäußerung der Bundesregierung zur Stellungnahme des Bundesrates, BT-Drs. 16/10581 S. 3.

78 BVerfG v. 29.05.1973, Az. 1 BvR 424/71, BVerfGE 35, 113; *Bergmann/Möhrle/Herb*, § 28b Rn. 30.

79 So wohl auch *Gola/Schomerus*, § 28b Rn. 12, die die Beschäftigung von qualifiziertem Fachpersonal für ausreichend erachten.

III. Besonderheiten bei der Verwendung von Anschriftendaten, § 28b Nr. 3 und 4

Für die Verwendung von Anschriftendaten sah der Gesetzgeber eine gesteigerte Sensibilität der Öffentlichkeit. Aus diesem Grund enthalten § 28b Nr. 3 und 4 für georeferenziertes Scoring Sonderreglungen, welche die Nutzung von Anschriftendaten grundsätzlich erlauben, ihre Verwendung zugleich aber in besonderer Weise transparent machen sollen.[80] 60

1. Definition der Anschriftendaten

Was unter Anschriftendaten zu verstehen ist, wird im Gesetz nicht erklärt. Aus der Formulierung „Anschrift" ergibt sich, dass der Begriff enger zu verstehen ist als eine beliebige Orts- oder Regionalbezeichnung und nicht jegliche Form von Geodaten umfasst.[81] Aus der Eignung als Anschrift folgt, dass es **adressgenaue** Bezeichnungen sein müssen, also so hinreichend konkrete kleinräumige Ortsangaben gemeint sind, unter denen der Betroffene, vergleichbar einer „zustellungsfähigen Anschrift", typischerweise erreicht werden kann.[82] Anhand welchen geografischen Datensystems die Ortsangabe erfolgt – ob im postalischen Klartext unter Nennung von Straße, Hausnummer und Ort oder chiffriert in geografischen Koordinaten –, bedeutet keinen Unterschied. 61

Als Anschriftendaten im Sinn von § 28b Nr. 3 scheiden alle Informationen aus, die lediglich Sammeldaten und damit so unscharf sind, dass sie keine hinreichende Möglichkeit zur Zuordnung einer bestimmten Person bieten, unter anderem 62

- anonymisierte Angaben wie E-Mail-Adressen oder Postfachadressen[83],
- großräumige Beschreibungen wie die Zugehörigkeit zu einem Stadt- oder Gemeindegebiet,[84] Regierungsbezirk, Bundesland oder einer Nation,
- Erkenntnisse aus der geografischen Umgebung des Betroffenen (Umfelddaten).

2. Voranschriften

Der Wortlaut engt die Anschriftendaten nicht auf die aktuellen Adressangaben ein. Das Wissen über häufige Umzüge kann beispielsweise hilfreich sein, sogenannte „Mietnomaden"[85] zu identifizieren, und ist deshalb für die Scoreberechnung von Interesse. Die Nutzung früherer Anschriften des Betroffenen wird durch das Gesetz nicht ausgeschlossen. Ebenso liegt keine durch § 28b Nr. 3 verbotene Datennutzung vor, wenn Gegenstand der Datenverarbeitung nicht konkrete (frühere) Adressdaten sind, sondern nur die abstrakte Kenntnis wechselnder Wohnsitze. Denn das ist lediglich eine Information über das Verhalten des Betroffenen, nicht aber eine Nutzung von Anschriften im Sinn des Tatbestands von § 28b Nr. 3.[86] 63

---

80 Vgl. Gesetzesbegründung, BT-Drs. 16/10529, S. 16.

81 Vgl. Simitis/*Ehmann*, § 28b Rn. 68.

82 So auch *Bergmann/Möhrle/Herb*, § 28b Rn. 39; ebenso wohl auch *Metz*, VuR 2009, 403-408, der von „Wohnanschrift" spricht. Vgl. ferner die Gesetzesbegründung, BT-Drs. 16/10529, S. 17, die als Bestandteil des Obergriffs „Adressdaten" ausdrücklich die einzelnen Datenfelder „Straße, Hausnummer, Postleitzahl und Ort" nennt. Zu weitgehend dagegen Däubler/Klebe/Wedde/Weichert/*Weichert*, § 28b Rn. 11, der auch die „Zugehörigkeit zu einer Wohngegend" als vom Verbot umfasst ansieht.

83 Vgl. Simitis/*Ehmann*, § 28b Rn. 68.

84 A.A. wohl *Bergmann/Möhrle/Herb*, § 28b Rn. 40, die bereits die Berücksichtigung einer Wohngebietsbeschreibung wie „Schanzenviertel", „Kreuzberg" oder „Starnberger See" bei der Scorewertberechnung für unzulässig halten; ähnlich weit auch Däubler/Klebe/Wedde/Weichert/*Weichert*, § 28b Rn. 11.

85 *Horst*, NJW-aktuell 2010, 12, fordert bessere Auskunftssysteme als Prophylaxe; *Kretzer*, ZMR 2005, 93, weist auf die Notwendigkeit sorgfältiger und eingehender Bonitätsprüfungen hin. Auch die Bundesregierung hat sich der Bekämpfung des Mietnomandentums verpflichtet, vgl. Koalitionsvertrag zwischen CDU, CSU und FDP vom 26.10.2009, abrufbar z.B. unter http://www.cdu.de/doc/pdfc/091026-koalitionsvertrag-cducsu-fdp.pdf.

86 Vgl. Plath/*Kamlah*, § 28b Rn. 32.

3. Ausschließlichkeit der Anschriftendatennutzung

64 Nach dem Gesetz ist die „ausschließliche" Verwendung von Anschriftendaten untersagt. Zusammen mit anderen Daten wäre ihre Verwendung dagegen unbedenklich. In der Gesetzesbegründung wurde zur Vermeidung von Umgehungstatbeständen noch ausgeführt, dass den neben den Anschriftendaten einfließenden anderen Daten nicht bloß eine „verschwindend geringe Gewichtung" zukommen dürfe.[87] Im endgültigen Normtext findet sich eine solche Beschränkung nicht. Es liegt daher nahe, das Tatbestandsmerkmal „ausschließlich" rein numerisch zu verstehen und sich weiterer (ungeschriebener) Forderungen nach einer bestimmten Qualität oder Gewichtung des Anschriftenmerkmals zu enthalten – zumal Anschriftendaten ohnehin nur verwendet werden dürfen, wenn sie die für alle Merkmale geltende Hürde der Erheblichkeit in Nr. 1 genommen haben, sodass auch aus diesem Grund kein Bedürfnis für eine zusätzliche Inhaltsprüfung besteht.[88]

! Folgt man dem streng numerischen Verständnis nicht, ist von einer hinreichend gravierenden Verwendung weiterer Daten jedenfalls dann auszugehen, wenn sich nach der zugrunde gelegten Berechnungsformel bei gleichbleibenden Anschriftendaten allein aufgrund von Änderungen in dem zusätzlichen übrigen Datenmaterial – zumindest theoretisch – eine Änderung des Scores ergeben kann. Anders ausgedrückt: Der Verdacht der ausschließlichen Nutzung von Anschriftendaten besteht, wenn bei Austausch oder Wegfall aller anderen für die Scoreermittlung herangezogenen Merkmale keine rechnerische Möglichkeit zu einer Veränderung des Scores besteht.

4. Unterrichtung des Betroffenen bei Verwendung von Anschriftendaten

65 Die Unterrichtung über die Verwendung der Anschriftendaten ist nicht identisch mit der Einwilligung (Zustimmung) gemäß BGB, sondern eine **formlose Mitteilung**, die auch in AGB möglich ist.[89] Ein Bedürfnis nach einer besonderen Herausstellung des Unterrichtungstextes besteht nicht.[90]

66 Die Mitteilung muss **vor** der Berechnung des Wahrscheinlichkeitswerts stattfinden. Da Scoreberechnungen aus einem Datenbestand fortlaufend und im Massenverfahren erfolgen, genügt die Mitteilung vor der ersten Nutzung der Anschriftendaten. Eine Unterrichtung vor jeder Berechnung ist nicht erforderlich.

67 Besondere Bedingungen an den Inhalt der Unterrichtung knüpft das Gesetz nicht. Die schlichte Mitteilung, dass Anschriftendaten genutzt werden, reicht aus. Eine Nennung der verwendeten Adressmerkmale im Einzelnen ist nicht notwendig. Dies deckt sich mit der Erleichterung bei der Auskunftserteilung, bei der ebenfalls auf eine Darlegung einzelner Datenfelder verzichtet werden und die Beauskunftung auf Bezeichnungen von Datenfeldgruppen wie „Adressdaten" beschränkt werden darf (siehe § 34 Rn. 74).

68 Normadressat der Unterrichtungspflicht ist allein der jeweilige Einmelder der Daten. Mitwirkungspflichten der die Daten für die weitere Verarbeitung und Scoreberechnung empfangenden Auskunfteien sind nicht vorgesehen. Allerdings wird der Einmelder der Daten die Betroffenen nur dann unterrichten können, wenn ihm bekannt ist, dass die von ihm beauftragte Auskunftei zur Scoreberechnung auch auf Anschriftendaten zurückgreift.

! Auch wenn keine unmittelbare Rechtsverpflichtung zur Unterrichtung für die Auskunfteien besteht, ist diesen doch anzuraten, sich insoweit nicht blindlings auf ihre Datenlieferanten zu verlassen. Informieren diese nicht oder nicht richtig, findet das nachfolgende Scoringverfahren auf einer unzulässigen Datenbasis statt, was zumindest das Risiko eines aufsichtsbehördlichen Einschreitens und zivilrechtlicher Schadensersatzansprüche birgt. Lässt eine Auskunftei

87 Vgl. Gesetzesbegründung, BT-Drs. 16/13219, S. 9; ebenso *Gola/Schomerus*, § 28b Rn. 14.
88 Vgl. Simitis/*Ehmann*, § 28b Rn. 71 ff.
89 Vgl. die Gesetzesbegründung, BT-Drs. 16/10529, S. 16.
90 Die Forderung von *Bergmann/Möhrle/Herb*, § 28b Rn. 44, und Däubler/Klebe/Wedde/Weichert/*Weichert*, § 28b Rn. 12, nach einer drucktechnischen Hervorhebung der Unterrichtung in AGB überzeugt angesichts der generellen Formfreiheit nicht.

in ihre Scores auch Anschriftendaten einfließen, sollten die einmeldenden Datenlieferanten auf diese Nutzung und auf die sich daraus für den Datenlieferanten ergebenden Unterrichtungs- und Aufzeichnungspflichten in den Vertragsdokumenten der Auskunftei unmissverständlich aufmerksam gemacht werden.

IV. Folgen einer Rechtsverletzung

Eigene **strafrechtliche Sanktionsmöglichkeiten** sieht das Gesetz für Verstöße gegen § 28b nicht vor, 69
da die Norm in § 43 nicht genannt wird. Mittelbar können sich Bußgeldauflagen jedoch aus den mit § 28b korrespondieren Rechtsvorschriften ergeben, insbesondere aus der nicht ordnungsgemäßen Erfüllung von Auskunftsansprüchen (siehe § 34 Rn. 145 ff.), wenn sich im Rahmen eines solchen Ersuchens herausstellt, dass die Bedingungen für ein zulässiges Scoringverfahren nicht beachtet wurden und der Auskunftsempfänger dies zur Anzeige bringt.

Verstöße gegen die gesetzlichen Scoringvoraussetzungen können **verwaltungsrechtliche Konsequenzen** haben, indem sie von der zuständigen Aufsichtsbehörde beispielsweise zum Gegenstand von Beseitigungs- oder Untersagungsanordnungen sowie der Verhängung von Zwangsgeldern gemacht werden. 70

Grundsätzlich kommt eine **zivilrechtliche Haftung** der verantwortlichen Stelle auf Löschung oder Sperrung eines Scorewerts sowie auf Schadensersatz in Betracht (siehe auch „Ansprüche wegen ‚falscher Scorewerte'" unter C. Rn. 74 ff.). 71

C. Anwendungsempfehlung/weitere praktische Hinweise

I. Dokumentationspflicht

Für die Beachtung der in § 28b aufgestellten Voraussetzungen ist die verantwortliche Stelle der Aufsichtsbehörde gemäß § 38 auf Anforderung darlegungspflichtig. Die Übereinstimmung der gesetzlichen Vorgaben zur zugelassenen Datenbasis mit den tatsächlich angewandten Verfahren sind von der scorebildenden Stelle ebenso wie die Einhaltung der übrigen sich aus § 28b ergebenden Pflichten zu dokumentieren und für Prüfungszwecke bereitzuhalten.[91] 72

Die Anforderungen an Art und Inhalt der Darlegungen reichen weiter als der Auskunftsanspruch des Betroffenen nach § 34, da die scorebildende Stelle im Verhältnis zur Aufsichtsbehörde keine Informationen unter Berufung auf Unternehmensgeheimnisse zurückhalten können wird.[92] 73

Sollen im Rahmen eines behördlichen Prüfungsverfahrens Einzelheiten zur Scorekarte oder sogar die gesamte Scoreformel offengelegt werden, empfiehlt sich, von der Behörde zuvor eine ausdrückliche Verschwiegenheitserklärung einzuholen, in der insbesondere niedergelegt wird, welchen externen Stellen (Sachverständige, Prüfinstitute, andere Datenschutzbehörden) die Informationen offenbart werden dürfen.

II. Ansprüche wegen „falscher" Scorewerte

Scorewerte bewerten in Form einer komprimierten Darstellung ein menschliches Verhalten. Es nimmt daher nicht wunder, dass Betroffene über sie verbreitete plakative Äußerungen mitunter als ungerecht, unzutreffend oder sogar schädigend empfinden, zumal dann, wenn nicht die Bestnote erreicht wird. In diesen Fällen stellt sich die Frage nach Reaktionsmöglichkeiten auf die als unzutreffend empfundenen Ergebnisse von Scoringverfahren. Zwei Aspekte sind dabei bezogen auf die rechtlichen Eigenschaften von Scores zu bedenken: 74

91 Vgl. Gesetzesbegründung, BT-Drs. 16/10529, S. 16.

92 Anders beim Auskunftsanspruch des Betroffenen gemäß § 34 Abs. 2 BDSG, zu dessen Erfüllung weder alle Datenfelder im Einzelnen benannt werden (die Zusammenfassung zu Datengruppen genügt) noch Formeln offenbart werden müssen, vgl. Gesetzesbegründung, BT-Drs. 16/10529, S. 17.

75 Zum einen wird die höchste erreichbare Punktzahl beim Scoring systembedingt stets ein theoretischer Wert bleiben müssen. Denn würde die absolute Bestnote tatsächlich vergeben, käme das einem Ausschluss jedweden Risikos gleich. Die Vergabe der Bestnote liefe auf eine Garantie für den Eintritt beziehungsweise Nichteintritt eines künftigen Ereignisses (beispielsweise den Zahlungsausfall) unter Ausschluss aller Unsicherheitsfaktoren hinaus. Das kann – und soll – eine Wahrscheinlichkeitsaussage schon begrifflich nicht leisten.

76 Zum anderen ist schon die Zusammenstellung der Scorekarte geprägt von subjektiven Präferenzen.[93] Wenn Scorewerte auch auf Basis mathematisch-statistischer Verfahren gebildet werden, so sind sie doch nicht zuletzt wegen der in das Ermessen des Berechners gestellten Auswahl und Gewichtung der verwendeten Daten von ihrer Rechtsnatur her keine Tatsachen, sondern Meinungsäußerungen und Werturteile.

! Der subjektive Charakter sollte bei der Verbreitung von Scorewerten durch entsprechende Bezeichnungen wie Bewertung, Beurteilung, Einschätzung, Prognose etc. deutlich gemacht werden. Beschreibungen, die aus Sicht des Empfängers den Eindruck einer feststehenden, objektiv ermittelten Tatsache erwecken, sind haftungsrechtlich riskant. Beispiel: Eine im Scoringverfahren ermittelte Höchstkreditgrenze sollte besser als „Kreditempfehlung" statt als „Kreditlimit" bezeichnet werden.

77 Die Differenzierung zwischen Meinungsäußerung und Tatschen ist für die Geltendmachung zivilrechtlicher Ansprüche von entscheidender Bedeutung. Denn Meinungen als solche können nicht falsch oder richtig sein. Dieser Beweis ist nur für Tatsachen möglich. Auf Berichtigung, Löschung, Unterlassung oder Schadensersatz gerichtete Ansprüche können demnach nur Erfolg haben, wenn die zur Scoreberechnung herangezogene Datenbasis fehlerhaft ist.[94] Ein isoliertes Vorgehen allein gegen Scorewert als solchen dürfte dagegen kaum Aussicht auf Erfolg haben.[95] Das Gleiche gilt für einen Angriff auf die angewandten Scoringmethoden und Algorithmen, zumal dem Betroffenen – jedenfalls im Rahmen seiner Auskunftsrechte nach § 34 – kein Einblick in die konkrete Gewichtung einzener Merkmale oder gar in die vollständige Scoreformel gewährt werden muss.[96] Um herauszufinden, ob die für den Score verwendeten Daten richtig sind, gibt das Gesetz den datenverarbeitenden Stellen nicht nur diverse Informations- und Unterrichtungspflichten auf, sondern stellt dem Betroffenen auch den Anspruch auf Eigenauskunft (§ 34) zur Verfügung.

! Die verantwortlichen Stellen haben typischerweise ein starkes eigenes Interesse daran, nur korrekte Daten in ihren Datenbanken zu führen. Insofern lohnt der Direktkontakt: Macht ein Betroffener die verantwortliche Stelle auf falsche Daten aufmerksam, wird diese den Datensatz in der Regel sofort und ohne weitere Umstände korrigieren und damit auch den Score neu berechnen.

78 Soll gegen eine unzutreffende Bonitätsbewertung gerichtlich vorgegangen werden, wird sich ein Unterlassungsanspruch regelmäßig nur gegen die Übermittlung der Scorewerte richten können. Für die vollständige Untersagung der Auskunft besteht dagegen ohne Weiteres kein Rechtsschutzbedürfnis.[97]

---

93 Vgl. *Beckhusen*, BKR 2005, 339.

94 Vgl. BGH v. 22.02.2011, Az. VI ZR 120/10, NJW 2011, 2204.

95 Vgl. BGH v. 17.12.1985, Az. VI ZR 244/84, NJW 1986, 2505; BGH v. 24.06.2003, Az. VI ZR 3/03, NJW 2003, 2904; siehe auch die Rechtsprechung zum vorrangigen Informationsinteresse der Allgemeinheit bei Bewertungen über Gewerbebetriebe im Internet, z.B. OLG Hamburg v. 18.01.2012, Az. 5 U 51/11, CR 2012, 183.

96 Vgl. BGH v. 28.01.2014, Az. VI ZR 156/13, DB 2014, 588.

97 Vgl. LG München I, Beschluss vom 08.08.2012, Az. 25 O 13635/12, ZD 2013, 135; siehe auch OLG Frankfurt/Main, Urteil v. 08.03.2012, Az. 16 U 125/11, NJW 2012, 2896, zum Löschungsanspruch bei Bewertungsportalen.

D. Muster

Unterrichtung gegenüber dem Betroffenen bei der Verwendung von Anschriftendaten (§ 28b Nr. 4) 79

In die Berechnung von wirtschaftlichen Ausfallrisiken (Scorings) werden auch Anschriftendaten einbezogen.

Da die Unterrichtung in den Allgemeinen Geschäftsbedingungen untergebracht werden darf, bietet es sich an, etwaige dort schon vorhandene Datenschutzklauseln einfach um einen Hinweis auf die Verwendung der Anschriftendaten zu ergänzen.

Hinweis der Auskunftei an den einmeldenden Datenlieferanten zur Sicherstellung der Unterrichtungspflichten nach § 28b Nr. 4 80

Für die Berechnung unserer Scoringprodukte verwenden wir unter anderem Anschriftendaten. Sofern wir von Ihnen solche Daten für die Scoreberechnung erhalten, sind Sie verpflichtet, die betroffene Person zuvor über diese Nutzung ihrer Daten zu unterrichten. Die Unterrichtung müssen Sie dokumentieren (§ 28b Nr. 4). Sind diese Bedingungen nicht eingehalten, dürfen Sie den Score über die betroffene Person nicht verwenden.

Hinweis in AGB zur Rechtsnatur von Scorewerten 81

Etwaige Angaben in unseren Informationsprodukten zu Risikobewertungen entsprechen einem auf Basis der uns zum Zeitpunkt der Berechnung vorliegenden Daten statistisch ermittelten Wahrscheinlichkeitswert (Scoring). Es handelt sich um Meinungsäußerungen und Werturteile, nicht jedoch um feststehende Tatsachen und auch nicht um Ratings im Sinn der Verordnung (EG) Nr. 1060/2009 vom 16.09.2009 über Ratingagenturen. Wir empfehlen, Entscheidungen keinesfalls nur vom Inhalt einer solchen Bewertung abhängig zu machen, sondern gegebenenfalls weitere Quellen heranzuziehen.

Dieser Hinweis beschreibt die Beschaffenheit einer Bonitätsbewertung beziehungsweise stellt klar, was eine solche Einschätzung nicht leisten kann (Negativabgrenzung zum Rating und zur Tatsachenbehauptung). Eine solche Klausel kann bei der Verteidigung gegen Ansprüche des Betroffenen wegen „falscher" Scorewerte nützlich sein und hilft zu verstehen, dass Scoringverfahren selbst bei fehlerfreier Durchführung nicht zu einem als objektiv richtig zu bezeichnenden Ergebnis führen können.[98]

98 Vgl. *Beckhusen*, BKR 2005, 339.

§ 29 Geschäftsmäßige Datenerhebung und -speicherung zum Zweck der Übermittlung

(1) Das geschäftsmäßige Erheben, Speichern, Verändern oder Nutzen personenbezogener Daten zum Zweck der Übermittlung, insbesondere wenn dies der Werbung, der Tätigkeit von Auskunfteien oder dem Adresshandel dient, ist zulässig, wenn

1. **kein Grund zu der Annahme besteht, dass der Betroffene ein schutzwürdiges Interesse an dem Ausschluss der Erhebung, Speicherung oder Veränderung hat,**
2. **die Daten aus allgemein zugänglichen Quellen entnommen werden können oder die verantwortliche Stelle sie veröffentlichen dürfte, es sei denn, dass das schutzwürdige Interesse des Betroffenen an dem Ausschluss der Erhebung, Speicherung oder Veränderung offensichtlich überwiegt, oder**
3. **die Voraussetzungen des § 28a Abs. 1 oder Abs. 2 erfüllt sind; Daten im Sinne von § 28a Abs. 2 Satz 4 dürfen nicht erhoben oder gespeichert werden.**

§ 28 Absatz 1 Satz 2 und Absatz 3 bis 3b ist anzuwenden.

(2) [1]Die Übermittlung im Rahmen der Zwecke nach Absatz 1 ist zulässig, wenn

1. **der Dritte, dem die Daten übermittelt werden, ein berechtigtes Interesse an ihrer Kenntnis glaubhaft dargelegt hat und**
2. **kein Grund zu der Annahme besteht, dass der Betroffene ein schutzwürdiges Interesse an dem Ausschluss der Übermittlung hat.**

§ 28 Absatz 3 bis 3b gilt entsprechend. [2]Bei der Übermittlung nach Satz 1 Nr. 1 sind die Gründe für das Vorliegen eines berechtigten Interesses und die Art und Weise ihrer glaubhaften Darlegung von der übermittelnden Stelle aufzuzeichnen. [3]Bei der Übermittlung im automatisierten Abrufverfahren obliegt die Aufzeichnungspflicht dem Dritten, dem die Daten übermittelt werden. [4]Die übermittelnde Stelle hat Stichprobenverfahren nach § 10 Abs. 4 Satz 3 durchzuführen und dabei auch das Vorliegen eines berechtigten Interesses einzelfallbezogen festzustellen und zu überprüfen.

(3) [1]Die Aufnahme personenbezogener Daten in elektronische oder gedruckte Adress-, Rufnummern-, Branchen- oder vergleichbare Verzeichnisse hat zu unterbleiben, wenn der entgegenstehende Wille des Betroffenen aus dem zugrunde liegenden elektronischen oder gedruckten Verzeichnis oder Register ersichtlich ist. [2]Der Empfänger der Daten hat sicherzustellen, dass Kennzeichnungen aus elektronischen oder gedruckten Verzeichnissen oder Registern bei der Übernahme in Verzeichnisse oder Register übernommen werden.

(4) Für die Verarbeitung oder Nutzung der übermittelten Daten gilt § 28 Abs. 4 und 5.

(5) § 28 Abs. 6 bis 9 gilt entsprechend.

(6) Eine Stelle, die geschäftsmäßig personenbezogene Daten, die zur Bewertung der Kreditwürdigkeit von Verbrauchern genutzt werden dürfen, zum Zweck der Übermittlung erhebt, speichert oder verändert, hat Auskunftsverlangen von Darlehensgebern aus anderen Mitgliedstaaten der Europäischen Union oder anderen Vertragsstaaten des Abkommens über den Europäischen Wirtschaftsraum genauso zu behandeln wie Auskunftsverlangen inländischer Darlehensgeber.

(7) [1]Wer den Abschluss eines Verbraucherdarlehensvertrags oder eines Vertrags über eine entgeltliche Finanzierungshilfe mit einem Verbraucher infolge einer Auskunft einer Stelle im Sinne des Absatzes 6 ablehnt, hat den Verbraucher unverzüglich hierüber sowie über die erhaltene Auskunft zu unterrichten. [2]Die Unterrichtung unterbleibt, soweit hierdurch die öffentliche Sicherheit oder Ordnung gefährdet würde. [3]§ 6a bleibt unberührt.

Literatur

Abel, Die neuen BDSG-Regelungen, RDV 2009 S. 147 ff.; *Bahr*, Recht des Adresshandels, 2011; *Beckhusen*, Der Datenumgang innerhalb des Kreditinformationssystems der SCHUFA, 2004 *Drewes*, Adresshandel – alles nur mit Einwilligung?, RDV 2011, S. 18 ff.; *Hoeren*, Rechtliche Grundlagen des SCHUFA-Scoring-Verfahrens, RDV 2007 S. 93 ff.; *Kilian*, Informationelle Selbstbestimmung und Marktprozesse, CR 2002 S. 921 ff.; *Meltzian*, Die Neugestaltung des Listenprivilegs. Datenschutzrechtliche Vorschriften zum Umgang mit personenbezogenen Daten für Zwecke der Werbung, DB 2009 S. 2643 ff.; *Reif*, Warnsysteme der Wirtschaft und Kundendatenschutz, RDV 2007 S. 4 ff.; *Roßnagel/Jandt*, Rechtskonformes Direktmarketing, MMR 2011 S. 86 ff.; *Wronka*, BDSG-Novelle II und Direktwerbung: Ein kritisches Verhältnis, RDV 2009 S. 247 ff.

Darum geht es

§ 29 legt fest, unter welchen Voraussetzungen ein personenbezogenes Datum als eigenständiger Geschäftsgegenstand („Ware") genutzt werden darf.

Schlagworte

Daten und Datenübermittlung als Geschäftsgegenstand; Adresshandel; Adressverlage; Listbroker; Adressmakler; Auskunftei; Lettershop; Warndienste; Einrichtungen der Versicherungswirtschaft; SCHUFA; IuD-Einrichtungen; Verzeichnisse; Verbraucherkreditauskünfte; Kreditwürdigkeit; Kreditrisiken; Scoring; Kreditinformationssysteme; Bewertungsportale; soziale Netzwerke; Detekteien; Direktwerbung; Konzernrechenzentrum; Verknüpfung von Daten; Sperrdatei; Robinsonliste; Adress-, Telefon-, Branchenverzeichnisse; Registerdaten; Abwägung der Interessen vor Übermittlung der Daten; Kontrolle der Zulässigkeit der Übermittlung; listenmäßig zusammengefasste Daten (Listenprivileg)

Weitere relevante Vorschriften

§ 7 UWG; § 15 TMG bei Telemedien; TKG bei Telekommunikationsdiensten

---

A. Allgemeines

I. Regelungszweck

1 § 29 ist die zentrale rechtliche Basis für wichtige Branchen wie die Werbewirtschaft, den Adresshandel und die Auskunfteien. Die Vorschrift ist Ausdruck der **gesetzgeberischen Anerkennung** einer wirtschaftlichen Notwendigkeit, personenbezogene Daten zu verwerten.[1] Im Bereich des § 29 ist die Verwertung personenbezogener Daten eine essenzielle Voraussetzung für Absatzförderung, Geschäftsanbahnung sowie Kreditgewährung. Vor diesem Hintergrund ist § 29 als eine notwendige gesetzliche Ausgestaltung des Grundrechts auf freie Berufsausübung (Art. 12 Abs. 1 Satz 1 GG) sowie des Rechts am eingerichteten und ausgeübten Gewerbebetrieb (Art. 14 Abs. 1 Satz 1 GG) zu verstehen.[2]

1. Persönlicher und sachlicher Anwendungsbereich der Norm

2 § 29 benennt ausdrücklich drei Wirtschaftszweige, für deren typische Tätigkeiten seine Regelungen maßgeblich sind: die Werbewirtschaft, Auskunfteien und Adresshandel. Durch die „Formulierung „insbesondere" in § 29 Abs. 1 Satz 1 ist jedoch klargestellt, dass diese Aufzählung nicht abschließend ist und § 29 daher auch für die Tätigkeit anderer Unternehmen Anwendung finden kann.[3]

Die ausdrückliche Benennung von drei Wirtschaftszweigen, bei denen die geschäftsmäßige Datenverarbeitung für Dritte zu den typischen Tätigkeiten gehört, hat dabei nicht nur die Funktion, den Anwendungsbereich der Vorschrift beispielhaft zu illustrieren. Vielmehr ist eine möglichst trennscharfe Abgrenzung der drei Tätigkeitsfelder voneinander erforderlich, um die elementare Zweckbindung der Datenverarbeitung ausreichend konkret vornehmen zu können.[4]

3 Der Begriff der **Werbung** ist im BDSG weit auszulegen.[5] Grundvoraussetzung einer als Werbung zu klassifizierenden Tätigkeit ist zunächst, dass die fragliche Handlung die Meinungsbildung oder Willensentschließung einer Person beeinflussen soll. Werbung kann dabei kommerzielle Zwecke verfolgen (und wird sich dabei regelmäßig auf ein Produkt oder eine Dienstleistung beziehen), sie kann jedoch auch ideelle Ziele haben (im politischen, religiösen, humanitären oder kulturellen Bereich).[6] Im Kontext des BDSG kann Werbung aber nur die Ansprache einer bestimmten oder bestimmbaren Person bzw. eines Personenkreises meinen, also die individuelle Einzelansprache von Betroffenen.[7] Dies liegt insbesondere vor beim Direkt- oder Dialogmarketing.[8]

4 Eine **Auskunftei** liegt ausweislich der Gesetzesbegründung immer dann vor, wenn ein Unternehmen unabhängig vom Vorliegen einer konkreten Anfrage geschäftsmäßig bonitätsrelevante Daten über Unternehmen und Privatpersonen sammelt, um es bei Bedarf Dritten für die Beurteilung der Kreditwürdigkeit des Betroffenen gegen Entgelt zugänglich zu machen.[9] Dies lässt sich dahingehend verallgemeinern, dass für eine Auskunftei im Sinne des § 29 typisch ist, dass Informationen über persönliche, insbesondere materielle Verhältnisse von Personen gesammelt und bereitgestellt werden, um sie kontinuierlich oder auf Nachfrage geschäftsmäßig[10] an Dritte zur Wahrnehmung ihrer berechtigten Interessen zu übermit-

1 Simitis/*Ehmann*, § 29 Rn. 2 m.w.N.
2 Diese Grundrechte werden in § 29 mit dem Recht auf informationelle Selbstbestimmung zum Ausgleich gebracht. § 29 ist damit ein konkretes Beispiel für eine „marktorientierte Interpretation des allgemeinen Persönlichkeitsrechts" durch den Gesetzgeber (vgl. *Kilian*, S. 928).
3 Vgl. dazu Rn. 6.
4 Ausführlich dazu Simitis/*Ehmann*, § 29 Rn. 67 ff.
5 Ebenso Simitis/*Ehmann*, § 29 Rn. 80.
6 Taeger/*Taeger*, § 29 Rn. 19.
7 Zur namentlich adressierten Werbung gegenüber juristischen Personen vgl. ebenso Simitis/*Ehmann*, § 29 Rn. 80.
8 Zum Direktmarketing vgl. insbesondere *Roßnagel/Jandt*, MMR 2011, 86 ff.
9 So die Begründung zu § 29, BT-Drs. 16/10529, S. 9.
10 Zum Merkmal der Geschäftsmäßigkeit vgl. Rn. 11.

teln. Nicht maßgeblich für die Anwendbarkeit des § 29 ist, dass eine Auskunftei darüber hinaus gewerbsmäßig[11] handelt.[12]

Als Auskunftei sind daher sowohl die SCHUFA[13] einzuordnen als auch traditionelle Unternehmen wie Creditreform, Bürgel und D&B Deutschland bzw. Dun & Bradstreet International. Zu den Auskunfteien im Sinne der Vorschrift sind darüber hinaus auch die branchengebundenen und branchenübergreifenden Warndienste zu zählen.[14] Auf die Warndienste ist daher auch § 28a anwendbar und § 28b, soweit er nur für Auskunfteien gilt. Solche Warndienste finden sich derzeit beispielsweise in der Versicherungswirtschaft[15], der Pharmaindustrie[16], in Krankenhäusern und für die Wohnraumvermietung[17]. Das Datenangebot für die angeschlossenen Teilnehmer (Unternehmen oder Privatpersonen) richtet sich nach den spezifischen Risiken der Branche und wird auf Anfrage oder kontinuierlich – durch Übermittlung – zur Verfügung gestellt.

Der **Adresshandel** bildet in der Praxis häufig eine Vorstufe zur Werbung, da diese mithilfe des beschafften Adressmaterials durchgeführt wird.[18] Trotzdem muss der Adresshandel von der Werbung möglichst trennscharf abgegrenzt werden, da für diese beiden Tätigkeitsfelder unterschiedliche Vorschriften im BDSG Anwendung finden. Die Grundmerkmale des Adresshandels sind die Erhebung von Adressen, die strukturierte Sammlung der erhobenen Adressen und deren Überlassung an Dritte. Als Adresshandel im Sinne des § 29 sind demnach alle Tätigkeiten anzusehen, die dazu dienen sollen, Werbetreibenden personenbezogene Daten zur Verfügung zu stellen, mit deren Hilfe sie konkrete Personen (auf postalischem Weg) unmittelbar ansprechen können.[19] Dies schließt häufig mit ein, dass die Adressen vor ihrer Verwendung mit weiteren Merkmalen angereichert oder nach spezifischen Merkmalen gefiltert werden. 5

! Der Begriff „Adresse" bezieht sich im Kontext des § 29 auf die postalische Adresse, also Nachname, Vorname, Straße und Hausnummer (oder Postfach) sowie Wohnort. Die Verarbeitung darüber hinausgehender Informationen zum Adressaten (z.B. Telefonnummer, Bankverbindung, E-Mail-Adresse) wird von § 29 BDSG nicht erfasst.

In der Praxis[20] werden Adressen häufig von sog. Adressmaklern[21] entsprechend der Bedürfnisse ihrer Auftraggeber bei den Eigentümern von Adresslisten angemietet und Dritten (dem sog. Lettershop) zur Verfügung gestellt, um die gewünschten Direktmarketingaktivitäten dort durchzuführen zu lassen.[22]

Der Bereich der Tätigkeiten, die noch dem Adresshandel zugeordnet werden können, ist verlassen, wenn die Werbung personalisiert ist, das Werbematerial also einer bestimmten Person zugeordnet ist, um es anschließend zu versenden.

11 Vgl. § 38 Abs. 1 Nr. 2 GewO.
12 So auch *Duhr* in Roßnagel, Teil 7.5 Rn. 4. *Ehmann* hingegen hält die gewerbsmäßige Tätigkeit als Voraussetzung der Anwendbarkeit des § 29 für zwingend erforderlich (Simitis/*Ehmann*, § 29 Rn. 85 ff. m.w.N.). Nur durch die damit verbundene Überwachung auf der Basis der Gewerbeordnung könnten die Rechte der Betroffenen ausreichend geschützt werden. Diese Begründung verkennt jedoch, dass der Schutz der Betroffenenrechte eine Aufgabe ist, die das BDSG den jeweiligen Aufsichtsbehörden und dem betrieblichen Datenschutzbeauftragten zuweist.
13 Schutzgemeinschaft für allgemeine Kreditsicherung. Zur SCHUFA vgl. *Hoeren*, RDV 2007, 93 ff.
14 Anderer Ansicht ist insoweit Simitis/*Ehmann*, § 29 Rn. 110 ff. Da er diese Warndienste aber zu den sonstigen Adressaten des § 29 zählt, kommt er in der Praxis nicht zu abweichenden Ergebnissen.
15 Auskunftsstellen über der Versicherungsaußendienst (AVAD, vgl. dazu OLG Hamburg, Urt. v. 06.05.2009, Az. 5 U 155/08); Hinweis- und Informationssystem der Versicherungswirtschaft (HIS), Uniwagnis/Wagnisauskunft.
16 Vgl. dazu *Gola/Schomerus*, § 29 Rn. 17.
17 Internet-Warndatei gegen Mietnomaden.
18 Vgl. dazu *Wronka*, RDV, S. 247, 248, 250.
19 So die Definition bei Simitis/*Ehmann*, § 29 Rn. 75 m.w.N.
20 Ausführlich zu den unterschiedlichen Ausprägungen des Adresshandels: Roßnagel/*Breinlinger*, Handbuch Teil 7.6; vgl. auch *Wronka*, RDV 2009, 247 ff.
21 Häufig auch bezeichnet als „Listbroker" oder Adressmittler.
22 Eine Übermittlung im datenschutzrechtlichen Sinn liegt dabei zwischen dem Adresseigentümer und dem Auftraggeber nicht vor, sodass in diesem Verhältnis § 29 nicht anzuwenden ist. Zwischen dem Adressmakler und dem Adresseigentümer wird regelmäßig ein Auftragsverhältnis gemäß § 11 bestehen, sodass auch insoweit keine Übermittlung vorliegt.

> **!** Ein Mailing ist dem Bereich der Werbung zuzuordnen, sobald die Adressen der Empfänger der Werbesendung (Postkarte, Umschlag, Begleitbrief) hinzugefügt worden sind.

6 Durch die Novellierung im Jahr 2009 wurde für die **Markt- und Meinungsforschung** mit § 30a eine Sondervorschrift in das BDSG aufgenommen. § 29 findet auf die Datenverarbeitung zum Zweck der Markt- und Meinungsforschung daher keine Anwendung mehr.

7 Für die Frage, welche **sonstigen Stellen** als Normadressaten des § 29 in Betracht kommen, sind zunächst allgemeine Kriterien aufzustellen, die sich aus den Gemeinsamkeiten der ausdrücklich benannten Wirtschaftszweige und dem Normzweck ergeben. Kennzeichnend für den Anwendungsbereich des § 29 ist, dass eine Stelle geschäftsmäßig[23] (aber nicht zwingend entgeltlich) Daten über natürliche Personen erhebt und dabei den Zweck verfolgt, diese Daten Dritten zu übermitteln.[24] Die Übermittlung der Daten an Dritte stellt dabei das wesentliche Merkmal der Tätigkeit dar, sie darf nicht lediglich ein untergeordneter Aspekt oder Begleitreflex der Tätigkeit sein. Zudem ist kennzeichnend, dass die Erhebung und Übermittlung nicht nur in wenigen, einzelnen Fällen durchgeführt wird, sondern die Tätigkeit auf eine Vielzahl von Fällen abzielt.[25] Bei Anwendung dieser Grundsätze kann § 29 z.B. Anwendung finden auf Wirtschaftsauskunfteien[26], Detekteien[27], Bewertungsportale im Internet (Bewertung von Berufsgruppen, Dienstleistungen, Privatpersonen)[28], soziale Netzwerke im Internet[29], Meldedatenpools zur Adressermittlung[30], Internetplattformen für Schuldtitel[31], Rechenzentren (Cloud Computing)[32] und auch auf die Zwischenspeicherung von Suchergebnissen durch eine Internetsuchmaschine[33].

2. Entwicklung der Norm

8 Durch die **Novellierung des BDSG im Jahr 2009** wurde § 29 inhaltlich und strukturell erheblich verändert. Der Bereich der Markt- und Meinungsforschung wurde als Teilbereich dem § 29 entnommen und in § 30a einer Sonderregelung unterstellt. Der bisherige Gleichlauf der Markt- und Meinungsforschung mit der Werbewirtschaft, dem Adresshandel und den Auskunfteien wurde damit aufgegeben. Bei den erlaubten Tätigkeiten in Abs. 1 Satz 1 wurde das „Nutzen" aufgenommen.[34] Als Erlaubnistatbestand, der dem neuen § 28a korrespondiert, war die Nr. 3 des Abs. 1 Satz 1 aufzunehmen. Eine äußerst praxisrelevante Modifikation seiner Erlaubnistatbestände erfährt § 29 durch die (als Abs. 1 Satz 2 hinzugekommene) Verweisung auf die Absätze 3 bis 3b des § 28. Für die Möglichkeiten einer zulässigen Datenverarbeitung können durch diese Verweisung der Einwilligungsvorbehalt (einschließlich der formalen Anforderungen an eine Einwilligung), das Koppelungsverbot und die Neufassung des „Listenprivilegs" Geltung erlangen. Ebenso wichtig ist die Verweisung in Abs. 2 Satz 2, die – für die Übermittlung der gespeicherten Daten – ebenfalls auf die Absätze 3 bis 3b des § 28 verweist. Neu eingeführt wurde (durch Abs. 2 Satz 5) auch das Stichprobenverfahren gemäß § 10 Abs. 4 Satz 3.

---

23 Zum Merkmal der „Geschäftsmäßigkeit" vgl. Rn. 11.
24 Simitis/*Ehmann*, § 29 Rn. 93 verlangt zu Unrecht auch noch bestimmte Organisationsstrukturen.
25 Sonst wird die Anwendung von § 28 Abs. 3 vorrangig sein.
26 Vgl. BGH, NJW 1986, 2505 ff.
27 Detailliert dazu Simitis/*Ehmann*, § 29 Rn. 97.
28 Vgl. z.B. BGH v. 23.6.2009, Az. VI ZR 196/08, Rn. 23–26; Simitis/*Ehmann*, § 29 Rn. 96, Taeger/*Taeger*, § 29 Rn. 24 f., 54. *Gola/Schomerus*, § 29 Rn. 39a m.w.N. weist darauf hin, dass § 29 bei Veröffentlichungen im Internet nur dann Anwendung finden kann, wenn es sich um bestimmte, abgegrenzte Benutzergruppen handelt. Veröffentlichungen, die unbegrenzt und einem unbestimmten Nutzerkreis zugänglich sind, müssen an der Freiheit der Meinungsäußerung bzw. an den Grundsätzen der Pressefreiheit gemessen werden.
29 Simitis/*Ehmann*, § 29 Rn. 96; Taeger/*Taeger*, § 29 Rn. 24.
30 Simitis/*Ehmann*, § 29 Rn. 100.
31 Vgl. LG Köln, Urt. V. 17.3.2010, Az. 28 O 612/09, MMR 2010, 369 ff.; Simitis/*Ehmann*, § 29 Rn. 109.
32 Bei Rechenzentren wird häufig ein Auftragsverhältnis gemäß § 11 BDSG vorliegen. Raum für § 29 BDSG ist demnach nur in Konstellationen, bei denen die Datenverarbeitung wegen ihrer Komplexität nicht mehr als bloße Hilfsfunktion klassifiziert werden kann, sondern eine Funktionsübertragung darstellt; vgl. dazu auch *Gola/Schomerus*, § 29 Rn. 8; Simitis/*Ehmann*, § 29 Rn. 101 ff.
33 OLG Hamburg, Beschluss vom 13.11.2009, Az. 7 W 125/09, DuD 2010, 113 f.
34 Vgl. dazu unten Rn. 30.

> **!** Die Absätze 6 und 7 des § 29 sind nur von eingeschränkter praktischer Bedeutung. Ihr materieller Gehalt ist zudem eher dem Verbraucherschutzrecht zuzurechnen als dem Datenschutzrecht.

II. Systematik des § 29

Der Umfang der Vorschrift und ihr heterogener Inhalt legen nahe, sich zunächst – vorab und unter Verzicht auf die Details – einen Gesamtüberblick über den **Aufbau** und die einzelnen **Regelungsmaterien** zu verschaffen: 9

§ 29 ist eine der Vorschriften des BDSG, die Erlaubnistatbestände im Sinne des § 4 Abs. 1 enthalten. Geregelt wird, unter welchen Voraussetzungen die Erhebung, die Speicherung, die Veränderung und die Übermittlung von Daten zulässig ist, wenn diese Daten nicht (wie bei § 28) für eigene Geschäftszwecke verwendet werden sollen, sondern wenn der Zweck die Übermittlung an Dritte ist.[35]

Die eigentlichen Erlaubnistatbestände sind in den **Absätzen 1 und 2** des § 29 enthalten. Während Abs. 1 die Zulässigkeit der Erhebung und anschließenden Speicherung, Veränderung oder Nutzung der Daten betrifft, bezieht sich Abs. 2 nur auf die Zulässigkeit der Übermittlung bereits erhobener Daten. Diese Aufteilung und Anordnung der Erlaubnistatbestände entspricht der typischen zeitlichen Abfolge in der Praxis der betroffenen Unternehmen.

Sowohl in Abs. 1 als auch in Abs. 2 wird umfassend Bezug genommen auf die Absätze 3 bis 3b des § 28. 10 Relevant werden können dadurch die neu geschaffenen Regelungen zum Einwilligungsvorbehalt (einschließlich der formalen Anforderungen an eine Einwilligung), zum Koppelungsverbot und zur Reichweite des sog. „Listenprivilegs".

> **!** In der Praxis wird mit den Verweisungen auf den Einwilligungsvorbehalt und das Listenprivileg häufig eine erhebliche Einengung des Bereichs zulässiger Datenerhebung und -verarbeitung verbunden sein, sodass diesen Verweisungen hohe Bedeutung zukommt.

Die **Sätze 3, 4 und des zweiten Absatzes** knüpfen an die Durchführung einer Datenübermittlung an 11 und statuieren zwei zentrale Pflichten. Zum einen wird der verantwortlichen Stelle eine Aufzeichnungspflicht auferlegt, für die auch formelle Vorgaben gemacht werden. Diese Aufzeichnungspflicht wird auf die abrufende Stelle verlagert, wenn die Übermittlung im automatisierten Abrufverfahren stattfindet. Zum anderen wird die verantwortliche Stelle verpflichtet, das Vorliegen eines berechtigten Interesses beim Empfänger der übermittelten Daten stichprobenartig zu überprüfen.

Durch **Abs. 4** bekommt das Widerspruchsrecht des Betroffenen auch bei der Verarbeitung und Nutzung 12 der übermittelten Daten Geltung; wofür die Verpflichtung der verantwortlichen Stelle, über den Widerspruch zu unterrichten, Voraussetzung ist. Zudem perpetuiert Abs. 4 die Zweckbestimmung der übermittelten Daten auch beim Übermittlungsempfänger.

Für den Fall, dass sich eine Datenverarbeitung gemäß der Absätze 1 bis 3 auf sensitive Daten im Sinne 13 des § 3 Abs. 9 bezieht, verweist **Abs. 5** umfassend auf § 28 Abs. 6–9. Die dort festgelegten Einschränkungen sind dann auch im Rahmen des § 29 zu beachten.

Die **Absätze 3, 6 und 7** entfernen sich ein Stück weit vom materiellen Kerngehalt des § 29; sie werden 14 im Fokus der täglichen Praxis häufig keine Relevanz haben. Abs. 3 statuiert Pflichten für die Konstellation, dass die verantwortliche Stelle ein öffentlich zugängliches Verfahren bereitstellt. Die beiden letzten Absätze stellen im Rahmen des § 29 Fremdkörper dar, ihr Gehalt ist eher verbraucherschützend und ihre Anwendung ist auf den Bereich der Kreditvergabe an Verbraucher beschränkt.

35 Zu dieser Zweckbestimmung vgl. auch Rn. 12 und 52 ff.

III. Ausblick EU-VO

15 Die geplante EU-Verordnung (Datenschutz-Grundverordnung)[36] sieht für den Adresshandel, für die Werbung oder die Auskunfteien keinerlei eigenständige bzw. spezifische Zulässigkeitstatbestände vor. Die Zulässigkeit der Erhebung und weiteren Verarbeitung von Daten zu diesen Zwecken ist daher an den allgemeinen Voraussetzungen zu messen, die in Art. 6 Abs. 1 geregelt sind. Eine Interessenabwägung, die den Regelungen des § 29 vergleichbar ist, wird durch Art. 6 Abs. 1f ermöglicht. Im Rahmen dieser Abwägung wird der Umstand Berücksichtigung finden können, dass die Daten in öffentlichen Quellen enthalten sind; eine spezielle Regelung erfährt dieser Umstand in der Verordnung jedoch nicht. Die Datenverarbeitung ist im System der Verordnung verbunden mit den Transparenzgeboten und Informationspflichten sowie dem Widerspruchsrecht der Art. 11–18.

B. Inhalt der Regelung

I. § 29 Abs. 1: Allgemeine Voraussetzungen der Erlaubnistatbestände

Die folgenden Ausführungen erläutern zunächst die Voraussetzungen und Merkmale, die den Erlaubnistatbeständen des § 29 Abs. 1 bzw. den Normadressaten der gesamten Vorschrift gemeinsam sind.

1. Merkmal der „Geschäftsmäßigkeit"

16 Für die Anwendbarkeit der Erlaubnistatbestände des § 29 ist maßgeblich, ob die jeweilige Datenverarbeitung „geschäftsmäßig" erfolgt. Die „Geschäftsmäßigkeit" ist im Kontext mit § 29 schon dann zu bejahen, wenn die konkrete Tätigkeit auf Wiederholung gerichtet und auf eine gewisse Dauer angelegt ist.[37] Eine Gewinnerzielungsabsicht oder Gewerbsmäßigkeit ist nicht erforderlich.[38] § 29 ist also auch dann anwendbar, wenn die Tätigkeit unentgeltlich ist oder eine Gegenleistung lediglich zur Deckung der Kosten der verantwortlichen Stelle erhoben wird. Zwar stellt die kommerzielle Ausrichtung der Tätigkeit in der Praxis den Regelfall dar, ein Handeln ohne Gewinnerzielungsabsicht ist jedoch beispielsweise typisch für die Kreditschutzgemeinschaften, die auf Gegenseitigkeit basieren, und kann auch bei Auskunftsleistungen von Verbänden für ihre Mitglieder vorliegen (z.B. bei branchenspezifischen Warn- und Sperrdateien). Die Dauer und Wiederholungsabsicht bezüglich der Tätigkeit liegt regelmäßig vor, wenn die Tätigkeit mehrfach durchgeführt worden ist und einen festen Bestandteil der Aktivitäten der verantwortlichen Stelle darstellt.

> **!** Die Geschäftsmäßigkeit kann auch schon bei einer einmaligen bzw. erstmaligen Tätigkeit bejaht werden, wenn aus den weiteren Umständen (insb. aus organisatorischen Vorbereitungen und Strukturen) erkennbar ist, dass eine Wiederholung zu erwarten ist.

2. Die Zweckbestimmung der Datenverarbeitung

17 Der Eingangssatz des § 29 legt als zentrale Voraussetzung einer zulässigen Datenverarbeitung fest, dass diese **„zum Zwecke der Übermittlung"** vorgenommen wird. Darüber hinaus entsteht durch die in Abs. 1 Satz 2 aufgenommene Verweisung auf § 28 Abs. 1 Satz 2 die Verpflichtung, den Zweck, für den die Daten verarbeitet oder genutzt werden sollen, schon bei deren Erhebung konkret festzulegen. Durch die in Abs. 1 Satz 1 geforderte Zweckbindung wird der **Anwendungsbereich des § 29** vom Bereich des § 28 abgegrenzt. Während bei § 28 die Daten regelmäßig als Hilfsmittel zur Erfüllung eigener Geschäftszwecke benötigt werden und daher auch ein eigenes inhaltliches Interesse der Stelle an den Daten besteht, ist bei § 29 die Erhebung und Speicherung von Daten „Selbstzweck" der Tätigkeit[39], um die ge-

---

36 Verordnung des europäischen Parlaments und des Rates zum Schutz natürlicher Personen bei der Verarbeitung personenbezogener Daten und zum freien Datenverkehr, KOM (2012) 11 endgültig.

37 So die ständige Rechtsprechung; vgl. z.B. BGH v. 23.6.2009, Az. VI ZR 196/08, Rn. 5, CR 2009, 593 ff.; VG Darmstadt v. 18.11.2010, Az. 5 K 994/10.DA, MMR 2011, 416 f.

38 Ebenso Simitis/*Ehmann*, § 29 Rn. 60 f.; Taeger/*Taeger* § 29 Rn. 16; *Gola/Schomerus*, § 29 Rn. 7; vgl. auch § 3 Nr. 10 TKG, der für die Geschäftsmäßigkeit ausdrücklich keine Gewinnabsicht voraussetzt.

39 Taeger/*Taeger*, § 29 Rn. 12.

speicherten Daten durch Übermittlung an Dritte zu verwerten. Die Erhebung, Speicherung und Übermittlung bilden also den zentralen Geschäftsgegenstand der verantwortlichen Stelle,[40] an dem Inhalt der Daten hat die Stelle kein eigenes Interesse.

Der durch Abs. 1 Satz 2 erreichten **Zweckbindung der erhobenen Daten** kommt eine weitere, zentrale Aufgabe zu. Die Festlegung des Zwecks der erhobenen Daten präjudiziert den Zweck aller künftigen Verarbeitungsschritte, also den Zweck der Speicherung, Veränderung, Nutzung und Übermittlung.[41] Zudem ist der festgelegte Zweck ein unentbehrlicher Aspekt bei der Anwendung der Erlaubnistatbestände des § 29 und insbesondere für die Abwägung[42], die Abs. 1 Nr. 1 und Nr. 2 sowie Abs. 2 bietet. Zugleich steht die Zweckbindung auch in engem Zusammenhang mit der (ungeschriebenen) Voraussetzung der **Erforderlichkeit einer Datenverarbeitung**. Denn eine Datenerhebung oder -verarbeitung kann nur dann erforderlich sein, wenn sie zur Erreichung eines bestimmten Zwecks geeignet ist. 18

! Eine Zweckbindung wird nicht dadurch unzulässig, dass der bei der Erhebung verfolgte Zweck nicht erreicht wird, solange die Zweckerreichung zum Zeitpunkt der Erhebung wahrscheinlich oder möglich erschien.

Die Festlegung des Zwecks bei der Erhebung bezieht sich dabei zunächst auf die Zuordnung der fraglichen Datenverarbeitung zu einem der Tätigkeitsbereiche, für die § 29 gilt. Erforderlich ist also die Entscheidung, ob die spätere Verarbeitung und Übermittlung der Werbung, der Tätigkeit einer Auskunftei, dem Adresshandel oder einem sonstigen, vergleichbaren Bereich[43] dienen soll[44]. Darüber hinaus ist auch der konkrete Verwendungszweck[45] festzulegen, soweit dieser schon absehbar ist. Möglich ist auch die Festlegung mehrerer Zwecke.[46] Die Nutzung der Daten in einem anderen als dem festgelegten Tätigkeitsfeld stellt automatisch eine Zweckänderung dar[47], was zu einer Änderung der Zulässigkeitsvoraussetzungen führt. 19

! Die Zweckbindung der Datenbestände hat zur Folge, dass Datenbestände mit unterschiedlichen Zweckbindungen auch physikalisch und organisatorisch getrennt voneinander zu speichern sind. Zudem sind die Zweckbindungen in den Organisations- und Ablaufstrukturen der verantwortlichen Stelle abzubilden.

3. Richtigkeit der Daten

Als ungeschriebenes Zulässigkeitsmerkmal liegt § 29 zugrunde, dass die für eine spätere Verarbeitung und Übermittlung erhobenen Daten richtig sind.[48] Richtig ist ein personenbezogenes Datum dann, wenn sein Informationsgehalt mit der Wirklichkeit übereinstimmt. Die Abgrenzung kann im Einzelfall schwierig sein, wenn eine Information zwar für sich gesehen richtig ist, aber in einen besonderen Kontext gehört, der der Information bei der Erhebung jedoch nicht beigefügt ist. Da der Maßstab der „Richtigkeit" bei Schätzwerten nicht anwendbar ist, sind geschätzte Daten als solche zu kennzeichnen.[49] Sie gelten im Rahmen des § 29 dann nicht als unrichtig.[50] 20

---

40 *Gola/Schomerus*, § 29 Rn. 3; Simitis/*Ehmann*, § 29 Rn. 1.
41 Simitis/*Ehmann*, § 29 Rn. 126.
42 Vgl. z.B. Taeger/*Taeger*, § 29 Rn. 42.
43 Notwendig ist eine konkrete Benennung, zu den sonstigen Bereichen des § 29, vgl. Rn. 6.
44 Die Zweckbeschreibung „Übermittlung an Dritte" reicht nicht aus. Vgl. auch Taeger/*Taeger*, § 29 Rn. 43.
45 Z.B. Scoring zur Verringerung von Kreditrisiken, Bonitätsprüfung; Risikobeurteilung im Vorfeld eines Versicherungsvertrags etc.
46 Simitis/*Ehmann*, § 29 Rn. 127.
47 Simitis/*Ehmann*, § 29 Rn. 126.
48 Dies ergibt sich z.B. aus dem Rückschluss der Löschpflichten des § 35; zudem aber auch aus dem faktischen Umstand, dass ein unrichtiges Datum nicht zur Erreichung des verfolgten Zwecks dienen kann, die Erlaubnistatbestände des § 29 also nicht greifen; vgl. Simitis/*Ehmann*, § 29 Rn. 170.
49 Viele Aufsichtsbehörden halten auch die Vorgehensweise für ausreichend, Auskünfte mit dem Hinweis zu versehen, dass Schätzdaten enthalten sind.
50 Simitis/*Ehmann*, § 29 Rn. 171.

Eine pauschale Pflicht der erhebenden Stelle, die Daten auf ihre Richtigkeit zu überprüfen, besteht nicht.[51] Sie kann jedoch im Ausnahmefall entstehen, z.B. dann, wenn begründete Zweifel an der Richtigkeit bestehen müssen, weil die Datenquelle nicht seriös ist.[52]

4. Berechtigtes Interesse der verantwortlichen Stelle?

21 Ein berechtigtes Interesse der verantwortlichen Stelle an der Erhebung und anschließenden Verarbeitung wird in Abs. 1 – anders als beispielsweise in Abs. 2 Nr. 1 – nicht eigens als Zulässigkeitsvoraussetzung erwähnt. Dies erklärt sich dadurch, dass sich das erforderliche Interesse typischerweise bereits aus der Tätigkeit der verantwortlichen Stelle (Werbung, Auskunftei, Adresshandel) und der entsprechenden Zweckbestimmung der Datenerhebung ergibt (soweit die Zweckbestimmung schon festgelegt werden kann).[53]

II. § 29 Abs. 1: Besondere Voraussetzungen für die Zulässigkeit des Erhebens, Speicherns, Veränderns oder Nutzens von Daten

1. Zusammenspiel mit § 28 Abs. 3 bis 3b: Einwilligungsvorbehalt, listenmäßige Übermittlung und Koppelungsverbot

22 Durch Abs. 1 Satz 2 wird umfassend Bezug genommen auf die Absätze 3 bis 3b des § 28.[54] In den entsprechenden Absätzen des § 28 sind die neu geschaffenen Regelungen zum Einwilligungsvorbehalt einschließlich der formalen Anforderungen an eine Einwilligung enthalten (§ 28 Abs. 3 Satz 1 und Abs. 3a): die Neufassung des Listenprivilegs (§ 28 Abs. 3 Satz 2 und 3) und schließlich das sog. Koppelungsverbot (§ 28 Abs. 3b).

23 Starken Beschränkungen unterliegen durch die Anwendung des § 28 Abs. 3 die **Werbewirtschaft** und der **Adresshandel**, denn die Verarbeitung oder Nutzung personenbezogener Daten für Zwecke des Adresshandels oder der Werbung steht unter dem Vorbehalt, dass eine wirksame Einwilligung des Betroffenen vorliegt. Allerdings ist es der Werbewirtschaft erlaubt, auch ohne das Vorliegen einer Einwilligung eine Datenverarbeitung für eigene Zwecke durchzuführen, soweit es sich um listenmäßig oder sonst zusammengefasste Daten über Angehörige einer Personengruppe handelt, also im Rahmen des sog. **Listenprivilegs**. Das Listenprivileg ist im Zuge der Novellierung 2009 jedoch eingeschränkt worden, es kommt nur noch in wenigen Bereichen und dort mit engen Vorgaben zum Zuge (vgl. insoweit die Kommentierung zu § 28 Abs. 3). Für die Datenverarbeitung zum Zwecke des Adresshandels gemäß § 29 bedeutet das im Falle der Datenerhebung (mit der notwendigen Vereinfachung ausgedrückt):

Eine verantwortliche Stelle, deren Tätigkeit dem Adresshandel zuzuordnen ist, kann die Daten nur beim Betroffenen und mit seiner Einwilligung erheben oder aber, wenn sie die Daten von Dritten erhebt, muss sichergestellt sein, dass dieser sie aufgrund einer wirksamen Einwilligung erhoben hat. Dies gilt in gleicher Weise auch für die Werbewirtschaft, jedoch kann diese Daten darüber hinaus auch ohne Einwilligung zum Zwecke der Übermittlung erheben (und später übermitteln), wenn es sich um listenmäßig zusammengefasste Daten i.S.d. § 28 Abs. 3 Satz 2 handelt.

24 Eine Übermittlung zu Zwecken der Werbung oder des Adresshandels kommt nur insoweit in Betracht, wie der Empfänger der Daten diese gemäß § 28 zulässig weiterverwenden darf.

Zu einer wesentlich weitergehenden Zulässigkeit kommt demgegenüber die in der Literatur ebenfalls vertretene Ansicht, dass alle Erlaubnistatbestände des § 29 anwendbar bleiben und die Nutzung des Listenprivilegs aus § 28 als zusätzlicher Erlaubnistatbestand durch die Verweisungen ermöglicht wird.[55]

---

51 *Beckhusen*, S. 197 f. m.w.N.

52 *Gola/Schomerus*, § 29 Rn. 13; weitergehend Simitis/*Ehmann*, § 29 Rn. 172 ff. Zur Rechtsprechung vgl. z.B. LG Paderborn, MDR 1981, 581; OLG Düsseldorf, RDV 2010, 35 (Ankauf von E-Mail-Adressen und Telefonnummern für Werbung); BGH, NJW 1978, 2151 ff.; OLG Hamburg, Urt. v. 06.05.2009, Az. 5 U 155/08, WRP 2009, 1152, 1153.

53 In diesem Sinne auch Taeger/*Taeger*, § 29 Rn. 27; *Gola/Schomerus*, § 29 Rn. 10.

54 Zu der ebenfalls durch Absatz 1 Satz 2 bewirkten Integration der strikten Zweckbindung in den Bereich des § 29 vgl. Rn. 52 f.

55 *Bahr*, Rn. 475 (mit Darstellung des Meinungsstandes in den Rn. 472a ff.).

Dass die Verweisung in § 29 Abs. 1 Satz 2 auch das in § 28 Abs. 3b enthaltene **Koppelungsverbot** erfasst, ist schwerlich nachvollziehbar. Das Koppelungsverbot hat zum Inhalt, dass ein Vertragsschluss nicht von der Einwilligung in die Verwendung der Daten zu Werbezwecken abhängig gemacht werden darf.[56] Die durch § 29 erfassten Tätigkeiten dürften kaum Raum lassen für die Konstellation, dass die erhebende oder übermittelnde Stelle zugleich aus einer monopolartigen Stellung heraus auch einen Vertrag mit dem Betroffenen schließt (und die Datenverarbeitung zur Bedingung des Vertragsschlusses macht). 25

! Die Verweisung auf das Koppelungsverbot entfaltet regelmäßig keine praktische Bedeutung.

2. Nr. 1: Interessenabwägung

Der erste Zulässigkeitstatbestand des § 29 erlaubt die Erhebung und anschließende Verarbeitung eines Datums, wenn für die erhebende Stelle kein Grund zu der Annahme besteht, dass der Betroffene ein schutzwürdiges Interesse hat, das die Erhebung, Speicherung oder Veränderung ausschließt, § 29 Abs. 1 Satz 1 Nr. 1. Obwohl der **Wortlaut der Bestimmung** nicht beinhaltet, dass das Interesse des Betroffenen „überwiegen" muss, ist die Nr. 1 in gleicher Weise wie § 28 Abs. 1 Satz Nr. 2 als Zulässigkeitstatbestand zu verstehen, der eine Abwägung der Interessen[57] voraussetzt.[58] 26

! Im Rahmen der Interessenabwägung ist zweckmäßigerweise zu differenzieren zwischen dem Vorliegen von Anhaltspunkten für ein Interesse des Betroffenen und der anschließenden Abwägung, falls ein Interesse des Betroffenen festgestellt werden konnte.

Anhaltspunkte für ein Interesse des Betroffenen können sich für die erhebende Stelle insbesondere aus der Art der betroffenen Daten ergeben. Handelt es sich zum Beispiel um Finanz- oder Vermögensdaten oder sensitive Daten gemäß § 3 Abs. 9, liegt ein entgegenstehendes Interesse, das zur Abwägung zwingt, nahe.[59] Offensichtlich ist dieses Interesse, wo der Betroffene der Datenerhebung oder -verarbeitung widersprochen hat.[60] Umgekehrt liegt es nahe, dass der Betroffene kein entgegenstehendes Interesse hat, wenn die Daten unmittelbar beim Betroffenen erhoben worden sind.[61] Wenn sich auf diese Weise keine konkreten Anhaltspunkte ergeben, dann ist es ausreichend, dass sich die erhebende Stelle auf eine **abstrakte Bewertung** des Sachverhalts beschränkt, ihre Prüfung also anhand der Frage ausrichtet, ob typischerweise ein schutzwürdiges Interesse bestehen könnte. Eine Verpflichtung der erhebenden Stelle, Nachforschungen über die Umstände des konkreten Einzelfalls durchzuführen, besteht nicht.[62] Liegen auch nach der abstrakten Bewertung keine Anhaltspunkte für ein entgegenstehendes Interesse des Betroffenen vor, dann kann die erhebende Stelle von der Zulässigkeit ausgehen. 27

Muss die verantwortliche Stelle von einem schutzwürdigen Interesse des Betroffenen ausgehen, hat sie durch eine **Abwägung** zu prüfen, ob das Interesse des Betroffenen ihr eigenes Interesse überwiegt. Bei der Abwägung sind Art, Inhalt und Aussagekraft der Daten zu messen an den Aufgaben und Zwecken, denen ihre Verarbeitung dient.[63] Anzuwenden ist der Verhältnismäßigkeitsgrundsatz, wobei dem informationellen Selbstbestimmungsrecht als Ausprägung des Persönlichkeitsrechts des Betroffenen ein hoher Stellenwert zukommt. In die Abwägung sind jedoch auch alle weiteren, rechtlich gebilligten Interessen einschließlich materieller Interessen einzubeziehen. Die verantwortliche Stelle hat sich bei der Abwägung in die Perspektive des „verständigen Durchschnittsbürgers" zu versetzen.[64] 28

---

56 Was allerdings nur dann gilt, wenn der betroffenen Person ein anderer Zugang zu gleichwertigen vertraglichen Leistungen ohne die Einwilligung nicht oder nicht in zumutbarer Weise möglich ist.
57 Zum berechtigen Interesse der erhebenden Stelle siehe Rn. 32.
58 So im Ergebnis auch Simitis/*Ehmann*, § 29 Rn. 153 ff. (mit ausführlicher Darstellung der Historie und der anderen Auffassungen zu dieser Frage); *Gola/Schomerus*, § 29 Rn. 11; Taeger/*Taeger*, § 29 Rn. 28.
59 In diesem Sinne auch Taeger/*Taeger*, § 29 Rn. 29; *Gola/Schomerus*, § 29 Rn. 12; vgl. auch Simitis/*Ehmann*, § 29 Rn. 187.
60 Taeger/*Taeger*, § 29 Rn. 30; Gola/Schomerus, § 29 Rn. 12.
61 Taeger/*Taeger*, § 29 Rn. 32.
62 Simitis/*Ehmann*, § 29 Rn. 159.
63 Ständige Rechtsprechung, vgl. nur BGH, RDV 1986, 81 ff.
64 Taeger/*Taeger*, § 29 Rn. 32.

29 Nicht jedes entgegenstehende Interesse entscheidet die Abwägung zugunsten des Betroffenen. Insbesondere im Bereich der Bonitätsprüfungen kann das entgegenstehende Interesse unbeachtlich sein, wenn das fragliche Datum im Kontext der Kreditgewährung eine spezifische Bedeutung hat, weil es Aussagekraft im Hinblick auf die Zahlungsfähigkeit bzw. -willigkeit des Betroffenen hat und auf objektiver Grundlage zustande gekommen ist. [65]Dieser Ansatz kann auch auf andere Bereiche des § 29 übertragen werden.

Führt die Abwägung zu dem Ergebnis, dass die **Interessen gleichrangig** sind, ist die Erhebung bzw. Verarbeitung unzulässig.[66]

30 Der Betroffene trägt die **Beweislast** dafür, dass sein Interesse schutzwürdig ist und das Interesse der verantwortlichen Stelle überwiegt.[67]

3. Nr. 2: Daten aus allgemein zugänglichen Quellen

31 Die Nr. 2 des ersten Absatzes ermöglicht es der verantwortlichen Stelle, Daten zu erheben und zu speichern, die aus allgemein zugänglichen Quellen stammen.[68]Aus der offenen Formulierung der Regelung („...entnommen werden können...") folgt, dass es nicht zwingend erforderlich ist, die Daten unmittelbar aus der jeweiligen öffentlichen Quelle zu entnehmen. Es reicht auch aus, dass die Daten zwar aus einer öffentlichen Quelle stammen, aber erst über Dritte an die verantwortliche Stelle gelangt sind, sofern diese Kenntnis von der Zugänglichkeit für jedermann hat.[69] **Allgemein zugänglich** ist eine Quelle immer schon dann, wenn sie technisch geeignet und dafür bestimmt ist, der Allgemeinheit Informationen zu verschaffen.[70]

> ! Erfasst sind damit die öffentlichen Register (Einwohnermelderegister[71], Handelsregister, Vereinsregister, Güterrechtsregister, Genossenschaftsregister) und die Medien (Internet, Telefon- und Adressbücher, Zeitungen, Zeitschriften).

Der Einordnung als „allgemein zugänglich" steht es entgegen, dass für die Nutzung der Informationen zunächst ein berechtigtes oder rechtliches Interesse geltend gemacht werden muss (wie das z.B. beim Grundbuchregister, dem Handwerksregister oder den Personenstandsbüchern der Fall ist).

32 Ebenso wie bei der Zulässigkeit nach Abs. 1 Satz 1 Nr. 1 ist auch im Rahmen der Nr. 2 noch zusätzlich die Abwägung durchzuführen, ob ein **schutzwürdiges Interesse des Betroffenen** überwiegt. Anders als in der Zulässigkeit nach Nr. 1 ist jedoch erforderlich, dass das Interesse des Betroffenen „offensichtlich überwiegt". Für den Ablauf und die Kriterien der Abwägung kann auf die Ausführungen zu Abs. 1 Nr. 1 verwiesen werden. Zu beachten ist dabei jedoch, dass an das Interesse des Betroffenen höhere Anforderungen zu stellen sind als im Rahmen des Absatzes 1 Satz 1 Nr. 1. Die Formulierung, dass das Interesse des Betroffenen „offensichtlich" überwiegen muss, bedeutet nämlich nicht lediglich, dass ein Interesse des Betroffenen der verantwortlichen Stelle unmittelbar und eindeutig (also ohne weitere Prüfungen und Wertungen) erkennbar sein muss.[72] Vielmehr ist erforderlich, dass ein Interesse des Betroffenen derart gravierend ist, dass der Vorrang dieses Interesses, also sein „Überwiegen", der verantwortlichen Stelle offensichtlich sein muss.[73] Für die verantwortliche Stelle bedeutet dies eine Herabsenkung der Zulässigkeitsschwelle für die Erhebung und Speicherung eines Datums, was im Gesamtkontext der Erhebung aus öffentlichen Quellen auch gerechtfertigt ist.

---

65 Taeger/*Taeger*, § 29 Rn. 32; Simitis/*Ehmann*, § 29 Rn. 176 ff.
66 Taeger/*Taeger*, § 29 Rn. 28; *Gola/Schomerus*, § 29 Rn. 10.
67 Simitis/*Ehmann*, § 29 Rn. 162.
68 Eine Parallelregelung findet sich in § 28 Abs. 1 Satz 1 Nr. 3. Im Rahmen von § 29 dürfte die praktische Bedeutung der Möglichkeit jedoch deutlich größer sein.
69 Allgemeine Auffassung, vgl. Taeger/*Taeger*, § 29 Rn. 34; *Gola/Schomerus*, § 29 Rn. 19; Simitis/*Ehmann*, § 29 Rn. 194.
70 Taeger/*Taeger*, § 29 Rn. 35.
71 Hinsichtlich der „einfachen Melderegisterauskünfte", also Name, Anschrift, ggf. akademischer Grad.
72 In diesem Sinne *Gola/Schomerus*, § 29 Rn. 19.
73 Anders wohl Simitis/*Ehmann*, § 29 Rn. 196.

Die den „allgemein zugänglichen Quellen" gleichgestellte Möglichkeit, dass die Daten **veröffentlicht** werden dürften, hat nur geringe praktische Bedeutung. Erfasst wird dadurch beispielsweise die Veröffentlichungsbefugnis, die Landesmeldegesetze bei der Erteilung von Gruppenauskünften an Adressbuchverlage geben.[74] 33

4. Nr. 3: Daten über Forderungen (Erhebung durch Kreditauskunftei)

Die Nr. 3 des Abs. 1 Satz 1[75] erlaubt[76] die Erhebung und anschließende Verarbeitung von Daten, wenn diese Daten vorher entsprechend den Voraussetzungen des § 28a Abs. 1 oder 2 zulässig an eine Auskunftei übermittelt worden sind.[77] Durch die Auskunftei dürfen derartige Daten ohne weitere Zulässigkeitsvoraussetzungen erhoben[78] und mit dem Zweck der Übermittlung an Dritte gespeichert und verändert[79] werden. Eine Abwägung ist nicht erforderlich. Dies ist sachgerecht vor dem Hintergrund, dass schon in § 28a sehr enge Zulässigkeitsvoraussetzungen festgelegt sind, die eine erneute Zulässigkeitsschwelle im Rahmen des § 29 entbehrlich machen.[80] Der verantwortlichen Stelle obliegt jedoch die Prüfung, ob die Voraussetzungen des § 28a eingehalten worden sind. 34

Eine wenig praxisrelevante Ausnahme zur der Erlaubnis nach Abs. 1 Satz 1 Nr. 3 wird im zweiten Satz der Nr. 3 statuiert: Untersagt ist in jedem Fall[81] die Erhebung und Speicherung von Daten über Konditionenanfragen. Satz 2 muss als gesetzestechnisch fragwürdige Verstärkung bzw. Doppelung gesehen werden, denn in § 28a Abs. 3 Satz 4 ist das Verbot der Übermittlung schon ausdrücklich festgeschrieben, sodass eine Erhebung dieser Daten nur bei Verstoß gegen dieses Übermittlungsverbot denkbar ist.[82] 35

5. Die erlaubten Tätigkeiten: Erheben, Speichern, Verändern, Nutzen

Die **Erhebung** von Daten durch eine Stelle im Sinne des § 29 wird regelmäßig in der **Speicherung** der erhobenen Daten münden. Die Zulässigkeit der Erhebung indiziert dabei die Zulässigkeit der anschließenden Speicherung.[83] Beide Tätigkeiten können daher als einheitlicher Vorgang betrachtet werden. Zugleich stellt sich – aus der Sicht einer Stelle im Sinne des § 29 – die Erhebung häufig als die Folge einer Datenübermittlung an die Stelle dar. § 29 Abs. 1 stellt mit seinen Erlaubnistatbeständen eine vorrangige Sonderregelung zum allgemeinen Grundsatz der Direkterhebung beim Betroffenen (§ 4 Abs. 2) dar.[84] Die Frage, ob die Daten nur direkt beim Betroffenen erhoben werden dürfen, kann jedoch im Rahmen der Interessenabwägung des § 29 Abs. 1 Satz 1 Nr. 1 Relevanz haben.[85] 36

Solange die verantwortliche Stelle keine Anhaltspunkte für ein entgegenstehendes Interesse des Betroffenen hat und der Zweck der Speicherung fortbesteht, können die Daten zulässig gespeichert werden. Die Löschfristen des § 35 Abs. 2 Satz 2 Nr. 4 und Satz 3 sind zu beachten.

Wie bei der Speicherung wird auch beim **„Verändern"** von Daten die Zulässigkeit der Erhebung der fraglichen Daten regelmäßig dazu führen, dass ein anschließendes Verändern ebenfalls zulässig ist (induzie- 37

74 Einzelheiten dazu bei Simitis/*Ehmann*, § 29 Rn. 198.
75 Eingefügt wurde die Nr. 3 – ebenso wie der § 28a – im Zuge der 2009 erfolgten Novellierung des BDSG.
76 *Gola/Schomerus*, § 29 Rn. 20 scheint hingegen die Nr. 3 als Modifikation und Beschränkung der Erlaubnistatbestände aus den Nummern 1 und 2 zu verstehen.
77 Sog. „Einmeldung" von Daten an eine Auskunftei.
78 Wobei die Erhebung lediglich die Kehrseite der Übermittlung an die Auskunftei darstellt.
79 Die Nr. 3 erfasst (trotz der Beschränkung auf die „Erhebung und Speicherung" in Satz 2) alle Tätigkeiten, also auch das Nutzen und Verändern.
80 So auch Simitis/*Ehmann*, § 29 Rn. 199.
81 Auch dann, wenn eine diesbezügliche Einwilligung des Betroffenen vorliegt. Verfassungsrechtliche Bedenken gegen diese Regelung hat Taeger/*Taeger*, § 29 Rn. 40.
82 So auch Simitis/*Ehmann*, § 29 Rn. 199.
83 So auch Simitis/*Ehmann*, § 29 Rn. 200.
84 Das zeigt nicht zuletzt § 29 Abs. 1 S.1 Nr. 3. Anders insoweit Simitis/*Ehmann*, § 29 Rn. 143 ff. Zu beachten ist jedoch, dass über die Verweisung des § 29 Abs. 1 S.2 das Einwilligungserfordernis des § 28 Abs. 3 Anwendung finden kann.
85 So auch der Sache nach Taeger/*Taeger*, § 29 Rn. 29.

rende Wirkung der zulässigen Erhebung).[86] Ein Verändern liegt insbesondere in der Verknüpfung von Daten und der Bildung von Profilen durch Kombination mehrerer Daten einer Person.[87]

38 Das **„Nutzen"** von Daten als eine Phase der Datenverarbeitung ist erst mit der 2009 erfolgten Novellierung als erlaubnisbedürftige Tätigkeit in § 29 Abs. 1 aufgenommen worden.[88] In der Gesetzesbegründung findet sich dafür die Erklärung, dass das „Nutzen" als ein gegenüber dem ausdrücklich in § 29 aufgeführten „Verändern" schwächerer Eingriff von § 29 schon in seiner alten Fassung erfasst werde, was nun durch die Aufnahme des „Nutzens" ausdrücklich klargestellt werde.[89] Ob die Aufnahme des „Nutzens" dabei nicht letztlich die Grenze zum Anwendungsbereich des § 28 verwischt[90], muss angesichts des klar dokumentierten gesetzgeberischen Willens unbeachtlich bleiben. Denkbare Beispiele[91] für das Nutzen von Daten sind bei Namenslisten die Einteilung in vermutete Altersgruppen anhand der Vornamen oder die Zuordnung zu Familien aufgrund des Nachnamens und der Adresse (Qualifizierung des Datenbestands)[92]. In der Praxis wird die Abgrenzung des „Nutzens" vom „Verändern" häufig nicht eindeutig sein. Letztlich ist diese Abgrenzung jedoch auch nicht zwingend erforderlich, da beide Tätigkeiten den gleichen Vorschriften unterfallen.

III. § 29 Abs. 2: Zulässigkeit der Datenübermittlung an Dritte

39 Durch den zweiten Absatz von § 29 wird klargestellt, unter welchen Voraussetzungen die nach Abs. 1 zulässig erhobenen und verarbeiteten Daten übermittelt werden dürfen. Als elementare Voraussetzung ist zunächst zu beachten, dass die Übermittlung des Datums im Rahmen des Zwecks erfolgt, der schon bei der Erhebung und anschließenden Verarbeitung des Datums maßgeblich war.[93] Zudem muss der Übermittlungsempfänger ein berechtigtes Interesse an der Kenntnis des Datums glaubhaft darlegen (Abs. 2 Nr. 1), wobei zugleich kein Grund zur Annahme bestehen darf, dass der Betroffene ein schutzwürdiges Interesse daran hat, dass die Übermittlung unterbleibt (Abs. 2 Nr. 2).

1. Abs. 2 Nr. 1 und 2: Berechtigtes Interesse des Empfängers und schutzwürdiges Interesse des Betroffenen

40 Die Ziffern 1 und 2 des Abs. 2 sind zusammen als ein einheitlicher[94] Erlaubnistatbestand zu sehen, bei dem das berechtigte Interesse des Dritten und ein etwaiges schutzwürdiges Interesse des Betroffenen maßgeblich für die Zulässigkeit einer Übermittlung sind. Als **berechtigtes Interesse** des Datenempfängers kommt grundsätzlich jedes von der Rechtsordnung nicht missbilligte Interesse in Betracht.[95] Das Interesse kann wirtschaftlicher Art sein[96], aber auch ideell, humanitär oder sonstig begründet sein.[97] Voraussetzung ist jedoch, dass die Kenntnis der fraglichen Daten für die Ziele bzw. Zwecke des Empfängers erforderlich ist.[98] Aus der Zweckgebundenheit des Datums und der Maßgeblichkeit rechtlicher Wertun-

---

86 Simitis/*Ehmann*, § 29 Rn. 204. Ausschlaggebend ist damit vor allem, ob die Erhebung der Daten einen zulässigen Zweck hat oder nicht.

87 Simitis/*Ehmann*, § 29 Rn. 205 ff. weist zutreffend darauf hin, dass die verfassungsgerichtliche Rechtsprechung („Volkszählungsurteil" des BVerfG) nicht pauschal auf diese Konstellationen übertragen werden kann, anders insoweit *Gola/Schomerus*, § 29 Rn. 18.

88 Zum Hintergrund der Einfügung vgl. Simitis/*Ehmann*, § 29 Rn. 15.

89 BT-Drs. 16/10529 S. 6, 16; kritisch zur Aufnahme des „Nutzen" in § 29: Taeger/*Taeger*, § 29 Rn. 5 ff.; ebenso *Wronka*, RDV 2009, 247, 250, der kritisiert, dass ein geschäftsmäßiges Nutzen personenbezogener Daten zum Zweck der Übermittlung ein Widerspruch in sich sei.

90 So Taeger/*Taeger*, § 29 Rn. 5 ff.; *Bergmann/Möhrle/Herb*, § 29 Rn. 10.

91 Nach *Wronka*, RDV 2009, 247, 250, kann das „Nutzen" allenfalls zur Anwendung kommen, wenn aufbereitete Daten zum Zweck der Übermittlung gespeichert werden.

92 Nach Taeger/*Taeger*, § 29 Rn. 5 ff., liegt darin kein „Nutzen", sondern ein „Verändern" der Daten.

93 Deutlich wird das durch die Formulierung im Eingangssatz: „...im Rahmen der Zwecke nach Absatz 1...".

94 Dies wird dadurch deutlich, dass die Nummern 1 und 2 durch ein „und" miteinander verbunden sind.

95 Taeger/*Taeger*, § 29 Rn. 50.

96 Z.B. das Interesse, ein etwaiges Ausfallrisiko eines potenziellen Schuldners bewerten zu können oder Ansprüche durchsetzen bzw. abwehren zu können; vgl. BGH, CR 2003, 819; OLG Düsseldorf, DuD 2006, 113 ff.

97 Taeger/*Taeger*, § 29 Rn. 50 m.w.N.

98 BGHZ 91, 233 ff = NJW 1984, 1886.

gen ergibt sich, dass eine zweckentfremdete, missbräuchliche oder Rechtsvorschriften verletzende Verwendung der Daten kein berechtigtes Interesse sein kann.[99]

41 An die **glaubhafte Darlegung** des berechtigten Interesses durch den Übermittlungsempfänger dürfen keine überzogenen oder praxisfernen Anforderungen gestellt werden. Ein notwendiger Bestandteil der glaubhaften Darlegung ist stets, dass sich der Empfänger identifiziert bzw. **legitimiert**. Das kann durch die Vorlage von Ausweispapieren oder im Falle der Vertretung durch eine Vollmacht geschehen, aber auch (bei automatisierten Verfahren) durch die Angabe einer Kennung oder die Nutzung eines Passworts.[100] Für die weitergehenden Anforderungen sollte unterschieden werden zwischen individuellen Einzelanfragen und den wiederkehrenden, gleichförmigen Anfragen im Massengeschäft.[101]

2. Zusammenspiel mit § 28 Abs. 3 bis 3b: Einwilligungsvorbehalt, listenmäßige Übermittlung und Koppelungsverbot

Vgl. dazu die Erläuterungen unter B II Rn. 22 ff.

3. Aufzeichnungspflicht

42 Durch Satz 3 des Absatzes 3 wird die Pflicht statuiert, die Gründe für das Vorliegen eines berechtigen Interesses aufzuzeichnen und darüber hinaus auch die Art und Weise ihrer Glaubhaftmachung. Diese Pflicht ist grundsätzlich von der übermittelnden Stelle zu erfüllen, nur im Falle des automatisierten Abrufs (§ 10 Abs. 4) wird diese Pflicht auf die abrufende Stelle verlagert.[102] Die Aufzeichnungspflicht hat mehrere **Funktionen**: Zunächst hat die Aufzeichnungspflicht zur Folge, dass die Pflicht des Übermittlungsempfängers, die Berechtigung seines Interesses nach § 29 Abs. 2 Satz 1 Nr. 1 darzulegen, (von beiden Beteiligten) nicht vernachlässigt werden kann. Ebenso wird die Aufzeichnung der Gründe für den Übermittelnden eine wichtige Grundlage für die Überprüfung dieser Gründe sein. Weiterhin wird aufgrund der Aufzeichnung die nachträgliche Kontrolle der Darlegungen (durch den betrieblichen Datenschutzbeauftragten oder die Aufsichtsbehörde) möglich, die Zulässigkeit einer Übermittlung wird also rückblickend feststellbar.[103]

43 Wird die Pflicht zur Aufzeichnung verletzt, kann dies als Ordnungswidrigkeit mit einem Bußgeld von bis zu 50.000,– € geahndet werden (§ 43 Abs. 1 Nr. 5 und Abs. 3).

4. Kontrollpflicht der übermittelnden Stelle

44 Durch Satz 5 des Abs. 3 wird die übermittelnde Stelle verpflichtet, eine **Stichprobenprüfung** gemäß § 10 Abs. 4 Satz 3 durchzuführen. Das Verfahren hat zum Zweck, das Vorliegen des „berechtigten Interesses" beim Empfänger der übermittelten Daten zu überprüfen. Diese Überprüfung erfolgt im Einzelfall und anlassunabhängig. Durch die Bezugnahme auf § 10 wird deutlich, dass diese Pflicht zur Prüfung nur dann entsteht, wenn die verantwortliche Stelle Dritten den Abruf von Daten im automatisierten Verfahren ermöglicht, nicht aber als Pflicht für alle Fälle der Datenübermittlung gedacht ist. Die erst mit der Novellierung des BDSG im Jahr 2009 aufgenommene Regelung[104] nimmt die bis dahin geübte und anerkannte Praxis auf. Zwischen der SCHUFA und anderen Handels- bzw. Wirtschaftsauskunfteien war schon Jahre vor der Novellierung des BDSG mit den Aufsichtsbehörden ein Stichprobenverfahren vereinbart worden.[105] Dieses trug der Situation Rechnung, dass die Auskunftsübermittlung ein Massengeschäft ist[106], das in der Praxis nicht in jedem Einzelfall, sondern nur über ein Stichprobenverfahren überprüft

---

99 Beispiele dafür geben *Bergmann/Möhrle/Herb*, § 29 Rn. 90 f.
100 Taeger/*Taeger*, § 29 Rn. 52.
101 Vgl. dazu die Erläuterungen unten Rn. 58 und 59.
102 Das ist sachgerecht, da beim automatisierten Abrufverfahren regelmäßig nur der Abrufende die erforderlichen Informationen hat.
103 Darin liegt auch für den Betroffenen im Streitfall ein wichtiger Vorteil.
104 Geltung ab dem 1.4.2010.
105 Kern dieses Verfahrens ist, dass mindestens bei einem Promille der Anfragen über ein Formblatt die Umstände des Vorgangs abgefragt werden, was dann weitere Recherchen auslösen kann; vgl. dazu Roßnagel/*Duhr*, Kap. 7.5 Rn. 58 ff.; Aufsichtsbehörden Baden-Württemberg, Hinweis zum BDSG Nr. 19, Staatsanzeiger 1983, Nr. 52 S.6).
106 Allein die SCHUFA hat 2010 über 100 Millionen Auskünfte erteilt.

werden kann. Der Gesetzgeber hat mit der Aufnahme von Satz 5 diese Vorgehensweise anerkannt und fortgesetzt. Bestimmte Vorgaben für das Stichprobenverfahren werden in § 29 Abs. 3 nicht gemacht. Um Dritten die Kontrolle der Beachtung dieser Pflicht zu ermöglichen, ist jedoch die strukturierte Dokumentation und Aufbewahrung zu empfehlen.[107]

45 Eine **weitergehende Prüfpflicht** der übermittelnden Stelle, die über das Stichprobenverfahren hinausgeht, sieht § 29 Abs. 3 nicht vor. Sie kann sich allenfalls im Einzelfall ergeben, wenn durch einen konkreten Anlass deutliche Zweifel an der Zulässigkeit eines bestimmten Abrufs entstehen (vgl. § 10 Abs. 4 Satz 2), z.B. weil der Empfänger schon zuvor sein Interesse an der Übermittlung unzutreffend oder nicht ausreichend begründet hat. Die übermittelnde Stelle sollte dann zunächst weitere Angaben beim potenziellen Empfänger anfordern. Im Übrigen braucht die übermittelnde Stelle die Richtigkeit der Darlegungen des potenziellen Empfängers nicht standardmäßig zu hinterfragen, solange diese nach allgemeiner Lebenserfahrung glaubhaft sind.[108]

Für die Einzelheiten des Verfahrens nach § 10 Abs. 4 kann auf die Kommentierung zu § 10 Abs. 4 verwiesen werden.

IV. § 29 Abs. 3: Pflichten bei der Aufnahme in Verzeichnisse

46 Der Zusammenhang des Abs. 3 mit dem hauptsächlichen Anwendungsbereich des § 29 erschließt sich (ähnlich wie bei den Absätzen 6 und 7) nicht ohne Weiteres. Der Grund für die Regelung wird erst in einer Gesamtschau, die auch das TKG einbezieht, nachvollziehbar. Im TKG wird durch § 104 „Teilnehmerverzeichnisse" geregelt, dass Teilnehmer von Telekommunikationsdiensten nur dann in elektronische oder gedruckte Verzeichnisse aufgenommen werden, wenn sie dies beantragen. Ist der Teilnehmer in das Verzeichnis aufgenommen worden, kann er gleichwohl einer Telefonauskunft über diese Eintragung widersprechen. Widerspricht der Teilnehmer der Weitergabe seiner Telefonnummer im Wege einer Telefonauskunft, so muss dies in den Verzeichnissen, die für die Telefonauskunft genutzt werden, vermerkt werden.[109] Da diese Regelung nur im Anwendungsbereich des TKG gilt, soll durch Abs. 3 eine vergleichbare Regelung für andere Verzeichnisse geschaffen werden, um Regelungslücken zu vermeiden. Als Folge hat auch jeder Anbieter, auf den das TKG keine Anwendung findet, zu beachten, dass die Aufnahme personenbezogener Daten in elektronische[110] oder gedruckte Adress-, Rufnummern,- Branchen- oder vergleichbare Verzeichnisse unterbleibt, wenn der entgegenstehende Wille des Betroffenen erkennbar ist. Für die Anwendung des Absatzes 3 ist dabei allerdings erforderlich, dass sich der entgegenstehende Wille aus einem Verzeichnis im Sinne des § 104 TKG ergibt, also Daten aus einem solchen Verzeichnis in ein Nachfolgeverzeichnis übernommen werden.[111] Nur dann wird das dem Betroffenen eingeräumte Selbstbestimmungsrecht auch für die Stelle verbindlich, die das Nachfolgeverzeichnis erstellt.[112] Diese hat die Kennzeichnung in das Nachfolgeverzeichnis zu übernehmen.[113]

Die Veröffentlichung von Adressdaten kann als gesteigerte Form einer Übermittlung im Sinne des § 29 verstanden werden[114], was die Platzierung der Regelung im Kontext des § 29 plausibel macht.

---

107 *Gola/Schomerus*, § 29 Rn. 29 sieht darin unzutreffend eine Rechtspflicht der übermittelnden Stelle. Zu beachten ist jedoch, dass ein Verstoß gegen § 10 Abs. 4 Satz 3 als Ordnungswidrigkeit geahndet werden kann, § 43 Abs. 1 Satz 1 Nr. 2a.

108 *Gola/Schomerus*, § 29 Rn. 28; Taeger/*Taeger*, § 29 Rn. 53.

109 Die Verzeichnisse der Telekom sehen hierfür beispielsweise vor, dass ein Paragrafenzeichen der Teilnehmernummer vorangestellt wird.

110 CD-ROM, Webverzeichnisse.

111 Simitis/*Ehmann*, § 29 Rn. 242; Taeger/*Taeger*, § 29 Rn. 62.

112 Taeger/*Taeger*, § 29 Rn. 62 weist zutreffend darauf hin, dass ein entgegenstehender Wille, der aus einem anderen Verzeichnis ersichtlich ist, dann aber bei der Abwägung des § 29 Abs. 1 Satz 1 Nr. 2 zu berücksichtigen ist.

113 *Gola/Schomerus*, § 29 Rn. 37 scheint – zu weitgehend – dem Abs. 3 zu entnehmen, dass schon die Vervielfältigung des Verzeichnisses unterbleiben müsse.

114 *Gola/Schomerus*, § 29 Rn. 37.

V. § 29 Abs. 4 und 5: Zusammenspiel mit den Absätzen 4–9 des § 28

1. Widerspruch des Betroffenen und Zweckbindung der Daten

Abs. 4 verweist umfassend auf die Absätze 4 und 5 des § 28. Das hat zunächst zur Folge, dass die übermittelnde Stelle den Empfänger auf die Zweckbindung hinweisen muss, die für das übermittelte Datum maßgeblich ist (§ 28 Abs. 5 Satz 3).[115] Auf diese Weise wird die Zweckbindung des Datums zum Schutz des Betroffenen übertragen, wenn das Datum den Bereich des § 29 verlässt; die Zweckbindung wird gleichsam im Bereich des Übermittlungsempfängers perpetuiert. 47

Der Empfänger der übermittelten Daten wird typischerweise die Daten auf der Grundlage des § 28 erheben und verarbeiten, weil er sie regelmäßig für eigene Geschäftszwecke verwendet. Eine zweckändernde Verwendung ist auf der Grundlage der Voraussetzungen der Absätze 2 und 3 des § 28 möglich,[116] wobei sich die Zulässigkeitsprüfung gemäß der Absätze 2 und 3 (auch) auf die Änderung des Zwecks beziehen muss.

Über die Zweckbindung hinaus hat die übermittelnde Stelle den Empfänger darauf hinzuweisen, wenn der Betroffene von seinem Widerspruchsrecht bezüglich der Verwendung der Daten für Zwecke der Werbung oder Markt- und Meinungsforschung Gebrauch gemacht hat. Diese Sperrung ist dann auch vom Empfänger zu beachten. Die Wirkung eines Widerspruchs wird dadurch in den Bereich des Übermittlungsempfängers hinein verlängert.[117] 48

2. Besonderheiten bei sensitiven Daten

Durch die in § 29 Abs. 5 enthaltene Anordnung der entsprechenden Anwendung der Absätze 6 bis 9 des § 28 wird die Zulässigkeit der Datenerhebung und -verarbeitung eingeschränkt, soweit dadurch besondere Arten personenbezogener Daten (§ 3 Abs. 9), also die sog. „sensitiven Daten", erfasst sind. Da sich für den Bereich des § 29 keine normspezifischen Modifikationen ergeben, kann umfassend auf die Kommentierung zu § 28 verwiesen werden. 49

VI. § 29 Abs. 6: Auskunftsverlangen bei Scoring

Abs. 6 des § 29[118] stellt im Gesamtzusammenhang der Vorschrift einen Fremdkörper[119] dar, da er keinen originär datenschutzrechtlichen Gehalt hat, sondern eher den verbraucherschützenden Vorschriften zuzurechnen ist. Seine Aufnahme in das BDSG dient der Umsetzung von Vorgaben aus der EU-Verbraucherkreditrichtlinie[120]; die Regelung wurde in § 29 aufgenommen, da zumindest ein inhaltlicher Bezug zu der Tätigkeit von Auskunfteien besteht. Ziel der Vorschrift ist, Darlehensgeber aus sämtlichen Mitgliedsstaaten der EU/des EWR gleich zu behandeln. Dazu wird den nichtinländischen Darlehensgebern der Anspruch eingeräumt, als Kunde einer Einrichtung wie der SCHUFA in gleicher Weise wie ein deutscher Darlehensgeber Auskünfte zur Kreditwürdigkeit von Verbrauchern zu erhalten. Die Verpflichtung zur Auskunft gegenüber Bonitätsanfragen von nichtinländischen Darlehensgebern trifft auch Warnsysteme, die nicht durch ihre Struktur[121] oder zwingende Gründe auf einen geschlossenen Mitgliederkreis beschränkt sind.[122] 50

115 Zur durchgängigen Zweckbindung eines Datums im Kontext des § 29 vgl. auch Rn. 52 ff.
116 Falls keine vertraglichen Vereinbarungen mit der übermittelnden Stelle vorliegen, die einer Zweckänderung entgegenstehen.
117 Ähnlich Simitis/*Taeger*, § 29 Rn. 239.
118 Der Absatz wurde im Zuge der BDSG-Novelle III mit Wirkung vom 11.06.2010 eingefügt.
119 So auch Simitis/*Ehmann*, § 29 Rn. 18, 244.
120 Art. 9 der Verbraucherkreditrichtlinie 87/102/EWG.
121 Z.B. konzerninterne Auskunfts- oder Warnsysteme.
122 Vgl. *Gola/Schomerus*, § 29 Rn. 46.

VII. § 29 Abs. 7: Informationspflicht bei Ablehnung eines Verbraucherdarlehensvertrags

51 Wie Abs. 6 ist auch Abs. 7 seinem Inhalt nach verbraucherschützender Natur, da er Transparenz bei der Ablehnung eines Darlehensvertrags aufgrund der Negativauskunft einer Auskunftei zum Ziel hat. Datenschutzrechtliche Relevanz hat er nicht. Auch Abs. 7 ist in Umsetzung der EU-Verbraucherkreditrichtlinie aufgenommen worden. Die Transparenz für den Verbraucher wird dadurch erreicht, dass dieser unverzüglich und kostenlos Auskunft darüber erhalten muss, dass die negative Beurteilung durch eine Auskunftei ursächlich für die Ablehnung des Darlehensvertrags ist. Zudem ist er über den Inhalt der negativen Beurteilung zu informieren. Die Unterrichtungspflicht trifft dabei nicht die Auskunftei, die die Beurteilung erstellt hat, sondern den Kreditgeber, der den Darlehensvertrag gegenüber dem Verbraucher abgelehnt hat. Die Auskunftei kann die Information jedoch aufgrund entsprechender Vereinbarungen und im Auftrag des Kreditgebers dem Verbraucher erteilen.[123]

VIII. Löschpflichten

52 Die in § 35 gesammelten Vorschriften zur Löschung von Daten haben im Rahmen von § 29 insbesondere in drei Konstellationen Relevanz: Daten, die unzulässig gespeichert worden sind, sind zu löschen, § 35 Abs. 2 Satz 2 Nr. 1. Eine Verpflichtung zur Löschung kann sich auch aus der turnusgemäßen Überprüfung der Erforderlichkeit bezüglich der weiteren Speicherung gemäß § 35 Abs. 2 Nr. 4 ergeben. Wurden unrichtige Daten gespeichert, müssen sie berichtigt werden, § 35 Abs. 1 Satz 1; wird die Richtigkeit bestritten und lässt sich die Richtigkeit oder Unrichtigkeit nicht feststellen, sind die Daten zu sperren, § 35 Abs. 4, wobei die Sondervorschrift in Abs. 6 zu beachten ist, falls die Daten aus öffentlich zugänglichen Quellen stammen.

IX. Rechtsfolgen bei Verstoß gegen § 29

53 Die Grundlagen für die Verhängung eines Bußgeldes bis zu einer Höhe von 50.000,– € sind zunächst die Nr. 5 bis Nr. 7b des § 43. Erfasst werden dadurch Verstöße gegen die Aufzeichnungspflicht des § 29 Abs. 3 Satz 3 und 4, Verstöße gegen das Verbot der Aufnahme in ein Verzeichnis (§ 29 Abs. 3 Satz 1), Verstöße gegen die Pflicht zur Übernahme von Kennzeichnungen bei der Übernahme von Daten in ein Verzeichnis (§ 29 Abs. 3 Satz 2) und Verstöße gegen die verbraucherschützenden Vorschriften der Absätze 6 und 7 des § 29.

Darüber hinaus können auch die allgemeinen Tatbestände des § 43 Abs. 2 Nr. 1 bis Nr. 5. vorliegen und eine Ordnungswidrigkeit (Bußgeld bis zu einer Höhe von 300.000,– €) begründen.

Auf Antrag kann eine Ordnungswidrigkeit nach § 43 Abs. 2 gemäß § 44 auch als Straftat verfolgt werden, wenn die vorsätzliche Handlung in Bereicherungsabsicht, Schädigungsabsicht oder gegen Entgelt vorgenommen wurde.

Die zuständige Aufsichtsbehörde kann auf der Grundlage von § 38 Abs. 5 Maßnahmen ergreifen, insbesondere auch Zwangsgelder verhängen oder eine Untersagungsverfügung erlassen.

C. Anwendungsempfehlung/weitere praktische Hinweise

I. Weitere relevante Vorschriften

54 Für die Abgrenzung zwischen § 28 und § 29 ist danach zu fragen, welchen Zweck die Übermittlung hat. Dient die Übermittlung dem eigenen Geschäftszweck der verantwortlichen Stelle, ist sie also Mittel eines von der Übermittlung zu trennenden Zwecks, wird regelmäßig § 28 anzuwenden sein. Ist die Übermittlung selbst jedoch der angestrebte Zweck, kommt § 29 zur Anwendung.

55 Außerhalb des BDSG kann § 15 Abs. 3 TMG relevant sein, der die Erhebung und Verwendung von Nutzungsdaten für Zwecke der Marktforschung regelt. Das Telekommunikationsgesetz (TKG) erlaubt dem

123 So auch Taeger/*Taeger*, § 29 Rn. 71.

Diensteanbieter zur Werbung für eigene Angebote und für Marktforschung nur die Verwendung von Bestandsdaten (§ 3 Nr. 3 TKG), wenn dies für diese Zwecke erforderlich ist und die Einwilligung des Betroffenen vorliegt (§ 95 Abs. 2 TKG). Für die Anbieter von Postdiensten ist beim Umgang mit den Adressdaten vorrangig die Postdienste-Datenschutzverordnung (PDSV) zu beachten (insb. § 7 PDSV).

II. Hintergrund der aktuellen Fassung der Norm

Das umfassende und hochkomplexe **Gesetzgebungsverfahren**, das der Ende 2009 abgeschlossenen Novellierung vorausging, war geprägt von großem Zeitdruck und dem Bestreben, buchstäblich bis zur letzten Minute die widerstreitenden Interessen im Gesetz zu berücksichtigen.[124] Das Ergebnis legt davon beredtes Zeugnis ab, denn die Novellierung kann unter gesetzestechnischen Gesichtspunkten an vielen Stellen nur als missglückt bezeichnet werden.[125] Für die Praxis ist das an den Stellen hinnehmbar, die mit relativ großer Sicherheit als Redaktionsversehen identifiziert und dementsprechend bei der Gesetzesanwendung unschwer ausgeglichen werden können. Anders liegt es jedoch, wo – insbesondere durch das Zusammenspiel unterschiedlicher Vorschriften – der Regelungsgehalt mehrdeutig oder unklar geblieben ist. 56

So führen beispielsweise die Verweisungen in § 29 regelmäßig zu Modifikationen der Erlaubnistatbestände, sie haben also erhebliche Bedeutung. Deshalb müsste diesen Verweisungen eine sorgfältige und spezifische Verzahnung bzw. Synchronisierung der miteinander kombinierten Vorschriften zugrunde liegen. In § 29 wird jedoch stattdessen pauschal auf mehrere Absätze unterschiedlichen Regelungsgehalts verwiesen (z.B. in § 29 Abs. 1 Satz 2 und Abs. 2 Satz 2). Eine solche Gesetzestechnik kann weder die notwendige Rechtssicherheit für die Anwendung und Kontrolle bieten, noch wird sie der Relevanz der gesamten Materie gerecht.[126] Der rechtsanwendenden Praxis ist zu raten, die offenen Stellen mithilfe der juristischen Auslegungsmethoden zu schließen. Solange die Zweifelsfragen keiner Klärung im Wege einer Gesetzesänderung oder durch richterliche Entscheidung zugeführt wurden, stellen sie auch einen Gestaltungsspielraum für die betroffenen Unternehmen dar. 57

III. Branchenspezifische Veröffentlichungen

Einige der **Branchenverbände**, deren Mitglieder von der Novellierung des BDSG vorrangig betroffenen sind, haben unmittelbar nach den Gesetzesänderungen ausführliche **Leitfäden** und andere Hilfestellungen veröffentlicht. Diese zeigen die spezifischen Auswirkungen der neuen Regelungen auf und geben Tipps für die praktische Handhabung und zahlreiche Formulierungsvorschläge.[127] 58

IV. Meldepflicht

Eine Stelle, die aufgrund eines der Zulässigkeitstatbestände des § 29 Daten erhebt und verarbeitet, unterliegt automatisch der **Meldepflicht** gegenüber der Aufsichtsbehörde nach § 4d. Unerheblich für die Meldepflicht ist es, ob die Stelle einen betrieblichen Datenschutzbeauftragten bestellt hat oder nicht, § 4d Abs. 1 i.V.m. Abs. 4 Nr. 1. 59

V. § 29 im typischen Gesamtablauf

Stellt man § 29 in einen übergreifenden **zeitlichen Ablauf**[128], so wird vor der Anwendung des § 29 häufig eine Konstellation liegen, die § 28 (oder § 28a) unterfällt. Personenbezogene Daten werden zunächst auf der Grundlage von § 28 erhoben und später an eine Stelle i.S.d § 29 übermittelt, was aus der Sicht 60

---

124 Eingehend dazu *Bahr*, Rn. 463 ff.

125 *Bahr* resümiert (Rn. 468), der Gesetzgeber „habe eine Systematik verbrochen, die ihresgleichen suche".

126 Kritisch zu den Verweisungen im § 29 äußert sich auch Simitis/*Ehmann*, § 29 Rn. 18.

127 Kundendatenschutz – ein Leitfaden für die Praxis (3. Auflage 2011; verfasst von *Peter Gola* und *Yvette Reiff*, herausgegeben von der Gesellschaft für Datenschutz und Datensicherheit in Zusammenarbeit mit dem Zentralverband der deutschen Werbewirtschaft); Best Practice Guide Dialogmarketing (herausgegeben 2009 vom DDV); Dialogmarketing nach der BDSG-Novelle 2009 – Ein Leitfaden für die Praxis (herausgegeben 2009 von der Initiative Berliner Datenschutzrunde).

128 Vgl. im Einzelnen dazu das „Datenflussmodell" bei Simitis/*Ehmann*, § 29 Rn. 128 ff.

der nach § 29 vorgehenden Stelle zugleich die Erhebung des Datums ist. (Beispiel für Auskunftei: Eine Bank erhebt bei ihrem Kunden Daten zur Vorbereitung eines Kreditvertrages oder nutzt die bei der Bank vorhandenen Daten. Diese Daten werden an eine Auskunftei i.S.d. § 29 übermittelt, damit diese ein Kreditscoring durchführt und später der Bank übermittelt.) Eine andere typische Konstellation ist, dass eine Stelle nach § 29 Daten aufgrund einer Einwilligung (oder eines anderen Erlaubnistatbestands) beim Betroffenen erhebt.[129] Wenn ein Unternehmen Datenbestände für eigene Zwecke erhebt bzw. verarbeitet und zugleich auch Daten zum Zweck der Übermittlung an Dritte erhebt, müssen diese Datenbestände technisch-organisatorisch getrennt gehalten werden.

VI. Hinweise zur Zweckbindung

61 Der Eingangssatz des § 29 legt als zentrale Voraussetzung einer zulässigen Datenverarbeitung fest, dass diese **„zum Zwecke der Übermittlung"** vorgenommen wird. Darüber hinaus entsteht durch die in Abs. 1 Satz 2 aufgenommene Verweisung auf § 28 Abs. 1 Satz 2 die Verpflichtung, den Zweck, für den die Daten verarbeitet oder genutzt werden sollen, schon bei deren Erhebung konkret festzulegen. Der in § 29 geforderten Zweckbestimmung und -bindung der Daten kommt in mehrfacher Hinsicht eine elementare Bedeutung für die Praxis zu. In der Gesamtschau der Regelungen des § 29 und in seinem Zusammenspiel mit § 28 lässt sich ein regelrechter „Zweckkorridor"[130] erkennen, der bei der Fixierung des Zwecks bei der Datenerhebung beginnt und erst mit dem Hinweis auf die Zweckbindung, der gegenüber dem Übermittlungsempfänger zwingend vorzunehmen ist, endet (Abs. 4 in Verbindung mit § 28 Abs. 5 Satz 3). Die Zweckbindung wird damit zum zentralen Parameter für die Überprüfung der Zulässigkeit während der gesamten Tätigkeit der verantwortlichen Stelle.[131]

62 Durch die Formulierung in Abs. 1 Satz 1 wird zunächst aber der **Anwendungsbereich des § 29** vom Bereich des § 28 abgegrenzt. Während bei § 28 die Daten regelmäßig als Hilfsmittel zur Erfüllung eigener Geschäftszwecke benötigt werden und daher auch ein eigenes inhaltliches Interesse der Stelle an den Daten besteht, ist bei § 29 die Erhebung und Speicherung von Daten „Selbstzweck" der Tätigkeit[132], um die gespeicherten Daten durch Übermittlung an Dritte zu verwerten. Die Erhebung, Speicherung und Übermittlung bilden also den zentralen Geschäftsgegenstand der verantwortlichen Stelle[133], an dem Inhalt der Daten hat die Stelle kein eigenes Interesse. Diese Abgrenzung schließt nicht die Konstellation aus, dass für eine verantwortliche Stelle sowohl § 29 als auch § 28 anzuwenden ist. Häufig wird sich die Anwendung der beiden Vorschriften dabei auf unterschiedliche Datenbestände mit einer jeweils eigenständigen Zweckbestimmung beziehen. So werden beispielsweise die Stellen im Sinne des § 29 regelmäßig neben den Daten, die sie als „Ware" übermitteln, auch eigene Daten zu ihren Lieferanten und Kunden bzw. Mitgliedern haben.[134] Denkbar ist jedoch auch, dass der gleiche Datenbestand betroffen ist, z.B. wenn eigene Kundendaten durch geschäftsmäßige Übermittlung an Dritte kommerziell genutzt werden.

63 Die **Festlegung des Zwecks bei der Erhebung** bezieht sich dabei zunächst und in erster Linie auf die Zuordnung zu einem der Tätigkeitsbereiche, für die § 29 gilt. Erforderlich ist also die Entscheidung, ob die spätere Verarbeitung und Übermittlung der Werbung, der Tätigkeit einer Auskunftei, dem Adresshandel oder einem sonstigen, vergleichbaren Bereich[135] dienen soll[136]. Darüber hinaus ist auch der konkrete Verwendungszweck[137] festzulegen, soweit dieser schon absehbar ist. Möglich ist auch die Festle-

---

129 Sog. „Selbstauskunft".
130 Begriff von Simitis/*Ehmann*, § 29 Rn. 211, 236: Taeger/*Taeger*, § 29 Rn. 48.
131 Die Zweckbindung muss nach der Tätigkeit der Stelle im Sinne des § 29 auch noch vom Übermittlungsempfänger beachtet werden, sie wirkt also fort und ist maßgeblich für die weitere Verarbeitung und Nutzung, vgl. § 28 Abs. 4 und Abs. 5.
132 Taeger/*Taeger*, § 29 Rn. 12.
133 *Gola/Schomerus*, § 29 Rn. 3; Simitis/*Ehmann*, § 29 Rn. 1.
134 Zu den möglichen Konstellationen vgl. z.B. Taeger/*Taeger*, § 29 Rn. 13 f.; Simitis/*Ehmann*, § 29 Rn. 20 ff.
135 Notwendig ist eine konkrete Benennung, zu den sonstigen Bereichen des § 29 vgl. Rn. 6.
136 Die Zweckbeschreibung „Übermittlung an Dritte" reicht nicht aus. Vgl. auch Taeger/*Taeger*, § 29 Rn. 43.
137 Z.B. Scoring zur Verringerung von Kreditrisiken, Bonitätsprüfung; Risikobeurteilung im Vorfeld eines Versicherungsvertrags etc.

gung mehrerer Zwecke.[138] Die Nutzung der Daten in einem anderen als dem festgelegten Tätigkeitsfeld stellt automatisch eine Zweckänderung dar[139], was zu einer Änderung der Zulässigkeitsvoraussetzungen führt. An die Zweckfestlegung dürfen keine überzogenen und lebensfernen Anforderungen gestellt werden. So ist es beispielsweise den verantwortlichen Stellen meist weder möglich, bei der Erhebung der Daten auch schon den oder die späteren Empfänger festzulegen, noch kann sie die sonstigen Umstände der Übermittlung vorab konkretisieren.[140]

§ 29 macht keine Vorgaben, in welcher Weise bzw. **Form** die Festlegung des Zwecks vorzunehmen ist. 64
Insbesondere ist keine Schriftform vorgeschrieben. Da die verantwortliche Stelle jedoch zu ihrer eigenen Übersicht und zur Beurteilung der Zulässigkeit weiterer Verarbeitungsschritte auf die Festlegung der Zwecke Zugriff haben muss, empfiehlt sich in jedem Fall eine strukturierte und systematisierte Dokumentation. Diese kann beispielsweise als Teil des Verfahrensverzeichnisses (§ 4g Abs. 2 Satz 1) durchgeführt werden. Das ermöglicht auch die Darlegung der Zweckfestlegung gegenüber Dritten.

VII. Einwilligungsvorbehalt und Listenprivileg des § 28

Dass der Einwilligungsvorbehalt und das Listenprivileg lediglich im Wege einer Verweisung in die Zuläs- 65
sigkeitsvorschriften des § 29 Abs. 1 integriert werden, wird ihrer praktischen Bedeutung in keiner Weise gerecht. Dieses gesetzessystematische Vorgehen legt bei der Rechtsanwendung den Schluss nahe, es handle sich bei den Verweisungen um nachrangige oder lediglich ergänzende Modifikationen bzw. Einzelheiten, die die Zulässigkeitstatbestände des § 29 Abs. 1 jedoch im Übrigen unberührt lassen. Das Gegenteil ist der Fall. Die Vorschriften des § 28, die durch die Verweisung Geltung erlangen, verdrängen bzw. überlagern in weiten Bereichen die Zulässigkeitstatbestände des § 29 und engen seinen Anwendungsbereich faktisch erheblich ein. Bei der Analyse, ob eine Datenverarbeitung zulässig gemäß § 29 Abs. 1 Satz 1 Nr. 1 bis Nr. 3 durchgeführt werden kann, muss daher der erste Schritt die Prüfung sein, ob die Absätze 3 bis 3b des § 28 auf die fragliche Konstellation zur Anwendung kommen. Ist dies der Fall, wird sich eine weitergehende Prüfung der Zulässigkeit nach § 29 häufig erübrigen.

VIII. Speicherung für spätere Nutzung

Die Speicherung von Daten, die erst zu einem späteren Zeitpunkt genutzt werden sollen (z.B. für potenzi- 66
elle Anfragen oder künftige Geschäftsmodelle), ist nicht per se unzulässig. Insbesondere liegt darin keine unzulässige „Vorratsdatenspeicherung" im Sinne der Rechtsprechung des Bundesverfassungsgerichts.[141] Maßgeblich für die Zulässigkeit ist, ob die speichernde Stelle erfahrungsgemäß oder aufgrund einer Marktanalyse damit rechnen kann, dass die Daten über kurz oder lang entsprechend ihrer Zweckbestimmung genutzt werden.[142]

IX. Interessenabwägung bei der Erhebung bzw. Verarbeitung der Daten

An die Abwägung dürfen keine überzogenen, praxisfremden Anforderungen gestellt werden. Im Regel- 67
fall wird zwischen dem Betroffenen und der verantwortlichen Stelle keine rechtliche oder tatsächliche Beziehung bestehen, aus der sich viele Informationen zu der konkreten Situation ergeben.[143] Die Möglichkeiten der Abwägung sind dadurch – anders als z.B. in § 28 Abs. 1 Satz 1 Nr. 2 – begrenzt. Die Abwägung wird daher häufig den Charakter einer **Regelfallbewertung** haben müssen.[144]. Es lassen sich (zumindest in begrenztem Umfang) **Fallgruppen**[145] bilden, die typischen Konstellationen bei der Abwägung Rechnung tragen. So kann zum Beispiel von einem überwiegenden entgegenstehenden Interesse

138 Simitis/*Ehmann*, § 29 Rn. 127.
139 Simitis/*Ehmann*, § 29 Rn. 126.
140 So auch Simitis/*Ehmann*, § 29 Rn. 211.
141 Ebenso Simitis/*Ehmann*, § 29 Rn. 49 ff.; Taeger/*Taeger* § 29 Rn. 17; *Gola/Schomerus*, § 29 Rn. 21.
142 Taeger/*Taeger* § 29 Rn. 17; Simitis/*Ehmann*, § 29 Rn. 55.
143 Darauf weist zutreffend Simitis/*Ehmann*, § 29 Rn. 156 hin.
144 Simitis/*Ehmann*, § 29 Rn. 161 spricht insoweit von einer Einzelfallabwägung im faktisch möglichen Rahmen.
145 Zu der für das SCHUFA-System beachtlichen, in der Rechtsprechung vielfach verwendeten Differenzierung zwischen „Positivdaten" und „Negativdaten" (diese noch unterteilt in „harte" und „weiche" Merkmale) vgl. detailliert Simitis/*Ehmann*; § 29 Rn. 175 ff.

des Betroffenen ausgegangen werden, wenn Daten auf subjektive Bewertungen zurückgehen, möglicherweise nicht valide und zugleich geeignet sind, den Betroffenen zu diskriminieren oder seine wirtschaftlichen Möglichkeiten zu gefährden.[146] Ebenso muss von einem überwiegenden Interesse ausgegangen werden, wenn die Daten gezielt nicht beim Betroffenen erhoben wurden, sondern verdeckt oder durch Ausforschung Dritter. Eine weitere Fallgruppe ist der Widerspruch des Betroffenen gegen die Aufnahme in die Adressbestände eines Adresshändlers oder für Werbemaßnahmen.[147]

68 Bei der Feststellung des berechtigten Interesses des Übermittlungsempfängers und der Interessenabwägung durch die übermittelnde Stelle ist zu differenzieren: Für die **häufig wiederkehrenden Anfragen** und insbesondere für das automatisierte Abrufverfahren ist anerkannt, dass standardisierte Kurzbeschreibungen ausreichen. Dies bietet sich insbesondere dort an, wo der Übermittlungszweck feststeht, weil nur ein einziger Übermittlungszweck in Betracht kommt und die Übermittlung über einen längeren Zeitraum und regelmäßig an den gleichen Vertragspartner erfolgt. Für Kreditinformationssysteme hat die Rechtsprechung schon vor Jahren akzeptiert, dass die Möglichkeit der Institute, ihrer Tätigkeit effektiv nachzugehen, beachtet werden muss. Dieser Aspekt ist jedoch nicht auf die Bonitätsprüfungen beschränkt, sondern betrifft alle Stellen, die im Rahmen von § 29 häufig wiederkehrende Anfragen erhalten.[148] Vor diesem Hintergrund haben sich vielfach Systeme etabliert, die durch die Verwendung von Schlagworten, vereinbarten Kürzeln oder Kennziffern dem Empfänger ermöglichen, den Grund für sein Interesse darzulegen.

69 Bei **individuellen Anfragen** außerhalb eines automatisierten Abrufverfahrens und insbesondere dann, wenn der Zweck der Übermittlung nicht von vorneherein feststeht, können sich die Schlagworte, Kürzel oder Kennziffern als nicht ausreichend erweisen. Hier sollte eine stichwortartige Beschreibung den Grund des Interesses unmittelbar nachvollziehbar machen.[149] Ergänzend können Dokumente beigefügt werden (Bestätigungen Dritter, behördliche Bescheinigungen, Akten, Urkunden oder auch eidesstattliche Erklärungen[150]).[151]

70 Die Formulierung des Abs. 2 legt zwar den Schluss nahe, dass bei jedem Übermittlungsvorgang eine individuelle, am Einzelfall orientierte **Abwägung** durchzuführen ist, um die Schutzwürdigkeit eines ggf. **entgegenstehenden Interesses des Betroffenen** zu ermitteln. In der Praxis wird jedoch vielfach und mit Billigung der Aufsichtsbehörden[152] aufgrund von Typisierungen und **Fallgruppen** die Zulässigkeit beurteilt (antizipierte Abwägung[153]). Das ist sachgerecht in allen Konstellationen, in denen den Interessen, die typischerweise für die Übermittlung sprechen, ein solches Gewicht zukommt, dass etwaige Belange des Betroffenen regelmäßig dahinter zurückbleiben müssen.[154] Bei pragmatischer Sichtweise ergibt sich diese Vorgehensweise darüber hinaus oft auch schon daraus, dass sich die für eine Abwägung vorliegenden Informationen im Massengeschäft stark gleichen. Auch hier spielt wieder der durch die Rechtsprechung anerkannte Umstand, dass die übermittelnde Stelle durch überzogene Anforderungen nicht faktisch an ihrer Tätigkeit gehindert werden darf, eine gewichtige Rolle.

71 Außerhalb dieser Parameter muss eine ergebnisoffene Abwägung, die die **individuellen Umstände** des konkreten Falls einbezieht[155], möglich sein.[156] Wenn bei der Erhebung und Speicherung des zu übermittelnden Datums schon eine Abwägung stattgefunden hat (also im Falle der Nummern 1 und 2 des Absatzes 1), wird die erneute Abwägung häufig nicht mehr leisten können als eine Überprüfung der vorgenommenen Wertungen und ggf. eine Konkretisierung, wenn mittlerweile neue, abwägungsrelevante

---

146 So zutreffend Taeger/*Taeger*, § 29 Rn. 29.
147 Taeger/*Taeger*, § 29 Rn. 30.
148 So auch Simitis/*Ehmann*, § 29 Rn. 213 mit weiteren Nachweisen in Rn. 212 zur Rechtsprechung und insbesondere zur „SCHUFA-Rechtsprechung des BGH" (z.B. BGH, Urteil v. 19.09.1985, Az. III ZR 213/83, NJW 1986, 46 ff.).
149 Taeger/*Taeger*, § 29 Rn. 53.
150 § 294 ZPO.
151 Vgl. dazu auch Simitis/*Ehmann*, § 29 Rn. 224.
152 Simitis/*Ehmann*, § 29 Rn. 225 ff.
153 Vgl. insoweit Simitis/*Ehmann*, § 29 Rn. 215.
154 Z.B. bei der Eröffnung eines Konkursverfahrens.
155 Zur Abwägung vgl. eingehend Rn. 19 ff.
156 So auch Simitis/*Ehmann*, § 29 Rn. 214; wohl auch *Gola/Schomerus*, § 29 Rn. 25.

Informationen hinzugekommen sind. Dies kann beispielsweise der Fall sein, wenn der Übermittlungsempfänger erstmalig vor der Übermittlung erkennbar wird, denn die Frage, wer die Daten bekommt, kann für ein entgegenstehendes Interesse des Betroffenen von erheblicher Bedeutung sein.[157]

X. Aufzeichnungspflicht

Abs. 4 nennt keine **konkreten Anforderungen**, die die Aufzeichnungspflicht inhaltlich ausfüllen. Nach Sinn und Zweck lässt sich jedoch zunächst festhalten, dass die Empfänger der Daten sowie das Datum der Anfrage zu protokollieren sind.[158] Dokumentiert werden sollte die Art der übermittelten Daten; Angaben zur Herkunft der Daten sind nicht unbedingt festzuhalten.[159] Auch die für die Übermittlung relevanten technischen und organisatorischen Maßnahmen sind zu dokumentieren.[160]. Um die Gründe des Empfängers für das Vorliegen eines berechtigten Interesses aufzuzeichnen, wird es – wie schon bei der Darlegung der Gründe durch den Empfänger – regelmäßig ausreichend sein, praxisübliche[161] Kürzel[162] oder Kennziffern aufzuzeichnen, die dem jeweiligen Vorgang eindeutig zugeordnet sind. Nicht zwingend erforderlich ist, dass vom Übermittlungsempfänger vorgelegte Urkunden (in Kopie oder digitalisiert) aufbewahrt werden; ausreichend ist es zu dokumentieren, dass die glaubhafte Darlegung z.B. durch die Vorlage einer Urkunde erfolgt ist.[163] 72

In § 29 werden keine Vorgaben gemacht, wie lange die Aufzeichnungen aufzubewahren sind. Eine Orientierung zu der erforderlichen **Aufbewahrungsdauer** kann jedoch aus anderen Vorschriften gewonnen werden. Da Schadensersatzansprüche aus § 7 der regelmäßigen Verjährungsfrist von drei Jahren unterfallen, sollte dieser Zeitraum auf jeden Fall die Mindestdauer für die Aufbewahrung sein.[164] Eine längere Aufbewahrungsdauer ist jedoch empfehlenswert. Da § 35 Abs. 2 Satz 2 Nr. 4 vorsieht, dass die Daten spätestens nach fünf Jahren gelöscht werden müssen, kann eine fünfjährige Aufbewahrung der Aufzeichnung sinnvoll sein. Die Aufzeichnungen dienen jedoch der Ex-post-Kontrolle, ein Bedürfnis für die Überprüfung der Rechtmäßigkeit einer Übermittlung fällt also nicht notwendig mit der Löschung der fraglichen Daten weg[165], sodass auch ein längerer Zeitraum für die Aufbewahrung zu rechtfertigen ist.[166] 73

---

157 In diesem Sinne auch Simitis/*Ehmann*, § 29 Rn. 217.

158 Das ergibt sich auch aus § 34 Abs. 1 Satz 1 Nr. 2, da sonst der Auskunftsanspruch des Betroffenen nicht erfüllt werden könnte.

159 Vgl. Simitis/*Ehmann*, § 29 Rn. 232.

160 *Bahr*, Rn. 113.

161 Die Bedeutung der Kürzel muss jedoch zwischen den am Übermittlungsvorgang Beteiligten klar definiert sein.

162 Häufig bezeichnet als „Anfragegründe" oder „Anfragemerkmale", z.B. „Forderung", „Vertrag", „Schadensersatzanspruch"; vgl. *Gola/Schomerus*, § 29 Rn. 29; Simitis/*Ehmann*, § 29 Rn. 215 f, 233 m.w.N.

163 Taeger/*Taeger*, § 29 Rn. 56 m.w.N.; aufzuzeichnen ist lediglich die „Art und Weise" der glaubhaften Darlegung.

164 Ähnlich *Gola/Schomerus*, § 29 Rn. 30.

165 Darauf weist zutreffend Taeger/*Taeger* hin, § 29 Rn. 58.

166 Anders insoweit *Gola/Schomerus*, § 29 Rn. 30: Die Löschung der Aufzeichnungen zur Übermittlung müsse mit der Löschung der übermittelten Daten einhergehen, da die Angaben zur Übermittlung ohne die Kenntnis der betroffenen Daten ohne Aussagewert seien.

§ 30 Geschäftsmäßige Datenerhebung und -speicherung zum Zweck der Übermittlung in anonymisierter Form

(1) [1]Werden personenbezogene Daten geschäftsmäßig erhoben und gespeichert, um sie in anonymisierter Form zu übermitteln, sind die Merkmale gesondert zu speichern, mit denen Einzelangaben über persönliche oder sachliche Verhältnisse einer bestimmten oder bestimmbaren natürlichen Person zugeordnet werden können. [2]Diese Merkmale dürfen mit den Einzelangaben nur zusammengeführt werden, soweit dies für die Erfüllung des Zwecks der Speicherung oder zu wissenschaftlichen Zwecken erforderlich ist.

(2) Die Veränderung personenbezogener Daten ist zulässig, wenn

1. kein Grund zu der Annahme besteht, dass der Betroffene ein schutzwürdiges Interesse an dem Ausschluss der Veränderung hat, oder

2. die Daten aus allgemein zugänglichen Quellen entnommen werden können oder die verantwortliche Stelle sie veröffentlichen dürfte, soweit nicht das schutzwürdige Interesse des Betroffenen an dem Ausschluss der Veränderung offensichtlich überwiegt.

(3) Die personenbezogenen Daten sind zu löschen, wenn ihre Speicherung unzulässig ist.

(4) § 29 gilt nicht.

(5) § 28 Abs. 6 bis 9 gilt entsprechend.

Literatur

Abel, Die neuen BDSG-Regelungen, RDV 2009 147 ff.; *Pflüger*, Datenschutz in der Markt- und Meinungsforschung, RDV 2010, 101 ff.

▶ **Darum geht es:**

Der Vorschrift kommt seit der Novellierung des BDSG nur noch eine ergänzende Funktion in Bezug auf § 30a zu.

▶ **Schlagworte**

Kommerzielle Markt- und Meinungsforschung, die nicht von § 30a erfasst wird; aggregierte Daten; Speicherung pseudonymer Daten; Übermittlung anonymisierter Daten; statistische Daten; Langzeitstudien; File-Trennung (Trennungsgebot); Befragung

▶ **Weitere relevante Vorschriften:**

§ 7 UWG; § 13–15 TMG bei Telemedien

A. Allgemeines

I. Einordnung der Norm im Gesamtkontext

1 Für § 30 ist charakteristisch, dass die verantwortliche Stelle aus personenbezogenen Daten statistische Daten aggregiert, um diese in anonymisierter Form an einen Dritten zu übermitteln. Die personenbezogenen Daten sind also lediglich das Mittel zu einem anderen Zweck; an den personenbezogenen Daten als solches hat die verantwortliche Stelle kein Interesse. § 30 enthält keinen eigenständigen Zulässigkeitstatbestand für die Datenerhebung. Sie setzt also voraus, dass die verantwortliche Stelle die personenbezogenen Daten aufgrund einer Einwilligung des Betroffenen bei diesem erhebt[1] oder dass die Daten aus einer nach §§ 28, 29 zulässigen Übermittlung stammen.[2]

II. Persönlicher und sachlicher Anwendungsbereich der Norm

2 Die gesamte Tätigkeit einer verantwortlichen Stelle zum Zweck der Markt- und Meinungsforschung unterfällt seit der Novellierung des BDSG dem § 30a. § 30 kann in diesem Bereich daher allenfalls eine ausfüllende oder ergänzende Funktion zukommen.[3] Als eigenständige Vorschrift kann § 30 nur solche Methoden bzw. Tätigkeiten der Forschung erfassen, die nicht schon als Markt-, Meinungs- oder Sozialforschung im Sinne des § 30a einzuordnen sind.[4]

III. Entwicklung der Vorschrift

3 Vor der Novellierung des BDSG im Jahr 2009 hatte § 30 seinen Anwendungsbereich ganz überwiegend (wenn nicht sogar ausschließlich) bei der Tätigkeit der geschäftsmäßigen Markt- und Meinungsforschung. Durch die Novellierung wurde dem BDSG jedoch § 30a eingefügt, der die Markt- und Meinungsforschung nun ausdrücklich und umfassend regelt. Diese Vorschrift wurde erst kurz vor der Beendigung des Gesetzgebungsverfahrens aufgenommen, und es ist offensichtlich, dass keine Zeit mehr blieb, um das Zusammenspiel der Normen §§ 28, 29, 30 und 30a zu synchronisieren und insbesondere zu prüfen, in welchem Verhältnis § 30 und § 30a künftig zueinander stehen.[5] Der erste Blick erweckt den Eindruck, dass § 30 die weitgehende Grundnorm darstellt, während § 30a für einen speziellen Bereich nur Konkretisierungen bzw. Modifikationen vornimmt.[6] Bei realistischer Betrachtung ist es jedoch umgekehrt: § 30 ist bis auf Weiteres ein unbestimmter Auffangtatbestand für die Konstellationen, die nicht § 30a unterfallen. Welche das sind, ist allerdings derzeit schwerlich absehbar.[7] Dies umso mehr, als § 30a – im Gegensatz zu § 30 – eigene Zulässigkeitstatbestände enthält und etwas strengere Anforderungen im technisch-organisatorischen Bereich aufstellt.

In der Kommentierung der §§ 30 und 30a wird deshalb – der praktischen Bedeutung entsprechend – der Schwerpunkt auf die Erläuterung des § 30a gelegt. Die vielen Regelungsinhalte, die beiden Vorschriften gleichermaßen zu eigen sind, werden – entgegen der Reihenfolge der Vorschriften – erst bei § 30a behandelt. Die Erläuterung zu § 30 greift nur die wenigen Inhalte und Merkmale auf, die von § 30a abweichen und künftig noch einen eigenständigen Regelungsgehalt bieten könnten.

1 Eingehend dazu Simitis/*Ehmann*, § 30 Rn. 37 ff.
2 *Gola/Schomerus*, § 30 Rn. 3; Simitis/*Ehmann*, § 30 Rn. 43; enger insoweit Taeger/*Taeger*, § 30 Rn. 3.
3 *Pflüger*, S. 102.
4 Als präventive Auffangvorschrift scheint auch Simitis/*Ehmann*, § 30 Rn. 1 die Norm zu verstehen.
5 Die §§ 30 und 30a sind damit ein markantes Beispiel dafür, wie wenig systematischen Gesamtüberblick und innere Stimmigkeit das Novellierungsverfahren leisten konnte.
6 In dieser Weise behandeln viele Kommentare bis heute die §§ 30 und 30a.
7 In den gängigen Kommentierungen wird diese Frage erst gar nicht aufgeworfen oder aber sie bleibt letztlich offen, so z.B. bei Taeger/*Taeger*, § 30 Rn. 14 f. *Pflüger*, S. 102 spricht § 30 die ausfüllende Funktion zu, wie bei Markt- und Meinungsforschung im Detail mit personenbezogenen Daten umzugehen ist, ohne jedoch darzulegen, an welchen Stellen diese Funktion konkret zum Tragen kommen könnte.

B. Inhalt der Regelung

I. § 30 Abs. 1

1. Merkmal der „Geschäftsmäßigkeit"

4 Zum Merkmal der „Geschäftsmäßigkeit" vgl. die Erläuterungen zu § 30a.

2. Übermittlung in anonymisierter Form

5 § 30 sieht nur die Übermittlung der anonymisierten Daten vor. Eine Übermittlung noch nicht anonymisierter Daten ist auf der Grundlage von § 30 in keinem Fall möglich. Maßgeblich für die Frage, wann Daten anonym sind, ist § 3 Abs. 6. Durch die File-Trennung wird nicht automatisch schon eine Anonymisierung der Daten vollzogen. Zudem ist zu beachten, ob der Übermittlungsempfänger Zusatzwissen hat, das die Herstellung eines Personenbezugs erlaubt.[8] Nicht ausreichend ist eine Pseudonymisierung.

3. Trennungsgebot

6 Zur „File-Trennung" vgl. die Erläuterungen zu § 30a.

4. Zulässigkeit der Zusammenführung von Daten

7 Abs. 1 Satz 2 erlaubt die Zusammenführung der im Wege der File-Trennung gespeicherten Datensätze, wenn der Zweck der Speicherung dies erfordert oder die Zusammenführung zu wissenschaftlichen Zwecken erforderlich ist. Zulässig wird durch die Zusammenführung die interne Verwendung der zusammengeführten Daten bei der verantwortlichen Stelle.

Zur Aufhebung und zur Erfüllung des Zwecks der Speicherung vgl. die Erläuterungen bei § 30a.

8 Anders als § 30a gibt § 30 der verantwortlichen Stelle die Möglichkeit einer temporären Zusammenführung auch dann, wenn dies für wissenschaftliche Zwecke erforderlich ist. Aus dem Kontext des gesamten Satzes lässt sich erkennen, dass der fragliche wissenschaftliche Zweck ein anderer sein wird als der Zweck, der bei der Speicherung der Daten festgelegt worden ist.[9] Die Frage, wann ein Zweck ein „wissenschaftlicher" Zweck ist, entscheidet sich nach den in den § 14 Abs. 2 Nr. 9 und Abs. 5 Nr. 2 enthaltenen Kriterien.

II. § 30 Abs. 2: Zulässigkeit der Veränderung personenbezogener Daten

9 Durch den zweiten Absatz des § 30 wird der verantwortlichen Stelle ein spezifischer Zulässigkeitstatbestand für das Verändern der erhobenen Daten gegeben. Da die File-Trennung, die als Verändern verstanden werden kann, eigenständig in Abs. 1 geregelt ist, erfasst Abs. 2 die Veränderungsvorgänge, die von der verantwortlichen Stelle außerhalb der File-Trennung vorgenommen werden. Relevant ist das insbesondere für die Vorbereitung der Datenaggregation (z.B. durch Aktualisierung, Umsortierung oder Zuordnung zu Merkmalen)[10], aber auch für die Vorbereitung der File-Trennung (durch die Bildung von unterschiedlichen Datensätzen). Schließlich liegt ein Verändern auch dann vor, wenn nach erfolgter File-Trennung an demjenigen Teil des Datensatzes, der die personenbezogenen Merkmale enthält, Modifikationen vorgenommen werden.[11]

1. Abs. 2 Nr. 1: Interessenabwägung

10 § 30 Abs. 2 Nr. 1 erlaubt die Veränderung eines Datums, wenn für die erhebende Stelle kein Grund zu der Annahme besteht, dass der Betroffene ein schutzwürdiges Interesse hat, das die Veränderung ausschließt.

---

8 Simitis/*Ehmann*, § 30 Rn. 76.
9 So auch *Gola/Schomerus*, § 30 Rn. 9; Simitis/*Ehmann*, § 30 Rn. 64 ff.
10 Taeger/*Taeger*, § 30 Rn. 20; Simitis/*Ehmann*, § 30 Rn. 67 ff. scheint darüber hinaus auch die Anonymisierung als Verändern einzuordnen.
11 Simitis/*Ehmann*, § 30 Rn. 68.

Zu der Interessenabwägung vgl. zunächst die Erläuterungen zu § 30a. Da bei § 30 die Daten häufig im Rahmen einer Einwilligung erhoben worden sind, wird ein entgegenstehendes Interesse typischerweise nur dann vorliegen können, wenn die Veränderung über das hinausgeht, was dem Betroffenen bei der Einwilligung mitgeteilt wird; beispielsweise im Fall, dass durch die Veränderung sensitive Daten im Sinne des § 3 Abs. 9 entstehen.

2. Abs. 2 Nr. 2: Daten aus allgemein zugänglichen Quellen

§ 30 Abs. 2 Nr. 2 ermöglicht es der verantwortlichen Stelle darüber hinaus, Daten zu verändern, wenn diese aus allgemein zugänglichen Quellen stammen oder die verantwortliche Stelle sie veröffentlichen dürfte und kein schutzwürdiges Interesse des Betroffenen überwiegt. Da die Daten aus einer öffentlichen Quelle stammen, wird die Schutzbedürftigkeit von vorneherein als gering anzusehen sein. Gleichwohl ist eine pauschale Prüfung der Interessenlage erforderlich (vgl. dazu die Erläuterungen bei § 30a). 11

III. § 30 Abs. 3: Löschungspflicht

Durch Abs. 3 wird die Verpflichtung zur Löschung von Daten, die in unzulässiger Weise gespeichert worden sind, angeordnet. Ein eigenständiger Regelungsgehalt ist damit nicht verbunden[12], da sich diese Verpflichtung schon aus der allgemeinen Vorschrift für die Löschung von Daten ergibt, § 35 Abs. 2 Satz 2 Nr. 1. Möglicherweise sollte durch die Aufnahme der Löschungsverpflichtung dem Missverständnis entgegengewirkt werden, dass sich Daten, die im Wege der File-Trennung gespeichert sind, mangels Personenbezugs einer Löschungsverpflichtung entziehen könnten. 12

IV. § 30 Abs. 4: Nichtanwendbarkeit von § 29

Zu den Folgen der Nichtanwendbarkeit des § 29 vgl. die Erläuterungen zu § 30a.

V. § 30a Abs. 5: Zusammenspiel mit den Absätzen 6 bis 9 des § 28

Zu den Besonderheiten bei sensiblen Daten vgl. die Erläuterungen zu § 30a.

VI. Rechtsfolgen bei Verstoß gegen § 30

Zu den möglichen Ordnungswidrigkeiten vgl. die Erläuterungen zu § 30a.

---

12 Vgl. Taeger/*Taeger*, § 30 Rn. 21; Simitis/*Ehmann*, § 79; *Gola/Schomerus*, § 30 Rn. 11, der darauf hinweist, dass die Löschungsverpflichtung nur denjenigen Datensatz der File-Trennung erfassen kann, der personenbezogene Daten enthält.

§ 30a Geschäftsmäßige Datenerhebung und -speicherung für Zwecke der Markt- oder Meinungsforschung

(1) [1]Das geschäftsmäßige Erheben, Verarbeiten oder Nutzen personenbezogener Daten für Zwecke der Markt- oder Meinungsforschung ist zulässig, wenn

1. **kein Grund zu der Annahme besteht, dass der Betroffene ein schutzwürdiges Interesse an dem Ausschluss der Erhebung, Verarbeitung oder Nutzung hat, oder**
2. **die Daten aus allgemein zugänglichen Quellen entnommen werden können oder die verantwortliche Stelle sie veröffentlichen dürfte und das schutzwürdige Interesse des Betroffenen an dem Ausschluss der Erhebung, Verarbeitung oder Nutzung gegenüber dem Interesse der verantwortlichen Stelle nicht offensichtlich überwiegt.**

[2]Besondere Arten personenbezogener Daten (§ 3 Absatz 9) dürfen nur für ein bestimmtes Forschungsvorhaben erhoben, verarbeitet oder genutzt werden.

(2) [1]Für Zwecke der Markt- oder Meinungsforschung erhobene oder gespeicherte personenbezogene Daten dürfen nur für diese Zwecke verarbeitet oder genutzt werden. [2]Daten, die nicht aus allgemein zugänglichen Quellen entnommen worden sind und die die verantwortliche Stelle auch nicht veröffentlichen darf, dürfen nur für das Forschungsvorhaben verarbeitet oder genutzt werden, für das sie erhoben worden sind. [3]Für einen anderen Zweck dürfen sie nur verarbeitet oder genutzt werden, wenn sie zuvor so anonymisiert werden, dass ein Personenbezug nicht mehr hergestellt werden kann.

(3) [1]Die personenbezogenen Daten sind zu anonymisieren, sobald dies nach dem Zweck des Forschungsvorhabens, für das die Daten erhoben worden sind, möglich ist. [2]Bis dahin sind die Merkmale gesondert zu speichern, mit denen Einzelangaben über persönliche oder sachliche Verhältnisse einer bestimmten oder bestimmbaren Person zugeordnet werden können. [3]Diese Merkmale dürfen mit den Einzelangaben nur zusammengeführt werden, soweit dies nach dem Zweck des Forschungsvorhabens erforderlich ist.

(4) § 29 gilt nicht.

(5) § 28 Absatz 4 und 6 bis 9 gilt entsprechend.

Literatur

Abel, Die neuen BDSG-Regelungen, RDV 2009, 147 ff.; *Meltzian*, Die Neugestaltung des Listenprivilegs. Datenschutzrechtliche Vorschriften zum Umgang mit personenbezogenen Daten für Zwecke der Werbung, DB 2009, 2643 ff.; *Pflüger*, Datenschutz in der Markt- und Meinungsforschung, RDV 2010, 101 ff.; *Wronka*, BDSG-Novelle II und Direktwerbung: Ein kritisches Verhältnis, RDV 2009, 247 ff.

▶ **Darum geht es**

§ 30a regelt als Sondervorschrift seit 2009 die gesamte Datenverarbeitung für eigene und fremde Zwecke im Bereich der Markt- und Meinungsforschung.

▶ **Schlagworte**

Geschäftsmäßige Markt- und Meinungsforschung; empirische Sozialforschung; aggregierte Daten; anonymisierte Daten; pseudonymisierte Daten; statistische Daten; Demoskopie; Langzeitstudien; File-Trennung (Trennungsgebot); Befragung; Übermittlung

▶ **Weitere relevante Vorschriften**

§ 40 BDSG; § 7 UWG; § 15 TMG bei Telemedien; Statistikrecht des Bundes

A. Allgemeines

I. Regelungszweck

1. Einordnung der Norm im Gesamtkontext

1 Die Überschrift der Regelung greift zu kurz, denn § 30a betrifft nicht lediglich die Erhebung und Speicherung, sondern den gesamten Bereich der Verarbeitung einschließlich des Nutzens. Prägend für § 30a ist, dass die beabsichtigte spätere Nutzung der Daten, die den Zweck der Datenerhebung ausmacht, in anonymisierter Form erfolgen soll. Das unterscheidet § 30a ganz wesentlich von § 29. Da anonymisierte Daten nicht mehr dem Anwendungsbereich des BDSG unterfallen, kann § 30a nur diejenigen Verarbeitungsschritte regeln, die sich noch auf die Daten in personenbezogener oder zumindest pseudonymer Form beziehen. Eine eigenständige Regelung der späteren Übermittlung ist demnach (anders als bei § 29) entbehrlich. § 30a erfasst sowohl die Datenerhebung und -verarbeitung **für eigene Zwecke als auch für fremde Zwecke**. Denn anders als bei § 30 und § 29 ist der Zweck durch die insoweit offene Formulierung nicht auf die Übermittlung an Dritte beschränkt.[1] § 30a findet keine Anwendung, wenn durch die verantwortliche Stelle von vorneherein anonymisierte Datenbestände verwendet werden.

2. Persönlicher und sachlicher Anwendungsbereich der Norm

2 Das BDSG definiert den Begriff der Markt- und Meinungsforschung nicht.[2] Im Gesamtkontext der §§ 28–30a und § 40 und vor dem Hintergrund der amtlichen Begründungen zur Formulierung einer eigenständigen Vorschrift herrscht jedoch Einigkeit darüber, dass ein extensives Verständnis zugrunde zu legen ist.[3] In den Anwendungsbereich fallen zunächst alle Tätigkeiten, die dazu dienen, das Verhalten der Marktteilnehmer und der Märkte selbst zu erforschen. § 30a geht jedoch weit darüber hinaus, indem er auch im Bereich der empirischen Sozialforschung bzw. der Demoskopie anzuwenden ist, wenn das Forschungsvorhaben auf personenbezogenen Daten basiert.[4] Der Begriff „Meinung" darf im Kontext des § 30a nicht als Gegensatz zur „Tatsache" verstanden werden, sondern er dient nach dem Willen des Gesetzgebers lediglich der Abgrenzung gegenüber der Werbung und dem Adresshandel. Demnach findet

1 So auch Taeger/*Munz*, § 30a Rn. 11; *Pflüger*, S. 103.
2 Simitis/*Ehmann*, § 30a Rn. 70 ff. und Taeger/*Munz*, § 30a Rn. 10 weisen zutreffend darauf hin, dass zudem weder im sprachlichen Allgemeinverständnis noch in der fachspezifischen Literatur einheitliche Definitionen existieren.
3 Simitis/*Ehmann*, § 30a Rn. 12 ff. m.w.N. zeigt auf, dass gleichwohl der Kreis der typischen Normadressaten überschaubar sein dürfte. Die maßgeblichen Verbände sind a.a.O. aufgelistet.
4 Simitis/*Ehmann*, § 30a Rn. 94, der allerdings die empirische Sozialforschung als Oberbegriff verwendet, der die Markt- und Meinungsforschung erfasst (vgl. Rn. 79); Taeger/*Munz*, § 30a Rn. 10; *Pflüger*, S. 102.

§ 30a auch dort Anwendung, wo objektive Fakten Teil der Forschung sind.[5] Nicht zwingend vorausgesetzt wird, dass bestimmte wissenschaftliche Methoden oder Techniken angewendet werden (sog. Methodenneutralität der Vorschrift).[6]

> § 30a ist in seiner Anwendbarkeit nicht beschränkt auf eigens für demoskopische Umfragen eingerichtete Institute, sondern er gilt ebenso für alle Unternehmen, die vergleichbare Tätigkeiten für öffentliche oder private Auftraggeber erbringen.

3. Entwicklung der Norm

3 § 30a wurde dem BDSG als Sondervorschrift für die Markt- und Meinungsforschung im Zuge der 2009 durchgeführten Novellierung eingefügt. Zuvor war die Markt- und Meinungsforschung im § 29 aufgeführt, sodass sie den gleichen Zulässigkeitsvoraussetzungen unterlag wie Werbung, Adresshandel und Auskunfteien. Die Zulässigkeitsvoraussetzungen des § 29 wurden durch die Novellierung erheblich eingeschränkt, um insbesondere den Adresshandel einzudämmen. Der Gesetzgeber erkannte –, wenn auch sehr spät im Gesetzgebungsverfahren[7] –, dass es nicht wünschenswert wäre, wenn diese Einschränkungen auch die Markt- und Meinungsforschung betreffen würden. Das hätte zur Folge gehabt, dass eine Datenerhebung nur noch beim Betroffenen und nur aufgrund seiner Einwilligung möglich wäre. Der Markt- und Meinungsforschung, die darauf angewiesen ist, geeignete Personen für Befragungen aufgrund öffentlich zugänglicher Daten vorzuselektieren, wäre die Bestimmung neuer Personen für Befragungen nahezu unmöglich gemacht worden. Der Gesetzgeber formulierte deshalb eine eigenständige Erlaubnisnorm außerhalb des § 29 mit der Folge, dass die Markt- und Meinungsforschung seit der Novellierung **anderen Wertungsmaßstäben** als Werbung, Adresshandel und Auskunfteien unterliegt.[8]

4 Das ist sachgerecht, da erhebliche strukturelle Unterschiede festzustellen sind.[9] Denn der Gegenstand der Markt- und Meinungsforschung sind nicht Aussagen zu konkreten Einzelpersonen, vielmehr werden personenbezogene Daten lediglich herangezogen, um daraus verallgemeinerungsfähige Aussagen zu gewinnen, die von Einzelpersonen unabhängig sind.[10] Um verallgemeinerungsfähige Aussagen zu erhalten, zielt die Forschung regelmäßig nicht darauf ab, möglichst viele Daten zu bekommen, sondern möglichst repräsentative. Zudem mag die Markt- und Meinungsforschung zwar in manchen Konstellationen eine kommerzielle Zielrichtung haben (oder der Vorbereitung solcher Ziele dienen), aber in keinem Fall bezweckt sie – wie es häufig bei Adresshandel und Werbung vorliegt – den Abschluss von Rechtsgeschäften. Die potenzielle Beeinträchtigung des Betroffenen durch entsprechende Erhebungen ist also typischerweise viel geringer. Auch darf nicht verkannt werden, dass die Markt- und Meinungsforschung eine wichtige gesellschaftliche Aufgabe wahrnimmt, in dem sie durch das Bereitstellen von Informationen eine unerlässliche Voraussetzung für die nachhaltige demokratische und wirtschaftliche Entwicklung der BRD schafft.[11] Schließlich können sich die Institutionen, die Markt- und Meinungsforschung durchführen, neben dem Schutz der Berufsfreiheit[12] auch auf eine eigenständige Grundrechtsposition berufen, nämlich auf die Freiheit der Forschung (Art. 5 Abs. 3 Satz 1 Grundgesetz). Diesen (und anderen) Besonderheiten der Markt- und Meinungsforschung soll § 30a Rechnung tragen.

---

5 Detailliert dazu Simitis/*Ehmann*, § 30a Rn. 87 ff.

6 Taeger/*Munz*, § 30a Rn. 10; zur Methodenneutralität eingehend Ehmann/*Simitis*, § 30a Rn. 115 ff.

7 Vgl. dazu Taeger/*Munz*, § 30a, Rn. 3. *Munz* folgert daraus (Rn. 6), dass den Inkongruenzen zwischen den §§ 28, 29, 20 und 30a deshalb kein allzu großes Gewicht beigelegt werden solle.

8 Vgl. insoweit auch Simitis/*Ehmann*, § 30a Rn. 67.

9 Ausführlich zu diesen Unterschieden beispielsweise Simitis/*Ehmann*, § 30a Rn. 3 ff.

10 So die Begründung des Bundesrats, BR-Drs. 4/1/09, S. 18 f.

11 Bundesrat, BT-Drs. 16/13657, S. 33: „Sie stellt für öffentliche und private Auftraggeber mittels wissenschaftlicher Methoden und Techniken notwendige Informationen als empirische Grundlage und zur Unterstützung wirtschaftlicher, gesellschaftlicher und politischer Entscheidungen bereit und schafft damit eine wichtige Voraussetzung für die nachhaltige demokratische und wirtschaftliche Entwicklung der Bundesrepublik Deutschland."

12 Art. 12 GG.

II. Systematik

Der Gesamtblick auf den **Aufbau der Vorschrift** ergibt die folgenden Regelungsebenen bzw. -bereiche: 5
Abs. 1 ist ein Zulässigkeitstatbestand, der unter den dort genannten Voraussetzungen die Erhebung, Verarbeitung und Nutzung personenbezogener Daten erlaubt. Diese Erlaubnis wird durch den zweiten Absatz einer strengen, zweistufigen Zweckbindung unterworfen, die in ihrer konkreten Ausprägung zwischen Daten aus öffentlich zugänglichen Quellen und anderen Daten unterscheidet. Abs. 3 korrespondiert mit dieser Zweckbindung und macht technisch-organisatorische Vorgaben für die Speicherung, also den Zeitraum nach der Erhebung bis zu einer Übermittlung. Der vierte Absatz dient der klaren Abgrenzung der Norm zu § 29.[13] Abs. 5 schließlich stellt durch seine Verweisung auf § 28 Abs. 4 und Abs. 6 bis 9 sicher, dass die Pflichten zur Belehrung über das Widerspruchsrecht, die Beachtung des ausgeübten Widerspruchs und die Besonderheiten bei der Verarbeitung sensitiver Daten (§ 3 Abs. 9) auch im Rahmen der Markt- und Meinungsforschung Anwendung finden.

III. Ausblick EU-VO

Die EU-Verordnung sieht für die markt- und Meinungsforschung keinerlei eigenständige bzw. spezifische 6
Zulässigkeitstatbestände vor. Durch Art. 83 wird jedoch – in den Grenzen der VO – die Datenverarbeitung zu statistischen Zwecken erlaubt, wenn dabei eine File-Trennung durchgeführt wird (Art. 83 Abs. 1b). Unklar ist dabei, ob diese Regelung vorrangig ist zu den allgemeinen Voraussetzungen, die in Art. 6 Abs. 1 geregelt sind. Die Datenverarbeitung ist im System der Verordnung verbunden mit den Transparenzgeboten und Informationspflichten sowie dem Widerspruchsrecht der Art. 11–18.

B. Inhalt der Regelung

I. § 30a Abs. 1

1. Merkmal der „Geschäftsmäßigkeit"

Für die Anwendbarkeit des § 30a ist maßgeblich, dass die jeweilige Datenverarbeitung „geschäftsmä- 7
ßig" erfolgt. Die „Geschäftsmäßigkeit" liegt vor, wenn die konkrete Tätigkeit auf Wiederholung gerichtet und auf eine gewisse Dauer angelegt ist.[14] Für die Wiederholungsabsicht ist dabei jedoch nicht maßgeblich, dass ein bestimmtes Forschungsvorhaben wiederholt werden soll, maßgeblich ist die Absicht, insgesamt Vorhaben der Markt- und Meinungsforschung wiederholt durchzuführen.[15] Eine Gewinnerzielungsabsicht oder Gewerbsmäßigkeit ist nicht erforderlich.[16] Da das Merkmal der Geschäftsmäßigkeit identisch in § 29 Abs. 1 verwendet wird, kann insoweit auf die Erläuterungen zu dieser Vorschrift verwiesen werden.[17]

2. Zulässigkeit des Erhebens, Verarbeitens oder Nutzens von Daten

Abs. 1 des § 30a enthält einen Zulässigkeitstatbestand, der der verantwortlichen Stelle die Erhebung von 8
Daten zum Zweck der Markt- und Meinungsforschung erlaubt. Dadurch unterscheidet sich § 30a von § 30. Die weiteren erlaubten Tätigkeiten des Verarbeitens bzw. Nutzens werden durch § 3 Abs. 4 und 5 definiert. Durch die induzierende Wirkung der Erhebung ist die anschließende Datenspeicherung bzw. -nutzung zulässig, wenn schon die vorangegangene Erhebung der Daten zulässig war.[18] Zu beachten sind jedoch die unterschiedlichen Zweckbindungsregeln des § 30a. Die Nutzung der Daten liegt regelmäßig in der Verwendung der Daten für die Durchführung von Befragungen. Zum Verändern der Daten

13 Vgl. dazu auch die Erläuterungen unten Rn. 22.
14 So die ständige Rechtsprechung; vgl. z.B. BGH v. 23.6.2009, Az. VI ZR 196/08, Rn. 5, CR 2009, 593; VG Darmstadt v. 18.11.2010, Az. 5 K 994/10.DA, MMR 2011, 416.
15 Zutreffend Simitis/*Ehmann*, § 30a Rn. 86.
16 Ebenso Simitis/*Ehmann*, § 29 Rn. 60 f.; Taeger/*Taeger* § 29 Rn. 16; *Gola/Schomerus*, § 29 Rn. 7; vgl. auch § 3 Nr. 10 TKG, der für die Geschäftsmäßigkeit ausdrücklich keine Gewinnabsicht voraussetzt.
17 § 29 Rn. 11.
18 Simitis/*Ehmann*, § 30a Rn. 124.

kann auch die File-Trennung gezählt werden, wobei § 30a für die File-Trennung eine eigenständige, vorrangige Regelung hat. Dadurch, dass Satz 1 des Abs. 1 das „Verarbeiten" der Daten erlaubt, wird auch eine Übermittlung der erhobenen Daten erfasst. Damit kann nicht die spätere Übermittlung von anonymisierten Daten gemeint sein, da diese aus dem Regelungsbereich des BDSG herausfällt. Bedeutung kann das Übermitteln daher allenfalls dort erlangen, wo eine verantwortliche Stelle, die Daten zum Zwecke der Markt- und Meinungsforschung erhoben hat, diese an ein anderes Unternehmen mit gleichen Zwecken übermittelt und keine gesetzliche Zweckbindung an ein bestimmtes Forschungsvorhaben besteht.[19]

a) Zweckbindung und Erhebung

9 Als Angabe der verantwortlichen Stelle, die den **Zweck** verbindlich festzulegen hat[20], wird im Rahmen einer Datenerhebung gemäß § 30a Abs. 1 das Stichwort „Markt- und Meinungsforschung" regelmäßig ausreichen[21], falls keine sensitiven Daten (§ 3 Abs. 9) erfasst werden.[22]

> **!** Die Zweckangabe ist nachvollziehbar zu dokumentieren, wobei die Dokumentation auch etwaige Zweckänderungen erkennen lassen muss (Zweckhistorie).

10 Sofern die erhobenen Daten nicht zu den sensitiven Daten gehören, können sie generell für Zwecke der Markt- und Meinungsforschung erhoben werden; die Erhebung muss sich nicht auf ein bestimmtes (konkretes) Forschungsvorhaben beziehen.[23] Zulässig ist sowohl die **Datenerhebung beim Betroffenen** (also der Zielperson) als **auch bei Dritten**. Insoweit liegt eine Ausnahme vom Grundsatz der Direkterhebung, § 4 Abs. 2 Satz 1 vor.[24] Zwar wird dies im Wortlaut der Vorschrift nicht ausdrücklich formuliert, die Möglichkeit der Erhebung bei Dritten wird jedoch durch § 30a Abs. 1 zwingend vorausgesetzt (§ 4 Abs. 2 Satz 2 Nr. 1). Der Gesetzgeber verfolgte mit § 30a das Ziel, die ihm bekannten Vorgehensweisen der Markt- und Meinungsforschung rechtlich zu legitimieren und in einer eigenständigen Vorschrift abzusichern. Dieses Ziel würde ins Gegenteil verkehrt, wenn eine Datenerhebung bei Dritten im Rahmen des § 30a nicht zulässig sein könnte.[25]

Ermöglicht wird die Datenerhebung also in zweierlei Form. Zum einen können (z.B. bei einem Adresshändler[26]) die Daten erhoben werden, die den Kontakt zu einer Zielperson, die in ein Forschungsvorhaben integriert werden soll, ermöglicht.[27] Zum anderen können auch (bei der Zielperson) Einzelangaben erhoben werden, die konkrete inhaltliche Aspekte des Forschungsvorhabens betreffen.[28]

b) Abs. 1 Nr. 1: Interessenabwägung

11 § 30a Abs. 1 Satz 1 Nr. 1 erlaubt die Erhebung und anschließende Verarbeitung eines Datums, wenn für die erhebende Stelle kein Grund zu der Annahme besteht, dass der Betroffene ein schutzwürdiges Interesse hat, das die Erhebung, Speicherung oder Veränderung ausschließt. Die Formulierung des Zulässigkeitstatbestands entspricht inhaltlich § 29 Abs. 1 Satz 1 Nr. 1.[29] Dementsprechend ist die Nr. 1 in gleicher Weise wie § 28 Abs. 1 Satz 1 Nr. 2 als Zulässigkeitstatbestand zu verstehen, der eine **Abwägung der Interessen** voraussetzt, obwohl der **Wortlaut der Bestimmung** nicht beinhaltet, dass das Interesse des

---

19 Vgl. dazu ausführlich Simitis/*Ehmann*, § 30a Rn. 127 ff.
20 Zur obligatorischen Zweckbindung vgl. eingehend die Erläuterungen zu § 29 Rn. 13 f. und 52 ff.
21 So auch Simitis/*Ehmann*, § 30a Rn. 111.
22 Zu dieser Konstellation vgl. die Erläuterungen unter Rn. 25.
23 Simitis/*Ehmann*, § 30a Rn. 111, 137; enger *Gola/Schomerus*, § 30a Rn. 4. § 30a ist also bei der Zweckbindung teilweise weiter gefasst als § 29.
24 Simitis/*Ehmann*, § 30a Rn. 124.
25 Eingehend dazu Simitis/*Ehmann*, § 30a Rn. 112 ff.
26 Oder auch durch die Verwendung von Daten Dritter (z.B. Bundesnetzagentur), die die Generierung von Telefonnummern für eine Befragung ermöglichen (vgl. dazu Ehmann/*Simitis*, § 30a Rn. 103 ff.).
27 Also Name, Anschrift und Telefonnummer, kurz: „Adresse".
28 So auch Simitis/*Ehmann*, § 30a Rn. 107.
29 Die geringen Abweichungen in der Formulierung sind ohne inhaltliche Bedeutung, vgl. Simitis/*Ehmann*, § 30a Rn. 109 f.

Betroffenen „überwiegen" muss.[30] Für die **Methodik** des Abwägungsvorgangs kann umfassend auf die Erläuterungen zu § 29 verwiesen werden.[31]

Die Datenerhebung auf der Basis einer Interessenabwägung ist in der Praxis vor allem bedeutsam, um in zulässiger Weise von Dritten die Kontaktdaten von potenziellen Befragungsteilnehmern zu bekommen. Erhebt eine verantwortliche Stelle z.B. bei einem Adresshändler diese Kontaktdaten[32], wird die durchzuführende Interessenabwägung typischerweise für ein überwiegendes Interesse der verantwortlichen Stelle sprechen.[33] Denn der Betroffene kann sich der Befragung durch die Verweigerung seiner Mitwirkung mit wenig Aufwand, aber effektiv und dauerhaft[34] entziehen, während es für die verantwortliche Stelle ein unverhältnismäßiger zeitlicher und finanzieller Aufwand wäre, den Kreis der Befragungsteilnehmer ausschließlich über eine Einwilligung zu bilden. Diese Aspekte werden regelmäßig auch die Kontaktaufnahme zu dem Betroffenen unter Verwendung der Daten rechtfertigen können.[35] 12

Liegt ein Widerspruch des Betroffenen schon vor, wird eine Zulässigkeit auf Basis der Interessenabwägung regelmäßig nicht möglich sein.[36]

c) Abs. 1 Nr. 2: Daten aus allgemein zugänglichen Quellen

§ 30a Abs. 1 Satz 1 Nr. 2 ermöglicht es der verantwortlichen Stelle, Daten zu erheben und zu verarbeiten, die aus allgemein zugänglichen Quellen stammen. Wegen der Identität dieser Regelung zu § 29 Abs. 1 Satz 1 Nr. 2 kann zunächst umfassend auf die Erläuterungen verwiesen werden, die zu § 29 gegeben werden.[37] Im Kontext des § 30a wird ein „offensichtliches Überwiegen" der Interessen des Betroffenen nur selten zu bejahen sein.[38] Denn in die Abwägung der Interessen muss die besondere Bedeutung der Markt- und Meinungsforschung, die durch die Schaffung des § 30a ihre Anerkennung gefunden hat, ebenso eingehen wie der Umstand, dass durch Abs. 1 Satz 2 des § 30a sogar (bei Beachtung der Zweckbindung[39]) die sensitiven Daten des § 3 Abs. 9 aus öffentlichen Quellen entnommen werden dürfen.[40] 13

d) Besondere Zweckbindung bei sensiblen Daten

Durch Satz 2 des Absatzes 1 werden besondere Bedingungen für die Konstellation aufgestellt, dass es sich bei den erhobenen oder verarbeiteten Daten um sensitive Daten im Sinne des § 3 Abs. 9 handelt. Diese dürfen im Gegensatz zu den übrigen Daten, deren Zweckbindung weiter gefasst ist, nur für ein bestimmtes Forschungsvorhaben erhoben oder verarbeitet werden (strenge Zweckbindung). Die Daten dürfen also z.B. nicht auf Vorrat für zukünftige Forschungsvorhaben gespeichert werden.[41] Die verantwortliche Stelle hat schon bei der Datenerhebung das Forschungsvorhaben, für das die Daten Verwendung finden sollen, ausreichend konkret zu definieren.[42] 14

> **!** Erstreckt sich ein betroffenes Forschungsvorhaben über einen längeren Zeitraum, sollte die verantwortliche Stelle den Zweck des Forschungsvorhabens weit genug fassen, um zu vermeiden, dass die für die (Wiederholungs-)Befragung notwendigen Daten vor jeder Befragung neu erhoben werden müssen.

30 Simitis/*Ehmann*, § 30a Rn. 109 f.; zu eng insoweit Taeger/*Munz*, § 30a Rn. 16, der jedes entgegenstehende Interesse ausreichen lässt, auch ohne dass dieses überwiegt.
31 Vgl. § 29 Rn. 19 ff.
32 Name, Anschrift, Telefonnummer, E-Mail-Adresse.
33 Eingehend dazu Simitis/*Ehmann*, § 30a Rn. 120 f.
34 Es ist branchenüblich, zur Vermeidung nutzlosen weiteren Aufwands solche Verweigerer in eine interne Sperrdatei aufzunehmen.
35 Simitis/*Ehmann*, § 30a Rn. 120 f.
36 Taeger/*Munz*, § 30a Rn. 16.
37 § 29 Rn. 23 ff.
38 Zutreffend Simitis/*Ehmann*, § 30a Rn. 122.
39 Und bei Beachtung des § 28 Abs. 6 i.V.m. § 4a Abs. 3; vgl. Rn. 25.
40 Dies ist bei den §§ 28 und 29 nicht zulässig.
41 Taeger/*Munz*, § 30a Rn. 18.
42 Vgl. auch Simitis/*Ehmann*, § 30a Rn. 18.

Die strenge Zweckbindung gilt allerdings nur so lange, wie die erfassten Daten einen Personenbezug aufweisen. Nach einer Anonymisierung können sie ohne Beachtung der strengen Zweckbindung verwendet werden.[43]

II. § 30a Abs. 2, Zweckbindung der Daten

15 Durch Abs. 2 werden gestufte Zweckbindungsregeln aufgestellt für alle Konstellationen, in denen keine sensitiven Daten im Sinne des § 3 Abs. 9 betroffen sind, da insoweit Satz 2 des Abs. 1 die einschlägige Zweckbindungsvorschrift ist. Die Zweckbindungsregeln sichern – dem „Zweckkorridor" bei § 29[44] ähnlich – die Einhaltung des Zwecks nach der Erhebung der Daten ab.

1. Unterschiedlich enge Zweckbindung im Abs. 2

16 Bei der Zweckbindung wird nach der Art der Erhebung der Daten unterschieden. Die weiter gefasste Zweckbindung Satz 1 des Absatzes 2 kommt zur Anwendung, wenn die Daten aus allgemein zugänglichen Quellen entnommen worden sind oder die verantwortliche Stelle die Daten veröffentlichen dürfte. Da diese beiden Merkmale identisch zu denen des § 29 Abs. 1 Satz 1 Nr. 2 ist, kann insoweit zunächst umfänglich auf die dort gemachten Erläuterungen verwiesen werden.[45] Kommt Satz 1 zur Anwendung, dürfen die Daten für beliebige Forschungsvorhaben im Rahmen der Markt- und Meinungsforschung verwendet werden, unabhängig vom Anlass oder der Absicht bei der Erhebung der Daten[46]. Unzulässig ist jedoch die Verwendung für Zwecke außerhalb der Markt- und Meinungsforschung, z.B. für Werbezwecke.[47] Die enge Zweckbindung des zweiten Satzes von Abs. 2 kommt erst dann zur Anwendung, wenn weder die Voraussetzungen des Satzes 1 gegeben sind (also wenn die Daten nicht aus öffentlichen Quellen entnommen sind oder veröffentlicht werden dürfen) noch sensitive Daten betroffen sind. Die enge Zweckbindung hat zur Folge, dass die Daten ausschließlich für dasjenige Forschungsvorhaben verarbeitet oder genutzt werden dürfen, für das sie erhoben worden sind.[48] Eine Verwendung für andere Zwecke der Markt- und Meinungsforschung (und erst Recht für davon zu unterscheidende Zwecke) ist unzulässig. Die enge Zweckbindung des Satzes 2 wird beispielsweise relevant bei der Befragung von Betroffenen zur Gewinnung von Daten, die Zweckbindung verhindert dann, vom Betroffenen in Erfahrung gebrachte personenbezogene Daten außerhalb des dem Betroffenen genannten Erhebungszwecks zu verwenden.[49]

2. Zweckfremde Verarbeitung nach Anonymisierung

17 Der letzte Satz des Abs. 2 erlaubt die Abweichung von der jeweiligen spezifischen Zweckbindung, wenn die Daten zuvor anonymisiert wurden. Diese Regelung bezieht sich auf Satz 2 und Satz 1 des Abs. 2.[50] Dass die Zweckbindung nach einer Anonymisierung der Daten keine Bedeutung mehr haben kann, ist nachvollziehbar, in systematischer Hinsicht ist die Regelung gleichwohl überraschend, da das BDSG nur den Bereich der Daten mit Personenbezug regeln soll.[51]

III. § 30a Abs. 3: Trennungsgebot (technisch-organisatorische Maßnahmen) und Anonymisierung

18 Abs. 3 gibt der verantwortlichen Stelle vor, wie sie im Zeitraum nach der Erhebung mit den erhobenen Daten verfahren kann. Etwas abweichend von der Chronologie in der Praxis wird durch Satz 2 bestimmt,

43 Darauf weist Simitis/*Ehmann*, § 30a Rn. 137 zutreffend hin.
44 Vgl. zum Zweckkorridor § 29 Rn. 52.
45 § 29 Rn. 23 ff.
46 Vgl. Simitis/*Ehmann*, § 30a Rn. 137; *Gola/Schomerus*, § 30a Rn. 5.
47 Dadurch wird eine Umgehung der engen Voraussetzungen des § 29 nach Erhebung der Daten verhindert.
48 Das entspricht der in Abs. 1 Satz 2 festgelegten Zweckbindung für sensitive Daten i.S.d. § 3 Abs. 9.
49 Simitis/*Ehmann*, § 30a Rn. 137.
50 Zutreffend Simitis/*Ehmann*, § 30a Rn. 138. Dieses Verständnis wird durch die sprachliche Fassung des Absatzes 2 allerdings nicht nahegelegt.
51 Zutreffend weist *Gola/Schomerus*, § 30a Rn. 5 darauf hin, dass die Regelung allenfalls deklaratorischen Charakter haben könne. Vgl. für § 30 insoweit Simitis/*Ehmann*, § 30 Rn. 75.

dass die erhobenen Daten nach der Erhebung nur im Wege der sog. „File-Trennung" gespeichert werden dürfen. Satz 2 kann als bereichsspezifische konkrete Ausprägung der technisch-organisatorischen Vorgaben des § 9 verstanden werden. Sie beugt einer unzulässigen Zweckentfremdung bei der verantwortlichen Stelle vor. Zugleich stellt sie als technisch-organisatorische Vorgabe eine konkrete Ausprägung des Grundsatzes der Datenvermeidung (§ 3a) dar, der die Anwendbarkeit dieses Grundsatzes im Bereich der Markt- und Meinungsforschung einschränkt.[52] Die File-Trennung kann unter bestimmten engen Voraussetzungen aufgehoben werden, um die Daten wieder zusammenzuführen. Diese Voraussetzungen formuliert Satz 3. Das Gebot der Anonymisierung, das Satz 1 aufstellt, greift erst, wenn der Zweck des Forschungsvorhabens erfüllt ist.

1. File-Trennung

Durch Satz 2 wird die verantwortliche Stelle verpflichtet, bestimmte Zuordnungsmerkmale eines Datensatzes gesondert zu speichern. Gemeint ist damit die File-Trennung. Bei dieser wird ein zum Betroffenen gehörender Datensatz zunächst in **zwei Bestandteile** aufgeteilt. Der erste Bestandteil enthält alle Einzelangaben bzw. Informationen, die aus sich heraus keinerlei Personenbezug aufweisen oder auf den Betroffenen bezogen werden könnten. Möglich wird dieser Personenbezug erst durch die Verbindung mit den personenbezogenen Merkmalen des zweiten Bestandteils des Datensatzes (identifizierende Daten). **19**

Der Zustand der Datensätze während der File-Trennung kann nicht gleichgesetzt werden mit einer Anonymisierung gemäß § 3 Abs. 6.[53] Typischerweise werden aber pseudonyme Datensätze vorliegen.

2. Aufhebung der File-Trennung

Satz 3 erlaubt die Zusammenführung der im Wege der File-Trennung gespeicherten Datensätze, wenn der Zweck des Forschungsvorhabens dies erfordert. Zulässig wird dadurch die interne Verwendung der zusammengeführten Daten bei der verantwortlichen Stelle, nicht jedoch die Übermittlung an Dritte.[54] Die Zusammenführung muss **vorübergehender Natur** sein; sobald ihr Zweck erreicht ist, sind die Daten wieder der File-Trennung zu unterwerfen.[55] **20**

Bei der Anwendung der Ausnahmeregelung, die Satz 3 darstellt, ist zu beachten, was im Kontext von § 30a die Formulierung „Zweck des Forschungsvorhabens" umfasst. Da § 30a sowohl die enge Zweckbindung als auch eine weiter gefasste Zweckbindung vorgibt[56], ist unter dieser Formulierung jedes Forschungsvorhaben zu verstehen, für das die betreffenden Daten unter Beachtung der jeweils einschlägigen Zweckbindungsregelung verwendet werden dürfen.[57] **21**

> **!** Die Zusammenführung ist auch dann zulässig, wenn die Daten zulässigerweise auch noch für ein anderes Forschungsvorhaben verarbeitet werden dürfen und sich nach der File-Trennung ergibt, dass der Zweck dieses anderen Vorhabens die vorübergehende Aufhebung der File-Trennung erfordert.

Praktische Bedeutung kann die Zulässigkeit der Zusammenführung darüber hinaus insbesondere dort bekommen, wo sich eine Studie ihrem Wesen nach über einen **längeren Zeitraum** erstreckt und die erneute bzw. wiederholte Befragung der gleichen Betroffenen erfordert.[58] Dieser Umstand muss schon aus der Zweckfestlegung ersichtlich sein, die bei der Datenerhebung getroffen wurde.[59]

Die Zusammenführung der Daten kann auf der Grundlage von § 11 auch durch Dritte vorgenommen werden.

---

52 Unzutreffend sind deshalb die Ausführungen bei Simitis/*Ehmann*, § 30a Rn. 115 ff.
53 *Gola/Schomerus*, § 30a Rn. 6; Taeger/*Taeger*, § 30 Rn. 17; eingehend Simitis/*Ehmann*, § 30 Rn. 50 f.
54 Simitis/*Ehmann*, § 30 Rn. 60.
55 Dies ergibt sich aus dem Wort „soweit" in Satz 3, das die Zusammenführung auch quantitativ begrenzen kann.
56 Vgl. Rn. 14 f.
57 Darauf weist zutreffend Simitis/*Ehmann*, § 30a Rn. 141 ff., hin.
58 *Gola/Schomerus*, § 30 Rn. 8; Simitis/*Ehmann*, § 30a Rn. 62 f; Taeger/*Taeger*, § 30 Rn. 18.
59 Vgl. Simitis/*Ehmann*, § 30a Rn. 63.

3. Anonymisierung

22 Anders als in § 30, bei dem die Anonymisierung durch die Fassung des Abs. 1 schon im Zweck enthalten sein muss, stellt § 30a ein eigenständiges Gebot zur Anonymisierung auf: Sobald dies nach dem Zweck des Forschungsvorhabens, für das die Daten erhoben worden sind, möglich ist, sind die Daten zu anonymisieren. Die in Satz 1 geforderte Anonymisierung wird durch § 3 Abs. 6 definiert. Die Anonymisierung ist erst dann gegeben, wenn eine (Wieder-)Herstellung des Personenbezugs nicht mehr möglich ist. Satz 1 bezieht sich dabei ausschließlich auf die personenbezogenen Daten. Gleichwohl wird von dem Anonymisierungsgebot aber nicht nur der Datensatz mit den personenbezogenen Merkmalen erfasst, sondern die beiden zusammengehörenden, aber getrennt gespeicherten Datenbestände in ihrer Gesamtheit, da sie in dieser Gesamtheit als personenbeziehbar anzusehen sind.[60] Für den Zeitpunkt der Anonymisierung ist der konkrete Zweck maßgeblich, der dem Forschungsvorhaben zugrunde liegt.

IV. § 30a Abs. 4: Nichtanwendbarkeit des § 29

23 Durch den vierten Absatz von § 30a wird klargestellt, dass zwischen den verschiedenen Bereichen der §§ 29 und 30a, also der Werbung, dem Adresshandel und Auskunfteien einerseits und der Markt- und Meinungsforschung andererseits, klar getrennt werden muss. Die Zulässigkeitstatbestände des § 29 können demnach im Anwendungsbereich des § 30a nicht für die Erhebung und Speicherung herangezogen werden[61]; eine verantwortliche Stelle, die auf der Grundlage von § 30a tätig wird, kann die betroffenen Daten nicht zugleich als Auskunftei oder Adresshändler nutzen.[62]

V. § 30a Abs. 5: Zusammenspiel mit den Absätzen 4 und 6 bis 9 des § 28

1. Widerspruch des Betroffenen und Zweckbindung der Daten

24 Durch Abs. 5 von § 30a erlangt § 28 Abs. 4 Geltung im Anwendungsbereich des § 30a, die verantwortliche Stelle muss also die umfassenden Regelungen zum Widerspruchsrecht des Betroffenen beachten. Das unterscheidet § 30a Abs. 5 von der parallelen Verweisung in § 30 Abs. 5. Die Einräumung des Widerspruchsrechts ist im Rahmen von § 30a geboten, da dieser im Unterschied zu § 30 einen eigenständigen Zulässigkeitstatbestand für die Datenerhebung enthält.

25 In der Praxis ergeben sich daraus wichtige Konsequenzen für die Durchführung eines Forschungsvorhabens auf der Grundlage von § 30a. Wird der Betroffene zum Zweck der Markt- und Meinungsforschung kontaktiert, ist er über sein Widerspruchsrecht zu unterrichten. Falls der Betroffene der Verarbeitung oder Nutzung seiner Daten im Anschluss an die Kontaktaufnahme oder Erhebung[63] widerspricht, muss die verantwortliche Stelle sicherstellen, dass dieser Widerspruch beachtet wird. Wenn von der verantwortlichen Stelle für die Kontaktaufnahme personenbezogene Daten genutzt werden, die nicht bei ihr selber, sondern bei einer Stelle gespeichert sind, die der Betroffene nicht kennt, muss diesem die Möglichkeit gegeben werden, Kenntnis über die Herkunft der Daten zu erhalten. Sind Daten im Rahmen des Listenprivilegs an einen Dritten übermittelt worden und hat der Betroffene bei diesem Dritten der Verwendung für Zwecke der Markt- und Meinungsforschung widersprochen, so muss der Dritte die Daten für diese Zwecke sperren.[64]

2. Besonderheiten bei sensiblen Daten

26 Im Rahmen von § 30a dürfen sensitive Daten im Sinne des § 3 Abs. 9 erhoben werden, wie sich schon aus Satz 2 des Absatzes 1 ergibt. Für diese wird durch § 30a Abs. 4 auf die Absätze 6 bis 9 des § 29 verwiesen. Die pauschale Verweisung passt nur bedingt[65], es ergeben sich jedoch insbesondere zwei praxis-

---

60 In diesem Sinne auch *Gola/Schomerus*, § 30a Rn. 6.
61 Vgl. Gesetzesbegründung, BT-Drs. 16/13657, S. 20.
62 Simitis/*Ehmann*, § 30a Rn. 145 weist zutreffend darauf hin, dass dies sachlich schon durch die Zweckbindungsregeln im § 30a sichergestellt wird, also eigentlich § 30a Abs. 4 überflüssig ist.
63 Vor der Herstellung des ersten Kontakts mit dem Betroffenen kann dieser sein Widerspruchsrecht nicht ausüben.
64 Zu den Einzelheiten des Widerspruchsrechts vgl. § 28 Rn.
65 Vgl. dazu auch Simitis/*Ehmann*, § 30 Rn. 88 ff. zur parallelen Vorgehensweise in § 30.

relevante Konsequenzen. Zum einen muss sich eine Einwilligung ausdrücklich auch auf die sensitiven Daten beziehen, wenn sich die Datenerhebung oder -verarbeitung auf diese Einwilligung stützt (§ 28 Abs. 6 i.V.m. § 4a Abs. 3). Zum anderen müssen sensitive Daten, die aus öffentlichen Quellen entnommen worden sind, durch den Betroffenen offenkundig öffentlich gemacht worden sein (§ 28 Abs. 6 Nr. 2). Die Zulässigkeit der Erhebung gemäß § 30a Abs. 1 Satz 1 Nr. 2 erfährt dadurch eine Einschränkung. Zugleich erlaubt § 28 Abs. 6 Nr. 4 jedoch die Verarbeitung sensitiver Daten für Zwecke der wissenschaftlichen Forschung, wozu auch Vorhaben des § 30a zählen können.[66]

VI. Rechtsfolgen bei Verstoß gegen § 30a

Wird ein Merkmal aus dem Datenbestand in unzulässiger Weise mit einer Einzelangabe zu einem personenbezogenen Datum zusammengeführt, liegt darin ein Verstoß gegen die Pflicht zur File-Trennung, der als Ordnungswidrigkeit mit einem Bußgeld geahndet werden kann (§ 43 Abs. 2 Nr. 6)[67]. Der Verstoß gegen die Pflicht zur Anonymisierung kann als Fall der unbefugten Verarbeitung gemäß § 43 Abs. 2 Nr. 1 verfolgt werden.[68] 27

C. Anwendungsempfehlung/weitere praktische Hinweise

I. Weitere relevante Vorschriften

Das **Verhältnis des § 30a zu anderen Vorschriften des BDSG** ist vor allem anhand seiner spezifischen Zulässigkeitsmerkmale zu erkennen. Anders als **§ 40**, der die Verarbeitung und Nutzung personenbezogener Daten durch wissenschaftliche Forschungseinrichtungen regelt, setzt § 30a ein geschäftsmäßiges Handeln voraus. Für die vorrangige Anwendung des § 40 ist aber vor allem ein institutionell-organisatorisches Kriterium entscheidend, also die Frage, ob die Durchführung des konkreten Vorhabens durch eine eigenbestimmt handelnde Forschungseinrichtung im Sinne des § 40 erfolgt.[69] Da der nahezu ausschließliche Anwendungsbereich des **§ 30** bisher bei der Datenverarbeitung für die Markt- und Meinungsforschung lag, ist dieser Vorschrift durch die Schaffung des § 30a die praktische Bedeutung weitgehend entzogen worden.[70] In systematischer Hinsicht ist § 30a zwar nur als lex specialis zu § 30 zu verstehen[71], in der Praxis dürfte er den § 30 jedoch nahezu vollständig überlagern.[72] **§ 28** findet Anwendung, wenn schon vorliegende personenbezogene Daten[73] durch ein einmaliges Vorhaben der verantwortlichen Stelle (also nicht geschäftsmäßig[74]) in der Weise aggregiert werden, dass die gewonnenen statistischen Aussagen für eigene Marketingaktivitäten oder andere unternehmensinterne Zwecke der verantwortlichen Stelle genutzt werden sollen.[75] Durch Abs. 4 des § 30a wird deutlich, dass **§ 29** und § 30a strikt voneinander zu trennen sind. Wenn die erhobenen Daten nicht anonymisiert, sondern personenbezogen von der verantwortlichen Stelle übermittelt werden, kann also nur § 29 zur Anwendung kommen. Darüber hinaus wird durch Abs. 4 jedoch auch klargestellt, dass im Anwendungsbereich des § 30a für die Speicherung und Übermittlung von Daten die Zulässigkeitstatbestände des § 29 nicht herangezogen werden können.[76] Die Abgrenzung eines Forschungsvorhabens im Sinne des § 30a von den § 29 unterfallenden Tätigkeiten des Direktmarketings, der Werbung und Verkaufsförderung ist dabei anhand des 28

66 *Gola/Schomerus*, § 30a Rn. 6.
67 Wird die File-Trennung hingegen gar nicht durchgeführt, unterfällt dies nicht § 43 Abs. 2 Nr. 6.
68 Simitis/*Ehmann*, § 30a Rn. 149.
69 Dazu ausführlich Simitis/*Ehmann*, § 30a Rn. 55 ff.
70 Vgl. dazu die Erläuterungen bei § 30 Rn. 3 f.
71 Simitis/*Ehmann*, § 30a Rn. 68.
72 Einen detaillierten Abgleich des Regelungsgehalts nimmt Simitis/*Ehmann*, § 30a Rn. 45 ff. vor.
73 Zum Beispiel Daten, die im Rahmen der Geschäftsprozesse (Abwicklung von Kaufverträgen etc.) anfallen.
74 In diesem Sinne auch Taeger/*Munz*, § 30a Rn. 5, der zutreffend darauf hinweist, dass auch § 30a die Verarbeitung für eigene Zwecke erfassen kann, jedoch nur die geschäftsmäßige Verarbeitung.
75 So auch Taeger/*Munz*, a.a.O.; Simitis/*Ehmann*, § 30a Rn. 33 ff. stellt etwas enger für die Abgrenzung darauf ab, ob die spätere Weitergabe der Daten intendiert ist oder vorliegt.
76 Verantwortliche Stellen, die dem § 30a unterfallen, dürfen also nicht zugleich die gespeicherten Daten für Zwecke der Auskunftserteilung oder des Adresshandels nutzen oder übermitteln; vgl. Simitis/*Ehmann*, § 30a Rn. 36, § 30 Rn. 82 f.

konkreten, unmittelbaren Zwecks vorzunehmen, der mit dem Vorhaben objektiv erkennbar verfolgt wird. Erforderlich sind konkrete Indizien des Einzelfalls, die zeigen, dass bei dem Vorhaben die Absatzförderung spezifischer, einzelner[77] Produkte oder Dienstleistungen klar im Vordergrund steht, obwohl Methoden der Markt- und Meinungsforschung genutzt werden[78] (z.B. eine telefonische Verbraucherumfrage). Nicht zu berücksichtigen ist bei der Abgrenzung, dass ein Vorhaben zumindest mittelbar der Absatzförderung dienen könne, da dieser Nutzen der Markt- und Meinungsforschung immanent ist.[79]

29 **Außerhalb des BDSG**, das insbesondere die Forschung im Wege der Befragung[80] betrifft, ist vor allem **§ 15 Abs. 3 TMG** bedeutsam, der die Erhebung und Verwendung von Nutzungsdaten für Zwecke der Marktforschung regelt. Wird jedoch eine Befragung eines Nutzers online im Internet durchgeführt (z.B. Online-Panel), ist § 30a anzuwenden.[81] Relevant werden kann auch das UWG, insbesondere **§ 7 UWG**. Für die Datenverarbeitung der öffentlichen Stellen (Zweiter Abschnitt des BDSG) sind die Vorschriften der **Statistikgesetze** (des Bundes bzw. der Länder) anzuwenden, insbesondere die Vorschriften über die Erhebungs- und Hilfsmerkmale sowie zur Trennung und Löschung der Hilfsmerkmale.

II. Betrieblicher Datenschutzbeauftragter

30 Verantwortliche Stellen, die Daten zum Zweck der Markt- und Meinungsforschung verarbeiten, unterliegen ausnahmslos[82] der Verpflichtung zur Bestellung eines betrieblichen Datenschutzbeauftragten, § 4f Abs. 1 Satz 6.

III. File-Trennung

31 Bei der File-Trennung sind die beiden Bestandteile eines Datensatzes räumlich, technisch und organisatorisch von einander zu trennen.[83] Sie sind jedoch über bestimmte Parameter[84] bei Bedarf wieder verknüpfbar. Es muss dabei (z.B. durch Berechtigungskonzepte[85]) sichergestellt sein, dass die Wiederzusammenführung der Datensätze erst dann möglich ist, wenn die Erforderlichkeit gemäß Satz 2 des Absatzes 3 geprüft und bejaht worden ist.[86]

32 Als **Maßstab** für die korrekte File-Trennung gilt, dass es unmöglich sein muss, die Angaben im ersten Teil des Datensatzes aus sich heraus auf den Betroffenen beziehen zu können.[87] Der zweite Teil des Datensatzes wird hingegen typischerweise die unmittelbaren Identifikationsmerkmale wie Name, Anschrift und Telefonnummer enthalten, aber auch weitere Merkmale, die in der spezifischen Konstellation eine Individualisierung des Betroffenen ermöglichen könnten.

Die Trennung der beiden Datensätze ist **unmittelbar** im Anschluss an die Datenerhebung, also bei der ersten Speicherung, vorzunehmen.[88] Dabei dürfen jedoch der verantwortlichen Stelle keine unzumutbaren Abläufe abverlangt werden.[89] Die verantwortliche Stelle kann die File-Trennung nicht mit der Begründung zeitlich nach hinten legen, dass die Daten zulässigerweise zunächst noch für ein anderes Forschungsvorhaben als das bei der Datenerhebung vorgesehene Vorhaben Verwendung finden soll.[90]

---

77 Bei Forschungsvorhaben, die Produktgattungen abdecken, liegt in der Regel der Anwendungsbereich des § 30a vor, vgl. Simitis/*Ehmann*, § 30a Rn. 43 f.
78 Vgl. dazu LG Hamburg, Urteil v. 30.06.2006, Az. 309 S 276/05, CR 2006, 752.
79 Zutreffend Simitis/*Ehmann*, § 30a Rn. 41.
80 Zu den in der Praxis üblichen Verfahren zur Durchführung repräsentativer Befragungen (auch unter Einbeziehung von CATI) vgl. z. B. Simitis/*Ehmann*, § 30a Rn. 99 ff.
81 Vgl. Simitis/*Ehmann*, § 30a Rn. 61 ff.
82 Also unabhängig von der Zahl der Beschäftigten.
83 Die Vorgaben des § 9 und der Anlage zu § 9 sind dabei zu beachten.
84 Zum Beispiel durch eine fortlaufende Nummer oder Pseudonyme.
85 Diese Konzepte müssen nachprüfbar dokumentiert sein.
86 Der Arbeitskreis Deutscher Markt- und Sozialforschungsinstitute (ADM e.V.) hat Anfang 2012 eine detaillierte Richtlinie für den Einsatz von Datentreuhändern in der Markt- und Sozialforschung herausgegeben. Die Anwendung der Richtlinie ermöglicht bei Folge- und Wiederholungsbefragungen die Wahrung des Anonymisierungs- und des Trennungsgebots (Download unter www.rat-marktforschung.de).
87 Dazu Simitis/*Ehmann*, § 30 Rn. 52.
88 Simitis/*Ehmann*, § 30 Rn. 54; Taeger/*Munz*, § 30a Rn. 20.
89 Simitis/*Ehmann*, § 30 Rn. 55.
90 Simitis/*Ehmann*, § 30a Rn. 143; vgl. zu der Konstellation auch Rn. 14.

IV. Branchenspezifische Empfehlungen

33 Der von der Internationalen Handelskammer (ICC) und ESOMAR herausgegebene Kodex zur Markt- und Sozialforschung[91] (zuletzt überarbeitet 2008) definiert als Rahmen für Selbstregulierung international anerkannte ethische und professionelle Standards für Forschungsvorhaben. Seine Inhalte können bei der Durchführung eines Forschungsvorhabens ergänzend zu den Vorschriften des BDSG herangezogen werden.

91 Download z.B. bei www.icc-deutschland.de.

§ 31 Besondere Zweckbindung

Personenbezogene Daten, die ausschließlich zu Zwecken der Datenschutzkontrolle, der Datensicherung oder zur Sicherung eines ordnungsgemäßen Betriebes einer Datenverarbeitungsanlage gespeichert werden, dürfen nur für diese Zwecke verwendet werden.

Literatur

Barton, Risiko-/Compliance-Management und Arbeitnehmerdatenschutz – eine nach wie vor unbefriedigende Kollisionslage – Anmerkung zu § 32 BDSG, RDV 2009, 200 ff.; *Bierekoven*, Korruptionsbekämpfung vs. Datenschutz nach der BDSG-Novelle, CR 2010, S. 203 ff.; *Bizer*, Das Recht der Protokollierung, DuD 2006, 270; *Erfurter Kommentar zum Arbeitsrecht*, 12. Aufl. 2012; *Erfurth*, Der „neue" Arbeitnehmerdatenschutz im BDSG, NJOZ 2009, S. 291 4 ff.; *Gola/Jaspers* § 32 Abs. 1 BDSG – eine abschließende Regelung?, RDV 2009, S. 212 ff.; *Joussen*, Was muss, was darf das Unternehmen wissen? NZA-Beil. 2011, S. 35 ff.; *Leopold*, Protokollierung und Mitarbeiterdatenschutz, DuD 2006, 274; *Moll*, Münchner Anwaltshandbuch Arbeitsrecht; *Runge*, Protokolldaten zwischen Sicherheit und Rechtmäßigkeit, CR 1994, 710; *Schaar/Schläger*, Sicherheitsprotokollierung und Arbeitnehmerdatenschutz, CR 1993, 435; *Schmidt* RDV 2009, 193 ff.; *Thomsen/Rost*, Zentraler Protokollservice, DuD 2006, 292; *Thüsing*, Datenschutz im Arbeitsverhältnis – Kritische Gedanken zu § 32 BDSG, NZA 2009, 865 ff.; *Vogel/Glas*, Datenschutzrechtliche Probleme unternehmensinterner Ermittlungen, DB 2009, 1747 ff.

▶ Darum geht es

Personenbezogene Daten, welche im Rahmen von IT-Sicherheitsmaßnahmen anfallen, dürfen im Regelfall nicht für sonstige Zwecke verwendet werden. Etwas anderes gilt nur dann, wenn bereits bei der Datenerhebung andere (zulässige) Zwecke (z.B. Compliance-Überwachung) festgelegt wurden. § 31 ist keine Erlaubnisnorm, sondern eine Begrenzungsnorm.

▶ Schlagworte

IT-Überwachung; IT-Sicherheit; Datenschutzkontrolle, Datensicherung, Sicherung des ordnungsgemäßen Betriebes einer DV-Anlage; Technische und organisatorische Maßnahmen gem. § 9; Zweckbindungsgrundsatz; Strenge Zweckbindung; Zweckentfremdungsverbot; Beschränkungsnorm; Protokolldateien; Sicherungskopien (Backups); Firewall, Anti-Spam-, Detrusion-Detection-Systeme; Arbeitnehmerdatenschutz; Beschäftigtendaten; Mitarbeiterüberwachung; Mitbestimmung des Betriebsrats; Betriebs- oder Dienstvereinbarung

▶ Bereichsspezifische Normen

§ 14 Abs. 4 – Parallelregelung für öffentlich-rechtliche Stellen; § 87 Abs. 1 Nr. 6 BetrVG bzw. § 75 Abs. 3 Nr. 17 BPersVG – Mitbestimmungspflicht der Mitarbeitervertretungen; § 28 Abs. 1 Satz 2 bzw. § 14 Abs. 1 – Zweckbindung und -festlegung

---

A. Allgemeines

I. Regelungszweck

1. Sinn und Zweck der Norm

§ 31 wird regelmäßig nicht als Erlaubnisnorm eingeordnet, sondern als **Beschränkungsnorm** in Bezug auf eine ansonsten gem. §§ 28 ff. zulässige Erhebung, Verarbeitung und Nutzung von personenbezogenen Daten für Zwecke der IT-Sicherheit.[1] Die gesetzliche Wertung des § 31 ist dann bei der Auslegung von offenen Tatbestandsmerkmalen in die jeweiligen Erlaubnisnormen hineinzulesen. In der Regel ergibt sich die Zulässigkeit der Datenerhebung, -verarbeitung und -nutzung für Zwecke der Datenschutzkontrolle, Datensicherheit und oder Sicherung eines ordnungsgemäßen Betriebs der Datenverarbeitungsanlage aus § 28 Abs. 1 Satz 1 Nr. 2. Die verantwortliche Stelle hat das berechtigte Interesse, ihrer Verantwortung gem. § 9 nachzukommen und Gefahren für den ordnungsgemäßen Betrieb ihrer IT-Systeme abzuwenden. Schutzwürdige Interessen des Betroffenen überwiegen dann nicht, wenn die strenge Zweckbindung des § 31 eingehalten wird. 1

§ 31 bezieht sich auf personenbezogene Daten, welche **ausschließlich** zu Sicherheits- und Kontrollzwecken gespeichert worden sind (Maßnahmen der Datenschutzkontrolle, Datensicherung und/oder Sicherung eines ordnungsgemäßen Betriebs). Er verbietet eine spätere Zweckänderung der Nutzung der für diese Zwecke angefallenen Daten für andere Zwecke, sog. **Zweckentfremdungsverbot**.[2] Hintergrund ist, dass derartige Aufzeichnungen von personenbezogenen Daten einerseits zur Aufrechterhaltung und Kontrolle der Datenverarbeitungssysteme erforderlich sind, andererseits aber dabei entgegen dem Grundsatz der Datenvermeidung sehr viele Daten gespeichert werden, die auch umfängliche Bewegungsbilder ergeben können. 2

In erster Linie geht es um Daten, die anfallen, um die Vertraulichkeit, Integrität und Verfügbarkeit der IT-Systeme im Sinne von § 9 zu gewährleisten, also zum Beispiel Protokolldateien und Sicherungskopien (Backups). Diese Daten unterliegen – begründet durch die enge Zweckbindung – nicht der Pflicht zur Benachrichtigung des Betroffenen durch die speichernde Stelle (§ 33 Abs. 2 Nr. 2), und auch der Auskunftsanspruch besteht nicht (§ 34 Abs. 4).[3] Andererseits ist dann eine nachträgliche Verwendung der dabei angefallenen personenbezogenen Daten für andere Zwecke nicht zulässig.[4] 3

Da Protokolldaten geeignet sind, das Verhalten und eventuell auch die Leistung eines Beschäftigten zu kontrollieren, sind Mitbestimmungsrechte des Betriebsrats gem. § 87 BetrVG[5] zu beachten.[6] 4

2. Anwendungsbereich

§ 31 richtet sich in erster Linie an nicht-öffentliche Stellen, denn Regelungsadressat der Normen im Vierten Abschnitt des BDSG sind allein die verantwortlichen Stellen, die unter den von § 27 bestimmten Anwendungsbereich fallen (siehe § 27 Rn. 8 ff.). Für normalerweise nicht von § 27 erfasste öffentlich-rechtliche Stellen enthält § 14 Abs. 4 eine entsprechende Parallelregelung mit identischem Regelungsgegenstand und Rechtsfolge. 5

Ebenfalls vom Anwendungsbereich erfasst sind Personen und Stellen, die Daten im Rahmen ihrer Aufgabenstellung nach § 31 erhalten. Das sind zum einen der Datenschutzbeauftragte und die zuständige Aufsichtsbehörde, ferner aber auch Sachverständige, betriebliche oder überbetriebliche Schiedsstellen oder 6

---

1 Simitis/*Dammann*, § 31 Rn. 3; Beck'scher Online-Kommentar/*von Lewinski*, § 31 Rn. 2; a.A. wohl *Runge*, CR 1994, 710, 713.
2 Siehe auch Simitis/*Dammann*, § 14 Rn. 106 zur Entstehungsgeschichte; ferner Däubler/Klebe/Wedde/Weichert/*Weichert*, § 31 Rn. 1.
3 *Gola/Schomerus*, § 31 Rn. 7; *Bergmann/Möhrle/Herb*, § 31 Rn. 4; *Schaffland/Wiltfang*, § 31 Rn. 2; *Runge*, CR 1994, 710, 713; *Bizer*, DuD 2006, 270, 272.
4 Simitis/*Dammann*, § 31 Rn. 2; Däubler/Klebe/Wedde/Weichert/*Weichert*, § 31 Rn. 3.
5 Betriebsverfassungsgesetz.
6 Vgl. auch 14. Tätigkeitsbericht des Bundesbeauftragten für den Datenschutz, Bonn 1993, Anlage 14, S. 194; *Runge* CR 1994, 710, 713.

Versicherungsunternehmen, sofern diesen die Daten im Rahmen einer nach § 31 erlaubten Verwendung zugehen.[7]

7 Nicht von § 31 erfasst sind Fälle, in welchen personenbezogene Daten von Anfang an (rechtmäßig) auch für andere Zwecke gespeichert werden.

II. Ausblick auf die Novellierung des Europäischen Datenschutzrechts

8 Der Entwurf der EU-Datenschutz-Grundverordnung vom 25.01.2012 enthält keine dem § 31 entsprechende Regelung. Allerdings regelt Artikel 30 des Verordnungsentwurfs als Pendant zu § 9, dass der für die Verarbeitung Verantwortliche und der Auftrags(daten)verarbeiter *„unter Berücksichtigung des Stands der Technik und der Implementierungskosten technische und organisatorische Maßnahmen"* treffen müssen, die geeignet sind, *„ein Schutzniveau zu gewährleisten, das den von der Verarbeitung ausgehenden Risiken und der Art der zu schützenden personenbezogenen Daten angemessen ist"*. Es ist davon auszugehen, dass die Aufsichtsbehörden auch hier eine strenge Zweckbindung in ausschließlich für diese Zwecke erhobene Daten hineinlesen werden.

B. Inhalt der Regelung

I. Von der Zweckbindung erfasste Fälle

9 Die strenge Zweckbindung des § 31 gilt für alle personenbezogenen Daten, die ausschließlich für folgende Zwecke gespeichert werden:

- Datenschutzkontrolle,
- Datensicherung,
- Sicherstellung eines ordnungsgemäßen Betriebs einer Datenverarbeitungsanlage.

Die Begriffe sind nicht gesetzlich definiert und überschneiden sich in der praktischen Anwendung oftmals. Vom Grundsatz her ist Folgendes von den Begriffen erfasst:

10 Unter den Begriff der **Datenschutzkontrolle** fällt eine Speicherung, welche für die Aufgabenerfüllung der mit der Kontrolle des Datenschutzes betrauten Personen oder Stellen erforderlich ist. Derartige Personen oder Stellen sind der betriebsinterne Datenschutzbeauftragte (§ 4f), aber auch die betriebsexternen Aufsichtsbehörden (§ 38) und der Bundesbeauftragte für den Datenschutz (BfD) für öffentlich-rechtliche Wettbewerbsunternehmen (§ 27 Abs. 1 Satz 1 Nr. 2a).[8] Es geht um Daten, die anfallen, um die Zulässigkeit der Verarbeitung und Verwendung von personenbezogenen Daten zu kontrollieren. Typischerweise geht es um Protokolldaten über Zugriffe und Übermittlungen, z.B. um eine Stichprobenkontrolle bei automatisierten Abrufverfahren gem. § 10 Abs. 4 Satz 3 zu gewährleisten.[9]

11 Zur **Datensicherung** gehören Speicherungen, welche zur Durchführung der insbesondere in § 9 nebst Anlage aufgeführten technischen und organisatorischen Maßnahmen erforderlich sind. Dies umfasst z.B. Zugriffs-, Übermittlungs- und Änderungsprotokolle oder im Rahmen von Firewalls, Anti-Spam- oder Intrusion-Detection-Systemen anfallende personenbezogene Daten.[10] Dazu gehören auch Sicherungskopien, auf die im Fall eines Systemausfalls zurückgegriffen werden kann, um die Sicherstellung des Betriebs zu gewährleisten, sofern diese personenbezogene Daten enthalten.[11]

12 Bei der Speicherung von Daten zur **Sicherstellung eines ordnungsgemäßen Betriebes** einer Datenverarbeitungsanlage geht es in erster Linie nicht um die Kontrolle und Sicherheit im oben beschriebenen Sinne, sondern um die Gewährleistung des Betriebs als solchem.[12] Der Begriff ist grundsätzlich weit zu

---

7 *Gola/Schomerus*, § 31 Rn. 2; Simitis/*Dammann*, § 31 Rn. 4; Däubler/Klebe/Wedde/Weichert/*Weichert*, § 31 Rn. 2.
8 Taeger/Gabel/*Buchner*, § 31 Rn. 2; *Bergmann/Möhrle/Herb*, § 31 Rn. 15.
9 *Bergmann/Möhrle/Herb*, § 31 Rn. 17; *Leopold*, DuD 2006, 274.
10 Simitis/*Dammann*, § 14 Rn. 109.
11 *Bergmann/Möhrle/Herb*, § 31 Rn. 17.
12 Simitis/*Dammann*, § 14 Rn. 110.

verstehen und umfasst auch organisatorische und technische Voraussetzungen für den ordnungsgemäßen Betrieb, wie z.B. Not- und Ausfallpläne.[13] Beispielsweise können personenbezogene Daten der IT-Mitarbeiter darunter fallen, welche bei der Systemverwaltung und Wartung anfallen.[14] Ferner dienen Systemprotokolle der Sicherstellung des ordnungsgemäßen Betriebs der Datenverarbeitungsanlagen, z.B. wenn durch Auslastungs- oder Fehlerstatistiken Fehlfunktionen oder andere Abweichungen frühzeitig erkennbar gemacht werden.[15]

Aus dem Begriff **„ausschließlich"** ergibt sich, dass die besondere Zweckbindung nur personenbezogene 13
Daten betrifft, die von der verantwortlichen Stelle verwendet werden, um die Zulässigkeit der erfolgten Verwendung zu überprüfen, und die ansonsten in keinem anderen Zusammenhang mehr benötigt werden.[16]

Die Entscheidung, ob personenbezogene Daten ausschließlich zu Sicherheits- und Kontrollzwecken erhoben, verarbeitet und genutzt werden sollen, muss zum Zeitpunkt der Datenerhebung durch die verantwortliche Stelle getroffen werden (vgl. § 28 Abs. 1 Satz 2 bzw. § 14 Abs. 1).[17] Dabei ist nicht ausgeschlossen, dass die verantwortliche Stelle mit der Speicherung personenbezogener Daten auch andere rechtmäßige Zwecke als Sicherheits- und Kontrollzwecke abdeckt.[18] Dies ergibt sich auch aus Art. 6 lit. d der Richtlinie 1995/46/EG, wonach personenbezogene Daten *„für festgelegte eindeutige und rechtmäßige Zwecke erhoben"* werden dürfen.

! Jede verantwortliche Stelle sollte bei der Einführung von IT-Sicherheitsmaßnahmen (z.B. Anti-Spam- und Anti-Detrusion-Detection-Systeme) genau dokumentieren, für welche Zwecke die Erhebung erfolgt, da eine spätere Zweckänderung in der Regel nicht möglich ist. Sollen beispielsweise Erkenntnisse aus der IT-Überwachung auch für interne Ermittlungen genutzt werden, z.B. um festzustellen, auf welchen Rechnern Schadsoftware enthalten ist, bedarf dies einer vorherigen Festlegung, welche den Persönlichkeitsrechten der Betroffenen ausreichend Rechnung trägt. Dabei sind die Mitbestimmungsrechte der Mitarbeitervertretungen zu beachten.

Sofern die personenbezogenen Daten von der verantwortlichen Stelle auch für andere zulässige Zwecke 14
gespeichert werden, besteht keine besondere Zweckbindung nach § 31, da die personenbezogenen Daten dann nicht „ausschließlich" für die Zwecke des § 31 gespeichert worden sind.[19] Ist aber die Speicherung für andere Zwecke unzulässig, verbleibt es bei der besonderen Zweckbindung des § 31. Das gilt auch für den Fall, in dem diese Speicherung erst nachträglich unzulässig wird, da die Regelung des § 31 nicht umgangen werden soll.[20]

Beispiel einer Verwendung für „andere Zwecke"

Das Zugangskontrollsystem soll nicht nur unberechtigte Zugriffe verhindern, sondern auch zur Zeitkontrolle der Beschäftigten genutzt werden. Ein solcher Zweck ist bereits bei der ersten Erhebung festzulegen. Mitbestimmungsrechte der Mitarbeitervertretungen sind zu beachten.

Umgekehrt ist die verantwortliche Stelle nicht frei darin zu bestimmen, welche Daten unter § 31 fallen. Maßgeblich ist vielmehr, dass diese Daten für die in § 31 genannten Zwecke erforderlich sind. Auch hier gilt das Gebot der Datensparsamkeit[21], wobei der verantwortlichen Stelle ein Ermessenspielraum verbleibt, wie sie ihren Datensicherungspflichten am besten nachkommt.

---

13 Simitis/*Dammann*, § 14 Rn. 110.
14 Simitis/*Dammann*, § 14 Rn. 110.
15 *Schaar/Schläger*, CR 1993, 435, 436.
16 *Gola/Schomerus*, § 31 Rn. 5; *Schaar/Schläger*, CR 1993, 435, 437.
17 *Gola/Schomerus*, § 31 Rn. 5; Taeger/Gabel/*Buchner*, § 31 Rn. 4; *Leopold*, DuD 2006, 274, 275.
18 *Gola/Schomerus*, § 31 Rn. 5; Taeger/Gabel/*Buchner*, § 31 Rn. 3; *Leopold*, DuD 2006, 275, 275; a.A. Däubler/Klebe/Wedde/Weichert/*Weichert*, § 31 Rn. 3.
19 Taeger/Gabel/*Buchner*, § 31 Rn. 3; *Leopold*, DuD 2006, 274, 276.
20 *Bergmann/Möhrle/Herb*, § 31 Rn. 5.
21 *Bizer*, DuD 2006, 270, 271.

15 Zulässig gem. § 31 ist jede Verwendung, deren Zweck sich im Rahmen des jeweiligen Verarbeitungszwecks hält.[22] Dabei bezieht sich die Zweckbindung nicht auf die Gesamtheit der in § 31 aufgezählten drei Zwecke, sondern auf den jeweils einzelnen relevanten Zweck.[23] In der Praxis wird es allerdings häufig zu Überschneidungen kommen. Vom Verarbeitungszweck der Datenschutzkontrolle umfasst sind alle Maßnahmen, die darauf gerichtet sind, Fehler und Verstöße gegen den Datenschutz zu erkennen sowie Ursachen und Verantwortliche festzustellen und Korrekturen vorzunehmen.[24] Dazu gehören auch etwaige Maßnahmen zur zivil- oder strafrechtlichen Verfolgung von Datenschutzverstößen, einschließlich disziplinarischer Maßnahmen.[25] Nicht von § 31 gedeckt wäre die Verwendung der Daten zur Aufdeckung und Verfolgung des Verrats von Geschäftsgeheimnissen.[26] Ferner wäre eine Nutzung der Daten zu Zwecken der Finanzkontrolle oder Einhaltung der Arbeitszeiten ausgeschlossen. Vom Zweck der Datensicherung abgedeckt wäre dagegen eine Verwendung personenbezogener Daten für folgende Zwecke: zur Vermeidung von Datenverlust/Datenverfälschung/unbefugten Datenzugriffen, ferner die Korrektur von Fehlern und die Wiederherstellung der Datenbestände sowie die Analyse von Abläufen zur Erkennung von Angriffen, Fehlern und Schwachstellen.[27]

! Sollen die im Rahmen der IT-Überwachung erhobenen Daten nicht nur für Zwecke der Datenschutzkontrolle, der Datensicherung und der Sicherstellung des ordnungsgemäßen Betriebs verwendet werden, sondern z.B. auch, um den Verrat von Geschäfts- oder Betriebsgeheimnissen oder Compliance-Verstöße zu verfolgen, sollte dieser Zweck vor Erhebung der personenbezogenen Daten ausdrücklich festgelegt werden (z.B. im Rahmen einer Betriebsvereinbarung), wobei diese Maßnahmen rechtmäßig und insbesondere verhältnismäßig sein müssen.

II. Beschäftigtendaten

16 In der Regel wird es sich bei den nach § 31 gespeicherten Daten auch um personenbezogene Daten von Beschäftigten handeln, denn bereits die Systemprotokolle werden Benutzerkennungen aufweisen, welche eindeutig einem Beschäftigten zugeordnet werden können. Sofern Maßnahmen der Datensicherung gleichzeitig eine Verhaltens- und Leistungskontrolle der Beschäftigten ermöglichen, sind die Mitbestimmungsrechte der Mitarbeitervertretungen zu beachten (insbesondere § 87 Abs. 1 Nr. 6 BetrVG[28]; § 75 Abs. 3 Nr. 17 BPersVG[29]).[30] Von der Möglichkeit der Verhaltens- und Leistungskontrolle muss grundsätzlich ausgegangen werden, da aus den Protokolldaten auch Arbeitszeiten (log-on und log-off), Bewegungsprofile oder Kommunikationsverhalten ablesbar sein können. In diesem Zusammenhang kommt es nicht darauf an, ob eine solche Auswertung des Verhaltens und der Leistung auch tatsächlich vom Arbeitgeber beabsichtigt ist, ausreichend ist die abstrakte Möglichkeit einer Auswertung.[31] Das Mitbestimmungsrecht entfällt auch nicht etwa deshalb, weil die Datensicherungskontrollen gesetzlich z.B. in § 9 vorgegeben sind.[32] Die Mitbestimmung würde nur dann entfallen, wenn der verantwortlichen Stelle keinerlei Spielraum in der Gestaltung der vorgeschriebenen Kontrollmaßnahmen verbleiben würde. Dies ist jedoch z.B. bei den Maßnahmen gem. § 9 nicht der Fall.

---

22 Simitis/*Dammann*, § 14 Rn. 114.
23 Simitis/*Dammann*, § 14 Rn. 114; Beck'scher Online-Kommentar/*von Lewinski*, § 31 Rn. 11.
24 Simitis/*Dammann*, § 14 Rn. 114.
25 *Gola/Schomerus*, § 31 Rn. 5; *Bergmann/Möhrle/Herb*, § 31 Rn. 8; Däubler/Klebe/Wedde/Weichert/*Weichert*, § 31 Rn. 4; Hinweis Nr. 41 des Innenministeriums Baden-Württemberg zum Datenschutz für private Unternehmen und Organisationen, S. 9 (Ziffer C.1.5).
26 Simitis/*Dammann*, § 14 Rn. 114.
27 Simitis/*Dammann*, § 14 Rn. 114.
28 Betriebsverfassungsgesetz.
29 Bundespersonalvertretungsgesetz.
30 BAG, NJW 1984, 1476, 1483 f.; *Gola/Schomerus*, § 31 Rn. 8; Taeger/Gabel/*Buchner*, § 31 Rn. 5; *Schaffland/Wiltfang*, § 31 Rn. 4; *Bergmann/Möhrle/Herb*, § 31 Rn. 7; Däubler/Klebe/Wedde/Weichert/*Weichert*, § 31 Rn. 6; *Runge*, CR 1994, 710, 713; *Schaar/Schläger*, CR 1993, 435, 438; *Leopold*, DuD 2006, 274, 276.
31 BVerwG, NZA 1988, 513, 514; Taeger/Gabel/*Buchner*, § 31 Rn. 5; *Büllesbach* in: Roßnagel, Kap. 6.1 Rn. 88; *Schaar/Schläger*, CR 1993, 435, 437.
32 *Gola/Wronka*, Handbuch zum Arbeitnehmerdatenschutz, Rn. 1737; a.A. wohl *Runge*, CR 1994, 710, 713, der meint, dass § 31 eine betriebliche Regelung entbehrlich macht.

17 Nach einer Ansicht kann durch eine Betriebsvereinbarung der § 31 nicht abgeändert werden, insbesondere soll eine Auswertung zur Leistungs- und Verhaltenskontrolle verboten sein.[33] Dies ist missverständlich, denn für Zwecke der IT-Sicherheit ist teilweise auch eine personenbezogene Auswertung von z.B. Protokollen erforderlich.[34] Insbesondere hat der Arbeitgeber ein berechtigtes Interesse daran, dass unbefugte Zugriffe seiner Beschäftigten ermittelt und geahndet werden können. Entsprechend hat die Aufsichtsbehörde in Baden-Württemberg festgestellt, dass die strenge Zweckbindung des § 31 nicht ausschließe, dass Protokolldaten aus dem Nutzungsvorgang zum Nachweis im Rahmen der Rechtsverfolgung gegen diejenigen Personen verwendet werden, die als Täter des unbefugten Zugriffs auf die gespeicherten personenbezogenen Daten ermittelt wurden.[35] Dementsprechend muss es auch zulässig sein, wenn die bei Erhebung festgelegten Zwecke auch die Überwachung der Einhaltung von IT-Sicherheitsrichtlinien des Unternehmens umfassen.

18 Durch eine Betriebs- oder Dienstvereinbarung oder – sofern keine Mitarbeitervertretung vorhanden ist – durch eine Richtlinie in Form einer Dienstanweisung sollten die Modalitäten der Datenverarbeitung und -verwendung sowie der Umfang und die Detaillierung der Protokolldateien festgelegt werden.[36] Zudem sind Auswertungsprozesse transparent zu erläutern und verhältnismäßig auszugestalten (z.B. durch Beteiligung des Datenschutzbeauftragten und des Betriebsrats). Ferner können für die Zukunft gesetzlich zulässige Verarbeitungszwecke festgelegt werden, die über die in § 31 vorausgesetzten Verarbeitungszwecke hinausgehen.[37] Ein Beispiel ist die Verwendung von Zutrittsdaten für die Kontrolle der Datensicherheit einerseits und die Verwendung der Daten für die Arbeitszeiterfassung andererseits.

19 In Bezug auf Beschäftigte richtet sich die Rechtmäßigkeit der Erhebung, Verarbeitung und Nutzung personenbezogener Daten grundsätzlich nach § 32. § 32 Abs. 1 Satz 2 regelt die Voraussetzungen für die Erhebung und Verwendung personenbezogener Daten der Beschäftigten für die Zwecke der Aufdeckung von Straftaten. Dies ist nur zulässig, wenn (i) zu dokumentierende tatsächliche Anhaltspunkte den Verdacht begründen, dass der Betroffene im Beschäftigungsverhältnis eine Straftat begangen hat; (ii) die Erhebung, Verarbeitung oder Nutzung zur Aufdeckung erforderlich ist und (iii) das schutzwürdige Interesse des Betroffenen an dem Ausschluss der Erhebung, Verarbeitung oder Nutzung nicht überwiegt, insbesondere Art und Ausmaß nicht unverhältnismäßig sind.

20 Umstritten war anfangs, ob § 32 Abs. 1 Satz 2 eine Sperrwirkung dergestalt entfaltet, dass eine Verwendung von personenbezogenen Daten für bloß präventive Zwecke oder zur Ermittlung von z.B. arbeitsvertraglichen Verstößen oder Ordnungswidrigkeiten verboten ist.[38] Nach ganz herrschender Meinung ist dies nicht der Fall, in der Gesetzesbegründung heißt es ausdrücklich, dass unter § 32 Abs. 1 Satz 1 solche Maßnahmen fallen können, die *„zur Verhinderung von Straftaten oder sonstigen Rechtsverstößen, die im Zusammenhang mit dem Beschäftigungsverhältnis stehen, erforderlich sind"*.[39] Es würde der EU-Datenschutzrichtlinie 1995/46/EG widersprechen, wenn der Gesetzgeber keinen Raum für eine Abwägung der im konkreten Einzelfall gegenüberstehenden Interessen lassen würde.[40] Allerdings ist auch bei Maßnahmen nach § 32 Abs. 1 Satz 1 die Wertentscheidung des Satzes 2 zu berücksichtigen, sodass auch insoweit eine Dokumentationspflicht besteht und eine Verhältnismäßigkeitsprüfung erforderlich ist.[41]

21 Es wird ferner in der Literatur kontrovers diskutiert, ob Maßnahmen des Arbeitgebers zur Kontrolle der Beschäftigten allein unter § 32 Abs. 1 Satz 1 fallen oder ob darüber hinaus ein Rückgriff auf § 28 Abs. 1 Satz 1 Nr. 2 zulässig ist.[42] Die herrschende Meinung hält einen solchen Rückgriff für zulässig, sofern es

33 *Bergmann/Möhrle/Herb*, § 31 Rn. 7; *Schaar/Schläger*, CR 1993, 435, 437.
34 So letztlich auch *Schaar/Schläger*, CR 1993, 435, 437.
35 Hinweise des *Innenministeriums Baden-Württemberg* zum Datenschutz für private Unternehmen und Organisationen (Nr. 41), S. 9.
36 Simitis/*Dammann*, § 31 Rn. 7; *Schaar/Schläger*, CR 1993, 435, 437.
37 Simitis/*Dammann*, § 31 Rn. 7; *Gola/Wronka*, Handbuch zum Arbeitnehmerdatenschutz, Rn. 1739.
38 So *Barton*, RDV 2009, 200, 209; a.A. Erfurth NJOZ 2009, 2914, 2921.
39 BT-Drs. 16/13657, S. 36.
40 EuGH, Urteil v. 24.11.2011, Rs. C-468/10 und C-469/10 – ASNEF/FECEMD; abgedruckt: ZD 2012, 33 ff.
41 *Thüsing*, NZA 2009, 865, 868.
42 Ablehnend z.B. *Bierekoven*, CR 2010, 203, 206.

sich um Datenverarbeitungen handelt, die keinem beschäftigungsrelevanten Zweck dienen.[43] Allerdings wird das Merkmal *„für Zwecke des Beschäftigungsverhältnisses"* unterschiedlich interpretiert. Nach einer Meinung sollen darunter nur solche Datenerhebungen, -verarbeitungen und -nutzungen zu verstehen sein, welche für die Erfüllung der beiderseitigen **Hauptleistungspflichten** erforderlich sind.[44] Grundsätzlich aber ist die Pflicht des Arbeitnehmers, das Eigentum des Arbeitgebers nicht zu gefährden, eine arbeitsvertragliche **Neben**pflicht, sodass nach dieser Ansicht § 32 Abs. 1 Satz 1 für eine Kontrolle zur Verhinderung z.B. des Aufladens von Schadsoftware durch den Arbeitnehmer nicht einschlägig wäre. Die meisten Autoren verstehen aber das Merkmal so, dass es sämtliche Datenerhebungen, -verarbeitungen und -nutzungen erfasst, die mit dem Beschäftigungsverhältnis in Zusammenhang stehen. Die Beschäftigungszwecke ergeben sich dabei aus den Vorgaben des Arbeitsvertrags, der Kollektivvereinbarungen oder den gesetzlichen Vorschriften.[45] Dementsprechend würden solche Datenerhebungen, -verarbeitungen und -nutzungen im Rahmen der IT-Überwachung unter § 32 Abs. 1 Satz 1 fallen, welche letztlich der Kontrolle arbeitsvertraglicher Pflichten des Arbeitnehmers dienen. Dies wird auf einen Teil der geplanten Maßnahmen zutreffen, z.B. wenn es darum geht zu ermitteln, ob ein Arbeitnehmer das Verbot der privaten Nutzung der IT-Systeme einhält. Dies betrifft vor allem die Phase der Auswertung von z.B. Logfiles oder Zugriffe auf Computer des Arbeitnehmers. Andere Maßnahmen, wie z.B. die Virenkontrolle, Spamfilterung oder Intrusion Detection, dienen in erster Linie beschäftigungsfremden Zwecken, zumal es zunächst nicht um eine personenbezogene Kontrolle geht.

22 Im Ergebnis kann diese Differenzierung („beschäftigungsfremd" ja/nein) dahinstehen, da nach herrschender Meinung für die lediglich im Rahmen von beschäftigungsfremden Maßnahmen „beiläufig" erhobenen Beschäftigtendaten zumindest auf § 28 Abs. 1 Satz 1 Nr. 2 zurückgegriffen werden kann. Dabei ist die Anwendung beider Normen in Bezug auf den Beschäftigten letztlich identisch, denn es bedarf – wie dargestellt – auch bei § 32 Abs. 1 Satz 1 einer Verhältnismäßigkeitsprüfung, und im Rahmen der Interessenabwägung des § 28 Abs. 1 Satz 1 Nr. 2 sind das Arbeitsverhältnis und insbesondere die Fürsorgepflichten des Arbeitgebers ebenso zu berücksichtigen wie bei der Interessenabwägung im Rahmen des § 32 Abs. 1 Satz 1.[46]

! Da die im Rahmen von § 31 anfallenden personenbezogenen Daten in der Regel für eine Verhaltens- und Leistungskontrolle von Beschäftigten der verantwortlichen Stelle geeignet sind, empfiehlt sich der Abschluss einer Dienst- oder Betriebsvereinbarung zur Regelung der Erhebung und Auswertung solcher Daten. Damit können Streitigkeiten über die Auslegung von für die Datensicherheit „erforderlichen" Maßnahmen vermieden werden sowie verhältnismäßige Auswertungsprozesse implementiert werden.

III. Rechtsfolge der ausschließlichen Zweckbindung

23 Sind die personenbezogenen Daten ausschließlich für Zwecke des § 31 gespeichert worden, ist eine nachträgliche Zweckänderung unzulässig.[47] Das gilt selbst dann, wenn die Voraussetzungen des § 28 vorliegen.[48] Die einzigen Ausnahmen für eine nachträgliche Zweckänderung sind spezialgesetzliche Regelungen, die den Zugriff ausdrücklich erlauben.[49] Noch im Einklang mit der besonderen Zweckbindung des § 31 ist ferner die Verwendung der personenbezogenen Daten zur zivil- oder strafrechtlichen Verfol-

43 *Gola/Schomerus*, § 32 Rn. 25; *Schaffland/Wiltfang*, BDSG, Loseblattslg. Stand 12/12, § 32 Rn. 1a; *Bergmann/Möhrle/Herb*, Datenschutzrecht, Loseblattslg. Stand 07/12, § 32 Rn. 166; Taeger/Gabel/*Zöll*, BDSG, § 32 Rn. 6; *Gola/Jaspers*, RDV 2009, 212, 214; *Schmidt*, RDV 2009, 193, 196; *Vogel/Glas*, DB 2009, 1747, 1754; *Moll*, Münchner Anwaltshandbuch Arbeitsrecht, § 35 Compliance, Rn. 244.

44 *Joussen*, NZA-Beil. 2011, 35, 40.

45 Taeger/Gabel/*Zöll*, § 32 Rn. 16.

46 Taeger/Gabel/*Zöll*, § 32 Rn. 17 f.

47 *Gola/Schomerus*, § 31 Rn. 5; Taeger/Gabel/*Buchner*, § 31 Rn. 4; *Leopold*, DuD 2006, 274, 275.

48 *Bizer*, DuD 2006, 270, 272; 14. Tätigkeitsbericht des Hessischen Landesbeauftragten für den Datenschutz, S. 32.

49 *Gola/Schomerus*, § 31 Rn. 5; *Bergmann/Möhrle/Herb*, § 31 Rn. 10; *Leopold*, DuD 2006, 275; Däubler/Klebe/Wedde/Weichert/*Weichert*, § 31 Rn. 3 f.

gung von Datenschutzverstößen.[50] Darüber hinaus kann der Betroffene jederzeit in eine andere Verwendung seiner Daten einwilligen[51], wobei bei Beschäftigten eine datenschutzrechtlich wirksame Einwilligung an der Freiwilligkeit scheitern kann (siehe § 4a Rn. 32 ff.).

!

Insgesamt ist darauf zu achten, dass im Rahmen der gem. § 9 erforderlichen Maßnahmen auch die Protokolldateien gegen unberechtigten Zugriff und Veränderung zu schützen sind. Eine Zweckentfremdung der ausschließlich für Zwecke der Datenschutzkontrolle, der Datensicherung oder zur Sicherstellung eines ordnungsgemäßen Betriebs gespeicherter Daten kann durch eine Pseudonymisierung der Daten vermieden werden.[52] Ferner sollten Protokolldateien möglichst verschlüsselt gespeichert und nur auf Basis eines Vier-Augen-Prinzips ausgewertet werden.[53]

IV. Landesrecht

§ 31 findet auf öffentliche Stellen im Regelfall keine Anwendung, für diese gilt § 14 Abs. 4 oder eine entsprechend landesgesetzliche Regelung. Lediglich bei öffentlich-rechtlichen Stellen, die am Wettbewerb teilnehmen und Bundesrecht ausführen (siehe § 27 Rn. 14 ff.), ist § 31 relevant. Für Behörden der Länder gilt dies jedoch nur, sofern nicht die Landesgesetze den Datenschutz selbst regeln. Dies ist in den meisten Ländern der Fall. Eine dem § 31 entsprechende Regelung haben Berlin (§ 11 Abs. 5); Bremen (§ 12 Abs. 4); Hessen (§ 13 Abs. 5); Niedersachsen (§ 10 Abs. 4); Rheinland-Pfalz (§ 13 Abs. 6); Sachsen-Anhalt (§ 10 Abs. 4); Schleswig-Holstein (§ 13 Abs. 6); Thüringen (§ 20 Abs. 4). 24

Darüber hinaus existieren in einzelnen Ländern bereichsspezifische Arbeitnehmerschutzregelungen, die ebenfalls die Auswertung dieser Daten zum Zwecke der allgemeinen Leistungs- und Verhaltenskontrolle verbieten. Dies dient insbesondere dem Zweck, eine Ungleichbehandlung zu anderen Mitarbeitern zu verhindern. Folgende Länder verfügen über eine derartige Regelung: Brandenburg (§ 29 Abs. 4); Bremen (§ 20 Abs. 6); Hamburg (§ 28 Abs. 7); Hessen (§ 34 Abs. 6); Mecklenburg-Vorpommern (§ 35 Abs. 7); Nordrhein-Westfalen (§ 29 Abs. 6); Rheinland-Pfalz (§ 31 Abs. 5); Saarland (§ 31 Abs. 5); Sachsen-Anhalt (§ 28 Abs.4); Schleswig-Holstein (§ 23 Abs. 2). 25

V. Sanktionen

Ein Verstoß gegen § 31 kann zu Schadensersatzansprüchen des Betroffenen führen, da § 31 ein „Schutzgesetz" im Sinne von § 823 Abs. 2 BGB ist und im Übrigen § 7 greift.[54] Ein Verstoß stellt gleichzeitig eine Verletzung des Datengeheimnisses (§ 5) dar.[55] 26

---

50 *Gola/Schomerus*, § 31 Rn. 5; *Bergmann/Möhrle/Herb*, § 31 Rn. 8; Däubler/Klebe/Wedde/Weichert/*Weichert*, § 31 Rn. 4; Hinweis Nr. 41 des Innenministeriums Baden-Württemberg zum Datenschutz für private Unternehmen und Organisationen, S. 9 (Ziffer C.1.5).

51 Simitis/*Dammann*, § 31 Rn. 6.

52 *Gola/Schomerus*, § 31 Rn. 6; *Bizer*, DuD 2006, 270, 271; Däubler/Klebe/Wedde/Weichert/*Weichert*, § 31 Rn. 1a.

53 Vgl. *Schaar/Schläger*, CR 1993, 435, 439.

54 Taeger/Gabel/*Buchner*, § 31 Rn. 1; *Bergmann/Möhrle/Herb*, § 31 Rn. 21; Simitis/*Dammann*, § 31 Rn. 8; Däubler/Klebe/Wedde/Weichert/*Weichert*, § 31 Rn. 1a.

55 *Bergmann/Möhrle/Herb*, § 31 Rn. 20.

C. Anwendungsempfehlungen/praktische Hinweise

27 **In einer Betriebs- oder Dienstvereinbarung zur IT-Sicherheitsüberwachung sollten die folgenden Punkte geregelt werden:**

- Umfang und Detailgrad der Protokolldateien (Begrenzung auf erforderliche Daten)
- Erläuterung der Analyseprogramme
- Enge Zweckbestimmung
- Festlegung etwaiger Auswertungsmodalitäten (z.B. Festlegung von Auswertungskriterien, Häufigkeit und Form der Auswertung); personenbezogene Auswertung nur bei konkretem Verdacht auf Missbrauch
- Festlegung der Auswertungsberechtigungen, d.h. Auswertung nur durch eng begrenzten und festgelegten Personenkreis (4-Augen-Prinzip; möglichst nicht der Systemverantwortliche, sondern der Datenschutzbeauftragte und eine weitere Person)
- Ggf. Beteiligung von Personal- und Betriebsrat an der Auswertung
- Festlegung der Aufbewahrungsdauer (ca. sechs Monate bei Protokolldateien); Aufbewahrung von Protokolldateien sollte verschlüsselt erfolgen
- Information des von einer Auswertung betroffenen Beschäftigten zum frühestmöglichen Zeitpunkt
- Im Übrigen: Verbot der Verwendung für Zwecke der Leistungs- und Verhaltenskontrolle

§ 32 Datenerhebung, -verarbeitung und -nutzung für Zwecke des Beschäftigungsverhältnisses

(1) [1]Personenbezogene Daten eines Beschäftigten dürfen für Zwecke des Beschäftigungsverhältnisses erhoben, verarbeitet oder genutzt werden, wenn dies für die Entscheidung über die Begründung eines Beschäftigungsverhältnisses oder nach Begründung des Beschäftigungsverhältnisses für dessen Durchführung oder Beendigung erforderlich ist. [2]Zur Aufdeckung von Straftaten dürfen personenbezogene Daten eines Beschäftigten nur dann erhoben, verarbeitet oder genutzt werden, wenn zu dokumentierende tatsächliche Anhaltspunkte den Verdacht begründen, dass der Betroffene im Beschäftigungsverhältnis eine Straftat begangen hat, die Erhebung, Verarbeitung oder Nutzung zur Aufdeckung erforderlich ist und das schutzwürdige Interesse des Beschäftigten an dem Ausschluss der Erhebung, Verarbeitung oder Nutzung nicht überwiegt, insbesondere Art und Ausmaß im Hinblick auf den Anlass nicht unverhältnismäßig sind.

(2) Absatz 1 ist auch anzuwenden, wenn personenbezogene Daten erhoben, verarbeitet oder genutzt werden, ohne dass sie automatisiert verarbeitet oder in oder aus einer nicht automatisierten Datei verarbeitet, genutzt oder für die Verarbeitung oder Nutzung in einer solchen Datei erhoben werden.

(3) Die Beteiligungsrechte der Interessenvertretungen der Beschäftigten bleiben unberührt.

Literatur

Altenburg/v. Reinersdorff/Leister, Telekommunikation am Arbeitsplatz, MMR 2005, 135 ff.; *Barton*, Risiko-/Compliance-Management und Arbeitnehmerdatenschutz – eine nach wie vor unbefriedigende Kollisionslage – Anmerkung zu § 32 BDSG, RDV 2009, 220; *Bauer/Herzberg*, Arbeitsrechtliche Probleme in Konzernen mit Matrixstrukturen, NZA 2011, 713 ff.; *Bergwitz*, Prozessuale Verwertungsverbote bei unzulässiger Videoüberwachung, NZA 2012, 353; *Bissels/Lützeler/Wisskirchen*, Facebook, Twitter & Co.: Das Web 2.0 als arbeitsrechtliches Problem, BB 2010, 2433 ff.; *Bloesinger*, Grundlagen und Grenzen privater Internetnutzung am Arbeitsplatz, BB 2007, 2177 ff.; *Brink/Schmid*, Die rechtliche (Un-)Zulässigkeit von Mitarbeiterscreenings – Vom schmalen Pfad der Legalität, MMR 2010, 592 ff.; *Däubler*, Gläserne Belegschaften, 5. Aufl. 2010; *Dann/Gastell*, Geheime Mitarbeiterkontrollen: Straf- und arbeitsrechtliche Risiken bei unternehmensinterner Aufklärung, NJW 2008, 2945 ff.; *Ernst*, Der Arbeitgeber, die E-Mail und das Internet, NZA 2002, 585 ff.; *Fleischmann*, Betriebliche Übung zur Privatnutzung üblicher elektronischer Kommunikationsmittel – Erwiderung auf Koch, NZA 2008, 911, NZA 2008, 1397 ff.; *Forst*, Beschäftigtendatenschutz im Kommissionsvorschlag einer EU-Datenschutzverordnung, NZA 2012, 364; *Forst*, Bewerberauswahl über soziale Netzwerke im Internet?, NZA 2010, 427 ff.; *Fülbier/Splittgerber*, Keine (Fernmelde-)Geheimnisse vor dem Arbeitgeber?, NJW 2012, 1995 ff.; *Gimmy*, Streit um ELENA, BB 2010, I; *Göpfert/Meyer*, Datenschutz bei Unternehmenskauf: Due Diligence und Betriebsübergang, NZA 2011, 486 ff.; *Gola*, Beschäftigtendatenschutz und EU-Datenschutz-Grundverordnung, EuZW 2012, 332; *Gola*, Datenschutz bei der Kontrolle „mobiler Arbeitnehmer – Zulässigkeit und Transparenz, NZA 2007, 1139; *Härting*, Internetrecht, 4. Aufl. 2010; *Hohenstatt/Stamer/Hinrichs*, Backgroundchecks von Bewerbern in Deutschland: Was ist erlaubt?, NZA 2006, 1065 ff.; *Hoppe/Braun*, Arbeitnehmer-E-Mail: Vertrauen ist gut – Kontrolle ist schlecht – Auswirkungen der neuesten Rechtsprechung des BVerfG auf das Arbeitsverhältnis, MMR 2010, 80 ff.; *Jacobs*, Datenschutz bei der Überwachung von Beschäftigten, ZfA 2012, 215; *Kania/Sansone*, Möglichkeiten und Grenzen des Pre-Employment-Screenings, NZA 2012, S. 360 ff.; *Kilian/Heussen*, Computerrechts-Handbuch, Stand September 2011; *Kiraly*, Whistleblower in Deutschland und Großbritannien – Lehren aus dem Fall Heinisch, RdA 2012, 236 ff.; *Koch*, Rechtsprobleme privater Nutzung betrieblicher elektronischer Kommunikationsmittel, NZA 2008, 911 ff.; *Mahnhold*, „Global Whistle" oder „deutsche Pfeife" – Whistleblowing-Systeme im Jurisdiktionenkonflikt, NZA 2008, 737 ff.; *Maschmann*, Compliance versus Datenschutz, NZA Beil. 2012, S. 50 ff.; *Müller-Glöge/Preis/Schmidt* (Hrsg), Erfurter Kommentar zum Arbeitsrecht, 14. Aufl. 2014; *Oberwetter*, Soziale Netzwerke im Fadenkreuz des Arbeitsrechts, NJW 2011, 417 ff.; *Panzer-Heemeier*, Der Zugriff auf dienstliche E-Mails – Neubewertung des Arbeitgebers als Provider?, DuD 2012, 48 ff.; *Riesenhuber*, Die Einwilligung des Arbeitnehmers im Datenschutzrecht, RdA 2011, 257 ff.; *Seel*, Aktuelles zum Umgang mit E-Mails und Internet im Arbeitsverhältnis – Was sind die Folgen privater Nutzungsmöglichkeit, öAT 2013, 4 ff.; *Steigert/Neubauer*, Die Entwicklung des Datenschutzrechts im Jahr 2011, ZD 2011, 164 ff., *Thüsing*,

Arbeitnehmerdatenschutz und Compliance, 1. Aufl. 2010; *Thüsing*, Datenschutz im Arbeitsverhältnis – Kritische Gedanken zum neuen § 32 BDSG, NZA 2009, 865 ff.; *Thüsing*, Verbesserungsbedarf beim Beschäftigtendatenschutz, NZA 2011, 16 ff.; *Trittin/Fischer*, Datenschutz und Mitbestimmung – Konzernweite Personaldatenvereinbarung und die Zuständigkeit der Arbeitnehmervertretung, NZA 2009, 343 ff.; *Vietmeyer/Byers*, Der Arbeitgeber als TK-Anbieter im Arbeitverhältnis – Geplante BDSG-Novelle lässt Anwendbarkeit des TKG im Arbeitsverhältnis unangetastet, MMR 2010, 807 ff.; *Vogt*, Compliance und Investigations – Zehn Fragen aus Sicht der arbeitsrechtlichen Praxis, NJOZ 2009, 4206 ff.; *Weißgeber*, Das Einsehen kennwortgeschützter Privatdaten des Arbeitnehmers durch den Arbeitgeber, NZA 2003, 1005 ff.; *Wellhöner/Byers*, Datenschutz im Betrieb – Alltägliche Herausforderung für den Arbeitgeber?!, BB 2009, 2310 ff.; *Wolf/Mulert*, Die Zulässigkeit der Überwachung von E-Mail-Korrespondenz am Arbeitsplatz, BB 2008, 442 ff.; *Wuermeling*, Beschäftigtendatenschutz auf der europäischen Achterbahn, NZA 2012, 368; *Wybitul*, Wie viel Arbeitnehmerdatenschutz ist „erforderlich"?, BB 2010, 1085 ff.

Darum geht es:

§ 32 regelt als zentrale Norm die Datenerhebung, -verarbeitung und -nutzung für Zwecke des Beschäftigungsverhältnisses.

Schlagworte:

Beschäftigtendatenschutz; Fragerecht; Betriebsvereinbarung; Einwilligung im Arbeitsverhältnis; Datenerhebung bei Einstellung; Stammdaten; Beschäftigtendaten; Erforderlichkeit; Grundsatz der Verhältnismäßigkeit; Interessenabwägung; Mitarbeiter-Screening; Aufdeckung von Straftaten; Whistleblowing; Compliance; Personalaktenführung; Beteiligungsrechte Arbeitnehmervertretungen; Überwachung Telekommunikation; Datenübermittlung im Konzern und ins Ausland

Weitere relevante Vorschriften:

§§ 1, 8, 9 AGG; §§ 3 Abs. 11, 4 Abs. 1 Alt. 2, 4a, 4b, 4c, 6a, 28, 35 Abs. 2 Nr. 3, 43 Abs. 2 Nr. 1 bis 4, 43, 44 BDSG; §§ 75 Abs. 2 Satz 1, 80 Abs. 1 Nr. 1, 87 Abs. 1 Nr. 6, 94 BetrVG; § 27 Abs. 2 SprAuG; §§ 68 Abs. 1 Nr. 2, 75 Abs. 3 Nr. 8, Nr. 17, 76 Abs. 2 Nr. 2, 8 BPersVG; §§ 88, 91 ff., 106 Abs. 3 TKG

A. Allgemeines

§ 32 ist die zentrale Norm[1] und Generalklausel des **Beschäftigtendatenschutzes**. Sie schützt das **Recht auf informationelle Selbstbestimmung** als Bestandteil des allgemeinen Persönlichkeitsrechtes.[2] Die Norm bezweckt, die Beschäftigten vor einer rechtswidrigen Verarbeitung ihrer personenbezogenen Daten zu schützen, indem sie die Datenverarbeitung nur erlaubt, wenn diese für Zwecke des Beschäftigungsverhältnisses erfolgt und erforderlich ist. 1

! § 32 bestimmt den Rahmen für die Erhebung, Verarbeitung und Nutzung von Beschäftigtendaten in der betrieblichen Praxis. Allerdings kann dieser Rahmen nur unter sorgfältiger Interessenabwägung und Kenntnis insbesondere der Rechtsprechung im Einzelfall zu für die betriebliche Praxis und Beschäftigten konkreten Ergebnissen führen. Dies führt zu systemimmanenten Unschärfen, die in der betrieblichen Praxis zu Verunsicherungen über die Rechtslage führen.

§ 32 gilt seit dem 01.09.2009.[3] § 32 ist die Reaktion des Gesetzgebers auf Datenschutzskandale bekannter Unternehmen in Deutschland,[4] sodass der Gesetzgeber letztlich dem Druck der öffentlichen Diskussion mit einer entsprechenden gesetzlichen Regelung im Rahmen der Novellierung des BDSG im Jahr 2009 Rechnung zu tragen hatte. Gleichwohl bleibt die Regelung hinter den Erwartungen der Praxis und deren Anforderungen zurück.[5] Nach dem Willen des Gesetzgebers „enthält § 32 eine allgemeine Regelung zum Schutz personenbezogener Daten von Beschäftigten, die die von der Rechtsprechung erarbeiteten Grundsätze des Datenschutzes im Beschäftigungsverhältnis nicht ändern, sondern lediglich zusammenfassen und ein Arbeitnehmerdatenschutzgesetz weder entbehrlich machen noch inhaltlich präjudizieren soll".[6] 2

Der zurückhaltende Regelungswille des Gesetzgebers hat sich trotz entsprechender Änderungsvorschläge nicht geändert. Seit August 2009 liegt der Diskussionsentwurf des Bundesarbeitsministers *Scholz* für ein Gesetz zum Datenschutz im Beschäftigungsverhältnis vor.[7] Die Bundesregierung verabschiedete am 25.08.2010 einen **Entwurf eines Gesetzes zur Regelung des Beschäftigtendatenschutzes** 3

1 *Bergmann/Möhrle/Herb*, § 32 Rn. 19.
2 Vgl. BVerfG v. 15.12.1983, Az. 1 BvR 209/83, NJW 1984, 419 (Volkszählungsurteil).
3 Gesetz zur Änderung datenschutzrechtlicher Vorschriften vom 14.08.2009, BGBl. I 2009, S. 2814.
4 Vgl. hierzu Simitis/*Seifert*, § 32 Rn. 1 m.w.N.
5 *Barton*, DRV 2009, 220, 222, spricht von einer „Verschlimmbesserung" und *Thüsing*, NZA 2009, 865, 870 von einem „funktionslosen Schaustück des Reformunwillens".
6 So der ausdrückliche Wille des Gesetzgebers, BT-Drs. 16/13657, S. 20.
7 Vgl. hierzu Simitis/*Seifert*, § 32 Rn. 2 m.w.N.

(BDSG-E), der seit dem 15.12.2010 dem Bundestag zur Beschlussfassung vorliegt.[8] Der Regierungsentwurf hat eine intensive Debatte bei den Arbeitgeber- und Arbeitnehmerverbänden, den Datenschutzbeauftragten der Länder und im juristischen Schrifttum ausgelöst.[9] Kern des Regierungsentwurfs ist eine Neufassung von § 32 sowie dessen Ergänzung um die § 32a bis 32l BDSG-E. Der neue Beschäftigtendatenschutz soll dabei wie folgt gestaltet werden:

§ 32 BDSG-E	
§ 32	Datenerhebung vor Begründung eines Beschäftigungsverhältnisses
§ 32a	Ärztliche Untersuchungen und Eignungstests vor Begründung eines Beschäftigungsverhältnisses
§ 32b	Datenverarbeitung und -nutzung im Beschäftigungsverhältnis
§ 32c	Datenerhebung im Beschäftigungsverhältnis
§ 32d	Datenverarbeitung und -nutzung im Beschäftigungsverhältnis
§ 32e	Datenerhebung ohne Kenntnis des Beschäftigten zur Aufdeckung und Verhinderung von Straftaten und anderen schwerwiegenden Pflichtverletzungen im Beschäftigungsverhältnis
§ 32f	Beobachtung nicht öffentlich zugänglicher Betriebsstätten mit optisch-elektronischen Einrichtungen
§ 32g	Ortungssysteme
§ 32h	Biometrische Verfahren
§ 32i	Nutzung von Telekommunikationsdiensten
§ 32j	Unterrichtungspflichten
§ 32k	Änderungen
§ 32l	Einwilligung, Geltung für Dritte, Rechte der Interessenvertretungen, Beschwerderecht, Unabdingbarkeit

Wann das neue Beschäftigtendatenschutzrecht in Kraft treten soll, ist nicht absehbar. Die Bundesregierung hat sich nun nach dem Scheitern sowohl des Beschäftigtendatenschutzgesetzes als auch der Datenschutz-Grundverordnung zum Ziel gesetzt, die Verhandlungen zur europäischen Datenschutz-Grundverordnung mit dem Ziel zu verfolgen, das nationale Datenschutzniveau – auch bei grenzüberschreitender Datenverarbeitung – zu erhalten und über das europäische Niveau hinausgehende Standards zu ermöglichen. Soweit mit einem Abschluss der Verhandlungen über die europäische Datenschutzverordnung nicht in angemessener Zeit gerechnet werden könne, will die Bundesregierung hiernach eine nationale Regelung zum Beschäftigtendatenschutz schaffen, mithin auf das Beschäftigtendatenschutzgesetz zurückgreifen.[10]

I. Regelungszweck

4 Beschäftigungsverhältnisse (vgl. § 3 Abs. 11) werfen in ganz besonderer Weise datenschutzrechtliche Probleme auf, die eine besondere datenschutzrechtliche Regelung erfordern und rechtfertigen.[11]

8 BT-Drs. 17/4230 einschließlich der Stellungnahme des Bundesrates vom 05.11.2010 mit erheblichen Änderungsvorschlägen; vgl. hierzu Simitis/*Seifert*, § 32 Rn. 2 m.w.N.; *Thüsing*, NZA 2011, 16.
9 Vgl. hierzu Simitis/*Seifert*, § 32 Rn. 2 f. m.w.N. in Fn. 13; *Steigert/Neubauer*, ZD 2012, 165, 169 f. mit einer Fundstellenübersicht zu den einzelnen Stellungnahmen; statt vieler *Thüsing*, NZA 2011, 16.
10 Koalitionsvertrag zwischen der CDU, CSU und SPD vom 27.11.2013; vgl. *Wurmeling*, NZA 2012, 369,370, der ebenfalls die Einstellung des deutschen Gesetzgebungsprojekts zugunsten einer europäischen Regelung fordert.
11 Simitis/*Seifert*, § 32 Rn. 4.

Die Vorschrift ist durch widerstreitende Interessen im Beschäftigungsverhältnis gekennzeichnet. Die Unterlegenheit der Beschäftigten gegenüber den Vertragspartnern erfordert eine Korrektur zugunsten der schwächeren Vertragspartner. Auf der anderen Seite ist den hohen Informationsanforderungen von Arbeitgebern, aber auch staatlichen Stellen, etwa zur effizienten Personalsteuerung, der Personalkontrolle, der Arbeitssicherheit oder der Erfüllung von Compliance-Anforderungen, Rechnung zu tragen. Die Abwicklung von Vergütungsverpflichtungen von Arbeitgebern aufgrund zahlreicher gesetzlicher Verpflichtungen führt ebenfalls zu einer massiven Datenverarbeitung mit zum Teil erheblichen Auswirkungen im Hinblick auf die Kontrolle von Beschäftigtendaten. Mittels des **Grundsatzes der Verhältnismäßigkeit** wird der Ausgleich dieser widerstreitenden Interessen erreicht. Die Verarbeitung von Beschäftigtendaten muss somit geeignet und zugleich das relativ mildeste Mittel sein, um den unternehmerischen Interessen bei der Begründung, aber auch bei der Durchführung und Beendigung von Beschäftigungsverhältnissen Rechnung zu tragen.[12] 5

II. Systematik des § 32

§ 32 ist systematisch im Lichte von § 4 (siehe § 4 Rn. 4) zu sehen. § 4 Abs. 1 in Verbindung mit Art. 7 EG-Datenschutzrichtlinie[13] verbieten eine Verarbeitung von Beschäftigtendaten, soweit diese nicht ausnahmsweise erlaubt ist (präventives Verbot mit Erlaubnisvorbehalt) oder der Betroffene eingewilligt hat. § 32 stellt eine **eigenständige Erlaubnisnorm** dar, sodass es an sich einer gesonderten **Einwilligung** des Beschäftigten zur Datenverarbeitung entsprechend den Vorschriften des § 4 Abs. 1 und § 4a[14] gar nicht mehr bedarf. Mehr noch – eine solche Einwilligung wird sogar als irreführend für den Beschäftigten angesehen, denn dieser könnte ja auf den Gedanken kommen, dass er über die Datenverarbeitung zur Durchführung des Beschäftigungsverhältnisses selbst entscheiden kann. Dies ist nicht der Fall. Ist die Datenverarbeitung nach § 32 zulässig, bedarf es keiner Einwilligung des Betroffenen mehr. Es bestehen Zweifel, ob das Merkmal der „Freiwilligkeit" im Rahmen eines Arbeitsverhältnisses gegeben sein kann. Die Einwilligung des Beschäftigten ist jedenfalls dort von Bedeutung, wo die Datenverarbeitung nicht bereits aufgrund der Erlaubnisnorm des § 32 zulässig ist.[15] 6

!

> Die Einwilligungserklärung des Beschäftigten hat im Zusammenhang mit der Datenverarbeitung im Beschäftigungsverhältnis eingeschränktere Bedeutung als allgemein angenommen. Eine wirksame Einwilligung ist zum Beispiel bei freiwilligen Leistungen des Arbeitgebers wie z.B. Job-Ticket oder Kantinennutzung[16] denkbar. Sie hilft für den Störungsfall im Beschäftigungsverhältnis auch nicht weiter, da sie vom Beschäftigten jederzeit widerrufbar ist (siehe § 4a Rn. 93).

Im Gegensatz zu vielen anderen Vorschriften des BDSG, die auf die Regelung spezieller Lebenssachverhalte abstellen, beschränkt sich der § 32 auf eine Generalklausel und die Regelung eines Sonderfalles. Dabei ist § 32 Abs.1 Satz 1 die Generalklausel des Beschäftigtendatenschutzrechtes. § 32 Abs. 1 Satz 2 regelt den Sonderfall der Datenverarbeitung zum Zwecke der Aufklärung von Straftaten. 7

§ 32 Abs. 2 regelt den Fall, dass der Beschäftigtendatenschutz nicht nur für die automatisierte Datenverarbeitung, sondern natürlich auch für die nicht automatisierte Erhebung, Verarbeitung und Nutzung von personenbezogenen Daten zu gelten hat. Damit verhilft die Norm dem Beschäftigtendatenschutz auch in den wichtigen und schutzwürdigen Personalvorgängen, wie zum Beispiel dem Bewerbungsgespräch und der Führung und Nutzung von Personalakten, zur Geltung.[17] 8

12 Vgl. Simitis/*Seifert*, § 32 Rn. 5 ff., 11.
13 Richtlinie 95/46/EG des Europäischen Parlamentes und des Rats vom 24.10.1995 zum Schutz natürlicher Personen bei der Verarbeitung personenbezogener Daten.
14 Zu den Anforderungen an eine wirksame Einwilligungserklärung siehe § 4a Rn. 15-27.
15 Siehe § 4 Rn. 10; zutreffend ebenso *Gola/Schomerus* § 4 Rn. 16; *Bergmann/Möhrle/Herb*, § 32 Rn. 20.
16 Vgl. auch *Bergmann/Möhrle/Herb*, § 32 Rn. 20.
17 Zu kritisch *Deutsch/Diller*, DB 2009, 1462, die bereits eine Ausdehnung auch auf „harmlose" Vorgänge befürchten.

9 § 32 Abs. 3 wiederum stellt lediglich klar, dass Beteiligungsrechte der Interessenvertretungen der Beschäftigten unberührt bleiben und insofern durch § 32 nicht eingeschränkt oder erweitert werden sollen.

III. Ausblick auf die Novellierung des Europäischen Datenschutzrechts

10 Die geplante EU-Verordnung (**Datenschutz-Grundverordnung**)[18] soll nach den Erwägungsgründen der Verordnung dem heutigen technischen Umfeld Rechnung tragen, die heterogenen mitgliedstaatlichen Rechtsvorschriften vereinheitlichen und den Datenverkehr mit Drittstaaten erleichtern.[19] Die Datenschutz-Grundverordnung enthält in Bezug auf den Beschäftigtendatenschutz keine wesentlichen Abweichungen gegenüber dem geltenden Recht, wird aber in bestimmten Fällen schon zu anderen Ergebnissen führen, als dies bisher der Fall war.[20] So wird insbesondere die Einwilligungsmöglichkeit des Beschäftigten zur Datenverarbeitung durch Art. 7 Datenschutz-Grundverordnung beschränkt. Danach soll die Einwilligung dann keine Rechtsgrundlage mehr für die Datenverarbeitung von Beschäftigten bieten, wenn „zwischen der Position der betroffenen Person und des für die Verarbeitung Verantwortlichen ein erhebliches Ungleichgewicht besteht". Danach wird zwar die Datenverarbeitung von Beschäftigten im Arbeitsleben auf Grundlage einer Einwilligung möglich bleiben, allerdings unterliegt diese einer Verhältnismäßigkeitsprüfung. Auch der Katalog der personenbezogenen Daten wird erweitert, und zwar um die Genomdaten und Vorstrafen. Zum Beschäftigtendatenschutzrecht selbst findet sich unter dem IX. Kapitel „Vorschriften für besondere Datenverarbeitungssituationen" eine Öffnungsklausel unter Art. 82 Datenschutz-Grundverordnung, die es für den Bereich des Beschäftigtendatenschutzes den Mitgliedstaaten überlässt, diesen eigenständig unter Wahrung der europarechtlichen Vorgaben zu regeln. Aufgrund dieser Öffnungsklausel wird das Ziel für die europäischen Beschäftigten und Unternehmen, einheitliche Datenschutzregeln zu schaffen, wohl nur schwer erreicht werden können. Fraglich ist zudem, ob zukünftig Betriebsvereinbarungen als betriebsinterne Erlaubnistatbestände zulässig sind. Denn dies ist in der Datenschutz-Grundverordnung nicht vorgesehen.[21]

11 Spannend wird es bei den **Sanktionsvorschriften** der Datenschutz-Grundverordnung. Hier sieht Art. 79 der Datenschutz-Grundverordnung Sanktion von der Verwarnung bis hin zu einer Geldbuße von 0,5 % bis zu 2 % des weltweiten Jahresumsatzes eines Unternehmens, abhängig von der Schwere des Verstoßes, vor. Dabei haben die Sanktionen in jedem Einzelfall wirksam, verhältnismäßig und abschreckend zu sein. Einem großem Unternehmen, wie zum Beispiel einem großen deutschen Telekommunikationsunternehmen, drohen damit bei einem weltweiten Jahresumsatz von 58 Mrd. € eine Geldbuße von bis zu 1,16 Mrd. €. Derart hohe Geldbußen sind dem deutschen Datenschutzrecht fremd. Die Androhung einer solchen Sanktion in der Datenschutz-Grundverordnung zeigt aber, dass die Einhaltung des Beschäftigtendatenschutzes für große Unternehmen – ähnlich wie im Kartellrecht – zukünftig von erheblicher wirtschaftlicher Bedeutung sein wird.

! Aufgrund der sich abzeichnenden hohen Sanktionsmaßnahmen bei Verstößen gegen den Beschäftigtendatenschutz wird die Einhaltung des Beschäftigtendatenschutzes einen hohen Stellenwert in der Unternehmenssteuerung einnehmen, um erhebliche wirtschaftliche Belastungen des Unternehmens durch Sanktionen zu vermeiden.

B. Inhalt der Regelung

I. § 32 Abs. 1 und Abs. 2: Allgemeine Voraussetzungen der Erlaubnistatbestände

12 Die folgenden Ausführungen erläutern zunächst die Voraussetzungen und Merkmale, die den Erlaubnistatbeständen des § 32 Abs. 1 und 2 bzw. den Normadressaten der gesamten Vorschrift gemeinsam sind.

---

18 Verordnung des Europäischen Parlaments und des Rates zum Schutz natürlicher Personen bei der Verarbeitung personenbezogener Daten und zum freien Datenverkehr, KOM (2012) 11 endgültig; vgl. hierzu *Forst*, NZA 2012, 364; *Wybitul/Fladung*, BB 2012, 509; *Hornung*, ZD 2012, 99; *Gola*, EuZW 2012, 332.

19 Vgl. *Forst*, NZA 2012, 364.

20 *Forst*, NZA 2012, 364, 367 spricht sogar nur von „geringfügigen Abweichungen".

21 *Forst*, NZA 2012, 364, 366; *Gola*, EuZW 2012, 332, 336.

1. Persönlicher und sachlicher Anwendungsbereich der Norm

a) Persönlicher Anwendungsbereich

Nach § 27 Abs. 1 gilt § 32 für alle **nicht-öffentlichen Stellen** im Sinne von § 2 Abs. 4 und öffentlich-rechtliche Wettbewerbsunternehmen. Darüber hinaus erfasst § 32 auch die öffentlichen Stellen des Bundes, bei denen eine Datenverarbeitung von Beschäftigten erfolgt (§ 12 Abs. 4).[22] 13

Die Vorschriften des § 32 Abs. 1 und Abs. 2 gelten in persönlicher Hinsicht für **alle Beschäftigten** im Sinne des § 3 Abs. 11 Nr. 1 bis 8 (siehe § 3 Rn. 150 ff.). Der Beschäftigtendatenschutz umfasst daher nicht nur Arbeitnehmer, sondern zum Beispiel auch Bewerber. 14

§ 32 gilt jedoch nach § 32 Abs. 3 nicht für **Interessenvertretungen** der Beschäftigten, soweit diese sich nicht selbst individuell aufgrund ihrer Beschäftigteneigenschaft nach § 3 Abs. 11 auf den Beschäftigtendatenschutz berufen können. Der kollektive Beschäftigtendatenschutz bleibt danach hinter dem individuell gewährleisteten Datenschutz zurück.[23] 15

b) Sachlicher Anwendungsbereich

§ 32 gilt in sachlicher Hinsicht jedoch nicht nur für die **automatisierte Datenverarbeitung**, sondern gemäß § 32 Abs. 2 auch für Datenverarbeitung, die **nicht automatisiert** erfolgt. 16

> **!**
> § 32 gilt nicht nur für Arbeitnehmer, sondern für alle Beschäftigten nach § 3 Abs. 1.
> § 32 gilt nicht nur für die automatisierte Datenverarbeitung, sondern auch für die nicht automatisierte Datenverarbeitung, wie zum Beispiel für ein Bewerbungs- oder Personalgespräch oder die nicht elektronische Personalakte.

c) Zweckgebundenheit

Nach § 32 dürfen Beschäftigtendaten erhoben, verarbeitet oder genutzt werden, wenn dies zur Durchführung eines Beschäftigungsverhältnisses erforderlich ist. Zu klären sind damit für die Zulässigkeitsprüfung zwei Tatbestände – zum einen, ob der **Verwendungsweck** der Datenverarbeitung der Begründung, Durchführung und Beendigung eines Arbeitsverhältnisses zuzuordnen ist, und zum anderen, ob der Tatbestand der **Erforderlichkeit** erfüllt ist.[24] 17

Erfolgt die Beschäftigtendatenverarbeitung nicht zum Zweck der Durchführung eines Beschäftigungsverhältnisses, steht diese aber gleichwohl im Zusammenhang mit dem Beschäftigungsverhältnis, so beurteilt sich deren Zulässigkeit nicht mehr nach § 32 Abs. 1, sondern nach § 28 Abs. 1 Satz 1 Nr. 2, Abs. 2 Nr. 1 und 2 (siehe § 28 Rn. 12 f.). Dies kommt etwa bei der Nutzung von Beschäftigtendaten im Zusammenhang mit Due-Diligence-Prüfungen, Veräußerungsprozessen von Unternehmen oder im Rahmen eines Arbeitgeberwechsels nach § 613a BGB in Betracht.[25] 18

> **!**
> Die Zweckbestimmung der Datenverarbeitung entscheidet darüber, ob sich deren Zulässigkeit nach § 32 oder nach § 28 richtet. Erfolgt die Datenverarbeitung für Zwecke des Beschäftigungsverhältnisses, richtet sich deren Zulässigkeit nach § 32; erfolgt sie nur im Zusammenhang mit dem Beschäftigungsverhältnis, richtet sich deren Zulässigkeit nach § 28.

d) Erforderlichkeit

§ 32 erlaubt nur solche Datenverarbeitung in Beschäftigungsverhältnissen, die erforderlich sind (vgl. § 32 Abs. 1 Satz 1). Damit ist das Merkmal der **Erforderlichkeit** der Datenverarbeitung von Beschäftigtendaten der zentrale Beurteilungsmaßstab für die Rechtmäßigkeit der Datenverarbeitung.[26] § 32 Abs. 1 Satz 1 19

---

22 *Bergmann/Möhrle/Herb*, § 32 Rn. 6.
23 Vgl. Simitis/*Seifert*, § 32 Rn. 12 f.
24 *Gola/Schomerus*, § 32 Rn. 10.
25 Vgl. hierzu *Gola/Schomerus*, § 32 Rn. 33 f. m.w.N.
26 Vgl. Simitis/*Seifert*, § 32 Rn. 9; instruktiv *Wybitul*, BB 2010, 1085.

gestattet die Erhebung, Verarbeitung oder Nutzung personenbezogener Daten eines Beschäftigten für Zwecke des Beschäftigungsverhältnisses, wenn dies für die Entscheidung über die Begründung eines Beschäftigungsverhältnisses oder nach Begründung des Beschäftigungsverhältnisses für dessen Durchführung oder Beendigung erforderlich ist.

20 Die somit erforderliche Interessenabwägung hat nach der Rechtsprechung[27] dem **Grundsatz der Verhältnismäßigkeit** als dem tragenden Prinzip und als dem tauglichen Instrument zu folgen. Danach hat die Datenverarbeitung einem legitimen Zweck zu dienen, sie hat geeignet sowie erforderlich und unter Berücksichtigung des Persönlichkeitsrechts des Beschäftigten angemessen zu sein.

Prüfungsschema zum Grundsatz der Verhältnismäßigkeit[28]

Ist die Datenverarbeitung ...

geeignet,

um ein **berechtigtes Interesse** der verantwortlichen Stelle verwirklichen zu können?

↓

erforderlich,

weil es keine **milderen Mittel**, z.B. andere, weniger intensive Eingriffe in Persönlichkeitsrechte der Beschäftigten, gibt?

↓

angemessen,

da keine **schutzwürdigen Interessen** des Beschäftigten am Ausschluss des Datenumganges überwiegen, die Grundsätze der Datensparsamkeit und -vermeidung hinreichend berücksichtigt sind und nicht benötigte Daten unverzüglich gelöscht werden?

21 Auch wenn die Beachtung des Grundsatzes der Verhältnismäßigkeit für die betriebliche Praxis zunächst wenig greifbar erscheinen mag, so lassen sich mit den Kriterien Geeignetheit, Erforderlichkeit und Angemessenheit doch eine Vielzahl von konkreten Vorgaben für die Anwendung von § 32 für die betriebliche Praxis gewinnen.

2. Datenerhebung, Speicherung und Nutzung bei Anbahnung eines Beschäftigungsverhältnisses

22 § 32 differenziert zu Recht zwischen drei zeitlichen Phasen einer möglichen Beschäftigung: ihrer Anbahnung, ihrer Durchführung und ihrer Beendigung. Die unterschiedliche Intensität, die die beteiligten Akteure in jeder dieser Phasen verbindet, rechtfertigt jeweils eine eigenständig vorzunehmende Interessenabwägung über die datenschutzrechtliche Zulässigkeit. Eine Datenerhebung, die während der Durchführung datenschutzrechtlich zulässig ist, muss dies daher nicht auch schon während der Anbahnung sein.

23 Mit Einführung des **Allgemeinen Gleichbehandlungsgesetzes (AGG)** im Jahre 2006 und den dort vorgesehenen Beweislasterleichterungen und Sanktionsmöglichkeiten haben datenschutzrechtliche Aspekte während der Phase der Anbahnung in der Praxis durchaus an Bedeutung gewonnen[29]. Denn mehr denn je besteht für den Arbeitgeber das Bedürfnis an einer rechtlich zulässigen Dokumentation zur Vermeidung späterer Schadensersatzansprüche im Zusammenhang mit dem Bewerbungsprozess.

! Aus Arbeitgebersicht ist bereits im Vorfeld des Bewerbungsprozesses sicherzustellen, dass auch eine datenschutzrechtlich zulässige Dokumentation des Auswahlprozesses erfolgt, um insbesondere sogenannten „AGG-Hoppern" keine unnötige Angriffsfläche zu bieten.

---

27 BAG v. 22.10.1986, Az. 5 AZR 660/85, NZA 1987, 415; BAG v. 26.08.2008, Az. 1 ABR 16/07, NZA 2008, 1187 Rn. 17.

28 Nach *Wybitul*, BB 2010, 1085, 1086.

29 Zur Komplementärfunktion des Datenschutzes: Simitis/*Seifert*, § 32 Rn. 27.

Auch § 32 Abs. 2 BDSG-E trägt der durch das AGG neu geschaffenen Rechtslage Rechnung. Der dort enthaltene, mit § 1 AGG nicht deckungsgleiche, datenschutzrechtliche Katalog zur Erhebung besonders schutzwürdiger Daten ist an § 8 Abs. 1 AGG zu messen. 24

a) Allgemeine Bewertungsmuster zur Prüfung einer zulässigen Datenerhebung im Rahmen der Anbahnung

Zentrales Abwägungskriterium für Datenerhebung, -nutzung und -verarbeitung (insbesondere: -speicherung) im Rahmen der Anbahnung einer Beschäftigung ist auch hier der bereits zuvor erwähnte Begriff der Erforderlichkeit.[30] Trotz einer umfangreichen Einzelfall-Kasuistik lassen sich wiederkehrende Bewertungsmuster ausmachen. Sie lassen sich zudem zwei zentralen Fragstellungen zuordnen: Zum einen „was" im Rahmen der Anbahnung inhaltlich abgefragt werden, zum anderen „wie" dies geschehen kann. 25

Bereits Jahrzehnte vor der verfassungsrechtlichen Schöpfung des Rechts auf informationelle Selbstbestimmung im Rahmen des Volkszählungsurteils ist das sogenannte **Fragerecht des Arbeitgebers**, also die Frage des „Was", Inhalt einer Vielzahl arbeitsgerichtlicher Entscheidungen gewesen[31]. Zentraler Gesichtspunkt der von den Arbeitsgerichten vorgenommenen Abwägung war stets die Frage, ob der Arbeitgeber ein **berechtigtes, billigenswertes und schützenswertes Interesse** an der Beantwortung der jeweiligen Frage hat[32]. Entscheidend ist dabei, dass es nie allein auf den konkreten Inhalt der Frage ankommt. Vielmehr muss diese einen unmittelbaren **Bezug zur künftigen Tätigkeit** aufweisen[33]. Der Frage muss gerade deswegen ein entsprechender Stellenwert zukommen. So kann bspw. die Frage nach den Vermögensverhältnissen eines Bewerbers zulässig sein, wenn ihm eine erhebliche Vertrauensstellung eingeräumt werden sollen. Ist dies nicht der Fall, wird dies regelmäßig anders zu bewerten sein. 26

Da die Arbeitsgerichte im Rahmen dieses Abwägungsvorgangs mittlerweile stets auch das Recht auf informationelle Selbstbestimmung einfließen lassen, kann auch im Rahmen des neugefassten § 32 ohne Weiteres ein **Rückgriff auf die arbeitsgerichtliche Rechtsprechung** erfolgen. Auch diese befindet sich allerdings in stetem Fluss, sodass auch hier stets zu prüfen ist, ob das zurate gezogene Urteil noch aktuellen arbeitsrechtlichen Standards entspricht. 27

> **!** Selten ist eine Frage in jedem Fall „zulässig" oder „unzulässig". Vielmehr ist dies wie stets bei § 32 im Rahmen der konkret vorgesehenen Tätigkeit zu entscheiden. Dies ist insbesondere bei der Heranziehung vermeintlich „einschlägiger" arbeitsgerichtlicher Entscheidungen zum Fragerecht des Arbeitgebers zu berücksichtigen.

Im Rahmen des vorzunehmenden Abwägungsprozesses über das „Was" spielt zudem die Art der zu erhebenden Daten eine wesentliche Rolle: 28

Für die Erhebung **besonderer Arten personenbezogener Daten** ist regelmäßig eine deutlich höhere Schwelle zu überschreiten, wie sich auch aus den Vorgaben der §§ 4a Abs. 3 und 28 Abs. 6–9 ergibt.[34]

§ 3 Abs. 9 fasst hierunter die rassische und ethnische Herkunft, politische Meinungen, religiöse und philosophische Überzeugungen, Gewerkschaftszugehörigkeit, Gesundheit oder Sexualleben. Deren Erhebung ist grundsätzlich, aber nicht per se unzulässig. Soweit die dortigen Daten mit den sogenannten „verpönten" Merkmalen des § 1 AGG deckungsgleich sind, dürfte bereits jetzt § 8 AGG („wesentliche und entscheidende berufliche Anforderung") den Maßstab vorgeben. Die Frage nach der Religionszugehörigkeit wäre dann wegen § 9 AGG bei der Einstellung durch eine Kirche zulässig, soweit ein Bezug zur Tätigkeit mit dem dort vorgesehenen abgemilderten Maßstab („gerechtfertigte Anforderung") hergestellt werden kann. 29

---

30 Zu der damit gleichwohl verbundenen Grauzone für die Praxis: *Thüsing*, Arbeitnehmerdatenschutz und Compliance, VIII. Rn. 378 ff.

31 So bereits BAG v. 05.12.1957, Az. 1 AZR 594/56, NJW 1958, 516.

32 Allgemeiner Maßstab, zur weitgehenden Gleichläufigkeit zur Erforderlichkeit vgl. auch Simitis/*Seifert*, § 32 Rn. 22; Däubler/Klebe/Wedde/Weichert/*Däubler*, § 32 Rn. 16.

33 Vgl. dazu bspw. jüngst BAG v. 12.05.2011, Az. 2 AZR 479/09, NZA-RR 2012, 43 ff.

34 So auch *Thüsing*, Arbeitnehmerdatenschutz und Compliance, VIII. Rn. 381.

> Etwaige Verstöße bei der Erhebung besonderer persönlicher Daten im Bewerbungsprozess bieten sowohl im Hinblick auf zu erwartende datenschutzrechtliche Sanktionen als auch auf die öffentliche Wahrnehmung ein erhebliches Schadenspotenzial.

30 Die Anforderungen an die Erhebung sonstiger personenbezogenen Daten fallen demgegenüber geringer aus. Fragen nach **beruflichem Werdegang** und **Qualifikationen** werden grundsätzlich für zulässig erachtet, soweit sie den bereits oben aufgezeigten Bezug zur künftigen Tätigkeit aufweisen.

> Die aus arbeitsrechtlicher Sicht größte praktische Relevanz einer unzulässigen Frage im Rahmen eines Bewerbungsgesprächs ist das sogenannte **Recht zur Lüge** des Bewerbers.[35] Es steht einer späteren Anfechtung des mit ihm geschlossenen Arbeitsvertrages entgegen.

31 Auch die zweite zentrale Fragestellung, nämlich „wie" die jeweiligen Daten erhoben werden können, folgt einem bestimmten Bewertungsmuster:

Die direkte Erhebung der Daten im Rahmen eines Bewerbungsgesprächs bereitet datenschutzrechtlich regelmäßig keine Probleme. Anders sieht dies hingegen für sogenannte **Backgroundchecks** aus, die in der Praxis bspw. per Internetrecherche in Social-Media-Portalen oder per Anruf beim ehemaligen Arbeitgeber erfolgen.[36] Hier hat sich angesichts des in § 4 Abs. 2 festgeschriebenen **Grundsatzes der Direkterhebung** beim Betroffenen und der nach dieser Vorschrift erforderlichen vorzunehmenden Interessenabwägung ebenfalls eine umfangreiche Kasuistik entwickelt. Gleiches gilt für **ärztliche Untersuchungen** und **psychologische Eignungstests.**

b) Einzelfälle zu Inhalt und Art der Durchführung einer zulässigen Datenerhebung im Rahmen der Anbahnung

32 Im Folgenden findet sich in alphabetischer Reihenfolge eine Auswahl der Themenbereiche, die in den vergangenen Jahren überwiegend die Personalpraxis und Arbeitsgerichte beschäftigt haben:

aa) Fallgruppen zum Inhalt der Frage („Was"):

33 **Gesundheit**

Soweit bestimmte gesundheitliche Anforderungen Voraussetzung für den in Aussicht gestellten Arbeitsplatz sind, sind auch entsprechende Fragen zulässig. So ist die Frage an einen Lageristen, ob bspw. Rückenprobleme dem Heben eines arbeitsschutzrechtlich eigentlich zulässigen Gewichts von 10 kg entgegenstehen, unproblematisch. Anders ist es, wenn die Frage nur allgemein auf den Gesundheitszustand abzielt.[37] Die Frage, ob der Bewerber eher anfällig für Erkältungen ist, ist stets unzulässig, auch wenn sie der Arbeitgeber bspw. mit dem Hinweis verbindet, man führe aus diesem Grund jährlich erfolgreich betriebsintern Schutzimpfungen durch.

Grenzfälle bilden schließlich Fragen nach Erkrankungen, die ausschließlich bei Menschen mit einer bestimmten Behinderung auftreten (bspw. epileptische Anfälle[38]). Vor dem Hintergrund einer möglichen Diskriminierung sind selbst bei einem Bezug zur Tätigkeit erhöhte Anforderungen zu stellen, wie sogleich noch unter dem Stichwort „Schwerbehinderung" ausgeführt wird.

34 **Religionszugehörigkeit**

Soweit nicht die Anstellung bei einer Kirche selbst infrage steht, wird die bloße Frage nach der Religionszugehörigkeit vor dem Hintergrund der §§ 1, 7 Abs. 1 AGG als grundsätzlich unzulässig angesehen[39]. Angesichts der oben aufgezeigten Grundsätze und einer jüngeren Entscheidung des Bundesarbeitsge-

---

35 So bereits BAG v. 05.12.1957, Az. 1 AZR 594/56, NJW 1958,516, 517.
36 Näher dazu jüngst *Kania/Sansone*, NZA 2012, 360 ff.
37 Vgl. jüngst zur Unzulässigkeit in einem Fragebogen: ArbG Stuttgart vom 16.03.2011, Az. 30 Ca 1772/10, BeckRS 2011, 78478.
38 Beispiel bei *Vogt*, NJOZ 2009, 4206, 4216.
39 Vgl. Simitis/*Seifert*, § 32 Rn. 29.

richts dürfte künftig gleichwohl eine weitere Differenzierung vorzunehmen sein.[40] Ein als Ladenhilfe eingestellter Mitarbeiter muslimischen Glaubens hatte sich geweigert, im Getränkebereich zu arbeiten, weil sein Glaube ihm die Mitwirkung an der Verbreitung von Alkoholika verbiete. Das Bundesarbeitsgericht hat in seiner Entscheidung festgehalten, dass dies – je nach konkreter Sachlage – grundsätzlich eine personenbedingte Kündigung rechtfertigen kann[41]. Legt man diese Prämisse zugrunde, muss wegen des Tätigkeitsbezugs auch ein Fragerecht insoweit zulässig sein. Die Frage dürfte dann jedoch darauf beschränkt sein, ob (Teilen) der Tätigkeit der Glaube des Bewerbers entgegensteht, ohne dass die konkrete Zugehörigkeit zu einer Religionsgemeinschaft zu benennen sein dürfte.

Politische Einstellung 35

Die Zulässigkeit der Frage nach der politischen Einstellung und/oder der Mitgliedschaft in einer politischen Partei hat die Rechtsprechung insbesondere im Zusammenhang mit einer Tätigkeit für das MfS der DDR („Stasi-Fälle")[42] und einer Mitgliedschaft in rechtsextremen Parteien[43] beschäftigt. Auch hier verbietet sich jede schematische Lösung. Abzustellen ist auf die konkrete Tätigkeit. Soweit die politische Betätigung im krassen Widerspruch zur Funktion der Tätigkeit steht, (Beispiel Integrationsfunktion eines Fanprojektleiters und gleichzeitiges Engagement in einer fremdenfeindlichen Partei[44]), dürfte die Frage zulässig sein. Anders ist es, wenn mit der auszuübenden Tätigkeit keinerlei Außenwahrnehmung verbunden ist. Selbst wenn eine Tätigkeit im Öffentlichen Dienst infrage steht, ist die Frage nach einer Mitgliedschaft in einer verfassungsfeindlichen Partei in Anlehnung an Art. 33 Abs. 2 GG nach der Rechtsprechung des Bundesarbeitsgerichts keinesfalls per se zulässig[45].

Qualifikationen/frühere Tätigkeit 36

Fragen nach der Ausbildung, Qualifikationen und dem beruflichen Werdegang einschließlich Ausbildungs- und Weiterbildungszeiten sind grundsätzlich zulässig. Die bisherige Rechtsprechung zieht wie nunmehr auch § 32 Abs.1 dort eine Grenze, wo keinerlei Bezug zur konkreten Tätigkeit vorliegt oder eine entsprechende falsche Aussage nicht kausal für die Entscheidung zum Vertragsabschluss geworden ist.[46] Nach zum Teil vertretener Auffassung soll zudem erforderlich sein, dass einzelne Aspekte der Qualifikation nicht bereits Jahre zurückliegen, sodass auch hier falsche Auskünfte mangels zulässiger Frage ohne Weiteres sanktionslos bleiben würden.[47] Ob eine solche Grenzziehung rechtlich zwingend geboten ist, wenn es dem einstellenden Arbeitgeber ersichtlich auf diese Aspekte ankommt, erscheint allerdings fraglich. Fälle befürchteter Arbeitgeberwillkür, die dann in einer Anfechtung des Anstellungsvertrages münden könnten, lassen sich ohne Weiteres auch anders interessengerecht lösen. Denn für eine wirksame Anfechtung wird man vom Arbeitgeber ohnehin den Nachweis fordern müssen, dass die im Streit stehende Information auch kausal für den Abschluss des Arbeitsvertrages gewesen ist.

Sprachkenntnisse 37

Die Frage nach bestimmten Sprachkenntnissen ist zulässig, soweit ein Bezug zur Tätigkeit besteht. Anderenfalls kann sie Anknüpfungspunkt für eine mittelbare Diskriminierung sein, wenn dadurch faktisch Angehörige einer bestimmten ethnischen Herkunft ausgegrenzt werden sollen.

Schwangerschaft 38

Die Frage nach einer Schwangerschaft hat die arbeitsgerichtliche Rechtsprechung bis zum EuGH über die Jahre in den unterschiedlichsten Konstellationen beschäftigt. Der EuGH hat selbst bei der Begründung eines befristeten Anstellungsvertrages, der damit letztlich größtenteils undurchführbar wurde, die Frage

---

40 BAG v. 24.02.2011, Az. 2 AZR 636/09, NZA 2011, 1087.
41 BAG v. 24.02.2011, Az. 2 AZR 636/09, NZA 2011, 1087, 1091.
42 BAG v. 16.12.2004, Az. 2 AZR 148/04, NZA 2006, 624.
43 BAG v. 12.05.2011, Az. 2 AZR 479/09, NZA-RR 2012, 43.
44 Zur Abwägung im Rahmen einer außerordentlichen Kündigung: LAG Hamm v. 04.11.2008, Az. 14 Sa 157/08, BeckRS 2009, 55975.
45 BAG v. 12.05.2011, Az. 2 AZR 479/09, NZA-RR 2012, 43, 45.
46 Zum Ganzen aktuell auch LAG Hessen v. 01.12.2010, Az. 2 Sa 687/10, BeckRS 2011, 68915.
47 *Däubler*, Gläserne Belegschaften, Rn. 221.

für unzulässig erachtet.[48] Angesichts des zudem mittlerweile in Art. 2 Abs. 2 lit. c der Richtlinie 2006/54/EG enthaltenen Benachteiligungsverbots dürfte die Frage nach einer etwaigen Schwangerschaft in der Praxis damit generell für unzulässig zu erachten sein.[49]

39 Schwerbehinderung

Inwieweit nach Inkrafttreten des AGG und § 81 Abs. 2 SGB IX die Frage nach einer Schwerbehinderung auch ohne Tätigkeitsbezug zulässig ist, wird kontrovers diskutiert. Sie wird wohl überwiegend als unzulässig angesehen.[50] Anders verhält es sich, wenn wesentliche und entscheidende berufliche Anforderungen aufgrund der Schwerbehinderung vom Bewerber nicht erfüllt werden können.

Das Bundesarbeitsgericht hatte vor Einführung beider Regelungen die Frage nach einer Schwerbehinderung grundsätzlich für zulässig erachtet.[51] Eine jüngere höchstrichterliche Entscheidung liegt nicht vor. Das Bundesarbeitsgericht hat allerdings jüngst die Frage nach einer möglichen Schwerbehinderung im laufenden Beschäftigungsverhältnis zumindest dann ausdrücklich für zulässig erklärt, wenn die Sechs-Monats-Frist zur Erlangung des besonderen Kündigungsschutzes nach §§ 85 ff. SGB IX bereits abgelaufen ist und der Arbeitgeber die Frage im Zusammenhang mit beabsichtigten Kündigungen stellt.[52] Insoweit bleibt die weitere Entwicklung abzuwarten.[53]

40 Vermögensverhältnisse

Die konkreten Vermögensverhältnisse eines Bewerbers unterfallen grundsätzlich seiner Privatsphäre, sodass eine entsprechende Frage im Bewerbungsgespräch unzulässig ist. Die Frage ist daher nur dann zulässig, wenn der Bewerber künftig regelmäßig erhebliche Vermögenswerte selbstständig zu verantworten hat. In einem solchen Fall ist auch die Frage nach etwaigen Verbraucherinsolvenzen oder Lohnpfändungen ohne Weiteres zulässig.[54]

41 Vorstrafen

Es entspricht der langjährigen arbeitsgerichtlichen Rechtsprechung, dass Vorstrafen grundsätzlich nur dann anzugeben sind, wenn sie einen konkreten Bezug zur Tätigkeit aufweisen.[55] Dieselbe Trunkenheitsfahrt oder dasselbe Vermögensdelikt wirken sich bei einer Bewerbung auf eine Position als Fernfahrer durchaus anders aus als auf eine Bewerbung als Kassierer. Neben dieser materiellen Komponente ist zudem eine zeitliche Komponente zu beachten. Selbst dann wenn ein Bezug zur Tätigkeit besteht, muss eine Vorstrafe nicht angegeben werden, wenn die Strafe aus dem Register zu löschen ist.[56]

bb) Fallgruppen zur Erhebung außerhalb des Bewerbungsgesprächs („Wie")

42 Ärztliche Untersuchungen/psychologische Eignungstests

Soweit bereits gesetzliche Regelungen ärztliche Untersuchungen für bestimmte Tätigkeiten einfordern, ist auch die damit verbundene Erhebung von Daten datenschutzrechtlich unproblematisch.[57] In allen anderen Fällen bildet allein die Prüfung der Eignung des Bewerbers für die in Aussicht stehende Tätigkeit den zulässigen Untersuchungsgegenstand. Lediglich das positive oder negative Endergebnis einer solchen Prüfung ist dann dem Arbeitgeber mitzuteilen, alle weiteren Einzelheiten unterfallen der ärztlichen Schweigepflicht.[58]

---

48 EuGH v. 04.10.2001, Rs C-1009/00, NJW 2002, 123.
49 Vgl. Simitis/*Seifert*, § 32 Rn. 28.
50 Vgl. Simitis/*Seifert*, § 32 Rn. 30; *Thüsing*, Arbeitnehmerdatenschutz und Compliance, VIII. Rn. 390 „zumindest deutlich eingeschränkt".
51 Vgl. BAG v. 03.12.1998, Az. 2 AZR 754/97, NZA 1999, 584 ff. mit zahlreichen weiteren Nachweisen.
52 Vgl. BAG v. 16.02.2012, Az. 6 AZR 553/10; NZA-RR 2012, 403.
53 BAG v. 07.07.2011, Az. 2 AZR 396/10, NZA 2012, 34 ff. hatte die Frage ebenfalls offengelassen.
54 Erfurter Kommentar/*Preis*, § 611 BGB Rn. 280.
55 Vgl. BAG v. 20.05.1999, Az. 2 AZR 320/98, NZA 1999, 975 ff. mit zahlreichen weiteren Rechtsprechungshinweisen.
56 Vgl. Erfurter Kommentar/*Preis*, § 611 BGB Rn. 281, vgl. dazu aber auch BAG v. 27.07.2005, Az. 7 AZR 508/04, NJW 2006. 252 ff. für den Fall, dass ein Strafbefehl noch nicht rechtskräftig geworden war.
57 So bspw. § 43 IfSG.
58 So auch *Hohenstatt/Stamer/Hinrichs*, NZA 2006, 1065, 1069.

Legt man diesen Maßstab konsequenterweise auch auf die in der Praxis durchaus weit verbreiteten psychologischen Eignungstests an,[59] so dürfte wohl kaum einer dieser Tests dem gerecht werden. Insbesondere ist eine beschränkte Mitteilungspflicht eines Psychologen auf die schlichte „Eignung" eines Bewerbers ohne nähere Erörterung einzelner Stärken und Schwächen in der Praxis kaum vorzufinden.

! Regelmäßig bietet die Durchführung psychologischer Eignungstests bereits jetzt datenschutzrechtlich ein erhebliches Angriffspotenzial. Es empfiehlt sich daher, das Für und Wider ihrer Durchführung genau abzuwägen und bereits im Vorfeld die einzelnen Prozessschritte datenschutzrechtlich abzusichern.

Auch § 32a BDSG-E greift die vorbezeichneten Grundsätze auf und fordert sogar darüber hinaus für ärztliche Untersuchungen ein, dass die infrage stehenden gesundheitlichen Anforderungen wesentlich und entscheidend sind, um die Arbeit überhaupt aufzunehmen. Bei psychologischen Eignungstests verbleibt es hingegen bei dem der Erforderlichkeit. In beiden Fällen soll es zudem einer ausdrücklichen Einwilligung des Bewerbers bedürfen.

Rückfragen beim bisherigen Arbeitgeber 43

Das Bundesarbeitsgericht hat bislang die in der Praxis keinesfalls unüblichen Rückfragen beim Vor-Arbeitgeber als rechtmäßig angesehen.[60] Allerdings liegt die allseits dazu zitierte Entscheidung bereits mehrere Jahrzehnte zurück. Zum Teil wird angesichts der gegenwärtigen datenschutzrechtlichen Standards daher für die Zulässigkeit eines solchen Vorgehens mittlerweile die vorherige Einholung einer Einwilligung beim Bewerber gefordert.[61]

! Sollten Rückfragen beim vorherigen Arbeitgeber beabsichtigt sein, empfiehlt sich vorsorglich die Einholung einer Einwilligung. In der Praxis wird sie vom Bewerber nahezu nie verweigert.

Social-Media-Portale/Internet/allgemein zugängliche Daten 44

Im Zuge der zunehmenden gesellschaftlichen Bedeutung sogenannter „Social Media"-Formate wie Facebook, LinkedIn oder XING stehen diese auch im aktuellen Fokus des Beschäftigtendatenschutzes. Inwieweit dort verfügbare Informationen erhoben und sodann für Auswahlprozesse genutzt werden können, ist umstritten.[62] Die aktuelle Diskussion über die Verhältnismäßigkeit spiegelt sich zum Teil bereits in § 32 Abs. 6 BDSG-E wieder, der diese Art der Datenerhebung grundsätzlich für unzulässig hält. Eine Ausnahme soll nur dann bestehen, wenn die Bestimmung des sozialen Netzwerks gerade darin liegen soll, die berufliche Qualifikation darzustellen. Ob eine solche (theoretische) Unterscheidung der einzelnen Netzwerke vor dem Hintergrund der immer weiter voranschreitenden Vermischung von Privatem und Geschäftlichem in allen Netzwerken in der Praxis überhaupt noch besteht, erscheint allerdings zweifelhaft. Die in allen Netzwerken vorhandene Möglichkeit, bestimmte Inhalte nur einem begrenzten Personenkreis zur Verfügung zu stellen, könnte insoweit das passgenauere Kriterium sein.

c) Ergänzende Anforderungen an Nutzung und Speicherung

In der Praxis wird im Zuge der Anbahnung eine Differenzierung zwischen Erhebung und Nutzung der Daten regelmäßig nicht erforderlich sein, soweit es um die Bewerbung auf eine konkrete Stelle geht. Gleiches gilt für die in diesem Zusammenhang erfolgende Speicherung. Denn im Rahmen der heutigen Büroorganisation dürfte es ohne eine irgend geartete Speicherung ansonsten kaum möglich sein, dass alle am Auswahlprozess beteiligten Mitarbeiter des Arbeitgebers diese Daten überhaupt nutzen können. 45

59 Vgl. Simitis/*Seifert*, § 32 Rn. 36.
60 BAG v. 18.12.1984, Az. 3 AZR 389/83, NJW 1986, 341, 342.
61 Vgl. Simitis/*Seifert*, § 32 Rn. 42 mit Verweis auf verschiedene Landesdatenschutzgesetze, in denen sich bereits entsprechende Regelungen finden.
62 Vgl. dazu bspw. *Bissels/Lützeler/Wisskirchen*, BB 2010, 2433 ff.; *Forst*, NZA 2010, 427 ff.; *Oberwetter*, NJW 2011, 417 ff.

Etwas anderes gilt nur dann, wenn der Arbeitgeber als verantwortliche Stelle die Daten auch über den Bewerbungsprozess hinaus[63] für künftige Bewerbungen aufbewahren und nutzen möchte (**Talentpool**) oder bspw. an ein Schwesterunternehmen weitergeben möchte. Hierzu bedarf es regelmäßig einer ausdrücklichen Einwilligung des Bewerbers. Deren Zulässigkeit sollte jedoch nichts entgegenstehen, solange sie neben den anderen Voraussetzungen insbesondere den jeweiligen Verwendungszweck entsprechend transparent und konkret darlegt und die verantwortliche Stelle diesen nicht überschreitet.

3. Datenerhebung, Speicherung und Nutzung im laufenden Beschäftigungsverhältnis

46 Auch im laufenden Beschäftigungsverhältnis haben Rechtsprechung und Literatur über die Jahre typische datenschutzrechtliche Konfliktfelder identifiziert, die im Einzelnen den folgenden Überschriften b) bis e) zu entnehmen sind.

Viele Einzelheiten bleiben mangels aktueller obergerichtlicher Rechtsprechung und unterschiedlicher Lösungsansätze gleichwohl weiter im Unklaren. Der Wunsch nach möglichst allumfassenden Vereinbarungen, die etwaige Probleme – möglichst zu Beginn des Beschäftigungsverhältnisses – rechtssicher und mit überschaubarem Aufwand für die Zukunft lösen, ist daher in der Praxis groß. Einwilligung und Betriebsvereinbarung können im Einzelfall ein probates Mittel sein. Gleichwohl wird ihnen häufig ein legitimierender Stellenwert beigemessen, der ihnen nach allgemeiner datenschutzrechtlicher Auffassung gerade nicht zukommt. Es bietet sich daher an, sich an dieser Stelle zunächst allgemein mit den insoweit bestehenden Gestaltungsspielräumen auseinanderzusetzen.

a) Einwilligung und Betriebsvereinbarung als zusätzlicher allgemeiner Erlaubnistatbestand im laufenden Beschäftigungsverhältnis

aa) Einwilligung als datenschutzrechtliche Legitimation im laufenden Beschäftigungsverhältnis

47 Einmal zum Gegenstand der arbeitsvertraglichen Standardregelungen gemacht, bieten sich auf den ersten Blick mit einer datenschutzrechtlichen **Einwilligung** weniger Friktionen als bei einer mit dem Betriebsrat erst noch zu verhandelnden Betriebsvereinbarung. Sowohl vor dem Hintergrund der geltenden Rechtslage als auch angesichts der sich abzeichnenden gesetzgeberischen Entwicklungen wird ihre Legitimationswirkung jedoch begrenzt bleiben.[64] Wer in der Personalpraxis mit dem Instrument der Einwilligung arbeitet, muss sich zudem bewusst sein, dass es stets passgenauer Lösungen bedarf. Diese lassen sich regelmäßig nicht – wie häufig in der Praxis noch immer anzutreffen – allein in einem mehrzeiligen Absatz des Anstellungsvertrages zusammenfassen. Zudem ist durch die jederzeitige Widerrufbarkeit auch die Planungssicherheit im Einzelfall endlich.

Im Einzelnen sind folgende Voraussetzungen zu erfüllen, die sich folgenden drei Kategorien zuordnen lassen:

48 **Anwendungsbereich für eine datenschutzrechtliche Legitimation durch eine Einwilligung, Aspekt der „Freiwilligkeit" (siehe § 4a Rn. 32 ff.)**

In der Literatur wird zum Teil bereits die Auffassung vertreten, dass mit Schaffung des § 32 als Sonderregelung für Beschäftigte eine Einwilligung ausgeschlossen ist.[65] Begründet wird dies regelmäßig mit dem unterschiedlichen Machtgefälle zwischen Arbeitgeber und Arbeitnehmer. Aus diesem Grund soll es an der gemäß § 4a Abs. 1 erforderlichen Freiwilligkeit fehlen.

Dagegen spricht, dass sich eine solche „Bereichsausnahme für die Einwilligung" weder dem Wortlaut des neugefassten § 32 noch dessen Gesetzesbegründung entnehmen lässt.[66] Hinzu kommt, dass das angesprochene Machtgefälle keinesfalls durchgängig die gleiche Intensität aufweist. Die Situation eines Be-

63 Dieser endet nicht bereits mit einer Zusage an einen Dritten, sondern erst mit Ende der dreimonatigen Klagefrist der §§ 15 AGG, 61b Abs. 1 ArbGG.
64 Ausführlich jüngst zum Ganzen: *Riesenhuber*, RdA 2011, 257 ff.
65 So bspw. *Trittin/Fischer*, NZA 2009, 343, 344.
66 So zu Recht: Taeger/Gabel/*Taeger*, § 4a Rn. 64.

werbers unterscheidet sich insoweit deutlich von der Situation eines bereits Beschäftigten.[67] Letztere verbessert sich zudem dann, wenn nach Ablauf von sechs Monaten oder bei einer Weiterbeschäftigung im Anschluss an eine abgelaufene Befristung das Kündigungsschutzgesetz erstmalig Anwendung findet. Es spricht daher mehr dafür, die Möglichkeit einer Einwilligung nicht generell auszuschließen, sondern dies vielmehr im jeweiligen Einzelfall zu prüfen und auch im Rahmen der Erforderlichkeit und Verhältnismäßigkeit zu berücksichtigen.

Auch wenn die Einwilligung damit grundsätzlich anwendbar ist, kann sie im Einzelfall ausgeschlossen 49
sein, selbst wenn die sogleich dargestellten formalen und inhaltlichen Aspekte im Übrigen erfüllt sind. Schließen arbeitsrechtliche oder datenschutzrechtliche Vorgaben die Erhebung bestimmter Daten aufgrund der damit verbundenen Eingriffsintensität aus, so ist auch für eine Ausnahme im Wege einer Einwilligung regelmäßig kein Raum mehr. Zu denken wäre bspw. an eine Videoüberwachung im Sanitärbereich oder eine Totalüberwachung zur Leistungs- und Verhaltenskontrolle. Anders verhält es sich hingegen, wenn bspw. der Arbeitgeber ein Foto des Beschäftigten als Ansprechpartner auf seine Website stellen möchte und dies auch dem Wunsch des Mitarbeiters entspricht, weil er sich besonders mit dem Unternehmen identifiziert. Umso mehr gilt dies, wenn die infrage stehende Datenweitergabe sogar im Interesse des Mitarbeiters liegt, um einen Firmenrabatt oder freiwillige Leistungen in Anspruch nehmen zu können.[68]

Hieraus lassen sich folgende Kontrollfragen ableiten: 50

Ist der Eingriff in das Grundrecht bereits so **intensiv**, dass gesetzgeberische/höchstrichterliche Wertungen die Einwilligung bereits an sich ausschließen?

↓

Steht bei einer geringeren Intensität des Grundrechtseingriffs gleichwohl der *arbeitsrechtliche Status des Betroffenen* (Bewerber/Beschäftigter mit/ohne Kündigungsschutz?) einer Einwilligung entgegen oder ist sie vielmehr (auch) *Ausfluss seiner Entscheidungsautonomie* bzw. entspricht sie (auch) seinem Interesse?

Es liegt damit auf der Hand, dass die Einwilligungsfähigkeit/die Unverhältnismäßigkeit einer Einwilligung 51
für Konstellationen in Grenzbereichen auf der Grundlage der geltenden Regelung auch in Zukunft kaum rechtssicher prognostiziert werden kann.

§ 32 Abs. 1 BDSG-E würde zumindest insoweit zukünftig Abhilfe schaffen. Nach dieser Vorschrift ist eine Einwilligung nur dann zulässig, wenn dies – wie an einigen Stellen des § 32 ff. BDSG-E erfolgt – ausdrücklich für zulässig erachtet wird, ansonsten ist die Anwendung des § 4a Abs. 1 für Beschäftigte grundsätzlich ausgeschlossen. Er erscheint allerdings fraglich, ob diese rechtspolitische Entscheidung auch die künftigen Probleme der Praxis lösen wird. Denn der Gesetzgeber dürfte kaum in der Lage sein, stets kurzfristig auf die jeweils neuen technischen Entwicklungen mit einer Anpassung der § 32 ff. BDSG-E reagieren zu können. So würden sich bspw. Mitarbeiter, die an einer Videokonferenz teilnehmen, auf der Grundlage des aktuellen BDSG-E wohl dauerhaft datenschutzrechtswidrig verhalten.[69]

Formale Aspekte einer Einwilligungserklärung (siehe § 4a Rn. 55 ff.) 52

Aus formaler Sicht ist zunächst gemäß § 4a Abs. 1 zu berücksichtigen, dass die Einwilligung grundsätzlich **schriftlich** zu erfolgen hat. Die insoweit erforderliche eigenhändige Unterschrift führt damit überall dort zu Problemen, wo im Rahmen einer automatisierten, IT-basierten Datenerhebung (bspw. für einen konzernweiten Talentpool) gerade kein Austausch von unterzeichneten Vertragsdokumenten als Prozessschritt vorgesehen ist, sondern bspw. nur ein „Einverstanden"-Button anzuklicken ist.

---

67 Ähnlich: Taeger/Gabel/*Taeger*, § 4a Rn. 69.
68 Taeger/Gabel/*Taeger*, § 4a Rn. 71.
69 Vgl. *Maschmann*, NZA-Beil 2012, 50, 54.

> **!** Zwar lässt § 4a BDSG wegen besonderer Umstände, bspw. in Eilfällen, auch eine Abweichung von der Schriftform zu. In der Praxis greift diese Ausnahme jedoch regelmäßig nicht. Denn nur der erhebliche Verwaltungsaufwand, der bei einer Umsetzung bei Hunderten von Mitarbeitern häufig ins Feld geführt wird, kann eine solche Ausnahme regelmäßig nicht begründen.

Weiterhin hat die Einwilligung zeitlich **vor der Datenerhebung** zu erfolgen. Sie muss zudem einen **Hinweis auf die jederzeitige Widerruflichkeit** an den Beschäftigten enthalten.

Wird die Einwilligung mit anderen schriftlichen Erklärungen zusammen in einem Dokument erteilt, bedarf es zudem einer besonderen Hervorhebung.

53 **Inhaltliche Aspekte einer Einwilligungserklärung (siehe § 4a Rn. 42 ff.)**

Ob zudem die inhaltlichen Anforderungen des § 4a Abs. 1 erfüllt sind, lässt sich anhand folgender drei Kontrollfragen ermitteln:

> Ist der **Zweck** der Erhebung, Verarbeitung oder Nutzung der Daten, auf den sich die Einwilligung beziehen soll, konkret beschrieben?
>
> ↓
>
> Soweit es sich um **besondere Daten** gemäß § 3 Nr. 9 handelt: Sind diese ausdrücklich genannt?
>
> ↓
>
> Sind die **Folgen** dargelegt, die mit einer etwaigen Verweigerung der Einwilligung verbunden sind?

> **!** Der Gesetzgeber hat zwar von weiteren Vorgaben für die konkrete Ausgestaltung abgesehen. Angesichts der eher restriktiven Praxis der Aufsichtsbehörden gegenüber Einwilligungen sollten die vorbenannten drei Aspekte jedoch besser zu ausführlich als zu knapp formuliert werden.

Insoweit sollten die infrage stehenden Daten auch dann ausdrücklich spezifiziert werden, wenn es sich nicht um sensible Daten gemäß § 3 Nr. 9 handelt.

54 **Anwendungsfälle der Einwilligung in der Praxis**

In der Praxis finden sich Einwilligungen insbesondere als Legitimation einer Datenübertragung im Konzern (insbesondere im Rahmen sogenannter unternehmensübergreifender „Talentpools"), der Verwendung von Mitarbeiterporträts für Broschüren oder Websites sowie in der administrativen Umsetzung freiwilliger Leistungen. Es bietet sich zudem an, dieses Instrument immer dann ergänzend einzusetzen, wenn aufgrund einer relativ starken Eingriffsintensität ein zusätzlicher Legitimationsaspekt sinnvoll erscheint, bspw. bei Untersuchungen. Ein ähnlicher Ansatz findet sich zum Teil auch im BDSG-E, bspw. in § 32a Abs. 1 und Abs. 2.

bb) Betriebsvereinbarung als datenschutzrechtliche Legitimation im laufenden Beschäftigungsverhältnis

55 Anders als die Einwilligung birgt die **Betriebsvereinbarung** nicht das permanente Risiko eines Widerrufs. Durch die Möglichkeit, eine **feste Laufzeit** ohne Kündigungsmöglichkeit zu vereinbaren, besteht eine deutlich größere Planungssicherheit für den Arbeitgeber. Diese kann durch die Vereinbarung einer **Nachwirkung** noch intensiviert werden, denn dann löst auch über eine etwaige Kündigungsfrist hinaus erst eine neue Vereinbarung die alte ab.[70] Selbst ohne entsprechende Sonderregelungen bietet die gesetzliche Frist von drei Monaten meist noch genügend Spielraum, um gegebenenfalls eine neue datenschutzrechtliche Legitimation zu schaffen.

---

70 Näher zum Ganzen Erfurter Kommentar/*Kania*, § 77 BetrVG Rn. 100 ff.

Weiterhin erfasst die Betriebsvereinbarung alle Mitarbeiter mit Ausnahme der leitenden Angestellten und damit einen Großteil der Beschäftigten. Die Einholung zahlreicher Einzelunterschriften, die bei einer Legitimation durch Einwilligungen unabdingbar wäre, entfällt damit.

Das Bestehen **zwingender Mitbestimmungsrechte** führt dazu, dass der Betriebsrat inhaltlich weitaus größeren Einfluss auf den Inhalt der zu treffenden Regelung nehmen kann als der einzelne Arbeitnehmer. 56

Im Einzelnen sind folgende Voraussetzungen zu erfüllen, die sich folgenden drei Kategorien zuordnen lassen:

Anwendungsbereich für eine datenschutzrechtliche Legitimation durch eine Betriebsvereinbarung, Abweichung vom gesetzlichen Datenschutzniveau? 57

Betriebsvereinbarungen wirken gemäß § 77 Abs. 4 Satz 1 BetrVG unmittelbar und zwingend. Vergleichbar mit einem Gesetz, kommt ihnen damit eine **normative Wirkung** zu. Was dies im Hinblick auf die Vorgaben des BDSG bedeutet, ist umstritten.

> **!** Angesichts der erheblichen Bedeutung von Betriebsvereinbarungen für die datenschutzrechtliche Praxis und der zum Teil unterschiedlichen Ansätze der Aufsichtsbehörden einerseits und des Bundesarbeitsgerichts andererseits muss sich auch der Praktiker mit der vorliegenden Streitfrage eingehender auseinandersetzen, um etwaige Risiken besser abschätzen zu können.

Bereits Mitte der Achtzigerjahre hatte das Bundesarbeitsgericht festgestellt, dass eine Betriebsvereinbarung als „andere Rechtsvorschrift" eine datenschutzrechtliche Erlaubnis gemäß § 4 Abs. 1 schaffen kann.[71] Nach Auffassung des Bundesarbeitsgerichts kann eine Betriebsvereinbarung dabei auch zuungunsten eines Arbeitnehmers von den Vorschriften des BDSG abweichen.[72] Die Betriebsparteien müssen dabei allerdings den Grundsätzen über den Persönlichkeitsschutz des Arbeitnehmers im Arbeitsverhältnis Rechnung tragen.

Dieser Ansatz ist bei einem Großteil der datenschutzrechtlichen Literatur und bei einigen Aufsichtsbehörden bereits lange Zeit vor der Neuregelung durch § 32 BDSG auf Kritik gestoßen. Überwiegend wird dort die Auffassung vertreten, dass keine Abweichung vom gesetzlichen Niveau nach unten durch die Betriebsparteien möglich sei.[73] Begründet wird dies in erster Linie mit der Bindung der Betriebsparteien an § 75 Abs. 2 Satz 1 BetrVG. Diese Regelung enthält einen ausdrücklichen **Schutzauftrag für das allgemeine Persönlichkeitsrecht** der Beschäftigten. Angesichts der Weiterentwicklung und Ausgestaltung eben dieses Rechts durch das BDSG sei die Auffassung des Bundesarbeitsgerichts daher nicht mehr zeitgemäß. Überwiegend wird Betriebsvereinbarungen deswegen von dieser Auffassung sogar jegliche legitimierende Wirkung abgesprochen, die sich nicht bereits ausdrücklich aus dem BDSG ergibt. 58

Ein Teil des Schrifttums steht hingegen eher dem weiten Ansatz des Bundesarbeitsgerichts näher, modifiziert diesen allerdings. Demnach ist jeweils im Einzelfall zu prüfen, ob die durch die Betriebsvereinbarung geschaffene Legitimation die Persönlichkeitsrechte der betroffenen Arbeitnehmer nicht über das hinnehmbare Maß einschränkt, diesen insbesondere keine unabdingbaren Rechte entzieht.[74]

Die Neuregelung des § 32 hat zur Lösung dieses Problems für die Praxis nur wenig beigetragen. Denn durch die in § 32 Abs. 3 enthaltene Aussage, die bestehenden Beteiligungsrechte bleiben unberührt, fühlen sich – soweit ersichtlich – alle Akteure in ihrer bisher vertretenen Auffassung bestätigt. Hinzu kommt, dass § 32 anders als das BDSG-E nahezu keinen konkreten Regelungsgehalt für die typischen datenschutzrechtlichen Konfliktfelder im Rahmen des Beschäftigungsverhältnisses enthält. Dies wäre jedoch die notwendige Grundlage, um überhaupt rechtssicher eine Abweichung von den Standards des BDSG zu identifizieren, währenddessen das Verhältnismäßigkeitsprinzip regelmäßig Interpretationsmöglichkeiten sowohl in die eine als auch in die andere Richtung zulässt. 59

---

71 Grundlegend: BAG v. 27.05.1986, Az. 1 ABR 48/84, NJW 1987, 674 ff.
72 BAG v. 27.05.1986 Az. 1 ABR 48/84, NJW 1987, 674, 677.
73 Simitis/*Sokol*, § 4 Rn. 17; *Gola/Schomerus*, § 4 Rn. 10.
74 Taeger/Gabel/*Taeger*, § 4 Rn. 42.

60 Bis zu einer weiteren Konkretisierung durch den Gesetzgeber bietet sich daher folgender Ansatz an:

Soweit nach allgemeiner Auffassung die konkrete Regelung in einer Betriebsvereinbarung als intensiver Eingriff in das allgemeine Persönlichkeitsrecht bewertet wird, dürfte auch eine Betriebsvereinbarung als Legitimation ausscheiden. Eine Betriebsvereinbarung, die bspw. zur Optimierung der Verteilungsgerechtigkeit einer Leistungsprämie die dauerhafte Leistungskontrolle mittels einer Videokamera legitimiert (besondere Intensität des Eingriffs aufgrund seiner Dauer), dürfte genausowenig eine Legitimierung bewirken wie eine Betriebsvereinbarung, die die Übermittlung besonderer Arten personenbezogener Daten zum Genomscreening (besondere Intensität des Eingriffs aufgrund der betroffenen Daten) ohne weitere Zustimmung des betroffenen Mitarbeiters erlaubt. Beides bleibt trotz Betriebsvereinbarung datenschutzrechtlich unzulässig.

61 Anders ist dies jedoch, wenn der Eingriff von geringerer Intensität ist, sich damit in der typischen Grauzone zwischen datenschutzrechtlich bereits unzulässigem oder noch verhältnismäßigem Eingriff bewegt, wie bspw. bei verschiedenen Kontrolldetails im Rahmen der E-Mail- und Internetnutzung. Hier sollte den Betriebsparteien im Einklang mit der arbeitsgerichtlichen Rechtsprechung und eines Teils des Schrifttums einstweilen eine (auch datenschutzrechtlich) verbindliche Regelungsbefugnis zustehen.

62 Für diesen Ansatz sprechen letztlich drei Gründe. Die Regelung durch die jeweilige Betriebsvereinbarung ist letztlich nichts anderes als eine Konkretisierung des in § 32 verankerten Verhältnismäßigkeitsprinzips durch die Betriebsparteien. Wegen ihrer Sachnähe sind sie mit den in die Abwägung einfließenden, jeweils betroffenen Interessen regelmäßig weitaus besser betraut als ein betriebsfremder Dritter, sodass ihnen diesbezüglich ein gewisser gerichtlich nur bedingt überprüfbarer Einschätzungsspielraum zukommt.[75] Aufgrund der Ausgestaltung der zwingenden Mitbestimmung (dazu sogleich noch näher unter II.) besteht auch nicht die Gefahr eines Ungleichgewichts im Rahmen der Verhandlungen.

Hieraus lassen sich folgende Kontrollfragen ableiten:

Ist der Eingriff bereits so intensiv, dass selbst der Gesetzgeber aufgrund der grundrechtlichen Schutzposition des Einzelnen eine solche Regelung nicht treffen könnte?

↓

Steht die Intensität des Eingriffs für den Einzelnen im Verhältnis zu der damit gewonnenen Regelungsklarheit für die Belegschaft und den Arbeitgeber und ihrer sonstigen berechtigten Interessen?

! Es kann zwar nicht ausgeschlossen werden, dass dies von einigen Aufsichtsbehörden anders bewertet wird. Ob die Gerichte allerdings den Aufsichtsbehörden bei der Überprüfung einer durch die Betriebsparteien getroffenen Regelung wirklich die gleichen Befugnisse einräumen wie bei einer einseitig durch den Arbeitgeber festgelegten Regelung, erscheint ebenfalls zweifelhaft.

63 **Formale Aspekte einer Betriebsvereinbarung**

Gemäß § 77 Abs. 2 BetrVG bedürfen Betriebsvereinbarungen ebenfalls der **Schriftform**, sodass sie vom Arbeitgeber und dem jeweils **zuständigen Betriebsratsgremium** zu unterzeichnen sind.

Dies ist für eine nur auf betrieblicher Ebene geltende Betriebsvereinbarung der Betriebsrat. Soll die Betriebsvereinbarung hingegen für das gesamte Unternehmen gelten (Gesamtbetriebsvereinbarung), zeichnet der Gesamtbetriebsrat,[76] bei einer Geltung für alle Unternehmen eines Konzerns (Konzernbetriebsvereinbarung) der Konzernbetriebsrat.[77]

64 Die bloße Unterzeichnung durch das jeweilige Gremium begründet jedoch noch nicht dessen Zuständigkeit. Vielmehr ist diese nach den Vorgaben des BetrVG gesondert zu prüfen. Sind sich alle Betriebsratsgremien einig, dass eine Regelung auf der jeweils höheren Ebene, also bspw. als Gesamt- oder Konzern-

---

75 Vgl. zu einem insoweit vergleichbaren Maßstab BAG v. 16.07.1996, Az. 3 AZR 398/95, NZA 1997, 553 ff.
76 Vg. §§ 47 ff. BetrVG.
77 Vgl. §§ 54 ff. BetrVG.

betriebsvereinbarung, abgeschlossen werden soll, können sie dies mittels sogenannter **Delegationsbeschlüsse** rechtsverbindlich vereinbaren[78]. Die Zuständigkeit ist dann unproblematisch gegeben.

> **!** In der Praxis kommt es durchaus häufiger vor, dass hierüber gerade keine Einigkeit besteht. In einem solchen Fall ergibt sich eine Zuständigkeit des jeweils höheren Gremiums nur dann, wenn der Regelungsgegenstand zwingend nur auf der höheren Ebene einheitlich geregelt werden kann.[79] Dies ist nicht selten zweifelhaft, sodass diese Frage frühzeitig von allen Beteiligten zu klären ist.

Inhaltliche Aspekte einer Betriebsvereinbarung 65

Anders als Einwilligungen verfolgen Betriebsvereinbarungen regelmäßig nicht nur den Zweck, eine datenschutzrechtliche Legitimation zwischen Arbeitgeber und Mitarbeiter zu schaffen, sondern darüber hinaus auch, die Rechte und Pflichten zwischen Arbeitgeber und Betriebsrat festzuschreiben. Die üblicherweise hier zu regelnden Aspekte gehen daher deutlich über die einer Einwilligung hinaus.

Im Einzelnen sind dies:

- der **örtliche und persönliche Geltungsbereich** der Vereinbarung: 66

Dabei ist neben der bereits erwähnten Gremienzuständigkeit zu berücksichtigen, dass der Betriebsrat gemäß § 5 Abs. 3 BetrVG nicht für leitende Angestellte zuständig ist;

- der eigentliche **Regelungsgegenstand**, auch **sachlicher Geltungsbereich**: 67

Dieser besteht regelmäßig aus einem inhaltlichen Aspekt (bspw. „E-Mail-Nutzung") und einem technischen Aspekt (in der Regel die verwendete Anwendung bspw. „mit dem Programm Microsoft Outlook");

> **!** Vor dem Hintergrund regelmäßiger Upgrades empfiehlt es sich, technische Einzelheiten möglichst nur in den Anlagen zu konkretisieren, um im Rahmen von Anpassungen nicht den Text der Vereinbarung selbst ändern zu müssen.

- **Einzelheiten zum Erheben, Verarbeiten und Nutzen von Arbeitnehmerdaten**: 68

Analog zum Inhalt der Einwilligung muss sich auch aus der Betriebsvereinbarung für den Mitarbeiter ergeben,

- welche Daten,
- wofür und
- wie

erhoben, genutzt oder verarbeitet werden sollen. Regelmäßig sprechen Betriebsvereinbarungen einzelne dieser Aspekte teilweise unter eigenständigen Gliederungspunkten an. Dies gilt insbesondere für einen gesondert in der Vereinbarung oder den Anlagen ausgewiesenen **Datenkatalog**, etwaige **Begriffsdefinitionen**, eine mögliche **Auftragsdatenverarbeitung**, die **Zugriffsberechtigten** aufseiten des Arbeitgebers und die sogleich näher erörterte mögliche Leistungs- und Verhaltenskontrolle;

- eine mögliche **Leistungs- und Verhaltenskontrolle**: 69

Aufgrund der hohen Sensibilität dieses Themas für die Betriebsparteien bildet dieser Aspekt regelmäßig einen eigenständigen Regelungspunkt. Dies gilt selbst dann, wenn gar keine Leistungs- und Verhaltenskontrolle erfolgen soll;

- **Verfahrensrechte des Mitarbeiters**: 70

Hierunter fallen etwaige Einsichtsrechte des Mitarbeiters bzw. aktive Informationspflichten des Arbeitgebers ihm gegenüber. Sie sind regelmäßig Gegenstand eines eigenständigen Regelungspunktes;

---

78 Vgl. § 50 Abs. 2 BetrVG bzw. § 58 Abs. 2 BetrVG.

79 Näher dazu auch *Trittin/Fischer*, NZA 2009, 343 ff. vgl. jüngst zur Zuständigkeit für das Überwachungsrecht aus § 80 BetrVG auch BAG v. 16.08.2011, Az. 1 ABR 22/10, NZA 2012, 342.

71 • **Verfahrensrechte des Betriebsratsgremiums**:

Gleiches gilt für die Ausgestaltung der Verfahrensrechte der Betriebsratsmitglieder. Diese beinhalten regelmäßig mit dem konkreten Regelungsgegenstand korrespondierende Informations- und Kontrollrechte, die insbesondere die Einhaltung der Vorgaben der Vereinbarung sicherstellen sollen. Je nach gelebter Mitbestimmungskultur im Unternehmen gehen diese zum Teil über die allgemeinen gesetzlichen Vorgaben des BetrVG hinaus;

72 • **ggf. Konfliktbewältigungsmechanismen**:

Gleiches gilt für gegebenenfalls zusätzlich vereinbarte Konfliktbewältigungsverfahren. So finden sich in Vereinbarungen zum Teil Erweiterungen der Möglichkeit, die Einigungsstelle anzurufen, oder die Pflicht, vor einer gerichtlichen Klärung einer Streitfrage zunächst ein Schlichtungsverfahren durchzuführen.

73 • **Laufzeit und Schlussbestimmungen**:

Am Ende findet sich zudem eine Regelung zur Laufzeit, zu Kündigungsmöglichkeiten und einer Nachwirkung.

Anwendungsfälle von Betriebsvereinbarungen in der Praxis

74 In der Praxis findet sich eine Vielzahl unterschiedlicher Betriebsvereinbarungen mit datenschutzrechtlichem Bezug. Neben eher arbeitstechnischen Themen wie Arbeitszeitsystemen, Zugangskontrollen und Videoüberwachung sind insbesondere Themen mit Bezug zur PC-Nutzung wie Telearbeit oder zur Kommunikation wie Notebook- und Handyeinsatz sowie E-Mail- und Internetnutzung Regelungsgegenstand von Betriebsvereinbarungen. Hintergrund der jeweils konkreten Regelung ist jedoch weniger die Schaffung einer eigenständigen datenschutzrechtlichen Legitimation als vielmehr die Wahrung der zwingenden Mitbestimmung.

b) Überwachung der Telekommunikation

75 Besondere praktische Relevanz kommt der Frage zu, inwieweit die bei der Nutzung der dienstlichen Telekommunikations- und Informationsmittel anfallenden personenbezogenen Daten auch ohne vorherige Einwilligung des Arbeitnehmers erfasst und gespeichert werden dürfen.

76 Die Zulässigkeit der Erfassung und Kontrolle von Verbindungsdaten der dienstlichen **Telefonanlage** wird entscheidend dadurch bestimmt, ob der Arbeitgeber die private Telefonnutzung gestattet hat oder nicht. Diese Entscheidung kann der Arbeitgeber im Rahmen seines Direktionsrechtes nach § 106 GewO treffen. Ein Anspruch des Arbeitnehmers auf Gestattung der privaten Nutzung der dienstlichen Telefonanlage besteht bei Beginn des Arbeitsverhältnisses grundsätzlich nicht. Im Verlauf des Arbeitsverhältnisses kann sich ein entsprechender Anspruch des Arbeitnehmers aus einer dahingehenden betrieblichen Übung ergeben, wenn der Arbeitgeber die wiederholte Privatnutzung der Telefonanlage kennt und diese duldet.[80] Abzulehnen ist jedoch die zum Teil vertretene Auffassung, dass die Privatnutzung der dienstlichen Telefonanlage in angemessenem Umfang eine sozialtypische Erscheinung darstellt und damit auch bei Fehlen einer ausdrücklichen Regelung zulässig ist.[81]

> ! Es ist dringend zu empfehlen, eine ausdrückliche Regelung über die Gestattung von Art und Umfang der privaten Nutzung betrieblicher Telefonanlagen zu treffen.

77 Hat der Arbeitgeber die **Privatnutzung** des Diensttelefons **untersagt**, bemisst sich die Zulässigkeit der Erfassung und Speicherung der bei der Nutzung anfallenden personenbezogenen Daten ausschließlich nach den Regelungen des BDSG. Ist die Privatnutzung indes gestattet, ist der Arbeitgeber nach herrschender Ansicht Diensteanbieter im Sinne des § 3 Nr. 6 TKG, der gemäß § 3 Nr. 10 TKG Telekommunika-

---

80 *Fleischmann*, NZA 2008, 1397; *Altenburg/v. Reinersdorff/Leister*, MMR 2005, 135, 135; a.A. *Bloesinger*, BB 2007, 2177, 2179 f.; *Koch*, NZA 2008, 911.

81 In diesem Sinne: LAG Köln v. 11.2.2005, Az. 4 Sa 1018/04, MDR 2006, 36; LAG Rheinland-Pfalz v. 12.7.2004, Az. 7 Sa 1243/03, NZA-RR 2005, 303, 306; wie hier: *Seel*, öAT 2013, 4, 4.

tionsdienste geschäftsmäßig erbringt. Der Arbeitgeber unterliegt damit den weiterreichenden Kontrollbeschränkungen der §§ 88, 91 ff. TKG.[82]

> **!** Aus Arbeitgebersicht ist unter dem Gesichtspunkt des zulässigen Kontrollumfangs ein ausdrücklicher Ausschluss der Privatnutzung dienstlicher Telefonanlagen zu empfehlen.

Grundsätzlich zulässig ist Erfassen und Speichern der bei der Nutzung einer Telefonanlage anfallenden allgemeinen Verbindungsdaten, wie Tag, Uhrzeit, Beginn und Ende des Telefonats sowie Anzahl der Gesprächseinheiten. Im Falle der **erlaubten Privatnutzung** der dienstlichen Telefonanlage jedoch nur, soweit die Verbindungsdaten für die Kostenabrechnung benötigt werden, §§ 96 Abs. 1, 97 TKG.[83] Stellt der Arbeitgeber dem Arbeitnehmer die private Nutzungsmöglichkeit hingegen kostenfrei zur Verfügung, ist der Arbeitgeber nach § 100 Abs. 1 und 3 TKG nur zur Störungsbeseitigung oder bei zu dokumentierendem, begründetem Missbrauchsverdacht zur Erhebung und Nutzung der Verbindungsdaten berechtigt. Als Regelbeispiel ohne abschließenden Charakter verweist das Gesetz im Hinblick auf einen Missbrauch des Telekommunikationsnetzes oder -dienstes auf eine Leistungserschleichung oder einen Betrug. Bei ausschließlich dienstlich erlaubter Telefonnutzung ist das Erfassen dieser Telefondaten schon mit dem legitimen Interesse des Arbeitgebers an einem wirtschaftlichen Einsatz der Telefonanlage zu rechtfertigen und damit grundsätzlich zulässig. **78**

Ob zudem auch eine Speicherung der vollständigen Zielrufnummer datenschutzrechtlich zulässig ist, ist durch die Rechtsprechung noch nicht abschließend geklärt.[84] Jedenfalls im Anwendungsbereich der §§ 91 ff. TKG, das heißt bei gestatteter Privatnutzung, ist dies abzulehnen. Denn das Erfassen der vollständigen Zielrufnummer ist nicht aus abrechnungstechnischen Gründen erforderlich, da allein die Vorwahl für die Bestimmung der Entgeltzone ausreichend ist.[85] **79**

> **!** Aufgrund des Umstandes, dass das vollständige Erfassen und Speichern der Zielrufnummer bei gestatteter Privatnutzung der Telefonanlage jedenfalls unzulässig ist und auch bei untersagter Privatnutzung mangels Vorliegens entsprechender höchstrichterlicher Rechtsprechung mit nicht unwesentlichen rechtlichen Risiken verbunden ist, empfiehlt es sich, sofern dies aus abrechnungstechnischen Gründen erforderlich ist, jedenfalls nur die Vorwahl und einen Teil der Rufnummer zu erfassen und zu speichern.

Eine Auswertung der Telefondaten zum Zwecke der Kontrolle des Arbeitsverhaltens oder der Leistungskontrolle von Arbeitnehmern ist unzulässig.[86] Ausnahmsweise kann in begrenztem Maße dann eine Leistungskontrolle zulässig sein, wenn das Telefonat an sich den Arbeitsinhalt darstellt, wie etwa bei Callcenter-Mitarbeitern.[87] So etwa hat das Bundesarbeitsgericht ein berechtigtes Interesse des Arbeitgebers an einem offenen Mithören der Gespräche eines Callcenter-Mitarbeiters während der Probezeit bejaht, um zu überprüfen, ob der Mitarbeiter das Bild eines um kompetenten Service bemühten Unternehmens vermittelt.[88] In der Literatur wird zudem ein berechtigtes Interesse des Arbeitgebers an der Aufzeichnung von Telefonaten eines Callcenter-Mitarbeiters zu Zwecken des Coachings bejaht.[89] Ausnahmslos unzulässig ist jedoch das Mithören oder nur zu diesem Zweck Aufzeichnen eines Telefonats ohne Information des Arbeitnehmers, da dies regelmäßig einen Eingriff in das allgemeine Persönlichkeitsrecht des Arbeitnehmers gemäß Art. 2 Abs. 1 in Verbindung mit Art. 1 Abs. 1 GG darstellt in Form einer Verletzung des Rechts am eigenen Wort und den Adressatenkreis seiner Worte selbst zu bestimmen.[90] Ist die private Nut- **80**

---

82 Ebenso *Wellhöner/Byers*, BB 2009, 2310, 2312 f.
83 *Vietmeyer/Byers*, MMR 2010, 807, 809.
84 *Bergmann/Möhrle/Herb*, § 32 Rn. 83 mit Rechtsprechungsnachweisen zu einzelnen Berufsgruppen.
85 Ebenso *Vietmeyer/Byers*, MMR 2010, 807, 809.
86 Ebenso *Gola/Schomerus*, § 32 Rn. 17.
87 *Gola/Schomerus*, § 32 Rn. 17.
88 BAG v. 30.8.1995, Az. 1 ABR 4/95, NZA 1996, 218, 221.
89 *Gola/Schomerus*, § 32 Rn. 17.
90 BVerfG v. 19.12.1991, Az. 1 BvR 382/85, NJW 1992, 815, 816.

zung der dienstlichen Telefonanlage gestattet, ergibt sich die Unzulässigkeit des verdeckten Mithörens eines Telefonates bereits aus dem einfachgesetzlich in § 88 TKG kodifizierten Fernmeldegeheimnis.

> **!** Es ist zu empfehlen, auch vor dem offenen Mithören oder Aufzeichnen eines Telefonates des Arbeitnehmers diesen vorab zu informieren und eine entsprechende Einwilligung einzuholen, da die Abgrenzung im Einzelfall, ob ausnahmsweise ein berechtigtes Interesse des Arbeitgebers vorliegt und die Maßnahme damit zulässig ist, eine wertende Entscheidung darstellt und damit mit Rechtsunsicherheiten behaftet ist.

81 Nach (noch) überwiegender Auffassung ist auch hinsichtlich der Zulässigkeit des Zugriffs des Arbeitgebers auf den **E-Mail-Verkehr** von Beschäftigten danach zu differenzieren, ob der Arbeitgeber die Privatnutzung der E-Mail-Systeme gestattet hat oder nicht. Denn die herrschende Fachliteratur[91] geht ebenso wie die Datenschutzbehörden[92] davon aus, dass der Arbeitgeber auch dann Diensteanbieter im Sinne des § 3 Nr. 6 TKG ist und Telekommunikationsdienste geschäftsmäßig gemäß § 3 Nr. 10 TKG erbringt, wenn er die Nutzung der betrieblichen E-Mail-Systeme für private Zwecke gestattet hat. In diesem Fall unterliegt der Arbeitgeber in Bezug auf die Zulässigkeit eines Zugriffs auf den E-Mail-Verkehr den weitreichenden Kontrollbeschränkungen der §§ 91 ff. TKG. Hat der Arbeitgeber die Privatnutzung indes untersagt, bemessen sich seine Zugriffsmöglichkeiten nach den weniger strengen Regelungen des BDSG.

> **!** Es ist vor diesem Hintergrund dringend zu empfehlen, eine ausdrückliche Regelung über Gestattung oder Verbot der privaten Nutzung des betrieblichen E-Mail-System zu treffen. Denn anderenfalls kann es im Streitfall bereits zu Auseinandersetzungen darüber kommen, ob die Privatnutzung der betrieblichen E-Mail-Systeme gestattet war oder nicht und damit nach welchen Regelungen sich die Zugriffsmöglichkeiten des Arbeitgebers bemessen.

82 Ist die **Privatnutzung** der betrieblichen E-Mail-Systeme **untersagt**, ist es dem Arbeitgeber jedenfalls gestattet, die Verbindungsdaten der E-Mails zu kontrollieren.[93] Ein entsprechendes berechtigtes Interesse des Arbeitgebers liegt regelmäßig darin, Betriebs- und Geschäftsgeheimnisse zu schützen, einen eventuellen Missbrauch durch Arbeitnehmer zu überprüfen, und nicht zuletzt darin, seine EDV-Anlagen vor dem Befall mit Viren, Spams u.Ä. zu schützen bzw. erforderlichenfalls Maßnahmen zu einer Störungsbeseitigung vorzunehmen.[94] Uneinigkeit besteht in der Fachliteratur darüber, ob dem Arbeitgeber darüber hinaus auch eine Inhaltskontrolle von dienstlichen E-Mails gestattet ist. Teilweise wird dies verneint unter Bezugnahme auf eine Vergleichbarkeit von E-Mails mit einem Telefonat, bei dem der Arbeitgeber wegen des verfassungsrechtlich geschützten Rechts am eigenen Wort grundsätzlich zu einer Inhaltskontrolle in Form eines Mithörens oder Auszeichnens ohne Einwilligung des Arbeitnehmers nicht berechtigt ist.[95] Diese Auffassung ist abzulehnen. Denn die dienstliche E-Mail-Korrespondenz ist eher mit dem sonstigen dienstlichen Schriftverkehr vergleichbar als mit einem Telefonat. Anders als bei Telefonaten besteht bei der E-Mail die Flüchtigkeit des gesprochenen Wortes nicht. Eine E-Mail kann ausgedruckt und damit ebenso verkörpert werden wie ein Brief oder Telefax. Dementsprechend ist für den Absender auch erkennbar, dass die Möglichkeit der Einsichtnahme durch Dritte besteht. Auch erfüllt die E-Mail die Textform im Sinne des § 126b BGB, hinsichtlich derer der Gesetzgeber[96] selbst eine Vergleichbarkeit zum Schriftverkehr angenommen hat. Der dienstliche E-Mail-Verkehr ist damit eher dem klassischen dienstli-

---

91 *Härting*, Internetrecht, A. Rn. 129, *Panzer-Heemeier*, DuD, 2012, 48, 49; *Hoppe/Braun*, MMR 2010, 80, 81; a.A. LAG Berlin-Brandenburg v. 16.2.2011, Az. 4 Sa 2132/10, NZA-RR 2011, 342, das sich bemerkenswerterweise nahezu ohne Begründung über die bislang überwiegende Auffassung hinwegsetzt; dem zustimmend: *Fülbier/Splittgerber*, NJW 2012, 1995.

92 Bundesdatenschutzbeauftragter, Datenschutzrechtliche Grundsätze bei der dienstlichen/privaten Internet- und E-Mail-Nutzung am Arbeitsplatz, Stand: Januar 2008, S. 1 f., abrufbar unter: http://www.bfdi.bund.de/SharedDocs/Publikationen/Arbeitshilfen/LeitfadenInternetAmArbeitsplatzneu.html?nn=409168; *Panzer-Heemeier*, DuD 2012, 48, 49 m.w.N.

93 Ebenso Simitis/*Seifert*, § 32 Rn. 91; *Wellhöner/Byers*, BB 2009, 2310, 2311.

94 *Hoppe/Braun*, MMR 2010, 80, 81.

95 *Weißgerber*, NZA 2003, 1005, 1006; *Ernst*, NZA 2002, 585, 589.

96 BT-Drs. 14/4987, S. 19.

chen Schriftverkehr vergleichbar, sodass dem Arbeitgeber entsprechend der hierfür geltenden Grundsätze grundsätzlich auch eine inhaltliche Kontrolle gestattet ist.[97] Ausnahmen hiervon gelten, wenn eine E-Mail äußerlich erkennbar als „privat" gekennzeichnet ist oder eine lückenlose Überwachung und Auswertung aller ein- und ausgehenden E-Mails ohne besondere Veranlassung erfolgt.[98]

! Es ist ungeachtet dessen jedenfalls zu empfehlen, mit Arbeitnehmern Regelungen zu vereinbaren, welche Vertreter bei Abwesenheitszeiten des Arbeitnehmers vorrangig Zugriff auf den dienstlichen E-Mail-Verkehr haben.

Weiterreichenden Beschränkungen unterliegt der Arbeitgeber bei dem Zugriff auch auf dienstliche E-Mails, wenn die **private Nutzung** der betrieblichen E-Mail-Systeme **gestattet** ist und damit das Fernmeldegeheimnis nach § 88 TKG zu wahren ist und die Kontrollbeschränkungen der §§ 91 ff. TKG Anwendung finden. Eine Speicherung und Auswertung der Verbindungsdaten ist bei gestatteter Privatnutzung nur zum Zwecke der Entgeltabrechnung, Störungsbeseitigung oder bei Vorliegen zu dokumentierender tatsächlicher Anhaltspunkte, die zum Aufdecken sowie Unterbinden von Leistungserschleichungen und sonstiger rechtswidriger Inanspruchnahme der Telekommunikationsnetze und -dienste erforderlich sind, zulässig.[99] Eine inhaltliche Kontrolle privater E-Mails ist unzulässig. Der Arbeitgeber hat insofern das Fernmeldegeheimnis seiner Arbeitnehmer nach § 88 TKG zu wahren. An das Fernmeldegeheimnis ist der Arbeitgeber freilich zwar nur hinsichtlich der privaten E-Mails der Arbeitnehmer gebunden. Sofern eine Differenzierung zwischen privaten und dienstlichen E-Mails jedoch erst durch eine – hinsichtlich der privaten E-Mails unzulässige – inhaltliche Kontrolle der E-Mails möglich ist, führt die Verpflichtung zur Wahrung des Fernmeldegeheimnisses dazu, dass dem Arbeitgeber der Zugriff auf die gesamte E-Mail-Korrespondenz untersagt und damit selbst die Sichtung dienstlicher E-Mails nicht erlaubt ist.[100] **83**

! Vor diesem Hintergrund ist zu empfehlen, dass der Arbeitgeber die Privatnutzung des betrieblichen E-Mail-Systems untersagt. Denn jedenfalls bislang kann nur auf diese Weise sichergestellt werden, dass der Arbeitgeber während Abwesenheitszeiten von Mitarbeitern ungehindert auf dienstliche E-Mail-Korrespondenz zugreifen kann, was nicht selten zur Aufrechterhaltung eines ordnungsgemäßen Geschäftsablaufs erforderlich ist. Möchte der Arbeitgeber private E-Mail-Korrespondenz gestatten und zugleich sicherstellen, dass er auf dienstliche E-Mail-Korrespondenz zugreifen kann, muss er jedenfalls durch technische Möglichkeiten eine eindeutige Trennung zwischen privaten und dienstlichen E-Mails sicherstellen. Dies kann etwa durch gesonderte passwortgeschützte E-Mail-Accounts für den privaten E-Mail-Verkehr erfolgen.

Die vorstehend aufgezeigten Grundsätze hinsichtlich der Zulässigkeit des Zugriffs des Arbeitgebers auf den E-Mail-Verkehr von Beschäftigten sind entsprechend übertragbar auf die Erfassung und Speicherung von **Internetnutzungsdaten** durch den Arbeitgeber. Sofern der Arbeitgeber die private Internetnutzung untersagt hat, kann er grundsätzlich die Verbindungsdaten des Internets kontrollieren. Zu rechtfertigen ist dies damit, dass zum einen die Gefahr besteht, dass Viren oder Trojaner in das Netzwerk eindringen oder der Arbeitnehmer Websites aufruft, die infolge der hinterlassenen Datenspuren eine Rufschädigung des Arbeitgebers befürchten lassen und zudem jedenfalls durch die Internetnutzung Arbeitszeit des Arbeitnehmers gebunden wird.[101] **84**

Hat der Arbeitgeber die private Internetnutzung gestattet, kann er als Diensteanbieter im Sinne des § 3 Nr. 6 TKG Verbindungsdaten wie Dauer der Internetsitzung und Protokolle der aufgerufenen Web- **85**

97 Ebenso *Thüsing*, Arbeitnehmerdatenschutz und Compliance, V. Rn. 321.; *Wolf/Mulert*, BB 2008, 442, 443; *Wellhöner/Byers*, BB 2009, 2310, 2311; *Dann/Gastell*, NJW 2008, 2945, 2947.
98 *Thüsing*, Arbeitnehmerdatenschutz und Compliance, V. Rn. 322 f. m.w.N.
99 *Panzer-Heemeier*, DuD 2012, 48, 50.
100 Ebenso Simitis/*Seifert*, § 32 Rn. 92; *Panzer-Heemeier*, DuD 2012, 48, 51.
101 *Altenburg/v. Reinersdorff/Leister*, MMR 2005, 135, 136.

sites nur unter den strengen Voraussetzungen der §§ 97, 100 Abs. 1, 3 TKG erheben und verarbeiten.[102] Eine Auswertung des Internetverhaltens des Arbeitnehmers (sog. Monitoring) ist dagegen grundsätzlich unzulässig.[103]

! Es ist aus Arbeitgebersicht dringend zu empfehlen, die Privatnutzung des dienstlichen Internetzugangs auszuschließen. Anderenfalls kann sich die widersprüchliche Situation ergeben, dass unter Umständen ein (wichtiger) Grund zur Kündigung des Arbeitsverhältnisses angenommen werden kann, wenn der Arbeitnehmer in erheblichem Umfang während der Arbeitszeit privat im Internet surft und hierdurch seine arbeitsvertragliche Leistungspflicht erheblich verletzt,[104] es dem Arbeitgeber infolge der an sich gestatteten Privatnutzung und damit der Anwendbarkeit der §§ 91 ff. TKG aber verwehrt ist, den erheblichen Teil der Privatnutzung und die daraus resultierende Verletzung der arbeitsvertraglichen Leistungspflicht zulässigerweise feststellen zu können.[105]

c) Videoüberwachung

86 Während früher die **Videoüberwachung** nur auf besonders bedeutende Gebäude oder besonders sicherheitsrelevante Arbeitsplätze, wie bei Banken, beschränkt war, so ist zwischenzeitlich – nicht zuletzt aufgrund des gestiegenen Sicherheitsbedürfnisses der Bürger – die Videoüberwachung sowohl in öffentlichen wie auch in nicht öffentlich zugänglichen Räumen allgegenwärtig. Die Videoüberwachung in Banken, Kaufhäusern, Tankstellen, Produktionsanlagen dient natürlich auch dem Schutz des Eigentums des Arbeitgebers und der Sicherheit der dort Beschäftigten. Letztlich wird sie jedoch insbesondere auch zur Kontrolle des Verhaltens der Beschäftigten genutzt, sodass die Zulässigkeit der Videoüberwachung am Arbeitsplatz bereits mehrfach Gegenstand höchstrichterlicher Entscheidungen des Bundesarbeitsgerichts wurde[106].

87 Hinsichtlich der datenschutzrechtlichen Zulässigkeit von Videoüberwachungsmaßnahmen ist jedoch systematisch zunächst zwischen der Videoüberwachung in **öffentlich** zugänglichen Räumen und in **nicht öffentlich** zugänglichen Räumen zu unterscheiden.

88 Ist die Kamera in **öffentlich zugänglichen Räumen** installiert, so richtet sich die Zulässigkeit der Beschäftigtendatenverarbeitung ausschließlich nach der Sonderregelung des § 6b (siehe § 6b Rn. 36), die insoweit § 32 Abs. 1 verdrängt[107]. Danach ist die Videoüberwachung in öffentlich zugänglichen Räumen, wie z.B. in Supermärkten und in Banken, nur zulässig, soweit sie zur Wahrnehmung berechtigter Interessen des Arbeitgebers für konkret festgelegte Zwecke erforderlich ist und keine Anhaltspunkte bestehen, dass schutzwürdige Interessen der Betroffenen überwiegen (§ 6b Abs. 1 Nr. 3). Gemäß § 6b Abs. 2 sind solche Videobeobachtungsmaßnahmen sowie die dafür verantwortliche Stelle durch geeignete Maßnahmen erkennbar zu machen. Ein Verstoß hiergegen führt jedoch nach neuester Rechtsprechung des BAG nicht zu einem Beweisverwertungsverbot. Danach kann vielmehr nun auch eine verdeckte Videoüberwachung in öffentlich zugänglichen Räumen im Einzelfall zulässig sein.[108] Auch wenn § 6b § 32 Abs. 1 als Sonderregel grundsätzlich verdrängt, so ist § 6b Abs. 1 Nr. 3 jedoch gleichwohl unter Berücksichtigung der Rechtsprechung des Bundesarbeitsgerichts sowie der Neufassung von § 32 Abs. 1 Satz 2 dahingehend zu interpretieren, dass eine abstrakte Gefahr der Begehung von Straftaten gegen den Arbeitgeber eine Videoüberwachung datenschutzrechtlich nicht rechtfertigt. § 6b Abs. 1 Nr. 3 ist insoweit im Lichte des neuen § 32 Abs. 1 Satz 2 zu lesen, der für die Erhebung der Beschäftigtendaten zur Aufdeckung von Straftaten verlangt, dass ein tatsächlicher Verdacht der Begehung einer Straftat gegen den Beschäftigten

102 *Vietmeyer/Byers*, MMR 2010, 807, 808.
103 *Wellhöner/Byers*, BB 2009, 2310, 2311; Kilian/Heussen/*Liedtke*, CBH 1. Abschnitt, Teil 7 Rn. 62b.
104 BAG v. 31.5.2007, Az. 2 AZR 200/06, NZA 2007, 922, 924.
105 *Vietmeyer/Byers*, MMR 2010, 807, 809.
106 Vgl. grundlegend BAG v. 27.03.2003, Az. 2 AZR 51/02, NZA 2003, 1193; BAG v. 29.06.2004, Az. 1 ABR 21/03, NJW 2005, 313.
107 Simitis/*Seifert*, § 32 Rn. 79.
108 Vgl. BAG v. 21.6.2012, Az. 2 AZR 153/11, NZA 2012, 1025, 1028; a.A. *Bayreuther* NZA 2005, 1038, 1040 f.; *Lunk*, NZA 2009, 457, 460.

vorliegt. Das Bundesarbeitsgericht fordert daher zu Recht das Vorliegen eines konkreten Verdachtes als eine der Voraussetzungen für eine zulässige Videoüberwachung am Arbeitsplatz.[109]

89 Soll die Videoüberwachung vom Beschäftigten in **nicht öffentlich zugänglichen Räumen** stattfinden, so richtet sich deren Zulässigkeit ausschließlich nach den Bestimmungen des § 32 Abs. 1. Damit kommt der Unterscheidung zwischen öffentlich und nicht öffentlich zugänglichen Räumen besondere Bedeutung zu. Allgemein gilt, dass öffentlich zugängliche Räume Bereiche sind, die innerhalb oder außerhalb von Gebäuden von einem unbestimmten oder nur nach allgemeinen Merkmalen bestimmten Personenkreis betreten und genutzt werden können und ihrem Zweck nach auch dazu bestimmt sind.[110]

!

Entscheidend für das Merkmal der öffentlich zugänglichen Räume ist allein die durch den Berechtigten eröffnete tatsächliche Nutzungsmöglichkeit durch die Allgemeinheit.

Zu den öffentlich zugänglichen Räumen zählen bspw. Verkaufsbereiche von Geschäften, Kaufhäusern und Tankstellen, Einkaufspassagen, Restaurants und Cafés, Schalterhallen von Banken, Hotelfoyers, Flughäfen, Schwimmbäder sowie Bahnhofshallen und Bahnsteige oder auch öffentliche Gärten, Parks, Fußgängerzonen und Spielplätze.[111]

90 Nicht öffentlich zugänglich sind hingegen Räume, die nur von einem bestimmten abschließend definierten Personenkreis betreten werden können oder dürfen. Maßgeblich sind insoweit die Vorgaben des Verfügungsberechtigten. Dessen Wille ist aus den Umständen zu ermitteln. Ergibt sich z.B. durch Verbotsschilder, dass ein ansonsten allgemein zugänglicher Raum nur für einen bestimmten Personenkreis betretbar sein soll, so stellt ein solcher Raum einen nicht öffentlich zugänglichen Raum im Sinne der Datenschutzbestimmungen dar.

!

Zu den nicht öffentlich zugänglichen Räumen zählen beispielsweise Firmen- und Werksgelände, Betriebsstätten, Produktionsbereiche, Lager- und Personalräume sowie Büros und Arbeitsplätze ohne Publikumsverkehr.[112]

91 Das BAG hat in einer grundlegenden und bisher nur wenig beachteten Entscheidung vom 29.06.2004[113] sehr klar die **Grundlagen** und **Grenzen** für eine Videoüberwachung aufgezeigt. In dem der Entscheidung zugrunde liegenden Sachverhalt ging es um die zeitlich unbefristete, ohne konkreten Verdacht einer Straftat vorgenommene allgemeine Videoüberwachung in einer Bearbeitungshalle in einem Briefzentrum. Die anschaulichen Entscheidungsgründe sollen als Beispiel für die Grenzen und Zulässigkeit einer Videoüberwachung im Arbeitsverhältnis zusammengefasst werden. Auch nach Inkrafttreten von § 32 Abs. 1 Satz 2 hat sich an diesen Grundlagen nichts geändert. Danach gilt:

aa) Schwerwiegender Eingriff

92 Die zeitlich unbefristete, ohne konkreten Verdacht einer Straftat vorgenommene allgemeine Videoüberwachung stellt einen **schwerwiegenden Eingriff** in das Persönlichkeitsrecht aller in der videoüberwachten Halle beschäftigten Arbeitnehmer dar. Dieser Eingriff ist weder durch die §§ 6 b Abs. 1, 28 oder 32 Abs. 1 Satz 2 noch durch schützenswerte Interessen des Arbeitgebers oder der Kunden, die im Rahmen der Gesamtabwägung die Interessen der betroffenen Beschäftigten überwiegen würden, gerechtfertigt.

93 Arbeitnehmer werden durch eine Videoüberwachung einem **ständigen Überwachungsdruck** ausgesetzt. Sie müssen stets damit rechnen, gerade gefilmt zu werden. Zwar waren die Videokameras sichtbar angebracht; wann die Kameras in Betrieb sind, ist aber für die Arbeitnehmer nicht erkennbar. Die Arbeitnehmer hatten während ihrer gesamten Arbeitszeit davon auszugehen, dass ihre Verhaltensweisen möglicherweise gerade aufgezeichnet werden und später anhand der Aufzeichnungen rekonstruiert und

---

109 Vgl. Simitis/*Seifert*, § 32 Rn. 79; BAG v. 27.03.2003, Az. 2 AZR 51/02, NZA 2003, 1193.
110 *Bergmann/Möhrle/Herb*, § 6 Rn. 22; Simitis/*Scholz* § 6b Rn. 42.
111 Simitis/*Scholz* § 6b Rn. 44; *Bergmann/Möhrle/Herb*, § 6b Rn. 25 m.w.Bsp.
112 Simitis/*Scholz* § 6b Rn. 48.
113 BAG v. 29.06.2004, Az. 1 ABR 21/03, NJW 2005, 313, 315.

kontrolliert werden können. Dementsprechend müssen sie sich bei jeder ihrer Bewegungen kontrolliert fühlen. Ihre Gestik und Mimik, bewusste oder unbewusste Gebärden, der Gesichtsausdruck bei der Arbeit oder bei der Kommunikation mit Vorgesetzten und Kollegen unterliegen stets der Möglichkeit dokumentierender Beobachtung. Damit entsteht ein Druck, sich möglichst unauffällig zu benehmen, setzen sich doch die Arbeitnehmer anderenfalls der Gefahr aus, später wegen etwa abweichender Verhaltensweisen Gegenstand von Kritik, Spott oder gar Sanktionen zu werden.

94 Daran ändert auch eine **Beschränkung der Nutzung** der Videoanlage „ausschließlich zur Vorbeugung und Aufklärung von Straftaten" nichts. Der eingeschränkte Verwendungszweck führt nicht dazu, dass lediglich Straftaten gefilmt würden; im Gegenteil werden diese allenfalls einen quantitativ unbedeutenden Bruchteil der Aufnahmen ausmachen. Aufgezeichnet und späterer Beobachtung durch Dritte zugänglich gemacht werden nach dem System der vorgesehenen Überwachung fast ausschließlich Verhaltensweisen und Lebensäußerungen ohne strafrechtliche Relevanz wie die Verrichtung der Arbeit, mögliche Unterbrechungen und jegliche Form der Kommunikation mit anderen Arbeitnehmern in der Halle. Dabei sind regelmäßig, auch dies ist im Überwachungssystem so angelegt, weit überwiegend, wenn nicht ausschließlich Personen betroffen, denen gegenüber kein Verdacht einer strafbaren Handlung besteht.

bb) Rechtfertigung

95 Für diesen schwerwiegenden Eingriff in das Persönlichkeitsrecht der videoüberwachten Arbeitnehmer gab es in dem vom BAG entschiedenen Sachverhalt keine hinreichende Rechtfertigung.

Eine **Einwilligung** der Arbeitnehmer in die zeitlich unbegrenzte Videoüberwachung liegt ersichtlich nicht vor.

Die allgemeine Videoaufzeichnung von Personen war auch nicht aufgrund eines gesetzlichen Erlaubnistatbestandes gerechtfertigt. Das BAG hat sich hier noch mit § 28 auseinandergesetzt. Die Erwägungen des 1. Senats des BAG lassen sich aber auch auf § 32 übertragen. Danach kann man zugunsten des Arbeitgebers unterstellen, die jedenfalls bei digitaler Kameratechnik vorliegende automatisierte Verarbeitung personenbezogener Daten der Arbeitnehmer sei im Sinne von § 32 Abs. 1 Satz 2 zur Wahrung berechtigter Interessen des Arbeitgebers erforderlich. Gleichwohl überwog jedenfalls unter den vorliegenden Umständen das schutzwürdige Interesse der betroffenen Beschäftigten an dem Ausschluss der Verarbeitung und Nutzung ihrer Daten (vgl. § 32 Abs. 1 Satz 2 am Ende).

96 Die Videoüberwachung war nicht durch eine **Notwehrsituation** oder eine notwehrähnliche Lage gerechtfertigt. Selbst wenn hier eine derartige Notwehrsituation unterstellt würde, wäre die Verteidigung aber nur gegenüber dem Angreifer und nicht gegenüber der ganz überwiegend „unschuldigen" Belegschaft zulässig. Die heimliche Videoüberwachung eines Arbeitnehmers ist nur dann zulässig, „wenn der konkrete Verdacht einer strafbaren Handlung oder einer anderen schweren Verfehlung zulasten des Arbeitgebers besteht, weniger einschneidende Mittel zur Aufklärung des Verdachts ausgeschöpft sind, die verdeckte Videoüberwachung praktisch das einzig verbleibende Mittel darstellt und insgesamt nicht unverhältnismäßig ist".

97 Die Videoüberwachung ist der Arbeitgeberin nicht allein aufgrund ihres **Hausrechts** gestattet. Dabei kann zugunsten der Arbeitgeberin unterstellt werden, dass das Hausrecht dem Inhaber eines befriedeten Besitztums im nicht öffentlich zugänglichen Bereich grundsätzlich die Möglichkeit einer offenen Videoüberwachung eröffnet. Wird von dem Inhaber eines nicht öffentlich zugänglichen befriedeten Besitztums eine Videoüberwachung in diesem Bereich nicht heimlich, sondern offen durchgeführt, so hat der Besucher grundsätzlich die freie Entscheidung, sich der Überwachung und Aufzeichnung zu unterwerfen oder dies durch Fernbleiben von dem überwachten Raum zu vermeiden. Verbleibt er gleichwohl freiwillig in den Räumen, wird darin regelmäßig seine Einwilligung liegen.

98 In einem Arbeitsverhältnis gilt dies nicht. Hier hat einerseits der Arbeitnehmer die vertragliche Pflicht, sich an dem vom Arbeitgeber bestimmten Ort aufzuhalten, um dort seine geschuldete Arbeitsleistung zu erbringen. Es besteht für ihn gerade nicht die Möglichkeit, sich der Überwachung durch Verlassen der überwachten Räumlichkeiten zu entziehen. Schon deshalb kann in seinem Verbleiben keine Einwilligung gesehen werden. Andererseits ist aber auch der Arbeitgeber verpflichtet, den Arbeitnehmer vertragsgemäß zu beschäftigen. Sein Hausrecht im Sinne der freien Verfügungsmöglichkeit über die von ihm besessenen Räumlichkeiten unterliegt insoweit Einschränkungen. Er muss im Rahmen des Arbeitsverhältnisses das Persönlichkeitsrecht der Arbeitnehmer beachten und kann, solange sich Arbeitnehmer zur Erbringung ihrer Arbeitsleistung in den Betriebsräumen aufhalten, die Videoüberwachung nicht allein damit rechtfertigen, es handele sich um „seine" Räumlichkeiten.

cc) Interessenabwägung

Die mit der Videoüberwachung vorgesehenen dauerhaften Eingriffe in die Persönlichkeitsrechte der Arbeitnehmer sind nicht durch **überwiegende schutzwürdige Interessen** der Arbeitgeberin und der Kunden gerechtfertigt. Zwar erscheint die vorgesehene Videoüberwachung grundsätzlich geeignet, die Mitarbeiter davon abzuhalten, Diebstähle zu begehen, sowie etwaige Straftäter zu überführen. Zugunsten der Arbeitgeberin mag auch von der Erforderlichkeit der Maßnahme ausgegangen werden. Der gebotenen Verhältnismäßigkeitsprüfung hält die Regelung jedoch nicht stand. Denn die Überwachungsmöglichkeit bestand während der gesamten Arbeitszeit, sie konnte auf unbestimmte Zeit erfolgen, ohne dass auch nur ein begründeter Anfangsverdacht vorliegen musste, und es war auch keine Begrenzung der technischen Nutzung bei der Auswertung der Daten vorgesehen. 99

dd) Beweisverwertungsverbot

Erfolgt die Videoaufzeichnung datenschutzwidrig, unterliegt diese im Prozess einem **Beweisverwertungsverbot** (siehe § 32 Rn. 150).[114] 100

!

Es sollte stets geprüft werden, ob eine Videoüberwachung tatsächlich das Mittel der Wahl ist. Je schwerwiegender der Eingriff in das allgemeine Persönlichkeitsrecht ausgefallen und je geringfügiger der Anlass für die Videoüberwachung gewesen ist, desto größer ist das Risiko eines Beweisverwertungsverbotes.[115]

Die Videoüberwachung sollte zeitlich, örtlich und technisch, insbesondere hinsichtlich der Datenspeicherung und -verarbeitung begrenzt werden.

d) Ortungssysteme

Ortungssysteme nehmen aufgrund der fortschreitenden technologischen Entwicklung und den damit verbundenen Einsatzmöglichkeiten einen immer höheren Stellenwert in der Überwachung von Beschäftigten ein. Die Überwachung mobiler Beschäftigter kann erfolgen mittels 101

- Global Position System (GPS-)Geräten,
- Location Based Service (LBS-)Anbietern,
- RFID-Chips,
- digitalen Fahrtenschreibern.[116]

Mithilfe eines **GPS-Systems**, das als Navigationssystem in einem Kraftfahrzeug installiert ist oder von einer Detektei an dem Fahrzeug angebracht wurde, kann genau ermittelt werden, wo der Beschäftigte sich gerade befindet, mit welcher Geschwindigkeit er fährt und welche Wegstrecke er bereits zurückgelegt hat. Unter der Bezeichnung LBS werden Mobilfunk-Online-Dienstleistungen angeboten, mit denen das Mobilfunktelefon von Beschäftigten geortet werden kann. Unabhängig davon, dass LBS-Maßnahmen stets auch den telekommunikationsrechtlichen Anforderungen zu entsprechen haben[117], ist darüber hinaus deren datenschutzrechtliche Zulässigkeit im Beschäftigungsverhältnis stets auch am Maßstab des § 32 zu messen. Dabei gilt, dass eine Ortung von Beschäftigten zu deren eigener Sicherheit oder zur 102

114 *Bergwitz*, NZA 2012, 353 m.w.N.
115 Vgl. *Bergwitz*, NZA 2012, 353, 359.
116 Vgl. zu den technischen Überwachungsmöglichkeiten *Gola*, NZA 2007, 1139.
117 Vgl. §§ 3 Nr. 24; 98 TKG.

Sicherung von wertvollem Arbeitgebereigentum (z.B. Geldtransport) zulässig sein kann.[118] Gleiches gilt für die Überwachung eines Fuhrparks, die allein der Nachspürung bei einem Autodiebstahl dient. Sind das Mobiltelefon oder der Dienstwagen auch zur privaten Nutzung überlassen, so ist eine LBS-Überwachung nur zulässig, soweit der private Bereich hiervon nicht erfasst wird.

103 Die **RFID** (Radio Frequency Identification) kommt im Arbeitsverhältnis in Gestalt von Chips auf Hausausweisen oder anderer mitzuführender Gegenstände zum Einsatz. Mit RFID können vollständige Bewegungsprofile der Beschäftigten erstellt werden. Ihr Einsatz ist daher unter Beachtung der Grundsätze nach § 32 Abs. 1, z.B. zur Erfassung des Anlaufens bestimmter Kontrollpunkte bei dem Rundgang eines Wachmannes, zulässig, zur Erfassung von Organisationsabläufen im Warenlogistikbereich wohl unzulässig. Hier würden auch anonymisierte Daten ausreichen, um Warensysteme bewirtschaften zu können.[119]

104 Seit dem 01.05.2006 sind Busse und Lastwagen mit einem zulässigen Gesamtgewicht von über 3,5 Tonnen mit einem **digitalen Fahrtenschreiber** auszustatten.[120] Dieser ermöglicht es dem Arbeitgeber, die Einhaltung der Lenk- und Ruhezeiten, die gefahrenen Kilometer und Geschwindigkeit im Nachhinein zu kontrollieren. Gemäß § 21a Abs. 7 Satz 2 ArbZG ist der Arbeitgeber verpflichtet, diese Daten zwei Jahre aufzubewahren (vgl. § 4 Abs. 1).

! GPS-, RFID- sowie LBS-Dienste sind zwar im Rahmen des § 32 zulässige Überwachungssysteme. Deren Zulässigkeit hängt aber wesentlich von der Intensität und der Dauer der Überwachungsmaßnahme ab. Besonders problematisch wird deren Einsatz dort, wo der Privatbereich des Beschäftigten betroffen ist, etwa bei der Nutzung des GPS-überwachten Fuhrparkwagens zu privaten Zwecken oder dem LBS-überwachten Mobilfunktelefon im privaten Bereich.

e) Mitarbeiterkontrolle durch automatisierten Datenabgleich (Screening)

105 Kaum eine Entwicklung hat die deutschen Unternehmen in den letzten Jahren so sehr geprägt wie die rechtliche und unternehmenspolitische Verpflichtung zum Aufbau einer effizienten **Compliance-Struktur.** Damit einher geht die in der Rechtsprechung zunehmend zu erkennende Tendenz, Funktionsträger hierfür persönlich in die Haftung zu nehmen.[121] Beides – gepaart mit der Entwicklung hocheffizienter Software – dürfte entschieden dazu beigetragen haben, dass in den vergangenen Jahren der automatisierte Datenabgleich einer Vielzahl von Beschäftigtendaten, auch als **Mitarbeiter-Screening** bezeichnet, erheblich an praktischer Bedeutung gewonnen hat. Die daraus resultierenden Datenschutzskandale haben das offensichtlich bestehende Spannungsfeld zwischen effektiver Compliance und gebotenem Beschäftigtendatenschutz[122] eindrucksvoll offengelegt und den Gesetzgeber unter Handlungsdruck gesetzt. Hieran anknüpfend, fordert der neugefasste § 32 Abs. 1 Satz 2 nunmehr im Kontext der Aufdeckung von Straftaten, dass „zu dokumentierende **tatsächliche Anhaltspunkte**" vorliegen, „die den **Verdacht** begründen, dass der Betroffene im Beschäftigungsverhältnis eine **Straftat** begangen hat".

106 Da der Gesetzgeber damit nur einen der vier typischen Anwendungsfälle automatisierten Datenabgleichs ausdrücklich geregelt hat, ist die bereits zuvor umstrittene Rechtslage kaum klarer geworden. In der Praxis wird man zunächst weiterhin danach differenzieren müssen, ob das konkrete Screening **präventiven Zwecken**, also der Vermeidung künftiger Verstöße, oder **repressiven Zwecken**, also der Aufdeckung bereits erfolgter Verstöße, dient. Weiterhin ist zu unterscheiden, ob eine mögliche Straftat oder sonstige Vertragsverletzungen im Raum stehen. Inwieweit dann im Rahmen einer Fallgruppe Vollkontrollen, pseudonymisierte oder gar nur anonymisierte Kontrollen stattfinden können, ist umstritten und daher separat für jede der Fallgruppen zu bestimmen:

---

118 Vgl. Simitis/*Seifert,* § 32 Rn. 82.
119 Ebenso *Gola,* NZA 2007, 1139, 1142.
120 Vgl. Art. 10 Abs. 5a) der VO (EG) Nr. 561/2006 v. 15.03.2006 zur Harmonisierung bestimmter Sozialvorschriften im Straßenverkehr und zur Änderung der Verordnung (EWG) Nr. 3821/85 und (EG) Nr. 2135/98 des Rates sowie zur Aufhebung der Verordnung (EWG) Nr. 3820/85 des Rates (ABl. Nr. L 102/1).
121 Grundlegend jüngst: BGH v. 17.07.2009, Az. 5 StR 394/08, NJW 2009, 3173 ff.
122 Umfassend dazu: *Maschmann*, NZA Beil. 2012, S. 50 ff.

aa) Repressives Screening zur Aufdeckung einer Straftat

Eindeutig ist die Rechtslage für ein **repressives Screening zur Aufdeckung einer Straftat.** § 32 Abs. 1 Satz 2 regelt diesen Fall ausdrücklich und lehnt sich dabei an den Wortlaut des § 100 Abs. 3 TKG an. Die Gesetzesbegründung verweist zudem auf die bisherige Rechtsprechung zur verdeckten Videoüberwachung von Mitarbeitern.[123] **107**

Unabdingbar ist danach zunächst ein auf tatsächlichen Anhaltspunkten beruhender konkreter Straftatverdacht. Anderenfalls ist das Screening personenbezogener Daten datenschutzrechtlich unzulässig. Es bedarf daher zumindest entsprechender Indizien, die vom Arbeitgeber vor Beginn des Screenings zu dokumentieren sind. Ob die infrage stehende Straftat dabei einen Bezug zum konkreten Tätigkeitsprofil des Mitarbeiters aufweist, ist solange unerheblich, wie diese nicht lediglich in der Freizeit begangen ist. Es genügt, dass die Beschäftigung lediglich die **Gelegenheit zur Begehung** der im Raum stehenden Straftat geboten hat.[124] **108**

Darüber hinaus wiederholt die Norm letztlich den Verhältnismäßigkeitsgrundsatz. Je intensiver der Verdacht und je schwerwiegender die Straftat (bspw. der durch sie verursachte Vermögensschaden), desto eher ist im Rahmen des sodann anschließenden Screenings auch eine größere Intensität des Eingriffs (bspw. in Form einer verdeckten Durchführung) gerechtfertigt. Zum Teil wird in diesem Zusammenhang allerdings die Auffassung vertreten, Bagatelldelikte seien ganz aus dem Anwendungsbereich herauszunehmen.[125] Aus der Norm selbst ergibt sich dies jedoch nicht, das Argument überzeugt daher nicht. **109**

Soweit allerdings ein sehr großer Personenkreis und damit vermutlich auch eine große Zahl Unschuldiger betroffen sein sollte, darf nicht außer Acht bleiben, dass für jede dieser Personen zumindest die konkrete Verdachtsschwelle des § 32 Abs. 1 Satz 2 überschritten sein muss. **110**

Erhärten sich sodann die Verdachtsmomente bei einzelnen Mitarbeitern, können die im Rahmen des Screenings gewonnenen Daten zum Nachweis der Straftat oder zumindest zur weiteren Intensivierung der Ermittlungen genutzt werden. Soweit sich der Verdacht allerdings gegenüber den restlichen vom Screening erfassten Mitarbeitern nicht erhärtet hat, sind die im Rahmen der Verdachtsdokumentation gespeicherten Daten zu sperren. **111**

bb) Präventives Screening zur Vermeidung von Straftaten

Welcher Maßstab hingegen bei einem **präventiven Screening** anzulegen ist, lässt sich der Neuregelung nicht eindeutig entnehmen. Fest steht allerdings, dass Präventivmaßnahmen die in § 32 Abs. 1 Satz 2 festgelegte Schwelle konkreter dokumentierbarer Verdachtsmomente regelmäßig nicht nehmen werden. **112**

Zum Teil wird die Auffassung vertreten, dass der Gesetzgeber das Screening personenbezogener Daten grundsätzlich nur unter den engen in § 32 Abs. 1 Satz 2 enthaltenen Voraussetzungen zulassen wollte.[126] Sind diese nicht erfüllt, seien allenfalls anonymisierte Screenings möglich, mit denen dann kritische Bereiche im Unternehmen identifiziert werden können. Auf dieser Grundlage sollen dann besondere Prüffelder für Revisonen und Audits bestimmt werden. Entscheidend ist, dass somit ein **„Durchreichen"** von Screening-Treffern **an die Revision** zwecks Intervention damit **ausgeschlossen** ist.[127] **113**

Nach anderer Auffassung sind präventiv zumindest **pseudonymisierte Screenings** möglich, soweit diese nicht nach Dauer und Intensität – analog zur unbegrenzten Videobeobachtung – einer Dauerüberwachung aller Mitarbeiter gleichkommen.[128] Sie ermöglichen im Falle sich ergebender konkreter Verdachtsmomente im Rahmen eines **2-Stufen-Modells** ein daran anknüpfendes personenbezogenenes Screening nach Maßgabe des § 32 Abs. 1 Satz 2. Anders als bei der zuvor vertretenen Auffassung lässt dies eine mittelbare Verwertung der bereits gewonnenen pseudonymisierten Ergebnisse zu. **114**

---

123 Vgl. dazu bspw. BAG v. 26.08.2008, 1 ABR 16/07, NZA 2008, 1187 ff.
124 Taeger/Gabel/*Zöll*, § 32 Rn. 51.
125 Däubler/Klebe/Wedde/Weichert/*Wedde*, § 32 Rn. 129.
126 So bspw. *Brink/Schmid*, MMR 2010, 592, 594.
127 *Brink/Schmid*, MMR 2010, 592, 595.
128 Taeger/Gabel/*Zöll*, § 32 Rn. 49.

115 Der Wortlaut der Gesetzesbegründung deutet nicht darauf hin, dass eine maßgebliche Einschränkung effektiver Compliance vom Gesetzgeber gewollt war.[129] Es spricht daher vieles dafür, der zweiten Auffassung zu folgen. Werden die wesentlichen Verfahrensschritte eines solchen 2-Stufen-Modells einschließlich entsprechender Kontrollrechte des Betriebsrats zudem in einer Betriebsvereinbarung festgeschrieben, dürfte sich das Risiko einer datenschutzrechtlichen Unzulässigkeit angesichts der hier vertretenen Auffassung zum Gestaltungsspielraum der Betriebsparteien (vgl. oben Rn. 61) in noch vertretbaren Grenzen halten.

116 Einen vergleichbaren zweistufigen Weg scheint auch § 32d Abs. 3 BDSG-E vorzusehen. Dessen Wortlaut knüpft zwar ebenfalls an die „Aufdeckung von Straftaten" an. Die Norm fordert aber für ein pseudonymisiertes Screening weder einen konkreten Anlass noch eine bestimmte Verdachtsschwelle. Faktisch wird damit letztlich auch ein präventives pseudonymisiertes Screening legitimiert.

cc) Screening sonstiger Vertragsverletzungen

117 Weiterhin stellt sich die Frage, welche Anforderungen an ein Screening zu stellen sind, das nicht der Aufdeckung von Straftaten, sondern **sonstiger Vertragsverletzungen** dient. Angesichts der Gesetzesbegründung besteht weitgehend Einigkeit, dass diese Sachverhalte an § 32 Abs. 1 Satz 1 zu messen sind. Allerdings führt dies nicht zwangsläufig zum gleichen Ergebnis.

118 Nach einer teilweise vertretenen Auffassung führt der dortige Maßstab zwangsläufig zur Unzulässigkeit solcher Screenings.[130]

Nach anderer Auffassung sei im Rahmen der Abwägung zum einen zu berücksichtigen, dass die Aufdeckung entsprechender Verstöße weitaus weniger einschneidende Folgen für den Beschäftigten haben kann und ihn daher weniger belastet.[131] Zum anderen fehle es dem Arbeitgeber an einer Unterstützung bei der Aufdeckung durch die staatlichen Ermittlungsbehörden, was ebenfalls bei der Abwägung im Rahmen der Verhältnismäßigkeitsprüfung zu berücksichtigen ist.[132]

119 In der Praxis wird man auch hier letztlich um eine konkrete Einzelfallprüfung nicht umhinkommen. Auf der einen Seite sind aus der arbeitsrechtlichen Praxis verschiedene Fallgestaltungen, insbesondere im Zusammenhang mit Wettbewerbsverstößen, bekannt, in denen das Schadenspotenzial des Arbeitgebers erheblich über dem so mancher Straftat liegt. Auf der anderen Seite leuchtet nicht unbedingt ein, warum die Intensität eines Eingriffs nicht an dem Eingriff selbst, sondern erst an seinen im Einzelfall durch eine Vielzahl weiterer Kausalfaktoren bestimmten Folgen festgemacht wird. Der Ansatz der §§ 32d, 32e BDSG-E, auf **schwerwiegende Pflichtverletzungen** bzw. auf solche, die eine **außerordentliche Kündigung begründen** können, abzustellen, kann in der Praxis bei der Einzelfallprüfung daher nach der hier vertretenen Meinung durchaus als ein künftiges Leitmotiv dienen.

f) „Whistleblowing" und Befragung von Mitarbeitern

120 Neben dem automatisierten Datenabgleich sind im Zuge verschärfter Compliance-Anforderungen auch andere arbeitgeberseitige Maßnahmen verstärkt ins datenschutzrechtliche Blickfeld gerückt.

aa) Whistleblowing

121 Insbesondere Unternehmen mit einer ausländischen Muttergesellschaft sehen sich häufig mit der Vorgabe konfrontiert, sogenannte **Ethik-Richtlinien** umzusetzen.[133] Diese beinhalten regelmäßig auch ein sogenanntes Whistleblowingsystem. Mithilfe dieses Systems soll den Beschäftigten die Möglichkeit gegeben werden, gegenüber einer unabhängigen Stelle im oder außerhalb des Unternehmens Missstände aufzuzeigen, die sonst aufgrund bestehender Hierarchien wohl weiter im Verborgenen geblieben wären (auch als sogenanntes **internes Whistleblowing** bezeichnet).

---

129 So auch *Thüsing*, NZA 2009, 865, 868.
130 *Brink/Schmid*, MMR 2010, 592, 594.
131 *Thüsing*, NZA 2009, 865, 869.
132 *Thüsing*, NZA 2009, 865, 869.
133 Vgl. zum Inhalt: bspw. LAG Düsseldorf v. 14.11.2005, NZA-RR 2006, 81 ff.; BAG v. 22.07.2008, Az. 1 ABR 40/07, NZA 2008, 1249 ff.

Ausgangspunkt der Regelungen sind dabei regelmäßig gesetzliche Verpflichtungen der Muttergesellschaften im Ausland, die diese nach den dortigen Vorgaben auch bei ihren deutschen Tochtergesellschaften umzusetzen haben.[134] Die datenschutzrechtliche Zulässigkeit solcher Whistleblowing-Systeme ist gleichwohl an deutschem Datenschutzrecht[135], dort § 32 Abs. 1 Satz 1, zu messen.[136] Im Rahmen der dortigen Verhältnismäßigkeitsprüfung finden die gesetzlichen Vorgaben für die Muttergesellschaft im Rahmen der Interessenabwägung zugunsten des Arbeitgebers im Rahmen seiner grundrechtlichen Position aus Art. 12, 14 GG zwar Berücksichtigung. Sie sind jedoch mit der ebenfalls grundrechtlich geschützten Position des meldenden (oder gegebenenfalls nach der Ethik-Richtlinie sogar zur Meldung verpflichteten) Mitarbeiters aus Art. 5 Abs. 1, 12 Abs. 1, 1 Abs. 1 i.V.m. 2 Abs. 1 GG und des Mitarbeiters, über den etwas gemeldet wird, aus Art. 12 Abs. 1, 1 Abs. 1 i.V.m. 2 Abs. 1 GG abzuwägen. Besteht ein Betriebsrat, ergeben sich zudem regelmäßig Modifizierungen im Rahmen der Ausübung bestehender Mitbestimmungsrechte. 122

! Regelmäßig werden auch kleinste Abweichungen von der ausländischen Muttergesellschaft sehr skeptisch beäugt, insbesondere wenn an der Umsetzung eine so sensible Frage wie die Börsennotierung hängt. Es empfiehlt sich daher, sich bei einer anstehenden Umsetzung bereits frühzeitig mit den Usancen der regionalen Datenschutzbehörde vertraut zu machen und diese oder einen externen Rechtsberater einzubeziehen. Eine offizielle Stellungnahme Dritter vereinfacht die Argumentation gegenüber der Muttergesellschaft deutlich, warum eine 1:1-Umsetzung vor Ort mit rechtlichen Hürden verbunden ist.

Während durch Gesetzgeber in anderen europäischen Ländern bereits recht detaillierte Regelungen geschaffen wurden,[137] ist hiermit in Deutschland wohl einstweilen nicht zu rechnen. Der BDSG-E enthält zu dieser Problematik keine eigenständige Regelung. In der Praxis wird man daher auch künftig – wenn auch noch zur alten Rechtslage ergangen – auf den 2007 erschienenen Arbeitsbericht der Ad-hoc-Arbeitsgruppe „Beschäftigtendatenschutz" des **Düsseldorfer Kreises** zurückgreifen[138], aus dem sich insbesondere folgende Kontrollfragen ableiten lassen: 123

Sind **Zweck** und **Verfahrensschritte** gegenüber den betroffenen Mitarbeitern ausreichend **transparent** gemacht (bspw. in Form einer verschrifteten Richtlinie oder Betriebsvereinbarung)?

↓

Betreffen Meldepflichten **Rechtsgüter von erheblicher Bedeutung** und mit erheblichem Schadenspotenzial (bspw. im Raum stehende Vermögens- oder Umweltverschmutzungsdelikte, dann regelmäßig zulässig) oder lediglich **unternehmenspolitische Aspekte** (bspw. die Pflicht, Kunden stets umgehend zurückzurufen, dann in der Regel unzulässig)?

↓

Wird der Hinweisgeber über seine **Rechte und Pflichten aufgeklärt**, insbesondere, dass eine Speicherung seiner Daten erfolgt und diese an Behörden, ggf. auch an andere Dritte (bspw. Wirtschaftsprüfer), weitergegeben werden (unproblematisch bei bloßer Auftragsdatenverarbeitung)?

↓

Werden bei einer gegebenenfalls erfolgenden **Datenübertragung ins Nicht-EU-Ausland** die insoweit besonderen Anforderungen gewahrt?

↓

Werden die **Rechte des Beschuldigten**, insbesondere wann und wie er – ohne das Ziel der Untersuchung zu gefährden – von der Beschuldigung erfährt, gewahrt?

---

134 So insbesondere Section 406 Sarbanes Oxley Act 2002 und Section 303A.10 NYSE listed Company Manual für US-Unternehmen.
135 Zum Jurisdiktionenkonflikt vgl. *Mahnhold*, NZA 2008, 737, 740.
136 Taeger/Gabel/*Zöll*, § 32 Rn. 32.
137 Vgl. bspw. den Public Interest Disclosure Act in Großbritannien zum Schutz des Informanten.
138 Abrufbar im Internet unter: www.datenschutz.hessen.de/download.php?download_ID=246.

↓

Erfolgt eine **Einbindung des Datenschutzbeauftragten** und eine ausreichende **Beteiligung des Betriebsrats**?

124 Typische Spannungsfelder zur den ausländischen Vorgaben bilden regelmäßig die aus Sicht der Aufsichtsbehörden nur eingeschränkt mögliche Einwilligung zur Nutzung der übermittelten Daten und die Möglichkeit eines anonymen Hinweises. Letzterer bleibt auch aus Sicht des Arbeitskreises möglich, allerdings nur in Ausnahmefällen.

! Konkretisierungsanforderungen und Schriftformerfordernis stellen den Arbeitgeber bei telefonischen Hotlines vor besondere Herausforderungen, die bei anonymen Hinweisen kaum zu lösen sind. In allen anderen Fällen bietet es sich an, gegebenenfalls eine konkretisierende Einwilligung des Hinweisgebers nachzuschieben.

125 Zum Teil finden sich zudem Regelungen, wann und unter welchen Voraussetzungen sich ein Mitarbeiter darüber hinaus an Medien oder Behörden wenden kann (sogenanntes **externes Whistleblowing**). Die damit zusammenhängenden Fragestellungen sind in erster Linie arbeitsrechtlicher Natur und aufgrund der jüngsten Rechtsprechung des EGMR zum Umfang des Rechts auf Meinungsäußerung in diesem Kontext zurzeit stark im Fluss.[139] Es spricht vieles dafür, dass hier Mitarbeitern künftig auch von der Rechtsprechung weit mehr als bisher Rechte eingeräumt werden dürften.[140]

bb) Befragung von Mitarbeitern

126 Dadurch, dass § 32 Abs. 2 auch die nicht automatisierte Erhebung und Verarbeitung von Daten erfasst, fällt auch die mündliche Befragung von Mitarbeitern in den Anwendungsbereich des § 32.

Im Hinblick auf **Mitarbeiterbefragungen** im Compliance-Kontext bedeutet dies zunächst, dass sich der Maßstab der Zulässigkeit der Frage je nach Zielrichtung (präventiv oder repressiv) nach § 32 Abs. 1 Satz 1 oder Satz 2 bestimmt und seine Grenzen in Angelegenheiten des privaten Bereichs findet. Von weitaus größerer Brisanz ist die Frage, inwieweit einem Mitarbeiter im Rahmen solcher Befragungen ein **Schweigerecht** zusteht. Der Grundsatz, sich nicht selbst belasten zu müssen, ist zwar im Strafrecht, nicht aber im Zivilrecht anerkannt.[141] Nach der wohl vorherrschenden Auffassung im Arbeitsrecht ist der Beschäftigte über Angelegenheiten im Zusammenhang mit seiner Tätigkeit grundsätzlich umfassend zur Auskunft verpflichtet, auch wenn er sich damit selbst strafrechtlich belasten würde.[142] Erwähnenswert ist in diesem Zusammenhang zudem, dass kein allgemeines Recht zur **Hinzuziehung eines Betriebsratsmitglieds** besteht, sondern nur in den im Betriebsverfassungsrecht vorgesehenen Fällen.[143]

! Ob man dem Mitarbeiter den ausdrücklich geäußerten Wunsch auf Hinzuziehung eines Betriebsratsmitglieds ablehnt, sollte – losgelöst von der rechtlichen Position – angesichts der Nähe zu einer regelmäßig im Raum stehenden außerordentlichen Kündigung sorgfältig abgewogen werden. Im Rahmen einer späteren gerichtlichen Auseinandersetzung hierüber mag sonst gerichtsseitig schnell der Eindruck entstehen, der Arbeitgeber habe etwas zu verbergen oder eine Drucksituation ausnutzen wollen, was die Erfolgsaussicht nicht unbedingt verbessern dürfte.

Die **Hinzuziehung eines Rechtsanwalts** ist davon abhängig, ob der Arbeitgeber während der Befragung selbst durch einen Rechtsanwalt vertreten ist.[144]

---

139 EGMR (V. Sektion) v. 21.07.2011, 28274/08, NZA 2011, 1269.
140 *Kiraly*, RdA 2012, 236, 240.
141 Ausführlich dazu *Maschmann*, NZA-Beil 2012, 50, 55 f.
142 *Vogt*, NJOZ 2009, 4206; 4213; zahlreiche weitere Nachweise bei *Maschmann*, NZA-Beil 2012, 50, 55 f.
143 Vgl. insbesondere §§ 81 Abs. 4, 82 Abs. 2, 83 Abs. 1, 84 Abs. 1 BetrVG.
144 LAG Hamm v. 23.05.2001, 14 Sa 497/01, MDR 2001, 1361.

4. Datenübermittlung im laufenden Beschäftigungsverhältnis

a) Datenübermittlung – Abgrenzung zur Auftragsdatenverarbeitung

127 Die Datenübermittlung an Dritte im Sinne des § 3 Abs. 4 Nr. 3a (siehe § 3 Rn. 73 ff.) ist zu unterscheiden von der **Auftragsdatenverarbeitung** (siehe § 11 Rn. 1 ff.). Das wichtigste Abgrenzungskriterium ist dabei die Entscheidungsbefugnis über die Daten und somit die datenschutzrechtliche Verantwortlichkeit.[145] Eine Auftragsdatenverarbeitung liegt nur vor, wenn der Auftraggeber nicht nur rechtlich, sondern grundsätzlich auch tatsächlich imstande ist, dem Auftragnehmer jeden Arbeitsschritt vorzuschreiben und der Auftraggeber letztlich auch die korrekte Durchführung des Datenumgangs kontrollieren kann. Der Auftragnehmer erfüllt dabei nur eine „Hilfsfunktion".[146] Demgegenüber liegt eine Datenübermittlung an Dritte – sog. **Funktionsübertragung** – vor, sobald das Unternehmen, an das die Daten übermittelt werden, in selbstständiger und eigener Verantwortung die Aufgaben erfüllt, denen die Datenverarbeitung oder Nutzung dient.[147] Nur die Datenübermittlung an Dritte erfordert für die Zulässigkeit des Datentransfers das Vorliegen der Voraussetzungen eines allgemeinen Erlaubnistatbestandes, insbesondere §§ 28, 32.[148]

! Die Abgrenzung zwischen Auftragsdatenverarbeitung und einer Datenübermittlung an Dritte (Funktionsübertragung) ist häufig fließend. Dies führt zu Rechtsunsicherheiten, ob der Datentransfer das Vorliegen eines Erlaubnistatbestandes erfordert oder nicht. Die Einholung der Einwilligung des Arbeitnehmers wird häufig kein probates Mittel sein, um diese Rechtsunsicherheiten zu beseitigen. Denn die Einwilligung wird aufgrund des Über-/Unterordnungsverhältnisses zwischen Arbeitgeber und Arbeitnehmer häufig nicht als „freiwillig" im Sinne des § 4a Abs. 1 anzusehen und damit als unwirksam zu beurteilen sein. Zudem ist die Einwilligung jederzeit widerruflich. Es ist daher zu empfehlen, besonders sorgfältig darauf zu achten, dass bei Durchführung einer Auftragsdatenverarbeitung die Befugnisse des Auftragnehmers auch tatsächlich ausschließlich auf „Hilfsfunktionen" beschränkt bleiben, sofern kein Erlaubnistatbestand für eine Datenübermittlung an Dritte vorliegt.

b) Datenübermittlung im Konzern

128 In Konzernstrukturen besteht häufig ein Interesse, Personaldaten aller Arbeitnehmer der Konzernunternehmen zentral bei einem Konzernunternehmen zu verwalten. Bedingt hierdurch bedarf es eines Datenflusses von der Anstellungsgesellschaft zu anderen Konzerngesellschaften. Auch für den konzerninternen Datentransfer gelten jedoch die allgemeinen Grundsätze. Das bedeutet, dass jede einzelne Konzerngesellschaft als selbstständige verantwortliche Stelle und die Konzerngesellschaften untereinander als Dritte im Sinne des BDSG anzusehen sind.[149] Ein besonderes Konzerninteresse oder **„Konzernprivileg"** besteht nicht (siehe § 11 Rn. 5).[150] Sofern daher keine Auftragsdatenverarbeitung (siehe § 11 Rn. 2) vorliegt, stellt auch der Datentransfer im Konzern eine dem Verbot mit Erlaubnisvorbehalt unterliegende Datenübermittlung dar.[151]

129 Danach ist auch die **inländische Übermittlung** von Beschäftigtendaten im Konzern nur zulässig, wenn dies für die Entscheidung über die Begründung, die Durchführung oder Beendigung des Beschäftigungsverhältnisses erforderlich ist.[152] Eine Erforderlichkeit der Übermittlung von Beschäftigtendaten an andere Konzerngesellschaften wird jedoch für die Begründung, Durchführung oder Beendigung des Beschäftigungsverhältnisses mit der Anstellungsgesellschaft nur ausnahmsweise zu bejahen sein. So etwa, wenn

---

145 *Gola/Schomerus*, § 11 Rn. 9; Schaubild bei: *Thüsing*, Arbeitnehmerdatenschutz und Compliance, IX. Rn. 420.
146 Simitis/*Petri*, § 11 Rn. 22.
147 *Thüsing*, Arbeitnehmerdatenschutz und Compliance, IX. Rn. 417.
148 Zu datenschutzrechtlichen Bedenken des elektronischen Entgeltnachweisverfahrens (ELENA) vgl. *Gimmy*, BB 2010, I.
149 *Bergmann/Möhrle/Herb*, § 2 Rn. 53.
150 *Thüsing*, Arbeitnehmerdatenschutz und Compliance, IX. Rn. 419 m.w.N.
151 *Gola/Schomerus*, § 2 Rn. 21.
152 Simitis/*Seifert*, § 32 Rn. 117.

der konzernweite Einsatz des Arbeitnehmers bereits arbeitsvertraglich vereinbart ist, hinsichtlich der Daten des Arbeitnehmers, die für seinen Einsatz in anderen Konzernunternehmen erforderlich sind.[153]

!

Allein konzernpolitisch angestrebte Ziele wie etwa eine einheitliche konzernweite Personalverwaltung, einheitliche Bonus- und Incentivesysteme oder der Aufbau eines sog. Skill-Management-Systems für einen optimierten Personaleinsatz können eine Erforderlichkeit der Datenübermittlung für die Begründung, Durchführung oder Beendigung des Beschäftigungsverhältnisses nicht begründen.

Zur Umsetzung dieser Ziele empfiehlt sich der Abschluss einer entsprechenden Konzernbetriebsvereinbarung.[154]

130 Hinsichtlich der Zulässigkeit der **Übermittlung** von Beschäftigtendaten an ein Konzernunternehmen mit Sitz im **Ausland** ist zu differenzieren zwischen einer Übermittlung in Mitgliedstaaten der EU oder einen Vertragsstaat des EWR[155] einerseits und in sonstige Drittstaaten andererseits. Erfolgt die Datenübermittlung in einen Mitgliedsstaat der EU oder einen Vertragsstaat des EWR bemisst sich die Zulässigkeit grundsätzlich nach denselben Grundsätzen wie eine Datenübermittlung an eine inländische Konzerngesellschaft.[156] Sofern die Datenübermittlung an ein Konzernunternehmen mit Sitz in einem Drittstaat erfolgt, gelten ergänzend die besonderen Regelungen des § 4b Abs. 2 und 3 (siehe § 4b Rn. 13 ff.).

!

Auch bei der Übermittlung von Beschäftigtendaten in Drittländer ohne angemessenes Schutzniveau kann der Erlaubnistatbestand der Einwilligung nach § 4c Abs. 1 Satz 1 Nr. 1 nur dann Grundlage der Datenübermittlung sein, wenn die Einwilligungserklärung ohne Zwang (siehe § 4a Rn. 31 ff.) erteilt wurde. Die Anwendung des Erlaubnistatbestandes wird daher auf Ausnahmefälle beschränkt sein, in denen der Arbeitnehmer eine tatsächlich bestehende Wahl hat, ob er die Einwilligung zu einer Datenübermittlung erteilt oder nicht, bspw. bei karrierefördernden Datenübermittlungen.[157]

c) Veröffentlichung von Beschäftigtendaten in (digitalen) Medien

131 Auch die Veröffentlichung von Beschäftigtendaten etwa auf Firmenhomepages oder in (digitalen) Medien ist nur zulässig, wenn dies für die Durchführung des Beschäftigungsverhältnisses erforderlich ist. Entsprechendes gilt für eine Veröffentlichung von Arbeitnehmerdaten in Werkzeitungen, am „schwarzen Brett" oder im unternehmensinternen Intranet.[158]

Hinsichtlich der Zulässigkeit des Einstellens von Beschäftigtendaten in das Internet bieten sich folgende Prüfungsschritte an:[159]

Ist es **erforderlich**, dass der jeweils **konkrete Beschäftigte** auf der Website erscheint, weil eine entsprechende arbeitsvertragliche Notwendigkeit besteht (regelmäßig zu verneinen z.B. bei einem Buchhalter, Pförtner oder sonstigen nur intern Tätigen, zu bejahen etwa bei Verkäufern und sonstigen Funktionen mit Außenwirkung und unmittelbarem Kundenkontakt)?

↓

Sodann ist der **Umfang** der in das Internet einzustellenden **Daten** über den Beschäftigten zu prüfen. Erforderlich werden in der Regel nur Post- und E-Mail-Adresse sowie Telefonnummer sein.

↓

153 Simitis/*Seifert*, § 32 Rn. 118 m.w.N.
154 Vgl. *Bauer/Herzberg*, NZA 2011, 713, 715 zu der Frage, ob eine Betriebsvereinbarung auf Unternehmens- oder Konzernebene zu schließen ist.
155 Island, Liechtenstein, Norwegen.
156 Simitis/*Seifert*, § 32 Rn. 120.
157 *Gola/Schomerus*, § 4c Rn. 5.
158 Simitis/*Seifert*, § 32 Rn. 124.
159 Nach *Bergmann/Möhrle/Herb*, § 32 Rn. 115.

Der betroffene Beschäftigte und der Datenschutzbeauftragte sind vorab zu **informieren**.

↓

Bei der **Veröffentlichung eines Bildes** ist ebenfalls die Erforderlichkeit zu prüfen und dem Beschäftigten aufgrund des nach § 22 KunstUrhG bestehenden Rechts am eigenen Bild ein **Mitsprache- bzw. Auswahlrecht** einzuräumen.

d) Datenübermittlung im Rahmen von Ausschreibungen

Potenzielle Auftraggeber fordern im Rahmen von Ausschreibungsprozessen nicht selten neben wirt- 132
schaftlichen auch personenbezogene Informationen über die im Rahmen des zu vergebenden Projektes einzusetzenden Arbeitnehmer an. Regelmäßig wird der Arbeitgeber einer solchen Forderung jedoch nicht zulässigerweise nachkommen können. Denn für die Durchführung des konkreten Beschäftigungsverhältnisses ist die Übermittlung personenbezogener Daten im Rahmen eines Ausschreibungsverfahrens an den potenziellen Auftraggeber in der Regel, jedenfalls in nicht anonymisierter Form, nicht erforderlich.[160]

e) Datenübermittlung zur Vorbereitung von Unternehmenskäufen

Unternehmenskäufen geht üblicherweise eine ausführliche Prüfung der rechtlichen und wirtschaftlichen 133
Risiken voraus. Im Rahmen eines solchen Due-Diligence-Prozesses ist der Fokus des Erwerbers immer auch auf personenbezogene Daten der bei dem Zielunternehmen beschäftigten Arbeitnehmer gerichtet. Die Zulässigkeit der Übermittlung personenbezogener Daten der Arbeitnehmer durch das Zielunternehmen im Rahmen des Due-Diligence-Prozesses unterliegt dabei den allgemeinen datenschutzrechtlichen Regelungen und setzt damit gemäß § 4 Abs. 1 einen Erlaubnistatbestand voraus.[161] Eine spezifisch auf die Datenübermittlung im Rahmen des Due-Diligence-Prozesses gerichtete Einwilligung der Arbeitnehmer scheidet dabei grundsätzlich schon aus Vertraulichkeitsgründen aus.

! Eine bei der Einstellung des Arbeitnehmers erteilte Einwilligung nach § 4a erstreckt sich regelmäßig nicht auf die Nutzung personenbezogener Daten bei einer Unternehmenstransaktion.[162]

Aber auch eine Erforderlichkeit der Übermittlung von Beschäftigtendaten im Sinne des § 32 Abs. 1 kann 134
bei einer Übermittlung von Beschäftigtendaten an potenzielle Erwerber im Rahmen eines Due-Diligence-Prozesses nicht angenommen werden. Denn die Datenübermittlung hat hierbei mit der Durchführung des jeweiligen Beschäftigungsverhältnisses nichts zu tun.[163] Auf den Erlaubnistatbestand des § 32 Abs. 1 kann eine Übermittlung von Beschäftigtendaten im Rahmen eines Due-Diligence-Prozesses damit regelmäßig nicht gestützt werden.

! Der Umfang der Zulässigkeit einer Datenübermittlung im Rahmen eines Due-Diligence-Prozesses ist an § 28 Abs. 1 Nr. 2 zu messen (siehe § 28 Rn. 41 ff.).

II. § 32 Abs. 3: Beteiligungsrechte der Interessenvertretung von Beschäftigten

1. Beteiligungsrechte des Betriebsrats

Die erhebliche praktische Bedeutung der Betriebsratstätigkeit für die datenschutzrechtliche Praxis durch 135
den Abschluss von Betriebsvereinbarungen ist bereits oben unter Rn. 55 ff. dargestellt worden, auf die an dieser Stelle nochmals verwiesen wird. Die umstrittene Frage, ob und wenn ja wieweit hier auch angesichts des § 75 Abs. 2 Satz 1 BetrVG von Vorgaben des BDSG abgewichen werden kann, ist auch durch § 32 Abs. 3 nicht gelöst worden.

---

160 Vgl. auch *Bergmann/Möhrle/Herb*, § 32 Rn. 108.
161 *Göpfert/Meyer*, NZA 2011, 486.
162 *Göpfert/Meyer*, NZA 2011, 486, 488.
163 *Gola/Wronka*, Rn. 1227.

§ 32 Abs. 3 stellt allerdings noch einmal klar, dass die dem Betriebsrat nach dem BetrVG zustehenden Rechte durch die Neufassung des § 32 Abs. 3 nicht eingeschränkt werden.[164]

a) Zwingende Mitbestimmung gemäß § 87 BetrVG

aa) Zwingende Mitbestimmung nach § 87 Abs. 1 Nr. 6 BetrVG

136 Die ohne Zweifel praktisch bedeutsamste Norm der betrieblichen Mitbestimmung im Datenschutz ist § 87 Abs. 1 Nr. 6 BetrVG. Nach dieser Vorschrift hat der Betriebsrat ein **zwingendes Mitbestimmungsrecht** bei der **Einführung und Anwendung von technischen Einrichtungen**, die dazu bestimmt sind, das Verhalten oder die Leistung der Arbeitnehmer zu überwachen. Die arbeitsgerichtliche Rechtsprechung hat sich bereits früh darauf festgelegt, dass es dafür genügen soll, dass eine solche Überwachung allein objektiv **technisch möglich** ist.[165] Ob der Arbeitgeber hingegen eine solche Nutzung mit der Einführung auch tatsächlich beabsichtigt, ist für das Bestehen des Mitbestimmungsrechts unerheblich. In der Praxis beschränkt sich damit die Mitbestimmung keineswegs nur auf Personalinformationssysteme oder Software zur Erfassung von Telefondaten, da beispielsweise bereits jedes Windows-Betriebssystem ein entsprechendes Tracking ermöglicht. Bei bloßen Änderungen, insbesondere im Softwarebereich, kommt es für das erneute Auslösen der Mitbestimmung darauf an, ob eine Intensivierung der Überwachung stattfindet oder diese eine neue Qualität bekommt.[166] Insgesamt variieren in der Praxis Regelungsdichte und Umfang hiermit befasster Betriebsvereinbarungen von Unternehmen zu Unternehmen erheblich. Für den Arbeitgeber kann dies zur Folge haben, dass ihm vom Arbeitsgericht kurzfristig per einstweiliger Verfügung die weitere Nutzung einer Software untersagt wird.

> ! Es kann in diesem Zusammenhang aus Arbeitgebersicht durchaus Sinn machen, eine (nicht erzwingbare) Rahmenvereinbarung IuK (Informations- und Kommunikationstechnologie) abzuschließen, die den Arbeitgeber verpflichtet, den aktuellen Stand der verwendeten Software in einer dazugehörigen Anlage nachzuhalten, Veränderungen proaktiv anzuzeigen und dem Betriebsrat dort zusätzliche Informationsrechte einzuräumen. Als vertrauensbildende Maßnahme beschränkt sich die tatsächliche Regulierung dann häufig auf die aus Sicht beider Betriebsparteien wesentlichen Punkte ausgewählter Softwareanwendungen.

Daneben fallen insbesondere Zugangssysteme in ihren unterschiedlichen Ausgestaltungen, Videokameras und Fahrtenschreiber in den Anwendungsbereich dieser Norm.

bb) Zwingende Mitbestimmung nach § 87 Abs. 1 Nr. 1 BetrVG

137 Angesichts der durch § 32 Abs. 2 erfolgten Erweiterung auf nicht automatisierte Prozesse dürfte zudem der Mitbestimmungstatbestand des § 87 Abs. 1 Nr. 1 BetrVG auch im datenschutzrechtlichen Umfeld an Bedeutung gewinnen. Hiernach sind Fragen der **Ordnung im Betrieb** und des **Verhaltens der Arbeitnehmer** ebenfalls mitbestimmungspflichtig. Das Bundesarbeitsgericht differenziert insoweit allerdings zwischen sogenanntem Arbeits- und Ordnungsverhalten.[167] Beziehen sich Maßnahmen unmittelbar oder mittelbar auf die Arbeitsleistung, so bleibt dies mitbestimmungsfrei. In der Praxis ist diese Unterscheidung allerdings im Einzelfall häufig schwierig umzusetzen,[168] weshalb sie auch erheblicher Kritik ausgesetzt ist. Im Compliance-Kontext sind gleichwohl durch das Honeywell-Urteil des Bundesarbeitsgerichts zumindest einige Fragen geklärt worden.[169]

---

164 *Thüsing*, NZA 2009, 865, 870 „Merkzettel der Gesetzgebung".
165 Grundlegend: BAG v. 09.09.1975, Az. 1 ABR 20/74, AP BetrVG 1972 § 87 Überwachung Nr. 2.
166 Erfurter Kommentar/*Kania*, § 87 BetrVG Rn. 59.
167 BAG v. 24.03.1981, Az. 1 ABR 32/78, NJW 1982, 404, 404.
168 Vgl. inbes. zu Krankengesprächen: Erfurter Kommentar/*Kania*, § 87 BetrVG Rn. 21a.
169 Insoweit grundlegend: BAG v. 22.07.2008, Az. 1 ABR 40/07, NZA 2008, 1248 ff.

cc) Umsetzung und Durchsetzung zwingender Mitbestimmungsrechte

Das in der Praxis bedeutsamste Mittel zur Umsetzung der Mitbestimmungsrechte ist die Betriebsvereinbarung. Sie konkretisiert letztlich die datenschutzrechtlichen Vorgaben für den jeweils betroffenen Betrieb. Das BetrVG stellt insoweit sicher, dass im Rahmen dieser Umsetzung auch die Interessen der Mitarbeiter ausreichend Berücksichtigung finden. Insoweit nimmt der Betriebsrat auch eine Kontrollfunktion wahr. **138**

Kommen Betriebsrat und Arbeitgeber in einer Frage, die der zwingenden Mitbestimmung unterliegt, nicht zu einer Einigung, so kann jeder das sogenannte **Einigungsstellenverfahren** einleiten. Dieses wird von einem unparteiischen Dritten – in der Regel, aber nicht zwingend ein Arbeitsrichter – geleitet, dessen Stimme dann ggf. auch eine nicht beizulegende Streitfrage verbindlich entscheidet. Ein solcher **Einigungsstellenspruch** kommt einer entsprechenden Betriebsvereinbarung gleich. **139**

b) Sonstige Beteiligungsrechte mit datenschutzrechtlichem Bezug

§ 80 Abs. 2 Satz 1 BetrVG stellt dem Betriebsrat einen allgemeinen **Unterrichtungsanspruch** zur Seite, um die ihm obliegende Überwachungsaufgabe zur Einhaltung der geltenden Rechtsvorschriften zu erfüllen. Hierzu zählt natürlich auch das BDSG. Gemäß § 80 Abs. 2 Satz 2 BetrVG muss der Arbeitgeber dem Betriebsrat auch die hierfür erforderlichen Unterlagen zur Verfügung stellen. Dies beschränkt sich nach der Rechtsprechung jedoch auf die Unterlagen, die er bereits hat.[170] **140**

Zudem enthält das Betriebsverfassungsrecht Mitbestimmungsrechte, die sich auf die Ausgestaltung verschiedener allgemeiner Prozesse in der täglichen Personalarbeit beziehen. Regelmäßig bewirkt dies faktisch auch eine starke Einflussnahmemöglichkeit auf die in diesem Zusammenhang zu erhebenden und zu nutzenden Daten: **141**

So enthält § 94 Abs. 1 BetrVG ein spezifisches Mitbestimmungsrecht für die Verwendung von **Personalfragebögen**. Ihre Verwendung bedarf zuvor der Zustimmung des Betriebsrats. Das Mitbestimmungsrecht bezieht sich inhaltlich auch auf den damit verfolgten Zweck.

Zudem hat der Betriebsrat gemäß § 94 Abs. 2 BetrVG bei der Aufstellung **allgemeiner Beurteilungsgrundsätze** mitzubestimmen. Dies ist jedoch nicht mit einer Mitbestimmung bei der eigentlichen Beurteilung gleichzusetzen. Das Mitbestimmungsrecht umfasst allein die Aufstellung abstrakter Kriterien, die dann im Einzelfall Anwendung finden sollen.[171] **142**

Schließlich ist für die Aufstellung **allgemeiner Auswahlkriterien** bei Einstellung, Versetzung, Umgruppierung und Kündigung gemäß § 95 Abs. 1 BetrVG ebenfalls die Zustimmung des Betriebsrats erforderlich. **143**

2. Beteiligungsrechte des Personalrats und des Sprecherausschusses

Für die Beschäftigten des Öffentlichen Diensts des Bundes übt der **Personalrat** eine dem Betriebsrat vergleichbare Funktion aus, die auch zu einem durchaus vergleichbaren Schutzniveau führt. Mit den Regelungen der §§ 75 Abs. 3 Nr. 17 und Nr. 15 BPersVG bestehen zudem Regelungen, die als zwingende Mitbestimmungsrechte mit § 87 Abs. 1 Nr. 6 und Nr. 1 BetrVG vergleichbar sind. Auch hier besteht jeweils gemäß §§ 70 Abs. 1, 69 Abs. 4 BPersVG die Möglichkeit, eine Entscheidung durch die Einigungsstelle herbeizuführen. Im Hinblick auf Personalfragebögen und Beurteilungsgrundsätze ist dies gemäß §§ 75 Abs. 3 Nr. 8 und 9, 70 Abs. 2 BPersVG jedoch nicht möglich. **144**

Anders als Betriebs- und Personalrat stehen dem **Sprecherausschuss** als Vertretungsgremium der leitenden Angestellten keine zwingenden Mitbestimmungsrechte zu. Insoweit finden sich im SprAuG kaum Regelungen, die einen besonderen Bezug zum Datenschutz aufweisen. Allerdings beinhaltet § 27 Abs. 2 SprAuG eine mit § 75 Abs. 2 Satz 1 BetrVG durchaus vergleichbare Verpflichtung des Sprecherausschusses. Ob und inwieweit dem Sprecherausschuss im Fall nachhaltiger Veränderungen unter Bezugnahme **145**

170 BAG v. 17.03.1983, Az. 6 ABR 33/80, NJW 1983, 2436.
171 Erfurter Kommentar/*Kania*, § 94 Rn. 4 BetrVG.

auf die grundrechtliche Schutzposition der von ihm repräsentierten leitenden Angestellten hieraus sogar gegebenenfalls ein Interventionsrecht erwächst, ist jedoch offen.[172]

III. Rechtsfolgen eines Verstoßes gegen § 32

146 Hinsichtlich der Rechtsfolgen bei einem Verstoß gegen die Regelungen des § 32 durch den Arbeitgeber ist mangels spezieller Regelungen auf allgemeine Vorschriften zurückzugreifen.[173]

147 Zunächst können Verstöße gegen § 32 Maßnahmen der **Aufsichtsbehörde** nach § 38 auslösen (siehe § 38 Rn. 8, 67). Zudem können sie nach § 43 Abs. 2 Nr. 1 bis 4 als **Ordnungswidrigkeit** sanktioniert werden (siehe § 43 Rn. 45 ff.). Sofern eine ordnungswidrige Handlung nach § 43 Abs. 2 gegen Entgelt oder in der Absicht, sich oder einen anderen zu bereichern oder einen anderen zu schädigen, erfolgt, kommt nach § 44 sogar eine **strafrechtliche Verantwortlichkeit** in Betracht (siehe § 44 Rn. 1).

148 In zivilrechtlicher Hinsicht kann der Verstoß des Arbeitgebers gegen die ihm nach § 32 obliegenden Pflichten **Schadensersatzansprüche** des betroffenen Arbeitnehmers aus besonderer Verschuldenshaftung nach § 7 (siehe § 7 Rn. 11) sowie aus allgemeinen Anspruchsgrundlagen, insbesondere aus § 280 Abs. 1 BGB in Verbindung mit § 32, aus § 823 Abs. 1 BGB (allgemeines Persönlichkeitsrecht) und § 823 Abs. 2 BGB in Verbindung mit § 32, begründen (siehe § 7 Rn. 37 ff.). Die Darlegungs- und Beweislast für das Vorliegen der anspruchsbegründenden Voraussetzungen trägt dabei der betroffene Beschäftigte.[174]

149 Daneben können auch **Unterlassungs- und Beseitigungsansprüche** des betroffenen Beschäftigten gegen den Arbeitgeber als verantwortliche Stelle gemäß § 1004 BGB analog in Betracht kommen,[175] so etwa in Form einer Löschung rechtswidrig erhobener Daten.

150 Hinsichtlich der Verwertung erhobener Daten im Rahmen gerichtlicher Verfahren kann deren Rechtswidrigkeit zu einem **Beweiserhebungs- und Verwertungsverbot** führen.[176]

C. Anwendungsempfehlung/weitere praktische Hinweise

I. Allgemeine Voraussetzungen

151 Die Zulässigkeit der Datenverarbeitung von Beschäftigtendaten nach § 32 lässt sich vereinfacht wie folgt ausdrücken: Der Arbeitgeber muss die Daten für das Beschäftigungsverhältnis vernünftigerweise benötigen und hat dabei den Grundsatz der Verhältnismäßigkeit zu beachten.[177]

152 Die Erforderlichkeit und Verhältnismäßigkeit der Beschäftigtendatenverarbeitung sind die zentralen Kriterien, nach denen sich die Rechtmäßigkeit der Datenverarbeitung richtet. Die Rechtsprechung stellt hier strenge Anforderungen, ohne dabei der Praxis Unmögliches abzuverlangen. Die anlasslose, unbeschränkte, unbefristete und ziellose Datenverarbeitung im Beschäftigungsverhältnis ist rechtswidrig.

II. Prüfungsschema für eine zulässige Videoüberwachung

153 **Für die heimliche Videoüberwachung sind folgende Voraussetzungen zu beachten:**[178]

- Es muss ein konkreter Verdacht bestehen. Allgemeine Vermutungen reichen nicht aus.
- Es muss eine Notwehrsituation oder notwehrähnliche Lage bestehen.

172 Eher verneinend: Erfurter Kommentar/*Oetker*, § 27 SprAuG Rn. 3.
173 Simitis/*Seifert*, § 32 Rn. 190.
174 Simitis/*Seifert*, § 32 Rn. 191.
175 Simitis/*Seifert*, § 32 Rn. 192.
176 Simitis/*Seifert*, § 32 Rn. 193 m.w.N.; *Bergwitz*, NZA 2012, 353 ff.
177 Vgl. *Jacobs*, ZfA 2012, 215, 218.
178 Vgl. hierzu *Bergmann/Möhrle/Herb*, § 32 Rn. 173 m.w.N.

- Es muss der Verdacht auf strafbare Handlungen oder andere schwere Verfehlungen bestehen. Der Diebstahl geringwertiger Artikel stellt nach Ansicht der Rechtsprechung keine Straftat dar, die eine heimliche Videoüberwachung rechtfertigt.
- Es müssen alle weniger einschneidenden Mittel ausgeschöpft worden sein, wie z.B. eine elektronische Artikelsicherung.
- Letztlich fordert die Rechtsprechung, dass die Videoüberwachung das einzig verbleibende Mittel darzustellen habe.
- Zuletzt hat der Arbeitgeber eine Verhältnismäßigkeitsprüfung durchzuführen. Dabei ist z.B. auch zu berücksichtigen, ob und inwieweit andere unbeteiligte Mitarbeiter oder Dritte von der Videoüberwachungsmaßnahme betroffen sind. Unverhältnismäßig kann eine Überwachung auch an bestimmten Orten, z.B. Sanitärräumlichkeiten, sein.
- Die Prüfung und Güterabwägung ist stets im Einzelfall vorzunehmen. Dabei hat der Arbeitgeber sowohl eine zeitliche Begrenzung der Maßnahme in Betracht zu ziehen sowie mildere Mittel, wie z.B. Personenkontrollen oder das sog. Fernseh-Monitoring, in dem keine Daten aufgezeichnet werden.

III. Themenspezifische Veröffentlichungen

Der Bundesbeauftragte für den Datenschutz und die Informationsfreiheit veröffentlicht im Internet[179] Informationen über Neuentwicklungen und gesetzgeberische Aktivitäten im Zusammenhang mit dem Beschäftigtendatenschutz sowie Arbeitshilfen und Leitfäden zur Anwendung der geltenden Regelungen. 154

D. Muster

Arbeitsvertragliche Einwilligungserklärung 155

[Briefbogen Arbeitgeber]

[Name / Adresse des Arbeitnehmers]

Einwilligung in die Erhebung, Verarbeitung und Nutzung personenbezogener Daten

Sehr geehrte(r) Herr/Frau [____________],

wir als Ihr Arbeitgeber werden im Rahmen des bestehenden Arbeitsverhältnisses Ihre personenbezogenen Daten erheben, verarbeiten, insbesondere speichern, und sonst nutzen (im Folgenden auch: Datenverarbeitung).

Personenbezogene Daten in diesem Sinne sind Einzelangaben über Ihre persönlichen und sachlichen Verhältnisse, die für die Durchführung oder Beendigung Ihres Arbeitsverhältnisses bestimmt sind, insbesondere Sozialdaten, Beurteilungen nebst Leistungs- und Verhaltensdaten, Lohn- und Gehaltsdaten, die im Rahmen Ihres Bewerbungsverfahrens übermittelten Daten und Angaben.

Zweck der Erhebung, Verarbeitung und Nutzung Ihrer personenbezogenen Daten ist die Durchführung oder Beendigung des Arbeitsverhältnisses. Insbesondere werden Ihre personenbezogenen Daten zum Zwecke der Gehaltsabrechnung, für die Koordination des Mitarbeitereinsatzes, zum Zwecke der Entscheidung über die Beteiligung an Sozialleistungen des Arbeitgebers und zur Durchführung von Beförderungs- und anderen Auswahlentscheidungen erhoben, verarbeitet und genutzt.

Diese Einwilligungserklärung umfasst auch eine Datenverarbeitung zu den vorgenannten Zwecken durch eine Konzerngesellschaft oder durch eine dritte Gesellschaft, soweit diese im Rahmen einer Auftragsdatenverarbeitung nach den Bestimmungen des § 11 BDSG erfolgt.

Wir dürfen Sie bitten, die nachfolgende Einverständniserklärung zu unterzeichnen und an uns zurückzureichen. Auch nach dieser Einverständniserklärung können Sie diese jederzeit widerrufen.

179 Abrufbar unter: http://www.bfdi.bund.de.

Mit freundlichen Grüßen

____

Unterschrift des Arbeitgebers

Zu der Erhebung, Verarbeitung, insbesondere Speicherung und zu der Nutzung meiner personenbezogenen Daten in dem vorstehend ausgeführten Umfang erkläre ich mein Einverständnis. Das gilt insbesondere auch für alle Daten, die ich im Rahmen meiner Bewerbung unaufgefordert mitgeteilt habe. Mir ist bekannt, dass ich die Löschung dieser Daten jederzeit verlangen kann, soweit ein berechtigtes Interesse des Arbeitgebers an der Verarbeitung, Speicherung oder Nutzung meiner personenbezogenen Daten nicht mehr besteht.

[Ort, Datum]

____

Unterschrift des Arbeitnehmers

156

Betriebsvereinbarung

über

die Nutzung von E-Mail, Internet und Intranet

zwischen

der ....,

vertreten durch ....

– nachstehend: .... –

und

....

Präambel:

Das Internet stellt mit seinen Diensten E-Mail und World Wide Web ein Informations-, Kommunikations- und Transaktionsmedium dar, das in hohem Umfang zur Optimierung der Arbeitsabläufe bei .... beiträgt und den Arbeitsalltag bei .... mitbestimmt. Vor dem Hintergrund der hiermit verbundenen Chancen und Gefahren sind sich die Betriebsparteien einig, dass es im Interesse aller Beteiligten liegt, die rechtlichen Rahmenbedingungen für den Einsatz von E-Mail, Internet und Intranet zu konkretisieren. Dies vorausgeschickt, regeln die Betriebsparteien was folgt:

§ 1
Gegenstand und Geltungsbereich

(1) Diese Betriebsvereinbarung regelt den Einsatz von elektronischen Kommunikationsmitteln durch .... und umfasst insbesondere

- Internet
- Intranet
- E-Mail

einschließlich der hiermit verbundenen weiteren Funktionen der eingesetzten Softwaresysteme.

(2) Die eingesetzten Softwaresysteme sind .... in ihren jeweils aktuellen Versionen.

(3) Diese Vereinbarung gilt für alle Mitarbeiterinnen und Mitarbeiter (nachfolgend: „Mitarbeiter") der ...., die Arbeitnehmer im Sinne des § 5 BetrVG sind.

§ 2
Allgemeiner Verhaltenskodex hinsichtlich der Nutzung elektronischer Kommunikationsmittel

(1) Die Mitarbeiter sind verpflichtet, mit den ihnen zur Verfügung gestellten elektronischen Kommunikationsmitteln stets äußerst verantwortungsvoll umzugehen und sie im Interesse der .... einzusetzen. Ein solcher verantwortungsvoller Umgang ist maßgeblich für die Gewährleistung und Verbesserung der vorhandenen Sicherheitsstandards. Ein Verstoß gegen diese Betriebsvereinbarung kann die Netzwerksicherheit gefährden.

(2) Hat ein Mitarbeiter Zweifel, ob ein bestimmter Sachverhalt oder Vorgang die Netzwerksicherheit gefährdet, oder hat er Anhaltspunkte für eine Gefährdung der Netzwerksicherheit, so ist er verpflichtet, unverzüglich die IT-Abteilung zu informieren.

(3) Die Mitarbeiter sind verpflichtet, die Vorschriften der „Informationssicherheitsrichtlinie" der .... in ihrer jeweils aktuellen Fassung einzuhalten.

(4) Die elektronischen Kommunikationsmittel sind Arbeitsmittel, ihre Zurverfügungstellung erfolgt grundsätzlich zu dienstlichen Zwecken.

(5) Rechtsansprüche der Mitarbeiter auf die Zurverfügungstellung bestimmter elektronischer Kommunikationsmittel werden durch diese Betriebsvereinbarung ebenso wenig begründet wie Rechtsansprüche auf Nutzung bestimmter Softwaresysteme oder bestimmter Versionen von Softwaresystemen.

(6) Die private Nutzung des Internetzugangs, des Intranets und des E-Mailanschlusses ist grundsätzlich unzulässig und nur im Rahmen der Vorgaben dieser Betriebsvereinbarung gestattet. Die insoweit eingeschränkt gestattete private Nutzung darf jedoch in keinem Fall den Interessen der .... entgegenstehen und insbesondere die Arbeit nicht beeinträchtigen. Bei der eingeschränkten Gestattung der privaten Nutzung handelt sich um eine freiwillige Leistung, die auch bei langjähriger Gewährung keinen Rechtsanspruch für die Zukunft begründet.

(7) Das Einbringen von privater Soft- und/oder Hardware durch die Mitarbeiter ist unzulässig.

§ 3
Schutz der Persönlichkeitsrechte

(1) Personenbezogene Daten sind Einzelangaben über persönliche oder sachliche Verhältnisse bestimmter oder bestimmbarer Mitarbeiter. Dazu gehören beispielsweise auch die bei der Nutzung elektronischer Kommunikationsmittel anfallenden Protokoll- oder Verbindungsdaten.

(2) Personenbezogene Daten, die zum Zwecke der Datenschutzkontrolle, der Datensicherung oder zur Sicherung eines ordnungsgemäßen Betriebs des elektronischen Kommunikationsmittels, z. B. Fehleranalyse und –korrektur, Systemoptimierung einschließlich Kapazitätsplanung gespeichert werden, werden nur für diese Zwecke sowie zum Zweck der Missbrauchskontrolle gemäß nachfolgendem Absatz (3) verwendet (§ 31 BDSG).

(3) Im Falle eines hinreichenden Verdachts auf einen Missbrauch, insbesondere vertragswidrigen Verhaltens und Verstößen gegen diese Betriebsvereinbarung, können personenbezogene Daten zu einer Leistungs- und Verhaltenskontrolle verwendet werden. In einem derartigen Fall werden die Verbindungs- und Inhaltsdaten von .... gemeinsam mit dem zuständigen Betriebsrat eingesehen. Der Mitarbeiter ist zuvor, wenn keine Verdunkelungsgefahr besteht, anzuhören. Bestätigt sich der Verdacht nicht, so sind die gewonnenen Daten unverzüglich zu löschen; diejenigen Personen, die im Rahmen des Zugriffs Kenntnis von den Verbindungs- oder Inhaltsdaten erlangt haben, sind zum Stillschweigen hierüber verpflichtet. Soweit im Rahmen der zulässigen privaten Nutzung das Fernmeldegeheimnis zwingend zu beachten ist und höhere Anforderungen an eine Missbrauchskontrolle stellt, bleibt es von den vorstehenden Regelungen unberührt.

§ 4
Internet

(1) Die Benutzung der Internetdienste dient der dienstlichen externen und internen Kommunikation per E-Mail, dem dienstlichen Zugriff auf weltweit verfügbare Informationen und Daten sowie dem Angebot firmenbezogener Informationen zu dienstlichen und Werbezwecken (z.B. auf der ....-Homepage).

(2) Bei jedem Internetzugriff werden insbesondere der Benutzername, die IP-Adresse des Benutzers/Rechners, die zugegriffene URL, Uhrzeit und Datum sowie die Größe der geladenen URL protokolliert. Hinsichtlich des Schutzes der Persönlichkeitsrechte wird auf § 3 verwiesen.

(3) Die .... kann zu statistischen Zwecken (z.B. zur Überprüfung des Ausmaßes der privaten Nutzung des Internets), zur Anpassung der Blacklist und zur Kontrolle des Download-Verbotes anonymisiert ermitteln, wie viele Zugriffe auf das Internet und verschiedene Kategorien von Informationen erfolgen.

(4) Auf der Homepage der .... können personenbezogene Daten der Mitarbeiter aufgeführt werden, soweit die Daten zur Erfüllung der Arbeitspflicht (insbesondere Kundendienst und Vertrieb) und auch zur Erfüllung gesetzlicher Publikationspflichten benötigt werden.

(5) Die .... ist berechtigt, Mitarbeitern den Zugriff auf offensichtlich dienstlich nicht erforderliche Inhalte sowie solche, die geeignet scheinen, den Interessen der Belegschaft und der .... oder deren Ansehen in der Öffentlichkeit zu schaden, oder die gegen geltende Gesetze und Verordnungen verstoßen, d. h. z. B. Inhalte

- die gegen datenschutzrechtliche, persönlichkeitsrechtliche, urheberrechtliche oder strafrechtliche Bestimmungen verstoßen,
- mit weltanschaulicher oder politischer Werbung,
- mit beleidigenden, verleumderischen, verfassungsfeindlichen, Gewalt verherrlichenden, rassistischen, sexistischen oder pornografischen Äußerungen oder Abbildungen,

zu sperren (Blacklist).

(6) Unzulässig ist jegliche Nutzung, die das Abrufen und Anbieten von Inhalten gemäß § 4 (5) umfasst. „Anbieten" umfasst insoweit jedes Verbreiten über das Internet oder das Einstellen in News-Gruppen oder Diskussionsforen in einer Art, dass die Firmenzugehörigkeit erkennbar ist, oder unter Verwendung von EDV-Anlagen der .... „Abrufen" heißt, auf im Netz vorhandene Informationen mit EDV-Anlagen der .... zuzugreifen.

(7) Unzulässig ist das Downloaden (Herunterladen) und Installieren jeglicher Software und Dateien aus dem Internet.

(8) Eine private Nutzung des Internets ist nur zulässig vor Dienstbeginn, während der Mittagspause und nach Dienstschluss und das auch nur, wenn und solange der .... eine schriftliche Einwilligungserklärung des Mitarbeiters vorliegt, dass er mit der Erhebung, Speicherung, Verarbeitung und Nutzung der personenbezogenen Daten, die im Rahmen der Privatnutzung des Internets anfallen (insbesondere der Daten gemäß § 4 (2) dieser Betriebsvereinbarung), zum Zwecke der Missbrauchskontrolle einverstanden ist. Widerruft der Mitarbeiter seine Einwilligungserklärung oder endet deren Wirkung aus einem anderen Grund, so ist eine weitere Privatnutzung des Internets durch ihn unzulässig.

Nutzt der Mitarbeiter das Internet vor Dienstbeginn, während der Mittagspause und nach Dienstschluss zu privaten Zwecken, so darf er für die Dauer der Privatnutzung nicht im ....-Arbeitszeiterfassungssystem als dienstlich anwesend eingestempelt sein.

Soweit diese Betriebsvereinbarung bzw. gesetzliche Bestimmungen eine Erhebung, Speicherung, Verarbeitung und Nutzung personenbezogener Daten zulassen, bleiben diese Erlaubnistatbestände vom Vorliegen einer Einwilligungserklärung des Mitarbeiters bzw. von einem Widerruf derselben, unberührt.

Insgesamt darf die private Nutzung eine Dauer von 20 Stunden pro Monat nicht überschreiten.

Die Verbote des § 4 (6) und (7) bleiben unberührt.

Die private Nutzungsmöglichkeit ist eine freiwillige Leistung, die auch bei langjähriger Gewährung keinen Rechtsanspruch für die Zukunft begründet.

§ 5
Intranet

(1) Die .... will über ihr Intranet alle Mitarbeiter umfassend aktuell informieren. Sie unterstützt eine offene geschäftsbezogene Informations- und Kommunikationskultur. Welche Dokumente und welche Inhalte in das Intranet gestellt werden, bestimmt die Geschäftsleitung der ....

(2) Das Intranet steht für die private Nutzung nicht zur Verfügung.

§ 6
E-Mail

(1) Der E-Mailanschluss dient der dienstlichen Kommunikation der Mitarbeiter untereinander sowie der dienstlichen Kommunikation mit Dritten.

(2) Soweit ein Mitarbeiter die Möglichkeit besitzt, einen ....-E-Mailaccount (Vorname.Nachname@..................de) zu nutzen, ist eine Nutzung für private Zwecke nicht gestattet.

Für die private Kommunikation per E-Mail kann der Mitarbeiter jedoch auf die in § 4 (8) gestattete private Nutzung des Internets zu den dort genannten Zeiten und auf externe E-Maildienste (z. B. www.hotmail.com, www.web.de, www.gmx.de) zugreifen. Soweit so empfangene E-Mails Anhänge (z.B. Word Datei, PDF, Bilder, Programme) beinhalten ist es unzulässig, diese zu öffnen oder auf den EDV-Anlage der .... zu speichern. Eine private Versendung von E-Mail Anhängen ist unzulässig.

(3) Jede ausgehende externe E-Mail wird automatisch um einen von .... vorgegebenen einheitlichen Disclaimer, einschließlich einer persönlichen Signatur des Absenders ergänzt. Der Disclaimer, einschließlich der persönlichen Signatur, darf vom Mitarbeiter nicht geändert oder gelöscht werden.

(4) Ausgehende E-Mails werden nicht automatisch verschlüsselt. Die Mitarbeiter sind daher verpflichtet, ausgehende E-Mails mit vertraulichem Inhalt nur verschlüsselt zu versenden. Hierzu gehören insbesondere,

- vertrauliche Kundendaten (z.B. ....),
- interne vertrauliche Informationen (z.B. Strategien, Budgetzahlen, Revisionsberichte, ...),
- vertrauliche Marktdaten (z.B. anstehende Fusionen, ...).

Hat ein Mitarbeiter Zweifel, ob eine E-Mail vertrauliche Informationen enthält, so ist er verpflichtet, vor dem Versenden der E-Mail Rücksprache mit dem jeweiligen Abteilungsleiter zu halten, ob eine Verschlüsselung der E-Mail erforderlich ist.

Darüber hinaus kann der Abteilungsleiter jederzeit anordnen, dass bestimmte Daten bzw. Informationen – über die vorstehenden hinaus – innerhalb der .... sowie an externe Stellen nur in verschlüsselter Form übertragen werden dürfen.

(5) Die Mitarbeiter sind verpflichtet, E-Mails vor dem Versenden auszudrucken und von dem jeweiligen Abteilungsleiter frei zeichnen zu lassen, wenn

- mit dem Inhalt der E-Mail für .... oder einen Dritten eine Verpflichtung, gleich welcher Art, eingegangen wird (z.B. die Abgabe und Annahme von Vertragsangeboten, die Abgabe von verbindlichen Zusagen etc.),

– der Mitarbeiter Zweifel über die Richtigkeit des Inhalts oder der Form der E-Mail hat.

(6) Der Mitarbeiter ist verpflichtet, eingehende E-Mails zeitnah zu bearbeiten. Im Falle der Abwesenheit des Mitarbeiters gilt § 8.

(7) Der Mitarbeiter ist verpflichtet, externe ein- und ausgehende E-Mails, die gemäß dem ....-Aufbewahrungskatalog aufbewahrungspflichtig sind, unverzüglich auszudrucken und als Schriftstück dem jeweiligen Vorgang beizufügen. Das gleiche gilt für externe und interne ein- und ausgehende E-Mails, deren Aufbewahrung – über den ....-Aufbewahrungskatalog hinaus – zu Dokumentationszwecken erforderlich ist. Die Einzelheiten bestimmt der jeweilige Abteilungsleiter.

Soweit eine entsprechende Aufbewahrung nicht erforderlich ist (z.B. SPAM), sind die E-Mails unverzüglich zu löschen.

(8) Unzulässig ist insbesondere jegliche Versendung von E-Mails mit den in § 4 (5) genannten Inhalten, die Weiterleitung interner E-Mails an Dritte sowie die Weitergabe sonstiger Betriebsinterna, insbesondere vertraulicher Daten und Geschäfts- und Betriebsgeheimnisse an Dritte. Hat der Mitarbeiter Zweifel, ob eine E-Mail versendet werden darf, so ist er verpflichtet, dies vor dem Versenden der E-Mail mit dem jeweiligen Abteilungsleiter zu klären.

(9) Unzulässig ist auch das Installieren von Software, die per E-Mail-Anhang empfangen wird.

(10) Alle eingehenden und ausgehenden E-Mails und E-Mail-Anhänge werden automatisch auf Viren, Würmer u.ä. gescannt. Sollte der Virenscanner einen schädlichen Programmcode in einer E-Mail oder einem E-Mail-Anhang entdecken, wird die E-Mail gelöscht. Wird eine eingehende E-Mail gelöscht, so wird der Empfänger über die Löschung informiert; in diesem Fall ist der Mitarbeiter verpflichtet, den Absender per E-Mail über die Löschung seiner E-Mail zu informieren und darauf hinzuweisen, dass die .... von dem Inhalt seiner E-Mail keine Kenntnis nehmen konnte. Wird eine ausgehende E-Mail gelöscht, so wird der Absender über die Löschung informiert; in diesem Fall ist der Mitarbeiter verpflichtet, unverzüglich den ....-Sicherheitsbeauftragten bzw. seinen Stellvertreter über die Löschung zu informieren und – soweit noch erforderlich – das Versenden der E-Mail nachzuholen, nachdem der schädliche Programmcode entfernt wurde.

(11) Die .... ist berechtigt, alle eingehenden und ausgehenden E-Mails eines ....-E-Mailaccounts (Vorname.Nachname@.................de) mit Absender, Empfänger, E-Mail-ID, Größe der E-Mail, Datum und Uhrzeit zu protokollieren.

(12) Die ...., insbesondere der jeweilige Abteilungsleiter, der Sicherheitsbeauftragte bzw. sein Stellvertreter, ist berechtigt, Einblick in die eingehenden und ausgehenden E-Mails eines ....-E-Mailaccounts (Vorname.Nachname@.................de) zu nehmen.

§ 7
Kalenderfunktion von ....

(1) Mit Hilfe der Kalenderfunktion von .... sollen die Termin- sowie An- und Abwesenheitspläne aller Mitarbeiter, die über einen computergestützten Arbeitsplatz verfügen, gepflegt werden.

(2) Die Mitarbeiter sind verpflichtet, ihren Kalender zu pflegen und stets auf dem aktuellen Stand zu halten. Die Mitarbeiter geben hierfür ihre dienstlichen Termine, An- und Abwesenheitszeiten unverzüglich, nachdem ihnen diese bekannt sind, selbst ein und aktualisieren sie im Falle von Änderungen unverzüglich.

(3) Die Kalendereinträge sind wie folgt vorzunehmen:

– Dienstliche Termine im Hause sind konkret unter Hinzufügung von „im Haus" zu bezeichnen (z.B. „Besprechung mit Herrn X im Haus"; „Konferenz Projekt X im Haus").

– Dienstreisen oder sonstige dienstliche Abwesenheitszeiten sind als solche unter Angabe des Zielortes zu bezeichnen (z.B. „Dienstreise München", „Diensttermin Lübeck", „Diensttermin außer Haus in Hamburg").

- Urlaubsbedingte Abwesenheitszeiten sind als „Urlaub" zu bezeichnen.
- Private Termine und Abwesenheitszeiten während der Arbeitszeit sind als „privater Termin außer Haus" oder „private Abwesenheit" zu bezeichnen.

Bei der Eingabe von dienstlichen und privaten Reise- oder sonstigen Abwesenheitszeiten ist es den Mitarbeitern freigestellt, auch Adressen und Telefonnummern für ihre zwischenzeitliche Erreichbarkeit anzugeben.

(4) Die private Nutzung weiterer Funktionen von .... (z.B. Adressbuch, Aufgaben, Notizen, Kontakte) ist unzulässig, soweit in dieser Betriebsvereinbarung nichts anderes bestimmt ist.

§ 8
Vertretungsregelung

(1) Für jeden Mitarbeiter wird ein Stellvertreter bestimmt, um im Falle der Abwesenheit des Mitarbeiters eine ordnungsgemäße Vertretung zu gewährleisten.

Der Stellvertreter wird durch den jeweiligen Abteilungsleiter in Abstimmung mit dem Mitarbeiter bestimmt. Ist eine vorherige Abstimmung nicht möglich, so bestimmt der Abteilungsleiter den Stellvertreter allein und teilt dessen Namen dem Mitarbeiter unverzüglich mit.

(2) Eine E-Mail an die Dienstadresse (Vorname.Nachname@.................de) wird bei Abwesenheit automatisch mit einer Abwesenheits-E-Mail beantwortet (Auto Reply), die über die Dauer der Abwesenheit und einen alternativen Ansprechpartner informiert, und automatisch an den Stellvertreter weitergleitet (Auto-Forward).

Vor vorhersehbarer Abwesenheit (z. B. Urlaub, Dienstreise) ist der Mitarbeiter verpflichtet, diese Funktionen in Abstimmung mit dem Stellvertreter zu aktivieren. Bei unvorhergesehener Abwesenheit (z. B. Krankheit) oder pflichtwidrigem Unterlassen des Aktivierens durch den Mitarbeiter können diese Funktionen (Auto-Reply, Auto-Forward) durch den Sicherheitsbeauftragten (§ 9) auf Veranlassung des jeweiligen Abteilungsleiters und in Absprache mit dem Stellvertreter aktiviert werden.

(3) Der Stellvertreter ist berechtigt und auf Verlangen des jeweiligen Abteilungsleiters verpflichtet, Einblick in den .... Kalender des abwesenden Mitarbeiters zu nehmen.

Jeder Mitarbeiter entscheidet über die Sichtbarkeit seiner gemäß § 7 eingetragenen privaten Termine und privaten Abwesenheitszeiten selbst. Er ist daher berechtigt, diese im Rahmen der Programmfunktionen als Privattermin zu kennzeichnen, sodass sie bei einem Zugriff von außen durch den Stellvertreter nicht sichtbar sind.

§ 9
Sicherheitsbeauftragter

(1) Für die Verwaltung des E-Mailsystems sind der ....-Sicherheitsbeauftragte bzw. sein Stellvertreter zuständig. Sie müssen mit den Bestimmungen des Fernmeldegeheimnisses im TKG und den Vorschriften des BDSG vertraut sein und sind auf das Datengeheimnis gemäß § 5 BDSG zu verpflichten. Über alle Informationen, die sie durch ihre Tätigkeit erhalten, haben sie Stillschweigen zu bewahren.

(2) Der ....-Sicherheitsbeauftragte bzw. sein Stellvertreter stehen den Mitarbeitern als Ansprechpartner für alle Fragen zur E-Mail- und Web-Nutzung am Arbeitsplatz zur Verfügung. Sie sind verpflichtet, erforderlichenfalls den Abteilungsleiter und/oder die Geschäftsleitung einzubinden.

§ 10
Passwörter

(1) Jeder Benutzer des E-Mailsystems erhält eine Zugriffsberechtigung (Passwort) und einen eigenen Datenbereich (Mailbox).

(2) Die Nutzer müssen Ihre Passwörter sorgfältig auswählen und geheim halten. Es ist untersagt, Passworte an andere weiterzugeben.

§ 11
Information, Schulung

(1) Die .... beabsichtigt, zeitnah nach Inkrafttreten dieser Betriebsvereinbarung für die Mitarbeiter eine Schulungsveranstaltung abzuhalten, in der die Mitarbeiter über die ethischen, technischen, sicherheitstechnischen und rechtlichen Aspekte der Nutzung von Internet, E-Mail und Intranet informiert werden.

(2) Die Mitarbeiter werden künftig über geänderte Rahmenbedingungen, die sich aus der Schnelllebigkeit des Internets ergeben, informiert, soweit dies für den dienstlichen Einsatz von Internet und E-Mail bei .... erforderlich ist.

§ 12
Schlussbestimmungen / Inkrafttreten

(1) Jeder Mitarbeiter erhält eine Abschrift dieser Betriebsvereinbarung.

(2) Die Mitarbeiter werden darauf hingewiesen, dass Verstöße gegen diese Betriebsvereinbarung strafrechtliche und arbeitsrechtliche Konsequenzen, bis hin zu einer Kündigung des Arbeitsverhältnisses, haben können.

(3) Diese Betriebsvereinbarung tritt mit ihrer Unterzeichnung in Kraft. Sie kann mit einer Frist von drei Monaten zum Ende eines Kalendermonats gekündigt werden. Die Betriebsvereinbarung entfaltet Nachwirkung / keine Nachwirkung.

(4) Sollte eine Bestimmung dieser Betriebsvereinbarung ganz oder teilweise unwirksam oder undurchführbar sein oder werden, so wird die Gültigkeit der übrigen Bestimmungen dadurch nicht berührt. Die Betriebsparteien verpflichten sich, die unwirksame oder undurchführbare Bestimmung durch eine solche Bestimmung zu ersetzen, die im Rahmen des rechtlich Möglichen dem am nächsten kommt, was von den Betriebsparteien nach dem ursprünglichen Sinn und Zweck der unwirksamen oder undurchführbaren Bestimmung gewollt war.

______, den ______, den

___________ ___________

................., ...

Zweiter Unterabschnitt
Rechte des Betroffenen

§ 33 Benachrichtigung des Betroffenen

(1) [1]Werden erstmals personenbezogene Daten für eigene Zwecke ohne Kenntnis des Betroffenen gespeichert, ist der Betroffene von der Speicherung, der Art der Daten, der Zweckbestimmung der Erhebung, Verarbeitung oder Nutzung und der Identität der verantwortlichen Stelle zu benachrichtigen. [2]Werden personenbezogene Daten geschäftsmäßig zum Zweck der Übermittlung ohne Kenntnis des Betroffenen gespeichert, ist der Betroffene von der erstmaligen Übermittlung und der Art der übermittelten Daten zu benachrichtigen. [3]Der Betroffene ist in den Fällen der Sätze 1 und 2 auch über die Kategorien von Empfängern zu unterrichten, soweit er nach den Umständen des Einzelfalles nicht mit der Übermittlung an diese rechnen muss.

(2) [1]Eine Pflicht zur Benachrichtigung besteht nicht, wenn

1. der Betroffene auf andere Weise Kenntnis von der Speicherung oder der Übermittlung erlangt hat,

2. die Daten nur deshalb gespeichert sind, weil sie aufgrund gesetzlicher, satzungsmäßiger oder vertraglicher Aufbewahrungsvorschriften nicht gelöscht werden dürfen oder ausschließlich der Datensicherung oder der Datenschutzkontrolle dienen und eine Benachrichtigung einen unverhältnismäßigen Aufwand erfordern würde,

3. die Daten nach einer Rechtsvorschrift oder ihrem Wesen nach, namentlich wegen des überwiegenden rechtlichen Interesses eines Dritten, geheimgehalten werden müssen,

4. die Speicherung oder Übermittlung durch Gesetz ausdrücklich vorgesehen ist,

5. die Speicherung oder Übermittlung für Zwecke der wissenschaftlichen Forschung erforderlich ist und eine Benachrichtigung einen unverhältnismäßigen Aufwand erfordern würde,

6. die zuständige öffentliche Stelle gegenüber der verantwortlichen Stelle festgestellt hat, dass das Bekanntwerden der Daten die öffentliche Sicherheit oder Ordnung gefährden oder sonst dem Wohle des Bundes oder eines Landes Nachteile bereiten würde,

7. die Daten für eigene Zwecke gespeichert sind und

a) aus allgemein zugänglichen Quellen entnommen sind und eine Benachrichtigung wegen der Vielzahl der betroffenen Fälle unverhältnismäßig ist, oder

b) die Benachrichtigung die Geschäftszwecke der verantwortlichen Stelle erheblich gefährden würde, es sei denn, dass das Interesse an der Benachrichtigung die Gefährdung überwiegt,

8. die Daten geschäftsmäßig zum Zweck der Übermittlung gespeichert sind und

a) aus allgemein zugänglichen Quellen entnommen sind, soweit sie sich auf diejenigen Personen beziehen, die diese Daten veröffentlicht haben, oder

b) es sich um listenmäßig oder sonst zusammengefasste Daten handelt (§ 29 Absatz 2 Satz 2)

und eine Benachrichtigung wegen der Vielzahl der betroffenen Fälle unverhältnismäßig ist,

9. aus allgemein zugänglichen Quellen entnommene Daten geschäftsmäßig für Zwecke der Markt- oder Meinungsforschung gespeichert sind und eine Benachrichtigung wegen der Vielzahl der betroffenen Fälle unverhältnismäßig ist.

[2]Die verantwortliche Stelle legt schriftlich fest, unter welchen Voraussetzungen von einer Benachrichtigung nach Satz 1 Nr. 2 bis 7 abgesehen wird.

Literatur

Bäcker, Die Betroffenenauskunft im Telekommunikationsrecht, MMR 2009, 803; *Kock/Francke*, „Mitarbeiter-Screening" zur internen Korruptionsbekämpfung, ArbRB 2009, 110; *Kort*, Datenschutzrechtliche und betriebsverfassungsrechtliche Fragen bei IT-Sicherheitsmaßnahmen, NZA 2011, 1319; *Masing*, Herausforderungen des Datenschutzes, NJW 2012, 2305.

▶ **Darum geht es**

§ 33 regelt, wann eine Person über eine sie betreffende Datenverarbeitung zu informieren ist und in welchen Fällen auf die Unterrichtung verzichtet werden kann.

▶ **Schlagworte**

Information des Betroffenen; Vorbereitung der weiteren Rechtsausübung durch den Betroffenen; Kennen und Kennenmüssen von Datenverarbeitungsvorgängen; Ausnahmen von der Informationspflicht; Unverhältnismäßigkeit der Informationspflicht; Listendaten, Medienprivileg, Wissenschaftsprivileg; Mitteilungspflichten bei Datenverarbeitung im Konzern und bei Auftragsdatenverarbeitung; Archivierungspflichten, Geheimhaltungsinteresse, Sicherungskopien, Log-Files, Quellen- und Informantenschutz; Benachrichtigung bei Hinzuspeichern von Daten; telefonische Benachrichtigungen

▶ **Weitere relevante Vorschriften**

§ 4 Abs. 2 und Abs. 3 für die gegenüber dem Betroffenen bei der Direkterhebung von Daten bestehenden Informationspflichten

§ 28 Abs. 4 für den Hinweis auf das Recht zum Werbewiderspruch

§ 28a Abs. 1 Nr. 4c für die Unterrichtung des Betroffenen vor der Übermittlung von Forderungsinformationen an Auskunfteien

§ 28b Nr. 4 für die Unterrichtung des Betroffenen bei Verwendung von Anschriftendaten für die Berechnung von Scorewerten

§ 42a für besondere Benachrichtigungsformen bei unrechtmäßiger Kenntniserlangung von Daten

---

A. Allgemeines

I. Regelungszweck

1. Sinn und Zweck der Norm

1 § 33 Abs. 1 sieht vor, dass der Betroffene über die Speicherung und geschäftsmäßige Übermittlung seiner Daten zu benachrichtigen ist. Wie bei allen gesetzlichen Bestimmungen zur Förderung von Transparenz bei Datenverarbeitungsverfahren geht es auch bei den Vorschriften zur Benachrichtigung darum, die von der Verarbeitung ihrer persönlichen Daten betroffenen Personen informiert zu halten, weil diese Offenheit die notwendige Voraussetzung einer wirkungsvollen Ausübung des **Rechts auf informationelle Selbstbestimmung** ist.[1] Zur Gewährleistung dieser Verfahrensoffenheit nimmt § 33 die datenverarbeitende Stelle im Sinn einer Bringschuld aktiv in die Pflicht.[2]

2 Allerdings regelt das Gesetz die Benachrichtigung nicht um der Benachrichtigung willen. Es lässt zahlreiche Ausnahmen zu. Dazu gehören zunächst die Fälle, in denen Datenverarbeitungsvorgänge „ohne Kenntnis des Betroffenen" passieren: Hat der Betroffene aus anderen Quellen längst Gewissheit über die Verarbeitung seiner Daten oder sind die betreffenden Informationen ohnehin allgemein zugänglich oder beruht der Umgang mit den Daten schlicht auf einer rechtlichen Verpflichtung, wäre eine Benachrichtigung eine überflüssige Formsache.[3] Die Kenntnis bei Direkterhebung wirkt gemäß § 33 Abs. 1 Satz 1 bereits tatbestandsausschließend, die anderweitige Kenntnis lässt die dem Grunde nach bestehende Benachrichtigungspflicht als von § 33 Abs. 2 Nr. 1 anerkannte Ausnahme entfallen. Des Weiteren sind be-

1 Vgl. BVerfG v. 15.12.1983, Az. 1 BvR 209/83, BVerfGE 65, 43; Gesetzesbegründung, BT-Drs. 11/4306, S. 51; *Gola/Schomerus*, § 33 Rn. 1: Taeger/Gabel/*Meents/Hinzpeter*, § 33 Rn. 4.
2 Vgl. Simitis/*Dix*, § 33 Rn. 3.
3 Vgl. *Gola/Schomerus*, § 33 Rn. 4.

sondere Interessenlagen denkbar, die schutzwürdiger sind als das Benachrichtigungsinteresse des Betroffenen. Diese Ausnahmesituationen werden von § 33 Abs. 2 Nr. 2 bis 9 abgedeckt.

3 Aus dem Zweck des § 33, durch sinnvolle Aufklärung im Sinn einer **Basisinformation**[4] die Grundlage für die Ausübung gegebenenfalls weiterer Ansprüche – namentlich der Ansprüche auf Auskunft (§ 34) oder auf Berichtigung, Sperrung oder Löschung (§ 35) – zu schaffen,[5] folgt, dass die Inhalte dieser Ansprüche von § 33 nicht schon vorweggenommen werden sollen. Das ist bei der Bewertung, wie weit die Benachrichtigungspflichten im Einzelnen reichen, zu berücksichtigen.[6] Das „Ob" der Benachrichtigung und damit die Frage, ob ein Ausnahmetatbestand nach Abs. 2 erfüllt ist, unterliegt dagegen eher engen Auslegungskriterien. Hier ist im Zweifel „pro Benachrichtigung" zu entscheiden.[7] Dennoch sind die Möglichkeiten, von einer Benachrichtigung abzusehen, so umfangreich, dass die gesonderte Information des Betroffenen in der Praxis eher die Ausnahme als die Regel sein dürfte.[8]

4 Durch die „Datenschutznovelle II" ist die Verweisung in § 33 Abs. 2 Satz 1 Nr. 8 von § 29 Abs. 2 Nr. 1b auf nunmehr § 29 Abs. 2 Satz 2 geändert worden. Außerdem wurde § 33 Abs. 2 Satz 1 um den Ausnahmetatbestand in Nr. 9 ergänzt, der mit dem gleichzeitig neu eingeführten § 30a korrespondiert. § 33 gilt in dieser Form seit dem 01.09.2009.[9]

2. Anwendungsbereich

a) Persönlicher Anwendungsbereich

aa) Verantwortliche Stelle

5 Aus dem Regelungsstandort im Dritten Abschnitt in Verbindung mit § 27 ergeben sich die Normadressaten des § 33. Dies sind zum einen die verantwortlichen Stellen der Privatwirtschaft. Zum anderen kommen aus dem öffentlichen Bereich die am Wettbewerb teilnehmenden öffentlichen Stellen des Bundes hinzu sowie die Bundesrecht ausführenden öffentlichen Stellen der Länder, deren Tätigkeit nicht bereits durch die Landesdatenschutzgesetze geregelt wird. Für die übrigen öffentlichen Stellen fehlt eine entsprechende Benachrichtigungspflicht, was dort allerdings durch die Direkterhebung der Daten beim Betroffenen sowie die Rechte aus dem Informationsfreiheitsgesetz ausgeglichen wird.[10]

6 Nicht zu den Normadressaten des § 33 zählen verantwortliche Stellen, die personenbezogene Daten gemäß § 41 Abs. 1 Satz 1 ausschließlich zu journalistisch-redaktionellen oder literarischen Zwecken verarbeiten („**Medienprivileg**").[11]

! Als Fluchtweg für Wirtschaftsauskunfteien aus der Benachrichtigungspflicht mit der Begründung, ihr Datenbestand sei eine „redaktionell recherchierte" Sammlung, taugt das Medienprivileg nicht. Das Sonderrecht kann nur in Anspruch nehmen, wer als Medienunternehmen in Massenveröffentlichungsabsicht einen journalistisch-redaktionellen Zweck verfolgt.[12] Diese Voraussetzungen erfüllt der Geschäftsbetrieb einer Auskunftei regelmäßig nicht.

7 Bei den Benachrichtigungspflichten differenziert das Gesetz in § 33 Abs. 1 zwischen verantwortlichen Stellen, die personenbezogene Daten im Sinn von § 3 Abs. 1 gemäß § 28 für **eigene Geschäftszwecke** speichern, und solchen, die als **geschäftsmäßige Datenübermittler** gemäß § 29 handeln. Die Unterscheidung hat Einfluss auf den Zeitpunkt, zu dem die Benachrichtigung spätestens vorgenommen werden muss (siehe Rn. 64).

---

4 Vgl. Däubler/Klebe/Wedde/Weichert/*Däubler*, § 33 Rn. 1.
5 Simitis/*Dix*, § 33 Rn. 1, 2, spricht von „grundrechtssichernden Schutzvorkehrungen".
6 Vgl. *Schaffland/Wiltfang*, § 33 Rn. 5; Simitis/*Dix*, § 33 Rn. 16.
7 Vgl. *Bergmann/Möhrle/Herb*, § 33 Rn. 65; Däubler/Klebe/Wedde/Weichert/*Däubler*, § 33 Rn. 22; Simitis/*Dix*, § 33 Rn. 45.
8 Vgl. *Schaffland/Wiltfang*, § 33 Rn. 1.
9 Vgl. Gesetz zur Änderung datenschutzrechtlicher Vorschriften v. 14.08.2009, BGBl. I, 2814.
10 Vgl. Däubler/Klebe/Wedde/Weichert/*Däubler*, § 33 Rn. 1; *Wedde* in: Roßnagel, Ziffer 4.4, Rn. 20 (S. 551).
11 Vgl. *Bergmann/Möhrle/Herb*, § 33 Rn. 15 f.
12 Vgl. *Bergmann/Möhrle/Herb*, § 41 Rn. 22.

bb) Übertragbarkeit der Benachrichtigungspflicht

8 Die verantwortliche Stelle kann die Benachrichtigung selbst erledigen oder durch Dritte vornehmen lassen. Dies ergibt sich unmittelbar aus § 33 Abs. 2 Satz 1 Nr. 1, der für den Fall, dass der Betroffene anderweitig – also eben nicht von der verantwortlichen Stelle, sondern aus dritter Quelle – von der Datenspeicherung beziehungsweise der Übermittlung erfahren hat, die Pflicht zur Benachrichtigung entfallen lässt.[13]

! Eine Übertragung der Benachrichtigung dürfte insbesondere in den Fällen der **Auftragsdatenverarbeitung** gemäß § 11 in Betracht kommen. Zwar bleibt der Auftraggeber als verantwortliche Stelle nach außen rechtlich in der Benachrichtigungspflicht. Er kann im Rahmen seiner Weisungsbefugnis gegenüber dem Auftragnehmer die Benachrichtigung aber in den Gegenstand der Auftragsausführung einbeziehen und durch den Auftragnehmer ausführen lassen.[14]

cc) Datenverarbeitung im Konzern

9 Das Datenschutzrecht kennt kein Konzernprivileg.[15] Bei verbundenen Unternehmen entsteht die Benachrichtigungspflicht folglich als **eigenständige Pflicht** für jede juristische Person, die personenbezogene Daten verarbeitet. Konzerngesellschaften können ihre Benachrichtigungen jedoch in einer Mitteilung zusammenfassen.[16]

! Denken Sie bei einer Zusammenfassung von Benachrichtigungen im Namen mehrerer Beteiligter daran, die Mitteilung so zu gestalten, dass die Identität jeder verantwortlichen Stelle mit vollständiger Firmierung und Sitzangabe daraus eindeutig hervorgeht. Eine pauschale Information auf „die Unternehmensgruppe X" oder „den Konzern Y" reicht nicht.[17]

dd) Unternehmensänderungen durch Fusionen, Spaltungen oder Veräußerungen

10 Schließt sich ein Unternehmen mit einem anderen zusammen, werden Unternehmensteile abgespalten oder werden ein Unternehmen oder Teile davon veräußert und erwirbt der neue Rechtsträger in diesen Fällen von dem vorherigen Rechtsträger personenbezogene Daten, die er zu eigenen Zwecken oder zum Zweck der Übermittlung verarbeitet, ist der neue Rechtsträger zugleich eine **neue verantwortliche Stelle**. Speichert der neue Rechtsträger die übernommenen Daten zu eigenen Zwecken (Kunden-, Lieferanten-, Mitarbeiterdaten etc.), hat er die Betroffenen somit gemäß § 33 Abs. 1 Satz 1 unmittelbar zu benachrichtigen. Speichert er die Daten zum Zweck der späteren Übermittlung, weil es sich beispielsweise um einen Dateneinkauf zu Auskunfteizwecken handelt, besteht die Benachrichtigungspflicht gemäß § 33 Abs. 1 Satz 2 spätestens bei der ersten Übermittlung an einen seiner Abnehmer.[18]

! Sind mehrere Stellen an einem Datenverarbeitungsvorgang beteiligt, empfiehlt sich zur Vermeidung von unnötigem Doppelaufwand eine Abstimmung der Stellen untereinander, wer den Betroffenen über die Speicher- und Übermittlungsvorgänge in welcher Weise informiert. Idealerweise erhält der Betroffene eine koordinierte Mitteilung, aus der alle relevanten Stellen und Verarbeitungsvorgänge ersichtlich sind.

---

13 Vgl. *Gola/Schomerus*, § 33 Rn. 3.
14 Vgl. Erbs/Kohlhaas*Ambs*, § 33 BDSG Rn. 3; *Bergmann/Möhrle/Herb*, § 33 Rn. 23; Däubler/Klebe/Wedde/Weichert/*Däubler*, § 33 Rn. 11; *Schaffland/Wiltfang*, § 33 Rn. 26.
15 *Gola/Schomerus*, § 27 Rn. 4.
16 Vgl. Däubler/Klebe/Wedde/Weichert/*Däubler*, § 33 Rn. 10; *Schaffland/Wiltfang*, § 33 Rn. 26.
17 Vgl. *Bergmann/Möhrle/Herb*, § 33 Rn. 137.
18 Vgl. Däubler/Klebe/Wedde/Weichert/*Däubler*, § 33 Rn. 9; Simitis/*Dix*, § 33 Rn. 28.

ee) Betroffener

11 Zu benachrichtigen ist die Person, die Betroffener im Sinn von § 3 Abs. 1 ist. Das ist in jedem Fall derjenige, auf den sich die Datenverarbeitung konkret bezieht, bei der Verarbeitung von Personaldaten durch den Arbeitgeber also der Arbeitnehmer, bei der Verarbeitung von Kreditvertragsdaten durch eine Bank der Darlehensnehmer etc.

12 Fraglich ist, ob sich die Benachrichtigungspflicht auch auf solche Personen erstreckt, um die es bei der betreffenden Datenverarbeitung im eigentlichen Sinn gar nicht geht, sondern die aufgrund einer bestimmten Beziehung bei dieser Gelegenheit neben der „Hauptperson" lediglich mitgenannt werden. Diese Situation kann unter anderem auftreten, wenn

- im Rahmen der Personaldatenverwaltung zu einem bestimmten Mitarbeiter auch Informationen zum Namen und beruflichen Status dessen Ehepartners gespeichert werden;
- bei Kreditverträgen nicht nur die Daten des Darlehensnehmers selbst, sondern auch Informationen über seinen Arbeitgeber aufgenommen werden;
- in Telefonanlagen die von den Anrufern gewählten Telefonnummern ihrer jeweiligen Gesprächspartner aufgezeichnet werden;
- Wirtschaftsauskunfteien Datensätze zu Unternehmen anlegen (Firmeninformationen, Firmenprofile, Unternehmensberichte), die auch Informationen zu Ansprechpartnern des Unternehmens einschließlich deren Namen, Kontaktdaten und Aufgabenbereichen enthalten oder die zur Bonitätsbewertung des Unternehmens auch die Vermögensverhältnisse von Funktionsträgern des Unternehmens (zum Beispiel Einträge eines Geschäftsführers im Schuldnerverzeichnis) in ihren Auskunfteiprodukten darstellen.

13 Gegen eine Benachrichtigung der lediglich „mitgenannten" Personen spricht, dass es der verantwortlichen Stelle im Kern gar nicht um die Verarbeitung dieser Daten geht. Die Daten der „Nebenpersonen" haben keine eigenständige Bedeutung. Sie ergänzen ausschließlich die Angaben zur Hauptperson.[19] Ihre Erhebung geschieht zudem oftmals nicht freiwillig, sondern beruht auf einer gesetzlichen Verpflichtung. Ein Arbeitgeber muss beispielsweise bestimmte Angaben über den Familienstand des betroffenen Arbeitnehmers kennen, um das Dienstverhältnis steuerlich ordnungsgemäß abrechnen zu können; ein darüber hinausgehendes Interesse an diesen Daten hat er nicht. Bezüglich der Firmeninformationen in Auskunfteiprodukten lässt sich der Standpunkt vertreten, es handele sich bei den Angaben zu betrieblichen Ansprechpartnern nicht um Daten, die zur Person des Ansprechpartners gehören, sondern um Daten, die zur (in der Regel: juristischen) Person des Unternehmens gespeichert sind.[20] Darüber hinaus ist es aus Sicht der Auskunftei für den Wert des Firmenprofils regelmäßig unerheblich, ob der Personalvorstand Meier, Müller oder Schulz heißt. Denn die Auskunftei hat kein Interesse an Daten zu einer bestimmten Person, sondern allenfalls an Daten zu einer bestimmten Funktion in dem bezogenen Unternehmen, um einen möglichst vollständigen Unternehmensdatensatz anbieten können. Dasselbe Argument gilt für die Datenaufzeichnung gewählter Telefonnummern. Auch hier wird vertreten, die Protokollierung der Zielrufnummern sei eine Speicherung zur Person des Anrufers und dessen Anrufverhaltens, nicht aber zu den Angerufenen, die folglich nicht benachrichtigt werden müssten.[21]

14 Dagegen spricht jedoch der klare Wortlaut des § 33 Abs. 1, der die Benachrichtigungspflicht gerade nicht nur auf diejenigen Daten beschränkt, die **„zur Person"** gespeichert sind, sondern den (umfassenden) Begriff der personenbezogenen Daten verwendet. Darüber hinaus fragt der Normtext des § 33 Abs. 1 auch an keiner Stelle danach, ob die Datenverarbeitung im definierten Interesse der verantwortlichen Stelle, nur „bei Gelegenheit" oder aufgrund rechtlicher Vorgaben gezwungenermaßen erfolgt. Diese Wertungen finden systematisch vielmehr in den Ausnahmetatbeständen des Abs. 2 statt und sind dort

19 Vgl. *Schaffland/Wiltfang*, § 33 Rn. 10.
20 Vgl. *Schaffland/Wiltfang*, § 33 Rn. 28.
21 Vgl. *Schaffland/Wiltfang*, § 33 Rn. 11.

zu lösen. Demnach ist grundsätzlich **jeder Beteiligte**, zu dessen Person Daten verarbeitet werden, individuell zu benachrichtigen.[22]

> **!** Beachten Sie, dass diese Feststellung allein das grundsätzliche Bestehen der Benachrichtigungspflicht (§ 33 Abs. 1) betrifft. Sie ist somit nur ein Zwischenergebnis. Die weitere rechtliche Prüfung kann durchaus ergeben, dass bei nicht zur Hauptperson gespeicherten Daten die betreffenden Nebenbeteiligten nicht gesondert benachrichtigt werden müssen. Das kann insbesondere wegen der Ausnahmeregel in § 33 Abs. 2 Satz 1 Nr. 1 gerechtfertigt sein, wenn ein Fall der anderweitigen Kenntnis vorliegt (siehe Rn. 67 ff.).

ff) Auslandsbezug

Auf Nationalität oder Wohnsitz des Betroffenen kommt es nicht an. Bei **Auslandsbezug** besteht die Be- **15** nachrichtigungspflicht dem Grunde nach auch gegenüber Personen im Ausland.[23] Im Rahmen der Zumutbarkeitsabwägungen des § 33 können sich grenzüberschreitende Benachrichtigungen aber möglicherweise als unverhältnismäßiger Aufwand darstellen und auf diesem Weg einen Verzicht auf die Benachrichtigung rechtfertigen.[24]

b) Sachlicher Anwendungsbereich

Den sachlichen Anwendungsbereich der Benachrichtigungspflicht bestimmt § 27. Er umfasst nach der **16** Grundregel in § 27 Abs. 1 Satz 1 sowohl die Verarbeitung personenbezogener Daten unter Einsatz von Datenverarbeitungsanlagen als auch die Verarbeitung von Daten aus nicht automatisierten Dateien. Eine Ausnahme zu den Daten aus nicht automatisierten Dateien enthält § 27 Abs. 2. Danach sind manuell verarbeitete Daten aus dem Anwendungsbereich herausgenommen, es sei denn, es ist offensichtlich, dass die Daten aus einer vorangegangenen automatisierten Verarbeitung stammen.

Fraglich ist, ob sich eine verantwortliche Stelle die Ausnahmeregelung in § 27 Abs. 2 mit der Folge des **17** Entfallens der Benachrichtigungspflicht zunutze machen kann, wenn sie offensichtlich aus einer automatisierten Verarbeitung stammende Daten manuell speichert, die Daten also beispielsweise in papierhaft geführte Akten übernimmt.

Teilweise wird vertreten, eine Benachrichtigungspflicht bestehe in diesen Fällen nicht. Soweit es sich bei **18** der vorausgegangenen automatisierten Verarbeitung um eigene Dateien der verantwortlichen Stelle gehandelt habe, sei die Benachrichtigung schon deshalb entbehrlich, weil der Betroffene aufgrund der früheren Benachrichtigung im Zuge der erstmaligen Speicherung bereits informiert sei. Soweit die manuell gespeicherten Daten nicht aus einem eigenen automatisierten Verfahren, sondern von einer anderen Stelle stammten, sei § 27 Abs. 2 regelmäßig nicht einschlägig, weil die Norm ihrem Sinn und Zweck nach nur unzulässige Umgehungen durch die verantwortliche Stelle vermeiden wolle.[25]

Dem ist entgegenzuhalten, dass im Wortlaut der Ausnahmebestimmung des § 27 Abs. 2 keine Unter- **19** scheidung zwischen eigenen und fremden vorausgegangenen Verfahren getroffen ist. Die Vorschrift gilt ausdrücklich für alle offensichtlich aus einer automatisierten Verarbeitung stammenden Daten, gleichgültig, ob die Datenquelle bei der verantwortlichen Stelle selbst oder bei einem Dritten liegt. Gegen eine enge Auslegung des § 27 Abs. 2 beschränkt auf eigene Datenverarbeitungen spricht ferner, dass Versuche, der Benachrichtigungspflicht unter Berufung auf eine lediglich manuelle Datenverarbeitung auszuweichen, nicht allein durch Handlungen der verantwortlichen Stelle, sondern auch im Zusammenwirken dieser mit dritten Datenlieferanten denkbar sind. Es besteht daher ein Interesse, mit dem von § 27 Abs. 2 bezweckten Umgehungsschutz auch diese Konstellationen zu erfassen. Und schließlich ist es aus Sicht des Betroffenen, dessen Schutz die Benachrichtigung dienen soll, unerheblich, ob die datenverarbei-

---

22 Vgl. Simitis/*Dix*, § 33 Rn. 14.
23 Vgl. Däubler/Klebe/Wedde/Weichert/*Däubler*, § 33 Rn. 12.
24 Vgl. *Bergmann/Möhrle/Herb*, § 33 Rn. 19; a.A.: Däubler/Klebe/Wedde/Weichert/*Däubler*, § 33 Rn. 12, der zumindest eine Begründung zusätzlichen Aufwands allein mit erhöhtem Briefporto nicht gelten lassen will, da ein einfacher Brief genüge.
25 *Schaffland/Wiltfang*, § 33 Rn. 9.

tende Stelle bei der nicht automatisierten Speicherung seiner Daten eigene oder fremde Dateien auswertet.[26]

20 Die Benachrichtigungspflichten aus § 33 betreffen somit den gesamten Anwendungsbereich des § 27. Sie erfassen nicht nur das Speichern in elektronischer Form, sondern gemäß § 27 Abs. 2 auch das Speichern außerhalb automatisierter Dateien, wenn die Daten offensichtlich aus einer automatisierten Verarbeitung entnommen wurden, wie es unter anderem bei Ausdrucken von E-Mails, EDV-Listen und ähnlichen zuvor IT-technisch behandelten Daten der Fall ist.

! Vergessen Sie nicht, dass damit nur eine Aussage zur grundsätzlichen Anwendbarkeit der Benachrichtigungsvorschriften getroffen ist. Die Regeln zur Benachrichtigungspflicht enthalten ihrerseits ebenfalls Ausnahmetatbestände, die im Rahmen der weiteren Prüfung die Benachrichtigung entbehrlich machen können (weil der Betroffene anderweitige Kenntnis von der Datenverarbeitung hat oder ein Fall des § 33 Abs. 2 Satz 1 vorliegt).

21 Die **Dauer der Datenspeicherung** oder die Häufigkeit der Übermittlungsvorgänge haben auf das Bestehen der Benachrichtigungspflicht keine Auswirkungen. Ist einer der beiden in § 33 Abs. 1 genannten Verwendungszwecke betroffen (eigene Nutzung der Daten oder Nutzung für die geschäftsmäßige Übermittlung), ist § 33 anwendbar, selbst wenn die Datenverarbeitung nur vorübergehend stattfindet.[27]

II. Systematik

1. Verhältnis von § 33 zu § 4 Abs. 3

22 Daten sollen möglichst beim Betroffenen direkt erhoben werden, der im Zuge dessen gemäß § 4 Abs. 2 und Abs. 3 auch über die Identität der verantwortlichen Stelle, den Verarbeitungszweck und die Empfänger zu unterrichten ist. § 33 ergänzt den Betroffenenschutz, soweit sich verantwortliche Stellen **anderer Quellen** bedienen und Daten ohne Wissen des Betroffenen nicht bei ihm selbst erheben.[28]

2. Verhältnis von § 33 zu § 6

23 Die Benachrichtigungspflicht – aus Sicht des Betroffenen das Recht auf Benachrichtigung – zählt zu den **unabdingbaren Betroffenenrechten** im Sinn des § 6 Abs. 1[29], wie sich auch aus der strafrechtlichen Sanktionierungsmöglichkeit als Ordnungswidrigkeit gemäß § 43 Abs. 1 Nr. 8 ergibt. Beschränkungen durch vertragliche Vereinbarungen mit dem Betroffenen oder Verzichtserklärungen sind daher nicht möglich. Solche Rechtsgeschäfte wären unwirksam.

III. Ausblick auf die Novellierung des Europäischen Datenschutzrechts

24 Der Entwurfsvorschlag der Europäischen Kommission für eine EU-Datenschutz-Grundverordnung (DS-GVO-E) vom 25.01.2012[30] sieht diverse Informationsverpflichtungen vor. Diese reichen inhaltlich weiter als die im BDSG festgelegten Rechte und umfassen neben Angaben zur verantwortlichen Stelle beispielsweise auch Angaben zu deren Datenschutzbeauftragten, zu Speicherfristen und zu Rechtsbehelfsmöglichkeiten gegenüber der Aufsichtsbehörde (Art. 14 Abs. 1 DS-GVO-E).

25 Ferner sind Benachrichtigungspflichten für den Fall vorgesehen, dass die Wahrscheinlichkeit einer Verletzung der Privatsphäre besteht (Art. 32 Abs. 1 DS-GVO-E) oder dass ein Bruch der Datensicherheit be-

---

26 Vgl. Däubler/Klebe/Wedde/Weichert/*Däubler*, § 33 Rn. 5; Simitis/*Dix*, § 33 Rn. 6; Erbs/Kohlhaas/*Ambs*, § 33 BDSG Rn. 2.

27 Vgl. Simitis/*Dix*, § 33 Rn. 44.

28 Vgl. Taeger/Gabel/*Meents/Hinzpeter*, § 33 Rn. 5.

29 Vgl. *Bergmann/Möhrle/Herb*, § 33 Rn. 22; *Gola/Schomerus*, § 33 Rn. 2; a.A. ohne nähere Begründung: Taeger/Gabel/*Meents/Hinzpeter*, § 33 Rn. 5.

30 Verordnung des Europäischen Parlaments und des Rates zum Schutz natürlicher Personen bei der Verarbeitung personenbezogener Daten und zum freien Warenverkehr (Datenschutz-Grundverordnung), http://ec.europa.eu/justice/data-protection/document/review2012/com_2012_11_de.pdf.

kannt geworden ist (Art. 31 DS-GVO-E). Eine bestimmte Mindestintensität des Eingriffs, wie sie nach derzeitigem Recht durch die ähnliche Vorschrift in § 42a notwendig ist, wird nicht vorausgesetzt.

B. Inhalt der Regelung

I. Benachrichtigungspflicht bei eigener und geschäftsmäßiger Datenverarbeitung, § 33 Abs. 1

1. Speicherung für eigene Zwecke, § 33 Abs. 1 Satz 1

a) Eigene Zwecke

§ 33 Abs. 1 Satz 1 richtet sich an diejenigen verantwortlichen Stellen, die Daten des Betroffenen im Sinn 26 von § 28 für sich selbst verwenden möchten, sei es für die Anbahnung, Erfüllung und Abwicklung eigener Geschäftsbeziehungen, eigene Werbemaßnahmen oder sonstige Zwecke, bei denen nicht die Datenspeicherung oder -übermittlung als solche das eigentliche Geschäftsmodell bildet. Ist dagegen die geschäftliche Datennutzung bezweckt, wäre zur Beurteilung der Benachrichtigungspflicht stattdessen auf § 33 Abs. 1 Satz 2 zurückzugreifen.

b) Erstmalige Speicherung

Die Benachrichtigungspflicht wird ausgelöst, wenn die verantwortliche Stelle zum ersten Mal personen- 27 bezogene Daten des Betroffenen für eigene Zwecke speichert.[31] Speichern ist gemäß der Legaldefinition in § 3 Abs. 4 Satz 2 Nr. 3 das Erfassen, Aufnehmen oder Aufbewahren auf einem Datenträger für die weitere Verarbeitung oder Nutzung.[32] Auf das genaue Speicherverfahren kommt es nicht an.[33] Erstmalig bedeutet, dass vorher keine Daten über den Betroffenen gespeichert waren.[34]

Das wirft die Frage auf, ob eine im Zusammenhang mit der erstmaligen Speicherung durchgeführte Be- 28 nachrichtigung zu einer Erschöpfung der Pflicht führt oder ob die Pflicht bei späteren **Änderungen im Datenbestand** erneut entsteht. Das wird unterschiedlich beurteilt.

Teilweise wird vertreten, die Benachrichtigungspflicht entstehe jedenfalls dann neu, wenn sich der Daten- 29 satz im Vergleich zum ursprünglich mitgeteilten Inhalt **wesentlich** geändert habe. Davon könne bei quantitativen Änderungen ausgegangen werden (wenn der Umfang der Datenspeicherung um eine Vielzahl von Informationen ausgeweitet wird), bei qualitativen Veränderungen (wenn zunächst nur weniger schutzbedürftige Daten gespeichert wurden, später aber besonders sensible Informationen wie die des § 3 Abs. 9 hinzukommen) oder bei einer Änderung der rechtlichen Voraussetzungen (wenn eine Benachrichtigung bei der erstmaligen Speicherung wegen eines Ausnahmetatbestands in Abs. 2 nicht notwendig war, dies aber auf die hinzugenommenen Daten nicht mehr zutrifft). In allen drei Fällen werde durch das Hinzunehmen weiterer Daten das Wesen der vorausgegangenen Speicherung so stark verändert, dass etwas „Neues" entstehe, mithin ein Sachverhalt, von dem nicht mehr behauptet werden könne, er sei mit der Benachrichtigung über die vorherige Situation noch abgedeckt.[35]

Dagegen wird das Argument gestellt, die Wesentlichkeit nachfolgender Änderungen sei als Kriterium pro 30 oder contra erneuter Benachrichtigung dem Gesetz nicht zu entnehmen. Sie sei in ihrer Anwendung zudem nicht praktikabel. Auf die Frage, ob hinzugespeicherte Informationen die Datenverarbeitung we-

---

31 Nach Auffassung der Datenschutzaufsichtsbehörde Baden-Württemberg soll eine Benachrichtigungspflicht auch dann bestehen, wenn Daten zwar nicht gespeichert sind, die übermittelnde Stelle nach außen aber wie eine eigenständige Auskunftei auftritt, vgl. Landesbeauftragter für den Datenschutz Baden-Württemberg, 30. Tätigkeitsbericht 2010/2011, http://www.baden-wuerttemberg.datenschutz.de/tatigkeitsbericht/, Seite 172.

32 Eine Datenverarbeitung, die nicht zum Zweck der weiteren Verwendung stattfindet, fällt somit von vornherein nicht unter den Benachrichtigungstatbestand. *Schaffland/Wiltfang*, § 33 Rn. 11, nehmen dies für die Speicherung von Zielrufnummern im Rahmen der Telefondatenerfassung des Anrufers an, wenn die Daten allein zu Abrechnungszwecken erhoben werden.

33 Vgl. Däubler/Klebe/Wedde/Weichert/*Däubler*, § 33 Rn. 4a.

34 Vgl. Simitis/*Dix*, § 33 Rn. 10.

35 Vgl. *Bergmann/Möhrle/Herb*, § 33 Rn. 46.

sentlich beeinflussen, könne es daher nicht ankommen.[36] Nur dann, wenn nach der ersten Benachrichtigung ausschließlich **Daten der gleichen Art** hinzukommen – der betreffende Datensatz also nur rein mengenmäßig ergänzt wird, ansonsten aber unverändert bleibt –, müsse nicht erneut benachrichtigt werden. Umfasst die Erweiterung dagegen auch eine andere Art von Daten, bestehe für die Änderungen eine wiederholte Mitteilungspflicht.[37]

31 Auch diese Meinung kann indes nicht überzeugen. Wirft sie denjenigen vor, die auf eine Wesensänderung des Datenbestands abstellen wollen, dieses Merkmal sei im Gesetz nicht angelegt, geht sie selbst doch ebenfalls über den klaren Wortlaut des § 33 Abs. 1 hinaus, indem das Tatbestandsmerkmal „erstmalige Speicherung" gedanklich auf die „erstmalige Speicherung der gleichen Datenart"[38] erweitert wird. § 33 Abs. 1 stellt hingegen allein auf die Erstmaligkeit ab. Von fortlaufenden Benachrichtigungen bei weiteren Speicherungen ist dort nicht die Rede. Der Wortlaut der Norm spricht somit dafür, dass die erstmalige Benachrichtigung auch die einzige bleiben darf.

32 Die anderslautenden Auslegungen, die allesamt mit einer Überdehnung des Gesetzestextes einhergehen, lassen sich auch nicht auf eine notwendige Wahrung der Schutzinteressen des Betroffenen stützen. Der Betroffene weiß nach der ersten Benachrichtigung, wo Daten über ihn gespeichert sind. Derart informiert ist es ihm möglich, seine sonstigen Rechte auszuüben. Denn um (weitere) Details der ihn betreffenden Datenverarbeitung zu erfahren, hält das Gesetz besondere zusätzliche Anspruchsgrundlagen, etwa den Auskunftsanspruch nach § 34, bereit, wohingegen es gerade nicht der Sinn von § 33 ist, dem Betroffenen jederzeit vorauseilend und ungefragt eine Eigenauskunft zukommen zu lassen. Ist er sich über die Identität der verantwortlichen Stelle, die mit seinen Daten umgeht, im Klaren, soll er anschließend in freier Wahl selbst bestimmen können, welche seiner Rechte er wann gegen welche Stelle ausüben will. Dieser vom Gesetz so gewollten Abschichtung des Verfahrens ist mit der **einmaligen Benachrichtigung** bei der erstmaligen Speicherung (beziehungsweise Übermittlung) der Daten hinreichend genüge getan.[39]

c) Fehlende Kenntnis des Betroffenen

33 Benachrichtigt werden gemäß § 33 Abs. 1 muss nur, wenn die erstmalige Datenspeicherung ohne Kenntnis des Betroffenen erfolgt. Die Vorschrift greift folglich allein dann ein, wenn Daten von **Dritten** bezogen werden. Für Direkterhebungen beim Betroffenen gilt sie nicht.[40]

34 Plastisch wird dies am Beispiel einer Direkterhebung mit ausdrücklichem Einverständnis des Betroffenen. Die Kenntnis des Betroffenen folgt dann unmittelbar aus der von ihm erklärten **Einwilligung**, da ihm in diesem Zusammenhang der Zweck der Datenverarbeitung erklärt worden ist (§ 4a Abs. 1 Satz 2).[41]

35 Ferner kann die Kenntnis auch eine untrennbar notwendige Folge aus der Art der Kommunikation und des verwendeten **Kommunikationsmittels** sein. Eine Nutzung von E-Mail, Telefax oder Telefon ist offenkundig ohne eine Datenspeicherung nicht denkbar. Darüber muss niemand gesondert benachrichtigt werden.[42] Entsprechendes gilt, wenn der Betroffene ein offensichtlich zur maschinellen Auswertung gedachtes Dokument ausgefüllt hat.[43]

---

36 Vgl. Simitis/*Dix*, § 33 Rn. 13.

37 So wohl die mehrheitliche Meinung in der Literatur, vgl. *Erbs/Kohlhaas/Ambs*, § 33 BDSG Rn. 4; Däubler/Klebe/Wedde/Weichert/*Däubler*, § 33 Rn. 8; Simitis/*Dix*, § 33 Rn. 10; *Gola/Schomerus*, § 33 Rn. 16.

38 Vgl. Simitis/*Dix*, § 33 Rn. 11.

39 So auch Taeger/Gabel/*Meents/Hinzpeter*, § 33 Rn. 9; *Schaffland/Wiltfang*, § 33 Rn. 7; Plath/*Kamlah*, § 33 Rn. 7.

40 Vgl. *Bergmann/Möhrle/Herb*, § 33 Rn. 43; Däubler/Klebe/Wedde/Weichert/*Däubler*, § 33 Rn. 7.

41 Vgl. *Bergmann/Möhrle/Herb*, § 33 Rn. 72; Däubler/Klebe/Wedde/Weichert/*Däubler*, § 33 Rn. 7; Simitis/*Dix*, Rn. 57; *Gola/Schomerus*, § 33 Rn. 8.

42 Vgl. *Bergmann/Möhrle/Herb*, § 33 Rn. 74.

43 Vgl. Däubler/Klebe/Wedde/Weichert/*Däubler*, § 33 Rn. 25.

d) Inhalt der Benachrichtigung, § 33 Abs. 1 Satz 1 und Satz 3

aa) Allgemeines

Zum Inhalt der Benachrichtigung gehören neben der Identität der verantwortlichen Stelle und der Tatsache der Speicherung als solcher auch Informationen über die Art der gespeicherten Daten und eine Erklärung zum Grund ihrer Verarbeitung (Zweckbestimmung). Sollen die Daten auch Dritten zugänglich werden, ohne dass dies für den Betroffenen nach Lage der Dinge ersichtlich ist, sind zusätzlich Angaben zu den Kategorien von Empfängern erforderlich. 36

Ihren Zweck, informierte Betroffene zu schaffen, erfüllt die Benachrichtigung nur, wenn sie auch von Nicht-Fachleuten **verstanden** werden kann.[44] Die Anforderungen an die äußere Aufmachung sind allerdings geringer anzusetzen als bei der Beantwortung eines Auskunftsersuchens nach § 34, für die im Gesetz besondere Gestaltungsrichtlinien formuliert sind, wie beispielsweise die Pflicht zur einzelfallbezogenen, nachvollziehbaren und allgemein verständlichen Information über Scoringwerte gemäß § 34 Abs. 4 Satz 1 Nr. 4. Auf eine solche Stilvorgabe verzichtet § 33. Sie wären in dieser Detailtiefe für eine vorgeschaltete Benachrichtigung, die spätere Auskunftsanfragen erst ermöglichen soll, auch nicht zweckmäßig.[45] 37

bb) Art der Daten

Gegenstand der Benachrichtigung sind nicht die einzelnen Daten, sondern die Art der Daten. Diese ausdrückliche gesetzliche Einschränkung enthebt die verantwortliche Stelle von der Verpflichtung, allzu sehr ins Detail gehen zu müssen. Verlangt wird somit nicht die Mitteilung jeden einzelnen Datenfeldes des zum Betroffenen gespeicherten Datensatzes.[46] Es dürfen vielmehr Kategorien gebildet werden. Dabei ist sowohl der Zweck der Benachrichtigungspflicht, dem Betroffenen die Möglichkeit zur Ausübung gegebenenfalls weiterer Ansprüche zu eröffnen, zu beachten als auch die formularmäßige Handhabbarkeit der Benachrichtigung bei großen Datenmengen und nicht zuletzt die Funktion von § 33, die gerade nicht die gesetzlichen Auskunftsansprüche ersetzen oder vorwegnehmen soll. Die Kategorien sind mit nachvollziehbaren und aussagekräftigen Überschriften zu bezeichnen. So können beispielsweise 38

- die Kategoriebezeichnung **„Adressdaten"** eine Detailmitteilung zu den Datenfeldern „Straße", „Hausnummer", „Postleitzahl", „Ort", „Bundesland" ersetzen,
- der Hinweis auf die Speicherung von **„Angaben zur Beschäftigung"**[47] Einzelangaben zu Arbeitgeber, Beginn und Ende eines Beschäftigungsverhältnisses entbehrlich machen oder
- unter Oberbegriffen wie **„Daten aus Versicherungsvertrag"**, **„Daten aus Kreditvertrag"** etc. die Einzelheiten zu Abschlussdatum, Wert und Gegenstand des Vertragsverhältnisses zusammengefasst werden.[48]

Eine zu starke Abstrahierung, die den Betroffenen hilflos zurücklässt, ist zu vermeiden. Die Kategorisierung der Datenarten muss mehr Einblick geben, als lediglich den Geschäftszweck der verantwortlichen Stelle zu beschreiben. Bei Verwendung sehr global gehaltener Schlagworte wie „Bonitätsdaten", „Kundendaten" oder „Lieferantendaten" kann das Bedürfnis einer hinreichenden Aussagekraft gefährdet sein.[49] 39

---

44 So auch *Bergmann/Möhrle/Herb*, § 33 Rn. 35, die eine „allgemein verständliche Form" der Benachrichtigung fordern.

45 Vgl. Däubler/Klebe/Wedde/Weichert/*Däubler*, § 33 Rn. 18; Simitis/*Dix*, § 33 Rn. 16.

46 Vgl. *Bergmann/Möhrle/Herb*, § 33 Rn. 49; *Gola/Schomerus*, § 33 Rn. 21; *Schaffland/Wiltfang*, § 33 Rn. 6.

47 Vgl. Däubler/Klebe/Wedde/Weichert/*Däubler*, § 33 Rn. 18.

48 So auch *Schaffland/Wiltfang*, § 33 Rn. 6; a.A. *Bergmann/Möhrle/Herb*, § 33 Rn. 49; Simitis/*Dix*, § 33 Rn. 16; *Gola/Schomerus*, § 33 Rn. 21, die eine Benennung des Vertragstyps allein wohl nicht genügen lassen wollen.

49 Vgl. Erbs/Kohlhaas/*Ambs*, § 33 BDSG Rn. 5; *Bergmann/Möhrle/Herb*, § 33 Rn. 49; Simitis/*Dix*, § 33 Rn. 16; *Gola/Schomerus*, § 33 Rn. 21.

Überlegen Sie, ob Ihnen eine übertrieben scharfe Abgrenzung zwischen denjenigen Informationen, die nach § 33 aktiv mitgeteilt werden müssen und solchen, die dem Betroffenen erst im Wege einer Auskunft nach § 34 zu offenbaren sind, wirklich einen nennenswerten Vorteil verschafft. Eine verständliche, hinreichend ausführliche und über die inhaltlichen Mindestanforderungen hinausgehende Benachrichtigung wird den Betroffenen dagegen häufig bereits zufriedenstellen und ihn auf weitere Auskunftsersuchen verzichten lassen.[50]

cc) Verantwortliche Stelle

40 Der Betroffene soll erfahren, an wen und wohin er sich zur weiteren Rechtsausübung wenden kann.

Weil das Gesetz die Erfüllung von Auskunftsansprüchen auch durch Einsichtnahme vor Ort vorsieht (§ 34 Abs. 9), muss aus der Benachrichtigung zumindest der Name beziehungsweise die Firma der verantwortlichen Stelle nebst einer gültigen Hausanschrift – bei Unternehmen mit mehreren Niederlassungen der Geschäftsstelle, die zur persönlichen Einsichtnahme aufgesucht werden kann – hervorgehen.[51] Im Umkehrschluss nicht genüge getan ist der Aufklärungspflicht über die Identität der verantwortlichen Stelle somit, wenn dem Betroffenen lediglich eine Internetadresse oder eine Postfachadresse benannt wird.[52] Solche Informationen können ebenso wie Telefon-, Telefax- oder E-Mail-Anschlüsse als zusätzliche Angaben mitgeteilt werden, müssen es aber nicht.

Auch wenn ausführliche Kontaktangaben vom Gesetz nicht gefordert werden, sprechen zumindest bei größeren Organisationseinheiten Gründe der effektiven Prozesssteuerung dafür, solche Angaben in die Benachrichtigung aufzunehmen. Mögliche Nachfragen lassen sich so von vornherein an die zuständige Stelle leiten.

41 Die Information über die Erreichbarkeit der zuständigen Stelle muss **unmittelbar** aus der Benachrichtigung hervorgehen, sodass für den Betroffenen keine weiteren Interventionen oder Ermittlungen erforderlich sind. Die Erklärung, man werde „auf Wunsch", „auf Nachfrage" oder erst nach sonstigen Rückfragen die verantwortliche Stelle benennen, ist nicht ausreichend.[53]

Keine Bedenken bestehen, wenn die verantwortliche Stelle ihren Posteingang dergestalt vereinheitlicht, dass sie in ihren Benachrichtigungen stets die gleiche zentrale Ansprechstelle benennt, die das Ersuchen dann intern an den zuständigen Sachbearbeiter weiterleitet.

42 Ändert sich die verantwortliche Stelle mit der Folge, dass Rechtsbegehren des Betroffenen gegen die ihm zunächst benannte Stelle wegen einer neuen Firmierung oder eines verlagerten Geschäftssitzes ins Leere laufen würden, löst dies eine erneute Benachrichtigungspflicht aus[54] (zur Änderung der Identität der verantwortlichen Stelle aufgrund von Fusionen, Spaltungen und Veräußerungen siehe auch oben Rn. 10).

dd) Zweck der Datenverarbeitung

43 Der Betroffene hat Anspruch darauf, darüber informiert zu werden, warum und wozu seine Daten erhoben, verarbeitet oder genutzt werden. Dieser Zweck, den die verantwortliche Stelle gemäß § 28 Abs. 1 Satz 2 spätestens bei der Erhebung festzulegen hat und an den sie bei der weiteren Datenverarbeitung gebunden ist, ist ebenfalls zwingender inhaltlicher Bestandteil der Benachrichtigung. Bei **mehreren Verwendungszwecken** genügt die Mitteilung lediglich eines Zwecks nicht. Der Betroffene ist über alle zu informieren.[55]

---

50 So auch Simitis/*Dix*, § 33 Rn. 16, 62.
51 Vgl. *Bergmann/Möhrle/Herb*, § 33 Rn. 37; Däubler/Klebe/Wedde/Weichert/*Däubler*, § 33 Rn. 21; *Schaffland/Wiltfang*, § 33 Rn. 4.
52 Vgl. *Bergmann/Möhrle/Herb*, § 33 Rn. 21; Simitis/*Dix*, § 33 Rn. 18; *Gola/Schomerus*, § 33 Rn. 23; Taeger/Gabel/*Meents/Hinzpeter*, § 33 Rn. 15.
53 Vgl. Simitis/*Dix*, § 33 Rn. 19.
54 Vgl. Taeger/Gabel/*Meents/Hinzpeter*, § 33 Rn. 10.
55 Vgl. Däubler/Klebe/Wedde/Weichert/*Däubler*, § 33 Rn. 19; Simitis/*Dix*, § 33 Rn. 17.

44 Aus diesem **Zweckbindungsgrundsatz** folgt, dass eine erneute Pflicht zur Benachrichtigung auch dann entsteht, wenn zwar die Art der verarbeiteten Daten gleich bleibt, sich der dem Betroffenen zunächst mitgeteilte Zweck aber ändert oder erweitert.[56]

> Die Zweckfestlegungen sollten schon von Beginn an wohl bedacht werden. Ansonsten muss der Betroffene unter Umständen mehrfach informiert werden. Der Fall kann beispielsweise eintreten, wenn dem Betroffenen zunächst nur erklärt worden ist, seine Daten würden zu Auskunftszwecken übermittelt werden, während später entschieden wurde, mit den Daten auch Adresshandel zu betreiben. Entsprechend ist die Situation, wenn die Daten zunächst von einer Konzerngesellschaft gespeichert werden und später an verbundene Unternehmen weitergegeben werden sollen. Wurde auf beide Verwendungszwecke nicht von vornherein aufmerksam gemacht, führt die spätere Zweckerweiterung zu einer erneuten Benachrichtigungspflicht.[57]

ee) Empfänger der Daten

45 Sollen die Daten des Betroffenen weiteren beteiligten Stellen zugänglich gemacht werden, ohne dass der Betroffene dies aus den Umständen des Einzelfalls erkennen kann, ist die Benachrichtigung gemäß § 33 Abs. 1 Satz 3 entsprechend zu ergänzen. Wie bei der Art der Daten erlaubt das Gesetz auch hier pauschalierende Zusammenfassungen in Form der Information über die **Kategorien** der Empfänger. Eine Bekanntgabe jedes einzelnen weiteren Beteiligten kann dadurch unterbleiben.[58]

46 Die verantwortliche Stelle ist zur Zusammenfassung der in Aussicht genommenen Empfänger unter einen Obergriff auch dann berechtigt, wenn die tatsächliche Anzahl der Empfänger gering ist. Dies folgt nicht nur aus dem Wortlaut, der für die Bildung von Kategorien keine spezifischen Bedingungen stellt. Es entspricht auch den praktischen Bedürfnissen, da insbesondere im Fall von Adresshandels- und Auskunfteizwecken die konkrete Empfängeranzahl im Vorhinein typischerweise nicht feststeht. Die entgegenstehende Auffassung, die die verantwortliche Stelle bei überschaubarer Empfängeranzahl („fünf bis zehn") zur namentlichen Nennung jedes einzelnen Empfängers verpflichten will,[59] überzeugt daher nicht.

47 Fraglich ist, ob der Betroffene auch über von der verantwortlichen Stelle beauftragte Dienstleister einer **Auftragsdatenverarbeitung** im Sinn von § 11 zu informieren ist. Der Wortlaut des Satzes 3 ist diesbezüglich nicht eindeutig. Einerseits spricht er von „Empfängern". Als solcher zählt gemäß der Begriffsbestimmung in § 3 Abs. 8 jeder, der Daten erhält. Auf den Rechtsgrund des Datentransfers kommt es dabei nicht an. Danach wären auch Auftragnehmer einer Auftragsdatenverarbeitung Empfänger im Sinn des Gesetzes. Andererseits stellt § 33 Abs. 1 Satz 3 ausdrücklich auf ein „Übermitteln" von Daten ab. Darunter ist gemäß § 3 Abs. 4 Nr. 3 die Weitergabe von Daten an Dritte zu verstehen, was bei einer Auftragsdatenverarbeitung, die datenschutzrechtlich als Datenverarbeitung der verantwortlichen Stelle gilt, gerade nicht der Fall ist. Auflösen lässt sich diese Unschärfe mit einer Auslegung nach dem Sinn und Zweck der Vorschrift. Wenn Betroffene Klarheit darüber haben sollen, wo mit ihren Daten umgegangen wird, wäre es ein zweckentstellendes Transparenzdefizit, wenn die Offenlegung der Datenverarbeitungsvorgänge davon abhängig gemacht würde, welche konkrete rechtliche Gestaltungsform die verantwortlichen Stellen und ihre möglichen Partnerunternehmen für den Datenaustausch wählen. Die Benachrichtigungspflicht besteht daher auch in Fällen der Auftragsdatenverarbeitung.[60]

48 Kommt im Nachhinein eine neue Kategorie von Empfängern hinzu, ist der Betroffene nur dann erneut zu benachrichtigen, wenn die zusätzliche Empfängerkategorie für ihn nicht absehbar war.[61]

---

56 Vgl. *Bergmann/Möhrle/Herb*, § 33 Rn. 46; Däubler/Klebe/Wedde/Weichert/*Däubler*, § 33 Rn. 8; *Gola/Schomerus*, § 33 Rn. 5, 16.

57 Vgl. *Bergmann/Möhrle/Herb*, § 33 Rn. 58 und 139; Simitis/*Dix*, § 33 Rn. 17.

58 Vgl. *Bergmann/Möhrle/Herb*, § 33 Rn. 52.

59 Däubler/Klebe/Wedde/Weichert/*Däubler*, § 33 Rn. 20.

60 So auch Däubler/Klebe/Wedde/Weichert/*Däubler*, § 33 Rn. 8; Simitis/*Dix*, § 33 Rn. 33; Simitis/*Dix*, § 33 Rn. 33; a.A.: Plath/*Kamlah*, § 33 Rn. 18, der den Betroffenen über § 11 BDSG als hinreichend geschützt ansieht.

61 Vgl. Däubler/Klebe/Wedde/Weichert/*Däubler*, § 33 Rn. 8.

e) Form der Benachrichtigung

aa) Grundsatz der Formfreiheit

49 Wie die Benachrichtigung im Einzelnen vorzunehmen ist, schreibt das Gesetz nicht vor. Schriftliche wie mündliche Mitteilungen sind somit in gleicher Weise zulässig.

bb) Telefonische Benachrichtigungen

50 Aus der Zulässigkeit mündlicher Erklärungen folgt, dass die Benachrichtigung dem Betroffenen auch anlässlich eines Telefonats übermittelt werden kann.[62]

51 Soweit vertreten wird, telefonische Benachrichtigungen durch Wirtschaftsauskunfteien seien wegen des „Überrumpelungseffekts" nicht gesetzeskonform,[63] kann dem in dieser Pauschalität nicht gefolgt werden.

52 Dem steht zunächst der eindeutige Wortlaut des § 33 Abs. 1 entgegen, der die Formfreiheit ohne Unterschied allen verantwortlichen Stellen gewährt und somit auch Wirtschaftsauskunfteien telefonische Mitteilungen ermöglicht. Ebenso kann das behauptete Überraschungsmoment eines Anrufs allein kein Hinderungsgrund sein. Telefonate treffen ihrem Wesen nach nahezu immer ohne Vorankündigung ein. Zu berücksichtigen ist ferner die Freiheit des Angerufenen, sowohl über die Annahme des Telefonats selbstbestimmt entscheiden als auch einer so empfundenen Überrumpelung durch einen Gesprächsabbruch jederzeit ein Ende setzen zu können.

53 Eine rechtlich bedenkliche Übervorteilung bei telefonischer – und folgerichtig dann auch bei mündlicher persönlicher – Benachrichtigung könnte allenfalls dann angenommen werden, wenn die Überforderung bei dieser Art der Kommunikation von vornherein feststünde. Mit globaler Gültigkeit für alle Fälle zu unterstellen, kein Betroffener habe die Fähigkeit, Inhalt und Zweck einer mündlichen Erklärung richtig einzuschätzen, geht indes zu weit. Es sind durchaus Formen der Gesprächsführung denkbar, mit denen auch eine Wirtschaftsauskunftei am Telefon verständlich machen kann, um was es geht. Dabei ist ferner zu berücksichtigen, dass der verantwortlichen Stelle, wenn man ihr mündliche Erklärungen generell verbieten würde, als sinnvolle Alternative nur die schriftliche Benachrichtigung bliebe. Die Kontaktaufnahme per Post kann jedoch leicht einen unverhältnismäßigen Aufwand im Sinn der Ausnahmeregeln des § 33 Abs. 2 Satz 1 Nr. 2, 5, 7a, 8b, 9 begründen und dadurch die Benachrichtigungspflicht ganz entfallen lassen. Der Betroffene stünde dann mit leeren Händen da. Mit einer Benachrichtigung per Telefon, auch wenn diese unerwartet kommt, ist seinen Interessen im Zweifel mehr gedient.

cc) Unbekannte Anschrift des Betroffenen

54 Soweit die Kontaktdaten nicht zu den zu verarbeitenden Informationen gehören und nicht besondere Umstände des Einzelfalls eine Adressermittlung zur Erfüllung der Benachrichtigung ausnahmsweise als notwendig erscheinen lassen, ist die verantwortliche Stelle nicht verpflichtet, eigene Nachforschungen zu einer Postanschrift, einer E-Mail-Adresse und dergleichen anzustellen. Werden typischerweise keine Kontaktdaten gespeichert, besteht daher grundsätzlich keine Benachrichtigungspflicht.[64] Einzelne Sonderfälle können sich ergeben, wenn Gegenstand der Datenverarbeitung besonders sensible Informationen wie etwa die Daten nach § 3 Abs. 9 sind, wobei aber auch in diesen Fällen der Benachrichtigungsaufwand – mithin der Adressermittlungsaufwand – nicht außerhalb zumutbarer Verhältnisse stehen darf.[65]

---

62 Vgl. *Bergmann/Möhrle/Herb*, § 33 Rn. 29; Simitis/*Dix*, § 33 Rn. 34; *Schaffland/Wiltfang*, § 33 Rn. 13.

63 Vgl. Simitis/*Dix*, § 33 Rn. 34.

64 Vgl. *Bergmann/Möhrle/Herb*, § 33 Rn. 24; siehe auch Simitis/*Dix*, § 33 Rn. 1, und *Gola/Schomerus*, § 33 Rn. 25, die als Beispiel die betriebliche Telefondatenerfassung nennen, bei der eine Ermittlung und Benachrichtigung desjenigen, dessen Zielrufnummer gespeichert wurde, verzichtbar ist; kritisch: Däubler/Klebe/Wedde/Weichert/*Däubler*, § 33 Rn. 14, der auf die Gefahr vorgeschobener Unkenntnis hinweist.

65 Vgl. *Bergmann/Möhrle/Herb*, § 33 Rn. 24; Simitis/*Dix*, § 33 Rn. 21.

> Sinnvollerweise geschieht die Benachrichtigung in Textform per verschlossenem Brief. Mündliche Erklärungen (zum Beispiel im Zuge einer Vertragsverhandlung) oder die Information durch persönliche Einsichtsgewährung sind zulässig, sollten aber aus Nachweisgründen sorgfältig protokolliert werden.[66] Sollen offene Medien (Postkarte, Telefax, SMS etc.) gewählt werden, ist ein hinreichender Schutz vor dem Zugriff durch unberechtigte Dritte zu bedenken. Dies kann beispielsweise durch Zusendung einer verschlüsselten E-Mail geschehen[67], in der die Informationen der Benachrichtigung bereits enthalten sind oder die dem Betroffenen über einen Link den Abruf der Daten ermöglicht. Die elektronische Form darf aber nur dann gewählt werden, wenn der Betroffene erkennbar bereit ist, auf diesem Weg zu kommunizieren. Würde er dagegen gezwungen, sich für die Benachrichtigung elektronische Kommunikationsmittel erst zuzulegen, wäre dies eine unzulässige mittelbare Beschränkung seiner Rechte und ein Verstoß gegen das Unabdingbarkeitsgebot des § 6 Abs. 1.

Auf Empfangsbekenntnisse und besondere Versandformen mit einer **Bestätigung über die Zustellung** 55
kann im Rahmen eines allgemein sorgfältigen Organisationsablaufs verzichtet werden, da die verantwortliche Stelle nicht den Zugang der Mitteilung beweisen können muss, sondern nur, dass die Benachrichtigung in geeigneter Form durchgeführt wurde. Davon abweichende Bewertungen können sich ergeben, wenn die verantwortliche Stelle in Bezug auf den fehlgeschlagenen Erfolg der Benachrichtigung „bösgläubig" ist, weil der Empfänger erkennbar nicht erreicht werden konnte.[68]

> Solange erkennbar bleibt, dass die Mitteilung (auch) die Funktion einer datenschutzrechtlichen Benachrichtigung erfüllen soll, spricht nichts dagegen, sie mit weiteren Informationen zu verbinden, insbesondere mit **Werbung**.[69] Ebenso kann eine Benachrichtigung mit der Bitte um **Selbstauskunft** weiter Daten verbunden werden, sofern die Freiwilligkeit der zusätzlichen Angaben nicht infrage steht.[70]

dd) Sammelbenachrichtigungen, Erklärungen an unbestimmte Empfänger

Fraglich ist, ob die Benachrichtigung auch in Form einer zusammengefassten Mitteilung an mehrere, 56
nicht im Einzelnen persönlich identifizierte Personen möglich ist. Solche Sammelbenachrichtigungen wären beispielsweise denkbar in Gestalt öffentlicher Bekanntmachungen, von Aushängen und Anschlägen, Presseerklärungen, Hausmitteilungen, Informationen in Mitgliederzeitschriften oder in Klauseln Allgemeiner Geschäftsbedingungen oder Datenschutzrichtlinien eines Unternehmens.

Ausgeschlossen werden Sammelbenachrichtigungen durch das Gesetz, das für die Benachrichtigung 57
grundsätzlich Formfreiheit vorsieht, nicht. Allerdings werden sie in § 33 auch nicht ausdrücklich erlaubt. Gegen eine Benachrichtigung durch öffentliche Bekanntmachung spricht zwar das Unvermögen, sicherzustellen, dass der Betroffene die Information auch tatsächlich erhält.[71] Gleichwohl akzeptiert das Gesetz dieses Instrument bisweilen. So kann gemäß § 42a Satz 5 im Fall der unrechtmäßigen Kenntniserlangung von Daten die individuelle Mitteilung durch mindestens halbseitige Anzeigen in zwei bundesweit erscheinenden Tageszeitungen oder eine Erklärung mit vergleichbarer Öffentlichkeitswirkung ersetzt werden. Da solche Erleichterungen aber im Wortlaut des § 33 bewusst nicht vorgesehen sind, ist davon auszugehen, dass § 42a der einzige Fall bleiben soll, in dem aus Verhältnismäßigkeitsgründen die Benachrichtigung jedes einzelnen Betroffenen durch eine öffentliche Bekanntmachung ersetzt werden darf.

---

66 Vgl. Erbs/Kohlhaas/*Ambs*, § 33 BDSG Rn. 7; Simitis/*Dix*, § 33 Rn. 35; *Bergmann/Möhrle/Herb*, § 33 Rn. 32; Däubler/Klebe/Wedde/Weichert/*Däubler*, § 33 Rn. 16; *Schaffland/Wiltfang*, § 33 Rn. 15.
67 Vgl. Simitis/*Dix*, § 33 Rn. 39 f.; *Gola/Schomerus*, § 33 Rn. 18.
68 Vgl. *Bergmann/Möhrle/Herb*, § 33 Rn. 34.
69 Vgl. Simitis/*Dix*, § 33 Rn. 36; *Gola/Schomerus*, § 33 Rn. 19; *Schaffland/Wiltfang*, § 33 Rn. 18.
70 Vgl. *Duhr* in: Roßnagel, Ziffer 7 Rn. 78 (S. 1182); siehe weiterführend dazu auch OLG Stuttgart v. 25.07.2013, Az. 2 U 9/13, DSB 2013, 229, wonach die per Telefax versandte Bitte einer Wirtschaftsauskunftei um Aktualisierung keine geschäftliche Handlung und keine unzumutbare Werbung gemäß § 7 Abs. 1 UWG darstellt.
71 So Taeger/Gabel/*Meents/Hinzpeter*, § 33 Rn. 21.

58 Zu einer ordnungsgemäßen Benachrichtigung im Sinn des § 33 Abs. 1 gehört somit auch die **konkrete Bezeichnung des Adressaten** der Mitteilung. Es muss zweifelsfrei erkennbar sein, wer über die Verarbeitung welcher seiner Daten informiert werden soll. Unpersonalisierte Mitteilungen, Sammelmitteilungen oder Erklärungen an einen unbestimmten Empfängerkreis sind folglich keine taugliche Form der Benachrichtigung.[72]

! Wenn solche Veröffentlichungen auch keine Benachrichtigung im Sinn von § 33 Abs. 1 darstellen, so können sie gleichwohl ein probates Mittel sein, um der Benachrichtigungspflicht letztlich doch – nämlich über einen Ausnahmentatbestand in § 33 Abs. 2 – zu entgegen. So können Veröffentlichungen wie Allgemeine Geschäftsbedingungen oder Datenschutzrichtlinien zur Folge haben, dass der Entlastungstatbestand des § 33 Abs. 2 Satz 1 Nr. 1 erfüllt ist, weil der Betroffene **auf andere Weise** (nämlich durch die Veröffentlichung) Kenntnis von der Datenverarbeitung hat.[73]

f) Frist für die Benachrichtigung

59 In zeitlicher Hinsicht ist die Benachrichtigungspflicht nur an das Ereignis der erstmaligen Speicherung gebunden, wobei der Begriff „Benachrichtigung" nicht die präventive Information, sondern eine nachträgliche Mitteilung erfordert.[74] Weitere Terminattribute oder Fristvorgaben fehlen. Das Gesetz lässt der verantwortlichen Stelle somit grundsätzlich freie Hand, wann genau die Benachrichtigung durchgeführt wird.[75]

60 Die Festlegung konkreter Fristen – teilweise wird eine Umsetzung „unverzüglich" im Sinn von § 121 BGB[76], teilweise binnen zwei bis vier Wochen[77], spätestens aber nach drei Monaten gefordert[78] – findet im Gesetzeswortlaut keine Stütze. Sie erscheinen auch deshalb bedenklich, weil sie die Umstände des Einzelfalls unberücksichtigt lassen. Je nach Volumen der Datenverarbeitung können in der konkreten Situation kürzere oder längere Benachrichtigungsfristen angemessen sein, ohne dass dadurch Betroffenenrechte signifikant gefährdet würden. Wenn große Organisationseinheiten im Monatsrhythmus oder quartalsweise Benachrichtigungen versenden, ist dies durchaus mit dem Gesetzeszweck vereinbar. Auch die Zusammenfassung der Benachrichtigung mit anderer bevorstehender, ohnehin zur Aussendung an den Betroffenen geplanter Post ist zulässig und zweckmäßig.[79] Wenn Beschwerdestellen zur Sicherung des Ermittlungserfolgs die Betroffenen erst nach Durchführung von Aufklärungsmaßnahmen benachrichtigen, erscheint dies nicht nur sinnvoll, sondern sogar geradezu notwendig.[80] Starre Fristen würden hier nur schaden.

---

72 Vgl. Erbs/Kohlhaas/*Ambs*, § 33 BDSG Rn. 7; *Bergmann/Möhrle/Herb*, § 33 Rn. 36; Däubler/Klebe/Wedde/Weichert/*Däubler*, § 33 Rn. 17; Simitis/*Dix*, § 33 Rn. 38; *Gola/Schomerus*, § 33 Rn. 18; *Schaffland/Wiltfang*, § 33 Rn. 19.

73 Vgl. *Bergmann/Möhrle/Herb*, § 33 Rn. 36; Däubler/Klebe/Wedde/Weichert/*Däubler*, § 33 Rn. 17; Simitis/*Dix*, § 33 Rn. 42; *Schaffland/Wiltfang*, § 33 Rn. 31.

74 Vgl. Simitis/*Dix*, § 33 Rn. 41; Plath/*Kamlah*, § 33 Rn. 9.

75 Gegen zu strenge Anforderungen an den Abstand zwischen Speicherung und Benachrichtigung auch: Taeger/Gabel/*Meents/Hinzpeter*, § 33 Rn. 23.

76 So Däubler/Klebe/Wedde/Weichert/*Däubler*, § 33 Rn. 15 (mit einem Akzeptanzwert bei Massenverfahren von 14 Tagen beziehungsweise einer Bündelung auf zwei Benachrichtigungstermine pro Monat); Simitis/*Dix*, § 33 Rn. 41; *Gola/Schomerus*, § 33 Rn. 15.

77 Vgl. *Bergmann/Möhrle/Herb*, § 33 Rn. 39; *Duhr* in: Roßnagel, Ziffer 7 Rn. 79 (S. 1182); Erbs/Kohlhaas/*Ambs*, § 33 BDSG Rn. 3.

78 Vgl. *Bergmann/Möhrle/Herb*, § 33 Rn. 39.

79 Vgl. Erbs/Kohlhaas/*Ambs*, § 33 BDSG Rn. 3; *Gola/Schomerus*, § 33 Rn. 15; *Schaffland/Wiltfang*, § 33 Rn. 22.

80 *Gola/Schomerus*, § 33 Rn. 34 und Taeger/Gabel/*Meents/Hinzpeter*, § 33 Rn. 24 nennen als Beispiel unternehmensinterne „Whistleblowing-Hotlines". In diesen Fällen kann eine Benachrichtigung wegen begründeter Geheimhaltungsinteressen unter Umständen sogar völlig entbehrlich sein, vgl. § 33 Abs. 2 S. 1 Nr. 3.

! „Irgendwann" zu benachrichtigen, genügt nicht.[81] Verzögert die verantwortliche Stelle die Benachrichtigung zu sehr, läuft sie im Überprüfungsfall Gefahr, dass der Sachzusammenhang zwischen dem Zeitpunkt der relevanten Datenverarbeitung und dem Zeitpunkt der Benachrichtigung als nicht mehr bestehend angesehen wird und das Verhalten somit wie eine von vornherein unterlassene Benachrichtigung sanktioniert wird.[82] Im eigenen Interesse der verantwortlichen Stelle ist die Benachrichtigung deshalb **alsbald** nach der erstmaligen Speicherung (beziehungsweise Übermittlung im Fall von § 33 Abs. 1 Satz 2) vorzunehmen. Insbesondere bei zur Übermittlung gedachten Daten wird die verantwortliche Stelle naturgemäß kein Interesse daran haben, ihren Abnehmern falsche Daten zu übermitteln, weshalb sich hier schon deshalb eine zeitnahe Information des Betroffenen empfiehlt, um mögliche Berichtigungshinweise frühzeitig berücksichtigen zu können.

g) Beschränkt Geschäftsfähige und Geschäftsunfähige

Bei Minderjährigen und Geschäftsunfähigen ist die Benachrichtigung an den gesetzlichen Vertreter zu richten.[83] 61

2. Speicherung für geschäftsmäßige Übermittlungszwecke, § 33 Abs. 1 Satz 2

§ 33 Abs. 1 Satz 2 regelt Inhalt und Umfang der Benachrichtigungspflicht für verantwortliche Stellen, bei denen die Datenspeicherung gemäß § 29 selbst der Geschäftszweck ist, weil die Daten zur Übermittlung an Dritte bereitgestellt werden sollen. Das betrifft vor allem den Adresshandel, Auskunfteien und die Betreiber von Kreditinformationsdiensten und ähnlichen Warndateien.[84] 62

Der Geschäftszweck muss sich ausdrücklich sowohl auf die Übermittlung als auch auf personenbezogene Informationen richten. Ist der Zweck nur auf die Nutzung beschränkt oder geht es zwar um Übermittlung, aber ausschließlich von Daten ohne Personenbezug, fällt dies nicht unter Abs. 1 Satz 2.[85] 63

Im Unterschied zu § 33 Abs. 1 Satz 1 entsteht die Benachrichtigungspflicht bei den geschäftsmäßigen Datenverarbeitern erst zu einem späteren Zeitpunkt. Das Gesetz knüpft hier nicht allein an die Tatsache der erstmaligen Speicherung an. Hinzu kommen muss die Überlassung an Dritte („erstmalige Speicherung zum Zweck der Übermittlung"), was entweder durch die Weitergabe der Daten geschehen kann (§ 3 Abs. 4 Satz 2 Nr. 3a) oder durch das Bereithalten zur Einsichtnahme oder Abruf durch Dritte (§ 3 Abs. 4 Satz 2 Nr. 3b). Die reine **vorgelagerte Informationsbeschaffung** und der Aufbau des Datenbestands als solcher führen somit noch nicht zu Benachrichtigungspflichten.[86] Hintergrund der Privilegierung ist, dass die Interessen des Betroffenen in der Regel erst durch die Nutzung des Empfängers der Daten berührt werden, nicht aber bereits bei der Speicherung.[87] 64

! Die Benachrichtigungspflicht besteht ausdrücklich nur hinsichtlich „der **übermittelten** Daten". Nur über diese muss der Betroffene im Rahmen des § 33 Abs. 1 Satz 2 in Kenntnis gesetzt werden, keineswegs jedoch über den gesamten Datenbestand, den die verantwortliche Stelle über ihn gespeichert hat.[88]

---

81 Vgl. *Schaffland/Wiltfang*, § 33 Rn. 22.
82 Siehe auch Simitis/*Dix*, § 33 Rn. 43, der die nicht rechtzeitige Benachrichtigung der nicht erfolgten Benachrichtigung gleichsetzt.
83 Vgl. *Bergmann/Möhrle/Herb*, § 33 Rn. 21; *Schaffland/Wiltfang*, § 33 Rn. 21.
84 Vgl. *Bergmann/Möhrle/Herb*, § 33 Rn. 54; *Schaffland/Wiltfang*, § 33 Rn. 27.
85 Vgl. *Bergmann/Möhrle/Herb*, § 33 Rn. 55.
86 Vgl. Taeger/Gabel/*Meents/Hinzpeter*, § 33 Rn. 13; kritisch: Däubler/Klebe/Wedde/Weichert/*Däubler*, § 33 Rn. 2, der in der Möglichkeit, unkontrolliert Datenvorräte anzulegen, ein Transparenzdefizit sieht und diese Privilegierung von Adresshandel und Auskunfteien für ungerechtfertigt hält.
87 Den Vorschlag des Bundesrates, auch bei der geschäftsmäßigen Übermittlung auf den Zeitpunkt der Speicherung abzustellen (BT-Drs. 11/4306, S. 79), hatte die Bundesregierung wegen der aus ihrer Sicht bestehenden unterschiedlichen Gefährdungslagen abgelehnt, vgl. BT-Drs. 11/4306, S. 91; so auch *Gola/Schomerus*, § 33 Rn. 12.
88 Vgl. *Bergmann/Möhrle/Herb*, § 33 Rn. 63; Simitis/*Dix*, § 33 Rn.30.

65 Die übrigen Voraussetzungen der Benachrichtigungspflicht entsprechen denjenigen, die auch für verantwortliche Stellen gelten, die die Daten für eigene Geschäftszwecke verarbeiten (siehe oben Rn. 33 ff.). Insbesondere haben auch die Stellen des § 29 den mitzuteilenden Zweck ihrer Datenverarbeitung vor der Erhebung festzulegen (§§ 29 Abs. 1 Satz 2, 28 Abs. 1 Satz 2). Die Fristüberlegungen knüpfen bei Abs. 1 Satz 2 nicht an die Speicherung an, sondern müssen im Zusammenhang mit der Übermittlung beurteilt werden.[89]

66 Für die Bewertung der Erstmaligkeit gelten in Bezug auf die geschäftsmäßige Übermittlung dieselben Kriterien wie für die Speicherung zu eigenen Zwecken: Nach der hier vertretenen Auffassung kann es weder auf die Wesentlichkeit der Änderung ankommen[90] noch darauf, ob neue Arten von Daten übermittelt werden sollen.[91] Vielmehr ist der Betroffene durch die erstmalige Benachrichtigung in hinreichender Weise informiert und zur weiteren Rechtsausübung in der Lage (zur Begründung im Einzelnen siehe oben Rn. 28 ff.).

II. Ausnahmen von der Benachrichtigungspflicht, § 33 Abs. 2

1. Anderweitige Kenntnis des Betroffenen von der Speicherung oder der Übermittlung, § 33 Abs. 2 Satz 1 Nr. 1

67 Weiß der Betroffene, welche Stelle Daten über ihn verarbeitet, kann er seine sonstigen Rechte, insbesondere auf Auskunft (§ 34), Berichtigung, Löschung oder Sperrung (§ 35), ausüben. Eine zusätzliche Benachrichtigung brächte keinen nennenswerten Erkenntnisgewinn und ist in diesen Fällen gemäß § 33 Abs. 2 Satz 1 Nr. 1 demzufolge entbehrlich.

68 Von wem der Betroffene sein Wissen bezogen hat, spielt keine Rolle.[92]

a) Art der Kenntnis (positive Kenntnis, „Kennenkönnen" und „Kennenmüssen")

69 Der Wortlaut der Ausnahmeregel in Nr. 1 spricht nur von „Kenntnis". Weitere Qualifizierungen oder Einschränkungen für die Art der Kenntnis oder gar eine Begriffserklärung, was unter Kenntnis zu verstehen ist, liefert das Gesetz nicht. Der reine Normtext legt somit nahe, dass nur die **positive Kenntnis** des Betroffenen über alle wesentlichen Umstände der Datenverarbeitung benachrichtigungsbefreiend wirken kann, allein die Möglichkeit der Kenntniserlangung oder eine „Handelsüblichkeit" der Datenverarbeitung jedoch noch nicht.[93]

70 Das ausschließliche Abstellen auf die positive Kenntnis erscheint angesichts der datentechnischen Lebenswirklichkeit zu streng. Die Allgegenwärtigkeit von automatisierten Datenverarbeitungsvorgängen erfordert vielmehr ein Nachdenken darüber, ob nicht ein erweitertes Verständnis des Begriffs der „anderweitigen Kenntnis" lebensnäher ist. Ohne die Schutzinteressen des Betroffenen aus den Augen zu verlieren, stellt sich die Frage, ob nicht bereits ein „Kennenkönnen" oder auch ein „Wissenmüssen" im Sinn grob fahrlässiger Unkenntnis für die Annahme einer anderweitigen Kenntnis genügen kann. Wieweit der Begriff der anderweitigen Kenntnis bereits verstanden wird, zeigen folgende Beispiele:

- Von einer anderweitigen positiven Kenntnis kann ausgegangen werden, wenn ein geeigneter **Datenschutzhinweis** erfolgt ist, etwa auf einer Teilnahmekarte für ein Gewinnspiel oder der Antwortkarte, mit der weiteres Werbematerial angefordert werden kann.[94]

89 Vgl. *Gola/Schomerus*, § 33 Rn. 15.
90 So: *Bergmann/Möhrle/Herb*, § 33 Rn. 58.
91 So: Simitis/*Dix*, § 33 Rn. 27.
92 Vgl. *Bergmann/Möhrle/Herb*, § 33 Rn. 69; Simitis/*Dix*, § 33 Rn. 53; *Gola/Schomerus*, § 33 Rn. 28; Taeger/Gabel/*Meents/Hinzpeter*, § 33 Rn. 28.
93 So: Erbs/Kohlhaas/*Ambs*, § 33 BDSG Rn. 8; Däubler/Klebe/Wedde/Weichert/*Däubler*, § 33 Rn. 24 f.; Simitis/*Dix*, § 33 Rn. 55.
94 Vgl. Simitis/*Dix*, § 33 Rn. 64.

- Für Kaufleute ergibt sich die anderweitige Kenntnis über die Datenspeicherung beim Vertragspartner aus den im kaufmännischen Geschäftsverkehr zwingenden handelsrechtlichen und steuerlichen **Aufbewahrungspflichten**[95] (siehe dazu auch die Ausnahme in § 33 Abs. 2 Satz 2 Nr. 2, Rn. 80 ff.).
- Wer **Werbesendungen** erhält, die keine bloßen Postwurfsendungen sind und die nicht ersichtlich ausschließlich individuell für ihn geschrieben wurden, muss sich darauf einstellen, dass das werbende Unternehmen seine Kampagne gleichzeitig an eine Vielzahl weiterer Person adressiert hat, die Daten beim Absender also automatisiert verarbeitet werden.[96]
- Die Tätigkeit von **Banken**, **Versicherungen** und dem **Versandhandel** ist ohne Datenspeicherung nicht vorstellbar. Diese Branchen sollen grundsätzlich davon ausgehen dürfen, dass ihre Kunden um die Speicherung ihrer Daten wissen.[97]
- **Arbeitnehmer** werden keinen Zweifel daran haben, dass die zur Abwicklung ihres Arbeitsverhältnisses erforderlichen Personaldaten vom Arbeitgeber gespeichert werden.[98]
- Im Rahmen der Abgrenzung zwischen personenbezogenen Daten und Daten, die zur Person gespeichert sind (siehe oben Rn. 12 ff.), ist bereits das Phänomen der **„mitgespeicherten" Daten** aufgetaucht. Gemeint sind Informationen über weitere Beteiligte, die zwar bei Gelegenheit der Verarbeitung der Daten über die Hauptperson anfallen, an denen die verantwortliche Stelle aber ansonsten kein weitergehendes eigenes Interesse hat. So sollen bei Arbeitsverhältnissen die Familienangehörigen des Arbeitnehmers auch ohne gesonderte Benachrichtigung davon ausgehen, dass bestimmte Grunddaten von ihnen wie Name, Anschrift, Geburtstag oder beruflicher Status im Zusammenhang mit dem Dienstverhältnis der Hauptperson von deren Arbeitgeber gespeichert werden.[99]

Eine Differenzierung nach bestimmten Branchen, Vertragsverhältnissen oder Arten von Zusendungen erscheint indes zu kleinteilig. Sie ist auch praktisch kaum vermittelbar. Denn in der Geschäfts- und Arbeitswelt gibt es kaum noch eine Rechtsbeziehung, die ohne elektronische Datenverarbeitung auskommt. Informationstechnologie greift in allen Bereichen des Alltagslebens Platz.[100] Die Anzeichen dafür sind dabei so zahlreich und so deutlich, dass heute jeder Kunde realistischerweise eine automatisierte Verarbeitung seiner Daten annehmen muss. Einen Vertrag – auch wenn er nicht auf den ersten Blick als maschinenlesbares Dokument gestaltet ist – als individuelles und ausnahmslos für die Papierakte gedachtes Schriftstück anzusehen, wäre im Zeitalter der Scanner, der elektronischen Aktenführung und ausgefeilter Kundenmanagementsysteme eher eine romantische als eine praxisgerechte Vorstellung. Die Zuteilung von Kunden- und Personalnummern, die Anlage von Nutzerprofilen, bargeldlose Zahlungssysteme, der verbreitete Einsatz von Kunden- und Bonuskarten, der Einsatz von Smartphones, gezielt gesteuerte Empfehlungswerbung („andere Kunden kauften auch ...") und vieles mehr sind eindeutige Hinweise einer durchdringenden Datenverarbeitung. An der Informationsgesellschaft teilzuhaben, bedeutet zwangsläufig, in einem bestimmten Mindestmaß zur öffentlichen Person zu werden; dies mit den Instrumenten des Datenschutzes verhindern zu wollen, wäre eine Illusion.[101] Das Wissen um dieses „Grundrauschen" der Verarbeitung persönlicher Daten kann von einem durchschnittlich informierten Betroffenen[102] erwartet werden. Die Kenntniserlangung hat insoweit eine andere Dimension erreicht.[103] 71

Bedenken, Datenspeicherungsklauseln in Allgemeinen Geschäftsbedingungen genügten für die anderweitige Kenntnis nicht[104], wirken angesichts der oben dargestellten praktischen Reichweite von Datenverarbeitungsvorgängen überholt. Auch kann es nicht darauf ankommen, ob unumstößlich feststeht, 72

---

95 Vgl. *Schaffland/Wiltfang*, § 33 Rn. 44.
96 Vgl. *Schaffland/Wiltfang*, § 33 Rn. 23 f., 55.
97 Vgl. Simitis/*Dix*, § 33 Rn. 58 f.; *Schaffland/Wiltfang*, § 33 Rn. 45.
98 Vgl. *Schaffland/Wiltfang*, § 33 Rn. 46.
99 Vgl. *Gola/Schomerus*, § 33 Rn. 30; a.A.: Däubler/Klebe/Wedde/Weichert/*Däubler*, § 33 Rn. 25.
100 Vgl. *Masing*, NJW 2012, 2307.
101 Vgl. *Masing*, NJW 2012, 2311.
102 *Bergmann/Möhrle/Herb*, § 33 Rn. 72, sprechen von der Kenntnis aus Sicht des „verständigen Durchschnittsbetroffenen".
103 Vgl. *Schaffland/Wiltfang*, § 33 Rn. 38.
104 Vgl. Simitis/*Dix*, § 33 Rn. 36, 55.

dass der Betroffene die Bedingungen tatsächlich gelesen hat, da für deren Wirksamkeit nach den allgemeinen Regeln die zumutbare Möglichkeit der Kenntnisnahme genügt (§ 305 Abs. 2 Nr. 2 BGB).

73 Allein die positive Kenntnis und den individuellen Sorgfaltshorizont des Einzelnen zum Maßstab zu machen und zu fordern, die verantwortliche Stelle müsse sich der Kenntnis des Betroffenen sicher sein[105], scheint mit den Anforderungen einer zweckmäßigen und wirtschaftlichen Massendatenverarbeitung deshalb nicht mehr kompatibel und zu weitgehend.

74 Der Sinn und Zweck der Ausnahmeregel des § 33 Abs. 2 Satz 1 Nr. 1 verlangt eine zeitgemäße Auslegung. Wenn es zur Zweckbestimmung eines Schuldverhältnisses gehört, dass der Betroffene Daten bekannt zu geben hat und diese vom Vertragspartner gespeichert werden, muss der Betroffene von einer Speicherung ausgehen und hat so „auf andere Weise Kenntnis erlangt"; besteht nach Lage der Dinge kein vernünftiger Zweifel daran, dass der Betroffene von einer Verarbeitung seiner Daten ausgehen muss, besteht ein Handelsbrauch oder eine Geschäftsüblichkeit oder sogar eine zwingende Notwendigkeit für eine Datenspeicherung, muss dies der Betroffene gegen sich gelten lassen. Es kann dann auf eine gesonderte Benachrichtigung verzichtet werden. Die verantwortliche Stelle in diesen Fällen nochmals zu einer formalen Benachrichtigung zu zwingen, wäre der Reglementierung zu viel und niemandem nützlich.[106]

! Eine tatsächliche Benachrichtigung ist somit nur noch in Sonderfällen geboten. Solche liegen vor, wenn kein vertragliches oder vertragsähnliches Vertrauensverhältnis zwischen den Beteiligten besteht,[107] wenn es sich um eine – nicht offensichtlich erkennbare – Konzernverflechtung handelt[108] (siehe dazu auch Rn. 9) oder wenn die Situation so außergewöhnlich ist, dass auch bei realitätsnaher Betrachtung dem Betroffenen ein Wissen um die übliche Speicherung beziehungsweise Übermittlung nicht unterstellt werden kann. Hier gilt der Grundsatz fort, dass in Zweifelsfällen zu benachrichtigen ist.[109]

b) Umfang der Kenntnis

75 Das Wissen des Betroffenen muss sich auf die Tatsache der Speicherung (§ 33 Abs. 1 Satz 1) beziehungsweise der Übermittlung (§ 33 Abs. 1 Satz 2) beziehen.[110] Die übrigen Umstände, die gemäß § 33 Abs. 1 Gegenstand der Benachrichtigung sind, sind im Ausnahmetatbestand des § 33 Abs. 2 Satz 1 Nr. 1 nicht erwähnt.[111] Damit stellt sich die Frage, ob sich der Betroffene über die Speicherung oder Übermittlung hinaus auch über die Art der Daten und die Zweckbestimmung im Klaren sein muss.

76 Auf der einen Seite steht dem der Wortlaut klar entgegen. Da vertiefte Kenntnisse über die Speicherung beziehungsweise Übermittlung hinaus für die Erfüllung der Ausnahmevoraussetzungen vom Gesetz nicht gefordert werden, sondern diese weiteren Umstände eben nur Bestandteil der Benachrichtigung sind[112], ließe sich das Erfordernis, darüber im Einzelnen und detailreich Bescheid wissen zu müssen, allenfalls rechtspolitisch begründen.

77 Andererseits würde es dem Sinn der Ausnahmeregel in Nr. 1 nicht gerecht, wenn bereits die bloße Kenntnis der Speicherung oder Übermittlung für den Entfall der Benachrichtigung ausreichend wäre, weil der Betroffene allein dadurch noch nicht den transparenten Einblick in die Verarbeitung seiner Daten hat, den er zur Entscheidung über die Ausübung gegebenenfalls weiterer Rechte benötigt. Grundsätzlich sind die Voraussetzungen für die Ausnahme in Abs. 2 Satz 1 Nr. 1 daher spiegelbildlich zu denen in Abs. 1 zu

105 Vgl. Simitis/*Dix*, § 33 Rn. 55 f.

106 So wohl auch Erbs/Kohlhaas/*Ambs*, § 33 BDSG Rn. 5, 8 f.; *Bergmann/Möhrle/Herb*, § 33 Rn. 72; *Gola/Schomerus*, § 33 Rn. 29; Schaffland/Wiltfang, § 33 Rn. 39, 42; Plath/*Kamlah*, § 33 Rn. 31.

107 Vgl. Erbs/Kohlhaas/*Ambs*, § 33 BDSG Rn. 8.

108 Vgl. *Bergmann/Möhrle/Herb*, § 33 Rn. 142.

109 Insoweit zutreffend: Simitis/*Dix*, § 33 Rn. 55 f.

110 Vgl. Simitis/*Dix*, § 33 Rn. 49.

111 So auch Taeger/Gabel/*Meents/Hinzpeter*, § 33 Rn. 30.

112 Vgl. Taeger/Gabel/*Meents/Hinzpeter*, § 33 Rn. 31, der den Umstand, dass Abs. 2 hinter den Anforderungen des Abs. 1 zurückbleibt, zwar als einen gewissen systematischen Bruch ansieht, welcher aber, da er nun einmal aus dem Wortlaut so hervorgehe, hinzunehmen sei.

sehen.[113] Um dem gerecht zu werden, ist es für die Erfüllung der Ausnahmeanforderungen nach Nr. 1 notwendig, dass der Betroffene wenigstens eine grobe Vorstellung über die Art der Daten und der Zweckbestimmung hat.[114]

c) Zeitpunkt der Kenntnis

Wann genau der Betroffene von der Speicherung oder Übermittlung seiner Daten erfahren hat, ist unerheblich.[115] Kenntnis bedeutet insoweit nur, dass er sich zum Zeitpunkt des Ereignisses – also der Speicherung im Fall von § 33 Abs. 1 Satz 1 oder der Übermittlung im Fall des § 33 Abs. 1 Satz 2 – noch darüber bewusst sein muss.[116] 78

Erfährt der Betroffene erst im Nachhinein von der Speicherung, kann diese Kenntnis dem Zeitpunkt des Ereignisses nur noch dann zugerechnet werden, wenn die zeitliche Lücke nicht wesentlich ins Gewicht fällt. Diese Grenze dürfte im Regelfall bei mehr als vier Wochen Differenz überschritten sein.[117] 79

2. Rechtsverpflichtung zur Speicherung oder Speicherung allein zu Datenschutzzwecken, § 33 Abs. 2 Satz 1 Nr. 2

a) Rechtsverpflichtung zur Speicherung, § 33 Abs. 2 Nr. 2 1. Alt.

Sind Daten nur deshalb gespeichert, weil eine rechtliche Verpflichtung der verantwortlichen Stelle keine andere Wahl lässt, ist eine Benachrichtigung des Betroffenen über die Speicherung nicht notwendig, weil diese Daten faktisch wie gelöschte Daten anzusehen sind.[118] Nur **zwingende Aufbewahrungspflichten** erfüllen den Tatbestand. Rein freiwillige Optionen zur Speicherung genügen für eine Befreiung von der Benachrichtigungspflicht nicht.[119] 80

Der Rechtsgrund der Aufbewahrung kann sich ergeben aus

- dem Gesetz, beispielsweise als handelsrechtliche[120] oder steuerrechtliche[121] Aufbewahrungspflicht,
- einer Satzung, beispielsweise einer Genossenschaft, einer Gesellschaft oder eines Vereins, oder
- aus einem Vertrag.

Aus dem Wortlaut „nur deshalb" ergibt sich, dass die in Nr. 2 genannten **Archivierungszwecke** die einzigen sein dürfen, wegen denen die Daten noch vorgehalten werden. Gibt es dagegen weitere Gründe für die Datenspeicherung, weil zum Beispiel der Ablauf von Gewährleistungs- oder Verjährungsfristen abgewartet werden soll, geschieht die Datenspeicherung zumindest auch zur Abwicklung eines Vertragsverhältnisses und damit nicht allein zur Erfüllung von Aufbewahrungsfristen. In diesen Fällen kann auf Nr. 2 nicht zurückgegriffen werden.[122] 81

Vertragliche Vereinbarungen, in denen Archivierungspflichten niedergelegt werden, dürfen nicht zur Umgehung der Betroffenenrechte führen. Soweit diese Rechte unabdingbar sind, ist § 6 Abs. 1 zu beachten. 82

---

113 So auch Simitis/*Dix*, § 33 Rn. 50, der die Formulierung in § 33 Abs. 2 S. 1 Nr. 1 nur als „Kurzfassung" der in Abs. 1 ausführlich beschriebenen Anforderungen, ansonsten aber als mit diesen gleichwertig ansieht, die deshalb keinen geringeren Regelungsgehalt hätten.
114 Vgl. *Bergmann/Möhrle/Herb*, § 33 Rn. 71; Simitis/*Dix*, § 33 Rn. 50; *Gola/Schomerus*, § 33 Rn. 28.
115 Vgl. Simitis/*Dix*, § 33 Rn. 53.
116 Vgl. Simitis/*Dix*, § 33 Rn. 53; Taeger/Gabel/*Meents/Hinzpeter*, § 33 Rn. 29.
117 So auch *Bergmann/Möhrle/Herb*, § 33 Rn. 70.
118 Vgl. *Schaffland/Wiltfang*, § 33 Rn. 58.
119 Vgl. Taeger/Gabel/*Meents/Hinzpeter*, § 33 Rn. 34.
120 Siehe z.B. § 257 HGB, § 273 Abs. 2 AktG, § 74 Abs. 2 S. 1 GmbHG, § 93 S. 1 GenG.
121 Siehe z.B. §§ 147, 147a AO.
122 Vgl. *Bergmann/Möhrle/Herb*, § 33 Rn. 82; Simitis/*Dix*, § 33 Rn. 66, 68.

b) Speicherung allein zu Datenschutzzwecken, § 33 Abs. 2 Nr. 2 2. Alt.

83 Den zwingenden Aufbewahrungspflichten gleichgestellt sind Datenspeicherungen, die der Datensicherung oder der Datenschutzkontrolle dienen. § 33 Abs. 2 Nr. 2 2. Alt. liefert so die rechtliche Begründung dafür, warum der Betroffene nicht von jeder Sicherungskopie, die die verantwortliche Stelle von einem Datenbestand macht, nochmals separat benachrichtigt werden muss. Die Benachrichtigungspflicht bestand ja schließlich schon bezüglich der Originaldatei.[123] Zu den Speicherungen zum Zweck der Datensicherung und Datenschutzkontrolle gehören darüber hinaus auch **Protokolldateien und Logfiles** aus automatisierten Datenverarbeitungsangeboten, über die ebenfalls nicht gesondert informiert werden muss – jedenfalls dann nicht, wenn sie tatsächlich ausschließlich der Datensicherung dienen.[124] Werden Logfiles hingegen auch aus anderen Gründen angelegt, etwa zu Compliance- oder Risikomanagementzwecken, ist dies ein zusätzlicher Zweck, der nicht im Sinn von § 33 Abs. 2 Satz 1 Nr. 2 2. Alt. benachrichtigungsbefreiend wirken kann.[125]

c) Kein unverhältnismäßiger Aufwand

84 Auf beide Alternativen des § 33 Abs. 2 Satz 1 Nr. 2 kann sich die verantwortliche Stelle nur berufen, wenn die Benachrichtigung des Betroffenen einen unverhältnismäßigen Aufwand erfordern würde. Sie hat folglich eine Interessenabwägung zwischen dem Benachrichtigungsinteresse des Betroffenen und dem Umfang des bei ihr für eine Benachrichtigung entstehenden Aufwands vorzunehmen. In die Überlegungen einzubeziehen sind insbesondere die Aufwendungen für Zeit und Personalkosten[126], aber auch der Grad der Gefährdung eines möglichen Missbrauchs der Daten und der sich daraus ergebenden Auswirkungen für den Betroffenen.[127]

85 Die Interessen des Betroffenen bleiben bei den Speicherzwecken der Nr. 2 regelmäßig hinter dem dagegenstehenden Verwaltungsaufwand für die verantwortliche Stelle zurück.[128] Die Unverhältnismäßigkeit im Streitfall darzulegen, obliegt gleichwohl dem Risiko der verantwortlichen Stelle.[129] Will sie dieses Risiko minimieren, sollte sie in Zweifelsfällen lieber zu viel als zu wenig benachrichtigen.

3. Vorrangige Geheimhaltungsinteressen, § 33 Abs. 2 Satz 1 Nr. 3

86 Ergibt eine Interessenabwägung ein dem Informationsinteresse des Betroffenen überzuordnendes Geheimhaltungsinteresse eines Dritten, hat die verantwortliche Stelle auf die Benachrichtigung zu verzichten. Ein Wahlrecht, die Benachrichtigung dennoch vorzunehmen, besteht angesichts des Wortlauts („geheim gehalten werden **müssen**") nicht.[130] Das Geheimhaltungsinteresse kann sich ergeben

- aus einer **Rechtsvorschrift** (§ 33 Abs. 2 Satz 1 Nr. 3 1. Alt.). So sind Verwendungsverbote beispielsweise in bestimmten berufsrechtlichen Vorschriften vorgesehen[131] oder im verwaltungsrechtlichen Bereich[132];
- aus dem **Wesen der Datenverarbeitung** (§ 33 Abs. 2 Satz 1 Nr. 3 2. Alt.), namentlich wegen des überwiegenden rechtlichen Interesses eines Dritten an einer Geheimhaltung, wie es bei Verträgen zugunsten Dritter auf den Todesfall vorkommen kann (Lebensversicherungen, Spareinlagen, gesellschaftsrechtliche Nachfolgeklauseln)[133] oder bei medizinischen Unterlagen, wenn deren Kenntnis

---

123 Vgl. *Schaffland/Wiltfang*, § 33 Rn. 60.
124 Vgl. Simitis/*Dix*, § 33 Rn. 70, der eine Benachrichtigung des Betroffenen allerdings dann für unabdingbar hält, wenn die Protokolldatei neben dem Sicherungszweck einen zusätzlichen Informationsgehalt aufweist.
125 Vgl. *Kort*, NZA 2011, 1321.
126 Vgl. *Bergmann/Möhrle/Herb*, § 33 Rn. 81.
127 Vgl. Däubler/Klebe/Wedde/Weichert/*Däubler*, § 33 Rn. 29; Simitis/*Dix*, § 33 Rn. 71.
128 Vgl. *Gola/Schomerus*, § 33 Rn. 32.
129 Vgl. Taeger/Gabel/*Meents/Hinzpeter*, § 36 Rn. 36.
130 Vgl. Däubler/Klebe/Wedde/Weichert/*Däubler*, § 33 Rn. 23; Simitis/*Dix*, § 33 Rn. 46.
131 Siehe z.B. § 43a Abs. 2 BRAO, § 203 StGB für die Daten über den Gegner des Mandanten eines Rechtsanwalts.
132 Siehe z.B. § 5 Abs. 2 StUG.
133 Vgl. Däubler/Klebe/Wedde/Weichert/*Däubler*, § 33 Rn. 35; Simitis/*Dix*, § 33 Rn. 80; *Gola/Schomerus*, § 33 Rn. 33.

den Patienten erheblich gefährden würde[134], oder bei Informationen, deren vorzeitiges Bekanntwerden den geplanten Geschäftszweck unmöglich machen würde (wie Unterlagen über die Beauftragung einer Detektei[135]).

Das Interesse muss ein **rechtliches** sein. Davon ist nur auszugehen, wenn das in Rede stehende Geheimhaltungsbedürfnis von der Rechtsordnung ausdrücklich unter Schutz gestellt ist.[136] Ideelle Gründe (Gefährdung einer Freundschaft) oder rein wirtschaftliche Belange (Befürchtung geschäftlicher Nachteile) genügen nicht.[137] 87

Die eindeutige Forderung nach einem rechtlichen Interesse bedingt eine entsprechend restriktive Auslegung.[138] Allein der Umstand, dass eine Geschäftsbeziehung nach dem Willen der Beteiligten vertraulich behandelt werden soll, reicht für ein überwiegendes Geheimhaltungsinteresse im Sinn von § 33 Abs. 2 Satz 1 Nr. 3 deshalb nicht aus.[139] Es müssen stattdessen weitere Umstände hinzutreten, die im konkreten Fall die Geheimhaltung rechtfertigen. Die Prüfung dessen obliegt der verantwortlichen Stelle. 88

> ! Die Benachrichtigungspflicht kann allein mit dem Abschluss einer formularmäßigen **Geheimhaltungsvereinbarung** nicht umgangen werden. Wenn eine vertragliche Abrede als Grund für die unterlassene Benachrichtigung herhalten soll, ist es ratsam, die Beweggründe für die Vertraulichkeit im Vertrag ausführlich zu begründen.

Umstände, die für ein Geheimhaltungsinteresse sprechen, sind konkret drohende, über reine Befürchtungen hinausgehende Nachteile für einen der Beteiligten. 89

Für die Betreiber von Zahlungsdatenpools bedeutet das, dass die Einmelder, die Informationen über das Zahlungsverhalten ihrer Geschäftspartner zum Zweck der Erstellung einer Bonitätsbewertung an den Pool übermitteln, dem bewerteten Betroffenen auf Nachfrage in aller Regel zu offenbaren sind. Eine Zusage der Auskunftei zum Informantenschutz an ihre Zahlungsdatenlieferanten hat somit nur beschränkten Wert. Im Verhältnis zum Betroffenen kann eine solche Vereinbarung die Offenlegung der Identität des Datenlieferanten nur verhindern, wenn eine Interessenabwägung ergibt, dass dem Datenlieferanten bei Bekanntwerden ansonsten erhebliche Nachteile drohen. Dass er seine Aufdeckung als unangenehm empfindet oder er sich für die Datenübermittlung rechtfertigen muss, reicht für die Annahme überwiegender Geheimhaltungsinteressen in diesen Fällen allein nicht aus.[140] 90

Anders sieht es bei Vereinbarungen zwischen Banken und Darlehensnehmern aus, bei denen sich die Bank Forderungen des Darlehensnehmers zu Kreditsicherungszwecken abtreten lässt, mit dem Darlehensnehmer aber vereinbart, dies gegenüber dem Drittschuldner geheim zu halten (stille Zession). Hier geht die Interessenabwägung zugunsten des betroffenen Darlehensnehmers aus. Würde sein Vertragspartner von der Sicherungsabtretung der Forderungen gegen ihn erfahren, wäre der Betroffene möglicherweise negativen Rückschlüssen, bezogen auf seine finanzielle Lage, ausgesetzt. Für die Wahrung der Vertraulichkeit spricht außerdem, dass Kreditabsicherungen durch Übertragung von Ansprüchen üblich sind und der Drittschuldner grundsätzlich mit solchen Abtretungen rechnen muss. Seine gesonderte Benachrichtigung kann daher wegen vorrangiger Geheimhaltungsinteressen des Darlehensnehmers unterbleiben.[141] 91

134 Vgl. Däubler/Klebe/Wedde/Weichert/*Däubler*, § 33 Rn. 32; *Gola/Schomerus*, § 33 Rn. 34a; *Schaffland/Wiltfang*, § 33 Rn. 67; a.A. Simitis/*Dix*, § 33 Rn. 76, der selbst in extremen Ausnahmefällen dem Informationsinteresse des Betroffenen auch an für ihn ungünstigen Befunden Vorrang einräumt.
135 Vgl. *Bergmann/Möhrle/Herb*, § 33 Rn. 90; Däubler/Klebe/Wedde/Weichert/*Däubler*, § 33 Rn. 36.
136 Vgl. Däubler/Klebe/Wedde/Weichert/*Däubler*, § 33 Rn. 31.
137 Vgl. Simitis/*Dix*, § 33 Rn. 77; *Gola/Schomerus*, § 33 Rn. 33.
138 Vgl. *Bergmann/Möhrle/Herb*, § 33 Rn. 91; Simitis/*Dix*, § 33 Rn. 78.
139 Vgl. Simitis/*Dix*, § 33 Rn. 78; *Schaffland/Wiltfang*, § 33 Rn. 65.
140 Vgl. Däubler/Klebe/Wedde/Weichert/*Däubler*, § 33 Rn. 34; Simitis/*Dix*, § 33 Rn. 83; Taeger/Gabel/*Meents/Hinzpeter*, § 33 Rn. 40.
141 *Schaffland/Wiltfang*, § 33 Rn. 63.

4. Gesetzlich vorgesehene Speicherung oder Übermittlung, § 33 Abs. 2 Satz 1 Nr. 4

92 Den Betroffenen separat über einen Datenverarbeitungsvorgang zu benachrichtigen, der sich als solcher ausdrücklich aus dem Gesetz ergibt und den Schutzvorschriften des BDSG vorgeht, wäre für die verantwortliche Stelle ein überflüssiger Aufwand und für den Betroffenen eine nutzlose Information ohne Neuigkeitswert. Diese Fälle sind von der Benachrichtigungspflicht deshalb ausgenommen. Die Vorschrift unterstellt damit die geltenden Gesetze als bekannt.[142] Der Betroffene muss die bestehenden gesetzlichen Ermächtigungen mithin abstrakt gegen sich gelten lassen. Auf seine individuelle Rechtskenntnis kommt es nicht an.

93 Dem Betroffenen wird aber insoweit geholfen, als dass die gesetzliche Speicher- oder Übermittlungsbefugnis „ausdrücklich" bestehen muss. Nicht „ausdrücklich" sind Rechtspositionen, die sich nicht unmittelbar aus der Rechtsvorschrift selbst erschließen, sondern erst durch Auslegung ermittelt werden müssen. Derartige Bemühungen werden dem Betroffenen nicht zugemutet. Damit führen nur solche gesetzliche Datenverarbeitungsermächtigungen zu einer Befreiung von der Benachrichtigungspflicht, die **absehbar** sind, also die entsprechenden Befugnisse mit einer am durchschnittlichen Empfängerhorizont orientierten hinreichenden Erkennbarkeit regeln.[143]

! Das Risiko für die Ausdrücklichkeit und Erkennbarkeit des Speicher- und Übermittlungsrechts trägt die verantwortliche Stelle als von der Ausnahmevorschrift Begünstigter.

94 Beispiele für gesetzliche Datenverarbeitungsvorschriften sind das Geldwäschegesetz (siehe die Aufzeichnungs- und Aufbewahrungspflichten in § 8 GwG), Vorschriften für Arbeitgeber zur Unterrichtung der Finanzbehörden über die Bezüge und Versicherungsbeiträge ihrer Arbeitnehmer) oder die Vorschriften zur Speicherung von Telekommunikationsdaten im öffentlichen Interesse (§ 113a TKG).[144] Diesen Bestimmungen gemeinsam ist, dass die Datenverarbeitung vom Gesetz **angeordnet** wird. Gegenbeispiel sind etwa die §§ 28, 29 BDSG, die eine Datenverarbeitung durch die dort bezeichneten Stellen lediglich **ermöglichen**.[145]

5. Speicherung oder Übermittlung für Forschungszwecke, § 33 Abs. 2 Satz 1 Nr. 5

95 Das Gesetz suspendiert die Benachrichtigungspflicht, wenn die Speicherung oder Übermittlung der Daten für Zwecke der wissenschaftlichen Forschung erforderlich ist und eine Benachrichtigung einen unverhältnismäßigen Aufwand bedeuten würde („**Wissenschaftsprivileg**"[146]). Für die Abwägung zwischen den Interessen am Verarbeitungszweck und dem Informationsinteresse des Betroffenen gelten dieselben Grundsätze wie für die Ausnahme in § 33 Abs. 2 Satz 2 Nr. 2, insbesondere ein schon aus der Vielzahl der betroffenen Fälle folgender unverhältnismäßiger Benachrichtigungsaufwand (siehe Rn. 84).[147] Zu Art, Thema oder Qualität der Forschung macht das Gesetz keine weiteren Angaben. Auch die Forschungsstelle muss keine besonderen Voraussetzungen erfüllen. Der Tatbestand reicht folglich weit und umfasst jedes Vorhaben einer öffentlich-rechtlichen oder privatrechtlichen Einrichtung, das sich als wissenschaftliches Forschungsvorhaben schlüssig erklären lässt.[148]

6. Vorrangige Interessen der öffentlichen Sicherheit und Ordnung, § 33 Abs. 2 Satz 1 Nr. 6

96 Würde die Bekanntmachung der Daten die öffentliche Sicherheit oder Ordnung gefährden oder sonst dem Wohl des Bundes oder eines Landes Nachteile bereiten, unterbleibt die Mitteilung an den Betroffenen. Die verantwortliche Stelle kann das nicht allein entscheiden. Voraussetzung für die Inanspruchnahme der Ausnahmeregelung ist, dass die für die verantwortliche Stelle zuständige Ordnungsbehörde die Gefährdung der öffentlichen Sicherheit und Ordnung im Fall des Bekanntwerdens der Datenverarbei-

---

142 Vgl. *Gola/Schomerus*, § 33 Rn. 35.
143 Vgl. Simitis/*Dix*, § 33 Rn. 87; Taeger/Gabel/*Meents/Hinzpeter*, § 33 Rn. 43.
144 Vgl. *Bäcker*, MMR 2009, 805.
145 Vgl. Plath/*Kamlah*, § 33 Rn. 41.
146 Däubler/Klebe/Wedde/Weichert/*Däubler*, § 33 Rn.40.
147 Vgl. *Bergmann/Möhrle/Herb*, § 33 Rn. 99; *Gola/Schomerus*, § 33 Rn. 36.
148 Vgl. Simitis/*Dix*, § 33 Rn. 91.

tung festgestellt hat. Die Feststellung ist in Form eines Verwaltungsakts jeweils auf den Einzelfall bezogen zu treffen.[149]

Die Verbindlichkeit des Verwaltungsakts hat zur Folge, dass ebenso wie bei der Ausnahme im Geheimhaltungsinteresse nach Nr. 3 keine Alternative für die verantwortliche Stelle besteht, die Benachrichtigung trotzdem freiwillig vorzunehmen. Sind die Voraussetzungen von Nr. 6 erfüllt, ist der Verzicht auf die Benachrichtigung die einzige Handlungsoption.[150] **97**

> ! Wer die für die Feststellung zuständige Ordnungsbehörde ist, hängt vom Einzelfall und den jeweiligen landesgesetzlichen Rahmenbedingungen ab. Im Zweifel sollte die zuständige Datenschutzaufsichtsbehörde (§ 38) angerufen werden, die – sofern sie nicht selbst zuständig ist – Auskunft über die zuständige Ordnungsbehörde erteilt.[151]

7. Allgemein zugängliche Daten oder erhebliche Gefährdung eigener Geschäftszwecke, § 33 Abs. 2 Satz 1 Nr. 7

a) Allgemein zugängliche Daten, § 33 Abs. 2 Satz 1 Nr. 7a

Speichert die verantwortliche Stelle Daten für eigene Zwecke und hat sie diese Daten aus allgemein zugänglichen Quellen entnommen, kann sie von einer Benachrichtigung des Betroffenen absehen, wenn die Benachrichtigung einen unverhältnismäßig hohen Aufwand erfordern würde. **98**

Der Begriff der allgemein zugänglichen Quellen ist identisch mit dem in § 28 Abs. 1 Nr. 3 (siehe § 28 Rn. 55 ff.).[152] Dazu gehören unter anderem **99**

- **Presseveröffentlichungen** in allen Medienformen (Printmedien, Rundfunk, Internet etc.),[153]
- **Verzeichnisse** wie Telefonbücher, Branchenbücher, Adresskataloge,[154]
- **öffentliche Bekanntmachungen** in allen Medienformen (Internetseiten[155], Anschläge am „schwarzen Brett" oder an Litfaßsäulen, Äußerungen über Flugblätter, Plakate, Lautsprecher, Videoleinwände, auf Messen oder in Ausstellungen etc.),
- **Register**, sofern sie ohne besonderes berechtigtes Interesse jedem zugänglich sind (Genossenschaftsregister, Handelsregister, Partnerschaftsregister, Güterrechtsregister, Vereinsregister etc.).

Ob der Betroffene weiß, dass er in der jeweiligen Quelle verzeichnet ist, ist unerheblich.[156]

Im Unterschied zu § 28 reicht es für die Anwendung der Ausnahmeregel des § 33 Abs. 2 Satz 1 Nr. 7 nicht, wenn nur die Möglichkeit besteht, die Daten aus diesen Quellen zu entnehmen. Auf die Ausnahme der Nr. 7 kann sich die verantwortliche Stelle nur berufen, wenn die Daten auch tatsächlich aus einer solchen Quelle stammen („entnommen sind").[157] Teilweise wird vertreten, die verantwortliche Stelle müsse dabei auch selbst tätig werden; der Bezug von einem Dritten, der die Daten aus der allgemein zugänglichen Quelle entnommen hat, genüge nicht.[158] Diese Auffassung überzeugt jedoch nicht. Sie schränkt die Anwendung der Vorschrift unnötig ein. Tatbestandsvoraussetzung ist nur die Entnahme aus einer allgemein zugänglichen Datenquelle. Wer die Datenerhebung durchführen darf, lässt das Gesetz offen. Eine Konzentration allein auf die verantwortliche Stelle enthält der Wortlaut nicht. Ob die Entnahme der Daten unmittelbar in Eigenregie der verantwortlichen Stelle geschieht oder mittelbar dadurch, dass eine **100**

---

149 Vgl. *Bergmann/Möhrle/Herb*, § 33 Rn. 102; *Gola/Schomerus*, § 33 Rn. 37.
150 So auch Däubler/Klebe/Wedde/Weichert/*Däubler*, § 33 Rn. 23; Simitis/*Dix*, § 33 Rn. 46.
151 Vgl. Däubler/Klebe/Wedde/Weichert/*Däubler*, § 33 Rn. 43; Simitis/*Dix*, § 33 Rn. 73; *Schaffland/Wiltfang*, § 33 Rn. 69.
152 Vgl. Simitis/*Dix*, § 33 Rn. 98.
153 Vgl. Simitis/*Dix*, § 33 Rn. 99.
154 Vgl. Däubler/Klebe/Wedde/Weichert/*Däubler*, § 33 Rn. 46; Simitis/*Dix*, § 33 Rn. 99.
155 Vgl. Däubler/Klebe/Wedde/Weichert/*Däubler*, § 33 Rn. 46.
156 Vgl. *Schaffland/Wiltfang*, § 33 Rn. 77.
157 So auch Simitis/*Dix*, § 33 Rn. 98; *Gola/Schomerus*, § 33 Rn. 38; Taeger/Gabel/*Meents/Hinzpeter*, § 33 Rn. 50.
158 *Bergmann/Möhrle/Herb*, § 33 Rn. 108; Däubler/Klebe/Wedde/Weichert/*Däubler*, § 33 Rn. 45.

andere Stelle die Quelle ausgewertet und diese Daten dann (mit einem Hinweis auf die Quelle) der verantwortlichen Stelle übermittelt, ist für die Wahrung der Betroffenenrechte unerheblich. Weder entsteht ihm durch die mittelbare Datenerhebung ein Nachteil, noch wäre er bei einer unmittelbaren Datenerhebung besser gestellt. Entscheidend ist, dass es sich in beiden Fällen um Daten handelt, die **tatsächlich** aus einer öffentlichen Quelle stammen. Mehr fordert der Normtext nicht. Deshalb reicht auch die mittelbare Datenerhebung über einen Dritten aus.[159]

101 Von einem unverhältnismäßig hohen Benachrichtigungsaufwand ist bei § 33 Abs. 2 Satz 1 Nr. 7 immer dann auszugehen, wenn es sich nicht nur um einzelne Datenverarbeitungsvorgänge handelt, sondern eine Vielzahl von Personen betroffen ist.[160]

> **!** Beachten Sie, dass § 33 Abs. 2 Satz 1 Nr. 7a ausschließlich Datenspeicherungen für eigene Zwecke betrifft. Die Verwendung allgemein zugänglicher Daten beispielsweise für den gewerblichen Adresshandel fällt nicht darunter. Für diese „fremden" Zwecke greift aber möglicherweise die Ausnahme in § 33 Abs. 2 Satz 1 Nr. 8.

b) Erhebliche Gefährdung eigener Geschäftszwecke, § 33 Abs. 2 Satz 1 Nr. 7b

102 Würde die Benachrichtigung über die Datenspeicherung die Geschäftszwecke der verantwortlichen Stelle gefährden und ist das Informationsinteresse des Betroffenen im Vergleich zum Interesse an einer Vermeidung der Gefährdung nur zweitrangig, kann die Benachrichtigung unterbleiben.

103 Die Gefährdung muss „erheblich" sein. Was darunter zu verstehen ist, erklärt das Gesetz nicht. Nicht erheblich sind Beeinträchtigungen, die den normalen Geschäftsbetrieb aus Sicht eines verständigen Dritten nur auf Bagatellniveau berühren. Ganz einfache Gefährdungslagen oder bloße Unannehmlichkeiten scheiden somit aus.[161] Das Gesetz fordert allerdings auch nicht das vollständige Unvermögen der Geschäftsausübung, sodass von einem erheblichen Eingriff nicht erst gesprochen werden kann, wenn der Geschäftszweck ganz und gar unmöglich zu werden droht.[162] Die Wahrheit liegt in der Mitte: Würde die Datenbekanntgabe zur Folge haben, dass dadurch bestimmte Geschäfte **regelmäßig scheitern**, ist dies bereits mehr als eine geringfügige Beeinträchtigung und geeignet, die Erheblichkeitsschwelle zu überschreiten.[163]

> **!** Dem Anwendungsbereich des § 33 Abs. 1 entkommen und die Benachrichtigungspflicht umgehen ließe sich in jedem Fall dadurch, dass bei absehbarer Gefährdung eines Geschäfts auf eine automatisierte Erfassung der Geschäftsumstände im Sinn von § 27 Abs. 2 verzichtet wird und die relevanten Informationen nur mündlich oder handschriftlich niedergelegt werden.[164]

104 Ein anderer Aspekt, der ebenfalls eine Berufung auf die Ausnahme in Nr. 7b rechtfertigen kann, ist die konkrete Gefährdung von Unternehmensgeheimnissen und die Speicherung zum Zweck der Bekämpfung von Wirtschaftskriminalität.[165] Beispiele dafür sind vom Arbeitgeber durchgeführte Datenabgleiche zur Korruptionsbekämpfung zwischen den Stammdaten seiner Arbeitnehmer und den Daten seiner Lieferanten („Mitarbeiter-Screening") oder die Einrichtung von Anlaufstellen zur Meldung von Gesetzesverstößen („Whistleblower-Hotlines"). Ob Selbstschutzinteressen dem Informationsinteresse vorrangig sind

---

159 So auch *Gola/Schomerus*, § 33 Rn. 38; Plath/*Kamlah*, § 33 Rn. 46.

160 Vgl. *Bergmann/Möhrle/Herb*, § 33 Rn. 109; Simitis/*Dix*, § 33 Rn. 100; Taeger/Gabel/*Meents/Hinzpeter*, § 33 Rn. 52.

161 Vgl. Erbs/Kohlhaas/*Ambs*, § 33 BDSG Rn. 23; *Bergmann/Möhrle/Herb*, § 33 Rn. 110; Simitis/*Dix*, § 33 Rn. 104; Taeger/Gabel/*Meents/Hinzpeter*, § 33 Rn. 54; *Schaffland/Wiltfang*, § 33 Rn. 78.

162 So aber *Gola/Schomerus*, § 33 Rn. 39 und Simitis/*Dix*, § 33 Rn. 102, Letzterer unter Berufung auf den Wortlaut, der nicht von einzelnen Vorgängen spreche, sondern sich auf „die Geschäftszwecke" in ihrer Gesamtheit beziehe.

163 So wohl auch Däubler/Klebe/Wedde/Weichert/*Däubler*, § 33 Rn. 48; *Schaffland/Wiltfang*, § 33 Rn. 78; Plath/*Kamlah*, § 33 Rn. 52.

164 Vgl. Däubler/Klebe/Wedde/Weichert/*Däubler*, § 33 Rn. 48.

165 Vgl. *Bergmann/Möhrle/Herb*, § 33 Rn. 110; *Schaffland/Wiltfang*, § 33 Rn. 79.

und die Benachrichtigungspflicht dadurch vollständig entfällt, ist jeweils im Einzelfall zu prüfen. Denn grundsätzlich ist Verbrechensbekämpfung die Aufgabe des Staates.[166]

! Die genannten Präventionsmaßnahmen rechtfertigen es jedenfalls, die Benachrichtigung der betroffenen Arbeitnehmer bis zum Abschluss der Untersuchung aufzuschieben, um den Ermittlungserfolg nicht zu gefährden.

8. Geschäftsmäßige Speicherung von allgemein zugänglichen Daten oder von Listendaten für Übermittlungszwecke, § 33 Abs. 2 Satz 1 Nr. 8

Wer, wie Adresshändler und Auskunfteien, geschäftsmäßig Daten speichert, um sie alsdann im Rahmen seiner Tätigkeit Dritten übermitteln zu können, ist von Pflicht zur Benachrichtigung des Betroffenen befreit, wenn die Benachrichtigung aus Gründen der Vielzahl der Fälle unverhältnismäßig ist. Davon ist immer dann auszugehen, wenn nicht nur einige wenige Einzelfälle betroffen sind (siehe auch § 33 Abs. 2 Satz 1 Nr. 7a, Rn. 101 und Fn. 160). Als weitere Voraussetzung muss hinzukommen, dass die Daten entweder aus allgemein zugänglichen Quellen entnommen worden sind oder es sich um Listendaten handelt. **105**

a) Daten aus allgemein zugänglichen Quellen, § 33 Abs. 2 Satz 1 Nr. 8a

Bezüglich der allgemein zugänglichen Quellen kann grundsätzlich auf § 33 Abs. 2 Satz 1 Nr. 7a verwiesen werden (siehe Rn. 98 ff.). Hier kommt jedoch die Besonderheit hinzu, dass nur diejenigen allgemein zugänglichen Daten privilegiert sind, die sich auf die Personen beziehen, die diese Daten veröffentlicht haben. Das betrifft etwa die Einträge im Telefonbuch.[167], insbesondere aber Autorenangaben in Büchern, Zeitschriften oder im Internet. § 33 Abs. 2 Satz 1 Nr. 8a begünstigt damit in erster Linie Fachinformationsdienste und Bibliotheken, die Autorenkataloge führen dürfen, ohne die Verfasser von der Aufnahme in die Kataloge benachrichtigen zu müssen.[168] Weil die Befreiung von der Benachrichtigung aber nur hinsichtlich derjenigen Daten greift, die von der bezogenen Person selbst veröffentlicht wurden, bleibt die Benachrichtigungspflicht bezüglich etwaiger Angaben über weitere Personen, die in der Veröffentlichung ebenfalls erwähnt werden, unverändert bestehen.[169] **106**

b) „Listendaten", § 33 Abs. 2 Satz 1 Nr. 8b

Daten, die den Betroffenen ausschließlich mit Informationen über die Zugehörigkeit zu einer Personengruppe, einer Berufs-, Branchen oder Geschäftsbezeichnung, seinem Namen, Titel, akademischen Grad und seinem Geburtsjahr beschreiben, sind als sogenannten „Listendaten" gemäß § 28 Abs. 3 Satz 2 für Zwecke des Adresshandels und der Werbung privilegiert. Mag der Begriff auch an eine Datenverarbeitung in Papierform denken lassen, sind Listendaten nicht an dieses Medium gebunden und können auch in elektronischer Form auf einem Datenträger vorliegen.[170] Auf die Ausnahmevorschrift kann sich der Adresshändler oder die Auskunftei nur berufen, wenn es mit der Verarbeitung der vorgenannten Datenfelder sein Bewenden hat. Werden weitere Informationen verarbeitet, beispielsweise das Geburtsdatum statt des Geburtsjahrs oder über die Anschrift hinausgehende Kontaktdaten wie E-Mail-Adresse oder Telefonnummer, greift die Befreiung von der Benachrichtigungspflicht nicht.[171] **107**

Mit diesen erleichterten Datenschutzvoraussetzungen korrespondiert die Alternative in Nr. 8b, die über den Verweis in § 29 Abs. 2 Satz 2 auf die Regelung zu den Listendaten in § 28 Abs. 3 bis 3b Bezug nimmt. Verantwortliche Stellen, die geschäftsmäßig Listendaten für die Zwecke der Übermittlung speichern, können dadurch ebenfalls auf eine Benachrichtigung des Betroffenen verzichten, soweit diese wegen der Vielzahl der Fälle zu aufwendig wäre. Wegen des dem Umgang mit Listendaten typischerweise innewoh- **108**

---

166 Vgl. Erbs/Kohlhaas/*Ambs*, § 33 BDSG Rn. 25.
167 *Gola/Schomerus*, § 33 Rn. 41.
168 Vgl. Gesetzesbegründung, BT-Drs. 11/4306, S. 51.
169 Vgl. Däubler/Klebe/Wedde/Weichert/*Däubler*, § 33 Rn. 49; Simitis/*Dix*, § 33 Rn. 116.
170 Vgl. *Bergmann/Möhrle/Herb*, § 33 Rn. 116.
171 Vgl. *Bergmann/Möhrle/Herb*, § 33 Rn. 117.

nenden geringen Gefährdungspotenzials bei gleichzeitig hohem Datensatzumfang dürfte die Abwägung regelmäßig zugunsten der verantwortliche Stelle mit der Folge einer entbehrlichen Benachrichtigung ausgehen.[172]

9. Daten aus allgemein zugänglichen Quellen für Zwecke der Markt- oder Meinungsforschung, § 33 Abs. 2 Satz 1 Nr. 9

109 Neben den sogenannten Listendaten (siehe vorstehende Nr. 8b) begünstigt das Gesetz in § 30a die geschäftsmäßige Verwendung personenbezogener Daten, wenn dies Zwecken der Markt- oder Meinungsforschung dient. Damit einhergehend befreit § 33 Abs. 2 Satz 1 Nr. 9 die markt- oder meinungsforschende verantwortliche Stelle, den Betroffenen von der Datenspeicherung separat zu benachrichtigen, wenn über den Forschungszweck hinaus zwei weitere Bedingungen erfüllt sind: Die Daten müssen aus allgemein zugänglichen Quellen stammen und die Vielzahl der betroffenen Fälle muss eine Benachrichtigung jedes einzelnen Betroffenen unverhältnismäßig erscheinen lassen (zu den Quellen und zur Verhältnismäßigkeit siehe Rn. 98 ff.). Abgesehen von dem in der Ausnahmeregel zum Ausdruck kommenden förderungswürdigen Verwendungszweck der Forschung ist bei dieser Verwendungsart auch der Gefährdungsgrad bezüglich der Betroffeneninteressen gering, da die korrespondierende Grundnorm in § 30a Abs. 3 Satz 1 ohnehin die alsbaldige Anonymisierung verlangt.

10. Dokumentation des Ausnahmetatbestands, § 33 Abs. 2 Satz 2

110 Will die verantwortliche Stelle von einem der Ausnahmetatbestände in § 33 Abs. 2 Satz 1 Nr. 2 bis 7 Gebrauch machen, hat sie zuvor festzulegen, auf welchen Tatbestand genau sie sich berufen will und unter welchen Voraussetzungen sie von der Benachrichtigung des Betroffenen absieht.[173]

> ! Die Überwachung der ordnungsgemäßen Festlegung gehört gemäß § 4g Abs. 1 Satz 1 zu den Kontrollaufgaben des betrieblichen Datenschutzbeauftragten, dessen Hinzuziehung zu empfehlen ist.[174]

111 Die Dokumentation ist nur gesetzeskonform, wenn die **schriftlich** niedergelegt ist, also in einer einheitlichen, erkennbar zusammengehörigen Urkunde mit eigenhändiger Unterschrift der verantwortlichen Stelle beziehungsweise deren Vertreters (§ 126 BGB). Rein elektronische Dokumente reichen nicht aus.[175]

> ! Obwohl es nach den Buchstaben des Gesetzes nicht nötig ist, ein Berufen auf die Befreiungsgründe in § 33 Abs. 2 Satz 1 Nr. 1, 8 und 9 zu dokumentieren, ist dies gleichwohl sinnvoll. Die drei Ausnahmetatbestände dürften zu denjenigen mit der größten praktischen Bedeutung zählen. Es kann daher nicht schaden, wenn die verantwortliche Stelle belegen kann, sich darüber Gedanken gemacht zu haben.

III. Rechtsfolgen bei Verstoß

112 Eine Verletzung der Benachrichtigungspflicht aus § 33 führt nicht zu einer Unzulässigkeit der Datenspeicherung beziehungsweise -übermittlung und hat damit nicht zwangsläufig einen Löschungsanspruch des Betroffenen zur Folge.[176] Sie kann aber zu strafrechtlichen, verwaltungsrechtlichen und zivilrechtlichen Konsequenzen gegen die verantwortliche Stelle führen.

---

172 Vgl. *Schaffland/Wiltfang*, § 33 Rn. 90a.
173 Kritisch sowohl zur Einschränkung auf die Nr. 2 bis 7 als auch dazu, dass die verantwortliche Stelle allein über die Festlegung entscheiden darf: Däubler/Klebe/Wedde/Weichert/*Däubler*, § 33 Rn. 51; Simitis/*Dix*, § 33 Rn. 121.
174 Vgl. *Bergmann/Möhrle/Herb*, § 33 Rn. 120; Taeger/Gabel/*Meents/Hinzpeter*, § 33 Rn. 59.
175 Vgl. *Bergmann/Möhrle/Herb*, § 33 Rn. 118.
176 Vgl. Erbs/Kohlhaas/*Ambs*, § 33 BDSG Rn. 28.

1. Strafrechtliche Folgen

a) Ordnungswidrigkeit gemäß § 43 Abs. 1 Nr. 8

Wird die Benachrichtigungspflicht vorsätzlich oder fahrlässig verletzt, kann dies gemäß § 43 Abs. 1 Nr. 8 als Ordnungswidrigkeit verfolgt und mit einem Bußgeld bis zu 25.000,– € geahndet werden. Die Verletzung kann sowohl darin liegen, dass die Benachrichtigung trotz bestehender Rechtsverpflichtung vollständig unterblieben ist, als auch darin, dass zwar Informationen gegeben wurden, diese aber unvollständig oder unrichtig sind.[177] 113

Ist alles Erforderliche für eine ordnungsgemäße Benachrichtigung veranlasst worden, geht die Mitteilung dem Betroffenen aber dennoch ohne Verschulden der verantwortlichen Stelle nicht zu, kann sie nicht strafrechtlich zur Verantwortung gezogen werden.[178]

Im Gegensatz zu anderen Sanktionsvorschriften (beispielsweise § 43 Abs. 1 Nr. 1, 4a oder 7b) stellt der Wortlaut von Nr. 8 die **nicht rechtzeitige** Benachrichtigung nicht unter Strafe. Das ist gesetzessystematisch folgerichtig, da eine bestimmte Frist, in der die Benachrichtigung umzusetzen wäre, nicht zu den Tatbestandsvoraussetzungen gehört (siehe oben Rn. 59 f.). Geht dem Betroffenen trotz bestehender Benachrichtigungspflicht keine Information zu, dürfte in der nicht erfolgten Benachrichtigung jedoch zugleich auch eine nicht rechtzeitige Information liegen,[179] es sei denn, die verantwortliche Stelle kann schlüssig begründen, dass der Betroffene sich „zu früh" beschwert hat, eine Benachrichtigung sehr wohl vorgesehen war und – wenn sie abgewartet worden wäre – auch noch als ordnungsgemäß im Sinn des Schutzzwecks, d.h. im zeitlichen Zusammenhang mit der Datenspeicherung, erfolgt wäre. Das Risiko für die Überzeugungskraft dieser Darlegung liegt bei der verantwortlichen Stelle. Verfängt die Argumentation nicht, wirkt sich die nicht rechtzeitige Benachrichtigung wie eine nicht erfolgte Benachrichtigung aus und kann auf diesem Weg mittelbar sanktionsfähig werden.[180] 114

b) Straftat

Ein Verstoß gegen die Benachrichtigungspflicht kann in keinem Fall eine Straftat nach den Sanktionsvorschriften des BDSG begründen, da § 44 Abs. 1 nur auf § 43 Abs. 2, nicht jedoch auf Abs. 1 verweist. 115

Nach den allgemeinen strafrechtlichen Bestimmungen wird gemäß § 303a Abs. 1 StGB jedoch mit Freiheitsstrafe bis zu zwei Jahren oder mit Geldstrafe bestraft, wer rechtswidrig Daten im Sinn von § 202a Abs. 2 StGB löscht, unterdrückt, unbrauchbar macht oder verändert. Schon der Versuch steht gemäß § 303a Abs. 2 StGB unter Strafe. Hält eine verantwortliche Stelle bewusst Benachrichtigungen zurück, könnte darin strafbares Unterdrücken von Daten liegen.[181] 116

> **!** Sowohl die Verfolgung als Ordnungswidrigkeit als auch als Straftat setzt den Vorwurf einer schuldhaften Pflichtverletzung an die verantwortliche Stelle voraus. Dieser wird sich jedoch in der Praxis häufig nur schwer begründen lassen, da der Einwand anderweitiger Kenntnis (unter Hinweis auf eine allgegenwärtige, in vielen Lebensbereichen geradezu übliche oder offensichtliche Datenverarbeitung) oftmals zu einem Entfall der Benachrichtigungspflicht führen wird.[182]

2. Verwaltungsrechtliche Folgen

Die für die Kontrolle des BDSG und die jeweilige verantwortliche Stelle zuständige Aufsichtsbehörde ist bei Verstößen gegen das Gesetz gemäß § 38 Abs. 5 berechtigt, Maßnahmen zur Beseitigung anzuordnen, Zwangsgelder zu verhängen und Datenverarbeitungsverfahren zu untersagen. 117

---

177 Vgl. Simitis/*Dix*, § 33 Rn. 43; Taeger/Gabel/*Meents/Hinzpeter*, § 33 Rn. 60.
178 Vgl. *Schaffland/Wiltfang*, § 33 Rn. 33.
179 So auch Simitis/*Dix*, § 33 Rn. 43.
180 So auch *Bergmann/Möhrle/Herb*, § 33 Rn. 130; a.A. wohl *Schaffland/Wiltfang*, § 33 Rn. 33.
181 Vgl. *Bergmann/Möhrle/Herb*, § 33 Rn. 131; Däubler/Klebe/Wedde/Weichert/*Däubler*, § 33 Rn. 52.
182 Vgl. auch *Bär* in: Roßnagel, Ziffer 5.7 Rn. 39 (S. 931); *Schaffland/Wiltfang*, § 33 Rn. 43.

118 Unbeschadet davon steht es jedem Betroffenen frei, sich an die Aufsichtsbehörde zu wenden. Werden dort Rechtsverletzungen aktenkundig, kann die Behörde dies zum Anlass nehmen, die verantwortliche Stelle verstärkt zu kontrollieren.[183]

3. Zivilrechtliche Folgen

119 Die schuldhafte Verletzung der Benachrichtigungspflicht kann Schadensersatzforderungen gemäß § 823 Abs. 2 BGB in Verbindung mit § 33 als Schutzgesetz begründen.[184] Grundsätzlich denkbar wäre in diesem Zusammenhang auch eine Kompensation für immaterielle Schäden (Schmerzensgeld), die jedoch nur bei schwerwiegenden Verletzungen des Persönlichkeitsrechts und damit nur in seltenen Ausnahmefällen in Betracht kommen kann.[185]

120 Schadensersatzansprüche ohne Rücksicht auf ein Verschulden der verantwortlichen Stelle ermöglicht darüber hinaus § 7.[186] Danach entsteht eine Schadensersatzhaftung immer dann, wenn dem Betroffenen durch eine sorgfaltswidrige unzulässige Datenverarbeitung ein Schaden zugefügt wurde.

121 Wie bei allen Schadensersatzansprüchen müsste der Betroffene in diesen Fällen nicht nur zum Grund des Anspruchs vortragen, sondern auch eine konkrete Schadenshöhe schlüssig darlegen können. Die praktische Relevanz von Schäden aufgrund nicht erfolgter Benachrichtigungen scheint eher gering.

C. Anwendungsempfehlung/weitere praktische Hinweise

122 **Checkliste für die Benachrichtigungspflicht nach § 33**

1. Kann einer der folgenden Fragen mit „nein" beantwortet werden, besteht schon dem Grunde nach keine Pflicht zur Benachrichtigung:
   a) Werden personenbezogene Daten im Sinn von § 3 Abs. 1 verarbeitet?
   b) Geschieht die Verarbeitung der Daten zum Zweck der weiteren Nutzung für eigene Zwecke (beispielsweise zur Verwaltung einer Vertragsbeziehung) oder für geschäftliche Zwecke (beispielsweise zur Bereithaltung im Rahmen eines Auskunfteibetriebs)?
   c) Geschieht nach Erhebung der Daten beim Betroffenen die Verarbeitung automatisiert oder stammen die Daten aus einer automatisierten Datenverarbeitung?
2. Besteht dem Grunde nach eine Pflicht zur Benachrichtigung, kann aber eine der folgenden Fragen mit „ja" beantwortet werden, ist die Benachrichtigung aufgrund einer gesetzlichen Ausnahmeerlaubnis nicht erforderlich:
   d) Kann davon ausgegangen werden, dass der Betroffene auch ohne ausdrückliche Benachrichtigung mit der Verarbeitung seiner Daten rechnen muss?
   e) Stammen die Daten aus allgemein zugänglichen Quellen?
   f) Bestehen gesetzliche Aufbewahrungspflichten bezüglich der Daten?
   g) Bestehen gesetzliche Speicher- oder Übermittlungserlaubnisse bezüglich der Daten?
   h) Dient die Datenspeicherung ausschließlich Sicherungs- oder Datenschutzkontrollzwecken?
   i) Besteht ein über den reinen Schutz der Geschäftsbeziehung hinausgehendes Geheimhaltungsbedürfnis an den Daten oder ist behördlich festgestellt, dass ein Bekanntwerden der Daten die öffentliche Sicherheit gefährdet?
   j) Würden eine Bekanntgabe der Daten die Geschäftszwecke der verantwortlichen Stelle erheblich gefährden?
   k) Werden die Daten ausschließlich für wissenschaftliche Forschungszwecke verwendet?

183 Vgl. *Bergmann/Möhrle/Herb*, § 33 Rn. 127; Däubler/Klebe/Wedde/Weichert/*Däubler*, § 33 Rn. 52.
184 Vgl. *Bergmann/Möhrle/Herb*, § 33 Rn. 125.
185 Vgl. *Bergmann/Möhrle/Herb*, § 33 Rn. 126.
186 A.A.: *Gola/Schomerus*, § 33 Rn. 44, die § 7 als nicht eröffnet ansehen, da die Benachrichtigung keine Rechtmäßigkeitsvoraussetzung sei.

D. Muster

Muster für eine schriftliche Benachrichtigung über die erstmalige Speicherung zu eigenen Zwecken (§ 33 Abs. 1 Satz 1) 123

Verarbeitung Ihrer Daten

Sehr geehrte/r Frau/Herr …

entsprechend unserer gesetzlichen Verpflichtung gemäß § 33 Abs. 1 Satz 1 informieren wir Sie darüber, dass wir folgende Arten von personenbezogenen Daten über Sie gespeichert haben: Name, Adressdaten, … *[Aufzählung der Datenarten]*.

Verantwortliche Stelle der Datenspeicherung ist die … *[Name und vollständige Anschrift der verantwortlichen Stelle]*.

Die Datenspeicherung dient ausschließlich der Abwicklung der Geschäftsbeziehung (Bestellung, Versand, Rechnungstellung) … *[Beschreibung des Zwecks der Speicherung]*.

Mit freundlichen Grüßen

Muster für eine schriftliche Benachrichtigung über die erstmalige geschäftsmäßige Übermittlung (§ 33 Abs. 1 Satz 2) 124

Verarbeitung Ihrer Daten

Sehr geehrte/r Frau/Herr …

die … *[Name und vollständige Anschrift der verantwortlichen Stelle]* speichert und verarbeitet personenbezogene Daten in elektronischen Datenbanken. Geschäftszweck ist die Auskunftserteilung im Rahmen von Wirtschaftsinformationen zur Prüfung der Identität oder Bonität künftiger oder bestehender Vertragspartner. Zu unseren Kunden zählen Banken, Sparkassen, Versicherungen, Groß- und Einzelhandelsunternehmen und sonstige Anbieter von Warenlieferungen und Dienstleistungen … *[Beschreibung der Kategorien von Empfängern]*.

Gemäß § 33 Abs. 1 Satz 2 sind wir verpflichtet, Sie zu informieren, wenn erstmals personenbezogene Daten über Sie übermittelt wurden. Dieser gesetzlichen Verpflichtung kommen wir hiermit gern nach. Folgende übermittelte Daten sind bei uns über Sie gespeichert: Name, Adressdaten, Angaben zur Beschäftigung, … *[Aufzählung der Datenarten]*.

Mit freundlichen Grüßen

§ 34 Auskunft an den Betroffenen

(1) [1]Die verantwortliche Stelle hat dem Betroffenen auf Verlangen Auskunft zu erteilen über

1. die zu seiner Person gespeicherten Daten, auch soweit sie sich auf die Herkunft dieser Daten beziehen,
2. den Empfänger oder die Kategorien von Empfängern, an die Daten weitergegeben werden, und
3. den Zweck der Speicherung.

[2]Der Betroffene soll die Art der personenbezogenen Daten, über die Auskunft erteilt werden soll, näher bezeichnen. [3]Werden die personenbezogenen Daten geschäftsmäßig zum Zweck der Übermittlung gespeichert, ist Auskunft über die Herkunft und die Empfänger auch dann zu erteilen, wenn diese Angaben nicht gespeichert sind. [4]Die Auskunft über die Herkunft und die Empfänger kann verweigert werden, soweit das Interesse an der Wahrung des Geschäftsgeheimnisses gegenüber dem Informationsinteresse des Betroffenen überwiegt.

(1a) [1]Im Fall des § 28 Absatz 3 Satz 4 hat die übermittelnde Stelle die Herkunft der Daten und den Empfänger für die Dauer von zwei Jahren nach der Übermittlung zu speichern und dem Betroffenen auf Verlangen Auskunft über die Herkunft der Daten und den Empfänger zu erteilen. [2]Satz 1 gilt entsprechend für den Empfänger.

(2) [1]Im Fall des § 28b hat die für die Entscheidung verantwortliche Stelle dem Betroffenen auf Verlangen Auskunft zu erteilen über

1. die innerhalb der letzten sechs Monate vor dem Zugang des Auskunftsverlangens erhobenen oder erstmalig gespeicherten Wahrscheinlichkeitswerte,
2. die zur Berechnung der Wahrscheinlichkeitswerte genutzten Datenarten und
3. das Zustandekommen und die Bedeutung der Wahrscheinlichkeitswerte einzelfallbezogen und nachvollziehbar in allgemein verständlicher Form.

[2]Satz 1 gilt entsprechend, wenn die für die Entscheidung verantwortliche Stelle

1. die zur Berechnung der Wahrscheinlichkeitswerte genutzten Daten ohne Personenbezug speichert, den Personenbezug aber bei der Berechnung herstellt oder
2. bei einer anderen Stelle gespeicherte Daten nutzt.

[3]Hat eine andere als die für die Entscheidung verantwortliche Stelle

1. den Wahrscheinlichkeitswert oder
2. einen Bestandteil des Wahrscheinlichkeitswerts

berechnet, hat sie die insoweit zur Erfüllung der Auskunftsansprüche nach den Sätzen 1 und 2 erforderlichen Angaben auf Verlangen der für die Entscheidung verantwortlichen Stelle an diese zu übermitteln. [4]Im Fall des Satzes 3 Nr. 1 hat die für die Entscheidung verantwortliche Stelle den Betroffenen zur Geltendmachung seiner Auskunftsansprüche unter Angabe des Namens und der Anschrift der anderen Stelle sowie der zur Bezeichnung des Einzelfalls notwendigen Angaben unverzüglich an diese zu verweisen, soweit sie die Auskunft nicht selbst erteilt. [5]In diesem Fall hat die andere Stelle, die den Wahrscheinlichkeitswert berechnet hat, die Auskunftsansprüche nach den Sätzen 1 und 2 gegenüber dem Betroffenen unentgeltlich zu erfüllen. [6]Die Pflicht der für die Berechnung des Wahrscheinlichkeitswerts verantwortlichen Stelle nach Satz 3 entfällt, soweit die für die Entscheidung verantwortliche Stelle von ihrem Recht nach Satz 4 Gebrauch macht.

(3) [1]Eine Stelle, die geschäftsmäßig personenbezogene Daten zum Zweck der Übermittlung speichert, hat dem Betroffenen auf Verlangen Auskunft über die zu seiner Person ge-

speicherten Daten zu erteilen, auch wenn sie weder automatisiert verarbeitet werden noch in einer nicht automatisierten Datei gespeichert sind. [2]Dem Betroffenen ist auch Auskunft zu erteilen über Daten, die

1. gegenwärtig noch keinen Personenbezug aufweisen, bei denen ein solcher aber im Zusammenhang mit der Auskunftserteilung von der verantwortlichen Stelle hergestellt werden soll,
2. die verantwortliche Stelle nicht speichert, aber zum Zweck der Auskunftserteilung nutzt.

[3]Die Auskunft über die Herkunft und die Empfänger kann verweigert werden, soweit das Interesse an der Wahrung des Geschäftsgeheimnisses gegenüber dem Informationsinteresse des Betroffenen überwiegt.

(4) [1]Eine Stelle, die geschäftsmäßig personenbezogene Daten zum Zweck der Übermittlung erhebt, speichert oder verändert, hat dem Betroffenen auf Verlangen Auskunft zu erteilen über

1. die innerhalb der letzten zwölf Monate vor dem Zugang des Auskunftsverlangens übermittelten Wahrscheinlichkeitswerte für ein bestimmtes zukünftiges Verhalten des Betroffenen sowie die Namen und letztbekannten Anschriften der Dritten, an die die Werte übermittelt worden sind,
2. die Wahrscheinlichkeitswerte, die sich zum Zeitpunkt des Auskunftsverlangens nach den von der Stelle zur Berechnung angewandten Verfahren ergeben,
3. die zur Berechnung der Wahrscheinlichkeitswerte nach den Nummern 1 und 2 genutzten Datenarten sowie
4. das Zustandekommen und die Bedeutung der Wahrscheinlichkeitswerte einzelfallbezogen und nachvollziehbar in allgemein verständlicher Form.

[2]Satz 1 gilt entsprechend, wenn die verantwortliche Stelle

1. die zur Berechnung des Wahrscheinlichkeitswerts genutzten Daten ohne Personenbezug speichert, den Personenbezug aber bei der Berechnung herstellt oder
2. bei einer anderen Stelle gespeicherte Daten nutzt.

(5) Die nach den Absätzen 1a bis 4 zum Zweck der Auskunftserteilung an den Betroffenen gespeicherten Daten dürfen nur für diesen Zweck sowie für Zwecke der Datenschutzkontrolle verwendet werden; für andere Zwecke sind sie zu sperren.

(6) Die Auskunft ist auf Verlangen in Textform zu erteilen, soweit nicht wegen der besonderen Umstände eine andere Form der Auskunftserteilung angemessen ist.

(7) Eine Pflicht zur Auskunftserteilung besteht nicht, wenn der Betroffene nach § 33 Abs. 2 Satz 1 Nr. 2, 3 und 5 bis 7 nicht zu benachrichtigen ist.

(8) [1]Die Auskunft ist unentgeltlich. [2]Werden die personenbezogenen Daten geschäftsmäßig zum Zweck der Übermittlung gespeichert, kann der Betroffene einmal je Kalenderjahr eine unentgeltliche Auskunft in Textform verlangen. [3]Für jede weitere Auskunft kann ein Entgelt verlangt werden, wenn der Betroffene die Auskunft gegenüber Dritten zu wirtschaftlichen Zwecken nutzen kann. [4]Das Entgelt darf über die durch die Auskunftserteilung entstandenen unmittelbar zurechenbaren Kosten nicht hinausgehen. [5]Ein Entgelt kann nicht verlangt werden, wenn

1. besondere Umstände die Annahme rechtfertigen, dass Daten unrichtig oder unzulässig gespeichert werden, oder
2. die Auskunft ergibt, dass die Daten nach § 35 Abs. 1 zu berichtigen oder nach § 35 Abs. 2 Satz 2 Nr. 1 zu löschen sind.

(9) [1]Ist die Auskunftserteilung nicht unentgeltlich, ist dem Betroffenen die Möglichkeit zu geben, sich im Rahmen seines Auskunftsanspruchs persönlich Kenntnis über die ihn betreffenden Daten zu verschaffen. [2]Er ist hierauf hinzuweisen.

Literatur

Abel, Die versteckte BDSG-Novelle III, DSB 2009, 7; *Beckusen*, Das Scoring-Verfahren der SCHUFA im Wirkungsbereich des Datenschutzrechts, BKR 2005, 335; *Fischer*, Die zivilrechtliche Durchsetzung des Auskunftsanspruchs aus § 34 BDSG, RDV 2012, 230; *Gola/Klug*, Die Entwicklung des Datenschutzrechts in den Jahren 2008/2009, NJW 2009, 2577; *Heinemann/Wäßle*, Datenschutzrechtlicher Auskunftsanspruch bei Kreditscoring, MMR 2010, 600; *Hoeren*, Datenschutz und Scoring: Grundelemente der BDSG-Novelle I, VuR 2010, 363; *Kamlah*, Das SCHUFA-Verfahren und seine datenschutzrechtliche Zulässigkeit, MMR 1999, 395; *Peifer*, Neue Regeln für die Datennutzung zu Werbezwecken, MMR 2010, 524; *Wuermeling*, Scoring von Kreditrisiken, NJW 2002, 3508.

▶ Darum geht es

§ 34 räumt dem Betroffenen ein Auskunftsrecht zu seinen Daten ein. Für den Datenverarbeiter ist die Vorschrift die „Bedienungsanleitung", wie der Auskunftsanspruch zu erfüllen ist.

▶ Schlagworte

Auskunft über elektronisch und in Akten gespeicherte Daten; Auskunft über gesperrte und historische Daten; Befreiung von der Pflicht zur Auskunftserteilung; Form, Frist und Verständlichkeit der Auskunft; Informantenschutz und Geschäftsgeheimnisschutz; Identitätsprüfung des Anfragenden, Anforderung von Ausweiskopien; Kosten der Auskunft; Mitwirkung bei Auskunftsansprüchen; Nachvollziehbarkeit von Scoringverfahren; Negativauskunft; persönliche Einsichtnahme in gespeicherte Daten; Quellen- und Empfängerbekanntgabe; Rechtsmissbrauch bei Anfrage und Nutzung von Auskünften, wirtschaftliche Verwendung von Eigenauskünften, Wiederholungsanfragen; Vertretung bei Auskunftsersuchen, „Durchleiteauskunfteien", Nachweis der Bevollmächtigung; Vorbereitung Schadensersatz- und Unterlassungsansprüche; werbliche Verwendung von Adressdaten und Auskunft über die erstmalig speichernde Stelle

▶ Weitere relevante Vorschriften

§ 19 für Auskunftsansprüche gegen öffentliche Stellen; § 29 für Auskunftsansprüche im Zusammenhang mit Verbraucherdarlehensverträgen; § 93 Abs. 1 TKG für Auskunftsansprüche gegen Anbieter von Telekommunikationsdiensten; § 13 Abs. 7 TMG für Auskunftsansprüche gegen Anbieter von Telemediendiensten; § 83 BetrVG für Einsichtsrechte von Arbeitnehmern in Personalakten; § 26 SprAuG für Einsichtsrechte von leitenden Mitarbeitern in Personalakten; § 241 Abs. 2 BGB i.V.m. Art. 2 Abs. 1, Art. 1 Abs. 1 GG für Einsichtsrechte ehemaliger Mitarbeiter in Personalakten; §§ 242, 259, 260 BGB für Auskunftsansprüche als Vorstufe zur Durchsetzung weitergehender Rechte, zum Beispiel von Unterlassungs-, Löschungs- oder Schadensersatzansprüchen

---

A. Allgemeines

I. Regelungszweck

1. Sinn und Zweck der Norm

1 Während die Benachrichtigungs- und Unterrichtungspflichten dafür Sorge tragen, dass der Betroffene zunächst grundlegend darüber informiert wird, wo seine Daten verarbeitet werden, gibt ihm der Anspruch nach § 34 die Möglichkeit, sein Informationsinteresse durch die Anforderung detaillierter Auskünfte weiter zu befriedigen. Der Betroffene soll sich auf diese Weise insbesondere von der Richtigkeit der ihn betreffenden Datenvorgänge im Einzelnen überzeugen können.[1] Mit den Auskunftsrechten setzt

1 So schon die Europäische Kommission in Erwägungsgrund 41 zu Art. 12 der Richtlinie 95/46/EG v. 24.10.1995, dessen Umsetzung in nationales Recht § 34 darstellt, vgl. EG-Amtsbl. Nr. L 281/81 v. 23.11.1995.

das Gesetz daher auf einer zweiten Ebene das fort, was mit den Benachrichtigungs- und Unterrichtungsrechten auf einer ersten Ebene begonnen wurde. Die Rollen werden dabei umgedreht: Die Basisinformationen zu vermitteln, ist als Benachrichtigungspflicht eine Bringschuld der verantwortlichen Stelle (siehe § 6 Rn. 18 ff., § 33 Rn. 1 ff.). Bei den Ansprüchen der zweiten Ebene liegt es demgegenüber in der Hand des Betroffenen, aktiv zu werden und diese Rechte – zu denen neben der Auskunft auch die Rechte auf Berichtigung, Sperrung und Löschung nach § 35 gehören – bei Bedarf **in eigener Initiative** geltend zu machen.[2]

2 Im Unterschied zu den vergleichsweise oberflächlichen Anforderungen an eine Benachrichtigung gemäß § 33 reicht das Auskunftsrecht nach § 34 inhaltlich deutlich weiter. Dem Auskunftsanspruch kommt unter den Betroffenenrechten dadurch eine zentrale Bedeutung zu.[3]

3 Wie bei den Benachrichtigungspflichten erlässt das Gesetz der verantwortlichen Stelle in bestimmten Fällen auch die Auskunftspflicht. Die Ausnahmen sind in § 34 Abs. 7 geregelt. Die betreffenden Voraussetzungen entsprechen größtenteils dem Katalog des § 33 Abs. 2.

4 Aufgrund der mit der „Datenschutznovelle I"[4] neu geregelten Vorschriften zur Datenübermittlung an Auskunfteien und zum Scoring ist § 34 angepasst worden. Die seit dem 01.04.2010 geltende Fassung enthält nun

- in Abs. 1 eine Auskunftspflicht auch für in **nicht elektronisch** geführten Akten gespeicherte Daten,
- in Abs. 2 und 4 Auskunftspflichten zu Verfahren, mit denen **Scorewerte** im Sinn von § 28b gebildet werden,
- in Abs. 3 eine Auskunftspflicht zu Daten, die aktuell **ohne Personenbezug gespeichert** sind, bei denen der Personenbezug aber hergestellt werden kann,
- in Abs. 6 eine Erleichterung zur Form der Auskunft, in dem die früher vorgesehene Schriftform durch **Textform** ersetzt wurde, und
- in Abs. 8 die Verpflichtung der geschäftsmäßig datenverarbeitenden Stellen, mindestens **eine Auskunft pro Jahr kostenfrei** zur Verfügung zu stellen.

5 Ferner wurde zum 01.09.2009 im Zuge der im Wesentlichen den Adresshandel betreffenden „Datenschutznovelle II"[5] unter anderem

- Abs. 1a eingefügt, dessen Auskunfts- und Speicherverpflichtung den entsprechenden Verweis in dem gleichzeitig neu geregelten § 28 Abs. 3 Satz 4 bei Verwendung von „**Listendaten**" zu werblichen Zwecken ausfüllt;
- Abs. 5 um die Vorschrift ergänzt, dass im Rahmen eines Auskunftsersuchens über den Betroffenen bekannt werdende Daten für alle anderen Zwecke als die Erfüllung der Auskunftspflicht zu **sperren** sind.

6 Außerdem ist die nicht ordnungsgemäße Auskunftserteilung seit der „Datenschutznovelle I" nunmehr bußgeldbewehrt (§ 43 Abs. 1 Nr. 8a).

2. Anwendungsbereich

a) Anspruchsberechtigter

7 Zur Auskunft berechtigt ist, wer Betroffener gemäß § 3 Abs. 1 ist. Die Rechtsausübung steht folglich nur natürlichen Personen zu. Unternehmen und andere juristische Personen können sich mangels Personenbezug der über sie gespeicherten Daten nicht auf § 34 berufen.[6]

---

2 Vgl. Simitis/*Dix*, § 34 Rn. 6.
3 Vgl. *Bergmann/Möhrle/Herb*, § 6 Rn. 18, die insoweit von der „Magna Charta des Datenschutzes" sprechen; Simitis/*Dix*, § 34 Rn. 1; Taeger/Gabel/*Meents/Hinzpeter*, § 34 Rn. 3.
4 Gesetz zur Änderung des Bundesdatenschutzgesetzes v. 29.07.2009, BGBl. I, S. 2254 ff.
5 Gesetz zur Änderung datenschutzrechtlicher Vorschriften v. 14.08.2009, BGBl. I, S. 2814.
6 OLG Koblenz v. 28.08.2008, Az. 2 U 1557/07, MMR 2009, 434; *Fischer*, RDV 2012, 230.

Auskünfte an Dritte erfasst § 34 nicht.[7] Aus der Eigenschaft des Betroffenen ergibt sich, dass Auskunftsansprüche nicht gegen beliebige Stellen „ins Blaue hinein" geltend gemacht werden können, sondern hinreichend erkennbar sein muss, dass bei der angegangenen Stelle personenbezogene Daten gespeichert sind, was vom Betroffenen im Streitfall darzulegen ist.[8] 8

Der Auskunftsanspruch ist ein **höchstpersönliches Recht**. Er kann vom Betroffenen nicht auf Dritte übertragen oder vererbt werden. Zulässig ist aber die Geltendmachung durch einen Stellvertreter aufgrund einer entsprechenden vertraglichen Bevollmächtigung (beispielsweise durch einen Rechtsanwalt) oder aufgrund einer gesetzlichen Vertretungsbefugnis (beispielsweise durch die Eltern für Anfragen zur Speicherung von Daten über ihre minderjährigen Kinder).[9] 9

b) Anspruchsverpflichteter

Zur Auskunft verpflichtet ist, wer verantwortliche Stelle im Sinn von § 3 Abs. 7 ist und als solche als privatwirtschaftliche Stelle oder öffentliche Stelle gemäß § 27 handelt. Der persönliche Anwendungsbereich des § 34 entspricht demjenigen der übrigen Vorschriften des Dritten Abschnitts. Er ist insofern identisch mit dem von § 33, auf den für die Einzelheiten verwiesen werden kann (siehe § 33 Rn. 40 ff.).[10] 10

Für Auskunftsansprüche in Fällen von **Auftragsdatenverarbeitung** bedeutet das, dass gemäß § 11 Abs. 1 Satz 2 nicht das auftragsausführende Dienstleistungsunternehmen in Anspruch zu nehmen ist, sondern der Auftraggeber. Dessen Auskunftspflicht erstreckt sich auch auf die Daten, die bei von ihm beauftragten Dritten (Rechenzentren etc.) gespeichert sind. Die betreffenden Auftragnehmer sind allerdings zur Mitwirkung und Herausgabe der benötigten Informationen an den Auftraggeber verpflichtet, was der Auftraggeber im Rahmen seines gemäß § 11 Abs. 3 Satz 1 bestehenden gesetzlichen Weisungsrechts einfordern kann.[11] Alternativ kann der Auftragnehmer auch angewiesen werden, die Auskunftsanfrage den Betroffenen gegenüber im Namen des Auftraggebers zu erfüllen.[12] 11

> ! Da für Auftragsdatenverarbeitung ohnehin zwingend ein schriftlicher Vertrag erforderlich ist, empfiehlt es sich, dort auch den Umgang mit eingehenden Auskunftsanfragen Betroffener zu vereinbaren. Geregelt werden sollte unter anderem, wie der Informationsaustausch zwischen Auftraggeber und Auftragnehmer im Innenverhältnis organisiert ist und wer von beiden nach außen die Korrespondenz mit dem Betroffenen führt.

c) Auslandsbezug

Das Gesetz enthält keine Einschränkungen in Bezug auf Nationalität oder Wohnsitz des Betroffenen. Ob dieser in der Bundesrepublik Deutschland oder im Ausland ansässig ist, ist für den Auskunftsanspruch daher ohne Bedeutung. Die Pflicht zur Informationserteilung besteht folglich auch gegenüber Personen im Ausland.[13] 12

Weist die zur Auskunft verpflichtete Stelle einen Auslandsbezug auf, gelten die allgemeinen Regeln aus § 1 Abs. 5. Für verantwortliche Stellen außerhalb des Europäischen Wirtschaftsraums ohne Niederlassungen in der Bundesrepublik findet der Auskunftsanspruch keine Anwendung. Haben solche Stellen dagegen eine Niederlassung im Inland, bestehen für diese die Pflichten des § 34. Der Betroffene kann seine Ansprüche dann gegen den Träger der Niederlassung geltend machen.[14] 13

7 Vgl. Simitis/*Dix*, § 34 Rn. 14; *Schaffland/Wiltfang*, § 34 Rn. 1.
8 Vgl. *Gola/Schomerus*, § 34 Rn. 5a; LAG Hessen, Urteil v. 29.01.2013, Az. 13 Sa 263/12, ZD 2013, 414.
9 Vgl. *Bergmann/Möhrle/Herb*, § 6 Rn. 11 ff.; *Gola/Schomerus*, § 6 Rn. 3; *Schaffland/Wiltfang*, § 6 Rn. 2.
10 Vgl. Simitis/*Dix*, § 34 Rn. 9.
11 Vgl. *Bergmann/Möhrle/Herb*, § 34 Rn. 24.
12 Vgl. *Schaffland/Wiltfang*, § 34 Rn. 3.
13 Vgl. Däubler/Klebe/Wedde/Weichert/*Däubler*, § 34 Rn. 6; Plath/*Kamlah*, § 34 Rn. 7; Simitis/*Dix*, § 34 Rn. 14; a.A.: *Schaffland/Wiltfang*, § 34 Rn. 14, die ohne nähere Begründung bei grenzüberschreitendem Datenverkehr nur Betroffenen mit Wohnsitz im Inland einen Auskunftsanspruch zugestehen wollen.
14 Vgl. Däubler/Klebe/Wedde/Weichert/*Däubler*, § 34 Rn. 6.

II. Systematik

1. Verhältnis von § 34 zu § 6

14 § 34 gehört zu den Betroffenenrechten, die gemäß § 6 Abs. 1 **unabdingbar** sind.[15] Das Auskunftsrecht kann durch vertragliche Vereinbarungen oder sonstige Erklärungen daher stets nur besser gestaltet, nie aber zulasten des Betroffenen eingeschränkt oder ausgeschlossen werden. Dieses Verbot gilt gleichermaßen für direkt wirkende, unmittelbare Verschlechterungen wie für indirekt benachteiligende Maßnahmen.

2. Verhältnis von § 34 Abs. 2 zu § 34 Abs. 4

15 Für den speziellen Fall des Auskunftsverlangens zu Wahrscheinlichkeitswerten über ein zukünftiges Verhalten des Betroffen (**Scoring** im Sinn von § 28b) gibt das Gesetz dem Betroffenen zwei Anspruchsgegner.[16] Er kann sich sowohl an denjenigen halten, der Scorewerte zur Person des Betroffenen von einer externen Stelle bezieht und die Werte zur Entscheidung über eine Geschäftsbeziehung mit dem Betroffenen verwendet. Dieser (potenzielle) Vertragspartner – vom Gesetz als die „für die Entscheidung verantwortliche Stelle" bezeichnet – ist dem Betroffenen gegenüber gemäß § 34 Abs. 2 zur Auskunft verpflichtet. Der Betroffene kann sich aber auch an die Stelle wenden, die die Daten über ihn erhoben und den Scorewert berechnet hat, was in der Regel eine Auskunftei sein wird. Für diese Stelle ergibt sich die Pflicht zur Auskunft aus § 34 Abs. 4.

16 Beide Ansprüche schließen sich nicht gegenseitig aus. Der Betroffene kann sich auf einen Anspruchsgegner beschränken oder die Auskunftsersuchen nach seinem Belieben unabhängig voneinander parallel oder nachgeschaltet verfolgen.

3. Verhältnis von § 34 zu anderen Auskunftsansprüchen außerhalb des BDSG

17 Auskunftsansprüche aufgrund anderer Rechtsvorschriften außerhalb des BDSG lassen § 34 grundsätzlich unberührt. Ein Ausschluss von § 34 käme nur in Betracht, wenn die Ansprüche inhaltlich deckungsgleich wären, was aber in der Regel nicht der Fall ist.[17] Spezialgesetzliche Informationsrechte sind gemäß § 1 Abs. 3 Satz 1 aber **vorrangig** anzuwenden.[18]

a) Auskunftsansprüche im Zusammenhang mit Verbraucherdarlehensverträgen, § 29

18 Wer personenbezogene Daten, die zur Bewertung der Kreditwürdigkeit von Verbrauchern genutzt werden können, geschäftsmäßig für Übermittlungszwecke nutzt, hat gemäß § 29 Abs. 6 Auskunftsverlangen von Darlehensgebern aus anderen Mitgliedsstaaten der Europäischen Union oder des Europäischen Wirtschaftsraums genau so zu behandeln wie Auskunftsverlangen von Darlehensgebern mit Sitz in der Bundesrepublik Deutschland. Führt die Auskunft dazu, dass das geplante Finanzierungsgeschäft abgelehnt wird, hat die ablehnende Stelle den Verbraucher darüber unter Mitteilung der erhaltenen Auskunft zu unterrichten, wie § 29 Abs. 7 bestimmt.

19 Beide Absätze sind § 29 als „Datenschutznovelle III" und Ergebnis der Umsetzung von Art. 9 der europäischen Verbraucherkreditrichtlinie vom 23.04.2008[19] angefügt worden. Sie sind seit dem 11.06.2010 in Kraft.[20] Die Idee dahinter ist die Gleichbehandlung der im Europäischen Wirtschaftsraum ansässigen Darlehensgeber. Bei grenzüberschreitenden Krediten soll jeder Darlehensgeber diskriminierungsfrei Zugang zu den in seinem Hoheitsgebiet verwendeten Auskunftssystemen über Verbraucherbonitätsinformationen haben.[21]

---

15 Vgl. *Bergmann/Möhrle/Herb*, § 34 Rn. 15; Taeger/Gabel/*Meents/Hinzpeter*, § 34 Rn. 10.
16 Vgl. *Bergmann/Möhrle/Herb*, § 34 Rn. 82.
17 Vgl. *Gola/Schomerus*, § 34 Rn. 3.
18 Vgl. Däubler/Klebe/Wedde/Weichert/*Däubler*, § 34 Rn. 5; Simitis/*Dix*, § 34 Rn. 90.
19 Vgl. Richtlinie 2008/48EG, EU-ABl. Nr. L 133 v. 22.05.2008, S. 66; *Gola/Klug*, NJW 2009, 2583.
20 Vgl. BT-Drs. 16/11643; *Abel*, DSB 2009, 7; *Gola/Klug*, NJW 2009, 2579.
21 Vgl. *Abel*, DSB 2009, 7; *Gola/Klug*, NJW 2009, 2579.

Das Verhältnis zu § 34 ist insoweit ein vorrangiges spezialgesetzliches, als dass Normadressat der Informationspflichten geschäftsmäßige Datenbankbetreiber sind, die Bonitätsauskünfte an potenzielle Darlehensgeber erteilen. Der Empfänger der Auskunft ist im Gegensatz zu § 34 also nicht der Betroffene, sondern eine **kreditgebende Stelle**, die Daten über den Betroffenen nutzt. Die Bonitätsauskunft muss sich auf einen **Verbraucher** beziehen, mithin auf eine Person, die nicht in Ausübung einer gewerblichen oder beruflichen Tätigkeit handelt (§ 13 BGB). Für Bonitätsinformationen über Unternehmen gilt die Informationspflicht dagegen nicht. Da der Geschäftsgegenstand im Wortlaut des § 29 Abs. 6 nicht weiter eingeschränkt ist, umfasst er alle Formen von Verbraucherkrediten oder Finanzierungshilfen im Sinn der §§ 488 ff. BGB und trifft damit in erster Linie den kreditgebenden Handel.[22] **20**

Die in § 29 Abs. 6 festgelegten Informationspflichten zwischen Datenbankbetreibern und Darlehensgebern und die in § 29 Abs. 7 geregelte Auskunftspflicht der kreditablehnenden Stelle über eine Datenbankabfrage an den betroffenen Verbraucher schließen dessen sonstige Rechte nach dem BDSG nicht aus. Es bleibt dem Betroffenen unbenommen, gegen beide Stellen seine Auskunftsrechte nach § 34 geltend zu machen. **21**

b) Informationspflichten von Telekommunikations-Diensteanbietern, § 93 TKG

Anbieter von Telekommunikationsdiensten haben ihre Teilnehmer sowohl bei Vertragsabschluss über Art, Umfang, Ort und Zweck der Erhebung und Verwendung personenbezogener Daten zu unterrichten (§ 93 Abs. 1 Satz 1 TKG) sowie über die Erhebung und Verwendung personenbezogener Daten zusätzlich durch allgemein zugängliche Informationen (§ 93 Abs. 1 Satz 3 TKG). Das Auskunftsrecht nach § 34 bleibt von diesen Unterrichtungspflichten gemäß § 93 Abs. 1 Satz 4 TKG ausdrücklich unberührt. Beide Normen stehen damit nebeneinander, sodass Telekommunikationsteilnehmer auch nach § 34 Auskunft von ihrem Diensteanbieter verlangen können. **22**

c) Auskunftspflichten von Telemedien-Diensteanbietern, § 13 TMG

Gemäß § 13 Abs. 7 TMG haben Anbieter, die eigene oder fremde Telemedien im Sinn von § 1 TMG zur Nutzung bereithalten oder den Zugang dazu vermitteln, ihren Nutzern gemäß § 34 auf Verlangen Auskunft über die zu ihrer Person gespeicherten Daten zu erteilen. Die Vorschrift geht als spezialgesetzliche Norm des Medienrechts gemäß § 1 Abs. 3 den allgemeinen datenschutzrechtlichen Bestimmungen vor.[23] Die praktischen Auswirkungen dieses Vorrangverhältnisses sind jedoch vernachlässigbar, da § 13 Abs. 7 TMG für die Art der Auskunfterteilung ausdrücklich auf § 34 Bezug nimmt. **23**

d) Einsichtsrechte in Personalakten, § 83 BetrVG, § 26 SprAuG

Für Daten, die von Arbeitgebern für die Zwecke der Durchführung des Dienstverhältnisses gespeichert werden (§ 32), bestehen spezialgesetzliche Auskunftsrechte, die § 34 vorgehen. So gibt § 83 Abs. 1 BetrVG **Arbeitnehmern** ein Einsichtsrecht in die über sie geführten Personalakten. Das gleiche Recht steht gemäß § 26 Abs. 2 SprAuG leitenden Angestellten zu. Allen nicht unter diese beiden Spezialvorschriften fallenden Personen steht die Möglichkeit offen, ein Einsichtsrecht in ihre Personalakten im Wege des Auskunftsanspruchs nach § 34 geltend zu machen. Das können aktive Beschäftigte wie freie Mitarbeiter oder Heimarbeiter sein, ausgeschiedene Mitarbeiter und Betriebsrentner sowie Bewerber.[24] Ein Einsichtsrecht ehemaliger Mitarbeiter in vom Arbeitgeber nur noch in Papierform aufbewahrte Personalakten kann sich außerdem aus der nachwirkenden Schutz- und Fürsorgepflicht des Arbeitgebers gemäß § 241 Abs. 2 BGB in Verbindung mit Art. 2 Abs. 1, Art. 1 Abs. 1 GG ergeben.[25] **24**

In allen Fällen ist die Einsichtnahme für die jeweils Betroffenen **kostenfrei**. Für die Einsichtsrechte aus dem BetrVG und dem SprAuG ergibt sich das bereits daraus, dass in beiden Gesetzen keine Möglichkeit für die auskunftsverpflichtete Stelle vorgesehen ist, die Auskunftserteilung entgeltpflichtig zu gestalten. **25**

---

22 Vgl. *Abel*, DSB 2009, 7.
23 Vgl. Taeger/Gabel/*Meents/Hinzpeter*, § 34 Rn. 6.
24 Vgl. *Bergmann/Möhrle/Herb*, § 34 Rn. 15; Däubler/Klebe/Wedde/Weichert/*Däubler*, § 34 Rn. 53; Taeger/Gabel/*Meents/Hinzpeter*, § 34 Rn. 7.
25 Vgl. BAG v. 16.11.2010, Az. 9 AZR 573/09, NJW 2011, 1306.

Für die nach § 34 zu behandelnden Einsichtnahmerechte entfällt die Berechtigung zur Kostenerhebung, weil dafür gemäß § 34 Abs. 8 eine geschäftsmäßige Datenverarbeitung Voraussetzung ist, die bei einer Datenspeicherung zur Abwicklung von Beschäftigungsverhältnissen im Sinn von § 32 aber regelmäßig nicht gegeben sein dürfte.[26]

e) Allgemeiner zivilrechtlicher Auskunftsanspruch, §§ 242, 259, 260 BGB

26 Benötigt eine Vertragspartei zur Bewertung oder Durchsetzung eigener Ansprüche Einblick in Verhältnisse und Vorgänge eines Vertragsverhältnisses, den sie sich ohne Mitwirkung der anderen Vertragspartei wegen der Besonderheiten der konkreten Rechtsbeziehung entschuldbar nicht selbst verschaffen kann, ist ihr Vertragspartner dagegen unschwer in der Lage, die gewünschten Informationen bereitzustellen, dann besteht ein Anspruch auf Auskunft und Rechenschaftslegung gegen diese andere Vertragspartei.[27] Dieses Informationsrecht lässt sich aus den Grundsätzen von Treu und Glauben gemäß §§ 242, 259, 260 BGB ableiten. Es existiert als ungeschriebener allgemeiner bürgerlich-rechtlicher Anspruch grundsätzlich in jedem Rechtsverhältnis, in dem der Berechtigte in nicht vorwerfbarer Weise über den Umfang seiner Rechtspositionen im Ungewissen ist, während der anderen Vertragspartei die Aufklärung darüber leicht möglich wäre. Bedeutung hat der Auskunftsanspruch als **Vorstufe** zu den ansonsten bestehenden Rechten. Er kann insbesondere zur Vorbereitung von Unterlassungs-, Löschungs- und Schadensersatzansprüchen erhoben werden.[28]

! Beachten Sie, dass aufgrund dieses (nicht ausschließbaren) Auskunftsrechts Vertraulichkeitszusagen, die beispielsweise Auskunfteien ihren Datenlieferanten bei der Übermittlung von Bonitätsdaten über Betroffene geben, nur eine begrenzte Wirkung haben. Will der Betroffene Schadensersatzansprüche wegen einer angeblich unzutreffend verbreiteten Information geltend machen und benötigt er dazu die Namen der Empfänger der Auskunft, hat ein etwaiger vertraglich versprochener Quellen- und Informantenschutz hinter dem Aufklärungsinteresse des Betroffenen regelmäßig zurückzustehen.[29]

27 Da der bürgerlich-rechtliche Auskunftsanspruch aus §§ 242, 259, 260 BGB dazu dient, die für die Rechtsdurchsetzung notwendigen Informationen sammeln zu können, der datenschutzrechtliche Auskunftsanspruch nach § 34 es dagegen ermöglichen soll, die Ordnungsmäßigkeit der Informationsverarbeitung an sich kontrollieren zu können, verfolgen beide Auskunftsrechte eine unterschiedliche Zielrichtung. Sie schließen sie sich deshalb nicht gegenseitig aus, sondern sind nebeneinander anwendbar.[30]

III. Ausblick auf die Novellierung des Europäischen Datenschutzrechts

28 Die Überlegungen zu einer Vereinheitlichung des Datenschutzrechts in Europa beziehen auch die Frage ein, in welchem Umfang von der Datenverarbeitung betroffene Personen zu informieren sind. Der Entwurfsvorschlag für eine EU-Datenschutz-Grundverordnung (DS-GVO-E) vom 25.01.2012[31] enthält im Vergleich zur geltenden bundesdeutschen Regelung weitergehende Informations- und Auskunftspflichten. Über die Person des Datenschutzbeauftragten, die Speicherfrist, das Beschwerderecht des Betroffenen einschließlich Kontaktinformationen der Beschwerdestelle und über „alle sonstigen Umstände, die

26 Vgl. *Schaffland/Wiltfang*, § 34 Rn. 63.

27 St. Rspr., vgl. BGH v. 28.10.1953, Az. II ZR 149/52, NJW 1954, 70; *Gola/Schomerus*, § 34 Rn. 3; Palandt/*Heinrichs*, § 261 Rn. 8; Simitis/*Dix*, § 34 Rn 90.

28 Vgl. OLG Dresden v. 08.02.2012, Az. 4 U 1850/11, ZD 2012, 388 (Auskunftsanspruch gegen einen Blogbetreiber auf Benennung des Urhebers einer persönlichkeitsrechtsverletzenden Äußerung); Taeger/Gabel/*Meents/Hinzpeter*, § 34 Rn. 8; *Schaffland/Wiltfang*, § 34 Rn. 1.

29 Bei einer Verletzung des Persönlichkeitsrechts aufgrund einer datenschutzrechtswidrigen Übermittlung personenbezogener Daten ergibt sich ein Anspruch des Betroffenen auf Bekanntgabe der Datenlieferanten und Empfänger auch aus § 1004 BGB analog, vgl. BGH v. 22.05.1984, VI ZR 105/82, NJW 1984, 1886; Däubler/Klebe/Wedde/Weichert/*Däubler;* § 34 Rn. 57; Simitis/*Dix*, § 34 Rn. 90.

30 Vgl. Taeger/Gabel/*Meents/Hinzpeter*, § 34 Rn. 8.

31 Verordnung des Europäischen Parlaments und des Rates zum Schutz natürlicher Personen bei der Verarbeitung personenbezogener Daten und zum freien Warenverkehr (Datenschutz-Grundverordnung), http://ec.europa.eu/justice/data-protection/document/review2012/com_2012_11_de.pdf.

unter Berücksichtigung der Grundsätze von Treu und Glauben im Einzelfall für den Betroffenen von Belang sind" (Art. 14 Abs. 1, 15 Abs. 1 DS-GVO-E), ist nach dem BDSG derzeit keine Mitteilung erforderlich, nach den Vorstellungen der Europäischen Kommission künftig aber schon. Ob und wann diese Regelungen in Kraft treten, ist noch nicht absehbar.

B. Inhalt der Regelung

I. Allgemeiner Auskunftsanspruch, § 34 Abs. 1

1. Auskunftsverlangen des Betroffenen, § 34 Abs. 1 Satz 1 und Satz 2

Die Auskunftspflicht setzt voraus, dass der Betroffene von sich aus aktiv wird und bei der verantwortlichen Stelle, bei der er Anlass hat, dort Datenverarbeitungsvorgänge über sich zu vermuten, sein Auskunftsrecht geltend macht („auf Verlangen"). Ungefragt muss die verantwortliche Stelle keine Auskünfte erteilen.[32] 29

! Nur bei Auskunftserteilungen nach § 34 dürfen Sie abwarten, bis der Betroffene eine entsprechende Anfrage stellt. Scharf davon zu trennen sind die Benachrichtigungspflichten nach § 33, die von der verantwortlichen Stelle aktiv und von sich aus zu erfüllen sind.

a) Form des Auskunftsverlangens

Zwingende Bedingungen für ein bestimmtes Verfahren stellt das Gesetz nicht. Das Auskunftsgesuch ist daher **formfrei** und in allen denkbaren Erklärungsformen – schriftlich per Brief, in Textform per E-Mail, SMS oder Telefax, mündlich per Telefon, durch persönliche Vorsprache – möglich.[33] Es muss weder begründet werden, noch setzt es den Verdacht einer unrechtmäßigen Datenverarbeitung voraus.[34] 30

! Der Grundsatz der Formfreiheit bedeutet im Umkehrschluss, dass Sie als zur Auskunft verpflichtete Stelle dem Betroffenen keine bestimmte Form für das Ersuchen vorschreiben dürfen.[35]

b) Zeitpunkt des Auskunftsverlangens

Es ist grundsätzlich der freien Entscheidung des Betroffenen überlassen, wann und wie oft er sich nach den ihn betreffenden Daten erkundigt. Das Gesetz sieht dafür keine besonderen Reglementierungen vor. Die verantwortliche Stelle wird aber insoweit entlastet, als dass sie grundsätzlich nur eine Auskunft pro Kalenderjahr kostenfrei erteilen muss (§ 34 Abs. 8, siehe Rn. 115 ff.). Dennoch ist denkbar, dass Betroffene immer wieder und in kurzen Abständen eine Auskunft erbitten und damit einen erheblichen Aufwand bei der verantwortlichen Stelle erzeugen. Solche Anfragen dürfen ignoriert werden, wenn sie nach Lage der Dinge ersichtlich rechtsmissbräuchlich sind.[36] 31

! Wann Rechtsmissbrauch vorliegt, lässt sich allgemein nicht sagen. Entscheidend sind die Umstände des Einzelfalls. Für eine missbräuchliche Rechtsausübung kann beispielsweise sprechen, wenn Anfragen atypisch häufig in vergleichsweise kurzen Intervallen gestellt werden, ohne dass ein Anlass für signifikante Änderungen der gespeicherten Daten zwischen zwei Anfragezeitpunkten besteht.

32 Vgl. *Gola/Schomerus*, § 34 Rn. 4.
33 Vgl. *Bergmann/Möhrle/Herb*, § 34 Rn. 27; Taeger/Gabel/*Meents/Hinzpeter*, § 34 Rn. 12.
34 Vgl. Däubler/Klebe/Wedde/Weichert/*Däubler*, § 34 Rn. 3: Simitis/*Dix*, § 34 Rn. 12.
35 Vgl. Simitis/*Dix*, § 34 Rn. 13; *Schaffland/Wiltfang*, § 34 Rn. 2.
36 Vgl. Taeger/Gabel/*Meents/Hinzpeter*, § 34 Rn. 16; Plath/*Kamlah*, § 34 Rn. 75; Däubler/Klebe/Wedde/Weichert/*Däubler*, § 34 Rn. 19.

c) Konkretisierung des Auskunftsverlangens, § 34 Abs. 1 Satz 2

32 Von der nicht notwendigen Begründung des Auskunftsersuchens ist die Präzisierung der gewünschten Informationserteilung zu unterscheiden. So soll gemäß § 34 Abs. 1 Satz 2 der Betroffene nicht pauschal Auskunft fordern, sondern die Art der personenbezogenen Daten, über die er Details erfahren möchte, näher bezeichnen. Obligatorisch ist die Mitwirkung nicht, wie sich aus der Formulierung „soll" ergibt.[37] Das Auskunftsverlangen ist auch ohne eine solche Spezifizierung gültig. Es wird dann auf alle gespeicherten Daten zu beziehen sein.[38]

33 Hintergrund der vom Gesetz angestrebten Präzisierung der Anfrage ist die Vermeidung unnötiger Belastungen der auskunftsverpflichteten Stelle durch ungenaue Anfragen. Ein nicht zu unterschätzender großer Aufwand kann sich besonders bei langjährigen oder sehr vielgestaltigen Geschäftsbeziehungen ergeben. Wird in solchen Fällen lediglich pauschal nach allen vorhandenen Daten gefragt, ist die verantwortliche Stelle unter Umständen gezwungen, umfangreiche Datensammlungen zusammenstellen, obwohl den Betroffen in Wahrheit nur ein Bruchteil davon interessiert.[39] Das soll der Betroffene möglichst vorab klarstellen.

34 Fehlt eine Konkretisierung der gewünschten Daten und bittet die verantwortliche Stelle den Betroffenen daraufhin um detailliertere Angaben, geht der damit verbundene Zeitverlust nicht zulasten der verantwortlichen Stelle. Solcherart entstandener Verzug kann vom Betroffenen insbesondere nicht als Begründung für den Einwand einer nicht rechtzeitigen Auskunftserteilung herangezogen werden.[40]

! Hat der Betroffene die ihn interessierenden Daten nicht näher bezeichnet und erteilt die verantwortliche Stelle daraufhin notgedrungen über alle gespeicherten Daten Auskunft, so ist bei umfangreichen Datenbeständen und einem entsprechend großen Aufwand eine erhöhte **Kostenberechnung** zulässig (siehe auch unten zur Entgeltberechnung Rn. 115 ff.).[41]

35 Alternativ kann die verantwortliche Stelle bei fehlender Spezifizierung des Auskunftswunschs pragmatisch vorgehen und ihre Antwort im ersten Anlauf auf die Daten beschränken, auf die das Informationsinteresse mutmaßlich gerichtet sein wird. Dies dürften in erster Linie die in den Systemen der operativen Geschäftsabwicklung hinterlegten Daten sein. Einer Auskunftsanfrage könnte in diesem Fall daher mit einem aktuellen Auszug des Betroffenendatensatzes aus dem Customer-Relationship-Management-System und dem Dokumentenmanagement-System begegnet werden.

36 Für weitere Daten, die in sekundären, vor allem aus technisch-organisatorischen Gründen vorgehaltenen Datenbeständen vorhanden sind, erscheint es dagegen bei vom Betroffenen unklar gelassenen Informationsbedarf aus Aufwandsgründen vertretbar, diese Daten zunächst nicht im Einzelnen mitzuteilen. Zu diesen eher prozesstechnisch motivierten Datenbeständen können etwa in Abrechnungssystemen, Archiven, Backup-, Log-in- und Protokolldateien gespeicherte Informationen gehören. **Flüchtige Daten**, die im Rahmen eines Verarbeitungsprozesses anfallen und wieder entfallen, sind keine „gespeicherten" Daten im Sinn von § 34 und von der Auskunftspflicht nicht umfasst.[42]

! Wenn Sie die Auskunftserteilung im ersten Schritt auf einen Auszug aus Ihrem CRM-System o.Ä. beschränken, bringen Sie in der Mitteilung an den Betroffenen zumindest einen Hinweis auf Ihre weiteren Anwendungen oder Systeme unter. Sie geben dem Betroffenen damit die Chance, bei Interesse an diesen Daten nachzuhaken. Zugleich nehmen Sie damit jedem Vorwurf mangelnder Datentransparenz von vornherein den Wind aus den Segeln.

37 Vgl. *Bergmann/Möhrle/Herb*, § 34 Rn. 49; *Gola/Schomerus*, § 34 Rn. 5; *Schaffland/Wiltfang*, § 34 Rn. 12.
38 Vgl. *Gola/Schomerus*, § 34 Rn. 5; Taeger/Gabel/*Meents/Hinzpeter*, § 34 Rn. 15; *Schaffland/Wiltfang*, § 34 Rn. 13.
39 Vgl. *Gola/Schomerus*, § 34 Rn. 5; *Schaffland/Wiltfang*, § 34 Rn. 11.
40 Vgl. Däubler/Klebe/Wedde/Weichert/*Däubler*, § 34 Rn. 24; Taeger/Gabel/*Meents/Hinzpeter*, § 34 Rn. 15.
41 Vgl. Taeger/Gabel/*Meents/Hinzpeter*, § 34 Rn. 15.
42 Vgl. LAG Hessen, Urteil v. 29.01.2013, Az. 13 Sa 263/12, ZD 2013, 415.

d) Identifikation des Betroffenen

aa) Allgemeines zur Sicherstellung der Identität des Betroffenen

Eine Auskunftserteilung ist nur möglich, wenn die Identität des Betroffenen feststeht. Nur dann, wenn die Zuordnung eines gespeicherten Datensatzes zu einer anfragenden Person keine vernünftigen Zweifel aufwirft, dürfen Informationen zu den gespeicherten Daten an den Anfragenden übermittelt werden.[43] Andernfalls wäre die Übermittlung ihrerseits ein Datenschutzverstoß, weil der Empfänger kein schutzwürdiges Interesse am Erhalt fremder Daten haben kann. Schon die fahrlässige Übermittlung von Daten an den „falschen" Adressaten ist gemäß § 43 Abs. 2 Nr. 4 eine Ordnungswidrigkeit.[44] 37

Eine gesetzliche **Pflicht zur Identitätsprüfung** besteht nicht.[45] Aus den vorgenannten Gründen wird eine verantwortliche Stelle, um sich nicht den Vorwurf sorgfaltswidrigen Verhaltens oder fahrlässig unzulässiger Datenübermittlungen einzuhandeln, schon im eigenen Interesse um eine eindeutige Identitätsfeststellung der an sie mit einem Auskunftsbegehren Herantretenden bemüht sein. Ein solches **Recht zur Identitätsprüfung** kommt ihr in jedem Fall zu.[46] Die Ausübung desselben ist auch aus Gründen der Missbrauchskontrolle geboten. So könnten Betroffene, über die negative Daten gespeichert sind, auf die Idee verfallen, durch die Angabe geringfügig veränderter Identitätsdaten eine unbelastete Auskunft („Wir haben keine Daten über Sie gespeichert.") zu erhalten. Dem kann durch einen sorgfältigen Abgleich mit anderweitig bereits verlässlich festgestellten Identitätsdaten über den Betroffenen vorgebeugt werden. 38

Die verantwortliche Stelle kann im Rahmen der ordnungsgemäßen Organisation ihrer Datenverarbeitungsabläufe demnach hinreichende Vorkehrungen zur Identifikation des Betroffenen treffen. Was hinreichend ist, hängt vom Einzelfall ab. Maßgeblich dafür kann unter anderem sein, ob der Betroffene selbst oder durch einen Vertreter handelt oder auch der Sensitivitätsgrad der betroffen Daten.[47] Sensitive Daten, die verstärkte Sicherheitsvorkehrungen rechtfertigen, sind beispielsweise Bonitätsbewertungen oder medizinische Daten. 39

Für eine eindeutige Zuordnung und um Namensgleichheiten auszuschließen, die auch unter der gleichen Anschrift nicht selten vorkommen („Allerweltsnamen" in großen Wohneinheiten; gleiche, nur durch einen „junior"- oder „senior"-Vermerk gekennzeichnete Namen innerhalb einer Familie), wird der verantwortlichen Stelle zumindest der vollständige Name, gegebenenfalls der Geburtsname, der Wohnort und das Geburtsdatum bekannt gegeben werden müssen.[48] Darüber hinaus wird eine Post- oder E-Mail-Adresse des Betroffenen benötigt, wenn die Auskunft schriftlich oder in Textform erteilt werden soll.[49] Generell gilt jedoch, dass die Festlegung von Verfahren und Form der Identitätsprüfung der verantwortlichen Stelle überlassen ist.[50] 40

Bei Zweifeln kann die Vorlage eines amtlichen **Ausweisdokuments** angezeigt sein, wobei es dem Betroffenen freizustellen ist, für die Identifikation nicht erforderliche Daten wie die Augenfarbe, die Körpergröße, das Lichtbild oder die Passnummer – nicht aber das Gültigkeitsdatum des Ausweises – zu schwärzen oder sonst unkenntlich zu machen.[51] Ein pauschales Verbot jeglicher Bitten um Einreichung einer Ausweiskopie[52] lässt sich mit den Identifikationsobliegenheiten der verantwortlichen Stelle nicht verein- 41

43 Vgl. Däubler/Klebe/Wedde/Weichert/*Däubler*, § 34 Rn. 26; *Gola/Schomerus*, § 34 Rn. 6; Taeger/Gabel/*Meents/Hinzpeter*, § 34 Rn. 14.
44 Vgl. *Gola/Schomerus*, § 34 Rn. 6.
45 Vgl. *Schaffland/Wiltfang*, § 34 Rn. 16; a.A. *Gola/Schomerus*, § 34 Rn. 6.
46 Vgl. Simitis/*Dix*, § 34 Rn. 43; *Schaffland/Wiltfang*, § 34 Rn. 17.
47 Vgl. *Gola/Schomerus*, § 34 Rn. 7; *Schaffland/Wiltfang*, § 34 Rn. 19.
48 Vgl. *Bergmann/Möhrle/Herb*, § 34 Rn. 30; Simitis/*Dix*, § 34 Rn. 43; *Schaffland/Wiltfang*, § 34 Rn. 17.
49 Vgl. *Heinemann/Wäßle*, MMR 2010, 600.
50 Vgl. Innenministerium Baden-Württemberg, Vierter Tätigkeitsbericht nach § 39 des Landesdatenschutzgesetzes über den Datenschutz im nichtöffentlichen Bereich 2007, Ziff. 3.6, S. 42.
51 Vgl. Innenministerium Baden-Württemberg, Vierter Tätigkeitsbericht nach § 39 des Landesdatenschutzgesetzes über den Datenschutz im nichtöffentlichen Bereich 2007, Ziff. 3.6, S. 41 f.; Däubler/Klebe/Wedde/Weichert/*Däubler*, § 34 Rn. 28; Simitis/*Dix*, § 34 Rn. 43; Taeger/Gabel/*Meents/Hinzpeter*, § 34 Rn. 14.
52 So wohl: *Bergmann/Möhrle/Herb*, § 34 Rn. 30.

baren. Allein das Bestehen auf Einreichung einer amtlichen Meldebestätigung wäre zu viel des Guten.[53] Eine – mit weniger Aufwand zu besorgende – Ausweiskopie erfüllt denselben Zweck und ist damit aus Verhältnismäßigkeitsgründen genügend.

! Um die Einsendung von Originaldokumenten zu vermeiden, deren Versand ein Verlustrisiko birgt und deren Rücksendung unnötigen Verwaltungsaufwand erzeugt, sollte bei der Anforderung von Ausweisdokumenten unbedingt darauf hingewiesen werden, dass eine Kopie ausreichend ist.

42 Falls der Betroffene überhaupt nicht zur Mitwirkung an der Feststellung seiner Identifikation bereit ist, sich beispielsweise nur telefonisch oder per E-Mail meldet und über die Nennung seines Namens hinaus alle weiteren Angaben verweigert, kann das Auskunftsersuchen ohne Risiko eines Verstoßes gegen die Schutzvorschriften des BDSG nicht bearbeitet werden.[54]

43 Bei Auskunftsersuchen, die mündlich oder per E-Mail vorgetragen werden oder die zwar schriftlich eingereicht werden, bei denen die Anschrift aber von der gespeicherten Anschrift abweicht, empfiehlt es sich, die Auskunft nur schriftlich und nur an die tatsächlich gespeicherte Anschrift zu senden.[55] So wird vermieden, dass ein unberechtigter Dritter sich für den Betroffenen ausgibt und die Auskunft an eine fremde E-Mail-Adresse, Postanschrift etc. umleitet. Waren Anfragender und Betroffener nicht identisch, erhält in diesem Fall jedenfalls der tatsächlich Betroffene – wenn auch ungefragt – die Auskunft, nicht aber der unberechtigte Dritte.[56] Alternativ können für die Kommunikation per E-Mail oder Telefon besondere Sicherheitsmechanismen vorgesehen werden, beispielsweise Passwörter, Verschlüsselungstechniken oder ein Rückruf beim Anfragenden unter der bei der verantwortlichen Stelle gespeicherten Nummer.[57]

bb) Umgang mit Bevollmächtigten und geschäftsmäßigen Auskunftsvermittlern

44 Dem Betroffenen steht es frei, sein Auskunftsersuchen durch einen Vertreter stellen zu lassen. Das kann, wie im Fall der für ihre Kinder handelnden Eltern, der gesetzliche Vertreter sein. Daneben können besondere Sachlagen die Bevollmächtigung eines Dritten zweckmäßig erscheinen lassen, weil der Dritte beispielsweise über Sonderwissen verfügt, was für die Auswertung, Interpretation oder weitere Verwendung der verlangten Daten benötigt wird. Zu denken ist dabei unter anderem an die Hinzuziehung eines Arztes, wenn es um Auskünfte aus Krankenakten über den Betroffenen geht, oder eines Rechtsanwalts, wenn die Auskunft für eine weitere gerichtliche oder außergerichtliche Rechtsverfolgung von Ansprüchen des Betroffenen benötigt wird. Sofern sich die gegenüber der verantwortlichen Stelle auftretende Person nicht von sich aus beim ersten Kontakt entsprechend legitimiert, hat die verantwortliche Stelle in derartigen Vertretungsfällen zur Vermeidung von Missbrauch besonders sorgfältig auf eine ausreichend sichere Feststellung von Identität und ordnungsgemäßer Vertretungsmacht zu achten.[58]

45 Während die vorgenannten Vertretungsfälle auf erkennbar sachlich gerechtfertigten Erwägungen beruhen und in der praktischen Abwicklung beim Adressaten des Auskunftsverlangens kaum größeren Aufwand verursachen als eine Direktanfrage des Betroffenen, können demgegenüber große Belastungen für auskunftsverpflichtende Stelle auftreten, wenn Anfragen von Vertretern im Massenverfahren gestellt werden. So gibt es diverse Onlinedienste („Auskunftsportale", „**Durchleiteauskunfteien**"), die im Internet damit werben, Auskünfte über gespeicherte personenbezogene Daten namens des Betroffenen gesammelt bei diversen Auskunfteien einzuholen. Dabei wird in der Regel eine Auswahlliste mit einer Vielzahl von Auskunfteien präsentiert, die der Betroffene auf einfachen Mausklick hin als Adressat seines Auskunftsersuchens auswählen kann. Die Nutzer solcher Portale übernehmen nicht selten die Voreinstel-

53 Vgl. Innenministerium Baden-Württemberg, Vierter Tätigkeitsbericht nach § 39 des Landesdatenschutzgesetzes über den Datenschutz im nichtöffentlichen Bereich 2007, Ziff. 3.6, S. 42.
54 Vgl. *Heinemann/Wäßle*, MMR 2010, 601.
55 Vgl. *Bergmann/Möhrle/Herb*, § 34 Rn. 27.
56 Vgl. Däubler/Klebe/Wedde/Weichert/*Däubler*, § 34 Rn. 26.
57 Vgl. *Gola/Schomerus*, § 34 Rn. 7; Taeger/Gabel/*Meents/Hinzpeter*, § 34 Rn. 14.
58 Vgl. Simitis/*Dix*, § 34 Rn. 43.

lungen des Anbieters, die Auskunftsanfragen an alle aufgeführten Auskunfteien auslösen, egal, ob der Nutzer von den aufgeführten Unternehmen schon einmal etwas gehört hat oder nicht.

46 Werden dem Betroffenen die Verantwortlichkeiten der Beteiligten nicht hinreichend transparent dargestellt oder kennt er die (vor-)gewählten Auskunfteien gar nicht und kann er auch sonst keinen Anhaltspunkt dafür haben, dass dort Daten über ihn gespeichert sein könnten, wäre die undifferenzierte Anfrage gleichsam willenlos „ins Blaue" gestellt und damit an sich unzulässig (siehe oben Rn. 8). Zudem bestehen in diesen Fällen wegen mangelnder Ernstlichkeit beziehungsweise fehlendem Bewusstsein über den Inhalt der Vertretungserklärung erhebliche Zweifel an einer wirksamen Bevollmächtigung des Vermittlers. Beides – fehlende Motivation und fehlendes Erklärungsbewusstsein – wird die verantwortliche Stelle allerdings nur selten nachweisen können.

! Sie können sich einer übermäßigen Inanspruchnahme durch Auskunftsvermittler dadurch zu erwehren versuchen, indem Sie von ihrem Recht Gebrauch machen, sich bei nicht vom Betroffenen selbst gestellten Anfragen eine auf den Einzelfall bezogene **Vollmachtsurkunde** gemäß §§ 172 ff. BGB nachweisen zu lassen.[59] Damit stellen Sie zur eigenen Risikominimierung mindestens sicher, zu Recht mit dem Vertreter über den Betroffenen zu korrespondieren. Unter Umständen ergibt sich als Nebeneffekt, dass der geschäftsmäßige Auskunftsvermittler wegen des Aufwands der Beschaffung von Vollmachtsurkunden von der weiteren Verfolgung der konkreten Anfrage absieht, wenigstens aber seine künftige Weiterleitungspraxis überdenkt.

47 Abgesehen davon ist Betroffenen zu raten, bei der Beauftragung von Auskunftsvermittlern besonders umsichtig zu sein. Erklärungen, die diesen gegenüber abgegeben werden, sollten genau studiert werden. Wird vordergründig nicht selten der Eindruck erweckt, allein als Schutzpatron der Betroffenenrechte unterwegs zu sein, erscheint es doch eher fernliegend, dass die Vermittler den Aufwand nur aus rein selbstlosen Motiven treiben. Ist beispielsweise mit der Beauftragung des Portalanbieters zur Auskunftseinholung zugleich eine – womöglich in AGB verstreckte – Einwilligungserklärung zur Nutzung der Betroffenendaten zu Adresshandels- und Werbezwecken enthalten, konterkariert dies die Datenschutzinteressen des Betroffenen in denkbar stärkster Weise.

2. Inhalt der Auskunft, § 34 Abs. 1 Satz 1 Nr. 1 bis 3

48 Die zu erteilende Auskunft hat die zur Person des Betroffenen gespeicherten Daten zu umfassen, sofern Hinweise zur Datenquelle gespeichert sind, auch diese (§ 34 Abs. 1 Satz 1 Nr. 1), ferner die Empfänger oder die Kategorien der Empfänger, an die die Daten weitergegeben worden sind (Nr. 2), und schließlich den Zweck der Datenspeicherung (Nr. 3).

a) Daten zur Person und zur Herkunft der Daten, § 34 Abs. 1 Satz 1 Nr. 1

aa) Daten zur Person

49 Nach § 34 Abs. 1 Satz 1 Nr. 1 sind die gespeicherten „Daten zur Person" bekannt zu geben. Warum das Gesetz hier nicht seinen sonst üblichen Begriff der „personenbezogenen Daten" verwendet, erschließt sich nicht, zumal es neben der Legaldefinition für die personenbezogenen Daten in § 3 Abs. 1 auch keine weiteren Begriffsbestimmungen kennt. Ein sichtbarer Inhaltsunterschied zwischen beiden Formulierungen besteht nicht. Daten „zur Person" sind folglich als sachlich identisch mit **„personenbezogenen"** Daten zu verstehen, sodass für die Bestimmung der nach § 34 zu beauskunftenden Daten auf die Definition in § 3 Abs. 1 zurückgegriffen werden kann.[60]

---

59 Vgl. *Bergmann/Möhrle/Herb*, § 6 Rn. 11; Däubler/Klebe/Wedde/Weichert/*Däubler*, § 34 Rn. 229; Simitis/*Dix*, § 34 Rn. 43; *Gola/Schomerus*, § 34 Rn. 7; *Schaffland/Wiltfang*, § 34 Rn. 20.

60 Vgl. BGH v. 19.05.1981, Az. VI ZR 273/79, NJW 1981, 1738; Simitis/*Dix*, § 34 Rn. 15; *Gola/Schomerus*, § 34 Rn. 9; Taeger/Gabel/*Meents/Hinzpeter*, § 34 Rn. 17; *Schaffland/Wiltfang*, § 34 Rn. 4.

50 Ob die gespeicherten Daten für den Betroffenen oder die verantwortliche Stelle belanglos oder wertvoll, unwesentlich oder sensibel sind, beeinflusst die Auskunftspflicht nicht.[61] Sind gar keine Daten gespeichert, ist dies dem Betroffenen ebenfalls mitzuteilen („**Negativauskunft**").[62]

51 Entsprechendes gilt für **gesperrte Daten**. Diese mögen technisch für die weitere Nutzung blockiert sein, werden aber dennoch im Datenbestand zum Betroffenen geführt. Die Nutzungsblockade wirkt nicht gegenüber dem Auskunftsrecht des Betroffenen. Gesperrte Daten sind vielmehr zur Person gespeicherte Daten im Sinn von § 34 Abs. 1 Satz 1 Nr. 1 und somit ebenfalls Bestandteil der Auskunftspflicht.[63] Von der Auskunftserteilung über gesperrte Daten kann allerdings abgesehen werden, wenn ein Ausnahmefall gemäß §§ 34 Abs. 7, 33 Abs. 2 Satz 1 Nr. 2 vorliegt.[64]

52 Zu den die Auskunftspflicht umfassenden personenbezogenen Angaben gehört nicht nur der reine Inhalt der Daten. Die Auskunft hat sich auch auf den **logischen Kontext** und den Aufbau der Datenspeicherung zu beziehen, weil sich daraus mitunter weitere Erkenntnisse für die Verwendung der Daten ableiten lassen. Informationen über Kontext und Aufbau sind beispielsweise der Name einer Datei, deren konkrete Bezeichnung etwa Aufschluss über die Zuordnung zu einer bestimmten Personengruppe oder die Zweckbestimmung der Datenverarbeitung zulassen kann.[65]

53 Zu erläutern ist die Datenlage zum **Zeitpunkt des Ersuchens**.[66] Verlangt der Betroffene Auskunft über einen vergangenen Zeitpunkt, wird vertreten, dass die verantwortliche Stelle dem, jedenfalls soweit es ihr technisch zumutbar ist, entsprechen müsse.[67] Dagegen spricht zunächst der Wortlaut von § 34, der rückwärtsgerichtete Informationen für jede Art der Auskunft gerade nicht vorsieht, sondern nur für spezielle Situationen im Zusammenhang mit Scorewerten, die für sechs beziehungsweise zwölf Monate rückblickend berichtet werden müssen (§ 34 Abs. 2 Satz 1 Nr. 1 und Abs. 4 Satz 1 Nr. 1). Darüber hinaus kann es nicht Aufgabe der verantwortlichen Stelle sein, Datenhistorien oder Informationsarchive allein im – ungewissen – späteren Auskunftsinteresse des Betroffenen vorzuhalten oder bereits gelöschte Daten wieder zu rekonstruieren. Macht der Betroffene durch Nichtausübung seiner Auskunftsrechte deutlich, an Detailinformationen derzeit kein Interesse zu haben, ist nicht ersichtlich, warum sich die verantwortliche Stelle auf das Gegenteil einstellen sollte. Zu Daten, die zum Zeitpunkt der Auskunftsanfrage nicht (mehr) vorhanden sind, muss daher nichts gesagt werden.[68]

bb) Herkunft der Daten

54 Das Datenschutzrecht erlaubt eine Erhebung von Daten auf verschiedenen Wegen, wie sich aus §§ 4, 28, 29, 32 ergibt. Damit der Betroffene prüfen kann, ob die verantwortliche Stelle eine zulässige Quelle angezapft hat, soll dem Betroffenen grundsätzlich auch mitgeteilt werden, woher die Daten stammen.[69] Im Rahmen des Auskunftsanspruchs verlangt das Gesetz nur die Angabe der Quelle, das heißt die Nennung einer natürlichen oder juristischen Person, Institution oder sonstigen Einrichtung (das „Woher" der Daten). Der Anspruch verpflichtet die verantwortliche Stelle dagegen nicht zur Offenlegung des „Wie" der Datenerhebung. Zu konkreten **Beschaffungs- und Recherchemethoden** muss im Rahmen der Auskunft nach § 34 nichts mitgeteilt werden.[70]

---

61 Vgl. Däubler/Klebe/Wedde/Weichert/*Däubler*, § 34 Rn. 10.

62 Vgl. EG-Richtlinie 95/46/EG, EG-Amtsbl. Nr. L 281/42 v. 23.11.1995, Art. 12a 1. Spiegelstrich; Däubler/Klebe/Wedde/Weichert/*Däubler*, § 34 Rn. 17; Taeger/Gabel/*Meents/Hinzpeter*, § 34 Rn. 16; einschränkend: *Gola/Schomerus*, § 34 Rn. 5a, die keine gesetzliche Verpflichtung zur Negativauskunft sehen, eine solche aber zur Vermeidung weiterer Auseinandersetzungen empfehlen.

63 Vgl. *Bergmann/Möhrle/Herb*, § 34 Rn. 40; Däubler/Klebe/Wedde/Weichert/*Däubler*, § 34 Rn. 9.

64 Vgl. Simitis/*Dix*, § 34 Rn. 19; *Gola/Schomerus*, § 34 Rn. 9.

65 Vgl. Hessischer VGH v. 17.12.1990, Az. 7 UE 1182/84, RDV 1991, 187 (zur Speicherung von Daten im „Kriminalaktennachweis" beim Bundeskriminalamt); *Bergmann/Möhrle/Herb*, § 34 Rn. 41; Däubler/Klebe/Wedde/Weichert/*Däubler*, § 34 Rn. 10; Taeger/Gabel/*Meents/Hinzpeter*, § 34 Rn. 17; *Schaffland/Wiltfang*, § 34 Rn. 4.

66 Vgl. *Bergmann/Möhrle/Herb*, § 34 Rn. 28; *Schaffland/Wiltfang*, § 34 Rn. 3a.

67 Vgl. *Bergmann/Möhrle/Herb*, § 34 Rn. 29; Däubler/Klebe/Wedde/Weichert/*Däubler*, § 34 Rn. 10.

68 So auch *Schaffland/Wiltfang*, § 34 Rn. 3a.

69 Vgl. *Bergmann/Möhrle/Herb*, § 34 Rn. 42.

70 Vgl. Däubler/Klebe/Wedde/Weichert/*Däubler*, § 34 Rn. 12.

Über die Herkunft der Daten muss sich die Auskunft allerdings grundsätzlich auch nur dann verhalten, wenn diese Information in den Daten mitgespeichert ist. Daraus ergibt sich im Umkehrschluss, dass eine generelle und umfassende Verpflichtung der verantwortlichen Stelle zur Protokollierung ihrer Datenquellen (geschweige denn zur Nachforschung im Fall eines Auskunftsersuchens) nicht besteht.[71] Solche Aufzeichnungsregeln können sich allerdings ausnahmsweise aus besonderen Lagen ergeben, beispielsweise aus den gesetzlichen Vorschriften zur Gewährleistung eines angemessenen technisch-organisatorischen Datenschutzniveaus (§ 9) oder aus spezialgesetzlichen Speichervorschriften, wie sie etwa § 34 Abs. 1a für bestimmte Adresshandelsdaten enthält. In diesen Fällen, in denen Obliegenheiten zur Quellenspeicherung im Gesetz ausdrücklich angelegt sind, wäre es missbräuchlich, wollte sich die verantwortliche Stelle auf eine unterbliebene automatisierte Speicherung berufen.[72] 55

! Die Erleichterung für ein Unterbleiben der Herkunftsangabe gilt **nicht** für Adresshändler und Auskunfteien. Für solche Stellen, bei denen die Datenspeicherung zur Übermittlung an Dritte den eigentlichen Geschäftszweck darstellt, enthält § 34 Abs. 1 Satz 3 eine Sonderregelung (siehe Rn. 61 ff.).

b) Empfänger oder Empfängerkategorien, § 34 Abs. 1 Satz 1 Nr. 2

Gemäß § 34 Abs. 1 Satz 1 Nr. 2 sind bei einer Datenweitergabe an Dritte auch der Empfänger oder die Kategorien der Empfänger anzugeben. Das Gesetz verknüpft beides mit einem „oder". Wie genau der Betroffene im Einzelfall informiert werden möchte, obliegt daher seiner Entscheidung bei der Formulierung des Auskunftsersuchens. Die verantwortliche Stelle hat auf Verlangen **beides** bekannt zu geben.[73] 56

Empfänger ist nach der gesetzlichen Definition in § 3 Abs. 8 jeder, der Daten tatsächlich erhält.[74] Auf eine besondere vertragliche Beziehung oder einen besonderen Rechtsgrund für die Datenweitergabe kommt es nicht an. Empfänger der Daten können somit nicht nur außenstehende Dritte wie beispielsweise die Kunden einer Auskunftei sein, sondern sind auch Stellen „im Lager" der verantwortlichen Stelle. Dies trifft in erster Linie auf Auftragsdatenverarbeiter im Sinn von § 11 zu, also auf verbundene Unternehmen bei Datenverarbeitung im Konzern, auf Rechenzentren, Lettershops, Call-Center und ähnliche Erfüllungsgehilfen und Subunternehmer.[75] 57

Kategorien von Empfängern sind Oberbegriffe, die eine Gruppe von Empfängern zusammenfassen („unsere Kunden", „Banken", „Versicherungen", „Adresshändler" etc.).[76] 58

Gibt sich der Betroffene nicht mit Kategoriebezeichnungen zufrieden, sind ihm die einzelnen Empfänger so konkret zu benennen, wie die verantwortliche Stelle dazu in der Lage ist und wie es erforderlich ist, damit der Betroffene mit den Empfängern Kontakt aufnehmen kann.[77] Dazu gehört neben dem Namen beziehungsweise der Firma zumindest eine Adresse.[78] 59

Weil die verantwortliche Stelle in vielen Fällen den Letztempfänger gar nicht kennen wird (beispielsweise wenn ein Inkassobüro eine Auskunft für einen ihrer Inkassokunden, ein Rechtsanwalt für seinen Mandanten oder ein Vermieterverband für seine Mitglieder abruft), kann sie sich zulässigerweise darauf beschränken, nur ihren unmittelbaren Abnehmer bekannt zu geben – denn was nicht bekannt ist, kann auch nicht beauskunftet werden. Dem Schutz des Betroffenen schadet das nicht. Dieser ist durch gegebenenfalls weitere Auskunftsanfragen an die jeweils benannte Stelle ohne Weiteres in der Lage, die gesamte „Lieferkette" seiner Daten zu ermitteln. 60

---

71 Vgl. *Bergmann/Möhrle/Herb*, § 34 Rn. 42; Simitis/*Dix*, § 34 Rn. 22.
72 Vgl. Däubler/Klebe/Wedde/Weichert/*Däubler*, § 34 Rn. 13.
73 Vgl. Taeger/Gabel/*Meents/Hinzpeter*, § 34 Rn. 21.
74 Siehe dazu auch LG Heidelberg v. 23.09.2009, Az. 1 S 15/09, GRURPrax 2009, 67.
75 Vgl. *Bergmann/Möhrle/Herb*, § 34 Rn. 44; Däubler/Klebe/Wedde/Weichert/*Däubler*, § 34 Rn. 14; Taeger/Gabel/*Meents/Hinzpeter*, § 34 Rn. 21; *Schaffland/Wiltfang*, § 34 Rn. 4.
76 Vgl. *Bergmann/Möhrle/Herb*, § 34 Rn. 45.
77 Vgl. Däubler/Klebe/Wedde/Weichert/*Däubler*, § 34 Rn. 14; *Schaffland/Wiltfang*, § 34 Rn. 22.
78 Vgl. *Bergmann/Möhrle/Herb*, § 34 Rn. 46; Däubler/Klebe/Wedde/Weichert/*Däubler*, § 34 Rn. 14.

> **!** Wenn Sie Daten nicht unmittelbar an Betroffene, sondern über Reseller, Informationsportale oder ähnliche Vertriebs- und Verteilungskanäle ausliefern, sollten Sie den Betroffenen bei der Beantwortung seiner Auskunftsanfrage darauf ausdrücklich hinweisen, damit er weiß, wo er gegebenenfalls weitere Auskünfte über seine Daten einholen kann (siehe dazu auch den Formulierungsvorschlag unter Rn. 159).

c) Zweck der Speicherung, § 34 Abs. 1 Satz 1 Nr. 3

61 Das Auskunftsrecht schließt eine Information über das „Wozu" der Datenspeicherung ein, sodass auch die Zweckbestimmung mitzuteilen ist. Verfolgt die verantwortliche Stelle **mehrere Verwendungszwecke**, sind alle aufzudecken.[79]

62 Pauschale Zweckbeschreibungen sind erlaubt. Würde eine zu detaillierte Schilderung des Verwendungszwecks die Vertraulichkeits- oder Schutzrechtsinteressen der verantwortliche Stelle gefährden, kann die Zweckbeschreibung entsprechend generalisierend formuliert werden. Ein Anspruch des Betroffenen auf Offenlegung individueller Datenverarbeitungsvorgänge im Einzelfall besteht in diesen Fällen nicht.[80]

> **!** Sofern nicht besondere Umstände eine ausführliche Darlegung angezeigt erscheinen lassen, können Sie sich bei der Zweckbeschreibung an den Formulierungen orientieren, die das Gesetz in seinen diversen Erlaubnistatbeständen vorgibt, also etwa „für eigene Geschäftszwecke" (siehe § 28), „für Werbezwecke", „zum Zweck der Tätigkeit als Auskunftei", „für Zwecke des Adresshandels" (siehe § 29) oder „zur Durchführung des Beschäftigungsverhältnisses" (siehe § 32).[81]

d) Zusätzliche Anforderungen bei geschäftsmäßiger Datenspeicherung zum Zweck der Übermittlung, § 34 Abs. 1 Satz 3 und Satz 4, Abs. 3

63 Werden die Daten nicht im Sinn von § 28 zur eigenen Nutzung durch die verantwortliche Stelle gespeichert, sondern ist die Datenspeicherung zum Zweck der Übermittlung an Dritte im Sinn von § 29 der Geschäftszweck (Adresshändler, Auskunfteien, Detekteien, Kreditinformationsdienste, Mailboxanbieter, Warndateien), gelten zusätzliche Anforderungen für die Auskunftserteilung.

aa) Auskunftspflicht auch bei nicht automatisierter Datenspeicherung

64 Wer geschäftsmäßig mit Daten umgeht, hat über seine Datenquellen und die Übermittlungsempfänger auch dann Auskunft zu geben, wenn diese Informationen „nicht gespeichert sind". Diese auf den ersten Blick etwas irritierende Formulierung ist zusammen mit dem in § 27 Abs. 2 beschriebenen sachlichen Anwendungsbereich des § 34 und im Übrigen mit § 34 Abs. 3 Satz 1 zu lesen. Somit ist § 34 Abs. 1 Satz 3 gedanklich zu erweitern auf die Daten, die „in **nicht automatisierten Dateien** gespeichert, aber dennoch bei der verantwortlichen Stelle bekannt sind". Das können papierhaft geführte Akten sein, aber auch Quellenhinweise, die nur im Gedächtnis eines Mitarbeiters existieren.[82]

bb) Inhaltliche Erweiterung der Auskunftspflicht

65 § 34 Abs. 3 erweitert die Auskunftspflichten für gewerbliche Datenverarbeiter um zwei weitere Datenarten. Mitgeteilt werden müssen zum einen auch solche Daten, die zum Zeitpunkt der Auskunftsanfrage noch keinen Personenbezug zum Betroffenen aufweisen, der Bezug aber künftig hergestellt werden soll

---

79 Vgl. *Bergmann/Möhrle/Herb*, § 34 Rn. 50; Däubler/Klebe/Wedde/Weichert/*Däubler*, § 34 Rn. 16; Taeger/Gabel/*Meents/Hinzpeter*, § 34 Rn. 22.

80 Vgl. Richtlinie 95/46/EG v. 24.10.1995, EG-Amtsbl. Nr. L 281/81 v. 23.11.1995, die in Erwägungsgrund 41 klarstellt, dass durch das Auskunftsrecht des Betroffenen weder Geschäftsgeheimnisse noch Rechte am geistigen Eigentum oder Urheberrechte beeinträchtigt werden dürfen; siehe auch *Gola/Schomerus*, § 34 Rn. 12; Taeger/Gabel/*Meents/Hinzpeter*, § 34 Rn. 22.

81 Vgl. *Bergmann/Möhrle/Herb*, § 34 Rn. 51.

82 Vgl. Däubler/Klebe/Wedde/Weichert/*Däubler*, § 34 Rn. 22; Simitis/*Dix*, § 34 Rn. 29; *Gola/Schomerus*, § 34 Rn. 8a; *Schaffland/Wiltfang*, § 34 Rn. 6.

(§ 34 Abs. 3 Satz 2 Nr. 1). Zum anderen muss auch über Daten informiert werden, die zwar nicht gespeichert werden, die aber dennoch Gegenstand von Auskünften an Dritte sind (§ 34 Abs. 3 Satz 2 Nr. 2).

Bei der geschäftsmäßigen Datenspeicherung stellt sich die Frage, wie weit die Auskunftserteilung reichen muss, wenn der Betroffene zugleich **Funktionsträger** eines Unternehmens ist, über das im Datenbestand der verantwortlichen Stelle ebenfalls ein Datensatz geführt wird. Hat der Betroffene seine Anfrage nicht weiter spezifiziert, gilt der Grundsatz, dass im Zweifel alle gespeicherten personenbezogenen Daten mitzuteilen sind (siehe oben bei den Daten zur Person Rn. 49). Dazu zählen auch die Angaben über die finanzielle Situation eines Unternehmens, die als Teil der Daten über einen Funktionsträger dieses Unternehmens gespeichert sind.[83] Demgemäß wäre in diesem Fall auch der Unternehmensdatensatz mitzuteilen einschließlich der Empfänger, an die er ausgeliefert wurde. Kann aus den näheren Umständen der Anfrage dagegen geschlossen werden, dass es dem Betroffenen nur auf eine Auskunft zu seinen persönlichen Daten ankommt, wäre die Mitteilung aller Empfänger – also auch derjenigen, die ausdrücklich nur den Unternehmensdatensatz angefragt haben – entbehrlich. Die Auskunftserteilung kann in diesen Fällen auf die zur Privatperson des Betroffenen gespeicherten Informationen und auf die Empfänger, die explizit nur zur Person des Betroffenen (und nicht zum Unternehmen, für das er tätig ist) Daten abgerufen haben, reduziert werden. 66

!

Anhaltspunkte, die eine solche Beschränkung der Auskunft rechtfertigen können, sind etwa Anfragen auf privatem Briefpapier oder unter einer privaten E-Mail-Adresse. Bei Anfragen, die der Betroffene auf dem Geschäftspapier des Unternehmens oder von seiner dienstlichen E-Mail-Adresse ausstellt, ist dagegen davon auszugehen, dass ihn (auch) die unternehmensrelevanten Daten interessieren. Dann sind auch die Empfänger des Unternehmensdatensatzes bekannt zu geben.

II. Auskunftsanspruch bei Übermittlung von „Listendaten", § 34 Abs. 1a

Für den Adresshandel enthält § 28 Abs. 3 Satz 4 eine Erleichterung dahingehend, dass bestimmte Daten („Listendaten") über den Betroffenen auch ohne dessen Einwilligung für Zwecke der Werbung übermittelt werden dürfen, wenn die Stelle, die die Daten erstmalig erhoben hat, aus der Werbung eindeutig hervorgeht. Als Gegengewicht ist dieses Nutzungsprivileg mit besonderen Modifikationen bezüglich Speicher- und Auskunftspflichten verbunden, die sowohl dem Betroffenen als auch der Aufsichtsbehörde die Rechtmäßigkeitsprüfung der Datenverarbeitung ermöglichen sollen.[84] So hat gemäß §§ 28 Abs. 3 Satz 4, 34 Abs. 1a Satz 1 die übermittelnde Stelle die Herkunft der Daten und jeden Empfänger für die Dauer von zwei Jahren nach der jeweiligen Übermittlung zu speichern und dem Betroffenen über Herkunft und Empfänger Auskunft zu erteilen. Dasselbe gilt gemäß § 34 Abs. 1a Satz 2 für den Übermittlungsempfänger, der über einen Zeitraum von zwei Jahren zu Auskunftszwecken ebenfalls die Information vorhalten muss, welche Listendaten er wann und vom wem bekommen hat. Der Betroffene hat in diesen Fällen mit erstmalig erhebender Stelle und Übermittlungsempfänger für sein Auskunftsersuchen also zwei mögliche Adressaten. Er soll eine etwaige Übermittlungskette lückenlos nachvollziehen können.[85] 67

Die Begrenzung der Speicherpflicht auf zwei Jahre ergibt sich aus zwei Aspekten. Auf der einen Seite steht die Eigenart der Daten, um die es geht. Daten des Adresshandels für Werbezwecke veralten vergleichsweise schnell.[86] Damit verblasst auch das Schutzinteresse des Betroffenen recht zügig. Auf der anderen Seite sollen die verantwortlichen Stellen durch die zeitliche Beschränkung von übermäßigem Verwaltungsaufwand für lang zurückliegende Vorgänge freigehalten werden.[87] 68

83 Vgl. BGH v. 17.12.1985, Az. VI ZR 244/84, NJW 1986, 2505 (zu Angaben über den Gesellschafter und Geschäftsführer einer Ein-Mann-GmbH); Simitis/*Dix*, § 34 Rn. 15.

84 Vgl. Beschlussempfehlung des Innenausschusses v. 01.07.2009 zum Gesetzentwurf zur Regelung des Datenschutzaudits und zur Änderung datenschutzrechtlicher Vorschriften, BT-Drs. 16/13657, S. 19.

85 Vgl. *Peifer*, MMR 2010, 527.

86 Vgl. Simitis/*Dix*, § 34 Rn. 32.

87 Vgl. Beschlussempfehlung des Innenausschusses v. 01.07.2009 zum Gesetzentwurf zur Regelung des Datenschutzaudits und zur Änderung datenschutzrechtlicher Vorschriften, BT-Drs. 16/13657, S. 22.

69 Die Zweijahresfrist beginnt mit jeder neuen Datenübermittlung beziehungsweise jeder Aktualisierung eines zuvor ausgelieferten Datenbestands neu zu laufen.[88] Nach Ablauf der zwei Jahre sind die Informationen über die Datenübermittlung gemäß § 35 entweder zu sperren oder zu löschen.[89]

! Die Verpflichtung zur Angabe der Quelle aus § 28 Abs. 3 Satz 4 besteht unabhängig von der Verpflichtung zur Speicherung aus § 34 Abs. 1a. Versendet die verantwortliche Stelle also zwei Jahre nach Erhalt der Adressdaten (nochmals) Werbung an den Betroffenen, ist die erstmalig speichernde Stelle im Werbeschreiben nach wie vor zu nennen.[90]

III. Auskunftsanspruch zu Scoringverfahren, § 34 Abs. 2 und Abs. 4

70 § 34 Abs. 2 und Abs. 4 flankieren die Regelung über die Bildung von Wahrscheinlichkeitswerten zu einem künftigen Verhalten (Scoring) in § 28b und ermöglichen dem Betroffenen, nähere Informationen über die zu seiner Person berechneten Scorewerte zu erhalten. Auskunftsverpflichtet sind gemäß § 34 Abs. 2 derjenige, der den Score verwendet hat, und – falls er den Score nicht selbst ermittelt, sondern von einem Dritten bezogen haben sollte – gemäß § 34 Abs. 4 derjenige, der den Score berechnet und dem Verwender übermittelt hat.

71 Die Auskunftspflicht betrifft neben dem konkreten Scorewert, wie er sich aktuell errechnen würde beziehungsweise wie er aktuell für eine geschäftliche Entscheidung verwendet wurde, auch Scorewerte aus der Vergangenheit. Die Reichweite der historischen Mitteilungen beträgt dabei je nach auskunftsverpflichteter Stelle sechs oder zwölf Monate.

! Während der Betroffene, der frühere Scorewerte über sich erfahren wollte, vor der Novellierung des § 34 darauf angewiesen war, dass die verantwortliche Stelle die historischen Werte freiwillig archivierte,[91] läuft die nun ins Gesetz Eingang gefundene Auflage, auch in der Vergangenheit erhobene beziehungsweise übermittelte Scores benennen zu können, für die verantwortliche Stelle faktisch auf eine gesetzliche Pflicht zur Speicherung dieser Werte hinaus.[92]

1. Auskunftspflichten des Scoreverwenders, § 34 Abs. 2

a) Auskunft bei eigener Scorewertberechnung durch die verantwortliche Stelle, § 34 Abs. 2 Satz 1 und Satz 2

72 Wer im Sinn von § 28b zum Zweck der Begründung, Durchführung oder Beendigung eines Vertragsverhältnisses mit dem Betroffenen auf einen selbst berechneten Scorewert zurückgreift (internes Scoring[93]), hat als „die für die Entscheidung verantwortliche Stelle" dem Betroffenen über die innerhalb der letzten sechs Monate vor dem Auskunftsverlangen erhobenen oder erstmalig gespeicherten Scorewerte (§ 34 Abs. 2 Satz 1 Nr. 1), die für die Scoreberechnung genutzten Datenarten (Nr. 2) und das Zustandekommen und die Bedeutung der Scorewerte (Nr. 3) Auskunft zu erteilen.

aa) Scorewerte der letzten sechs Monate, § 34 Abs. 2 Satz 1 Nr. 1

73 Es bleibt der verantwortlichen Stelle überlassen, die sechsmonatige Ausschlussfrist strikt einzuhalten oder zugunsten des Betroffenen auch Scorewerte früherer Monate mitzuteilen.[94]

88 Vgl. Simitis/*Dix*, § 34 Rn. 32.
89 Vgl. *Peifer*, MMR 2010, 527.
90 Vgl. *Peifer*, MMR 2010, 527.
91 Vgl. *Beckhusen*, BKR 2005, 344.
92 Vgl. *Heinemann/Wäßle*, MMR 2010, 601.
93 Vgl. Simitis/*Dix*, § 34 Rn. 36.
94 Vgl. *Schaffland/Wiltfang*, § 34 Rn. 5a.

bb) Für die Scoreberechnung genutzte Datenarten, § 34 Abs. 2 Satz 1 Nr. 2

Deckungsgleich mit der Erleichterung für die Benachrichtigung über die gespeicherten Daten in § 33 Abs. 1 Satz 1 erlaubt das Gesetz auch bei der Auskunftserteilung über die zur Scoreberechnung herangezogenen Informationen eine Zusammenfassung zu „Datenarten". Welche das im Einzelfall sein dürfen, ist nicht festgelegt. Unter Berücksichtigung des Empfängerhorizonts sind die Beschreibungen der Datenarten möglichst selbsterklärend zu wählen, sodass der Betroffene erkennen kann, was damit gemeint ist. Die Kategorisierung muss nicht so kleinteilig angelegt sein, dass sie letztlich doch auf eine Bekanntgabe einzelner Datenfelder hinausläuft, darf aber andererseits auch nicht so großräumig gewählt werden, dass darunter alles und nichts verstanden werden kann. In Betracht kommt sowohl eine Zusammenfassung einzelner Datenfelder unter einer Gruppenbezeichnung („Anschriftendaten", „Umsatz") als auch die Mitteilung eines Datenfeldnamens („Bruttoverdienst") als Ersatz für die Angabe des konkreten Einzelwerts.[95] Siehe dazu auch die Anmerkungen zur Art der Daten bei Benachrichtigungen, § 33 Rn. 38 f. 74

cc) Zustandekommen und Bedeutung der Scorewerte, § 34 Abs. 2 Satz 1 Nr. 3

Der Betroffene soll die Möglichkeit haben, den Score zu interpretieren und als falsch empfundene Scorewerte durch eine Berichtigung der Berechnungsdaten korrigieren zu lassen.[96] Ferner soll er in die Lage versetzt werden, seine Interessen gegenüber Vertragspartnern wahrzunehmen, die für die Entscheidung über eine Geschäftsbeziehung Scorewerte über den Betroffenen verwenden.[97] Neben den für die Berechnung des Scores herangezogenen Datenarten muss die verantwortliche Stelle den Betroffenen daher über zwei weitere Aspekte aufklären: Zum einen ist ihm mitzuteilen, wie sich die über ihn bekannten Informationen auf das Berechnungsergebnis ausgewirkt haben. Zum anderen muss ihm die Bedeutung des Scores dargelegt werden. 75

Bedeutung in diesem Zusammenhang meint zunächst, dass der Betroffene wissen muss, auf welches zukünftige Verhalten von ihm sich die Wahrscheinlichkeitsaussage bezieht (pünktliche Rückzahlung eines Kredits, Insolvenzrisiko etc.) Das ist ihm mitzuteilen.[98] Ferner kann die Bedeutung des Scores nur dann sinnvoll interpretiert werden, wenn die Einordnung des Scoreergebnisses in die zur Verfügung stehende Bewertungsskala offensichtlich ist.[99] Der Betroffene muss Klarheit darüber haben, ob seine Bewertung **gut oder schlecht** ist.[100] Das bedeutet: 76

- Liegen einer Beurteilung beispielsweise Berechnungen anhand von Vergleichsgruppen zugrunde, sind keine vertiefenden Ausführungen darüber notwendig, aus welchen Gründen der Betroffene einer bestimmten Gruppe zugeordnet wurde oder wie sich die Vergleichsgruppe ansonsten zusammensetzt.[101]
- Bewertungen mit **Punktesystemen** setzen eine Aufklärung über die erreichbaren Höchst- und Mindestpunktzahlen voraus sowie die Erklärung, ob die Höchstpunktzahl der maximal positiven oder der maximal negativen Verhaltensprognose entspricht.
- Bei einer Bewertung mit **Notenstufen** in Textform genügt nicht die Mitteilung der für den Betroffenen errechneten Stufe („mittleres Ausfallrisiko", „durchschnittlich" etc.). Um verstehen zu können, in welchem Bewertungsbereich er sich bewegt, sind darüber hinaus auch alle anderen möglichen Notenstufen anzugeben („geringes Risiko", „hohes Risiko", „höchstes Risiko" etc.).

Versetzen die Angaben den Betroffenen in die Lage, den in seine Bewertung eingeflossenen Lebenssachverhalt zu erkennen, ist der Auskunftspflicht mit hinreichender Transparenz genüge getan. Ein Anspruch auf Offenlegung weitergehender Einzelheiten besteht nicht.[102] Während die Erklärung der Bedeutung 77

---

95 Vgl. *Abel*, RDV 2009, 150; *Bergmann/Möhrle/Herb*, § 34 Rn. 69; *Schaffland/Wiltfang*, § 34 Rn. 5a.
96 Vgl. LG Berlin v. 01.11.2011, Az. 6 O 479/10, ZD 2012, 74; *Hoeren*, VuR 2010, 368.
97 Vgl. Gesetzesbegründung, BT-Drs. 16/10529, S. 13.
98 Vgl. Simitis/*Dix*, § 34 Rn. 33.
99 Vgl. Simitis/*Dix*, § 34 Rn. 33.
100 Vgl. Simitis/*Dix*, § 34 Rn. 33; *Gola/Schomerus*, § 34 Rn. 12d.
101 Vgl. BGH v. 28.01.2014, Az. VI ZR 156/13, DB 2014, 588; a.A. LG Berlin v. 01.11.2011, Az. 6 O 479/10, ZD 2012, 74; *Schaffland/Wiltfang*, § 34 Rn. 7a.
102 Vgl. BGH v. 28.01.2014, Az. VI ZR 156/13, DB 2014, 588.

des Scores und der verwendeten Bewertungsbandbreite für das jeweilige Scoringverfahren standardmäßig abgefasst werden kann, ist die Darlegung zu den Auswirkungen der Datenbasis auf das Berechnungsergebnis diffiziler. Der Betroffene wird genau und möglichst im Detail aufgeschlüsselt wissen wollen, welche Informationen seinen Score in welcher Weise und mit welcher Gewichtung beeinflusst haben. Gleichwohl soll die Auskunft über das Zustandekommen des Scores einzelfallbezogen und nachvollziehbar in allgemeinverständlicher Form gestaltet sein, wie § 34 Abs. 2 Satz 1 Nr. 3 beziehungsweise § 34 Abs. 4 Satz 1 Nr. 4 unmissverständlich vorgeben. Kontraproduktiv in diesem Sinn wäre die Mitteilung komplexer mathematischer Formeln.[103] Dazu ist die verantwortliche Stelle schon aus Gründen der Allgemeinverständlichkeit der Auskunft nicht verpflichtet. Nachvollziehbar ist auch nicht gleichbedeutend mit nachrechenbar.[104] Es genügt deswegen, wenn der Zusammenhang zwischen Datenbasis und daraus gebildetem Scorewert in einer für Laien verständlichen Form so beschrieben wird, dass der Betroffene den der **Berechnung zugrundeliegenden Lebenssachverhalt** nachvollziehen kann.[105]

! Das Merkmal des Einzelfallbezugs schließt die Verwendung von formularmäßigen Auskunftsschreiben oder vorgefertigter Textbausteine nicht von vornherein aus, solange sie die Situation beschreiben, die auf den Betroffenen konkret zutrifft.

78 Eine Offenlegung der konkreten **Scoreformel** verbietet sich neben dem Verständlichkeitsaspekt auch aus zwei anderen Gründen. Zum einen macht die Scoreformel typischerweise den Kern des Geschäftsmodells der scoreberechnenden Stelle aus und unterliegt damit dem verfassungsrechtlichen Schutz der Berufsfreiheit aus Art. 12 GG und dem Recht am eingerichteten und ausgeübten Gewerbebetrieb aus Art. 14 GG.[106] Diese hat ein Interesse daran, dass die Formel als Unternehmensgeheimnis weder durch eine direkte Aufdeckung noch indirekt durch Rückschlüsse über Auskunftserteilungen öffentlich und so ein Nachbau durch Wettbewerber ermöglicht wird. Zum anderen besteht ein Interesse der Allgemeinheit der Scoreverwender an möglichst neutralen Scores. Wahrscheinlichkeitswerte „nach Wunsch" sind für den praktischen Einsatz wertlos. Dieses Interesse wäre gefährdet, wenn Betroffene aufgrund von Detailwissen über die Scoreformel Auskunfteien gezielt scoreverbessernde Daten bereitstellen und scoreabwertende Informationen zurückhalten könnten. Die Scoreformel muss daher aufgrund vorrangiger Schutzinteressen sowohl der verantwortlichen Stelle als auch der Scorenutzer in keinem Fall aufgedeckt werden.[107]

79 Mit der „Datenschutznovelle I" hat der Gesetzgeber in § 34 Abs. 2 Satz 2 Nr. 1 und Abs. 4 Satz 2 Nr. 1 eine Regelungslücke geschlossen, die zuvor der verantwortlichen Stelle Fluchtmöglichkeiten aus der Auskunftspflicht eröffnete.[108] Erreicht werden konnte dies damit, dass der Personenbezug erst durch die eigentliche Scoreberechnung aufgrund einer konkreten Übermittlungsanfrage hergestellt wurde, während die für die Berechnung erforderliche Datenbasis getrennt gespeichert war (entweder bei der verantwortlichen Stelle selbst oder bei einem Dritten, bei dem sie für die jeweilige Berechnung augenblicksbezogen abgerufen wurde) und der Personenbezug somit nur als flüchtige Momentaufnahme im Augenblick der konkreten Scoreanfrage bestand.[109] Dieser Weg ist nunmehr versperrt. Die Pflicht zur Auskunftserteilung besteht nach der Neufassung des § 34 jetzt unabhängig davon, ob die Datenbasis für die Scoreberechnung **zunächst anonym** gespeichert wird und der Personenbezug erst bei der Berechnung hergestellt wird oder ob für die Berechnung des Scores Daten genutzt werden, die **extern gespeichert** sind. Dies

103 Vgl. Taeger/Gabel/*Meents/Hinzpeter*, § 34 Rn. 32.
104 Vgl. *Heinemann/Wäßle*, MMR 2010, 602; BGH v. 28.01.2014, Az. VI ZR 156/13, DB 2014, 588; OLG Nürnberg, Urteil v. 30.10.2012, Az. 3 U 2362/11, ZD 2013, 27.
105 Vgl. Gesetzesbegründung, BT-Drs. 16/10529, S. 17.
106 Vgl. *Hoeren*, VuR 2010, 368.
107 Vgl. Gesetzesbegründung, BT-Drs. 16/10529, S. 17; *Hoeren*, VuR 2010, 368; *Holländer*, RDV 2009, 215 *Koch*, MMR 1998, 458, 462; so im Ergebnis wohl auch Taeger/Gabel/*Meents/Hinzpeter*, § 34 Rn. 33; siehe auch Erwägungsgrund 41 der EG-Datenschutzrichtlinie 95/46, wonach das Auskunftsrecht „weder das Geschäftsgeheimnis noch das Recht an geistigem Eigentum, insbesondere das Urheberrecht zum Schutz von Software", berühren darf; BGH v. 28.01.2014, Az. VI ZR 156/13, DB 2014, 588; OLG Nürnberg, Urteil v. 30.10.2012, Az. 3 U 2362/11, ZD 2013, 27.
108 Vgl. Gesetzesbegründung, BT-Drs. 16/10529, S. 17 f.; *Beckhusen*, BKR 2005, 342.
109 So für das SCHUFA-Verfahren: *Kamlah*, MMR 1999, 402 ff.; *Wuermeling*, NJW 2002, 3509.

gilt sowohl für die Auskunftsansprüche gegen die Nutzer von Scorewerten (§ 34 Abs. 2 Satz 2 Nr. 1) also auch gegen diejenigen, die geschäftsmäßig Scores berechnen und ihren Kunden zur Verfügung stellen (§ 34 Abs. 4 Satz 2 Nr. 1).[110]

> ! Auf die Frage, ob und wo neben der für die Scoreberechnung notwendigen Datenbasis auch die Scores als solche gespeichert werden, kommt es danach nun nicht mehr an.[111]

b) Auskunft bei Verwendung externer Scores durch die verantwortliche Stelle, § 34 Abs. 2 Satz 3 bis Satz 6

Berechnet die Stelle, die über die Geschäftsbeziehung mit dem Betroffenen unter Hinzuziehung eines Scores entscheidet, den Score nicht selbst, sondern bezieht ihn im Wege des externen Scorings[112] ganz (§ 34 Abs. 2 Satz 3 Nr. 1) oder teilweise (§ 34 Abs. 2 Satz 3 Nr. 2) von dritter Seite, beispielsweise von einer Auskunftei, hat dieser Dritte der auskunftsverpflichteten Stelle alle Informationen bereitzustellen, die für die Auskunftserteilung an den Betroffenen notwendig sind. Voraussetzung ist eine entsprechende Aufforderung an den Dritten („auf Verlangen"). Der Aufforderung bedarf es auch dann, wenn der Dritte den Fall bereits kennt.[113] **80**

Die scoreverwendende Stelle hat die Wahl, ob sie dem Betroffenen die Auskunft selbst erteilt oder ihn an den Dritten verweist, der dann seinerseits die Auskunftserteilung übernehmen muss.[114] Dieses Wahlrecht besteht gemäß § 34 Abs. 2 Satz 4 schlüssigerweise nur im Fall von § 34 Abs. 2 Satz 3 Nr. 1, wenn der **vollständige** Score von dem Dritten stammt. Hat die für die Entscheidung verantwortliche Stelle dagegen nur Teile des Scores aus externen Quellen bezogen und im Übrigen selbst gerechnet, muss sie den Auskunftsanspruch auch stets selbst erfüllen.[115] Eine Abwälzung auf die externe Quelle wäre in diesen Fällen sinnlos, da der externe Scorelieferant mangels Einblicks in das Berechnungsverfahren bei der verantwortlichen Stelle nur „die halbe Wahrheit" kennt. **81**

Will die für die Entscheidung zuständige Stelle von ihrem Wahlrecht Gebrauch machen und den Betroffenen mit seinem Auskunftsersuchen an den externen Scoreberechner verweisen, hat sie gemäß § 34 Abs. 2 Satz 4 zwei Verfahrensvoraussetzungen zu beachten. Zum einen muss die Weiterleitung **unverzüglich** geschehen, das heißt ohne schuldhaftes Zögern. Zum anderen hat sie gleichzeitig mit der Verweisung dem Betroffenen die für dessen weiteres Vorgehen **notwendigen Informationen** mitzuteilen. Dazu gehören Name und Anschrift der Stelle, an die er sich wenden soll, sowie die „zur Bezeichnung des Einzelfalls notwendigen Angaben". Diese Angaben können insbesondere Referenznummern oder sonstige Merkmale sein, die der auskunftsverpflichteten Stelle eine eindeutige Identifizierung des Betroffenen in ihrem Datenbestand ermöglicht.[116] **82**

> ! Wie generell bei § 34 setzt auch die Mitteilung dieser Details über die Stelle, von der der Score bezogen wurde, ein Auskunftsersuchen des Betroffenen voraus. Ohne ein solches muss ihm die verantwortliche Stelle keine Informationen über ihre Scoringpartner bereitstellen.[117]

110 Vgl. Gesetzesbegründung, BT-Drs. 16/10529, S. 17 f.
111 Vgl. *Heinemann/Wäßle*, MMR 2010, 601.
112 Vgl. Simitis/*Dix*, § 34 Rn. 36.
113 Vgl. *Schaffland/Wiltfang*, § 34 Rn. 5c.
114 Vgl. Taeger/Gabel/*Meents/Hinzpeter*, § 34 Rn. 36.
115 Vgl. Simitis/*Dix*, § 34 Rn. 36.
116 Vgl. Taeger/Gabel/*Meents/Hinzpeter*, § 34 Rn. 36.
117 Vgl. *Schaffland/Wiltfang*, § 34 Rn. 5d.

83 Die auskunftsverpflichtete, externe Stelle hat die Auskunft dem Betroffenen stets **kostenlos** zu erteilen, § 34 Abs. 2 Satz 5.

> **!** Die Entgeltfreiheit betrifft nur das Außenverhältnis zwischen Auskunfteien und Betroffenen. Im Innenverhältnis zwischen Auskunfteien und ihren Kunden, die Scorewerte beziehen, sind Vereinbarungen über die Kostentragung für den Fall der Verweisung des Betroffenen mit seinem Auskunftsersuchen an die Auskunftei ohne Weiteres zulässig und empfehlenswert.[118]

84 § 34 Abs. 2 Satz 6 schließlich stellt klar, dass die für die Scoreberechnung zuständige Stelle von ihrer Verpflichtung zur Informationsbereitstellung an die für die Entscheidung zuständige Stelle befreit ist, wenn Letztere ihr Wahlrecht ausgeübt hat und die scoreberechnende Stelle die Auskunft an den Betroffenen erteilt. In diesem Fall erfährt der Betroffene alles, was er wissen muss, vom Scoreberechner. Die zusätzliche Übermittlung auskunftsrelevanter Daten an den Geschäftspartner des Betroffenen wäre ohne Sinn und überflüssig.

2. Auskunftspflicht des Scoreberechners, § 34 Abs. 4

85 Wendet sich der Betroffene – egal, ob sogleich von sich aus oder erst nachdem er dorthin verwiesen worden ist – an denjenigen, der den Score berechnet hat (Auskunftei), hat diese Stelle in gleicher Weise wie die entscheidende Stelle über Bedeutung, Berechnungsweise und die für das Scoring genutzten Datenarten in allgemeinverständlicher Weise Auskunft zu geben. Im Unterschied zu der entscheidenden Stelle muss die scoreberechnende Stelle allerdings gemäß § 34 Abs. 4 Satz 1

- die Scorewerte der letzten **zwölf Monate** vor dem Zugang des Auskunftsverlangens berichten (statt sechs Monate wie im Fall von § 34 Abs. 2 Nr. 1),
- Namen und letztbekannte **Anschriften der Empfänger** bekanntgeben und
- die sich zum **Zeitpunkt der Anfrage** ergebenden Scorewerte mitteilen (statt wie bei § 34 Abs. 2 nur des Scorewerts, auf dem die Entscheidung beruht).[119]

86 Die für Auskunftsanfragen an die scoreberechnende Stelle in § 34 Abs. 4 enthaltenen zusätzlichen Auflagen zur Bekanntgabe der Empfängeranschriften und des sich aktuell ergebenden Scorewerts sind einleuchtend. Für Auskünfte der entscheidenden Stelle nach § 34 Abs. 2 wären sie sinnlos, da es dort wegen der auf eigene Zwecke begrenzten Scoreverwendung keine weiteren Empfänger gibt und auch keine eigenen, neuen Scores berechnet werden. Warum die Stelle, die den Score nutzt, nur über die Scorewerte der letzten sechs Monate rechenschaftspflichtig ist, die Stellen, die Scores berechnen, jedoch über einen doppelt so langen Zeitraum, erschließt sich dagegen nicht.[120]

87 Nicht mitgeteilt werden muss der **Grund des berechtigten Interesses**, den derjenige, der den Scorewert abgefragt hat, gegenüber der scoreberechnenden Stelle gemäß § 29 Abs. 1 Nr. 1a angegeben hat. Auf die Mitteilung dieser Information hat der Betroffene im Rahmen von Auskunftsansprüchen grundsätzlich keinen Anspruch.[121]

IV. Zweckbindung, § 34 Abs. 5

88 Im Rahmen von Auskunftsersuchen erhält die verantwortliche Stelle möglicherweise Daten über den Betroffenen, die ihr bisher noch nicht vorlagen, beispielsweise eine (neue) Anschrift, einen aufgrund Eheschließung geänderten Nachnamen oder sonstige Kontaktdaten. Auch die Tatsache des Auskunftsersuchens selbst ist eine Information, die dabei anfällt. § 34 Abs. 5 bestimmt, dass eine Nutzung dieser Daten ausschließlich zur Erfüllung des Auskunftsanspruchs gestattet ist. Darüber hinaus dürfen sie zwar im Datenbestand gespeichert (und für künftige Auskunftsersuchen des Betroffenen abermals verwendet) werden. Für alle weiteren Verwendungszwecke sind sie zu sperren.

---

118 So auch *Hoeren*, VuR 2010, 368.
119 Vgl. Simitis/*Dix*, § 34 Rn. 34.
120 Vgl. Simitis/*Dix*, § 34 Rn. 34.
121 St. Rspr., vgl. BGH v. 22.05.1984, Az. VI ZR 105/82, NJW 1984, 1886; *Schaffland/Wiltfang*, § 34 Rn. 9.

> **!** Die anlässlich der Anfrage erfahrene neue Anschrift kann somit bedenkenlos für die gewünschte Zusendung der schriftlichen Auskunft an den Betroffenen genutzt werden.

Sinnentsprechende Parallelvorschriften zu § 34 Abs. 5 finden sich in § 6 und § 28a: Nach § 6 Abs. 3 dürfen personenbezogene Daten über die Ausübung eines Rechts des Betroffenen nur zur Erfüllung der sich daraus ergebenden Pflichten der verantwortlichen Stelle verwendet werden. Gemäß § 28a Abs. 2 Satz 4 sollen vorvertragliche Konditionenanfragen bei Kreditinstituten ohne Einfluss auf die Bonitätsbewertung bleiben und dürfen deshalb ohne Einwilligung des Betroffenen nicht an Auskunfteien übermittelt werden. **89**

Kein Verstoß gegen das Zweckbindungsgebot des § 34 Abs. 5 ist es, wenn die verantwortliche Stelle die Auskunfterteilung bei sich **dokumentiert**. Dies ist ihr sogar ausdrücklich anzuraten, um im Beschwerdefall die ordnungsgemäße Pflichterfüllung belegen zu können. Besondere Bedeutung kommt dieser Nachweismöglichkeit zu, wenn nicht der Betroffene persönlich, sondern ein von ihm bevollmächtigter Vertreter die Auskunft angefordert und erteilt bekommen hat.[122] **90**

Das Zweckbindungsgebot des § 34 Abs. 5 wirft die Frage auf, ob eine verantwortliche Stelle, die als Adresshändler, Auskunftei oder sonstiger geschäftsmäßiger Datenübermittler tätig ist, trotz der Verpflichtung zur Sperrung der Daten für andere Zwecke als zur Erfüllung des Auskunftsersuchens und der Datenschutzkontrolle Fehler in ihrem allgemeinen Datenbestand berichtigen darf. Der Wortlaut des § 34 Abs. 5 könnte die Vermutung nahelegen, dass dies nicht erlaubt ist, da er jede Art der weiteren Nutzung der Daten verbietet. **91**

Geradezu grotesk wäre es aber, wenn diese Vorgabe dazu führte, dass erkennbar falsche Daten falsch bleiben müssen. Bemerkt die verantwortliche Stelle aufgrund der Daten der Auskunftsanfrage, dass ihre bisher zum Betroffenen gespeicherten Angaben nicht oder nicht mehr richtig sind, kann sie diese nicht nur korrigieren, sie muss es gemäß § 35 Abs. 1 sogar. Die Berichtigung wäre aber nichts wert, wenn die aktualisierten Daten nur gespeichert werden dürften, ansonsten aber gesperrt bleiben müssten. Denn dann würde die verantwortliche Stelle, wenn sie im Rahmen ihres Geschäftszwecks als Auskunftei tätig wird, ihren Kunden wider besseres Wissen unzutreffende Informationen übermitteln. Dieses absurde Ergebnis lässt sich durch einen Rückgriff auf § 35 Abs. 8 vermeiden. Die Vorschrift erlaubt die Nutzung gesperrter Daten, wenn dies wegen überwiegender Interessen der verantwortlichen Stelle oder des Dritten unerlässlich ist. Das Zweckbindungsgebot des § 34 Abs. 5 wird dadurch zwar etwas relativiert. Dem steht aber ein überwiegendes Interesse letztlich aller Beteiligten entgegen, da falsche Daten keinem berechtigten Schutz unterliegen, wie sich aus der Wertung des § 35 Abs. 1 Satz 1 ergibt.[123] **92**

> **!** Ist im Rahmen der Identitätsfeststellung die Anforderung eines Ausweisdokuments erforderlich, sind von der verantwortlichen Stelle auch die Zweckbindungsvorgaben des PassG und PAuswG zu beachten. Danach darf ein Ausweisdokument außerhalb des Identitätsnachweises weder zum automatischen Abruf personenbezogener Daten noch zur automatischen Speicherung personenbezogener Daten verwendet werden.[124]

V. Form und Frist der Auskunft

1. Form der Auskunft, § 34 Abs. 6

a) Grundsatz der Textform

Grundsätzlich ist die Auskunft gemäß § 34 Abs. 6 in Textform zu erteilen. Die Einzelheiten dazu ergeben sich aus der allgemeinen Begriffsbestimmung in § 126b BGB. Drei Bedingungen sind dafür einzuhalten: **93**

---

122 Vgl. Simitis/*Dix*, § 34 Rn. 46.

123 A.A. Simitis/*Dix*, § 34 Rn. 48, die eine Anwendung des § 35 Abs. 8 in diesen Fällen ablehnen, da § 34 nicht explizit auf diese Vorschrift Bezug nehme und das Verwertungsverbot des § 35 Abs. 5 ansonsten zu stark aufgeweicht werde.

124 Vgl. § 18 Abs. 3 PassG und § 20 Abs. 2 PAuswG.

Die Mitteilung muss auf einem zur dauerhaften Wiedergabe geeigneten Medium abgegeben werden. Der Erklärende muss genannt sein – was für den Fall der Auskunft die verantwortliche Stelle meint, nicht hingegen den Sachbearbeiter der Auskunft.[125] Und die Erklärung muss durch eine Unterschrift oder einen vergleichbaren Vermerk abgeschlossen werden. Damit ist die Auskunft nicht nur per Brief formgerecht, sondern auch als E-Mail oder Telefax.[126]

94 Die Bereitstellung eines Links, mit dem der Betroffene online via Internet eine Verbindung zur Datenbank der verantwortlichen Stelle herstellen und auf diese Weise seinen Datensatz einsehen kann, genügt zur Erfüllung der Textform dagegen nicht, weil in diesem Fall die gemäß § 126b BGB erforderliche dauerhafte Wiedergabe nicht sichergestellt ist. Selbst wenn die Abruffunktion so gestaltet ist, dass ein Speichern und Ausdrucken durch den Betroffenen möglich ist, hat die verantwortliche Stelle doch keinen Einfluss darauf, ob der Betroffene davon tatsächlich Gebrauch macht.[127] Die Auskunftserteilung per Onlineabrufmöglichkeit wird dadurch nicht vollständig ausgeschlossen. Sie wäre möglich, wenn eine Ausnahme von der Textform gemacht werden darf (dazu nachfolgend).

b) Ausnahmen von der Textform

95 Von der Textform darf abgewichen werden, wenn wegen der besonderen Umstände ein anderes Format angemessen ist. Die ausdrückliche Anknüpfung des Gesetzeswortlauts an besondere Umstände macht deutlich, dass Auskünfte in anderen Erklärungsformen als schriftliche oder textliche Mitteilungen der Ausnahmefall bleiben sollen. Ob eine Sondersituation vorliegt, die eine andere formelle Gestaltung der Auskunftserteilung als angemessen rechtfertigt, ist aufgrund einer Interessenabwägung und Prüfung der Verhältnismäßigkeit der Mittel zu bestimmen.

96 So können sich besondere Umstände etwa aus der **Art** ergeben, wie das Auskunftsersuchen an die verantwortliche Stelle herangetragen wird: Erscheint der Betroffene persönlich, kann die Auskunft auch durch Einsichtsgewährung oder Bildschirmanzeige erteilt werden.[128] Ruft er an, ist bei entsprechender Sicherheit über die Identität des Anfragenden auch eine telefonische Information möglich.[129]

97 Zu den besondere Umständen, die eine andere Art der Auskunft als in Textform bedingen können, zählt ferner die **Eilbedürftigkeit** der Auskunft.[130]

98 Auch Inhalt und Umfang der betroffenen **Daten** können eine andere Form als die Textform begründen. Eine Negativauskunft mit der schlichten Mitteilung, dass keine Daten gespeichert sind, kann eine erleichterte Form rechtfertigen. Eine Information über besonders sensible Daten kann sogar eine besonders abgesicherte Form notwendig machen, beispielsweise die erläuternde Vermittlung von medizinischen Daten aus einer Krankenakte durch einen Arzt.[131]

99 Nicht als Begründung besonderer Umstände für ein Absehen von der Textform können dagegen Organisationsschwierigkeiten oder Aufwendungen im Bereich der verantwortlichen Stelle herhalten. Die im Gesetz vorgesehene Verpflichtung zur Textform impliziert, dass die verantwortlichen Stellen ihren Geschäftsbetrieb darauf einzustellen haben.[132]

c) Vertraulichkeit

100 Gleich welches Format für die Auskunft im Einzelfall angezeigt ist, die Vertraulichkeit und der Schutz der übermittelten Information müssen sichergestellt sein. Auskunftsschreiben im verschlossenen Umschlag erscheinen somit unverändert als das Mittel der Wahl, bei Telefaxsendungen und unverschlüsselten E-

125 Vgl. Simitis/*Dix*, § 34 Rn. 49; *Hoeren*, VuR 2010, 368.
126 Vgl. *Bergmann/Möhrle/Herb*, § 34 Rn. 88.
127 Vgl. Simitis/*Dix*, § 34 Rn. 49.
128 Vgl. *Bergmann/Möhrle/Herb*, § 34 Rn. 89; Simitis/*Dix*, § 34 Rn. 51; *Schaffland/Wiltfang*, § 34 Rn. 30.
129 Vgl. Taeger/Gabel/*Meents/Hinzpeter*, § 34 Rn. 44.
130 Vgl. *Bergmann/Möhrle/Herb*, § 34 Rn. 90; *Schaffland/Wiltfang*, § 34 Rn. 29.
131 Vgl. Simitis/*Dix*, § 34 Rn. 53 f.
132 Vgl. Simitis/*Dix*, § 34 Rn. 52.

Mails ist mit dem Betroffenen vorab zu klären, ob der persönliche Empfang gewährleistet ist[133] (siehe auch die Anmerkungen zu § 33 Rn. 49 ff.).

d) Verständlichkeit

Auch wenn das Gesetz nur in einigen Spezialfällen wie den Regelungen zu Auskünften über Scoringverfahren in § 34 Abs. 2 Satz 1 Nr. 3 und Abs. 4 Satz 1 Nr. 4 ausdrücklich Formvorgaben für die Nachvollziehbarkeit von Auskünften macht, bedarf jede Auskunft einer hinreichenden allgemeinen Verständlichkeit.[134] **101**

> ! **EDV-Schlüssel**, **Codes** und sonstige **Abkürzungen** bedingen im Zweifel ein besonderes Vorwissen und sind damit nicht allgemeinverständlich. Sie sind in geeigneter Weise zu erklären.[135]

e) Besonderheiten bei Wiederholungsanfragen

Fragt der Betroffene zum wiederholten Mal an und haben sich die ihm bereits mitgeteilten Daten **nicht verändert**, kann die Auskunft kurzgefasst und auf einen entsprechenden Hinweis beschränkt werden.[136] **102**

Haben sich die Daten dagegen **geändert**, ist wieder die vollständige Auskunft zu erteilen. Eine Beschränkung der Auskunft allein auf die geänderten Daten und ein Hinweis im Übrigen auf die vorangegangenen Auskünfte würde in diesen Fällen dem Betroffenen ansonsten kein hinreichend klares Bild schaffen, weil er sich die ihn interessierenden Fakten erst aus Vergleichen mehrerer Auskünfte zusammensuchen müsste, die ihm unter Umständen gar nicht mehr vorliegen.[137] Das gilt nicht, wenn der Betroffene einer Beschränkung der Auskunft auf die geänderten Daten zugestimmt hat.[138] **103**

> ! Wollen Sie von der Möglichkeit einer verkürzten Auskunft Gebrauch machen, erfragen Sie vorher sicherheitshalber beim Betroffenen, ob er damit einverstanden ist.

Werden wiederholte Anfragen in rechtsmissbräuchlicher Absicht gestellt, kann die verantwortliche Stelle auch ganz auf die Bearbeitung der Anfrage verzichten.[139] Rechtsgrundlagen dafür bieten etwa das **Schikaneverbot** aus § 226 BGB und das Verbot der unzulässigen Rechtsausübung wegen Verletzung der Grundsätze von Treu und Glauben aus § 242 BGB. Von einem Rechtsmissbrauch kann ausgegangen werden, wenn Anfragen in sehr kurzen Intervallen – beispielsweise jede Woche – gestellt werden oder wenn Anfragen anlasslos so schnell aufeinanderfolgen, obwohl während der Zeit dazwischen objektiv erkennbar keine Änderungen an der Datenlage erwartet werden können.[140] **104**

2. Frist der Auskunft

Eine ausdrückliche Frist für die Auskunftserteilung sieht § 34 nicht vor. Als einziges zeitliches Attribut findet sich in § 34 Abs. 2 Satz 4 der Begriff „unverzüglich", dessen Beachtung teilweise auch für die Auskunftspflicht gefordert wird, die somit entsprechend der Definition in § 121 Abs. 1 BGB „ohne schuldhaftes Zögern" zu erfüllen sei.[141] Das ist so aber weder von der zugrundeliegenden EG-Richtlinie vorgesehen **105**

---

133 Vgl. Däubler/Klebe/Wedde/Weichert/*Däubler*, § 34 Rn. 31 f.; Simitis/*Dix*, § 34 Rn. 49.
134 Vgl. Richtlinie 95/46/EG, EG-Amtsbl. Nr. L 281/81 v. 23.11.1995, Art. 12a, 2. Spiegelstrich.
135 Vgl. *Bergmann/Möhrle/Herb*, § 34 Rn. 92; Däubler/Klebe/Wedde/Weichert/*Däubler*, § 34 Rn. 31; Taeger/Gabel/*Meents/Hinzpeter*, § 34 Rn. 43; *Schaffland/Wiltfang*, § 34 Rn. 28.
136 Vgl. Simitis/*Dix*, § 34 Rn. 21; *Gola/Schomerus*, § 34 Rn. 14; *Schaffland/Wiltfang*, § 34 Rn. 31; eingeschränkt auch: Däubler/Klebe/Wedde/Weichert/*Däubler*, § 34 Rn. 18, der eine solche Kurzmitteilung zumindest dann zulassen will, wenn die letzte Auskunftserteilung nicht länger als ein paar Wochen zurückliegt.
137 Vgl. Däubler/Klebe/Wedde/Weichert/*Däubler*, § 34 Rn. 18.
138 Vgl. Däubler/Klebe/Wedde/Weichert/*Däubler*, § 34 Rn. 18; Simitis/*Dix*, § 34 Rn. 21.
139 Vgl. Däubler/Klebe/Wedde/Weichert/*Däubler*, § 34 Rn. 19; Simitis/*Dix*, § 34 Rn. 21.
140 Vgl. Däubler/Klebe/Wedde/Weichert/*Däubler*, § 34 Rn. 19; Simitis/*Dix*, § 34 Rn. 21; *Schaffland/Wiltfang*, § 34 Rn. 21.
141 Vgl. Däubler/Klebe/Wedde/Weichert/*Däubler*, § 34 Rn. 25; *Gola/Schomerus*, § 34 Rn. 16.

worden, deren Umsetzung § 34 dient.[142] Noch findet diese Auslegung im Wortlaut eine Stütze, steht die Unverzüglichkeit doch gerade nicht im Zusammenhang mit einer Auskunftserteilung an den Betroffenen, sondern nur mit der Ausübung des Wahlrechts und der Verweisung des Betroffenen an den externen Scoreberechner. Wie schnell die auskunftsverpflichtete Stelle dagegen die Auskunft erteilen muss, regelt das Gesetz an keiner Stelle.

106 Der Zeitrahmen für die Beantwortung der Anfrage ist damit **variabel** und kann je nach Aufwand der Auskunftserteilung von Fall zu Fall unterschiedlich sein.[143] Die zulässige Höchstgrenze wird erst überschritten, wenn der Gesetzeszweck des Auskunftsrechts verfehlt wird, das heißt, wenn von einer wirksamen und im Sinn von § 6 Abs. 1 unbeschwerten Rechtsausübung ersichtlich nicht mehr die Rede sein kann.[144] Dabei ist zu bedenken, dass das Risiko nachteiliger Folgen für den Betroffenen aufgrund der Verwendung unrichtiger Daten über ihn durch Dritte mit zunehmender Verzögerung der Auskunft steigt.[145] In der Regel dürften daher zwei bis vier Wochen Bearbeitungszeit angemessen sein. Das gilt besonders dann, wenn bei vielfachen Anfragen die verantwortliche Stelle – zulässigerweise – die Erstellung der Auskünfte im Wege der Sammelbearbeitung zu bestimmten Terminen bündelt.[146]

! Um Beschwerden über nicht rechtzeitige Auskunftserteilungen oder Einschaltungen der Aufsichtsbehörde zu vermeiden, sollte den Betroffenen dann, wenn absehbar ist, dass die Bearbeitung ihrer Auskunftsanfrage längere Zeit in Anspruch nehmen wird, eine entsprechende Zwischennachricht übermittelt werden.[147]

VI. Ausnahmen von der Auskunftspflicht

1. Auskunftsverweigerung bei vorrangigem Geschäftsgeheimnisschutz, § 34 Abs. 1 Satz 4, Abs. 3 Satz 3

107 Ergibt eine Abwägung der Interessen im Einzelfall, dass der Schutz des Geschäftsgeheimnisses dem Informationsinteresse des Betroffenen ausnahmsweise vorzugehen hat, kann die um Auskunft ersuchte Stelle auf die spezifizierte Darlegung einzelner Empfängernamen verzichten. Das sieht das Gesetz als allgemeinen Grundsatz in § 34 Abs. 1 Satz 4 vor und erwähnt es mit den gleichen Worten zusätzlich noch einmal in § 34 Abs. 3 Satz 3 bei den Sonderregelungen für die gewerblichen Datenverarbeiter.[148] Ein festgestellter vorrangiger Geschäftsgeheimnisschutz kann aber nur zu einer Zurückhaltung der einzelnen **Empfängernamen** führen. Die Kategorisierungsbegriffe müssen gleichwohl benannt werden, denn der eindeutige Wortlaut schließt nur die Verweigerung der Auskunft über die „Empfänger" aus, während die „Kategorien von Empfängern" ausdrücklich unerwähnt bleiben.[149]

108 Für geschäftsmäßig datenverarbeitende Stellen kann sich ein Schutzinteresse an Geschäftsgeheimnissen vor allem aus dem Bedürfnis der Wahrung der Vertraulichkeit betrieblicher Abläufe, bestimmter Datenquellen sowie Verarbeitungs- und Organisationsmethoden ergeben, weil ein zu tiefer Einblick anderen Marktteilnehmern einen wettbewerbsrechtlichen Vorteil verschaffen oder das Geschäftsmodell sogar ganz bedrohen würde. Das Bestehen einer Geschäftsbeziehung für sich genommen ist indes noch kein ausreichender Geheimhaltungsgrund, auch dann nicht, wenn die vereinbarten Leistungen gegen ein ge-

142 Vgl. Taeger/Gabel/*Meents/Hinzpeter*, § 34 Rn. 44.
143 Vgl. Taeger/Gabel/*Meents/Hinzpeter*, § 34 Rn. 44; *Schaffland/Wiltfang*, § 34 Rn. 33.
144 Vgl. Taeger/Gabel/*Meents/Hinzpeter*, § 34 Rn. 44.
145 Vgl. Simitis/*Dix*, § 34 Rn. 42.
146 So *Bergmann/Möhrle/Herb*, § 34 Rn. 93; Däubler/Klebe/Wedde/Weichert/*Däubler*, § 34 Rn. 25; *Gola/Schomerus*, § 34 Rn. 16; *Schaffland/Wiltfang*, § 34 Rn. 31.
147 Vgl. Däubler/Klebe/Wedde/Weichert/*Däubler*, § 34 Rn. 25; *Gola/Schomerus*, § 34 Rn. 16; *Schaffland/Wiltfang*, § 34 Rn. 34.
148 Der Sinn dieser Doppelnennung bleibt unklar, vgl. Simitis/*Dix*, § 34 Rn. 25.
149 Vgl. Simitis/*Dix*, § 34 Rn. 25.

setzliches Verbot verstoßen.[150] Die Abwägung ist eine Frage des Einzelfalls.[151] Bei der Annahme von unternehmerischem Geheimhaltungsinteresse ist eher Zurückhaltung geboten mit der Folge, dass in aller Regel die Informationsbelange des Betroffenen Vorrang haben. Dies trifft vor allem dann zu, wenn

- der Betroffene begründete **Zweifel an der Richtigkeit** der gespeicherten Daten vorträgt,
- die Auskunft als Vorstufe für die Geltendmachung von **Schadensersatz- oder Berichtigungsansprüchen** wegen angeblich unrichtiger Daten erforderlich ist,
- Anhaltspunkte dafür vorliegen, dass der Übermittlungsempfänger die Daten des Betroffenen **missbräuchlich genutzt** oder unrechtmäßig an Dritte weitergegeben hat,
- der Betroffene schlüssig darlegt, dass der Übermittlungsempfänger **kein berechtigtes Interesse** am Erhalt der Daten gehabt haben kann,
- es um gespeicherte Daten bei Wirtschaftsteilnehmern geht, bei denen **Bonitätsprüfungen** vor Vertragsabschluss die Regel sind (Banken, Leasinggesellschaften, Telekommunikationsunternehmen, Versicherungen, Versandhandelsunternehmen etc.).[152]

Ist kein vorrangiges Schutzinteresse des Betroffenen festzustellen, steht der verantwortlichen Stelle ein **109** Auskunftsverweigerungsrecht zu. Die Ablehnung ist entsprechend zu begründen.[153] Die Ablehnungsgründe sind im Prüfungs- und Beschwerdefall auch der zuständigen Aufsichtsbehörde gegenüber darzulegen.[154]

2. Auskunftsverweigerung analog zur fehlenden Benachrichtigungspflicht, § 34 Abs. 7

Schon die grundlegende Benachrichtigung des Betroffenen sieht das Gesetz gemäß § 33 Abs. 2 Satz 1 **110** Nr. 2, 3, 5, 6, 7 unter anderem dann als entbehrlich an, wenn die Daten aus allgemein zugänglichen Quellen stammen, das Bekanntwerden Sicherheitsinteressen gefährden würde oder die Daten nur deshalb gespeichert sind, weil dafür eine rechtliche Verpflichtung besteht. § 34 Abs. 7 vervollständigt das Bild und stellt klar, dass dann auch keine Auskunft erteilt werden muss.

Ist ein solcher Fall gegeben, kann die verantwortliche Stelle auf ein bei ihr eingehendes Auskunftsersu- **111** chen allerdings nicht einfach schweigen. Dem Betroffenen ist vielmehr mitzuteilen, dass die verlangte Auskunft verweigert wird. Dabei hat die verantwortliche Stelle grundsätzlich auch den Ausnahmetatbestand des § 33 Abs. 2 näher zu bezeichnen, auf den sie sich beruft.[155] Eine exakte Darlegung betrieblicher Interna kann nicht verlangt werden; das Auskunftsrecht ist kein Ausforschungsrecht.[156] Auf die Konkretisierung des Grunds der verweigerten Ausnahme kann die verantwortliche Stelle daher insbesondere dann verzichten, wenn aus der Begründung auf Informationen oder Zusammenhänge geschlossen werden könnte, die ihrerseits einem vorrangigen Geheimhaltungsbedürfnis unterliegen, wie es beispielsweise zum Schutz von Geschäftsgeheimnissen der Fall sein kann.[157]

Lassen sich die Ausnahmeregelungen nur auf einen **Teil** der gespeicherten Daten beziehen, sind die nicht **112** betroffenen Teile zu beauskunften. Der Auskunft ist dann der Hinweis beizufügen, dass weitere Daten gespeichert sind, zu denen wegen § 34 Abs. 5 aber keine weiteren Informationen gegeben werden können.[158]

---

150 Vgl. *Bergmann/Möhrle/Herb*, § 34 Rn. 56, die als Beispiel sittenwidrige Angebote wie die Vermittlung von „Schleichwerbung" nennen, die von der Rechtsordnung nicht geschützt sind.
151 Vgl. *Bergmann/Möhrle/Herb*, § 34 Rn. 56; Däubler/Klebe/Wedde/Weichert/*Däubler*, § 34 Rn. 23; Simitis/*Dix*, § 34 Rn. 28.
152 So die Auffassung der Aufsichtsbehörden, vgl. Hessischer Landtag, LT-Drs. 16/5892 v. 16.08.2006, S. 18; *Bergmann/Möhrle/Herb*, § 34 Rn. 56 f.; Simitis/*Dix*, § 34 Rn. 27; *Gola/Schomerus*, § 34 Rn. 16b.
153 Vgl. *Bergmann/Möhrle/Herb*, § 34 Rn. 59.
154 Vgl. Hessischer Landtag, LT-Drs. 16/5892 v. 16.08.2006, S. 18.
155 Vgl. Simitis/*Dix*, § 34 Rn. 47; Taeger/Gabel/*Meents/Hinzpeter*, § 34 Rn. 47.
156 Vgl. Simitis/*Dix*, § 34 Rn. 61; *Schaffland/Wiltfang*, § 34 Rn. 41.
157 Vgl. Däubler/Klebe/Wedde/Weichert/*Däubler*, § 34 Rn. 40; Taeger/Gabel/*Meents/Hinzpeter*, § 34 Rn. 47; *Schaffland/Wiltfang*, § 34 Rn. 41.
158 Vgl. Däubler/Klebe/Wedde/Weichert/*Däubler*, § 34 Rn. 40; Simitis/*Dix*, § 34 Rn. 61; *Gola/Schomerus*, § 34 Rn. 19; *Schaffland/Wiltfang*, § 34 Rn. 40.

113 Für die Bewertung des Vorliegens eines Ausnahmetatbestands nicht relevant ist die Frage, ob Auskünfte einen **unverhältnismäßig hohen Aufwand** verursachen. Diese Begründung erlaubt das Gesetz nur für ein Absehen von der Benachrichtigungspflicht gemäß § 33 Abs. 2. Dort ist es deshalb gerechtfertigt, weil Benachrichtigungstatbestände typischerweise Massenverfahren betreffen. Liegen die Voraussetzungen für eine Benachrichtigungspflicht vor, wirkt sich das auf eine Vielzahl von Betroffenen aus, die mit dementsprechend hohem Aufwand zu kontaktieren sind. Auskunftsersuchen beruhen dagegen auf einem individuellen Entschluss des Einzelnen und treten naturgemäß einzelfallabhängig auf. Die Berufung auf einen zu hohen Aufwand als Befreiung von der Auskunftspflicht wie bei § 33 passt bei § 34 daher nicht.[159] Für Auskunftsersuchen ist § 33 somit nicht direkt, sondern nur entsprechend anzuwenden, was den Einwand des zu hohen Aufwands entfallen lässt.[160]

114 Die weiteren von § 33 Abs. 2 geregelten Ausnahmetatbestände, namentlich die anderweitige Kenntnis von der Datenverarbeitung (§ 33 Abs. 2 Satz 1 Nr. 1), die Fälle der Datenverarbeitung aufgrund zwingender rechtlicher Verpflichtung (Nr. 4) und der gewerbliche Umgang mit allgemein zugänglichen Daten und Listendaten (Nr. 8) erwähnt der Verweis in § 34 Abs. 7 nicht. Liegt ein solcher Sachverhalt vor, lässt das folglich allein die präventive Benachrichtigungspflicht entfallen, nicht aber das nachgelagerte Recht des Betroffenen auf Auskunftserteilung.[161]

VII. Kosten der Auskunft, § 34 Abs. 8

1. Grundsatz der Kostenfreiheit

115 Die Auskunft ist gemäß § 34 Abs. 8 Satz 1 unentgeltlich zu erteilen. Für diejenigen Stellen, die Daten zur Erfüllung eigener Geschäftszwecke verarbeiteten, gilt dies ausnahmslos.[162] Für diejenigen, deren Geschäftszweck die Datenverarbeitung ist, gilt dies zumindest grundsätzlich.

2. Ausnahmen von der Kostenfreiheit

a) Sinn und Zweck der Entgeltlichkeit der Auskunft

116 Unter bestimmten Voraussetzungen dürfen für die Auskunftserteilung ausnahmsweise Kosten erhoben werden. Hintergrund der Regel sind zwei Anliegen:

117 Zum einen soll der Betroffene von vielfachen Anfragen abgehalten werden, die weniger durch ein konkretes Informationsinteresse oder die Befürchtung unrichtiger Datenverarbeitungen motiviert sind, als vielmehr einen querulatorischen Antrieb haben. Der Entgeltlichkeit kommt insoweit ein abschreckender Charakter zu.[163] Der Rechtsmissbrauch von Auskunftsanfragen – abgesehen von denjenigen, die wegen ihrer offen zutage tretenden Treuwidrigkeit von vornherein unbeantwortet bleiben dürfen[164] – ist damit zwar nicht grundsätzlich ausgeschlossen. Der Betroffene muss ihn sich aber zumindest etwas kosten lassen.

118 Zum anderen soll die verantwortliche Stelle nicht umsonst tätig werden müssen, wenn die verlangte Auskunft nicht nur der Eigeninformation des Betroffenen dient, sondern von diesem darüber hinaus auch für wirtschaftliche Zwecke nutzbar gemacht werden kann. Der verantwortlichen Stelle entgehen dadurch im Zweifel entgeltliche Informationsabrufe, die sie den weiteren Empfängern ansonsten im Rahmen ihres üblichen Geschäftsbetriebs hätte berechnen können. Die Entgeltlichkeit hat somit auch einen Kompensationscharakter.[165]

---

159 Vgl. AG Düsseldorf v. 07.01.2009, Az. 32 C 12779/08, MMR 2009, 872; LG Frankfurt v. 12.09.2007, Az. 2-15 S 22/07, RDV 2008, 28; Simitis/*Dix*, § 34 Rn. 59; *Gola/Schomerus*, § 34 Rn. 18.
160 Vgl. Simitis/*Dix*, § 34 Rn. 57.
161 Vgl. Däubler/Klebe/Wedde/Weichert/*Däubler*, § 34 Rn. 35 ff.; Taeger/Gabel/*Meents/Hinzpeter*, § 34 Rn. 46.
162 Vgl. *Bergmann/Möhrle/Herb*, § 34 Rn. 103.
163 Umkehrschluss aus der Begründung zur grundsätzlichen Entgeltfreiheit, die dem Betroffenen die Geltendmachung seiner Rechte erleichtern soll, vgl. Gesetzesbegründung, BT-Drs. 11/4306, S. 52.
164 Siehe dazu auch oben Form der Auskunft, Unterpunkt „Wiederholungsanfragen".
165 Vgl. *Bergmann/Möhrle/Herb*, § 34 Rn. 105; Simitis/*Dix*, § 34 Rn. 65; Taeger/Gabel/*Meents/Hinzpeter*, § 34 Rn. 50.

b) Voraussetzungen der Entgeltlichkeit der Auskunft

119 Vom Grundsatz der kostenfreien Auskunftserteilung abweichen dürfen nur verantwortliche Stellen, die im Sinn von § 29 geschäftsmäßig Daten zum Zweck der Übermittlung speichern (Auskunfteien, Adresshändler). Diese Stellen müssen gemäß § 34 Abs. 8 Satz 2 eine Auskunft in Textform nur einmal pro Kalenderjahr unentgeltlich bereitstellen. Für jede weitere in diesem Kalenderjahr angeforderte Auskunft dürfen sie gemäß § 34 Abs. 8 Satz 3 Kosten berechnen, wenn alle der folgenden Bedingungen erfüllt sind:

- Die Auskunft muss geeignet sein, vom Betroffenen zu **wirtschaftlichen Zwecken** genutzt werden zu können (§ 34 Abs. 8 Satz 3 2. Hs.);
- die Höhe des verlangten Entgelts darf über den **tatsächlichen Kostenaufwand** für die Auskunftserteilung nicht hinausgehen (§ 34 Abs. 8 Satz 4);
- es dürfen keine besonderen Umstände für eine **unrichtige oder unzulässige Speicherung** der Daten des Betroffenen ersichtlich sein (§ 34 Abs. 8 Satz 5 Nr. 1);
- die Auskunft darf nicht ergeben, dass die Daten wegen Unrichtigkeit gemäß § 35 Abs. 1 zu **berichtigen** oder wegen unzulässiger Speicherung gemäß § 35 Abs. 2 Satz 2 Nr. 1 zu **löschen** sind (§ 34 Abs. 8 Satz 5 Nr. 2);
- dem Betroffenen wurde unter ausdrücklichem Hinweis auf diese Möglichkeit die Wahl gelassen, sein Auskunftsrecht durch **persönliche Einsichtnahme** auszuüben (§ 34 Abs. 9).

aa) Möglichkeit der Nutzung der Auskunft zu wirtschaftlichen Zwecken, § 34 Abs. 8 Satz 3 2. Hs.

120 Eine kostenpflichtige Gestaltung der Auskunftserteilung setzt voraus, dass die Auskunft vom Betroffenen zu wirtschaftlichen Zwecken genutzt werden kann. Das ist der Fall, wenn über das eigentliche Selbstinformationsinteresse weitere Verwendungsabsichten hinzukommen. Aufgrund des klaren Wortlauts fallen rein persönliche Zwecke oder solche von Wissenschaft und Forschung nicht darunter.[166] Erforderlich ist eine kommerzielle Verwertbarkeit.

121 Da das Gesetz von „nutzen kann" spricht, genügt die **Möglichkeit** der anderweitigen wirtschaftlichen Verwendung.[167] Eine konkret erklärte Absicht ist nicht erforderlich.[168] Es reicht folglich aus, wenn die Auskunft für die Nutzung zu wirtschaftlichen Zwecken geeignet ist. Sofern man dies nicht ohnehin bereits als objektive Eigenschaft jeder Auskunft ansieht[169], dürfte dafür vor allem die äußere Gestaltung maßgeblich sein.[170] Entspricht die Eigenauskunft an den Betroffenen von Inhalt und Aufmachung her dem, was ein Kunde der verantwortlichen Stelle erhalten würde, der dort eine entgeltliche Auskunft über den Betroffenen anfordern würde, ist die Eignung der Eigenauskunft zu wirtschaftlichen Zwecken gegeben. So könnte ein Geschäftspartner des Betroffenen diesen beispielsweise zur Vorlage einer Selbstauskunft anhalten, um sich selbst die Einholung einer kostenpflichtigen Auskunfteiinformation zu ersparen.[171]

> ! Ergibt sich aus der konkreten Auskunftsanfrage des Betroffenen keine eindeutig beabsichtigte Beschränkung auf einen ausschließlich persönlichen oder wissenschaftlichen Verwendungszweck, kann die verantwortliche Stelle von der Eignung zur wirtschaftlichen Nutzung der Auskunft ausgehen und ein Entgelt vorsehen. Eine Nachforschungspflicht für die geplante

166 Vgl. *Bergmann/Möhrle/Herb*, § 34 Rn. 109.
167 Vgl. Simitis/*Dix*, § 34 Rn. 66; *Schaffland/Wiltfang*, § 34 Rn. 46.
168 Vgl. Däubler/Klebe/Wedde/Weichert/*Däubler*, § 34 Rn. 45; Simitis/*Dix*, § 34 Rn. 66.
169 Vgl. Däubler/Klebe/Wedde/Weichert/*Däubler*, § 34 Rn. 45; a.A.: *Gola/Schomerus*, § 34 Rn. 21.
170 So auch Simitis/*Dix*, § 34 Rn. 66.
171 Vgl. *Bergmann/Möhrle/Herb*, § 34 Rn. 106, die darauf hinweisen, dass das Anstiften eines Betroffenen durch den Geschäftspartner, eine persönliche Selbstauskunft einzuholen und dem Geschäftspartner zur eigenen Kostenentlastung vorzulegen, ein betrügerisches Zusammenwirken darstellt, was Schadensersatzpflichten für beide Beteiligte auslösen kann.

Verwendung besteht nicht. Es empfiehlt sich aber, in der Kostenrechnung einen Hinweis darauf unterzubringen, dass bei einer nicht wirtschaftlichen Verwendung keine Zahlungspflicht besteht.[172]

122 Abzuraten ist Auskunfteien, der für sie ärgerlichen und gewinnschädlichen wirtschaftlichen Weiternutzung der Auskünfte dadurch entgegentreten zu wollen, dass die Eigenauskunft mit rechtlichen Hinweisen zur Untersagung der Weitergabe an Dritte verbunden wird. Eine rechtliche Bindungswirkung entfalten derartige Nutzungsbedingungen nicht, da insbesondere eine vertragliche Beziehung mit dem Betroffenen nicht besteht. Auch aus dem Urheberrecht oder anderen Gesetzen sind keine Ermächtigungen für die verantwortliche Stelle ersichtlich, dem Betroffenen zu einer Eigenauskunft Verwendungsvorgaben machen zu können. Letztlich könnten scharfe Vertraulichkeitsaufforderungen sogar als unzulässige Einschränkung der Betroffenenrechte und ein Verstoß gegen das Unabdingbarkeitsgebot aus § 6 Abs. 1 aufgefasst werden.[173]

123 Es steht mithin allein dem Betroffenen zu, in Ausübung seines Rechts auf informationelle Selbstbestimmung frei darüber zu befinden, welchen Dritten er welche Daten über sich zugänglich machen und wem er dazu gegebenenfalls eine Eigenauskunft über sich vorlegen will.

! Ein Gegensteuern gegen die wirtschaftliche Nutzung von Eigenauskünften ist dennoch möglich. Die verantwortliche Stelle ist nicht verpflichtet, Eigenauskünfte im gleichen Erscheinungsbild wie ihre entgeltlichen Auskunftsprodukte herauszugeben. Der Auskunftsanspruch umfasst nur die gesetzlichen Inhalte, nicht aber ein bestimmtes Layout. Die äußere Form einer in Textform erteilten Eigenauskunft kann daher durchaus so gestaltet werden, dass eine Weitergabe an Dritte unattraktiv ist, etwa durch Verzicht auf die üblichen Designmerkmale der Auskunftei (Logos, Farben, Typographie etc.). Je nüchterner eine Selbstauskunft abgefasst ist, desto höher die Wahrscheinlichkeit, dass sie von Dritten zu Kreditprüfungszwecken wegen Zweifeln an der Authentizität nicht akzeptiert wird. Konsequenterweise muss eine solche, bewusst als zur wirtschaftlichen Nutzung ungeeignet gestaltete Form der Auskunft natürlich ohne Berechnung erteilt werden.

bb) Keine Löschungs- oder Berichtigungsgründe, § 34 Abs. 8 Satz 5

124 § 34 Abs. 8 Satz 5 enthält zwei **Rückausnahmen**, die dazu führen, dass das Recht zur Kostenerhebung erlischt und der Betroffene entsprechend dem Grundsatz der Entgeltfreiheit nicht mit Kosten für die Auskunft belastet werden darf. Das betrifft unrichtige Daten und ist insoweit interessengerecht, als dass die verantwortliche Stelle dadurch nicht nur eigenen Rechercheaufwand erspart, sondern auch von der Verbreitung falscher Informationen mit dem Risiko von Schadensersatzforderungen abgehalten wird.[174]

125 So darf zum einen gemäß § 34 Abs. 8 Satz 5 Nr. 1 für solche Auskünfte kein Geld verlangt werden, bei denen Berichtigungs- oder Löschungsansprüche wegen zu Unrecht gespeicherter Daten bestehen. Ob eine Datenspeicherung zulässig ist oder nicht, bestimmt sich nach den allgemeinen Erlaubnisvorschriften, insbesondere nach §§ 4, 4a, 28, 29.[175] Um die Entgeltfreiheit nach § 34 Abs. 8 Satz 5 Nr. 1 zu erhalten, genügt es nicht, wenn der Betroffene einen Verstoß gegen gesetzliche Datenspeicherungsregeln schlicht behauptet. Nach dem Gesetzeswortlaut müssen vielmehr „besondere Umstände" diese Annahme rechtfertigen. Die Berichtigungs- oder Löschungsrechte müssen mithin aus Sicht des verständigen Betroffenen objektiv auf der Hand liegen, Zweifel an der Richtigkeit der Daten schlüssig begründet und nachvollziehbar vorgetragen sein.[176] Die Annahme derartiger Umstände kann etwa dadurch veranlasst sein, dass dem Betroffenen auf vorausgegangene Auskunftsanfragen schon mehrfach falsche Angaben mitgeteilt wur-

---

172 So auch *Bergmann/Möhrle/Herb*, § 34 Rn. 111; der Hinweis ist allerdings entbehrlich, wenn man mit *Schaffland/Wiltfang*, § 34 Rn. 46, davon ausgeht, dass die verantwortliche Stelle stets zur Entgelterhebung berechtigt ist, weil zumindest die Möglichkeit der wirtschaftlichen Nutzung bei jeder Auskunft gegeben sei.

173 Vgl. *Bergmann/Möhrle/Herb*, § 34 Rn. 22.

174 Vgl. Simitis/*Dix*, § 34 Rn. 76; *Gola/Schomerus*, § 34 Rn. 22.

175 Vgl. Simitis/*Dix*, § 34 Rn. 77.

176 Vgl. *Bergmann/Möhrle/Herb*, § 34 Rn. 122; Taeger/Gabel/*Meents/Hinzpeter*, § 34 Rn. 51.

den.[177] Ob die verantwortliche Stelle die unrichtige Speicherung unmittelbar selbst zu vertreten oder die Daten ihrerseits bereits von einer fehlerhaften Quelle bezogen hat, ist für die Befreiung der Entgeltpflicht im Verhältnis zum Betroffenen ohne Belang.[178]

Der zweite Ausnahmefall betrifft gemäß § 34 Abs. 8 Satz 5 Nr. 2 die Situation, dass sich erst aufgrund der erteilten Auskunft herausstellt, dass darin enthaltene Daten zu berichtigen oder zu löschen sind. Einziger Löschungsgrund, der die Entgeltlichkeit der Auskunft gemäß § 34 Abs. 8 Satz 5 Nr. 2 entfallen lässt, ist die unzulässige Datenspeicherung im Sinn von § 35 Abs. 2 Nr. 1. Das folgt aus dem eindeutigen Wortlaut in § 34 Abs. 8, der nur auf die Nr. 1 von § 35 Abs. 2 Bezug nimmt und die anderen Löschungstatbestände des § 35 Abs. 2 unerwähnt lässt.[179] Stellt sich zwar durch die Auskunftserteilung heraus, dass die gespeicherten Daten ganz oder teilweise falsch sind, stammen diese Angaben jedoch ursprünglich **vom Betroffenen selbst**, müssen sie – wie es für alle falschen Daten gilt (§ 35 Abs. 1 Satz 1) – berichtigt werden. Die Kostenpflicht entfällt in diesen Fällen aber nicht. Bei selbst herbeigeführter Unrichtigkeit auf einer Entgeltbefreiung zu bestehen, wäre mit den Grundsätzen von Treu und Glauben (§ 242 BGB) nicht vereinbar.[180] 126

Fraglich ist, ob eine entgeltbefreiende Unrichtigkeit nach § 34 Abs. 8 Satz 5 bereits dann vorliegt, wenn die Unrichtigkeit der Daten nur eine **unwesentliche Abweichung** der gespeicherten von der wahren Sachlange betrifft, wie es bei reinen Schreibversehen, Tippfehlern und vergleichbaren Unregelmäßigkeiten der Fall sein kann. 127

Es wird vertreten, dass es auf die Wesentlichkeit der Abweichung nicht ankomme, weil es unter den Bedingungen der automatischen Datenverarbeitung keine belanglosen Daten geben könne.[181] Diese Auffassung scheint aber für die Auslegung des § 34 Abs. 8 Satz 5 Nr. 1 schon wegen der dort ausdrücklich geforderten „besonderen" Umstände zu eng. Es kommt hinzu, dass die Vorschrift andernfalls als Einladung missverstanden werden könnte, bereits kleinste Schönheitsfehler der Auskunft als Grund für eine Zahlungsbefreiung vorzuschieben, was jedoch nicht Sinn der Sache sein kann.[182] Tippfehler und vergleichbare unwesentliche Abweichungen – beispielsweise die Schreibweise aus Vokal und dem Buchstaben „e" statt des Umlauts („ue" statt „ü") oder ein vergessenes Dehnungs-H („Artur" statt „Arthur")[183] – sind keine besonderen Umstände, die die Möglichkeit zur Kostenerhebung für die Auskunft verhindern können. Wenn die Abweichung so geringfügig ist, dass sie bei verständiger Sicht nur Bagatellcharakter hat und im Fall ihrer Übermittlung an Dritte sowohl Missverständnisse über die wahre Sachlage als auch Persönlichkeitsrechtsverletzungen des Betroffenen (beispielsweise wegen eines sinnentstellend falsch geschriebenen Namens) ausgeschlossen gelten können, bleibt die Kostenpflicht vielmehr bestehen.[184] Um die Entgeltbefreiung gleichwohl nicht ausufern zu lassen, ist die Grenze bei der Auslegung der Wesentlichkeit der Abweichung eng zu ziehen. Nicht mehr als unwesentliches Schreibversehen durchgehen können falsche Personenstandsangaben, falsch zugeordnete Anschriften etc.[185] Dabei geht es aber auch nicht um Tippfehler, sondern um eine inhaltlich völlig andere Information. 128

---

177 Vgl. Däubler/Klebe/Wedde/Weichert/*Däubler*, § 34 Rn. 47; *Gola/Schomerus*, § 34 Rn. 22; *Schaffland/Wiltfang*, § 34 Rn. 58.

178 Vgl. Simitis/*Dix*, § 34 Rn. 81.

179 So auch Simitis/*Dix*, § 34 Rn. 84; Taeger/Gabel/*Meents/Hinzpeter*, § 34 Rn. 51; a.A.: Däubler/Klebe/Wedde/Weichert/*Däubler*, § 34 Rn. 28, der entgegen dem Wortlaut aus Gründen des Gleichbehandlungsgrundsatzes auch alle anderen Fälle des § 35 Abs. 2 einbeziehen will.

180 Vgl. Däubler/Klebe/Wedde/Weichert/*Däubler*, § 34 Rn. 49; *Gola/Schomerus*, § 34 Rn. 22; *Schaffland/Wiltfang*, § 34 Rn. 61; ebenso Simitis/*Dix*, § 34 Rn. 83, allerdings mit der Einschränkung, dass der Betroffene dann von der Entgeltzahlung befreit sein soll, wenn er die unzutreffenden Angaben nicht gegenüber der verantwortlichen Stelle, sondern Dritten gegenüber gemacht hat, weil er außerhalb des Direkterhebungszusammenhangs nicht mit einer Übermittlung seiner Daten von dem Dritten an die verantwortliche Stelle zu rechnen brauche.

181 Vgl. BVerfG v. 15.12.1983, Az. 1 BvR 209/83, Az. 1 BvR 440/83, Az. 1 BvR 420/83, Az. 1 BvR 362/83, Az. 1 BvR 269/83, Az. 1 BvR 484/83, BVerfGE 65,1; *Bergmann/Möhrle/Herb*, § 34 Rn. 123; *Gola/Schomerus*, § 34 Rn. 22.

182 So auch Simitis/*Dix*, § 34 Rn. 78.

183 Beispiele von *Schaffland/Wiltfang*, § 34 Rn. 60.

184 Vgl. Däubler/Klebe/Wedde/Weichert/*Däubler*, § 34 Rn. 49; Simitis/*Dix*, § 34 Rn. 78; Taeger/Gabel/*Meents/Hinzpeter*, § 34 Rn. 51; *Schaffland/Wiltfang*, § 34 Rn. 60; a.A.: *Bergmann/Möhrle/Herb*, § 34 Rn. 124.

185 Vgl. *Schaffland/Wiltfang*, § 34 Rn. 60.

cc) Auskunftsmöglichkeit durch persönliche Einsichtnahme, § 34 Abs. 9

129 Soll die Auskunftserteilung entgeltlich gestaltet werden, ist dies nur zulässig, wenn der Betroffene alternativ selbst Einblick in seine Daten nehmen kann. Darauf ist er ausdrücklich hinzuweisen.

130 Der Hinweis ist mangels bestimmter Vorgaben in jeder Form – mündlich wie schriftlich – zulässig. Ihren Zweck erfüllt die Hinweispflicht nur, wenn der Hinweis auf die Alternative des Abs. 9 als Ersatz für den Bezug einer kostenpflichtigen Mitteilung vor dem Entstehen des Zahlungsanspruchs – mithin **vor** der Erteilung der Auskunft – übermittelt wird.[186]

! Der Hinweis muss so gestaltet sein, dass der Betroffene erkennen kann, wo er sein Einsichtnahmerecht ausüben kann.[187] Nicht zulässig wäre es, ihn erst an eine bestimmte Stelle zu lotsen, die ihn dann an einen anderen Ort weiterverweist.

131 Die vom Gesetz geforderte Möglichkeit der persönlichen Kenntnisverschaffung kann durch Vorsprache und Einsicht in die Daten vor Ort geschehen, was durch die Vorlage von gedruckten Unterlagen ebenso wie durch eine Lesemöglichkeit elektronisch gespeicherter Daten an einem Bildschirm erfüllt werden kann. Das persönliche Erscheinen kann aber auch dadurch ersetzt werden, dass dem Betroffenen online via Internet eine Zugangsmöglichkeit auf eine Datenbank gewährt wird, über die er den ihn betreffenden Datensatz abrufen und lesen kann.[188]

132 Hinreichend zur Erfüllung des Einsichtnahmerechts ist in allen Fällen die Schaffung der **Möglichkeit zur Kenntnisnahme**. Ein Anspruch auf unentgeltliche Überlassung von Abdrucken, Aktenkopien oder die Einräumung von Speicher- und Ausdruckrechten ist nicht erforderlich, da die persönliche Einsichtnahme die andernfalls entgeltliche Auskunft in Textform gerade ersetzen soll. Daraus ergibt sich außerdem, dass für die persönliche Einsichtnahme keine Kosten erhoben werden dürfen; dieser Aufwand geht zulasten der verantwortlichen Stelle.[189] Wenn der Betroffene die ihm zur Einsichtnahme präsentierten Daten abschreiben, abfotografieren oder sonst mit eigenen Mitteln für sich festhalten will, gibt es keinen Grund, ihn daran zu hindern.[190]

133 Ob die verantwortliche Stelle verpflichtet ist, die Reisekosteninteressen des Betroffenen zu beachten und ihm die wohnortnächsten Geschäftsräume zur persönlichen Einsicht anzubieten,[191] erscheint fragwürdig und allenfalls dann eine gerechtfertigte Forderung, wenn die verantwortliche Stelle so organisiert ist, dass die Einsicht tatsächlich in den betreffenden Geschäftsräumen möglich ist. Diese Möglichkeit dort erst zu schaffen, kann nicht verlangt werden. Grundsätzlich reicht es zur Erfüllung der Einsichtsmöglichkeit des § 34 Abs. 9 aus, wenn die Einsicht an einer einzigen Stelle im Bundesgebiet möglich ist. Wie bequem diese für den Betroffenen erreichbar ist, unterfällt nicht dem Verantwortungsbereich der verantwortlichen Stelle.

c) Höhe des Entgelts, § 34 Abs. 8 Satz 4

aa) Aufwandsbezogene Abrechnung und Pauschalierung

134 Mehr, als die Auskunftserteilung bei der verantwortlichen Stelle an tatsächlichem Aufwand verursacht, darf dem Betroffenen nach der gesetzlichen Regelung in § 34 Abs. 8 Satz 4 an Kosten nicht in Rechnung gestellt werden. Das Gesetz spricht ausdrücklich von den der Auskunftserteilung unmittelbar zurechenbaren Kosten. Das sind die Aufwendungen für Material, Telefon und Porto sowie – wenn sie sich auf den konkreten Auskunftsfall herunterbrechen lassen – auch die Kosten für Personal, technische Geräte etc.[192] Nicht in die Kalkulation einfließen dürfen Aufwände, die für den Geschäftsbetrieb der verantwortlichen

---

186 Vgl. *Bergmann/Möhrle/Herb*, § 34 Rn. 129; Simitis/*Dix*, § 34 Rn. 89.
187 Vgl. *Bergmann/Möhrle/Herb*, § 34 Rn. 129.
188 Vgl. Taeger/Gabel/*Meents/Hinzpeter*, § 34 Rn. 56.
189 Vgl. *Gola/Schomerus*, § 34 Rn. 24.
190 Vgl. *Bergmann/Möhrle/Herb*, § 34 Rn. 124.
191 So *Bergmann/Möhrle/Herb*, § 34 Rn. 128.
192 Vgl. *Bergmann/Möhrle/Herb*, § 34 Rn. 115.

Stelle **sowieso** entstehen. Zu diesen nicht umlagefähigen Gemeinkosten zählen beispielsweise Gebühren für Softwarelizenzen, Gerätemiete oder die Kosten der Immobilie.[193]

Wie effizient und wirtschaftlich die verantwortliche Stelle ihre betrieblichen Abläufe bei der Auskunftserteilung organisiert, ist ihre Sache. Eine Verpflichtung zur Wahl der günstigsten Alternative gibt es nicht.[194] 135

Die verantwortliche Stelle muss nicht für jede Auskunft eine eigene Kostenkalkulation anstellen. **Pauschalsätze**, die sich an den tatsächlichen Kosten orientieren, sind zulässig.[195] 136

> **!** Weil der tatsächliche Aufwand für die Auskunft je nach gewähltem Medium (mündlich, schriftlich, per E-Mail, persönlich) unterschiedlich ausfallen dürfte, empfiehlt sich eine entsprechende Differenzierung der Pauschalbeträge, da bei einem Einheitsbetrag der Betroffene ansonsten möglicherweise zu Recht eine unzulässige Überschreitung der wahren Kosten durch die Pauschale einwenden könnte.[196]

Die Übereinstimmung mit den tatsächlichen Aufwendungen zu belegen, obliegt der verantwortlichen Stelle. Der Betroffene hat allerdings kein eigenes Vetorecht gegen ihm zu hoch erscheinende Entgelte. Er kann sich jedoch an die Aufsichtsbehörde wenden und einen Verstoß gegen § 34 Abs. 8 Satz 4 monieren, dem die Behörde dann nachzugehen hat (siehe dazu auch Rn. 145 ff., Folgen der Rechtsverletzung). 137

> **!** Soll nicht nach Pauschalsätzen, sondern nach individuellem Aufwand abgerechnet werden und ist absehbar, dass die Kosten für die Auskunftserteilung wegen der Besonderheiten des Einzelfalls deutlich über dem liegen werden, was der Betroffene üblicherweise erwarten wird, empfiehlt sich eine Zwischenmitteilung darüber an den Betroffenen, damit dieser seine Anforderung (weiter) spezifizieren kann, zumindest aber vorgewarnt und späteren Beschwerden damit der Wind aus den Segeln genommen ist.[197]

bb) Kosten für Negativauskünfte und verweigerte Auskünfte

Das Entgelt soll den Aufwand kompensieren oder von missbräuchlichen Anfragen abhalten, nicht aber eine Gegenleistung für den Inhalt sein. Der Umfang der gespeicherten Daten beeinflusst die Höhe der Kosten nicht. Auch eine **Negativauskunft**, also die Meldung über das Nichtvorhandensein von Daten, kann entgeltpflichtig gestaltet werden.[198] 138

Keine Kosten können dagegen für eine unter Berufung auf § 34 Abs. 7 **verweigerte Auskunft** verlangt werden.[199] Wenn der Betroffene es hinnehmen muss, dass seine Schutzinteressen als nachrangig gelten, wäre es unbillig, ihn für den Erhalt dieser Information auch noch zur Kasse zu bitten. Zudem sieht § 34 Abs. 8 das Recht zur Entgelterhebung nur für „die Auskunft" vor. Eine Auskunftsverweigerung ist aber gerade keine Auskunft in diesem Sinn.[200] 139

cc) Fälligkeit des Entgelts

Fraglich ist, ob der Betroffene zur **Vorauskasse**, zur Zahlung per Nachnahme oder zur Leistung Zug-um-Zug verpflichtet werden kann oder ob stets nur eine nachträgliche Kostenerhebung, etwa durch die Möglichkeit zur Zahlung per Rechnung, zulässig ist. Die Antwort darauf kann zum einen davon abhängig gemacht werden, ab welchem Zeitpunkt die Auskunftskosten eindeutig feststehen. Zum anderen kann auch die Risikoverteilung bei der Rückabwicklung von Zahlungen eine Rolle spielen, wenn sich im Nachhi- 140

193 Vgl. *Bergmann/Möhrle/Herb*, § 34 Rn. 115; Taeger/Gabel/*Meents/Hinzpeter*, § 34 Rn. 53.
194 Vgl. *Bergmann/Möhrle/Herb*, § 34 Rn. 115; *Schaffland/Wiltfang*, § 34 Rn. 54.
195 Vgl. *Bergmann/Möhrle/Herb*, § 34 Rn. 116; *Schaffland/Wiltfang*, § 34 Rn. 50.
196 Vgl. Simitis/*Dix*, § 34 Rn. 71.
197 Vgl. Däubler/Klebe/Wedde/Weichert/*Däubler*, § 34 Rn. 44; Simitis/*Dix*, § 34 Rn. 72; *Schaffland/Wiltfang*, § 34 Rn. 53.
198 Vgl. Taeger/Gabel/*Meents/Hinzpeter*, § 34 Rn. 53; *Schaffland/Wiltfang*, § 34 Rn. 51.
199 Vgl. *Bergmann/Möhrle/Herb*, § 34 Rn. 113.
200 Vgl. Simitis/*Dix*, § 34 Rn. 73.

nein herausstellt, dass für eine kostenpflichtige Auskunft wegen unrichtiger Angaben gemäß § 34 Abs. 8 Satz 5 kein Entgelt hätte berechnet werden dürfen.

141 Soll der Betroffene von jedem Rückforderungsrisiko befreit werden, müsste ihm eine angemessene Möglichkeit zur inhaltlichen Prüfung der Auskunft und gegebenenfalls Gelegenheit zur Stellungnahme eingeräumt werden. Das wäre nur bei einem nachträglichen Einzug der Kosten gegeben und würde damit jede Form der Vorauskasse ausschließen. Umfasst davon wären auch Sendungen per Nachnahme und die Übergabe der Auskunft Zug-um-Zug gegen Entrichtung des Entgelts, weil dem Betroffenen in diesen Fällen gleichfalls keine Chance zur Kontrolle der Auskunft vor der Bezahlung bliebe.[201]

142 Macht man den strikten Wortlaut zum Maßstab, der auf die unmittelbar „entstandenen" Kosten abstellt, muss die Auskunftserteilung der Kostenberechnung ebenfalls vorausgehen. Das verhindert aber nur Vorauszahlungen, nicht jedoch auch Nachnahmesendungen oder Übergaben Zug-um-Zug, da bei den letztgenannten Varianten die Auskunft bereits ausgefertigt ist und ihre Kosten daher feststehen. Diese Zahlungsarten werden neben der nachträglichen Kostenberechnung von der überwiegenden Meinung für zulässig gehalten.[202]

143 Vereinzelt wird für die Ermittlung der erlaubten Zahlungsarten auch auf rein wirtschaftliche Erwägungen zurückgegriffen. Für eine Abrechnung im Weg der Vorauszahlung oder durch Übersendung der Auskunft per Nachnahme spreche die Minimierung des Inkassorisikos, welches gerade bei Kleinbeträgen erheblich sei. Ein Vorkasseverbot liefe auf ein unwirtschaftliches Verhältnis zwischen der Forderung auf der einen und dem Aufwand für eine – notfalls gerichtliche – Beitreibung auf der anderen Seite hinaus.[203]

144 Nach der hier vertretenen Auffassung kann eine Verpflichtung zur Vorausleistung ebenfalls nicht bestehen. Dies ergibt sich aber weniger aus einem möglicherweise bestehenden Rückforderungsrisiko im Fall unrichtiger Auskünfte. Das Gesetz enthält für die Verteilung des Risikos keine eindeutigen Vorgaben. Es ist in der Sphäre der verantwortlichen Stelle nicht besser oder schlechter aufgehoben als beim Betroffenen. Für eine Ablehnung der Vorausleistung spricht hingegen in erster Linie das Gebot der Unabdingbarkeit des Auskunftsrechts aus § 6 Abs. 1. Es wäre eine bedenkliche Erschwerung der Rechtsausübung, wenn der Betroffene obligatorisch in Vorleistung treten müsste, ohne zugleich die gewünschte Gegenleistung zu bekommen. Diese Bedenken bestehen bei Nachnahmesendungen oder Leistungen Zug-um-Zug dagegen nicht, weil der Betroffene in diesen Fällen unmittelbar die erbetene Auskunft ausgehändigt bekommt.

! Eine interessengerechte Zahlungsweise im Sinn eines vermittelnden Vorschlags könnte darin liegen, dass sich die verantwortliche Stelle vom Betroffenen vor der Auskunftserteilung eine Einzugsermächtigung für eine Kostenabrechnung im **Lastschriftverfahren** erteilen lässt, sich aber gleichzeitig verpflichtet, erst nach erteilter Auskunft und Ablauf einer angemessenen Prüfungsfrist davon Gebrauch zu machen. Damit wäre auch das Problem des Rückforderungsrisikos gelöst: Stellt sich aufgrund der Prüfung heraus, dass ein Fall von § 34 Abs. 8 Satz 5 vorliegt und der Betroffene gar nicht zahlen müsste, verzichtet die verantwortliche Stelle auf den Einzug der Forderung. Wurde der Betrag dennoch bereits belastet, kann der Betroffene dagegen bei seiner Bank widersprechen und die Rückbuchung auslösen.

VIII. Rechtsfolgen bei Verstoß

145 Eine Verletzung der Auskunftspflicht aus § 34 kann die verantwortliche Stelle mit strafrechtlichen, verwaltungsrechtlichen und zivilrechtlichen Folgen belasten.

201 So *Bergmann/Möhrle/Herb*, § 34 Rn. 118 f.
202 Vgl. Simitis/*Dix*, § 34 Rn. 74; *Gola/Schomerus*, § 34 Rn. 23a; Taeger/Gabel/*Meents/Hinzpeter*, § 34 Rn. 55.
203 Aus diesem Grund Vorauszahlungen befürwortend: *Schaffland/Wiltfang*, § 34 Rn. 56.

1. Strafrechtliche Folgen

a) Ordnungswidrigkeiten

Gemäß § 43 Abs. 1 Nr. 8a stellt es eine Ordnungswidrigkeit dar, wenn eine Auskunft entgegen § 34 Abs. 1 Satz 1 nicht, nicht richtig oder nicht rechtzeitig erteilt wird oder Daten entgegen § 34 Abs. 1a nicht gespeichert werden. Entsprechendes gilt gemäß § 43 Abs. 1 Nr. 8b für eine Verletzung von § 43 Abs. 2 Satz 3, wenn die zur Beantwortung eines Auskunftsersuchens zu Scoringverfahren notwendigen Angaben vom Scoreberechner nicht, nicht richtig, nicht vollständig oder nicht rechtzeitig an die auskunftsverpflichtete Stelle übermittelt werden. Und schließlich ist ein Verstoß gegen § 34 Abs. 2 Satz 4, das heißt ein unterlassener oder fehlerhafter Verweis des Betroffenen an eine andere Auskunftsstelle, gemäß § 43 Abs. 1 Nr. 8c ebenfalls ein ordnungswidriges Verhalten. 146

Die Bußgeldandrohung beträgt gemäß § 43 Abs. 3 im Regelfall bis zu 50.000,– €, kann aber überschritten werden, wenn der Vorteil, den die verantwortliche Stelle aus der Rechtsverletzung gezogen hat, über diese Regelgrenze hinausgeht. 147

! Wird der verantwortlichen Stelle eine nicht rechtzeitige Erfüllung der Auskunftspflicht zum Vorwurf gemacht, sollte sie prüfen, ob der Betroffene sein Auskunftsverlangen gemäß § 34 Abs. 1 Satz 2 hinreichend spezifiziert hatte. Auch wenn diese vom Gesetz vorgesehene Mitwirkung keine zwingende Verpflichtung ist, kann die unterlassene Konkretisierung doch eine taugliche Begründung für die Verzögerung der Auskunftserteilung sein.[204]

b) Straftat

Wie auch im Fall der bewusst zurückgehaltenen Benachrichtigung (siehe § 33 Rn. 116) kann auch die rechtswidrige Auskunftsverweigerung den Tatbestand der – versuchten oder vollendeten – Unterdrückung von Daten gemäß § 303a Abs. 2 StGB erfüllen.[205] 148

2. Verwaltungsrechtliche Folgen

Die für den Datenschutz zuständige Aufsichtsbehörde ist bei Verstößen gegen das Gesetz gemäß § 38 Abs. 5 berechtigt, Maßnahmen gegen die verantwortliche Stelle zur Beseitigung anzuordnen, Zwangsgelder zu verhängen und Datenverarbeitungsverfahren zu untersagen. Die Aufsichtsbehörde kann sowohl aufgrund eigener Prüfungs- und Kontrollrechte (Amtsaufsicht) tätig werden als auch aufgrund von Beschwerden, die Betroffene dorthin adressieren.[206] 149

3. Zivilrechtliche Folgen

§ 34 dient dem Schutz des Grundrechts auf informationelle Selbstbestimmung, das seinerseits ein Schutzrecht im Sinn von § 823 Abs. 2 BGB darstellt. Dem Betroffenen ist damit die Möglichkeit eröffnet, bei einer vorsätzlichen oder fahrlässigen Verletzung seiner Auskunftsrechte Schadensersatzansprüche nach den allgemeinen zivilrechtlichen Deliktsvorschriften zu erheben.[207] Ein danach grundsätzlich möglicher Anspruch auf Schmerzensgeld dürfte höchst selten schlüssig darzulegen sein, da schwerwiegende Verletzungen immaterieller Persönlichkeitsrechte durch eine Auskunftspflichtverletzung kaum vorstellbar sind.[208] Bei Verbreitung unwahrer Tatsachen kann darüber hinaus ein Anspruch wegen Kreditgefährdung gemäß § 824 BGB in Betracht kommen.[209] Praktische Relevanz hat der Schadensersatzanspruch aber für die Erstattung der dem Betroffenen entstandenen Rechtsverfolgungskosten, die ihm zur Einforderung einer pflichtwidrig unterlassenen Auskunft entstanden sind. Für die Kostenersatzansprüche gelten die 150

---

204 Vgl. *Bergmann/Möhrle/Herb*, § 34 Rn. 49, die bei hinreichender Konkretisierung der Anfrage eine Regelfrist zur Beantwortung der Auskunft von zwei Wochen annehmen, für den Fall der fehlenden Konkretisierung jedoch eine Verdoppelung der Frist auf vier Wochen vorschlagen.
205 Vgl. *Bergmann/Möhrle/Herb*, § 33 Rn. 146; Däubler/Klebe/Wedde/Weichert/*Däubler*, § 34 Rn. 58.
206 Vgl. *Bergmann/Möhrle/Herb*, § 34 Rn. 131, 141 f.; *Schaffland/Wiltfang*, § 34 Rn. 65.
207 Vgl. *Bergmann/Möhrle/Herb*, § 34 Rn. 13.
208 Vgl. *Bergmann/Möhrle/Herb*, § 34 Rn. 138.
209 Vgl. *Bergmann/Möhrle/Herb*, § 34 Rn. 137.

allgemeinen Schadensersatzregeln (§§ 280 ff. BGB). Vorgerichtlich vom Betroffenen ausgelöste Rechtsanwaltskosten sind somit nur erstattungsfähig, wenn die verantwortliche Stelle mit ihrer Pflicht zur Auskunftserteilung in Verzug war.[210]

151 Neben den allgemeinen zivilrechtlichen Bestimmungen können sich Schadensersatzansprüche auch aus der spezialgesetzlichen Regelung in § 7 ergeben.

C. Anwendungsempfehlung/weitere praktische Hinweise

Rechtsunsicherheit bei „nicht richtiger" und „nicht rechtzeitiger" Auskunftserteilung

152 Da das Gesetz genauere Festlegungen dazu schuldig bleibt, was es mit „nicht richtig" oder „nicht rechtzeitig" meint, Verletzungen gegen Auskunftserteilungen, die diese Eigenschaften nicht aufweisen, aber dennoch gemäß § 43 Abs. 1 Nr. 8a sanktioniert, ist fraglich, wann eine Auskunft als „nicht richtig" oder „nicht rechtzeitig" bestraft werden kann.

153 Bezüglich der Richtigkeit der Auskunft ist in jedem Fall unbeachtlich, wenn der Betroffene allein mit dem reinen Scorewert nicht einverstanden ist, weil er sich dadurch zu schlecht bewertet fühlt. Dies folgt daraus, dass der datenschutzrechtliche Berichtigungsanspruch aus § 35 Abs. 1 nur unrichtige Daten umfasst, nicht aber auch Meinungsäußerungen, Prognosen oder Werturteile, zu denen jedoch Scorewerte zu zählen sind und die daher im Rechtssinn nicht „falsch" sein können.[211] Eine objektiv unrichtige Auskunft liegt dagegen bei unvollständig erklärter Datenlage oder fehlenden Empfängerangaben vor. Sie kann sich ferner ergeben, wenn die Mitteilung nicht den Anforderungen an Nachvollziehbarkeit und Allgemeinverständlichkeit genügt. Problematisch ist, dass die Grenzen für eine Bewertung insbesondere der letztgenannten Aspekte schwimmend sind. Insbesondere wenn der Betroffene auf eine vorherige Konkretisierung der ihn interessierenden Inhalte verzichtet hat, dürfte sich in der Praxis kaum verlässlich vorher abschätzen lassen, ob ihm die Auskunft inhaltlich, sprachlich und formell genügen wird. Die zur Auskunft verpflichtete Stelle kann – und muss – aber nicht mehr tun, als die Auskunft nach bestem Wissen und Gewissen und so gut, wie sie dazu imstande ist, zu erteilen.[212] Sofern nicht ein Verstoß gegen das Richtigkeits- oder Rechtzeitigkeitsgebot der Auskunftserteilung klar erkennbar auf der Hand liegt, wird die verantwortliche Stelle wegen der vorgenannten Unklarheiten nur dann mit einem Bußgeld belegt werden können, wenn der Auskunftsberechtigte eine ihm unrichtig erscheinende Auskunftserteilung mindestens einmal beim Auskunftsverpflichteten reklamiert und diesem erfolglos **Gelegenheit zur Korrektur** gegeben hat.[213]

154 Entsprechendes muss für Verspätungsvorwürfe gelten. Da die verantwortliche Stelle mangels konkreter Zeitvorgaben im Tatbestand der Verpflichtungsnormen zur Auskunft in § 34 im Unklaren gelassen wird, wann die Auskunftserteilung verfristet und damit sanktionsfähig ist, wird die Verhängung eines Bußgeldes abseits offensichtlicher Verzögerungsverstöße nur gerechtfertigt sein, wenn der Betroffene wegen des Ausbleibens der Auskunftserteilung mindestens einmal **gemahnt** hat.[214]

---

210 Vgl. *Fischer*, RDV 2012, 230.
211 Vgl. *Abel*, RDV 2006, 108, 115; *Kamlah*, ZVI 2004, 9, 13; *Klein*, BKR 2003, 488, 490.
212 Vgl. LG Bielefeld v. 12.06.2008, Az. 7 O 13/08; NJW-RR 2009, 554.
213 Vgl. *Heinemann/Wäßle*, MMR 2010, 603.
214 Vgl. *Heinemann/Wäßle*, MMR 2010, 603.

D. Muster

Muster für eine schriftliche Auskunft (einfache, kostenfreie Auskunft über gespeicherte Daten) 155

Auskunft gemäß § 34 über die Speicherung Ihrer Daten

Sehr geehrte/r Frau/Herr ...

wir nehmen Bezug auf Ihre Anfrage vom ... und teilen Ihnen mit, dass zu Ihrer Person folgende Daten.../die aus der Anlage ersichtlichen Daten/keine Daten bei uns gespeichert sind.

Auskünfte über Daten, die von der verantwortlichen Stelle ausschließlich zu eigenen Zwecken im Sinn des § 28 genutzt werden, sind immer kostenfrei zu erteilen.

Dies gilt zumindest grundsätzlich auch für die Beantwortung von Auskunftsersuchen durch Adresshändler, Auskunfteien und sonstige professionelle Datenverarbeiter im Sinn von § 29. Nur dann, wenn es sich um eine wiederholte Anfrage im gleichen Kalenderjahr handelt, die Eignung der Auskunft zur weiteren wirtschaftlichen Nutzung durch den Betroffenen nicht offensichtlich ausgeschlossen ist und der Betroffene trotz der ihm bekannten Möglichkeit, seine Daten vor Ort einsehen zu können, eine schriftliche Auskunft verlangt, dürfen ausnahmsweise Gebühren erhoben werden (siehe das nachfolgende Muster).

Muster für eine schriftliche Auskunft (einfache, kostenpflichtige Auskunft über gespeicherte Daten) 156

Auskunft gemäß § 34 über die Speicherung Ihrer Daten

Sehr geehrte/r Frau/Herr ...

wir nehmen Bezug auf Ihre Anfrage vom ... und teilen Ihnen mit, dass zu Ihrer Person folgende Daten.../die aus der Anlage ersichtlichen Daten/keine Daten bei uns gespeichert sind.

Für diese Auskunft fallen Kosten in Höhe von ... an, die wir in den nächsten Tagen von dem uns benannten Konto einziehen werden/die wir bis zum ... auf eines unseren Konten zu überweisen bitten/ auf deren Einziehung wir jedoch aus Kulanzgründen verzichten.

Dieses Muster kann nur von verantwortlichen Stellen verwendet werden, die im Sinn von § 29 geschäftsmäßig die Daten des Betroffenen verarbeiten und auch nur dann, wenn die Voraussetzungen für eine Entgeltlichkeit der Auskunft erfüllt sind (siehe die Anmerkungen zum vorangehenden Muster und im Übrigen Rn. 119).

Muster für eine teilweise verweigerte Auskunft 157

Auskunft gemäß § 34 über die Speicherung Ihrer Daten

... Darüber hinaus haben wir weitere personenbezogenen Daten über Sie gespeichert, die wir Ihnen gemäß §§ 34 Abs. 7, 33 Abs. 2 Satz 1 Nr. 2/Nr. 3/Nr. 5/Nr. 6/Nr. 7a/Nr. 7b hier jedoch nicht mitteilen können, weil

sie ausschließlich aufgrund rechtlich bindender Aufbewahrungsvorschriften oder zu Zwecken Datensicherung oder der Datenschutzkontrolle gespeichert sind/

sie nach einer Rechtsvorschrift oder ihrem Wesen nach, namentlich wegen des überwiegenden rechtlichen Interesses eines Dritten, geheim gehalten werden müssen/

ihre Speicherung oder Übermittlung für Zwecke der wissenschaftlichen Forschung erforderlich ist/

ihr Bekanntwerden aufgrund einer Feststellung der für uns zuständigen Behörde die öffentliche Sicherheit oder Ordnung gefährden oder sonst dem Wohle des Bundes oder eines Landes Nachteile bereiten würde/

die Daten nur für unsere eigenen Zwecke gespeichert sind, aus allgemein zugänglichen Quellen stammen und eine Auskunftserteilung wegen der Vielzahl der betroffenen Fälle unverhältnismäßig wäre/

die Daten nur für unsere eigenen Zwecke gespeichert sind und ihr Bekanntwerden die Geschäftszwecke erheblich gefährden würde.

158 **Muster für eine Auskunft über den Einsatz von Scoringverfahren (Auskunft durch die scoreberechnende Stelle, § 34 Abs. 4)**

Zur Berechnung genutzter Datenarten: Der X-Score, das Y-Rating, die Z-Risikoeinschätzung ... [Bezeichnung des Wahrscheinlichkeitswerts] ist ein Wahrscheinlichkeitswert, der von uns unter Einbeziehung von Daten zur Person und Erfahrungen aus bisherigen Geschäftsbeziehungen (Alter, Geschlecht, Finanzierungsart, Dauer der Geschäftsbeziehung, Zahlungsverhalten, ...) berechnet wird.

Informationen zu historischen Wahrscheinlichkeitswerten: In den letzten zwölf Monaten wurden Wahrscheinlichkeitswerte an folgende Empfänger übermittelt:

1) X-Score, Y-Rating, Z-Risikoeinschätzung ... [Bezeichnung des Wahrscheinlichkeitswerts], Z% ... [Wert, der übermittelt wurde], Name, Anschrift [Empfänger, an den übermittelt wurde],

2) ...

...

Zustandekommen und Bedeutung der Wahrscheinlichkeitswerte: Wahrscheinlichkeitswerte werden von uns berechnet und von unseren Kunden eingesetzt, um bei Kreditentscheidungen Annahmen über ein zukünftiges Verhalten zugrunde legen zu können. Solche Kreditentscheidungen können insbesondere der beabsichtigte Abschluss, die Durchführung oder Abwicklung eines Vertrags mit Ihnen sein. Die Verwendung von Wahrscheinlichkeitswerten als Prognosewerten für ein mögliches künftiges Verhalten soll eine verantwortungsvolle Kreditentscheidung unterstützen, die sowohl Ihre persönliche Situation als auch die wirtschaftlichen Interessen unserer Kunden angemessen berücksichtigt.

Der ermittelte X-Score, das Y-Rating, die Z-Risikoeinschätzung ... [Bezeichnung des Wahrscheinlichkeitswerts] bezeichnet die Wahrscheinlichkeit, mit der eine Zahlungsverpflichtung voraussichtlich erfüllt wird/ein Kredit pünktlich zurückgezahlt wird/die Insolvenzwahrscheinlichkeit eines Unternehmens/...

Der X-Score, das Y-Rating, die Z-Risikoeinschätzung ... [Bezeichnung des Wahrscheinlichkeitswerts] wird durch eine Zahl zwischen ... und .../einen alphanumerischen Wert/eine Buchstabenkombination/... ausgedrückt. Die einzelnen Bewertungsstufen haben folgende Bedeutung ...

Zur Berechnung werden nur solche Daten eingesetzt, die für eine Wahrscheinlichkeitsaussage erheblich sind. Die Ermittlung der Werte erfolgt entsprechend unserer gesetzlichen Verpflichtung ausschließlich aufgrund wissenschaftlich anerkannter, mathematisch-statistischer Verfahren (Scoring gemäß § 28b).

Das vorstehende Muster für eine Auskunft über Scoringverfahren kann nur als grober Anhaltspunkt verstanden werden, da das Gesetz einzelfallbezogen eine Nachvollziehbarkeit und Allgemeinverständlichkeit der Auskunft fordert, die je nach konkreter Auskunftssituation unterschiedlich ausfallen kann.

159 **Muster für einen Empfängerhinweis bei Datenlieferungen an zwischengeschaltete Stellen**

Bitte beachten Sie, dass es sich bei der als Empfänger benannten Stelle um ein Unternehmen handeln kann, das eigene Auskunftsdienste anbietet oder Auskünfte im Auftrag eines Dritten abruft. Sollte Ihnen der Name der empfangenden Stelle unbekannt sein, können Sie dort weitere Auskünfte zu einer unter Umständen erfolgten Weitergabe Ihrer Daten an nachgeordnete Empfänger erfahren.

§ 35 Berichtigung, Löschung und Sperrung von Daten

(1) [1]Personenbezogene Daten sind zu berichtigen, wenn sie unrichtig sind. [2]Geschätzte Daten sind als solche deutlich zu kennzeichnen.

(2) [1]Personenbezogene Daten können außer in den Fällen des Absatzes 3 Nr. 1 und 2 jederzeit gelöscht werden. [2]Personenbezogene Daten sind zu löschen, wenn

1. **ihre Speicherung unzulässig ist,**
2. **es sich um Daten über die rassische oder ethnische Herkunft, politische Meinungen, religiöse oder philosophische Überzeugungen, Gewerkschaftszugehörigkeit, Gesundheit, Sexualleben, strafbare Handlungen oder Ordnungswidrigkeiten handelt und ihre Richtigkeit von der verantwortlichen Stelle nicht bewiesen werden kann,**
3. **sie für eigene Zwecke verarbeitet werden, sobald ihre Kenntnis für die Erfüllung des Zwecks der Speicherung nicht mehr erforderlich ist, oder**
4. **sie geschäftsmäßig zum Zweck der Übermittlung verarbeitet werden und eine Prüfung jeweils am Ende des vierten, soweit es sich um Daten über erledigte Sachverhalte handelt und der Betroffene der Löschung nicht widerspricht, am Ende des dritten Kalenderjahres beginnend mit dem Kalenderjahr, das der erstmaligen Speicherung folgt, ergibt, dass eine länger währende Speicherung nicht erforderlich ist.**

[3]Personenbezogene Daten, die auf der Grundlage von § 28a Abs. 2 Satz 1 oder § 29 Abs. 1 Satz 1 Nr. 3 gespeichert werden, sind nach Beendigung des Vertrages auch zu löschen, wenn der Betroffene dies verlangt.

(3) An die Stelle einer Löschung tritt eine Sperrung, soweit

1. **im Fall des Absatzes 2 Satz 2 Nr. 3 einer Löschung gesetzliche, satzungsmäßige oder vertragliche Aufbewahrungsfristen entgegenstehen,**
2. **Grund zu der Annahme besteht, dass durch eine Löschung schutzwürdige Interessen des Betroffenen beeinträchtigt würden, oder**
3. **eine Löschung wegen der besonderen Art der Speicherung nicht oder nur mit unverhältnismäßig hohem Aufwand möglich ist.**

(4) Personenbezogene Daten sind ferner zu sperren, soweit ihre Richtigkeit vom Betroffenen bestritten wird und sich weder die Richtigkeit noch die Unrichtigkeit feststellen lässt.

(4a) Die Tatsache der Sperrung darf nicht übermittelt werden.

(5) [1]Personenbezogene Daten dürfen nicht für eine automatisierte Verarbeitung oder Verarbeitung in nicht automatisierten Dateien erhoben, verarbeitet oder genutzt werden, soweit der Betroffene dieser bei der verantwortlichen Stelle widerspricht und eine Prüfung ergibt, dass das schutzwürdige Interesse des Betroffenen wegen seiner besonderen persönlichen Situation das Interesse der verantwortlichen Stelle an dieser Erhebung, Verarbeitung oder Nutzung überwiegt. [2]Satz 1 gilt nicht, wenn eine Rechtsvorschrift zur Erhebung, Verarbeitung oder Nutzung verpflichtet.

(6) [1]Personenbezogene Daten, die unrichtig sind oder deren Richtigkeit bestritten wird, müssen bei der geschäftsmäßigen Datenspeicherung zum Zweck der Übermittlung außer in den Fällen des Absatzes 2 Nr. 2 nicht berichtigt, gesperrt oder gelöscht werden, wenn sie aus allgemein zugänglichen Quellen entnommen und zu Dokumentationszwecken gespeichert sind. [2]Auf Verlangen des Betroffenen ist diesen Daten für die Dauer der Speicherung seine Gegendarstellung beizufügen. [3]Die Daten dürfen nicht ohne diese Gegendarstellung übermittelt werden.

(7) Von der Berichtigung unrichtiger Daten, der Sperrung bestrittener Daten sowie der Löschung oder Sperrung wegen Unzulässigkeit der Speicherung sind die Stellen zu verständigen, denen im Rahmen einer Datenübermittlung diese Daten zur Speicherung weitergegeben wurden, wenn dies keinen unverhältnismäßigen Aufwand erfordert und schutzwürdige Interessen des Betroffenen nicht entgegenstehen.

(8) Gesperrte Daten dürfen ohne Einwilligung des Betroffenen nur übermittelt oder genutzt werden, wenn

1. **es zu wissenschaftlichen Zwecken, zur Behebung einer bestehenden Beweisnot oder aus sonstigen im überwiegenden Interesse der verantwortlichen Stelle oder eines Dritten liegenden Gründen unerlässlich ist und**
2. **die Daten hierfür übermittelt oder genutzt werden dürften, wenn sie nicht gesperrt wären.**

Literatur

Busse, Wechselwirkung zwischen BDSG und UWG-Auswirkungen auf das Direktmarketing, RDV 2005, 260; *Ernst/Schmittmann*, Kaufmännische Aufbwahrungspflichten im Computerzeitalter, RDV 2006, 189; *Fraenkel/Hammer*, Rechtliche Löschvorschriften, DuD 2007, 899; *Gola*, Informationelle Selbstbestimmung in Form des Widerspruchsrechts, DuD 2001, 278; *Hammer/Fraenkel*, Löschkonzept, DuD 2007, 905; *Nolte*, Zum Recht auf Vergessen im Internet, ZRP 2011, 236; *Schierbaum/Kiesche*, Datenverarbeitung in Dienst- und Arbeitsverhältnissen, PersR 1994, 52; *Schmidl*, Dokumentationsdaten nach dem Allgemeinen Gleichbehandlungsgesetz (AGG), DuD 2007, 11; *Weichert*, Verbaucher-Scoring meets Datenschutz, DuD 2006, 399; *von Zimmermann*, Whistleblowing und Datenschutz, RDV 2006, 242

▶ Darum geht es

Die zentrale Norm des BDSG hinsichtlich der Berichtigungs-, Löschungs- und Sperrungsverpflichtung einer jeden verantwortlichen Stelle. Verantwortliche Stellen haben hiernach unrichtige Daten zu berichtigen und geschätzte Daten zu kennzeichnen. Mit dem Wegfall des Zwecks sind personenbezogene Daten zu löschen, wenn an die Stelle der Löschung nicht die Sperrung dieser personenbezogenen Daten tritt. Ferner enthält die Norm ein Übermittlungsverbot gesperrter Daten, ein Widerspruchsrecht des Betroffenen sowie das Recht auf Beifügung einer Gegendarstellung.

▶ Schlagworte

Datenberichtigung; Datenlöschung; Datensperrung; Berichtigungsanspruch; Benachrichtigungsanspruch; Widerspruchsrecht des Betroffenen; Übermittlungsverbot; unverhältnismäßig hoher Aufwand; Aufbewahrungsfristen; Schätzdaten; Gegendarstellung; Informationspflicht; Unzulässige Speicherung; Kennzeichnungspflicht; Schutzwürdige Interessen des Betroffenen; Bestreiten der Richtigkeit; Geschäftsmäßige Datenspeicherung; allgemein zugängliche Quellen; Dokumentationszwecke; Unverhältnismäßiger Aufwand

▶ Weitere relevante Vorschriften

Nicht öffentlicher Bereich:

§ 95 Abs. 3 TKG, § 96 Abs. 1 Satz 3 TKG; § 12 Abs. 3 TMG, § 13 Abs. 4 TMG, § 15 Abs. 8 Satz 2 TMG

Öffentlicher Bereich:

§ 119 SGB IV, § 267 SGB V, § 276 SGB V, § 284 SGB V, § 291a SGB V, § 303c SGB V, § 303d SGB V, § 304 SGB V, § 150 SGB VI, § 196 SGB VI, § 212a SGB VI; § 79 SGB X, § 84 SGB X

A. Allgemeines

I. Regelungszweck

§ 35 gewährt dem von der Datenverarbeitung nicht-öffentlicher Stellen und öffentlich-rechtlicher Wettbewerbsunternehmen Betroffenen das Recht, aktiv auf die Datenverarbeitung und -nutzung der verantwortlichen Stelle einzuwirken. Dieses echte **Korrekturrecht** stellt daher im Verhältnis zu den anderweitigen Betroffenenrechten der §§ 33 und 34 (die insbesondere die Transparenz der Datenverarbeitung als Ziel haben) ein ganz wesentliches Mehr dar.[1] **1**

Mit dem Recht des Betroffenen geht die Verpflichtung der verantwortlichen Stelle einher, durch einen gesetzeskonformen Umgang mit den Daten des Betroffenen dessen **Recht auf informationelle Selbstbestimmung** zu entsprechen. Insofern bestehen die überwiegenden Verpflichtungen der verantwortlichen Stelle, auch ohne dass es einer gesonderten Geltendmachung durch den Betroffenen bedarf. **2**

Nach § 6 Abs. 1 können diese Rechte nicht durch Rechtsgeschäft mit dem Betroffenen ausgeschlossen oder beschränkt werden.[2] **3**

Die Novellierung des BDSG im Jahr 2009 führte in § 35 dazu, dass geschätzte Daten nun mehr gekennzeichnet werden müssen und nur mit dieser Kennzeichnung übermittelt werden dürfen (Abs. 1 Satz 2). Auch erhielt der Betroffene ein ergänzendes Löschrecht für Daten bestimmter Sachverhalte (Abs. 2 Satz 3). Seit dieser Novelle darf auch der Umstand, dass Daten gesperrt sind, nicht mehr übermittelt werden (Abs. 4a). Und schließlich wurde eine der gesetzlichen Prüffristen – im Fall der geschäftsmäßigen Verarbeitung zum Zwecke der Übermittlung – auf drei Jahre verkürzt. **4**

1 Simitis/*Dix*, § 35 Rn. 2; *Gola/Schomerus*, § 35 Rn. 1.
2 Simitis/*Dix*, § 35 Rn. 3.

II. Systematik

5 Die kompliziert wirkende Ausgestaltung des § 35 erschließt sich, wenn man je Regelungsinhalt nach folgender Struktur vorgeht:

1. Das Betroffenenrecht **Berichtigung** wird in Abs. 1 geregelt. Eine Ausnahme von dieser Verpflichtung findet sich in Abs. 6. Eine Benachrichtigungspflicht im Falle der Berichtigung enthält Abs. 7.
2. Das Betroffenenrecht **Löschung** wird in Abs. 2 geregelt. Eine Ausnahme von dieser Verpflichtung findet sich in Abs. 3. Eine weitere Ausnahme in Abs. 6. Eine Benachrichtigungspflicht im Falle der Löschung enthält Abs. 7.
3. Das Betroffenenrecht **Sperrung** wird in Abs. 3 geregelt. Eine Ausnahme von dieser Verpflichtung findet sich in Abs. 6. Eine Benachrichtigungspflicht im Falle der Sperrung enthält Abs. 7. Eine weitere, ergänzende Regelung findet sich in Abs. 4a und in Abs. 8.
4. Das Betroffenenrecht **Widerspruch** wird in Abs. 5 geregelt.

6 Tabellarisch aufbereitet, stellt sich der Regelungsinhalt des § 35 wie folgt dar:[3]

	Berichtigung	**Löschung**	**Sperrung**
Verpflichtung	Abs. 1	Abs. 2	Abs. 3 Abs. 4
Ausnahme	Abs. 6	Abs. 3 Abs. 6	Abs. 6 Abs. 8
Übermittlungsverbot			Abs. 4a
Unterrichtungspflicht	Abs. 7	Abs. 7	Abs. 7
Widerspruchsrecht	Abs. 5	Abs. 5	Abs. 5

III. Ausblick auf die Novellierung des Europäischen Datenschutzrechts

7 In Erwägungsgrund 30 der EU-VO fordert der europäische Gesetzgeber, dass alle vertretbaren Schritte unternommen werden sollen, damit unzutreffende oder unvollständige personenbezogene Daten gelöscht oder berichtigt werden. Um sicherzustellen, dass die Daten nicht länger als nötig gespeichert werden, sollte der für die Verarbeitung Verantwortliche Fristen für deren Löschung oder regelmäßige Überprüfung vorsehen.

8 In Erwägungsgrund 47 ist das kostenfreie Recht auf Berichtigung und Löschung von Daten sowie das Widerspruchsrecht genannt.

9 Das in den Erwägungsgründen 53 und 54 benannte „Recht auf Vergessenwerden" stellt ein allumfassendes Löschrecht des Betroffenen dar, das seine Wirkungen weit über die eigenen Systeme einer verantwortlichen Stelle entfalten soll. Dieser im Ergebnis nicht zu kritisierende Vorstoß fand sich jedoch bereits kurz nach der Veröffentlichung inmitten einer sehr entschieden geführten, öffentlichen Diskussion, in der nicht zuletzt die technische und organisatorische Umsetzung solch eines Betroffenenrechtes ganzheitlich infrage gestellt wurde.

Aufgrund des Medienechos ist es daher nicht verwunderlich, dass sich in den nachgelagerten Entwürfen dieses allumfassende Löschrecht nicht mehr findet, sondern zu einem gewöhnlichen Recht auf Löschung von Daten reduziert wurde. Vermutlich war es die Erkenntnis, dass es einer verantwortlichen Stelle weder technisch noch organisatorisch möglich ist, nach einer Veröffentlichung von personenbezogenen Daten allen Dritten, die diese Daten verarbeiten, mitzuteilen, dass eine betroffene Person die Löschung von

3 Eine abweichende tabellarische Darstellung in *Bergmann/Möhrle/Herb*, § 35 Rn. 23 f.

Links zu diesen Daten oder von Kopien oder Reproduktionen dieser Daten verlangt. Der für die Verarbeitung Verantwortliche hätte im Hinblick auf Daten, für deren Veröffentlichung er die Verantwortung getragen hätte, alle vertretbaren Schritte, auch technischer Art, unternehmen müssen, damit diese Information alle betroffenen Dritten auch tatsächlich erreicht.

Nach Art. 4 Abs. 3 EU-VO ist der Begriff des „Löschen" auch weiterhin als „Verarbeitung" definiert, wodurch sich keine wesentlichen Neuerungen ergeben werden. 10

In Art. 5 d) EU-VO ist erstmals nun ein Zeitmoment für die Umsetzung der rechtlichen Verpflichtung zur Berichtigung und Löschung von Daten genannt. Hiernach ist dieser Verpflichtung vonseiten der verantwortlichen Stelle in Zukunft „unverzüglich" und damit „ohne schuldhaftes Zögern" nachzukommen. Diese Regelung wird auf die grundsätzliche Art der Umsetzung keine unmittelbaren Auswirkungen haben, jedoch werden zahlreiche verantwortliche Stellen ihre Prozesse überprüfen und die mit der Erledigung dieser Aufgaben betrauten Teams aufstocken müssen. 11

Derzeit sind im Regelungsgehalt der Berichtung, Löschung und Sperrung gemäß Art. 5 und Art. 13 EU-VO die Wertungskriterien der „Erforderlichkeit", der „Angemessenheit" und die (wirtschaftliche) Grenze des „unverhältnismäßigen Aufwandes" angedacht. 12

Nach Art. 16 EU-VO sind zukünftig unzutreffende und – erstmals explizit gesetzlich genannt – auch unvollständige personenbezogene Daten zu löschen. Auch dadurch werden sich inhaltlich keine Neuerungen ergeben, da sich die Verpflichtung zur Berichtigung unvollständiger Daten zwar bislang nicht direkt aus dem Gesetzeswortlaut ergeben hat, diese jedoch aus dem weiten Verständnis von „unrichtigen Daten" abgeleitet worden ist. 13

Kernregelung der Löschung ist der umfangreiche Art. 17 EU-VO, der seine differenzierte Ausgestaltung bis zuletzt behalten hat. Neben vielen identischen und überaus ähnlichen Regelungen der EU-VO zu der gegenwärtig in der Bundesrepublik Deutschland geltenden Rechtslage enthält Art. 17 EU-VO insbesondere Neuregelungen für personenbezogene Daten aus Zeiten, die eine Person im Kindesalter öffentlich gemacht hat. 14

Die der verantwortlichen Stelle nun mehr explizit auferlegten „regelmäßigen Überprüfungen" bedingen keine neuen Löschregelungen, stellen aber erstmals die Pflicht der Überprüfung hinsichtlich aller erhobenen, verarbeiteten und genutzten personenbezogenen Daten in den Mittelpunkt. Das in der Bundesrepublik Deutschland bislang bekannte Recht des Betroffenen auf Platzierung und Verknüpfung des Datensatzes mit einer Gegendarstellung ist in Art. 17 EU-VO nicht mehr enthalten. 15

Wesentliche Neuerungen hinsichtlich der Verpflichtung einer verantwortlichen Stelle zur Berichtigung, Löschung und Sperrung von personenbezogenen Daten sind nach dem gegenwärtigen Stand der Dinge nicht zu erwarten. Dies gilt zumindest solange, solange man nicht das in der EU-VO benannte allumfassende „Recht auf Vergessenwerden" umsetzt. 16

B. Inhalt der Regelung

I. Berichtigung und Kennzeichnung (Abs. 1)

Gemäß Abs. 1 ist die verantwortliche Stelle verpflichtet, personenbezogene Daten zu berichtigen, sofern diese **unrichtig** sind. Daneben ist die verantwortliche Stelle dazu verpflichtet, geschätzte Daten deutlich als **Schätzdaten** zu kennzeichnen. 17

1. Definition Berichtigung und Kennzeichnung

Unter **Berichtigung** versteht man die inhaltliche Änderung und Korrektur gespeicherter personenbezogener Daten hin zu einer dem tatschlichen Lebenssachverhalt und damit der Richtigkeit entsprechenden Ausgestaltung. 18

Eine **Kennzeichnung** hingegen ist das Auf- und Anbringen eines Vermerkes. In IT-Systemen erfolgt solch eine Kennzeichnung im jeweiligen Datensatz selbst oder – sollte sich dies nicht umsetzen lassen – in einer gesonderten, referenzierenden Tabelle. 19

2. Unrichtige Daten

20 Von der Berichtigungsflicht werden Daten erfasst, die **objektiv falsch** und daher unrichtig sind, weil diese nicht im Einklang mit dem tatsächlichen Lebenssachverhalt stehen.[4]

21 Auch spricht man von unrichtigen Daten, wenn richtige Daten **unvollständig** sind und dadurch ein **falsches Gesamtbild** entsteht. Selbst wenn für sich genommen (auch nur einzelne) richtige Daten bei der Verarbeitung oder Nutzung in einem anderen Zusammenhang ein falsches Gesamtbild erzeugen, macht dieser **Kontextverlust** die Daten unrichtig.[5]

22 Nachdem unrichtige Daten zu berichtigen sind, gilt dies in gleicher Weise auch für sogenannte **falsche Tatsachenbehauptungen**. Eine unrichtige Tatsachenbehauptung ist in allen Fällen zu berichtigen.[6] Diese Tatsachenbehauptungen müssen jedoch von reinen **Werturteilen** unterschieden werden. Während reine Werturteile (Meinungen) einer Beurteilung als richtig oder falsch nicht zugänglich sind, können Tatsachenbehauptungen selbst als richtig oder unrichtig eingestuft werden.

23 Schätzt demnach ein Betroffener ein reines Werturteil als unrichtig ein, so hat die verantwortliche Stelle dieses Werturteil nicht zu berichtigen, da es objektiv nicht unrichtig sein kann. Dies gilt jedoch nicht für Werturteile, die auf der Grundlage unrichtiger Tatsachen getroffen werden. Hier besteht eine Berichtigungspflicht zumindest für die einem Werturteil zugrunde liegende unrichtige Tatsachenbehauptung.[7]

24 Keine unrichtigen Daten sind hingegen **historische Daten** (bspw. ehemalige Bankverbindungen, veraltete Telefonnummern), solange diesen eine geeignete, sachgerechte Kenntlichmachung beigefügt ist.[8]

25 Auch **technisch bedingte Abweichungen** (bspw. die internationale Schreibweise von Umlauten) machen Daten nicht unrichtig und verletzten den Betroffenen nicht in seinem Persönlichkeitsrecht, sofern sie unvermeidbar sind.[9]

3. Unrichtigkeitsumfang und Berichtigungszeitpunkt

26 Eine **Bagatellgrenze** für das Ausmaß an erforderlicher Unrichtigkeit kennt das Gesetz nicht, sodass auch geringe Abweichungen von der Realität berichtigt werden müssen (bspw. eine falsch geschriebene Anschrift, ein falsch geschriebener Namensbestandteil, auch wenn er noch immer phonetisch korrekt klingt).[10]

27 Der Berichtigungsanspruch entsteht in dem Zeitpunkt, in dem Daten unrichtig sind bzw. werden. Es hat demnach keine Auswirkungen, ob ein Datensatz bereits von Beginn an unrichtig war oder erst nachträglich unrichtig geworden ist. Bei der Beurteilung kommt es alleine auf den **Zeitpunkt der Betrachtung** (mit lediglich Auswirkung auf die Zukunft) an.

28 Unrichtige Daten sind auch zu berichtigen, wenn sie für eine weiterführende Verarbeitung und Nutzung gesperrt sind. Insofern gelten keine abweichenden Anforderungen.

4. Schätzdaten

29 **Schätzdaten** sind bereits aufgrund des schätzenden und damit des individuell einstufenden bzw. beurteilenden (subjektiven) Elements einer Beurteilung als (objektiv) richtig oder falsch nicht zugänglich.

Aus diesem Grund fordert § 35 Abs. 1 Satz 2, dass solche Daten **eindeutig gekennzeichnet** werden müssen. Erst durch die Kennzeichnung erlangen Schätzdaten einen nicht mehr als unrichtig einzustufenden, datenschutzrechtlichen Status.[11]

---

4 *Bergmann/Möhrle/Herb*, § 35 Rn. 25 f.; Simitis/*Dix*, § 35 Rn. 9.
5 So auch *Bergmann/Möhrle/Herb*, § 35 Rn. 26; Simitis/*Dix*, § 35 Rn. 9.
6 *Bergmann/Möhrle/Herb*, § 35 Rn. 27; Simitis/*Dix*, § 35 Rn. 13.
7 *Gola/Schomerus*, § 35 Rn. 5; Taeger/Gabel/*Meents*, § 35 Rn. 11.
8 *Bergmann/Möhrle/Herb*, § 35 Rn. 28.
9 BVerwGE 31, 236.
10 Simitis/*Dix*, § 35 Rn. 7.
11 So auch *Gola/Schomerus*, § 35 Rn. 6a.

Beispielsweise sind die durch **Scoringverfahren** ermittelten Werte Schätzdaten im Sinne dieser Gesetzesnorm.[12] Auch die aus **Profilbildungen** gewonnenen Werte sind derart geschätzte Daten (beispielsweise abgeleitete Interessen und Bedürfnisse aus dem eigenen Einkaufsverhalten oder Konsum- und Bestellverhalten). 30

Geschätzte Daten sind ausweislich des Wortlautes zu kennzeichnen. Diese Pflicht dient neben dem Schutz des Betroffenen selbst auch dem möglichen Empfänger solcher Daten und damit dem Schutz des gesamtheitlichen Rechtsverkehrs.[13] 31

!

In einem modernen IT-System stellt man solch eine dauerhafte Verbindung dieser Kennzeichnung mit dem betroffenen Datensatz her, indem man systemseitig Attribute im Datensatz vergibt und setzt. Ein in heutigen IT-Systemen zuverlässiges Verfahren.

Sind Attributfelder in den Datensätzen eines IT-Systems nicht verwendbar, so besteht hilfsweise die Möglichkeit, vorhandene Datenfelder und deren bereits enthaltene Daten um einen Annex zu verlängern (beispielsweise Name: Mueller_VERBUND_GESPERRT), der dann durch die entsprechenden Skripte automatisiert gelesen wird.

Eine weitere ersatzweise Möglichkeit ist der Aufbau einer zusätzlichen geschützten Tabelle, auf die das IT-System referenziert und in der an der Referenzeinheit zum Datensatz des IT-Systems (beispielsweise der Kundenummer) jetzt ein Verbundvermerk platziert wird.

Die reine Kennzeichnung als Schätzdatum innerhalb des eigenen IT-Systems einer verantwortlichen Stelle ist jedoch für sich genommen noch nicht ausreichend. Um den gesetzlichen Schutzzweck sicherzustellen, muss die eindeutige Kennzeichnung als Schätzdatum mit dem geschätzten Datensatz derart verbunden sein, dass der geschätzte Datensatz nur gemeinsam mit der Kennzeichnung übermittelt werden kann.[14] 32

!

Die Umsetzung einer ausnahmslos gemeinsamen Übermittlung ist mit erheblichem (technischem) Aufwand verbunden.

Ein technische Möglichkeit wäre beispielsweise, aus dem eigentlichen Datensatz samt Schätzdatum einen Hash-Wert bzw. eine Prüfsumme zu erzeugen, der/die zu einer Referenzeinheit gesondert abgespeichert wird.

Die Applikation, die für die Datenübermittlung verwendet wird, prüft bei der Übermittlung nun vorgelagert beide Prüfsummen (den vorab gespeicherten Hash-Wert und den vor der aktuellen Versendung des Datensatzes errechneten Hash-Wert). Nur in dem Fall, in dem beide Werte übereinstimmen und damit die Integrität des Datensatzes bestätigt ist, wird die Übermittlung durchgeführt.

Dieses Vorgehen kann man je nach Sensibilität der Daten noch dadurch ergänzen, dass auch der Empfänger den vorab errechneten Hash-Wert erhält und beide Werte vor einer eigenen Verarbeitung oder Nutzung eigenständig prüft.

Vertraglich kann der Empfänger verpflichtet werden, im Falle von abweichenden Werten den Datensatz unverzüglich in seinen IT-Systemen zu löschen. Auch wenn dadurch eine gesetzwidrige Übermittlung nicht rückgängig gemacht werden kann, so ist dies dennoch eine empfehlenswerte Vorsichtsmaßnahme, um schwerwiegende Rechtsfolgen zu vermeiden!

Da die Übermittlung von Schätzdaten ohne entsprechende Kennzeichnung nach § 43 Abs. 2 Nr. 1 eine Ordnungswidrigkeit darstellt[15], sollte die verantwortliche Stelle diesem Thema ausreichend Aufmerksamkeit schenken.

---

12 *Gola/Schomerus*, § 35 Rn. 6a; Simitis/*Dix*, § 35 Rn. 18; Taeger/Gabel/*Meents*, § 35 Rn. 12.
13 Simitis/*Dix*, § 35 Rn. 18. So auch die Begründung des Regierungsentwurfes, BR-Drs. 548/08, S. 37 f.
14 So auch *Gola/Schomerus*, § 35 Rn. 6a.
15 *Gola/Schomerus*, § 35 Rn. 6a; Simitis/*Dix*, § 35 Rn. 18.

5. Ausnahme: Gegendarstellung anstelle Berichtigung (Abs. 6 Satz 2)

33 Die **Berichtigungspflicht** entfällt hingegen, wenn das unrichtige Datum aus öffentlichen Quellen stammt und zu Dokumentationszwecken gespeichert wird. In diesem Fall tritt an die Stelle der Berichtigung der Anspruch, den entsprechenden Datensatz mit einer **Gegendarstellung** dauerhaft zu verknüpfen. Hinsichtlich der Art der Verbundenheit zwischen Datensatz und Gegendarstellung gilt das unter Randziffer 32 Gesagte entsprechend.

II. Löschung (Abs. 2)

1. Definition Löschen

34 Unter dem **Löschen** von Daten versteht man gemäß der Legaldefinition des § 3 Abs. 4 Satz 2 Nr. 5 die Unkenntlichmachung personenbezogener Daten.[16]

2. Recht zur Löschung

35 Gemäß Abs. 2 Satz 1 ist es der verantwortlichen Stelle generell erlaubt, vorgehaltene Daten jederzeit zu löschen, sofern solch einer **freiwilligen Löschung** nicht der Regelungsgehalt des Abs. 3 Nr. 1 und des Abs. 3 Nr. 2 entgegensteht.

36 Hiernach ist im Fall des Abs. 3 Nr. 1 eine freiwillige Löschung unzulässig, wenn ihr gesetzliche, satzungsmäßige oder vertragliche Aufbewahrungsfristen entgegenstehen. Ferner ist eine freiwillige Löschung gemäß Abs. 3 Nr. 2 unzulässig, wenn der Grund zu der Annahme besteht, dass durch eine Löschung schutzwürdige Interessen des Betroffenen beeinträchtigt werden.

37 Ergänzend können Gesetzesnormen anderer Gesetze einer freiwilligen Löschung entgegenstehen, sofern diese gemäß § 1 Abs. 3 den Regelungen des BDSG als Spezialgesetze vorgehen.

! Einer Entscheidung über die Durchführung einer Löschung nach Abs. 2 muss immer die Prüfung vorhergehen, ob die personenbezogenen Daten nicht gemäß Abs. 3 zu sperren sind. Eine verantwortliche Stelle sollte daher interne Prüf-, Freigabe- und Genehmigungsprozesse etablieren, um diese vorgelagerte interne Prüfung sicherzustellen.

3. Verpflichtung zur Löschung

38 Zu dem Recht der (freiwilligen) Löschung tritt gemäß Abs. 2 Satz 2 in vier Fällen eine **Verpflichtung zur Löschung** von personenbezogenen Daten.

39 Die Verpflichtung zur Löschung besteht unabhängig davon, ob der Betroffene sein sich aus der Verpflichtung der verantwortlichen Stelle ableitendes Recht auf Löschung geltend gemacht hat.[17] Sie besteht auch unabhängig davon, ob zeitgleich ein Anspruch auf Berichtigung geltend gemacht worden ist. Dies erklärt sich damit, dass mit der Berichtigung immer zeitgleich auch die Löschung des bisherig gespeicherten personenbezogenen Datums einhergeht.[18]

a) Unzulässigkeit der Speicherung (Abs. 2 Satz 2 Nr. 1)

40 Personenbezogene Daten sind nach Abs. 2 Nr. 1 zu löschen, wenn ihre Speicherung unzulässig ist.

41 Das Zeitmoment, an dem die Speicherung personenbezogener Daten unzulässig geworden ist, ist der Moment, in dem eine weiterführende Speicherung nicht mehr durch eine Einwilligung und/oder eine Rechtsgrundlage gerechtfertigt ist.

42 1. Die Zulässigkeit einer Speicherung kann sich nach dem Inhalt der erteilten **Einwilligung** und den Umständen der Erklärung dieser Einwilligung richten. Eine freiwillige, transparente und informierte

16 Siehe Kommentierung zu § 3, dort Rn. 91 ff.
17 Simitis/*Dix*, § 35 Rn. 24.
18 So auch Simitis/*Dix*, § 35 Rn. 25.

Einwilligung stellt eine ausreichende Rechtsmäßigkeitsgrundlage für die Speicherung dar. Wird diese Einwilligung zu irgendeinem Zeitpunkt jedoch widerrufen, so wird auch zum Zeitpunkt des Zugangs dieses Widerrufs die Speicherung unzulässig.

2. Die Zulässigkeit der Speicherung beurteilt sich ferner entsprechend den jeweils einschlägigen **Rechtsgrundlagen** (insbesondere Erlaubnistatbestände und Aufbewahrungsvorschriften). Hier kommt insbesondere den §§ 28, 29 eine entscheidende Rolle zu. **43**

Ob eine Speicherung unzulässig ist, ist (spätestens) immer **im Zeitpunkt der jeweiligen Beurteilung** zu entscheiden. Eine ursprünglich zulässige Speicherung, deren Zulässigkeit nachträglich weggefallen ist, wird unzulässig und die Daten sind nunmehr zu löschen. Eine ursprünglich unzulässige Speicherung, deren Zulässigkeit nachträglich eingetreten ist, wird zulässig und die Daten müssen daher nicht gelöscht werden. **44**

!

Verantwortliche Stellen kennen in der Regel die in ihrem eigenen IT-Systemverbund existierenden Datenarten. Wünschenswert ist die ergänzende Kenntnis aller IT-Systeme des Verbundes sowie die zwischen den IT-Systemen erfolgenden Datenflüsse des IT-Systemverbundes.

Da viele Datenarten klaren gesetzlichen Regelungen und damit klaren Löschfristen unterliegen, lassen sich Systemlöschkonzepte leicht erarbeiten (auch wenn die Implementierung oftmals um ein Vielfaches komplexer ist). Es ist ratsam, für jedes IT-System Löschregelungen zu erstellen, in denen sich die gesetzlich abzuleitenden Löschfristen wiederfinden. Automatisierte Skripte erfüllen dann durch einen routinemäßigen Lauf die der verantwortlichen Stelle obliegenden Löschverpflichtungen.

Dies gilt entsprechend für die einer verantwortlichen Stelle obliegenden Sperrverpflichtungen. Es sollte nicht übersehen werden, geeignete interne Prozesse und technische Lösungen vorzuhalten, um einem individuellen Löschbegehren eines Betroffenen (gegebenenfalls auch nur durch ein manuelles Löschen) entsprechen zu können. Der Zeitpunkt des Widerrufs einer Einwilligung lässt sich zeitlich nicht vorhersagen und daher auch innerhalb gewohnter IT-Prozesse nicht planen.

Eine sehr detaillierte Projektbeschreibung für die Einführung eines konzernweiten Löschkonzeptes findet sich unter

Annex § 35 Rn. 1 ff.

Anhand der dortigen Beschreibung lassen sich auch einzelne (kleinere) IT-Systemlöschkonzepte erarbeiten und innerhalb der verantwortlichen Stelle etablieren.

b) Besondere Arten personenbezogener Daten samt strafbarer Handlungen oder Ordnungswidrigkeiten (Abs. 2 Satz 2 Nr. 2)

Daten über die rassische oder ethnische Herkunft, politische Meinungen, religiöse oder philosophische Überzeugungen oder die Gewerkschaftszugehörigkeit, über Gesundheit oder das Sexualleben, strafbarer Handlungen oder Ordnungswidrigkeiten sind gemäß Abs. 2 Satz 2 Nr.2 immer dann zu löschen, wenn die Richtigkeit dieser Daten von der verantwortlichen Stelle nicht bewiesen werden kann. **45**

Es handelt sich hierbei inhaltlich um die **besonderen Arten** personenbezogener Daten (§ 3 Abs. 9), die um Daten **strafbarer Handlungen** und **Ordnungswidrigkeiten** ergänzt werden.

Es erscheint mehr als nur sachgerecht, dass man der verantwortlichen Stelle auferlegt, selbst richtige Daten zu löschen, wenn diese deren Richtigkeit nicht beweisen kann.[19] Das Persönlichkeitsrecht eines jeden Betroffenen kann durch Daten dieser Art sehr empfindlich und tiefgreifend verletzt werden, sodass der Schutz des Betroffenen in allen Fällen den Interessen der verantwortlichen Stelle vorgeht. Aus diesem Grund findet sich innerhalb der Gesetzesregelung auch keine vorgelagert durchzuführende Interessenabwägung. **46**

19 So auch Taeger/Gabel/*Meents*, § 35 Rn. 23; Simitis/*Dix*, § 35 Rn. 27.

47 Die **Beweislast** für die Richtigkeit liegt in allen denkbaren Fällen ausnahmslos bei der verantwortlichen Stelle. Das bedeutet, dass nicht der Betroffene beweisen muss, dass Bestandteile des Datensatzes oder der gesamte Datensatz falsch sind/ist, sondern die verantwortliche Stelle (jederzeit) beweisen muss, dass die vorgehaltenen besonders schützenswerten Daten – sowie die Fakten über strafbare Handlungen und Ordnungswidrigkeiten – richtig sind.[20] Für Annahmen und Vermutungen ist kein Raum in diesem Kontext.

48 Der entscheidende Zeitpunkt, an dem die Richtigkeit bewiesen werden muss, ist immer der Zeitpunkt der jeweiligen Beurteilung.

49 § 35 Abs. 2 Satz Nr. 2 erfasst zunächst Daten über die **rassische oder ethnische Herkunft** und damit alle Daten hinsichtlich der Zugehörigkeit eines Betroffenen zu einer Volksgruppe (auch beispielsweise Angaben über Hautfarbe, volksgruppentypische Gewohnheiten und Bräuche).

50 Daten zu **politischen Meinungen, religiösen oder philosophischen Überzeugungen** sind jede Art von Haltungs- und Gesinnungsinformationen. Ferner werden die darin wurzelnden Handlungen/Verhaltensweisen mit umfasst (beispielsweise die Mitgliedschaft in einer bestimmten Vereinigung, die Teilnahme an einer Demonstration oder Angaben über Spenden an eine politische Partei[21]).

51 Auch die Daten über eine **Gewerkschaftszugehörigkeit** oder eine Funktion innerhalb solch einer Gewerkschaft werden erfasst.

52 Daten über die **Gesundheit** sind weit zu verstehen. Sie erfassen sämtliche klassischen Patientendaten und zusätzlich jede Art von Beschreibung der körperlichen und psychischen Konstitution (positiv wie auch negativ). Auch Daten über den Drogen- und Alkoholkonsum fallen hierunter.[22]

53 Und schließlich unterfallen den Daten zum **Sexualleben** nicht nur die Auswahl des Sexualpartners, sondern auch sämtliche Informationen zur Ausrichtung, zu Vorlieben und Praktiken des Betroffenen.[23]

c) Fehlende Erforderlichkeit für eigene Zweckerfüllung (Abs. 2 Satz 2 Nr. 3)

54 Gemäß Abs. 2 Satz 2 Nr. 3 sind personenbezogene Daten zu löschen, wenn die Kenntnis für die Erfüllung des eigenen Zwecks der Speicherung nicht mehr erforderlich ist.

Es handelt sich hierbei im nicht-öffentlichen Bereich um den sicherlich häufigsten Fall, bei dem die Erhebung, Verarbeitung und Nutzung von personenbezogenen Daten aufgrund § 28 Abs. 1 im Rahmen der Begründung, Durchführung und Beendigung eines rechtsgeschäftlichen oder rechtsgeschäftsähnlichen Schuldverhältnisses erfolgt.

55 Die Verpflichtung zur Löschung entsteht in dem Moment, in dem die **Erforderlichkeit zur eigenen Zweckerreichung** nicht mehr gegeben ist. Der Maßstab der Erforderlichkeit leitet sich hierbei aus dem Recht auf informationelle Selbstbestimmung ab, das einen unmittelbaren Zusammenhang zwischen Speicherung und Verwendungszweck fordert.[24]

56 Im Fall der Verarbeitung und Nutzung von personenbezogenen Daten aufgrund einer erteilten Einwilligung ist bereits Abs. 2 Satz 2 Nr. 1 einschlägig, sodass ein Rückgriff auf Abs. 2 Satz 2 Nr. 3 nicht erforderlich ist.[25]

57 Für die Datenverarbeitung bei rechtsgeschäftlichen oder rechtsgeschäftsähnlichen Schuldverhältnissen gemäß § 28 Abs.1 ergeben sich nachfolgende Konstellationen:

58 1. Im Fall eines von beiden Seiten hinsichtlich aller Haupt- und Nebenpflichten vollständig erfüllten gegenseitigen Vertrages ist die Erforderlichkeit mit der Beendigung des Vertrages entfallen.

---

20 Simitis/*Dix*, § 35 Rn. 28.
21 Simitis/*Dix*, § 35 Rn. 29 mit weiteren Beispielen; Taeger/Gabel/*Meents*, § 35 Rn. 22.
22 Simitis/*Dix*, § 35 Rn. 30.
23 Taeger/Gabel/*Meents*, § 35 Rn. 22.
24 *Bergmann/Möhrle/Herb*, § 35 Rn. 62.
25 So auch Simitis/*Dix*, § 35 Rn. 36.

2. Im Fall eines von beiden Seiten hinsichtlich aller Haupt- und Nebenpflichten noch nicht vollständig erfüllten gegenseitigen Vertrages ist die Erforderlichkeit zu dem Zeitpunkt entfallen, in dem sämtliche Haupt- und Nebenpflichten erfüllt sind. Werden diese Haupt- und Nebenpflichten bis zum Ablauf des Verjährungsanspruches nicht erfüllt, so ist schließlich mit Ablauf der Verjährungsfrist die Erforderlichkeit entfallen.

!

In vielen vertraglichen Konstellationen treffen den (ehemaligen) Kunden zum Zeitpunkt der Vertragsbeendigung oder in der sich unmittelbar angrenzenden Zeit vertragliche Nebenpflichten (beispielsweise die Rücksendung von Hardware, die Datenmigration und -bereinigung im angemieteten Storage, die Deinstallation überlassener Applikationen).

In der Praxis spricht man von noch offenen Work-Orders, die auch nach dem Zeitpunkt der Vertragsbeendigung abzuarbeiten sind. In diesen Fällen fällt der Zeitpunkt der Verpflichtung zur Löschung nicht auf den letzten Tag der Vertragsbeziehung, sondern erst auf den Zeitpunkt, an dem alle noch bis dahin offenen Work-Orders geschlossen sind.

Arbeiten Sie daher die im speziellen Einzelfall noch bestehenden, offenen vertraglichen Haupt- und Nebenpflichten ab. Erst wenn alle Haupt- und Nebenpflichten erfüllt und insbesondere alle offenen Forderungen beglichen wurden, ist die Erforderlichkeit entfallen.

In Fällen der Telekommunikationsunternehmen fällt die Verpflichtung zur Löschung von Bestandsdaten gemäß § 95 Abs. 3 TKG jeweils auf den Ablauf des auf die Beendigung folgenden Kalenderjahres. Aber selbst diese gesetzlich normierte Löschverpflichtung steht unter der Bedingung, dass zu diesem Zeitpunkt alle Haupt- und Nebenpflichten des Vertrages vollumfänglich erfüllt worden sind.

Die **Kundenpflege** nach Erfüllung eines Auftrages (beispielsweise die Warenauslieferung nach deren Bestellung) stellt daneben einen ausreichenden eigenen Zweck zur weiteren Verarbeitung und Nutzung der personenbezogenen Daten dar.[26] 59

Im arbeitsrechtlichen Kontext hat sich durch die Rechtsprechung des Bundesarbeitsgerichtes eine weiterführende Konkretisierung ergeben: 60

1. So sind nach Abschluss eines Bewerbungsverfahrens **Bewerbungsunterlagen** der abgewiesenen Bewerber in der Regel nicht mehr erforderlich.[27]

!

Aufgrund des Allgemeinen Gleichbehandlungsgesetzes, das eine zweimonatige Frist für die Geltendmachung von Ansprüchen auf Beseitigung von Beeinträchtigungen im Zusammenhang mit einer Benachteiligung vorsieht (§ 21 Abs. 5 Satz 1 AGG), ist es empfehlenswert, sämtliche Bewerbungsunterlagen mindestens für diesen Zeitraum aufzubewahren.

Die Unterlagen von Bewerbern, die innerhalb dieser Frist einen entsprechenden Anspruch geltend machen, können selbstverständlich bis zum Abschluss des Verfahrens aufbewahrt werden.

2. Hinsichtlich **arbeitsrechtlicher Abmahnungen** gibt es keine Regelfristen, innerhalb derer eine Abmahnung ihre Wirkung verliert.[28] Dies sieht das Bundesarbeitsgericht nunmehr auch so im Fall der außerordentlichen Kündigung.[29] In Einzelfällen kann sich jedoch durch Fristablauf eine Löschverpflichtung für die verantwortliche Stelle dahingehend ergeben, dass veraltete Abmahnungen aus der Personalakte zu entnehmen sind. 61

Ausnahmen von der einer der verantwortlichen Stelle obliegenden Löschverpflichtung gemäß Abs. 2 Satz 2 Nr. 3 können sich nur aufgrund von Abs. 3 Nr. 1 ergeben.

---

26 So auch Taeger/Gabel/*Meents*, § 35 Rn. 27; *Schaffland/Wiltfang*, § 33 Rn. 36; anders *Bergmann/Möhrle/Herb*, § 35 Rn. 66.
27 BAG NJW 1984, 2910; *Bergmann/Möhrle/Herb*, § 35 Rn. 64.
28 *Schaub*, § 132, Rn. 16.
29 BAG NZA 2010, 1227.

d) Fehlende Erforderlichkeit längerwährender Speicherung (Abs. 2 Nr. 4)

62 Personenbezogene Daten, die **geschäftsmäßig zum Zweck der Übermittlung** verarbeitet werden, sind gemäß Abs. 2 Satz 2 Nr. 4 zu löschen, wenn eine Prüfung am Ende des vierten Kalenderjahres seit der erstmaligen Speicherung ergibt, dass eine weiterführende Speicherung nicht erforderlich ist. Im Falle von Daten über erledigte Sachverhalte, deren Löschung der Betroffene nicht widersprochen hat, hat diese Prüfung bereits am Ende des dritten Kalenderjahres zu erfolgen.

63 Eine zeitlich unbefristete (ungeprüfte) Speicherung ist für solche verantwortliche Stellen, insbesondere für Auskunfteien, demnach nicht zulässig.[30] Jedoch sind längere **Speicherungszeiträume** durchaus zulässig, wenn man im Rahmen der durchzuführenden Prüfung zu dem Ergebnis kommt, dass eine weiterführende Speicherung erforderlich ist. Im Fall der erledigten Sachverhalte ist zusätzlich erforderlich, dass der Betroffene einer Löschung nicht widersprochen hat.[31]

64 Die gesetzlich geforderte **Erforderlichkeitsprüfung** kann zu jedem vorgelagerten Zeitpunkt, muss jedoch spätestens zu den gesetzlich explizit genannten Zeitpunkten erfolgen.

65 Die Fristen des Abs. 2 Satz 2 Nr. 4 beginnen in allen Fällen jeweils am 01.01. des unmittelbar folgenden Jahres, in dem der Datensatz zum ersten Mal erhoben worden ist. Die Frist endet in allen Fällen nach drei bzw. vier Jahren jeweils mit Ablauf des 31.12. (Ersterhebung am 20.11.2000, Fristbeginn am 01.01.2001, Fristende am 31.12.2003 bzw. am 31.12.2004).

66 Duch die Überprüfungspflicht „jeweils" am Ende eines Kalenderjahres kommt der Gesetzgeberwille zum Ausdruck, dass sich diese Fristläufe im Falle der positiven Erforderlichkeitsprüfung in entsprechender Weise fortsetzen sollen/müssen.[32] (Überprüfung der Vierjahresfrist am 20.12.2004, eigentliches Fristende 31.12.2004, neuer Fristbeginn am 01.01.2005, neues Fristende am 31.12.2008).

67 Die der verantwortlichen Stelle obliegende Überprüfungspflicht verpflichtet diese auch zur **Dokumentation des Ergebnisses** dieser Überprüfung.[33]

4. Sonderfall Abs. 2 Satz 3

68 Ferner ist die verantwortliche Stelle in den Sonderfällen des Abs. 2 Satz 3 zur Löschung personenbezogener Daten verpflichtet, wenn der Vertrag, der Grundlage für die Erhebung, Verarbeitung und Nutzung der personenbezogenen Daten war, beendet ist und der Betroffene dies verlangt.

69 Die Regelung zielt ausnahmslos auf personenbezogene Daten, die auf der Grundlage des § 28a Abs. 2 Satz 1 oder § 29 Abs. 1 Satz 1 Nr. 3 erhoben worden sind.

a. § 28a Abs. 2 Satz 1 betrifft die von Kreditinstituten erhobenen und an Auskunfteien übermittelten personenbezogenen Daten über die Begründung, ordnungsgemäße Durchführung und Beendigung eines Bankgeschäftes;

b. § 29 Abs. 1 Satz 1 Nr. 3 erfasst die von verantwortlichen Stellen zum Zwecke der Übermittlung, insbesondere der Werbung, der Tätigkeit von Auskunfteien oder dem Adresshandel geschäftsmäßig erhobenen personenbezogenen Daten.

70 Da vor allem im Rahmen von Bankgeschäften Datenübermittlungen nur auf der Grundlage einer Einwilligung an Auskunfteien übermittelt und dort gespeichert werden dürfen, ist das Löschverlangen eines Betroffenen nichts anderes als der Widerruf seiner damals erteilten Einwilligung. Widerruft der Betroffene seine Einwilligung, führt dies zur Löschverpflichtung bei den Übermittlungsempfängern (insbesondere bei den Auskunfteien).[34]

---

30 Simitis/*Dix*, § 35 Rn. 40.
31 Vgl. BT-Drs. 16/10529, S. 18 f.
32 Simitis/*Dix*, § 35 Rn. 42.
33 So auch *Gola/Schomerus*, § 35 Rn. 14; Taeger/Gabel/*Meents*, § 35 Rn. 29.
34 Taeger/Gabel/*Meents*, § 35 Rn. 30.

III. Sperrung (Abs. 3)

1. Definition

Unter **Sperren** versteht der Gesetzgeber gemäß der Legaldefinition des § 3 Abs. 4 Nr. 4 das Kennzeichnen gespeicherter personenbezogener Daten, um deren weitere Verarbeitung oder Nutzung einzuschränken.[35] 71

2. Verpflichtung zur Sperrung

In den gesetzlich genannten Fällen des Abs. 3 tritt an die ursprüngliche Verpflichtung zur Löschung eine Verpflichtung zur Sperrung. 72

a) Sperrung bei gesetzlichen, satzungsmäßigen oder vertraglichen Aufbewahrungsfristen, Abs. 3 Nr. 1

Daten sind gemäß Abs. 3 Nr. 1 im Falle von bestehenden gesetzlichen, satzungsmäßigen oder vertraglichen Aufbewahrungsfristen zu sperren. 73

Nach Abs. 3 Nr. 1 tritt an die Stelle der Löschung eine Sperrung, sofern der gesetzlich vorgesehenen Löschung des Abs. 2 Satz 2 Nr. 3 **gesetzliche, satzungsmäßige oder vertragliche Aufbewahrungsfristen** entgegenstehen.

Dies ist der einzige Fall, in dem eine an sich bestehende Löschverpflichtung des Abs. 2 zu einer **Sperrverpflichtung** wird. In allen anderen Fällen des Abs. 2 verbleibt es ausnahmslos bei den genannten Löschverpflichtungen der verantwortlichen Stelle.[36]

Neben den individuell vertraglich vereinbarten und den sich satzungsmäßig auferlegten Aufbewahrungsfristen kommen im Rahmen der gesetzlichen Aufbewahrungsfristen dem § 257 Abs. 1 HGB und § 147 AO eine zentrale Bedeutung zu. Diese Gesetzesnormen verpflichten die verantwortliche Stelle, Geschäftsunterlagen (und die darin enthaltenen Daten sowie die von diesen Unterlagen referenzierten Datensätze) für handelsrechtliche und steuerrechtliche Zwecke geordnet aufzubewahren. 74

!

Personenbezogene Daten, die aufgrund von § 257 HGB oder § 147 AO gesperrt aufbewahrt werden müssen, sind letztlich nur noch für Steuerprüfungen durch die Finanzämter vorzuhalten. Derart aufzubewahrende Daten sind dem internen Zugriff der verantwortlichen Stelle **vollständig** zu entziehen. Ein Zugriff im Rahmen von Steuerprüfungen ist ausnahmslos partiell (hinsichtlich des zur Prüfung stehenden Jahres) und temporär (für die Dauer der Prüfung und gegebenenfalls der Nachbereitung) zulässig.

Ferner ist ein Zugriff sicherlich dann zulässig, wenn der Betroffene in den Zugriff auf die rechtmäßig vorgehaltenen (gesperrten) personenbezogenen Daten einwilligt. Dies kann im Rahmen spezieller Auskunftsersuchen vorkommen. In diesen Fällen muss ein Zugriff auf die personenbezogenen Daten des Betroffenen zulässig sein.

b) Sperrung bei Beeinträchtigung schutzwürdiger Interessen des Betroffenen, Abs. 3 Nr. 2

Daten sind gemäß Abs. 3 Nr. 2 zu sperren, wenn Grund zu der Annahme besteht, dass durch eine Löschung schutzwürdige Interessen des Betroffenen beeinträchtigt werden. 75

Gemäß Abs. 2 Nr. 2 sind Daten zu sperren (und damit nicht zu löschen), sofern Grund zu der Annahme besteht, dass durch eine Löschung dieser Daten schutzwürdige Interessen der Betroffenen beeinträchtigt werden könnten.

---

35 Siehe Kommentierung zu § 3, dort Rn. 86 ff.

36 Anders im Fall der freiwilligen Löschung. Hierzu siehe Rn. 38 ff.

76 Der Begriff der **schutzwürdigen Interessen** ist weit zu verstehen und je Einzelfall vonseiten der verantwortlichen Stelle zu prüfen.[37] Es lassen sich diesbezüglich keine inhaltlich abschließenden Konstellationen benennen.

Die verantwortliche Stelle hat im Rahmen dieser Prüfung den Zustand in ihre Überlegungen einzubeziehen, der im Fall der Löschung bestehen würde. Auf der Grundlage dieser **hypothetischen Annahme** ist nun zu bestimmen, ob die Interessen des Betroffenen beeinträchtigt wären. Kommt die verantwortliche Stelle bei dieser Interessenabwägung zu dem Ergebnis, dass sich Beeinträchtigungen ergeben würden, so trifft die verantwortliche Stelle die benannte Sperrverpflichtung.

c) Sperrung bei Unmöglichkeit und bei unverhältnismäßigem Aufwand, Abs. 3 Nr. 2

77 Daten sind gemäß Abs. 3 Nr. 3 zu sperren, wenn die Löschung wegen der besonderen Art der Speicherung nicht oder nur mit unverhältnismäßig hohem Aufwand möglich ist.

Nach Abs. 3 Nr. 3 tritt eine Sperrung an die Stelle der Löschung, soweit eine Löschung wegen der besonderen Art der Speicherung **unmöglich** oder nur mit **unverhältnismäßig hohem Aufwand** möglich ist.

78 Diese Norm ist restriktiv und damit einschränkend auszulegen.[38] Sie soll die verantwortliche Stelle letztlich nur vor nicht umsetzbaren und vor wirtschaftlich – insbesondere finanziell – vollständig ausufernden Verpflichtungen schützen.

aa) Unmöglichkeit der Datenlöschung

79 Die Unmöglichkeit einer Datenlöschung ist in der heutigen Zeit jedoch kaum vorstellbar, wodurch diese Alternative faktisch leerläuft.

Nicht überzeugend sind Ausführungen, dass Daten auf nicht **wiederbeschreibbaren Medien** (beispielsweise einer CD-ROM) nicht gelöscht werden können und daher mit einem Sperrvermerk auf der Außenseite des Mediums zu versehen sind.[39]

80 Bereits aus der **Organisationsverpflichtung** der Anlage zu § 9 ergibt sich die Verpflichtung für eine verantwortliche Stelle, in Fällen möglicher (entstehender) selektiver Löschverpflichtungen ausnahmslos wiederbeschreibbare Medien einzusetzen oder zumindest Jahrgangsmedien zu erstellen. Bei der Wahl des sachgerecht wiederbeschreibbaren Mediums ist die Löschung von Daten niemals unmöglich.

Aber selbst wenn man das Bestehen solch einer Verpflichtung verneinen will, so lassen sich Daten auf nur lesbaren Medien (CD-ROM) letztlich dadurch selektiv löschen, indem man den Inhalt über ein anderweitiges Speichermedium anteilig umkopiert und das ursprüngliche Medium vernichtet.[40]

81 Die Unmöglichkeit einer Datenlöschung kann es demnach IT-systemseitig nicht geben.

bb) Unverhältnismäßiger Aufwand

82 Für verantwortliche Stellen hat die zweite Alternative ein wesentlich entscheidenderes Gewicht, die die Verpflichtung zur Löschung entfallen lässt, sofern diese einen unverhältnismäßigen Aufwand für die verantwortliche Stelle entstehen lassen würde. Aber auch in diesem Fall ist der Anwendungsbereich wesentlich geringer als es zunächst scheint.

83 Moderne IT-Systeme speichern personenbezogene Daten in **standardisierten Datenbanken**, in denen man durch den einfachen Befehl „DELETE" zu löschende Daten löschen kann. Auch wenn einmalig die Kompatibilität von Schnittstellen des IT-Systems mit dem restlichen IT-Systemverbund zu überprüfen ist (was passiert im IT-Systemverbund, wenn beispielsweise ein Bankverbindungsfeld zukünftig nicht mehr

37 Simitis/*Dix*, § 35 Rn. 49.
38 Simitis/*Dix*, § 35 Rn. 50.
39 So noch *Gola/Schomerus*, § 35 Rn. 17.
40 So auch Simitis/*Dix*, § 35 Rn. 50.

eine Zahl, sondern aufgrund der Löschung den Buchstaben „X" enthält), so ist die eigentliche Löschung ohne großen Aufwand durchführbar.[41]

In älteren IT-Systemen ist der Aufwand für das Löschen von Daten gegebenenfalls dadurch größer, dass die Daten nicht in einer standardisierten Datenbank gespeichert werden, die Software über all die Jahre auf Kundenwunsch mehrfach individuell angepasst worden ist (ohne diese Änderungen in einem ausreichenden Umfang zu dokumentieren), Informationen zur Systemarchitektur und zu Datenflussplänen fehlen. 84

Die Bereinigung dieser nicht selten vorgefundenen Zustände eines über die Jahre gewachsenen IT-Systemverbundes sind zumindest mittelbar Kosten des nachfolgenden Löschens und sind daher im Rahmen des Gesamtaufwandes zu berücksichtigen. 85

Ob sich daraus jedoch ein unverhältnismäßiger Aufwand für die verantwortliche Stelle ableitet, ist eine Frage des Einzelfalles und sicherlich nur in seltenen Fällen tatsächlich anzunehmen.

> Mitarbeiter der Bundesnetzagentur haben sich in den vergangenen Jahren mehrfach dahingehend geäußert, dass man einen „unverhältnismäßigen Aufwand" im Zeitalter von z.B. SQL-Datenbanken nicht mehr für einschlägig erachtet.
>
> Auch wenn sich die Bundesnetzagentur bis heute zu diesem Thema nicht offiziell verbindlich erklärt hat, so sollten verantwortliche Stellen diese „Tendenz" in die eigenen Überlegungen einfließen lassen. Zumal sich auch bereits anderweitige Aufsichtsbehörden – jeweils nach Rücksprache mit den hauseigenen Informatikern – in entsprechender Weise mündlich geäußert haben.

In mindestens zwei Fällen ist aber auch heute noch ein unverhältnismäßiger Aufwand im Kontext einer Löschung von Daten leicht vorstellbar:

d) Archiv- und Back-up-Medien

Derartige **Archiv- und Back-up-Medien** enthalten je verantwortliche Stelle personenbezogene Daten völlig unterschiedlicher Sicherungszeiträume und werden je verantwortliche Stelle in völlig unterschiedlichen Zyklen überschrieben. Es gibt sowohl Tages-, Wochen-, Monats- als auch Jahressicherungen. 86

Während Tagessicherungen in der Regel spätestens alle sieben Tage überschrieben werden, werden Jahressicherungen gewöhnlich für wesentlich längere Zeiträume erstellt.

Aus solchen Sicherungsmedien nun einzelne personenbezogene Daten zu löschen, kann sehr schnell zu einem unverhältnismäßigen Aufwand führen. Um den Inhalt dieser Medien überhaupt verarbeiten zu können, müssen die Inhalte dieser Medien in das IT-System erneut eingespielt werden, das zum damaligen Zeitpunkt gesichert worden ist und das als Produktivsystem im Idealfall heute noch im Einsatz ist, jedoch aktuellere und damit abweichende Datensätze enthält. 87

Bereits aus diesem Grund kann man den Datenaltbestand des Sicherungsmediums nicht einfach in das Produktivsystem einspielen. Ein Einspielen würde zumindest als Folge haben, das die verantwortliche Stelle ab dem Zeitpunkt der Einspielung auf diesem Produktivsystem nicht mehr arbeiten kann. Im Falle des eigenen CRM-Systems ein undenkbarer Zustand mit erheblichen finanziellen Auswirkungen.

Selbst gegebenenfalls existierende Parallelsysteme in den Test- und Entwicklungsumgebungen weisen zumeist nicht mehr die damalige Konfiguration des Produktivsystems auf und sind daher für ein Einspielen nur bedingt geeignet. 88

Die verantwortliche Stelle müsste demnach zumindest für jedes Jahres-Back-up ein identisches Produktivsystem vorhalten, um die gesicherten Daten problemlos einspielen und bearbeiten zu können. Diese Einspielung müsste nunmehr – mit Ausnahme der Bestandsdaten-Sicherungsmedien von Telekommunikati-

---

41 Gesetzeskonformes Löschen verlangt ein mehrfaches Überschreiben und kann auch zum Erfordernis einer Datenbank-Reorganisation führen. Hierbei entsteht ein sicherlich höherer Aufwand, jedoch sicherlich kein unverhältnismäßiger Aufwand.

onsunternehmen – an jedem Tag erfolgen, an dem hinsichtlich auch nur eines Datensatzes der Zweck für die Verarbeitung und Nutzung entfallen ist. Ein Zustand, den sich keine verantwortliche Stelle finanziell leisten kann.

89 Da diese Sicherungsmedien auch aufgrund der erheblich größeren Datenmengen nicht einfach auf andere Medien umkopiert werden können, führt solch ein (nur anteiliges) Löschen unweigerlich zu einem unverhältnismäßigen Aufwand bei jeder verantwortlichen Stelle.

! Aufsichtsbehörden haben Kenntnis von diesen Umständen und in der Regel Verständnis für die Notwendigkeit eines abweichenden Vorgehens.

Sofern Archiv- und Back-up-Medien sicher verwahrt werden und hierauf auch innerhalb der verantwortlichen Stelle nicht zugegriffen werden kann, lassen sich in diesem speziellen Kontext immer vernünftige Vorgehensweisen finden.

e) Aufbewahrte Altsysteme

90 Die **Grundsätze zum Datenzugriff und zur Prüfbarkeit digitaler Unterlagen (GDPdU)** legen verantwortlichen Stellen Aufbewahrungsregeln für ihre digitalen Unterlagen für den Fall der Betriebsprüfungen auf.

Aus diesem Grund werden in der Regel nicht mehr produktive Altsysteme samt den enthaltenen personenbezogenen Daten gemeinschaftlich aufbewahrt.

91 Das Vorhaben, solche Altsysteme wieder zum Leben erwecken zu wollen, verursacht sicherlich einen unverhältnismäßigen Aufwand. Dies gilt vor allem in den Fällen, in denen das erforderliche Know-how und die damaligen Systemadministratoren die verantwortliche Stelle zwischenzeitlich verlassen haben oder die systemseitige Basisinstallation nicht mehr existiert, um dieses System betreiben zu können.

! In solch einem Fall kann man von der verantwortlichen Stelle keine mehrfach anteilige unterjährige Datenlöschung verlangen.

Das aus Gründen des Datenzugriffes und der Prüfbarkeit vorgehaltene Altsystem sollte in diesem heruntergefahrenen Zustand sicher verwahrt werden und sichergestellt sein, dass auch innerhalb der verantwortlichen Stelle hierauf nicht zugegriffen werden kann.

Das Altsystem sollte samt den darin vorgehaltenen Daten mit Ablauf der längsten Aufbewahrungsfrist des jüngsten Einzeldatensatzes zusammen vernichtet werden.

92 **Annex: „Unverhältnismäßigkeit" – ein praxistauglicher Annäherungsversuch:**

Bei der Beurteilung, ob ein Aufwand unverhältnismäßig ist oder nicht, lässt der Gesetzgeber die verantwortliche Stelle ohne die Benennung ausdrücklicher Rahmenbedingungen und Bezugspunkte, zu denen ein Aufwand ins Verhältnis zu setzen ist, alleine.

Im Bereich der PKW-Schäden hat sich hinsichtlich der §§ 249 BGB und 251 BGB eine zwischenzeitlich gefestigte Rechtsprechung herausgebildet, die Herstellungs-/Reparaturkosten von mehr als 130 % des Wiederbeschaffungswertes des beschädigten PKW als unverhältnismäßig erachtet. Zeitgleich wird jedoch fortwährend betont, dass sich solch schematische Grenzen auf andersartige Schäden oder Sachverhalte nicht übertragen lassen.[42] Eine Gesamtbetrachtung aller Umstände des Einzelfalles sei, wie so oft auch hier, erforderlich.

Und dennoch kann genau diese Rechtsprechung dazu beitragen, ein Gefühl für das Erreichen der Unverhältnismäßigkeitsgrenze auch im Kontext des § 35 zu erhalten.

Unterstellt man die Annahme, dass ein nicht gesetzeskonformes gelöschtes Medium oder IT-System ein beschädigtes Medium oder IT-System darstellen und dass die Löschung selbst bzw. die Implementierung einer Löschroutine (samt der Durchführung der Löschung) eine Reparatur dieses Mediums

42 Palandt/*Grüneberg*, § 251 Rn. 6.

oder IT-Systems darstellt, so kann man den mit der Löschung oder Implementierung der Löschroutine (samt der Durchführung der Löschung) einhergehenden Aufwand ins Verhältnis setzen.

Die 130-%-Regelung auf diesen Fall entsprechend angewendet, wäre der Aufwand zur Durchführung einer Löschung oder zur Implementierung einer Löschroutine (samt der Durchführung der Löschung) unverhältnismäßig, wenn

Löschaufwand > 1,3 x Kosten IT-System (Produktivsystem).

Zum Löschaufwand selbst gehören u.a. Planung- und Umsetzungskosten sowie die Kosten für nachfolgend eventuell gesteigerten Betriebs- und Wartungsaufwand. Zu den Kosten des IT-Systems selbst gehören u.a. Betriebs- und Wartungskosten sowie der Zeitwert des IT-Systems.

Im Rahmen einer durchzuführenden ganzheitlichen Kostenbetrachtung ist für sehr finanzstarke (profitable) Unternehmen der Multiplikationsfaktor zu erhöhen. Hier erscheinen Faktoren ab 1,5 als sachgerecht.

Überträgt man diese zugegeben nicht ganz passende Konstellation auf die genannten Fälle, so lassen sich die zuvor getroffenen Aussagen belegen.

- Das selektive Löschen durch ein einfaches Umkopieren einer handelsüblichen CD-ROM stellt niemals einen wesentlich größeren Aufwand dar, als das erstmalige Erstellen einer solchen CD-ROM oder DVD. Unverhältnismäßigkeit kann nicht angenommen werden.
- Das selektive Löschen eines Archiv- und Back-up-Mediums kann die benannte Grenze des Erstellungsaufwandes durchaus überschreiten.
- Die erneute Aktivierung eines aus GDPdU-Gründen aufbewahrten Altsystems überschreitet diese Aufwandsgrenze in jedem Fall.

f) Sperrung bei bestrittener Richtigkeit durch Betroffenen, Abs. 4

Und schließlich sind Daten gemäß Abs. 4 zu sperren, sofern die Richtigkeit der Daten vom Betroffenen **93** bestritten wird und sich weder die Richtigkeit noch die Unrichtigkeit der Daten feststellen lässt.

Diese Regelung entspricht der Regelung des § 20 Abs. 4. Erfasst werden unrichtige personenbezogene **94** Daten eines Betroffenen wie auch richtige Daten, sofern diese dem falschen Betroffenen zugeordnet sind.[43]

Der Betroffene muss lediglich **bestreiten**, dass die zu seiner Person gespeicherten Daten unrichtig sind, **95** ohne zeitgleich dazu verpflichtet zu sein, die Unrichtigkeit zu beweisen oder die richtigen Daten zu nennen.[44]

Ein ausreichendes Bestreiten liegt bereits dann vor, wenn der Tatsachenvortrag des Betroffenen **nicht offensichtlich unzutreffend** ist oder sich auf überaus unwahrscheinliche Konstellationen stützt.[45]

Lässt sich hierauf weder die Richtigkeit noch die Unrichtigkeit der Daten feststellen, so sind in solch einem **96** Non-liquet-Fall diese personenbezogenen Daten zu sperren.

Abs. 4 ist nicht anwendbar, wenn die verantwortliche Stelle die Richtigkeit der in Abs. 2 Nr. 2 genannten **97** Daten nicht beweisen kann. In diesem Fall geht die dortige Löschverpflichtung vor. Abs. 4 ist ferner in den Fällen des Abs. 6 nicht anwendbar, bei denen die personenbezogenen Daten aus allgemein zugänglichen Quellen entnommen und zu Dokumentationszwecken gespeichert wurden. In diesem Fall ist auf Verlangen des Betroffenen eine Gegendarstellung beizufügen.[46]

---

43 Simitis/*Dix*, § 35 Rn.52; *Bergmann/Möhrle/Herb*, § 35 Rn. 115.
44 Zum erforderlichen Tatsachenvortrag und der Beweislast siehe die Ausführungen bei *Bergmann/Möhrle/Herb*, § 35 Rn. 112 ff.
45 Taeger/Gabel/*Meents*, § 35 Rn. 35.
46 Simitis/*Dix*, § 35 Rn. 53.

3. Übermittlungsverbot (Abs. 4a)

98 Gesperrte Daten dürfen innerhalb einer verantwortlichen Stelle nicht weiter verarbeitet oder genutzt werden. Damit geht einher, dass gesperrte Daten aufgrund des **Übermittlungsverbotes** die verantwortliche Stelle auch nicht mehr verlassen dürfen.

99 Selbst die Information, dass Daten gesperrt sind, darf seit der Novelle des BDSG im Jahr 2009 – durch den neu eingefügten Abs. 4a – nun nicht mehr übermittelt werden, da negative Rückschlüsse aus dem Umstand der Sperrung nicht auszuschließen sind.[47] Daher verlangt es der Schutz des Persönlichkeitsrechts, die gesetzeskonforme Sperrung von Daten um den Umstand eines **Kommunikationsverbotes** hierüber zu ergänzen.

100 Damit wird zudem ein vollständiger Gleichklang zwischen gelöschten und gesperrten Daten hergestellt. Gelöschte Daten können nicht, gesperrte Daten dürfen nicht verarbeitet (insbesondere übermittelt) und genutzt werden. Der Umstand der Löschung kann nicht, der Umstand der Sperrung darf nicht übermittelt werden. Im Ergebnis eine überfällige und überaus sachgerechte Ergänzung der Gesetzesnorm.

4. Ausnahme: Übermittlung und Nutzung gesperrter Daten (Abs. 8)

101 Die Grundregel des BDSG besagt, dass gesperrte personenbezogene Daten von einer verantwortlichen Stelle nicht weiter verarbeitet oder genutzt werden dürfen. Von dieser gesetzlichen Vorgabe gibt es zwei Ausnahmen.

1. Einwilligung des Betroffenen: Entsprechend der gewohnten Systematik des BDSG stellt die rechtswirksame **Einwilligung** eines Betroffenen die erste Ausnahme des gesetzlichen Übermittlungs- und Nutzungsverbotes dar.
2. Erlaubnistatbestand: Ohne die rechtswirksame Einwilligung eines Betroffenen kann die verantwortliche Stelle gesperrte Daten nur bei Vorliegen einer der nachfolgend genannten **Zweckkonstellationen** übermitteln und nutzen. Eine Ausnahme kommt demnach in Betracht
   a) im Fall von **wissenschaftlichen Zwecken** oder
   b) im Fall der erforderlichen **Behebung einer bestehenden Beweisnot** oder
   c) im Fall von **sonstigen Gründen**.

Im Fall c) ist aufgrund der Weite der denkbaren Zwecke zusätzlich eine **Interessensabwägung** erforderlich, bei der die Interessen der verantwortlichen Stelle oder eines beliebigen Dritten den Interessen des Betroffenen vorgehen müssen.

102 In allen diesen vorgenannten Konstellationen muss zeitgleich ergänzend gegeben sein, dass

a) die Übermittlung und Nutzung unerlässlich ist und
b) dass die Daten, wären diese nicht gesperrt, aufgrund eines anderweitigen gesetzlichen Erlaubnistatbestands übermittelt und genutzt werden dürften.

103 „**Unerlässlich**" ist dem Verständnis nach und entsprechend seiner Bedeutung im engen Anwendungsfeld dieser gesetzlichen Ausnahmeregelung wesentlich mehr als das ansonsten geläufige Kriterium der „Erforderlichkeit". Unerlässlich bedeutet, dass ausnahmslos durch die Entsperrung der Daten die Zweckerreichung möglich ist.[48] Solange auch nur die Möglichkeit eines alternativen Weges besteht, ist der Anwendungsfall dieser Ausnahmeregelung nicht eröffnet.

104 Hat man die Unerlässlichkeit im Einzelfall festgestellt, so ist nun noch die Anwendbarkeit des diesen konkreten Einzelfall legitimierenden gesetzlichen **Erlaubnistatbestandes** zu prüfen.[49] Kommt man im Rahmen dieser Prüfung zu dem Ergebnis, dass nicht gesperrte Daten auf der Grundlage dieses Erlaubnistatbestandes hätten übermittelt und genutzt werden dürfen, so kann die verantwortliche Stelle die an sich gesperrten Daten ausnahmsweise übermitteln und nutzen.

---

47 *Gola/Schomerus*, § 35 Rn. 20a.
48 So auch *Gola/Schomerus*, § 35 Rn. 21.
49 *Gola/Schomerus*, § 35 Rn. 21.

IV. Ausnahme: Daten aus öffentlichen Quellen (Abs. 6)

Sind Daten objektiv unrichtige oder deren Richtigkeit vom Betroffenen begründet infrage gestellt, müssen diese Daten ausnahmsweise nicht berichtigt, gesperrt oder gelöscht werden, sofern 105

1. die verantwortliche Stelle diese Daten **geschäftsmäßig zum Zwecke der Übermittlung** gespeichert hat und
2. diese Daten aus **allgemein zugänglichen Quellen** stammen und
3. diese Daten zu **Dokumentationszwecken** gespeichert wurden.

Diese enge Ausnahme gilt für alle Arten von Daten, die sich nicht den Kategorien des Abs. 2 Nr. 2 zuordnen lassen. Für die dort genannten Arten von Daten findet diese Ausnahmeregelung keine Anwendung. 106

Der Betroffene muss hierbei nicht den Nachweis erbringen, dass die Daten unrichtig sind.[50] Das **einfache Bestreiten** des Betroffenen reicht für die Begründung dieses Betroffenenrechtes aus. 107

Die drei im Gesetz genannten Voraussetzungen müssen gemeinsam zeitgleich vorliegen. Man spricht insofern von kumulativen Voraussetzungen. Fehlt nur eine der benannten Voraussetzungen, findet die Gesetzesnorm keine Anwendung.[51] Es handelt sich daher um eine sehr eingeschränkt anwendbare Gesetzesnorm, die Stellen wie Auskunfteien oder Rechercheunternehmen, die beispielsweise Presseauswertungen zur Verfügung stellen, betreffen.[52] 108

Sofern solche verantwortlichen Stellen nun ausnahmsweise nicht berichtigen, nicht sperren und nicht löschen müssen, erhält der Betroffene – sozusagen ersatzweise – das **Recht auf eine Gegendarstellung**. 109

Die verantwortliche Stelle hat die personenbezogenen Daten dauerhaft und untrennbar bis zu deren Löschung mit einer Gegendarstellung zu versehen. Die Verbindung zwischen Datensatz und Gegendarstellung muss technisch und organisatorisch derart ausgestaltet werden, dass der Datensatz ohne Gegendarstellung nicht mehr an Dritte übermittelt werden kann.[53]

Technische Verbindung von Datensatz und Gegendarstellung

Zur technischen und organisatorischen Umsetzung der Verbindung zwischen dem Datensatz und der Gegendarstellung gelten die Ausführungen unter Randnummer 32 (Kennzeichnung geschätzter Daten) entsprechend.

V. Widerspruch (Abs. 5)

Betroffene können gemäß Abs. 5 der Erhebung, Verarbeitung oder Nutzung ihrer Daten widersprechen, sofern 110

1. das **schutzwürdige Interesse** des Betroffenen wegen seiner besonderen persönlichen Situation das Interesse der verantwortlichen Stelle an der Erhebung, Verarbeitung oder Nutzung überwiegt (Abs. 5 Satz 1) und
2. **keine Rechtsvorschrift** die verantwortliche Stelle zur Erhebung, Verarbeitung oder Nutzung gesetzlich **verpflichtet** (Abs. 5 Satz 2).

Beide genannten Voraussetzungen müssen gemeinsam zeitgleich vorliegen. Man spricht insofern von kumulativen Voraussetzungen.

Das **Widerspruchsrecht** besteht unabhängig davon, ob die Daten richtig oder unrichtig sind.[54] Dennoch ist die vornehmliche Zielrichtung der Gesetzesnorm auf richtige Daten ausgerichtet, da dem Betroffenen im Falle von unrichtigen Daten bereits ein Berichtigungsanspruch gemäß Abs. 1 Satz 1 zusteht. 111

---

50 Simitis/*Dix*, § 35 Rn. 64, *Gola/Schomerus*, § 35 Rn. 8.
51 Simitis/*Dix*, § 35 Rn. 60 f.
52 Simitis/*Dix*, § 35 Rn. 61, *Gola/Schomerus*, § 35 Rn. 7.
53 *Gola/Schomerus*, § 35 Rn. 8.
54 Taeger/Gabel/*Meents*, § 35 Rn. 43; *Bergmann/Möhrle/Herb*, § 35 Rn. 118.

Das Widerspruchsrecht steht dem Betroffenen auch unabhängig davon zu, ob die zugrundeliegende Datenverarbeitung und -nutzung rechtmäßig oder unrechtmäßig erfolgt. Auch diesbezüglich ist die vornehmliche Zielrichtung der Gesetzesnorm die rechtmäßige Datenverarbeitung, da im Fall der rechtswidrigen Datenverarbeitung bereits Unterlassungsansprüche und das Löschungsrecht gemäß Abs. 2 Satz 2 Nr. 1 bestehen.

112 Erfolgt die Erhebung, Verarbeitung oder Nutzung von Daten aufgrund einer erteilten **Einwilligung**, so kann durch den einfachen Widerruf der Einwilligung die zukünftige Verarbeitung und Nutzung unterbunden werden. Ein Widerspruch gemäß Abs. 5 bedarf es in diesem Fall nicht.

113 Erfolgt die Erhebung, Verarbeitung oder Nutzung jedoch aufgrund eines gesetzlichen **Erlaubnistatbestandes**, so ist der Anwendungsbereich des Abs. 5 eröffnet. Im Fall des berechtigten Widerspruchs muss die verantwortliche Stelle unverzüglich jede weitere Verarbeitung oder Nutzung dieser Daten unterlassen. Der begründete Widerspruch macht demnach eine an sich rechtmäßige Datenverarbeitung mit Wirkung für die Zukunft unzulässig.[55]

114 Jede Rechtmäßigkeitsprüfung eines Widerspruchs verlangt eine im jeweiligen Einzelfall vorzunehmende **Interessenabwägung**. Bei dieser Abwägung ist entsprechend dem Willen des Gesetzgebers ein besonders strenger Maßstab anzulegen.[56] Dies begründet sich damit, dass die von der verantwortlichen Stelle angestrebte Datenverarbeitung und -nutzung an sich vom Gesetz erlaubt und daher rechtmäßig ist. Einschränkungen von gesetzlich zulässigen, rechtmäßigen Handlungen können nur in einigen wenigen Einzelfällen überhaupt untersagt werden.

115 Von einem begründeten Widerspruch ist sicherlich auszugehen, wenn die (rechtmäßige) Datenverarbeitung Leib und Leben des Betroffenen gefährdet. Ob dem Betroffenen dieses Recht in jedem Fall einer nicht-öffentlichen Datenverarbeitung zusteht, nur weil dessen personenbezogene Daten mit einem melderechtlichen Sperrvermerk versehen sind, ist bereits fraglich. Ein einmaliger Datenschutzverstoß einer verantwortlichen Stelle in der Vergangenheit reicht hierzu in keinem Fall aus.[57]

VI. Informationspflicht (Abs. 7)

116 Gemäß Abs. 7 hat die verantwortliche Stelle Empfänger von Daten darüber zu informieren, wenn die an diese Stellen übermittelten Daten berichtigt, gesperrt oder gelöscht wurden.

117 Vom Regelungszweck werden ausnahmslos die Daten erfasst, die im Rahmen einer Datenübermittlung und zur dortigen Speicherung weitergegeben wurden. Die **Informationspflicht** besteht demnach nur, wenn

1. die Daten die verantwortliche Stelle verlassen haben und an einen Dritten übermittelt wurden und
2. die Daten beim Dritten gespeichert wurden.

118 Ferner besteht die Informationspflicht nur in den Fällen, in denen die verantwortliche Stelle

1. am Datensatz Berichtigungen vorgenommen hat oder
2. bestrittene Daten gesperrt hat oder
3. den Datensatz wegen der Unzulässigkeit der eigenen Speicherung gelöscht oder gesperrt hat.

Die Informationspflicht entfällt nicht deswegen, weil der **Zweck der Übermittlung** entfallen ist.[58]

119 Ferner entfällt die Informationspflicht auch nicht im Falle eines **automatisierten Abrufverfahrens**, wenn unklar ist, wann es zum nächsten Abruf des veränderten eigenen Datenbestandes kommt.[59]

120 Der Schutzzweck der Norm zielt insbesondere auf den beim Empfänger vorgehaltenen Datensatz, der dort verarbeitet und genutzt wird. Im Falle der Übermittlung durch ein automatisiertes Abrufverfahren

55 Simitis/*Dix*, § 35 Rn. 56.
56 Vgl. BT-Drs. 14/4329, S. 41
57 Vgl. Simitis/*Dix*, § 35 Rn. 58, *Gola/Schomerus*, § 35 Rn. 27 f.
58 Simitis/*Dix*, § 35 Rn. 66; anders *Gola/Schomerus*, § 35 Rn. 23.
59 So auch Simitis/*Dix*, § 35 Rn. 66; anders *Gola/Schomerus*, § 35 Rn. 23.

kann der ehemalige, nicht berichtigte, nicht gesperrte und nicht gelöschte Datensatz unter Umständen beim Empfänger weiterverarbeitet und genutzt werden. Erst durch ein erneutes Abrufen durch den Empfänger würde sich die Berichtigung, Sperrung und Löschung auch beim Empfänger umsetzen. Ist der erneute Abruf zeitlich unbestimmt oder bekannterweise in entfernter Zukunft gelegen, obliegt der verantwortlichen Stelle die gesetzliche Informationspflicht gegenüber den Empfängern.

Die Informationspflicht entfällt hingegen, wenn die Datenübermittlung an den Empfänger bei diesem **zu keiner Speicherung** (zu keiner Erhebung) geführt hat. 121

> Die rein bejahende bzw. verneinende Auskunft einer Anfrage führt beim Empfänger in der Regel nicht zu einer Speicherung.
>
> Aber selbst die während eines Telefonates angefertigte Notiz stellt eine Datenerhebung dar, die eine Informationspflicht nach sich zieht.

Die Informationspflicht entfällt in den Fällen, in denen die **Benachrichtigung** einen unverhältnismäßigen Aufwand bedeutet und die schutzwürdigen Interessen des Betroffenen nicht entgegenstehen. 122

Der **unverhältnismäßige Aufwand** beurteilt sich anhand des durch die Information des/der Empfänger/s entstehenden (zeitlichen) Aufwands und der Kosten. Eine Unverhältnismäßigkeit ist im Zeitalter von automatisierter IT-System- und E-Mail-Kommunikation, Firmen-Webseiten, bundesweiten Tageszeitungen und Flatrate-Telefontarifen an sich nicht mehr vorstellbar. 123

Die **schutzwürdigen Interessen** des Betroffenen können einer Informationspflicht entgegenstehen. Sie ist beispielsweise der Fall, wenn etwa durch Ausübung der Informationspflicht der Empfänger erstmals Kenntnis von negativen Daten über den Betroffenen erhalten würde, an denen er aufgrund der eigenen Ausgangslage kein berechtigtes Interesse haben kann. Im Ergebnis ist auch im Rahmen dieses Interessensausgleiches eine individuelle Abwägung unter Bezugnahme aller Umstände dieses speziellen Einzelfalles vorzunehmen. 124

VII. Form, Frist und Kostentragung

1. Form

Das BDSG enthält keine **Formvorschriften** hinsichtlich der Art und Weise, wie die dem Betroffenen zustehenden Rechte geltend gemacht werden müssen oder wie diesen vonseiten der verantwortlichen Stelle zu entsprechen ist. Im Ergebnis ist dies wenig verwunderlich, nachdem Berichtigungen, Löschungen und Sperrungen heute in der Regel technisch vollzogen werden. Hinsichtlich personenbezogener Daten auf Papier findet eine Berichtigung durch Korrektur auf dem Datenträger Papier selbst statt. Im Fall der Löschung ist der Datenträger Papier zu vernichten, im Fall der Sperrung ordnungsgemäß zu verschließen. 125

Demnach verbleibt es bei der Frage nach einer grundsätzlich existierenden **Unterrichtungspflicht** des Betroffenen für den Fall einer Berichtigung, Löschung oder Sperrung und der in diesem Fall einzuhaltenden Form. Aber selbst derartige Regelungen lassen sich dem BDSG nicht unmittelbar entnehmen. 126

Die solch eine der verantwortlichen Stelle obliegende **Unterrichtungspflicht** annehmenden Vertreter beziehen sich auf: 127

1. Art. 12 Buchstabe c) EG-Datenschutzrichtlinie, der die Forderung nach einer Dokumentation des Verarbeitungsvorganges selbst und der damit verbundenen administrativen Vorgänge enthält[60], oder
2. auf § 34, der die Auskunftsrechte eines Betroffenen gesetzlich normiert.[61]

Beide Ansätze können im Ergebnis nicht überzeugen. Die Verpflichtung zur Erstellung einer Dokumentation gemäß der EG-Datenschutzrichtlinie ist inhaltlich nicht gleichzusetzen mit einer zeitgleich einherge- 128

60 Vergleiche Taeger/Gabel/*Meents*, § 35 Rn. 47.
61 Vergleiche Taeger/Gabel/*Meents*, § 35 Rn. 47; Simitis/*Dix*, § 35 Rn. 23.

henden oder mitumfassenden Verpflichtung zur Unterrichtung des Betroffenen. Und auch § 34 enthält eine Informations- bzw. Unterrichtungsverpflichtung des Betroffenen nur in den Fällen, in denen dies vonseiten des Betroffenen explizit verlangt wurde.[62]

> Auch wenn keine gesetzliche Verpflichtung zur Unterrichtung des Betroffenen für den Fall der Berichtigung seiner Daten existiert, ist eine solche Benachrichtigung (unter Benennung des nun korrigierten Datensatzes) empfehlenswert. Sie ist vor allem deshalb empfehlenswert, da man mit solch einer Unterrichtung in den überwiegenden Fällen dem sicherlich nachfolgenden Auskunftsverlangen des Betroffenen zuvorkommt, dessen detaillierte Bearbeitung in der Regel einen größeren Aufwand bei der verantwortlichen Stelle erzeugt.
>
> Unterrichtungen von Betroffenen über gelöschte oder gesperrte Datensätze sind in der Praxis unüblich und werden in der Regel vonseiten eines Betroffenen auch nicht erwartet.

2. Frist

129 § 35 enthält keine **Fristenregelung**, innerhalb derer einer Berichtigung, Löschung oder Sperrung vonseiten der verantwortlichen Stelle nachzukommen ist.

130 Lediglich der Zeitpunkt des jeweiligen Fristbeginns (der Zeitpunkt, ab dem die Verpflichtung zum Tätigwerden erstmals entstanden ist) ist in den Ziffern des § 35 gesetzlich geregelt und benannt.

131 Nach Sinn und Zweck der Gesetzesnorm wird man ein Tätigwerden seitens der verantwortlichen Stelle **innerhalb zumutbarer Zeit** verlangen müssen.[63] Entscheidend ist hierbei, dass bis zur Umsetzung der Berichtigung, Löschung oder Sperrung keine weitere Verarbeitung oder Nutzung des Datensatzes mehr erfolgt. Nur auf diese Art und Weise entspricht man den Betroffenenrechten in dem zu fordernden Umfang.

132 Bei Korrektur- und Sperrfristen wird vertreten, die verantwortliche Stelle müsse „**unverzüglich**" im Sinne des § 121 BGB handeln.[64] Andere sehen diese Verpflichtung wiederum nur im Fall der „schwerwiegenden Unrichtigkeit"[65], ohne dabei jedoch klare Entscheidungsgrundlagen zu benennen, wann von solch einer „schweren Unrichtigkeit" tatsächlich auszugehen ist.

133 Einigkeit besteht im Ergebnis nur insoweit, als dass ein unverzügliches Handeln zumindest in den Fällen erforderlich ist, in denen es um Daten gemäß Abs. 2 Satz 2 Nr. 2 geht.[66]

> Die Beurteilung des einer verantwortlichen Stelle zustehenden Umsetzungszeitraums ist eine Frage des jeweiligen Einzelfalles und kann nicht einheitlich beantwortet werden.
>
> Der falsch geschriebene Nachname ist zu berichtigen. Die Verarbeitung dieses unrichtigen Datensatzes durch die zwei Tage später erfolgende Versendung eines Werbeschreibens an den Betroffenen verletzt dessen Rechte nur unerheblich.
>
> Der in einer für den automatisierten Abruf vorgehaltenen Datenbank enthaltene unrichtige Datensatz ist zu berichtigen. Im Falle eines ersten, in frühestens fünf Werktagen automatisiert erfolgenden Abrufes aus dieser Datenbank hat die verantwortliche Stelle sicherlich die ihr verbleibenden vier Werktage zur Berichtigung Zeit.
>
> Ein zu löschender bzw. zu sperrender Datensatz im CRM-System einer verantwortlichen Stelle ist selbstverständlich ebenfalls zu löschen bzw. zu sperren. Laufen für gewöhnlich am Ende eines Kalendermonats die standardisierten, systemseitigen Lösch- und Sperrskripte, so ist auch dieser Zeitraum noch gesetzeskonform, sofern es in der Zeit bis zur Löschung bzw. Sperrung zu keiner Verarbeitung oder Nutzung dieses Datensatzes kommt.

---

62 Anders Simitis/*Dix*, § 35 Rn. 24.
63 So auch Taeger/Gabel/*Meents*, § 35 Rn. 48.
64 Däubler/Klebe/Wedde/Weichert/*Däubler*, § 35 Rn. 11 und 31.
65 *Bergmann/Möhrle/Herb*, § 35 Rn. 21; Simitis/*Dix*, § 35 Rn. 39; *Schaffland/Wiltfang*, § 35 Rn. 10.
66 So auch Taeger/Gabel/*Meents*, § 35 Rn. 48.

Personenbezogene Daten gemäß § 3 Abs. 9 bzw. § 35 Abs. 2 Satz 2 Nr. 2 sind hingegen tatsächlich unverzüglich zu berichtigen, zu löschen und zu sperren. Das hier bestehende grundsätzliche Potenzial einer Beeinträchtigung des Persönlichkeitsrechtes eines Betroffenen lässt keine Handlungsalternativen zu.

3. Kostentragung

Die durch eine Berichtigung, Löschung, Sperrung oder Kennzeichnung eines Datensatzes, wie auch die durch die Bearbeitung eines Widerspruchs, der Information von Empfängern oder der Verknüpfung eines Datensatzes mit einer Gegendarstellung der verantwortlichen Stelle entstehenden Kosten sind durch diese selbst zu tragen.[67] Das Gesetz kennt keine Rechtsgrundlage für eine **Erstattung dieser Kosten** vonseiten des Betroffenen. **134**

Dies gilt selbst in dem Fall, in dem eine Berichtigung eines Datensatzes aufgrund einer vom Betroffenen verursachten anfänglichen Fehlangabe (versprechen, verschreiben, vertippen) erforderlich ist. **135**

VIII. Rechtsfolgen bei Verstößen

Eine **Ordnungswidrigkeit** liegt nach § 43 Abs. 1 Nr. 9 vor, wenn die verantwortliche Stelle vorsätzlich oder fahrlässig entgegen § 35 Abs. 6 Satz 3 Daten ohne Gegendarstellung übermittelt.[68] Dies kann nach § 43 Abs. 3 Satz 1 mit einem Bußgeld bis zu 50.000,– € geahndet werden. **136**

Ferner liegt eine **Ordnungswidrigkeit** nach § 43 Abs. 2 Nr. 1 vor, wenn die verantwortliche Stelle vorsätzlich oder fahrlässig unbefugt Daten erhebt oder verarbeitet, die nicht allgemein zugänglich sind. Hiervon wird insbesondere die Übermittlung von Schätzdaten ohne entsprechende Kennzeichnung erfasst.[69] Dies kann nach § 43 Abs. 3 Satz 1 mit einem Bußgeld bis zu 300.000,– € geahndet werden. **137**

Eine mit Vorsatz begangene Handlung gegen Entgelt oder mit Bereicherungs- oder Schädigungsabsicht kann den **Straftatbestand** des § 44 erfüllen. **138**

Kommt die verantwortliche Stelle einer Berichtigung, Löschung oder Sperrung vorsätzlich oder fahrlässig nicht bzw. nicht rechtzeitig nach, kann dies zu einem **Schadensersatzanspruch** des Betroffenen gemäß § 823 Abs. 2 BGB in Verbindung mit § 35 führen.[70] Ferner kann sich eine Schadensersatzpflicht der verantwortlichen Stelle auch aus § 7 ergeben. **139**

IX. Ergänzende zivilrechtliche Anspruchsgrundlagen

Entsprechend der Rechtsprechung des Bundesgerichtshofes stellt § 35 insofern eine **abschließende Regelung** dar, als dass die für die Verletzung des Persönlichkeitsrechtes entwickelten Grundsätze im Kontext des § 35 keine Anwendung mehr finden können.[71] Inhaltsgleiche Ansprüche lassen sich demnach aus anderen Normen anderer Gesetze nicht ergänzend ableiten. **140**

Neben § 35 kann jedoch § 824 BGB im Falle der **Kreditgefährdung** durch eine unbefugte Datenerhebung und -verarbeitung Anwendung finden. **141**

Auch ist an eine entsprechende Anwendung von § 1004 BGB im Falle der zu erwartenden unrechtmäßigen Datenerhebung und -verarbeitung zu denken (**vorbeugender Unterlassungsanspruch**). **142**

Und schließlich kann sich ein **Unterlassungs- und Beseitigungsanspruch** im Falle unlauterer Handlungen aus den wettbewerbsrechtlichen Regelungen des UWG ableiten.[72] **143**

---

67 *Bergmann/Möhrle/Herb*, § 35 Rn. 21; Simitis/*Dix*, § 35 Rn. 5.
68 Simitis/*Dix*, § 35 Rn. 69, Taeger/Gabel/*Meents*, § 35 Rn. 52.
69 Simitis/*Dix*, § 35 Rn. 69, *Gola/Schomerus*, § 35 Rn. 6a.
70 Simitis/*Dix*, § 35 Rn. 69, Taeger/Gabel/*Meents*, § 35 Rn. 51.
71 Simitis/*Dix*, § 35 Rn. 71; *Gola/Schomerus*, § 35 Rn. 25.
72 So auch Simitis/*Dix*, § 35 Rn. 71 ff.; *Gola/Schomerus*, § 35 Rn. 25 f.

Annex § 35

Umsetzung eines organisationsweiten Löschkonzepts

1 Im Folgenden werden die Planung und praktische Umsetzung eines Löschkonzepts exemplarisch beschrieben. Gemeint ist mit Löschkonzept die ggf. gesperrte Aufbewahrung und das Löschen von personenbezogenen Daten in der gesamten IT-Landschaft einer Organisation.

Die technischen Möglichkeiten zur Datenlöschung sind in Anlage zu § 9 Satz 1 im Abschnitt zu *VI. Auftragskontrolle – 3. Datenvernichtung* näher erläutert.

2 Die Umsetzung eines Löschkonzepts und der damit verbundene meist erhebliche Aufwand hat sicher keine hohe Priorität in Organisationen und wird meist nicht von selbst in Angriff genommen. Oftmals ist der Auslöser ein datenschutzrechtlicher Vorfall oder eine Prüfung durch eine Aufsichtsbehörde, die eine höhere Umsetzungspriorität nach sich zieht.

1. Projektauftrag

3 Die Umsetzung eines Löschkonzepts ist ein Projekt mit weitreichenden Folgen für die Fachabteilungen einer Organisation, die personenbezogene Daten in diversen Applikationen verarbeitet oder nutzt. Die IT-Abteilung einer Organisation unternimmt üblicherweise alle Anstrengungen, um Daten sicher und dauerhaft zur Verfügung zu stellen. Sperren oder Löschen von Daten steht diesen Anstrengungen entgegen, insbesondere wenn es sich um eine historisch gewachsene und heterogene IT-Landschaft handelt. Es muss daher mit Unverständnis und sogar Widerständen gerechnet werden. Deshalb bedarf es eines klaren, offiziellen Projektauftrags und eines versierten, dedizierten Projektleiters zur Umsetzung eines Löschkonzepts. Das **Projekt Löschkonzept** sollte daher durch die Geschäftsleitung nicht nur gebilligt, sondern auch aktiv gefördert werden, um es quer durch alle Organisationseinheiten und Hierarchieebenen zum Erfolg zu bringen.

! Der Sponsor des Projekts Löschkonzept sollte immer der **Geschäftsführer** sein, der als datenschutzrechtlich Haftender selbst ein Interesse an der erfolgreichen Durchführung des Projekts hat. Der Leiter der Informationstechnologie wäre eine denkbar schlechte Wahl als Sponsor des Projekts, da ein „Hauptbetroffener" mit anderen IT-Zielen.

2. Juristische Regeln und Löschrichtlinie

4 Die datenschutzrechtlichen Regelungsinhalte (§ 35 Abs. 2, für Organisationen der Telekommunikation vorrangig § 95 Abs. 3 TKG) zum Löschen personenbezogener Daten bzw. zur gesperrten Aufbewahrung bestimmter (aufgrund von AO und HGB) personenbezogener Daten sollten in einer für die Organisation verbindlichen Löschrichtlinie (Level-3-Richtlinie) formuliert werden. Die Löschrichtlinie sollte dabei so verfasst sein, dass auch Mitarbeiter ohne juristische Kenntnisse die Regelungsinhalte verstehen und in ihrem Fachgebiet anwenden können. Die Löschrichtlinie ist dann ein Teil des (Qualitäts-)Managementsystems (QMS) der Organisation und wird über deren Mechanismen kommuniziert.

! Die Einhaltung der Löschrichtlinie muss auch im IT-Anforderungs-Management für neue Applikationen geprüft werden und damit Teil der Bewertungskriterien in Ausschreibungen sein, sodass zukünftige Investitionen das datenschutzrechtlich konforme Löschen und Sperren **gleich umsetzen können**.

3. Datenanalyse

Die IT-Landschaft der Organisation mit ihren einzelnen Applikationen, Datenbanken und Datenflüssen, muss in Bezug auf die Regelungsinhalte der Löschrichtlinie analysiert und bewertet werden. Die Analyse bezieht Datenflüsse aufgrund von Auftragsdatenverarbeitung auch mit ein. Es ist zwischen *primären* Applikationen (z.B. Buchhaltungssystem), die aufbewahrungspflichtige personenbezogene Daten verarbeiten, und *sekundären* Applikationen (z.B. Datawarehouse), die nur Datenkopien der primären Applikationen verarbeiten, zu unterscheiden. Für sekundäre Applikationen besteht keine Aufbewahrungspflicht dann gesperrter Daten, aber natürlich eine Löschpflicht, die durch die Verarbeitung von nur noch anonymisierten Daten in diesen Applikationen vermieden werden kann. 5

> ! Die Anwendung ggf. unterschiedlicher Löschfristen ist zu beachten: Handelt es sich um **TKG-Bestandsdaten**, erfolgt eine Löschung einmal jährlich mit Beendigung des Folgejahres nach Beendigung des Vertragsverhältnisses. Handelt es sich um personenbezogene **BDSG-Daten**, erfolgt die Löschung mit Wegfall der Verarbeitungslegitimation. In allen Anwendungsfällen sind ggf. **Aufbewahrungsfristen** zu beachten. Die Realisierung der Löschung sollte dann **„ohne schuldhaftes Zögern"** erfolgen.

4. Systemlöschkonzepte und IT-Richtlinien

Für jedes System (Applikationen und Datenbanken), das personenbezogene Daten verarbeitet, wird ein dediziertes Systemlöschkonzept erstellt. Dabei sollte die in der IT der Organisation genutzte Nomenklatur für die Systeme verwendet werden. In die Systemlöschkonzepte müssen alle Datenbankinstanzen eines Systems einbezogen werden, da Datenbanken aus Performance- oder Sicherungsgründen oftmals repliziert oder gespiegelt werden (Shadow, Mirror). Weiterhin müssen die IT-Richtlinien und -Prozesse auf die Einhaltung der Regelungsinhalte der Löschrichtline geprüft und ggf. angepasst werden. Insbesondere die Prozesse zur Datensicherung (Verfügbarkeitskontrolle aufgrund der Anlage zu § 9 Satz 1) müssen überprüft werden, damit sich die Löschung von personenbezogenen Daten auch auf (langfristig) vorhandene Backups auswirkt. 6

> ! Eine im Rahmen der regulären IT-Betriebsprozesse angewandte Vorhaltezeit von bis zu **30 Tagen** für regelmäßige Datensicherungen, die dann auch noch in den Systemen bereits gelöschte Daten enthalten, kann als noch vertretbar angesehen werden.

5. IT-Anforderungen und Implementierung

Auf Basis der Systemlöschkonzepte werden reguläre IT-Anforderungen für alle betroffenen Systeme generiert und mittels der Prozesse des IT-Change- oder Release-Managements zur Implementierung vorgesehen. Dabei ist darauf zu achten, dass diese datenschutzrechtlich getriebenen IT-Anforderungen nicht zugunsten anderer, z.B. umsatzgetriebener, IT-Anforderungen geringer priorisiert werden. Der Rückhalt des Sponsors für das Projekt Löschkonzept ist gerade in der Priorisierungsphase von IT-Anforderungen von großer Bedeutung, da IT-Abteilungen meist chronisch mehr Anforderungen als Kapazitäten aufweisen. 7

Zentrale Lösch- und Sperrinstanz

Es ist ratsam, für komplexe, heterogene Systemlandschaften eine IT-Architektur für die Implementierung der Systemlöschkonzepte zu wählen, die eine zentrale Lösch- und Sperrinstanz (eine Datenbank) beinhaltet. In dieser Instanz sind alle notwendigen Informationen (Ordnungskriterien, Fristen etc., aber nicht die personenbezogenen Daten selbst) bzgl. zu sperrender oder zu löschender Daten gespeichert; sie ist sozusagen der *operative Spiegel der Löschrichtlinie*. Die betroffenen Applikationen „fragen" diese zentrale Instanz ab, sodass gesperrte Daten für Anwender in den Applikationen über das Rechtesystem nicht mehr nutzbar sind und/oder periodische Löschroutinen in Applikationen und deren Datenbanken selbst durchgeführt werden. Sind alle Löschungen erfolgreich durchgeführt worden, müssen danach die entsprechenden Informationen in der zentralen Instanz eben- 8 falls gelöscht werden, damit dort keine Hinweise auf gelöschte Daten erhalten bleiben. Zugriff auf die zentrale Sperr- und Löschinstanz haben nur notwendige IT-Administratoren nach Freigabe durch den Datenschutzverantwortlichen.

! Die Umsetzung von unterschiedlich terminierten Aufbewahrungspflichten und Löschanforderungen in Altsystemen (Legacy System) oder auch eigenentwickelten Systemen kann zu einem unverhältnismäßig großen Aufwand führen, wenn diese Systeme z.B. nicht mehr in der Herstellerwartung sind oder Entwicklungs-Know-how nicht mehr zur Verfügung steht. In diesem Fall sollte das System gesperrt (strikter Zugriffsschutz) aufbewahrt werden, bis das jüngste Datum gelöscht werden kann, um dann die **gesamten** Daten des Systems sicher zu löschen, ggf. durch Zerstörung der Datenträger.

9 Die Etablierung eines Entsperrprozesses ist angeraten, um nach berechtigter Anforderung (z.B. aufgrund eines Gerichtsverfahrens) der Fachabteilungen und erfolgter Freigabe des Datenschutzverantwortlichen gesperrte Daten temporär in Applikationen zu entsperren und nach erfolgter Vorgangsbearbeitung wieder zu sperren. Durch den Einsatz einer Sperr- und Löschinstanz kann dieser Entsperrprozess auch zentral für beteiligte Applikationen operativ umgesetzt werden.

6. Auditierung und Verfahrensverzeichnis

10 Nach der Implementierung des Löschkonzepts und erfolgter Übergabe in den Regelbetrieb sollte die Wirksamkeit des Sperrens und Löschens in betroffenen Systemen erstmalig durch ein internes Audit, zumindest stichprobenartig, überprüft werden. Auditergebnis und Behebung etwaiger Mängel (Findings) sind dann Teil der Löschkonzeptdokumentation. Es empfiehlt sich weiterhin, die Wirksamkeitsprüfung in den regulären Auditprüfplan aufzunehmen und dadurch periodisch zu wiederholen. Letztendlich ist die Anwendung der Löschrichtlinie auf betroffene Verfahren und deren Applikationen auch im internen Verfahrensverzeichnis entsprechend zu dokumentieren.

Aufbewahrungsfristen für verschiedene Dokumentenarten, die personenbezogene Daten enthalten können

Dokumentenart	Aufbewahrungsfrist (Jahre)[1]
Abrechnungsunterlagen (inkl. der Berechnungsgrundlage)	10
Akten- und Telefonvermerke	10
Angebote	6
Auftragsbestätigungen	6
Ausgangsrechnungen	10
Bankbelege	10
Bewirtungsbelege	10
Briefe (Handels- und Geschäftsbriefe in Papierform oder elektronisch)	6
Buchungsjournale	10
Eingangsrechnungen	10

1 § 147 Abs. 3 Satz 1 AO i.V.m. § 257 Abs. 4 HGB. Beginnend mit dem Schluss des Kalenderjahres, in dem die Dokumente entstanden sind (§ 147 Abs. 4 AO).

Dokumentenart	**Aufbewahrungsfrist (Jahre)**[2]
Fahrtenbücher	10
Geschäftsberichte	10
Gutschriften	10
Kassenbelege	6
Kostenvoranschläge	6
Lieferscheine	6
Lohn- und Gehaltsbelege	10
Mahnungen	6
Mängelrügen	6
Organisationsunterlagen (auch Arbeitsanweisungen) der elektronischen Buchführung	10
Protokolle (allgemeiner Art)	6
Quittungen	10
Rechnungen	10
Reisekostenabrechnungen	6
Steuerunterlagen	10
Überstundenlisten	6
Vermögenswirksame Leistungen (Unterlagen)	6
Versicherungspolicen	6
Verträge	10

2 § 147 Abs. 3 Satz 1 AO i.V.m. § 257 Abs. 4 HGB. Beginnend mit dem Schluss des Kalenderjahres, in dem die Dokumente entstanden sind (§ 147 Abs. 4 AO).

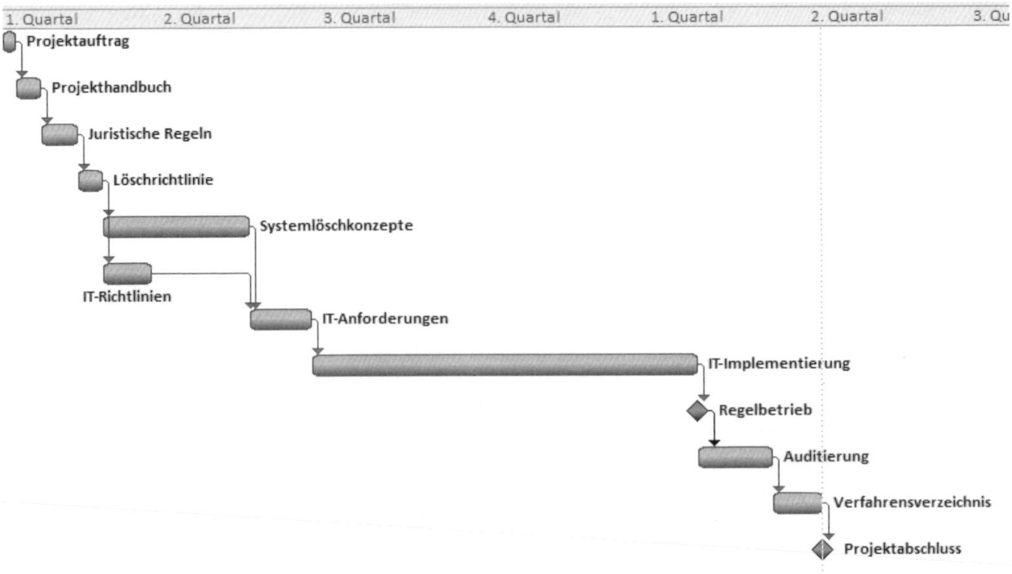

Abbildung 1: Beispielhafter Projektplan einer organisationsweiten Umsetzung eines Löschkonzepts

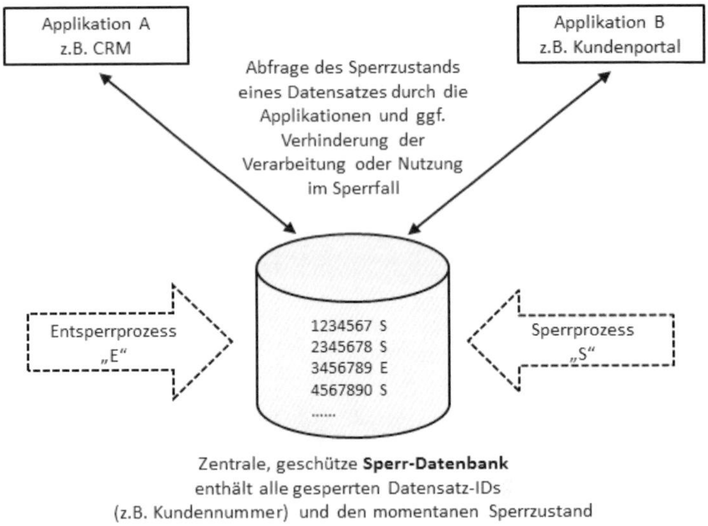

Abbildung 2: Schematischer Aufbau einer zentralen Sperrinstanz für IT-Applikationen

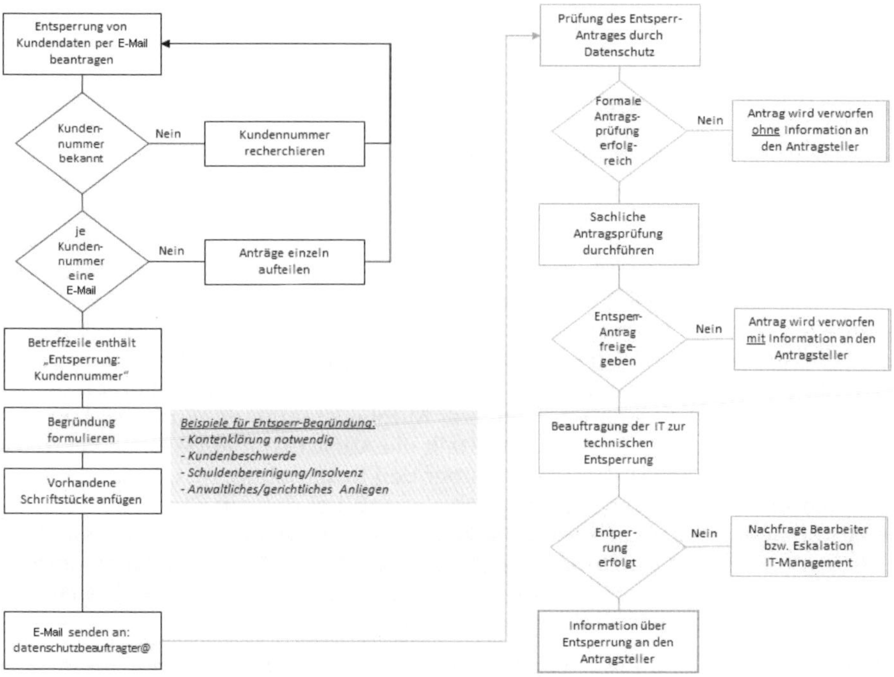

Abbildung 3: Entsperrung – Prozessbeispiel

§ 36 (weggefallen)

§ 37 (weggefallen)

§ 38 Aufsichtsbehörde

(1) [1]Die Aufsichtsbehörde kontrolliert die Ausführung dieses Gesetzes sowie anderer Vorschriften über den Datenschutz, soweit diese die automatisierte Verarbeitung personenbezogener Daten oder die Verarbeitung oder Nutzung personenbezogener Daten in oder aus nicht automatisierten Dateien regeln einschließlich des Rechts der Mitgliedstaaten in den Fällen des § 1 Abs. 5. Sie berät und unterstützt die Beauftragten für den Datenschutz und die verantwortlichen Stellen mit Rücksicht auf deren typische Bedürfnisse. [2]Die Aufsichtsbehörde darf die von ihr gespeicherten Daten nur für Zwecke der Aufsicht verarbeiten und nutzen; § 14 Abs. 2 Nr. 1 bis 3, 6 und 7 gilt entsprechend. [3]Insbesondere darf die Aufsichtsbehörde zum Zweck der Aufsicht Daten an andere Aufsichtsbehörden übermitteln. [4]Sie leistet den Aufsichtsbehörden anderer Mitgliedstaaten der Europäischen Union auf Ersuchen ergänzende Hilfe (Amtshilfe). [5]Stellt die Aufsichtsbehörde einen Verstoß gegen dieses Gesetz oder andere Vorschriften über den Datenschutz fest, so ist sie befugt, die Betroffenen hierüber zu unterrichten, den Verstoß bei den für die Verfolgung oder Ahndung zuständigen Stellen anzuzeigen sowie bei schwerwiegenden Verstößen die Gewerbeaufsichtsbehörde zur Durchführung gewerberechtlicher Maßnahmen zu unterrichten. [6]Sie veröffentlicht regelmäßig, spätestens alle zwei Jahre, einen Tätigkeitsbericht. [7]§ 21 Satz 1 und § 23 Abs. 5 Satz 4 bis 7 gelten entsprechend.

(2) [1]Die Aufsichtsbehörde führt ein Register der nach § 4d meldepflichtigen automatisierten Verarbeitungen mit den Angaben nach § 4e Satz 1. Das Register kann von jedem eingesehen werden. [2]Das Einsichtsrecht erstreckt sich nicht auf die Angaben nach § 4e Satz 1 Nr. 9 sowie auf die Angabe der zugriffsberechtigten Personen.

(3) [1]Die der Kontrolle unterliegenden Stellen sowie die mit deren Leitung beauftragten Personen haben der Aufsichtsbehörde auf Verlangen die für die Erfüllung ihrer Aufgaben erforderlichen Auskünfte unverzüglich zu erteilen. [2]Der Auskunftspflichtige kann die Auskunft auf solche Fragen verweigern, deren Beantwortung ihn selbst oder einen der in § 383 Abs. 1 Nr. 1 bis 3 der Zivilprozessordnung bezeichneten Angehörigen der Gefahr strafgerichtlicher Verfolgung oder eines Verfahrens nach dem Gesetz über Ordnungswidrigkeiten aussetzen würde. [3]Der Auskunftspflichtige ist darauf hinzuweisen.

(4) [1]Die von der Aufsichtsbehörde mit der Kontrolle beauftragten Personen sind befugt, soweit es zur Erfüllung der der Aufsichtsbehörde übertragenen Aufgaben erforderlich ist, während der Betriebs- und Geschäftszeiten Grundstücke und Geschäftsräume der Stelle zu betreten und dort Prüfungen und Besichtigungen vorzunehmen. [2]Sie können geschäftliche Unterlagen, insbesondere die Übersicht nach § 4g Abs. 2 Satz 1 sowie die gespeicherten personenbezogenen Daten und die Datenverarbeitungsprogramme, einsehen. [3]§ 24 Abs. 6 gilt entsprechend. [4]Der Auskunftspflichtige hat diese Maßnahmen zu dulden.

(5) [1]Zur Gewährleistung der Einhaltung dieses Gesetzes und anderer Vorschriften über den Datenschutz kann die Aufsichtsbehörde Maßnahmen zur Beseitigung festgestellter Verstöße bei der Erhebung, Verarbeitung oder Nutzung personenbezogener Daten oder technischer oder organisatorischer Mängel anordnen. [2]Bei schwerwiegenden Verstößen oder Mängeln, insbesondere solchen, die mit einer besonderen Gefährdung des Persönlichkeitsrechts verbunden sind, kann sie die Erhebung, Verarbeitung oder Nutzung oder den Einsatz einzelner Verfahren untersagen, wenn die Verstöße oder Mängel entgegen der Anordnung nach Satz 1 und trotz der Verhängung eines Zwangsgeldes nicht in ange-

messener Zeit beseitigt werden. [3]Sie kann die Abberufung des Beauftragten für den Datenschutz verlangen, wenn er die zur Erfüllung seiner Aufgaben erforderliche Fachkunde und Zuverlässigkeit nicht besitzt.

(6) Die Landesregierungen oder die von ihnen ermächtigten Stellen bestimmen die für die Kontrolle der Durchführung des Datenschutzes im Anwendungsbereich dieses Abschnittes zuständigen Aufsichtsbehörden.

(7) Die Anwendung der Gewerbeordnung auf die den Vorschriften dieses Abschnittes unterliegenden Gewerbebetriebe bleibt unberührt.

Literatur

Bull, Die „völlig unabhängige" Aufsichtsbehörde, EuZW 2010, 488 ff.; *Dix*, Zur Prüfpraxis der Aufsichtsbehörden, DANA 2006, 122; *Kranig*, Die Aufsichtsbehörden – mehr Kontrollen, mehr Bußgelder, Datenschutz PRAXIS 2012 Ausgabe 07 S. 1 ff.; *von Lewinski/Köppen*, Tätigkeitsberichte der Datenschutzbehörde: Neuer Zugang zur Datenschutzaufsicht, MMR 2010, 157 ff.; *von Lewinski/Köppen,* EuGH: Unabhängigkeit der Datenschutz-Kontrollstellen (Anmerkung) MMR 2010, 352; *Seiffert*, Datenschutzprüfung durch die Aufsichtsbehörden, 2007; *Weichert*, Regulierte Selbstregulierung – Plädoyer für eine etwas andere Datenschutzaufsicht, RDV 2005, 1 ff.; *Weichert*, Datenschutz auch bei Anwälten?, NJW 2009, 550.

▶ Darum geht es

Die Vorschrift beschreibt die Aufgaben und Befugnisse der in den Bundesländern einzurichtenden Aufsichtsbehörden zur Kontrolle der Ausführung der Vorschriften über den Datenschutz im nicht-öffentlichen Bereich.

▶ Schlagworte

Systematik der Datenschutzkontrolle im nicht-öffentlichen Bereich; Aufgaben und Zuständigkeit der Aufsichtsbehörde; Beschwerdebearbeitung; Art und Weise der Durchführung von Kontrollen ; Beratung und Unterstützung der Datenschutzbeauftragten und der verantwortlichen Stellen; Veröffentlichungen der Aufsichtsbehörden; Verpflichtungen der verantwortlichen Stellen; Rechte der Aufsichtsbehörde; Möglichkeiten der Aufsichtsbehörde bei Datenschutzverstößen; Die Aufsichtsbehörden und ihre örtliche Zuständigkeit

▶ Weitere Vorschriften zur Datenschutzaufsicht

Datenschutzkontrolle im nicht-öffentlichen Bereich

§ 115 Abs. 4 TKG und § 42 Abs. 3 PostG weisen die Datenschutzkontrolle von Unternehmen, **soweit** sie geschäftsmäßig Telekommunikations- bzw. Postdienste erbringen, dem Bundesbeauftragten für den Datenschutz und die Informationsfreiheit entsprechend den §§ 21 und 24–26 Abs. 1–4 zu.

Weitere Vorschriften zur Kontrolle des Datenschutzes sind unter A. I. dargestellt.

Datenschutzkontrolle im öffentlichen Bereich

Die §§ 21 bis 26 regeln die Kontrolle der öffentlichen Stellen des Bundes durch den Bundesbeauftragten für den Datenschutz und die Informationsfreiheit.

Die Landesdatenschutzgesetze enthalten Vorschriften zur Kontrolle der öffentlichen Stellen des jeweiligen Bundeslandes durch den dortigen Landesbeauftragten für den Datenschutz[1].

---

1 Z.B. in Bayern Art. 29 ff. BayDSG.

A. Allgemeines

I. Regelungszweck und Systematik der Datenschutzkontrolle im nicht-öffentlichen Bereich

Nach Art. 28 EU-DSRL sehen die Mitgliedstaaten vor, dass eine oder mehrere öffentliche Stellen beauftragt werden, die Anwendung des Datenschutzrechts zu überwachen. Die Vorschrift enthält detaillierte Vorgaben für die Ausgestaltung der Datenschutzkontrolle. 1

§ 38 regelt die staatliche Datenschutzaufsicht für den nicht-öffentlichen Bereich in Deutschland. 2

Diese Vorschrift ist in die Überwachungssystematik des BDSG eingebunden. Das Gesetz geht davon aus, dass das Datenschutzrecht kein „Selbstläufer" ist, sondern dass es zur Verwirklichung des Datenschutzes sowohl einer Überwachung als auch einer Unterstützung der verantwortlichen Stellen bedarf. Der Gesetzgeber hat deshalb ein auf mehreren Füßen stehendes Kontrollsystem eingerichtet. Dazu gehören:

1. Der Beauftragte für den Datenschutz als das innerbetriebliche Kontrollorgan (§ 4g Abs. 1).
2. Der Betriebsrat, zu dessen Aufgaben auch die Überwachung und die Mitwirkung im Bereich des Beschäftigtendatenschutzes gehört (§ 80 Abs. 1 Nr. 1 BetrVG).
3. Die Aufsichtsbehörde gemäß § 38 als staatliche Kontrollbehörde.
4. Der Betroffene, der aufgrund der Transparenzvorschriften des BDSG, z.B. § 4 Abs. 2 oder § 34, in die Lage versetzt wird, den Umgang mit seinen Daten zu überwachen und ggf. gerichtlich gegen die verantwortlichen Stellen vorzugehen.

Mit der Einrichtung dieses mehrgliedrigen Kontrollsystems und dem Zusammenwirken dieser Organe soll gewährleistet werden, dass das Datenschutzrecht in der Praxis beachtet wird.

II. Überblick über die Regelungen für die Datenschutzaufsicht im nicht-öffentlichen Bereich

1. § 38

Abs. 1 Aufgaben und Befugnisse und allgemeine Regelungen für die aufsichtliche Tätigkeit 3

Abs. 2 Führung des Registers der nach § 4d meldepflichtigen automatisierten Verarbeitungen

Abs. 3 Auskunftspflicht der verantwortlichen Stellen und deren Leitungspersonen

Abs. 4 Befugnisse bei der Kontrolle vor Ort

Abs. 5 Maßnahmeanordnungen und Untersagungen bei Verstößen gegen das Datenschutzrecht und die Datensicherheit sowie das Verlangen der Abberufung des Datenschutzbeauftragten

Abs. 6 Bestimmung der Aufsichtsbehörden durch die Landesregierungen

Abs. 7 Die Anwendung der Gewerbeordnung bleibt unberührt.

2. Andere Vorschriften des BDSG

Auch andere Vorschriften des BDSG enthalten Regelungen für die Aufsichtsbehörde. So ergeben sich z.B. aus den §§ 4c Abs. 2, 4d Abs. 1 und Abs. 6, 4g Abs. 1, 38a, 42a und 44 Abs. 2 weitere Aufgaben und Befugnisse. 4

3. Landesrechtliche Regelungen

Die Länder bestimmen die Aufsichtsbehörden (Abs. 6). Für das Verwaltungsverfahren sind die entsprechenden Gesetze der Länder einschlägig, z.B. das jeweilige Verwaltungsverfahrensgesetz, Vollstreckungsgesetz oder Landesdatenschutzgesetz.[2] In zahlreichen Bundesländern sind die Aufsichtsbehörden für die Verfolgung und Ahndung von Ordnungswidrigkeiten gemäß § 43 zuständig. 5

---

2 Vgl. *Hillenbrand-Beck*, Aufsichtsbehörden, in: Roßnagel, Handbuch S. 823.

III. Ausblick auf die Novellierung des Europäischen Datenschutzrechts

6 Der Vorschlag der Europäischen Kommission für eine Datenschutz-Grundverordnung vom 25.01.2012 enthält für die Aufsichtsbehörden insbesondere folgende detaillierte Regelungen:

Kapitel VI	Verpflichtung zur Einrichtung einer Aufsichtsbehörde
	Unabhängigkeit
	Aufgaben und Befugnisse
Kapitel VII	Zusammenarbeit der Aufsichtsbehörden
	Zusammenarbeit untereinander und mit der Kommission im Rahmen des sog. Kohärenzverfahrens
Kapitel VIII	Recht auf Beschwerde bei einer Aufsichtsbehörde
	Recht auf gerichtlichen Rechtsbehelf gegen eine Aufsichtsbehörde

Die Grundstruktur der Vorschriften über die Aufsichtsbehörde entspricht im Wesentlichen dem Inhalt und der Systematik des § 38. Sie gehen jedoch mit ihren ausführlichen Regelungen, z.B. der Unabhängigkeit und der Zusammenarbeit der Aufsichtsbehörden, noch ein Stück darüber hinaus.

B. Inhalt der Regelung

I. Aufgaben der Aufsichtsbehörde – Sachliche Zuständigkeit

1. Kontrolle (Abs. 1 Satz 1)

7 **a) Die Prüfungsmaßstäbe (Abs. 1 Satz 1)**

aa) das BDSG

bb) die anderen hoheitlichen Vorschriften über den Datenschutz, z.B. im Telemediengesetz (TMG), soweit sich diese beziehen auf

- die automatisierte Verarbeitung personenbezogener Daten im Sinne des. § 3 Abs. 2 (Erhebung, Verarbeitung oder Nutzung) **oder**
- die Verarbeitung oder Nutzung personenbezogener Daten in oder aus nicht automatisierten Dateien.[3]

Privatrechtliche Verhaltensregeln von Berufsverbänden usw. gemäß § 38a (vgl. Erl. dazu) kommen als Prüfungsmaßstab nicht in Betracht.[4]

cc) Das Recht der EU-Mitgliedstaaten in den Fällen des § 1 Abs. 5.

Dabei erhebt, verarbeitet oder nutzt eine in einem EU-Mitgliedsstaat ansässige Stelle personenbezogene Daten in Deutschland, ohne eine inländische Niederlassung zwischenzuschalten,[5]. Sie kann insoweit von einer deutschen Aufsichtsbehörde kontrolliert werden. Diese kann die Kontrollstelle des jeweiligen Mitgliedsstaats um Amtshilfe bitten (Art. 28 Abs. 6 EU-DSRL).

3 Es ist zu beachten, dass aus nicht nachvollziehbaren Gründen die Erhebung hier nicht aufgeführt ist. Vorgaben über die Erhebung darf die Aufsichtsbehörde insoweit nicht prüfen. Vgl. Taeger/Gabel/*Grittmann*, § 38 Rn. 5, und *Bergmann/Möhrle/Herb*, § 38 Rn. 13.

4 Ebenso wohl Simitis/*Petri*, § 38 Rn. 33 a.A. Däubler/Klebe/Wedde/Weichert/*Weichert*, § 38 Rn. 10 und *Gola/Schomerus*, § 38 Rn. 5.

5 Vgl. *Duhr/Naujok/Danker/Seiffert* DuD 2003, 20.

b) Gegenstände der Kontrolle

Die unter a) aufgeführten Prüfungsmaßstäbe sind maßgebend für die infrage kommenden Objekte einer Kontrolle bei einer verantwortlichen Stelle. So können anhand des BDSG insbesondere die Einhaltung der organisatorischen und formalen Erfordernisse sowie die verschiedenen Formen des Umgangs mit personenbezogenen Daten i.S. des § 27 Abs. 1 kontrolliert werden. Nach Abs. 2 gehören die in Akten befindlichen personenbezogenen Daten, die offensichtlich aus einer automatisierten Datei entnommen worden sind, ebenso zu den Prüfungsgegenständen wie die in anderen Formen erhobenen, verarbeiteten oder genutzten Beschäftigtendaten (§ 32 Abs. 2). 8

Eine Erweiterung der Kontrollobjekte sieht § 882g Abs. 7 ZPO gegenüber den Empfängern von Daten aus Schuldnerverzeichnissen vor. Die Aufsichtsbehörde kann dort auch die Verarbeitung und Nutzung dieser personenbezogenen Daten in oder aus Akten überwachen. Entsprechendes gilt für nichtöffentliche Stellen, die von den vorgenannten Datenempfängern Auskünfte erhalten haben. 9

Gemäß § 14 Abs. 1 Transplantationsgesetz findet dort unter bestimmten Voraussetzungen § 38 mit der Maßgabe Anwendung, dass die Aufsichtsbehörde die Ausführung der Vorschriften über den Datenschutz auch insoweit kontrolliert, als deren Anwendungsbereich weiter ist, als in § 38 Abs. 1 Satz 1 vorausgesetzt. 10

c) Die der Aufsicht unterliegenden Stellen

1. Die nicht-öffentlichen Stellen im Sinne des § 27 und des § 2 Abs. 4 Satz 1 sowie als Auftragnehmer gemäß § 11 Abs. 4 Nr. 2. 11

   Ausgenommen sind nicht-öffentliche Stellen, wenn sie als öffentliche Stellen gelten (§ 2 Abs. 4 Satz 2) oder für sie das BDSG nicht anwendbar ist (vgl. Erl. zu § 2).

   Ausgenommen sind auch nicht-öffentliche Stellen als Auftragnehmer, bei denen der öffentlichen Hand die Mehrheit der Anteile gehört oder die Mehrheit der Stimmen zusteht und der Auftraggeber eine öffentliche Stelle ist. In diesem Fall gelten die §§ 18, 24–26 oder die entsprechenden Vorschriften der Datenschutzgesetze der Länder (§ 11 Abs. 4 Nr. 1b).

   Ausgenommen sind schließlich Unternehmen, **soweit** sie geschäftsmäßig Telekommunikations- oder Postdienste erbringen. Für die Kontrolle ist dort der Bundesbeauftragte für den Datenschutz und die Informationsfreiheit entsprechend den §§ 21 und 24–26 Abs. 1–4 zuständig (§§ 115 Abs. 4 TKG bzw. 42 Abs. 3 PostG).

   Im Übrigen unterliegen diese Unternehmen der Aufsicht gemäß § 38.[6]

2. **Die öffentlichen Stellen der Länder, soweit sie als öffentlich-rechtliche Unternehmen am Wettbewerb teilnehmen und die Anwendung des § 38 im jeweiligen Landesgesetz festgelegt ist**, z.B. 12

   Bayern: Öffentlich-rechtliche Versicherungsunternehmen und Kreditinstitute gemäß Art. 3 Abs. 2 BayDSG,

   Baden-Württemberg: Öffentliche Stellen, die als Unternehmen mit eigener Rechtspersönlichkeit am Wettbewerb teilnehmen, gemäß § 2 Abs. 4 LDSG,

   Rheinland-Pfalz: Öffentliche Stellen, die als Unternehmen am Wettbewerb teilnehmen, und deren Vereinigungen gemäß § 2 Abs. 3 LDSG.

d) Überprüfung eines einzelnen Vorgangs

aa) Anlass

Weist eine Person anonym oder ohne die Geltendmachung der Verletzung eigener Rechte die Aufsichtsbehörde auf einen Datenschutzverstoß hin oder ergibt sich für die Aufsichtsbehörde ein Verdacht für ei- 13

6 Vgl. Simitis/*Petri*, § 38 Rn. 18.

nen Verstoß gegen Datenschutzrecht aus allgemeinen Umständen, aus Presseberichten oder aus eigenen Recherchen, kann sie nach pflichtgemäßem Ermessen **von Amts wegen** einen oder mehrere Vorgänge überprüfen.[7]

14 Jedermann hat das Recht, sich an die Aufsichtsbehörde zu wenden, wenn er der Ansicht ist, bei der Erhebung, Verarbeitung oder Nutzung seiner personenbezogenen Daten durch eine nichtöffentliche Stelle in seinen Rechten verletzt worden zu sein. Dies ergibt sich aus Abs. 1 Satz 8 in Verbindung mit § 21 Satz 1. Die Beschwerde ist weder an eine Form noch an eine Frist gebunden.[8]

bb) Durchführung

15 Sie steht im pflichtgemäßen Ermessen der Aufsichtsbehörde. Der Beschwerdeführer hat in aller Regel keinen Rechtsanspruch auf ein bestimmtes Tätigwerden oder Ergebnis.

> **!** Beachte:
> Der Beschwerdeführer kann lediglich verlangen, dass seine Beschwerde entgegengenommen, sachlich geprüft und verbeschieden wird.[9]

Im Regelfall trägt die Aufsichtsbehörde den geltend gemachten Datenschutzverstoß der Leitung der verantwortlichen Stelle in einem Anschreiben vor und bittet sie unter Hinweis auf ihr Auskunftsverweigerungsrecht um Prüfung und Stellungnahme. Es handelt sich dabei um ein Auskunftsersuchen im Sinne des Abs. 3 Satz 1 (siehe dazu Abschnitt III). Der Datenschutzbeauftragte wäre nicht der richtige Adressat, da er nicht zur Leitung der verantwortlichen Stelle gehört.

Die verantwortliche Stelle ist aber gut beraten, wenn sie ihren Datenschutzbeauftragten in die Prüfung des Vorgangs sowie in die Vorbereitung und Ausarbeitung der Stellungnahme mit einbezieht. Die Auskunft selbst muss dann allerdings von einer Person unterzeichnet sein, die berechtigt ist, die verantwortliche Stelle zu vertreten (siehe dazu Abschnitt III 1 Rn. 37 ff.).

> **!** Wenn auch der Datenschutzbeauftragte im Überprüfungsverfahren aus den oben und im Abschnitt III 1. Rn. 37 ff. aufgezeigten Gründen nicht nach außen wirken kann, so sollte er jedoch intern voll miteinbezogen werden.

Die Aufsichtsbehörde unterzieht den ermittelten Sachverhalt unter Berücksichtigung des Beschwerdevorbringens und der Äußerung der verantwortlichen Stelle einer datenschutzrechtlichen Würdigung.

cc) Ergebnis

16 Die Aufsichtsbehörde unterrichtet den Beschwerde führenden Betroffenen (siehe auch unter V. 3 Rn. 75) und die verantwortliche Stelle vom Ergebnis der Prüfung. Es handelt sich dabei nicht um einen angreifbaren Verwaltungsakt, sondern um eine formlose Darstellung der Rechtslage.

Im Falle eines Datenschutzverstoßes enthält die Mitteilung an die verantwortliche Stelle eine Beanstandung. Die Aufsichtsbehörde kann in diesem Fall auch von einer der in Abschnitt V dargestellten Möglichkeiten Gebrauch machen.

e) Voll- oder Teilkontrolle einer verantwortlichen Stelle

aa) Die Auswahlentscheidung der Aufsichtsbehörde

17 Ein konkreter Anlass ist für eine Kontrolle nicht erforderlich. Die Aufsichtsbehörde kann von Amts wegen entweder eine umfassende oder nur Teilbereiche betreffende Kontrolle vor Ort, schriftlich oder online durchführen.

---

7 Vgl. *Gola/Schomerus*, § 38 Rn. 14; Däubler/Klebe/Wedde/Weichert/*Weichert*, § 38 Rn. 16.
8 Vgl. Simitis/*Dammann*, § 21 Rn. 14, 15; *Gola/Schomerus*, § 38 Rn. 5.
9 Vgl. *Gola/Schomerus*, § 38 Rn. 17, Taeger/Gabel/*Grittmann*, § 21 Rn. 10.

Sie entscheidet nach pflichtgemäßem Ermessen, welche Stellen in welcher Weise geprüft werden. Sie darf dabei nicht willkürlich handeln, sondern muss sich von sachlichen Kriterien leiten lassen. Diese sind zum Beispiel:

- die der Meldepflicht unterliegende automatisierte Verarbeitung,
- der Umgang mit großen Mengen personenbezogener Daten,
- der mit hohem Gefährdungspotenzial verbundene Umgang mit personenbezogenen Daten,
- Auffälligkeiten bei der Überprüfung von Beschwerden,
- Nichtbefolgung einer Beanstandung oder
- ein Prüfkonzept, das über einen längeren Zeitraum hinweg die Prüfung verantwortlicher Stellen verschiedener Arten und Branchen enthält.

bb) Inhalt der Kontrolle

Eine Kontrolle bezieht sich im Wesentlichen auf 18

- die Umsetzung von organisatorischen und formalen Anforderungen des BDSG,
- den Umgang mit personenbezogenen Daten,
- die Videoüberwachung sowie
- die Prüfung der Datensicherheitsmaßnahmen.

cc) Mit oder ohne Ankündigung

Die Aufsichtsbehörde entscheidet nach pflichtgemäßem Ermessen, ob sie eine Kontrolle vorher ankündigt. Auf eine Ankündigung wird sie in der Regel dann verzichten, wenn sofortiges Handeln geboten ist oder eine Vernichtung von Beweismitteln zu befürchten ist. 19

dd) Die Vorbereitung

Kündigt die Aufsichtsbehörde die Kontrolle vorher an, können beide Seiten die Zeit bis dahin für die Vorbereitung nutzen. Manche Aufsichtsbehörden geben eine oder mehrere Checklisten[10] heraus mit der Bitte, sie rechtzeitig vor dem Termin ausgefüllt zurückzusenden. Anhand dieser Unterlagen kann sich die Aufsichtsbehörde bereits vorher ein Bild von der Beachtung des Datenschutzes bei der überprüften Stelle machen. 20

Auf der anderen Seite sieht die verantwortliche Stelle anhand dieser Abfragen, worauf es der Behörde ankommt. Sie kann sich so gut auf die Kontrolle einstellen und bis dahin auch „noch einiges in Ordnung bringen".

! Diese schriftliche Vorbereitungsphase für den Prüfungstermin sollten die Verantwortlichen unter der Anleitung des Beauftragten für den Datenschutz für einen intensiven datenschutzrechtlichen „Hausputz" nutzen.

ee) Die Kontrolle vor Ort

Vonseiten der verantwortlichen Stelle nehmen der Leiter oder eine beauftragte Person,[11] der Beauftragte für den Datenschutz und, soweit erforderlich, weitere Fachpersonen wie z.B. der IT-Leiter, der Personalchef oder der Leiter der Rechtsabteilung teil. Die Aufsichtsbehörde ist üblicherweise mit zwei bis drei Personen vertreten. 21

Am Beginn steht eine ausführliche Erörterung der von der Aufsichtsbehörde anhand der Auswertung der Fragebögen vorbereiteten Punkte und der von der verantwortlichen Stelle eingebrachten Fragen. Oft

10 Vgl. zwei Muster des Bayerischen Landesamtes für Datenschutzaufsicht unter C. Rn. 87 ff.
11 Die beauftragte Person kann nicht der Beauftragte für den Datenschutz sein (vgl. III.1 Rn. 40, und Fn. 19).

schließt sich zur Überprüfung der Datensicherheitsmaßnahmen und ggf. der Videoüberwachung die Besichtigung der betreffenden Räume und des Außenbereichs an.

ff) Ergebnis

22 Die Kontrolle wird mit einem schriftlichen Prüfungsbericht abgeschlossen. Er ist rechtlich nicht als angreifbarer Verwaltungsakt, sondern als formlose Darstellung der Sach- und Rechtslage zu qualifizieren. Soweit er Verstöße aufzeigt, stellt er eine Beanstandung dar (vgl. Rn. 16 und Rn. 60 ff.). In diesem Fall kann die Aufsichtsbehörde auch von einer der in Abschnitt V dargestellten Möglichkeiten Gebrauch machen.

Die verantwortliche Stelle muss damit rechnen, dass die Aufsichtsbehörde das Abstellen der aufgezeigten Datenschutzverstöße im Auge behält. Häufig wird bereits im Prüfungsbericht eine Frist für die Abhilfe und die Abgabe einer entsprechenden Bestätigung durch die verantwortliche Stelle gesetzt.

2. Beratung und Unterstützung der Datenschutzbeauftragten und der verantwortlichen Stellen (Abs. 1 Satz 2)

23 Nach der ausdrücklichen gesetzlichen Regelung im Satz 2 umfasst die Aufsicht nicht nur die Kontrolle, sondern auch die Beratung und Unterstützung durch die Aufsichtsbehörde. Dass diese Aufgaben in der Praxis sehr ernst genommen werden, zeigen die Statistiken der Aufsichtsbehörden. Die Fallzahlen der Beratung und Unterstützung übersteigen meist die der Kontrolltätigkeit.[12]

a) Aufsichtsbehörde – Datenschutzbeauftragter

24 Die Bedeutung dieser Aufgabe ergibt sich auch aus den gegenüber Abs. 1 Satz 2 „spiegelbildlichen" Vorschriften des § 4g Abs. 1 Sätze 2 und 3 sowie des § 4d Abs. 6. Sie geben den Datenschutzbeauftragten das Recht bzw. erlegen ihnen die Verpflichtung auf, sich in Zweifelsfällen an die Aufsichtsbehörde zu wenden. Mit diesen Vorschriften möchte das BDSG eine enge und vertrauensvolle Zusammenarbeit zwischen der „internen Datenschutzüberwachung" in der Person des Datenschutzbeauftragten auf der einen Seite und der staatlichen Datenschutzaufsicht auf der anderen Seite erreichen. Auf diese Weise kann der Datenschutz in den verantwortlichen Stellen „mit vereinten Kräften" vorangebracht werden.

b) Aufsichtsbehörde – Verantwortliche Stelle

25 Daneben stehen die Beratung und Unterstützung der in Satz 2 gesondert angesprochenen verantwortlichen Stellen. Sie gilt der Unternehmensleitung, die unmittelbar die Verantwortung für die Beachtung und Umsetzung des Datenschutzrechts in der betrieblichen Praxis hat. Auch wenn es in dieser Beziehung keine den oben genannten §§ 4g und 4d entsprechenden Regelungen gibt, kann man allein aus dem Satz 2 deutlich eine Einladung an die Leitungen der verantwortlichen Stellen herauslesen, sich lieber einmal zu viel als zu wenig an die Aufsichtsbehörde zu wenden. In der Praxis nehmen die verantwortlichen Stellen dieses Beratungsangebot oft zusammen mit ihren Datenschutzbeauftragten wahr.

> **!** Verantwortliche Stellen und ihre Datenschutzbeauftragten sind gut beraten, wenn sie in datenschutzrechtlichen Zweifelsfällen die Unterstützung der Aufsichtsbehörde in Anspruch nehmen.

3. Zusammenarbeit mit Verbänden und Kammern

26 Die Aufsichtsbehörden nehmen die sich aus Abs. 1 Satz 2 ergebende Beratungsaufgabe auch in der Form wahr, dass sie über die Kammern, Wirtschaftsfachverbände und Vereinigungen, die sich die Förderung des Datenschutzes zum Ziel gesetzt haben, allgemein Hilfestellungen für eine Verwirklichung des Datenschutzrechts bei den verantwortlichen Stellen leisten. Ihre Bediensteten halten Fachvorträge zu einschlägigen datenschutzrechtlichen Themen und nehmen an Datenschutzveranstaltungen teil.

---

12 Vgl. Tätigkeitsbericht des Bayerischen Landesamtes für Datenschutzaufsicht 2011/2012 unter 2.1 und 2.1.5: Im Jahr 2012 standen einerseits 1.475 Beratungen andererseits 719 Beschwerdebearbeitungen und 20 Kontrollen vor Ort gegenüber. Allerdings kamen in diesem Jahr noch 13.404 Webseiten-Kontrollen dazu.

4. Entgegennahme der Mitteilung bei unrechtmäßiger Kenntniserlangung von Daten (§ 42a)

Diese Aufgabe der Aufsichtsbehörde hängt eng mit ihren vorgenannten Kontroll-, Beratungs- und Unterstützungsaufgaben zusammen. Die Aufsichtsbehörde kann aus diesen Informationen Erkenntnisse für ein entsprechendes Tätigwerden gewinnen (siehe Erl. zu § 42a). 27

5. Prüfung von Verhaltensregeln von Berufsverbänden und anderen Vereinigungen verantwortlicher Stellen (§ 38a Abs. 2)

Es handelt sich hier um eine besondere Art der Beratung verantwortlicher Stellen. Die Aufsichtsbehörde überprüft die Vereinbarkeit des Entwurfs mit dem Datenschutzrecht und teilt dem Verband bzw. der Vereinigung das Ergebnis in der Form eines Verwaltungsaktes mit (vgl. Erl. zu § 38a). 28

6. Führung des öffentlichen Registers meldepflichtiger Verarbeitungen (Abs. 2)

Nach § 4d müssen neben anderen insbesondere der Adresshandel, Auskunfteien sowie Markt- und Meinungsforschungsinstitute Verfahren automatisierter Verarbeitungen der zuständigen Aufsichtsbehörde melden. Dort werden die Meldungen in ein Register aufgenommen. 29

Das strukturiert aufbereitete Register steht der Aufsichtsbehörde als Informationsgrundlage für ihre Überwachungs- und Prüfungstätigkeit ebenso zur Verfügung wie für die Erfüllung ihrer Beratungs- und Unterstützungsaufgabe.

Das Register kann von jedem eingesehen werden. Ein rechtliches Interesse ist nicht erforderlich. Aus Gründen der Datensicherheit und des Schutzes organisatorischer Strukturen bezieht sich das Einsichtsrecht weder auf die allgemeine Beschreibung der Datensicherheitsvorkehrungen noch auf die zugriffsberechtigten Personen.

Wenn auch in der Praxis von diesem allgemeinen Einsichtsrecht wenig Gebrauch gemacht wird, so steht diese Regelung doch für die Verwirklichung des Transparenzgrundsatzes im Datenschutzrecht.

7. Genehmigung von Datentransfer in Nicht-EU/EWR-Staaten (§ 4c Abs. 2)

Auf die dortigen Erläuterungen wird verwiesen. 30

8. Amtshilfe für Datenschutzaufsichtsbehörden der anderen EU-Staaten (Abs. 1 Satz 5)

Die auf Ersuchen zu leistende ergänzende Hilfe (Amtshilfe) wird in dem zugrundeliegenden Art. 28 Abs. 6 Satz 2 der EU-Richtlinie wie folgt angesprochen: „Jede Kontrollstelle kann von einer Kontrollstelle eines anderen Mitgliedstaates um die Ausübung ihrer Befugnisse ersucht werden." 31

Abs. 1 Satz 5 stellt keine Rechtsgrundlage für die Übermittlung personenbezogener Daten dar.[13] Eine entsprechende Rechtsgrundlage kann sich ggf. aus Abs. 1 Satz 3 ergeben (vgl. Rn. 33).

9. Tätigkeitsbericht (Abs. 1 Satz 7) und weitere Veröffentlichungen

Die Aufsichtsbehörde ist verpflichtet, spätestens alle zwei Jahre einen Tätigkeitsbericht zu veröffentlichen. Neben einer Bilanz ihrer aufsichtlichen Tätigkeit zeigt sie darin datenschutzgerechte Lösungen von Praxisfällen auf und stellt aktuelle datenschutzrechtliche Themen vor. Darüber hinaus macht sie auf Fehlentwicklungen aufmerksam und gibt Tipps für einen effektiven Datenschutz. 32

> **!** Die Tätigkeitsberichte der Aufsichtsbehörden sind für die verantwortlichen Stellen und ihre betrieblichen Datenschutzbeauftragten wahre Fundgruben für die korrekte Umsetzung des Datenschutzrechts in der Praxis.

Über die ausdrückliche gesetzliche Verpflichtung des Satzes 7 hinaus geben die Aufsichtsbehörden immer wieder Informationen und Anleitungen zum Datenschutz heraus, die im Internet abgerufen werden können und zum Teil auch in gedruckter Form zur Verfügung stehen.

13 Vgl. Taeger/Gabel/*Grittmann*, § 38 Rn. 17; Simitis/*Petri*, § 38 Rn. 41; *Bergmann/Möhrle/Herb*, § 38 Rn. 25.

> Wer eine datenschutzrechtliche Frage hat, sollte zuerst auf den Internetseiten der Aufsichtsbehörden nachsehen, ob das Thema in einer dort zur Verfügung gestellten Veröffentlichung angesprochen wird.

II. Umgang der Aufsichtsbehörde mit den im Rahmen der Aufsicht gespeicherten Daten

1. Grundsätzliche Zweckbindung (Abs. 1 Satz 3)

33 Die im Rahmen der Aufsicht gespeicherten Daten dürfen grundsätzlich nur für **Zwecke der Aufsicht** verarbeitet und genutzt werden (1. Hs). Diese ergeben sich aus dem gesetzlich zugewiesenen Aufgabenbereich einer Aufsichtsbehörde.[14]

Der 2. Hs. lässt in Verbindung mit § 14 Abs. 2 Nr. 1–3, 6 und 7 Zweckänderungen zu. Aus dem Wortlaut geht nicht eindeutig hervor, ob sich die Ausnahmeregelung nur auf das Speichern, Verändern oder Nutzen (§ 14 Abs. 2) oder auch auf die anderen Formen der Verarbeitung gemäß § 3 Abs. 4 bezieht. Die letztgenannte weite Auslegung entspricht wohl der Intention des Gesetzes.[15]

2. Datenübermittlung an andere Aufsichtsbehörden (Abs. 1 Satz 4)

34 Das Gesetz stellt hier noch einmal ausdrücklich klar, dass eine Übermittlung von Daten an andere Aufsichtsbehörden zum **Zweck der Aufsicht** (siehe Satz 3) zulässig ist. Gemeint sind hier wohl die Datenschutzaufsichtsbehörden der anderen Bundesländer.

Für Datenübermittlungen an ausländische Kontrollstellen benötigt die Aufsichtsbehörde gemäß Satz 3 in Verbindung mit § 14 Abs. 2 Nr. 2 die Einwilligung des Betroffenen.[16]

Die Zulässigkeit der Datenübermittlung an Aufsichtsbehörden außerhalb des Datenschutzrechts orientiert sich an Satz 3 (vgl. Rn. 33).

3. Erfüllung gesetzlicher Anzeigepflichten und anderer Pflichten (Abs. 1 Satz 8 in Verb. mit § 23 Abs. 5 Satz 4)

35 In § 23 Abs. 5 Satz 4 wird klargestellt, dass die Aufsichtsbehörde nicht gehindert ist, die gesetzlich begründeten Pflichten, Straftaten anzuzeigen (z.B. gemäß § 138 StGB) und bei Gefährdung der freiheitlichen demokratischen Grundordnung für deren Erhaltung einzutreten, zu erfüllen (vgl. Erl. zu § 23).[17]

4. Mitteilungs- und Vorlageverpflichtungen gegenüber Finanzbehörden (Abs. 1 Satz 8 in Verb. mit § 23 Abs. 5 Satz 5 und 6)

36 Der § 23 Satz 5 entbindet die Aufsichtsbehörde zunächst von den Mitteilungs- und Vorlagepflichten gegenüber Finanzbehörden. Der Satz 6 lässt diese Pflichten unter bestimmten Umständen wieder aufleben (vgl. Erl. zu § 23).

III. Das Recht der Aufsichtsbehörde auf Auskunftserteilung (Abs. 3)

1. Die Auskunftspflicht im Einzelnen

37 Die von der Aufsichtsbehörde verlangte Auskunft muss für die Erfüllung ihrer gesetzlichen Aufgaben erforderlich sein. Es müssen nachvollziehbare sachliche Gründe dafür vorliegen, dass die Auskunft für eine konkrete Kontrolltätigkeit benötigt wird. Bloße Erhebungen auf Vorrat sind nicht zulässig.

---

14 Vgl. Taeger/Gabel/*Grittmann*, § 38 Rn. 15; Simitis/*Petri*, § 38 Rn. 38.
15 Vgl. Simitis/*Petri*, § 38 Rn. 40.
16 Vgl. Simitis/*Petri*, § 38 Rn. 40.
17 Vgl. Simitis/*Dammann*, § 23 Rn. 30.

Das Verlangen einer Auskunft stellt einen Verwaltungsakt dar, gegen den die befragte Stelle oder Person auf dem Verwaltungsrechtsweg durch eine Klage bzw. zunächst durch einen Widerspruch vorgehen kann. 38

Zur Auskunft verpflichtet ist zum einen die verantwortliche Stelle, unabhängig davon, ob es sich um eine natürliche Person, z.B. den Inhaber eines Handelsgeschäftes oder einer Arztpraxis, um eine Gesellschaft oder eine juristische Person, z.B. einen eingetragenen Verein oder eine GmbH, handelt. Zum anderen sind auch die mit der Leitung einer verantwortlichen Stelle beauftragten Personen verpflichtet, z.B. der Vorstand einer AG oder eines Vereins oder der Geschäftsführer einer GmbH. 39

Dazu gehören **nicht** die Leiter von Abteilungen, sonstige Beschäftigte und der Datenschutzbeauftragte.[18]

Der Leiter der verantwortlichen Stelle kann eine ihn vertretende Auskunftsperson bestimmen, z.B. den Leiter der Personalabteilung, wenn es um den Beschäftigtendatenschutz geht, oder den Leiter der IT bei Datensicherheitsfragen.

Der Datenschutzbeauftragte sollte intern in die Bearbeitung der Anfrage in die Prüfung des Vorgangs und in die Vorbereitung der Stellungnahme mit eingeschaltet werden. Er kann jedoch nicht mit der Vertretung des Auskunftspflichtigen beauftragt werden, da dies mit seiner Funktion als internes Überwachungsorgan nicht vereinbar wäre.[19] 40

!

Die Auskunft muss unverzüglich, d. h. ohne schuldhaftes Zögern, sowie vollständig und wahrheitsgemäß erteilt werden.
Die Aufsichtsbehörde kann eine Frist zur Abgabe der Stellungnahme einräumen.

Eine bestimmte Form ist für die Erteilung der Auskunft nicht vorgeschrieben. Sie wird in der Regel schriftlich, bei der Kontrolle vor Ort auch mündlich erteilt.

2. Das Auskunftsverweigerungsrecht

Dem Auskunftspflichtigen steht gemäß Abs. 3 Satz 2 ein Auskunftsverweigerungsrecht zu. Er kann die Auskunft auf solche Fragen verweigern, deren Beantwortung ihn selbst oder einen der in § 383 Abs. 1 Nr. 1–3 der Zivilprozessordnung bezeichneten Angehörigen der Gefahr einer strafgerichtlichen Verfolgung oder eines Verfahrens nach dem Gesetz über Ordnungswidrigkeiten aussetzen würde. 41

Dieses Risiko ist für den Auskunftspflichtigen zum einen dann gegeben, wenn er im Rahmen einer korrekten Auskunft die Verwirklichung eines Bußgeld- oder Straftatbestandes offenbaren müsste. 42

Unter den Schutzbereich des Abs. 3 Satz 2 fallen folgende Angehörige eines Auskunftspflichtigen: 43

- der Verlobten oder derjenige, mit dem er ein Versprechen eingegangen ist, eine Lebenspartnerschaft zu begründen;
- der Ehegatten, auch wenn die Ehe nicht mehr besteht;
- der Lebenspartner, auch wenn die Lebenspartnerschaft nicht mehr besteht;
- diejenigen, die mit ihm in gerader Linie verwandt oder verschwägert, in der Seitenlinie bis zum dritten Grad verwandt oder bis zum zweiten Grad verschwägert sind oder waren.

Die Aufsichtsbehörde muss den Auskunftspflichtigen gemäß Satz 3 auf das Auskunftsverweigerungsrecht hinweisen.

Es kommt auf die Umstände des Einzelfalles an, ob ein einmaliger Hinweis ausreicht[20] oder ob die Aufsichtsbehörde den Hinweis in jede Anfrage aufnehmen muss. Bei wiederholten schriftlichen Anfragen ist in der Regel auch eine Wiederholung des Hinweises erforderlich. 44

18 Vgl. *Bergmann/Möhrle/Herb*, § 38 Rn. 47.
19 Vgl. *Gola/Schomerus*, § 4f Rn. 23a; *Dorn*, DSB 10/2006, 9; a.A. wohl Simitis/*Petri*, § 38 Rn. 53.
20 So Däubler/Klebe/Wedde/Weichert/*Weichert*, § 38 Rn. 21.

45 Die Frage, ob eine Unterlassung des Hinweises ein Verwertungsverbot zur Folge hat, ist mangels einer gesetzlichen Regelung nicht ganz eindeutig, wird jedoch von zahlreichen Autoren bejaht,[21] wenn insoweit ein Auskunftsverweigerungsrecht bestanden hat.

3. Beachtung von Verschwiegenheitsverpflichtungen?

46 Umstritten ist, ob ein zur Verschwiegenheit Verpflichteter, z. B ein Arzt oder Rechtsanwalt, eine unter die Schweigepflicht fallende Auskunft verweigern muss.

47 Das Kammergericht Berlin bejaht diese Frage.[22] Die Auskunftspflicht gemäß Abs. 3 gebe keine Befugnis zur Offenbarung eines Rechtsanwaltsgeheimnisses im Sinne des § 203 StGB. Im Gegensatz dazu wird in der Literatur auch die Meinung vertreten, dass in entsprechender Anwendung des § 24 Abs. 2 auch Auskünfte erteilt werden müssen, die eigentlich unter eine der dort genannten Verschwiegenheitspflichten fallen.[23]

48 Im Hinblick auf diese unsichere Rechtslage wäre eine höchstrichterliche Entscheidung oder eine klarstellende gesetzliche Regelung zu begrüßen.

49 Bis dahin sollten die zur Verschwiegenheit Verpflichteten insoweit die Auskunft verweigern, um sich nicht der Gefahr strafgerichtlicher Verfolgung auszusetzen.

4. Verwaltungszwangsverfahren

50 Soweit eine verantwortliche Stelle oder eine mit ihrer Leitung beauftragte Person ihrer Auskunftspflicht nicht nachkommt, kann die Aufsichtsbehörde mit den Mitteln des Verwaltungszwangs gegen sie vorgehen, d. h., sie kann damit die Auskunft erzwingen.

51 Das Verwaltungszwangsverfahren richtet sich nach dem Verwaltungsvollstreckungsgesetz des jeweiligen Bundeslandes. Als Zwangsmittel kommt bei der Verweigerung einer Auskunft in der Regel die Erhebung eines Zwangsgeldes in Betracht. Die weiteren möglichen Zwangsmittel Ersatzvornahme, Ersatzzwangshaft oder unmittelbarer Zwang dürften hier nur ausnahmsweise angewendet werden.

52 Im Rahmen dieses Verfahrens erlässt die Aufsichtsbehörde gegen die auf das Auskunftsverlangen nicht reagierende Stelle bzw. Person einen in der Regel kostenpflichtigen Androhungsbescheid.[24] In ihm setzt sie eine letzte Frist und droht gleichzeitig für den Fall der Nichterfüllung ein Zwangsgeld in einer bestimmten Höhe an. Dagegen kann auf dem Verwaltungsrechtsweg, ggf. nach Einlegung eines Widerspruches, vorgegangen werden.

53 Wird die Verpflichtung innerhalb der gesetzten Frist nicht erfüllt und besteht im Falle einer Anfechtung keine aufschiebende Wirkung der Androhung, wird das Zwangsgeld fällig und kann ggf. zwangsweise beigetrieben werden. Wird die Auskunft auch weiterhin nicht erteilt, kann die Aufsichtsbehörde den Verwaltungszwang bis zur Erfüllung der Verpflichtung fortsetzen. Sie kann dabei ein weiteres und auch ein höheres Zwangsgeld erheben oder ein anderes Zwangsmittel anwenden.

5. Bußgeldverfahren

54 Wer entgegen Abs. 3 Satz 1 eine Auskunft nicht, nicht richtig, nicht vollständig oder nicht rechtzeitig erteilt, kann mit einer Geldbuße belegt werden (§ 43 Abs. 1 Nr. 10; vgl. Erl. dazu).

> **!** Bußgeldverfahren und Verwaltungszwangsverfahren sind voneinander unabhängig. Sie können auch neben- oder nacheinander durchgeführt werden.

---

21 So Däubler/Klebe/Wedde/Weichert/*Weichert*, § 38 Rn. 21; Taeger/Gabel/*Grittmann*, § 38 Rn. 29; *Gola/Schomerus*, § 38 Rn. 21.
22 Vgl. KG Berlin, Beschluss vom 10.08.2010, Az. 1 Ws (B) 51/07 – DSB 11/2010.
23 Däubler/Klebe/Wedde/Weichert/*Weichert* § 38 Rn. 11; Simitis/*Petri*, BDSG, § 38 Rn. 24 f.
24 Vgl. das bei *Seiffert*, Datenschutzprüfung durch die Aufsichtsbehörden, im Anhang 5.3 abgedruckte Muster.

IV. Die Rechte der Aufsichtsbehörde bei einer Kontrolle vor Ort (Abs. 4)

1. Die Rechte im Einzelnen

Die Aufsichtsbehörde hat, soweit es zur Erfüllung ihrer Aufgaben erforderlich ist, während der Betriebs- 55
und Geschäftszeiten

- ein **Zutrittsrecht**, d. h., sie kann Grundstücke und Geschäftsräume der verantwortlichen Stelle betreten,
- ein **Prüfungs- und Besichtigungsrecht**,
- ein **Einsichtsrecht**, d. h., sie kann geschäftliche Unterlagen, insbesondere die Verarbeitungsübersicht nach § 4g Abs. 2 Satz 1, sowie die gespeicherten personenbezogenen Daten und die Datenverarbeitungsprogramme einsehen.

  Papierakten können nur eingesehen werden, wenn sie Aufschlüsse über die automatisierte Verarbeitung (§ 3 Abs. 2), den Umgang mit personenbezogenen Daten in nichtautomatisierten Dateien, Fragen der Datensicherheit oder die Erfüllung der formellen datenschutzrechtlichen Verpflichtungen geben können.

! Die Kontrollen der Aufsichtsbehörde dürfen sich auch auf Daten erstrecken, die dem Post- und Telekommunikationsgeheimnis oder einem Berufs- oder besonderen Amtsgeheimnis, z.B. dem Arzt- oder Steuerberatergeheimnis, unterliegen.

Dies ergibt sich aus dem über Abs. 4 Satz 3 und § 24 Abs. 6 anwendbaren § 24 Abs. 2.

Der Auskunftspflichtige (Abs. 3) muss die o.g. Kontrollmaßnahmen dulden (Abs. 4 Satz 4). Unter der Dul- 56
dung kann man nicht nur ein bloßes Geschehenlassen verstehen. Die Leitung muss vielmehr auch dafür sorgen, dass Räume zugänglich gemacht, Geschäftsunterlagen zusammengestellt und bereitgehalten sowie Datenverarbeitungsprogramme fachkundig erläutert werden.

! Geht allerdings die gewünschte Mitwirkung über diese allgemeinen Handlungen hinaus und wird z.B. die Vorlage bestimmter Akten oder Schriftstücke gewünscht, handelt es sich dabei um das Verlangen einer Auskunft gemäß Abs. 3. Der Auskunftspflichtige kann unter den Voraussetzungen des Abs. 3 Satz 2 seine Mitwirkung verweigern (Vgl. III. 2 Rn. 41 ff.).

2. Verwaltungszwangsverfahren

Kommt eine verantwortliche Stelle oder die mit ihrer Leitung beauftragten Personen ihren Verpflichtun- 57
gen aus Absatz 4 nicht nach, kann die Aufsichtsbehörde auch insoweit mit den Mitteln des Verwaltungszwangs gegen sie vorgehen. Auf die Ausführungen unter III. 3. Rn. 50 ff. wird verwiesen.

3. Bußgeldverfahren

Wer entgegen Abs. 4 Satz 1 den Zutritt, die Prüfung oder die Besichtigung nicht duldet, kann mit einer 58
Geldbuße belegt werden (§ 43 Abs. 1 Nr. 10; vgl. Erl. dazu).

! Bußgeldverfahren und Verwaltungszwangsverfahren sind voneinander unabhängig. Sie können auch neben- oder nacheinander durchgeführt werden.

! Ein Verstoß gegen die sich aus den Absätzen 3 und 4 ergebenden Verpflichtungen kann teuer werden!

V. Möglichkeiten der Aufsichtsbehörden bei Verstößen gegen das Datenschutzrecht

59 **Überblick**

1. Beanstandung
2. Förmliche Anordnungen gegenüber einer verantwortlichen Stelle
   - Anordnung von Maßnahmen zur Beseitigung festgestellter Verstöße beim Umgang mit personenbezogenen Daten (Abs. 5 Satz 1)
   - Anordnung von Maßnahmen zur Beseitigung technischer oder organisatorischer Mängel (Abs. 5 Satz 1)
   - Untersagung der Erhebung, Verarbeitung oder Nutzung (Abs. 5 Satz 2)
   - Untersagung des Einsatzes einzelner Verfahren (Abs. 5 Satz 2)
   - Verlangen der Abberufung eines betrieblichen Datenschutzbeauftragten (Abs. 5 Satz 3)
3. Unterrichtung des Betroffenen
4. Durchführung eines Bußgeldverfahrens bzw. Anzeige einer Ordnungswidrigkeit
5. Stellung eines Strafantrages
6. Unterrichtung der Gewerbeaufsichtsbehörden
7. Unterrichtung weiterer Stellen

1. Beanstandung

a) Wesen und Rechtsnatur

60 Eine Beanstandung liegt vor, wenn die Aufsichtsbehörde die verantwortliche Stelle nach einer Überprüfung formlos auf einen Verstoß gegen das Datenschutzrecht hinweist und die erforderlichen Abhilfemaßnahmen aufzeigt. Häufig setzt die Behörde dafür eine Frist. Auf die Verwendung des Begriffs „Beanstandung" kommt es nicht an.

61 Die Beanstandung wird im § 38 nicht erwähnt. Sie ergibt sich nach einer Prüfung aus der Notwendigkeit einer abschließenden Feststellung eines Rechtsverstoßes in den Fällen, in denen eine schwerer wiegende Reaktion der Aufsichtsbehörde nicht infrage kommt.[25]

62 Ihrer Rechtsnatur nach ist die Beanstandung *kein* Verwaltungsakt. Die Aufsichtsbehörde trifft hier keine Regelung, sondern zeigt lediglich die Rechtslage auf. Das bedeutet auf der einen Seite, dass sie die Beanstandung nicht mit Zwangsmaßnahmen durchsetzen kann. Auf der anderen Seite hat die verantwortliche Stelle lediglich die Möglichkeit, eine formlose Gegenvorstellung mit der Bitte um erneute Prüfung bei der Aufsichtsbehörde vorzubringen oder eine Feststellungsklage vor dem Verwaltungsgericht zu erheben.[26] Eine Aufsichtsbeschwerde ist nicht möglich, da die unabhängige Aufsichtsbehörde keiner übergeordneten Behörde unterstellt ist (siehe VI. 1 Rn. 82).

b) Praktische Bedeutung

63 Die Beanstandung ist die am häufigsten angewandte Reaktion der Aufsichtsbehörden auf Datenschutzverstöße. Nur zu einem sehr geringen Prozentsatz kommt es zu Maßnahmeanordnungen gemäß Abs. 5 und zu Bußgeld- oder Strafverfahren.

64 Kritiker bezeichnen die Aufsichtsbehörden deshalb zuweilen als „zahnlose Tiger". Diese Auffassung unterschätzt jedoch die Bedeutung einer Beanstandung. Gerade im Rahmen eines derartigen formlosen Verfahrens kann die Aufsichtsbehörde in vielen Fällen ihre Kontrollaufgabe nach Abs. 1 Satz 1 mit ihrer

---

25 Däubler/Klebe/Wedde/Weichert/*Weichert*, § 38 Rn. 29.
26 Däubler/Klebe/Wedde/Weichert/*Weichert*, § 38 Rn. 29; Taeger/Gabel/*Grittmann*, § 38 Rn. 52.

Beratungsaufgabe gemäß Abs. 1 Satz 2 verknüpfen und so zu einer Verbesserung des Datenschutzes bei der verantwortlichen Stelle beitragen. Man muss auch bedenken, dass die Nichtbefolgung der Beanstandung für die verantwortliche Stelle durchaus Konsequenzen haben kann:

- Die Aufsichtsbehörde kann dieses Verhalten zum Anlass für eine umfassende Kontrolle vor Ort nehmen.
- Es ist nicht auszuschließen, dass die Aufsichtsbehörde in den Fällen, in denen ein Bußgeldtatbestand verwirklicht ist, nunmehr mit der Einleitung eines Bußgeldverfahrens droht (siehe unten 5.). Die Tatsache, dass der Datenschutzverstoß trotz der Beanstandung nicht abgestellt wird, lässt die Ordnungswidrigkeit in einem anderen Licht erscheinen als vor dem aufsichtlichen Hinweis.
- Die verantwortliche Stelle läuft für die Zukunft Gefahr, wegen gleichartiger Datenschutzverstöße gemäß § 7 schadenersatzpflichtig zu werden.
- Schließlich könnte der von der Aufsichtsbehörde vom Datenschutzverstoß unterrichtete Betroffene gegen die verantwortliche Stelle zivilgerichtlich vorgehen.

> Die verantwortliche Stelle ist im Fall einer Beanstandung zur Vermeidung negativer Konsequenzen gut beraten, den Datenschutzverstoß abzustellen.

2. Förmliche Anordnungen und Untersagungen gegenüber einer verantwortlichen Stelle (Abs. 5)

a) Allgemeines

Abs. 5 ist die Rechtsgrundlage für den Erlass von förmlichen Anordnungen und Untersagungen. Es handelt sich dabei um verbindliche Regelungen in der Form von Verwaltungsakten mit folgenden Konsequenzen: 65

- Die verantwortliche Stelle muss in der Regel vor dem Erlass der Anordnung angehört werden.[27]
- Die verantwortliche Stelle hat die Möglichkeit, die Anordnung durch ein Verwaltungsgericht überprüfen zu lassen. Je nach der Rechtslage in den Bundesländern muss ggf. noch ein Widerspruchsverfahren vorgeschaltet werden.
- Die Aufsichtsbehörde kann die Anordnung mit den Mitteln des Verwaltungszwangs durchzusetzen. Im Regelfall kommt die Festsetzung eines Zwangsgeldes in Betracht (siehe III. 3).
- Je nach der Rechtslage in den einzelnen Bundesländern können für eine Anordnung Kosten (Gebühren und Auslagen) erhoben werden.

Es steht im pflichtgemäßen Ermessen der Aufsichtsbehörde, ob sie nach der Feststellung eines Verstoßes lediglich eine Beanstandung ausspricht oder eine Anordnung erlässt. 66

Eine Anordnung kann nach dem Wortlaut der Vorschrift nicht nur die Beseitigung eines Verstoßes, sondern auch die Art der Abhilfemaßnahme festlegen.[28] Sie wird in der Regel mit einer Fristsetzung für die Erledigung verbunden.

b) Anordnung von Maßnahmen (Satz 1)

– **zur Beseitigung festgestellter materiell-rechtlicher Verstöße bei der Erhebung, Verarbeitung und Nutzung personenbezogener Daten**

  Es geht hier insbesondere um Verstöße gegen die Zulässigkeitsvorschriften der §§ 4 und 28 bis 32. So kann z.B. die Löschung eines unzulässig gespeicherten Datums angeordnet werden. 67

27 Vgl. z.B. Art. 28 Bayerisches Verwaltungsverfahrensgesetz.
28 Vgl. *Gola/Schomerus*, § 38 Rn. 25.

– **zur Beseitigung technischer oder organisatorischer Mängel**

68 d.h. bei Zuwiderhandlungen gegen die sich aus § 9 einschließlich Anlage ergebenden Datensicherheitsverpflichtungen. Eine Anordnung kann sich z.B. darauf beziehen, unzureichende Passwörter durch geeignete zu ersetzen oder die Absicherung des Wireless-LAN zu verbessern.

c) Untersagung der Erhebung, Verarbeitung oder Nutzung personenbezogener Daten oder des Einsatzes einzelner Verfahren gemäß Satz 2

69 Es liegen schwerwiegende Verstöße oder Mängel, insbesondere solche, die mit einer besonderen Gefährdung des Persönlichkeitsrechts verbunden sind, vor **und** die Verstöße oder Mängel werden entgegen der Anordnung nach Satz 1 und trotz Verhängung eines Zwangsgeldes nicht in angemessener Zeit beseitigt.

Kriterien für die Angemessenheit der Zeit sind die drohenden Gefahren für das Persönlichkeitsrecht, die Art der Maßnahme und die Folgen für die verantwortliche Stelle.[29]

d) Verlangen der Abberufung des betrieblichen Datenschutzbeauftragten (Satz 3)

70 Es handelt sich dabei um eine förmliche Anordnung **gegenüber der verantwortlichen Stelle**, ihren Datenschutzbeauftragten abzuberufen.

Voraussetzung ist die Feststellung der Aufsichtsbehörde, dass der Datenschutzbeauftragte die zur Erfüllung seiner Aufgaben erforderliche Fachkunde und Zuverlässigkeit nicht besitzt. Diese beiden Kriterien sind die in § 4f Abs. 2 Satz 1 genannten Grundvoraussetzungen für die Bestellung eines Datenschutzbeauftragten. Dort ist auch im Satz 2 das Maß der erforderlichen Fachkunde näher umrissen. Zur Auslegung dieser beiden Begriffe wird auf die Erläuterungen zu § 4f Abs. 2 Satz 1 und 2 verwiesen.

Für das Abberufungsverlangen genügt es, dass eines der beiden Merkmale – Fachkunde oder Zuverlässigkeit – nicht vorliegt.

71 Der Datenschutzbeauftragte besitzt nicht die erforderliche Zuverlässigkeit, wenn er z.B. seinen gesetzlichen Verpflichtungen über einen längeren Zeitraum nicht nachkommt, Datenschutzvorschriften bewusst missachtet oder im Unternehmen noch Funktionen bekleidet, die er als Datenschutzbeauftragter überwachen muss, z.B. als Leiter der EDV oder der Personalabteilung (Interessenkollision; siehe Erl. zu § 4f).[30]

Soweit es sich um behebbare Mängel handelt, übt die Aufsichtsbehörde das ihr zustehende Ermessen in aller Regel dann richtig aus, wenn sie das Abberufungsverlangen als „letztes Mittel" betrachtet. So wäre es bei organisatorischen Mängeln, die zu einer Interessenkollision führen, angemessen, abzuwarten, ob sie innerhalb eines vertretbaren Zeitraums abgestellt werden. Bei Defiziten in der Fachkunde und der Aufgabenerfüllung sollte die Aufsichtsbehörde zunächst entsprechende Hinweise und Anleitungen geben, z.B. bezüglich der Teilnahme an Aus- und Fortbildungsmaßnahmen, der Beschaffung fehlender Fachliteratur und der Vorstellung üblicher Verhaltensmuster. Erst wenn dadurch keine entscheidende Verbesserung erreicht werden kann, sollte die Aufsichtsbehörde die Abberufung verlangen.

72 Das Abberufungsverlangen richtet sich zwar an die verantwortliche Stelle, hat aber mittelbare Auswirkungen auf den abzuberufenden Datenschutzbeauftragten. Die Aufsichtsbehörde kann ihn deshalb auf der Grundlage des jeweiligen Landesverwaltungsverfahrensgesetzes[31] von Amts wegen oder auf seinen Antrag hin als Beteiligten hinzuziehen.[32] In jedem Fall ist ihm aber rechtzeitig vor dem Widerruf Gelegenheit zur Stellungnahme zu geben.[33] Er kann als „Drittbetroffener"[34] neben der verantwortlichen Stelle gegen das Abberufungsverlangen auf dem Verwaltungsrechtsweg vorgehen (siehe oben a Rn. 66).

---

29 Vgl. Taeger/Gabel/*Grittmann*, § 38 Rn. 39; *Bergmann/Möhrle/Herb*, § 38 Rn. 88.
30 Vgl. Simitis/*Petri*, § 38 Rn. 74; *Bergmann/Möhrle/Herb*, § 38 Rn. 97.
31 Z.B. Art. 13 Abs. 2 BayVwVfG.
32 Vgl. Simitis/*Petri*, § 38 Rn. 74.
33 Vgl. Simitis/*Petri*, § 4f Rn. 195.
34 Vgl. Däubler/Klebe/Wedde/Weichert/*Weichert*, § 38 Rn. 33, *Gola/Schomerus*, § 38 Rn. 28.

Mit der Bestandskraft des Abberufungsverlangens endet die Bestellung des Datenschutzbeauftragten noch nicht.[35] Vielmehr muss nunmehr die verantwortliche Stelle von ihrem in § 4f Abs. 3 Satz 4 ausdrücklich eingeräumten Recht Gebrauch machen und die Bestellung des Datenschutzbeauftragten widerrufen. Ihr steht in dieser Situation kein Ermessen zu.[36] 73

Kommt die verantwortliche Stelle dem Abberufungsverlangen nicht nach, ist neben einer Anwendung des Verwaltungszwangs (vgl. a und III. 3) auch die Durchführung eines Bußgeldverfahrens wegen eines Verstoßes gegen § 43 Abs. 1 Nr. 2 möglich. 74

3. Unterrichtung des Betroffenen

Man muss unterscheiden: 75

a) Erfolgte die Überprüfung auf eine Eingabe eines Betroffenen hin, hat dieser ein Recht auf Information über das Ergebnis der datenschutzrechtlichen Überprüfung. Wenn sich diese Verpflichtung der Aufsichtsbehörde auch nicht ausdrücklich aus dem BDSG ergibt, so wird man diesen Schluss insbesondere aus Art. 28 Abs. 4 Satz 2 EG-DSRL ziehen müssen.[37]

b) Stellt die Aufsichtsbehörde den Datenschutzverstoß bei einer allgemeinen Kontrolle fest, so steht es in ihrem Ermessen, ob sie den Betroffenen unterrichtet (Abs. 1 Satz 6). Sie tut dies in der Regel beim Vorliegen besonderer Umstände, z.B. wenn ein Betroffener ohne die Information Nachteile erleiden würde.

Im Rahmen der Information teilt die Aufsichtsbehörde den festgestellten Sachverhalt und dessen rechtliche Bewertung mit. Der Betroffene kann sich dann überlegen, ob er etwas gegen die verantwortliche Stelle unternimmt, z.B. Schadensersatz fordert oder gerichtlich vorgeht.

Die Unterrichtung des Betroffenen ist kein Verwaltungsakt.

4. Bußgeldverfahren

Soweit die Aufsichtsbehörde feststellt, dass ein Bußgeldtatbestand im Sinne des § 43 verwirklicht ist, kann neben den vorgenannten Maßnahmen ein Bußgeldverfahren durchgeführt werden (siehe Erl. zu § 43). 76

In manchen Bundesländern, z.B. in Bayern, ist die Aufsichtsbehörde auch dafür zuständig. Sie muss im Rahmen des ihr zustehenden pflichtgemäßen Ermessens entscheiden, ob sie ein Bußgeldverfahren einleitet. 77

! Die Durchführung eines Bußgeldverfahrens richtet sich nach den Vorschriften des OWiG und unterscheidet sich deshalb vom aufsichtlichen Verfahren nach § 38.

Soweit die Aufsichtsbehörde dafür nicht zuständig ist, kann sie gemäß Abs. 1 Satz 6 im Rahmen ihres pflichtgemäßen Ermessens entscheiden, ob sie den Verstoß bei der Bußgeldbehörde anzeigt (vgl. B V. 5. zu § 43, dort Rn. 59).

5. Stellung eines Strafantrages

Liegt eine Straftat gemäß § 44 Abs. 1 vor, ist unter anderem auch die Aufsichtsbehörde gemäß Abs. 1 Satz 6 in Verbindung mit § 44 Abs. 2 befugt, einen Strafantrag zu stellen (siehe Erl. B III. zu § 44, dort Rn. 11). Ob sie davon Gebrauch macht, steht in ihrem pflichtgemäßen Ermessen. 78

35 So die h.M. vgl. Taeger/Gabel/*Grittmann*, § 40 Rn. 40; *Gola/Schomerus*, § 38 Rn. 28; a.A. *Bergmann/Möhrle/Herb*, § 38 Rn. 101.
36 Vgl. Simitis/*Petri*, § 4f Rn. 195.
37 Vgl. *Hillenbrand-Beck,* in: Roßnagel, Handbuch Datenschutzrecht, Aufsichtsbehörden, Rn. 61 f.; *Gola/Schomerus*, § 38 Rn. 10; Taeger/Gabel/*Grittmann*, § 38 Rn. 19.

6. Unterrichtung der Gewerbeaufsichtsbehörde (Abs. 1 Satz 6 Alt. 3) und Anwendung der Gewerbeordnung (Abs. 7)

79 Bei **schwerwiegenden Verstößen** kann die Datenschutzaufsichtsbehörde gemäß Abs. 1 Satz 6 Alt. 3 die Gewerbeaufsichtsbehörde zur Durchführung gewerberechtlicher Maßnahmen unterrichten. Datenschutzaufsicht und Gewerbeaufsichtsbehörde können gemäß Abs. 7 voneinander unabhängig tätig werden.

80 Unter „Gewerbeaufsichtsbehörde" im Sinne dieser Vorschrift muss man wohl alle Behörden verstehen, die nach den landesrechtlichen Vollzugsvorschriften für den Vollzug der Gewerbeordnung (GewO)[38] und weiterer gewerberechtlicher Rechtsvorschriften zuständig sind und in diesem Rahmen auch Aufsichtsbefugnisse haben. Dazu gehören z.B. die für ein Gewerbeuntersagungsverfahren gemäß § 35 GewO zuständige Behörde und die Behörden, die im gewerberechtlichen Bereich erteilte Erlaubnisse wieder zurücknehmen können.

Verantwortliche Stellen, die der GewO oder anderen gewerberechtlichen Rechtsvorschriften unterliegen, müssen Folgendes beachten:

Schwerwiegende Datenschutzverstöße können zu einer vollständigen oder teilweisen Gewerbeuntersagung gemäß § 35 GewO oder zu einer Rücknahme einer gewerberechtlichen Erlaubnis führen, soweit die dortigen Voraussetzungen gegeben sind. Ggf. können auch Auflagen gemacht werden.

Der § 38 enthält keine Rechtsgrundlage für eine Unterrichtung anderer Aufsichtsbehörden, die z.B. für Banken, Versicherungen oder freiberuflich Tätige zuständig sind, mit dem Ziel, diesen Behörden die Durchführung eigener Aufsichtsmaßnahmen zu ermöglichen. Eine analoge Anwendung des Abs. 1 Satz 6 wäre problematisch.

VI. Die Aufsichtsbehörden

1. Bestimmung durch die Länder (Abs. 6)

81 Zuständig für die Bestimmung der Aufsichtsbehörden sind die Landesregierungen oder die von ihnen ermächtigten Stellen.[39]

82 Bei der Einrichtung der Aufsichtsbehörden ist Art. 28 Abs. 1 Satz 2 EU-DSRL zu beachten, der die „völlige Unabhängigkeit" der Aufsichtsbehörden vorschreibt. Es war lange umstritten, ob die deutsche Praxis mit diesem Erfordernis vereinbar war. Die mit der Aufsicht betrauten Stellen waren hier entweder in die innere Verwaltung eines Landes eingegliedert oder sie unterstanden als Landesbeauftragte, die mit der Datenschutzaufsicht im nicht-öffentlichen Bereich betraut worden waren, insoweit der Rechtsaufsicht der Landesregierungen. Man vertrat die Auffassung, dass eine Unabhängigkeit von den zu kontrollierenden Stellen und die Freiheit von sachfremden Einflüssen genügen.

83 Die Europäische Kommission teilte diese Auffassung nicht und strengte gegen die Bundesrepublik Deutschland ein Vertragsverletzungsverfahren an. Der sich anschließenden Klage der Kommission gab der EuGH in seinem Urteil vom 09.03.2010 – Rs. 518/07 – statt. Danach erfordert die völlige Unabhängigkeit der Datenschutzaufsichtsbehörden unter anderem auch, dass diese weder einer Fach- noch einer Rechtsaufsicht der Landesregierung unterstehen.[40]

Diese Vorgabe ist in der Folgezeit in den Bundesländern umgesetzt worden.

84 In jedem Bundesland besteht eine Aufsichtsbehörde. Mit Ausnahme von Bayern ist die Datenschutzaufsicht im nicht-öffentlichen Bereich den jeweiligen für die Überwachung des Datenschutzes im öffentlichen Bereich zuständigen Landesbeauftragten übertragen worden. In Bayern wurde mit dem Landesamt

38 Z.B. Bayern Verordnung zur Durchführung der Gewerbeordnung (GewV) vom 09.02.2010 (GVBl 2010, S. 103).
39 Vgl. Art. 34 und 35 Bayerisches Datenschutzgesetz.
40 Vgl. im Einzelnen Simitis/*Petri*, § 38 Rn. 10 ff.; Taeger/Gabel/*Grittmann*, § 38 Rn. 43 ff.; *Gola/Schomerus*, § 38 Rn. 30 f.; *Bergmann/Möhrle/Herb*, § 38 Rn. 105 ff., mit jeweils weiteren Nachweisen.

für Datenschutzaufsicht eine eigene unabhängige Institution für den nicht-öffentlichen Bereich eingerichtet.[41]

Die Anschriften der einzelnen Aufsichtsbehörden sind auf der Webseite des Bundesbeauftragten für den Datenschutz und die Informationsfreiheit unter der Rubrik „Anschriften und Links" online abrufbar.[42]

2. Örtliche Zuständigkeit

85 Das BDSG enthält dafür keine Regelung. Man muss deshalb auf die allgemeinen Zuständigkeitsvorschriften für Verwaltungsbehörden in dem jeweiligen § 3 bzw. Art. 3 der Verwaltungsverfahrensgesetze der Länder zurückgreifen. Diese Vorschriften stimmen im Wesentlichen überein. Aus ihnen kann man für die Bestimmung der örtlichen Zuständigkeit einer Datenschutzaufsichtsbehörde vor allem Folgendes entnehmen:

a) Werden personenbezogene Daten im Rahmen

- des Betriebs eines Unternehmens,
- einer seiner Betriebsstätten,
- der Ausübung eines Berufs oder
- einer anderen dauernden Tätigkeit

erhoben, verarbeitet oder genutzt, ist die jeweilige örtliche Datenschutzaufsichtsbehörde zuständig. **Entscheidend ist somit der Ort, an dem einer dieser Vorgänge stattfindet.**[43] Das bedeutet, dass für eine verantwortliche Stelle, die ihren Sitz und unselbstständige Betriebsstätten in verschiedenen Bundesländern hat, mehrere Aufsichtsbehörden zuständig sind. Es kommt im Einzelfall darauf an, in welchem Bundesland sich die Betriebsstätte befindet, bei der der zu überprüfende Umgang mit personenbezogenen Daten vorgenommen wird.[44] Ansprechpartnerin für die Datenschutzaufsichtsbehörde ist dann nicht die jeweilige Betriebsstätte, für die sie zuständig ist, sondern die Leitung der verantwortlichen Stelle, die ggf. auch in einem anderen Bundesland ihren Sitz haben kann.

Die Datenschutzaufsichtsbehörden haben insbesondere auch im Düsseldorfer Kreis (siehe unten 3.) Gelegenheit, eine einheitliche Haltung gegenüber einem derartigen Unternehmen abzusprechen.

86 b) In anderen als den unter a) genannten Angelegenheiten kommt es auf den gewöhnlichen Aufenthalt einer natürlichen oder auf den Sitz einer juristischen Person an.

87 Wird eine Eingabe bei einer unzuständigen Behörde eingereicht, wird sie von dort an die zuständige Behörde weitergeleitet. Der Eingabeführer erhält in der Regel eine Abgabenachricht.

Stellt sich erst im Rahmen der Überprüfung heraus, dass eine andere Aufsichtsbehörde zuständig ist, gibt die bis dahin tätige Behörde den Vorgang zur weiteren Bearbeitung an die zuständige Behörde ab.

Wegen der bei der Bestimmung der örtlichen Zuständigkeit auftretenden zahlreichen Detailfragen wird auf den ausführlichen Aufsatz von *Kranig* in der ZD 11/2013 verwiesen.[45]

Soweit eine Datenschutzaufsichtsbehörde auch für die Durchführung der entsprechenden Bußgeldverfahren zuständig ist, richtet sich die örtliche Zuständigkeit dafür nach den bußgeldrechtlichen Regelungen (vgl. Erl. VI. 4. zu § 43).

---

41 Vgl. im Einzelnen Simitis/*Petri*, § 38 Rn. 10 ff.; Taeger/Gabel/*Grittmann*, § 38 Rn. 43 ff.; *Gola/Schomerus*, § 38 Rn. 30 f.; *Bergmann/Möhrle/Herb*, § 38 Rn. 105 ff., mit jeweils weiteren Nachweisen.

42 http://www.bfdi.bund.de/DE/AnschriftenUndLinks/AufsBehoerdFuerDenNichtOeffBereich/AufsBehoerdFuerDenNichtOeffBereich_node.html.

43 Vgl. *Kranig*, „Zuständigkeit der Datenschutzaufsichtsbehörden" in ZD 11/2013 III. 2. S. 550 ff.; Simitis/*Petri*, BDSG, Rn. 31 zu § 38.

44 Vgl. *Gola/Schomerus*, BDSG, Rn. 33 zu § 38; Däubler/Klebe/Wedde/Weichert/*Weichert*, BDSG, Rn. 3 zu § 38.

45 *Kranig* „Zuständigkeit der Datenschutzaufsichtsbehörden" in ZD 11/2013 S. 550 ff.

3. Zusammenarbeit der Aufsichtsbehörden

88 Der sog. „Düsseldorfer Kreis“ ist ein Gremium der 16 deutschen Aufsichtsbehörden, das deren Kommunikation, Kooperation und Koordinierung in Fragen des Datenschutzes im nicht-öffentlichen Bereich dient.[46] Einbezogen sind auch der Bundesbeauftragte für den Datenschutz und die Informationsfreiheit und das Bundesinnenministerium.

Das Gesamtgremium tagt in der Regel zweimal im Jahr. Einstimmig gefasste Beschlüsse werden auf der Website des Bundesbeauftragten für den Datenschutz und die Informationsfreiheit veröffentlicht. Für Fachfragen sind insbesondere die Arbeitsgruppen Versicherungswirtschaft, Kreditwirtschaft, Telemedien, Auskunfteien, Internationaler Datenverkehr, Beschäftigtendatenschutz, Technik und Bußgeldverfahren vorberatend tätig. Soweit Bedarf besteht, werden Sonderarbeitsgruppen gebildet.[47]

Darüber hinaus treffen sich Vertreter von Aufsichtsbehörden einmal im Jahr zu einem Workshop zur Klärung und Abstimmung konkreter Praxisfragen.[48]

C. Muster

I. Prüfliste für die Aufsicht nach § 38 Abs. 1[49]

89 **A) Allgemeines**

- Art und Rechtsform des Unternehmens
  Im Handelsregister eingetragen, Gewerbe angemeldet?
- Verbund mit anderen Unternehmen? Niederlassungen?
- Anzahl der Mitarbeiter
  Anzahl der Mitarbeiter bei der personenbezogenen DV
  Heimarbeiter/Telearbeiter
  Handelsvertreter i.S.d. HGB?
- Arten des Umgangs mit personenbezogenen Daten
  Erheben, Speichern, Übermitteln, Verändern, Sperren, Löschen, Nutzen
- Einsatz von automatisierten DV-Anlagen
  Nicht automatisierte Dateien (Karteien, Formularsammlungen)
- Art der personenbezogenen Daten
  Besondere Arten personenbezogener Daten gemäß § 3 Abs. 9
- DV für eigene Zwecke, § 28?
- DV für fremde Zwecke? Meldepflichtiges Unternehmen nach § 4d?
  (Auskunfteien, Informationsdienste, Adressenhandel, Markt-, Meinungs- und Sozialforschung)
  § 29, Datenerhebung und -speicherung zum Zweck der Übermittlung (Auskunfteien, Informationsdienste, Adressenhandel usw.)
  § 30/§ 30a, Datenerhebung und -speicherung zum Zweck der Übermittlung in anonymisierter Form, Markt-, Meinungs- und Sozialforschung
  § 11, Datenerhebung, -verarbeitung oder -nutzung im Auftrag
  Funktions-/Aufgabenübertragung? Vertragsregelungen dazu?

---

46 Vgl. *Lepper*, RDV 2012, 239.
47 Vgl. 5.Tb 2011/2012 des BayLDA unter 2.2.
48 Vgl. 5.Tb 2011/2012 des BayLDA unter 2.2.
49 Bayerisches Landesamt für Datenschutzaufsicht – Stand 6/2011 – leicht modifiziert.

B) Beauftragter für den Datenschutz – DSB (§§ 4f und 4g)

1. Bestellung erforderlich?

- Mindestens zehn Personen werden mit der automatisierten Verarbeitung personenbezogener Daten beschäftigt oder
- mindestens 20 Personen werden mit der Verarbeitung personenbezogener Daten auf andere Weise (manuelle dateimäßige Verfahren) beschäftigt;
- automatisierte Verarbeitungen bei Unternehmen nach § 29 und § 30/§ 30a sowie Notwendigkeit einer Vorabkontrolle: DSB-Bestellung unabhängig von der Mitarbeiterzahl nötig.

2. Rechtzeitige schriftliche Bestellung erfolgt? (OWi nach § 43 Abs. 1 Nr. 2)

- **Bestellschreiben**, von wem bestellt? **Aufgabenzuweisung** an den DSB
- Hauptamtlicher DSB – Externer DSB – Vertreter des DSB
- Soweit nebenamtlicher DSB: Sonstige Tätigkeit im Unternehmen? Ausreichender Zeitanteil für die DSB-Aufgaben?
- Soweit externer DSB: **Vertrag** mit ihm über Aufgabenwahrnehmung?

3. Fachkunde und Zuverlässigkeit gegeben (§ 4f Abs. 2)?

- Wodurch hat er die erforderliche Fachkunde als DSB erworben?
- Beruflicher Werdegang des DSB, seit wann DSB, seit wann im Unternehmen tätig? EDV-Kenntnisse, rechtliche Kenntnisse, eigene Fortbildungsmöglichkeiten?
- Nachweise über erfolgte Aus- und Fortbildungen?
- Tätigkeit als DSB bei weiteren Unternehmen, Überprüfungsergebnis der dortigen Aufsichtsbehörde zur Person des DSB?
- Arbeitsmaterialien und Literatur des DSB

4. Interessenkollision (§ 4f Abs. 2)?

- Interessenskollisionsgefahr über das unvermeidliche Maß hinaus?
- Zum DSB **dürfen nicht** bestellt werden: Inhaber, Vorstände, Geschäftsführer und sonstige gesetzliche oder verfassungsmäßig berufene Leiter
- Zum DSB **sollen nicht** bestellt werden: Leiter der EDV, Personalleiter, leitende Mitarbeiter in Organisationseinheiten mit besonders umfangreicher oder sensitiver Verarbeitung von personenbezogenen Daten o. ä.
- Hauptfunktion des DSB, Stellenbeschreibung?

5. Stellung des DSB

- **Unmittelbare Unterstellung unter die Unternehmensleitung (§ 4f Abs. 3 Satz 1)**
- Arbeitsvertrag, Bestellungsdokument, **Organisationsplan**, Unterstellung fachlich wie auch disziplinarisch
- **Weisungsfreiheit** bei der Anwendung seiner Fachkunde als DSB
- Keine Benachteiligung des DSB wegen Erfüllung seiner Aufgaben?
- **Unterstützung des DSB** bei der Erfüllung seiner Aufgaben durch die Unternehmensleitung (§ 4f Abs. 5)? Nimmt der DSB seine Aufgaben alle selbst wahr oder hat er Unterstützungskräfte? **Befugnisse** des DSB, für Prüfungen und Besichtigungen alle Räume zu betreten, in alle dienstlichen Unterlagen einzusehen usw.?
- Verschwiegenheitspflicht des DSB (§ 4f Abs. 4).

6. Übersichten nach § 4g Abs. 2 Satz 1

Verfahrensübersichten mit folgenden Angaben:

- Name oder Firma der verantwortlichen Stelle;
- Inhaber, Vorstände, Geschäftsführer oder sonstige gesetzliche oder nach der Verfassung des Unternehmens berufene Leiter und die mit der Leitung der Datenverarbeitung beauftragten Personen;

- Anschrift der verantwortlichen Stelle;
- Zweckbestimmungen der Datenerhebung, -verarbeitung oder -nutzung;
- Beschreibung der betroffenen Personengruppen und der diesbezüglichen Daten oder Datenkategorien;
- Empfänger oder Kategorien von Empfängern, denen die Daten mitgeteilt werden können;
- Regelfristen für die Löschung der Daten;
- geplante Datenübermittlungen in Drittstaaten;
- allgemeine Beschreibung, die es ermöglicht, vorläufig zu beurteilen, ob die Maßnahmen nach § 9 zur Gewährleistung der Sicherheit der Verarbeitung angemessen sind;
- Übersicht über zugriffsberechtigte Personen.

Öffentliche Registerführung (Verfahrensverzeichnis gemäß § 4g Abs. 2 Satz 2 ohne Angaben zu Sicherheitsmaßnahmen und zugriffsberechtigten Personen)

Interne Verarbeitungsübersicht für den DSB als Arbeitsgrundlage mit detaillierten Angaben zu den im Unternehmen eingesetzten DV-Verfahren mit personenbezogenen Daten (zur Prüfung einer Vorabkontrolle nach § 4d Abs. 5, für die allgemeine Zulässigkeitsprüfung von Datenverwendungen nach § 4g Abs. 1 Satz 1).

7. **Datenschutzaktivitäten des DSB** (§ 4g Abs. 1 Satz 1)
   - Welche konkreten Maßnahmen wurden bisher getroffen? Überprüfungen, z.B. der Datensicherungsmaßnahmen, z.B. von Auftragnehmern?
   - Aufzeichnungen des DSB über seine Tätigkeit? Berichte an die Unternehmensleitung?
   - Zusammenarbeit mit anderen Stellen (z.B. mit der internen/externen Revision, mit dem Betriebsrat)?
   - Entwicklung von Datenschutzrichtlinien, Aufbau einer Datenschutzorganisation?
   - Beratung der Fachabteilungen in Datenschutzfragen?
   - Bisher aufgetretene Probleme mit der Datenverarbeitung?
   - Beschwerden von Betroffenen?
   - Fälle einer Vorabkontrolle nach § 4d Abs. 5 und 6?
8. **Überwachung der Anwendung der Datenverarbeitungsprogramme** (§ 4g Abs. 1 Nr. 1)
   - Maßnahmen? Beteiligung an der Verfahrensentwicklung, bei Testläufen und der Programmfreigabe?
   - Stichprobenprüfungen, ob die Bedingungen, die für ein Programm aufgestellt sind (vgl. Programmdokumentation), auch eingehalten werden (angemeldete/unvermutete betriebsinterne Prüfungen); Kontrolle der Aufzeichnungen der DV-Anlage (Logprotokoll) über die durchgeführten Tätigkeiten, Kontrolle der Aufträge bzw. Begleitpapiere an die DV-Abteilung?
9. **Schulung bzw. Unterrichtung der in der DV tätigen Personen** (§ 4g Abs. 1 Nr. 2)
   - Art und Wiederholung von Schulungen? Verfahren bei Neueinstellungen?
   - Merkblätter, Unterrichtsprogramme?
   - Regelmäßige Hinweise und Informationen, um das Problembewusstsein zu fördern?

C) Zulässigkeit der Datenerhebung, -verarbeitung und -nutzung

- Einzelne Sachverhalte nach § 4 Abs. 1 und § 28.
- Einwilligungen gemäß den §§ 4a und 28 Abs. 3a?
- Grundsatz der Datenvermeidung und Datensparsamkeit, § 3a.
- Besondere Datenverwendungen innerhalb von Vertragsverhältnissen, wie z.B. Bonitätsprüfungen durch Auskunfteiabfragen.
- Sicherheitsüberprüfungen von Mitarbeitern usw.

- Übermittlung bzw. Nutzung von Daten aus Vertragsverhältnissen für andere Zwecke, z.B.
  - Arbeitnehmerdaten für Versicherungswerbung,
  - Kundendaten für verbundene Unternehmen,
  - Kundenprofilbildung für Werbeansprachen oder
  - externe Unternehmens-/Wirtschafts-/Steuer-/Rechtsberatung?
- Beschäftigtendatenschutz, § 32.
  - Umgang mit Personalakten/-daten, Abschottung? Betriebsvereinbarungen?
  - Mitarbeiterdaten auf der Unternehmens-Homepage?
  - Erhebung und Verwendung von besonders sensitiven Daten, z.B. Erfassung von Krankheitsdiagnosen durch Vorgesetzte, betriebsärztlicher Dienst?
  - Regelung über die dienstliche und private Nutzung von Internet, E-Mail, Telefon und Fax im Unternehmen?
  - Aufzeichnung von Kunden-Telefongesprächen? Rechtsgrundlage?
  - Werbemaßnahmen, Brief-, Fax-, E-Mail-, SMS- und Telefonwerbung?
  - Hinweis auf die Datenherkunft in der Werbung?
  - Hinweis auf das Widerspruchsrecht nach § 28 Abs. 4 Satz 2? Werbesperrdatei im Hinblick auf § 28 Abs. 4 Satz 1 und 3?
  - Einwilligung für Fax-, E-Mail-, SMS- und Telefonwerbung?
- Sperrung von nicht mehr erforderlichen Daten zur Erfüllung von Aufbewahrungspflichten? Wie erfolgt Sperrung? Umgang mit gesperrten Daten?
  - § 35 Abs. 3 und Abs. 8
- Automatisierte Einzelentscheidungen nach § 6a (z.B. Scoring-Verfahren)?
- Videoüberwachung nach § 6b, Webcams?
  - Schriftliche Festlegungen zur Videoüberwachung? Nur Beobachtung oder auch Aufzeichnung? Digitale oder analoge Aufzeichnung? (Auch) Überwachung öffentlich zugänglicher Räume (öffentlich zugängliche Geschäftsräume, Gebäudeschutz)? Hinweise auf Videoüberwachung?
  - Weitere Verarbeitung/Nutzung von Aufzeichnungen? Benachrichtigung identifizierter Personen? Löschungsfrist für Aufzeichnungen?
  - Ton-Aufzeichnungen? § 201 StGB.
- Verarbeitungsmedien nach § 6c?
  - (Mobile personenbezogene Speicher- und Verarbeitungsmedien)
  - Unterrichtung der Betroffenen?
  - Geräte/Einrichtungen zur Wahrnehmung des Auskunftsrechts?
- RFID-Anwendungen?
- Automatisierte Abrufverfahren nach § 10?
  - Angemessenheit?
  - Schriftliche Festlegungen dazu?
  - Prüfungen der Abrufe, Stichprobenverfahren?
- Internetauftritt unter Berücksichtigung des Telemediengesetzes (TMG), wie Datenschutzunterrichtung nach § 13 Abs. 1 TMG, Anbieterkennzeichnung nach § 5 TMG usw.?
- Auslandssachverhalte (Datenübermittlungen, Auftragsdatenverarbeitung)

  Bei Drittstaaten außerhalb EU/EWR:
  - Ausnahmetatbestände nach § 4c Abs. 1 gegeben (z.B. Einwilligung, Vertrag) oder
  - nur Staaten mit von der EU anerkanntem angemessenem Datenschutzniveau betroffen oder

- für den konkreten Sachverhalt im Einzelfall durch die verantwortliche Stelle festgestelltes angemessenes Datenschutzniveau in dem Drittstaat, z.B. aufgrund einer Code-of-Conduct-Regelung in einer Unternehmensgruppe oder der Safe-Harbour-Regelung in den USA oder
- Übernahme der EU-Standardvertragsklauseln oder
- andere Vertragsregelung mit Genehmigung der Datenschutzaufsichtsbehörde nach § 4c Abs. 2.

D) Rechte der Betroffenen

- Grundsatz der Direkterhebung der Daten beim Betroffenen entsprechend § 4 Abs. 2?
- Information der Betroffenen nach § 4 Abs. 3 bzw. Benachrichtigung nach § 33? Transparenz der Datenverwendung.
- Auskunftserteilung an die Betroffenen nach § 34 (einschließlich Berücksichtigung von § 28 Abs. 4 Satz 2 Halbsatz 2)? Wer ist im Unternehmen dafür zuständig?
- Berichtigungs-, Löschungs- und Sperrungsansprüche der Betroffenen nach § 35?

E) Verpflichtung auf das Datengeheimnis nach § 5

- Verpflichtung aller bei der Verarbeitung personenbezogener Daten nach dem BDSG beschäftigten Personen (Bedienstete der zentralen und dezentralen Datenverarbeitung, Datenerfassung, Programmierer, Systementwickler, Personalabteilung, Betriebsratsmitglieder, Wartungspersonal, Fernwartung, Leiharbeitskräfte, angestellte Heimarbeiter etc.);
- **Form** der Verpflichtung (**schriftlich?**, Einzelverpflichtung?); bewusste/ausdrückliche Kenntnisnahme des Verpflichteten ist erforderlich, am besten Einzelverpflichtung mit Belehrung gegen Unterschrift.
- **Verfahren** bei der Verpflichtung (Wer verpflichtet? Wird ein **Merkblatt** ausgehändigt? Verfahren bei Versetzungen und Neueinstellungen?)
- **Inhalt** der Verpflichtung (nicht nur Gesetzeswortlaut, sondern möglichst konkrete Umschreibung des Inhalts der Verpflichtung am Arbeitsplatz, Belehrung über praktische Konsequenzen aus den Datenschutzvorschriften, Hinweis auf die Bußgeldvorschriften des § 43 und auf die Strafbestimmung des § 44, Hinweis auf das Fortbestehen der Verpflichtung auch nach Beendigung des Arbeitsverhältnisses)
- **Kontrolle** der Vollständigkeit der Verpflichtungen?
- Übersetzungen der Texte für ausländische Arbeitnehmer?
- Verletzungen des Datengeheimnisses bekannt geworden?

F) Auswahl von Auftragnehmern (§ 11)

- Welche Auftragnehmer?

  Rechenzentren, Mikroverfilmungsunternehmen, Datenerfassungsunternehmen, Call-Center, Entsorgungsunternehmen, verbundene Unternehmen als Auftragnehmer, selbstständige Heimarbeiter als Auftragnehmer, sonstige DV-Dienstleister, Wartung/Fernwartung?
- Sorgfältige Auswahl der Auftragnehmer

  Kriterien für die Auswahl der Auftragnehmer, Beteiligung des DSB
- Erfüllen die Auftragnehmer die Bestimmungen des BDSG?

  Ausreichende Datensicherheitsmaßnahmen, Verpflichtung der Bediensteten nach § 5, Bestellung eines DSB usw.
- Schriftliche Auftragserteilung (Rahmenvertrag) mit eindeutiger Abgrenzung der Kompetenzen und Pflichten zwischen Auftraggeber und Auftragnehmer und mit den erforderlichen Festlegungen § 11 Abs. 2, insbesondere über
  - die Datenerhebung, Datenverarbeitung oder Datennutzung (welche Tätigkeiten sind von wem, wann, wie und wo durchzuführen?),

- die technischen und organisatorischen Maßnahmen (u.a. Regelungen zum Transport der Datenträger und zur Verteilung des Transportrisikos, zur Aufbewahrung von Datenträgern beim Auftragnehmer, zur Erstellung von Sicherungsdatenträgern usw.),
- etwaige Unterauftragsverhältnisse,
- Kontrollmöglichkeiten für den Auftraggeber beim Auftragnehmer,
- die Vorgehensweise bei Fehlern,
- die Verhältnisse nach Beendigung der Auftragsbeziehungen.

- Bei Datenträger-Entsorgung: Regelung über auszustellende Entsorgungsbescheinigungen;
- Formalisierung der Einzel-Auftragserteilungen (Lieferscheine, sonstige Begleitpapiere);
- Versicherung für Schadensfälle, Konventionalstrafen bei Vertragsverletzungen;
- Auftragnehmer in Drittstaaten außerhalb EU/EWR? § 4b und 4c.

II. Checkliste Datensicherheit[50]

Notwendig sind technische und organisatorische Maßnahmen zur Gewährleistung des Datenschutzes, deren Aufwand in einem angemessenen Verhältnis zu dem angestrebten Schutzzweck steht (§ 9 BDSG und Anlage dazu). Die nachfolgenden Prüfpunkte stellen einerseits einen Überblick der grundlegenden erforderlichen Maßnahmen und Fragestellungen und andererseits die wesentlichen Kriterien für Prüfungen durch die bayerische Datenschutzaufsichtsbehörde dar. 90

1. Zutrittskontrolle

Unbefugten ist der Zutritt zu Datenverarbeitungsanlagen, mit denen personenbezogene Daten verarbeitet oder genutzt werden, zu verwehren.

Prüffokus:

Welche technischen bzw. organisatorischen Maßnahmen werden zur Zutrittskontrolle, insbesondere auch zur Legitimation, eingesetzt?

- Lage der Räume:

  Sind die Zugänge der Räume ausreichend abgesichert (z.B. Türen, Türschlösser, Lichtschächte, Lüftungsöffnungen, Fenster, Verglasungsart, Rollos gegen Hochschieben, Feuerleiter, Feuertreppe, elektrische Türöffner)? Erfolgt eine Bewachung der Räumlichkeiten (z.B. durch einen Werkschutz)? Handelt es sich um ein bewohntes Gebäude? Existiert eine Pforte und wann ist diese besetzt?
- Verschließbarkeit der Räume:

  Erfolgt ein Auf- und Abschließen der Räume bei Arbeitsbeginn bzw. -ende? Gibt es ein geregeltes Konzept zur Schlüsselverwaltung? Findet eine Quittierung bei der Schlüsselausgabe statt? Wer besitzt einen Generalschlüssel?
- Überwachungseinrichtung:

  Sind Alarmanlagen vorhanden? Wird der Zutritt in den Serverraum über Videokameras überwacht? Werden Bewegungssensoren eingesetzt?
- Schriftliche Festlegungen zur Zugangsberechtigung:

  Tragen die Mitarbeiter den Ausweis sichtbar? Existieren hierfür klar Ausweisregelungen? Wird auf die Trennung von Bearbeitungs- und Publikumszonen geachtet? Sind schriftliche Besucherregelungen vorhanden? Werden Besuche in einem Besucherbuch dokumentiert? Wie findet die Kundenbetreuung statt (Schalterbetrieb)? Welches Zutrittskontrollsystem wird eingesetzt (z.B. Ausweisleser, Magnetkarte)?

50 Bayerisches Landesamt für Datenschutzaufsicht – Stand: Januar 2014, www.lda.bayern.de.

- Reinigungs- und Wartungsarbeiten:

  Ist sichergestellt, dass sowohl mit dem Reinigungspersonal als auch mit IT-Dienstleistern bei Wartungen entsprechende Regelungen getroffen sind?
- Anwesenheitskontrollen:

  Wie wird die Anwesenheit überprüft (z.B. Stechuhren, Schichtbuch)? Werden auch kurzzeitige Abwesenheiten protokolliert?
- Sicherheit bei Heimarbeiten/Telearbeiten:

  Wird auch bei fernangebundenen Arbeitsplätzen für ausreichende Sicherheit gesorgt?
- Beratung:

  Findet ggf. eine Beratung durch kriminalpolizeiliche Beratungsstellen oder spezialisierte Dienstleister statt?

2. Zugangskontrolle

Das Eindringen Unbefugter in die DV-Systeme ist zu verhindern.

Prüffokus:

Welche Maßnahmen sind hinsichtlich der Benutzeridentifikation und Authentisierung technisch und organisatorisch vorhanden?

- Firewall und Virenschutz:

  Welche Produkte werden eingesetzt? Existiert eine zentrale Firewall? Welche dezentralen Lösungen werden an den Arbeitsplätzen verwendet?
- Benutzeridentifikation und Passwortverfahren:

  Werden ausreichend sichere Passwörter verwendet (z.B. keine Eigennamen und Wörter aus dem Wörterbuch, auch Sonderzeichen verwenden, empfohlene Länge von zehn Stellen)? Ist ein regelmäßiger Passwortwechsel verpflichtend? Findet eine Auswertung der Protokolleinträge bei Falscheingaben des Passworts statt? Werden Verfahren zur Zwei-Faktor-Authentifizierung eingesetzt (z.B. Tokens, Smartcards)?
- Systemsperrung:

  Erfolgt eine automatische Sperrung der Bildschirme mit Passwortschutz bei Pausen? Findet ein Sperren eines Zugangs bei mehr als drei Anmelde-Fehlversuchen statt? Hat die Falscheingabe eines Passworts eine zeitliche Verzögerung für einen Neuversuch zur Folge?
- Benutzerkennungen:

  Wird auf Gruppenkennungen verzichtet? Besteht ein eigenes Benutzerkonto für jeden Mitarbeiter (d.h. Einrichtung eines Benutzerstammsatzes)?
- Verschlüsselung:

  Werden Datenträger verschlüsselt? Welche Verschlüsselungsverfahren kommen zum Einsatz?
- Geräteanschlüsse:

  Sind die relevanten PCs ohne USB-Steckplätze bzw. DVD/CD-Laufwerke?

3. Zugriffskontrolle

Maßnahmen, die gewährleisten, dass die zur Benutzung eines Datenverarbeitungssystems Berechtigten ausschließlich auf die ihrer Zugriffsberechtigung unterliegenden Daten zugreifen können und dass personenbezogene Daten bei der Verarbeitung, Nutzung und nach der Speicherung nicht unbefugt gelesen, kopiert, verändert oder entfernt werden können.

Prüffokus:

Welche Maßnahmen sind vorhanden, um die unerlaubte Tätigkeit in DV-Systemen außerhalb eingeräumter Berechtigungen zu verhindern?

- Berechtigungskonzept und Zugriffsrechte:

  Entspricht das Konzept sowohl für Anwender als auch für Administratoren den aufgabenbedingten und datenschutzrechtlichen Erfordernissen? Existieren differenzierte Berechtigungen für Auswertungen, Kenntnisnahme, Veränderung und Löschung?

- Schutz gegen unberechtigte Zugriffe:

  Bestehen Schutzmaßnahmen gegen unbefugte interne und externe Zugriffe (z.B. durch Verschlüsselung, Firewalls)? Werden Verfahren zur Data-Leak-Prevention (Erkennung unerwünschter Datenabflüsse) eingesetzt? Werden regelmäßig Penetrationstests gegen Attacken von Hackern durchgeführt?

- Überwachung und Protokollierung:

  Werden Zugriffe bzw. Zugriffsversuche protokolliert? Wann findet eine Auswertung der Protokolle statt? Wo und wie lange werden die Protokolle aufbewahrt (mindestens ein Jahr)?

- Datenträgerverwaltung:

  Sind die Datenträger inventarisiert (Art und Anzahl)? Wird die Lagerung von Datenträgern überprüft (dauernd/zeitweise, Bestandsverzeichnisse)? Werden Nachweise über Eingang, Ausgang sowie Bestand von Datenträgern festgehalten? Wo werden die Datenträger, insbesondere mobile wie USB-Festplatten, nach Dienstschluss aufbewahrt (abschließbare Schränke, Schlüsselregelung)? Findet eine Auslagerung von Sicherungsdatenträgern statt?

- Datentrennung:

  Findet eine äußerliche Kennzeichnung der eigenen Datenträger zur Unterscheidung von fremden statt? Werden Datenträger verschiedener Auftraggeber getrennt behandelt? Gibt es einen eigenen Datenträger-Pool für jeden Kunden? Besteht eine Regelung/ein Verbot des Einsatzes privater Datenträger?

- Datenlöschung:

  Werden Datenträger vor neuer Verwendung vollständig von bestehenden Daten bereinigt? Werden Daten auf den Datenträger vor Weitergabe, wie z.B. Verkauf, gelöscht?

- Entsorgung/Vernichtung:

  Werden auch Fehldrucke sorgfältig entsorgt? Werden veraltete Datenträger geregelt vernichtet (entsprechende Lagerung der zu vernichtenden Datenträger, Datenträgerlöschgeräte, Verbrennen/Zerstören)? Finden Kontrollen der tatsächlichen Vernichtung bei Dienstleistern statt (zuverlässiges Entsorgungsunternehmen, vertragliche Regelung, Entsorgungsbescheinigung)? Welche Schredder werden im Unternehmen eingesetzt (Sicherheitsstufe)?

- Regelung für das Kopieren von Datenträgern:

  Existieren Richtlinien für das Kopieren von Datensätzen bzw. auch für das vollständige Kopieren von Datenträgern? Besteht ein Taschenverbot bzw. erfolgen Kontrollen von Taschen?

- Regelungen für mobile Geräte:

  Gibt es Anweisungen zum Umgang mit mobilen Datenträgern und Geräten (z.B. USB-Sticks, PDAs, externe Festplatten, Tablets, Smartphones)? Wird BYOD (Bring-Your-Own-Device) in der Organisation gelebt?

- Fernwartung:

  Bestehen Regelungen und gezielte Kontrollen bei Wartungsarbeiten durch Dienstleister (externe Wartung und Fernwartung)?

4. Weitergabekontrolle

Maßnahmen, die gewährleisten, dass personenbezogene Daten bei der elektronischen Übertragung oder während ihres Transports oder ihrer Speicherung auf Datenträgern nicht unbefugt gelesen, kopiert, verändert oder entfernt werden können und dass überprüft und festgestellt werden kann, an welche Stellen eine Übermittlung personenbezogener Daten durch Einrichtungen zur Datenübertragung vorgesehen ist.

Prüffokus:

Welche Regelungen existieren bezüglich der Weitergabe personenbezogener Daten (elektronische Übertragung, Datentransport, Übermittlungskontrolle)?

- Datenträgertransportart:

  Welche unterschiedlichen Datenträgertransporte finden statt (z.B. nur innerhalb des Unternehmens, zur Auslagerung, zwischen Auftraggeber/-nehmer, zu Dritten)?
- Versendungsarten:

  Wie werden die Daten versendet (z.B. Post, Bahn, Kuriere, Taxi, elektronisch)?
- Transportregelungen:

  Sind die Bereiche festgelegt, in denen sich Datenträger befinden dürfen? Ist definiert, welche Personen die Datenträger befugt entnehmen dürfen? Gibt es eine schriftliche Festlegung der Transportwege und der Transportverfahren? Werden beim Transport Datenträgerbegleitpapiere ausgestellt bzw. mitgenutzt? Existiert eine verbindliche Regelung, wer als Datenempfänger fungieren darf und wer zur Weitergabe berechtigt ist? Findet eine Vollständigkeitsüberprüfung bei Rücklieferung vom Auftragnehmer statt?
- Transportsicherung:

  Sind die Datenträger beim Transport durch verschlossene Transportbehälter ausreichend gesichert? Werden ausschließlich zuverlässige Boten bzw. Transportunternehmen eingesetzt? Werden durchgängig sichere Versendungsformen verwendet (z.B. Wertpaket, Einschreibesendung, Datentransport-/E-Mail-Verschlüsselung, elektronische Signatur, VPN/Virtual Private Network)? Werden elektronische Datentransporte Ende-zu-Ende verschlüsselt?
- Dokumentation:

  Werden die Abruf- und Übermittlungsvorgänge dokumentiert? Wird der Eingang und Ausgang von Datenträgern durch Lieferscheine/Quittierverfahren schriftlich festgehalten? Gibt es eine Legitimation der Abholer, Empfangsbestätigungen, Ein-/Ausgangsbücher, Protokollierung?

5. Eingabekontrolle

Maßnahmen, die gewährleisten, dass nachträglich überprüft und festgestellt werden kann, ob und von wem personenbezogene Daten in Datenverarbeitungssysteme eingegeben, verändert oder entfernt worden sind.

Prüffokus:

Welche Maßnahmen werden insbesondere zur Protokollierung bei Änderungen in den Datenverarbeitungssystemen ergriffen?

- Protokollierung:

  Welche Protokollierungs- und Protokollauswertungssysteme kommen zum Einsatz? Was wird im Rahmen der Protokollierung aufgezeichnet (z.B. wer erfasst, wer hat wann was eingegeben)? Werden auch Aktivitäten der Heimarbeiter erfasst? Findet eine Kennzeichnung der erfassten Belege oder Laufzettel mit Namenszeichen/Stempel statt? Werden auch Onlineeingaben bzw. Änderungen sorgfältig protokolliert? Welche Regelungen zur Aufbewahrungsdauer der Protokolle bestehen?
- Dokumentation:

  Erfolgt eine Dokumentation der Eingabeverfahren mit Festlegung der für die Erstellung von Datenträgern und der Bearbeitung von Daten Befugten (z.B. mit Stellenbeschreibung, Dienstanweisung, Geschäftsverteilungsplan)?

6. Auftragskontrolle

Maßnahmen, die gewährleisten, dass personenbezogene Daten, die im Auftrag verarbeitet werden, nur entsprechend den Weisungen des Auftraggebers verarbeitet werden können (vgl. § 11 BDSG).

Prüffokus:

Welche Regelungen bestehen im Umgang mit Auftragnehmern?

- Auswahl von Auftragnehmer:

  Findet die Auswahl der Auftragnehmer sorgfältig statt? Welche Kriterien zur Auswahl des Auftragnehmers bestehen?
- Unterauftragnehmer:

  Ist das geprüfte Unternehmen selbst als Auftragnehmer tätig? Welche Auftragnehmer werden dort nach welchen Kriterien ausgewählt?
- Schriftliches Auftragsverhältnis:

  Bestehen detaillierte schriftliche Regelungen der Auftragsverhältnisse und Formalisierung des gesamten Auftragsablaufes – auch zum Einsatz von Subunternehmen (Erfassung, Scannen, Entsorgung)? Gibt es eindeutige Regelungen der Zuständigkeiten und Verantwortlichkeiten (speziell auch bei der Datensicherung und beim Datenträgertransport)? Erfolgt eine formalisierte Auftragserteilung (Auftragsformular)?
- Kontrolle:

  Findet eine regelmäßige Kontrolle der Arbeitsergebnisse statt (formal, inhaltlich)? Erfolgt auch eine Kontrolle der Unterauftragnehmer (z.B. durch den DSB)?

7. Verfügbarkeitskontrolle

Maßnahmen, die gewährleisten, dass personenbezogene Daten gegen zufällige Zerstörung oder Verlust geschützt sind.

Prüffokus:

Welche Regelungen bestehen, um die Daten dauerhaft verfügbar bereitzustellen?

- Brandschutz:

  Welche Einrichtungen zum Brandschutz sind vorhanden (z.B. Feuerlöscher, Rauch- oder Brandmelder)? Besteht Rauchverbot? Existieren effektive Wasserschutzeinrichtungen?
- Stromversorgung:

  Ist eine unterbrechungsfreie Stromversorgung (USV) etabliert?
- Sicherungen:

  Werden Sicherungsdatenträger getrennt aufbewahrt? Wo erfolgen die Backup-Verfahren? Werden Speichereinheiten redundant ausgelegt? Sind die Datensicherungen verschlüsselt? Werden Cloud-Lösungen zur Datensicherung eingesetzt?
- Virenschutz/Firewall:

  Bestehen ausreichende Schutzmaßnahmen durch Security-Werkzeuge?
- Notfallplan:

  Gibt es auch für einen Katastrophenfall entsprechende Vorkehrungen (z.B. durch Angriffe von intern/extern, Schäden durch Feuer)?

8. Trennungskontrolle

Maßnahmen, die gewährleisten, dass zu unterschiedlichen Zwecken erhobene Daten getrennt verarbeitet werden können.

Prüffokus:

Wie wird gewährleistet, dass Daten getrennt voneinander verarbeitet werden können?

- Getrennte Speicherung:

  Welche Regelungen/Maßnahmen zur Sicherstellung der getrennten Speicherung existieren? Wie erfolgt die Veränderung, Löschung und Übermittlung von Daten mit unterschiedlichen Vertragszwecken (z.B. getrennte DV-Systeme für unterschiedliche Verarbeitungszwecke)? Wie werden Daten mit hohem Schutzbedarf verarbeitet?

- Mandantenfähigkeit:

  Werden Systeme verwendet, die eine interne Mandantenaufteilung ermöglichen (Zweckbindung)? Besteht ein Konzept zur Mandantentrennung?

- Funktionstrennung:

  Werden Produktions- und Testumgebungen stets voneinander getrennt? Werden personenbezogene Daten zu Entwicklungszwecken pseudonymisiert/anonymisiert?

9. Organisationskontrolle

Maßnahmen, die gewährleisten, dass die innerbetriebliche Organisation den besonderen Anforderungen des Datenschutzes gerecht wird.

Prüffokus:

Welche innerbetrieblichen Reglungen bestehen, um ein entsprechendes Datensicherheitsniveau zu gewährleisten?

- IT-Sicherheitskonzept:

  Bestehen schriftliche Regelungen über den Betrieb und die Abläufe der Datenverarbeitung sowie zu den verschiedenen Datensicherheitsmaßnahmen (z.B. Richtlinien, Arbeitsanweisungen, Stellenbeschreibungen)? Erfolgen Sicherungen des Datenbestandes nach festgelegtem Schema?

- Standards:

  Wird auf etablierte Standards für die IT-Sicherheit bzw. zur Abwicklung von IT-Projekten zurückgegriffen (IT-Grundschutz, ISO 27001 etc.)?

- Revision:

  Findet eine Revision der Datenverarbeitung statt? Besteht eine interne Revisionsabteilung? Werden Protokollierungen und Log-Dateien ausgewertet (z.B. stichprobenartig)? Werden im Falle der Mitbenutzung der Anlagen durch Fremdfirmen auch hier entsprechende Überprüfungen durchgeführt? Finden auch gelegentliche unvermutete Kontrollen der Einhaltung von Datenschutz- und Datensicherungsmaßnahmen statt?

- Mitarbeiter:

  Ist im Urlaubs- und Krankheitsfall für eine Vertretung gesorgt (z.B. Vertreterregelungen, Freigaben, Berechtigungen)? Werden die Mitarbeiter über den sicheren Umgang mit den Daten entsprechend geschult? Gibt es regelmäßige Hinweise und Ermahnungen, um das Problembewusstsein zu fördern? Werden mobile Datenträger der Mitarbeiter standardmäßig verschlüsselt? Besteht eine ausreichende Funktionstrennung? Findet bei wichtigen Datenverarbeitungen das „4-Augen-Prinzip" Anwendung?

§ 38a Verhaltensregeln zur Förderung der Durchführung datenschutzrechtlicher Regelungen

(1) Berufsverbände und andere Vereinigungen, die bestimmte Gruppen von verantwortlichen Stellen vertreten, können Entwürfe für Verhaltensregeln zur Förderung der Durchführung von datenschutzrechtlichen Regelungen der zuständigen Aufsichtsbehörde unterbreiten.

(2) Die Aufsichtsbehörde überprüft die Vereinbarkeit der ihr unterbreiteten Entwürfe mit dem geltenden Datenschutzrecht.

Literatur

Abel, Umsetzung der Selbstregulierung: Probleme und Lösungen, RDV 2003, 11 ff.; *Bizer*, Selbstregulierung des Datenschutzes, DuD 2001, 168; *Schaar*, Selbstregulierung und Selbstkontrolle – Auswege aus dem Kontrolldilemma?, DuD 2003, 421; Orientierungshilfe der Datenschutzaufsichtsbehörden für den Umgang mit Verhaltensregeln nach § 38a BDSG (Stand November 2013), abrufbar unter http://www.lda.bayern.de/lda/datenschutzaufsicht/lda_daten/Orientierungshilfe_Selbstregulierung.pdf.

▶ **Darum geht es**

Vereinigungen verantwortlicher Stellen können bereichsspezifische Durchführungsregeln für datenschutzrechtliche Regelungen den Aufsichtsbehörden zur Prüfung vorlegen, ob sie mit dem Datenschutzrecht vereinbar sind.

▶ **Schlagworte**

Ein Angebot an die Berufs- und Branchenverbände; Inhalte von Verhaltensregeln; Von der Auslegungsempfehlung bis zur verbandsinternen Verpflichtung; Präzisierung des Datenschutzrechts; Anleitung für die Umsetzung der datenschutzrechtlichen Vorschriften in einzelnen Branchen und Arbeitsfeldern; Die Prüfung durch die Aufsichtsbehörde; Die Vereinbarkeit mit dem Datenschutzrecht; Konsequenzen der Entscheidung der Aufsichtsbehörde

▶ **Weitere relevante Vorschriften**

Der Art. 27 EU-DatSchRL bezieht sich in Abs. 3 auf gemeinschaftliche Verhaltensregelungen. Sie können der Art.-29-Gruppe zur Prüfung vorgelegt werden. Prüfungsgegenstand ist insbesondere die Übereinstimmung mit dem jeweiligen nationalen Datenschutzrecht.[1]

Der § 9a sieht für die verantwortlichen Stellen ein Datenschutzaudit durch unabhängige und zugelassene Gutachter vor. Allerdings ist das erforderliche Ausführungsgesetz noch nicht erlassen worden (Vgl. Erl. zu § 9a).

---

1 Vgl. WP 74 der Art.-29-Gruppe vom 03.06.2003.

A. Allgemeines

I. Regelungszweck

1 § 38a setzt Art. 27 EU-DatSchRL um, der von den Mitgliedsstaaten die Förderung der Ausarbeitung von Verhaltensregeln durch Berufsverbände und andere Vereinigungen verlangt. Die Verhaltensregeln sollen nach Maßgabe der Besonderheiten der einzelnen Bereiche zur ordnungsgemäßen Durchführung des nationalen Datenschutzrechts beitragen. Unter Einbeziehung der Aufsichtsbehörden soll dem Datenschutzrecht in den einzelnen Branchen und Berufsgruppen „auf die Beine verholfen werden".

In Abs. 1 weist der Gesetzgeber die Verbände der verantwortlichen Stellen auf die Möglichkeit hin, verbandsinterne Verhaltensregeln zur Förderung der Durchführung datenschutzrechtlicher Regelungen zu schaffen. Er regt damit eine branchen- bzw. berufsgruppenbezogene Mitgestaltung der Umsetzung des Datenschutzrechts auf Verbandsebene an.

Gleichzeitig macht er den Verbänden das Angebot, die Entwürfe für die Verhaltensregeln den für sie zuständigen Aufsichtsbehörden zur datenschutzrechtlichen Prüfung zu unterbreiten, ohne sie dazu zu verpflichten.

Damit ist die Aufsichtsbehörde auch für diese Prüfungsaufgabe sachlich zuständig.

II. Ausblick auf die Novellierung des Europäischen Datenschutzrechts

2 Art. 38 des Entwurfs einer EU-Datenschutz-Grundverordnung (in der Fassung des Kommissionsvorschlages vom 25.01.2012) räumt den Verhaltensregeln von Verbänden und anderen Einrichtungen, die Kategorien von für die Verarbeitung Verantwortlichen oder Auftragsdatenverarbeitern in einem Mitgliedsstaat vertreten, einen breiteren Raum ein als dies bei § 38a der Fall ist. Nach Nr. 76 der Begründung sollten die genannten Institutionen ermutigt werden, im Einklang mit der Verordnung stehende Verhaltenskodizes zu erstellen, um eine wirksame Anwendung der Verordnung zu erleichtern, bei der den Eigenheiten der in bestimmten Sektoren erfolgenden Verarbeitungen Rechnung getragen wird.

3 In einer „Insbesondere-Aufzählung" sind sechs mögliche Inhalte von Verhaltensregeln genannt. Darüber hinaus können die Verhaltensregeln Mechanismen zur Überwachung und Sicherstellung ihrer Beachtung enthalten sowie außergerichtliche Streitschlichtungsverfahren zur Beilegung von Streitigkeiten zwischen den oben genannten Stellen und den Betroffenen vorsehen.

4 Die Verbände und die oben genannten anderen Einrichtungen können Vorschläge für Verhaltensregeln der Datenschutzaufsichtsbehörde zur Stellungnahme vorlegen, ob sie mit der EU-Verordnung vereinbar sind.

5 Verbände, die oben genannte Stellen aus mehreren EU-Mitgliedsstaaten vertreten, können diese Entwürfe der EU-Kommission zur Prüfung vorlegen. Diese kann im Wege einschlägiger Durchführungsrechtsakte beschließen, dass die Verhaltensregeln allgemeine Gültigkeit in der Union besitzen.

B. Inhalt der Regelung

I. Verhaltensregeln zur Förderung der Durchführung datenschutzrechtlicher Regelungen (Abs. 1)

1. Vorlageberechtigte Stellen

Die Vorschrift nennt „Berufsverbände und andere Vereinigungen, die bestimmte Gruppen von verantwortlichen Stellen vertreten". Gemeint sind Zusammenschlüsse von Unternehmen, Vereinen und freiberuflich Tätigen aller Art zur Vertretung gemeinsamer Interessen, die sich auf ihre Berufsausübung beziehen. **6**

Dazu gehören z.B. Wirtschafts- und Industrieverbände, Bankenverbände, Verbände der privaten Versicherungen, Ärzte- und Apothekerverbände ebenso wie die öffentlich-rechtlich organisierten Kammern und Innungen der einzelnen Berufsgruppen. Unerheblich ist, ob ein Berufsverband alle oder nur einen Teil der verantwortlichen Stellen der Berufsgruppe vertritt.[2] **7**

Die in Abs. 1 umschriebenen vorlageberechtigten Stellen lassen eine weite Auslegung zu. Dies entspricht auch dem Zweck der Vorschrift. Man kann deshalb auch Konzerne einbeziehen.[3] **8**

Verantwortliche Stellen sind für sich allein nicht vorlageberechtigt. Sie haben aber bei der Aufstellung interner Regelungen die Möglichkeit, sich von ihrer Aufsichtsbehörde beraten zu lassen (§ 38 Abs. 1 Satz 2). **9**

2. Begriff und Rechtsnatur einer Verhaltensregel

Der Begriff „Verhaltensregel" ist kein stehender rechtlicher Begriff, der sich aus sich selbst heraus erklärt. Ausgehend von Abs. 1 kann es hier nur um Regeln jedweder Art gehen, zu deren Erlass die jeweilige Vereinigung ihren Mitgliedern gegenüber befugt ist. Dies ergibt sich im Einzelfall aus ihrer Satzung, ihren sonstigen Statuten oder ihrer Zweckbestimmung. Die Bandbreite reicht von einer Auslegungsempfehlung ohne Verpflichtungscharakter bis hin zu einer verbandsinternen Verpflichtung der Verbandsmitglieder zu einem bestimmten Verhalten, deren Nichtbeachtung verbandsrechtliche Konsequenzen wie z.B. eine Vertragsstrafe oder den Ausschluss zur Folge haben kann. Es ist auch denkbar, dass die Mitglieder des Berufsverbandes auf freiwilliger Basis von Fall zu Fall Selbstverpflichtungen eingehen und so die empfohlenen Verhaltensregeln ihres Verbandes für sich verbindlich machen. **10**

In keinem Fall stellen Verhaltensregeln eines Berufsverbandes Rechtsvorschriften im Sinne des § 4 Abs. 1 dar. Sie sind somit keine Rechtsgrundlagen für die Erhebung, Verarbeitung oder Nutzung personenbezogener Daten. **11**

Verbindliche Unternehmensregelungen, sogenannte Codes of Conduct, im Sinne des § 4c Abs. 2 (vgl. die dortigen Erl.) sind keine Verhaltensregeln, wie sie in § 38a angesprochen sind. Sie unterscheiden sich von ihnen vor allem dadurch, dass sie den Betroffenen Rechtspositionen einräumen,[4] während dies bei den Verhaltensregeln gemäß § 38a nicht der Fall ist.

3. Inhalt

Die Verhaltensregeln tragen nach Abs. 1 zur ordnungsgemäßen Durchführung der datenschutzrechtlichen Regelungen bei.[5] Sie knüpfen an diese an und enthalten Anleitungen für ihre praktische Umsetzung in den jeweiligen Branchen und Berufsgruppen. **12**

---

2 Vgl. *Bergmann/Möhrle/Herb*, § 38a Rn. 4; Simitis/*Petri*, § 38a Rn. 12.

3 Vgl. Däubler/Klebe/Wedde/Weichert/*Weichert*, BDSG, § 38a Rn. 4; im Ergebnis wohl auch Simitis/*Petri*, § 38a Rn. 12; *Gola/Schomerus*, BDSG § 38a Rn. 4 und Taeger/Gabel/*Kinast*, BDSG, § 38a Rn. 16 gestehen nur den großen „im Verband operierenden Konzernen" das Vorlagerecht zu; a.A. *Bergmann/Möhrle/Herb*, § 38a Rn. 7; *Duhr/Naujok/Danker/Seiffert*, DuD 2003 S. 22 f.

4 Vgl. *Gola/Schomerus*, § 38a Rn. 3; Däubler/Wedde/Weichert/Klebe/*Weichert*, § 38a Rn. 1; Taeger/Gabel/*Kinast*, § 38a Rn. 9.

5 Vgl. Gesetzesbegründung, BT-Drs. 14/4329, S. 46.

13 Der Gesetzgeber trägt mit dieser Vorschrift dem Umstand Rechnung, dass viele datenschutzrechtliche Vorschriften sehr allgemein gehalten sind und deshalb oft nur mit Mühe in der Praxis angewendet werden können. Er gibt den unter 1. genannten Institutionen Gelegenheit, im Rahmen einer regulierten Selbstregulierung[6] mit dem Erlass von Verhaltensregeln einen Beitrag zur Vermeidung rechtlicher Unsicherheiten und Auseinandersetzungen zu leisten.

14 Die Verhaltensregeln enthalten auch Interpretationshilfen.[7] Im Rahmen einer vertretbaren Auslegung werden die Vorschriften auf die jeweiligen besonderen Verhältnisse einer Branche zugeschnitten, präzisiert und damit für die verantwortlichen Stellen handhabbar gemacht.

Beispiele für Inhalte von Verhaltensregeln

- Fallbeispiele aus der Branche, unter welchen Voraussetzungen dort eine „Erforderlichkeit" des Umgangs mit personenbezogenen Daten zu bejahen und in welchen Fällen sie zu verneinen ist.
- Kriterien für das Vorliegen eines berechtigten Interesses der verantwortlichen Stelle einerseits und des entgegenstehenden schutzwürdigen Interesses der Betroffenen andererseits.
- Eine datenschutzrechtlich vertretbare Lösung für das Outsourcing von Aufgaben und die damit verbundene Übermittlung von personenbezogenen Daten an Dritte.
- Verfahrensrechtliche Vorkehrungen[8]
- Technische und organisatorische Maßnahmen[9]

15 Mit derartigen Hilfestellungen und Auslegungshinweisen erfüllen die Verhaltensregeln die ihnen in § 38a zugedachte Funktion, die Anwendung von datenschutzrechtlichen Regelungen in ihren Branchen zu fördern und auf eine gleichmäßige Handhabung hinzuwirken.

16 In der Literatur und unter den Aufsichtsbehörden ist umstritten, ob eine verbandsspezifische Konkretisierung der bestehenden Rechtslage, wie sie hier beschrieben ist, für den Inhalt einer Verhaltensregel im Sinne des § 38a ausreicht oder ob noch ein „über das BDSG hinausgehender Mehrwert" hinzukommen muss.

17 Aus dem Kontext der Absätze 1 und 2 ergibt sich, dass die Verhaltensregeln die „Durchführung" des geltenden Datenschutzrechts „fördern" und dabei mit dem geltenden Datenschutzrecht übereinstimmen müssen. Die Vorschrift enthält somit keine Anhaltspunkte dafür, dass die Verhaltensregeln darüber hinaus ein „Mehr an Datenschutz" im Sinne von strengeren, das Niveau des BDSG übertreffenden Vorgaben für die verantwortlichen Stellen aufweisen müssen.[10] Es genügt also, wenn die Verhaltensregeln das bestehende Datenschutzrecht für ihren Geltungsbereich spezifizieren und auf diese Weise dessen Durchführung fördern.[11]

18 Es reicht aber nicht aus, wenn Verhaltensregeln allein den Gesetzestext wiedergeben und keine Präzisierung für die jeweilige Branche enthalten. Damit wird der in Abs. 1 enthaltenen Zweckbestimmung „zur Förderung der Durchführung datenschutzrechtlicher Regelungen" nicht Rechnung getragen. Allein die Tatsache, dass die Verbandsmitglieder mit dem Datenschutzrecht über derartige, lediglich das Gesetz wiedergebende Informationen besser vertraut werden, erfüllt diesen Zweck nicht.

19 Verhaltensregeln dürfen den in den datenschutzrechtlichen Vorschriften vorgegebenen Level nicht unterschreiten. Es ist einem Berufsverband jedoch unbenommen, den Verhaltensregeln einen datenschutzrechtlichen Mehrwert dahin gehend zu verleihen, dass den Verbandsmitgliedern zum weiteren Schutz der Betroffenen über die Rechtsvorschriften hinausgehende strengere Regeln auferlegt oder wenigstens empfohlen werden.

---

6 Vgl. Taeger/Gabel/*Kinast*, § 38a Rn. 3.
7 Vgl. Däubler/Wedde/Weichert/Klebe/*Weichert*, § 38a Rn. 2; *Duhr/Naujok/Danker/Seiffert*, DuD 2003, 23.
8 Simitis/*Petri*, § 38a Rn. 17.
9 Vgl. *Bergmann/Möhrle/Herb*, § 38a Rn. 8.
10 Vgl. dazu 22.Tätigkeitsbericht des Hamburgischen Datenschutzbeauftragten unter 4.2.
11 Wie hier Taeger/Gabel/*Kinast*, § 38a Rn. 21; *Gola/Schomerus*, § 38a Rn. 5; Simitis/*Petri*, § 38a Rn. 17.

4. Das Recht zur Vorlage des Entwurfs an die Aufsichtsbehörde

Ein Berufsverband hat nach Abs. 1 das Recht, nicht aber die Pflicht, Entwürfe von Verhaltensregeln der zuständigen Aufsichtsbehörde zur datenschutzrechtlichen Prüfung vorzulegen. Er kann somit zwischen zwei Möglichkeiten wählen: 20

a) Der Verband legt die Verhaltensregel nicht an die Aufsichtsbehörde vor

Es ist dem Verband unbenommen, eine Verhaltensregel aufzustellen und sie ohne Vorlage an die Aufsichtsbehörde verbandsintern „auf den Weg" zu bringen. Der § 38a kommt hier nicht zur Anwendung. 21

Soweit eine Aufsichtsbehörde aufgrund einer Beschwerde oder im Rahmen einer Unternehmenskontrolle feststellt, dass derartige Verhaltensregeln oder Teile davon mit dem Datenschutzrecht nicht vereinbar sind, kann sie gegen das Unternehmen, das die rechtswidrige Regel anwendet, nach § 38 aufsichtlich vorgehen (vgl. Erl. zu § 38).

Daneben kann in einem derartigen Fall auch die für den Verband zuständige Aufsichtsbehörde gemäß § 38 **gegen den Verband** vorgehen. Der Wortlaut des § 38 Abs. 1 Satz 1 beschränkt ihre Kontrolltätigkeit nicht auf die verantwortlichen Stellen als solche. Die Kontrolle „der Ausführung dieses Gesetzes sowie ..." umfasst vielmehr auch die Aktivitäten eines Verbandes, die sich auf die Umsetzung des Datenschutzrechts bei dessen Mitgliedern auswirken. Dazu gehören auch die nicht vorgelegten Verhaltensregeln. Würde man § 38 Abs.1 Satz 1 enger fassen und damit nur auf die verantwortlichen Stellen anwenden, würde eine mit den Zielen dieser Vorschrift unvereinbare Lücke entstehen. 22

Somit kann die Aufsichtsbehörde den Verband auch hinsichtlich der von ihm herausgegebenen Verhaltensregeln überprüfen und ggf. von den ihr gemäß § 38 zur Verfügung stehenden Möglichkeiten Gebrauch machen. Soweit eine rechtswidrige Verhaltensregel zur Verwirklichung eines Bußgeld- oder Straftatbestandes führt, ist eine bußgeld- bzw. strafbewehrte Beteiligung der Mitarbeiter des Verbandes denkbar. 23

b) Der Verband legt den Entwurf gemäß § 38a an die Aufsichtsbehörde vor

Der Verband macht damit von der in Abs. 1 gebotenen Möglichkeit Gebrauch. Er muss den Entwurf in rechtlicher, technischer und organisatorischer Hinsicht ausreichend begründen und auf Verlangen der Aufsichtsbehörde erläutern.[12] 24

Die Aufsichtsbehörde überprüft den Entwurf am Maßstab des geltenden Datenschutzrechts, d.h. des BDSG und der einschlägigen bereichsspezifischen Vorschriften (Abs. 2). Die Überprüfung wird im Rahmen eines förmlichen Verwaltungsverfahrens durchgeführt.[13] Es gelten die Vorschriften des Verwaltungsverfahrensgesetzes des jeweiligen Bundeslandes.

Abschließend trifft die Behörde eine Entscheidung, wie sie nachfolgend unter II. dargestellt ist.

II. Die Entscheidung der Aufsichtsbehörde über die Vereinbarkeit mit dem Datenschutzrecht (Abs. 2)

1. Allgemeines

Die Aufsichtsbehörde ist verpflichtet, das Ergebnis ihrer Überprüfung dem Berufsverband mitzuteilen, der ihr den Entwurf für Verhaltensregeln vorgelegt hat. Dies ergibt sich aus dem jeweiligen Artikel bzw. § 41 Abs. 1 eines Landesverwaltungsverfahrensgesetzes. 25

Die Mitteilung ist als feststellender Verwaltungsakt[14] zu qualifizieren. Es handelt sich dabei nicht nur um einen schlichten Hinweis auf die Rechtslage, sondern um eine Entscheidung der Frage, ob die unterbreiteten Verhaltensregeln mit dem geltenden Datenschutzrecht vereinbar sind. Damit wird die Rechtslage

---

12 So die Gesetzesbegründung in BT-Drs. 14/4329, S. 46.

13 Rechtsgrundlage ist z.B. Art. 9 Bayerisches Verwaltungsverfahrensgesetz; vgl. Simitis/*Petri*, § 38a Rn. 22; vgl. *Bergmann/Möhrle/Herb*, § 38a Rn. 18.

14 *Gola/Schomerus*, § 38a Rn. 8, Simitis/*Petri*, § 38a Rn. 12; Taeger/Gabel/*Kinast*, § 38a Rn. 29.

in einem komplexen Subsumtionsvorgang geklärt. Die Aufsichtsbehörde bringt mit ihrer Beantwortung einen Regelungswillen zum Ausdruck.[15] Die rechtliche Grundlage für den feststellenden Verwaltungsakt ergibt sich aus Abs. 2, der die Aufsichtsbehörde zur Prüfung verpflichtet. In aller Regel ist ein derartiger Verwaltungsakt kostenpflichtig.

2. Die Feststellung der Vereinbarkeit mit dem geltenden Datenschutzrecht

26 Damit bestätigt die Aufsichtsbehörde, dass die unterbreiteten Verhaltensregeln das im geltenden Datenschutzrecht vorgegebene Datenschutzniveau nicht unterschreiten.[16] Ein „Mehr an Datenschutz", als es im Datenschutzrecht vorgesehen ist, würde einer positiven Entscheidung nicht entgegenstehen (siehe oben I.3 Rn. 19).

27 Der begünstigende feststellende Verwaltungsakt gibt zunächst einmal dem Berufsverband Rechtssicherheit. Er stellt für die Verhaltensregeln gleichsam ein Gütesiegel dar. Die feststellende Aufsichtsbehörde ist gegenüber den ihrer Aufsicht unterliegenden Verbandsmitgliedern an ihre Entscheidung gebunden. Diese haben somit Maßnahmen der Datenschutzaufsicht dann nicht zu befürchten, wenn sie sich an die Verhaltensregeln halten.

28 Die anderen Aufsichtsbehörden sind an diese Entscheidung dann gebunden, wenn sie ihr vorher zugestimmt haben (Grundsatz der Selbstbindung der Verwaltung).[17] Nach einer weitergehenden Auffassung wird eine Bindung der anderen Aufsichtsbehörden unabhängig davon bejaht, ob sie vorher zugestimmt haben.[18]

In jedem Fall ist es zweckmäßig, dass sich eine Aufsichtsbehörde, der Verhaltensregeln zur Prüfung vorgelegt werden, mit den anderen Aufsichtsbehörden z.B. im Düsseldorfer Kreis (vgl. Erl. B V. 3 zu § 38) abstimmt[19] und auf dieser Grundlage imstande ist, eine allseits akzeptierte Entscheidung zu treffen.

Insbesondere im Hinblick auf die ggf. eintretende Bindungswirkung ist der begünstigende Verwaltungsakt auch den anderen Aufsichtsbehörden bekanntzugeben.[20]

29 Die positive Entscheidung der Aufsichtsbehörde bewirkt nicht, dass die Verhaltensregeln nunmehr gegenüber den Mitgliedern des Berufsverbandes rechtlich verbindlich sind.[21] Es ist vielmehr Aufgabe des Berufsverbandes, die Verhaltensregeln mit dem Prüfungsprädikat der Aufsichtsbehörde verbandsintern an die Mitglieder weiterzugeben. Wie unter I.2 gezeigt worden ist (Rn. 10), sind hier je nach der Satzung und Struktur des Verbandes verschiedene Möglichkeiten denkbar. Die Aufsichtsbehörde hat darauf keinen Einfluss.

30 Nach der Feststellung der Vereinbarkeit mit dem Datenschutzrecht ist eine Veröffentlichung der Verhaltensregel durch die Aufsichtsbehörde gesetzlich nicht vorgeschrieben. Es ist dem Berufsverband jedoch unbenommen, dies zu tun.[22]

Die Feststellung der Vereinbarkeit mit dem Datenschutzrecht bleibt wirksam, solange und soweit sie von der Aufsichtsbehörde nicht nach den Vorschriften des Verwaltungsverfahrensrechts zurückgenommen, widerrufen oder anderweitig aufgehoben wird oder sich durch Zeitablauf oder auf andere Weise erledigt.[23]

15 *Hoeren*, Prüfungsbescheide der Datenschutzaufsicht, RDV 2011, 1 ff.
16 Vgl. Taeger/Gabel/*Kinast*, § 38a Rn. 21.
17 Vgl. 5.Tb 2011/2012 des BayLDA unter 7.1.
18 So wohl *Bergmann/Möhrle/Herb*, § 38a Rn. 19; Taeger/Gabel/*Kinast*, § 38a Rn. 29 mit weiteren Nachweisen; Simitis/*Petri*, § 38a Rn. 25.
19 Simitis/*Petri*, § 38a Rn. 21.
20 Ebenso Taeger/Gabel/*Kinast*, § 38a Rn. 31.
21 *Gola/Schomerus*, § 38a Rn. 6; Simitis/*Petri*, § 38a Rn. 25.
22 *Blüm*, in: Horst G. Abel, Praxiskommentar BDSG, zu 38a Anm. (2); ausführlich zur Frage der Bekanntgabe Simitis/*Petri*, § 38a Rn. 27.
23 Vgl. *Hoeren*, Prüfungsbescheide der Datenschutzaufsicht, RDV 2011, 1 ff. Nr. 3, z.B. Art. 43 Abs. 2 BayVwVfG.

3. Die Feststellung, dass die vorgelegten Verhaltensregeln nicht dem Anforderungsprofil des § 38a entsprechen

Wiederholen die vorgelegten Verhaltensregeln nur den Text der Rechtsvorschriften und enthalten sie keine Präzisierung für die jeweilige Branche, so fördern sie die Durchführung der datenschutzrechtlichen Regelungen nicht. Sie sind damit zwar mit dem geltenden Datenschutzrecht vereinbar, erfüllen jedoch die Anforderungen des Abs. 1 nicht (vgl. I. 3, Rn. 18). 31

Dem Verband ist es unbenommen, derartige „Verhaltensregeln zweiter Klasse" mit einer anderen Bezeichnung, ohne Hinweis auf den § 38a und ohne Prüfungsprädikat an seine Mitglieder weiterzugeben.

Der Verband kann, soweit er mit dieser Entscheidung nicht einverstanden ist, auf dem Verwaltungsrechtsweg – ggf. erst nach der Durchführung eines Widerspruchsverfahrens – eine Verpflichtungsklage erheben.

4. Die Feststellung, dass die Verhaltensregeln mit dem Datenschutzrecht nicht vereinbar sind

Dies ist z.B. dann der Fall, wenn der vorgelegte Entwurf bei der Beurteilung der Erforderlichkeit einer Datenverarbeitung oder bei einer Interessenabwägung nicht vertretbare Lösungen enthält, die bei der Umsetzung durch die Verbandsmitglieder zu rechtswidrigen Ergebnissen führen. 32

Im Rahmen des Prüfungsverfahrens kann die Aufsichtsbehörde den Verband beraten und ihm anheimgeben, den Entwurf so zu modifizieren, dass keine Widersprüche zum Datenschutzrecht mehr bestehen. 33

Geht der Verband darauf nicht ein, erlässt die Aufsichtsbehörde einen belastenden feststellenden Verwaltungsakt mit dem Inhalt, dass der vorgelegte Entwurf mit bestimmten Vorschriften des Datenschutzrechts nicht vereinbar ist.

Bezüglich möglicher Rechtsbehelfe des Berufsverbandes wird auf die Ausführungen unter Nr. 3 verwiesen.

Gibt der Verband Verhaltensregeln, bei denen die Aufsichtsbehörde die Nichtvereinbarkeit festgestellt hat, gleichwohl an seine Mitglieder weiter, kann die Aufsichtsbehörde gegen ihn im Rahmen der Möglichkeiten des § 38 vorgehen.

Vierter Abschnitt
Sondervorschriften

§ 39 Zweckbindung bei personenbezogenen Daten, die einem Berufs- oder besonderen Amtsgeheimnis unterliegen

(1) [1]Personenbezogene Daten, die einem Berufs- oder besonderen Amtsgeheimnis unterliegen und die von der zur Verschwiegenheit verpflichteten Stelle in Ausübung ihrer Berufs- oder Amtspflicht zur Verfügung gestellt worden sind, dürfen von der verantwortlichen Stelle nur für den Zweck verarbeitet oder genutzt werden, für den sie sie erhalten hat. [2]In die Übermittlung an eine nicht-öffentliche Stelle muss die zur Verschwiegenheit verpflichtete Stelle einwilligen.

(2) Für einen anderen Zweck dürfen die Daten nur verarbeitet oder genutzt werden, wenn die Änderung des Zwecks durch besonderes Gesetz zugelassen ist.

Literatur

Erfurter Kommentar zum Arbeitsrecht, 12. Aufl. 2012; *Heghmanns/Niehaus*, Outsourcing im Versicherungswesen und der Gehilfenbegriff des § 203 Abs. 3 S. 2 StGB, NStZ 2008, 57; *Jandt/Roßnagel/Wilke*, Outsourcing der Verarbeitung von Patientendaten – Fragen des Daten- und Geheimnisschutzes, NZS 2011, 641; *Kort*, Strafbarkeitsrisiken des Datenschutzbeauftragten nach § 203 StGB beim IT-Outsourcing, insbesondere in datenschutzrechtlich „sichere" Drittstaaten, NStZ 2011, 193; *Szalai/Kopf*, Verrat von Mandantengeheimnissen – Ist Outsourcing strafbar nach § 203 StGB?, ZD 2012, 462; *Weichert*, Datenschutzrechtliche Anforderungen an Data-Warehouse-Anwendungen bei Finanzdienstleistern, RDV 2003, 113.

▶ **Darum geht es**

§ 39 betrifft lediglich personenbezogene Daten, welche einem Berufs- oder besonderen Amtsgeheimnis unterliegen. Er verlängert den Geheimnisschutz. Normadressat ist dabei nicht der Geheimnisträger, sondern ein Dritter, welcher vom Geheimnisträger die Daten empfängt. Dieser unterliegt dann gem. § 39 einer strengen Zweckbindung, d.h., er darf die Daten nur für die der Übermittlung zugrunde liegenden Zwecke verwenden.

▶ **Schlagworte**

Berufs- und besonderes Amtsgeheimnis; Verlängerung des Geheimnisschutzes; besondere bzw. strenge Zweckbindung; keine „Kettenwirkung"; Auftragsdatenverarbeitung bei Verschwiegenheitspflicht

▶ **Weitere relevante Vorschriften**

§ 203 Abs. 1 StGB – Liste der Geheimnisträger (z.B. Ärzte, Anwälte); § 30 AO – Steuergeheimnis; § 88 TKG – Fernmeldegeheimnis; § 39 PostG – Postgeheimnis; § 16 BStatG – Statistikgeheimnis; § 9 KWG, § 32 BBankG – Schweigepflicht des Bundesaufsichtsamts für das Kreditwesen; § 35 SGB I – Sozialgeheimnis; § 7 Abs. 4 AFG, § 13 ArbeitsplatzförderungsG – Geheimnisse aus dem Arbeitsrecht; §§ 106 bis 115 BBG, § 50 BeamtStG – Personalaktengeheimnis

---

A. Allgemeines

I. Regelungszweck

1. Sinn und Zweck der Norm

§ 39 ist **keine Erlaubnisnorm**, sondern begründet beim Datenempfänger eine strenge Zweckbindung für Daten, welche dieser zulässigerweise von einem zur besonderen Verschwiegenheit verpflichteten Berufs- oder Amtsträger erhalten hat. Damit schließt § 39 eine Schutzlücke, die sonst bestünde, weil der Datenempfänger nicht der spezialgesetzlichen Verschwiegenheitspflicht des Berufs- oder Amtsträgers unterliegt. Man kann sagen, dass § 39 den eigentlich nur für Berufs- oder Amtsträger bestehenden Geheimnisschutz auf den Dritten ausdehnt („verlängerter Geheimnisschutz"). Die Regelung dient dem Schutz des Betroffenen, kommt aber auch dem Geheimhaltungspflichtigen zugute, da sie das Vertrauen in die Geheimhaltung stärkt und damit die Mitteilungsbereitschaft des Betroffenen erhöhen kann.[1] Oftmals unterliegt der Datenempfänger ebenfalls einem Berufs- oder besonderen Amtsgeheimnis, so z.B. ein Laborarzt, der die Daten vom behandelnden Arzt zur Auswertung erhält und ebenfalls Geheimnisträger gem. § 203 Abs. 1 StGB ist. § 39 kommt dann daneben zur Anwendung.[2] Relevanz hat die Vorschrift dann insoweit, als die Verarbeitung und Nutzung durch den Datenempfänger auf den konkret der Übermittlung zugrunde liegenden Zweck beschränkt ist. 1

Beispiele für die Weitergabe von der Verschwiegenheit unterliegenden Daten

- Offenbarung von vorsätzlich falschen Angaben des Steuerpflichtigen durch den auf das Steuergeheimnis verpflichteten Amtsträger gegenüber den Strafverfolgungsbehörden (§ 30 Abs. 5 AO).
- Übermittlung von Einzelangaben durch das Statistische Bundesamt an Hochschulen für Zwecke wissenschaftlicher Vorhaben (§ 16 Abs. 6 BStatG).
- Übermittlung von Gesundheitsdaten durch den Arzt an die Unfallversicherung.

Die Folge der strengen Zweckbindung ist, dass der Datenempfänger die Daten für andere Zwecke nicht verwenden darf. Eine Zweckänderung ist nur zulässig, wenn ein Spezialgesetz dies gestattet, d.h., ein Rückgriff auf die Erlaubnistatbestände des BDSG ist verschlossen. Eine Übermittlung der Daten an eine nicht-öffentliche Stelle bedarf der Einwilligung des Geheimnisträgers. 2

Ob die Übermittlung als solche zulässig ist, beurteilt sich nicht nach § 39 oder anderen Vorschriften des BDSG, sondern allein nach den Spezialgesetzen, denen das Geheimnis unterliegt (z.B. § 97 Abs. 1 Satz 3, Abs. 4 TKG oder § 49b Abs. 4 BRAO).[3] 3

---

1 Vgl. auch Simitis/*Dammann*. § 39 Rn. 2.
2 Simitis/*Dammann*, § 39 Rn. 39.
3 *Gola/Schomerus*, § 39 Rn. 1; Erfurter Kommentar/*Wank*, § 39 Rn. 1.

2. Anwendungsbereich

4 Adressat des § 39 ist nicht der Träger des Berufs- oder besonderen Amtsgeheimnisses, also die Stelle oder Person, die die Daten ursprünglich übermittelt, sondern der Empfänger der Daten. Der Empfänger der Daten kann sowohl eine öffentliche als auch eine private Stelle oder Person sein.[4]

5 Anknüpfungspunkt des § 39 sind personenbezogene Daten, die einem Berufs- oder besonderen Amtsgeheimnis unterliegen. Die rechtliche Grundlage eines solchen Geheimnisses findet sich nicht im BDSG, sondern in Spezialgesetzen, so z.B. die Schweigepflicht des Anwalts in § 43a Abs. 2 BRAO.

6 § 39 betrifft in erster Linie die Verarbeitung und Nutzung durch den Datenempfänger. Eine „Kettenwirkung" dergestalt, dass auch ein sonstiger Dritter, an den die verantwortliche Stelle die Daten weiterleitet, von § 39 erfasst wird, ist abzulehnen.[5] Dagegen spricht der Wortlaut des § 39, wonach die Daten vom Geheimnisträger übermittelt worden sein müssen.

II. Ausblick auf die Novellierung des Europäischen Datenschutzrechts

7 Der Entwurf der EU-Datenschutz-Grundverordnung enthält keine dem § 39 entsprechende Regelung.

B. Inhalt der Regelung

8 § 39 hat folgende **Anwendungsvoraussetzungen**:

1. Es handelt sich um personenbezogene Daten, die einem Berufs- oder besonderen Amtsgeheimnis unterliegen und
2. die zur Verschwiegenheit verpflichtete Stelle stellt diese der verantwortlichen Stelle in Ausübung ihrer Berufs- oder Amtspflicht zur Verfügung.
3. Umstritten ist, ob bei nicht-öffentlichen Stellen zusätzlich erforderlich ist, dass die Daten vom Empfänger unter Einsatz von Datenverarbeitungsanlagen verarbeitet oder genutzt werden müssen (sog. „Dateibezug" gem. § 1 Abs. 2 Nr. 3) (siehe § 1 Rn. 20).

9 Die **Rechtsfolge** ist, dass die verantwortliche Stelle als Datenempfänger

1. die Daten nur für den Zweck verarbeiten oder nutzen darf, für den sie sie erhalten hat,
2. die Daten an eine nicht-öffentliche Stelle nur übermitteln darf, wenn der Geheimnisträger eingewilligt hat und
3. eine Zweckänderung nur vornehmen kann, wenn dies spezialgesetzlich gestattet ist.

I. Dem Berufs- oder einem besonderen Amtsgeheimnis unterliegende Daten

10 § 39 findet nur auf personenbezogene Daten Anwendung, die einem **Berufs- oder besonderen Amtsgeheimnis** unterliegen. Unter einem Berufs- oder einem besonderen Amtsgeheimnis wird im Allgemeinen die rechtliche Verpflichtung einer Person zur Verschwiegenheit oder Geheimhaltung verstanden, die ihr im Zusammenhang mit der Ausübung ihres Berufs oder Amtes zukommt.[6] Diese Pflicht zur Geheimhaltung ergibt sich in der Regel aus dem Gesetz (Bundes- und Landesrecht)[7], sie kann aber auch auf Gewohnheitsrecht[8] beruhen.

11 Nicht von der Norm erfasst werden allgemeine Verschwiegenheitspflichten, wie z.B. das allgemeine Amtsgeheimnis (§ 30 VwVfG)[9], die allgemeinen Verschwiegenheitspflichten des Dienst- und Arbeits-

4 *Bergmann/Möhrle/Herb*, § 39 Rn. 3; Simitis/*Dammann*, § 39 Rn. 13; Plath/*Plath*, § 39 Rn. 3.
5 Vgl. Taeger/Gabel/*Mackenthun*, § 39 Rn. 5.
6 Taeger/Gabel/*Mackenthun*, § 39 Rn. 6; *Bergmann/Möhrle/Herb*, § 39 Rn. 7; Simitis/*Dammann*, § 39 Rn. 8.
7 Taeger/Gabel/*Mackenthun*, § 39 Rn. 6; Simitis/*Dammann*, § 39 Rn. 8.
8 Simitis/*Dammann*, § 39 Rn. 8.
9 Taeger/Gabel/*Mackenthun*, § 39 Rn. 6; *Schaffland/Wiltfang*, § 39 Rn. 7; Simitis/*Dammann*, § 39 Rn. 8; Plath/*Plath*, § 39 Rn. 8.

rechts (§ 37 Abs. 1 BeamtStG, § 67 BBG und die dazugehörenden Tarifbestimmungen),[10] das Meldegeheimnis[11] (§ 5 MRRG) und das Datengeheimnis gem. § 5,[12] da sie nicht den gesteigerten Geheimnisschutz verkörpern, der gerade Ausdruck eines Berufs- oder besonderen Amtsgeheimnisses ist. Vielmehr handelt es sich in diesen Fällen lediglich um eine persönliche Verpflichtung zur Einhaltung der datenschutzrechtlichen Vorschriften.[13] Auch die strafprozessualen berufsbedingten Zeugnisverweigerungsrechte (§§ 53 und 53a StPO) sind keine Geheimnispflichten, sondern lediglich Schweigerechte.[14] Ebenso wenig reicht eine vertragliche Geheimnispflicht aus. Deshalb ist insbesondere das Bankgeheimnis keine Berufsgeheimnispflicht nach § 39.[15]

Berufs- und besondere Geheimnispflichten im Sinne von § 39 sind dagegen **12**

- das **Steuergeheimnis** (§ 30 AO),
- das **Fernmeldegeheimnis** (§ 88 TKG),
- das **Postgeheimnis** (§ 39 PostG),
- das **Statistikgeheimnis** (§ 16 BStatG),
- die **Schweigepflicht der beim Bundesaufsichtsamt für das Kreditwesen und bei der Bundesbank** beschäftigten Personen (§ 9 KWG, § 32 BBankG),[16]
- das **Sozialgeheimnis** (§ 35 SGB I),
- Geheimnisse aus dem Arbeitsrecht (§ 7 Abs. 4 AFG, § 13 ArbeitsplatzförderungsG) und
- das **Personalaktengeheimnis** (§§ 106 bis 115 BBG, § 50 BeamtStG)[17] sowie insbesondere
- die **Privatgeheimnisse gem. § 203 Abs. 1 StGB**, d.h. zum persönlichen Lebensbereich des Betroffenen gehörende Geheimnisse, welche dem Geheimnisträger anvertraut wurden als
  - Arzt und Zahnarzt (vgl. die ärztlichen Berufsordnungen, z.B. § 9 Abs. 1 MBO),[18] Apotheker, Berufspsychologe mit anerkanntem Abschluss, Angehöriger eines Heilberufs mit staatlich geregelter oder erforderlicher Ausbildung,
  - Rechtsanwalt (§ 43a Abs. 2 BRAO, § 2 BORA), Patentanwalt, Notar (§ 18 BNotO),
  - Wirtschaftsprüfer (§ 64 WiPrO), vereidigter Buchprüfer, Steuerberater[19] (§ 57 StBerG, § 5 BOStB), Steuerbevollmächtigter und Organe oder Mitglieder eines Organs einer Wirtschaftsprüfungs-, Buchprüfungs- oder Steuerberatungsgesellschaft,
  - Ehe-, Familien-, Erziehungs- und Jugendberater sowie Berater für Suchtfragen in einer staatlich anerkannten Beratungsstelle, Mitglied oder Beauftragter nach §§ 3 und 8 SchKG, der anerkannte Sozialarbeiter[20] oder Sozialpädagoge und
  - Angehöriger (auch Vertreter[21]) von Unternehmen der privaten Kranken-, Unfall- oder Lebensversicherung oder einer privatärztlichen Verrechnungsstelle.

---

10 *Bergmann/Möhrle/Herb*, § 39 Rn. 9; Simitis/*Dammann*, § 39 Rn. 8.
11 Däubler/Klebe/Wedde/Weichert/*Weichert*, § 39 Rn. 1.
12 *Gola/Schomerus*, § 39 Rn. 1; Taeger/Gabel/*Mackenthun*, § 39 Rn. 6; *Bergmann/Möhrle/Herb*, § 39 Rn. 9; Däubler/Klebe/Wedde/Weichert/*Weichert*, § 39 Rn. 1; Simitis/*Dammann*, § 39 Rn. 8; Plath/*Plath*, § 39 Rn. 8.
13 Däubler/Klebe/Wedde/Weichert/*Weichert*, § 39 Rn. 1.
14 Taeger/Gabel/*Mackenthun*, § 39 Rn. 6; Simitis/*Dammann*, § 39 Rn. 11; Plath/*Plath*, § 39 Rn. 8.
15 BGH, NJW 2007, 2106; *Gola/Schomerus*, § 39 Rn. 1; Däubler/Klebe/Wedde/Weichert/*Weichert*, § 39 Rn. 1; *Weichert*, RDV 2003, 113, 115; *Schaffland/Wiltfang*, § 39 Rn. 7; Simitis/*Dammann*, § 39 Rn. 8; a.A. Beck'scher Online-Kommentar/*Uwer*, § 39 Rn. 18 ff.
16 *Bergmann/Möhrle/Herb*, § 39 Rn. 7; Simitis/*Dammann*, § 39 Rn. 9.
17 *Gola/Schomerus*, § 39 Rn. 1; *Bergmann/Möhrle/Herb*, § 39 Rn. 7; Simitis/*Dammann*, § 39 Rn. 10.
18 Vgl. insgesamt zum Thema unzulässige Forderungsabtretung bei Ärzten: BGH, NJW 1991, 2955; BGH, NJW 1992, 737; BGH, NJW 1993, 2371; BGH, NJW 1996, 775; BGH, NJW 2005, 1505, 1506.
19 LG Kiel, RDV 2004, 131; OLG Naumburg, RDV 2003, 29.
20 OLG Dresden, NJW 2004, 1464.
21 BGH, NJW 2010, 2509.

13 Nach teilweiser und zutreffender Ansicht in der Literatur erfasst § 39 auch den Datenschutzbeauftragten, wenn er entsprechend geschützte Informationen gem. § 203 Abs. 1 StGB im Rahmen seiner Tätigkeit zur Kenntnis genommen hat (§ 203 Abs. 2a in Verbindung mit Abs. 1 StGB),[22] sowie Mitarbeiter dieser Geheimnisträger als Erfüllungsgehilfen (§ 203 Abs. 3 StGB und § 102 Abs. 2 AO).[23] Konkrete Beispiele sind Arzthelfer oder Mitarbeiter von Rechtsanwälten.

14 Umstritten ist dagegen, ob § 39 auch die Geheimnispflichten von im öffentlichen Dienst tätigen Personen gem. § 203 Abs. 2 StGB erfasst. Nach einer Ansicht unterfällt auch § 203 Abs. 2 StGB grundsätzlich dem Regelungsregime des § 39.[24] Einer anderen – zutreffenden – Ansicht nach betrifft § 39 nur die Privatgeheimnisse des § 203 Abs. 1 StGB.[25] Dafür sprechen zum einen normhistorische Gründe. Die Vorgängerregelung des § 39 zählte ausdrücklich die gesetzlichen Geheimhaltungsvorschriften auf und verwies insoweit lediglich auf § 203 Abs. 1 StGB.[26] Im Übrigen verkörpert das allgemeine Amtsgeheimnis (z.B. § 30 VwVfG) gerade nicht den gesteigerten Geheimnisschutz, dessen Fortsetzung § 39 bei einer Übermittlung des Geheimnisträgers an den Empfänger gewährleisten soll. Eine Ausnahme von diesem Grundsatz besteht dann, wenn die Daten gleichzeitig einer besonderen Geheimnispflicht unterfallen, da sodann eine „besondere Amtspflicht" gegeben ist. Das ist z.B. in der Steuer- oder Sozialverwaltung der Fall, da diese Daten dem Steuer- bzw. Sozialgeheimnis unterfallen (§ 30 AO, § 35 SGB I).

II. In Ausübung der Berufs- oder Amtspflicht zur Verfügung gestellt

15 Nach § 39 müssen die Daten dem Empfänger von der zur Verschwiegenheit verpflichteten Stelle **„in Ausübung ihrer Berufs- oder Amtspflicht"** zur Verfügung gestellt worden sein. Das bedeutet zunächst, dass die Weitergabe mit der Geheimnispflicht vereinbar sein muss, d.h., verletzt die Weitergabe durch den Berufs- oder Amtsträger bereits die Geheimnispflicht, greift § 39 nicht. Vielmehr dürfen derart zur Verfügung gestellte Daten gar nicht genutzt oder verarbeitet werden, sie sind zu löschen.[27]

Beispiele für die zulässige Datenübermittlung:

Meldungen eines Arztes an das Gesundheitsamt nach §§ 6 ff. IfSG, Datenübermittlungen von Anwalt zu Anwalt zu Inkassozwecken gem. § 49b Abs. 4 BRAO[28] oder die Übermittlung von Verkehrsdaten eines Telekommunikationsunternehmens für Zwecke des Inkassos gem. § 97 Abs. 1 Satz 3, Abs. 4 TKG.[29]

16 Werden die gesetzlichen Ausnahmeregelungen überschritten (z.B. der Arzt meldet eine Krankheit, die nicht unter das Infektionsschutzgesetz fällt), ist ebenfalls wieder bereits die Weitergabe unzulässig und die Daten sind vom Datenempfänger unverzüglich zu löschen.

17 Die Formulierung **„zur Verfügung gestellt"** erfasst nicht nur Übermittlungen im Sinne von § 3 Abs. 4 Nr. 3, sondern jede Form der Kenntnisverschaffung. Es ist nicht erforderlich, dass die Daten beim Geheim-

---

22 *Bergmann/Möhrle/Herb*, § 39 Rn. 8; so auch Taeger/Gabel/*Mackenthun*, § 39 Rn. 9; Plath/*Plath*, § 39 Rn. 7.

23 *Schaffland/Wiltfang*, § 39 Rn. 6; *Auernhammer*, § 39 Rn. 3.

24 Taeger/Gabel/*Mackenthun*, § 39 Rn. 8; so wohl auch Plath/*Plath*, § 39 Rn. 7.

25 Däubler/Klebe/Wedde/Weichert/*Weichert*, § 39 Rn. 1; *Bergmann/Möhrle/Herb*, § 39 Rn. 8; Simitis/*Simitis*, § 39 Rn. 8f.; *Schaffland/Wiltfang*, § 39 Rn. 6; Beck'scher Online-Kommentar/*Uwer*, § 39 Rn. 21.

26 Vgl. § 45 Satz 3 BDSG a.F (BGBl. 1977 I 201, 213).

27 Simitis/*Dammann*, § 39 Rn. 17.

28 Die Abtretung einer Honorarforderung von Rechtsanwalt zu Rechtsanwalt ist nach § 49b Abs. 4 Satz 1 BRAO zulässig, vgl. BGH, NJW 2007, 1196; die Abtretung an Dritte nur, sofern die Forderung rechtskräftig festgestellt worden ist und der Mandant in die Abtretung ausdrücklich und schriftlich eingewilligt hat (§ 49 Abs. 4 Satz 2 BRAO).

29 Nach Auffassung des EuGH (ZD 2013, 77) und des BGH (NJW 2013, 1092) erstreckt sich die Befugnis der Datenübermittlung auf sämtliche Abtretungsverträge, insbesondere auch solche, nach denen der abgetretene Anspruch rechtlich und wirtschaftlich auf den Zessionar übergeht (z.B. die klassische Abtretung nach § 398 BGB oder das sog. echte Factoring). Um jedoch ein gleichbleibendes Schutzniveau der übermittelten Daten zu gewährleisten, die dem Fernmeldegeheimnis (§ 88 TKG) unterliegen, ist zwingende Wirksamkeitsvoraussetzung, dass der geschlossene Vertrag Bestimmungen enthält, die die rechtmäßige Verarbeitung der Verkehrsdaten durch den Zessionar gewährleisten und das Telekommunikationsunternehmen berechtigten, sich jederzeit von der Einhaltung dieser Bestimmungen zu überzeugen.

nisträger gespeichert waren.[30] Grundsätzlich findet § 39 auch auf den internen Datenfluss einer verantwortlichen Stelle Anwendung, so z.B. bei der Weitergabe von personenbezogenen Daten durch den Betriebsarzt oder den Betriebs- oder Personalrat.[31] Ein konkretes Beispiel ist die Weitergabe von Daten zur Einstellungsuntersuchung durch den Betriebsarzt an den Arbeitgeber.[32]

Der bloße **Auftragsdatenverarbeiter** ist dagegen im Regelfall **keine „verantwortliche Stelle"**, weshalb auf ihn § 39 nach herrschender Meinung keine Anwendung findet.[33] Der Auftragsdatenverarbeiter darf ohnehin gem. § 11 Abs. 3 nur nach den Weisungen des Auftraggebers mit den Daten umgehen, weshalb ihm die Daten nach richtiger Ansicht nicht „zur Verfügung gestellt" sind. Auch § 11 Abs. 4, welcher die auf den Auftragsdatenverarbeiter anwendbaren Normen des BDSG aufzählt, listet § 39 nicht auf. Sofern der Auftragnehmer innerhalb der EU bzw. des EWR sitzt, liegt darüber hinaus gem. § 3 Abs. 8 keine Übermittlung vor. **18**

! § 39 ist keine Rechtfertigungsgrundlage für eine Übermittlung von Daten! Es muss daher immer auch überprüft werden, ob die Daten überhaupt aus dem Unternehmen gegeben werden dürfen. Besonders relevant ist dies bei Angaben, die dem § 203 Abs. 1 StGB unterfallen (z.B. Patientendaten, Mandantendaten). Hier ist zu prüfen, ob die Daten im strafrechtlichen Sinne „offenbart" werden (was auch bei Auftragsdatenverarbeitung der Fall sein kann).

III. Dateibezug bei nicht-öffentlichen Stellen erforderlich?

Umstritten ist, ob im privatwirtschaftlichen Bereich für die Anwendbarkeit des § 39 erforderlich ist, dass die erhaltenen Daten vom Empfänger in oder aus Dateien verarbeitet oder genutzt werden. Grundsätzlich findet nämlich gem. § 1 Abs. 2 Nr. 3 das BDSG nur dann Anwendung auf nicht-öffentliche Stellen, wenn diese die Daten unter Einsatz von Datenverarbeitungsanlagen verarbeiten, nutzen oder dafür erheben oder die Daten in oder aus nicht automatisierten Daten verarbeiten, nutzen oder dafür erheben (siehe § 1 Rn. 20). Nach einer Ansicht soll § 39 unabhängig vom Dateibezug Anwendung auf nicht-öffentliche Stelle finden, da andernfalls die Vorschrift leicht umgangen werden könne.[34] Andere Autoren vertreten die Auffassung, dass die besondere Zweckbindung jedenfalls dann Anwendung fände, wenn die Daten „offensichtlich", d.h. unschwer erkennbar, aus einer Datei entstammen.[35] Sie beziehen sich insoweit auf § 27 Abs. 2, der regelt, wann die Vorschriften des dritten Abschnitts für nicht-öffentliche Stellen Anwendung finden. Beide Auffassungen sind abzulehnen. Die erste Auffassung widerspricht der klaren Anwendbarkeitsregel des § 1 Abs. 2 Nr. 3. Ausnahmen vom Erfordernis des Dateibezugs bei nicht-öffentlichen Stellen hat der Gesetzgeber wenn dann ausdrücklich geregelt, so z.B. in § 27 Abs. 2 und § 32 Abs. 2. Die zweite Auffassung ist aus systematischen Gründen abzulehnen, denn § 27 definiert den Anwendungsbereich des dritten Abschnitts des BDSG (§§ 27 bis 38a), § 39 befindet sich aber im vierten Abschnitt.[36] Dementsprechend ist davon auszugehen, dass für die Anwendbarkeit des § 39 ein Dateibezug im Sinne von § 1 Abs. 2 Nr. 3 erforderlich ist.[37] Ebenso ist § 39 nicht anzuwenden, wenn die nicht-öffentliche Stelle als Datenempfänger die Daten ohne eigene Speicherung direkt weitergibt, da in diesem Fall keine anderweitige Verarbeitung oder Nutzung vorliegt, sodass der Anwendungsbereich des § 1 Abs. 2 Nr. 3 nicht eröffnet ist. **19**

---

30 Taeger/Gabel/*Mackenthun*, § 39 Rn. 3; *Gola/Schomerus*, § 39 Rn. 2; Simitis/*Dammann*, § 39 Rn. 14.
31 Däubler/Klebe/Wedde/Weichert/*Weichert*, § 39 Rn. 2; *Bergmann/Möhrle/Herb*, § 39 Rn. 12; Erfurter Kommentar/*Wank*, § 39 Rn. 2.
32 *Gola/Schomerus*, § 39 Rn. 2; Erfurter Kommentar/*Wank*, § 39 Rn. 1.
33 *Gola/Schomerus*, § 39 Rn. 9; *Bergmann/Möhrle/Herb*, § 39 Rn. 27; Simitis/*Simitis*, § 39 Rn. 40; Plath/*Plath*, § 39 Rn. 4; a.A. Däubler/Klebe/Wedde/Weichert/*Weichert*, § 39 Rn. 2.
34 Simitis/*Dammann*, § 39 Rn. 16; Däubler/Klebe/Wedde/Weichert/*Weichert*, § 39 Rn. 2.
35 *Gola/Schomerus*, § 39 Rn. 4; *Bergmann/Möhrle/Herb*, § 39 Rn. 4.
36 So auch Taeger/Gabel/*Mackenthun*, § 39 Rn. 13, der zu Recht darauf verweist, dass eine enge Auslegung angesichts der Bußgeldrelevanz erforderlich ist; ebenso Plath/*Plath*, § 39 Rn. 3.
37 *Gola/Schomerus*, § 39 Rn. 4; *Bergmann/Möhrle/Herb*, § 39 Rn. 4; a.A. Simitis/*Dammann*, § 39 Rn. 16.

IV. Rechtsfolge: Strenge Zweckbindung

20 § 39 geht über das allgemeine Zweckbindungsgebot (§§ 14 Abs. 3, 28 Abs. 5 Satz 2) hinaus und schreibt eine strenge Zweckbindung vor. Danach darf die verantwortliche Stelle die von einem Geheimnisträger zur Verfügung gestellten Daten **„nur für den Zweck"** verarbeiten oder nutzen, **„für den sie sie erhalten hat"**.

21 Maßgeblich ist der von beiden Seiten vereinbarte oder vorausgesetzte Zweck, im Übrigen der objektive Zweck.[38] Fehlen konkrete Vereinbarungen, können bei der Auslegung übliche Verwendungsweisen bzw. der gesetzlich anerkannte Zweck eine Rolle spielen. Um der verantwortlichen Stelle die Einhaltung der besonderen Zweckbindung zu ermöglichen, ist eine klare Feststellung des Zwecks der Übermittlung durch den Geheimnisträger sinnvoll.[39]

> ! Es empfiehlt sich eine konkrete Festlegung und Dokumentation des Zwecks der Weitergabe durch den Geheimnisträger, um spätere Auslegungsschwierigkeiten zu vermeiden. Der Geheimnisträger ist am besten in der Lage, zu beurteilen, welche Zwecke in Ausübung der Berufs- oder Amtspflicht eine Weitergabe gestatten bzw. erforderlich machen.

22 Den Umfang der Zweckbestimmung legt grundsätzlich der Geheimnisträger fest, dieser ist vom Datenempfänger zu respektieren, auch wenn die Zweckfestlegung eventuell enger ist als erforderlich. Eine **Zweckänderung** durch die verantwortliche Stelle ist gem. § 39 Abs. 2 nur zulässig, wenn dies durch „besonderes Gesetz" zugelassen ist. Voraussetzung ist eine Regelung in einem Spezialgesetz, das BDSG ist gerade kein „besonderes Gesetz" (vgl. § 1 Abs. 4). Eine zweckändernde Verarbeitung oder Nutzung ist aber auch dann zulässig, wenn der Betroffene eingewilligt hat.[40]

23 Die verantwortliche Stelle als Datenempfänger kann die Daten grundsätzlich auch an Dritte weiterleiten, davon geht § 39 aus, der allgemein von „verarbeiten" spricht, was gem. § 3 Abs. 4 auch die Übermittlung erfasst. Allerdings muss auch diese Übermittlung rechtmäßig sein, insbesondere bewirkt die besondere Zweckbindung des § 39, dass die Übermittlung nur zulässig ist, wenn der Dritte die Daten zu demselben Zweck benötigt, für welchen die verantwortliche Stelle als ursprünglicher Empfänger die Daten erhalten hat.[41] Ferner muss die übermittelnde Stelle auch prüfen, ob der Geheimnisträger an den Dritten hätte übermitteln dürfen. Der Zweck muss durch den Empfänger dargelegt und durch den Absender (verantwortliche Stelle) überprüft werden.[42] Gegebenenfalls bedarf es einer Rückfrage beim Geheimnisträger.[43] Ohnehin schreibt § 39 Abs. 1 Satz 2 vor, dass bei einer **Übermittlung an eine nicht-öffentliche Stelle** der Geheimnisträger zuvor einwilligen muss. Der Geheimnisträger darf diese Einwilligung selbstverständlich nur erteilen, wenn die Übermittlung mit der rechtmäßigen Ausübung des Berufs- oder Amtsgeheimnisses vereinbar ist.

24 Fraglich ist, ob auch der Dritte von § 39 erfasst wird. Nach dem Wortlaut des § 39 muss die verantwortliche Stelle die Daten vom Geheimnisträger erhalten haben. Aus diesem Grund wird vielfach eine **„Kettenwirkung"** des § 39 verneint.[44] Eine Ansicht in der Literatur will dann aber § 39 analog anwenden.[45] Gegen eine analoge Anwendung spricht, dass ein Verstoß gegen § 39 gem. § 43 Abs. 2 Nr. 5 eine Ordnungswidrigkeit darstellt und deshalb im Interesse der Rechtssicherheit eine enge Auslegung geboten ist. Ohnehin bleibt es für den Dritten zumindest bei der allgemeinen Zweckbindung der §§ 4b Abs. 6, 15 Abs. 3, 16 Abs. 4, 28 Abs. 5, 29 Abs. 4.

---

38 Simitis/*Dammann*, § 39 Rn. 21.
39 *Bergmann/Möhrle/Herb*, § 39 Rn. 15.
40 *Gola/Schomerus*, § 39 Rn. 8; *Bergmann/Möhrle/Herb*, § 39 Rn. 26.
41 *Bergmann/Möhrle/Herb*, § 39 Rn. 18; *Schaffland/Wiltfang*, § 39 Rn. 9.
42 *Bergmann/Möhrle/Herb*, § 39 Rn. 18; *Schaffland/Wiltfang*, § 39 Rn. 3, 11.
43 *Schaffland/Wiltfang*, § 39 Rn. 12.
44 Simitis/*Dammann*, § 39 Rn. 26; Taeger/Gabel/*Mackenthun*, § 39 Rn. 5.
45 *Schaffland/Wiltfang*, § 39 Rn. 13.

25 Mit der Weitergabe der Daten durch die verantwortliche Stelle an einen innerhalb der EU bzw. des EWR sitzenden **Auftragsdatenverarbeiter** ist grundsätzlich keine Zweckänderung verbunden.[46] Allerdings ist stets zu prüfen, ob die Weitergabe aufgrund des Berufs- oder Amtsgeheimnisses unzulässig ist bzw. der Einwilligung des Betroffenen bedarf. Problematisch ist hier in der Praxis immer wieder, dass § 203 Abs. 1 StGB ein „Offenbaren" von der Verschwiegenheit unterfallenden Daten verbietet, wonach jede Mitteilung der geheim zu haltenden Tatsache an einen Dritten unzulässig ist.[47] Umstritten ist in diesem Zusammenhang, ob der Auftragsdatenverarbeiter als „Gehilfe" des Geheimnisträgers im Sinne von § 203 Abs. 3 Satz 2 StGB angesehen werden kann (siehe auch C. Anwendungsempfehlungen/weitere praktische Hinweise.).[48]

V. Landesrecht

26 Gem. § 1 Abs. 2 Nr. 2a gelten die Vorschriften des BDSG für öffentliche Stellen der Länder nur, soweit der Datenschutz nicht durch Landesgesetz geregelt ist. Die Umsetzung einer der Regelung des § 39 entsprechenden Bestimmung ist in den einzelnen Bundesländern unterschiedlich erfolgt. Einige haben eine ähnliche Vorschrift eingefügt, nämlich Bayern (Art. 22), Baden-Württemberg (§ 34), Rheinland-Pfalz (§ 13 Abs. 7), Sachsen-Anhalt (§ 26 Abs. 2) und Thüringen (§ 24). In einer abgeschwächten Form ist die Regelung in Berlin (§ 11), Brandenburg (§ 13 Abs. 2 Satz 2), Niedersachen (§ 10 Abs. 2 Satz 2) und Nordrhein-Westfalen (§ 13 Abs. 2 Satz 2) eingefügt worden. In den übrigen LDSG gilt nur die allgemeine datenschutzrechtliche Zweckbindung.

VI. Rechtsfolgen eines Verstoßes

27 Ein Verstoß gegen § 39 stellt eine Ordnungswidrigkeit nach § 43 Abs. 2 Nr. 5 dar, die mit einem Ordnungsgeld von bis zu 300.000 € geahndet werden kann. Bei vorsätzlicher Begehungsweise kann ein Verstoß zudem als Straftat nach § 44 angesehen werden. Für den Geheimnisträger besteht die Möglichkeit der Strafbarkeit nach § 203 StGB, wenn eine Übermittlung der Daten gegen seine Verschwiegenheitspflicht verstößt.

Ferner kann die Verletzung zu einem Schadenersatzanspruch nach § 823 Abs. 2 BGB führen, da § 39 ein „Schutzgesetz" darstellt.[49]

C. Anwendungsempfehlungen/weitere praktische Hinweise

28 In der Praxis immer wieder problematisch ist das **Outsourcing** von Verarbeitungen, welche Daten umfassen, die einem Berufsgeheiminis unterliegen. Das gleiche Problem stellt sich, wenn derartige Daten in der **Cloud** verarbeitet werden sollen, da auch hier die Zugriffsmöglichkeit auf die Daten durch einen Dritten besteht. Da § 39 keine Rechtfertigungsgrundlage darstellt, wird sich hier die Prüfung im Regelfall im § 203 StGB abspielen. Die verantwortliche Stelle wird prüfen müssen, ob die geplante Datenweitergabe ein „Offenbaren" im Sinne der Vorschrift darstellt oder ob es möglich ist, den Outsourcing- oder Cloud-Anbieter als „Gehilfe" im Sinne von § 203 Abs. 3 StGB anzusehen.

In Bezug auf digitalisierte Geheimnisse wird mit guten Gründen die Auffassung vertreten, dass bei einer bloß möglichen Kenntnisnahme aufgrund von **Wartungs- und Pflegearbeiten** an der Hard- und Software noch kein mit Papierakten vergleichbarer „Gewahrsam" begründet wird.[50] Darin liege noch keine Weitergabe an eine bestimmte, individualisierbare Person. Eine reale Kenntniserlangung durch das (externe) Wartungspersonal setzt vielmehr einen gesonderten Zugriff, für die Masse der digitalisierten Geheimnisse zudem eine zusätzliche Speicherung oder die Erstellung entsprechender Ausdrucke voraus.

46 Simitis/*Dammann*, § 39 Rn. 25; *Gola/Schomerus*, § 39 Rn. 9; *Bergmann/Möhrle/Herb*, § 39 Rn. 27.
47 BeckOK StGB/*Weidemann*, § 203 Rn. 31.
48 Bejahend unter bestimmten Umständen z.B. *Kort*, NStZ 2011, 193, 194; *Szalai/Kopf*, ZD 2012, 462, 467 f. (betreffend Mandantengeheimnisse); *Heghmanns/Niehaus*, NStZ 2008, 57, 62; dagegen z.B. *Jandt/Roßnagel/Wilke*, NSZ, 641, 645.
49 *Bergmann/Möhrle/Herb*, § 39 Rn. 29 ff.; Erfurter Kommentar/*Wank*, § 39 Rn. 6.
50 Münchner Kommentar zum StGB/*Cerniak/Pohlit*, § 203 Rn. 52.

Der Berufsgeheimnisträger genügt nach dieser Ansicht seiner Garantenstellung, wenn er dann bei betriebsnotwendigen Service- und Wartungsarbeiten Sicherheits- und Kontrollmaßnahmen gegenüber dem externen Auftragnehmer ergreift. Beispielsweise hält es die Bundesärztekammer für zulässig, dass der Arzt eine (Fern-)Wartung der EVD-Systeme vornehmen lässt, sofern das System die Möglichkeit bietet, dass er derartige Maßnahmen autorisiert und überwacht.[51]

Problematisch ist aber die Datenübermittlung im Rahmen von Outsourcing-Projekten, da hier regelmäßig die Daten an den Dienstleister zur Kenntnis übermittelt werden, weil er diese zur Erbringung der beauftragten Dienstleistung (z.B. Abrechnung) benötigt. Beispielsweise geht der *Bundesgerichtshof* in ständiger Rechtsprechung davon aus, dass die Weitergabe von dem Berufsgeheimnis unterliegenden Daten im Rahmen von Forderungsabtretungen[52] oder z.B. bei Kanzlei- oder Praxisverkauf[53] der Einwilligung des Betroffenen bedürfen. Auch die Auslagerung der Archivierung von Krankenakten wurde in der Rechtsprechung kritisch gesehen.[54]

! Bei der Übermittlung von Verkehrsdaten, welche dem Fernmeldegeheimnis gem. § 88 TKG unterliegen, gestattet § 97 Abs. 1 S. 3 TKG die Datenübermittlung an Dritte für Zwecke der Abrechnung. Hier war lange umstritten, ob dies auch eine Übermittlung der Daten im Falle des Verkaufs der Forderung an einen Dritten umfassen kann, bei welchem die Forderung dem Käufer rechtlich und wirtschaftlich endgültig zusteht (im Gegensatz zur treuhänderischen Inkassozession). Die Norm basiert auf Art. 6 Abs. 2 und 5 der EU-Richtlinie 2002/58/EG und der *Europäische Gerichtshof* hat inzwischen klargestellt, dass danach die Datenübermittlung an einen Forderungskäufer unabhängig davon zulässig ist, wie der Abtretungsvertrag rechtlich einzuordnen ist, sofern der Zessionar in Bezug auf die Verarbeitung der Daten allein auf Weisung des Diensteanbieters handelt.[55]

Nach einer inzwischen im Vordringen befindlichen Meinung können diese Fälle eventuell über den sog. Gehilfenbegriff gelöst werden. Gem. § 203 Abs. 3 S. 2 StGB stehen dem Geheimnisträger *„ihre berufsmäßig tätigen Gehilfen und die Personen gleich, die bei ihnen zur Vorbereitung auf den Beruf tätig sind"*. Aus der damit verbundenen Strafbarkeit des Gehilfen folgt nach überwiegender Ansicht die Straflosigkeit der Offenbarung von Berufs- oder Amtsgeheimnissen an den Gehilfen.[56] Maßgeblich soll dann aber sein, dass der Gehilfe in die Betriebsabläufe des Geheimnisträgers eingebunden ist und insoweit dessen Direktionsrecht unterliegt, was bei externen Dritten nicht der Fall sei.[57] Hiergegen wird von Teilen der Literatur eingewandt, dass Wortlaut und Gesetzessystematik nicht ausschließen, dass auch selbstständige Dritte unter den Gehilfenbegriff fallen.[58] Maßgeblich ist nach dieser Ansicht, dass der Auftraggeber die Steuerungsmacht und Herrschaft über die Daten behält, was im Fall der Ausgestaltung als Auftragsdatenverarbeitung im Sinne von § 11 BDSG möglich ist.

! Es empfiehlt sich bei Outsourcing-Projekten, welche dem Berufs- oder Amtsgeheimnis zugrunde liegende Daten betreffen können, folgende Vorgehensweise:

- Prüfung Ausmaß: Inwieweit sind von dem Outsourcing-Projekt Daten betroffen, welche einem Berufs- oder Amtsgeheimnis unterliegen? Umfang der Daten, Risiken für die Betroffenen?

---

51 Bekanntmachung der Bundesärztekammer, Die Empfehlungen zur ärztlichen Schweigepflicht, Datenschutz und Datenverarbeitung in der Arztpraxis, Deutsches Ärzteblatt vom 09.05.2008, S. A 1026.

52 Zuletzt BGH, Urteil v. 10.10.2013, Az. III ZR 325/12, NJW 2014, 141, 142 (m.w.N.).

53 BGH, Urteil v. 17.05.1995, Az. VIII ZR 94/94, NJW 1995, 2026.

54 OLG Düsseldorf, Urteil v. 20.08.1996, CR 1997, 536, 538.

55 EuGH, Urteil v. 22.11.2012, C-119/12, ZD 2013, 77 sowie Folgeurteil des BGH, Urteil v. 07.02.2013, Az. III 200/11, ZD 2013, 229.

56 BGH, Urteil v. 10.08.1995, Az. IX ZR 220/94, NJW 1995, 2915, 2916 und z.B. *Ehmann*, CR 1991, 293, 294; *Hoenike/Hülsunk* MMR 2004, 788.

57 Schönke-Schröder/*Lenckner/Eisele*, § 203 Rn. 64a; Münchner Kommentar/*Ciernak/Pohlit*, § 203 Rn. 123.

58 *Heghmanns/Niehaus*, NStZ 2008, 57, 61; *Hoenike/Hülsdunk*, MMR 2004, 788, 791 f.; *Lensdorf/Mayer-Wegelin/Mantz*, CR 2009, 63, 64 ff.

- Prüfung Relevanz: Ist die Verwendung der Daten im Rahmen des Outsourcing-Projektes vermeidbar, z.B. in dem die Daten von dem Projekt ausgeklammert werden oder eine Anonymisierung erfolgt?
- Prüfung Einwilligung der Betroffenen: Wäre es ein gangbarer Weg, eine Einwilligung der Betroffenen einzuholen?
- Prüfung Gehilfenstellung: Ist es möglich, das Vertragsverhältnis so auszugestalten, dass mit einer Gehilfenstellung argumentiert werden kann? D.h. Auftragsdatenverarbeitung im Sinne von § 11 BDSG mit Weisungsrechten, genauen Vorgaben zu den technischen und organisatorischen Maßnahmen, Möglichkeit der Auditierung, Reporting, Aufnahme von Kündigungsrechten und ggf. Vertragsstrafen.

§ 40 Verarbeitung und Nutzung personenbezogener Daten durch Forschungseinrichtungen

(1) Für Zwecke der wissenschaftlichen Forschung erhobene oder gespeicherte personenbezogene Daten dürfen nur für Zwecke der wissenschaftlichen Forschung verarbeitet oder genutzt werden.

(2) [1]Die personenbezogenen Daten sind zu anonymisieren, sobald dies nach dem Forschungszweck möglich ist. [2]Bis dahin sind die Merkmale gesondert zu speichern, mit denen Einzelangaben über persönliche oder sachliche Verhältnisse einer bestimmten oder bestimmbaren Person zugeordnet werden können. [3]Sie dürfen mit den Einzelangaben nur zusammengeführt werden, soweit der Forschungszweck dies erfordert.

(3) Die wissenschaftliche Forschung betreibenden Stellen dürfen personenbezogene Daten nur veröffentlichen, wenn

1. der Betroffene eingewilligt hat oder

2. dies für die Darstellung von Forschungsergebnissen über Ereignisse der Zeitgeschichte unerlässlich ist.

Literatur

Brüggen, Handbuch des Sächsischen Hochschulrechts, 2011; *Gerling*, Einwilligung und Datenweitergabe in der Forschung, DuD 2008, 733; *Metschke*, Datenschutz in Wissenschaft und Forschung, 1994; *Metschke/Wellbrock*, Datenschutz in Wissenschaft und Forschung, 3. Aufl. 2002.

Darum geht es

Welche Besonderheiten gelten beim Umgang mit personenbezogenen Daten für Forschungszwecke und/oder durch Forschungseinrichtungen, soweit ein Betroffener darin nicht wirksam eingewilligt hat?

Schlagworte

Anonymisierung; Erhebung; Forschungsergebnisse; Forschungszwecke; Speicherung; wissenschaftliche Forschung

---

A. Allgemeines

I. Ausprägung des Grundrechts der Wissenschaftsfreiheit

Wissenschaftliche Forschung wird in § 40 nicht primär bzw. allgemein als Abwehrgrundrecht gegenüber staatlichen Eingriffen in die Freiheit der Wissenschaft(ler) (Art. 5 Abs. 3 GG) adressiert, sondern die Vorschrift bezweckt vor allem eine spezielle Rechtfertigung dafür, wie im Rahmen von Forschungstätigkeiten mit *personenbezogenen Daten* (Betroffener) umzugehen ist. Das Gesetz bezweckt einen angemessenen Ausgleich zwischen Rechten (Erkenntnisinteressen) der forschenden *verantwortlichen Stellen* (§ 3 Abs. 7; § 3 Rn. 126 ff.) und dem auch hier gebotenen Schutz des Rechts auf informationelle Selbstbestimmung jedes Menschen, dessen Person oder Rechte im Fokus der Forschung stehen.[1] 1

II. Sondervorschrift für öffentliche und nicht-öffentliche Stellen

Gesetzessystematik und Wortlaut (in Überschrift und Abs. 3) der Regelung unterscheiden nicht zwischen (i.S.v. § 2) *öffentlichen* und *nicht-öffentlichen* verantwortlichen Stellen. Die Vorschrift gilt daher für beide Gruppen.[2] Das 1990 verfolgte weiterreichende Konzept einer einzigen, umfassenden Vorschrift über Verarbeitung und Nutzung personenbezogener Daten *für die wissenschaftliche Forschung* (§ 36 des Gesetzesentwurfs[3]) wurde bereits im Gesetzgebungsverfahren aufgegeben[4] und seither nicht wieder aufgegriffen. 2

III. Verhältnis zum Ersten, Zweiten und Dritten Abschnitt des BDSG

Im Bereich der wissenschaftlichen Forschung gestattet § 4a Abs. 2 Satz 1 ein Abweichen von der generell in § 4a Abs. 1 Satz 3 vorgeschriebenen Schriftform (d.h. nach § 126 BGB entweder eigenhändige Unterschrift oder qualifizierte elektronische Signatur nach § 2 Nr. 3 SigG; § 4a Rn. 55 ff.) als Voraussetzung für eine wirksame Einwilligung seitens des Betroffenen auch dann, wenn durch das Festhalten an der strikteren Form der je bestimmte Forschungszweck erheblich beeinträchtigt würde. Dann müssen jedoch die Gründe für eine solche Beeinträchtigung und muss zudem der nach § 4a Abs. 1 Satz 2 notwendige Hinweis auf den vorgesehenen Zweck der Datenerhebung, -verarbeitung oder -nutzung sowie auf die Folgen einer Verweigerung der Einwilligung schriftlich festgehalten werden (wenn hier auch nicht notwendig eigenhändig unterschrieben oder unter Einsatz einer qualifizierten elektronischen Signatur). 3

Bei der Datenverarbeitung (i.w.S.) seitens öffentlicher Stellen erlaubt § 13 Abs. 2 Nr. 8 das **Erheben** (§ 3 Abs. 3) **besonderer Arten von personenbezogenen Daten** (§ 3 Abs. 9) nicht schon dann, wenn dies zur Erfüllung von Aufgaben der verantwortlichen Stelle und in erster Linie beim Betroffenen selbst (§ 13 Abs. 1, 1a) erfolgt, sondern verlangt zusätzlich, dass dies (1) (nach Art und Ausmaß) zur Durchführung wissenschaftlicher Forschung erforderlich ist, (2) das *wissenschaftliche* Interesse an der Durchführung des Forschungsvorhabens das Interesse des Betroffenen an dem Ausschluss der Zweckänderung erheblich überwiegt[5] und (3) der Zweck der Forschung auf andere Weise nicht oder nur mit unverhältnismäßigem Aufwand erreicht werden kann (§ 13 Rn. 27). § 14 Abs. 2 Nr. 9 wiederholt die in § 13 Abs. 2 Nr. 8 normierten Vorgaben für das *Speichern*, *Verändern* (§ 3 Abs. 4 Satz 2 Nr. 1, 2) oder *Nutzen* (§ 3 Abs. 5) jeglicher personenbezogenen Daten für andere Zwecke als solchen, zu denen sie erhoben worden sind und die der Erfüllung der in der Zuständigkeit der verantwortlichen Stelle liegenden Aufgaben dienen (§ 14 Rn. 50 ff.). Handelt es sich um *sensible* Daten, so ist stattdessen weiter gehend das *öffentliche Interesse* an der Durchführung des Forschungsvorhabens maßgeblich (§ 14 Abs. 5 Satz 1 Nr. 2), dabei jedoch auch wieder das *wissenschaftliche* Interesse *besonders zu berücksichtigen* (Satz 2; § 14 Rn. 69 ff.). 4

Bei Datenverarbeitung (i.w.S.) seitens nicht-öffentlicher Stellen und *öffentlich-rechtlicher Wettbewerbsunternehmen* (§ 27 Abs. 1 Satz 1 Nr. 2; § 27 Rn. 14 ff.) gestattet § 28 Abs. 2 Nr. 3 eine *Übermittlung* (§ 3 5

1 *Brüggen*, Handbuch, Rn. 58.
2 BT-Drs. 14/4329, 46.
3 Vgl. BR-Drs. 618/88, 141 ff.
4 Synopse von ursprünglicher und geänderter Fassung in BT-Drs. 11/7235, 43 ff.
5 Vgl. OLG Hamm, RDV 1996, 189, 190 f.; *Gerling*, DuD 2008, 733, 734.

Abs. 4 Satz 2 Nr. 3) oder *Nutzung* (§ 3 Abs. 5) jeglicher personenbezogener Daten für andere Zwecke als den eigenen Geschäftszweck der verantwortlichen Stelle in leicht modifizierter Form: Abgestellt wird hier nicht nur (wieder) auf das *wissenschaftliche* Interesse, sondern zunächst speziell auf das **Interesse einer Forschungseinrichtung zur Durchführung wissenschaftlicher Forschung**. Diese Zweckbindung setzt sich beim Datenempfänger (§ 3 Abs. 8 Satz 1) fort (§ 28 Abs. 5 Satz 2). In Bezug auf besondere Arten von personenbezogenen Daten stimmt § 28 Abs. Abs. 6 Nr. 4 (bis auf die generelle Erstreckung des Tatbestands auf Erheben, *Verarbeiten* [§ 3 Abs. 4 Satz 1] und Nutzen) wörtlich mit § 13 Abs. 2 Nr. 8 überein (Rn. 4), greift also die für öffentliche Stellen geltende Berücksichtigung auch anderer (als wissenschaftlicher) *öffentlicher* Interessen (in § 14 Abs. 5 Satz 1 Nr. 2 und Satz 2) nicht auf. § 28 Abs. 6 gilt entsprechend bei der geschäftsmäßigen Datenerhebung und -speicherung zum Zwecke der Übermittlung sowohl allgemein (§ 29 Abs. 5) als auch in anonymisierter Form (§ 30 Abs. 5 i.V.m. § 3 Abs. 6) oder für Zwecke der Markt- oder Meinungsforschung (§ 30a Abs. 5).

6 Für Zwecke der Markt- oder Meinungsforschung (§ 30a Rn. 2 ff.) dürfen *sensible* Daten nur für ein bestimmtes Forschungsvorhaben erhoben, verarbeitet oder genutzt werden (§ 30a Abs. 1 Satz 2) und hat der Betroffene ein Widerspruchsrecht nach § 28 Abs. 4 (§ 28 Rn. 127 ff.). Generell dürfen jegliche personenbezogenen Daten, die nicht aus allgemein zugänglichen Quellen entnommen worden sind und die die verantwortliche Stelle auch nicht (z.B. nach § 40 Abs. 3) veröffentlichen darf, nur für das konkrete Forschungsvorhaben verwendet werden, für das sie zuvor erhoben worden sind (§ 30a Abs. 2 Satz 2). Sollen sie für einen anderen Zweck verarbeitet oder genutzt werden, muss zuvor eine Anonymisierung (§ 3 Abs. 6) erfolgen, sodass ein Personenbezug nicht mehr hergestellt werden kann (Abs. 2 Satz 3). § 30a Abs. 3 schließlich stimmt, abgesehen von leichten sprachlichen Divergenzen, inhaltlich mit § 40 Abs. 2 völlig überein.

IV. Spezialgesetzliche Regelungen

1. Nationaler und europäischer Rahmen

7 Auch und gerade für (oft im Sinne von § 3 Abs. 9 *sensible*) Forschungsdaten gilt der Vorrang bereichsspezifischer Regelungen vor dem (allgemeinen) BDSG (§ 1 Abs. 3 Satz 1). Zudem gilt hier ebenfalls, dass gesetzliche oder sonstige Geheimhaltungspflichten *unberührt* (§ 1 Abs. 3 Satz 2) bleiben, d.h. einzuhalten sind; hierzu zählen vor allem die durch § 203 StGB geschützten *Privatgeheimnisse* und das *Sozialgeheimnis* nach § 35 SGB I i.V.m. § 67 Abs. 1 SGB X. Der Gegenstand von Forschung (und damit die hierbei gewonnenen Informationen und Erkenntnisse) wird durch rechtliche Vorgaben nur recht allgemein abgesteckt (Rn. 14 f.); § 40 bezieht sich aber gerade nicht schon auf diesbezügliche Daten-*Erhebung* (§ 3 Abs. 3), sondern erst auf daran anschließende Formen des Umgangs mit personenbezogenen Daten (Rn. 21 ff.), dann freilich aus grundsätzlich jedem beforschten Bereich.

8 Der geltende EU-Rechtsrahmen ermöglicht den Mitgliedstaaten einerseits die *Verarbeitung* von *personenbezogenen Daten* (Art. 2 lits. a], b] RL 95/46/EG) zu *wissenschaftlichen Zwecken* unter einigen speziellen Voraussetzungen (Art. 6 Abs. 1 lits. b], e], 11 Abs. 2; ferner Art. 8 Abs. 3 und Erwägungsgründe 34, 40), jedoch müssen dann Garantien zum Schutz der Grundrechte und der Privatsphäre gegeben sein. Das Ministerkomitee des Europarats hat bereits 1983 eine Empfehlung zum Umgang mit personenbezogenen Daten für wissenschaftliche und statistische Zwecke ausgesprochen[6] und diese 1997 speziell für statistische Zwecke aktualisiert;[7] im selben Jahr wurde auch die Neufassung einer „recommendation" über den Schutz medizinischer Daten verabschiedet.[8]

9 Der Entwurf einer EU-Datenschutzverordnung[9] enthält (neben darauf Bezug nehmenden Regelungen in Art. 5 lit. e], 6 Abs. 2, 9 Abs. 2 lit. i]) eine besondere Bestimmung (Art. 83) über Datenverarbeitung zum Zwecke der wissenschaftlichen Forschung und zu historischen oder statistischen Zwecken; gem. Erwägungsgrund 126 werden davon Grundlagen-, angewandte und privat finanzierte Forschung erfasst. Än-

6 R (83) 10, abgedruckt bei *Metschke*, Datenschutz, 101 ff.
7 R (97) 18 vom 30.09.1997.
8 R (97) 5 vom 13.02.1997.
9 KOM (2012) 11 endg. vom 25.01.2012, BR-Drs. 52/12.

derungsvorschläge des Rats stellen die Einschränkung auf Forschungs- statt allgemeiner auf wissenschaftliche Zwecke zur Diskussion und erweitern dementsprechend auch die Zweckbindung bei der Weiterverarbeitung (Art. 5 lit. b])[10]. Bereits die Europaratskonvention Nr. 108 (1981)[11] sah ebenfalls die Berücksichtigung von Besonderheiten für Zwecke der Statistik oder der wissenschaftlichen Forschung vor (Art. 9 Abs. 3); die geplante Neufassung[12] knüpft daran an (Art. 9 Abs. 2) und gestattet dies weiterhin nur, soweit offenkundig kein Risiko für Rechte und Freiheiten der Betroffenen bestehen.

2. Wichtige bereichsspezifische Bestimmungen

a) Bundesrecht

Für Sozialdaten enthält im Rahmen der Krankenversicherung (§§ 284 ff. SGB V[13]) § 287 SGB V eine Ermächtigung an Krankenkassen und Kassenärztliche Vereinigungen in Bezug auf zeitlich befristete und im Umfang begrenzte Forschungsvorhaben. Soweit sie für *bestimmte Vorhaben der wissenschaftlichen Forschung im Sozialleistungsbereich* erforderlich ist, lässt § 75 (Abs. 1 Satz 1 Nr. 1) SGB X[14] eine *Übermittlung* (§ 67 Abs. 6 Nr. 3 SGB X) von Sozialdaten auch an nicht-öffentliche Stellen zu, wenn schutzwürdige Interessen des Betroffenen nicht beeinträchtigt werden oder das öffentliche Interesse an der Forschung dessen Geheimhaltungsinteressen erheblich überwiegt; in der Regel muss hier eine Einwilligung des Betroffenen (§ 75 Abs. 1 Satz 2 i.V.m. § 67b Abs. 2, 3 SGB X) eingeholt werden. Inhaltlich ähnlich sind die Vorgaben für das Personenstandsregister (§ 66 PStG[15]) und nach § 5 Abs. 1 BArchG[16], strikter hingegen nach § 32 StUG[17] und auch bei Einschränkungen des Statistikgeheimnisses nach § 16 Abs. 6–10 BStatG[18] (bzw. entsprechenden landesrechtlichen Regeln, etwa § 19 Abs. 5–9 SächsStatG[19]). 10

§ 476 StPO[20] regelt die Übermittlung personenbezogener Daten in Akten an *Hochschulen* und *andere Einrichtungen, die wissenschaftliche Forschung betreiben*, für bestimmte Forschungsvorhaben; im Strafvollzug gilt die Vorschrift entsprechend (§ 188 StVollzG[21]), und eine im Wortlaut fast identische Vorschrift gilt für Auskünfte aus dem Bundeszentralregister (§ 42a BZRG[22]), aus Fahrzeugregistern (§ 38 StVG[23]) und dem Gewerbezentralregister (§ 150b GewO[24]). 11

10 2012/0011 (COD) vom 22.06.2012 (11326/12).
11 „Zum Schutz des Menschen bei der automatisierten Verarbeitung personenbezogener Daten" vom 28.01.1981, http://conventions.coe.int/treaty/ger/treaties/html/108.htm.
12 T-PD-BUR(2012)01Rev2_en vom 27.04.2012.
13 Sozialgesetzbuch Fünftes Buch – Gesetzliche Krankenversicherung – vom 20.12.1988 (BGBl. I, 2477), zuletzt geändert durch Art. 1 des Gesetzes vom 22.12.2013 (BGBl. I, 4382).
14 Zehntes Buch Sozialgesetzbuch – Sozialverwaltungsverfahren und Sozialdatenschutz – i.d.F. der Bek. v. 18.01.2011 (BGBl. I, 130), zuletzt geändert durch Art. 6 des Gesetzes vom 25.07.2013 (BGBl. I, 2749).
15 Personenstandsgesetz vom 19.02.2007 (BGBl. I, 122), zuletzt geändert durch Art. 3 des Gesetzes vom 28.08.2013 (BGBl. I, 3458).
16 Gesetz über die Sicherung und Nutzung von Archivgut des Bundes (Bundesarchivgesetz) vom 06.01.1988 (BGBl. I, 62), zuletzt geändert durch Art. 4 des Gesetzes vom 07.08.2013 (BGBl. I, 3154).
17 Gesetz über die Unterlagen des Staatssicherheitsdienstes der ehemaligen Deutschen Demokratischen Republik (Stasi-Unterlagengesetz) i.d.F. der Bek. vom 18.02.2007 (BGBl. I, 162), zuletzt geändert durch Art. 4 des Gesetzes vom 07.08.2013 (BGBl. I, 3154).
18 Gesetz über die Statistik für Bundeszwecke (Bundesstatistikgesetz) vom 22.01.1987 (BGBl. I 462, 565), zuletzt geändert durch Art. 13 des Gesetzes vom 25.07.2013 (BGBl. I, 2749).
19 Sächsisches Statistikgesetz (SächsStatG) vom 17.05.1993 (SächsGVBl. 453), zuletzt geändert durch Gesetz vom 06.06.2002 (SächsGVBl. 168).
20 Strafprozessordnung i.d.F. der Bek. vom 07.04.1987 (BGBl. I, 1074), zuletzt geändert durch Art. 5 des Gesetzes vom 10.10.2013 (BGBl. I, 3799).
21 Gesetz über den Vollzug der Freiheitsstrafe und der freiheitsentziehenden Maßregeln der Besserung und Sicherung (Strafvollzugsgesetz) vom 16.03.1976 (BGBl. I, 581), zuletzt geändert durch Art. 7 des Gesetzes vom 25.04.2013 (BGBl. I, 935).
22 Gesetz über das Zentralregister und das Erziehungsregister (Bundeszentralregistergesetz) i.d.F. der Bek. vom 21.09.1984 (BGBl. I, 1229), zuletzt geändert durch Art. 1 des Gesetzes vom 06.09.2013 (BGBl. I, 3556).
23 Straßenverkehrsgesetz i.d.F. der Bek. vom 05.03.2003 (BGBl. I, 310), zuletzt geändert durch Art. 1 des Gesetzes vom 28.08.2013 (BGBl. I, 3313).
24 Gewerbeordnung i.d.F. vom 22.02.1999 (BGBl. I, 202), zuletzt geändert durch Art. 2 des Gesetzes vom 06.09.2013 (BGBl. I, 3556).

b) Landesrecht

12 Spezielle Bestimmungen zu Datenschutz bei wissenschaftlichen Forschungsvorhaben finden sich vor allem im Hinblick auf *Patientendaten* (definiert z.B. in § 33 Abs. 1 Sätze 2, 3 SächsKHG[25]) in Landes-Krankenhausgesetzen, auch über den Hochschulbereich hinaus (§ 34 SächsHKG; Art. 27 BayKHG[26], § 46 Abs. 1 Nr. 2a LKHG BW[27]). *Personenbezogenes Archivgut* (§ 10 Abs. 1 Satz 3 SächsArchivG[28]) beinhaltet nur dann auch personenbezogene Daten i.S. des Datenschutzrechts, wenn ausnahmsweise, vor allem bei verkürzten Schutzfristen, der Betroffene noch lebt; eine Benutzung ohne dessen Einwilligung kann dann durch öffentliche Interessen an einem bestimmten Forschungsvorhaben gerechtfertigt sein (§ 10 Abs. 4 SächsArchG). Landes-Hochschulgesetze hingegen (wie z.B. § 14 SächsHSFG[29]) befassen sich mit dem Umgang mit Daten von Mitgliedern und Angehörigen durch die jeweilige Einrichtung allgemein und gerade nicht zu Forschungszwecken.[30] Derartige spezifische Regelungen (etwa § 36 SächsDSG[31], § 35 LDSG BW[32], Art. 23 BayDSchG[33]) sind meist Gegenstand der allgemeinen Landesdatenschutzgesetze und gleichen inhaltlich (weithin) § 40. Im Hinblick auf die Datenverarbeitung durch öffentliche Stellen des jeweiligen Landes (einschließlich der Kommunen) gehen sie (gerade auch im Hinblick auf öffentliche Hochschulen) den Vorschriften des BDSG vor (siehe § 1 Abs. 2 Nr. 2).

B. Inhalt der Regelung

I. Grundlagen

1. Wissenschaftliche Forschung als komplexer Prozess

13 § 40 betrifft (in Abs. 1 und 2) ausschließlich eine durch den der *Erhebung* (§ 3 Abs. 3) oder *Speicherung* (§ 3 Abs. 4 Satz 2 Nr. 1) zugrunde liegenden Zweck abgegrenzte Gruppe personenbezogener Daten, nicht notwendig nur solche *besonderer Art* (i.S.v. § 3 Abs. 9) und unterwirft diese *Forschungsdaten* einer dauerhaften, spezifischen Zweckbindung. Die (ursprüngliche) Zweckbestimmung legt dabei der jeweilige Forscher fest; dessen Motivation, neue wissenschaftliche Erkenntnisse zu erlangen, wird nicht dadurch verdrängt, dass Forschungsergebnisse auch kommerziell verwertet werden (können oder sollen). Bei Auftrags- oder Drittmittelforschung muss (nur) sichergestellt sein, dass das jeweilige Thema unbeeinflusst und unabhängig bearbeitet werden kann. Da das Grundrecht der Freiheit der Forschung nicht nur *Fragestellung* und *Grundsätze der Methodik* umfasst, sondern auch *Verbreitung und Bewertung* der Resultate (siehe § 4 Satz 2 SächsHSFG), geht es bei Art und Ausmaß des Persönlichkeitsschutzes davon *Betroffener* (auch) um die korrekte gesetzliche Bestimmung und Ausgestaltung von Schranken der Wissenschaftsfreiheit (Rn. 15).

14 Wissenschaftlich ist (unabhängig von ihrer Finanzierung aus öffentlichen Haushalten und/oder privaten Mitteln) jede Forschung, die durch Einsatz rational-objektivierbarer, nicht zwingend (bereits) allgemein anerkannter Methoden der Suche nach *Wahrheit* verpflichtet ist.[34] Ob bei diesem Streben wirklich (völlig) neue Erkenntnisse (für die Allgemeinheit) gewonnen werden, ist für die Abgrenzung nicht ausschlagge-

25 Gesetz zur Neuordnung des Krankenhauswesens (Sächsisches Krankenhausgesetz) vom 19.08.1993 (SächsGVBl. 675), zuletzt geändert durch Art. 50 des Gesetzes vom 27.01.2012 (SächsGVBl. 130).

26 Bayerisches Krankenhausgesetz. i.d.F. der Bek. vom 28.03.2007 (BayGVBl. 288), zuletzt geändert durch § 3 des Gesetzes vom 30.03.2012 (BayGVBl. 122).

27 Landeskrankenhausgesetz Baden-Württemberg i.d.F. der Bek. vom 29.11.2007 (GBl. BW 2008, 13).

28 Archivgesetz für den Freistaat Sachsen vom 17.05.1993 (SächsGVBl. 449), zuletzt geändert durch Art. 2 des Gesetzes vom 05.05.2004 (SächsGVBl. 148).

29 Gesetz über die Freiheit der Hochschulen im Freistaat Sachsen (Sächsisches Hochschulfreiheitsgesetz) i.d.F. der Bek. vom 15.01.2013 (SächsGVBl. 3).

30 Vgl. *Brüggen*, Handbuch, Rn. 265.

31 Gesetz zum Schutz der informationellen Selbstbestimmung im Freistaat Sachsen (Sächsisches Datenschutzgesetz) vom 25.08.2003 (SächsGVBl. 330), zuletzt geändert durch Gesetz vom 14.07.2011 (SächsGVBl. 270).

32 Gesetz zum Schutz personenbezogener Daten (Landesdatenschutzgesetz) i.d.F. vom 18.09.2000 (GBl. BW 648), zuletzt geändert durch Gesetz vom 07.02.2011 (GBl. BW 43).

33 Bayerisches Datenschutzgesetz vom 23.07.1993 (BayGVBl. 498), zuletzt geändert durch Gesetz vom 20.07.2011 (BayGVBl. 307).

34 Grundlegend BVerfGE 35, 79, 112 f.; *Brüggen*, Handbuch, Rn. 55, 59.

bend. Grundlagen- wie anwendungsorientierte Forschung erfolgt schon angesichts des dafür notwendigen finanziellen Aufwands kaum noch durch einzelne Wissenschaftler bzw. im „stillen Kämmerlein“, sondern in Teams und/oder in Einrichtungen, d.h. in einem Verbund mehrerer Personen (oft auch an mehreren Orten bzw. verschiedenen Arbeitsplätzen und *vernetzt*).

2. Zwecke wissenschaftlicher Forschung

Unbeschadet der Vorgaben durch äußere, vor allem technische und ökonomische Rahmenbedingungen erfolgt die Festlegung der Zwecke wissenschaftlicher Forschung letztlich autonom durch den – gerade aus diesem Grunde – wissenschaftlich Tätigen. Auch bei *Auftragsforschung* skizziert der Auftraggeber nur mehr oder weniger konkrete Forschungsthemen, dem Wissenschaftler selbst bleibt auch hier die Entscheidung überlassen, welchen Weg er einschlagen sollte, um die ihm gestellte(n) Frage(n) methodisch korrekt und so umfassend, genau und pünktlich wie möglich zu beantworten. Im Hinblick auf die vorbehaltlose Gewährleistung der Wissenschaftsfreiheit durch Art. 5 Abs. 3 Satz 1 GG gelten hierfür nicht die Schranken der *allgemeinen* Gesetze (i.S.v. Art. 5 Abs. 2 GG), sondern dürfen lediglich die (in der Regel durch förmliches Gesetz konkretisierten) verfassungsimmanenten Grenzen auch dieses Grundrechts nicht überschritten werden, wie sie sich vor allem aus kollidierenden Grundrechten anderer Personen (insbesondere Leben und Gesundheit, Art. 2 Abs. 2 Satz 1; Menschenwürde, Art. 1 Abs. 1), ferner aus Staatszielen (wie z.B. Tierschutz, Art. 20a GG) ergeben können. 15

3. Forschungseinrichtungen und Forschung betreibende Stellen

a) Verantwortliche Stellen

Der Bezug auf **Forschungseinrichtungen** findet sich lediglich in der Überschrift zu § 40; allein Abs. 3 richtet sich direkt an *Forschung betreibende Stellen*. Zwischen beiden Begriffen besteht kein Gegensatz; beide Male geht es um die Kennzeichnung der gleichen, hier je *verantwortlichen Stellen* i.S.v. § 3 Abs. 7 (Rn. 1); Forschungsprojekte Einzelner werden im Unterschied zum insoweit weiter reichenden Landesrecht (Rn. 12) hiervon nicht erfasst. Im Hinblick auf die Veröffentlichung wird allerdings eine ganz konkrete *Stelle* in die Pflicht genommen, weil *Forschungseinrichtungen* meist arbeitsteilig organisiert sind. Nicht alle dort tätigen Personen sind, auch wenn sie Vollzeit und dauerhaft beschäftigt sind, direkt in wissenschaftliche Erkenntnisprozesse involviert. Wirken Akteure dabei eher vorbereitend, unterstützend bzw. nicht im Kern mit, trifft auf diese das Merkmal *betreiben* nicht zu und greifen für sie also auch Vorschriften für eine Veröffentlichungspraxis nicht ein. 16

! Wenn und soweit sonstiges Personal in Forschungseinrichtungen berechtigt oder auch unbefugt Zugang zu oder Zugriff auf Forschungsdaten hat, muss die verantwortliche Stelle sowohl alle nötigen Maßnahmen nach § 9 treffen als auch – um zu verhindern, dass sie zivil- oder gar strafrechtliche Sanktionen treffen – Regeln aufstellen, wer in welcher Weise zu welchem Umgang mit Forschungsdaten befugt ist.

b) Keine Unterscheidung zwischen öffentlichen und nicht-öffentlichen Stellen

Wissenschaftliche Forschung ist nicht auf Private bzw. Unternehmen beschränkt, sondern wird legitimerweise auch im öffentlichen Sektor bzw. in und durch öffentlich-rechtliche Organisationen (wie vor allem staatliche Hochschulen) betrieben und diesen auch explizit als Aufgabe zugewiesen (z. B. § 2 Abs. 1 i.V.m. § 4 HRG[35]; § 5 Abs. 1, 2 SächsHSFG[36]). Speziell in Bezug auf öffentliche Stellen der Länder (§ 2 Abs. 2; § 2 Rn. 17) ergibt sich jedoch aus § 1 Abs. 2, dass hier regelmäßig (inhaltlich weithin ähnliches) bereichsspezifisches oder allgemeines Landesdatenschutzrecht zur Anwendung kommt (etwa § 36 SächsDSG; Rn. 12). Bei nicht-öffentlichen Stellen ist der Anwendungsbereich nach § 1 Abs. 2 Nr. 3 und § 27 eingeschränkt. 17

35 Hochschulrahmengesetz i.d.F. der Bek. vom 19.01.1999 (BGBl. I 1999, 18), zuletzt geändert durch Art. 2 des Gesetzes vom 12.04.2007 (BGBl. I 506).
36 Vgl. *Brüggen*, Handbuch, Rn. 64, 70.

4. Forschungsdaten

18 Vor allem in den Human-, Sozial- und Geisteswissenschaften werden (nicht nur, aber primär bei empirischen Studien) eine Vielzahl unterschiedlicher Einzelangaben über persönliche oder sachliche Verhältnisse bestimmter oder bestimmbarer (lebender) Menschen (i.S.v. § 3 Abs. 1) erhoben und gespeichert. Dass dabei durchaus den Grundsätzen der Datenvermeidung und -sparsamkeit (§ 3a) so früh und so weit wie möglich Rechnung zu tragen ist, etwa durch entsprechende Gestaltung von Fragebögen, und zudem im Laufe des Fortschreitens einer Analyse, nicht zuletzt vor einer Publikation, oft Anonymisierungen erfolgen (müssen, § 40 Abs. 2 Satz 1), verringert zwar die Gefährdung für Persönlichkeitsrechte von Betroffenen, hebt sie aber weder stets noch vollständig auf.

19 Auch letztlich alle Arten von *sensiblen* Daten i.S.v. § 3 Abs. 9 können den Gegenstand wissenschaftlicher Forschung prägen bzw. im Zuge von Forschungsprojekten erhoben und gespeichert werden (müssen). Insoweit trifft § 40 allerdings keine Sonderregeln; vielmehr ist hier maßgeblich die Unterscheidung von (stets personenbezogenen) *Forschungs*- und anderen, nur forschungsrelevanten Daten (ohne Personenbezug), die aus dem Anwendungsbereich des BDSG gänzlich herausfallen.

II. Zweckbindungen und Beschränkungen bei Verarbeitung und Nutzung von Forschungsdaten

1. Keine Sonderregelung zur Datenerhebung

20 Die Erhebung allgemeiner oder *sensibler* personenbezogener Daten gerade für *Forschungszwecke* (Rn. 15) wird in § 40 nicht speziell geregelt. Ihre Zulässigkeit ergibt sich – wenn und soweit keine wirksame Einwilligung des Betroffenen vorliegt – im Hinblick auf verantwortliche öffentliche Stellen (des Bundes) aus § 13, bei nicht-öffentlichen Stellen aus §§ 28 ff. (Rn. 5 f.). Für öffentliche Stellen der Länder gelten teils auch insoweit spezielle Vorschriften (z. B. § 35 Abs. 1 Sätze 1, 2 LDSG BW; § 23 Abs. 1 i.V.m. § 3 Abs. 2 Satz 1 SächsDSG).

2. Durchgängige Ausrichtung am Forschungszweck

21 Die Zweckbindung für wissenschaftliche Forschung gilt für den gesamten Zeitraum der *Verwendung* personenbezogener Forschungsdaten (nach deren Erhebung); Abs. 1–3 erfassen jede *Verarbeitung* (§ 3 Abs. 4) oder *Nutzung* (§ 3 Abs. 5), unterscheiden allerdings noch weiter bei Art und Ausmaß der hierfür normierten Vorgaben, insbesondere im Hinblick auf eine Veröffentlichung als (Sonder-)Form der *Nutzung* (§ 3 Rn. 74, 99).

3. Verarbeitungsbeschränkungen

a) Allgemein

22 Wurden personenbezogene Daten (rechtmäßig) für Zwecke wissenschaftlicher Forschung erhoben, so gestattet § 40 Abs. 1 auch den weiteren Umgang mit diesen Daten für den/die (ursprünglichen) Zweck/e. Eine Verwendung für andere Zwecke (seien es ebenfalls solche der Forschung oder sonstige) ist (ohne die wirksame Einwilligung des/der Betroffenen) nur zulässig, wenn dafür eine bereichsspezifische oder eine allgemeine Ermächtigung zu der je beabsichtigten Form der Verarbeitung oder Nutzung besteht (also gem. §§ 14 ff. bzw. §§ 28 ff.).

b) (Weitere) Speicherungen

23 Sollen rechtmäßig (i.S.v. § 3 Abs. 4 Satz 2 Nr. 1) *gespeicherte* Forschungsdaten im Rahmen des ursprünglichen (Erhebungs-)Zwecks weiter*verarbeitet* oder *genutzt* werden (Rn. 21), schreibt § 40 Abs. 2 Satz 2 im Sinne von Datenvermeidung und -sparsamkeit (§ 3a Rn. 5 ff.) hierfür vor, dass zunächst, also schon bevor eine Anonymisierung (Rn. 6, 18) zu erfolgen hat, eine Trennung der personenbezogenen Daten von weiteren Daten stattfinden muss; jene müssen gesondert von diesen (zwischen-)gespeichert werden. Die Pflicht (der verantwortlichen Stelle) zur Teilung von forschungsrelevanten Daten in zwei Gruppen endet zu dem in § 40 Abs. 2 Satz 1 nur allgemein bezeichneten Zeitpunkt, zu dem der Personenbezug weg-

fällt. Im Hinblick auf den Beginn der Verpflichtung ist ebenfalls der Grundsatz aus § 3a maßgeblich: Soweit also nicht bereits bei der Datenerhebung eine Trennung vorgenommen wird bzw. werden kann, muss diese spätestens vor der anschließenden Speicherung durchgeführt werden. Das Trennungsgebot wird freilich relativiert durch die (wissenschaftlich gebotene und von daher legitimierte) Zusammenführungsbefugnis nach § 40 Abs. 2 Satz 3 (Rn. 24).

! Anonymisierung wie Pseudonymisierung kann über mehrere, miteinander verbundene Listen erfolgen (Link-File-System). Die Verbindungsliste (Link) muss dann getrennt und hinreichend gesichert aufbewahrt werden, damit eine Re-Identifizierung nur in den gesetzlich vorgesehenen Ausnahmefällen erfolgen kann.

c) Veränderungen

Jede *Veränderung* (i.S.v. § 3 Abs. 4 Satz 2 Nr. 2) zuvor oder gleichzeitig gespeicherter Forschungsdaten muss nicht nur die ursprüngliche Zweckbindung beachten (§ 40 Abs. 1 Rn. 21), sondern sie ist sogar – in Form einer *Anonymisierung* (Rn. 6, 18) – auch rechtlich geboten, sobald der (spezifische) Forschungszweck dies fordert (§ 40 Abs. 2 Satz 1); dazu gehören auch allgemeine methodische Grundsätze wie systematische Ordnung und Klassifizierung. Wird dabei der Personenbezug aufgehoben, endet zugleich der Anwendungsbereich des Datenschutzrechts. Keine *Veränderung* ist jedoch die (durch § 40 Abs. 2 Satz 2) gebotene Trennung von personenbezogenen und anderen forschungsrelevanten Daten, da hierbei kein *inhaltliches* Umgestalten vorliegt. Dasselbe gilt für ein (rein formales) Zusammenführen bislang voneinander getrennter Daten (§ 40 Abs. 2 Satz 3). Beide Sätze regeln vielmehr (gebotene oder zulässige) Arten der Daten-*Nutzung*, wenn und solange bei solchen Handlungen jeweils auch personenbezogene Daten einbezogen sind. 24

d) Übermittlungen, Weitergaben, Veröffentlichungen

Verarbeitungsbeschränkungen beziehen sich im Rahmen von § 40 Abs. 1 auch auf die beiden in § 3 Abs. 4 Satz 2 Nr. 3 normierten Formen von *Übermittlungen* von Forschungsdaten an *Dritte* (§ 3 Abs. 8 Satz 2). Auch hierbei wird aber nur die Weitergabe an einzelne (dritte) Empfänger erfasst; eine Veröffentlichung von (personenbezogenen) Daten, die der Allgemeinheit gegenüber erfolgt (und sich insofern von der Mitteilung an eine geschlossene Adressatengruppe unterscheidet), ist hingegen als *Nutzung* (§ 3 Abs. 5) einzuordnen, für die vorrangig Abs. 3 eingreift. 25

Für eine Übermittlung an andere als öffentliche (d.h. an nicht-öffentliche) Stellen wurde Abs. 2 bei der Novellierung 2001 als redundant gestrichen, weil die Bindungen aus Abs. 1 und 3 ohnehin für beide Arten von Stellen gelten und daher eine Erklärung des Datenempfängers, diese Vorschriften einzuhalten, nur deklaratorisch sei.[37] Im Landesdatenschutzrecht finden sich aber ähnliche Regelungen weiterhin (z. B. Art. 36 Abs. 5 SächsDSG, § 33 Abs. 4 HessDSG[38], Art. 23 Abs. 2 BayDSG), weil die dortigen Forschungsklauseln nur öffentliche Stellen (des jeweiligen Landes) erfassen. 26

Für Auftragsverarbeitungen (§ 11 Rn. 27 ff.) von Forschungsdaten gelten (auch) die allgemeinen Bestimmungen des § 11. Ohne Bedeutung ist dabei auch, ob und wie weit es sich um Drittmittelforschung (i.S.v. §§ 25, 26 HRG; § 46 SächsHSFG) handelt; das je *in der Forschung tätige Hochschulmitglied* agiert auch hierbei im Rahmen seiner dienstlichen Aufgaben; der vom Mittelgeber bestimmte Zweck und die mit diesem vereinbarten/von diesem gestellten Bedingungen müssen den gesetzlichen Rahmen einhalten. 27

§ 40 Abs. 3 BDSG erlaubt *Forschung betreibenden Stellen* (Rn. 16 f.) Veröffentlichungen (in jeglicher schriftlicher wie elektronischer Form) nur unter der Voraussetzung, dass entweder der Betroffene zuvor wirksam – nicht zwingend, aber aus Nachweisgründen möglichst schriftlich (§ 4a Abs. 2 i.V.m. Abs. 1 Satz 3; § 4a Rn. 88 ff.) – eingewilligt hat oder die Publikation auch von personenbezogenen Daten für die Darstellung von Forschungsergebnissen über Ereignisse der Zeitgeschichte *unerlässlich*, also nicht nur aus 28

37 BT-Drs. 14/4329, 46.
38 Hessisches Datenschutzgesetz i.d.F. vom 07.01.1999 (HessGVBl. I 98), zuletzt geändert durch Gesetz vom 20.05.2011 (HessGVBl. I 208).

Sicht des Forschers von Interesse oder Wichtigkeit ist. Im Hinblick auf *Bildnisse* deckt sich dies sachlich mit der Konzeption der §§ 22, 23 KUG. Regelmäßig dürfen daher Forschungsergebnisse – für die das Hochschulrecht eine Veröffentlichung in geeigneter Weise fordert (z.B. § 47 Satz 2 SächsHSFG[39]) – nur in anonymisierter Form publiziert werden; dies gilt gleichermaßen im Falle von Veröffentlichungspflichten nach Archivrecht (wie sie bei Vereinbarkeit mit dem Forschungszweck normiert sind, z.B. gem. § 10 Abs. 4 Satz 2 Hs. 2 SächsArchivG; Rn. 12).

Beispiel

Informationen über Politiker und andere Prominente als (meist) absoluten Personen der Zeitgeschichte sind vor allem bei historischen oder politikwissenschaftlichen Forschungsprojekten eher unbedenklich; die Zulässigkeit der Veröffentlichung betrifft jedoch nicht jedes (auch private) Verhalten und auch nicht Daten von Familienmitgliedern, Freunden etc. solcher Personen.

e) Sperren, Löschen

29 *Sperren* und *Löschen* personenbezogener Daten sind ebenfalls Fälle der *Verarbeitung* (§ 3 Abs. 4 Satz 2 Nr. 4, 5). Diesbezügliche Pflichten *verantwortlicher Stellen* (§ 20 bzw. § 35) erfassen daher auch Forschungsdaten. Gesperrte Daten dürfen jedoch ohne Einwilligung des *Betroffenen* sowohl an Dritte *übermittelt* als auch (von der verantwortlichen Stelle oder auch den Empfängern) *genutzt* werden, wenn dies zu wissenschaftlichen Zwecken – nicht notwendig den ursprünglichen Forschungszwecken – *unerlässlich* ist und die Übermittlung oder Nutzung unabhängig von der Sperrung zulässig wäre (§ 20 Abs. 7, § 35 Abs. 8).

4. Nutzungsbeschränkungen

30 Außer den Regelungen zur Veröffentlichung von Forschungsergebnissen (§ 40 Abs. 3 Rn. 28) sowie zur Trennung und Zusammenführung forschungsrelevanter Daten (§ 40 Abs. 2 Sätze 2, 3 Rn. 24) gilt für andere *Nutzungen* von Forschungsdaten (nur) die allgemeine Bindung an den ursprünglichen Zweck der Datenerhebung (§ 40 Abs. 1 Rn. 21).

5. Rechte des Betroffenen

31 Die nach § 6 Abs. 1 (durch Vertrag) nicht abdingbaren Rechte des Betroffenen auf Auskunft (§ 19 bzw. § 34) und auf Berichtigung, Sperrung oder Löschung (§ 20 bzw. § 35) gelten auch im Rahmen von § 40.

III. Sanktionen

32 Ein vorsätzlicher oder fahrlässiger Verstoß gegen § 40 Abs. 1 oder § 40 Abs. 2 Satz 3 kann mit einem Bußgeld (in der Regel) bis zu 300.000 € geahndet werden (§ 43 Abs. 3 Satz 1, Hs. 2): § 43 Abs. 2 Nr. 5 betrifft das Nutzen übermittelter Daten für andere Zwecke entgegen § 16 Abs. 4 Satz 1 § 28 Abs. 5 Satz 1, „auch in Verbindung mit … § 40 Abs. 1", § 43 Abs. 2 Nr. 6 den Fall, dass entgegen § 40 Abs. 2 Satz 3 ein dort genanntes Merkmal mit einer Einzelangabe zusammengeführt wird. Liegen die weiteren Voraussetzungen des § 44 vor, droht dem Täter, dem innerhalb der verantwortlichen Stelle der Verstoß zur Last zu legen ist, sogar eine Freiheits- oder Geldstrafe. Weder straf- noch bußgeldbewehrt sind aber schuldhafte Verstöße gegen § 40 Abs. 2 Sätze 1 oder 2 oder Abs. 3.

39 Vgl. (ohne expliziten Bezug zum Datenschutz) *Brüggen*, Handbuch, Rn. 594, 598.

§ 41 Erhebung, Verarbeitung und Nutzung personenbezogener Daten durch die Medien

(1) Die Länder haben in ihrer Gesetzgebung vorzusehen, dass für die Erhebung, Verarbeitung und Nutzung personenbezogener Daten von Unternehmen und Hilfsunternehmen der Presse ausschließlich zu eigenen journalistisch-redaktionellen oder literarischen Zwecken den Vorschriften der §§ 5, 9 und 38a entsprechende Regelungen einschließlich einer hierauf bezogenen Haftungsregelung entsprechend § 7 zur Anwendung kommen.

(2) Führt die journalistisch-redaktionelle Erhebung, Verarbeitung oder Nutzung personenbezogener Daten durch die Deutsche Welle zur Veröffentlichung von Gegendarstellungen des Betroffenen, so sind diese Gegendarstellungen zu den gespeicherten Daten zu nehmen und für dieselbe Zeitdauer aufzubewahren wie die Daten selbst.

(3) [1]Wird jemand durch eine Berichterstattung der Deutschen Welle in seinem Persönlichkeitsrecht beeinträchtigt, so kann er Auskunft über die der Berichterstattung zugrunde liegenden, zu seiner Person gespeicherten Daten verlangen. [2]Die Auskunft kann nach Abwägung der schutzwürdigen Interessen der Beteiligten verweigert werden, soweit

1. **aus den Daten auf Personen, die bei der Vorbereitung, Herstellung oder Verbreitung von Rundfunksendungen berufsmäßig journalistisch mitwirken oder mitgewirkt haben, geschlossen werden kann,**
2. **aus den Daten auf die Person des Einsenders oder des Gewährsträgers von Beiträgen, Unterlagen und Mitteilungen für den redaktionellen Teil geschlossen werden kann,**
3. **durch die Mitteilung der recherchierten oder sonst erlangten Daten die journalistische Aufgabe der Deutschen Welle durch Ausforschung des Informationsbestandes beeinträchtigt würde.**

[3]Der Betroffene kann die Berichtigung unrichtiger Daten verlangen.

(4) [1]Im Übrigen gelten für die Deutsche Welle von den Vorschriften dieses Gesetzes die §§ 5, 7, 9 und 38a. [2]Anstelle der §§ 24 bis 26 gilt § 42, auch soweit es sich um Verwaltungsangelegenheiten handelt.

Literatur

Caspar, Datenschutz im Verlagswesen: Zwischen Kommunikationsfreiheit und informationeller Selbstbestimmung, NVwZ 2010, 1451 ff.; *Kloepfer*, Pressefreiheit statt Datenschutz? – Datenschutz statt Pressefreiheit?, AfP 2000, 511 ff.; *Kloepfer*, Datenschutz in Redaktionen, AfP 2005, 118 ff.; *Münch*, Der Schutz der Privatsphäre in der Spruchpraxis des Deutschen Presserats, AfP 2002, 18 ff.; *Ory*, Recherche, redaktionelle Daten und Datenschutz, AfP 2012, 109 ff.; *Schweda*, Grenzen des Medienprivilegs, MMR-Aktuell 2011, 316238 ff.; *Spindler*, Datenschutz- und Persönlichkeitsrechte im Internet – der Rahmen für Forschungsaufgaben und Reformbedarf, GRUR 2013, 996 ff.; *Thomale*, Die Datenverarbeitung zu journalistisch-redaktionellen Zwecken durch Telemedien, AfP 2009, 105 ff.; *Wandtke* (Hrsg.) Medienrecht Praxishandbuch Band 4: Rundfunk- und Presserecht.

▶ **Darum geht es**

§ 41 befreit den redaktionellen Bereich der Presse zum Großteil von den Vorschriften des BDSG.

▶ **Schlagworte**

Medienprivileg; Redaktioneller Datenschutz; Journalistisch-redaktionelle oder literarische Zwecke; Deutscher Presserat, Pressekodex

▶ **Weitere relevante Vorschriften**

§ 57 RStV bei Telemedien der Presse; Landesmediengesetze der Bundesländer

---

A. Allgemeines

I. Regelungszweck

1 Das in § 41 Abs. 1 geregelte **Medienprivileg** befreit den redaktionellen Bereich der Presse von den Pflichten des größten Teils der Vorschriften des BDSG. Das Medienprivileg ist Ausfluss der in Art. 5 Abs. 1 Satz 2 GG verankerten Medienfreiheit, weshalb es zumindest missverständlich ist, von einer „Privilegierung" zu sprechen, da § 41 verfassungsrechtliche Vorgaben erfüllt und nicht auf einem gesetzgeberischen Ermessen beruht.[1] Ohne die Erhebung, Verarbeitung und Nutzung personenbezogener Daten auch ohne Einwilligung der jeweils Betroffenen wäre journalistische Arbeit nicht möglich.[2]

2 § 41 Abs. 1 trifft nur rahmengesetzliche Vorgaben und verweist auf die Gesetzgebung der Länder. Diese haben den Wortlaut des § 41 Abs. 1 fast gleichlautend in ihren Pressegesetzen übernommen.[3]

Der weitgehende Verzicht auf eine gesetzliche Regelung des redaktionellen Datenschutzes ging einher mit der Schaffung einer freiwilligen Selbstkontrolle, die durch den Deutschen Presserat ausgeübt wird.

§ 41 Abs. 2 bis 4 enthalten Sonderregelungen für die **Deutsche Welle**.

II. Ausblick auf die Novellierung des Europäischen Datenschutzrechts

3 Das Medienprivileg ist in Art. 80 EU-Datenschutz-VO geregelt. Art. 80 EU-Datenschutz-VO in der aktuellen Entwurfsfassung beruht auf Art. 9 der Richtlinie 95/46/EG sowie der hierzu ergangenen Rechtsprechung des EuGH.[4] Die Mitgliedsstaaten sind danach verpflichtet, für die Verarbeitung personenbezogener Daten, die allein zu journalistischen, künstlerischen oder literarischen Zwecken erfolgt, in Abwägung mit dem Schutz der Privatsphäre Ausnahmen und Einschränkungen für den Datenschutz vorzusehen. Eine direkte Aufnahme der Ausnahmen für die Datenverarbeitung zu journalistischen Zwecken und damit auch deren unmittelbare Anwendung sieht Art. 80 EU-Datenschutz-VO in seiner jetzigen Fassung nicht vor. Gravierende Änderungen durch die EU-Datenschutz-VO sind für die Praxis jedoch nicht zu erwarten.

B. Inhalt der Regelung

I. Umfang des Medienprivilegs, § 41 Abs. 1

4 Die Presse ist auf die Erhebung, Verarbeitung und Nutzung personenbezogener Daten zur Erfüllung ihrer publizistischen Zwecke angewiesen, weshalb eine Einschränkung der datenschutzrechtlichen Bestimmungen erforderlich ist. So wäre z.B. investigativer Journalismus stark behindert, wenn die Verarbeitung

1 Vgl. *Ory*, AfP 2012, 109 ff.
2 So BGH v. 01.02.2011, Az. VI ZR 345/09, NJW 2011, 2295; grundlegend zum Medienprivileg: *Kloepfer*, AfP 2000, 511 ff.
3 Baden-Württemberg: § 12 LPresseG; Bayern: § 10a BayPrG; Berlin: § 22a BlnPrG; Brandenburg: § 16a BbgPG; Bremen: § 5 PrG; Hamburg: § 11a PrG; Hessen: § 11a PressG; Mecklenburg-Vorpommern: § 18a LPrG M-V; Niedersachsen: § 19 LPresseG; Rheinland-Pfalz: § 12 LMG; Sachsen: § 11a SächPG; Schleswig-Holstein: § 11a LPrG; Thüringen: § 11a TPG. Hamburg: §11a HbgPrG bestimmt, dass die Vorschriften der § 41 Abs. 3 und 4 Satz 1 (Auskunftsanspruch) zusätzlich gelten, sofern ein Unternehmen nicht der Selbstregulierung des Deutschen Presserats unterliegt.
4 EuGH v. 16.12.2008, Az. C-73/07, EuZW 2009, 108 ff.

und Veröffentlichung personenbezogener Informationen nur mit Zustimmung des Betroffenen möglich wäre.[5]

Das Medienprivileg umfasst die Datenverarbeitung **ohne Einwilligung bzw. gesetzliche Genehmigung** (§ 4), der Betroffene muss weder über die Speicherung seiner Daten **in Kenntnis gesetzt werden**, (§ 33) noch besteht ein Anspruch auf **(präventive) Auskunft** (§ 34). Es besteht kein Anspruch auf **Löschung** oder **Sperrung** (§ 35 Abs. 2 und 3). Schließlich besteht keine Verpflichtung zur Bestellung eines **betrieblichen Datenschutzbeauftragten** (§ 4f), die staatlichen **Aufsichtsbehörden** sind für die Datenverarbeitung im Rahmen des Medienprivilegs nicht zuständig (§ 38). Wobei sich diese Ausnahmen ausschließlich auf die journalistisch-redaktionelle Tätigkeit beziehen, weshalb Medienunternehmen in der Regel dennoch einen Datenschutzbeauftragten unter Beachtung der weiteren Unternehmensabteilungen[6] benötigen und hier auch der staatlichen Aufsicht unterliegen. 5

Von dem Medienprivileg ausgenommen sind die Vorschriften zum **Datengeheimnis** (§ 5), die Verpflichtung zur Einhaltung der **technischen und organisatorischen Maßnahmen** (§ 9) sowie die Verpflichtung zum **Schadensersatz** gegenüber Betroffenen (§ 7) im Falle einer Verletzung der §§ 5 und 9. Die in § 38a vorgesehene Aufstellung von Verhaltensregeln zur Förderung der Durchführung von datenschutzrechtlichen Regelungen durch Berufsverbände oder andere Vereinigungen wurde durch die Regelungen des Deutschen Presserats zum Datenschutz in Redaktionen erfüllt. 6

II. Unternehmen und Hilfsunternehmen der Presse, § 41 Abs. 1

Unter § 41 Abs. 1 fallen vor allem Zeitungs-, Zeitschriften- und Buchverlage. Hilfsunternehmen der Presse im Sinne des § 41 Abs. 1 sind Betriebe, deren ständige Geschäftstätigkeit der Unterstützung der Redaktionen dienen, somit hauptsächlich Nachrichten- und Presseagenturen. 7

Entscheidend für die Qualifizierung als Presseunternehmen ist die Art der Herstellung und Anfertigung der Druckwerke, somit nicht Inhalt und Qualität (formeller Pressebegriff).[7] 8

Gefordert wird jedoch eine **eigenständige und abgetrennte Organisationseinheit**. Presseabteilungen, Vereine oder sonstige Unternehmen, die Kunden-, Mitglieder- oder sonstige Druckerzeugnisse erstellen, können somit das Medienprivileg nur in Anspruch nehmen, sofern die redaktionelle Betreuung durch ein eigenständiges Redaktionsteam erfolgt.[8]

Der Begriff der Presse ist nach Auffassung des EuGH[9] weit auszulegen. Daraus folgt, dass nicht nur Medienunternehmen erfasst werden, sondern jeder, der journalistisch tätig ist.[10] Somit unterfallen auch **selbstständige Journalisten** dem Medienprivileg, die über keine eigenständigen redaktionellen Strukturen verfügen. 9

Rundfunk und Telemedien der Presse sind von § 41 nicht umfasst. Für diese Medien, die zweifellos die Pressefreiheit aus Art. 5 Abs. 1 GG in Anspruch nehmen können, gelten jedoch zum Teil wesensgleiche Bestimmungen (siehe **C II**). 10

III. Journalistisch-redaktionelle oder literarische Zwecke, § 41 Abs. 1

Unter den Schutzbereich des § 41 Abs. 1 fallen nur Daten, die **ausschließlich für eigene journalistisch-redaktionelle oder literarische Zwecke** erhoben und verarbeitet werden. Die Verarbeitung von Daten z.B. in den Bereichen Anzeigen-, Personal- und Abonnementverwaltung unterfällt somit nicht der Privilegierung des § 41 Abs. 1. 11

Umstritten und in der Abgrenzung schwierig gestaltet sich die Frage, welchen journalistisch-redaktionellen Schöpfungsgrad die Veröffentlichung im Gegensatz zur reinen Übermittlung von Daten erreichen 12

5 Vgl. EuGH, Schlussantrag der Generalanwältin v. 08.05.2008, C-73/07, BeckRS 2008, 70547.
6 Z.B. Anzeigen-, Personal- und Abonnementverwaltung.
7 OLG Saarbrücken v. 28.04.1980, Az. Ss (B) 33/80, NJW 1981, 136.
8 Simitis/*Walz*, § 41 Rn. 11.
9 EuGH, Schlussantrag der Generalanwältin v. 08.05.2008, C-73/07, BeckRS 2008, 70547, Rn. 56.
10 EuGH, Schlussantrag der Generalanwältin v. 08.05.2008, C-73/07, BeckRS 2008, 70547, Rn. 58; Simitis/*Walz*, § 41 Rn. 11.

muss. Reine **Adress- und Telefonverzeichnisse** sowie unverändert übernommene **amtliche Mitteilungen** können das Medienprivileg nicht in Anspruch nehmen.[11] Für **Anzeigenblätter** wird zum Teil das nennenswerte Vorliegen redaktioneller Inhalte gefordert,[12] während die redaktionelle Tätigkeit zum Teil bereits in der Strukturierung der Anzeigen angenommen wird.[13] In Bezug auf ein **Online-Bewertungsforum** hat der BGH[14] das Erfordernis einer meinungsbildenden Wirkung für die Allgemeinheit als prägenden Bestandteil des Angebots herausgestellt und die Erfassung von Lehrerbewertungen von Schülern nebst Bildung eines Notendurchschnitts durch den Portalbetreiber nicht als journalistisch-redaktionelle Bearbeitung angesehen.[15]

13 Fraglich ist auch die Behandlung von redaktionellen Abrechnungsdaten (z.B. Honorarabrechnungen, Daten freier Journalisten etc.). In diesen Fällen ist zu überprüfen, ob ein unmittelbarer, untrennbarer Bezug zu einer journalistischen (Recherche-)Tätigkeit vorliegt,[16] weshalb z.B. Daten, die den Informantenschutz sowie die journalistische Aufgabe des Presseunternehmens gefährden, regelmäßig dem Medienprivileg unterliegen.[17]

14 Ebenfalls in das Medienprivileg einbezogen ist die **literarische Zweckbestimmung** zur ausschließlichen Verwendung für Belletristik und Sachliteratur.

IV. Deutsche Welle: Gegendarstellung, Auskunft, Medienprivileg § 41 Abs. 2 bis 4

15 Für die Deutsche Welle als öffentliche Stelle des Bundes ergibt sich das Medienprivileg aus § 41 Abs. 4, wonach – vergleichbar § 41 Abs. 1 – die Bestimmungen des BDSG mit Ausnahme der §§ 5 (Datengeheimnis), § 7 (Schadensersatz), § 9 (Datensicherung) und § 38 und 38a (Verhaltensregeln) keine Anwendung finden.

16 In Bezug auf veröffentlichte Gegendarstellungen bestimmt § 41 Abs. 2, dass diese zu den gespeicherten Daten zu nehmen und für dieselbe Zeitdauer aufzubewahren sind wie die Ursprungsmitteilung. Die materielle Anspruchsgrundlage zur Durchsetzung von Gegendarstellungen selbst findet sich demgegenüber in § 18 Deutsche-Welle-Gesetz (DWG).

17 Zusätzlich gewährt § 41 Abs. 3 Betroffenen ein Auskunftsrecht. Diese Auskunft ist nur zu erteilen, sofern der Anspruchsteller in seinem Persönlichkeitsrecht verletzt ist. Zur Sicherung des durch die Pressefreiheit gewährleisteten Informantenschutzes besteht ein Auskunftsverweigerungsrecht, wenn aus den Daten auf den Informanten geschlossen werden kann. Des Weiteren darf die Deutsche Welle Auskünfte verweigern, sofern die Beeinträchtigung ihrer journalistischen Aufgaben das Informationsinteresse des Betroffenen überwiegt.

V. Selbstkontrolle der Presse

18 Die Überwachung des Redaktionsdatenschutzes erfolgt in **freiwilliger Selbstregulierung durch den deutschen Presserat.**[18] Der Deutsche Presserat ist neben der Überwachung journalistisch-redaktioneller Inhalte seit dem Jahr 2001 für den Redaktionsdatenschutz in Printmedien zuständig. Seit dem 01.01.2009 erstreckt sich die Zuständigkeit auch auf Telemedien mit journalistisch-redaktionellem Inhalt. Für den Redaktionsdatenschutz wurde ein eigener Beschwerdeausschuss eingerichtet. Dieser stützt sich

---

11 Taeger/Gabel/*Westphal*, § 41 Rn. 25; Simitis/*Walz*, § 41 Rn. 10, 13.
12 Z.B. Ratgeber und Servicemitteilungen, vgl. Simitis/*Walz*, § 41 Rn. 13.
13 So zutreffend *Gola/Schomerus*, § 41 Rn. 10.
14 BGH v. 23.06.2009, Az. VI ZR 196/08, ZUM 2009, 753 ff, „spickmich.de".
15 Hierzu kritisch: *Ory*, AfP 2012, 109 ff.; *Spindler*, GRUR 2013, 996, der die Anwendbarkeit der klassischen Grenzlinie „journalistisch-redaktionell" bearbeiteter Inhalte bezweifelt und eine extensive Anwendbarkeit des Medienprivilegs z.B. auch für Blog-Angebote erwägt.
16 Umstritten, vgl. *Gola/Schomerus*, § 41 Rn. 11.
17 Vergleichbar dem Auskunftsverweigerungsrecht der Deutschen Welle § 41 Abs. 3 Satz 1 Nr. 1–3.
18 Mitglieder des Trägervereins des Dt. Presserats sind: Bundesverband Deutscher Zeitungsverleger (BDZV), Verband Deutscher Zeitschriftenverleger (VDZ), der Deutsche Journalisten-Verband (DJV) und die Deutsche Journalistinnen- und Journalisten-Union (dju) in ver.di.

bei seinen Entscheidungen auf die „Publizistischen Grundsätze (**Pressekodex**)" sowie die „Richtlinien über die publizistische Arbeit nach Empfehlungen des Deutschen Presserats". Einzelheiten des Beschwerdeverfahrens sind in der „Beschwerdeordnung" des Deutschen Presserats bestimmt.

Der Pressekodex enthält u.a. Bestimmungen über die Sperrung und Löschung kodexwidrig erhobener Daten (Richtlinie 4.3) sowie mit § 41 Abs. 2 und 3 fast wortgleich übereinstimmende Regelungen zur Zuspeicherung von Gegendarstellungen und Rügen des Presserats (Richtlinie 3.2) und Auskunft (Richtlinie 8.8). Ein Verstoß gegen den Pressekodex kann zu einem Hinweis, einer Missbilligung, einer nicht-öffentlichen bzw. öffentlichen Rüge führen. Im Falle einer öffentlichen Rüge besteht für diejenigen Presseunternehmen, die eine Selbstverpflichtungserklärung abgegeben haben, die Verpflichtung, diese in der betreffenden Zeitschrift bzw. dem entsprechenden Telemedium zu veröffentlichen. 19

! Der Pressekodex nebst Richtlinien sowie die Beschwerdeordnung stehen auf der Webseite des Presserats zum Download bereit (www.presserat.info).

C. Anwendungsempfehlung/weitere praktische Hinweise

Für **Telemedien** von Unternehmen und Hilfsunternehmen der Presse ist das Medienprivileg in § 57 Abs. 1 Rundfunkstaatsvertrag (RStV) geregelt, und zwar fast wortgleich zu § 41 Abs. 1.[19] Zusätzlich bestehen gemäß § 57 Abs. 2 und 3 RStV Auskunftsansprüche sowie die Verpflichtung zur Zuspeicherung von Gegendarstellungen, Unterlassungserklärungen oder Widerrufen zu den gespeicherten Daten in fast wortgleicher Übernahme der für die Deutsche Welle geltenden Verpflichtungen gemäß § 41 Abs. 2 und 3. Das Auskunftsrecht ist jedoch nur anwendbar, wenn sich das Presseunternehmen nicht der freiwilligen Selbstkontrolle beim Deutschen Presserat angeschlossen hat (§ 57 Abs. 2 Satz 4 RStV). 20

Im Bereich des **Rundfunks** zeigt sich unter Beachtung der Ländergesetzgebung ein uneinheitliches Bild. Beim privaten Rundfunk wird meist auf die Datenschutzbestimmungen des Rundfunkstaatsvertrags (RStV) und zusätzlich auf die Bestimmungen des BDSG verwiesen.[20] § 47 RStV bestimmt die Anwendung der Vorschriften zum Datenschutz des Telemediengesetzes (TMG) (§ 47 Abs. 1 RStV) und gewährt den Betroffenen ein Auskunftsrecht (§ 47 Abs. 2 RStV), das sich stark an § 41 Abs. 3 anlehnt. Für den Bereich des öffentlich-rechtlichen Rundfunks bestätigen die Landesdatenschutzgesetze[21] häufig die Geltung des Medienprivilegs, wobei die Kontrollbefugnis des privaten und öffentlichen Rundfunks meist dem Landesdatenschutzbeauftragten entzogen und einem gesondert zu bestellenden Datenschutzbeauftragten übertragen wurde.[22] 21

Der Deutsche Presserat dokumentiert und analysiert seine Spruchpraxis in zweijährlich erscheinenden Berichten. Des Weiteren hat der Deutsche Presserat einen ausführlichen Leitfaden zum Datenschutz in Redaktionen erstellt. Alle Dokumente werden online zur Verfügung gestellt (www.presserat.info). Die Webseite bietet auch die Möglichkeit, Beschwerden online einzureichen. 22

Obwohl die Spruchpraxis des Deutschen Presserats[23] zunimmt und an Bedeutung gewinnt, wird die Abwägung zwischen dem Schutz der Privatsphäre durch Beachtung des Rechts auf informationelle Selbstbestimmung einerseits und dem Recht der Freiheit der Meinungsäußerung hauptsächlich vor Zivilgerichten im äußerungsrechtlichen Bereich unter Anwendung der §§ 823 Abs. 1, 1004 Abs. 1 BGB analog 23

---

19 Vgl. ausführlich *Thomale*, AfP 2009, 105 ff.

20 Bayern: Art. 20 BayMG; Baden-Württemberg: § 38 LDSG; Baden-Württemberg: § 49 LMedienG; Berlin-Brandenburg: § 38 RBB-Staatsvertrag; Bremen: § 36 BremDSG; Hamburg: § 37 Abs. 3 Medienstaatsvertrag HSH; Hessen: § 61 HPRG, § 37 HDSG; Niedersachsen: Verweise auf das Niedersächsische Datenschutzgesetz, § 54 Abs. 1 NMedienG; Nordrhein-Westfalen: § 46 Abs. 1 LMBG; Saarland: § 11 SMG; Sachsen: § 44 SächsPRG, § 45 SächsPRG; Sachsen-Anhalt: § 11 MedienG; Thüringen: § 57 Abs. 1 ThürLMG, § 29 ThürDSG.

21 So z.B. Bayern: Art. 20 Abs. 3 BayMG; Berlin: § 31 Abs. 1 BlnDSG; Berlin-Brandenburg: § 38, RBB-StV; Nordrhein-Westfalen: § 49 Abs. 1 LMBG; Saarland: § 11 Abs. 6; Thüringen: § 28 Abs. 1 ThürDSG; Rheinland-Pfalz: § 37 Abs. 1 LDSG.

22 Vgl. hierzu kritisch: *Gola/Schomerus*, § 41 Rn. 19 m.w.N.

23 Vgl. hierzu kritisch: *Kloepfer*, AfP 2005, 118 ff.; *Münch*, AfP 2002, 18 ff.

i.V.m. Art. 1 Abs. 1, Art. 2 Abs. 1 GG geführt. Dies gilt insbesondere in Bezug auf die Rechtsprechung zur identifizierenden Berichterstattung, die ein besonderes Interesse der Öffentlichkeit speziell an der Namensnennung voraussetzt,[24] zur namentlichen Nennung von Straftätern unter Beachtung des Resozialisierungsinteresses[25] zur Löschungsverpflichtung von Online-Archivbetreibern in Bezug auf persönlichkeitsbeeinträchtigende, zeitlich zurückliegende Beiträge[26] sowie zur zulässigen Bewertung namentlich genannter Lehrkräfte in einem Onlineportal[27]. Gegenstand dieser Rechtsprechung ist in allen Fällen die Frage des Vorliegens von Unterlassungsansprüchen aufgrund der Veröffentlichung von Daten im Rahmen einer Berichterstattung unabhängig davon, ob diese selbst dem Medienprivileg unterliegen.[28]

24 Vgl. BGH v. 21.11.2006, Az. VI ZR 259/05, GRUR 2007, 350 m.w.N. zur zulässigen Namensnennung eines Klinik-Geschäftsführers aufgrund seiner herausragenden Position, OLG München v. 07.10.2002, Az. 21 W 2385/02, NJW-RR 2003, 111, zur zulässigen, identifizierbaren Namensnennung eines Rechtsanwalts (Hans-Dieter G.), zur identifizierenden Berichterstattung ausführlich *Boksanyi* in Wandtke (Hrsg.), Medienrecht-Praxishandbuch, Band 4 Rn. 159 ff.

25 Vgl. BVerfG v. 05.06.1973, Az. 1 BvR 536/72, NJW 1973, 1226, das Resozialisierungsinteresse wurde bei einer identifizierenden Berichterstattung nach oder in zeitlicher Nähe der Entlassung aus dem Strafvollzug bejaht.

26 Das Persönlichkeitsinteresse hat hinter dem Informationsinteresse und dem Recht auf freie Meinungsäußerung zurückzutreten: Vgl. BGH v. 22.02.2011, Az. VI ZR 114/09, ZUM 2011, 647; BGH v. 13.11.2012, Az. VI ZR 330/11; ausführlich zu digitalen Pressearchiven: Campus, NVwZ 2010, 1451.

27 Vgl. Rn. 14.

28 Zutreffend weist *Ory* auf die Unterscheidung zwischen dem Recht der Informationsbeschaffung und dem Recht der Veröffentlichung hin: AfP 2012, 109 ff.

§ 42 Datenschutzbeauftragter der Deutschen Welle

(1) [1]Die Deutsche Welle bestellt einen Beauftragten für den Datenschutz, der an die Stelle des Bundesbeauftragten für den Datenschutz und die Informationsfreiheit tritt. [2]Die Bestellung erfolgt auf Vorschlag des Intendanten durch den Verwaltungsrat für die Dauer von vier Jahren, wobei Wiederbestellungen zulässig sind. [3]Das Amt eines Beauftragten für den Datenschutz kann neben anderen Aufgaben innerhalb der Rundfunkanstalt wahrgenommen werden.

(2) [1]Der Beauftragte für den Datenschutz kontrolliert die Einhaltung der Vorschriften dieses Gesetzes sowie anderer Vorschriften über den Datenschutz. [2]Er ist in Ausübung dieses Amtes unabhängig und nur dem Gesetz unterworfen. [3]Im Übrigen untersteht er der Dienst- und Rechtsaufsicht des Verwaltungsrates.

(3) Jedermann kann sich entsprechend § 21 Satz 1 an den Beauftragten für den Datenschutz wenden.

(4) [1]Der Beauftragte für den Datenschutz erstattet den Organen der Deutschen Welle alle zwei Jahre, erstmals zum 1. Januar 1994 einen Tätigkeitsbericht. [2]Er erstattet darüber hinaus besondere Berichte auf Beschluss eines Organes der Deutschen Welle. [3]Die Tätigkeitsberichte übermittelt der Beauftragte auch an den Bundesbeauftragten für den Datenschutz und die Informationsfreiheit.

(5) [1]Weitere Regelungen entsprechend den §§ 23 bis 26 trifft die Deutsche Welle für ihren Bereich. [2]Die §§ 4f und 4g bleiben unberührt.

Darum geht es

§ 42 BDSG enthält Sondervorschriften für die Deutsche Welle.

A. Allgemeines

§ 42 befasst sich mit der internen Datenschutzkontrolle der Deutschen Welle. Diese bestellt einen eigenen Datenschutzbeauftragten, der an die Stelle des Bundesbeauftragten für den Datenschutz tritt. Es findet somit eine interne Datenschutzkontrolle statt, wobei der Datenschutzbeauftragte als unabhängige Kontrollinstanz tätig wird.[1] **1**

Der Datenschutzbeauftragte kontrolliert mit Ausnahme derjenigen Daten, die unter das Medienprivileg gemäß § 41 Abs. 1 fallen, die Verarbeitung aller sonstigen personenbezogenen Daten (§ 42 Abs. 2). Gemäß § 42 Abs. 3 i.V.m. § 21 S. 1 kann sich jedermann, der sich durch die Erhebung, Verarbeitung oder Nutzung seiner personenbezogenen Daten verletzt fühlt, an den Datenschutzbeauftragten wenden. Der Datenschutzbeauftragte erstattet dem Rundfunkrat, dem Verwaltungsrat sowie dem Intendanten als Organen der Deutschen Welle alle zwei Jahre einen Tätigkeitsbericht, der auch an den Bundesbeauftragten für den Datenschutz weiterzuleiten ist.

Für den privaten und öffentlich-rechtlichen Rundfunk der Länder haben die Landesgesetzgeber zum Großteil ähnliche Regelungen geschaffen (vgl. § 41 Rn. 21), indem sie die Datenschutzkontrolle einem gesondert zu bestimmenden Datenschutzbeauftragten übertragen haben.

---

1 Vgl. Simitis/*Westphal*, § 42 Rn. 2, *Gola/Schomerus*, § 42 Rn. 2 ff.

§ 42a Informationspflicht bei unrechtmäßiger Kenntniserlangung von Daten

[1]Stellt eine nichtöffentliche Stelle im Sinne des § 2 Absatz 4 oder eine öffentliche Stelle nach § 27 Absatz 1 Satz 1 Nummer 2 fest, dass bei ihr gespeicherte

1. **besondere Arten personenbezogener Daten (§ 3 Absatz 9),**
2. **personenbezogene Daten, die einem Berufsgeheimnis unterliegen,**
3. **personenbezogene Daten, die sich auf strafbare Handlungen oder Ordnungswidrigkeiten oder den Verdacht strafbarer Handlungen oder Ordnungswidrigkeiten beziehen, oder**
4. **personenbezogene Daten zu Bank- oder Kreditkartenkonten**

unrechtmäßig übermittelt oder auf sonstige Weise Dritten unrechtmäßig zur Kenntnis gelangt sind, und drohen schwerwiegende Beeinträchtigungen für die Rechte oder schutzwürdigen Interessen der Betroffenen, hat sie dies nach den Sätzen 2 bis 5 unverzüglich der zuständigen Aufsichtsbehörde sowie den Betroffenen mitzuteilen. [2]Die Benachrichtigung des Betroffenen muss unverzüglich erfolgen, sobald angemessene Maßnahmen zur Sicherung der Daten ergriffen worden oder nicht unverzüglich erfolgt sind und die Strafverfolgung nicht mehr gefährdet wird. [3]Die Benachrichtigung der Betroffenen muss eine Darlegung der Art der unrechtmäßigen Kenntniserlangung und Empfehlungen für Maßnahmen zur Minderung möglicher nachteiliger Folgen enthalten. [4]Die Benachrichtigung der zuständigen Aufsichtsbehörde muss zusätzlich eine Darlegung möglicher nachteiliger Folgen der unrechtmäßigen Kenntniserlangung und der von der Stelle daraufhin ergriffenen Maßnahmen enthalten. [5]Soweit die Benachrichtigung der Betroffenen einen unverhältnismäßigen Aufwand erfordern würde, insbesondere aufgrund der Vielzahl der betroffenen Fälle, tritt an ihre Stelle die Information der Öffentlichkeit durch Anzeigen, die mindestens eine halbe Seite umfassen, in mindestens zwei bundesweit erscheinenden Tageszeitungen oder durch eine andere, in ihrer Wirksamkeit hinsichtlich der Information der Betroffenen gleich geeignete Maßnahme. [6]Eine Benachrichtigung, die der Benachrichtigungspflichtige erteilt hat, darf in einem Strafverfahren oder in einem Verfahren nach dem Gesetz über Ordnungswidrigkeiten gegen ihn oder einen in § 52 Absatz 1 der Strafprozessordnung bezeichneten Angehörigen des Benachrichtigungspflichtigen nur mit Zustimmung des Benachrichtigungspflichtigen verwendet werden.

Literatur

Berliner Datenschutzbeauftragter, FAQs zur Informationspflicht bei unrechtmäßiger Kenntniserlangung von Daten nach § 42a BDSG; *BITKOM*, Handlungsempfehlungen „Informationspflichten bei schweren Datenschutzverstößen"; *Dorn*, Informationspflicht bei Datenschutzpannen, DSB 7+8/2011, 16 ff.; *Duisberg/Picot*, Rechtsfolgen von Pannen in der Datensicherheit, CR 2009, 23 ff.; *Eckhardt/Schmitz*, Informationspflicht bei „Datenschutzpannen", DuD 2010, 390 ff.; *Ehmann*, Die Mitteilungspflicht bei Datenschutzverstößen, Datenschutz-PRAXIS 04/2013 S. 12 f.; *Ehmann*, Die neue Informationspflicht bei Datenschutzverstößen, Datenschutz-PRAXIS 12/2009, 14 ff.; *Ehmann/Schonschek*, Verschlüsseln gegen den Imageschaden, Datenschutz-PRAXIS 11/2011, 1; *Ernst*, Datenverlust und die Pflicht zur Öffentlichkeit, DuD 2010, 472 ff.; *Gabel*, Informationspflicht bei unrechtmäßiger Kenntniserlangung von Daten, BB 2009, 2045 ff.; *Gliss*, Datenabfluss und Datenschutzpannen: Veröffentlichungspflicht nach § 42a BDSG, DSB 12/2009, 11 ff.; *Gola*, Informationen über Datenschutzpannen auch gegenüber Arbeitnehmern, CuA 2010, 33 f.; *Hanloser*, Security Breach Notification: Neue Informationspflichten bei Datenpannen, DSB 11/2011, 11 ff.; *Hornung*, Informationen über „Datenpannen" – Neue Pflichten für datenverarbeitende Unternehmen, NJW 2010, 1841; *Koch*, Datenpannen müssen öffentlich gemacht werden – § 42a BDSG, DSB 9/2009, 9 ff.; *Lambertz*, Wer muss wann bei einer Datenpanne informiert werden?, Datenschutz-PRAXIS 10/2010, 6 ff.; Bericht der Bundesregierung an den Deutschen Bundestag über die Auswirkungen der §§ 30a und 42a BDSG, Drucksache 17/12319; *Ehmann*, Die Mitteilungspflicht bei Datenschutzverstößen, Datenschutz-PRAXIS 04/2013 S. 12 f.

Darum geht es

Die Vorschrift legt fest, unter welchen Voraussetzungen eine verantwortliche Stelle die Aufsichtsbehörde und den Betroffenen informieren muss, wenn ein Dritter von personenbezogenen Daten unrechtmäßig Kenntnis erlangt.

Schlagworte

Wann kann man annehmen, dass die Daten einem Dritten zur Kenntnis gelangt sind?; Die verpflichteten Stellen; Die Adressaten und Inhalte der Benachrichtigungen; Verwendungsverbot; Die Information der Öffentlichkeit; Konsequenzen bei Verstößen; Vorbeugende Maßnahmen; Notfallmanagement

Weitere gesetzliche Informationsverpflichtungen

§ 15a Telemediengesetz; § 93 Abs. 3 und § 109a Telekommunikationsgesetz; § 83a Sozialgesetzbuch X

Der zwischenzeitlich aufgegebene Entwurf eines Gesetzes zur Regelung des Beschäftigungsdatenschutzes vom 15.10.2010 sah für diesen Bereich eine Spezialnorm für eine Unterrichtungspflicht des Arbeitgebers vor.[1]

A. Allgemeines

I. Regelungszweck

1 Mit dem am 01.09.2009 in Kraft getretenen § 42a wird bei schwerwiegenden Datenschutzverstößen erstmals eine Pflicht bestimmter verantwortlicher Stellen zur Selbstanzeige gegenüber der Datenschutzaufsichtsbehörde und den Betroffenen eingeführt. Die Vorschrift knüpft an die im Recht der Vereinigten Staaten von Amerika vorgesehenen „Breach Notification"[2] an und beruht auf einem Vorschlag der Kommission der Europäischen Gemeinschaften aus dem Jahr 2002.

2 Mit diesen Informationen soll mehr Transparenz für den Betroffenen erreicht werden. Er soll über das Schicksal seiner Daten Bescheid wissen, um ggf. selbst entsprechende Schutzmaßnahmen ergreifen oder

1 § 32j BDSG-E, BT-Drs. 17/4230.
2 „Breach Notification" = Benachrichtigung von einem Verstoß; vgl. im Einzelnen Simitis/*Dix*, § 42a Rn. 1.

gegen die verantwortliche Stelle vorgehen zu können. Der Datenschutzaufsichtsbehörde wird Gelegenheit gegeben, Hilfestellung und Beratung für die verantwortliche Stelle wie für den Betroffenen insbesondere zur Schadensverhinderung zu leisten sowie angemessene Reaktionen zu prüfen.

3 Schließlich verfolgt der Gesetzgeber mit dem Damoklesschwert der Selbstanzeige einen präventiven Zweck. Neben den bei Datenschutzverstößen möglichen Maßnahmen der Aufsichtsbehörden sowie den darüber hinaus drohenden Geldbußen und Strafen soll gerade die image- und geschäftsschädigende Verpflichtung zur Information für die verantwortlichen Stellen Anlass dazu sein, mehr für den Datenschutz und die Datensicherheit zu tun. Die Erfahrungen der Aufsichtsbehörden zeigen, dass dieses Warnsignal in der Praxis angekommen ist.[3]

4 Die Bundesregierung hat dem Deutschen Bundestag gemäß § 48 Satz 1 Nr. 1 über die Auswirkungen des § 42a zum 31.12.2012 berichtet (Drucksache 17/12319).

II. Ausblick auf die Novellierung des Europäischen Datenschutzrechts

5 Nach den Art. 31 und 32 des derzeit vorliegenden Vorschlags für eine „EU-Datenschutz-Grundverordnung"[4] werden die Verpflichtungen der für die Verarbeitung Verantwortlichen zur Benachrichtigung der Aufsichtsbehörde und des Betroffenen gegenüber § 42a erweitert. Der Anlass für eine Benachrichtigung soll eine „Verletzung des Schutzes personenbezogener Daten" sein. Es handelt sich dabei um eine Verletzung der Sicherheit, die zur Vernichtung, zum Verlust oder zur Veränderung, ob unbeabsichtigt oder widerrechtlich, oder zur unbefugten Weitergabe von beziehungsweise zum unbefugten Zugang zu personenbezogenen Daten führt, die übermittelt, gespeichert oder auf sonstige Weise verarbeitet wurden (Art. 4 Abs. 9). Die Vorschriften beziehen sich ohne Unterschied auf alle personenbezogenen Daten und regeln die Benachrichtigungen detaillierter als dies in § 42a der Fall ist.

B. Inhalt der Regelung

I. Die Voraussetzungen der Informationsverpflichtungen (Satz 1)

1. Es geht um folgende personenbezogene Daten

6 Die Regelungen des § 42a beziehen sich gemäß Satz 1 ausschließlich auf folgende Daten:

1. Besondere Arten personenbezogener Daten (§ 3 Abs. 9)
2. Personenbezogene Daten, die einem Berufsgeheimnis unterliegen, z. B. bei einem Arzt, Rechtsanwalt oder Steuerberater
3. Personenbezogene Daten, die sich auf strafbare Handlungen oder Ordnungswidrigkeiten oder den Verdacht strafbarer Handlungen oder Ordnungswidrigkeiten beziehen
4. Personenbezogene Daten zu Bank und Kreditkartenkonten

Im Unterschied zu diesem Katalog beziehen sich die vor A. aufgeführten vergleichbaren Vorschriften außerhalb des BDSG jeweils auf einen eigenen Katalog von personenbezogenen Daten.

2. Die Daten sind unrechtmäßig zur Kenntnis gelangt

a) Unzulässige Übermittlung der Daten

7 Jede Übermittlung der unter 1. genannten personenbezogenen Daten, für die weder eine wirksame Einwilligung des Betroffenen gemäß § 4a noch eine rechtfertigende Rechtsvorschrift vorliegt (§ 4 Abs. 1), fällt in den Anwendungsbereich des § 42a.

Es gehören alle in § 3 Abs. 4 Nr. 3 beschriebenen Spielarten einer Übermittlung dazu, von der Weitergabe der Daten an Dritte bis zur Einsicht oder zum Abruf dafür bereitgehaltener Daten durch Dritte. Dabei

3 Vgl. *Dorn*, S. 17.
4 Vorschlag der Europäischen Kommission für eine Datenschutz-Grundverordnung vom 25.01.2012.

kommt es nicht darauf an, ob dies vorsätzlich oder fahrlässig geschieht. Neben den bewussten unzulässigen Übermittlungen zählen somit auch die häufig vorkommenden fahrlässigen Übermittlungen an falsche Adressaten oder die nicht gerechtfertigte Nennung weiterer Empfänger auf der Adressatenleiste von E-Mails dazu.

b) Die Daten sind auf sonstige Weise Dritten unrechtmäßig zur Kenntnis gelangt

Es geht hier um die vielen Fälle, in denen Dritte ohne jedes aktive Zutun vonseiten der verantwortlichen Stelle von den Daten Kenntnis erlangt haben. Als häufig vorkommende Beispiele können genannt werden: 8

- Diebstahl oder Verlust von mobilen Datenträgern, z. B. Laptops, CDs oder Sticks.
- Beschaffung von Zugangs- oder Vertragsdaten von Internetplattformen durch Hacking.
- Datenbeschaffung über Sicherheitslücken aller Art, z. B. auch über ungesicherte Server oder Zugangslecks im Internet.
- Ausspähen von Kartendaten und PIN an Geldautomaten (Skimming).
- Unbefugter Zugriff eines Mitarbeiters auf Daten, auf die er im Rahmen seines Aufgabenbereiches nicht zugreifen dürfte.[5] Der Mitarbeiter ist insoweit „Dritter".

Nach dem Wortlaut der Vorschrift muss die verantwortliche Stelle festgestellt haben, dass der Dritte von den Daten Kenntnis genommen hat. 9

Eine derartige eindeutige Feststellung ist der verantwortlichen Stelle jedoch in vielen Fällen „von der Ferne aus" nicht möglich. So besteht beim Diebstahl und bei der Unterschlagung von mobilen Datenträgern zunächst nur die Gewissheit, dass diese in der Hand eines Dritten sind, nicht aber, ob ein Dritter die Daten zur Kenntnis genommen hat. Beim Verlust weiß die verantwortliche Stelle nicht einmal, ob ein Dritter sich den mobilen Datenträger angeeignet hat.

Würde man in den genannten Fällen für die Anwendung des § 42a auf die Gewissheit der Kenntnisnahme durch einen Dritten abstellen, könnte man diese oft überhaupt nicht oder ggf. erst aufgrund polizeilicher Ermittlungen annehmen. In jedem Fall würde wertvolle Zeit vergehen. § 42a könnte seinen Schutzzweck kaum mehr erfüllen und würde weitgehend ins Leere gehen. 10

Zahlreiche Stimmen in der Literatur und auch eine Reihe von Datenschutzaufsichtsbehörden (z.B. das BayLDA, der Berliner BfDI, der Hessische DSB und der LDI NRW[6]) vertreten deshalb die Auffassung, dass man die etwas starre gesetzliche Formulierung „Feststellung der Kenntnisnahme" weit auslegen müsse. Die dafür jeweils genannten Maßstäbe reichen von „Kenntniserlangung nicht sehr unwahrscheinlich"[7] über „entsprechende tatsächliche Anhaltspunkte"[8] und eine „gewisse Wahrscheinlichkeit aufgrund von tatsächlichen Anhaltspunkten"[9] bis hin zu einer „hohen Wahrscheinlichkeit"[10]. Trotz dieser Verschiedenheit dürfte man in den einzelnen Anwendungsfällen im Wesentlichen zu denselben Ergebnissen kommen. 11

Gut vertretbar erscheint es, wenn man das Tatbestandsmerkmal „Kenntniserlangung durch einen Dritten" bereits dann als gegeben annimmt, wenn dafür aufgrund tatsächlicher Anhaltspunkte eine gewisse Wahrscheinlichkeit besteht. Dies ist z. B. beim Diebstahl oder bei der Unterschlagung von mobilen Datenträgern der Fall, wenn die dort gespeicherten Daten nach dem Stand der Technik nicht ausreichend ver- 12

5 Vgl. Simitis/*Dix*, § 42a Rn. 6; *Eckhardt/Schmitz*, DuD 2010, 391.
6 Vgl. Berliner BfDI und der LDI NRW, jeweils FAQs zur Informationspflicht bei unrechtmäßiger Kenntniserlangung von Daten nach § 42a Teil A 4, Hessischer DSB 40. Tb. S. 163 ff.
7 Vgl. *BITKOM*, Handlungsempfehlungen „Informationspflichten bei schweren Datenschutzverstößen", S. 7.
8 Vgl. *Gabel*, BB 2009, 2047; *Bergmann/Möhrle/Herb*, § 42a Rn. 10.
9 Vgl. Berliner Beauftragter für Datenschutz und Informationsfreiheit, FAQs zur Informationspflicht bei unrechtmäßiger Kenntniserlangung von Daten nach § 42a Teil A 4.
10 Vgl. Bericht der Bundesregierung B II.3. b, BT-Drs. 17/12319; Simitis/*Dix*, § 42a Rn. 8: Eine „hohe" Wahrscheinlichkeit einer Kenntnisnahme durch Dritte ist z.B. bei einer nicht ausreichenden Verschlüsselung anzunehmen.

schlüsselt sind.[11] Es entspricht allgemeiner Erfahrung, dass Datenträger in vielen dieser Fälle auch in Gebrauch genommen und die Daten damit zur Kenntnis genommen werden. Eine Kenntnisnahme durch Dritte kann man in der Regel auch annehmen, wenn nicht ausreichend verschlüsselte Datenträger in Bereichen verloren gehen, die Dritten zugänglich sind.[12]

13 Dagegen reicht es für die Annahme einer Kenntniserlangung in diesem Sinne nicht aus, wenn nur ein Verdacht besteht und keine Anhaltspunkte für „eine gewisse Wahrscheinlichkeit" der Kenntniserlangung vorliegen.[13] Eine Empfehlung für das Verhalten der verantwortlichen Stelle in einem bloßen Verdachtsfall ist unter III. 1. Rn. 20 dargestellt.

! Eine verantwortliche Stelle kann die Informationspflichten gemäß § 42a u.a. dadurch vermeiden, dass sie

- die auf einem mobilen Datenträger gespeicherten Daten nach dem Stand der Technik ausreichend verschlüsselt[14] und
- Daten aus dem Katalog des § 42a Satz 1, z.B. Kreditkartendaten, nicht zu bloßen Identifizierungszwecken verwendet.

3. Drohen schwerwiegender Beeinträchtigungen

14 Mit der Begrenzung der Anwendung der Vorschrift auf drohende schwerwiegende Beeinträchtigungen für die Rechte oder schutzwürdigen Interessen der Betroffenen sollen Bagatellfälle ausgeschlossen werden.

Eine Beeinträchtigung muss noch nicht eingetreten sein. Vielmehr muss eine Prognose aus objektiver Sicht ergeben, dass eine schwerwiegende Beeinträchtigung materieller oder immaterieller Art in eine bedrohliche Nähe gerückt ist. Dabei ist zu berücksichtigen, um welche Art von Daten es geht, wer vermutlich in den Besitz der Daten gelangt ist (vertrauenswürdige Umgebung, kriminelle Personen), ob die Daten missbräuchlich verwendet werden und welche potenziellen Auswirkungen sich für die betroffenen Personen ergeben können, z.B. finanzielle Schäden, soziale Nachteile, Erpressbarkeit oder Identitätsbetrug.[15]

Beispiele[16]

- Diebstahl von unverschlüsselten Notebooks mit Gesundheits- und Bankkontodaten von Beschäftigten und Versicherten.
- Auf dem Transportweg verschwundene bzw. aus Bankbriefkästen entwendete Bankunterlagen mit Kontodaten von Kunden.
- Von Internetplattformen rechtswidrig beschaffte („gehackte") Zugangs-, Konto- und Kreditkartendaten.

---

11 Vgl. https://www.bsi.bund.de/ContentBSI/Themen/Cyber-Sicherheit/Empfehlungen/produktkonfiguration/ BSI-E-CS-003.html im Abschnitt „Verschlüsselung der Festplatte"; *Ehmann/Schonschek*, Verschlüsseln gegen den Imageschaden, Datenschutz-PRAXIS 11/2011, 1 ff.; *Gola/Schomerus*, § 42a Rn. 4; *Ehmann*, in: Abel, Praxiskommentar Anm. 8 zu § 42a.

12 Vgl. Simitis/*Dix*, § 42a Rn. 8; *Ehmann*, in: Abel, Praxiskommentar Anm. 8 zu § 42a; weitere Nachweise in Fn. 6; a.M. *Hanloser*, S. 11/12: „Solange sich kein Finder gemeldet hat, kann eine Kenntnisnahme durch einen Dritten nicht festgestellt werden."

13 Vgl. Däubler/Klebe/Wedde/Weichert/*Weichert*, § 42a Rn. 5; *Eckhardt/Schmitz*, DuD 2010, 393.

14 Vgl. Simitis/*Dix*, § 42a Rn. 8: Eine „hohe" Wahrscheinlichkeit einer Kenntnisnahme durch Dritte ist z.B. bei einer nicht ausreichenden Verschlüsselung anzunehmen.

15 Vgl. BT-Drs. 16/12011, S. 34; Däubler/Klebe/Wedde/Weichert/*Weichert*, § 42a Rn. 6; *Bergmann/Möhrle/Herb*, § 42a Rn. 12.

16 Weitere Beispiele enthalten der 23. TB der Datenschutzaufsicht Hamburg, S. 199/200 und der 5. Tb. der BayLDA 2011/2012 unter Pkt. 18 und im Anhang 1; vgl. dazu auch *Ehmann*, Datenschutz-PRAXIS, Ausg. Juni 2012, S. 13.

In diesen Fällen sind die Täter in der Lage, die Konto- und Kreditkartendaten für Betrugshandlungen zulasten der Betroffenen zu nutzen. Sie können Gesundheitsdaten für Erpressungsversuche verwenden. In allen Fällen drohen für die Betroffenen schwerwiegende Beeinträchtigungen. 15

II. Die Verpflichtung zur Information

1. Die Adressaten des § 42a

Die Vorschrift nimmt nach Satz 1 folgende verantwortliche Stellen in die Pflicht: 16

- die nicht-öffentlichen Stellen im Sinne des § 2 Abs. 4;
- die öffentlichen Stellen des Bundes, soweit sie als öffentlich-rechtliche Unternehmen am Wettbewerb teilnehmen (§ 27 Abs. 1 Satz 2a);
- die öffentlichen Stellen eines Landes, soweit sie als Unternehmen am Wettbewerb teilnehmen und im Rahmen dieser Betätigung nach dem jeweiligen Landesdatenschutzgesetz u.a. den Regelungen des § 42a unterliegen;[17]
- die öffentlichen Stellen eines Landes, für die nach dem jeweiligen Landesdatenschutzgesetz die Vorschriften des BDSG gelten, die auf private Unternehmen anzuwenden sind.[18]

2. Die zu den Informationen verpflichtete verantwortliche Stelle

Diejenige verantwortliche Stelle muss tätig werden, aus deren Verantwortungsbereich gespeicherte Daten übermittelt oder entwendet worden sind oder in sonstiger Weise verloren gegangen sind. 17

Daraus folgt:

- Sind die betroffenen Daten auch bei einer anderen verantwortlichen Stelle gespeichert, ist diese Stelle nicht zur Information verpflichtet.
- Im Falle einer Auftragsdatenverarbeitung muss allein der Auftraggeber die Informationspflichten wahrnehmen.

!

> Der Auftraggeber ist gut beraten, den Auftragnehmer im schriftlichen Auftrag (§ 11 Abs. 2) zu verpflichten, ihm Vorfälle, die eine Informationspflicht nach § 42a auslösen, und entsprechende Verdachtsfälle unverzüglich mitzuteilen (vgl. Muster in C II. 2).[19]
>
> Einen bestehenden Auftrag sollte der Auftraggeber im Rahmen der rechtlichen Möglichkeiten (§ 313 BGB) um eine derartige Mitteilungspflicht ergänzen. Auch die Erteilung einer entsprechenden Weisung wäre denkbar (vgl. Erl. zu § 11).[20]

3. Die Zuständigkeit innerhalb der verantwortlichen Stelle

Die Erfüllung der Informationspflichten obliegt zunächst dem Leiter bzw. dem Leitungsorgan der verantwortlichen Stelle. Eine Weitergabe im Rahmen der Organisation ist möglich. 18

Der Beauftragte für den Datenschutz ist nicht zur Information verpflichtet. Seine Aufgabe ist es, die Leitung der verantwortlichen Stelle umfassend zu beraten und ggf. darauf hinzuwirken, ihren Informationspflichten nachzukommen. 19

!

> Es empfiehlt sich für die zur Information verpflichtete Stelle, den Beauftragten für den Datenschutz sogleich nach dem Bekanntwerden eines möglichen §-42a-Falles zur Beratung beizuziehen.

---

17 Z.B. Art. 3 Abs. 1 Satz 1 und Abs. 2 Satz 1 BayDSG, § 3 Abs. 6 Satz 2 Hess. DSG oder § 2 Abs. 2 DSG NRW.
18 Z.B. Art. 3 Abs. 2 Satz 2 BayDSG bezüglich der öffentlich-rechtlichen Kreditinstitute.
19 Vgl. Simitis/*Dix*, § 42a Rn. 3 zu § 42a; Taeger/Gabel/*Gabel*, § 42a Rn. 9.
20 *Bergmann/Möhrle/Herb*, § 42a Rn. 12, nehmen eine entsprechende nebenvertragliche Pflicht des Auftragnehmers an.

III. Die Verpflichtungen der verantwortlichen Stelle (Sätze 2 bis 5)

1. Unverzügliche Benachrichtigung der zuständigen Aufsichtsbehörde (Satz 4)

20 Die verantwortliche Stelle muss die zuständige Aufsichtsbehörde unverzüglich, d.h. „ohne schuldhaftes Zögern", benachrichtigen, sobald sie Folgendes festgestellt hat:

1. Es handelt sich um personenbezogene Daten, wie sie im Katalog des § 42a Satz 1 aufgeführt sind (vgl. I. 1 Rn. 6),
2. die Daten sind unrechtmäßig übermittelt worden oder auf sonstige Weise Dritten unrechtmäßig zur Kenntnis gelangt bzw. es bestehen Anhaltspunkte für eine gewisse Wahrscheinlichkeit, dass dies eintritt (vgl. I. 2 Rn. 12) und
3. aufgrund einer Prognose aus objektiver Sicht drohen schwerwiegende Beeinträchtigungen für die Rechte oder schutzwürdigen Interessen der Betroffenen (vgl. I. 3 Rn. 14 f.).

Kann die verantwortliche Stelle eine der unter (2) aufgeführten Feststellungen nicht treffen und hegt sie nur einen bloßen Verdacht (vgl. auch I. 2 b Rn. 13), muss sie mit Unterstützung ihres Beauftragten für den Datenschutz unverzüglich alles tun, um den Verdacht aufzuklären.

! In vielen Fällen ist nur schwer einzuschätzen, ob überhaupt eine Benachrichtigungspflicht besteht. Es empfiehlt sich deshalb, beim Vorliegen der ersten Erkenntnisse über den Datenverlust sogleich die Aufsichtsbehörde grob vorzuinformieren und um Prüfung zu bitten, ob ein Fall des § 42a vorliegen könnte.

Sobald die Behörde dies bejaht hat, ist unverzüglich die im Folgenden beschriebene „offizielle" Benachrichtigung der Aufsichtsbehörde vorzunehmen.

21 Die Benachrichtigung muss nach den Sätzen 3 und 4 folgende Informationen enthalten:[21]

- Eine Darlegung der Art der unrechtmäßigen Kenntniserlangung. Es sind alle bekannten tatsächlichen Umstände zu schildern. Dazu gehören vor allem die Art der Daten, die Art und Weise der unrechtmäßigen Kenntniserlangung durch Dritte (z.B. unzulässige Übermittlung oder Diebstahl eines Laptops) und zeitliche Aspekte wie die Zeitpunkte des Datenverlusts und dessen Feststellung.
- Die zu empfehlenden Maßnahmen der verantwortlichen Stelle und der Betroffenen zur Minderung möglicher nachteiliger Folgen für die Betroffenen, z.B. Austausch von Passwörtern und Zugangscodes.
- Eine Darlegung möglicher nachteiliger Folgen der unrechtmäßigen Kenntniserlangung und der von der Stelle daraufhin ergriffenen Maßnahmen.

22 Diese Informationen sollen der Aufsichtsbehörde eine Prüfung ermöglichen, ob eine Beratung der verantwortlichen Stelle oder eines Betroffenen angezeigt ist oder ob aufsichtliche Maßnahmen gemäß § 38 bis hin zur Einleitung eines Bußgeldverfahrens oder zur Stellung eines Strafantrages veranlasst sind. Darüber hinaus soll die Behörde aufgrund dieser Informationen später eine Überprüfung vornehmen können, ob der datenschutzrechtliche Verstoß beseitigt worden ist.[22]

! Eine besondere Form ist für die Benachrichtigung im Gesetz nicht vorgeschrieben. Sie sollte, sofern nicht besondere Gründe für die Wahl einer anderen Form vorliegen, per verschlüsselter E-Mail oder per Post erfolgen.

Zu empfehlen ist auch eine Dokumentation des gesamten Ablaufs und insbesondere der Benachrichtigungen.

---

21 Ausführlich dazu Berliner Beauftragter für Datenschutz und Informationsfreiheit, FAQs zur Informationspflicht bei unrechtmäßiger Kenntniserlangung von Daten nach § 42a Teil B 2.

22 BT-Drs. 16/12011, S. 35.

Als zu benachrichtigende Aufsichtsbehörde kommt zum einen die für den Sitz der verantwortlichen Stelle zuständige Behörde in Betracht. Hat sich der Datenverlust in einer Betriebsstätte ereignet, kann auch die dort zuständige Behörde benachrichtigt werden (vgl. Erl. B VI. 2 zu § 38 Rn. 85 ff.). In der Praxis sprechen sich die beiden Behörden üblicherweise ab, wer die Betreuung der gemeldeten Angelegenheit übernimmt. 23

2. Unverzügliche Benachrichtigung der Betroffenen (Sätze 2 und 3)

Die verantwortliche Stelle muss die Betroffenen unverzüglich (vgl. Nr. 1) benachrichtigen,[23] sobald: 24

a) angemessene Maßnahmen zur Sicherung der Daten ergriffen worden sind oder nicht unverzüglich erfolgt sind und

b) die Strafverfolgung nicht – mehr – gefährdet ist.

In der Gesetzesbegründung[24] wird dazu Folgendes ausgeführt: 25

> „(...) stellt Satz 2 für die Benachrichtigung der Betroffenen klar, dass ein schuldhaftes Zögern insbesondere dann nicht gegeben ist, soweit die Datensicherungspflichten des § 9 oder Interessen der Strafverfolgung einer Veröffentlichung der Datenschutzverletzung vorläufig noch entgegenstehen. Im ersteren Fall zielt die Regelung darauf ab, dem Verpflichteten die Möglichkeit zu geben, etwaige technische Sicherheitslücken, unter deren Ausnutzung die Datenschutzverletzung erfolgte, zu analysieren und so weit wie möglich zu beheben, bevor breitere Kreise von der Lücke Kenntnis erhalten. Andernfalls besteht Gefahr, dass Dritte von dieser Kenntnis profitieren, um selbst die fragliche Sicherheitslücke auszunutzen. Dies entspricht dem in Fachkreisen mit „Responsible Disclosure" („Verantwortungsvolle Offenlegung") bezeichneten Vorgehen. Nach den Grundsätzen der „Responsible Disclosure" wird nach dem Finden einer Schwachstelle als Erstes der Hersteller informiert. Erst nach einer angemessenen Frist werden die Schwachstelle und die diese ausnutzende Software veröffentlicht. Der Hersteller soll damit die Möglichkeit bekommen, das Problem zu beheben, indem er eine neue, sichere Version seiner Software erstellt. Auch soll der Hersteller dadurch in die Lage versetzt werden, die Anwender über die neue Version der Software zu informieren und sie an die Anwender zeitnah auszuliefern. Im zweiten Fall dürfen Ermittlungen der Strafverfolgungsorgane bei einem kriminellen Hintergrund durch die Offenlegung nicht gefährdet werden. (...)"

Abweichend vom Umfang der Information der Aufsichtsbehörde enthält die Benachrichtigung der Betroffenen nur folgende Bestandteile: 26

- Darlegung der Art der unrechtmäßigen Kenntniserlangung (vgl. 1.) und
- Empfehlung für eigene Maßnahmen der Betroffenen zur Minderung möglicher nachteiliger Folgen (vgl. 1.).

Der Betroffene soll auch als Laie die Benachrichtigung und die in ihr enthaltenen Empfehlungen, z.B. beim Verlust von Bankdaten, gut verstehen können,[25] um auch selbst entsprechende Sicherungs- und Vorsichtsmaßnahmen ergreifen zu können, z.B. eine regelmäßige Kontrolle der Bankauszüge, um unberechtigte Abbuchungen widerrufen zu können.

Für die Form der Benachrichtigung und die Dokumentation des Ablaufs gelten die Ausführungen unter 1. Rn. 22. 27

3. Information der Öffentlichkeit durch Anzeigen anstelle der Einzelbenachrichtigung der Betroffenen (Satz 5)

Soweit die individuelle Benachrichtigung der Betroffenen einen unverhältnismäßigen Aufwand erfordern würde, insbesondere aufgrund der Vielzahl der betroffenen Fälle, tritt an ihre Stelle die Information der 28

---

23 Ausführlich dazu Berliner Beauftragter für Datenschutz und Informationsfreiheit, FAQs zur Informationspflicht bei unrechtmäßiger Kenntniserlangung von Daten nach § 42a Teil B 3.
24 BT-Drs. 16/12011 S. 34.
25 BT-Drs. 16/12011 S. 34, 35.

Öffentlichkeit durch Anzeigen in Tageszeitungen oder eine andere gleich geeignete Maßnahme. Der unverhältnismäßige Aufwand kann sich vor allem auf die Kosten und den Arbeits- und Zeitaufwand, z.B. für die Ermittlung der Adressdaten der Betroffenen, beziehen.[26]

29 Der Gesetzgeber wollte in diesen Fällen der verantwortlichen Stelle die Erfüllung ihrer Informationspflicht erleichtern. Sie muss von diesem Angebot aber nicht Gebrauch machen. Wenn sie eine Information der Öffentlichkeit vermeiden möchte, ist es ihr nicht verwehrt, einen unverhältnismäßigen Aufwand für die individuellen Informationen auf sich zu nehmen.[27] Auf der anderen Seite kann die Frage, ob die verantwortliche Stelle zu Recht einen unverhältnismäßigen Aufwand angenommen und anstelle der Individualbenachrichtigung nur die Öffentlichkeit informiert hat, in vollem Umfang von der Aufsichts- oder der Bußgeldbehörde bzw. von einem Gericht nachgeprüft werden.

30 Eine Verpflichtung zur Information der Öffentlichkeit wird man dann annehmen müssen, wenn die verantwortliche Stelle, z.B. beim Diebstahl eines mobilen Datenträgers, nicht alle Betroffenen, deren Daten dort gespeichert sind, kennt und somit auch nicht individuell informieren kann.

31 Der Satz 5 sieht eine erstaunlich große Bandbreite an Veröffentlichungsmöglichkeiten vor. Dies können die dort beschriebenen aufwendigen Anzeigen in mindestens zwei bundesweit erscheinenden Zeitungen oder andere gleich geeignete Maßnahmen wie eine Anzeige in einer Regional-, Werks- oder Vereinszeitung, eine Veröffentlichung im Internet oder ein Rundschreiben im Unternehmen sein.[28] Wichtigstes Kriterium für die Auswahl ist die regionale, lokale oder fachliche Eingrenzbarkeit des Kreises der Betroffenen.

32 Soweit eine Eingrenzung nicht möglich ist, bleibt es bei der ersten Alternative. Es müssen dort Tageszeitungen sein, deren Leserschaft sich über das ganze Bundesgebiet erstreckt. Werden örtliche Tageszeitungen auch an einzelnen entfernten Orten angeboten, ist dies noch kein Indiz für eine bundesweite Leserschaft.

33 Die Auswahl der Art und Weise der Information der Öffentlichkeit obliegt der verantwortlichen Stelle. Diese hat dafür keinen Ermessensspielraum. Ihre Entscheidung kann durch die Aufsichts- oder die Bußgeldbehörde oder ein Gericht nachgeprüft werden.

4. Geheimnisschutz

34 Die verantwortlichen Stellen müssen bei der Ausgestaltung der Benachrichtigungen bzw. Veröffentlichungen ihnen obliegende Geheimhaltungsverpflichtungen beachten.[29]

5. Verwendungsverbot (Satz 6)

35 Diese Regelung bezieht sich ihrem Wortlaut nach auf die natürlichen Personen, die als benachrichtigungspflichtige verantwortliche Stellen ihre sich aus § 42a ergebenden Informationspflichten erfüllt haben und gegen die oder einen ihrer Angehörigen (§ 52 Abs. 1 StPO, vgl. Erl. zu § 38) ein Straf- oder Bußgeldverfahren durchgeführt wird. In diesem Verfahren darf der Inhalt der Benachrichtigung nur mit Zustimmung der Person, die benachrichtigt hat, verwendet werden.

Damit wird einem Konflikt Rechnung getragen, in dem sich diese Personen befinden: Kommen sie ihrer Informationspflicht nach, laufen sie Gefahr, dass der Inhalt ihrer Informationen in einem der genannten Verfahren gegen sie verwendet werden kann. Unterlassen sie pflichtwidrig die Informationen, kann gegen sie aus diesem Grund ebenfalls ein Bußgeldverfahren oder ggf. ein Strafverfahren durchgeführt werden (§ 43 Abs. 2 Nr. 7, § 44 Abs. 1).

36 Es ist in der Literatur umstritten, ob man diese Regelung auch auf die Personen ausdehnen kann, die für juristische Personen oder Gesellschaften die Benachrichtigung durchführen. Es handelt sich in erster Linie um die vertretungsberechtigten Organe einer juristischen Person oder Gesellschaft (§ 9 Abs. 1 OWiG)

26 BT-Drs. 16/12011 S. 35.
27 Vgl. *Ehmann,* in: Abel, Praxiskommentar, Anm. (6) zu § 42a.
28 Vgl. Simitis/*Dix*, § 42a Rn. 17; *Ernst*, DuD 2010, 474/475.
29 Vgl. Taeger/Gabel/*Gabel*, § 42a Rn. 29.

und die von diesen mit der eigenverantwortlichen Aufgabenwahrnehmung beauftragten Personen (§ 9 Abs. 2 OWiG). Im Hinblick darauf, dass sich diese Personen in der gleichen Konfliktsituation befinden, wie oben geschildert, und um zu vermeiden, dass das Verwendungsverbot weitgehend leerläuft, ist diese Frage zu bejahen.[30]

Die Reichweite des Verwendungsverbots umfasst nach dem Wortlaut des Satzes 6 den Inhalt der Benachrichtigung. Sie erstreckt sich nicht auf Informationen, die den Behörden bereits vorher bekannt waren. 37

Umstritten ist, ob auch Informationen aus Ermittlungen der Behörden, die erst durch die Benachrichtigung ausgelöst wurden, unter das Verwendungsverbot in einem Straf- oder Bußgeldverfahren fallen.[31] Der klare gesetzliche Wortlaut, demzufolge „die Benachrichtigung" nicht verwendet werden darf, spricht gegen eine derartige Fernwirkung des Verwendungsverbots.[32]

IV. Konsequenzen eines Verstoßes gegen die Informationspflicht

1. Bußgeldverfahren/Strafverfahren

Wer entgegen Satz 1 eine Mitteilung nicht, nicht richtig, nicht vollständig oder nicht rechtzeitig macht, handelt gemäß § 43 Abs. 2 Nr. 7 ordnungswidrig. 38

Normadressaten dieser Bußgeldvorschrift sind der Inhaber der verantwortlichen Stelle, soweit er eine natürliche Person ist, und die in den Erläuterungen B I. 2 zu § 43 genannten Personen.

Zur Höhe eines Bußgeldes wird auf die Erläuterungen B VI. zu § 43 verwiesen.

Soweit Vorsatz und ein Qualifikationsmerkmal des § 44 Abs. 1 vorliegen (vgl. insbesondere Erl. B I. zu dieser Vorschrift), ist eine Straftat gegeben.

2. Reaktionen der Datenschutzaufsichtsbehörde

Erfährt eine Datenschutzaufsichtsbehörde davon, dass eine verantwortliche Stelle trotz des Vorliegens der gesetzlichen Voraussetzungen ihrer Informationspflicht nicht nachgekommen ist, kann sie eine Beanstandung aussprechen und in diesem Rahmen dazu auffordern, die Informationspflichten zu erfüllen (siehe Erl. B IV. 2 zu § 38). 39

Kommt die verantwortliche Stelle dieser formlosen Aufforderung nicht nach, kann die Aufsichtsbehörde mit dem Hinweis auf die mögliche Einleitung eines Bußgeldverfahrens ihrer Forderung Nachdruck verleihen.

Gleichzeitig kann die Aufsichtsbehörde die Betroffenen über die rechtswidrig unterlassene Information unterrichten (§ 38 Abs. 1 Satz 6).

Für eine Maßnahmeanordnung der Aufsichtsbehörde mit entsprechenden zwangsweisen Durchsetzungsmöglichkeiten fehlt eine Rechtsgrundlage. In § 38 Abs. 5 Satz 1 sind nur Verstöße bei der Erhebung, Verarbeitung und Nutzung personenbezogener Daten, nicht jedoch Verstöße gegen die Informationspflicht angesprochen.

3. Schadensersatz

Unterlässt eine verantwortliche Stelle vorsätzlich oder fahrlässig eine Information gemäß § 42a und entsteht dadurch einem Betroffenen ein Schaden, kann dieser gemäß § 823 Abs. 2 BGB einen Schadensersatzanspruch wegen Verstoßes gegen ein Schutzgesetz im Sinne dieser Bestimmung geltend machen.[33] 40

Ein Schadensersatzanspruch gemäß § 7 besteht in diesem Fall nicht, da die dortigen Tatbestandsmerkmale nicht erfüllt werden.

---

30 So Simitis/*Dix*, § 42a Rn. 19 zu § 42a; Taeger/Gabel/*Gabel*, § 42a Rn. 31; *Ernst*, DuD 2010, 475; *Gabel*, BB 2009, 2049; a.A. Däubler/Klebe/Wedde/Weichert/*Weichert*, § 42a Rn. 13; *Gola/Schomerus*, § 42a Rn. 9; wohl auch die Gesetzesbegründung BT-Drs. 16/12011, S. 35.

31 Vgl. Simitis/*Dix*, § 42a Rn. 20; Taeger/Gabel/*Gabel*, § 42a Rn. 30; *Hornung*, S. 1843/1844.

32 Vgl. *Lambertz*, S. 7; *Eckhardt/Schmitz*, S. 395 m.w.N.

33 Vgl. Simitis/*Dix*, § 42a Rn. 21.

C. Praxistipps

I. Vorbeugende Maßnahmen

41 Unter dem Damoklesschwert der mit finanziellem Aufwand, Geschäftsschädigung und Imageverlust verbundenen Informationen der Aufsichtsbehörde und der Betroffenen bzw. der Öffentlichkeit sind die verantwortlichen Stellen gut beraten, das Datenschutzrecht zu beachten und ihren sich aus § 9 und der Anlage zu dieser Vorschrift ergebenden Verpflichtungen zur Gewährleistung der Datensicherheit sorgfältig nachzukommen.

Zu den obligatorischen technischen Sicherheitsmaßnahmen gehört u.a. eine ausreichende Verschlüsselung von E-Mails, Laptops und anderen mobilen Datenträgern (siehe B I. 2. b Rn. 12).[34]

Es empfiehlt sich, die Sicherheitsstandards im Unternehmen regelmäßig zu überprüfen.

Ausreichende Unterweisungen der Beschäftigten in den einschlägigen Themen und Anforderungen des Datenschutzes und der Datensicherheit sind ebenso geboten wie wiederkehrende und aktualisierte Belehrungen.

II. Notfallmanagement

1. Notfallplan

42 Für den Fall, dass personenbezogene Daten Dritten unrechtmäßig zur Kenntnis gelangen, sollte zum Zweck der Erfüllung der sich aus § 42a ergebenden Verpflichtungen und vor allem auch zur Schadensbegrenzung in Zusammenarbeit mit dem Datenschutzbeauftragten ein Notfallplan aufgestellt werden, der im Wesentlichen folgende Punkte enthalten könnte:

- Darstellung denkbarer Datenpannen, die zu einer Informationspflicht gemäß § 42a führen können;
- Erkennen von Datenpannen;
- Meldeweg zur zuständigen Stelle im Unternehmen;
- Erfassung des Sachverhalts durch die zuständige Stelle;
- Einleitung von Abhilfe- und Sicherungsmaßnahmen;
- Prüfung durch die zuständige Stelle in Zusammenarbeit mit dem Datenschutzbeauftragten, ob ein Fall des § 42a vorliegt;
- ggf. Vorabinformation der Aufsichtsbehörde;
- Dokumentation des festgestellten Sachverhalts und der Verfahrensabläufe;
- unverzügliche Information der Aufsichtsbehörde und der Betroffenen, sobald die gesetzlichen Voraussetzungen gegeben sind;
- Schulung des in das Notfallmanagement eingebundenen Personals.

Im Anhang ist ein von *Hans Gliss* im DSB 12/09 Seite 12 ff. veröffentlichter Mustertext für eine Richtlinie „Data Breach Notification"[35] mit freundlicher Genehmigung des Verfassers enthalten. Aus dem Text kann ein spezieller §-42a-Notfallplan entwickelt werden.

---

34 Vgl. https://www.bsi.bund.de/ContentBSI/Themen/Cyber-Sicherheit/Empfehlungen/produktkonfiguration/BSI-E-CS-003.html im Abschnitt „Verschlüsselung der Festplatte"; *Ehmann/Schonschek*, Verschlüsseln gegen den Imageschaden, Datenschutz-PRAXIS 11/2011, 1 ff.; *Gola/Schomerus*, § 42a Rn. 4; *Ehmann*, in: Abel, Praxiskommentar Anm. 8 zu § 42a.

35 = „Benachrichtigung von einem Datenschutzverstoß".

2. Auftragsdatenverarbeitung

Unter Bezugnahme auf den Praxistipp unter B II. 2 Rn. 17 empfiehlt sich die Aufnahme folgender zusätzlicher Verpflichtung in den schriftlichen Auftrag (§ 11 Abs. 2): 43

> „Stellt der Auftragnehmer fest oder hegt er auch nur den Verdacht, dass Daten im Sinne des § 42a Satz 1 unrechtmäßig übermittelt worden oder auf sonstige Weise Dritten unrechtmäßig zur Kenntnis gelangt sind, benachrichtigt er unverzüglich den Auftraggeber. Dieser prüft, ob er zu den Informationen gemäß § 42a verpflichtet ist. Der Auftragnehmer unterstützt ihn dabei."

Wenn im Rahmen einer Auftragsdatenverarbeitung andere gesetzliche Informationspflichten denkbar sind (vgl. vor A), kann diese Vertragsklausel entsprechend modifiziert werden.

Anhang § 42a

Mustertext für eine Richtlinie „Data Breach Notification"[1]

44 **Verstöße gegen Datensicherheit und Datenschutz**

Unser Unternehmen beachtet gesetzliche Vorschriften und achtet auf die Wahrung unserer wie auch der Betriebs- und Geschäftsgeheimnisse unserer Geschäftspartner. Das schließt alle Formen der bei uns praktizierten oder durch Outsourcing bei Dienstleistern durchgeführten Datenverarbeitung ein. Vor diesem Hintergrund ergeht folgende Richtlinie:

I. Grundsätze

1. Vermutete oder erwiesene Verstöße gegen Datensicherheit und Datenschutz („Datenpannen") sind in unserem Unternehmen meldepflichtig gemäß den nachfolgenden Bestimmungen.
2. Die Meldepflicht wird für denjenigen Verantwortlichen ausgelöst, der in seinem Arbeitsbereich auf eine vermutete oder erwiesene „Datenpanne" stößt oder hingewiesen wird. Mitarbeiter melden derartige Beobachtungen dem Vorgesetzten, der nach den nachfolgenden Bestimmungen verfährt.
3. Die hier festgelegte Meldepflicht bezieht sich auf interne Informationspflichten und deren Wege; inwieweit eine Offenlegung nach außen geboten ist, obliegt dem in Ziffer V bestellten Entscheidungsgremium.

II. Datenpannen

Als „Datenpannen" werden alle schädlichen Ereignisse bei der Datenverarbeitung angesehen, die vom Datenschutzrecht geschützte personenbezogene Daten sowie solche Daten betreffen, die im Sinne unseres Unternehmens oder im Hinblick auf die Haftung gegenüber unseren Geschäftspartnern als schutzwürdig anzusehen sind (namentlich eigene und fremde Betriebs- und Geschäftsgeheimnisse).

Namentlich sind als „Datenpannen" definiert:

1. Formen bewusster oder unbewusster unbefugter oder rechtswidriger Verarbeitung schutzwürdiger Daten.
2. Unbefugte Aktivitäten zur Umgehung von Sicherheitsvorkehrungen, die dem Schutz schutzwürdiger Daten dienen.
3. Angriffe auf die IT-Infrastruktur des Unternehmens, die vermutlich oder offensichtlich erfolgreich waren.

Unter „Verarbeitung von Daten" ist zu verstehen: Erhebung, Speicherung, Veränderung, Abruf, Einsicht, Löschung, Nutzung von Daten.

III. Wahrnehmung von Datenpannen

Datenpannen können unterschiedlich wahrgenommen werden. Zu unterscheiden ist zwischen „intern" und „extern":

1. Von innen:
   - Alarme aufgrund von Warnmechanismen,
   - Anomalien in der Verarbeitung schutzwürdiger Daten,
   - Erkenntnisse aus dem Incident-Handling sowie dem Problem-Management
   - Erkenntnisse aus Prüfungen,
   - Erkenntnisse aus Mitarbeitergesprächen.

1 Abdruck mit freundlicher Genehmigung des Verfassers *Hans Gliss*, der diesen Mustertext im Datenschutz-Berater 12/09 auf den Seiten 12 ff. veröffentlicht hat.

2. Von außen:
   - Hinweise Dritter,
   - Medienberichte,
   - Anzeigen.

IV. Berichtswege und interne Abstimmung

1. Mitarbeiter, die eine tatsächliche oder vermutete Datenpanne wahrnehmen, informieren unverzüglich
   - ihren Vorgesetzten

und gleichzeitig
   - den betrieblichen Datenschutzbeauftragten.
2. Ist eine dieser beiden Personen abwesend, handelt der jeweils andere allein; im Regelfall unternehmen sie gemeinsam folgende Schritte:
   - Anfertigen eines als „vertraulich" gekennzeichneten Protokolls, das die Erkenntnisse des meldenden Mitarbeiters beschreibt.
   - Verteilung des Protokolls an:

   „Pflichtempfänger":
   - Geschäftsführung, Leiter der Abteilungen,
   - welche die Datenpanne berührt,
   - IT-Sicherheitsbeauftragter,
   - Rechtsabteilung,
   - Werkssicherheit,
   - Interne Revision,

   „fallorientierte Empfänger":
   - Einkauf, soweit Fremdfirmen betroffen sind oder sein können,
   - Vertrieb, soweit Vertriebsstrukturen berührt sind oder sein können,
   - Personalleitung, soweit es Hinweise auf Fehlverhalten von Beschäftigten gibt (die Personalleitung informiert seinerseits den Betriebsrat, sofern es sich um Tatbestände der Mitbestimmung nach dem Betriebsverfassungsgesetz handelt).
3. Das Protokoll und die Ergebnisse weiterer Recherchen stehen dem Wirtschaftsprüfer zur Verfügung, der den Jahresabschluss zu testieren und dabei die Wirksamkeit des Internen Kontrollsystems (IKS) auf der Grundlage des Aktiengesetzes und der GoBS zu prüfen und zu testieren hat.

V. Klärung des Sachverhalts und Aktionen

1. Über das weitere Vorgehen entscheidet die Geschäftsführung nach Anhörung des IT-Sicherheitsbeauftragten, des betrieblichen Datenschutzbeauftragten und der Leiter der Abteilungen, die von der Datenpanne berührt sind.
2. Zu klären ist, inwieweit
   - Strafanzeige zu erstatten ist,
   - personelle Maßnahmen zu ergreifen sind,
   - eine Zusammenarbeit mit einem betroffenen Unternehmen zu beenden ist,
   - Haftungsansprüche geltend gemacht werden können,
   - eine Benachrichtigung der Aufsichtsbehörde für den Datenschutz erforderlich ist,
   - von der Datenpanne betroffene Personen einzeln zu benachrichtigen sind, wahlweise eine allgemeine Anzeige in nach § 42a vorgeschriebenen Zeitungsannoncen durchzuführen ist,
   - Änderungen in bestehenden Verfahren vorzunehmen sind, um Wiederholungen zu vermeiden.

   (→ Hinweis: Dies ist weder eine Zeitablauf- noch eine Prioritätenliste; sondern eine Art „Menü", an welche möglichen Optionen zu denken ist.)

3. Das Ergebnis wird protokolliert und steht neben den unter IV genannten „Empfängern" dem Wirtschaftsprüfer zur Verfügung.

VI. Hinweise

1. Alle Vorkommnisse werden intern und vertraulich behandelt. Über eine Veröffentlichungspflicht nach § 42a – Aufsichtsbehörde und Betroffene (wahlweise die Öffentlichkeit) – entscheidet nach Prüfung der bekannten Sachverhalte die Geschäftsführung im Benehmen mit dem betrieblichen Datenschutzbeauftragten.
2. Beschäftigte, die vermutete oder tatsächliche Datenpannen wahrgenommen und gemeldet haben, erleiden keinerlei Nachteile aus der Tatsache, dass sie gemäß dieser Richtlinie gehandelt haben.

!

Voraussetzungen zur Umsetzung der Richtlinie

Datenklassifikation

Die im Unternehmen vorhandenen Daten sind in Klassen zu unterteilen. Dabei sind die Klassen unter Berücksichtigung der Schutzwürdigkeit sowie der Zuständigkeiten zu bilden. Für jede Klasse ist eine Organisationseinheit als „verantwortlicher Dateneigentümer" zu bestimmen.

Security Incident und Event Management (SIEM)

Die IT-Infrastruktur des Unternehmens ist durch eine geeignete, angemessene SIEM-Lösung zu überwachen. Dabei stehen sowohl die Sicherheitsmaßnahmen (und ihre Wirksamkeit) als auch die schutzwürdigen Daten im Vordergrund.

Security Incident Handling

Im Rahmen der Prozesse des Problem-Managements sowie des Incident-Handlings sind die Abläufe für die Behandlung von Sicherheitsvorfällen zu positionieren. Hierzu dienen vor allem die Erkenntnisse aus dem SIEM als Input. Zusätzlich sind die speziellen Anforderungen der Computer-Forensik (elektronische Beweissicherung) in angemessener Art zu berücksichtigen. Für den Prozess des Security-Incident-Handlings sind neben den Reaktionsteams und den Zuständigkeiten auch die Eskalations- und Informationswege zu definieren.

Informationskanäle

Es sind von außen und innen erreichbare Informationskanäle zu schaffen, mit deren Hilfe in einer sicheren und anonymen Weise auf Datenpannen hingewiesen werden kann. Diese Kanäle sind durch internes oder externes Monitoring hinsichtlich der Bearbeitung der Meldungen zu überwachen.

Fünfter Abschnitt
Schlussvorschriften

§ 43 Bußgeldvorschriften

(1) Ordnungswidrig handelt, wer vorsätzlich oder fahrlässig

1. entgegen § 4d Abs. 1, auch in Verbindung mit § 4e Satz 2, eine Meldung nicht, nicht richtig, nicht vollständig oder nicht rechtzeitig macht,
2. entgegen § 4f Abs. 1 Satz 1 oder 2, jeweils auch in Verbindung mit Satz 3 und 6, einen Beauftragten für den Datenschutz nicht, nicht in der vorgeschriebenen Weise oder nicht rechtzeitig bestellt,

2a. entgegen § 10 Absatz 4 Satz 3 nicht gewährleistet, dass die Datenübermittlung festgestellt und überprüft werden kann,

2b. entgegen § 11 Absatz 2 Satz 2 einen Auftrag nicht richtig, nicht vollständig oder nicht in der vorgeschriebenen Weise erteilt oder entgegen § 11 Absatz 2 Satz 4 sich nicht vor Beginn der Datenverarbeitung von der Einhaltung der beim Auftragnehmer getroffenen technischen und organisatorischen Maßnahmen überzeugt,

3. entgegen § 28 Abs. 4 Satz 2 den Betroffenen nicht, nicht richtig oder nicht rechtzeitig unterrichtet oder nicht sicherstellt, dass der Betroffene Kenntnis erhalten kann,

3a. entgegen § 28 Absatz 4 Satz 4 eine strengere Form verlangt,

4. entgegen § 28 Abs. 5 Satz 2 personenbezogene Daten übermittelt oder nutzt,

4a. entgegen § 28a Abs. 3 Satz 1 eine Mitteilung nicht, nicht richtig, nicht vollständig oder nicht rechtzeitig macht,

5. entgegen § 29 Abs. 2 Satz 3 oder 4 die dort bezeichneten Gründe oder die Art und Weise ihrer glaubhaften Darlegung nicht aufzeichnet,

6. entgegen § 29 Abs. 3 Satz 1 personenbezogene Daten in elektronische oder gedruckte Adress-, Rufnummern-, Branchen- oder vergleichbare Verzeichnisse aufnimmt,

7. entgegen § 29 Abs. 3 Satz 2 die Übernahme von Kennzeichnungen nicht sicherstellt,

7a. entgegen § 29 Abs. 6 ein Auskunftsverlangen nicht richtig behandelt,

7b. entgegen § 29 Abs. 7 Satz 1 einen Verbraucher nicht, nicht richtig, nicht vollständig oder nicht rechtzeitig unterrichtet,

8. entgegen § 33 Abs. 1 den Betroffenen nicht, nicht richtig oder nicht vollständig benachrichtigt,

8a. entgegen § 34 Absatz 1 Satz 1, auch in Verbindung mit Satz 3, entgegen § 34 Absatz 1a, entgegen § 34 Absatz 2 Satz 1, auch in Verbindung mit Satz 2, oder entgegen § 34 Absatz 2 Satz 5, Absatz 3 Satz 1 oder Satz 2 oder Absatz 4 Satz 1, auch in Verbindung mit Satz 2, eine Auskunft nicht, nicht richtig, nicht vollständig oder nicht rechtzeitig erteilt oder entgegen § 34 Absatz 1a Daten nicht speichert,

8b. entgegen § 34 Abs. 2 Satz 3 Angaben nicht, nicht richtig, nicht vollständig oder nicht rechtzeitig übermittelt,

8c. entgegen § 34 Abs. 2 Satz 4 den Betroffenen nicht oder nicht rechtzeitig an die andere Stelle verweist,

9. entgegen § 35 Abs. 6 Satz 3 Daten ohne Gegendarstellung übermittelt,

10. entgegen § 38 Abs. 3 Satz 1 oder Abs. 4 Satz 1 eine Auskunft nicht, nicht richtig, nicht vollständig oder nicht rechtzeitig erteilt oder eine Maßnahme nicht duldet oder

11. einer vollziehbaren Anordnung nach § 38 Abs. 5 Satz 1 zuwiderhandelt.

(2) Ordnungswidrig handelt, wer vorsätzlich oder fahrlässig

1. unbefugt personenbezogene Daten, die nicht allgemein zugänglich sind, erhebt oder verarbeitet,

2. unbefugt personenbezogene Daten, die nicht allgemein zugänglich sind, zum Abruf mittels automatisierten Verfahrens bereithält,

3. unbefugt personenbezogene Daten, die nicht allgemein zugänglich sind, abruft oder sich oder einem anderen aus automatisierten Verarbeitungen oder nicht automatisierten Dateien verschafft,

4. die Übermittlung von personenbezogenen Daten, die nicht allgemein zugänglich sind, durch unrichtige Angaben erschleicht,

5. entgegen § 16 Abs. 4 Satz 1, § 28 Abs. 5 Satz 1, auch in Verbindung mit § 29 Abs. 4, § 39 Abs. 1 Satz 1 oder § 40 Abs. 1, die übermittelten Daten für andere Zwecke nutzt,

5a. entgegen § 28 Absatz 3b den Abschluss eines Vertrages von der Einwilligung des Betroffenen abhängig macht,

5b. entgegen § 28 Absatz 4 Satz 1 Daten für Zwecke der Werbung oder der Markt- oder Meinungsforschung verarbeitet oder nutzt,

6. entgegen § 30 Absatz 1 Satz 2, § 30a Absatz 3 Satz 3 oder § 40 Absatz 2 Satz 3 ein dort genanntes Merkmal mit einer Einzelangabe zusammenführt oder

7. entgegen § 42a Satz 1 eine Mitteilung nicht, nicht richtig, nicht vollständig oder nicht rechtzeitig macht.

(3) [1]Die Ordnungswidrigkeit kann im Fall des Absatzes 1 mit einer Geldbuße bis zu fünfzigtausend Euro, in den Fällen des Absatzes 2 mit einer Geldbuße bis zu dreihunderttausend Euro geahndet werden. [2]Die Geldbuße soll den wirtschaftlichen Vorteil, den der Täter aus der Ordnungswidrigkeit gezogen hat, übersteigen. [3]Reichen die in Satz 1 genannten Beträge hierfür nicht aus, so können sie überschritten werden.

▶ **Darum geht es**

Die Vorschrift enthält die Verstöße gegen formelle und materielle Normen des BDSG, die mit Bußgeld bewehrt sind, sowie die jeweiligen Bußgeldrahmen.

▶ **Schlagwörter**

Täterschaft und Teilnahme; Geldbuße gegen juristische Personen; die bußgeldbewehrten Tatbestände; Voraussetzungen für die Verhängung eines Bußgeldes; das Bußgeldverfahren; Kriterien für die Bemessung der Geldbuße

▶ **Weitere relevante Vorschriften**

§ 16 Abs. 2 und 3 TMG; § 149 TKG; § 85 SGB X; § 26 GenDG; Bußgeldvorschriften in den Landesdatenschutzgesetzen, z.B. in Bayern Art. 37 BayDSG.

A. Allgemeines

I. Regelungszweck

1. Einordnung der Norm

1 Der Gesetzgeber hat im BDSG nicht nur die „Spielregeln" für den Umgang mit den personenbezogenen Daten sowie formale und organisatorische Vorschriften für die Gewährleistung des Datenschutzes und der Datensicherheit geschaffen, sondern er hat auch in mehrfacher Hinsicht dafür gesorgt, dass diese Vorschriften beachtet werden. Diesem Zweck dienen neben der internen Überwachung durch die Beauftragten für den Datenschutz und der Kontrolle durch die Datenschutzaufsichtsbehörden die in den §§ 43 und 44 enthaltenen Sanktionsmöglichkeiten.

2 In den Bußgeldtatbeständen des § 43 sind vorsätzliche und fahrlässige Verstöße gegen die dort aufgeführten Vorschriften enthalten. Die in Abs. 2 aufgeführten Tathandlungen stellen sogar Straftaten dar, wenn sie vorsätzlich begangen werden und eines der erschwerenden Merkmale des § 44 Abs. 1 aufweisen.

2. Persönlicher und sachlicher Anwendungsbereich der Norm

3 Die Norm bezieht sich auf die für die Beachtung des BDSG verantwortlichen Personen in den verantwortlichen Stellen sowie auf alle, die in abhängiger oder unabhängiger Stellung einen der aufgeführten Bußgeldtatbestände verwirklichen.

II. Systematik

4 § 43 ist der zentrale Bußgeldtatbestand des Gesetzes. In ihm sind alle vom Gesetzgeber als bußgeldwürdig erachteten Verstöße gegen Vorschriften des BDSG und zum Teil auch gegen bereichsspezifische Datenschutzvorschriften wie folgt zusammengefasst:

- Abs. 1 enthält vorsätzliche oder fahrlässige Verstöße, die mit einem Bußgeld bis 50.000,– € geahndet werden können.
- Abs. 2 umfasst vorsätzliche oder fahrlässige Verstöße, die mit einem Bußgeld bis 300.000,– € geahndet werden können.
- Abs. 3 enthält neben dem § 17 OWiG die beiden für die Absätze 1 und 2 festgesetzten Bußgeldrahmen und zusätzliche Regelungen für die Bemessung der Geldbuße.

III. Ausblick auf die Novellierung des Europäischen Datenschutzrechts

5 Der Vorschlag für eine EU-Datenschutz-Grundverordnung[1] enthält in Art. 79 – Verwaltungsrechtliche Sanktionen – zahlreiche Bußgeldtatbestände, die zum Teil § 43 Abs. 1 und Abs. 2 entsprechen, aber auch darüber hinausgehen. Die Höchstbeträge für die Geldbußen gehen von 250.000,– € über 500.000,– € bis zu 1.000.000,– € und bei Unternehmen bis zu 0,5 %, 1 % oder 2 % ihres weltweiten Jahresumsatzes.

---

1 Vorschlag der Europäischen Kommission für eine Datenschutz-Grundverordnung vom 25.01.2012.

B. Inhalt der Regelung

Verstößt eine Person gegen eine datenschutzrechtliche Regelung, so kann sie nicht ohne Weiteres mit einem Bußgeld belegt werden. Entscheidend ist vielmehr, ob sie vorsätzlich oder fahrlässig einen der in Abs. 1 oder Abs. 2 detailliert beschriebenen Bußgeldtatbestände verwirklicht hat und auch die allgemeinen Voraussetzungen für die Verhängung einer Geldbuße vorliegen. 6

> !
> Nicht jeder Verstoß gegen eine datenschutzrechtliche Vorschrift ist bußgeldbewehrt.
> Eine **Ahndung mit einem Bußgeld** ist möglich, wenn
> (1) einer der in den Absätzen 1 und 2 aufgeführten Bußgeldtatbestände vorliegt,
> (2) dem Täter Vorsatz oder Fahrlässigkeit vorzuwerfen ist und
> (3) die einschlägigen allgemeinen Regelungen des OWiG beachtet werden.

I. Täterschaft und Teilnahme

Es gelten die allgemeinen Regelungen des OWiG, soweit in § 43 nichts Abweichendes geregelt ist. Im Folgenden werden ohne Anspruch auf Vollständigkeit einige für den Vollzug der Bußgeldvorschriften des § 43 wesentliche Grundsätze angesprochen. 7

1. Begehungsdelikte

Der Bußgeldtatbestand wird durch ein aktives Tun verwirklicht. Dazu gehören insbesondere die Nummern 1 bis 6 des Absatzes 2, bei denen es in verschiedenen Spielarten um den unbefugten Umgang mit personenbezogenen Daten geht. Auch im Abs. 1 erfordern einige Tatbestände ein aktives Zuwiderhandeln gegen Verbote, z.B. die Nummern 3a, 4, 6 oder 11. 8

Bei diesen Tatbeständen ist eine Begehung durch jedermann denkbar. Täter kann sein, der den jeweiligen Tatbestand gerade in seiner Person erfüllen kann.[2] 9

2. Beteiligung mehrerer Personen an einer Ordnungswidrigkeit

Beteiligen sich mehrere Personen vorsätzlich an einer Ordnungswidrigkeit, so handelt gemäß § 14 OWiG jeder von ihnen ordnungswidrig. Dafür reicht es aus, wenn 10

a) eine Person vom Tatbeitrag der anderen weiß,

b) mit deren Handlung einverstanden ist und

c) einen physischen oder psychischen Beitrag zur Tatbestandsverwirklichung leistet.[3]

> **Beispiel**
>
> Eine Person kann als Beteiligte mit einem Bußgeld belegt werden, wenn sie eine andere Person angestiftet hat, unter Verstoß gegen § 43 Abs. 2 Nr. 1 nicht allgemein zugängliche personenbezogene Daten zu übermitteln.

Im Übrigen wird auf die Regelungen des § 14 OWiG und auf die entsprechenden Kommentierungen in den OWiG-Kommentaren verwiesen.

3. Echte Unterlassungsdelikte

Der Bußgeldtatbestand ist hier erfüllt, wenn der Täter einer der verantwortlichen Stelle obliegenden, sich aus dem BDSG ergebenden Verpflichtung (= **betriebsbezogene Verpflichtung**) nicht nachkommt. Derartige Tatbestände finden sich vor allem im Abs. 1, wenn z.B. eine Meldung nicht gemacht, ein Beauf- 11

2 Vgl. Simitis/*Ehmann*, § 43 Rn. 23.
3 Weitere Ausführungen bei Göhler/*Gürtler*, OWiG, § 14 Rn. 5 und 6.

tragter für den Datenschutz nicht bestellt oder ein Auftrag gemäß § 11 nicht ordnungsgemäß erteilt wird. Dazu gehört auch Abs. 2 Nr. 7, der die Nichtabgabe einer Meldung gemäß § 42a sanktioniert.

12 Als Täter kommen folgende Personen in Betracht:

a) der Leiter der verantwortlichen Stelle

b) das vertretungsberechtigte Organ einer juristischen Person oder Mitglied eines solchen Organs

c) der vertretungsberechtigte Gesellschafter einer rechtsfähigen Personengesellschaft

d) der gesetzliche Vertreter eines anderen

e) der mit der vollständigen oder teilweisen Betriebsleitung Beauftragte

f) jeder ausdrücklich damit Beauftragte, in eigener Verantwortung Aufgaben wahrzunehmen, die dem Inhaber des Betriebes obliegen.

13 Die Einbeziehung der unter b) bis f) genannten Personen in die Zielgruppe dieser Bußgeldvorschriften ergibt sich aus § 9 OWiG. Werden bei einer verantwortlichen Stelle mit Bußgeld bedrohte Verpflichtungen nicht erfüllt, so kann der jeweilige Verantwortliche im Sinne des § 9 OWiG mit einem Bußgeld belegt werden. Konkret sind dies die verantwortlichen Leitungspersonen auf den verschiedenen Ebenen[4] und die Personen, denen besondere Aufgaben zur selbstständigen Erledigung zugewiesen sind.

14 Andere Beschäftigte einer verantwortlichen Stelle kommen bei den echten Unterlassungsdelikten als Adressaten eines Bußgeldbescheides nicht in Betracht. Das gilt auch für den Beauftragten für den Datenschutz, dessen Aufgabe lediglich im „Hinwirken auf den Datenschutz", nicht dagegen in der Erfüllung der gesetzlichen Verpflichtungen der verantwortlichen Stelle besteht.[5]

4. Unterlassung von Aufsichtsmaßnahmen in der verantwortlichen Stelle (§ 130 OWiG)

15 Im Bereich einer verantwortlichen Stelle geht es bei dieser Vorschrift um die vorsätzliche oder fahrlässige Unterlassung von erforderlichen Aufsichtsmaßnahmen, die u.a. Zuwiderhandlungen gegen die in den §§ 43 und 44 bußgeld- oder strafbewehrten Verpflichtungen des Inhabers („betriebsbezogenen Pflichten") verhindern oder wesentlich erschweren sollen. Dieser eigene Bußgeldtatbestand des OWiG erweitert somit die Wirkung der im BDSG enthaltenen Bußgeld- und Straftatbestände, indem er Verstöße gegen die erforderliche Aufsicht gesondert mit einem Bußgeld bewehrt.

16 Täter können der Inhaber der verantwortlichen Stelle (§ 130 Abs. 1 OWiG) und über den § 9 OWiG die bei 3. unter b) bis f) genannten Personen sein,[6] insbesondere auch die Leitungspersonen auf den verschiedenen Ebenen.

17 Zu den erforderlichen Aufsichtsmaßnahmen gehören z.B. die Bestellung, sorgfältige Auswahl und Überwachung von Aufsichtspersonen (§ 130 Abs. 1 Satz 2 OWiG), Stichprobenkontrollen, die Aufmerksamkeit gegenüber rechtlichen Entwicklungen und deren innerbetriebliche Bekanntmachung und Beachtung oder die erforderliche Bestellung eines Datenschutzbeauftragten.[7]

18 Diese Ordnungswidrigkeit kann, wenn die Pflichtverletzung eine Straftat gemäß § 44 darstellt, mit einer Geldbuße bis zu 1.000.000,– € geahndet werden (§ 130 Abs. 1 Satz 1 OWiG). Bei Pflichtverletzungen gemäß § 43 bestimmt sich das Höchstmaß der Geldbuße nach dem dort angedrohten Höchstmaß (§ 130 Abs 3 Satz 2 OWiG).

5. Geldbuße gegen juristische Personen oder Personenvereinigungen (§ 30 OWiG)

19 Eine Geldbuße kann auch gegen eine juristische Person (z.B. eine AG, GmbH oder einen eingetragenen Verein) oder gegen eine Personenvereinigung (z.B. eine OHG, KG oder eine Gesellschaft bürgerlichen

---

4 Vgl. Göhler/*Gürtler*, OWiG, § 9 Rn. 1.
5 Vgl. Simitis/*Ehmann*, § 43 Rn. 25.
6 Vgl. Göhler/*Gürtler*, OWiG, § 130 Rn. 4.
7 Vgl. Göhler/*Gürtler*, OWiG, § 130 Rn. 3.

Rechts, soweit sie am Rechtsverkehr teilnimmt[8]) u.a. unter folgenden Voraussetzungen festgesetzt werden.

a) Es wurde eine Ordnungswidrigkeit oder Straftat begangen, durch die betriebsbezogene Verpflichtungen einer verantwortlichen Stelle (vgl. oben 4. Rn. 15) verletzt worden sind – wie es bei den Tatbeständen der §§ 43 und 44 sowie des § 130 OWiG der Fall ist – oder mit denen für die verantwortliche Stelle eine Bereicherung eingetreten ist oder angestrebt wurde,

und

b) es wurde jemand tätig

   1. als vertretungsberechtigtes Organ einer juristischen Person oder als Mitglied eines solchen Organs,
   2. als Vorstand eines nicht rechtsfähigen Vereins oder als Mitglied eines solchen Vorstandes,
   3. als vertretungsberechtigter Gesellschafter einer rechtsfähigen Personengesellschaft,
   4. als Generalbevollmächtigter oder in leitender Stellung als Prokurist oder Handlungsbevollmächtigter einer juristischen Person oder einer in Nummer 2 oder 3 genannten Personenvereinigung oder
   5. als sonstige Person, die für die Leitung des Betriebs oder Unternehmens einer juristischen Person oder einer in Nummer 2 oder 3 genannten Personenvereinigung verantwortlich handelt, wozu auch die Überwachung der Geschäftsführung oder die sonstige Ausübung von Kontrollbefugnissen in leitender Stellung gehört.

   Der hier genannte Personenkreis deckt sich nicht vollständig mit den in § 9 aufgeführten Personen (vgl. oben 3.).

Es steht im pflichtgemäßen Ermessen der Bußgeldbehörde, ob sie ggf. von der Möglichkeit des Durchgriffs auf die juristische Person oder Personenvereinigung Gebrauch macht. 20

Typische Fallgestaltung

Ein Beschäftigter übermittelt vorsätzlich und unbefugt personenbezogene Daten an einen Dritten.

Die Durchführung folgender Bußgeldverfahren ist denkbar:

1. gegen den Beschäftigten gem. § 43 Abs. 2 Nr. 1,
2. gegen die Leitung der verantwortlichen Stelle gemäß § 130 OWiG
3. gegen Vorgesetzte gemäß § 130 OWiG
4. gegen die verantwortliche Stelle, wenn sie eine juristische Person oder Personenvereinigung i.S.d. § 30 OWiG ist.

II. Vorsatz oder Fahrlässigkeit

In allen Tatbeständen dieser Vorschrift ist vorsätzliches und fahrlässiges Handeln mit Geldbuße bedroht. 21

1. Unter **Vorsatz** versteht man das Wissen und Wollen der Tatumstände, wie sie in den einzelnen Bußgeldtatbeständen des § 43 und den Vorschriften, auf die sie sich jeweils beziehen, aufgeführt sind.

   Es genügt, wenn der Täter mit bedingtem Vorsatz handelt. Dies ist z.B. der Fall, wenn er Daten übermittelt, obwohl er nicht sicher ist, ob die erforderliche Einwilligung des Betroffenen vorliegt. Er nimmt aber den Rechtsverstoß billigend in Kauf.

2. Ein **fahrlässig** Handelnder will nicht bewusst gegen die aufgeführten Bestimmungen verstoßen, sondern er lässt die Sorgfalt außer Acht, zu der er nach den Umständen und seinen persönlichen Fähigkeiten in Datenschutzangelegenheiten verpflichtet und imstande ist.[9]

---

8 Im Einzelnen Göhler/*Gürtler*, OWiG, § 30 Rn. 3 ff.; Palandt/*Heinrichs*, § 14 Rn. 3.
9 Näheres Göhler/*Gürtler*, OWiG, § 10 Rn. 6 ff.

Beispiel:

Der Täter vertippt sich und versendet deshalb eine E-Mail mit nicht allgemein zugänglichen personenbezogenen Daten eines Betroffenen an den falschen Adressaten. Hat er bei der Einfügung der E-Mail-Adresse und bei der Absendung nicht die erforderliche Sorgfalt angewandt, handelte er fahrlässig.

III. Die Irrtumsregeln des OWiG

1. Tatbestandsirrtum

22 Nach § 11 Abs. 1 OWiG handelt nicht vorsätzlich, wer bei der Begehung der Tat einen Umstand nicht kennt, der zum gesetzlichen Tatbestand gehört. Möglich ist allerdings eine Ahndung der Tat wegen fahrlässigen Handelns, da sich die Bußgeldbewehrung des § 43 auch auf die Fahrlässigkeit bezieht.

Beispiel

Der Täter übermittelt nicht allgemein zugängliche personenbezogene Daten und geht irrigerweise davon aus, dass die erforderliche Einwilligung der Betroffenen vorliegt. Da die Einwilligung fehlt, handelt er unbefugt. Vorsatz liegt jedoch aufgrund seines Irrtums gemäß § 11 Abs. 1 OWiG nicht vor. Dem Täter könnte allerdings ein Bußgeld wegen fahrlässigen Handelns auferlegt werden, wenn sein Irrtum auf eine Außerachtlassung der erforderlichen Sorgfalt zurückzuführen ist (vgl. oben II. 2 Rn. 21).

2. Verbots- bzw. Gebotsirrtum

23 Weiß der Täter nicht, dass er etwas Unerlaubtes tut bzw. etwas Gebotenes unterlässt, z.B. weil er eine Rechtsvorschrift oder ihre Anwendbarkeit nicht kennt, verhält er sich gemäß § 11 Abs. 2 OWiG nicht vorwerfbar, wenn er diesen Verbots- bzw. Gebotsirrtum nicht vermeiden konnte. Ihm kann in diesem Fall kein Bußgeld auferlegt werden.

24 War ein derartiger Irrtum dagegen für ihn vermeidbar, kann die Tat mit einem Bußgeld geahndet werden. Vermeidbar ist ein Verbotsirrtum dann, wenn der Täter bei Anwendung der Sorgfalt, die nach Sachlage objektiv zu fordern war und die er nach seinen persönlichen Verhältnissen erbringen konnte, das Unerlaubte seines Handelns hätte erkennen können.[10] Eine Milderung der Geldbuße ist in diesem Fall im OWiG zwar nicht vorgesehen, aber im Rahmen der Bemessungskriterien (vgl. VI. 2) in Erwägung zu ziehen.[11]

Beispiel

Der Leiter einer verantwortlichen Stelle bestellt in Unkenntnis der sich für ihn aus § 4f Abs. 1 ergebenden Verpflichtung keinen Datenschutzbeauftragten.

Dieser Irrtum war für ihn vermeidbar. Der Leiter muss sich nämlich über alle rechtlichen Vorschriften informieren, die seine Geschäftstätigkeit betreffen.[12] Dazu gehört auch das BDSG. Die vorsätzliche gebotswidrige Untätigkeit kann mit einem Bußgeld geahndet werden.

IV. Verstöße, die mit einem Bußgeld bis zu 50.000,– € geahndet werden können (Abs. 1)

25 Ordnungswidrig handelt, wer vorsätzlich oder fahrlässig in der in den folgenden Nummern beschriebenen Weise gegen Vorschriften des BDSG verstößt:

---

10 Göhler/*Gürtler*, OWiG, § 11 Rn. 23.
11 Göhler/*Gürtler*, OWiG, § 11 Rn. 29.
12 Göhler/*Gürtler*, OWiG, § 11 Rn. 14, 24 f.

Nr. 1 Unterlassene oder fehlerhafte Meldung an die Aufsichtsbehörde

„Wer entgegen § 4d Abs. 1, auch in Verbindung mit § 4e Satz 2, eine Meldung nicht, nicht richtig, nicht vollständig oder nicht rechtzeitig macht." 26

Es geht hier um die gegenüber der zuständigen Datenschutzaufsichtsbehörde bzw. dem Bundesbeauftragten für den Datenschutz und die Informationsfreiheit abzugebende Meldung über die Inbetriebnahme automatisierter Verfahren.

Die Verstöße im Einzelnen:[13]

- Eine Meldung ist nicht gemacht, wenn sie bei der zuständigen Behörde nicht eingegangen ist.
- Eine Meldung ist nicht richtig, wenn die Angaben inhaltlich nicht den Tatsachen entsprechen.
- Eine Meldung ist nicht vollständig, wenn mindestens eine erforderliche Angabe fehlt.
- Eine Meldung ist nicht rechtzeitig, wenn sie die vorgesehene Zeitvorgabe nicht einhält. Im Fall des § 4d Abs. 1 Satz 1 muss die Meldung vor der Inbetriebnahme des Verfahrens der zuständigen Behörde zugegangen sein.

Aufgrund der zahlreichen Ausnahmen von der Meldepflicht in § 4d Absätze 2 und 3 spielt dieser Bußgeldtatbestand im Wesentlichen nur noch für den Adresshandel, die Auskunfteien und die Unternehmen der Markt- und Meinungsforschung eine Rolle.

Nr. 2 Unterlassene oder fehlerhafte Bestellung eines Beauftragten für den Datenschutz

„Wer entgegen § 4f Abs. 1 Satz 1 oder 2, jeweils auch in Verbindung mit Satz 3 und 6, einen Beauftragten für den Datenschutz nicht, nicht in der vorgeschriebenen Weise oder nicht rechtzeitig bestellt." 27

Ein Beauftragter für den Datenschutz ist nicht bestellt, wenn die verantwortliche Stelle trotz Vorliegens der Voraussetzungen des § 4f Abs. 1 insoweit überhaupt nicht tätig geworden ist. Eine Nichtbestellung liegt auch dann vor, wenn eine Person bestellt wird, die nicht die erforderliche Fachkunde und Zuverlässigkeit besitzt (vgl. § 4f Abs. 2 Satz 1 und 2)[14] oder die nur „pro forma" bestellt wird und überhaupt keine Tätigkeit entfalten kann.

An der vorgeschriebenen Weise der Bestellung fehlt es dann, wenn diese nicht schriftlich erfolgt ist, der Beauftragte für den Datenschutz nicht unmittelbar der Leitung unterstellt wird (§ 4f Abs. 3 Satz 1) oder ihm nicht das erforderliche Zeitbudget für seine Tätigkeit eingeräumt wird, wozu die öffentlichen und nicht-öffentlichen Stellen gemäß § 4f Abs. 5 Satz 1 u.a. verpflichtet sind.[15]

Nicht-öffentliche Stellen bestellen den Beauftragten für den Datenschutz gemäß § 4f Abs. 1 Satz 2 dann rechtzeitig, wenn sie dies innerhalb eines Monats nach Aufnahme ihrer Tätigkeit in der in Satz 1 beschriebenen Weise bzw. nach der Erfüllung der Voraussetzungen des Abs. 1 Sätze 2 ff. für die Bestellung nach dieser Vorschrift tun.

Nr. 2a Im Rahmen des automatisierten Abrufverfahrens wird die Möglichkeit der Feststellung und Überprüfung der Datenübermittlung durch Stichproben nicht gewährleistet

„Wer entgegen § 10 Absatz 4 Satz 3 nicht gewährleistet, dass die Datenübermittlung festgestellt und überprüft werden kann." 28

Zur Einführung dieses Bußgeldtatbestandes im Jahr 2009 wird in der BT-Drucksache 16/12011 Folgendes ausgeführt: „Die Übermittlung personenbezogener Daten durch Abruf, die vor allem bei größeren Datenbeständen und einer größeren Anzahl von Übermittlungen angewandt wird, ist aus Sicht des Rechts auf informationelle Selbstbestimmung gefahrgeneigt, weil die übermittelnde Stelle die personenbezoge-

13 Vgl. Simitis/*Ehmann*, § 43 Rn. 32.
14 Nach Simitis/*Ehmann*, § 43 Rn. 33, und Taeger/Gabel/*Mackenthun*, § 43 Rn. 12, fehlt es in diesem Fall an einer Bestellung in der vorgeschriebenen Weise; wie hier *Gola/Schomerus*, § 43 Rn. 6 und *Bergmann/Möhrle/Herb*, § 43 Rn. 31.
15 Vgl. *Bergmann/Möhrle/Herb*, § 43 Rn. 36.

nen Daten lediglich zum Abruf bereitstellt, vor der Übermittlung durch Abruf jedoch im Regelfall keine weitere Prüfung der Zulässigkeit vornimmt. Diese fehlende Vorabprüfung wird datenschutzrechtlich unter anderem dadurch aufgefangen, dass nachträglich durch Stichprobenverfahren gewährleistet wird, dass die übermittelnde Stelle die Zulässigkeit des Abrufs überprüfen kann. Aus Sicht der Aufsichtspraxis wird dieses Erfordernis des Öfteren nicht beachtet und kann bislang mangels Bußgeldbewehrung auch nur unzureichend gegen die verantwortliche Stelle durchgesetzt werden."

Nr. 2b Im Rahmen der Auftragsdatenverarbeitung fehlerhafte Erteilung eines Auftrags oder Unterlassung des „Sich-Überzeugens"

29 *„Wer entgegen § 11 Abs. 2 Satz 2 einen Auftrag nicht richtig, nicht vollständig oder nicht in der vorgeschriebenen Weise erteilt oder entgegen § 11 Abs. 2 Satz 4 sich nicht vor Beginn der Datenverarbeitung von der Einhaltung der beim Auftragnehmer getroffenen technischen und organisatorischen Maßnahmen überzeugt."*

Nach den Erfahrungen der Aufsichtsbehörden wurden die formalen Vorgaben des § 11 in der Vergangenheit in vielen Fällen nicht eingehalten. Dies veranlasste den Gesetzgeber im Jahr 2009, diese Bußgeldbewehrung einzuführen. Sie soll dazu beitragen, dass die Rahmenbedingungen für die Auftragsdatenverarbeitung von den Auftraggebern sorgfältiger beachtet werden und von den Aufsichtsbehörden besser durchgesetzt werden können.[16]

Als Täter dieses Bußgeldtatbestandes kommt allein der Auftraggeber, nicht jedoch der Auftragnehmer in Betracht.

Bei der ersten Alternative dieser Vorschrift geht es um die Art und Weise der Auftragserteilung. Bußgeldbewehrt sind folgende Verstöße:[17]

- Ein Auftrag ist nicht richtig erteilt, wenn er zwar vorliegt, darin enthaltene Angaben aber nicht der Wahrheit entsprechen.[18]
- Er ist nicht vollständig, wenn in ihm nicht alle in § 11 Abs. 2 Satz 2 aufgezählten Festlegungen enthalten sind.
- Nicht in der vorgeschriebenen Weise ist der Auftrag erteilt, wenn er nicht schriftlich erteilt worden ist.

Die zweite Alternative bezieht sich auf die vom Auftraggeber **vor** Beginn der Datenverarbeitung vorzunehmenden Überprüfungen. Auf die später durchzuführenden Kontrollen bezieht sich die Bußgeldvorschrift nach ihrem Wortlaut eindeutig nicht.

Bezüglich der Einzelheiten der Einhaltung der bußgeldbewehrten Verpflichtungen wird auf die Erläuterungen zu § 11 verwiesen.

Nr. 3 Keine ordnungsgemäße Unterrichtung des Betroffenen über sein Recht, Werbewiderspruch oder Widerspruch gegen die Markt- und Meinungsforschung zu erheben. Keine Sicherstellung, dass der Betroffene über die Herkunft der Daten Kenntnis erhalten kann.

30 *„Wer entgegen § 28 Abs. 4 Satz 2 den Betroffenen nicht, nicht richtig oder nicht rechtzeitig unterrichtet oder nicht sicherstellt, dass der Betroffene Kenntnis erhalten kann."*

Die in dieser Bußgeldvorschrift genannten Verstöße beziehen sich zunächst auf die beiden in § 28 Abs. 4 Satz 2 1. Halbsatz vorgeschriebenen Unterrichtungen des Betroffenen

1. bei der Ansprache zum Zweck der Werbung oder der Markt- oder Meinungsforschung, d.h. im persönlichen Werbeschreiben und

16 Vgl. BT-Drs. 16/12011, S. 35.
17 Vgl. 34. Jahresbericht der bremischen Landesbeauftragten für den Datenschutz vom 16.03.2012 Nr. 18.1.
18 Vgl. Simitis/*Ehmann*, § 43 Rn. 35.

2. bei der Begründung des rechtsgeschäftlichen oder rechtsgeschäftsähnlichen Schuldverhältnisses, z.B. im Rahmen des Vertrages mit einem Kunden.

Zu den einzelnen aufgeführten Verstößen vgl. Erl. zu Nr. 1.

Der dritte Verstoß besteht darin, dass nicht gemäß § 28 Abs. 4 Satz 2 2. Halbsatz sichergestellt wird, dass der Betroffene Kenntnis über die Herkunft der Daten erhalten kann.

Bezüglich des Inhalts der sich aus § 28 Abs. 4 Satz 2 ergebenden Verpflichtungen wird auf die dortigen Erläuterungen verwiesen.

Nr. 3a Verlangen einer strengeren Form für den Widerspruch gegen Werbung und Markt- oder Meinungsforschung

„Wer entgegen § 28 Absatz 4 Satz 4 eine strengere Form verlangt." 31

Das Verbot des § 28 Abs. 4 Satz 4 gilt für die oben unter 2. zu Nr. 3 geschilderte Fallgestaltung. Im Rahmen des rechtsgeschäftlichen oder rechtsgeschäftsähnlichen Schuldverhältnisses darf für den Widerspruch keine strengere Form verlangt werden als für die Begründung dieses Schuldverhältnisses. So ist es z.B. nicht zulässig, in einen Vertrag, der per Internet abgeschlossen wird, aufzunehmen, dass ein Werbewiderspruch schriftlich einzulegen ist. Der Gesetzgeber möchte damit verhindern, dass die Einlegung eines Widerspruches für den Betroffenen durch besondere formale Anforderungen erschwert wird.

Um diesem Verbot gegenüber dem werbenden Unternehmen Nachdruck zu verleihen, wurde ein Verstoß dagegen bußgeldbewehrt. Sobald das ernsthafte Verlangen dem Betroffenen zugegangen ist, ist der Bußgeldtatbestand erfüllt.

Nr. 4 Verstoß gegen § 28 Abs. 5 Satz 2 bei der Übermittlung oder Nutzung übermittelter Daten für andere Zwecke

„Wer entgegen § 28 Abs. 5 Satz 2 personenbezogene Daten übermittelt oder nutzt." 32

Der Bußgeldtatbestand bezieht sich auf die **Übermittlung** und die **Nutzung** personenbezogener Daten, die der Stelle vorher übermittelt worden sind.

Die Verwendung dieser Daten unterliegt eigentlich der Bindung an den Übermittlungszweck gemäß § 28 Abs. 5 Satz 1. Nach dieser Bestimmung dürfen die übermittelten Daten nur für den Zweck verarbeitet oder genutzt werden, zu dessen Erfüllung sie übermittelt worden sind.

Davon abweichend gestattet Satz 2 dieser Bestimmung aber doch eine Zweckänderung unter den Voraussetzungen des § 28 Abs. 2 und 3 sowie des § 14 Abs. 2. Es irritiert etwas, dass gerade diese dem Verwender entgegenkommende weitgehende Aufhebung der Beschränkung des Satzes 1 bußgeldbewehrt ist.

Man kann deshalb den Bußgeldtatbestand nur wie folgt verstehen: Hält die empfangende Stelle bei einer zweckändernden eigenen Übermittlung oder Nutzung dieser Daten **die im § 28 Abs. 5 Satz 2 aufgeführten Vorgaben der Absätze 2 oder 3 sowie des § 14 Abs. 2 nicht ein**, ist der Bußgeldtatbestand der Nr. 4 erfüllt.

Beispiel

Ein Datenempfänger nutzt die übermittelten Daten zur Werbung, ohne dass die Betroffenen gemäß § 28 Abs. 3 Satz 1 eingewilligt haben oder die erforderlichen Voraussetzungen der Sätze 2 ff. des Abs. 3 vorliegen.

Es fällt auf, dass in diesen Fällen gleichzeitig auch der Bußgeldtatbestand des Abs. 2 Nr. 5 erfüllt ist. Auf die dortigen Erläuterungen wird verwiesen.

Nr. 4a Verstoß gegen die Nachberichtspflicht an Auskunfteien bei nachträglichen Änderungen

33 *„Wer entgegen § 28a Abs. 3 Satz 1 eine Mitteilung nicht, nicht richtig, nicht vollständig oder nicht rechtzeitig macht."*

Mit der Bußgeldbewehrung der genannten Verstöße sollen die an Auskunfteien meldenden verantwortlichen Stellen angehalten werden, nachträgliche Änderungen ordnungsgemäß mitzuteilen, um so auch zum Schutz der Betroffenen die Aktualität und Richtigkeit der Datenbestände bei den Auskunfteien sicherzustellen.[19]

Zu den einzelnen aufgeführten Verstößen vgl. Erl. zu Nr. 1.

Nr. 5 Verstoß gegen Aufzeichnungspflichten bei geschäftsmäßigen Datenübermittlungen

34 *„Wer entgegen § 29 Abs. 2 Satz 3 oder 4 die dort bezeichneten Gründe oder die Art und Weise ihrer glaubhaften Darlegung nicht aufzeichnet."*

Mit der Bußgeldandrohung sollen die vorgeschriebenen Aufzeichnungen sichergestellt werden, die dem Beauftragten für den Datenschutz und der Aufsichtsbehörde die Prüfung der Rechtmäßigkeit der Datenübermittlungen ermöglichen.[20]

Die Bußgeldandrohung richtet sich an den jeweils Aufzeichnungspflichtigen, d.h. an die übermittelnde Stelle (Satz 3) bzw. an den Dritten, dem die Daten übermittelt werden (Satz 4).

Nr. 6 Aufnahme personenbezogener Daten in elektronische oder gedruckte Verzeichnisse, obwohl der entgegenstehende Wille des Betroffenen ersichtlich ist

35 *„Wer entgegen § 29 Abs. 3 Satz 1 personenbezogene Daten in elektronische oder gedruckte Adress-, Rufnummern-, Branchen- oder vergleichbare Verzeichnisse aufnimmt."*

Die Bußgeldbewehrungen der Nrn. 6 und 7 sanktionieren Verstöße gegen den ersichtlichen, einer Aufnahme in die genannten Verzeichnisse entgegenstehenden Willen des Betroffenen bezüglich aller oder einzelner Daten und dienen so der Verwirklichung seines informationellen Selbstbestimmungsrechts.

Täter der Nr. 6 ist derjenige, der personenbezogene Daten gegen den ersichtlichen Willen des Betroffenen in einem der genannten Verzeichnisse „veröffentlicht".

Nr. 7 Keine Sicherstellung der Übernahme von Kennzeichnungen in Verzeichnisse oder Register

36 *„Wer entgegen § 29 Abs. 3 Satz 2 die Übernahme von Kennzeichnungen nicht sicherstellt."*

Diese Vorschrift ergänzt die Nr. 6 (siehe Erläuterung dazu).

Täter der Nr. 7 ist jeder Empfänger des vollständigen Verzeichnisses, der die in § 29 Abs. 3 Satz 2 angesprochene Übernahme der Kennzeichnung nicht sicherstellt.

Nr. 7a Keine Gleichbehandlung von Darlehensgebern aus EU- und EWR-Staaten mit Darlehensgebern aus dem Inland bei Auskunftsverlangen an Auskunfteien

37 *„Wer entgegen § 29 Abs. 6 ein Auskunftsverlangen nicht richtig behandelt."*

Das entscheidende Kriterium für die Erfüllung des Bußgeldtatbestandes ist die **Benachteiligung** von Darlehensgebern aus EU-/EWR-Staaten (vgl. Erl. zu § 4b) gegenüber inländischen Darlehensgebern. Sie kann in der zeitlichen Abfolge, im Inhalt oder beim Umfang liegen.[21]

---

19 Vgl. *Bergmann/Möhrle/Herb*, § 43 Rn. 48c.
20 Vgl. Taeger/Gabel/*Mackenthun*, § 43 Rn. 25.
21 Vgl. Simitis/*Ehmann*, § 43 Rn. 43.

Mit dieser Bußgelddrohung soll einer Diskriminierung ausländischer Anbieter von Verbraucherkrediten im europäischen Wirtschaftsraum entgegengewirkt werden und die Entwicklung des grenzüberschreitenden Verbraucherkreditmarktes gefördert werden.[22]

Nr. 7b Keine ordnungsgemäße Unterrichtung des Verbrauchers bei Ablehnung eines Darlehensvertrages oder eines Vertrages über eine entgeltliche Finanzierungshilfe wegen erhaltener Auskunft

„Wer entgegen § 29 Abs. 7 Satz 1 einen Verbraucher nicht, nicht richtig, nicht vollständig oder nicht rechtzeitig unterrichtet." **38**

Die Bußgelddrohung richtet sich gegen die Stelle, die den Abschluss des Vertrages abgelehnt hat und ihrer Unterrichtungspflicht gemäß § 29 Abs. 7 Satz 1 nicht nachgekommen ist.

Die Unterrichtungsverpflichtung dieser Stelle besteht dann nicht, wenn im konkreten Fall eine weitere Einzelfallprüfung stattgefunden hat (vgl. Erläuterungen zu § 29).[23]

Zu den einzelnen aufgeführten Verstößen vgl. Erl. zu Nr. 1.

Nr. 8 Keine ordnungsgemäße Benachrichtigung des Betroffenen

„Wer entgegen § 33 Abs. 1 den Betroffenen nicht, nicht richtig oder nicht vollständig benachrichtigt." **39**

Adressatin der Vorschrift ist die Stelle, die die personenbezogenen Daten gespeichert hat.

Sie ist zur ordnungsgemäßen Auskunft verpflichtet, soweit nicht eine der zahlreichen in § 33 Abs. 2 aufgeführten Ausnahmen vorliegt.

Zu den einzelnen aufgeführten Verstößen vgl. Erl. zu Nr. 1.

Nr. 8a Verstöße gegen die Auskunftspflichten gemäß § 34 Nichtbeachtung der Verpflichtung der Werbewirtschaft, bestimmte Daten zu speichern

„Wer entgegen § 34 Absatz 1 Satz 1, auch in Verbindung mit Satz 3, entgegen § 34 Absatz 1a, entgegen § 34 Absatz 2 Satz 1, auch in Verbindung mit Satz 2, oder entgegen § 34 Absatz 2 Satz 5, Absatz 3 Satz 1 oder Satz 2 oder Absatz 4 Satz 1, auch in Verbindung mit Satz 2, eine Auskunft nicht, nicht richtig, nicht vollständig oder nicht rechtzeitig erteilt oder entgegen § 34 Absatz 1a Daten nicht speichert." **40**

Diese Bußgeldvorschrift sanktioniert in ihrem 1. Halbsatz die benannten Verstöße gegen die Auskunftspflichten gemäß § 34. Angesprochen sind die jeweiligen Auskunftspflichtigen. Der Tatbestand ist erfüllt, wenn der Auskunftspflichtige die Auskunft nicht, nicht richtig, nicht vollständig oder nicht rechtzeitig erteilt (vgl. dazu die Erl. zu Nr.1)

Im 2. Halbsatz geht es um einen Verstoß gegen die allgemeine, von einem Auskunftsbegehren unabhängige Verpflichtung, Daten zu speichern. Bei der Übermittlung von Listendaten zu Werbezwecken sind die übermittelnde Stelle und der Datenempfänger gemäß § 34 Abs. 1a verpflichtet, die Herkunft der Daten und den Empfänger bzw. die übermittelnde Stelle zu speichern. Die Bußgelddrohung richtet sich gegen die beiden verpflichteten Stellen.

Nr. 8b Keine ordnungsgemäße Übermittlung der auskunftspflichtigen Angaben durch das Scoring-Unternehmen an die für die Entscheidung verantwortliche Stelle

„Wer entgegen § 34 Abs. 2 Satz 3 Angaben nicht, nicht richtig, nicht vollständig oder nicht rechtzeitig übermittelt." **41**

Angesprochen ist die „andere Stelle" im Sinne des § 34 Abs. 2 Satz 3 (Scoring-Unternehmen). Es handelt sich dabei um ein Unternehmen, das einen Wahrscheinlichkeitswert oder einen Bestandteil davon ermittelt hat, z.B. eine Auskunftei.

---

22 Taeger/Gabel/*Mackenthun*, § 43 Rn. 28.

23 Vgl. Gesetzesbegründung BT-Drs. 16/11643 und Simitis/*Ehmann*, § 29 Rn. 245.

Auftraggeber und damit auch Empfänger dieser Scorewerte ist die für die Entscheidung über die Begründung, Durchführung oder Beendigung eines Vertragsverhältnisses mit dem Betroffenen verantwortliche Stelle (§ 28b Satz 1), z.B. eine Bank.

Der bußgeldbewehrte Verstoß gegen die sich aus § 34 Abs. 2 Satz 3 ergebende Verpflichtung besteht darin, dass das Scoring-Unternehmen die nach § 34 Abs. 2 Sätze 1 und 2 erforderlichen Angaben nicht, nicht richtig, nicht vollständig oder nicht rechtzeitig übermittelt (vgl. dazu die Erl. zu Nr. 1).

Mit dieser Bußgeldandrohung soll auch das häufig eingeschaltete Scoring-Unternehmen in die Pflicht genommen werden, um dem Betroffenen eine vollständige Auskunft durch die verantwortliche Stelle zu gewährleisten.

Nr. 8c Keine ordnungsgemäße Verweisung an das Scoring-Unternehmen gemäß § 34 Abs. 2 Satz 4

42 *„Wer entgegen § 34 Abs. 2 Satz 4 den Betroffenen nicht oder nicht rechtzeitig an die andere Stelle verweist."*

Auch die hier bußgeldbewehrte Regelung des § 34 Abs. 2 Satz 4 soll dazu beitragen, dass der Betroffene eine ordnungsgemäße Auskunft mit den in § 34 Abs. 2 Sätze 1 und 2 aufgeführten Informationen erhält. Angesprochen ist die für die Entscheidung verantwortliche Stelle, z.B. eine Bank (vgl. Erl. zu Nr. 8b).

Soweit sie die Auskunft zu einem Wahrscheinlichkeitswert (nicht zu einem Bestandteil davon!) nicht selbst erteilt, muss sie den Betroffenen unverzüglich an das Scoring-Unternehmen verweisen.

Der Bußgeldtatbestand wird verwirklicht, wenn die Verweisung

- überhaupt nicht oder
- nicht rechtzeitig, d.h. nicht unverzüglich (= ohne schuldhaftes Zögern), erfolgt oder
- die in § 34 Abs. 2 Satz 4 geforderten Angaben (= Namen und Anschrift des Scoring-Unternehmens sowie die zur Bezeichnung des Einzelfalls notwendigen Angaben) nicht in dem erforderlichen Umfang enthält. Auch in diesem Fall ist eine Verweisung, die den Betroffenen in die Lage versetzen soll, seinen Auskunftsanspruch geltend zu machen, nicht erfolgt[24] und somit der Bußgeldtatbestand erfüllt.

Nr. 9 Übermittlung ohne die in § 35 Abs. 6 Satz 3 vorgeschriebene Gegendarstellung

43 *„Wer entgegen § 35 Abs. 6 Satz 3 Daten ohne Gegendarstellung übermittelt."*

Adressat dieser Bußgeldvorschrift ist jeder, der bei Vorliegen der besonderen Konstellation des § 35 Abs. 6 Satz 1 geschäftsmäßig personenbezogene Daten übermittelt (§ 29).

Voraussetzung ist, dass der Betroffene eine Gegendarstellung mit dem Verlangen vorgelegt hat, sie den gespeicherten Daten beizufügen. Es handelt sich dabei nicht um eine Gegendarstellung im presserechtlichen Sinn, sondern um eine Schilderung des Vorgangs aus der Sicht des Betroffenen.

Bußgeldbewehrt ist allerdings nur der Fall, dass die Gegendarstellung bei der Übermittlung der Daten fehlt. Wird sie dagegen nur bei der Datenspeicherung unterlassen, ist der Bußgeldtatbestand nicht erfüllt.

Nrn. 10 und 11 Verstöße gegen Verpflichtungen gegenüber der Aufsichtsbehörde
Keine ordnungsgemäße Auskunft
Keine Duldung aufsichtlicher Maßnahmen

44 *„Wer entgegen § 38 Abs. 3 Satz 1 oder Abs. 4 Satz 1 eine Auskunft nicht, nicht richtig, nicht vollständig oder nicht rechtzeitig erteilt oder eine Maßnahme nicht duldet."*

---

24 Vgl. Simitis/*Ehmann*, § 43 Rn. 48.

Nichtbefolgung einer Anordnung einer Aufsichtsbehörde

„Wer einer vollziehbaren Anordnung nach § 38 Abs. 5 Satz 1 zuwiderhandelt."

1. **Allgemeines**

   Die Nummern 10 und 11 sanktionieren Pflichtverstöße gegenüber der Aufsichtsbehörde und stärken so deren Stellung gegenüber den verantwortlichen Stellen. Die Aufsichtsbehörden können damit ihre Rechte gegenüber den verantwortlichen Stellen nicht nur mit Mitteln des Verwaltungszwangs durchsetzen, z.B. mit Zwangsgeld (vgl. Erl. zu § 38), sondern sie können gleichzeitig auch Bußgelder erheben bzw. in den Bundesländern, in denen sie nicht Bußgeldbehörden sind, Anzeigen erstatten.

   ! Wenn man sich ohne rechtfertigenden Grund mit der Aufsichtsbehörde anlegt, kann es teuer werden.

   Die beiden Bußgeldvorschriften richten sich an die der Kontrolle unterliegenden Stellen sowie an die mit deren Leitung beauftragten Personen.

2. Die **Bußgeldbewehrung der Nr. 10** bezieht sich auf die
   - Auskunftspflicht gemäß § 38 Abs. 3 und die
   - Duldungspflichten gemäß § 38 Abs. 4 Satz 1 (Betretungs-, Prüfungs- und Besichtigungsrecht der Aufsichtsbehörde).

Damit sind Verstöße gegen die sich aus § 38 Abs. 4 Satz 2 ergebenden Duldungsverpflichtungen bezüglich der Einsichtnahme in geschäftliche Unterlagen **nicht** ausdrücklich in die Bußgeldbewehrung einbezogen.[25] Allerdings kann man wohl in einem Verstoß gegen Satz 2 gleichzeitig auch einen Verstoß gegen die bußgeldbewehrte Verpflichtung zur Prüfung (Satz 1) sehen.

Zu den einzelnen Verstößen „nicht", „nicht richtig", „nicht vollständig" oder „nicht rechtzeitig" wird auf die Erläuterungen zu Nr. 1 verwiesen.

3. Die **Bußgeldvorschrift der Nr. 11** bezieht sich auf die Nichtbefolgung einer Anordnung der Aufsichtsbehörde. Der im gesetzlichen Tatbestand verwendete Begriff „Zuwiderhandlung" umfasst nicht nur ein aktives Tun, sondern auch das Unterlassen der angeordneten Maßnahme.[26]

V. Verstöße, die mit einem Bußgeld bis zu 300.000,– € geahndet werden können (Abs. 2)

Ordnungswidrig handelt, wer vorsätzlich oder fahrlässig in der in den folgenden Nummern beschriebenen Weise gegen Vorschriften des BDSG verstößt: 45

Nr. 1 Unbefugte Erhebung oder Verarbeitung

„Wer unbefugt personenbezogene Daten, die nicht allgemein zugänglich sind, erhebt oder verarbeitet." 46

Dieser Bußgeldtatbestand wird am meisten verwirklicht. Er deckt sozusagen die „klassischen Verstöße" gegen das Datenschutzrecht ab. Dabei müssen folgende Merkmale vorliegen:

a) Die personenbezogenen Daten dürfen **nicht allgemein zugänglich sein**.

   Allgemein zugänglich ist ein personenbezogenes Datum dann, wenn die in ihm enthaltene Information einer weder tatsächlich noch rechtlich beschränkten Zahl von Personen ohne besondere Voraussetzungen oder Anstrengungen auf vernünftige Art und Weise zugänglich ist.[27]

---

25 Vgl. Simitis/*Ehmann*, BDSG, § 43 Rn. 50; *Bergmann/Möhrle/Herb*, BDSG, § 43 Rn. 67.
26 Vgl. *Bergmann/Möhrle/Herb*, § 43 Rn. 73, und Taeger/Gabel/*Mackenthun*, § 43 Rn. 49.
27 Vgl. § 10 Rn. 9, § 28 Rn. 55 ff. und Simitis/*Ehmann*, § 43 Rn. 54 m.w.N.

Somit ist dieser Bußgeldtatbestand z. B. **nicht** einschlägig bei

- einer Datenerhebung aus einem unverschlüsselten WLAN,
- einer Verarbeitung von Daten, die aus einem Register stammen, das ohne Geltendmachung eines berechtigten Interesses eingesehen werden kann[28] oder
- einer digitalen Bildaufnahme von Personen in der Öffentlichkeit.
- Bei der Verbreitung dieser Bilder ist dann allerdings die Strafbarkeit gemäß § 33 Kunsturhebergesetz zu beachten.

b) Vorsätzliche oder fahrlässige **Erhebung** oder **Verarbeitung**.

Der Tatbestand ist erfüllt, wenn eine dieser Tathandlungen abgeschlossen ist. Von den fünf Verarbeitungsalternativen des § 3 Abs. 4 spielen in der Praxis vor allem das Speichern und das Übermitteln eine Rolle.

! Die unbefugte Nutzung der Daten wird – im Gegensatz zu anderen Bußgeldtatbeständen – von der Nr. 1 **nicht** umfasst!

In aller Regel verwirklicht der Täter die in diesem Bußgeldtatbestand angesprochenen Vorgänge vorsätzlich. Lediglich bei Datenübermittlungen spielt häufig auch die Fahrlässigkeit eine Rolle, z.B. wenn man eine E-Mail versehentlich an einen falschen Adressaten sendet. In vielen Fällen wird hier die im Verkehr erforderliche Sorgfalt außer Acht gelassen.

! Bei der Versendung von E-Mails immer vor dem „Abdrücken" noch einmal nachprüfen, ob die Eingabe des/der Adressaten korrekt ist.

c) **Unbefugte** Tathandlung

Der Täter hatte für die Tathandlung keine Befugnis. Dies ist dann der Fall, wenn für die Erhebung oder Verarbeitung weder eine Erlaubnis durch eine Rechtsvorschrift noch eine Einwilligung des Betroffenen (§ 4 Abs. 1) vorliegt.

Nr. 2 Unbefugtes Bereithalten zum Abruf mittels automatisierten Verfahrens gemäß § 10

47 *„Wer unbefugt personenbezogene Daten, die nicht allgemein zugänglich sind, zum Abruf mittels automatisierten Verfahrens bereithält."*

a) Nicht allgemein zugängliche personenbezogene Daten

Siehe Erl. zu Nr. 1.

b) Vorsätzliches oder fahrlässiges Bereithalten zum Abruf mittels automatisierten Verfahrens

Hier ist bereits das Vorstadium des Übermittlungsvorgangs bußgeldbewehrt. Die Übermittlung wäre gemäß § 3 Abs. 4 Nr. 3 b) erst mit dem Abruf der personenbezogenen Daten durch den Dritten vollendet. Mit dem Bereithalten im Rahmen eines automatisierten Verfahrens gemäß § 10 hat aber der Täter alles dazu getan, um die Übermittlung auf den Weg zu bringen. Er hat die Daten damit insoweit öffentlich gemacht, indem er Dritten den Zugang ermöglicht. Wegen der damit verbundenen Gefährdung der Daten greift die Bußgeldbewehrung bereits in diesem Stadium ein.

c) **Unbefugte** Tathandlung

Sie liegt vor, wenn der Täter

1. die später ohne sein weiteres Zutun erfolgende Übermittlung **nicht auf eine Erlaubnis** durch eine Rechtsvorschrift oder eine Einwilligung des Betroffenen (§ 4 Abs. 1) stützen kann oder

28 Vgl. Simitis/*Ehmann*, § 43 Rn. 54.

2. die Zulässigkeitsvoraussetzungen des § 10 Abs. 1 für die Einrichtung eines automatisierten Abrufverfahrens nicht erfüllt.

Beispiele

Eine Bank stellt personenbezogene Daten ihrer Kunden ohne deren Einwilligung für selbstständige Finanzberater zum Abruf bereit.[29]

Ein Unternehmen stellt einem externen Unternehmensberater auf einem internen Laufwerk personenbezogene Kunden-, Lieferanten- und Beschäftigtendaten bereit, die für die Erfüllung des konkreten Beratungsauftrags nicht erforderlich sind.

Nr. 3 Unbefugtes Abrufen oder Verschaffen

„Wer unbefugt personenbezogene Daten, die nicht allgemein zugänglich sind, abruft oder sich oder einem anderen aus automatisierten Verarbeitungen oder nicht automatisierten Dateien verschafft." 48

a) Nicht allgemein zugängliche personenbezogene Daten

Siehe Erl. zu Nr. 1.

b) Unbefugtes Abrufen oder Verschaffen von Daten

Täter ist hier derjenige, der unbefugt Daten „abruft" oder sich oder einem anderen „verschafft". Es ist schwierig und im Einzelnen umstritten, wie diese beiden Alternativen gegeneinander abzugrenzen sind. Im Ergebnis kommt es jedoch nicht darauf an, ob man einen Lebenssachverhalt der einen oder der anderen Alternative zuordnet, da beide Alternativen in gleicher Weise der Bußgeldbewehrung unterliegen.

aa) Unbefugtes Abrufen

Gegenstand eines Abrufs können alle Daten sein, die **in automatisierter Form gespeichert** sind und dort mit entsprechenden technischen Mitteln vom Täter eingesehen oder in einer anderen Anlage abgespeichert werden können.[30] Es ist nicht erforderlich, dass sie für Berechtigte zum Abruf bereitgehalten werden.[31]

Der Abruf ist unbefugt, wenn keine Abrufberechtigung vorliegt oder die Abrufberechtigung überschritten wird.

Beispiel

Datenabruf durch einen Onlineübergriff ohne Täuschungselement (dazu siehe Nr. 4 Rn. 49).[32]

Auch innerhalb einer verantwortlichen Stelle können Daten unbefugt abgerufen werden, z.B. wenn ein Mitarbeiter als sog. „Innentäter" Daten vom Datenbestand seines Unternehmens unbefugt für private Zwecke verwendet.[33] Er verleibt die Daten in seinen Herrschaftsbereich ein und missbraucht sie für seine Zwecke. Er handelt in diesen Fällen nicht im Namen der verantwortlichen Stelle, sondern unberechtigterweise im eigenen Namen. Deshalb ist dieser Vorgang nicht als rechtswidrige Datennutzung im Rahmen seiner Tätigkeit bei der verantwortlichen Stelle, sondern als bußgeldbewehrtes unbefugtes Abrufen durch einen Dritten zu werten.[34]

29 HmbBfDI 23. Tb. 2010/2011 S. 185 f.
30 Vgl. *Gola/Schomerus*, § 43 Rn. 22; *Bergmann/Möhrle/Herb*, § 43 Rn. 93; Simitis/*Ehmann*, § 43 Rn. 61.
31 Vgl. Simitis/*Ehmann*, § 43 Rn. 61, Taeger/Gabel/*Mackenthun*, § 43 Rn. 55; *Bergmann/Möhrle/Herb*, § 43 Rn. 93; Däubler/Klebe/Wedde/Weichert/*Klebe*, § 43 Rn. 17.
32 Taeger/Gabel/*Mackenthun*, § 43 Rn. 55.
33 So auch Simitis/*Ehmann*, § 43 Rn. 61, der allerdings diese Fälle unter die Alternative 1 subsumiert.
34 *Bergmann/Möhrle/Herb*, § 43 Rn. 94.

Beispiele

- Ein Bankmitarbeiter informiert sich aus privaten Gründen unberechtigt über den Kontostand eines Kunden.[35]
- Der Mitarbeiter der Geschäftsstelle eines Sportvereins entnimmt die ihm zugänglichen Mitgliederdaten für private Zwecke (z.B. Wahlwerbung).
- Der Beschäftigte eines Krankenhauses verschafft sich ohne dienstlichen Anlass für private Zwecke die Mobiltelefonnummer einer Patientin aus einer Datei, auf die er Zugriff hat.
- Der IT-Systemadministrator liest aufgrund seiner tatsächlichen Zugriffsmöglichkeit ohne dienstlichen Anlass an das Unternehmen gerichtete E-Mails mit personenbezogenen Daten.

bb) Unbefugtes Verschaffen

Unter dem Verschaffen von Daten für sich oder einen anderen **aus automatisierten Verarbeitungen oder nicht automatisierten Dateien** versteht man jedes „An-sich-Bringen" mit Ausnahme des Abrufes bereitgestellter Daten (siehe a)).

Typische Beispielsfälle sind das unbefugte Verschaffen von Daten

aufgrund einer Sicherheitslücke bei der verantwortlichen Stelle,

durch ein Anzapfen einer Datenleitung durch einen Hacker,[36]

durch Lesen von Daten auf einem Bildschirm, ohne dass die Daten vom Täter abgerufen wurden,[37]

durch Lesen, Entwenden oder Kopieren von Karteikarten.[38]

Nr. 4 Erschleichen durch unrichtige Angaben

49 *„Wer die Übermittlung von personenbezogenen Daten, die nicht allgemein zugänglich sind, durch unrichtige Angaben erschleicht."*

a) Nicht allgemein zugängliche personenbezogene Daten

Siehe Erl. zu Nr. 1.

b) Erschleichen durch unrichtige Angaben

Darunter versteht man jede Art von Täuschung gegenüber einer Person oder im Rahmen eines automatisierten Abrufverfahrens,[39] durch die die Übermittlung der unter a) genannten Daten rechtswidrig veranlasst wird.[40] Typische Fälle sind falsche Angaben über die Zulässigkeitsvoraussetzungen für eine Datenübermittlung, z.B. über einen Abfragegrund, oder die Täuschung über die Zugriffsberechtigung.[41]

Beispiel

- Der Täter holt bei einer Auskunftei unter bewusst wahrheitswidriger Angabe des nicht vorliegenden Abfragegrundes „Forderung" eine Bonitätsauskunft über einen Betroffenen ein.
- Ein Hacker späht Passwörter aus oder errechnet sie. Er täuscht damit die verantwortliche Stelle über seine Identität und veranlasst sie zu einer ungerechtfertigten Datenübermittlung.[42]

---

35 Hessen 20. Tb. Für nicht-öffentlichen Bereich S. 12.
36 Vgl. Taeger/Gabel/*Mackenthun*, § 43 Rn. 57; *Bergmann/Möhrle/Herb*, § 43 Rn. 93. Anderer Meinung Simitis/*Ehmann*, § 43 Rn. 62.
37 Vgl. Simitis/*Ehmann*, § 43 Rn. 64.
38 *Bergmann/Möhrle/Herb*, § 43 Rn. 96.
39 Vgl. Simitis/*Ehmann*, § 43 Rn. 67.
40 Vgl. *Gola/Schomerus*, § 43 Rn. 23.
41 Vgl. Taeger/Gabel/*Mackenthun*, § 43 Rn. 57.
42 Vgl. Simitis/*Ehmann*, § 43 Rn. 71.

Nr. 5 Nutzen übermittelter Daten für andere Zwecke

„Wer entgegen § 16 Abs. 4 Satz 1, § 28 Abs. 5 Satz 1, auch in Verbindung mit § 29 Abs. 4, § 39 Abs. 1 Satz 1 oder § 40 Abs. 1, die übermittelten Daten für andere Zwecke nutzt." **50**

Es geht hier um Verstöße gegen das in den genannten Vorschriften enthaltene Zweckbindungsgebot. Bußgeldbewehrt ist hier allein die **Nutzung** von Daten, die vorher zweckgebunden übermittelt worden sind, für andere Zwecke.

Täter ist der Empfänger der Daten, der sie über den ausdrücklich erklärten oder klar erkennbaren Übermittlungszweck hinaus für andere Zwecke nutzt (§ 3 Abs. 5).

Die Bußgeldbewehrung bezieht sich nicht auf die Fälle, in denen das Gesetz unter bestimmten Maßgaben eine zweckändernde Nutzung gestattet, z.B. in § 28 Abs. 5 Satz 2 oder § 16 Abs. 4 Satz 3.

Es fällt auf, dass dann, wenn diese Maßgaben bei einer zweckändernden Datennutzung nicht eingehalten werden, mit dem Abs. 2 Nr. 5 und dem Abs. 1 Nr. 4 zwei Bußgeldtatbestände gleichzeitig erfüllt werden (siehe Erl. zu Nr. 4). Diese schwer nachvollziehbare Gesetzeslage müsste klargestellt bzw. korrigiert werden.

Bei § 40 Abs. 1 bezieht sich die Bußgeldbewehrung der Nr. 5 nur auf den speziellen Fall, dass für Zwecke der wissenschaftlichen Forschung an eine Stelle übermittelte Daten dort nicht entsprechend ihrer wissenschaftlichen Zweckbestimmung genutzt werden. Der Tatbestand der Nr. 5 beinhaltet nämlich ausdrücklich nur das „Nutzen übermittelter Daten", nicht aber sonstige Verstöße gegen das Zweckbindungsgebot des § 40 Abs.1.

Nr. 5a Verstoß gegen das Koppelungsverbot für marktbeherrschende Unternehmen

„Wer entgegen § 28 Absatz 3b den Abschluss eines Vertrages von der Einwilligung des Betroffenen abhängig macht." **51**

Es geht hier nicht um einen rechtswidrigen Umgang mit personenbezogenen Daten, sondern um die Sanktionierung einer dem § 28 Abs. 3b widersprechenden Verhaltensweise eines marktbeherrschenden Unternehmens[43] bei der Einholung einer Werbeeinwilligung. Auf diese Weise soll das marktbeherrschende Unternehmen dazu angehalten werden, den § 28 Abs. 3b zu beachten.[44]

Die in diesem Fall rechtswidrige Koppelung der Werbeeinwilligung an den Vertrag macht nicht nur die Werbeeinwilligung unwirksam (§ 28 Abs. 3b Satz 2) und damit die Nutzung der Daten zu Werbezwecken unzulässig, sondern sie stellt gemäß Nr. 5a auch einen Bußgeldtatbestand dar.

Die Tathandlung ist vollendet, wenn dem Betroffenen das Vertragsangebot des Täters mit der nach § 28 Abs. 3b verbotenen Koppelung zugegangen ist.

Nr. 5b Missachtung des Widerspruches gegen Werbung und Markt- und Meinungsforschung

„Wer entgegen § 28 Absatz 4 Satz 1 Daten für Zwecke der Werbung oder der Markt- oder Meinungsforschung verarbeitet oder nutzt." **52**

Hier ist **sowohl die Verarbeitung als auch die Nutzung** der Daten bußgeldbewehrt.

Man sieht an dieser Vorschrift, wie ernst der Gesetzgeber die Beachtung des informationellen Selbstbestimmungsrechts dessen nimmt, der sich durch einen Widerspruch gegen die Verwendung seiner Daten für persönliche Werbung oder Markt- und Meinungsforschung wendet.

Nr. 6 Unzulässige Wiederherstellung des Personenbezugs

„Wer entgegen § 30 Absatz 1 Satz 2, § 30a Absatz 3 Satz 3 oder § 40 Absatz 2 Satz 3 ein dort genanntes Merkmal mit einer Einzelangabe zusammenführt." **53**

---

43 Vgl. Anmerkungen zu § 28 Abs. 3b und *Bergmann/Möhrle/Herb*, § 43 Rn. 106a f.
44 Vgl. BT-Drs. 16/12011 S. 46/47 und BT-Drs. 16/13657 S. 22.

Die aufgeführten gesetzlichen Vorschriften sehen zunächst vor, dass den erhobenen personenbezogenen Daten der Personenbezug genommen wird und dass die Merkmale, die die Betroffenen auffindbar machen, gesondert zu speichern sind. Auf diese Weise soll die Persönlichkeit der Betroffenen während der Verarbeitungs- und Nutzungsphase geschützt werden.

Eine Wiederherstellung des Personenbezugs ist nur unter den in den Vorschriften genannten Voraussetzungen zulässig.

Wird der Personenbezug wiederhergestellt, ohne dass diese Voraussetzungen vorliegen, fällt dies unter den Bußgeldtatbestand der Nr. 6.

Nr. 7 Verletzung von Mitteilungspflichten gemäß § 42a

54 *„Wer entgegen § 42a Satz 1 eine Mitteilung nicht, nicht richtig, nicht vollständig oder nicht rechtzeitig macht."*

Es geht hier um die Nichtbeachtung der Verpflichtung zur Mitteilung von bestimmten Datenschutzvorfällen an die zuständige Aufsichtsbehörde und an den Betroffenen.

Die Anforderungen an eine richtige, vollständige und rechtzeitige Mitteilung ergeben sich aus den Sätzen 2 bis 5 des § 42a (vgl. auch die Erl. zu Nr. 1).

Im Einzelnen wird auf die Kommentierung zu § 42a verwiesen.

VI. Das Bußgeldverfahren

1. Allgemeines

55 Für die Durchführung von Bußgeldverfahren gelten die Vorschriften des zweiten Teils des OWiG. Die wesentlichen Regelungen werden im Folgenden angesprochen.

2. Verfolgungsverjährung (§ 31 OWiG)

56 Die Verfolgung der in § 43 Abs. 1 und 2 aufgeführten vorsätzlichen und fahrlässigen Ordnungswidrigkeiten verjährt in drei Jahren (§ 31 Abs. 2 Nr. 1 OWiG in Verbindung mit § 43 Abs. 3).

Die Verjährung beginnt, sobald die Handlung beendet ist, z.B. ein nicht allgemein zugängliches personenbezogenes Datum unbefugterweise an einen Dritten übermittelt worden ist. Wird ein rechtswidriger Zustand aufrechterhalten, wird z.B. unterlassen, einen Datenschutzbeauftragten zu bestellen, beginnt die Verjährungsfrist erst, wenn der rechtswidrige Zustand mit der Bestellung des Datenschutzbeauftragten beendet wird.[45]

3. Die sachlich zuständige Bußgeldbehörde

57 Sie ergibt sich gemäß § 36 OWiG aus dem jeweiligen **Landesrecht**.

In den meisten Bundesländern sind die Aufsichtsbehörden für den nichtöffentlichen Bereich (§ 38) auch die Bußgeldbehörde, z.B. das Bayerische Landesamt für Datenschutzaufsicht, der Hessische Datenschutzbeauftragte oder der Berliner Beauftragte für Datenschutz und Informationsfreiheit.

Im Gegensatz dazu gibt es Bundesländer, die die Ahndung von Ordnungswidrigkeiten des § 43 einer anderen Behörde übertragen haben. So ist z.B. in Baden-Württemberg das Regierungspräsidium Karlsruhe zuständig.

! Nicht jede Datenschutzaufsichtsbehörde ist auch Bußgeldbehörde für die Ahndung der Ordnungswidrigkeiten gemäß § 43.

45 Ausführlich dazu *Bergmann/Möhrle/Herb*, § 43 Rn. 16.

4. Die örtlich zuständige Bußgeldbehörde

ist gemäß § 37 Abs. 1 OWiG die Bußgeldbehörde, in deren Bezirk 58

a) die Ordnungswidrigkeit begangen oder

b) entdeckt worden ist, oder

c) derjenige, gegen den das Verfahren bei einem Tatverdacht gerichtet ist, zurzeit der Einleitung des Bußgeldverfahrens seinen Wohnsitz hat.

Weitere Einzelheiten ergeben sich aus § 37 Absätze 2 bis 4, § 38 und § 39 OWiG.

! Die gesetzlichen Kriterien für die Bestimmung der örtlichen Zuständigkeit einer Datenschutzaufsichtsbehörde nach Art. bzw. § 3 des jeweiligen Landesverwaltungsverfahrensgesetzes einerseits (vgl. Erl. zu § 38) und einer Bußgeldbehörde gemäß § 37 OWiG andererseits unterscheiden sich. Daraus können sich im Einzelfall unterschiedliche Zuständigkeiten ergeben.

5. Die Eröffnung eines Bußgeldverfahrens

Sie liegt nach dem Opportunitätsprinzip gemäß § 47 Abs. 1 OWiG **im pflichtgemäßen Ermessen** der Bußgeldbehörde. 59

a) Ist eine Aufsichtsbehörde auch Bußgeldbehörde, ist es ihr „tägliches Brot", sich bei den im Rahmen der Beschwerdeüberprüfungen und Kontrollen festgestellten Datenschutzverstößen die Frage zu stellen, ob ein Tatbestand des § 43 verwirklicht ist und ob eine Ahndung mit einem Bußgeld angemessen ist.

   Bejaht sie dies, leitet sie nach den Vorschriften des OWiG ein Bußgeldverfahren ein. Für dessen Durchführung sind die Vorschriften des zweiten Teils des OWiG einschlägig.

b) Ist die Aufsichtsbehörde nicht Bußgeldbehörde, stellt sie die gleiche Überprüfung wie im ersten Absatz unter a) an und entscheidet nach eigenem Ermessen, ob sie gemäß § 38 Abs. 1 Satz 6 bei der Bußgeldbehörde eine Anzeige erstattet.

c) Von einer Ordnungswidrigkeit kann die Bußgeldbehörde auch unmittelbar oder durch eine Anzeige eines Betroffenen oder einer anderen Person Kenntnis erhalten.

! Jedermann kann bei der Bußgeldbehörde eine Ordnungswidrigkeit gemäß § 43 zur Anzeige bringen.

Die Bußgeldbehörde ist an die bei ihr erhobenen Anzeigen nicht gebunden. Sie muss nach ihrem eigenen pflichtgemäßen Ermessen entscheiden, ob ein Bußgeldverfahren eingeleitet und ggf. ein Bußgeldbescheid erlassen wird.

6. Verwarnung

Bei geringfügigen Ordnungswidrigkeiten kann die Bußgeldbehörde den Täter mit dessen Einverständnis gemäß § 56 OWiG verwarnen. Dabei hat sie zwei Möglichkeiten: 60

- Verwarnung ohne Verwarnungsgeld,
- Erhebung eines Verwarnungsgeldes von 5 bis 35,– €.

7. Einspruch und gerichtliches Verfahren

Derjenige, gegenüber dem der Bußgeldbescheid erlassen worden ist, kann gemäß § 67 OWiG gegen den Bußgeldbescheid innerhalb von zwei Wochen nach Zustellung schriftlich oder zur Niederschrift bei der Verwaltungsbehörde, die den Bußgeldbescheid erlassen hat, Einspruch einlegen. 61

Über den Einspruch entscheidet gemäß § 68 Abs. 1 OWiG das Amtsgericht, in dessen Bezirk die Bußgeldbehörde ihren Sitz hat, soweit sich nicht aus Abs. 3 der genannten Vorschrift etwas anderes ergibt.

VII. Bemessung der Geldbuße

1. Die verschiedenen gesetzlichen Rahmen

62 Sie betragen

- für **Vorsatz** gemäß § 43 Abs. 3:
  - bei Abs. 1: von 5–50.000,– €
  - bei Abs. 2: von 5–300.000,– €
- für **Fahrlässigkeit** gemäß § 43 Abs. 3 i.V.m. § 17 Abs. 2 OWiG:
  - bei Abs. 1: von 5–25.000,– €
  - bei Abs. 2: von 5–150.000,– €

Die Geldbuße soll den wirtschaftlichen Vorteil, den der Täter aus der Ordnungswidrigkeit gezogen hat, übersteigen. Reichen die unter 1. genannten Höchstbeträge hierfür nicht aus, so können sie gemäß Abs. 3 Satz 3 überschritten werden („Gewinnabschöpfung").

2. Die maßgeblichen Kriterien für die Bemessung der Geldbuße

63 Sie ergeben sich aus § 17 Abs. 3 OWiG und § 43 Abs. 3 BDSG. Grundlage für die Zumessung der Geldbuße innerhalb der unter Nr. 1 beschriebenen Rahmen sind die Bedeutung der Ordnungswidrigkeit und der Vorwurf, der den Täter trifft. Auch die wirtschaftlichen Verhältnisse des Täters kommen in Betracht; bei geringfügigen Ordnungswidrigkeiten bleiben sie jedoch in der Regel unberücksichtigt.

§44 Strafvorschriften

(1) Wer eine in §43 Abs. 2 bezeichnete vorsätzliche Handlung gegen Entgelt oder in der Absicht, sich oder einen anderen zu bereichern oder einen anderen zu schädigen, begeht, wird mit Freiheitsstrafe bis zu zwei Jahren oder mit Geldstrafe bestraft.

(2) [1]Die Tat wird nur auf Antrag verfolgt. [2]Antragsberechtigt sind der Betroffene, die verantwortliche Stelle, der Bundesbeauftragte für den Datenschutz und die Informationsfreiheit und die Aufsichtsbehörde.

Darum geht es

Die Vorschrift knüpft an die Bußgeldtatbestände des § 43 Abs. 2 an und macht sie zu Straftatbeständen, wenn sie vorsätzlich und gegen Entgelt oder mit Bereicherungs- oder Schädigungsabsicht begangen werden.

Schlagworte

Strafbewehrte Tatbestände; Voraussetzungen für die Verhängung einer Strafe; Vorsatz; Entgelt; Bereicherungs- oder Schädigungsabsicht; Strafantrag; Strafmaß

Weitere relevante Vorschriften

§ 201, 201a, 203, 204, 206 StGB; § 85a Sozialgesetzbuch X; § 25 Gendiagnostikgesetz; Strafvorschriften in den Landesdatenschutzgesetzen, z.B. in Bayern Art. 37 Abs. 3 BayDSG

A. Allgemeines

I. Regelungszweck

1. Einordnung der Norm

Dazu wird zunächst auf die Erläuterung zu § 43 unter A.I.1. verwiesen (siehe dort Rn. 1). **1**

Für vorsätzliche Verstöße im Rahmen der in § 43 Abs. 2 bezeichneten Handlungen, die eines der erschwerenden Merkmale des § 44 Abs. 1 aufweisen, hält der Gesetzgeber die Ahndung mit einem Bußgeld nicht für ausreichend. Er hat deshalb dafür einen Straftatbestand geschaffen.

2. Persönlicher und sachlicher Anwendungsbereich der Norm

Die Norm bezieht sich auf die für die Beachtung des BDSG verantwortlichen Personen in den verantwortlichen Stellen sowie auf alle, die in abhängiger oder unabhängiger Stellung einen der aufgeführten Straftatbestände verwirklichen. **2**

II. Ausblick auf die Novellierung des Europäischen Datenschutzrechts

3 Der Vorschlag der Europäischen Kommission für eine Datenschutz-Grundverordnung vom 25.01.2012 enthält keine eigene Strafbestimmung. Nach dem dortigen Art. 78 Abs. 1 – Sanktionen – legen die Mitgliedstaaten fest, welche Sanktionen bei einem Verstoß gegen diese Verordnung zu verhängen sind, und treffen die zu ihrer Durchsetzung erforderlichen Maßnahmen.

B. Inhalt der Regelung

I. Eine in § 43 Abs. 2 bezeichnete Handlung muss vorsätzlich begangen sein

4 Dies ergibt sich aus dem ausdrücklichen Wortlaut des Abs. 1.

Ein fahrlässiger Verstoß ist somit **nicht** strafbar. Er kann nur mit einem Bußgeld geahndet werden.

Mit dem Begriff „Handlung" ist nicht nur ein aktives Tun, sondern auch ein Unterlassen gemeint.[1] Somit kann ggf. auch ein Verstoß gegen die sich aus § 42a ergebenden Verpflichtungen (§ 43 Abs. 2 Nr. 7) strafbar sein.

1. Vorsätzliche Handlung

5 Zum Begriff und zu den Erscheinungsformen des Vorsatzes wird auf die Erläuterungen zu § 43 unter B.II.1. verwiesen (siehe dort Rn. 21).

2. Tatbestandsirrtum

6 Wer bei der Begehung der Tat einen Umstand nicht kennt, der zum gesetzlichen Tatbestand gehört, handelt gemäß § 16 Abs. 1 Satz 1 StGB nicht vorsätzlich. Er kann auch ggf. nicht wegen Fahrlässigkeit bestraft werden, da diese nach § 44 Abs. 1 nicht strafbar ist. Es bleibt somit in diesem Fall die Verhängung eines Bußgeldes.

3. Verbotsirrtum

7 Fehlt dem Täter bei Begehung der Tat die Einsicht, Unrecht zu tun, so handelt er gemäß § 17 Satz 1 StGB dann ohne Schuld, wenn er diesen Irrtum nicht vermeiden konnte. Er kann somit nicht bestraft werden.

Konnte er den Irrtum allerdings vermeiden, bleibt es bei der Strafbarkeit. Die Strafe kann gemäß § 17 Satz 2 StGB nach § 49 Abs. 1 StGB gemildert werden.

II. Zusätzlich muss eines der drei folgenden Merkmale vorliegen

1. Handeln gegen Entgelt

8 Der Täter hat den datenschutzrechtlichen Verstoß im Hinblick auf eine Gegenleistung eines Dritten begangen, die in einem Vermögensvorteil besteht (§ 11 Abs. 1 Nr. 9 StGB). Die Gegenleistung muss ausdrücklich oder konkludent vorher vereinbart sein. Eine einseitige Erwartung des Täters reicht nicht aus.[2]

Beispiel

Der Täter „verkauft" personenbezogene Daten, die nicht allgemein zugänglich sind, an einen Dritten und übermittelt sie ihm unbefugt (§ 43 Abs. 2 Nr. 1).

Unerheblich ist, ob die Gegenleistung auch tatsächlich erbracht wird oder ob sie zu einer Bereicherung des Täters führt. Es reicht deshalb aus, wenn sie nur Aufwendungen abdeckt.[3]

---

1 *Tröndle/Fischer*, Vor § 13 Rn. 4.
2 Vgl. *Tröndle/Fischer*, § 11 Rn. 31.
3 Vgl. Simitis/*Ehmann*, § 44 Rn. 5.

2. Bereicherungsabsicht

Die Absicht kann sich auf die eigene Bereicherung oder die Bereicherung eines anderen beziehen. Die Bereicherung muss nicht eintreten. Es genügt allein die Absicht. 9

Unter Bereicherung versteht man die Verschaffung eines Vermögensvorteils dergestalt, dass der wirtschaftliche Gesamtwert des Vermögens erhöht werden soll.[4] Die Bereicherung muss nicht rechtswidrig sein.

Beispiel

Der Täter nutzt unter Verwirklichung des § 43 Abs. 2 Nr. 5b die Daten für Werbemaßnahmen, um damit höhere Einnahmen für sich oder die GmbH, bei der er beschäftigt ist, zu erzielen.

3. Schädigungsabsicht

Der Täter handelt in der Absicht, einem anderen einen Schaden zuzufügen. Der andere kann der Betroffene oder ein Dritter sein. 10

Es kann sich um einen materiellen oder einen immateriellen Schaden, z.B. Rufschädigung oder Ehrverletzung, handeln.[5] Der Schaden muss nicht eintreten. Es genügt allein die Absicht.

III. Strafantrag

Eine Straftat im Sinne des Abs. 1 kann nach Abs. 2 Satz 1 nur verfolgt werden, wenn ein Strafantrag nach den Vorschriften der §§ 77 ff. StGB gestellt worden ist. 11

Nach Abs. 2 Satz 2 sind **antragsberechtigt**:

- der Betroffene

  Das Recht, bei Datenschutzverletzungen Sanktionen in die Wege zu leiten, hängt mit seinem Recht auf informationelle Selbstbestimmung zusammen.

- die verantwortliche Stelle

  Es gehört bei Verstößen gegen Datenschutzvorschriften in ihrem Bereich zur Wahrnehmung ihrer Verantwortung für die personenbezogenen Daten.

- der Bundesbeauftragte für den Datenschutz und die Informationsfreiheit

  Da das Gesetz keine Einschränkung enthält, ist er auch in den Fällen antragsberechtigt, in denen er nicht Aufsichtsbehörde ist.

- die Datenschutzaufsichtsbehörde (§ 38)

  Ihre sich aus § 38 Abs. 1 Satz 6 ergebende Anzeigebefugnis wäre unvollständig, wenn ihr nicht auch ein Strafantragsrecht eingeräumt werden würde. Ob sie einen Strafantrag stellt, steht in ihrem pflichtgemäßen Ermessen (vgl. Erl. V. 5. zu § 38, siehe dort Rn. 78).

Die einzelnen Antragsteller können ihre Anträge unabhängig voneinander stellen. 12

Ein Strafantrag kann bis zum Ablauf einer **Frist von drei Monaten** gestellt werden. Die Frist beginnt mit dem Ablauf des Tages, an dem der Antragsberechtigte von der Tat und der Person des Täters Kenntnis erlangt. Sind mehrere antragsberechtigt oder mehrere an der Tat beteiligt, so läuft die Frist für und gegen jeden gesondert.

Weitere Regelungen zur Antragsfrist finden sich im § 77b StGB.

Ein Strafantrag kann gemäß § 77d StGB bis zum rechtskräftigen Abschluss des Strafverfahrens zurückgenommen werden. Eine Bestrafung des Täters ist dann nicht mehr möglich.

---

4 Vgl. *Tröndle/Fischer*, zu § 263 Rn. 107.
5 Vgl. Simitis/*Ehmann*, § 44 Rn. 8.

IV. Strafmaß

13 Gemäß Abs. 1 wird eine derartige Straftat wie folgt bestraft:

- Freiheitsstrafe bis zu zwei Jahren **oder**
- Geldstrafe bis zu 360 vollen Tagessätzen (§ 40 Abs. 1 Satz 2 StGB).

Für die Festsetzung und Bemessung der Strafe im Einzelfall gelten die allgemeinen Vorschriften der §§ 38 ff. StGB.

V. Geltung der Vorschriften des Allgemeinen Teils des StGB

14 Neben den unter I. aufgeführten Regelungen handelt es sich insbesondere um folgende Vorschriften:

- Grundlagen der Strafbarkeit,
- Täterschaft,
- Anstiftung,
- Beihilfe,
- Strafzumessung,
- Verjährungsfrist.

Der Versuch ist im Falle des § 44 **nicht** strafbar (§ 23 Abs. 1 StGB).

VI. Sonstiges

15 Soweit im Zusammenhang mit einer Straftat eine Verletzung der Aufsichtspflicht durch den Inhaber der verantwortlichen Stelle im Raum steht, wird auf die Erl. B.I.4 zu § 43 verwiesen (dort Rn. 15 ff.).

§45 Laufende Verwendungen

[1]Erhebungen, Verarbeitungen oder Nutzungen personenbezogener Daten, die am 23. Mai 2001 bereits begonnen haben, sind binnen drei Jahren nach diesem Zeitpunkt mit den Vorschriften dieses Gesetzes in Übereinstimmung zu bringen. [2]Soweit Vorschriften dieses Gesetzes in Rechtsvorschriften außerhalb des Anwendungsbereichs der Richtlinie 95/46/EG des Europäischen Parlaments und des Rates vom 24. Oktober 1995 zum Schutz natürlicher Personen bei der Verarbeitung personenbezogener Daten und zum freien Datenverkehr zur Anwendung gelangen, sind Erhebungen, Verarbeitungen oder Nutzungen personenbezogener Daten, die am 23. Mai 2001 bereits begonnen haben, binnen fünf Jahren nach diesem Zeitpunkt mit den Vorschriften dieses Gesetzes in Übereinstimmung zu bringen.

- **Darum geht es**

  Anpassung an Gesetzesvorgaben

- **Schlagworte**

  Stichtag 23.05.2001; 3-Jahres-Frist; 5-Jahres-Frist

A. Regelungszweck/Anwendung

Diese Norm hat aus heutiger Sicht nur noch einen rechtshistorischen Stellenwert. Sie setzt die Anforderung aus Artikel 32 (2) der EU-Richtlinie um.

Mit Ablauf der in dieser Vorschrift genannten, allesamt heute abgelaufenen Fristen entfällt der praktische Anwendungsbedarf dieser Vorschrift.

§ 46 Weitergeltung von Begriffsbestimmungen

(1) [1]Wird in besonderen Rechtsvorschriften des Bundes der Begriff Datei verwendet, ist Datei

1. eine Sammlung personenbezogener Daten, die durch automatisierte Verfahren nach bestimmten Merkmalen ausgewertet werden kann (automatisierte Datei), oder

2. jede sonstige Sammlung personenbezogener Daten, die gleichartig aufgebaut ist und nach bestimmten Merkmalen geordnet, umgeordnet und ausgewertet werden kann (nicht automatisierte Datei).

[2]Nicht hierzu gehören Akten und Aktensammlungen, es sei denn, dass sie durch automatisierte Verfahren umgeordnet und ausgewertet werden können.

(2) [1]Wird in besonderen Rechtsvorschriften des Bundes der Begriff Akte verwendet, ist Akte jede amtlichen oder dienstlichen Zwecken dienende Unterlage, die nicht dem Dateibegriff des Absatzes 1 unterfällt; dazu zählen auch Bild- und Tonträger. [2]Nicht hierunter fallen Vorentwürfe und Notizen, die nicht Bestandteil eines Vorgangs werden sollen.

(3) [1]Wird in besonderen Rechtsvorschriften des Bundes der Begriff Empfänger verwendet, ist Empfänger jede Person oder Stelle außerhalb der verantwortlichen Stelle. [2]Empfänger sind nicht der Betroffene sowie Personen und Stellen, die im Inland, in einem anderen Mitgliedstaat der Europäischen Union oder in einem anderen Vertragsstaat des Abkommens über den Europäischen Wirtschaftsraum personenbezogene Daten im Auftrag erheben, verarbeiten oder nutzen.

Literatur

Ramm, § 46 BDSG – Eine Übergangsvorschrift?", DuD 2007, 433.

▶ **Darum geht es**

Weitergeltung von Begriffsbestimmungen

▶ **Schlagworte**

Datei, Akte und Empfänger

A. Regelungszweck/Anwendung

1 Da der deutsche Gesetzgeber im Rahmen der Anpassung des BDSG an die europarechtlichen Vorgaben nicht zeitgleich auch alle anderweitig bereichsspezifischen Datenschutzregelungen entsprechend inhaltgleich ausgestalten konnte, erfolgte für diese anderweitigen bereichsspezifischen Normen eine notgedrungen erforderliche Begriffsbestimmung.

Diese begriffliche Anpassung ist jedoch bis heute nicht erfolgt, sodass in einigen Rechtsvorschriften[1] die Begriffe „Datei", „Akte" und „Empfänger" weiterhin nach dem alten Datenschutzrecht von vor 2001 gelten. Dies trägt nicht zur Rechtssicherheit im Umgang mit diesen Begriffen bei.[2]

1 So z.B. in folgenden Gesetzen: § 12 BVerfSchG („Dateien), § 13 BVerfSchG („Akten"), § 32 BKAG („Dateien") § 33 BKAG („Akten"), § 183 StVollzG („Akten und Dateien").

2 *Ramm*, DuD, 2007, 433.

Die Anwendung dieser Norm findet sich in nachfolgend genannten Urteilen und Beschlüssen wieder: 2

(1) Urteil des BAG vom 16.11.2010 (9 AZR 573/09 Einsicht in Personalakte),

(2) Urteil des BVerwG vom 28.11.2007 (6 A 2.07 Bundesnachrichtendienst; Daten; Dateien; Akten; Auskunftsanspruch),

(3) Urteil des VGH Bayern vom 07.10.2008 (5 BV 07.2162 Keine Weitergabe von Adressdaten),

(4) Beschluss des OVG Niedersachsen vom 08.08.2008 (11 LA 194/08 Löschung von personenbezogenen Daten im polizeilichen Vorgangsbearbeitungssystem),

(5) Beschluss des LG Karlsruhe vom 25.07.2002 (15 StVK 30/02 Strafvollzug: Zulässige Speicherung erkennungsdienstlicher Unterlagen).

B. EU-Datenschutzrichtlinie

Der Gesetzgeber hat sich bei der Umsetzung der EU-Datenschutzrichtlinie auf die Überarbeitung des BDSG beschränkt. Terminologien in anderen datenschutzrechtlichen Normen wurden nicht berücksichtig und nicht überarbeitet. Das hat zur Folge, dass Begriffe, die aus dem BDSG vor der Novellierung 2009 stammen und auf die in anderen Gesetzen Bezug genommen wird, anders definiert werden als in der heutigen Fassung des BDSG. Auf Begriffe Datei, Akte oder Empfänger, die in gesetzlichen Regelungen enthalten sind, die auf dem BDSG vor 2001 beruhen, findet die Definition des § 46 Anwendung und nicht die des § 3. 3

Sollte dies jedoch dazu führen, dass zwingendes EU-Recht nicht zur Anwendung kommt, so ist zu beachten, dass die Richtlinie dann Vorrang genießt und unmittelbar anzuwenden ist,[3] mit der Folge, dass die Definitionen der EU-Richtlinie zur Anwendung kommen.

Für den Begriff „Akte" bedeutet dies nach dem Erwägungsgrund (27) der EU-Datenschutzrichtlinie Folgendes:

„Bei manuellen Verarbeitungen erfasst diese Richtlinie lediglich Dateien, nicht jedoch unstrukturierte Akten. (...) Akten und Aktensammlungen sowie ihre Deckblätter, die nicht nach bestimmten Kriterien strukturiert sind, fallen unter keinen Umständen in den Anwendungsbereich dieser Richtlinie."

Für den Begriff „Datei" hatte der EU-Gesetzgeber in Art. 32 abweichend von der dreijährigen Umsetzungsfrist eine 12-Jahres-Frist festgeschrieben. Diese Frist ist seit 2007 überschritten. In Art. 2 Buchstabe c der EU-Richtlinie wird die „Datei" wie folgt definiert:

„Datei mit personenbezogenen Daten" („Datei"): „jede strukturierte Sammlung personenbezogener Daten, die nach bestimmten Kriterien zugänglich sind, gleichgültig ob diese Sammlung zentral, dezentralisiert oder nach funktionalen oder geografischen Gesichtspunkten aufgeteilt geführt wird."

Für den Begriff „Empfänger" kommt nach Art. 2 Buchstabe g der EU-Richtlinie folgende Definition zur Anwendung:

„Empfänger": „die natürliche oder juristische Person, Behörde, Einrichtung oder jede andere Stelle, die Daten erhält, gleichgültig, ob es sich bei ihr um einen Dritten handelt oder nicht. Behörden, die im Rahmen eines einzelnen Untersuchungsauftrags möglicherweise Daten erhalten, gelten jedoch nicht als Empfänger."

3 BverfGE 75, 223,225; vgl. auch *Haslach*, DuD 1998, 693; *Schierbaum*, PersR 1998, 502; *Jarass*, NJW 1991, 2665.

C. EU-Datenschutzverordnung

4 Im Gegensatz zur aktuellen EU-Datenschutzrichtlinie soll die EU-Datenschutzverordnung gemäß Art. 91 unmittelbar in den Mitgliedsstaaten gelten und bedarf nicht erst der Umsetzung in nationale Vorschriften.

Für die hier geregelten Begriffe „Datei" und „Akte" sind die Definitionen der EU-Datenschutzrichtlinie in der EU-Datenschutzverordnung übernommen (siehe Erwägungsgrund (13) „Akte" und Artikel 4 (4) „Datei").

Der Begriff „Empfänger" erhält in der EU-Datenschutzverordnung eine erweiterte Bedeutung. Es gibt keine Unterscheidung mehr zwischen Drittem und Empfänger. Insbesondere werden nun auch der Verantwortliche und der Auftragsdatenverarbeiter zu Empfängern und sind nicht mehr „Dritte".[4] Damit verbundene Privilegierungen, wie z.B. dass eine Datenweitergabe an den Auftragsdatenverarbeiter keine Übermittlung ist, könnten dann nicht mehr gelten.[5]

4 Siehe auch § 3 Rn. 136.

5 Siehe hierzu Stellungnahme Nr. 47/2012 des Deutschen Anwaltvereins zur EU-Datenschutz-Grundverordnung, S. 20, 21, abrufbar unter http://www.anwaltverein.de/downloads/Stellungnahmen-11/Stellungnahme-47.2012.pdf.

§ 47 Übergangsregelung

Für die Verarbeitung und Nutzung vor dem 1. September 2009 erhobener oder gespeicherter Daten ist § 28 in der bis dahin geltenden Fassung weiter anzuwenden

1. **für Zwecke der Markt- oder Meinungsforschung bis zum 31. August 2010,**
2. **für Zwecke der Werbung bis zum 31. August 2012.**

Darum geht es

Anwendbarkeit des § 28 in alter Fassung

Schlagworte

Für Zwecke der Markt- oder Meinungsforschung, für Zwecke der Werbung, Fristen 31.08.2010, 31.08.2012

A. Regelungszweck/Anwendung

Die Norm räumte verantwortlichen Stellen bei der Verarbeitung und Nutzung von gespeicherten Daten gemäß § 28 eine Übergangsregelung ein. 1

In dieser Übergangszeit galt der § 28 in den Fällen der Erhebung und Verarbeitung für Zwecke der Werbung und der Markt- und Meinungsforschung in der Fassung des BDSG vom 20.12.1990 unverändert fort.

Beide Fristen sind heute abgelaufen, sodass der Norm heute nur noch ein rechtshistorischer Stellenwert zukommt.

§ 48 Bericht der Bundesregierung

[1]Die Bundesregierung berichtet dem Bundestag

1. **bis zum 31. Dezember 2012 über die Auswirkungen der §§ 30a und 42a,**
2. **bis zum 31. Dezember 2014 über die Auswirkungen der Änderungen der §§ 28 und 29.**

[2]Sofern sich aus Sicht der Bundesregierung gesetzgeberische Maßnahmen empfehlen, soll der Bericht einen Vorschlag enthalten.

Literatur

Webseite der Bundesregierung – Verwaltung innovativ, „Bürokratiekostenmessung nach dem Standardkostenmodell":
http://www.verwaltung-innovativ.de/DE/Gesetzgebung/Buerokratieabbau/buerokratieabbau_node.html.

▶ **Darum geht es**

Evaluation von Änderungen bei §§ 30a, 42a, 28 und 29

▶ **Schlagworte**

Bürokratiekostenmessung

▶ **Weitere relevante Vorschriften**

§ 109a TKG Datensicherheit (Informations- und Meldepflichten bei Datenpannen)

A. Regelungszweck/Anwendung

1 Mit dieser Verpflichtung der Bundesregierung, anhand geeigneter Berichte die Auswirkungen dieser durch die Novellierung 2009 ins BDSG eingeführten Vorschriften innerhalb eines genannten Zeitraums darzulegen, sollen mögliche rechtliche und wirtschaftliche Konsequenzen überprüft werden können.

Dies beruht auf einer entsprechenden Empfehlung des Bundestags-Innenausschusses im Rahmen des Gesetzgebungsverfahrens.[1]

Darüber hinaus hat die Bundesregierung eine sogenannte Bürokratiekostenmessung veranlasst. Hierbei handelt es sich um das Programm „Bürokratieabbau und bessere Rechtsetzung", das am 25.04.2006 beschlossen wurde. Ziel dieses Programms ist es, die Belastungen durch gesetzlich vorgeschriebene Informationspflichten zu ermitteln und gegebenenfalls auch wieder abzubauen.[2]

2 Im Einzelnen handelt es sich um folgende Vorschriften:

Mit § 30a hat die Datenerhebung und -speicherung zum Zwecke der Markt- und Meinungsforschung eine selbstständige Regelung erfahren, die die Besonderheiten der Markt- und Meinungsforschung berücksichtigt.[3]

Durch § 42a wurden den Unternehmen besondere Informations- und Meldepflichten bei unrechtmäßiger Kenntniserlangung von Daten auferlegt.

> **!** Die relevante Vorschrift für Informations- und Meldepflichten bei Datenpannen im Telekommunikationsbereich ist § 109a TKG. Merkblatt und Meldebogen sind bei dem BfDI und der BNetzA abrufbar.

1 Siehe hierzu BT-Drs. 16/13657.
2 Siehe hierzu „Die Bundesregierung – Verwaltung innovativ" „Bürokratiekostenmessung nach dem Standardkostenmodell" abrufbar unter: „Bürokratiekostenmessung nach dem Standardkostenmodell": http://www.verwaltung-innovativ.de/DE/Gesetzgebung/Buerokratieabbau/buerokratieabbau_node.html.
3 Siehe hierzu auch die Kommentierung von § 30a, dort Rn. 3–5.

Die Vorschriften des § 28 und § 29 haben durch die Novellierung ebenfalls umfangreiche Neuregelungen erfahren, die wirtschaftliche, rechtliche, aber auch gesellschaftliche Auswirkungen erwarten lassen.[4] **3**

Aktuelle Entwicklungen: **4**

a) Im März 2012 hat das Bundesministerium des Innern in Vorbereitung für einen Bericht an den Deutschen Bundestag Verbände und Unternehmen aufgefordert, die „Erfahrungen mit § 42a BDSG" dem Bundesministerium des Innern, Referat V II 4, mitzuteilen. Aus dieser Abfrage und aus anderen Erfahrungsberichten hat die Bundesregierung mit BT-Drucksache BT 17/12319 vom 04.01.2013 einen entsprechenden Erfahrungsbericht zu den Auswirkungen der §§ 30a und 42a BDSG erstellt.

   Dieser Bericht enthält u.a. eine Auflistung der Meldungen zu § 42a BDSG in den einzelnen Bundesländern. Als „typische gemeldete Fälle" wurden folgende festgestellt:[5]

   - Verlust (Diebstahl, Abhandenkommen) von Hardware (USB-Stick/Laptop/Notebook),
   - falscher Versand/Verlust von Dokumenten mit personenbezogenen Daten (z.B. Bankunterlagen wie Kontoauszüge etc.),
   - unberechtigter Zugriff auf Webserver/Erschleichen von Daten.

b) Zu den Auswirkungen des § 29 liegen noch keine Anfragen vor.

c) Im Mai 2012 hat das Statistische Bundesamt eine Anfrage nach den Auswirkungen der Informationspflicht aus dem § 6a Abs. 1 sowie dem § 28 Abs. 4 Satz 1 im Rahmen der Bürokratiekostenmessung an den Verband der Anbieter von Telekommunikations- und Mehrwertdiensten e.V. (VATM) gerichtet. Ergebnisse lagen bis zum Druck der Kommentierung noch nicht vor.

Die Bundesregierung hat Zeit bis zum 31.12.2014 zusammenzutragen und zu berichten. Mögliche Auswirkungen durch die Erfahrungsberichte auf das Gesetz bleiben daher abzuwarten.

4 Siehe hierzu auch die Kommentierung von § 28a, dort Rn. 4 und § 29, dort Rn. 8.
5 BT-Drs. 17/12319 Seite 2.

Gesetz gegen den unlauteren Wettbewerb (UWG)[1]

§ 7 Unzumutbare Belästigungen

(1) [1]Eine geschäftliche Handlung, durch die ein Marktteilnehmer in unzumutbarer Weise belästigt wird, ist unzulässig. [2]Dies gilt insbesondere für Werbung, obwohl erkennbar ist, dass der angesprochene Marktteilnehmer diese Werbung nicht wünscht.

(2) Eine unzumutbare Belästigung ist stets anzunehmen

1. **bei Werbung unter Verwendung eines in den Nummern 2 und 3 nicht aufgeführten, für den Fernabsatz geeigneten Mittels der kommerziellen Kommunikation, durch die ein Verbraucher hartnäckig angesprochen wird, obwohl er dies erkennbar nicht wünscht;**
2. **bei Werbung mit einem Telefonanruf gegenüber einem Verbraucher ohne dessen vorherige ausdrückliche Einwilligung oder gegenüber einem sonstigen Marktteilnehmer ohne dessen zumindest mutmaßliche Einwilligung,**
3. **bei Werbung unter Verwendung einer automatischen Anrufmaschine, eines Faxgerätes oder elektronischer Post, ohne dass eine vorherige ausdrückliche Einwilligung des Adressaten vorliegt, oder**
4. **bei Werbung mit einer Nachricht,**
   a) **bei der die Identität des Absenders, in dessen Auftrag die Nachricht übermittelt wird, verschleiert oder verheimlicht wird oder**
   b) **bei der gegen § 6 Absatz 1 des Telemediengesetzes verstoßen wird oder in der der Empfänger aufgefordert wird, eine Website aufzurufen, die gegen diese Vorschrift verstößt, oder**
   c) **bei der keine gültige Adresse vorhanden ist, an die der Empfänger eine Aufforderung zur Einstellung solcher Nachrichten richten kann, ohne dass hierfür andere als die Übermittlungskosten nach den Basistarifen entstehen.**

(3) Abweichend von Absatz 2 Nummer 3 ist eine unzumutbare Belästigung bei einer Werbung unter Verwendung elektronischer Post nicht anzunehmen, wenn

1. **ein Unternehmer im Zusammenhang mit dem Verkauf einer Ware oder Dienstleistung von dem Kunden dessen elektronische Postadresse erhalten hat,**
2. **der Unternehmer die Adresse zur Direktwerbung für eigene ähnliche Waren oder Dienstleistungen verwendet,**
3. **der Kunde der Verwendung nicht widersprochen hat und**
4. **der Kunde bei Erhebung der Adresse und bei jeder Verwendung klar und deutlich darauf hingewiesen wird, dass er der Verwendung jederzeit widersprechen kann, ohne dass hierfür andere als die Übermittlungskosten nach den Basistarifen entstehen.**

---

1 Gesetz gegen den unlauteren Wettbewerb in der Fassung der Bekanntmachung vom 3. März 2010 (BGBl. I S. 254), das zuletzt durch Artikel 6 des Gesetzes vom 1. Oktober 2013 (BGBl. I S. 3714) geändert worden ist.

Telemediengesetz (TMG)[1]

Abschnitt 4 Datenschutz

§ 11 Anbieter-Nutzer-Verhältnis

(1) Die Vorschriften dieses Abschnitts gelten nicht für die Erhebung und Verwendung personenbezogener Daten der Nutzer von Telemedien, soweit die Bereitstellung solcher Dienste

1. im Dienst- und Arbeitsverhältnis zu ausschließlich beruflichen oder dienstlichen Zwecken oder
2. innerhalb von oder zwischen nicht öffentlichen Stellen oder öffentlichen Stellen ausschließlich zur Steuerung von Arbeits- oder Geschäftsprozessen erfolgt.

(2) Nutzer im Sinne dieses Abschnitts ist jede natürliche Person, die Telemedien nutzt, insbesondere um Informationen zu erlangen oder zugänglich zu machen.

(3) Bei Telemedien, die überwiegend in der Übertragung von Signalen über Telekommunikationsnetze bestehen, gelten für die Erhebung und Verwendung personenbezogener Daten der Nutzer nur § 15 Absatz 8 und § 16 Absatz 2 Nummer 4.

§ 12 Grundsätze

(1) Der Diensteanbieter darf personenbezogene Daten zur Bereitstellung von Telemedien nur erheben und verwenden, soweit dieses Gesetz oder eine andere Rechtsvorschrift, die sich ausdrücklich auf Telemedien bezieht, es erlaubt oder der Nutzer eingewilligt hat.

(2) Der Diensteanbieter darf für die Bereitstellung von Telemedien erhobene personenbezogene Daten für andere Zwecke nur verwenden, soweit dieses Gesetz oder eine andere Rechtsvorschrift, die sich ausdrücklich auf Telemedien bezieht, es erlaubt oder der Nutzer eingewilligt hat.

(3) Soweit nichts anderes bestimmt ist, sind die jeweils geltenden Vorschriften für den Schutz personenbezogener Daten anzuwenden, auch wenn die Daten nicht automatisiert verarbeitet werden.

§ 13 Pflichten des Diensteanbieters

(1) Der Diensteanbieter hat den Nutzer zu Beginn des Nutzungsvorgangs über Art, Umfang und Zwecke der Erhebung und Verwendung personenbezogener Daten sowie über die Verarbeitung seiner Daten in Staaten außerhalb des Anwendungsbereichs der Richtlinie 95/46/EG des Europäischen Parlaments und des Rates vom 24. Oktober 1995 zum Schutz natürlicher Personen bei der Verarbeitung personenbezogener Daten und zum freien Datenverkehr (ABl. EG Nr. L 281 S. 31) in allgemein verständlicher Form zu unterrichten, sofern eine solche Unterrichtung nicht bereits erfolgt ist. Bei einem automatisierten Verfahren, das eine spätere Identifizierung des Nutzers ermöglicht und eine Erhebung

1 Telemediengesetz vom 26. Februar 2007 (BGBl. I S. 179), das zuletzt durch Artikel 1 des Gesetzes vom 31. Mai 2010 (BGBl. I S. 692) geändert worden ist.

oder Verwendung personenbezogener Daten vorbereitet, ist der Nutzer zu Beginn dieses Verfahrens zu unterrichten. Der Inhalt der Unterrichtung muss für den Nutzer jederzeit abrufbar sein.

(2) Die Einwilligung kann elektronisch erklärt werden, wenn der Diensteanbieter sicherstellt, dass

1. **der Nutzer seine Einwilligung bewusst und eindeutig erteilt hat,**
2. **die Einwilligung protokolliert wird,**
3. **der Nutzer den Inhalt der Einwilligung jederzeit abrufen kann und**
4. **der Nutzer die Einwilligung jederzeit mit Wirkung für die Zukunft widerrufen kann.**

(3) Der Diensteanbieter hat den Nutzer vor Erklärung der Einwilligung auf das Recht nach Absatz 2 Nr. 4 hinzuweisen. Absatz 1 Satz 3 gilt entsprechend.

(4) Der Diensteanbieter hat durch technische und organisatorische Vorkehrungen sicherzustellen, dass

1. **der Nutzer die Nutzung des Dienstes jederzeit beenden kann,**
2. **die anfallenden personenbezogenen Daten über den Ablauf des Zugriffs oder der sonstigen Nutzung unmittelbar nach deren Beendigung gelöscht oder in den Fällen des Satzes 2 gesperrt werden,**
3. **der Nutzer Telemedien gegen Kenntnisnahme Dritter geschützt in Anspruch nehmen kann,**
4. **die personenbezogenen Daten über die Nutzung verschiedener Telemedien durch denselben Nutzer getrennt verwendet werden können,**
5. **Daten nach § 15 Abs. 2 nur für Abrechnungszwecke zusammengeführt werden können und**
6. **Nutzungsprofile nach § 15 Abs. 3 nicht mit Angaben zur Identifikation des Trägers des Pseudonyms zusammengeführt werden können.**

An die Stelle der Löschung nach Satz 1 Nr. 2 tritt eine Sperrung, soweit einer Löschung gesetzliche, satzungsmäßige oder vertragliche Aufbewahrungsfristen entgegenstehen.

(5) Die Weitervermittlung zu einem anderen Diensteanbieter ist dem Nutzer anzuzeigen.

(6) Der Diensteanbieter hat die Nutzung von Telemedien und ihre Bezahlung anonym oder unter Pseudonym zu ermöglichen, soweit dies technisch möglich und zumutbar ist. Der Nutzer ist über diese Möglichkeit zu informieren.

(7) Der Diensteanbieter hat dem Nutzer nach Maßgabe von § 34 des Bundesdatenschutzgesetzes auf Verlangen Auskunft über die zu seiner Person oder zu seinem Pseudonym gespeicherten Daten zu erteilen. Die Auskunft kann auf Verlangen des Nutzers auch elektronisch erteilt werden.

§ 14 Bestandsdaten

(1) Der Diensteanbieter darf personenbezogene Daten eines Nutzers nur erheben und verwenden, soweit sie für die Begründung, inhaltliche Ausgestaltung oder Änderung eines Vertragsverhältnisses zwischen dem Diensteanbieter und dem Nutzer über die Nutzung von Telemedien erforderlich sind (Bestandsdaten).

(2) Auf Anordnung der zuständigen Stellen darf der Diensteanbieter im Einzelfall Auskunft über Bestandsdaten erteilen, soweit dies für Zwecke der Strafverfolgung, zur Ge-

fahrenabwehr durch die Polizeibehörden der Länder, zur Erfüllung der gesetzlichen Aufgaben der Verfassungsschutzbehörden des Bundes und der Länder, des Bundesnachrichtendienstes oder des Militärischen Abschirmdienstes oder des Bundeskriminalamtes im Rahmen seiner Aufgabe zur Abwehr von Gefahren des internationalen Terrorismus oder zur Durchsetzung der Rechte am geistigen Eigentum erforderlich ist.

§ 15 Nutzungsdaten

(1) Der Diensteanbieter darf personenbezogene Daten eines Nutzers nur erheben und verwenden, soweit dies erforderlich ist, um die Inanspruchnahme von Telemedien zu ermöglichen und abzurechnen (Nutzungsdaten). Nutzungsdaten sind insbesondere

1. Merkmale zur Identifikation des Nutzers,
2. Angaben über Beginn und Ende sowie des Umfangs der jeweiligen Nutzung und
3. Angaben über die vom Nutzer in Anspruch genommenen Telemedien.

(2) Der Diensteanbieter darf Nutzungsdaten eines Nutzers über die Inanspruchnahme verschiedener Telemedien zusammenführen, soweit dies für Abrechnungszwecke mit dem Nutzer erforderlich ist.

(3) Der Diensteanbieter darf für Zwecke der Werbung, der Marktforschung oder zur bedarfsgerechten Gestaltung der Telemedien Nutzungsprofile bei Verwendung von Pseudonymen erstellen, sofern der Nutzer dem nicht widerspricht. Der Diensteanbieter hat den Nutzer auf sein Widerspruchsrecht im Rahmen der Unterrichtung nach § 13 Abs. 1 hinzuweisen. Diese Nutzungsprofile dürfen nicht mit Daten über den Träger des Pseudonyms zusammengeführt werden.

(4) Der Diensteanbieter darf Nutzungsdaten über das Ende des Nutzungsvorgangs hinaus verwenden, soweit sie für Zwecke der Abrechnung mit dem Nutzer erforderlich sind (Abrechnungsdaten). Zur Erfüllung bestehender gesetzlicher, satzungsmäßiger oder vertraglicher Aufbewahrungsfristen darf der Diensteanbieter die Daten sperren.

(5) Der Diensteanbieter darf an andere Diensteanbieter oder Dritte Abrechnungsdaten übermitteln, soweit dies zur Ermittlung des Entgelts und zur Abrechnung mit dem Nutzer erforderlich ist. Hat der Diensteanbieter mit einem Dritten einen Vertrag über den Einzug des Entgelts geschlossen, so darf er diesem Dritten Abrechnungsdaten übermitteln, soweit es für diesen Zweck erforderlich ist. Zum Zwecke der Marktforschung anderer Diensteanbieter dürfen anonymisierte Nutzungsdaten übermittelt werden. § 14 Abs. 2 findet entsprechende Anwendung.

(6) Die Abrechnung über die Inanspruchnahme von Telemedien darf Anbieter, Zeitpunkt, Dauer, Art, Inhalt und Häufigkeit bestimmter von einem Nutzer in Anspruch genommener Telemedien nicht erkennen lassen, es sei denn, der Nutzer verlangt einen Einzelnachweis.

(7) Der Diensteanbieter darf Abrechnungsdaten, die für die Erstellung von Einzelnachweisen über die Inanspruchnahme bestimmter Angebote auf Verlangen des Nutzers verarbeitet werden, höchstens bis zum Ablauf des sechsten Monats nach Versendung der Rechnung speichern. Werden gegen die Entgeltforderung innerhalb dieser Frist Einwendungen erhoben oder diese trotz Zahlungsaufforderung nicht beglichen, dürfen die Abrechnungsdaten weiter gespeichert werden, bis die Einwendungen abschließend geklärt sind oder die Entgeltforderung beglichen ist.

(8) Liegen dem Diensteanbieter zu dokumentierende tatsächliche Anhaltspunkte vor, dass seine Dienste von bestimmten Nutzern in der Absicht in Anspruch genommen werden, das Entgelt nicht oder nicht vollständig zu entrichten, darf er die personenbezogenen Daten

dieser Nutzer über das Ende des Nutzungsvorgangs sowie die in Absatz 7 genannte Speicherfrist hinaus nur verwenden, soweit dies für Zwecke der Rechtsverfolgung erforderlich ist. Der Diensteanbieter hat die Daten unverzüglich zu löschen, wenn die Voraussetzungen nach Satz 1 nicht mehr vorliegen oder die Daten für die Rechtsverfolgung nicht mehr benötigt werden. Der betroffene Nutzer ist zu unterrichten, sobald dies ohne Gefährdung des mit der Maßnahme verfolgten Zweckes möglich ist.

§ 15a Informationspflicht bei unrechtmäßiger Kenntniserlangung von Daten

Stellt der Diensteanbieter fest, dass bei ihm gespeicherte Bestands- oder Nutzungsdaten unrechtmäßig übermittelt worden oder auf sonstige Weise Dritten unrechtmäßig zur Kenntnis gelangt sind, und drohen schwerwiegende Beeinträchtigungen für die Rechte oder schutzwürdigen Interessen des betroffenen Nutzers, gilt § 42a des Bundesdatenschutzgesetzes entsprechend.

Abschnitt 5 Bußgeldvorschriften

§ 16 Bußgeldvorschriften

(1) Ordnungswidrig handelt, wer absichtlich entgegen § 6 Abs. 2 Satz 1 den Absender oder den kommerziellen Charakter der Nachricht verschleiert oder verheimlicht.

(2) Ordnungswidrig handelt, wer vorsätzlich oder fahrlässig

1. entgegen § 5 Abs. 1 eine Information nicht, nicht richtig oder nicht vollständig verfügbar hält,
2. entgegen § 13 Abs. 1 Satz 1 oder 2 den Nutzer nicht, nicht richtig, nicht vollständig oder nicht rechtzeitig unterrichtet,
3. einer Vorschrift des § 13 Abs. 4 Satz 1 Nr. 1 bis 4 oder 5 über eine dort genannte Pflicht zur Sicherstellung zuwiderhandelt,
4. entgegen § 14 Abs. 1 oder § 15 Abs. 1 Satz 1 oder Abs. 8 Satz 1 oder 2 personenbezogene Daten erhebt oder verwendet oder nicht oder nicht rechtzeitig löscht oder
5. entgegen § 15 Abs. 3 Satz 3 ein Nutzungsprofil mit Daten über den Träger des Pseudonyms zusammenführt.

(3) Die Ordnungswidrigkeit kann mit einer Geldbuße bis zu fünfzigtausend Euro geahndet werden.

Telekommunikationsgesetz (TKG)[1]

Abschnitt 2 Datenschutz

§ 91 Anwendungsbereich

(1) Dieser Abschnitt regelt den Schutz personenbezogener Daten der Teilnehmer und Nutzer von Telekommunikation bei der Erhebung und Verwendung dieser Daten durch Unternehmen und Personen, die geschäftsmäßig Telekommunikationsdienste in Telekommunikationsnetzen, einschließlich Telekommunikationsnetzen, die Datenerfassungs- und Identifizierungsgeräte unterstützen, erbringen oder an deren Erbringung mitwirken. Dem Fernmeldegeheimnis unterliegende Einzelangaben über Verhältnisse einer bestimmten oder bestimmbaren juristischen Person oder Personengesellschaft, sofern sie mit der Fähigkeit ausgestattet ist, Rechte zu erwerben oder Verbindlichkeiten einzugehen, stehen den personenbezogenen Daten gleich.

(2) Für geschlossene Benutzergruppen öffentlicher Stellen der Länder gilt dieser Abschnitt mit der Maßgabe, dass an die Stelle des Bundesdatenschutzgesetzes die jeweiligen Landesdatenschutzgesetze treten.

§ 92 (weggefallen)

§ 93 Informationspflichten

(1) Diensteanbieter haben ihre Teilnehmer bei Vertragsabschluss über Art, Umfang, Ort und Zweck der Erhebung und Verwendung personenbezogener Daten so zu unterrichten, dass die Teilnehmer in allgemein verständlicher Form Kenntnis von den grundlegenden Verarbeitungstatbeständen der Daten erhalten. Dabei sind die Teilnehmer auch auf die zulässigen Wahl- und Gestaltungsmöglichkeiten hinzuweisen. Die Nutzer sind vom Diensteanbieter durch allgemein zugängliche Informationen über die Erhebung und Verwendung personenbezogener Daten zu unterrichten. Das Auskunftsrecht nach dem Bundesdatenschutzgesetz bleibt davon unberührt.

(2) Unbeschadet des Absatzes 1 hat der Diensteanbieter in den Fällen, in denen ein besonderes Risiko der Verletzung der Netzsicherheit besteht, die Teilnehmer über dieses Risiko und, wenn das Risiko außerhalb des Anwendungsbereichs der vom Diensteanbieter zu treffenden Maßnahme liegt, über mögliche Abhilfen, einschließlich der für sie voraussichtlich entstehenden Kosten, zu unterrichten.

(3) Im Fall einer Verletzung des Schutzes personenbezogener Daten haben die betroffenen Teilnehmer oder Personen die Rechte aus § 109a Absatz 1 Satz 2 in Verbindung mit Absatz 2.

1 Telekommunikationsgesetz vom 22. Juni 2004 (BGBl. I S. 1190), das zuletzt durch Artikel 4 Absatz 108 des Gesetzes vom 7. August 2013 (BGBl. I S. 3154) geändert worden ist.

§ 94 Einwilligung im elektronischen Verfahren

Die Einwilligung kann auch elektronisch erklärt werden, wenn der Diensteanbieter sicherstellt, dass

1. **der Teilnehmer oder Nutzer seine Einwilligung bewusst und eindeutig erteilt hat,**
2. **die Einwilligung protokolliert wird,**
3. **der Teilnehmer oder Nutzer den Inhalt der Einwilligung jederzeit abrufen kann und**
4. **der Teilnehmer oder Nutzer die Einwilligung jederzeit mit Wirkung für die Zukunft widerrufen kann.**

§ 95 Vertragsverhältnisse

(1) Der Diensteanbieter darf Bestandsdaten erheben und verwenden, soweit dieses zur Erreichung des in § 3 Nr. 3 genannten Zweckes erforderlich ist. Im Rahmen eines Vertragsverhältnisses mit einem anderen Diensteanbieter darf der Diensteanbieter Bestandsdaten seiner Teilnehmer und der Teilnehmer des anderen Diensteanbieters erheben und verwenden, soweit dies zur Erfüllung des Vertrages zwischen den Diensteanbietern erforderlich ist. Eine Übermittlung der Bestandsdaten an Dritte erfolgt, soweit nicht dieser Teil oder ein anderes Gesetz sie zulässt, nur mit Einwilligung des Teilnehmers.

(2) Der Diensteanbieter darf die Bestandsdaten der in Absatz 1 Satz 2 genannten Teilnehmer zur Beratung der Teilnehmer, zur Werbung für eigene Angebote, zur Marktforschung und zur Unterrichtung über einen individuellen Gesprächswunsch eines anderen Nutzers nur verwenden, soweit dies für diese Zwecke erforderlich ist und der Teilnehmer eingewilligt hat. Ein Diensteanbieter, der im Rahmen einer bestehenden Kundenbeziehung rechtmäßig Kenntnis von der Rufnummer oder der Postadresse, auch der elektronischen, eines Teilnehmers erhalten hat, darf diese für die Versendung von Text- oder Bildmitteilungen an ein Telefon oder an eine Postadresse zu den in Satz 1 genannten Zwecken verwenden, es sei denn, dass der Teilnehmer einer solchen Verwendung widersprochen hat. Die Verwendung der Rufnummer oder Adresse nach Satz 2 ist nur zulässig, wenn der Teilnehmer bei der Erhebung oder der erstmaligen Speicherung der Rufnummer oder Adresse und bei jeder Versendung einer Nachricht an diese Rufnummer oder Adresse zu einem der in Satz 1 genannten Zwecke deutlich sichtbar und gut lesbar darauf hingewiesen wird, dass er der Versendung weiterer Nachrichten jederzeit schriftlich oder elektronisch widersprechen kann.

(3) Endet das Vertragsverhältnis, sind die Bestandsdaten vom Diensteanbieter mit Ablauf des auf die Beendigung folgenden Kalenderjahres zu löschen. § 35 Abs. 3 des Bundesdatenschutzgesetzes gilt entsprechend.

(4) Der Diensteanbieter kann im Zusammenhang mit dem Begründen und dem Ändern des Vertragsverhältnisses sowie dem Erbringen von Telekommunikationsdiensten die Vorlage eines amtlichen Ausweises verlangen, wenn dies zur Überprüfung der Angaben des Teilnehmers erforderlich ist. Er kann von dem Ausweis eine Kopie erstellen. Die Kopie ist vom Diensteanbieter unverzüglich nach Feststellung der für den Vertragsabschluss erforderlichen Angaben des Teilnehmers zu vernichten. Andere als die nach Absatz 1 zulässigen Daten darf der Diensteanbieter dabei nicht verwenden.

(5) Die Erbringung von Telekommunikationsdiensten darf nicht von einer Einwilligung des Teilnehmers in eine Verwendung seiner Daten für andere Zwecke abhängig gemacht werden, wenn dem Teilnehmer ein anderer Zugang zu diesen Telekommunikationsdiensten ohne die Einwilligung nicht oder in nicht zumutbarer Weise möglich ist. Eine unter solchen Umständen erteilte Einwilligung ist unwirksam.

§ 96 Verkehrsdaten

(1) Der Diensteanbieter darf folgende Verkehrsdaten erheben, soweit dies für die in diesem Abschnitt genannten Zwecke erforderlich ist:

1. die Nummer oder Kennung der beteiligten Anschlüsse oder der Endeinrichtung, personenbezogene Berechtigungskennungen, bei Verwendung von Kundenkarten auch die Kartennummer, bei mobilen Anschlüssen auch die Standortdaten,
2. den Beginn und das Ende der jeweiligen Verbindung nach Datum und Uhrzeit und, soweit die Entgelte davon abhängen, die übermittelten Datenmengen,
3. den vom Nutzer in Anspruch genommenen Telekommunikationsdienst,
4. die Endpunkte von festgeschalteten Verbindungen, ihren Beginn und ihr Ende nach Datum und Uhrzeit und, soweit die Entgelte davon abhängen, die übermittelten Datenmengen,
5. sonstige zum Aufbau und zur Aufrechterhaltung der Telekommunikation sowie zur Entgeltabrechnung notwendige Verkehrsdaten.

Diese Verkehrsdaten dürfen nur verwendet werden, soweit dies für die in Satz 1 genannten oder durch andere gesetzliche Vorschriften begründeten Zwecke oder zum Aufbau weiterer Verbindungen erforderlich ist. Im Übrigen sind Verkehrsdaten vom Diensteanbieter nach Beendigung der Verbindung unverzüglich zu löschen.

(2) Eine über Absatz 1 hinausgehende Erhebung oder Verwendung der Verkehrsdaten ist unzulässig.

(3) Der Diensteanbieter darf teilnehmerbezogene Verkehrsdaten, die vom Anbieter eines öffentlich zugänglichen Telekommunikationsdienstes verwendet werden, zum Zwecke der Vermarktung von Telekommunikationsdiensten, zur bedarfsgerechten Gestaltung von Telekommunikationsdiensten oder zur Bereitstellung von Diensten mit Zusatznutzen im dazu erforderlichen Maß und im dazu erforderlichen Zeitraum nur verwenden, sofern der Betroffene in diese Verwendung eingewilligt hat. Die Daten der Angerufenen sind unverzüglich zu anonymisieren. Eine zielnummernbezogene Verwendung der Verkehrsdaten durch den Diensteanbieter zu den in Satz 1 genannten Zwecken ist nur mit Einwilligung der Angerufenen zulässig. Hierbei sind die Daten der Anrufenden unverzüglich zu anonymisieren.

(4) Bei der Einholung der Einwilligung ist dem Teilnehmer mitzuteilen, welche Datenarten für die in Absatz 3 Satz 1 genannten Zwecke verarbeitet werden sollen und wie lange sie gespeichert werden sollen. Außerdem ist der Teilnehmer darauf hinzuweisen, dass er die Einwilligung jederzeit widerrufen kann.

§ 97 Entgeltermittlung und Entgeltabrechnung

(1) Diensteanbieter dürfen die in § 96 Abs. 1 aufgeführten Verkehrsdaten verwenden, soweit die Daten zur Ermittlung des Entgelts und zur Abrechnung mit ihren Teilnehmern benötigt werden. Erbringt ein Diensteanbieter seine Dienste über ein öffentliches Telekommunikationsnetz eines fremden Betreibers, darf der Betreiber des öffentlichen Telekommunikationsnetzes dem Diensteanbieter die für die Erbringung von dessen Diensten erhobenen Verkehrsdaten übermitteln. Hat der Diensteanbieter mit einem Dritten einen Vertrag über den Einzug des Entgelts geschlossen, so darf er dem Dritten die in Absatz 2 genannten Daten übermitteln, soweit es zum Einzug des Entgelts und der Erstellung einer detaillierten Rechnung erforderlich ist. Der Dritte ist vertraglich zur Wahrung des Fernmel-

degeheimnisses nach § 88 und des Datenschutzes nach den §§ 93 und 95 bis 97, 99 und 100 zu verpflichten. § 11 des Bundesdatenschutzgesetzes bleibt unberührt.

(2) Der Diensteanbieter darf zur ordnungsgemäßen Ermittlung und Abrechnung der Entgelte für Telekommunikationsdienste und zum Nachweis der Richtigkeit derselben folgende personenbezogene Daten nach Maßgabe der Absätze 3 bis 6 erheben und verwenden:

1. **die Verkehrsdaten nach § 96 Abs. 1,**
2. **die Anschrift des Teilnehmers oder Rechnungsempfängers, die Art des Anschlusses, die Zahl der im Abrechnungszeitraum einer planmäßigen Entgeltabrechnung insgesamt aufgekommenen Entgelteinheiten, die übermittelten Datenmengen, das insgesamt zu entrichtende Entgelt,**
3. **sonstige für die Entgeltabrechnung erhebliche Umstände wie Vorschusszahlungen, Zahlungen mit Buchungsdatum, Zahlungsrückstände, Mahnungen, durchgeführte und aufgehobene Anschlusssperren, eingereichte und bearbeitete Reklamationen, beantragte und genehmigte Stundungen, Ratenzahlungen und Sicherheitsleistungen.**

(3) Der Diensteanbieter hat nach Beendigung der Verbindung aus den Verkehrsdaten nach § 96 Abs. 1 Nr. 1 bis 3 und 5 unverzüglich die für die Berechnung des Entgelts erforderlichen Daten zu ermitteln. Diese Daten dürfen bis zu sechs Monate nach Versendung der Rechnung gespeichert werden. Für die Abrechnung nicht erforderliche Daten sind unverzüglich zu löschen. Hat der Teilnehmer gegen die Höhe der in Rechnung gestellten Verbindungsentgelte vor Ablauf der Frist nach Satz 2 Einwendungen erhoben, dürfen die Daten gespeichert werden, bis die Einwendungen abschließend geklärt sind.

(4) Soweit es für die Abrechnung des Diensteanbieters mit anderen Diensteanbietern oder mit deren Teilnehmern sowie anderer Diensteanbieter mit ihren Teilnehmern erforderlich ist, darf der Diensteanbieter Verkehrsdaten verwenden.

(5) Zieht der Diensteanbieter mit der Rechnung Entgelte für Leistungen eines Dritten ein, die dieser im Zusammenhang mit der Erbringung von Telekommunikationsdiensten erbracht hat, so darf er dem Dritten Bestands- und Verkehrsdaten übermitteln, soweit diese im Einzelfall für die Durchsetzung der Forderungen des Dritten gegenüber seinem Teilnehmer erforderlich sind.

§ 98 Standortdaten

(1) Standortdaten, die in Bezug auf die Nutzer von öffentlichen Telekommunikationsnetzen oder öffentlich zugänglichen Telekommunikationsdiensten verwendet werden, dürfen nur im zur Bereitstellung von Diensten mit Zusatznutzen erforderlichen Umfang und innerhalb des dafür erforderlichen Zeitraums verarbeitet werden, wenn sie anonymisiert wurden oder wenn der Teilnehmer dem Anbieter des Dienstes mit Zusatznutzen seine Einwilligung erteilt hat. In diesen Fällen hat der Anbieter des Dienstes mit Zusatznutzen bei jeder Feststellung des Standortes des Mobilfunkendgerätes den Nutzer durch eine Textmitteilung an das Endgerät, dessen Standortdaten ermittelt wurden, zu informieren. Dies gilt nicht, wenn der Standort nur auf dem Endgerät angezeigt wird, dessen Standortdaten ermittelt wurden. Werden die Standortdaten für einen Dienst mit Zusatznutzen verarbeitet, der die Übermittlung von Standortdaten eines Mobilfunkendgerätes an einen anderen Teilnehmer oder Dritte, die nicht Anbieter des Dienstes mit Zusatznutzen sind, zum Gegenstand hat, muss der Teilnehmer abweichend von § 94 seine Einwilligung ausdrücklich, gesondert und schriftlich gegenüber dem Anbieter des Dienstes mit Zusatznutzen erteilen. In diesem Fall gilt die Verpflichtung nach Satz 2 entsprechend für den Anbieter des

Dienstes mit Zusatznutzen. Der Anbieter des Dienstes mit Zusatznutzen darf die erforderlichen Bestandsdaten zur Erfüllung seiner Verpflichtung aus Satz 2 nutzen. Der Teilnehmer muss Mitbenutzer über eine erteilte Einwilligung unterrichten. Eine Einwilligung kann jederzeit widerrufen werden.

(2) Haben die Teilnehmer ihre Einwilligung zur Verarbeitung von Standortdaten gegeben, müssen sie auch weiterhin die Möglichkeit haben, die Verarbeitung solcher Daten für jede Verbindung zum Netz oder für jede Übertragung einer Nachricht auf einfache Weise und unentgeltlich zeitweise zu untersagen.

(3) Bei Verbindungen zu Anschlüssen, die unter den Notrufnummern 112 oder 110 oder der Rufnummer 124 124 oder 116 117 erreicht werden, hat der Diensteanbieter sicherzustellen, dass nicht im Einzelfall oder dauernd die Übermittlung von Standortdaten ausgeschlossen wird.

(4) Die Verarbeitung von Standortdaten nach den Absätzen 1 und 2 muss auf das für die Bereitstellung des Dienstes mit Zusatznutzen erforderliche Maß sowie auf Personen beschränkt werden, die im Auftrag des Betreibers des öffentlichen Telekommunikationsnetzes oder öffentlich zugänglichen Telekommunikationsdienstes oder des Dritten, der den Dienst mit Zusatznutzen anbietet, handeln.

§ 99 Einzelverbindungsnachweis

(1) Dem Teilnehmer sind die gespeicherten Daten derjenigen Verbindungen, für die er entgeltpflichtig ist, nur dann mitzuteilen, wenn er vor dem maßgeblichen Abrechnungszeitraum in Textform einen Einzelverbindungsnachweis verlangt hat; auf Wunsch dürfen ihm auch die Daten pauschal abgegoltener Verbindungen mitgeteilt werden. Dabei entscheidet der Teilnehmer, ob ihm die von ihm gewählten Rufnummern ungekürzt oder unter Kürzung um die letzten drei Ziffern mitgeteilt werden. Bei Anschlüssen im Haushalt ist die Mitteilung nur zulässig, wenn der Teilnehmer in Textform erklärt hat, dass er alle zum Haushalt gehörenden Mitbenutzer des Anschlusses darüber informiert hat und künftige Mitbenutzer unverzüglich darüber informieren wird, dass ihm die Verkehrsdaten zur Erteilung des Nachweises bekannt gegeben werden. Bei Anschlüssen in Betrieben und Behörden ist die Mitteilung nur zulässig, wenn der Teilnehmer in Textform erklärt hat, dass die Mitarbeiter informiert worden sind und künftige Mitarbeiter unverzüglich informiert werden und dass der Betriebsrat oder die Personalvertretung entsprechend den gesetzlichen Vorschriften beteiligt worden ist oder eine solche Beteiligung nicht erforderlich ist. Soweit die öffentlich-rechtlichen Religionsgesellschaften für ihren Bereich eigene Mitarbeitervertreterregelungen erlassen haben, findet Satz 4 mit der Maßgabe Anwendung, dass an die Stelle des Betriebsrates oder der Personalvertretung die jeweilige Mitarbeitervertretung tritt. Dem Teilnehmer dürfen darüber hinaus die gespeicherten Daten mitgeteilt werden, wenn er Einwendungen gegen die Höhe der Verbindungsentgelte erhoben hat. Soweit ein Teilnehmer zur vollständigen oder teilweisen Übernahme der Entgelte für Verbindungen verpflichtet ist, die bei seinem Anschluss ankommen, dürfen ihm in dem für ihn bestimmten Einzelverbindungsnachweis die Nummern der Anschlüsse, von denen die Anrufe ausgehen, nur unter Kürzung um die letzten drei Ziffern mitgeteilt werden. Die Sätze 2 und 7 gelten nicht für Diensteanbieter, die als Anbieter für geschlossene Benutzergruppen ihre Dienste nur ihren Teilnehmern anbieten.

(2) Der Einzelverbindungsnachweis nach Absatz 1 Satz 1 darf nicht Verbindungen zu Anschlüssen von Personen, Behörden und Organisationen in sozialen oder kirchlichen Bereichen erkennen lassen, die grundsätzlich anonym bleibenden Anrufern ganz oder überwiegend telefonische Beratung in seelischen oder sozialen Notlagen anbieten und die selbst oder deren Mitarbeiter insoweit besonderen Verschwiegenheitsverpflichtungen unterlie-

gen. Dies gilt nur, soweit die Bundesnetzagentur die angerufenen Anschlüsse in eine Liste aufgenommen hat. Der Beratung im Sinne des Satzes 1 dienen neben den in § 203 Abs. 1 Nr. 4 und 4a des Strafgesetzbuches genannten Personengruppen insbesondere die Telefonseelsorge und die Gesundheitsberatung. Die Bundesnetzagentur nimmt die Inhaber der Anschlüsse auf Antrag in die Liste auf, wenn sie ihre Aufgabenbestimmung nach Satz 1 durch Bescheinigung einer Behörde oder Körperschaft, Anstalt oder Stiftung des öffentlichen Rechts nachgewiesen haben. Die Liste wird zum Abruf im automatisierten Verfahren bereitgestellt. Der Diensteanbieter hat die Liste quartalsweise abzufragen und Änderungen unverzüglich in seinen Abrechnungsverfahren anzuwenden. Die Sätze 1 bis 6 gelten nicht für Diensteanbieter, die als Anbieter für geschlossene Benutzergruppen ihre Dienste nur ihren Teilnehmern anbieten.

(3) Bei Verwendung einer Kundenkarte muss auch auf der Karte ein deutlicher Hinweis auf die mögliche Mitteilung der gespeicherten Verkehrsdaten ersichtlich sein. Sofern ein solcher Hinweis auf der Karte aus technischen Gründen nicht möglich oder für den Kartenemittenten unzumutbar ist, muss der Teilnehmer eine Erklärung nach Absatz 1 Satz 3 oder Satz 4 abgegeben haben.

§ 100 Störungen von Telekommunikationsanlagen und Missbrauch von Telekommunikationsdiensten

(1) Soweit erforderlich, darf der Diensteanbieter zum Erkennen, Eingrenzen oder Beseitigen von Störungen oder Fehlern an Telekommunikationsanlagen die Bestandsdaten und Verkehrsdaten der Teilnehmer und Nutzer erheben und verwenden.

(2) Zur Durchführung von Umschaltungen sowie zum Erkennen und Eingrenzen von Störungen im Netz ist dem Betreiber der Telekommunikationsanlage oder seinem Beauftragten das Aufschalten auf bestehende Verbindungen erlaubt, soweit dies betrieblich erforderlich ist. Eventuelle bei der Aufschaltung erstellte Aufzeichnungen sind unverzüglich zu löschen. Das Aufschalten muss den betroffenen Kommunikationsteilnehmern durch ein akustisches oder sonstiges Signal zeitgleich angezeigt und ausdrücklich mitgeteilt werden. Sofern dies technisch nicht möglich ist, muss der betriebliche Datenschutzbeauftragte unverzüglich detailliert über die Verfahren und Umstände jeder einzelnen Maßnahme informiert werden. Diese Informationen sind beim betrieblichen Datenschutzbeauftragten für zwei Jahre aufzubewahren.

(3) Wenn zu dokumentierende tatsächliche Anhaltspunkte für die rechtswidrige Inanspruchnahme eines Telekommunikationsnetzes oder -dienstes vorliegen, insbesondere für eine Leistungserschleichung oder einen Betrug, darf der Diensteanbieter zur Sicherung seines Entgeltanspruchs die Bestandsdaten und Verkehrsdaten verwenden, die erforderlich sind, um die rechtswidrige Inanspruchnahme des Telekommunikationsnetzes oder -dienstes aufzudecken und zu unterbinden. Der Diensteanbieter darf die nach § 96 erhobenen Verkehrsdaten in der Weise verwenden, dass aus dem Gesamtbestand aller Verkehrsdaten, die nicht älter als sechs Monate sind, die Daten derjenigen Verbindungen des Netzes ermittelt werden, für die tatsächliche Anhaltspunkte den Verdacht der rechtswidrigen Inanspruchnahme von Telekommunikationsnetzen und -diensten begründen. Der Diensteanbieter darf aus den Verkehrsdaten und Bestandsdaten nach Satz 1 einen pseudonymisierten Gesamtdatenbestand bilden, der Aufschluss über die von einzelnen Teilnehmern erzielten Umsätze gibt und unter Zugrundelegung geeigneter Kriterien das Auffinden solcher Verbindungen des Netzes ermöglicht, bei denen der Verdacht einer rechtswidrigen Inanspruchnahme besteht. Die Daten anderer Verbindungen sind unverzüglich zu löschen. Die Bundesnetzagentur und der Bundesbeauftragte für den Datenschutz sind

über Einführung und Änderung eines Verfahrens nach Satz 1 unverzüglich in Kenntnis zu setzen.

(4) Unter den Voraussetzungen des Absatzes 3 Satz 1 darf der Diensteanbieter im Einzelfall Steuersignale erheben und verwenden, soweit dies zum Aufklären und Unterbinden der dort genannten Handlungen unerlässlich ist. Die Erhebung und Verwendung von anderen Nachrichteninhalten ist unzulässig. Über Einzelmaßnahmen nach Satz 1 ist die Bundesnetzagentur in Kenntnis zu setzen. Die Betroffenen sind zu benachrichtigen, sobald dies ohne Gefährdung des Zwecks der Maßnahmen möglich ist.

§ 101 Mitteilen ankommender Verbindungen

(1) Trägt ein Teilnehmer in einem zu dokumentierenden Verfahren schlüssig vor, dass bei seinem Anschluss bedrohende oder belästigende Anrufe ankommen, hat der Diensteanbieter auf schriftlichen Antrag auch netzübergreifend Auskunft über die Inhaber der Anschlüsse zu erteilen, von denen die Anrufe ausgehen. Die Auskunft darf sich nur auf Anrufe beziehen, die nach Stellung des Antrags durchgeführt werden. Der Diensteanbieter darf die Rufnummern, Namen und Anschriften der Inhaber dieser Anschlüsse sowie Datum und Uhrzeit des Beginns der Verbindungen und der Verbindungsversuche erheben und verwenden sowie diese Daten seinem Teilnehmer mitteilen. Die Sätze 1 und 2 gelten nicht für Diensteanbieter, die ihre Dienste nur den Teilnehmern geschlossener Benutzergruppen anbieten.

(2) Die Bekanntgabe nach Absatz 1 Satz 3 darf nur erfolgen, wenn der Teilnehmer zuvor die Verbindungen nach Datum, Uhrzeit oder anderen geeigneten Kriterien eingrenzt, soweit ein Missbrauch dieses Verfahrens nicht auf andere Weise ausgeschlossen werden kann.

(3) Im Falle einer netzübergreifenden Auskunft sind die an der Verbindung mitwirkenden anderen Diensteanbieter verpflichtet, dem Diensteanbieter des bedrohten oder belästigten Teilnehmers die erforderlichen Auskünfte zu erteilen, sofern sie über diese Daten verfügen.

(4) Der Inhaber des Anschlusses, von dem die festgestellten Verbindungen ausgegangen sind, ist zu unterrichten, dass über diese Auskunft erteilt wurde. Davon kann abgesehen werden, wenn der Antragsteller schriftlich schlüssig vorgetragen hat, dass ihm aus dieser Mitteilung wesentliche Nachteile entstehen können, und diese Nachteile bei Abwägung mit den schutzwürdigen Interessen der Anrufenden als wesentlich schwerwiegender erscheinen. Erhält der Teilnehmer, von dessen Anschluss die als bedrohend oder belästigend bezeichneten Anrufe ausgegangen sind, auf andere Weise Kenntnis von der Auskunftserteilung, so ist er auf Verlangen über die Auskunftserteilung zu unterrichten.

(5) Die Bundesnetzagentur sowie der oder die Bundesbeauftragte für den Datenschutz sind über die Einführung und Änderung des Verfahrens zur Sicherstellung der Absätze 1 bis 4 unverzüglich in Kenntnis zu setzen.

§ 102 Rufnummernanzeige und -unterdrückung

(1) Bietet der Diensteanbieter die Anzeige der Rufnummer der Anrufenden an, so müssen Anrufende und Angerufene die Möglichkeit haben, die Rufnummernanzeige dauernd oder für jeden Anruf einzeln auf einfache Weise und unentgeltlich zu unterdrücken. Angerufene müssen die Möglichkeit haben, eingehende Anrufe, bei denen die Rufnummernan-

zeige durch den Anrufenden unterdrückt wurde, auf einfache Weise und unentgeltlich abzuweisen.

(2) Abweichend von Absatz 1 Satz 1 dürfen Anrufende bei Werbung mit einem Telefonanruf ihre Rufnummernanzeige nicht unterdrücken oder bei dem Diensteanbieter veranlassen, dass diese unterdrückt wird; der Anrufer hat sicherzustellen, dass dem Angerufenen die dem Anrufer zugeteilte Rufnummer übermittelt wird.

(3) Die Absätze 1 und 2 gelten nicht für Diensteanbieter, die ihre Dienste nur den Teilnehmern geschlossener Benutzergruppen anbieten.

(4) Auf Antrag des Teilnehmers muss der Diensteanbieter Anschlüsse bereitstellen, bei denen die Übermittlung der Rufnummer des Anschlusses, von dem der Anruf ausgeht, an den angerufenen Anschluss unentgeltlich ausgeschlossen ist. Die Anschlüsse sind auf Antrag des Teilnehmers in dem öffentlichen Teilnehmerverzeichnis (§ 104) seines Diensteanbieters zu kennzeichnen. Ist eine Kennzeichnung nach Satz 2 erfolgt, so darf an den so gekennzeichneten Anschluss eine Übermittlung der Rufnummer des Anschlusses, von dem der Anruf ausgeht, erst dann erfolgen, wenn zuvor die Kennzeichnung in der aktualisierten Fassung des Teilnehmerverzeichnisses nicht mehr enthalten ist.

(5) Hat der Teilnehmer die Eintragung in das Teilnehmerverzeichnis nicht nach § 104 beantragt, unterbleibt die Anzeige seiner Rufnummer bei dem angerufenen Anschluss, es sei denn, dass der Teilnehmer die Übermittlung seiner Rufnummer ausdrücklich wünscht.

(6) Wird die Anzeige der Rufnummer von Angerufenen angeboten, so müssen Angerufene die Möglichkeit haben, die Anzeige ihrer Rufnummer beim Anrufenden auf einfache Weise und unentgeltlich zu unterdrücken. Absatz 3 gilt entsprechend.

(7) Die Absätze 1 bis 3 und 6 gelten auch für Anrufe in das Ausland und für aus dem Ausland kommende Anrufe, soweit sie Anrufende oder Angerufene im Inland betreffen.

(8) Bei Verbindungen zu Anschlüssen, die unter den Notrufnummern 112 oder 110 oder der Rufnummer 124 124 oder 116 117 erreicht werden, hat der Diensteanbieter sicherzustellen, dass nicht im Einzelfall oder dauernd die Anzeige von Nummern der Anrufenden ausgeschlossen wird.

§ 103 Automatische Anrufweiterschaltung

Der Diensteanbieter ist verpflichtet, seinen Teilnehmern die Möglichkeit einzuräumen, eine von einem Dritten veranlasste automatische Weiterschaltung auf sein Endgerät auf einfache Weise und unentgeltlich abzustellen, soweit dies technisch möglich ist. Satz 1 gilt nicht für Diensteanbieter, die als Anbieter für geschlossene Benutzergruppen ihre Dienste nur ihren Teilnehmern anbieten.

§ 104 Teilnehmerverzeichnisse

Teilnehmer können mit ihrem Namen, ihrer Anschrift und zusätzlichen Angaben wie Beruf, Branche und Art des Anschlusses in öffentliche gedruckte oder elektronische Verzeichnisse eingetragen werden, soweit sie dies beantragen. Dabei können die Teilnehmer bestimmen, welche Angaben in den Verzeichnissen veröffentlicht werden sollen. Auf Verlangen des Teilnehmers dürfen Mitbenutzer eingetragen werden, soweit diese damit einverstanden sind.

§ 105 Auskunftserteilung

(1) Über die in Teilnehmerverzeichnissen enthaltenen Rufnummern dürfen Auskünfte unter Beachtung der Beschränkungen des § 104 und der Absätze 2 und 3 erteilt werden.

(2) Die Telefonauskunft über Rufnummern von Teilnehmern darf nur erteilt werden, wenn diese in angemessener Weise darüber informiert worden sind, dass sie der Weitergabe ihrer Rufnummer widersprechen können und von ihrem Widerspruchsrecht keinen Gebrauch gemacht haben. Über Rufnummern hinausgehende Auskünfte über nach § 104 veröffentlichte Daten dürfen nur erteilt werden, wenn der Teilnehmer in eine weitergehende Auskunftserteilung eingewilligt hat.

(3) Die Telefonauskunft von Namen oder Namen und Anschrift eines Teilnehmers, von dem nur die Rufnummer bekannt ist, ist zulässig, wenn der Teilnehmer, der in ein Teilnehmerverzeichnis eingetragen ist, nach einem Hinweis seines Diensteanbieters auf seine Widerspruchsmöglichkeit nicht widersprochen hat.

(4) Ein Widerspruch nach Absatz 2 Satz 1 oder Absatz 3 oder eine Einwilligung nach Absatz 2 Satz 2 sind in den Kundendateien des Diensteanbieters und des Anbieters nach Absatz 1, die den Verzeichnissen zugrunde liegen, unverzüglich zu vermerken. Sie sind auch von den anderen Diensteanbietern zu beachten, sobald diese in zumutbarer Weise Kenntnis darüber erlangen konnten, dass der Widerspruch oder die Einwilligung in den Verzeichnissen des Diensteanbieters und des Anbieters nach Absatz 1 vermerkt ist.

§ 106 Telegrammdienst

(1) Daten und Belege über die betriebliche Bearbeitung und Zustellung von Telegrammen dürfen gespeichert werden, soweit es zum Nachweis einer ordnungsgemäßen Erbringung der Telegrammdienstleistung nach Maßgabe des mit dem Teilnehmer geschlossenen Vertrags erforderlich ist. Die Daten und Belege sind spätestens nach sechs Monaten vom Diensteanbieter zu löschen.

(2) Daten und Belege über den Inhalt von Telegrammen dürfen über den Zeitpunkt der Zustellung hinaus nur gespeichert werden, soweit der Diensteanbieter nach Maßgabe des mit dem Teilnehmer geschlossenen Vertrags für Übermittlungsfehler einzustehen hat. Bei Inlandstelegrammen sind die Daten und Belege spätestens nach drei Monaten, bei Auslandstelegrammen spätestens nach sechs Monaten vom Diensteanbieter zu löschen.

(3) Die Löschungsfristen beginnen mit dem ersten Tag des Monats, der auf den Monat der Telegrammaufgabe folgt. Die Löschung darf unterbleiben, solange die Verfolgung von Ansprüchen oder eine internationale Vereinbarung eine längere Speicherung erfordert.

§ 107 Nachrichtenübermittlungssysteme mit Zwischenspeicherung

(1) Der Diensteanbieter darf bei Diensten, für deren Durchführung eine Zwischenspeicherung erforderlich ist, Nachrichteninhalte, insbesondere Sprach-, Ton-, Text- und Grafikmitteilungen von Teilnehmern, im Rahmen eines hierauf gerichteten Diensteangebots unter folgenden Voraussetzungen verarbeiten:

1. Die Verarbeitung erfolgt ausschließlich in Telekommunikationsanlagen des zwischenspeichernden Diensteanbieters, es sei denn, die Nachrichteninhalte werden im Auf-

trag des Teilnehmers oder durch Eingabe des Teilnehmers in Telekommunikationsanlagen anderer Diensteanbieter weitergeleitet.

2. **Ausschließlich der Teilnehmer bestimmt durch seine Eingabe Inhalt, Umfang und Art der Verarbeitung.**
3. **Ausschließlich der Teilnehmer bestimmt, wer Nachrichteninhalte eingeben und darauf zugreifen darf (Zugriffsberechtigter).**
4. **Der Diensteanbieter darf dem Teilnehmer mitteilen, dass der Empfänger auf die Nachricht zugegriffen hat.**
5. **Der Diensteanbieter darf Nachrichteninhalte nur entsprechend dem mit dem Teilnehmer geschlossenen Vertrag löschen.**

(2) Der Diensteanbieter hat die erforderlichen technischen und organisatorischen Maßnahmen zu treffen, um Fehlübermittlungen und das unbefugte Offenbaren von Nachrichteninhalten innerhalb seines Unternehmens oder an Dritte auszuschließen. Erforderlich sind Maßnahmen nur, wenn ihr Aufwand in einem angemessenen Verhältnis zu dem angestrebten Schutzzweck steht. Soweit es im Hinblick auf den angestrebten Schutzzweck erforderlich ist, sind die Maßnahmen dem jeweiligen Stand der Technik anzupassen.

Rundfunkstaatsvertrag (RStV)[1]

§ 47 Datenschutz

(1) Soweit bei der Veranstaltung und Verbreitung von Rundfunk nach diesem Staatsvertrag personenbezogene Daten erhoben, verarbeitet oder genutzt werden, gelten die Vorschriften des Abschnittes Datenschutz des Telemediengesetzes in der jeweils geltenden Fassung entsprechend.

(2) [1]Soweit ein Veranstalter personenbezogene Daten ausschließlich zu eigenen journalistisch-redaktionellen Zwecken verarbeitet und der Betroffene dadurch in seinen schutzwürdigen Interessen beeinträchtigt wird, kann dieser Auskunft über die zugrunde liegenden, zu seiner Person gespeicherten Daten verlangen. [2]Die Auskunft kann nach Abwägung der schutzwürdigen Interessen der Beteiligten verweigert werden, soweit durch die Mitteilung die journalistische Aufgabe des Veranstalters durch Ausforschung des Informationsbestandes beeinträchtigt würde oder aus den Daten

1. **auf Personen, die bei der Vorbereitung, Herstellung oder Verbreitung mitgewirkt haben, oder**
2. **auf die Person des Einsenders oder des Gewährsträgers von Beiträgen, Unterlagen und Mitteilungen für den redaktionellen Teil**

geschlossen werden kann. [3]Der Betroffene kann die Berichtigung unrichtiger Daten oder die Hinzufügung einer eigenen Darstellung von angemessenem Umfang verlangen.

(3) [1]Die Zuständigkeit für die Aufsicht über die Einhaltung der Absätze 1 und 2 richtet sich nach Landesrecht. [2]Der Abruf von Angeboten oder der Zugriff auf Angebote im Rahmen der Aufsicht ist unentgeltlich. [3]Veranstalter haben dies sicherzustellen. [4]Der Veranstalter darf seine Angebote nicht gegen den Abruf oder den Zugriff durch die zuständige Aufsichtsbehörde sperren.

(4) Die Absätze 1 bis 3 gelten auch für Teleshoppingkanäle.

1 Staatsvertrag für Rundfunk und Telemedien (Rundfunkstaatsvertrag - RStV) vom 31. August 1991 (GVBl S. 636) in der Fassung des Fünfzehnten Staatsvertrages zur Änderung rundfunkrechtlicher Staatsverträge vom 15./21. Dezember 2010 (GVBl. 11/2011, S. 479), in Kraft getreten am 01. Januar 2013.

Betriebsverfassungsgesetz (BetrVG)[1]

§ 75 Grundsätze für die Behandlung der Betriebsangehörigen

(1) Arbeitgeber und Betriebsrat haben darüber zu wachen, dass alle im Betrieb tätigen Personen nach den Grundsätzen von Recht und Billigkeit behandelt werden, insbesondere, dass jede Benachteiligung von Personen aus Gründen ihrer Rasse oder wegen ihrer ethnischen Herkunft, ihrer Abstammung oder sonstigen Herkunft, ihrer Nationalität, ihrer Religion oder Weltanschauung, ihrer Behinderung, ihres Alters, ihrer politischen oder gewerkschaftlichen Betätigung oder Einstellung oder wegen ihres Geschlechts oder ihrer sexuellen Identität unterbleibt.

(2) Arbeitgeber und Betriebsrat haben die freie Entfaltung der Persönlichkeit der im Betrieb beschäftigten Arbeitnehmer zu schützen und zu fördern. Sie haben die Selbständigkeit und Eigeninitiative der Arbeitnehmer und Arbeitsgruppen zu fördern.

§ 87 Mitbestimmungsrechte

(1) Der Betriebsrat hat, soweit eine gesetzliche oder tarifliche Regelung nicht besteht, in folgenden Angelegenheiten mitzubestimmen:

1. **Fragen der Ordnung des Betriebs und des Verhaltens der Arbeitnehmer im Betrieb;**
2. **Beginn und Ende der täglichen Arbeitszeit einschließlich der Pausen sowie Verteilung der Arbeitszeit auf die einzelnen Wochentage;**
3. **vorübergehende Verkürzung oder Verlängerung der betriebsüblichen Arbeitszeit;**
4. **Zeit, Ort und Art der Auszahlung der Arbeitsentgelte;**
5. **Aufstellung allgemeiner Urlaubsgrundsätze und des Urlaubsplans sowie die Festsetzung der zeitlichen Lage des Urlaubs für einzelne Arbeitnehmer, wenn zwischen dem Arbeitgeber und den beteiligten Arbeitnehmern kein Einverständnis erzielt wird;**
6. **Einführung und Anwendung von technischen Einrichtungen, die dazu bestimmt sind, das Verhalten oder die Leistung der Arbeitnehmer zu überwachen;**
7. **Regelungen über die Verhütung von Arbeitsunfällen und Berufskrankheiten sowie über den Gesundheitsschutz im Rahmen der gesetzlichen Vorschriften oder der Unfallverhütungsvorschriften;**
8. **Form, Ausgestaltung und Verwaltung von Sozialeinrichtungen, deren Wirkungsbereich auf den Betrieb, das Unternehmen oder den Konzern beschränkt ist;**
9. **Zuweisung und Kündigung von Wohnräumen, die den Arbeitnehmern mit Rücksicht auf das Bestehen eines Arbeitsverhältnisses vermietet werden, sowie die allgemeine Festlegung der Nutzungsbedingungen;**
10. **Fragen der betrieblichen Lohngestaltung, insbesondere die Aufstellung von Entlohnungsgrundsätzen und die Einführung und Anwendung von neuen Entlohnungsmethoden sowie deren Änderung;**

---

1 Betriebsverfassungsgesetz in der Fassung der Bekanntmachung vom 25. September 2001 (BGBl. I S. 2518), das zuletzt durch Artikel 3 Absatz 4 des Gesetzes vom 20. April 2013 (BGBl. I S. 868) geändert worden ist.

11. Festsetzung der Akkord- und Prämiensätze und vergleichbarer leistungsbezogener Entgelte, einschließlich der Geldfaktoren;
12. Grundsätze über das betriebliche Vorschlagswesen;
13. Grundsätze über die Durchführung von Gruppenarbeit; Gruppenarbeit im Sinne dieser Vorschrift liegt vor, wenn im Rahmen des betrieblichen Arbeitsablaufs eine Gruppe von Arbeitnehmern eine ihr übertragene Gesamtaufgabe im Wesentlichen eigenverantwortlich erledigt.

(2) Kommt eine Einigung über eine Angelegenheit nach Absatz 1 nicht zustande, so entscheidet die Einigungsstelle. Der Spruch der Einigungsstelle ersetzt die Einigung zwischen Arbeitgeber und Betriebsrat.

Strafgesetzbuch (StGB)[1]

§ 203 Verletzung von Privatgeheimnissen

(1) Wer unbefugt ein fremdes Geheimnis, namentlich ein zum persönlichen Lebensbereich gehörendes Geheimnis oder ein Betriebs- oder Geschäftsgeheimnis, offenbart, das ihm als

1. Arzt, Zahnarzt, Tierarzt, Apotheker oder Angehörigen eines anderen Heilberufs, der für die Berufsausübung oder die Führung der Berufsbezeichnung eine staatlich geregelte Ausbildung erfordert,

2. Berufspsychologen mit staatlich anerkannter wissenschaftlicher Abschlußprüfung,

3. Rechtsanwalt, Patentanwalt, Notar, Verteidiger in einem gesetzlich geordneten Verfahren, Wirtschaftsprüfer, vereidigtem Buchprüfer, Steuerberater, Steuerbevollmächtigten oder Organ oder Mitglied eines Organs einer Rechtsanwalts-, Patentanwalts-, Wirtschaftsprüfungs-, Buchprüfungs- oder Steuerberatungsgesellschaft,

4. Ehe-, Familien-, Erziehungs- oder Jugendberater sowie Berater für Suchtfragen in einer Beratungsstelle, die von einer Behörde oder Körperschaft, Anstalt oder Stiftung des öffentlichen Rechts anerkannt ist,

4a. Mitglied oder Beauftragten einer anerkannten Beratungsstelle nach den §§ 3 und 8 des Schwangerschaftskonfliktgesetzes,

5. staatlich anerkanntem Sozialarbeiter oder staatlich anerkanntem Sozialpädagogen oder

6. Angehörigen eines Unternehmens der privaten Kranken-, Unfall- oder Lebensversicherung oder einer privatärztlichen, steuerberaterlichen oder anwaltlichen Verrechnungsstelle

anvertraut worden oder sonst bekanntgeworden ist, wird mit Freiheitsstrafe bis zu einem Jahr oder mit Geldstrafe bestraft.

1 Strafgesetzbuch in der Fassung der Bekanntmachung vom 13. November 1998 (BGBl. I S. 3322), das zuletzt durch Artikel 1 des Gesetzes vom 23. April 2014 (BGBl. I S. 410) geändert worden ist.

kurz: EU-Datenschutz-Richtlinie*

RICHTLINIE 95/46/EG DES EUROPÄISCHEN PARLAMENTS UND DES RATES

vom 24. Oktober 1995

zum Schutz natürlicher Personen bei der Verarbeitung personenbezogener Daten und zum freien Datenverkehr

DAS EUROPÄISCHE PARLAMENT UND DER RAT DER EUROPÄISCHEN UNION —

gestützt auf den Vertrag zur Gründung der Europäischen Gemeinschaft, insbesondere auf Artikel 100a,

auf Vorschlag der Kommission (1),

nach Stellungnahme des Wirtschafts- und Sozialausschusses (2),

gemäß dem Verfahren des Artikels 189b des Vertrags (3),

in Erwägung nachstehender Gründe:

(1) Die Ziele der Gemeinschaft, wie sie in dem durch den Vertrag über die Europäische Union geänderten Vertrag festgelegt sind, bestehen darin, einen immer engeren Zusammenschluß der europäischen Völker zu schaffen, engere Beziehungen zwischen den in der Gemeinschaft zusammengeschlossenen Staaten herzustellen, durch gemeinsames Handeln den wirtschaftlichen und sozialen Fortschritt zu sichern, indem die Europa trennenden Schranken beseitigt werden, die ständige Besserung der Lebensbedingungen ihrer Völker zu fördern, Frieden und Freiheit zu wahren und zu festigen und für die Demokratie einzutreten und sich dabei auf die in den Verfassungen und Gesetzen der Mitgliedstaaten sowie in der Europäischen Konvention zum Schutze der Menschenrechte und Grundfreiheiten anerkannten Grundrechte zu stützen.

(2) Die Datenverarbeitungssysteme stehen im Dienste des Menschen; sie haben, ungeachtet der Staatsangehörigkeit oder des Wohnorts der natürlichen Personen, deren Grundrechte und -freiheiten und insbesondere deren Privatsphäre zu achten und zum wirtschaftlichen und sozialen Fortschritt, zur Entwicklung des Handels sowie zum Wohlergehen der Menschen beizutragen.

(3) Für die Errichtung und das Funktionieren des Binnenmarktes, der gemäß Artikel 7a des Vertrags den freien Verkehr von Waren, Personen, Dienstleistungen und Kapital gewährleisten soll, ist es nicht nur erforderlich, daß personenbezogene Daten von einem Mitgliedstaat in einen anderen Mitgliedstaat übermittelt werden können, sondern auch, daß die Grundrechte der Personen gewahrt werden.

(4) Immer häufiger werden personenbezogene Daten in der Gemeinschaft in den verschiedenen Bereichen wirtschaftlicher und sozialer Tätigkeiten verarbeitet. Die Fortschritte der Informationstechnik erleichtern die Verarbeitung und den Austausch dieser Daten beträchtlich.

(5) Die wirtschaftliche und soziale Integration, die sich aus der Errichtung und dem Funktionieren des Binnenmarktes im Sinne von Artikel 7a des Vertrags ergibt, wird notwendigerweise zu einer spürbaren Zunahme der grenzüberschreitenden Ströme personenbezogener Daten zwischen allen am wirtschaftlichen und sozialen Leben der Mitgliedstaaten Beteiligten im öffentlichen wie im privaten Bereich führen. Der Austausch personenbezogener Daten zwischen in verschiedenen Mitgliedstaaten niedergelassenen Unternehmen wird zunehmen. Die Verwaltungen der Mitgliedstaaten sind aufgrund des Gemeinschaftsrechts gehalten, zusammenzuarbeiten und untereinander personenbezogene Daten auszutauschen, um im Rahmen des Raums ohne Grenzen, wie er durch den Binnenmarkt hergestellt wird, ihren Auftrag erfüllen oder Aufgaben anstelle der Behörden eines anderen Mitgliedstaats durchführen zu können.

(6) Die verstärkte wissenschaftliche und technische Zusammenarbeit sowie die koordinierte Einführung neuer Telekommunikationsnetze in der Gemeinschaft erfordern und erleichtern den grenzüberschreitenden Verkehr personenbezogener Daten.

(7) Das unterschiedliche Niveau des Schutzes der Rechte und Freiheiten von Personen, insbesondere der Privatsphäre, bei der Verarbeitung personenbezogener Daten in den Mitgliedstaaten kann die Übermittlung dieser Daten aus dem Gebiet eines Mitgliedstaats in das Gebiet eines anderen Mitgliedstaats verhindern. Dieses unterschiedliche Schutzniveau kann somit ein Hemmnis für die Ausübung einer Reihe von Wirtschaftstätigkeiten auf Gemeinschaftsebene darstellen, den Wettbewerb verfälschen und die Erfüllung des Auftrags der im Anwendungsbereich des Gemeinschaftsrechts tätigen Behörden verhindern. Dieses unterschiedliche Schutzniveau ergibt sich aus der Verschiedenartigkeit der einzelstaatlichen Rechts- und Verwaltungsvorschriften.

(8) Zur Beseitigung der Hemmnisse für den Verkehr personenbezogener Daten ist ein gleichwertiges Schutzniveau hinsichtlich der Rechte und Freiheiten von Personen bei der Verarbeitung dieser Daten in allen Mitgliedstaaten unerläßlich. Insbesondere unter Berücksichtigung der großen Unterschiede, die gegenwärtig zwischen den einschlägigen einzelstaatlichen Rechtsvorschriften bestehen, und der Notwendigkeit, die Rechtsvorschriften der Mitgliedstaaten zu koordinieren, damit der grenzüberschreitende Fluß personenbezogener Daten kohärent und in Übereinstimmung mit dem Ziel des Binnenmarktes im Sinne des Artikels 7a des Vertrags geregelt wird, läßt sich dieses für den Binnenmarkt grundlegende Ziel nicht allein durch das Vorgehen der Mitgliedstaaten verwirklichen. Deshalb ist eine Maßnahme der Gemeinschaft zur Angleichung der Rechtsvorschriften erforderlich.

(9) Die Mitgliedstaaten dürfen aufgrund des gleichwertigen Schutzes, der sich aus der Angleichung der einzelstaatlichen Rechtsvorschriften ergibt, den freien Verkehr personenbezogener Daten zwischen ihnen nicht mehr aus Gründen behindern, die den Schutz der Rechte und Freiheiten natürlicher Personen und insbesondere das Recht auf die Privatsphäre betreffen. Die Mitgliedstaaten besitzen einen Spielraum, der im Rahmen der Durchführung der Richtlinie von den Wirtschafts- und Sozialpartnern genutzt werden kann. Sie können somit in ihrem einzelstaatlichen Recht allgemeine Bedingungen für die Rechtmäßigkeit der Verarbeitung festlegen. Hierbei streben sie eine Verbesserung des gegenwärtig durch ihre Rechtsvorschriften gewährten Schutzes an. Innerhalb dieses Spielraums können unter Beachtung des Gemeinschaftsrechts Unterschiede bei der Durchführung der Richtlinie auftreten, was Auswirkungen für den Datenverkehr sowohl innerhalb eines Mitgliedstaats als auch in der Gemeinschaft haben kann.

(10) Gegenstand der einzelstaatlichen Rechtsvorschriften über die Verarbeitung personenbezogener Daten ist die Gewährleistung der Achtung der Grundrechte und -freiheiten, insbesondere des auch in Artikel 8 der Europäischen Konvention zum Schutze der Menschenrechte und Grundfreiheiten und in den allgemeinen Grundsätzen des Gemeinschaftsrechts anerkannten Rechts auf die Privatsphäre. Die Angleichung dieser Rechtsvorschriften

(1) ABl. Nr. C 277 vom 5. 11. 1990, S. 3, und ABl. Nr. C 311 vom 27. 11. 1992, S. 30.
(2) ABl. Nr. C 159 vom 17. 6. 1991, S. 38.
(3) Stellungnahme des Europäischen Parlaments vom 11. März 1992 (ABl. Nr. C 94 vom 13. 4. 1992, S. 198), bestätigt am 2. Dezember 1993 (ABl. Nr. C 342 vom 20. 12. 1993, S. 30). Gemeinsamer Standpunkt des Rates vom 20. Februar 1995 (ABl. Nr. C 93 vom 13. 4. 1995, S. 1) und Beschluß des Europäischen Parlaments vom 15. Juni 1995 (ABl. Nr. C 166 vom 3. 7. 1995).

* Dieses Dokument ist lediglich eine Dokumentationsquelle, für deren Richtigkeit die Organe der Gemeinschaften keine Gewähr übernehmen.

darf deshalb nicht zu einer Verringerung des durch diese Rechtsvorschriften garantierten Schutzes führen, sondern muß im Gegenteil darauf abzielen, in der Gemeinschaft ein hohes Schutzniveau sicherzustellen.

(11) Die in dieser Richtlinie enthaltenen Grundsätze zum Schutz der Rechte und Freiheiten der Personen, insbesondere der Achtung der Privatsphäre, konkretisieren und erweitern die in dem Übereinkommen des Europarats vom 28. Januar 1981 zum Schutze der Personen bei der automatischen Verarbeitung personenbezogener Daten enthaltenen Grundsätze.

(12) Die Schutzprinzipien müssen für alle Verarbeitungen personenbezogener Daten gelten, sobald die Tätigkeiten des für die Verarbeitung Verantwortlichen in den Anwendungsbereich des Gemeinschaftsrechts fallen. Auszunehmen ist die Datenverarbeitung, die von einer natürlichen Person in Ausübung ausschließlich persönlicher oder familiärer Tätigkeiten — wie zum Beispiel Schriftverkehr oder Führung von Anschriftenverzeichnissen — vorgenommen wird

(13) Die in den Titeln V und VI des Vertrags über die Europäische Union genannten Tätigkeiten, die die öffentliche Sicherheit, die Landesverteidigung, die Sicherheit des Staates oder die Tätigkeiten des Staates im Bereich des Strafrechts betreffen, fallen unbeschadet der Verpflichtungen der Mitgliedstaaten gemäß Artikel 56 Absatz 2 sowie gemäß den Artikeln 57 und 100a des Vertrags zur Gründung der Europäischen Gemeinschaft nicht in den Anwendungsbereich des Gemeinschaftsrechts. Die Verarbeitung personenbezogener Daten, die zum Schutz des wirtschaftlichen Wohls des Staates erforderlich ist, fällt nicht unter diese Richtlinie, wenn sie mit Fragen der Sicherheit des Staates zusammenhängt.

(14) In Anbetracht der Bedeutung der gegenwärtigen Entwicklung im Zusammenhang mit der Informationsgesellschaft bezüglich Techniken der Erfassung, Übermittlung, Veränderung, Speicherung, Aufbewahrung oder Weitergabe von personenbezogenen Ton- und Bilddaten muß diese Richtlinie auch auf die Verarbeitung dieser Daten Anwendung finden.

(15) Die Verarbeitung solcher Daten wird von dieser Richtlinie nur erfaßt, wenn sie automatisiert erfolgt oder wenn die Daten, auf die sich die Verarbeitung bezieht, in Dateien enthalten oder für solche bestimmt sind, die nach bestimmten personenbezogenen Kriterien strukturiert sind, um einen leichten Zugriff auf die Daten zu ermöglichen.

(16) Die Verarbeitung von Ton- und Bilddaten, wie bei der Videoüberwachung, fällt nicht unter diese Richtlinie, wenn sie für Zwecke der öffentlichen Sicherheit, der Landesverteidigung, der Sicherheit des Staates oder der Tätigkeiten des Staates im Bereich des Strafrechts oder anderen Tätigkeiten erfolgt, die nicht unter das Gemeinschaftsrecht fallen.

(17) Bezüglich der Verarbeitung von Ton- und Bilddaten für journalistische, literarische oder künstlerische Zwecke, insbesondere im audiovisuellen Bereich, finden die Grundsätze dieser Richtlinie gemäß Artikel 9 eingeschränkt Anwendung.

(18) Um zu vermeiden, daß einer Person der gemäß dieser Richtlinie gewährleistete Schutz vorenthalten wird, müssen auf jede in der Gemeinschaft erfolgte Verarbeitung personenbezogener Daten die Rechtsvorschriften eines Mitgliedstaats angewandt werden. Es ist angebracht, auf die Verarbeitung, die von einer Person, die dem in dem Mitgliedstaat niedergelassenen für die Verarbeitung Verantwortlichen unterstellt ist, vorgenommen werden, die Rechtsvorschriften dieses Staates anzuwenden.

(19) Eine Niederlassung im Hoheitsgebiet eines Mitgliedstaats setzt die effektive und tatsächliche Ausübung einer Tätigkeit mittels einer festen Einrichtung voraus. Die Rechtsform einer solchen Niederlassung, die eine Agentur oder eine Zweigstelle sein kann, ist in dieser Hinsicht nicht maßgeblich. Wenn der Verantwortliche im Hoheitsgebiet mehrerer Mitgliedstaaten niedergelassen ist, insbesondere mit einer Filiale, muß er vor allem zu Vermeidung von Umgehungen sicherstellen, daß jede dieser Niederlassungen die Verpflichtungen einhält, die im jeweiligen einzelstaatlichen Recht vorgesehen sind, das auf ihre jeweiligen Tätigkeiten anwendbar ist.

(20) Die Niederlassung des für die Verarbeitung Verantwortlichen in einem Drittland darf dem Schutz der Personen gemäß dieser Richtlinie nicht entgegenstehen. In diesem Fall sind die Verarbeitungen dem Recht des Mitgliedstaats zu unterwerfen, in dem sich die für die betreffenden Verarbeitungen verwendeten Mittel befinden, und Vorkehrungen zu treffen, um sicherzustellen, daß die in dieser Richtlinie vorgesehenen Richte und Pflichten tatsächlich eingehalten werden.

(21) Diese Richtlinie berührt nicht die im Strafrecht geltenden Territorialitätsregeln.

(22) Die Mitgliedstaaten können in ihren Rechtsvorschriften oder bei der Durchführung der Vorschriften zur Umsetzung dieser Richtlinie die allgemeinen Bedingungen präzisieren, unter denen die Verarbeitungen rechtmäßig sind. Insbesondere nach Artikel 5 in Verbindung mit den Artikeln 7 und 8 können die Mitgliedstaaten neben den allgemeinen Regeln besondere Bedingungen für die Datenverarbeitung in spezifischen Bereichen und für die verschiedenen Datenkategorien gemäß Artikel 8 vorsehen.

(23) Die Mitgliedstaaten können den Schutz von Personen sowohl durch ein allgemeines Gesetz zum Schutz von Personen bei der Verarbeitung personenbezogener Daten als auch durch gesetzliche Regelungen für bestimmte Bereiche, wie zum Beispiel die statistischen Ämter, sicherstellen.

(24) Diese Richtlinie berührt nicht die Rechtsvorschriften zum Schutz juristischer Personen bei der Verarbeitung von Daten, die sich auf sie beziehen.

(25) Die Schutzprinzipien finden zum einen ihren Niederschlag in den Pflichten, die den Personen, Behörden, Unternehmen, Geschäftsstellen oder anderen für die Verarbeitung verantwortlichen Stellen obliegen; diese Pflichten betreffen insbesondere die Datenqualität, die technische Sicherheit, die Meldung bei der Kontrollstelle und die Voraussetzungen, unter denen eine Verarbeitung vorgenommen werden kann. Zum anderen kommen sie zum Ausdruck in den Rechten der Personen, deren Daten Gegenstand von Verarbeitungen sind, über diese informiert zu werden, Zugang zu den Daten zu erhalten, ihre Berichtigung verlangen bzw. unter gewissen Voraussetzungen Widerspruch gegen die Verarbeitung einlegen zu können.

(26) Die Schutzprinzipien müssen für alle Informationen über eine bestimmte oder bestimmbare Person gelten. Bei der Entscheidung, ob eine Person bestimmbar ist, sollten alle Mittel berücksichtigt werden, die vernünftigerweise entweder von dem Verantwortlichen für die Verarbeitung oder von einem Dritten eingesetzt werden könnten, um die betreffende Person zu bestimmen. Die Schutzprinzipien finden keine Anwendung auf Daten, die derart anonymisiert sind, daß die betroffene Person nicht mehr identifizierbar ist. Die Verhaltensregeln im Sinne des Artikels 27 können ein nützliches Instrument sein, mit dem angegeben wird, wie sich die Daten in einer Form anonymisieren und aufbewahren lassen, die die Identifizierung der betroffenen Person unmöglich macht.

(27) Datenschutz muß sowohl für automatisierte als auch für nicht automatisierte Verarbeitungen gelten. In der Tat darf der Schutz nicht von den verwendeten Techniken abhängen, da andernfalls ernsthafte Risiken der Umgehung entstehen würden. Bei manuellen Verarbeitungen erfaßt diese Richtlinie lediglich Dateien, nicht jedoch unstrukturierte Akten. Insbesondere muß der Inhalt einer Datei nach bestimmten personenbezogenen Kriterien struk-

turiert sein, die einen leichten Zugriff auf die Daten ermöglichen. Nach der Definition in Artikel 2 Buchstabe c) können die Mitgliedstaaten die Kriterien zur Bestimmung der Elemente einer strukturierten Sammlung personenbezogener Daten sowie die verschiedenen Kriterien zur Regelung des Zugriffs zu einer solchen Sammlung festlegen. Akten und Aktensammlungen sowie ihre Deckblätter, die nicht nach bestimmten Kriterien strukturiert sind, fallen unter keinen Umständen in den Anwendungsbereich dieser Richtlinie.

(28) Die Verarbeitung personenbezogener Daten muß gegenüber den betroffenen Personen nach Treu und Glauben erfolgen. Sie hat den angestrebten Zweck zu entsprechen, dafür erheblich zu sein und nicht darüber hinauszugehen. Die Zwecke müssen eindeutig und rechtmäßig sein und bei der Datenerhebung festgelegt werden. Die Zweckbestimmungen der Weiterverarbeitung nach der Erhebung dürfen nicht mit den ursprünglich festgelegten Zwecken unvereinbar sein.

(29) Die Weiterverarbeitung personenbezogener Daten für historische, statistische oder wissenschaftliche Zwecke ist im allgemeinen nicht als unvereinbar mit den Zwecken der vorausgegangenen Datenerhebung anzusehen, wenn der Mitgliedstaat geeignete Garantien vorsieht. Diese Garantien müssen insbesondere ausschließen, daß die Daten für Maßnahmen oder Entscheidungen gegenüber einzelnen Betroffenen verwendet werden.

(30) Die Verarbeitung personenbezogener Daten ist nur dann rechtmäßig, wenn sie auf der Einwilligung der betroffenen Person beruht oder notwendig ist im Hinblick auf den Abschluß oder die Erfüllung eines für die betroffene Person bindenden Vertrags, zur Erfüllung einer gesetzlichen Verpflichtung, zur Wahrnehmung einer Aufgabe im öffentlichen Interesse, in Ausübung hoheitlicher Gewalt oder wenn sie im Interesse einer anderen Person erforderlich ist, vorausgesetzt, daß die Interessen oder die Rechte und Freiheiten der betroffenen Person nicht überwiegen. Um den Ausgleich der in Frage stehenden Interessen unter Gewährleistung eines effektiven Wettbewerbs sicherzustellen, können die Mitgliedstaaten insbesondere die Bedingungen näher bestimmen, unter denen personenbezogene Daten bei rechtmäßigen Tätigkeiten im Rahmen laufender Geschäfte von Unternehmen und anderen Einrichtungen an Dritte weitergegeben werden können. Ebenso können sie die Bedingungen festlegen, unter denen personenbezogene Daten an Dritte zum Zweck der kommerziellen Werbung oder der Werbung von Wohltätigkeitsverbänden oder anderen Vereinigungen oder Stiftungen, z. B. mit politischer Ausrichtung, weitergegeben werden können, und zwar unter Berücksichtigung der Bestimmungen dieser Richtlinie, nach denen betroffene Personen ohne Angabe von Gründen und ohne Kosten Widerspruch gegen die Verarbeitung von Daten, die sie betreffen, erheben können.

(31) Die Verarbeitung personenbezogener Daten ist ebenfalls als rechtmäßig anzusehen, wenn sie erfolgt, um ein für das Leben der betroffenen Person wesentliches Interesse zu schützen.

(32) Es ist nach einzelstaatlichem Recht festzulegen, ob es sich bei dem für die Verarbeitung Verantwortlichen, der mit der Wahrnehmung einer Aufgabe betraut wurde, die im öffentlichen Interesse liegt oder in Ausübung hoheitlicher Gewalt erfolgt, um eine Behörde oder um eine andere unter das öffentliche Recht oder das Privatrecht fallende Person, wie beispielsweise eine Berufsvereinigung, handeln soll.

(33) Daten, die aufgrund ihrer Art geeignet sind, die Grundfreiheiten oder die Privatsphäre zu beeinträchtigen, dürfen nicht ohne ausdrückliche Einwilligung der betroffenen Person verarbeitet werden. Ausnahmen von diesem Verbot müssen ausdrücklich vorgesehen werden bei spezifischen Notwendigkeiten, insbesondere wenn die Verarbeitung dieser Daten für gewisse auf das Gesundheitswesen bezogene Zwecke von Personen vorgenommen wird, die nach dem einzelstaatlichen Recht dem Berufsgeheimnis unterliegen, oder wenn die Verarbeitung für berechtigte Tätigkeiten bestimmter Vereinigungen oder Stiftungen vorgenommen wird, deren Ziel es ist, die Ausübung von Grundfreiheiten zu ermöglichen.

(34) Die Mitgliedstaaten können, wenn dies durch ein wichtiges öffentliches Interesse gerechtfertigt ist, Ausnahmen vom Verbot der Verarbeitung sensibler Datenkategorien vorsehen in Bereichen wie dem öffentlichen Gesundheitswesen und der sozialen Sicherheit — insbesondere hinsichtlich der Sicherung von Qualität und Wirtschaftlichkeit der Verfahren zur Abrechnung von Leistungen in den sozialen Krankenversicherungssystemen —, der wissenschaftlichen Forschung und der öffentlichen Statistik. Die Mitgliedstaaten müssen jedoch geeignete besondere Garantien zum Schutz der Grundrechte und der Privatsphäre von Personen vorsehen.

(35) Die Verarbeitung personenbezogener Daten durch staatliche Stellen für verfassungsrechtlich oder im Völkerrecht niedergelegte Zwecke von staatlich anerkannten Religionsgesellschaften erfolgt ebenfalls im Hinblick auf ein wichtiges öffentliches Interesse.

(36) Wenn es in bestimmten Mitgliedstaaten zum Funktionieren des demokratischen Systems gehört, daß die politischen Parteien im Zusammenhang mit Wahlen Daten über die politische Einstellung von Personen sammeln, kann die Verarbeitung derartiger Daten aus Gründen eines wichtigen öffentlichen Interesses zugelassen werden, sofern angemessene Garantien vorgesehen werden.

(37) Für die Verarbeitung personenbezogener Daten zu journalistischen, literarischen oder künstlerischen Zwecken, insbesondere im audiovisuellen Bereich, sind Ausnahmen von bestimmten Vorschriften dieser Richtlinie vorzusehen, soweit sie erforderlich sind, um die Grundrechte der Person mit der Freiheit der Meinungsäußerung und insbesondere der Freiheit, Informationen zu erhalten oder weiterzugeben, die insbesondere in Artikel 10 der Europäischen Konvention zum Schutze der Menschenrechte und der Grundfreiheiten garantiert ist, in Einklang zu bringen. Es obliegt deshalb den Mitgliedstaaten, unter Abwägung der Grundrechte Ausnahmen und Einschränkungen festzulegen, die bei den allgemeinen Maßnahmen zur Rechtmäßigkeit der Verarbeitung von Daten, bei den Maßnahmen zur Übermittlung der Daten in Drittländer sowie hinsichtlich der Zuständigkeiten der Kontrollstellen erforderlich sind, ohne daß jedoch Ausnahmen bei den Maßnahmen zur Gewährleistung der Sicherheit der Verarbeitung vorzusehen sind. Ferner sollte mindestens die in diesem Bereich zuständige Kontrollstelle bestimmte nachträgliche Zuständigkeiten erhalten, beispielsweise zur regelmäßigen Veröffentlichung eines Berichts oder zur Befassung der Justizbehörden.

(38) Datenverarbeitung nach Treu und Glauben setzt voraus, daß die betroffenen Personen in der Lage sind, das Vorhandensein einer Verarbeitung zu erfahren und ordnungsgemäß und umfassend über die Bedingungen der Erhebung informiert zu werden, wenn Daten bei ihnen erhoben werden.

(39) Bestimmte Verarbeitungen betreffen Daten, die der Verantwortliche nicht unmittelbar bei der betroffenen Person erhoben hat. Des weiteren können Daten rechtmäßig an Dritte weitergegeben werden, auch wenn die Weitergabe bei der Erhebung der Daten bei der betroffenen Person nicht vorgesehen war. In diesen Fällen muß die betroffene Person zum Zeitpunkt der Speicherung der Daten oder spätestens bei der erstmaligen Weitergabe der Daten an Dritte unterrichtet werden.

(40) Diese Verpflichtung erübrigt sich jedoch, wenn die betroffene Person bereits unterrichtet ist. Sie besteht auch nicht, wenn die Speicherung oder Weitergabe durch Gesetz ausdrücklich vorge-

sehen ist oder wenn die Unterrichtung der betroffenen Person unmöglich ist oder unverhältnismäßigen Aufwand erfordert, was bei Verarbeitungen für historische, statistische oder wissenschaftliche Zwecke der Fall sein kann. Diesbezüglich können die Zahl der betroffenen Personen, das Alter der Daten und etwaige Ausgleichsmaßnahmen in Betracht gezogen werden.

(41) Jede Person muß ein Auskunftsrecht hinsichtlich der sie betreffenden Daten, die Gegenstand einer Verarbeitung sind, haben, damit sie sich insbesondere von der Richtigkeit dieser Daten und der Zulässigkeit ihrer Verarbeitung überzeugen kann. Aus denselben Gründen muß jede Person außerdem das Recht auf Auskunft über den logischen Aufbau der automatisierten Verarbeitung der sie betreffenden Daten, zumindest im Fall automatisierter Entscheidungen im Sinne des Artikels 15 Absatz 1, besitzen. Dieses Recht darf weder das Geschäftsgeheimnis noch das Recht an geistigem Eigentum, insbesondere das Urheberrecht zum Schutz von Software, berühren. Dies darf allerdings nicht dazu führen, daß der betroffenen Person jegliche Auskunft verweigert wird.

(42) Die Mitgliedstaaten können die Auskunfts- und Informationsrechte im Interesse der betroffenen Person oder zum Schutz der Rechte und Freiheiten Dritter einschränken. Zum Beispiel können sie vorsehen, daß Auskunft über medizinische Daten nur über ärztliches Personal erhalten werden kann.

(43) Die Mitgliedstaaten können Beschränkungen des Auskunfts- und Informationsrechts sowie bestimmter Pflichten des für die Verarbeitung Verantwortlichen vorsehen, soweit dies beispielsweise für die Sicherheit des Staates, die Landesverteidigung, die öffentliche Sicherheit, für zwingende wirtschaftliche oder finanzielle Interessen eines Mitgliedstaats oder der Union oder für die Ermittlung und Verfolgung von Straftaten oder von Verstößen gegen Standesregeln bei reglementierten Berufen erforderlich ist. Als Ausnahmen und Beschränkungen sind Kontroll-, Überwachungs- und Ordnungsfunktionen zu nennen, die in den drei letztgenannten Bereichen in bezug auf öffentliche Sicherheit, wirtschaftliches oder finanzielles Interesse und Strafverfolgung erforderlich sind. Die Erwähnung der Aufgaben in diesen drei Bereichen läßt die Zulässigkeit von Ausnahmen und Einschränkungen aus Gründen der Sicherheit des Staates und der Landesverteidigung unberührt.

(44) Die Mitgliedstaaten können aufgrund gemeinschaftlicher Vorschriften gehalten sein, von den das Auskunftsrecht, die Information der Personen und die Qualität der Daten betreffenden Bestimmungen dieser Richtlinie abzuweichen, um bestimmte der obengenannten Zweckbestimmungen zu schützen.

(45) Auch wenn die Daten Gegenstand einer rechtmäßigen Verarbeitung aufgrund eines öffentlichen Interesses, der Ausübung hoheitlicher Gewalt oder der Interessen eines einzelnen sein können, sollte doch jede betroffene Person das Recht besitzen, aus überwiegenden, schutzwürdigen, sich aus ihrer besonderen Situation ergebenden Gründen Widerspruch dagegen einzulegen, daß die sie betreffenden Daten verarbeitet werden. Die Mitgliedstaaten können allerdings innerstaatliche Bestimmungen vorsehen, die dem entgegenstehen.

(46) Für den Schutz der Rechte und Freiheiten der betroffenen Personen bei der Verarbeitung personenbezogener Daten müssen geeignete technische und organisatorische Maßnahmen getroffen werden, und zwar sowohl zum Zeitpunkt der Planung des Verarbeitungssystems als auch zum Zeitpunkt der eigentlichen Verarbeitung, um insbesondere deren Sicherheit zu gewährleisten und somit jede unrechtmäßige Verarbeitung zu verhindern. Die Mitgliedstaaten haben dafür Sorge zu tragen, daß der für die Verarbeitung Verantwortliche diese Maßnahmen einhält. Diese Maßnahmen müssen unter Berücksichtigung des Standes der Technik und der bei ihrer Durchführung entstehenden Kosten ein Schutzniveau gewährleisten, das den von der Verarbeitung ausgehenden Risiken und der Art der zu schützenden Daten angemessen ist.

(47) Wird eine Nachricht, die personenbezogene Daten enthält, über Telekommunikationsdienste oder durch elektronische Post übermittelt, deren einziger Zweck darin besteht, Nachrichten dieser Art zu übermitteln, so gilt in der Regel die Person, von der die Nachricht stammt, und nicht die Person, die den Übermittlungsdienst anbietet, als Verantwortlicher für die Verarbeitung der in der Nachricht enthaltenen personenbezogenen Daten. Jedoch gelten die Personen, die diese Dienste anbieten, in der Regel als Verantwortliche für die Verarbeitung der personenbezogenen Daten, die zusätzlich für den Betrieb des Dienstes erforderlich sind.

(48) Die Meldeverfahren dienen der Offenlegung der Zweckbestimmungen der Verarbeitungen sowie ihrer wichtigsten Merkmale mit dem Zweck der Überprüfung ihrer Vereinbarkeit mit den einzelstaatlichen Vorschriften zur Umsetzung dieser Richtlinie.

(49) Um unangemessene Verwaltungsformalitäten zu vermeiden, können die Mitgliedstaaten bei Verarbeitungen, bei denen eine Beeinträchtigung der Rechte und Freiheiten der Betroffenen nicht zu erwarten ist, von der Meldepflicht absehen oder sie vereinfachen, vorausgesetzt, daß diese Verarbeitungen den Bestimmungen entsprechen, mit denen der Mitgliedstaat die Grenzen solcher Verarbeitungen festgelegt hat. Eine Befreiung oder eine Vereinfachung kann ebenso vorgesehen werden, wenn ein vom für die Verarbeitung Verantwortlichen benannter Datenschutzbeauftragter sicherstellt, daß eine Beeinträchtigung der Rechte und Freiheiten der Betroffenen durch die Verarbeitung nicht zu erwarten ist. Ein solcher Beauftragter, ob Angestellter des für die Verarbeitung Verantwortlichen oder externer Beauftragter, muß seine Aufgaben in vollständiger Unabhängigkeit ausüben können.

(50) Die Befreiung oder Vereinfachung kann vorgesehen werden für Verarbeitungen, deren einziger Zweck das Führen eines Registers ist, das gemäß einzelstaatlichem Recht zur Information der Öffentlichkeit bestimmt ist und entweder der gesamten Öffentlichkeit oder allen Personen, die ein berechtigtes Interesse nachweisen können, zur Einsichtnahme offensteht.

(51) Die Vereinfachung oder Befreiung von der Meldepflicht entbindet jedoch den für die Verarbeitung Verantwortlichen von keiner der anderen sich aus dieser Richtlinie ergebenen Verpflichtungen.

(52) In diesem Zusammenhang ist die nachträgliche Kontrolle durch die zuständigen Stellen im allgemeinen als ausreichende Maßnahme anzusehen.

(53) Bestimmte Verarbeitungen können jedoch aufgrund ihrer Art, ihrer Tragweite oder ihrer Zweckbestimmung — wie beispielsweise derjenigen, betroffene Personen von der Inanspruchnahme eines Rechts, einer Leistung oder eines Vertrags auszuschließen — oder aufgrund der besonderen Verwendung einer neuen Technologie besondere Risiken im Hinblick auf die Rechte und Freiheiten der betroffenen Personen aufweisen. Es obliegt den Mitgliedstaaten, derartige Risiken in ihren Rechtsvorschriften aufzuführen, wenn sie dies wünschen.

(54) Bei allen in der Gesellschaft durchgeführten Verarbeitungen sollte die Zahl der Verarbeitungen mit solchen besonderen Risiken sehr beschränkt sein. Die Mitgliedstaaten müssen für diese Verarbeitungen vorsehen, daß vor ihrer Durchführung eine Vorabprüfung durch die Kontrollstelle oder in Zusammenarbeit mit ihr durch den Datenschutzbeauftragten vorgenommen wird. Als Ergebnis dieser Vorabprüfung kann die Kontrollstelle gemäß einzelstaatlichem Recht eine Stellungnahme abgeben oder die Verarbeitung genehmigen. Diese Prüfung kann auch bei der Ausarbeitung einer gesetzgeberischen Maßnahme des nationalen Parlaments oder einer auf eine solche gesetzgeberi-

sche Maßnahme gestützten Maßnahme erfolgen, die die Art der Verarbeitung und geeignete Garantien festlegt.

(55) Für den Fall der Mißachtung der Rechte der betroffenen Personen durch den für die Verarbeitung Verantwortlichen ist im nationalen Recht eine gerichtliche Überprüfungsmöglichkeit vorzusehen. Mögliche Schäden, die den Personen aufgrund einer unzulässigen Verarbeitung entstehen, sind von dem für die Verarbeitung Verantwortlichen zu ersetzen, der von seiner Haftung befreit werden kann, wenn er nachweist, daß der Schaden ihm nicht angelastet werden kann, insbesondere weil ein Fehlverhalten der betroffenen Person oder ein Fall höherer Gewalt vorliegt. Unabhängig davon, ob es sich um eine Person des Privatrechts oder des öffentlichen Rechts handelt, müssen Sanktionen jede Person treffen, die die einzelstaatlichen Vorschriften zur Umsetzung dieser Richtlinie nicht einhält.

(56) Grenzüberschreitender Verkehr von personenbezogenen Daten ist für die Entwicklung des internationalen Handels notwendig. Der in der Gemeinschaft durch diese Richtlinie gewährte Schutz von Personen steht der Übermittlung personenbezogener Daten in Drittländer, die ein angemessenes Schutzniveau aufweisen, nicht entgegen. Die Angemessenheit des Schutzniveaus, das ein Drittland bietet, ist unter Berücksichtigung aller Umstände im Hinblick auf eine Übermittlung oder eine Kategorie von Übermittlungen zu beurteilen.

(57) Bietet hingegen ein Drittland kein angemessenes Schutzniveau, so ist die Übermittlung personenbezogener Daten in dieses Land zu untersagen.

(58) Ausnahmen von diesem Verbot sind unter bestimmten Voraussetzungen vorzusehen, wenn die betroffene Person ihre Einwilligung erteilt hat oder die Übermittlung im Rahmen eines Vertrags oder Gerichtsverfahrens oder zur Wahrung eines wichtigen öffentlichen Interesses erforderlich ist, wie zum Beispiel bei internationalem Datenaustausch zwischen Steuer- oder Zollverwaltungen oder zwischen Diensten, die für Angelegenheiten der sozialen Sicherheit zuständig sind. Ebenso kann eine Übermittlung aus einem gesetzlich vorgesehenen Register erfolgen, das der öffentlichen Einsichtnahme oder der Einsichtnahme durch Personen mit berechtigtem Interesse dient. In diesem Fall sollte eine solche Übermittlung nicht die Gesamtheit oder ganze Kategorien der im Register enthaltenen Daten umfassen. Ist ein Register zur Einsichtnahme durch Personen mit berechtigtem Interesse bestimmt, so sollte die Übermittlung nur auf Antrag dieser Person oder nur dann erfolgen, wenn diese Person die Adressaten der Übermittlung sind.

(59) Besondere Maßnahmen können getroffen werden, um das unzureichende Schutzniveau in einem Drittland auszugleichen, wenn der für die Verarbeitung Verantwortliche geeignete Sicherheiten nachweist. Außerdem sind Verfahren für die Verhandlungen zwischen der Gemeinschaft und den betreffenden Drittländern vorzusehen.

(60) Übermittlungen in Drittstaaten dürfen auf jeden Fall nur unter voller Einhaltung der Rechtsvorschriften erfolgen, die die Mitgliedstaaten gemäß dieser Richtlinie, insbesondere gemäß Artikel 8, erlassen haben.

(61) Die Mitgliedstaaten und die Kommission müssen in ihren jeweiligen Zuständigkeitsbereichen die betroffenen Wirtschaftskreise ermutigen, Verhaltensregeln auszuarbeiten, um unter Berücksichtigung der Besonderheiten der Verarbeitung in bestimmten Bereichen die Durchführung dieser Richtlinie im Einklang mit den hierfür vorgesehenen einzelstaatlichen Bestimmungen zu fördern.

(62) Die Einrichtung unabhängiger Kontrollstellen in den Mitgliedstaaten ist ein wesentliches Element des Schutzes der Personen bei der Verarbeitung personenbezogener Daten.

(63) Diese Stellen sind mit den notwendigen Mitteln für die Erfüllung dieser Aufgabe auszustatten, d. h. Untersuchungs- und Einwirkungsbefugnissen, insbesondere bei Beschwerden, sowie Klagerecht. Die Kontrollstellen haben zur Transparenz der Verarbeitungen in dem Mitgliedstaat beizutragen, dem sie unterstehen.

(64) Die Behörden der verschiedenen Mitgliedstaaten werden einander bei der Wahrnehmung ihrer Aufgaben unterstützen müssen, um sicherzustellen, daß die Schutzregeln in der ganzen Europäischen Union beachtet werden.

(65) Auf Gemeinschaftsebene ist eine Arbeitsgruppe für den Schutz der Rechte von Personen bei der Verarbeitung personenbezogener Daten einzusetzen, die ihre Aufgaben in völliger Unabhängigkeit wahrzunehmen hat. Unter Berücksichtigung dieses besonderen Charakters hat sie die Kommission zu beraten und insbesondere zur einheitlichen Anwendung der zur Umsetzung dieser Richtlinie erlassenen einzelstaatlichen Vorschriften beizutragen.

(66) Für die Übermittlung von Daten in Drittländern ist es zur Anwendung dieser Richtlinie erforderlich, der Kommission Durchführungsbefugnisse zu übertragen und ein Verfahren gemäß den Bestimmungen des Beschlusses 87/373/EWG des Rates ([1]) festzulegen.

(67) Am 20. Dezember 1994 wurde zwischen dem Europäischen Parlament, dem Rat und der Kommission ein Modus vivendi betreffend die Maßnahmen zur Durchführung der nach dem Verfahren des Artikels 189b des EG-Vertrag erlassenen Rechtsakte vereinbart.

(68) Die in dieser Richtlinie enthaltenen Grundsätze des Schutzes der Rechte und Freiheiten der Personen und insbesondere der Achtung der Privatsphäre bei der Verarbeitung personenbezogener Daten können — besonders für bestimmte Bereiche — durch spezifische Regeln ergänzt oder präzisiert werden, die mit diesen Grundsätzen in Einklang stehen.

(69) Den Mitgliedstaaten sollte eine Frist von längstens drei Jahren ab Inkrafttreten ihrer Vorschriften zur Umsetzung dieser Richtlinie eingeräumt werden, damit sie die neuen einzelstaatlichen Vorschriften fortschreitend auf alle bereits laufenden Verarbeitungen anwenden können. Um eine kosteneffiziente Durchführung dieser Vorschriften zu erleichtern, wird den Mitgliedstaaten eine weitere Frist von zwölf Jahren nach Annahme dieser Richtlinie eingeräumt, um die Anpassung bestehender manueller Dateien an bestimmte Vorschriften dieser Richtlinie sicherzustellen. Werden in solchen Dateien enthaltene Daten während dieser erweiterten Umsetzungsfrist manuell verarbeitet, so sollten die Dateien zum Zeitpunkt der Verarbeitung mit diesen Vorschriften in Einklang gebracht werden.

(70) Die betroffene Person braucht nicht erneut ihre Einwilligung zu geben, damit der Verantwortliche nach Inkrafttreten der einzelstaatlichen Vorschriften zur Umsetzung dieser Richtlinie eine Verarbeitung sensibler Daten fortführen kann, die für die Erfüllung eines in freier Willenserklärung geschlossenen Vertrags erforderlich ist und vor Inkrafttreten der genannten Vorschriften mitgeteilt wurde.

(71) Diese Richtlinie steht den gesetzlichen Regelungen eines Mitgliedstaats im Bereich der geschäftsmäßigen Werbung gegenüber in seinem Hoheitsgebiet ansässigen Verbrauchern nicht entgegen, sofern sich diese gesetzlichen Regelungen nicht auf den Schutz der Person bei der Verarbeitung personenbezogener Daten beziehen.

([1]) ABl. Nr. L 197 vom 18. 7. 1987, S. 33.

(72) Diese Richtlinie erlaubt bei der Umsetzung der mit ihr festgelegten Grundsätze die Berücksichtigung des Grundsatzes des öffentlichen Zugangs zu amtlichen Dokumenten —

HABEN FOLGENDE RICHTLINIE ERLASSEN:

KAPITEL I

ALLGEMEINE BESTIMMUNGEN

Artikel 1

Gegenstand der Richtlinie

(1) Die Mitgliedstaaten gewährleisten nach den Bestimmungen dieser Richtlinie den Schutz der Grundrechte und Grundfreiheiten und insbesondere den Schutz der Privatsphäre natürlicher Personen bei der Verarbeitung personenbezogener Daten.

(2) Die Mitgliedstaaten beschränken oder untersagen nicht den freien Verkehr personenbezogener Daten zwischen Mitgliedstaaten aus Gründen des gemäß Absatz 1 gewährleisteten Schutzes.

Artikel 2

Begriffsbestimmungen

Im Sinne dieser Richtlinie bezeichnet der Ausdruck

a) „personenbezogene Daten" alle Informationen über eine bestimmte oder bestimmbare natürliche Person („betroffene Person"); als bestimmbar wird eine Person angesehen, die direkt oder indirekt identifiziert werden kann, insbesondere durch Zuordnung zu einer Kennummer oder zu einem oder mehreren spezifischen Elementen, die Ausdruck ihrer physischen, physiologischen, psychischen, wirtschaftlichen, kulturellen oder sozialen Identität sind;

b) „Verarbeitung personenbezogener Daten" („Verarbeitung") jeden mit oder ohne Hilfe automatisierter Verfahren ausgeführten Vorgang oder jede Vorgangsreihe im Zusammenhang mit personenbezogenen Daten wie das Erheben, das Speichern, die Organisation, die Aufbewahrung, die Anpassung oder Veränderung, das Auslesen, das Abfragen, die Benutzung, die Weitergabe durch Übermittlung, Verbreitung oder jede andere Form der Bereitstellung, die Kombination oder die Verknüpfung sowie das Sperren, Löschen oder Vernichten;

c) „Datei mit personenbezogenen Daten" („Datei") jede strukturierte Sammlung personenbezogener Daten, die nach bestimmten Kriterien zugänglich sind, gleichgültig ob diese Sammlung zentral, dezentralisiert oder nach funktionalen oder geographischen Gesichtspunkten aufgeteilt geführt wird;

d) „für die Verarbeitung Verantwortlicher" die natürliche oder juristische Person, Behörde, Einrichtung oder jede andere Stelle, die allein oder gemeinsam mit anderen über die Zwecke und Mittel der Verarbeitung von personenbezogenen Daten entscheidet. Sind die Zwecke und Mittel der Verarbeitung von personenbezogenen Daten in einzelstaatlichen oder gemeinschaftlichen Rechts- und Verwaltungsvorschriften festgelegt, so können der für die Verarbeitung Verantwortliche bzw. die spezifischen Kriterien für seine Benennung durch einzelstaatliche oder gemeinschaftliche Rechtsvorschriften bestimmt werden;

e) „Auftragsverarbeiter" die natürliche oder juristische Person, Behörde, Einrichtung oder jede andere Stelle, die personenbezogene Daten im Auftrag des für die Verarbeitung Verantwortlichen verarbeitet;

f) „Dritter" die natürliche oder juristische Person, Behörde, Einrichtung oder jede andere Stelle, außer der betroffenen Person, dem für die Verarbeitung Verantwortlichen, dem Auftragsverarbeiter und den Personen, die unter der unmittelbaren Verantwortung des für die Verarbeitung Verantwortlichen oder des Auftragsverarbeiters befugt sind, die Daten zu verarbeiten;

g) „Empfänger" die natürliche oder juristische Person, Behörde, Einrichtung oder jede andere Stelle, die Daten erhält, gleichgültig, ob es sich bei ihr um einen Dritten handelt oder nicht. Behörden, die im Rahmen eines einzelnen Untersuchungsauftrags möglicherweise Daten erhalten, gelten jedoch nicht als Empfänger;

h) „Einwilligung der betroffenen Person" jede Willensbekundung, die ohne Zwang, für den konkreten Fall und in Kenntnis der Sachlage erfolgt und mit der die betroffene Person akzeptiert, daß personenbezogene Daten, die sie betreffen, verarbeitet werden.

Artikel 3

Anwendungsbereich

(1) Diese Richtlinie gilt für die ganz oder teilweise automatisierte Verarbeitung personenbezogener Daten sowie für die nicht automatisierte Verarbeitung personenbezogener Daten, die in einer Datei gespeichert sind oder gespeichert werden sollen.

(2) Diese Richtlinie findet keine Anwendung auf die Verarbeitung personenbezogener Daten,

— die für die Ausübung von Tätigkeiten erfolgt, die nicht in den Anwendungsbereich des Gemeinschaftsrechts fallen, beispielsweise Tätigkeiten gemäß den Titeln V und VI des Vertrags über die Europäische Union, und auf keinen Fall auf Verarbeitungen betreffend die öffentliche Sicherheit, die Landesverteidigung, die Sicherheit des Staates (einschließlich seines wirtschaftlichen Wohls, wenn die Verarbeitung die Sicherheit des Staates berührt) und die Tätigkeiten des Staates im strafrechtlichen Bereich;

— die von einer natürlichen Person zur Ausübung ausschließlich persönlicher oder familiärer Tätigkeiten vorgenommen wird.

Artikel 4

Anwendbares einzelstaatliches Recht

(1) Jeder Mitgliedstaat wendet die Vorschriften, die er zur Umsetzung dieser Richtlinie erläßt, auf alle Verarbeitungen personenbezogener Daten an,

a) die im Rahmen der Tätigkeiten einer Niederlassung ausgeführt werden, die der für die Verarbeitung Verantwortliche im Hoheitsgebiet dieses Mitgliedstaats besitzt. Wenn der Verantwortliche eine Niederlassung im Hoheitsgebiet mehrerer Mitgliedstaaten besitzt, ergreift er die notwendigen Maßnahmen, damit jede dieser Niederlassungen die im jeweils anwendbaren einzelstaatlichen Recht festgelegten Verpflichtungen einhält;

b) die von einem für die Verarbeitung Verantwortlichen ausgeführt werden, der nicht in seinem Hoheitsgebiet, aber an einem Ort niedergelassen ist, an dem das einzelstaatliche Recht dieses Mitgliedstaats gemäß dem internationalen öffentlichen Recht Anwendung findet;

c) die von einem für die Verarbeitung Verantwortlichen ausgeführt werden, der nicht im Gebiet der Gemeinschaft niedergelassen ist und zum Zwecke der Verarbeitung personenbezogener Daten auf automatisierte oder nicht automatisierte Mittel zurückgreift, die im Hoheitsgebiet des betreffenden Mitgliedstaats belegen sind, es sei denn, daß diese Mittel nur zum Zweck der Durchfuhr durch das Gebiet der Europäischen Gemeinschaft verwendet werden.

(2) In dem in Absatz 1 Buchstabe c) genannten Fall hat der für die Verarbeitung Verantwortliche einen im Hoheitsgebiet des genannten Mitgliedstaats ansässigen Vertreter zu benennen, unbeschadet der Möglichkeit eines Vorgehens gegen den für die Verarbeitung Verantwortlichen selbst.

KAPITEL II

ALLGEMEINE BEDINGUNGEN FÜR DIE RECHTMÄSSIGKEIT DER VERARBEITUNG PERSONENBEZOGENER DATEN

Artikel 5

Die Mitgliedstaaten bestimmen nach Maßgabe dieses Kapitels die Voraussetzungen näher, unter denen die Verarbeitung personenbezogener Daten rechtmäßig ist.

ABSCHNITT I

GRUNDSÄTZE IN BEZUG AUF DIE QUALITÄT DER DATEN

Artikel 6

(1) Die Mitgliedstaaten sehen vor, daß personenbezogene Daten

a) nach Treu und Glauben und auf rechtmäßige Weise verarbeitet werden;

b) für festgelegte eindeutige und rechtmäßige Zwecke erhoben und nicht in einer mit diesen Zweckbestimmungen nicht zu vereinbarenden Weise weiterverarbeitet werden. Die Weiterverarbeitung von Daten zu historischen, statistischen oder wissenschaftlichen Zwecken ist im allgemeinen nicht als unvereinbar mit den Zwecken der vorausgegangenen Datenerhebung anzusehen, sofern die Mitgliedstaaten geeignete Garantien vorsehen;

c) den Zwecken entsprechen, für die sie erhoben und/oder weiterverarbeitet werden, dafür erheblich sind und nicht darüber hinausgehen;

d) sachlich richtig und, wenn nötig, auf den neuesten Stand gebracht sind; es sind alle angemessenen Maßnahmen zu treffen, damit im Hinblick auf die Zwecke, für die sie erhoben oder weiterverarbeitet werden, nichtzutreffende oder unvollständige Daten gelöscht oder berichtigt werden;

e) nicht länger, als es für die Realisierung der Zwecke, für die sie erhoben oder weiterverarbeitet werden, erforderlich ist, in einer Form aufbewahrt werden, die die Identifizierung der betroffenen Personen ermöglicht. Die Mitgliedstaaten sehen geeignete Garantien für personenbezogene Daten vor, die über die vorgenannte Dauer hinaus für historische, statistische oder wissenschaftliche Zwecke aufbewahrt werden.

(2) Der für die Verarbeitung Verantwortliche hat für die Einhaltung des Absatzes 1 zu sorgen.

ABSCHNITT II

GRUNDSÄTZE IN BEZUG AUF DIE ZULÄSSIGKEIT DER VERARBEITUNG VON DATEN

Artikel 7

Die Mitgliedstaaten sehen vor, daß die Verarbeitung personenbezogener Daten lediglich erfolgen darf, wenn eine der folgenden Voraussetzungen erfüllt ist:

a) Die betroffene Person hat ohne jeden Zweifel ihre Einwilligung gegeben;

b) die Verarbeitung ist erforderlich für die Erfüllung eines Vertrags, dessen Vertragspartei die betroffene Person ist, oder für die Durchführung vorvertraglicher Maßnahmen, die auf Antrag der betroffenen Person erfolgen;

c) die Verarbeitung ist für die Erfüllung einer rechtlichen Verpflichtung erforderlich, der der für die Verarbeitung Verantwortliche unterliegt;

d) die Verarbeitung ist erforderlich für die Wahrung lebenswichtiger Interessen der betroffenen Person;

e) die Verarbeitung ist erforderlich für die Wahrnehmung einer Aufgabe, die im öffentlichen Interesse liegt oder in Ausübung öffentlicher Gewalt erfolgt und dem für die Verarbeitung Verantwortlichen oder dem Dritten, dem die Daten übermittelt werden, übertragen wurde;

f) die Verarbeitung ist erforderlich zur Verwirklichung des berechtigten Interesses, das von dem für die Verarbeitung Verantwortlichen oder von dem bzw. den Dritten wahrgenommen wird, denen die Daten übermittelt werden, sofern nicht das Interesse oder die Grundrechte und Grundfreiheiten der betroffenen Person, die gemäß Artikel 1 Absatz 1 geschützt sind, überwiesen.

ABSCHNITT III

BESONDERE KATEGORIEN DER VERARBEITUNG

Artikel 8

Verarbeitung besonderer Kategorien personenbezogener Daten

(1) Die Mitgliedstaaten untersagen die Verarbeitung personenbezogener Daten, aus denen die rassische und ethnische Herkunft, politische Meinungen, religiöse oder philosophische Überzeugungen oder die Gewerkschaftszugehörigkeit hervorgehen, sowie von Daten über Gesundheit oder Sexualleben.

(2) Absatz 1 findet in folgenden Fällen keine Anwendung:

a) Die betroffene Person hat ausdrücklich in die Verarbeitung der genannten Daten eingewilligt, es sei denn, nach den Rechtsvorschriften des Mitgliedstaats kann das Verbot nach Absatz 1 durch die Einwilligung der betroffenen Person nicht aufgehoben werden;

oder

b) die Verarbeitung ist erforderlich, um den Rechten und Pflichten des für die Verarbeitung Verantwortlichen auf dem Gebiet des Arbeitsrechts Rechnung zu tragen, sofern dies aufgrund von einzelstaatlichem Recht, das angemessene Garantien vorsieht, zulässig ist;

oder

c) die Verarbeitung ist zum Schutz lebenswichtiger Interessen der betroffenen Person oder eines Dritten erforderlich, sofern die Person aus physischen oder rechtlichen Gründen außerstande ist, ihre Einwilligung zu geben;

oder

d) die Verarbeitung erfolgt auf der Grundlage angemessener Garantien durch eine politisch, philosophisch, religiös oder gewerkschaftlich ausgerichtete Stiftung, Vereinigung oder sonstige Organisation, die keinen Erwerbszweck verfolgt, im Rahmen ihrer rechtmäßigen Tätigkeiten und unter der Voraussetzung, daß sich die Verarbeitung nur auf die Mitglieder der Organisation oder auf Personen, die im Zusammenhang mit deren Tätigkeitszweck regelmäßige Kontakte mit ihr unterhalten, bezieht und die Daten nicht ohne Einwilligung der betroffenen Personen an Dritte weitergegeben werden;

oder

e) die Verarbeitung bezieht sich auf Daten, die die betroffene Person offenkundig öffentlich gemacht hat, oder ist zur Geltendmachung, Ausübung oder Verteidigung rechtlicher Ansprüche vor Gericht erforderlich.

(3) Absatz 1 gilt nicht, wenn die Verarbeitung der Daten zum Zweck der Gesundheitsvorsorge, der medizinischen Diagnostik, der Gesundheitsversorgung oder Behandlung oder für die Verwaltung von Gesundheitsdiensten erforderlich ist und die Verarbeitung dieser Daten durch ärztliches Personal erfolgt, das nach dem einzelstaatlichen Recht, einschließlich der von den zuständigen einzelstaatlichen Stellen erlassenen Regelungen, dem Berufsgeheimnis unterliegt, oder durch

sonstige Personen, die einer entsprechenden Geheimhaltungspflicht unterliegen.

(4) Die Mitgliedstaaten können vorbehaltlich angemessener Garantien aus Gründen eines wichtigen öffentlichen Interesses entweder im Wege einer nationalen Rechtsvorschrift oder im Wege einer Entscheidung der Kontrollstelle andere als die in Absatz 2 genannten Ausnahmen vorsehen.

(5) Die Verarbeitung von Daten, die Straftaten, strafrechtliche Verurteilungen oder Sicherungsmaßregeln betreffen, darf nur unter behördlicher Aufsicht oder aufgrund von einzelstaatlichem Recht, das angemessene Garantien vorsieht, erfolgen, wobei ein Mitgliedstaat jedoch Ausnahmen aufgrund innerstaatlicher Rechtsvorschriften, die geeignete besondere Garantien vorsehen, festlegen kann. Ein vollständiges Register der strafrechtlichen Verurteilungen darf allerdings nur unter behördlicher Aufsicht geführt werden.

Die Mitgliedstaaten können vorsehen, daß Daten, die administrative Strafen oder zivilrechtliche Urteile betreffen, ebenfalls unter behördlicher Aufsicht verarbeitet werden müssen.

(6) Die in den Absätzen 4 und 5 vorgesehenen Abweichungen von Absatz 1 sind der Kommission mitzuteilen.

(7) Die Mitgliedstaaten bestimmen, unter welchen Bedingungen eine nationale Kennziffer oder andere Kennzeichen allgemeiner Bedeutung Gegenstand einer Verarbeitung sein dürfen.

Artikel 9

Verarbeitung personenbezogener Daten und Meinungsfreiheit

Die Mitgliedstaaten sehen für die Verarbeitung personenbezogener Daten, die allein zu journalistischen, künstlerischen oder literarischen Zwecken erfolgt, Abweichungen und Ausnahmen von diesem Kapitel sowie von den Kapiteln IV und VI nur insofern vor, als sich dies als notwendig erweist, um das Recht auf Privatsphäre mit den für die Freiheit der Meinungsäußerung geltenden Vorschriften in Einklang zu bringen.

ABSCHNITT IV

INFORMATION DER BETROFFENEN PERSON

Artikel 10

Information bei der Erhebung personenbezogener Daten bei der betroffenen Person

Die Mitgliedstaaten sehen vor, daß die Person, bei der die sie betreffenden Daten erhoben werden, vom für die Verarbeitung Verantwortlichen oder seinem Vertreter zumindest die nachstehenden Informationen erhält, sofern diese ihr noch nicht vorliegen:

a) Identität des für die Verarbeitung Verantwortlichen und gegebenenfalls seines Vertreters,

b) Zweckbestimmungen der Verarbeitung, für die die Daten bestimmt sind,

c) weitere Informationen, beispielsweise betreffend

- die Empfänger oder Kategorien der Empfänger der Daten,
- die Frage, ob die Beantwortung der Fragen obligatorisch oder freiwillig ist, sowie mögliche Folgen einer unterlassenen Beantwortung,
- das Bestehen von Auskunfts- und Berichtigungsrechten bezüglich sie betreffender Daten,

sofern sie unter Berücksichtigung der spezifischen Umstände, unter denen die Daten erhoben werden, notwendig sind, um gegenüber der betroffenen Person eine Verarbeitung nach Treu und Glauben zu gewährleisten.

Artikel 11

Informationen für den Fall, daß die Daten nicht bei der betroffenen Person erhoben wurden

(1) Für den Fall, daß die Daten nicht bei der betroffenen Person erhoben wurden, sehen die Mitgliedstaaten vor, daß die betroffene Person bei Beginn der Speicherung der Daten bzw. im Fall einer beabsichtigten Weitergabe der Daten an Dritte spätestens bei der ersten Übermittlung vom für die Verarbeitung Verantwortlichen oder seinem Vertreter zumindest die nachstehenden Informationen erhält, sofern diese ihr noch nicht vorliegen:

a) Identität des für die Verarbeitung Verantwortlichen und gegebenenfalls seines Vertreters,

b) Zweckbestimmungen der Verarbeitung,

c) weitere Informationen, beispielsweise betreffend

- die Datenkategorien, die verarbeitet werden,
- die Empfänger oder Kategorien der Empfänger der Daten,
- das Bestehen von Auskunfts- und Berichtigungsrechten bezüglich sie betreffender Daten,

sofern sie unter Berücksichtigung der spezifischen Umstände, unter denen die Daten erhoben werden, notwendig sind, um gegenüber der betroffenen Person eine Verarbeitung nach Treu und Glauben zu gewährleisten.

(2) Absatz 1 findet — insbesondere bei Verarbeitungen für Zwecke der Statistik oder der historischen oder wissenschaftlichen Forschung — keine Anwendung, wenn die Information der betroffenen Person unmöglich ist, unverhältnismäßigen Aufwand erfordert oder die Speicherung oder Weitergabe durch Gesetz ausdrücklich vorgesehen ist. In diesen Fällen sehen die Mitgliedstaaten geeignete Garantien vor.

ABSCHNITT V

AUSKUNFTSRECHT DER BETROFFENEN PERSON

Artikel 12

Auskunftsrecht

Die Mitgliedstaaten garantieren jeder betroffenen Person das Recht, vom für die Verarbeitung Verantwortlichen folgendes zu erhalten:

a) frei und ungehindert in angemessenen Abständen ohne unzumutbare Verzögerung oder übermäßige Kosten

- die Bestätigung, daß es Verarbeitungen sie betreffender Daten gibt oder nicht gibt, sowie zumindest Informationen über die Zweckbestimmungen dieser Verarbeitungen, die Kategorien der Daten, die Gegenstand der Verarbeitung sind, und die Empfänger oder Kategorien der Empfänger, an die die Daten übermittelt werden;
- eine Mitteilung in verständlicher Form über die Daten, die Gegenstand der Verarbeitung sind, sowie die verfügbaren Informationen über die Herkunft der Daten;
- Auskunft über den logischen Aufbau der automatisierten Verarbeitung der sie betreffenden Daten, zumindest im Fall automatisierter Entscheidungen im Sinne von Artikel 15 Absatz 1;

b) je nach Fall die Berichtigung, Löschung oder Sperrung von Daten, deren Verarbeitung nicht den Bestimmungen dieser Richtlinie entspricht, insbesondere wenn diese Daten unvollständig oder unrichtig sind;

c) die Gewähr, daß jede Berichtigung, Löschung oder Sperrung, die entsprechend Buchstabe b) durchgeführt wurde, den Dritten, denen die Daten übermittelt wurden, mitgeteilt wird, sofern sich dies nicht als unmöglich erweist oder kein unverhältnismäßiger Aufwand damit verbunden ist.

ABSCHNITT VI

AUSNAHMEN UND EINSCHRÄNKUNGEN

Artikel 13

Ausnahmen und Einschränkungen

(1) Die Mitgliedstaaten können Rechtsvorschriften erlassen, die die Pflichten und Rechte gemäß Artikel 6 Absatz 1, Artikel 10, Artikel 11 Absatz 1, Artikel 12 und Artikel 21 beschränken, sofern eine solche Beschränkung notwendig ist für

a) die Sicherheit des Staates;

b) die Landesverteidigung;

c) die öffentliche Sicherheit;

d) die Verhütung, Ermittlung, Feststellung und Verfolgung von Straftaten oder Verstößen gegen die berufsständischen Regeln bei reglementierten Berufen;

e) ein wichtiges wirtschaftliches oder finanzielles Interesse eines Mitgliedstaats oder der Europäischen Union einschließlich Währungs-, Haushalts- und Steuerangelegenheiten;

f) Kontroll-, Überwachungs- und Ordnungsfunktionen, die dauernd oder zeitweise mit der Ausübung öffentlicher Gewalt für die unter den Buchstaben c), d) und e) genannten Zwecke verbunden sind;

g) den Schutz der betroffenen Person und der Rechte und Freiheiten anderer Personen.

(2) Vorbehaltlich angemessener rechtlicher Garantien, mit denen insbesondere ausgeschlossen wird, daß die Daten für Maßnahmen oder Entscheidungen gegenüber bestimmten Personen verwendet werden, können die Mitgliedstaaten in Fällen, in denen offensichtlich keine Gefahr eines Eingriffs in die Privatsphäre der betroffenen Person besteht, die in Artikel 12 vorgesehenen Rechte gesetzlich einschränken, wenn die Daten ausschließlich für Zwecke der wissenschaftlichen Forschung verarbeitet werden oder personenbezogen nicht länger als erforderlich lediglich zur Erstellung von Statistiken aufbewahrt werden.

ABSCHNITT VII

WIDERSPRUCHSRECHT DER BETROFFENEN PERSON

Artikel 14

Widerspruchsrecht der betroffenen Person

Die Mitgliedstaaten erkennen das Recht der betroffenen Person an,

a) zumindest in den Fällen von Artikel 7 Buchstaben e) und f) jederzeit aus überwiegenden, schutzwürdigen, sich aus ihrer besonderen Situation ergebenden Gründen dagegen Widerspruch einlegen zu können, daß sie betreffende Daten verarbeitet werden; dies gilt nicht bei einer im einzelstaatlichen Recht vorgesehenen entgegenstehenden Bestimmung. Im Fall eines berechtigten Widerspruchs kann sich die vom für die Verarbeitung Verantwortlichen vorgenommene Verarbeitung nicht mehr auf diese Daten beziehen;

b) auf Antrag kostenfrei gegen eine vom für die Verarbeitung Verantwortlichen beabsichtigte Verarbeitung sie betreffender Daten für Zwecke der Direktwerbung Widerspruch einzulegen oder vor der ersten Weitergabe personenbezogener Daten an Dritte oder vor deren erstmaliger Nutzung im Auftrag Dritter zu Zwecken der Direktwerbung informiert zu werden und ausdrücklich auf das Recht hingewiesen zu werden, kostenfrei gegen eine solche Weitergabe oder Nutzung Widerspruch einlegen zu können.

Die Mitgliedstaaten ergreifen die erforderlichen Maßnahmen, um sicherzustellen, daß die betroffenen Personen vom Bestehen des unter Buchstabe b) Unterabsatz 1 vorgesehenen Rechts Kenntnis haben.

Artikel 15

Automatisierte Einzelentscheidungen

(1) Die Mitgliedstaaten räumen jeder Person das Recht ein, keiner für sie rechtliche Folgen nach sich ziehenden und keiner sie erheblich beeinträchtigenden Entscheidung unterworfen zu werden, die ausschließlich aufgrund einer automatisierten Verarbeitung von Daten zum Zwecke der Bewertung einzelner Aspekte ihrer Person ergeht, wie beispielsweise ihrer beruflichen Leistungsfähigkeit, ihrer Kreditwürdigkeit, ihrer Zuverlässigkeit oder ihres Verhaltens.

(2) Die Mitgliedstaaten sehen unbeschadet der sonstigen Bestimmungen dieser Richtlinie vor, daß eine Person einer Entscheidung nach Absatz 1 unterworfen werden kann, sofern diese

a) im Rahmen des Abschlusses oder der Erfüllung eines Vertrags ergeht und dem Ersuchen der betroffenen Person auf Abschluß oder Erfüllung des Vertrags stattgegeben wurde oder die Wahrung ihrer berechtigten Interessen durch geeignete Maßnahmen — beispielsweise die Möglichkeit, ihren Standpunkt geltend zu machen — garantiert wird oder

b) durch ein Gesetz zugelassen ist, das Garantien zur Wahrung der berechtigten Interessen der betroffenen Person festlegt.

ABSCHNITT VIII

VERTRAULICHKEIT UND SICHERHEIT DER VERARBEITUNG

Artikel 16

Vertraulichkeit der Verarbeitung

Personen, die dem für die Verarbeitung Verantwortlichen oder dem Auftragsverarbeiter unterstellt sind und Zugang zu personenbezogenen Daten haben, sowie der Auftragsverarbeiter selbst dürfen personenbezogene Daten nur auf Weisung des für die Verarbeitung Verantwortlichen verarbeiten, es sei denn, es bestehen gesetzliche Verpflichtungen.

Artikel 17

Sicherheit der Verarbeitung

(1) Die Mitgliedstaaten sehen vor, daß der für die Verarbeitung Verantwortliche die geeigneten technischen und organisatorischen Maßnahmen durchführen muß, die für den Schutz gegen die zufällige oder unrechtmäßige Zerstörung, den zufälligen Verlust, die unberechtigte Änderung, die unberechtigte Weitergabe oder den unberechtigten Zugang — insbesondere wenn im Rahmen der Verarbeitung Daten in einem Netz übertragen werden — und gegen jede andere Form der unrechtmäßigen Verarbeitung personenbezogener Daten erforderlich sind.

Diese Maßnahmen müssen unter Berücksichtigung des Standes der Technik und der bei ihrer Durchführung entstehenden Kosten ein Schutzniveau gewährleisten, das den von der Verarbeitung ausgehenden Risiken und der Art der zu schützenden Daten angemessen ist.

(2) Die Mitgliedstaaten sehen vor, daß der für die Verarbeitung Verantwortliche im Fall einer Verarbeitung in seinem Auftrag einen Auftragsverarbeiter auszuwählen hat, der hinsichtlich der für die Verarbeitung zu treffenden technischen Sicherheitsmaßnahmen und organisatorischen Vorkehrungen ausreichende Gewähr bietet; der für die Verarbeitung Verantwortliche überzeugt sich von der Einhaltung dieser Maßnahmen.

(3) Die Durchführung einer Verarbeitung im Auftrag erfolgt auf der Grundlage eines Vertrags oder Rechtsakts, durch den der Auftragsver-

arbeiter an den für die Verarbeitung Verantwortlichen gebunden ist und in dem insbesondere folgendes vorgesehen ist:

— Der Auftragsverarbeiter handelt nur auf Weisung des für die Verarbeitung Verantwortlichen;

— die in Absatz 1 genannten Verpflichtungen gelten auch für den Auftragsverarbeiter, und zwar nach Maßgabe der Rechtsvorschriften des Mitgliedstaats, in dem er seinen Sitz hat.

(4) Zum Zwecke der Beweissicherung sind die datenschutzrelevanten Elemente des Vertrags oder Rechtsakts und die Anforderungen in bezug auf Maßnahmen nach Absatz 1 schriftlich oder in einer anderen Form zu dokumentieren.

ABSCHNITT IX

MELDUNG

Artikel 18

Pflicht zur Meldung bei der Kontrollstelle

(1) Die Mitgliedstaaten sehen eine Meldung durch den für die Verarbeitung Verantwortlichen oder gegebenenfalls seinen Vertreter bei der in Artikel 28 genannten Kontrollstelle vor, bevor eine vollständig oder teilweise automatisierte Verarbeitung oder eine Mehrzahl von Verarbeitungen zur Realisierung einer oder mehrerer verbundener Zweckbestimmungen durchgeführt wird.

(2) Die Mitgliedstaaten können eine Vereinfachung der Meldung oder eine Ausnahme von der Meldepflicht nur in den folgenden Fällen und unter folgenden Bedingungen vorsehen:

— Sie legen für Verarbeitungskategorien, bei denen unter Berücksichtigung der zu verarbeitenden Daten eine Beeinträchtigung der Rechte und Freiheiten der betroffenen Personen unwahrscheinlich ist, die Zweckbestimmungen der Verarbeitung, die Daten oder Kategorien der verarbeiteten Daten, die Kategorie(n) der betroffenen Personen, die Empfänger oder Kategorien der Empfänger, denen die Daten weitergegeben werden, und die Dauer der Aufbewahrung fest, und/oder

— der für die Verarbeitung Verantwortliche bestellt entsprechend dem einzelstaatlichen Recht, dem er unterliegt, einen Datenschutzbeauftragten, dem insbesondere folgendes obliegt:

  — die unabhängige Überwachung der Anwendung der zur Umsetzung dieser Richtlinie erlassenen einzelstaatlichen Bestimmungen,

  — die Führung eines Verzeichnisses mit den in Artikel 21 Absatz 2 vorgesehenen Informationen über die durch den für die Verarbeitung Verantwortlichen vorgenommene Verarbeitung,

  um auf diese Weise sicherzustellen, daß die Rechte und Freiheiten der betroffenen Personen durch die Verarbeitung nicht beeinträchtigt werden.

(3) Die Mitgliedstaaten können vorsehen, daß Absatz 1 keine Anwendung auf Verarbeitungen findet, deren einziger Zweck das Führen eines Register ist, das gemäß den Rechts- oder Verwaltungsvorschriften zur Information der Öffentlichkeit bestimmt ist und entweder der gesamten Öffentlichkeit oder allen Personen, die ein berechtigtes Interesse nachweisen können, zur Einsichtnahme offensteht.

(4) Die Mitgliedstaaten können die in Artikel 8 Absatz 2 Buchstabe d) genannten Verarbeitungen von der Meldepflicht ausnehmen oder die Meldung vereinfachen.

(5) Die Mitgliedstaaten können die Meldepflicht für nicht automatisierte Verarbeitungen von personenbezogenen Daten generell oder in Einzelfällen vorsehen oder sie einer vereinfachten Meldung unterwerfen.

Artikel 19

Inhalt der Meldung

(1) Die Mitgliedstaaten legen fest, welche Angaben die Meldung zu enthalten hat. Hierzu gehört zumindest folgendes:

a) Name und Anschrift des für die Verarbeitung Verantwortlichen und gegebenenfalls seines Vertreters;

b) die Zweckbestimmung(en) der Verarbeitung;

c) eine Beschreibung der Kategorie(n) der betroffenen Personen und der diesbezüglichen Daten oder Datenkategorien;

d) die Empfänger oder Kategorien von Empfängern, denen die Daten mitgeteilt werden können;

e) eine geplante Datenübermittlung in Drittländer;

f) eine allgemeine Beschreibung, die es ermöglicht, vorläufig zu beurteilen, ob die Maßnahmen nach Artikel 17 zur Gewährleistung der Sicherheit der Verarbeitung angemessen sind.

(2) Die Mitgliedstaaten legen die Verfahren fest, nach denen Änderungen der in Absatz 1 genannten Angaben der Kontrollstelle zu melden sind.

Artikel 20

Vorabkontrolle

(1) Die Mitgliedstaaten legen fest, welche Verarbeitungen spezifische Risiken für die Rechte und Freiheiten der Personen beinhalten können, und tragen dafür Sorge, daß diese Verarbeitungen vor ihrem Beginn geprüft werden.

(2) Solche Vorabprüfungen nimmt die Kontrollstelle nach Empfang der Meldung des für die Verarbeitung Verantwortlichen vor, oder sie erfolgen durch den Datenschutzbeauftragten, der im Zweifelsfall die Kontrollstelle konsultieren muß.

(3) Die Mitgliedstaaten können eine solche Prüfung auch im Zuge der Ausarbeitung einer Maßnahme ihres Parlaments oder einer auf eine solche gesetzgeberische Maßnahme gestützten Maßnahme durchführen, die die Art der Verarbeitung festlegt und geeignete Garantien vorsieht.

Artikel 21

Öffentlichkeit der Verarbeitungen

(1) Die Mitgliedstaaten erlassen Maßnahmen, mit denen die Öffentlichkeit der Verarbeitungen sichergestellt wird.

(2) Die Mitgliedstaaten sehen vor, daß die Kontrollstelle ein Register der gemäß Artikel 18 gemeldeten Verarbeitungen führt.

Das Register enthält mindestens die Angaben nach Artikel 19 Absatz 1 Buchstaben a) bis e).

Das Register kann von jedermann eingesehen werden.

(3) Die Mitgliedstaaten sehen vor, daß für Verarbeitungen, die von der Meldung ausgenommen sind, der für die Verarbeitung Verantwortliche oder eine andere von den Mitgliedstaaten benannte Stelle zumindest die in Artikel 19 Absatz 1 Buchstaben a) bis e) vorgesehenen Angaben auf Antrag jedermann in geeigneter Weise verfügbar macht.

Die Mitgliedstaaten können vorsehen, daß diese Bestimmungen keine Anwendung auf Verarbeitungen findet, deren einziger Zweck das Führen von Registern ist, die gemäß den Rechts- und Verwaltungsvorschriften zur Information der Öffentlichkeit bestimmt sind und die entweder der gesamten Öffentlichkeit oder allen Personen, die ein berechtigtes Interesse nachweisen können, zur Einsichtnahme offenstehen.

KAPITEL III

RECHTSBEHELFE, HAFTUNG UND SANKTIONEN

Artikel 22

Rechtsbehelfe

Unbeschadet des verwaltungsrechtlichen Beschwerdeverfahrens, das vor Beschreiten des Rechtsweges insbesondere bei der in Artikel 28 genannten Kontrollstelle eingeleitet werden kann, sehen die Mitgliedstaaten vor, daß jede Person bei der Verletzung der Rechte, die ihr durch die für die betreffende Verarbeitung geltenden einzelstaatlichen Rechtsvorschriften garantiert sind, bei Gericht einen Rechtsbehelf einlegen kann.

Artikel 23

Haftung

(1) Die Mitgliedstaaten sehen vor, daß jede Person, der wegen einer rechtswidrigen Verarbeitung oder jeder anderen mit den einzelstaatlichen Vorschriften zur Umsetzung dieser Richtlinie nicht zu vereinbarenden Handlung ein Schaden entsteht, das Recht hat, von dem für die Verarbeitung Verantwortlichen Schadenersatz zu verlangen.

(2) Der für die Verarbeitung Verantwortliche kann teilweise oder vollständig von seiner Haftung befreit werden, wenn er nachweist, daß der Umstand, durch den der Schaden eingetreten ist, ihm nicht zur Last gelegt werden kann.

Artikel 24

Sanktionen

Die Mitgliedstaaten ergreifen geeignete Maßnahmen, um die volle Anwendung der Bestimmungen dieser Richtlinie sicherzustellen, und legen insbesondere die Sanktionen fest, die bei Verstößen gegen die zur Umsetzung dieser Richtlinie erlassenen Vorschriften anzuwenden sind.

KAPITEL IV

ÜBERMITTLUNG PERSONENBEZOGENER DATEN IN DRITTLÄNDER

Artikel 25

Grundsätze

(1) Die Mitgliedstaaten sehen vor, daß die Übermittlung personenbezogener Daten, die Gegenstand einer Verarbeitung sind oder nach der Übermittlung verarbeitet werden sollen, in ein Drittland vorbehaltlich der Beachtung der aufgrund der anderen Bestimmungen dieser Richtlinie erlassenen einzelstaatlichen Vorschriften zulässig ist, wenn dieses Drittland ein angemessenes Schutzniveau gewährleistet.

(2) Die Angemessenheit des Schutzniveaus, das ein Drittland bietet, wird unter Berücksichtigung aller Umstände beurteilt, die bei einer Datenübermittlung oder einer Kategorie von Datenübermittlungen eine Rolle spielen; insbesondere werden die Art der Daten, die Zweckbestimmung sowie die Dauer der geplanten Verarbeitung, das Herkunfts- und das Endbestimmungsland, die in dem betreffenden Drittland geltenden allgemeinen oder sektoriellen Rechtsnormen sowie die dort geltenden Standesregeln und Sicherheitsmaßnahmen berücksichtigt.

(3) Die Mitgliedstaaten und die Kommission unterrichten einander über die Fälle, in denen ihres Erachtens ein Drittland kein angemessenes Schutzniveau im Sinne des Absatzes 2 gewährleistet.

(4) Stellt die Kommission nach dem Verfahren des Artikels 31 Absatz 2 fest, daß ein Drittland kein angemessenes Schutzniveau im Sinne des Absatzes 2 des vorliegenden Artikels aufweist, so treffen die Mitgliedstaaten die erforderlichen Maßnahmen, damit keine gleichartige Datenübermittlung in das Drittland erfolgt.

(5) Zum geeigneten Zeitpunkt leitet die Kommission Verhandlungen ein, um Abhilfe für die gemäß Absatz 4 festgestellte Lage zu schaffen.

(6) Die Kommission kann nach dem Verfahren des Artikels 31 Absatz 2 feststellen, daß ein Drittland aufgrund seiner innerstaatlichen Rechtsvorschriften oder internationaler Verpflichtungen, die es insbesondere infolge der Verhandlungen gemäß Absatz 5 eingegangen ist, hinsichtlich des Schutzes der Privatsphäre sowie der Freiheiten und Grundrechte von Personen ein angemessenes Schutzniveau im Sinne des Absatzes 2 gewährleistet.

Die Mitgliedstaaten treffen die aufgrund der Feststellung der Kommission gebotenen Maßnahmen.

Artikel 26

Ausnahmen

(1) Abweichend von Artikel 25 sehen die Mitgliedstaaten vorbehaltlich entgegenstehender Regelungen für bestimmte Fälle im innerstaatlichen Recht vor, daß eine Übermittlung oder eine Kategorie von Übermittlungen personenbezogener Daten in ein Drittland, das kein angemessenes Schutzniveau im Sinne des Artikels 25 Absatz 2 gewährleistet, vorgenommen werden kann, sofern

a) die betroffene Person ohne jeden Zweifel ihre Einwilligung gegeben hat oder

b) die Übermittlung für die Erfüllung eines Vertrags zwischen der betroffenen Person und dem für die Verarbeitung Verantwortlichen oder zur Durchführung von vorvertraglichen Maßnahmen auf Antrag der betroffenen Person erforderlich ist oder

c) die Übermittlung zum Abschluß oder zur Erfüllung eines Vertrags erforderlich ist, der im Interesse der betroffenen Person vom für die Verarbeitung Verantwortlichen mit einem Dritten geschlossen wurde oder geschlossen werden soll, oder

d) die Übermittlung entweder für die Wahrung eines wichtigen öffentlichen Interesses oder zur Geltendmachung, Ausübung oder Verteidigung von Rechtsansprüchen vor Gericht erforderlich oder gesetzlich vorgeschrieben ist oder

e) die Übermittlung für die Wahrung lebenswichtiger Interessen der betroffenen Person erforderlich ist oder

f) die Übermittlung aus einem Register erfolgt, das gemäß den Rechts- oder Verwaltungsvorschriften zur Information der Öffentlichkeit bestimmt ist und entweder der gesamten Öffentlichkeit oder allen Personen, die ein berechtigtes Interesse nachweisen können, zur Einsichtnahme offensteht, soweit die gesetzlichen Voraussetzungen für die Einsichtnahme im Einzelfall gegeben sind.

(2) Unbeschadet des Absatzes 1 kann ein Mitgliedstaat eine Übermittlung oder eine Kategorie von Übermittlungen personenbezogener Daten in ein Drittland genehmigen, das kein angemessenes Schutzniveau im Sinne des Artikels 25 Absatz 2 gewährleistet, wenn der für die Verarbeitung Verantwortliche ausreichende Garantien hinsichtlich des Schutzes der Privatsphäre, der Grundrechte und der Grundfreiheiten der Personen sowie hinsichtlich der Ausübung der damit verbundenen Rechte bietet; diese Garantien können sich insbesondere aus entsprechenden Vertragsklauseln ergeben.

(3) Der Mitgliedstaat unterrichtet die Kommission und die anderen Mitgliedstaaten über die von ihm nach Absatz 2 erteilten Genehmigungen.

Legt ein anderer Mitgliedstaat oder die Kommission einen in bezug auf den Schutz der Privatsphäre, der Grundrechte und der Personen hinreichend begründeten Widerspruch ein, so erläßt die Kommission die geeigneten Maßnahmen nach dem Verfahren des Artikels 31 Absatz 2.

Die Mitgliedstaaten treffen die aufgrund des Beschlusses der Kommission gebotenen Maßnahmen.

(4) Befindet die Kommission nach dem Verfahren des Artikels 31 Absatz 2, daß bestimmte Standardvertragsklauseln ausreichende Garantien gemäß Absatz 2 bieten, so treffen die Mitgliedstaaten die aufgrund der Feststellung der Kommission gebotenen Maßnahmen.

KAPITEL V

VERHALTENSREGELN

Artikel 27

(1) Die Mitgliedstaaten und die Kommission fördern die Ausarbeitung von Verhaltensregeln, die nach Maßgabe der Besonderheiten der einzelnen Bereiche zur ordnungsgemäßen Durchführung der einzelstaatlichen Vorschriften beitragen sollen, die die Mitgliedstaaten zur Umsetzung dieser Richtlinie erlassen.

(2) Die Mitgliedstaaten sehen vor, daß die Berufsverbände und andere Vereinigungen, die andere Kategorien von für die Verarbeitung Verantwortlichen vertreten, ihre Entwürfe für einzelstaatliche Verhaltensregeln oder ihre Vorschläge zur Änderung oder Verlängerung bestehender einzelstaatlicher Verhaltensregeln der zuständigen einzelstaatlichen Stelle unterbreiten können.

Die Mitgliedstaaten sehen vor, daß sich diese Stellen insbesondere davon überzeugt, daß die ihr unterbreiteten Entwürfe mit den zur Umsetzung dieser Richtlinie erlassenen einzelstaatlichen Vorschriften in Einklang stehen. Die Stelle holt die Stellungnahmen der betroffenen Personen oder ihrer Vertreter ein, falls ihr dies angebracht erscheint.

(3) Die Entwürfe für gemeinschaftliche Verhaltensregeln sowie Änderungen oder Verlängerungen bestehender gemeinschaftlicher Verhaltensregeln können der in Artikel 29 genannten Gruppe unterbreitet werden. Die Gruppe nimmt insbesondere dazu Stellung, ob die ihr unterbreiteten Entwürfe mit den zur Umsetzung dieser Richtlinie erlassenen einzelstaatlichen Vorschriften in Einklang stehen. Sie holt die Stellungnahmen der betroffenen Personen oder ihrer Vertreter ein, falls ihr dies angebracht erscheint. Die Kommission kann dafür Sorge tragen, daß die Verhaltensregeln, zu denen die Gruppe eine positive Stellungnahme abgegeben hat, in geeigneter Weise veröffentlicht werden.

KAPITEL VI

KONTROLLSTELLE UND GRUPPE FÜR DEN SCHUTZ VON PERSONEN BEI DER VERARBEITUNG PERSONENBEZOGENER DATEN

Artikel 28

Kontrollstelle

(1) Die Mitgliedstaaten sehen vor, daß eine oder mehrere öffentliche Stellen beauftragt werden, die Anwendung der von den Mitgliedstaaten zur Umsetzung dieser Richtlinie erlassenen einzelstaatlichen Vorschriften in ihrem Hoheitsgebiet zu überwachen.

Diese Stellen nehmen die ihnen zugewiesenen Aufgaben in völliger Unabhängigkeit wahr.

(2) Die Mitgliedstaaten sehen vor, daß die Kontrollstellen bei der Ausarbeitung von Rechtsverordnungen oder Verwaltungsvorschriften bezüglich des Schutzes der Rechte und Freiheiten von Personen bei der Verarbeitung personenbezogener Daten angehört werden.

(3) Jede Kontrollstelle verfügt insbesondere über:

— Untersuchungsbefugnisse, wie das Recht auf Zugang zu Daten, die Gegenstand von Verarbeitungen sind, und das Recht auf Einholung aller für die Erfüllung ihres Kontrollauftrags erforderlichen Informationen;

— wirksame Einwirkungsbefugnisse, wie beispielsweise die Möglichkeit, im Einklang mit Artikel 20 vor der Durchführung der Verarbeitungen Stellungnahmen abzugeben und für eine geeignete Veröffentlichung der Stellungnahmen zu sorgen, oder die Befugnis, die Sperrung, Löschung oder Vernichtung von Daten oder das vorläufige oder endgültige Verbot einer Verarbeitung anzuordnen, oder die Befugnis, eine Verwarnung oder eine Ermahnung an den für die Verarbeitung Verantwortlichen zu richten oder die Parlamente oder andere politische Institutionen zu befassen;

— das Klagerecht oder eine Anzeigebefugnis bei Verstößen gegen die einzelstaatlichen Vorschriften zur Umsetzung dieser Richtlinie.

Gegen beschwerende Entscheidungen der Kontrollstelle steht der Rechtsweg offen.

(4) Jede Person oder ein sie vertretender Verband kann sich zum Schutz der die Person betreffenden Rechte und Freiheiten bei der Verarbeitung personenbezogener Daten an jede Kontrollstelle mit einer Eingabe wenden. Die betroffene Person ist darüber zu informieren, wie mit der Eingabe verfahren wurde.

Jede Kontrollstelle kann insbesondere von jeder Person mit dem Antrag befaßt werden, die Rechtmäßigkeit einer Verarbeitung zu überprüfen, wenn einzelstaatliche Vorschriften gemäß Artikel 13 Anwendung finden. Die Person ist unter allen Umständen darüber zu unterrichten, daß eine Überprüfung stattgefunden hat.

(5) Jede Kontrollstelle legt regelmäßig einen Bericht über ihre Tätigkeit vor. Dieser Bericht wird veröffentlicht.

(6) Jede Kontrollstelle ist im Hoheitsgebiet ihres Mitgliedstaats für die Ausübung der ihr gemäß Absatz 3 übertragenen Befugnisse zuständig, unabhängig vom einzelstaatlichen Recht, das auf die jeweilige Verarbeitung anwendbar ist. Jede Kontrollstelle kann von einer Kontrollstelle eines anderen Mitgliedstaats um die Ausübung ihrer Befugnisse ersucht werden.

Die Kontrollstellen sorgen für die zur Erfüllung ihrer Kontrollaufgaben notwendige gegenseitige Zusammenarbeit, insbesondere durch den Austausch sachdienlicher Informationen.

(7) Die Mitgliedstaaten sehen vor, daß die Mitglieder und Bediensteten der Kontrollstellen hinsichtlich der vertraulichen Informationen, zu denen sie Zugang haben, dem Berufsgeheimnis, auch nach Ausscheiden aus dem Dienst, unterliegen.

Artikel 29

Datenschutzgruppe

(1) Es wird eine Gruppe für den Schutz von Personen bei der Verarbeitung personenbezogener Daten eingesetzt (nachstehend „Gruppe" genannt).

Die Gruppe ist unabhängig und hat beratende Funktion.

(2) Die Gruppe besteht aus je einem Vertreter der von den einzelnen Mitgliedstaaten bestimmten Kontrollstellen und einem Vertreter der Stelle bzw. der Stellen, die für die Institutionen und Organe der Gemeinschaft eingerichtet sind, sowie einem Vertreter der Kommission.

Jedes Mitglied der Gruppe wird von der Institution, der Stelle oder den Stellen, die es vertritt, benannt. Hat ein Mitgliedstaat mehrere Kontrollstellen bestimmt, so ernennen diese einen gemeinsamen Vertreter. Gleiches gilt für die Stellen, die für die Institutionen und die Organe der Gemeinschaft eingerichtet sind.

(3) Die Gruppe beschließt mit der einfachen Mehrheit der Vertreter der Kontrollstellen.

(4) Die Gruppe wählt ihren Vorsitzenden. Die Dauer der Amtszeit des Vorsitzenden beträgt zwei Jahre. Wiederwahl ist möglich.

(5) Die Sekretariatsgeschäfte der Gruppe werden von der Kommission wahrgenommen.

(6) Die Gruppe gibt sich eine Geschäftsordnung.

(7) Die Gruppe prüft die Fragen, die der Vorsitzende von sich aus oder auf Antrag eines Vertreters der Kontrollstellen oder auf Antrag der Kommission auf die Tagesordnung gesetzt hat.

Artikel 30

(1) Die Gruppe hat die Aufgabe,

a) alle Fragen im Zusammenhang mit den zur Umsetzung dieser Richtlinie erlassenen einzelstaatlichen Vorschriften zu prüfen, um zu einer einheitlichen Anwendung beizutragen;

b) zum Schutzniveau in der Gemeinschaft und in Drittländern gegenüber der Kommission Stellung zu nehmen;

c) die Kommission bei jeder Vorlage zur Änderung dieser Richtlinie, zu allen Entwürfen zusätzlicher oder spezifischer Maßnahmen zur Wahrung der Rechte und Freiheiten natürlicher Personen bei der Verarbeitung personenbezogener Daten sowie zu allen anderen Entwürfen von Gemeinschaftsmaßnahmen zu beraten, die sich auf diese Rechte und Freiheiten auswirken;

d) Stellungnahmen zu den auf Gemeinschaftsebene erarbeiteten Verhaltensregeln abzugeben.

(2) Stellt die Gruppe fest, daß sich im Bereich des Schutzes von Personen bei der Verarbeitung personenbezogener Daten zwischen den Rechtsvorschriften oder der Praxis der Mitgliedstaaten Unterschiede ergeben, die die Gleichwertigkeit des Schutzes in der Gemeinschaft beeinträchtigen könnten, so teilt sie dies der Kommission mit.

(3) Die Gruppe kann von sich aus Empfehlungen zu allen Fragen abgeben, die den Schutz von Personen bei der Verarbeitung personenbezogener Daten in der Gemeinschaft betreffen.

(4) Die Stellungnahmen und Empfehlungen der Gruppe werden der Kommission und dem in Artikel 31 genannten Ausschuß übermittelt.

(5) Die Kommission teilt der Gruppe mit, welche Konsequenzen sie aus den Stellungnahmen und Empfehlungen gezogen hat. Sie erstellt hierzu einen Bericht, der auch dem Europäischen Parlament und dem Rat übermittelt wird. Dieser Bericht wird veröffentlicht.

(6) Die Gruppe erstellt jährlich einen Bericht über den Stand des Schutzes natürlicher Personen bei der Verarbeitung personenbezogener Daten in der Gemeinschaft und in Drittländern, den sie der Kommission, dem Europäischen Parlament und dem Rat übermittelt. Dieser Bericht wird veröffentlicht.

KAPITEL VII

GEMEINSCHAFTLICHE DURCHFÜHRUNGSMASSNAHMEN

Artikel 31

(1) Die Kommission wird von einem Ausschuss unterstützt.

(2) Wird auf diesen Artikel Bezug genommen, so gelten die Artikel 4 und 7 des Beschlusses 1999/468/EG [1] unter Beachtung von dessen Artikel 8.

Der Zeitraum nach Artikel 4 Absatz 3 des Beschlusses 1999/468/EG wird auf drei Monate festgesetzt.

(3) Der Ausschuss gibt sich eine Geschäftsordnung.

SCHLUSSBESTIMMUNGEN

Artikel 32

(1) Die Mitgliedstaaten erlassen die erforderlichen Rechts- und Verwaltungsvorschriften, um dieser Richtlinie binnen drei Jahren nach ihrer Annahme nachzukommen.

Wenn die Mitgliedstaaten derartige Vorschriften erlassen, nehmen sie in den Vorschriften selbst oder durch einen Hinweis bei der amtlichen Veröffentlichung auf diese Richtlinie Bezug. Die Mitgliedstaaten regeln die Einzelheiten der Bezugnahme.

(2) Die Mitgliedstaaten tragen dafür Sorge, daß Verarbeitungen, die zum Zeitpunkt des Inkrafttretens der einzelstaatlichen Vorschriften zur Umsetzung dieser Richtlinie bereits begonnen wurden, binnen drei Jahren nach diesem Zeitpunkt mit diesen Bestimmungen in Einklang gebracht werden.

Abweichend von Unterabsatz 1 können die Mitgliedstaaten vorsehen, daß die Verarbeitungen von Daten, die zum Zeitpunkt des Inkrafttretens der einzelstaatlichen Vorschriften zur Umsetzung dieser Richtlinie bereits in manuellen Dateien enthalten sind, binnen zwölf Jahren nach Annahme dieser Richtlinie mit den Artikeln 6, 7 und 8 in Einklang zu bringen sind. Die Mitgliedstaaten gestatten jedoch, daß die betroffene Person auf Antrag und insbesondere bei Ausübung des Zugangsrechts die Berichtigung, Löschung oder Sperrung von Daten erreichen kann, die unvollständig, unzutreffend oder auf eine Art und Weise aufbewahrt sind, die mit den vom für die Verarbeitung Verantwortlichen verfolgten rechtmäßigen Zwecken unvereinbar ist.

(3) Abweichend von Absatz 2 können die Mitgliedstaaten vorbehaltlich geeigneter Garantien vorsehen, daß Daten, die ausschließlich zum Zwecke der historischen Forschung aufbewahrt werden, nicht mit den Artikeln 6, 7 und 8 in Einklang gebracht werden müssen.

(4) Die Mitgliedstaaten teilen der Kommission den Wortlaut der innerstaatlichen Vorschriften mit, die sie auf dem unter diese Richtlinie fallenden Gebiet erlassen.

Artikel 33

Die Kommission legt dem Europäischen Parlament und dem Rat regelmäßig, und zwar erstmals drei Jahre nach dem in Artikel 32 Absatz 1 genannten Zeitpunkt, einen Bericht über die Durchführung dieser Richtlinie vor und fügt ihm gegebenenfalls geeignete Änderungsvorschläge bei. Dieser Bericht wird veröffentlicht.

Die Kommission prüft insbesondere die Anwendung dieser Richtlinie auf die Verarbeitung personenbezogener Bild- und Tondaten und unterbreitet geeignete Vorschläge, die sich unter Berücksichtigung der Entwicklung der Informationstechnologie und der Arbeiten über die Informationsgesellschaft als notwendig erweisen könnten.

Artikel 34

Diese Richtlinie ist an die Mitgliedstaaten gerichtet.

[1] Beschluss 1999/468/EG des Rates vom 28. Juni 1999 zur Festlegung der Modalitäten für die Ausübung der der Kommission übertragenen Durchführungsbefugnisse (ABl. L 184 vom 17.7.1999, S. 23).

kurz: EU-Datenschutz-Richtlinie elektronische Kommunikation*

RICHTLINIE 2002/58/EG DES EUROPÄISCHEN PARLAMENTS UND DES RATES

vom 12. Juli 2002

über die Verarbeitung personenbezogener Daten und den Schutz der Privatsphäre in der elektronischen Kommunikation (Datenschutzrichtlinie für elektronische Kommunikation)

DAS EUROPÄISCHE PARLAMENT UND DER RAT DER EUROPÄISCHEN UNION —

gestützt auf den Vertrag zur Gründung der Europäischen Gemeinschaft, insbesondere auf Artikel 95,

auf Vorschlag der Kommission ([1]),

nach Stellungnahme des Wirtschafts- und Sozialausschusses ([2]),

nach Anhörung des Ausschusses der Regionen,

gemäß dem Verfahren des Artikels 251 des Vertrags ([3]),

in Erwägung nachstehender Gründe:

(1) Die Richtlinie 95/46/EG des Europäischen Parlaments und des Rates vom 24. Oktober 1995 zum Schutz natürlicher Personen bei der Verarbeitung personenbezogener Daten und zum freien Datenverkehr ([4]) schreibt vor, dass die Mitgliedstaaten die Rechte und Freiheiten natürlicher Personen bei der Verarbeitung personenbezogener Daten und insbesondere ihr Recht auf Privatsphäre sicherstellen, um in der Gemeinschaft den freien Verkehr personenbezogener Daten zu gewährleisten.

(2) Ziel dieser Richtlinie ist die Achtung der Grundrechte; sie steht insbesondere im Einklang mit den durch die Charta der Grundrechte der Europäischen Union anerkannten Grundsätzen. Insbesondere soll mit dieser Richtlinie gewährleistet werden, dass die in den Artikeln 7 und 8 jener Charta niedergelegten Rechte uneingeschränkt geachtet werden.

(3) Die Vertraulichkeit der Kommunikation wird nach den internationalen Menschenrechtsübereinkünften, insbesondere der Europäischen Konvention zum Schutze der Menschenrechte und Grundfreiheiten, und den Verfassungen der Mitgliedstaaten garantiert.

(4) Mit der Richtlinie 97/66/EG des Europäischen Parlaments und des Rates vom 15. Dezember 1997 über die Verarbeitung personenbezogener Daten und den Schutz der Privatsphäre im Bereich der Telekommunikation ([5]) wurden die Grundsätze der Richtlinie 95/46/EG in spezielle Vorschriften für den Telekommunikationssektor umgesetzt. Die Richtlinie 97/66/EG muss an die Entwicklungen der Märkte und Technologien für elektronische Kommunikationsdienste angepasst werden, um den Nutzern öffentlich zugänglicher elektronischer Kommunikationsdienste unabhängig von der zugrunde liegenden Technologie den gleichen Grad des Schutzes personenbezogener Daten und der Privatsphäre zu bieten. Jene Richtlinie ist daher aufzuheben und durch die vorliegende Richtlinie zu ersetzen.

(5) Gegenwärtig werden öffentliche Kommunikationsnetze in der Gemeinschaft mit fortschrittlichen neuen Digitaltechnologien ausgestattet, die besondere Anforderungen an den Schutz personenbezogener Daten und der Privatsphäre des Nutzers mit sich bringen. Die Entwicklung der Informationsgesellschaft ist durch die Einführung neuer elektronischer Kommunikationsdienste gekennzeichnet. Der Zugang zu digitalen Mobilfunknetzen ist für breite Kreise möglich und erschwinglich geworden. Diese digitalen Netze verfügen über große Kapazitäten und Möglichkeiten zur Datenverarbeitung. Die erfolgreiche grenzüberschreitende Entwicklung dieser Dienste hängt zum Teil davon ab, inwieweit die Nutzer darauf vertrauen, dass ihre Privatsphäre unangetastet bleibt.

(6) Das Internet revolutioniert die herkömmlichen Marktstrukturen, indem es eine gemeinsame, weltweite Infrastruktur für die Bereitstellung eines breiten Spektrums elektronischer Kommunikationsdienste bietet. Öffentlich zugängliche elektronische Kommunikationsdienste über das Internet eröffnen neue Möglichkeiten für die Nutzer, bilden aber auch neue Risiken in Bezug auf ihre personenbezogenen Daten und ihre Privatsphäre.

(7) Für öffentliche Kommunikationsnetze sollten besondere rechtliche, ordnungspolitische und technische Vorschriften zum Schutz der Grundrechte und Grundfreiheiten natürlicher Personen und der berechtigten Interessen juristischer Personen erlassen werden, insbesondere im Hinblick auf die zunehmenden Fähigkeiten zur automatischen Speicherung und Verarbeitung personenbezogener Daten über Teilnehmer und Nutzer.

(8) Die von den Mitgliedstaaten erlassenen rechtlichen, ordnungspolitischen und technischen Bestimmungen zum Schutz personenbezogener Daten, der Privatsphäre und der berechtigten Interessen juristischer Personen im Bereich der elektronischen Kommunikation sollten harmonisiert werden, um Behinderungen des Binnenmarktes der elektronischen Kommunikation nach Artikel 14 des Vertrags zu beseitigen. Die Harmonisierung sollte sich auf die Anforderungen beschränken, die notwendig sind, um zu gewährleisten, dass die Entstehung und die Weiterentwicklung neuer elektronischer Kommunikationsdienste und -netze zwischen Mitgliedstaaten nicht behindert werden.

([1]) ABl. C 365 E vom 19.12.2000, S. 223.
([2]) ABl. C 123 vom 25.4.2001, S. 53.
([3]) Stellungnahme des Europäischen Parlaments vom 13. November 2001 (noch nicht im Amtsblatt veröffentlicht), Gemeinsamer Standpunkt des Rates vom 28. Januar 2002 (ABl. C 113 E vom 14.5.2002, S. 39) und Beschluss des Europäischen Parlaments vom 30. Mai 2002 (noch nicht im Amtsblatt veröffentlicht). Beschluss des Rates vom 25. Juni 2002.
([4]) ABl. L 281 vom 23.11.1995, S. 31.
([5]) ABl. L 24 vom 30.1.1998, S. 1.

* Quelle: ABl. L 201 vom 31.7.2002, S. 37.

(9) Die Mitgliedstaaten, die betroffenen Anbieter und Nutzer sowie die zuständigen Stellen der Gemeinschaft sollten bei der Einführung und Weiterentwicklung der entsprechenden Technologien zusammenarbeiten, soweit dies zur Anwendung der in dieser Richtlinie vorgesehenen Garantien erforderlich ist; als Ziele zu berücksichtigen sind dabei insbesondere die Beschränkung der Verarbeitung personenbezogener Daten auf das erforderliche Mindestmaß und die Verwendung anonymer oder pseudonymer Daten.

(10) Im Bereich der elektronischen Kommunikation gilt die Richtlinie 95/46/EG vor allem für alle Fragen des Schutzes der Grundrechte und Grundfreiheiten, die von der vorliegenden Richtlinie nicht spezifisch erfasst werden, einschließlich der Pflichten des für die Verarbeitung Verantwortlichen und der Rechte des Einzelnen. Die Richtlinie 95/46/EG gilt für nicht öffentliche Kommunikationsdienste.

(11) Wie die Richtlinie 95/46/EG gilt auch die vorliegende Richtlinie nicht für Fragen des Schutzes der Grundrechte und Grundfreiheiten in Bereichen, die nicht unter das Gemeinschaftsrecht fallen. Deshalb hat sie keine Auswirkungen auf das bestehende Gleichgewicht zwischen dem Recht des Einzelnen auf Privatsphäre und der Möglichkeit der Mitgliedstaaten, Maßnahmen nach Artikel 15 Absatz 1 dieser Richtlinie zu ergreifen, die für den Schutz der öffentlichen Sicherheit, für die Landesverteidigung, für die Sicherheit des Staates (einschließlich des wirtschaftlichen Wohls des Staates, soweit die Tätigkeiten die Sicherheit des Staates berühren) und für die Durchsetzung strafrechtlicher Bestimmungen erforderlich sind. Folglich betrifft diese Richtlinie nicht die Möglichkeit der Mitgliedstaaten zum rechtmäßigen Abfangen elektronischer Nachrichten oder zum Ergreifen anderer Maßnahmen, sofern dies erforderlich ist, um einen dieser Zwecke zu erreichen, und sofern dies im Einklang mit der Europäischen Konvention zum Schutze der Menschenrechte und Grundfreiheiten in ihrer Auslegung durch die Urteile des Europäischen Gerichtshofs für Menschenrechte erfolgt. Diese Maßnahmen müssen sowohl geeignet sein als auch in einem strikt angemessenen Verhältnis zum intendierten Zweck stehen und ferner innerhalb einer demokratischen Gesellschaft notwendig sein sowie angemessenen Garantien gemäß der Europäischen Konvention zum Schutze der Menschenrechte und Grundfreiheiten entsprechen.

(12) Bei den Teilnehmern eines öffentlich zugänglichen elektronischen Kommunikationsdienstes kann es sich um natürliche oder juristische Personen handeln. Diese Richtlinie zielt durch Ergänzung der Richtlinie 95/46/EG darauf ab, die Grundrechte natürlicher Personen, insbesondere ihr Recht auf Privatsphäre, sowie die berechtigten Interessen juristischer Personen zu schützen. Aus dieser Richtlinie ergibt sich keine Verpflichtung der Mitgliedstaaten, die Richtlinie 95/46/EG auf den Schutz der berechtigten Interessen juristischer Personen auszudehnen, der im Rahmen der geltenden gemeinschaftlichen und einzelstaatlichen Rechtsvorschriften sichergestellt ist.

(13) Das Vertragsverhältnis zwischen einem Teilnehmer und einem Diensteanbieter kann zu einer regelmäßigen oder einmaligen Zahlung für den erbrachten oder zu erbringenden Dienst führen. Auch vorbezahlte Karten gelten als eine Form des Vertrags.

(14) Standortdaten können sich beziehen auf den Standort des Endgeräts des Nutzers nach geografischer Länge, Breite und Höhe, die Übertragungsrichtung, den Grad der Genauigkeit der Standortinformationen, die Identifizierung des Netzpunktes, an dem sich das Endgerät zu einem bestimmten Zeitpunkt befindet, und den Zeitpunkt, zu dem die Standortinformationen erfasst wurden.

(15) Eine Nachricht kann alle Informationen über Namen, Nummern oder Adressen einschließen, die der Absender einer Nachricht oder der Nutzer einer Verbindung für die Zwecke der Übermittlung der Nachricht bereitstellt. Der Begriff „Verkehrsdaten“ kann alle Formen einschließen, in die diese Informationen durch das Netz, über das die Nachricht übertragen wird, für die Zwecke der Übermittlung umgewandelt werden. Verkehrsdaten können sich unter anderem auf die Leitwege, die Dauer, den Zeitpunkt oder die Datenmenge einer Nachricht, das verwendete Protokoll, den Standort des Endgeräts des Absenders oder Empfängers, das Netz, von dem die Nachricht ausgeht bzw. an das es gesendet wird, oder den Beginn, das Ende oder die Dauer einer Verbindung beziehen. Sie können auch das Format betreffen, in dem die Nachricht über das Netz weitergeleitet wird.

(16) Eine Information, die als Teil eines Rundfunkdienstes über ein öffentliches Kommunikationsnetz weitergeleitet wird, ist für einen potenziell unbegrenzten Personenkreis bestimmt und stellt keine Nachricht im Sinne dieser Richtlinie dar. Kann jedoch ein einzelner Teilnehmer oder Nutzer, der eine derartige Information erhält, beispielsweise durch einen Videoabruf-Dienst identifiziert werden, so ist die weitergeleitete Information als Nachricht im Sinne dieser Richtlinie zu verstehen.

(17) Für die Zwecke dieser Richtlinie sollte die Einwilligung des Nutzers oder Teilnehmers unabhängig davon, ob es sich um eine natürliche oder eine juristische Person handelt, dieselbe Bedeutung haben wie der in der Richtlinie 95/46/EG definierte und dort weiter präzisierte Begriff „Einwilligung der betroffenen Person“. Die Einwilligung kann in jeder geeigneten Weise gegeben werden, wodurch der Wunsch des Nutzers in einer spezifischen Angabe zum Ausdruck kommt, die sachkundig und in freier Entscheidung erfolgt; hierzu zählt auch das Markieren eines Feldes auf einer Internet-Website.

(18) Dienste mit Zusatznutzen können beispielsweise die Beratung hinsichtlich der billigsten Tarifpakete, Navigationshilfen, Verkehrsinformationen, Wettervorhersage oder touristische Informationen umfassen.

(19) Die Anwendung bestimmter Anforderungen für die Anzeige des rufenden und angerufenen Anschlusses sowie für die Einschränkung dieser Anzeige und für die automatische Weiterschaltung zu Teilnehmeranschlüssen, die an analoge Vermittlungen angeschlossen sind, sollte in besonderen Fällen nicht zwingend vorgeschrieben werden, wenn sich die Anwendung als technisch nicht machbar erweist oder einen unangemessen hohen wirtschaftlichen Aufwand erfordert. Für die Beteiligten ist es wichtig, in solchen Fällen in Kenntnis gesetzt zu werden, und die Mitgliedstaaten müssen sie deshalb der Kommission anzeigen.

(20) Diensteanbieter sollen geeignete Maßnahmen ergreifen, um die Sicherheit ihrer Dienste, erforderlichenfalls zusammen mit dem Netzbetreiber, zu gewährleisten, und die Teilnehmer über alle besonderen Risiken der Verletzung der Netzsicherheit unterrichten. Solche Risiken können vor allem bei elektronischen Kommunikationsdiensten auftreten, die über ein offenes Netz wie das Internet oder den analogen Mobilfunk bereitgestellt werden. Der Diensteanbieter muss die Teilnehmer und Nutzer solcher Dienste unbedingt vollständig über die Sicherheitsrisiken aufklären, gegen die er selbst keine Abhilfe bieten kann. Diensteanbieter, die öffentlich zugängliche elektronische Kommunikationsdienste über das Internet anbieten, sollten die Nutzer und Teilnehmer über Maßnahmen zum Schutz ihrer zu übertragenden Nachrichten informieren, wie z. B. den Einsatz spezieller Software oder von Verschlüsselungstechniken. Die Anforderung, die Teilnehmer über besondere Sicherheitsrisiken aufzuklären, entbindet einen Diensteanbieter nicht von der Verpflichtung, auf eigene Kosten unverzüglich geeignete Maßnahmen zu treffen, um einem neuen, unvorhergesehenen Sicherheitsrisiko vorzubeugen und den normalen Sicherheitsstandard des Dienstes wiederherzustellen. Abgesehen von den nominellen Kosten, die dem Teilnehmer bei Erhalt oder Abruf der Information entstehen, beispielsweise durch das Laden einer elektronischen Post, sollte die Bereitstellung der Informationen über Sicherheitsrisiken für die Teilnehmer kostenfrei sein. Die Bewertung der Sicherheit erfolgt unter Berücksichtigung des Artikels 17 der Richtlinie 95/46/EG.

(21) Es sollten Maßnahmen getroffen werden, um den unerlaubten Zugang zu Nachrichten — und zwar sowohl zu ihrem Inhalt als auch zu mit ihnen verbundenen Daten — zu verhindern und so die Vertraulichkeit der mit öffentlichen Kommunikationsnetzen und öffentlich zugänglichen elektronischen Kommunikationsdiensten erfolgenden Nachrichtenübertragung zu schützen. Nach dem Recht einiger Mitgliedstaaten ist nur der absichtliche unberechtigte Zugriff auf die Kommunikation untersagt.

(22) Mit dem Verbot der Speicherung von Nachrichten und zugehörigen Verkehrsdaten durch andere Personen als die Nutzer oder ohne deren Einwilligung soll die automatische, einstweilige und vorübergehende Speicherung dieser Informationen insoweit nicht untersagt werden, als diese Speicherung einzig und allein zum Zwecke der Durchführung der Übertragung in dem elektronischen Kommunikationsnetz erfolgt und als die Information nicht länger gespeichert wird, als dies für die Übertragung und zum Zwecke der Verkehrsabwicklung erforderlich ist, und die Vertraulichkeit der Nachrichten gewahrt bleibt. Wenn dies für eine effizientere Weiterleitung einer öffentlich zugänglichen Information an andere Empfänger des Dienstes auf ihr Ersuchen hin erforderlich ist, sollte diese Richtlinie dem nicht entgegenstehen, dass die Information länger gespeichert wird, sofern diese Information der Öffentlichkeit auf jeden Fall uneingeschränkt zugänglich wäre und Daten, die einzelne, die Information anfordernde Teilnehmer oder Nutzer betreffen, gelöscht würden.

(23) Die Vertraulichkeit von Nachrichten sollte auch im Rahmen einer rechtmäßigen Geschäftspraxis sichergestellt sein. Falls erforderlich und rechtlich zulässig, können Nachrichten zum Nachweis einer kommerziellen Transaktion aufgezeichnet werden. Diese Art der Verarbeitung fällt unter die Richtlinie 95/46/EG. Die von der Nachricht betroffenen Personen sollten vorab von der Absicht der Aufzeichnung, ihrem Zweck und der Dauer ihrer Speicherung in Kenntnis gesetzt werden. Die aufgezeichnete Nachricht sollte so schnell wie möglich und auf jeden Fall spätestens mit Ablauf der Frist gelöscht werden, innerhalb deren die Transaktion rechtmäßig angefochten werden kann.

(24) Die Endgeräte von Nutzern elektronischer Kommunikationsnetze und in diesen Geräten gespeicherte Informationen sind Teil der Privatsphäre der Nutzer, die dem Schutz aufgrund der Europäischen Konvention zum Schutze der Menschenrechte und Grundfreiheiten unterliegt. So genannte „Spyware", „Web-Bugs", „Hidden Identifiers" und ähnliche Instrumente können ohne das Wissen des Nutzers in dessen Endgerät eindringen, um Zugang zu Informationen zu erlangen, oder die Nutzeraktivität zurückzuverfolgen und können eine ernsthafte Verletzung der Privatsphäre dieser Nutzer darstellen. Die Verwendung solcher Instrumente sollte nur für rechtmäßige Zwecke mit dem Wissen der betreffenden Nutzer gestattet sein.

(25) Solche Instrumente, z. B. so genannte „Cookies", können ein legitimes und nützliches Hilfsmittel sein, um die Wirksamkeit von Website-Gestaltung und Werbung zu untersuchen und die Identität der an Online-Transaktionen beteiligten Nutzer zu überprüfen. Dienen solche Instrumente, z. B. „Cookies", einem rechtmäßigen Zweck, z. B. der Erleichterung der Bereitstellung von Diensten der Informationsgesellschaft, so sollte deren Einsatz unter der Bedingung zugelassen werden, dass die Nutzer gemäß der Richtlinie 95/46/EG klare und genaue Informationen über den Zweck von Cookies oder ähnlichen Instrumenten erhalten, d. h., der Nutzer muss wissen, dass bestimmte Informationen auf dem von ihm benutzten Endgerät platziert werden. Die Nutzer sollten die Gelegenheit haben, die Speicherung eines Cookies oder eines ähnlichen Instruments in ihrem Endgerät abzulehnen. Dies ist besonders bedeutsam, wenn auch andere Nutzer Zugang zu dem betreffenden Endgerät haben und damit auch zu dort gespeicherten Daten, die sensible Informationen privater Natur beinhalten. Die Auskunft und das Ablehnungsrecht können einmalig für die Nutzung verschiedener in dem Endgerät des Nutzers während derselben Verbindung zu installierender Instrumente angeboten werden und auch die künftige Verwendung derartiger Instrumente umfassen, die während nachfolgender Verbindungen vorgenommen werden können. Die Modalitäten für die Erteilung der Informationen oder für den Hinweis auf das Verweigerungsrecht und die Einholung der Zustimmung sollten so benutzerfreundlich wie möglich sein. Der Zugriff auf spezifische Website-Inhalte kann nach wie vor davon abhängig gemacht werden, dass ein Cookie oder ein ähnliches Instrument von einer in Kenntnis der Sachlage gegebenen Einwilligung abhängig gemacht wird, wenn der Einsatz zu einem rechtmäßigen Zweck erfolgt.

(26) Teilnehmerdaten, die in elektronischen Kommunikationsnetzen zum Verbindungsaufbau und zur Nachrichtenübertragung verarbeitet werden, enthalten Informationen über das Privatleben natürlicher Personen und betreffen ihr Recht auf Achtung ihrer Kommunikationsfreiheit, oder sie betreffen berechtigte Interessen juristischer Personen. Diese Daten dürfen nur für einen begrenzten Zeitraum und nur insoweit gespeichert werden, wie dies für die Erbringung des Dienstes, für die Gebührenabrechnung und für Zusammenschaltungszahlungen erforderlich ist. Jede weitere Verarbeitung solcher Daten, die der Betreiber des öffentlich zugänglichen elektronischen Kommunikationsdienstes zum Zwecke der Vermarktung elektronischer Kommunikationsdienste oder für die Bereitstellung von Diensten mit Zusatznutzen vornehmen möchte, darf nur unter der Bedingung gestattet werden, dass der Teilnehmer dieser Verarbeitung auf der Grundlage genauer, vollständiger Angaben des Betreibers des öffentlich zugänglichen elektronischen Kommunikationsdienstes über die Formen der von ihm beabsichtigten weiteren Verarbeitung und über das Recht des Teilnehmers, seine Einwilligung zu dieser Verarbeitung nicht zu erteilen oder zurückzuziehen, zugestimmt hat. Verkehrsdaten, die für die Vermarktung von Kommunikationsdiensten oder für die Bereitstellung von Diensten mit Zusatznutzen verwendet wurden, sollten ferner nach der Bereitstellung des Dienstes gelöscht oder anonymisiert werden. Diensteanbieter sollen die Teilnehmer stets darüber auf dem Laufenden halten, welche Art von Daten sie verarbeiten und für welche Zwecke und wie lange das geschieht.

(27) Der genaue Zeitpunkt des Abschlusses der Übermittlung einer Nachricht, nach dem die Verkehrsdaten außer zu Fakturierungszwecken gelöscht werden sollten, kann von der Art des bereitgestellten elektronischen Kommunikationsdienstes abhängen. Bei einem Sprach-Telefonanruf beispielsweise ist die Übermittlung abgeschlossen, sobald einer der Teilnehmer die Verbindung beendet. Bei der elektronischen Post ist die Übermittlung dann abgeschlossen, wenn der Adressat die Nachricht — üblicherweise vom Server seines Diensteanbieters — abruft.

(28) Die Verpflichtung, Verkehrsdaten zu löschen oder zu anonymisieren, sobald sie für die Übertragung einer Nachricht nicht mehr benötigt werden, steht nicht im Widerspruch zu im Internet angewandten Verfahren wie dem Caching von IP-Adressen im Domain-Namen-System oder dem Caching einer IP-Adresse, die einer physischen Adresse zugeordnet ist, oder der Verwendung von Informationen über den Nutzer zum Zwecke der Kontrolle des Rechts auf Zugang zu Netzen oder Diensten.

(29) Der Diensteanbieter kann Verkehrsdaten in Bezug auf Teilnehmer und Nutzer in Einzelfällen verarbeiten, um technische Versehen oder Fehler bei der Übertragung von Nachrichten zu ermitteln. Für Fakturierungszwecke notwendige Verkehrsdaten dürfen ebenfalls vom Diensteanbieter verarbeitet werden, um Fälle von Betrug, die darin bestehen, die elektronischen Kommunikationsdienste ohne entsprechende Bezahlung nutzen, ermitteln und abstellen zu können.

(30) Die Systeme für die Bereitstellung elektronischer Kommunikationsnetze und -dienste sollten so konzipiert werden, dass so wenig personenbezogene Daten wie möglich benötigt werden. Jedwede Tätigkeit im Zusammenhang mit der Bereitstellung elektronischer Kommunikationsdienste, die über die Übermittlung einer Nachricht und die Fakturierung dieses Vorgangs hinausgeht, sollte auf aggregierten Verkehrsdaten basieren, die nicht mit Teilnehmern oder Nutzern in Verbindung gebracht werden können. Können diese Tätigkeiten nicht auf aggregierte Daten gestützt werden, so sollten sie als Dienste mit Zusatznutzen angesehen werden, für die die Einwilligung des Teilnehmers erforderlich ist.

(31) Ob die Einwilligung in die Verarbeitung personenbezogener Daten im Hinblick auf die Erbringung eines speziellen Dienstes mit Zusatznutzen beim Nutzer oder beim Teilnehmer eingeholt werden muss, hängt von den zu verarbeitenden Daten, von der Art des zu erbringenden Dienstes und von der Frage ab, ob es technisch, verfahrenstechnisch und vertraglich möglich ist, zwischen der einen elektronischen Kommunikationsdienst in Anspruch nehmenden Einzelperson und der an diesem Dienst teilnehmenden juristischen oder natürlichen Person zu unterscheiden.

(32) Vergibt der Betreiber eines elektronischen Kommunikationsdienstes oder eines Dienstes mit Zusatznutzen die für die Bereitstellung dieser Dienste erforderliche Verarbeitung personenbezogener Daten an eine andere Stelle weiter, so sollten diese Weitervergabe und die anschließende Datenverarbeitung in vollem Umfang den Anforderungen in Bezug auf die für die Verarbeitung Verantwortlichen und die Auftragsverarbeiter im Sinne der Richtlinie 95/46/EG entsprechen. Erfordert die Bereitstellung eines Dienstes mit Zusatznutzen die Weitergabe von Verkehrsdaten oder Standortdaten von dem Betreiber eines elektronischen Kommunikationsdienstes an einen Betreiber eines Dienstes mit Zusatznutzen, so sollten die Teilnehmer oder Nutzer, auf die sich die Daten beziehen, ebenfalls in vollem Umfang über diese Weitergabe unterrichtet werden, bevor sie in die Verarbeitung der Daten einwilligen.

(33) Durch die Einführung des Einzelgebührennachweises hat der Teilnehmer mehr Möglichkeiten erhalten, die Richtigkeit der vom Diensteanbieter erhobenen Entgelte zu überprüfen, gleichzeitig kann dadurch aber eine Gefahr für die Privatsphäre der Nutzer öffentlich zugänglicher elektronischer Kommunikationsdienste entstehen. Um die Privatsphäre des Nutzers zu schützen, müssen die Mitgliedstaaten daher darauf hinwirken, dass bei den elektronischen Kommunikationsdiensten beispielsweise alternative Funktionen entwickelt werden, die den anonymen oder rein privaten Zugang zu öffentlich zugänglichen elektronischen Kommunikationsdiensten ermöglichen, beispielsweise Telefonkarten und Möglichkeiten der Zahlung per Kreditkarte. Zu dem gleichen Zweck können die Mitgliedstaaten die Anbieter auffordern, ihren Teilnehmern eine andere Art von ausführlicher Rechnung anzubieten, in der eine bestimmte Anzahl von Ziffern der Rufnummer unkenntlich gemacht ist.

(34) Im Hinblick auf die Rufnummernanzeige ist es erforderlich, das Recht des Anrufers zu wahren, die Anzeige der Rufnummer des Anschlusses, von dem aus der Anruf erfolgt, zu unterdrücken, ebenso wie das Recht des Angerufenen, Anrufe von nicht identifizierten Anschlüssen abzuweisen. Es ist gerechtfertigt, in Sonderfällen die Unterdrückung der Rufnummernanzeige aufzuheben. Bestimmte Teilnehmer, insbesondere telefonische Beratungsdienste und ähnliche Einrichtungen, haben ein Interesse daran, die Anonymität ihrer Anrufer zu gewährleisten. Im Hinblick auf die Anzeige der Rufnummer des Angerufenen ist es erforderlich, das Recht und das berechtigte Interesse des Angerufenen zu wahren, die Anzeige der Rufnummer des Anschlusses, mit dem der Anrufer tatsächlich verbunden ist, zu unterdrücken; dies gilt besonders für den Fall weitergeschalteter Anrufe. Die Betreiber öffentlich zugänglicher elektronischer Kommunikationsdienste sollten ihre Teilnehmer über die Möglichkeit der Anzeige der Rufnummer des Anrufenden und des Angerufenen, über alle Dienste, die auf der Grundlage der Anzeige der Rufnummer des Anrufenden und des Angerufenen angeboten werden, sowie über die verfügbaren Funktionen zur Wahrung der Vertraulichkeit unterrichten. Die Teilnehmer können dann sachkundig die Funktionen auswählen, die sie zur Wahrung der Vertraulichkeit nutzen möchten. Die Funktionen zur Wahrung der Vertraulichkeit, die anschlussbezogen angeboten werden, müssen nicht unbedingt als automatischer Netzdienst zur Verfügung stehen, sondern können von dem Betreiber des öffentlich zugänglichen elektronischen Kommunikationsdienstes auf einfachen Antrag bereitgestellt werden.

(35) In digitalen Mobilfunknetzen werden Standortdaten verarbeitet, die Aufschluss über den geografischen Standort des Endgeräts des mobilen Nutzers geben, um die Nachrichtenübertragung zu ermöglichen. Solche Daten sind Verkehrsdaten, die unter Artikel 6 dieser Richtlinie fallen. Doch können digitale Mobilfunknetze zusätzlich auch in der Lage sein, Standortdaten zu verarbeiten, die genauer sind als es für die Nachrichtenübertragung erforderlich wäre und die für die Bereitstellung von Diensten mit Zusatznutzen verwendet werden, wie z. B. persönliche Verkehrsinformationen und Hilfen für den Fahrzeugführer. Die Verarbeitung solcher Daten für die Bereitstellung von Diensten mit Zusatznutzen soll nur dann gestattet werden, wenn die Teilnehmer darin eingewilligt haben. Selbst dann sollten sie die Möglichkeit haben, die Verarbeitung von Standortdaten auf einfache Weise und gebührenfrei zeitweise zu untersagen.

(36) Die Mitgliedstaaten können die Rechte der Nutzer und Teilnehmer auf Privatsphäre in Bezug auf die Rufnummernanzeige einschränken, wenn dies erforderlich ist, um belästigende Anrufe zurückzuverfolgen; in Bezug auf Rufnummernanzeige und Standortdaten kann dies geschehen, wenn es erforderlich ist, Notfalldiensten zu ermöglichen, ihre Aufgaben so effektiv wie möglich zu erfüllen. Hierzu können die Mitgliedstaaten besondere Vorschriften erlassen, um die Anbieter von elektronischen Kommunikationsdiensten zu ermächtigen, einen Zugang zur Rufnummernanzeige und zu Standortdaten ohne vorherige Einwilligung der betreffenden Nutzer oder Teilnehmer zu verschaffen.

(37) Es sollten Vorkehrungen getroffen werden, um die Teilnehmer vor eventueller Belästigung durch die automatische Weiterschaltung von Anrufen durch andere zu schützen. In derartigen Fällen muss der Teilnehmer durch einfachen Antrag beim Betreiber des öffentlich zugänglichen elektronischen Kommunikationsdienstes die Weiterschaltung von Anrufen auf sein Endgerät unterbinden können.

(38) Die Verzeichnisse der Teilnehmer elektronischer Kommunikationsdienste sind weit verbreitet und öffentlich. Das Recht auf Privatsphäre natürlicher Personen und das berechtigte Interesse juristischer Personen erfordern daher, dass die Teilnehmer bestimmen können, ob ihre persönlichen Daten — und gegebenenfalls welche — in einem Teilnehmerverzeichnis veröffentlicht werden. Die Anbieter öffentlicher Verzeichnisse sollten die darin aufzunehmenden Teilnehmer über die Zwecke des Verzeichnisses und eine eventuelle besondere Nutzung elektronischer Fassungen solcher Verzeichnisse informieren; dabei ist insbesondere an in die Software eingebettete Suchfunktionen gedacht, etwa die umgekehrte Suche, mit deren Hilfe Nutzer des Verzeichnisses den Namen und die Anschrift eines Teilnehmers allein aufgrund dessen Telefonnummer herausfinden können.

(39) Die Verpflichtung zur Unterrichtung der Teilnehmer über den Zweck bzw. die Zwecke öffentlicher Verzeichnisse, in die ihre personenbezogenen Daten aufzunehmen sind, sollte demjenigen auferlegt werden, der die Daten für die Aufnahme erhebt. Können die Daten an einen oder mehrere Dritte weitergegeben werden, so sollte der Teilnehmer über diese Möglichkeit und über den Empfänger oder die Kategorien möglicher Empfänger unterrichtet werden. Voraussetzung für die Weitergabe sollte sein, dass die Daten nicht für andere Zwecke als diejenigen verwendet werden, für die sie erhoben wurden. Wünscht derjenige, der die Daten beim Teilnehmer erhebt, oder ein Dritter, an den die Daten weitergegeben wurden, diese Daten zu einem weiteren Zweck zu verwenden, so muss entweder der ursprüngliche Datenerheber oder der Dritte, an den die Daten weitergegeben wurden, die erneute Einwilligung des Teilnehmers einholen.

(40) Es sollten Vorkehrungen getroffen werden, um die Teilnehmer gegen die Verletzung ihrer Privatsphäre durch unerbetene Nachrichten für Zwecke der Direktwerbung, insbesondere durch automatische Anrufsysteme, Faxgeräte und elektronische Post, einschließlich SMS, zu schützen. Diese Formen von unerbetenen Werbenachrichten können zum einen relativ leicht und preiswert zu versenden sein und zum anderen eine Belastung und/oder einen Kostenaufwand für den Empfänger bedeuten. Darüber hinaus kann in einigen Fällen ihr Umfang auch Schwierigkeiten für die elektronischen Kommunikationsnetze und die Endgeräte verursachen. Bei solchen Formen unerbetener Nachrichten zum Zweck der Direktwerbung ist es gerechtfertigt, zu verlangen, die Einwilligung der Empfänger einzuholen, bevor ihnen solche Nachrichten gesandt werden. Der Binnenmarkt verlangt einen harmonisierten Ansatz, damit für die Unternehmen und die Nutzer einfache, gemeinschaftsweite Regeln gelten.

(41) Im Rahmen einer bestehenden Kundenbeziehung ist es vertretbar, die Nutzung elektronischer Kontaktinformationen zuzulassen, damit ähnliche Produkte oder Dienstleistungen angeboten werden; dies gilt jedoch nur für dasselbe Unternehmen, das auch die Kontaktinformationen gemäß der Richtlinie 95/46/EG erhalten hat. Bei der Erlangung der Kontaktinformationen sollte der Kunde über deren weitere Nutzung zum Zweck der Direktwerbung klar und eindeutig unterrichtet werden und die Möglichkeit erhalten, diese Verwendung abzulehnen. Diese Möglichkeit sollte ferner mit jeder weiteren als Direktwerbung gesendeten Nachricht gebührenfrei angeboten werden, wobei Kosten für die Übermittlung der Ablehnung nicht unter die Gebührenfreiheit fallen.

(42) Sonstige Formen der Direktwerbung, die für den Absender kostspieliger sind und für die Teilnehmer und Nutzer keine finanziellen Kosten mit sich bringen, wie Sprach-Telefonanrufe zwischen Einzelpersonen, können die Beibehaltung eines Systems rechtfertigen, bei dem die Teilnehmer oder Nutzer die Möglichkeit erhalten, zu erklären, dass sie solche Anrufe nicht erhalten möchten. Damit das bestehende Niveau des Schutzes der Privatsphäre nicht gesenkt wird, sollten die Mitgliedstaaten jedoch einzelstaatliche Systeme beibehalten können, bei denen solche an Teilnehmer und Nutzer gerichtete Anrufe nur gestattet werden, wenn diese vorher ihre Einwilligung gegeben haben.

(43) Zur Erleichterung der wirksamen Durchsetzung der Gemeinschaftsvorschriften für unerbetene Nachrichten zum Zweck der Direktwerbung ist es notwendig, die Verwendung falscher Identitäten oder falscher Absenderadressen oder Anrufernummern beim Versand unerbetener Nachrichten zum Zweck der Direktwerbung zu untersagen.

(44) Bei einigen elektronischen Postsystemen können die Teilnehmer Absender und Betreffzeile einer elektronischen Post sehen und darüber hinaus diese Post löschen, ohne die gesamte Post oder deren Anlagen herunterladen zu müssen; dadurch lassen sich die Kosten senken, die möglicherweise mit dem Herunterladen unerwünschter elektronischer Post oder deren Anlagen verbunden sind. Diese Verfahren können in bestimmten Fällen zusätzlich zu den in dieser Richtlinie festgelegten allgemeinen Verpflichtungen von Nutzen bleiben.

(45) Diese Richtlinie berührt nicht die Vorkehrungen der Mitgliedstaaten, mit denen die legitimen Interessen juristischer Personen gegen unerbetene Direktwerbungsnachrichten geschützt werden sollen. Errichten die Mitgliedstaaten ein Register der juristischen Personen — großenteils gewerbetreibende Nutzer —, die derartige Nachrichten nicht erhalten möchten („opt-out Register"), so gilt Artikel 7 der Richtlinie 2000/31/EG des Europäischen Parlaments und des Rates vom 8. Juni 2000 über bestimmte rechtliche Aspekte der Dienste der Informationsgesellschaft, insbesondere des elektronischen Geschäftsverkehrs, im Binnenmarkt („Richtlinie über den elektronischen Geschäftsverkehr") (1) in vollem Umfang.

(46) Die Funktion für die Bereitstellung elektronischer Kommunikationsdienste kann in das Netz oder in irgendeinen Teil des Endgeräts des Nutzers, auch in die Software, eingebaut sein. Der Schutz personenbezogener Daten und der Privatsphäre des Nutzers öffentlich zugänglicher elektronischer Kommunikationsdienste sollte nicht von der Konfiguration der für die Bereitstellung des Dienstes notwendigen Komponenten oder von der Verteilung der erforderlichen Funktionen auf diese Komponenten abhängen. Die Richtlinie 95/46/EG gilt unabhängig von der verwendeten Technologie für alle Formen der Verarbeitung personenbezogener Daten. Bestehen neben allgemeinen Vorschriften für die Komponenten, die für die Bereitstellung elektronischer Kommunikationsdienste notwendig sind, auch noch spezielle Vorschriften für solche Dienste, dann erleichtert dies nicht unbedingt den technologieunabhängigen Schutz personenbezogener Daten und der Privatsphäre. Daher könnten sich Maßnahmen als notwendig erweisen, mit denen die Hersteller bestimmter Arten von Geräten, die für elektronische Kommunikationsdienste benutzt werden, verpflichtet werden, in ihren Produkten von vornherein Sicherheitsfunktionen vorzusehen, die den Schutz personenbezogener Daten und der Privatsphäre des Nutzers und Teilnehmers gewährleisten. Der Erlass solcher Maßnahmen in Einklang mit der Richtlinie 1999/5/EG des Europäischen Parlaments und des Rates vom 9. März 1999 über Funkanlagen und Telekommunikationsendeinrichtungen und die gegenseitige Anerkennung ihrer Konformität (2) gewährleistet, dass die aus Gründen des Datenschutzes erforderliche Einführung von technischen Merkmalen elektronischer Kommunikationsgeräte einschließlich der Software harmonisiert wird, damit sie der Verwirklichung des Binnenmarktes nicht entgegensteht.

(47) Das innerstaatliche Recht sollte Rechtsbehelfe für den Fall vorsehen, dass die Rechte der Benutzer und Teilnehmer nicht respektiert werden. Gegen jede — privatem oder öffentlichem Recht unterliegende — Person, die den nach dieser Richtlinie getroffenen einzelstaatlichen Maßnahmen zuwiderhandelt, sollten Sanktionen verhängt werden.

(48) Bei der Anwendung dieser Richtlinie ist es sinnvoll, auf die Erfahrung der gemäß Artikel 29 der Richtlinie 95/46/EG eingesetzten Datenschutzgruppe aus Vertretern der für den Schutz personenbezogener Daten zuständigen Kontrollstellen der Mitgliedstaaten zurückzugreifen.

(49) Zur leichteren Einhaltung der Vorschriften dieser Richtlinie bedarf es einer Sonderregelung für die Datenverarbeitungen, die zum Zeitpunkt des Inkrafttretens der nach dieser Richtlinie erlassenen innerstaatlichen Vorschriften bereits durchgeführt werden —

HABEN FOLGENDE RICHTLINIE ERLASSEN:

Artikel 1

Geltungsbereich und Zielsetzung

(1) Diese Richtlinie dient der Harmonisierung der Vorschriften der Mitgliedstaaten, die erforderlich sind, um einen gleichwertigen Schutz der Grundrechte und Grundfreiheiten, insbesondere des Rechts auf Privatsphäre, in Bezug auf die Verarbeitung personenbezogener Daten im Bereich der elektronischen Kommunikation sowie den freien Verkehr dieser Daten und von elektronischen Kommunikationsgeräten und -diensten in der Gemeinschaft zu gewährleisten.

(1) ABl. L 178 vom 17.7.2000, S. 1.

(2) ABl. L 91 vom 7.4.1999, S. 10.

(2) Die Bestimmungen dieser Richtlinie stellen eine Detaillierung und Ergänzung der Richtlinie 95/46/EG im Hinblick auf die in Absatz 1 genannten Zwecke dar. Darüber hinaus regeln sie den Schutz der berechtigten Interessen von Teilnehmern, bei denen es sich um juristische Personen handelt.

(3) Diese Richtlinie gilt nicht für Tätigkeiten, die nicht in den Anwendungsbereich des Vertrags zur Gründung der Europäischen Gemeinschaft fallen, beispielsweise Tätigkeiten gemäß den Titeln V und VI des Vertrags über die Europäische Union, und auf keinen Fall für Tätigkeiten betreffend die öffentliche Sicherheit, die Landesverteidigung, die Sicherheit des Staates (einschließlich seines wirtschaftlichen Wohls, wenn die Tätigkeit die Sicherheit des Staates berührt) und die Tätigkeiten des Staates im strafrechtlichen Bereich.

Artikel 2

Begriffsbestimmungen

Sofern nicht anders angegeben, gelten die Begriffsbestimmungen der Richtlinie 95/46/EG und der Richtlinie 2002/21/EG des Europäischen Parlaments und des Rates vom 7. März 2002 über einen gemeinsamen Rechtsrahmen für elektronische Kommunikationsnetze und -dienste („Rahmenrichtlinie") (1) auch für diese Richtlinie.

Weiterhin bezeichnet im Sinne dieser Richtlinie der Ausdruck

a) „Nutzer" eine natürliche Person, die einen öffentlich zugänglichen elektronischen Kommunikationsdienst für private oder geschäftliche Zwecke nutzt, ohne diesen Dienst notwendigerweise abonniert zu haben;

b) „Verkehrsdaten" Daten, die zum Zwecke der Weiterleitung einer Nachricht an ein elektronisches Kommunikationsnetz oder zum Zwecke der Fakturierung dieses Vorgangs verarbeitet werden;

c) „Standortdaten" Daten, die in einem elektronischen Kommunikationsnetz verarbeitet werden und die den geografischen Standort des Endgeräts eines Nutzers eines öffentlich zugänglichen elektronischen Kommunikationsdienstes angeben;

d) „Nachricht" jede Information, die zwischen einer endlichen Zahl von Beteiligten über einen öffentlich zugänglichen elektronischen Kommunikationsdienst ausgetauscht oder weitergeleitet wird. Dies schließt nicht Informationen ein, die als Teil eines Rundfunkdienstes über ein elektronisches Kommunikationsnetz an die Öffentlichkeit weitergeleitet werden, soweit die Informationen nicht mit dem identifizierbaren Teilnehmer oder Nutzer, der sie erhält, in Verbindung gebracht werden können;

e) „Anruf" eine über einen öffentlich zugänglichen Telefondienst aufgebaute Verbindung, die eine zweiseitige Echtzeit-Kommunikation ermöglicht;

f) „Einwilligung" eines Nutzers oder Teilnehmers die Einwilligung der betroffenen Person im Sinne von Richtlinie 95/46/EG;

g) „Dienst mit Zusatznutzen" jeden Dienst, der die Bearbeitung von Verkehrsdaten oder anderen Standortdaten als Verkehrsdaten in einem Maße erfordert, das über das für die Übermittlung einer Nachricht oder die Fakturierung dieses Vorgangs erforderliche Maß hinausgeht;

h) „elektronische Post" jede über ein öffentliches Kommunikationsnetz verschickte Text-, Sprach-, Ton- oder Bildnachricht, die im Netz oder im Endgerät des Empfängers gespeichert werden kann, bis sie von diesem abgerufen wird.

Artikel 3

Betroffene Dienste

(1) Diese Richtlinie gilt für die Verarbeitung personenbezogener Daten in Verbindung mit der Bereitstellung öffentlich zugänglicher elektronischer Kommunikationsdienste in öffentlichen Kommunikationsnetzen in der Gemeinschaft.

(2) Die Artikel 8, 10 und 11 gelten für Teilnehmeranschlüsse, die an digitale Vermittlungsstellen angeschlossen sind, und — soweit dies technisch machbar ist und keinen unverhältnismäßigen wirtschaftlichen Aufwand erfordert — für Teilnehmeranschlüsse, die an analoge Vermittlungsstellen angeschlossen sind.

(3) Die Mitgliedstaaten teilen der Kommission die Fälle mit, in denen eine Einhaltung der Anforderungen der Artikel 8, 10 und 11 technisch nicht machbar wäre oder einen unverhältnismäßigen wirtschaftlichen Aufwand erfordern würde.

Artikel 4

Betriebssicherheit

(1) Der Betreiber eines öffentlich zugänglichen elektronischen Kommunikationsdienstes muss geeignete technische und organisatorische Maßnahmen ergreifen, um die Sicherheit seiner Dienste zu gewährleisten; die Netzsicherheit ist hierbei erforderlichenfalls zusammen mit dem Betreiber des öffentlichen Kommunikationsnetzes zu gewährleisten. Diese Maßnahmen müssen unter Berücksichtigung des Standes der Technik und der Kosten ihrer Durchführung ein Sicherheitsniveau gewährleisten, das angesichts des bestehenden Risikos angemessen ist.

(2) Besteht ein besonderes Risiko der Verletzung der Netzsicherheit, muss der Betreiber eines öffentlich zugänglichen elektronischen Kommunikationsdienstes die Teilnehmer über dieses Risiko und — wenn das Risiko außerhalb des Anwendungsbereichs der vom Diensteanbieter zu treffenden Maßnahmen liegt — über mögliche Abhilfen, einschließlich der voraussichtlich entstehenden Kosten, unterrichten.

Artikel 5

Vertraulichkeit der Kommunikation

(1) Die Mitgliedstaaten stellen die Vertraulichkeit der mit öffentlichen Kommunikationsnetzen und öffentlich zugänglichen Kommunikationsdiensten übertragenen Nachrichten und der damit verbundenen Verkehrsdaten durch innerstaatliche Vorschriften sicher. Insbesondere untersagen sie das Mithören, Abhören und Speichern sowie andere Arten des Abfangens oder Überwachens von Nachrichten und der damit verbundenen Verkehrsdaten durch andere Personen als die Nutzer, wenn keine Einwilligung der betroffenen Nutzer vorliegt, es sei denn, dass diese Personen gemäß Artikel 15 Absatz 1 gesetzlich dazu ermächtigt sind. Diese Bestimmung steht — unbeschadet des Grundsatzes der Vertraulichkeit — der für die Weiterleitung einer Nachricht erforderlichen technischen Speicherung nicht entgegen.

(1) ABl. L 108 vom 24.4.2002, S. 33.

(2) Absatz 1 betrifft nicht das rechtlich zulässige Aufzeichnen von Nachrichten und der damit verbundenen Verkehrsdaten, wenn dies im Rahmen einer rechtmäßigen Geschäftspraxis zum Nachweis einer kommerziellen Transaktion oder einer sonstigen geschäftlichen Nachricht geschieht.

(3) Die Mitgliedstaaten stellen sicher, dass die Benutzung elektronischer Kommunikationsnetze für die Speicherung von Informationen oder den Zugriff auf Informationen, die im Endgerät eines Teilnehmers oder Nutzers gespeichert sind, nur unter der Bedingung gestattet ist, dass der betreffende Teilnehmer oder Nutzer gemäß der Richtlinie 95/46/EG klare und umfassende Informationen insbesondere über die Zwecke der Verarbeitung erhält und durch den für diese Verarbeitung Verantwortlichen auf das Recht hingewiesen wird, diese Verarbeitung zu verweigern. Dies steht einer technischen Speicherung oder dem Zugang nicht entgegen, wenn der alleinige Zweck die Durchführung oder Erleichterung der Übertragung einer Nachricht über ein elektronisches Kommunikationsnetz ist oder, soweit dies unbedingt erforderlich ist, um einen vom Teilnehmer oder Nutzer ausdrücklich gewünschten Dienst der Informationsgesellschaft zur Verfügung zu stellen.

Artikel 6

Verkehrsdaten

(1) Verkehrsdaten, die sich auf Teilnehmer und Nutzer beziehen und vom Betreiber eines öffentlichen Kommunikationsnetzes oder eines öffentlich zugänglichen Kommunikationsdienstes verarbeitet und gespeichert werden, sind unbeschadet der Absätze 2, 3 und 5 des vorliegenden Artikels und des Artikels 15 Absatz 1 zu löschen oder zu anonymisieren, sobald sie für die Übertragung einer Nachricht nicht mehr benötigt werden.

(2) Verkehrsdaten, die zum Zwecke der Gebührenabrechnung und der Bezahlung von Zusammenschaltungen erforderlich sind, dürfen verarbeitet werden. Diese Verarbeitung ist nur bis zum Ablauf der Frist zulässig, innerhalb deren die Rechnung rechtlich angefochten oder der Anspruch auf Zahlung geltend gemacht werden kann.

(3) Der Betreiber eines öffentlich zugänglichen elektronischen Kommunikationsdienstes kann die in Absatz 1 genannten Daten zum Zwecke der Vermarktung elektronischer Kommunikationsdienste oder zur Bereitstellung von Diensten mit Zusatznutzen im dazu erforderlichen Maß und innerhalb des dazu oder zur Vermarktung erforderlichen Zeitraums verarbeiten, sofern der Teilnehmer oder der Nutzer, auf den sich die Daten beziehen, seine Einwilligung gegeben hat. Der Nutzer oder der Teilnehmer hat die Möglichkeit, seine Einwilligung zur Verarbeitung der Verkehrsdaten jederzeit zurückzuziehen.

(4) Der Diensteanbieter muss dem Teilnehmer oder Nutzer mitteilen, welche Arten von Verkehrsdaten für die in Absatz 2 genannten Zwecke verarbeitet werden und wie lange das geschieht; bei einer Verarbeitung für die in Absatz 3 genannten Zwecke muss diese Mitteilung erfolgen, bevor um Einwilligung ersucht wird.

(5) Die Verarbeitung von Verkehrsdaten gemäß den Absätzen 1, 2, 3 und 4 darf nur durch Personen erfolgen, die auf Weisung der Betreiber öffentlicher Kommunikationsnetze und öffentlich zugänglicher Kommunikationsdienste handeln und die für Gebührenabrechnungen oder Verkehrsabwicklung, Kundenanfragen, Betrugsermittlung, die Vermarktung der elektronischen Kommunikationsdienste oder für die Bereitstellung eines Dienstes mit Zusatznutzen zuständig sind; ferner ist sie auf das für diese Tätigkeiten erforderliche Maß zu beschränken.

(6) Die Absätze 1, 2, 3 und 5 gelten unbeschadet der Möglichkeit der zuständigen Gremien, in Einklang mit den geltenden Rechtsvorschriften für die Beilegung von Streitigkeiten, insbesondere Zusammenschaltungs- oder Abrechnungsstreitigkeiten, von Verkehrsdaten Kenntnis zu erhalten.

Artikel 7

Einzelgebührennachweis

(1) Die Teilnehmer haben das Recht, Rechnungen ohne Einzelgebührennachweis zu erhalten.

(2) Die Mitgliedstaaten wenden innerstaatliche Vorschriften an, um das Recht der Teilnehmer, Einzelgebührennachweise zu erhalten, und das Recht anrufender Nutzer und angerufener Teilnehmer auf Vertraulichkeit miteinander in Einklang zu bringen, indem sie beispielsweise sicherstellen, dass diesen Nutzern und Teilnehmern genügend andere, den Schutz der Privatsphäre fördernde Methoden für die Kommunikation oder Zahlungen zur Verfügung stehen.

Artikel 8

Anzeige der Rufnummer des Anrufers und des Angerufenen und deren Unterdrückung

(1) Wird die Anzeige der Rufnummer des Anrufers angeboten, so muss der Diensteanbieter dem anrufenden Nutzer die Möglichkeit geben, die Rufnummernanzeige für jeden Anruf einzeln auf einfache Weise und gebührenfrei zu verhindern. Dem anrufenden Teilnehmer muss diese Möglichkeit anschlussbezogen zur Verfügung stehen.

(2) Wird die Anzeige der Rufnummer des Anrufers angeboten, so muss der Diensteanbieter dem angerufenen Teilnehmer die Möglichkeit geben, die Anzeige der Rufnummer eingehender Anrufe auf einfache Weise und für jede vertretbare Nutzung dieser Funktion gebührenfrei zu verhindern.

(3) Wird die Anzeige der Rufnummer des Anrufers angeboten und wird die Rufnummer vor der Herstellung der Verbindung angezeigt, so muss der Diensteanbieter dem angerufenen Teilnehmer die Möglichkeit geben, eingehende Anrufe, bei denen die Rufnummernanzeige durch den anrufenden Nutzer oder Teilnehmer verhindert wurde, auf einfache Weise und gebührenfrei abzuweisen.

(4) Wird die Anzeige der Rufnummer des Angerufenen angeboten, so muss der Diensteanbieter dem angerufenen Teilnehmer die Möglichkeit geben, die Anzeige seiner Rufnummer beim anrufenden Nutzer auf einfache Weise und gebührenfrei zu verhindern.

(5) Absatz 1 gilt auch für aus der Gemeinschaft kommende Anrufe in Drittländern. Die Absätze 2, 3 und 4 gelten auch für aus Drittländern kommende Anrufe.

(6) Wird die Anzeige der Rufnummer des Anrufers und/oder des Angerufenen angeboten, so stellen die Mitgliedstaaten sicher, dass die Betreiber öffentlich zugänglicher elektronischer Kommunikationsdienste die Öffentlichkeit hierüber und über die in den Absätzen 1, 2, 3 und 4 beschriebenen Möglichkeiten unterrichten.

Artikel 9

Andere Standortdaten als Verkehrsdaten

(1) Können andere Standortdaten als Verkehrsdaten in Bezug auf die Nutzer oder Teilnehmer von öffentlichen Kommunikationsnetzen oder öffentlich zugänglichen Kommunikationsdiensten verarbeitet werden, so dürfen diese Daten nur im zur Bereitstellung von Diensten mit Zusatznutzen erforderlichen Maß und innerhalb des dafür erforderlichen Zeitraums verarbeitet werden, wenn sie anonymisiert wurden oder wenn die Nutzer oder Teilnehmer ihre Einwilligung gegeben haben. Der Diensteanbieter muss den Nutzern oder Teilnehmern vor Einholung ihrer Einwilligung mitteilen, welche Arten anderer Standortdaten als Verkehrsdaten verarbeitet werden, für welche Zwecke und wie lange das geschieht, und ob die Daten zum Zwecke der Bereitstellung des Dienstes mit Zusatznutzen an einen Dritten weitergegeben werden. Die Nutzer oder Teilnehmer können ihre Einwilligung zur Verarbeitung anderer Standortdaten als Verkehrsdaten jederzeit zurückziehen.

(2) Haben die Nutzer oder Teilnehmer ihre Einwilligung zur Verarbeitung von anderen Standortdaten als Verkehrsdaten gegeben, dann müssen sie auch weiterhin die Möglichkeit haben, die Verarbeitung solcher Daten für jede Verbindung zum Netz oder für jede Übertragung einer Nachricht auf einfache Weise und gebührenfrei zeitweise zu untersagen.

(3) Die Verarbeitung anderer Standortdaten als Verkehrsdaten gemäß den Absätzen 1 und 2 muss auf das für die Bereitstellung des Dienstes mit Zusatznutzen erforderliche Maß sowie auf Personen beschränkt werden, die im Auftrag des Betreibers des öffentlichen Kommunikationsnetzes oder öffentlich zugänglichen Kommunikationsdienstes oder des Dritten, der den Dienst mit Zusatznutzen anbietet, handeln.

Artikel 10

Ausnahmen

Die Mitgliedstaaten stellen sicher, dass es transparente Verfahren gibt, nach denen der Betreiber eines öffentlichen Kommunikationsnetzes und/oder eines öffentlich zugänglichen elektronischen Kommunikationsdienstes

a) die Unterdrückung der Anzeige der Rufnummer des Anrufers vorübergehend aufheben kann, wenn ein Teilnehmer beantragt hat, dass böswillige oder belästigende Anrufe zurückverfolgt werden; in diesem Fall werden nach innerstaatlichem Recht die Daten mit der Rufnummer des anrufenden Teilnehmers vom Betreiber des öffentlichen Kommunikationsnetzes und/oder des öffentlich zugänglichen elektronischen Kommunikationsdienstes gespeichert und zur Verfügung gestellt;

b) die Unterdrückung der Anzeige der Rufnummer des Anrufers aufheben und Standortdaten trotz der vorübergehenden Untersagung oder fehlenden Einwilligung durch den Teilnehmer oder Nutzer verarbeiten kann, und zwar anschlussbezogen für Einrichtungen, die Notrufe bearbeiten und dafür von einem Mitgliedstaat anerkannt sind, einschließlich Strafverfolgungsbehörden, Ambulanzdiensten und Feuerwehren, zum Zwecke der Beantwortung dieser Anrufe.

Artikel 11

Automatische Anrufweiterschaltung

Die Mitgliedstaaten stellen sicher, dass jeder Teilnehmer die Möglichkeit hat, auf einfache Weise und gebührenfrei die von einer dritten Partei veranlasste automatische Anrufweiterschaltung zum Endgerät des Teilnehmers abzustellen.

Artikel 12

Teilnehmerverzeichnisse

(1) Die Mitgliedstaaten stellen sicher, dass die Teilnehmer gebührenfrei und vor Aufnahme in das Teilnehmerverzeichnis über den Zweck bzw. die Zwecke von gedruckten oder elektronischen, der Öffentlichkeit unmittelbar oder über Auskunftsdienste zugänglichen Teilnehmerverzeichnissen, in die ihre personenbezogenen Daten aufgenommen werden können, sowie über weitere Nutzungsmöglichkeiten aufgrund der in elektronischen Fassungen der Verzeichnisse eingebetteten Suchfunktionen informiert werden.

(2) Die Mitgliedstaaten stellen sicher, dass die Teilnehmer Gelegenheit erhalten festzulegen, ob ihre personenbezogenen Daten — und ggf. welche — in ein öffentliches Verzeichnis aufgenommen werden, sofern diese Daten für den vom Anbieter des Verzeichnisses angegebenen Zweck relevant sind, und diese Daten prüfen, korrigieren oder löschen dürfen. Für die Nicht-Aufnahme in ein der Öffentlichkeit zugängliches Teilnehmerverzeichnis oder die Prüfung, Berichtigung oder Streichung personenbezogener Daten aus einem solchen Verzeichnis werden keine Gebühren erhoben.

(3) Die Mitgliedstaaten können verlangen, dass eine zusätzliche Einwilligung der Teilnehmer eingeholt wird, wenn ein öffentliches Verzeichnis anderen Zwecken als der Suche nach Einzelheiten betreffend die Kommunikation mit Personen anhand ihres Namens und gegebenenfalls eines Mindestbestands an anderen Kennzeichen dient.

(4) Die Absätze 1 und 2 gelten für Teilnehmer, die natürliche Personen sind. Die Mitgliedstaaten tragen im Rahmen des Gemeinschaftsrechts und der geltenden einzelstaatlichen Rechtsvorschriften außerdem dafür Sorge, dass die berechtigten Interessen anderer Teilnehmer als natürlicher Personen in Bezug auf ihre Aufnahme in öffentliche Verzeichnisse ausreichend geschützt werden.

Artikel 13

Unerbetene Nachrichten

(1) Die Verwendung von automatischen Anrufsystemen ohne menschlichen Eingriff (automatische Anrufmaschinen), Faxgeräten oder elektronischer Post für die Zwecke der Direktwerbung darf nur bei vorheriger Einwilligung der Teilnehmer gestattet werden.

(2) Ungeachtet des Absatzes 1 kann eine natürliche oder juristische Person, wenn sie von ihren Kunden im Zusammenhang mit dem Verkauf eines Produkts oder einer Dienstleistung gemäß der Richtlinie 95/46/EG deren elektronische Kontaktinformationen für elektronische Post erhalten hat, diese zur Direktwerbung für eigene ähnliche Produkte oder Dienstleistungen verwenden, sofern die Kunden klar und deutlich die Möglichkeit erhalten, eine solche Nutzung ihrer elektronischen Kontaktinformationen bei deren Erhebung und bei jeder Übertragung gebührenfrei und problemlos abzulehnen, wenn der Kunde diese Nutzung nicht von vornherein abgelehnt hat.

(3) Die Mitgliedstaaten ergreifen geeignete Maßnahmen, um — gebührenfrei für die Teilnehmer — sicherzustellen, dass außer in den in den Absätzen 1 und 2 genannten Fällen unerbetene Nachrichten zum Zweck der Direktwerbung, die entweder ohne die Einwilligung der betreffenden Teilnehmer erfolgen oder an Teilnehmer gerichtet sind, die keine solchen Nachrichten erhalten möchten, nicht gestattet sind; welche dieser Optionen gewählt wird, ist im innerstaatlichen Recht zu regeln.

(4) Auf jeden Fall verboten ist die Praxis des Versendens elektronischer Nachrichten zu Zwecken der Direktwerbung, bei der die Identität des Absenders, in dessen Auftrag die Nachricht übermittelt wird, verschleiert oder verheimlicht wird oder bei der keine gültige Adresse vorhanden ist, an die der Empfänger eine Aufforderung zur Einstellung solcher Nachrichten richten kann.

(5) Die Absätze 1 und 3 gelten für Teilnehmer, die natürliche Personen sind. Die Mitgliedstaaten tragen im Rahmen des Gemeinschaftsrechts und der geltenden einzelstaatlichen Rechtsvorschriften außerdem dafür Sorge, dass die berechtigten Interessen anderer Teilnehmer als natürlicher Personen in Bezug auf unerbetene Nachrichten ausreichend geschützt werden.

Artikel 14

Technische Merkmale und Normung

(1) Bei der Durchführung der Bestimmungen dieser Richtlinie stellen die Mitgliedstaaten vorbehaltlich der Absätze 2 und 3 sicher, dass keine zwingenden Anforderungen in Bezug auf spezifische technische Merkmale für Endgeräte oder sonstige elektronische Kommunikationsgeräte gestellt werden, die deren Inverkehrbringen und freien Vertrieb in und zwischen den Mitgliedstaaten behindern können.

(2) Soweit die Bestimmungen dieser Richtlinie nur mit Hilfe spezifischer technischer Merkmale elektronischer Kommunikationsnetze durchgeführt werden können, unterrichten die Mitgliedstaaten die Kommission darüber gemäß der Richtlinie 98/34/EG des Europäischen Parlaments und des Rates vom 22. Juni 1998 über ein Informationsverfahren auf dem Gebiet der Normen und technischen Vorschriften und der Vorschriften für die Dienste der Informationsgesellschaft ([1]).

(3) Erforderlichenfalls können gemäß der Richtlinie 1999/5/EG und dem Beschluss 87/95/EWG des Rates vom 22. Dezember 1986 über die Normung auf dem Gebiet der Informationstechnik und der Telekommunikation ([2]) Maßnahmen getroffen werden, um sicherzustellen, dass Endgeräte in einer Weise gebaut sind, die mit dem Recht der Nutzer auf Schutz und Kontrolle der Verwendung ihrer personenbezogenen Daten vereinbar ist.

Artikel 15

Anwendung einzelner Bestimmungen der Richtlinie 95/46/EG

(1) Die Mitgliedstaaten können Rechtsvorschriften erlassen, die die Rechte und Pflichten gemäß Artikel 5, Artikel 6, Artikel 8 Absätze 1, 2, 3 und 4 sowie Artikel 9 dieser Richtlinie beschränken, sofern eine solche Beschränkung gemäß Artikel 13 Absatz 1 der Richtlinie 95/46/EG für die nationale Sicherheit, (d. h. die Sicherheit des Staates), die Landesverteidigung, die öffentliche Sicherheit sowie die Verhütung, Ermittlung, Feststellung und Verfolgung von Straftaten oder des unzulässigen Gebrauchs von elektronischen Kommunikationssystemen in einer demokratischen Gesellschaft notwendig, angemessen und verhältnismäßig ist. Zu diesem Zweck können die Mitgliedstaaten unter anderem durch Rechtsvorschriften vorsehen, dass Daten aus den in diesem Absatz aufgeführten Gründen während einer begrenzten Zeit aufbewahrt werden. Alle in diesem Absatz genannten Maßnahmen müssen den allgemeinen Grundsätzen des Gemeinschaftsrechts einschließlich den in Artikel 6 Absätze 1 und 2 des Vertrags über die Europäische Union niedergelegten Grundsätzen entsprechen.

(2) Die Bestimmungen des Kapitels III der Richtlinie 95/46/EG über Rechtsbehelfe, Haftung und Sanktionen gelten im Hinblick auf innerstaatliche Vorschriften, die nach der vorliegenden Richtlinie erlassen werden, und im Hinblick auf die aus dieser Richtlinie resultierenden individuellen Rechte.

(3) Die gemäß Artikel 29 der Richtlinie 95/46/EG eingesetzte Datenschutzgruppe nimmt auch die in Artikel 30 jener Richtlinie festgelegten Aufgaben im Hinblick auf die von der vorliegenden Richtlinie abgedeckten Aspekte, nämlich den Schutz der Grundrechte und der Grundfreiheiten und der berechtigten Interessen im Bereich der elektronischen Kommunikation wahr.

Artikel 16

Übergangsbestimmungen

(1) Artikel 12 gilt nicht für Ausgaben von Teilnehmerverzeichnissen, die vor dem Inkrafttreten der nach dieser Richtlinie erlassenen innerstaatlichen Vorschriften bereits in gedruckter oder in netzunabhängiger elektronischer Form produziert oder in Verkehr gebracht wurden.

(2) Sind die personenbezogenen Daten von Teilnehmern von Festnetz- oder Mobil-Sprachtelefondiensten in ein öffentliches Teilnehmerverzeichnis gemäß der Richtlinie 95/46/EG und gemäß Artikel 11 der Richtlinie 97/66/EG aufgenommen worden, bevor die nach der vorliegenden Richtlinie erlassenen innerstaatlichen Rechtsvorschriften in Kraft treten, so können die personenbezogenen Daten dieser Teilnehmer in der gedruckten oder elektronischen Fassung, einschließlich Fassungen mit Umkehrsuchfunktionen, in diesem öffentlichen Verzeichnis verbleiben, sofern die Teilnehmer nach Erhalt vollständiger Informationen über die Zwecke und Möglichkeiten gemäß Artikel 12 nicht etwas anderes wünschen.

Artikel 17

Umsetzung

(1) Die Mitgliedstaaten setzen vor dem 31. Oktober 2003 die Rechtsvorschriften in Kraft, die erforderlich sind, um dieser Richtlinie nachzukommen. Sie setzen die Kommission unverzüglich davon in Kenntnis.

([1]) ABl. L 204 vom 21.7.1998, S. 37. Richtlinie geändert durch die Richtlinie 98/48/EG (ABl. L 217 vom 5.8.1998, S. 18).
([2]) ABl. L 36 vom 7.2.1987. Beschluss zuletzt geändert durch die Beitrittsakte von 1994.

Wenn die Mitgliedstaaten diese Vorschriften erlassen, nehmen sie in den Vorschriften selbst oder durch einen Hinweis bei der amtlichen Veröffentlichung auf diese Richtlinie Bezug. Die Mitgliedstaaten regeln die Einzelheiten der Bezugnahme.

(2) Die Mitgliedstaaten teilen der Kommission den Wortlaut der innerstaatlichen Rechts-Vorschriften mit, die sie auf dem unter diese Richtlinie fallenden Gebiet erlassen, sowie aller späteren Änderungen dieser Vorschriften.

Artikel 18

Überprüfung

Die Kommission unterbreitet dem Europäischen Parlament und dem Rat spätestens drei Jahre nach dem in Artikel 17 Absatz 1 genannten Zeitpunkt einen Bericht über die Durchführung dieser Richtlinie und ihre Auswirkungen auf die Wirtschaftsteilnehmer und Verbraucher, insbesondere in Bezug auf die Bestimmungen über unerbetene Nachrichten, unter Berücksichtigung des internationalen Umfelds. Hierzu kann die Kommission von den Mitgliedstaaten Informationen einholen, die ohne unangemessene Verzögerung zu liefern sind. Gegebenenfalls unterbreitet die Kommission unter Berücksichtigung der Ergebnisse des genannten Berichts, etwaiger Änderungen in dem betreffenden Sektor sowie etwaiger weiterer Vorschläge, die sie zur Verbesserung der Wirksamkeit dieser Richtlinie für erforderlich hält, Vorschläge zur Änderung dieser Richtlinie.

Artikel 19

Aufhebung

Die Richtlinie 97/66/EG wird mit Wirkung ab dem in Artikel 17 Absatz 1 genannten Zeitpunkt aufgehoben.

Verweisungen auf die aufgehobene Richtlinie gelten als Verweisungen auf die vorliegende Richtlinie.

Artikel 20

Inkrafttreten

Diese Richtlinie tritt am Tag ihrer Veröffentlichung im *Amtsblatt der Europäischen Gemeinschaften* in Kraft.

Artikel 21

Adressaten

Diese Richtlinie ist an alle Mitgliedstaaten gerichtet.

Geschehen zu Brüssel am 12. Juli 2002.

Im Namen des Europäischen Parlaments	*Im Namen des Rates*
Der Präsident	*Der Präsident*
P. COX	T. PEDERSEN

kurz: ePrivacy-Richtlinie*

RICHTLINIEN

RICHTLINIE 2009/136/EG DES EUROPÄISCHEN PARLAMENTS UND DES RATES

vom 25. November 2009

zur Änderung der Richtlinie 2002/22/EG über den Universaldienst und Nutzerrechte bei elektronischen Kommunikationsnetzen und -diensten, der Richtlinie 2002/58/EG über die Verarbeitung personenbezogener Daten und den Schutz der Privatsphäre in der elektronischen Kommunikation und der Verordnung (EG) Nr. 2006/2004 über die Zusammenarbeit im Verbraucherschutz

(Text von Bedeutung für den EWR)

DAS EUROPÄISCHE PARLAMENT UND DER RAT DER EUROPÄISCHEN UNION —

gestützt auf den Vertrag zur Gründung der Europäischen Gemeinschaft, insbesondere auf Artikel 95,

auf Vorschlag der Kommission,

nach Stellungnahme des Europäischen Wirtschafts- und Sozialausschusses ([1]),

nach Stellungnahme des Ausschusses der Regionen ([2]),

nach Stellungnahme des Europäischen Datenschutzbeauftragten ([3]),

gemäß dem Verfahren des Artikels 251 des Vertrags ([4]),

in Erwägung nachstehender Gründe:

(1) Die Funktionsweise der fünf Richtlinien, die den geltenden Rechtsrahmen für elektronische Kommunikationsnetze und -dienste bilden — Richtlinie 2002/19/EG des Europäischen Parlaments und des Rates vom 7. März 2002 über den Zugang zu elektronischen Kommunikationsnetzen und zugehörigen Einrichtungen sowie deren Zusammenschaltung (Zugangsrichtlinie) ([5]), Richtlinie 2002/20/EG des Europäischen Parlaments und des Rates vom 7. März 2002 über die Genehmigung elektronischer Kommunikationsnetze und -dienste (Genehmigungsrichtlinie) ([6]), Richtlinie 2002/21/EG des Europäischen Parlaments und des Rates vom 7. März 2002 über einen gemeinsamen Rechtsrahmen für elektronische Kommunikationsnetze und -dienste (Rahmenrichtlinie) ([7]), Richtlinie 2002/22/EG (Universaldienstrichtlinie) ([8]) und Richtlinie 2002/58/EG (Datenschutzrichtlinie für elektronische Kommunikation) ([9]) (zusammen „Rahmenrichtlinie und Einzelrichtlinien" genannt) — wird regelmäßig von der Kommission überprüft, um insbesondere festzustellen, ob diese Richtlinien angesichts der Technologie- und Marktentwicklung geändert werden müssen.

(2) Ihre diesbezüglichen Erkenntnisse erläuterte die Kommission in ihrer Mitteilung vom 29. Juni 2006 an das Europäische Parlament, den Rat, den Europäischen Wirtschafts- und Sozialausschuss und den Ausschuss der Regionen über die Überprüfung des EU-Rechtsrahmens für elektronische Kommunikationsnetze und -dienste.

(3) Die Reform des EU-Rechtsrahmens für elektronische Kommunikationsnetze und -dienste, einschließlich der Verbesserung der Vorschriften für behinderte Endnutzer, sind ein wichtiger Schritt sowohl zur Erreichung eines europäischen Informationsraumes als auch einer ausgrenzungsfreien Informationsgesellschaft. Diese Ziele sind Bestandteil des strategischen Rahmens für die Entwicklung der Informationsgesellschaft, wie er in der Mitteilung der Kommission „i2010 — Eine europäische Informationsgesellschaft für Wachstum und Beschäftigung" vom 1. Juni 2005 an den Rat, das Europäische Parlament, den Europäischen Wirtschafts- und Sozialausschuss und den Ausschuss der Regionen dargelegt wurde.

(4) Eine grundlegende Anforderung an den Universaldienst besteht darin, den Nutzern auf Antrag einen Anschluss an das öffentliche Kommunikationsnetz an einem festen Standort und preiswert bereitzustellen. Die Anforderung betrifft die Bereitstellung von Orts-, Inlands- und Auslandstelefongesprächen, Faxkommunikation und Datendiensten, deren Bereitstellung von den Mitgliedstaaten auf den Hauptsitz oder Hauptwohnsitz des Endnutzers

([1]) ABl. C 224 vom 30.8.2008, S. 50.
([2]) ABl. C 257 vom 9.10.2008, S. 51.
([3]) ABl. C 181 vom 18.7.2008, S. 1.
([4]) Stellungnahme des Europäischen Parlaments vom 24. September 2008 (noch nicht im Amtsblatt veröffentlicht), Gemeinsamer Standpunkt des Rates vom 16. Februar 2009 (ABl. C 103 E vom 5.5.2009, S. 40), Standpunkt des Europäischen Parlaments vom 6. Mai 2009 und Beschluss des Rates vom 26. Oktober 2009.
([5]) ABl. L 108 vom 24.4.2002, S. 7.
([6]) ABl. L 108 vom 24.4.2002, S. 21.
([7]) ABl. L 108 vom 24.4.2002, S. 33.
([8]) ABl. L 108 vom 24.4.2002, S. 51.
([9]) ABl. L 201 vom 31.7.2002, S. 37.

* Quelle: ABl. L 337 vom 18.12.2009, S. 11.

beschränkt werden kann. Es sollte weder Einschränkungen hinsichtlich der technischen Mittel geben, mit denen dies vorgenommen wird, damit sowohl leitungsgebundene als auch drahtlose Technologien zulässig sind, noch sollte es Einschränkungen dabei geben, welche Unternehmen alle Universaldienstverpflichtungen oder einen Teil davon erbringen.

(5) Datenanschlüsse an das öffentliche Kommunikationsnetz an einem festen Standort sollten Datenkommunikation mit Übertragungsraten ermöglichen, die für den Zugang zu Online-Diensten, wie sie z. B. über das öffentliche Internet angeboten werden, geeignet sind. Die Geschwindigkeit des Internetzugangs für den jeweiligen Nutzer kann von zahlreichen Faktoren, unter anderem von der Internet-Verbundfähigkeit des Anbieters bzw. der Anbieter sowie von der jeweiligen Anwendung, für die eine Verbindung genutzt wird, abhängen. Die Übertragungsrate, die von einem einzelnen Anschluss an das öffentliche Kommunikationsnetz unterstützt wird, hängt sowohl von den Merkmalen der Teilnehmerendeinrichtung als auch von dem Anschluss ab. Daher ist es nicht angezeigt, eine bestimmte Übertragungsrate auf Gemeinschaftsebene festzulegen. Es muss ein gewisser Spielraum geboten werden, damit die Mitgliedstaaten gegebenenfalls Maßnahmen ergreifen können, um zu gewährleisten, dass die Anschlüsse zufrieden stellende Übertragungsraten unterstützen können, die für einen funktionalen Internetzugang nach der Definition der Mitgliedstaaten ausreichen, wobei die besonderen Bedingungen in den nationalen Märkten, wie die von der überwiegenden Mehrheit der Nutzer im jeweiligen Mitgliedstaat verwendete Bandbreite und die technische Durchführbarkeit, unter der Voraussetzung ausreichend berücksichtigt werden, dass sie darauf ausgerichtet sind, Marktverzerrungen zu mindern. Schlagen sich solche Maßnahmen bei Berücksichtigung der Kosten und Einnahmen sowie der immateriellen Begünstigungen aus der Bereitstellung der betreffenden Dienste in einer unzumutbaren Belastung für ein benanntes Unternehmen nieder, kann dies in jede Nettokostenberechnung der Universaldienstverpflichtungen einbezogen werden. Alternative Finanzierungsmöglichkeiten der zugrunde liegenden Netzinfrastruktur mit einer Finanzierung durch die Gemeinschaft oder nationale Maßnahmen im Einklang mit dem Gemeinschaftsrecht können ebenfalls umgesetzt werden.

(6) Die Notwendigkeit einer Überprüfung der Universaldienstverpflichtungen durch die Kommission, die die Finanzierung dieser Verpflichtungen gemäß Artikel 15 der Richtlinie 2002/22/EG (Universaldienstrichtlinie) umfassen kann, und gegebenenfalls der Vorlage von Reformvorschlägen durch die Kommission zur Erfüllung der im öffentlichen Interesse liegenden Ziele bleiben davon unberührt.

(7) Aus Gründen der Klarheit und Einfachheit betrifft die vorliegende Richtlinie nur Änderungen der Richtlinien 2002/22/EG (Universaldienstrichtlinie) und 2002/58/EG (Datenschutzrichtlinie für elektronische Kommunikation).

(8) Unbeschadet der Richtlinie 1999/5/EG des Europäischen Parlaments und des Rates vom 9. März 1999 über Funkanlagen und Telekommunikationsendeinrichtungen und die gegenseitige Anerkennung ihrer Konformität (1), insbesondere der in Artikel 3 Absatz 3 Buchstabe f niedergelegten Anforderungen an die Behindertengerechtheit, sollten bestimmte Aspekte von Endeinrichtungen, einschließlich Endeinrichtungen am Wohnsitz der Verbraucher, die für behinderte Endnutzer bestimmt sind, unabhängig davon, ob ihre besonderen Bedürfnisse behinderungs- oder alterungsbedingt sind, in den Anwendungsbereich der Richtlinie 2002/22/EG (Universaldienstrichtlinie) einbezogen werden, um den Zugang zu den Netzen und die Nutzung der Dienste zu erleichtern. Zu diesen Einrichtungen zählen derzeit Rundfunk- und Fernsehendgeräte, die nur für den Empfang geeignet sind, sowie besondere Endgeräte für schwerhörige Endnutzer.

(9) Die Mitgliedstaaten sollten Maßnahmen ergreifen, um die Entstehung eines Marktes für weit verbreitete Produkte und Dienste zu fördern, die Einrichtungen für behinderte Endnutzer einschließen. Dies kann unter anderem durch Bezugnahme auf europäische Normen, durch die Einführung von Anforderungen an die elektronische Zugänglichkeit (E-Zugänglichkeit) in die Verfahren zur Vergabe öffentlicher Aufträge und Ausschreibungen im Zusammenhang mit der Bereitstellung von Diensten sowie durch die Umsetzung der Bestimmungen zum Schutz der Rechte von behinderten Endnutzern erreicht werden.

(10) Wenn ein Unternehmen, das zur Erbringung von Universaldiensten im Sinne von Artikel 4 der Richtlinie 2002/22/EG (Universaldienstrichtlinie) benannt ist, beschließt, einen vom Gesichtspunkt seiner Verpflichtung zur Erbringung von Universaldiensten wesentlichen Teil oder die Gesamtheit seiner Ortsnetzanlagen im Hoheitsgebiet auf eine gesonderte Rechtsperson mit anderem endgültigen Eigentümer zu übertragen, sollte die zuständige nationale Regulierungsbehörde die Auswirkungen der Übertragung prüfen, um die Kontinuität der Universaldienstverpflichtung im gesamten Hoheitsgebiet oder in Teilen dieses Gebiets zu gewährleisten. Zu diesem Zweck sollte die nationale Regulierungsbehörde, die die Universaldienstverpflichtung auferlegt hat, von dem Unternehmen vor der Übertragung unterrichtet werden. Die Prüfung durch die nationale Regulierungsbehörde sollte den Abschluss der Übertragung nicht beeinträchtigen.

(11) Technische Entwicklungen haben zu einer wesentlichen Verringerung der Zahl öffentlicher Münz- oder Kartentelefone geführt. Zur Gewährleistung der Technologieneutralität und des weiteren öffentlichen Zugangs zum Sprachtelefondienst sollten die nationalen Regulierungsbehörden befugt sein, den Unternehmen Verpflichtungen aufzuerlegen um sicherzustellen, dass nicht nur öffentliche Münz- oder Kartentelefone dem angemessenen Bedarf der Endnutzer entsprechend bereitgestellt werden, sondern dass zu diesem Zweck gegebenenfalls auch alternative Zugangspunkte für den öffentlichen Sprachtelefondienst bereitgestellt werden.

(12) Die Gleichwertigkeit des Zugangs behinderter Endnutzer zu den Diensten sollte im gleichen Ausmaß gewährleistet sein wie die anderer Endnutzer. Zu diesem Zweck sollte der Zugang in seiner Funktionsweise gleichwertig sein, so dass behinderte Endnutzer in den Genuss der gleichen Nutzbarkeit der Dienste kommen wie andere Endnutzer, wenn auch über andere Hilfsmittel.

---

(1) ABl. L 91 vom 7.4.1999, S. 10.

(13) Die Begriffsbestimmungen müssen angepasst werden, um dem Grundsatz der Technologieneutralität Rechnung zu tragen und mit der technologischen Entwicklung Schritt zu halten. Insbesondere sollten die Bedingungen für die Bereitstellung eines Dienstes von den tatsächlich begriffsbestimmenden Merkmalen eines öffentlich zugänglichen Telefondienstes, d. h. eines elektronischen Kommunikationsdienstes, der der Öffentlichkeit zur Verfügung gestellt wurde, und das Führen aus- und eingehender Inlands- oder Inlands- und Auslandsgespräche direkt oder indirekt über eine oder mehrere Nummern eines nationalen oder internationalen Telefonnummernplans ermöglicht, unabhängig davon, ob ein solcher Dienst auf einer leitungsvermittelten oder paketvermittelten Technologie basiert, getrennt werden. Ein solcher Dienst ist seinem Wesen nach ein zweigerichteter Dienst, der es beiden Gesprächsteilnehmern ermöglicht zu kommunizieren. Ein Dienst, der nicht alle diese Bedingungen erfüllt, wie beispielsweise eine „Click-through"-Anwendung auf einer Kundendienst-Website, ist kein öffentlich zugänglicher Telefondienst. Öffentlich zugängliche Telefondienste schließen auch Kommunikationsmittel ein, die speziell für behinderte Endnutzer bestimmt sind, die Text-Relay- oder Gesamtgesprächsdienste (Total-Conversation-Dienste) in Anspruch nehmen.

(14) Es ist erforderlich klarzustellen, dass die indirekte Erbringung von Diensten auch Situationen umfassen könnte, in denen das Führen ausgehender Gespräche über Betreiberauswahl oder Betreibervorauswahl erfolgt oder in denen ein Diensteanbieter von einem anderen Unternehmen erbrachte öffentlich zugängliche Telefondienste weiterverkauft oder unter eigenem Namen anbietet.

(15) Infolge der Technologie- und Marktentwicklung werden die Netze zunehmend auf die „Internet-Protokoll" (IP)-Technologie umgestellt, und die Verbraucher können zunehmend aus einer wachsenden Vielfalt miteinander konkurrierender Sprachtelefondienstanbieter auswählen. Deshalb sollten die Mitgliedstaaten die Möglichkeit haben, Universaldienstverpflichtungen in Bezug auf die Bereitstellung von Anschlüssen an das öffentliche Kommunikationsnetz an einem festen Standort von der Bereitstellung eines öffentlich zugänglichen Telefondienstes zu trennen. Eine solche Trennung sollte jedoch den Umfang der Universaldienstverpflichtungen, die auf Gemeinschaftsebene festgelegt und überprüft werden, nicht beeinträchtigen.

(16) Gemäß dem Subsidiaritätsprinzip ist es Angelegenheit der Mitgliedstaaten, anhand objektiver Kriterien zu entscheiden, welche Unternehmen als Universaldiensteanbieter benannt werden, wobei die Fähigkeit und die Bereitschaft von Unternehmen, alle oder einen Teil der Universaldienstverpflichtungen zu übernehmen, gegebenenfalls zu berücksichtigen sind. Dies schließt nicht aus, dass die Mitgliedstaaten im Benennungsprozess aus Effizienzerwägungen spezielle Anforderungen einbeziehen können, die unter anderem die Zusammenfassung von räumlichen Gebieten oder die Bündelung von Komponenten oder die Vorgabe von Mindestfristen für die Benennung einschließen können.

(17) Die nationalen Regulierungsbehörden sollten die Möglichkeit haben, die Entwicklung und Höhe der Endnutzertarife für Dienste, die in den Bereich von Universaldienstverpflichtungen fallen, selbst dann zu überwachen, wenn der betreffende Mitgliedstaat noch kein Unternehmen als Universaldienstbetreiber benannt hat. In diesem Fall sollte die Überwachung derart durchgeführt werden, dass sie weder für die nationalen Regulierungsbehörden noch für die Unternehmen, die einen solchen Dienst erbringen, mit einem übermäßigen Verwaltungsaufwand verbunden ist.

(18) Überflüssige Verpflichtungen, die den Übergang vom Rechtsrahmen von 1998 zum Rechtsrahmen von 2002 erleichtern sollten, wie auch andere Bestimmungen, die sich mit denen der Richtlinie 2002/21/EG (Rahmenrichtlinie) überschneiden oder decken, sollten gestrichen werden.

(19) Die Verpflichtung, auf der Endkundenebene ein Mindestangebot an Mietleitungen bereitzustellen, die notwendig war, um die weitere Anwendung der Bestimmungen des Rechtsrahmens von 1998 im Bereich der Mietleitungen sicherzustellen, in dem zum Zeitpunkt des Inkrafttretens des Rechtsrahmens von 2002 kein ausreichender Wettbewerb herrschte, ist nicht mehr erforderlich und sollte aufgehoben werden.

(20) Würden Betreiberauswahl und Betreibervorauswahl weiterhin direkt durch das Gemeinschaftsrecht vorgeschrieben, so könnte dadurch der technische Fortschritt behindert werden. Diese Abhilfemaßnahmen sollten stattdessen von den nationalen Regulierungsbehörden aufgrund einer Marktanalyse gemäß den in der Richtlinie 2002/21/EG (Rahmenrichtlinie) festgelegten Verfahren und mit den in Artikel 12 der Richtlinie 2002/19/EG (Zugangsrichtlinie) aufgeführten Verpflichtungen vorgeschrieben werden.

(21) Bestimmungen über die Verträge sollten nicht nur für Verbraucher, sondern auch für andere Endnutzer, insbesondere Kleinstunternehmen und kleine und mittlere Unternehmen (KMU), gelten, die möglicherweise einen auf die Bedürfnisse von Verbrauchern zugeschnittenen Vertrag bevorzugen. Um unnötigen Verwaltungsaufwand für die Anbieter und Schwierigkeiten im Zusammenhang mit der Definition von KMU zu vermeiden, sollten die Bestimmungen über die Verträge für diese Endnutzer nicht automatisch, sondern nur auf deren Antrag gelten. Die Mitgliedstaaten sollten geeignete Maßnahmen treffen, um die KMU verstärkt über diese Möglichkeit zu informieren.

(22) Technische Entwicklungen können dazu führen, dass in Zukunft neben herkömmlichen Formen nummernbasierter Kennungen auch andere Teilnehmerkennungen verwendet werden.

(23) Die Anbieter elektronischer Kommunikationsdienste, die Anrufe ermöglichen, sollten dafür sorgen, dass ihre Kunden angemessen darüber informiert sind, ob Zugang zu Notrufdiensten gewährt wird oder nicht, sowie über alle Beschränkungen der Dienste (wie etwa die Beschränkung der Übermittlung von Angaben zum Anruferstandort und der Weiterleitung von Notrufen). Diese Anbieter sollten ihren Kunden hierüber bei Vertragsabschluss im Vertrag und, falls die Bereitstellung des Zugangs geändert wird, in klarer und transparenter Weise aufklären, beispielsweise durch Informationen auf den Rechnungen. Dabei sollte

auch angegeben werden, welche Beschränkungen in Bezug auf das Versorgungsgebiet auf der Grundlage der geplanten technischen Betriebsparameter des Dienstes und der verfügbaren Infrastruktur bestehen. Wird der Dienst nicht über ein leitungsvermitteltes Telefonnetz bereitgestellt, sollte auch angegeben werden, wie verlässlich der Zugang und die Übermittlung von Angaben zum Anruferstandort im Vergleich zu einem Dienst sind, der über ein leitungsvermitteltes Telefonnetz bereitgestellt wird, wobei der derzeitige Stand der Technik und die bestehenden Qualitätsnormen sowie die in der Richtlinie 2002/22/EG (Universaldienstrichtlinie) aufgeführten Parameter für die Dienstqualität zu berücksichtigen sind.

(24) Was die Endeinrichtungen betrifft, so sollten im Kundenvertrag die vom Anbieter auferlegten Beschränkungen bei der Nutzung der Endeinrichtungen, wie beispielsweise die Sperrung von Mobiltelefonen für SIM-Karten anderer Anbieter — sofern solche Beschränkungen nicht nach den nationalen Rechtsvorschriften untersagt sind — und die bei Vertragskündigung anfallenden Gebühren — unabhängig davon, ob die Kündigung vor oder zu dem vereinbarten Vertragende erfolgt — einschließlich der anfallenden Kosten, wenn der Kunde das Gerät behält, angegeben werden.

(25) Ohne den Betreiber zu Maßnahmen zu verpflichten, die über die nach Gemeinschaftsrecht vorgeschriebenen Maßnahmen hinausgehen, sollte im Kundenvertrag auch angegeben werden, welche Art von Maßnahmen der Anbieter gegebenenfalls bei Sicherheits- oder Integritätsverletzungen, Bedrohungen oder Schwachstellen trifft.

(26) Um im Zusammenhang mit der Nutzung von Kommunikationsdiensten auf im öffentlichen Interesse liegende Fragen eingehen und einen Beitrag zum Schutz der Rechte und Freiheiten anderer Personen leisten zu können, sollten die zuständigen nationalen Behörden in der Lage sein, mit Hilfe der Anbieter Informationen von allgemeinem Interesse über die Nutzung dieser Dienste zu erarbeiten und zu verbreiten. Dies könnte Informationen von allgemeinem Interesse über Verstöße gegen das Urheberrecht, andere Formen der unrechtmäßigen Nutzung und der Verbreitung schädlicher Inhalte sowie Ratschläge und Angaben dazu einschließen, wie die persönliche Sicherheit, die beispielsweise durch die Weitergabe personenbezogener Informationen in bestimmten Situationen gefährdet sein kann, und wie die Privatsphäre und personenbezogene Daten vor Risiken geschützt werden können, sowie über die Verfügbarkeit leicht zu nutzender und konfigurierbarer Software oder Softwareoptionen, die den Schutz von Kindern und schutzbedürftigen Personen zulassen. Diese Informationen könnten im Wege des in Artikel 33 Absatz 3 der Richtlinie 2002/22/EG (Universaldienstrichtlinie) vorgesehenen Verfahrens der Zusammenarbeit abgestimmt werden. Diese Informationen von allgemeinem Interesse sollten leicht verständlich aufbereitet, nach Bedarf aktualisiert und entsprechend den Vorgaben der einzelnen Mitgliedstaaten in gedruckter und elektronischer Form sowie auf den Websites der nationalen Behörden veröffentlicht werden. Die nationalen Regulierungsbehörden sollten die Anbieter dazu verpflichten können, diese standardisierten Informationen allen Kunden in einer von der jeweiligen nationalen Regulierungsbehörde für geeignet gehaltenen Weise zukommen zu lassen. Diese Informationen sollten auch in die Verträge aufgenommen werden, falls dies von den Mitgliedstaaten verlangt wird. Die Verbreitung dieser Informationen sollte jedoch den Unternehmen keine übermäßige Belastung auferlegen. Die Mitgliedstaaten sollten die Verbreitung über dieselben Hilfsmittel verlangen, die von den Unternehmen in ihrer gewöhnlichen Geschäftstätigkeit zur Kommunikation mit den Teilnehmern verwendet werden.

(27) Das Recht der Teilnehmer, das Vertragsverhältnis ohne Vertragsstrafe zu beenden, bezieht sich auf die Änderungen der Vertragsbedingungen, die die Betreiber elektronischer Kommunikationsnetze oder -dienste vornehmen.

(28) Unbeschadet der Notwendigkeit zur Erhaltung der Integrität und Sicherheit der Netze und Dienste sollten die Endnutzer entscheiden können, welche Inhalte sie versenden und empfangen und welche Dienste und Anwendungen und welche Hardware und Software sie für diesen Zweck nutzen möchten. Auf einem Wettbewerbsmarkt wird es für die Nutzer eine breite Auswahl an Inhalten, Anwendungen und Diensten geben. Die nationalen Regulierungsbehörden sollten die Möglichkeiten der Nutzer, Informationen abzurufen und zu verbreiten sowie Anwendungen und Dienste ihrer Wahl zu nutzen, gemäß Artikel 8 der Richtlinie 2002/21/EG (Rahmenrichtlinie) fördern. Angesichts der steigenden Bedeutung der elektronischen Kommunikation für die Verbraucher und Unternehmen sollten die Nutzer auf jeden Fall vom Diensteanbieter und/oder Netzbetreiber vollständig über mögliche Einschränkungsbedingungen und Grenzen bei der Nutzung der elektronischen Kommunikationsdienste informiert werden. Im Rahmen dieser Informationen sollten nach Wahl des Anbieters entweder die Art der betreffenden Inhalte, Anwendungen oder Dienste oder die Einzelanwendungen oder -dienste oder beides bestimmt werden. Je nach verwendeter Technologie und der Art der Einschränkungen kann für diese Einschränkungen die Einwilligung der Nutzer gemäß der Richtlinie 2002/58/EG (Datenschutzrichtlinie für die elektronische Kommunikation) erforderlich sein.

(29) Die Richtlinie 2002/22/EG (Universaldienstrichtlinie) fordert weder von den Anbietern gemäß dem nationalen Recht auferlegte Bedingungen, die den Zugang zu und/oder die Nutzung von Diensten und Anwendungen durch die Endnutzer einschränken, noch verbietet sie diese, begründet jedoch eine Verpflichtung zur Bereitstellung von Informationen über solche Bedingungen. Die Mitgliedstaaten, die Maßnahmen betreffend den Zugang zu und/oder die Nutzung von Diensten und Anwendungen durch die Endnutzer umsetzen möchten, müssen die Grundrechte der Bürger, einschließlich des Rechts auf Privatsphäre und des Rechts auf ein faires Verfahren, achten, und bei jeder derartigen Maßnahme die auf Gemeinschaftsebene festgelegten Politikziele, wie die Förderung der Entwicklung der Informationsgesellschaft in der Gemeinschaft, vollständig berücksichtigen.

(30) Die Richtlinie 2002/22/EG (Universaldienstrichtlinie) verpflichtet die Anbieter nicht, die durch ihre Netze übermittelten Informationen zu überwachen oder aufgrund solcher Informationen gerichtliche Schritte gegen ihre Kunden einzuleiten, und erlegt den Anbietern auch keine Haftung für diese Informationen auf. Die Zuständigkeit für Strafmaßnahmen oder strafrechtliche Verfolgung richtet sich nach dem nationalen Recht, wobei die Grundrechte und Grundfreiheiten, einschließlich des Rechts auf ein faires Verfahren, zu achten sind.

(31) Solange im Gemeinschaftsrecht einschlägige Vorschriften fehlen, werden Inhalte, Anwendungen und Dienste nach dem materiellen Recht und dem Prozessrecht der Mitgliedstaaten als rechtmäßig oder schädlich eingestuft. Es ist Aufgabe der Mitgliedstaaten und nicht der Anbieter von elektronischen Kommunikationsnetzen oder -diensten, nach ordnungsgemäßen Verfahren darüber zu entscheiden, ob Inhalte, Anwendungen oder Dienste rechtmäßig oder schädlich sind. Die Rahmenrichtlinie und die anderen Einzelrichtlinien berühren nicht die Richtlinie 2000/31/EG des Europäischen Parlaments und des Rates vom 8. Juni 2000 über bestimmte rechtliche Aspekte der Dienste der Informationsgesellschaft, insbesondere des elektronischen Geschäftsverkehrs, im Binnenmarkt (Richtlinie über den elektronischen Geschäftsverkehr) [1], die unter anderem eine Vorschrift über die „reine Durchleitung" durch Vermittler gemäß der Definition in jener Richtlinie enthält.

(32) Transparente, aktuelle und vergleichbare Informationen über Angebote und Dienste sind für die Verbraucher in Wettbewerbsmärkten mit mehreren Diensteanbietern von entscheidender Bedeutung. Endnutzer und Kunden elektronischer Kommunikationsdienste sollten in der Lage sein, die Preise der verschiedenen, auf dem Markt angebotenen Dienste anhand von Informationen, die in leicht zugänglicher Form veröffentlicht werden, auf einfache Weise zu vergleichen. Damit solche Preisvergleiche leicht möglich sind, sollten die nationalen Regulierungsbehörden befugt sein, Unternehmen, die elektronische Kommunikationsnetze und/oder -dienste bereitstellen, zu einer größeren Transparenz in Bezug auf Informationen (auch über Tarife und Verbrauchsverhalten sowie andere einschlägige statistische Daten) zu verpflichten und dafür zu sorgen, dass Dritten das Recht eingeräumt wird, diese Informationen kostenlos zu nutzen. Die nationalen Regulierungsbehörden sollten ferner in der Lage sein, Preisverzeichnisse insbesondere für Märkte, auf denen solche Informationen nicht kostenlos oder zu einem angemessenen Preis bereitgestellt wurden, zugänglich zu machen. Die Unternehmen sollten keinen Anspruch auf Entgelt für die Nutzung solcher bereits veröffentlichten und damit in den Besitz der Allgemeinheit übergegangenen Informationen haben. Außerdem sollten Endnutzer und Verbraucher angemessen über den Preis oder die Art des angebotenen Dienstes informiert werden, bevor sie einen Dienst in Anspruch nehmen, insbesondere wenn die Nutzung einer gebührenfreien Rufnummer mit zusätzlichen Kosten verbunden ist. Die nationalen Regulierungsbehörden sollten verlangen können, dass diese Informationen generell und für bestimmte, von ihnen festgelegte Kategorien von Diensten unmittelbar vor Herstellung der Verbindung bereitgestellt werden, es sei denn, im nationalen Recht ist etwas anderes vorgesehen. Bei der Festlegung der Kategorien von Anrufen, bei denen vor Herstellung der Verbindung eine Preisinformation zu erfolgen hat, sollten die nationalen Regulierungsbehörden die Art des Dienstes, die dafür geltende Preisgestaltung und die Frage berücksichtigen, ob der Dienst von einem Anbieter bereitgestellt wird, der kein Anbieter elektronischer Kommunikationsdienste ist. Unbeschadet der Richtlinie 2000/31/EG (Richtlinie über den elektronischen Geschäftsverkehr) sollten die Unternehmen ferner den Teilnehmern die von den zuständigen Behörden erstellten Informationen von öffentlichem Interesse — unter anderem über die häufigsten Zuwiderhandlungen und ihre rechtlichen Folgen — zur Verfügung stellen, falls dies von den Mitgliedstaaten verlangt wird.

(33) Die Kunden sollten über ihre Rechte im Zusammenhang mit der Verwendung ihrer personenbezogenen Daten in Teilnehmerverzeichnissen, insbesondere über den Zweck bzw. die Zwecke derartiger Verzeichnisse, sowie über ihr Recht, gebührenfrei auf die Aufnahme in ein öffentliches Teilnehmerverzeichnis zu verzichten, wie in der Richtlinie 2002/58/EG (Datenschutzrichtlinie für elektronische Kommunikation) vorgesehen, informiert werden. Die Kunden sollten auch über Systeme informiert werden, die die Möglichkeit vorsehen, dass Daten in eine Teilnehmerdatenbank aufgenommen, aber nicht an die Nutzer der Verzeichnisdienste weitergegeben werden.

(34) Auf einem Wettbewerbsmarkt sollten die Endnutzer die von ihnen benötigte Dienstqualität wählen können; es kann jedoch notwendig sein, bestimmte Mindestvorgaben für die Qualität öffentlicher Kommunikationsnetze festzulegen, um eine Verschlechterung der Dienste, eine Blockierung von Anschlüssen und die Verlangsamung des Datenverkehrs in den Netzen zu verhindern. Um Mindestvorgaben für die Dienstqualität zu erfüllen, können die Betreiber Verfahren zur Messung und Gestaltung des Datenverkehrs über eine Netzverbindung anwenden, um eine Kapazitätsauslastung oder Überlastung der Verbindung zu vermeiden, die zu einer Netzüberlastung und schwacher Leistung führen würde. Diese Verfahren sollten der Prüfung durch die nationalen Regulierungsbehörden im Einklang mit der Rahmenrichtlinie und den Einzelrichtlinien unterliegen, wobei insbesondere diskriminierendes Verhalten untersucht wird, um zu gewährleisten, dass die Verfahren den Wettbewerb nicht beeinträchtigen. Erforderlichenfalls können die nationalen Regulierungsbehörden auch den Unternehmen, die öffentliche elektronische Kommunikationsnetze bereitstellen, Mindestanforderungen an die Dienstqualität auferlegen, um sicherzustellen, dass Dienste und Anwendungen je nach Netz einem Mindestqualitätsstandard entsprechend bereitgestellt werden, der der Prüfung durch die Kommission unterliegt. Die nationalen Regulierungsbehörden sollten die Befugnis haben, Maßnahmen zu ergreifen, um einer Verschlechterung der Dienste zum Nachteil der Verbraucher, einschließlich einer Beeinträchtigung oder Verlangsamung des Datenverkehrs, entgegenzuwirken. Da jedoch uneinheitliche Abhilfemaßnahmen das Funktionieren des Binnenmarktes beeinträchtigen können, sollte die Kommission Anforderungen, die die nationalen Regulierungsbehörden festzulegen beabsichtigen, im Hinblick auf mögliche regulierende Eingriffe in der gesamten Gemeinschaft bewerten und erforderlichenfalls Kommentare oder Empfehlungen abgeben, um eine einheitliche Anwendung zu erreichen.

(35) In künftigen IP-Netzen, bei denen die Bereitstellung eines Dienstes von der Bereitstellung des Netzes getrennt werden kann, sollten die Mitgliedstaaten bestimmen, welche Maßnahmen am besten geeignet sind, um die Verfügbarkeit öffentlich zugänglicher Telefondienste, die über öffentliche Kommunikationsnetze bereitgestellt werden, und ununterbrochene Erreichbarkeit der Notdienste bei einem Vollausfall des Netzes oder in Fällen höherer Gewalt zu garantieren, wobei den Prioritäten verschiedener Arten von Teilnehmern und technischen Einschränkungen Rechnung getragen werden sollte.

---

(1) ABl. L 178 vom 17.7.2000, S. 1.

(36) Damit behinderte Endnutzer den Wettbewerb und die Auswahl von Diensteanbietern nutzen können, über die die Mehrheit anderer Endnutzer verfügt, sollten die zuständigen nationalen Behörden erforderlichenfalls und unter Berücksichtigung nationaler Voraussetzungen angeben, welche Verbraucherschutzanforderungen Unternehmen, die öffentlich zugängliche elektronische Kommunikationsdienste erbringen, zu erfüllen haben. Zu solchen Anforderungen kann insbesondere gehören, dass Unternehmen gewährleisten müssen, dass behinderte Endnutzer ihre Dienste zu Bedingungen, einschließlich Preise und Tarife, nutzen können, die den für andere Endnutzer geltenden Bedingungen entsprechen, ungeachtet zusätzlicher Kosten, die ihnen entstehen. Sie können auch Anforderungen für die Vorleistungsvereinbarungen zwischen Unternehmen beinhalten.

(37) Die Unterstützung durch Vermittlungspersonal (Vermittlungs- und Hilfsdienste) betrifft eine Reihe unterschiedlicher Dienste, die für Endnutzer bestimmt sind. Die Bereitstellung solcher Dienste sollte wie bei anderen Kundendiensten auf gewerblicher Grundlage zwischen den Betreibern öffentlicher Kommunikationsnetze und den Betreibern der Unterstützungs- und Hilfsdienste ausgehandelt werden, und es ist nicht notwendig, die Bereitstellung dieser Dienste weiterhin vorzuschreiben. Die entsprechende Verpflichtung sollte deshalb aufgehoben werden.

(38) Die Bereitstellung von Verzeichnisauskunftsdiensten sollte nach Artikel 5 der Richtlinie 2002/77/EG der Kommission vom 16. September 2002 über den Wettbewerb auf den Märkten für elektronische Kommunikationsnetze und -dienste (¹) unter Wettbewerbsbedingungen erfolgen, was auch häufig der Fall ist. Bei Maßnahmen auf Großkundenebene zur Sicherstellung der Aufnahme von Endnutzerdaten (für Fest- und Mobilnetzanschlüsse) in Datenbanken sollten die Standards für den Schutz personenbezogener Daten, einschließlich Artikel 12 der Richtlinie 2002/58/EG (Datenschutzrichtlinie für elektronische Kommunikation), eingehalten werden. Die kostenorientierte Bereitstellung solcher Daten für Diensteanbieter mit der Möglichkeit für Mitgliedstaaten, einen zentralen Mechanismus für die Übermittlung vollständiger zusammengefasster Informationen an die Anbieter von Verzeichnisdiensten einzuführen und Netzzugang zu angemessenen und transparenten Bedingungen bereitzustellen, sollte gewährleistet sein, damit Endnutzer in den vollen Genuss des Wettbewerbs in diesem Bereich gelangen, und um letzten Endes die Abschaffung der Regulierung auf Endkundenebene für diesen Dienst und das Angebot von Verzeichnisdiensten zu angemessenen und transparenten Bedingungen zu ermöglichen.

(39) Die Endnutzer sollten in der Lage sein, mit jedem Telefondienst, der ausgehende Sprachtelefonanrufe ermöglicht, die Notrufdienste unter einer oder mehreren Nummern eines nationalen Telefonnummernplans anzurufen bzw. zu erreichen. Mitgliedstaaten, in denen neben dem Notruf 112 nationale Notrufnummern genutzt werden, können den Unternehmen für die Erreichbarkeit solcher nationalen Notrufnummern ähnliche Verpflichtungen auferlegen. Notrufstellen sollten in der Lage sein, Anrufe unter der Notrufnummer 112 mindestens genauso zügig und effektiv zu bearbeiten und zu beantworten wie Anrufe unter nationalen Notrufnummern. Es ist wichtig, die Notrufnummer 112 besser bekannt zu machen, um den Schutz und die Sicherheit der in der Europäischen Union reisenden Bürger zu verbessern. Zu diesem Zweck sollten die Bürger auf Reisen in jedem Mitgliedstaat umfassend darüber aufgeklärt werden, dass die Nummer 112 als einheitliche Notrufnummer in allen Mitgliedstaaten benutzt werden kann, und zwar insbesondere durch entsprechende Informationen in internationalen Busbahnhöfen, Bahnhöfen, Häfen oder Flughäfen sowie in Telefonverzeichnissen, Telefonzellen, Teilnehmer- und Rechnungsunterlagen. Hierfür sind in erster Linie die Mitgliedstaaten verantwortlich, doch sollte die Kommission die Initiativen der Mitgliedstaaten, um die Notrufnummer 112 besser bekannt zu machen, auch weiterhin unterstützen und ergänzen und regelmäßig bewerten, inwieweit der Öffentlichkeit diese Notrufnummer bekannt ist. Die Verpflichtung zur Übermittlung von Angaben zum Anruferstandort sollte erweitert werden, um den Schutz der Bürger zu verbessern. Insbesondere sollten Unternehmen den Notdiensten Angaben zum Anruferstandort bereitstellen, sobald der Anruf den Dienst erreicht, und zwar unabhängig von der verwendeten Technologie. In Anbetracht der technischen Entwicklungen und insbesondere der zunehmenden Genauigkeit der Angaben zum Anruferstandort sollte die Kommission die Befugnis erhalten, technische Durchführungsmaßnahmen zu erlassen, um den effektiven Zugang zum Notrufdienst 112 in der Gemeinschaft zum Nutzen der Bürger zu gewährleisten. Diese Maßnahmen sollten unbeschadet der Organisation der Notrufdienste in den Mitgliedstaaten gelten.

(40) Die Mitgliedstaaten sollten sicherstellen, dass Unternehmen, die Endnutzern einen elektronischen Kommunikationsdienst für das Führen ausgehender Gespräche über eine oder mehrere Nummern eines nationalen Telefonnummernplans bereitstellen, zuverlässigen und exakten Zugang zu Notdiensten gewährleisten und dabei nationale Spezifikationen und Kriterien berücksichtigen. Netzunabhängige Unternehmen haben gegebenenfalls keine Kontrolle über Netze und können möglicherweise nicht gewährleisten, dass Notrufe über ihren Dienst mit der gleichen Zuverlässigkeit weitergeleitet werden, da sie die Verfügbarkeit des Dienstes nicht garantieren können, weil sie Probleme im Zusammenhang mit der Infrastruktur nicht kontrollieren können. Für netzunabhängige Unternehmen sind Angaben zum Anruferstandort möglicherweise technisch nicht immer möglich. Sobald international anerkannte Standards eine exakte und zuverlässige Weiterleitung und Verbindung zu den Notdiensten sicherstellen, sollten auch netzunabhängige Unternehmen die Pflichten im Zusammenhang mit Angaben zum Anruferstandort in gleichem Umfang erfüllen wie andere Unternehmen.

(41) Die Mitgliedstaaten sollten konkrete Maßnahmen ergreifen, um zu gewährleisten, dass die Notrufdienste, einschließlich des Notrufs 112, für behinderte Endnutzer und insbesondere für Gehörlose, Schwerhörige, Sprachgestörte und Taubblinde zugänglich sind. Dies könnte auch die Bereitstellung von besonderen Endgeräten für Schwerhörige, Text-Relay-Diensten oder anderer Sonderausrüstung umfassen.

(¹) ABl. L 249 vom 17.9.2002, S. 21.

(42) Die Entwicklung der internationalen Vorwahl 3883 (europäischer Telefonnummernraum (ETNS)) wird durch einen unzureichenden Bekanntheitsgrad, übermäßig bürokratische Verfahrensvorschriften und eine daraus folgende mangelnde Nachfrage behindert. Um die Entwicklung des ETNS zu fördern, sollten die Mitgliedstaaten, denen die Internationale Fernmeldeunion den internationalen Vorwahlcode 3883 zugewiesen hat, die Zuständigkeit für seine Verwaltung, die Nummernzuweisung und die Werbung nach dem Beispiel der Einführung der Domäne oberster Stufe „.eu" einer eigenen Organisation übertragen, die von der Kommission auf der Grundlage eines offenen, transparenten und nichtdiskriminierenden Auswahlverfahrens benannt wird. Diese Organisation sollte ebenfalls die Aufgabe haben, Vorschläge für öffentliche Anwendungen auszuarbeiten, im Rahmen derer das ETNS für gemeinsame europäische Dienste, wie eine gemeinsame Telefonnummer zur Meldung des Diebstahls von mobilen Endgeräten, genutzt wird.

(43) Angesichts des besonderen Charakters der Meldungen über vermisste Kinder und der zurzeit begrenzten Verfügbarkeit eines solchen Dienstes sollten die Mitgliedstaaten die Rufnummer nicht nur reservieren, sondern auch jede Anstrengung unternehmen, um die unverzügliche Verfügbarkeit der Hotline 116000 für vermisste Kinder in ihrem Hoheitsgebiet tatsächlich sicherzustellen. Zu diesem Zweck sollten die Mitgliedstaaten erforderlichenfalls Ausschreibungsverfahren durchführen, um Interessierte aufzufordern, den Dienst bereitzustellen.

(44) Sprachtelefonanrufe sind nach wie vor die stabilste und verlässlichste Form des Zugangs zu Notrufdiensten. Andere Formen der Kontaktaufnahme, wie z. B. Textnachrichten, sind möglicherweise weniger verlässlich und nicht direkt genug. Es sollte den Mitgliedstaaten jedoch freigestellt bleiben, die Entwicklung und Umsetzung anderer Formen des Zugangs zu Notdiensten, mit denen ein den Sprachtelefonanrufen gleichwertiger Zugang sichergestellt werden kann, voranzutreiben, falls sie dies für angezeigt halten.

(45) Gemäß ihrer Entscheidung 2007/116/EG vom 15. Februar 2007 über die Reservierung der mit 116 beginnenden nationalen Nummernbereiche für einheitliche Rufnummern für harmonisierte Dienste von sozialem Wert ([1]) hat die Kommission die Mitgliedstaaten ersucht, Rufnummern in den mit „116" beginnenden Nummernbereichen für bestimmte Dienste von sozialem Wert zu reservieren. Die einschlägigen Bestimmungen der genannten Entscheidung sollten in die Richtlinie 2002/22/EG (Universaldienstrichtlinie) einfließen, um sie besser in den Rechtsrahmen für elektronische Kommunikationsnetze und -dienste einzubinden und um Nutzern mit Behinderungen den Zugang zu den betreffenden Diensten von sozialem Wert zu erleichtern.

(46) Ein Binnenmarkt bedeutet, dass die Endnutzer alle in den nationalen Nummerierungsplänen der Mitgliedstaaten enthaltenen Rufnummern erreichen und die entsprechenden Dienste auch nutzen sowie geografisch nicht gebundene Nummern innerhalb der Gemeinschaft verwenden können, darunter auch gebührenfreie Rufnummern und Sondernummern mit erhöhtem Tarif. Außerdem sollten die Endnutzer Rufnummern aus dem europäischen Telefonnummernraum (ETNS) sowie universelle internationale gebührenfreie Rufnummern (UIFN) erreichen können. Die grenzüberschreitende Erreichbarkeit der Rufnummern und der zugehörigen Dienste sollte nicht verhindert werden, außer wenn dies im Ausnahmefall objektiv gerechtfertigt ist, etwa wenn es zur Bekämpfung von Betrug oder Missbrauch notwendig ist, z. B. in Verbindung mit bestimmten Sonderdiensten mit erhöhtem Tarif, wenn die Rufnummer von vornherein nur für eine nationale Nutzung bestimmt ist (z. B. eine nationale Kurzwahlnummer), oder wenn es technisch oder wirtschaftlich nicht machbar ist. Die Nutzer sollten umfassend im Voraus und in klarer Weise über jegliche Entgelte informiert werden, die bei gebührenfreien Rufnummern anfallen können, z. B. Auslandsgebühren bei Rufnummern, die über gewöhnliche Auslandsvorwahlen erreichbar sind.

(47) Damit die Verbraucher in den vollen Genuss der Vorteile eines wettbewerbsorientierten Umfelds kommen, sollten sie in der Lage sein, in voller Sachkenntnis ihre Wahl zu treffen und den Anbieter zu wechseln, wenn dies in ihrem Interesse ist. Dabei muss unbedingt dafür gesorgt werden, dass sie davon nicht durch rechtliche, technische oder praktische Hindernisse wie Vertragsbedingungen, Verfahren oder Gebühren abgehalten werden. Die Festlegung zumutbarer Mindestlaufzeiten in Verbraucherverträgen wird dadurch aber nicht ausgeschlossen. Die Übertragbarkeit der Rufnummern ist ein entscheidender Faktor für die Wahlfreiheit der Verbraucher und einen wirksamen Wettbewerb in den Wettbewerbsmärkten der elektronischen Kommunikation und sollte mit geringstmöglicher Zeitverzögerung erfolgen, so dass die Rufnummer innerhalb eines Arbeitstags funktionell aktiviert wird und der Nutzer eine Unterbrechung des Dienstes nicht länger als einen Arbeitstag lang hinnehmen muss. Die zuständigen nationalen Behörden können unter Berücksichtigung des nationalen Vertragsrechts und der technischen Entwicklung das Globalverfahren für die Übertragung von Rufnummern vorschreiben. Wie die Erfahrung in einigen Mitgliedstaaten gezeigt hat, besteht die Gefahr, dass Verbraucher ohne ihre Einwilligung auf einen anderen Anbieter umgestellt werden. Auch wenn dies in erster Linie eine Angelegenheit für die Vollzugsbehörden sein sollte, sollten die Mitgliedstaaten die Möglichkeit haben, in Bezug auf den Wechsel des Anbieters jenes Mindestmaß an verhältnismäßigen Maßnahmen zu treffen — einschließlich der Auferlegung angemessener Sanktionen —, das erforderlich ist, um diese Gefahren zu minimieren und den Verbraucherschutz im Übertragungsverfahren zu gewährleisten, ohne dass der Wechsel für die Verbraucher an Attraktivität verliert.

(48) Gesetzliche Übertragungspflichten dürfen für von einem einzeln benannten Mediendiensteanbieter bereitgestellte Hör- und Fernsehrundfunkkanäle sowie ergänzende Dienste festgelegt werden. Die Mitgliedstaaten sollten die Übertragungspflichten in ihrem nationalen Recht klar begründen, um sicherzustellen, dass solche Verpflichtungen transparent, verhältnismäßig und genau definiert sind. In dieser Hinsicht sollten Übertragungspflichten so geregelt werden, dass sie ausreichende Anreize für effiziente Investitionen in die Infrastruktur bieten. Die Regelung der Übertragungspflichten sollte regelmäßig überprüft werden, damit sie mit der Technologie- und Marktentwicklung Schritt hält und weiterhin in einem angemessenen Verhältnis zu den verfolgten Zielen steht. Die ergänzenden Dienste umfassen unter anderem Dienste, die den Zugang für behinderte Endnutzer erleichtern, beispielsweise Videotext, Untertitel, Audiobeschreibung und Gebärdensprache.

([1]) ABl. L 49 vom 17.2.2007, S. 30.

(49) Zur Überwindung bestehender Mängel bei der Konsultation der Verbraucher und der angemessenen Berücksichtigung der Interessen der Bürger sollten die Mitgliedstaaten einen geeigneten Konsultationsmechanismus einrichten. Ein solcher Mechanismus könnte die Form einer von den nationalen Regulierungsbehörden und den Diensteanbietern unabhängigen Stelle annehmen, die Untersuchungen zu verbraucherbezogenen Fragen wie dem Verhalten der Verbraucher und den Mechanismen für den Anbieterwechsel anstellt, in transparenter Weise handelt und ihren Beitrag zu den bestehenden Verfahren für die Konsultation der relevanten Interessengruppen leistet. Ferner könnte ein Mechanismus der Zusammenarbeit zur Förderung rechtmäßiger Inhalte geschaffen werden. Die zu diesem Zweck eingeführten Verfahren sollten aber nicht zu einer systematischen Überwachung der Internetnutzung führen.

(50) Universaldienstverpflichtungen, die einem als Erbringer von Universaldiensten benannten Unternehmen auferlegt werden, sollten der Kommission mitgeteilt werden.

(51) Die Richtlinie 2002/58/EG (Datenschutzrichtlinie für die elektronische Kommunikation) sieht die Harmonisierung der Vorschriften der Mitgliedstaaten vor, die erforderlich ist, um einen gleichwertigen Schutz der Grundrechte und -freiheiten, insbesondere des Rechts auf Privatsphäre und des Rechts auf Vertraulichkeit, in Bezug auf die Verarbeitung personenbezogener Daten im Bereich der elektronischen Kommunikation sowie den freien Verkehr dieser Daten und elektronischer Kommunikationsgeräte und -dienste in der Gemeinschaft zu gewährleisten. Werden gemäß der Richtlinie 1999/5/EG oder dem Beschluss 87/95/EWG des Rates vom 22. Dezember 1986 über die Normung auf dem Gebiet der Informationstechnik und der Telekommunikation [1] Maßnahmen getroffen um sicherzustellen, dass Endgeräte in einer Weise gebaut sind, die den Schutz personenbezogener Daten und der Privatsphäre gewährleistet, so sollten solche Maßnahmen den Grundsatz der Technologieneutralität wahren.

(52) Die Entwicklungen bei der Nutzung von IP-Adressen sollten genau verfolgt werden, wobei die Arbeit, die u. a. bereits von der gemäß Artikel 29 der Richtlinie 95/46/EG des Europäischen Parlaments und des Rates vom 24. Oktober 1995 zum Schutz natürlicher Personen bei der Verarbeitung personenbezogener Daten und zum freien Datenverkehr [2] eingesetzten Gruppe für den Schutz von Personen bei der Verarbeitung personenbezogener Daten geleistet wurde, und gegebenenfalls entsprechende Vorschläge zu berücksichtigen sind.

(53) Die Verarbeitung von Verkehrsdaten in dem für die Sicherstellung der Netz- und Informationssicherheit strikt notwendigen Ausmaß, d. h. der Fähigkeit eines Netzes oder Informationssystems, mit einem vorgegebenen Grad der Zuverlässigkeit Störungen oder unrechtmäßige böswillige Eingriffe abzuwehren, die die Verfügbarkeit, Authentizität, Integrität und Vertraulichkeit von gespeicherten oder übermittelten Daten und die Sicherheit damit zusammenhängender Dienste, die über dieses Netz oder Informationssystem angeboten werden bzw. zugänglich sind, beeinträchtigen, durch Anbieter von Sicherheitstechnologien und -diensten bei Ausübung ihrer Tätigkeit als Verantwortliche für die Verarbeitung der Daten unterliegt Artikel 7 Buchstabe f der Richtlinie 95/46/EG. Dazu könnten beispielsweise die Verhinderung des unberechtigten Zugangs und der Verbreitung schädlicher Programmcodes oder die Abwehr von Angriffen, die Dienstleistungsverhinderungen bewirken, und von Schädigungen von Computersystemen und Systemen der elektronischen Kommunikation gehören.

(54) Die Marktliberalisierung im Bereich der elektronischen Kommunikationsnetze und -dienste sowie die rasante technische Entwicklung treiben gemeinsam den Wettbewerb und das Wirtschaftswachstum voran, die ihrerseits eine große Vielfalt von Diensten für die Endnutzer hervorbringen, die über öffentliche elektronische Kommunikationsnetze zugänglich sind. Es ist erforderlich sicherzustellen, dass den Verbrauchern und Nutzern unabhängig von der zur Erbringung eines bestimmten Dienstes verwendeten Technik der gleiche Schutz ihrer Privatsphäre und personenbezogenen Daten gewährt wird.

(55) Im Einklang mit den Zielen des Rechtsrahmens für elektronische Kommunikationsnetze und -dienste sowie den Grundsätzen der Verhältnismäßigkeit und Subsidiarität und im Bemühen um Rechtssicherheit und Effizienz für die europäischen Unternehmen wie auch für die nationalen Regulierungsbehörden stellt die Richtlinie 2002/58/EG (Datenschutzrichtlinie für die elektronische Kommunikation) auf öffentliche elektronische Kommunikationsnetze und -dienste ab und findet keine Anwendung auf geschlossene Benutzergruppen oder Unternehmensnetze.

(56) Der technische Fortschritt erlaubt die Entwicklung neuer Anwendungen auf der Grundlage von Datenerfassungs- und Identifizierungsgeräten, bei denen es sich auch um kontaktlos mit Funkfrequenzen arbeitende Geräte handeln könnte. So werden beispielsweise in RFID-Funkfrequenzerkennungsgeräten (Radio Frequency Identification Devices) Funkfrequenzen genutzt, um von eindeutig gekennzeichneten Etiketten Daten abzulesen, die dann über bestehende Kommunikationsnetze weitergeleitet werden können. Die breite Nutzung solcher Technologien kann erhebliche wirtschaftliche und soziale Vorteile bringen und damit einen großen Beitrag zum Binnenmarkt leisten, wenn ihr Einsatz von den Bürgern akzeptiert wird. Um dieses Ziel zu erreichen, muss gewährleistet werden, dass sämtliche Grundrechte des Einzelnen, einschließlich des Rechts auf Privatsphäre und Datenschutz, gewahrt bleiben. Werden solche Geräte an öffentlich zugängliche elektronische Kommunikationsnetze angeschlossen oder werden elektronische Kommunikationsdienste als Grundinfrastruktur genutzt, so sollten die einschlägigen Bestimmungen der Richtlinie 2002/58/EG (Datenschutzrichtlinie für elektronische Kommunikation), einschließlich der Vorschriften über Sicherheit, Datenverkehr, Standortdaten und Vertraulichkeit, zur Anwendung kommen.

(57) Der Betreiber eines öffentlich zugänglichen elektronischen Kommunikationsdienstes sollte geeignete technische und organisatorische Maßnahmen ergreifen, um die Sicherheit seiner Dienste zu gewährleisten. Unbeschadet der Richtlinie 95/46/EG sollten derartige Maßnahmen sicherstellen, dass nur ermächtigte Personen für rechtlich zulässige Zwecke Zugang zu personenbezogenen Daten erhalten und dass die gespeicherten oder übermittelten personenbezogenen Daten sowie das Netz und die Dienste geschützt

[1] ABl. L 36 vom 7.2.1987, S. 31.
[2] ABl. L 281 vom 23.11.1995, S. 31.

sind. Außerdem sollte ein Sicherheitskonzept für die Verarbeitung personenbezogener Daten eingeführt werden, um Systemschwachstellen zu ermitteln, es sollte eine Überwachung erfolgen und es sollten regelmäßig vorbeugende, korrektive und schadensbegrenzende Maßnahmen getroffen werden.

(58) Die zuständigen nationalen Behörden sollten unter anderem durch einen Beitrag zur Sicherstellung eines hohen Niveaus des Schutzes personenbezogener Daten und der Privatsphäre die Interessen der Bürger fördern. Hierzu sollten die zuständigen nationalen Behörden über die zur Erfüllung ihrer Aufgaben erforderlichen Mittel verfügen, wie z. B. den Zugang zu vollständigen und verlässlichen Daten über Sicherheitsverletzungen, in deren Folge die personenbezogenen Daten natürlicher Personen preisgegeben wurden. Sie sollten die getroffenen Maßnahmen überwachen und optimale Verfahren unter den Betreibern öffentlich zugänglicher elektronischer Kommunikationsdienste verbreiten. Die Anbieter sollten daher ein Verzeichnis der Verletzungen des Schutzes personenbezogener Daten führen, um eine weitere Analyse und Prüfung durch die zuständigen nationalen Behörden zu ermöglichen.

(59) Das Gemeinschaftsrecht erlegt den für die die Verarbeitung der Daten Verantwortlichen Pflichten im Hinblick auf die Datenverarbeitung auf, die die Umsetzung geeigneter technischer und organisatorischer Schutzmaßnahmen, z. B. gegen Datenverlust, umfassen. Die Pflichten zur Anzeige von Verstößen gemäß der Richtlinie 2002/58/EG (Datenschutzrichtlinie für elektronische Kommunikation) enthalten eine Struktur zur Benachrichtigung der zuständigen Behörden und Personen für den Fall, dass personenbezogene Daten trotzdem missbraucht werden. Diese Anzeigepflicht ist auf Sicherheitsverletzungen im Bereich der elektronischen Kommunikation beschränkt. Die Anzeige von Sicherheitsverletzungen spiegelt jedoch ein allgemeines Interesse der Bürger an der Benachrichtigung über Sicherheitsverletzungen wider, die zum Verlust oder zur Preisgabe personenbezogener Daten der Nutzer führen, und über vorhandene oder empfohlene Vorkehrungen, die sie treffen könnten, um mögliche wirtschaftliche Schäden oder soziale Nachteile, die sich aus solchen Sicherheitsverletzungen ergeben, so gering wie möglich zu halten. Das Interesse der Nutzer an der Benachrichtigung ist ersichtlich nicht auf den Bereich der elektronischen Kommunikation beschränkt, so dass ausdrückliche Anzeigepflichten vorrangig in allen Wirtschaftsbereichen auf Gemeinschaftsebene eingeführt werden sollten. Bis zu einer Überprüfung aller einschlägigen gemeinschaftlichen Rechtsvorschriften auf diesem Gebiet durch die Kommission sollte die Kommission in Abstimmung mit dem Europäischen Datenschutzbeauftragten unverzüglich geeignete Maßnahmen ergreifen, um die gemeinschaftsweite Anwendung der in der Richtlinie 2002/58/EG (Datenschutzrichtlinie für elektronische Kommunikation) enthaltenen Leitlinien für die Anzeigepflicht bei Verstößen gegen die Datensicherheit, ungeachtet des Sektors oder der Art der betreffenden Daten, zu fördern.

(60) Die zuständigen nationalen Behörden sollten die getroffenen Maßnahmen überwachen und optimale Verfahren unter den Betreibern öffentlich zugänglicher elektronischer Kommunikationsdienste verbreiten.

(61) Eine Verletzung des Schutzes personenbezogener Daten kann erhebliche wirtschaftliche Schäden und soziale Nachteile einschließlich des Identitätsbetrugs für den Teilnehmer oder die betroffene Person nach sich ziehen, wenn nicht rechtzeitig und angemessen darauf reagiert wird. Deshalb sollte der Betreiber öffentlich zugänglicher elektronischer Kommunikationsdienste unmittelbar nach Bekanntwerden der Verletzung die zuständige nationale Behörde von der Verletzung benachrichtigen. Teilnehmer oder natürliche Personen, für die eine solche Verletzung des Datenschutzes und der Privatsphäre nachteilige Auswirkungen haben kann, sollten unverzüglich benachrichtigt werden, damit sie die erforderlichen Schutzvorkehrungen treffen können. Die Auswirkungen einer Verletzung werden für den Datenschutz oder die Privatsphäre des Teilnehmers oder der natürlichen Person als nachteilig erachtet, wenn sie z. B. Identitätsdiebstahl oder -betrug, physische Schädigung, erhebliche Demütigung oder Rufschaden in Verbindung mit der Bereitstellung öffentlich zugänglicher Kommunikationsdienste in der Gemeinschaft zur Folge haben. Die Benachrichtigung sollte Informationen über die vom Betreiber nach der Verletzung ergriffenen Maßnahmen sowie Empfehlungen für die betroffenen Nutzer oder Personen enthalten.

(62) Bei der Durchführung von Maßnahmen zur Umsetzung der Richtlinie 2002/58/EG (Datenschutzrichtlinie für elektronische Kommunikation) sollten die Behörden und Gerichte der Mitgliedstaaten nicht nur ihr nationales Recht im Einklang mit der genannten Richtlinie auslegen, sondern auch gewährleisten, dass sie sich nicht auf eine Auslegung der Richtlinie stützen, die im Widerspruch zu anderen Grundrechten oder allgemeinen Grundsätzen des Gemeinschaftsrechts wie dem Grundsatz der Verhältnismäßigkeit stehen würde.

(63) Der Erlass technischer Durchführungsmaßnahmen zu den Voraussetzungen, zum Format und zu den Verfahren für die Informations- und Anzeigepflichten sollte vorgesehen werden, um ein angemessenes Niveau des Schutzes der Privatsphäre und der Sicherheit der übermittelten und verarbeiteten personenbezogenen Daten im Zusammenhang mit der Nutzung elektronischer Kommunikationsnetze innerhalb des Binnenmarktes zu gewährleisten.

(64) Bei der detaillierten Regelung des Formats und der Verfahren für die Meldung von Verletzungen des Schutzes personenbezogener Daten sollten die Umstände der Verletzung hinreichend berücksichtigt werden, z. B. ob personenbezogene Daten durch geeignete technische Schutzmaßnahmen geschützt waren, die die Wahrscheinlichkeit des Identitätsbetrugs oder anderer Formen des Missbrauchs effektiv verringern. Überdies sollten solche Regeln und Verfahren den berechtigten Interessen der Strafverfolgungsbehörden in Fällen Rechnung tragen, in denen die Untersuchung der Umstände der Verletzung durch ein frühzeitiges Bekanntwerden in unnötiger Weise behindert würde.

(65) Computerprogramme, die heimlich zugunsten Dritter das Verhalten des Nutzers überwachen oder die Funktionsweise seines Endgerätes beeinträchtigen („Spähsoftware") sind genauso wie Viren eine ernste Bedrohung für die Privatsphäre des Nutzers. Ein hoher und einheitlicher Schutz der Privatsphäre der Nutzer muss unabhängig davon gewährleistet werden, ob unerwünschte Spähprogramme oder Viren versehentlich über elektronische

Kommunikationsnetze heruntergeladen werden oder aber versteckt in anderer Software, die auf externen Speichermedien wie CD, CD-ROM oder USB-Speicherstift verbreitet wird, ausgeliefert und installiert werden. Die Mitgliedstaaten sollten zur Bereitstellung von Information an Endnutzer über mögliche Schutzvorkehrungen auffordern und die Endnutzer auffordern, die notwendigen Maßnahmen zu ergreifen, um ihre Endgeräte vor Viren und Spähsoftware zu schützen.

(66) Es ist denkbar, dass Dritte aus einer Reihe von Gründen Informationen auf der Endeinrichtung eines Nutzers speichern oder auf bereits gespeicherte Informationen zugreifen wollen, die von legitimen Gründen (wie manchen Arten von Cookies) bis hin zum unberechtigten Eindringen in die Privatsphäre (z. B. über Spähsoftware oder Viren) reichen. Daher ist es von größter Wichtigkeit, dass den Nutzern eine klare und verständliche Information bereitgestellt wird, wenn sie irgendeine Tätigkeit ausführen, die zu einer solchen Speicherung oder einem solchen Zugriff führen könnte. Die Methoden der Information und die Einräumung des Rechts, diese abzulehnen, sollten so benutzerfreundlich wie möglich gestaltet werden. Ausnahmen von der Informationspflicht und der Einräumung des Rechts auf Ablehnung sollten auf jene Situationen beschränkt sein, in denen die technische Speicherung oder der Zugriff unverzichtbar sind, um die Nutzung eines vom Teilnehmer oder Nutzer ausdrücklich angeforderten Dienstes zu ermöglichen. Wenn es technisch durchführbar und wirksam ist, kann die Einwilligung des Nutzers zur Verarbeitung im Einklang mit den entsprechenden Bestimmungen der Richtlinie 95/46/EG über die Handhabung der entsprechenden Einstellungen eines Browsers oder einer anderen Anwendung ausgedrückt werden. Die Umsetzung dieser Voraussetzungen sollte durch die Stärkung der Befugnisse der zuständigen nationalen Behörden wirksamer gestaltet werden.

(67) Vorkehrungen, die getroffen werden, um die Teilnehmer gegen ein Eindringen in ihre Privatsphäre durch unerbetene Direktwerbenachrichten per elektronischer Post zu schützen, sollten auch für SMS- und MMS-Nachrichten sowie für ähnliche Anwendungen gelten.

(68) Die Anbieter elektronischer Kommunikationsdienste tätigen zur Bekämpfung unerbetener Werbung („Spam") erhebliche Investitionen. Außerdem sind sie aufgrund der erforderlichen Sachkenntnis und Ressourcen besser als die Endnutzer in der Lage, Spam-Versender festzustellen und zu identifizieren. Die Betreiber von E-Mail-Diensten und andere Diensteanbieter sollten daher die Möglichkeit haben, rechtlich gegen Spam-Versender vorzugehen, um auf diese Weise die Interessen ihrer Kunden als Teil ihrer eigenen rechtmäßigen Geschäftsinteressen zu schützen.

(69) Angesichts der Notwendigkeit, in der Gemeinschaft einen angemessenen Schutz der Privatsphäre und personenbezogener Daten bei deren Übermittlung und Verarbeitung im Zusammenhang mit der Nutzung elektronischer Kommunikationsnetze zu gewährleisten, müssen als hinreichender Anreiz für die Einhaltung der Schutzbestimmungen wirksame Um- und Durchsetzungsbefugnisse geschaffen werden. Die zuständigen nationalen Behörden und gegebenenfalls andere relevante nationale Stellen sollten mit ausreichenden Befugnissen und Ressourcen ausgestattet werden, um Verstöße effektiv untersuchen zu können, einschließlich der Befugnis, alle benötigten Informationen einzuholen, damit sie Beschwerden nachgehen und bei Verstößen Sanktionen verhängen können.

(70) Die Um- und Durchsetzung dieser Richtlinie erfordert häufig eine Zusammenarbeit zwischen den nationalen Regulierungsbehörden zweier oder mehrerer Mitgliedstaaten, wie etwa bei der Bekämpfung von grenzüberschreitender unerbetener Werbung („Spam") und Spähsoftware. Damit in solchen Fällen eine reibungslose und schnelle Zusammenarbeit gewährleistet ist, sollten durch die zuständigen nationalen Behörden Verfahren festgelegt werden und der Prüfung durch die Kommission unterliegen, die beispielsweise die Menge und das Format der zwischen Behörden ausgetauschten Informationen oder die einzuhaltenden Fristen betreffen. Diese Verfahren werden auch die Harmonisierung der daraus resultierenden Pflichten der Marktteilnehmer ermöglichen und damit zur Schaffung gleicher Wettbewerbsbedingungen in der Gemeinschaft beitragen.

(71) Die grenzübergreifende Zusammenarbeit und Rechtsdurchsetzung sollte im Rahmen der bestehenden Verfahren, die beispielsweise in der Verordnung (EG) Nr. 2006/2004 (Verordnung über die Zusammenarbeit im Verbraucherschutz) [1] festgelegt sind, durch eine Änderung der genannten Verordnung verstärkt werden.

(72) Die zur Durchführung der Richtlinien 2002/22/EG (Universaldienstrichtlinie) und 2002/58/EG (Datenschutzrichtlinie für elektronische Kommunikation) erforderlichen Maßnahmen sollten gemäß dem Beschluss 1999/468/EG des Rates vom 28. Juni 1999 zur Festlegung der Modalitäten für die Ausübung der der Kommission übertragenen Durchführungsbefugnisse [2] erlassen werden.

(73) Insbesondere sollte die Kommission die Befugnis erhalten, Durchführungsmaßnahmen in Bezug auf die effektive Einführung der „112"-Dienste zu treffen sowie die Anhänge an den technischen Fortschritt oder an die Veränderungen der Marktnachfrage anzupassen. Sie sollte auch die Befugnis erhalten, Durchführungsmaßnahmen in Bezug auf Informations- und Anzeigepflichten und die Sicherheit der Verarbeitung zu erlassen. Da es sich hierbei um Maßnahmen von allgemeiner Tragweite handelt, die eine Änderung nicht wesentlicher Bestimmungen der Richtlinien 2002/22/EG (Universaldienstrichtlinie) und 2002/58/EG (Datenschutzrichtlinie für die elektronische Kommunikation) durch Ergänzung um neue nicht wesentliche Bestimmungen bewirken, sind diese Maßnahmen nach dem Regelungsverfahren mit Kontrolle des Artikels 5a des Beschlusses 1999/468/EG zu erlassen. Da die Durchführung des Regelungsverfahrens mit Kontrolle innerhalb der normalen Fristen in bestimmten Ausnahmesituationen einem rechtzeitigen Erlass von Durchführungsmaßnahmen entgegenstehen könnte, sollten das Europäische Parlament, der Rat und die Kommission rasch handeln, um sicherzustellen, dass diese Maßnahmen rechtzeitig erlassen werden.

(1) ABl. L 364 vom 9.12.2004, S. 1.
(2) ABl. L 184 vom 17.7.1999, S. 23.

(74) Bei der Annahme von Durchführungsmaßnahmen im Zusammenhang mit der Sicherheit der Verarbeitung sollte die Kommission alle zuständigen europäischen Behörden und Organisationen (die Europäische Agentur für Netz- und Informationssicherheit (ENISA), den Europäischen Datenschutzbeauftragten und die gemäß Artikel 29 der Richtlinie 95/46/EG eingesetzte Gruppe für den Schutz von Personen bei der Verarbeitung personenbezogener Daten) sowie alle anderen relevanten Interessengruppen mit einbeziehen, um sich insbesondere über die besten verfügbaren technischen und wirtschaftlichen Methoden für eine Verbesserung der Durchführung der Richtlinie 2002/58/EG (Datenschutzrichtlinie für elektronische Kommunikation) zu informieren.

(75) Die Richtlinien 2002/22/EG (Universaldienstrichtlinie) und 2002/58/EG (Datenschutzrichtlinie für elektronische Kommunikation) sollten daher entsprechend geändert werden.

(76) Nach Nummer 34 der Interinstitutionellen Vereinbarung über bessere Rechtsetzung [1] sind die Mitgliedstaaten aufgefordert, für ihre eigenen Zwecke und im Interesse der Gemeinschaft eigene Tabellen aufzustellen, aus denen im Rahmen des Möglichen die Entsprechungen zwischen den Richtlinien 2002/22/EG (Universaldienstrichtlinie) und 2002/58/EG (Datenschutzrichtlinie für elektronische Kommunikation) und den Umsetzungsmaßnahmen zu entnehmen sind, und diese zu veröffentlichen —

HABEN FOLGENDE RICHTLINIE ERLASSEN:

Artikel 1

Änderungen der Richtlinie 2002/22/EG (Universaldienstrichtlinie)

Die Richtlinie 2002/22/EG (Universaldienstrichtlinie) wird wie folgt geändert:

1. Artikel 1 erhält folgende Fassung:

„*Artikel 1*

Gegenstand und Anwendungsbereich

(1) Innerhalb des Rahmens der Richtlinie 2002/21/EG (Rahmenrichtlinie) betrifft diese Richtlinie die Bereitstellung elektronischer Kommunikationsnetze und -dienste für Endnutzer. Ziel dieser Richtlinie ist es, die Verfügbarkeit gemeinschaftsweiter hochwertiger, öffentlich zugänglicher Dienste durch wirksamen Wettbewerb und Angebotsvielfalt zu gewährleisten und die Fälle zu regeln, in denen die Bedürfnisse der Endnutzer durch den Markt nicht ausreichend befriedigt werden können. Die Richtlinie enthält auch Bestimmungen für bestimmte Aspekte von Endeinrichtungen, einschließlich Bestimmungen zur Erleichterung des Zugangs für behinderte Endnutzer.

(2) Diese Richtlinie begründet die Rechte der Endnutzer und die entsprechenden Pflichten von Unternehmen, die öffentlich zugängliche elektronische Kommunikationsnetze und -dienste bereitstellen. Im Hinblick auf die Gewährleistung eines Universaldienstes in einem Umfeld mit offenen und wettbewerbsbestimmten Märkten legt die Richtlinie das Mindestangebot an Diensten mit definierter Qualität fest, zu denen alle Endnutzer unter Berücksichtigung der spezifischen nationalen Gegebenheiten zu einem erschwinglichen Preis und unter Vermeidung von Wettbewerbsverzerrungen Zugang haben. Ferner sieht diese Richtlinie Verpflichtungen bezüglich der Erbringung bestimmter obligatorischer Dienste vor.

(3) Weder schreibt diese Richtlinie von Anbietern öffentlich zugänglicher Kommunikationsnetze und -dienste auferlegte Bedingungen vor, die den Zugang zu und/oder die Nutzung von Diensten und Anwendungen durch die Endnutzer einschränken, soweit diese nach nationalem Recht zulässig sind und im Einklang mit dem Gemeinschaftsrecht stehen, noch verbietet sie diese, begründet jedoch eine Verpflichtung zur Bereitstellung von Informationen über solche Bedingungen. Im Rahmen nationaler Maßnahmen betreffend den Zugang zu und/oder die Nutzung von Diensten und Anwendungen durch die Endnutzer im Rahmen von elektronischen Kommunikationsnetzen werden die Grundrechte und Grundfreiheiten natürlicher Personen, einschließlich des Rechts auf Privatsphäre und des Rechts auf ein faires Verfahren gemäß Artikel 6 der Europäischen Konvention zum Schutz der Menschenrechte und Grundfreiheiten, geachtet.

(4) Die Endnutzerrechte betreffenden Bestimmungen dieser Richtlinie gelten unbeschadet der gemeinschaftlichen Verbraucherschutzvorschriften, insbesondere der Richtlinien 93/13/EWG und 97/7/EG, und der mit dem Gemeinschaftsrecht im Einklang stehenden nationalen Vorschriften."

2. Artikel 2 wird wie folgt geändert:

a) Buchstabe b wird gestrichen.

b) Buchstaben c und d erhalten folgende Fassung:

„c) ‚öffentlich zugänglicher Telefondienst' einen der Öffentlichkeit zur Verfügung gestellten Dienst, der das Führen aus- und eingehender Inlands- oder Inlands- und Auslandsgespräche direkt oder indirekt über eine oder mehrere Nummern eines nationalen oder internationalen Telefonnummernplanes ermöglicht;

d) ‚geografisch gebundene Nummer' eine Nummer eines nationalen Telefonnummernplans, bei der ein Teil der Ziffernfolge einen geografischen Bezug hat, der für die Leitwegbestimmung von Anrufen zum physischen Standort des Netzabschlusspunktes benutzt wird;".

c) Buchstabe e wird gestrichen.

d) Buchstabe f erhält folgende Fassung:

„f) ‚geografisch nicht gebundene Nummer' eine Nummer eines nationalen Telefonnummernplans, bei der es sich nicht um eine geografisch gebundene Nummer handelt. Dieser Begriff erfasst unter anderem die Nummern für Mobiltelefone, gebührenfreie Dienste und Sonderdienste mit erhöhtem Tarif."

[1] ABl. C 321 vom 31.12.2003, S. 1.

3. Artikel 4 erhält folgende Fassung:

„*Artikel 4*

Bereitstellung des Zugangs an einem festen Standort und Erbringung von Telefondiensten

(1) Die Mitgliedstaaten stellen sicher, dass allen zumutbaren Anträgen auf Anschluss an ein öffentliches Kommunikationsnetz an einem festen Standort von mindestens einem Unternehmen entsprochen wird.

(2) Der bereitgestellte Anschluss muss Gespräche, Telefaxübertragungen und die Datenkommunikation mit Übertragungsraten ermöglichen, die für einen funktionalen Internetzugang ausreichen; zu berücksichtigen sind dabei die von der Mehrzahl der Teilnehmer vorherrschend verwendeten Technologien und die technische Durchführbarkeit.

(3) Die Mitgliedstaaten stellen sicher, dass allen zumutbaren Anträgen auf Erbringung eines über den in Absatz 1 genannten Netzanschluss öffentlich zugänglichen Telefondienstes, der aus- und eingehende Inlands- und Auslandsgespräche ermöglicht, von mindestens einem Unternehmen entsprochen wird."

4. Artikel 5 Absatz 2 erhält folgende Fassung:

„(2) Die in Absatz 1 genannten Verzeichnisse umfassen vorbehaltlich der Bestimmungen von Artikel 12 der Richtlinie 2002/58/EG des Europäischen Parlaments und des Rates vom 12. Juli 2002 über die Verarbeitung personenbezogener Daten und den Schutz der Privatsphäre in der elektronischen Kommunikation (Datenschutzrichtlinie für elektronische Kommunikation) (*) alle Teilnehmer öffentlich zugänglicher Telefondienste.

(*) ABl. L 201 vom 31.7.2002, S. 37."

5. In Artikel 6 erhalten die Überschrift und Absatz 1 folgende Fassung:

„Öffentliche Münz- und Kartentelefone und andere Zugangspunkte für den öffentlichen Sprachtelefondienst

(1) Die Mitgliedstaaten stellen sicher, dass die nationalen Regulierungsbehörden den Unternehmen Verpflichtungen auferlegen können, um sicherzustellen, dass öffentliche Münz- oder Kartentelefone oder andere Zugangspunkte für den öffentlichen Sprachtelefondienst bereitgestellt werden, damit die vertretbaren Bedürfnisse der Endnutzer hinsichtlich der geografischen Versorgung, der Zahl der Telefone oder anderer Zugangspunkte, der Zugänglichkeit für behinderte Nutzer und der Dienstqualität erfüllt werden."

6. Artikel 7 erhält folgende Fassung:

„*Artikel 7*

Maßnahmen für behinderte Endnutzer

(1) Sofern nicht Anforderungen mit gleichwertiger Wirkung nach Kapitel IV festgelegt wurden, ergreifen die Mitgliedstaaten besondere Maßnahmen, um sicherzustellen, dass der Zugang zu den in Artikel 4 Absatz 3 und in Artikel 5 genannten Diensten für behinderte Endnutzer sowie deren Erschwinglichkeit mit dem Zugang, den andere Endnutzer erhalten, gleichwertig ist. Die Mitgliedstaaten können die nationalen Regulierungsbehörden verpflichten, den allgemeinen Bedarf und die spezifischen Anforderungen, einschließlich des Umfangs und der konkreten Form solcher spezifischer Maßnahmen für behinderte Endnutzer, einzuschätzen.

(2) Die Mitgliedstaaten können unter Berücksichtigung der nationalen Gegebenheiten besondere Maßnahmen ergreifen, um sicherzustellen, dass behinderte Endnutzer auch die Wahlmöglichkeit zwischen Betreibern und Diensteanbietern nutzen können, die der Mehrheit der Endnutzer zur Verfügung steht.

(3) Wenn sie die in den Absätzen 1 und 2 genannten Maßnahmen ergreifen, wirken die Mitgliedstaaten darauf hin, dass die gemäß den Artikeln 17 und 18 der Richtlinie 2002/21/EG (Rahmenrichtlinie) veröffentlichten einschlägigen Normen oder Spezifikationen eingehalten werden."

7. In Artikel 8 wird folgender Absatz angefügt:

„(3) Beabsichtigt ein gemäß Absatz 1 benanntes Unternehmen die Veräußerung eines wesentlichen Teils oder der Gesamtheit der Anlagen seines Ortsanschlussnetzes an eine gesonderte juristische Person mit anderem Eigentümer, so unterrichtet es davon die nationale Regulierungsbehörde rechtzeitig im Voraus, damit diese die Folgen des beabsichtigten Geschäfts auf die Bereitstellung des Zugangs an einem festen Standort und die Erbringung von Telefondiensten gemäß Artikel 4 abschätzen kann. Die nationale Regulierungsbehörde kann hierfür spezifische Verpflichtungen gemäß Artikel 6 Absatz 2 der Richtlinie 2002/20/EG (Genehmigungsrichtlinie) festlegen, ändern oder zurückziehen."

8. Artikel 9 Absätze 1 und 2 erhalten folgende Fassung:

„(1) Die nationalen Regulierungsbehörden überwachen die Entwicklung und Höhe der Endnutzertarife der Dienste, die gemäß den Artikeln 4 bis 7 unter die Universaldienstverpflichtungen fallen und entweder von benannten Unternehmen erbracht werden oder auf dem Markt erbracht werden, falls keine Unternehmen für diese Dienste benannt sind, insbesondere im Verhältnis zu den nationalen Verbraucherpreisen und Einkommen.

(2) Die Mitgliedstaaten können unter Berücksichtigung der nationalen Gegebenheiten verlangen, dass die benannten Unternehmen den Verbrauchern Tarifoptionen oder Tarifbündel anbieten, die von unter üblichen wirtschaftlichen Gegebenheiten gemachten Angeboten abweichen, insbesondere um sicherzustellen, dass einkommensschwache Personen oder Personen mit besonderen sozialen Bedürfnissen Zugang zu dem Netz gemäß Artikel 4 Absatz 1 haben oder die Dienste, die gemäß Artikel 4 Absatz 3 und den Artikeln 5, 6 und 7 unter die Universaldienstverpflichtungen fallen und von benannten Unternehmen erbracht werden, nutzen können."

9. Artikel 11 Absatz 4 erhält folgende Fassung:

„(4) Die nationalen Regulierungsbehörden können Leistungsziele für Unternehmen mit Universaldienstverpflichtungen festlegen. Dabei berücksichtigen die nationalen Regulierungsbehörden die Ansichten Betroffener, und zwar insbesondere gemäß Artikel 33."

10. Die Überschrift des Kapitels III erhält folgende Fassung:

„REGULIERUNGSMASSNAHMEN IN BEZUG AUF UNTERNEHMEN MIT BETRÄCHTLICHER MARKTMACHT AUF BESTIMMTEN ENDKUNDENMÄRKTEN".

11. Artikel 16 wird gestrichen.

12. Artikel 17 wird wie folgt geändert:

a) Absatz 1 erhält folgende Fassung:

„(1) Die Mitgliedstaaten stellen sicher, dass die nationalen Regulierungsbehörden den Unternehmen, die auf einem bestimmten Endnutzermarkt gemäß Artikel 14 der Richtlinie 2002/21/EG (Rahmenrichtlinie) als Unternehmen mit beträchtlicher Marktmacht eingestuft worden sind, geeignete regulatorische Verpflichtungen auferlegen, wenn

a) eine nationale Regulierungsbehörde aufgrund einer nach Artikel 16 der Richtlinie 2002/21/EG (Rahmenrichtlinie) durchgeführten Marktanalyse feststellt, dass auf einem gemäß Artikel 15 derselben Richtlinie ermittelten Endnutzermarkt kein wirksamer Wettbewerb herrscht, sowie

b) die nationale Regulierungsbehörde zu dem Schluss kommt, dass die nach den Artikeln 9 bis13 der Richtlinie 2002/19/EG (Zugangsrichtlinie) auferlegten Verpflichtungen nicht zur Erreichung der in Artikel 8 der Richtlinie 2002/21/EG (Rahmenrichtlinie) vorgegebenen Ziele führen würden."

b) Absatz 3 wird gestrichen.

13. Artikel 18 und 19 werden gestrichen.

14. Die Artikel 20 bis 23 erhalten folgende Fassung:

„*Artikel 20*

Verträge

(1) Die Mitgliedstaaten stellen sicher, dass die Verbraucher und andere Endnutzer, die dies verlangen, bei der Anmeldung zu Diensten, die die Verbindung mit einem öffentlichen Kommunikationsnetz und/oder öffentlich zugänglichen elektronischen Kommunikationsdiensten bereitstellen, Anspruch auf einen Vertrag mit dem Unternehmen oder den Unternehmen haben, die derartige Dienste und/oder Verbindungen bereitstellen. In diesem Vertrag ist in klarer, umfassender und leicht zugänglicher Form mindestens Folgendes aufzuführen:

a) Name und Anschrift des Unternehmens;

b) die angebotenen Dienste, darunter insbesondere

— Informationen darüber, ob Zugang zu Notdiensten mit Angaben zum Anruferstandort besteht oder nicht, und über alle Beschränkungen von Notdiensten nach Artikel 26;

— Informationen über alle weiteren Einschränkungen im Hinblick auf den Zugang zu und/oder die Nutzung von Diensten und Anwendungen, soweit sie nach nationalem Recht im Einklang mit dem Gemeinschaftsrecht zulässig sind;

— angebotenes Mindestniveau der Dienstqualität, einschließlich der Frist bis zum erstmaligen Anschluss sowie gegebenenfalls anderer von den nationalen Regulierungsbehörden festgelegter Parameter für die Dienstqualität;

— Information über alle vom Unternehmen zur Messung und Kontrolle des Datenverkehrs eingerichteten Verfahren, um eine Kapazitätsauslastung oder Überlastung einer Netzverbindung zu vermeiden, und Information über die möglichen Auswirkungen dieser Verfahren auf die Dienstqualität;

— die Arten der angebotenen Wartungsdienste und der verfügbaren Kundendienste sowie die Mittel zur Kontaktaufnahme mit diesen Diensten;

— alle vom Anbieter auferlegten Beschränkungen für die Nutzung der von ihm zur Verfügung gestellten Endeinrichtungen;

c) wenn eine Verpflichtung nach Artikel 25 besteht, die Entscheidung des Teilnehmers, ob seine personenbezogenen Daten in ein Teilnehmerverzeichnis aufgenommen werden sollen oder nicht, und die betreffenden Daten;

d) Einzelheiten über Preise und Tarife, einschließlich der Angabe, mit welchen Mitteln aktuelle Informationen über alle anwendbaren Tarife und Wartungsentgelte eingeholt werden können, der angebotenen Zahlungsmodalitäten und der durch die Zahlungsmodalität bedingten Kostenunterschiede;

e) die Vertragslaufzeit und die Bedingungen für eine Verlängerung und Beendigung der Dienste und des Vertragsverhältnisses einschließlich

— der Mindestnutzung oder Mindestnutzungsdauer, die gegebenenfalls erforderlich ist, um in den Genuss von Werbemaßnahmen zu gelangen;

— der Entgelte für die Übertragbarkeit von Nummern und anderen Teilnehmerkennungen;

— der bei Beendigung des Vertragsverhältnisses fälligen Entgelte einschließlich einer Kostenanlastung für Endeinrichtungen;

f) etwaige Entschädigungs- und Erstattungsregelungen bei Nichteinhaltung der vertraglich vereinbarten Dienstqualität;

g) die Mittel zur Einleitung von Streitbeilegungsverfahren gemäß Artikel 34;

h) die Arten von Maßnahmen, mit denen das Unternehmen auf Sicherheits- oder Integritätsverletzungen oder auf Bedrohungen und Schwachstellen reagieren kann.

Die Mitgliedstaaten können ferner verlangen, dass der Vertrag auch die von den zuständigen öffentlichen Behörden gegebenenfalls zu diesem Zweck bereitgestellten Informationen nach Artikel 21 Absatz 4 über die Nutzung elektronischer Kommunikationsnetze und -dienste für unrechtmäßige Handlungen oder die Verbreitung schädlicher Inhalte und über die Möglichkeiten des Schutzes vor einer Gefährdung der persönlichen Sicherheit, der Privatsphäre und personenbezogener Daten enthält, die für den angebotenen Dienst von Bedeutung sind.

(2) Die Mitgliedstaaten stellen sicher, dass die Teilnehmer das Recht haben, bei der Bekanntgabe von Änderungen der Vertragsbedingungen, die von den Unternehmen, die elektronische Kommunikationsnetze und/oder -dienste bereitstellen, vorgeschlagen werden, den Vertrag ohne Zahlung von Vertragsstrafen zu widerrufen. Den Teilnehmern werden diese Änderungen mit ausreichender Frist, und zwar mindestens einen Monat zuvor, angezeigt; gleichzeitig werden sie über ihr Recht unterrichtet, den Vertrag ohne Zahlung von Vertragsstrafen zu widerrufen, wenn sie die neuen Bedingungen nicht annehmen. Die Mitgliedstaaten stellen sicher, dass die nationalen Regulierungsbehörden das Format für diese Mitteilungen vorgeben können.

Artikel 21

Transparenz und Veröffentlichung von Informationen

(1) Die Mitgliedstaaten stellen sicher, dass die nationalen Regulierungsbehörden Unternehmen, die öffentliche elektronische Kommunikationsnetze und/oder öffentlich zugängliche elektronische Kommunikationsdienste bereitstellen, dazu verpflichten können, transparente, vergleichbare, ausreichende und aktuelle Informationen über geltende Preise und Tarife, über die bei Vertragskündigung anfallenden Gebühren und über Standardbedingungen für den Zugang zu den von ihnen für Endnutzer und Verbraucher bereitgestellten Diensten und deren Nutzung gemäß Anhang II zu veröffentlichen. Diese Informationen sind in klarer, verständlicher und leicht zugänglicher Form zu veröffentlichen. Die nationalen Regulierungsbehörden können hinsichtlich der Form, in der diese Informationen zu veröffentlichen sind, weitere Anforderungen festlegen.

(2) Die nationalen Regulierungsbehörden fördern die Bereitstellung von vergleichbaren Informationen, beispielsweise durch interaktive Führer oder ähnliche Techniken, um Endnutzer sowie Verbraucher in die Lage zu versetzen, eine unabhängige Bewertung der Kosten alternativer Anwendungen vorzunehmen. Die Mitgliedstaaten stellen sicher, dass die nationalen Regulierungsbehörden in der Lage sind, solche Führer oder Techniken selbst oder über Dritte bereitzustellen, wenn diese auf dem Markt nicht kostenlos oder zu einem angemessenen Preis zur Verfügung stehen. Dritten wird das Recht eingeräumt, die Informationen, die von Unternehmen, die elektronische Kommunikationsnetze und/oder öffentlich zugängliche elektronische Kommunikationsdienste bereitstellen, veröffentlicht werden, zum Zwecke des Verkaufs oder der Bereitstellung solcher interaktiven Führer oder vergleichbarer Techniken kostenlos zu nutzen.

(3) Die Mitgliedstaaten stellen sicher, dass die nationalen Regulierungsbehörden Unternehmen, die öffentliche elektronische Kommunikationsnetze und/oder öffentlich zugängliche elektronische Kommunikationsdienste bereitstellen, verpflichten können, unter anderem

a) bei Nummern oder Diensten, für die eine besondere Preisgestaltung gilt, den Teilnehmern die dafür geltenden Tarife anzugeben; für einzelne Kategorien von Diensten können die nationalen Regulierungsbehörden verlangen, dass diese Informationen unmittelbar vor Herstellung der Verbindung bereitgestellt werden;

b) die Teilnehmer über jede Änderung des Zugangs zu Notdiensten oder der Angaben zum Anruferstandort bei dem Dienst, bei dem sie angemeldet sind, zu informieren;

c) die Teilnehmer über jede Änderung der Einschränkungen im Hinblick auf den Zugang zu und/oder die Nutzung von Diensten und Anwendungen, soweit derartige Einschränkungen nach nationalem Recht im Einklang mit dem Gemeinschaftsrecht zulässig sind, zu unterrichten;

d) Informationen über alle vom Betreiber zur Messung und Kontrolle des Datenverkehrs eingerichteten Verfahren, um eine Kapazitätsauslastung oder Überlastung einer Netzverbindung zu vermeiden, und über die möglichen Auswirkungen dieser Verfahren auf die Dienstqualität bereitzustellen;

e) gemäß Artikel 12 der Richtlinie 2002/58/EG (Datenschutzrichtlinie für elektronische Kommunikation) die Teilnehmer über ihr Recht auf eine Entscheidung über Aufnahme oder Nichtaufnahme ihrer personenbezogenen Daten in ein Teilnehmerverzeichnis und über die Art der betreffenden Daten zu unterrichten sowie

f) behinderte Teilnehmer regelmäßig über Einzelheiten von für sie bestimmten Produkten und Diensten zu unterrichten.

Falls dies als zweckdienlich erachtet wird, können die nationalen Regulierungsbehörden vor der Auferlegung von Verpflichtungen Selbst- oder Koregulierungsmaßnahmen fördern.

(4) Die Mitgliedstaaten können verlangen, dass die in Absatz 3 genannten Unternehmen erforderlichenfalls Informationen von öffentlichem Interesse kostenlos über dieselben Hilfsmittel, über die sie gewöhnlich mit Teilnehmern kommunizieren, an bestehende und neue Teilnehmer weitergeben. Die betreffenden Informationen werden in einem solchen Fall von den zuständigen öffentlichen Behörden in einem standardisierten Format geliefert und erstrecken sich unter anderem auf folgende Themen:

a) die häufigsten Formen einer Nutzung elektronischer Kommunikationsdienste für unrechtmäßige Handlungen oder die Verbreitung schädlicher Inhalte, insbesondere wenn dadurch die Achtung der Rechte und Freiheiten anderer Personen beeinträchtigt werden kann, einschließlich Verstößen gegen das Urheberrecht und verwandte Schutzrechte und ihre rechtlichen Folgen sowie

b) Mittel des Schutzes vor einer Gefährdung der persönlichen Sicherheit, der Privatsphäre und personenbezogener Daten bei der Nutzung elektronischer Kommunikationsdienste.

Artikel 22

Dienstqualität

(1) Die Mitgliedstaaten stellen sicher, dass die nationalen Regulierungsbehörden — nach Berücksichtigung der Ansichten der relevanten Interessengruppen — Unternehmen, die öffentlich zugängliche elektronische Kommunikationsnetze und/oder -dienste bereitstellen, zur Veröffentlichung vergleichbarer, angemessener und aktueller Endnutzerinformationen über die Qualität ihrer Dienste sowie über die zur Gewährleistung der Gleichwertigkeit beim Zugang für behinderte Endnutzer getroffenen Maßnahmen verpflichten können. Die genannten Informationen sind auf Aufforderung vor ihrer Veröffentlichung der nationalen Regulierungsbehörde vorzulegen.

(2) Die nationalen Regulierungsbehörden können unter anderem die zu erfassenden Parameter für die Dienstqualität und Inhalt, Form und Art der zu veröffentlichenden Angaben einschließlich etwaiger Qualitätszertifizierungsmechanismen vorschreiben, um sicherzustellen, dass die Endnutzer einschließlich behinderter Endnutzer Zugang zu umfassenden, vergleichbaren, zuverlässigen und benutzerfreundlichen Informationen haben. Gegebenenfalls können die in Anhang III aufgeführten Parameter, Definitionen und Messverfahren verwendet werden.

(3) Um eine Verschlechterung der Dienste und eine Behinderung oder Verlangsamung des Datenverkehrs in den Netzen zu verhindern, stellen die Mitgliedstaaten sicher, dass die nationalen Regulierungsbehörden in der Lage sind, Mindestanforderungen an die Dienstqualität der Unternehmen, die öffentliche Kommunikationsnetze bereitstellen, festzulegen.

Die nationalen Regulierungsbehörden übermitteln der Kommission rechtzeitig vor der Festlegung solcher Anforderungen eine Zusammenfassung der Gründe für ein Tätigwerden, der geplanten Anforderungen und der vorgeschlagenen Vorgehensweise. Diese Informationen werden auch dem Gremium Europäischer Regulierungsstellen für elektronische Kommunikation (GEREK) übermittelt. Die Kommission kann hierzu nach Prüfung der Informationen Kommentare oder Empfehlungen abgeben, insbesondere um sicherzustellen, dass die vorgesehenen Anforderungen das ordnungsmäßige Funktionieren des Binnenmarktes nicht beeinträchtigen. Die nationalen Regulierungsbehörden tragen den Kommentare oder Empfehlungen der Kommission weitestgehend Rechnung, wenn sie die Anforderungen beschließen.

Artikel 23

Verfügbarkeit von Diensten

Die Mitgliedstaaten treffen alle notwendigen Maßnahmen, um die möglichst vollständige Verfügbarkeit öffentlich zugänglicher Telefondienste, die über öffentliche Kommunikationsnetze bereitgestellt werden, bei einem Vollausfall des Netzes oder in Fällen höherer Gewalt sicherzustellen. Die Mitgliedstaaten sorgen dafür, dass Unternehmen, die öffentlich zugängliche Telefondienste erbringen, alle erforderlichen Maßnahmen zur Gewährleistung der ununterbrochenen Erreichbarkeit der Notdienste treffen."

15. Folgender Artikel wird eingefügt:

„*Artikel 23a*

Gewährleistung der Gleichwertigkeit hinsichtlich des Zugangs und der Wahlmöglichkeiten für behinderte Endnutzer

(1) Die Mitgliedstaaten setzen die zuständigen nationalen Behörden in die Lage, erforderlichenfalls genaue Anforderungen festzulegen, die von den Unternehmen, die öffentlich zugängliche elektronische Kommunikationsdienste erbringen, erfüllt werden müssen, um sicherzustellen, dass behinderte Endnutzer

a) Zugang zu elektronischen Kommunikationsdiensten erhalten, der dem Zugang, über den die Mehrheit der Endnutzer verfügt, gleichwertig ist, sowie

b) die Auswahl an Unternehmen und Diensten, die der Mehrheit der Endnutzer offen steht, nutzen können.

(2) Um besondere Vorkehrungen für behinderte Endnutzer treffen und umsetzen zu können, fördern die Mitgliedstaaten die Verfügbarkeit von Endeinrichtungen, die die erforderlichen Dienstmerkmale und Funktionen enthalten."

16. Artikel 25 wird wie folgt geändert:

a) Die Überschrift erhält folgende Fassung:

„Telefonische Teilnehmerauskunftsdienste"

b) Absatz 1 erhält folgende Fassung:

„(1) Die Mitgliedstaaten stellen sicher, dass Teilnehmer von öffentlich zugänglichen Telefondiensten das Recht auf einen Eintrag in das öffentlich verfügbare Verzeichnis gemäß Artikel 5 Absatz 1 Buchstabe a und darauf haben, dass ihre Daten den Anbietern von Teilnehmerauskunftsdiensten und/oder Teilnehmerverzeichnissen gemäß den Bestimmungen in Absatz 2 zur Verfügung gestellt werden."

c) Absätze 3, 4 und 5 erhalten folgende Fassung:

„(3) Die Mitgliedstaaten stellen sicher, dass alle Endnutzer, denen ein öffentlich zugänglicher Telefondienst bereitgestellt wird, Zugang zu Teilnehmerauskunftsdiensten haben. Die nationalen Regulierungsbehörden können Unternehmen, die den Zugang zu Endnutzern kontrollieren, für die Bereitstellung von Teilnehmerauskunftsdiensten gemäß Artikel 5 der Richtlinie 2002/19/EG (Zugangsrichtlinie) Verpflichtungen und Bedingungen auferlegen. Solche Verpflichtungen und Bedingungen müssen objektiv, gleichwertig, nichtdiskriminierend und transparent sein.

(4) Die Mitgliedstaaten halten keine rechtlichen Beschränkungen aufrecht, die Endnutzer in einem Mitgliedstaat daran hindern, per Sprachtelefonanruf oder SMS unmittelbar auf Teilnehmerauskunftsdienste in einem anderen Mitgliedstaat zuzugreifen, und ergreifen Maßnahmen, um diesen Zugang gemäß Artikel 28 sicherzustellen.

(5) Die Absätze 1 bis 4 gelten vorbehaltlich der gemeinschaftlichen Rechtsvorschriften über den Schutz personenbezogener Daten und der Privatsphäre, insbesondere des Artikels 12 der Richtlinie 2002/58/EG (Datenschutzrichtlinie für elektronische Kommunikation).“

17. Die Artikel 26 und 27 erhalten folgende Fassung:

„Artikel 26

Notrufdienste und einheitliche europäische Notrufnummer

(1) Die Mitgliedstaaten stellen sicher, dass alle Endnutzer der in Absatz 2 aufgeführten Dienste, einschließlich der Nutzer öffentlicher Münz- und Kartentelefone gebührenfrei Notrufe unter der einheitlichen europäischen Notrufnummer 112 und unter etwaigen nationalen Notrufnummern, die von den Mitgliedstaaten vorgegeben sind, durchführen können.

(2) Die Mitgliedstaaten stellen in Abstimmung mit den nationalen Regulierungsbehörden, den Notdiensten und Anbietern sicher, dass Unternehmen, die einen elektronischen Kommunikationsdienst für das Führen ausgehender Inlandsgespräche zu einer oder mehreren Nummern eines nationalen Telefonnummernplans bereitstellen, auch den Zugang zu Notdiensten gewährleisten.

(3) Die Mitgliedstaaten stellen sicher, dass Notrufe unter der einheitlichen europäischen Notrufnummer 112 angemessen entgegengenommen und auf eine Weise bearbeitet werden, die der nationalen Rettungsdienstorganisation am besten angepasst ist. Diese Anrufe müssen mindestens genauso zügig und effektiv bearbeitet werden wie Anrufe bei anderen nationalen Notrufnummern, soweit solche weiterhin verwendet werden.

(4) Die Mitgliedstaaten stellen sicher, dass der Zugang behinderter Endnutzer zu Notrufdiensten mit dem Zugang, über den die Mehrheit der Endnutzer verfügt, gleichwertig ist. Die Maßnahmen, durch die sichergestellt werden soll, dass behinderte Endnutzer auch bei Reisen in andere Mitgliedstaaten Zugang zu Notrufdiensten erhalten können, werden so weit wie möglich auf die gemäß Artikel 17 der Richtlinie 2002/21/EG (Rahmenrichtlinie) veröffentlichten europäischen Normen oder Spezifikationen gestützt; durch diese Maßnahmen werden die Mitgliedstaaten nicht daran gehindert, zusätzliche Anforderungen festzulegen, mit denen die in diesem Artikel dargelegten Ziele erreicht werden sollen.

(5) Die Mitgliedstaaten stellen sicher, dass die betreffenden Unternehmen den die Notrufe bearbeitenden Stellen unmittelbar nach Eingang des Anrufs bei diesen Stellen gebührenfrei Informationen zum Anruferstandort übermitteln. Dies gilt für alle Anrufe unter der einheitlichen europäischen Notrufnummer 112. Die Mitgliedstaaten können diese Verpflichtung auf Anrufe bei nationalen Notrufnummern ausdehnen. Die zuständigen Regulierungsbehörden legen Kriterien für die Genauigkeit und Zuverlässigkeit der Angaben zum Anruferstandort fest.

(6) Die Mitgliedstaaten gewährleisten, dass die Bürger angemessen über Bestehen und Nutzung der einheitlichen europäischen Notrufnummer 112 informiert werden, und zwar insbesondere durch Initiativen, die sich besonders an Personen richten, die zwischen den Mitgliedstaaten reisen.

(7) Zur Gewährleistung des effektiven Zugangs zum Notruf 112 in den Mitgliedstaaten kann die Kommission nach Konsultation des GEREK technische Durchführungsmaßnahmen erlassen. Diese technischen Durchführungsmaßnahmen werden jedoch unbeschadet der Organisation der Notrufdienste erlassen und haben keine Auswirkungen auf diese Organisation, die im ausschließlichen Zuständigkeitsbereich der Mitgliedstaaten bleibt.

Diese Maßnahmen zur Änderung nicht wesentlicher Bestimmungen dieser Richtlinie durch Ergänzung werden nach dem in Artikel 37 Absatz 2 genannten Regelungsverfahren mit Kontrolle erlassen.

Artikel 27

Europäische Telefonvorwahlen

(1) Die Mitgliedstaaten stellen sicher, dass die Vorwahl 00 die Standardvorwahl für Auslandsverbindungen ist. Besondere Regelungen für Verbindungen zwischen benachbarten Orten im grenzüberschreitenden Verkehr zwischen Mitgliedstaaten können eingerichtet oder beibehalten werden. Die Endnutzer in den betreffenden Orten sind umfassend über entsprechende Regelungen zu informieren.

(2) Eine Rechtsperson, die ihren Sitz in der Gemeinschaft hat und von der Kommission benannt wird, besitzt die alleinige Zuständigkeit für die Verwaltung, einschließlich Nummernzuweisung, des europäischen Telefonnummernraums (ETNS) und die Werbung für ihn. Die Kommission erlässt die erforderlichen Durchführungsbestimmungen.

(3) Die Mitgliedstaaten stellen sicher, dass alle Unternehmen, die öffentlich zugängliche Telefondienste mit der Möglichkeit des Auslandsanrufs bereitstellen, alle Anrufe in den und aus dem ETNS zu Preisen abwickeln, die den jeweils geltenden Höchstpreisen für Anrufe in andere oder aus anderen Mitgliedstaaten vergleichbar sind.“

18. Folgender Artikel wird eingefügt:

„Artikel 27a

Einheitliche Rufnummern für harmonisierte Dienste von sozialem Wert einschließlich der Hotline für vermisste Kinder

(1) Die Mitgliedstaaten fördern die besonderen Rufnummern in dem mit ‚116‘ beginnenden Nummernbereich, der in der Entscheidung 2007/116/EG der Kommission vom

15. Februar 2007 über die Reservierung der mit ‚116' beginnenden nationalen Nummernbereiche für einheitliche Rufnummern für harmonisierte Dienste von sozialem Wert (*) benannt wurde. Sie fördern in ihrem Hoheitsgebiet die Bereitstellung von Diensten, für die diese Nummern reserviert sind.

(2) Die Mitgliedstaaten stellen sicher, dass Endnutzer mit Behinderungen im größten möglichen Umfang Zugang zu Diensten, die in dem mit ‚116' beginnenden Nummernbereich angeboten werden, erhalten. Maßnahmen zur Erleichterung des Zugangs zu diesen Diensten für Endnutzer mit Behinderungen auf Reisen in anderen Mitgliedstaaten werden unter Einhaltung der aufgrund von Artikel 17 der Richtlinie 2002/21/EG (Rahmenrichtlinie) veröffentlichten Normen oder Spezifikationen erlassen.

(3) Die Mitgliedstaaten stellen sicher, dass die Bürger angemessen über die Existenz und die Nutzung der in den mit ‚116' beginnenden Nummernbereichen angebotenen Dienste informiert werden, insbesondere durch gezielte Maßnahmen für die in andere Mitgliedstaaten reisenden Personen.

(4) Neben den für die Gesamtheit der mit ‚116' beginnenden Nummernbereiche geltenden Maßnahmen gemäß den Absätzen 1, 2 und 3 unternehmen die Mitgliedstaaten alle Anstrengung, um den Bürgern den Zugang zu einer Hotline für vermisste Kinder zu gewährleisten. Diese Hotline ist unter der Rufnummer 116000 erreichbar.

(5) Um die wirksame Umsetzung des mit ‚116' beginnenden Nummernbereichs und insbesondere der Hotline 116000 für vermisste Kinder in den Mitgliedstaaten sicherzustellen, einschließlich des Zugangs für Endnutzer mit Behinderungen auf Reisen in anderen Mitgliedstaaten, kann die Kommission nach Konsultation des GEREK technische Durchführungsmaßnahmen erlassen. Diese technischen Durchführungsmaßnahmen werden jedoch unbeschadet der Organisation dieser Dienste erlassen und haben keine Auswirkungen auf diese Organisation, die im ausschließlichen Zuständigkeitsbereich der Mitgliedstaaten bleibt.

Diese Maßnahmen zur Änderung nicht wesentlicher Bestimmungen dieser Richtlinie durch Ergänzung werden nach dem in Artikel 37 Absatz 2 genannten Regelungsverfahren mit Kontrolle erlassen.

(*) ABl. L 49 vom 17.2.2007, S. 30."

19. Artikel 28 erhält folgende Fassung:

„*Artikel 28*

Zugang zu Rufnummern und Diensten

(1) Die Mitgliedstaaten stellen sicher, dass die zuständigen nationalen Behörden im Rahmen der technischen und wirtschaftlichen Möglichkeiten, sofern der angerufene Teilnehmer nicht Anrufe aus bestimmten geografischen Gebieten aus wirtschaftlichen Gründen eingeschränkt hat, alle erforderlichen Maßnahmen treffen, um sicherzustellen, dass:

a) die Endnutzer in der Lage sind, Dienste unter Verwendung geografisch nicht gebundener Nummern in der Gemeinschaft zu erreichen und zu nutzen sowie

b) die Endnutzer in der Lage sind, unabhängig von der vom Betreiber verwendeten Technologie und der von ihm genutzten Geräte alle in der Gemeinschaft bestehenden Rufnummern, einschließlich der Nummern in den nationalen Rufnummernplänen der Mitgliedstaaten, der Nummern aus dem ETNS sowie universeller internationaler gebührenfreier Rufnummern (UIFN) zu erreichen.

(2) Die Mitgliedstaaten stellen sicher, dass die zuständigen Behörden von den Unternehmen, die öffentliche Kommunikationsnetze und/oder öffentlich zugängliche elektronische Kommunikationsdienste bereitstellen, verlangen können, dass sie den Zugang zu bestimmten Rufnummern oder Diensten im Einzelfall sperren, soweit dies wegen Betrugs oder Missbrauchs gerechtfertigt ist, und dass die zuständigen Behörden ferner verlangen können, dass Anbieter elektronischer Kommunikationsdienste in diesen Fällen die entsprechenden Zusammenschaltungs- oder sonstigen Dienstentgelte einbehalten."

20. Artikel 29 wird wie folgt geändert:

a) Absatz 1 erhält folgende Fassung:

„(1) Die Mitgliedstaaten stellen unbeschadet von Artikel 10 Absatz 2 sicher, dass die nationalen Regulierungsbehörden alle Unternehmen, die öffentlich zugängliche Telefondienste und/oder den Zugang zu öffentlichen Kommunikationsnetzen bereitstellen, verpflichten können, den Endnutzern alle oder einen Teil der in Anhang I Teil B aufgeführten zusätzlichen Dienstmerkmale, vorbehaltlich der technischen Durchführbarkeit und der Wirtschaftlichkeit, sowie alle oder einen Teil der in Anhang I Teil A aufgeführten zusätzlichen Dienstmerkmale zur Verfügung zu stellen."

b) Absatz 3 wird gestrichen.

21. Artikel 30 erhält folgende Fassung:

„*Artikel 30*

Erleichterung des Anbieterwechsels

(1) Die Mitgliedstaaten stellen sicher, dass alle Teilnehmer mit Nummern aus dem nationalen Telefonnummernplan, die dies beantragen, ihre Nummer(n) unabhängig vom Unternehmen, das den Dienst bereitstellt, gemäß den Bestimmungen des Anhangs I Teil C beibehalten können.

(2) Die nationalen Regulierungsbehörden sorgen dafür, dass die Preise, die im Zusammenhang mit der Nummernübertragbarkeit zwischen den Betreibern und/oder Diensteanbietern berechnet werden, kostenorientiert sind und etwaige direkte Gebühren für die Teilnehmer diese nicht abschrecken, einen Anbieterwechsel vorzunehmen.

(3) Die nationalen Regulierungsbehörden schreiben Endnutzertarife für die Nummernübertragung nicht auf eine Weise vor, die den Wettbewerb verfälscht, etwa durch Festlegung besonderer oder gemeinsamer Endnutzertarife.

(4) Die Übertragung von Rufnummern und deren anschließende Aktivierung erfolgt so schnell wie möglich. Für Teilnehmer, die eine Vereinbarung über eine Rufnummernübertragung auf ein anderes Unternehmen geschlossen haben, wird die Rufnummer in jedem Fall innerhalb eines Arbeitstags aktiviert.

Unbeschadet des Unterabsatzes 1 können die zuständigen nationalen Behörden unter Berücksichtigung des nationalen Vertragsrechts, der technischen Entwicklung und der Notwendigkeit, dem Teilnehmer die Kontinuität der Dienstleistung zu gewährleisten, das Globalverfahren für die Übertragung von Rufnummern festlegen. In keinem Falle darf während des Übertragungsverfahrens der Dienst länger als einen Arbeitstag unterbrochen werden. Die zuständigen nationalen Behörden berücksichtigen darüber hinaus erforderlichenfalls auch Maßnahmen, um sicherzustellen, dass Teilnehmer während des gesamten Übertragungsverfahrens geschützt sind und nicht gegen ihren Willen auf einen anderen Anbieter umgestellt werden.

Die Mitgliederstaaten stellen sicher, dass geeignete Sanktionen gegen Unternehmen vorgesehen werden, einschließlich der Pflicht, Teilnehmer zu entschädigen, wenn sich die Übertragung der Rufnummer verzögert oder die Übertragung durch sie oder in ihrem Auftrag missbraucht wird.

(5) Die Mitgliedstaaten stellen sicher, dass Verträge zwischen Verbrauchern und Unternehmen, die elektronische Kommunikationsdienste erbringen, keine anfängliche Mindestvertragslaufzeit beinhalten, die 24 Monate überschreitet. Die Mitgliedstaaten stellen ferner sicher, dass die Unternehmen den Nutzern die Möglichkeit anbieten, einen Vertrag mit einer Höchstlaufzeit von 12 Monaten abzuschließen.

(6) Unbeschadet etwaiger Mindestvertragslaufzeiten stellen die Mitgliedstaaten sicher, dass die Bedingungen und Verfahren für die Vertragskündigung für die Verbraucher nicht als negativer Anreiz für einen Anbieterwechsel wirken."

22. Artikel 31 Absatz 1 erhält folgende Fassung:

„(1) Die Mitgliedstaaten können zur Übertragung bestimmter Hör- und Fernsehrundfunkkanäle und ergänzender, insbesondere zugangserleichternder Dienste, die behinderten Endnutzern einen angemessenen Zugang ermöglichen, den ihrer Rechtshoheit unterliegenden Unternehmen, die für die öffentliche Verbreitung von Hörfunk- und Fernsehrundfunkkanälen genutzte elektronische Kommunikationsnetze betreiben, zumutbare Übertragungspflichten auferlegen, wenn eine erhebliche Zahl von Endnutzern diese Netze als Hauptmittel zum Empfang von Hörfunk- und Fernsehrundfunkkanälen nutzt. Solche Pflichten dürfen nur auferlegt werden, soweit sie zur Erreichung der von den einzelnen Mitgliedstaaten ausdrücklich festgelegten Ziele von allgemeinem Interesse erforderlich sind, und sie müssen verhältnismäßig und transparent sein.

Die Mitgliedstaaten überprüfen die Pflichten nach Unterabsatz 1 spätestens ein Jahr nach dem 25. Mai 2011, es sei denn der betreffende Mitgliedstaat hat eine solche Überprüfung innerhalb der beiden vorangegangenen Jahre vorgenommen.

Die Mitgliedstaaten überprüfen die Übertragungspflichten regelmäßig."

23. Artikel 33 wird wie folgt geändert:

a) Absatz 1 erhält folgende Fassung:

„(1) Die Mitgliedstaaten stellen sicher, dass die nationalen Regulierungsbehörden die Ansichten von Endnutzern und Verbrauchern (insbesondere auch von behinderten Verbrauchern), Herstellern und Unternehmen, die elektronische Kommunikationsnetze und/oder -dienste bereitstellen, in allen mit Endnutzer- und Verbraucherrechten bei öffentlich zugänglichen elektronischen Kommunikationsdiensten zusammenhängenden Fragen berücksichtigen, soweit dies angemessen ist, insbesondere wenn sie beträchtliche Auswirkungen auf den Markt haben.

Die Mitgliedstaaten stellen insbesondere sicher, dass die nationalen Regulierungsbehörden einen Konsultationsmechanismus einrichten, mit dem gewährleistet wird, dass in ihren Entscheidungen in allen mit Endnutzer- und Verbraucherrechten bei öffentlich zugänglichen elektronischen Kommunikationsdiensten zusammenhängenden Fragen die Interessen der Verbraucher bei der elektronischen Kommunikation gebührend berücksichtigt werden."

b) Folgender Absatz wird angefügt:

„(3) Unbeschadet der mit dem Gemeinschaftsrecht im Einklang stehenden nationalen Vorschriften zur Förderung kultur- und medienpolitischer Ziele wie etwa der kulturellen und sprachlichen Vielfalt und des Medienpluralismus können die nationalen Regulierungsbehörden und andere zuständige Behörden die Zusammenarbeit zwischen den Unternehmen, die elektronische Kommunikationsnetze und/oder -dienste bereitstellen, und den Sektoren, die an der Unterstützung rechtmäßiger Inhalte im Rahmen elektronischer Kommunikationsnetze und -dienste interessiert sind, fördern. Diese Zusammenarbeit kann sich auch auf die Abstimmung der nach Artikel 21 Absatz 4 und Artikel 20 Absatz 1 Unterabsatz 2 bereitzustellenden Informationen von öffentlichem Interesse erstrecken."

24. Artikel 34 Absatz 1 erhält folgende Fassung:

„(1) Die Mitgliedstaaten stellen sicher, dass transparente, nichtdiskriminierende, einfache und kostengünstige außergerichtliche Verfahren zur Beilegung von Streitfällen im Zusammenhang mit dieser Richtlinie zwischen Verbrauchern und Unternehmen, die elektronische Kommunikationsnetze und -dienste bereitstellen, in Bezug auf die Bedingungen und/oder die Ausführung der Verträge über die Bereitstellung solcher Netze und/oder Dienste zur Verfügung stehen. Die Mitgliedstaaten ergreifen Maßnahmen, um sicherzustellen, dass diese Verfahren eine gerechte und zügige Beilegung von Streitfällen ermöglichen; sie können gegebenenfalls ein Erstattungs- und/oder Entschädigungssystem einführen. Diese Verfahren ermöglichen eine unparteiische Streitbeilegung und entziehen dem Verbraucher nicht seinen Rechtsschutz nach nationalem Recht. Die Mitgliedstaaten können diese Verpflichtungen auf Streitfälle ausweiten, an denen andere Endnutzer beteiligt sind."

25. Artikel 35 erhält folgende Fassung:

„*Artikel 35*

Anpassung der Anhänge

Die Maßnahmen zur Änderung nicht wesentlicher Bestimmungen der genannten Richtlinie und zur Anpassung der Anhänge I, II, III und VI an technische Entwicklungen oder Veränderungen der Marktnachfrage werden von der Kommission nach dem in Artikel 37 Absatz 2 genannten Regelungsverfahren mit Kontrolle erlassen."

26. Artikel 36 Absatz 2 erhält folgende Fassung:

„(2) Die nationalen Regulierungsbehörden melden der Kommission die Universaldienstverpflichtungen, die Unternehmen, die als Erbringer von Universaldiensten benannt wurden, auferlegt wurden. Etwaige Änderungen dieser Verpflichtungen oder der von den Vorschriften dieser Richtlinie betroffenen Unternehmen werden der Kommission unverzüglich mitgeteilt."

27. Artikel 37 erhält folgende Fassung:

„*Artikel 37*

Ausschussverfahren

(1) Die Kommission wird von dem durch Artikel 22 der Richtlinie 2002/21/EG (Rahmenrichtlinie) eingesetzten Kommunikationsausschuss unterstützt.

(2) Wird auf diesen Absatz Bezug genommen, so gelten Artikel 5a Absätze 1 bis 4 und Artikel 7 des Beschlusses 1999/468/EG unter Beachtung von dessen Artikel 8."

28. Die Anhänge I, II, III werden durch den Text in Anhang I dieser Richtlinie ersetzt und Anhang VI wird durch den Text in Anhang II dieser Richtlinie ersetzt.

29. Anhang VII wird gestrichen.

Artikel 2

Änderungen der Richtlinie 2002/58/EG (Datenschutzrichtlinie für die elektronische Kommunikation)

Die Richtlinie 2002/58/EG (Datenschutzrichtlinie für elektronische Kommunikation) wird wie folgt geändert:

1. Artikel 1 Absatz 1 erhält folgende Fassung:

„(1) Diese Richtlinie sieht die Harmonisierung der Vorschriften der Mitgliedstaaten vor, die erforderlich sind, um einen gleichwertigen Schutz der Grundrechte und Grundfreiheiten, insbesondere des Rechts auf Privatsphäre und Vertraulichkeit, in Bezug auf die Verarbeitung personenbezogener Daten im Bereich der elektronischen Kommunikation sowie den freien Verkehr dieser Daten und von elektronischen Kommunikationsgeräten und -diensten in der Gemeinschaft zu gewährleisten."

2. Artikel 2 wird wie folgt geändert:

a) Buchstabe c erhält folgende Fassung:

„c) ‚Standortdaten' Daten, die in einem elektronischen Kommunikationsnetz oder von einem elektronischen Kommunikationsdienst verarbeitet werden und die den geografischen Standort des Endgeräts eines Nutzers eines öffentlich zugänglichen elektronischen Kommunikationsdienstes angeben;"

b) Buchstabe e wird gestrichen.

c) Folgender Buchstabe wird angefügt:

„h) ‚Verletzung des Schutzes personenbezogener Daten' eine Verletzung der Sicherheit, die auf unbeabsichtigte oder unrechtmäßige Weise zur Vernichtung, zum Verlust, zur Veränderung und zur unbefugten Weitergabe von bzw. zum unbefugten Zugang zu personenbezogenen Daten führt, die übertragen, gespeichert oder auf andere Weise im Zusammenhang mit der Bereitstellung öffentlich zugänglicher elektronischer Kommunikationsdienste in der Gemeinschaft verarbeitet werden."

3. Artikel 3 erhält folgende Fassung:

„*Artikel 3*

Betroffene Dienste

Diese Richtlinie gilt für die Verarbeitung personenbezogener Daten in Verbindung mit der Bereitstellung öffentlich zugänglicher elektronischer Kommunikationsdienste in öffentlichen Kommunikationsnetzen in der Gemeinschaft, einschließlich öffentlicher Kommunikationsnetze, die Datenerfassungs- und Identifizierungsgeräte unterstützen."

4. Artikel 4 wird wie folgt geändert:

a) Die Überschrift erhält folgende Fassung:

„Sicherheit der Verarbeitung"

b) Folgender Absatz wird eingefügt:

„(1a) Unbeschadet der Richtlinie 95/46/EG ist durch die in Absatz 1 genannten Maßnahmen zumindest Folgendes zu erreichen:

— Sicherstellung, dass nur ermächtigte Personen für rechtlich zulässige Zwecke Zugang zu personenbezogenen Daten erhalten,

— Schutz gespeicherter oder übermittelter personenbezogener Daten vor unbeabsichtigter oder unrechtmäßiger Zerstörung, unbeabsichtigtem Verlust oder unbeabsichtigter Veränderung und unbefugter oder unrechtmäßiger Speicherung oder Verarbeitung, unbefugtem oder unberechtigtem Zugang oder unbefugter oder unrechtmäßiger Weitergabe und

— Sicherstellung der Umsetzung eines Sicherheitskonzepts für die Verarbeitung personenbezogener Daten.

Die zuständigen nationalen Behörden haben die Möglichkeit, die von den Betreibern öffentlich zugänglicher elektronischer Kommunikationsdienste getroffenen Maßnahmen zu prüfen und Empfehlungen zu bewährten Verfahren im Zusammenhang mit dem mit Hilfe dieser Maßnahmen zu erreichenden Sicherheitsniveau zu abzugeben."

c) Folgende Absätze werden angefügt:

„(3) Im Fall einer Verletzung des Schutzes personenbezogener Daten benachrichtigt der Betreiber der öffentlich zugänglichen elektronischen Kommunikationsdienste unverzüglich die zuständige nationale Behörde von der Verletzung.

Ist anzunehmen, dass durch die Verletzung personenbezogener Daten die personenbezogenen Daten, oder Teilnehmer oder Personen in ihrer Privatsphäre, beeinträchtigt werden, so benachrichtigt der Betreiber auch den Teilnehmer bzw. die Person unverzüglich von der Verletzung.

Der Anbieter braucht die betroffenen Teilnehmer oder Personen nicht von einer Verletzung des Schutzes personenbezogener Daten zu benachrichtigen, wenn er zur Zufriedenheit der zuständigen Behörde nachgewiesen hat, dass er geeignete technische Schutzmaßnahmen getroffen hat und dass diese Maßnahmen auf die von der Sicherheitsverletzung betroffenen Daten angewendet wurden. Diese technischen Schutzmaßnahmen verschlüsseln die Daten für alle Personen, die nicht befugt sind, Zugang zu den Daten zu haben.

Unbeschadet der Pflicht des Betreibers, den betroffenen Teilnehmer und die Person zu benachrichtigen, kann die zuständige nationale Behörde, wenn der Betreiber den Teilnehmer bzw. die Person noch nicht über die Verletzung des Schutzes personenbezogener Daten benachrichtigt hat, diesen nach Berücksichtigung der wahrscheinlichen nachteiligen Auswirkungen der Verletzung zur Benachrichtigung auffordern.

In der Benachrichtigung des Teilnehmers bzw. der Person werden mindestens die Art der Verletzung des Schutzes personenbezogener Daten und die Kontaktstellen, bei denen weitere Informationen erhältlich sind, genannt und Maßnahmen zur Begrenzung der möglichen nachteiligen Auswirkungen der Verletzung des Schutzes personenbezogener Daten empfohlen. In der Benachrichtigung der zuständigen nationalen Behörde werden zusätzlich die Folgen der Verletzung des Schutzes personenbezogener Daten und die vom Betreiber nach der Verletzung vorgeschlagenen oder ergriffenen Maßnahmen dargelegt.

(4) Vorbehaltlich technischer Durchführungsmaßnahmen nach Absatz 5 können die zuständigen nationalen Behörden Leitlinien annehmen und gegebenenfalls Anweisungen erteilen bezüglich der Umstände, unter denen die Benachrichtigung seitens der Betreiber über eine Verletzung des Schutzes personenbezogener Daten erforderlich ist, sowie bezüglich des Formates und der Verfahrensweise für die Benachrichtigung. Sie müssen auch in der Lage sein zu überwachen, ob die Betreiber ihre Pflichten zur Benachrichtigung nach diesem Absatz erfüllt haben, und verhängen, falls dies nicht der Fall ist, geeignete Sanktionen.

Die Betreiber führen ein Verzeichnis der Verletzungen des Schutzes personenbezogener Daten, das Angaben zu den Umständen der Verletzungen, zu deren Auswirkungen und zu den ergriffenen Abhilfemaßnahmen enthält, wobei diese Angaben ausreichend sein müssen, um den zuständigen nationalen Behörden die Prüfung der Einhaltung der Bestimmungen des Absatzes 3 zu ermöglichen. Das Verzeichnis enthält nur die zu diesem Zweck erforderlichen Informationen.

(5) Zur Gewährleistung einer einheitlichen Anwendung der in den Absätzen 2, 3 und 4 vorgesehenen Maßnahmen kann die Kommission nach Anhörung der Europäischen Agentur für Netz- und Informationssicherheit (ENISA), der gemäß Artikel 29 der Richtlinie 95/46/EG eingesetzten Gruppe für den Schutz von Personen bei der Verarbeitung personenbezogener Daten und des Europäischen Datenschutzbeauftragten technische Durchführungsmaßnahmen in Bezug auf Umstände, Form und Verfahren der in diesem Artikel vorgeschriebenen Informationen und Benachrichtigungen erlassen. Beim Erlass dieser Maßnahmen bezieht die Kommission alle relevanten Interessengruppen mit ein, um sich insbesondere über die besten verfügbaren technischen und wirtschaftlichen Mittel zur Durchführung dieses Artikels zu informieren.

Diese Maßnahmen zur Änderung nicht wesentlicher Bestimmungen dieser Richtlinie durch Ergänzung werden nach dem in Artikel 14a Absatz 2 genannten Regelungsverfahren mit Kontrolle erlassen."

5. Artikel 5 Absatz 3 erhält folgende Fassung:

„(3) Die Mitgliedstaaten stellen sicher, dass die Speicherung von Informationen oder der Zugriff auf Informationen, die bereits im Endgerät eines Teilnehmers oder Nutzers gespeichert sind, nur gestattet ist, wenn der betreffende Teilnehmer oder Nutzer auf der Grundlage von klaren und umfassenden Informationen, die er gemäß der Richtlinie 95/46/EG u. a. über die Zwecke der Verarbeitung erhält, seine Einwilligung gegeben hat. Dies steht einer technischen Speicherung oder dem Zugang nicht entgegen, wenn der alleinige Zweck die Durchführung der Übertragung einer Nachricht über ein elektronisches Kommunikationsnetz ist oder wenn dies unbedingt erforderlich ist, damit der Anbieter eines Dienstes der Informationsgesellschaft, der vom Teilnehmer oder Nutzer ausdrücklich gewünscht wurde, diesen Dienst zur Verfügung stellen kann."

6. Artikel 6 Absatz 3 erhält folgende Fassung:

„(3) Der Betreiber eines öffentlich zugänglichen elektronischen Kommunikationsdienstes kann die in Absatz 1 genannten Daten zum Zwecke der Vermarktung elektronischer Kommunikationsdienste oder zur Bereitstellung von Diensten mit Zusatznutzen im dazu erforderlichen Maß und innerhalb des dazu oder zur Vermarktung erforderlichen

Zeitraums verarbeiten, sofern der Teilnehmer oder der Nutzer, auf den sich die Daten beziehen, zuvor seine Einwilligung gegeben hat. Der Nutzer oder der Teilnehmer hat die Möglichkeit, seine Einwilligung zur Verarbeitung der Verkehrsdaten jederzeit zu widerrufen."

7. Artikel 13 erhält folgende Fassung:

„*Artikel 13*

Unerbetene Nachrichten

(1) Die Verwendung von automatischen Anruf- und Kommunikationssystemen ohne menschlichen Eingriff (automatische Anrufmaschinen), Faxgeräten oder elektronischer Post für die Zwecke der Direktwerbung darf nur bei vorheriger Einwilligung der Teilnehmer oder Nutzer gestattet werden.

(2) Ungeachtet des Absatzes 1 kann eine natürliche oder juristische Person, wenn sie von ihren Kunden im Zusammenhang mit dem Verkauf eines Produkts oder einer Dienstleistung gemäß der Richtlinie 95/46/EG deren elektronische Kontaktinformationen für elektronische Post erhalten hat, diese zur Direktwerbung für eigene ähnliche Produkte oder Dienstleistungen verwenden, sofern die Kunden klar und deutlich die Möglichkeit erhalten, eine solche Nutzung ihrer elektronischen Kontaktinformationen zum Zeitpunkt ihrer Erhebung und bei jeder Übertragung gebührenfrei und problemlos abzulehnen, wenn der Kunde diese Nutzung nicht von vornherein abgelehnt hat.

(3) Die Mitgliedstaaten ergreifen geeignete Maßnahmen, um sicherzustellen, dass außer in den in den Absätzen 1 und 2 genannten Fällen unerbetene Nachrichten zum Zwecke der Direktwerbung, die entweder ohne die Einwilligung der betreffenden Teilnehmer oder Nutzer erfolgen oder an Teilnehmer oder Nutzer gerichtet sind, die keine solchen Nachrichten erhalten möchten, nicht gestattet sind; welche dieser Optionen gewählt wird, wird im innerstaatlichen Recht geregelt, wobei berücksichtigt wird, dass beide Optionen für den Teilnehmer oder Nutzer gebührenfrei sein müssen.

(4) Auf jeden Fall verboten ist die Praxis des Versendens elektronischer Nachrichten zu Zwecken der Direktwerbung, bei der die Identität des Absenders, in dessen Auftrag die Nachricht übermittelt wird, verschleiert oder verheimlicht wird, bei der gegen Artikel 6 der Richtlinie 2000/31/EG verstoßen wird oder bei der keine gültige Adresse vorhanden ist, an die der Empfänger eine Aufforderung zur Einstellung solcher Nachrichten richten kann, oder in denen der Empfänger aufgefordert wird, Websites zu besuchen, die gegen den genannten Artikel verstoßen.

(5) Die Absätze 1 und 3 gelten für Teilnehmer, die natürliche Personen sind. Die Mitgliedstaaten stellen im Rahmen des Gemeinschaftsrechts und der geltenden nationalen Rechtsvorschriften außerdem sicher, dass die berechtigten Interessen anderer Teilnehmer als natürlicher Personen in Bezug auf unerbetene Nachrichten ausreichend geschützt werden.

(6) Unbeschadet etwaiger Verwaltungsvorschriften, die unter anderem gemäß Artikel 15a Absatz 2 erlassen werden können, stellen die Mitgliedstaaten sicher, dass natürliche oder juristische Personen, die durch Verstöße gegen die aufgrund dieses Artikels erlassenen nationalen Vorschriften beeinträchtigt werden und ein berechtigtes Interesse an der Einstellung oder dem Verbot solcher Verstöße haben, einschließlich der Anbieter elektronischer Kommunikationsdienste, die ihre berechtigten Geschäftsinteressen schützen wollen, gegen solche Verstöße gerichtlich vorgehen können. Die Mitgliedstaaten können auch spezifische Vorschriften über Sanktionen festlegen, die gegen Betreiber elektronischer Kommunikationsdienste zu verhängen sind, die durch Fahrlässigkeit zu Verstößen gegen die aufgrund dieses Artikels erlassenen nationalen Vorschriften beitragen."

8. Folgender Artikel wird eingefügt:

„*Artikel 14a*

Ausschussverfahren

(1) Die Kommission wird von dem durch Artikel 22 der Richtlinie 2002/21/EG (Rahmenrichtlinie) eingesetzten Kommunikationsausschuss unterstützt.

(2) Wird auf diesen Absatz Bezug genommen, so gelten Artikel 5a Absätze 1 bis 4 und Artikel 7 des Beschlusses 1999/468/EG unter Beachtung von dessen Artikel 8.

(3) Wird auf diesen Absatz Bezug genommen, so gelten Artikel 5a Absätze 1, 2, 4 und 6 und Artikel 7 des Beschlusses 1999/468/EG unter Beachtung von dessen Artikel 8."

9. In Artikel 15 wird folgender Absatz eingefügt:

„(1b) Die Anbieter richten nach den gemäß Absatz 1 eingeführten nationalen Vorschriften interne Verfahren zur Beantwortung von Anfragen über den Zugang zu den personenbezogenen Daten der Nutzer ein. Sie stellen den zuständigen nationalen Behörden auf Anfrage Informationen über diese Verfahren, die Zahl der eingegangenen Anfragen, die vorgebrachten rechtlichen Begründungen und ihrer Antworten zur Verfügung."

10. Folgender Artikel wird eingefügt:

„*Artikel 15a*

Umsetzung und Durchsetzung

(1) Die Mitgliedstaaten legen fest, welche Sanktionen, gegebenenfalls einschließlich strafrechtlicher Sanktionen, bei einem Verstoß gegen die innerstaatlichen Vorschriften zur Umsetzung dieser Richtlinie zu verhängen sind, und treffen die zu deren Durchsetzung erforderlichen Maßnahmen. Die vorgesehenen Sanktionen müssen wirksam, verhältnismäßig und abschreckend sein und können für den gesamten Zeitraum einer Verletzung angewendet werden, auch wenn die Verletzung in der Folge abgestellt wurde. Die Mitgliedstaaten teilen der Kommission diese Vorschriften bis zum 25. Mai 2011 mit und melden ihr unverzüglich etwaige spätere Änderungen, die diese Vorschriften betreffen.

(2) Unbeschadet etwaiger gerichtlicher Rechtsbehelfe stellen die Mitgliedstaaten sicher, dass die zuständige nationale Behörde und gegebenenfalls andere nationale Stellen befugt sind, die Einstellung der in Absatz 1 genannten Verstöße anzuordnen.

(3) Die Mitgliedstaaten stellen sicher, dass die zuständigen nationalen Regulierungsbehörden und gegebenenfalls andere nationale Stellen über die erforderlichen Untersuchungsbefugnisse und Mittel verfügen, einschließlich der Befugnis, sämtliche zweckdienliche Informationen zu erlangen, die sie benötigen, um die Einhaltung der gemäß dieser Richtlinie erlassenen innerstaatlichen Rechtsvorschriften zu überwachen und durchzusetzen.

(4) Zur Gewährleistung einer wirksamen grenzübergreifenden Koordinierung der Durchsetzung der gemäß dieser Richtlinie erlassenen innerstaatlichen Rechtsvorschriften und zur Schaffung harmonisierter Bedingungen für die Erbringung von Diensten, mit denen ein grenzüberschreitender Datenfluss verbunden ist, können die zuständigen nationalen Regulierungsbehörden Maßnahmen erlassen.

Die nationalen Regulierungsbehörden übermitteln der Kommission rechtzeitig vor dem Erlass solcher Maßnahmen eine Zusammenfassung der Gründe für ein Tätigwerden, der geplanten Maßnahmen und der vorgeschlagenen Vorgehensweise. Die Kommission kann hierzu nach Anhörung der ENISA und der gemäß Artikel 29 der Richtlinie 95/46/EG eingesetzten Gruppe für den Schutz von Personen bei der Verarbeitung personenbezogener Daten Kommentare oder Empfehlungen abgeben, insbesondere um sicherzustellen, dass die vorgesehenen Maßnahmen ein ordnungsmäßiges Funktionieren des Binnenmarktes nicht beeinträchtigen. Die nationalen Regulierungsbehörden tragen den Kommentaren oder Empfehlungen der Kommission weitestgehend Rechnung, wenn sie die Maßnahmen beschließen."

Artikel 3

Änderung der Verordnung (EG) Nr. 2006/2004

Im Anhang der Verordnung (EG) Nr. 2006/2004 (Verordnung über die Zusammenarbeit im Verbraucherschutz) wird folgende Nummer angefügt:

„17. Richtlinie 2002/58/EG des Europäischen Parlaments und des Rates vom 12. Juli 2002 über die Verarbeitung personenbezogener Daten und den Schutz der Privatsphäre in der elektronischen Kommunikation (Datenschutzrichtlinie für elektronische Kommunikation), Artikel 13 (ABl. L 201 vom 31.7.2002, S. 37)."

Artikel 4

Umsetzung

(1) Die Mitgliedstaaten erlassen und veröffentlichen bis zum 25. Mai 2011 die Rechts- und Verwaltungsvorschriften, die erforderlich sind, um dieser Richtlinie nachzukommen. Sie teilen der Kommission unverzüglich den Wortlaut dieser Vorschriften mit.

Wenn die Mitgliedstaaten diese Vorschriften erlassen, nehmen sie in den Vorschriften selbst oder durch einen Hinweis bei der amtlichen Veröffentlichung auf diese Richtlinie Bezug. Die Mitgliedstaaten regeln die Einzelheiten der Bezugnahme.

(2) Die Mitgliedstaaten teilen der Kommission den Wortlaut der wichtigsten innerstaatlichen Rechtsvorschriften mit, die sie auf dem unter diese Richtlinie fallenden Gebiet erlassen.

Artikel 5

Inkrafttreten

Diese Richtlinie tritt am Tag nach ihrer Veröffentlichung im *Amtsblatt der Europäischen Union* in Kraft.

Artikel 6

Adressaten

Diese Richtlinie ist an die Mitgliedstaaten gerichtet.

Geschehen zu Straßburg am 25. November 2009.

Im Namen des Europäischen Parlaments	*Im Namen des Rates*
Der Präsident	*Die Präsidentin*
J. BUZEK	Å. TORSTENSSON

ANHANG I

„ANHANG I

BESCHREIBUNG DER EINRICHTUNGEN UND DIENSTE GEMÄSS ARTIKEL 10 (AUSGABENKONTROLLE), ARTIKEL 29 (ZUSÄTZLICHE DIENSTMERKMALE) UND ARTIKEL 30 (ERLEICHTERUNG DES ANBIETERWECHSELS)

Teil A: Einrichtungen und Dienste gemäß Artikel 10

a) *Einzelverbindungsnachweis*

Die Mitgliedstaaten sorgen dafür, dass die nationalen Regulierungsbehörden vorbehaltlich der einschlägigen Rechtsvorschriften zum Schutz personenbezogener Daten und der Privatsphäre festlegen können, inwieweit Einzelverbindungsnachweise Angaben zu enthalten haben, die den Teilnehmern von den Unternehmen kostenlos bereitzustellen sind, damit die Verbraucher

i) die bei der Nutzung des öffentlichen Kommunikationsnetzes an einem festen Standort und damit zusammenhängender öffentlich zugänglicher Telefondienste angefallenen Entgelte überprüfen und kontrollieren können und

ii) ihren Verbrauch und ihre Ausgaben angemessen überwachen und auf diese Weise ihre Telefonkosten angemessen steuern können.

Gegebenenfalls können den Teilnehmern zusätzliche Angaben zu angemessenen Entgelten oder kostenlos bereitgestellt werden.

Anrufe, die für den anrufenden Teilnehmer gebührenfrei sind, einschließlich Anrufe bei Notruf- und Beratungsstellen, werden im Einzelverbindungsnachweis des anrufenden Teilnehmers nicht aufgeführt.

b) *Selektive Sperre abgehender Verbindungen oder von Premium-SMS oder -MMS oder, soweit technisch möglich, anderer Arten ähnlicher Anwendungen, ohne Entgelt*

Eine Einrichtung, mit der der Teilnehmer auf Antrag bei dem benannten Unternehmen, das Telefondienste anbietet, abgehende Verbindungen oder Premium-SMS oder -MMS (SMS bzw. MMS mit erhöhtem Tarif) oder andere Arten ähnlicher Anwendungen bestimmter Arten oder bestimmte Arten von Nummern kostenlos sperren kann.

c) *Vorauszahlung*

Die Mitgliedstaaten stellen sicher, dass die nationalen Regulierungsbehörden benannten Unternehmen vorschreiben können, den Verbrauchern Möglichkeiten zur Bezahlung des Zugangs zum öffentlichen Kommunikationsnetz und der Nutzung öffentlich zugänglicher Telefondienste auf Vorauszahlungsbasis bereitzustellen.

d) *Spreizung der Anschlussentgelte*

Die Mitgliedstaaten stellen sicher, dass die nationalen Regulierungsbehörden benannten Unternehmen vorschreiben können, Verbrauchern einen Anschluss an das öffentliche Kommunikationsnetz auf der Grundlage zeitlich gestreckter Zahlungen zu gewähren.

e) *Zahlungsverzug*

Die Mitgliedstaaten genehmigen besondere Maßnahmen — die verhältnismäßig und nichtdiskriminierend sein müssen und veröffentlicht werden müssen — für den Fall der Nichtzahlung von Rechnungen, die von Unternehmen ausgestellt worden sind. Durch diese Maßnahmen soll gewährleistet werden, dass der Teilnehmer rechtzeitig und angemessen auf eine bevorstehende Unterbrechung des Dienstes oder Trennung vom Netz hingewiesen wird. Außer in Fällen von Betrug oder wiederholter verspäteter oder nicht erfolgter Zahlung wird damit außerdem sichergestellt, dass eine Dienstunterbrechung, soweit dies technisch möglich ist, auf den betreffenden Dienst beschränkt wird. Die Trennung vom Netz aufgrund nicht beglichener Rechnungen sollte erst erfolgen, nachdem dies dem Teilnehmer rechtzeitig angekündigt wurde. Die Mitgliedstaaten können vor der endgültigen Trennung vom Netz einen Zeitraum mit eingeschränktem Dienst zulassen, während dessen Verbindungen erlaubt sind, bei denen für den Teilnehmer keine Gebühren anfallen (z. B. Notrufe unter der Nummer 112).

f) *Tarifberatung*

Eine Einrichtung, mit der der Teilnehmer vom Unternehmen Informationen über etwaige preisgünstigere alternative Tarife anfordern kann.

g) *Kostenkontrolle*

Eine Einrichtung, mit der Unternehmen andere Möglichkeiten anbieten — wenn diese Möglichkeiten durch die nationalen Regulierungsbehörden als geeignet festgestellt wurden —, um die Kosten öffentlich zugänglicher Telefondienste zu kontrollieren, einschließlich unentgeltlicher Warnhinweise für die Verbraucher im Falle eines anormalen oder übermäßigen Verbraucherverhaltens.

Teil B: Dienstmerkmale gemäß Artikel 29

a) *Tonwahl oder Mehrfrequenzwahlverfahren (MFW)*

Das öffentliche Kommunikationsnetz und/oder öffentlich zugängliche Telefondienste unterstützen die Nutzung von Mehrfrequenztönen gemäß der Definition in ETSI ETR 207 für die Ende-zu-Ende-Signalisierung im gesamten Netz sowohl innerhalb eines Mitgliedstaats als auch zwischen Mitgliedstaaten.

b) *Anzeige der Rufnummer des Anrufers*

Die Rufnummer des Anrufers wird dem Angerufenen vor Annahme des Gesprächs angezeigt.

Dieses Dienstmerkmal sollte gemäß den einschlägigen gemeinschaftlichen Rechtsvorschriften zum Schutz personenbezogener Daten und der Privatsphäre, insbesondere der Richtlinie 2002/58/EG (Datenschutzrichtlinie für elektronische Kommunikation), bereitgestellt werden.

Soweit technisch möglich, stellen die Betreiber Daten und Signale zur Verfügung, um eine leichtere Bereitstellung der Anruferidentifizierung und der Mehrfrequenzwahl über die Grenzen der Mitgliedstaaten hinweg zu ermöglichen.

Teil C: Umsetzung der Vorschriften zur Nummernübertragbarkeit gemäß Artikel 30

Die Anforderung, dass alle Teilnehmer mit Nummern aus dem nationalen Nummerierungsplan ihre Rufnummer(n) unabhängig vom Unternehmen, das den Dienst anbietet, auf Antrag beibehalten können, gilt

a) im Fall geografisch gebundener Nummern an einem bestimmten Standort und

b) im Fall geografisch nicht gebundener Nummern an jedem Standort.

Dieser Teil gilt nicht für die Übertragung von Nummern zwischen Netzen, die Dienste an festen Standorten erbringen, und Mobilfunknetzen.

ANHANG II

GEMÄSS ARTIKEL 21 ZU VERÖFFENTLICHENDE INFORMATIONEN

(TRANSPARENZ UND VERÖFFENTLICHUNG VON INFORMATIONEN)

Die nationale Regulierungsbehörde stellt sicher, dass die in diesem Anhang genannten Angaben gemäß Artikel 21 veröffentlicht werden. Die nationalen Regulierungsbehörden entscheiden, welche Informationen von Unternehmen, die öffentliche Kommunikationsnetze und/oder öffentlich zugängliche Telefondienste bereitstellen, veröffentlicht werden müssen und welche Informationen von der nationalen Regulierungsbehörde selbst veröffentlicht werden, um sicherzustellen, dass die Verbraucher in voller Sachkenntnis eine Wahl treffen können.

1. Name und Anschrift der Unternehmen

Namen und Anschriften des Hauptsitzes der Unternehmen, die öffentliche Kommunikationsnetze und/oder öffentlich zugängliche Telefondienste bereitstellen.

2. Beschreibung der angebotenen Dienste

2.1. Umfang der angebotenen Dienste

2.2. Standardtarife mit Angabe der angebotenen Dienste und des Inhalts jeder Tarifposition (z. B. Zugangsentgelte, Nutzungsentgelte jeder Art und Wartungsentgelte), einschließlich Angaben zu Standardabschlägen und besonderen sowie zielgruppenspezifischen Tarifen und Zusatzentgelten sowie Kosten für Endeinrichtungen.

2.3. Entschädigungs-/Erstattungsregelungen einschließlich Einzelangaben zu praktizierten Entschädigungs-/Erstattungsregelungen.

2.4. Art der angebotenen Wartungsdienste.

2.5. Allgemeine Vertragsbedingungen einschließlich etwaiger Mindestvertragslaufzeiten, Kündigungsbedingungen sowie Verfahren und direkte Entgelte im Zusammenhang mit der Übertragung von Rufnummern oder gegebenenfalls anderen Kennungen.

3. Verfahren zur Streitbeilegung, einschließlich der vom Unternehmen bereitgestellten Verfahren.

4. Informationen über die Rechte hinsichtlich des Universaldienstes, einschließlich gegebenenfalls der in Anhang I genannten Einrichtungen und Dienste.

ANHANG III

PARAMETER FÜR DIE DIENSTQUALITÄT

Parameter, definitionen und messverfahren für die dienstqualität gemäss den artikeln 11 und 22

Für Unternehmen, die den Zugang zu einem öffentlichen Kommunikationsnetz bereitstellen

PARAMETER (Anmerkung 1)	DEFINITION	MESSVERFAHREN
Frist für die erstmalige Bereitstellung des Anschlusses	ETSI EG 202 057	ETSI EG 202 057
Fehlerquote pro Anschlussleitung	ETSI EG 202 057	ETSI EG 202 057
Fehlerbehebungszeit	ETSI EG 202 057	ETSI EG 202 057

Für Unternehmen, die einen öffentlich zugänglichen Telefondienst bereitstellen

Verbindungsaufbauzeit (Anmerkung 2)	ETSI EG 202 057	ETSI EG 202 057
Antwortzeiten bei Verzeichnisauskunftsdiensten	ETSI EG 202 057	ETSI EG 202 057
Anteil der funktionsfähigen öffentlichen Münz- und Kartentelefone	ETSI EG 202 057	ETSI EG 202 057
Beschwerden über Abrechnungsfehler	ETSI EG 202 057	ETSI EG 202 057
Häufigkeit des erfolglosen Verbindungsaufbaus (Anmerkung 2)	ETSI EG 202 057	ETSI EG 202 057

ETSI EG 202 057-1, Version 1.3.1 (Juli 2008)

Anmerkung 1

Die Parameter sollen eine Leistungsanalyse auf regionaler Ebene ermöglichen (d. h. zumindest auf der zweiten Ebene der von Eurostat aufgestellten Systematik der Gebietseinheiten für die Statistik — NUTS).

Anmerkung 2

Die Mitgliedstaaten können festlegen, dass für diese beiden Leistungsparameter keine aktuellen Daten bereitgehalten werden müssen, wenn die Leistung in diesen beiden Bereichen nachweislich zufrieden stellend ist."

ANHANG II

„ANHANG VI

INTEROPERABILITÄT DER FÜR VERBRAUCHER BESTIMMTEN DIGITALFERNSEHGERÄTE GEMÄSS ARTIKEL 24

1. *Einheitlicher Verschlüsselungsalgorithmus und unverschlüsselter Empfang*

Alle für den Empfang von konventionellen Digitalfernsehsignalen (d. h. terrestrische, kabelgebundene oder satellitengestützte Übertragung eines Sendesignals, das hauptsächlich für den ortsfesten Empfang bestimmt ist) vorgesehenen Verbrauchergeräte, die in der Gemeinschaft zum Verkauf, zur Miete oder anderweitig angeboten werden und in der Lage sind, Digitalfernsehsignale zu entschlüsseln, müssen über die Fähigkeit verfügen,

— Signale zu entschlüsseln, die einem einheitlichen europäischen Verschlüsselungsalgorithmus entsprechen, wie er von einer anerkannten europäischen Normenorganisation, derzeit ETSI, verwaltet wird;

— Signale anzuzeigen, die unverschlüsselt übertragen wurden, sofern bei Mietgeräten die mietvertraglichen Bestimmungen vom Mieter eingehalten werden.

2. *Interoperabilität von Geräten für Analog- und Digitalfernsehen*

Jedes Analogfernsehgerät mit integriertem Bildschirm mit einer sichtbaren Diagonale von mehr als 42 cm, das in der Gemeinschaft zum Verkauf oder zur Miete in Verkehr gebracht wird, muss mit mindestens einer offenen Schnittstellenbuchse in der von einer anerkannten europäischen Normenorganisation genormten Form, beispielsweise der Cenelec-Norm 50 049-1:1997, ausgestattet sein, die den einfachen Anschluss von Peripheriegeräten, insbesondere von zusätzlichen Decodiergeräten und Digitalempfängern, ermöglicht.

Jedes Digitalfernsehgerät mit integriertem Bildschirm mit einer sichtbaren Diagonale von mehr als 30 cm, das in der Gemeinschaft zum Verkauf oder zur Miete in Verkehr gebracht wird, muss mit mindestens einer offenen Schnittstellenbuchse (die entweder von einer anerkannten europäischen Normenorganisation genormt wurde oder einer von ihr festgelegten Norm entspricht oder einer branchenweiten Spezifikation entspricht), beispielsweise der einheitlichen DVB-Schnittstelle, ausgestattet sein, die den einfachen Anschluss von Peripheriegeräten ermöglicht und für alle Komponenten eines digitalen Fernsehsignals einschließlich der Informationen durchlässig ist, die sich auf interaktive und zugangskontrollierte Dienste beziehen."

Standardvertragsklauseln (Controller zu Controller)*

ENTSCHEIDUNG DER KOMMISSION

vom 15. Juni 2001

hinsichtlich Standardvertragsklauseln für die Übermittlung personenbezogener Daten in Drittländer nach der Richtlinie 95/46/EG

(Bekannt gegeben unter Aktenzeichen K(2001) 1539)

(Text von Bedeutung für den EWR)

(2001/497/EG)

DIE KOMMISSION DER EUROPÄISCHEN GEMEINSCHAFTEN —

gestützt auf den Vertrag zur Gründung der Europäischen Gemeinschaft,

gestützt auf die Richtlinie 95/46/EG des Europäischen Parlaments und des Rates vom 24. Oktober 1995 zum Schutz natürlicher Personen bei der Verarbeitung personenbezogener Daten und zum freien Datenverkehr ([1]), insbesondere auf Artikel 26 Absatz 4,

in Erwägung nachstehender Gründe:

(1) Nach der Richtlinie 95/46/EG müssen die Mitgliedstaaten dafür Sorge tragen, dass die Übermittlung personenbezogener Daten in ein Drittland nur dann erfolgen kann, wenn das betreffende Drittland ein angemessenes Datenschutzniveau gewährleistet und Gesetze des Mitgliedstaates, die den anderen Bestimmungen der Richtlinie entsprechen, vor der Übermittlung berücksichtigt werden.

(2) Artikel 26 Absatz 2 der Richtlinie 95/46/EG sieht jedoch vor, dass die Mitgliedstaaten sofern bestimmte Garantien vorliegen, eine Übermittlung oder eine Kategorie von Übermittlungen personenbezogener Daten in Drittländer, die kein angemessenes Datenschutzniveau gewährleisten, genehmigen können. Solche Garantien können sich insbesondere aus einschlägigen Vertragsklauseln ergeben.

(3) Nach der Richtlinie 95/46/EG ist das Datenschutzniveau unter Berücksichtigung aller Umstände zu beurteilen, die bei der Datenübermittlung oder einer Kategorie von Datenübermittlungen eine Rolle spielen; die gemäß dieser Richtlinie eingesetzte Gruppe für den Schutz natürlicher Personen bei der Verarbeitung personenbezogener Daten ([2]) hat Leitlinien für die Erstellung solcher Beurteilungen veröffentlicht ([3]).

(4) Artikel 26 Absatz 2 der Richtlinie 95/46/EG, der einer Organisation, die Daten in Drittländer übermitteln will. Flexibilität bietet, und Artikel 26 Absatz 4 mit dem Hinweis auf Standardvertragsklauseln sind wesentlich, um den notwendigen Strom personenbezogener Daten zwischen der Europäischen Union und Drittländern ohne unnötige Belastung der Wirtschafts-

([1]) ABl. L 281 vom 23.11.1995, S. 31.

([2]) Die Intemetadresse der Arbeitsgruppe lautet: http://www.europa.eu.int/comm/internal_market/en/media/dataprot/wpdocs/index.htm.

([3]) WP4 (5020/97) „Erste Leitlinien für die Übermittlung personenbezogener Daten in Drittländer — Mögliche Ansätze für eine Bewertung der Angemessenheit“; Diskussionsgrundlage, von der Arbeitsgruppe angenommen am 26. Juni 1997.
WP7 (5057/97) „Beurteilung der Selbstkontrolle der Wirtschaft: wann ist sie ein sinnvoller Beitrag zum Niveau des Datenschutzes in einem Drittland?“ Arbeitsunterlage, von der Arbeitsgruppe angenommen am 14. Januar 1998.
WP9 (3005/98) „Erste Überlegungen zur Verwendung vertraglicher Bestimmungen im Rahmen der Übermittlungen personenbezogener Daten an Drittländer“, Arbeitsunterlage von der Arbeitsgruppe angenommen am 22. April 1998.
WP12: „Übermittlungen personenbezogener Daten an Drittländer: Anwendung von Artikel 25 und 26 der Datenschutzrichtlinie der EU“; Arbeitsunterlage, von der Gruppe angenommen am 24. Juli 1998, verfügbar auf der Website der Europäischen Kommission: „europa.eu.int/comm/internal_markt/en/media.dataprot/wpdocs/wp12/de“.

* Dieses Dokument ist lediglich eine Dokumentationsquelle, für deren Richtigkeit die Organe der Gemeinschaften keine Gewähr übernehmen.

akteure aufrechtzuerhalten. Beide Bestimmungen sind von besonderer Bedeutung angesichts der Tatsache, dass die Kommission kurz- oder mittelfristig wohl nur für eine begrenzte Zahl von Ländern die Angemessenheit des Schutzniveaus nach Artikel 25 Absatz 6 wird feststellen können.

(5) Die Standardvertragsklauseln sind neben Artikel 25 und Artikel 26 Absätze 1 und 2 nur eine von mehreren Möglichkeiten im Rahmen der Richtlinie 95/46/EG für die rechtmäßige Übermittlung personenbezogener Daten in Drittländer; für die Organisationen wird es erheblich einfacher, personenbezogene Daten in Drittländer zu übermitteln, wenn sie die Standardvertragsklauseln in den Vertrag aufnehmen. Sie beziehen sich jedoch nur auf den Datenschutz. Datenexporteur und Datenimporteur ist es freigestellt, weitere geschäftsbezogene Klauseln aufzunehmen, z. B. Klauseln über gegenseitige Unterstützung bei Streitigkeiten mit einer betroffenen Person oder einer Kontrollstelle, die die Parteien für vertragsrelevant halten, sofern sie den Standardvertragsklauseln nicht widersprechen.

(6) Diese Entscheidung sollte die nationalen Genehmigungen unberührt lassen, die von den Mitgliedstaaten nach ihren eigenen Rechtsvorschriften zur Umsetzung von Artikel 26 Absatz 2 der Richtlinie 95/46/EG erteilt werden können. Die Umstände einer bestimmten Übermittlung können es erforderlich machen, dass die für die Datenverarbeitung Verantwortlichen andere Garantien im Sinne von Artikel 26 Absatz 2 leisten müssen. Diese Entscheidung hat lediglich die Wirkung, dass die Mitgliedstaaten die hier beschriebenen Vertragsklauseln als ausreichende Garantien anerkennen müssen, und lässt daher andere Vertragsklauseln unberührt.

(7) Die Entscheidung beschränkt sich darauf festzulegen, dass die im Anhang aufgeführten Vertragsklauseln von einem für die Datenverarbeitung Verantwortlichen, der in der Gemeinschaft ansässig ist, angewandt werden können, um ausreichende Garantien nach Artikel 26 Absatz 2 der Richtlinie 95/46/EG zu gewährleisten. Die Übermittlung personenbezogener Daten in Drittländer ist eine Verarbeitung in einem Mitgliedstaat, für deren Rechtmäßigkeit nationales Recht maßgeblich ist; die Kontrollstellen der Mitgliedstaaten sollten weiterhin dafür zuständig sein, im Rahmen ihrer Aufgaben und Befugnisse nach Artikel 28 der Richtlinie 95/46/EG zu prüfen, ob der Datenexporteur die nationalen Vorschriften zur Umsetzung der Bestimmungen der Richtlinie 95/46/EG einhält, insbesondere der spezifischen Bestimmungen über die Informationspflicht nach dieser Richtlinie.

(8) Diese Entscheidung betrifft nicht die Übermittlung personenbezogener Daten durch für die Verarbeitung Verantwortliche, die in der Gemeinschaft ansässig sind, an Empfänger, die nicht im Gebiet der Gemeinschaft ansässig sind und nur als Auftragsverarbeiter tätig werden. Diese Übermittlungen erfordern nicht die gleichen Garantien, weil der Auftragsverarbeiter ausschließlich im Auftrag des für die Verarbeitung Verantwortlichen tätig ist. Die Kommission beabsichtigt diese Art der Übermittlung in einer späteren Entscheidung zu behandeln.

(9) Es sollten die Mindestinformationen festgelegt werden, die von den Parteien im Übermittlungsvertrag bereitgestellt werden müssen. Die Mitgliedstaaten sollten weiterhin die Befugnis haben, die Informationen im Einzelnen zu benennen, die von den Parteien zu liefern sind. Diese Entscheidung wird im Lichte der Erfahrung überprüft.

(10) Die Kommission wird zukünftig ferner erwägen, ob Standardvertragsklauseln, die von Industrieverbänden oder anderen interessierten Parteien vorgelegt werden, ausreichende Garantien im Sinne der Richtlinie 95/46/EG bieten.

(11) Zwar sollte es den Parteien freistehen, zu vereinbaren, welche Datenschutzregeln von dem Datenimporteur zu beachten sind,

doch sollten bestimmte Datenschutzgrundsätze in allen Fällen anzuwenden sein.

(12) Daten sollten nur für angegebene Zwecke verarbeitet und anschließend verwendet oder übermittelt werden und sollten nicht länger als notwendig aufbewahrt werden.

(13) Gemäß Artikel 12 der Richtlinie 95/46/EG sollte die betroffene Person Anspruch auf alle sie betreffenden Daten und je nach Fall auf Berichtigung, Löschung und Sperrung bestimmter Daten haben.

(14) Die Weiterübermittlung von personenbezogenen Daten an einen anderen für die Verarbeitung Verantwortlichen, der in einem Drittland ansässig ist, sollte nur unter bestimmten Voraussetzungen erlaubt werden, die insbesondere sicherstellen, dass die betroffenen Personen angemessen informiert werden und die Möglichkeit haben zu widersprechen oder in bestimmten Fällen ihre Zustimmung zu versagen.

(15) Neben der Prüfung, ob Übermittlungen in Drittländer nationalem Recht entsprechen, sollten die Kontrollstellen eine Schlüsselrolle in diesem Vertragsmechanismus übernehmen, indem sie sicherstellen, dass personenbezogene Daten nach der Übermittlung angemessen geschützt werden. In bestimmten Fällen sollten die Kontrollstellen der Mitgliedstaaten weiterhin befugt sein, eine Datenübermittlung beziehungsweise eine Reihe von Datenübermittlungen auf der Grundlage der Standardvertragsklauseln zu untersagen oder auszusetzen; dies gilt für jene Ausnahmefälle, für die feststeht, dass sich eine Übermittlung auf Vertragsbasis wahrscheinlich sehr nachteilig auf die Garantien auswirkt, die den betroffenen Personen angemessenen Schutz bieten sollen.

(16) Die Standardvertragsklauseln sollten durchsetzbar sein, und zwar nicht nur von den Organisationen, die Vertragsparteien sind, sondern auch von den betroffenen Personen, insbesondere wenn ihnen als Folge eines Vertragsbruchs Schaden entsteht.

(17) Auf den Vertrag sollte das Recht des Mitgliedstaates anwendbar sein, in dem der Datenexporteur ansässig ist, das es einem Drittbegünstigten ermöglicht, den Vertrag durchzusetzen. Betroffene Personen sollten, wenn sie dies wünschen und das nationale Recht es zulässt, das Recht haben, sich von Vereinigungen oder sonstigen Einrichtungen vertreten zu lassen.

(18) Um die Schwierigkeiten der betroffenen Personen zu verringern, ihre Rechte nach diesen Standardvertragsklauseln geltend zu machen, sollten der Datenexporteur und der Datenimporteur gesamtschuldnerisch für Schäden aufgrund jeglicher Verletzung der Bestimmungen haftbar sein, die der Drittbegünstigtenklausel unterliegen.

(19) Die betroffene Person hat das Recht, wegen Schäden, die durch Handlungen verursacht werden, die mit den in den Standardvertragsklauseln enthaltenen Verpflichtungen unvereinbar sind, gegen den Datenexporteur, den Datenimporteur oder beide gerichtlich vorzugehen und Schadensersatz zu erlangen; beide Parteien können von dieser Haftung ausgenommen werden, wenn sie beweisen, dass keiner von ihnen für diese Schäden verantwortlich ist.

(20) Die gesamtschuldnerische Haftung betrifft nicht die Bestimmungen, die nicht unter die Drittbegünstigtenklausel fallen, und muss nicht dazu führen, dass eine Partei für Schäden aus der unrechtmäßigen Verarbeitung durch die andere Partei aufkommt. Die Bestimmung über einen gegenseitigen Ausgleichsanspruch zwischen den Parteien ist nicht Voraussetzung für die Angemessenheit des Schutzniveaus für die betroffenen Personen, und die Parteien können diese Bestimmung streichen. Sie wurde aber im Interesse der Klarheit in die Standardvertragsklauseln aufgenommen, und um es den Parteien zu ersparen, im Einzelfall Ausgleichsklauseln auszuhandeln.

(21) Wird eine Auseinandersetzung der Parteien mit einer betroffenen Person, die sich auf die Drittbegünstigtenklausel beruft, nicht gütlich beigelegt, verpflichten sich die Parteien, der betroffenen Person die Wahlmöglichkeiten zwischen Schlichtung, Schieds- und Gerichtsverfahren anzubieten. Das Ausmaß der tatsächlichen Wahlmöglichkeiten der betroffenen Person hängt von dem Vorhandensein zuverlässiger und anerkannter Schlichtungs- und Schiedsgerichtssysteme ab. Schlichtung durch die Kontrollstellen eines Mitgliedstaats sollte eine Möglichkeit sein, sofern diese Stellen solche Leistungen erbringen.

(22) Die Gruppe für den Schutz natürlicher Personen bei der Verarbeitung personenbezogener Daten, die durch Artikel 29 der Richtlinie 95/46/EG eingesetzt wurde, hat eine Stellungnahme zu dem Schutzniveau abgegeben, das die der Entscheidung beiliegenden Standvertragsklauseln bieten; die Stellungnahme wurde bei der Erarbeitung der vorliegenden Entscheidung (1) berücksichtigt.

(23) Die in der vorliegenden Entscheidung enthaltenen Maßnahmen entsprechen der Stellungnahme des Ausschusses, der durch Artikel 31 der Richtlinie 95/46/EG eingesetzt wurde —

HAT FOLGENDE ENTSCHEIDUNG ERLASSEN:

Artikel 1

Die Standardvertragsklauseln im Anhang gelten als ausreichende Garantien hinsichtlich des Schutzes der Privatsphäre, der Grundrechte und der Grundfreiheiten der Personen sowie hinsichtlich der Ausübung der damit verbundenen Rechte im Sinne von Artikel 26 Absatz 2 der Richtlinie 95/46/EG.

Die für die Verarbeitung Verantwortlichen haben die Wahl zwischen Standardvertrag I und II im Anhang. Sie dürfen die Klauseln weder ändern noch Klauseln aus beiden Verträgen miteinander kombinieren.

Artikel 2

Diese Entscheidung betrifft ausschließlich die Angemessenheit des Schutzes, der bei der Übermittlung personenbezogener Daten durch die im Anhang aufgeführten Standardvertragsklauseln gewährleistet wird. Die Anwendung anderer nationaler Vorschriften zur Durchführung der Richtlinie 95/46/EG, die sich auf die Verarbeitung personenbezogener Daten in den Mitgliedstaaten beziehen, bleibt davon unberührt.

Diese Entscheidung ist nicht anwendbar auf die Übermittlung personenbezogener Daten durch für die Verarbeitung Verantwortliche, die in der Gemeinschaft ansässig sind, an Empfänger, die nicht im Gebiet der Gemeinschaft ansässig sind und nur als Auftragsverarbeiter tätig werden.

Artikel 3

Im Rahmen dieser Entscheidung

a) gelten die Begriffsbestimmungen der Richtlinie 95/46/EG;

b) bezeichnet der Begriff „besondere Kategorien personenbezogener Daten" die in Artikel 8 der Richtlinie genannten Daten;

c) bezeichnet der Begriff „Kontrollstelle" die in Artikel 28 der Richtlinie genannte Stelle;

(1) Stellungnahme Nr. 1/2001, angenommen von der Gruppe am 26. Januar 2001 (GD MARKT 5102/00 WP 38), verfügbar auf der „Europa"-Site der Europäischen Kommission.

d) bezeichnet der Begriff „Datenexporteur" den für die Verarbeitung Verantwortlichen, der die personenbezogenen Daten übermittelt;

e) bezeichnet der Begriff „Datenimporteur" den für die Verarbeitung Verantwortlichen, der sich bereit erklärt, vom Datenexporteur personenbezogene Daten für die weitere Verarbeitung gemäß den Bestimmungen dieser Entscheidung entgegenzunehmen.

Artikel 4

(1) Unbeschadet ihrer Befugnisse, tätig zu werden, um die Einhaltung nationaler Vorschriften, die gemäß den Kapiteln II, III, V und VI der Richtlinie 95/46/EG erlassen wurden, zu gewährleisten, können die zuständigen Kontrollstellen in den Mitgliedstaaten ihre bestehenden Befugnisse ausüben, um zum Schutz von Privatpersonen in Bezug auf die Verarbeitung ihrer personenbezogenen Daten die Datenübermittlung in Drittländer zu verbieten oder auszusetzen, wenn:

a) feststeht, dass der Datenimporteur nach den für ihn geltenden Rechtsvorschriften Anforderungen unterliegt, die ihn zwingen, von den einschlägigen Datenschutzvorschriften in einem Maß abzuweichen, das über die Beschränkungen hinausgeht, die im Sinne von Artikel 13 der Richtlinie 95/46/EG für eine demokratische Gesellschaft erforderlich sind und dass sich diese Anforderungen wahrscheinlich sehr nachteilig auf die Garantien auswirken, die die Standardvertragsklauseln bieten sollen, oder

b) eine zuständige Kontrollstelle festgestellt hat, dass der Datenimporteur die Vertragsklauseln nicht einhält, oder

c) eine hohe Wahrscheinlichkeit besteht, dass die im Anhang enthaltenen Standardvertragsklauseln derzeit oder künftig nicht eingehalten werden und die Fortsetzung der Übermittlung den betroffenen Personen einen nicht wieder gutzumachenden Schaden zufügen würde.

(2) Für die Zwecke von Absatz 1 können die zuständigen Kontrollstellen, sofern der für die Verarbeitung Verantwortliche angemessene Garantien auf der Grundlage des Standardvertrags II im Anhang geltend macht, im Rahmen ihrer Befugnisse Datenübermittlungen verbieten oder aussetzen, wenn

a) der Datenimporteur sich weigert, mit den Datenschutzkontrollstellen redlich zusammenzuarbeiten oder eindeutige Vertragspflichten zu erfüllen;

b) der Datenexporteur sich weigert, binnen der Regelfrist von einem Monat nach entsprechender Aufforderung durch die zuständige Kontrollstelle geeignete Maßnahmen zur Durchsetzung der Vertragspflichten gegenüber dem Datenimporteur zu ergreifen.

Eine Weigerung des Datenimporteurs zur redlichen Zusammenarbeit oder zur Durchsetzung der Vertragspflichten im Sinne von Unterabsatz 1 besteht nicht, wenn die Zusammenarbeit oder Durchsetzung zu einer Kollision mit nationalen, für den Datenimporteur verbindlichen Rechtsvorschriften führen würde und diese Vorschriften nicht über das hinausgehen, was in einer demokratischen Gesellschaft unter Zugrundelegung der in Artikel 13 Absatz 1 der Richtlinie 95/46/EG aufgeführten Interessen erforderlich ist; hierunter fallen insbesondere die Androhung von Sanktionen nach internationalem und/oder nationalem Recht, steuerrechtliche Anzeigepflichten oder Anzeigepflichten zur Bekämpfung der Geldwäsche.

Die Pflicht zur Zusammenarbeit im Sinne von Unterabsatz 1 Buchstabe a) beinhaltet für den Datenimporteur insbesondere die Bereitschaft, seine Datenverarbeitungseinrichtungen überprüfen zu lassen oder den Empfehlungen der Datenschutzkontrollstelle in der Gemeinschaft Folge zu leisten.

(3) Das Verbot oder die Aussetzung im Sinne der Absätze 1 und 2 wird aufgehoben, sobald die Gründe für das Verbot oder die Aussetzung nicht mehr vorliegen.

(4) Wenn die Mitgliedstaaten Maßnahmen gemäß den Absätzen 1, 2 und 3 ergreifen, informieren sie unverzüglich die Kommission, die ihrerseits die Informationen an die anderen Mitgliedstaaten weiterleitet.

Artikel 5

►M1 Die Kommission bewertet drei Jahre, nachdem sie den Mitgliedstaaten diese Entscheidung und etwaige Änderungen an dieser Entscheidung bekannt gegeben hat, ihre Durchführung anhand der verfügbaren Informationen. ◄ Sie unterrichtet den durch Artikel 31 der Richtlinie 95/46/EG eingesetzten Ausschuss über ihre Feststellungen. Sie fügt sämtliche Belege bei, die für die Beurteilung der Angemessenheit der Standardvertragsklauseln des Anhangs von Bedeutung sein könnten, sowie etwaige Belege dafür, dass die Entscheidung in diskriminierender Weise angewandt wird.

Artikel 6

Diese Entscheidung ist anwendbar ab dem 3. September 2001.

Artikel 7

Diese Entscheidung ist an die Mitgliedstaaten gerichtet.

ANHANG

STANDARDVERTRAG I

STANDARDVERTRAGSKLAUSELN

im Sinne von Artikel 26 Absatz 2 der Richtlinie 95/46/EG für die Übermittlung personenbezogener Daten in Drittländer, die kein angemessenes Schutzniveau gewährleisten

Bezeichnung der Daten exportierenden Organisation ....

....

Adresse: ....

Tel.: ...., **Fax:** ...., **E-Mail:** ....

Weitere Angaben zur Identifizierung der Organisation: ....

(nachstehend: Daten**exporteur**)

und

Bezeichnung der Daten importierenden Organisation: ....

....

Adresse: ....

Tel.: ...., **Fax:** ...., **E-Mail** ....

Weitere Angaben zur Identifizierung der Organisation: ....

(nachstehend: Daten**importeur**)

VEREINBAREN folgende Vertragsklauseln (nachstehend: Klauseln), um ausreichende Garantien hinsichtlich des Schutzes der Privatsphäre, der Grundrechte und der Grundfreiheiten der Personen für die Übermittlung der in Anlage 1 zu diesen Vertragsklauseln spezifizierten personenbezogenen Daten vom Exporteur an den Importeur bereitzustellen.

Klausel 1

Begriffsbestimmungen

Im Rahmen der Vertragsklauseln gelten folgende Begriffsbestimmungen:

a) **„personenbezogene Daten"**, **„besondere Kategorien personenbezogener Daten"**, **„Verarbeitung"**, **„für die Verarbeitung Verantwortlicher"**, **„Auftragsverarbeiter"**, **„betroffene Person"** und **„Kontrollstelle"**: es gelten die Begriffsbestimmungen der Richtlinie 95/46/EG des Europäischen Parlaments und des Rates vom 24. Oktober 1995 zum Schutz natürlicher Personen bei der Verarbeitung personenbezogener Daten und zum freien Datenverkehr (nachstehend: Richtlinie);

b) **„Datenexporteur"** der für die Verarbeitung Verantwortliche, der die personenbezogenen Daten übermittelt;

c) **„Datenimporteur"** der für die Verarbeitung Verantwortliche, der sich bereit erklärt, vom Datenexporteur personenbezogene Daten für die Verarbeitung gemäß den Bestimmungen dieser Vertragsklauseln entgegenzunehmen und der nicht an ein System eines Drittlandes gebunden ist, das angemessenen Schutz gewährleistet.

Klausel 2

Einzelheiten der Übermittlung

Die Einzelheiten der Übermittlung, insbesondere die Kategorien personenbezogener Daten und ihre Übermittlungszwecke, sind in Anlage 1 aufgeführt, die Bestandteil der Klauseln ist.

Klausel 3

Drittbegünstigtenklausel

Die betroffenen Personen können diese Klausel und die Klausel 4 Buchstaben b), c) und d), Klausel 5 Buchstaben a), b), c) und e), Klausel 6 Absätze 1 und 2 sowie Klauseln 7, 9 und 11 als Drittbegünstigte geltend machen. Die Parteien haben keine Einwände dagegen, dass die betroffenen Personen, sofern sie dies wünschen und das nationale Recht dies zulässt, durch eine Vereinigung oder sonstige Einrichtungen vertreten werden.

Klausel 4

Pflichten des Datenexporteurs

Der Datenexporteur verpflichtet sich und garantiert:

a) dass die Verarbeitung der personenbezogenen Daten, einschließlich der Übermittlung durch ihn entsprechend den einschlägigen Vorschriften des Mitgliedstaates, in dem der Datenexporteur ansässig ist, erfolgt ist bzw. bis zum Zeitpunkt der Übermittlung erfolgen wird (gegebenenfalls einschließlich der Mitteilung an die zuständige Stelle dieses Mitgliedstaats) und dass sie nicht gegen die einschlägigen Vorschriften dieses Staates verstößt;

b) dass die betroffene Person, sofern die Übermittlung besondere Datenkategorien einbezieht, davon in Kenntnis gesetzt worden ist oder vor der Übermittlung wird, dass ihre Daten in ein Drittland übermittelt werden könnten, das kein angemessenes Schutzniveau bietet;

c) dass er den betroffenen Personen auf Anforderung eine Kopie dieser Klauseln, wie sie vereinbart wurden, zur Verfügung stellt und

d) Anfragen der Kontrollstelle bezüglich der Verarbeitung einschlägiger personenbezogener Daten durch den Datenimporteur sowie Anfragen betroffener Personen bezüglich der Verarbeitung ihrer personenbezogenen Daten durch den Datenimporteur innerhalb eines angemessenen Zeitraums und in zumutbarem Maße beantwortet.

Klausel 5

Pflichten des Datenimporteurs

Der Datenimporteur verpflichtet sich und garantiert:

a) dass er seines Wissens keinen nationalen Gesetzen unterliegt, die ihm die Erfüllung seiner Vertragsverpflichtungen unmöglich machen und dass er im Fall einer Gesetzesänderung, die sich voraussichtlich sehr nachteilig auf die Garantien auswirkt, die die Klauseln bieten, den Datenexporteur und die Kontrollstelle des Landes, in dem der Datenexporteur ansässig ist, hiervon informieren wird. In einem solchen Fall ist der Datenexporteur berechtigt, die Datenübermittlung auszusetzen und/oder vom Vertrag zurückzutreten;

b) dass er die personenbezogenen Daten verarbeitet in Übereinstimmung mit den verbindlichen Datenschutzgrundsätzen der Anlage 2 oder

dass er, falls sich die Parteien durch Ankreuzen des entsprechenden Kästchens weiter unten ausdrücklich damit einverstanden erklärt haben und vorausgesetzt, dass die Verbindlichen Datenschutzgrundsätze der Anlage 3 beachtet werden, die Daten in jeder anderen Hinsicht verarbeitet in Übereinstimmung mit:

— den einschlägigen nationalen Rechtsvorschriften (in der Anlage zu diesen Klauseln) zum Schutz der Grundrechte und -freiheiten natürlicher Personen, insbesondere des Rechts auf Schutz der Privatsphäre, im Hinblick auf die Verarbeitung personenbezogener Daten, die in dem Land, in dem der Datenexporteur ansässig ist, auf die für die Verarbeitung Verantwortlichen anzuwenden sind oder

— den einschlägigen Bestimmungen in Entscheidungen der Kommission nach Artikel 25 Absatz 6 der Richtlinie 95/46/EG, mit denen festgestellt wird, dass ein Drittland nur für bestimmte Tätigkeitsbereiche ein angemessenes Schutzniveau gewährleistet, vorausgesetzt, dass der Datenimporteur in diesem Drittland ansässig ist und nicht unter diese Bestimmungen fällt, sofern diese Bestimmungen dergestalt sind, dass sie auf die Übermittlung anwendbar sind.

c) dass er alle sachdienlichen Anfragen, die sich auf die von ihm durchgeführte Verarbeitung der personenbezogenen Daten, die Gegenstand der Übermittlung sind, beziehen und die der Datenexporteur oder die betroffenen Personen an ihn richten, unverzüglich und genau bearbeitet und bei allen Anfragen der zuständigen Kontrollstelle mit dieser kooperiert und die Feststellung der Kontrollstelle im Hinblick auf die Verarbeitung der übermittelten Daten respektiert;

d) dass er auf Verlangen des Datenexporteurs seine für die Verarbeitung erforderlichen Datenverarbeitungseinrichtungen zur Prüfung zur Verfügung stellt; die Prüfung wird vom Datenexporteur oder einem vom Datenexporteur gegebenenfalls in Absprache mit der Kontrollstelle ausgewählten Prüfgremium durchgeführt, dessen Mitglieder unabhängig sind und über die erforderlichen Qualifikationen verfügen;

e) dass er den betroffenen Personen auf Anfrage eine Kopie der Vertragsklauseln zur Verfügung stellt und die Stelle benennt, die für Beschwerden zuständig ist.

Klausel 6

Haftung

1. Die Parteien vereinbaren, dass betroffene Personen, die durch eine Verletzung der Bestimmungen in Klausel 3 Schaden erlitten haben, berechtigt sind, von den Parteien Schadensersatz für den erlittenen Schaden zu verlangen. Die Parteien vereinbaren, dass sie nur von der Haftung befreit werden können, wenn sie nachweisen, dass keine von ihnen für die Verletzung dieser Bestimmungen verantwortlich ist.

2. Der Datenexporteur und der Datenimporteur vereinbaren, dass sie gesamtschuldnerisch für Schäden der betroffenen Personen haften, die durch eine Verletzung im Sinne von Absatz 1 entstehen. Im Falle einer Verletzung dieser Bestimmungen kann die betroffene Person gegen den Datenexporteur oder den Datemimporteur oder beide gerichtlich vorgehen.

3. Die Parteien vereinbaren, dass, wenn eine Partei haftbar gemacht wird für eine Verletzung im Sinne von Absatz 1 durch die andere Partei, die zweite Partei der ersten Partei alle Kosten, Schäden, Ausgaben und Verluste, die der ersten Partei entstanden sind, in dem Umfang ersetzt, in dem die zweite Partei haftbar ist (*).

Klausel 7

Schlichtungsverfahren und Zuständigkeit

1. Die Parteien vereinbaren, dass sie im Falle einer Streitigkeit zwischen einer betroffenen Person und einer der Vertragsparteien, die unter Berufung auf die Drittbegünstigung nach Klausel 3 nicht auf gütlichem Wege beigelegt wird, die Entscheidung der betroffenen Person akzeptieren entweder:

a) an einem Schlichtungsverfahren durch eine unabhängige Person oder gegebenenfalls durch die Kontrollstelle teilzunehmen; oder

b) den Streitfall den Gerichten des Mitgliedstaates zu unterbreiten, in dem der Datenexporteur ansässig ist.

2. Die Parteien vereinbaren, dass nach Absprache zwischen der betroffenen Person und der relevanten Partei die Klärung eines bestimmten Streitfalls einem Schiedsgericht unterbreitet werden kann, vorausgesetzt dass diese Partei in einem Land ansässig ist, das das New-Yorker-Übereinkommen über die Vollstreckung von Schiedssprüchen ratifiziert hat.

3. Die Parteien vereinbaren, dass die Absätze 1 und 2 unbeschadet der materiellen oder Verfahrensrechte der betroffenen Person gelten, nach anderen Bestimmungen des nationalen oder internationalen Rechts Rechtsbehelfe einzulegen.

Klausel 8

Zusammenarbeit mit Kontrollstellen

Die Parteien verpflichten sich, eine Kopie dieses Vertrages bei der Kontrollstelle zu hinterlegen, wenn diese es verlangt oder das nationale Recht es so vorsieht.

Klausel 9

Kündigung der Klauseln

Die Parteien vereinbaren, dass sie durch die Kündigung dieser Klauseln, wann, unter welchen Umständen und aus welchen Gründen auch immer sie erfolgt, nicht von den Verpflichtungen und/oder Bestimmungen dieser Klauseln in Bezug auf die Verarbeitung der übermittelten Daten befreit werden.

Klausel 10

Anwendbares Recht

Für diese Klauseln gilt das Recht des Mitgliedstaates, in dem der Datenexporteur ansässig ist:

....

Klausel 11

Änderung des Vertrags

Die Parteien verpflichten sich, den Wortlaut dieser Klauseln, wie sei vereinbart wurden, nicht zu ändern.

Für den Datenexporteur:

Name (ausgeschrieben): ....

Stellung: ....

Anschrift: ....

(*) Die Verwendung von Absatz 3 ist den Parteien freigestellt.

Gegebenenfalls weitere Angaben, die für das Vorliegen eines verbindlichen Vertrags erforderlich sind: ....

....

....
(Unterschrift)

(Stempel der Organisation)

Für den Datenimporteur:

Name (ausgeschrieben): ....

Stellung: ....

Anschrift: ....

Gegenbenenfalls weitere Angaben, die für das Vorliegen eines verbindlichen Vertrags erforderlich sind:...........................

....

....

....
(Unterschrift)

(Stempel der Organisation)

Anlage 1

zu den Standardvertragsklauseln

Diese Anlage ist Bestandteil der Klauseln und muss von den Parteien ausgefüllt und unterzeichnet werden.

(Die Mitgliedstaaten können entsprechend ihren nationalen Verfahren weitere erforderliche Informationen angeben oder spezifizieren, die in dieser Anlage enthalten sein müssen.)

Datenexporteur

Der Datenexporteur ist (bitte erläutern Sie kurz Ihre Tätigkeiten, die für die Übermittlung von Belang sind):

....

....

....

Datenimporteur

Der Datenimporteur ist (bitte erläutern Sie kurz Ihre Tätigkeiten, die für die Übermittlung von Belang sind):

....

....

....

Betroffene Personen

Die übermittelten personenbezogenen Daten beziehen sich auf folgende Kategorien von betroffenen Personen (bitte erläutern):

....

....

....

Übermittlungszwecke

Die Übermittlung ist zu folgenden Zwecken erforderlich (bitte angeben):

....

....

....

Kategorie übermittelter Daten

Die übermittelten personenbezogenen Daten gehören zu folgenden Datenkategorien (bitte angeben):

....

....

....

Sensible Daten (gegebenenfalls)

Die übermittelten personenbezogenen Daten gehören zu folgenden Kategorien sensibler Daten (bitte angeben):

....

....

....

Empfänger

Die übermittelten personenbezogenen Daten dürfen nur folgenden Empfängern oder Kategorien von Empfängern bekannt gemacht werden (bitte angeben):

....

....

....

Aufbewahrungszeitraum

Die übermittelten personenbezogenen Daten dürfen nur (bitte angeben): .... (Monate/Jahre) aufbewahrt werden.

Datenexporteur	Datenimporteur
Name:	Name: ....
.... (Unterschrift des/der Bevollmächtigten)	.... (Unterschrift des/der Bevollmächtigten)

Anlage 2

zu den Standardvertragsklauseln

Verbindliche Datenschutzgrundsätze im Sinne von Klausel 5 Buchstabe b) Absatz 1

Diese Datenschutzgrundsätze sind im Lichte der Bestimmungen (Grundsätze und entsprechende Ausnahmen) der Richtlinie 95/46/EG auszulegen.

Sie gelten vorbehaltlich der nach den nationalen Rechtsvorschriften für den Datenimporteur geltenden zwingenden Anforderungen, die nicht weitergehen, als es in einer demokratischen Gesellschaft unter Zugrundelegung der in Artikel 13 Absatz 1 der Richtlinie 95/46/EG aufgeführten Interessen erforderlich ist; d. h. die Anforderungen müssen notwendig sein für die Sicherheit des Staates, die Landesverteidigung, die öffentliche Sicherheit, die Verhütung, Ermittlung, Feststellung und Verfolgung von Straftaten oder Verstößen gegen die berufsständischen Regeln bei reglementierten Berufen oder den Schutz der betroffenen Person und der Rechte und Freiheiten anderer Personen.

1. *Zweckbindung*: Die Daten sind für die spezifischen Zwecke in Anlage 1 der Klauseln zu verarbeiten und anschließend zu verwenden oder weiter zu übermitteln. Die Daten dürfen nicht länger aufbewahrt werden, als es für die Zwecke erforderlich ist, für die sie übermittelt werden.

2. *Datenqualität und -verhältnismäßigkeit*: Die Daten müssen sachlich richtig und, wenn nötig, auf dem neuesten Stand sein. Sie müssen angemessen, relevant und im Hinblick auf die Zweckbestimmung, für die sie übertragen oder weiterverarbeitet werden, nicht exzessiv sein.

3. *Transparenz*: Die betroffenen Personen müssen Informationen über die Zweckbestimmungen der Verarbeitung und die Identität des im Drittland für die Verarbeitung Verantwortlichen sowie andere Informationen erhalten, sofern dies erforderlich ist, um eine angemessene Verarbeitung sicherzustellen, und sofern diese Informationen nicht bereits vom Datenexporteur erteilt wurden.

4. *Sicherheit und Vertraulichkeit*: Der für die Verarbeitung Verantwortliche hat geeignete technische und organisatorische Sicherheitsvorkehrungen gegen die Risiken der Verarbeitung zu treffen, beispielsweise gegen den unzulässigen Zugriff auf Daten. Alle unter die Verantwortung des für die Verarbeitung Verantwortlichen tätigen Personen, darunter auch Auftragsverarbeiter, dürfen die Daten nur auf Anweisung des für die Verarbeitung Verantwortlichen verarbeiten.

5. *Recht auf Zugriff, Berichtigung, Löschung und Widerspruch*: Nach Artikel 12 der Richtlinie 95/46/EG muss die betroffene Person das Recht haben, auf alle sie betreffenden Daten, die verarbeitet werden, zuzugreifen sowie je nach Fall das Recht haben auf Berichtigung, Löschung oder Sperrung von Daten, deren Verarbeitung gegen die in dieser Anlage aufgeführten Grundsätze verstößt, insbesondere wenn diese Daten unvollständig oder unrichtig sind. Die betreffende Person muss auch aus zwingenden berechtigten Gründen, die mit ihrer persönlichen Situation zusammenhängen, Widerspruch gegen die Verarbeitung der sie betreffenden Daten einlegen können.

6. *Beschränkung der Weiterübermittlung*: Weiterübermittlungen personenbezogener Daten vom Datenimporteur an einen anderen für die Verarbeitung Verantwortlichen, der in einem Drittland ansässig ist, das weder angemessenen Schutz bietet noch unter eine von der Kommission gemäß Artikel 25 Absatz 6 der Richtlinie 95/46/EG erlassene Entscheidung fällt (nachstehend: Weiterübermittlung), dürfen nur stattfinden, wenn eine der folgenden Bedingungen erfüllt ist:

   a) Die betroffenen Personen haben der Weiterübermittlung eindeutig zugestimmt, falls bestimmte Datenkategorien betroffen sind, oder haben in anderen Fällen die Möglichkeit erhalten, sich dagegen auszusprechen.

   Die betroffenen Personen müssen mindestens folgende Informationen erhalten und zwar in einer Sprache, die sie verstehen:

   — die Zwecke der Weiterübermittlung,

   — die Identität des in der Gemeinschaft ansässigen Datenexporteurs,

   — die Kategorien weiterer Empfänger der Daten und Empfängerländer sowie

   — eine Erklärung darüber, dass die Daten, nach der Weiterübermittlung von einem für die Verarbeitung Verantwortlichen verarbeitet werden können, der in einem Land ansässig ist, das kein angemessenes Schutzniveau für die Privatsphäre des Einzelnen gewährleistet; oder

b) der Datenexporteur und der Datenimporteur stimmen dem Beitritt eines weiteren, für die Verarbeitung Verantwortlichen zu den Klauseln zu, der dadurch zu einer Partei dieser Klauseln wird und dieselben Verpflichtungen wie der Datenimporteur eingeht.

7. *Besondere Datenkategorien*: Werden Daten, aus denen die rassische und ethnische Herkunft, politische Meinungen, religiöse oder philosophische Überzeugungen oder die Gewerkschaftszugehörigkeit hervorgehen, sowie Daten über Gesundheit oder Sexualleben und Daten über Straftaten, strafrechtliche Verurteilungen oder Sicherheitsmaßnahmen verarbeitet, so sollten zusätzliche Garantien entsprechend der Richtlinie 95/46/EG vorliegen, insbesondere angemessene Sicherheitsmaßnahmen wie die strenge Verschlüsselung für Übermittlungszwecke oder Aufzeichnungen über Zugriffe auf sensible Daten.

8. *Direktmarketing*: Werden Daten zum Zwecke des Direktmarketings verarbeitet, müssen wirksame Verfahren vorgesehen sein, die der betroffenen Person jederzeit die Möglichkeit des „Opt-out" geben, so dass sie sich gegen die Verwendung ihrer Daten für derartige Zwecke entscheiden kann.

9. *Automatisierte Einzelentscheidungen*: Die betroffenen Personen haben das Recht, keiner Entscheidung unterworfen zu werden, die allein auf der automatisierten Datenverarbeitung beruht, wenn keine anderen Maßnahmen zur Wahrung der berechtigten Interessen der Person nach Artikel 15 Absatz 2 der Richtlinie 95/46/EG ergriffen werden. Erfolgt die Übermittlung mit dem Ziel eine automatisierte Einzelentscheidung im Sinne von Artikel 15 Richtlinie 95/46/EG, d. h. eine Entscheidung, die rechtliche Folgen für die Person nach sich zieht oder sie erheblich beeinträchtigt und die ausschließlich aufgrund einer automatisierten Verarbeitung von Daten zum Zwecke der Bewertung einzelner Aspekte ihrer Person ergeht, wie beispielsweise ihrer beruflichen Leistungsfähigkeit, ihrer Kreditwürdigkeit, ihrer Zuverlässigkeit oder ihres Verhaltens usw., zu treffen, so muss die natürliche Person das Recht haben, die Gründe für diese Entscheidung zu erfahren.

Anlage 3

zu den Standardvertragsklauseln

Verbindliche Datenschutzgrundsätze im Sinne von Klausel 5 Buchstabe b) Absatz 2

1. *Zweckbindung*: Die Daten sind für die spezifischen Zwecke in Anlage 1 der Klauseln zu verarbeiten und anschließend zu verwenden oder weiter zu übermitteln. Die Daten dürfen nicht länger aufbewahrt werden, als es für die Zwecke erforderlich ist, für die sie übermittelt werden.

2. *Recht auf Zugriff, Berichtigung, Löschung und Widerspruch*: Nach Artikel 12 der Richtlinie 95/46/EG muss die betroffene Person das Recht haben, auf alle sie betreffenden Daten, die verarbeitet werden, zuzugreifen sowie je nach Fall das Recht haben auf Berichtigung, Löschung oder Sperrung von Daten, deren Verarbeitung gegen die in dieser Anlage aufgeführten Grundsätze verstößt, insbesondere wenn diese Daten unvollständig oder unrichtig sind. Die betreffende Person muss auch aus zwingenden berechtigten Gründen, die mit ihrer persönlichen Situation zusammenhängen, Widerspruch gegen die Verarbeitung der sie betreffenden Daten einlegen können.

3. *Beschränkung der Weiterübermittlung*: Weiterübermittlungen personenbezogener Daten vom Datenimporteur an einen anderen für die Verarbeitung Verantwortlichen, der in einem Drittland ansässig ist, das weder angemessenen Schutz bietet noch unter eine von der Kommission gemäß Artikel 25 Absatz 6 der Richtlinie 95/46/EG erlassene Entscheidung fällt (nachstehend: Weiterübermittlungen), dürfen nur stattfinden, wenn eine der folgenden Bedingungen erfüllt ist:

   a) Die betroffenen Personen haben der Weiterübermittlung ausdrücklich zugestimmt, falls bestimmte Datenkategorien betroffen sind, oder haben in anderen Fällen die Möglichkeit erhalten, sich dagegen auszusprechen.

   Die betroffenen Personen müssen mindestens folgende Informationen erhalten und zwar in einer Sprache, die sie verstehen:

   — die Zwecke der Weiterübermittlung,

   — die Identität des in der Gemeinschaft ansässigen Datenexporteurs,

   — die Kategorien weiterer Empfänger der Daten und Empfängerländer sowie

   — eine Erklärung darüber, dass die Daten, nach der Weiterübermittlung von einem für die Verarbeitung Verantwortlichen verarbeitet werden können, der in einem Land ansässig ist, das kein angemessenes Schutzniveau für die Privatsphäre des Einzelnen gewährleistet; oder

   b) der Datenexporteur und der Datenimporteur stimmen dem Beitritt eines weiteren, für die Verarbeitung Verantwortlichen zu den Klauseln zu, der dadurch zu einer Partei dieser Klauseln wird und dieselben Verpflichtungen wie der Datenimporteur eingeht.

STANDARDVERTRAG II

Standardvertragsklauseln für die Übermittlung personenbezogener Daten aus der Gemeinschaft in Drittländer (Übermittlung zwischen für die Datenverarbeitung Verantwortlichen)

Vereinbarung über die Datenübermittlung

zwischen

____ (Name)

____ (Adresse und Sitzland)

(nachstehend als „Datenexporteur" bezeichnet,

und

____ (Name)

____ (Adresse und Sitzland)

nachstehend als „Datenimporteur" bezeichnet,

beide nachstehend als „Partei", zusammen als „Parteien" bezeichnet

Begriffsbestimmungen

Im Rahmen der Vertragsklauseln gelten folgende Begriffsbestimmungen:

a) Die Begriffe „personenbezogene Daten", „besondere Kategorien personenbezogener Daten/sensible Daten", „verarbeiten/Verarbeitung", „für die Verarbeitung Verantwortlicher", „Auftragsverarbeiter", „betroffene Person" und „Kontrollstelle" werden entsprechend den Begriffsbestimmungen der Richtlinie 95/46/EG vom 24. Oktober 1995 verwendet (wobei mit „Kontrollstelle" die Datenschutzkontrollstelle gemeint ist, die für das Sitzland des Datenexporteurs zuständig ist).

b) „Datenexporteur" bezeichnet den für die Verarbeitung Verantwortlichen, der die personenbezogenen Daten übermittelt.

c) „Datenimporteur" bezeichnet den für die Verarbeitung Verantwortlichen, der sich bereit erklärt, vom Datenexporteur personenbezogene Daten für die Verarbeitung gemäß den Bestimmungen dieser Vertragsklauseln entgegenzunehmen, und der nicht an ein System eines Drittlandes gebunden ist, das angemessenen Schutz gewährleistet.

d) „Klauseln" bezeichnet diese Standardvertragsklauseln als eigenständiges Dokument, das keine Geschäftsbedingungen beinhaltet, die von den Parteien im Rahmen getrennter geschäftlicher Vereinbarungen getroffen wurden.

Die Einzelheiten der Übermittlung (sowie die abgedeckten personenbezogenen Daten) sind in Anhang B aufgeführt, der integraler Bestandteil dieser Klauseln ist.

I. **Pflichten des Datenexporteurs**

Der Datenexporteur gibt folgende Zusicherungen:

a) Die personenbezogenen Daten wurden nach den für den Datenexporteur geltenden Gesetzen gesammelt, verarbeitet und übermittelt.

b) Er hat sich im Rahmen des Zumutbaren davon überzeugt, dass der Datenimporteur seine Rechtspflichten aus diesen Klauseln zu erfüllen in der Lage ist.

c) Er stellt dem Datenimporteur auf Antrag Exemplare der einschlägigen Datenschutzgesetze oder entsprechende Fundstellennachweise seines Sitzlandes zur Verfügung, erteilt aber keine Rechtsberatung.

d) Er beantwortet Anfragen der betroffenen Personen und der Kontrollstelle bezüglich der Verarbeitung der personenbezogenen Daten durch den Datenimporteur, es sei denn, die Parteien haben vereinbart, dass der Datenimporteur die Beantwortung übernimmt; der Datenexporteur übernimmt die Beantwortung im Rahmen der Zumutbarkeit und aufgrund der ihm zugänglichen Informationen auch dann, wenn der Datenimporteur nicht antworten will oder kann. Sie erfolgt innerhalb einer angemessenen Frist.

e) Er stellt betroffenen Personen, die Drittbegünstigte im Sinne von Klausel III sind, auf Verlangen ein Exemplar der Klauseln zur Verfügung, es sei denn, die Klauseln enthalten vertrauliche Angaben; in diesem Fall hat er das Recht, diese Angaben zu entfernen. Werden Angaben entfernt, teilt der Datenexporteur den betroffenen Personen schriftlich die Gründe für die Entfernung mit und belehrt sie über ihr

Recht, die Kontrollstelle auf die Entfernung aufmerksam zu machen. Der Datenexporteur leistet indessen der Entscheidung der Kontrollstelle Folge, den betroffenen Personen Zugang zum Volltext der Klauseln zu gewähren, wenn diese sich zur Geheimhaltung der entfernten vertraulichen Informationen verpflichten. Der Datenexporteur stellt ferner auch der Kontrollstelle auf Antrag ein Exemplar der Klauseln zur Verfügung.

II. **Pflichten des Datenimporteurs**

Der Datenimporteur gibt folgende Zusicherungen:

a) Er verfügt über die technischen und organisatorischen Voraussetzungen zum Schutz der personenbezogenen Daten gegen die unbeabsichtigte oder rechtswidrige Zerstörung oder gegen den unbeabsichtigten Verlust oder die unbeabsichtigte Änderung, die unberechtigte Offenlegung oder den unberechtigten Zugriff; damit ist ein Sicherheitsniveau gewährleistet, das den von der Verarbeitung ausgehenden Risiken und der Art der zu schützenden Daten gerecht wird.

b) Seine Verfahrensregeln gewährleisten, dass von ihm zum Zugriff auf die personenbezogenen Daten befugte Dritte, einschließlich des Auftragsverarbeiters, die Geheimhaltung und Sicherheit der personenbezogenen Daten beachten und wahren. Die unter der Verantwortung des Datenimporteurs tätigen Personen, darunter auch Auftragsverarbeiter, dürfen die personenbezogenen Daten nur auf seine Anweisung verarbeiten. Diese Bestimmung gilt nicht für Personen, die von Rechts wegen zum Zugriff auf die personenbezogenen Daten befugt oder verpflichtet sind.

c) Zum Zeitpunkt des Vertragsabschlusses bestehen seines Wissens in seinem Land keine entgegenstehenden Rechtsvorschriften, die die Garantien aus diesen Klauseln in gravierender Weise beeinträchtigen; er benachrichtigt den Datenexporteur (der die Benachrichtigung erforderlichenfalls an die Kontrollstelle weiterleitet), wenn er Kenntnis von derartigen Rechtsvorschriften erlangt.

d) Er verarbeitet die personenbezogenen Daten zu den in Anhang B dargelegten Zwecken und ist ermächtigt, die Zusicherungen zu geben und die Verpflichtungen zu erfüllen, die sich aus diesem Vertrag ergeben.

e) Er nennt dem Datenexporteur eine Anlaufstelle innerhalb seiner Organisation, die befugt ist, Anfragen bezüglich der Verarbeitung der personenbezogenen Daten zu behandeln, und arbeitet redlich mit dem Datenexporteur, der betroffenen Person und der Kontrollstelle zusammen, damit derartige Anfragen innerhalb einer angemessenen Frist beantwortet werden. Wenn der Datenexporteur nicht mehr besteht oder wenn die Parteien Entsprechendes vereinbaren, verpflichtet sich der Datenimporteur zur Einhaltung der Bestimmungen von Klausel I Buchstabe e).

f) Auf Antrag des Datenexporteurs weist er nach, dass er über ausreichende Finanzmittel verfügt, um die Verpflichtungen aus Klausel III zu erfüllen (wozu auch Versicherungsschutz zählen kann).

g) Auf Antrag des Datenexporteurs und sofern dies nicht willkürlich ist, überlässt er seine zur Verarbeitung benötigten Datenverarbeitungseinrichtungen, Dateien und Unterlagen der Überprüfung, dem Audit und/ oder der Zertifizierung durch den Datenexporteur (oder von ihm ausgewählte unabhängige oder unparteiische Prüfer oder Auditoren, gegen die der Datenimporteur keine begründeten Einwände erhebt), um zu gewährleisten, dass die Zusicherungen in diesen Klauseln eingehalten werden, wobei die Überprüfung rechtzeitig anzukündigen und während der üblichen Geschäftszeiten durchzuführen ist. Sofern die Zustimmung oder Genehmigung durch eine Regulierungs- oder Kontrollstelle im Land des Datenimporteurs erforderlich ist, bemüht sich dieser, die Zustimmung oder Genehmigung zügig zu erhalten.

h) Er verarbeitet die personenbezogenen Daten gemäß

i) den Datenschutzbestimmungen des Landes, in dem der Datenexporteur ansässig ist, oder

ii) den einschlägigen Bestimmungen [1] etwaiger Kommissionsentscheidungen nach Artikel 25 Absatz 6 der Richtlinie 95/46/EG, sofern der Datenimporteur die einschlägigen Bestimmungen derartiger Genehmigungen bzw. Entscheidungen einhält und in

(1) „Einschlägige Bestimmungen" sind sämtliche unter diese Klauseln fallende Genehmigungen oder Entscheidungen mit Ausnahme der Vollzugsbestimmungen.

einem Land ansässig ist, für das diese Genehmigungen oder Entscheidungen gelten, obwohl diese hinsichtlich der Übermittlung personenbezogener Daten auf ihn keine Anwendung finden [1], oder

iii) den Grundsätzen für die Datenverarbeitung in Anhang A.

Der Datenimporteur wählt die Möglichkeit: ______________

Paraphe des Datenimporteurs: ______________________;

i) Er verzichtet auf die Offenlegung oder Übermittlung personenbezogener Daten an für die Verarbeitung Verantwortliche Dritte, die außerhalb des Europäischen Wirtschaftsraums (EWR) ansässig sind, es sei denn, er setzt den Datenexporteur von der Übermittlung in Kenntnis und

i) der für die Verarbeitung Verantwortliche Dritte verarbeitet die personenbezogenen Daten im Einklang mit einer Kommissionsentscheidung, in der die Kommission einem Drittland ein angemessenes Datenschutzniveau zuerkennt, oder

ii) der für die Verarbeitung Verantwortliche Dritte unterzeichnet diese Klauseln oder eine andere, von einer zuständigen Stelle in der EU genehmigte Datenübermittlungsvereinbarung oder

iii) die betroffenen Personen haben das Recht zum Widerspruch, nachdem sie über den Zweck der Übermittlung informiert wurden, ferner über die Empfängerkategorien und darüber, dass das Empfängerland der Daten möglicherweise andere Datenschutzstandards aufweist, oder

iv) die betroffenen Personen haben im Hinblick auf die Weiterübermittlung sensibler Daten zweifelsfrei ihre Zustimmung zu der Weiterübermittlung erteilt.

III. **Haftung und Rechte Dritter**

a) Jede Partei haftet gegenüber der anderen Partei für Schäden, die sie durch einen Verstoß gegen diese Klauseln verursacht. Die gegenseitige Haftung der Parteien ist auf den tatsächlich erlittenen Schaden begrenzt. Strafschadenersatzansprüche (d. h. die Zahlung von Strafen für grobes Fehlverhalten einer Partei) sind ausdrücklich ausgeschlossen. Jede Partei haftet gegenüber der betroffenen Person für Schäden, die sie durch die Verletzung von Rechten Dritter im Rahmen dieser Klauseln verursacht. Die Haftung des Datenexporteurs gemäß den für ihn maßgeblichen Datenschutzvorschriften bleibt davon unberührt.

b) Die Parteien räumen den betroffenen Personen das Recht ein, diese Klausel sowie Klausel I Buchstaben b), d) und e), Klausel II Buchstaben a), c), d), e), h), i), Klausel III Buchstabe a) sowie die Klauseln V, VI Buchstabe d) und VII als Drittbegünstigte gegenüber dem Datenimporteur oder dem Datenexporteur durchzusetzen, wenn diese im Hinblick auf die Daten der betroffenen Personen ihre Vertragspflichten verletzen; zu diesem Zweck erkennen sie die Zuständigkeit der Gerichte im Sitzland des Datenexporteurs an. Wirft die betroffene Person dem Datenimporteur Vertragsverletzung vor, muss sie den Datenexporteur zunächst auffordern, ihre Rechte gegenüber dem Datenimporteur durchzusetzen; wird der Datenexporteur nicht innerhalb einer angemessenen Frist tätig (im Regelfall innerhalb eines Monats), kann die betroffene Person ihre Rechte direkt gegenüber dem Datenimporteur durchsetzen. Eine betroffene Person kann direkt gegen einen Datenexporteur vorgehen, wenn dieser sich im Rahmen des Zumutbaren nicht davon überzeugt hat, dass der Datenimporteur seine rechtlichen Verpflichtungen aus diesen Klauseln zu erfüllen in der Lage ist (der Datenexporteur muss beweisen, dass er alle zumutbaren Anstrengungen unternommen hat).

IV. **Anwendbares Recht**

Diese Klauseln unterliegen dem Recht des Landes, in dem der Datenexporteur ansässig ist; davon ausgenommen sind die Rechtsvorschriften über die Verarbeitung der personenbezogenen Daten durch den Datenimporteur gemäß Klausel II Buchstabe h), die nur gelten, wenn sich der Datenimporteur nach dieser Klausel dafür entschieden hat.

---

[1] Wird diese Möglichkeit gewählt, sind jedoch die Bestimmungen von Anhang A Ziffer 5 über das Recht auf Zugriff, Berichtigung, Löschung und Widerspruch anzuwenden, die dann vergleichbaren Bestimmungen der gewählten Kommissionsentscheidung vorgehen.

V. **Beilegung von Streitigkeiten mit betroffenen Personen oder der Kontrollstelle**

a) Bei einer Streitigkeit oder einer Klage der betroffenen Person oder der Kontrollstelle gegen eine Partei oder beide Parteien bezüglich der Verarbeitung personenbezogener Daten setzen die Parteien einander davon in Kenntnis und bemühen sich gemeinsam um eine zügige, gütliche Beilegung.

b) Die Parteien erklären sich bereit, sich jedem allgemein zugänglichen, nicht bindenden Schlichtungsverfahren zu unterwerfen, das von einer betroffenen Person oder der Kontrollstelle angestrengt wird. Beteiligen sie sich an dem Verfahren, können sie dies auf dem Weg der Telekommunikation tun (z. B. per Telefon oder anderer elektronischer Mittel). Die Parteien erklären sich ferner bereit, eine Beteiligung an anderen Vermittlungsverfahren, Schiedsverfahren oder sonstigen Verfahren der Streitbeilegung zu erwägen, die für die Zwecke des Datenschutzes entwickelt werden.

c) Die Parteien unterwerfen sich den rechtskräftigen Endentscheidungen des zuständigen Gerichts im Sitzland des Datenexporteurs oder der Kontrollstelle.

VI. **Beendigung des Vertrags**

a) Verstößt der Datenimporteur gegen seine Verpflichtungen aus diesen Klauseln, kann der Datenexporteur die Übermittlung personenbezogener Daten an den Datenimporteur vorläufig aussetzen, bis der Verstoß beseitigt oder der Vertrag beendet ist.

b) Tritt einer der folgenden Fälle ein:

i) Die Übermittlung personenbezogener Daten an den Datenimporteur wird vom Datenexporteur gemäß Buchstabe a) länger als einen Monat ausgesetzt;

ii) die Einhaltung dieser Klauseln durch den Datenimporteur verstößt gegen Rechtsvorschriften des Importlandes;

iii) der Datenimporteur missachtet Zusicherungen, die er im Rahmen dieser Klauseln gegeben hat, in erheblichem Umfang oder fortdauernd;

iv) das zuständige Gericht im Sitzland des Datenexporteurs oder der Kontrollstelle stellt rechtskräftig fest, dass der Datenimporteur oder der Datenexporteur gegen die Klauseln verstoßen haben, oder

v) es wird ein Antrag auf Insolvenzverwaltung oder Abwicklung des Datenimporteurs in dessen privater oder geschäftlicher Eigenschaft gestellt, der nicht innerhalb der nach geltendem Recht vorgesehenen Frist abgewiesen wird; die Abwicklung wird gerichtlich angeordnet; für einen beliebigen Teil seines Vermögens wird ein Zwangsverwalter bestellt; ein Treuhänder wird bestellt, falls es sich bei dem Datenimporteur um eine Privatperson handelt; dieser leitet einen außergerichtlichen Vergleich ein, oder es kommt zu einem je nach Rechtsordnung gleichwertigen Verfahren,

so ist der Datenexporteur berechtigt, unbeschadet etwaiger sonstiger Ansprüche gegen den Datenimporteur, diesen Vertrag zu kündigen, wovon er gegebenenfalls die Kontrollstelle in Kenntnis setzt. Tritt einer der in Ziffer i), ii) oder iv) genannten Fälle ein, kann der Datenimporteur seinerseits den Vertrag kündigen.

c) Jede Partei kann den Vertrag kündigen, wenn i) die Kommission eine positive Angemessenheitsfeststellung gemäß Artikel 25 Absatz 6 der Richtlinie 95/46/EG (oder einer Vorschrift, die diese Vorschrift ersetzt) in Bezug auf das Land (oder einen Bereich davon) trifft, in das die Daten übermittelt und in dem sie vom Datenimporteur verarbeitet werden, oder ii) die Richtlinie 95/46/EG (oder eine Vorschrift, die diese Vorschrift ersetzt) in dem betreffenden Landes unmittelbar zur Anwendung gelangt.

d) Die Parteien vereinbaren, dass sie auch nach der Beendigung dieses Vertrags, ungeachtet des Zeitpunkts, der Umstände oder der Gründe (ausgenommen die Kündigung gemäß Klausel VI Buchstabe c), weiterhin an die Verpflichtungen und/oder Bestimmungen dieser Klauseln in Bezug auf die Verarbeitung der übermittelten Daten gebunden sind.

VII. **Änderung der Klauseln**

Die Parteien dürfen diese Klauseln nur zum Zwecke der Aktualisierung von Anhang B ändern; gegebenenfalls müssen sie die Kontrollstelle davon in Kenntnis setzen. Es steht den Parteien allerdings frei, erforderlichenfalls weitere Geschäftsklauseln hinzuzufügen.

VIII. **Beschreibung der Übermittlung**

Die Einzelheiten zur Übermittlung und zu den personenbezogenen Daten sind in Anhang B aufgeführt. Die Parteien vereinbaren, dass sie gegebenenfalls in Anhang B enthaltene vertrauliche Informationen nicht gegenüber Dritten offen legen, es sei denn, sie sind gesetzlich dazu verpflichtet oder handeln auf Aufforderung einer zuständigen Regulierungsstelle oder staatlichen Einrichtung oder gemäß Klausel I Buchstabe e). Die Parteien können weitere Anhänge vereinbaren, die zusätzliche Übermittlungen betreffen; diese sind gegebenenfalls der Kontrollstelle zu unterbreiten. Ersatzweise kann Anhang B so formuliert werden, dass er eine Vielzahl von Übermittlungen abdeckt.

Datum: ____________________

____________________	____________________
Für den DATENIMPORTEUR	Für den DATENEXPORTEUR
....	....
....	....
....	....

ANHANG A

GRUNDSÄTZE FÜR DIE DATENVERARBEITUNG

1. Zweckbindung: Personenbezogene Daten dürfen nur für die in Anhang B festgelegten oder anschließend von der betroffenen Person genehmigten Zwecke verarbeitet und danach verwendet oder weiter übermittelt werden.

2. Datenqualität und Verhältnismäßigkeit: Personenbezogene Daten müssen sachlich richtig sein und nötigenfalls auf dem neuesten Stand gehalten werden. Sie müssen den Übermittlungs- und Verarbeitungszwecken angemessen und dafür erheblich sein und dürfen nicht über das erforderliche Maß hinausgehen.

3. Transparenz: Die betroffenen Personen müssen Informationen erhalten, die eine Verarbeitung nach Treu und Glauben gewährleisten (beispielsweise Angaben zum Verarbeitungszweck und zur Übermittlung), sofern diese Informationen nicht bereits vom Datenexporteur erteilt wurden.

4. Sicherheit und Geheimhaltung: Der für die Verarbeitung Verantwortliche muss geeignete technische und organisatorische Sicherheitsvorkehrungen gegen die Risiken der Verarbeitung treffen, beispielsweise gegen die unbeabsichtigte oder rechtswidrige Zerstörung oder gegen den unbeabsichtigten Verlust oder die unbeabsichtigte Änderung, die unberechtigte Offenlegung oder den unberechtigten Zugriff. Alle unter der Verantwortung des für die Verarbeitung Verantwortlichen tätigen Personen, darunter auch Auftragsverarbeiter, dürfen die Daten nur auf Anweisung des für die Verarbeitung Verantwortlichen verarbeiten.

5. Recht auf Auskunft, Berichtigung, Löschung und Widerspruch: Nach Artikel 12 der Richtlinie 95/46/EG hat die betroffene Person das Recht, entweder direkt oder durch Dritte, Auskunft über alle ihre personenbezogenen Daten zu erhalten, die von einer Organisation vorgehalten werden; dies gilt nicht für Auskunftsersuchen, die aufgrund ihrer unzumutbaren Periodizität oder ihrer Zahl, Wiederholung oder Systematik offensichtlich übertrieben sind, oder für Daten, über die nach dem für den Datenexporteur geltenden Recht keine Auskunft erteilt werden muss. Vorbehaltlich der vorherigen Genehmigung durch die Kontrollstelle muss auch dann keine Auskunft erteilt werden, wenn die Interessen des Datenimporteurs oder anderer Organisationen, die mit dem Datenimporteur in Geschäftsverkehr stehen, dadurch ernsthaft geschädigt würden und die Grundrechte und Grundfreiheiten der betroffenen Personen hierdurch nicht beeinträchtigt werden. Die Quellen der personenbezogenen Daten müssen nicht angegeben werden, wenn dazu unzumutbare Anstrengungen erforderlich wären oder die Rechte Dritter dadurch verletzt würden. Die betroffene Person muss das Recht haben, ihre personenbezogenen Daten berichtigen, ändern oder löschen zu lassen, wenn diese unzutreffend sind oder entgegen den vorliegenden Grundsätzen verarbeitet wurden. Bei begründeten Zweifeln an der Rechtmäßigkeit des Ersuchens kann die Organisation weitere Belege verlangen, bevor die Berichtigung, Änderung oder Löschung erfolgt. Dritte, gegenüber denen die Daten offen gelegt wurden, müssen von der Berichtigung, Änderung oder Löschung nicht in Kenntnis gesetzt werden, wenn dies mit einem unverhältnismäßigen Aufwand verbunden wäre. Die betroffene Person muss auch aus zwingenden legitimen Gründen, die mit ihrer persönlichen Situation zusammenhängen, Widerspruch gegen die Verarbeitung ihrer personenbezogenen Daten einlegen können. Die Beweislast liegt im Fall einer Ablehnung beim Datenimporteur; die betroffene Person kann eine Ablehnung jederzeit vor der Kontrollstelle anfechten.

6. Sensible Daten: Der Datenimporteur trifft die zusätzliche Vorkehrungen (beispielsweise sicherheitsbezogener Art), die entsprechend seinen Verpflichtungen nach Klausel II zum Schutz sensibler Daten erforderlich sind.

7. Direktmarketing: Werden Daten zum Zwecke des Direktmarketings verarbeitet, sind wirksame Verfahren vorzusehen, damit die betroffene Person sich jederzeit gegen die Verwendung ihrer Daten für derartige Zwecke entscheiden kann („Opt-out").

8. Automatisierte Entscheidungen: „Automatisierte Entscheidungen" im Sinne dieser Klauseln sind mit Rechtsfolgen behaftete Entscheidungen des Datenexporteurs oder des Datenimporteurs bezüglich einer betroffenen Person, die allein auf der automatisierten Verarbeitung personenbezogener Daten zum Zwecke der Bewertung einzelner Aspekte ihrer Person beruhen, beispielsweise ihrer beruflichen Leistungsfähigkeit, ihrer Kreditwürdigkeit, ihrer Zuverlässigkeit oder ihres Verhaltens. Der Datenimporteur darf keine automatisierten Entscheidungen über eine betroffene Person fällen, es sei denn:

   a) i) Der Datenimporteur fällt die Entscheidungen im Rahmen eines Vertragsabschlusses oder der Ausführung eines Vertrags mit der betroffenen Person, und

      ii) die betroffene Person erhält die Möglichkeit, die Ergebnisse einer einschlägigen automatisierten Entscheidung mit einem Vertreter der entscheidungtreffenden Partei zu erörtern, oder aber Erklärungen gegenüber dieser Partei abzugeben,

      oder

   b) die für den Datenexporteur geltenden Rechtsvorschriften sehen etwas anderes vor.

ANHANG B

BESCHREIBUNG DER ÜBERMITTLUNG

(von den Parteien auszufüllen)

Betroffene Personen

Die übermittelten personenbezogenen Daten betreffen folgende Kategorien betroffener Personen:

....

....

....

....

Übermittlungszwecke

Die Übermittlung ist zu folgenden Zwecken erforderlich:

....

....

....

....

Kategorien übermittelter Daten

Die übermittelten personenbezogenen Daten betreffen folgende Datenkategorien:

....

....

....

....

Empfänger

Die übermittelten personenbezogenen Daten dürfen nur gegenüber folgenden Empfängern oder Kategorien von Empfängern offen gelegt werden:

....

....

....

Sensible Daten (falls zutreffend)

Die übermittelten personenbezogenen Daten betreffen folgende Kategorien sensibler Daten:

....

....

....

....

Datenschutzmelderegister-Angaben des Datenexporteurs (falls zutreffend)

....

....

Sonstige nützliche Informationen (Aufbewahrungszeitraum und sonstige einschlägige Angaben)

....

....

Anlaufstelle für Datenschutzauskünfte

Datenimporteur	**Datenexporteur**
....	....
....	....
....	....

VERANSCHAULICHENDE GESCHÄFTSKLAUSELN (FAKULTATIV)

Wechselseitige Entschädigung von Datenexporteur und Datenimporteur:

„Die Parteien entschädigen sich wechselseitig oder halten sich wechselseitig schadlos für alle Kosten, Ausgaben, Schäden, Auslagen oder Verluste, die die andere Partei durch Verletzung einer dieser Vertragsklauseln verursacht. Der Entschädigungsanspruch setzt voraus, dass a) die zu entschädigenden Parteien die entschädigenden Parteien unverzüglich von dem Bestehen einer Forderung in Kenntnis setzen und b) die entschädigenden Parteien allein dazu berechtigt sind, sich gegen einen solchen Anspruch zu verteidigen oder den Streit beizulegen und (c) die zu entschädigenden Parteien bei der Abwehr derartiger Rechtsansprüche redlich mit den entschädigenden Parteien zusammenarbeiten und diese unterstützen."

Streitbeilegung zwischen Datenexporteur und Datenimporteur (die Parteien können selbstverständlich eine andere alternative Streitbeilegung oder die Zuständigkeit eines Gerichts vereinbaren):

„Alle Rechtsstreitigkeiten zwischen dem Datenimporteur und dem Datenexporteur aus dem vorliegenden Vertrag werden gemäß dem Schlichtungs- und Schiedsreglement der Internationalen Handelskammer endgültig durch einen oder mehrere Schiedsrichter entschieden, die in Übereinstimmung mit diesem Reglement ernannt werden. Ort des Schiedsverfahrens ist [...]. Die Zahl der Schiedsrichter beträgt [...]."

Kostenteilung:

„Jede Partei trägt die Kosten für die Erfüllung ihrer Vertragspflichten."

Zusätzliche Beendigungsklausel:

„Bei Beendigung dieses Vertrags gibt der Datenimporteur alle personenbezogenen Daten sowie alle Kopien der personenbezogenen Daten, die Gegenstand dieser Klauseln sind, unverzüglich an den Datenexporteur zurück, oder aber der Datenimporteur vernichtet auf Antrag des Datenexporteurs alle Exemplare derselben und bescheinigt dem Datenexporteur die Vernichtung, es sei denn, der nationale Gesetzgeber oder die nationale Regulierungsbehörde verbietet die vollständige oder teilweise Rückübermittlung oder Zerstörung dieser Daten; in diesem Fall werden die Daten geheim gehalten und zu keinem weiteren Zweck aktiv verarbeitet. Auf Verlangen des Datenexporteurs erlaubt der Datenimporteur dem Datenexporteur oder einem vom Datenexporteur ausgewählten Prüfer, gegen den der Datenimporteur keine begründeten Einwände erhebt, den Zugang zu seinen Räumlichkeiten, damit die Ausführung dieser Bestimmungen überprüft werden kann; die Überprüfung ist rechtzeitig anzukündigen und während der üblichen Geschäftszeiten durchzuführen."

Standardvertragsklauseln (Controller zu Controller)*

ENTSCHEIDUNG DER KOMMISSION

vom 27. Dezember 2004

zur Änderung der Entscheidung 2001/497/EG bezüglich der Einführung alternativer Standardvertragsklauseln für die Übermittlung personenbezogener Daten in Drittländer

(Bekannt gegeben unter Aktenzeichen K(2004) 5271)

(Text von Bedeutung für den EWR)

(2004/915/EG)

DIE KOMMISSION DER EUROPÄISCHEN GEMEINSCHAFTEN —

gestützt auf den Vertrag zur Gründung der Europäischen Gemeinschaft,

gestützt auf die Richtlinie 95/46/EG des Europäischen Parlaments und des Rates vom 24. Oktober 1995 zum Schutz natürlicher Personen bei der Verarbeitung personenbezogener Daten und zum freien Datenverkehr ([1]), insbesondere auf Artikel 26 Absatz 4,

in Erwägung nachstehender Gründe:

(1) Um die Aufrechterhaltung der Datenströme aus der Gemeinschaft zu erleichtern, ist es wünschenswert, dass die für die Verarbeitung Verantwortlichen in der Gemeinschaft Daten weltweit auf der Grundlage derselben Datenschutzregeln übermitteln können. Solange es keine globalen Datenschutznormen gibt, sind Standardvertragsklauseln ein wichtiges Instrument, das die Übermittlung personenbezogener Daten aus allen Mitgliedstaaten nach denselben Regeln ermöglicht. Die Entscheidung 2001/497/EG der Kommission vom 15. Juni 2001 hinsichtlich Standardvertragsklauseln für die Übermittlung personenbezogener Daten in Drittländer nach der Richtlinie 95/46/EG ([2]) legt daher Standardvertragsklauseln fest, die angemessene Garantien für die Übermittlung von Daten in Drittländer bieten.

(2) Seit Verabschiedung dieser Entscheidung wurden viele Erfahrungen gesammelt. Darüber hinaus haben mehrere Wirtschaftsverbände ([3]) gemeinsam alternative Standardvertragsklauseln entworfen, die ein Datenschutzniveau gewährleisten sollen, das dem Niveau der Standardvertragsklauseln in der Entscheidung 2001/497/EG vergleichbar ist, auch wenn dabei andere Instrumente eingesetzt werden.

(3) Da die Verwendung von Standardvertragsklauseln bei internationalen Datenübermittlungen freiwillig erfolgt und nur eine Möglichkeit gemäß der Richtlinie 95/46/EG darstellt, personenbezogene Daten auf rechtlich zulässige Weise in ein Drittland zu übermitteln, sollte es Datenexporteuren in der Gemeinschaft und Datenimporteuren in Drittländern freistehen, Daten unter Verwendung eines der Standardverträge zu übermitteln oder aber sich auf eine andere Rechtsgrundlage zu stützen. Da jeder Standardvertrag in sich geschlossen ist, sollte es den Datenexporteuren allerdings nicht erlaubt werden, die Standardverträge zu ändern bzw. verschiedene Standardverträge miteinander zu kombinieren.

(4) Die Standardvertragsklauseln der Wirtschaftsverbände sollen die Wirtschaftsteilnehmer zur intensiveren Nutzung von Vertragsklauseln veranlassen; zu diesem Zweck setzen sie auf Instrumente wie flexiblere Prüfungspflichten oder präzisere Regelung des Auskunftsrechts.

(5) Als Alternative zur gesamtschuldnerischen Haftung gemäß der Entscheidung 2001/497/EG beinhaltet der nun vorgelegte Standardvertrag außerdem ein auf die Sorgfaltspflicht abstellendes Haftungssystem, das Datenexporteur und Datenimporteur gegenüber der betroffenen Person für die Verletzung ihrer jeweiligen Vertragspflichten haftbar macht; ebenso ist der Datenexporteur haftbar, wenn er sich nicht im Rahmen des Zumutbaren davon überzeugt, dass der Datenimporteur seine Rechtspflichten aus den Klauseln zu erfüllen in der Lage ist (Auswahlverschulden — *culpa in eligendo*), in welchem Fall die betroffene Person gerichtlich gegen den Datenexporteur vorgehen kann. Die Durchsetzung von Klausel I Buchstabe b) des neuen Standardvertrags ist in dieser Hinsicht besonders wichtig, vor allem im Hinblick auf das Recht des Datenexporteurs, Prüfungen in den Räumlichkeiten des Datenimporteurs durchzuführen oder Nachweise zu verlangen, dass dieser über genügend Finanzmittel verfügt, um seinen Verpflichtungen nachzukommen.

([1]) ABl. L 281 vom 23.11.1995, S. 31. Richtlinie geändert durch die Verordnung (EG) Nr. 1882/2003 (ABl. L 284 vom 31.10.2003, S. 1).
([2]) ABl. L 181 vom 4.7.2001, S. 19.
([3]) Internationale Handelskammer (ICC), Japan Business Council in Europe (JBCE), Europäische Verband der informations- und kommunikationstechnischen Industrie (EICTA), EU-Ausschuss der Amerikanischen Handelskammer in Belgien (Amcham), Confederation of British Industry (CBI), International Communication Round Table (ICRT), Federation of European Direct Marketing Associations (FEDMA).

* Quelle: ABl. L 385 vom 29.12.2004, S. 74

(6) Für den Fall, dass die betroffene Person ihre Rechte als Drittbegünstigte ausübt, wird der Datenexporteur bei der Beschwerdeabhilfe stärker zur Verantwortung gezogen; der Datenexporteur ist nämlich verpflichtet, Kontakt zum Datenimporteur aufzunehmen und die Einhaltung der Vertragspflichten nötigenfalls innerhalb der Standardfrist von einem Monat durchzusetzen. Falls der Datenexporteur sich weigert, die Einhaltung der Vertragspflichten durchzusetzen, und der Datenimporteur seine Vertragspflichten weiter verletzt, kann die betroffene Person die Einhaltung der Klauseln gegenüber dem Datenimporteur erzwingen und ihn in einem Mitgliedstaat gerichtlich belangen. Die Anerkennung einer gerichtlichen Zuständigkeit und der Entscheidung des zuständigen Gerichts oder einer Kontrollstelle schmälert in keiner Weise die prozessualen Rechte des in einem Drittland ansässigen Datenimporteurs, z. B. sein Recht auf Einlegung von Rechtsmitteln.

(7) Damit diese zusätzliche Flexibilität jedoch nicht missbraucht wird, erscheint es angebracht, dass die Datenschutzkontrollstellen auf der Grundlage des neuen Standardvertragsklauseltyps Datenübermittlungen leichter verbieten oder aussetzen können, falls sich der Datenexporteur weigert, gegenüber dem Datenimporteur geeignete Maßnahmen zur Durchsetzung der Vertragspflichten zu ergreifen, oder der Datenimporteur sich weigert, redlich mit den zuständigen Datenschutzkontrollstellen zusammenzuarbeiten.

(8) Die aufgrund der Richtlinie 95/46/EG oder der Richtlinie 2002/58/EG des Europäischen Parlaments und des Rates vom 12. Juli 2002 über die Verarbeitung personenbezogener Daten und den Schutz der Privatsphäre in der elektronischen Kommunikation (Datenschutzrichtlinie für elektronische Kommunikation) [1] erlassenen Vorschriften bleiben von den Standardvertragsklauseln unberührt, insbesondere was den Versand kommerzieller Kommunikation für Direktmarketingzwecke betrifft.

(9) Auf dieser Grundlage können die Garantien, die die vorgelegten Standardvertragsklauseln beinhalten, als angemessen im Sinne von Artikel 26 Absatz 2 der Richtlinie 95/46/EG angesehen werden.

(10) Die Gruppe für den Schutz natürlicher Personen bei der Verarbeitung personenbezogener Daten, die nach Artikel 29 der Richtlinie 95/46/EG eingesetzt wurde, hat eine Stellungnahme [2] zu dem Schutzniveau abgegeben, das die vorgelegten Standardvertragsklauseln bieten; diese Stellungnahme wurde bei der Ausarbeitung dieser Entscheidung berücksichtigt.

[1] ABl. L 201 vom 31.7.2002, S. 37.
[2] Stellungnahme 8/2003, siehe http://europa.eu.int/comm/privacy/

(11) Um die Anwendung der Änderungen an der Entscheidung 2001/497/EG bewerten zu können, sollte die Kommission diese drei Jahre, nachdem sie die Mitgliedstaaten davon in Kenntnis gesetzt hat, bewerten.

(12) Die Entscheidung 2001/497/EG sollte entsprechend geändert werden.

(13) Die in dieser Entscheidung vorgesehenen Maßnahmen entsprechen der Stellungnahme des Ausschusses, der gemäß Artikel 31 der Richtlinie 95/46/EG eingesetzt wurde —

HAT FOLGENDE ENTSCHEIDUNG ERLASSEN:

Artikel 1

Die Entscheidung 2001/497/EG wird wie folgt geändert:

1. In Artikel 1 wird folgender Absatz hinzugefügt:

„Die für die Verarbeitung Verantwortlichen haben die Wahl zwischen Standardvertrag I und II im Anhang. Sie dürfen die Klauseln weder ändern noch Klauseln aus beiden Verträgen miteinander kombinieren."

2. Artikel 4 Absätze 2 und 3 erhalten folgende Fassung:

„(2) Für die Zwecke von Absatz 1 können die zuständigen Kontrollstellen, sofern der für die Verarbeitung Verantwortliche angemessene Garantien auf der Grundlage des Standardvertrags II im Anhang geltend macht, im Rahmen ihrer Befugnisse Datenübermittlungen verbieten oder aussetzen, wenn

a) der Datenimporteur sich weigert, mit den Datenschutzkontrollstellen redlich zusammenzuarbeiten oder eindeutige Vertragspflichten zu erfüllen;

b) der Datenexporteur sich weigert, binnen der Regelfrist von einem Monat nach entsprechender Aufforderung durch die zuständige Kontrollstelle geeignete Maßnahmen zur Durchsetzung der Vertragspflichten gegenüber dem Datenimporteur zu ergreifen.

Eine Weigerung des Datenimporteurs zur redlichen Zusammenarbeit oder zur Durchsetzung der Vertragspflichten im Sinne von Unterabsatz 1 besteht nicht, wenn die Zusammenarbeit oder Durchsetzung zu einer Kollision mit nationalen, für den Datenimporteur verbindlichen Rechtsvorschriften führen würde und diese Vorschriften nicht über das hinausgehen, was in einer demokratischen Gesellschaft unter Zugrundelegung der in Artikel 13 Absatz 1 der Richtlinie 95/46/EG aufgeführten Interessen erforderlich ist; hierunter fallen insbesondere die Androhung von Sanktionen nach internationalem und/oder nationalem Recht, steuerrechtliche Anzeigepflichten oder Anzeigepflichten zur Bekämpfung der Geldwäsche.

Die Pflicht zur Zusammenarbeit im Sinne von Unterabsatz 1 Buchstabe a) beinhaltet für den Datenimporteur insbesondere die Bereitschaft, seine Datenverarbeitungseinrichtungen überprüfen zu lassen oder den Empfehlungen der Datenschutzkontrollstelle in der Gemeinschaft Folge zu leisten.

(3) Das Verbot oder die Aussetzung im Sinne der Absätze 1 und 2 wird aufgehoben, sobald die Gründe für das Verbot oder die Aussetzung nicht mehr vorliegen.

(4) Wenn die Mitgliedstaaten Maßnahmen gemäß den Absätzen 1, 2 und 3 ergreifen, informieren sie unverzüglich die Kommission, die ihrerseits die Informationen an die anderen Mitgliedstaaten weiterleitet.".

3. Artikel 5 Satz 1 erhält folgende Fassung:

„Die Kommission bewertet drei Jahre, nachdem sie den Mitgliedstaaten diese Entscheidung und etwaige Änderungen an dieser Entscheidung bekannt gegeben hat, ihre Durchführung anhand der verfügbaren Informationen.".

4. Der Anhang wird wie folgt geändert:

   1. Nach der Überschrift wird „STANDARDVERTRAG I" eingefügt.

   2. Der Wortlaut des Anhangs zu dieser Entscheidung wird angefügt.

Artikel 2

Diese Entscheidung gilt ab dem 1. April 2005.

Artikel 3

Diese Entscheidung ist an die Mitgliedstaaten gerichtet.

Brüssel, den 27. Dezember 2004

Für die Kommission
Charlie McCREEVY
Mitglied der Kommission

ANHANG

„STANDARDVERTRAG II

Standardvertragsklauseln für die Übermittlung personenbezogener Daten aus der Gemeinschaft in Drittländer (Übermittlung zwischen für die Datenverarbeitung Verantwortlichen)

Vereinbarung über die Datenübermittlung

zwischen

____ (Name)

____ (Adresse und Sitzland)

(nachstehend als ‚Datenexporteur' bezeichnet,

und

____ (Name)

____ (Adresse und Sitzland)

nachstehend als ‚Datenimporteur' bezeichnet,

beide nachstehend als ‚Partei', zusammen als ‚Parteien' bezeichnet

Begriffsbestimmungen

Im Rahmen der Vertragsklauseln gelten folgende Begriffsbestimmungen:

a) Die Begriffe ‚personenbezogene Daten', ‚besondere Kategorien personenbezogener Daten/sensible Daten', ‚verarbeiten/-Verarbeitung', ‚für die Verarbeitung Verantwortlicher', ‚Auftragsverarbeiter', ‚betroffene Person' und ‚Kontrollstelle' werden entsprechend den Begriffsbestimmungen der Richtlinie 95/46/EG vom 24. Oktober 1995 verwendet (wobei mit ‚Kontrollstelle' die Datenschutzkontrollstelle gemeint ist, die für das Sitzland des Datenexporteurs zuständig ist).

b) ‚Datenexporteur' bezeichnet den für die Verarbeitung Verantwortlichen, der die personenbezogenen Daten übermittelt.

c) ‚Datenimporteur' bezeichnet den für die Verarbeitung Verantwortlichen, der sich bereit erklärt, vom Datenexporteur personenbezogene Daten für die Verarbeitung gemäß den Bestimmungen dieser Vertragsklauseln entgegenzunehmen, und der nicht an ein System eines Drittlandes gebunden ist, das angemessenen Schutz gewährleistet.

d) ‚Klauseln' bezeichnet diese Standardvertragsklauseln als eigenständiges Dokument, das keine Geschäftsbedingungen beinhaltet, die von den Parteien im Rahmen getrennter geschäftlicher Vereinbarungen getroffen wurden.

Die Einzelheiten der Übermittlung (sowie die abgedeckten personenbezogenen Daten) sind in Anhang B aufgeführt, der integraler Bestandteil dieser Klauseln ist.

I. **Pflichten des Datenexporteurs**

Der Datenexporteur gibt folgende Zusicherungen:

a) Die personenbezogenen Daten wurden nach den für den Datenexporteur geltenden Gesetzen gesammelt, verarbeitet und übermittelt.

b) Er hat sich im Rahmen des Zumutbaren davon überzeugt, dass der Datenimporteur seine Rechtspflichten aus diesen Klauseln zu erfüllen in der Lage ist.

c) Er stellt dem Datenimporteur auf Antrag Exemplare der einschlägigen Datenschutzgesetze oder entsprechende Fundstellennachweise seines Sitzlandes zur Verfügung, erteilt aber keine Rechtsberatung.

d) Er beantwortet Anfragen der betroffenen Personen und der Kontrollstelle bezüglich der Verarbeitung der personenbezogenen Daten durch den Datenimporteur, es sei denn, die Parteien haben vereinbart, dass der Datenimporteur die Beantwortung übernimmt; der Datenexporteur übernimmt die Beantwortung im Rahmen der Zumutbarkeit und aufgrund der ihm zugänglichen Informationen auch dann, wenn der Datenimporteur nicht antworten will oder kann. Sie erfolgt innerhalb einer angemessenen Frist.

e) Er stellt betroffenen Personen, die Drittbegünstigte im Sinne von Klausel III sind, auf Verlangen ein Exemplar der Klauseln zur Verfügung, es sei denn, die Klauseln enthalten vertrauliche Angaben; in diesem Fall hat er das Recht, diese Angaben zu entfernen. Werden Angaben entfernt, teilt der Datenexporteur den betroffenen Personen schriftlich die Gründe für die Entfernung mit und belehrt sie über ihr Recht, die Kontrollstelle auf die Entfernung aufmerksam zu machen. Der Datenexporteur leistet indessen der Entscheidung der Kontrollstelle Folge, den betroffenen Personen Zugang zum Volltext der Klauseln zu gewähren, wenn diese sich zur Geheimhaltung der entfernten vertraulichen Informationen verpflichten. Der Datenexporteur stellt ferner auch der Kontrollstelle auf Antrag ein Exemplar der Klauseln zur Verfügung.

II. **Pflichten des Datenimporteurs**

Der Datenimporteur gibt folgende Zusicherungen:

a) Er verfügt über die technischen und organisatorischen Voraussetzungen zum Schutz der personenbezogenen Daten gegen die unbeabsichtigte oder rechtswidrige Zerstörung oder gegen den unbeabsichtigten Verlust oder die unbeabsichtigte Änderung, die unberechtigte Offenlegung oder den unberechtigten Zugriff; damit ist ein Sicherheitsniveau gewährleistet, das den von der Verarbeitung ausgehenden Risiken und der Art der zu schützenden Daten gerecht wird.

b) Seine Verfahrensregeln gewährleisten, dass von ihm zum Zugriff auf die personenbezogenen Daten befugte Dritte, einschließlich des Auftragsverarbeiters, die Geheimhaltung und Sicherheit der personenbezogenen Daten beachten und wahren. Die unter der Verantwortung des Datenimporteurs tätigen Personen, darunter auch Auftragsverarbeiter, dürfen die personenbezogenen Daten nur auf seine Anweisung verarbeiten. Diese Bestimmung gilt nicht für Personen, die von Rechts wegen zum Zugriff auf die personenbezogenen Daten befugt oder verpflichtet sind.

c) Zum Zeitpunkt des Vertragsabschlusses bestehen seines Wissens in seinem Land keine entgegenstehenden Rechtsvorschriften, die die Garantien aus diesen Klauseln in gravierender Weise beeinträchtigen; er benachrichtigt den Datenexporteur (der die Benachrichtigung erforderlichenfalls an die Kontrollstelle weiterleitet), wenn er Kenntnis von derartigen Rechtsvorschriften erlangt.

d) Er verarbeitet die personenbezogenen Daten zu den in Anhang B dargelegten Zwecken und ist ermächtigt, die Zusicherungen zu geben und die Verpflichtungen zu erfüllen, die sich aus diesem Vertrag ergeben.

e) Er nennt dem Datenexporteur eine Anlaufstelle innerhalb seiner Organisation, die befugt ist, Anfragen bezüglich der Verarbeitung der personenbezogenen Daten zu behandeln, und arbeitet redlich mit dem Datenexporteur, der betroffenen Person und der Kontrollstelle zusammen, damit derartige Anfragen innerhalb einer angemessenen Frist beantwortet werden. Wenn der Datenexporteur nicht mehr besteht oder wenn die Parteien Entsprechendes vereinbaren, verpflichtet sich der Datenimporteur zur Einhaltung der Bestimmungen von Klausel I Buchstabe e).

f) Auf Antrag des Datenexporteurs weist er nach, dass er über ausreichende Finanzmittel verfügt, um die Verpflichtungen aus Klausel III zu erfüllen (wozu auch Versicherungsschutz zählen kann).

g) Auf Antrag des Datenexporteurs und sofern dies nicht willkürlich ist, überlässt er seine zur Verarbeitung benötigten Datenverarbeitungseinrichtungen, Dateien und Unterlagen der Überprüfung, dem Audit und/oder der Zertifizierung durch den Datenexporteur (oder von ihm ausgewählte unabhängige oder unparteiische Prüfer oder Auditoren, gegen die der Datenimporteur keine begründeten Einwände erhebt), um zu gewährleisten, dass die Zusicherungen in diesen Klauseln eingehalten werden, wobei die Überprüfung rechtzeitig anzukündigen und während der üblichen Geschäftszeiten durchzuführen ist. Sofern die Zustimmung oder Genehmigung durch eine Regulierungs- oder Kontrollstelle im Land des Datenimporteurs erforderlich ist, bemüht sich dieser, die Zustimmung oder Genehmigung zügig zu erhalten.

h) Er verarbeitet die personenbezogenen Daten gemäß

i) den Datenschutzbestimmungen des Landes, in dem der Datenexporteur ansässig ist, oder

ii) den einschlägigen Bestimmungen (1) etwaiger Kommissionsentscheidungen nach Artikel 25 Absatz 6 der Richtlinie 95/46/EG, sofern der Datenimporteur die einschlägigen Bestimmungen derartiger Genehmigungen bzw. Entscheidungen einhält und in einem Land ansässig ist, für das diese Genehmigungen oder Entscheidungen gelten, obwohl diese hinsichtlich der Übermittlung personenbezogener Daten auf ihn keine Anwendung finden (2), oder

iii) den Grundsätzen für die Datenverarbeitung in Anhang A.

Der Datenimporteur wählt die Möglichkeit: ______________________________

Paraphe des Datenimporteurs: ______________________________;

i) Er verzichtet auf die Offenlegung oder Übermittlung personenbezogener Daten an für die Verarbeitung Verantwortliche Dritte, die außerhalb des Europäischen Wirtschaftsraums (EWR) ansässig sind, es sei denn, er setzt den Datenexporteur von der Übermittlung in Kenntnis und

i) der für die Verarbeitung Verantwortliche Dritte verarbeitet die personenbezogenen Daten im Einklang mit einer Kommissionsentscheidung, in der die Kommission einem Drittland ein angemessenes Datenschutzniveau zuerkennt, oder

ii) der für die Verarbeitung Verantwortliche Dritte unterzeichnet diese Klauseln oder eine andere, von einer zuständigen Stelle in der EU genehmigte Datenübermittlungsvereinbarung oder

iii) die betroffenen Personen haben das Recht zum Widerspruch, nachdem sie über den Zweck der Übermittlung informiert wurden, ferner über die Empfängerkategorien und darüber, dass das Empfängerland der Daten möglicherweise andere Datenschutzstandards aufweist, oder

iv) die betroffenen Personen haben im Hinblick auf die Weiterübermittlung sensibler Daten zweifelsfrei ihre Zustimmung zu der Weiterübermittlung erteilt.

III. **Haftung und Rechte Dritter**

a) Jede Partei haftet gegenüber der anderen Partei für Schäden, die sie durch einen Verstoß gegen diese Klauseln verursacht. Die gegenseitige Haftung der Parteien ist auf den tatsächlich erlittenen Schaden begrenzt. Strafschadenersatzansprüche (d. h. die Zahlung von Strafen für grobes Fehlverhalten einer Partei) sind ausdrücklich ausgeschlossen. Jede Partei haftet gegenüber der betroffenen Person für Schäden, die sie durch die Verletzung von Rechten Dritter im Rahmen dieser Klauseln verursacht. Die Haftung des Datenexporteurs gemäß den für ihn maßgeblichen Datenschutzvorschriften bleibt davon unberührt.

b) Die Parteien räumen den betroffenen Personen das Recht ein, diese Klausel sowie Klausel I Buchstaben b), d) und e), Klausel II Buchstaben a), c), d), e), h), i), Klausel III Buchstabe a) sowie die Klauseln V, VI Buchstabe d) und VII als Drittbegünstigte gegenüber dem Datenimporteur oder dem Datenexporteur durchzusetzen, wenn diese im Hinblick auf die Daten der betroffenen Personen ihre Vertragspflichten verletzen; zu diesem Zweck erkennen sie die Zuständigkeit der Gerichte im Sitzland des Datenexporteurs an. Wirft die betroffene Person dem Datenimporteur Vertragsverletzung vor, muss sie den Datenexporteur zunächst auffordern, ihre Rechte gegenüber dem Datenimporteur durchzusetzen; wird der Datenexporteur nicht innerhalb einer angemessenen Frist tätig (im Regelfall innerhalb eines Monats), kann die betroffene Person ihre Rechte direkt gegenüber dem Datenimporteur durchsetzen. Eine betroffene Person kann direkt gegen einen Datenexporteur vorgehen, wenn dieser sich im Rahmen des Zumutbaren nicht davon überzeugt hat, dass der Datenimporteur seine rechtlichen Verpflichtungen aus diesen Klauseln zu erfüllen in der Lage ist (der Datenexporteur muss beweisen, dass er alle zumutbaren Anstrengungen unternommen hat).

(1) ‚Einschlägige Bestimmungen' sind sämtliche unter diese Klauseln fallende Genehmigungen oder Entscheidungen mit Ausnahme der Vollzugsbestimmungen.
(2) Wird diese Möglichkeit gewählt, sind jedoch die Bestimmungen von Anhang A Ziffer 5 über das Recht auf Zugriff, Berichtigung, Löschung und Widerspruch anzuwenden, die dann vergleichbaren Bestimmungen der gewählten Kommissionsentscheidung vorgehen.

IV. **Anwendbares Recht**

Diese Klauseln unterliegen dem Recht des Landes, in dem der Datenexporteur ansässig ist; davon ausgenommen sind die Rechtsvorschriften über die Verarbeitung der personenbezogenen Daten durch den Datenimporteur gemäß Klausel II Buchstabe h), die nur gelten, wenn sich der Datenimporteur nach dieser Klausel dafür entschieden hat.

V. **Beilegung von Streitigkeiten mit betroffenen Personen oder der Kontrollstelle**

a) Bei einer Streitigkeit oder einer Klage der betroffenen Person oder der Kontrollstelle gegen eine Partei oder beide Parteien bezüglich der Verarbeitung personenbezogener Daten setzen die Parteien einander davon in Kenntnis und bemühen sich gemeinsam um eine zügige, gütliche Beilegung.

b) Die Parteien erklären sich bereit, sich jedem allgemein zugänglichen, nicht bindenden Schlichtungsverfahren zu unterwerfen, das von einer betroffenen Person oder der Kontrollstelle angestrengt wird. Beteiligen sie sich an dem Verfahren, können sie dies auf dem Weg der Telekommunikation tun (z. B. per Telefon oder anderer elektronischer Mittel). Die Parteien erklären sich ferner bereit, eine Beteiligung an anderen Vermittlungsverfahren, Schiedsverfahren oder sonstigen Verfahren der Streitbeilegung zu erwägen, die für die Zwecke des Datenschutzes entwickelt werden.

c) Die Parteien unterwerfen sich den rechtskräftigen Endentscheidungen des zuständigen Gerichts im Sitzland des Datenexporteurs oder der Kontrollstelle.

VI. **Beendigung des Vertrags**

a) Verstößt der Datenimporteur gegen seine Verpflichtungen aus diesen Klauseln, kann der Datenexporteur die Übermittlung personenbezogener Daten an den Datenimporteur vorläufig aussetzen, bis der Verstoß beseitigt oder der Vertrag beendet ist.

b) Tritt einer der folgenden Fälle ein:

i) Die Übermittlung personenbezogener Daten an den Datenimporteur wird vom Datenexporteur gemäß Buchstabe a) länger als einen Monat ausgesetzt;

ii) die Einhaltung dieser Klauseln durch den Datenimporteur verstößt gegen Rechtsvorschriften des Importlandes;

iii) der Datenimporteur missachtet Zusicherungen, die er im Rahmen dieser Klauseln gegeben hat, in erheblichem Umfang oder fortdauernd;

iv) das zuständige Gericht im Sitzland des Datenexporteurs oder der Kontrollstelle stellt rechtskräftig fest, dass der Datenimporteur oder der Datenexporteur gegen die Klauseln verstoßen haben, oder

v) es wird ein Antrag auf Insolvenzverwaltung oder Abwicklung des Datenimporteurs in dessen privater oder geschäftlicher Eigenschaft gestellt, der nicht innerhalb der nach geltendem Recht vorgesehenen Frist abgewiesen wird; die Abwicklung wird gerichtlich angeordnet; für einen beliebigen Teil seines Vermögens wird ein Zwangsverwalter bestellt; ein Treuhänder wird bestellt, falls es sich bei dem Datenimporteur um eine Privatperson handelt; dieser leitet einen außergerichtlichen Vergleich ein, oder es kommt zu einem je nach Rechtsordnung gleichwertigen Verfahren,

so ist der Datenexporteur berechtigt, unbeschadet etwaiger sonstiger Ansprüche gegen den Datenimporteur, diesen Vertrag zu kündigen, wovon er gegebenenfalls die Kontrollstelle in Kenntnis setzt. Tritt einer der in Ziffer i), ii) oder iv) genannten Fälle ein, kann der Datenimporteur seinerseits den Vertrag kündigen.

c) Jede Partei kann den Vertrag kündigen, wenn i) die Kommission eine positive Angemessenheitsfeststellung gemäß Artikel 25 Absatz 6 der Richtlinie 95/46/EG (oder einer Vorschrift, die diese Vorschrift ersetzt) in Bezug auf das Land (oder einen Bereich davon) trifft, in das die Daten übermittelt und in dem sie vom Datenimporteur verarbeitet werden, oder ii) die Richtlinie 95/46/EG (oder eine Vorschrift, die diese Vorschrift ersetzt) in dem betreffenden Landes unmittelbar zur Anwendung gelangt.

d) Die Parteien vereinbaren, dass sie auch nach der Beendigung dieses Vertrags, ungeachtet des Zeitpunkts, der Umstände oder der Gründe (ausgenommen die Kündigung gemäß Klausel VI Buchstabe c), weiterhin an die Verpflichtungen und/oder Bestimmungen dieser Klauseln in Bezug auf die Verarbeitung der übermittelten Daten gebunden sind.

VII. **Änderung der Klauseln**

Die Parteien dürfen diese Klauseln nur zum Zwecke der Aktualisierung von Anhang B ändern; gegebenenfalls müssen sie die Kontrollstelle davon in Kenntnis setzen. Es steht den Parteien allerdings frei, erforderlichenfalls weitere Geschäftsklauseln hinzuzufügen.

VIII. **Beschreibung der Übermittlung**

Die Einzelheiten zur Übermittlung und zu den personenbezogenen Daten sind in Anhang B aufgeführt. Die Parteien vereinbaren, dass sie gegebenenfalls in Anhang B enthaltene vertrauliche Informationen nicht gegenüber Dritten offen legen, es sei denn, sie sind gesetzlich dazu verpflichtet oder handeln auf Aufforderung einer zuständigen Regulierungsstelle oder staatlichen Einrichtung oder gemäß Klausel I Buchstabe e). Die Parteien können weitere Anhänge vereinbaren, die zusätzliche Übermittlungen betreffen; diese sind gegebenenfalls der Kontrollstelle zu unterbreiten. Ersatzweise kann Anhang B so formuliert werden, dass er eine Vielzahl von Übermittlungen abdeckt.

Datum: ______________________

______________________	______________________
Für den DATENIMPORTEUR	Für den DATENEXPORTEUR
....	....
....	....
....	....

ANHANG A

GRUNDSÄTZE FÜR DIE DATENVERARBEITUNG

1. Zweckbindung: Personenbezogene Daten dürfen nur für die in Anhang B festgelegten oder anschließend von der betroffenen Person genehmigten Zwecke verarbeitet und danach verwendet oder weiter übermittelt werden.

2. Datenqualität und Verhältnismäßigkeit: Personenbezogene Daten müssen sachlich richtig sein und nötigenfalls auf dem neuesten Stand gehalten werden. Sie müssen den Übermittlungs- und Verarbeitungszwecken angemessen und dafür erheblich sein und dürfen nicht über das erforderliche Maß hinausgehen.

3. Transparenz: Die betroffenen Personen müssen Informationen erhalten, die eine Verarbeitung nach Treu und Glauben gewährleisten (beispielsweise Angaben zum Verarbeitungszweck und zur Übermittlung), sofern diese Informationen nicht bereits vom Datenexporteur erteilt wurden.

4. Sicherheit und Geheimhaltung: Der für die Verarbeitung Verantwortliche muss geeignete technische und organisatorische Sicherheitsvorkehrungen gegen die Risiken der Verarbeitung treffen, beispielsweise gegen die unbeabsichtigte oder rechtswidrige Zerstörung oder gegen den unbeabsichtigten Verlust oder die unbeabsichtigte Änderung, die unberechtigte Offenlegung oder den unberechtigten Zugriff. Alle unter der Verantwortung des für die Verarbeitung Verantwortlichen tätigen Personen, darunter auch Auftragsverarbeiter, dürfen die Daten nur auf Anweisung des für die Verarbeitung Verantwortlichen verarbeiten.

5. Recht auf Auskunft, Berichtigung, Löschung und Widerspruch: Nach Artikel 12 der Richtlinie 95/46/EG hat die betroffene Person das Recht, entweder direkt oder durch Dritte, Auskunft über alle ihre personenbezogenen Daten zu erhalten, die von einer Organisation vorgehalten werden; dies gilt nicht für Auskunftsersuchen, die aufgrund ihrer unzumutbaren Periodizität oder ihrer Zahl, Wiederholung oder Systematik offensichtlich übertrieben sind, oder für Daten, über die nach dem für den Datenexporteur geltenden Recht keine Auskunft erteilt werden muss. Vorbehaltlich der vorherigen Genehmigung durch die Kontrollstelle muss auch dann keine Auskunft erteilt werden, wenn die Interessen des Datenimporteurs oder anderer Organisationen, die mit dem Datenimporteur in Geschäftsverkehr stehen, dadurch ernsthaft geschädigt würden und die Grundrechte und Grundfreiheiten der betroffenen Personen hierdurch nicht beeinträchtigt werden. Die Quellen der personenbezogenen Daten müssen nicht angegeben werden, wenn dazu unzumutbare Anstrengungen erforderlich wären oder die Rechte Dritter dadurch verletzt würden. Die betroffene Person muss das Recht haben, ihre personenbezogenen Daten berichtigen, ändern oder löschen zu lassen, wenn diese unzutreffend sind oder entgegen den vorliegenden Grundsätzen verarbeitet wurden. Bei begründeten Zweifeln an der Rechtmäßigkeit des Ersuchens kann die Organisation weitere Belege verlangen, bevor die Berichtigung, Änderung oder Löschung erfolgt. Dritte, gegenüber denen die Daten offen gelegt wurden, müssen von der Berichtigung, Änderung oder Löschung nicht in Kenntnis gesetzt werden, wenn dies mit einem unverhältnismäßigen Aufwand verbunden wäre. Die betroffene Person muss auch aus zwingenden legitimen Gründen, die mit ihrer persönlichen Situation zusammenhängen, Widerspruch gegen die Verarbeitung ihrer personenbezogenen Daten einlegen können. Die Beweislast liegt im Fall einer Ablehnung beim Datenimporteur; die betroffene Person kann eine Ablehnung jederzeit vor der Kontrollstelle anfechten.

6. Sensible Daten: Der Datenimporteur trifft die zusätzliche Vorkehrungen (beispielsweise sicherheitsbezogener Art), die entsprechend seinen Verpflichtungen nach Klausel II zum Schutz sensibler Daten erforderlich sind.

7. Direktmarketing: Werden Daten zum Zwecke des Direktmarketings verarbeitet, sind wirksame Verfahren vorzusehen, damit die betroffene Person sich jederzeit gegen die Verwendung ihrer Daten für derartige Zwecke entscheiden kann (‚Opt-out').

8. Automatisierte Entscheidungen: ‚Automatisierte Entscheidungen' im Sinne dieser Klauseln sind mit Rechtsfolgen behaftete Entscheidungen des Datenexporteurs oder des Datenimporteurs bezüglich einer betroffenen Person, die allein auf der automatisierten Verarbeitung personenbezogener Daten zum Zwecke der Bewertung einzelner Aspekte ihrer Person beruhen, beispielsweise ihrer beruflichen Leistungsfähigkeit, ihrer Kreditwürdigkeit, ihrer Zuverlässigkeit oder ihres Verhaltens. Der Datenimporteur darf keine automatisierten Entscheidungen über eine betroffene Person fällen, es sei denn:

a) i) Der Datenimporteur fällt die Entscheidungen im Rahmen eines Vertragsabschlusses oder der Ausführung eines Vertrags mit der betroffenen Person, und

   ii) die betroffene Person erhält die Möglichkeit, die Ergebnisse einer einschlägigen automatisierten Entscheidung mit einem Vertreter der entscheidungtreffenden Partei zu erörtern, oder aber Erklärungen gegenüber dieser Partei abzugeben,

   oder

b) die für den Datenexporteur geltenden Rechtsvorschriften sehen etwas anderes vor.

ANHANG B

BESCHREIBUNG DER ÜBERMITTLUNG

(von den Parteien auszufüllen)

Betroffene Personen

Die übermittelten personenbezogenen Daten betreffen folgende Kategorien betroffener Personen:

....

....

....

....

Übermittlungszwecke

Die Übermittlung ist zu folgenden Zwecken erforderlich:

....

....

....

....

Kategorien übermittelter Daten

Die übermittelten personenbezogenen Daten betreffen folgende Datenkategorien:

....

....

....

....

Empfänger

Die übermittelten personenbezogenen Daten dürfen nur gegenüber folgenden Empfängern oder Kategorien von Empfängern offen gelegt werden:

....

....

....

Sensible Daten (falls zutreffend)

Die übermittelten personenbezogenen Daten betreffen folgende Kategorien sensibler Daten:

....

....

....

....

Datenschutzmelderegister-Angaben des Datenexporteurs (falls zutreffend)

....

....

Sonstige nützliche Informationen (Aufbewahrungszeitraum und sonstige einschlägige Angaben)

....

....

Anlaufstelle für Datenschutzauskünfte

Datenimporteur	**Datenexporteur**
....	....
....	....
....	....

VERANSCHAULICHENDE GESCHÄFTSKLAUSELN (FAKULTATIV)

Wechselseitige Entschädigung von Datenexporteur und Datenimporteur:

‚Die Parteien entschädigen sich wechselseitig oder halten sich wechselseitig schadlos für alle Kosten, Ausgaben, Schäden, Auslagen oder Verluste, die die andere Partei durch Verletzung einer dieser Vertragsklauseln verursacht. Der Entschädigungsanspruch setzt voraus, dass a) die zu entschädigenden Parteien die entschädigenden Parteien unverzüglich von dem Bestehen einer Forderung in Kenntnis setzen und b) die entschädigenden Parteien allein dazu berechtigt sind, sich gegen einen solchen Anspruch zu verteidigen oder den Streit beizulegen und (c) die zu entschädigenden Parteien bei der Abwehr derartiger Rechtsansprüche redlich mit den entschädigenden Parteien zusammenarbeiten und diese unterstützen.‘

Streitbeilegung zwischen Datenexporteur und Datenimporteur (die Parteien können selbstverständlich eine andere alternative Streitbeilegung oder die Zuständigkeit eines Gerichts vereinbaren):

‚Alle Rechtsstreitigkeiten zwischen dem Datenimporteur und dem Datenexporteur aus dem vorliegenden Vertrag werden gemäß dem Schlichtungs- und Schiedsreglement der Internationalen Handelskammer endgültig durch einen oder mehrere Schiedsrichter entschieden, die in Übereinstimmung mit diesem Reglement ernannt werden. Ort des Schiedsverfahrens ist [...]. Die Zahl der Schiedsrichter beträgt [...].‘

Kostenteilung:

‚Jede Partei trägt die Kosten für die Erfüllung ihrer Vertragspflichten.‘

Zusätzliche Beendigungsklausel:

‚Bei Beendigung dieses Vertrags gibt der Datenimporteur alle personenbezogenen Daten sowie alle Kopien der personenbezogenen Daten, die Gegenstand dieser Klauseln sind, unverzüglich an den Datenexporteur zurück, oder aber der Datenimporteur vernichtet auf Antrag des Datenexporteurs alle Exemplare derselben und bescheinigt dem Datenexporteur die Vernichtung, es sei denn, der nationale Gesetzgeber oder die nationale Regulierungsbehörde verbietet die vollständige oder teilweise Rückübermittlung oder Zerstörung dieser Daten; in diesem Fall werden die Daten geheim gehalten und zu keinem weiteren Zweck aktiv verarbeitet. Auf Verlangen des Datenexporteurs erlaubt der Datenimporteur dem Datenexporteur oder einem vom Datenexporteur ausgewählten Prüfer, gegen den der Datenimporteur keine begründeten Einwände erhebt, den Zugang zu seinen Räumlichkeiten, damit die Ausführung dieser Bestimmungen überprüft werden kann; die Überprüfung ist rechtzeitig anzukündigen und während der üblichen Geschäftszeiten durchzuführen.‘ “.

Standardvertragsklauseln (Controller zu Processor)*

BESCHLUSS DER KOMMISSION

vom 5. Februar 2010

über Standardvertragsklauseln für die Übermittlung personenbezogener Daten an Auftragsverarbeiter in Drittländern nach der Richtlinie 95/46/EG des Europäischen Parlaments und des Rates

(Bekannt gegeben unter Aktenzeichen K(2010) 593)

(Text von Bedeutung für den EWR)

(2010/87/EU)

DIE EUROPÄISCHE KOMMISSION —

gestützt auf den Vertrag über die Arbeitsweise der Europäischen Union,

gestützt auf die Richtlinie 95/46/EG des Europäischen Parlaments und des Rates vom 24. Oktober 1995 zum Schutz natürlicher Personen bei der Verarbeitung personenbezogener Daten und zum freien Datenverkehr [1], insbesondere auf Artikel 26 Absatz 4,

nach Anhörung des Europäischen Datenschutzbeauftragten,

in Erwägung nachstehender Gründe:

(1) Nach der Richtlinie 95/46/EG müssen die Mitgliedstaaten dafür Sorge tragen, dass die Übermittlung personenbezogener Daten in ein Drittland nur dann erfolgen kann, wenn das betreffende Drittland ein angemessenes Schutzniveau gewährleistet und vor der Übermittlung die aufgrund der anderen Bestimmungen der Richtlinie erlassenen Vorschriften der Mitgliedstaaten beachtet werden.

(2) Artikel 26 Absatz 2 der Richtlinie 95/46/EG gestattet jedoch den Mitgliedstaaten, die Übermittlung oder eine Reihe von Übermittlungen personenbezogener Daten in Drittländer, die kein angemessenes Datenschutzniveau gewährleisten, zu genehmigen, sofern bestimmte Garantien vorliegen. Solche Garantien können sich insbesondere aus einschlägigen Vertragsklauseln ergeben.

(3) Nach der Richtlinie 95/46/EG ist das Datenschutzniveau unter Berücksichtigung aller Umstände zu beurteilen, die bei der Datenübermittlung oder einer Reihe von Datenübermittlungen eine Rolle spielen. Die gemäß dieser Richtlinie eingesetzte Gruppe für den Schutz natürlicher Personen bei der Verarbeitung personenbezogener Daten hat Leitlinien für die Erstellung solcher Beurteilungen veröffentlicht.

(1) ABl. L 281 vom 23.11.1995, S. 31.

(4) Standardvertragsklauseln sollten sich nur auf den Datenschutz beziehen. Dem Datenexporteur und dem Datenimporteur ist es daher freigestellt, weitere geschäftsbezogene Klauseln aufzunehmen, die sie für vertragsrelevant halten, sofern diese nicht im Widerspruch zu den Standardvertragsklauseln stehen.

(5) Dieser Beschluss sollte die nationalen Genehmigungen unberührt lassen, die von den Mitgliedstaaten nach ihren eigenen Rechtsvorschriften zur Umsetzung von Artikel 26 Absatz 2 der Richtlinie 95/46/EG erteilt werden können. Dieser Beschluss sollte lediglich die Wirkung haben, dass die Mitgliedstaaten die darin aufgeführten Standardvertragsklauseln als angemessene Garantien anerkennen müssen; sie sollte daher andere Vertragsklauseln unberührt lassen.

(6) Die Entscheidung 2002/16/EG der Kommission vom 27. Dezember 2001 hinsichtlich Standardvertragsklauseln für die Übermittlung personenbezogener Daten an Auftragsverarbeiter in Drittländern nach der Richtlinie 95/46/EG [2] soll einem in der Europäischen Union niedergelassenen für die Datenverarbeitung Verantwortlichen die Übermittlung personenbezogener Daten an einen Auftragsverarbeiter, der in einem Drittland niedergelassen ist, das kein angemessenes Datenschutzniveau gewährleistet, erleichtern.

(7) Seit Erlass der Entscheidung 2002/16/EG wurden viele Erfahrungen gesammelt. Der Bericht über die Durchführung der Entscheidungen über Standardvertragsklauseln für die Übermittlung personenbezogener Daten in Drittländer [3] zeigt darüber hinaus, dass ein wachsendes Interesse an solchen Standardvertragsklauseln für die internationale Übermittlung personenbezogener Daten in Drittländer, die kein angemessenes Datenschutzniveau gewährleisten, besteht. Zudem wurden Vorschläge zur Aktualisierung der in der Entscheidung 2002/16/EG aufgeführten Standardvertragsklauseln gemacht, um der rasch expandierenden Datenverarbeitungstätigkeit weltweit Rechnung zu tragen und Aspekte zu erfassen, die in der Entscheidung bisher nicht geregelt worden sind [4].

(2) ABl. L 6 vom 10.1.2002, S. 52.
(3) SEK(2006) 95 vom 20.1.2006.
(4) Vonseiten der Internationalen Handelskammer (ICC), des Japan Business Council in Europe (JBCE), des EU-Ausschusses der Amerikanischen Handelskammer in Belgien (Amcham) und der Federation of European Direct Marketing Associations (FEDMA).

* Quelle: ABl. L 39 vom 12.2.2010, S. 5

(8) Dieser Beschluss sollte sich darauf beschränken festzulegen, dass die aufgeführten Vertragsklauseln von einem für die Datenverarbeitung Verantwortlichen, der in der Europäischen Union niedergelassen ist, verwendet werden können, um angemessene Garantien im Sinne von Artikel 26 Absatz 2 der Richtlinie 95/46/EG für die Übermittlung personenbezogener Daten an einen Auftragsverarbeiter, der in einem Drittland niedergelassen ist, zu gewährleisten.

(9) Dieser Beschluss sollte daher nicht für die Übermittlung personenbezogener Daten durch für die Verarbeitung Verantwortliche, die in der Europäischen Union niedergelassen sind, an für die Verarbeitung Verantwortliche außerhalb der Europäischen Union gelten, die in den Anwendungsbereich der Kommissionsentscheidung 2001/497/EG vom 15. Juni 2001 hinsichtlich Standardvertragsklauseln für die Übermittlung personenbezogener Daten in Drittländer nach der Richtlinie 95/46/EG fallen ([1]).

(10) Mit diesem Beschluss sollte die Verpflichtung gemäß Artikel 17 Absatz 3 der Richtlinie 95/46/EG umgesetzt werden; sie sollte den Inhalt eines solchen Vertrags beziehungsweise Rechtsakts unberührt lassen. Einige der Standardvertragsklauseln, vor allem diejenigen bezüglich der Pflichten des Datenexporteurs, sollten jedoch übernommen werden, um die Bestimmungen zu verdeutlichen, die in einen Vertrag zwischen einem für die Datenverarbeitung Verantwortlichen und einem Auftragsverarbeiter aufgenommen werden können.

(11) Die Kontrollstellen der Mitgliedstaaten spielen eine Schlüsselrolle in diesem Vertragsmechanismus, weil sie sicherstellen, dass personenbezogene Daten nach der Übermittlung angemessen geschützt werden. In Ausnahmefällen, in denen Datenexporteure es ablehnen oder nicht in der Lage sind, dem Datenimporteur angemessene Anweisungen zu geben, und in denen eine hohe Wahrscheinlichkeit besteht, dass den betroffenen Personen ein schwerwiegender Schaden entsteht, sollten die Standardvertragsklauseln es den Kontrollstellen ermöglichen, Datenimporteure und Unterauftragsverarbeiter einer Prüfung zu unterziehen und gegebenenfalls Entscheidungen zu treffen, denen Datenimporteure und Unterauftragsverarbeiter Folge leisten müssen. Die Kontrollstellen sollten befugt sein, eine Datenübermittlung oder eine Reihe von Datenübermittlungen auf der Grundlage der Standardvertragsklauseln zu untersagen oder zurückzuhalten; dies gilt für jene Ausnahmefälle, für die feststeht, dass sich eine Übermittlung auf Vertragsbasis wahrscheinlich sehr nachteilig auf die Garantien und Pflichten auswirkt, die den betroffenen Personen angemessenen Schutz bieten sollen.

(12) Standardvertragsklauseln sollten die technischen und organisatorischen Sicherheitsmaßnahmen vorsehen, die Datenverarbeiter in einem Drittland ohne angemessenes Schutzniveau anwenden sollten, um einen Schutz zu gewährleisten, der den durch die Verarbeitung entstehenden Risiken und der Art der zu schützenden Daten angemessen ist. Die Parteien sollten diejenigen technischen und organisatorischen Maßnahmen im Vertrag vorsehen, die unter Berücksichtigung des anwendbaren Datenschutzrechts, des Stands der Technik und der bei ihrer Durchführung entstehenden Kosten erforderlich sind, um personenbezogene Daten gegen die zufällige oder unrechtmäßige Zerstörung oder den zufälligen Verlust, die Änderung, die unberechtigte Weitergabe oder den unberechtigten Zugang und gegen jede andere Form der unrechtmäßigen Verarbeitung zu schützen.

(13) Um den Datenstrom aus der Europäischen Union zu erleichtern, ist es wünschenswert, dass Auftragsverarbeiter, die Datenverarbeitungsleistungen für mehrere für die Verarbeitung Verantwortliche in der Europäischen Union erbringen, die Möglichkeit erhalten, ungeachtet des Mitgliedstaats, von dem die Datenübermittlung ausgeht, die gleichen technischen und organisatorischen Sicherheitsmaßnahmen anzuwenden, insbesondere wenn der Datenimporteur von verschiedenen Einrichtungen des in der Europäischen Union niedergelassenen Datenexporteurs Daten zur Weiterverarbeitung erhält; in diesem Fall sollte das Recht des Mitgliedstaats Anwendung finden, in dem der Datenexporteur niedergelassen ist.

(14) Es ist angebracht, die Informationen festzulegen, die von den Parteien in dem Vertrag über die Übermittlung unbedingt mitgeteilt werden sollten. Die Mitgliedstaaten sollten weiterhin die Befugnis haben, die Informationen im Einzelnen festzulegen, die von den Parteien zu liefern sind. Die Wirkung dieses Beschlusses sollte im Lichte der Erfahrung geprüft werden.

(15) Der Datenimporteur sollte die übermittelten personenbezogenen Daten nur im Auftrag des Datenexporteurs und entsprechend dessen Anweisungen sowie den in den Klauseln enthaltenen Pflichten verarbeiten. Ohne die vorherige schriftliche Einwilligung des Datenexporteurs sollte der Datenimporteur die personenbezogenen Daten nicht an Dritte weitergeben. Der Datenexporteur sollte den Datenimporteur während der Dauer der Datenverarbeitungsdienste anweisen, die Daten gemäß seinen Anweisungen, dem anwendbaren Datenschutzrecht und den in den Klauseln beschriebenen Pflichten zu verarbeiten.

(16) Im Bericht über die Durchführung der Entscheidungen über Standardvertragsklauseln für die Übermittlung personenbezogener Daten in Drittländer wurde die Festlegung von Standardvertragsklauseln über die anschließende Weiterübermittlung von einem Datenverarbeiter in einem Drittland an einen anderen Datenverarbeiter (Vergabe eines Unterauftrags für die Verarbeitung) empfohlen, um dem Globalisierungstrend in den Geschäftspraktiken und Gepflogenheiten bei der Datenverarbeitung Rechnung zu tragen.

([1]) ABl. L 181 vom 4.7.2001, S. 19.

(17) Dieser Beschluss sollte spezifische Standardvertragsklauseln über die Vergabe eines Unterauftrags über Datenverarbeitungsdienste an in Drittländern niedergelassene Auftragsverarbeiter (Unterauftragsverarbeiter) durch einen in einem Drittland niedergelassenen Datenverarbeiter (den Datenimporteur) enthalten. Ferner sollte dieser Beschluss Bedingungen vorsehen, die bei der Vergabe von Unteraufträgen über Datenverarbeitungsdienste zu erfüllen sind, damit gewährleistet ist, dass die übermittelten personenbezogenen Daten auch bei einer Weiterübermittlung an einen Unterauftragsverarbeiter geschützt sind.

(18) Darüber hinaus sollte die Vergabe von Unteraufträgen über Datenverarbeitungsdienste ausschließlich Tätigkeiten betreffen, die in dem Vertrag zwischen dem Datenexporteur und dem Datenimporteur, der die Standardvertragsklauseln gemäß diesem Beschluss enthält, vereinbart worden sind, und keine anderen Verarbeitungstätigkeiten oder Verarbeitungszwecke, so dass das Zweckbindungsprinzip gemäß der Richtlinie 95/46/EG gewahrt bleibt. Sollte sich der Unterauftragsverarbeiter nicht an seine Datenverarbeitungspflichten nach dem Vertrag halten, sollte der Datenimporteur gegenüber dem Datenexporteur verantwortlich sein. Die Übermittlung personenbezogener Daten an Auftragsverarbeiter, die außerhalb der Europäischen Union niedergelassen sind, sollte nicht die Tatsache berühren, dass für die Verarbeitungstätigkeiten das anwendbare Datenschutzrecht gilt.

(19) Standardvertragsklauseln müssen einklagbar sein, und zwar nicht nur durch die Organisationen, die Vertragsparteien sind, sondern auch durch die betroffenen Personen, insbesondere wenn ihnen als Folge eines Vertragsbruchs Schaden entsteht.

(20) Die betroffene Person sollte berechtigt sein, gegen den Datenexporteur, der für die Verarbeitung der übermittelten personenbezogenen Daten verantwortlich ist, vorzugehen und von diesem gegebenenfalls Schadenersatz zu erlangen. In Ausnahmefällen, wenn das Unternehmen des Datenexporteurs faktisch oder rechtlich nicht mehr besteht oder zahlungsunfähig ist, sollte die betroffene Person auch berechtigt sein, gegen den Datenimporteur vorzugehen und von diesem wegen Verstoßes des Datenimporteurs oder eines seiner Unterauftragsverarbeiter gegen eine der in Klausel 3 Absatz 2 genannten Pflichten gegebenenfalls Schadenersatz zu erlangen. In Ausnahmefällen, wenn sowohl das Unternehmen des Datenexporteurs als auch das des Datenimporteurs faktisch oder rechtlich nicht mehr bestehen oder zahlungsunfähig sind, sollte die betroffene Person zudem berechtigt sein, gegen den Unterauftragsverarbeiter vorzugehen und von diesem gegebenenfalls Schadenersatz zu erlangen. Eine solche Haftpflicht des Unterauftragsverarbeiters sollte auf dessen Verarbeitungstätigkeiten nach den Vertragsklauseln beschränkt sein.

(21) Wird eine Streitigkeit zwischen einer betroffenen Person, die sich auf die Drittbegünstigtenklausel beruft, und dem Datenimporteur nicht gütlich beigelegt, sollte der Datenimporteur der betroffenen Person die Wahl lassen zwischen einem Schlichtungsverfahren oder einem Gerichtsverfahren. Inwieweit die betroffene Person tatsächlich wählen kann, hängt von dem Vorhandensein zuverlässiger und anerkannter Schlichtungsverfahren ab. Falls die Kontrollstelle des Mitgliedstaats, in dem der Datenexporteur niedergelassen ist, solche Schlichtungsverfahren vorsieht, sollte diese Möglichkeit angeboten werden.

(22) Auf den Vertrag sollte das Recht des Mitgliedstaats angewandt werden, in dem der Datenexporteur niedergelassen ist und in dem ein Drittbegünstigter die Einhaltung des Vertrags gerichtlich durchsetzen kann. Betroffene Personen sollten, wenn sie dies wünschen und das nationale Recht es zulässt, berechtigt sein, sich von Vereinigungen oder sonstigen Einrichtungen vertreten zu lassen. Das gleiche Recht sollte auch für sämtliche Datenschutzbestimmungen jedes Vertrags mit einem Unterauftragsverarbeiter über die Verarbeitung personenbezogener Daten gelten, die nach den Vertragsklauseln von einem Datenexporteur an einen Datenimporteur übermittelt worden sind.

(23) Da dieser Beschluss nur Anwendung findet, wenn ein in einem Drittland niedergelassener Datenverarbeiter einen in einem Drittland niedergelassenen Unterauftragsverarbeiter mit seinen Verarbeitungsdiensten beauftragt, sollte er keine Anwendung finden, wenn ein in der Europäischen Union niedergelassener Auftragsverarbeiter, der personenbezogene Daten im Auftrag eines in der Europäischen Union niedergelassenen für die Verarbeitung Verantwortlichen verarbeitet, einen in einem Drittland niedergelassenen Unterauftragsverarbeiter mit der Verarbeitung beauftragt. In diesem Fall steht es den Mitgliedstaaten frei zu entscheiden, ob sie die Tatsache berücksichtigen möchten, dass bei der Vergabe eines Verarbeitungsauftrags an einen in einem Drittland niedergelassenen Unterauftragsverarbeiter die in diesem Beschluss vorgesehenen und in Standardvertragsklauseln festzuschreibenden Grundsätze und Garantien mit dem Ziel zur Anwendung gebracht wurden, die Rechte der von der Datenübermittlung zwecks Unterauftragsverarbeitung betroffenen Person angemessen zu schützen.

(24) Die Gruppe für den Schutz natürlicher Personen bei der Verarbeitung personenbezogener Daten, die durch Artikel 29 der Richtlinie 95/46/EG eingesetzt wurde, hat eine Stellungnahme zu dem Schutzniveau abgegeben, das die Standvertragsklauseln im Anhang zu diesem Beschluss bieten; die Stellungnahme wurde bei der Ausarbeitung des vorliegenden Beschlusses berücksichtigt.

(25) Die Entscheidung 2002/16/EG sollte aufgehoben werden.

(26) Die im vorliegenden Beschluss enthaltenen Maßnahmen entsprechen der Stellungnahme des Ausschusses, der durch Artikel 31 der Richtlinie 95/46/EG eingesetzt wurde —

HAT FOLGENDEN BESCHLUSS ERLASSEN:

Artikel 1

Die Standardvertragsklauseln im Anhang gelten als angemessene Garantien hinsichtlich des Schutzes der Privatsphäre, der Grundrechte und der Grundfreiheiten von Personen sowie hinsichtlich der Ausübung der damit verbundenen Rechte nach Artikel 26 Absatz 2 der Richtlinie 95/46/EG.

Artikel 2

Dieser Beschluss betrifft ausschließlich den Schutz, der durch die im Anhang aufgeführten Standardvertragsklauseln bei der Übermittlung personenbezogener Daten an Auftragsverarbeiter gewährleistet wird. Die Anwendung anderer nationaler Vorschriften zur Durchführung der Richtlinie 95/46/EG, die sich auf die Verarbeitung personenbezogener Daten in den Mitgliedstaaten beziehen, bleibt davon unberührt.

Der vorliegende Beschluss gilt für die Übermittlung personenbezogener Daten durch für die Verarbeitung Verantwortliche, die in der Europäischen Union niedergelassen sind, an Empfänger außerhalb der Europäischen Union, die ausschließlich als Auftragsverarbeiter fungieren.

Artikel 3

Für die Zwecke dieses Beschlusses gelten die folgenden Begriffsbestimmungen:

a) Der Begriff „besondere Datenkategorien“ bezeichnet die in Artikel 8 der Richtlinie 95/46/EG genannten Daten;

b) der Begriff „Kontrollstelle“ bezeichnet die Behörde gemäß Artikel 28 der Richtlinie 95/46/EG;

c) der Begriff „Datenexporteur“ bezeichnet den für die Verarbeitung Verantwortlichen, der die personenbezogenen Daten übermittelt;

d) der Begriff „Datenimporteur“ bezeichnet den in einem Drittland niedergelassenen Auftragsverarbeiter, der sich bereit erklärt, vom Datenexporteur nach dessen Anweisungen und den Vorschriften dieses Beschlusses personenbezogene Daten entgegenzunehmen und sie nach der Übermittlung in dessen Auftrag zu verarbeiten, und der nicht dem System eines Drittlands unterliegt, das ein angemessenes Schutzniveau im Sinne von Artikel 25 Absatz 1 der Richtlinie 95/46/EG bietet;

e) der Begriff „Unterauftragsverarbeiter“ bezeichnet den Auftragsverarbeiter, der im Auftrag des Datenimporteurs oder eines anderen Unterauftragsverarbeiters des Datenimporteurs tätig ist und sich bereit erklärt, vom Datenimporteur oder von einem anderen Unterauftragsverarbeiter des Datenimporteurs personenbezogene Daten ausschließlich zu dem Zweck entgegenzunehmen, diese nach der Übermittlung im Auftrag des Datenexporteurs nach dessen Anweisungen, den Standardvertragsklauseln im Anhang und den Bestimmungen des schriftlichen Unterauftrags zu verarbeiten;

f) der Begriff „anwendbares Datenschutzrecht“ bezeichnet die Vorschriften zum Schutz der Grundrechte und Grundfreiheiten der Personen, insbesondere des Rechts auf Schutz der Privatsphäre im Hinblick auf die Verarbeitung personenbezogener Daten, die in dem Mitgliedstaat, in dem der Datenexporteur niedergelassen ist, für den für die Verarbeitung Verantwortlichen gelten;

g) der Ausdruck „technische und organisatorische Sicherheitsmaßnahmen“ bezeichnet Maßnahmen zum Schutz personenbezogener Daten vor der zufälligen oder unrechtmäßigen Zerstörung, dem zufälligen Verlust, der Änderung, der unberechtigten Weitergabe oder dem unberechtigten Zugang, insbesondere wenn die Verarbeitung die Übermittlung der Daten über ein Netzwerk umfasst, und vor jeder anderen Form der unrechtmäßigen Verarbeitung.

Artikel 4

(1) Unbeschadet ihrer Befugnisse, tätig zu werden, um die Einhaltung nationaler Vorschriften gemäß den Kapiteln II, III, V und VI der Richtlinie 95/46/EG zu gewährleisten, können die zuständigen Kontrollstellen in den Mitgliedstaaten ihre Befugnisse ausüben und zum Schutz von Privatpersonen bei der Verarbeitung ihrer personenbezogenen Daten die Datenübermittlung in Drittländer verbieten oder aussetzen, wenn

a) feststeht, dass der Datenimporteur oder Unterauftragsverarbeiter nach den für ihn geltenden Rechtsvorschriften Anforderungen unterliegt, die ihn zwingen, vom anwendbaren Datenschutzrecht in einem Maß abzuweichen, das über die Beschränkungen hinausgeht, die im Sinne von Artikel 13 der Richtlinie 95/46/EG für eine demokratische Gesellschaft erforderlich sind, und dass sich diese Anforderungen wahrscheinlich sehr nachteilig auf die Garantien auswirken würden, die das anwendbare Datenschutzrecht und die Standardvertragsklauseln bieten,

b) eine zuständige Behörde festgestellt hat, dass der Datenimporteur oder ein Unterauftragsverarbeiter die Standardvertragsklauseln im Anhang nicht eingehalten hat, oder

c) eine hohe Wahrscheinlichkeit besteht, dass die im Anhang enthaltenen Standardvertragsklauseln derzeit oder künftig nicht eingehalten werden und die Fortsetzung der Übermittlung den betroffenen Personen einen schwerwiegenden Schaden zufügen könnte.

(2) Das Verbot oder die Aussetzung gemäß Absatz 1 wird aufgehoben, sobald die Gründe für das Verbot oder die Aussetzung nicht mehr vorliegen.

(3) Wenn die Mitgliedstaaten Maßnahmen gemäß den Absätzen 1 und 2 ergreifen, informieren sie unverzüglich die Kommission, die ihrerseits die Informationen an die anderen Mitgliedstaaten weiterleitet.

Artikel 5

Die Kommission bewertet die Umsetzung des Beschlusses drei Jahre nach seiner Erlassung anhand der verfügbaren Informationen. Sie legt dem durch Artikel 31 der Richtlinie 95/46/EG eingesetzten Ausschuss einen Bericht über ihre Erkenntnisse vor. Sie fügt sämtliche Belege bei, die für die Beurteilung der Angemessenheit der Standardvertragsklauseln des Anhangs von Bedeutung sein könnten, sowie etwaige Belege dafür, dass der Beschluss in diskriminierender Weise angewandt wird.

Artikel 6

Dieser Beschluss gilt ab dem 15. Mai 2010.

Artikel 7

(1) Die Entscheidung 2002/16/EG wird ab dem 15. Mai 2010 aufgehoben.

(2) Ein vor dem 15. Mai 2010 gemäß der Entscheidung 2002/16/EG geschlossener Vertrag zwischen einem Datenexporteur und einem Datenimporteur bleibt so lange in Kraft, wie die Übermittlungen und die Datenverarbeitung aufgrund dieses Vertrags unverändert weiterlaufen und von diesem Beschluss erfasste personenbezogene Daten weiterhin zwischen den Vertragsparteien übermittelt werden. Beschließen die Vertragsparteien diesbezügliche Änderungen oder vergeben sie einen Unterauftrag über Verarbeitungsvorgänge, die unter den Vertrag fallen, sind sie verpflichtet, einen neuen Vertrag zu schließen, in dem die Standardvertragsklauseln im Anhang berücksichtigt sind.

Artikel 8

Dieser Beschluss ist an die Mitgliedstaaten gerichtet.

Brüssel, den 5. Februar 2010

Für die Kommission
Jacques BARROT
Vizepräsident

ANHANG

STANDARDVERTRAGSKLAUSELN (AUFTRAGSVERARBEITER)

gemäß Artikel 26 Absatz 2 der Richtlinie 95/46/EG für die Übermittlung personenbezogener Daten an Auftragsverarbeiter, die in Drittländern niedergelassen sind, in denen kein angemessenes Schutzniveau gewährleistet ist

Bezeichnung der Organisation (Datenexporteur): ....

Anschrift: ....

Tel.: .... Fax .... E-Mail: ....

Weitere Angaben zur Identifizierung der Organisation

....

(„Daten**exporteur**")

und

Bezeichnung der Organisation (Datenimporteur): ....

Anschrift: ....

Tel.: .... Fax .... E-Mail: ....

Weitere Angaben zur Identifizierung der Organisation:

....

(„Daten**importeur**")

(die „Partei", wenn eine dieser Organisationen gemeint ist, die „Parteien", wenn beide gemeint sind)

VEREINBAREN folgende Vertragsklauseln („Klauseln"), um angemessene Garantien hinsichtlich des Schutzes der Privatsphäre, der Grundrechte und der Grundfreiheiten von Personen bei der Übermittlung der in Anhang 1 zu diesen Vertragsklauseln spezifizierten personenbezogenen Daten vom Datenexporteur an den Datenimporteur zu bieten.

Klausel 1

Begriffsbestimmungen

Im Rahmen der Vertragsklauseln gelten folgende Begriffsbestimmungen:

a) die Ausdrücke „personenbezogene Daten", „besondere Kategorien personenbezogener Daten", „Verarbeitung", „für die Verarbeitung Verantwortlicher", „Auftragsverarbeiter", „betroffene Person" und „Kontrollstelle" entsprechen den Begriffsbestimmungen der Richtlinie 95/46/EG des Europäischen Parlaments und des Rates vom 24. Oktober 1995 zum Schutz natürlicher Personen bei der Verarbeitung personenbezogener Daten und zum freien Datenverkehr ([1]);

b) der „Datenexporteur" ist der für die Verarbeitung Verantwortliche, der die personenbezogenen Daten übermittelt;

c) der „Datenimporteur" ist der Auftragsverarbeiter, der sich bereit erklärt, vom Datenexporteur personenbezogene Daten entgegenzunehmen und sie nach der Übermittlung nach dessen Anweisungen und den Bestimmungen der Klauseln in dessen Auftrag zu verarbeiten und der nicht einem System eines Drittlandes unterliegt, das angemessenen Schutz im Sinne von Artikel 25 Absatz 1 der Richtlinie 95/46/EG gewährleistet;

([1]) Die Parteien können die Begriffsbestimmungen der Richtlinie 95/46/EG in diese Klausel aufnehmen, wenn nach ihrem Dafürhalten der Vertrag für sich allein stehen sollte.

d) der „Unterauftragsverarbeiter“ ist der Auftragsverarbeiter, der im Auftrag des Datenimporteurs oder eines anderen Unterauftragsverarbeiters des Datenimporteurs tätig ist und sich bereit erklärt, vom Datenimporteur oder von einem anderen Unterauftragsverarbeiter des Datenimporteurs personenbezogene Daten ausschließlich zu dem Zweck entgegenzunehmen, diese nach der Übermittlung im Auftrag des Datenexporteurs nach dessen Anweisungen, den Klauseln und den Bestimmungen des schriftlichen Unterauftrags zu verarbeiten;

e) der Begriff „anwendbares Datenschutzrecht“ bezeichnet die Vorschriften zum Schutz der Grundrechte und Grundfreiheiten der Personen, insbesondere des Rechts auf Schutz der Privatsphäre bei der Verarbeitung personenbezogener Daten, die in dem Mitgliedstaat, in dem der Datenexporteur niedergelassen ist, auf den für die Verarbeitung Verantwortlichen anzuwenden sind;

f) die „technischen und organisatorischen Sicherheitsmaßnahmen“ sind die Maßnahmen, die personenbezogene Daten vor der zufälligen oder unrechtmäßigen Zerstörung, dem zufälligen Verlust, der Änderung, der unberechtigten Weitergabe oder dem unberechtigten Zugang, insbesondere wenn die Verarbeitung die Übermittlung der Daten über ein Netzwerk umfasst, und vor jeder anderen Form der unrechtmäßigen Verarbeitung schützen sollen.

Klausel 2

Einzelheiten der Übermittlung

Die Einzelheiten der Übermittlung, insbesondere die besonderen Kategorien personenbezogener Daten, sofern vorhanden, werden in Anhang 1 erläutert, der Bestandteil dieser Klauseln ist.

Klausel 3

Drittbegünstigtenklausel

(1) Die betroffenen Personen können diese Klausel sowie Klausel 4 Buchstaben b bis i, Klausel 5 Buchstaben a bis e und g bis j, Klausel 6 Absätze 1 und 2, Klausel 7, Klausel 8 Absatz 2 sowie die Klauseln 9 bis 12 gegenüber dem Datenexporteur als Drittbegünstigte geltend machen.

(2) Die betroffene Person kann diese Klausel, Klausel 5 Buchstaben a bis e und g, die Klauseln 6 und 7, Klausel 8 Absatz 2 sowie die Klauseln 9 bis 12 gegenüber dem Datenimporteur geltend machen, wenn das Unternehmen des Datenexporteurs faktisch oder rechtlich nicht mehr besteht, es sei denn, ein Rechtsnachfolger hat durch einen Vertrag oder kraft Gesetzes sämtliche rechtlichen Pflichten des Datenexporteurs übernommen; in letzterem Fall kann die betroffene Person die Klauseln gegenüber dem Rechtsnachfolger als Träger sämtlicher Rechte und Pflichten des Datenexporteurs geltend machen.

(3) Die betroffene Person kann diese Klausel, Klausel 5 Buchstaben a bis e und g, die Klauseln 6 und 7, Klausel 8 Absatz 2 sowie die Klauseln 9 bis 12 gegenüber dem Unterauftragsverarbeiter geltend machen, wenn sowohl das Unternehmen des Datenexporteurs als auch das des Datenimporteurs faktisch oder rechtlich nicht mehr bestehen oder zahlungsunfähig sind, es sei denn, ein Rechtsnachfolger hat durch einen Vertrag oder kraft Gesetzes sämtliche rechtlichen Pflichten des Datenexporteurs übernommen; in letzterem Fall kann die betroffene Person die Klauseln gegenüber dem Rechtsnachfolger als Träger sämtlicher Rechte und Pflichten des Datenexporteurs geltend machen. Eine solche Haftpflicht des Unterauftragsverarbeiters ist auf dessen Verarbeitungstätigkeiten nach den Klauseln beschränkt.

(4) Die Parteien haben keine Einwände dagegen, dass die betroffene Person, sofern sie dies ausdrücklich wünscht und das nationale Recht dies zulässt, durch eine Vereinigung oder sonstige Einrichtung vertreten wird.

Klausel 4

Pflichten des Datenexporteurs

Der Datenexporteur erklärt sich bereit und garantiert, dass:

a) die Verarbeitung der personenbezogenen Daten einschließlich der Übermittlung entsprechend den einschlägigen Bestimmungen des anwendbaren Datenschutzrechts durchgeführt wurde und auch weiterhin so durchgeführt wird (und gegebenenfalls den zuständigen Behörden des Mitgliedstaats mitgeteilt wurde, in dem der Datenexporteur niedergelassen ist) und nicht gegen die einschlägigen Vorschriften dieses Staates verstößt;

b) er den Datenimporteur angewiesen hat und während der gesamten Dauer der Datenverarbeitungsdienste anweisen wird, die übermittelten personenbezogenen Daten nur im Auftrag des Datenexporteurs und in Übereinstimmung mit dem anwendbaren Datenschutzrecht und den Klauseln zu verarbeiten;

c) der Datenimporteur hinreichende Garantien bietet in Bezug auf die in Anhang 2 zu diesem Vertrag beschriebenen technischen und organisatorischen Sicherheitsmaßnahmen;

d) die Sicherheitsmaßnahmen unter Berücksichtigung der Anforderungen des anwendbaren Datenschutzrechts, des Standes der Technik, der bei ihrer Durchführung entstehenden Kosten, der von der Verarbeitung ausgehenden Risiken und der Art der zu schützenden Daten hinreichend gewährleisten, dass personenbezogene Daten vor der zufälligen oder unrechtmäßigen Zerstörung, dem zufälligem Verlust, der Änderung, der unberechtigten Weitergabe oder dem unberechtigten Zugang, insbesondere wenn die Verarbeitung die Übermittlung der Daten über ein Netzwerk umfasst, und vor jeder anderen Form der unrechtmäßigen Verarbeitung geschützt sind;

e) er für die Einhaltung dieser Sicherheitsmaßnahmen sorgt;

f) die betroffene Person bei der Übermittlung besonderer Datenkategorien vor oder sobald wie möglich nach der Übermittlung davon in Kenntnis gesetzt worden ist oder gesetzt wird, dass ihre Daten in ein Drittland übermittelt werden könnten, das kein angemessenes Schutzniveau im Sinne der Richtlinie 95/46/EG bietet;

g) er die gemäß Klausel 5 Buchstabe b sowie Klausel 8 Absatz 3 vom Datenimporteur oder von einem Unterauftragsverarbeiter erhaltene Mitteilung an die Kontrollstelle weiterleitet, wenn der Datenexporteur beschließt, die Übermittlung fortzusetzen oder die Aussetzung aufzuheben;

h) er den betroffenen Personen auf Anfrage eine Kopie der Klauseln mit Ausnahme von Anhang 2 sowie eine allgemeine Beschreibung der Sicherheitsmaßnahmen zur Verfügung stellt; außerdem stellt er ihnen gegebenenfalls die Kopie des Vertrags über Datenverarbeitungsdienste zur Verfügung, der gemäß den Klauseln an einen Unterauftragsverarbeiter vergeben wurde, es sei denn, die Klauseln oder der Vertrag enthalten Geschäftsinformationen; in diesem Fall können solche Geschäftsinformationen herausgenommen werden;

i) bei der Vergabe eines Verarbeitungsauftrags an einen Unterauftragsverarbeiter die Verarbeitung gemäß Klausel 11 erfolgt und die personenbezogenen Daten und die Rechte der betroffenen Person mindestens ebenso geschützt sind, wie vom Datenimporteur nach diesen Klauseln verlangt; und

j) er für die Einhaltung der Klausel 4 Buchstaben a bis i sorgt.

Klausel 5

Pflichten des Datenimporteurs (1)

Der Datenimporteur erklärt sich bereit und garantiert, dass:

a) er die personenbezogenen Daten nur im Auftrag des Datenexporteurs und in Übereinstimmung mit dessen Anweisungen und den vorliegenden Klauseln verarbeitet; dass er sich, falls er dies aus irgendwelchen Gründen nicht einhalten kann, bereit erklärt, den Datenexporteur unverzüglich davon in Kenntnis zu setzen, der unter diesen Umständen berechtigt ist, die Datenübermittlung auszusetzen und/oder vom Vertrag zurückzutreten;

b) er seines Wissens keinen Gesetzen unterliegt, die ihm die Befolgung der Anweisungen des Datenexporteurs und die Einhaltung seiner vertraglichen Pflichten unmöglich machen, und eine Gesetzesänderung, die sich voraussichtlich sehr nachteilig auf die Garantien und Pflichten auswirkt, die die Klauseln bieten sollen, dem Datenexporteur mitteilen wird, sobald er von einer solchen Änderung Kenntnis erhält; unter diesen Umständen ist der Datenexporteur berechtigt, die Datenübermittlung auszusetzen und/oder vom Vertrag zurückzutreten;

c) er vor der Verarbeitung der übermittelten personenbezogenen Daten die in Anhang 2 beschriebenen technischen und organisatorischen Sicherheitsmaßnahmen ergriffen hat;

(1) Zwingende Erfordernisse des für den Datenimporteur geltenden innerstaatlichen Rechts, die nicht über das hinausgehen, was in einer demokratischen Gesellschaft für den Schutz eines der in Artikel 13 Absatz 1 der Richtlinie 95/46/EG aufgelisteten Interessen erforderlich ist, widersprechen nicht den Standardvertragsklauseln, wenn sie zur Gewährleistung der Sicherheit des Staates, der Landesverteidigung, der öffentlichen Sicherheit, der Verhütung, Ermittlung, Feststellung und Verfolgung von Straftaten oder Verstößen gegen die berufsständischen Regeln bei reglementierten Berufen, eines wichtigen wirtschaftlichen oder finanziellen Interesses eines Mitgliedstaats, des Schutzes der betroffenen Person und der Rechte und Freiheiten anderer Personen erforderlich sind. Beispiele für zwingende Erfordernisse, die nicht über das hinausgehen, was in einer demokratischen Gesellschaft erforderlich ist, sind international anerkannte Sanktionen, Erfordernisse der Steuerberichterstattung oder Anforderungen zur Bekämpfung der Geldwäsche.

d) er den Datenexporteur unverzüglich informiert über

i) alle rechtlich bindenden Aufforderungen einer Vollstreckungsbehörde zur Weitergabe der personenbezogenen Daten, es sei denn, dies wäre anderweitig untersagt, beispielsweise durch ein strafrechtliches Verbot zur Wahrung des Untersuchungsgeheimnisses bei strafrechtlichen Ermittlungen;

ii) jeden zufälligen oder unberechtigten Zugang und

iii) alle Anfragen, die direkt von den betroffenen Personen an ihn gerichtet werden, ohne diese zu beantworten, es sei denn, er wäre anderweitig dazu berechtigt;

e) er alle Anfragen des Datenexporteurs im Zusammenhang mit der Verarbeitung der übermittelten personenbezogenen Daten durch den Datenexporteur unverzüglich und ordnungsgemäß bearbeitet und die Ratschläge der Kontrollstelle im Hinblick auf die Verarbeitung der übermittelten Daten befolgt;

f) er auf Verlangen des Datenexporteurs seine für die Verarbeitung erforderlichen Datenverarbeitungseinrichtungen zur Prüfung der unter die Klauseln fallenden Verarbeitungstätigkeiten zur Verfügung stellt. Die Prüfung kann vom Datenexporteur oder einem vom Datenexporteur ggf. in Absprache mit der Kontrollstelle ausgewählten Prüfgremium durchgeführt werden, dessen Mitglieder unabhängig sind, über die erforderlichen Qualifikationen verfügen und zur Vertraulichkeit verpflichtet sind;

g) er den betroffenen Personen auf Anfrage eine Kopie der Klauseln und gegebenenfalls einen bestehenden Vertrag über die Vergabe eines Verarbeitungsauftrags an einen Unterauftragsverarbeiter zur Verfügung stellt, es sei denn, die Klauseln oder der Vertrag enthalten Geschäftsinformationen; in diesem Fall können solche Geschäftsinformationen herausgenommen werden; Anhang 2 wird durch eine allgemeine Beschreibung der Sicherheitsmaßnahmen ersetzt, wenn die betroffene Person vom Datenexporteur keine solche Kopie erhalten kann;

h) er bei der Vergabe eines Verarbeitungsauftrags an einen Unterauftragsverarbeiter den Datenexporteur vorher benachrichtigt und seine vorherige schriftliche Einwilligung eingeholt hat;

i) der Unterauftragsverarbeiter die Datenverarbeitungsdienste in Übereinstimmung mit Klausel 11 erbringt;

j) er dem Datenexporteur unverzüglich eine Kopie des Unterauftrags über die Datenverarbeitung zuschickt, den er nach den Klauseln geschlossen hat.

Klausel 6

Haftung

(1) Die Parteien vereinbaren, dass jede betroffene Person, die durch eine Verletzung der in Klausel 3 oder 11 genannten Pflichten durch eine Partei oder den Unterauftragsverarbeiter Schaden erlitten hat, berechtigt ist, vom Datenexporteur Schadenersatz für den erlittenen Schaden zu erlangen.

(2) Ist die betroffene Person nicht in der Lage, gemäß Absatz 1 gegenüber dem Datenexporteur wegen Verstoßes des Datenimporteurs oder seines Unterauftragsverarbeiters gegen in den Klauseln 3 und 11 genannte Pflichten Schadenersatzansprüche geltend zu machen, weil das Unternehmen des Datenexporteurs faktisch oder rechtlich nicht mehr besteht oder zahlungsunfähig ist, ist der Datenimporteur damit einverstanden, dass die betroffene Person Ansprüche gegenüber ihm statt gegenüber dem Datenexporteur geltend macht, es sei denn, ein Rechtsnachfolger hat durch Vertrag oder kraft Gesetzes sämtliche rechtlichen Pflichten des Datenexporteurs übernommen; in diesem Fall kann die betroffene Person ihre Ansprüche gegenüber dem Rechtsnachfolger geltend machen.

Der Datenimporteur kann sich seiner Haftung nicht entziehen, indem er sich auf die Verantwortung des Unterauftragsverarbeiters für einen Verstoß beruft.

(3) Ist die betroffene Person nicht in der Lage, gemäß den Absätzen 1 und 2 gegenüber dem Datenexporteur oder dem Datenimporteur wegen Verstoßes des Unterauftragsverarbeiters gegen in den Klauseln 3 und 11 aufgeführte Pflichten Ansprüche geltend zu machen, weil sowohl das Unternehmen des Datenexporteurs als auch das des Datenimporteurs faktisch oder rechtlich nicht mehr bestehen oder zahlungsunfähig sind, ist der Unterauftragsverarbeiter damit einverstanden, dass die betroffene Person im Zusammenhang mit seinen Datenverarbeitungstätigkeiten aufgrund der Klauseln gegenüber ihm statt gegenüber dem Datenexporteur oder dem Datenimporteur einen Anspruch geltend machen kann, es sei denn, ein Rechtsnachfolger hat durch Vertrag oder kraft Gesetzes sämtliche rechtlichen Pflichten des Datenexporteurs oder des Datenimporteurs übernommen; in diesem Fall kann die betroffene Person ihre Ansprüche gegenüber dem Rechtsnachfolger geltend machen. Eine solche Haftung des Unterauftragsverarbeiters ist auf dessen Verarbeitungstätigkeiten nach diesen Klauseln beschränkt.

Klausel 7

Schlichtungsverfahren und Gerichtsstand

(1) Für den Fall, dass eine betroffene Person gegenüber dem Datenimporteur Rechte als Drittbegünstigte und/oder Schadenersatzansprüche aufgrund der Vertragsklauseln geltend macht, erklärt sich der Datenimporteur bereit, die Entscheidung der betroffenen Person zu akzeptieren, und zwar entweder:

a) die Angelegenheit in einem Schlichtungsverfahren durch eine unabhängige Person oder gegebenenfalls durch die Kontrollstelle beizulegen oder

b) die Gerichte des Mitgliedstaats, in dem der Datenexporteur niedergelassen ist, mit dem Streitfall zu befassen.

(2) Die Parteien vereinbaren, dass die Entscheidung der betroffenen Person nicht die materiellen Rechte oder Verfahrensrechte dieser Person, nach anderen Bestimmungen des nationalen oder internationalen Rechts Rechtsbehelfe einzulegen, berührt.

Klausel 8

Zusammenarbeit mit Kontrollstellen

(1) Der Datenexporteur erklärt sich bereit, eine Kopie dieses Vertrags bei der Kontrollstelle zu hinterlegen, wenn diese es verlangt oder das anwendbare Datenschutzrecht es so vorsieht.

(2) Die Parteien vereinbaren, dass die Kontrollstelle befugt ist, den Datenimporteur und etwaige Unterauftragsverarbeiter im gleichen Maße und unter denselben Bedingungen einer Prüfung zu unterziehen, unter denen die Kontrollstelle gemäß dem anwendbaren Datenschutzrecht auch den Datenexporteur prüfen müsste.

(3) Der Datenimporteur setzt den Datenexporteur unverzüglich über Rechtsvorschriften in Kenntnis, die für ihn oder etwaige Unterauftragsverarbeiter gelten und eine Prüfung des Datenimporteurs oder von Unterauftragsverarbeitern gemäß Absatz 2 verhindern. In diesem Fall ist der Datenexporteur berechtigt, die in Klausel 5 Buchstabe b vorgesehenen Maßnahmen zu ergreifen.

Klausel 9

Anwendbares Recht

Für diese Klauseln gilt das Recht des Mitgliedstaats, in dem der Datenexporteur niedergelassen ist, nämlich: ....

Klausel 10

Änderung des Vertrags

Die Parteien verpflichten sich, die Klauseln nicht zu verändern. Es steht den Parteien allerdings frei, erforderlichenfalls weitere, geschäftsbezogene Klauseln aufzunehmen, sofern diese nicht im Widerspruch zu der Klausel stehen.

Klausel 11

Vergabe eines Unterauftrags

(1) Der Datenimporteur darf ohne die vorherige schriftliche Einwilligung des Datenexporteurs keinen nach den Klauseln auszuführenden Verarbeitungsauftrag dieses Datenexporteurs an einen Unterauftragnehmer vergeben. Vergibt der Datenimporteur mit Einwilligung des Datenexporteurs Unteraufträge, die den Pflichten der Klauseln unterliegen, ist dies nur im Wege einer schriftlichen Vereinbarung mit dem Unterauftragsverarbeiter möglich, die diesem die gleichen Pflichten auferlegt, die auch der Datenimporteur nach den Klauseln erfüllen muss ([1]). Sollte der Unterauftragsverarbeiter seinen Datenschutzpflichten nach der schriftlichen Vereinbarung nicht nachkommen, bleibt der Datenimporteur gegenüber dem Datenexporteur für die Erfüllung der Pflichten des Unterauftragsverarbeiters nach der Vereinbarung uneingeschränkt verantwortlich.

(2) Die vorherige schriftliche Vereinbarung zwischen dem Datenimporteur und dem Unterauftragsverarbeiter muss gemäß Klausel 3 auch eine Drittbegünstigtenklausel für Fälle enthalten, in denen die betroffene Person nicht in der Lage ist, einen Schadenersatzanspruch gemäß Klausel 6 Absatz 1 gegenüber dem Datenexporteur oder dem Datenimporteur geltend zu machen, weil diese faktisch oder rechtlich nicht mehr bestehen oder zahlungsunfähig sind und kein Rechtsnachfolger durch Vertrag oder kraft Gesetzes sämtliche rechtlichen Pflichten des Datenexporteurs oder des Datenimporteurs übernommen hat. Eine solche Haftpflicht des Unterauftragsverarbeiters ist auf dessen Verarbeitungstätigkeiten nach den Klauseln beschränkt.

(3) Für Datenschutzbestimmungen im Zusammenhang mit der Vergabe von Unteraufträgen über die Datenverarbeitung gemäß Absatz 1 gilt das Recht des Mitgliedstaats, in dem der Datenexporteur niedergelassen ist, nämlich: ....

([1]) Dies kann dadurch gewährleistet werden, dass der Unterauftragsverarbeiter den nach diesem Beschluss geschlossenen Vertrag zwischen dem Datenexporteur und dem Datenimporteur mitunterzeichnet.

(4) Der Datenexporteur führt ein mindestens einmal jährlich zu aktualisierendes Verzeichnis der mit Unterauftragsverarbeitern nach den Klauseln geschlossenen Vereinbarungen, die vom Datenimporteur nach Klausel 5 Buchstabe j übermittelt wurden. Das Verzeichnis wird der Kontrollstelle des Datenexporteurs bereitgestellt.

Klausel 12

Pflichten nach Beendigung der Datenverarbeitungsdienste

(1) Die Parteien vereinbaren, dass der Datenimporteur und der Unterauftragsverarbeiter bei Beendigung der Datenverarbeitungsdienste je nach Wunsch des Datenexporteurs alle übermittelten personenbezogenen Daten und deren Kopien an den Datenexporteur zurückschicken oder alle personenbezogenen Daten zerstören und dem Datenexporteur bescheinigen, dass dies erfolgt ist, sofern die Gesetzgebung, der der Datenimporteur unterliegt, diesem die Rückübermittlung oder Zerstörung sämtlicher oder Teile der übermittelten personenbezogenen Daten nicht untersagt. In diesem Fall garantiert der Datenimporteur, dass er die Vertraulichkeit der übermittelten personenbezogenen Daten gewährleistet und diese Daten nicht mehr aktiv weiterverarbeitet.

(2) Der Datenimporteur und der Unterauftragsverarbeiter garantieren, dass sie auf Verlangen des Datenexporteurs und/oder der Kontrollstelle ihre Datenverarbeitungseinrichtungen zur Prüfung der in Absatz 1 genannten Maßnahmen zur Verfügung stellen.

Für den Datenexporteur:

Name (ausgeschrieben): ....

Funktion: ....

Anschrift: ....

Gegebenenfalls weitere Angaben, die den Vertrag verbindlich machen:

Unterschrift ....

(Stempel der Organisation)

Für den Datenimporteur:

Name (ausgeschrieben): ....

Funktion: ....

Anschrift: ....

Gegebenenfalls weitere Angaben, die den Vertrag verbindlich machen:

Unterschrift ....

(Stempel der Organisation)

Anhang 1

zu den Standardvertragsklauseln

Dieser Anhang ist Bestandteil der Klauseln und muss von den Parteien ausgefüllt und unterzeichnet werden

Die Mitgliedstaaten können entsprechend den nationalen Verfahren Zusatzangaben, die in diesem Anhang enthalten sein müssen, ergänzen

Datenexporteur

Der Datenexporteur ist (bitte erläutern Sie kurz Ihre Tätigkeiten, die für die Übermittlung von Belang sind):

...

...

...

Datenimporteur

Der Datenimporteur ist (bitte erläutern Sie kurz die Tätigkeiten, die für die Übermittlung von Belang sind):

...

...

...

Betroffene Personen

Die übermittelten personenbezogenen Daten betreffen folgende Kategorien betroffener Personen (bitte genau angeben):

...

...

...

Kategorien von Daten

Die übermittelten personenbezogenen Daten gehören zu folgenden Datenkategorien (bitte genau angeben):

...

...

...

Besondere Datenkategorien (falls zutreffend)

Die übermittelten personenbezogenen Daten umfassen folgende besondere Datenkategorien (bitte genau angeben):

...

...

...

Verarbeitung

Die übermittelten personenbezogenen Daten werden folgenden grundlegenden Verarbeitungsmaßnahmen unterzogen (bitte genau angeben):

...

...

...

DATENEXPORTEUR

Name: ....

Unterschrift des/der Bevollmächtigten: ....

DATENIMPORTEUR

Name: ....

Unterschrift des/der Bevollmächtigten: ....

Anhang 2

zu den Standardvertragsklauseln

Dieser Anhang ist Bestandteil der Klauseln und muss von den Parteien ausgefüllt und unterzeichnet werden

Beschreibung der technischen oder organisatorischen Sicherheitsmaßnahmen, die der Datenimporteur gemäß Klausel 4 Buchstabe d und Klausel 5 Buchstabe c eingeführt hat (oder Dokument/Rechtsvorschrift beigefügt):

....

....

....

....

BEISPIEL FÜR EINE ENTSCHÄDIGUNGSKLAUSEL (FAKULTATIV)

Haftung

Die Parteien erklären sich damit einverstanden, dass, wenn eine Partei für einen Verstoß gegen die Klauseln haftbar gemacht wird, den die andere Partei begangen hat, die zweite Partei der ersten Partei alle Kosten, Schäden, Ausgaben und Verluste, die der ersten Partei entstanden sind, in dem Umfang ersetzt, in dem die zweite Partei haftbar ist.

Die Entschädigung ist abhängig davon, dass

a) der Datenexporteur den Datenimporteur unverzüglich von einem Schadenersatzanspruch in Kenntnis setzt und

b) der Datenimporteur die Möglichkeit hat, mit dem Datenexporteur bei der Verteidigung in der Schadenersatzsache bzw. der Einigung über die Höhe des Schadenersatzes zusammenzuarbeiten (1).

---

(1) Der Absatz über die Haftung ist fakultativ.

Muster- und Checklistenverzeichnis

Stichwortverzeichnis

B

E

H

I

J

K

L

M

N

O

P

W